唯識仏教辞典

横山紘一

春秋社

発刊によせて

唯識は、いうまでもなく中観とともに大乗仏教を代表する思想であるが、日本には当初、「法相宗」としてもたらされた。凝然の『三国仏法伝通縁起』はその伝来について、道昭による第一伝、智通・智達の第二伝、新羅僧智鳳・智鸞・智雄の第三伝、そして、興福寺所属の玄昉僧正による第四伝の、前後四回だと述べ、一般に、その説がもっぱら用いられている。しかし、のちに興福寺別当に就いた留学僧の行賀などもまた、唐から唯識典籍を請来しているから、必ずしも四回だとは言い切れない。

それはともかく、いずれにせよ、そうした伝来は西暦七世紀から八世紀にかけてのことで、法相唯識の教学は奈良時代以降、興福寺を中心に学ばれ、そのため法相専寺と称された。しかし、凝然も先の書で「法相宗は興福寺の根本所学といえども、諸寺多く学び、弘敷せずということなし」と述べているように、一時代前の倶舎教学とともに唯識が元来、仏教の基礎知識を提供するものであれば、単に法相宗教義としてのみならず、ひろく仏教の基礎学（性相学）として仏教学修に重きをなし、現在に至っている。

仏教はよく「心の宗教」なぞといわれる。たしかに、初期経典の『ダンマパダ』の冒頭の一節にもすでに、

> ものごとは心にもとづき、心を主とし、心によってつくり出される。もしも汚れた心で話したり行なったりするならば、苦しみはその人につき従う。——車をひく（牛の）足跡に車輪がついて行くように。
>
> ものごとは心にもとづき、心を主とし、心によってつくり出される。もしも清らかな心で話したり行なったりするならば、福楽はその人につき従う。——影がそのからだから離れないように。（中村元／訳）

という対句が語られ、また、『スッタニパータ』にも、さまざまな心のはたらきが取り上げられる。

そうした心への素朴な関心や唯心的傾向が後に尖鋭化し、心の構造やそのはたらき、あるいは、認識の仕組みなどが精緻に考察された。そして、瑜伽行を通して、あらゆることがらを心の要素に還元して考える立場から、仏教の重要

項目を体系的に論述する唯識仏教が、ほぼ西暦四・五世紀頃、無著や世親によって大成されたのである。その後、かの玄奘三蔵が艱難辛苦の末、これを唐に導入したことはつとに名高く、それを師資相承した慈恩大師基がいわゆる法相の一宗を確立した。

ところで、興福寺は本年、創建千三百年の佳節を迎えた。その長大なあゆみをふり返れば、文字通り栄枯盛衰・紆余曲折の日々を積み重ね、伽藍の焼失と再建とをくり返して、こんにちに至った。そうした歴史を学べば、創建千三百年はきわめて重要な通過点という他なく、私たちは本年を中心に前後の各十年、つまり、二十年間を創建千三百年の記念事業期間と位置づけ、境内の史跡整備や十八世紀初頭に焼失した中金堂の創建規模・天平様式による再建など、さまざまな事業を展開している。この『唯識 仏教辞典』の刊行もその重要な項目の一つで、ここに無事、初版を上梓しえたことを心から慶びたいと思う。

編著者の横山紘一・立教大学名誉教授が唯識の優れた研究者であり、かつ、啓蒙者であることは人のよく知るところであるが、年来、唯識辞典編纂への熱い思いを熏習、『梵漢蔵「瑜伽師地論」総索引』の刊行など用意周到をへて、この畢生の大事業をついに完成された。多くの与力増上の御縁に恵まれたとはいえ、全項目をまったく独力で執筆されたことに、満腔の敬意を表するものである。

興福寺はこれを全面的にバックアップし、創建千三百年記念出版として推し進めたのであるが、この『唯識 仏教辞典』が直接、本分領域の学究に益するばかりでなく、ひろく心の問題に関心をもつ人々にも活用していただき、仏教の心への深い理解を学び取られることを願って止まない。

なお、労多い辞典出版を引き受けられた春秋社社長の神田明氏ならびに編集部の皆さまに、深く謝意を表する。

平成二十二年十月十六日の中金堂再建立柱式を前にして

法相宗大本山　興福寺貫首
多川俊映

まえがき

本辞典は唯識思想を学ぶためのものですが、本辞典の中には広く仏教研究に必要な用語が多く収録されていることから、『唯識 仏教辞典』と称することにしました。

唯識思想（以下〈唯識〉と記す）は、インドにおいて般若の空思想を継いで興った大乗仏教第二期の思想です。「唯識」という考えは『解深密経』の中で初めて唱えられ、その後、無著、世親の二人の論師によってこの教理が組織大成されてインド大乗仏教の中で大きな流れとなりました。

この唯識思想を中国に伝えたのが七世紀の僧、玄奘三蔵です。玄奘三蔵は十七年にわたるインドへの往復の旅を敢行し、帰国後、入滅するまでの十九年間経論の漢訳作業に従事しました。

その後、弟子の慈恩大師によって唯識思想に基づいた法相宗が立てられるに及び、〈唯識〉は中国仏教界の一大勢力となりました。

〈唯識〉は奈良時代に日本に伝えられ、興福寺を中心とした法相宗は南都六宗の一つとして勢力をもつに至りました。

その後、この〈唯識〉は仏教の根本学として現代に至るまで、多くの学僧や人びとによって脈々と学ばれ続けてきました。

二十歳後半にインド哲学科に入った私も縁あって〈唯識〉を学びはじめ、以来四十年の歳月が流れました。その間、〈唯識〉研究を続けるにつれ、この教理の素晴らしさを実感するようになり、世にこの〈唯識〉を宣揚することが私の使命であるという思いが深まってきました。そして、その一環として、〈唯識〉を学ぶための辞典を作ることを決意し、二十年前に執筆を始めました。

当初は研究者と僧侶の方々を交えての共同執筆を計画しましたが、辞典は一人が執筆した方がまとまりがあるという勧めと思いから方針を転換して、私一人で執筆を続けてきました。

私が本辞典の執筆を思い立った最も力強い原因は、前述したように、十七年にもわたる艱難辛苦のインドへの旅を敢行し、十九年にわたる経論の漢訳に専念した玄奘三蔵への報恩の思いでした。玄奘三蔵の一生の行状に思いをはせるとき、なんらかの形でその恩に報いたいという思いでした。

加えて〈唯識〉研究と執筆活動とに一生を捧げ、後世「百本の疏主、百本の論師」と呼ばれた慈恩大師への報恩の思いでした。

本書の特徴をまとめると次のようになります。

（1）見出し語は、玄奘訳の経論とその注釈書（インド撰述・中国撰述・日本撰述）に限って抽出した。

（2）見出し語については、名詞のみでなく、動詞、形容詞、副詞などの語も抽出し、全部で一万五千余の項目数に及んだ。これによって、『婆沙論』『倶舎論』『瑜伽師地論』『成唯識論』『解深密経』などの重要な経論のなかのほとんど全部の漢語が網羅されており、本辞典はこれまで難解とされてきたこれら経論とその注釈書を読むための大きな助けとなる。

（3）見出し語がどのような文脈の中で使用されているかを示すために、できるだけ、その語が用いられている文章を用例として解説文の最後に記した。

（4）出典には見出し語が定義されている文を記し、出典箇所を出した。ただし、解説文を分かり易くするために、定義されている内容通りに解説することを避けたものもある。出典は、返り点を付けず、原文のままで記したため、初学者にとっては解読が困難のものが多くあるが、さらに深く学ぼうとする人は、原典に当たってさらに読み進めて行くことができる。

〈唯識〉は時代をこえて必要とされる思想であります。なぜなら唯識思想は仏教でありながら科学と哲学と宗教の三面を兼ね備えた世界に通用する普遍的な思想であるからです。

しかもそれは単なる知識としての仏教ではなく、その教理に基づいて生きていくならば、必ずや心を根底から変革して混迷の場の中にあっても、迷いを抜けて生き進むことができる実践的な教えです。

本辞典を通して、専門の研究者のみならず、日本仏教の僧侶の方々、さらには多くの一般の人びとが〈唯識〉に興味をもって学んでいかれることを切望してやみません。

本辞典完成までには多くの方々の暖かい御協力とご支援とを賜りました。

私の辞典執筆への情熱が強まったご縁は、私が平成十年に剃髪出家させていただいた法相宗の大本山である奈良・興福寺から興福寺建立千三百年記念の事業としてこの辞典を刊行することになったことです。このようなご高配とご支援を賜わりました興福寺貫首・多川俊映師に、そして、原稿に眼を通して多くのご指摘をいただいた興福寺・執事長の森谷英俊師に深く感謝の意を表します。

さらには、もう三十年の長きにわたり一緒に仏道を歩み、この辞典に関しても度重なる編集会議において貴重なご意見を賜り、さらに幾つかの項目の執筆、サンスクリットの検討と校正にもご協力いただきました畏友・廣澤隆之氏に深く感謝の意を表します。

さらには、サンスクリットの校正を担当して下さった堀米博氏、出典・参考箇所等の点検をして下さった吉田信廣氏に厚く御礼申し上げます。

最後となりましたが、本辞典の出版を快く引き受けて下さった春秋社社長・神田明氏、そして原稿の整理・校正等編集作業にご尽力いただいた編集部の佐藤清靖氏と江坂祐輔氏、ほかの皆さまに厚く御礼申し上げます。

平成二十二年八月吉日

横山紘一

凡　例

項目採取の方針

1：項目は、〈唯識〉関係の経典・論書・注釈書と〈倶舎〉関係の論書・注釈書から採取した。ただし玄奘訳のものだけに限定した。

2：本書は、仏教の根本学ともいえる唯識学すなわち唯識思想を学ぶための辞典であるから、基本的には〈唯識〉関係の書から項目を採取した。〈唯識〉は、ヨーガによって相を観察思惟して、その性をさとることを目的とすることから、唯識学は性相学ともよばれる。本書は、広くは性相学を学ぶための辞典でもあることから、性相学には欠くことができない〈倶舎〉関係の書からも項目を採取した。

3：項目を採取した〈唯識〉関係の書としては、インド撰述の『解深密経』『瑜伽師地論』『顕揚聖教論』『大乗阿毘達磨集論』『大乗阿毘達磨雑集論』『摂大乗論本』『世親菩薩造・摂大乗論釈』『無性菩薩造・摂大乗論釈』『辯中辺論』『唯識三十頌』『唯識二十論』『成業論』『百法明門論』、中国撰述の『瑜伽師地論略纂』『瑜伽論記』『成唯識論』『成唯識論述記』『成唯識論掌中枢要』『成唯識論了義灯』『成唯識論演秘』『大乗法苑義林章』『唯識二十論述記』、日本撰述の『観心覚夢鈔』『百法問答抄』『唯識論同学鈔』などである。
〈倶舎〉関係の書としては、インド撰述の『阿毘達磨大毘婆沙論』『阿毘達磨倶舎論』、中国撰述の『倶舎論記』『倶舎論疏』などである（項目を採取した経典・論書・注釈書の詳しい一覧表とその略称とは後記の「出典と略称」を参照）。

4：本辞典は、上に挙げた諸書、とくに膨大で分量が多く、かつ難解とされる『大毘婆沙論』や『倶舎論』や『瑜伽師地論』などを読む際の助けとなることを目指して作成したため、単に重要な術語だけではなく、動詞・名詞・副詞・形容詞すべてにおよぶ語を、主としてインド撰述の書から採取して項目を立てた。

本文

：一項目の説明本文の構成と順序は次のごとくである。

a．見出し語
b．読み
c．解説
d．用例
e．サンスクリット
f．出典
g．参考

例：「刹那」という項目を例にあげれば以下のごとくになる。

a．刹那
b．せつな
c．kṣaṇa の音写。時間の最小の単位。その量については諸説があるが、『婆沙論』にある「百二十刹那をもって一怛刹那となし、六十怛刹那をもって一臘縛となし、三十臘縛をもって一牟呼栗となし、三十牟呼栗をもって一昼夜とする」という第一説によれば、一昼夜すなわち一日二十四時間の六百四十八万分の一、すなわち一秒の七十五分の一にあたる。また「壮士の弾指の頃の如きは六十四刹那を経る」という説（対法の諸師の説）によれば、指を弾く間に六十四刹那がある。

d．「諸の名と及び時とを分析して、一の字と刹那とに至るを、名と時との極少と為す」（『倶舎』12、大正 29・62a）。

e．Ⓢ kṣaṇa: kṣaṇam: kṣaṇika: pratikṣaṇam

f．（出典）従此至彼、於其中間、諸刹那量、最極微細、唯仏能知。（『婆沙』39、大正 27・201c）

g．（参考）（『婆沙』136、大正 27・701a～c）：（『倶舎』12、大正 29・62a）

a.〈見出し語〉

1：見出し語は、五十音順に配列する方式（いわゆる電話帳方式）によって配列した。同一の漢字及び同音の漢字はすべて一箇所にまとめ、字画数の少ないものを先とした。第一字目が同字の場合は、第二字の音及び画数によって順位を決め、以下これにならった。

2：原則として常用漢字については新字体による表記を採用した。ただし、旧字体を用いた文字もある。（例：慧、癡、迴、鹽、歳、龍、辨、辦、辯、巖）

3：同一の原語が異なって訳されている場合は、内容的におなじであるから、ある一つの見出し語を参照するように、その見出し語を→で示した。

例：有想等至　うそうとうし　→有想定
　　有余涅槃　うよねはん　→有余依涅槃

表記が異なるのみで内容的におなじ場合は、その見出し語を→で示した。

例：歯無隙相　しむげきそう　→歯斉平密相
　　少欲知足　しょうよくちそく　→少欲喜足

b．〈読み〉

1：読みは平仮名で表記した。異なる読みがあるものは、解説の中で言及した。

2：仏教的に独特の読みをするものは、その読みの見出し語をみるように→で示した。

例：一音　いちおん　→いっとん

3：漢音ではなく仏教的に呉音で読む語には、その読みを→で示した。

例：加（か）→け
　　差（さ）→しゃ
　　用（よう）→ゆう

c．〈解説〉

1：できるだけ平易に解説するように心掛けた。専門的な難しい解説をさけるため出典に詳しい記述がある場合は、それに即した解説をすることを避けた。

2：適宜、術語の後の括弧の中に現代語訳を付した。

例：顕色（明瞭に顕現している色彩）
　　末那識（潜在的な自我執着心）

また、適宜、現代語訳の後の括弧の中に術語を付した。

例：地・水・火・風の四元素（四大種）
　　潜在的な根本心（阿頼耶識）

3：文脈に合わせるために、術語の現代語訳は全体を通して統一しなかったものもある。

4：一つの見出し語に対して、いくつかの異なった意味がある場合には、①②……と段を分けて解説した。

例：愛蔵　あいぞう　①執着すること。「邪見に執著して深く愛蔵を起す」「薩迦耶に於いて愛蔵して住す」「一切の後有の諸行を愛蔵す」
②執着して自己、あるいは自己のものと考えること。〈唯識〉は、根源的なそのようなものとして阿頼耶識を説く。（出典）言愛蔵者、摂為己体故。（『瑜伽』16、大正 30・365b）

5：解説のなかでは、説一切有部を〈有部〉、経量部を〈経部〉と表記した。また、『婆沙論』や『倶舎論』の所説と唯識関係の経論の所説を対比するときには、前者を〈倶舎〉、後者を〈唯識〉と表記した。

d．〈用例〉

1：見出し語がどのような文脈の中で使用されているかを示すために、その語が用いられている文章を解説文の最後に引用し「　」で囲って記した。

例：狐蹲坐　こそんざ　うずくまり、ひざまずいて坐ること。いばら（棘刺）などの上に坐って修する外道の苦行の一つ。「棘刺に依って狐蹲坐して瑜伽を修す」

2：読みやすくするために、原典の漢文体を読み下し文に改めた。その表現は現代仮名づかいを採用した。

3：引用した文の出典箇所の表記は煩瑣となるために省略した。

e．〈サンスクリット〉

1：見出し語に相応するサンスクリット語を記した。その際、次の書にあるものに限って採用した。したがって、見出し語すべてにサンスクリットが記されているわけではない。

①横山紘一・廣澤隆之著『瑜伽師地論総索引』（山喜房佛書林、1996）

②平川彰等著『倶舎論索引』第二部 漢訳・サンスクリット語対照（大蔵出版、1977）

③ GADJIN NAGAO, *madhyānta-vibhāga-bhāṣya* 所収「INDEX Ⅲ CHINESE-SANSKRIT」(Suzuki Research Foundation, Tokyo, 1964)

2：サンスクリット語の配列順序はマーヘーシュバラ・スートラ（māheśvara-sūtra）にしたがった。

3-1：名詞および形容詞は語幹で表記した。

a 語幹の例：dharma（法）

an 語幹の例：ātman（我）: karman（業）: nāman（名）

3-2：ただし所有複合語を形成する後分が dharma の場合、サンスクリット語文法規則により、a 語幹の dharma は an 語幹の dharman となる。

例：不退姓 aparihāṇa-dharman →（不退法聖者）

4：副詞化した名詞および形容詞はそれに対応する格（対格、具格、属格）で表記した。

例（対格）：nitya → nityam（常）: pratyakṣa → pratyakṣam（現）: sarva-kāla → sarva-kālam（一切時）

例（具格）：niyama → niyamena（現）

例（属格）：hetu → hetos（為）

5：名詞複合語は語と語の間のサンディは解除しハイフンでつないで語末は名詞語幹で表記した。
例：ātma-dṛṣṭi → ātman-dṛṣṭi（我 見）: padārtha → pada-artha（句 義）: manendriya → manas-indriya（意根）

6：ただし名詞フレーズはサンディは残し、語末は格変化語尾のままとする。
例：ākṣepako hetuḥ（引因）: sarve dharmā anātmānaḥ（一切法無我）

7：頭辞をもつ副詞的複合語は接頭辞（adhi, anu, abhi, upa, prati など）の後にハイフンを付けない。
ただし、su の次に母音ではじまる語がきたときはハイフンを付ける。
例：su-abhyūhita（善思）: su-udgṛhīta（善取）
また、sa については常にハイフンを付ける。
例：sa-āmiṣa（有愛味）: sa-hetu（有因）

8：否定辞をもつ否定辞複合語は否定辞（a, an, na など）の後にハイフンを付けない。

9：動詞は原則として語根で表記し、ボールド体で表記した。
例：nis-**kram**: pra-**vraj**（出家）
ただし、フレーズのなかの動詞は、三人称・単数・現在で表記した。
例：antarāyaṃ karoti（作障）: puṇyāṇi karoti（作福）: śraṇaṃ gacchati（帰依）
また、名詞起源の動詞は活用形で表記した。
例：anulomayati（会通）: antarayati（隠）: ghātayati（害）

10：二つ以上の接辞をもつ動詞はそれら接辞を分けなくて表記した。
例：upasam-**kram**（往趣）: pratyanu-**bhū**（還受）

11：動詞複合語において、接頭辞と動詞語根との間のサンディは解除した。
例：saṃ-**vṛt** → sam-**vṛt**（起）: ut-**pad** → ud-**pad**（生起）

f．〈出典〉

1：見出し語の内容を定義あるいは説明した文を（出典）の後に記した。

2：（出典）の文は内容的にはかなり読解困難なものがあるが、さらにより詳しく学ぼうとする人のために記した。

3：（出典）の漢文は、『大正新脩大蔵経』などで施された句読点をそのまま転記することを避け、その文を読みやすく、かつ内容を理解しやすくするために、従来の読み方を無視して、できるだけ多くの句読点を施して記した。また随時「・」（中点）を付した。
例：「我謂主宰。法謂軌持。」→「我、謂、主宰。法、謂、軌持。」
「何謂大乗二種種姓。一本性住種姓。謂無始来依附本識法爾所得無漏法因。」→「何謂大乗二種種姓。一本性住種姓、謂、無始來、依附本識、法爾所得、無漏法因。」
「不善者即十不善業道。謂殺生不与取欲邪行。妄語離間語麁悪語綺語。貪欲瞋恚邪見。」→「不善者即十不善業道。謂、殺生・不与取・欲邪行・妄語・離間語・麁悪語・綺語・貪欲・瞋恚・邪見。」

4：出典箇所は簡略して表記した。たとえば、
（『大毘婆沙論』巻第百一五、大正大蔵経・第二十七巻、五九八頁・上）は、（『婆沙』115、大正 27・598a）
（『瑜伽師地論』巻第二十五、大正大蔵経・第三十巻、四四二頁・中）は、（『瑜

伽』25、大正 30・422c）
（『成唯識論述記』第一本、大正大蔵経・第四十三巻、四二二頁・下）は、（『述記』1本、大正 43・240b）
などと表記した。（出典の略称については後記を参照）

g．〈参考〉

1：見出し語を解説するにあたり参考にした文がある箇所、あるいは見出し語のみがある箇所を（参考）の後に記した。

2：参考にしたものが長文である場合は、次のように「以下」という表記にしてその出典箇所を示した。
例：見出し語「十六有想論」の（参考）
（参考）（『婆沙』200、大正 27・998c 以下）：（『述記』6 末、大正 43・466c 以下）

3：見出し語についての種類が説かれている場合は、（参考）の中で、「種類として、〜」という形で、種類を列記した。ただし、解説文の中に種類を列記したものもある。

出典と略称

『解深密経』	（大正大蔵経・第十六巻）
『婆沙』	『阿毘達磨大毘婆沙論』（大正大蔵経・第二十七巻）
『倶舎』	『阿毘達磨倶舎論』（大正大蔵経・第二十九巻）
『瑜伽』	『瑜伽師地論』（大正大蔵経・第三十巻）
『集論』	『大乗阿毘達磨集論』（大正大蔵経・第三十一巻）
『雑集論』	『大乗阿毘達磨雑集論』（大正大蔵経・第三十一巻）
『顕揚』	『顕揚聖教論』（大正大蔵経・第三十一巻）
『摂論』	『摂大乗論本』（大正大蔵経・第三十一巻）
『摂論釈・世』	世親菩薩造『摂大乗論釈』（大正大蔵経・第三十一巻）
『摂論釈・無』	無性菩薩造『摂大乗論釈』（大正大蔵経・第三十一巻）
『中辺』	『辯中辺論』（大正大蔵経・第三十一巻）
『唯識三十頌』	『唯識三十論頌』（大正大蔵経・第三十一巻）
『唯識二十論』	『唯識二十論』（大正大蔵経・第三十一巻）
『成業論』	『大乗成業論』（大正大蔵経・第三十一巻）
『百法明門論』	『大乗百法明門論』（大正大蔵経・第三十一巻）
『大般若経』	『大般若波羅蜜多経』（大正大蔵経・第五巻〜第七巻）
『略纂』	『瑜伽師地論略纂』（大正大蔵経・第四十三巻）
『成論』	『成唯識論』（大正大蔵経・第三十一巻）
『述記』	『成唯識論述記』（大正大蔵経・第四十三巻）
『了義灯』	『成唯識論了義灯』（大正大蔵経・第四十三巻）
『演秘』	『成唯識論演秘』（大正大蔵経・第四十三巻）
『枢要』	『成唯識論掌中枢要』（大正大蔵経・第四十三巻）
『義林章』	『大乗法苑義林章』（大正大蔵経・第四十五巻）
『二十論述記』	『唯識二十論述記』（大正大蔵経・第四十三巻）

『倶舎論記』（大正大蔵経・第四十一巻）
『倶舎論疏』（大正大蔵経・第四十一巻）
『瑜伽論記』（大正大蔵経・第四十二巻）

『同学鈔』　　『唯識論同学鈔』（大正大蔵経・第六十六巻）
『百法問答鈔』（日本大蔵経・法相宗章疏二）
『観心覚夢鈔』（日本大蔵経・法相宗章疏二）

参考にしたサンスクリットテキスト

The Yogācārabhūmi of Ācārya Asaṅga, ed. by V. Bhattacharya, 1957, Calcutta.
Śrāvakabhūmi of Ācārya Asaṅga, ed. by K. shukla, 1973, Patna.
Bodhisattvabhūmi, ed. Nalinaksha Dutt, 1978, Patna.
Abhidharmakośabhāṣya of Vasubandhu, ed. P. Pradhan, 1967, Patna.
Madhyāntavibhāgaṭīkā, ed. by S. Yamaguchi, 1934, Nagoya.
Madhyāntavibhāgabhāṣya, ed. by Gadjin M. Nagao, 1964, Tokyo.
Vijñaptimātratāsiddhi; viṃśatikā et triṃśikā, ed. by Sylvain Levi, 1925, Paris.
Abhidharmasamuccayabhāṣyam, ed. by Nathmal Tatia, 1976, Patna.

玄奘訳以外の参考にした書

『大唐西域記』（大正大蔵経・第五十一巻）
『大唐大慈恩寺三蔵法師伝』（大正大蔵経・第五十巻）

目　次（見出し語漢字一覧）

あ									
ア		黯	21	イク		雨	67	映	80
阿	1	**い**		育	36	烏	67	栄	80
啞	6	イ		イチ		傴	68	盈	80
哀	6	已	21	一	36	鄔	68	営	80
遏	6	以	23	イツ		嘔	68	影	80
瘂	6	伊	23	一	38	殪	68	瑩	80
頞	6	衣	24	逸	43	憂	68	鋭	80
鴉	7	位	24	イン		ウツ		瞖	80
噁	7	医	24	引	43	嘔	69	瑿	80
		囲	24	印	45	鬱	69	衛	80
アイ		委	24	因	45	ウン		嬰	80
哀	7	怡	24	咽	49	運	69	翳	80
愛	7	易	25	姻	49	雲	69	癭	81
藹	12	威	25	殷	49	蘊	70	鷖	81
		洟	26	姪	49				
アク		為	26	陰	50	**え**		エキ	
悪	12	畏	26	飲	50	エ		疫	81
		韋	26	隕	50	会	70	益	81
アツ		倚	26	愁	50	衣	71	腋	81
圧	16	恚	26	殞	50	依	71		
遏	16	異	27	瘖	50	迴	75	エツ	
頞	16	移	30	隠	50	恵	75	悦	81
		葦	31	蔭	50	慧	76	越	81
アン		意	31			壊	78		
安	16	違	34	**う**		懐	79	エン	
按	20	維	35	ウ		穢	79	円	81
菴	20	慰	35	右	50			延	82
暗	20	謂	36	有	50	エイ		炎	83
諳	20	頤	36			永	79	苑	83
闇	20					英	79	垣	83
								宴	83
								烟	83
								偃	83

淹	83	擁	92	可	102	芽	112	骸	119
焔	83	懊	93	花	103	臥	112	骸	119
堰	83	甕	93	価	103	蝦	112	鎧	119
猥	84	鸚	93	呵	103	餓	112		
琰	84			果	103	鵝	112	**カク**	
園	84	**オク**		河	104			各	119
煙	84	抑	93	曷	104	**カイ**		角	120
遠	84	屋	93	柯	104	会	112	革	120
演	84	憶	93	珂	105	快	112	挌	120
縁	84			科	105	戒	112	格	120
閣	87	**オツ**		迦	105	改	114	覚	120
轅	87	越	93	郝	105	乖	114	較	122
讌	87	嘔	94	夏	105	悔	115	隔	122
鹽	87			家	105	海	115	赫	122
灧	87	**オン**		華	105	界	115	獲	122
		苑	94	荷	105	疥	116	觳	122
お		怨	94	貨	105	皆	116	膾	122
		音	95	訶	105	契	116	鑊	122
オ		恩	95	過	106	廻	116		
汚	87	殷	95	揭	107	揩	116	**ガク**	
和	87	陰	96	嫁	107	開	116	学	122
於	87	温	96	瑕	107	階	118	額	124
悪	88	飲	96	嘉	107	塊	118		
淤	88	園	97	樺	107	解	118	**カツ**	
		遠	97	歌	107	誨	118	甲	124
オウ		慇	99	搗	108	魁	118	活	124
王	88	瘖	99	羯	108	慣	118	渇	124
尫	89	厭	99	稼	109	壊	118	割	124
応	89	隠	100	蝸	109	懐	118	滑	124
邑	91	薩	101	踝	109	繢	118	骰	124
往	91	鴛	101	鍜	109			瞎	124
枉	92			擿	109	**ガイ**		羯	124
欧	92	**か**				害	118	蝎	125
殃	92			**ガ**		崖	119	闊	125
甕	92	**カ**		瓦	109	街	119	黠	125
黄	92	戈	101	伽	109	溉	119		
誑	92	火	101	我	109	蓋	119	**ガツ**	
横	92	加	102	画	112			月	125

合	125	簡	131	祈	135	ギ		究	150
		観	131	軌	135	伎	144	咎	150
カン		膽	133	帰	136	宜	144	急	150
甘	125	鹹	133	悕	136	祇	144	躬	150
奸	125	灌	133	既	136	偽	144	救	150
汗	125	鐶	133	耆	136	欺	145	蚯	150
串	125	闌	133	記	137	義	145	給	150
肝	126	髖	133	起	137	疑	146	嗅	150
函	126			飢	138	儀	146	舅	150
官	126	ガン		鬼	138	戯	147	鳩	150
冠	126	丸	133	基	139	擬	147	窮	150
巻	126	元	133	寄	139	蟻	147	鵂	150
看	126	含	133	規	139	議	147		
矜	126	岸	133	亀	139			ギュウ	
浣	126	眼	133	喜	139	キツ		牛	150
陥	126	雁	133	揮	140	吉	147		
乾	126	頑	133	期	140	詰	147	キョ	
患	127	銜	134	稀	140			巨	150
貫	127	翫	134	貴	140	キャ		去	150
堪	127	贗	134	愧	140	佉	147	居	150
寒	128	頷	134	棄	141			拒	150
稈	128	顏	134	毀	141	キャク		炬	150
菅	128	願	134	詭	142	却	148	苣	150
閑	128	龕	134	跪	142	客	148	倨	150
間	128	巖	134	置	142	隙	148	挙	150
勧	128			旗	142			虚	150
寬	129	き		綺	142	ギャク		許	150
感	129			器	142	逆	148	鋸	150
管	129	キ		嬉	143	獲	149	遽	150
関	129	几	135	擒	143				
歓	129	卉	135	憙	143	キュウ		ギョ	
緩	130	危	135	機	143	及	149	御	150
撫	130	肌	135	燬	144	弓	149	魚	150
諫	130	気	135	虧	144	丘	150		
還	131	岐	135	騎	144	旧	150	キョウ	
鹹	131	希	135	譏	144	休	150	凶	150
環	131	忌	135	饑	144	朽	150	共	151
艱	131	奇	135	羈	144	求	150		

兇	151	仰	161	**く**		求	183	希	200
匡	151	行	161			具	184	快	200
狂	151	形	165	ク		愚	185	芥	201
狂	151	迥	166	九	167			花	201
供	151	暁	166	久	169	クウ		価	201
怯	151	業	166	口	170	空	186	計	201
挟	152	楽	166	工	170			悔	201
狭	152	澆	166	孔	171	グウ		悔	202
矜	152	凝	166	功	171	共	190	家	202
恐	152	翹	167	句	172	宮	191	華	203
恭	152			旧	172	遇	191	袈	203
胸	152	キョク		朽	172	隅	191	稀	203
脇	152	曲	167	叺	173	窮	191	嫁	203
強	152	局	167	吼	173			稼	203
教	152	勗	167	究	173	クツ		戯	203
頃	154	極	167	供	174	屈	192	懈	203
経	154	棘	167	拘	175	欻	192	繋	204
敬	156			狗	175	窟	192	䗪	204
軽	156	キン		苦	175				
境	158	忻	167	垢	179	クン		ゲ	
僵	159	近	167	倶	179	君	192	下	204
慶	159	欣	167	恭	182	訓	192	牙	206
憍	160	金	167	庫	182	薫	192	外	206
篋	160	勤	167	矩	182	勲	193	芽	210
彊	160	欽	167	貢	182	曛	193	夏	211
橋	160	筋	167	救	182			偈	211
頰	160	禁	167	鉤	182	グン		解	211
矯	160	禽	167	鳩	182	軍	193	礙	213
竅	161	緊	167	筥	183	群	193		
嚮	161	錦	167	駆	183			ケイ	
鏡	161	謹	167	鵂	183	**け**		刑	213
警	161			瞿	183			形	213
競	161	ギン		懼	183	ケ		茎	213
響	161	吟	167	衢	183	化	194	係	214
驚	161	銀	167			仮	195	契	214
				グ		灰	197	計	214
ギョウ				弘	183	気	199	恵	214
巧	161						200	荊	214

啓	214	肩	223	蠲	231	倨	242	光	260
畦	214	建	223			挙	242	向	261
経	214	研	223	ゲン		涸	242	好	261
敬	214	倦	223	元	231	虚	242	扣	262
軽	214	倹	223	幻	231	許	244	江	262
傾	214	兼	223	言	232	琥	244	考	262
携	214	剣	223	串	232	詁	244	劫	262
継	214	拳	224	原	232	酤	244	吼	263
慶	214	軒	224	眩	232	鼓	244	坑	263
憩	214	乾	224	患	232	頡	244	孝	263
稽	214	健	224	現	232	鋸	244	抗	263
頸	214	捲	224	眼	237	顧	244	攻	263
雞	214	牽	224	衒	238			更	263
警	214	眷	224	減	238	ゴ		岡	263
醯	214	険	224	源	238	五	244	拘	263
鶪	214	喧	225	還	238	互	253	肴	263
		堅	225	厳	239	牛	253	狎	263
ゲイ		間	226			後	254	厚	263
迎	215	嫌	227	コ		娯	256	巷	263
		愆	227			悟	256	昂	263
ゲキ		遣	227	コ		御	256	洪	263
撃	215	慳	227	己	239	期	256	杭	264
		権	227	巨	239	寤	256	紅	264
ケツ		踡	227	去	239	語	256	荒	264
欠	215	嶮	227	古	240	誤	258	香	264
穴	215	憲	228	呼	240	護	258	哮	265
血	215	撿	228	孤	240			校	265
決	215	褰	228	怙	240	コウ		栲	265
結	217	諠	228	抛	240	口	258	貢	265
橛	218	賢	228	狐	240	工	258	降	265
闕	218	謇	229	居	240	孔	258	高	265
蠍	218	謙	229	拒	240	功	258	康	266
蹶	218	鍵	229	虎	240	巧	258	控	266
纈	218	簡	229	故	241	広	258	梗	266
		繭	229	胡	241	弘	260	喉	266
ケン		顕	229	枯	241	亙	260	皓	266
妍	218	幰	231	炬	241	交	260	硬	266
見	218	懸	231	庫	242	仰	260	隍	266

項	266	コク		欽	286	砕	295	サツ		
搆	266	谷	274	跟	286	宰	295	札	303	
溝	267	国	274	懇	286	栽	295	殺	303	
粳	267	剋	274			豺	296	薩	303	
鉱	267	哭	274	ゴン		婇	296			
膏	267	斛	274	言	286	彩	296	ザツ		
綱	267	黒	274	忻	287	採	296	雑	303	
膠	267	穀	276	近	288	済	296			
羹	267	酷	277	欣	289	猜	296	サン		
橰	267	縠	277	勤	289	祭	296	三	303	
興	267			禁	290	細	296	山	317	
糠	267	ゴク		銀	290	菜	297	珊	317	
餚	267	曲	277	権	290	最	297	惨	318	
鴻	267	極	277	厳	291	裁	300	産	318	
鵠	267	獄	279			債	300	散	318	
獷	267			さ		歳	300	算	319	
曠	267	コツ				摧	300	讃	319	
孋	268	乞	279	サ		綵	300	纔	320	
		机	279	左	291	際	300	攅	320	
ゴウ		杚	279	作	291	齋	300	饌	320	
号	268	忽	279	差	293	擠	300	鑽	320	
仰	268	骨	280	詐	293	臍	300			
合	268			嗟	294			ザン		
劫	269	コン		鎖	294	ザイ		残	320	
恒	269	今	280	薩	294	在	300	慚	320	
降	270	困	280			財	301	暫	320	
剛	270	佷	280	ザ		罪	302	儳	320	
強	270	昏	280	坐	294			巉	320	
殑	270	金	280	座	294	サク		讒	320	
毫	271	建	281	挫	294	作	302			
傲	271	很	282			索	302	し		
業	271	恨	282	サイ		策	302			
豪	273	根	282	才	294	酢	302	シ		
嗥	273	婚	285	再	294	数	303	士	321	
鞕	273	惛	285	西	294	醋	303	子	321	
嚻	273	混	285	災	294	錯	303	尸	321	
		紺	285	妻	295			支	321	
		渾	286	斉	295			止	322	

司	323	資	349	シチ		ジャ		取	407
四	323	雌	350	七	381	邪	398	炷	409
市	340	賜	351			蛇	401	首	409
旨	341	駛	351	シツ		麝	401	修	409
次	341	熾	351	失	386			株	413
此	341	諮	351	虱	386	シャク		殊	413
死	341	鴟	351	室	386	石	401	珠	413
至	342			疾	386	斥	402	酒	413
伺	343	ジ		悉	387	折	402	娶	413
志	344	士	351	湿	387	赤	402	衆	413
私	344	示	352	嫉	387	昔	402	須	415
使	344	地	352	膝	387	析	402	腫	415
刺	344	字	353	質	387	斫	402	数	415
姉	344	寺	354			迹	402	種	415
始	344	耳	354	ジツ		責	402	趣	417
肢	344	自	354	十	387	釈	402	鬚	417
枝	344	似	364	実	388	跡	403		
祀	344	事	365	昵	391	赫	403	ジュ	
屍	344	侍	368	習	391	慼	403	戌	417
屎	344	治	368			積	404	戎	418
思	345	恃	368	シャ		錯	404	寿	418
指	347	持	368	叉	392	嚼	404	受	418
室	347	時	370	沙	392	鑠	404	呪	422
師	347	滋	372	車	392			授	423
恣	348	慈	372	舎	392	ジャク		就	423
脂	348	辞	373	炙	393	若	404	頌	423
祠	348	爾	373	者	393	弱	404	聚	423
舐	348	膩	373	娑	393	寂	404	誦	424
徙	348			射	393	著	406	澍	424
視	348	シキ		置	393	搦	406	儒	424
揣	349	式	373	差	394	敵	406	樹	424
紫	349	色	373	捨	394	擲	406	鷲	425
詞	349	識	378	奢	396	鵲	406		
歯	349			煮	396			シュウ	
嗤	349	ジキ		遮	396	シュ		収	425
肆	349	直	380	謝	398	手	406	周	425
詩	349	食	380	瀉	398	主	406	宗	426
訾	349					守	407	洲	426

秋	426	粥	446	叙	483	清	507	状	535
臭	427			徐	483	章	510	定	536
修	427	ジュク		除	483	紹	510	乗	538
執	427	熟	446	舒	484	訟	510	城	539
終	428					勝	510	浄	539
羞	429	シュツ		ショウ		掌	517	貞	542
習	429	出	446	小	485	焼	518	娘	542
就	429			升	488	竦	518	烝	542
衆	429	ジュツ		少	488	証	518	常	542
集	429	述	450	正	489	傷	520	情	544
愁	429	術	450	生	495	摂	520	條	545
酬	429			匠	501	奨	523	掉	545
聚	429	シュン		声	501	腥	523	盛	545
種	429	春	450	床	502	照	523	場	546
皺	430	瞋	450	抄	502	睫	523	畳	546
醜	430	瞬	450	姓	502	聖	524	誠	546
鞦	430	蠢	450	尚	502	詳	526	蒸	546
蹴	430			性	502	嘗	526	静	546
襲	430	ジュン		承	503	彰	527	諍	548
		巡	450	招	504	精	527	縄	548
ジュウ		殉	451	昇	504	障	527	嬢	548
十	431	純	451	沼	504	請	529	擾	548
什	439	淳	451	青	504	屧	529	攘	549
汁	439	循	451	星	505	漿	529	瓢	549
充	439	順	452	省	505	賞	529	艶	549
住	439	潤	456	荘	505	銷	529		
柔	441			倡	505	餉	530	ショク	
重	441	ショ		将	505	麨	530	食	549
従	442	処	456	悚	505	燋	530	殖	549
渋	442	初	458	消	505	牆	530	触	549
習	442	所	460	祥	506	蕭	530	飾	549
集	443	秤	477	称	506				
獣	444	書	478	笑	507	ジョウ		ジョク	
縦	444	菹	478	商	507	上	530	蓐	549
		諸	478	唱	507	丈	533	濁	549
シュク				捷	507	仗	533		
夙	445	ジョ		渉	507	成	533	シン	
宿	445	助	483			杖	535	心	549
		序	483						

申	555	塵	575	ゼ		昔	595	弗	602
伸	556			是	592	析	595	宣	602
臣	556	**す**				脊	595	専	603
身	556			セイ		迹	595	染	603
辛	560	ス		井	593	隻	595	泉	603
信	560	数	576	生	593	責	596	浅	603
侵	562			成	593	跡	596	洗	604
津	563	ズ		声	593	感	596	穿	604
神	563	図	576	制	593	瘠	596	扇	604
振	563	杜	576	姓	594	積	596	旃	604
浸	563	塗	576	征	594	藉	596	栴	604
疹	564	頭	577	性	594			涎	605
真	564			青	594	セツ		旋	605
針	566	スイ		星	594	切	596	船	605
晨	567	水	577	逝	594	折	596	尠	605
脣	567	衰	578	清	594	刹	596	戦	605
深	567	捶	579	盛	594	泄	597	煎	606
進	567	推	579	掣	594	窃	597	睒	606
寝	567	酔	579	晴	594	殺	597	詮	606
新	567	遂	579	勢	594	設	597	賤	606
榛	568	睡	579	聖	595	雪	598	銓	606
審	568			誠	595	摂	598	箭	606
瞋	569	ズイ		精	595	楔	598	遷	607
震	570	随	580	誓	595	節	598	甄	607
臻	570	瑞	585	静	595	説	598	氈	607
薪	570	髄	585	嘶	595			繊	607
親	570			請	595	ゼツ		鮮	607
磣	571	スウ		整	595	舌	599	瞻	607
襯	571	崇	585	醒	595	絶	600	贍	608
		数	585	臍	595	質	600	闡	608
ジン		趨	585					癬	608
仁	572			ゼイ		セン		鱣	608
尽	572	**せ**		毳	595	千	600		
迅	572					山	601	ゼン	
甚	572	セ		セキ		仙	601	全	608
神	573	世	586	斥	595	占	602	前	609
尋	574	施	591	石	595	先	602	染	610
腎	575			赤	595	尖	602	善	612

喘	622	曽	639	測	656	駝	667	タツ	
禅	622	窓	639	触	656			達	686
漸	623	創	639	瘡	658	タイ			
蠕	623	喪	639			太	667	ダツ	
		棄	640	ゾク		体	668	脱	686
そ		痩	640	俗	658	対	669	達	686
		葱	640	族	658	帝	670	奪	687
ソ		僧	640	属	658	待	670		
咀	623	想	640	続	658	胎	670	タン	
沮	623	層	642	賊	659	殆	671	丹	687
殂	623	綜	642			耐	671	旦	687
祖	623	総	642	ソツ		退	671	但	687
素	624	聡	644	卒	659	帯	672	坦	687
梳	624	遭	644	率	659	逮	672	担	687
爼	624	瘡	645			啼	672	怛	687
疎	624	箱	645	ソン		滞	672	単	687
酥	624	澡	645	存	659	諦	672	炭	687
窣	624	霜	645	忖	659	頽	673	疽	687
楚	624	叢	645	村	659			耽	687
麁	624	藻	645	孫	659	ダイ		探	687
鼠	628	躁	645	尊	660	大	673	淡	688
蔬	628			損	660	代	684	湛	688
穌	628	ゾウ		蹲	662	台	684	短	688
蘇	628	造	645			第	684	椴	688
		象	646	**た**		提	686	嘆	688
ソウ		像	646			醍	686	痰	688
双	628	増	647	タ				端	688
爪	629	憎	652	他	662	タク		誕	688
壮	629	雑	652	多	665	宅	686	噉	688
皂	629	蔵	653	搨	666	托	686	憚	689
走	629					択	686	歎	689
奏	629	ソク		ダ		託	686	憺	689
忽	629	即	654	打	666	磔	686	彈	689
相	629	束	654	陀	666	橐	686	澹	689
荘	638	足	654	唾	667			鍛	689
草	638	息	655	堕	667	ダク			
倉	639	捉	655	惰	667	諾	686	ダン	
掃	639	速	655	駄	667	濁	686	団	689

段	689	肘	704	チョク		貞	715	塵	724
断	689	忠	704	直	710	挺	715	諂	724
弾	692	注	704			涕	715	顛	724
暖	692	昼	704	チン		逞	715	鄭	724
煖	693	偸	704	沈	710	停	715	顚	724
摶	693	厨	704	珍	711	堤	715	纏	725
談	693	稠	704	展	711	提	715	癲	725
檀	693	籌	705	陳	711	睇	715	鱣	726
				賃	712	稊	715		
ち		チュツ		鴆	712	隉	715	**デン**	
		黜	705			鄭	715	田	726
チ				**つ**		蹄	715	伝	726
池	693	チョ						殿	727
知	693	貯	705	ツイ		デイ		電	727
値	695	樗	705	追	712	泥	715	臀	727
恥	695	儲	705	椎	712	埿	715		
致	695			墜	712			**と**	
智	695	チョウ		鎚	712	テキ			
遅	697	帖	705			的	715	ト	
稚	697	長	705	ツウ		滴	716	斗	727
置	697	張	706	通	713	適	716	吐	727
馳	698	彫	706	痛	714	敵	716	兎	727
癡	698	悵	706			擲	716	妬	727
魑	698	頂	706	**て**				突	727
		鳥	707			デキ		徒	728
チク		朝	707	デ		溺	716	兜	728
竹	698	超	707	弟	714			都	728
畜	698	塚	708			テツ		屠	728
蓄	699	牒	708	テイ		迭	716	渡	728
築	699	跳	708	低	714	啜	716	塗	728
		徴	708	弟	715	鉄	716	覩	728
チャク		澄	708	定	714			蠧	729
択	699	調	708	底	714	テン			
著	699	雕	710	抵	715	天	717	ド	
		聴	710	邸	715	典	719	土	729
チュウ		寵	710	亭	715	殄	719	奴	729
中	699	鵬	710	剃	715	展	719	度	729
虫	704			帝	715	転	719	怒	729

トウ									
刀	729	動	739	捼	748	弱	760	**ね**	
冬	729	堂	739	棕	748	溺	760		
忉	729	童	739			搦	760	ネ	
当	729	道	739	ナイ		諾	760	涅	771
灯	730	僮	741	内	748				
投	730	銅	741	泥	752	ニュウ		ネイ	
豆	731	導	741			入	760	佞	772
到	731	瞳	742	ナン		乳	761	寧	772
東	731			男	752	柔	761		
逃	731	トク		南	752	揉	761	ネツ	
倒	731	特	742	軟	752			熱	772
党	731	得	742	暖	753	ニョ			
唐	732	徳	743	煖	753	女	761	ネン	
涛	732	犢	743	爗	753	如	762	年	773
盗	732			難	753	汝	766	念	773
陶	732	ドク						拈	774
湯	732	毒	743	**に**		ニョウ		奘	774
登	732	独	744			尿	767	粘	775
等	732	読	745	ニ		娘	767	然	775
筒	736	髑	745	二	754	撓	767	黏	775
答	736			尼	757	嬈	767		
棟	736	トツ		耳	757	鬧	767	**の**	
罩	736	咄	745	昵	758	孃	767		
燈	736	突	745	爾	758	繞	767	ノウ	
稲	736			儞	758	饒	767	悩	775
幢	736	トン						能	775
糖	736	貪	745	ニク		ニン		納	785
頭	736	敦	746	肉	758	人	767	脳	785
擣	736	頓	746			仁	769	農	785
盪	736			ニチ		任	769	膿	786
闘	736	ドン		日	759	忍	770	嚢	786
騰	737	呑	747	暱	759				
饕	737	鈍	747			**ぬ**		**は**	
醲	737			ニツ					
		な		日	759	ヌ		ハ	
ドウ						奴	771	巴	786
同	737	ナ		ニャク		怒	771	波	786
		那	747	若	760	拏	771		

破	787	ハク		犯	801	秘	816	擘	826
般	787	白	792	汎	801	婢	816	闢	826
鉢	787	拍	792	伴	801	悲	816		
頗	788	迫	792	判	801	脾	817	ヒャツ	
簸	788	剥	792	畔	801	跛	817	百	826
		博	792	般	801	鄙	818		
バ		搏	792	販	802	誹	818	ビュウ	
芭	788	雹	792	飯	802	諢	819	謬	827
馬	788	膊	792	煩	802	避	819		
婆	788	薄	792	幡	802	臂	819	ヒョウ	
筏	789	繁	793	繁	802	髀	819	并	827
跋	789			蟠	802	羆	819	兵	827
罵	790	バク		攀	802	譬	819	抨	827
薄	790	麦	793					表	827
		莫	793	バン		ビ		拼	828
パ		縛	793	伴	802	比	819	豹	828
波	790			挽	802	毘	820	幖	828
播	790	ハチ		般	802	眉	821	漂	828
		八	794	晩	802	美	821	標	828
ハイ		鉢	796	槃	802	備	821	憑	829
坏	790			盤	802	寐	822	飄	829
拝	790	ハツ				鼻	822		
肺	790	八	796	ひ		麋	822	ビョウ	
背	790	発	799			獼	822	平	829
俳	791	般	799	ヒ				苗	830
悖	791	鉢	799	比	803	ヒツ		屏	831
配	791	髪	799	皮	804	必	822	病	831
敗	791	撥	799	彼	804	畢	822	瓶	831
廃	791			披	804	逼	823		
稗	792	バツ		肥	805			ヒン	
輩	792	伐	800	陂	805	ビツ		品	831
		抜	800	非	805	苾	824	貧	831
バイ		筏	801	卑	815			稟	832
売	792	罰	800	毘	815	ヒャク		賓	832
倍	792			飛	815	百	824	擯	832
媒	792	ハン		匪	815			顰	832
買	792	反	800	疲	815	ビャク			
		半	801	被	816	白	825		

ビン		蒲	867	文	882	蝙	892	訪	909
敏	832	撫	867	蚊	882	騙	892	逢	909
頻	832	舞	867					報	909
				へ		ベン		輂	910
ふ		フウ		ヘイ		便	892	蜂	910
		封	868	平	882	勉	892	豊	910
フ		風	868	并	882	辨	892	飽	910
不	833	諷	869	兵	882	辯	892	蜂	910
夫	862			閉	882	鞭	892	縢	910
父	862	フク		餅	882	辯	893	蓬	910
布	862	伏	869	弊	882			鋒	910
扶	862	服	869	蔽	882	**ほ**		縫	910
府	862	復	869						
怖	862	腹	869	ベイ		ホ		ボウ	
拊	863	福	869	吠	883	歩	893	亡	910
斧	863	輻	870			保	893	乏	910
附	863	覆	871	ヘキ		捕	893	妨	910
負	863			僻	883	補	894	忘	911
赴	863	ブク		壁	883	輔	894	防	911
浮	863	伏	871	璧	883			房	911
婦	863			甓	883	ボ		肪	911
符	864	ブツ		霹	883	母	894	茅	911
補	864	仏	872			菩	894	某	912
富	864	物	876	ベツ		暮	896	虻	912
普	865			別	883			剖	912
鳧	865	フン		蔑	885	ホウ		望	912
腐	865	分	876	篾	885	方	896	傍	912
敷	865	坌	878	鼈	885	咆	898	貿	912
膚	865	芬	878			奉	898	鉾	912
諷	865	忿	878	ヘン		宝	898	暴	912
		紛	878	辺	885	抱	899	謀	913
ブ		焚	878	返	886	放	899	謗	913
夫	866	憤	878	変	887	朋	900	瀑	913
父	866	奮	879	偏	889	法	900		
扶	866	糞	879	貶	890	胞	909	ホク	
奉	866			遍	890	峯	909	北	913
武	867	ブン		編	892	鮑	909		
部	867	分	879			萌	909		

ボク		マイ		脈	940	鳴	987	沐	993		
卜	913	毎	931	霢	940	瞑	987	黙	993		
牧	913	昧	931								
僕	913	埋	932	ミョウ		メツ		モツ			
				名	940	滅	987	勿	993		
ホツ		マク		妙	943			没	993		
北	914	膜	932	命	945	メン		物	993		
法	914			明	946	免	989				
発	917	マツ		冥	948	面	990	モン			
		末	932	猛	948	涵	990	文	994		
ボツ		沫	932	鳴	948	綿	990	門	994		
没	918			瞑	948			問	995		
歿	918	マン				も		捫	995		
勃	919	万	932	ミン				悶	995		
		曼	932	泯	948	モ		聞	995		
ホン		満	933	眠	948	母	990				
本	919	慢	933	愍	949	茂	990	や			
奔	922	漫	934			姥	990				
品	922	蔓	934	む		摸	990	ヤ			
笵	923	鬘	934			模	990	夜	996		
翻	923			ム				野	997		
		み		矛	949	モウ					
ボン				牟	949	毛	990	ヤク			
凡	923	ミ		務	950	妄	991	厄	997		
犯	923	未	934	無	950	孟	992	亦	997		
盆	924	味	936	夢	985	盲	992	役	997		
梵	924	弥	937	霧	985	耄	992	扼	997		
煩	925	眉	937			望	992	約	997		
		美	937	め		猛	992	益	997		
ま		微	938			蒙	992	軛	997		
		彌	939	メ		網	992	薬	997		
マ				馬	985	輞	992	籥	998		
末	927	ミツ				蟒	992				
莫	929	密	939	メイ		魍	992	ゆ			
麻	929	蜜	940	命	986						
摩	929			明	986	モク		ユ			
磨	930	ミャク		迷	986	木	993	由	998		
魔	931	麦	940	冥	987	目	993	油	998		

喩	998	永	1006	邐	1015	リキ		領	1032
遊	998	幼	1008			力	1025	寮	1032
愈	999	用	1008	ライ				撩	1032
瑜	999	羊	1008	礼	1015	リク		霊	1033
踊	1000	夭	1008	来	1015	陸	1025	療	1033
蹤	1000	洋	1008	雷	1016				
		要	1008	頼	1016	リツ		リョク	
ユイ		容	1008	癩	1016	立	1025	緑	1033
唯	1000	揚	1009			律	1025		
		揺	1009	ラク				リン	
ユウ		葉	1009	洛	1016	リャク		吝	1033
又	1003	陽	1009	落	1016	略	1026	林	1033
友	1003	腰	1009	楽	1016	歴	1027	悋	1033
尤	1003	楊	1009	酪	1018			淋	1033
由	1003	墉	1009			リュウ		淪	1033
用	1003	踊	1009	ラツ		立	1027	稟	1033
邑	1003	影	1009	辣	1018	流	1028	鈴	1033
勇	1003	蠅	1010			留	1028	輪	1033
幽	1004	養	1010	ラン		粒	1028	隣	1034
涌	1004	擁	1010	乱	1018	隆	1028	臨	1034
蚰	1004	縈	1010	卵	1018	龍	1028	麟	1035
猶	1004	膺	1011	孄	1018				
遊	1004	鎔	1011	懶	1018	リョ		る	
雄	1005	癰	1011	爛	1018	慮	1028		
憂	1005	瓔	1011	攬	1018			ル	
融	1005	齇	1011			リョウ		流	1035
				り		了	1028	留	1036
よ		ヨク				令	1030	琉	1037
		抑	1011	リ		両	1030	屢	1037
ヨ		欲	1011	利	1019	冷	1030	瑠	1037
与	1005	翼	1014	里	1020	良	1030	縷	1037
余	1006			理	1020	囹	1031		
誉	1006	ら		犁	1021	凌	1031	ルイ	
預	1006			痢	1021	料	1031	涙	1037
與	1006	ラ		冒	1021	猟	1031	類	1037
		頼	1014	履	1021	陵	1031	羸	1037
ヨウ		螺	1014	離	1022	量	1031		
夭	1006	羅	1015			僚	1031		

れ	レツ		**ろ**	牢 1043	ロン		
	列 1039			朗 1043	論 1048		
	劣 1039			浪 1043			
レイ	烈 1039	ロ		狼 1043	**わ**		
令 1038	裂 1039	路 1041	廊 1043			
礼 1038		輅 1041	僂 1043	ワ		
冷 1038	レン	漏 1041	楼 1043	和 1050		
励 1038	恋 1039	魯 1041	臘 1043			
例 1038	連 1039	閭 1042	聾 1043	ワイ		
囹 1038	廉 1040	爐 1042		猥 1052		
聆 1038	煉 1040	臚 1042	ロク	賄 1052		
零 1038	蓮 1040	蘆 1042	六 1043			
霊 1038	練 1040	露 1042	鹿 1047	ワク		
黎 1038	憐 1040	驢 1042	禄 1047	惑 1052		
	輦 1040		漉 1047			
レキ	錬 1040	ロウ		ワン		
暦 1038	斂 1040	老 1042	ロツ	剜 1052		
歴 1038	鎌 1040	労 1042	六 1047	腕 1052		
礫 1038	攣 1041	弄 1043		彎 1052		

あ

阿 あ ①否定の接頭辞 a の音写。無の意味。 Ⓢ a
(出典) 復次、羅漢名生、阿是無義、以無生故、名阿羅漢。(『婆沙』94、大正 27・487c)
②接頭辞 ā の音写。至る、来るの意味。
Ⓢ ā
(出典) 阿言、顕此乃至彼義。如是煩悩流転有情乃至有頂、故名為漏。(『婆沙』47、大正 27・244b)

阿迦膩瑟搋天 あかにしゅたてん 阿迦膩瑟搋は akaniṣṭha の音写。色究竟と意訳。色界十七天のなかの色究竟天のこと。→色界十七天 Ⓢ akaniṣṭha-deva

阿羯羅 あから 心一境性 (citta-eka-agratā) のなかの agra の音写。境と意訳。→心一境性 Ⓢ agra
(出典) 云質多翳迦阿羯羅多、此云心一境性。質多云心、翳迦云一、阿羯羅云境、多云性。(『了義灯』5本、大正 43・753b)

阿伽 あが agha の音写。『倶舎』に二説が述べられている。(第一説) 原子 (極微) が集まってできた大きさのある物質 (積集色) をいう。石が他の石をさまたげる、あるいは一方の手が他方の手をさまたげるように、他者と同一の空間を共有できないような物質をいう。agha を「礙」の意味に解釈する説。(第二説) 門や窓などの空間、口や鼻などの空間 (空界色) をいう。agha を a-gha とみて「無礙」の意味に解釈する説。いずれも色を説明するための用語。→空界色 →隣阿伽色 Ⓢ agha
(出典) 阿伽、謂、積集色。極能為礙故、名阿伽。(中略) 有説。阿伽、即空界色。此中無礙故、名阿伽。(『倶舎』1、大正 29・6c)

阿耆尼 あきに agni の音写。火のこと。「火を若し尸棄と云えば、是れ有相の名にして、若し阿耆尼と云えば、是れ無相の名なり」 Ⓢ agni

阿笈摩 あぎゅうま ① āgama の音写。旧訳は阿含。近づく、至るの意味から、伝承された教説をいう。種類として雑阿笈摩・中阿笈摩・長阿笈摩・増一阿笈摩の四種がある。Ⓢ āgama
(参考) (『瑜伽』85、大正 30・772c)
②→阿笈摩見

阿笈摩見 あぎゅうまけん 阿笈摩は āgama の音写。「因が変化して果に至る」とみる見解。「律儀に住すること」と、この「阿笈摩見」と、「かならず果がある」とみる見解との三つが、布施を行なう際の重要な条件となる。 Ⓢ āgama-dṛṣṭi
(参考) (『瑜伽』39、大正 30・505b)

阿倶盧舎縵 あくろしゃまん ākrośamāna の音写。修行者が他人から罵声を浴びせられたときに怒り (瞋) を生じないために観察する言葉。原語の全体で自分に罵声が浴びせられていることをいう。この語に対して、「もしも ā (阿) の字を除けば、たんに自分を喚ぶことになり、怒りを生じる理由がなくなる。また、もし māna (縵) を除けば、ただ罵声の声だけの意味となるから、その声は自分に関係せず、どうして怒る理由があろうか。さらにこの二字がなければ、ただ喚ぶという行為を意味することになり、自分に苦しみが生じて怒る理由などない」とこのように観察して、他者からの暴言・罵声に対して怒りを生じないようにする (krośa とは叫喚、叫び声。ākrośa で罵声、侮辱の意味がある)。 Ⓢ ākrośamāna
(参考) (『婆沙』14、大正 27・70b)

阿薩臘縛 あさろば āsrava の音写。阿薩和縛とも音写する。漏と意訳。煩悩の別名。→漏 Ⓢ āsrava
(参考) (『婆沙』47、大正 27・244b)

阿薩和縛 あさわば →阿薩臘縛

阿氏羅筏底 あじらばってい ajiravatī の音写。贍部洲にある四大河の一つである殑伽河の支流の一つ。→四大河 Ⓢ ajiravatī
(参考) (『婆沙』5、大正 27・22a)

阿時縛迦外道 あじばかげどう 阿時縛迦は ājīvika の音写。邪命と意訳し、邪命外道ともいう。外道の一派で、よこしまな方法で生

活をする人びとをいう。尼揵子外道ともいい、ジャイナ教の一派である。→邪命外道→尼揵子　Ⓢ ājīvika
（出典）述曰。如邪命等者、即是阿時縛迦外道、応云正命、仏法毀之、故云邪命、邪活命也。（『述記』1末、大正43・266a）

阿沙荼　あしゃだ　①āṣāḍha の音写。五つの生存のありよう（五趣）の一つである人趣の呼び名の一つ。人をマヌシュヤ（manuṣya）と呼ぶが、そのように呼ばれるようになる以前の人に対する呼び名の一つ。征服しがたきものという意味。Ⓢ āṣāḍha
（出典）云何人趣。（中略）問、何故此趣、名末奴沙。（中略）先未号此末奴沙時、人或相呼以雲頸、或名多羅脛、或名底落迦、或名阿沙荼。（『婆沙』172、大正27・867c）
②→阿沙荼月

阿沙荼月　あしゃだがつ　阿沙荼は āṣāḍha の音写。頞沙荼とも音写。仲夏と意訳。一年を構成する十二か月の一つ。夏の三か月の一つ。Ⓢ āṣāḍha
（参考）（『婆沙』136、大正27・701c）：（『西域記』2、大正51・876a）

阿遮利耶　あじゃりや　ācārya の音写。阿闍梨とも音写。軌範師と意訳。人を導く師。親教師（upādhyāya 鄔波柁耶）と並記される場合が多い。Ⓢ ācārya
（出典）軌範師者、阿遮利耶也。親教師者、鄔波柁耶也。即和尚阿闍梨。（『略纂』4、大正43・54c）

阿闍梨　あじゃり　阿遮利耶とおなじ。→阿遮利耶

阿芻婆　あしゅば　akṣobhya の音写。数の単位の一つ。十の十九乗。Ⓢ akṣobhya
（参考）（『婆沙』177、大正27・891a）：（『倶舎』12、大正29・63b）

阿湿縛健陀　あしゅばけんだ　五つの大樹の一つ。→五大樹

阿湿縛庾闍月　あしゅばゆじゃがつ　阿湿縛庾闍は aśvayuj の音写。頞湿婆庾闍とも音写。一年を構成する十二か月のなかの一つ。秋の三か月の一つ。Ⓢ aśvayuj
（参考）（『婆沙』136、大正27・701c）：（『西域記』2、大正51・876a）

阿素洛　あすら　asura の音写。旧訳は阿修羅。六つの生存のありよう（六趣）の一つ。諸天と戦闘する存在。この語に対して（ⅰ）天ではない、（ⅱ）端政（容貌が端正である）ではない、（ⅲ）天に近いが天と同類ではない、の三つの解釈があるが、ふつう（ⅰ）の解釈にもとづいて非天と意訳される。天趣のなかに含めて別に趣として立てない説もある。仏法を守護する八部衆の一つ。→非天　Ⓢ asura
（出典）契経唯説有五趣故。問、何故名阿素洛。答、素洛是天、彼非天故、名阿素洛。復次、素洛名端政、彼非端政故、名阿素洛。以彼憎嫉諸天令所得身形不端政故。復次、素洛名同類、彼先与天相近而住、然類不同故、名阿素洛。（『婆沙』172、大正27・868b）

阿世耶　あせや　āśaya の音写。意楽・欲楽と意訳。意欲。意志。意図。意向。願い。→意楽「諸の愛行者の悪なる阿世耶は極めて躁動なり」「普く利楽を欲する勝れた阿世耶」Ⓢ āśaya

阿闡底迦　あせんていか　欲しないという意味の anicchantika の音写。世俗的なことに執着して涅槃に入ることを欲しない人、あるいは一切の衆生を救済するために自らは涅槃に入ることを欲しない菩薩をいう。
Ⓢ anicchantika
（参考）（『枢要』上本、大正43・610c）

阿僧企耶　あそうぎや　数えることができないという意味の asaṃkhyeya の音写。旧訳は阿僧祇。不可数・無数と意訳。数量の最大値。五十二の数の単位が説かれるなかの最大の単位。十の五十一乗。Ⓢ asaṃkhyeya
（出典）数辺際、名阿僧企耶。自此已去、一切算数所不能転。是故数之辺際名不可数。（『瑜伽』52、大正30・588c）
（参考）（『婆沙』177、大正27・891a）：（『倶舎』12、大正29・63b）

阿僧企耶劫　あそうぎやこう　asaṃkhyeya-kalpa の音写。旧訳は阿僧祇劫。無数劫・不可数劫と意訳。数えることができないほどの長い時間。劫阿僧企耶ともいう。→一大劫阿僧企耶劫　Ⓢ asaṃkhyeya-kalpa

阿僧祇　あそうぎ　阿僧企耶とおなじ。→阿僧企耶

阿僧祇劫　あそうぎこう　阿僧企耶劫とおなじ。→阿僧企耶劫

阿吒吒倶胝　あたたくてい　数の単位の一つ。阿哲哲倶胝の百千倍。→阿哲哲倶胝
（参考）（『婆沙』177、大正27・890c）

阿陀那 あだな →阿陀那識

阿陀那識 あだなしき 阿陀那は、維持する、保持する、という意味のādānaの音写。生命を維持し保持する識。深層の根源的な識である阿頼耶識の別名。根本識である阿頼耶識は一切の存在を生じる可能力（種子）と感覚器官（有色根）とを保持し維持し、かつ再生時に相続して引き継がれる識であるから阿陀那識という。 Ⓢ ādāna-vijñāna
（出典）第八識、雖諸有情皆悉成就、而随義別立種種名。（中略）或名阿陀那。執持種子及諸色根、令不壊故。（『成論』3、大正31・13c）：以能執持諸法種子、及能執受色根依処、亦能執取結生相続、故説此識、名阿陀那。（『成論』3、大正31・14c）
（参考）（『摂論』上、大正31・133b～c）

阿哲哲倶胝 あててくてい 数の単位の一つ。倶胝倶胝の百千倍。→倶胝倶胝
（参考）（『婆沙』177、大正27・890c）

阿顚底迦 あてんていか 畢竟という意味のātyantikaの音写。畢竟して涅槃に入る能力のない人のこと。一闡提（一闡底迦）の別名。→一闡提 Ⓢ ātyantika
（出典）若非涅槃法、一闡底迦。究竟成就雑染諸法、由闕解脱因、亦名阿顚底迦。（『集論』3、大正31・673c）：以彼解脱得因必竟不成就故、阿顚底迦、名為畢竟、畢竟無涅槃性故。（『枢要』上本、大正43・610c）

阿那 あな ānaの音写。入る息。外の風を身体のなかに入れる働きをする。阿波那の対。→阿那波那念 Ⓢ āna
（出典）言阿那者、謂、持息入。是引外風、令入身義。（『倶舎』22、大正、29・118a）

阿那阿波那念 あなあぱなねん 阿那波那念とおなじ。→阿那波那念

阿那波那 あなぱな 阿那と波那。入る息と出る息。→阿那波那念

阿那波那念 あなぱなねん 阿那阿波那念ともいう。心の乱れが強い人が修する観法。あれこれと考えて散乱する心を静めるために、入る息と出る息とに心を集中する修行法。阿那はānaの音写で、入る息、波那は詳しくは阿波那といい、apānaの音写で、出る息をいう。入息出息念・息念・持息念と意訳する。あるいは持来持去念とも意訳する。この観法は〈小乗〉では、五停心観の一つに含まれ、不浄観とならんで修行に入る要門とされるが、〈唯識〉では、四つの対象（遍満所縁・浄行所縁・善巧所縁・浄惑所縁）を観察するヨーガのうちの浄行所縁を観察する修行のなかに含まれる。「諸の尋思を対治せんと欲する為の故に阿那波那念を修す」
Ⓢ āna-apāna-smṛti
（出典）論曰。言息念者、即契経中所説阿那阿波那念。言阿那者、謂、持息入、是引外風令入身義。阿波那者、謂、持息出、是引内風令出身義。慧由念力観此為境故、名阿那阿波那念。（『倶舎』22、大正29・118a）
（参考）（『瑜伽』26、大正30・427a～b）：（『瑜伽』27、大正30・430c以下）：（『瑜伽』31、大正30・455a～b）

阿拏色 あぬしき 阿拏はaṇuの音写。原子（極微）のこと。七個の原子から構成され、五つの感覚（五識）の対象となる最小の物質。拏色と略称。
（出典）如阿拏色等以上、方為五識境。（『述記』2本、大正43・270a）：如阿拏色、七極微相資。（『述記』2本、大正43・271a）：且有宗云。以七極微、成一拏色。（『了義灯』2本、大正43・691b）

阿耨多羅三藐三菩提 あのくたらさんみゃくさんぼだい anuttara-samyak-saṃbodhiの音写。無上正覚・無上正等覚・無上菩提・無上正等菩提・無上正等三菩提と意訳。無上の正しいさとり。菩薩はこのさとりを証して仏陀となる。 Ⓢ anuttara-samyak-saṃbodhi
（出典）仏陀者、謂、畢竟断一切煩悩并諸習気、現等正覚阿耨多羅三藐三菩提故。（『瑜伽』83、大正30・765b）

阿耨多羅三藐三菩提心 あのくたらさんみゃくさんぼだいしん 阿耨多羅三藐三菩提を得ようとする心。この心を起こすことによって菩薩としての修行が始まる。→阿耨多羅三藐三菩提

阿波那 あぱな apānaの音写。出る息。身体のなかの風を身体の外に出す働きをいう。→阿那波那念 Ⓢ apāna
（出典）阿波那者、謂、持息出、是引内風令出身義。（『倶舎』22、大正29・118a）

阿波波 あぱぱ 数の単位の一つ。覩胝分の百千倍。→覩胝分
（参考）（『婆沙』177、大正27・891a）

阿波波分 あぱぱぶん 数の単位の一つ。阿波波の百千倍。→阿波波

(参考)（『婆沙』177、大正 27・891a）

阿毘 あび　阿毘達磨の阿毘。abhi の音写。阿毘達磨と阿毘に対する諸解釈は『婆沙論』に詳しい（『婆沙』1、大正 27・3b〜4c)。Ⓢ abhi

阿毘達磨 あびだつま　abhidharma の音写。阿毘は abhi の音写で、分析する、解釈するという意味。達磨は dharma の音写で、法と意訳され、経に説かれている教え（教法）を意味する。したがって、阿毘達磨とは、経に説かれている教えに対して分析し解釈することを意味し、対法と意訳される。この対法（阿毘達磨）に関して諸論に種々に解釈されているが、『倶舎論』では（『倶舎』1、大正 29・1b)、阿毘達磨を勝義と世俗の二種に分けて、（ i ）勝義の阿毘達磨とは、浄慧（無漏慧）と随行（浄慧に付属するもの）とであり、（ ii ）世俗の阿毘達磨とは、一つは無漏慧を生じる資糧となる有漏慧（聞慧・思慧・修慧など）と、もう一つは有漏慧を生じる論（教え）との二つがある、と解釈する。さらに対法の対と法との関係については、法を勝義の法と法相の法とに分けて、（ i ）涅槃という法（勝義の法）に対向する、（ ii ）四聖諦（法相の法）という法を対観する、と解釈する。 Ⓢ abhidharma

(出典）復次一切阿毘達磨、皆為解釈契経中義。以広分別諸経義故、乃得名為阿毘達磨。（『婆沙』2、大正 27・5b)：何謂対法。頌曰。浄慧随行名対法、及能得此諸慧論。論曰。(中略）若勝義法、唯是涅槃。若法相法、通四聖諦。此能対向或能対観、故称対法。（『倶舎』1、大正 29・1b)：阿毘達磨亦名対法。此法対向無住涅槃、能説諦菩提分解脱門等故。（『摂論釈・世』1、大正 31・322a）

(参考)（『婆沙』1、大正 27・3a〜4c）

阿毘達磨師 あびだつまし　①説一切有部に属する論師の呼称。対法諸師・対法者ともいう。→説一切有部　Ⓢ ābhidhārmika

②経に対する解釈（阿毘達磨）をたんに暗記して誦するだけではなく、その意味を錯謬することなく理解している者。阿毘達磨論師ともいう。

(出典）若以如是十四事、覚知阿毘達磨無錯謬者、名阿毘達磨師、非但誦持文者。（『婆沙』23、大正 27・116b）

阿毘達磨蔵 あびだつまぞう　経に対する解釈（阿毘達磨）全体の総称。仏教の全文献を三種に集成したもの（三蔵）の一つ。論蔵と意訳。対法蔵ともいう。→三蔵

Ⓢ abhidharma-piṭaka

阿毘達磨論師 あびだつまろんし　→阿毘達磨師②

阿鼻旨大捺落迦 あびしだいならか　阿鼻旨は間断がないという意味の avīci の音写。間断なく常に苦を受けつづけている地獄、あるいは、あいだに楽が生じることがない地獄をいう。無間地獄と意訳。→無間地獄

Ⓢ avīcir mahā-narakaḥ

(参考)（『倶舎』11、大正 29・58b）

阿末羅識 あまらしき　→阿摩羅識

阿摩洛迦 あまらか　āmalaka の音写。余甘子と訳す。学名 Emblica myrobalan という果実の一種。→余甘子　Ⓢ āmalaka

(出典）次第安布余甘子等段、名阿摩洛迦。（『婆沙』71、大正 27・368a）

阿摩羅識 あまらしき　阿摩羅は amala の音写。阿末羅とも音写。無垢識と意訳。垢（mala）がない識。阿頼耶識を転じて得られる大円鏡智の別名。摂論宗はこの識を第九識とみなすが、法相宗はこの説に反対する。

Ⓢ amala

(出典）唯無漏依、体性無垢。先名阿末羅識、或名阿摩羅識、古師立為第九識者、非也。（『述記』3 末、大正 43・344c）

(参考)（『瑜伽論記』1 上、大正 42・318a）

阿庾多 あゆた　ayuta の音写。数の単位の一つ。次の二説がある。（ i ）十の九乗。（『倶舎論』と『婆沙論』に三説あるなかの第三説)。（ ii ）阿吒吒倶胝の百千倍。（『婆沙論』に三説あるなかの第二説）→阿吒吒倶胝

Ⓢ ayuta

(参考)（『婆沙』177、大正 27・890c)：（『婆沙』177、大正 27・891a)：（『倶舎』12、大正 29・63b）

阿庾多分 あゆたぶん　数の単位の一つ。阿庾多（阿吒吒倶胝の百千倍）の百千倍。→阿吒吒倶胝

阿頼耶 あらや　①欲・貪・愛などと列記され、執着する心の働き一般をいう。「欲を起こし、貪を起こし、親を起こし、愛を起こし、阿頼耶を起こし、尼延底を起こし、耽著を起こす」 Ⓢ ālaya

(出典）阿頼耶者、謂、愛。（『婆沙』145、大

正27・746c）
②執着の対象となるもの。そのような対象として五取蘊、五欲、楽受、身見、転識、色身などがあるが、〈唯識〉は執着の究極の対象として阿頼耶識を考える。「世間の衆生は、阿頼耶を愛し、阿頼耶を楽い、阿頼耶を欣び、阿頼耶を憙ぶ」 Ⓢ ālaya
（参考）（『成論』3、大正31・15a～b）
③→阿頼耶識

阿頼耶識 あらやしき 深層的な根本の識。一切の存在を生み出す根源的な心。原語はālaya-vijñānaで、このうちālayaは阿頼耶と音写、vijñānaは識と意訳。またālayaは貯蔵する蔵という意味を持つから蔵識と意訳される。阿頼耶識は次のような性質や働きを持つ。（i）過去世の業が原因となって現在世に結果として生じたもの。（ii）過去世の原因としての業は善か悪かであるが、現在世の結果としての阿頼耶識は善でも悪でもない。（iii）表層の業の結果が種子となって熏じつけられる場所。（iv）一切の存在（一切諸法）を生じる種子（可能力）を貯え保持している。（v）末那識（深層的な自我執着心）によって自我と執着される対象。（vi）有根身（身体）を生み出し、それを生理的・有機的に維持して腐敗せしめない。（vii）器世間（自然界）を生じ、深層でそれを認識し続けている。（viii）輪廻の主体となる。阿頼耶識の異名として心・阿陀那・所知依・種子識・阿頼耶・異熟識・無垢識の七種がある（『成論』3、大正31・13c）（各項目を参照）。また識を列記するときに、第八番目に記せられるから、第八識ともいう。蔵識の蔵は、さらに詳しくは能蔵と所蔵と執蔵とに分かれる。このうち能蔵とは阿頼耶識が一切の存在（一切諸法）を生じる可能力（種子）を貯え保持している点、所蔵とは阿頼耶識に表層の業（七転識）の結果が種子として熏じつけられる点、執蔵とは阿頼耶識が末那識によって自我と執着される点、をそれぞれ言い表したものである。また阿頼耶識は自相と果相と因相の三面より分析される。このうち自相とは、広くは阿頼耶識の能蔵・所蔵・執蔵という三つのありようを、狭くは特に末那識によって自我と執着されるというありようを、果相とは過去世の善と悪との業の結果であるというありようを、因相とは阿頼耶識が一切の存在を生じる原因となるというありようを、それぞれ表したものである。この識の呼び名でいえば、阿頼耶識が自相に、異熟識が果相に、一切種子識が因相に、それぞれ名づけられた名称である。また、阿頼耶識には我愛執蔵現行位・善悪業果位・相続執持位の三つの位相がある（→各項参照）。→蔵識 →第八識 Ⓢ ālaya-vijñāna
（出典）第八識雖諸有情皆悉成就、而随義別、立種種名。（中略）名阿頼耶、摂蔵一切雑染品法、令不失故。（『成論』3、大正31・13c）
（参考）（『解深』1、大正16・692b）：（『瑜伽』51、大正30・579a以下）：（『摂論』上、大正31・133b）：（『成論』2、大正31・7c以下）：（『成論』3、大正31・13c）：（『述記』3末、大正43・343c以下）

阿頼耶識縁起 あらやしきえんぎ 〈唯識〉独自の縁起説。この縁起説の縁起は次の三つの過程から成り立っている。（i）深層的な根本心である阿頼耶識のなかの種子（可能力）が原因となって、現行（現象的存在）が結果として生じ、（ii）生じた現行が原因となって阿頼耶識のなかに結果としての種子を熏じ、（iii）熏じつけられた種子は、刹那に生滅しつつ、新たな種子を生じる（そして、その種子が縁をえて、再び現行を生じ、その現行が種子を熏じ……と因果の連鎖がつづく）。このうち、（i）を種子生現行（種子が現行を生じる）、（ii）を現行熏種子（現行が種子を熏じる）、（iii）を種子生種子（種子が種子を生じる）、という。この「種子生現行」「現行熏種子」「種子生種子」という三つの過程は、すべて「識」のなかで起こる出来事であり、この絶えることがない識の因果連続の循環活動のみが存在するから、「唯だ識のみが存在し、識の外には物は存在しない」（唯識無境）と〈唯識〉は主張する。

阿羅漢 あらかん arhatの音写。小乗の聖者の四段階（預流・一来・不還・阿羅漢）の第四段階。煩悩を滅した聖者。これら四段階は、おのおのそこに至る途中と、至り終えた段階とに分けられ、前者を向、後者を果という。阿羅漢についていえば、前者を阿羅漢向あるいは阿羅漢果向、後者を阿羅漢果という。原語arhatを「応供」「殺賊」「無生」の三つの意味に解釈し、（i）世間の供養を受けるにふさわしい人、（ii）涅槃に向かう者にとっての賊である煩悩を殺害した人、(iii)解脱によって輪廻の世界に再び生まれることがない人、をいう。また、〈唯識〉においては、末那識を滅し、煩悩障を完全に滅し、無学の位に至った三乗すべての聖者をいう。その素質（種性）に応じて次の六種に分かれる。(i)退法（獲得したさとりから退いてそれを失う者)、(ii)思法（獲得したさとりから退くことをおそれて自害しようと思う者)、(iii)護法（獲得したさとりを自ら防護する者)、(iv)安住法（退く縁にあうこともなく、自ら護ることもしなく、修行をさらに加えることもしなく、おなじ程度のさとりに住しつづける者)、(v)堪達法（自らの力を高めて不動の阿羅漢に至る能力を持つ者)、(vi)不動法（獲得した阿羅漢としてのさとりから決して退かない者)。 Ⓢ arhat
(出典) 阿羅漢有六種。一退法、二思法、三護法、四安住法、五堪達法、六不動法。(『婆沙』62、大正 27・319c)：諸聖者、断煩悩障、究竟尽時、名阿羅漢。爾時、此識（＝末那識）煩悩麁重永遠離故、説之為捨。此中所説阿羅漢者、通摂三乗無学果位、皆已永害煩悩賊故、応受世間妙供養故、永不復受分段生故。(『成論』3、大正 31・13a)：阿羅漢言応。即殺賊、応供、無生三義故也。(『述記』3末、大正 43・341a～b)
(参考)(『婆沙』94、大正 27・487b～c)：(『倶舎』25、大正 29・129b)

阿羅漢果 あらかんか 阿羅漢に至った位。→阿羅漢 Ⓢ arhat-phala

阿羅漢果向 あらかんかこう 阿羅漢果に向かう位。→阿羅漢
Ⓢ arhat-phala-pratipannaka

阿羅漢向 あらかんこう 阿羅漢果に向かう位。→阿羅漢 Ⓢ arhat-pratipannaka

阿羅漢最後心心所 あらかんさいごしんしんじょ 次の生で涅槃に入り、再び生まれて来ない最後の身体を有する阿羅漢の心心所。この心心所だけが等無間縁とならない。
Ⓢ arhataś caramāś citta-caittāḥ
(参考)(『婆沙』10、大正 27・50a)

阿羅漢最後身 あらかんさいごしん 次の生で涅槃に入り再び生まれて来ない阿羅漢の最後の身体。

阿羅漢僧 あらかんそう →阿羅漢苾芻

阿羅漢尼 あらかんに 女性の阿羅漢。
Ⓢ arhat-bhikṣuṇī

阿羅漢苾芻 あらかんびっしゅ 男性の阿羅漢。阿羅漢僧ともいう。苾芻は bhikṣu の音写。僧と意訳。 Ⓢ arhat-bhikṣu

阿練若 あれんにゃ araṇya の音写。出家僧が修行する場所。人びとが住む町村から離れた広々とした広野（空逈）や埋葬地（塚間）や辺地の庵（辺際臥具）など。阿練若処・空閑処・閑静処ともいう。そこに住む僧を阿練若苾芻という。 Ⓢ araṇya
(参考)(『瑜伽』25、大正 30・422b)：(『瑜伽』30、大正 30・450a)

阿練若処 あれんにゃしょ →阿練若

啞啞 ああ 口を開いて発する笑い声。
(出典) 開口而笑、名現歯、喉中出声、名啞啞。(『略纂』5、大正 43・68b)

哀 あ サンスクリット語で単語や文章を構成する最小単位の文字のうちの a の音写。

哀阿壹伊 ああいい 単語や文章を構成する最小単位の文字のうちの a（哀）ā（阿）i（壹）ī（伊）の音写。

哀壹鄔 あいう 単語や文章を構成する最小単位の文字のうちの a（哀）i（壹）u（鄔）の音写。
(参考)(『雑集論』2、大正 31・700c)

遏迦花 あかけ 遏迦は arka の音写。アルカ樹の花。花の大きさは人の手ほどで、赤肉色で、神鬼に供養する花。「諸の菩薩は如来の所、若しくは制多の所に於て、種種の局崛羅香・遏迦花などと、余の不浄物とを以って供養を為さず」 Ⓢ arka-puṣpa

遏湿摩揭婆宝 あしゅまがるばほう 遏湿摩揭婆は aśma-garbha の音写。頞湿摩揭婆とも音写。エメラルドの宝石。瑪瑙・馬瑙と訳される。七宝の一つ。→七宝② Ⓢ aśma-garbha
(参考)(『婆沙』124、大正 27・648b)

遏部曇 あぶどん 頞部陀とおなじ。→頞部曇位

遏履瑟吒 ありしゅた ariṣṭa の音写。死の前兆。「遏履瑟吒の過失を遠離するに由って応に身行を知るべし」 Ⓢ ariṣṭa

瘂 あ 口の不自由な人。癡瘂・瘖瘂ともいう。「種種の有情の身相の差別あり。或いは盲を生ず、聾を生ず、瘂を生ず」
Ⓢ mūka

頞沙荼月 あしゃだがつ 阿沙荼月とおな

じ。→阿沙荼月

頞湿縛羯拏山 あしゅばかつぬせん 頞湿縛羯拏は aśva-karṇa の音写。馬耳山と意訳する。スメール山（蘇迷盧山）を中心に取り囲む八つの山の一つ。山の形が馬の耳に似ていることから、この名でよばれる。→八山
Ⓢ aśva-karṇa
（参考）（『略纂』1、大正 43・16a）

頞湿縛庾闍月 あしゅばゆじゃがつ 阿湿縛庾闍月とおなじ。→阿湿縛庾闍月

頞湿摩掲婆宝 あしゅまがるほう 遏湿摩掲婆宝とおなじ。→遏湿摩掲婆宝

頞哳吒那落迦 あたたならか 嚯哳詀那落迦ともいう。頞哳吒あるいは嚯哳詀は aṭaṭa の音写。八つの寒い地獄の一つ。寒さの苦しみのために発する声の響きから、このように呼ばれる。→八寒那落迦 →八寒地獄
Ⓢ aṭaṭa-naraka

頞底洛叉 あていらくしゃ atilakṣa の音写。数の単位の一つ。洛叉（lakṣa）の十倍で十の六乗。ati を度と訳し、度洛叉ともいう。
Ⓢ atilakṣa
（参考）（『婆沙』177、大正 27・891a）

頞部陀那落迦 あぶだならか 頞部陀は arbuda の音写。皰と意訳。八つの寒い地獄の一つ。厳しい寒さのため、身に皰（ふきでもの）が生じるからこのように呼ばれる。皰那落迦ともいう。→八寒那落迦 →八寒地獄
Ⓢ arbuda-naraka

頞部曇位 あぶどんい 頞部曇は arbuda の音写。遏部曇とも音写。胎児の五段階（『倶舎論』所説）、あるいは八段階（『瑜伽論』所説）の第二の状態。内部と外部とが乳酪のようになっているが、いまだ肉ができていない胎児の状態。→胎蔵 Ⓢ arbuda
（出典）若表裏、如酪未至肉位、名遏部曇。（『瑜伽』2、大正 30・284c～285a）：遏部曇者、此翻疱、猶如瘡疱。表裏如酪、未至肉位。（『略纂』1、大正 43・13b）：頞部曇、此云疱。漸稠、如疱。（『枢要』下本、大正 43・636b）

鴉足薬草 あそくやくそう からすの足のような薬草。「士の用の如くなるが故に士用の名を得る。世間に鴉足薬草、酔象将軍と説くが如し」 Ⓢ kāka-jaṅghā-oṣadhi

嚯哳詀那落迦 あたたならか →頞哳吒那落迦

哀 あい ①嘆き悲しむこと。「命終し已って身を高床の上に置けば、前後の大衆は或いは哀し、或いは哭す」 Ⓢ **rud**
②慈しみ。哀愍におなじ。→哀愍「哀を垂れて苦を救う」 Ⓢ anukampā: karuṇā

哀雅 あいが 仏陀の発する言葉や音声が慈しみに満ち優雅であること。仏の三十二相の一つである大梵音の内容。
（出典）云何如来三十二種大丈夫相。（中略）二十八者、得大梵音、言詞哀雅、能悦衆意、譬若羯羅頻迦之音、其声雷震、猶如天鼓。（『瑜伽』49、大正 30・566c～567a）

哀泣 あいきゅう 悲しみ泣くこと。「内熱は是れ愁にして哀泣は是れ悲なり」

哀吟 あいぎん 悲しみ嘆くこと。「言を発して哀吟し、冤なりと悲しみ、身を挙げて煩熱するを歎と名づく」

哀受 あいじゅ つつしんで受け取ること。「彼の獼猴が清浄なる蜜を献ぜしに、世尊、哀受すれば、歓喜舞躍す」 Ⓢ pratigṛhīta

哀恕 あいじょ 慈しみゆるすこと。「愆を哀恕す」

哀慼 あいせき 悲しみ憂うこと。「孤苦と貧窮とに於て哀慼し悲泣す」

哀歎 あいたん 憐れみ嘆くこと。「亡者を傷悼する因縁に依って種種に哀歎す」

哀愍 あいみん ①生きもの（有情）を哀れみ慈しむこと。生きものに利益と安楽を与えようと願い、救済活動をすること。
Ⓢ karuṇā
（出典）諸菩薩、於諸有情、利益意楽、安楽意楽、是名哀愍。（『瑜伽』47、大正 30・549b）
②慈・悲・喜・捨の四無量心をまとめて哀愍という。→四無量心 Ⓢ anukampā
（参考）（『瑜伽』44、大正 30・535c～536a）

哀羅筏拏龍王 あいらばぬりゅうおう 哀羅筏拏は airāvaṇa の音写。龍王の一人。藹羅伐拏龍王ともいう。 Ⓢ airāvaṇa-nāga-rājan

哀憐 あいれん 哀れみ慈しむこと。「諸の有情に於て哀憐の心あり、悲愍の心あり、親愛の心あり」 Ⓢ dayā: preman

愛 あい ①苦しむ生きものを救済することを願って、かれらを愛し慈しむ菩薩の愛。「諸の有情を愛す」 Ⓢ anunaya
②教え（法）を、あるいは、徳のある人、尊敬すべき人、師などを信じて愛すること。汚

れのある愛と汚れのない愛との二種の愛のうち、後者が信じて愛するという意味の愛である。信愛ともいう。→愛敬 Ⓢ preman

（出典）信名愛故、名信愛。（『婆沙』6、大正27・28a）：問。愛以何為自性。答。愛有二種。一染汚、謂、貪。二不染汚、謂、信。（『婆沙』29、大正27・151a）：愛有二。一有染汚、二無染汚。有染、謂、貪、如愛妻子等。無染、謂、信、如愛師長等。（『倶舎』4、大正29・21a）

③貪ること。執着すること。具体的には、たとえば、自己（我）、生活道具（資具）、男女の交わり（婬）、他者・事物・環境（境）、来世に再び生まれること、来世は虚無になること、などに執着し貪ること。過去・現在・未来にわたって苦を生じる原因となる。貪愛、渇愛ともいう。Ⓢ abhilāṣin: kāma: tṛṣṇā: sneha

（出典）愛是三世衆苦因本。（『婆沙』78、大正27・403a）

④好ましい。心にかなう。愛と非愛、愛と不愛と、対のかたちで用いられることが多い。「思は能く愛と非愛の果を感ずる勢力は最勝なり」「浄と不浄の業が三界の諸行に熏習するに由って、愛と不愛の趣の中に於て愛と不愛との自体を牽引す」 Ⓢ iṣṭa

⑤十二支縁起の一契機としての愛。十二支縁起のなかの第八番目の契機。『倶舎論』の三世両重の因果説によれば、妙なる生活道具を貪り、性的欲望を生じるが、いまだ広範囲に追求することがない段階をいう。Ⓢ tṛṣṇā

（出典）貪妙資具婬愛現行、未広追求、此位名愛。（『倶舎』9、大正29・48c）

愛恚 あいい ①愛と恚。愛することと憎むこと。恚は瞋恚、憎恚ともいう。たとえば、楽を与えるものを愛し、苦を与えるものを憎むこと。この二つは日常的に最も起こしやすい煩悩であり、心が汚れる直接の原因である。したがって清浄な心になるためには、この愛と恚とを断じなければならないが、それができる者は阿羅漢あるいは菩薩であり、究極の意味では仏だけである。「楽受と苦受の中に於て愛恚の二法は心を擾乱す」「諸の菩薩は諸の世法に於て愛恚の為に塗染されざるが故に、紅蓮花の如し」「阿羅漢は愛恚を断ずると雖も、愛恚に相似する余習あり。唯だ仏のみ愛恚の習気を永抜す」 Ⓢ anunaya-pratigha

②中有から没して母胎に入って生まれるときに抱く心のありよう。母あるいは父に対する愛と憎。→中有「諸の有情は多く倒想を起こして母胎に入る。男が胎に入る時は、母に於て愛を起こし父に於て恚を起こす。女が胎に入る時は、父に於て愛を起こし母に於て恚を起こす」（『婆沙』60、大正27・309a）

Ⓢ anunaya-pratigha

愛因 あいいん 愛を生じる原因。無明のこと。生死輪廻する根本原因。Ⓢ tṛṣṇā-hetu

（出典）於生死由五種相、一切愚夫流転不息、由愛因故。（中略）此中無明、是名愛因。（『瑜伽』86、大正30・781c〜782a）

愛会 あいえ 愛するものと会うこと。所愛会ともいう。愛別の対。「愛会と怨離」

Ⓢ priya-saṃprayoga

愛火 あいか 愛という火。愛によって苦しむさまを火に焼かれることに喩えていう。「菩薩は、楽を求め、愛火に焼かれて苦しむ衆生を観じて、深心に悲愍して恵施を行ず」

Ⓢ tṛṣṇā-dāha

愛果 あいか ①好ましい結果。可愛果ともいう。→可愛果 Ⓢ iṣṭa-phala

②愛を生じる原因である無明から引き起こされる結果としての行為（業）。

（出典）此中無明、是名愛因、能往善趣悪趣諸業、是名愛果。（『瑜伽』86、大正30・782a）

③愛の結果。十二支縁起において愛より引き起こされる取をいう。→取⑤

愛河 あいか 愛によって苦の大河のなかに漂い溺れるから、愛を河に喩えて愛河という。欲界・色界・無色界の三界の愛をいう。貪愛河ともいう。Ⓢ tṛṣṇā-nadī

（出典）愛河者、即三界愛。（『婆沙』49、大正27・256b）

愛過 あいか 愛という過失。貪る欲のこと。Ⓢ kāma-doṣa

（出典）所断愛過、謂、貪欲品。（『瑜伽』17、大正30・373c）

愛渇 あいかつ 愛し貪ること。「未だ渇を離れずとは、愛渇に於て未だ断ぜず、未だ遍知せざるを謂う」

愛玩受用 あいがんじゅゆう 衣服・飲食・寝具・生活道具などの事物に執着して、それらで遊び楽しむこと。極端な二つの生き方

(二辺) の一方。→二辺 Ⓢ pari-**bhuj**

愛憙 あいき 愛しよろこぶこと。貪ること。「未だ憙を離れずとは、愛憙に於て未だ断ぜず、未だ遍知せざるを謂う」

愛敬 あいきょう 愛と敬。貴いものを愛することと敬うこと。貴いものは次の二つに分けられる。(i) 四諦・縁起などの教え(法)。(ii) 師長・規範師などの人。この愛し敬うという心のうち、愛は信 (śraddhā) を本質とする。したがってこの場合の愛とは、信じるという心に裏づけされた汚れなき愛である。敬は慚 (hrī) を本質とする。なぜなら、自己の悪い行為を教えや師などに照らして恥じることによって、その師や教えを尊敬するようになるからである。この愛と敬との両方を兼ねそなえていることを理想とし、そのような人を善士・広大有情・大菩薩とよぶ。愛敬は愛重ともいう。 Ⓢ prema-gaurava
(出典) 愛敬別者、愛、謂、愛楽。体即是信。然愛有二。一有染汚、二無染汚。有染、謂、貪、如愛妻子等。無染、謂、信、如愛師長等。(中略) 敬、謂、敬重、体即是慚。(『倶舎』4、大正 29・21a～b)
(参考) (『婆沙』29、大正 27・150c～151a)

愛行 あいぎょう 貪愛に基づく考えや行為。自己への慢心 (我慢) を原因として起こす行為。十八種、三十六種、あるいは全部で百八種ある。→十八愛行 Ⓢ tṛṣṇā-carita: tṛṣṇā-vicarita
(出典) 有六愛身。謂、眼触所生愛身、耳鼻舌身意触所生愛身。(中略) 或応説十八、如十八愛行。或応説三十六、如三十六愛行。或応説百八、如百八愛行。(『婆沙』49、大正 27・256b～c)
(参考) (『瑜伽』95、大正 30・842b～843a)

愛行者 あいぎょうしゃ 愛行人ともいう。貪愛の強いタイプの人。自己への慢心 (我慢) が強い人と怠ける心 (懈怠) が強い人との二種に分かれる。自己はあるとみる見解、あるいはこれは自己のものであるとみる見解の強いタイプの人 (見行者) に対する語。→見行者 Ⓢ tṛṣṇā-carita
(出典) 補特伽羅有二種。一者愛行、二者見行。(『婆沙』116、大正 27・602c) : 愛行者、復有二種。謂、我慢増、懈怠増。(『婆沙』184、大正 27・927c)

愛行人 あいぎょうにん 愛行者におなじ。→愛行者

愛楽 あいぎょう ①愛しねがう、愛し求めること。愛楽の対象としては、たとえば、寿・色・財・友・戒・聞・梵行・慧・法・生天の十種が説かれる (『瑜伽』61、大正 30・644a)。
② (感覚の対象に) 愛着すること。「男女は色に於て更相に愛楽す」「長夜に色・声・香・味・触を愛楽す」 Ⓢ abhirāma
③ (すぐれたもの、すぐれたことを) 愛する、喜ぶ、願う、敬愛する、尊重すること。「真実聖教を愛楽す」「無上正等菩提を愛楽す」「仏法僧を愛楽す」「寂静を愛楽す」「無戯論涅槃を信解し愛楽す」「正法を愛楽す」
Ⓢ abhirata: abhirati: ārāma: iṣṭa: kāma: priyatā: ruci
④ (衆生を救済しようと) 願うこと。「有情に於て哀愍の愛楽を成就す」
Ⓢ āśaya: rocayatā
⑤かわいく好ましいと思うこと。「形色を愛楽す」「種種の荘厳、甚だ愛楽すべし」
Ⓢ priya
⑥愛と楽。いずれも、かわいく好ましく思うこと。 Ⓢ iṣṭa-kānta
⑦父母など恩ある人を供養すること。愛養ともいう。よい果報 (福報) をもたらす三種の供養 (施与・愛楽・祠祀) の一つ。善悪を否定する邪見者はこの三種の供養を認めない。→愛養
(出典) 如契経説。云何邪見。謂、無施与、無愛楽、無祠祀、乃至広説。(『婆沙』98、大正 27・505a) : 於善悪等、悪見撥無。此見名為邪見業道。如経説。無施与、無愛楽、無祠祀、無妙行、無悪行、無妙悪行業果異熟、無此世間、無彼世間、無母、無父、無化生有情、世間無沙門或婆羅門是阿羅漢。(『倶舎』16、大正 29・88b)

愛結 あいけつ 有情を繋縛して三界において生死流転せしめる五つ、あるいは九つの煩悩 (五結・九結) の一つ。貪結ともいう。→結 Ⓢ tṛṣṇā-saṃyojana
(出典) 愛結者、謂、三界貪。愛結所繋故、不厭三界。由不厭故、広行不善不行諸善。由此、能招未来世苦、与苦相応。(『集論』4、大正 31・676c)

愛見 あいけん 愛と見。貪る愛とまちがっ

た見解。心を汚す二大要因。 Ⓢ ṭṛṣṇā-dṛṣṭi
（出典）有説。想受能起愛見二種煩悩。受力故起愛。想力故起見。一切煩悩此二為首。（『婆沙』152、大正 27・775b）

愛患 あいげん 愛という苦悩・過失。愛を断じるための修行（断愛法）において、二番目に観察すべきありよう。→断愛法「修道位の中、先に愛味を観じ、次に愛患を観じ、後に愛出を観ず」

愛語 あいご 人に優しい言葉を語りかけること。人を慰める優しい言葉（慰喩語 saṃmodanī-vāc）と、悦ばしめる言葉（慶悦語 ānandanī-vāc）と、利益と安楽とを与える言葉（勝益語 parama-upakāra-vāc）とを語りかけること。このうち慰喩語と慶悦語とは随世儀軌語（世間の慣習に順じる語）、勝益語は順正法教語（正しい教えに順じる語）といわれる。菩薩の四摂事の一つ。→四摂事
Ⓢ priya-vāditā
（参考）（『瑜伽』43、大正 30・529c〜530a）

愛護 あいご まもること。「所得の法を愛護す」 Ⓢ anurakṣyatva

愛膏油 あいこうゆ 愛という油。愛を油に喩えていう。この油が尽きたときに無熱の楽を受ける。
（参考）（『婆沙』150、大正 27・768b）

愛子 あいし ①愛する子。「母子が乖離するが故に母が愛子を失うと名づく」
②子を愛すること。「母が子を愛す」
Ⓢ putra-abhilāṣin

愛支 あいし 生存のありようを構成する十二種の要素（十二支）の一つ。貪る心。→十二支縁起
（出典）愛支体、唯煩悩中貪。（『略纂』4、大正 43・58b）

愛事 あいじ 世の人びとが愛し執着するもの。たとえば子供や財産など。
（参考）（『婆沙』83、大正 27・429b〜c）

愛著 あいじゃく 愛し執着すること。「外門の境界を愛著す」「利養・恭敬を愛著す」
Ⓢ anunaya: sneha

愛著処 あいじゃくしょ 愛し執着する対象。〈唯識〉は五取蘊・五妙欲・楽受・身見・転識・色身・不相応行などを愛著処とみなす説に反対して、真の意味での愛著処は阿頼耶識であると説く。著処ともいう。
（参考）（『成論』3、大正 31・15b）

愛習 あいしゅう 愛を生じる潜在的力（習気）。仏はこの愛習を断じているから誉れを得ても歓ばない。貪愛習ともいう。
（参考）（『婆沙』173、大正 27・872c）

愛重 あいじゅう ①価値あるもの、たとえば釈尊によって説かれた教え（法）を重んじること。「法を愛重す」「如来の聖教を愛重す」「名言を厭離して義を愛重す」
Ⓢ gaurava
②世俗的な飲食・財産・名誉などを重んじること。「飲食を愛重す」「財食を愛重す」「利養と恭敬とを愛重す」
③愛敬におなじ。→愛敬

愛出 あいしゅつ 愛から逃れ出ること。愛を断じる修行（断愛法）において最後に観察するありよう。→断愛法「修道位の中、先に愛味を観じ、次に愛患を観じ、後に愛出を観ず」

愛潤 あいじゅん 水が草木を潤して枯渇せしめないように、愛が心を潤して生死をつづけさせることをいう。むさぼること。「何に縁りてか無漏は異熟を招かざるや。愛潤なきが故なり。貞実の種に水の潤沃なきが如し」「愛は有情を潤して有に住著せしめ、出離すること能わざらしむ」

愛所行路 あいしょぎょうろ 愛の対象となる領域（境界）。
（参考）（『瑜伽』86、大正 30・782b）

愛上静慮者 あいじょうじょうりょしゃ 四種の静慮者（愛上静慮者・見上静慮者・慢上静慮者・疑上静慮者）の一人。貪愛の強い静慮者。静慮はすばらしいものであるとその功徳を聞いてその功徳を得ようと静慮に愛着を生じて静慮に入る人。→静慮①
（参考）（『瑜伽』12、大正 30・335b）

愛諍根 あいじょうこん 愛によって引き起こされる争いの根本。四つの身繫（貪欲身繫・瞋恚身繫・戒禁取身繫・此実執身繫）のうちの前の二つをいう。見諍根に対する語。
（出典）有四身繫、謂、貪欲身繫・瞋恚身繫・戒禁取身繫・此実執身繫。（中略）復次此四身繫、起二諍根、過余煩悩、是故偏立。謂、初二身繫起愛諍根、後二身繫起見諍根。（『婆沙』48、大正 27、248c〜249a）

愛身 あいしん ①愛しい自己の身。「愛身を宝とし長久ならしめんと欲す」
②→六愛身

愛尽 あいじん 愛が尽きてなくなること。涅槃の一つのありようをいう。『婆沙論』『倶舎論』『瑜伽論』を通して「愛尽離欲（＝離染）寂滅涅槃」（tṛṣṇā-kṣaya-virāga-nirodha-nirvāṇa）という表現が、また『婆沙論』に「愛尽離染寂滅涅槃」「愛尽涅槃」「愛尽離滅涅槃」、『倶舎論』に「一切愛尽離染滅名為涅槃」、『瑜伽論』に「愛尽離欲寂滅涅槃」「愛尽寂滅涅槃」「愛尽離欲永滅涅槃」という表現がある。 Ⓢ tṛṣṇā-kṣaya

愛水 あいすい 愛を水に喩えて愛水という。水が樹木を潤して成育させるように、貪愛が心を潤し苦的存在（生・異熟）を生ぜしめるから、貪愛を水に喩えて愛水という。貪愛水ともいう。「愛水が潤し、余の煩悩が覆して異熟を感ず」
（参考）（『婆沙』115、大正 27・598a）

愛箭 あいせん 愛を毒箭（毒矢）に喩えて愛箭という。見箭に対する語。「愛箭が心に入ること、毒箭に中るが如し」
（出典）有箭者、謂、二種有箭。一者愛箭、二者見箭。（『婆沙』33、大正 27・173b）

愛染 あいぜん ①物や人に対する愛着。「諸の欲の中に於て心は愛染を生ず」「貪を懐くが故に諸の愛染多く、身財などに於て深く顧恋を生ず」 Ⓢ āmiṣa: saṃrakta
②男女間の性的愛。「父母和合して倶に愛染を起こす」 Ⓢ rakta: saṃrakta

愛憎 あいぞう 愛と憎。貪愛と憎恚。愛することと憎むこと。「貪と瞋とは倶起することを得ず。愛憎の二境は必ずおなじからざるが故に」「愛とは貪愛を謂い、憎とは憎恚を謂う」

愛雑染 あいぞうぜん 愛によって汚れていること。三種の雑染（見雑染・愛雑染・尋思雑染）、あるいは五種の雑染（疑雑染・愛雑染・信解雑染・見雑染・増上慢雑染）の一つ。
（参考）（『瑜伽』56、大正 30・612c）:（『瑜伽』87、大正 30・790b～c）

愛蔵 あいぞう ①執着すること。「邪見に執著して深く愛蔵を起こす」「薩迦耶に於て愛蔵して住す」「一切の後有の諸行を愛蔵す」
②執着して自己、あるいは自己のものと考えること。〈唯識〉は、根源的なそのようなものとして阿頼耶識を説く。
（出典）言愛蔵者、摂為己体故。（『瑜伽』16、大正 30・365b）

愛触 あいそく 貪愛によって触れること。受を生じる十六種の触の一つ。→触

愛断 あいだん 愛を断ずること。断愛ともいう。→断愛「愛断を求めて梵行を修す」

愛纏 あいてん 愛という纏。纏とは煩悩の異名で、まとわりつくという意味。貪愛・貪欲という煩悩をいう。
（参考）（『婆沙』141、大正 27・726a）

愛纏雑染 あいてんぞうぜん 愛・貪愛・貪欲の煩悩によって汚れていること。
（参考）（『瑜伽』88、大正 30・795a～b）

愛念 あいねん 生きもの（衆生・有情）を愛し慈しむこと。「諸の衆生を愛念す」
Ⓢ priyatā: prematā: preman

愛非愛 あいひあい 愛と非愛。事柄の「好ましいありよう」と「好ましくないありよう」。愛不愛ともいう。「業は能く愛非愛の果を分別す」「愛非愛の趣」「愛不愛の趣の中に於て愛不愛の自体を牽引す」 Ⓢ iṣṭa-aniṣṭa

愛不愛 あいふあい 愛非愛とおなじ。→愛非愛

愛仏貪滅 あいぶつとんめつ 仏を愛し滅（涅槃）を貪ること。薩婆多師はこのような貪愛を善法欲として肯定するが、大乗はこのように考えて執着することも一つの貪愛として否定する。
（出典）薩婆多師、縁無漏、貪是善法欲。今大乗説、愛仏貪滅、皆染汚収。与見倶生、縁無漏故。（『述記』6 末、大正 43・444a）

愛分別 あいふんべつ 八分別の一つ。→八分別

愛別離苦 あいべつりく 愛するものと別れる苦しみ。世間的苦の代表。八苦の一つ。親愛別離苦ともいう。→八苦「世間の怨憎会苦と愛別離苦とを厭って出家す」
Ⓢ priya-vinā-bhāva-duḥkhaḥ

愛変無常 あいへんむじょう 愛するものが変化し転変するという無常。

愛慕 あいぼ →あいも

愛品 あいほん 煩悩のうちの愛に属する一群。「愛品の煩悩と見品の煩悩」

愛味 あいみ ①愛という味。愛を断じるための修行（断愛法）において、最初に観察すべきありよう。→断愛法「修道位の中、先に愛味を観じ、次に愛患を観じ、後に愛出を観ず」「諸行の愛味と過患と出離とを観察し

了知す」
②あじ。味覚。風味。「段食の愛味」「境界の愛味」 Ⓢ āsvāda
③愛着する、貪る、執着する、執着して享受すること。貪著とおなじ。「等至・定・三摩鉢底を愛味す」「静慮に愛味を生じて恋著し堅住す」「世間を愛味す」 Ⓢ āmiṣa: āsvāda
（出典）言愛味者、謂、於是中、遍生貪著。（『瑜伽』62、大正30・645c）

愛慕 あいも 愛し慕うこと。憧れること。願望すること。「出離を愛慕す」「仏妙智を愛慕す」 Ⓢ autsukya: spṛhā

愛門転 あいもんてん 愛を原因として生じること。見を原因として生じること（見門転）に対する語。
（出典）愛縁取、亦有二種。一見門転、二愛門転。（『婆沙』23、大正27・119b）

愛養 あいよう 父母など恩ある人を供養すること。よい果報（福報）をもたらす三種の供養（施与・愛養・祠祀）の一つ。三福田（悲田・恩田・敬田）のなかの恩田にあたる。すべてを否定する空見論者はこの三つを否定する。『婆沙論』『倶舎論』では愛楽と訳す。→愛楽⑦ Ⓢ iṣṭa
（出典）空見論者、謂、如有一、若沙門、若婆羅門、起如是見、立如是論。無有施与、無有愛養、無有祠祀、広説乃至、世間無有真阿羅漢。（『瑜伽』7、大正30・311a）：施与・愛養・祠祀者、如次、悲田・恩田・敬田三種差別。或初汎行慧、次現前敬恩田、後不現前敬恩田差別。（『略纂』3、大正43・42b）
（参考）（『婆沙』98、大正27・505a以下）

愛欲 あいよく ①愛し欲すること。むさぼること。苦を生じる煩悩。「三界所有の愛欲を棄つ」
②（さとりたいと）切望すること。「菩提を敬重し愛欲す」

愛力 あいりき ①母胎に入る動因としての愛の力。
（出典）愛能潤識、生後有芽。謂、由愛力得入母胎、滋潤精血、令住胎蔵。（『婆沙』78、大正27・403b）
②苦や他の煩悩を生じる力としての愛の力。Ⓢ tṛṣṇā-vaśa
（出典）由愛力、取蘊生。（『成論』6、大正31・31b）

愛恋 あいれん 恋い焦がれること。「妻子を愛恋す」

藹羅筏底 あいらばてい 贍部洲にある四大河の一つである信度河の支流の一つ。→四大河 Ⓢ airāvatī

藹羅伐拏龍王 あいらばぬりゅうおう →哀羅筏拏龍王

悪 あく ①悪いこと。善くないこと。三種の価値判断（善・悪・無記）のなかの一つ。「業に善と悪と無記との三種あり」「悪不善の法」 Ⓢ akuśala: pāpa: pāpaka
（出典）悪者、謂、不善業。不善者、謂、一切煩悩。障善法故、説為不善。是違善義。（『婆沙』94、大正27・487c）：所言悪者、謂、諸悪行。（『瑜伽』17、大正30・370a）
（参考）（『婆沙』112、大正27・579b）
②意に適わない人。不快な人。「悪と親」 Ⓢ apriya
③暴れること。残虐なこと。「悪牛」 Ⓢ caṇḍa
④病気にかかっていること。「悪皮」 Ⓢ doṣa
⑤まちがっていること。「悪因」「悪行」 Ⓢ viṣama
⑥罪。過失。 Ⓢ avadya

悪阿世耶 あくあせや 阿世耶はāśayaの音写。悪をなそうとする意志。→阿世耶「諸の見行者は悪阿世耶が極めて堅深なり」 Ⓢ pāpa-āśaya

悪威儀 あくいぎ 悪いふるまい・行為。「汝、応に諸の悪威儀を離れ、善く己身を護るべし」 Ⓢ pāpika-caryā

悪意 あくい 邪悪な意志。「悪意の分別とは、他の有情の所に於て瞋恚の増上力に由って損害を為さんと欲するを謂う」 Ⓢ praduṣṭa-manas

悪意楽 あくいぎょう 悪をなそうとする意志。「他の有情に於て損悩の心、怨嫌の心、悪意楽の心ありて、彼の命を断ず」 Ⓢ pāpa-āśaya

悪因 あくいん ①まちがった不適切な原因。自在天、あるいは自性・士夫などから一切の存在が生じると外道が考える原因をいう。不平等因ともいう。そのような見解を悪因見・悪因論・悪因諍論といい、そのような見解を持つ者を悪因論者という。→不平等因 Ⓢ viṣama-hetu
②悪をもたらす原因。悪い原因。「善果は善

因より生じ、悪果は悪因より生ず」
S akuśala-hetu

悪因見 あくいんけん →悪因

悪因諍論 あくいんじょうろん →悪因

悪因論 あくいんろん →悪因

悪因論者 あくいんろんしゃ →悪因

悪慧 あくえ 悪い智慧。汚れた智慧。乱れた心から生じる。
S kutsitā prajñā: kuprajñā: duṣprajñā: dauṣprajñā
(出典) 諸染汚慧、名為悪慧。(『倶舎』10、大正 29・51c):散乱者発悪慧故。(『成論』6、大正 31・34c)

悪果 あくか 悪い結果。悪い原因(悪因)よりもたらされたもの。「善果は善因より生じ、悪果は悪因より生ず」 S akuśala-phala

悪果報 あくかほう 悪い報い、結果。「是の人、先に種種の悪不善業を作し、今、是の如き苦なる悪果報を受く」 S pāpa-vipāka

悪戒 あくかい 悪尸羅ともいう。悪い戒め。善戒(śīla)の対。→戒 →尸羅「帝王と為って法を以って世を治め、大衆を御し、勧めて悪戒を捨てて善戒を修せしむ」
S asaṃvara: dauḥśīlya

悪逆 あくぎゃく きらうこと。嫌悪すること。「諸法の中に無我の相を取り、飲食の中に於て悪逆の相を取る」

悪行 あくぎょう 悪い行為。あやまった行為。身体的・言語的・精神的な三種(身・語・意)の悪い行為。悪業におなじ。顕著な悪行として十不善業があげられる。不平等行・非法行ともいう。→十不善業「身・語・意の種種の悪行を行ず」
S duścarita: vipratipatti: viṣama-caryā
(出典) 三悪行者、謂、身悪行・語悪行・意悪行。(『婆沙』112、大正 27・578a):一切不善身語意業、如次、名身語意悪行。(『倶舎』16、大正 29・84b):悪行有三。謂、貪悪行・瞋悪行・癡悪行。由依止貪瞋癡故、恒行身語意悪行、故名悪行。(『雑集論』7、大正 31・725a～b)
(参考)(『婆沙』112、大正 27・579b)

悪行根 あくぎょうこん 四念住から生じる善なるものの障害となる三つの力・働き(根)の一つ。身体的・言語的・精神的な三種(身・語・意)の悪い行為。それによって来世において悪趣の苦に住することになる。
(出典) 有三種根。於諸念住一切善聚為障礙故、当知、説名不善法聚。何等為三。一悪行根、能令当来住悪趣苦。(『瑜伽』97、大正 30・860a)

悪形色 あくぎょうしき 悪い容姿、顔色。好形色の対。「諸の有情は、或いは好形色、或いは悪形色、或いは上族姓、或いは下族姓など、現に種種の差別を得べきことあり」
S durvarṇa

悪禽獣 あくきんじゅう 害をなす猛獣。遭遇すると恐怖を抱く対象の一つ。雑悪禽獣ともいう。「師子・虎狼・雑悪禽獣に遭って驚怖す」 S kṣudra-mṛga

悪狗 あくく 凶暴な犬。「彼の村邑・聚落に入って乞食する時は、応に悪象・悪馬・悪牛・悪狗・悪蛇・悪獣を避けるべし」
S caṇḍa-kukkura

悪解脱 あくげだつ 悪から解脱すること。「一あるが如く、自から身を苦しめるが故に自から悪解脱すと計す」 S pāpa-vimokṣa

悪見 あくけん 悪い見解。真理をまちがってとらえる見方。六つの根本煩悩の一つ。これに薩迦耶見・辺執見・邪見・見取・戒禁取の五つがある(→各項目を参照)。
S asaddṛṣṭi: kudṛṣṭi
(参考)(『成論』6、大正 31・31c～32a)

悪見趣 あくけんしゅ あやまった見解に陥っていること。『梵網経』に六十二種の悪見趣が説かれている。見趣ともいう。悪見処とおなじ。→六十二諸悪見趣「我見及び有情見を起こして悪見趣に堕つ」 S dṛṣṭi-gata
(出典) 言見趣者、趣、謂、意趣、或是所趣、或謂趣況。(『述記』6 末、大正 43・446b)

悪見処 あくけんしょ あやまった見解に住していること。悪見趣とおなじ。「我ありと執する者は悪見処に堕つ」 S dṛṣṭi-sthāna

悪顕色 あくけんじき 明瞭に顕現している色彩のうち、好ましくないもの。三種の顕色(好顕色・悪顕色・倶異顕色)の一つ。→顕色

悪牛 あくご 凶暴な牛。「彼の村邑・聚落に入って乞食する時は、応に悪象・悪馬・悪牛・悪狗・悪蛇・悪獣を避けるべし」
S caṇḍa-go

悪語 あくご →悪言

悪香 あくこう においの悪い香り。
S durgandha

悪業　あくごう　①悪い行為。たとえば、刀・杖・手・石などで生きものを害すること。動物を殺すこと。人びとと争い戦うこと。悪趣（地獄・餓鬼・畜生という三つの悪い生存形態）に生まれる原因となる。
Ⓢ pāpa-karman
（出典）作悪業者、堕三悪趣。（『婆沙』21、大正 27・106c）
②善でない行為。不善の業。十種ある。→十不善業道。 Ⓢ akuśala-karman

悪言　あくごん　粗暴な言葉。わるくち。悪語・悪説とおなじ。「当に口を護って悪言を出すことなかれ」 Ⓢ durvacas

悪言説　あくごんぜつ　粗暴な言葉。あやまって語られた説。「外道の造るところの因論は是れ悪言説なり」 Ⓢ durbhāṣita

悪作　あくさ　①→悪作（おさ）
②悪くなされたこと。悪い行為。善作の対。「尸羅に由って、数数、悪作を観察して作さず、数数、善作を観察して作す」 Ⓢ kukṛta: duṣkṛta: duṣkṛtya
③悪くなすこと。「諸の愚夫は所思を悪思し、所説を悪説し、所作を悪作す」
Ⓢ duṣkarma-kārin
④財産を悪く分与すること。「悪作に由って財宝を喪失す」 Ⓢ kuvihita
⑤戒を犯した罪の一つ。原語 duṣkṛta を突吉羅と音写。→突吉羅　Ⓢ duṣkṛta

悪察那　あくさな　akṣaṇa の音写か。『述記』に名・句・文を解釈するなかで「悪察那是字、無改転義」と述べられ（『述記』2 末、大正 43・289a）、「悪察那」という語が出てくるが、文（vyañjana）は字（akṣara）のことであるから、『述記』では akṣara を akṣaṇa と錯誤したのであろうか。akṣara は悪刹羅と音写される。→悪刹羅

悪刹羅　あくさら　akṣara の音写。文章を構成する文字のこと。akṣara を「変化する」という意味の kṣara に否定の a-をつけたものと解釈し、文章を構成する文字は変化しないもの（無改転・不流転）ととらえる。名・句・文のうちの文の言い換え。→字　→文②
Ⓢ akṣara
（出典）梵云悪刹羅、唐言字、是不流転義。（『倶舎論記』5、大正 41・108c）

悪思　あくし　悪く思考すること。「略して悪思の思議と善思の思議との二種の思議あり」「諸の愚夫は所思を悪思し、所説を悪説し、所作を悪作す」 Ⓢ duścintin

悪師子　あくしし　凶暴なライオン。「若し処所に悪師子・虎豹などの諸の恐怖の事がなければ、是の処所においては身意は泰然たり」 Ⓢ caṇḍa-siṃha

悪事　あくじ　悪い事。悪い行為。悪業。たとえば他人の命を害すること、動物を殺すこと、ものを盗むこと、よこしまなセックスをすること、嘘をいうこと、飲酒することなど。「悪事を作し已って心に追悔を生ず」

悪尸羅　あくしいら　→悪戒　→尸羅

悪色　あくじき　①きたない色（いろ。顕色）。好色の対。→好色　Ⓢ durvarṇa
（出典）言好色者、謂、美妙顕色。一向浄妙故。与此相違、名為悪色。（『瑜伽』12、大正 30・336c〜337a）：好色悪色者、浄不浄顕色所摂。（『雑集論』13、大正 31・759a）
②容姿や形の悪い存在。羊などの動物の姿。妙色の対。→妙色「生きものの呪殺を行ずるに由って、当来において能く羊などの悪色を変じて妙色を成ぜしむ」

悪叉　あくしゃ　→悪叉聚

悪叉聚　あくしゃじゅ　悪叉は akṣa の音写。悪叉のあつまり。悪叉は、どんぐりに似た果実の名で、地面に落ちると一か所に集まることから、おなじところに多くの種類が存在していることの喩えに用いられ、悪叉聚喩という。「経に悪叉聚の喩を説くが如し。阿頼耶識中に於て多界あるが故に」

悪叉聚喩　あくしゃじゅゆ　→悪叉聚

悪者　あくしゃ　悪い人。「他を毀壊せんと楽うを名づけて悪者と為す」 Ⓢ duṣṭa-jana

悪邪道　あくじゃどう　外道が説く解脱するためのよこしまな道。邪道とおなじ。→邪道

悪蛇　あくじゃ　狂暴な蛇。「彼の村邑・聚落に入って乞食する時は、応に悪象・悪馬・悪牛・悪狗・悪蛇・悪獣を避けるべし」

悪取空　あくしゅくう　空をあやまって理解すること。一切は虚無でありまったく存在しないと理解すること。世俗諦と勝義諦の二つの諦の存在を否定すること。このような見解をもつ人を悪取空者という。善取空の対。→善取空　Ⓢ durgṛhītā śūnyatā
（出典）撥無二諦、是悪取空。（『成論』7、大正 31・39b）
（参考）（『瑜伽』36、大正 30・488c）

悪取空者　あくしゅくうしゃ　→悪取空

悪取執　あくしゅしゅう　悪くとらえる、考える、理解すること。「一類あり、悪取執に由って是の如き言を作す」

悪趣　あくしゅ　悪い行為が原因で堕る地獄（那落迦・捺落迦）・餓鬼・畜生（傍生）という三つの悪い趣（生存形態）。楽がなくただ苦のみを受ける。「悪業を作して三悪趣に堕つ」「能く悪趣を招くが故に悪行と名づく」
Ⓢ apāya: durgati

悪趣畏　あくしゅい　地獄・餓鬼・畜生などの悪い生存形態（趣）として生まれることへの恐れ。五種の恐れ（怖畏）の一つ。→怖畏
Ⓢ durgati-bhaya

悪受　あくじゅ　悪くあやまってとらえる、受ける、受けとめる、理解すること。「心散乱して悪受す」「尸羅律儀を悪受す」
Ⓢ durgṛhīta

悪呪術　あくじゅじゅつ　外道のバラモンが唱える悪い呪術。「諸の婆羅門の悪呪術の語に依って綺語を発す」 Ⓢ mantra

悪頌　あくじゅ　悪い評判。「浄戒を毀犯する因縁に由って、定んで方維に遍じて悪名・悪称・悪声・悪頌が彰顕し流布す」
Ⓢ pāpaka-śloka

悪獣　あくじゅう　狂暴なけもの。「彼の村邑・聚落に入って乞食する時は、応に悪象・悪馬・悪牛・悪狗・悪蛇・悪獣を避けるべし」

悪声　あくしょう　悪い噂。悪評判。「浄戒を毀犯する因縁に由って定んで方維に遍じて悪名・悪称・悪声・悪頌が彰顕し流布す」
Ⓢ apaśabda: pāpaka-śabda

悪称　あくしょう　侮辱。不名誉。「浄戒を毀犯する因縁に由って、定んで方維に遍じて悪名・悪称・悪声・悪頌が彰顕し流布す」
Ⓢ ayaśas: pāpaka-kīrti

悪心　あくしん　悪い心。殺害しようとする意志。→悪心出血　Ⓢ kucitta: duṣṭa-citta

悪心出血　あくしんしゅけつ　殺害しようとする意志を抱いて仏（如来）の身体を傷つけ出血させること。無間業の一つ。→五無間業「悪心を起こして仏身より血を出す」
Ⓢ duṣṭa-citta-rudhira-utpāda

悪尋　あくじん　悪い思い、考え。欲尋・恚尋・害尋の三種がある。悪尋思・悪尋伺ともいう。「悪尋には必ず欲尋・恚尋・害尋の三害の相あり」

悪尋伺　あくじんし　三種の悪尋の一つ。→悪尋

悪尋思　あくじんし　①正しくない悪い考え、追求心。「外道は悪尋思に因って実我ありと執す」 Ⓢ asad-vitarka
②三種の悪尋の一つ。→悪尋

悪説　あくせつ　①粗暴な言葉。悪言とおなじ。→悪言　Ⓢ durvacas
②悪くあやまって語ること、説くこと。「諸の愚夫は所思を悪思し、所説を悪説し、所作を悪作す」 Ⓢ durbhāṣin
③悪くあやまって語られたもの。「能く善説と悪説とのあらゆる法義を解す」
④七聚の一つ。→七聚

悪説者　あくせっしゃ　悪くあやまって語る者、説く者。

悪説法　あくせっぽう　①悪く説かれた教え。外道の教え。「悪説法の中に真の究竟なし」
②悪く教えを説くこと。

悪説法者　あくせっぽうしゃ　悪く教えを説く者。

悪説法毘奈耶　あくせっぽうびなや　→悪説法律

悪説法律　あくせっぽうりつ　悪く説かれた教えと規律。法（dharma）は教えの総称、律（vinaya）は規律の総称で毘奈耶と音写。悪説法毘奈耶ともいう。

悪賤　あくせん　にくみきらうこと。「可厭患法に於て心に厭離・悪賤を生ず」
Ⓢ saṃvega

悪象　あくぞう　凶暴な象。「彼の村邑・聚落に入って乞食する時は、応に悪象・悪馬・悪牛・悪狗・悪蛇・悪獣を避けるべし」
Ⓢ caṇḍa-hastin

悪触　あくそく　好ましくない感触。三種の触（好触・悪触・捨処所触）の一つ。→触④
Ⓢ duḥsaṃsparśa

悪賊　あくぞく　賊とおなじ。→賊

悪知識　あくちしき　悪友。敵対する者。反対者。善知識の対。→善知識「先に父母となり、後に反じて悪知識となる」
Ⓢ pratyamitra

悪天魔　あくてんま　→魔

悪田　あくでん　①稲などが育たないやせた田。「欲界は是れ不善の田なるが故に、悪田ありて嘉苗が殖し難く、穢草が生じ易しが如く、欲界もまた、爾なり」

②布施をするに値しない人。やせた田に種をまいてもひよわな芽が生じるように、その人に布施などの善い行ないの種をまいても福が生じてこないような人をいう。「施主は悪田に於てすと雖も他を益する心をもって諸の施の種を殖すときは、ただ愛果を招き、非愛を招かず」 Ⓢ kukṣetra

悪道 あくどう ①悪い道。平坦でない道。「悪道と言うは、平正ならざるが故なり」②悪趣とおなじ。地獄・餓鬼・畜生の三つの悪い生存形態。「能く三悪道の障を制伏して人と天とに生ずることを得る」

悪得 あくとく 悪く得ること。何の所得もないこと。「滅涅槃に於て寂静を観ぜずして、乃ち仏、或いは法、或いは僧に依って深く厭恥を生じて、是の念を作して言く。我、如来大師の仏宝、法毘奈耶の善説の法宝、無倒に善行を修習する僧宝に依るに、所得なしと為す。所得あるに非ざるは是れ其の悪得にして善得と為すに非ず」

悪毒刺 あくどくし とげ、いばら。→毒刺 Ⓢ kaṇṭaka

悪毒虫 あくどくちゅう 害をなす虫類。さそり（蝎）や、げじげじ、むかでなど。

悪貪 あくとん むさぼり。「他の委寄せるところの財物に於て規って抵拒せんと欲するが故に悪貪と名づく」

悪貪欲 あくとんよく むさぼり。欲望。Ⓢ pāpaka-abhidhyālu

悪人 あくにん 悪い人。「破戒の悪人」「悪人を打縛す」 Ⓢ pāpaka-jana

悪不善業 あくふぜんごう →悪不善法

悪不善業道 あくふぜんごうどう 不善業道とおなじ。→不善業道

悪不善法 あくふぜんほう 悪い、善くない行為、心。悪不善業とおなじ。「三摩地に依って是の如く五蓋を断じ已って便ち能く心の随煩悩を遠離し、諸欲の悪不善法を遠離す」 Ⓢ pāpakā akuśalā dharmāḥ

悪朋友 あくほうゆう 悪いともだち。Ⓢ akalyāṇa-mitra

悪法 あくほう 悪いこと。悪い存在・ありよう。「邪行を行ずる者とは、尸羅を犯して諸の悪法を行ずるを謂う」 Ⓢ pāpa: pāpaka-dharma

悪品 あくほん 悪の類。悪なるもののグループ。不善品ともいう。善品の対。「諸の善品に於て速疾に受学し、諸の悪品に於て速疾に除断す」 Ⓢ akuśala-pakṣa

悪魔 あくま 害をなす悪魔。魔は māra の音写。魔羅とも音写。→魔 Ⓢ pāpaka-māra: māra

悪魔羅 あくまら 悪魔とおなじ。→悪魔 →魔

悪名 あくみょう 悪い評判。「浄戒を毀犯する因縁に由って、定んで方維に遍じて悪名・悪称・悪声・悪頌が彰顕し流布す」 Ⓢ aśloka: pāpaka-varṇa

悪名畏 あくみょうい 評判が悪くなることへの恐れ。五種の恐れ（怖畏）の一つ。→怖畏 Ⓢ aśloka-bhaya

悪馬 あくめ 凶暴な馬。「彼の村邑・聚落に入って乞食する時は、応に悪象・悪馬・悪牛・悪狗・悪蛇・悪獣を避けるべし」 Ⓢ caṇḍa-aśva

悪聞 あくもん 悪くあやまって聞くこと。「掉挙・流散・悪見・悪聞・悪語・悪行に依って唯だ聞思を楽しんで散乱する門に由り、尋思を乱す」

悪友 あくゆう 悪い友。敵対する人。無羞恥（恥じることがない）・邪見（まちがった見解を持つ）・懈怠（なまける）・邪行（よこしまな行ないをする）・性怯劣（おそれて心が縮み無気力である）という五つのありようをもつ人。善友の対。→善友「悪友に親近して不正法を聞く」 Ⓢ pāpa-mitra: pratyamitra

（出典）由五種相、建立悪友。一無羞恥、二有邪見、三有懈怠、四有邪行、五性怯劣。（『瑜伽』64、大正 30・657b）

悪誉 あくよ 不名誉。「自に於て能く、悪声・悪称・悪誉などの不信重の言を発す」 Ⓢ akīrti

悪欲 あくよく 悪い欲望。「財利に耽著するを悪欲と名づく」

悪律儀 あくりつぎ 悪い律儀。悪をなすことを防ぐことがない戒め。不律儀ともいう。→不律儀 Ⓢ asaṃvara

圧 あつ おす、おさえる、おしつぶすこと。「甘蔗を圧すが如く、既に圧され已って、血、便ち流注す」 Ⓢ pra-**pīḍ**

遏 あつ →あ

頞 あつ →あ

安 あん ①静かな状態にとどめること。

「心を内に安ず」
②軽安とおなじ。→軽安「何等を名づけて八種断行と為す。（中略）四には安なり。謂く、清浄の信を上首と為して心に歓喜を生じ、心が歓喜するが故に、漸次に諸の悪不善法品の麁重を息除す」 Ⓢ praśrabdhi
（出典）安、謂、軽安、遠離麁重、調暢身心、堪任、為性。（『成論』6、大正31・30b）
③安息とおなじ。→安息「此の無間道に於て未だ修せず、未だ安ぜずとは、未だ修習せず、及び未だ安息ならざるを謂う」

安慰 あんい なぐさめて元気づけること。やさしい言葉をかけてなぐさめること。「種種の驚怖を安慰する愛語」「一切の不安穏者を安慰す」「柔軟言を以って乞者を安慰す」
Ⓢ āśvāsanī

安危 あんぎ 安と危。正常と異常、損害と利益、良い状態と悪い状態、など相い対立する二つのありようをいう。「世間の安危の事を開示す」「大種の損益に由って所造色は安危を同じくす」
Ⓢ yoga-kṣema: sama-viṣama

安危共同 あんぎきょうどう →安危同一

安危事同和合 あんぎじどうわごう →安危同一

安危同一 あんぎどういつ 同安危・同一安危・安危事同和合ともいう。一方が良い状態にあれば他方も良い状態になり、逆に一方が悪い状態であれば他方も悪い状態となるという相互関係をいう。そのような相互関係にあるものとして次のようなものがある。（ⅰ）身体（造色）とその構成要素（大種）。（ⅱ）羯羅藍（男性の精子と女性の卵子とが結合した直後の液状体の胎児の状態）と心心所。（ⅲ）身体（色・身・有根身）と識（心心所・阿頼耶識）。
Ⓢ anyonya-yoga-kṣema: eka-yoga-kṣematva
（出典）此識亦名阿頼耶識。何以故。由此識於身摂受蔵隠同安危義故。（『解深』1、大正16・692b）：此羯羅藍色、与心心所、安危共同故、名依託。（『瑜伽』1、大正30・283a）：云何彼（＝造色）所建立。由大種損益、彼同安危故。（『瑜伽』3、大正30・290a）：識執不執者、若識依執、名執受色。此復云何。謂、識所託、安危事同和合生長。（『瑜伽』53、大正30・593c～594a）：執受法者、謂、諸色法、為心心所之所執持、由託彼故、心心所転安危事同。同安危者、由心心所任持力故、其色不断不壊不爛、即由如是所執受色、或時衰損、或時摂益、其心心所亦随損益。（『瑜伽』100、大正30・880a）：諸大種於所生造色、当知、能作五業。（中略）摂受損害、安危共同、能建立彼故。（『瑜伽』54、大正30・599c～600a）：於母胎中識羯羅藍更相和合者、謂、中有滅時、於母胎中有異熟識、与其赤白同一安危。（『摂論釈・無』3、大正31・392c）：有根身者、謂、諸色根及根依処、二皆識所執受、摂為自体、同安危故。（『成論』2、大正31・10a）

安居 あんご 滞在すること。おなじ場所に留まって修行すること。→雨安居

安坐 あんざ しずかに坐ること。仏と成って菩提座に坐ること。「端身とは身正直にして安坐するの義なり」「無上勝菩提座に安坐す」 Ⓢ niṣaṇṇa: niṣadana: ni-**sad**

安止 あんし 心をある対象に置き止めて集中すること。「心を安止す」

安受 あんじゅ 苦を耐え忍んで受け止めること。忍受ともいう。「苦を安受する忍」
Ⓢ adhivāsanā

安受苦忍 あんじゅくにん 苦を受け止めて耐え忍ぶこと。忍受苦忍ともいう。三種の忍（耐怨害忍・安受苦忍・諦察法忍）の一つ。
Ⓢ duḥkha-adhivāsanā-kṣānti
（参考）（『瑜伽』42、大正30・523c～524a）

安住 あんじゅう ①持続する、維持する、継続すること。変化しないで存在しつづけること。「有情の寿命が安住す」「身が安住す」「一法体の一刹那中に安住・衰異・壊滅あり」
Ⓢ **sthā**: sthiti
②存在すること。「仏が出世しても出世せずとも、法性・法住・法界は安住す」
Ⓢ vyavashtita: sthita
③あるところに、あるいは、ある状態に住すること、身を置くこと。「寂静に安住す」「正奢摩他に安住す」「具戒に安住す」「正念に安住す」「二辺を離れて中道に安住す」
Ⓢ upa-**sthā**: upasthita: pratyupasthita: vihārin: vi-**hṛ**: vyavasthita: sam-**sthā**: stha: sthita
④ある対象に心を集中して繋ぎ止めること。「所縁の境に其の心を安住す」
Ⓢ upanibaddha: upanibandha
⑤安定して存在すること。「息、便ち安住す」

「空定に住して其の心、安住す」
⑥立てる、設ける、設定すること。安立とおなじ。(出典) 安住者、謂、或安立補特伽羅。(『瑜伽』78、大正 30・734c)
⑦九種の心住の一つ。→心住

安住転 あんじゅうてん 五種の転の一つ。→転①
(参考) (『雑集論』15、大正 31・765c)

安住法 あんじゅうほう 六種の阿羅漢(退法・思法・護法・安住法・堪達法・不動法)の一つ。退く縁にあうこともなく、自ら護ることもなく、修行をさらに加えることもなく、おなじ程度のさとりに住しつづける阿羅漢。安住の原語 sthita-ākampya のうち sthita は住、ākampya は不動という意味であるから、詳しく意訳して住不動阿羅漢ともいう。 Ⓢ sthita-ākampya-dharma
(出典) 阿羅漢有六種。一退法、二思法、三護法、四安住法、五堪達法、六不動法。(中略) 安住法者、謂、彼不退亦不昇進。(『婆沙』62、大正 27・319c): 安住法者、離勝退縁、雖不自防亦能不退、離勝加行亦不増進。(『倶舎』25、大正 29・129b)

安処 あんしょ ①坐ること。居住すること。「独一・無二にして遠離の臥具に安処す」 Ⓢ āsana
②ある場所や状態に置くこと、住まわせること。「有情を善処に安処す」「浄妙境に心を安処す」 Ⓢ ni-**viś**: niveśana: saṃniveśanā: saṃni-**yuj**: saṃniyojana
(参考) (『瑜伽』82、大正 30・755a 以下)

安詳 あんしょう 安定し、重みがあり、平静なこと。「言語は安詳なり」 Ⓢ dhīra

安静 あんじょう 静かで安定していること。「心は安静なり」 Ⓢ sthira

安繕那 あんぜんな añjana の音写。瞼を黒く塗る膏薬。「諸の受欲者は必ず安繕那などを以って先に眉眼を荘し、次に耳璫・耳輪などを以って其の耳を荘厳す」 Ⓢ añjana

安足 あんそく ①足を置くこと。止まること。「吠琉璃の如き極滑浄者に蚊虻蝿などは安足すること能わず」
②ある状態に住しているありよう。ある状態を支えている根拠。「世第一法の加行は広大なるが故に安足は堅牢なり」 Ⓢ ākaraṇa

安足処 あんそくしょ ①あるものが生じるよりどころ、根拠、原因。安足処所・依処・所依処・因縁依処ともいう。「無漏律儀は世俗戒を以って加行と為し、門と為し、依と為し、安足処と為す」「欲界の煩悩は諸の悪行の安足処となる」 Ⓢ pada-sthāna
(出典) 安足処者、是所依義。(『雑集論』11、大正 31・744b)
②足跡。「衆鳥、虚空を翱翔すれども虚空中に安足処なし」

安息 あんそく ①安らかに休んだ状態。「異生は如如に定に入れば、則ち是の如く身心が安息す」
②愛欲などの煩悩を滅した安らかな状態。「此の無間道に於て未だ修せず未だ安ぜずとは、未だ修習せず及び未だ安息ならざるを謂う」

安怛婆参 あんたんばさん 教団において所持が許される三つの衣(大衣・中衣・下衣)のなかの下衣の別名である antarvāsa の音写。直接、身に着ける衣で、内衣ともいう。五条の布切れを縫い合わせて作られるから五条衣ともいう。→三衣 Ⓢ antarvāsa

安置 あんち ①衆生を善いところに導き入れること。「衆生を抜済して善処に安置す」「不善処より出で善処に安置せしむ」 Ⓢ ni-**viś**: pratiṣṭhāpana: saṃniyojana: sthāpana
②心をある状態に置くこと。「心を無相界に安置す」「心を内境に安置す」
Ⓢ saṃniyojana: **sthā**
③物を置く、入れる、保存すること。「穀麦などの種子を乾器に安置す」
Ⓢ pratyupa-**sthā**
④(散説された仏説を集めて) 整理・配置すること。「十二分教を次第に結集し、安置し、制立す」「仏世尊が処処に散説せる阿毘達磨を結集し、安置す」
Ⓢ vyavasthāna: sthāpita

安適 あんてき 安らかで快適であること。安隠におなじ。「軽安とは所依止を転じて安適ならしむるを業となす」「喜楽は心を安適ならしむ」「戒は能く身心を安適ならしむ」

安等覚支 あんとうかくし →七覚支

安忍 あんにん 耐え忍ぶこと。「艱難事に於て自ら安忍する」
Ⓢ kṣama: kṣānti: dhṛtimat

安忍波羅蜜多 あんにんはらみた 忍辱波羅蜜多とおなじ。→忍辱波羅蜜多「安忍波羅蜜多に由るが故に他が損害する時に深く能く忍

受す」 Ⓢ kṣānti-pāramitā

安隠 あんのん ①身心に苦しみがなく、安らかで穏やかである状態。「身心の安隠」 Ⓢ ārṣabha: sparśa
②恐怖や害がなく、安らかである状態。「安隠にして豊楽なり」 Ⓢ kṣema
③苦を滅した涅槃のありよう。煩悩を滅して心が安らいだ状態。「無上にして安隠なる涅槃を証得す」「無上菩提安隠涅槃を証す」 Ⓢ yoga-kṣema
④軽安におなじ →軽安

安隠依持 あんのんえじ 生きもの（有情）が刀や杖などで害されることなく安らかに生きるという支え。六種の依持（建立依持・蔵覆依持・豊稔依持・安隠依持・日月依持・食依持）の一つ。 Ⓢ kṣema-ādhāra
（出典）安隠依持、為諸有情、離刀仗等所害故起、是名依持。（『瑜伽』2、大正 30・288b）

安隠吉祥 あんのんきっしょう 身心が健康で仕事が順調であること。「安隠吉祥を問う」 Ⓢ kṣema-svastyayana

安隠住 あんのんじゅう ①適当な食事をとることによって身体が重くならず、自由に爽快に活動できること。 Ⓢ sparśa-vihāra
（出典）若受食已、身無沈重、有所堪能堪任。（中略）如是、名為安隠而住。（『瑜伽』23、大正 30・410c）
②煩悩や苦を断じて安らかに生きていること。
（出典）安隠住者、煩悩苦断、能作証故。（『瑜伽』70、大正 30・685c）

安隠処 あんのんしょ 安らいだ場所。涅槃の喩え。「足が壊せざれば、則ち能く自在に安隠処に往くが如く、浄戒を具す者もまた、是の如く能く涅槃に至る」

安隠尋 あんのんじん 安穏とはなにかと尋ねること。仏陀が成仏した後に起こした追求心・回顧心。
（参考）（『婆沙』44、大正 27・228a）

安隠豊楽 あんのんほうらく 国・地方、あるいはそこに住む人びとが平和で豊かであること。安隠富楽ともいう。 Ⓢ kṣema-ṛddha
（参考）（『婆沙』103、大正 27・531c）：（『婆沙』113、大正 27・588b）：（『倶舎』12、大正 29・65a）

安布 あんぷ ①事物の配列、配置、組み合わせ、構成。その違いによってさまざまな名称の事物ができあがる。「次第に材木などの段を安布して、名づけて宮殿・台観・舎など為す」「諸の器世間は是の如く安布す」 Ⓢ saṃniveśa
②物を構成する原子（極微）の配列。「眼などの諸根の極微の安布の差別とは、眼根の極微は眼星の上に在りて傍布して住す」 Ⓢ saṃniviṣṭa: saṃniveśa
③言葉の配列。その違いによってさまざまな文章の形態が作られる。「名の安布差別を頌と為す」「名身・句身・文身を以って次第に結集・安布・分別するが故に阿毘達磨と名づく」「如来正法蔵を結集するとは、是の如き種種の聖語を摂聚して、聖教を世に久住せしめんが為に、諸の美妙の名句文身を以って、其の所応の如く次第に安布し、次第に結集す」 Ⓢ racanā: racita
④軍隊を配備すること。「阿素洛を懼れて六軍を安布す」

安布差別 あんぷしゃべつ ①事物の配列、配置、組み合わせ、構成。「山事とは種種の山の安布差別なり」 Ⓢ saṃniveśa
②原子（極微）の配列の相違。その配列の相違によってさまざまな物や形が生ずる。「極微の安布差別」 Ⓢ saṃniviṣṭa: saṃniveśa
③言葉（名）の配列の相違。「名の安布差別を頌と為す」 Ⓢ rocanā-viśeṣa

安養 あんよう ①身体を安らかに養いまもること。導養ともいう。 Ⓢ parikarṣaṇa
②極楽の異名。詳しくは安養界・安養世界という。「一代の諸教が安養に往生することを勧めるは、何の益あるや」「安養界は西方にあり」「安養世界は唯だ報仏土となすや、化仏土に通ずるや」

安養界 あんようかい →安養②

安養世界 あんようせかい →安養②

安楽 あんらく ①苦しみや悩みがなく、身心が安らいでいること。しあわせであることの二つの要因（利益と安楽）の一方。あるいは他者を救済する二つのありよう（利益せしめることと安楽せしめること）の一方。→利益安楽 Ⓢ sukha: sukhita: sukhin
②安と楽。安とは静慮（定）を修することによって得られる身心の安らぎ。楽とは身心が安らぐことによって得られる楽。
（出典）安者、謂、離麁重、身心調適性。楽

者、謂、由如是心調適故、便得身心無損害楽及解脱楽。(『瑜伽』11、大正 30・329a)

安立 あんりゅう ①物の配列、構成。「器世間の安立」 Ⓢ saṃniveśa
②立てる、設ける、設定すること。言葉で語る、説くこと。施設・仮説とおなじ。「真実義相を安立す」「真実相に於て仮の言説を以って種種に安立す」「名字を仮立して其の色類に随って如応に安立す」
Ⓢ prajñapta: vyava-**sthā**: vyavasthāna: vyavasthiti: saṃketa
(出典) 言施設者、安立異名、即仮説義。(『述記』1本、大正 43・240b):有差別名言者、名安立。無差別離名言者、非安立也。安立者、施設義。(『述記』9末、大正 43・568a)
(参考) (『二十論述記』上、大正 43・980a)
③置くこと。導き入れること。「彼の有情をして不善処を出でて善処に安立せしめんが為に正理を宣説す」「吉・非吉の事を取捨せしむことを安立す」「能く有情の為に無利を遮止して有利を安立す」
Ⓢ pratiṣṭhāpana: pratiṣṭhita: prati-**sthā**: saṃniyojana
④ある状態にあること。「未だ涅槃への増上意楽の安立は深固ならず」
Ⓢ saṃniviṣṭa: saṃniveśa
⑤実践する、実行する、修行すること。「諸の瑜伽師は、初修業者の瑜伽作意を安立する事を欲す」「独り空閑に処して、自ら諦(あきら)かに思惟し籌量し観察して瑜伽を安立す」 Ⓢ ni-**yuj**: vini-**yuj**: vyava-**sthā**
⑥言葉が行き交い通用する世俗。「菩薩は無量の安立の理趣・妙智に随順して転ず」
Ⓢ vyavasthāna
⑦植えること。「安立とは諸行が本識の中に業の熏習を植えるを謂う」 Ⓢ ropaṇa

安立真実 あんりゅうしんじつ 言葉で語られた真理。苦・集・滅・道の四聖諦をいう。非安立真実の対。→非安立真実
(出典) 云何安立真実。謂、四聖諦。(『瑜伽』64、大正 30・653c)

安立真如 あんりゅうしんにょ ①言葉で語られた真如。非安立真如の対。→非安立真如「通達位の後に作意して安立真如を思惟す」
②七真如の一つ。→七真如

安立足処 あんりゅうそくしょ あるものが生じる、あるいは、存在する原因・根拠・場所。「貪・恚・癡の安立足処」

安立諦 あんりゅうたい 言葉で語られた真理。苦・集・滅・道の四聖諦。非安立諦の対。→非安立諦
(出典) 安立諦者、謂、四聖諦。(『瑜伽』72、大正 30・697c)

按摩 あんま 疲れをとるために身体をもむこと。「労苦を対治せんがために按摩を求む」 Ⓢ udvartna: parimardana: prapīḍana

菴羅 あんら āmra の音写。マンゴーの実。形が木瓜に似た果物の名。 Ⓢ āmra
(出典) 菴羅、是菓名、形似木瓜。(『倶舎論記』5、大正 41・94a)

菴羅樹 あんらじゅ マンゴーの樹。→菴羅
Ⓢ āmra-vṛkṣa

暗 あん ①眼の対象の一つ。闇ともいう。→色境 Ⓢ andhakāra
②くらやみ。夜暗(夜のくらやみ)と雲暗(雲におおわれた昼のくらやみ)と障暗(洞窟や家宅のなかのくらやみ)の三種がある。
Ⓢ andhakāra
(参考) (『瑜伽』11、大正 30・330b)

暗相 あんそう 暗いありよう、すがた。「光明相は暗相を対治す」
Ⓢ andhakāra-nimitta

暗鈍 あんどん 暗いこと。鈍く愚かなこと。智慧がないこと。「性として暗鈍なるが故に、能く速く聖諦現観を証せず」

暗昧 あんまい 暗くてはっきりと認識できないこと。「過去の業は暗昧なり」

諳悉 あんしつ ことごとく覚えて知ること。熟知すること。「若し彼の境界に於て已に極めて串習し、已に極めて諳悉すれば、心は即ち彼に於て多く作意して生ず」
Ⓢ paricita

闇 あん ①くらやみ。無明の喩えに用いられる。「無明の闇を破す」
Ⓢ andhakāra: tamas
②眼の対象の一つ。暗ともいう。→色境
Ⓢ andhakāra
③サーンキヤ学派が説く根本物質の三つの構成要素(薩埵・剌闍・答摩)の答摩のこと。答摩の原語 tamas を意訳して闇という。
Ⓢ tamas

闇障 あんしょう ①くらやみという障害。「灯などの照らすことがなければ、闇障あり

て現見することを得ず」
②眼に障害があって見えないこと。「仏は神力を以って彼の闇障を除き、憶をして過去の世事を憶念せしめ、彼れ便ち自ら見る」

闇説 あんせつ 黒説ともいう。外道の誤った学説。大説の対。→黒説 →大説「諸の菩薩は如実に闇説と大説とを了知す」 Ⓢ kāla-apadeśa

闇相 あんそう ①くらいありよう、すがた。「夢は闇相に於て作意し思惟するに由る」
Ⓢ andhakāra-nimitta
②夜のくらやみ。「闇相が若し現ずれば、乃ち昼が去って夜分が方に来たりと知る」
Ⓢ rātri-nimitta

闇鈍 あんどん 愚かなこと。鈍いこと。智慧がないこと。 Ⓢ dhandha: manda
（出典）闇鈍者、即無智。（『婆沙』172、大正27・866c）

闇鈍障 あんどんしょう 聞いた教え、修した教えを忘れしめる障害。所知障（知るべき真如を知ることをさまたげる障害）のなかで倶生（先天的にそなわっている）の障害の一部をいう。十重障の一つ。この障を十地の第三地で断じて勝流真如を証する。→十重障
（出典）闇鈍障、謂、所知障中倶生一分、令所聞思修法忘失。彼障三地勝定総持及彼所発殊勝三慧、入三地時、便能永断。（『成論』9、大正31・52c～53a）

闇法無明 あんぼうむみょう 三種の無明（闇法無明・味法無明・翳法無明）の一つ。欲界にある無明。
（参考）（『瑜伽』60、大正30・637c）

闇昧 あんまい 暗いこと。はっきりしないこと。心が暗いこと。「鈍慧の士夫・補特伽羅の諸の如実ならざる簡択・覆障・纏裹・闇昧などの心所の性を独行無明と名づく」

闇盲 あんもう 盲目であること。「応に闇盲の諸の外執の悪見の所為を捨てて、慧眼を求むべし」 Ⓢ andha

闇劣 あんれつ 心が暗くはっきりしないこと。睡眠状態の心。「睡眠の位では、身は自在ならず、心は極めて闇劣なり」

黯黒 あんこく 皮膚の上の黒い斑点。「黒黶間身とは黯黒が出現して其の容色を損するを謂う」 Ⓢ kāla-piṇḍa

い

已 い ①（文頭におかれて）「すでに」という意味に用いられる。「已に九種の仏教所応知処を説き、次に十種を説く」
②（動詞の後におかれて）「おわって」という完了を意味する。「衆縁が有るが故に生じ、生じ已って自然に滅す」
③時間や順序の前後・上下を表す語に付けて用いられる。「已前」「已後」「已上」「已下」

已壊 いえ すでに壊れた、消滅したこと。「此の身が已壊す」「器世間が已壊す」「住して已壊する時を滅と名づく」 Ⓢ anityatā: cyuta: bheda: vinaṣṭa

已学 いがく すでに学んだこと。「過去の一切の菩薩は已学す」 Ⓢ śikṣitavat

已起 いき すでに生起したこと。「過去の諸法は已起し已滅す」
Ⓢ abhinirvṛtta: utpanna: jāta

已行 いぎょう すぎさったこと。すでに行なったこと。「已行と正行と当行」 Ⓢ gata

已具 いぐ ①すでに集めたこと。「資糧を已具す」 Ⓢ saṃbhṛta
②すでに具えている、有している、持っていること。「神通を已具して心自在を得る」

已解脱 いげだつ すでに解脱したこと。→解脱 Ⓢ vinirmukta: vimukta

已見迹 いけんじゃく すでに見迹したこと。→見迹

已見諦 いけんたい すでに見諦したこと。→見諦

已遣 いけん （ある説や見解を）すでに論破して斥けてしまったこと。「数論の転変は前に已遣した如し」
Ⓢ paryudasta: pratiṣiddha

已顕 いけん すでに顕示した、説明した、述べたこと。 Ⓢ upadarśita

已串修 いげんしゅ 修行の段階を三種に分

類するなかの第二番目。くりかえし修行して修行が深まった人。已熟修ともいう。「世尊の所化に略して三種あり。一には初習業、二には已串修、三には超作意なり。已串修の者の為に十二処を説く」 Ⓢ kṛta-parijaya

已串習 いげんじゅう　すでに串習したこと。→串習

已作 いさ　すでに作られた、なされたこと。「業を已作す」「已作と正作と当作」 Ⓢ kṛta

已作辦地 いさべんじ　なすべきことをなしおえた位。無学の位。→無学

已捨 いしゃ　すでに捨てたこと。「異生性を已捨す」「大乗の八地は阿頼耶識を已捨す」「過去は法の自相を已捨す」
Ⓢ tyakta: pracyuta: vihīna

已謝 いしゃ　すでに過去に滅し去ったこと。「已謝の業」 Ⓢ uparata: niruddha

已謝滅 いしゃめつ　すでに過去に滅し去ったこと。已謝とおなじ。 Ⓢ niruddha

已修 いしゅ　①すでに修した、修行したこと。「聖道を已修す」 Ⓢ bhāvita
②すでにくりかえし行なったこと。「先の余生の中で瞋煩悩を已修す」 Ⓢ āsevita

已趣入 いしゅにゅう　すでに趣入したこと。→趣入①

已受 いじゅ　①すでに結果として受けたこと。「異熟を已受す」
②（戒や律儀を）すでに受けたこと。已受持とおなじ。「近事戒を已受す」「三帰の律儀を已受す」 Ⓢ samātta

已受果 いじゅか　すでに結果を受けたこと。 Ⓢ upayukta-phala

已受持 いじゅじ　すでに受持したこと。→受持①

已受用 いじゅゆう　すでに受用したこと。→受用

已習 いじゅう　①すでに修した、修行したこと。「毘鉢舎那を已習す」
②すでにくりかえし行なったこと。「先の余生中、瞋煩悩を已習す」 Ⓢ bhāvita

已習行 いじゅうぎょう　すでにくりかえし修行したこと、あるいは、そのような人。「已習行の為に相雑念住を説く」

已習行瑜伽師 いじゅうぎょうゆがし　すでにくりかえしヨーガを修行した人。三種の瑜伽師（初修業瑜伽師・已習行瑜伽師・已度作意瑜伽師）の一つ。 Ⓢ kṛta-paricayo yoga-ācārah
（参考）（『瑜伽』28、大正 30・439b）

已習成果 いじゅうじょうか　すでに結果を成就したこと。 Ⓢ samudāgata-phala

已熟修 いじゅくしゅ　修行の段階を三種に分類するなかの第二番目。くりかえし修行して修行が深まった人。已串修ともいう。「瑜伽師が骨鎖観を修するに総じて三位あり。一には初習業、二には已熟修、三には超作意なり」 Ⓢ kṛta-jaya: kṛta-parijaya

已生 いしょう　すでに生じたこと。「過去の行は已生せり」「已生と正生と当生」
Ⓢ utpanna: upapanna: janita: jāta: saṃjāta

已証 いしょう　すでにさとりを証したこと。「無上正覚を已証す」
Ⓢ abhisaṃbuddha: sākṣāt-kṛtya

已成 いじょう　すでに成就・成立したこと。「加行已成せり」「義に准じて已成せり」
Ⓢ niṣpanna: samanvāgata: siddha

已浄信者 いじょうしんじゃ　正しい教え（正法）をすでに信じている人。「已浄信者をして浄信を倍増長せしむ」 Ⓢ prasanna

已説 いせつ　すでに説いたこと。
Ⓢ ākhyāta: ukta: nirdiṣṭa: prokta

已退 いたい　すでにしりぞいたこと。すでに失ってしまったこと。「仏、坐より已退す」「曽て得て今已退す」 Ⓢ parihīṇa

已断 いだん　すでに断じたこと。「煩悩を已断す」「善根を已断す」
Ⓢ prahīṇa: samucchinna

已知根 いちこん　根とはあるものを生み出す勝れた力を有するものをいい、全部で二十二の根がある。これらのうち四諦の理を知る無漏（煩悩の汚れがない）の根をまとめて三無漏根（未知当知根・已知根・具知根）といい、そのなかの一つが已知根である。見道においてすでに四諦の理を知り終えているが、修道においてさらに事に迷う修惑を断じるために四諦の理を知る力を已知根という。
Ⓢ ājñā-indriya: ājñātāvi-indriya
（参考）（『倶舎』3、大正 29・15a）：（『集論』5、大正 31・685b）

已転 いてん　すでに転じた、生じた、起こったこと。「法輪已転す」「無我の行相已転す」 Ⓢ pravartita

已転依 いてんね　すでに転依したこと。

→転依

已度 いど ①すでに渡りおえた、越え出たこと。「暴流を已度す」「深塹を已度す」「煩悩を已度す」 Ⓢ atikrānta
②すでに過ぎ去ったこと。「過去に已度の因相あり」「二十空劫が已度す」「一月が已度す」 Ⓢ atīta: nirgata

已度作意瑜伽師 いどさいゆがし すでに思惟を超えたヨーガ行者。三種の瑜伽師（初修業瑜伽師・已習行瑜伽師・已度作意瑜伽師）の一つ。
Ⓢ atikrānta-manaskārah yogācārah
（参考）（『瑜伽』28、大正 30・439b）

已得 いとく すでに得た、獲得したこと。「漏尽を已得す」「自在を已得す」
Ⓢ anuprāpta: pratilabdha: prāpta: labdha: lābhin

已入 いにゅう すでに教えに入ったこと、理解したこと。「聖教に已入す」「正法に已入す」 Ⓢ avatīrṇa: praviṣṭa

已遍知 いへんち すでに遍知したこと。→遍知

已辦 いべん すでに為された、作られた、準備されたこと。「種種の飲食が已辦す」「阿羅漢は所作已辦して無学位に住す」
Ⓢ abhisaṃskṛta: kṛta

已辯 いべん すでに述べたこと。「先の已辯の如し」
Ⓢ ukta: gata: vṛttānta: vyākhyāta: samāpta

已発趣 いほっしゅ すでに発趣したこと。→発趣

已発心 いほっしん すでに発心したこと。→発心

已満 いまん すでに為しおえた、満たした、完成したこと。「加行已満す」「修学已満す」「資糧已満す」

已滅 いめつ すでに滅したこと。「已滅と当滅と正滅」「已滅の過去」「諸業の已作・已増・已滅あるを名づけて過去と為す」
Ⓢ abhyatīta: niruddha: vinaṣṭa

已滅無 いめつむ ①無法すなわち五つの存在しないもの（未生無・已滅無・互相無・勝義無・畢竟無）の一つ。すでに滅して存在しないもの。過去の存在をいう。
（参考）（『瑜伽』16、大正 30・362c）
②ヴァイシェーシカ派（勝論）の説く五種の無（未生無・已滅無・更互無・不会無・畢竟無）の一つ。すでに滅して存在しないもの。
（参考）（『述記』1 末、大正 43・256c）

已与果 いよか （業あるいは種子が）すでに結果を与え、結果を生じていること。「已与果の業」「已与果の種子が相続するを過去界と名づく」「若し一切の種子を略説すれば、当に知るべし、九種ありと。一には已与果、二には未与果なり」 Ⓢ datta-phala

已離欲 いりよく すでに欲を離れた人。二種の有学（未離欲・已離欲）の一つ。離欲とおなじ。未離欲の対。→離欲①「学に二種あり。謂く、欲界に於る、或いは未離欲と、或いは已離欲となり」 Ⓢ vīta-rāga

以手代言 いしゅだいごん 手代言者とおなじ。→手代言者

以楔出楔道理 いせつしゅつせつどうり 粗い楔に細かい楔を打ち込んで取り除くという道理。細かい心作用や智慧によって心のなかの粗い相を、あるいは阿頼耶識のなかの汚れた種子（麁重）を取り除く実践行の喩えに用いられる。「一切法の総相を縁ずる智は、以楔出楔の道理の如くに、阿頼耶識の中の一切障の麁重を遣る」

伊師迦 いしか iṣikā の音写。『略纂』に次の二説が述べられている。（第一説）王舎城の近くにある高く堅固で大きな山。（第二説）芯が固い草。iṣikā にはこの他に柱・標柱の意味もある。 Ⓢ iṣikā
（出典）伊師迦者、西方二釈。一近王舎城、有高大山。堅硬常住、我等亦爾。或亦有草、名伊師迦。体性堅実故、喩我等。（『略纂』3、大正 43・38b）

伊沙駄羅山 いしゃだらさん īśādhāra の音写。スメール山（蘇迷盧山）を中心にして取り囲む八つの山の一つ。持軸山と意訳。山の峯が軸に似ていることから、この名でよばれる。→八山 Ⓢ īśādhāra
（参考）（『略纂』1、大正 43・16a）

伊舎那 いしゃな īśāna の音写。世界を創造し支配する主。大自在天・世主・人王ともいう。 Ⓢ īśāna
（出典）伊舎那、大自在天世主、人王也。（『略纂』10、大正 43・138a）

伊刹尼 いせつに īkṣaṇika の音写。他人の心の思いを知ることができる呪術。
Ⓢ īkṣaṇika
（出典）有咒術、名伊刹尼。持此、便能知他

心念。(『倶舎』27、大正 29・143c)

衣 (い) →え

位 い ①あるもの、あるできごとの状態、ありよう。分位ともいう。→分位①
Ⓢ avasthā: avasthāna
②ある状態の時。「生死の位の中に多く想あり」 Ⓢ kāla

位差別 いしゃべつ →分位差別

医 い 医者。「良き医、薬性を宣説す」
Ⓢ vaidya

医王 いおう 医者の王。最も勝れた医者。患者の病気の状態（病状）と病気の原因（病因）と病気の平癒（病癒）と病気を治す良薬とを善く知る医者。仏陀（如来）がそのような偉大な医王に喩えられ、病状と病因と病癒と良薬とを知ることが、順次、苦諦・集諦・滅諦・道諦の四諦を知ることに喩えられる。
(出典) 医王者、謂、具四徳、能抜毒箭。一善知病状、二善知病因、三善知病愈、四善知良薬。如来亦爾。為大医王、如実了知苦集滅道。(『倶舎』22、大正 29・114a)

医眼 いげん 眼を病んだ人。「軽い医眼が衆色を観視するが如く、到究竟地の菩薩の妙智も当に知るべし、また爾なり」
Ⓢ taimirika

医眩者 いげんしゃ 眼を病んだ人。「医眩者が一つの月の処に多くの月像を見るが如し」 Ⓢ taimirika

医呪事 いじゅじ 呪いをして病気を治そうとすること。よこしまな生活（邪命）の一つ。

医所 いしょ 医者。「病者、大医所に往く」 Ⓢ vaidya

医底 いてい 「行く」という意味の動詞 I の三人称単数形の eti の音写。「医底という界は行の義なり、あるいは不住の義なり」
Ⓢ eti
(参考) (『倶舎』9、大正 29・50b〜c)

医方 いほう 医方明とおなじ。→医方明

医方明 いほうみょう →医方明処
Ⓢ cikitsā-vidyā

医方明処 いほうみょうしょ 医方明という学問領域。医方明とは医学・薬学。菩薩が学ぶべき五つの学問領域（五明処）の一つ。医方明論ともいう。→五明処
Ⓢ cikitsā-vidyā-sthāna
(参考) (『瑜伽』15、大正 30・356a)

医方明論 いほうみょうろん 医方明処とおなじ。→医方明処 Ⓢ cikitsā-śāstra

医方論 いほうろん 医学・薬学。仏教以外の学派の三種の論（因論・声論・医方論）の一つ。 Ⓢ cikitsā-śāstra
(参考) (『瑜伽』38、大正 30・500c)

医明 いみょう 医方明とおなじ。→医方明

医薬 いやく 薬。医薬。「疾病を治して安楽を得んがための故に、簡択心を以って好んで医薬を服す」 Ⓢ bhaiṣajya

囲陀論師 いだろんし ヴェーダ聖典にもとづいて大梵天から宇宙が作られると説く人びと。 Ⓢ veda-vādin

囲遶 いにょう 囲繞とおなじ。→囲繞

囲繞 いにょう 囲遶ともいう。囲みめぐること。とりかこむこと。「世尊は多百千衆に前後に囲繞せられて説法を為す」「世尊は四衆に囲遶せられて正法を説く」 Ⓢ parivāra: parivārita: parivṛta

委寄 いき 信頼すること。信用すること。委託すること。委重・寄託ともいう。「人を観察せずして委寄す」「寄託して極まる委重を得る親友・同心・耆旧などの所に於て損害し欺誑するは無間業の同分なり」
Ⓢ viśvāsa

委細 いさい ①くわしく。こまかく。「唯麁相を取りて委細に支節の屈曲を取らずんば、爾る時は鎖の勝解を起こし、若し委細に支節の屈曲を取らば、爾の時に骨鎖の勝解を発起す」
②→委悉

委細所作 いさいしょさ →委悉所作

委悉 いしつ 熟達していること。委細ともいう。「菩薩は施波羅蜜多を委悉に修作す」
Ⓢ nipuṇa

委悉修作 いしつしゅさ →委悉所作

委悉所作 いしつしょさ 委悉修作・委細修作ともいう。熟達して修行すること。
Ⓢ nipuṇa-kāritā

委重 いじゅう →委寄

委信 いしん 信頼している人。「委信より劫盗す」

委頓 いとん 痩せること。「身形委頓す」
Ⓢ hata

委任 いにん ゆだねまかせること。「王、国の事務を大臣に委任す」

怡適 いてき よろこびたのしむこと。「身

に或いは怡適あり、或いは労損あり」

怡楽 いらく 「お元気ですか」という挨拶の言葉。「昼夜に怡楽を問う」 Ⓢ sukha

易 い ①（なすこと、することが）容易なこと。困難でないこと。「調伏し易し」
Ⓢ akṛcchra: sukara
②快適に。容易に。「飲食し已りて易しく消化す」 Ⓢ sukhena

易行 いぎょう 行ないやすい修行・実践。「怯弱な所化の有情を誘わんがために易行を顕示す」

易解 いげ 理解しやすいこと。易解了ともいう。「所説の正法は易入にして易解なり」「明了にして易解なる音声を以って正法を諷誦す」「名句文身は諸法の性相を詮表し顕示して易解了せしむ」 Ⓢ gamaka: vijñeya

易解了 いげりょう →易解

易入 いにゅう 入りやすいこと。転じて理解しやすいことをいう。易解とおなじ。→易解「此の聖教のあらゆる文句は、其の性は明顕にして其の義は甚深なるを聖教は易入にして円備せりという」 Ⓢ supraveśa

易満 いまん 少ない、あるいは、そまつな食事や衣服・道具で満足して生活すること。 Ⓢ subhara
（出典）云何易満。謂、得微少、便自支持。若得麁弊、亦自支持、是名易満。（『瑜伽』25、大正 30・422a）
（参考）（『婆沙』42、大正 27・215c～216b）

易養 いよう ぜいたくをせず、自ら命を養い生活すること。 Ⓢ supoṣa
（出典）云何易養。謂、能独一自得怡養、不待於他或諸僮僕或余人衆。（『瑜伽』25、大正 30・422a）
（参考）（『婆沙』42、大正 27・215c～216b）

易了 いりょう 理解しやすいこと。認識しやすいこと。易了知ともいう。「余は易了なるが故に今は釈せず」「分明に易了なり」「義を易了ならしむるが故に此の喩を作る」「行と識との二に待すれば想は麁なり。男女などの想は易了知なるが故に」 Ⓢ sugamatva: sūpalakṣya

易了知 いりょうち →易了

威儀 いぎ 行（歩く）・住（立つ）・坐（すわる）・臥（横になる）の四種の身体の動作。原語は īryā-patha で、このうち、īryā は動作・行為、patha は道・路の意味であるから、詳しくは威儀路と訳す。威儀と路との関係については『略纂』に三説ある（出典参考）。 Ⓢ īryā-patha: airyā-pathika
（出典）威儀即身転変差別。（『婆沙』200、大正 27・1003a）：威儀工巧処者、有三解。一云、威儀、謂、表色。路体則四塵。四塵是彼所依故、説威儀路。但言威儀、不言路者、非四塵故。二云、威儀四塵為性。路即発彼心、与彼為依、説心為路。三云、威儀多於道路施設。（『略纂』1、大正 43・8a）

威儀心 いぎしん 威儀路心とおなじ。→威儀路心

威儀路 いぎろ 威儀とおなじ。→威儀
Ⓢ īryā-patha: airyā-pathika

威儀路心 いぎろしん 威儀心ともいう。威儀を発する心、威儀を対象とする心。→威儀

威光 いこう おごそかな光。「仏身の威光は奇特なり」

威厳 いごん いかめしく、おごそかであること。「仏の面門の威厳」「身業の威厳」

威粛 いしゅく 語ることが信用されること。「言詞に威粛あり」 Ⓢ ādeya

威神 いじん 威神力とおなじ。→威神力

威神力 いじんりき 威厳がある尊い力。「菩薩は不思議な大威神力を具す」
Ⓢ prabhāva

威勢 いせい 力強く、いきおいがあること。 Ⓢ prabhāva
（出典）言威勢者、謂、過夜分、或前一更、被服鎧甲、当発精進。（『瑜伽』83、大正 30・760b）

威勢円徳 いせいえんとく 如来が修行によって獲得した結果の四つの卓越したすばらしさ・偉大性の一つ。救いがたい者をかならず救う、批判する者に対してかならずその疑問を解決させる、教えを授けてかならず苦しみから解脱せしめる、悪い者をかならず説き伏せる、などの力強い行為をいう。→果円徳
Ⓢ prabhāva-saṃpad
（参考）（『倶舎』27、大正 29・141b）

威徳 いとく 力。いげんがあるすばらしさ。いげんがある尊い力。「無上菩提は大威徳を具す」「一切の波羅蜜多は最勝の威徳を有す」 Ⓢ anubhāva

威徳定 いとくじょう すばらしい力をもつ定。この定心を得た人は事物を別の物に変化せしめることができる。

威徳神力　いとくじんりき　いげんがある尊い力。威徳勢力ともいう。「如来の不可思議な威徳神力」 Ⓢ anubhāva

威徳勢力　いとくせいりき　→威徳神力

威力　いりき　力。すぐれた働きをする力。人びとを苦から救い、利益を与える力。「仏の威力の故に我等は苦事から解脱し資具を得る」 Ⓢ prabhāva
（参考）（『瑜伽』37、大正30・491b以下）

威力最勝　いりきさいしょう　如来が六神通すべてを成就しているというすぐれたこと。七種の最勝の一つ。→最勝 Ⓢ prabhāva-paramatā
（出典）由諸如来、無上無等如前所説六種神通皆悉成就故、名威力最勝。（『瑜伽』38、大正30・499a～b）

洟　い　はなみず Ⓢ śiṅghāṇa: śiṅghāṇaka

洟香　いこう　はなみずの香り。Ⓢ śiṅghāṇa-gandha

洟唾　いだ　はなみずとつば。「便穢・膿血・洟唾に塗染された不浄の衣物」

洟涙　いるい　なみだ。涕涙とおなじ。「洟涙流注す」 Ⓢ aśru

為　い　①～のために。～を目的として。～の理由で。「自の利益の為に修行す」 Ⓢ artham: nimittam: hetos
②なす。行為する。行動する。作る。「己、自ら為さず」 Ⓢ **kṛ**
③～となす。「学処に於て毀犯を行ずるを説いて名づけて罪と為す」
④～となる。「菩薩は或いは家主と為って父母妻子を摂受す」 Ⓢ bhūta

為業　いごう　業と為す。～を働きとする。「為性」とともに心所を説明するときに用いる。→為性「念は久遠の所作を憶念するを業と為す」「云何なるか貪と為す。有と有具とに於て染著するを性と為し、能く無貪を障え苦を生ずるを業と為す」 Ⓢ karmaka

為声　いしょう　→八転声

為性　いしょう　①本性として。生まれつき。「為性として正直なり」「為性として著なく煩悩の現行なし」 Ⓢ jātīya: prakṛtyā
②性と為す。～をそれ自体のありようとする。「為業」とともに心所を説明するときに用いる。→為業

畏　い　恐怖・怖畏・怯畏とおなじ。おそれ。恐怖。外的な畏れの対象として師子・虎狼・鬼魅などの動物や魔物、王や賊、水や火などがあり、これらの畏れから救済することが無畏施である。また不活畏・悪名畏・死畏・悪趣畏・処衆畏の五種の畏れがあり、菩薩はこの五種の畏れがない。→怖畏 →無畏施 Ⓢ bhaya: bhīta: bhīru
（参考）（『瑜伽』47、大正30・555a）

畏憚　いたん　①尊敬して畏れること。「恭敬し畏憚す」
②恐れること。「菩薩は難行の事業に於ても畏憚なし」

韋陀論　いだろん　吠陀のこと。→吠陀

倚　い　①よりかかること。「脊に倚って腹を向ける」 Ⓢ niśritya
②脇を下にして横たわること。→倚楽 Ⓢ pārśva

倚信　いしん　信用してたよること。「寄付するところあれば深く倚信すべし」 Ⓢ viśvāsa

倚楽　いらく　脇を下にして横たわっている楽。「睡眠楽・倚楽・臥楽に於て耽著せず、昼夜に諸の善品を勤修す」 Ⓢ pārśva-sukha

恚　い　いかること。にくむこと。いかって害を加えること。瞋・瞋恚とおなじ。→瞋恚 Ⓢ **kup**: pratigha: vyāpāda
（出典）恚者、謂、由親近不善丈夫、聞非正法、不如理作意故、及由任運失念故、於外及内非愛境界、若分別不分別憎恚為体。（『瑜伽』8、大正30・313c）

恚害　いがい　いかり傷つけること。害を加えること。Ⓢ āghāta
（出典）恚害者、謂、以手等而加害故。（『瑜伽』84、大正30・771b）

恚結　いけつ　恚は、心を苦と結合せしめ束縛し毒する煩悩であるから恚結という。九結の一つ。→恚 →九結 Ⓢ pratigha-saṃyojana
（出典）恚結者、謂、於有情苦及順苦法、心有損害、恚結所繫故、於恚境相、心不棄捨。不棄捨故、広行不善不行諸善。由此能招未来世苦、与苦相応。（『集論』4、大正31・676c）

恚恨　いこん　いかること。悪意を抱くこと。「非愛の有情に恚恨の心を発す」 Ⓢ pratighāta: pra-**duṣ**

恚心　いしん　いかる心。瞋恚心とおなじ →恚 →瞋恚 Ⓢ āghāta-citta

恚尋 いじん →恚尋思

恚尋思 いじんし にくみいかる心を抱いて他者によくないことをしようと思うこと。三種の悪い尋思（欲尋思・恚尋思・害尋思）の一つ。恚尋とおなじ。 Ⓢ vyāpāda-vitarka

（出典）心懐憎悪、於他攀縁不饒益相、起発意言、随順随転、名恚尋思。（『瑜伽』89、大正 30・803a）

恚触 いそく いかりによって触れること。受を生じる十六種の触の一つ。→触④

恚怒 いど いかること。恚・瞋恚とおなじ。→恚 →瞋恚

恚悩 いのう いかりなやむこと。恚・瞋恚とおなじ。→恚 →瞋恚「非愛の有情に恚悩の心を起こす」「損害の心と恚悩の心との二は、理に迷って生ず」

恚分別 いふんべつ いかる心で考えること。染汚分別の一つ。 Ⓢ vyāpāda-saṃkalpa

（参考）（『瑜伽』1、大正 30・280c）

異 い ①別のもの。あるものと異なっていること。 Ⓢ antara: antara-sthāyin: anya: anyatva: anyathā: pṛthaktva

②二つの相対立するものが異なっていること。「去来の二相と現在の相とは一と為すや異と為すや」 Ⓢ anyathātva

③離れていること。「蘊と異なる補特伽羅」 Ⓢ vinirmukta

④現象的存在（有為）の四つのありよう（生・住・異・滅の四相）の一つ。現象が変化していくさまを生じる原理をいう。不相応行の一つ。→四相①

⑤勝論が説く十句義の一つ。→十句義

異意 いい ものごとを差別して考えること。「異意を作さずして純浄心を以って法を聴く」 Ⓢ amanasikāra: vimanaska

異縁 いえん 異なった別の縁。それに遇うことによってものごとは変化する。「異縁に変壊さるる」 Ⓢ pratyaya-antara

異縁心 いえんしん 異なった他のことを考える心。 Ⓢ anya-citta: anya-manas

異学 いがく 異なった、誤った教説を学ぶ人。「癡人と外道と異学」

異覚 いがく 誤った思考・判断。疑いを生じる原因となる。「疑は分別・異覚を体と為す」 Ⓢ vimati

異儀 いぎ 普通ではない変わった振るまい。「諂とは、他を網むがための故に矯しく異儀を設て険曲するを性となす」

異句義 いくぎ 六句義の一つ。→六句義

異外道 いげどう 外道のこと。→外道

異解 いげ 異なった解釈、理解。異解釈ともいう。「師資は異解なり」「此の初門の中に二あり。初は正分別、後は異解釈なり」

異解釈 いげしゃく →異解

異見 いけん 異なった見解。「各別に異見・異欲を執して相違言論す」「後に異見に随って上座部と大衆部とに分る」

Ⓢ bhinna-mata

異語 いご ①種々の異なった言葉。「異語を雑説す」

②本心とは異なった言葉。「正知を覆想して異語を説く」 Ⓢ anyathā-vāc

異師 いし 釈尊以外の師。「世尊のある処には方に異師あり」

異赤 いしゃく 死体が腐って赤くなったさま。肉体への貪りを断つための不浄観において観察する対象の一つ。原語 vilohitaka は変赤・血塗・分赤とも訳される。→不浄観

Ⓢ vilohitaka

異執 いしゅう 異なった見解・主張・教説。「文義に於て異執交馳す」「他宗の異執を遮す」

異熟 いじゅく ①因と異なって果が熟すこと。あるいは異なって熟した果のこと。

Ⓢ vipāka

（出典）異熟是何義。答、異類而熟是異熟義。謂、善不善因、以無記為果。果是異熟義。（『婆沙』20、大正 27・103c）：所造業至得果時、変而能熟、故名異熟。（中略）彼所得果、与因別類而是所熟、故名異熟。（『倶舎』2、大正 29・9a）

②深層の根源的な心である阿頼耶識の別名。異熟識といい、その異熟の意味に次の三種類がある。（ i ）因が変異して果が熟す（変異而熟）。（ii）因と時を異にして果が熟す（異時而熟）。（iii）因と善・悪・無記のありようを異にして果が熟す（異類而熟）。（ i ）は、因が変化して果が生じるという変化の基本的ありようを定義したもの。（ii）と（iii）は、阿頼耶識すなわち異熟識にのみ関することで、このうち（ii）は、たとえば過去世の業によって現在世に人間として生まれるという場合の因果であり、因は過去世、果は現在世に属し、因と果とが時を異にしていることを

いう。(iii)は、因は善か悪であるが、その結果として生じた果は善でも悪でもない無記であるということ。これを「因是善悪、果是無記」という。
(出典)此是(=阿頼耶識)能引諸界処趣生、善不善業異熟果故、説名異熟。(『成論』2、大正31・7c):言異熟者、或異時而熟、或変易而熟、或異類而熟。(『述記』2末、大正43・300a)
(参考)(『述記』1本、大正43・238c)

異熟因 いじゅくいん 時を異にして果を生じる因。時を異にするとは因と果とが過去世から現在世、あるいは現在世から未来世と二世にまたがることをいう。善・悪(不善)・無記の三業のうち善業と悪業の二つが、また有漏業と無漏業とのなかの有漏業が異熟因となる。なぜなら無記(善でも悪でもない)のものは、力が弱く異熟を招くことができないから、また無漏(煩悩がない業)は、煩悩という愛水に潤されることがないからである。六因(能作因・倶有因・同類因・相応因・遍行因・異熟因)の一つ。 Ⓢ vipāka-hetu
(出典)唯諸不善及善有漏、是異熟因、異熟法故。何縁無記不招異熟。由力劣故、如朽敗種。何縁無漏不招異熟。無愛潤故、如貞実種無水潤沃。(『倶舎』6、大正29・33a)
(参考)菩薩の異熟因として寿量具足因・形色具足因・族姓具足因・自在具足因・信言具足因・大勢具足因・人性具足因・大力具足因の八種が説かれる(『瑜伽』36、大正30・484b～c)。→各項参照

異熟果 いじゅくか 五つの果(異熟果・等流果・離繋果・士用果・増上果)の一つ。六因のなかの異熟因から生じる果。二世にわたる因果関係によってもたらされる果。原因は善か悪かであるが、その結果である異熟果は無記(善でも悪でもない)である。このように因と果とが価値を異にしているから異熟果を異類熟とよぶことがある。異熟果としては、たとえば殺生をしたり盗んだりする十種の悪業によって、来世に地獄・餓鬼・畜生に生まれることがあげられる。〈唯識〉は前世の善悪業によって生じた阿頼耶識を根源的な異熟果と考え、それを真の異熟ととらえて真異熟とよぶ。これに対して阿頼耶識から生じた六識の異熟果(貴賎・苦楽・賢愚・美醜など)を異熟生とよぶ。 Ⓢ vipāka-phala
(出典)異類熟者、即異熟果。謂、善不善、生無記果。此無記果、従善不善異類因生、故名異熟。(『婆沙』19、大正27・98b)
(参考)(『成論』3、大正31・16a～b):菩薩の異熟果として寿量具足・形色具足・族姓具足・自在具足・信言具足・大勢具足・人性具足・大力具足の八種が説かれる(『瑜伽』36、大正30・484b)。→各項参照

異熟色 いじゅくしき 善業あるいは悪業によってもたらされた色(眼・耳・鼻・舌・身・色・声・香・味・触・法処所摂色の十一種の色法のなかの声と法処所摂色を除く九つ)。 Ⓢ vipāka-rūpa

異熟識 いじゅくしき 異なって熟した識。阿頼耶識の別名。阿頼耶識を生じる因は善か悪(不善)であるが、その果である阿頼耶識は善でも悪でもない(無記)、すなわち因は善悪、果は無記と異なっているから、異なって熟した識、すなわち異熟識という。→異熟 →異熟果

異熟受 いじゅくじゅ 楽受と苦受と不苦不楽受の三種の受(感受作用)を異熟との関係で説いたもの。五受(自性受・現前受・所縁受・相応受・異熟受)の一つ。
(参考)(『婆沙』115、大正27・596b)

異熟種 いじゅくしゅう 異熟種子のこと。→異熟種子

異熟種子 いじゅくしゅうじ 異熟習気とおなじ。→異熟習気

異熟習気 いじゅくじゅっけ 二種の習気(等流習気・異熟習気)の一つ。阿頼耶識のなかにある種子の別名。表層の行為(現行)によって阿頼耶識に熏習されたという点から習気といい、ふたたびそれから現行を生じる点から種子という。習気のなか、善悪の六識によって阿頼耶識に熏ぜられた種子を異熟習気という。善悪の業によって熏じられるものであるから業種子ともいう。この種子の力は強く、力の弱い無記(善でも悪でもない)の種子を助けて未来世の阿頼耶識を生じる。別名、異熟種子ともいう。
(出典)異熟習気為増上縁、感第八識。酬引業力恒相続故、立異熟名。(『成論』2、大正31・7c)

異熟順受 いじゅくじゅんじゅ →順受②

異熟生 いじゅくしょう 異熟因に由って生じたもの。異熟果とおなじ。→異熟果

Ⓢ vipāka-ja

異熟障 いじゅくしょう 先天的な障害。耳が聞こえない、眼が見えない、愚鈍で教えを理解できない、などの障害をいう。三障（業障・煩悩障・異熟障）の一つ。
（出典）聾騃愚鈍盲瞽瘖瘂、以手代言、無有力能解了善説悪説法義、是名異熟障。（『瑜伽』29、大正 30・446a）

異熟定 いじゅくじょう 善業あるいは悪業が、かならず定んで異熟をもたらすことをいう。
（出典）異熟定者、一切不善善有漏法皆有異熟故。（『婆沙』162、大正 27・820c）
（参考）（『了義灯』5 末、大正 43・767c）

異熟心 いじゅくしん 善業あるいは悪業によってもたらされた心。

異熟身 いじゅくしん 善業あるいは悪業によってもたらされた身。

異熟法 いじゅくほう ①異熟という存在。広く異熟全体を意味する。→異熟 →異熟果「諸の善法は能く可愛果の異熟法を感ず」
②真の異熟である阿頼耶識をいう。真異熟とおなじ。→異熟果
（出典）除第八識外、皆是非異熟法、非真異熟法故。（『述記』4 本、大正 43・360c）
（参考）（『瑜伽』66、大正 30・664c）

異熟品 いじゅくほん 異熟のグループ。→異熟

異生 いしょう いまだ見道（真理を見る段階）に入ることなく、無漏智（煩悩がない智慧）を生じることなく、真理（諦・真如）をさとっていない凡夫のこと。五つの異なった生存のありよう（五趣）のなかで生死をくりかえすから異生という。あるいは聖者と異なるから異生という。これに二種ある。（ｉ）外の異生。仏教以外の異生。善根（善を生じる力）を断じた人。（ⅱ）内の異生。善根を断じていない人。→異生性 Ⓢ pṛthag-jana
（出典）諸異生略有二種。一内、二 外。内、謂、不断善根。外、謂、善根已断。（『倶舎』3、大正 29・15a）：異生類、無明所盲、起造惑業、迷執有我、於生死海淪没、無依。（『述記』1 本、大正 43・229c）

異生位 いしょうい 煩悩を有し、いまだ真理をさとっていない人の位。聖位の対。→異生

異生性 いしょうしょう 異生であること。いまだ聖なるもの（聖法。諦・真如）を獲得せず成就していない状態をいう。不相応行の一つとしての異生性とは、そのような異生のありようを生ぜしめる原理をいう。〈唯識〉は、見道によって断ぜられる種子（煩悩障と所知障のなかの分別起すなわち後天的なものの種子）がいまだ断ぜられず、それが阿頼耶識のなかにある状態を異生性という。不相応行の一つ。→異生 →不相応行
Ⓢ pṛthag-janatva
（出典）云何異生性。謂、不獲聖法、不獲即是非得異名。（『倶舎』4、大正 29・23b）：於三界見所断種、未永害位、仮立非得、名異生性。於諸聖法、未成就故。（『成論』1、大正 31・5b）：異有二義。一別異名異。謂、聖唯生人天趣。此通五趣故。又変異名異。此転変為邪見等故。生、謂、生類。異聖人之生類、名為異生。生者是総、性者是別。異生之性、並依主釈。以変異名異、聖非異生。（『述記』2 本、大正 43・279c）
（参考）（『婆沙』45、大正 27・231b 以下）

異生性障 いしょうしょうしょう 異生性という障害。十重障の一つ。初地においてこの障を断じて遍行真如を証する。→異生性 →十重障

異性 いしょう ①前のありようと似つつ変化すること。 Ⓢ anyatva
（出典）由有相似生故、立異性変異性。（『瑜伽』3、大正 30・291c）
②変化すること。変異性とおなじ。
Ⓢ anyathātva
（出典）異性有二。一異性異性、二転変異性。異性異性者、謂、諸行相似相続而転。転変異性者、謂、不相似相続而転。（『瑜伽』88、大正 30・795c～796a）
③二つ以上のものが異なっていること。一性の対。「一切の仏がおなじく一無漏界の中に安住するに、その一性・異性は不可思議なり」

異性空 いしょうくう 三種の空（無性空・異性空・自性空）の一つ。三性でいえば、心すなわち依他起性のありようをいう。言葉によって実体として執着されたもの、すなわち遍計所執性のありようと異なっているから異性空という。三種の空（無体空・遠離空・除遣空、あるいは自性空性・如性空性・真性空性）の遠離空・如性空性に相当する。→三性

② →依他起性
（出典）空有三者、一無性空、性非有故。二異性空、与妄所執自性異故。三自性空、二空所顕為自性故。（『成論』8、大正31・47b）

異心 いしん ①他の人の心。
Ⓢ anya-cetas
②それとは異なった心。「親愛ありて異心なし」「刹那を隔つと雖も、但だ中間に於て異心の隔つことなきをも亦た、中に間隔なしと名づく」 Ⓢ anya-citta
③悪い心。悪意。「汝、今、怖るることなかれ。父母が子に於て或いは異心あることあれども、吾は、今、汝に於て終に悪意なし」

異身 いしん ①異なる別の人の身。「若し爾らば、異身なりとも所縁と行相、及び時のおなじ者は相応と説くべし」
②種々の異なった形をした身。「彼れは身の異るに由り、或いは異身を有するが故に彼の有情を説いて身異と名づく」

異説 いせつ 異なった説、見解。「別の意趣に随って種種の異説を作す」 Ⓢ anyathā-nirdeśa: anyathā-bhāṣaṇa

異相 いそう 異なったすがた、ありよう。「云何んが異相の大種が能く同相の造色を造るや」「極微と極微所起の麁物とは異相なるや」 Ⓢ bhinna-lakṣaṇa: vilakṣaṇa

異相無我 いそうむが 三種の無我（無相無我・異相無我・自相無我）の一つ。言葉によって実体的なもの（我）として執着されたもの、すなわち遍計所執性のありようと異なっているから異相無我という。三性でいえば心、すなわち依他起性のありようをいう。→無我 →三性② →依他起性
（出典）無我三者、一無相無我、我相無故。二異相無我、与妄所執我相異故。三自相無我、無我所顕為自相故。（『成論』8、大正31・47b）

異想 いそう 想いと異なっていること。「異想に発言す」 Ⓢ anyathā-saṃjñin

異道 いどう 仏道以外の道。よこしまなあやまった道。外道が説くまちがった修行方法。たとえば断食をする、裸で過ごす、火のなかに身を投げ入れる、高い岩から飛び降りるなどの苦行をいう。
（参考）（『婆沙』188、大正27・943 b）

異分 いぶん 相異したありよう、部分。異なった種類。不同分とおなじ。「如来は阿羅漢と同分あり異分あり」 Ⓢ visa-bhāga

異方 いほう 異なった別の場所、地方。「彼彼の異方・異域」「法は異方より転じて異法に趣く」

異謀 いぼう 悪いよこしまな謀りごと。人を欺くために抱く心。「矯誑者は心に異謀を懐く」

異名 いみょう 異なった名。別の名・名称・言い方。「本論主は異名の義に於て善巧を得るが故に種種の説を作す」「帰仰は敬礼の異名なり」 Ⓢ nāma-antara: paryāya: paryāya-nāma: paryāya-śabda

異門 いもん 異なった名。別の名・名称・言い方。同義語。別の観点。「阿笈摩中に異門を以って阿頼耶識を説く」 Ⓢ paryāya

異喩 いゆ 因明における三支（宗・因・喩）のなかで、主張（宗）と理由（因）に対して異なった類としてあげられた喩えをいう。同喩の対。

異類 いるい 異なった種類。さまざまな種類。多様なこと。同類の対。「異類にして熟す、是れ異熟の義なり」「現行は種子に望んで異類なり」 Ⓢ nānā-vidha: vicitra

異類相応名 いるいそうおうみょう 十二種の名の一つ。ある人、たとえば徳友という人に、他人の名前を、たとえば青・黄などの名前を別名として付けた際の青・黄などの名をいう。
（出典）異類相応名者、謂、仏授徳友青黄等名。（『瑜伽』81、大正30・750a）

異論 いろん 異なった論。まちがった見解。仏教以外の主張。十六種ある。→十六種異論「諸の異論を降伏す」 Ⓢ para-vāda: para-vādin
（参考）（『瑜伽』6、大正30・303c以下）

移転 いてん ①変化すること。「世俗の信は移転し亡失す」
②歩くこと。移す、移動すること。「息風を縁ずる覚を移転して後後の勝善根の中に安置す」 Ⓢ vi- **vṛt**: saṃcārita
③業が変化して果を招くこと。「施福の移転」
Ⓢ saṃkrānti

移転愚 いてんぐ 業が結果を招くということに迷って知らず、その迷いが進行して遂に不平等因（あやまった不適切な原因。一切を生じる自在天・自性・士夫などの原因）に執着する愚かさをいう。七種の無知の一つ。

→七種無知 Ⓢ saṃkrānti-saṃmoha
(出典) 業能招集果、迷而不知、執不平等因、故名移転。(『略纂』4、大正 43・57b)
(参考) (『瑜伽』9、大正 30・322c)

葦舎 いしゃ 葦からできた家屋。「受くるところの学処に於て堅固に執する人の中に在る少なる善法は、乾いた葦舎の中に居る虫の如くに少なし」

意 い ①こころ。原語の manas は考えるという意味の動詞 **man** から派生した名詞で、考えるもの、すなわち、こころを総称して意という。 Ⓢ manas
②心・意・識の意。こころを総称して心意識という場合の意。もともと阿含経や小乗の説においては心と意と識とは同義語であったが、後に〈唯識〉は次のように別々のものを意味するものと解釈するようになった。(ⅰ) 心(阿頼耶識)、(ⅱ) 意(末那識)、(ⅲ) 識(六識)。また〈唯識〉は意に思量(思考)と依止(原因)との二つの意味があると解釈し、前者の働きをもつものとして末那識を、後者の働きをもつものとして無間滅意を考える。
(出典) 意有二義。一思量義、二依止義。第七通有二名。過去但唯依止。体雖現無、与現依止。(『述記』5 末、大正 43・413a)
③常に我(自己)我所(自己のもの)と考えつづけている深層に働く末那識のこと。汚れたこころであることから染汚意ともいわれる。第七識ともいう。→染汚意 →末那識
(出典) 第七名意。縁蔵識等、恒審思量、為我等故。(『成論』5、大正 31・24c)
④意識の意。→意識

意悪行 いあくぎょう こころ(意)がおこなう悪い行為。十種の根本的な行為の領域(十業道)にかぎれば、貪り(貪欲)と怒り(瞋恚)とよこしまな見解(邪見)との三つをいう。 Ⓢ manas-duścarita
(出典) 一切不善身語意業、如次、名身語意悪行。(『倶舎』16、大正 29・84b):三悪行者、謂、身悪行・語悪行・意悪行。(中略)何者意悪行。謂、貪欲・瞋恚・邪見。応知、此中世尊唯説根本業道所摂悪行。(『婆沙』112、大正 27・578a)

意会思食 いえしじき 意思食とおなじ。→意思食

意界 いかい 全存在を十八の種類に分ける分類法(十八界)のなかの一つ。意という器官(意根)のグループ。→十八界

意覚 いかく こころ(意)の感受作用。「胎中の最初の意覚は必ず過去の根覚に因って引生す」

意願 いがん こころの願い、誓願。「不思議変易生死を或いは意成身と名づく。意願に随って成ずるが故に」

意行 いぎょう ①こころの働き、活動。意業のこと。受(感受作用)と想(知覚作用)と意業との三つを意行とする説もある(『瑜伽論』所説)。三つの行(身行・語行・意行)の一つ。→意業 Ⓢ manas-saṃskāra
(出典) 意行云何。謂、意業。(『瑜伽』9、大正 30・323a):受想与意業、倶名意行。(『瑜伽』56、大正 30・612b)
②中有(死後から再び生まれるまでの存在)の別名。身がこころ(意)に随って自在に行動できるから意行という。意成ともいう。→意成 Ⓢ manas-maya
(出典) 又此中有、有種種名。(中略)或名意行、以意為依、往生処故。此説身往、非心縁往。(『瑜伽』1、大正 30・282b):中有名意行。身随心往、速疾自在故。(『略纂』1、大正 43・11a)

意楽 いぎょう 欲、意欲、意図、意向、願い。意楽には悪い意楽と善い意楽とがある。たとえば、生きものを害そうと欲するのは悪意楽、生きものを害さないと願うのは善意楽である。善意楽として、たとえば次の二種がある(『瑜伽』35、大正 30・482a)。(ⅰ) 悪い状況にいる人びとを救済して善い状況にしようとする願い(利益意楽)。(ⅱ) 貧困で援助者も頼れる人もいない人びとに、豊かにする物を施そうとする願い(安楽意楽)。また、次の五つの意楽が説かれる(『瑜伽』69、大正 30・679b)。(ⅰ) 精進を起こそうと欲する意欲。(ⅱ) 煩悩に染まらないと欲する意欲。(ⅲ) 罪を犯さないと欲する意欲。(ⅳ) 後悔することがないように生きようとする意欲。(ⅴ) 定(三摩地・等持)を引発しようとする意欲。
Ⓢ abhiprāya: āśaya: citta-āśaya

意解 いげ 理解すること。人によって意解が相違することから争いが生じる。「我が所説の善教法中に於て諸の有情類の意解が種種に差別す」「愚癡なる意解は乖諍を成ず」

意護 いご 自らを苦しめる修行（自苦行）における三種の戒め（身護・語護・意護）の一つ。苦行によって自らを苦しめる苦に耐えること。邪行の一つ。 Ⓢ manas-saṃvara
（出典）意護者、謂、心忍受自逼切苦。（『瑜伽』89、大正 30・806b）

意業 いごう こころの働き・行為。三業（身業・口業・意業）の一つ。その本質は意思。意思を原語で cetanā といい、思と訳される。思には審慮思（なにを行なおうかと考える意思）と決定思（行為を決定する意思）と動発思（身体的行為と言語的行為とを起こす意思）との三種があるが、このうちの前二つが意業にあたる。 Ⓢ manas-karman
（出典）審決二思、意相応故、作動意故、説名意業。（『成論』1，大正 31・5a）

意根 いこん 意識を生じる器官。器官ではあるが、原子（極微）からなる物的なもの（色根）ではなく、心的なもの（無色根）である。これに関して〈倶舎〉と〈唯識〉では次のように説を異にする。（ｉ）一刹那前に滅した六識をいう（〈倶舎〉の所説）。（ii）末那識をいう（〈唯識〉の所説）。ただし〈唯識〉でも一刹那前に滅した八識をも意根と考える。また十二処中の意根処に意識・末那識・阿頼耶識の三つが含められるからこの三識を意根という場合がある。
Ⓢ manas-indriya
（出典）意根、総以八識為性。（『成論』7、大正 31・41a）

意近行 いごんぎょう こころ（意）の直接の原因（近）となって意を対象に活動せしめる喜（よろこび）と憂（うれい）と捨（よろこびでもうれいでもない心）との三つの感受作用をいう。この三つがそれぞれ色・声・香・味・触・法の六つを対象とするから全部で十八種となる。十八意近行あるいは十八意行という。「六界と六触処と十八意近行と及び四依処とを説いて有情と名づく」
Ⓢ manas-upavicāra
（出典）意近行、名為目何義。（中略）有説。喜等能為近縁、令意於境、数遊行故。（『倶舎』10、大正 29・53c）
（参考）（『婆沙』139、大正 27・716a〜b）

意言 いごん ①こころの言葉。意識が発する言葉、あるいは意識が言葉を発すること。なにかと追求するこころ（尋伺）を構成する要素となる。→尋伺 Ⓢ manas-jalpa
（参考）（『述記』7 本、大正 43・468a）
②意図された意見・見解・主張。「此の中の意言は是の如し」「此の頌の意言は是の如し」

意言分別 いごんふんべつ 意識が言葉を発して分別すること。「意言分別して我我所と謂う」

意罪 いざい 意罰ともいう。こころが犯す罪。身と語と意とが犯す罪のなかで意罪が最も重い罪である。「三罰業に約して意罪大なりと説く」「三罰業の中、仏は意罰を説いて最大の罪と為す」 Ⓢ manas-daṇḍa

意思食 いしじき 意等思食・意会思食・思食ともいう。意思という食事。なにか好ましいものを得ようと意欲し希望することが心によい影響を与え、それが身体を養うことになるから意思を食事に喩えて意思食という。四食の一つ。→四食 Ⓢ manas-saṃcetana-āhāra
（出典）若在意地、能会境思、名意会思。能与一切於可愛境、専注希望、為食。（『瑜伽』94、大正 30・838c）：意思食者、是能悕望。由希望故饒益所依。如遠見水雖渇不死。（『摂論釈・世』3、大正 31・332b）：契経説食有四種。（中略）三意思食、希望為相。謂、有漏思与欲倶転、希可愛境、能為食事。此思雖与諸識相応、属意識者、食義偏勝、意識於境希望勝故。（『成論』4、大正 31・17b）

意地 いじ 思考するこころ（意）の領域。意識のこと。意識は他の五識にない特別の働きがあるから別に立てて意地という。五つの感覚の集まり（五識身）に対比する語。「能憶は意地に在りて五識身に非ず」
Ⓢ manas-bhūmika

意識 いしき 六つの識（眼識・耳識・鼻識・舌識・身識・意識）のなかの一つ。すべての存在を認識することができる識。〈唯識〉が説く八識説では第六番目に位するから第六識あるいは第六意識ともいう。大きく次のような二つの働きがある。対象を言葉を用いて概念的に把握することと、感覚と共に働いて感覚を鮮明にすることとである。意識は詳しくは次の種類に分かれる。（Ⅰ）五倶の意識。これはさらに（ｉ）五同縁の意識と（ii）不同縁の意識とに分かれる。（Ⅱ）不倶の意識。これはさらに（ｉ）五後の意識と（ii）独頭の意識とに分かれ、後者はさらに1. 定中の意識と、2. 独散の意識と、3. 夢中の意識とに分かれる。これらのうち、「五倶の意識」とは、眼識（視覚）などの五識（五感覚）と共に働く意識である。それはさらに二つに分かれ、そのうちの「五同縁の意識」とは、五識とおなじ対象を把握する意識であり、これによってその対象が鮮明に感覚されるようになる（この意味で五同縁の意識を明了依という）。もう一つの「不同縁の意識」とは、五識と共に働くが、五識の対象とは別の対象を把握する意識である。たとえば眼は花を見ているが、意識は他のことを考えているので、花の存在に気付かなかったというような場合である。もう一つの「不倶の意識」とは五識と共に働かない意識である。これはさらに二つに分かれ、そのうちの「五後の意識」とは、五識が働いた後に起こり、五識が捉えた感覚の対象を言葉で概念的に把握する意識である。「独頭の意識」とは五識とは無関係に独り働く意識であり、これはさらに三つに分かれる。そのうちの「定中の意識」とは、禅定の心のなかで起こる意識、「独散の意識」とは、独りあれこれと思う乱れた意識、「夢中の意識」とは、夢のなかで働く意識である。 Ⓢ manas-vijñāna

意識界 いしきかい 全存在を十八の種類に分ける分類法（十八界）のなかの一つ。意識のグループ。→十八界
Ⓢ manas-vijñāna-dhātu

意釈 いしゃく 解釈。「余師は別の意釈を作す」

意取 いしゅ 意図する、意味すること。「瑜伽の六欲諸天という文は上の四の空居天を意取す」 Ⓢ abhipreta

意趣 いしゅ ①書かれた文や語られた言葉の意味・意義・目的・意図。意説とおなじ。「此の文には別の意趣あり」
Ⓢ abhiprāya
②なにかをなそうとする意志・願い・意図。意楽とおなじ。→意楽
（出典）意楽者、謂、所有意趣。我応造作如是如是、我当造作如是如是。（『倶舎』18、大正29・96c）

意趣理趣 いしゅりしゅ 意趣理門とおなじ。釈尊所説の教法のなかの意趣（意味・目的・意図）という道理。六種の理趣の一つ。→理趣 →意趣① Ⓢ abhiprāya-naya

意趣理門 いしゅりもん 意趣理趣とおなじ。→意趣理趣

意処 いしょ 十二処（存在の十二の領域）の一つ。六識のグループ（六識身・識蘊）がこのなかに収められる。 Ⓢ manas-āyatana
（出典）各各了別彼彼境界、総取境相故、名識蘊。此復差別有六識身。謂、眼識身至意識身。応知如是所説識蘊、於処門中、立為意処。（『倶舎』1、大正29・4a）：十二処中、説六識身、皆名意処。（『摂論』中、大正31・139a）

意所行色 いしょぎょうしき 意所取色とおなじ。→意所取色

意所取色 いしょしゅしき 意所行色ともいう。意識が認識する「もの」（色）。定まったこころ（三摩地）が認識するこころのなかの影像。色の三種のありよう（清浄色・清浄所取色・意所取色）の一つ。
Ⓢ manas-gocaraṃ rūpam
（出典）自相復有三種。一清浄色、二清浄所取色、三意所取色。（中略）三摩地所行影像等色、名意所取色。（『瑜伽』65、大正30・660c）

意所成身 いしょじょうしん 意成身とおなじ。→意成身①

意生 いしょう ①生命的存在（我）を示す名称の一つ。考えるこころ（意）の働きが強いから意生という。この場合の生とは種類という意味。 Ⓢ manuṣya
（出典）意生、是意種類。有能思量勝作用故、顕是意類、故名意生。（『枢要』上本、大正43・618c）
（参考）（『瑜伽』83、大正30・764b）
②こころ（心）を原因として生じた存在。変化身のこと。→変化身
（出典）言意生者、謂、受化生身、唯心為因故。（『雑集論』6、大正31・722a）

意生身 いしょうしん こころ（意）によって生まれる身。色界（清浄な物質からなる世界）に住するものの身。
（出典）定心愛所生故、由此道理、説彼色界色、名意生身。（『雑集論』3、大正31・706a）

意成 いじょう 行為（業）によらずこころ（意）によって生まれた存在。死んでから生まれるまでの中間的存在（中有）の別名の一つ。意行ともいう。→意行②

Ⓢ manas-maya
（出典）何故中有、復名意成。答、従意生故。（『婆沙』70、大正 27・363a）

意成身 いじょうしん ①こころ（意）から成り立った身。父母生身の対。意所成身ともいう。「諸の善法を修する男女は命終って白衣の如き意成身を得る」
②こころ（意）の願いに随って生まれた身。大悲願の意に随って寿命の長短を思い通りに変化せしめる生死のあり方（変易生死）ができる人。八地以上の菩薩が行なうことができる。
（出典）不思議変易生死、（中略）或名意成身。随意願成故。（『成論』8、大正 31・45a）
（参考）（『述記』8 末、大正 43・536a〜537b）

意成天 いじょうてん 父母からではなく、こころ（意）によって生まれることができる天。色界天と無色界天のこと。段食天の対。→色界① →無色界 →段食天 Ⓢ manas-mayo devaḥ

意勢神通 いせいじんつう 意勢神用ともいう。非常な遠方であっても、こころがそこに思いをはせれば、そこに速やかに至ることができるという超能力をいう。六神通の一つ。神境智証通のなかの一つ。 Ⓢ manas-java
（出典）意勢神用者、謂、眼識至色頂、或上至色究竟天、或傍越無辺世界。（『婆沙』141、大正 27・725b）：意勢、謂、極遠方挙心縁時、身即能至。此勢如意、意勢名。（『倶舎』27、大正 29・144a）

意勢神用 いせいじんゆう 意勢神通とおなじ。→意勢神通

意説 いせつ 書かれた文や語られた言葉の意味・意義・目的。意趣とおなじ。「世尊の此に於る意説は何か」
Ⓢ abhiprāya: abhipreta

意触 いそく 意根によって触れること。それによって苦楽の感受作用（受）や貪愛（愛）が生じる。受を生じる十六種の触の一つ。→触④「意触所生の受」「意触所生の愛身」 Ⓢ manas-saṃsparśa

意等思食 いとうしじき 意思食とおなじ。→意思食

意罰 いばつ 意罪とおなじ。→意罪

意表業 いひょうごう こころ（意）を活動せしめる意思の働き。表業とは具体的に表れた行為。意思はこころの働きであるから、具体的に表れたものではないが、それが原因となって他者に認知される身体的行為（身業）や言語的行為（語業）を引き起こすから表業という。三種の表業（身表業・語表業・意表業）の一つ。 Ⓢ manas-vijñapti
（出典）唯有発起心造作思、名意表業。（『瑜伽』53、大正 30・589b）

意忿天 いふんてん 意憤天とおなじ。→意憤天

意憤天 いふんてん 意憤恚天・意忿天ともいう。お互いに眼をつりあげて相い見合って憤り合っている天。他者に害されて死ぬのではなく自ら死ぬ、すなわち憤りが増すことによってその天から没する。
Ⓢ manas-pradūṣikā devāḥ
（出典）或復有天、名曰意憤。彼諸天衆、有時、転角眼相視。由相視故、意憤転増。意憤増故、従彼処没。（『瑜伽』5、大正 30・300c）

意憤恚天 いふんいてん 意憤天とおなじ。→意憤天

意猛龍王 いみょうりゅうおう 八大龍王の一つ。→八大龍王 Ⓢ manasvin-nāga
（参考）（『瑜伽』2、大正 30・287a）

意牟尼 いむに 三牟尼（身牟尼・語牟尼・意牟尼）の一つ。→牟尼②

意欲 いよく 思い。願い。意志。「本論師は自らの意欲に随って此の論を作る」

意力 いりき こころの力。仏が有する智の力。「仏の意力は智を以って体と為す」
（参考）（『婆沙』30、大正 27・156c）

違 い ①闘うこと。「食の因縁の為に違い諍うことを興し、互相に害を加う」
Ⓢ vigṛhīta: vigraha
②一致しない、反する、対立する、相違する、随わないこと。順の対。相違とおなじ。「此の論は経説に違す」「前は宗に順じ理に違す」「法相に違す」 Ⓢ viruddha: virodha

違縁 いえん こころに違う縁。よくない縁。「貪は違縁に遇うときは憂苦と倶なり」
Ⓢ pratyaya-vaidhurya

違越 いおつ 正しいありよう、正しい教えから逸脱すること。原語のなかの vyatikrama は違犯と訳される場合もある。→違犯「癡人は仏教を違越して諸学処を受学せず」「法随法を行ぜざるは聖教を違越す」

「不正知者は軌則に違越す」 Ⓢ ati-**kram**: atisārin: utkrānta: bādhita: bhedin: vyati-**kram**: vyatikrama

違害 いがい ①害となり苦しめること。対立して害をなすこと。「随順すること善親友の如く、違害すること悪怨家の如し」「違害に耐える忍」
②一致しない、反する、対立する、相違すること。「諸論の所説に違害す」「経に違害す」
Ⓢ virodha

違捍 いかん （借りたものを）違約して返却しないこと。「挙貸せる他物を終に違捍せず」 Ⓢ visaṃvādayitṛ

違逆 いぎゃく 対立する、反する、反対する、随わないこと。随順の対。「学に違逆する法」「戒禁取は聖道に違逆す」「其の言を敬順して違逆せず」「聖心に違逆するが故に名づけて苦と為す」「仏所に於て違逆心を生ず」
Ⓢ pratikūla: prativiloma: prātikūlya: viguṇī-**kṛ**: viloma

違逆学法 いぎゃくがくほう 正しい学びに反する、あるいは障りになるもの。随順学法の対。 Ⓢ śikṣā-vilomā dharmāḥ
（参考）（『瑜伽』28、大正 30・436c～437a）

違境 いきょう こころに違う対象。身心が圧迫され苦が生じる対象。順境の対。→順境「違境の相を領し、身心を逼迫するを説いて苦受と名づく」

違拒 いこ ①拒否する、否定すること。受け入れないこと。「末尼・真珠などの宝の奉施を違拒して受けず」 Ⓢ durāgata: prati-**kṣip**
②対立すること。敵意を持つこと。「天と非天と互相に違拒して戦闘す」
Ⓢ prativiruddha

違順 いじゅん 違と順。詳しくは違逆・随順という。対立と一致。こころに適わないものと適うもの。「諸の有情は違順の力に由って闘諍を興す」「違順の境に対して分別して煩悩を起こす」「捨受は違順の境を分別せずして中容の境を取る」

違諍 いじょう 意見を異にして言い争うこと。諍競とおなじ。「刀杖を執持して闘訟し違諍す」「違諍を興して刀杖を以って互相に害を加う」
Ⓢ vigṛhīta-vivāda: vigraha-vivāda: viruddha

違損 いそん 損害を与え悩ますこと。「柔和にして他に於て違損を作さず」

違背 いはい 逆らう、反対する、一致しないこと。「朋友の意に違背す」「苦行は還滅に違背して流転に随順す」「嫉と慳とは正理に違背す」「諸の悪言説は法性に違背す」
Ⓢ pratikūla: vilomana

違反 いはん 反対すること。対立し闘うこと。激しく怒ること（発憤）の原因の一つ。「我が説に違反す」「我が師に違反す」
Ⓢ vigraha

違負 いふ あざむき害をなすこと。「賢善行者は他に於て違負するところなく、欺誑するところなし」 Ⓢ abhidroha

違返 いへん 相違する、対立すること。「互相に違返する言論」「真諦と俗諦とは互相に違返す」

違犯 いほん 咎・過失・罪。戒や律儀を犯すこと。違犯の原語の一つである vyatikrama は違越と訳される場合もある。→違越「過失と違犯を駆擯す」「所学の戒に於て違犯あり」 Ⓢ adhyāpanna: āpatti: ā-**pad**: āpanna: vyatikrama

違戾 いるい ①対立すること。反対すること。「諸の外道は薩迦耶見を以って根本と為し、種種の見趣の意が各別なるが故に、彼此展転して互相に違戾す」
②三煩悩（貪・瞋・癡）の一つである貪の異名。
（参考）（『瑜伽』86、大正 30・779a～b）

維 い 方向。方位。北西・南西・北東・南東の四隅を四維という。「四方と四維」
Ⓢ vidiś

慰意 いい 満足したこころ。喜ぶこころ。「無悔を先の為して慰意し適悦す」
Ⓢ sumanaska

慰問 いもん 会って挨拶すること。身体の具合を問うこと。見舞って慰めること。問訊・省問・敬問ともいう。「敬愛の語を以って仏に慰問す」「其の舎に往詣して安不を慰問す」 Ⓢ abhibhāṣin: abhivādana: pratisam-**mud**
（参考）（『瑜伽』88、大正 30・798a）

慰喩 いゆ 勇気づける、鼓舞する、喜ばすこと。優しい言葉をかけること。慰諭ともいう。「軟言を以って慰喩す」
Ⓢ ā-**śvas**: āśvāsita: upavatsayati: saṃtoṣaṇa

慰喩語 いゆご 人を慰める優しい言葉。

愛語の一つ。→愛語　Ⓢ saṃmodanī-vāc

慰諭　いゆ　優しい言葉で諭す、語りかけること。慰喩ともいう。「軟言を以って慰諭す」

謂　い　①「～をいう」の意味（「云何が～なるや。謂く」の形で用いる）。Ⓢ iti: **vac**: ity ucyate

②「すなわち～をいう」の意味（語の意味を説明したり、言い換えたり、さらに詳しく説明するときに用いる）。Ⓢ iha: tad-yathā: yathā: yathā-api: yad uta

③「～を対象とする、～を意味する」の意味（「何を謂いて～と為すや」の形で用いる）。

頤　い　したあご。「頤、善く円満せり」Ⓢ kapola

育養　いくよう　養育とおなじ。→養育①

一異　いちい　一と異。同一と相異。二つのものを比べて同一か相異するかを論じるときに用いる語。→不一不異「勝義諦は諸法の一異の性相を超過す」

一意識菩薩　いちいしきぼさつ　識の本体は一つの意識であると主張する一群の菩薩。

（参考）（『述記』1本、大正43・236c）

一因生論　いちいんしょうろん　一因論ともいう。世間（現象的存在）は一つの因から生じるという外道の説く見解。一つの因としては、自在天（īśvara）・我（puruṣa）・勝性（pradhāna）・時（kāla）・極微（paramāṇu）などが説かれる。仏教はこの見解に対して、現象的存在はかならず複数の因（根本原因）と複数の縁（補助原因）とより生起するという見解に立つ。Ⓢ eka-hetu-saṃbhūta-vāda

（参考）（『倶舎』7、大正29・37c～38a）：（『成論』1、大正31・3b）

一因論　いちいんろん　一因生論とおなじ。→一因生論

一音　いちおん　→いっとん

一音教　いちおんきょう　→いっとんきょう

一音説法　いちおんせっぽう　→いっとんせっぽう

一月　いちがつ　一か月。三十の昼夜よりなる。十二か月で一年。

（参考）（『倶舎』12、大正29・62b）

一行　いちぎょう　ある問いに対して一行・一句を以って答える答え方をいう。種種の答え方（一行・順前句・順後句・二句・三句・四句・述可句・遮止句）の一つ。

（出典）一行者、即問論法。以一法与余法、一一互相問已除此法。更以第二法与余法、互相問。如是一一問一切法。（『雑集論』15、大正31・767c）

一形者　いちぎょうしゃ　男か女の特徴、すなわち男根か女根のいずれか一つを具えた者。→二形者　Ⓢ eka-vyañjana

一期　いちご　一生の期間。「一期の生滅と刹那の生滅」

一劫　いちこう　→劫

一合　いちごう　一つの塊り、物、身体。「一合の聚色を分析す」Ⓢ piṇḍa

一合想　いちごうそう　物質とか身体を一つの塊りとみて実体視すること。この想いを否定するために、それを細かく極微（原子）にまで分析することがなされる。「身中に於て一合の想を離れて不浄想を得る」「我想及び一合想を除去す」Ⓢ piṇḍa-saṃjñā

一事　いちじ　一つのこと、もの、対象、為すべきこと。「一事の中に多くの極微あり」Ⓢ eka-kārya: eka-dravya: eka-vastu

一時　いちじ　①或る時。かつて。むかし。「一時に於て悪趣に生ず」Ⓢ ekadā

②同時に。一度に。「心と心所とは一時に倶有なり」「末那と阿頼耶識とは一時に倶転す」「一時に多人の声を聞く」Ⓢ sakṛt: saha

一時間　いちじけん　或る時。或る時の間。「草木は一時間に於ては滋茂し、一時間に於ては衰頽す」Ⓢ ekadā

一小千世界　いちしょうせんせかい　→三千大千世界

一乗　いちじょう　すべての人がおなじ一つの乗り物によってさとりに至ることができるという考え。声聞・独覚・菩薩という三乗は方便説であって真実は一乗であるとみる見解。

（参考）（『解深』2、大正16・695a）：（『解深』4、大正16・708a）

一乗三宝　いちじょうさんぽう　→三宝

一尋　いちじん　一つの尋。尋は長さの一つの単位。両手を左右に広げたときの両手の間ほどの長さ。→尋①「仏身に常光一尋あり」「身金色にして円光一尋たり」

一大阿僧企耶劫　いちだいあそうぎやこう　阿僧企耶とは数えることができないという意味の asaṃkhyeya の音写。劫とは長い時間を意味する kalpa の音写。したがって数える

ことのできないほどの長い時間を阿僧企耶劫といい、それに一大という形容句を付けて一大阿僧企耶劫という。一劫の長さは盤石劫と芥子劫という二つの喩えによって説明される。前者の盤石劫には諸説があるが、たとえば縦・横・高さ、おのおの一踰繕那の石山を柔らかい軽い衣で百年に一度撫でることによってその岩山が摩滅してしまうまでの時間を一劫という。後者の芥子劫によれば、四十里立方の城中に芥子の粒を満たし、天人が三年に一度天から降りてきて一粒を取り去り、そのようにしてすべての芥子粒がなくなってしまうまでの時間が一劫である。
(参考)(『婆沙』135、大正 27・700b):(『略纂』1、大正 43・14b)

一大千世界 いちだいせんせかい →三千大千世界

一中千世界 いちちゅうせんせかい →三千大千世界

一年 いちねん 十二か月からなる期間。寒・熱・雨の三期よりなり、各々四か月ある。
(参考)(『倶舎』12、大正 29・62b)

一念 いちねん 一刹那。一瞬。「前の一念を憶知す」「一念の瞬息に於て多くの如来を見る」 Ⓢ eka-kṣaṇa
(出典) 念者、刹那之異名。(『述記』3 末、大正 43・340b)

一念頃 いちねんきょう 一瞬に。一刹那に。「一念頃に於て如実に知る」 Ⓢ sakṛt

一分 いちぶん ①一部分。一種類。一グループ。全分の対。「一分の所化の有情」「全分と及び一分」 Ⓢ ekatya: eka-deśa
②→一分説

一分修 いちぶんしゅう 奢摩他と毘鉢舎那のなか、どちらか一つを修すること。
(出典) 一分修作意者、謂、由此故、於奢摩他毘鉢舎那、随修一分。(『瑜伽』11、大正 30・333a)

一分常論 いちぶんじょうろん 常に存在する(常住)ものと無常なものとに分けて、存在の一部が常に存在するとみる見解。次の四つの見解に分かれる。(ｉ)梵天は常住であるが、梵天より作られた人は無常である。(ii)心は常住であるが、大種(身体を構成する地水火風の四元素)は無常である。(iii)戯忘天は常住であるが、そこから没した人は無常である。(iv)意憤天は常住であるが、そこから没した人は無常である。これら四つの見解をまとめて四一分常論という。外道の六十二種のあやまった見解のなかの一群。極端な見解(辺執見)のなかの常に存在するとみる見解(常見)の一群。 Ⓢ ekatya-śāśvatika
(参考)(『婆沙』199、大正 27・997a〜b):(『成論』6、大正 31・31c):(『述記』6 末、大正 43・446b〜c)

一分説 いちぶんせつ 心は自体分という一つしかなく、見分・相分という二つの部分・領域は存在しないとみる説。安慧の説。→四分

一分炭 いちぶんたん →一分炭火

一分炭火 いちぶんたんけ 一分炭ともいう。炭の火。乾燥した牛糞の火。インドでは乾燥させた牛糞を炭のように燃料に用いる。原語は aṅgāra-karṣū。これに対して大火坑という訳も(『瑜伽』17、大正 30・369c)あるが、一分と訳したのはこの原語を aṅga-āra-karṣū(aṅga には部分という意味がある)と解釈したからであろうと考えられる。燃えさかる炭火のように欲(欲望)が貪愛を強めるから欲の喩えに用いられる。→大火坑「諸欲を一分炭火に喩う。欲愛を増長し大熱悩するが故に」 Ⓢ aṅgāra-karṣū
(参考)(『瑜伽』84、大正 30・766c)

一分断 いちぶんだん 一部分を断ずること。「諸煩悩の一分を断ず」

一分半択迦 いちぶんはんちゃか 三種の半択迦の一つ。→半択迦

一分離欲 いちぶんりよく 一部分の煩悩を断じること。凡夫の位で欲界の見惑・修惑のなかの前八品を断じること。具分離欲の対。→具分離欲

一味 いちみ ①一つの味。「一味を縁じて舌識を生ず」
②変化することがなく、同一で平等なありようをいう。「阿頼耶識は命が終わるまで一味に了別して転ず」「心が一味平等に顕現す」
③差別ある現象的存在の真理(真如・勝義諦)のありようをいう。「諸法の一味なる真如」「勝義諦は一切に遍じ、一味の相なり」
Ⓢ eka-rasa: aika-rasa

一面 いちめん ①向かい合った場所。「仏所に往き仏足を頂礼して一面に退坐す」
②物の一つの側面。「色聚の一面の短色を仮

立す」 Ⓢ eka-diṅ-mukha

一門 いちもん ①一つの門。「一一の門の外に園あり」
②根（感覚器官）を門に喩えて六種の根（眼・耳・鼻・舌・身・意）を六門といい、その一つを一門という。→一門転

一門転 いちもんてん 次の二つの解釈がある。（i）心が意識を生じる感覚器官すなわち意根のみによって生じることをいう。（ii）意識のみが働くことをいう。
（参考）（『成論』7、大正 31・35c）：（『了義灯』5 末、大正 43・762c）

一来 いちらい 人と天とを往来して、それぞれにおいて一度だけ生を受ける者。小乗の聖者の四段階（預流・一来・不還・阿羅漢）の第二段階。これら四段階は各々そこに至る途中と至り終えた段階とに分け、前者を向、後者を果といい、一来についていえば、前者を一来向あるいは一来果向、後者を一来果という。前者の一来果に向かう位の者とは、欲界の九種類（九品）の修惑のなか、最初の五種類（五品）までを断じた者をいう。
Ⓢ sakṛd-āgamin

一来果 いちらいか →一来
Ⓢ sakṛd-āgami-phala

一来果向 いちらいかこう 一来果に向かう位。→一来 Ⓢ sakṛd-āgami-pratipannaka

一来向 いちらいこう 一来果に向かう位。→一来

一来者 いちらいしゃ 一来果を成就した者。→一来
（出典）成就一来果故、名一来者。（『婆沙』63、大正 27・325c）

一類 いちるい ①一つの種類・グループ。「一類の有情」「不雑穢食の一類を食す」
Ⓢ eka-jātīya: ekatya: eka-prakāra
②同一のありよう・状態。「阿頼耶識は一類に相続して間断なし」
（出典）由相似故、名為一類。（『摂論釈・世』4、大正 31・339a）
（参考）（『述記』3 本、大正 43・314b）

一覚論者 いっかくろんしゃ ある物の変化を知覚することにおいて、前念の知覚の働きと後念の知覚の働きとは相違するが、知覚そのものの本体は一つであると主張する人びと。
（参考）（『婆沙』11、大正 27・55b）

一境 いっきょう 一つの対象。「一境に専念して浄心を長養す」「心を一境に於て転ぜしめるを三摩地と名づく」 Ⓢ eka-agra: eka-ālambana: eka-viṣaya

一境性 いっきょうしょう （心が）一つの対象に集中的に向けられていること。→心一境性 Ⓢ eka-agratā
（出典）何名一境性。謂、専一所縁。（『倶舎』28、大正 29・145b）

一間者 いっけんしゃ →一間補特伽羅

一間補特伽羅 いっけんふとがら 一間者ともいう。一来果のなかの不還向の位にいる聖者の一種。欲界の修惑のなかの七品あるいは八品を断じた聖者。いまだ第九品の惑を断じていないから、涅槃に入ることが出来ず、もう一度、欲界の天か人において生を受ける聖者。間とは間隔の意味で、人天と涅槃との間に一つの生が存在していること、あるいはいまだ第九品の惑が間に残るので涅槃に入ることができないことをいう。→四向四果 →九品惑 →欲界 →修惑
Ⓢ eka-vīcikaḥ pudgalaḥ
（出典）間、謂、間隔。彼余一生為間隔故、不証円寂。或余一品欲修所断惑為間隔故、不得不還果。有一間者、説名一間。（『倶舎』24、大正 29・124a）：云何一間補特伽羅。謂、即一来補特伽羅。行不還果向已、能永断欲界煩悩上品中品、唯余下品、唯更受一欲界天有。即於彼処、得般涅槃、不復還来生此世間、是名一間補特伽羅。（『瑜伽』26、大正 30・425a）：一間補特伽羅、謂、即一来果。或於天上、唯受一有得尽苦際。（『雑集論』13、大正 31・755b）

一向 いっこう 常に。もっぱら。定んで。ただそれ一つ。「地獄に於ては一向に苦を受く」「信等の五根は一向に善なり」
Ⓢ ekānta: ekāntena: ekāṃśa

一向記 いっこうき ある質問に対して、常にもっぱら「そうである」という答え方をいう。たとえば、「生じるものは必ず滅するか」という問いに対しては「そうである」と答えることをいう。四つの答え方（一向記・分別記・反問記・捨置記）の一つ。
（参考）（『婆沙』15、大正 27・75b～c）：（『倶舎』19、大正 29・103a～c）：（『瑜伽』81、大正 30・754a）

一向苦 いっこうく →一向苦処

一向苦処 いっこうくしょ 常にただ苦のみを受けて楽がないところ。地獄（那落迦）のこと。

一切 いっさい すべて。あらゆる。ぜんぶ。これには「一部分の一切」（少分の一切）と「全部の一切」（一切の一切。全分の一切）とがある。前者は「一切皆無常」という場合の一切であり、この一切には有為（現象的存在）のみが含まれる。これに対して後者は「一切法皆無我」という場合の一切であり、この一切には有為と無為との両者が含まれる。 Ⓢ sarva

（出典）復次当知、略有二種一切。一少分一切、二一切一切。如説一切皆無常者、当知、此依少分一切、唯一切行非無為故。言一切法皆無我者、当知、此依一切一切。（『瑜伽』89、大正 30・801a）

一切有漏共相 いっさいうろぐうそう すべての煩悩を有した存在に共通なありよう、すなわち苦であるというありようをいう。

（出典）一切有漏共相者、謂、有漏行者皆苦性相。（『瑜伽』16、大正 30・361c）

一切皆空 いっさいかいくう すべての存在は空であるという理。『般若経』に説かれる見解であるが、〈唯識〉は存在のありようを三つの性（遍計所執性・依他起性・円成実性）に分けて、遍計所執性は空である、すなわち無であるが、依他起性と円成実性とは空ではない、すなわち有であると説き、いかなる意味においてもすべての存在は空であるとみる見解に反対する。→空⑥ →三性②

一切義 いっさいぎ すべてのもの・対象、あるいは、それらの意味・内容。仏陀によって説かれた教え（法）のすべての意味・内容。→義①「一切義を了知す」「仏は一切義のための所依と為る」 Ⓢ sarva-artha

一切境 いっさいきょう すべての認識対象。すべてのもの。一切境界とおなじ。「一切知者は一切の境に於て無障礙を得る」 Ⓢ sarva-jñeya: sarva-vastu: sarva-viṣaya

一切境界 いっさいきょうがい すべての認識対象。すべてのもの。一切境とおなじ。「一時に六識倶起して一時に一切の境界を取る」

一切行 いっさいぎょう すべての現象的存在。「行」の原語 saṃskāra は、「有為」と訳される saṃskṛta とおなじ意味で「作り出されたもの」を意味する。作り出された現象的存在はすべて無常であり苦であるというのが仏教の根本的主張である。諸行とおなじ。→諸行「一切の行は皆な悉く是れ苦なり無常なり」 Ⓢ sarva-saṃskāra

一切行苦 いっさいぎょうく すべての現象的存在は苦であるという理。仏教の四つの根本主張（四法嗢拕南）の一つ。→四法嗢拕南

一切行共相 いっさいぎょうぐうそう すべての現象的存在に共通な無常であるというありよう。五種の共相（種類共相・成所作共相・一切行共相・一切有漏共相・一切法共相）の一つ。→共相①

（出典）一切行共相者、謂、一切行無常性相。（『瑜伽』16、大正 30・361c）

一切行無常 いっさいぎょうむじょう すべての現象的存在は無常であるという理。仏教の四つの根本主張（四法嗢拕南）の一つ。→四法嗢拕南

一切五取蘊苦 いっさいごしゅうんく 色・受・想・行・識の五つの要素（五取蘊）は、すべては苦を本質とするということ。八苦の最後に、それまでの七苦（生苦・老苦・病苦・死苦・怨憎会苦・愛別離苦・求不得苦）をまとめた表現。旧訳で五陰盛苦という。→苦① →八苦

一切地 いっさいじ すべての場所・段階。地の原語 bhūmi は大地を意味すると同時に、場所・段階・地位などの意味もあり、この場合の地は心のありようによって住する場所あるいは段階をいう。欲界を一つの地とし、色界と無色界とをそれぞれ四つの地に分けて全部で九地とし、九地すべてを一切地という。→九地「一切地に遍じて生ず」 Ⓢ sarva-bhūmi: sarva-bhūmika

一切時施 いっさいじせ あらゆる時に与える布施。菩薩の十三種の布施のありようの一つ。 Ⓢ sarva-kāla-dānatā

（参考）（『瑜伽』39、大正 30・509c）

一切種 いっさいしゅ ①すべての種類。すべてのありよう。「一切種の愛語に、総じて十三種あり」 Ⓢ sarva-ākāra: sarvathā
②すべての点において。いかなる面からみても。「一切種に皆な無所有と謂いて、実有の事に於て損減執を起こす」
Ⓢ sarvathā: sarveṇa sarvam

一切種慧 いっさいしゅえ すべての存在、すべての知るべきものをしる智慧。菩薩の一

切種慧として苦智・集智・滅智・道智・尽智・無生智の六種、あるいは法智・類智・世俗智・神通智・相智・十力前行智・正道理智の七種がある。 Ⓢ sarva-ākārā prajñā
（参考）（『瑜伽』43、大正 30・529a）

一切種智 いっさいしゅち ①すべての存在（一切法）、すべての知るべきもの（一切境）を知り尽くした智。仏の智慧。
Ⓢ sarva-ākāra-jñāna
（出典）云何一切種智清浄。謂、一切無明品麁重永滅離故。又遍一切所知境中、智無障礙智自在転、是名一切種智清浄。（『瑜伽』49、大正 30・569a）
②妙智に対する一切種智。無意味なことをもたらすもの、あるいは有意味なことをもたらすのでもなく無意味なことをもたらすのでもないもの、これらすべての存在をまちがいなくしる智慧。 Ⓢ sarva-ākāra-jñāna
（出典）若諸如来、或於能引無義聚法、或於非能引有義聚法非能引無義聚法、総於如是一切法中、無顚倒智、是名如来一切種智。（『瑜伽』50、大正 30・574a）

一切種妙智 いっさいしゅみょうち ①一切種智と妙智とを総合して一つにしたもの。→一切種智② →妙智
（出典）若一切種智、若妙智、総合為一、名一切種妙智。（『瑜伽』50、大正 30・574b）
②如来にそなわる徳の一つ。すべての存在のありようをしる智慧。一切相妙智・一切種智ともいう。→一切種智①
（出典）一切種妙智者、謂、於蘊界処一切種妙智性具足中、若定、若慧、及彼相応諸心心法。（『集論』7、大正 31・691c〜692a）

一切種子 いっさいしゅうじ すべての存在を生じる可能力。潜在的な根本心である阿頼耶識のなかにある種子。存在を生じる力を植物のたねに喩えて種子という。→一切種子識 →阿頼耶識 Ⓢ sarva-bīja: sarva-bījaka

一切種子阿頼耶識 いっさいしゅうじあらやしき →一切種子識

一切種子異熟識 いっさいしゅうじいじゅくしき →一切種子識

一切種子識 いっさいしゅうじしき すべての存在を生じる可能力を有した根本心である阿頼耶識をいう。存在を生じる可能力を植物のたねに喩えて種子という。一切種子阿頼耶識・一切種子異熟識・一切種子心識ともいう。「諸法を摂蔵する一切種子識に由るが故に阿頼耶と名づく」
Ⓢ sarva-bījakaṃ vijñānam

一切種子心識 いっさいしゅうじしんしき →一切種子識

一切処 いっさいしょ すべてのところ・場所。「虚空は一切処に遍ず」 Ⓢ sarvatra

一切処施 いっさいしょせ あらゆる場所で行なう布施。菩薩の十三種の布施のありようの一つ。 Ⓢ sarvatra-dānatā
（参考）（『瑜伽』39、大正 30・509c）

一切処殁 いっさいしょもつ 四種の聖者（預流・一来・不還・阿羅漢）のなかの不還が色界・無色界において涅槃に入る五種のタイプ（中般涅槃・生般涅槃・有行涅槃・無行涅槃・上流）のなかの上流をさらに全超と半超と一切処殁（遍殁）の三種に分けるなかの一つ。色界の初静慮より中間の全部の天に生まれ、そしてそこを没して最後の色究竟天、あるいは有頂天に生まれる者をいう。遍殁ともいう。→上流補特伽羅 Ⓢ sarva-cyuta

一切諸行 いっさいしょぎょう すべての現象的存在。一切行、諸行とおなじ。→一切行 →諸行

一切諸法 いっさいしょほう すべての存在。一切法とおなじ。→一切法

一切性 いっさいしょう ①善と悪と無記（善でも悪でもない）との三つの性すべて。→三性①
②すべてであること。存在のすべてを包含していること。「尽所有性に依る諸法の一切性」
Ⓢ sarvatā

一切世界 いっさいせかい すべての世界。→世界

一切世間 いっさいせけん すべての世間。→世間

一切相 いっさいそう すべてのもの・対象・すがた。相の原語 nimitta は因・因相とも訳されるように、それによって認識が生じるなんらかの認識対象をいう。〈唯識〉では、それは心のなかにある影像・観念であるとみる。→相①② 「一切相を思惟せず」

一切相妙智 いっさいそうみょうち →一切種妙智②

一切智 いっさいち ①すべてをしる智慧。すべての界・事・品・時においてさわりなく働き、如実にしる智慧。如来が具す智慧。

「如来の微妙の相好、智慧寂静、正行神通を具するを以って如来応等正覚は一切智を具すと比知す」
Ⓢ sarva-jñatva: sarva-jñāna: sarva-vid
（出典）於一切界一切事一切品一切時、智無礙転、名一切智。（中略）於如是一切界一切事一切品一切時、如実知。故名一切智。（『瑜伽』38、大正 30・498c～499a）
②一切智者とおなじ。すべてを智る者。仏陀・如来をいう。→一切智者「若し沙門・喬答摩種は是れ一切智ならば何が故に問うことあるに、一類には能く記し、一類には記せざるや」「外道の諸師をして如来の所に於て真実の一切智なりとの信を発起せしめんと欲す」
③すべての種類の智。「八智に一切の智を摂す」

一切智者 いっさいちしゃ　一切智を具す者。すべてをしる智慧を有した者。仏陀をいう。→一切智②「如来応正等覚は是れ薄伽梵にして、白法を円満し、一切智者にして一切法主なり」 Ⓢ sarva-jña
（参考）（『解深』5、大正 16・709c）

一切智智 いっさいちち　すべての存在のありようをしる智慧。「此の一切の明処に於て次第に修学せずんば、能く無障の一切智智を得ること非ず」「一切の仏法を証得せんと欲するが為に、一切智智を証得せんと欲するが為に、唯識性に入る」 Ⓢ sarvajña-jñāna
（出典）為能証得一切智智者、謂、於一切法中、発生無上無間一切行相智故。（『摂論釈・世』1、大正 31・323c）

一切不離識 いっさいふりしき　一切は識を離れていないこと。現象（有為）であれ非現象（無為）であれ、すべてのもの（一切・一切法・諸法）は識を離れては存在しないという〈唯識〉の根本思想を表す語。一切唯識とおなじ。「一切の有為・無為は皆な識を離れず」

一切法 いっさいほう　すべての存在するもの。その分類法としては次のようなものがある。（i）有為・無為。（ii）有漏・無漏。（iii）心・心所・色・心不相応行・無為。最後の（iii）の分類を五位百法という。〈唯識〉は、阿頼耶識が一切法を生じる可能力（種子）を保持しているとみる。→五位百法「阿頼耶識は能く一切法の種子を持す」
Ⓢ sarva-dharma
（出典）一切法略有二種。謂、有漏無漏。（『倶舎』1、大正 29・1c）：一切法者、略有二種。一者有為、二者無為。（『解深』1、大正 16・688c）：一切法者、略有五種。一者心法、二者心所有法、三者色法、四者心不相応行法、五者無為法。（『百法明門論』、大正 31・855b）

一切法空 いっさいほうくう　すべての存在は非存在であるという理。この理をさとることによって言葉や文字への執着を除くことができる。
（出典）有十種相、空能除遣。何等為十。一者了知法義故、有種種文字相、此由一切法空、能正除遣。（『解深』3、大正 16・701a）

一切法共相 いっさいほうぐうそう　現象的存在（有為）であろうが非現象的存在（無為）であろうが、すべての存在に共通な空・無我というありよう。五種の共相（種類共相・成所作共相・一切行共相・一切有漏共相・一切法共相）の一つ。→共相①
（出典）一切法共相者、謂、一切法空無我性相。（『瑜伽』16、大正 30・361c）

一切法真如 いっさいほうしんにょ　諸法真如とおなじ。→諸法真如

一切法平等性 いっさいほうびょうどうしょう　すべての存在が区別なく平等であること。真如・円成実性のありようをいう。法平等性ともいう。「平等性智相応の心品は、有る義は、但だ真如を縁じて境と為す、一切法の平等性を縁ずるが故なりという」「諸法の円成実相とは一切法の平等たる真如を謂う」
Ⓢ sarva-dharma-samatā

一切法無我 いっさいほうむが　すべての存在は固定的・実体的なものではないという理。諸法無我ともいう。仏教の根本主張である三法印、あるいは四法嗢拕南の一つ。→三法印　→四法嗢拕南
Ⓢ sarva-dharmā anātmānaḥ

一切法無自性 いっさいほうむじしょう　すべての存在には自ら独り存在するという存在性がないという理。

一切品 いっさいほん　すべての種類。「親品と怨品と中庸品の一切品」 Ⓢ sarva-pakṣa: sarva-prakāra
（出典）此有為無為二事無量品別、名一切品。（『瑜伽』38、大正 30・499a）

一切品類 いっさいほんるい すべての種類。「世界と有情界との一切の品類」 Ⓢ sarva-ākāra: sarva-prakāra

一切物施 いっさいもつせ すべてのものを与える布施。菩薩の十三種の布施のありようの一つ。 Ⓢ sarva-dānatā
(参考)(『瑜伽』39、大正 30・509c)

一切門 いっさいもん すべての面のすべてを完全に包括する、という意味。「一切門の精進」「一切門の利行」 Ⓢ sarvatas-mukha

一切唯識 いっさいゆいしき 存在するものすべては唯だ識が作り出したものであるという理。一切不離識・唯識所変とともに、〈唯識〉の根本思想を表す語。「是の諸識は転変して、分別たり、所分別たり。此れに由りて彼れは皆な無し。故に一切唯識なり」
Ⓢ sarve vijñapti-mātrakam

一指 いっし ①一つの指の長さ。長さの単位の一つ。 Ⓢ aṅgula
(参考)(『倶舎』12、大正 29・62b)
②大便。小便を二指という。 Ⓢ uccāra

一指香 いっしこう 一指の香。大便のにおい。 Ⓢ uccāra-gandha

一主 いっしゅ 世界を創造する主。大梵天・大自在天・生主・我・神我など、外道が説く創造主をいう。 Ⓢ eka-nāyaka

一趣 いっしゅ ①五趣のなかの一つの趣。→五趣
②心が一つの対象に集中しつづけていること。九種の心住の一つ。専注一趣ともいう。→心住 →専注一趣 Ⓢ ekotī-kṛ

一趣性 いっしゅしょう 心が一つの対象に集中しつづけているありよう。色界の第二静慮の心のありようをいう。「第二静慮の内等清浄の心の一趣性に依って初静慮地のあらゆる分別を余すことなく永く離れて復た分別なし」 Ⓢ ekotī-bhāva

一瑟吒 いっしゅた iṣṭa の音写。楽欲と意訳。望ましい、好ましい、などの意味。 Ⓢ iṣṭa
(出典) 梵云一瑟吒、此云楽欲。(『演秘』1本、大正 43・811c)

一生 いっしょう 一生涯。生まれてから死ぬまでの生存。「或いは一生を経て、或いは百生を経て生死流転す」
Ⓢ eka-janman: eka-jāti:

一生現在 いっしょうげんざい 五種の現在(刹那現在・一生現在・成劫現在・現行現在・最後現在)の一つ。生まれてから死ぬまでの人の一生の間の現在。
(参考)(『瑜伽』66、大正 30・667b)

一生所繫菩薩 いっしょうしょけぼさつ →一生補処菩薩

一生補処菩薩 いっしょうふしょぼさつ 一生涯だけ生死の身に縛られ、次の生で仏と成って仏の処を補う菩薩をいう。一生所繫菩薩ともいう。そのような菩薩として覩史多天に住する弥勒菩薩が有名である。補処菩薩と略称する。

一生未来 いっしょうみらい 五種の未来(刹那過去・一生未来・成劫未来・現行未来・応得未来)の一つ。一生という間の未来。
(参考)(『瑜伽』66、大正 30・667b)

一性 いっしょう 同一であること。異性の対。「一性・異性は不可思議なり」

一心 いっしん ①すべての存在はただ一つの心であるという理。唯心の言い換え。「一心を覚知すれば生死永く棄す」「一心を離れて外に別法なし」 Ⓢ eka-citta
(出典) 無外境、唯有心、故名為一心。(『二十論述記』上、大正 43・981c)
②一つの心。同一・同種の心。「一心相続す」
Ⓢ eka-citta
(出典) 一心刹那者、意説、於一境中専一性心。雖多念、仍名一心。又以前後性類相似、名一心。(『略纂』2、大正 43・21b)

一心見道 いっしんけんどう →見道→ 真見道

一心真見道 いっしんしんけんどう →見道 →真見道

一真法界 いっしんほっかい 唯一の究極的真理の世界。真如のこと。→法界③ →真如

一水四見 いっすいしけん 一つの水に対して四つの相違した見方があること。人間が水と見るものを、天人は瑠璃でできた大地、地獄人は膿で充満した河、魚は家宅や道路に見るということ。唯だ心のみが存在し外界には実体的な事物は存在しないことを証明するために〈唯識〉が用いる教理。
(参考)(『了義灯』3、大正 43・725a)

一刹那 いっせつな 時間の長さの最小単位。指を弾いた間に六十五刹那あるという。
(出典) 何等名為一刹那量。(中略) 対法諸師

說。如壮士一疾弾指頃六十五刹那、如是名為一刹那量。(『倶舎』12、大正 29・62a)

一説部 いっせつぶ 小乗二十部の一つ。→小乗二十部

一闡提 いっせんだい icchantika の音写。一闡底迦とも音写。原意は「願う」「欲する」という意味。仏に成ることができない人。あるいは仏にならないことを願う人。次の二種の人がいる。(ⅰ) 断善根。善行為を行なう力を断じた人。(ⅱ) 大悲。一切の衆生を救済するために自らは仏に成らないと願う菩薩。大悲菩薩・大悲闡提菩薩という。さらにこれに (ⅲ) 無性 (成仏する力をまったく有しない人) を加えて三種の人をいう場合もある。 Ⓢ icchantika

(出典) 無性、謂、一闡提。此有二種。一者焚焼一切善根、則謗菩薩蔵。二者憐愍一切衆生、作尽一切衆生界願、是菩薩也。(中略) 合経及論、闡提有三。一断善根、二大悲、三無性。(『枢要』上本、大正 43・610c～611a)

一闡底迦 いっせんていか 「願う」「欲する」という意味の梵語 icchantika の音写。世俗的なことに執着して生死を欲する人。あるいは一切の衆生を救済するために自らは仏に成らず生死を欲する菩薩。一闡堤とおなじ。→一闡堤 Ⓢ icchantika

(参考) (『枢要』上本、大正 43・610c)

一音 いっとん →一音説法

一音教 いっとんきょう 仏の教えは一つであるが、聞く人の能力 (小乗・大乗、声聞乗・独覚乗・菩薩乗) に応じて種々の教えとなるという見解。菩提流支が立てたといわれる。

(参考) (『了義灯』1本、大正 43・662a)

一音説法 いっとんせっぽう 仏陀が一音で教えを説いたという見解。これに関して次の二説がある。(ⅰ) 同一の言語で法を説く、(ⅱ) 一つの音声ですべての法を説く、という二つの見解がある。前者に随えば、仏陀はインド人にはサンスクリット語 (梵語) で、中国人には中国語で説法したという見解。後者は一音のなかに小乗と大乗の説すべてを説いたという見解。

(参考) (『婆沙』79、大正 27・410a～c):(『了義灯』1本、大正 43・661b～662a)

一法中道 いっぽうちゅうどう →中道

逸 いつ 怠けること。怠慢なこと。詳しくは放逸という。→放逸 Ⓢ pramāda

引 いん ①ある行為 (業)、あるいは、ある事柄がある結果 (果) を引き起こす・生じる・得ること。「業は能く識名色などの果を引く」「現在の福業は能く当来の愛果を引く」「白法を引く精進」「苦を断じて楽を引く」「無義を引く苦」 Ⓢ ākarṣaṇa: ā-**kṣip**: ākṣepa: ākṣepaṇa: āvarjaka: āvarjana: ā-**vah**: upasaṃhita: **kṣip**: nir-**vṛt**: pratilambha: pra-**vṛt**: samudīrita: haraṇa: hārya

②対象に心を引きつける心作用をいう。作意の働き。→作意②「作意は心を引くを業と為す」 Ⓢ āvarjana

③引用すること。「経を引いて証す」「余経を引いて所説を成立す」 Ⓢ ā-**ṇī**

引因 いんいん ①ある結果を引き起こす原因。「衆苦の引因」「慧根は三摩地の引因なり」 Ⓢ ākṣepo hetuḥ

②生因に対する引因。間接的な原因。ある原因から結果が生じる場合、その原因を直接の結果に対しては生因といい、直接の結果からさらに生じた結果に対しては引因とよぶ。たとえば植物の種子は直接それから生じる芽に対しては生因であり、芽から生じる茎や枝に対しては引因であるという。〈唯識〉は、潜在的な阿頼耶識の種子から顕在的な識 (現行識) や身体 (有根身・六処) が生じると考えるが、阿頼耶識の種子は現行識に対しては生因であり、有根身に対しては引因であるとみる。

(参考) (『成論』2、大正 31・9c):(『述記』3本、大正 43・312a)

引起 いんき 引き起こすこと。生じること。引生とおなじ。→引生「貪より殺生を引起す」「聞思の慧力を以って修慧を引起す」 Ⓢ ākaraṇa: āhita: ud-**pad**: nir-**vṛt**

引経証 いんきょうしょう 経を引いて証すること。釈尊によって説かれた経典の文句を引いて、ある教理の正当性を証明すること。

引業 いんごう ①行為 (業) を引き起こすこと。「引業力に由って識が相続す」 Ⓢ karma-ākṣepa

②生業に対する引業。十二支縁起の十二支のなかの「有」は直接に生・老死の苦を生じるから生業といい、「行」は間接的に生・老死を生じるから引業という。

Ⓢ ākṣepa-karman

③満業に対する引業。ある結果（果）を生じる行為（業）のなか、総体的に果を生じる業を引業といい、生じた果をさらに内容づける業を満業という。たとえば画家が絵を描く場合、デッサンをすることが引業であり、それに色彩を施すことが満業である。〈唯識〉の説では、前世の業によって今世に生を受けるとき、今世に果報として生じた阿頼耶識、たとえば人間としての阿頼耶識は総体的なありかたを担ったものであるから総報といい、異熟の本体であるから真異熟というのに対して、賢・愚、美・醜などのありようは個別的な果報であるから別報といい、真異熟からみれば二次的なものであるから異熟生という。前世の業のなか、阿頼耶識（総報・真異熟）を生じる業を引業といい、六識（別報・異熟生）を生じる業を満業という。引業を牽引業・招引業、満業を円満業ともいう。→招引業
（参考）（『成論』2、大正 31・7c）：（『婆沙』19、大正 27・98a）

引自果　いんじか　阿頼耶識のなかの種子にそなわる六つの条件の一つ。種子はかならず自らの結果を生じることをいう。たとえば心を生じる種子はかならず心を生じ、色（物質）を生じることがないことをいう。→種子六義
（参考）（『成論』2、大正 31・9b）

引生　いんしょう　ある結果を引き起こし生ぜしめること。引起とおなじ。→引起「後有を引生す」「五識を門と為して意識を引生して不浄観を起こす」「思所成慧は無間に修所成慧を引生す」 Ⓢ abhinirvṛtti: ākṣepa-abhinirvṛtti: ud-**pad**: nir-**vṛt**: nirvṛtti: pra-**vṛt**: sam-**bandh**: saṃmukhī-**kṛ**

引証　いんしょう　ある主張に対して経文を引用してその主張の正しいことを証明すること。「中に於て四あり。一には標宗、二には釈難、三には引証、四には立理なり」

引摂　いんしょう　①引き起こすこと。獲得すること。身につけること。集めること。「善法を引摂す」 Ⓢ arjana
②（神通を現して）心を引きつけて改めさせること。「神通を示現して恐怖せしめ引摂す」「神変に由って心を引摂す」「他に引摂せられて仏法僧を毀謗す」 Ⓢ āvarjana: ā-**vṛj**
（参考）（『瑜伽』37、大正 30・497b）
③有すること。契うこと。一致すること。「義を引摂する語」「義利を引摂する法義」 Ⓢ upasaṃhita
④施与すること。「利益安楽を引摂す」「資生具を引摂す」 Ⓢ upasaṃhāra

引摂義利遍知　いんしょうぎりへんち　自分自身あるいは他者にとってよいこと・ためになることとはなにかについて熟知していること。五種の遍知の一つ。→遍知②
（参考）（『瑜伽』100、大正 30・876b～c）

引心　いんしん　ある対象に心を引きつけること。作意という心所の働きをいう。→作意②「作意は所縁に於て心を引くを業と為す」 Ⓢ citta-āvarjana

引奪　いんだつ　うばいとること。阻止すること。こわすこと。「了義の経典を所依と為すが故に仏所説の法毘奈耶を引奪すべからず」「得たるところの大乗の勝解は引奪すべからず、他に従わず」「仏の聖教を引奪すべからず」 Ⓢ saṃhārya

引転　いんてん　他の反論に遇って自己の信念を引っ込めて捨ててしまうこと。「勝解は引転すべからざるを業と為す」

引導　いんどう　指導・教導すること。迷えるものをさとりに導くこと。「能く所化の有情を引導す」「人・天などを引導して仏法に入らしむ」 Ⓢ samudānayana

引入　いんにゅう　正しい教えに導き入れること。「所化の有情を聖教に引入す」「他を信伏せしめ正法に引入す」

引発　いんぽつ　①引き起こすこと。生じること。「神通を引発す」「勝定を引発す」「生などの苦を引発す」 Ⓢ abhinirhāra: ā-**kṣip**: ākṣepa: āvāhaka: ud-**pad**: nirvartana: nirhāra: samutthāpaka: samudīrita
②（矢や弾丸などが）勢いよく動くこと。「引発勢速」 Ⓢ vega

引発因　いんぽついん　→十因

引発分別　いんぽつふんべつ　心にかなう好ましく魅力的な対象に対して、まちがって考える分別。あるいは修行しようとする心を捨てて欲を引き起こすことになるような考えをいう。八種の虚妄分別の一つ。→虚妄分別
（出典）引発分別者、謂、能引発於可愛事不正思惟相応之心所有分別。（『瑜伽』17、大正 30・369b）：引発分別者、謂、捨善方便心相続已、於諸欲中発生作意。（『瑜伽』58、大正

30・625c）

引喩 いんゆ　世間で共に認める事象を譬喩として引くこと。因明（論理学）における宗・因・喩の三支のなかの喩を説くこと。立喩ともいう。→立喩　→三支　Ⓢ dṛṣṭānta
（出典）引喩者、亦為成就所立宗義、引因所依、諸余世間串習共許易了之法、比況言論。（『瑜伽』15、大正30・356c）

印 いん　①はんこ、印章。行為としては、はんこを押すこと。営みとしては、はんこを彫る職業。手印・雕印ともいう。世間的技術（工業明処・工巧業処）の一つ。「云何が六種の活命なるや。一には営農。（中略）五には書・算計・数及び印を習学す」「何等が十二の工業処なるや。謂く、営農の工業。（中略）書・算計度・数・印の工業。（中略）音楽の工業なり」「能く義利を引き有情を饒益する種種の書・算・測度・数・印・床座・傘屨など是の如き等類の種種の差別の資生衆具」「あらゆる種種の能く有情を益する世俗の書・論・印・算計などの工業明処」
Ⓢ mudrā
（出典）印、謂、手印、並身工巧、以前身業為自性。
（出典）（『倶舎論記』18、大正41・288c）
②印可・印解・印持とおなじ。→各項参照「世第一法は空の相を印す」

印可 いんか　勝解の働き。そうであるとはっきりと心のなかに印刻して決定的に理解すること。印持・印解・印順とおなじ。→勝解①　Ⓢ avadhāraṇa

印解 いんげ　そうであるとはっきりと心のなかに印刻して決定的に理解すること。勝解の働き。→勝解　Ⓢ pratyavagama

印字 いんじ　はんこの文字。「造印者は能く自他の造るところの印字を了知す」

印持 いんじ　勝解の働き。そうであるとはっきりと心のなかに印刻して決定的に理解すること。印可・印解・印順ともいう。→勝解①「勝解は決定事を印持して転ず」
Ⓢ avadhāraṇa

印順 いんじゅん　勝解の働き。そうであるとはっきりと心のなかに印刻して決定的に理解し、そしてその理解にしたがうこと。
（出典）印順即是勝解、印而順彼故。（『述記』6本、大正43・435a）

印順定 いんじゅんじょう　加行位の四段階（煖位・頂位・忍位・世第一法位）の第三の忍位に修する定。所取（認識されるもの）は空であると印刻して決定的に理解し、つづいて、それに順じて能取（認識するもの）も空であると理解する禅定。
（出典）印前所取無、順後能取無、名印順定。（『述記』9末、大正43・566b）

印達羅 いんだら　①indraの音写。数の単位の一つ。十の三十三乗。Ⓢ indra
（参考）（『婆沙』177、大正27・891a）：（『倶舎』12、大正29・63c）
②天帝釈（帝釈天）の十種の別名の一つ。
Ⓢ indra
（参考）（『婆沙』72、大正27・371a）

印封 いんふう　原意は手紙に印をして封をすること。転じて、なにかを表す「しるし」の意味となる。「四の有為の相は是れ一切法の印封・幖幟なり。有為を簡別して無為に異なるが故なり」

因 いん　①現象的存在（有為）を生じる原因を因と縁とに分けるときの因。根本原因を因といい、補助原因を縁という。〈唯識〉では、根本原因は阿頼耶識のなかの種子であると考える。→因縁①　Ⓢ hetu
②六因の因。→六因　Ⓢ hetu
③十因の因。→十因　Ⓢ hetu
④集聖諦の四つのありよう（因・集・生・縁の四行相）の一つ。種子が原因となって芽などが生じるようなありよう、あるいは現在の総体的な自己へ執着して、それへの欲を起こすことが苦を生じることにおいて最初の原因となるというありようをいう。Ⓢ hetu
（出典）集聖諦有四相。一因、二集、三生、四縁。如種理故因。（中略）牽引義故因。（中略）一執現総我起総自体欲。（中略）第一於苦是初因、故説名為因。如種子於果。（『倶舎』26、大正29・137a～b）
⑤因明（仏教論理学）の論法を構成する三つの要素である三支（宗・因・喩）のうちの因。→三支

因位 いんい　果位の対。原因の段階。さとりに至るための修行の段階。発心してから仏陀に成るまでの段階。五位の修行の過程でいえば、資糧位・加行位・通達位・修習位が因位であり、究竟位が果位である。
Ⓢ hetu-avasthā

因依処 いんえしょ　因を省略して依処とも

いう。因が成立する根拠。十種の因が成立する次の十五種の根拠。（ⅰ）語因依処（vāca-hetu-adhiṣṭhāna）。語、言葉。これによって随説因が成立する。→随説因。（ⅱ）領受因依処（anubhava-hetu-adhiṣṭhāna）。苦楽などの感受作用。これによって観待因が成立する。→観待因。（ⅲ）習気因依処（vāsanā-hetu-adhiṣṭhāna）。阿頼耶識のなかのいまだ成熟していない種子。これによって牽引因が成立する。→牽引因。（ⅳ）有潤種子因依処（sābhiṣyandaṃ bījaṃ hetu-adhiṣṭhānam）。阿頼耶識のなかの成熟した種子。これによって生起因が成立する。→生起因。（ⅴ）無間滅因依処（śliṣṭa-nirodhaṃ hetu-adhiṣṭhānam）。一刹那前に滅したこころの総体（無間滅意）。（ⅵ）境界因依処（viṣayaṃ hetu-adhiṣṭhānam）。こころの認識対象。（ⅶ）根因依処（indriyaṃ hetu-adhiṣṭhānam）。六つの識（眼識・耳識・鼻識・舌識・身識・意識）が生じる六つの器官（根）。眼・耳・鼻・舌・身・意の六根。（ⅷ）作用因依処（kriyāṃ hetu-adhiṣṭhānam）。物を切るなどの行為に使う道具の作用。（ⅸ）士用因依処（puruṣa-kāraṃ hetu-adhiṣṭhānam）。物を切るなどの行為をする人の作用。（ⅹ）真実見因依処（tattva-darśanaṃ hetu-adhiṣṭhānam）。真実をみる智慧。（ⅴ）から（ⅹ）までによって摂受因が成立する。→摂受因。（ⅺ）随順因依処（anukūlya-hetu-adhiṣṭhāna）。価値的に同類（善なら善、染なら染、無記なら無記）を引き起こすもの。阿頼耶識のなかのすべての種子とそれから生じた顕在的な現象（現行）すべてをいう。これによって引発因が成立する。（ⅻ）差別功能因依処（śakti-vaicitryaṃ hetu-adhiṣṭhānam）。自らの結果を生じる特別の力を持つもの。一切の現象的存在（有為）をいう。これによって定異因が成立する。→定異因。（xiii）和合因依処（sāmagrī-hetu-adhiṣṭhāna）。前述した領受因依処から差別功能因依処までの十一の因依処が果のなかに和合して一つになることをいう。これによって同事因が成立する。→同事因。（xiv）障礙因依処（antarāya-hetu-adhiṣṭhāna）。果を生じることにおいて妨げとなって相違した果を生じるもの。これによって相違因が成立する。→相違因。（xv）不障礙因依処（ananatarāya-hetu-adhiṣṭhāna）。果を生じることにおいて妨げとならないもの。無障礙因依処ともいう。これによって不相違因が成立する。→不相違因。 Ⓢ hetu-adhiṣṭhāna

（参考）（『瑜伽』5、大正 30・301b 以下）：（『成論』8、大正 31・41b 以下）

因円徳 いんえんとく　如来の三つの円徳（因円徳・果円徳・恩円徳）の一つ。如来をさとりに至らしめた原因の卓越したすばらしさ・偉大性をいう。つぎの四つの修行のありようをいう。（ⅰ）さとりに至るためにたくわえるべき資質（福徳と智徳の二資糧）を余すことなく身につける。（ⅱ）非常に長い期間（三大阿僧企耶劫）にわたって修行する。（ⅲ）倦怠することなく常に修行しつづける。（ⅳ）学ぶべきことを尊重して修行する。

（参考）（『倶舎』27、大正 29・141b）

因果 いんが　因と果。原因と結果。因としては原始仏教以来の因縁・四縁、〈倶舎〉の六因、〈唯識〉の十因などが説かれる。果としては〈倶舎〉〈唯識〉の五果が説かれる。→因縁　→四縁　→六因　→十因　→五果

因果異時 いんがいじ　原因と時を異にして結果が生じることをいう。阿頼耶識のなかの種子が刹那に生滅しつつ相続する過程（種子生種子）の原因と結果の時間的異時性をいう。因果同時の対。→因果同時

因果決定 いんがけつじょう　ある結果を生じる原因は決定していること、あるいは、ある原因から生じる結果は決定していることをいう。

因果差別 いんがしゃべつ　原因と結果とは異なっていることをいう。「種子は現行に非ず。因果差別の故に」

因果相応 いんがそうおう　→因果相属

因果相似 いんがそうじ　原因と結果とが似ていることをいう。それによっておなじ種類として存続することになる。五種の相似の一つ。→相似⑥

（出典）因果相似者、謂、彼展転、若因若果、能成所成展転相似、是名同類。（『瑜伽』15、大正 30・357a）

因果相称 いんがそうしょう　→因果相属

因果相続 いんがそうぞく　原因が結果を生じ、生じた結果が原因となってまた結果を生じるというように、因果が相続することをいう。「因果は相続して不断なり」

因果相属 いんがそうぞく　因果相応・因果相称ともいう。ある原因は、かならずある果を生じるという、原因と結果とが結合関係にあることをいう。

因果同時 いんがどうじ　原因と時をおなじくして結果が生じることをいう。阿頼耶識のなかの種子から現行（顕在的な心）が生じ（種子生現行）、生じた現行が阿頼耶識のなかに種子を熏じつける（現行熏種子）一連の過程が同時に起こることをいい、これを「三法展転因果同時」という。因果異時の対。→三法展転因果同時　→因果異時
（参考）（『成論』2、大正 31・10a）

因果撥無 いんがはつむ　因果性を否定すること。ある原因からかならずある結果が生じ、ある結果はかならずある因から生じるという見解を否定すること。このように否定する見解を「因果撥無の邪見」という。

因果比量 いんがひりょう　原因と結果との関係によって一方を推し量ること。たとえば歩いていくという原因を見てある目的地に着くという結果を、逆にある目的地に着いたという結果を見て、それまで歩いてきたという原因を推し量ること。または偏った食事をするという原因を見て、病気になるという結果を予測し、病気になったという結果を見て、食が偏っていたという原因を推し量ることをいう。五種の比量（相比量・体比量・業比量・法比量・因果比量）の一つ。→比量
（参考）（『瑜伽』15、大正 30・358b）

因行 いんぎょう　原因となる行為。「涅槃に背く因行あり」

因苦 いんく　苦を生じる原因としての苦。たとえば地獄・餓鬼・畜生などの悪趣（悪い生存状態）に生まれる原因となる行為をくりかえし行なうこと。 Ⓢ hetu-duḥkha

因識 いんしき　十二支縁起のなかの第三の識支。過去の行によって熏ぜられた阿頼耶識中の種子をいう。この因識が母胎のなかで初めて結生識を生じる。 Ⓢ hetu-vijñāna
（出典）過去行支所熏識種、名為因識。因識能生於母胎中初結生識。（『演秘』6 末、大正 43・944b）

因集生縁 いんじゅうしょうえん　因と集と生と縁。集聖諦の四つのありよう。『倶舎論』には、この四つに関していくつかの解釈が挙げられているが（『倶舎』26、大正 29・137a）、世親は「因集生縁は経に釈するところの如し。謂く、五取蘊は欲を以って根と為し、欲を以って集と為し、欲を以って類と為し、欲を以って生と為す」と解釈する。また、「無因と一因と変因と知先因との見を治するが為の故に因集生縁の行相を修す」と説かれるように、因は無因という見解（すべてのものは原因なくして偶然に生じるとみる見解）、集は一因という見解（自在天などの一つの原因から生じるとみる見解）、生は変因という見解（第一原因が変化して万物が生じるとみる見解）、縁は知先因という見解（第一原因が前もって知的に計画した結果として万物が生じるとみる見解）をそれぞれなくすために、四つのありよう（行相）を修すると説かれる。
（参考）（『倶舎』26、大正 29・137a～b）：（『雑集論』8、大正 31・733a）

因所生 いんしょしょう　すべての現象的存在（諸行）はなんらかの原因より生じること。因生ともいう。「諸行は因所生の故に無常なり」「因所生に於て無智なり」 Ⓢ hetu-samutpannatva

因成道理 いんじょうどうり　証成道理とおなじ。→証成道理

因相 いんそう　①原因としてのありよう。原因であること。「言説の因相」「因相によって未来ありと説く」「能く後有を引発する習気因を因相と名づく」 Ⓢ nimitta-lakṣaṇa: hetu-lakṣaṇa
②原語 nimitta の訳。この原語には大きく分けて原因と形相との二つの意味があるが、この二つの意味を一緒にして因相と訳す場合がある。認識対象である形相（相貌・相状）が原因となって認識する心が生じることから nimitta に原因（因縁としての因相）と形相（所縁としての因相）との二つの意味がある。Ⓢ nimitta
（出典）即此因相、復有二種。一者所縁因相、二者因縁因相。（『瑜伽』85、大正 30・777c）
③阿頼耶識の三相（因相・果相・自相）の一つ。阿頼耶識がすべての存在を生じる原因である種子を有している点をいう。
（参考）（『摂論釈・世』2、大正 31・327c）：（『成論』2、大正 31・7c～8a）：（『述記』2 末、大正 43・302a）

因陀羅 いんだら　indra の音写。インドラ

神のこと。仏教に採り入れられて帝釈天となった。→帝釈天　Ⓢindra

因陀羅網　いんだらもう　因陀羅すなわち帝釈天の網。帝釈天の宮殿を飾る網。その一つ一つの網目に宝珠が埋め込まれていて、一つ一つの宝珠に他のすべての宝珠の影像が顕現していることから、すべての存在が互いに関係しあっていることの喩えに用いられる。帝網ともいう。　Ⓢindra-jāla

因中有果論　いんちゅううかろん　原因のなかにすでに結果が有るという見解。雨衆外道の見解。仏教以外の学派（外道）の十六種の異論の一つ。→十六種異論　Ⓢhetu-phala-sadvāda
（参考）（『瑜伽』6、大正30・303c）

因等起　いんとうき　二つの等起（因等起・刹那等起）のなかの一つ。行為（業）を引き起こす原因となるこころを因等起といい、生じた行為と同時に存在するこころを刹那等起という。→等起　→刹那等起
Ⓢhetu-samutthāna
（参考）（『倶舎』13、大正29・71c）

因道　いんどう　①原因としての道。原因はそれによって得られる結果のための道となるから因道という。「因は所得の果のために道と為る」
（参考）（『婆沙』196、大正27・979c）
②作者とか受者とかいう我（アートマンātman）が存在しなくても、唯だ因果が相続して絶えることがない過程をいう。「因道は断絶あることなし」　Ⓢhetu-mārga
（参考）（『瑜伽』16、大正30・365a）

因縁　いんねん　①因と縁。根本原因を因、補助原因を縁という。→因①
Ⓢhetu-pratyaya
②因としての縁。四縁（因縁・等無間縁・所縁縁・増上縁）のなかの因縁。①の意味での因縁と区別するために正因縁という場合がある。結果自体を直接生じる根本原因をいう。〈倶舎〉では六因中の能作因を除く五因を因縁とし、〈唯識〉では因縁として種子と現行とを考えるが、根本的な意味で因縁は阿頼耶識のなかの種子であると説く。→六因　→種子②　Ⓢhetu-pratyaya
（出典）如契経中説四縁生。謂、因縁性、等無間縁性、所縁縁性、増上縁性。此中、性者是縁種類。於六因内、除能作因所余五因、是因縁性。（『倶舎』7、大正29・36b）：有四縁。一因縁、二等無間縁、三所縁縁、四増上縁。因縁者、謂、種子。（『瑜伽』3、大正30・292a）：問、何故諸支相望無因縁耶。答、因縁者、自体種子縁所顕故。（『瑜伽』10、大正30・324c）：因縁、謂、有為法親辦自果。此体有二。一種子、二現行。（『成論』7、大正31・40a）：夫因縁者、辦自体生。（『述記』3本、大正43・311b）
③原因・理由。「諸の菩薩は所化の衆生の為に能く如来と及び諸の菩薩の因縁ある法を説く」　Ⓢnidāna
④十二分教の一つ。→十二分教

因縁依　いんねんえ　因縁という所依。こころを生じる根本原因である因縁をいう。種子依とおなじ。→因縁②　→種子依
（出典）諸心心所、皆有所依。然彼所依、総有三種。一因縁依、謂、自種子。諸有為法、皆託此依、離自因縁、必不生故。（『成論』4、大正31・19b）

因縁観　いんねんかん　→縁性縁起観

因縁相　いんねんそう　定まったこころ（定samādhi）のありよう（相nimitta）に二つ（所縁相・因縁相）あるなかの一つ。定を構成する奢摩他（止）と毘鉢舎那（観）とが成立する原因（因縁）としてのありようをいう。教えに随って定に入ろうと欲し、定をさまたげる障害を嫌い、こころを他によって乱されない状態にもたらすありようをいう。あるいは奢摩他をくりかえし修することがこころを清浄にし、それによって毘鉢舎那を修することになり、逆に毘鉢舎那をくりかえし修することが心を清浄にし、それによって奢摩他を修することになる、そのようなありようをいう。→所縁相　Ⓢnidāna-nimitta
（出典）云何止相。謂、有二種。一所縁相、二因縁相。（中略）因縁相者、謂、依奢摩他所熏習心、為令後時奢摩他定皆清浄故、修習瑜伽毘鉢舎那所有加行、是名因縁相。（『瑜伽』31、大正30・456a）

因縁変　いんねんへん　識の二種の変化（因縁変・分別変）の一つ。意識的な力（分別勢力）とは無関係に自然に（任運に）因縁の力によって識が変化すること。そのように変化して識の対象（境）となったものには実際の働き（実用）がある。たとえば阿頼耶識から変化し阿頼耶識の対象（所縁）となった身体

（有根身）や自然界（器世間）は具体的な作用や働きがある。詳しくは「阿頼耶識の所縁」と「五識の所縁」と「五倶意識同縁の心心所の所縁」と「定心の所縁」とが因縁変といわれる。→分別変
（出典）有漏識変、略有二種。一随因縁勢力故変、二随分別勢力故変。初必有用、後但為境。異熟識変但随因縁、所変色等必有実用。（『成論』2、大正 31・11a）

因縁和合 いんねんわごう　因と縁とが結合すること。それによってすべての存在は生じ持続し滅する。→和合③「因縁が和合するが故に諸法が生じ滅す」

因能変 いんのうへん　因が能く変化すること。因とは阿頼耶識の種子を指し、この種子がよく変化してすべての存在（一切諸法）を生じることを因能変という。二種の能変（因能変・果能変）の一つ。→果能変
（出典）能変有二種。一因能変。謂、第八識中等流異熟二因習気。（『成論』2、大正 31・7c）

因分 いんぶん　①仏に成る以前の修行の段階をいう。因位ともいう。果分の対。→果分
（出典）体性雖浄、在纏名因分。分者位也。（『枢要』上本、大正 43・613a）
②十二支縁起のなかの因の部分。Ⓢ hetu-bhāva
（参考）（『瑜伽』10、大正 30・327a）

因明 いんみょう　→因明処　Ⓢ hetu-vidyā

因明処 いんみょうしょ　因明論ともいう。因明という学問領域。因明とは広くはインドにおける各宗教間の議論の技術・規則に関する学問であったが、その議論における推理・推論の理由（因）についての学問（明）として、すなわち論理学として発展した。とくに仏教の〈唯識〉において発達した。論理学として画期的な学問を提示した陳那以前の因明を古因明、以後を新因明という。古因明に属する論師（古因明師）に龍樹・弥勒・無着・世親、新因明に属する論師（新因明師）に陳那・商羯羅主・法称がいる。商羯羅主の『因明入正理論』が中国に紹介され、基により詳細な注釈書が作成され、中国法相宗における因明研究が展開した。インドにおける五つの学問（五明）の一つであるが、仏教でも菩薩が学ぶべき学問とされた。→五明処
Ⓢ hetu-vidyā-sthāna
（参考）（『瑜伽』15、大正 30・356a〜360c）

因明論 いんみょうろん　因明処におなじ。→因明処　Ⓢ hetu-śāstra

因由 いんゆ　理由・原因の意味での由。由の語義解釈の一つ。
（出典）此中所説由者故也。因由之義。（『述記』1 本、大正 43・238a）

因楽 いんらく　原因としての楽。感覚器官（諸根）を楽にする対象、楽を生じる感触（触）、好ましい結果を招く行為（業）などをいう。五楽（因楽・受楽・苦対治楽・受断楽・無悩害楽）の一つ。Ⓢ hetu-sukha
（出典）因楽者、謂、二楽品諸根境界、若此為因、順楽受触、若諸所有現法、当来可愛果業、如是一切、総摂為一、名為因楽。（『瑜伽』35、大正 30・483b）

因力 いんりき　①ある事柄が生じるとき、その事柄自体に具わっている内的な原因力。外的な行為の力（業力・加行力）に対する力。加行力の対としての因力は過去に行なった修行によって身についた力をいう。→加行力「因力と業力」「因力と加行力」「因力に由る発心は堅固なれども加行力に由る発心は堅固ならず」「自の種子の内の因力に由って生ず」Ⓢ hetu-bala
②因と縁とのなかの因の力。根本的原因（因）の力。→縁力「因力と縁力と内分力と外分力」「善根を断ずるに、若しくは因力に、若しくは縁力に由る」「縁力が発す菩提心は不堅固にして、因力が発す菩提心は堅固なり」Ⓢ hetu-bala

因論 いんろん　推論における理由（因）についての学問・教理・論書。論理学。仏教以外の学派の三種の論（因論・声論・医方論）の一つ。因明論・因明処とおなじ。
Ⓢ hetu-śāstra
（参考）（『瑜伽』38、大正 30・500c）

咽喉 いんこう　のど。「息風、咽喉より流れて心胸に至る」Ⓢ kaṇṭha: kaṇṭha-nālī

姻親 いんしん　みうち。親類。縁者。「姻親は強盛にして、舎宅は厳好なり」

殷（いん）→おん

婬 いん　性的な事柄。性的な結合。性的な欲望。「男根の愛は婬の触に依って生ず」
Ⓢ maithuna

婬愛 いんあい　性的な愛欲。「貪愛と婬愛と資具愛を起こす」Ⓢ maithuna-rāga

婬佚貪 いんいつとん 性的な行為を楽しもうとする貪り。婬貪とおなじ。
Ⓢ maithuna-rāga

婬逸 いんいつ 性的事柄にふけること。「婬逸所引の悪不善」 Ⓢ maithuna

婬事 いんじ 性的事柄。「諸の那落迦の中の有情は皆な婬事なし。彼の有情は長時に無間に多く種種の極めて猛利なる苦を受くが故に」

婬舎 いんしゃ 婬女家とおなじ。→婬女家「人が子を制して、酒舎・婬舎・博戯舎などの入らざらしむるが如し」

婬貪 いんとん 性的な貪り。性的な欲望。「不浄観は能く婬貪を治す」 Ⓢ maithuna-rāga

婬女 いんにょ 娼婦。売春婦。「諸の国邑の過患とは、是の如き国、是の如き邑の中に婬女・博戯・矯詐・酒肆・賊難が多きことを謂う」 Ⓢ veśyā

婬女家 いんにょけ 売春婦の家。僧（苾芻）が行ってはいけない場所（非所行処）の一つ。倡穢家・婬舎ともいう。→非所行処
Ⓢ veśyā-gṛha
（参考）（『瑜伽』22、大正 30・402c）

婬欲 いんよく 性的な欲望。「苦楽の受用と飲食の受用と婬欲の受用との三種の受用あり」 Ⓢ maithuna: maithuna-chanda

婬欲愛 いんよくあい 婬欲・婬愛とおなじ。→婬欲 →婬愛

婬欲法 いんよくほう 性的な行為。「両両交会して婬欲法を習す」「色界は已に婬欲法を離る」 Ⓢ maithuna-dharma

陰（いん）→おん

飲（いん）→おん

隕 いん 落ちる、落下すること。「衆星流れて隕す」 Ⓢ pāta

隕墜罪 いんついざい それを犯せば地獄・餓鬼・畜生などの悪趣に堕ちるような罪。原語は prāyaś-cittika で、波逸提・波逸底迦と音写。→波逸底迦 Ⓢ prāyaś-cittika

慇（いん）→おん

殞 いん 死ぬこと。おちること。「殞とは身形を捨すこと」「星が殞す」

殞滅 いんめつ 殞没におなじ。→殞没

殞喪 いんも 死ぬこと。「諸の蘊を棄てて、身が殞喪するを死と謂う」

殞没 いんもつ 死ぬこと。無くなる、滅すること。殞滅・殞歿ともいう。「命終し殞没す」「諸病に遇って殞没す」「有情の諸蘊は皆な、死法なるが故に、殞滅の為に滅せらるべきが故に、是れ有滅の法なり」「有情類が命根尽滅し、殀喪し、殞歿す、是れ死の自性なり」 Ⓢ kāla-kriyā: kāla-gata: kālaṃ kurvanti

殞歿 いんもつ 殞没とおなじ。→殞没

瘖（いん）→おん

隠（いん）→おん

蔭（いん）→おん

う

右 う みぎ。右の方向。
Ⓢ dakṣiṇa: pradakṣiṇa

右脇 うきょう 右の脇腹。→右脇臥
Ⓢ dakṣiṇena pāśvena

右脇臥 うきょうが 右の脇腹を下にして臥すこと。ライオンの寝姿に似ていることから、あるいは身心のためによいことから、このような寝方が勧められる。「仏・菩薩が右脇にして臥すこと師子王の如し」
（参考）（『瑜伽』24、大正 30・413a）

右膝著地 うしつちゃくじ 右ひざを地につけ、左ひざを立てて合掌すること。インドにおける礼法。

右旋 うせん ①右の方向に回転していること。「眉間の毫相螺文し右旋す」
Ⓢ dakṣiṇa-āvarta: pradakṣiṇa-āvarta
②仏陀などの尊者に対して右回りに巡ること。尊敬の意を表して礼拝する方法。「如来の所に於て五輪帰命し右旋して供養を為す」
Ⓢ pradakṣiṇa-āvarta

右遶 うにょう あるものを中心として右肩を向けながら右回りにまわること。インドにおける礼法。「天霊廟を右遶す」

有 う ①生存。生存のありよう。生命的

存在。有と訳される原語に bhāva と bhava とがあるが、前者の bhāva は、事物の存在をいうのに対して、後者の bhava は、人間・動物などの生命的存在をいう。詳しくは、仏教では、生命的存在を地獄・餓鬼・畜生・人・天の五種に分ける。その生存のありようとして、七つの有（七有）、四つの有（四有）、三つの有（三有）などがある。→七有 →四有 →三有 →五趣 Ⓢ bhava

②広く存在する・有るを意味する動詞あるいは名詞の訳。 Ⓢ **as**: astitā: bhāva: **bhū**: **vid**: sat: sattva: sadbhāva

③十二支縁起の一契機としての有。十二支縁起のなかの第十番目の契機。『倶舎論』の三世両重因果説によれば、広く物事を追求し馳走することによって未来世の存在を引き起こす行為を集める段階をいう。 Ⓢ bhava

（出典）因馳求故、積集能牽当有果業、此位名有。（『倶舎』9、大正 29・48c）

④（有の定義）。言葉によって仮に説かれたもの。世間の人びとによって存在すると了解され執着されたもの。世間の人びとのまちがった思考や戯れの言語活動を起こす根本。

Ⓢ bhāva

（出典）安立此真実義相、当知、即是無二所顕。所言二者、謂、有・非有。此中有者、謂、所安立仮説自性、即是世間長時所執、亦是世間一切分別戯論根本。或謂為色受想行識、或謂眼耳鼻舌身意、或復謂為地水火風、（中略）乃至或謂涅槃。如是等類、是諸世間共了諸法仮説自性、是名為有。（『瑜伽』36、大正 30・486c～487a）

⑤（有の分類）。有に関して次のような分類がなされる。（ⅰ）実物有・施設有。「諸の有とは、有るが二種を説く。一には実物有にして、蘊界などを謂う。二には施設有にして、男女などを謂う」（『婆沙』9、大正 27・42a）。（ⅱ）有為・無為。「有に二種あり。一には有為、二には無為なり。有為の中に於て且く三界所繫の五蘊を説き、無為の中に於て且く涅槃を説く」（『瑜伽』28、大正 30・436b～c）。（ⅲ）相待有・和合有・時分有。「有るが三種を説く。一には相待有にして、謂く、是の如き事は此れを待つが故に有り、彼れを待つが故に無し。二には和合有にして、謂く、是の如き事は此の処に在りては有り、彼の処の在りては無し。三には時分有にして、謂く、是の如き事は此の時分には有り、彼の時分には無し」（『婆沙』9、大正 27・42a）。（ⅳ）実有・仮有・勝義有。「略説すれば三種の有あり。一には実有、二には仮有、三には勝義有なり」（『瑜伽』100、大正 30・878c）。（ⅴ）名有・実有・仮有・和合有・相待有。「有るが五種を説く。一には名有にして、亀毛・兎角・空花・鬘などを謂う。二には実有にして、一切法が各、自性に住するを謂う。三には仮有にして、瓶衣・車乗・軍林・舎などを謂う。四には和合有にして、諸蘊に於て和合し施設せる補特伽羅を謂う。五には相待有にして、此彼の岸、長短の事などを謂う」（『婆沙』9、大正 27・42a～b）。

有愛 うあい ①再び生まれることへの愛着。後有愛とおなじ。無有愛の対。→後有愛 →無有愛「有愛の一分とは当に藹羅筏拏大龍王などにならんと願うを謂う」

Ⓢ bhava-tṛṣṇā

②愛欲を有していること。好ましい対象に対してそれを得たいと希望すること。あるいは獲得した後にそれを貪り愛着すること。

Ⓢ sa-tṛṣṇā

（参考）（『瑜伽』92、大正 30・825a～b）

有愛随眠 うあいずいみん 有貪随眠とおなじ。→有貪随眠

有愛味 うあいみ 愛着・貪り・執着を有していること。「愛味を有する喜」「愛味を有する受」 Ⓢ sa-āmiṣa

有已還無 ういげんむ →本無今有

有為 うい 存在の軌範である法のうち、変化する法の総称。原語 saṃskṛta は、「形成されたもの」という意味で、因と縁とによって作られたものをいう。それらの法は生滅し変化し無常である存在の軌範となっている。すべての有為は、総じていえば苦であり、苦の原因となる。法の分類でいえば、五蘊（色蘊・受蘊・想蘊・行蘊・識蘊）のすべてが有為であり、五位（心・心所・色・不相応行・無為）でいえば、前の心・心所・色・不相応行の四つが有為である。無為の対。→有為法 →無為 Ⓢ saṃskṛta

（出典）色蘊乃至識蘊、如是五法、具摂有為。衆縁聚集共所作故。無有少法一縁所生。（『倶舎』1、大正 29・2a）：問、何義、幾蘊、是有為。答、従因已生、及応生義、一切是有

為。(『瑜伽』56、大正 30・608a)：一切有為、総唯是苦、及唯苦因。(『瑜伽』93、大正 30・831a)

有為空 ういくう 現象的存在は非存在であるという理。この理をさとることによって、自己は寂静となって解脱したという執着を除くことができる。
(出典) 有十種相、空能除遣、何等為十。(中略) 七者了知無色故、有内寂静解脱相、此由有為空、能正除遣。(『解深』3、大正 16・701a)

有為相 ういそう 現象的存在の生・住・異・滅の四つのありよう (有為の四相) をいう。四相のうちの異を老と言いかえて生・住・老・滅という場合もある。あるいは生・住・衰異・壊滅という場合もある。→四相①
Ⓢ saṃskṛta-lakṣaṇa

有為法 ういほう 因と縁とによって生じた現象的存在。存在分類法でいえば五蘊 (色・受・想・行・識) すべてが有為法であり、五位百法のうちの前の四つ、すなわち心・心所・色・不相応行が有為法である。→有為 Ⓢ saṃskṛtā dharmāḥ

有為無為法善巧 ういむいほうぜんぎょう 有為と無為とに精通していること。有為と無為とを善く理解していること。十種の善巧の一つ。→有為 →無為 →善巧②
Ⓢ saṃskṛta-asaṃskṛta-kauśalya

有異熟 ういじゅく 将来に異熟果 (原因は善か悪かであるがそれから生じた結果は善でも悪でもない無記なるもの) を招くもの。有漏のなかで善あるいは不善なるものをいう。
Ⓢ sa-vipāka
(参考) (『倶舎』3、大正 29・16b)

有異熟法 ういじゅくほう 将来に異熟果を招く存在。→有異熟
(参考) (『瑜伽』66、大正 30・664c)

有因 ういん 因を有していること。→有因法「因あり縁あり」 Ⓢ sa-hetu: sa-hetuka

有因有具聖正三摩地 ういんうぐしょうしょうさんまじ 正見・正思惟・正語・正業・正命を因とし正見・正精進・正念を資助とする三摩地。
(参考) (『瑜伽』12、大正 30・339c〜340a)

有因縁 ういんねん 如来によって説かれた法 (正法・法教) の五つの特徴 (有因縁・有出離・有所依・有勇猛・有神変) の一つ。如来によって説かれた法には原因・理由 (因縁 nidāna) があることをいう。 Ⓢ sa-nidāna
(参考) (『瑜伽』43、大正 30・530b)

有因法 ういんほう 因を有する存在。すべての現象的存在 (有為) はなんらかの因から生じたものであるから、一切の有為は有因法といわれる。 Ⓢ sa-hetukā dharmāḥ
(参考) (『瑜伽』66、大正 30・665b)

有依 うえ ①保護者・援助者を有していること。「非貧・非賤にして有依・有怙なる者」 Ⓢ sa-nātha
②具体的な物品を施す行為。食物や衣服などの物品を布施する善行為を有依福業事、あるいは有依善という。これに対して、たとえば、如来から教えを聞く、如来を恭敬し供養するなどの精神的な善行為を無依福業事、あるいは無依善という。 Ⓢ aupadhika
(参考) (『瑜伽』3、大正 30・292a)：(『演秘』2本、大正 43・840a)
③有所依の略。所依とはこころが生じる依りどころ、すなわち根 (器官) のこと。根より生じる心・心所を有所依という。→有所依①

有依怙 うえこ 頼ることができる人やものを有していること。保護者・援助者がいること。→依怙「求者に自ら依怙有りと知る」
Ⓢ sa-pratisaraṇa

有依趣 うえしゅ →有所依②

有依善 うえぜん →有依②

有依福業事 うえふくごうじ →有依②

有依法 うえほう 心・心所のこと。→有依③

有慧 うえ 智慧を有していること、あるいはそのような人。「諦に通達するが故に名づけて有慧と為す」 Ⓢ dhīmattva

有穢 うえ けがれ・欠陥・過失・病気などがあること。「産門が有穢なるは産処過患なり」「世俗の静慮は有垢・有穢・有毒・有濁なり」 Ⓢ sa-doṣa

有翳 うえい くもり・かすみ・かげを有していること。目の病気や心の無知の状態をいう。→翳「諸の外道を説いて有翳と名づく」「人の目が有翳なれば、亀毛・二月などを見る」 Ⓢ sa-timira

有疫 うえき 病気があること。「雑染心は有疫・有横・有災・有悩なり」

有縁 うえん ①所縁を有していること。認識対象を持っていること。詳しくは有所縁

という。→有所縁①「有行・有縁の能取」 Ⓢ sa-ālambana
②縁を有していること。補助原因をもっていること。→因縁①「因有り縁有り」 Ⓢ sa-pratyaya
③有を縁じること。再び生まれることを考えること。
(出典) 有縁、謂、縁後有、所有煩悩。(『瑜伽』59、大正30・629b)

有横 うおう 災横を有していること。→災横「雑染心は有疫・有横・有災・有悩なり」

有怨者 うおんしゃ 怨を有している人。 Ⓢ apakārin

有恩者 うおんしゃ 恩ある人。育ててくれた父母・養育者、あるいは導いてくれた師、あるいは困苦のときに助けてくれた人などをいう。四種の施される人（有苦者・有恩者・親愛者・尊勝者）の一人。 Ⓢ upakārin
(出典) 有恩者、亦有五種。一母、二父、三妻子、四奴婢・僕使、五朋友・兄弟・親属・宰官。(『瑜伽』72、大正30・695b)
(参考) (『瑜伽』25、大正30・420c)

有果 うか ①結果を生じること。→有果法
②実りある結果を生じること。「有果の劬労は喜楽を生ず」 Ⓢ sa-phala

有果見 うかけん かならず結果があるとみる見解。布施が成立する三つの要素の一つ。→阿笈摩見 Ⓢ phala-darśin

有果法 うかほう 結果を生じる存在。かならずなんらかの結果を生じる現象的存在（有為）すべてをいう。
(参考) (『瑜伽』66、大正30・665b～c)

有暇 うか 暇がある状態。暇がある場所。幸福な生存状態・生存場所。そのような場所・状態に生まれることを有暇生・有暇処生という。無暇の対。→無暇 Ⓢ kṣaṇa

有暇処生 うかしょしょう →有暇

有暇生 うかしょう →有暇

有我 うが 我（アートマン ātman）が存在するということ。→有我見「外道は有我を執して四諦を撥無す」「果を増益するとは、有我なる行などが無明などに縁って生ずると執するをいう」 Ⓢ sa-ātmaka

有我覚 うがかく 我（アートマン ātman）は存在するという考え。外道の見解。 Ⓢ sati-ātma-budhi
(参考) (『瑜伽』6、大正30・305b～c)

有我見 うがけん 我（アートマン ātman）は存在するとみる見解。外道の見解。我見とおなじ。→我② →我見
Ⓢ ātman-dṛṣṭi

有我論 うがろん 我（アートマン ātman）はあるという説。外道の考え。→我②
(参考) (『瑜伽』88、大正30・800a～b)

有学 うがく いまだすべての煩悩を断じつくしていなく、なお学び修すべきことがある人。四向（預流向・一来向・不還向・阿羅漢向）と三果（預流果・一来果・不還果）の聖者。学・学者・有学者ともいう。無学の対。→無学 →四向四果 Ⓢ śaikṣa

有学解脱 うがくげだつ 三種の解脱（世間解脱・有学解脱・無学解脱）の一つ。いまだ学ぶべきことがある人の解脱。真実の解脱であるが、究極の解脱ではない解脱をいう。
(参考) (『瑜伽』85、大正30・773b)

有学見迹 うがくけんじゃく →学見迹

有学地 うがくじ →学地

有学者 うがくしゃ →有学「応に学すべきところを学し、退失あることなきものを有学者と名づく」

有学道 うがくどう →学道

有堪任 うかんにん ①あることにおいて力・能力があること。→堪任①
Ⓢ samartha: bhavyo bhavati
②有堪任性とおなじ。→有堪任性

有堪任性 うかんにんしょう 堪任ある性。身心が調い、のびやかで健やかであること。善の心所の一つである軽安のありようをいう。堪任・堪任性・有堪任・有堪能・有堪能性・調適性とおなじ。→軽安「善法の種子あり、及び諸の善法を数習するが故に、能く二障の断浄に順ずる増上なる身心の有堪任性と極調善性とを獲得す」 Ⓢ karmaṇyatā

有堪能 うかんのう ①あることにおいて力・能力があること。→堪能「有情を利することに於て有堪能なり」 Ⓢ śakta: samartha
②有堪任性とおなじ。→有堪任性

有堪能性 うかんのうしょう 有堪任性とおなじ。→有堪任性

有艱難 うかんなん 困苦・困難があること。「有艱難な存養」 Ⓢ kṛcchra

有喜楽 うきらく 喜びのある楽。離喜楽

の対。→離喜楽「有喜楽を引摂す」 Ⓢ sa-prītika-sukha

有匱乏 うきぼう 貧しいこと。貧窮していること。「諸の菩薩は静慮に依止して、有匱乏に於て資財を施与す」 Ⓢ upakaraṇa-vikala: sa-vighāta

有匱乏者 うきぼうしゃ 貧しい人。貧窮者。「有匱乏者に資財を施与す」

有義 うぎ ①意味があること。価値があること。無義の対。「有義の声と無義の声」「外道の所説は無義にして、世尊の所説は有義なり」 Ⓢ sa-arthaka: sa-arthakatva
②存在するもの・対象。「名は有義に於て転ずるや、無義に於て転ずるや」
③存在するという意味。「鉢地界は是れ有義なり」 Ⓢ satta-artha
④いくつかの異なった見解や解釈を列記するときに、それらの冒頭におく言葉。「有る義は」と読む。

有教 うきょう 順次、時に応じて説かれた三つの教え（有教・空教・中道教）の第一時の教え。→三時教

有境 うきょう ①対象をもっていること。境の原語 ālambana は所縁とも訳され、認識される対象をいう。「識は有境なり」 Ⓢ sa-ālambana
②自己存在。（外界の事物に対する）内身。滅尽定を出るときに認識する三つの対象（有境・境境・滅境）の一つ。
（参考）（『瑜伽』12、大正 30・341a）：（『略纂』5、大正 43・84b）

有行 うぎょう ①行相を有していること。→有行相「有行・有縁の能取」「有行の法と無行の法」
②修行（加行）し努力（功用）すること。→有行般涅槃補特伽羅 Ⓢ sa-abhisaṃskāra
③定（定まった心、三摩地）において、なおなんらかの思いや心の働きがあること。「有想定を名づけて有行と為す」「有行に拘執せらるる三摩地」

有行相 うぎょうそう 行相を有していること。対象を認識するありよう（行相）を有していること。こころ（心・心所）がそなえている三つの条件（有行相・有所縁・有所依）の一つ。「心心所を皆な、或いは有行相と名づく。即ち所縁の品類の差別に於て、等しく行相を起こすが故に」（『倶舎』4、大正 29・21c） Ⓢ sa-ākāra

有行般涅槃者 うぎょうはつねはんしゃ →有行般涅槃補特伽羅

有行般涅槃補特伽羅 うぎょうはつねはんふとがら 疲労するほどに修行（加行）し努力（功用）して涅槃に入る人。色界において涅槃に入る五種のタイプ（中般涅槃・生般涅槃・有行涅槃・無行涅槃・上流）の一つ。有行般涅槃者ともいう。 Ⓢ sa-abhisaṃskāra-parinirvāyī pudgalaḥ
（出典）有行般者、謂、往色界生已、長時加行不息、由有功用、方般涅槃。此唯有勤修、無速進道故。（『倶舎』24、大正 29・124b）：云何有行般涅槃補特伽羅。謂、彼生已、発起加行、作大功用、由極労倦、道現在前、而般涅槃、是名有行般涅槃補特伽羅。（『瑜伽』26、大正 30・425a）

有形 うぎょう 男根を有していること。「産門が有形なるは産処過患なり」 Ⓢ sa-liṅga

有功能 うくのう 力、働きを有していること。→功能「諸の縁性は定んで実に有体にして有功能なり」 Ⓢ samartha

有功用 うくゆう 意図的努力があること。おなじ意味の有加行と用いられることが多い。→有加行有功用無相住 Ⓢ sa-ābhoga

有苦 うく 苦を有していること、あるいは、苦しんでいる人びと。苦を抜いてあげたいと思うあわれみのこころ（悲）を起こす対象となる。「有苦に於て恵施を行ず」「有苦の衆生を抜済す」 Ⓢ duḥkhita: sa-duḥkha

有苦者 うくしゃ 苦しんでいる人びと。生活に困っている人、ものを乞う人、旅人、身寄りの無い人、障害者などをいう。四種の施されるべき人（有苦者・有恩者・親愛者・尊勝者）の一人。 Ⓢ duḥkhita
（参考）（『瑜伽』25、大正 30・420c）

有垢 うく けがれを有していること。「有垢の眼」「世俗の静慮は有垢・有穢・有毒・有濁なり」 Ⓢ sa-mala

有垢真如 うくしんにょ けがれを有した真如。真如そのものは清浄であるが、客塵である煩悩によって覆われた状態をいう。無垢真如の対。→無垢真如
（出典）自性円成実故者、謂、有垢真如。清浄円成実故者、謂、無垢真如。（『摂論釈・世』4、大正 31・342a）

有垢染 うくぜん よごれていること。「衣に垢染有り」 Ⓢ kliś

有求 うぐ 生存すること・生きていることを追い求めること。その求めるありように法爾求・祈願求・愚癡求・厭患求・思択求の五つがある。三種の求（欲求・有求・梵行求）の一つ。
Ⓢ bhava-eṣaṇā: bhava-paryeṣaṇā
（参考）（『瑜伽』5、大正 30・300c）：（『瑜伽』64、大正 30・653c）

有具 うぐ ①有とは苦的存在、具とはそれをもたらすことを資助する原因となるもの。苦的存在をもたらす原因としての中有・煩悩・業・器世間などをいう。また仏に成ろうと愛着することは貪欲であるから仏や滅諦という無漏なるものも有具の一つに収められる。
（参考）（『述記』6 末、大正 43・444a）
②資するもの、助けとなるものを有していること。「有因有具の聖正三摩地」
Ⓢ sa-upakaraṇa

有加行 うけぎょう 意図的努力があること。おなじ意味の有功用とともに用いられる。→有加行有功用無相住
Ⓢ sa-abhisaṃskāra

有加行有功用無間欠道運転無相住 うけぎょううくゆうむけんけつどううんてんむそうじゅう →有加行有功用無相住

有加行有功用無相住 うけぎょううくゆうむそうじゅう 意図的に努力・修行し、かつ対象がない心境に住していること。発心してから仏陀、すなわち如来になるまでの十三の段階・心境の第九。菩薩の十地のなかの遠行地にあたる。有加行有功用無間欠道運転無相住ともいう。→十三住 Ⓢ sa-abhisaṃskāraḥ sābhogo nirnimitto vihāraḥ
（参考）（『瑜伽』47、大正 30・553c）：（『瑜伽』48、大正 30・559c 以下）

有繫 うけ （煩悩や業や苦などに）しばられていること。有繫縛ともいう。離繫の対。→離繫①「有繫の有情」「有漏色は業に縛せられて有繫なり」 Ⓢ saṃyukta

有繫属 うけぞく 繫属をもっていること。→繫属

有繫縛 うけばく →有繫 →繫縛②

有礙 うげ ①障り・障害・束縛があること。「魚眼は陸に於て有礙なり」「有礙の所縁とは、いまだ所知障を断じない者の所縁の境界なり」 Ⓢ pratibandha: sa-āvaraṇa
②空間的大きさをもつこと。有障礙とおなじ。→有障礙②「有礙の物を容れるから虚空ありと知る」「有礙の色を有対と名づく」
Ⓢ sa-āvaraṇa

有結 うけつ 苦的生存に縛られていること。「諸の有結を皆な永断す」
Ⓢ bhava-saṃyojana

有見 うけん ①見えるもの。眼の対象、視覚の対象となるもの。五境（色・声・香・味・触）のなかの色をいう。無見の対。「十八界の中、色界は有見なり」
Ⓢ sa-nidarśana
（出典）言有見者、謂、若諸色、堪為眼識及所依、等示在此彼、明了現前。与此相違、名為無見。（『瑜伽』100、大正 30・880a）：由五種相、建立有見諸法差別。何等為五。謂、顕色故、形色故、表色故、眼境界故、眼識所縁故。（『瑜伽』65、大正 30・661a）：眼所行境、是有見義。（『雑集論』3、大正 31・706b）
②有とみる見。存在の構成要素（法）は有るとみる見解。「仏涅槃後、部執競って興り、多く有見に著す」
③死後も自己存在はありつづけるという見解。常見のこと。→常見①「薩迦耶見を所依止と為して、諸行の中に於て常見を発起するを名づけて有見と為す」
（参考）（『瑜伽』89、大正 30・803a）

有見有対 うけんうたい 視覚の対象となり、なんらかの事物として存在するもの。色（物質的なもの）の三種のありよう（有見有対・無見有対・無見無対）の一つ。
（参考）（『倶舎』13、大正 29・69a）：（『瑜伽』64、大正 30・657b）

有間 うけん あいだ・間隙・中間があること。時間的断絶があること。有間断・有間欠ともいう。「有間に運転する作意」「有間に我慢が現じて転ず」 Ⓢ sa-antara: sa-chidra

有間運転作意 うけんうんてんさい →有間欠運転作意

有間隙 うけんげき 空間的にあいだがあること。「四大種の中に間隙有るや」「諸の極微に間隙有るべし」 Ⓢ sa-chidra

有間欠 うけんけつ あいだ・間隙・中間があること。時間的断絶があること。有間・有

間断ともいう。「有間欠に運転する作意」 Ⓢ sa-chidra

有間欠運転作意 うけんけつうんてんさい　九種の心住（内住・等住・安住・近住・調順・寂静・最極寂静・専注一趣・等持）のうちの安住・近住・調順・寂静・最極寂静に住して行なう思索をいう。深まった思考であるが、いまだ純一ではなく、途切れることがある思索。有間運転作意ともいう。→心住
Ⓢ sa-chidra-vāhano manaskāraḥ
（出典）於安住近住調順寂静最極寂静中、有有間欠運転作意。（『瑜伽』30、大正 30・451b）

有間断 うけんだん　→有間　→有間欠

有怙 うこ　頼ることができる人を有していること。「非貧・非賎にして有依・有怙なる者」 Ⓢ sa-pratisaraṇa

有光浄勝解 うこうじょうしょうげ　九種の勝解の一つ。→勝解②

有業 うごう　業をともなうこと。働き・作用があること。「有業の煩悩は正しく業を発す」 Ⓢ sa-karmaka

有根 うこん　感覚器官（根）を有したもの。生きもの（有情）の身体をいう。無根の対。→無根①　→有根身「有根の法とは有情数の身を謂う」 Ⓢ sa-indriya

有根身 うこんじん　感覚器官（根）を有する身体。色根（真の感覚器官である正根）と根依処（原子・分子・細胞などから構成される器官）から成り立つ。〈唯識〉は、有根身は、阿頼耶識から作り出され、阿頼耶識が認識しつづけている対象（所縁）の一つであると説く。→根②　→色根　→根依処①
Ⓢ sa-indriya-kāya
（出典）有根身者、謂、諸色根及根依処。（『成論』2、大正 31・10a）：身者総名。身中有根、名有根身。（『述記』3 本、大正 43・324a）

有勤 うごん　自らを策励してつとめはげむこと。精進の五つのありよう（有勢・有勤・有勇・堅猛・不捨善軛）の一つ。
Ⓢ vīryavat
（参考）（『瑜伽』25、大正 30・421c）：（『成論』6、大正 31・30a）：（『述記』6 本、大正 43・437c）

有災 うさい　災いがあること。災害があること。→災横　→災害「雑染心は有疫・有横・有災・有悩なり」

有財釈 うざいしゃく　二つ、あるいは二つ以上の単語からなる合成語の単語間の関係についての六つの解釈（六合釈）の一つ。多財釈ともいう。→六合釈

有罪 うざい　罪・罪悪・過失を有していること。貪・瞋・癡などの煩悩に汚れていること。汚れたもの（染汚法）・不善なものをいう。「染汚法を有罪と名づく」「有罪の故に不善と名づく」「下性・染汚の故に有罪と名づく」 Ⓢ sa-avadya

有支 うし　→十二支

有支熏習差別 うしくんじゅうしゃべつ　善業あるいは悪業によって根本心（阿頼耶識）のなかに熏習された種子から、未来世において地獄・餓鬼・畜生・人・天などの各別の生存（諸趣）に生まれることをいう。阿頼耶識の三種の差別（名言熏習差別・我見熏習差別・有支熏習差別）の一つ。
（参考）（『摂論釈・世』3、大正 31・336c）

有支習気 うしじゅっけ　世を異にして（たとえば過去世から現在世、現在世から未来世）欲界・色界・無色界の三界の生命的存在（有）を生じる可能力（種子）。善業あるいは悪業によって根本心（阿頼耶識）のなかに熏習された種子をいう。業種子とおなじ。三種の習気（名言習気・我執習気・有支習気）の一つ。
（出典）有支習気、謂、招三界異熟業種。（『成論』8、大正 31・43b）

有伺 うし　こまかい追求心があること。→有尋有伺　Ⓢ sa-vicāra

有自性 うじしょう　①自らの固有性を有していること、あるいはそのようなもの。他によらず自ら存在すること、あるいはそのような存在性を有するもの。 Ⓢ svabhāva
②三つの自性（遍計所執自性・依他起自性・円成実自性）があること。→三自性

有事 うじ　①現象的存在（有為法）の異名。事とは因という意味で、有為法は因を有するから有事という。 Ⓢ sa-vastuka
（出典）此有為法、（中略）或名有事。以有因故。事是因義。（『倶舎』1、大正 29・2a）
②存在するものを対象として起こす煩悩をいう。たとえば貪（むさぼり）と恚（いかり）をいう。無事（存在しないものを対象として起こす煩悩）の対。「有事縁とは有事の煩悩

なり」「問う、是の如き諸の煩悩は幾ばくか有事、幾ばくか無事なるや。答う、諸の見と慢とは是れ無事なり。諸行の中に於て実に我あること無くして分別して転ずるが故なり。貪と恚とは是れ有事なり。無明と疑とは二種に通ず」 Ⓢ sa-vastuka

③潜在的な根本心（阿頼耶識）が作り出した本質（事物の基体）をいう。→本質②

(参考)（『述記』6末、大正43・456c）

有時 うじ あるときは。「眼などの識と同行の意識は、或いは有る時には過去の曽て受するところの境を憶念す。爾る時には意識の行相は不明了なり」

Ⓢ ekadā: kadācit: kvacit

有色 うしき 物質的なありよう、あるいは物質的なもの。五蘊のなかの色蘊の色をいう。存在を構成する四つの要素（地・水・火・風）と、およびそれらから造られたものとをいう。十二処（存在の十二の領域）でいえば、眼処・耳処・鼻処・舌処・身処と色処・声処・香処・味処・触処と法処所摂色とをいう。→色①「有色の諸根」「有色の諸法」「有色の有情」 Ⓢ rūpin

(出典) 云何有色諸法。謂、若略説有十色処、及法処所摂色。(『瑜伽』65、大正30・660b)：四大種及彼所造、当知、唯此名有色法。(『瑜伽』66、大正30・666b)

(参考)（『集論』3、大正31・705c～706b）

有色有情 うしきうじょう 物質的なものを有した生きもの、たとえば身体を有した人間などの生きものをいう。三界でいえば、欲界・色界の生きもの。無色界には物質的なものがないから有色有情はいない。

(出典) 有色有情者、謂、従欲界乃至第四静慮。(『瑜伽』83、大正30・761a)

有色我 うしきが 身体としての我。物質的な我。外道が説く我（ātman）の一つ。無色我の対。色我とおなじ。「有色我に執著することを捨てんが為の故に有色を観察す」

有色根 うしきこん 物質的なものから構成される感覚器官。眼根・耳根・鼻根・舌根・身根の五根をいう。色根ともいう。無色根の対。→無色根

有色処 うしきしょ 色を有する処。処とはこころ（心・心所）を生じる器官（根）と心・心所の対象（境）とをいい、根としては六根、境としては六境がある。これら十二種（十二処）のなかで、物質的でない意根と法境とを除いた物質的な十の処（眼・耳・鼻・舌・身の五根と色・声・香・味・触の五境）を有色処という。→十二処

有色想 うしきそう 内には身体があり、外には物があると想うこと。 Ⓢ rūpa-saṃjñin

有色法 うしきほう 物質的な存在。→有色

有識身 うしきしん 識を有した身体。「有識身などの諸法に於て無我を了知す」「有識身の内色を縁じて境と為す」 Ⓢ kāyaḥ sa-vijñānakaḥ

有失 うしつ 過失のある人。罪のある人。「現在前の有恩・有徳・有失に差別なくして施与す」 Ⓢ doṣavat

有取 うしゅ 執着があること。「有漏・有取の諸行は無常なり」 Ⓢ sa-upādāna: sa-upādānīya

有取蘊 うしゅうん →五取蘊

有取識 うしゅしき 執着・煩悩がある識。〈唯識〉では再び生まれるとき、母胎に入る識である阿頼耶識（潜在的な根本心）をいう。「発因の愛と生因の業との二因に由って有取識を流転して絶えざらしむ」

Ⓢ sa-upādāna-vijñāna

有受生種子 うじゅしょうしゅうじ 苦楽などの感受作用をもつものを生じる種子（潜在的な根本心である阿頼耶識のなかの力）。感覚器官を有する身体（有根身）を生じる種子をいう。

(参考)（『摂論釈・世』3、大正31・337a）

有執 うしゅう ①執着があること。有執著とおなじ。→執著「仏を除く已外は皆な有執なり」

②存在すると考える執着、まちがった見解。これには我有執（自己は存在するという見解）と法有執（存在の構成要素は存在するという見解）とがある。

(参考)（『述記』1本、大正43・229c）：(『二十論述記』上、大正43・979a)

③ある学派の見解を記述するとき、その冒頭に用いる表現。「有るが執すらく」と読む。

有執受 うしゅうじゅ こころ（心・心所）によって有機的・生理的に維持されるもの。苦楽の感受作用を生じるもの。眼・耳・鼻・舌・身の五つの感覚器官（五根）をもつ身体（有根身）をいう。無執受の対。→無執受 →執受① Ⓢ upātta

（参考）（『婆沙』138、大正 27・712b〜713a）：（『倶舎』2、大正 29・8b）

有出離 うしゅつり 如来によって説かれた法（正法・法教）の五つの特徴（有因縁・有出離・有所依・有勇猛・有神変）の一つ。如来によって説かれた法が、罪を犯した者の罪を浄める働きをいう。 Ⓢ sa-niḥsaraṇa
（参考）（『瑜伽』43、大正 30・530b）

有潤種子 うじゅんしゅうじ 貪愛によって潤わされ、成熟した種子（潜在的な根本心である阿頼耶識のなかの力）。
Ⓢ sa-abhiniṣyandaṃ bījam

有潤種子因依処 うじゅんしゅうじいんえしょ →因依処

有潤種子依処 うじゅんしゅうじえしょ →因依処

有処 うしょ 「処（ことわり）あり」と読む。ことわり（理）があること。道理にかなっていること。無処の対。→無処「男身が梵と為ることは有処にして有容なり」
Ⓢ sthāna

有所為 うしょい 行為・働きがあること。「諸の衆生は戯論に計著して有所為なり」

有所依 うしょえ ①所依を有していること。こころが生じるよりどころである感覚器官（根）を有していること。こころ（心・心所）がそなえている三つの条件（有行相・有所縁・有所依）の一つ。「心心所を皆な、有所依と名づく。所依の根に託するが故に」
Ⓢ sa-āśraya
②如来によって説かれた法（正法・法教）の五つの特徴（有因縁・有出離・有所依・有勇猛・有神変）の一つ。教えを聞いて修行する際の四つの正しいよりどころ（四依）にもとづいて、如来によって立てられた戒律に随って修行することをいう。有依・有依趣ともいう。→四依①。 Ⓢ sa-pratisaraṇa
（参考）（『瑜伽』43、大正 30・530b）：（『瑜伽』82、大正 30・755a）

有所縁 うしょえん ①認識対象（所縁）を有していること。こころ（心・心所）がそなえている三つの条件（有行相・有所縁・有所依）の一つ。「心心所を皆な、或いは有所縁と名づく。所縁の境を取るが故に」
Ⓢ sa-ālambana
②所縁を有しているもの。十八界のうちの精神的なもの、すなわち眼識界・耳識界・鼻識界・舌識界・身識界・意識界・意界の七心界と法界に収められる諸の心所とをいう。無所縁の対。→無所縁 Ⓢ sa-ālambana
（参考）（『倶舎』2、大正 29・8b）

有所堪任 うしょかんにん 有堪任とおなじ。→有堪任

有所堪能 うしょかんのう 有堪能とおなじ。→有堪能

有所得 うしょとく ①獲得することがあること。「有所得に随って恵施す」
②なんらかの対象を認識することがあること。あるいは、それによって、その対象が存在すること。無所得の対。→無所得「諸相に於て有所得なる時を執と名づく」「現前に少物を立てて、是れは唯識性なりと謂う。有所得を以っての故に実に唯識に住するには非ず」「唯識の有所得に依止するが故に、先に境に於る無所得が生ず。復た、境に於る無所得に依るが故に、後に識に於る無所得が生ずることあり。是の方便に由って所取・能取の無相に入ることを得る」
Ⓢ upalabdhi: upalambha

有生 うしょう ①生じることが有ること。「終歿の後に於て有生を記別す」「有生と有起と有作と有為などあり」
②生じたもの。有為とおなじ。→有為
（出典）一切有生者、謂、諸有為。（『摂論釈・無』1、大正 31・383b）
③生命的存在（有 bhava）として生まれること。「菩薩の生は諸の有生に於て最も殊勝と為す」

有生命 うしょうみょう 生命を有していること。「彼の外道は樹などの外物も有生命なりと説く」 Ⓢ prāṇi-bhūta

有生滅 うしょうめつ ①生じ滅することがあること。現象的存在（諸行）の基本的なありよう。「諸行は無常にして有生滅の法なり」
②熏習という事柄が成立する二つの要素である「熏じられるもの」（所熏）と「熏じるもの」（能熏）のうちの「熏じるもの」、すなわち七転識が有する四つの性質の一つ。生じ滅することがあるという性質をいう。→能熏四義 →熏習②

有性 うしょう ①存在性。存在するありよう。たとえば次の三つの存在性がある。（ⅰ）円成実相有性。真に存在するものの存在性。その存在を実有という。（ⅱ）依他起相有性。

縁によって生じたものの存在性。その存在性を仮有という。（iii）遍計所執相有性。言葉によって語られたものの存在性。その存在性を都無（けっして存在しない）という。
（参考）（『瑜伽』16、大正 30・362c）
②ヴァイシェーシカ派（勝論）の説く有性。ものが存在するための有るという原理。六つの原理（六句義）のなかの同句義に含まれる最高の普遍性をいう。→六句義
③有種性のこと。種性を有していること。→種性

有勝用 うしょうゆう ①すぐれた働きがあること。「三つの神通は有勝用なり」
②熏習という事柄が成立する二つの要素である「熏じられるもの」（所熏）と「熏じるもの」（能熏）のうちの「熏じるもの」、すなわち七転識が有する四つの性質の一つ。認識するという強い働きを有し、善あるいは不善という強い価値的ありようを有しているという性質をいう。→能熏四義　→熏習②

有障 うしょう 有障礙とおなじ。→有障礙①

有障礙 うしょうげ ①障り・障害を有していること。
②空間的な大きさをもち他物を容れないこと。有対である一つの条件。→障礙③　→有対①　Ⓢ sa-āvaraṇa

有上 うじょう その上にさらにすぐれたものがあるもの。涅槃と真如を除いたすべての存在をいう。Ⓢ sa-uttara
（参考）（『雑集論』5、大正 31・716c）

有上行 うじょうぎょう さらにそれ以上のものがあると思う観念。「有上行に由って下地を深く厭壊す」 Ⓢ sa-uttara-ākāra

有上生 うじょうしょう それよりさらに上がある生存。三界（欲界・色界・無色界）のどこに生存するかということからいえば、欲界から無色界の第三処である無所有処までが有上生にあたる。あるいは凡夫から阿羅漢を経て最後に涅槃に入って再び生まれてこないという過程でいえば、阿羅漢の位の最後の刹那を除いたそれまでの全生存が有上生である。十一種の生の一つ。→生⑤
（出典）始従欲界、乃至無所有処生、名有上生。（中略）除阿羅漢等最後終位、所有諸蘊、余一切位、所有行生、名有上生。（『瑜伽』52、大正 30・586b）

有上想定 うじょうそうじょう さらに上があるという想いがある定（samāpatti）。なんらかの存在（所有）を認識する定。色界の初静慮から無色界の識無辺処までをいう。無上想定の対。→無上想定「此の所有を縁じる一切の定を皆な有上想定と名づく。此れより已上の無所有を縁じる定を、当に知しるべし、名づけて無上想定と名づく」（『瑜伽』97、大正 30・858c）

有上法 うじょうほう その上にさらにすぐれたものがあるもの。涅槃以外のすべての存在。（出典）云何有上法。謂、除涅槃余一切法。（『瑜伽』66、大正 30・666c）

有情 うじょう 生きものを表す名称の一つ。原語 sattva の意訳。薩埵と音写。旧訳では衆生と訳す。この旧訳に対して、玄奘は、衆生（もろもろの生きもの）では草木も含まれ、救済の対象となるという不合理が生じるという理由から、新たに有情という訳語を作った。この語義解釈には次の二説がある。（ i ）（賢聖の解釈）。1. 法性を有するもの。情とは性。2. 愛著を有するもの。情とは愛。（ ii ）（世間の解釈）。情と識とを有するもの。すなわち感情・情緒と知識・認識などの心を有したもの。人・数取趣と意訳され、補特伽羅と音写される pudgala も有情と訳される場合がある。Ⓢ pudgala: sattva
（出典）梵云薩埵、此言有情。有情識故。（中略）言衆生、不善理也。草木衆生亦応利楽。（『述記』1 本、大正 43・233c～234a）：言有情者、謂、諸賢聖、如実了知唯有此法更無余故。顕有法性、更無余物。情是性義。或復於彼有愛著故。愛是情義、能生愛故。若依世間釈、情、謂、情識。我有情識、名為有情。（『述記』1 本、大正 43・239c）
（参考）（『瑜伽』83、大正 30・764b）

有情壊 うじょうえ 生きものの世界が壊れること。世界が破壊する時（壊劫）に起こる二種の壊（有情壊・外器壊）の一つ。
Ⓢ sattva-saṃvartanī
（出典）壊有二種。一有情壊、二外器壊。（『倶舎』12、大正 29・62c）

有情縁無量 うじょうえんむりょう 生きものを対象として慈・悲・喜・捨の四無量心を起こすこと。三種の無量（有情縁無量・法縁無量・無縁無量）の一つ。→四無量
Ⓢ sattva-ālambanāni apramāṇāni

（参考）（『瑜伽』44、大正 30・535c）

有情界 うじょうかい 生きものの世界。自然や事物からなる世界（loka-dhātu）に対比される。 Ⓢ sattva-dhātu
（出典）界有二種。一者世界、二者有情界。（『瑜伽』38、大正 30・498c）

有情界無量 うじょうかいむりょう 生きものの世界には、無数の名称でよばれる生きものが存在し、その数ははかりきれないことをいう。五つの無量（有情界無量・世界無量・法界無量・所調伏界無量・調伏方便界無量）の一つ。 Ⓢ sattva-dhātur aprameyaḥ
（出典）云何有情界無量。謂、六十四諸有情衆、名有情界。若依相続差別、無辺。（『瑜伽』46、大正 30・548a）

有情仮 うじょうけ 仮とは無の意味で、実体的な自己（実我）は存在しないということ。「内に有情仮を遣って縁ずる智」

有情居 うじょうこ 生きものたちが願ってそこに住する場所、あるいは生存のありよう。七つの識住と有頂天（非想非非想処）と無想天との九つをいう。これら九つをまとめて九有情居という。→七識住 →有頂天 →無想天 Ⓢ sattva-āvāsa
（参考）（『倶舎』8、大正 29・43b）

有情業増上力 うじょうごうぞうじょうりき 生きものたちの業の強い力。一切の生きものたちの共通の業力によって世界が成立する。「世界が成ずる時、一切の有情業増上力が能く三千大千世界を感ず」

有情濁 うじょうじょく 人間の汚れ。人間の品格が劣性となり、戒を守って修行するなどの善業を行なう者がいないありようをいう。人間の寿命が百歳以下になったとき出現する五つの汚れ（寿濁・劫濁・煩悩濁・見濁・有情濁）の一つ。 Ⓢ sattva-kaṣāya
（参考）（『倶舎』12、大正 29・64a）：（『瑜伽』44、大正 30・538a）

有情数 うじょうす 生きものの類として数えられるもの。生命をもつもののグループ。情数ともいう。無情数・非有情数の対。「人天などの有情数」「有情数の物を用いて恵施す」 Ⓢ sattva-ākhya: sattva-saṃkhyāta

有情世間 うじょうせけん 生きものから構成される世界。二つの世界（有情世間・器世間）のなかの一つ。→有情 →器世間

有情想 うじょうそう 個々の生きものは存在すると考えること。男である、女であるなどと思うこと。「有情想に由って貪欲が生ず」「境相を観じて有情想を捨てて女男の相なきを無相定と名づく」 Ⓢ sattva-saṃjñā

有情同分 うじょうどうぶん たとえば人間は人間、犬は犬として、ある生きものがおなじ種類であることを成り立たしめる原理的力をいう。衆同分におなじ。→衆同分
Ⓢ sattva-sa-bhāga
（参考）（『瑜伽』52、大正 30・587b）

有情饒益 うじょうにょうやく 生きものに利益を与えること。生きもののために尽力すること。→饒益① →饒益有情

有情物施 うじょうもつせ 生きものを与える布施。菩薩の十三種の布施のありようの一つ。 Ⓢ sattva-vastu-dānatā
（参考）（『瑜伽』39、大正 30・509c）

有情利益 うじょうりやく 生きものに利益を与えること。生きもののために尽力すること。 Ⓢ sattva-artha-kṛtya

有諍 うじょう ①煩悩の異名。煩悩は闘争の原因となるから有諍という。 Ⓢ raṇa
（出典）煩悩差別者、多種差別、応知。（中略）能為闘訟諍競之因故、名有諍。（『瑜伽』8、大正 30・314b～c）：於現法中有罪性故。名為有諍。（『瑜伽』100、大正 30・880a）
②有漏の異名。煩悩を諍といい、煩悩を有するものを有諍という。善を排除し自己と他者とに損害を与え、闘争を増大するもの。
Ⓢ sa-raṇa
（出典）此有漏法亦名有諍。煩悩名諍。触動善品故、損害自他故、諍随増故、名為有諍。（『倶舎』1、大正 29・2a）
（参考）（『瑜伽』65、大正 30・662a）

有濁 うじょく 汚れていること。「産門が有濁なるは産処過患なり」「世俗の静慮は有垢・有穢・有毒・有濁なり」 Ⓢ sa-kaṣāya

有心 うしん こころが働いているさま。
Ⓢ sa-citta: sa-cittaka

有心位 うしんい こころが働いている状態。十七地のなかの五識身相応地・意地・有尋有伺地・無尋唯伺地と、無尋無伺地のなかで無想定・無想生・滅尽定を除いたものとが有心位である。 Ⓢ sa-cittaka-avasthā
（参考）（『瑜伽』13、大正 30・344c）

有心地 うしんじ ヨーガ行者の十七の心境・境界（十七地）の一つ。→十七地

Ⓢ sa-cittaka-bhūmi

有心定 うしんじょう　こころの働きがある定。無心定の対。→無心定　Ⓢ sa-cittaka-samāpatti

有身見 うしんけん　身見とも略称。自己の身体は実体として存在するとみる見解。五つのあやまった見解である五見（有身見・辺執見・邪見・見取見・戒禁取見）の一つ。有身にあたる原語 satkāya の sat に対して〈有部〉は「有」の意味に、〈経部〉は「虚偽・壊」の意味に、〈唯識〉は「移転」の意味に解釈して、学派の間で異論があるから、意訳せずに薩迦耶見と音写する場合が多い。偽身見と意訳することもある。→偽身見

Ⓢ satkāya-dṛṣṭi

有瞋 うしん　いかりを有していること。「有貪・有瞋・有癡なる心」　Ⓢ sa-dveṣa

有神変 うじんぺん　如来によって説かれた法（正法・法教）の五つの特徴（有因縁・有出離・有所依・有勇猛・有神変）の一つ。如来によって説かれた法が神変を示して人びとに神通を獲得せしめる働きをいう。　Ⓢ sa-prātihārya

（参考）（『瑜伽』82、大正 30・755a）：（『瑜伽』83、大正 30・761c～762a）

有尋 うじん　おおまかな追求心があること。→有尋有伺地　Ⓢ sa-vitarka

有尋有伺三摩地 うじんうしさんまじ　→有尋有伺地

Ⓢ sa-vitarkaḥ sa-vicāraḥ samādhiḥ

有尋有伺地 うじんうしじ　①おおまかな追求心（尋）とこまかい追求心（伺）のいずれもがある状態。欲界と初静慮の二つの地をいう。bhūmi（地）を samādhi と言い換えて有尋有伺三摩地・有尋有伺定ともいう。　Ⓢ sa-vitarkaḥ sa-vicāraḥ bhūmiḥ

（参考）（『倶舎』2、大正 29・8a）：（『倶舎』28、大正 29・149c）：（『瑜伽』4、大正 30・294b）

②ヨーガ行者の十七の心境・境界（十七地）の一つ。→十七地

有尋有伺定 うじんうしじょう　→有尋有伺地　Ⓢ sa-vitarkaḥ sa-vicāraḥ samādhiḥ

有塵風 うじんふう　外界で吹く風のなかの一つ。砂などのちりやほこりを含んだ風。→風①　Ⓢ sa-rajaso vāyavaḥ

有随眠 うずいみん　随眠を有していること。→随眠「有随眠の識」「有随眠の煩悩」　Ⓢ sa-anuśaya

有勢 うせい　おそれずに威勢よく修行すること。精進の五つのありよう（有勢・有勤・有勇・堅猛・不捨善軛）の一つ。

Ⓢ sthāmavat

（参考）（『瑜伽』25、大正 30・421c）：（『成論』6、大正 31・30a）：（『述記』6 本、大正 43・437c）

有染 うぜん　けがれ・むさぼり・欲望・愛欲・貪愛を有していること。無染の対。「有染の心」「有染の諸法」　Ⓢ āmiṣa: kliṣṭa: sa-āmiṣa

（参考）（『雑集論』3、大正 31・707a）

有相 うそう　①こころが対象を有していること。こころのなかに観念や表象があること。「有相の作意」「有相の心」「有相の想」「有相の定」　Ⓢ naimittika

②存在のありよう。たとえば瓶のなかに水が存在するというような、場所や空間のなかに存在するというありようをいう。あるいは、眼のなかに視覚が存在するというような、生じる原因のなかに存在するというありようをいう。　Ⓢ vidyamāna-lakṣaṇa

（参考）（『瑜伽』6、大正 30・304a）

③存在するというありよう。無相（存在しないというありよう）の対。「有法に於て密意をもって有相ありと説く」「虚妄分別の有相と無相」　Ⓢ sat-lakṣaṇa

有相観 うそうかん　なんらかの対象、なんらかの観念・表象をもつ観察。無相観の対。菩薩の十地において第五地までは、有相観が多く無相観は少ないが、第六地になると有相観が少なく無相観が多くなり、第七地になるとただ無相観のみが働くようになる。

（参考）（『成論』9、大正 31・53b）

有相行菩薩 うそうぎょうぼさつ　修行の進展過程に随って五種に菩薩を分類したもの（勝解行菩薩・増上意楽行菩薩・有相行菩薩・無相行菩薩・無功用行菩薩）の一つ。いまだこころになんらかの対象のすがた・ありようを有した菩薩。十地のなかの極喜地・離垢地・発光地・焔慧地・極難勝地・現前地に住する菩薩をいう。

（出典）有相行菩薩者、謂、住極喜・離垢・発光・焔慧・極難勝・現前地中所有菩薩。由此六地雖不喜楽、而為諸相所間雑故。（『雑集

論』13、大正 31・756a～b）

有相相　うそうそう　六種の相の一つ。→相①

有相想　うそうそう　六種の想の一つ。→想①

有相毘鉢舎那　うそうびばしゃな　三種の毘鉢舎那（有相毘鉢舎那・尋求毘鉢舎那・伺察毘鉢舎那）の一つ。三摩地において言葉で対象を観察する毘鉢舎那。→毘鉢舎那
（出典）云何有相毘鉢舎那。謂、純思惟三摩地所行、有分別影像毘鉢舎那。（『解深』3、大正 16・698b）

有相分別　うそうふんべつ　①相（現象となって具体的に認識される事物のありよう・形相）をもつ思考。感覚器官が発達し、言葉を駆使できる成人の思考。以前に知覚した対象に対して言葉を用いて認識すること。七種の分別の一つ。→七種分別
Ⓢ naimittiko vikalpaḥ
（出典）有相分別者、謂、於先所受義、諸根成就善名言者、所起分別。（『瑜伽』1、大正 30・280c）
②好ましく心にかなう対象の妙なるすがた・相状に執着する分別。八種の虚妄分別の一つ。→虚妄分別①
（出典）有相分別者、謂、即於彼可愛事中、執取種種浄妙相状所有分別。（『瑜伽』17、大正 30・369b）：有相分別者、謂、於和合現前境界、執取其相、執取随好。（『瑜伽』58、大正 30・625c）

有想　うそう　なんらかの対象を把握する知覚作用、あるいは思考作用が働いていること。「有想とは眼などに於て是れ苦なりと作意思惟するを謂う」 Ⓢ saṃjñin

有想有情　うそううじょう　ものを思い考える思考がある生きもの。欲界と色界（無想天を除く）と無色界のなかの識無辺処・空無辺処・無所有処とに生じた生きものをいう。
（出典）有想有情者、謂、従欲界乃至無所有処、除無想天。（『瑜伽』83、大正 30・761a）

有想定　うそうじょう　知覚作用や思考作用が働いている定まった心（定）。有想等至とおなじ。 Ⓢ saṃjñā-samāpatti

有想天　うそうてん　知覚作用や思考作用が働いている天。色界の無想天と無色界の非想非非想天とを除いたほかのすべての天をいう。→天

有想等至　うそうとうし　→有想定

有想論　うそうろん　外道の六十二種のあやまった見解のなかの一群。死後の世で自己存在は断ずることなく存続し、しかも知覚や思考作用があるとみる見解。身体が自己なのか、心が自己なのか、自己の大きさに限界があるのかないのか、自己の身体は小さいのか無量なのか、自己は苦なのか楽なのか、などに関する見方の相違から全部で十六種の有想論に分かれる。極端な見解（辺執見）のなかで、常に存在するとみる見解（常見）の一群。
（参考）（『婆沙』200、大正 27・998c 以下）：（『成論』6、大正 31・31c）：（『述記』6 末、大正 43・446c 以下）

有増減　うぞうげん　熏習という事柄が成立する二つの要素である「熏じられるもの」（所熏）と「熏じるもの」（能熏）のうちの「熏じるもの」すなわち七転識が有する四つの性質の一つ。働きにおいて増減を有しているという性質をいう。→能熏四義　→熏習②

有体　うたい　①体が有ること。実体として存在すること。本体があること。無体の対。三性でいえば、遍計所執性が無体で、依他起性と円成実性とが有体である。「一切法・一切事は有体に非ず」 Ⓢ vidyamāna: tādātmya
（参考）（『瑜伽』74、大正 30・705c）
②有の体。苦的・生命的存在（有）の本体。五取蘊をいう。→有①　→五取蘊
（出典）総説有体、是五取蘊。（『倶舎』9、大正 29・46a）

有体施設仮　うたいせせつけ　仏教の経典のなかで仮に我（自己）と法（存在の構成要素）とを説くこと。因と縁とに依って生じたものは本来名前がないが、それに対して世俗のなかで生きるため、あるいは修行するために方便として我と法とを立てること。二つの仮（無体随情仮・有体施設仮）のなかの一つ。→仮①　→無体随情仮
（出典）有体施設仮、聖教所説。雖有法体而非我法、本体無名、強名我法。不称法体、随縁施設、故説為仮。（『述記』1 本、大正 43・238a）

有対　うたい　①空間的な大きさを持ち、他のものと同一空間を共有できないありようをいう。次の②の三つの有対のうちの障礙有

対をいう。無対の対。→無対
Ⓢ sa-pratigha: pratighāta
(出典) 展転相触、挹処所義、及麁大義、是有対義。(『瑜伽』56、大正 30・608a):言有対者、謂、若諸色、能礙他見、礙他往来。与此相違、名為無対。(『瑜伽』100、大正 30・880a)
②あるものが他のものと制約的関係にある次の三種のありようをいう。
(i) 障礙有対 (āvaraṇa-pratighāta)。立体的な大きさや形を持ち、そこに他のものが入り込むのをさまたげるようなもの。他のものと同一空間を共有できないもの。たとえば、一方の手が他方の手をさまたげる、あるいは、ある石が他の石をさまたげるようなありようをいう。手などで触れることができるもの、原子 (極微) から構成され、さらに細かく分析され得るものをいう。
(参考) (『婆沙』76、大正 27・391b):(『倶舎』2、大正 29・7a)
(ii) 境界有対 (viṣaya-pratighāta)。主に感覚的な認識における制約的関係をいい、一つの認識作用 (識) あるいは一つの感覚器官 (根) がその認識対象 (境界) と制約的関係にあることをいう。たとえば、魚の眼は水のなかでは対象と関係するが、陸上では関係しないようなありようをいう。
(参考) (『婆沙』76、大正 27・391b):(『倶舎』2、大正 29・7a)
(iii) 所縁有対 (ālambana-pratighāta)。主に知的認識における制約関係をいい、一つの認識作用 (識) が自らの認識対象 (所縁) を認識するというようなありようをいう。
(参考) (『婆沙』76、大正 27・391b):(『倶舎』2、大正 29・7a)。

有対想 うたいそう 有対を想うこと。相互に異なった場所にあり、互いに他を空間的に受け入れない事物があると考えること。三種の想 (色想・有対想・別異想) の一つ。これら三つの想を滅することによって無色界の空無辺処に入ることができる。→有対①
(参考) (『婆沙』137、大正 27・707b):(『瑜伽』53、大正 30・594a)

有対触 うたいそく 有対に触れること。受を生じる十六種の触の一つ。→有対① →触

有退 うたい 減少する、無くなる、退くことがあること。有退滅・有退失・有退転とおなじ。

有退滅 うたいげん →有退

有退失 うたいしつ →有退

有退転 うたいてん →有退

有智 うち 智慧・学識・学問を有していること。「有智の菩薩」「有智の同梵行者」
Ⓢ vijña: vijñāna

有智者 うちしゃ 智慧・学識・学問のある人。賢者。 Ⓢ paṇḍita: vidvas: sat

有癡 うち おろかさを有していること。「有貪・有瞋・有癡なる心」 Ⓢ sa-moha

有頂 うちょう 有の頂。輪廻する苦的存在・生命的存在 (有) のいただき。有頂天・非想非非想天ともいう。輪廻を解脱した涅槃は、この有頂を超え出た世界をいう。「無間地獄より有頂に至るまで」 Ⓢ bhava-agra

有頂天 うちょうてん →有頂

有徳 うとく ①徳を有している人。「諸の有徳に恵施を行ず」「現在前の有恩・有徳・有失に差別なくして施与す」 Ⓢ guṇavat
②徳を有した仏・法・僧の三宝をいう。信の三つの対象 (実有・有徳・有能) の一つ。
(出典) 信差別、略有三種。(中略) 二信有徳。謂、於三宝真浄徳中、深信楽故。(『成論』6、大正 31・29b)

有貪 うとん ①貪 (むさぼり) を有していること。→貪「有貪・有瞋・有癡の心」
Ⓢ sa-rāga
(参考) (『倶舎』26、大正 29・135c)
②有の貪。色界と無色界の貪欲。 Ⓢ bhava-rāga

有貪随眠 うとんずいみん 有愛随眠ともいう。七種の随眠の一つ。随眠とは煩悩の異名で、煩悩のうちで色界と無色界の貪欲を有貪随眠という (〈有部〉の説)。あるいは随眠とは煩悩の種子、煩悩の眠れる状態をいい、色界と無色界の貪欲の種子を有貪随眠という (〈経部〉〈唯識〉の説)。
Ⓢ bhava-rāga-anuśaya

有悩 うのう 苦悩があること。「雑染心は有疫・有横・有災・有悩なり」

有能 うのう ①能力を有していること。「調伏の事に中において有能・有力なり」
Ⓢ śakta: samarthatva: sāmarthya
②自己と他人は善を行なう力があること。信の三つの対象 (実有・有徳・有能) の一つ。
(出典) 信差別略有三種。(中略) 三信有能、

謂、於一切世出世善、深信有力、能得能成起希望故。(『成論』6、大正 31・29b)
③ヴァイシェーシカ派（勝論）が説く十句義のなかの一つ。→十句義

有縛 うばく 束縛を有していること。束縛されていること。解脱の対。「有縛と解脱」「自身有縛なるを了知す」

有伴 うはん 仲間、助けるもの、支えるものを有していること。伴は詳しくは助伴という。→助伴① Ⓢ sa-sahāya
（出典）諸余苾芻、共為助伴、是名有伴。(『瑜伽』100、大正 30・876b〜c)

有非有 うひう 有と非有。存在と非存在。存在するものと存在しないもの。たとえば、有為と無為とが有であり、我と我所とが非有である。 Ⓢ bhāva-abhāva
（出典）法有二種。謂、有・非有。有為・無為、名之為有。我及我所、名為非有。(『瑜伽』45、大正 30・543c)
（参考）(『瑜伽』36、大正 30・486c〜487a)

有表 うひょう 具体的に現象として現れること。「身業と語業との各々に有表と無表とあり」 Ⓢ vijñapti

有表業 うひょうごう 表業とおなじ→表業

有病 うびょう 病気にかかっていること。「善友の有病に於て随時供侍す」 Ⓢ glāna

有貧 うひん 貧窮していること。有貧匱とおなじ。「有苦・有貧の有情」 Ⓢ kṛpaṇa

有貧匱 うひんき →有貧

有怖 うふ 恐怖があること。恐怖をいだいていること。有怖畏とおなじ。「種種の悪不善業を現行して有怖処に往く」「常に怖有る世間」 Ⓢ sa-pratibhaya

有怖畏 うふい →有怖

有部 うぶ 説一切有部の略称。→説一切有部

有福者 うふくしゃ 福を有する人。→福①「有福者は富楽を獲得す」 Ⓢ sa-puṇya

有覆 うぶく →有覆無記

有覆無記 うぶくむき 四種の価値判断（善・不善・有覆無記・無覆無記）の一つ。有覆とは覆障と覆蔽の働きがあること。さとりに至る聖なる道をおおってさまたげ（覆障）、自心をおおってふさぐ（覆蔽）働きがあること。無記とは善でも不善でもないこと。〈唯識〉はそのようなものとして我癡・我見・我慢・我愛の四煩悩をともなう末那識（潜在的な自我執着心）を考える。有覆の原語 nivṛta を昵仏栗多と音写する。無覆無記の対。→無記① →無覆無記 →末那識
（出典）末那心所、何性所摂。有覆無記所摂。此意相応四煩悩等、是染法故、障礙聖道、隠蔽自心、説名有覆、非善不善故、名無記。(『成論』5、大正 31・23c)

有分別 うふんべつ 分別を有していること。言葉で考える概念的思考を有していること。無分別の対。六識（眼識・耳識・鼻識・舌識・身識・意識）のうち、意識のみが有分別で、残りの五識は無分別である。→分別① →無分別① Ⓢ sa-vikalpa

有分別影像 うふんべつようぞう 言葉を付与された対象。影像とはヨーガの実践において心のなかに現れてくる観念・対象をいい、有分別とは言葉によって考えることをいう。真理を見る段階（見道）以前の毘鉢舎那（観）の実践のなかで現れてくる影像。四つの遍満所縁の一つ。→毘鉢舎那 →遍満所縁 Ⓢ sa-vikalpaṃ pratibimbam
（参考）(『解深』3、大正 16・697c)：(『瑜伽』26、大正 30・427a〜b)

有分 うぶん ①空間的大きさを有し、さらに細かく分析される部分を有していること。原子（極微）からなる物質のありようをいう。「色聚は有分にして極微は有分に非ず」 Ⓢ sa-avayava
②結果として、黒（けがれたもの）と白（きよらかなもの）との二つを有したもの。 Ⓢ sa-pratibhāga
（出典）果有黒白二分、故名有分。(『略纂』4、大正 43・57b)

有分識 うぶんしき 上座部と分別論者とが説く識。有とは欲界・色界・無色界の三有、分とは因の意味で、苦的・生命的存在（有）を生じる原因としての識を有分識という。表層的な五識や意識の底でたえまなく活動しつづける潜在的な識で、感覚器官を通して外界から刺激が加わると一連の表層的心となって展開し、その働きが終わると再び潜在的識にもどる。〈唯識〉はこの識を秘密の意図（密意）をもって説かれた阿頼耶識であると考える。 Ⓢ bhava-aṅga-vijñāna
（出典）上座部経、分別論者、倶密意説此（＝阿頼耶識）名有分識。有、謂、三有。分是因義。唯恒遍為三有因。(『成論』3、大正

31・15a)

有辺 うへん 有辺際とおなじ。→有辺際 Ⓢ antavat

有辺際 うへんざい 端・限界が有ること。時間の長さや空間の大きさに限界が有ること。有辺ともいう。「世間は有辺際なり」「有辺際の寿」「世は有辺と為すや、無辺なども為すや」 Ⓢ anta: antavat

有辺等論 うへんとうろん 外道の六十二種のあやまった見解のなかの一群。超自然的な眼(天眼)によって観察した結果、自己と世界とは限界がある(有辺)、限界がない(無辺)などと考える四つの見解をいう。→四有辺等論

有辺無辺論 うへんむへんろん 世界の空間的および時間的量について有限であるとか無限であるとか考える見解。仏教以外の学派(外道)の十六種の異論の一つ。辺無辺論ともいう。→十六種異論 Ⓢ antānantika-vāda
(参考)(『瑜伽』7、大正 30・310a 以下)

有暴流 うぼる 有瀑流とも書く。→有瀑流

有瀑流 うぼる 有暴流とも書く。瀑流は煩悩の異名で、色界と無色界の煩悩を有瀑流という。四つの瀑流(欲瀑流・有瀑流・見瀑流・無明瀑流)の一つ。色界と無色界の二界の各々の五部にある貪と慢との十と、疑の八とを合わせた二十八の煩悩をいう。
Ⓢ bhava-ogha
(出典)二十八物、名有瀑流。謂、貪与慢各十、疑八。(『倶舎』20、大正 29・107c)
(参考)(『雑集論』7、大正 31・724b):(『略纂』3、大正 43・45c)

有方所 うほうしょ 有方分とおなじ。→有方分

有方分 うほうぶん 有方所ともいう。空間的大きさ(方分・方所)を有していること。「色聚も極微も有方分なり」「有方所とは分量あるを謂う」 Ⓢ sa-pradeśa

有法 うほう ①存在するもの。有ると認識される存在。そのような有法として次のような種類が説かれる。
(ⅰ)二種の有法。無為・有為。
(参考)(『述記』3本、大正 43・326b)。
(ⅱ)三種の有法。現所知法(現実に認識されるもの。身体や心など)・現受用法(現実に使用するもの。瓶や衣服など)・有作用法(作用を有しているもの。眼や耳など)。
(参考)(『成論』2、大正 31・6b)。
(ⅲ)五種の有法。自相有法・共相有法・仮相有法・因相有法・果相有法。
(参考)(『瑜伽』16、大正 30・361c)
②欲界・色界・無色界の三つの世界(世間)に存在する生きもの。→有①
Ⓢ bhava-dharma
(出典)云何有法。謂、一切世間法、説名有法。(『瑜伽』66、大正 30・666c)
③因明の宗(AはBであるという主張)における主語の部分。
(出典)量云。汝所執我、是宗有法。応不随身受苦楽者、是宗之法。(『述記』1本、大正 43・245b)
④正しく適切であること。「有法の語言」
Ⓢ dharmya

有法語言 うほうごごん 正しく適切に語ること、あるいは語られた言葉。たとえば、経典のなかで釈尊によって語られた言葉。無法語言の対。→無法語言 Ⓢ dharmyā kathā
(参考)(『瑜伽』2、大正 30・288c)

有犯 うほん 過失・罪・咎を有していること。「菩薩、他が来りて法を求めるに、其の法を施さざるを有犯と名づく」
Ⓢ sa-āpattika

有味受 うみじゅ 煩悩のある世間の感受作用。自己を愛することから生じる感受作用。
(出典)有味受者、諸世間受。(『瑜伽』96、大正 30・851a):有味受者、謂、自体愛相応受。(『雑集論』1、大正 31・696c)
(参考)(『婆沙』190、大正 27・949c)

有命者 うみょうしゃ 身体を有して生きているもの。いのちを支える力(命根)を有しているもの。「有根身を有命者と名づく」

有命数法 うみょうすほう 存在するもののなかで、いのちを有しているものの群。地獄・餓鬼・畜生・人・天として生死輪廻する生きもののグループ。仏教は樹木などの植物をこの有命数法に入れない。
(参考)(『瑜伽』65、大正 30・660a)

有無 うむ 有と無。有ること無いこと。存在と非存在。 Ⓢ bhāva-abhāva

有無有 うむう 有と無有。有ること無いこと。存在と非存在。再び生まれることと死後に虚無となること。→有無有愛

有無有愛　うむうあい　有愛と無有愛。再び生まれて自己が存在しつづけることへの愛着と自己が滅して虚無となることへの愛着。この極端な二つの愛着は煩悩として否定される。 Ⓢ bhava-vibhava-tṛṣṇā

有軛　うやく　四つの軛（欲軛・有軛・見軛・無明軛）の一つ。軛は煩悩の異名で、色界と無色界との煩悩を有軛という。→軛①
Ⓢ bhava-yoga
（出典）軛有四種。謂、欲軛・有軛・見軛・無明軛。障礙離繋、是軛義。違背清浄故。（『雑集論』7、大正31・724c）

有用　うゆう　作用・働きを有していること。目的をもっていること。「解脱道は断に於て有用なり」「有用の眼根」「自在天は有用にして世間を生ずるや」 Ⓢ sa-prayojana

有勇　うゆう　勇敢なこと。精進の五つのありよう（有勢・有勤・有勇・堅猛・不捨善軛）の一つ。 Ⓢ utsāhin
（参考）（『瑜伽』25、大正30・421c）：（『成論』6、大正31・30a）：（『述記』6本、大正43・437c）

有勇猛　うゆうみょう　如来によって説かれた法（正法・法教）の五つの特徴（有因縁・有出離・有所依・有勇猛・有神変）の一つ。如来によって説かれた法は人びとに勇猛心を起こして一切の苦を超出する修行を説示することをいう。有勇決・有超越ともいう。
Ⓢ sa-parākrama
（参考）（『瑜伽』43、大正30・530b）

有余依　うよえ　依（upadhi）とは人として存在しつづけるよりどころとしての身体、余（śeṣa）とは残っていることをいい、いまだ命が終らず身体が残っている状態を有余依という。「現法中に於て有余依の界に於て現法涅槃を証得す」「有余依の解脱」「有余依の苦」 Ⓢ sa-upadhiśeṣa

有余依地　うよえじ　ヨーガ行者の十七の心境・境界（十七地）の一つ。→十七地
Ⓢ sa-upadhiśeṣa -bhūmi

有余依涅槃　うよえねはん　〈唯識〉が説く四種の涅槃（本来自性清浄涅槃・有余依涅槃・無余依涅槃・無住処涅槃）の一つ。有余涅槃ともいう。いまだ命が終らず身体が残っているままでの涅槃をいう。→涅槃②

有余涅槃　うよねはん　→有余依涅槃

有誉　うよ　称讃される人。ほめるに値する人。「他の有誉を称美す」「有誉者の仏」
Ⓢ varṇa

有容　うよう　可能性があること。「男身が梵と為ることは有処にして有容なり」
Ⓢ avakāśa

有楽　うらく　楽を有した人。四無量心のなかの喜（楽を有した人の楽が相続してなくならないことを喜ぶ心）の対象となる人。「菩薩は、諸の有楽・有苦の、放逸にして下劣なる有情の為に正法を説く」「諸の菩薩は、有楽の者に喜に随う増上意楽を発起して普く十方を縁じて喜と倶なる心を修す、是れを名づけて喜と為す」 Ⓢ sukhita

有理　うり　理にかなっていること。合理であること。正しいこと。「我が論は有理にして汝の理は無理なり」

有離　うり　現象的存在（有為法）の異名。有為法は、煩悩を離れることによって涅槃を得ることができるから有離という。
Ⓢ sa-niḥsāra
（出典）此有為法、（中略）或名有離。離、謂、永離、即是涅槃、一切有為、有彼離故。（『倶舎』1、大正29・2a）

有力　うりき　力・能力を有していること。有力能とおなじ。「我は有力にして能く勝義を証す」 Ⓢ pratibala: bala: balavat

有力能　うりきのう　→有力

有力能作因　うりきのうさいん　→能作因

有量　うりょう　数・大きさ・広さなどの量に限界があること。測ることができること。「菩薩は現に無量にして広多なる財物があれば、終に有量の施を行ぜず」
Ⓢ parimāṇa: pramāṇa

有漏　うろ　①漏とは漏泄（漏れ出る）という意味で、煩悩をいう。煩悩は有情（生きもの）の六根（眼・耳・鼻・舌・身・意の六つの器官）から流れ出るから漏という。その漏を有すること、あるいは有するものを有漏という。煩悩から生じ、煩悩に随って働き、煩悩の対象となり、煩悩を生じるものをいう。詳しくは有漏の有について〈倶舎〉と〈唯識〉とでは次のように解釈を異にする。（ⅰ）〈倶舎〉では、有を「随増」の意味に解釈し、煩悩に随順し煩悩を増長するものを有漏という。苦・集・滅・道の四諦のうち、苦と集と道の三つの諦が有為であるが、このうち道諦を除く有為法すなわち苦諦と集諦にお

さめられるものが有漏である。(ⅱ)〈唯識〉では、有を「倶」の意味に解釈し、末那識(潜在的な自我執着心)の我執(自己への執着。漏の本体)と倶生・倶滅(ともに生じともに滅す)し、相互に増大し合うものを有漏という。無漏の対。→無漏 Ⓢ sa-āsrava
(出典)有漏法云何。謂、除道諦余有為法。所以者何。諸漏於中等随増故。(『倶舎』1、大正29・1c):言有漏者、謂、若諸法諸漏所生、諸漏麁重之所随縛、諸漏相応、諸漏所縁、能生諸漏、於去来今、為漏依止。(『瑜伽』100、大正30・880a)
(参考)(『瑜伽』65、大正30・661b～c)
②三漏(欲漏・有漏・無明漏)の一つ。色界と無色界の二界の煩悩。この二界の見所断・修所断の煩悩より、各々、無明を取り去った合計五十二の煩悩をいう。Ⓢ bhava-āsrava
(出典)色無色界煩悩、除癡五十二物、総名有漏。謂、上二界根本煩悩、各二十六。(『倶舎』20、大正29・107c):諸色無色二界所繋一切煩悩、唯除無明、説名有漏(『瑜伽』89、大正30・802a)

有漏慧 うろえ 有漏智とおなじ。→有漏智

有漏界 うろかい 二界(有漏界・無漏界)の一つ。煩悩がある世界。欲界・色界・無色界の三界をいう。無漏界の対。→無漏界
Ⓢ sa-āsrava-dhātu

有漏識 うろしき 煩悩をもった識。「諸の有漏識が現法中に於て畢竟、滅尽するが故に寂滅と名づく」「有漏識の自体が生ずる時、能所の相に似て現ず」 Ⓢ sa-āsrava-vijñāna

有漏善 うろぜん 二種の善(有漏善・無漏善)の一つ。いまだ煩悩がまじった善。善有漏とおなじ。→善有漏「有漏善の中の最上品とは有頂の善を謂う」 Ⓢ kuśala-sāsrava

有漏智 うろち いまだ煩悩を断ぜず真理を見ていない世俗の人の智慧。煩悩がまじった智慧。十智のなかの世俗智にあたる。これには生得慧・聞慧・思慧・修慧の四種がある。有漏慧とおなじ。→三慧 →生得慧 →十智 →智①

有漏道 うろどう 煩悩がある修行の道。二乗(声聞乗・独覚乗)においては、六行智による修行の道をいい、大乗(菩薩乗)においては、五つの修行の段階のうちの資糧道と加行道とをいう。分別起の惑(後天的な煩悩)と、および細かい倶生の惑(先天的な煩悩)とを伏することはできないが、麁い倶生の惑を伏除することができる段階。無漏道の対。→六行智 →無漏道「有漏道は分別起の惑と及び細なる倶生とを伏すること能わずと雖も、しかも能く倶生の麁き惑を伏除して、漸次に上の根本定を証得す。彼れは但だ事に迷い、外門に依って転じ、散乱、麁動にして正に定を障するが故なり」(『成論』6、大正31・32c)

有漏法 うろほう 有漏の法。煩悩を有した存在。→有漏①

雨 う ①あめ。天雨ともいう。Ⓢ varṣā: vṛṣṭi
②雨期。「一年を寒と熱と雨との三際に分け、各々に四月あり」 Ⓢ varṣā

雨安居 うあんご 雨期の間、地面を歩くと虫類を踏み殺すことになるから、外出せずして一定の場所に籠って修行すること。

雨際 うさい 雨の時期。一年を三期間(熱際・雨際・寒際)に大分したなかの一つ。「雨際を度して節気漸く涼し」 Ⓢ varṣa

雨四月 うしがつ 雨の時期(雨際)の四か月。「雨四月中に勤苦・習誦す」→雨際
Ⓢ catvāro vārṣikār māsāḥ

雨衆 うしゅ →雨衆外道

雨衆外道 うしゅげどう 外道の一つであるサーンキヤ学派(数論)の別称。迦毘羅が開いた数論の弟子の伐里沙(varṣa。雨の意味。雨の時期に生まれたからこの名がある)の流れをくむ一派をいう。→数論
Ⓢ vārṣa-gaṇya
(出典)雨衆外道者、謂、数論師之大弟子十八部主、雨時生故名雨、彼之徒党名衆。(『略纂』3、大正43・33a)
(参考)(『述記』1末、大正43・252a～b)

雨衆見 うしゅけん 雨衆外道の見解。邪見・邪論の一つ。→雨衆外道
(参考)(『倶舎』20、大正29・106a)

雨霖 うりん 長く降る雨の水。「水災の起こるは雨霖が淫するに由る」
Ⓢ varṣā-udaka

雨涙 うるい 涙を流すこと。流涙・堕涙とおなじ。「若し善友が正法を説くを聞く時、身の毛が竪ち、悲泣し、雨涙し、生死を厭離し、涅槃を欣楽す」 Ⓢ aśru-prapāta

烏 う ①からす。Ⓢ kaka: vāyasa

②「黒色の」という意味。「烏の鹿皮」「烏の駁狗」 Ⓢ śyāma

烏瑟膩沙相 うしつにしゃそう　偉大な人間に具わる三十二種の身体的特徴の一つ。→三十二大丈夫相

烏鵲 うじゃく　からすやかささぎなどの鳥類。「彼の屍骸は狐狼・鵄梟・鵰鷲・烏鵲・餓狗に食噉さるる」

烏駁狗 うはくく　黒色が交ざった犬。黒駁狗ともいう。 Ⓢ śyāma-śabala-śvan

烏莫迦花 うまかげ　烏莫迦は umakā の音写。青色の花。 Ⓢ umakā-puṣpa
（参考）（『雑集論』13、大正 31・758c）

烏鹿皮 うろくひ　黒い鹿のなめし皮。バラモンはこれを身に着けることを苦行とする。「諸の離繫及び婆羅門、播輸鉢多、般利伐羅多迦などの異類の外道は種種の露形、抜髪、杖、烏鹿皮、持髻、塗灰、執三杖、剪鬚髪などの無義の苦行を受持す」 Ⓢ ajina

傴僂 うろう　背骨がまがっていること。「衰老し朽邁する者は身が傴僂し、杖に憑す」

鄔伽 うが　数の単位の一つ。吒吒分の百千倍。→吒吒分
（参考）（『婆沙』177、大正 27・891a）

鄔伽分 うがぶん　数の単位の一つ。鄔伽の百千倍。→鄔伽
（参考）（『婆沙』177、大正 27・891a）

鄔曇跋羅 うどんばら　五つの大きな樹の一つ。→五大樹

鄔曇妙華 うどんみょうけ　果実が拳のような形をした樹の花。ほとんど花が咲くことなしに実を結び、その花を見ることは難しいことから、希有な存在の喩えに用いられる。「鄔曇妙華の如くに値遇し難し」
Ⓢ udumbara-puṣpa

鄔波索迦 うばさか　upāsaka の音写。在家で男性の仏教信者。近事・近事男と意訳。
Ⓢ upāsaka

鄔波斯迦 うばしか　upāsikā の音写。在家で女性の仏教信者。近事女と意訳。
Ⓢ upāsikā

鄔波柁耶 うばだや　upādhyāya の音写。人を導く師。親教師ともいう。軌範師（ācārya 阿遮利耶）と並記される場合が多い。 Ⓢ upādhyāya
（出典）軌範師者、阿遮利耶也。親教師者、鄔波柁耶也。即和尚阿闍梨。（『略纂』4、大正 43・54c）

鄔波尼殺曇分 うばにせつどんぶん　二つのものを比較してその大きさや量や価値を比べるときに用いる分数の一つ。鄔波尼殺曇は upaniṣad の音写で、極小の数をいう。「前の愛重を後の愛重に方すれば、百分の中に於て其の一に及ばず、乃至、鄔波尼殺曇分の中に於て一に及ばず」 Ⓢ upaniṣadaṃ kalām

嗢遮界 うしゃかい　嗢遮は ucca の音写。動詞の語根のこと。「云何が名などの身なるや。謂く、想などの総説なり。総説を言うは、是れ合集の義なり。合集の義の中に於て嗢遮界を説くが故なり」（『倶舎論記』5、大正 41・109a）。 Ⓢ ucca

嗢蹭伽 うそが　utsaṅga の音写。数の単位の一つ。十の二十三乗。 Ⓢ utsaṅga
（参考）（『婆沙』177、大正 27・891a）：（『倶舎』12、大正 29・63b）

嗢拕南 うだな　udāna の音写。自説と意訳。十二分教の一つ。→自説　→十二分教

嗢拕南伽他 うだながた　嗢拕南は udāna の音写、伽他は gāthā の音写で、頌と意訳。釈尊の教説を頌の形で表現したものを嗢拕南伽他という。嗢拕南頌ともいう。

嗢拕南頌 うだなじゅ　→嗢拕南伽他

嗢鉢羅 うばら　① utpala の音写。殟鉢羅とも音写。青い蓮華のこと。 Ⓢ utpala
② utpala の音写。意訳して青蓮華という。八つの寒い地獄の一つ。厳しい寒さのため身が破裂するさまが青蓮華のようであることから、このようによばれる。→八寒那落迦　→八寒地獄　Ⓢ utpala

殟鉢羅 うばら　→嗢鉢羅

憂 う　憂い。悲しみ。悲嘆。
Ⓢ daurmanasya: parideva
（出典）意識相応、不平等受、是憂。（『婆沙』23、大正 27・118c）

憂恚 うい　憂い。喜愛の対。→喜愛「欲を受用する時、一つには喜愛を起こし、一つには憂恚を起こす」 Ⓢ daurmanasya

憂苦 うく　憂と苦。憂いと苦しみ。「所縁に於て顚倒を発起して、身心の憂苦を受す」
Ⓢ duḥkha-daurmanasya

憂悔 うけ　後悔。「命終る時に多く憂悔を生ず」 Ⓢ kaukṛtya: vipratisārin

憂根 うこん　憂受という根。二十二根のなかの五受根の一つ。心受（意識にもとづく

感受作用）の一つで、憂うという感受作用をいう。→憂受　→二十二根　→五受根
Ⓢ daurmanasya-indriya
（出典）意識相応、能損悩受、是心不悦、名曰憂根。（『倶舎』3、大正 29・14c）

憂受 うじゅ　憂うという感受作用。五つの感受作用（楽受・苦受・喜受・憂受・捨受の五受）の一つ。苦と感じられる対象に対して意識が起こす感受作用。

憂愁 うしゅう　憂い。悲しみ。「歓喜を同じくする者、憂愁を同じくする者は、恩ある者なり」 Ⓢ śoka

憂慼 うせき　憂い。「一向に憂慼して身心を焼悩す」「嫉妬者は他の栄を聞見して憂慼を懐く」

憂悩 うのう　憂い。悩み。苦悩。不安。「身心の疲惓と憂悩」「菩薩は善く開解を為して憂悩を離れしむ」
Ⓢ upāyāsa: daurmanasya: vyasana

憂悲 うひ　憂い。悲しみ。「老死は憂悲を起こす」

憂悒 うゆう　憂い。「菩薩は衣服・飲食などに於て麁弊にして尠少なれども、憂悒を生ぜず」

憂慮 うりょ　心配。思案。「無戯論の涅槃に於て心に退転なく、憂慮を生ぜず」

憂恋 うれん　後悔して憂うこと。「憂恋の心を生じて、悪作追悔す」

嗢怛羅 うったら　北・上を意味する uttara の音写。Ⓢ uttara

嗢怛羅慢怛里拏洲 うったらまんたりぬしゅう　嗢怛羅慢怛里拏は uttra-mantriṇa の音写。四大洲の一つである牛貨洲の側にある中洲。→四大洲　Ⓢ uttra-mantriṇa

嗢怛囉僧伽 うったらそうぎゃ　教団において所持が許される三つの衣（大衣・中衣・下衣）のなかの中衣の別名である uttarāsaṅga の音写。鬱多羅僧伽とも音写。寺内での行事などの際に着る衣で、一番下に着る安怛婆参の上に着る衣であるから上衣ともいう。七条の布切れを縫い合わせて作られるから七条衣ともいう。→三衣　Ⓢ uttarāsaṅga

鬱金 うっこん　サフランの一種の花。よき香りがあり、香料となる。Ⓢ kuṅkuma

鬱蒸 うっじょう　焼くこと。苦しめること。「煩悩に鬱蒸さるる」 Ⓢ paridāha

鬱多羅僧伽 うったらそうぎゃ　→嗢怛囉僧伽

鬱単越 うったんおつ　uttara-kuru の音写。四大洲の一つである北倶盧洲のこと。→倶盧洲

運心 うんしん　心を働かせること。「是の如く平等に心を運ぶ」

運身神通 うんしんじんつう　空を飛ぶことができるという超能力。六神通の一つ・神境智証通のなかの一つの働き。運身神用ともいう。Ⓢ śarīra-vāhinī
（出典）運身、謂、乗空行、猶如飛鳥。（『倶舎』27、大正 29・144a）

運身神用 うんしんじんゆう　→運身神通

運籌 うんちゅう　飢饉に際して食料を管理・調達・配分すること。次の二つの方法がある。（i）今日は家主が、明日は子供が食べるというように食料を管理・配分して食べる方法。（ii）棒でもって穀物の貯蔵庫を開けて、少しの米を多くの水で薄めて炊いて分けて食べるという方法。前者は籌（śalākā）を管理・計画の意味に、後者は籌を棒の意味にそれぞれ解釈したものである。Ⓢ śalākā-vṛtti
（参考）（『倶舎』12、大正 29・66a）

運転 うんてん　①運ぶ、流れる、まわること。実行する、働くこと。「身を運転す」「風機関が運転す」「任運自然に運転する道」「諸行は生滅して速やかに運転す」 Ⓢ vāhana: vāhin
②業が変化して果を招くこと。移転ともいう。→移転③　Ⓢ saṃkrānti

運動 うんどう　動く、努力する、働かせること。「停住・運動の相に似て現ず」「勇猛精進を運動す」「身を運動する思」

雲 うん　くも。視覚（眼識）の対象（色）の一つ。太陽や月を覆って見えなくするものの一つ。→色境
（出典）雲者、如盛夏時、有少雲起、須臾増長、遍覆虚空、障日月輪、倶令不現。（『婆沙』27、大正 27・141a）

雲頸 うんけい　五つの生存のありよう（五趣）の一つである人趣の呼び名の一つ。人をマヌシュヤ（manuṣya）と呼ぶが、そのように呼ばれるようになる以前の人に対する呼び名の一つ。abhra-grīva の意訳で、頭が雲まで達するほど背が高い人という意味。
Ⓢ abhra-grīva

（出典）云何人趣。（中略）問、何故此趣名末奴沙。（中略）先未号此末奴沙時、人或相呼、以雲顕。或名多羅脛、或名底落迦、或名阿沙荼。（『婆沙』172、大正 27・867c）

雲母 うんも きらら。鉱物の一種。「頗胝迦・瑠璃・雲母・水などに障えられて有対の境を見ず」 Ⓢ abhrapaṭala

雲雷 うんらい かみなり。「仏・菩薩の説くところの化語は、其の声、深遠にして雲雷の音の如し」 Ⓢ megha-rava

蘊 うん 蘊の原語 skandha は、「集まり」「集合」「集合体」の意味。生きものを構成する諸要素を種類別にまとめて一つの蘊とする。たとえば物質的なもの（色）には過去・現在・未来の物質、身体と外界の事物、粗い物質と細かい物質、遠くの物質と近い物質というようにさまざまな種類に分かれるが、それらの要素の集合を色蘊という。全部で五つの蘊（色蘊・受蘊・想蘊・行蘊・識蘊）がある。→五蘊①

（出典）諸有為法、和合聚義、是蘊義。（『倶舎』1、大正 29・4c）：積聚義、是蘊義。（『瑜伽』53、大正 30・593c）

蘊界処 うんかいしょ 蘊と界と処。生きもの（有情）を構成する三種の要素の群。実体的な自己は存在しないという無我をさとるための存在分類法。これら三つに分けることを三科に分類するという。→蘊・処・界の各項を参照。

蘊善巧 うんぜんぎょう 蘊に精通していること。五蘊について善く理解していること。五種・六種、あるいは十種の善巧の一つ。→善巧② →蘊 →五蘊①

Ⓢ skandha-kauśalya

（出典）云何蘊善巧。謂、善了知如所説蘊種種差別性、非一衆多性、除此法外更無所得、無所分別、是名略説蘊善巧義。（『瑜伽』27、大正 30・433c）

蘊得 うんとく ①人・天・餓鬼などの種々の生存において身心を構成する五つの要素（五蘊）を得ること。 Ⓢ skandha-pratilābha

（出典）蘊得云何。謂、即於彼諸生位中、五取蘊転。（『瑜伽』10、大正 30・323c）

②胎児の状態（名色位）で五蘊を生じる可能力（種子）を得ること。

（出典）蘊得者、謂、名色位界得、即是於此位中、彼種子得。（『瑜伽』84、大正 30・769a）

蘊魔 うんま 蘊という魔。身心を構成する五つの要素（五取蘊）は、煩悩をもち身心を苦しめ悩ますから、悪魔に喩えて蘊魔という。四魔（蘊魔・煩悩魔・死魔・天魔）の一つ。 Ⓢ skandha-māra

（出典）蘊魔者、謂、五取蘊。（『瑜伽』29、大正 30・447c）

え

会 え ①大勢の人が集まる集会。（説法を聴くために）まるく取り囲んだ人びとのあつまり。衆会ともいう。→衆会「彼彼の如来が彼彼の異類の大なる会に安坐して正法を宣説す」 Ⓢ pariṣan-maṇḍala

②結合すること。一緒になること。「衆縁が会す」 Ⓢ samavahita: sāṃnidhya

③かなう、一致すること。「正見を首と為す八聖道支は正理に会す」

④会う、出会うこと。「怨憎と会す苦」「所愛との会を欲す」 Ⓢ saṃprayoga: samāgama

⑤集まる、集合する、群がること。「多く衆と会して語言に楽著す」 Ⓢ saṃnipāta

⑥経典間で相異なる教えがあるとき、それらを比較して矛盾がないように解釈すること。会釈・会通とおなじ。「経文を会す」

会違 えい 相違した見解を比較してそれらの間に矛盾がないように解釈すること。会釈・会通・解違とおなじ。「述して曰く。三あり、一に標宗、二に会違、三に結正なり」

会遇 えぐう 会う、遭遇すること。「刹帝利や婆羅門などの種種の異衆、共に相い会遇す」「已に会遇して別離を欲せず」

Ⓢ upanipāta: saṃgati: samavahita: samudgama

会坐 えざ 集会。集会で坐っていること。

「貪行者が来りて会坐に在りて、仏が為に不浄観を説くを聞く」

会釈 えしゃく 経典間で相違する教えがあるとき、それらを比較して矛盾がないように解釈すること。会通とおなじ。「余経に於て如何が会釈せん」 Ⓢ vi-**kḷp**

会衆 えしゅ 集会にあつまった人びと。「刹帝利などの四種の会衆」 Ⓢ upaniṣaṇṇa

会通 えつう 経典間で相違する教えがあるとき、それらを比較して矛盾がないように解釈すること。会釈とおなじ。「理の如くに経中の如来の密意の甚深なる義趣を会通す」 Ⓢ anulomayati

会貪 えとん 共に寝て交わりたいという欲望。「若し常に女に為らんと欲せば、彼れは即ち父に於て会貪を起こす」 Ⓢ saṃvāsa-icchā

会文 えもん 経典や論書のなかで相違する文を矛盾がないように解釈すること。「此上は会文を標挙して第二師を破す」

衣 え ①ころも。衣服。 Ⓢ cīvara: paṭa: prāvarṇa: vastra: vāsas
②教団で私有が許される衣（ころも）。大衣（jyeṣṭhaṃ cīvaram）・中衣（madhyaṃ cīvaram）・下衣（kanīyaṃ cīvaram）の三つの衣。→三衣 Ⓢ cīvara
（参考）（『瑜伽』24、大正 30・414b）：（『瑜伽』25、大正 30・422a〜b）

衣冠 えかん 衣（ころも）と冠（かんむり） Ⓢ cīvara-dhāraṇa

衣篋 えきょう 衣服をいれる箱。

衣香 えこう 衣服の香り。六種の香りの一つ。 Ⓢ vastra-gandha
（参考）（『瑜伽』3、大正 30・293b）

衣食 えじき 衣服と食物。「財供養とは香華・衣食などの物を以って僧衆に供養するを謂う」 Ⓢ bhakta-prāvaraṇa

衣樹 えじゅ 諸の天にあって、妙なる衣服を出生する樹。 Ⓢ vastra-vṛkṣa
（出典）有衣樹、従此出生種種妙衣、其衣細軟、妙色鮮潔、雑綵間飾。（『瑜伽』4、大正 30・298b）

衣鉢 えはつ 衣（ころも）と鉢（はち）。教団において私有が許される二つの生活品。→衣② →鉢「安居を解き已りて、衣鉢を携持して諸寺を遊歴す」 Ⓢ cīvara-pātra

衣服 えぶく いふく。着るもの。身を養うための品物の一つ。「施主は如法の衣服を恵施す」「如法に衣服・飲食を追求す」 Ⓢ ācchādana: cīvara: cela: vastra

衣服喜足聖種 えぶくきそくしょうしゅ 四聖種の一つ。→四聖種

衣物 えもつ 衣服。「光明にして鮮浄なる衣物を恵施す」 Ⓢ cīvara: vastra

依 え ①あることを説く根拠・よりどころ。「在家・出家の二分の浄戒を依として、三種の戒を説く」 Ⓢ adhikāra: āśrita
②あることを行なう、考える根拠・よりどころ。詳しくは所依という。→所依①「分別の依と縁」「八支聖道を依として一切の世間の善法を獲得す」
Ⓢ adhiṣṭhāna: āśraya: niśraya: niśrita: saṃniśraya: saṃniśrita
③あるものが生じる、成立する根拠・よりどころ。〈唯識〉は一切の存在を生じる根本の依として阿頼耶識を立てる。詳しくは所依・依止・所依止という。→所依①③ →依止② →所依止 →阿頼耶識「福は智を依として智より生起す」
Ⓢ adhīna: āśraya: āśrita: upādāna: paratantra: samā-**śri**
④人として存在しつづけるよりどころとしての身体。有余依涅槃・無余依涅槃の依。依事・依持・所依事ともいう。「一切の依が滅するを名づけて滅界と為す」「依が滅するが故に無余依滅諦を得る」 Ⓢ āśraya: upadhi
⑤支えとなる保護者・援助者。「苦ある者とは、依なき者、怙なき者なり」 Ⓢ nātha
⑥教えを聞いて修行する際の正しいよりどころ。→四依① Ⓢ pratisaraṇa
⑦生きていく上で支えとなるもの。自己の身心（五取蘊）と父母・妻子・奴婢・作使・僮僕・朋友・眷属などの人間をいう。あるいは衆具依・善友依・法依・作意依・三摩鉢底依の五つが説かれる。依持ともいう。→依持② Ⓢ upadhi
（出典）依者、謂、五取蘊及与七種所摂受事、即是父母及妻子等。（『瑜伽』83、大正 30・765a）：依有五種。謂、衆具依・善友依・法依・作意依・三摩鉢底依。（『雑集論』15、大正 31・768c）
⑧出家後に守るべきよりどころとなる規約。常乞食・樹下坐・著糞掃衣・食塵棄薬（病縁旧医薬・病縁陳奇薬ともいう）の四つ。四依

という。→四依② Ⓢ adhiṣṭhāna
(参考)(『倶舎論疏』16、大正 41・665c):(『略纂』11、大正 43・148a)
⑨転依のこと。→転依
(出典)依者、謂、転依。捨離一切麁重、得清浄転依故。(『雑集論』11、大正 31・746a)
⑩心を清浄にしてさとりに至るためのヨーガの実践における五段階(持・任・鏡・明・依の瑜伽地)のなかの依。自己存在のよりどころである身心が深層から浄化されて修行が完成し、仏陀になった段階。究竟道の段階。→瑜伽地 Ⓢ āśraya
⑪動名詞として、〜に関して、〜によって、〜を根拠として、などの意味で用いられる。「無漏の信などの五根に依って(adhikṛtya)諸の聖位の差別を建立す」「影は樹に依る(āśritya)が如し」「四静慮に依って(upādāya)眼耳辺に於て彼の地の微妙な大種所造の浄色の眼耳二根を引起す」「菩薩は此の四如実智に依って(niśritya)能く正しく八種分別を了知す」「聖教に依って(pratītya)去来の有を証す」 Ⓢ adhikṛtya: āśritya: upādāya: niśritya: pratītya
⑫(種類)次の八種の依が説かれる『瑜伽』50、大正 30・576c〜577a)。(i)施設依。ものごとを仮に設けるよりどころ。個体を構成する色・受・想・行・識の五つの構成要素(五蘊)をいう。これらによって我・有情・命者・能養育者・補特伽羅・意生・儒童などの名称、あるいは氏名や家柄、苦である楽である、長寿であるなどの名称を立てる。(ii)摂受依。世話をするよりどころ。自己が世話をする七つの人びと・グループ(七摂受事)。父母・妻子・奴婢・作使・僮僕・朋友・眷属の七つをいう。(iii)住持依。いのちを支え維持するよりどころ。四種の食(段食・触食・意思食・識食)をいう。(iv)流転依。生死輪廻するよりどころ。一つは、識が住する四つのありよう(四識住)、すなわち、五蘊(色・受・想・行・識の五つ)のうちの識が色・受・想・行の四つを存在の根拠とし、同時に認識の対象としてそれぞれに愛着を生じ、五趣のなかを生死輪廻するありようをいう。もう一つは、十二縁起を、すなわち無明からはじまり老死でおわるありようをいう。(v)障礙依。さまたげ妨害するよりどころ。善を修しようとするところに現れて、それを妨害する天魔をいう。(vi)苦悩依。苦悩を生じるよりどころ。欲を本質とする世界(欲界)の存在すべてをいう。(vii)適悦依。心の意悦を生じるよりどころ。定まった静かな禅定(静慮)の楽をいう。(viii)後辺依。最後の生存を支えるよりどころ。次の生において涅槃に入り再び生まれてこない最後の身体を形成する阿羅漢の色・受・想・行・識の五蘊をいう。

依倚 えい よりかかる、もたれかかること。「身を端して坐し、床・壁・樹などに依倚せず」

依因 えいん 地・水・火・風の四つの元素(四大種)が、それらによって造られる物質(色)に対して五つの原因(生因・依因・立因・持因・養因)となるなかの一つ。弟子が師をよりどころとして随うように、四大種が色のよりどころとなることをいう。
Ⓢ niśraya-hetu
(参考)(『倶舎』7、大正 29・38b):(『雑集論』1、大正 31・696a)

依有事 えうじ 有事に依ること。煩悩や分別、あるいは智慧が生じる場合、その対象が事物として存在すること。たとえば、実物として存在する身体を見て、それに執着を起こすような場合をいう。修道において断ぜられる煩悩は「有事に依る惑」といわれる。依無事の対。→依無事「諸の世間は要ず有事に依って方に名言分別を生起することを得る」「正智と邪智とは倶に有事に依って生ず」
Ⓢ sa-vastuka
(参考)(『倶舎』25、大正 29・129c〜130a)

依縁 ええん 所依と所縁。こころ(識・心・心所)が生じる器官とこころの認識対象。→所依① →所縁「無色界に依縁なきが故に五識もまたなし」

依海住龍 えかいじゅうりゅう スメール山を取り囲む七金山の間の内海に住む八種の龍。三十三天が阿素洛と闘うときに配置する六軍の一つ。→八大龍王
(参考)(『婆沙』4、大正 27・19a)

依器 えき 依とは詳しくは所依といい身体のこと。あること、たとえば修行をする、無上正覚を得る、菩薩を受胎することなどができる身体を器に喩えて依器という。
(参考)(『婆沙』178、大正 27・893b)

依義 えぎ ①「依の義」とよむ。根拠・

よりどころをいう。→依①②
②「義に依る」とよむ。義とは名（名称）が指し示す対象をいい、名称が対象を指し示す働きを「名は義に依って転ず」という。
③「義に依る」とよむ。義とは名（名称）が指し示す対象あるいは意味をいい、名称によってではなく、対象あるいは意味によって語る、考えることをいう。「義に依って言詞を建立す」「義に依って名を遍計す」 Ⓢ artha-pratiśaraṇa

依教広成分 えきょうこうじょうぶん 一つの論書を構成する三つの部分（宗前教叙分・依教広成分・釈結施願分）の一つ。簡潔に述べられた頌文、あるいは本文を教理にもとづいて詳しく解釈する部分。

依怙 えこ 援助・保護。頼れる人・もの。「依怙なき一切の有情に於て依となり怙となる」 Ⓢ pratisaraṇa: sānāthya

依止 えし →えじ

依止 えじ ①生存のよりどころとしての身体。「身に癰腫などの疾を帯びるを名づけて依止の損害と為す」「依止と心」「依止が性として羸劣なり」 Ⓢ āśraya: śarīra
②あるものが生じる根拠・よりどころ。「福は智を依止として生起す」
Ⓢ āśrita: saṃniśrita
③人びとが救われるよりどころ。「菩薩は無染心を以って有情の為に依止となる」
Ⓢ niśraya: saṃniśraya
④動名詞として、〜に関して、〜によって、〜を根拠として、などの意味で用いられる。「諦の道理を宣説するに依止する（adhikṛtya）が故に逆次第の中に老死を先と為して諸の縁起を説く」「諸の菩薩は福に依止する（āśritya）が故に復た長時に流転生死すると雖も、極苦に損悩されず」「随観察行者は現量と比量と及び至教量とに依止して（niśritya）極善に思択す」
Ⓢ adhikṛtya: āśritya: niśritya

依止円満 えじえんまん 依止とは生存のよりどころとしての身体をいい、身体的に欠陥がなく身体の機能が完備していること。
Ⓢ āśraya-paripūrita

依止清浄 えじしょうじょう 如来の四つの一切種清浄の一つ。→四一切種清浄

依止造色 えじぞうしき 地・水・火・風の四つの元素（四大種）から造られた身体。
Ⓢ upādāya-rūpa

依止道 えじどう 二つの道（資糧道・依止道）のなかの一つ。六波羅蜜多のなかの前の四つ（施・戒・忍・精進の四波羅蜜多）を資糧道といい、第五の静慮波羅蜜多を依止道という。第六の慧波羅蜜多を生じるために前の四つがそのたくわえとなり、慧は第五の静慮が直接のよりどころとして生じるからこのように二つに分かれる。
（出典）二種道者、一資糧道、二依止道。資糧道者、謂、施戒忍及与精進波羅蜜多。依止道者、即是静慮波羅蜜多。由前所説波羅蜜多所生諸善、及依静慮波羅蜜多、無分別智即得生長、此智名慧波羅蜜多。（『摂論釈・世』8、大正 31・365a）

依字釈名 えじしゃくみょう ある一つの語彙（名）の意味をその語彙を構成するさらに細かい字に分けて解釈すること。たとえば縁起を縁と起とに分けて解釈する解釈方法。
Ⓢ akṣara-nirvacana
（出典）依字釈名者、由煩悩繋縛為縁、諸趣数数生起、故名縁起。依縁字起字、釈縁起字、故名依字。（『略纂』4、大正 43・60a）

依自 えじ 自己によること。自己をよりどころ・根拠とすること。依他の対。「嫉結は他に依って転じ、慳結は自に依って転ず」
Ⓢ svatantra

依事 えじ 人として存在しつづけるよりどころとしての身体。依・依持、あるいは所依事ともいう。「当来世に於て一切の依事が永滅す」 Ⓢ upadhi

依持 えじ ①支えとなるもの。支柱。基礎。有情を存在せしめる次の六種の依持をいう。建立依持・蔵覆依持・豊稔依持・安隠依持・日月依持・食依持。→各項参照
Ⓢ ādhāra
（参考）（『瑜伽』2、大正 30・288b）
②生きていく上で支えとなるもの。父母・妻子・奴婢・作使・僮僕・朋友・眷属などの人間。依ともいう。→依⑦ Ⓢ upadhi
③人として存在しつづけるよりどころとしての身体。依・依事・所依事ともいう。「依持の解脱である有余依涅槃」 Ⓢ upadhi

依主釈 えしゅしゃく 二つ、あるいは二つ以上の単語からなる合成語の単語間の関係についての六つの解釈（六合釈）の一つ。→六合釈

依趣 えしゅ 教えを聞いて修行する際の正しい四つのよりどころ。如来によって説かれた法（正法・法教）の五つの特徴（有因縁・有出離・有依趣・有勇猛・有神変）の一つに依趣を有することがあげられている。依趣は依・所依ともいう。→四依①
Ⓢ pratisaraṇa
（参考）（『瑜伽』82、大正 30・755a）

依処 えしょ ①詳しくは所依処という。眼・耳などの具体的な器官。地・水・火・風の四元素から構成される器官。真の器官（正根）のよりどころとなるから、依処・所依処、あるいは根依処・根所依処という。正根に対する扶根のこと。→所依処② →正根→扶根「依処の眼」 Ⓢ adhiṣṭhāna
②因依処の依処。因が成立する根拠。十種の因が成立する十五種の根拠。→因依処
Ⓢ adhiṣṭhāna
③あることが生じる、あるいは、あることを行なう、考えるよりどころ。「尋伺の依処」「施業は所施物と受者とを以って依処と為す」
Ⓢ adhikāra: adhiṣṭhāna
（参考）（『瑜伽』81、大正 30・751b 以下）
④あることが生じる、成立するよりどころ・根拠・根本。安足処ともいう。→安足処①「善友性は信の依処なり」 Ⓢ pada-sthāna

依心 えしん ①心によること。心を発生源とすること。「入息出息は身に依って転ずるや、心に依って転ずるや」
②心のなかに存在すること。「心に依る色聚の種子」 Ⓢ citta-saṃniviṣṭa

依身 えしん ①身体によること。身体を発生源とすること。「入息出息は身に依って転ずるや、心に依って転ずるや」
②人として存在しつづけるよりどころとしての身体。詳しくは所依身という。「世間の喜楽を受けて依身を長養す」「依身の光明」「依身の苦」 Ⓢ āśraya

依身光明 えしんこうみょう 身体から自然に発する光明。三種の光明（治暗光明・法光明・依身光明）の一つ。
（出典）依身光明者、謂、諸有情自然身光。（『瑜伽』11、大正 30・330b）

依他 えた ①他物・他者に依存すること。他物・他者をよりどころ・根拠とすること。依自の対。「嫉結は他に依って転じ、慳結は自に依って転ず」「他に依って活命す」
Ⓢ paratantra: para-pratibaddha
②他の縁によって生じること。縁起の言い換え。 Ⓢ paratantra
（出典）依他義、是縁起義。（『瑜伽』9、大正 30・322a）
③依他起性の略。→依他起性「円成と依他と所執」

依他起自性 えたきじしょう →依他起性

依他起性 えたきしょう 依他起自性ともいう。三つの存在のありよう、すなわち、三性（遍計所執性・依他起性・円成実性）の一つ。依他起とは、それまでの縁起という概念に対して〈唯識〉が造った表現で、他の力、すなわち、縁によって生じたものをいい、現象的存在（有為）すべてをいう。あるいは、「こころ」（心・識・分別・虚妄分別などとよばれるもの）すべてをいう。それは、魔術の現象（幻事）のように、有るようで実際には無い存在、すなわち仮に有る存在であるから、その存在性を仮有という。性・自性にあたるスバヴァーバ（svabhāva）をラクシャナ（lakṣaṇa）に置き換えて依他起相という場合がある。 Ⓢ paratantra-svabhāva
（出典）依他起自性者、謂、衆縁生他力所起諸法自性、非自然有、故説無性。（『瑜伽』64、大正 30・656c）：云何諸法依他起相。謂、一切法縁生自性。則此有故彼有、此生故彼生。謂、無明縁行、乃至招集純大苦蘊。（『解深』2、大正 16・693a）：依他縁起、故名依他起。（『摂論』中、大正 31・139a）：依他起自性、分別、縁所生。（『成論』8、大正 31・45c）：心心所及所変現、衆縁生故、如幻事等、非有似有、誑惑愚夫、一切皆名依他起性。（『成論』8、大正 31・46c）

依他起相 えたきそう →依他起性
Ⓢ paratantra-lakṣaṇa

依第七 えだいしち 八転声のなかの第七転声に依格と於格の二つあるなかの依格をいう。境第七に対する。→八転声「今、此の論を造るは二空に於て迷謬ある者に正解を生ぜしめんが為の故なり。述曰。（中略）於とは即ち是れ、境上第七なり。依第七に非ず。迷謬する所なるが故に」（『述記』1 本、大正 43・234c）

依託 えたく ①よりどころとすること、あるいは、よりどころとなるもの。従うこと。ある力にまかせること。「衆縁に依託し

て、唯だ行あり、唯だ法あり。此の中に我・有情などはなし」「衆縁に依託して速に謝滅す」「化事には必ず依託あり。木石塊などに依って所化事を作す」 Ⓢ adhipa: adhīna

②胎児の身体と心とが有機的関係にあり相互に影響しあうこと。安危同一・安危共同をいう。→安危同一 Ⓢ saṃmūrcchita

(出典) 此羯羅藍色、与心心所、安危共同、故名依託。由心心所依託力故、色不爛壊、色損益故、彼亦損益。是故説彼安危共同。(『瑜伽』1、大正30・283a)

依附 えふ ①あるところをよりどころとしてそこに存在すること。〈唯識〉は、種子(ものを生じる潜在的力)が所依(個人として存在する根本的よりどころ、すなわち阿頼耶識)のなかに存在するありようを「所依に依附する」(āśraya-saṃniviṣṭa)と表現する。また「所依に附在する」(āśraya-gata)、「所依に附属する」(āśraya-saṃniviṣṭa)とも表現する。→附在 →附属「所造色の種子は皆な悉く内の相続心に依附す」「所依に依附する随眠」「無始以来、本識に依附する有漏・無漏の種子」

Ⓢ saṃniviṣṭa

②あるものをよりどころ・頼りにすること。「愚癡者は悪友に依附す」 Ⓢ saṃśraya

依法 えほう ①自ら聴聞し思惟する教えによること。不依法の対。→不依法「受し思するところの法の相に随って、其の義に於て奢摩他・毘鉢舎那を得るを依法と名づく」

②正しいありよう。「仮偽や諂誑・陵蔑・妄言などの事を以って財宝を致さず、但だ如法の作業の伎能を以ってし、依法にして暴ならずして財宝を致す」

依名 えみょう 「名に依る」とよむ。名とはある対象(義)を指し示す名称をいい、名称を用いることを「名に依る」という。「名に依って言説が転ず」「名に依って義を了す」

依無事 えむじ 無事によること。煩悩が生じる場合、その対象が事物として実在しないこと。たとえば身体を見て、それを自己と考えて執着するような場合をいう。自己(我)という事物は実際には存在しないから無事すなわち「事無し」という。見道において断ぜられる煩悩は「無事に依る惑」といわれる。依有事の対。→依有事 Ⓢ avastuka

迴求 えぐ 功徳をめぐらしてさとりを求めること。迴向とおなじ。→迴向「妙浄の信心を以って無上正等菩提を迴求す」

Ⓢ pari-ṇam

迴向 えこう 布施や持戒などの善行を最高のさとり(無上正等菩提・無上菩提・大菩提)に向けてめぐらし、さとりを得ようと願うこと。「善根・精進・戒を無上正等菩提・大菩提に迴向す」「一切の布施を迴向と為して無上正等菩提を速証す」 Ⓢ nati: pariṇata: pari-**ṇam**: pariṇamana: pariṇamita: pariṇāmanā: pariṇāmita

(出典) 迴向者、謂、以一切施等諸行、願得阿耨多羅三藐三菩提果。(『瑜伽』75、大正30・712a)

迴向戒 えこうかい 六種の戒(迴向戒・広博戒・無罪歓喜処戒・恒常戒・堅固戒・尸羅荘厳具相応戒)の一つ。善行を大きなさとり(大菩提)に向けしめる戒め。

Ⓢ pariṇamitaṃ śīlam

(参考)(『瑜伽』42、大正30・522a)

迴趣 えしゅ めぐらしおもむくこと。「心を異境に迴趣せしむ」「二乗大菩提に迴趣す」

迴心 えしん 心をめぐらして小乗の位から大乗の位に入ること。迴心向大ともいう。「二乗の無学の迴心向大なる者」

迴心向大 えしんこうだい →迴心

迴転 えてん ①心が刺激を受けて働きはじめること。「作意とは心の迴転なり」

Ⓢ ābhoga

②回転する、動く、働くこと。「風輪が迴転す」「諸の静慮に於て善巧が迴転す」「心、速疾に迴転すること、譬喩し難し」 Ⓢ vāha: vyāvartana

恵 え めぐむ、施す、布施すること。「衆生に恵んで諸の饒益事を為す」

Ⓢ upasaṃhāra

恵捨 えしゃ めぐむ、施す、布施すること。布施・恵施とおなじ。「行ずるところの恵捨は但だ悲心に由る」「恵捨して福業を修す」 Ⓢ tyāga: **dā**

(出典) 云何恵捨。謂、若布施其性無罪、為荘厳心、為助伴心、為資瑜伽、為得上義、而修布施、是名恵捨。(『瑜伽』25、大正30・420c)

恵施 えせ めぐむ、施す、布施すること。「此の財物を用いて恵施を行ず」「恵施は能く自己の菩提の資糧と作る」 Ⓢ anupra-**yam**:

upasam-**hṛ**: tyāga: **dā**: dāna: pratipādana: saṃvibhāga

慧 ぇ ①存在のありようを深く観察するこころの総称。理に則した正しい観察と理に則さないまちがった観察とに分かれる。
Ⓢ prajñā: mati
②別境の心所のなかの慧。諸法（存在するもの）の徳失（よさとわるさ、利益と損失、善と悪）を簡択（正しく決定的に観察し分析してえらびとる）するこころ。→別境
Ⓢ prajñā
（出典）慧云何。謂、即於所観察事、随彼彼行、簡択諸法性、或由如理所引、或由不如理所引、或由非如理非不如理所引。（『瑜伽』3、大正 30・291c）：此中慧者、是智見明現観等名之差別、簡択法相心所有法、為其自性。（『瑜伽』82、大正 30・758a）：云何為慧。於所観境簡択為性、断疑為業。謂、観徳失倶非境中、由慧推求得決定故。（『成論』5、大正 31・28c）
③明と対比される慧。明（āloka）が修行によって後天的に身についた智慧であるのに対して、先天的な智慧を慧（prajñā）という。
Ⓢ prajñā
（出典）慧者、謂、倶生生得慧。明者、謂、由加行習、所成慧。（『瑜伽』83、大正 30・763a〜b）

慧蘊 ぇうん 智慧の集まり。無学（すべてを学び尽くし、もはや学ぶことがなくなった聖者）の存在を構成する五つの要素である五蘊（戒蘊・定蘊・慧蘊・解脱蘊・解脱知見蘊）の一つ。 Ⓢ prajñā-skandha

慧垣牆 ぇえんしょう 智慧をかきねに喩えて慧垣牆という。すべての存在を一つのなかに囲ってしる智慧。 Ⓢ prajñā-prākāra
（出典）慧垣牆者、遍於一切、一門転故。（『瑜伽』83、大正 30・761b）

慧階陛 ぇかいへい 智慧を階段に喩えて慧階陛という。さとりに至る途中の段階の智慧。
（出典）慧階陛者、加行道故。（『瑜伽』83、大正 30・761b）

慧解脱 ぇげだつ ①二解脱（慧解脱と心解脱）のなかの一つ。無明を滅することによって得られる解脱。これに対して心解脱は、貪愛を滅して得られる解脱。
Ⓢ prajñā-vimukti
（出典）無学解脱、復有二種。一者心解脱、謂、離貪故。二者慧解脱、謂、離無明故。（『婆沙』28、大正 27・147a）：永離無明、於現法中、証慧解脱。（中略）貪愛永滅、於現法中、証心解脱。（『瑜伽』9、大正 30・321c）
②二解脱（慧解脱と倶分解脱）のなかの一つ。すでに煩悩障から解脱しているが、いまだ八解脱を身を以って証することなく、定障（解脱障）から抜け出ていない解脱をいう。そのような解脱を有する人を慧解脱補特伽羅という。→解脱障 →定障 →八解脱
（出典）云何慧解脱補特伽羅。謂、有補特伽羅、已能証得諸漏永尽、於八解脱未能身証、具足安住、是名慧解脱補特伽羅。（『瑜伽』26、大正 30・425b）
（参考）（『瑜伽』14、大正 30・354a）

慧解脱補特伽羅 ぇげだつふとがら →慧解脱②

慧剣 ぇけん 智慧が煩悩を断じることを剣に喩えて慧剣という。「慧剣と及び慧刀とは能く一切の結を永断す」 Ⓢ prajñā-asi

慧眼 ぇげん 物質（色）でも、非物質（非色）でも、すべての存在を見ることができる眼。三種の眼（肉眼・天眼・慧眼）、あるいは五種の眼（肉眼・天眼・慧眼・法眼・仏眼）の一つ。 Ⓢ prajñā-cakṣus
（出典）建立三眼。（中略）三者慧眼、照一切種若色非色所有諸法。（『瑜伽』14、大正 30・349c）

慧炬 ぇこ 智慧をたいまつの火に喩えて慧炬という。説法を時に応じて適宜行なう智慧。 Ⓢ prajñā-ulkā
（出典）言慧炬者、謂、於法教、随量随時、能随転故。（『瑜伽』83、大正 30・761b）

慧光 ぇこう 智慧を光に喩えて慧光という。三慧のうちの聞所成慧と思所成慧をいう。「菩薩の慧光は一切の有情の煩悩を息滅す」 Ⓢ prajñā-ābhā
（出典）言慧光者、謂、即加行聞思成慧。（『瑜伽』83、大正 30・761b）

慧根 ぇこん ①慧という根。智慧という力。さとりに至る修行を押し進める重要な五つのこころの力である五根（信根・精進根・念根・定根・慧根）の一つ。→慧② →五根② Ⓢ prajñā-indriya
②他者のさとりを知ることを力として獲得さ

れる智慧。 Ⓢ prajñā-indriya
(出典) 慧根者、謂、於他所証、能遍了知増上力故諸所有慧。(『瑜伽』83、大正30・761b)

慧財 えざい 智慧はすべての財宝のなかで最高のものであり、一切の世間における財宝の根本であるから、智慧を財宝に喩えて慧財という。 Ⓢ prajñā-dhana
(出典) 言慧財者、謂、能招引一切自在最勝富貴、随獲自心、自在転故。又此慧宝、於一切財、最為殊勝、能為一切世間珍財根本因故。(『瑜伽』83、大正30・761b)

慧照 えしょう 智慧をろうそくの火に喩えて慧照という。種々の存在を善く知るが、いまだ身をもって証していない智慧をいう。
(出典) 慧照者、謂、於彼彼所有諸法、以其妙慧、能善了知、雖善了知、猶随他転而未身証。(『瑜伽』83、大正30・761b)

慧杖 えじょう 智慧をつえに喩えて慧杖という。煩悩という悪魔と天の悪魔から身を護る智慧。
(出典) 言慧杖者、謂、能遠防一切煩悩天悪魔故。(『瑜伽』83、大正30・761b)

慧刀 えとう 智慧が煩悩を断じることを刀に喩えて慧刀という。「慧剣と及び慧刀とは能く一切の結を永断す」 Ⓢ prajñā-śastra

慧灯 えとう 智慧を灯火に喩えて慧灯という。如来によって説かれた甚深な経典を明らかに説き示す智慧をいう。
Ⓢ prajñā-pradīpa
(出典) 言慧灯者、謂、於如来所説経典甚深建立等、開示故。(『瑜伽』83、大正30・761b)

慧堂殿 えどうでん 智慧を階段を登りつめたところにある本殿に喩えて慧堂殿という。修行を完成した仏陀の智慧。
(出典) 慧堂殿者、到究竟故。(『瑜伽』83、大正30・761b)

慧波羅蜜多 えはらみた 慧にもとづく波羅蜜多。般若波羅蜜多ともいう。六波羅蜜多の一つ。波羅蜜多とは自己と他者とを迷いの此岸からさとりの彼岸に渡す実践行。→慧 →波羅蜜多 →六波羅蜜多
Ⓢ prajñā-pāramitā
(出典) 今於此中、能取勝義、無分別転、清浄妙慧、当知名慧波羅蜜多。能取世俗、有分別転、清浄妙智、当知名智波羅蜜多。(『瑜伽』49、大正30・565c)
(参考) (『瑜伽』43、大正30・528b以下)

慧轡 えひ 智慧をくつわに喩えて慧轡という。放縦に働くこころの馬を手綱をとって善行を行なわしめる智慧をいう。
(出典) 言慧轡者、縦意根馬、於善行地、而馳驟故。(『瑜伽』83、大正30・761b)

慧宝 えほう 智慧を清らかな光りを放つ末尼や琉璃の宝に喩えて慧宝という。
Ⓢ prajñā-ratna
(出典) 言慧宝者、於諸根中、慧最勝故、如末尼珠、顕発輪王毘琉瑠宝、令光浄故、与彼相応、故名慧宝。(『瑜伽』83、大正30・761b)

慧命 えみょう 智慧といういのち。「諸の命根中、慧命は最勝なり」「有情は諸煩悩を起こして慧命を傷失して悪趣に堕つ」
Ⓢ prajñā-jīva

慧命根 えみょうこん いのちを支える力としての智慧。「聖なる慧命根を生長せしむ」
Ⓢ prajñā-jīva-indriya

慧命者 えみょうしゃ 智慧をいのちとして生きる人。「外の有欲者は欲塵を受用し、聖なる慧命者は正法を受用す」 Ⓢ prajñā-jīvin

慧明 えみょう ①智慧を光明に喩えて慧明という。修行によって身につけた後天的な智慧をいう。 Ⓢ prajñā-āloka
(出典) 言慧明者、謂、他所引、則他所引善加行慧。(『瑜伽』83、大正30・761b)
②慧と明。慧(prajñā)は先天的な智慧。明(āloka)は修行によって身につけた後天的な智慧。
(出典) 慧者、謂、倶生生得慧。明者、謂、由加行習、所成慧。(『瑜伽』83、大正30・763a～b)

慧無闇 えむあん 智慧を闇のない状態に喩えて慧無闇という。種々の存在を善く知り、かつ身をもって証している智慧。
Ⓢ prajñā-anandhakāra
(出典) 慧無闇者、謂、身作証。(『瑜伽』83、大正30・761b)

慧曜 えよう 智慧をかがやき(曜)に喩えて慧曜という。三慧のなかの修所成慧。
Ⓢ prajñā-dyuti
(出典) 言慧曜者、謂、修所成慧。(『瑜伽』83、大正30・761b)

慧力 えりき ①智慧の力。五力(信力・

精進力・念力・定力・慧力）の一つ。「但だ慧力に由って煩悩障を解脱するを慧解脱と名づく」 Ⓢ prajñā-bala
②智慧を力に喩えて慧力という。自己の前後のさとりの違いを知ることを力として、教えと道理とにもとづいて退くことなく修行をつづける智慧をいう。 Ⓢ prajñā-bala
（出典）言慧力者、謂、於自先後差別所証、能遍了知増上力故、由法道理、無退屈慧。（『瑜伽』83、大正30・761b）

壊 え ①こわれること。こわれ変化すること。腐ること。「壊法が壊する時の苦」 Ⓢ naśana: naṣṭa: nāśa: nāśana: parikṣīṇa: pūtī-**bhū**: prakṣīṇa: praṇāśa: prabhinna: bheda: vipariṇāma: vi-**lup**: vivarta: saṃvarta: saṃvartanī: sam-**vṛt**
②他のものに変化すること。「若しくは変、若しくは壊によって生ずる苦」 Ⓢ anyathī-bhāva
③なくす、消滅させる、破壊する、失うこと。「世間の貧窮を壊す」「仏菩薩は他の為に広く分別して説き、増上慢を壊す」「親愛を壊す」「正法を壊す」
Ⓢ **naś**: nāśa: paribhraṃśa: pralopa: bhraṃśa: vipatti: vipanna: vipādana: vipraṇāśa: **bhid**: bheda: vi-**naś**
④衰退している、劣っている、まちがっている、朽ちていること。「壊なる色」「壊なる族」「壊なる文」「壊なる見」
Ⓢ bhraṃśa: vipatti
⑤（種類）（ⅰ）趣壊・界壊、有情壊・外器壊の二種の壊（saṃvartanī）。（『倶舎』12、大正29・62c）。（ⅱ）戒壊・見壊・軌則壊・正命壊の四種の壊（vipatti）。（『瑜伽』69、大正30・680b）。

壊戒 えかい まちがった戒。「菩薩は彼れをして壊戒・壊見・壊軌・壊命の不善法の処より出だしめんと欲す」
Ⓢ śīla-bhraṃśa: śīla-vipatti

壊軌 えき まちがった規則。規則をやぶること。詳しくは壊軌則という。「菩薩は彼れをして壊戒・壊見・壊軌・壊命の不善法の処より出だしめんと欲す」
Ⓢ vidhi-bhraṣṭa: vidhi-vipatti

壊軌則 えきそく →壊軌

壊苦 えく 三種の苦（苦苦・行苦・壊苦）の一つ。楽な感受作用（楽受）や好ましくころにかなったものが変化して消滅するときに感じる苦しみ。壊苦性ともいう。
Ⓢ vipariṇāma-duḥkhatā

壊苦性 えくしょう →壊苦

壊見 えけん まちがった見解。邪見。「菩薩は彼れをして壊戒・壊見・壊軌・壊命の不善法の処より出だしめんと欲す」 Ⓢ dṛṣṭi-vipatti

壊劫 えこう 四劫（成劫・住劫・壊劫・空劫）の一つ。自然界（器世間）が壊れていく期間。火災と水災と風災の三種の災によって壊れる。→四劫 Ⓢ saṃvarta-kalpa
（参考）（『倶舎』12、大正29・63a）

壊劫過去 えこうかこ 五種の過去（刹那過去・死没過去・壊劫過去・退失過去・尽滅過去）の一つ。火などの災害によって自然界（器世間）が壊れてなくなること。
（出典）有法、壊劫過去、謂、器世間所摂、由火等災之所敗壊。（『瑜伽』66、大正30・667b）

壊散 えさん ①吹き散らすこと。「風界能く壊散することあり」 Ⓢ vikiraṇa
②捨てること。「壊散とは境を取り已って、尋た、復た、棄捨するを謂う」

壊色 えじき ①醜い容姿。「諸の菩薩は善友より法を聴聞せんと欲する時、説法師の壊色に於て異意を作さず。謂く、此れは是れ醜陋なれば、我は今、彼れより法を聴くべからずという心を作さず」 Ⓢ rūpa-bhraṃśa
②壊色衣の略称。→壊色衣 Ⓢ vivarṇa

壊色衣 えじきえ 色あせたころも。色の混じった衣服。教団で僧侶が着ることを許される衣服。「改変した壊色衣を受持す」「鬚髪を剃除し、俗の形好を捨て、壊色衣を著る」
Ⓢ vivarṇa-vastra

壊想 えそう 本当の想いをかくすこと。覆想ともいう。→覆想「壊想の故に妄語を説く」 Ⓢ saṃjñā-vinidhyāya

壊族 えぞく 劣った賎しい家柄。「諸の菩薩は善友より法を聴聞せんと欲する時、説法師の壊族に於て異意を作さず。謂く、此れは是れ卑姓なれば、我は今、彼れより法を聴くべからずという心を作さず」
Ⓢ kula-bhraṃśa: nīca-kula

壊対治 えたいじ 厭患対治・厭壊対治とおなじ。→厭患対治

壊断 えだん 断ち切ること。「善根を壊断

す」 Ⓢ bhedana

壊道沙門 えどうしゃもん 汚道沙門ともいう。四種の沙門（勝道沙門・説道沙門・活道沙門・壊道沙門）の一つ。他人の物を盗むなどの重罪を犯して修行の道を破壊する修行者。この沙門を苾芻と称することができるかどうかが問題とされている（『倶舎』15、大正 29・79c 参照）。→四沙門② Ⓢ mārga-dūṣī-śramaṇa

（出典）汚道沙門者、謂、莫喝落迦苾芻、憙盗他財物等是。（『婆沙』66、大正 27・342a）：諸行邪行者、名壊道沙門。（『瑜伽』29、大正 30・446c）

壊命 えみょう まちがった生活。「菩薩は彼れをして壊戒・壊見・壊軌・壊命の不善法の処より出でしめんと欲す」 Ⓢ jīva-vipatti

壊滅 えめつ ①生じてすぐに滅すること。→壊滅無常「生じ已って壊滅する分位に無常を建立す」 Ⓢ vināśa

②滅してなくなること。現象的存在（有為）の四つのありよう（生・住・衰異・壊滅）の一つ。 Ⓢ naṣṭa

壊滅無常 えめつむじょう 現象的存在（行・有為）が生じてすぐに滅するという無常。滅壊無常ともいう。三種の無常（壊滅無常・転変無常・別離無常）、あるいは六種の無常（壊滅無常・生起無常・変易無常・散壊無常・当有無常・現堕無常）の一つ。

Ⓢ vināśa-anitya

（出典）一切行生已尋滅、名壊滅無常。（『瑜伽』52、大正 30・586c）

（参考）（『瑜伽』56、大正 30・607b）

壊文 えもん つたなく、下手な文句。「諸の菩薩は善友より法を聴聞せんと欲する時、説法師の壊文に於て異意を作さず。謂く、此れ言詞に於て善藻飾ならず、我は今、彼れより法を聴くべからずという心を作さず」

Ⓢ vyañjana-bhraṃśa

懐 え ①（思いや煩悩を）こころに抱くこと。「内に親愛を懐いて損悩心なし」「心に忿怒を懐く」 Ⓢ antar-bhāva: **vah**

②ふところ。「四大王衆天は父母の肩上に、或いは懐の中に化出す」 Ⓢ utsaṅga

穢 え ①けがれ。けがれたもの。「草葉などの穢を能く除く」

Ⓢ amedhya: aśuci: āvila: kaṣāya

②糞尿。排泄物。→便穢② Ⓢ purīṣa

穢悪 えお けがれてきたないさま。「汝の身は穢悪の不浄で充満せり」「穢悪の業」「穢悪の人」

穢器 えき けがれた容器。「穢器の中に諸の珍宝を盛るが如し」

穢劫 えこう 人心がけがれた時代。「末劫・諍劫・穢劫、正に現前する時、有情は修学を楽わず」

穢業 えごう ①けがれた業。悪業。過失ある行為。 Ⓢ doṣa-karman

（出典）猛利貪瞋所起諸業、皆名穢業。（『瑜伽』90、大正 30・808c）

②三業（曲業・穢業・濁業）の一つ。→三業⑬ Ⓢ doṣa-karman

穢色 えじき 死骸などのけがれたもの。「卵生は命終し已って尸骸あるべし。云何が諸天は穢色を見るや」

穢濁 えじょく けがれ。けがれていること。にごすこと。→五濁「有情世間に穢濁ありて濁世が増す」「浄水を穢濁す」

Ⓢ kaṣāya

穢水 えすい にごった水。「身体を穢水で澡浴すれば、更に垢穢を増す」

穢草 えそう 雑草。きたない草。「田地を修治して穢草を除去す」 Ⓢ kakva

穢土 えど さまざまな汚物に満ちた国土。自然は泥土・瓦礫・荊棘、あるいは糞や悪臭で充満し、人びとは常に苦しむ国土。雑穢土ともいう。浄土の対。→浄土

（出典）穢土者、穢者雑穢也。謂、瓦礫・荊棘・便痢・臭穢等法、雑穢故也。（『百法問答抄』、日大経・法相宗章疏 2・697b）

穢欲 えよく けがれた欲望。「穢欲に於て邪行す」 Ⓢ kāma

永（えい）→よう

英叡 えいえい 英知があること。「内法に住する在家の英叡」

英傑 えいけつ 才知にすぐれた人。「諸の国王にして内宮・王子・群臣・英傑・豪貴・国人と共に恵施を修し、福を樹て、斎を受け、堅く禁戒を持すれば、是の王を名づけて功徳円満と為す」

英俊 えいしゅん すぐれさとい人。「無畏とは、大衆に処して無量の僻執・英俊・結謀に囲繞されると雖も、発するところの言詞は坦然として無畏なるを謂う」 Ⓢ vidvat

英勇 えいゆう 英知があり勇敢であるこ

と。「王は英勇を具足す」

映 えい あるものより勝れている、卓越していること。映奪・映障とおなじ。「家族姓などが衆人に映ずるが故に、是れ、人中の最上なり」 Ⓢ abhibhava

映障 えいしょう →映奪障

映奪 えいだつ あるものより力や量などにおいて勝れていることによってそれをおおいかくすこと。→映奪障「月光が衆星を映奪す」 Ⓢ abhibhava: abhibhavanīya

映奪障 えいだつしょう 四種の障（覆蔽障・隠没障・映奪障・幻惑障）の一つ。あるものより力や量などにおいて勝れていることによってそれをおおいかくすという障害。たとえば太陽の光が月を、月の光が星々をおおいかくしてしまうことをいう。映障ともいう。

Ⓢ abhibhavanīya-āvaraṇa

（出典）四種障、謂、覆蔽障・隠没障・映奪障・幻惑障。(『瑜伽』3、大正 30・291a)

（参考）(『瑜伽』15、大正 30・357a～b)

映蔽 えいへい ①暗くおおうこと。「惛沈・睡眠が心を映蔽す」

Ⓢ abhibhava: abhibhūta

②あるものより勝れている、卓越していること。「菩薩の智慧は一切の声聞・独覚を映蔽す」 Ⓢ abhibhava

栄 えい 栄利とおなじ。→栄利

栄盛 えいじょう 繁栄・隆盛。「寿命・色力・楽辯才などの自円満を獲得して、大なる栄盛を得る」

栄利 えいり 繁栄・幸運・成功。「他の栄利を憎嫉す」「他の栄を憙ばざるを嫉と為す」

Ⓢ saṃpatti

盈 えい みちる、一杯になること。「悲恋し、涕涙、目に盈る」

盈満 えいまん みちる、あふれること。「四大海の水悉く盈満す」「福力に随って飲食自然に盈満す」 Ⓢ ācaya: pūrṇa

営為 えいい いとなむこと。仕事として行なうこと。「常に楽って多事・多行を営為す」 Ⓢ praṇayana

営構 えいこう つとめはげむ、精勤すること。「功を加えて営構す」 Ⓢ anuyukta: vini-yuj

営事 えいじ いとなむ、従事すること。「良田に依止して農業に営事す」

営助 えいじょ 援助する、共に行なうこと。「更相に営助す」

Ⓢ vyā-**pṛ**: sahāya-kriyā

営造工業 えいぞうくごう 建物を造る工業。建築業。十二種の工業の一つ。→工業

営農 えいのう 農業。行船（船の仕事）・商賈（あきない）などと並んで世俗的営みの一つにあげられる。農・農作ともいう。

Ⓢ kṛṣi

営農工業 えいのうくごう 農業という営み。十二種の工業の一つ。→工業

（参考）(『瑜伽』15、大正 30・361b)

営理 えいり 治めること。「国事を営理す」

影（えい）→よう

瑩飾 えいしょく ①化粧する、着飾ること。「身を瑩飾す」

②装飾すること。「荘厳具を作るに、末尼宝をもって瑩飾す」 Ⓢ mṛṣṭa

瑩磨 えいま →磨瑩

鋭利 えいり するどいこと。「鋭利な刀剣」 Ⓢ tīkṣṇa

瞖瞙 えいまく 目がかすんでいるさま。無色界の愛の喩え。

（出典）無色愛、於所知境、令迷惑故。説為瞖瞙。(『瑜伽』95、大正 30・843a)

瞖目 えいもく 視力がかすむ病気をもった目。「瞖目が散髪を視る」 Ⓢ taimirika

瞖泥耶蹲 えいねいやせん 翳泥耶蹲相とおなじ。→翳泥耶蹲相

衛世 えいせ vaiśeṣika の音写。詳しくは衛世師と音写。勝論と意訳する。外道の一つであるヴァイシェーシカ学派のこと。→勝論①　Ⓢ vaiśeṣika

嬰孩 えいがい 幼児。いまだ歩くことも遊ぶこともできない乳児。出生した以後の人の一生の五段階（嬰孩・童子・少年・中年・老年）の最初期。 Ⓢ dahra: bāla

（参考）(『倶舎』15、大正 29・82a)：(『瑜伽』2、大正 30・289a)

嬰児 えいじ 幼児。「嬰児の慧」「女人、妙に産法に通じて善く嬰児を養う」

Ⓢ kumāra: kumāraka: dahra

嬰稚 えいち 幼児。幼い子供。「生じ已って嬰稚の位に処して疾病の苦多し」 Ⓢ bāla

翳 えい ①視力がくもる眼病。「被翳の眼」 Ⓢ timira: taimirika

②無明などのこころのかげり。「諸の智の光

明が能く内の翳を害す」
③おおい。かげり。「雲霧などの翳」「月が雲の翳を出ず」
翳迦 えいか 数字の一を意味する eka の音写。 Ⓢ eka
(出典) 此云心一境性、質多云心、翳迦云一、阿羯羅云境、多云性。(『了義』5 本、大正 43・753b)
翳泥耶䏶相 えいねいやせんそう 毉泥耶䏶相ともいう。翳泥耶・毉泥耶は eṇeya の音写。三十二大丈夫相(偉大な人間に具わる三十二種の身体的特徴)の一つ。仏の脛がアイネーヤ鹿王の脛の如く、細くて円いさまをいう。 Ⓢ eṇeya-jaṅgha
(出典) 翳泥耶䏶相、謂、仏䏶脛円直、漸下牖細、如翳泥耶鹿王。(『婆沙』177、大正 27・888a～b)
翳法無明 えいほうむみょう 三種の無明(闇法無明・昧法無明・翳法無明)の一つ。無色界にある無明。
(参考)(『瑜伽』60、大正 30・637c)
癭鬼 えいき 原語 gala-gaṇḍa の gala は喉、gaṇḍa は腫瘍。癭は首のこぶ。喉にこぶのある鬼を癭鬼という。 Ⓢ gala-gaṇḍa
黳羅葉龍王 えいらようりゅうおう 八大龍王の一つ。→八大龍王 Ⓢ ela-patra-nāga
(参考)(『瑜伽』2、大正 30・287a)
疫 えき 病気。「仏の神力の故に無量の衆生に疾なく疫なし」 Ⓢ upadrava: upasarga
疫気 えきき 病気。「人寿が二十歳の時、多く疫気・障癘・災横・熱悩ありて相続して生ず」 Ⓢ īti
疫病 えきびょう 病気。「疫病の中劫に衆多の疫病あり」 Ⓢ roga
疫病中劫 えきびょうちゅうごう 疾疫中劫とおなじ。→疾疫中劫
疫厲 えきれい 疫癘とも書く。病気。「或いは非人の所作なる疫厲あり、或いは人の所作なる災害あり」「疫癘・災横・愁悩の種種の魔事を解脱す」
疫癘 えきれい 疫厲とおなじ。→疫厲
益 (えき) →やく
腋 えき わき。「天子に両腋より汗流れる大衰相が現ずることあり」 Ⓢ kakṣa: kakṣā
悦 えつ よろこび。よろこぶこと。心地よいこと。「心、悦び、心、喜ぶ」「施の後に意、悦ぶ」「身の悦を楽と名づけ、心の悦を喜と名づく」「文句美滑なるが故に耳を悦ばす」 Ⓢ śāta: sukha: hṛṣṭa
悦意 えつい こころをよろこばせる、楽しませること。こころに適うこと。「悦意の財物に耽著す」「種種の悦意の飲食を受く」「悦意にして和雅なる梵音」
Ⓢ manāpa: manas-rama: sāṃpreya
悦潤 えつじゅん よろこびでみたすこと。「可欣の法に住して、其の心を悦潤す」
Ⓢ abhipra-**mud**
悦予 えつよ よろこぶこと。「母、婬貪を起こして身心悦予す」「憍は心を悦予せしむるを体と為す」「正しく王に事えて王を悦予せしむ」「諸の段食呑咽する時、諸根を悦予せしむ」 Ⓢ toṣayatā
悦楽 えつらく よろこび楽しむこと。「軽安が満じ已って身心が悦楽す」
越 (えつ) →おつ
円 えん ①円い形。眼の対象の一つ。→色境 Ⓢ parimaṇḍala: maṇḍala: vṛtta
②完成・成就・円満。「仏の徳の円なるを讃ず」 Ⓢ saṃpad
円光 えんこう 仏の身体から発する円い光りの輪。「如来は三十二相・八十随好を具し、身金色にして円光一尋たり」
円寂 えんじゃく 煩悩を滅した完全な寂静。涅槃のこと。原語 parinirvāṇa は波利暱縛喃と音写される。 Ⓢ parinirvāṇa
(出典) 言解脱者、体即円寂。西域梵音云波利暱縛喃。波利者円也。暱縛喃言寂。即是円満、体寂滅義。(『述記』1 本、大正 43・235c)
円生樹 えんしょうじゅ スメール山の頂にある喜見城の城外の東北にある樹。もともとは天にある神話的な樹の名。 Ⓢ pārijāta
(参考)(『倶舎』11、大正 29・60a)
円証 えんしょう 完全にさとること。完全に成就すること。「無上正等菩提を円証す」「一一の刹那に一切の菩提分法を円証す」
Ⓢ samudāgama
円証大性 えんしょうだいしょう 大乗が大乗といわれる理由の七つの偉大性の一つ。→七大性
円上 えんじょう 言葉が優雅であること。「菩薩の説く化語は円上なり」 Ⓢ paura
円成 えんじょう ①完成・成就すること。
Ⓢ niṣpanna

②円成実性の略。→円成実性「円成と依他と所執」

円成実　えんじょうじつ　①実在すること。「内外は名のみにして円成実に非ず」
Ⓢ pariniṣpanna
②→円成実性

円成実自性　えんじょうじつじしょう　→円成実性

円成実性　えんじょうじっしょう　円成実自性ともいう。円成実と略称。三つの存在のありよう、すなわち、三性（遍計所執性・依他起性・円成実性）の一つ。あらゆる存在の真実の本性として変化することなく常に存在しつづける究極の真理をいう。実体としてあると考えられた自己と物とへの執着が心のなかからなくなったときに顕れてくる心の真実のありよう、すなわち真如のこと。原語pariniṣpannaの原意である「完成された」ということからみれば、修行によって完全に清浄に成った心をいう。三性の存在性については、遍計所執性が都無、依他起性が仮有といわれるのに対して、円成実性の存在性は実有といわれる。漢訳された円成実に対して、円は円満、成は成就、実は真実であるとさらに詳しく分析される。性・自性にあたるsvabhāvaをlakṣaṇaとおきかえてpariniṣpanna-lakṣaṇaといい、円成実相ともいう。→真如　→三性②
Ⓢ pariniṣpanna-svabhāva
（出典）云何諸法円成実相。謂、一切法平等真如。於此真如、諸菩薩衆勇猛精進、為因縁故、如理作意、無倒思惟、為因縁故、乃能通達。於此通達、漸漸修集、乃至無上正等菩提、方証円満。（『解深』2、大正16・693a）：二空所顕、円満・成就・諸法実性、名円成実。（『成論』8、大正31・46b）：依他起上、彼所妄執我法倶空、此空所顕識等真性、名円成実。（『成論』8、大正31・46c）

円成実相　えんじょうじっそう　→円成実性

円徳　えんとく　卓越したすばらしさ。偉大性。如来には因円徳・果円徳・恩円徳の三種がある。→各項参照
Ⓢ guṇa-saṃpad: māhātmya: saṃpad
（参考）（『倶舎』27、大正29・141b〜c）

円備　えんび　完全に備えていること。大師円備・聖教円備・三聖教易入円備・証得自義無上円備・一切如理無間宣説円備・有聖言将円備の六種の円備が説かれる（『瑜伽』94、大正30・836a）。

円満　えんまん　①母胎内で八か月の期間、育って生まれた新生児。「胎の中で唯だ八月を経て出生せるを円満と名づけるが、極円満にあらず」Ⓢ saṃpūrṇa
（参考）（『瑜伽』2、大正30・284c）
②月が満ちること。満月となること。「月輪は如如に漸く側てば、是の如く是の如く漸く円満を現ず」Ⓢ saṃpūrṇa
③円形。四大洲の一つである瞿陀尼洲の形に喩えられる。「瞿陀尼洲の其の形は円満なり」
Ⓢ parimaṇḍala
④具えていること。「語具の円満」「威儀の円満」Ⓢ upeta
⑤完成する、成就する、完全にととのうこと。「諸根が円満す」「智の資糧を円満す」「無上正等菩提を円満す」
Ⓢ paripuṣṭi: paripūraṇa: paripūri: paripūrṇa: pari-**pṛ**: pūraṇa: samāpti: samṛddhi: saṃpatti: saṃpad: saṃpanna: saṃpūrṇa
（参考）次のような種類の円満が説かれる。（ⅰ）四種。如来が達する最高の完成状態として戒円満・見円満・軌則円満・浄命円満の四種（『瑜伽』38、大正30・499a）。（ⅱ）五種。（ⅰ）の四種の円満に遠離展転闘諍円満を加えて、これら五つの事柄における完成を修行僧は学ぶべきであると説かれる（『瑜伽』100、大正30・877a）。→各項参照
Ⓢ saṃpatti

円満業　えんまんごう　二種の業（招引業・円満業）の一つ。ある結果（果）を生じる行為（業）のなか、総体的に果を生じる業を招引業といい、生じた果をさらに内容づける業を円満業という。満業とおなじ。→満業
（出典）善不善業、於善趣悪趣中、感生異熟時、有招引業円満業。招引業者、謂、由此業、能感異熟果。円満業者、謂、由此業生已、領受愛不愛果。（『集論』4、大正31・679b）

円満最勝　えんまんさいしょう　戒円満・見円満・軌則円満・浄命円満の四種の円満をすべて成就しているという如来のすぐれたありようをいう。七種の最勝の一つ。→最勝
Ⓢ saṃpatti-paramatā
（参考）（『瑜伽』38、大正30・499a）

延寿法　えんじゅほう　阿羅漢が禅定力と誓

願力とによって寿命を延ばすこと。留多寿行のこと。→留多寿行

延請 えんじょう 願い事をすること。請願すること。「他来りて延請す」

延促 えんそく のばすこと。延長すること。「寿行に於て延促自在なり」「地界を延促す」

炎 えん ①ほのお。「第三静慮は動息を内災と為す。息は亦た、是れ、風にして、外の風と炎とに等しきが故に」 Ⓢ tapta
②かげろう。陽炎のこと。→陽炎「依他起自性は、譬えば幻・炎・夢像・光影・谷響・水月・変化の如し」 Ⓢ marīci: marīcika

炎熾 えんし ①太陽が燃えさかるさま。「烈日炎熾す」 Ⓢ kiraṇa
②火が激しく燃えさかるさま。「木などが炎熾す」 Ⓢ dīpta-agni: pradīpta

炎熱地獄 えんねつじごく 火炎が身を焼き苦しめる地獄。熱地獄・焼熱那落迦ともいう。八大地獄の一つ。 Ⓢ tāpana-naraka
（出典）火随身転、炎熾周囲、熱苦難任、故名炎熱。（『倶舎論疏』8、大正 41・584b）

苑（えん）→おん

垣牆 えんしょう かき。囲い。慧や欲愛の喩えに用いる。「慧の垣牆、能く悪法を障う」「欲愛繋縛の垣牆に処す」 Ⓢ prākāra

垣城 えんじょう かき。囲い。「牆壁・垣城などの障隔事」 Ⓢ prākāra

宴坐 えんざ ヨーガ（瑜伽）の修行を構成する二つの要素（経行と宴坐）の一つ。禅定を修して坐ること。「初夜分に於て経行と宴坐の二種の威儀は、其の心を浄修す」
Ⓢ niṣadyā
（出典）言宴坐者、謂、如有一、或於大床、或小縄床、或草葉座、結跏趺坐、端身正願、安住背念。（『瑜伽』24、大正 30・411c）

宴黙 えんもく ①心を内に止めて黙然として禅定を修すること。 Ⓢ pratisaṃlayana
②なにも語らず黙って坐っていること。他者と言い争うときなどにとる態度。
（参考）（『瑜伽』97、大正 30・855c）
③阿羅漢が煩悩を断じ尽くして未来世において再び生まれてこない状態。
（参考）（『瑜伽』91、大正 30・818c）

烟 えん けむり。煙とおなじ。視覚（眼識）の対象（色）の一つ。太陽や月を覆って見えなくするものの一つ。→煙 →色境「烟を見る故に火あると比知す」「愛は烟の如し」 Ⓢ dhūma
（出典）烟者、如林野中焚焼草木、率爾烟起、遍覆虚空、障日月輪、倶令不現。（『婆沙』27、大正 27・141a）

烟焔 えんえん けむりとほのお。「染汚心は烟焔の如く聖果を障礙す」

烟幢 えんどう 火の別名。
（参考）（『婆沙』72、大正 27・371a）

偃臥 えんが 横になってやすむこと。「睡眠を執取して楽の為に偃臥す」 Ⓢ śayana

偃塞 えんそく 流れをせきとめること。「無漏の慧は三種の流を能く偃塞す」

淹久 えんく 時が久しく過ぎること。「満地中に住して時、既に淹久す」

淹積 えんしゃく 時を経ること。「歳月を淹積す」

淹貯 えんちょ ひたすこと。とどまること。とどめためること。「淹貯の義、是れ漏の義なり」「有情の煩悩の器の中に業を淹貯す」

焔 えん ①ほのお。「阿頼耶識と雑染法とが互に因縁と為ること、炷と焔とが展転して焼くを生ずるが如し」 Ⓢ arcis: jvālā
②太陽や月や星や宝石などの輝き・光り。「日の焔を光と名づけ、月・星・火薬・宝珠・電などの諸の焔を明と名づく」
Ⓢ prabhā

焔慧地 えんえじ 菩薩の十地の第四地。最も勝れた菩提分法（それを実践する、あるいは身につけることによって菩提すなわちさとりに至ることができるもの）に住することによって煩悩という薪を焼く智慧の焔が増大する段階。
（出典）由彼所得菩提分法、焼諸煩悩智、如火焔、是故第四名焔慧地。（『解深』4、大正 16・704a）：焔慧地、安住最勝菩提分法、焼煩悩薪、慧焔増故。（『成論』9、大正 31・51a）

焔光 えんこう 太陽の光り。 Ⓢ ātapa

焔炷 えんしゅ 焔と炷。火と火を生じる本体。「焔炷同時に互に因と為る」

焔頂 えんちょう 火の別名。
（参考）（『婆沙』72、大正 27・371a）

焔摩 えんま yama の音写。琰魔とおなじ。→琰魔王 Ⓢ yama

堰 えん せきとめること。「江河を堰す」

「水源を堰す」 Ⓢ saṃnirodha

堰遏 えんあつ　過失を犯すことを防ぐこと。「犯戒の過を堰遏す」 Ⓢ vibandha

猨猴 えんこう　さる。心が回転し動揺するさまの喩えに用いる。「心は猶し猨猴の如し」「猨猴の騰躍し軽躁なるは皆な心の所為なり」

琰魔 えんま　yama の音写。焔摩とも音写する。→琰魔王

琰魔王 えんまおう　焔摩王・琰魔鬼王ともいう。琰魔の原語 yama を意訳して静息王ともいう。人間が住むところ（贍部洲）の地下深くにある鬼が住む鬼界の主。地獄の法王ともいわれる。悪業を為して地獄に堕ちた者を罰し、諭し、懺悔せしめて救済するから法王と名づける。 Ⓢ yama-rājan

（出典）諸鬼本処琰魔王国、於此贍部洲下、過五百踰繕那、有琰魔王国。（『倶舎』11、大正 29・59a）：地獄生中、静息王者、琰魔王也。（『略纂』1、大正 43・17b）

（参考）（『瑜伽』58、大正 30・621a）

琰魔鬼王 えんまきおう　→琰魔王

園（えん）→おん

煙 えん　けむり。眼の対象の一つ。→色境　Ⓢ dhūma

遠（えん）→おん

演説 えんぜつ　語る、説き示すこと。「正法を演説す」 Ⓢ kathā: deśanā

縁 えん　①ものを生じる原因。あるものの存立をもたらす原因。「眼と及び色とを縁と為して眼識生ず」「本質と鏡像との二つの縁の故に諸像生ず」「識と名色とは更互に縁と為る」

Ⓢ kāraṇa: nidāna: nimitta: pratyaya

②四縁の縁。現象的存在を生じる原因の総称。因縁・等無間縁・所縁縁・増上縁の四つ。これら四つですべての原因を包括する。→各項参照　→四縁　Ⓢ pratyaya

③因縁の縁。因に対する縁。原因のうちで、因が根本原因であるのに対して縁は補助原因をいう。②の四縁のなかで等無間縁・所縁縁・増上縁の三つが縁に、因縁が因にあたる。〈唯識〉は阿頼耶識のなかの種子が根本原因としての因であり、それ以外の原因はすべて縁であると説く。

（出典）云何知因。謂、了知此種子相続。云何知縁。謂、了知此種所不摂所依助伴。（『瑜伽』11、大正 30・331a）

④動名詞 pratītya の訳。「～に縁って（よって）」という意味。縁起（pratītya-samutpāda）の縁がこの意味での縁である。「薪に縁って火が生ず」「行は無明に縁って起こる」

⑤ある対象を認識する認識作用の総称。「念の心は一切の境を縁ず」「出息・入息を縁じて境と為す」「真如を縁じて境と為す」「心を以って心を縁ず」 Ⓢ ālambana: ālambanī-**kṛ**

⑥集聖諦の四つのありよう（因・集・生・縁の四行相）の一つ。完成し成就するというありよう、あるいはよりどころとなるというありよう、あるいは未来世に相続する自己へ執着してその相続する時への欲を起こすことが苦を生じることにおいて最も直接的な近い補助原因であるというありようをいう。この縁という行相を修するのは、大自在天などの世界創造者は、先ず創造する対象を知ろうと欲してそれを知りおわってから、その対象を転変せしめるという外道の見解をなくすためである。 Ⓢ pratyaya

（参考）（『倶舎』26、大正 29・137a～b）

縁已生 えんいしょう　契経に説かれる縁起と縁已生という二つの概念のなかの一つ。これら二つに関する解釈に諸説があるなか、『倶舎論』は「無明からはじまり老死でおわる十二支縁起において、各支が因となって後の支を生じる点を縁起といい、その因を縁として後の支が果として生じる点を縁已生という」という解釈が契経の正意であるとする立場をとる。これは、因と果とを対比させて、因を縁起、果を縁已生と解釈する立場である。縁已生を縁生と略称する。両者に法をつけて縁起法、縁已生法ともいう。

Ⓢ pratītya-samutpanna

（出典）諸支因分、説名縁起。由此為縁、能起果故。諸支果分、説縁已生、由此皆従縁所生故。（『倶舎』9、大正 29・49c）

（参考）（『婆沙』23、大正 27・118a 以下）に縁起法と縁已生法とに関する諸説が詳説されている。

縁已生法 えんいしょうほう　→縁已生

縁依処 えんえしょ　縁という根拠。四種の縁が成立する根拠・よりどころ。「種子という縁依処に依って因縁を施設す」

Ⓢ pratyaya-adhiṣṭhāna

縁起 えんぎ　①縁って起こること。原因

によって生じるという理。詳しくは因縁生起といい、因（根本原因）と縁（補助原因）とによって生起することをいう。因果性によってすべての現象的存在が生じるという道理を表した語。この語は内容的には、次のようにさまざまに解釈される。
（ⅰ）さまざまな縁より生じ、生じた刹那に滅し、滅した刹那にまた生じるというありようをいう。刹那に生滅しつつ相続する存在性をいう。
（出典）数数謝滅、復相続起、故名縁起。此依数壊数滅義釈。（『瑜伽』10、大正30・324c）：因果相続不断義、是縁起義。（『瑜伽』9、大正30・322a）
（ⅱ）因と果とを対比させて、因を縁起といい、因より生じる果を縁生あるいは縁已生という。→縁已生。
（ⅲ）煩悩を縁として地獄・餓鬼・畜生・人・天の五つの世界に生起しつづけること。
（出典）依字釈名者、由煩悩繫縛為縁、諸趣数数生起、故名縁起。（『略纂』4、大正43・60a）。
（ⅳ）生きもの（有情）が過去・現在・未来の三世にわたって輪廻しつづけること。十二支縁起の縁起。種類としては次の四種が説かれる。⑴ 刹那縁起（kṣaṇika-）。一刹那に十二支のすべてが生じるとみる縁起観。⑵ 連縛縁起（saṃbandhika-）。十二支が相次いで連続して生じるとみる縁起観。⑶ 分位縁起（āvasthika-）。十二支すべてに通じて縁起する本体は五蘊であるが、それぞれの分位においてその五蘊の最も強いありようをもってそれぞれの支の名称とするとみる縁起観。⑷ 遠続縁起（prākarṣika-）。十二支はかならずしも順をおって生ずることはなく、また前後が時を隔てて相続するとみる縁起観。
Ⓢ pratītya-samutpāda
（参考）（『倶舎』9、大正29・48c）：（『倶舎論記』9、大正41・166a～b）。
②十二分教の一つ。→十二分教　Ⓢ nidāna

縁起観 えんぎかん　①事象を縁起の理に則して観察すること。→縁起①
②縁起を縁起義・縁起自相・縁起共相・諸縁起品・縁起時・縁起道理の六点から観察・思惟すること。
（参考）（『瑜伽』31、大正30・454a～c）

縁起逆次観察 えんぎぎゃくじかんさつ　十二支縁起において最後の老死から最初の無明まで逆にさかのぼって観察すること。縁起逆歴観察ともいう。略して逆観という。

縁起逆歴観察 えんぎぎゃくりゃくかんさつ　→縁起逆次観察

縁起支 えんぎし　十二支縁起の一つ一つの要素・部分。→十二支縁起

縁起次第 えんぎしだい　因と果とが連続して生起する現象を因から果へとみるか、逆に果から因にさかのぼってみるかという縁起を観察する次第をいう。因から果へと次第するのを順次第、果から因へと次第するのを逆次第という。Ⓢ pratītya-samutpāda-krama

縁起順逆 えんぎじゅんぎゃく　→縁起次第
（参考）（『雑集論』4、大正31・713a）

縁起甚深 えんぎじんじん　縁起が深遠で妙玄な道理であること。
Ⓢ gaṃbhīraḥ pratītya-samutpādaḥ
（参考）（『瑜伽』10、大正30・327c）

縁起善巧 えんぎぜんぎょう　縁起に精通していること。縁起の理について善く理解していること。五種・六種あるいは十種の善巧の一つ。→縁起①　→善巧②
Ⓢ pratītya-samutpāda-kauśalya
（出典）若於如是縁生中、由如是等種種行相善巧了達、或無常智、或苦智、或無我智、是名縁起善巧。（『瑜伽』27、大正30・434b）

縁起道理 えんぎどうり　事象が生じる因果の道理。「縁起の道理に悟入して善く梵・世主・自性などは作者に非ずと了す」

縁起法 えんぎほう　縁起法と縁已生法という二つの概念のなかの一つ。→縁已生法

縁起流転止息相応増上慧住 えんぎるてんしそくそうおうぞうじょうえじゅう　三つの増上慧住の一つ。発心してから仏陀、すなわち如来になるまでの十三の段階・心境の第八。真理（四諦）を覚悟した後、智が無いために苦が生起し、逆に智を有すれば苦が滅すると智る段階。菩薩の十地のうちの現前地にあたる。
Ⓢ pratītya-samutpāda-pravṛtti-nivṛtti-pratisaṃyukto 'dhiprajñā-vihāraḥ
（参考）（『瑜伽』47、大正30・553bc）：（『瑜伽』48、大正30・559a～c）

縁義 えんぎ　義を縁じること。他者から聞いた教え（教法）の意味・内容を、あるいは教えが指し示す対象そのものを認識すること。ある「もの」の認識は言葉（名）と言葉

が指し示す対象（義）との二要素から成り立つが、このうち対象そのものを認識することを縁義という。「縁義作意とは思所成慧・修所成慧と相応する作意なり」
Ⓢ artha-ālambana

縁闕 えんけつ ものを生じる縁（原因）が欠けること。「縁闕に由るが故に心生ずることを得ず」

縁闕不生非択滅 えんけつふしょうひちゃくめつ →無為

縁現観 えんげんかん 三種の現観（見現観・縁現観・事現観）の一つ。汚れのない智慧（無漏慧）と、それと同時に働く心・心所とが同一に真理（四諦）を対象とすることをいう。→現観 Ⓢ ālambana-abhisamaya
（出典）諸現観、総有三種。謂、見・縁・事、有差別故。（中略）此無漏慧并余相応、同一所縁、名縁現観。（『倶舎』23、大正 29・121c）

縁生 えんしょう 縁によって生じたもの（縁生法・縁生行という）。因と果とを対比させて因を縁起といい、果を縁生という。縁已生ともいう。→縁已生
Ⓢ pratītya-samutpanna
（出典）云何縁起、云何縁生。謂、諸行生起法性、是名縁起、即彼生已、説名縁生。（『瑜伽』10、大正 30・325c）：因名縁起、果名縁生。（『瑜伽』56、大正 30・611b）

縁生行 えんしょうぎょう 縁によって生じた現象的存在。「縁生行を幻事の如しとしる智」
Ⓢ pratītya-samutpanna-saṃskāra

縁生行如幻事智 えんしょうぎょうにょげんじち 諦現観（真理を現前に明晰に観察して理解し証すること）を証して獲得する四つの智の一つ。縁によって生じた現象的存在は幻のごときものであるとしる智。 Ⓢ pratītya-samutpanna-saṃskāra-māyā-upama-jñāna
（参考）（『瑜伽』34，大正 30・476a）

縁生法 えんしょうほう 縁によって生じたもの。→縁生
Ⓢ pratītya-samutpanna-dharma

縁性 えんしょう 縁であること。因果性。すべての現象的存在は原因（因と縁）より生じるという理。「上智を以って縁性を観察するを仏菩提と名づく」「過去世に於て縁性を覚し已る」

縁性縁起 えんしょうえんぎ すべての現象的存在は因果性によって生じるという理。この理に則して現象的存在を思惟するとき、唯だ現象がある（唯行）、唯だ存在の構成要素がある（唯法）、唯だ事がある（唯事）、唯だ因がある（唯因）、唯だ果がある（唯果）、とさとり、心が清浄となって愚癡（おろかさ）がなくなる。知られるべき事（所知事）の一つ。「縁性縁起に随順する言論」「諸の愚癡を対治せんと欲する為の故に縁性縁起を修習し観察す」
Ⓢ idaṃ-pratyayatā-pratītya-samutpāda
（参考）（『瑜伽』26、大正 30・427b）：（『瑜伽』27、大正 30・430a）

縁性縁起観 えんしょうえんぎかん ヨーガを修してすべての現象的存在は因果性によって生じるという縁起の理によって観察する観法。愚癡多き人が修すべき観法。〈小乗〉の五停心観の因縁観にあたるが、〈唯識〉（『瑜伽論』）では、四つの対象（遍満所縁・浄行所縁・善巧所縁・浄惑所縁）を観察するヨーガのうちの浄行所縁を観察する修行のなかに含まれる。→縁性縁起「縁性縁起観の中に於て初めて修業する者」 Ⓢ idaṃ-pratyayatā-pratītya-samutpāda-manaskāra

縁心 えんしん 心を縁じること。心を対象として認識すること。「心を以って心を縁ず」「心を縁ずるが故に心念住と名づく」
Ⓢ cittam ālambanī-karoti

縁藉 えんせき ①二種の縁（縁藉と縁慮）のうちの一つ。よりどころ・原因となるという意味の縁。因縁・四縁などの縁をいう。②たよる、よりかかること。「他に縁藉して常に他の面を視、他の口を観る」

縁相続住 えんそうぞくじゅう ある現象を生じる縁が、ある時間、現前にありつづけること。五種の住（刹那住・相続住・縁相続住・不散乱住・立軌範住）の一つ。
（出典）若楽受・苦受・不苦不楽受、若善・不善・無記法等、乃至各別縁現在前、爾所時住、是名縁相続住。（『瑜伽』52、大正 30・586c）

縁相分別 えんそうふんべつ →相分別

縁相変異分別 えんそうへんいふんべつ →相変異分別

縁縛 えんばく →所縁縛

縁縛断 えんばくだん →離縛断

縁法 えんほう 法を縁じること。他者から

聞いた教え（教法）を認識対象とすること。義を縁じる（縁義）前段階。→縁義「縁法作意とは聞所成慧と相応する作意なり」
Ⓢ dharma-ālambana

縁名 えんみょう　名を縁じること。ある「もの」の認識は言葉（名）と言葉が指し示す対象（義）との二要素から成り立つが、このうち言葉を認識することを縁名という。
Ⓢ nāma-ālambana

縁力 えんりき　因縁のなかの縁の力。補助原因の力。「善根を断ずるに、若しくは因力に、若しくは縁力に由る」「縁力が発す菩提心は不堅固にして、因力が発す菩提心は堅固なり」
Ⓢ pratyaya-bala: pratyaya-sāmarthya

縁慮 えんりょ　ある対象を認識する心の認識作用の総称。二種の縁（縁藉と縁慮）のなかの一つ。心の特質を表す語。「色は質礙にして心は縁慮なり」　Ⓢ ālambanī-kṛtya

縁和合 えんわごう　①さまざまな原因が結合すること。「衆縁和合して法自体を得る」
Ⓢ kāraṇa-sāmagrī
②因縁のなかの縁が和合すること。補助原因が結合すること。「縁和合の故に有為の諸法は自性として羸劣なり」
Ⓢ pratyaya-sāmagrya

閻浮提 えんぶだい　→贍部洲

閻母那 えんぼな　yamunā の音写。贍部洲にある四大河の一つ・殑伽河の支流の一つ。→四大河　Ⓢ yamunā
（参考）（『婆沙』5、大正 27・21c）

轅軛 えんやく　轅と軛。轅とは車の両側から前方に突き出ている二本の棒。軛とはその二本の木を結合せしめる横木。「牛を牽捶するに、之に轅軛を置く」

讌会 えんえ　飲食の宴。「倹災とはいわゆる人寿が三十歳の時、方に始めて建立す。その時、精妙の飲食は得べからず、唯だ朽骨を煎煮して共に讌会を為す」　Ⓢ yātrā

鹽 えん　しお。　Ⓢ lavaṇa

鹽味 えんみ　しおの味。七種の味の一つ。→味⑦　Ⓢ lavaṇa-rasa

灩溢 えんえき　みちてあふれること。「汝、是の如く鉢油を平満に持して灩溢せしむること勿れ」

お

汚 お　けがすこと。犯すこと。「無間業を造りて母と阿羅漢尼とを汚す」　Ⓢ dūṣaṇa: dūṣin

汚濁 おじょく　けがれていること。「汚濁の悪意楽」　Ⓢ kaluṣa

汚染 おぜん　にごすこと。けがれていること。「九種の過失の為に其の言を汚染す」「我我所の過失の汚染」　Ⓢ duṣṭa

汚道 おどう　→汚道沙門

汚道沙門 おどうしゃもん　四種の沙門（勝道沙門・示道沙門・命道沙門・汚道沙門）の一つ。他人の物を盗むなどの重罪を犯した沙門（修行僧）のこと。この沙門を苾芻と称することができるかどうかが問題とされている（『倶舎』15、大正 29・79c 参照）。壊道沙門ともいう。→四沙門②
Ⓢ mārga-dūṣin-śramaṇa

和尚 おしょう　法相宗では「わじょう」と読む。upādhyāya の音写。鄔波柁耶とも音写。親教師と意訳。人びとを導く人。師匠。
Ⓢ upādhyāya

於下乗般涅槃障 おげじょうはつねはんしょう　声聞と独覚との二乗において、生死をきらい涅槃をねがう障害。所知障（知られるべきものである真如を知ることをさまたげる障害）のなかで倶生（先天的にそなわっている）の障害の一部。十重障の一つ。この障を十地のなかの第五地で断じて類無別真如を証する。
→十重障
（出典）於下乗般涅槃障、謂、所知障中倶生一分、令厭生死、楽趣涅槃、同下二乗厭苦欣滅。彼障五地無差別道、入五地時、便能永断。（『成論』9、大正 31・53a）

於見無見見 おけんむけんけん　二十八種のまちがった見解（不正見）の一つ。→不正見

於諸法中未得自在障 おしょほうちゅうみ

とくじざいしょう あらゆる存在において自在を獲得することをさまたげる障害。所知障（知るべきものである真如を知ることををさまたげる障害）のなかで倶生（先天的にそなわっている）の障害の一部。十重障の一つ。この障を十地の第十地で断じて業自在等所依真如を証する。→十重障
（出典）於諸法中未得自在障、謂、所知障中倶生一分、令於諸法不得自在。彼障十地大法智雲及所含蔵所起事業。入十地時、便能永断。（『成論』9、大正 31・53c）

悪作 おさ 後悔するこころ。追悔するこころ。後悔する事柄として〈有部〉と〈唯識〉とでは異なる。〈有部〉では、悪作を「あくさ」とよみ、悪事を作したことを悔いることと考えるのに対して、〈唯識〉では、悪作を「おさ」とよみ、作したことを悪（にく）む、嫌悪することととらえ、それを嫌悪するから後悔が生じると解釈する。〈唯識〉の説く悪作の内容をまとめると次のようになる。（ⅰ）先に作したことを嫌悪する（悪事を作したことを嫌悪して後悔する)。（ⅱ）先に作さなかったことを後悔する。これはさらに次の二つに分かれる。（a）善事を作さなかったことを後悔する。（b）悪事を作さなかったことを後悔する。これらのうち、（ⅰ）と、（ⅱ）の（a）とは、善の悪作であるが、（ⅱ）の（b）は、悪事を作さなかったと残念がることであるから不善の悪作である。悔・追悔ともいう。不定の心所の一つ。「追悔所生の悪作」「所犯の罪に随って悪作を生起す」 Ⓢ kaukṛtya
（出典）悔、謂、悪作。悪所作業追悔、為性。（『成論』7、大正 31・35c）
（参考）（『倶舎』4、大正 29・20b）:（『瑜伽』99、大正 30・871a）

淤泥 おでい ぬかるみ。どろ。貪・瞋・癡の三毒や生死の海に喩えられる。「三毒の淤泥に沈溺する諸の有情を抜済す」「智者は淤泥の生死海を楽わず」 Ⓢ kardama

淤涅香 おでいこう くさった泥の臭い。Ⓢ kleda-kardama-gandha

王 おう ①国の君主。国王ともいう。Ⓢ rājan
（参考）（『瑜伽』61、大正 30・638a 以下）
②王として君臨し統治すること。「転輪王は四洲の界を王す」 Ⓢ adhipati

王位 おうい 王の地位。「転輪王を捨てて出家して王位を顧りみず」 Ⓢ ādhirājya: rājya

王役 おうえき 王が課す労役。「仏の威力の故に我等は災横・王役の種種の苦事を解脱せんと念ず」

王宮 おうぐう 王の宮殿。「神境通を起こして、鷲峰山より没して王宮に出ず」

王家 おうけ 王の家柄。国王家ともいう。修行者（苾芻）が行ってはいけない場所（非所行処）の一つにあげられる。→非所行処「苾芻などの行くべきに非ざるところとは、王家・唱令家・酤酒家・倡穢家・旃荼羅・羯恥那家をいう」 Ⓢ rājan-kula

王眷属 おうけんぞく 王に仕える人びと。「有為は王の如く、亦た、王眷属の如きが故に因縁あり。無為は王の如くなれども王眷属の如くならざるが故に因縁なし」 Ⓢ rājan-parivāra

王座 おうざ 王の座所。「識の為の故に識住を立てること、王の為の故に王座を立てるが如し」 Ⓢ rajan-āsana

王子 おうじ 王の子。長者の子とともに恵まれた環境にある子の喩えとして用いられる。「譬えば王子、或いは長者子が生育して已来、いまだ王宮と長者の内室を出ざるが如し」

王床 おうしょう 王の寝所。「識の為の故に識住を立てること、王の為の故に王床を立てるが如し」

王城 おうじょう 王が住する城。「村邑中の諸の妙なる飲食を皆な王城に送りて尊勝を長養す」

王臣 おうしん 王を補佐する臣下。

王政 おうせい 王がおこなうまつりごと。「王子は王政・詩論工巧処などに於て皆な、悉く善知す」

王仙 おうせん 転輪王が出家して山に入り、修行して五神通を獲得した者。「得るところの自体が自害ならず、亦た、他害ならざるものとは、王仙・仏使・仏所記者などを謂う」 Ⓢ rājan-ṛṣi

王賊 おうぞく 王と賊。師子・虎狼などの動物とともに恐怖を抱く対象としてあげられる。「諸の菩薩は種種の師子・虎狼・鬼魅・王賊・水火などの畏に堕する諸の有情類を皆な、能く救護して、是の如き諸の怖畏処を離

れしむ」 Ⓢ rājan-caura

王都 おうと 王国の都。王が住む所。「王都に嘉喜の事あれば、先ず極罪を移して辺獄の中に置き、後に王都に於て方に恩赦を降す」 Ⓢ rājan-dhānī

王等 おうとう 王と等しいほどの権威をもつ人。大臣ともいう。「眼は或いは諸の王、或いは諸の王等、或いは諸の僚佐を見る」 Ⓢ rājan-mātra

王人 おうにん 王につかえる人。
（出典）繫属王者、名日王人。（『婆沙』15、大正 27・73 b～c）

王法 おうほう 王が定めた法律。「王法を犯して重刑を致す」

王輪宝 おうりんぽう 転輪王が所有する七種の宝の一つ。輪の形をした武器。→七宝① →転輪王「転輪王所有の輪宝は四洲のあらゆる怨敵を降伏す」

王路 おうろ 王が歩くみち。「識の為の故に識住を立てること、王の為の故に王路を立てるが如し」

王論 おうろん 王に関する議論。「楽って衆に処して王論・臣論・賊論・国土等論を宣説するを皆な綺語と名づく」 Ⓢ rājan-kathā

尫羸 おうるい 衰えて弱いこと。「身体尫羸なり」 Ⓢ mandatā

尫劣 おうれつ 弱いこと。「尫劣・微弱な肩」

応 おう ①「もしもそうであれば当然～ということになる」という、ある条件を前提とした結語として用いられる。「若し～ならば～なる応し」という表現で用いられる。Ⓢ **arh**: eva syāt: pra-**āp**: prasaṅga: pra-**sañj**: prāpta
②如来の十種の呼び名（十号）の一つ。詳しくは応供といい、供養に値する人であるからこのように呼ぶ。→十号 Ⓢ arhat
（出典）已得一切所応得義、応作世間無上福田、応為一切恭敬供養、是故名応。（『瑜伽』38、大正 30・499b）
③相応する、一致する、結合すること。「宣説するところは四聖諦に応ず」「道理に応じない」 Ⓢ pratirūpaḥ syāt: pratisaṃyukta: yukta-rūpa
④「～すべき」という意味の語尾 -tavya, -anīya, -ya の訳。「応に～すべき」と訓じる。応学（śikṣitavya）・応修習（bhāvayitavya）・応遠離（parivarjanīya）・応知（jñeya）などの応がこれにあたる。
⑤「～にふさわしい・値する・かなう」という意味の arha の訳。応供・応供養の応がこれにあたる。 Ⓢ arha

応可 おうか 「～にふさわしい・値する・かなう」という意味の arha の訳。あるいは「～すべき」という語尾-tavya, -anīya, -ya の訳。「応に称讃す可し」「応に成熟す可し」 Ⓢ anīya: arha: tavya

応供 おうぐ ①供養を受けるにふさわしいこと。応供養ともいう。
②世間の供養を受けるにふさわしい人、すなわち阿羅漢のこと。
（出典）阿羅漢言応、即殺賊・応供・無生三義故也。（『述記』3 末、大正 43・341a～b）

応供養 おうぐよう →応供①

応供養者 おうぐようしゃ 供養を受けるにふさわしい人。 Ⓢ satkārārha

応化 おうけ 仏・菩薩が人びとを救済するために、種々のありようとして現れること。「菩薩摩訶薩は十方の一切世界に周遍して、応化するところに随って一切の仏菩薩行を示現す」

応化身 おうけしん 化身とおなじ。→化身②

応作 おうさ なすべきこと。所応作ともいう。「不応作に於て応作の想を作す」「是の如く行ずべし、是の如く住すべし、是の如く説くべし、是の如く著衣すべし、是の如く食すべし、などを応作の業と名づく」「善業を名づけて応作と為す」
Ⓢ karaṇīya: yoga-vihita

応作事 おうさじ なすべきこと。「酔乱して応作事と不応作事とを了せず」
Ⓢ ārambha-karaṇīya: karaṇīya

応作証 おうさしょう 証すべきもの。苦・集・滅・道の四諦のなかの滅、すなわち涅槃をいう。→応作証諦

応作証諦 おうさしょうたい 作証すべき諦。四つの真理（四諦）のなかの滅諦。証すべき真理である滅、すなわち涅槃という真理をいう。 Ⓢ sākṣāt-kartavya-satya

応時 おうじ 適切な時に。その時々に応じて。「諸の菩薩は時に応じて施し、非時を以ってせず」 Ⓢ kāla: kālena

応時加行 おうじけぎょう 時に応じて止

(静まった心）を、あるいは観（あるがままに観る心）を修する、あるいは時に応じて挙（沈む心を励ます心）を、あるいは捨（かたよらない平等な心）を修する修行。九種の加行の一つ。→加行② 「時時の間に於て止相と観相とを修習するを応時加行という」
Ⓢ kāla-prayogatā
（参考）（『瑜伽』31、大正 30・456a～b）

応時語 おうじご その時々の状況に応じた適切な語。五種の語（応時語・応理語・応量語・寂静語・正直語）の一つ。
（出典）云何応時語。謂、非紛擾、或遽尋思、或不楽聞、或不安住正威儀時、而有所說。又応先序初時所作、然後讃励正起言説。又応待他語論、終已方起言説、如是等類一切、当知名応時語。（『瑜伽』97、大正 30・855c）

応修 おうしゅ →応修習①

応修習 おうしゅじゅう ①修すべきもの。苦・集・滅・道の四諦のなかの道。応修・応習ともいう。→応修習諦→四諦
Ⓢ bhāvayitavya
②不応修習の対としての応修習。修習すべきもの。利益があるものをいう。
Ⓢ sevitavya
（出典）有利益故、名応修習、無利益故、名不応修習。（『瑜伽』9、大正 30・322c）

応修習諦 おうしゅじゅうたい 修習すべき諦。四つの真理（四諦）のなかの道諦。滅、すなわち涅槃に至るために修せられるべき道として真理をいう。 Ⓢ bhāvayitavya-satya

応習 おうしゅう →応修習①

応頌 おうじゅ →十二分教

応正等覚 おうしょうとうがく 如来の十種の呼び名（十号）のなかの応と正等覚とを一緒にした如来の呼称。如来を付して「如来応正等覚」という場合が多い。
Ⓢ arhat-samyak-saṃbuddha
（出典）応正等覚、謂、永解脱一切煩悩障及所知障故。（『瑜伽』83、大正 30・765b）

応説 おうせつ ①「～であると説くべきである」、あるいは「～を説くべきである」という意味で用いられる。「此の経の中に於て、四ありと説く応きに、説かざるは云何」
Ⓢ uktaṃ bhavet: kartavya: paṭhitavya: vaktavya
②説かれるべきもの。語られうるもの。すべての現象的存在（有為法）をいう。
（出典）言応説者、謂、一切有為法。所以者何。諸有為法皆三種言事之所摂故。（『瑜伽』17、大正 30・370c）

応断 おうだん →応永断

応知 おうち ①「～であると知るべきである」、あるいは「～を知るべきである」という意味で用いられる。「云何が二の差別を知る応きや」「其の相を辯ずること前の如くに知る応し」
Ⓢ avagantavya: pari-**jñā**: pratyavagantavya: vijñeya: veditavya
②知るべきもの。四つの真理（四諦）のなかの苦諦。この真理を知ることによって苦の原因（集）である貪愛などの煩悩を断じようとする意欲が生じる。応遍知ともいう。
Ⓢ parijñeya

応調伏者 おうちょうぶくしゃ 説き伏せて正しい教えに導き入れるべき人。「応調伏者をして正しく之を調伏す」 Ⓢ nigrahītavya

応得未来 おうとくみらい 五種の未来（刹那過去・一生未来・成劫未来・現行未来・応得未来）の一つ。これから得られる未来。
（参考）（『瑜伽』66、大正 30・667b）

応然 おうねん そのようであること。同様であること。「余も亦た然る応し」 Ⓢ evaṃ prasaṅgaḥ: tathāiva

応病授薬 おうびょうじゅやく 医者が患者の病状に応じて適切な薬を施すように、如来が人びとの根機を知って適切な方便で救済することをいう。

応遍知 おうへんち →応知② →応遍知諦

応遍知諦 おうへんちたい 遍知すべき諦。四つの真理（四諦）のなかの苦諦。すべての苦を知ることから苦の滅に至る歩みがはじまるから苦という真理（苦諦）を応遍知諦という。 Ⓢ parijñeya-satya

応永断 おうようだん 永久に断じるべきもの。苦・集・滅・道の四諦のなかの集。苦を生じる原因（集）となる貪愛などの煩悩をいう。応断ともいう。→応永断諦 →四諦
Ⓢ prahātavya

応永断諦 おうようだんたい 永断すべき諦。四つの真理（四諦）のなかの集諦。永久に断じるべき煩悩が苦の原因であるという真理。
Ⓢ prahātavya-satya

応理 おうり 理にかなって適切であること。「彼の師の所説を深く応理と為す」「是の

如きの等は皆な理に応ぜず」「応理の行とは正道なり」 Ⓢ nyāya: yukta: **yuj**

応理語 おうりご 道理にかない真実にかなった語。五種の語（応時語・応理語・応量語・寂静語・正直語）の一つ。
（出典）云何応理語。謂、依四道理能引義利、称実而語、名応理語。（『瑜伽』97、大正 30・855c）

応離功用無顛倒智 おうりくゆうむてんどうち →自応無倒智

応量語 おうりょうご その場に応じた完璧な表現で必要なだけ語られた語。五種の語（応時語・応理語・応量語・寂静語・正直語）の一つ。
（出典）云何応量語。謂、文句周円、斉爾所語、決有所須、但説爾所、不増不減、非説雑乱、無義文辞。如是等類、名応量語。（『瑜伽』97、大正 30・855c）

邑 おう 村。いなか。「所余の処は是れ彼の諸天の村・邑・聚落なり」 Ⓢ nigama

邑義衆 おうぎしゅ 群衆。「或いは長者衆、或いは邑義衆、或いは余の大衆に於て出すところの種種の雑類の音声を諠譟声と名づく」
Ⓢ pūga

往 おう 行く、近づく、詣でること。還の対。「聚落の間を往く」「無量無数の三千大千世界に於て、若しくは往き、若しくは来る」「法を愛敬するが故に法師所に往く」「善趣・悪趣に往く」
Ⓢ ava-**gāh**: abhikrama: upasam-**kram**: upasaṃkramaṇa: gata: gantṛ: **gam**: gamana: gamin: prasthita

往悪趣 おうあくしゅ 悪い生存のありよう（地獄・餓鬼・畜生）に生まれること。
Ⓢ apāya-gamana: apāya-gāmin: durgati-gāmin

往下 おうげ 下に行くこと。悪い生存のありよう（悪趣）に堕ちること。
Ⓢ adho-ga
（出典）堕悪趣、説名往下。（『倶舎』10、大正 29・56b）

往還 おうげん ①さまざまな生存のありようを行き来すること。「天人処に於て七返往還して方に解脱を得る」「生死の中で五趣を往還す」 Ⓢ gata-pratyāgata
②行き来する、往来する、歩き回ること。「往還に失なく、威儀は乱れず」「家を往還して乞食す」 Ⓢ gata-pratyāgata

往詣 おうし 行く、近づく、詣でること。「仏所に往詣す」「菩薩は善友に於て随時に往詣し恭敬し聴聞す」 Ⓢ upa-**kram**: upasam-**kram**: upasaṃkramaṇa: upa-**sṛp**

往昔 おうじゃく かつて。むかし。「往昔の無量の余生に於て三大阿僧企耶を経る」「能く往昔を憶す」

往趣 おうしゅ 行く、近づく、渡ること。「諸の仏国土に往趣して如来を見奉る」「此岸より彼岸に往趣す」
Ⓢ upasam-**kram**: upasaṃkrānti

往上 おうじょう より上の世界に（たとえば欲界から色界へ）あるいはより上の生存のありように（たとえば人から天へ）生まれること。還下の対。「上の地に往きて生まれる」「往上を順と名づく」

往生 おうじょう 他の世界・生存に生まれ変わること。「善趣に往生す」「覩史多天に往生す」 Ⓢ upa-**pad**: gāmin

往生悪趣 おうじょうあくしゅ 悪い生存（地獄・餓鬼・畜生）に生まれること。

往生善趣 おうじょうぜんしゅ 善い生存（人・天）に生まれること

往善趣 おうぜんしゅ 善い生存（人・天）に生まれること。 Ⓢ sugati-gamana: sugati-gāmin

往返 おうへん 行ったり帰ったりすること。あちらこちらと歩きまわること。「聚落、或いは城邑に於て乞食の為の故に往返し経行す」 Ⓢ gata-pratyāgatikatā

往遊渉 おうゆうしょう 道を行き交うこと。往来すること。「中国には賢良・善士が往遊渉す」 Ⓢ gati

往来 おうらい ①行ったり来たりすること。「足を因と為すが故に往来の業あり」「虚空に由るが故に往来・屈伸などの業あり」「七返、人と天とを往来して流転す」
Ⓢ abhikrama-pratikrama: āgamana-gamana: gamana-pratyāgamana
②仏・菩薩の能変神境智通の一つ。壁や山などを突き抜けて行き来する、三界のなかで梵世あるいは色究竟天まで行き来する、あるいは三千大千世界のなかを自由に行き来するなどの神通力の働きをいう。
Ⓢ gamana-āgamana
（参考）（『瑜伽』37、大正 30・492b）

枉 おう まげること。だまして金をはらうこと。「共に真宝なりと知らば、売る者が識らずとも宝に称って酬価し毫釐も枉げることなし」 Ⓢ vipralambhayitṛ

欧撃 おうげき 打つ、叩く、殴ること。「身・手・瓦礫・刀杖を以って欧撃し傷害す」 Ⓢ tāḍana

殃罪 おうざい とがめ。罪。「殃罪を招いて死して地獄に堕つ」

瓮 おう かめ。つぼ。甕とおなじ。「清浄なる資具とは吉祥草・頻螺果・螺貝・満瓮などの事を謂う」 Ⓢ kumbha

黄 おう きいろ。四種の基本的ないろ（青・黄・赤・白）の一つ。 Ⓢ pīta

黄赤色仙人 おうしゃくじきせんにん インドの婆羅門階級の人びとの呼び名。肌が黄赤色であるからこのように呼ぶ。
（参考）（『述記』1 末、大正 43・252a）

黄勝生類 おうしょうしょうるい 満迦葉波外道が説いた六種の勝れた人たちのなかの一グループ。→六勝生類

黄熱 おうねつ 胆汁が出過ぎておこる熱病。 Ⓢ pitta

黄白 おうびゃく 黄白色。「此の園の近くの側に如意石あり。其の色は黄白にして形質は殊妙なり」 Ⓢ pāṇḍu

黄病 おうびょう 皮膚が黄色になる病気。黄疸。「身中に乾消・癲癇・寒熱・黄病・熱血などの無量の疾病を発生す」 Ⓢ pāṇḍu-roga

黄門 おうもん 去勢すること。去勢された人。広くは性的な交渉が不能な人をいう。そのときは、扇搋（男の性器を有していない人）と半択迦（性的交渉が不能な人）とをいう。狭くは扇搋のみをいう。→扇搋 →半択迦 Ⓢ ṣaṇḍha: ṣaṇḍha-paṇḍaka

誑 おう ①随煩悩の心所の一つ。だましあざむくこころ。名誉や財利を獲得しようとして、偽りのはかりごとをめぐらし、自分に徳がないのに徳があるように振る舞い、相手をだましあざむくこころをいう。 Ⓢ māyā
（出典）云何為誑。為獲利誉、矯現有徳、詭詐為性、能障不誑邪命為業。（『成論』6、大正 31・33c）
②詐欺。あざむきだますこと。「誑ありとは、不真実に己の功徳を顕すを謂う」
Ⓢ kuhanā: vañcana: vipralambhana

誑語 おうご 虚誑語とおなじ。→虚誑語
Ⓢ mṛṣā-vāda

誑諂 おうてん ①あざむきだますこと。「誑諂を遠離するが故に其の見は正直なり」
Ⓢ śāṭhya
②誑と諂との二つの心所。→誑① →諂
Ⓢ māyā-śāṭhya

誑誘 おうゆう あざむきさそうこと。「矯詐のために誑誘さるる」 Ⓢ kuhanā

誑惑 おうわく あざむきまよわすこと。「諸の衆生を非理に損害し誑惑す」「幻化が愚夫を誑惑するが如し」 Ⓢ utplāvaka: lapanā: vañcana: vipralabdha: visam-**vad**

横 おう ①横になって動くこと。「有情、水中に入りて、或いは浮き、或いは没し、或いは横し、或いは転ず」
Ⓢ tiryag gacchantaḥ
②禍・不幸・災難。「疫あり、横あり、災あり」
③横の方向。「若しくは竪に、若しくは横に、世間の一切の有情を縁ずる慈」

横縁 おうえん 悪い縁。「横縁に遇って非時に死す」 Ⓢ pratyaya

横計 おうけ まちがって考えること。「非我の中に於て横計して我と為す」「遍計所執は名に随って横計す」 Ⓢ adhimokṣa: **kḷp**

横死 おうし よこしまな死。思いがけない死。病気などの悪い縁に遭遇して死ぬべきでない時に死ぬこと。
（参考）（『瑜伽』31、大正 30・455c）

横取 おうしゅ よこしまに奪う、取ること。「財宝を非理に横取す」 Ⓢ adhigata

横執 おうしゅう まちがってとらえる、考えること。「愚夫は依他起性に於て我法・有無などを横執す」

横布 おうふ 横に列べること。「二十四の指を横布して一肘と為す」 Ⓢ pārśvī-kṛta

擁遏 おうあつ おさえとどめること。ふさぐこと。「円生樹の流すところの香気は天の和風の力に擁遏されるといえども、然も能く相続して余方に流趣す」
Ⓢ pratibādhyamāna

擁衛 おうえい かばい守ること。「諸天の善神が皆な擁衛す」

擁護 おうご まもること。助けること。「無為に別に実体ありと許せば、便ち毘婆沙宗を擁護せん」「母などが三帰依の律儀を受

し已って三宝を信敬すれば、諸天の善神は必ず彼等を擁護せん」 Ⓢ pālita

懊恚 おうい うらみいかること。「是の如き相に由る対面の暴悪、背面の暴悪、懊恚の暴悪を王の立性暴悪と名づく」

懊悩 おうのう うらみもだえること。「追変し懊悩して三蔵を殺す」

甕 おう かめ。つぼ。瓮とおなじ。「有相法は有相法の中に於て五種の相に由って方に了知すべし。一には処所に於て得べし。甕の中の水の如し」 Ⓢ kumbha

鸚鵡 おうむ おうむ。鳥類を列記するときあげられる一つ。「卵生とは鵝雁・孔雀・鸚鵡・舎利鳥などの如きをいう」 Ⓢ śuka

鸚鵡喩補特伽羅 おうむゆふとがら おうむのような人。羯磨（教団で行なう儀式や作法）に関してその意味内容を理解せず、ただその文章のみによって行為する賢くない人をいう。おなじ文章を語るだけであることを鸚鵡に喩えてこのように呼ぶ。羯磨に関する五種の補特伽羅の一人。
(参考)（『瑜伽』69、大正 30・680a）

抑逼 おくひつ 強制すること。「如法に乞求して以って自ら活命するとは、抑逼せずして乞求するをいう」

屋宇 おくう 家。住居。いおり。「屋宇への貪を断除せんと欲するが為の故に、常に樹下・迥露・塚間に住す」 Ⓢ gṛha-maṇḍapa: pratiśraya

憶 おく 思い出すこと。記憶すること。憶念とおなじ。「過去の色受などを憶す」「九十一劫以来を憶す」
Ⓢ samanu-**smṛ**: smaraṇa: **smṛ**: smṛti

憶持 おくじ はっきりと心のなかに記憶して忘れないこと。念の心所の働き。→念②「曽て受するところの境を憶持して忘れず」「念根の義とは、聞思修に於て憶持して忘れざるを謂う」

憶持識 おくじしき 過去のことを記憶し思い出す識。「憶持識の所見は暗昧なり」

憶知 おくち 過去のことを記憶し思い出すこと。憶念とおなじ。「諸の宿住事を憶知す」 Ⓢ smaraṇa

憶念 おくねん 過去に経験したことを記憶し思い出すこと。憶知とおなじ。「過去世の事を憶念す」「先に犯すところの罪を憶念す」
Ⓢ sam-**smṛ**: samanvāhara: smara: smaraṇa: smaratā: **smṛ**: smṛti
（出典）言憶念者、於所観察一切法義、能不忘失、於久所作、久所説中、能正随念。（『瑜伽』83、大正 30・760c）

憶念分別 おくねんふんべつ 過去のことを記憶し思い出す分別。随念分別ともいう。→随念分別 Ⓢ anusmaraṇa-vikalpa

越 おつ ①こえる、こえでること。わたること。断じること。「諸の悪趣を超え、一切の苦を越える」「正信は能く暴流を越える」「死を越えて彼岸に到る」 Ⓢ atikrama: ati-**vṛt**: abhyati-**i**: nirmukta: vyud-**kram**: samati-**kram**: samatikrama
②逸脱すること。犯すこと。詳しくは違越という。→違越「所学を越える」「正法を越える」 Ⓢ atikrama: vyatikrama
③異なること。反すること。「次第を越えて説く」 Ⓢ bhinna

越界 おっかい 界を越えること。色界の九品の煩悩をすべて離れることによって欲界を越え、第四定の九品の煩悩をすべて離れることによって色界を越え、有頂天の九品の煩悩をすべて離れることによって無色界を越えること。→九品煩悩
Ⓢ dhātu-atikrama: dhātu-vairāgya: dhātu-samatikrama

越地 おっじ それぞれが住する地を越えること。→九地

越次 おつじ 次を越えること。決まった順次・順序と異なること。越次第・超越次第ともいう。「次を越えて説く」
Ⓢ bhinna-krama

越次第 おつじだい →越次

越所作 おっしょさ 働きをこえていること。力がないこと。たとえば眼に声を聞く力がなく、地には水の働きがないなどをいう。
(参考)（『瑜伽』57、大正 30・613a）

越度 おつど ①こえること。わたること。越渡ともいう。「暴流を越度す」「坑塹を越度す」「是の如き暴流を越渡せんと欲すが為に大精進を発す」
②克服してのりこえること。越渡ともいう。「法の源底を証して疑惑を越度す」 Ⓢ tīrṇa

越渡 おつど 越度とおなじ。→越度

越路 おつろ 路を越えること。よこしまな道を歩むこと。「越路を行き非理に行ず」
Ⓢ utpatha

嘔（おつ）→う

苑 おん　その。庭。庭園。「善見の城外の四面に四つの苑あり、是れ彼の諸天が共に遊戯する処なり」 Ⓢ udyāna

怨 おん　①憎い人。嫌いな人。敵。三種の他人観（怨・親・中）の一つ。→怨親中「怨・親・中を分別せずして恵施を行ず」
Ⓢ apriya: amitra: śatru
②敵。対抗者。「菩薩の智慧の光明を一切の魔と怨とは断滅すること能わず」
Ⓢ pratyarthika: pratyarthin
③うらむこと。「忿を先と為すに由って悪を懐いて怨を結ぶ」

怨害 おんがい　①うらむ、侮辱すること。害を加えること。「怨害の心とは怨に報いんとする心なり」 Ⓢ apakāra
②殴って害を与えること。「彼に怨害の心と及び瞋恚の心とを起こす」 Ⓢ āghāta
③敵。対抗者。「先に父母となれども後時に輪転して怨害となる」 Ⓢ pratyarthika

怨競 おんきょう　うらみ争うこと。「欲邪行の業道が増す時、一切の外物に多く怨競あり」

怨家 おんけ　うらみ嫌いな人。敵。対抗者。「菩薩は怨家・悪友に於ても愛語す」
Ⓢ pratyarthin: śatru

怨嫌 おんけん　うらみ嫌うこと。「菩薩は已に怨ある有情に慈心を起こして、彼の怨嫌の心を自然に除断せしむ」 Ⓢ pratyarthika: vaira

怨恨 おんこん　うらむこと。「内に意憤恚して怨恨の心を懐く」 Ⓢ vaira

怨嗟 おんしゃ　うらみなげくこと。「自体に於て我・我所を執する愚癡・迷悶は、極なる怨嗟を生ず」

怨讐 おんしゅう　憎い人。三種の他人観（親友・処中・怨讐）の一つ。→怨親中「有情を分けて三品と為す。いわゆる親友と処中と怨讐となり」 Ⓢ śatru

怨讎 おんしゅう　うらむこと。「怨に随順する想が相続して怨讎の意楽を発起す」「能く忿怒と怨讎とを滅尽し、及び能く善く自他の安隠に住するが故に名づけて忍と為す」
Ⓢ pratyarthika

怨諍 おんじょう　言い争うこと。「世間は邪分別を起こして怨諍を為す」

怨心 おんしん　①うらみ怒るこころ。「怨心を捨てざるは非善友の相なり」 Ⓢ kopa-āśaya
②苦しみのあまり、ああ！と嘆くこころ。「地獄の中で怨心、傷歎す」 Ⓢ hā-citta

怨親 おんしん　→怨親中

怨親中 おんしんちゅう　怨と親と中。憎い人と親しい人とそのいずれでもない無関係な人。三種の他人観。この三者を分別しないことが理想とされる。怨を怨讐、親を親友、中を中庸・処中という場合がある。「菩薩は怨・親・中に於て悲心を以って等しく施す」
Ⓢ mitra-amitra-udāsīna

怨親中庸 おんしんちゅうよう　怨と親と中庸。→怨親中

怨憎 おんぞう　①憎い人。→怨憎会苦
Ⓢ apriya
②憎むこと。「怨憎の想を捨てて親善の想に住す」 Ⓢ pratyarthika

怨憎会 おんぞうえ　憎い人と出会うこと。怨憎合会とおなじ。→怨憎会苦　Ⓢ apriya-saṃyoga

怨憎会苦 おんぞうえく　憎い人と出会う苦しみ。世間的苦しみの代表。八苦の一つ。非愛会苦ともいう。「世間の怨憎会苦と愛別離苦とを厭って出家す」 Ⓢ apriya-saṃyogaḥ duḥkhaḥ
（参考）（『瑜伽』61、大正 30・642b）

怨憎合会 おんぞうごうえ　憎い人と出会うこと。怨憎会・非愛合会ともいう。→怨憎会苦　Ⓢ apriya-saṃyoga

怨賊 おんぞく　盗賊。「涅槃中には煩悩の怨賊なし」「怨賊のために逼迫さるる」
Ⓢ taskara

怨対 おんたい　うらむ、敵意をもつこと。争うこと。「怨対ありとは、闘訟・違諍の所依処なるが故なり」「怨対の想より損害の心を起こす」 Ⓢ vaira

怨敵 おんてき　敵。対抗者。「怨敵を害さんと欲す」「外道と聖教の怨敵」「毒蛇・鼠・狼など、互いに怨敵と為る」
Ⓢ pratyarthika: vipratyanīka: vaira: śatru

怨敵相違 おんてきそうい　毒蛇や鼠や狼や猫などが互いに敵対関係にあること。六種の相違（語言相違・道理相違・生起相違・同処相違・怨敵相違・障治相違）の一つ。
Ⓢ vipratyanīka-virodha
（出典）怨敵相違、謂、毒蛇・鼠狼・猫狸・

鼷鼠、互為怨敵悪知識等。(『瑜伽』38、大正30・501b)

怨報 おんほう　うらみ報復すること。「怨報の言を以って対論者を責む」

怨品 おんほん　憎い人・嫌いな人の群。三種の他人観の一群。「怨品と親品と中品」Ⓢ amitra-pakṣa

怨離 おんり　憎い人・嫌いな人と別れること。怨憎会・怨憎合会の対。「愛会と怨離」Ⓢ apriya-vinā-bhāva

音 おん　①（さまざまなものから発せられる）おと。（鳥などの）鳴き声。雷鳴。「声とは謂く、鳴・音・詞・吼なり」「其の声、深遠にして雲雷の音の如し。其の声、和雅にして頻迦の音の如し」Ⓢ rava: svara
②（人間が発する）言葉。「種種の音を出して正法を宣説す」Ⓢ vāc

音韻 おんいん　（言葉の）音の響き。「文は彼の音韻の差別である名と句とを能く顕す」「声上の音韻の屈曲が即ち名・句・文なり」

音訛 おんか　地方のなまった発音、あるいはその言語。「旧に涅槃と云うは音訛の略なり」

音楽 おんがく　楽器。楽器を奏でること。舞や歌などとともに、修行者が近づいてはならない世俗の事柄の一つとしてあげられる。「応に観るべからざるところとは、諸の伎楽・戯笑・歓娯、或いは余の遊戯所作の歌・舞・音楽などの事を謂う」「香を焼き花を散じ音楽を作して荘厳す」「歌・舞・音楽の声」Ⓢ vādita

音楽工業 おんがくくごう　音楽の仕事。十二種の工業の一つ。→音楽　→工業
（参考）（『瑜伽』15、大正30・361b）

音詞 おんし　音の響き。音調。「勝妙な音詞を以って読誦す」Ⓢ svara

音声 おんじょう　①音・響き・声の総称。そのなかで意味をもった音声（ghoṣa）が言葉（語 vāc）となる。「但だ文字の音声を聴聞するに非ず」「大音声を以って吟詠す」
Ⓢ ghoṣa: śabda: svara
（参考）（『倶舎』5、大正29・29a）
②耳の対象としての声の総称。→声
Ⓢ śabda

恩 おん　恵み・奉仕・援助・世話・好意。いつくしむ、情けをかけること。恩恵とおなじ。「父・母・師に恩あり」「恩ある有情に於て恩を知る」Ⓢ upakāra: upakāritva: kṛta

恩愛 おんあい　夫婦や親子の間の愛情・執着。「居家に処して妻子に囲遶され、昼夜習近して恩愛の心に纏わるる」

恩恵 おんえ　恩・恵み。「恩ある有情に於て深く恩恵を知る」「菩薩は有情に於て力の多少に随って恩恵を施作す」

恩円徳 おんえんとく　如来の三つの円徳（因円徳・果円徳・恩円徳）の一つ。生きものを地獄・餓鬼・畜生の三つの悪い生存状態（三悪趣）から、また生死の輪廻から救済する、あるいは善い生存のありよう（善趣）、あるいは三乗（声聞乗・縁覚乗・菩薩乗）に入れしめる、などの如来の他者救済の卓越したすばらしさ・偉大性をいう。Ⓢ upakāra-saṃpad
（出典）（参考）（『倶舎』27、大正29・141b〜c）

恩怨 おんおん　恩と怨。いつくしむことと うらむこと。「恩と怨との諸の有情所に於て等心に利す」「彼れを恩して済い、此れを怨みて害す」

恩赦 おんしゃ　国の慶事に際して犯罪者を赦すこと。「王都に嘉喜事あるとき、方に恩赦を降す」

恩田 おんでん　恩ある人。自己を生み育ててくれた父母。自己を導いてくれた師。これらの人に布施をするなどの報恩を行なうことによって、福が自己に生じるから田に喩えて恩田という。三種の福田（恩田・徳田・悲田）の一つ。→福田
Ⓢ upakāri-kṣetra: upakārin

恩徳 おんとく　①恵み・恩恵・援助。「菩薩は諸の衆生の種種の事業に於て営助し恩徳を施布す」「恩徳に反報す」Ⓢ upakāra
②恩と徳。恩恵と功徳。「恩田と徳田」
③仏にそなわる三つの徳（智徳・断徳・恩徳）の一つ。大願力によって衆生を救済するという徳。「智徳あるに由るが故に大智を生じ、恩徳あるが故に大悲を生ず」

恩養 おんよう　①保護する、守護する、養育すること。「王は正化法を以って世間を恩養す」
②養育してくれた父母。「恩養に背くとは、母を害し父を害すことなり」

殷重 おんじゅう　尊敬する、重んじること。慇重とおなじ。「殷重し恭敬して恵施を

行ず」 Ⓢ ādara: guru-kṛtya: satkṛtya

殷重加行 おんじゅうけぎょう 敬い重んじて修行すること。無間加行とならんで重要な修行のありようをいう。 Ⓢ satkṛtya-prayoga
（出典）殷重加行者、謂、行坐時而成辦故。於第一第二第四蓋中宜坐時、第三蓋中宜行時、第五蓋中宜俱時。（『瑜伽』70、大正 30・685c～686a）

殷重所作 おんじゅうしょさ 敬い重んじて修行すること Ⓢ satkṛtya-kāritā

殷重精進 おんじゅうしょうじん 敬い重んじて精進すること。すべてをそなえた完全な修行をいう。
（出典）殷重精進、謂、能周備修加行故。（『瑜伽』42、大正 30・526b）

殷浄心 おんじょうしん 尊敬するきよらかな心。慇浄心とおなじ。「仏法僧に帰依して殷浄心を起こす」。 Ⓢ satkṛtya

陰暗夜分 おんあんやぶん →陰闇夜

陰闇夜 おんあんや 暗い夜。陰闇夜分・陰暗夜分ともいう。「是の如き類の意生の中有は、黒光及び陰闇夜の如きが故に悪色と名づく」 Ⓢ andhakāra-tamisrāyā rātryāḥ

陰闇夜分 おんあんやぶん →陰闇夜

陰蔵 おんぞう 陰部。生殖器。→陰蔵相 Ⓢ upastha

陰蔵隠密 おんぞうおんみつ →陰蔵相

陰蔵相 おんぞうそう 仏の陰部が腹のなかにかくれて見えないこと。仏の身体的特徴である三十二相の一つ。陰蔵隠密ともいう。「仏世尊は女人を化せんが為に陰蔵相を現ず」 Ⓢ kośa-gata-vasti-guhyatā

陰瘻 おんつい 肛門にできる腫物。 Ⓢ bhagaṃdara

温 おん あたためること。「温めるに穌油を以ってす」 Ⓢ sukha-uṣṇa

温誦 おんじゅ 経典をくりかえし読誦すること。「婆羅門子、先に四吠陀書を誦得し、中間に忘失すれば、復た温誦す」 Ⓢ adhyayana-svādhyāya

温習 おんじゅう くりかえし習うこと。復習すること。くりかえし読んでまなぶこと。「経書を誦持し、文史を温習す」

温潤 おんじゅん やさしく柔和なこと。あたたかいこと。「心、温潤なり」 Ⓢ ārdra

温性 おんしょう →温熱性

温煖 おんなん あたたかさ。あたためること。「身中の温煖」「其の身を温煖して穌息せしむ」 Ⓢ ūsman: tejas

温熱 おんねつ 熱。あたたかさ。「内の火界とは此の身中の内の別の温性にして温熱の所摂なり」 Ⓢ tejas

温熱性 おんねつしょう あたたかさ。火の性質。温性・煖性とおなじ。→煖性「火界とは温熱性なり」

温陽 おんよう あたたかさ。「正寒の時に於て身体は舒泰せず、踡跼し戦慄し、温陽に遇わんことを希う」 Ⓢ uṣṇa

飲 おん ①飲むこと。「鬼趣の有情の口は針の口の如くなれば、たとえ飲食を得るとも、能く、若しくは噉むこと、若しくは飲むこと能わず」 Ⓢ ā-pā: pā
②摂取するものの四つのありよう（食・飲・噉・嘗）の一つ。飲み物の総称。 Ⓢ pāna: pīta: peya
（出典）云何為飲。謂、沙糖汁、或石蜜汁、或飯漿飲、或鑽酪飲、或酢為飲。或抨酪飲乃至於水、総名為飲。（『瑜伽』24、大正 30・414c）

飲光部 おんこうぶ 小乗二十部の一つ。→小乗二十部

飲食 おんじき ①たべものの総称。「飲食を施して大力を感ず」 Ⓢ anna: piṇḍa-pāta: bhakta: bhakṣa: bhojana: bhojya
②飲と食。飲み物と食べ物。身を養うための物の一つ。「如法に飲食・衣服を追求す」 Ⓢ anna-pāna: khādanīya-bhojanīya: bhojana-pāna
③食事。食事をとること。「飲食に於て量を知る」 Ⓢ aśana: āśin: āhāra

飲食喜足聖種 おんじききそくしょうしゅ 四聖種の一つ。→四聖種

飲酒 おんじゅ 酒を飲むこと。「殺生・不与取・婬欲・邪行・妄語・飲酒などの放逸処を遠離す」 Ⓢ madya-pāna
（参考）（『婆沙』123、大正 27・645a～c）

飲樹 おんじゅ 諸の天にある甘味な飲み物を流出する樹。 Ⓢ pāna-vṛkṣa
（出典）有飲樹、従此流出甘美之飲。（『瑜伽』4、大正 30・298b）

飲欲 おんよく 水を飲みたいという意欲。十一種の感触（触）のなかののどの渇き（渴）の内容をいう。
（出典）触有十一。謂、四大種・滑性・渋

性・重性・軽性及冷・飢・渇。此中（中略）煖欲名冷、食欲名飢、飲欲名渇。（『倶舎』1、大正 29・2c）

園 おん その。庭。庭園。
Ⓢ ārāma: udyāna

園苑 おんえん 庭。庭園。
Ⓢ ārāma: udyāna

園林 おんりん 庭園。庭園の林。
Ⓢ ārāma-vana

遠 おん ①距離的に遠いこと。「不可見処に在る色を遠色と名づく」「遠声と近声」
Ⓢ ativiprakṛṣṭatva: dūra: viprakarṣa: viprakṛṣṭa: viśliṣṭa
②時間的に遠いこと。長い時間がかかること。「時の遠に由るが故に涅槃を去ること遠なり」「遠清浄とは極長時を経て方に能く清浄となるをいう」 Ⓢ dūra: dūratā
③遠ざけること。遠ざかること。「一類の法あり、修に由るが故に遠す」
Ⓢ dūrī-**kṛ**: dūrī-**bhū**
④断じること。除去すること。遠ざけること。遠離とおなじ。「三摩地の増上力に由るが故に諸の纏を遠す」「悪友を遠して善友を摂す」 Ⓢ dūrī-kṛta: parvarjita

遠因 おんいん 遠い間接的な原因。近因の対。たとえば十二支縁起のなかで取にとって無明は遠因、愛が近因となる。

遠縁 おんえん 遠い間接的な縁。近縁の対。「無明は識などの十に於て但だ遠縁となる」

遠果 おんか 因が果を生じ、その果が因となって次の果を生じるという因果連続の連鎖のなかで、最初の因からみて第二以後の果を遠果という。たとえば種子にとって芽は近果であり、茎や枝が遠果である。近果の対。→近果
（参考）（『述記』3本、大正 43・312a）

遠行 おんぎょう ①時間の推移。
Ⓢ adhvan
（出典）由遠行、不避不平等、他所逼迫為縁、老死可得。（『瑜伽』10、大正 30・325b）
②『法句経』第三十七偈のなかの遠行。意識のありようを表す語。始めのない永遠の過去よりこれまでのすべての出来事や存在を認識する意識の働きをいう。 Ⓢ dūraṃ-gama
（出典）問、世尊、依何根処、説如是言、遠行及独行、無身寝於窟耶。答、依意根処、由於前際無始時故、遍縁一切所知境故、名為遠行。（『瑜伽』57、大正 30・617a）：遠行者、能縁一切所縁境故。（『摂論釈・世』4、大正 31・340a）
③遠くに行くこと。「遠行者は須く資糧を具して能く所至あるべきなり」「遠行の羈客」

遠行地 おんぎょうじ 十地の第七地。無相観（対象のない観察）を修し、功用（意志的な努力）のある修行の最高の境地に達し、世間（凡夫の世界）と二乗（声聞乗と縁覚乗）との有相行（対象のある修行）から遠く出離した段階をいう。 Ⓢ dūraṃ-gamā bhūmiḥ
（出典）遠行地、至無相住功用後辺、出過世間二乗道故。（『成論』9、大正 31・51a～b）

遠加行 おんけぎょう ある結果を証するに至るまでの修行のなかで、最初のころの修行をいう。近加行の対。→近加行「修行者の遠加行のなかの初業の位には十八界を観ず」

遠性 おんしょう 遠くであるということ。相遠性・治遠性・処遠性・時遠性の四種がある。→各項参照 Ⓢ dūratā
（参考）（『倶舎』21、大正 29・111b～c）

遠塵離垢 おんじんりく こころのなかのちり・汚れ（随眠・纏・煩悩・麁重など）をなくすこと。「大会中に於て三百千の声聞が遠塵離垢して、諸法中に於て法眼浄を得る」
Ⓢ virajo vigata-malam
（参考）（『婆沙』182、大正 27・913b）：（『瑜伽』83、大正 30・763c）

遠続 おんぞく →遠続縁起 Ⓢ prākarṣika

遠続縁起 おんぞくえんぎ 十二支縁起に対する四種の解釈（刹那・連縛・分位・遠続）のなかの一つ。十二支はかならずしも順をおって生ずることはなく、また前後が時を隔てて相続するとみる縁起観。生死輪廻する五蘊が二世以上の隔たりを以って因果相続するとみる縁起のありようをいう。
Ⓢ prākarṣikaḥ pratyaya-samutpādaḥ
（参考）（『倶舎』9、大正 29・48c）

遠避 おんひ 遠ざけること。「諸の智者は親愛と怨憎とを俱に遠避す」

遠分 おんぶん ①遠くまで行くこと。「色界を超過して遠分を成ぜしむ」
②遠ざけること。遠ざかること。遠くまで進むこと。→遠分対治「能く諸の纏を遠分に離れしむ」 Ⓢ dūrī-**kṛ**: dūrī-bhāva

遠分対治 おんぶんたいじ 四種の対治（厭

壊対治・断滅対治・任持対治・遠分対治）の一つ。遠分とは、遠ざけること、遠くまで進むこと。対治とは惑（煩悩）を断じること。惑（煩悩）を断じる四つの過程（加行道・無間道・解脱道・勝進道）のなかの勝進道での対治を遠分対治という。勝進道は無間道・解脱道で断じた惑をさらに遠ざけ、再び世間のなかで修行していくから遠分対治という。→四種対治　Ⓢ dūrī-bhāva-pratipakṣa

（出典）諸対治門、総有四種。（中略）三遠分対治、謂、解脱道後所有道。由彼道、能令此所断惑得更遠故。（『倶舎』21、大正 29・111b）：遠分対治者、謂、煩悩断已、於対治道、更多修習或多修習上地之道。（『瑜伽』67、大正 30・669a）

遠離　おんり　①遠ざける、離れる、断じる、除去すること。遠離の種類としては、身遠離・心遠離の二種（『瑜伽』30、大正 30・450b）、住処遠離・見遠離・聞遠離の三種（『瑜伽』63、大正 30・648b）、悪行遠離・欲遠離・資具遠離・憒鬧遠離・煩悩遠離の五種（『瑜伽』13、大正 30・346a）が説かれる。「一切の外道の見を遠離す」「下乗を遠離して大乗に趣く」「一切の殺生を遠離す」「有及び非有の二辺を遠離す」

Ⓢ apakarṣaṇa: apagata: apanīta: apa-**hā**: parivarjana: pari-**vṛj**: parihāra: prativirati: pravivikta: praviveka: prāvivekya: varjita: vigata: vigama: vinirmukta: virati: viraha: virahita: vivarjana: vivarjita: vivikta: viveka: vivejya: vīta: vyapakarṣa: vyapakṛṣṭa

②人里はなれた場所。「遠離に閑居して瑜伽を修す」 Ⓢ praviveka

（出典）遠離者、山林樹下、空閑静室。（『瑜伽』13, 大正 30・344a）

遠離空　おんりくう　三種の空（無体空・遠離空・除遣空）の一つ。人我（自己という存在）と法我（自己の構成要素という存在）への執着を離れた心のありようをいう。三性でいえば依他起性のありようをいう。三種の空（無性空・異性空・自性空、あるいは自性空性・如性空性・真性空性）の異性空・如性空性に相当する。

（出典）依止遍計所執等三種自体、如其次第、立三種空。一無体空、二遠離空、三除遣空。（『顕揚』15、大正 31・555c）

遠離作意　おんりさい　煩悩を断じ遠離する思考。七種の作意（了相作意・勝解作意・遠離作意・摂楽作意・観察作意・加行究竟作意・加行究竟果作意）の第三番目の作意。前の勝解作意をくりかえし修することによって、はじめて煩悩を断じることが生じる段階の思考をいう。 Ⓢ prāvivekyo manaskāraḥ

（参考）（『瑜伽』33、大正 30・466b）：（『雑集論』9、大正 31・736c）

遠離処　おんりしょ　人里はなれた場所。遠離ともいう。空閑処とおなじ。→空閑処「遠離処にて入出二種の息念を修習す」

Ⓢ praviveka

遠離障　おんりしょう　遠ざけ、離れ、断じるべきことをさまたげる障害。仕事を好む、睡眠を好む、人びとと語り騒ぐことを好むなどの行為をいう。三種の障（加行障・遠離障・寂静障）の一つ。

Ⓢ prāvivekya-antarāya

（参考）（『瑜伽』25、大正 30・420a～b）

遠離常辺断辺　おんりじょうへんだんへん　→遠離二辺

遠離尋　おんりじん　仏陀が成仏した後に起こした「なにが遠離であるか」と尋ねる追求心・回顧心をいう。

（参考）（『婆沙』44、大正 27・228a）

遠離増益損減二辺　おんりぞうやくそんげんにへん　→遠離二辺

遠離展転闘諍円満　おんりちんでんとうじょうえんまん　相互に対立・闘争することを離れることにおける完成状態。闘いをまったくなくした状態を完成すること。五種の円満の一つ。→円満⑤

（参考）（『瑜伽』100、大正 30・877a）

遠離二辺　おんりにへん　離二辺ともいう。見解あるいは生き方において二つの極端（辺）を離れること。両極端として次のようなものがある。（ⅰ）存在しないものを存在するとみる極端な見解（増益辺）と存在するものを存在しないとみる極端な見解（損減辺）。（ⅱ）死後も存続するとみる極端な見解（常辺）と死後は断滅してなくなるとみる極端な見解（断見）。（ⅲ）欲望や快楽にふけるという極端な生き方（受用欲楽辺）と苦行をするという極端な生き方（受用自苦辺）。これらの両極端を離れることを中道という。「二辺を遠離する中道」「二辺を遠離して中道に契会す」 Ⓢ anta-dvaya-parivarjana: anta-

dvaya-vivarjitatva
（出典）有遠離二辺処中観行。謂、離増益辺、離損減辺。（『瑜伽』13, 大正 30・345b）：云何遠離二辺。当知略有六種。謂、遠離増益非実有辺、遠離損減真実有辺、遠離妄執常辺、遠離妄執断辺、遠離受用欲楽辺、遠離受用自苦辺。（『瑜伽』64、大正 30・655a）

遠離二辺理趣　おんりにへんりしゅ　釈尊所説の教法のなかの遠離二辺（二つの極端な見解を離れる）という道理。六種の理趣の一つ。遠離二辺理門とおなじ。→理趣　→遠離二辺　Ⓢ anta-dvaya-vivarjitatva-naya

遠離二辺理門　おんりにへんりもん　→遠離二辺理趣

遠離顰蹙　おんりひんしゅく　顔をしかめないこと。含笑・舒顔平視・先言などとならんで人と接するときの礼儀の一つ。→顰蹙　Ⓢ vigta-bhṛkuṭi: vigata-bhrūkuṭi
（参考）（『瑜伽』25、大正 30・423a）

遠離楽　おんりらく　四種の無悩害楽（出離楽・遠離楽・寂静楽・三菩提楽）、あるいは四種の楽（出家楽・遠離楽・寂静楽・三菩提楽）の一つ。欲界で起こす貪りや怒りなどの煩悩を離れることによって色界の初静慮で得られる楽。楽を欲楽（欲界の楽）と遠離楽との二種に分ける場合は、色界と無色界の楽をまとめて遠離楽という。→無悩害楽　→四種楽
（出典）断除諸欲悪不善法、証初静慮離生喜楽、名遠離楽。（『瑜伽』35、大正 30・483c）：解脱貪欲瞋恚等事、初静慮中妙遠離楽。（『瑜伽』90、大正 30・813a）：楽有二種、所謂、欲楽及遠離楽。此遠離楽復有三種。一者劣楽、二者中楽、三者勝楽。劣楽者、謂、無所有処已下。中楽者、謂、第一有。勝楽者、謂、想受滅。（『瑜伽』96、大正 30・852b）
（参考）（『婆沙』26、大正 27・137a）：（『瑜伽』70、大正 30・687b）

慇懃　おんごん　ていねい。ねんごろ。「慇懃に請問す」「親友を慇懃に守護す」

慇重　おんじゅう　尊敬する、重んじること。殷重とおなじ。「慇重して聴き、恭敬して聴く」「止観を慇重して加行す」
Ⓢ satkṛtya
（出典）言慇重者、恭敬修故。（『摂論釈・世』6、大正 31・350a）

慇浄心　おんじょうしん　尊敬するきよらかな心。「慇浄心を起こして恭敬して供養す」「慇浄心を以って諸の資具を施す」

瘖瘂　おんあ　口が不自由な人。「瘖瘂は手を以って言に代える」　Ⓢ eḍa-mūka: mūkatā

厭　おん　①きらうこと。いとうこと。「智の増上力に由るが故に諸行中に於て厭を起こす」「如実に知見するが故に能く厭を起こす」「生死を厭って涅槃を楽う」　Ⓢ udvigna: ud-**vij**: dveṣitva: nirviṇṇa: nir-**vid**: nirvid: parikhinna: parikheda: vidveṣa
（出典）言厭者、由見諦故、於一切行、皆悉厭逆。（『瑜伽』84、大正 30・768a）
②善心としての厭。慧をともなった貪りのない厭うこころをいう。
（出典）厭、謂、慧倶無貪一分、於所厭境、不染著故。（『成論』6、大正 31・30c）

厭壊　おんえ　誹謗する、非難すること。きらうこと。いとうこと。「諸の境界を厭壊して諸の煩悩を捨す」「眼・色、乃至、意・法を厭壊す」　Ⓢ dūṣaṇā: vidūṣaṇā

厭壊対治　おんえたいじ　厭患対治とおなじ。→厭患対治

厭悪　おんお　きらうこと。いとうこと。「餓鬼あり、極めて厭悪すべき生熟の臭穢を飲噉す」「有為法に於て心に厭悪と怖畏を生ず」「妙慧を以って段食の過患を観察し已って深く厭悪を生ず」「流転を厭悪して還滅を欣楽す」　Ⓢ vi-**duṣ**

厭毀　おんき　きらってなくすこと。「嫉と慳とは最も厭毀すべきなり」「厭毀すべきが故に悪と名づく」

厭逆　おんぎゃく　意に反していること。不快なこと。忌みきらうこと。「諸の境界に於て厭逆の想を起こす」「食を厭逆する想」
Ⓢ pratikūla: prātikūlya

厭苦　おんく　苦をきらうこと。「恒時に楽を欣い苦を厭う」「一切の賢聖は皆な苦を厭い涅槃を欣楽す」

厭倦　おんけん　倦怠。疲れて怠けること。「精勤に加行して厭倦あることなし」「三蔵の文義、甚だ広博なるが故に、恒に憶持すれば、心を厭倦せしむ」
Ⓢ khinna: kheda: parikhinna

厭患　おんげん　きらうこと。いとうこと。苦や苦の原因となるものを観察することによって、それらを嫌悪し、それらから離れようと欲すること。あるいは存在の本性を知って

(たとえば身体は不浄なるものであると知って) その存在への欲望から離れようと欲すること。「悪行の苦果を見已って、恐怖し厭患して悪行を離る」「青瘀などの不浄想によって諸欲を厭患す」 Ⓢ vi-**duṣ**: vidūṣanā: sam-**vij**: saṃvega

厭患対治 おんげんたいじ 苦や苦の原因となるものを観察してそれを嫌悪してそれを断じること。壊対治・厭壊対治ともいう。四種の対治(厭患対治・断滅対治・任持対治・遠分対治)の一つ。→四種対治 Ⓢ vidūṣanā-pratipakṣa

(出典) 諸対治門総有四種。(中略) 四厭患対治、謂、若有道、見此界過失、深生厭患。(中略) 厭患対治、謂、縁苦集起加行道。(『倶舎』21、大正 29・111b):厭患対治者、謂、一切世間善道、除諸無量、及余行者遊戯神通所引作意。(『瑜伽』67、大正 30・669a)

厭捨 おんしゃ あるものをきらってそれを捨てる、それから離れること。「生死を厭捨して涅槃を欣趣す」「世間の酒・色・博戯・歌舞などを厭捨す」「一切の受所生の雑染を厭捨す」

Ⓢ abhisaṃlekhikī: dūṣaṇīya: vairāgya: saṃlikhita

厭恥 おんち 嫌悪しとがめること。「猛利の纏に於て深く厭恥を起こす」

厭祷 おんとう 呪いの祈祷をすること。「断食・治罰・呪薬・厭祷などを以って諸の衆生を害す」

厭背 おんはい 忌みきらうこと。「涅槃を欣求し生死を厭背す」「一切の行に於て厭背の想に住す」 Ⓢ vimukha: vaimukhya

(参考) (『瑜伽』86、大正 30・779b〜c)

厭怖 おんふ きらい怖れること。「生死の災患を深く厭怖す」 Ⓢ ud-**vij**

厭離 おんり きらうこと。いとうこと。「生死を厭離し涅槃を欣楽す」「諸の煩悩を深心に厭離す」

Ⓢ udvigna: ud-**vij**: udvega: nirveda: saṃvega: saṃvejana

隠 おん ①かくれること。かくすこと。消滅すること。「世尊の涅槃後、正法、隠る」

Ⓢ antar-**dhā**: antarhita: tiras-bhāva: praticchanna

②かくされた。秘密の。「隠句と顕句」

Ⓢ channa

③秘密に。内密に。「若しくは隠に、若しくは露に、真実の功徳を顕示す」 Ⓢ rahas

隠顕 おんけん 隠没と顕現。仏・菩薩の能変神境智通の一つ。仏や菩薩が禅定力によって人びとの前に自在に現れたり、かくれたりすることができるという神通力。

Ⓢ āvis-bhāva-tiras-bhāva

(出典) 隠顕者、謂、仏菩薩、依定自在、於大衆前、百度千度、或過於是、隠没自身、復令顕現、是名隠顕。(『瑜伽』37、大正 30・492c)

隠障 おんしょう →隠没障

隠窃 おんせつ ひそめかくすこと。「邪行を或いは公顕し、或いは隠窃す」

隠蔵 おんぞう かくすこと。「自らの罪を隠蔵するを名づけて覆と為す」

Ⓢ pracchādana

隠匿 おんとく かくすこと。「造るところの衆悪を内に懐いて隠匿す」

隠覆 おんぷく かくすこと。「自らの善法を隠覆し、自らの悪法を発露す」「隠密説法とは、嬰児の智慧の有情に広大な甚深の法を隠覆して説くことなり」 Ⓢ praticchādanatā

隠蔽 おんぺい 覆いかくすこと。すがたをかくすこと。「定に入りて自ら隠蔽して現れず」

隠歿 おんぼつ 隠没とおなじ。→隠没

隠密 おんみつ ①深い真理をかくして開示しないこと。「隠密に法を説く」 Ⓢ guhya

②深いこと。理解し難いこと。「宣説するところは入り易く隠密ならず」 Ⓢ gahana

③かくされていること。「覚慧は幽深、軽安は広大にして身心は隠密なり」

Ⓢ upagūḍha

隠密教 おんみつきょう 声聞の教え。大乗の教えである顕了教の対。十二種の教導の一つ。→教導

(出典) 隠密教者、謂、従多分、声聞蔵教。(『瑜伽』64、大正 30・654c)

隠密説法 おんみつせっぽう 智慧の劣っている人に深い真理をかくして易しく説き示すこと。顕了説法の対。→顕了説法

Ⓢ guhya-dharma-ākhyāna

(出典) 隠密説法者、謂、於嬰児智慧有情、隠覆広大甚深義法、為説麁浅易可悟入易、為方便趣入処法。(『瑜伽』37、大正 30・497c)

隠滅 おんめつ 滅ぶ、消滅すること。「仏

の聖教、速疾に隠滅す」

隠没 おんもつ かくれる、消滅すること。かくすこと。隠歿ともいう。「正法、衰退し隠没す」「光明、隠没し、黒闇、生ず」

Ⓢ antar-**dhā**: antarhita

隠没障 おんもつしょう 四種の障（覆蔽障・隠没障・映奪障・幻惑障）の一つ。薬草や呪術や神通力などによって、ものがかくれ消滅するという障害。隠障ともいう。

Ⓢ antar-dhāpanīya-āvaraṇa

（出典）隠障所礙者、謂、或薬草力、或呪術力、或神通力之所隠障。（『瑜伽』15、大正 30・357a）：四種障、謂、覆蔽障・隠没障・映奪障・幻惑障。（『瑜伽』3、大正 30・291a）

隠劣顕勝識 おんれつけんしょうぎ →五重唯識観

蔭 おん かげ。こかげ。「葉林の蔭に趣きて其の下に坐す」 Ⓢ chāyā

鴛鴦 おんおう おしどり。鴛はおしどりの雄、鴦はおしどりの雌。 Ⓢ cakra-vāka

か

戈 か ほこ。かたな。「戈を奮い、刃を揮う」 Ⓢ śakti

火 か ①火。燃えること。焼けること。焼かれること。火は煩悩の喩えとして用いられる場合が多い。「貪・瞋・癡の三つ火が息むが故に名づけて涅槃と為す」 Ⓢ agni: dāha: vahni

②煩悩の異名の一つ。「煩悩は善根の薪を焼くが故に名づけて火と為す」

③物質を構成する四つの元素である四大種（地・水・火・風）の一つ。→四大種

Ⓢ tejas

④火難。水とならんで恐怖の対象としての火。→水火 Ⓢ agni

火焔 かえん ほのお。「熱地獄の火焔、熾然なり」「煩悩を焼く智は火焔の如し」

Ⓢ agni: arcis: jvālā

火界 かかい 存在を構成する六つの要素（地・水・火・風・空・識の六界）の一つで、火という要素。火の性質であるあたたかさ（煖性・温熱性）という要素。内の火界（身体内部のあたたかさ）と外の火界（外界の火などのあたたかさ）とに二分される。

Ⓢ tejas-dhātu

（参考）（『瑜伽』27、大正 30・430b）

火坑 かこう 火がもえさかる穴。「所聞の法は是れ浄法界の最勝の等流なりと知って此の法を求めんが為に、設え火坑の量が三千大千世界に等しくとも、身を投じて取ること、以って難となさず」 Ⓢ agni-khadā

火災 かさい 世界を破壊する火災・水災・風災の三つの大きな災害（大三災）の一つ。火による災害。→大三災

Ⓢ tejas-saṃvartanī

（参考）（『倶舎』12、大正 29・66a～67a）：（『瑜伽』2、大正 30・285c）

火珠 かじゅ ①火からなる珠玉。「日輪の下面の頗胝迦宝は火珠の所成にして、能く熱し能く照らす」 Ⓢ taijasa

②火と珠玉。光明を放つものとしてあげられる。「夜分と昼分との二分に在る光明とは火珠などを謂う」

火聚 かしゅう 火のあつまり。火のかたまり。「苦の火聚、長時に熾然す」

Ⓢ agni-skandha

火星 かしょう 火微星とおなじ。→火微星。

火葬 かそう 死者を焼いて葬ること。「最後に般涅槃する時、即ち此の衣を以って身を纏い火葬す」

火大 かだい 物質を構成する四種の元素（地大・水大・火大・風大）の一つ。火という元素。詳しくは火大種という。

Ⓢ tejas-mahābhūta

火炭 かたん 焼かれた炭。「皮肉枯れること、火炭の如し」 Ⓢ dagdha-sthūṇā

火天 かてん 火と天。外道において供養の対象となる二つ。「火と天とを供養するを名づけて祠祀と為す」 Ⓢ agni-devatā

火微星 かみしょう 火花。刹那に滅するも

のの喩えに用いられる。火星ともいう。「小札の火微星が纔かに挙げて即ち謝滅するが如し」 Ⓢ śakalikā-agni

火輪 かりん →旋火輪

加（か）→け

可 か ①「～にふさわしい」「値する」「かなう」という意味の **arh**、arha、yukta の訳。「瓦器は用に可う」「衆果は噉に可う」 Ⓢ **arh**: arha: yukta
②「～することができる」という意味の **śak**、śakya の訳。「数えること可なり」「可見、可触なり」 Ⓢ **śak**: śakya
③「～すべき」「～することができる」という意味の語尾-anīya、-ya の訳。「供養す可き財物」 Ⓢ -anīya: -ya
④「～の性質、性格、傾向をもつ」という意味の śīla の訳。「諸行に可生、可滅の相あり」 Ⓢ śīla

可愛 かあい 好ましい、望ましい、愛すべき、魅力的な、心にかなうこと。「可愛の果」「可愛の異熟を招く」「未来世に於て愛楽すべきが故に可愛の語と名づく」「可愛の珍宝」 Ⓢ abhipreta: iṣṭa: kānta: priya: priya-karaṇa: premaṇīya: manāpa: manas-jña: manas-rama
（参考）（『瑜伽』84、大正 30・769b～c）

可愛楽 かあいぎょう 好ましい、望ましい、愛すべきこと。「過去世に於て可愛楽なるが故に可楽の語と名づく」「華果・枝葉、茂盛して可愛楽なり」「其の声、和雅にして甚だ可愛楽なり」 Ⓢ abhipretatva: abhiramya: iṣṭavya: premaṇīya: manas-jña: ramaṇīyaka

可愛趣異熟戒 かあいしゅいじゅくかい 来世において人・天などの好ましい生存のありようをもたらす戒め。七種の戒の一つ。
Ⓢ iṣṭa-gati-vaipākya-śīla
（参考）（『瑜伽』42、大正 30・522b）

可愛生 かあいしょう 人・天という楽なる生存のありように生じること。十一種の生の一つ。→生⑤
（出典）於人天楽趣中生、名可愛生。（『瑜伽』52、大正 30・586b）

可委 かい 信頼できること。可信・可寄託とおなじ。「可信とは、謂く、可委なるが故に。可委とは、謂く、可寄託なるが故に」
Ⓢ pratyayitatva

可委信 かいしん 信頼できること。「可委信の力は能く吉祥を生ず」

可畏 かい おそれること。「遍計所執の色などに可畏を生ず」 Ⓢ bhaya

可意 かい 好ましいこと。心にかなうこと。如意ともいう。「可意の語」「可意・不可意の香」「可意の有漏行法が壊苦と合するが故に名づけて苦と為す」
Ⓢ abhipramodamāna: manāpa: manāpika: manas-jña
（参考）（『瑜伽』84、大正 30・769b～c）

可悪 かお 意に適わない、不快な、憎むべきこと。可悪逆ともいう。「可悪な有情」「可厭逆とは、受用する婬欲が変壊して成ずるところは可悪逆なるが故に」

可悪逆 かおぎゃく →可悪

可厭 かおん 忌みきらうべきこと。可厭逆・可厭患ともいう。「可厭の法」「諸欲は皆な是れ不浄・臭穢の法にして、是れ可厭患なり」 Ⓢ saṃvejanīya

可厭逆 かおんぎゃく →可厭

可厭患 かおんげん →可厭

可記事教 かきじきょう 明確にその内容を説き示した教え。たとえば「一切の諸行は皆な是れ無常なり」「一切の諸法は皆な悉く是れ苦なり」「一切の諸行は皆な我あることなし」「涅槃は寂静なり」という四法印の教えをいう。不可記事教の対。十二種の教導の一つ。→教導
（出典）可記事教者、謂、四種法嗢拕南教、即一切行無常、乃至涅槃寂静、如是等類所有言教。（『瑜伽』64、大正 30・654c）

可寄託 かきたく 信頼できること。→可委 Ⓢ viśvāsyatā

可楽 かぎょう 好ましい、望ましいこと。「過去世に於て可愛楽なるが故に可楽の語と名づく」 Ⓢ priya
（参考）（『瑜伽』84、大正 30・769b～c）

可熏 かくん 熏習され得ること。→熏習② →可熏性
（出典）言可熏者、謂、応受熏方可熏習。（中略）若於此時、能受熏習、即於爾時、名為可熏。（『摂論釈・世』2、大正 31・329c）

可熏性 かくんしょう 熏習され得るという性質。阿頼耶識の性質の一つ。阿頼耶識に具体的に現れた心の働き（現行）の結果が種子として熏習され得るための性質の一つ。所熏の四義の一つ。→所熏四義 →熏習②

（参考）（『成論』2、大正 31・9c）

可見 かけん 見えること。視覚の対象となりうること。「不可見の処を遠色と名づけ、可見の処を近色と名づく」

Ⓢ darśana: dṛṣya

可欣 かごん 好ましい、望ましいこと。「現在事に於て可愛楽の故に可欣の語と名づく」 Ⓢ priya

（参考）（『瑜伽』84、大正 30・769b〜c）

可信 かしん 信頼できること。可委・可寄託とおなじ。「妄語に翻るなか、可信とは、謂く、可委なるが故なり。可委とは、謂く、可寄託なるが故なり」

Ⓢ śraddheya: saṃpratyayita

可染 かぜん 他の色に染められ変色した銀。財物の一つ。「財物と言うは、末尼・真珠・琉璃・螺貝・璧玉・珊瑚・馬瑙・彩石・生色・可染・赤珠右旋を謂う」 Ⓢ rajata

可得 かとく 認識され得ること。存在し得ること。得られること。「苦ある諸の世界の中に於て恒に衆苦の可得あり」「一分の傍生は或いは一日夜の寿量が可得なり」

Ⓢ upalabdhi: upa-**labh**: labha: lābha

可爆乾味 かばくかんみ 身体を痩せさせる薬の味。五種の薬味の一つ。→薬味

花（か）→け

価（か）→け

呵 か せめること。とがめること。「外道が諸見に著するを呵す」

Ⓢ ava-**sad**: avasādanī

呵諫 かかん とがめいさめること。「外道の所説は正理に順ぜざる故に遮止し訶諫すべし」

呵毀 かき とがめそしること。「生死の過失を呵毀し、涅槃の功徳を称讃す」「世尊は種種の方便を以って飲酒の過失を呵毀す」

呵叱 かしっ とがめしかること。「仏は是の如き事を顧見して訶叱して言く」

呵制 かせい とがめ制止すること。「提婆達多が破僧を欲するとき、仏は慈愍を以って之を呵制す」

呵責 かせき 罪をとがめる、非難すること。「如法に呵責し治罰す」 Ⓢ ava-**sad**: vi-**garh**

呵罵 かば とがめののしること。「若し怨家ありて来って酬隙を求めれば、呵罵・縛録・殺害・奪財・治罰せんと欲して終に施与せず」

呵擯 かひん せめる、とがめること。五種の教誡の一つ。→教誡「毀犯者を如法に呵擯す」 Ⓢ ava-**sad**: avasādanā

呵梨薬 かりやく 訶梨薬とも書く。呵梨・訶梨は harītakī を略した音写。詳しくは訶梨怛雞と音写する。瀉薬と意訳。harītakī（ミロンバラン樹）の果実から作られた薬。下剤の一種。六種の味を具え一切の病を除く薬王といわれる。→訶梨怛雞「衆僧に一つの呵梨薬を施すに由って疾病劫の中に堕せず」

Ⓢ harītakī

果 か ①ある原因から生じた結果。果（phala）の種類の代表的な分類として異熟果・等流果・離繋果・士用果・増上果の五果がある。→各項参照「因（kāraṇa）を待つとは、謂く、果（kārya）なり」「若し此れが有無なるとき、彼れも随って有無ならば、此れを定んで因（hetu）と為し、彼れを定んで果（phala）と為す」 Ⓢ kārya: phala

②アームラ樹の果実（āmra）。パンの木の果実（panasa）。「衆の果が熟して究竟に至れば、無間に噉すべきが如く、説いて名づけて熟と為す」 Ⓢ āmra: panasa

果位 かい ①ある結果を得た位。「預流果の位・一来果の位」

②修行が完成して仏となった段階。仏の位。無学の位。因位の対。「得難き如来の果位を証得す」「無学の果位を証得す」 Ⓢ phala-avasthā

果異熟 かいじゅく 果が異熟すること。異熟としての結果。→異熟「一切波羅蜜多の果異熟」「布施の果が異熟することを希望せず」

Ⓢ paripāka-phala: phala-vipāka: vipāka-phala

果円徳 かえんとく 如来の三つの円徳（因円徳・果円徳・恩円徳）の一つ。如来が修行の結果として獲得した卓越性・偉大性をいう。智円徳・断円徳・威勢円徳・色身円徳の四つに分かれる。→各項参照

（参考）（『倶舎』27、大正 29・141b）

果円満転 かえんまんてん 転とは転依のこと。仏果において円満した転依。長い修行の末に仏となって身心が完全に清浄になりきること。六種の転依の一つ。→転依

（参考）（『成論』10、大正 31・54c）

果苦 かく 結果としての苦。たとえば地獄・餓鬼・畜生などの悪趣（悪い生存状態）

に生まれること。 S phala-duḥkha

果倶有 かくう 阿頼耶識（潜在的な根本心）のなかの種子がそなえる六つの条件（種子六義）の一つ。種子から生じた結果としての現行（顕在的な心）と種子とが同時に存在していることをいう。→種子六義
（参考）（『成論』2、大正 31・9b）

果香 かこう 果実の香り。植物の五種の香りの一つ。 S phala-gandha

果識 かしき ①現世に生を受けるときに母胎のなかに生じる識。〈唯識〉はそれを阿頼耶識と考える。「現在世に於て自体が生を得るとき、母胎中に在りて相続の果識が生ず」
S phala-bhūtaṃ vijñānam: phala-vijñāna
②阿頼耶識の種子から生じた結果としての識。現行識（具体的に働く顕在的な識）のこと。「第七識は彼の種子識及び現行の果識とを以って所依と為す」

果実 かじつ 果実。木の実。「茎や華や葉や果実の香」 S phala

果樹 かじゅ 果実がなる木。
S phala-vṛkṣa

果熟 かじゅく 果が成熟すること。
S phala-pāka

果勝 かしょう 結果の優越性・特異性。菩薩が声聞と独覚より勝れている四点（根勝・行勝・善巧勝・果勝）のなかの一つ。声聞と独覚とがそれぞれの菩提を得るのに対して、菩薩は無上正等菩提を獲得する点が勝れていること。
S phala-kṛto viśeṣaḥ: phala-vaiśeṣya

果勝利 かしょうり 修行によって獲得した結果としての利益・功徳。果利とおなじ。「明と解脱の二つの果勝利を証得す」
S phala-anuśaṃsa

果相 かそう ①結果としてのありよう。「彼の果相に由って密意をもって過去ありと説く」 S phala-lakṣaṇa
②阿頼耶識の三相（因相・果相・自相）の一つ。阿頼耶識が過去の善と悪との業の結果であるというありようをいう。→阿頼耶識
（参考）（『成論』2、大正 31・7c）:（『摂論釈・世』2、大正 31・327c）:（『述記』2 末、大正 43・301c～302a）

果道 かどう さとりを得た位。仏陀になった段階。「解脱道は是れ果道の摂なり」

果能変 かのうへん 果が能く変化すること。果とは阿頼耶識の種子から顕現した八識を指し、この八識の自体分がよく見分（認識するもの）と相分（認識されるもの）とに変化することを果能変という。二種の能変（因能変・果能変）の一つ。→因能変
（出典）能変有二種。（中略）二果能変。謂、前二種習気力故、有八識生、現種種相。（『成論』2、大正 31・7c）

果分 かぶん ①修行の結果として仏に成った位をいう。因分の対語。果位とおなじ。→因分① →果位②
②十二支縁起のなかの果の部分。 S phala-bhāva
（参考）（『瑜伽』10、大正 30・327a）

果報 かほう なんらかの行為によって結果として報われたもの、獲得されたもの。「此の無相心定に何の果報があるや」「諸の悪行は能く当来の非愛の果報を感ず」
S phala: vipāka

果唯識 かゆいしき 唯識という教説を五つに分類したもの（五唯識）の一つ。果に関する唯識。唯識の教えにしたがって修行した結果、獲得したもの、たとえば大円鏡智などの四智、真解脱と大菩提の二転依などに関する教説をいう。→五種唯識
（参考）（『義林章』1、大正 45・259c）

果利 かり 果勝利とおなじ。→果勝利

河 か かわ。水の流れ。河はつねに流れつづける、あるいはそのなかで溺れるから生死輪廻や貪愛の喩えとして用いられる。「生死の河」「貪愛の河」
S toya: nadī: nadya: prasravaṇa

河海 かかい かわ。外の水界の一つ。「井泉・池沼・陂湖・河海、是の如き等の類を外の水界と名づく」 S nadī

河浜 かひん 河のほとり。「河浜を遊観し、山谷を遊観す」

曷邏呼阿素洛 からこあすら 戦いを好む阿素洛。曷邏呼は kalaha の音写で、戦闘・喧嘩の意。その手は太陽や月の光をさえぎるものの一つに数えられる。→ 阿素洛
S kalaha-asura
（参考）（『婆沙』27、大正 27・141a）

柯條 かじょう えだ。木の枝。「夏時に於て諸の卉木の柯條は聳密し花葉は茂盛するを見る」

珂貝 かばい ほら貝。→螺貝

科釈 かしゃく →科判

科判 かはん 科釈ともいう。経典や論書の本文全体をいくつかの配列した部門に分けて判じ解釈すること。序文・正宗分・流通分の三つに分けるのがその代表である。

科文 かもん 経典や論書の本文全体を内容的にいくつかの段落に分けること。
(参考)(『演秘』1本、大正43・812b〜c)

迦佉伽 かきゃが 単語や文章を構成する最小単位の文字のなかのka(迦)、kha(佉)、ga(伽)の音写。

迦刺底迦月 かしていかがつ →羯栗底迦月

迦肆娑 かししゃ kāsīsaの音写。硫酸を含んだ鉱物。みょうばん。 Ⓢ kāsīsa

迦末羅 かまら ①→迦末羅病
②数の単位の一つ。鉢特摩分の百千倍。→鉢特摩分
(参考)(『婆沙』177、大正27・890c)

迦末羅病 かまらびょう 迦末羅はkāmalāの音写。黄病と意訳。熱病の一種。
Ⓢ kāmalā

迦末羅分 かまらぶん 数の単位の一つ。迦末羅の百千倍。→迦末羅②

迦耶 かや kāyaの音写。身体のこと。薩迦耶見の迦耶。→薩迦耶見

迦邏 から kālaの音写。時を意味する。

迦梨迦風 かりかふう 季節風のこと。迦梨迦は、季節にふさわしい、適時の、という意味のkālikāの音写。黒風・悪風と意訳。「迦梨迦風吹きて八万四千の海水を皆な四散せしむ」 Ⓢ kālikā-vāta

迦理沙般拏 かりしゃはんな 一カルシャ(karṣa、重量の単位)の量の貨幣。
Ⓢ kārṣāpaṇa

郝郝凡那落迦 かかばならか →臛臛婆那落迦

夏(か) →げ

家(か) →け

華(か) →け

荷 か になうこと。背負うこと。「重担を荷う」 Ⓢ hāra

荷恩意楽 かおんいぎょう 六波羅蜜多を修することにおいて抱く六つの願いの一つ。六波羅蜜多を修することによって人びとを救済するとき、自身にとって人びとは恩ある人であり、人びとにとって自分は恩があるのではないと思う願いをいう。
(参考)(『摂論釈・世』7、大正31・356b)

荷担 かたん になうこと。背負うこと。「衆苦を荷担す」

荷負 かふ になうこと。背負うこと。「重担を荷負して嶮難処を経る」

貨財 かざい 財物・財産・所有物・道具。財貨とおなじ。「既に出家し已りて遂に去来の貨財・親友を追念し思慕す」 Ⓢ bhoga

貨女 かにょ 売られた女。「自らの貨女に於て不浄行を行ず」

貨売 かばい (奴隷として)売ること。販売すること。「屠害・捶縛・貨売されるに任す」 Ⓢ vikraya

訶厭 かえん とがめいとうこと。「諸の善士によって訶厭される法を説いて名づけて罪と為す」「不律儀は諸の智者の訶厭するところなり」
(出典)訶、謂、訶責。厭、謂、厭離。見世間人及世間法、訶責暴人、厭離悪法。(『演秘』5本、大正43・914b)

訶毀 かき 嫌うこと。罵倒する、悪口を言う、誹謗すること。「常に訶毀せずして称讃す」 Ⓢ kutsana: garhaṇa

訶拒 かこ ののしり拒絶すること。「魔は梵世に住して仏を訶拒す」

訶責 かせき しかりとがめること。非難すること。訶擯とおなじ。「諸の過を犯す者を訶責す」「欲貪・欲愛の過失を訶責し毀呰す」 Ⓢ ava-**sad**: avasādana: avasādanikā: garhita: **cud**: paribhāṣaṇa: paribhāṣita: roṣaṇa: vi-**garh**

訶罵 かば とがめののしること。「自ら悪行を行じて他の笞罰・縛録・訶罵・駆擯などの種種の衆苦に遭う」 Ⓢ ākrośana

訶擯 かひん しかりせめること。非難すること。訶責とおなじ。「彼の過失を観じて訶責を開示するを訶擯という」「麁悪語を以って猛利に訶擯す」 Ⓢ ava-**sad**: avasādanā

訶利底神 かりていしん 訶利底はhārītiの音写。民間信仰での天の神の一つ。鬼子母神のこと。この天は『婆沙論』では天趣ではなく鬼趣であるとされる。 Ⓢ hārīti
(参考)(『婆沙』172、大正27・868c〜869a)

訶梨 かり →訶梨怛雞

訶梨渋性 かりじゅうしょう 訶梨薬のしぶみ。→訶梨薬

訶梨怛雞 かりたけい harītakī の音写。harītakī（ミロンバラン樹）の果実から作られた薬。瀉薬と意訳。呵梨薬・訶梨薬ともいう。下剤の一種。六種の味を具え一切の病を除く薬王といわれる。→呵梨薬 Ⓢ harītakī

訶梨薬 かりやく →訶梨怛雞

過 か ①過失とおなじ。→過失「二は俱に過あり」 Ⓢ doṣa
②過患とおなじ。→過患①「生死に過あり」 Ⓢ ādīnava
③過悪とおなじ。→過悪「有情に上品の過、上品の違犯あり」 Ⓢ aparādha
④それ以上であること。「此の外に更に若しくは過、若しくは増、あることなし」 Ⓢ uttari
⑤あやまち。罪。「自の所犯に於て深く過を見る」 Ⓢ atyaya
⑥不足。欠点。弱点。過短とおなじ。→過短「菩薩は過を求める外道には正法を口授せず」 Ⓢ randhra
⑦越える、過ぎる、超出していること。「夜分を過ぎて清旦に至る」「第一無数大劫を過ぎ已って清浄勝意楽地に入る」「語言の道を過ぎたり」 Ⓢ ati-**kram**: atikrānta: atyaya: pareṇa: samatikrānta
⑧過度の。甚だしい。 Ⓢ atyartham
⑨過去の略。→過去「過・現・未の法」「三際と言うは、一に前際、二に後際、三に中際なり。即ち是れ、過と未と及び現との三つの生なり」 Ⓢ atīta
⑩より勝れていること。「余量は現量に過ぎることなし」 Ⓢ gariṣṭha

過悪 かあく 悪。過失・罪。「諸の過悪を自ら羞ず」 Ⓢ aparādha

過患 かげん ①欠陥・欠点・過失。物事の否定すべきわるい面。現象的存在（諸行）は無常であり苦であるということ。このように観察することは物事を観察する三つの観察内容（愛味・過患・出離）の第二番目にあたる。過失とおなじ。勝利の対。→過失 →勝利「諸行の愛味と過患と出離とを観察し了知す」 Ⓢ ādīnava
（出典）無常・衆苦・変壊法性、是名過患。（『瑜伽』18、大正 30・378c）：観察諸行是無常・苦・変壊之法、是名於彼過患。（『瑜伽』85、大正 30・776a）
②愛欲・貪欲などによって心が散乱して苦悩をわずらうこと。「諸欲より生ずる過患」「諸の過患を離れて身心俱に安なり」

過患想 かげんそう 現象的存在（諸行）は無常であり苦であると思惟すること。 Ⓢ ādīnava-saṃjñā
（出典）過患想者、復有二行。謂、於諸行、思惟無常及思惟苦。（『瑜伽』86、大正 30・779c）

過去 かこ 三種の時（過去・現在・未来）の一つ。すでに過ぎ去った時。記憶（憶念分別・随念分別）の対象となるもの。あるいは、生まれる以前の時、すなわち過去世のこと。三世の一つ。種類としては、刹那過去・死没過去・壊劫過去・退失過去・尽滅過去の五種が説かれる（『瑜伽』66、大正 30・667a〜b）。→三世
Ⓢ atīta: abhyatīta: pūrvaka
（出典）無常已滅、名過去。（『俱舎』1、大正 29・4c）：云何建立三世。（中略）若諸果法、若已滅相、是過去。（『瑜伽』3、大正 30・291c）：若有諸業、已作・已増・已滅、名為過去。（『瑜伽』49、大正 30・569b）：問、何義、幾蘊、是過去。答、已受用因果義、一切是過去。（『瑜伽』56、大正 30・608a〜b）
（参考）（『集論』2、大正 31・669a）

過去業 かこごう →三業⑨
Ⓢ atītaṃ karma

過去死 かこし 過去世において死ぬこと。五種あるいは六種の死の一つ。→死
（出典）過去死者、謂、過去諸行没乃至命根滅故死。（『瑜伽』85、大正 30・776c）

過去七仏 かこしちぶつ 釈尊も含めて過去に出現した七人の仏。毘婆尸仏（vipaśyin）・尸棄仏（śikhin）・毘舎浮仏（viśvabhū）・拘留孫仏（krakucchanda）・拘那含牟尼仏（kanakamuni）・迦葉仏（kāśyapa）・釈迦牟尼仏（śākyamuni）の七仏。過去仏を認めることで、釈尊の教えが時間的にも普遍的であることが強調された。また未来仏も想定され弥勒への信仰が広まった。

過去諸仏 かこしょぶつ 過去世に出生した無数の仏陀。「過去の諸仏は殑伽沙を過ぐるなり」 Ⓢ abhyatītāḥ saṃbuddhāḥ

過去世 かこせ 過去の世。→過去「愚癡者は過去世を顧恋す」 Ⓢ atīta-adhvan

過去仏 かこぶつ 過去に出生した仏陀。→過去七仏

過去法 かこほう 過去の存在。それを存続せしめる因が尽きてすでに滅してしまった存在。〈有部〉は過去の存在（法）は実体として恒に存在していると主張する（→三世実有・法体恒有）。これに対して〈経量部〉や〈唯識〉は過去の法は非存在であると主張する（→現在実有・過未無体）。種類としては、刹那過去・死没過去・壊劫過去・退失過去・尽滅過去の五種が説かれる（『瑜伽』66、大正30・667a～b）。→各項参照

過殑伽沙数 かごうがしゃす 殑伽は gaṅgā（贍部洲にある五大河の一つ）の音写。ガンガー河の砂の数以上の無量無数の量を喩えるときに用いられる表現。「過去・未来の殑伽沙数を過える量の諸仏」

過罪 かざい 犯した罪。「世間の訶厭の増上に依って、暴悪を軽拒し過罪を羞恥するを愧と為す」

過失 かしつ 欠陥・欠点。罪・とが。身心や物事の否定すべきわるい面。経論には種々の過失があげられている。たとえば顛倒過失・戯論過失・発起悪行過失・麁重過失・無常性過失がある（『瑜伽』80、大正30・743b）。過患とおなじ。功徳の対。→過患①→功徳② Ⓢ aparādha: doṣa
（参考）（『瑜伽』80、大正30・747a～b）

過短 かたん 不足。欠点。弱点。「諸の外道は過短を伺求す」 Ⓢ randhra

過難 かなん ある主張や所説に対してそのまちがいや過失を指摘して非難すること。「云何が分別論者の説くところの過難を釈通せん」

過人法 かにんほう →上人法

過慢 かまん 家柄・才能・財産などに関して自己と等しい他者に対して、自己は彼れより勝れているとおごるこころ。あるいは自己より勝れている他者に対して自己は彼れと等しいとおごるこころ。七慢の一つ。→七慢 Ⓢ atimāna
（出典）於等謂勝、於勝謂等、令心高挙、故名過慢。（『瑜伽』89、大正30・802b～c）：過慢者、謂、於相似、計己為勝、或復、於勝、計己相似、心挙為性。（『集論』4、大正31・676c）

過未無体 かみむたい →現在有体過未無体

過量 かりょう 量が過ぎること。「過量に飲むが故に酔乱に致す」「非時に過量に受用す」 Ⓢ ati: atimātra

掲底 かてい 数の単位の一つ。十の三十七乗。 Ⓢ gati
（参考）（『婆沙』177、大正27・891b）：（『倶舎』12、大正29・63c）

掲路荼 かるな garuḍa の音写。美しい羽をもった鳥。伝説上の鳥の名。仏法を守護する八部衆の一つ。ヴィシュヌ（viṣṇu）神あるいはクリシュナ（kṛṣṇa）神の乗り物。金翅鳥・妙翅鳥と意訳。 Ⓢ garuḍa

嫁（か）→け

瑕穢 かえ とが。けがれ。「心は清浄鮮白にして諸の瑕穢なし」 Ⓢ aṅgaṇa

瑕隙 かげき すきま。きず。われめ。とが。「金性を銷煮し已って更に細かく瑕隙などの穢を錬治す」「聖教の瑕隙を伺求して正法の賊となる」

嘉苗 かびょう 穂の多くついた、めでたい苗。「悪田に嘉苗は殖し難く、穢草は生じ易きが如く、欲界も亦た爾なり。善業は茂り難く、不善は生じ易し」 Ⓢ sasya

樺皮 かひ かば（樺）の木の皮。かばの皮は、はがすとまるく巻いた状態になる。「耳根の極微は、耳穴内に巻いた樺皮の如く旋環して居す」「旋風、蓮華花を吹き、樺皮を飄す」

歌 か うた。歌うこと。舞や音楽などとともに、修行者が近づいてはならない世俗の事柄の一つとしてあげられる。「応に観るべからざるところとは、諸の伎楽・戯笑・歓娯、或いは余の遊戯所作の歌・舞・音楽などの事を謂う」 Ⓢ gīta

歌詠 かえい 歌うこと。「鍾鼓・簫笛・歌詠・讃誦などの声」 Ⓢ **gai**

歌讃 かさん 歌でほめたたえること。「上妙の音声で如来の甚深なる功徳を歌讃す」

歌頌 かじゅ 讃歌・讃頌。「諸の菩薩は如来の所に於て、種種の熏香・末香・塗香・華鬘・伎楽・幢蓋・幡灯・歌頌・称讃を以って供養を為す」 Ⓢ stotra

歌声 かしょう 歌う声。「声に螺貝声・大小鼓声・舞声・歌声などの多種あり」 Ⓢ gīta-śabda

歌笑舞楽 かしょうぶがく 歌と笑と舞と楽。歌うこと・談笑すること・舞踊すること・音楽をかなでること。食事をとる、衣服や装飾で身を飾るなどとともに世間の生活のなかで

人びとが楽しむ対象の一グループをまとめたもの。 Ⓢ hāsya-gīta-nṛtya-vādita

歌笑舞楽之樹 かしょうぶがくのじゅ 諸の天にある種々の楽器を出生する樹。
Ⓢ hāsya-nṛtya-gīta-vādita-vṛkṣa
（出典）有歌笑舞楽之樹。従此、出生歌笑舞等種種楽器。（『瑜伽』4、大正 30・298b）

歌舞 かぶ ①歌と舞。歌うことと舞踊すること。女が男を魅惑して縛る八つのありようのなかの二つ。「歌・舞・笑・睇・美容・進止・妙触・就礼の八処に由って女は男を縛す」 Ⓢ nṛtta-gīta: nṛtya-gīta
②舞踊者。「種種の俳優・歌舞を以って自ら娯楽す」 Ⓢ naṭa: nartaka: nartanaka

歌諷 かふう 楽器に合わせて歌うこと。「菩薩は諸の有情が倡伎・吟詠・歌諷を信楽するを見る」 Ⓢ vādita

朅地洛迦山 かじらかさん →朅達洛迦山

朅達洛迦山 かたらかさん khadiraka の音写。スメール山（蘇迷盧山）を中心にして取り囲む八つの山の一つ。担木山と意訳。阿素洛がこの山にある担木をもってスメール山をかつぐことから、この名で呼ばれる。朅地洛迦山とも書く。→八山 Ⓢ khadiraka
（参考）（『略纂』1、大正 43・16a）

羯雞怛諾迦 かけたなか karketanaka の音写。羯鶏怛諾迦とも書く。七宝の一つ。→七宝②
（参考）（『摂論釈・世』10、大正 31・377a）

羯吒私 かたし →羯吒斯

羯吒斯 かたし kaṭasi の音写。羯吒私とも音写。貪愛の異名。 Ⓢ kaṭasi
（出典）何等名為羯吒斯耶。所謂貪愛。貪愛之言、与羯吒斯、名差別也。（『瑜伽』60、大正 30・636b）

羯吒布怛那 かたふたな kaṭapūtana の音写。悪鬼の一つ。『婆沙論』で地に住する神の一つで、天趣ではなく鬼趣に属するとされる。 Ⓢ kaṭapūtana
（参考）（『婆沙』172、大正 27・869a）

羯恥那 かちな kaṭhina の音写。インド社会における最下層の人。四つのカースト（四姓）外の賎民。賎しい仕事に従事する人。
Ⓢ kaṭhina

羯恥羅 かちら 罪人の罪の有無をさばいて処刑する人。断獄官と訳す。

羯絺那衣 かちなえ 羯絺那は kaṭhina の音写。安居中、あるいは安居後に出家に着用を許される衣服。 Ⓢ kaṭhina

羯尼迦花 かにかけ →羯尼迦羅花

羯尼迦羅花 かにからけ 羯尼迦羅は kaṇikāra の音写。黄色の花。羯尼迦花ともいう。 Ⓢ kaṇikāra-puṣpa
（参考）（『婆沙』85、大正 27・440b）:（『雑集論』13、大正 31・758c）

羯剌多 からた kartṛの音写。人間（士夫）の作用・働きをいう。これに対して、道具（作具）の作用・働きを羯剌拏（karaṇa）という。 Ⓢ kartṛ
（出典）梵云羯剌拏、是作具作用。羯剌多、是士夫作用。故二別也。（『述記』8本、大正 43・505c）

羯剌拏 からぬ karaṇa の音写。道具（作具）の作用・働きをいう。→羯剌多
Ⓢ karaṇa

羯剌藍 からん →羯邏藍位

羯羅頻迦 からびんが kalaviṅka あるいは karaviṅka の音写。美しい声で鳴く鳥。頻迦と略称。「仏、能く和雅の梵音を発すること羯羅頻迦鳥の如し」「仏の菩薩の説くところの化語は、其の声、深遠にして雲雷の音の如く、其の声は和雅にして頻迦の音の如し」
Ⓢ karaviṅka: kalaviṅka

羯羅藍 からん →羯邏藍位

羯邏藍位 からんい 羯邏藍は kalala の音写。羯羅藍・羯剌藍とも音写。胎児の五段階（『倶舎論』所説）、あるいは八段階（『瑜伽論』所説）の第一段階。男性の精（精子）と女性の血（卵子）とが結合した直後の液状体の胎児の状態。→胎蔵 Ⓢ kalala
（出典）已結凝箭内仍稀、名羯羅藍。（『瑜伽』2、大正 30・284c）：羯邏藍者、此名雑穢。父母不浄和合名雑、染可厭汚名穢。二不浄和合已結、内稀外稠名凝。此為最初、衆苦因起、損悩既広、喩立箭名。（『略纂』1、大正 43・13b）
（参考）（『倶舎』15、大正 29・82a）

羯栗底迦月 かりていかがつ 羯栗底迦は kārttika の音写。迦剌底迦とも音写。季秋と意訳。一年を構成する十二か月のなかの一つ。秋の三月の一つ。 Ⓢ kārttika
（参考）（『婆沙』136、大正 27・701c）:（『西域記』2、大正 51・876a）

羯臘婆 かろうば karabha の音写。数の単

位の一つ。十の三十一乗。 Ⓢ karabha
(参考)(『倶舎』12、大正 29・63b〜c)

稼（か） →け

蝸牛 かぎゅう かたつむり。「蝸牛、変じて二角を生ず」

蝸螺 から 貝の名。にな。にし。「諸の苾芻が禁戒などを犯すは、彼の蝸螺が浄水を穢濁するが如し」

踝 か くるぶし。「両の踝・膝・股の六処の殊妙、是れ即ち名づけて六種の随好と為す」 Ⓢ gulpha

鍛金師 かこんし 金の鉱石から金を精錬する技師。金師とおなじ。「鍛金師の囊橐の開合により、風、随って入出するが如く、此の入息・出息も亦た是の如し」 Ⓢ suvarṇa-kāra

臛臛婆那落迦 かかばならか 八つの寒い地獄の一つ。臛臛婆は hahava の音写。郝郝凡とも音写。寒さの苦しみのために発する声からこのような名でよばれる。八寒那落迦の一つ。→八寒那落迦 Ⓢ hahava-naraka

瓦 が ①かめやつぼなどが壊れてできた破片。「瓶などが破れ已れば、瓶などの言が捨して瓦などの言が生ず」 Ⓢ kaṭhalla: kapāla: śarkara
②土を焼いて作ったもの。かわら。「或いは鉄の、或いは瓦の乞食応器を説いて鉢と名づく」 Ⓢ kapāla: mṛnmaya

瓦器 がき かめ。つぼ。土で作った器。陶器。「瓦器が熟して究竟に至り、無間に用いるべきを説いて名づけて熟と為す」「若し煩悩が細なれば、後の無間道の金剛喩定が現在前する時、方に能く断尽することは、譬えば、膩が深く入った瓦器が、或いは湯で以って煮る、或いは火を以って焼然した後に浄を得るが如し」

瓦石 がしゃく ①瓦と石。「此の因縁に由って草木と及び瓦石とを以って皆な最極鋭利の刀剣を成じて更相に残害す」 Ⓢ śarkara-kaṭhalla
②土を焼いて作ったもの。かわら。「瓦石が一たび破すれば還合すべからず」 Ⓢ kapāla

瓦礫 がれき ①瓦と小石。「身・手・瓦礫・刀杖を以って欧撃し傷害す」
Ⓢ śarkara-kapāla
②砕かれた石や陶器の破片。がれき。「善幻師は瓦礫・草・葉・木などを積集して種種の幻化を現作す」

伽他 がた gāthā の音写で、詩句・讃歌を原意とする。サンスクリットの音節、数、長短などを要素とする韻文をいう。偈・頌・偈頌ともいう。経典のなかで所説をまとめて表現する場合などに用いられる。「初の一伽他に重ねて此の義を顕す」 Ⓢ gāthā

伽耶 がや gayā の音写。ガンガー河などとならんでインドの聖河の一つであるガヤー河。 Ⓢ gayā

伽耶河 がやか →伽耶

伽藍 がらん 僧伽藍の略称。出家者たちの修行の場所。僧院。寺院。→僧伽藍
Ⓢ ārāma

我 が ①自己・自分・私。「我れは有情を調伏して衆苦を脱せしめん」 Ⓢ aham: mad
(出典) 我、謂、自我、都非他我。(『略纂』1、大正 43・13c)
②凡夫や外道が考える自我・自己。行動の主体者。そのありようは常に同一なるものとして存在すると考えられることから「常一」といわれ、さらに国王のように自在力があり宰相のように判断力があると考えられることから「主宰」といわれ、まとめて「我とは常一・主宰」と定義される。仏教ではそのような自我を否定して無我を説く。 Ⓢ ātman
(出典) 我、謂、主宰。(『成論』1、大正 31・1a)：我如主宰者、如国之主有自在故、及如輔宰能割断故、有自在力及割断力、義同我故。(『述記』1 本、大正 43・239c)：有常一用、方名為我。(『述記』2 本、大正 43・293a)
③生命的存在の総称。そのありようによって、我・有情・意生・摩納縛迦・養育者・補特伽羅・命者・生者の八種の別名がある。
Ⓢ ātman
(参考)(『瑜伽』83、大正 30・764b)：(『枢要』上本、大正 43・618c〜619a)
④仏教における我の存在性。(ⅰ)〈有部〉は、五つの構成要素(色・受・想・行・識の五蘊)が結合したものを仮に「我」と名づける、あるいは、自我意識(我執)が生じるよりどころなる心を仮に「我」と名づけると説く。(ⅱ)〈唯識〉は、「唯だ識のみが存在する」という立場から、我とは識のなかに生じた「我に似たもの」(似我)であるが、人びとはそれを実体的な我(実我)であるとまち

がって考えると説く。また末那識という潜在的な自我執着心を立て、この末那識が根本心である阿頼耶識を対象としてそれを常に我であると思考しつづけていると説き、意識による顕在的な自我とは別に末那識による潜在的な自我設定の機構を説く。→末那識 →似我似法 →実我実法
（出典）我執依止故、仮説心為我。（『倶舎』2、大正 29・9c）：唯有諸蘊。謂、唯於蘊仮立我名。（『倶舎』9、大正 29・47c）：諸識生時、変似我法。此我法相、雖在内識、而由分別、似外境現。諸有情類、無始時来、縁此執、為実我実法。（『成論』1、大正 31・1b）

我愛 があい 自己への愛着。末那識（潜在的な自我執着心）とともに働く四煩悩の一つ。我貪とおなじ。「諸の衆生はまさに命終らんとする時、我愛が現行す」→四煩悩
Ⓢ ātman-tṛṣṇā: ātman-bhāva-abhilāṣa: ātman-sneha
（出典）我愛者、謂、我貪。於所執我、深生耽著、故名我愛。（『成論』4、大正 31・22b）

我愛執蔵現行位 があいしゅうぞうげんぎょうい 第八識、すなわち阿頼耶識（潜在的な根本心）の三つの位相（我愛執蔵現行位・善悪業果位・相続執持位）の一つ。この識が末那識（潜在的な自我執着心）によって自我であると執着されつづける段階。生死輪廻するなかで、始めなき永遠の昔より、ないし、菩薩の第七地に至るまでの段階をいう。この位においては、第八識は阿頼耶（ālaya）と名づけられる。→阿頼耶識
（参考）（『述記』2 末、大正 43・298a）

我有執 がうしゅう 自己は存在するという執着。凡夫・異生が抱く執着。我執とおなじ。「世尊は四諦輪を転じて阿笈摩を説いて我有執を破す」

我我所 ががしょ 我と我所。自己と自己のもの。自我に関する二つの概念。我（ātman）とは行動の主体者。我所（ātmīya）とは詳しくは我所有法といい、その主体者に属するものをいう。たとえば「自己」と「自己の身体・財産・家族」との二つをいう。現象を構成する五つの要素（色・受・想・行・識の五蘊）の結合体に対して実際には存在しない我と我所とを設定してそれらに執着を起こすことを「五蘊を縁じて我我所と執す」「諸の凡夫は自体の上に於て我我所を計す」という。Ⓢ ātman-ātmīya

我我所見 ががしょけん 我見と我所見。自己と自己のものと考える見解。→我我所
Ⓢ ātman-ātmīya-dṛṣṭi

我我所執 ががしょしゅう ①我執と我所執。自己と自己のものと考えてそれらに執着すること。Ⓢ ātman-ātmīya-grāha
② ahaṃkāra の訳としての我我所執。自我を設定する意識をいう。「能く憍慢と我我所執を制す」Ⓢ ahaṃkāra

我愚 がぐ 存在しない自己を存在すると執着するおろかさ。「自ら我ありと執するとは我愚を顕示するなり」Ⓢ ātman-moha

我空 がくう 二空（我空・法空）の一つ。狭くは自己は存在しないということ、広くは生命的存在は存在しないということ。人空・生空ともいうが、人空といえば人間以外の天・餓鬼・畜生・地獄などの生きものが含まれなくなり、我空といえば法空も含むことになるから、生空という言い方が適切であると解釈されている（『述記』1 本、大正 43・234c）（『演秘』1 本、大正 43・816a）。→我空法空 →二空 Ⓢ ātman-śūnya

我空法有 がくうほうう 我は空であるが法は有であるという見解。狭くは自己（我）は存在しない、広くは生命的存在（我）は存在しないが、存在を構成する構成要素（法）は存在するとみる〈有部〉の見解。これに対して〈唯識〉は我空法空の立場をとる。→我空法空

我空法空 がくうほうくう 我空と法空。我も法も空であるとみる〈唯識〉の見解。略して二空という。これに対して〈有部〉は我空法有の立場をとる。→我空法有 →二空

我見 がけん 自己は存在するとみる見解。倶生我見と分別我見の二種に大別される。末那識（潜在的な自我執着心）とともに働く四煩悩の一つ。→倶生我見 →分別我見
Ⓢ ātman-dṛṣṭi: ātman-darśana
（出典）我見者、謂、我執。於非我法、妄計為我、故名我見。（『成論』4、大正 31・22a～b）
（参考）（『瑜伽』86、大正 30・779c）

我見熏習差別 がけんくんじゅうしゃべつ 自己は存在するとみる見解の働きによって阿頼耶識（潜在的な根本心）のなかに植えつけられた種子から、自己は自己であり自己と異な

る人は他者であるなどの自己への執着が生じることをいう。阿頼耶識の三種の差別（名言熏習差別・我見熏習差別・有支熏習差別）の一つ。
（参考）（『摂論釈・世』3、大正 31・336c）

我語取 がごしゅ 自己は存在するという説に執着すること。四取の一つ。→四取 Ⓢ ātman-vāda-upādāna
（出典）我語取云何。謂、於薩迦耶見、所有欲貪。（『瑜伽』10、大正 30・323b）

我執 がしゅう ①自己への執着。これによって煩悩障が生じる。倶生の我執と分別の我執とに大別される。二執（我執・法執）の一つ。→法執 →我② →煩悩障② →倶生我執 →分別我執「内身に於て我執を起こす」「我執の力に依って諸の煩悩が生じ、三有に輪廻す」「我執を根と為して諸の煩悩を生ず」 Ⓢ ātman-abhiniveśa: ātman-grāha
（出典）諸我執、略有二種。一者倶生、二者分別。（『成論』1、大正 31・2a）
② ahaṃkāra の訳としての我執。自我を設定する意識をいう。「我執の境とは五蘊の相続なり」「其の心、憍を離れ、慢を離れ、我執を離る」 Ⓢ ahaṃkāra
③サーンキヤ学派（数論）が説く我執。原語 ahaṃkāra を我慢とも訳す。二十五諦の一つ。→二十五諦 Ⓢ ahaṃkāra
（出典）我執者、自性起用、観察於我、知我須境、故名我執。（『述記』1末、大正 43・252c）

我執習気 がしゅうじっけ 自己（我）あるいは自己のもの（我所）とあやまって執着するこころを生じる可能力。自己への先天的な執着（倶生我執）と自己への後天的な執着（分別我執）とによって潜在的な根本心（阿頼耶識）のなかに熏習された種子。三種の習気（名言習気・我執習気・有支習気）の一つ。
（出典）我執習気、謂、虚妄執我我所種。我執有二。一倶生我執、二分別我執。（『成論』8、大正 31・43b）

我所 がしょ 詳しくは我所有法といい、行為の主体者である我（自己）に属するものをいう。たとえば「自己の身体・財産・家族」などをいう。 Ⓢ asmāka: ātmīya: mama

我所愚 がしょぐ 存在しない「自己のもの」を存在すると考えるおろかさ。

我所見 がしょけん →我我所見

我所執 がしょしゅう →我我所執①

我所分別 がしょふんべつ 存在しない「自己のもの」を存在すると考えること。八分別の一つ。→八分別 Ⓢ mama iti vikalpaḥ

我想 がそう 自己と考える思い。自己は存在すると考えること。「諸の有情に我想あれば貪瞋癡などの煩悩が増盛す」 Ⓢ ātman-saṃjñā

我増益辺 がぞうやくへん →増益辺

我癡 がち 自己への無知。自己は非存在であるという理に迷っていること。無明のこと。末那識（潜在的な自我執着心）とともに働く四煩悩の一つ。→四煩悩
（出典）我癡者、謂、無明。愚於我相、迷無我理、故名我癡。（『成論』4、大正 31・22a）

我顛倒 がてんどう 我倒ともいう。存在しない自己を存在すると考えるあやまった見解。四つのあやまった見解（四顛倒）の一つ。→四顛倒 Ⓢ ātman-viparyāsa

我倒 がとう →我顛倒

我貪 がとん 自己へのむさぼり。我愛の言い換え。「我愛とは我貪を謂う」「我貪を起こすを説いて我愛と名づく」

我分別 がふんべつ 存在しない自己を存在すると考えること。八分別の一つ。→八分別 Ⓢ aham iti vikalpaḥ

我法 がほう 我と法。我（ātman）とは「自己」あるいは「生命的存在」をいい、法（dharma）とはそれらを構成する諸要素をいう。この二つによって存在するものすべてが言い表される。前者の我については無我という立場より仏教の全学派においてその存在は否定されるが、法については〈有部〉はその存在を肯定し、〈唯識〉はその存在を否定する。→我②③ →法② →我空法有 →我空法空

我法二執 がほうにしゅう 我執と法執。存在への二大執着。前者より煩悩障が生じ、後者より所知障が生じる。→我執① →法執

我慢 がまん ①自己の身心（五蘊）に対してそこに自己（我）と自己のもの（我所）とを設定してそれらに執着することから生じるおごるこころ。七慢の一つ。末那識（潜在的な自我執着心）とともに働く四煩悩の一つ。→七慢 →四煩悩 Ⓢ asmimāna
（出典）於五取蘊、執我我所、令心高挙、名

為我慢。(『倶舍』19、大正 29・101a):我慢者、謂、倨傲。恃所執我、令心高挙、故名我慢。(『成論』4, 大正 31・22b):妄観諸行、為我我所、令心高挙、故名我慢。(『瑜伽』89、大正 30・802c):我慢者、謂、於五取蘊、観我我所、心挙為性。(『集論』4、大正 31・676c)
②サーンキヤ学派(数論)の説く二十五諦の一つ。我執ともいう。→二十五諦

我論 がろん 自己は存在するという説。有我論とおなじ。→有我論 Ⓢ ātman-vāda
(参考)(『瑜伽』87、大正 30・786b〜c)

画業 がごう 絵を描くこと。「世間において画師の弟子が初めて画業を習うに、先ず師より学ぶところの様を受けるが如し」
Ⓢ citra-karman

画師 がし 絵を描く人。絵師。「心は所縁に於て唯だ総相を取り、心所は彼に於て亦た、別相を取る。心の事を助成して心所の名を得ること、画師と弟子とが作模し塡彩するが如し」 Ⓢ citra-kara

芽 (が) →げ

臥 が ①横になってねること。身体の四つの基本的なありよう(行・住・坐・臥の四威儀)の一つ。眼の対象(色境)の一つ。→四威儀 →色境「仏・菩薩は常に右脇にして臥すこと師子王の如し」「資具の樹より食・飲の具、坐・臥の具などの種種の資具を出生す」 Ⓢ adhiśayita: nipanna: śaya: śayana: śayita: śayyā: **svap**: svapna
(参考)(『瑜伽』24、大正 30・415a)
②倒れること。「若しくは臥し、若しくは起きる」 Ⓢ patita

臥具 がぐ ねどこ。寝るための道具。身を養うための品物の一つ。「一切の臥具への貪著を遠離して阿練若に住す」 Ⓢ śayana

臥具喜足聖種 がぐきそくしょうしゅ 四聖種の一つ。→四聖種

臥床 がしょう ねどこ。「仏の為に北首の臥床を敷設す」

臥楽 がらく 臥してねている楽。「倚楽と臥楽への貪は能く修善を障う」 Ⓢ śayana-sukha

蝦蟇 がま ヒキガエル。蝦蟆とおなじ。「若し相続中に貪愛の水あれば、諸の余の煩悩は皆な悉く楽住すること、水ある処に魚・蝦蟇などが皆な悉く楽住するが如し」「一の蝦蟇が七の畦子を生む」 Ⓢ maṇḍūka

蝦蟆 がま 蝦蟇とおなじ。→蝦蟇

餓鬼 がき 生前の物惜しみや貪りなどの悪業によって飲食できず、常に非常な飢えの状態にある生きもの。三悪趣の一つ。→悪趣「餓鬼の有情は極飢渇苦を受用す」 Ⓢ preta
(参考)(『瑜伽』4、大正 30・297b)

餓鬼趣 がきしゅ 餓鬼としての生存。五趣(地獄・餓鬼・傍生・人・天)の一つ。鬼趣ともいう。悪趣の一つ。→餓鬼 →悪趣「那落迦と及び一向に苦なる餓鬼趣の中に生ず」 Ⓢ preta: preta-gati

餓鬼女 がきにょ 夜に五子、昼に五子を生み、すべての子を食べ尽くす餓鬼の母。
Ⓢ pretī
(参考)(『倶舍』8、大正 29・44a)

餓狗 がく いぬの類。「彼の屍骸は已に狐狼・烏鵲・餓狗に噉食される」 Ⓢ śvan

鵝 が がちょう。雁と一緒にして鵝雁という場合が多い。→鵝雁「有情類の生ずること、卵殼よりする、是れを卵生と名づく。鵝・孔雀・鸚鵡・鴈などの如し」 Ⓢ haṃsa

鵝雁 ががん 鵝と雁。がちょうとがん。鳥類を列記するときにあげられる。「卵生とは鵝雁・孔雀・鸚鵡・舍利鳥などの如きを謂う」 Ⓢ haṃsa-krośca: haṃsa-krauñca

会 (かい) →え

快 (かい) →け

戒 かい いましめ。護るべき行為の規範。原語は śīla で尸羅と音写する。この śīla には「清涼」「寂静」の意味があり、戒を護ることによって、罪悪を犯さず、心が清涼かつ寂静になる。さまざまな種類の戒が説かれるが、代表的なものとしては五戒・十善戒・三聚浄戒などがある(→各項参照)。六波羅蜜の一つ。三学の一つ。 Ⓢ śīla
(出典) 言尸羅者、是清涼義。謂、悪能令身心熱悩、戒能安適、故曰清涼。又悪能招悪趣熱悩、戒招善趣、故曰清涼。(『婆沙』44、大正 27・229c〜230a):戒三種者、一者転捨不善戒、二者転生善戒、三者転生饒益有情戒。(『解深』4、大正 16・705c):言尸羅者、謂、能寂静毀犯浄戒罪熱悩故。又与清涼義相応故。(『瑜伽』83、大正 30・762a):戒有三種。謂、律儀戒、摂善法戒、饒益有情戒。(『成論』9、大正 31・51b)
(参考)(『瑜伽』42、大正 30・521c 以下)

戒蘊 かいうん 戒の集まり。無学（すべてを学び尽くし、もはや学ぶことがなくなった聖者）の存在を構成する五つの要素である五蘊（戒蘊・定蘊・慧蘊・解脱蘊・解脱知見蘊）の一つ。→五蘊② Ⓢ śīla-skandha

戒壊 かいえ 戒をこわすこと。戒を失うこと。戒を護らないこと。四種の壊（戒壊・見壊・軌則壊・正命壊）の一つ。戒虧損・尸羅虧損ともいう。 Ⓢ śīla-vipatti

戒円満 かいえんまん 戒を完成すること。戒を完全に身につけること。戒を護ることにおける完成状態。浄戒円満・尸羅円満ともいう。四種あるいは五種の円満の一つ。→円満 Ⓢ śīla-saṃpatti: śīla-saṃpad

戒虧損 かいきそん 戒壊とおなじ。→戒壊

戒行 かいぎょう 戒にもとづく行為。戒を護る善行。「楽って空閑に在って戒行を精修す」「年歯が耆宿にして戒行が清高なる苾芻」

戒具足 かいぐそく 戒を具え護っていること。「諸の犯戒者を戒具足の中に安処せしむ」 Ⓢ śīla-saṃpad

戒現観 かいげんかん 六種の現観の一つ。無漏の戒をいう。汚れのない戒を護ることは破戒の汚れを除去し、観察する心の働きを増大せしめるから無漏戒を現観という。→現観 →六現観

（出典）戒現観、謂、無漏戒。除破戒垢、令観増明亦名現観。（『成論』9、大正 31・50c）

戒護 かいご 戒を護ること。「等愛とは謂く、慚・愧・愛・敬・信・正思惟・正念・正知・根護・戒護、及び無悔などにして楽を最後と為す」

戒禁 かいごん 外道が奉じる戒とその戒にもとづく行為の規範。→戒禁取「戒とは、謂く、悪を遠離する戒なり。禁とは、謂く、狗牛などの禁にして、諸の離繋、及び婆羅門、播輸鉢多、般利伐羅勺迦などの異類の外道が種種の露形、抜髪、杖、烏鹿の皮、持髻、塗灰、執三杖、剪鬚髪などの無義の苦行を受持するが如し」（『倶舎』9、大正 29・51b）。 Ⓢ śīla-vrata

（出典）邪分別見之所受持身護・語護、説名為戒、随此所受形服飲食威儀行相、説名為禁。（『瑜伽』89、大正 30・803c）

戒禁取 かいごんしゅ 外道が奉じる戒とその戒にもとづく行為の規範とに執着すること。四取の一つ。戒取と略称する。→四取 Ⓢ śīla-vrata-upādāna: śīla-vrata-parāmarśa

（出典）戒禁取云何。謂、於邪願所起戒禁、所有欲貪。（『瑜伽』10、大正 30・323b）: 戒禁取、謂、於随順諸見戒禁及所依蘊、執為最勝能得清浄、無利勤苦所依為業。（『成論』6、大正 31・31c〜32a）

戒禁取見 かいごんしゅけん 外道が奉じる戒とその戒にもとづく行為の規範とをすぐれたものとみる見解。あやまった五つの見解（有身見・辺執見・邪見・見取見・戒禁取見）の一つ。

戒禁取身繫 かいごんしゅしんけ 四身繫の一つ。→四身繫

戒取 かいしゅ →戒禁取

戒性福業事 かいしょうふくごうじ 五戒などの戒を護るという福をもたらす善行為。三種の福業事（施性福業事・戒性福業事・修性福業事）の一つ。→福業事

（出典）戒性福業事、謂、離断生命、離不与取、離欲邪行、離虚誑語、離飲酒等。（『婆沙』82、大正 27・424b）

戒荘厳 かいしょうごん 荘厳（alaṃkāra）とは飾り物。戒を、身につける金銀などからなる装飾品に喩えて戒荘厳という。装飾品で飾ると姿が美しくなるように、戒を護ることによって身姿が美しくなることをいう。戒荘厳具ともいう。戒の原語 śīla を尸羅と音写して、尸羅荘厳・尸羅荘厳具ともいう。

Ⓢ śīla-alaṃkāra

（参考）（『瑜伽』22、大正 30・405a）

戒荘厳具 かいしょうごんぐ →戒荘厳

戒清浄 かいしょうじょう 戒にもとづく行為が清浄であること。布施が清浄である条件の一つ。 Ⓢ śīla-viśuddhi

（参考）（『瑜伽』74，大正 30・709a〜b）:（『瑜伽』78、大正 30・732a）

戒証浄 かいしょうじょう 真理（四諦の理）をさとることによって得られる、戒に対する清浄な信をいう。四つの証浄の一つ。→四証浄

戒浄 かいじょう 護っている戒が清らかであること。「戒を具する補特伽羅は戒浄を観じて便ち悔なきを得る」 Ⓢ śīla-viśuddhi

戒定慧 かいじょうえ 戒と定と慧。学ぶべき三つの事柄。まとめて三学という。→各項参照 →三学

戒心慧 かいしんえ 戒と心と慧。増上戒・

増上心・増上慧の三つ。→各項参照

戒随念 かいずいねん　六種の随念（仏随念・法随念・僧随念・戒随念・捨随念・天随念）の一つ。戒を念じること。念戒とおなじ。→六念

戒蔵 かいぞう　戒の集まり。尸羅蔵ともいう。「無量の菩薩の戒蔵を正勤修習す」 Ⓢ śīla-skandha

戒体 かいたい　受戒によって植え付けられた「非を防ぎ悪を止める力」（防非止悪の力）をいう。具体的に表層に表れず認識されえないものであるから無表色という。〈有部〉では四大種（地・水・火・風の四つの元素）によって造られた実色（実際の物質）が、そのような力を持つ戒体であると考えるが、〈唯識〉は意識にともなう思（意志）の働きによって阿頼耶識のなかに植え付けられたそのような力を持つ種子を仮に戒体と名づける。→無表色

戒波羅蜜多 かいはらみた　戒にもとづく波羅蜜多。持戒波羅蜜多ともいう。波羅蜜多とは、自己と他者とを迷いの此岸からさとりの彼岸に渡す実践行。六波羅蜜多の一つ。→戒 →波羅蜜多　→六波羅蜜多　Ⓢ śīla-pāramitā

戒法 かいほう　五つの法（聞法・戒法・摂受法・受用法・証得法）の一つ。戒に関する教え。婆羅門と沙門の戒法を比較して、婆羅門の戒法は動物などを殺害して供養することを許していることなどから沙門の戒法より劣っているとみなされる。行法ともいう。
（参考）（『瑜伽』64、大正 30・653b）：（『瑜伽』71、大正 30・690b）

戒律 かいりつ　①いましめの総称。
②戒と律。戒（śīla）は自発的ないましめを、律（vinaya）は他律的ないましめをいう。
Ⓢ śīla-vinaya

戒律儀 かいりつぎ　戒にもとづいて罪悪を犯さないように行為を防護すること。尸羅律儀ともいう。 Ⓢ śīla-saṃvara
（出典）云何戒律儀。謂、彼如是正出家已、安住具戒、堅牢防護、別解律儀軌則所行皆得円満、於微小罪、見大怖畏、受学一切所有学処、是名戒律儀。（『瑜伽』21、大正 30・397a）

戒論 かいろん　戒に関する教説。施論・戒論・生天論という表現のなかで用いられ、布施とならんで戒を護ることによって天に生じることができると説く教説をいう。 Ⓢ śīla-kathā

改異 かいい　変化すること。「聖の神通は実の如くに成辦して改異あることなし」
Ⓢ anyathā

改易 かいえき　変化すること。「相は三世に於て改易なし」「法はまさに是の如くにして改易すべからざるが故に法爾と名づく」
Ⓢ vyabhicāra

改転 かいてん　変化すること。動くこと。「我の体は改転して無常なり」「色相、数数、改転して前後に変異す」「悪察那は是れ字にして改転の義なし」 Ⓢ vikāra

改変 かいへん　変化する、変形すること。「改変した壊色の衣を受持す」「形相が改変す」 Ⓢ vikṛta

乖違 かいい　不調和・不均等なさま。身体の要素の釣り合いが乱れていること。身心が病む原因。乖適・乖反ともいう。「四大種が乖違するが故に心が狂う」「乖違に由るとは、謂く、身内の風・熱・痰の界が互相に違反して大種が乖適するに由るが故に心狂を致す」 Ⓢ vaiṣamya

乖諍 かいじょう　対立して言い争うこと。詳しくは乖離諍訟という。「聖教中に乖諍あることなし」 Ⓢ bhinna

乖絶 かいぜつ　仲たがいをして関係を絶つこと。和好の対。「国王ありて、独り空閑に処して、乖絶の方便、和好の方便を智者と共に正思惟・称量・観察せず」

乖適 かいてき　→乖違

乖背 かいはい　そむくこと。嫌悪すること。「違諍の言を発して相い乖背す」
Ⓢ vaimukhya

乖反 かいはん　①→乖違
②論理的に矛盾していること。両立しないこと。互いに相違していること。乖返ともいう。「前後乖反して非理に堕す」「彼此の文義に乖返なし」 Ⓢ virodha

乖返 かいへん　→乖反②

乖離 かいり　①仲違いをすること。友情を破ること。不和になること。「親友と乖離す」 Ⓢ bheda: vibhinna: vibheda
②分離すること。ばらばらになること。「名と色との二種が更互に乖離するが故に身壊と名づく」 Ⓢ viśleṣa
③別れること。「母と子の乖離から生ずる苦」

乖離諍訟 かいりじょうしょう →乖諍

乖戻 かいるい そむくこと。「尊勝に処しても有情と乖戻せず」

悔（かい）→け

海 かい うみ。生死の喩えとして用いられて、生死海という。これに対して普通の海を水海という。 Ⓢ samudra
（出典）海有二種。一者水海、二者生死海。（『瑜伽』90、大正 30・811a）

海岸 かいがん うみべ。「諸の菩薩は、無分別智に由るが故に速に仏果功徳の海岸に趣く」

海獣 かいじゅう うみのけもの。たとえば室首摩羅をいう。→室首摩羅「海獣あり、室首摩羅と名づく」

界 かい ①蘊・処・界の界。十八界の界。一人の人間を構成する十八の種類。界の原語 dhātu には種姓（gotra）・種子（bīja）・因（hetu）・性（prakṛti）の意味がある。これらにさらに微細や任持などの意味を加える説もある。→十八界 Ⓢ dhātu
（出典）法種族義、是界義。如一山中、有多銅鉄金銀等族、説名多界。如是一身、或一相続、有十八類諸法種族、名十八界。（中略）有説。界声、表種類義、謂、十八法種類自性各別不同、名十八界。（『倶舎』1、大正 29・5a）：種姓義、及種子義、因義、性義、是界義。（『瑜伽』31、大正 30・454c）：問、何等是界義。答、因義、種子義、本性義、種性義、微細義、任持義、是界義。（『瑜伽』56、大正 30・610a）
②三界の界。欲界・色界・無色界の三つの世界。→三界① Ⓢ dhātu
（出典）何故名為欲等三界。能持自相故、名為界。或種族義。（『倶舎』8、大正 29・41b）
③世界・有情界の界。世界（loka-dhātu）は器世界ともいい、自然や事物からなる世界。有情界（sattva-dhātu）は生命的存在（生きもの）の世界。 Ⓢ dhātu
（出典）界有二種。一者世界、二者有情界。（『瑜伽』38、大正 30・498c）
④断界・離欲界・滅界の界。→各項参照
（参考）（『瑜伽』13、大正 30・344b）：（『瑜伽』27、大正 30・433b）
⑤器世界・有情界・法界・所調伏界・調伏加行界の五種の界。→各項参照
⑥〈唯識〉は界を因の意味に解釈し、すべての存在を生じる可能力（一切法種子）を有する阿頼耶識（潜在的な根本心）と、その可能力（種子）を界という語で表す。 Ⓢ dhātu
（参考）（『成論』3、大正 31・14a）
⑦語根。動詞の根。「医底（eti）という界は行の義なり、或いは不住の義なり」
Ⓢ dhātu
（参考）（『倶舎』9、大正 29・50c）

界壊 かいえ 三界（欲界・色界・無色界）が壊れること。世界が破壊する時（壊劫）に起こる。二種の壊（趣壊・界壊）の一つ。→三界① Ⓢ dhātu-saṃvartanī
（出典）壊有二種。一趣壊、二界壊。（『倶舎』12、大正 29・62c）

界繫 かいけ 三界（欲界・色界・無色界）のいずれかの界につなぎとめられて関係していること。「二十二根の中、幾ばくか欲界繫、幾ばくか色界繫、幾ばくか無色界繫なるや」
Ⓢ dhātu-āpta

界繫門 かいけもん ある事柄が三界（欲界・色界・無色界）のいずれの界に属しているかを論じる一段。論書のなかの解釈文を整理するときに用いる表現。

界互違 かいごい →界不平等

界地 かいじ 界と地。三界と九地。欲界・色界・無色界のなかの欲界を一地とし、色界を第一禅・第二禅・第三禅・第四禅の四地、無色界を空無辺処・識無辺処・無所有処・非想非非想処の四地に分けて合計で九地とする。欲界は煩悩にまとわれて、禅定がなく、心が乱れた状態であるからまとめて一地とする。欲界の最下層の地獄から無色界の最上層の有頂天（非想非非想処）に至るまでの階層的分類法。

界地趣 かいじしゅ 界と地と趣。三界と九地と五趣。→界地 →五趣

界事善巧 かいじぜんぎょう →界善巧

界差別 かいしゃべつ 自己の身体を地・水・火・風・空・識の六つの構成要素（界）に分析し区別すること。知られるべき事（所知事）の一つ。「諸の憍慢を対治せんと欲する為の故に界差別を修す」
Ⓢ dhātu-prabheda: dhātu-bheda
（参考）（『瑜伽』26、大正 30・427b）：（『瑜伽』27、大正 30・430a～c）

界差別観 かいしゃべつかん 自己へのおごりが強い人が修すべき観法。自己の身体は

地・水・火・風・空・識の六つの構成要素（界）から成り立った仮の存在にしかすぎないと知って、自己へおごり（憍慢）・慢心をなくす観法。この観法は〈小乗〉では五停心観の一つであるが、〈唯識〉（『瑜伽論』）ではヨーガの四つの対象（遍満所縁・浄行所縁・善巧所縁・浄惑所縁）のなかの浄行所縁を観察する修行のなかに含まれる。→界差別

界趣生 かいしゅしょう　界と趣と生。三界と五趣と四生。生存のありようの三種の区分。→各項参照

界摂 かいしょう　界（dhātu、因という意味）という概念にまとめられるもの。阿頼耶識のなかの種子をいう。十種の摂の一つ。→摂②

（出典）界摂者、謂、蘊界処所有種子。阿頼耶識能摂彼界、由彼種子此中有故。（『雑集論』5、大正 31・717b）

界善巧 かいぜんぎょう　界に精通していること。十八界について善く理解していること。五種・六種あるいは十種の善巧の一つ。界事善巧ともいう。→善巧②　→界①　→十八界　Ⓢ dhātu-kauśalya

（参考）（『瑜伽』27、大正 30・434a）

界相違 かいそうい　→界不平等

界増長 かいぞうちょう　阿頼耶識のなかに先天的にある善を生じる種子が生長して力を増すこと。Ⓢ dhātu-puṣṭi

（出典）界増長者、謂、本性善法種子具足為所依止、先来串習諸善法故、後後位中、善法種子転増転勝生起堅住、是名界増長。（『瑜伽』37、大正 30・497a）

界堕 かいだ　三界（欲界・色界・無色界）のいずれかに所属し、そこに存在すること。

（参考）（『婆沙』52、大正 27・272a）

界智 かいち　界についての智。界のさまざまな意味をしる智慧。非一界智と種種界智とに分かれ、前者は有情（生きもの）を構成する十八界（十八の要素）について理解する智慧、後者は十八界に加えてそれらから成り立つ生きもののありようについて知り尽くした智慧をいう。種種界智は種種界智力として如来の十力の一つに数えられる。→十力

（参考）（『瑜伽』83、大正 30・761b～c）

界不平 かいふびょう　→界不平等

界不平等 かいふびょうどう　界（dhātu）とは身体の構成要素、不平等（vaiṣamya）とは不調和の意で、身体を構成する地・水・火・風の四つの要素が互いに調和していない状態を界不平等という。病や苦を生じる原因となる。界互違・界相違・界不平・界不平和・諸界錯乱・諸界互違・諸界互相違ともいう。「界不平等所生の病苦」

Ⓢ dhātu-vaiṣamya

界不平和 かいふびょうわ　→界不平等

疥 かい　肌にできるできもの、白いはんてん。皮膚病の一つ。「其の母が多く婬欲を習する現在の縁の故に、彼の胎蔵をして或いは癬・疥・癩などの悪皮を生ぜしむ」

Ⓢ kaṇḍū: kacchu: kacchulatā

皆 かい　すべて。すべてのもの。

Ⓢ sakala: sarva: sarvatra

皆空 かいくう　すべて存在しないということ。「一切の諸法は皆空にして無我なり」「受者と作者との二種は皆空なり」

皆満 かいまん　豊満で隆起していること。「其の身の上の両手・両足・両肩、及び項の七処が皆満なり」　Ⓢ utsada

契会 かいえ　合致する、かなうこと。理が智に合致すること。「二辺を遠離して中道に契会す」「中道と言うは正智なり。理が正智に順ずるを中道に契会すと名づく」

契経 かいきょう　→十二分教

（参考）二十四種の契経（『瑜伽』85、大正 30・772b～c）。

契合正理 かいごうしょうり　正しい理にかなうこと、合致すること。「是の如き遍満所縁は浄教に随順し正理に契合す」　Ⓢ yukti-patita

契約 かいやく　誓い。約束。「契約の違負なし」

迴（かい）→え

揩歯 かいし　歯をみがくこと。「楊枝を嚼んで揩歯す」

揩拭 かいしょく　といでみがくこと。「刀刃を揩拭す」

揩洗 かいせん　身体をあらうこと。「其の身を揩洗して塵垢を去らしむ」

開 かい　①開くこと。「一眼を開く時は分明ならず」「諸の毛孔を開いて息風、方に出てて外に至る」「花の開・合によって昼夜を建立す」　Ⓢ udghāṭita: unmīlita: vikāsa: vivṛta: vyā-**dā**

②許すこと。許されていること。制の対。

「世尊は飲酒を開せず」「開業」 Ⓢ anujñāta: abhyanu-**jñā**: abhyanujñāta
③執着すること。「虚誑語を開いて我れ作さざると言う」 Ⓢ prasaṅga

開演 かいえん ①教説を初めて説き示すこと。「他の為に開演す」「阿陀那識は甚深細なるが故に凡愚には開演せず」
（出典）幽隠未顕、今説名開、先略難知、広談為演。又約機説、為初機曰開、為久機曰演。（『述記』1本、大正 43・233c）
②十法行（経典などに書かれている教えに対する十種の修行）の一つ。開示ともいう。→十法行 Ⓢ prakāśana

開化 かいか 教化すること。説き伏せて導き入れること。調伏とおなじ。「正信なきを勧進し開化す」 Ⓢ vi-**nī**

開花 かいか 花が開くこと。「舒葉・開花し、妙香芬馥たり」 Ⓢ pariphulla

開覚 かいかく はっきりとさとる、目覚めること。「我が生は尽きたりと開覚す」
Ⓢ pra-**vid**: vyutpatti

開暁 かいぎょう あきらかに知らしめること。「世尊は彼れを開暁せんと欲するが故に是の如き言を説く」「唯識の理に於て全く未だ知らざるを開暁して知らしめる」「無知者を開暁せんと欲す」 Ⓢ vyutpatti

開解 かいげ さとらしめること。「諸の財宝や親属を喪失した有情類を善く開解して愁憂を離れしむ」
Ⓢ prativi-**nud**: prativinodana

開顕 かいけん 明らかに説き示すこと。覆いを取り除いてはっきりさせること。「仏世尊が宣説し開顕せる正法」「正義を開顕して諸の有情に施す」
Ⓢ uttāna: vaktavya: vivaraṇa

開許 かいこ ①許可すること。開聴ともいう。遮止・制止の対。→遮止② →制止「遮止・開許するところの法」「一切の応作を開許し、不応作を制止す」 Ⓢ abhyanu-**jñā**: abhyanujñā
②五種の教誡の一つ。罪のない行為を許可すること。→教誡「無罪の現行を開許す」

開悟 かいご さとる、理解すること。さとらしめること。「諸法の正理を顕示して学者を開悟す」「未だ其の義を解了しない者を開悟して解せしむ」

開業 かいごう 許されている行為。制業の対。→制業「制業を遠離し開業を習近す」
Ⓢ anujñāta-karman

開示 かいじ ①説き示す、開き示す、顕し示すこと。「正理を開示す」「謬って我法と執し唯識に迷う者に開示して二空に達せしむ」 Ⓢ udbhāvika: dīpanā: pra-**kāś**: prakāśita: vibhāvanatā: vivaraṇa: saṃdarśana: saṃpra-**kāś**
（出典）顕示他故、説名開示。（『瑜伽』88、大正 30・796b）
②十法行（経典などに書かれている教えに対する十種の修行）の一つ。開演ともいう。→十法行

開縦 かいじゅう 一連の文章を解釈するときの二つのありよう（開縦・遮奪）の一つ。開縦は方便的に認め許すこと、遮奪は根本的に否定すること。「論道に二あり、一には開縦、二には遮奪なり。此の中、前門は是れ開縦の論道にして、後門は是れ遮奪の論道なり」（『婆沙』4、大正 27・16c～17a）。「此の前文は但だ是れ方便・開縦の論道にして、今の所説は乃ち是れ根本・遮奪の論道なり」（『婆沙』5、大正 27・22a）

開制 かいせい 開と制。許可と禁止。詳しくは開許制止という。→開許① →制止
Ⓢ anujñā-pratiṣedhana

開闡 かいせん 説き示すこと。「仏、或いは仏弟子は、広く無常・苦・空・無我などの義を開闡す」

開闡師 かいせんし 経論を説いた本師の教えをさらに解釈する論師。「法を恭敬するが故に論の本師を敬い、義を恭敬するが故に開闡師を礼す」

開智者 かいちしゃ 簡潔に説かれた教えだけで教えの意味を理解することができる能力を有した人。利根の人。説智者の対。→説智者「世尊は開智者の為に簡要に説く」「世尊は開智者の為に五蘊を説き、説智者の為に十二処を説く」 Ⓢ udghāṭita-jña: sumedhas

開聴 かいちょう 許可すること。開許におなじ。→開許① Ⓢ anujñāna
（出典）云何開聴。謂、仏世尊毘奈耶中、開許一切能無染汚現、所受用資生因縁。（『瑜伽』68、大正 30・676a）

開導 かいどう 導くこと。導き生ぜしめること。指導する人。開避・開闢ともいう。→開導依「因縁は種子法の如く、等無間縁は開

導法の如し」
Ⓢ avakāśa-dāna: nirnetṛtva: netṛkatva

開導依 かいどうえ 心を導き生ぜしめる原因の一つ。ある心が滅してそこに余地を開くことによって次の刹那の心が導かれて生じるから、一刹那前に滅した心を開導依という。開導根とおなじ。等無間依のこと。→等無間依
（出典）開導依者、謂、有縁法為主、能作等無間縁。此於後生心心所法、開避引導、名開導依。（『成論』4、大正31・21b）：言開者、離其処所、即開彼路。復言導者、引彼令生、引導招彼、令生此処。（『述記』4末、大正43・379a）

開導根 かいどうこん 開導依とおなじ。→開導依「等無間縁依とは前滅意を謂う。諸の心心所は皆な此の依に託し、開導根を離れては必ず起こらざるが故に」

開避 かいひ 開導とおなじ。→開導「因縁は種子法の如く等無間縁は開避法の如し」

開闢 かいびゃく 道を開けて導き入れること。開導とおなじ。→開導「等無間縁は能く聖道門を開闢す」

開敷 かいふ 花がひらくこと。「日光照る時、蓮華が開敷す」

開発 かいほつ ①照らし出してはっきりとさせること。「諸智の光明は一切の所覆を開発す」
②開くこと。開かせること。「雑花が開発す」「世尊は我等の慧眼を開発す」 Ⓢ pariphulla
③はっきりと説き示すこと。「聖教は能く正しく甚深の義を開発す」「諸法の実性を開発して正解を生ぜしむ」

開覧 かいらん 書を開いて読むこと。「慶書を開覧す」

開論 かいろん はっきりと話すこと。
（出典）顕説話、名開論。（『略纂』5、大正43・68b）

階級 かいきゅう くらい。かいだん。種姓の別名の一つ。 Ⓢ upaniṣad
（参考）（『瑜伽』35、大正30・478c）

階梯 かいてい はしご。かいだん。「次第に上の階梯に登るが如し」

階隥 かいとう はしご。かいだん。「四の聖諦智は四の階隥の如く、能く大智慧の殿に上昇せしむ」 Ⓢ tīrtha

階陛 かいへい かいだん。宮殿にのぼるかいだん。「尸羅の階陛を蹈みて無上慧の殿に升る」

塊 かい 土のかたまり。石。刀や杖などとともに傷つけ害する道具の一つにあげられる。塊石とおなじ。「手足・塊・刀・杖などを以って互相に害を加う」 Ⓢ loṣṭa

塊石 かいしゃく →塊

解（かい）→げ

誡勗 かいきょく いましめはげますこと。「如実に無倒に教授し誡勗するを如理師と名づく」

誨 かい さとしおしえること。さとしみちびくこと。「不放逸を誨して勤修せしむ」「師に於て、法に於て、学に於て、誨に於て疑惑を生ず」

誨示 かいじ さとし示すこと。「正思惟と正語との一分の等起は言を発して他を誨示す」 Ⓢ saṃprāpaṇa

誨責 かいせき あやまりを非難してさとすこと。「正法を宣説して放逸を誨責す」
Ⓢ codanā: sam-**cud**: saṃcodanā

魁膾 かいかい 死刑執行人。殺す人。律儀に反する行為をする人（不律儀者）の一人。→不律儀者。「魁膾が利剣で以って汝の首を当に斬ろうとす」
Ⓢ badhaka-puruṣa: vadhya-ghāta
（参考）（『婆沙』117、大正27・607a）：（『倶舎』15、大正29・78c）：（『瑜伽』9、大正30・319c）

憒閙 かいにょう 人びとが行き交い雑談する喧噪な場所。「長夜に憒閙の雑処を愛楽す」「憒閙に居す者」 Ⓢ saṃsarga

壊（かい）→え

懐（かい）→え

繢車苑 かいしゃおん スメール山の頂上の帝釈天にある四つの苑の一つ。衆車苑ともいう。 Ⓢ caitra-ratha-vana

害 がい ①傷つけること。殺す、殺害すること。苦しめる、悩ますこと。種類としては、自害・他害・倶害の三種が説かれる。→各項参照「諸の生命を害す」
Ⓢ atipāta: āghāta: upaghāta: uparodha: ghāta: ghātayati: pratigha: **mṛ**: vadha: vighāta: vihiṃsā: vyāpāda: hata: **han**: **hiṃs**: hiṃsā
②随煩悩の一つ。いかりによって生きものを悩まし苦しめ傷つけるこころ。 Ⓢ vihiṃsā
（出典）云何為害。於諸有情、心無悲愍、損

悩為性、能障不害、逼悩為業。(『成論』6、大正 31・33c)
③潜在的な悪の可能力（随眠・種子）を滅すること。「随眠を害す」「出世永断の道を起こして不善の種子を害す」

害阿羅漢 がいあらかん 阿羅漢を殺害すること。極めて重い罪悪である五無間業の一つ。→五無間業 Ⓢ arhat-vadha

害為正法論 がいいしょうぼうろん 呪術を行ない、動物などを殺して供養することによって天に生まれることができると考える見解。仏教以外の学派（外道）の十六種の異論の一つ。→十六種異論 Ⓢ hiṃsā-dharma-vāda
(参考)(『瑜伽』7、大正 30・309c 以下)

害除 がいじょ 殺して退治すること。「怨敵を害除す」

害心 がいしん 傷つけよう、殺そう、悩まそうとするこころ。「其の心は純浄にして恚心・害心は久しく相続せず」
Ⓢ āghāta-citta: pratigha-cittatā

害尋 がいじん →害尋思

害尋思 がいじんし 害尋ともいう。汚れた心でもって他人を傷つけよう、殺そう、悩まそうと思いめぐらすこと。三種の悪い尋思（欲尋思・恚尋思・害尋思）の一つ。
Ⓢ vihiṃsā-vitarka
(出典)心懐損悩、於他攀縁悩乱之相、起発意言、随順随転、名害尋思。(『瑜伽』89、大正 30・803a)

害他 がいた →他害

害伴随眠 がいはんずいみん 第六意識と相応する倶生の煩悩障と所知障の随眠をいう。十地のなかの第五地で断じられる随眠。第四地ですでに害し断じられた身見の伴類であるから害伴という。三種の随眠（害伴随眠・羸劣随眠・微細随眠）の一つ。→随眠②
(参考)(『解深』4、大正 16・707c):(『義林章』1、大正 45・263c)

害父 がいふ 父を殺害すること。極めて重い罪悪である五無間業の一つ。→五無間業
Ⓢ pitṛ-vadha

害分別 がいふんべつ 傷つけよう、殺そう、悩まそうと考えること。染汚分別の一つ。
Ⓢ vihiṃsā-saṃkalpa
(参考)(『瑜伽』1、大正 30・280c)

害母 がいも 母を殺害すること。極めて重い罪悪である五無間業の一つ。→五無間業
Ⓢ mātṛ-vadha

崖 がい がけ。「高い崖より顛墜して自ら身命を害すを生天の因と作す」
Ⓢ prāgbhāra

街 がい ちまた。まちの通り。「或いは街、或いは巷、或いは市に棄擲せる不浄の衣を洗浣し縫染して糞掃衣と為す」 Ⓢ rathyā

街衢 がいく まち。ちまた。まちの通り。「街衢の無義の論」 Ⓢ vīthī

漑灌 がいかん 水をそそぐこと。「貪愛の水を以って漑灌す」「必ず、数数、漑灌して芽を生ず」「水を引いて田に漑灌す」

蓋 がい ①煩悩の異名。心を覆い真実を覆い隠すから蓋という。貪欲蓋・瞋恚蓋・惛沈睡眠蓋・掉挙悪作蓋・疑蓋の五種があり、まとめて五蓋という。→各項参照
Ⓢ nivaraṇa: nīvaraṇa
(出典)覆真実義故、名為蓋。(中略)蓋者、五蓋。謂、貪欲蓋・瞋恚蓋・惛沈睡眠蓋・掉挙悪作蓋・疑蓋。(『瑜伽』8、大正 30・314b～c):於所知事、能障智故、説名為蓋。(『瑜伽』84、大正 30・770a)
②おおい。かさ。天蓋。供養に用いる道具の一つ。「幢と蓋と幡と灯を以って供養す」
Ⓢ chatra

蓋障 がいしょう 覆う障害。五種の蓋のこと。十二種の障の一つ。→蓋① →五蓋
(出典)障者有十二種。(中略)四蓋障、謂、五種蓋、随一現前、覆蔽其心。(『瑜伽』64、大正 30・656a)

蓋覆障 がいふくしょう 覆う障害。五種の蓋のこと。→蓋① →五蓋
Ⓢ nivaraṇa-āvaraṇa
(出典)蓋覆障者、謂、貪欲等五蓋。(『瑜伽』31、大正 30・457b)

骸骨 がいこつ 身体のほね。骨だけになった死骸。「彼の骸骨が腐爛するを見る」
Ⓢ asthi

駭智人 がいちにん おろかな人。智慧のない者。「愚稚ならざる者は駭智人に非ず」

鎧甲 がいこう よろい。「鎧甲を被服して当に精進を発すべし」

各 かく それぞれ。おのおの。ひとりひとり。各自。 Ⓢ ekaikam: pṛthak pṛthak: pratyekam: svaiḥ svaiḥ

各別 かくべつ それぞれ。独自。個別。ひとりひとり。 Ⓢ anyonya: nānā: pṛthak:

prati-: pratiniyata: pratyekam: bheda: vibhinna: svaka-svaka

各別那落迦 かくべつならか 別那落迦・独一那落迦とおなじ。→独一那落迦

角 かく ①つの。「兎の角と牛の角」「角・犎・頡・蹄・尾の牛相は牛に異なるに非ず」 Ⓢ viṣāṇa
②すみ。かど。「山頂の四角に各一峯あり」 Ⓢ koṇa
③方角。方位。「西南の角」 Ⓢ dik-bhāga
④つのぶえ。「諸の鼓・角などの種種の音声」 Ⓢ paṭaha
⑤きそうこと。→角力

角眼相視 かくげんそうし めをそばだててにらみ合うこと。いかりの相貌で見つめ合うこと。「意憤の諸天は忿恚して角眼相視す」

角中乳 かくちゅうにゅう つののなかの乳。あるものがそのなかに存在しないことの喩えに用いられる。

角鬢 かくひん こめかみ。「角鬢と両耳は並びに皆な殊妙なり」 Ⓢ śaṅkha

角武事 かくぶじ 武術をきそいあうこと。広くは身体をつかっての運動をいう。「按摩・拍毱・托石・跳躑・蹴蹋・攘臂・扼腕・揮戈・撃剣・伏弩・控弦・投輪・擲索などの角武事に依って勇健を得る」 Ⓢ vyāyāma

角犎 かくほう ①牛の頂の上にある盛りあがった肉。「角犎を以って牛ありと比知す」 Ⓢ kakuda
②角と犎。牛の角と牛の頂の上にある盛りあがった肉。 Ⓢ viṣāṇa-kakuda

角力 かくりき 力をきそうこと。きそいあうこと。格闘すること。捔力ともいう。「壮丈夫は羸劣者と共に相い角力して能く之を制伏す」 Ⓢ **yudh**

革 かく かわ。「他に損害されて其の身は変異す。或いは刀・杖・鞭・革・皮に由って壊す」 Ⓢ tāḍita

捔力 かくりき 角力とおなじ。→角力

格量 かくりょう より勝れていると認めること。優劣をはかること。比較すること。「若し年徳が倶に相似せる者を見れば、能く正しく問訊し、軟美の言を以って共に談論を興し、等慢に依って自ら格量せず」 Ⓢ pari-**tul**: vi-**śiṣ**

覚 かく ①さとり。智慧。さとること。「諸法を覚するが故に正等覚と名づく」「諸の諦を覚す」 Ⓢ anubodha: avabodha: buddhi: bodhi
②菩提の異名。菩提と音写される bodhi を覚と意訳する。真理をさとる智慧のこと。 Ⓢ bodhi
（出典）梵云菩提、此翻為覚。覚法性故。（『述記』1 本、大正 43・235c）
③眠りからさめること。目覚めていること。 Ⓢ jāgrat: prati-**budh**: vyutthita
（出典）云何覚。謂、睡増者不勝疲極故、有所作者要期睡故、或他所引、従夢而覚。（『瑜伽』1、大正 30・281a）
④気づくこと。わかる、理解すること。「他の欺誑を覚すると雖も彼の人を訶責せず」 Ⓢ prati-**vyadh**: pra-**budh**: buddhi: vitarka: **vid**
⑤知覚すること。認識すること。「色想の事に於て色覚を起こす」「香・味・触を覚す」 Ⓢ buddhi: **spṛś**
⑥四つの認識のありよう（見・聞・覚・知）の一つ。五感覚（五識）のなかの臭覚（鼻皺）と味覚（舌皺）と触覚（身皺）をいう。 Ⓢ mata
（出典）若境、由鼻識舌識及身識所証、名所覚。（『倶舎』16、大正 29・87b）
⑦生きているという意識。「命断ずれば覚なし」 Ⓢ **ceṣṭ**
⑧煩悩が具体的に働いている状態。 Ⓢ prabodha
（出典）何名為覚。謂、諸煩悩現起、纏心。（『倶舎』19、大正 29・99a）
⑨三転十二行相の一一の転において生じる四つの認識（眼・智・妙・覚）の一つ。その内容の定義には次の諸説がある。（ⅰ）（『婆沙論』第一説）覚とは類智。（ⅱ）（『婆沙論』第二説）覚とは警察の意味。（ⅲ）（『瑜伽論』所説）覚とは如所有事に悟入すること。 Ⓢ buddhi
（参考）（『婆沙』79、大正 27・411a）:（『瑜伽』83、大正 30・761c）
⑩サーンキヤ学派（数論）の説く二十五諦のなかの覚。根源的思惟機能。→二十五諦 Ⓢ buddhi
（参考）（『述記』1 末、大正 43・252c）

覚安 かくあん 安楽に目覚めていること。「寝安く、覚安くして、一切の身心の熱悩を遠離す」 Ⓢ sukhaṃ pratibudhyate

覚慧 かくえ ①知性や理性としての知恵。

世間的な知恵。「覚慧に由って諸色を極量の辺際に分析して仮に立てて極微と為す」「世の聡叡者の覚慧では窮底すること難きが故に甚深と言う」 Ⓢ buddhi
②すぐれた智慧。般若のこと。「倶生の覚慧を成就するを成就妙慧と名づく」 Ⓢ buddhi: prajñā
③見解。意見。「諸師は、此に於て覚慧不同なり」 Ⓢ buddhi

覚悟 かくご ①さとり。真理をさとること。「真諦を覚悟す」「縁起を覚悟して解脱を生ず」「所知の真実の道理を覚悟す」
Ⓢ abhisaṃbodha: avabodha: prativedha
②啓発してさとらしめること。「仏の覚悟と勧導を蒙る」 Ⓢ sam-**cud**: saṃcodanā
③はっきりと目覚めていること。意識がはっきりとしていること。「常に勤めて覚悟の瑜伽を修習す」
④言葉を用いて認識すること。→覚悟遍計 →覚悟執

覚悟執 かくごしゅう 覚悟遍計とおなじ。→覚悟遍計

覚悟分別 かくごふんべつ 現前にない対象をはっきりとつよくむさぼる分別。あるいは、好ましく魅力的で心にかなう対象を強くむさぼる分別。八種の虚妄分別の一つ。→虚妄分別①
（出典）覚悟分別者、謂、即於彼可愛事中、覚悟貪纏相応分別。（『瑜伽』17、大正 30・369b）：覚悟分別者、謂、於不和合不現前境、由貪欲纏之所纏縛。（『瑜伽』58、大正 30・625c）

覚悟遍計 かくごへんげ 覚悟執とおなじ。大人などが言葉を用いて事物が実在すると考えること。随眠遍計の対。六種の遍計の一つ。→六種遍計 →随眠遍計 →遍計
（出典）若由言説、仮立名字、遍計諸法決定自性、当知、是名彼覚悟執。（『瑜伽』74、大正 30・705c）：覚悟遍計、謂、善名言者所有遍計。（『顕揚』16、大正 31・558a）

覚寤 かくご ①真理をさとること。「真諦を覚寤す」 Ⓢ abhisaṃbodha
②目覚めていること。「初夜・後夜に常に勤めて覚寤の瑜伽を修習す」 Ⓢ jāgarikā
③目が覚めること。「時を過ごさずして方に乃ち覚寤す」 Ⓢ prati-**budh**: prativi-**budh**

覚察 かくさつ ①観察・思惟して十分に理解し把握すること。「正法を聴聞して法を覚察す」「慢を是れ慢なりと覚察す」
Ⓢ abhisam-**budh**: buddhi
②こころ（心心所）の働きの総称。
（出典）覚者覚察、心心所総名。（『述記』1末、大正 43・247b）

覚支 かくし さとりを助ける修行。さとりをもたらす事柄。念覚支・択法覚支・精進覚支・喜覚支・軽安覚支・定覚支・捨覚支の七つがある。等覚支ともいう。→七覚支
Ⓢ bodhi-aṅga

覚者 かくしゃ ①さとった人。仏陀のこと。仏陀の原語 buddha は「さとる」という動詞 **budh** の過去分詞で、「さとった」という意味。転じて「さとった者」となり覚者と意訳される。「如来は是れ真の覚者なり」「仏陀と言うは、是れ覚者なり」 Ⓢ buddha
②声聞と独覚と大覚（仏陀）との三者に分けたうちの独覚と大覚とを覚者という。
（参考）（『倶舎』25、大正 29・131b）

覚受 かくじゅ 感覚。身体が苦楽などを感じること。覚受がないとは死んだ状態をいう。あるいは山や川などの無生物には覚受がないという。「阿頼耶識を若し捨離せば、身分が冷触して身に覚受なし」

覚性 かくしょう 知性。考える力。思考することができるもの。「仏所説の法は無量無辺なるが故に、その文義に於て百千の論を造って分別解釈し其の覚性を尽しても辺際を得ず」「不相応行も色も実の我に非ず。虚空などの如く覚性に非ざるが故に」

覚触 かくそく 触を覚すこと。身体が冷暖・軽重などを感覚すること。「両臂が相い去ること遠しと雖ども、倶時の覚触が一つの身識を生ず」「耳は声を聞き、鼻は香を嗅ぎ、舌は味を嘗め、身は触を覚し、意は法を了す」

覚知 かくち ①知る、気づく、認知すること。「罪の現行に於て我れは非法を為すと能く正しく覚知す」
Ⓢ pratividdha: pratisam-**vid**
②真理をさとること。「四聖諦の理を如実に覚知するが故に、名づけて証と為す」
Ⓢ ava-**budh**

覚分 かくぶん さとりに導くもの。さとりにおもむくのを助けるもの。覚の原語 bodhi を菩提と音写し、覚分を菩提分ともいう。三

十七種の覚分・菩提分がある。→三十七菩提分法 S bodhi-pakṣya

覚分相応増上慧住 かくぶんそうおうぞうじょうえじゅう 三つの増上慧住の一つ。発心してから仏陀すなわち如来になるまでの十三の段階・心境の第六。真理（四諦）を覚すための三十七菩提分に相応する慧に住する段階。菩薩の十地のなかの焔慧地にあたる。
S bodhi-pakṣya-pratisaṃyukto 'dhiprajñā-vihāraḥ
（参考）（『瑜伽』47、大正 30・553b）：（『瑜伽』48、大正 30・558a～b）

覚法楽 かくほうらく 法とは真理、覚とはさとり、すなわち菩提のことで、真理をさとった楽を覚法楽という。菩提楽・三菩提楽・等覚楽ともいう。四種の無悩害楽の一つ。→無悩害楽
（参考）（『述記』1本、大正 43・234b）

覚明 かくみょう 事象をありのままにはっきりとみる智慧。毘鉢舎那のありようをいう。 S pāṇḍitya
（出典）堪能簡択倶生慧、名之為覚。習所得慧、名之為明。（『演秘』5本、大正 43・912c）
（参考）（『瑜伽』38、大正 30・504a）

覚了 かくりょう ①知る、理解する、さとること。「所知事に於て義の如くに覚了す」「諸法は聚沫の如しと覚了す」「四聖諦の相を正しく覚了す」
S pratisam-**vid**: pratyavagama
②感じること。感覚すること。「身に遍ずる入息を覚了す」
S pratisaṃvidita: pratisaṃvedin

較論 かくろん 論議すること。「敵論者が来りて較論す」

隔 かく へだたっていること。さえぎられていること。「此れより四千踰繕那を隔てて余の那落迦あり」「絹を隔てて諸の色像を観るが如し」
S antarita: vicchinna: vyavahitatva

隔越 かくおつ （時間的あるいは距離的に）へだたっているさま。隔遠とおなじ。隣次の対。→隣次「遠の義とは処所・去来・方・時の隔越の義なり」「隔越と言うは、隔遠の時に、展転して因力に生起せらるるをいう。農夫などの穀・麦などに於るが如し」
S viprakṛṣṭa

隔遠 かくおん 隔越とおなじ。→隔越

隔礙 かくげ 中間に入ってさまたげること。「十六心の中に於ては、忍は、是れ、無間道なり。惑の得を断ずるに能く隔礙するものなきに約すが故なり」 S antarayati

隔日瘧 かくじつぎゃく 日をへだてて一回、時を定めて起こる病。
（参考）（『成論』4、大正 31・18a）

隔絶 かくぜつ とおのけていること。はなれていること。「入息出息念住に於て一切の乱尋伺を隔絶す」「現在と未来とは時分が隔絶す」

隔断 かくだん 断絶すること。断つこと。「他の命を隔断す」「能く諸漏を尽して因果を隔断す」 S antarāyaṃ karoti

赫（かく）→しゃく

獲（かく）→ぎゃく

㲉卵 かくらん たまご。卵㲉ともいう。「雞などは㲉卵を破って出ず」

臛 かく →羹臛

鑊 かく かま。大釜。「袋などより粳米などを瀉して倉や鑊の中に置く」
S lohī: sthālī

学 がく ①学ぶこと。学び修すること。修行すること。実践すること。修学ともいう。→修学「学とは是れ勤精進にして、聖教の如く行ずることなり」 S **śikṣ**
②三学の学。学び修すべき事柄。増上戒学・増上心学・増上慧学の三つの学。→三学
S śikṣā
（出典）学要有三。一増上戒、二増上心、三増上慧。以戒定慧、為三自体。（『倶舎』24、大正 29・127a）：云何為学。謂、三勝学。一増上戒学、二増上心学、三増上慧学。（『瑜伽』28、大正 30・435c）
③学・無学の学。学び修すべきことがある聖者。あるいはそのような聖者に属するもの。有学ともいう。→有学 S śaikṣa

学位 がくい 学び修すべきことがある位。あるいはそのような位にある人。学・有学の人。→学③ →有学 S śikṣā: śikṣā-avasthā

学慧 がくえ 学び修すべきことがある人の智慧（慧）。「学見と学智とを総じて学慧と名づく」 S śaikṣa-prajñā

学果 がくか ①学し修することによって得られる結果。増上戒学・増上心学・増上慧学の三学によって至ることができる境地。有

余依涅槃と無余依涅槃の二つの涅槃をいう。
(出典) 云何諸学。謂、三種学、一増上戒、二増上心、三増上慧。云何学果。謂、有余依及無余依二涅槃果。(『瑜伽』97、大正 30・856a)
②有学の果。いまだ学び修すべきことがある人が得る結果。無学果の対。

学戒 がくかい ①戒を学ぶこと。いましめを学び修すること。「国王は時時に恵施し、福を樹え、斎を受け、戒を学ぶ」
②学び修すべきことがある人がまもる戒。無学戒の対。

学行迹 がくぎょうじゃく 学び修すべきことがある人の涅槃へおもむくための修行の道。→行迹

学見 がくけん 学び修すべきことがある人の見解。「学見と学智とを総じて学慧と名づく」 Ⓢ śaikṣa-dṛṣṭi

学見迹 がくけんじゃく 学び修すべきことがある人で、苦・集・滅・道の四諦の真理を見た者。迹は諦あるいは道に通じ、真理を意味する。有学見迹ともいう。
(出典) 学、謂、預流・一来・不還補特伽羅。迹、謂、四聖諦。以無漏慧、已具見四諦迹、故名学見迹。(『婆沙』107、大正 27・553c)

学業 がくごう 三業(学業・無学業・非学非無学業)の一つ。→三業⑪ Ⓢ śaikṣaṃ karma
(参考)(『瑜伽』9、大正 30・320a)

学地 がくじ 学び修すべきことがある境地。有学地ともいう。「学地に住して不還果を得る」 Ⓢ śaikṣī bhūmiḥ

学事 がくじ 学ぶべき事柄。増上戒学・増上心学・増上慧学の三学。あるいは布施・持戒・忍辱・精進・静慮・慧の六波羅蜜多。所応学事ともいう。
(出典) 菩薩学事略有六種。所謂、布施・持戒・忍辱・精進・静慮・慧到彼岸。(『解深』4、大正 16・705a)

学者 がくしゃ 有学とおなじ。→有学

学住 がくじゅう ①学び修すべきことがある人が持息念を修すること。
(参考)(『婆沙』26、大正 27・136c〜137a)
②学び修すべきことがある人が増上戒学・増上心学・増上慧学の三学を学ぶこと。「有学は三学に於て多く学住を修す」

学処 がくしょ 学ぶべき事柄。その代表が増上戒学・増上心学・増上慧学の三学。あるいは、それを守りそれに随って生きていくべきいましめ(戒・尸羅・律儀・毘奈耶)をいう。三学と戒との関係について、二百五十戒という別解脱戒があると聴くとその数の多さに怖れを懐いて、自分はそれらをまもることはできないと考える弟子のために、世尊はただ三つの学処、すなわち増上戒学・増上心学・増上慧学の三学を学ぶことを説いたという(『婆沙』46、大正 27・238a〜b)。また別解脱律儀の戒を増上戒学といい、増上戒学によって増上心学と増上慧学とを修するという(『瑜伽』22、大正 30・403b)。また五戒(離殺生・離不与取・離欲邪行・離虚誑語・離飲諸酒)を五学処という(『婆沙』173、大正 27・870c)。「学処を受持・受学・修学・随学・受護・守護・奉行す」「学処を制立す」「学処を毀犯す」「学処を棄捨す」 Ⓢ śikṣā-pada

学勝利 がくしょうり 増上戒学・増上心学・増上慧学の三学などを学ぶことによって得られる利点・功徳・すばらしさ。

学聖者 がくしょうじゃ すべての煩悩を断じつくしておらず、なお学び修することがある聖者。四向(預流向・一来向・不還向・阿羅漢向)と三果(預流果・一来果・不還果)の聖者。有学・学者ともいう。→有学
Ⓢ śaikṣa

学制立 がくせいりゅう 学ぶべき事柄(学処)を制定すること。制立学処ともいう。
(参考)(『瑜伽』69、大正 30・678c)

学智 がくち 学び修すべきことがある人の智慧(智)。「学見と学智とを総じて学慧と名づく」 Ⓢ śaikṣa-jñāna

学徒 がくと 弟子。学ぶ人びと。「学徒を教誡するが故に称して論と為す」「学徒の為に論の宗要を分別し解説す」 Ⓢ śiṣya

学道 がくどう 学ぶべきことを学びつつある修行の段階。有学道ともいう。無学道の対。「一切の菩薩の学道と学道の果とを菩薩地と名づく」 Ⓢ śikṣā-mārga

学法 がくほう 学び修すべきことがある人のなかにある汚れのない存在。 Ⓢ śaikṣā dharmāḥ
(出典) 学法云何。謂、有学者無漏有為法。(『倶舎』24、大正 29・127a)

学律者 がくりつしゃ 戒律を学修する人。

Ⓢ vinaya-śikṣita

額 がく ひたい。「其の鼻の二孔が並びに皆な殊妙なるを二随好と為し、其の額の殊妙なるを一随好と為す」 Ⓢ lalāṭa

甲冑 かっちゅう よろいとかぶと。戦闘の防具。甲冑を着けて敵陣めがけて突き進むように、勇敢に精進することを被甲精進・擐甲精進・甲冑加行という。 Ⓢ saṃnāha

甲冑加行 かっちゅうけぎょう →甲冑

活 かつ 生きること。生きていること。「諸の聖弟子は無上の慧命に依って活す」 Ⓢ **jīv**

活道沙門 かつどうしゃもん 四種の沙門（勝道沙門・説道沙門・活道沙門・壊道沙門）の一種。道に生きることを命としている修行者。貪・瞋・癡などの煩悩を断じようとして善行を修する人。まだ学ぶべきことがある者（有学）で、学ぶべきことがない者（無学）と同等の位にいる人、たとえば阿難陀をいう。命道沙門ともいう。→四沙門
Ⓢ mārga-jīvin-śramaṇa
（出典）命道沙門者、謂、尊者阿難陀、雖居学位、而同無学、多聞聞持、具浄戒禁、一切有学亦然。（『婆沙』66、大正 27・341c）：諸修善行者、名活道沙門。（中略）修善行者、謂、為調伏貪瞋癡等、勤修正行。（『瑜伽』29、大正 30・446c）

活命 かつみょう ①生きること。命を保って生きていること。「諸の菜葉で活命す」
Ⓢ **jīv**
②生活すること。生計・生存の方法。養命ともいう。「諸の菩薩は法の為に出家し、活命の為にせず」「他に依って活命し、商農などの世間の事業を捨す」「活命の為ではなく戯楽の為の工巧は染汚なり」 Ⓢ ājīvikā: jīvikā
（出典）云何六種活命。一営農、二商賈、三牧牛、四事王、五習学・書算・計数及印、六習学所余工巧業処。（『瑜伽』2、大正 30・289b）

活命受施 かつみょうじゅせ 六種の受施の一つ。→受施

渇 かつ ①かわき。のどのかわき。触覚（身識）の対象である感触（触）の一つ。
Ⓢ tṛṣita: pipāsā
（出典）触有十一。謂、四大種滑性・渋性・重性・軽性、及冷・飢・渇。此中（中略）飲欲名渇。（『倶舎』1、大正 29・2c）
②乾燥。「熱と渇」 Ⓢ ucchoṣa
③強い欲求。
（出典）渇者、謂、倍増希求故。（『瑜伽』84、大正 30・770c）

渇愛 かつあい のどがかわいて水を欲しがるように、対象を強く愛し欲すること。愛・貪愛とおなじ。「阿羅漢は永く渇愛を断ず」
Ⓢ tṛṣṇā

渇苦 かつく のどがかわく苦しみ。「餓鬼の中に生じて飢苦・渇苦を受く」

渇仰 かつごう 強くあがめること。熱心に敬うこと。「仏を慕恋し渇仰す」「菩提を愛楽し、菩提を尊重し、菩提を渇仰す」

割 かつ わること。きりさくこと。「身肉を割る」「刀で以って物を割り、石で以って物を磨く」 Ⓢ ud-**kṝ**: pra-**pīḍ**

割劓 かつぎ はなをきりおとすこと。「耳鼻を割劓す」

割截 かっさい きりさくこと。「支体を割截す」 Ⓢ chedana

割断 かつだん 決断すること。判断すること。「輔宰は能く割断す」

滑 かつ ①→滑性
②粘液性。ねばねばしていること。「精血は臭滑なり」 Ⓢ picchila
③（文章が）やさしくなめらかであること。「文句は美滑なり」 Ⓢ ślakṣṇa

滑性 かっしょう やわらかさ。なめらかさ。なめらかな感触。触覚（身識）の対象である感触（触）の一つ。 Ⓢ ślakṣṇatva
（出典）触有十一。謂、四大種滑性・渋性・重性・軽性、及冷・飢・渇。此中（中略）柔軟名滑。（『倶舎』1、大正 29・2c）

毼 かつ 褐とも書く。毛布。毛織物。「資具衰損とは爾る時、有情は唯だ粟稗を以って食中の第一と為し、髮・毼を以って衣中の第一と為す」 Ⓢ kambala

瞎 かつ 片目。片目しか眼がみえないこと。「或いは瞎、或いは跛、或いは癖、或いは癩など種種の有情の身相の差別を見る」「一切の天眼には瞎なく、瞯なし」

羯磨 かつま 「こんま」とも読む。karman の音写。広くは教団（サンガ・僧伽）で行なう儀式や作法をいい、狭くは受戒の儀式をいう。授戒者が、まず受戒者に戒の内容を述べることを「白」といい、その戒の内容を護るかどうかと質問して受戒者が「はい」と承諾

することを羯磨という。種類としては、単白羯磨・白二羯磨・白四羯磨・三語羯磨の四種(『瑜伽』99、大正 30・872a)、受具羯磨・結界羯磨・長養羯磨・同意羯磨・趣向羯磨・恣学羯磨・治罰羯磨・摂受羯磨・白二羯磨・白四羯磨の十種(『瑜伽』69、大正 30・680a)が説かれる。 Ⓢ karman

蝎 かつ さそり。蚊・虻・蛇などとともに、人に害をなすことから忌み嫌われるものとしてあげられる。「蚊・虻・蛇・蝎などの諸の悪毒」 Ⓢ vṛścika

闊 かつ 面積が広いこと。「贍部洲は、上は尖にして下は闊なり、猶し穀聚の如し」 Ⓢ viśāla

黠慧 かつえ かしこい智慧。熟練した智慧。あるいはそのような智慧をもつ人。「人あり、黠慧にして能く営農・農商などの業を作す」「譬えば世間の黠慧の工匠の如し」 Ⓢ dakṣa

月 がつ ①天空の月。「医眩者が一つの月の処に多くの月像を見るが如し」 Ⓢ indu: candra: candramas
②暦の月。一か月。 Ⓢ māsa
(出典) 三十昼夜為一月。(『倶舎』12、大正 29・62b)

月愛珠 がつあいじゅ 月光が凝結したもの。月光に照らされると輝きを発し、冷たい湿気を出すといわれる伝説上の珠玉。「月光と月愛珠と器とを縁として水生ずることを得るが如し」 Ⓢ candra-kānta

月光 がっこう 月の光。「月光が衆星を映奪するが如し」 Ⓢ candra-prabhā

月日 がつにち 一か月と一日。 Ⓢ māsa-ahna

月喩 がつゆ 月の喩え。満月が清らかで人を益するように、施主の家に招かれて入るときは身を清浄にして施主を益するべきであるということの喩えに用いられる。「月喩に随って施主の家に往くべし」 Ⓢ candra-upama
(参考)(『瑜伽』23、大正 30・409a):(『瑜伽』24、大正 30・415c)

月輪 がつりん 月。月の輪。「日輪は火頗胝を以って成ぜられ、月輪は水頗胝を以って成ぜられ、此の二輪の中、月輪の行くことは速く、及び不定なり」
Ⓢ indu: candra-maṇḍala: candramas

合掌 がっしょう 尊者や師などに対して尊敬の念を表すために両手を合わせる行為。「諸の尊長に於て起迎し合掌し礼拝し問訊して和敬の業を修す」 Ⓢ añjali: anñali-karman

合掌平拱 がっしょうびょうきょう 両手の指をあわせて合掌し敬礼すること。九種の敬儀の一つ。→敬儀

甘 かん 甘さ。甘い味。六種の味(苦・酢・辛・甘・鹹・淡)の一つ。 Ⓢ madhura: svādu

甘雨 かんう あめ。めぐみの雨。「諸の飢饉や大災旱などが現在前する時に於て甘雨を興致する静慮あり」 Ⓢ varṣa: vṛṣṭi

甘苦 かんく 甘さと苦さ。「味に甘苦などの六種を立つ」 Ⓢ madhura-tikta

甘蔗変味 かんしょうへんみ さとうきびを圧縮して作った飲物の味。七種の味の一つ。→味① Ⓢ ikṣu-vikāra-rasa

甘負 かんふ 快く引き受ける、背負うこと。「衆苦を甘負す」 Ⓢ ud-**vah**

甘美 かんみ ①美味しいこと。「此の池の側に贍部林樹あり。形、高大にして、其の果は甘美なり」 Ⓢ madhura-svādu
②蜂蜜から作った甘い酒。「飲樹あり。此れより甘美の飲を流出す」 Ⓢ madhu-madya

甘露 かんろ 甘露とは中国の伝説で国王が善政を施すと天が降らすという甘味の液をいい、それを飲むと不死に至ると言い伝えられてきた。この言い伝えによって、不死を意味するサンスクリット amṛta を甘露と訳した。生死輪廻の世界から解脱して身心ともに滅した涅槃(無余依涅槃)、すなわち生まれることも死ぬこともないありようをいう。
Ⓢ amṛta
(出典) 甘露者、謂、生老病死皆永尽故。(『瑜伽』83、大正 30・765c)

甘露界 かんろかい 不死の世界、すなわち涅槃のこと。→甘露「甘露界を繋念し思惟す」 Ⓢ amṛta-dhātu

甘露法 かんろほう 不死に至る仏陀の教え。→甘露「如来は大悲をもって甘露法を凡夫に授けて服せしむ」 Ⓢ amṛta-dharma

奸詐 かんさ いつわること。悪い行為をすること。「所作を奸詐す」

汗 かん あせ。「涙・汗・洟・唾などを内の水界と名づく」 Ⓢ prasveda: sveda

串 (かん) →げん

肝 かん　かんぞう。内臓の一つ。不浄観を修するときの対象の一つ。「人身の内に多く不浄あり。いわゆる塵・垢・筋・骨・脾・腎・心・肝なり」 Ⓢ plīhaka

函 かん　①はこ。「函と蓋と相い称うが如し」
②重さ。→偽函　Ⓢ māna

官司 かんし　官吏。役人。「有る人、其の母を害せんと欲して加行を起こし、或いは官司に獲えらるる」

官僚 かんりょう　行政の執行者。役人。「長者や居士や諸の官僚などが来りて其の諍を解せんとす」 Ⓢ āmātya

冠 かん　①かんむり。「花の冠」
②かぶること。「少壮者が首に花の鬘を冠すが如く、聖者は等持の鬘を冠す」

冠花鬘 かんけまん　花のかんむり。花環。花のかみかざり。「眼根・耳根・鼻根の三根が頭を遶って住するは、冠花鬘の如し」 Ⓢ mālā

巻 かん　巻くこと。縮めること。小さくすること。舒の対。→巻舒　Ⓢ saṃkṣepa

巻皺 かんしゅう　縮んでしわとなること。「此の那落迦は、皰が潰れ、膿血が流出し、其の瘡が巻皺するが如くなるが故に、名づけて皰裂那落迦と為す」 Ⓢ saṃkoca

巻縮 かんしゅく　縮んで小さくなること。「皰那落迦の中に生を受けた有情は彼の地の極重にして広大なる寒触に触せられて、一切の身分が悉く皆な巻縮すること、猶し瘡皰の如し」 Ⓢ saṃkoca

巻舒 かんじょ　①巻と舒。巻くことと開くこと。縮めることと伸ばすこと。小さくすることと大きくすること。「凡夫が執するところの我に略して三種あり。（中略）二には我は其の体は常なりと雖も量は不定なり。身の大小に随って巻舒あるが故なり」
②仏・菩薩の能変神境智通の一つ。大きなヒマラヤ山をまるめて小さな一つの原子に、あるいは小さな一原子を伸ばして大きなヒマラヤ山にするという神通力の働きをいう。
Ⓢ saṃkṣepa-prathana
（出典）巻舒者、謂、仏菩薩、依定自在、能巻一切雪山王等、如一極微、舒一極微、令如一切雪山王等、是名巻舒。（『瑜伽』37、大正30・492b）

看 かん　見ること。観察すること。「若し前の境を憎すれば眼を挙げて看ることを欲せず」

看病 かんびょう　病人を看ること。「看病する、仏法僧に事える、是の如きを福行を作すと名づく」 Ⓢ glāna-upasthāna

看病者 かんびょうしゃ　病人を看る人。仏・法・僧の三宝のなか、仏が良医、法が良薬、僧が看病者に喩えられる。「三宝は、猶し良医の如く、及び良薬と看病者の如しと信ず」 Ⓢ upasthāpaka

看服薬人 かんぶくやくにん　薬を服す病人を看る人。看病する人。仏・法・僧の三宝のなかの僧に喩えられる。「仏は良医の如く、法は妙薬の如く、僧は善巧なる看服薬人の如し」

矜恕 かんじょ　「きょうじょ」とも読む。あわれみゆるすこと。「国王、群臣の罪を矜恕す」

浣 かん　汚れた物をあらうこと。「汚れた衣を浣し曝乾して著す」

浣衣 かんえ　ころも・衣服をあらうこと。心の汚れである煩悩を払拭することの喩えに用いられる。「聖道は、浣衣・磨鏡・錬金の如く、煩悩を対治す」

浣滌 かんじょう　あらいすすぐこと。「垢ある衣や器を浣滌す」

陥墜 かんつい　おちること。おとすこと。墜落させること。「熾火の坑中に陥墜す」「坑穽を作って衆生を陥墜す」 Ⓢ **pat**

陥溺 かんでき　おちておぼれること。「諸欲の淤泥に陥溺して自在ならず」

陥逗 かんとう　詐欺。だますこと。「邪加行して徒衆を陥逗す」 Ⓢ nikṛti: vipra-**vad**

陥入 かんにゅう　おちいること。「此身、無間大地獄の中に陥入して諸の劇苦を受く」

乾 かん　乾く。乾かす。乾いているさま。「草頭の露は日出ずれば則ち乾く」「風が支節を乾かす」「乾いた薪」 Ⓢ **śuṣ**: śuṣka

乾葦舎 かんいしゃ　乾朽葦草舎宅とおなじ。乾いた葦からつくられた家。よく燃えることの喩えに用いられる。「善法は邪想の火を其の中に擲置するに由って能く焚滅すること、乾葦舎の中の虫が焼害せらるるが如し」「根門を護らざる補特伽羅は般涅槃に於て欲楽すること劣なるが故に、親愛すること劣なるが故に、譬えば乾朽葦草舎宅の如く、魔が便ち彼の積集せる可愛の境界に於て炬を以ってこれを焚燎す」

乾器 かんき 水が入っていない乾いた容器。「穀・麦などの種子を乾器に安置すれば、芽は生ぜず」

乾朽葦草舎宅 かんくいそうしゃたく →乾葦舎

乾竭 かんけつ かれる、干上がる、からになること。からす、からにすること。「池・沼・河・泉などが乾竭す」「菩薩の慧光は一切の有情の煩悩の諸毒を乾竭す」 Ⓢ koṭara: khilī-bhūta: pari-**śuṣ**: **śuṣ**

乾枯 かんこ 乾いてかれること。水が干上がること。「雨沢なければ諸果は乾枯す」「河水が乾枯す」

乾牛糞 かんごふん 乾いた牛の糞。→牛糞→乾薪

乾語 かんご 熱さのために熱っぽくかたること。「正熱の時に於て身体が舒泰し奮身して乾語す」

（出典）言乾語者、謂、熱故言語時乾。（『略纂』9、大正 43・123a）

乾消 かんしょう 身体が乾いてやせる病気。「乾癬・湿・疥癩・乾消・癲癇・寒熱・黄病などの無量の疾病が身中に発生す」 Ⓢ śoṣa

乾焦 かんしょう 乾くこと。「脣口が乾焦して常に其の舌で以って口面を舐略す」 Ⓢ saṃśuṣka

乾薪 かんしん 乾いた薪。乾草・乾牛糞などとともに燃えて火を生じる材料の一つ。「聞・思・修の三慧に引かれたる邪行は、譬えば乾薪・乾草・乾牛糞を積集するが如く、是の因縁に由って苦火聚を長時に熾然ならしめ、断絶することあることなし」

乾草 かんそう 乾いた草。乾薪・乾牛糞などとともに燃えて火を生じる材料の一つ。→乾薪

乾燥 かんそう 水でぬれたものが乾くこと。「若し所依の身が乾燥し麁強ならば則ち瞋恚あり」 Ⓢ śuṣka

乾癬 かんせん はれもの。できもの。皮膚病の一種。「乾癬・湿・疥癩・乾消・癲癇・寒熱・黄病などの無量の疾病が身中に発生す」 Ⓢ piṭaka

乾闥婆城 かんだつばじょう →けんだつばじょう

乾木 かんもく 乾いた木。火を起こす道具の一つ。「火を求めんが為の故に、下に乾木を安じ、上に鑽燧を施す」「乾木を鑽ずれば火を出す」 Ⓢ araṇi

患（かん）→げん

貫結 かんけつ つらぬいて一つに結ぶこと。「縷を以って衆花を貫結す」

貫穿 かんせん つきとおすこと。いくつかのものを糸を通してまとめること。いくつかのもののなかにつらぬいて存在すること。「極微は最細の色にして、断截・貫穿すべからず」「能く種種の真善な妙義を貫穿し縫綴する、是れを契経と名づく」「此の正法は中道行に貫穿す」

貫通 かんつう つらぬいて存在すること。いずれにもあること。「諸法に貫通す」「一切に貫通す」

堪 かん ①できること。能力があること。堪任・堪能とおなじ。「出家して沙門果を証するに堪う」 Ⓢ bhavyatā

②ふさわしいこと。適すること。「法王に為ることに堪え、法の灌頂を受く」「出家に堪う」 Ⓢ arha

③耐えること。「已に堅厚にして稍や摩触に堪えるを名づけて鍵南と為す」「水雨の激注に堪う」 Ⓢ kṣama

堪達阿羅漢 かんたつあらかん →堪達法

堪達法 かんたつほう 六種の阿羅漢（退法・思法・護法・安住法・堪達法・不動法）の一つ。さとりに至る能力をもち、好んで修行してすみやかに不動の阿羅漢になる人。堪達阿羅漢ともいう。→阿羅漢

Ⓢ prativedhanā-bhavya-dharma

（出典）阿羅漢有六種。一退法、二思法、三護法、四安住法、五堪達法、六不動法。此中（中略）堪達法者、謂、彼堪能達至不動。（『婆沙』62、大正 27・319c）：堪達法者、彼性、堪能好修練根、速達不動。（『倶舎』25、大正 29・129b）

堪任 かんにん ①できること。能力があること。不堪任の対。「無上正覚を証するを堪任す」 Ⓢ kṣama: bhavya: bhavyatā

②→堪任性

堪任性 かんにんしょう 身心が調いのびやかで健やかであること。身心が軽く活動的であること。善の心所の一つである軽安のありようをいう。堪任・有堪任性・有堪任・堪能・有堪能・有堪能性・調適性ともいう。無

堪任性の対。→無堪任性 Ⓢ karmaṇyatā
（出典）軽安者、謂、心堪任性。（『倶舎』4、大正 29・19b）：安、謂、軽安。遠離麁重、調暢身心、堪任為性。（『成論』6、大正 31・30b）

堪忍 かんにん 忍ぶこと。忍耐すること。他人からののしられる、打たれる、悪口をいわれるなどされても報復せず、それらを耐え忍ぶこと。また寒さ・熱さなどの環境からの苦や身体的な苦を耐え忍ぶこと。
Ⓢ adhivāsana: kṣama: kṣamaṇa: kṣamitva: kṣānti: marṣaṇā: sahiṣṇu
（出典）云何堪忍。謂、如有一、罵不報罵、瞋不報瞋、打不報打、弄不報弄。又彼尊者、堪能忍受寒熱飢渇蚊虻風日蛇蠍毒触。又能忍受他所干犯麁悪語言、又能忍受身中所有猛利堅勁辛楚切心奪命苦受、為性、堪忍有所容受、是名堪忍。（『瑜伽』25、大正 30・423a）

堪能 かんのう ①できること。能力があること。「能く一切の有情の義利を成辧することに於て堪能あり」 Ⓢ ud-**sah**: bhavya: śakta: śakti: samartha: sāmarthya
②身心が調いのびやかで健やかであること。堪任ともいう。「身心、調暢にして堪能あり」 Ⓢ karmaṇya

寒 かん ①（自然現象の、あるいは病気などによる身体の）寒さ。寒いこと。「飢渇や寒熱などの種種の疾病を除く」「若しくは寒、若しくは熱の時節の変異」
Ⓢ śīta: śītala: śaitya
②冬。寒い時期。「一年を寒と熱と雨との三際に分け、各々に四月あり」 Ⓢ hemanta

寒苦 かんく 寒さによる苦しみ。「若し寒時に於て寒苦を治さんが為には覆障を追求するを以って対治と為す」 Ⓢ śīta-duḥkha

寒際 かんさい 寒い時期。冬。一年を三期間（熱際・雨際・寒際）に大分した一つ。「諸の小河の水は有る時は盈溢す。夏の雨時の如し。有る時は乾枯す。寒際に至るが如し」 Ⓢ hemanta

寒凍 かんとう 寒くつめたいこと。「日暮れて雪深く寒凍なり」 Ⓢ śīta

寒那落迦 かんならか 八大那落迦の外にある寒さに苦しめられる地獄。皰那落迦・皰裂那落迦・嚯㖿詀那落迦・郝郝凡那落迦・虎虎凡那落迦・青蓮那落迦・紅蓮那落迦・大紅蓮那落迦の八種がある（→各項参照）。那落迦は naraka の音写で、地獄と意訳。→那落迦
Ⓢ śīta-naraka: śītala-naraka
（参考）（『瑜伽』4、大正 30・294c）：（『瑜伽』4、大正 30・297a）

寒熱 かんねつ 寒さと熱さ。苦がもたらされる原因。気候の寒熱と身体の寒熱とのいずれをも意味する。「寒熱・飢渇などの苦を堪忍す」「飢渇や寒熱などの種種の疾病を除く」
Ⓢ śīta-uṣṇa

寒分 かんぶん 冬。寒い時期。「日が行く時に遠近あり。若し蘇迷盧に遠ければ立てて寒分となし、若し蘇迷盧に近ければ立てて熱分と為す」 Ⓢ hemanta

稈 かん わら。稲稈とおなじ。「或いは稈、或いは薪を荷担するが如く、愚夫は一切の諸行を荷担す」 Ⓢ palāla

菅茅 かんぼう かや。「菅茅が刺して足を傷害す」

閑 かん あることについて知識があること。熟知していること。「国王あり、諸の群臣などは善く憲式に閑なり」「此の論を作る者は勝義に善にして世俗に閑ならず」
Ⓢ jña

閑居 かんこ 閑静なところに住むこと。「閑居・宴黙して法を思惟す」「常に遠離・寂静・閑居を楽しむ」

閑曠 かんこう 静かで広々とした場所。「在家は塵宇に居し、出家は閑曠に居す」
Ⓢ abhyavakāśa

閑静 かんじょう 静かな場所。「菩薩は独り閑静に居して、所聞の法に随って思惟す」
Ⓢ rahas

閑静処 かんじょうしょ 人びとが住む町村から離れた静かな場所。出家僧が修行するところ。空閑処・阿練若とおなじ。→阿練若
Ⓢ araṇya

閑林 かんりん 静かな林。「閑林に於て、或いは道場に於て精進を修すべし」

間（かん）→けん

勧 かん すすめること。教化すること。説得すること。「勧めて善を修せしむ」
Ⓢ apa-**diś**: ā-**jñā**: upa-**chad**: deśanā: samā-**dā**: samādāpana

勧学 かんがく 学修をすすめること。

勧行 かんぎょう 行なうようすすめること。「慳貪者に恵施を勧行す」

勧化 かんけ 教化すること。説きすすめ

て仏道に入らしめること。「勧化して十善業道を修せしむ」 Ⓢ samā-**dā**

勧許 かんこ すすめて認めさせること。Ⓢ iṣṭa

勧讃 かんさん 称讃してすすめること。「善を修することを勧讃す」 Ⓢ pratyā-**śaṃs**

勧止 かんし すすめて止めさせること。「諸悪を勧止し諸善を教修す」

勧捨 かんしゃ すすめて捨てしめること。「諸悪を勧捨す」「楽著戯論を勧捨す」

勧修 かんしゅ ①すすめて修行せしめること。「勝慧なき者に勝慧を勧修す」「無倒に説法して学処を勧修す」
Ⓢ samā-**dā**: samādāna: samādāpana
②つとめはげむこと。「加行を勧修す」
Ⓢ karaṇīya

勧請 かんじょう ①ねがいすすめること。「梵天王が仏所に詣でて、世尊に初転法輪を勧請す」「大梵天王が来下して、世間を哀愍して正法を宣説せんことを勧請す」 Ⓢ adhi-**īṣ**: adhyeṣaṇā
②教化すること。「諸の菩薩は世界を遊歴して有情を勧請す」 Ⓢ samādāpana

勧進 かんじん すすめること。教化すること。説得すること。「正信なき者を勧進して具信の中に安置す」 Ⓢ samā-**dā**

勧導 かんどう すすめ導くこと。教化すること。教導とおなじ。「不善処を出でて善処に勧導す」「勧導して財位を棄捨して出家せしむ」 Ⓢ samā-**dā**: samādāpana

寛狭 かんきょう 広いことと狭いこと。広い意味と狭い意味。「諸行の名義に寛狭あり」「択法は寛く、正見は狭し」

寛広 かんこう 広いこと。広くいきわたっていること。「国土は寛広にして豊饒なり」「所縁は寛広にして間隙あることなし」「諸の器世間を説いて所住と為し、此の相、寛広なるが故に名づけて大と為す」
Ⓢ audārikatva: vistīrṇatva: sphīta

寛大 かんだい 広く大きいこと。「餓鬼の頸は瘻にして、其の腹は寛大なり」
Ⓢ mahā

寛博 かんはく 広いこと。「三世は寛博なり」「母胎に住する時、胎蔵は寛博にして清浄なり」

寛遍 かんへん 広くいきわたっていること。「増上縁は其の義、寛遍にして一切処にあり」

感 かん 得る、獲得すること。成就すること。ある結果を招く、生じること。「種種の業を造りて是の如き果を感ず」「那落迦を感ずる悪不善業を作す」「財富を感ずる行」
Ⓢ abhinirvartana: abhiniṣpatti: ākṣepaka: upa-**nī**: nirvartaka: nirvṛtta: parigṛhīta: **labh**: saṃvartanīya

感生業功用 かんしょうごうくゆう 中有（死んでから再び生まれるまでの中間的生存）が次の生存を得る業の働き。四つの功用（殖種功用・任持功用・来往功用・感生業功用）の一つ。邪見はこの働きを否定する。
Ⓢ upapatti-saṃvartanīya-karma-kriyā
（参考）（『瑜伽』8、大正 30・317a）：（『略纂』3、大正 43・48c）

感得 かんとく 得ること。生じること。成就すること。ある結果を招くこと。「転輪王業は能く転輪王位を感得す」「此の業は此の生の果異熟を感得す」 Ⓢ nir-**vṛt**: prati-**labh**: **labh**

管御 かんぎょ 治める、統率すること。人びとを教え導き統御すること。「愛染心を以って大衆を管御す」 Ⓢ pari-**kṛṣ**

管籥 かんやく →橐籥（たくやく）

関 かん ①とじること。→関鍵
②かかわること。関係すること。「彼の所説は但だ嬰児を誘い、智者の関するに非ず」

関鍵 かんけん 門をとじるかぎ。かぎがかかっている状態。「梵行の辺際を証得して諸の関鍵を離れ已る」「此の舎に一類なきに由って、説いて名づけて空と為す。謂く、材木なく、或いは覆苫なく、或いは門戸なく、或いは関鍵なし」

関津 かんしん 関所と渡し場。交通の要所。「同じく有頂の煩悩の頸首を截り、同じく三界の後有の関津を越える」

関閉 かんへい 門をしめること。「四門ありて鉄扇を以って関閉す」 Ⓢ prativarjita

関鑰 かんやく かぎ。「防守する門戸・関鑰なし」

関預 かんよ 相互に関係していること。「この論の宗は犢子部と何ぞ相い関預するや」
Ⓢ abhisaṃbandha

歓 かん よろこび。よろこぶこと。戒を護り清らかな行ないをすることによって後悔することがないところに生じるよろこび。

「尸羅具足に住して便ち悔なし。悔なきが故に歓を生ず」 Ⓢ prāmodya

歓悦 かんえつ よろこび。「悔なき者は定んで歓悦を生ず」「心が便ち踊躍して心に歓悦を生ず」 Ⓢ pramudita: prāmodya

歓喜 かんぎ ①よろこび。心が歓喜することによって潜在的な根本心（阿頼耶識）にある悪を生じる可能力（種子・麁重）が除滅される。「清浄な信を上首として心に歓喜が生じ、心が歓喜するが故に、漸次、諸の悪不善法品の麁重を息除す」 Ⓢ abhipramodanā: ānandin: tuṣṭa: nanda: nandī: pramudita: pramoda: prasāda: prahṛṣṭa: prāmodya: prīti-prāmodya: mudita: saumanasya: hṛṣṭa

②歓（prāmodya）と喜（prīti）。色界において静慮（定）を修するなかで生じるよろこび。 Ⓢ prīti-prāmodya

（出典）歓者、謂、従本来、清浄行者、観資糧地所修浄行無悔為先、慰意適悦、心欣踊性。喜者、謂、正修習方便為先、深慶適悦、心欣踊性。（『瑜伽』11、大正 30・329a）

歓喜意楽 かんぎいぎょう 六波羅蜜多を修することにおいて抱く六つの願いの一つ。人びとを救済しようと願って六波羅蜜多を修することに深くよろこびが生じる、そのような願いをいう。

（参考）（『摂論釈・世』7、大正 31・356b）

歓喜恵施 かんぎえせ →歓喜施

歓喜近喜龍王 かんぎごんきりゅうおう 八大龍王の一つ。→八大龍王

Ⓢ nanda-upananda-nāga

（参考）（『瑜伽』2、大正 30・287a）

歓喜地 かんぎじ 菩薩の十地の初地の別名。極喜地ともいう。→極喜地

歓喜心 かんぎしん よろこぶこころ。「菩薩は歓喜心を懐いて諸の善法を修するが故に苦なく、憂なし」 Ⓢ prahṛṣṭa-citta: mudita-citta: sumanas: hṛṣṭa-citta

歓喜施 かんぎせ よろこんで布施をすること。菩薩の十三種の布施のありようの一つ。歓喜恵施ともいう。

Ⓢ pramudita-dānatā

（参考）（『瑜伽』39、大正 30・509c）

歓喜踊躍 かんぎゆやく よろこんでとびはねること。非常によろこぶさまをいう。「諸の苾芻は仏の所説を聞いて歓喜踊躍して恭敬し尊重す」 Ⓢ prīta-tara

歓娯 かんご よろこびたのしむこと。世間において歌や踊りを見たり、人びとと遊んだりして楽しむこと。修行のさまたげとなることの一つとして否定される。「歌舞・倡伎・笑戯・歓娯などの世事を棄捨す」「殊妙な女人と共に嬉戯を為して歓娯し受楽す」

Ⓢ krīḍita: **ram**: ramita: lāsaka

歓楽 かんらく 他人と共々よろこびたのしむこと。「歓楽に染著する心」

（出典）歓楽、謂、互相受用受用境界、受諸快楽。或由同処、或因戯論、歓娯而住。（『瑜伽』11、大正 30・330b）

緩 かん ①だらけたるんでいること。なまけていること。だらけなまけていない修行や精進を無緩の加行、無緩の精進という。

Ⓢ śithila: ślatha

②ゆったりした感触。触覚（身識）の対象である感触（触）の一つ。急の対。

（参考）（『瑜伽』1、大正 30・280a）

③のんびりゆったりしていること。「緩でも急でもない精進」 Ⓢ atilīna

緩皺 かんしゅう 縮んでいるさま。皺になっているさま。「皮膚は緩皺なり」

Ⓢ saṃkoca

擐甲 かんこう 甲冑。よろいとかぶと。→擐甲精進 Ⓢ saṃnāha

擐甲精進 かんこうしょうじん 甲冑を着けて敵陣めがけて突き進むように、勇敢に精進すること。 Ⓢ saṃnāha-vīrya

（参考）（『瑜伽』42、大正 30・525c）

諫誨 かんかい ①罪や過失をいさめさとすこと、気付かせること。諫挙・挙訶とおなじ。「毀犯者を慈心を以って諫誨す」「放逸の有情を諫誨す」 Ⓢ **cud**: codanā: saṃjñapti: saṃcodanā: saṃbodhana

②五種の教誡の一つ。禁止されたこと、あるいは許可されたことにおいて、罪を犯した者をいさめさとすこと。「遮止された、許可された法の中に於て、犯を行した者を如法に諫誨す」 Ⓢ saṃcodanā

諫挙 かんこ 諫誨とおなじ。→諫誨①

「増上戒に於て尸羅を毀犯するあらば、見、聞き、疑うことに由って能く正しく諫挙す」

Ⓢ codaka: codayitavya

諫謝 かんしゃ 罪や過失を認めるようにさとすこと。「他、来たりて諫謝するに、速やかに能く納受す」

Ⓢ saṃjñapti: saṃjñapyamāna

諫諍 かんじょう いさめあらそうこと。「群臣、宴会に処して諫諍を興す」

還（かん）→げん

鹹 かん 鹹とおなじ。→鹹

鹹水 かんすい 鹹水とおなじ。→鹹水

鹹鹵 かんろ 鹹鹵とおなじ。→鹹鹵

環玔 かんせん 玉の環。身につける装飾品の一つ。Ⓢ kuṇḍala

環釧 かんせん 腕輪。身につける装飾品の一つ。腕釧ともいう。Ⓢ kaṭaka

艱苦 かんく 困難。苦しみ。「修行する時、艱苦あることなし。二辺を遠離して中道に依って行ずるが故に」

艱険 かんけん きびしいこと。「道を渉るに艱険なり」

艱嶮 かんけん 困難。苦痛。不幸。きびしいこと。「如実に世間は艱嶮にして愚闇なりと知る」 Ⓢ kṛcchra

艱辛 かんしん 困窮。窮乏。困難。不幸。「艱辛に因って生じる衆苦を菩薩は能く忍受す」 Ⓢ upāyāsa: kṛcchra-saṃbādha: parikleśa: vyasana

艱難 かんなん 困難。不幸。危険。「飢羸・困苦・重病を増すを艱難ある存養という」 Ⓢ kṛcchra: saṃbādha-saṃkaṭa

（参考）（『瑜伽』48、大正 30・564b～c）

艱乏 かんぼう 困窮。窮乏。「艱乏に住する者」

簡（かん）→けん

観 かん ①見ること。観察すること。「苦しむ衆生を観じて深心に悲愍して恵施を行ず」「舞楽を観るとき、無義の語を引くことあり」「息が身に住するを観ず」 Ⓢ ava-**īkṣ**: upalakṣaṇā: darśana: darśin: pari-**īkṣ**: parīkṣaṇa: **paś**: pratyavekṣā: prekṣā: prekṣin: vyava-**lok**: samanu-**paś**: saṃdarśana: sam-**paś**: sam-**lakṣ**

②深く観察し思考すること。「観の増上力に由って得るところの三摩地を観三摩地と名づく」 Ⓢ mīmāṃsā: vibhāvana: vyavacāraṇa

③止観の観。vipaśyanā の意訳。毘鉢舎那と音写。→毘鉢舎那 Ⓢ vipaśyanā

④明晰に把握する、理解する、証すること。原語 abhisamaya は普通「現観」と訳される。→現観 Ⓢ abhisamaya

⑤真理をみること。「聖諦を観ず」「仏の法身を観ず」「真如を観ず」

観行 かんぎょう ヨーガ。ヨーガを修行すること。「初夜・後夜に常に覚寤して観行を勤修す」 Ⓢ yoga

観行者 かんぎょうしゃ ヨーガを修する人。原語に yogācāra と yogin とがあるが、前者は瑜伽師とも訳し、後者の yogin は行者とも訳される。→瑜伽師 Ⓢ yogācāra: yogin

（出典）師有瑜伽、名瑜伽師、即有財釈。若言瑜祇、即観行者。（『述記』2 本、大正 43・272c）

観見 かんけん 見る、観察すること。事象を深く観察して事実・真理を知ること。「菩薩は有情界に於て一百一十種の苦を観見して有情を哀愍す」「一切の色などの想事は言説を離れ不可言説なりと観見す」

Ⓢ darśana: **dṛś**: **paś**: samanu-**paś**: sam-**paś**

観察 かんさつ 事象を観察して事象の本質はなにかと思考すること。教えの意味を深く観察して思考すること。事象の奥にある道理を観察すること。「諸法を観察す」「菩薩は大悲心を以って困苦の衆生を観察す」「一切の諸行は念念に滅すると如実に観察す」「道理を観察す」「正智に由って所持の法に於て能く義を観察す」「独り空閑に処して諸法の義を思惟し、籌量し、観察す」「仏の教えを理の如くに観察す」 Ⓢ apa-**īkṣ**: abhisam-**īkṣ**: ava-**car**: ava-**lok**: upapari-**īkṣ**: upaparīkṣaṇā: darśana: parīkṣā: **paś:** pratyava-**īkṣ**: pravi-**ci**: mīmāṃsā: vi-**car**: vi-**paś**: vyava-**car**: vyavacāra: vyavacāraṇā: vyava-**lok**

観察作意 かんさつさい 七種の作意（了相作意・勝解作意・遠離作意・摂楽作意・観察作意・加行究竟作意・加行究竟果作意）の第五番目の作意。まえの摂楽作意によって得られた状態（煩悩を断じることを楽い修行することを楽って修行をつづけて煩悩が現れることがなくなった状態）から、さらに煩悩が生じる可能力（随眠）までをも徹底的に断じようと欲して心をさらに観察する思考の段階をいう。→七種作意 Ⓢ mīmānsā-manaskāra

（参考）（『瑜伽』33、大正 30・466c）：（『雑集論』9、大正 31・736c）

観三摩地 かんさんまじ 観察する力によって得られる三摩地。他者から教えを聞き、それを自らが智慧でもって深く観察し思惟することによって、あるいは心を励ますことによ

って、心が一つの対象にとどめおかれた状態をいう。四種の三摩地（欲三摩地・勤三摩地・心三摩地・観三摩地）の一つ。

Ⓢ mīmāṃsa-samādhi

（出典）由観増上力所得三摩地、名観三摩地。（『瑜伽』29、大正 30・443b）：云何観三摩地。謂、由聞他教法、内自簡択、触心一境性。（中略）観三摩地者、謂、由策心、触心一境性。（『集論』5、大正 31・684c）

観三摩地断行成就神足 かんさんまじだんぎょうじょうじゅじんそく　四神足の一つ。→四神足

観視 かんし　見る、観察すること。決度とともに見（darśana: dṛṣṭi）の働きとしてあげられる。「観視の故に、決度の故に見と名づく」

観自在菩薩 かんじざいぼさつ　原語 avalokita-īśvara の avalokita は観る、īśvara は自在という意味で、観察することが自在である菩薩をいう。別名、旧訳では観世音菩薩と訳されるが、この場合の原語は avalokita-svara で、svara は音という意味。したがって観世音菩薩とは音を観る、すなわち世間の人びとの苦しみの音声を観じる菩薩という意味。

Ⓢ avalokita-īśvara

観自宗教 かんじしゅうきょう　釈尊が説いた教えを分類した契経・応頌・記別・諷頌・自説・縁起・譬喩・本事・本生・方広・希法・論議の十二種の教えによって説示すること。観他宗教の対。十二種の教導の一つ。→教導

（出典）観自宗教者、謂、契経・応頌・記別等依止、摂釈・宣説・開示。（『瑜伽』64、大正 30・654b）

観修 かんしゅ　観察する修行。たとえば身体は髪毛・筋・骨・涙・汗・膿血などの汚いものから成り立っていると観察して自己の身体への執着を断ち切る修行をいう。

Ⓢ vibhāvana-bhāvanā

（参考）（『倶舎』26、大正 29・140a）

観照 かんしょう　眼が見ること。眼から光りが出ること。智慧の光りが対象を照らし出すこと。「浄眼、普く観照す」「大悲に由るが故に仏眼を以って如実に一切の世間を観照す」 Ⓢ ālocana: vipratyava-**īkṣ**: vyava-**lok**

観心 かんじん　ヨーガを修して心を観察すること。心を浄化してさとりに至るための重要な実践。「迷いて境を執する凡夫を哀愍して唯識の言を説き、自ら観心して生死から解脱せしむ」「心を観じて夢より覚む」

Ⓢ citta-parīkṣā

観世音菩薩 かんぜおんぼさつ　→観自在菩薩

観相 かんそう　観の相。観は止観の観。原語は vipaśyanā で、毘鉢舎那と音写。毘鉢舎那とは、事象の本質をありのままにみる静かで定まった心をいう。相の原語は nimitta で、この語には「ありよう・すがた」と「原因」という二つの意味がある。この二つの意味をふまえて観相には所縁相と因縁相とがあると説かれる。前者は観の対象、後者は観が生じる原因をいう。 Ⓢ vipaśyanā-nimitta

（出典）云何観相。謂、有二種。一所縁相、二因縁相。所縁相者、謂、毘鉢舎那品所知事同分影像。由此所縁、令慧観察。因縁相者、謂、依毘鉢舎那所熏習心、為令後時毘鉢舎那皆清浄故、修習内心奢摩他定所有加行。（『瑜伽』31、大正 30・456a）

観想 かんそう　心のなかに、ある観念を浮かべて、そのように思うこと。「此の身を病の如く、癰の如く、箭の如しと観想す」

観他宗教 かんたしゅうきょう　因明（論理）によって他学派の主張を斥け、仏教の教えを宣説すること。観自宗教の対。十二種の教導の一つ。→教導

（出典）観他宗教者、謂、依止因明、摧伏他論、建立己論。（『瑜伽』64、大正 30・654b）

観待 かんたい　あることと対峙すること。相い対すること。物事が相対的であること。あることを縁とすること。「段食の麁・細は互相に観待して了知すべし」「一つの劣なる清浄な事が其の余の勝れた清浄な事に観待すれば不浄に似る」

Ⓢ apekṣa: apekṣā: apekṣin: āpekṣika

観待因 かんたいいん　→十因

観待道理 かんたいどうり　①物事は相対的であるという道理。「観待道理に依って下品を観じて中を施設し、中を観じて上を施設す」

②四道理の一つ。すべての事象はかならずいくつかの縁を待って生じるという道理。これには、生起観待と施設観待との二種がある。生起観待とは、たとえば芽は種子や田地や水や温度という条件があってはじめて生じることをいい、施設観待とは、物事はすべて言葉

によってはじめて存在として設定されることをいう。

(出典) 云何名為観待道理。謂、略説有二種観待、一生起観待、二施設観待。生起観待者、謂、由諸因諸縁勢力、生起諸蘊。此蘊生起、要当観待諸因諸縁。施設観待者、謂、由名身句身文身、施設諸蘊。此蘊施設要当観待名句文身、是名於蘊生起観待施設観待。即此生起観待、施設観待、生起諸蘊、施設諸蘊、説名道理瑜伽方便、是故説為観待道理。(『瑜伽』25、大正 30・419b):観待道理者、謂、諸行生時要待衆縁、如芽生時、要待種子時節水田等縁。(『雑集論』11、大正 31・745b)

観念 かんねん 観じて念じること。三昧などの精神集中によって仏の姿や教えを心のなかに具体的に思い浮かべつづけること。「仏を観念す」

観仏 かんぶつ 仏のすがた(相好)や功徳を思いつづける三昧。「殷浄心を発して仏の相好を観ず」

髖間風 かんげんふう 身体のなかの風(内風界)の一つで、尻の部分にある風。→風界。

鹹 かん しおからさ。六種の味(甘・酢・鹹・辛・苦・淡)の一つ。醎とおなじ。 Ⓢ lavaṇa

鹹水 かんすい しおからい水。醎水とおなじ「渇人は鹹水を飲めども渇して満足せず」 Ⓢ kṣāra-udaka

鹹味 かんみ しおからい味。

鹹鹵 かんろ 塩分を含んでいること。やせた不毛の地。「河泉は乾竭し、土田は鹹鹵なり」 Ⓢ ūṣara

灌 かん そそぐこと。「洋銅を以って其の口に灌ぎ、喉と口とを焼く」 Ⓢ pra-**kṣip**

灌灑 かんさい ふりそそぐこと。「一切智智が其の頂を灌灑す」 Ⓢ abhiṣikta: abhi-**syand**

灌灑半択迦 かんさいはんちゃくか 五種の半択迦の一つ。→半択迦

灌頂 かんじょう 水を頭にそそぐこと。元来はインドにおいて国王に即位するときに行なう儀式。仏教では戒を受けて仏門に入るときにその頭の頂に諸仏の慈悲の水をそそぎかける儀式をいう。「転輪王は灌頂して王位を受く」「法水を以って灌頂す」 Ⓢ abhiṣeka: mūrdha-abhiṣikta

灌洗 かんせん あらい清めること。「種種に摩搦し、復た、煖水や香湯を以って灌洗すれば、釈然として除愈す」 Ⓢ snāna

鐶釧 かんせん 首輪や腕輪などの装飾品。「金師などが金などを転変して鐶釧などを成ずるが如し」 Ⓢ kaṭaka

闤闠 かんかい 町。市街。「有情は来って種種の田事・宅事・闤闠事・王事・域事・財事・穀事を求む」 Ⓢ āpaṇa

髖 かん こしぼね。両腿の間。「息入を念ずるに、遍身に行ずと為さんか、一分に行ずと為さんか。彼の息入に随って行きて喉・心・臍・髖・髀・脛に至り、乃至足の指に至るまで、念、恒に随逐す」 Ⓢ kaṭi

丸 がん まるいかたまり。球。「極焼熱の鉄の丸を以って口の中に置く」「眼根の極微は重累して丸の如くに住す」「箭を放ち、丸を転がす」 Ⓢ guḍa: piṇḍa

元首 がんしゅ ことが起こる最初の原因。「無明は常に元首と為る」

含識 がんしき 生きもの。原語 sattva は、有情あるいは衆生と意訳されるが、生きものは識(こころ)を身に含んでいるという観点から含識とも意訳される。「論を造るは含識を済わんが為なり」「含識をして生死輪廻から救抜す」 Ⓢ sattva

含笑 がんしょう 笑顔。微笑。笑いを含んだ顔をすること。遠離顰蹙・舒顔平視・先言などとならんで人と接するときの礼儀の一つ。 Ⓢ smita: smita-mukha

(参考)(『瑜伽』25、大正 30・423a)

岸 がん きし。ほとり。「身を涅槃の岸の上に置いて一切の煩悩の炁熱を離る」 Ⓢ tīra

眼(がん) →げん

雁 がん がん。かり。→鵝雁 Ⓢ krońca: krauñca

頑騃 がんがい おろかであること。「頑騃・瘖瘂にして善説・悪説の法義を領解する力能あることなきを癡行者の相と名づく」 Ⓢ jaḍa

頑愚 がんぐ おろかであること。「聡の念覚が皆な、悉く円満し、根は闇鈍ならず、根は頑愚ならざるを妙慧を成就せりと名づく」 Ⓢ mūḍha

頑嚚 がんごう がんこで他人の言うことを聴かないこと。「性として頑嚚ならず、善

説・悪説のあらゆる法義を解了するに堪能なるを依止の円満と謂う」

頑鈍 がんどん おろかであること。「愚昧・頑鈍なる者は非法の中に於て法想を起こす」 Ⓢ mohatva

銜 がん 口でくわえること。「愚人の受持するところ、鱣魚の銜する物、室首魔羅の噛むところは、刀に非ざれば解すること能わず」

翫読 がんどく むさぼり読む、熱心に読誦すること。披読とおなじ。十法行（経典などに書かれている教えに対する十種の修行）の一つ。→十法行「契経などの法を自ら翫読す」

鴈 がん がん。かり。「有情類の生ずること、卵殻よりする、是れを卵生と名づく。鵝・孔雀・鸚鵡・鴈などの如し」 Ⓢ śārikā

頷 がん あご。 Ⓢ hanu

頷輪 がんりん あごの輪郭。「世尊に殊勝の大師の相あり。頷輪は師子の如し」 Ⓢ hanu-nakra

顔貌端厳 がんぼうたんごん →顔容端正

顔貌端正 がんぼうたんしょう →顔容端正

顔容殊妙 がんようしゅみょう →顔容端正

顔容端正 がんようたんしょう 容貌がととのい美しいこと。顔容殊妙・顔貌端厳ともいう。 Ⓢ abhirūpa: udāra-varṇa

願 がん 願い。願うこと。誓うこと。経論には種々の願いが説かれるが、大別すると「菩提を証したいという願い」（求菩提願）と「衆生を救済したいという願い」（利楽他願）の二種となる（『成論』9、大正 31・51b）。この二つはまとめて「上求菩提・下化衆生」といわれる。「諸の菩薩は無上正等菩提に於て発心する、是れを発心の願と名づく」「願わくは我れ、当に無救・無依の盲闇界の中に在って、等正覚を成じ、一切の有情を利益・安楽せん」 Ⓢ abhiprāya: abhyupagama: aho bata: icchā: **iṣ**: praṇi-**dhā**: praṇidhāna: praṇidhi: praṇihita

（参考）（『瑜伽』45、大正 30・543b）には発心願・受生願・所行願・正願・大願の五種が説かれる。→各項参照

願楽 がんぎょう 願い求めること。「生死を願楽せず、涅槃を深心に願楽す」 Ⓢ prārthanā

願求 がんぐ 願いもとめること。「速に無上覚を証することを願求す」

願智 がんち 願いの如くにしる智慧。たとえば阿羅漢が神通力を成就して心自在を得て種々の境界を知ろうと欲して願を発し、第四静慮に入り、定より起つとき、発した願の如くに知ることができる、そのような智をいう。あるいは、如来がもつ、聖者と異生と共通の功徳の一つ。 Ⓢ praṇidhi-jñāna

（参考）（『婆沙』178、大正 27・896a）:（『倶舎』27、大正 29・142a）:（『瑜伽』69、大正 30・682b）

願波羅蜜多 がんはらみた 願いによる実践行。さとり（菩提）を証したい、衆生を救済したいと願うこと。発心願・受生願・所行願・正願・大願の五種の願をもって波羅蜜多を実践すること。十種の波羅蜜多の一つ。 Ⓢ praṇidhāna-pāramitā

（出典）如前所説五種大願、当知、名願波羅蜜多。（『瑜伽』49、大正 30・565c）：願有二種。謂、求菩提願、利楽他願。（『成論』9、大正 31・51b）

願欲 がんよく 願い欲すること。「諸の有情をして楽などを得せしめんと願欲す」 Ⓢ abhiprāya

願力 がんりき 願う力。「菩薩は願力に乗じて諸の悪趣に生じて有情を饒益す」 Ⓢ adhiṣṭhāna: āvedha: praṇidhāna-vaśa

龕 がん 寺院の塔の下の室。「如来の為に造れる若しくは窣堵波、若しくは龕、若しくは台」「彼の龕室の前に至って威儀端粛・光明照曜たる仏を見る」 Ⓢ gaha: guhā

龕室 がんしつ 龕とおなじ。→龕

巖 がん いわ。岩山。 Ⓢ giri

巖穴 がんけつ いわあな。「或いは阿練若、或いは林樹下、或いは空閑室・山谷・巖穴などを空閑室と名づく」 Ⓢ giri-guhā

き

几　き　椅子。座。「其の身を転じて床の上より几の上に飄置す」 Ⓢ pīṭha

卉木　きぼく　くさき。草木。「夏時に於て、諸の卉木の柯條は聳密し、花葉は茂盛す」 Ⓢ tṛṇa-gulma

危　き　危険。あぶない状態。「苦楽の境界を能く了して危を避け安に就くが故に説いて受と為す」

危逸　きいつ　詳しくは危亡放逸という。危亡とおなじ。→危亡

危苦　きく　苦しいこと。苦しく貧しいこと。「我れは先ず、己が所有を尽して、彼の危苦にして是れ貧、是れ賎なるもの、依なく怙なきものに施すべし」 Ⓢ duḥkha: duḥkhita

危嶮　きけん　危険。「多くの危嶮を渉ると雖も労倦を辞せず」

危難　きなん　危険。困難。あぶなく困難なこと。「危難を避ける」

危亡　きぼう　危逸・危亡放逸とおなじ。なくすこと。いまにもなくなりそうなさま。欲によって財を失うこと。「諸の欲は、樹端の熟果の如く危亡・放逸の所依の地なり」「諸の欲を樹端の爛熟果に喩えるは、危亡地なるが故なり」 Ⓢ pramāda

（出典）危逸所依地者、人天之身名所依地、由欲失財故、名危逸。（『略纂』7、大正43・100a～b）

危厄　きやく　災難。苦しみ。わざわい。あるいは、困苦を背負っている人。「一切の危厄を能く抜済するに堪能あるものを説いて名づけて仏と為す」

危厄者　きやくしゃ　困苦を背負っている人。→危厄

（参考）（『瑜伽』72、大正30・695b）

肌膚　きふ　はだ。ひふ。「妙色にして肌膚は鮮沢なり」 Ⓢ chavi

気（き）→け

岐路　きろ　わかれみち。どちらに行くべきか迷うことから疑う心に喩えられる。「疑を岐路と名づく」「疑の随眠は岐路に臨むが如し」

希（き）→け

忌憚　きたん　いみはばかる、きらいおそれること。「憍とは、暫く世間の興盛などの事を獲て、心が高挙して忌憚するところなきを体と為す」

奇哉　きさい　めずらしいこと。尋常ではないこと。哉は意味を強める助字。「奇哉なり、天眼能く遠くを見る」 Ⓢ aho

奇特　きとく　めずらしく特別であること。「仏身の威光は奇特なり」「如来は甚だ奇特な法を宣説す」

奇要　きよう　めずらしくすぐれていること。「窃かに念をなして、吾は善なり奇要なりという」

祈　き　いのること。願うこと。もとめること。「諸の菩薩は他を饒益すれども恩報を祈らず」 Ⓢ upanimantrita: prati-**kāṅkṣ**

祈願　きがん　いのりねがうこと。「有為の中に於て祈願なく、涅槃に於て深く祈願を生ず」 Ⓢ praṇidhāna

祈祷　きとう　神にいのること。「祈祷を為すとは、吉祥に取著する愛を顕示するが故なり」

軌持　きじ　法の定義である「任持自相・軌生物解」を簡潔に表現したもの。→法②「我とは主宰を謂い、法とは軌持を謂う」

軌生物解　きしょうもつげ　法の定義の一つ。→法②

軌則　きそく　規則。法則。行為の規範。「威儀路に於て軌則を成就す」「別解律儀の軌則の所行が皆な円満することを得て、微小な罪に於ても大怖畏を見る」「不正知とは、外門の身語意の行が軌則を違越するを謂う」 Ⓢ ācāra

軌則壊　きそくえ　軌則を壊すこと。行為の規則を護らないこと。四種の壊（戒壊・見壊・軌則壊・正命壊）の一つ。軌則虧損ともいう。 Ⓢ ācāra-vipatti

軌則円満　きそくえんまん　軌則を完成すること。行為の規範を完全に身につけること。

戒の規則や世間の規則における完成。四種あるいは五種の円満の一つ。軌則具足ともいう。→軌則 Ⓢ ācāra-saṃpatti: ācāra-saṃpad: dṛṣṭi-saṃpanna
(出典) 云何名為軌則円満。謂、如有一、或於威儀路、或於所作事、或於善品加行処所、成就軌則、随順世間、不越世間、随順毘奈耶、不越毘奈耶。(『瑜伽』22、大正 30・402b): 軌則円満亦有五種。謂、或依時務応所作事、或依善品応所作事、或依威儀応所作事、随順世間及毘奈耶、所有軌則。(『瑜伽』100、大正 30・877a)

軌則虧損 きそくきそん →軌則壊

軌則具足 きそくぐそく →軌則円満

軌範 きはん ①きまり。規則。法則。法の定義のなかに用いられる語。→法②「法とは謂く軌持なり。軌とは軌範となって物解を生ぜしむるを謂う。持とは自相を住持して捨てざるを謂う」
②軌範師とおなじ。→軌範師「仏・法・僧、親教・軌範を供養し恭敬す」

軌範師 きはんし 師匠。教え導く人。先生。原語 ācārya は阿遮利耶と音写され、師、師長とも意訳される。親教師とともに指導者の一人としてあげられる。「善く瑜伽に達する、或いは軌範師、或いは親教師に往詣す」 Ⓢ ācārya

帰 き 帰依とおなじ。→帰依「仏・法・僧に帰して殷浄心を起こす」
Ⓢ śaraṇaṃ **gacchati**: śaraṇa-gamana

帰依 きえ 救いを求めて身心をゆだねること、信じてすがること、あるいはそのようなよりどころをいう。〈唯識〉では、身・語・意の三業からなる稽首・敬礼・礼拝とは相違するとされる。「仏法僧に帰依す」「唯だ如来のみ真の帰依する所なり」「無余依滅を復た帰依と名づく」 Ⓢ śaraṇa: śaraṇaṃ **gacchati**: śaraṇa-gamana
(出典) 帰依者、帰敬依投之義、非此所明。若云伴談、或云伴題、此云稽首、亦云礼拝、亦云敬礼、訛名和南。(『義林章』4、大正 45・316b)
(参考) (『婆沙』34、大正 27・176c 以下)

帰敬 ききょう 敬い尊ぶこと。「三宝を帰敬す」「福田を帰敬す」

帰敬頌 ききょうじゅ 論書を解釈するにあたり論書の作者あるいは内容を敬って述べる偈頌。

帰仰 きごう 敬い仰ぐこと。「是の如き功徳を成就した王を帰仰すべし」「理に依って解し、慇浄心を起こし、殊勝の業を策し、誠を申べて帰仰するは、敬礼の異名なり」
Ⓢ abhigamanīya: upagamana: gaurava

帰趣 きしゅ ①おもむき至ること。帰り行くこと。「意根は所行の境界に帰趣して諸の事業を作す」「真如は諸の声聞などのおなじく帰趣するところなり」
Ⓢ upasaṃkramaṇa
②救済のために信じてすがるよりどころ。帰依とおなじ。「無余依滅を復た帰趣と名づく」

帰誠 きじょう まことの心で信じること。あるいは信心を身で示すこと。「徳を敬って帰誠す」「五体で帰誠し、尊者の足を礼す」

帰信 きしん ①信じること。「他を帰信せしめんが為に修善を矯示す」
②救済のために信じてすがること。帰依とおなじ。「仏法僧を帰信す」

帰俗 きぞく 出家者が再び世俗の在家にもどること。「世俗の入法に破戒と帰俗との二種の過あり」

帰命 きみょう 世尊や仏に礼拝・敬礼すること。「坐より起ちて合掌し帰命す」「大智海なる毘盧舎那仏に帰命す」 Ⓢ praṇāma

帰礼 きらい 帰依し敬礼すること。→帰依 →敬礼
(出典) 帰依敬礼諸仏法身、故名帰礼」(『摂論釈・無』9、大正 31・440b)

悕 (き) →け

既 き 「すでに」の意味。ある行為の前に付けられてその行為がすでに完了したことをあらわす語。「既に出家し已る」「既に発心し已る」

耆旧 ききゅう 年寄り。「親友・同心・耆旧などを損害するは無間業の同分なり」

耆宿 きしゅく 学徳のすぐれた老人。「戒行が清高なる耆宿の苾芻・苾芻尼」
Ⓢ vṛddha-taraka

耆長 きちょう 年をとった人。老人。尊敬される老いた人。耆年とおなじ。「若し諸の菩薩が菩薩浄戒律儀に安住すれども、諸の耆長や有徳の敬すべき同法者が来たるを見て、恚悩心を懐き、起って承迎せず、勝座を推さざれば、是れを犯すところあり、違越するところありと名づく」

Ⓢ vṛddha-taraka: sthavira

耆年 きねん 年をとった人。老人。尊敬される老いた人。耆長とおなじ。「大天が五事を立つるに、耆年の聖者は五事を許さず」 Ⓢ sthavira

記 き 答え。問いに対して答えること。四つの答え方（一向記・分別記・反問記・捨置記）の記。記別ともいう。→記別②「一向記とは、若し問うものありて、世尊は是れ如来なりや、応正等覚なりや、と言わば、一向に記すべし。実義に契うが故に」「諸の外道が来りて請問する時、能く乱なくして記す」 Ⓢ vyākaraṇa: vyā-**kṛ**

（出典）記有四者、謂、答四問。（『倶舎』19、大正 29・103a～b）

記憶 きおく 過去に経験したことを思い出すこと。思い出したことを忘れずに念じつづけること。別境の心所の一つである念の働きをいう。「念とは、串習の事に於て明了に記憶する性と為す」「念に由って境に於て明かに記憶して心を散ぜざらしむ」「念は何の業を為すや。謂く、久しき所思・所作・所説に於て記憶するを業となす」 Ⓢ anusmartṛ: anu-**smṛ**

記識 きしき 認識すること。区別して知ること。「他身を曽て見たと見なかったと、及び怨と親と中とを記識す」 Ⓢ parijñāna: pratyabhi-**jñā**

記心 きしん 他人の心を識別すること。仏教以外の人びとや反対者を説き伏せる、あるいは仏教に導き入れること。三つの示導（神変・記心・教誡）の一つ。→記心示導「諸の菩薩は、彼の有情調伏の事の中に於て最勝なる饒益を作さんと欲する哀愍心の為に、神通を現じて記心し、如理の正法を顕説す」 Ⓢ ādeśanā: citta-ādeśanā

（出典）心、謂、他心、記、謂、別識。識別彼心、故名記心。（『演秘』1 本、大正 43・812c）

記心示導 きしんしどう →記説神変

記説神変 きせつじんぺん 記説変現・記心示導ともいう。他人の心の種々のありようを識別するという超自然的な出来事を示して人びとを教え導くこと。三種の神変（神境神変・記説神変・教誡神変）の一つ。→神変① Ⓢ ādeśanā-prātihārya

記説変現 きせつへんげん →記説神変

記知 きち 再び認識すること。記憶を思い出して知ること。「此の憶念の力に由って後に記知が生ずることあり」 Ⓢ pratyabhijñāna

記念 きねん 忘れることなく常に記憶していること。「如来の無忘失法とは、諸の如来が常に随って記念し、為作するところあれば、即ち此の事、此の処、此の如、此の時に於て皆な正しく随念するを謂う」

記別 きべつ ①十二分教の一つとしての記別。予言すること、あるいは予言されたもの。仏が弟子の未来世のありようについて予告的に語ったこと。あるいは弟子の成仏を予言して、詳しくその仏名、国土、寿命などを分別したもの。あるいはすでに略説した経文についてさらに詳しく述べたもの。→十二分教「諸の如来の其の無上正等菩提に於て記別を授与したまうことを蒙る」 Ⓢ vyākaraṇa: vyā-**kṛ**

②問いに答えること。→記「一切の問論に記別す」 Ⓢ praśna-vyākaraṇa

（参考）有異門記別・無異門記別・智記別・断記別・総記別・別記別の六種が説かれる。（『瑜伽』94、大正 30・834c～835a）

起 き ①おこる、生起する、生じる、発生すること。おこすこと。 Ⓢ abhinir-**vṛt**: abhinirvṛtti: **ārabh**: ārambha: **āvṛt**: utthāna: utthāpaka: utthāpita: utthita: utpatti: utpanna: utpāda: utpādana: utpādita: ud-**pad**: ud-**sthā**: upa-**jan**: upayāta: upa-**labh**: upalambha: **kṛ**: **ceṣṭ**: **jan**: janaka: nir-**vṛt**: nirvṛtti: niviṣṭa: pratibaddha: pratyupasthita: prabhava: pra-**bhū**: pra-**yuj**: pra-**vṛt**: pravṛtti: prādurbhāva: **bhū**: bhūti: **labh**: **vṛt**: vṛtti: vyutthāna: vyutthita: sam-**vṛt**: samutthāna: samutthitatva: samutpāda: samudaya: samudā-**car**: samudācāra: samudācārin: samud-**sthā**: sam-**pad**: saṃpuras-**kṛ**: saṃbhava: sam-**bhū**: saṃmukhī-**kṛ**: saṃmukhī-**bhū**: sarga

②おきる、立ち上がること。「坐より起つ」 Ⓢ ud-**sthā**

③死んでから生まれるまでの中間的存在（中有）の別名の一つ。未来の生（当生）に向かって起こるから起という。趣生という場合がある。→趣生① Ⓢ abhinirvṛtti

（出典）由仏世尊、以五種名、説中有故。何

等為五。(中略) 五者名起。対向当生、暫時起故。(『俱舎』10、大正 29・55b)
④生まれ出てから生長すること。
Ⓢ abhiniḥ-sṛ
(出典) 起云何。謂、出已増長。(『瑜伽』10、大正 30・323c)

起因 きいん ものを生起する原因。「業を生因と為し、愛を起因と為す」
Ⓢ abhinirvṛtti-hetu

起迎 きごう 奉迎とおなじ。→奉迎

起策具足 きさくぐそく (善を行なうことにおいて) 奮起し努力することが完全に身についていること。起発具足・起発円満・増進満足ともいう。「諸の菩薩は翹勤して惰ることなく、起策具足して勇鋭、自ら厳にして、先ず自ら施を行じて後に他に施を勧む」「善法の中に於て能く軛を捨てず、翹勤にして惰ることなく、起発円満にして能く所作あり」「諸の善法を修習せんと欲するが為の故に、応に正しく翹勤し諸の嬾墮を離れて起発具足し、自ら懈怠ならずして他に施を勧むることを策す」 Ⓢ utthāna-saṃpanna

起尸鬼 きしき 死体にとり憑く悪鬼。「水ある処には起尸鬼ありて能く死尸を起こす」

起屍 きし 死体に悪鬼をとり憑かせること。あるいは死体にとり憑く悪鬼。尸・起尸鬼ともいう。「呪術・薬草の威徳も亦た神通のごとくなるべし。幻惑・厭祷・起屍・半起屍などを作すが如し」 Ⓢ vetāḍa: vetāla

起屍魍魎 きしもうりょう 死体にとり憑く悪鬼。「非人・起屍魍魎などの畏より皆な能く救護して安隠を得せしむ」 Ⓢ vetāḍa

起尽 きじん 生じて滅すること。現象的存在 (諸行) のありようをいう。「諸行は無常にして起尽ある法なり」
Ⓢ samudya-astaṃga

起発 きほつ ①起こすこと。発すること。「諸の欲を攀縁し、意言を起発して、随順し随転するを欲の尋思と名づく」
②→起発具足

起発円満 きほつえんまん 起策具足とおなじ。→起策具足

起発具足 きほつぐそく 起策具足とおなじ。→起策具足

飢 き ①飢餓。飢えていること。渇とともに苦しみを生じる原因の一つとしてあげられる。「寒・熱・飢・渇などの事に因って、非一・衆多の品類の種種の苦受を生起す」
Ⓢ kṣut: kṣudhā: jighatsā: bubhukṣita: durbhikṣa
②飢え。飢えの感触。触覚 (身識) の対象である感触 (触) の一つ。 Ⓢ jighatsā
(出典) 触有十一。謂、四大種滑性・渋性・重性・軽性、及冷・飢・渇。此中 (中略) 食欲名飢。(『俱舎』1、大正 29・2c)

飢渇 きかつ 飢と渇。飢えとのどの渇き。飽の対。「餓鬼の有情は飢渇の苦を受用す」「任持を闕く不平等によるが故に飢渇と及び弱力とを仮立す」「飢渇を除かんが為に諸の飲食を受く」 Ⓢ kṣut-pipāsā: jighatsā-pipāsā

飢饉 ききん ①農作物の実りが悪く、食物が不足して飢えること。小の三災 (刀兵・疾疫・飢饉) の一つ。→三災 Ⓢ durbhikṣa
②→飢饉中劫

飢饉劫 ききんごう →飢饉中劫

飢饉災 ききんさい →飢饉中劫

飢饉中劫 ききんちゅうごう 五濁の一つである劫濁を構成する三期間のなかの、穀物の不作がつづく非常に長い期間をいう。飢饉劫・飢饉災ともいう。→五濁 →劫濁 →中劫 Ⓢ durbhikṣa-antara-kalpa

飢窮 きぐう 飢えて貧しいこと。「諸の有情が飢窮の劇苦を受けること、諸の餓鬼の如し」

飢倹 きけん 食べ物が乏しくて飢えること。「此の飢倹に由って有情の類は亡没して殆んど尽く」 Ⓢ durbhikṣa

飢羸 きるい 飢えてやせよわっていること。飢劣ともいう。「是の如き飲食を受けて飢羸なく、困苦と重病とをなからしむるを名づけて艱難なき存養と為す」「食に於て量を知る勤修行者は飢劣を断除す」 Ⓢ jighatsā-daurbalya

飢劣 きれつ 飢羸とおなじ。→飢羸

鬼 き ①五趣 (那洛迦・傍生・鬼・天・人) の一つ。餓鬼のこと。→餓鬼 Ⓢ preta
②おに。人にとりついて害をなす魔物。「諸の毒薬・霜雹・毒熱・鬼に魅せらるる、などの種種の災患あり」 Ⓢ bhūta
③悪魔の一種。死体の肉を喰う鬼。「幻化して天と為り、鬼と為る」 Ⓢ piśāca

鬼界 きかい 餓鬼とおなじ。→餓鬼「地獄の有と、傍生の有と、鬼界の有と、天の有と、人の有との五の有あり」「大苦とは、地

獄・傍生・鬼界の中の苦を謂う」

鬼趣 きしゅ 餓鬼趣とおなじ。→餓鬼趣「黒黒の異熟業を造作し已って、能く那落迦・傍生・鬼趣を感ず」

鬼神 きじん 眼に見えない魔物・悪霊・化け物。人間に善いこと、あるいは悪いことの両方を行なう存在であるが、原語 amanuṣya は非人とも訳され、疫病や災害を起こす存在と考えられている。→非人「諸の飲食の処には、必ず大力の鬼神ありて守護す」「鬼神も亦た畏るべき事を現じて、方に有情を苦怖せしむ」 Ⓢ amanuṣya

鬼世界 きせかい 餓鬼。餓鬼の世界。→餓鬼「一切門の苦の中に、那落迦の苦と、傍生の苦と、鬼世界の苦と、善趣所摂の苦との四苦あり」「鬼世界の王を琰魔と名づく」

鬼魅 きみ 化け物・魔物。師子や虎狼とともに恐怖を抱く対象としてあげられる。欲望・むさぼりの喩えに用いられる。「貪欲の鬼魅に身心を惑乱さるる」 Ⓢ grāha

基業 きごう 基となる事業。「多く縦逸に住するが故に基業が漸漸に衰退す」

基址 きし もとい。土台。基礎。「舎を造ろうと欲するに、先ず基址を立て、後に結構す」

寄 き あることをよりどころとする、たよりとすること。「世尊は喩に寄せて言う」「問に寄せて徴起す」

寄託 きたく 信頼する、信用すること。委託すること。委寄とおなじ。「寄託して極まる委重を得る親友・同心・耆旧などの所に於て損害し欺誑するは無間業の同分なり」

規求 きぐ はかりもとめること。「利養を規求し、寿命を希望す」

規度 きど (他人の財物を侵害しようなど と) 企むこと。「他の財物に於て規度するところなし」 Ⓢ drogdhṛ

亀 き かめ。「五支が相い似たるが故に五蓋を説いて名づけて亀と為す」

亀鼈 きべつ かめとすっぽん。「底民の食うところを是れ麁とせば、大魚・亀鼈及び末羯羅失獣・摩羅などの食うところを細と為す」

亀毛 きもう 亀の尾にまとわりついた海藻をみてそれを亀の毛だと思いまちがったときの毛。名称のみあって実在しないもの。亀毛・兎角とならんで、実際には存在しないものの喩えとして用いられる。「畢竟無とは亀毛・兎角などなり」「猶し亀毛の如く、未来は有に非ず」「名のみ有りとは、亀毛・兎角・空花などを謂う」 Ⓢ kaurma-roman

喜 き ①よろこび。よろこぶこと。「喜と倶行する静慮」
Ⓢ nandana: nandin: paritoṣa: pramudita: prīti: muditā: sumanas: saumanasya: harṣa
②四無量心(慈・悲・喜・捨)のなかの喜。他人の楽をみてよろこぶこころ。他者をいつくしむありようの一つ。 Ⓢ muditā
(出典) 若諸菩薩、於有楽者、発起随喜増上意楽、普縁十方、修喜倶心、是名為喜。(『瑜伽』44、大正 30・535c)
③離生喜楽の喜。色界の初静慮における喜。欲界の欲望や悪を離れたところに生じるよろこび。→離生喜楽 Ⓢ prīti
④五受(楽・苦・喜・憂・捨)のなかの喜。喜受。よろこぶ感受作用。五識(眼識・耳識・鼻識・舌識・身識)によって感じる楽を意識によってさらにふかく味わうよろこび。

喜愛 きあい 愛しよろこぶこと。愛着をおびたよろこび。「喜愛と倶行するあらゆる期願は衆の苦の根本なり」「欲を受用する時、一つには喜愛を起こし、一つには憂恚を起こす」 Ⓢ saumanasya

喜憂 きう 喜と憂。よろこびとうれい。五つの感受作用(五受)のなかの喜受と憂受。→五受

喜憂闇 きうあん 喜と憂と闇。サーンキヤ学派が説く根本物質の三つの構成要素、すなわち sattva と rajas と tamas との性質をいう。sattva が喜、rajas が憂、tamas が闇にあたる。
(参考)(『述記』1末、大正 43・252c)

喜悦 きえつ よろこび。よろこぶこと。「諸の菩薩は能施者を見て心に喜悦を懐く」 Ⓢ abhipramoda: praharṣa: saṃpraharṣa: sumanaska

喜覚支 きかくし →七覚支

喜楽 きぎょう 願望。願うこと。「仏法僧の功徳を喜楽す」「常に喜楽して諸の福業を修す」 Ⓢ kāma: ruci

喜楽分別 きぎょうふんべつ 種々の欲望の対象を願い求めようとする分別。八種の虚妄分別の一つ。→虚妄分別①
(出典) 喜楽分別者、謂、即於彼所得事中、

種種受用・悕慕・愛楽、種種門転、所有分別。(『瑜伽』17、大正30・369c):喜楽分別者、謂、由如是貪欲纏故、希求無量所受欲具。(『瑜伽』58、大正30・625c)

喜見 きけん 容貌が美しい、外見がよいこと。「顔容殊妙にして喜見端厳なり」「鬼に著せられた人は喜見ならず」 Ⓢ darśanīya

喜根 きこん 喜受という根。二十二根のなかの五受根の一つ。心受(意識にもとづく感受作用)の一つで、よろこぶ感受作用をいう。欲界と色界の第一・第二静慮とにある。→喜受 →二十二根 →五受根
Ⓢ saumanasya-indriya
(出典)下三地中、心悦麁動、有喜貪故、唯名喜根。(『倶舎』3、大正29・14c)

喜捨 きしゃ ①四無量心のなかの喜と捨。→四無量心
②二十二根のなかの喜根と捨根。→二十二根

喜受 きじゅ よろこぶ感受作用。五つの感受作用(五受)の一つ。→喜④ →五受

喜定 きじょう 人びとの安楽をよろこぶこころで修する禅定。人びとが楽を得て苦を離れれば快楽であると思惟して入る禅定。喜等至ともいう。四無量心の第三番目のこころ。→四無量「喜定を修する者は諸の有情が得るところの安楽を慶ぶ」 Ⓢ muditā-samāpatti

喜心 きしん ①他者の幸せをよろこぶこころ。四無量心のなかの喜。→四無量心「喜心を以って恵施を行ず」
②汚れたよろこび。意思という食事(意思食・意会思食)のなかで、なにか好ましいものを得ようと意欲し希望することによって生じるよろこび。
(出典)於四食中、有漏意会思食因縁、専注希望倶行喜染名喜。(『瑜伽』94、大正30・840a)

喜足 きそく ①満足すること。よろこぶこと。知足とおなじ。「已に得た衣服・飲食などに於て喜足を生じて、復た希求せず」
Ⓢ saṃtuṣṭa: saṃtuṣṭi
②→少欲喜足

喜等覚支 きとうかくし →七覚支

喜等至 きとうし →喜定

喜貪 きとん 喜と貪。よろこびとむさぼり。両者の相違については(『瑜伽』86、大正30・779b)を参照。「喜貪と倶行する愛」
Ⓢ nandī-rāga

喜無量 きむりょう 四無量心の一つ。→四無量心

喜楽 きらく ①よろこび。たのしみ。快楽。歓喜。よろこぶこと。「愛を亦た喜楽と名づく」「妙欲に喜楽を生ず」「諸の悪を喜楽す」 Ⓢ abhinandanā: abhinandin: abhirati: rati
②喜と楽。歓喜と安楽。→離生喜楽「心能く解脱して解脱の喜楽を受用す」「波羅蜜多は是れ最増上の喜楽の因なり」 Ⓢ prīti-sukha: sukha-sumanasya
③喜と楽。五つの感受作用(五受)のなかの喜受と楽受。→五受

喜林苑 きりんおん 帝釈天にある四つの苑の一つ。→四苑 Ⓢ nandana-vana

揮戈 きか ほこをふりまわすこと。角武(武術をきそいあうこと。ひろくは身体をつかっての運動)の一つ。「按摩・拍毱・托石・跳躑・蹴蹋・攘臂・扼腕・揮戈・撃剣・伏弩・控弦・投輪・擲索などの角武事に依って勇健を得る」

期(き)→ご

稀(き)→け

貴家 きけ 高貴な家柄。豪貴家とおなじ。「貴家に生まれることを族姓具足と名づく」
Ⓢ ucca-kula

貴勝 きしょう 高貴なこと。貴い家柄の人。「貴勝な種姓の補特伽羅も亦た不善を生ずれば悪趣に往く」「仏を信ずる国王・大臣や諸の貴勝」 Ⓢ udāra

貴族 きぞく 貴い家柄。高族ともいう。「貴族に生まれて形貌端厳なり」 Ⓢ ucca-kula

貴重 きちょう きわめて大切なもの。軽賎の対。「軽賎にして用うるところなき物に於て尚捨つることを欲せず、何をか況んや貴重なるをや」

愧 き 慚愧の愧。善の心所の一つで、慚とともに、はじるこころをいう。→慚愧
Ⓢ apatrāpya: apatrapā: vyapatrāpya

愧慚 きざん 愧と慚。→慚愧 →愧 →慚

愧恥 きち はじること。「所学の戒に於て、若し違犯あれば、深く愧恥を生ず」
Ⓢ vyapatrāpya

愧悩 きのう はじてなやむこと。「その時、悪魔は仏が覚れるを知り已れども、心に

愧悩を懐きて自ら退すること能わざれば、梵王が神力を以って彼れを宮に還ぜしむ」

棄 き すてる、放棄すること。「下劣な欲を棄てて、出家し已る」「父母を害するは、是れ恩田を棄つることなり」「身命を棄つ」 Ⓢ apa-**as**: apa-**hā**: utsarga: chorita: nirākaraṇa: nirākṛti

棄捐 きけん すてる、みすてること。「菩薩は摂するところの有情に懐を縦にして資給し、有病・無病をも終に棄捐せず」「正法の行を棄捐して、手を挙げて号泣す」

棄捨 きしゃ すてる、みすてること。ゆるがせにすること。関心を示さないこと。排除すること。「菩薩は現在前に衆生を利する事を棄捨せず」「貪・瞋・癡などの諸の煩悩を棄捨す」「生死を棄捨して涅槃に趣向す」「鬚髪などを剃って世俗の諸の相好を棄捨す」「財位を棄捨して出家す」「菩薩の浄戒律儀を棄捨す」「正道を棄捨して邪悪の径を行く」 Ⓢ adhyupa-**īkṣ**: adhyupekṣaṇā: apahṛta: utsarjana: ud-**sṛj**: upekṣaṇa: cheda: tyāga: nikṣepa: parityakta: parityāga: pratyākhyāna: pra-**hā**: virahita: vihīna: vaimukhya: vyāvartana

棄捨家法 きしゃけほう 世俗の生活をすてること。捨家・捨家法・棄捨居家ともいう。「涅槃を求め、涅槃に趣向せんが為に、家法を棄捨して非家に趣く」

棄捨居家 きしゃこけ →棄捨家法

棄捨受施 きしゃじゅせ 六種の受施の一つ。→受施

棄擲 きじゃく なげすてること。「衣を道に棄擲す」

棄背 きはい そむく、反対すること。悪いことをにくんで否定すること。対向の対。「生死に棄背し、涅槃に対向す」「流転に棄背し、還滅に対向す」「邪命者の論を尊崇し、善逝所説の経に棄背す」 Ⓢ apaviddha: pratimukha: vimukha

棄背想 きはいそう 出離想とおなじ。→出離想「棄背想の作意を以って上首と為して加行を勤修するに由って、漸次、能く無想定に入る」 Ⓢ vimukha-saṃjñā

毀 き ①そしる、侮辱する、悪口をいうこと。「外道を毀し、正法を讃ず」「自らを讃じ、他を毀す」 Ⓢ ayaśas: **paṃs**: paṃsana: pratikṣepa: vigarhaka: vivarṇita
②そしり。不名誉。侮辱されること。世のなかで生きる上で問題となる八つの事柄（八世法）の一つ。→世法 Ⓢ ayaśas
③こわす、やぶること。「悪業を造り、浄戒を毀す者」 Ⓢ vipanna

毀壊 きえ 外的には、事物をこわし破壊すること。内的には、心のなかでなくなること、あるいは、なくすこと。「作業の毀壊とは、生命・財物などを壊することなり」「煩悩を亦た世間と名づく。毀壊すべきが故に」 Ⓢ **luj**: vi-**duṣ**: vidūṣaṇa

毀厭 きおん いとい否定すること。「一つの随眠でも毀厭すべきなり」

毀戒 きかい 戒をやぶること。毀犯戒とおなじ。「羞恥あることなくして毀戒す」 Ⓢ dauḥśīlya

毀棄 きき こわしてすてること。「下劣に得た財物は毀棄すべし」 Ⓢ ava-**sad**

毀形 きぎょう 異様なすがた。変わったかたち。「自ら毀形・剃鬚髪を誓い、世俗の諸の相好を棄捨す」 Ⓢ vairūpya

毀呰 きし そしる、悪口をいう、けなすこと。「貪欲の過失を毀呰し、貪欲永断の功徳を讃歎す」「仏法を讃歎し、外道を毀呰す」 Ⓢ avarṇa: vi-**varṇayati**

毀色 きしき あせたいろ。変化したきたないいろ。出家僧が着る衣のいろ。「自ら毀色を誓い、壊色の衣を受持す」 Ⓢ vaivarṇya

毀責 きせき そしりせめること。「二重障の障を重と言うは毀責の名の故なり」「未来に当に受ける諸の悪苦報は治罰すべきが故に、毀責すべきが故に、之を名づけて罰と為す」

毀辱 きにく けなし侮辱すること。悪口をいうこと。「悪言を以って訶罵し毀辱す」「他を毀辱する言を毒螫語と謂う」 Ⓢ abhidrohiṇī: kutsna: vijugupsita

毀罵 きば そしりののしること。「現前に他を毀罵し呵責す」「此の経典を誹謗し毀罵す」

毀謗 きほう そしる、けなす、非難すること。「諸の外道は仏を毀謗して言う」「仏法僧に於て毀謗を生ず」 Ⓢ apa-**vad**: apavāda

毀謗論 きぼうろん 毀論ともいう。論議する際の六種の言葉（言論・尚論・諍論・毀謗論・順正論・教導論）の一つ。互いに怒って

荒々しく非難しあう言葉をいう。
Ⓢ apavāda
（出典）毀謗論者、謂、懐憤発者、以染汚心、振発威勢、更相擯毀、所有言論。（『瑜伽』15、大正 30・356b）：毀論者、謂、更相憤怒、発麁悪言。（『雑集論』16、大正 31・771a）

毀犯 きほん 戒をやぶること。罪を犯すこと。「諸の重罪を毀犯す」「浄戒を毀犯して諸の悪法を作す」「学処を毀犯す」
Ⓢ adhyā-**pad**: adhyāpanna: āpatti: āpattika: ā-**pad**: bhraṣṭa: vipanna: vyatikrama: vyatikrānta: skhalita

毀滅 きめつ こわしほろぼすこと。「仏法を毀滅せんと欲す」

毀誉 きよ 毀と誉。そしりとほまれ。世のなかで生きる上で問題となる八つの事柄（八世法）の二つ。→世法 Ⓢ ayaśaḥ yaśaḥ

毀論 きろん →毀謗論

詭 き いつわること。「他の前に於て詭って威儀を現ず」

詭誑 きおう いつわり。真実の対。「善く詭誑と真実とを了知す」

詭言 きごん いつわりの言葉。「詭言を設けて矯乱す」

詭詐 きさ いつわり。いつわること。「言に詭詐なきを正直語と謂う」 Ⓢ kuhanā

詭擯 きひん いつわって排除する、おいやること。「余人を詭擯して独り精妙な上味を食す」

跪 き ひざまずくこと。「師の前に在りて卑劣の座に居して、或いは蹲し、或いは跪す」 Ⓢ jānu-pāta

匱 き ①とぼしいこと。匱乏とおなじ。→匱乏
②煩悩の異名。煩悩によって種々のものを追い求めて満足することがないから貪・瞋・癡などの煩悩を匱（とぼしいの意）という。
Ⓢ vighāta
（出典）匱有三種、謂、貪瞋癡。由依止貪瞋癡故、於有及資生具、恒起追求、無有厭足、常為貧乏衆苦所悩故、故名匱。（『雑集論』7、大正 31・725b）

匱乏 きぼう 貧窮。とぼしいこと。貧乏人。匱・乏匱・貧乏・闕乏とおなじ。「人趣に生を受けた有情は多く匱乏の苦を受く」「種種の資生具に匱乏する者」 Ⓢ vikala: vighāta: vighātin: vi-**han**: vaikalya: vyasana

旗幟 きし はた。のぼり。「阿素洛が天と闘う時、天は日月を用いて、以って旗幟と為す」

綺句 きく 飾り立てた言葉。「綺字・綺句・綺飾文詞は能く無義を引き、神通・等覚・究竟涅槃を証せしむること能わず」
Ⓢ citra-pada

綺間語 きけんご →綺語

綺語 きご こびへつらった言葉。偽り飾った言葉。真実を隠して巧みに語られた言葉。綺間語・雑穢語ともいう。十不善業道の一つ。→十不善業道 Ⓢ saṃbhinna-pralāpa
（参考）（『瑜伽』59、大正 30・631c）

綺言説 きごんぜつ 飾り立てて語ること。「世間の綺言説に楽著す」

綺字 きじ 飾り立てた文字。「綺字・綺句・綺飾文詞は能く無義を引き、神通・等覚・究竟涅槃を証せしむること能わず」
Ⓢ citra-akṣara

綺飾 きしょく 美しく飾ること。飾り立てること。「種種の文彩で種種の台閣を綺飾し荘厳す」

綺飾文句 きしょくもんく 飾り立てた文章。綺飾文詞とおなじ。「諸の世間の文綺を事とする者の造るところの順世の種種の字相と綺飾文句とに相応する詩論に於て能く正しく無義・無利なりと了知す」
Ⓢ citra-pada-vyañjana: vicitra-pada-vyañjana

綺飾文詞 きしょくもんし →綺飾文句「綺字・綺句・綺飾文詞は能く無義を引き、神通・等覚・究竟涅槃を証せしむること能わず」 Ⓢ citra-pada-vyañjana

綺靡 きび 美しくはなやかであること。「憙楽すべき言は文句綺靡なり」

器 き ①うつわ。容器。「彼の餓鬼は飲食に満ちた器を悉く空なりと見る」
Ⓢ bhājana
②山河・大地などの自然をまとめて器という。→器世間 Ⓢ bhājana
③生きもの（有情）の身（所依）を容器に喩えて器という。たとえば多くの苦を受けるから有情の所依を苦器という。あるいは教え（法）を受けるに値する人を法器という。原語は bhājana。→苦器 →法器 Ⓢ bhājana
④あることに値すること、あるいはそのような人。原語は pātra。「有る説者は受者が是

れ器なるか非器なるかを知らずして軽爾に為に説いて、彼の受者をして、或いは軽慢を生じ、或いは怯怖を生じて空しく所得をなからしむ」 Ⓢ pātra

器在 きざい 器や建物などのなかに存在すること。四種の在（自体在・器在・現行在・処在）の一つ。→在

器生死 きしょうじ 山河・大地などの自然（器）が成り立ち、そして壊れていくさまをいう。生きもの（有情）が生まれ、そして死んでいくさまをいう種類生死の対。
（参考）（『瑜伽』86、大正 30・781c）

器仗 きじょう つえ・ほこなどの武器。「刀剣・器仗を執持して闘訟す」 Ⓢ daṇḍa

器世界 きせかい →器世間

器世間 きせけん 器世界ともいう。そのなかで生きものが棲息する自然をうつわに喩えて器という。世間とは世界のこと。山河・大地などの自然界の総称。地・水・火・風の四元素（四大種）とそれから構成される物質（所造色）とから成り立つ世界をいう。〈唯識〉は、そのような世界は阿頼耶識（異熟識）が変化して作り出したもので、外界に存在するものではないと主張する。処（sthāna）と言い換えられる。生きもの（有情）の世界である有情世間の対。→世間 →有情世間 →処② Ⓢ bhājana-loka
（出典）建立義者、謂、器世界。於中、可得建立一切諸有情界。（『瑜伽』77、大正 30・725c）：処、謂、処所、即器世間。是諸有情所依処故。（『成論』2、大正 31・10a）：所言処者、謂、異熟識由共相種成熟力故、変似色等器世間相、即外大種及所造色。（『成論』2、大正 31・10c）
（参考）（『倶舎』11、大正 29・57a 以下）

器物 きもつ 容器。皿。道具。器具。「器物・衆具を減省し、珍財を棄てて、足るを知って歓喜す」 Ⓢ bhāṇḍa-pariṣkāra

嬉戯 きけ 遊び戯れること。「女人と伎楽を奏じて嬉戯す」 Ⓢ **krīḍ**: rati-krīḍā: sam-**krīḍ**

撝義 きぎ 手話。意味を手で表現すること。「疾疫の有情に遭遇して瞻侍し供給し、盲者を啓導し、聾者を撝義す」

憙 き 喜とおなじ。→喜

憙集 きじゅう 集とは四諦（苦諦・集諦・滅諦・道諦）のなかの集諦の集で、苦を生じる原因をいい、そのような原因のなかの憙（よろこび・愛着）をまとめて憙集という。色集が生じる原因となる。「憙集の故に色集あり」「諸行の流転智とは略して三種の因縁の集に由る故に一切行の集のあらゆる正智を謂う。謂く、憙集の故、触集の故、名色集の故、其の所応に随って若しくは色集、若しくは受等集、若しくは識集あり」
（参考）（『婆沙』108、大正 27・561b）：（『瑜伽』86、大正 30・779a）

憙足 きそく 満足すること。喜ぶこと。「愚夫・異生は有漏事に於て四の憙足あり」
（参考）（『瑜伽』86、大正 30・782a～b）

憙楽 きらく 喜楽とおなじ。→喜楽①
Ⓢ abhirati: rati

機 き 機根・機感ともいう。仏の教えを理解する能力。その能力の程度に応じて声聞・独覚・菩薩の三種（三乗）に分ける。〈唯識〉は菩薩定姓・独覚定姓・声聞定姓・不定種姓・無性有情の五種に分ける。→五姓各別「機に応じて教誡し教授す」「仏、機に応じて神通を現して法を説く」

機感 きかん 機・機根ともいう。仏の教えを理解する能力。「仏は頓に一切の法を説くが、衆生は機感に随って、各、種種の法を悟る」

機根 きこん 機・機感ともいう。仏の教えを理解する能力。「説法の時、必ず機根を観察す」

機捷 きしょう 能力があり、かしこいこと。巧みであること。機敏であること。「善巧にして機捷なる士夫」「所作は機捷にして愚鈍たるに非ず」 Ⓢ dakṣa

機請 きしょう 質問する聞法者の機（仏の教えを理解する能力）に応じて説かれた教え。経典を構成する文章の一つ。「機請とは、機の請問に因って言説を起こすなり」
（参考）（『瑜伽』81、大正 30・750c）

機密事 きみつじ 政治・軍事上の大切な秘密の事柄。機密処とおなじ。「国王あり。諸の群臣などが彼彼の務める機密事の中に於て、委任に堪えざれば委任せず、委任に堪えれば之に委任す」

機密処 きみつしょ 機密事とおなじ。→機密事

機務 きむ 重要な政務。秘密で大切な政治上の事務。「国王は放逸あることなく専ら

機務を思う」

燬 き 激しくもえる火。「燬の焔」

虧減 きげん 小さくなること。減少すること。「月輪は是の如く漸く虧減す」 Ⓢ hrāsa

虧損 きそん 破壊すること。失うこと。「戒・見・軌則・浄命の虧損」「家火によって財宝を虧損す」 Ⓢ vipatti: vipanna: vyasana (参考)(『瑜伽』22、大正 30・403c)

騎乗 きじょう 馬に乗ること。「騎乗の資具が匱乏する苦」

譏 き 誹謗。そしり。そしること。そしられること。世のなかで生きる上で問題となる八つの事柄(八世法)の一つ。→世法 Ⓢ nindā

譏毀 きき 非難する、そしること。「心に厭悪なく、言は譏毀ならず」「此の行に由るが故に世間の為に譏毀せられず」 Ⓢ avarṇa

譏嫌 きけん そしりきらうこと。「他に譏嫌せらるるという過失」「世間は根本業道に於て多く譏嫌を生ず」

譏弄 きろう そしりあなどること。「言過の不顕了とは、言が譏弄を招き、領せずして答えることを謂う」

譏論 きろん そしり非難すること。「若し自ら邪行に住せば、便ち他の譏論を受く」

饑渇 きかつ うえとかわき。飲食物の乏しいこと。「是の如き等の諸の資生具は、但だ身を治めて敗壊せざらしめ、暫らく饑渇を止め、梵行を摂受せんが為なり」

饑饉 ききん 作物が実らないこと。食物が少ないこと。飢饉とおなじ。饑倹ともいう。「饑饉と疫病と刀兵との三種の中劫あり」 Ⓢ durbhikṣa

饑饉劫 ききんごう →饑饉中劫

饑饉災 ききんさい →饑饉中劫

饑饉中劫 ききんちゅうごう 五濁の一つである劫濁を構成する三期間のなかの饑饉がつづく非常に長い期間をいう。飢饉中劫とおなじ。饑饉劫・饑饉災ともいう。→五濁 →劫濁 →中劫 Ⓢ durbhikṣa-antara-kalpa

饑倹 きけん 作物が実らないこと。食物が少ないこと。「饑倹の逼悩より生ずる苦」 Ⓢ durbhikṣa

羈客 ききゃく 旅の客。旅人。「諸の飲食・衣服・臥具・医薬などを以って、沙門、婆羅門、貧病、孤独、遠行の羈客などに奉施す」

羈遊 きゆう 旅をすること。住むところなくさまようこと。→羈遊受施

羈遊受施 きゆうじゅせ 六種の受施の一つ。→受施

伎楽 ぎがく 舞楽。音楽。奏楽。「諸の香花・宝幢・幡蓋、及び伎楽などを以って供養す」「歌舞と伎楽の資具が匱乏する苦」 Ⓢ vāditra: vādya

伎芸 ぎげい 伎と芸。伎は、たくみ・てわざ、芸は、書く・計算するなどの技能。工芸・芸術的熟練。伎芸工巧ともいう。「書・算・印などの種種の伎芸を習学す」 Ⓢ śilpa (出典) 伎、謂、巧術等、芸、謂、書数等。(『婆沙』43、大正 27・225c)

伎芸工巧 ぎげいくぎょう →伎芸

伎女 ぎにょ 女性の役者・音楽家。「伎女が伎楽を奏す」「伎女の形容は端正にして、衆具で荘厳す」

伎能 ぎのう 働き。うでまえ。技能。才能。「如法の作業と伎能は能く財宝を引致す」

宜 ぎ ①適宜。適当であること。場合や状況に合っていること。如宜(宜の如く)、随其所宜(其の宜しき所に随って)、随宜(宜しきに随って)という形で用いられることが多い。「諸の衣服に於て宜しきに随って獲得して便ち喜足を生ず」
②「よろしく～すべし」と読む再読文字。「何ぞ宜しく彼の性苦の体の上に於て重ねて其の苦を加えるべけんや」 Ⓢ pratirūpa

祇奉 ぎぶ うやうやしく仕えること。女が男を魅惑して縛る八つのありようのなかの一つ。「舞・歌・笑・睇・美顔・妙触・祇奉・成礼の八処所に由って女は男を縛る」

偽 ぎ いつわり。虚偽。だますこと。「偽って学処・出離・羯磨などを制立す」

偽函 ぎかん 重さを偽って計ること。「偽斗・偽秤・偽函などに依って獲る財物を受用するを不清浄と名づく」 Ⓢ māna-kūṭa

偽称 ぎしょう はかりで偽って計ること。偽秤とおなじ。「偽斗・偽称・偽函などの二十二種の発憤あり」 Ⓢ tulā-kūṭa

偽証 ぎしょう いつわって証言すること。「妄語とは偽証に於る語業をいう」 Ⓢ kūṭa-sākṣin

偽身見 ぎしんけん 自己の身体は実体として存在するとみるあやまった見解。有身見の

こと。→有身見「慢結は能く偽身見の遍知を障う」 Ⓢ satkāya-dṛṣṭi

偽斗 ぎと ますで偽って計ること。「偽斗・偽秤・偽函などに依って獲る財物を受用するを不清浄と名づく」 Ⓢ kāṃsa-kūṭa

偽秤 ぎひょう はかりで偽って計ること。偽称とおなじ。「偽斗・偽秤・偽函などに依って獲る財物を受用するを不清浄と名づく」 Ⓢ tulā-kūṭa

欺誑 ぎおう だましあざむくこと。「商人あり、性となり矯詐にして欺誑を行ぜんと欲す」「戒禁取は内道と外道との二道を欺誑す」 Ⓢ visaṃvādika

欺罔 ぎもう あざむく、いつわる、だますこと。「共財の所に於ては欺罔なし」 Ⓢ **vañc**: vipra-**labh**

義 ぎ ① artha の訳としての義。この義には種々の意味があるが、大別すると（i）「事物」「事柄」と（ii）事物・事柄の「意味」とに分かれる。このなか、（i）の「事物」「事柄」としての義は、経典を構成する二つの要素、すなわち文（vyañjana）と義（artha）、あるいは法（dharma）と義（artha）のなかの義がこれにあたる。文義あるいは法義のなかの文あるいは法とは、経典に説かれた言葉・文句をいい、義とは、その言葉・文句が指し示し意味する事物あるいは事柄そのものをいう。さらに、概念的な認識を成立させる二つの要素、すなわち名と義とのなかの義（たとえば「語は名に於て転じ、名は義に於て転ず」というなかの義、あるいは「諸の名を摂受して究竟して現見せざる義を顕了するが故に名づけて句と為す」というなかの義）も事物・事柄そのものをいう。また事物・事柄としての義は大きく有為（現象的存在）と無為（非現象的存在）とに分かれる。前者の有為としての義として、たとえば根・大種・業・尋求・非法・法・興盛・衰損・受用・守護の十種（『瑜伽』15、大正30・361a）が、あるいは地・相・作意・依処・過患・勝利・所治・能治・略・広の十種（『瑜伽』81、大正30・751a）があげられている。後者の無為としての義は「勝義」の義であり、究極的存在である涅槃あるいは真如をいう。次の（ii）の「意味」としての義は、たとえば「諸経の義を解釈す」「問う、念根は何の義なるや。答う、聞思修に於て憶持して忘れざるをいう」「縁起の義とは、無作者の義、有因の義、依他起の義、無常の義、などを謂う」「義は深く文句は浅し」「義は広く文は略なり」という場合の義がこれにあたる。 Ⓢ artha

② kāraṇa の訳としての義。原因・理由をいう。「或いは劬労を設けて彼れの起こるを遮することを為せども、数、現起するが故に随縛と名づく。是の如き義に由るが故に随眠と名づく」 Ⓢ kāraṇa

③ prakāra の訳としての義。事物・事柄のありようをいう。四義平等あるいは五義平等の義。→四義平等 Ⓢ prakāra

義意 ぎい 意味。意味するところ。「菩薩が諸の衆生に於て利益を楽うは、当に知るべし、義意としては即ち安楽を楽うと」「義意は前と同じなるに、重ねて説くは何の用なるや」 Ⓢ artha: abhipreta

義句 ぎく 意味を持つ文句。「自ら甚深なる義句に通達して他の為に顕示す」「能く善く義句と文字を宣釈す」

義愚 ぎぐ 五種の無明（義愚・見愚・放逸愚・真実義愚・増上慢愚）の一つ。事物・事柄（境）とそれらをつらぬく理（義理）に対して愚かで無知であること。 Ⓢ artha-saṃmoha

（出典）迷義理及境、皆名義愚。（『略纂』4、大正43・57b）

義趣 ぎしゅ 意味。意味するところ。「前後の義趣が相属せざるが故に雑乱語と名づく」「能く善く甚深なる義趣を解釈す」「諸の師は此の契経の義趣に於て如実に知らずして種種の執を起こす」「言辞が既に理と合すれば、義趣は遂に可愛ならしめられ、則ち深き義を解すこと易ならしむ」 Ⓢ artha

義勝義 ぎしょうぎ 三種の勝義の一つ。真如のこと。すぐれた智の対象（義）であるから義勝義という。→勝義

（出典）勝義有三。一義勝義、謂、真如、勝之義故。（『成論』8、大正31・47c）

義善 ぎぜん 教えの意味がまちがっておらず、それを聞くことによって勝れた生存を引き起こすこと。教えを説く声にそなわる五つの徳の一つ。

（出典）何等為声、謂、具五徳乃名為声。一不鄙陋、二軽易、三雄朗、四相応、五義善。（中略）義善者、謂、能引発勝生定勝、無有

顛倒。(『瑜伽』15、大正 30・359b)

義陀羅尼 ぎだらに 四種の陀羅尼の一つ。→陀羅尼 Ⓢ artha-dhāraṇī

義無礙解 ぎむげげ 仏の教えに関する四つの滞ることがない明晰な理解（四無礙解）の一つ。→四無礙解

義利 ぎり 値がある、利益がある、ためになる、意味があること、また、そのようなもの。有義ともいう。「有情を饒益する慧とは一切有情の義利を能作する慧なり」
Ⓢ artha

義理 ぎり ①経典を構成する二つの要素、法（dharma）と義（artha）とのなか、後者の義を義理という場合がある。この場合の義理（artha）は「意味」をいう。「正法に於て義理を聴聞し受持し観察す」「真実の菩薩は能く甚深なる義理と密意を解す」
②事に対する理を義理という場合がある。「義理と及び境に迷うを皆な、義愚と名づく」
③究極的真理すなわち真如をいう。
（出典）義有二義。一謂境義、見分境故。二謂義理、真如即理故。(『述記』5 末、大正 43・409c)

疑 ぎ ①うたがうこと。決断できずあれこれとまようこと。「増上戒に於て尸羅を毀犯することあらば、見、聞き、疑うことによって能く正しく諫挙す」「疑とは、師に於て、法に於て、学に於て、誨に於て、及び証の中に於て、惑を生じ疑を生ずるを謂う」「邪道を僻執し、正道を疑う」
Ⓢ kāṅkṣā: pariśaṅkā: pariśaṅkita: vicikitsaka: vicikitsā: saṃśaya
②六種の根本煩悩（貪・瞋・癡・慢・疑・悪見）の一つとしての疑。疑うという煩悩の心所。疑う対象としては『瑜伽論』では他世と作用と因果と四諦と三宝とがあげられている。『成唯識論』では、それらをまとめて諸の諦理といい、四諦とそれをつらぬく理、すなわち事と理とがあげられている。総じていえば、疑とは、因果の理の存在を疑い猶予するこころをいう。たとえば悪業をなせば地獄に堕ちるという教理を疑うことをいう。
Ⓢ vicikitsā: vimati
（出典）疑者、猶予二分、不決定心所、為性。当知、此疑略由五相差別建立。謂、於他世作用因果諸諦宝中、心懐猶予。(『瑜伽』58、大正 30・622a)：云何為疑。於諸諦理猶予、為性。能障不疑善品、為業。(『成論』6、大正 31・31c)

疑蓋 ぎがい 疑という蓋。釈尊の教えを疑うという煩悩は心をふさぐという面から疑蓋といわれる。五蓋の一つ。→五蓋
Ⓢ vicikitsā-nivaraṇa
（参考）(『瑜伽』89、大正 30・804a)

疑結 ぎけつ 疑は心を苦と結合せしめ、束縛し、毒する煩悩であるから疑結という。九結の一つ。→疑 →九結 Ⓢ vicikitsā-saṃyojana
（参考）(『集論』4、大正 31・677a)

疑上静慮者 ぎじょうじょうりょしゃ 四種の静慮者（愛上静慮者・見上静慮者・慢上静慮者・疑上静慮者）の一人。疑いの強い静慮者。静慮を修するが、本性として智慧がないために証したさとりに疑いをいだくタイプの人。
（参考）(『瑜伽』12、大正 30・335b〜c)

疑随眠 ぎずいみん 七種の随眠の一つ。→疑 →七随眠 Ⓢ vicikitsā-anuśaya

疑雑染 ぎぞうぜん 疑によって汚れていること。五種の雑染（疑雑染・愛雑染・信解雑染・見雑染・増上慢雑染）の一つ。
（参考）(『瑜伽』56、大正 30・612c)

疑網 ぎもう 疑い。疑うことは網のように心をとらえて迷わすから、網に喩えて疑網という。「無礙解は法要を善説し、衆生の心を悦ばし、能く一切の諸の疑網を断つ」
Ⓢ kāṅkṣā: vicikitsā

疑問 ぎもん 疑い問うこと。「此の中、両喩は此の疑問を釈す」

疑慮 ぎりょ うたがうこと。「坦然・無畏にして、心に怯劣なく疑慮なし」 Ⓢ śaṅkā

疑惑 ぎわく うたがいまようこと。「常に疑惑を懐きて所聞の法に於て能く領受せず」「仏・法・僧、苦・集・滅・道、此世・他世に於て、若し疑惑を生ずれば、当に知るべし、一切は皆な是れ魔事なりと」
Ⓢ kāṅkṣa: vimati: saṃdeha: saṃśaya

儀 ぎ のり。きまり。法則。ならわし。風俗。「世の儀に順ず」 Ⓢ ācāra: vidhi

儀軌 ぎき 規則。規範。「若しくは慰喩語、若しくは慶悦語を世の儀軌に随う語と名づく」「諸の如来所行の儀軌は、如実に随転して作用を越えることなし」 Ⓢ ācāra: yātrā

儀式 ぎしき のり。法則。行為の定まっ

た規範。定まった規則に従って行なう作法。「灌頂の儀式を受く」「先に三帰を受け、後に律儀を受けるは、是れ正しき儀式なり」

儀則 ぎそく きまり。法則。「菩薩の儀則を越えずして随順す」

戯（ぎ）→け

擬 ぎ はかること。思案すること。「蓄積せんと擬するが故に、已に属する受が清浄とならず」「羊・鹿・水牛、及び余の禽獣は、本、供養せんと擬するが故に殺しても罪なし、と諸の外道は是の如き言を作す」

蟻 ぎ あり。「若し蟻の卵を害するも、少しの悔心なくんば、応に是の人は三界の善を断ずと説くべし」 Ⓢ pipīlaka: pipīlikā

蟻行 ぎぎょう 蟻の行列。多くの蟻から成り立つ蟻の行列は、行列が全体で、蟻が部分であることから、全体と部分との関係をいう場合の喩えに用いられる。「所執の極微に若し方分あれば、蟻行などの如く、体は実に非ざるべし」 Ⓢ pipīlikā-paṅkti

議論 ぎろん 意見を述べて論じあうこと。討論すること。論議とおなじ。「諸の外道の師は自らの弟子と共に議論を興して決択す」

吉 きつ 幸運。しあわせ。「菩薩の工業明処は、吉と非吉との事を安立して取捨せしめんと欲して、諸の有情に於て悲愍を引発す」 Ⓢ maṅgalya

吉安 きつあん 安寧。幸運。「一切の聖財を得るに由って自然に吉安にして生死の広大なる険難の長道を超度す」 Ⓢ svasti

吉会 きつえ 祝いの宴会。「或いは乖離の諍訟を和好することに於て、或いは吉会に於て、或いは福業に於て、助伴と為らざれば、是れを犯すことあり、違越するところありと名づく」 Ⓢ utsava

吉祥 きっしょう しあわせ。繁栄。安寧。しあわせな結果をもたらすもの。「安隠と吉祥とを問う」とは「お元気ですか」という挨拶をすること。「諸の菩薩は、妄に吉祥と瑞応とに相応する相状を取りて、布施を行ぜず」「吉祥を妄計する論」「舒顔し、平視し、含笑するを先と為して、或いは安隠と吉祥とを問い、或いは諸界の調適を問う」「三宝は最も吉祥なり」
Ⓢ kautuka: kautuka-maṅgala: maṅgala: śrī: svastayana
（参考）（『瑜伽』57、大正 30・618a）に、衆所愛楽・富貴自在・怨敵退伏・饒益所依・往諸善趣の五種の吉祥が説かれる。

吉祥坐 きっしょうざ 左右の足を交差させて組んで坐ること。結跏趺坐のこと。→結跏趺坐「此れは是れ、賢聖の吉祥坐の故に結加坐と名づく」

吉祥草 きっしょうそう 祭式のため、あるいは禅定をくむために使用する清浄な草。「仏、乳糜を受けて食し、吉祥草を受けて菩提樹に詣で、其の後夜に便ち菩提を証す」
Ⓢ dūrvā-darbha

吉祥天神 きっしょうてんじん 吉祥天とおなじ。帝釈天の娘で、毘沙門天の妹。もとバラモン教の神で、後に仏教にとりいれられ、人びとに幸福をもたらす神となった。

吉瑞 きつずい めでたいしるし。「若し爾らば、何が故に菩薩の母は夢のなかで白象の子が来りて己の右脇より入ると見たるは、此れ吉瑞の相にして中有に関わるに非らずや」

詰責 きつせき 責めなじること。「他が立つるところの論を詰責す」

詰難 きつなん 責め非難すること。質問すること。「言を信ぜずして詰難して諍競す」
Ⓢ paripṛcchanika: sam-**cud**

詰問 きつもん ①質問。問いただすこと。「自らの所証に未だ無畏を得ずして他の詰問を懼れる」「善く仏の意を知って詰問する時、正しく答う」 Ⓢ pari-**prach**: paryanuyoga ②責めること。「愚盲者が坑に墮ちるを詰問すべからず」

詰問記 きつもんき →反問記

佉沙 きゃしゃ 佉沙は kāṣya の音写。北インドの山岳地域、現在のタクラマカン砂漠、タリム盆地西端の要地カシュガルを指す。『大唐西域記』によれば「佉沙国は篤く仏法を信じ福徳利益の行に精励し、説一切有部を学んでいた」という（『大唐西域記』12、大正 51・942c）。「礫迦・葉筏那・達剌陀・末䗍婆・佉沙・覩貨羅・博喝羅などの人、来りて会坐に在りて、各各、仏は独だ我が為に自国の音義を説くと謂う」（『婆沙』79、大正 27・410a） Ⓢ kāṣya

佉梨 きゃり khārī の音写。容積の単位。一斛。「此の人の間の如く、佉梨が二十にして摩掲陀国の一麻婆訶の量を成ず」
Ⓢ khārī

佉盧瑟吒書 きゃろしゅたしょ カローシュ

ティー（kharoṣṭhī）文字、あるいはその文字で書かれた書物。紀元前四世紀頃、インドに伝来し、紀元後三世紀頃まで西北インドで使われた文字。伝説によれば、驢唇（khara-oṣṭha）仙人の造った文字とされる。「梵書を学びて後に佉盧瑟吒書を学ぶことは速疾なるに、佉盧瑟吒書を学びて後に、梵書を学ぶことは速疾なるに非ず」 Ⓢ kharoṣṭhī

却 きゃく ①あとずさりすること。「世尊の双足に頂礼して、却って一面に住す」
②しりぞけること。「敵を却する楼櫓」
③「かえって」という意味の逆接を表す助字。

却詰 きゃくきつ 相手の質問や非難に対して、反対にその理由を質問すること。まちがった見解を否定する論述を形成する三つ（総非・却詰・別破）の一つ。却質ともいう。返問とおなじ。

却後 きゃくご 今からあと。「却後、七日」

却質 きゃくぜつ →却詰

客 きゃく ①非本来的であること。客塵ともいう。これには次の二つの意味がある。（i）名称がそれが指し示す対象に対して非本来的であること（→名義相互客塵性）、（ii）煩悩が本来自性清浄心に対して非本来的であること。→客塵煩悩 Ⓢ āgantuka
②旅人。客人ともいう。「七の有依の福業事の中の如く、応に客と行と病と侍と園林と常食と、及び寒風熱の随時の衣薬とを施すべし」「客人に施す」

客塵 きゃくじん 非本来的であること。客人がその家の主人ではなく、あるいは鏡などに付着した塵は鏡の本体そのものではなく非本来的なものである、ということに喩えて本来的でないことを意味する語。客とも略称する。→客塵煩悩 →客①「客塵の煩悩」「清浄法界とは、一切の煩悩と所知との客塵の障垢を離れるを謂う」 Ⓢ āgantuka

客塵煩悩 きゃくじんぼんのう 心そのものは本来清浄であり、煩悩は心に付着した塵のような非本来的なものであるということ。→客塵 →自性清浄心「心の本性は清浄にして客塵煩悩に染汚せらる」

客染 きゃくぜん 非本来的な煩悩によって汚れていること。「一切法の真如の理は客染ありと雖も、本性は浄なり」

客想 きゃくそう 想（saṃjñā）とは概念、客（āgantuka）とは非本来的であること。ある対象（法 dharma）に付与される概念は対象そのものとは一致せず、本来的には異なることを意味する語。「但だ客法に於て客想が転ずることありと了知すべし」「普く一切法の想の中に於て唯だ客想を起こす」
Ⓢ āgantuka-saṃjñā

客人 きゃくにん →客②

客法 きゃくほう 法（dharma）とは、想（saṃjñā）すなわち概念が指し示す対象、客（āgantuka）とは非本来的であること。概念が指向する対象は概念とは一致せず、本来的には異なるということを意味する語。「但だ客法に於て客想が転ずることありと了知すべし」 Ⓢ āgantuka-dharma

隙 きゃく あな。すきま。「仏は四十の歯を具して皆な斉平にして中に隙なし」
Ⓢ chidra

隙穴 きゃくけつ あな。「空界で隙穴の摂は不清浄なり」 Ⓢ chidra

隙塵 きゃくじん →隙遊塵

隙遊塵 きゃくゆうじん 空中にうかぶ塵。長さの単位の一つ。牛毛塵の七倍。隙塵・向遊塵ともいう。 Ⓢ vātāyana-cchidra-rajas
（参考）（『婆沙』136、大正 27・702a）：（『俱舎』12、大正 29・62b）

逆 ぎゃく ①ぎゃくである、反対であること。順の対。→逆観 Ⓢ pratiloma: viloma
②さからうこと。背くこと。→逆意
③逆罪のこと。→逆罪「父母の形が転ずるを殺すときも逆を成ずるや」

逆意 ぎゃくい こころにさからうこと。意に背くこと。「逆意と言うは、未来世に於て可楽せざるが故なり」

逆縁起 ぎゃくえんぎ 因から果が生起するとみる縁起を順縁起といい、これに対して逆に果から出発して、その因はなにかと観察していく因果の連鎖を逆縁起という。たとえば十二支縁起でいえば、老死という果の因は生であり、その生という果の因は有であり、ないし行の因は無明であると、老死からはじまって無明にまでさかのぼって説かれる縁起をいう。また苦諦・集諦・滅諦・道諦の順序で説かれる四諦の縁起についても、果（苦・滅）を先として、その後に因（集・道）が説かれるから逆縁起である。順縁起の対。→順縁起「又た順流流転あり、謂く、順縁起なり。また逆流流転あり、謂く、逆縁起なり」

逆観 ぎゃくかん 詳しくは逆歴観察という。十二支縁起において最後の老死から最初の無明まで逆にさかのぼって観察する縁起観。逆観縁起ともいう。順観の対。

逆観縁起 ぎゃくかんえんぎ →逆観

逆業 ぎゃくごう 五逆罪の業。→五逆罪

逆罪 ぎゃくざい 五逆罪のこと。→五逆罪

逆算数 ぎゃくさんず 入る息と出る息とを数えることに集中するヨーガの実践において、息を十から一まで逆に数える方法をいう。順算数の対。→順算数 Ⓢ pratiloma-gaṇanā

（出典）云何逆算数。謂、即由前二種算数、逆次展転、従第十数、次九、次八、次七、次六、次五、次四、次三、次二、次数其一、名逆算数。（『瑜伽』27、大正 30・431b）

逆次 ぎゃくし ①空間的に上から下へ（たとえば第二静慮から初静慮へ）、あるいは時間的に後から前へ（たとえば第三阿僧企耶劫から第二阿僧企耶劫へ）とつづく逆の順序をいう。「先に順次に乃至有頂に入り、後に逆次に入って初静慮に至る」

Ⓢ adhara-krama: pratiloma-anukrama

②→逆次第

逆次第 ぎゃくしだい 因果の連鎖を果から因へと逆にさかのぼってみていく順序をいう。十二支縁起の縁起観では、老死から生へ、乃至、無明まで逆にさかのぼって観察する方法を逆次第観という。順次第の対。逆次と略称。→順次第「逆次第に依って、先に阿羅漢果を説き、次に不還を説く」「逆次第の中には、老死を先と為して諸の縁起を説く」「始めに老死より逆次第に入り、乃至、無明に至る」 Ⓢ pratiloma

逆次第観 ぎゃくしだいかん →逆次第

逆胎 ぎゃくたい 逆子。逆さまになった胎児。「若し如来を見れば、逆胎は順を得、盲者は視を得、聾者は能く聴く」

Ⓢ viloma-garbha

逆超入 ぎゃくちょうにゅう 色界あるいは無色界において上の定を出て下の定に入るときに、あいだの一つの定を飛び超えて入ることをいう。たとえば第三静慮から第二を飛び超えて初静慮に入ることをいう。→順超入「何が故に世尊は、涅槃に臨む時に、諸定を順超入せずして但だ逆超入するや」

逆風 ぎゃくふう 進んでいく方向と逆に吹く風。「円生樹が流すところの香気は能く逆風にも熏ず」

逆流 ぎゃくる ①生死の流れに逆らって涅槃に向かうこと。生死の流れに与ることを順流という。「生死に向かうと生死に背くとによって順流と逆流とを建立す」「逆流に趣向して行く者は悪趣を解脱す」

（参考）（『婆沙』176、大正 27・884c 以下）

②逆に流れる河の流れ。「順流を逆流せしむること難し」 Ⓢ pratisrotas

逆流道 ぎゃくるどう 生死の流れに逆らって涅槃に向かう道。八聖道などの正しい修行の道をいう。「逆流にして正直なる聖八支道を生起して、逆流道に於て随流に預かる」

逆歴観察 ぎゃくれきかんさつ →逆観

獲 ぎゃく ①獲得する、得ること。至ること。獲得とおなじ。→獲得「大富楽を獲す」「大罪を獲す」「少分の善を植えて善趣を獲す」 Ⓢ ā-**gam**: prāpta: **labh**: lābha

②不相応行の得の異名としての獲。いまだ得ていないもの、あるいはかつて得たがそのあと失ったものを再び獲得することをいう。

Ⓢ lābha

（参考）（『倶舎』4、大正 29・22a）

獲得 ぎゃくとく 得ること。「現法涅槃を獲得す」「三十二相を獲得す」「身心の軽安を獲得す」 Ⓢ adhi-**gam**: anuprāpta: prati-**labh**: pratilabdha: pratilambha: prāpta: **labh**: lābha: lābhin

及 きゅう ①およびという意味の ca の訳。これには「合集」と「相違」との二つの意味がある。「異熟思量及了境識」と「異熟及思量及了境識」という文を例とした場合、前者の及は八識全部を合わせて一つにまとめるために用いられているのに対して、後者の及は異熟と思量と了境識とは別々に相違していることをいう。

（出典）及亦二義。一合集義、六識合名了境識故。二相違義、即相違釈。顕三能変体各別故。即一及字貫通上下。謂、応言異熟及思量及了境識。（『述記』1 本、大正 43・239a）

②およぶこと。匹敵すること。「四大王衆天の捷疾は日月輪に及ばず」「爪の上の土は大地の土に比すれば百分の一に及ばず、ないし鄔波尼殺曇分の一にも及ばず」 Ⓢ upa-**i**

弓 きゅう ①長さの単位の一つ。肘の四

倍。一尋とおなじ。 Ⓢ dhanus
（参考）（『倶舎』12、大正 29・62b）
②矢を放つ弓。

弓弩 きゅうぬ ゆみ。弓は、矢を放つ弓。弩は、ばねじかけで石を放つ武器。いずれも武器の一つ。「汝等、速かに弓弩・刀剣・闘輪・羂索などの諸の闘戦の具を辦ぜよ」

丘陵 きゅうりょう 丘。小山。「丘陵・坑坎は嶮阻にして懸隔たり」

旧（きゅう）→く

休息 きゅうそく ①疲れをとるために休むこと。「行路者が暫し休息するが如し」
②活動や事業を休止すること。「菩薩は衆生饒益の事を休息することなし」「一切の事業を休息す」 Ⓢ prativisrambhaṇatā

休廃 きゅうはい 活動や事業を休止すること。「事業を皆な悉く休廃す」
Ⓢ samucchedika

休愈味 きゅうゆみ 病気を治す薬の味。五種の薬味の一つ。→薬味 Ⓢ śamanīya-rasa
（出典）休愈味者、除止差病味。（『略纂』2、大正 43・23c）

朽（きゅう）→く

求（きゅう）→ぐ

究（きゅう）→く

咎 きゅう ①とがめること。「自らを咎めて慚愧を生ず」
②非難されるようなあやまち。欠点。「此の説に何の咎あるや」

咎責 きゅうせき とがめせめること。非難すること。「他に於て懐くところの勝負心を以って他を咎責す」

急 きゅう ①気ぜわしい感触。触覚（身識）の対象である感触（触）の一つ。緩の対。
（参考）（『瑜伽』1、大正 30・280a）
②気ぜわしいこと。「緩でも急でもない精進」
Ⓢ atyārabdha

躬 きゅう ①みずから。「師を尋求し、躬ら往きて請問す」
②身。身体。「躬を曲めて合掌す」

救（きゅう）→く

蚯蚓 きゅういん みみず。おろかな、あるいは行動が遅い生きものの喩えとして用いられる。「所得の依身が愚鈍・闇劣なること、猶し蚯蚓などの如し」「行動が遅緩なる者とは、蚯蚓などの如し」

給使 きゅうし 仕えるもの。「他が己の為に給使となることを求めず」 Ⓢ dautya

給侍 きゅうじ そばに仕えて世話をすること。侍衛・承事とおなじ。「老病を給侍す」
Ⓢ upasthāna: paricaryā

給施 きゅうせ 与えほどこすこと。「疾病者に良薬を給施す」「自らの珍財を以って一切の貧窮に給施す」 Ⓢ **dā**: prada

嗅 きゅう かぐこと。におうこと。鼻の働き。「花の香を嗅ぐ」 Ⓢ **ghrā**: ghrāṇa

舅 きゅう しゅうと。義父。 Ⓢ śvaśura

鳩（きゅう）→く

窮（きゅう）→ぐう

鵂鶹 きゅうりゅう ふくろう。「眼あり、夜に於て礙あり、昼に非ず、諸の蝙蝠・鵂鶹などの眼の如し」 Ⓢ ulūka

牛（ぎゅう）→ご

巨（きょ）→こ

去（きょ）→こ

居（きょ）→こ

拒（きょ）→こ

拠（きょ）→こ

炬（きょ）→こ

苣勝 きょしょう 苣藤とおなじ。→苣藤

苣藤 きょとう 胡麻の異名。香りのある花を混ぜて香りを熏じ、圧縮して香油を作る材料となる。香りが熏じつけられる現象は、阿頼耶識に種子が熏習される喩えに用いられる。苣勝・巨勝ともいう。「身に塗る香油を作らんと欲するに、先ず香華を以って苣藤に和し、これを一処に聚して極爛せしめ、後に油を押せば、油、遂に香を馥す」 Ⓢ tila

倨（きょ）→こ

挙（きょ）→こ

虚（きょ）→こ

許（きょ）→こ

鋸（きょ）→こ

遽務 きょむ 仕事。用務。忙しく働くこと。「出家の菩薩は営農・商估估などの種種の遽務の憂苦より解脱す」
Ⓢ vyagra: vyāpāra: vyāsaṅga

御（ぎょ）→ご

魚 ぎょ うお。 Ⓢ matsya

凶 きょう わるい。わるいこと。凶事。「世間には已に聖を得た者を疑って、なお我ありと執し、なお吉と凶とを執すると謂う」

凶猾 きょうかつ ペテン師。詐欺師。「凶

猾・窃劫・抄虜に遭って便ち驚怖を生ず」
Ⓢ śaṭha

凶狂 きょうきょう 凶悪で狂うこと。「凶狂にして互相に残害す」

凶戯 きょうけ わるいよこしまなたわむれ。「医薬を服せず、災厄を避けず、諸の凶戯を作すが故に、寿、便ち中夭す」

凶暴 きょうぼう 凶悪で乱暴なこと。「凶暴を以ってせず、如法に財物を積集す」
Ⓢ pāpa

凶悖 きょうぼつ がなりたてて人のいうことをきかないこと。兇暴とおなじ。「凶悖で強口なり」 Ⓢ dhvāṅkṣa

凶力 きょうりき わるくよこしまな力。「凶力で以って他の境を侵掠す」

共（きょう）→ぐう

兇険 きょうけん 乱暴なこと。「財物を追求するに、非法を以ってせず、兇険ならず」
Ⓢ sāhasa

兇暴 きょうぼう ①凶悪で乱暴なこと。「兇暴で戒を犯す有情」「薬叉・羅刹という兇暴な業の者」 Ⓢ raudra
②がなりたてて人のいうことをきかないこと。凶悖とおなじ。「兇暴で強口なり」
Ⓢ dhvāṅkṣa

兇勃 きょうぼつ 乱暴なこと。「汝の言は兇勃なり」 Ⓢ abhisāhasa

匡御 きょうご 人びとを教え導き、統御すること。「諸の大衆を匡御す」 Ⓢ pari-**kṛṣ**

抂度 きょうど 人びとと無駄な議論にふけって時を過ごすこと。抂は狂に通じる。「虚綺の論中で共に談説して時日を抂度す」
Ⓢ ati-**nam**

狂 きょう くるうこと。「薬物・呪術を用いて心を狂わしむ」 Ⓢ **kṣip**: kṣipta
（参考）（『倶舎』15、大正 29・82c〜83a）

狂言 きょうごん たわごと。「愚類の狂言」
Ⓢ pralāpa

狂者 きょうしゃ 狂った者。心が乱れた者。酔った人。「若し仏を見る時、狂盲者は眼を得、狂者は念を得る」「狂者が仏を見れば、法爾に便ち醒む」 Ⓢ unmatta

狂賊 きょうぞく 盗賊。強盗。「狂賊に逼迫される」 Ⓢ caura

狂乱 きょうらん 酒を飲む、非常な苦しみや痛みに遭う、あるいは重病にかかるなどが原因で、心が狂い乱れること。「若し諸の酒に酔えば、便ち狂乱を発して自在に転ぜず」「重病に遭えば、心、狂乱す」
Ⓢ kṣipta: kṣepa: bhrānti

狂乱愚癡 きょうらんぐち 十種の愚癡（愚かな者）の一つ。大きな苦しみに遭う、重い病気にかかる、などによって心が狂乱し、作すことにおいて善悪がわからなくなった人。→愚癡②
（出典）狂乱愚癡者、謂、如有一、或遭逼迫、或遭大苦、或遭重病、或痛所切、或復顛癇令心狂乱。由此不了善作悪作。是故愚癡。（『瑜伽』60、大正 30・637b）

供（きょう）→く

怯 きょう 「こ」とも読む。以下の「怯」の読みもこれに同ずる。おそれ。臆病。
Ⓢ śāradya

怯畏 きょうい おそれ。恐怖・怖畏とおなじ。「諸の菩薩は長時の猛利の難行苦行に於て怯畏なし」
Ⓢ bhaya: śāradya-bhaya: saṃkucita

怯懼 きょうく おそれ。「彼の怯懼の因縁に由って諸の怖畏に為に逼切せらるる」
Ⓢ śāradya

怯弱 きょうじゃく 「こにゃく」とも読む。無気力。心が憂い沈み元気がないこと。おそれて心が縮むこと。怯劣とおなじ。「一切の苦行に於て怯弱あることなし」「怯弱の所化の有情を誘わんが為に易行を顕示す」
Ⓢ paritamanā: laya: vyathā: saṃkoca: saṃlīna

怯弱障 きょうじゃくしょう 「こにゃくしょう」とも読む。苦しみから解脱しようとする修行において、煩悩が多い、病気で身体が弱い、などが原因で、心が憂い沈み元気がないという障害。 Ⓢ paritamanā-āvaraṇa
（出典）怯弱障者、謂、於出離及於遠離勤修行時、所有染汚思慕不楽、希望憂悩。（『瑜伽』31、大正 30・457b）

怯衆畏 きょうしゅい →処衆怯畏

怯怖 きょうふ おそれ。恐怖・怖畏とおなじ。「菩薩摩訶薩は是の如き艱難事が正に現在前するに遇うと雖も怯怖なし」

怯劣 きょうれつ 「これつ」とも読む。無気力。心が憂い沈み元気がないこと。おそれて心が縮むこと。怯弱とおなじ。「一切の有情を利する事に於て怯劣なし」
Ⓢ laya: saṃkoca: saṃlīna

挟帯　きょうたい　→帯相

狭小　きょうしょう　小さいこと。少ないこと。劣っていること。せまくひくいこと。かすかなこと。広大の対。「菩薩の恵施は広大にして狭小にあらず」「入るところの門は狭小なり」 Ⓢ parītta: nīca: hīna

狭小勝解　きょうしょうしょうげ　九種の勝解の一つ。→勝解②

狭小相　きょうしょうそう　六種の相の一つ。→相①

狭小想　きょうしょうそう　六種の想の一つ。→想①

狭小風　きょうしょうふう　外界で吹く風のなかの一つ。勢力の弱い風。小風ともいう。→風界 Ⓢ parīttā vāyavaḥ

狭劣　きょうれつ　①けち。どん欲。心が貧しいこと。「狭劣ならずして恵施を行ず」 Ⓢ kārpaṇya
②働きや作用などが劣っていること。「耳界の作業は眼界の作業に比して狭劣なり」

矜羯羅　きょうから　kaṇkara の音写。数の単位の一つ。十の十五乗。 Ⓢ kaṇkara
（参考）（『婆沙』177、大正 27・891a）：（『倶舎』12、大正 29・63b）

矜誇　きょうこ　ほこる、いばること。「国王、臣衆に対して自ら矜誇す」

恐　きょう　おそれること。「掉挙を恐れるとき止を修す」 Ⓢ abhiśaṅkin: śāradya

恐畏　きょうい　おそれ。おそれること。恐怖・怯畏・怖畏とおなじ。「稠林を渉るとき、諸の悪獣の恐畏あり」「財宝、常に匱乏して不活を恐畏す」

恐懼　きょうく　おそれ。おそれること。恐怖・恐畏・怯畏・怖畏とおなじ。「若し器世間に於て河泉乾竭し、土田鹹鹵し、丘陵坑険して、諸の怖畏・恐懼の因縁が多ければ、是の如き一切は、是れ麁悪語の増上果なり」

恐怖　きょうふ　おそれ。おそれること。おそれさせること。脅迫すること。「仏には恐怖・毛竪などの事なし。一切法に於て如実に通達して無畏を得るが故に」「恐怖に由って忘失念す」「神通を現じて恐怖せしむ」
Ⓢ uttrāsana: ud-**tras**: tarjana: bhaya-bhairava: śāradya-bhaya

恭（きょう）→く

胸　きょう　むね。心臓。「愁憂し胸を拊って悲泣す」 Ⓢ uras: hṛdaya

脇　きょう　①身体のわきの部分。「右の脇より入胎す」 Ⓢ pārśva
②もののわき、そば、側面。「妙高山の脇の多聞王宮に至る」

脇臥　きょうが　脇腹を下にして臥すこと。横に臥すこと。→右脇臥「自ら睡眠を執取して、楽の為に脇臥す」 Ⓢ pārśa-śaya

脇臥風　きょうがふう　身体のなかの風（内風界）の一つで、身体の脇腹にある風。住脇風ともいう。→風界 Ⓢ pārśa-śayā vāyavaḥ

脇骨　きょうこつ　わきぼね。肋骨。

強（きょう）→ごう

教　きょう　①原語 āgama。釈尊によって説かれた教え、教説、教法。ある主張を正当化する二つの根拠、すなわち教と理（理論・論理）のなかの一方。教と理のなか、教のほうが優先される。教と理と対比される教の原語として sūtra が用いられることがある。「此の教と理に由るが故に毘婆沙師は定んで過去と未来との実有を立つ」 Ⓢ āgama
②原語 deśānā。教える、教え示すこと。説くこと。あるいは説かれた教え、教説。
Ⓢ deśānā
③原語 vacana: vi-**jñā**。教示すること。告示すること。「師の教に随って戒を受ける」
Ⓢ vacana: vi-**jñā**
④原語 sūtra。①の āgama とおなじ。→①
Ⓢ sūtra

教誨　きょうかい　教えさとすこと。「初修業者に是の如く教誨す」「正理を宣説して有情を教誨す」「汝等苾芻よ、諸行は是れ尽滅の法なりと観ずべし。此れは是れ世尊の最後の教誨なり」 Ⓢ ava-**vad**: avavāda: **cud**: vyapa-**diś**: samanu-**śas**: saṃjñapti-kriyā

教誡　きょうかい　①教えいましめること。それによって悪を滅し善を生ぜしめる。教え授ける教授とともに教授・教誡とつづけて用いられることが多い。詳しくは遮止・開許・諫誨・呵擯・慶慰の五種の教誡がある（『瑜伽』38、大正 30・504c）。→各項参照
Ⓢ anuśāsana: anuśāsanī: anuśāsti: śāsti: samanuśāsana: samanuśāsti
（出典）教者教示、令彼善生、誡即誡勗、令其悪滅。（『演秘』1 本、大正 43・812c）
②教誡神変・教誡示導の教誡。→教誡神変

教誡教授　きょうかいきょうじゅ　教誡と教授。→教授　→教誡

（参考）教誡と教授との相違については（『婆沙』16、大正 27・78b）（『瑜伽』25、大正 30・418a）を参照。

教誡示導 きょうかいしどう →教誡神変

教誡神変 きょうかいじんぺん 教導神変・教誡変現・教誡示導ともいう。自らにおいて、あるいは他の人びとにおいて煩悩（漏）が尽きたと如実に知る、あるいは煩悩が尽きる方便を如実に知ることができる超能力を得て、人びとの能力あるいは修行の程度に応じて適切に教え導くこと。三種の神変（神境神変・記説神変・教誡神変）の一つ。→神変① Ⓢ anuśāsanā-prātihārya

教誡変現 きょうかいへんげん →教誡神変

教教授 きょうきょうじゅ 釈尊によって説かれた教え（āgama）を教え授けること。五種の教授の一つ。→教授 Ⓢ āgama-avavāda
（出典）云何教教授。謂、従尊重、若似尊重、達解瑜伽軌範親教、或諸如来、或仏弟子、所聞正教、即如其教、不増不減、教授於他、名教教授。（『瑜伽』27、大正 30・435c）

教化 きょうけ 迷える人びとを教え導くこと。「時に応じて仏、出でて衆生を教化す」 Ⓢ vi-**ṇī**

教興主 きょうこうしゅ 教えをおこした者。たとえば『唯識三十頌』の教興主は天親（世親）菩薩である。

教示 きょうじ 教え示すこと。「瑜伽を私窃に教示す」 Ⓢ ā-**jñā**

教者 きょうしゃ 教えを説く者。説法者。Ⓢ upadeśaka: prayoktṛ

教主 きょうしゅ 法を教え示す者。教えを説く者。仏陀・釈尊のこと。

教授 きょうじゅ 教え授けること。説き示すこと。種類としては無倒教授・漸次教授・教教授・証教授の四種（『瑜伽』27、大正 30・435b）、あるいは教教授・証教授・次第教授・無倒教授・神変教授の五種（『瑜伽』13、大正 30・347a）が説かれる。あるいは教授のありようとその順序に八種ある（『瑜伽』38、大正 30・504b）。教えいましめる教誡とともに教授・教誡とつづけて用いられることが多い。 Ⓢ ava-**vad**: avavāda: upa-**diś**: vyapa-**diś**
（参考）（『瑜伽』13、大正 30・347a）

教授教誡 きょうじゅきょうかい 教授と教誡。両者の相違については（『婆沙』16、大正 27・78b）（『瑜伽』25、大正 30・418a）を参考。→教授 →教誡

教証 きょうしょう ①教と証。教（āgama）とは言葉で語られた教え。経と律と論の三蔵をいう。証（adhigama）とは経にもとづく実践、さとりを証するための修行をいう。
（出典）世尊正法体有二種。一教、二証。教、謂、契経調伏対法。証、謂、三乗菩提分法。（『倶舎』29、大正 29・152b）
②ある主張が正しいことを経の文を引用して証明すること。二つの証明（教証・理証）の一つ。→理証

教相判釈 きょうそうはんじゃく 自宗の教義を最高とする立場より、他宗の教義をこれに至るための途中の段階とみなし、釈尊一代の説法の浅深を判定・解釈すること。

教他供養 きょうたくよう 十種の供養の一つ。自らは供養することなく他人に供養するように教えすすめること。→供養① Ⓢ para-kārita-pūjā
（参考）（『瑜伽』44、大正 30・534a）

教体 きょうたい 経体ともいう。教・教法・経典の本体。これについての議論を教体論という。〈唯識〉では浅から深に進む次の四つの教体が説かれる。これを四重出体という。（ⅰ）性用別論体。声・名・句・文を以って教体とする立場。名・句・文は説者の声の上の屈曲差別（声の抑揚の違い）であるから、声が実法（実際に存在するもの）であり、「性」であり、名・句・文は仮法（仮の存在）であり、「用」であるが、この両者を教体とみる見解。（ⅱ）摂仮随実体。声を以って教体とする立場。名・句・文の仮法を声の実法に包み摂めて、仏陀の声のみを教体とみる見解。（ⅲ）摂境従識体。識を以って教体とする立場。認識される境（対象）はもともと識が作り出したものであるが、声も識が作り出したものであるから、境すなわち声を作り出す本体である識に従うものとして識を以って教体とする立場。（ⅳ）摂相帰性体。真如を以って教体とする立場。識ももともとは有為（現象的存在）で無常なるものであり、究極の存在ではないから、有為（相）である識を究極の存在である無為（性）すなわち真如に帰せしめ、真如を教体とする立場。

教智 きょうち 如来の説いた教えの意味を理解する二つの智慧（教智・証智）の一つ。

異生の聞所成慧・思所成慧・修所成慧の三慧をいう。→証智
（出典）由二種相、一切如来所説義智、皆応了知。何等為二。一者教智、二者証智。教智者、謂、諸異生、聞思修所成慧。証智者、謂、学無学慧、及後所得諸世間慧。（『瑜伽』88、大正30・798c）

教勅 きょうちょく ①人びとを教えいましめること。世尊が戒律を制定して、悪を捨て善を増すようにといましめ教えたこと。「諸の如来の所化の有情は仏の教勅に安住す」 Ⓢ ājñā
（出典）云何教勅。謂、仏世尊毘奈耶中、勅諸苾芻、捨不善法、増長善法、当知是名略説一切教勅之相。（『瑜伽』68、大正30・676a）：教勅者、語言訓示。（『略纂』1、大正43・18c）
②国王の命令。「願わくは大王よ、恩を垂れて教勅したまえ」 Ⓢ samanuśāsa

教導 きょうどう 教え導くこと。教化すること。勧導とおなじ。教え導く教えとして事教・想差別教・観自宗教・観他宗教・不了義教・了義教・世俗諦教・勝義諦教・隠密教・顕了教・可記事教・不可記事教の十二種が説かれる（『瑜伽』64、大正30・654b）。「転輪王出世のとき、十善法を以って有情を教導す」「仏菩薩は正法を演説し示現し教導し讃励し慶慰す」 Ⓢ samā-**dā**: samādāpana
（参考）（『瑜伽』64、大正30・654b～c）

教導神変 きょうどうじんぺん →教誡神変

教導理趣 きょうどうりしゅ 釈尊所説の教法のなかの教導（教え導く）という道理。六種の理趣の一つ。教導理門とおなじ。→理趣 →教導 Ⓢ samādāpana-naya

教導理門 きょうどうりもん →教導理趣

教導論 きょうどうろん 教論ともいう。論議する際の六種の言葉（言論・尚論・諍論・毀謗論・順正論・教導論）の一つ。人びとを教え導く言葉。心がいまだ定まらず寂静になっていない者を寂静にせしめ、すでに心が寂静になった者を解脱せしめるように教え導く言葉をいう。 Ⓢ avavāda
（出典）教導論者、謂、教修習増上心学増上慧学補特伽羅、心未定者、令心得定、心已定者、令得解脱、所有言論。令彼覚悟真実智故、令彼開解真実智故、是故此論、名教導論。（『瑜伽』15、大正30・356b）：教論者、謂、教導有情、心未定者、令其心定、心已定者、令得解脱、所有言論。（『雑集論』16、大正31・771a）

教法 きょうほう 釈尊によって説かれた教え、あるいは、教えが説かれている経典（契経 sūtra・阿含 āgama）をいう。「四聖諦などの相と相応する教法を聞く」「証法は唯だ千年住するが、教法の住する時は此れを過ぐ」「教法を持するとは契経などを読誦することなり」 Ⓢ āgama: deśita-dharma

教命 きょうみょう 命令。「王の教命に正しく安住す」 Ⓢ ājñā

教唯識 きょうゆいしき 唯識という教説を五つに分類したもの（五唯識）の一つ。『華厳経』の「三界は虚妄にして但だ是れ心の作れるものなり。十二縁分は是れ皆な心に依る」、あるいは『解深密経』の「我れは識の所縁は唯識の所現なるが故にと説く」などの唯識であることを述べた教説をいう。→五種唯識
（参考）（『義林章』1、大正45・259c）

教理 きょうり ①教と理。教とは言葉で語られた教え。理とはその教えを貫く道理・真理。ある主張を正当化するときの二つの根拠。
②教の理。教え（契経）のなかにある理・道理・理論。「分別論者は何の教理に依って無色界も亦た有色なりと説くや」

教理行果 きょうりぎょうか 教と理と行と果。→理教行果

教論 きょうろん →教導論

頃 きょう ころ。しばらく。しばらくの間。その間。「未だ命が終わらない頃」「見道十五心の頃」「刹那の頃」「須臾の頃」「一念の頃」「一弾指の頃は六十五刹那なり」

経 きょう ①釈尊の所説をまとめたものの総称。原語 sūtra は花冠を作るときに花びらをまとめて貫く糸を意味し、転じて存在を貫く理が説かれた書を意味するようになり、この sūtra に織物の重要な縦糸を意味する経という語をあてて訳した。 Ⓢ sūtra: sūtrānta
②時間が経過すること。「一念頃を経て速く能く定に入る」「三大阿僧企耶劫を経て証得す」 Ⓢ ati-**kram**

経営 きょうえい 寺・教団での諸事を営むこと。仕事をすること。「窣堵波・毘訶羅・僧伽藍などの仏法僧の事を経営す」「僧の所

作事を経営す」 Ⓢ vyāpāra

経過 きょうか 時をすごすこと。「嬾惰多くして縦逸に住し、日夜を経過す」

経巻 きょうかん 経の文句を写した巻物。経の写本。経典。「正法の為に経巻を造る」 Ⓢ ādarśa: pustaka

経教 きょうきょう 釈尊によって説かれた教え。「仏が自ら説く経教が展転流布して今に至る」

経行 きょうぎょう ①「きんひん」とも読む。ヨーガ（瑜伽）の修行を構成する二つの要素（経行と宴坐）の一つ。坐から立ち上がって歩きまわること。→宴坐「初夜分に於ける経行と宴坐の二種の威儀は其の心を浄修す」 Ⓢ caṅkrama

（出典）言経行者、謂、於広長、称其度量、一地方所、若往、若来、相応身業。（『瑜伽』24、大正30・411c）

②歩く、歩き回ること。「園林・泉池・山谷などの経行の処」「異方に遊んで曠野を経行す」

経句 きょうく 経典の文句。経文句とおなじ。「此の経句の義に随えば、身は定んで刹那滅なり」 Ⓢ sūtra-pada

経師 きょうし 経（素怛纜 sūtra）を理解する、あるいは読誦する人。

（出典）如解、或誦素怛纜者、名為経師。（『婆沙』15、大正27・73b）

経生者 きょうしょうしゃ 欲界・色界・無色界の三界のなかのどれか一つの界でのみ生死をくりかえしている聖者のこと。この一生で涅槃に入ることなく生死をくりかえして善を行なった後に涅槃に入る聖者をいう。経生聖者ともいう。 Ⓢ parāvṛtta-ārya: parāvṛtta-janman

（参考）（『倶舎』24、大正29・125b）

経生聖者 きょうしょうしょうじゃ 経生者とおなじ。→経生者

経証 きょうしょう 釈尊によって説かれた経典の文句を引いて、ある教理の正当性を証明すること。引経証ともいう。「十の理と五の経証とを以って阿頼耶識が有ることを証す」

経説 きょうせつ ①経典に説かれていること。「経に説くが如し」 Ⓢ ukta: yad ucyate: vacana

②経の説。経典の文句。「世尊は自ら一法をさとり正覚し正説せり、とは経説なり」 Ⓢ sūtra-pada: sutra-pāṭha

経蔵 きょうぞう 仏教の全文献を三種に集成したもの（三蔵）の一つ。釈尊の所説を集成したもの。経の原語 sūtra を音写して素怛纜蔵ともいう。→三蔵 Ⓢ sūtra-piṭaka

経体 きょうたい 経典の本体。経典は具体的には言葉（声）で語られ、言葉（名句文）としてとどめられているが、それらのなかでなにが本質であり本体であるかが問題となる。『瑜伽論』（『瑜伽』81、大正30・750a）には、経体として文（言葉）と義（意味）とがあげられている。さらに『成唯識論述記』（『述記』1本、大正43・230b以下）では、説法者（仏・如来）と聞法者との両者に分けて経体が考察され、次の二つの説があげられている。（ｉ）龍軍論師・無性の説。仏は一言も説法されていないが、仏の慈悲の本願の縁力によって聞法者の意識の上に顕現した文義が経体である。したがって聞法者が有漏の心で聞けば無漏に似た文義が、無漏の心で聞けば真の無漏の文義が、それぞれ経体となる。（ii）護法・親光の説。仏は実際に説法され、その仏が説いた無漏の文義が経体である。→教体

経典 きょうてん 釈尊によって説かれた教えを述べた書。「仏所説の甚深なる経典に於て如来の密意義趣を解せず」「次第に無量の経典を結集して無量の時を経ても能く持して忘れず」 Ⓢ grantha: pustaka: sūtrānta

経部 きょうぶ →経量部

経部師 きょうぶし 経量部の論師。→経量部

経文 きょうもん 経典の文句。「是の如きの経文を諸部は皆な誦す」 Ⓢ grantha

経文句 きょうもんく 経典の文句。経句とおなじ。「此の経の文句を当に云何が会通せん」 Ⓢ sūtra-pada

経律論 きょうりつろん 経と律と論。仏教のテキスト類の三分類。経とは釈尊によって説かれた教え、律とは釈尊によって制定された戒め、論とは経と律とに関する解釈をいう。この三つを三蔵という。→経 →律 →論 →三蔵

経歴 きょうりゃく ①時間が経過すること。「熾然と精進して多時を経歴す」 Ⓢ atyaya

②経験すること。「無始の世よりこのかた、

生死を経歴して長時に流転す」「昔、経歴せし所行の事を憶念す」

経量部 きょうりょうぶ 小乗二十部の一つ。経部ともいう。→小乗二十部

敬 きょう 愛敬の敬。貴いものをうやまうこと。敬は慚（hrī）を本質とする。→愛敬
Ⓢ gaurava
（出典）敬、謂、敬重、体即是慚。（『倶舎』4、大正 29・21b）

敬愛 きょうあい うやまい愛すること。「有徳を敬愛す」「歓喜し敬愛し合掌して仏に白す」「敬愛の語を以って世尊に慰問す」
Ⓢ priya

敬畏 きょうい うやまいおそれること、あるいはそのような対象。「他の敬畏に於て外に羞恥を生ずるを名づけて愧と為す」

敬儀 きょうぎ 合掌・五体投地などの敬って行なう儀礼。次の九種がある。（ⅰ）発言慰問（言葉をかけて挨拶する）、（ⅱ）府首示敬（首をかがめて敬う）、（ⅲ）挙手高揖（両手を組み合わせて身をかがめる）、（ⅳ）合掌平拱（両手の指をあわせて合掌し敬礼する）、（ⅴ）屈膝（膝をまげる）、（ⅵ）長跪（ひざまずく）、（ⅶ）手膝踞地（手と膝を地につけてうずくまる）、（ⅷ）五輪倶屈（右膝・左膝・右手・左手・頭頂の五つを同時にまげる）、（ⅸ）五体投地（右膝・左膝・右手・左手・頭頂の五つを地につけてひれ伏す）。
（参考）（『演秘』1本、大正 43・812c）

敬事 きょうじ うやまって仕える、傍にいること。合掌・起迎・問訊・礼拝・恭敬などの行為をいう。「尊長に対して敬事を勤修す」「師長・尊長・大師に敬事す」
Ⓢ gauraveṇaupasthānam
（参考）（『瑜伽』40、大正 30・511a）

敬事見 きょうじけん 二十八種のまちがった見解（不正見）の一つ。→不正見

敬受 きょうじゅ 釈尊所説の教えをうやまい信じて受け入れる、認めること。詳しくは恭敬信受・恭敬受持という。「彼の苾芻は仏の所説を聞いて歓喜し敬受す」
Ⓢ abhyupagama

敬重 きょうじゅう うやまい重んじること。「如来を敬重す」「善説の法に於て深く敬重を生ず」 Ⓢ ā-**dṛ**: gaurava

敬順 きょうじゅん うやまい順うこと。「説法に耳を属せども、心に敬順なし」
Ⓢ praṇaya

敬信 きょうしん うやまい信じること。「仏の聖教を深く敬信す」 Ⓢ saṃpratyaya

敬報 きょうほう うやまい報いること。「大師の恩徳に敬報す」

敬問 きょうもん →問訊

敬養 きょうよう ①詳しくは恭敬供養といい、うやまって仕えること。尊敬して物を施すこと。→恭敬 →供養「大施会を設けて病者を供侍し、有徳を敬養す」
②詳しくは恭敬利養といい、尊敬されることと利益を得ること。→恭敬 →利養「敬養を獲得するが故に離欲より退く」

敬礼 きょうらい 敬意を表すあいさつ。うやまって礼をすること。稽首の異名。→稽首「敬礼し合掌して仏に白して言う」「如理師に敬礼す」
Ⓢ **nam**: namas-**kṛ**: namaskāra: **vand**: vandana
（出典）稽首接足故、称敬礼。（『倶舎』1、大正 29・1a）：言敬礼者、虔恭曰敬、軌儀称礼、諦発殷誠、屈儀褒讃、申虔恭之道、標敬礼之名。（『義林章』4、大正 45・316b）

軽 きょう ①重量におけるかるさ。軽性とおなじ。重の対。→軽性 Ⓢ laghu: laghutva
（出典）可称名重、翻此為軽。（『倶舎』1、大正 29・2c）
②程度におけるかるさ。「軽い罪」「軽とは、謂く、善業を作す者なり」 Ⓢ pratanuka
③かろんじること。重んじないこと。「釈尊の所説を軽んぜず、説法を軽んぜず」

軽安 きょうあん 潜在的には根本心（阿頼耶識）から身心を束縛する可能力（雑染種子・煩悩種子・麁重）がなくなった状態をいい、顕在的にはそれによって身心が軽くのびやかで安らかになった状態をいう。禅定を修することによって心が浄化され、身心ともに自由に活動することができるようになった状態（堪能性・堪任性）をいう。安と略称する。善の心所の一つ。「軽安倶行の身と麁重倶行の身」 Ⓢ praśrabdhi
（出典）安、謂、軽安。遠離麁重、調暢身心、堪任為性、対治惛沈、転依、為業。（『成論』6、大正 31・30b）：何等為安。謂、止息身心麁重、身心調暢、為体。除遣一切障礙、為業。（『集論』1、大正 31・664b）

軽安覚支 きょうあんかくし →七覚支

軽安楽 きょうあんらく 軽安によって生じ

る楽。→軽安「唯だ無学の位に於てのみ軽安楽は勝にして、煩悩の熱の損害するところに非ず」「現法中に於て軽安楽を得る」
Ⓢ praśrabdhi-sukha

軽易 きょうい ①世間の共通の言葉で語られ容易に理解されること。教えを説く声にそなわる五つの徳の一つ。
(出典) 何等為声。謂、具五徳乃名為声。一不鄙陋、二軽易、三雄朗、四相応、五義善。(中略) 軽易者、謂、有所説、皆以世間共用言詞。(『瑜伽』15、大正 30・359b)
②安易に。かるはずみに。「諸の善士は軽易に答えず」

軽医眼 きょういげん 視力が弱い眼。「軽医眼が衆色を観視するが如く、到究竟地の如来の妙智も当に知るべし、亦た爾り」
Ⓢ mṛdu-taimirika

軽毀 きょうき ①かろんじそしること。「三宝を軽毀して諸の悪業を造る」「正法に於て尊重を生じ、恭敬・聴聞して軽毀せず」
Ⓢ avajñā: ava-**man**
②七種の所調伏界（教化されるべき人）の一人。三宝を誹謗し、かろんじる人。
Ⓢ pratihata
(参考)(『瑜伽』46、大正 30・548b)

軽毀見 きょうきけん 二十八種のまちがった見解（不正見）の一つ。→不正見

軽拒 きょうきょ 悪人をかろんじて親しくせず、悪行為を拒否して為さないこと。慚愧（はじるこころ）のなかの愧のありよう。→慚愧「世間の力に依って暴悪を軽拒するを愧と為す」
(出典) 軽有悪者而不親、拒悪法業而不作。(『述記』6 本、大正 43・435b)
(参考)(『成論』6、大正 31・29c)

軽挙 きょうこ ①身体が軽く浮き上がること。「軽挙の想に由って身に於て軽挙の勝解を発起す」 Ⓢ laghu
②軽いこと。善心のありようをいう。沈重の対。「諸の染汚心は其の性として沈重なり、諸の善心は其の性として軽挙なり」

軽業 きょうごう かるい業。悪行為（悪業）のなかでも罪のかるい行為。「故思に造る所の軽業を不定受業という」

軽性 きょうしょう ①かるさ。さわやかさ。触覚（身識）の対象である感触（触）の一つ。 Ⓢ laghutva
(出典) 触有十一。謂、四大種滑性・渋性・重性・軽性、及冷・飢・渇。(『倶舎』1、大正 29・2c)
②存在を構成する四つの要素（地・水・火・風）の一つである風の性質。さわやかさ。風には、もう一つ、うごくという性質（動性）がある。 Ⓢ laghutva

軽昇 きょうしょう かるいこと。善なるもののありようをいう。沈重の対。「若し法が還滅品に堕すれば、性として軽昇なるが故に善と名づけ、若し法が流転品に堕すれば、性として沈重なるが故に不善と名づく」

軽賎 きょうせん ①かろんじさげすむこと。「旃荼羅・補羯婆などは、諸の勝人が軽賎するところなり」
②とるにたらないもの。貴重の対。「瓦礫などの軽賎なる物」「軽賎にして用うるところなき物に於て、尚、捨つることを欲せず、何をか況んや貴重なるをや」

軽躁 きょうそう 身の動きが速いこと。すばやいこと。あわただしくさわぐこと。忙しいこと。「威儀軽躁にして、猶し風飈の如し」「猨猴騰躍にして軽躁なること、皆な心の為すところなり」「諸の事業多くして軽躁・散乱す」 Ⓢ auddhatya

軽調 きょうちょう からかう、嘲笑すること。「憎を以って親友を軽調す」 Ⓢ **bhaṇḍ**

軽等動性 きょうとうどうしょう →軽動性

軽動性 きょうどうしょう 存在を構成する四つの要素（地・水・火・風）の一つである風のさわやかさと動くという二つの性質。軽等動性ともいう。→軽性 →等動性 Ⓢ laghu-samudīraṇatva

軽爾 きょうに けいそつに。かるはずみに。無思慮に。「軽爾に無義・無利なる語を説かず」 Ⓢ sahasā

軽侮 きょうぶ かろんじあなどること。「刀杖を執持して闘諍し軽侮す」
Ⓢ avamanyanā

軽蔑 きょうべつ かろんじあなどること。「憍傲を遠離して自ら高挙せず、他を軽蔑せず」 Ⓢ paṃsin: paribhava: pari-**bhū**

軽慢 きょうまん 尊敬しないこと。かろんじあなどること。「諸の菩薩は如来所に於て自らの手で供養し軽慢を懐かず」「所学を尊せず諸学中に於て恭敬せざるを軽慢の障という」 Ⓢ anādara: apaviddha: avajñā:

avamanyanā

軽微 きょうみ 微弱なこと。「塵垢、薄く、煩悩、軽微なる者」 Ⓢmanda

軽陵 きょうりょう かろんじあなどること。「軽陵に遭うと雖も、恨を懐かず」 Ⓢvimānita

軽弄 きょうろう かろんじあなどること。「他の心に随って転ずる菩薩は、終に他を軽弄せず」 Ⓢava-**spand**

境 きょう ①広く認識対象一般をいう。原語としてはālambanaとviṣayaとがあるが、前者は、多くは所縁と訳される。広く認識される対象一般をいう場合は、後者のviṣayaが用いられることが多い。viṣayaは境界と訳されることもある（→境界②）。なお認識されるもの（知られるもの）を意味するjñeyaも境と訳される場合もあるが、多くは所知と訳される。「境（ālambana）に心を住せしめる」「何れの法が何れの識の境（ālambana）となるや」「眼などの五識は現在の境（viṣaya）を取る」「必ず境（viṣaya）ありて識、乃ち生ずることを得る」
Ⓢālambana: viṣaya
②六つの認識器官（眼・耳・鼻・舌・身・意の六根）の対象。「眼などの五根は各別の境を了別す」 Ⓢartha
③名称（名 nāman）が指向する対象。「名称を以って彼彼の境に於て縁ず」 Ⓢartha
④認識される範囲。認識が達する領域。あるいはその範囲・領域内にある認識される対象（この場合は所縁ālambanaとおなじ意味）。境界ともいう。 Ⓢgocara
⑤智（jñāna）によって知られるもの（jñeya）。「智諦と境諦」 Ⓢjñeya
⑥広く事物一般をいう。「想顚倒して不浄の境（vastu）に於て浄妙の相を取る」
Ⓢvastu

境愛 きょうあい →境界愛

境界 きょうがい ①六つの認識器官（眼・耳・鼻・舌・身・意の六根）の対象。原語はviṣayaであるが、境と訳されるarthaとおなじものをいう。「五境（artha）と言うは、是れ眼などの五根の境界（viṣaya）なり」
Ⓢviṣaya
②認識するもの（識・心）の認識対象一般をいう。原語としてはālambanaとviṣayaとがあるが、ālambanaを境界と訳すのはまれで、多くは所縁と訳される。境界（viṣaya）と所縁（ālambana）との相違については「若し彼の法に於て此れ功能あれば、即ち彼れを説いて此の法の境界と為す。心心所法が彼れを執して起こるとき、彼れ、心等に於て名づけて所縁と為す」（『倶舎』2、大正29・7a）と説かれる。すなわち境界は認識作用を構成する客観と主観とのなかの主観に関係し、なんらかの働きをする客観を広く意味し、これに対して所縁は主観（心心所）によって認識される客観、すなわち対象を意味する。なお認識されるものを意味する原語としてjñeya（知られるもの）があり、この語は境界とも訳されるが、多くは所知と訳される。また広く認識するものの認識対象を意味する語として所行（gocara）がある。なお所行と境界と所縁との三者の意味の相違については「所行とは所遊歴の義、境界とは所矚取の義、所縁とは帯行相所籌慮の義なり」と説かれる（『略纂』1、大正43・5c）。
Ⓢālambana: jñeya: viṣaya
③認識される対象としての事物や環境一般をいう。〈倶舎〉はその存在を認めるが、〈唯識〉はすべては識が作りだしたものであるという立場からその存在を認めない。「唯識にして境界なし」 Ⓢviṣaya
④人が住する境地・心地・心境・状態をいう。「諸仏の境界は不可思議なり」
Ⓢviṣaya

境界愛 きょうがいあい 事物・環境への愛着。認識対象への愛着。境愛ともいう。「人天に於て境界愛に住するが故に衆苦が生ず」「現法中に於て一切の境界愛を永尽す」
Ⓢālambana-tṛṣṇā: viṣaya-tṛṣṇā

境界因依処 きょうがいいんえしょ →因依処

境界有対 きょうがいうたい →有対②

境界受 きょうがいじゅ ①認識される対象にもとづいて生じる苦楽などの感受作用。この感受を機縁としてつぎに貪愛が生じる。たとえば楽と感じるものへ執着が生じ、苦と感じるものから逃れようとする欲求が起こる。「境界受を縁じて貪愛を生ず」
Ⓢviṣaya-vedanā
②正理論師が説く二種の受（境界受と自性受）のなかの一つ。認識される対象を感受するこころ。『成唯識論』ではこの正理論師の説が否定されている。

(出典) 領所縁境、名境界受。(『述記』3末、大正43・331b)
(参考) (『成論』3、大正31・11c)

境界清浄　きょうがいしょうじょう　如来の四つの一切種清浄の一つ。→四一切種清浄

境界分別　きょうがいふんべつ　五種の分別(境界分別・領納分別・仮説分別・虚妄分別・実義分別)の一つ。対象それ自体のありようを認識すること。
(出典) 於境界、取随味相、名境界分別。(『瑜伽』53、大正30・594c)

境境　きょうきょう　外界の事物。六識の対象である色・声・香・味・触・法の六つ。滅尽定を出るときに認識する三つの対象(有境・境境・滅境)の一つ。
(参考) (『瑜伽』12、大正30・341a):(『略纂』5、大正43・84b)

境行果　きょうぎょうか　境と行と果。さとりに至る三つの段階。境とは存在がどのようなありようをしているかを観察すること。行とはその観察にもとづいて修行して惑障を断じること。果とは修行の結果として獲得されるさとり。たとえば『唯識三十頌』についていえば最初の二十五頌が唯識の境、次の四頌が唯識の行、最後の一頌が唯識の果を説いている。
(参考) (『枢要』上本、大正43・617c)

境識倶泯　きょうしきくみん　認識されるもの(境)と認識するもの(識)とが、ともに滅して存在しないありようをいう。〈唯識〉は、ヨーガを実践して、まず、ただ、認識するもの、すなわち識のみが存在し、識が認識する対象(境)は存在しない(唯識無境)と智り、つづいて、境が存在しないから識も存在しない(境無識無)、すなわち境識倶泯であると智ることがヨーガの実践の目的であると主張する。〈唯識〉が説く空(śūnya)のありようを表す語。

境大性　きょうだいしょう　大乗の七つの偉大性の一つ。→七種大性

境第七　きょうだいしち　八転声のなかの第七転声に依格と於格の二つあるなかの於格をいう。依第七に対する。→八転声「今、此の論を造るは二空に於て迷謬ある者に正解を生ぜしめんが為の故なり。述して曰く。(中略)於とは即ち是れ境上第七なり。依第七に非ず。迷謬する所なるが故に」(『述記』1本、大正43・234c)。

境智　きょうち　境と智。境とは対象、智とはその対象をしる智慧。「内道は境と智と相順するが故に顛倒なし」

境縛　きょうばく　対象による束縛。感覚器官による束縛(根縛)とともに十四種の相縛・麁重縛の一つ。 Ⓢ viṣaya-bandhana
(参考) (『瑜伽』75、大正30・712c)

境唯識　きょうゆいしき　唯識という教説を五つに分類したもの(五唯識)の一つ。境に関する唯識。すべての境(対象や事物)はただ識が変化したもので心を離れて外界に存在するものではないという趣旨を表現を変えて説くさまざまな教説をまとめて境唯識という。→五種唯識
(参考) (『義林章』1、大正45・259c)

僵仆　きょうふ　足がつまずいて倒れること。「年、衰邁するとき、行歩・去来、多く僵仆す」

慶慰　きょうい　①五種の教誡の一つ。禁止されたこと、あるいは許可されたことにおいて正しく修行する者の功徳を称讃してその人を喜ばせること。「慶慰とは、若し遮止し開許する法の中に於て能く正しく行ずる者あれば、慈愛し真実の功徳を称歎して其をして歓喜せしむるを謂う」 Ⓢ saṃpraharṣaṇa
②喜ばすこと。喜ばし慰めること。慶喜とおなじ。「菩薩は世間に随順して去来し談論し慶慰す」「諸の有情類の為に種種の示現・教導・讃励・慶慰を宣説す」
Ⓢ pratisam-**mud**: pratisaṃmodana: saṃpraharṣaṇa: sampra-**hṛṣ**

慶悦　きょうえつ　喜ぶこと。喜ばすこと。「悦意の善説に由って他を慶悦せしむ」
Ⓢ ā-**nand**: sam-**hṛṣ**

慶悦語　きょうえつご　人びとを悦ばしめる言葉。愛語の一つ。→愛語
Ⓢ ānandanī-vāc
(参考) (『瑜伽』43、大正30・530a)

慶喜　きょうき　①喜ぶこと。喜ばし慰めること。慶慰とおなじ。「尊者は世尊の甚だ希有なる法を慶喜し讃歎す」
(出典) 慶喜者、謂、彼有情、於法随法勇猛正行、即応如実讃悦令其歓喜。(『瑜伽』81、大正30・752a〜b)
② ānanda の意訳。阿難陀と音写。釈尊の弟子の名。「仏、慶喜に告げて曰く」

Ⓢ ānanda
慶書 きょうしょ よい知らせの便り。「慶書を未だ開かずとも喜を生ず」
憍 きょう おごるこころ。ほこりたかぶるこころ。たとえば自己の家柄・若さ・権力・学識などが勝れているとおごるこころをいう。種類としては、無病憍（病気がないことへのおごり）、少年憍（若さへのおごり）、長寿憍（長生きへのおごり）、族性憍（家柄へのおごり）、色力憍（容貌がよいことへのおごり）、富貴憍（豊かであることへのおごり）、多聞憍（教えを多く聞いていることへのおごり）の七種が説かれる（『瑜伽』2、大正30・289b）。 Ⓢ mada
（出典）云何為憍。於自盛事、深生染著、酔傲為性、能障不憍、染依為業。（『成論』6、大正31・33c）
憍逸 きょういつ ①おごること。ほこること。「律儀を受くるには必ず厳飾を離るべし。憍逸の処なるが故に」「無病と少壮と長寿とを憍逸す」「姓と財と命とを憍逸す」
Ⓢ mada
②憍と逸。憍慢と放逸。おごるこころとなまけるこころ。「施に因るが故に彼れをして多く憍逸の悪行を行ぜしむ」
Ⓢ mada-pramāda
憍挙 きょうこ おごること。ほこること。こころがはやりたかぶること。憍逸・憍高とおなじ。恃挙ともいう。「若し種種の香鬘・高広床座を受用し歌舞に習近すれば、心、便ち憍挙す」 Ⓢ mada: manyanā
憍高 きょうこう おごること。ほこること。こころがはやりたかぶること。憍逸・憍挙とおなじ。「貪著・慳悋・憍高・掉挙などは、皆な、貪の品類なり」
憍傲 きょうごう 自慢。慢心。自己を高く評すること。「多く憍傲を懐いて自らを高し、自らを挙して他人を陵蔑す」「其の少年なるを恃んで専ら憍傲を行ず」 Ⓢ stabdha: stambha
憍尸迦 きょうしか kauśika の音写。天帝釈（帝釈天）の十種の別名の一つ。
（参考）（『婆沙』72、大正27・371a）
憍舎耶 きょうしゃや →憍世耶
憍賖耶 きょうしゃや →憍世耶
憍習 きょうしゅう 憍（おごるこころ）を生じる潜在的力（習気）。仏はこの憍習を断じているからほめられても喜ばない。「仏世尊は讃ぜられても喜を生ぜず。憍習を断ずるが故に」
（参考）（『婆沙』173、大正27・872c）
憍世耶 きょうせや kauśeya の音写。憍賖耶・憍舎耶とも音写。絹の衣服。
Ⓢ kauśeya
憍慢 きょうまん ①自慢。慢心。自己を高く評すること。他者と自己とを比較するこころ。慢とおなじ。「他に比して己を勝、或いは等、或いは劣なりと謂うを憍慢の過失と名づく」「心に嫌恨を懐き、憍慢に持せられて師所に詣でて教授を請わず」 Ⓢ māna
②憍と慢。→憍 →慢 Ⓢ mada-māna
憍拉婆洲 きょうらばしゅう 憍拉婆は kaurava の音写。橋拉婆とも音写。四大洲の一つである倶盧洲の側にある中洲。→四大洲 →倶盧洲 Ⓢ kaurava
篋 きょう はこ。小箱。「衣を篋に置いて香を以って熏ず」 Ⓢ samudga
彊盛 きょうじょう 力があり強いこと。強盛とおなじ。→強盛「大智力を成就するが故に名づけて彊盛と為す」
橋拉婆 きょうらば →憍拉婆洲
橋梁 きょうりょう はし。迷いからさとりに至らしめるものの喩えに用いられる。「道路・橋梁・園林を修理す」「橋梁を結ぶとは生死の河を出る因なり」 Ⓢ setu
頰 きょう ほほ。 Ⓢ gaṇḍa
矯 きょう いつわること。いつわりの言動をすること。「矯って讃美を設けて言う」
Ⓢ parivañcayitṛ
（出典）心懐染汚、為顕己徳、仮現威儀、故名為矯。（『瑜伽』89、大正30・802c）：矯、謂、不実之義。詭詐・虚偽之称。謂、自無徳、詐偽有徳。（『述記』6末、大正43・458b）
矯誑 きょうおう ごまかし。詐欺。いつわって人をだますこと。「矯誑の者は心に意同ならざる異謀計を懐く」 Ⓢ vañcana
矯詐 きょうさ 詐欺。いつわること。「矯詐などの邪命の法を起こして衣服などを求む」 Ⓢ kuhanā: kūṭa
矯詐道 きょうさどう →邪道
矯乱 きょうらん いつわりを言って人をごまかすこと。「余事に仮託して言を以って矯乱す」「諂曲を以って矯乱を行ず」「所問に矯

乱して答う」 Ⓢ vikṣepa

矯乱見 きょうらんけん 二十八種のまちがった見解（不正見）の一つ。→不正見

竅穴 きょうくつ あな。「眼・耳・鼻・喉・筒などの竅穴」

竅隙 きょうげき あな。すきま。「門・窓、及び口・鼻などの内外の竅隙を名づけて空界と為す」 Ⓢ chidra

嚮応 きょうおう こだま。谷響とおなじ。→谷響「能く彼の色などの想事の自性は、猶し変化・影像・嚮応・光影・水月・焔火・夢幻に相似して顕現すと了知す」
Ⓢ pratiśrutkā

鏡 きょう ①かがみ。「鏡に依って像、現ずることあり」 Ⓢ ādarśa
②心を清浄にしてさとりに至るためのヨーガの実践における五段階（持・任・鏡・明・依の瑜伽地）のなかの鏡。鏡に像が映し出されるように、禅定に入った智慧によって究極の知られるべきもの（真如）を映し出す段階。見道の段階。→見道 →瑜伽地 Ⓢ ādarśa

鏡面 きょうめん かがみの表面。鏡面に影像が現れる現象は、心の認識作用に喩えられる。「光影、顕然として鏡面に現ずるが如し」
Ⓢ ādarśa-tala

警覚 きょうかく ①めざめさせること。心を励まして目覚めていること。「初夜・後夜に能く勤修し、勉励し、警覚す」
②遍行の心所の一つである作意の働き。阿頼耶識のなかの種子を目覚めさせ、心を起こし、心を対象に向けさせる働きをいう。警心とおなじ。→作意「起こすべき心の種を警覚し、引いて境に趣かしめるが故に作意と名づく」「作意とは、謂く、能く心を警するを性と為し、所縁の境に於て心を引くを業と為す」

警悟 きょうご 覚醒。目覚めていること。
Ⓢ jāgṛta

警心 きょうしん 心を警すること。警覚とおなじ。→警覚②

競 きょう あらそう、きそうこと。「論主は分別論者と競って経の義を釈す」「他と勝を競う」

競興 きょうこう きそって興ること。世尊が入滅した後に、教団が見解を異にした部派に分裂したことをいう。各部派がそれぞれの見解を正しい説と執して互いにきそい争ったことを部執競興という。→部執

響 きょう こだま。谷響とおなじ。→谷響「あらゆる欲楽と及び離欲楽とは、皆な、真実に非ずして、幻の如く、響の如く、影の如く、焔の如く、夢の所見の如し」
Ⓢ pratiśrutkā

驚 きょう おどろくこと。「驚なく、恐なく、怖畏あることなし」 Ⓢ **tras**

驚駭 きょうがい 驚異。おどろくこと。「魔軍、雷吼を聞きて驚駭して退散す」
Ⓢ vismaya

驚恐 きょうきょう 恐怖。おどろきおそれること。「怖畏すべき事を見て驚恐し毛竪す」
Ⓢ uttrasta: uttrāsana

驚懼 きょうく 恐怖。おどろきおそれること。「長時の最極の難行の学処に入りても、心に驚懼なし」 Ⓢ uttrāsa: **bhī**

驚惶 きょうこう 恐怖。おどろきおそれること。「染汚な驚惶を熱悩と名づく」

驚怖 きょうふ 恐怖。おどろきおそれること。「難行・苦行に於て心、極めて驚怖を生ず」「驚怖に由って心、狂う」
Ⓢ trāsa: bhaya: bhīta: saṃtrāsa

驚乱 きょうらん おどろきみだれること。「林樹間に入って鳥の声を聞いて心、驚乱す」

巧慧 ぎょうえ 巧みな智慧。原語 prajñā は般若あるいは智慧と訳されるが、巧慧と訳される prajñā は、布施との関係で用いられる場合が多い。「諸の菩薩は悪慧を以って布施を行ぜず、常に巧慧を以って布施を行ずるなり」 Ⓢ prajñā

巧慧人 ぎょうえにん 世間の事柄に精通して巧みな人。「世務に於て善く相を取る者を便ち説いて巧慧人と名づく」

巧智 ぎょうち 工巧智とおなじ。→工巧智

巧便 ぎょうべん 精通していること。上手であること。巧みであること。「諸の学処に於て已に能く巧便なるが故に犯なし」「理を得て解脱に巧便なる沙門」「文とは是れ字にして、巧便に顕了するが故に名づけて文と為す」

巧妙 ぎょうみょう 言葉や文章表現が美しく巧みですぐれていること。「言詞は巧妙なり」「文義は巧妙にして純一なり」
Ⓢ kalyāṇa

仰（ぎょう）→ごう

行 ぎょう ①現象的存在の総称。「諸行は

無常なり」 Ⓢ saṃskāra
②行蘊の行。→行蘊
③修行する、実践すること。「諸の菩薩は諸の有情に大悲を起こして利行を行ず」「諸の菩薩は他に於て広く恵施を行ず」「増益・損減の二辺を遠離して中道を行ず」「涅槃に趣く行を説いて名づけて勝と為す」 Ⓢ adhyā-**car**: ava-car: ā-**car**: kriyā: carita: carya: caryā: cāra: paricaryā: pratipatti: prati-**pad**: pratipad: pratipanna: prayukta: samācāra
④人が動くこと、歩くこと。身体の四つの基本的なありよう（行・住・坐・臥の四威儀）の一つ。眼の対象の一つ。→四威儀 →色境「出胎して七歩行って自ら徳号を称す」 Ⓢ āgamana: gata: gati: **gam**: gamana: caṅkrama: **car**: caraṇa: pracāra: yāyin: saṃcāra
（出典）如有一、於経行処、来往経行、或復往詣同法者所、或渉道路、如是等類、説名為行。（『瑜伽』24、大正 30・415a）
⑤行なうこと。広く身心の両方にわたる行動をいう。「自ら邪欲を行ず」「賊事を行ず」 Ⓢ **kṛ**: carita: cārin: prayukta: **vṛt**
⑥事物が動くこと。「日輪の行くこと速し」「入息は下に向かって行く」 Ⓢ gati: gati-saṃcāra: **vah**: saṃcāra
⑦生じること。起こること。「諸法が世に行ずる時」 Ⓢ pra-**vṛt**
⑧心が行く、おもむくという意味から、心が対象を把握する認識作用をいう。「但だ義を行じ勝義を行ず」「世間智は相を行ず」 Ⓢ **car**
⑨認識のありよう。行相のこと。→行相①「此の四の行に由って諸の菩薩の止道は運転す」 Ⓢ ākāra
⑩列。行列。「多羅樹の行が七重に囲繞す」「蟻の行の如し」 Ⓢ paṅkti
⑪十二支縁起の一契機としての行。十二支縁起のなかの第二番目の契機。『倶舎論』の三世両重因果説によれば、前世における善・不善の行為を原因として、今世で結果が熟するまでの五蘊をいう。 Ⓢ saṃskāra
（出典）於宿生中、福等業位、至今果熟、総得行名。（『倶舎』9、大正 29・48b）

行蘊 ぎょううん 現象的存在（有為）を構成する五つの要素のグループ（五蘊）のなかの一つ。〈原始仏教〉では、狭くはこころを働かせる意志（思 cetanā）を、広くは受と想とを除く他の心所（細かい心作用）を意味するが、〈倶舎〉〈唯識〉は、行蘊にさらに不相応行をも含める。→五蘊 →不相応行
（出典）除前及後色受想識、余一切行名為行蘊。然薄伽梵、於契経中、説六思身、為行蘊者、由最勝故。所以者何。行名造作、思是業性、造作義強、故為最勝。是故仏説、若能造作有漏有為、名行取蘊。（『倶舎』1、大正 29・4a）行蘊云何。謂、一切心所造作意業種類。（『瑜伽』9、大正 30・323a）：云何行蘊。謂、六思身、則眼触所生思、耳鼻舌身意触所生思。復有所余、除受及想諸心法等、総名行蘊。（『瑜伽』27、大正 30・433c）：云何行蘊差別亦由五相。（中略）二由分位故。（中略）由分位者、謂、立生等不相応行、由彼生等唯有分位所顕現故。（『瑜伽』53、大正 30・594c）

行円満 ぎょうえんまん ①人の行為のありようが完成していること。
（出典）云何行円満。答、無学身律儀・語律儀・命清浄。（『婆沙』44、大正 27・229c）
②修行が完成していること。
（出典）行円満者、謂、為触証断無欲滅界故、聴聞正法、為他演説、自正修行、法随法行、是名行円満。（『瑜伽』85、大正 30・778a）

行願 ぎょうがん ①願い。誓願。生きもの（有情）を救済しようと願うこと。「諸の有情を利益・安楽せしめんとの行願」
②行と願。修行と発願。一切の生きもの（有情）を救済しようと誓願を起こして修行すること。「如来が畢竟して般涅槃することは道理に応ぜず。如来の行と願との二種は応に果なかるべきが故なり。涅槃を現ずるは是れ変化身にして、自性身に非ず」

行苦 ぎょうく 三種の苦（苦苦・行苦・壊苦）の一つ。苦でも楽でもない感受作用（不苦不楽受）と、およびそのような感受作用を生じる好ましくもなく好ましくないこともない現象的存在（行）とを行苦という。行苦性ともいう。 Ⓢ saṃskāra-duḥkhatā

行苦性 ぎょうくしょう →行苦

行解 ぎょうげ 心のなかに生じる影像をとらえる認識のありようをいう。「心は多刹那なれども、行解は唯だ一なり」「但だ能縁の行解のみありて、所縁の真実の体はなし」

行向補特伽羅 ぎょうこうふとがら 四向

（預流果向・一来果向・不還果向・阿羅漢果向）に行きつつある人。→四向四果
Ⓢ pratipannakaḥ pudgalaḥ
（出典）云何行向補特伽羅。謂、行四向補特伽羅。何等為四。一預流果向、二一来果向、三不還果向、四阿羅漢果向、是名行向補特伽羅。（『瑜伽』26、大正 30・424c）

行支　ぎょうし　十二支縁起のなかの第二支。無明を縁として起こる行為をいう。身体的行為と言語的行為と心的行為との三種に分かれる。〈唯識〉は、行とはこころ（心と心所）であり、その本体は意志（思）であると説く。
（出典）思即是行。（『俱舍』9、大正 29・48c）：行支者、以身語意三行為体。心心所法為体。謂、行体是思。（『述記』8 本、大正 43・518c）

行捨　ぎょうしゃ　行蘊のなかの捨。捨には受蘊のなかの捨、すなわち非苦非楽の捨があるが、それとは異なる行蘊のなかの捨に行を付して行捨という。かたむかない真っ直ぐで平等なこころをいう。行を付さないで捨ということもある。→捨③　→行蘊　Ⓢ upekṣā
（出典）云何行捨。精進三根、令心平等正直、無功用住為性、対治掉挙、静住為業。（『成論』6、大正 31・30b）：言行捨者、此行蘊捨、別受捨故。（『述記』6 本、大正 43・433c）：行者行蘊。行蘊中捨、簡受蘊中捨故、置行言、非謂行也。（『述記』6 本、大正 43・438c）：何等為捨。謂、依止正勤、無貪無瞋無癡、与雑染住相違、心平等性、心正直性、心無功用住性、為体、不容雑染所依、為業。（『集論』1、大正 31・664b）

行者　ぎょうじゃ　ヨーガを修する人。修行する者。原語 yogin は観行者、pratipattṛは修行者とも訳される。「般涅槃する時、已に転依を得た諸の浄なる行者（yogin）は一切の染法の種子の所依を転捨す」「持者と説者と行者（pratipattṛ）とが有れば、正法は世間に住す」　Ⓢ yogin: pratipattṛ

行迹　ぎょうしゃく　涅槃におもむくための修行の道。苦遅通・苦速通・楽遅通・楽速通の四つがある。行跡ともいう。→四通行　→四行迹　Ⓢ pratipad
（出典）於随道四種行迹、如実了知。何等為四。一苦遅通、二苦速通、三楽遅通、四楽速通。（『瑜伽』94、大正 30・838b）

行跡　ぎょうしゃく　行迹とおなじ。→行迹

行趣識住　ぎょうしゅしきじゅう　四識住の一つ。→四識住

行住坐臥　ぎょうじゅうざが　行と住と坐と臥。身体の四つの基本的なありよう。行とは歩く・動く、住とは立つ・静止している、坐とはすわっている、臥とは横になっていること。この四つを四威儀という。視覚（眼識）の対象である動き（表色）の一群。→威儀　→表色①　Ⓢ gata-sthita-niṣaṇṇa-śayita

行処　ぎょうしょ　①こころが働く領域。認識がおよぶ範囲。所行処ともいう。「意は五根の行処と及び彼の境界を受用す」　Ⓢ gati-viṣaya: gocara
②往来する所。「城辺の多人が行く処」

行正行地　ぎょうしょうぎょうじ　菩薩の七地（菩薩が如来に成るまでの深まりいく七つの段階）の第四。正しい行を実践する段階。十三住のなかの増上戒住・増上心住・覚分相応増上慧住・諸諦相応増上慧住・縁起流転止息相応増上慧住・有加行有功用無相住の六つの住を含む段階。→七地①
Ⓢ caryā-pratipatti-bhūmi
（参考）（『瑜伽』49、大正 30・565a）

行勝　ぎょうしょう　菩薩が声聞と独覚より勝れている四点（根勝・行勝・善巧勝・果勝）のなかの一つ。菩薩は自利と利他の両方を修する点が、声聞と独覚とが、ただ自利のみを修することにくらべて勝れていることをいう。　Ⓢ pratipatti-kṛto viśeṣaḥ
（参考）（『瑜伽』35、大正 30・478c～479a）

行勝義　ぎょうしょうぎ　三種の勝義（最高にすぐれたもの）の一つ。正しい修行（八聖道などの実践）のこと。正しい修行はすぐれた理に随って行なうから勝義であるという。
→勝義②
（出典）勝義有三。（中略）三行勝義、謂、聖道。勝為義故。（『成論』8、大正 31・47c）

行状相　ぎょうじょうそう　行と状と相。定（静まり統一された心。三摩地ともいう）に入る三つの契機。行（ākāra）とは行相ともいい、いかにみるかという認識のありようをいう。状（liṅga）とはまさに定に入ろうとするときの定のありようをいう。相（nimitta）とは所縁相と因縁相の二種があり、前者は定に入るための対象、後者は定に入るための原因（他人から教えられる、福徳

などを積むなどの原因）をいう。 Ⓢ ākāra-liṅga-nimitta
（参考）（『瑜伽』13、大正 30・341c〜342a）

行随識住 ぎょうずいしきじゅう 四識住の一つ。→四識住

行世俗 ぎょうせぞく 三種の世俗（仮世俗・行世俗・顕了世俗）のなかの一つ。行とは因と縁とによって生じた現象的存在（有為）すなわち、心と、および心によって作り出されたもの。三性でいえば依他起性にあたり、その存在性は幻や夢のように仮にあるもの、すなわち仮有といわれる。
（参考）（『成論』8、大正 31・47b）：（『述記』9 本、大正 43・552c）

行船 ぎょうせん 船に関する仕事・職業。営農（農業）・商賈（あきない）と並んで世間の事業の一つにあげられる。「云何が業事の変異・無常の性を観察するや。謂く、先に一時に、彼の種種の殉利・牧農・工巧・正論・行船などの業が皆な悉く興盛なるを見、復た一時に於て彼の事業が皆な悉く衰損するを見る」 Ⓢ nau-karmānta

行相 ぎょうそう ① ākāra の訳としての行相。これには大別すれば、次の二つの意味がある。（ⅰ）事物や対象のありよう・相状・相貌。（ⅱ）事物や対象をいかにとらえるかという心の側の認識のありよう・見方。この ākāra という語に対しては行・相・相貌・取相・解相・行相などのさまざまな訳がなされているが、玄奘訳では行相に統一された。これによって中国においてサンスクリットをはなれて行相に関する詳細な考究がなされた。その概要をまとめると次のようになる。
〈倶舎〉の所説。（ⅰ）行相とは境である。（ⅱ）行相とは識の上に現れた境の影像（像貌・相貌）である。（ⅲ）行は行解、相は影像である。
〈唯識〉の所説。（ⅰ）行相とは境である。（ⅱ）行は能縁（見分）の用、相は所縁（相分）の境相である。（ⅲ）行相とは能縁が境を縁じる相貌・相状である。 Ⓢ ākāra
（出典）識自体分、以了別、為行相故、行相見分也。類体亦然相者体也。即謂境相。行於境相、名為行相、或相謂相状。行境之相状、名為行相。前解通無分別智、後解除彼。或行境之行解相貌。此解亦非無分別智、以無相故、然本但是行於相義。非是行解義。（『述記』3 本、大正 43・315b〜c）
②行の相。行（saṃskāra）とは因と縁とによって生じた現象的存在をいい、その相（lakṣaṇa）、すなわちありようを行相という。「聚色の運動が不滅と言えば、便ち行相を越ゆ」 Ⓢ saṃskāra-lakṣaṇa
③道諦の四つの行相（道相・如相・行相・出相）の一つ。→道諦

行相所縁 ぎょうそうしょえん 行相と所縁。行相は認識する側の認識のありよう、所縁は認識されるもの・対象・事物をいう。認識作用を構成する二つの要素。→行相①　→所縁

行諦 ぎょうたい 加行位の煖・頂・忍・世第一法の四種をまとめた名称。行とは行相、諦とは四諦。この四種の段階において無常などの十六種の行相（認識のありよう）をもって四諦を観察するから行諦という。→加行位　→十六行相
（出典）此煖・頂・忍・世第一法四種亦名行諦。（中略）行諦者、謂、以無常等十六行相、遊歴四諦故。（『婆沙』6、大正 27・29c）

行大性 ぎょうだいしょう 大乗の七つの偉大性の一つ。→七種大性

行動 ぎょうどう 動くこと。「行動ありとは、即ち是れ身業なり。実に動ずることなしと雖も余方に往くが如し」「諸の有情に、或いは行動が捷速なるものあり、或いは行動が遅緩なるものあり」 Ⓢ gati

行歩 ぎょうほ 歩くこと。「年、衰邁するとき、行歩・去来多く僵仆す」 Ⓢ gamana

行法 ぎょうほう ①修行に関する教え・教法。三種の法（聞法・行法・究竟証法）の一つ。「阿羅漢は是の如き行法を修行す」
（参考）（『瑜伽』70、大正 30・687a）
②戒法とおなじ。→戒法
③法を行じること。教えを実践すること。「如来所説の正法は、但だ行法の有情が相続するに依って久住す」

行法者 ぎょうほうしゃ 教えを実践する者。持教法者と持証法者とに分かれる。→持教法者　→持証法者
（出典）行法者亦有二種。一持教法、二持証法。持教法者、謂、読誦解説素怛纜等。持証法者、謂、能修証無漏聖道。（『婆沙』183、大正 27・917c）

行無上 ぎょうむじょう 三種の無上（智無上・行無上・解脱無上）のなかの一つ。最高

の修行。楽速通行をいう。正行無上ともいう。→楽速通行
(出典) 行無上者、謂、楽速通行。一切行中最第一故。(『雑集論』7、大正 31・727a):正行無上者、謂、楽速通行。(『瑜伽』88、大正 30・796c)

行唯識 ぎょうゆいしき 唯識という教説を五つに分類したもの (五唯識) の一つ。修行に関する唯識。唯識のさとりに至るための実践、たとえば四尋思・四如実智などに関する教説をいう。→五種唯識
(参考) (『義林章』1、大正 45・259c)

行路 ぎょうろ 道。道路。旅をすること。「如来の出世間の功徳は一切の語言の行路を超過す」「気力なくして行路に疲極す」
Ⓢ adhvan

行路者 ぎょうろしゃ 旅人。苦しむ人の一人としてあげられる。「有苦者とは行路者などを謂う」 Ⓢ adhva-ga

形 ぎょう ①かたち。外観・姿。形態。「中有の形は未来の本有の形の如し」「色界と無色界との煩悩は広大な身の形を感得す」
Ⓢ ākṛti: cihna: rūpa: saṃsthāna
②男女の性器。男根・女根のこと。「産門が形あるは産処過患なり」「無形者と二形者」
Ⓢ liṅga: vyañjana
(出典) 形、謂、行相。即男女根。(『倶舎』14、大正 29・72c)

形位 ぎょうい 胎児の八段階のなかの第八の段階。器官などの形がはっきりとしてきた胎児の状態。→胎蔵 Ⓢ vyañjana-avasthā
(出典) 彼所依処、分明顕現。名為形位 (『瑜伽』2、大正 30・285a)

形骸 ぎょうがい さまざまの臓器や骨から構成された身体。 Ⓢ deha

形骸鎖 ぎょうがいさ 臓器や骨などの身体のさまざまな構成要素の連鎖。そのような連鎖から身体は成り立っていると観察することが不浄観の一つの方法である。→不浄観「二の鎖あり。一には形骸鎖、二支節鎖。形骸鎖とは、謂く、血鏤・脊骨より乃至、髑髏が住するところなり」 Ⓢ deha-śaṃkalikā
(参考) (『瑜伽』30、大正 30・452b)

形顕色 ぎょうけんじき 形色と顕色。かたちといろ。→形色① →顕色

形交 ぎょうこう 性交すること。「地居天も形交して婬を成ずること、人と別なし」
Ⓢ dvaṃdva

形錯乱 ぎょうさくらん ある形を別の形に見まちがうこと。たとえば、たいまつの火をぐるぐる回すと輪があるように見まちがう錯覚をいう。七種の錯乱の一つ。→錯乱①
(出典) 形錯乱者、謂、於余形色、起余形色増上慢、如於旋火、見彼輪形。(『瑜伽』15、大正 30・357c)

形色 ぎょうしき ①眼の三種の対象 (顕色・形色・表色) の一つ。長・短・方・円・麁・細・正・不正・高・下などのかたちをいう。→色境 Ⓢ saṃsthāna
(出典) 形色者、謂、長・短・方・円・麁・細・正・不正・高・下色。(中略) 形色者、謂、長短等積集差別。(『瑜伽』1、大正 30・279b)
②容貌。容姿。「形色端厳にして顔容殊妙なるを形色具足と名づく」 Ⓢ varṇa

形色具足 ぎょうしきぐそく 美しい容姿・容貌がそなわっていること。八種の異熟果の一つ。→異熟果 Ⓢ varṇa-saṃpad
(出典) 形色端厳、衆所楽見、顔容殊妙、是名菩薩形色具足。(『瑜伽』36、大正 30・484b)

形色具足因 ぎょうしきぐそくいん 形色具足をもたらす原因。八種の異熟因の一つ。端厳因ともいう。光り輝く清浄な衣服を布施すること。→形色具足 →異熟因
Ⓢ varṇa-saṃpado hetuḥ
(出典) 恵施光明鮮浄衣物、是名菩薩形色具足因。(『瑜伽』36、大正 30・484c):恵施光明鮮浄衣物、是端厳因。(『演秘』1本、大正 43・814c)

形色貪 ぎょうしきとん 肉体のかたち・容貌へのむさぼり。この貪を退治するために不浄観において食噉 (死体が鳥獣などに食べられているさま) や分赤 (死体が腐って赤くなったさま。変赤ともいう) を観察する。形貌貪ともいう。四種の貪の一つ。→不浄観 →貪③「若くは変赤に於て作意思惟して形色貪に於て心を清浄せしむ」「食想・分赤想・分散想は形貌貪を対治す」 Ⓢ saṃsthāna-rāga
(参考) (『倶舎』22、大正 29・117b):(『瑜伽』26、大正 30・429a):(『瑜伽』98、大正 30・856b)

形状 ぎょうじょう もののかたち。外観。姿。容貌。「鬼趣の形状は多分に人の如し」

「七金山は形状の差別に由って名を為す」
Ⓢ ākṛti

形質 ぎょうぜつ ①ものの本体。影像を生じる本体。「形質と影とは倶有なり」
Ⓢ mūrti
②ものの形態。「人、重きを負えば形質、牛の如し」「その色は黄白にして、形質は殊妙なり」

形相 ぎょうそう ①かたち。すがた。外観。「出家の僧の威儀と形相」「男根と女根との形相は異なり」 Ⓢ liṅga: saṃsthāna: saṃniveśa
②男女の象徴としての性器。男根・女根のこと。形相（vyañjana）は形（liṅga）の言い換え。→形② Ⓢ vyañjana

形貌 ぎょうぼう かたち。容姿。容貌。「有情の体性・容色・形貌・音声の同分なるを同分と名づく」「法師の言辞は清辯にして形貌は端厳なり」「不浄観を修するは、形貌への貪を対治せんが為なり」

形貌貪 ぎょうぼうとん 形色貪とおなじ。→形色貪

形量 ぎょうりょう 身体やものの大きさ・かたち。「中有の形量は五、六歳の小児の如し」「彼れが所執の我の体は、身中に在りて身の形量に称う」
Ⓢ parimāṇa: āroha-pariṇāha: pramāṇa: saṃsthāna

形類 ぎょうるい かたち。かたちがおなじ種類。「或いは駝驢・狗などの雑類の身より父母となり、復た父母より彼の形類となる」「男身の形類・音声・作業・志楽の差別するを男性と名づく」 Ⓢ ākṛti

逈色 ぎょうしき さえぎるものがない所にある物質。眼の対象である色の一つ。『集論』にのみ説かれる色で、『倶舎論』『瑜伽論』などで説かれる顕色のことか。
Ⓢ abhyavakāśa
（出典）逈色者、謂、離余礙触方所可得。（『雑集論』1、大正 31・696a）

逈処 ぎょうしょ 野外・露地。広々とした場所。「非処に於て不応行を行ずるとは、寺中・制多・逈処に於てするを謂う」
Ⓢ abhyavakāśa

逈露 ぎょうろ さまたげるものがない広々とした場所。ヨーガを修するに適した場所の一つ。「覆障なき処を逈露という」「逈露に居して端坐す」「常に期願して逈露に住するを常居逈露という」 Ⓢ abhyavakāśa

暁 ぎょう さとすこと。教え知らせること。「聾者を暁すには想像を以ってす」
Ⓢ vyapadeśa

暁悟 ぎょうご ①あきらかにさとること。「諸の学処に於て善巧と暁悟とを得る」「他世を信ぜず、暁悟せず」 Ⓢ buddhi
②教えてさとらしめること。「他を暁悟す」
Ⓢ saṃjñāpanatā: saṃjñapti

暁喩 ぎょうゆ 教えさとすこと。暁諭とおなじ。「諸の菩薩は、自らの妻子・親戚などに於て正言を以って暁喩す」「国王あり、多く軟言を以って国界を暁諭す」 Ⓢ saṃ-**jñā**: saṃjñapta

暁諭 ぎょうゆ 暁喩とおなじ。→暁喩

暁了 ぎょうりょう はっきりとさとること。明確に理解すること。「滅諦と道諦とを倶に暁了すべし」

業（ぎょう）→ごう

楽求 ぎょうぐ ねがいもとめること。「中有の中にて生有を楽求す」 Ⓢ ā-**kāṅṣ**: eṣitva

楽欲 ぎょうよく 欲望。欲求。願望。ねがい欲すること。「戯論に楽著して、惑多く、疑多く、楽欲を多く懐く」「無相定に証入せんと楽欲す」「審諦に聴聞するとは、楽欲を発起して浄信心を生じ、正法を聴聞するを謂う」 Ⓢ kāṅkṣā: kāma: chanda

澆 ぎょう 水をそそぐこと。「入水者に手を用いて澆す」

澆灌 ぎょうかん 水をそそぐこと。「貪火を滅せんが為に、数数、澆灌すべし」

澆潤 ぎょうじゅん うるおすという水の働き。「大種の建立とは、謂く、依持などの義、澆潤などの義、照了などの義、動揺などの義なり」

凝 ぎょう かたまる、凝結すること。釈の対。→凝釈「水輪、凝じて金輪を成ず」
Ⓢ ati-**śyā**: śyānatva

凝血肉 ぎょうけつにく →段肉

凝結 ぎょうけつ ①かたまること。「水性、軟なるも、冬に至って凝結す」
②胎児の五段階のなかの第三段階の閉尸のこと。→閉尸位

凝釈 ぎょうしゃく 凝と釈。固まることと融けること。「水と日光とは凝釈の因にして、体は凝釈に非ず」 Ⓢ śyānatva-vilīnatva

凝然 ぎょうねん 生滅せず、変化せず、堅固不動な状態。真如のありようをいう（〈唯識〉の所説）。「真如は凝然として諸法を作らず」

翹勤 ぎょうごん 勤勉であること。ぬきんでて活動的であること。「諸の菩薩は性として翹勤にして、夙く起き、晩く寐る」「応作事に於て翹勤して惰なし」 Ⓢ utthānavat: dakṣa

翹勇 ぎょうゆう すぐれた才能があること。「翹勇を具足して、能く営農・商賈を作す」

曲（きょく）→ごく

局崛羅香 きょくくつらこう 局崛羅は guggulu の音写。香気のある樹脂から作られた香。神鬼に供養する香。焚くときに臭い香りを発するから、仏には供養しない。「諸の菩薩は、如来の所、若くは制多の所に於て、種種の局崛羅香・遏迦花などと余の不浄物とを以って供養を為さず」 Ⓢ guggulu-dhūpa

勗 きょく はげますこと。「阿羅漢、門徒を勗して言う」

勗励 きょくれい はげみつとめること。「王は既に聞くことを得已って、善く能く勗励して説の如く修行す」

極（きょく）→ごく

棘刺 きょくし いばら。刺棘ともいう。「棘刺の上に蹲坐して苦行を修するは、自苦行の辺なり」 Ⓢ kaṇṭaka

忻（きん）→ごん

近（きん）→ごん

欣（きん）→ごん

金（きん）→こん

勤（きん）→ごん

欽（きん）→こん

筋 きん 肉のなかを通っているすじ。筋肉。内臓の一つ。不浄観を修するときの対象の一つ。「人身の内に多く不浄あり。いわゆる塵・垢・筋・骨・脾・腎・心・肝なり」 Ⓢ snāyu

筋脈 きんみゃく 筋肉と血管。 Ⓢ snāyu-sirā

禁（きん）→ごん

禽 きん とり。「禽や鹿を収捕して恣に殺害を行ず」 Ⓢ pakṣin

禽獣 きんじゅう 禽と獣。とりとけもの。智慧がなく愚かなものの喩えに用いられる。害をなす禽獣を悪禽獣あるいは雑悪禽獣といい、遭遇すると恐れを生じる対象の一つとなる。→悪禽獣「奇なる哉、世間は勝慧を修せず、愚なる禽獣の如し。良に是れ悲しむべし」「純苦趣の中と及び禽獣などの愚鈍の類は分別を起こさず」 Ⓢ mṛga-pakṣin

緊捺洛 きんなら kiṃnara の音写。頭に角のある人に似た半人半獣の存在。天の音楽の神。仏法を守護する八部衆の一つ。緊捺落・緊㮈洛とも音写。人非人（人に似て人でないもの）の一つ。「如来の都する所、諸の大菩薩衆の雲集する所は、無量の天・龍・薬叉・健達縛・阿素洛・掲路荼・緊捺洛・牟呼洛伽の人非人等が常に翼従する所なり」 Ⓢ kiṃnara

緊捺落 きんなら →緊捺洛

緊㮈洛 きんなら →緊捺洛

錦 きん あや織りで仕立てた布。「錦などの中に多くの形を見る」 Ⓢ citra-āstaraṇa

謹慎 きんしん つつしむこと。「国王、性として足るを知り、財宝門に於て謹慎して貪著せず」

吟韻 ぎんいん 歌うこと。「海に居す龍あり、悪行を厭ずるが故に海より出でて八戒齋を受け、吟韻して自ら慶す」

吟詠 ぎんえい 詩歌を歌うこと。「大音声を以って吟詠し讃誦す」 Ⓢ gīta

銀（ぎん）→ごん

く

九有情居 くうじょうこ →有情居

九行 くぎょう →九行相

九行相 くぎょうそう 心を寂静にする九つの心のありよう。内住・等住・安住・近住・調順・寂静・最極寂静・専注一趣・等持の九つ。九種行・九相・九行ともいう。→心住

「九行相を以って其の心を安住し、心を内に寂静せしむ」 Ⓢ nava-ākāra
（参考）（『瑜伽』30、大正 30・450c）

九孔 くく 身体にある九つの穴。両眼・両耳・両鼻・口・大便・小便の九つの穴。「九孔より不浄、常に流れ出る」

九結 くけつ 心を苦と結合せしめ、束縛し、毒する九つの煩悩。愛結・恚結・慢結・無明結・見結・取結・疑結・嫉結・慳結の九つ。→各項参照
（参考）（『雑集論』6、大正 31・723b 以下）

九解脱 くげだつ →九解脱道

九解脱道 くげだつどう 一つの惑（煩悩）を正に断じる位を無間道といい、その次の刹那に真理を見る智慧を得る位を解脱道というなか、九品（九つの種類）の惑（煩悩）の一つ一つを断じて智慧を得る九つの位をまとめて九解脱道という。九解脱と略称。→解脱道

九黒山 くこくせん 贍部洲の中部より北に向かってある九つの黒い山。Ⓢ kīṭādri-navaka

九次第定 くしだいじょう 九種の禅定。色界の四禅定と無色界の四無色定と滅受想定（滅尽定ともいう）との九つ。一つ一つの禅定を順次修していくから次第定という。九次第等至ともいう。

九次第等至 くしだいとうし 九次第定とおなじ。→九次第定

九地 くじ 九つの場所・段階。地の原語 bhūmi は大地を意味すると同時に場所・段階・地位などの意味もあり、この場合の地は心のありようによって住する場所あるいは段階・境界をいう。欲界を一つの地とし、色界の四つ（初静慮・第二静慮・第三静慮・第四静慮）と無色界の四つ（空無辺処・識無辺処・無所有処・非想非非想処）とを合わせて全部で九地とする。九地全部を一切地という。三界を九地に分けることを三界九地という。→欲界 →色界 →無色界 Ⓢ nava-bhūmi: nava-bhūmika
（出典）地、謂、九地、即欲界為一、静慮無色八。（『倶舎』6、大正 29・31b）

九識 くしき 〈唯識〉（法相宗）の説く八種の識（眼識・耳識・鼻識・舌識・身識・意識・末那識・阿頼耶識）に無垢識（阿摩羅識 amala）を加えて全部で九種の識を立てる見解をいう。真諦の訳した『摂大乗論』に基づいて興った摂論宗の所説。法相宗は、無垢識は阿頼耶識が清浄になったものであるとして別に第九として立てない。
（出典）以第八染浄別開故、言九識。非是依他識体有九。亦非体類別有九識。（『述記』1本、大正 43・239a）

九種行 くしゅぎょう →九行相

九種住心 くしゅじゅうしん →九相心住

九種心住 くしゅしんじゅう →九相心住

九十八随眠 くじゅうはちずいみん 十の随眠（煩悩）を基礎として、それらをいかに断じるかという観点から、それらを四つの諦（苦・集・滅・道の四諦）を見る見道において断じる類と、修道において断じる類とに分け、さらにそれらを欲界・色界・無色界の三界に配分して全部で九十八種の随眠を立てる。すなわち、欲界の三十六と色界の三十一と無色界の三十一との随眠を合計したもの。このなか欲界の三十六とは、見惑の三十二と修惑の四の煩悩とを合計したもの。見惑の三十二とは、十随眠（有身見・辺執見・邪見・見取・戒禁取・貪・瞋・慢・無明・疑）を四諦に配分して見苦所断の十、見集所断の七、見滅所断の七、見道所断の八を合計したもの。修惑の四とは貪・瞋・癡・慢の四をいう。色界の三十一と無色界の三十一とは、それぞれ、欲界の三十六より五つの瞋が除かれたもの、すなわち、この二界には瞋がないから四諦のおのおのの見所断より四つの瞋が、そして修所断より一つの瞋が、合計して五つの瞋が除かれて合計で三十一となる。
（参考）（『倶舎』19、大正 29・99b 以下）

九十六種外道 くじゅうろくしゅげどう 外道の総称。仏教を内道といい、仏教以外の宗派を外道という。この外道に九十六種あるとしてこのようによぶ。その内容については未詳。「九十六外道は因果あるを信ぜず因果に愚なり」

九条 くじょう 九条の布をつなぎ合わせて作った僧衣。

九心輪 くしんりん 上座部の所説。上座部は、表層的な五識や意識の底で絶え間なく活動しつづける有分識という潜在的な識を立て、感覚器官を通して外界から刺激が加わると、この潜在的な識から一連の表層的心が展開し、その働きが終わると再び潜在的識にもどる、と説く。このなか、表層的な心である

能引発・見・等尋求・等貫徹・安立・勢用・返縁の七つに、初めと終わりの潜在的な有分識を加えて全部で九心といい、この九の心が輪の如くに生じては滅し、滅しては生じるという心の生滅のありようを九心輪という。→有分識
（出典）上座部師、立九心輪。一有分、二能引発、三見、四等尋求、五等貫徹、六安立、七勢用、八返縁、九有分。然、実但有八心。以周匝而言、総説有九。（『枢要』下本、大正 43・635b）

九山 くせん スメール山（蘇迷盧山）とそれを取りまく八つの山（踰健達羅山・伊沙駄羅山・朅地洛迦山・蘇達梨舎那山・頞湿縛羯拏山・毘那怛迦山・尼民達羅山・鉄輪囲山）をまとめて九山という。→各項参照

九相 くそう →九行相

九相住心 くそうじゅうしん →九相心住

九相心住 くそうしんじゅう 九つの心のありよう（行相）をもって心のなかに住して心を静めること。止観のなかの止（奢摩他 śamatha）のありよう。相は詳しくは行相といい、種とも訳されることがある。九相住心・九種心住・九種住心ともいう。→心住
Ⓢ nava-ākārā citta-sthitiḥ

九遍知 くへんち 遍知とは煩悩（惑）を断じて得られる智慧をいう。惑には見惑と修惑とがあり、前者の見惑とは、苦・集・滅・道の四諦を見ることによって断じられる煩悩をいう。この煩悩を苦・集の二諦を見て断じられるものと、滅諦を見て断じられるものと、道諦を見て断じられるものとの三群に分け、さらにそれらを欲界に属するものと色界・無色界に属する者とに二分して全部で六群に分け、それに順下分結と色界の貪と無色界の貪とを加えて全部で九つの惑を立て、それぞれを断じて得られる九種の智慧を九遍知という。→遍知①
（参考）（『婆沙』62、大正 27・320c）：（『瑜伽』71、大正 30・691c）

九品 くほん 品とは種類の意味。九種類にわける分類法。まず大きく上・中・下の三つに分け、それら三つの一々のなかをさらに上・中・下の三つに分類して、下下・下中・下上・中下・中中・中上・上下・上中・上上の九種類に分ける。さまざまなありよう（煩悩・邪智・纏・染・断・善根・智・道など）の程度に応じた分類法として用いられる。

九品煩悩 くほんぼんのう 下下・下中・下上・中下・中中・中上・上下・上中・上上の九種類の煩悩。この九種類の分類法を欲界・色界・無色界の三界の一々に適用して煩悩をさらに分析し、預流・一来・不還・阿羅漢の聖者はこれらの煩悩のなか、どこまでを断じたかが問題となるが、三界の最高天である有頂天で第九品の煩悩である上上の煩悩を断じて聖者の最高位である阿羅漢果を得る。九品惑ともいう。「已に有頂の第九品の煩悩を永断して究竟道に安住す」

九品惑 くほんわく →九品煩悩

九慢 くまん 慢とは、他者（彼）と自己（我）とを比較する心をいう。それには七慢（慢・過慢・慢過慢・我慢・増上慢・卑慢・邪慢）があるが、そのなかの慢と過慢と卑慢とを、自己から他者を見る立場と、他者から自己を見る立場とに分けて、次の九種に分類する。（ⅰ）我勝慢類（我は彼より勝ると思う心。慢にあたる）。（ⅱ）我等慢類（我は彼と等しいと思う心。慢にあたる）。（ⅲ）我劣慢類（我は彼に劣ると思う心。卑慢にあたる）。（ⅳ）有勝我慢類（彼は我より勝れたところがあると思う心。卑慢にあたる）。（ⅴ）有等我慢類（彼は我と等しいところがあると思う心。慢にあたる）。（ⅵ）有劣我慢類（彼は我に劣るところがあると思う心。過慢にあたる）。（ⅶ）無勝我慢類（彼は我に勝るところがないと思う心。慢にあたる）。（ⅷ）無等我慢類（彼は我に等しいところがないと思う心。過慢にあたる）。（ⅸ）無劣我慢類（彼は我に劣るところがないと思う心。卑慢にあたる）。→慢
（参考）（『倶舎』19、大正 29・101a）

九無間道 くむけんどう 一つの惑（煩悩）を正に断じる位を無間道といい、その次の刹那に真理を見る智慧を得る位を解脱道というなか、九品（九つの種類）の惑（煩悩）の一つ一つを正に断じる九つの位をまとめて九無間道という。非想非非想天（有頂天）で最後の第九品の惑を断じる無間道、すなわち第九無間道を金剛喩定という。九解脱と略称。→無間道 →金剛喩定

久 く ①ひさしく。ながい時間。「色界に往きて、生じ已って久しからずして般涅槃す」「長寿にして久しく住す」

Ⓢ cira: ciram: cira-kālikam: dīrgha-kālikam: dīrgham adhvānaḥ
②むかし。過去。→久所作 →久所説

久遠 くおん ①ひさしく。ながい時間。「時、久遠を経て解脱を成辦す」 Ⓢ cira: dūra
②むかし。過去。「久遠の所作・所説を随念すること能わざるを忘念という」「久遠に滅した心」「過去・久遠の人の寿、百歳の時、仏ありて釈迦牟尼と名づく」 Ⓢ cira
③はるかに。遠方より。「久遠に行く」 Ⓢ ārāt

久遠滅因 くおんめついん 久しいむかしに滅したものが原因となってある結果を引き起こすとき、その原因を久遠滅因という。十因のなかの牽引因がこれに相当する。→十因 Ⓢ cira-niruddho hetuḥ
（参考）（『瑜伽』5、大正 30・302a〜b）

久串習 くげんじゅう 長いあいだ実践すること。久習ともいう。「有学の練根は一無間道と一解脱道で鈍を転じて利を成ず。其の人は根を習する時は未だ久串習せざるが故に」

久作 くさ →久所作

久時 くじ ①長い時間。「無想定と滅尽定との二定の中、心は久時に断ず」 Ⓢ bahu-kāla
②むかし。過去。→久時所作 →久時所説

久時所作 くじしょさ 久所作とおなじ。→久所作

久時所説 くじしょせつ 久所説とおなじ。→久所説

久住 くじゅう 長い間、存在すること、生きること。「正法を世に久住せしめんが為に此の論を造る」「是の如き有情は長寿にして久住す」 Ⓢ cira-sthitikatā

久習 くじゅう 久串習とおなじ。→久串習

久所作 くしょさ 過去に行なったこと。久作・久時所作ともいう。「久所作・久所説などに於て能く自ら記憶す」 Ⓢ cira-kṛta

久所説 くしょせつ 過去に説いたこと。久説・久時所説ともいう。「久所作・久所説などに於て能く自ら記憶す」 Ⓢ cira-bhāṣita

久説 くせつ 久所説とおなじ。→久所説

口 く くち。 Ⓢ āsya: mukha

口業 くごう 言葉の行為。語る行為。三業（身業・口業・意業）の一つ。原語 vāc-karman に対して旧訳（真諦訳）は口業と訳すが、新訳（玄奘訳）は語業と訳す。→語業「天耳通と他心智通との二通の口業は清浄なり」 Ⓢ vāc-karman

口授 くじゅ 教えなどを言葉で語ることによって伝授すること。「諸の菩薩は終に過を求める外道に口授せず、正法を亦た施さず」 Ⓢ mukha-uddeśa

工巧 くぎょう わざ。技術。計理業、商業、農業、さまざまな製造業、あるいは音楽・詩歌などの技芸に必要な技術や知識、あるいはそのような技術や知識にもとづく世間の仕事・営みをいう。 Ⓢ śilpa: śilpa-jñatā

工巧業処 くぎょうごうしょ 工業明処とおなじ。→工業明処

工巧処 くぎょうしょ 技術や知識、あるいは技術・知識にもとづく仕事や営みの領域。四つの無覆無記（善でも悪でもなく、かつさとりへの道をさまたげないもの）の一つ。→工巧 →無覆無記 Ⓢ śailpa-sthānika: śailpa-sthitika

工巧智 くぎょうち 工巧に関する智慧。さまざまな技術についての知識。巧智ともいう。「彼彼の工巧智は彼彼の世間の工巧業処のために工業の増上縁と為る」 Ⓢ śilpa-jñāna

工巧論 くぎょうろん 工巧に関する論。さまざまな技術についての意見・主張を述べたもの。「王論・医方論・工巧論などの世俗の諸論」

工業 くごう 技術や熟練を要する仕事や営み。たとえば計理業、商業、農業、さまざまな製造業、あるいは音楽・詩歌などの技芸をいう。次の十二種に分かれる。営農工業・商估工業・事王工業・書算計度数印工業・占相工業・呪術工業・営造工業・生成工業・防那工業・和合工業・成熟工業・音楽工業。→各項参照 Ⓢ śilpa-karman
（参考）（『瑜伽』15、大正 30・361b）

工業処 くごうしょ 工業明処とおなじ。→工業明処

工業智処 くごうちしょ 工業明処とおなじ。→工業明処

工業明処 くごうみょうしょ 工業明という学問領域。工業明とは技術や熟練を要する仕事や営みに関する学問領域。菩薩が学ぶべき五つの学問領域（五明処）の一つ。工巧業処・工業智処・工業処・工業明論ともいう。

→五明処　Ⓢ śilpa-karma-vidyā-sthāna
(参考)(『瑜伽』15、大正30・361b)

工業明論 くごうみょうろん　工業明処とおなじ。→工業明処

工匠 くしょう　金や鉄を鍛冶する人。錬金師。「黠慧の工匠は鉱性の金を火中に置いて焼錬して明浄にせしむ」 Ⓢ karmāra

孔 く　あな。「鼻・耳・口などの孔」「仏身の諸の毛の孔の各に一毛を生ず」
Ⓢ chidra

孔隙 くきゃく　あな。すきま。間隙。「要ず身の中に諸の孔隙ありて、入出息地の心が正現前するとき、息はその時に於て方に転ずることを得る」 Ⓢ chidra: śuṣira

孔穴 くけつ　あな。「空界とは眼・耳・鼻・口などのあらゆる孔穴をいう」
Ⓢ sauṣirya

孔雀 くじゃく　くじゃく。鳥類を列記するときあげられる一つ。「卵生とは鵝雁・孔雀・鸚鵡・舎利鳥などの如きを謂う」
Ⓢ mayūra

孔生一毛相 くしょういちもうそう　三十二相(仏陀などの偉人が有する身体的特徴)の一つ(『婆沙論』所説)。身体の毛穴に一つの毛があること。→三十二相。
(参考)(『婆沙』177、大正27・888b)

功 く　努力。尽力。働き。「若し爾らば其の功は唐捐となる」「前後に再び述べれば、用少なくして功多し」 Ⓢ prayatna: yatna: śrama

功験 くけん　ききめ。しるし。成果。「呪術を待って方に功験を備う」 Ⓢ maṅgala

功業 くごう　働き。行ない。活動。「殊勝な士夫の功業」 Ⓢ kāra

功徳 くどく　①修行によって獲得したよいもの、すばらしいもの。修行を完成した仏についていえば、十力・四無畏・三念住・大悲の仏のみが有する十八種の功徳や、無諍・願智・四無礙解・六神通・四静慮・四無色処・八等至・等持・四無量・八解脱・八勝処・十遍処の、他の聖者や凡夫に共通する十二群の功徳をいう。「一切の諸菩薩の道を広く説くことは阿耨多羅三藐三菩提・十力・無畏・無障智などの一切の功徳を修証せしめんが為なり」「三摩地に依って十力・四無畏などの最勝の功徳を引発す」 Ⓢ guṇa: puṇya
②物事のよい面、すぐれた点、すぐれた働き・ありよう。あるいはすぐれた働きを持つもの。過失の対。→過失「欲の過失を示し、出離の功徳を称讃す」「正しい道理に依って諸法の功徳と過失とを観察す」「仏法僧の勝れた功徳を思惟す」「功徳とは戒・定・慧などをいう」 Ⓢ guṇa
③よい行ない。善行為。たとえば布施をする、戒を受けてそれを守る、禅定を修するなどの行ないをいう。それによって将来によい結果がもたらされる。「国王あり、王子・群臣などと共に恵施を修して福を樹え、斎を受けて堅く禁戒を持す。是れを王の功徳が円満すと名づく」「慈定を出ずるとき、無量にして最勝なる功徳に熏修された身相続が転ず」
Ⓢ puṇya

功徳過失 くどくかしつ　功徳と過失。物事のよい面とわるい面。たとえば功徳は修行と修行の結果、過失は生死する原因と結果をいう。「女人の身は功徳と過失とを具有す」「正しい道理に依って諸法の功徳と過失とを観察す」「勝解は所縁の功徳と過失とを印持するを業と為す」 Ⓢ guṇa-doṣa
(出典)諸瑜伽師、能善了知功徳過失。功徳者、謂、道及道果。過失者、謂、生死因果。(『婆沙』65、大正27・338b)

功徳水 くどくすい　→八功徳水

功徳田 くどくでん　功徳が生じる田。修行の結果としてすぐれたものを獲得した人。功徳の種子が植えつけられるところ、あるいは功徳が生じるもとであることから、田地に喩えて功徳田という。あるいは仏・法・僧の三宝をいう。あるいは禅定を修して功徳を身につけた人をいう。徳田ともいう。 Ⓢ guṇa-kṣetra
(出典)功徳田者、謂、仏法僧。或勝補特伽羅、謂、得勝果勝定。(中略)功徳田者、謂、仏上首僧。約補特伽羅、差別有五。(『倶舎』15、大正29・82b)

功徳彼岸 くどくひがん　修行によってすべての功徳を成就・獲得した向こう岸。仏のみが至ることができる場所。「唯だ仏のみ功徳彼岸に到りて永く諸の誤失なし」

功徳名 くどくみょう　人に対する六種の呼び名(功徳名・生類名・時分名・随欲名・業生名・標相名)の一つ。その人の能力・特性、あるいは修行の結果の差別にもとづいて付けられた名称。たとえば経を読誦する人を

経師、律を読誦する人を律師、論を読誦する人を論師、あるいは預流果を得た人を預流、ないし阿羅漢果を得た人を阿羅漢と呼ぶがごときをいう。
(参考)(『婆沙』15、大正 27・73b)

功能 くのう 「くうのう」と読む。力。働き。事象(法)にそなわる力・作用。あるいは、人(士夫)の働き。たとえば十種の自在(命自在・心自在・財自在・業自在・生自在・勝解自在・願自在・神通自在・智自在・法自在)をいう(『瑜伽』74、大正 30・707b)。 Ⓢ vṛtti: śakti: sāmarthya
(出典) 何謂功能。謂、法作用、或謂、士用。(『倶舎』5、大正 29・27b)

功能差別 くのうしゃべつ ①働きの相違。「諸の善品に於て下中上の功能差別あり」「世尊は諸法の功能差別を能く了知す」
Ⓢ śakti-bheda: śākya-rūpa
②「くうのうしゃべつ」と読む。事象を生じる特別の力。一切の存在を生じる阿頼耶識のなかの種子をいう。→種子②「種子とは阿頼耶識中の親しく果を生じる功能差別なり」「一切法の種子は是れ阿頼耶識の功能差別なり」

功用 くゆう 努力。尽力。骨折り。作用。働き。功用(kriyā)として殖種功用・任持功用・来往功用・感生業功用が説かれる(『瑜伽』8、大正 30・317a)。→各項参照「因を謗じ、果を謗じ、功用を誹謗す」「加行を発起し、功用を作して般涅槃す」「功用なくして自然に道が運転す」
Ⓢ ābhoga: kṛcchra: kriyā: prayatna: yatna: vyāpāra: vyāyāma

功力 くりき ①努力。尽力。「諸の菩薩が功力少なくして多く珍財を集めんとするは、諸の衆生を利益せんと欲するが為なり」「大なる功力を用いて加行し修習して金剛喩定を成就す」 Ⓢ kṛcchra: prayāsa
②ちから。「諸の菩薩は自らの功力に由って無上正等菩提を深く愛楽す」 Ⓢ śakti

功労 くろう 苦労。骨折り。「婆羅痆斯にて転ずるところの法輪は、是れ仏の昔日の三無数劫にわたって修した苦行の功労の果なり」「欲を追求すれば身心の疲苦を受け、功労を設けると雖も称遂せず」 Ⓢ āyāsa: śrama

句 く ①広く言葉一般をいう。「是の如き諸の句は、略せば唯だ二句なり。謂く、声聞乗中所説の句と大乗中所説の句となり」
(参考)(『瑜伽』13、大正 30・345b～c)
②言葉を意味する名・句・文のなかの句。主語と述語とから構成され、事象の意味(義)や働き・特性などのさまざまなありよう(差別)を表した文章。たとえば「諸行は無常なり」「一切の有情は当に死すべし」などの文をいう。→名句文 Ⓢ pada
(出典) 句者、謂、章、詮義、究竟。如説諸行無常等章。或、能辯了業用徳時相応差別。此章称句。(『倶舎』5、大正 29・29a):摂受諸名究竟、顕了不現見義故、名為句。(『瑜伽』81、大正 30・750b):名詮自性、句詮差別、文即是字、為二所依。(『成論』2、大正 31・6b)
③頌(詩・偈頌)を構成する一くぎりの文。「頌の第一句」

句義 くぎ ①文章の意味。言葉の意味。「無我という句義は甚だ悟ること難し」「甚深なる句義に通達する微妙な智慧」 Ⓢ pada-artha
②勝論(ヴァイシェーシカ派)が説く六句義の句義。→六句義

句身 くしん 名・句・文のなかの句の集まり。→句② →名句文

旧阿毘達磨師 くあびだつまし 古薩婆多部の論師。阿毘達磨を意訳して旧対法諸師ともいう。 →古薩婆多部
(参考)(『婆沙』18、大正 27・92b)

旧業 くごう 昔の業。古い過去の行為。「勤精進に由って旧業を吐く」 Ⓢ paurāṇa-karman

旧対法諸師 くたいほうしょし →旧阿毘達磨師

朽 く くちること。腐ること。衰えること。「人の寿が三十歳のとき、倹災が方に始めて建立す。当にそのとき、精妙なる飲食は得べからず、唯だ朽たる骨を煎煮して共に讌会を為す」 Ⓢ jīrṇa

朽壊 くえ くちてこわれること。衰えて勢いがないこと。「諸行が朽壊するが故に老と為す」「器世間の衆果は滋長せず、果の多くは朽壊す」
(出典) 言朽壊者、勢力勇健皆無有故。(『瑜伽』84、大正 30・769a)

朽穢 くえ くちて汚いこと。「内身中の朽

穢にして不浄なるものとは、髪毛・爪歯・大腸・小腸・涙汗・屎尿などなり」
Ⓢ aśubhatā: pūtikā

朽故 くこ 衰えること。老衰すること。「諸行の作用は損敗し朽故し羸弱す」
Ⓢ jarjara: jīrṇa: purāṇī-bhāva

朽敗 くはい 腐ってくちること。「朽敗の種子」

朽邁 くまい としをとること。老いること。「衰老し朽邁する者は身が傴僂し、杖に憑す」 Ⓢ mahalla

朽爛 くらん くちてただれること。「母が不浄を出さず、或いは父の精が朽爛するを種子過患と謂う」 Ⓢ pūtika

朽老 くろう としをとること。老いること。「朽老し衰邁し歯落ち髪白く歳八十を逾ゆ」 Ⓢ jīrṇa: vṛddha

劬労 くろう 疲労。苦労。努力。尽力。「菩薩は一切の劬労を受けると雖も心に倦なくして諸の有情の為に利行を行ず」「劬労を設けて而も所獲なし」「諸の劬労より生ずるところの身心の疲惓」
Ⓢ pariśrama: prayatna: yatna

吼 く ①ほえる声。「声とは鳴・音・詞・吼・表彰語などの差別の名を謂う」 Ⓢ nāda
②雷鳴。「大声を聞くとは、大雷の吼える声、諸の螺貝の声、諸の鼓角などの種種の音を能く聞くことを謂う」 Ⓢ stanita

究竟 くきょう ①徹底的に、完全に、最終的に、最後の段階まで、という意味の副詞句。「其の心、究竟して一切の煩悩から解脱す」「世俗道で以っては煩悩を滅すること究竟ならず」 Ⓢ atyantam
②完成された、徹底的な、最終的な、究極のという意味の形容句。「先に戒を受持し漸次乃至、究竟の涅槃を獲得す」 Ⓢ atyanta: atyanta-niṣṭha: ātyantika: niṣṭha-gamana
③成就する、完成する、成し遂げること。「一切の事業を究竟す」「彼の殺を究竟する身業を殺生と謂う」「句は義を詮わすことを究竟す」 Ⓢ abhiniṣpatti: niṣṭhā: parisam-**āp**: parisamāpti: samāpana: samāpta: samāpti
(参考) 種類としては、勤勇究竟・事成究竟の二種の究竟（『婆沙』33、大正27・172c以c)。智究竟・断究竟の二種の究竟（『瑜伽』100、大正30・881b)。智究竟・断究竟・畢竟究竟・不畢竟究竟・下劣究竟・広大究竟の六種の究竟（『雑集論』15、大正31・769b)。
④修行が完成・成就すること。→究竟位「究竟に到った地に住する菩薩」「見道位の後に転依を円満し乃至究竟を証得す」 Ⓢ niṣṭhā

究竟位 くきょうい 修行が完成した位。仏陀に成った位。修行の五つの段階（資糧位・加行位・通達位・修習位・究竟位の五位）の最後の段階。→五位③「究竟位に於て安楽が成満す」
(出典) 究竟位、其相云何。頌曰。此即無漏界、不思議、善、常、安楽、解脱身、大牟尼名法。論曰。前修習位所得転依、応知即是究竟位相。(『成論』10、大正31・57a)

究竟円満 くきょうえんまん 完全に成し遂げること。完全に修行を成就すること。「諸の如来は過去の三無数劫に於て諸の波羅蜜多を勤修すること究竟円満して菩提を得る」「無学地のなかで六種の修法が究竟円満す」

究竟解脱 くきょうげだつ 一切の煩悩を断じて完全に解脱すること。阿羅漢の解脱。無学の解脱。→阿羅漢 →無学「大勢力ありて一切の煩悩より究竟解脱す」「此の金剛喩三摩地より無間に一切の煩悩品の麁重の種子を永害して其の心が究竟解脱す」 Ⓢ atyanta-vimukta

究竟現観 くきょうげんかん 六種の現観の一つ。究竟位における尽智などの十智。→現観 →六現観 →十智
(出典) 究竟現観、謂、尽智等究竟位智。(『成論』9、大正31・50c)

究竟地 くきょうじ 修行が完成した段階。修行の五種の段階（資糧地・加行地・見地・修地・究竟地）の最後の段階。一切の煩悩を断じ尽くした仏陀の境地。到究竟地ともいう。究竟位・究竟道とおなじ。→究竟位 →究竟道 Ⓢ niṣṭha-gamana-bhūmi

究竟寂静 くきょうじゃくじょう 究極のしずけさ。涅槃のありようをいう。「涅槃は究竟寂静なり」「無余依般涅槃界は究竟寂静の処なり」 Ⓢ atyanta-śānta

究竟出離 くきょうしゅつり 諸の苦から完全にのがれ出ること。涅槃のありようをいう。「菩薩住の中で修果成満し、如来住の中で究竟出離を獲得す」「能く老病死に於て究竟出離す」「涅槃は是れ究竟出離の功徳なり」
Ⓢ atyanta-nairyāṇikatā

究竟断 くきょうだん 完全に断じること。

その断じるありように次の二種がある。(ⅰ)一切の煩悩と煩悩を生じる可能力(麁重)とを完全に断じる。このように断じた者を阿羅漢という。(ⅱ)さらに加えて前世から引き継いだ悪・不善を生じる可能力(異熟品の麁重)をも断じる。このように断じた者を如来という。「一切の煩悩を究竟断して阿羅漢を証す」
(参考)(『瑜伽』57、大正30・619b)

究竟智 くきょうち　究竟を対象とする智。→究竟④
(出典)縁究竟故、名究竟智。(『雑集論』3、大正31・705b)

究竟道 くきょうどう　五種の修行の道(資糧道・加行道・見道・修道・究竟道)の最後。すべての煩悩を断じ尽くす最後の修行の道。ダイヤモンド(金剛)の如き力強い禅定で最後の微細な煩悩を断じる段階。詳しくは金剛喩定の無間道は究竟道の前の修道に含まれ、その解脱道が究竟道にあたる。「究竟道の果を涅槃と名づく」
(出典)何等究竟道。謂、依金剛喩定、一切麁重永已息故、一切繋得永已断故、永証一切離繋得故、従此次第無間転依、証得尽智及無生智十無学法等。(『集論』5、大正31・685b〜c)

究竟涅槃 くきょうねはん　完全に煩悩を断じた涅槃。「四静慮は諸の煩悩の一分を断ずるが故に究竟涅槃に非ず」「解脱を得るが故に無所作を証して究竟涅槃す」「畢竟断と及び智とを証得するが故に能く究竟涅槃の城に入る」 Ⓢ atyanta-niṣṭha-nirvāṇa

究竟滅 くきょうめつ　完全に滅してしまうこと。択滅無為のこと。→択滅無為「無為とは是れ蘊の究竟滅の処なり」「若し究竟滅の法を撥無すれば、応に解脱出離を撥無すべし」
(出典)択滅無為、唯究竟滅。永害随眠故。(『述記』10末、大正43・598a)

究竟理 くきょうり　究極の真理。「究竟理に依るが故に一乗を説く」「真浄なる究竟理に会す大覚尊に敬礼す」

究竟離繋 くきょうりけ　煩悩を完全に断じて煩悩の束縛から離れること。「貪愛と身繋の二種の随眠を永断するが故に究竟離繋す」

究達 くたつ　究めつくすこと。さとること。「一切法に於て平等性を修し大総相に入りて一切所知の辺際を究達す」

供 く　供養とおなじ。→供養①「上妙な供具を以って仏法僧に供す」 Ⓢ pūjā

供給 くきゅう　そなえあたえること。ほどこすこと。「疾病者に於て悲愍し殷重し贍侍し供給す」「尊者に衣服・飲食・敷具・医薬などを供給す」

供具 くぐ　供養するときにささげる道具や品物。「上妙な衣服・幢幡・宝蓋などの殊勝な供具を持して供養を為す」「種種の上妙な香花・供具・音楽を以って諸仏の制多・形像を供養す」

供事 くじ　①仕えて世話をすること。奉仕すること。「重い疾病者を供事す」「尊長を供事す」「諸の衆生を身を以って供事す」 Ⓢ upasthāna: paricaryā: vaiyāvṛtya: vaiyāvṛtya-kriyā
②供と事。供養し仕えること。「三宝を供事す」 Ⓢ pūjā-upasthāna

供侍 くじ　仕えて世話をすること。奉仕すること。供事とおなじ。「病者に於て慈悲心を起こして殷重し供侍す」「常に仏に随って供侍す」 Ⓢ upasthāna: upasthāna-kriyā

供承 くしょう　仕えて世話をすること。奉仕すること。供侍・供事・恭承とおなじ。「病者を供承す」 Ⓢ upasthāna

供身具 くしんぐ　衣服・飲食物・薬など身につけ身を養う品物や道具。資身具・資身什物・供身什物とおなじ。

供身什物 くしんじゅうもつ　供身具とおなじ。→供身具

供奉 くぶ　近くに侍って仕えること。「国王ありて群臣などが供奉・侍衛す」 Ⓢ upacāra

供奉貪 くぶとん　承事貪とおなじ。→承事貪

供養 くよう　①尊敬の念をもって諸物を供えること。敬い貴ぶこと。「火天を供養するを名づく祠祀と為す」「仏法僧の三宝を供養す」「恭敬し供養して双足に頂礼す」 Ⓢ **pūj**: pūjana: pūjā
(参考)財供養・法供養の二種の供養(『婆沙』29、大正27・152a以下)。設利羅供養・制多供養・現前供養・不現前供養・自作供養・教他供養・財敬供養・広大供養・無染供養・正行供養の十種の供養(『瑜伽』44、大正30・533b)。

②仕えて世話をすること。「善く父母の恩を知って父母を供養す」 Ⓢ upasthāna: pūjā-upasthāna
③十法行（経典などに書かれている教えに対する十種の修行）の一つ。→十法行

拘櫞花 くえんけ シトロン。ミカン科の常緑木。インド原産。果実は酸味が強い。葉や果皮には特有の香りがある。「拘櫞花に紫礦汁を塗るが如し」 Ⓢ mātuluṅga

拘礙 くげ さまたげ。障害。煩悩の異名。「能く出世法を証得するを障うるが故に煩悩を拘礙と名づく」「拘礙に三あり。謂く、貪・瞋・癡なり」 Ⓢ vibandha
（参考）（『瑜伽』8、大正30・314c）

拘禁 くごん とらえてとどめおくこと。拘束すること。罰の一つ。「諸の菩薩は他を訶罵し、捶打し、恐怖せしめ、毀辱し、縛害し、拘禁し、斫刺し、駆擯して彼に恵施せず」 Ⓢ rodhana

拘執 くしゅう ①kauśeyaの音写。絹。絹の衣服。原語kauśeyaは綿嚢と訳される例がある。→綿嚢 →拘執毛 Ⓢ kauśeya
②とらえる、拘束すること。「放逸・懈怠に拘執されるが故に寂静園林に住すること能わず」 Ⓢ **bandh**

拘執毛 くしゅうげ 絹の毛。「衆生あり、大海の中で悪獣の身を受け、其の形は長大なり。無量の水陸の衆生を噉食して遍く其の体に著くこと拘執毛の如し」

拘胝 くてい 倶胝とおなじ。→倶胝

拘盧舎 くるしゃ krośaの音写。距離や大きさの単位の一つ。牛の鳴き声が聞こえる最大の距離。「諸の星宿中で最小なるものは四拘盧舎の量なり」「四大王衆天の身量は、拘盧舎の四分の一なり」 Ⓢ krośa

拘盧洲 くるしゅう 倶盧洲とおなじ。→倶盧洲

狗 く 犬。 Ⓢ kukkura: śvan: śvāna

狗戒 くかい 犬をまねて糞などを食べて生活をし、それによって生天しようとする戒め。外道の戒めの一つ。「外道ありて、狗戒を持して計して清浄と為す」 Ⓢ kukkura-vrata: kukkura-śīla

苦 く ①楽の対としての苦。身心がくるしむありよう。厳密にいえば、苦とは、苦受すなわち苦と感じる感受作用をいう。六識のなかの前五識（眼識・耳識・鼻識・舌識・身識）によって引き起こされる感覚。苦の種類については諸経論で詳しい分析がなされている。たとえば『瑜伽論』では百十の苦が説かれている（『瑜伽』44、大正30・536a～c）。代表的な苦としては生・老・病・死の四苦、それに愛別離苦・怨憎会苦・求不得苦・五蘊盛苦を加えた八苦、苦苦・壊苦・行苦の三苦などがある。総じていえば生まれかわり死にかわりする生死の相続が苦である。→苦受 Ⓢ utpīḍā: klamatha: duḥkha
②苦聖諦の四つのありよう（非常・苦・空・非我の四行相）の一つ。おびやかされているありよう、あるいは重い荷物を背負っているようなありよう、あるいは聖なる心と相違しているありようをいう。楽であるという見解をなくすために苦という行相を修する。
Ⓢ duḥkha
（出典）苦聖諦、有四相。一非常、二苦、三空、四非我。（中略）逼迫性故苦。（中略）如荷重担故苦。（中略）違聖心故苦。（中略）又為治常楽我所我見故、修非常苦空非我行相。（『倶舎』26、大正29・137a～b）
③にがさ。にがい味。六種の味（甘・酢・鹹・辛・苦・淡）の一つ。「舌識の所縁に苦・酢・辛・甘などあり」「苦・辛の良薬」
Ⓢ tikta

苦因 くいん 苦をもたらす原因。苦の原因の総称としては四諦のなかの集諦がある。この場合の集とは苦を生じる原因という意味である。集とは渇愛・貪愛などの総称とされ、貪り、愛し、執着する心をいう。生死輪廻の機構を説く三雑染（煩悩・業・苦）の考えからいえば、最後の苦という結果をもたらす煩悩と業とが苦の原因となり、その原因のなかでも根本の原因が煩悩のなかの根本である無明である。無明すなわち真理を知らないというありようが諸の苦を生じる根源的な原因である。 Ⓢ duḥkha-hetu

苦蘊 くうん 多くの苦のあつまり。「諸の菩薩は大なる苦蘊を縁じて大悲を発起す」
Ⓢ duḥkha-skandha

苦果 くか 苦という結果。→苦 →苦因「この悪業を離れて来世に於て大なる苦果を受くることなかれ」「一切の苦果は皆な悪見に由って生ぜざることなし」
Ⓢ duḥkha-phala

苦芽 くが 苦を生じる芽。無明を根本原

因として最後に生老死という苦を結果する十二支縁起のなか、無明と行とによって引き起こされる識・名色・六処・触・受を植物の芽に喩えて苦芽という。 Ⓢ duḥkha-aṅkura
(参考)(『瑜伽』10、大正 30・328a)

苦海 くかい さまざまな苦を受けつつ生死輪廻するさまを海のなかを漂うことに喩えて苦海という。「三苦に随順されて苦海に没在し沈溺す」

苦器 くき 苦を受けるうつわ。苦しむ生きもの(有情)を容器に喩えて苦器という。「生死の法の中には少しの楽ありと雖も、苦多きが故に苦器の名を立つ」 Ⓢ duḥkha-bhājana
(出典) 苦器者、謂、由先造悪業多故、受苦弥広。即以悪業、名所依器、或、苦器者、即所依身、由上所説苦身増故。(『略纂』2、大正 43・27c)

苦苦 くく 三種の苦(苦苦・行苦・壊苦)の一つ。苦という感受作用(苦受)と、およびそのような感受作用を生じる好ましくないものとは、本性としてそれ自体、苦であるから苦苦という。苦苦性ともいう。
Ⓢ duḥkha-duḥkhatā

苦苦性 くくしょう →苦苦

苦具 くぐ ①苦を生じる原因となるもの。「瞋は苦と苦具とに於て憎恚するを性と為す」
(出典) 苦具者、一切有漏及無漏法、但能生苦者、皆是苦具。(『述記』6 末、大正 43・444a)
②苦しめる道具。「眷属地獄の中に於て種種の苦具を以って有罪者を治す」

苦行 くぎょう ①自苦行ともいう。自らを苦しめる修行、あるいは生き方。極端な二つの生き方(受用欲楽・自苦行の二辺)の一方。→二辺「受用欲楽と自苦行との二辺を遠離す」 Ⓢ klamatha
(参考)(『瑜伽』22、大正 30・404b)
②外道が解脱するために修するよこしまな修行。次のような苦行の種類がある。露形、自餓、臥灰、服気、随日而転、唯服水、噉菓、食糞、著糞掃衣、臥木礫石、投巌、赴火、行牛等行。 Ⓢ tapas
(参考)(『婆沙』33、大正 27・172c)
③人びとを救済するための苦しく困難な実践。難行とおなじ。「我れ、今、一切の苦行に於て怯弱なし」「三無数劫を経て百千の難行・苦行を修習するは、但だ利他の為なり」
Ⓢ duṣkara-caryā
④厳しい修行をする人。苦行者。六十二種の人間のタイプ(有情類)の一つ。非苦行の対。 Ⓢ kaṣṭa-tapas
(参考)(『瑜伽』2、大正 30・289a)
⑤苦の行。行(ākāra)は詳しくは行相といい、すがた・ありようを意味する。苦のありようを苦行という。「無常行に於て決定を得已りて、此れより無間に苦行に趣入す」
Ⓢ duḥkha-ākāra

苦見 くけん すべての現象的存在(諸行)は苦であるとみる見解。苦諦に対する四つの見方(無常・苦・空・無我の四行相)の一つ。 Ⓢ duḥkha-dṛṣṭi
(参考)(『瑜伽』68、大正 30・674c)

苦現観 くげんかん →苦諦現観

苦根 くこん 苦受という根。二十二根のなかの五受根の一つ。身受(眼識・耳識・鼻識・舌識・身識の五識にもとづく感受作用)のなかの苦しみを感じる感覚をいう。→苦受 →二十二根 →五受根 Ⓢ duḥkha-indriya
(出典) 言不悦、是損悩義。於身受、内能損悩者、名為苦根。(『倶舎』3、大正 29・14c)

苦寂静 くじゃくじょう 一切の汚れたありようがなくなって、すべての苦が永久に断滅した寂静。阿羅漢の四種の寂静(苦寂静・煩悩寂静・不損悩有情寂静・捨寂静)の一つ。→寂静⑥

苦受 くじゅ 苦と感じる感受作用。三つの感受作用(苦受・楽受・不苦不楽受)、あるいは五つの感受作用(楽受・苦受・喜受・憂受・捨受)の一つ。心にかなわない対象に対して生じ、身心を苦しめ圧迫する感受作用をいう。→受① →五受 Ⓢ duḥkha-vedanā
(出典) 苦受云何。謂、順苦根境二、為縁所生。非適悦受受所摂。(『瑜伽』9、大正 30・323a～b):領違境相、逼迫身心、説名苦受。(『成論』5、大正 31・27a)

苦樹 くじゅ 苦という樹木。無明を根本原因として最後に生老死という苦を結果する十二支縁起のなか最後の生と老死を植物の樹に喩えて苦樹という。
Ⓢ duḥkha-vṛkṣa-sthānīya
(参考)(『瑜伽』10、大正 30・328a)

苦集 くじゅう 苦と集。集は苦を生じる原因、苦は生じた結果をいう。苦諦と集諦の二諦をいう。

苦集滅道 くじゅうめつどう 苦諦・集諦・滅諦・道諦の四諦のこと。→四諦

苦性 くしょう ①苦であること。苦苦性・行苦性・壊苦性の三つ。→三苦
Ⓢ duḥkhatā
②苦を本質としていること。「種種の苦性の諸欲を追求す」 Ⓢ duḥkha-ātmaka

苦聖諦 くしょうたい →苦諦 Ⓢ duḥkha-ārya-satya

苦切 くせつ ①にがくきびしいこと。「違犯に於て如法なる苦切の語言を以って、現前にて呵擯す」
②きびしく困難なこと。「外道の見と及び無義を引く苦切の行に於て心、愛楽せず」

苦想 くそう 変化して無常なすべての現象的存在（一切行）を苦であると考えること。「無常に於て苦想を修習し、衆苦に於て無我想を修す」 Ⓢ duḥkha-saṃjñā

苦触 くそく 苦と感じる感触。この感触によって苦受（苦と感じる感受作用）が生じる。「苦触所生の身苦」「無動精進は一切の苦触に傾動されず」「地獄に於て諸の苦触に触れて長時に諸の苦悩を受く」
Ⓢ duḥkha-saṃsparśa: duḥsaṃsparśa

苦速通 くそくつう →苦速通行

苦速通行 くそくつうぎょう 四種の通行（苦遅通行・苦速通行・楽遅通行・楽速通行）の一つ。無色界の定と色界の諸定のなかの未至定と中間定とに住する利根の人が努力して真理を理解する修行のありようをいう。苦速通ともいう。→通行 →未至定 →中間定
Ⓢ duḥkhā pratipat kṣipra-abhijñā
（参考）（『倶舎』25、大正 29・132a）：（『瑜伽』26、大正 30・426c）

苦対治楽 くたいじらく 寒さや熱さ、飢饉などの自然環境による苦をなくしたときに生じる楽。五楽（因楽・受楽・苦対治楽・受断楽・無悩害楽）の一つ。
Ⓢ duḥkha-prātipakṣikaṃ sukham
（出典）若対治楽者、謂、因寒熱飢渇等事、生起非一衆多品類種種苦受。由能対治息除寒熱飢渇等苦、即於如是苦息滅時、生起楽覚、是則名為苦対治楽。（『瑜伽』35、大正 30・483c）

苦諦 くたい 四諦（苦諦・集諦・滅諦・道諦）の一つ。苦聖諦ともいう。すべての現象的存在（一切行）は苦であるという真理。苦諦として三苦・四苦・八苦、さらには百十種の苦などが説かれるが、略説すれば「有漏の行」「煩悩所生の行」「一切の雑染を生じる事」「有情生と生の所依処」などであると説かれる。→苦
（出典）有三苦性。一苦苦性、二行苦性、三壊苦性。諸有漏行、如其所応、与此三種苦性合故、皆是苦諦。（『倶舎』22、大正 29・114b）：苦諦云何。謂、有情生及生所依処。即有情世間器世間。（『雑集論』6、大正 31・719a）：云何苦聖諦。謂、生苦、老苦、病苦、死苦、怨憎会苦、愛別離苦。求不得苦。略説、一切五取蘊苦、名苦聖諦。（『瑜伽』27、大正 30・434c）：云何苦諦。謂、生苦等。若略説者、一切生雑染事、皆名苦諦。（『瑜伽』64、大正 30・655c）：問、苦諦義云何。答、煩悩所生行義。（『瑜伽』55、大正 30・605b）

苦諦行相 くたいぎょうそう →苦諦相

苦諦共相 くたいぐうそう 苦という真理すべてに共通するありよう。無常・苦・空・無我の四つのありようをいう。
Ⓢ duḥkha-satya-sāmānya-lakṣaṇa
（出典）苦聖諦有四相。一 非常、二苦、三空、四非我。待縁故非常、逼迫性故苦、違我所見故空、違我見故非我。（『倶舎』26、大正 29・137a）：云何苦諦共相。謂、無常相、苦相、空相、無我相。（『集論』3、大正 31・674c）

苦諦現観 くたいげんかん 見道において苦という真理を現前に観察して、明晰に把握し理解すること。苦現観ともいう。「苦と及び非常・空・非我の相とを思惟するを、亦た名づけて苦諦現観と為す」

苦諦相 くたいそう 苦という真理（苦諦）のありよう（lakṣaṇa）。無常・苦・空・無我の四つのありよう（ākāra）。ākāra は詳しくは行相と訳され、行と略称されるから無常（非常）・苦・空・無我の四つのありようは四行あるいは四行相といわれ、真理（諦）を見る見道においてこれら四行を以って苦諦の相を理解する。→無常苦空無我 Ⓢ duḥkha-satya-lakṣaṇa
（出典）由四種行、了苦諦相。謂、無常行、苦行、空行、無我行。（『瑜伽』34、大正 30・470c）

苦胎蔵 くたいぞう 十二支縁起のなかの

識・名色・六処・触・受の五つの支は来世の生・老死の苦を生じる種子であるから苦を孕んでいるという意味で苦胎蔵という。
Ⓢ duḥkha-garbha
（出典）識名色六処触受五、是種子。是彼当来生老等因、名苦胎蔵。（『演秘』6末、大正43・944c）

苦智 くち ①苦諦にある煩悩を断じる智。十智の一つ。→十智「諸諦に於る苦智・集智・滅智・道智」 Ⓢ duḥkha-jñāna
②苦であるとしる智慧。「三種の最勝無上あり。謂く、無常智と苦智と無我智となり」
Ⓢ duḥkha-jñāna

苦遅通 くちつう →苦遅通行

苦遅通行 くちつうぎょう 四種の通行（苦遅通行・苦速通行・楽遅通行・楽速通行）の一つ。無色界の定と色界の諸定のなかの未至定と中間定とに住する鈍根の人が努力して真理を理解する修行のありようをいう。苦遅通ともいう。→通行 →未至定 →中間定
Ⓢ duḥkhā pratipad dhandha-abhijñā
（参考）（『倶舎』25、大正29・132a）:（『瑜伽』26、大正30・426c）

苦道 くどう 生死輪廻する機構を、煩悩によって業が生じ、煩悩と業とによって苦が結果するという煩悩・業・苦の三つの範疇でとらえるなかで、十二支縁起をこれら三つに分類して、識・名色・六処・触・受・生・老死の七支を結果としての苦ととらえ、それらを苦道という。 Ⓢ duḥkha-vartman
（参考）（『瑜伽』10、大正30・325b）

苦難 くなん 困難。災難。逆境。くるしみ。「殺縛・禁閉、及び駆擯などの諸の苦難の中に於て悉く能く安忍す」「一切の生死の苦難を超度する故に涅槃と名づく」
Ⓢ āpad: duḥkha

苦忍 くにん →苦法智忍

苦悩 くのう 苦しみ。困苦。災い。「無始の時よりこのかた、生死の中に於て多く苦悩を受く」「諸の菩薩は有情の苦悩事を救護す」「身中に猛利にして熾然なる苦悩あり」
Ⓢ upadrava: kaṭuka: duḥkha

苦悩依 くのうえ →依⑫

苦辺 くへん 苦辺際とおなじ。→苦辺際

苦辺際 くへんざい 辺際（anta）とは端・限界・際の意味をもつが、この場合は終局・終焉の意味で、すべての苦が断じられて滅尽することを苦辺際という。苦辺と略称。「苦辺際とは涅槃なり」「阿羅漢は苦辺際を証得す」「正勤方便して縁起を観察して、能く衆苦を尽し、能く苦辺を作す」 Ⓢ duḥkhasya antaḥ

苦法 くほう 苦である存在。苦しみを有するもの。四苦・八苦などの苦をいう。→苦「苦諦に迷い、苦法を以って楽と為す」「当来の生老死などの一切の苦法を生起す」

苦法智 くほうち 苦の法智。四諦を証する見道において欲界の苦諦を証する智慧（jñāna）。苦法智忍が原因となって苦法智忍が滅した次の刹那に生じる智慧。
Ⓢ duḥkhe dharma-jñānam

苦法智忍 くほうちにん 苦の法智忍。四諦を証する見道に入った最初の刹那に生じる智慧（kṣāti）。忍の原語はkṣātiで、智（jñāna）を生じる原因となる意味での智慧をいう。苦忍と略称する。見道においては、この苦法智忍からはじまって苦法智・苦類智忍・苦類智と順次、苦諦の観察智慧が深まっていく。→苦法智 →法智忍 →法智②
Ⓢ duḥkhe dharma-jñāna-kṣātiḥ

苦滅 くめつ ①苦が滅すること。
（参考）（『瑜伽』85、大正30・774a）
②苦と滅。苦諦と滅諦の二諦。「阿羅漢は苦滅の二諦を成就す」

苦滅聖諦 くめつしょうたい →滅諦

苦滅諦 くめったい →滅諦

苦滅道聖諦 くめつどうしょうたい →道諦

苦滅道諦 くめつどうたい →道諦

苦厄 くやく 苦しみ。わざわい。「地獄・傍生・鬼界、及び余の苦厄の諸の有情」「先に安楽を受け、後に苦厄に遭う」
Ⓢ duḥkhita

苦薬 くやく にがい薬。飲んだときはにがくまずいが、消化されると身体のためになる薬。「苦薬は初食の時は損し、消化の時は益す」

苦楽 くらく 苦と楽。苦受と楽受。三受あるいは五受のなかの二つ。→三受 →五受

苦類智 くるいち 苦の類智。四諦を証する見道において色界・無色界の苦諦を証する智慧（jñāna）。 Ⓢ duḥkhe anvaya-jñānam

苦類智忍 くるいちにん 苦の類智忍。苦類智を生じる原因となる智慧（kṣāti）。→苦類智 Ⓢ duḥkhe anvaya-jñāna-kṣāntiḥ

垢 く　けがれ。よごれ。あか。けがれやよごれを意味する原語として rajas と mala があるが、前者は塵、後者は垢と訳される。垢は外垢と内垢とに大別される。外垢は、身体や事物に付着したよごれ・あかをいい、内垢は、煩悩（kleśa）あるいは漏（āsvara）をいう。「人の身内に多く不浄あり。いわゆる塵・垢・筋・骨などなり」「煩悩は自性として染汚なるが故に名づけて垢と為す」「垢と漏とは名は異にして体は同じ」「沐浴して外垢を除く」「内垢に三あり。貪・瞋・癡を謂う」 Ⓢ mala

垢穢 くえ　けがれとよごれ。「瑜伽行を勤修する者は、其の心をして貪・瞋・癡などの一切の垢穢に棄背せしむ」 Ⓢ mala-kaṣāya

垢業 くごう　けがれた行為。殺・盗・邪婬・妄語・貪・瞋・癡・怖・耽酒・博戯・放蕩・迷著伎楽・悪友相損・懈怠嬾惰の十四種がある。 Ⓢ mala-karman

（参考）（『略纂』12、大正 43・152c）

垢膩 くじ　①けがれていること。不潔なこと。「種種の衣服は、ある時は鮮潔なり、ある時は垢膩なり」 Ⓢ malinatā

②胃からはきもどす黄い液。胆汁。黄水。

Ⓢ lasikā

垢濁 くじょく　けがれ。よごれ。「洗浴に由る故に内の十二処は皆な悉く明浄にして諸の垢濁を離る」

垢染 くぜん　よごれていること。けがれに染まっていること。「衣に垢染あり」「垢染の心あり」 Ⓢ saṃkliṣṭa

倶 く　①二つ。両方。「能く自害を為し、能く他害を為し、能く倶害を為す」「二つの因縁は倶に闕減なし」

Ⓢ ubhaya: tad-ubhaya

②同時に。「諸行と自在とは倶に本有なるべし」 Ⓢ yugapad: yaugapadyam

③一緒に。共同で。同時に。「異熟果は因と倶なることなし」「受の生ずること、触の後なるや、倶なるや」

Ⓢ saha: saha-kāla: samāna-kāla: samavadhāna

倶異顕色 くいけんじき　明瞭に顕現している色彩のなか、好ましくもなく悪くもないもの。三種の顕色（好顕色・悪顕色・倶異顕色）の一つ。→顕色

倶有 くう　同時に存在すること。→倶有依　→倶有因　→倶有根「有は生に望んで倶有の縁となる。彼の種子を熏発するが故に」「有心位の中には、心と意と意識とは一切時に於て倶有にして転ず」

Ⓢ saha-bhāva: saha-bhūta

倶有因 くういん　同時にある因。六因の一つ。これに関して次の二つの解釈がある。（ⅰ）二つ以上の存在が互いに因となり果となるとき、一方を他方に対して倶有因という。たとえばＡ・Ｂ・Ｃの三本の杖が相いよって立っているとき、ＡはＢＣの倶有因であり、ＢはＡＣの倶有因であり、ＣはＡＢの倶有因である。（ⅱ）二つ以上の存在が相いよって一つの存在に作用をおよぼすとき、相いよる存在を一つの存在に対して倶有因であるという。たとえば三本の杖が相いよって一つの物を支えるとき、三本の杖は一つの物の倶有因である。前者（ⅰ）を互為果倶有因といい、後者（ⅱ）を同一果倶有因という。→六因　Ⓢ sahabhū-hetu

（出典）若法更互為士用果、彼法更互為倶有因。其相云何。如四大種、更互相望為倶有因。（『倶舎』6、大正 29・30b）

倶有依 くうえ　心が生じる三つの原因（倶有依・等無間依・種子依）の一つ。倶有とは同時に存在すること。依とは詳しくは所依といい、ものが生じるよりどころ・原因。あるものが生じる場合、そのものと同時に存在してそれを生じるよりどころ・原因を倶有依という。たとえば眼識の倶有依は眼根（眼の器官）であり、乃至、意識の倶有依は意根である。倶有根のこと。増上縁依とおなじ。→倶有根　→増上縁依

Ⓢ saha-bhūta-āśraya

（出典）眼識所依者、倶有依、謂、眼。等無間依、謂、意。種子依、謂、即此一切種子阿頼耶識。（『瑜伽』1、大正 30・279a）

倶有依根 くうえこん　→倶有根

倶有根 くうこん　こころ（心心所・識）と同時に存在し、こころを生じる六つの器官、すなわち眼・耳・鼻・舌・身・意の六根をいう。倶有依根ともいう。

倶有相応 くうそうおう　六種の相応（不相離相応・和合相応・聚集相応・倶有相応・作事相応・同行相応）の一つ。倶有とは同時に存在すること、相応とは関係し合っていること。身心を構成する諸要素（蘊・処・界）が

一人の人のなかで同時に存在し相続しているありようをいう。
（出典）何等俱有相応。謂、一身中諸蘊処界、俱時流転、同生住滅。（『集論』3、大正 31・673b）

俱有法 くうほう あるものに伴い、それと同時に存在するもの。「一つの慧に俱有法が相雑して助伴す」

俱害 くがい 自己と他者いずれをも害すること。三つの害（自害・他害・俱害）の一つ。
（参考）（『婆沙』44、大正 27・227c 以下）

俱起 くき 同時に生起すること。一緒に生じること。「無慚と無愧とは一時に俱起せず」「灯焔と灯明とは俱起す」 Ⓢ yugapad vartate: saha-utpanna: saha-ja: saha-jāta: saha-bhū: sārdham utpadyate

俱枳羅 くきら kokila の音写。鳥の一種。カッコウのこと。「卵生とは鵝・雁・孔雀・鸚鵡・舎利迦・俱枳羅・命命鳥などをいう」 Ⓢ kokila

俱義 くぎ 自義と他義との二つの義。自己の利益になることと、他者の利益になることとの二つ。→自義 →他義

俱行 くぎょう 伴うこと。同時に働くこと。「慈と俱行の静慮」「喜貪と俱行の愛」「絃管と俱行の声」「掉挙と惛沈とは俱行せず」 Ⓢ saha-gata: saha-cara: saha-cariṣṇu: saha-carya

俱句 くく 四句分別のなかの第三句。→四句分別

俱解脱 くげだつ 俱分解脱とおなじ。→俱分解脱

俱作 くさ ある出来事や事柄、広くは現象的存在（縁起法・縁生法）はすべて、自分によって作られる（自作）、他者によってつくられる（他作）、自分と他者との両者によって作られる（俱作）という三種の見解のなかの、自分と他者との両者によって作られるという見解をいう。仏教は実体的な自分や他者を認めない無我という立場より、すべての現象的存在は自作でも、他作でも、自他による俱作でもないと説く。自他作・自他俱作ともいう。「諸の縁生法は自作に非ず、他作に非ず、俱作に非ず、亦た無因生に非ず」 Ⓢ ubhaya-kṛta

俱作論 くさろん ある出来事や事柄、広くは現象的存在の一部分は大自在天などの他者によって作られ、一部分は自分によって作られるという見解。自作論・他作論に対する見解。
（出典）若欲一切皆宿因作、名自作論。若欲一切皆自在等変化因、作名他作論。若欲少分自在天等変化因作、一分不爾、名俱作論。（『瑜伽』87、大正 30・787a）

俱時 くじ 同時に。「一仏土に二の如来ありて俱時に出世すること有ることなし」「諸の世間が若し一因より生ぜば、則ち一切は俱時に生ずべし」 Ⓢ ekasmin kṣaṇe: yugapad: samāna-kālam: saha

俱舎 くしゃ kośa の音写。蔵と意訳。kośa には倉庫・貯蔵庫の意味があるが、世親著の『阿毘達磨俱舎論』の俱舎は種種の教えを納めまとめた綱要という意味。 Ⓢ kośa

俱生 くしょう ①同時に生起すること。一緒に生じること。「果が因と俱生す」「諸法は決定して俱生することあり」
Ⓢ saha-utpanna: saha-utpāda
②生まれると同時に具わっていること。先天的に身についていること。後天的に身につくことを意味する分別・分別起・分別生の対。
→俱生我執 →俱生我見 →分別起
Ⓢ saha-ja

俱生慧 くしょうえ 生まれると同時に先天的に身についている智慧。修行することによって後天的に身につく加行慧の対。「久しく已に大資糧を積集するが故に俱生慧を以って能く一切の法性を覚悟す」 Ⓢ sahaja-prajñā

俱生我見 くしょうがけん 自己は存在するとみる見解のなかで、生まれると同時に先天的に身についている見解。人間から動物に至るまで持っている見解。末那識（潜在的な自我執着心）の働きによって生じる我見。二種の我見（俱生我見・分別我見）の一つ。俱生薩迦耶見ともいう。→我見 →分別我見
（出典）俱生我見、謂、下至禽獣等亦能生起。（『瑜伽』86、大正 30・779c）

俱生我執 くしょうがしゅう 自己（我）への執着のなかで、生まれると同時に先天的に身についている執着。これには、意識による我執と末那識（潜在的な自我執着心）による我執との二つがある。前者は心のなかに生じた五蘊（色・受・想・行・識の五つの構成要素）を実体的な自己であると考える意識の誤

認をいい、後者は心の深いところで末那識が常に阿頼耶識を対象としてそれを自己であると考えつづけている執着をいう。二種の我執（倶生我執・分別我執）の一つ。→分別我執
（出典）倶生我執、無始時来虚妄熏習、内因力故、恒与身倶、不待邪教及邪分別、任運而転。（『成論』1、大正 31・2a）

倶生薩迦耶見 くしょうさつがやけん 倶生身見とおなじ。→倶生身見

倶生身見 くしょうしんけん 自己は存在するとみる先天的に身についている見解。倶生薩迦耶見ともいう。「倶生の身見は無記性であり、分別生の身見は不善性なり」
Ⓢ sahajā satkāya-dṛṣṭiḥ

倶生得 くしょうとく →法倶得

倶生法執 くしょうほっしゅう 存在の構成要素（法）への執着のなかで、生まれると同時に先天的に身についている執着。これには、意識による法執と末那識（潜在的な自我執着心）による法執との二つがある。前者は心（識）が変化し作りだし心のなかにある蘊・処・界を心の外にある実体的な存在（実法）であると考える意識の誤認をいい、後者は心の深いところで末那識が常に阿頼耶識を対象としてそれを実体的な存在（実法）であると考えつづけている執着をいう。二種の法執（倶生法執・分別法執）の一つ。→分別法執
（出典）倶生法執、無始時来虚妄熏習、内因力故、恒与身倶、不待邪教及邪分別、任運而転。（『成論』2、大正 31・6c）

倶陀尼洲 くだにしゅう 牛貨洲とおなじ。→牛貨洲

倶胝 くてい koṭi の音写。拘胝とも音写。数の単位の一つ。次の二説がある。（ⅰ）十の七乗。（『倶舎論』、『婆沙論』に三説ある中の第三説）。（ⅱ）一大劫の百百千倍。（『婆沙論』に三説あるなかの第一説と第二説）
Ⓢ koṭi
（参考）（『婆沙』177、大正 27・890c）：（『婆沙』177、大正 27・891a）：（『倶舎』12、大正 29・63b）

倶胝倶胝 くていくてい 数の単位の一つ。倶胝（一大劫の百百千倍）の百千倍。『婆沙論』にある時間に関する三説のなかの第二説。
（参考）（『婆沙』177、大正 27・890c）

倶胝百千 くていひゃくせん 倶胝は koṭi の音写。数の単位の一つで、十の七乗。これに百と千を付して全体で非常な量の数を意味する形容句として用いられる。那庾多（nayuta）を入れて倶胝那庾多百千という場合もある。「此の一一の住中に於て、倶胝百千の大劫を経る」

倶転 くてん 同時に共に生じて働くこと。「阿頼耶識は、或いは一時に於て唯だ一種の転識と倶転す」 Ⓢ yugapad vartate: saha vartate: saha-varttin

倶非 くひ それら両方ではないこと。「好色の有情と悪色の有情と倶非の有情」
Ⓢ tad-ubhaya-vivarjita: na-ubhaya

倶非句 くひく 四句分別のなかの第四句。→四句分別

倶分解脱 くぶんげだつ 煩悩障と解脱障の二障から解放された解脱。煩悩障からも定障（解脱障）からも解脱し、八解脱を身を以って証した解脱。阿羅漢が滅尽定を得たときの解脱。倶解脱ともいう。そのような解脱を得た人を倶分解脱補特伽羅という。
（出典）諸阿羅漢得滅定者、名倶解脱。由慧定力、解脱煩悩解脱障故。（『倶舎』25、大正 29・131c）：云何倶分解脱補特伽羅。謂、有補特伽羅、已能証得諸漏永尽、於八解脱身已作証具足安住、於煩悩障分及解脱障分、心倶解脱、是名倶分解脱補特伽羅。（『瑜伽』26、大正 30・425b）：定障煩悩障倶解脱故、建立倶分解脱。（『瑜伽』14, 大正 30・354a）：何等倶分解脱補特伽羅。謂、已尽諸漏及具証得八解脱定。（『集論』6、大正 31・689a）

倶分解脱補特伽羅 くぶんげだつふとがら →倶分解脱

倶物陀 くもつだ 数の単位の一つ。那庾多分の百千倍。→那庾多分
（参考）（『婆沙』177、大正 27・890c）

倶物陀分 くもつだぶん 数の単位の一つ。倶物陀の百千倍。→倶物陀
（参考）（『婆沙』177、大正 27・890c）

倶盧 くる →倶盧洲

倶盧舎 くるしゃ 長さの単位の一つ。弓の五百倍。 Ⓢ krośa
（参考）（『倶舎』12、大正 29・62b）

倶盧洲 くるしゅう 四つの大陸（四大洲）の一つ。倶盧は kuru の音写で勝処と意訳。その土地が最も勝れているからこの名がある。四角形の形であり、四つの辺はそれぞれ

二千踰繕那で等しい。この洲に住む人は身の丈は高く、寿命も長く、楽が多くて苦が少なく、所有するという意識がない。kuru を拘盧と音写して拘盧洲ともいう。北に位置するから北倶盧洲という。 Ⓢ kuru-dvīpa
（出典）北倶盧洲、形如方座、四辺量等、面各二千。（『倶舎』11、大正 29・58a）

恭敬　くぎょう　尊敬すること。あるいは尊敬されること。後者の意味での恭敬は、多くは「利養・恭敬」という表現で用いられる。「深く三宝を信じて供養し恭敬す」「正法を恭敬して聴く」「諸の苾芻は仏の所説を聞き、歓喜・踊躍し恭敬・尊重す」「利養・恭敬に深く耽著して梵行を修す」 Ⓢ ādāra-jāta: ā-**dṛ**: gaurava: praṇata: māna: śuśrūṣamāṇa: satkāra: sat-**kṛ**: satkṛtya

恭事　くじ　うやうやしく仕えること。女が男を魅惑して縛る八つのありようのなかの一つ。「受用する時に於ては妍容・軟滑・恭事・童分の四処に由って男は女の為に縛せらる」

恭順　くじゅん　うやうやしく順うこと。尊敬の念、好意を示すこと。悪い意味にも用いられることがある。敬順とおなじ。「其の舎に往詣し、安不を慰問し恭順す」「賊は先に礼敬・恭順を申べ、後に曠野に至って其の衣鉢を奪う」 Ⓢ praṇaya

恭承　くしょう　仕えて世話をすること。奉仕すること。供侍・供事・供承とおなじ。「病者を恭承す」

庫蔵　くぞう　くら。貯蔵庫。「諸の菩薩は貧窮の衆生に飲食・財穀・庫蔵を施す」「種種の庫蔵は一時は盈満し、一時は減尽するを観見して、便ち諸行は無常なりという念を作す」 Ⓢ kośa: kośa-saṃnidhi: saṃnidhi

矩陛羅　くへいら　kuvera の音写。天神の一つ。「自在を信じる者は若し男女を生めば、便ち毘瑟拏天・矩陛羅などの天神の所与なりと言う」

矩拉婆洲　くらばしゅう　四大洲の一つである倶盧洲の側にある中洲。→四大洲　→倶盧洲　Ⓢ kaurava

貢献　くけん　みつぎものを奉ること。「珍奇な信物を貢献す」

貢高　くこう　自慢すること。ほこること。おごること。「貢高が其の心を雑染するを遠離す」 Ⓢ unnati: stambha

救　く　救う、救済すること。「一切の有情の苦を救う」 Ⓢ paritrāṇa

救護　くご　救い護ること。庇護すること。「猶し己の子の如くに、諸の有情を視て愛念し救護す」「諸の菩薩は怖畏に遭う諸の有情を皆な能く救護す」 Ⓢ ārakṣā: **rakṣ**

救言　くごん　「救って言う」と読む。ある主張が他によって破られたとき、別の角度からその主張の正しいことを証明しようとする際の最初にある語。

救済　くさい　救うこと。「悲は唯だ救済を希望し、大悲は救済の事を成ず」「老病死が世間を逼悩するを見て、救済の為の故に初めて無上正等覚心を発す」「帰依は救済を以って義と為す」 Ⓢ trāṇa

救脱　くだつ　救うこと。救って解脱せしめること。救抜とおなじ。「一切有情を救脱して無上正等菩提に住せしむ」 Ⓢ paritrāṇa

救抜　くばつ　苦を抜いて救うこと。救脱とおなじ。「有情の一切の憂苦を救抜せんと欲す」「含識をして生死輪廻から救抜す」 Ⓢ paritrāṇa

救療　くりょう　病気を治すこと。「彼れに疹疾あれば、善権方便して疹疾を救療す」 Ⓢ praśama

鉤　く　かぎ。ものをひっかける道具。かぎ状に連なっているさま。「鉢羅塞建提の骨節が相い鉤すること、鉄の鉤が相い鉤するが如し」 Ⓢ śaṅku: śaṅkuka

鉤鎖梵行　くさぼんぎょう　鉤鎖とはかぎ状のくさりをいい、くさりが身をしばって拘束するように、悪業を禁制する清らかな行ないを鉤鎖梵行という。出家の菩薩が行なうことができる梵行。→梵行①　Ⓢ saṅkalī-kṛtaṃ brahma-caryam
（出典）鉤鎖、意取相拘礙義。出家之人有所禁戒。防悪三業故、如鉤鎖。（『略纂』12、大正 43・158a）

鳩鴿　くこう　はと。「死して乃至七日経ると、骸骨腐爛して鳩鴿の色の如し」 Ⓢ pārāvata

鳩叛荼　くはんだ　→鳩畔荼

鳩畔荼　くはんだ　kumbhāṇḍa の音写。鳩叛荼とも音写。悪鬼の一種。瓶のような形をした陰嚢を有する悪鬼。『婆沙論』では地に住む神の一つとしてあげられ、天趣ではなく鬼趣に属するとされる。 Ⓢ kumbhāṇḍa

（参考）（『婆沙』172、大正 27・869a）

箜篌 くご （インドの）琵琶。「箜篌の声の上の美妙なる曲性と箜篌の声との一相・異相を施設し易からず」 Ⓢ vīṇā

駆擯 くひん ①追放すること。罪を犯した者に対する罰の一つ。苦を生じる原因の一つとしてあげられる。「諸の菩薩は有過者を調伏・訶責・治罰・駆擯して不善処より出だし善処に安置せしむ」「殺縛・斫截・捶打・駆擯の逼悩によって生ずる苦を受く」
Ⓢ pra-**cyu**: pra-**vas**: pravāsana
②追いだし駆除すること。「正行の婆羅門は已に悪不善法を駆擯す」 Ⓢ vāhita

駆役 くやく かりたてて働かせること。仕事にかりたてること。労働すること。「善悪無記品の中に於て心を駆役するを行蘊の相と為す」「役に堪えない者をして之を駆役す」

鵂鶹 くる みみずく。「眼ありて夜に於て礙あり、昼に非ず。諸の蝙蝠・鵂鶹などの眼の如し」 Ⓢ ulūka

瞿 く go（牛の意）の音写。→瞿声

瞿声 くしょう go（瞿）という音声。この一つの音声に方・獣・地・光・言・金剛・眼・天・水の九つの意味がある。
Ⓢ go-śabda
（参考）（『倶舎』5、大正 29・29b）

瞿陀 くだ 原語は godha でトカゲのことか。この語は『婆沙論』の「瞿陀と鳥とは倶に水上に於て共に死屍を食す。有人が箭を以って之を射るに、瞿陀は翼なくして便ち水の中に没し、鳥は翼あるが故に即時に飛び去る。是の如く異生と及び預流者は倶に境を受して不善業を為すと雖も、無情の箭に中射せらる時、異生は止観の翼なきが故に即ち悪趣の水中に沈没し、預流は止観の翼あるが故に便ち天人・涅槃の空界に昇る」（『婆沙』125、大正 27・653a）という文中にある。瞿陀には翼がないことが異生は止観を修せず、鳥には翼があることが預流は止観を修することに喩えられている。 Ⓢ godha

瞿陀尼 くだに →瞿陀尼洲

瞿陀尼洲 くだにしゅう 瞿陀尼は godānīya の音写。四つの大陸（四大洲）の一つ。形は満月のように円く、直径が二千五百踰繕那、周囲が七千半踰繕那あるという。西に位置するから西瞿陀尼洲という。そこの住民は牛を貿易するから、godānīya を意訳して牛貨洲ともいう。 Ⓢ godānīya-dvīpa
（出典）西牛貨洲、円如満月、径二千五百。周囲七千半。（『倶舎』11、大正 29・58a）：瞿陀尼、此云牛貨、貨用牛故。（『略纂』1、大正 43・16b）

瞿臘毘 くろうび 瞿臘毘明（gurohi-vidyā）のこと。馬の調教術である「馬匹学論書」を指す。支明（veda-aṅga）などとともに世間の学問のなかの一つ。
（参考）（『婆沙』102、大正 27・529b）

懼 く おそれること。「三十三天は阿素洛を懼れて六軍を安布す」 Ⓢ āśaṅkā

衢道 くどう 衢路とおなじ。→衢路

衢路 くろ 四方に通じる大通り。道路。衢道とおなじ。「天廟・衢路・市肆に於て殺羊法を立てて流行して絶えず」「是の如き四つの苑に四つの衢道あり、天の諸の婇女が其の中に遊集す」 Ⓢ rathyā

弘願 ぐがん 広大な誓い、願い。最高のさとりを得ようと誓願すること。弘誓願ともいう。「無上正等菩提に於て弘願を発す」「弘誓願を発して三宝を供養す」 Ⓢ praṇidhāna

弘済 ぐさい 人びとの苦しみを広く救済すること。「仏・菩薩の無住涅槃に摂するあらゆる滅は、能く一切の大苦・災横を遮するが故に弘済と名づく」「弘済の大慈」

弘誓願 ぐせいがん 弘願とおなじ。→弘願

求 ぐ 求めること。願うこと。欲求すること。求（eṣaṇā）の種類として、欲求・有求・梵行求の三種が説かれる（『瑜伽』5、大正 30・300c。→各項参照）。「衣服・飲食などを求む」「義を求め、文を求めず」「己の楽の為に財を求む」「諸の菩薩は正法を求む」
Ⓢ anveṣin: abhilāṣin: arthika: arthin: icchā: eṣaṇā: kāma: gaveṣaṇa: gaveṣin: paryā-**iṣ**: paryeṣaka: paryeṣaṇā: paryeṣṭi: prārthanā: prekṣin: samanu-**iṣ**

求有 ぐう 求生とおなじ。→求生

求解 ぐげ 理解しようと欲すること。「求解の心に住して仏・仏弟子の所に往詣す」

求乞 ぐこつ ものを乞うこと。「他が来りて可愛の物を求乞す」 Ⓢ mṛgaya

求乞者 ぐこつしゃ ものを乞う者。「諸の菩薩は飲食に匱乏して求乞する者には、施すに飲食を以ってす」 Ⓢ arthika

求索 ぐさく 求めること。「妙五欲をば諸の余の沙門・婆羅門などは施主の辺により、

言を以って求索するが故に応説と名づく」
Ⓢ paryā-**iṣ**

求者 ぐしゃ ものを求める者。来たりてものを乞う人。来求者とおなじ。「求者が来りて飲食などの事を悕求す」
Ⓢ arthin: yācaka: yācanaka

求生 ぐしょう 求有とおなじ。死んでから生まれるまでの中間的存在（中有）の異名の一つ。常に再び生まれることを求めているから求生という。 Ⓢ saṃbhavaiṣin
（出典）住中有、名求有。於六処門、求当有故。（『婆沙』130、大正 27・677a）：由仏世尊、以五種名、説中有故。何等為五。（中略）二者求生。常喜尋察当生処故。（『倶舎』10、大正 29・55b）

求請 ぐしょう 懇願すること。求めること。「師の所に詣でて教授を求請す」
Ⓢ paryā-**iṣ**: **yāc**: yācita

求得 ぐとく ①得ようと求めること。「択滅は欣尚し求得すべき法なり」 Ⓢ lābhaṃ paryeṣate
②求めて得ること。「他より求得した財宝」
Ⓢ paryeṣita

求不允苦 ぐふいんく 求不得苦とおなじ。
→求不得苦

求不得苦 ぐふとくく 求めても得られない苦。世間的苦の代表。八苦の一つ。求不允苦・所求不遂苦ともいう。また雖復希求而不得苦（希求するといえども得られない苦）とも言い換えている例がある（『瑜伽』44、大正 30・536a）。→八苦 Ⓢ icchā-vighātikaṃ duḥkhaṃ

求覓 ぐべき さがし求めること。「世尊は大悲に逼せられて利他の方便を求覓す」「処処に諸の資身具を求覓す」

求法 ぐほう 法を求めること。正しい教えを聞き、学ぼうと努力すること。「勝慧の為に求法して怠惰なし」 Ⓢ dharma-arthin: dharma-paryeṣaka: dharma-paryeṣṭi

求欲 ぐよく ①求める、欲する、願うこと。「諸仏・如来に現見せんと求欲す」「諸の有情は生天せんと求欲して邪方便を起こす」
Ⓢ ā-**yāc**: kāma
②欲（kāma）を求めること。欲求とおなじ。
→欲求②

具 ぐ ①所有すること。伴うこと。「無上菩提は大威徳を具す」「七金山の間に水あり。八支の徳を具す」「菩薩種姓を具す」
Ⓢ anvita: upeta: yukta: sakala: samanvāga: saṃpad: saṃpanna
②道具。生活のなかで使用される用具。資具とおなじ。 Ⓢ upakaraṇa: bhoga
（出典）具者、謂、所受用資具。（『瑜伽』8、大正 30・316c）
③もの。物一般。「戯楽などの具を恵施す」
Ⓢ vastu
④「完全な」「すべての」を意味する形容詞。
→具円満 Ⓢ ahīna: sakala: samagra
⑤「完全に」「詳しく」を意味する副詞。「後の品に於て具に演説すべし」 Ⓢ sākalyena
⑥六つの器官（眼・耳・鼻・舌・身・意の六根）の六つの対象（色・声・香・味・触・法の六境）。
（出典）具者、謂、色等六境。（『雑集論』1、大正 31・695b）

具有 ぐう すべてを有していること。すべてが存在すること。「一刹那に生・老・死の三相を具有す」「外道の有情衆は一切の雑染を具有す」 Ⓢ **bhū**

具円満 ぐえんまん すべてをそなえていること。完全に成就し、完成すること。
Ⓢ sakala-saṃpūrṇa

具戒 ぐかい ①戒めを受けて守っていること。「出家し已って具戒に安住して堅牢に防護す」「具戒に安住し、善く能く別解律儀を守護す」 Ⓢ śīlavat: śīla-saṃpad
（出典）云何具戒。謂、仏世尊昔菩薩時、棄上妙欲、捨離居家、受持身語所有律儀。（『瑜伽』18、大正 30・375a）
②具足戒のこと。→具足戒

具根 ぐこん ①五根（眼・耳・鼻・舌・身の五つの器官）を具えていること。「劫初の人と畜との一切は具根なり」 Ⓢ ahīna-indriya
②男根（男の性器）あるいは女根（女の性器）を具えていること。不具根の対。「中有の身は必ず具根なり」 Ⓢ sakala-indriyatva

具四十歯相 ぐしじゅうしそう 偉大な人間に具わる三十二種の身体的特徴の一つ。→三十二大丈夫相

具寿 ぐじゅ 原語 āyuṣmat は「長寿の」という意味の形容詞。人名の前に付ける、あるいは呼びかけの敬語として用いられる。出家者（苾芻）の通称にして、多くは師より弟

子を呼ぶ、長者より年少者を呼ぶときに用いられる。「具寿阿難は合掌して仏の希有の法を讃ず」「その時、具寿大目乾連は彼の衆中に在りて是の如きの念を作す」

具声 ぐしょう →八転声

具摂 ぐしょう すべてを包含する、収め尽くすこと。「四縁は一切法を具摂す」「十法ありて大乗の菩薩道と及び果とを具摂す」
Ⓢ saṃgraha

具説 ぐせつ 詳しく説くこと。「契経の中に此の義を具説す」 Ⓢ nirdeśa

具足 ぐそく ①完全にそなわっていること。完全に獲得していること。種類としては寿量具足・形色具足・族姓具足・自在具足・信言具足・大勢具足・人性具足・大力具足の八種が説かれる（『瑜伽』36、大正 30・484b)。「諸の菩薩は律儀戒に住して不放逸行を具足し成就す」「一切の無尽の財宝を具足して大悲を成就す」
Ⓢ upasam-**pad**: pratisaṃyukta: saṃpatti: saṃpad: saṃpanna: saṃyukta
②「完全」「すべて」を意味する形容詞あるいは副詞。「此の三律儀は体は各別なれども具足して頓生す」「彼の契経は是れ具足の説なり」
Ⓢ paripūrṇa: sakala sakala: paripūrṇa

具足戒 ぐそくかい 守るべきことをすべて具えた戒。この戒を受けることによって僧（苾芻・苾芻尼）としての資格を得ることになる。苾芻・苾芻尼が教団内で守るべき戒律の総称。部派によってその数は相違するが、通常、苾芻（男性の出家者）は二百五十戒、苾芻尼（女性の出家者）は三百四十八戒を受ける（五百戒とされる場合もある)。「出家して具足戒を受けて苾芻性を得る」「白四羯磨して具足戒を受けた苾芻」 Ⓢ upasaṃpadā: upasaṃpanna

具足住 ぐそくじゅう 完全に獲得し成就しているありようをいう。「具足住とは第三静慮の善の五蘊を得獲し成就するを謂う」

具知根 ぐちこん 根とはあるものを生み出す勝れた力を有するものをいい、全部で二十二の根がある。これらのなか、四諦の理を知る無漏（煩悩の汚れがない）の根をまとめて三無漏根（未知当知根・已知根・具知根）といい、そのなかの一つが具知根であり、すべての惑を断じ尽くして、もはや学修すべきことがなくなった無学道において、すでに四諦の理を知り尽くしたと智る力を具えていることをいう。 Ⓢ ājñatāvi-indriya
（参考）（『倶舎』3、大正 29・15a)：（『集論』5、大正 31・685b)

具縛 ぐばく 束縛（煩悩）を有していること、あるいは、そのような人。「具縛の有情の身中に能く金剛喩定を起こす時、能く頓に三界の一切の煩悩を断ず」「具縛と不具縛との二種の所調伏界あり」
Ⓢ sakala-bandhana

具分 ぐぶん ①全部。すべて。「一分離欲と具分離欲」「一分摂と具分摂」
②二つ。両方。→具分修

具分修 ぐぶんしゅ 奢摩他と毘鉢舎那の二つを同時に修すること。「奢摩他と毘鉢舎那の双修を具分修作意と謂う」

具分断 ぐぶんだん 全部を断じること。「諸煩悩の具分を断ず」

具分離欲 ぐぶんりよく 全部の煩悩を断じること。凡夫の位で欲界の見惑・修惑の九品すべてを断じること。一分離欲の対。→一分離欲

愚 ぐ ①おろかもの。真理をさとっていない者。愚者・愚夫・愚人・凡夫とおなじ。異生の別称。 Ⓢ bāla
（出典）愚、謂、異生。未見諦故。（『倶舎』3、大正 29・18a)：愚、謂、無智、或悪慧者。（『婆沙』198、大正 27・989b)
②おろかであること。無知であること。「彼の比丘は諸行の自相に愚なり」 Ⓢ moha: saṃmūḍha: saṃmoha
（参考）種類としては、界愚・心愚・法愚・諦愚の四種（『婆沙』116、大正 27・547b)、無解愚・放逸愚・染汚愚・不染汚愚の四種（『瑜伽』58、大正 30・622a)、義愚・見愚・放逸愚・真実義愚・増上慢愚の五種（『瑜伽』9、大正 30・322c）がある。

愚暗 ぐあん くらくおろかなこと。愚闇とおなじ。「無明は愚暗にして法を選択すること能わず」

愚闇 ぐあん くらくおろかなこと。無知の言い換え。「或いは疑惑・猶預を起こし、或いは愚闇・無知を起こす」

愚者 ぐしゃ おろかもの。愚夫・愚人・凡夫とおなじ。「愚者は唯だ法のみありて余はなしと了知せずして実の有情ありと謂う」

Ⓢ bāla

愚智 ぐち 愚と智。おろかなものとちえのあるもの。愚者と智者。「論主は現事の喩を引いて愚智をして倶に解了を得せしめんと欲す」

愚稚 ぐち 幼稚でおろかな人。「愚稚などの未だ思度すること能わざるものの如きは、率爾に我覚を起こすべからず」 Ⓢ bāla-dāraka

愚癡 ぐち ①おろかであること。真理を知らないこと。心を毒する三つの煩悩である三毒（貪欲・瞋恚・愚癡）の一つ。無明とおなじ。「末世に於ては衆生は多く愚癡にして煩悩に悩乱せらるる」「愚癡にして鈍根なる有情」 Ⓢ mūḍha: momuha: moha: saṃmūḍha: saṃmoha
（参考）十地に於ける二十二種の愚癡が説かれる（『瑜伽』78、大正30・730a）。
②おろかな人。「仏は正理を以って諸の愚癡をして種種の法を悟解せしむ」
Ⓢ saṃmūḍha
（参考）種類として、欠減愚癡・狂乱愚癡・散乱愚癡・自性愚癡・執著愚癡・迷乱愚癡・堅固愚癡・増上愚癡・無所了別愚癡・現見愚癡の十種が説かれる（『瑜伽』60、大正30・637a以下）。→各項参照

愚戇 ぐとう おろかであること。おろかもの。「煩悩熾盛の愚戇」

愚鈍 ぐどん おろかであること。「性として愚鈍にして所聞の法を受持すること難し」
Ⓢ dhandha

愚人 ぐにん おろかもの。愚夫・愚者・凡夫とおなじ。「愚人の輩は、利養を貪り、仏を捨てて邪に従う」

愚夫 ぐふ おろかもの。愚者・愚人・凡夫とおなじ。智者の対。「諸の愚夫は貪愛の河に堕して漂溺す」「愚夫の類は無明に盲いられて、行の相続に於て我我所を執す」
Ⓢ bāla: bāliśa
（参考）（『瑜伽』70、大正30・688a）

愚昧 ぐまい おろかであること。「愚昧にして無聞なる諸の異生」「其の心、愚昧にして、数数、我を思惟す」 Ⓢ bāla

愚迷 ぐめい おろかでまよっていること。「染浄法に於て愚迷を遠離して道聖諦に入る」
Ⓢ saṃmoha

愚妄 ぐもう 虚偽であること。まちがっていること。虚妄とおなじ。諦実の対。「一類の外道は、我は死後あると想い、唯だ是れのみ諦実にして余は皆な愚妄なりと執す」
Ⓢ mṛṣā

愚盲者 ぐもうしゃ おろかで真理にくらい人。眼が見えない人。「無明者・愚盲者が坑に堕ちるを詰問すべからず」

愚矇者 ぐもうしゃ おろかもの。「世間には聡慧者は少く、愚矇者は多し」

愚魯 ぐろ おろかであること。「愚魯なるが故に疑を生ず」

愚惑 ぐわく おろかでまよっていること。「三宝に愚惑にして信ぜず」「三世に愚惑にして、我れは曽て有なり非有なりなどと謂う」
Ⓢ saṃmūḍha

空 くう ①むなしいこと。意味や価値がないこと。「汝の言うところは空にして実義なし」「空しく日夜を度す」
Ⓢ mogha: vandhya
②なにも存在しない広大無辺の空間。虚空とおなじ。存在を構成する要素の一つ。〈唯識〉では存在の構成要素として地・水・火・風の四種（四大）を立てるが、密教はこれに虚空である空を加えた五大、あるいは空と識とを加えた六大を立てる。→虚空②　→空大「空は一切に遍ず」 Ⓢ ākāśa: nabha
③そら。大空。「天雨の滴が車軸の如く無断に空より下澍す」 Ⓢ antarikṣa
④あるものが存在しないこと。「言うところの空とは一切の煩悩を離れるをいう」「未来の諸行は其の性として未だ有らず。此れに由るがに空なり」「有為の空とは恒久にして変易せざる法なきをいう」 Ⓢ śūnya
⑤苦聖諦の四つのありよう（非常・苦・空・非我の四行相）の一つ。自己のものという見解（我所見）と相違しているありよう、あるいは人・人間という思いがないありよう、あるいは自己がないありようをいう。自己のものという見解（我所見）をなくすために空という行相を修する。 Ⓢ śūnya
（出典）苦聖諦有四相。一非常、二苦、三空、四非我。（中略）違我所見故空（中略）内離士夫故空。（中略）於此無我故空。（中略）又為治常楽我所我見故、修非常苦空非我行相。（『倶舎』26、大正29・137a～b）
⑥すべての存在（一切法）にあてはまる四つの共通するありよう（四共相）である無常・

苦・空・無我の一つ。
(参考) 空と無我との関係 (『瑜伽』93、大正30・833b)。
⑦大乗が説く存在の究極の真のありよう。空性とおなじ。ただし空性を「二空所顕の実性」「二空之性」であるとして空と空性とを相違した概念ととらえる見解もある (『述記』1本、大正43・234c)。→空性 Ⓢ śūnya: śūnyatā
(参考) 次のような種類が説かれる。(i) 二種。有為空・無為空 (『瑜伽』90、大正30・812a)。世俗諦空・勝義諦空 (『瑜伽』92、大正30・826b)。(ii) 三種。無性空・異性空・自性空 (『成論』8、大正31・47b)。無体空・遠離空・除遣空 (『顕揚』15、大正31・555c)。(iii) 四種。観察空・彼果空・内空・外空 (『瑜伽』12、大正30・337a〜b)。(iv) 七種。後際空・前際空・中際空・常空・我空・受者空・作者空 (『瑜伽』92、大正30・826b)。(v) 十種。内空・外空・内外空・有為空・無為空・散壊空・本性空・無際空・勝義空・空空 (『婆沙』8、大正27・37a)。(vi) 十六種。内空・外空・内外空・大空・空空・勝義空・有為空・無為空・畢竟空・無際空・無散空・本性空・相空・一切法空・無性空・無性自性空 (『中辺』上、大正31・466a)。(vii) 十七種。一切法空・相空・無先後空・内空・無所得空・外空・内外空・本性空・大空・有為空・畢竟空・無性空・無性自性空・勝義空・無為空・無変異空・空空 (『解深』3、大正16・701a)。

空一顕色 くういっけんじき　スメール山の山壁に認められる青色などの輝色で、世界の中心と考えられた山に由来する特殊な色。一種の信仰の対象。色処として二十種を立てる説と空一顕色を入れて二十一種を立てる説との二つがある。→色処②
Ⓢ ekavarṇa-nabha
(出典) 空一顕色者、上所見青等顕色。(『雑集論』1、大正31・696a)：色処有二十種。(中略) 有説色処有二十一、謂、前二十、及空一顕色、如是諸色。(『婆沙』13、大正27・64a)

空有執 くううしゅう　空執と有執。空執とは、存在しないと執着する見解。有執とは、存在すると執着する見解。たとえば、空執とは、存在を構成する要素 (法) は皆な存在しないと執する見解。有執とは、それらは存在すると執する見解。あるいは心を離れて外に事物 (境) は存在すると執する見解を有執といい、内的な識も存在しないと執する見解を空執という。〈唯識〉はこの二つの見解を除くために中道に契う唯識という教え (第三時教) を説いたのであると主張する。→第三時教
(出典) 由此内識体性非無、心外我法体性非有。便遮外計離心之境実有増執、及遮邪見悪取空者撥識亦無損減空執、即離空有、説唯識教。(『述記』1本、大正43・243c)
(参考) (『述記』1本、大正43・229c)

空界 くうかい　①存在を構成する六つの要素 (地・水・火・風・空・識の六界) の一つで、眼・耳・鼻・口・咽喉などの穴 (孔穴・孔隙)、あるいは窓や門などのすきま (竅隙) をいう。いずれも内と外との隔たりがあり、明と闇とから形成される。Ⓢ ākāśa-dhātu
(出典) 諸有門窓及口鼻等、内外竅隙名為空界。如是竅隙云何応知。伝説。竅隙即是明闇。非離明闇竅隙可取、故説空界明闇為体。(『倶舎』1、大正29・6c)：云何空界。謂、眼耳鼻口咽喉等所有孔穴。(『瑜伽』27、大正30・430b)：闇色明色、説名空界及孔隙。(『瑜伽』3、大正30・290c)
②はてのない無限の虚空。虚空界ともいう。「六界とは地界・水界・火界・風界・空界・識界を謂う」

空界色 くうかいしき　そのなかに、さまたげるものがなにもない空間 (空界) を一つの存在する「もの」(色) とみて空界色という。→空界　→阿伽
(出典) 阿伽、謂、積集色。極能為礙故、名阿伽。(中略) 有説。阿伽即空界色。此中無礙故、名阿伽。(『倶舎』1、大正29・6c)

空閑 くうかん　静かな場所。人里離れたところ。誰もいない空虚な場所。ヨーガを修して諸法を思惟・観察する場所。「独り空閑に処し、奢摩他・毘鉢舎那を修して思惟し観察す」 Ⓢ pravivikta: rahas: śūnya

空閑室 くうかんしつ　誰もいない空虚な家。静かな場所。空室・空閑静室ともいう。「手を澡ぎ、足を洗って空閑室に入って如理に思惟す」「山谷・巌穴、稲稈の積などを空閑室と名づく」 Ⓢ śūnya-āgāra

空閑処 くうかんしょ　人々が住む町村から

離れた静かな場所。出家僧が修行するところ。空閑・阿練若・閑静処とおなじ。→阿練若　S araṇya: pravivikta

空閑静室　くうかんじょうしつ　→空閑室

空観　くうかん　空であると観察すること。〈唯識〉は小乗の空観と大乗の空観とを区別して、小乗は生空観（生命的存在は空であるとみる観察）だけであるが、大乗はそれに加えて法空観（存在の構成要素は空であるとみる観察）をも修するとして、大乗の優越性を主張する。→二空「無著、通に乗じて覩史多天に往きて諮問するに、弥勒菩薩、為に大乗の空観を説く」

空迥　くうきょう　人々が住む町村から離れた広々とした広野。出家僧が修行する場所。阿練若処の一つ。→阿練若　S abhyavakāśa

空教　くうきょう　順次、時に応じて説かれた三つの教え（有教・空教・中道教）の第二時の教え。→三時教

空行　くうぎょう　①空を飛ぶ、移動すること。空に住むこと。「空行の薬叉」「空行の有情」　S antarikṣa-cara
②空に住むもの。鳥。
（出典）空行、謂、鳥。（『婆沙』50、大正27・257b）
③空の行相。→空行相

空行有情　くうぎょううじょう　空を飛び空に住む生きもの。鳥類と空行の薬叉と諸天とをいう。
（出典）有空行有情勢速、謂、諸飛禽空行薬叉及諸天等。（『瑜伽』52、大正30・588a〜b）

空行相　くうぎょうそう　空の行相。すべては空であるというありよう。一切は存在しないという見方。四つのありよう・見方（無常・苦・空・無我の四行相）の一つ。行相を行とも略称して空行という。「我所の見に著する者は空行相に依って正性離生に入る」　S śūnya-ākāra

空行風　くうぎょうふう　空をふく風。「風に旋風と空行風の二種あり」　S antarikṣa-cara-vāyu

空行薬叉　くうぎょうやしゃ　空を飛ぶ薬叉。→薬叉

空空　くうくう　空という理も非存在であるという理。この理をさとることによって空性という教理への執着を除くことができる。
（出典）有十種相空、能除遣。何等為十。（中略）十者、即於彼相、対治空性作意思惟、故有空性相、此由空空、能正除遣。（『解深』3、大正16・701a）

空空三摩地　くうくうさんまじ　空空等持とおなじ。→空空等持

空空等持　くうくうとうじ　三種の重等持（空空等持・無願無願等持・無相無相等持）の一つ。無学の空三摩地を縁じて空の相を取る等持。空空三摩地とおなじ。
（参考）（『倶舎』28、大正29・150a）

空花　くうげ　眼病の人が空中にみる花。実際には存在しないものの喩えとして用いられる。空華とも書く。「愚夫は此の依他起性に於て横に我法・有無・一異・倶不倶などを執するも、空花などの如く性相は都無にして、皆な遍計所執と名づく」「此の初の遍計所執に依って相無性を立つ。此の体相は畢竟、非有にして空華の如きが故に」

空華　くうげ　空花とおなじ。→空花

空華鬘　くうげまん　眼病の人が空中にみる花によって作られた髪かざり。実際には存在しないものの喩えとして用いられる。「石女児と頂に繋する空華鬘の如し」

空解脱門　くうげだつもん　解脱に至る三つの入り口である三解脱門（空解脱門・無願解脱門・無相解脱門）の一つ。空解脱門でもって見を除く。→三解脱門

空竭　くうけつ　水がかれて干上がること。「暴河は或る時は弥漫にして或る時は空竭す」

空見　くうけん　①すべての存在を否定する見解。仏教以外の学派（外道）にも、また仏教の内部（内道）にもある見解。外道の見解を空見論といい、十六種の異論の一つに数えられる（→空見論）。内道では『般若経』群とそれらに基づく中観派が説く空思想を誤解してすべては皆な存在しないとみる見解をいう。いずれもまちがった見解に属する。
②すべての現象的存在（諸行）には我（われ ātman）とか我所（わがもの ātmīya）というものは存在しないとみる見解。苦諦に対する四つの見方（無常・苦・空・無我の四行相）の一つ。正しい見解（正見）に属する。
S śūnya-dṛṣṭi
（参考）（『瑜伽』68、大正30・674c）

空見論　くうけんろん　すべては存在しないとみる主張。布施の対象、善行や悪行、それ

らの結果、天や地獄、父や母、阿羅漢などの聖者、などの一切の存在を否定する見解。仏教以外の学派（外道）の十六種の異論の一つ。→十六種異論　Ⓢ nāstika-vāda
（参考）（『瑜伽』7、大正 30・311a 以下）

空居天　くうごてん　空にある天。欲界の六欲天のなかの夜摩天・兜率天・化楽天・他化自在天の四天と色界の諸天をいう。地居天に対する。→地居天「空居天は日などの宮殿に住し、地居天は妙高山の諸の層級などに住す」　Ⓢ āntarikṣa-vāsin

空曠　くうこう　空虚でなにもない状態。「已に有情世間が壊し、唯だ器世間のみが空曠にして住す」　Ⓢ śūnya

空劫　くうごう　四劫（成劫・住劫・壊劫・空劫）の一つ。外界の世界（器世間）が消滅して虚無になった期間。→四劫

空三摩地　くうさんまじ　三つの三摩地（空三摩地・無相三摩地・無願三摩地）の一つ。空定とおなじ。→三三摩地

空室　くうしつ　空閑室とおなじ。→空閑室

空住　くうじゅう　四つの聖住（空住・無願住・無相住・滅尽定住）の一つ。我（われ）と我所（わがもの）とを空じた心の状態（空三摩地）に住していること。　Ⓢ śūnyatā-vihāra

空処　くうしょ　空無辺処とおなじ。→空無辺処

空性　くうしょう　①空たること。空性は基本的には「あるところ（A）にあるもの（B）が存在しないとき、AにはBは非存在（空 śūnya）であるというありようを空たること、すなわち空性（śūnyatā）という」と定義される。そしてこの定義にもとづいてさまざまの経論のなかでAがなにかBがなにかが検討されている。そして心のなかからすべてのものが否定され、空じられたときに現れてくるものを究極の実在・真理と考え、それを法（dharma）・諦（satya）とよび、とくに〈唯識〉に至って否定（非有）しつくされたときにも残れるものは存在（有）するという観点から、空性の有的側面が強調されるようになった。空性の原語 śūnyatā は空と訳されることもある。→空⑥　Ⓢ śūnyatā
（出典）若於此処無有彼物、由此道理、観之為空故名空性。（『瑜伽』12、大正 30・337c）：（『瑜伽』90、大正 30・812b）
②〈唯識〉の所説。〈唯識〉は三性（遍計所執性・依他起性・円成実性）という概念を用いて空性を「現象（依他起相）と現象の本性（円成実相）とのなかにおいて言葉で考えられたもの（遍計所執相）が存在しないこと」と総括的に定義する。　Ⓢ śūnyatā
（出典）若於依他起相、及円成実相中、一切品類雑染清浄遍計所執相、畢竟遠離性、及於此中都無所得、如是名為於大乗中総空性相。（『解深』3、大正 16・701b）
③『述記』の所説。空性を「二空之性」ととらえ、心のなかで生命的存在が空じられ（人空）、さらに存在の構成要素が空じられた（法空）ところに顕れてくる心の真実の本性を空性とよぶ。またそれを真如あるいは円成実性ともよぶ。
（出典）空性即是二空所顕実性。故言空者、従能顕説。二空之性名二空性。依士釈名。（『述記』1 本、大正 43・234c）

空定　くうじょう　空三摩地とおなじ。→空三摩地　→三三摩地

空大　くうだい　虚空という存在の構成要素。〈唯識〉では存在の構成要素として地・水・火・風の四種（四大）を立てるが、密教はこれに虚空である空を加えた五大、あるいは空と識とを加えた六大を立て、空（虚空）を空大という。またサーンキヤ学派（数論）の二十五の原理（二十五諦）の一つに空大がある。→二十五諦

空智　くうち　空であるとみる智。生空智と法空智との二種がある。→二空

空度　くうど　空しく時を過ごすこと。「日夜を空度す」　Ⓢ ati-**nam**

空非我　くうひが　→空無我

空不空　くうふくう　空と不空。非存在と非存在でないこと。究極の真理（勝義諦）はこの相い対立する二つの観念を離れていることを表すときに用いる語。「勝義諦は空・不空に非ず」「空と不空とは無二なり」

空発遣　くうほっけん　拒絶すること。追い返すこと。「菩薩は来求者を空発遣せずして恵施を行ず」　Ⓢ nirākaraṇa

空梵宮　くうぼんぐう　梵天の住む天空にある宮殿。「劫火の焔が空梵宮を焼くを見る」

空無　くうむ　虚無。まったく存在しないこと。「死没すれば唯だ尸骸ありて心識は空無なりと観見す」　Ⓢ śūnya

空無果 くうむか むなしくなんらかの結果をもたらさないこと。ある存在の働きを否定するよこしまな見解のなかで用いられる語。「無因論者は諸の因縁は空無果なりと見る」

空無我 くうむが 空と無我。固定的・実体的存在を否定する代表的な二つの概念。すべての存在に共通する真の四つのありよう（無常・苦・空・無我）のなかの二つ。無我を非我とも訳し空非我ともいう。「諸の菩薩は真観に入る時、能く補特伽羅、及び一切法の空・無我の理に通達す」「実有に於て実有を了知するとは、無常・苦・空・無我なる一切法に於て無常・苦・空・無我なりと了知するを謂う」

空無辺処 くうむへんしょ 三界のなかの無色界（物質的なものがない世界）を構成する四つの処（空無辺処・識無辺処・無所有処・非想非非想処）の一つ。処とは空間的な場所ではなく、そこに住するものの境地をいい、物質的なもの（色）を否定して存在は無辺な虚空であると想う境地を空無辺処という。空処と略称。無辺空処・無辺虚空処ともいう。
Ⓢ ākāśa-anantya-āyatana
（参考）（『婆沙』84、大正 27・432c 以下）

空理 くうり 空という真理。人無我（生命的存在は固定的・実体的な存在ではない）、法無我（存在の構成要素は固定的・実体的な存在ではない）という真理。心の真のありようである真如をいう。→真如 →二無我
（出典）契経説心性浄者、説心空理所顕真如。真如是心真実性故。（『成論』2、大正 31・9a）：二無我空理所顕真如（『述記』7 末、大正 43・494b）

空論 くうろん むなしい主張。「自宗を成立せずして他宗を破すは空論なり」

共 ぐう ①「共通の」「等しい」などを意味する形容句。不共の対。Ⓢ sādhāraṇa: sāmānya
②「共に」「一緒に」などを意味する副詞句。Ⓢ saha: sārdham

共許 ぐうご 共に許していること。世間の人びとが共通して認めていること。「大乗と小乗の二乗が悉く皆な共許す」「此の世間智は一切の有情が展転して共許し、諍論あることなし」 Ⓢ saṃmata

共業 ぐうごう 生きもの（有情）に共通な業。それによって山や川などの自然界（器世間）が作られる。個人的な身体のありようの形成に関与する不共業の対。→不共業「蘇迷盧山などは一切有情の共業の所起なり」「外の器世間は一切衆生の共業が招くなり」
Ⓢ sādhāraṇa-karman
（出典）云何共業。若業、能令諸器世間種種差別。云何不共業。若業、能令有情世間種種差別。（『集論』4、大正 31・679b）

共住弟子 ぐうじゅうでし 釈尊あるいは師と一緒に住む弟子。「大目乾連と共住する弟子」 Ⓢ sārdham-vihāri-antevāsin

共相 ぐうそう ①ある事象すべてに共通するすがた・ありよう。自相に対する語。共相をさらに詳しく分析すると次の二つになる。（ｉ）ただ共相であり自相になりえない共相。すべての事象の究極のありようである無常・苦・無我・不浄というありようをいう。（ⅱ）共相であってまた自相にもなりうる共相。たとえば、物質を眺めてそれを「色蘊」（物質）と呼ぶと、色蘊というありようはそれ以外の受蘊・想蘊などの四蘊（心）とは区別された独自のありようをいうから、色蘊は自相となる。しかし色蘊はさらにさまざまないろ・かたちをもつもの（色処）に分析されるから、色蘊と色処とを対比させると色蘊はすべてのいろ・かたちあるものにあてはまる共通のありようであるから、それは共相となる。すなわち色蘊は自相にも共相にもなりうるありようをいうことになる。このように自相と共相という二つの概念を用いて事象の観察を深め、最後に、もはや言葉では表現できない究極の存在（不可言説の法体）を証する観察を自相共相観という。 Ⓢ sāmānya-lakṣaṇa
（出典）身受心法各別自性、名為自相。一切有為皆非常性、一切有漏皆是苦性、及一切法空非我性、名為共相。（『倶舍』23、大正 29・118c）：言共相者。如言色時、遮余非色、一切色法皆在所言。乃至言青、遮非青、一切青皆在所言。貫通諸法、不唯在一事体中、故名共相、説為仮也。（『述記』2 末、大正 43・296b）
（参考）種類共相・成所作共相・一切行共相・一切有漏共相・一切法共相の五種の共相（→各項参照）が説かれる（『瑜伽』16、大正 30・361c）。
②「共に相い」と読み、「共に」「一緒に」

「相互に」を意味する副詞。「在家と出家と共に相い雑住す」「諸の有智同梵行者と談論し共に相い慶慰す」 Ⓢ sārdham

共相観 ぐうそうかん →自相共相観

共相作意 ぐうそうさい 三種の作意（自相作意・共相作意・勝解作意）の一つ。十六行相（四諦の十六種のありよう）による思索。→十六行相 Ⓢ sāmānya-lakṣaṇa-manaskāra
（出典）共相作意者、如十六聖行相倶生作意等。（『婆沙』82、大正 27・423a）：共相作意、謂、十六行相応作意。（『倶舎』7、大正 29・40a）

共相種子 ぐうそうしゅうじ 人間同士にとって共通のすがたを有したもの、たとえば自然界（器世間）を作り出す力（種子）をいう。潜在的根本心（阿頼耶識）のなかにある力。不共相種子の対。→不共相種子
（出典）共相者、謂、器世間種子。不共相者、各別内処種子。（『摂論』上、大正 31・137b）

共相善巧 ぐうそうぜんぎょう 二つの善巧（自性善巧・共相善巧）の一つ。すべての現象的存在（一切法）に共通するありように精通していること。五種の善巧（蘊善巧・界善巧・処善巧・縁起善巧・処非処善巧）のなかの後の四つ。 Ⓢ sāmānya-lakṣaṇa-kauśalya
（出典）此五善巧略則為二。一自相善巧、二共相善巧。由蘊善巧顕自相善巧、由余善巧、顕共相善巧。（『瑜伽』27、大正 30・434b）

共同 ぐうどう ①共通しておなじ状態にあること。「苦に於て楽に於て彼れと共同なり」 Ⓢ sama
②→安危共同

共不共 ぐうふぐう 共と不共。共通と不共通。一般性と個別性。「共不共の業」

共法 ぐうほう 共通なもの。たとえば赤い火（真事）と火に似て顔の赤い人（似事）との二つに共通な赤を共法という。不共法の対。→不共法
（出典）仮必依真事似事共法、而立。如有真火、有似火人、有猛赤法、乃可仮説。（『成論』2、大正 31・7a）
（参考）（『述記』2 本、大正 43・294c）

共名 ぐうみょう 共通な名称。たとえば五蘊（色蘊・受蘊・想蘊・行蘊・識蘊）のなかの行蘊の行は現象的存在という意味があり、それは他の四つの蘊にも共通する語であるから、行を共名という。あるいは入息出息に、風・阿那波那・入息出息・身行という四つの異名があるが、このなか、風は他に三つにも共通するから風は共名であり、他の三つは不共名であるという。
（参考）（『婆沙』74、大正 27・384c）：（『瑜伽』27、大正 30・431a）

共了 ぐうりょう 世間の人びとが共通して了解し認めていること。「所焼を薪と名づけ、能焼を火と名づけることは世の共了なり」 Ⓢ nirūḍha: pratīta

宮 ぐう 宮殿。城。「涅槃の宮に趣く」「非天の宮は蘇迷盧山の下に在り」 Ⓢ nagara: pura: purī: bhavana: vimāna

宮室 ぐうしつ 宮殿の部屋。「内の宮室より外に出て遊ぶ」 Ⓢ gṛha-vimāna: pratiśraya: vimāna

宮室香 ぐうしつこう 宮殿の部屋の香り。六種の香りの一つ。 Ⓢ pratiśraya-gandha
（参考）（『瑜伽』3、大正 30・293b）

宮城 ぐうじょう 宮殿。城。宮・宮殿とおなじ。「涅槃の宮城に入る」

宮殿 ぐうでん 城。宮殿。「夜摩天などの有色の諸天は空に依る宮殿に住す」 Ⓢ prasāda-vimāna: vimāna

宮人 ぐうにん 宮殿で王に仕えている人。

遇 ぐう 会う、出会うこと。獲得すること。「諸仏・菩薩や善知識に遇う」「勝れた縁に遇う」「声の縁に遇って定より起つ」 Ⓢ ā-**gam**: ā-**sad**: upanipāta: **labh**: lābha: samavadhāna

隅 ぐう すみ。かど。「蘇迷盧の頂の四隅に四大峯あり」 Ⓢ koṇa

窮 ぐう 尽きる、なくなること。究すること。詰まること。「諸の菩薩は諸の施物が窮するまで分布して之を与う」「沈思して詞に窮す」「法身は生死の際を窮して断尽することなし」

窮倹 ぐうけん 乏しいこと。少ないこと。「汝は今、乃ち、能く種種の善根に窮倹なるに遭える衆生類の中に於て、独り善根に豊饒なるを獲得せんことを求む」 Ⓢ durbhikṣa

窮生死蘊 ぐうしょうじうん 生死輪廻が尽きるまでなくなることなく相続する身心。化地部の所説。〈唯識〉はこれは秘密の意図（密意）で阿頼耶識の異名を説いたものであるとみる。「化地部中、異門の密意を以って阿頼耶識を説いて窮生死蘊と名づく」

（参考）（『成論』3、大正 31・15a）:（『摂論釈・世』2、大正 31・327a）

窮尽 ぐうじん つきてなくなること。「仏の功徳は未来際を窮して永に窮尽することなし」「一切の寿量が皆な窮尽するが故に命根滅す」 Ⓢ parikṣaya: paryā-**dā**

窮満 ぐうまん 終わりまで全うすること。「中夭なくして寿量を窮満して後に方に殞没す」

屈 くっ 身体をかがめること。身体的動作の一つ。眼の対象の一つ。→色境
Ⓢ ākuñcana: saṃkocana

屈曲 くっこく 変化しまがること。折れまがること。次の二種がある。（ｉ）音韻屈曲。声が変化してまがること。それが言葉（名・句・文）となる。〈倶舎〉は、言葉は実体として存在する、すなわち実有であるとみるのに対して、〈唯識〉は、言葉は声の屈曲であり実体として存在するものではないと説く（→名・句・文）。（ⅱ）形量屈曲。形や大きさが曲り変化すること。身体の屈伸などがこれにあたる。 Ⓢ vyañjana
（参考）（『成論』2、大正 31・6a～b）

屈膝 くっしつ 膝をまげる礼法。九種の敬儀の一つ。→敬儀

屈惷婆 くつしゅんば 瞻部洲にある四大河の一つ縛芻河の支流の一つ。→四大河

屈申 くっしん 屈伸とおなじ。→屈伸
Ⓢ samiñjita-prasārita: ākuñcana-vikāśana

屈伸 くっしん 屈と伸。身体をかがめることと伸ばすこと。屈申とも書く。「虚空に由るが故に往来・屈伸などの業が起こることを得る」 Ⓢ ākuñcana-prasāraṇa: saṃkocana-prasāraṇa

屈撓 くつにょう 負けること。「喬答摩尊は諸の力士の中で無有上と為す。一切の論者を能く伏し能く破して屈撓することなし」

屈伏 くっぷく 負ける、降伏すること。「我が論は屈伏し、汝が論は成立す」「力とは屈伏し難き義なり」

欻爾 くつに 突然に。にわかに。「ある時、欻爾に大風卒起す」 Ⓢ akasmāt

欻然 くつねん 突然に。直ちに。その刹那に。「頓に命終する者の意識と身根とは、欻然に総滅す」 Ⓢ sahasā

窟 くっ すみか。あなぐら。ほらあな。「叢林の草の窟や葉の窟に住す」 Ⓢ kuṭī

窟穴 くつけつ あなぐら。ほらあな。「師子王が居るところの窟穴」 Ⓢ suṣira

窟宅 くつたく ①すみか。「明は窟宅の障暗を治す」
②愛という煩悩の喩え。愛欲などの煩悩が生きていく上でのよりどころ・すみかとなることから愛をすみかにたとえて窟宅という。
（出典）欲界窟宅所摂蔵故、名欲界繋。（中略）窟宅、謂、愛。（『婆沙』52、大正 27・271c）

君主 くんしゅ 王。支配者。「世の君主は欲するところに随って臣僕を処分す」
Ⓢ svāmin: rājan

訓詞 くんし 言葉の語源や意味を解釈すること。訓釈詞・訓釈言詞・訓辞とおなじ。「訓詞すれば、簡択の性なるが故に、無智を治すが故に、之を名づけて慧と為す」「恵施に由って智清浄とは、施の異名に於て、施の体相に於て、施の訓辞に於て、施の差別に於て、皆な如実に知って恵施を行ずるをいう」
Ⓢ nirukti: nirvacana

訓詞無礙解 くんしむげげ さまざまな言葉・方言を習得し理解していること。仏の教えに関する四つの滞ることがない明晰な理解（四無礙解）の一つ。詞無礙解ともいう。→四無礙解

訓釈言詞 くんしゃくごんし 言詞を訓釈すること。言葉の語源や意味を解釈すること。訓釈詞・訓詞・釈名・訓釈名言とおなじ。「一一の法に於て訓釈言詞す」「訓釈詞すれば、能く心心所法を生長するが故に名づけて処と為す」「此の諸の波羅蜜多の訓釈名言は云何が見る可きや」 Ⓢ nirvacana

訓釈詞 くんしゃくし →訓釈言詞

訓釈名言 くんしゃくみょうごん →訓釈言詞

訓辞 くんじ 訓詞とおなじ。→訓詞

熏 くん ①香りをつけること。「花香は風に熏じて香気を生ず」 Ⓢ adhivāsita
②〈唯識〉の所説。顕在的な心（現行）が潜在的な心（阿頼耶識）にその影響（種子）を熏じつけることをいう。→現行熏種子「現行が種子を熏ず」

熏香 くんこう かおる香り。いぶす、あるいは焼くことによって生じる香り。七種の香の一つ。「熏香鬘樹あり。此れより種種の塗香、種種の熏香、種種の花鬘を出生す」
Ⓢ dhūpa-gandha

（参考）（『瑜伽』3、大正 30・293b）

熏香鬘樹 くんこうまんじゅ　種々の香りや花の髪飾りを生じる樹。天にある木。
Ⓢ gandha-dhūpa-mālya-vṛkṣa
（出典）有熏香鬘樹、従此、出生種種塗香種種熏香種種花鬘。（『瑜伽』4、大正 30・298b）

熏修 くんしゅ　くりかえし行なう行為が心にその影響を熏じつけること。熏習とおなじ。「奢摩他が心を熏修する者は毘鉢舎那に依って解脱を得る」「無漏の勢力が有漏を熏修して浄居を感ぜしむ」
Ⓢ paribhāvita: bhāvita

熏習 くんじゅう　①くりかえし行なう行為が心にその影響を熏じつけること。「奢摩他に熏習さるる心に依って所知の事に於て如実に覚了す」 Ⓢ paribhāvita: bhāvanā
②〈唯識〉の所説。顕在的な心（現行）が潜在的な根本心（阿頼耶識）にその影響（種子）を熏じつけることをいう。『成唯識論』では熏を所熏（熏じられるもの）と能熏（熏じるもの）とに分けて詳しく論じられ、所熏は阿頼耶識であり、能熏は七転識とそれと共に働く心所とであると結論する（『成論』2、大正 31・9c 以下参照)。「阿頼耶識に依止して転識が転ずる時、同生同滅して阿頼耶識に熏習す」「染浄の種子は染浄の法の熏習するに由るが故に生ず」
（出典）熏者、撃発義、習者、数数義。由数熏発、有此種故。（『述記』1 本、大正 43・242b）
③阿頼耶識に熏じつけられた結果である種子の異名。種子の原語は bīja であるが、熏習の原語は vāsanā。この語は普通には習気と訳される場合が多い。「苣藤の中に花の熏習あるが如く、阿頼耶識の中に雑染の諸法の熏習あり」 Ⓢ vāsanā

熏習力 くんじゅうりき　くりかえし行なう行為、あるいはそれがもたらす結果の力。「我法と分別する熏習力の故に諸識が生じる時に我法に似る」

熏成 くんじょう　顕在的な行為（現行・転識）が潜在的な心（阿頼耶識）のなかに種子を植えつけ生成すること。「転識は能く種を熏成す」「有漏の現行が起こるが故に有漏の種を熏成す」

熏増 くんぞう　顕在的な行為（現行）が潜在的な心（阿頼耶識）のなかの種子に影響を与えて発育（増長）せしめること。「善悪の現行が熏じて果の種を増長せしむ」

熏発 くんぽつ　①くりかえし修行することがなんらかの影響を起こすこと。「修とは是れ熏発の義なり」
②〈唯識〉の所説。顕在的な行為（諸業・諸行）が潜在的な心（阿頼耶識）のなかの種子に影響を与えて発育せしめること。「諸行は識の種子を熏発す」「福・非福・不動行に熏発さるる種子識」「浄・不浄業は種子を熏発して異熟果を取る」 Ⓢ paribhāvanā

熏満 くんまん　香りがいきわたること。「開花して妙香芬馥し、風に順じて百踰繕那に熏満す」 Ⓢ gandho vāti

熏練 くんれん　心に熏じて心を磨くこと。「尸羅・根護・少欲などの法を以って其の心を熏練す」

勲庸 くんよう　てがら。「王は諸の群臣の度量に随って重ねて勲庸を賞す」

曛暮 くんぼ　たそがれ。ひぐれ。「曛暮に遊行に出る」

軍 ぐん　軍隊。兵士の集まり。
Ⓢ saṃgrāma: senā

軍将 ぐんしょう　軍の大将。軍隊をひきいる人。

軍将宝 ぐんしょうほう　軍の大将という宝。転輪王が獲得する七つの宝の一つ。主兵臣宝ともいう。→七宝① Ⓢ pariṇāyaka-ratna

軍陣 ぐんじん　軍隊の陣地・陣営。交戦・戦争。「王、怨敵・悪友・軍陣に遇って先に退敗す」

軍林 ぐんりん　軍と林。軍（軍隊）は多くの兵士から成り、林（樹林）は多くの木々から成り立っているが、兵士が解散すれば軍もなくなり、木々がなくなれば林もなくなってしまうことから、仮に存在するもの（仮有）の喩えとして用いられる。「仮有とは瓶衣・車乗・軍林などを謂う」「色・香・味・触などの事の和合差別に於て車乗・瓶衣・軍林などを仮立す」

群官 ぐんかん　国王に仕える官吏たち。「国王ありて大臣・群官などの忠信を善く了知す」

群生 ぐんしょう　生きものたち。生きとし生けるもの。衆生とおなじ。「法を久住せしめて群生を済わんと欲す」 Ⓢ jagat

群臣 ぐんしん 国王に仕えるけらいたち。多くの臣下。「群臣に輔けられて大王は国人を守護す」

け

化 け ①仏や菩薩が人びとを導き救済するために神通力によって種々のありように形を変化して現れること、あるいは種々のものを変現せしめること。本来的には存在しないものを神通力によって変現せしめること。化事・化作ともいう。『瑜伽論』では、身（身体）の化と境（事物）の化と語（言葉）の化とを説く（『瑜伽』37、大正 30・493a〜b）。『倶舎論』では、化を欲界における化と色界における化とに分けて説く（『倶舎』27、大正 29・144a）。『枢要』では、化を身業・語業・意業の三業に分けて説く（『枢要』下本、大正 43・641b）。また『演秘』では身化と語化と心化とに分けて説く（『演秘』7 末、大正 43・977a〜b）。 Ⓢ nirmāṇa
②化生とおなじ。→化生

化境 けきょう 仏や菩薩が人びとを導き救済するために神通力によって種々の事物を作り出すこと。たとえば食べ物や飲み物、末尼や真珠などの宝石、生活のための種々の道具などを作り出すこと。 Ⓢ viṣaya-nirmāṇa
（参考）（『瑜伽』37、大正 30・493b）

化御 けご 統御すること。人びとを統率して教え導くこと。「法主は衆を化御す」 Ⓢ parikarṣaka

化語 けご 仏や菩薩が人びとを導き救済するために神通力によって種々の音声や言葉を作り出すこと。たとえば聞く人に分かり易く聞きたくなるような優雅な声、あるいは十方に響き渡る広大な声などを発すること。あるいは作り発せられた音声や言葉をいう。 Ⓢ vāc-nirmāṇa
（参考）（『瑜伽』37、大正 30・493b）

化作 けさ 仏や菩薩が人びとを導き救済するために神通力によって種々のありように形を変化して現れること、あるいは種々のものを作り出すこと。「菩薩は、或いは執金剛神を化作し、或いは大身で巨力の薬叉を化作す」「仏・菩薩は、或いは飲食・衣服・末尼・真珠・車乗などの事を化作す」「仏は一時に於て化仏を化作す。身は金色にして相好は荘厳なり」 Ⓢ abhinir-mā: nirmāṇa

化事 けじ 仏や菩薩が人びとを導き救済するために種々のありようやものを作り出すこと。化作とおなじ。大別すれば化身・化境・化語の三種がある。 Ⓢ nirmāṇa
（出典）如是所説衆多化事、略有三種。化身化境及以化語。（『瑜伽』37、大正 30・493c）

化地部 けじぶ 小乗二十部の一つ。→小乗二十部

化者 けしゃ 万物を欲するままに作り出す創造者。外道が考える大梵天（mahā-brahman）や自在天（īśvara）をいう。「沙門、若しくは婆羅門あり、自在などは是れ一切物の生者なり、化者なり、作者なりと計す」 Ⓢ nirmātṛ

化主 けしゅ 人びとを導き救済するために神通力によって種々のありようを作り出す人、すなわち仏・菩薩をいう。「化主が語る時は諸の所化身も皆な語り、化主が黙する時は諸の所化身も皆な黙然たり」 Ⓢ nirmātṛ

化出 けしゅつ 原因なくして生まれること、出現すること、あるいは、生ぜしめること。「四大王衆天は父母の懐中に欻然として化出す」「是の如き一一の化身より多くの手を化出す」 Ⓢ aupapāduka

化生 けしょう 父母あるいは雌雄などを介することなく自らの業の力によって生まれること。天や地獄に生まれるときの生まれ方をいう。人間についていえば、世界が成立して最初に生まれる人（劫初人）はこの化生という生まれ方をする。四生の一つ。→四生
Ⓢ upapāduka: aupapāduka
（出典）云何化生。謂、諸有情生、無所託、諸根無欠、支体円具、依処頓生頓起頓出。謂、諸地獄、天趣、一切中有、及一類龍、一類妙翅、一類鬼、一類人趣。（『婆沙』120、大正 27・626b）：云何化生。謂、有情類生、

無所託、是名化生。如那落迦。天。中有等、具根無欠、支分頓生、無而歘有、故名為化。（中略）人化生者、唯劫初人。（『倶舎』8、大正 29・44a）：云何化生。謂、諸有情業増上故、具足六処而生、或復不具。彼復云何。如天那洛迦全、及人鬼傍生一分。（『瑜伽』2、大正 30・288b）

化心 けしん 仏や菩薩が人びとを導き救済するために神通力によって種々のありように形を変化して現れる、あるいは種々のものを作り出す心。変化心ともいう。→変化心「化心と所化とは倶時に起こる」

化身 けしん ①仏や菩薩が人びとを導き救済するために神通力によって種々の変化した身を作り出すこと。これには、（ⅰ）自身を変化せしめる、たとえば自身を転輪王に変化せしめる、（ⅱ）他者を変化せしめる、たとえば魔王を仏身に変化せしめる、という二種がある。 Ⓢ kāya-nirmāṇa

（参考）（『瑜伽』37、大正 30・493a）：（『演秘』7 末、大正 43・977a～b）

②神通力によって種々の形に変化した身。詳しくは所化身・応化身ともいう。「化身は化主の力に由って煙焔を出す」

③変化身のこと。三身の一つ。→三身 →変化身 Ⓢ nirmāṇa-kāya

④菩提樹下で覚悟した釈尊。化身としてこの世に出生したという考えにもとづく。「化身、樹下に於て成道を現ずるを現等覚仏と名づく」

化土 けど 化仏・変化仏・変化身の国土。→化仏

化度 けど 済度・救済すること。迷いや苦の状態を変化せしめてさとりや楽の状態に渡すこと。「一切の有情を化度せんが為に大願を発し大行を修す」

化導 けどう 導き救済すること。迷いや苦の状態を変化せしめてさとりや楽の状態に導くこと。「能く無量の衆生を化導して苦を寂滅せしめるが故に大師と名づく」

Ⓢ vinayana

化人 けにん 神通力によって種々の形に変化して現れた人。「化人の身語の二業は善悪性には非ず」

化仏 けぶつ 変化身としての仏。人びとの救済のために本来の仏のありようから変化し出現した仏。変化仏ともいう。→変化身 →三身「百仏を見、百葉の化仏を見る」

加害 けがい 害を加えること。打撃を与えること。「手足・塊石・刀杖などを以って加害す」「身語業を以って逼迫し加害し損悩す」

Ⓢ abhi-**druh**: prati-**han**: pra-**hṛ**: vihiṃsā

加行 けぎょう ①実践する、行為すること。具体的に行動し活動すること。「貪より殺生の加行を引き起こす」「如来の法身は一切の加行を離る」 Ⓢ abhisaṃskāra: prayoga

②修行すること。「最初発心の堅固な菩薩に意楽加行と正行加行との二の加行あり」「無倒なる加行を修行す」「加行に順決択分などの近加行と初の不退の菩提心などの遠加行とあり」 Ⓢ pra-**yuj**: prayoga

（参考）種類として相応加行・串習加行・無倒加行・不緩加行・応時加行・解了加行・無厭足加行・不捨軛加行・正加行の九種が説かれる（『瑜伽』31、大正 30・455b）。→各項参照

③加行位・加行道のこと。→加行位 →加行道

加行位 けぎょうい 加行道・加行地とおなじ。修行の五段階（資糧位・加行位・通達位・修習位・究竟位）の第二の段階。真理をさとる段階が近づいて修行に一段と励みを加えていく段階。次のような煖（煗）・頂・忍・世第一法の四段階からなる。（Ⅰ）〈唯識〉の所説。（ⅰ）煖（煗）。明得定を修して下品の尋思を起こして所取（認識されるもの）はすべて自心が作り出した仮の存在であり、空であると観じる段階。（ⅱ）頂。明増定を修して上品の尋思を起こして所取はすべて自心が作り出した仮の存在であり、空であると観じる段階。追求心（尋思）が最高度に達するから頂という。（ⅲ）忍。印順定を修して下品の如実智を起こして所取も能取（認識するもの）も空であると観じる段階。詳しくは下忍と中忍と上忍とに分かれ、下忍とは、所取は空であると証する位、中忍とは、所取が空であるが如くに能取も空であると理解する位、上忍とは、能取は空であると明瞭に証する位をいう。（ⅳ）世第一法。無間定を修して上品の如実智を起こして所取も能取も空なりと決定的にさとって、次の瞬間に見道に入る段階。世間の異生としの最後の最も勝れたありようであるから世第一法という。

（参考）（『成論』9、大正 31・49a～b）
（Ⅱ）〈俱舎〉の所説。（ⅰ）煖。煩悩（惑）を焼く聖道の火のきざしが現れる段階。煖法ともいう。（ⅱ）頂。煖の段階とおなじくその段階から退することがあるから動善根と名づけるが、そのなかでも最も勝れている段階で、最も勝れていることを人間の頭の頂きにたとえて頂という。あるいはこの位が、進むことと退くこととのさかいめにあることが山頂の如くであることから頂という。頂法ともいう。（ⅲ）忍。四諦の理を忍可することにおいて最も勝れた段階。忍法あるいは順諦忍ともいう。（ⅳ）世第一法。ただ一つの行相で欲界の苦諦の理を縁じる段階。世間の汚れある存在（有漏法）のなかで最勝であるから世第一法という。
（出典）煖・頂・忍・世第一法、此四総名順決択分、順趣真実決択分故、近見道故、立加行名。（『成論』9、大正 31・49a）：何等加行道。謂、有資糧道皆是加行道。或有加行道非資糧道。謂、已積集資糧道者、所有順決択分善根。謂、煖法・頂法・順諦忍法・世第一法。（『集論』5、大正 31・682b）
（参考）（『俱舎』23、大正 29・119b～c）。この四段階を四善根といい、さとりを得るための力をますます強めていく段階をいう。善とは加行位の次の通達位（見道）の無漏智を指し、根とは煖等の四つが無漏智を生じる力となることをいう。

加行慧　けぎょうえ　①生まれてからの修行によって後天的に身につく智慧。先天的に身についている俱生慧に対する語。
Ⓢ prayoga-prajñā
②真理をさとる以前の修行の位（加行位・加行道）で身につく智慧。「無分別の加行慧と無分別の慧と無分別の後得慧」

加行究竟果作意　けぎょうくきょうかさい　七種の作意（了相作意・勝解作意・遠離作意・摂楽作意・観察作意・加行究竟作意・加行究竟果作意）の最後の作意。前の加行究竟作意からさらに進んで、色界の初静慮の根本定に入って行なう思考の段階をいう。方便究竟果作意ともいう。→七種作意
Ⓢ prayoga-niṣṭhā-phalo manaskāraḥ
（参考）（『瑜伽』33、大正 30・466c）：（『雑集論』9、大正 31・736c）

加行究竟作意　けぎょうくきょうさい　七種の作意（了相作意・勝解作意・遠離作意・摂楽作意・観察作意・加行究竟作意・加行究竟果作意）の第六番目の作意。前の観察作意で心を詳細に観察することによって、現れてきた煩悩を断じることにおいて、欲界の一切の煩悩を断じたが、いまだ煩悩の種子までをも断じ尽くしていない段階の思考をいう。色界の初静慮に入る前の加行道における修行（加行）が完成（究竟）した段階であるから加行究竟作意という。方便究竟作意ともいう。→七種作意　Ⓢ prayoga-niṣṭho manaskāraḥ
（参考）（『瑜伽』33、大正 30・466c）：（『雑集論』9、大正 31・736c）

加行作意　けぎょうさい　修行し思惟すること。「大功力の加行作意を修習して金剛喩定を得る」「天眼は加行作意の力に由って方に現前することを得る」

加行思　けぎょうし　あることを行なおうと欲する意志。三種の思（加行思・決定思・等起思）の一つ。審慮思とおなじ。→思②

加行地　けぎょうじ　修行の五種の段階（資糧地・加行地・見地・修地・究竟地）の第二。修行に一段と励みを加えていく段階。原語 prayoga-bhūmi の prayoga を方便とも訳し方便地ともいう。加行道・加行位とおなじ。→加行道　→加行位　Ⓢ prayoga-bhūmi

加行生　けぎょうしょう　加行得とおなじ。→加行得

加行障　けぎょうしょう　修行のさまたげ。善い事を行なうことにおける障害。病気にかかる、害虫などに悩まされる、生活の道具や医薬品などがない、などの障りをいう。三種の障（加行障・遠離障・寂静障）の一つ。→障①　Ⓢ prayoga-antarāya
（参考）（『瑜伽』25、大正 30・420a）

加行精進　けぎょうしょうじん　修行において堅固な心を起こし、自らを策励してつとめはげむこと。五種の精進（被甲精進・加行精進・無下精進・無退精進・無足精進）の一つ。方便精進ともいう。有勤精進とおなじ。
（出典）起堅固勇悍方便、名加行、経名有勤。堅固其心、自策勤也。（『述記』6 本、大正 43・437c）

加行善　けぎょうぜん　修行することによって後天的に得た善。加行得善ともいう。生得善（生まれると同時に先天的に得た善）の対。「善法に加行善と生得善との二種あり」

Ⓢ prāyogikā guṇāḥ
（出典）何等加行善。謂、依止親近善丈夫故、聴聞正法、如理作意、修習浄善、法随法行。（『集論』2、大正 31・669b）

加行智 けぎょうち 修行によって後天的に得た智。生得智（生まれると同時に先天的に得た智）の対。

加行道 けぎょうどう ①涅槃に向けて進みゆく五つの段階である五道（資糧道・加行道・見道・修道・究竟道）の一つ。真理（諦）を見る段階（見道）が近づき、ますます修行に力を加えて精進する段階。方便道ともいう。加行位・加行地とおなじ。→加行位→加行地 Ⓢ prayoga-mārga
②四道（加行道・無間道・解脱道・勝進道）の一つ。四道とは、ある一つの煩悩（惑）を断じるときの四つの段階をいい、そのなかで煩悩を断じようとねがって修行する最初の段階を加行道という。 Ⓢ prayoga-mārga

加行得 けぎょうとく 修行・努力・実践によって獲得されるもの。生得（生まれると同時に先天的に獲得されるもの）の対。加行生ともいう。→生得「三界の善心は各の加行得と生得との二種に分かれる」 Ⓢ prayoga-ja: prāyogika

加行遍計 けぎょうへんげ 愛する、怒る、会う、別れるなどの行為のなかで他者の存在に執着すること。六種の遍計の一つ。→六種遍計
（参考）（『顕揚』16、大正 31・558a）

加行無分別慧 けぎょうむふんべつえ 加行無分別智とおなじ。→加行無分別智

加行無分別智 けぎょうむふんべっち 三種の無分別智（加行無分別智・根本無分別智・後得無分別智）の一つ。真理をさとる以前の修行における分別なき智慧。いまだ真理を見ていないが真理を強く信じて真理を追求する段階の菩薩の智慧。加行無分別慧ともいう。
（参考）（『摂論釈・世』8、大正 31・365b）

加行力 けぎょうりき 現在に行なう修行の力。因力（過去に行なった修行の力）に対する力。「因力に由る発心は堅固なれども、加行力に由る発心は堅固ならず」

仮 け ①仮の存在。仮に立てられた存在。あるいは、存在しないものを仮に存在すると説くこと。仮に存在を立てること。仮に立てられる存在として（ⅰ）無体随情の仮と（ⅱ）有体施設の仮との二種に分けられる。前者は情すなわち思いによって実体として存在すると執着された我（自己）と法（もの）をいい、後者は縁起の力によって生じた存在に対して仮に名を付して設定した我（自己）と法（もの）をいう。前者は外道と世間が説く我と法、後者は仏教が説く我と法である。 Ⓢ upacāra: prajñapti: saṃketa
（出典）仮有二種。一者無体随情仮、多分世間外道所執。雖無如彼所執我法、随執心縁亦名我法、故説為仮。二者有体施設仮、聖教所説。雖有法体而非我法、本体無名、強名我法。不称法体、随縁施設、故説為仮。（『述記』1本、大正 43・238a）
②かりる、たよること。「因を仮り縁を藉りて果が成辨す」

仮有 けう ①仮に存在するもの。
Ⓢ prajñapti-sat
（参考）種類として、相待仮・分位仮・聚集仮の三種が説かれる（『了義灯』4本、大正 43・735a）。→各項参照
②実物有・勝義有に対する仮有。名前だけ存在し真実には存在しないもの。遍計所執性としての存在性をいう。「諸の名言熏習の想に建立せらるる識が色等の想事を縁じて計して色等の性と為す。此の性は実物有に非ず、勝義有に非ず、唯だ是れ遍計所執性にして仮有なり」（『瑜伽』74、大正 30・708c）
③実有に対する仮有。仮に存在するもの。三性のなか、なにが実有であり、なにが仮有であるかに関して〈唯識〉は次のように説く。遍計所執性は言葉によって設定されたもので、本体が存在しないから仮有でも実有でもない。依他起性はさまざまなものが集まって相続することに仮に名づけられたものであるから仮有であり、かつ依他起性としての心・心所・色は縁によって生じたものであるから実有である。円成実性は他の縁によって設定されるものではないから実有である。→三性②
（参考）（『成論』8、大正 31・47c）
④三種の存在性（都無・仮有・実有）のなかでの仮有。仮に存在すること。因（根本原因）と縁（補助原因）とによって生じたもの、すなわち依他起性の存在性をいう。これに対して遍計所執性は都無、円成実性は実有であるという。

⑤瓶衣・車乗・軍林など、構成要素から成り立ち、仮に存在するものの存在性をいう。五種の有（名有・実有・仮有・和合有・相待有）の一つ。
（出典）諸有者（中略）有説五種。（中略）三仮有、謂、瓶衣・車乗・軍林・舍等。（『婆沙』9、大正27・42a～b）

仮我 けが ①世間において仮に立てられる我（自己）。仏教は無我を説くが、世間でいう我は仮に設定されたものであるという意味で、その存在性を認める。しかし外道が説く実体として我（真我）は認めない。「仮我を撥無することを恐れて都無を説かず」 Ⓢ prājñaptika
②→仮我仮法

仮我仮法 けがけほう 仮我と仮法。仮に存在する我（自己）と仮に存在する法（もの）。心のなかに生じた影像としての我と法。実体として存在するものではなく仮に存在するもの。似我似法とおなじ。これに対して言葉と思いで外界に実体としてあると考えられたものを実我実法という。→実我実法 →似我似法
（参考）（『述記』1本、大正43・243b）

仮合 けごう いくつかの要素が仮に集合すること。実体がない存在をいう場合に用いる語。「眼識などは多色の仮合を縁じて生じ、実を縁じる智に非ず」

仮建立 けこんりゅう 存在しないものを仮に存在するものとして立てること。「一切は唯だ仮に建立したもので自性があるのではない」 Ⓢ prajñapti: vyava-**sthā**

仮作 けさ 実物ではなくそれに似た仮のものを作ること。「王及び長者は幼童の為に種々の鹿車・牛車などの戯楽具を仮作す」 Ⓢ kṛtrimaka

仮使 けし 「たとい」という条件を表す語。「諸の菩薩は爾所の時を経る一一の刹那に、仮使、頓に一切の身命を捨てるも、菩薩の布施の意楽は猶、厭足なし」

仮者 けしゃ 仮に存在する者。五蘊（五つの構成要素）が相続して断じないところに仮に立てられる自己という存在。自己は実体として存在するものではないことを表す語。「我というは己の身を指す、即ち是れは俗に随って五蘊の仮者をいう」

仮借荘厳具 けしゃくしょうごんぐ 人から借りて身につけた装飾品。そのような装飾品は多くの人の好意という縁によって借りられることができるように、欲（欲望）も多くの縁から生じることから、欲の喩えに用いられる。「諸欲は猶し仮借荘厳具の如し。衆縁に託するが故に」 Ⓢ yācita-alaṃkāra
（参考）（『瑜伽』17、大正30・369c）

仮世俗 けせぞく 三種の世俗（仮世俗・行世俗・顕了世俗）のなかの一つ。言葉によって仮にあると考えられた存在。言葉と思いで心の外にあると考えられ執着された存在。三性でいえば遍計所執性にあたり、瓶・衣・軍・林あるいは我・有情などの存在をいう。いかなる意味でも存在しないからその存在性は都無といわれる。 Ⓢ prajñapti-saṃvṛti
（参考）（『成論』8、大正31・47b）：（『述記』9本、大正43・552c）

仮施設 けせせつ 実際に存在しないものを仮にあると設定すること。たとえば、さまざまな構成要素（諸法）から成り立っている身心を仮に自己（我）と名づけることをいう。あるいは人びとを導くために仏が仮に言葉によって設定したもの。仮設・仮説とおなじ。「第一義に約せば、すべて所有なしと雖も、但だ世俗に依って暫く仮施設す」「無為と言うは是れ本師が仮施設せる句なり」
（出典）云何仮施設。謂、於唯法、仮立補特伽羅、及、於唯相、仮立諸法。（『瑜伽』13、大正30・346a）

仮設 けせつ 実際には存在しないものを仮にあると設定すること。言葉や記号で表示すること。「世間の言説を易しくせしめんが為に、諸行中に於て我ありと仮設す」

仮説 けせつ 立てる、設ける、設定する、説くこと。言葉で仮に語ること。存在しないものを仮に存在すると説くこと。施設・安立とおなじ。「此れは但だ仮説にして実の自性なし」「唯だ諸行に於て仮説して我と名づく」「身に於て仮説して我と為す」 Ⓢ upa-**car**: upacāra: prajñapti: prajñapti-vāda: pra-**jñā**: saṃvyavahāra: saṃketa
（出典）言施設者、安立異名、即仮説義。（『述記』1本、大正43・240b）

仮説自性 けせつじしょう 仮に存在すると説かれたもの。言葉で仮に説かれたありようを有するもの。実際には存在しないもの。「有とは安立せられた仮説自性なり。即ち是

れは世間が長時に執するところなり」「色などの事に於て仮説自性の自相があると謂うは増益執なり」 Ⓢ prajñapti-vāda-svabhāva

仮説所依 けせつしょえ 仮に存在すると説かれたものが成立するよりどころ・根拠。仮に説かれたものの存在は否定されるが、そのよりどころ・根拠となるものは縁起的存在としての存在性を有する。三性でいえば、前者は遍計所執性であり、後者は依他起性である。 Ⓢ prajñapti-vāda-āśraya

仮説分別 けせつふんべつ 五種の分別（境界分別・領納分別・仮説分別・虚妄分別・実義分別）の一つ。自己と他者とを区別して所属や家柄や能力などをあれこれと分けて考えること。

（出典）於自他、取如是名、如是類、如是姓等、種種世俗言説相、名仮説分別。（『瑜伽』53、大正 30・594c）

仮説名 けせつみょう 十二種の名の一つ。ある対象を他と比較することなしに名づけた名称。たとえば貧者は富者に比べて貧者と呼ぶべきであるのに、比較することなしに彼を富者と呼ぶような場合をいう。→名②

（出典）仮説名者、謂、呼貧名富。若余所有不観待義、安立其名。（『瑜伽』81、大正 30・750a）

仮相 けそう ①仮のありよう。真実でないすがた。「種姓に住せざる補特伽羅は仮相の出家なり」

②実相に対する仮相。事物の二次的なすがた・ありよう。たとえば身識（触覚）で捉えられる地の「堅さ」は実相であるのに対して、意識（概念的思考）によって知覚される石の「円さ」は仮相である。

仮想 けそう 名称を付与してその存在を設定すること。「其の識の上に於て仮想して補特伽羅を施設す」「諸の極微は但だ仮想の立てるところなり」「諸の世間は顕形色に於て共なる仮想に依って地の名を施設す」

Ⓢ saṃjñā

仮想慧 けそうえ 心のなかで観念的に想う働き。心の思考力。「仮想慧を以って麁を除き、細に至り、不可折に至りて仮に極微を説く」

仮智 けち 言葉で対象を把握する認識のありよう。事物の他の物と共通するありよう（共相）を認識する働き。「言説の及ぶところにして仮智の所縁なるを共相と為す」「仮智と詮とは自相を得ず。唯だ諸法の共相に於て転ず」

仮法 けほう ①仮の存在。相対的な関係によって生じる存在。たとえば、より力の強い人に対すると劣となり、より弱い人に対すると勝となるような、身体の力の勝・劣をいう。

②実法に対する仮法。五識（五感覚）によってとらえたものをさらに意識（概念的思考）でとらえられたもの。たとえば動く風が頬に当たるとき、「風だ」と言葉で思ったときの風が仮法であり、それ以前の直接経験としての「動き」が実法である。→実法

仮名 けみょう ①名称。言葉。仮の名称。「我・我所の法は唯だ仮名なり」「無色の法は仮名を先と為して影像が顕現す」「菩薩に差別なけれど、徳に随って菩提薩埵・摩訶薩埵・勇健・法師などの仮名あり」「男女・舎田などの仮名の別異の相を取る」 Ⓢ nāma: nāma-saṃketa: prajñapti: saṃketa

②真実に対する仮名。真実でないもの。実物ではないもの。たとえば不浄観における絵に描かれた骨鎖をいう。「綵画・木石・泥などで作られた仮名の骨鎖の相を取る」

Ⓢ abhūta

仮名婆羅門 けみょうばらもん 名想婆羅門とおなじ。→名想婆羅門

仮立 けりゅう 仮に立てること。一次的な存在に対して二次的なものを概念的に設定すること。たとえば、見るという働きに対してそこに見者というものを設定すること。あるいは色・受・想・行・識の五種の構成要素（五蘊）の集まりを仮に人（補特伽羅）と呼ぶこと。「見などに於て見者などの相を仮立す」「要ず色などの諸蘊ありて方に補特伽羅を仮立することあり」 Ⓢ upacāra: prajñapti: pra-**jñā**: vyava-**sthā**: saṃvyavahāra: saṃketa: saṃjñā: saṃjñāta

仮立名 けりゅうみょう 十二種の名の一つ。実際には存在しないものの名称。内的には、仮に立てた我・有情・命者などの名。外的には、仮に立てた瓶・衣などの名。→名②

（出典）仮立名者、謂、於内、仮立我及有情命者等名、於外、仮立瓶衣等名。（『瑜伽』81、大正 30・750a）

灰 け はい。灰水。灰汁。刺激性のある

水。熱灰ともいう。→熱灰「其の母、多く灰・鹽などの味を飲食するに由って、此の胎蔵の髪毛を稀尠ならしむ」
Ⓢ kṣāra: bhasman

灰戒 けかい 身体に灰を塗りつけて生活することによって、生天しようとする戒め。外道の戒めの一つ。「外道あり、灰戒を持して計して清浄と為す」 Ⓢ bhasma-vrata

灰燼 けじん 燃えて灰となること。黒くなった燃えかす。灰墨とおなじ。「大火が村邑・国城・王都を焚焼して悉く灰燼と為す」
Ⓢ **dah**: masi

灰坌 けふん はい。灰のほこり。外道はそのなかでヨーガを修するなどの苦行を行なう。「復た一類あり、好んで苦行を求め、或いは棘刺に依って、或いは灰坌に依って瑜伽を修す」 Ⓢ bhasman

灰墨 けぼく 黒くなった燃えかす。灰燼とおなじ。「世界は皆な焚焼され、災火が滅した後には灰墨も不可得なり」 Ⓢ masi

気 け ①いき。呼吸をすること。「捨寿とは気が将に尽ようとする位をいう」
Ⓢ āśvāsa: praśvāsa
②水蒸気。空気。「日が川原を照らして地の気が騰湧す」「戒禁取を以って苦行し、飲食を断じて気を服し、水を服す」
③香気・湿気・風気などの気。「湿生とは一種の湿気に因って生ずる有情をいう」

気勢 けせい 力。勢力。勢い。「髪が白く、身が曲り、気勢が萎羸にして、杖に扶って行歩するを老の相と為す」 Ⓢ sthāman

気息 けそく いき。呼吸。「気息あるが故に衆生と名づく」

気分 けぶん 顕在的な心の働き（現行）によって潜在的な根本心（阿頼耶識）に熏ぜられた気分・残気。習気あるいは種子の言い換え。「習気というは是れ現行の気分なり。熏習の所成なるが故に習気と名づく」

気力 けりき 元気。生きる力。「気力が衰退するが故に老苦あり」「若しくは疾病あり、若しくは気力なければ加行に任せず」
Ⓢ bala

希 け ねがう、希望すること。「寒時に於て温陽に遇うことを希う」「天を希って施す」
Ⓢ abhilāṣa: iṣṭi

希有 けう めずらしいこと。「諸仏・諸菩薩には不思議な希有な神変力あり」
Ⓢ adbhuta

希願 けがん ねがう、希望すること。「我れ当に一切の悪不善の法を生ぜざらしむべしという希願を発起す」 Ⓢ spṛhā

希奇 けき めずらしいこと。奇妙なこと。「普勝殿の四面に四大門あり、規模は宏壮にして色相は希奇なり」 Ⓢ āścarya: āścarya-adbhuta

希奇法 けきほう めずらしいもの。世間にはない菩薩や如来の行ない。「菩薩には世間に共せざる希奇法あり」 Ⓢ adbhuta-dharma: āścarya-adbhuta-dharma

希奇未曽有法 けきみぞううほう めずらしく、いまだかつて存在しなかったもの。「如来は希奇未曽有法を成就す」 Ⓢ āścarya-adbhuta-dharma

希楽 けぎょう ねがうこと。「過去を顧恋し、未来を希楽し、現在に執著す」
Ⓢ abhinandanā

希求 けぐ ねがう、もとめる、欲すること。「後有を希求するを後有愛と名づく」「諸の衆生を悲愍するが故に大菩提を希求す」
Ⓢ arthika: arthin: prati-**kāṅkṣ**: pratyā-**śaṃs**: prāthanā: **spṛh**

希慕 けぼ ねがい望むこと。思いをはせること。「過去を追変し、未来を希慕し、現在に耽著す」 Ⓢ spṛhā

希法 けほう 十二分教の一つ。→十二分教

希望 けもう ねがい望むこと。「寿命を貪愛し、存活を希望す」「欲とは所楽の境に於て希望するを性と為す」 Ⓢ āśā: chanda: prati-**kāṅkṣ**: pratyā-**śaṃs**: prāthanā: yācaka

希望戒 けもうかい すぐれた地位や財産や名誉を求めて受けた戒。四つの戒（怖畏戒・希望戒・順覚支戒・清浄戒）の一つ。
Ⓢ āśāti-śīla
（出典）希望戒、謂、貪諸有勝位多財恭敬称誉、受持浄戒。(『倶舎』18、大正 29・97c)

希欲 けよく ねがい欲すること。「愚夫の希欲を説いて名づけて愛と為す」

快楽 けらく 快適で楽しいこと。「欲界の快楽を広と名づけ、初の二静慮地の快楽を大と名づけ、第三静慮地の快楽を無量と名づく」「天に生まれて天の快楽を受けんが為に禁戒を受持す」「大釈迦家に生在し、珍財を豊足し、多く快楽を受く」 Ⓢ sukha

芥子 けし　ケシの実。非常に小さいものの喩えに用いる。「芥子を以って錐の鋒に投げるに著する時あると雖も、住すること難し」「菩薩は有情に手足を斬截され、耳鼻を割され、或いは身分を斫されて完く芥子ほどの如くに無くなりても、その時にも一念の瞋心あることなし」

芥子劫 けしこう　→劫①

花 け　はな。花びら。香を焼くこととともに花を散ずることが供養のありようの一つとされる（→散花）。また花の香りが他物にその気を熏じることは、くりかえし行なう行為が潜在的な心（阿頼耶識）に種子を熏じつける喩えに用いられる。華とおなじ。「苣勝のなかに花の熏習することあり」 Ⓢ puṣpa

花果樹 けかじゅ　花が咲いた木と果実がなった木。「苦法智忍は能く法智を生ずる因なれば、法智忍の名を得ること、花果樹というが如し」 Ⓢ puṣpa-phala-vṛkṣa

花香 けこう　花の香り。植物の五種の香り（根香・茎香・葉香・花香・果香）の一つ。華香ともいう。 Ⓢ puṣpa-gandha

花台殿 けだいでん　楼閣。屋上の部屋。「若し福が増多なれば母胎の位に入って倒想の解を起こし、自ら、己の身が妙園林に入り、花台殿に昇り、勝床などに住するを見る」 Ⓢ kūṭa-āgāra

花鬘 けまん　華鬘とも書く。花でできた髪飾り。花環。かずら。身を飾る道具の一つ。花鬘縷（花環のなかを貫き花びらをまとめて結びつける糸）は経（sūtra。原意は縦糸）が釈尊の教えをまとめたものであることの喩えに用いられる。「種種の上妙の衣服・花鬘の厳具を以って其の身を荘飾す」「契経に結集の義あり。仏の語言は能く摂持する義あり。花鬘縷の如し。縷を以って花を結び、衆生の首に冠して久く遺散なし。是の如く仏教結集して有情心に冠し、久しく忘失なし」 Ⓢ mālā: mālya

価 け　ねうち。価格。価値。「染心は価が少なく、善心は価が多し」 Ⓢ mūlya

価直 けじき　ねうち。あたい。価格。価値。貨幣。金銭。「価直ある者は価直を施すべし」「屠羊者は価直を執持して羊を売る廛に趣く」「財物あれば価直を施すべし」「価直が百千両の衣服を得る」 Ⓢ mūlya

計 け　考える、分別すること。多くは、認識的にあやまった思考をいう。「諸の凡夫は自体の上に於て我・我所を計す」「諸の有情は愚癡あるに由って現に無常を見て妄りに計して常と為す」 Ⓢ **kḷp**: parikalpita: pari-**kḷp**: prati-**i**

計我我所 けががしょ　自己（我）である、自己のもの（我所）であると考えること。実際には存在しないものをあると考えるあやまった認識。「五取蘊を縁じて我我所と計す」 Ⓢ aham iti vā mameti vā bhavati

計我論 けがろん　我は存在すると考える主張。仏教以外の学派（外道）の十六種の異論の一つ。→十六種異論　Ⓢ ātman-vāda
（参考）（『瑜伽』6、大正 30・305b～307c）

計策 けさく　方策をたてる、考えること。「国王ありて計策に惰なければ武略円満す」

計算 けさん　数や量をはかること。「各別の事物の数量の差別を計算す」 Ⓢ gaṇanā

計自在等為作者論 けじざいとういさしゃろん　→自在等作者論

計著 けじゃく　よこしまなものを考え、それに執着すること。「邪見に由るが故に邪因と邪果とに計著す」 Ⓢ abhini-**viś**

計常論 けじょうろん　自己と世界とは実在し常に存在しつづけるという主張。仏教以外の学派（外道）の十六種の異論の一つ。→十六種異論　Ⓢ śāśvata-vāda
（参考）（『瑜伽』6、大正 30・307c～308c）

計度 けたく　考える、分別すること。「諸業には唯だ行性あることを了知すること能わずして、妄りに我を計度して作者と為す」 Ⓢ parikalpa: vikalpa

計度分別 けたくふんべつ　言葉や概念を用いて思考すること。三種の分別（自性分別・計度分別・随念分別）の一つで、自性分別が現在一刹那の事柄を、随念分別が過去の事柄を思考するのに対して、計度分別は過去・現在・未来にわたる事柄を思考する。推度分別ともいう。 Ⓢ abhinirūpaṇā-vikalpa
（参考）（『倶舎』2、大正 29・8b）：（『雑集論』2、大正 31・703a）

計分 けぶん　一部分。「計分の一にも及ばず」 Ⓢ kalā

悕 け　ねがう、もとめる、欲すること。得ようと努力すること。「活命を悕って出家し涅槃の為にせず」 Ⓢ prati-**kāṅkṣ**

悕冀 けき　ねがうこと。「有情の悕冀するところに随って正に珍財を給施す」

悕求 けぐ ねがう、もとめる、乞う、期待すること。「諸欲を悕求す」「染心者は貧窮を怖畏し富楽を悕求して布施を行ず」「求者来たりて飲食などの事を悕求す」 Ⓢ arthin: pratyā-**śaṃs**: prārthanā: yācita

悕楽 けぎょう ねがいのぞむこと。「沙門及び婆羅門の解脱を悕楽す」

悕慕 けぼ ねがいのぞむこと。たっとぶこと。「学処を悕求し愛楽す」

悕望 けもう ねがいのぞむこと。「諸の菩薩は他を饒益するに恩報を祈らず、亦た当来の可愛の異熟果を悕望せず」「過去を顧恋し、未来を悕望す」 Ⓢ ā-**kāṅkṣ**: pratyāśamāna

悕欲 けよく よろこび欲すること。「諸の飲食に於て極めて悕欲を生ず」 Ⓢ harṣa

悔 け ①くいる、くやむ、後悔すること。「多くの怨敵なく多くの喜楽ありて臨終に悔なし」「所犯あれば速疾に如法に悔う」
Ⓢ anutāpya: prati-**kṛ**: vipratisāra: vipratisārin
②不定の心所の一つ。→悪作①

悔過 けか 過失や罪を後悔すること。「律儀を犯せど、発露し悔過して、還って律儀に住す」

悔愧 けぎ くいはじること。「失念が現行する時、その過失を見て猛利の悔愧を発起す」 Ⓢ kaukṛtya: vipratisāra

悔恨 けこん 後悔すること。「悪事を作し已りて心に悔恨を生ず」「むかし曽経せし戯笑などの事を追念して悔恨を生ず」

悔謝 けしゃ 犯した過失や罪をくいてあやまること。「侵犯あれば、還って如法に侵犯を悔謝す」 Ⓢ saṃjñapti

悔除 けじょ くいる、くやむ、後悔すること。自己が犯した悪や過失や罪を告白して懺悔すること。悔滅ともいう。「違犯するところあれば、速疾に如法に悔除す」「所犯を発露し悔滅す」 Ⓢ prati-**kṛ**: pratikaraṇatā: pratikṛta: prati-**diś**

悔心 けしん 後悔する心。「蟻卵を害しても少しも悔心なき人は三界の善を断ず」

悔悩 けのう くいて悩むこと。「自ら尸羅清浄を思惟するが故に悔悩なし。悔悩なきが故に歓喜を生ず」「罪を覆す者は後で必ず悔悩す」

悔滅 けめつ 悔除とおなじ。→悔除

家 け いえ。住居。家にいること。在家。世俗の生活。家柄。「正信して家を捨てて非家に趣く」「家の諸欲を棄てて浄尸羅を受く」「豪貴な家に生まれる」 Ⓢ agāra: āgārika: kula: gṛha

家家 けけ →家家補特伽羅

家家者 けけしゃ →家家補特伽羅

家家補特伽羅 けけふとがら 家家・家家者ともいう。四種の聖者（預流・一来・不還・阿羅漢）のなかの預流果を得た者が一来果に至るまでの間（その段階を一来向という）のありようをいう。家家の原語 kulaṃ-kula は家々にという意味で、あちらこちらの家に生まれるという意味。欲界の九品の修惑のなかで前の三品を断じた者は、欲界において残り三回の生を受け、欲界の九品の修惑のなかで前の四品を断じた者は、欲界中において残り二回の生を受けることになる。これに次の二種がある。（i）天家家（欲界の天趣において三回あるいは二回の生を受ける者）。（ii）人家家（人趣において三回あるいは二回の生を受ける者）。 Ⓢ kulaṃ-kulaḥ pudgalaḥ
（出典）云何家家補特伽羅。謂、有二種家家、一天家家、二人家家。天家家者、謂、於天上、従家至家、若往若来、証苦辺際。人家家者、謂、於人間、従家至家、若往若来、証苦辺際。当知、此二倶是預流補特伽羅。（『瑜伽』26、大正 30・425a）
（参考）（『倶舎』24、大正 29・123c～124a）

家産 けさん 家の財産・資産。「楽って家産と資具とを蓄積す」 Ⓢ kula-udaya

家主 けしゅ 家のあるじ。主人。「諸の菩薩は、或いは家主と為って自らの親属に於て教誡す」 Ⓢ svāmin

家世 けせ 家勢とおなじ。→家勢

家勢 けせい 家の繁栄・富・勢い。家世ともいう。「心に染汚を懐き、施主を攀縁して家勢に往還し、意言を起発し、随順し随転す。是れを家勢と相応する尋思と名づく」「家世に相応する尋の纏なくして、心、多く安住す」

家族 けぞく いえ。かぞく。家系。「家族を継嗣する増上義の故に男女二根を建立す」 Ⓢ kula

家属 けぞく 家に属する者。妻子や使用人などをいう。「妻子及び奴婢などの家属に

於て教勅を施設す」 S kuka: gṛha-kalatra

家宅 けたく いえ。住居。「如来は一切の家宅・親属への貪愛を捨てて根寂静なり」 S gṛha: gṛhāgāra

家長 けちょう 家の最年長者・長老。「父母及び家長などを恭敬し供養す」 S kula-jyeṣṭha

家法 けほう いえ。家に関する事柄。世俗の生活。「家法を捨てて鬚髪を剃除し、袈裟を被服して清浄戒を受持す」「家法を捨てて非家に趣き、禁戒を受持す」 S āgāra

華 け はな。花びら。花とおなじ。→花 S kusuma: puṣpa

華好 けこう みごとで好ましいもの。「饕餮心ありて他の資財などを計して華好と為し、深く愛味を生ず」

華香 けこう 花香とおなじ。→花香

華蘂 けずい 花のしべ。はなの生殖器。雄しべと雌しべ。「苦に於て能く近く生ずるが故に説いて名づけて生と為す。華蘂の果に於けるが如し」 S puṣpa-avasāna

華鬘 けまん 花鬘とおなじ。→花鬘

袈裟 けさ kaṣāya の音写。出家した僧侶が着ることを許される衣服。kaṣāya とは黄赤色を原意とし、教団では単色ではなく色の混じった衣服のみを着ることが許された。S kaṣāya

稀尠 けせん 少ないこと。「髪毛は稀尠なり」 S manda

嫁娶 けしゅ 嫁入りと嫁取り。結婚すること。「北拘盧洲の一切の有情は妻妾を摂受することなく、亦た嫁娶もなし」 S āvāha-vivāha

稼 け 稲の穂・実。穀物。 S sasya

稼穡 けしょく 穀物。収穫物。作物を植え付け収穫すること。「法雲地に住する菩薩は無比の微妙な法雨を雨して、種種の善根の稼穡を生長成熟せしむ」 S sasya: sasya-jāti

戯 け たわむれること。遊ぶこと。「むかし経歴するところの戯・笑などの事を憶念して悔恨を生ず」 S krīḍa

（出典）戯者、謂、双陸摴蒱弄珠等戯、或有所余種類歓楽。(『瑜伽』11、大正 30・330b)

戯笑 けしょう たわむれ笑うこと。「舞楽・戯笑・俳説などを観ずる時、無義の語を引くことあり」 S hasita-krīḍa

戯忘天 けもうてん 戯忘念天・遊戯忘念天ともいう。さまざまな遊戯や娯楽にふけり、楽しみ過ぎて記憶を失うことによって、住する天から没する天の生きものをいう。

S krīḍā-pramoṣakāḥ devāḥ

（出典）有欲界天、名遊戯忘念。彼諸天衆、或時、耽著種種戯楽、久相続住。由久住故、忘失憶念。由失念故、従彼処没。(『瑜伽』5、大正 30・300c)

戯忘念天 けもうねんてん 戯忘天とおなじ。→戯忘天

戯楽 けらく たわむれ楽しむこと。「戯楽のあらゆる助伴である女色を受用す」 S rati-krīḍā

戯論 けろん たわむれに語ること。意味のない語り。言葉で考えること。原語 prapañca は展開する・拡大するという意味の動詞 **pañc** から派生した語で、広く現象一般を表す語であるが、仏教は、この語によって迷い苦しみ生死輪廻する現象的世界を意味し、生死が戯論であり涅槃が無戯論であると定義する。「涅槃の中に於て能取・所取の二種の施設は皆な所有なし。一切の戯論が永く滅離するが故に」「一切種子識とは無始の時よりこのかた戯論に楽著して熏習するを因と為して生ずるところの一切種子異熟識をいう」 S kathā: prapañca

（出典）云何戯論。謂、一切煩悩及雑煩悩諸蘊。(『瑜伽』13、大正 30・345c)：言説及分別皆名戯論。(『略纂』1、大正 43・5b)

（参考）種類としては、愛戯論・見戯論の二種（『婆沙』81、大正 27・420c)、顛倒戯論・唐捐戯論・諍競戯論・於他分別勝劣戯論・分別工巧養命戯論・耽染世間財食戯論の六種が説かれる（『瑜伽』95、大正 30・845a)。

戯論句 けろんく 言説句の異名。→言説句 S prapañca-pada

懈怠 けたい 善を修し悪を断じることにおいてなまけるこころ。努力精進をさまたげるこころ。随煩悩の一つ。 S ālasya: kusīda: kausīdya

（出典）云何懈怠。於善悪品修断事中、懶惰為性、能障精進、増染為業。(『成論』6、大正 31・34b)：云何懈怠。謂、執睡眠偃臥為楽、昼夜唐捐、捨衆善品。(『瑜伽』62、大正 30・644c)

懈怠障 けたいしょう なまけて努力精進しないという障害。十二種の障の一つ。

（出典）障者有十二種。（中略）五懈怠障、謂、由懈怠、少分煩悩纏擾其心。（『瑜伽』64、大正 30・656a）

懈廃 けはい　心がゆるみなまけること。「勤修せんと欲すれども、速かに還って懈廃す」「諸の菩薩は精進し、一切時に於て曽て懈廃なし」 Ⓢ **sraṃs**

繫 け　①心を対象につなぎ止める、集中すること。→繫心「所縁の境に心を繫いで住せしむ」 Ⓢ upani-**bandh**: dhāraṇa: ni-**bandh**
②煩悩の異名の一つ。「煩悩は解脱すること難きが故に名づけて繫と為す」 Ⓢ grantha
③三界（欲界・色界・無色界）のいずれかにつながれてあること。ある一つのものがどの界に関係し属しているかという三界の繫を考察することを界繫門という。→界繫門　→三界繫 Ⓢ avacara: pratisaṃyukta

繫在 けざい　つながれてあること。「牛馬などが柱に繫在するを柱繫と名づけるが如く、欲に繫在するが故に欲界繫と名づく」

繫摂 けしょう　心を対象につなぎ止めること。「念は四念住に於て其の心を繫摂す」「色境に於て其の心を繫摂す」

繫心 けしん　心を対象につなぎ止める、集中すること。「入息・出息に心を繫す」「心を繫して眉間に在り」 Ⓢ citta-dhāraṇa

繫属 けぞく　①関係する、結び付く、所属する、内在すること。「入息・出息は身に繫属す」「他に繫属する苦」 Ⓢ pratibaddha: pratisaṃbaddha: saṃbaddha
②相手の意に従うこと。他に依存すること。「身を求める者あれば、彼れに繫属して身を以って彼れに施す」
Ⓢ tantrya: vaśya: vidheya

繫得 けとく　身心の束縛を得ていること。煩悩の束縛などを生じる可能力（麁重）が潜在的な根本心（阿頼耶識）に集積されていること。「金剛喩定に由って一切の繫得が永断す」
（出典）云何繫得。謂、於麁重積集、仮立繫得性。（『集論』5、大正 31・685c）

繫念 けねん　念をつなぎ止めること。一つの対象に念（集中する心作用）をそそぎ込むこと。「観行を修する者は是の如く繫念して眉間に在り」「一境に於て心を散せずして繫念を現前せしむ」 Ⓢ smṛti-upanibaddha

繫縛 けばく　①心を内につなぎ止めること。「心を繫縛して内に住して外に散乱せしめず」 Ⓢ upanibaddha
②束縛。身心を悩まし縛ること。「有情を抜済して繫縛より脱せしむ」「煩悩に繫縛さるる」 Ⓢ bandhana: saṃyukta: saṃyoga
③縛ること。刑罰の一つ。「捶打・殺害・繫縛・禁閉・割截・駆擯などの逼悩によって生ずる苦を受く」 Ⓢ bandhana

蟣 け　しらみ。長さの単位の一つ。隙遊塵の七倍。 Ⓢ likṣā
（参考）（『倶舎』12、大正 29・62b）

下 げ　①した。下部。下に。下方に。下方から。下の。「内身中に下に行く風あり、上に行く風あり」
Ⓢ adhara: adhas: adhastāt: adhas-bhāga: adhas-bhāgin: ava-nikūla
②なかが凹状になっている形。なかが凸状になっている形である高の対。視覚の対象である形（形色）の一つ。→色境　→形色①
Ⓢ avanata
③低い。賎しい。下賎な。劣った。「是の如き有情の善根は、施す物と田に於て下なりと雖も、迴向力に由って無量の果を感ず」「下の座に居して躬を曲げて坐す」 Ⓢ nikṛṣṭa: nīca: parītta: hīna
④最も劣っていること。「金輪と銀輪と銅輪と鉄輪とは、其の次第の如く、勝と上と中と下となり」 Ⓢ adhama
⑤程度に応じて下と中と上とに分けるなかの下。最も低い程度。→下中上 Ⓢ mṛdu

下有情 げうじょう　劣った生きもの。異生。迷える凡夫。 Ⓢ sattva-avaratā
（出典）下有情即諸異生。（『倶舎』21、大正 29・109a）

下衣 げえ　五条の衣・袈裟。三種の衣（大衣・中衣・下衣）の一つ。いちばん内側に着る衣。→三衣 Ⓢ kanīya-cīvara

下怨 げおん　憎いなかでも下位にある人。三種の憎い人（上怨・中怨・下怨）の一種。
（参考）（『婆沙』82、大正 27・422a）

下界 げかい　①三界（欲界・色界・無色界）のなかでいちばん下にある欲界をいう。
Ⓢ dhātu-avaratā
（出典）下界者、謂、欲界。（『婆沙』49、大正 27・252c）：欲界是下界、色界是中界、無色界是妙界。（『婆沙』147、大正 27・752a）
②けがれた下賎な世界。「欲貪所摂の下界を

超越す」

下行風 げぎょうふう 身体のなかの風（内風界）の一つで、下に向かって動く風。→風界 Ⓢ adhas-gamā vāyavaḥ

下下 げげ →下下品

下下品 げげぼん 煩悩の程度や人の素質・能力などのさまざまなありようを九種に分けたうちの一つ。下下と略称。軟軟品ともいう。→九品 Ⓢ mṛdu-mṛdu: mṛdu-mṛduka

下根 げこん 三根（上根・中根・下根）の一つ。劣った素質をもつ者。さとりに至る能力の劣っている人。軟根ともいう。
Ⓢ mṛdu-indriya

下座 げざ 位の低い者が高い人の座から下がった所にすわること。Ⓢ nīcatara-āsana
（出典）言下座者、謂、在師前、居卑劣座。（『倶舎』14、大正 29・75a）

下士 げし 三士（下士・中士・上士）の一人。→三士

下地 げじ 九地（心のありようによって異なって住する九つの場所あるいは境界）において、ある一つの地からみて、より下の地をいう。→九地「色界の上地から歿して下地に生ず」「要ず已に下地の染を離れた者が、まさに上地の煩悩を起こす」

下種 げしゅ たねを田地に植えること。「人の田畦の中に下種するが如し」Ⓢ bīja-viropaṇa

下生 げしょう 上の世界より下の世界に生まれること。上生の対。「最後身の菩薩は覩史多天より歿して浄飯王宮に下生す」「将に下生して母胎に入らんと欲する時、大光明を放つ」「弥勒の下生」「他化自在天宮に生ずることあり。漸漸に乃至人趣に下生す」

下上 げじょう →下上品

下上品 げじょうぼん 煩悩の程度や人の素質・能力などのさまざまなありようを九種に分けたうちの一つ。下上と略称。→九品
Ⓢ mṛdu-adhimātra

下乗 げじょう さとりへの劣った乗り物。声聞乗と独覚乗の二乗。小乗とおなじ。菩薩乗である上乗の対。「或いは下乗に依って出離し、或いは大乗に依って出離す」「是の如き素怛纜蔵・毘奈耶蔵・阿毘達磨蔵の三蔵は下乗・上乗の差別あるが故に則ち二蔵を成ず。一には声聞蔵、二には菩薩蔵なり」
Ⓢ hīna-yāna

下心 げしん なまけるこころ。沈みねむいこころ。Ⓢ līnaṃ cittam
（出典）下心者、謂、染汚心懈怠相応故。（『婆沙』151、大正 27・770a）：下心者、謂、惛沈睡眠倶行。（『瑜伽』28、大正 30・440c）

下親 げしん 三種の親しい人（上親・中親・下親）の一種。親しいなかでも下位にある人。
（参考）（『婆沙』82、大正 27・422a）

下慼 げせき こころが沈んで憂うこと。高歓の対。「衰・毀・譏・苦などの四法に遇うと雖も下慼せず」Ⓢ līna

下賤 げせん 劣っていること。賎しいこと。不幸・悲惨であること。「下賤にして貧窮な家に生ず」「悪趣に堕して下賤な身を受く」Ⓢ dīna: nīca

下賤家 げせんけ 賎しい家柄。「若し薄福者ならば当に下賤家に生ずべし」Ⓢ nīca-kula

下族 げぞく →下族姓

下族姓 げぞくしょう 身分の低い家柄。下族ともいう。「諸の有情に、或いは好形色、或いは悪形色、或いは上族姓、或いは下族姓などの差別あり」Ⓢ nīca-kula

下中 げちゅう →下中品

下中上 げちゅうじょう →下中上品

下中上品 げちゅうじょうぼん 品とは種類の意味。さまざまなものをそれらの程度に応じて大きく下・中・上の三つに分ける分類法。下中上と略称。下の原語 mṛdu を軟と訳して軟中上ともいう。
Ⓢ mṛdu-madhya-adhimātra

下中品 げちゅうぼん 煩悩の程度や人の素質・能力などのさまざまなありようを九種に分けたうちの一つ。下中と略称。→九品
Ⓢ mṛdu-madhya

下忍 げにん 修行の五段階の第二である加行位（煗・頂・忍・世第一法の四善根）の忍をさらに下・中・上の三つの位に分けるなかの最初の位。詳しくは、四諦の十六行相を観察する位（〈倶舎〉の所説）。所取（認識されるもの）は空であると証する位（〈唯識〉の所説）。→加行位 Ⓢ mṛdu-kṣānti

下分 げぶん ①下の部分。「善業を造る者は、識は所依に於て下分より捨す。即ち下分より冷触が随起す」Ⓢ adhas-bhāga

②より下に位置するもの。たとえば欲界は色界・無色界の下分であり、見道は修道の下分であるという。→五下分結
Ⓢ avara-bhāgīya
（出典）有二種下分。謂、見道是修道下分、欲界是色無色界下分。(『瑜伽』14、大正 30・352a)

下分結 げぶんけつ →五下分結

下品 げほん 品とは種類の意味。さまざまなものをそれらの程度に応じて上・中・下の三つに分けるなかの一つ。最も力や程度が低い、あるいは劣っている類をいう。軟品ともいう。 Ⓢ mṛdu

下品加行 げほんけぎょう 程度が劣った修行。三種の加行（下品加行・中品加行・上品加行）の一つ。無間加行（常に修行する）と殷重加行（敬い重んじて修行する）との両方を欠く修行。 Ⓢ mṛdu-prayoga
（出典）下品加行者、謂、若遠離無間加行及殷重加行。(『瑜伽』37、大正 30・497c)

下品修 げほんしゅ 無想定を修する三つのありよう（下品修・中品修・上品修）の一つ。現世において無想定から退き、再び無想定にかえることができず、後に光り輝かず広大でない容姿で無想天に生まれ、かならず中夭（寿命をまっとうせず生存の途中で死ぬこと）する、そのような修行をいう。→無想定
（出典）下品修者、現法必退、不能速疾還引現前、後生彼天、不甚光浄、形色広大、定当中夭。(『成論』7、大正 31・37bc)

下品成熟 げほんじょうじゅく 三種の成熟（下品成熟・中品成熟・上品成熟）の一つ。（i）未だ久しく修していないため、諸根の成熟と善根の成熟と智慧の成熟の因縁がいまだ増大していない、（ii）劣った因縁をくりかえし修する、という二つのありようを原因とする劣った成熟。
（出典）下品成熟者、謂、二因縁下品成熟。一者、未久修習、諸根・善根・智慧成熟因縁未極増長、二者、串習下劣因縁。(『瑜伽』37、大正 30・497a)

下里 げり 俗語。プラークリット。正式なサンスクリットに対する方言。「言は辯了ならず、語に下里多し」 Ⓢ prākṛta

下類 げるい 劣った階級・家柄。「諸の婆羅門は最勝類にして余は是れ下類なり」
Ⓢ hīna-varṇa

下劣 げれつ より劣っていること。より価値の低いこと。悪いこと。粗悪なこと。「下劣な欲界中に生ずるを下劣生と名づく」「少分の下劣な智見に於て安隠に住して自ら高挙す」「先に勝妙な財物を許して、後に下劣な財物を施す」「楽あり苦ある放逸な下劣な有情」「下劣な声聞・独覚の菩提心を発す」
Ⓢ avara: avaramātraka: dīna: nihīna: pratyavara: mṛdu: līna: lūha: hīna

下劣界 げれつかい 三界のなかの欲界をいう。→欲界 →三界①
（出典）欲界、是卑賤界、是麁重界、是下劣界。(『婆沙』3、大正 27・15b)

下劣生 げれつしょう 三界のなかの最下位の欲界のなかに生まれること。あるいは最初に母胎に入ること。あるいは汚れたものが生じること。十一種の生の一つ。→生⑤
（出典）於下劣欲界中生、名下劣生。(中略) 復有差別。謂、最初入胎者、名下劣生。(中略) 復有差別。謂、染汚法及染汚果生、名下劣生。(『瑜伽』52、大正 30・586b)

下劣乗 げれつじょう 大乗という乗り物以外の劣った乗り物。声聞乗と独覚乗をいう。「一向に大乗を深く信解して余の下劣乗を愛楽せず」 Ⓢ hīna-yāna

下劣転 げれつてん 転とは転依のこと。声聞と独覚との二乗の位における転依。大乗の位における広大な転依に比べて劣っているから下劣転という。六種の転依の一つ。→転依
（参考）(『成論』10、大正 31・54c)

下劣慢 げれつまん 家柄・才能・財産などに関して自己より勝れた他者に対して、自己は彼れより劣っていると思うこころ。卑慢・卑下慢ともいう。七慢の一つ。→七慢
Ⓢ ūnamāna
（出典）於多勝中、謂己少劣、令心高挙、名下劣慢。(『瑜伽』89、大正 30・802c)

牙 げ きば。犬歯。まちがった見解の喩えに用いられる。「真我があると執する見の牙に傷つけらるる」「聖道の剣を以って見の牙を断ず」 Ⓢ daṃṣṭrā: viṣāṇa

牙歯鮮白有光明相 げしせんびゃくうこうみょうそう 偉大な人間に具わる三十二種の身体的特徴の一つ。→三十二大丈夫相

外 げ ①他の。異なる。「諸蘊を除いて外に我は不可得なり」 Ⓢ antara
②そと・外部・外界（名詞・形容詞・副詞の

三つの用法がある)。内と外とに二分する場合、自身を内、それ以外のものを外という。詳しくは次のようになる。(ⅰ)五蘊(色・受・想・行・識)で分ければ、色の一部分(身体を構成するもの)と受・想・行・識とを内、色の一部分(色・声・香・味・触)を外という。(ⅱ)十八界で分ければ、六識(眼識・耳識・鼻識・舌識・身識・意識)と六根(眼根・耳根・鼻根・舌根・身根・意根)の十二を内といい、六境(色・声・香・味・触・法)を外という。(ⅲ)十二処で分ければ、眼処・耳処・鼻処・舌処・身処・意処の六つを内、色処・声処・香処・味処・触処・法処の六つを外という。
Ⓢ bahis: bahirdhā: bāhya: bāhyaka: bāhyatva
(出典)自身名内。所余名外。(『倶舎』1、大正 29・4c):六根六識十二、名内。外、謂、所余色等六境。(『倶舎』2、大正 29・9c):問、何義、幾蘊、是内。答、六処并属彼義。一蘊一分、四蘊全、是内。問、何義、幾蘊、是外。答、内相違義、一蘊一分是外。(『瑜伽』56、大正 30・608b)
③外道のこと。→外道「内と外との法師に高下の差別あり」 Ⓢ bāhyaka

外縁 げえん ①外の縁。外の原因。存在を自己と自己以外のものとに分ける場合、前者に属する原因を内縁、後者に属する原因を外縁という。〈唯識〉では阿頼耶識のなかの種子を内的な原因、すなわち内縁とみなし、それよりほかの外的な原因を外縁とみなす。「自の種子と現在の外縁より生じるが故に縁生と名づく」 Ⓢ bahiḥ-pratyaya: bāhya-pratyaya
②外からの刺激・影響・働きかけ。「外縁を制伏して内心を外に流散せしめず」「外縁に於て心散乱す」
③外を縁じること。外界の事象を認識すること。「外縁の煩悩とは妙五欲を縁ずる煩悩をいう」

外火界 げかかい 外界のものを燃やすことによって生じる火のあたたかさ。二種の火界(内火界・外火界)の一つ。内火界の対。→火界 Ⓢ bāhyas tejo-dhātuḥ
(出典)外火界者、謂、外温性、温熱所摂煖。(『瑜伽』27、大正 30・430b)

外海 げかい 世界の中心にそびえるスメール山(蘇迷盧山)を取り囲む七つの山(七金山)の外にある海。この海のなかに四大洲がある。内海の対。→内海 →七金山 →四大洲 Ⓢ bāhyaḥ samudraḥ

外界 げかい 十八界(六根・六識・六境)のなかの六境、すなわち、色・声・香・味・触・法の六つの界をいう。認識される対象として身心の外にあるから外界という。
(出典)云何建立十八界耶。答、以三事故建立十八。一以所依、二以能依、三以境界。(中略)以境界故、立六外界、謂、色界乃至法界。(『婆沙』70、大正 27・367b)

外器 げき 外界の世界。自然界。生きもの(有情)の外にあり、生きものの存在を支えているもの。内身の対。「業力所変の外器と内身」「三十三天が居すところの外器」「非執受の境である外器世界の量は大にして知り難し」 Ⓢ bhājana: bhājana-loka

外器世界 げきせかい 外器世間とおなじ。→外器世間

外器世間 げきせけん 外界の世界。自然界。外器世界とおなじ。「外器世間の量は測り難きが故に不可知と名づく」「阿頼耶識は能く外器世界を執持し了別す」

外器成壊 げきじょうえ 外界の世界である自然界が成立することと壊れること。
(参考)(『略纂』1、大正 43・13c 以下)

外教 げきょう 仏教以外の学派、あるいはその教え。仏教を内教というのに対する。「内教は詩に非ず。外教は是れ詩なり」

外境 げきょう ①こころのそとにある対象・もの。〈倶舎〉はそのような存在を認めるが、〈唯識〉はすべては識が作り出したものであるという立場から、そのような存在を認めない。外境界とおなじ。内境の対。→内境「唯識に迷う者は、外境は識の如くに無に非ずと執す」 Ⓢ bāhya-viṣaya: viṣaya
②六つの器官(眼・耳・鼻・舌・身・意の六根)の対象である色・声・香・味・触・法の六つをいう。外境界ともいう。「眼などを依と為して色などの境に於て諸の貪著を起こすを外境雑染と名づく」

外境界 げきょうがい 外境とおなじ。→外境②「外境界に於て諸の愛を発起す」

外垢 げく 外界にある汚れ、たとえば、身体の汚れをいう。沐浴などによって身体の汚れを取り除くだけで清浄になるとする外道の考えを仏教は否定する。内垢の対。→内垢

「沐浴して但だ外垢を除いて浄と計すること、道理に応ぜず」 Ⓢ bāhyaṃ malam

外具 げぐ 身のまわりの外界にある道具・生活用品。外資具ともいう。「一切の非情とは外具などなり」「内我を養する為に外資具を求む」 Ⓢ bhoga

外空 げくう 自己の外のものは非存在であるという理。この理をさとることによって財物への執着を除くことができる。
Ⓢ bahirdhā-śūnyatā
（出典）有十種相空、能除遣。何等為十。（中略）四者、了知所取義故、有顧恋財相。此由外空能正除遣。（『解深』3、大正 16・701a）

外護 げご ①諸仏が護ることの二つのありよう（内護・外護）の一つ。親族などの人びとを護ること。内護（仏教の正しい教えを護ること）の対。
（参考）（『婆沙』120、大正 27・627b）
②如来の正法が護ることの二つのありよう（内護・外護）の一つ。教団外の仏教信者、たとえば、国王や大臣を護ること。内護（清浄な教団内の弟子である苾芻・苾芻尼などを護ること）の対。
（参考）（『婆沙』192、大正 27・959a）

外国師 げこくし 外方師とおなじ。→外方師

外災 げさい 外界の火・風・水による災害。内災の対。→内災「第四静慮には外災なし。内災を離れるが故なり。此れに由って仏は彼れを説きて不動と名づく」
Ⓢ bāhyo'pakṣālaḥ
（参考）（『倶舎』12、大正 29・66c〜67a）

外散 げさん 外散乱とおなじ。→外散乱

外散乱 げさんらん 善を修しようとするときに、外界の妙なる対象に心が奪われ乱れること。六種の散乱（自性散乱・外散乱・内散乱・相散乱・麁重散乱・作意散乱）の一つ。「心を内に住して外に散乱せしめざるを内住と名づく」 Ⓢ bahir-vikṣipta
（出典）云何外散乱。謂、正修善時、於五妙欲、其心馳散。（『集論』1、大正 31・665b）：云何外散。謂、心遊渉五妙欲境、随散随流。（『倶舎』26、大正 29・136a）

外資具 げしぐ 外具とおなじ。→外具

外地界 げじかい →地界

外事 げじ ①外にあるものの総称。外界にある事物・事柄・出来事。『瑜伽論』には次の十六種の外事があげられている（『瑜伽』34、大正 30・471a）。地事（城邑・聚落・舎・市鄽など）・園事（薬草・叢林など）・山事（種種山安布差別）水事（江河・陂湖・衆流・池沼）・作業事・庫蔵事・食事・飲事・乗事・衣事・荘厳具事・舞歌楽事・香鬘塗飾事・資生具事・諸光明事・男女承奉事。内事の対。→内事 Ⓢ bāhyaṃ vastu
②他人についていえば、親しい人を内事、憎い人と親しくも憎くもない中庸の人を外事という。 Ⓢ bāhyaṃ vastu
（出典）若親品、名為内事、怨・中庸品、名為外事。（『瑜伽』30、大正 30・453b）

外色 げしき 自己の外にある物質的なもの。〈唯識〉はそのような存在を否定する。「実には外色は無いが、唯だ内識が有りて、変じて色に似て生ず」
Ⓢ ādhyātmikaṃ rūpam

外色処 げしきしょ 十二処中の十処のなか、外界にあり感覚の対象となる色・声・香・味・触の五つをいう。内色処の対。→内色処 →十二処「有対の法とは、五の内色処と五の外色処の十処をいう」

外受 げじゅ 他人（他相続・外身）の感受作用。内受の対。
（出典）他相続所摂受、名外受。（『婆沙』187、大正 27・940a）：外受者、謂、因外身所生受。縁色等処、為境界故、依他身、生故名外。（『雑集論』10、大正 31・739a）

外種 げしゅう 外界の植物などの種子。内種（阿頼耶識の種子）の対。外種子ともいう。「業は、或いは果は少なり、或いは果は多なり、外種の果の如し」「若し外種子を親しく芽に望めば能生因と為る」
Ⓢ bāhya-bīja
（出典）外種者、謂、稲穀等。内種者、即是阿頼耶識。（『摂論釈・世』2、大正 31・329b）

外種子 げしゅうじ 外種とおなじ。→外種

外処 げしょ 外六処とおなじ。内処の対。→外六処 →内処「六識のために所依となるものを名づけて内処と為し、所縁となるものを名づけて外処と為す」
Ⓢ bāhya-āyatana

外清浄 げしょうじょう ①沐浴などによって身体の汚れを除去した状態。貪・瞋・癡などの煩悩の汚れがない状態である内清浄の

対。 [S] bāhyā śuddhiḥ
（参考）（『瑜伽』7、大正 30・312c）
②外的な縁によって起こす善心。内清浄（内的な慈悲の心）の対。 [S] bahiḥ-śuddhi
（参考）（『瑜伽』43、大正 30・531c）

外障 げしょう　二つの障（内障・外障）の一つ。外的なありように原因する障害。内障の対。→障①

外諍 げじょう　人間どうしのあらそい。仏教の正しい説（大説）と外道のまちがった説（黒説）とがあらそう内諍の対。
（参考）（『了義灯』1本、大正 43・665c）

外心散動 げしんさんどう　心が外界の対象に乱れること。五種の心の散動（作意散動・外心散動・内心散動・相散動・麁重散動）の一つ。→心散動
（出典）若於其外五種妙欲諸雑乱相所有尋思随煩悩中、及於其外所縁境中、縦心流散、当知、是名外心散動。（『解深』3、大正 16・701c）

外身 げしん　①自己の外にある存在。他人（他相続）と非生物（非有情）。他人と、外界の事物を構成する物質的存在（色）とをいう。内身の対。
（出典）他相続所摂色、及非有情数色、名外身。（『婆沙』187、大正 27・940b）：外身者。謂、外所有外色処。由外色声香味触等、外処所摂故。（『雑集論』10、大正 31・739a）
②他人の身体の外部。「外身に於て循身観を修すとは他の外身に依りて不浄の勝解を発起するをいう」 [S] bahirdhā kāyaḥ

外水界 げすいかい　→水界

外仙 げせん　外道の苦行者。外道の仙人。「一の山処に五百の苦行の外仙あり」「外仙は村などを殄滅せしめて罪を得る」
[S] tāpasa: bāhyaka-ṛṣi

外相 げそう　外界のありよう・すがた。たとえば自己の心の汚れを除くために認識する外界の光り輝くありよう（光明相）、美しく妙なるありよう（浄妙相）をいう。自心相（自己の心のありよう・すがた）の対。
[S] bāhya-nimitta
（出典）云何外相。謂、即於彼被染汚心、了知自心被染汚已、便取外相。謂、光明相、或浄妙相、或復余相。為欲除遣諸煩悩故、或令彼惑不現行故。（『瑜伽』11、大正 30・334b）

外大種 げだいしゅ　外界の事物、たとえば山や河を構成する地・水・火・風の四つの要素（四大種）。〈倶舎〉や外道はそのような四元素は外界に存在するとみるが、〈唯識〉はそれらは各人の阿頼耶識のなかの共通の種子（共相の種子）から生じたものであると主張する。内大種の対。→内大種　→四大種「聚を分析する想によって外大種に於て無常想を修す」「外大種を因と為して声を発することあり」 [S] bāhya-mahābhūta

外徴 げちょう　自己の主張に反対する他派や論敵者からの非難・反対。外難とおなじ。「此れは略して外徴に答う」

外典 げてん　他派（外道）の経典。「契経の義は無量なれども、外典は文多くして義少なし」

外道 げどう　仏教以外の学派、あるいは修行者。よこしまな見解を持ち、まちがった修行をする者。前に異をつけて異外道という場合もある。プーラナ、ゴーサーラ、アジタ、パクダ、サンジャヤ、ニガンタ・ナータプッタの六師が有力な外道として伝えられている。外道を外法という場合もある。内道の対。→内道「塗灰などの外道は悪説の法毘奈耶のなかに於て出家す」「諸の外道は妄りに露形・自餓・食糞・投巌などの行を執す」「諸の外道の仙は少年の美妙な形色に値遇して離欲より退く」 [S] anya-tīrthya: bāhyaka: tīrthakara: tīrthika: tīrthikaḥ parivrājaḥ: tīrthya: parivrājaka

外毒 げどく　外界にある毒。これに対して内的な貪・瞋・癡の三毒を内毒という。「呪術は能く外毒を息み、亦た、能く貪・瞋・癡の内毒をも息む」 [S] bāhyaṃ viṣam

外難 げなん　自己の主張に反対する他派や論敵者からの非難・反対。外徴とおなじ。「初の一頌は外難を釈す」

外人 げにん　論議を展開するなかで、自己の主張に反対する論敵者。「文に三あり。一には外人の難を叙ぶ」

外縛 げばく　縄や鎖などの外的なもので縛られること。煩悩によって心が縛られる内縛の対。「愚夫の外縛とは、或いは木、或いは鉄、或いは索に繋縛されるをいう」「貪瞋癡に依るが故に、善方便に於て自在を得ざるが故に名づけて縛となす。猶し外縛が諸の衆生を縛するが如し」 [S] bāhya-bandhana
（参考）（『瑜伽』87、大正 30・791a）

外風界 げふう →風界

外分 げぶん 外界にある存在。自己の外にある事物や自然界をいう。内分の対。「外分中の湿性とは江河・池沼・四大海などのあらゆる湿性をいう」「諸の不善業を修習する増上力に由って感ずるところの外分は光沢尠少なり」「一切の外分のあらゆる麁色は四大種所成にして恒に相続して住す」 Ⓢ bāhyā bhāvāḥ

外分力 げぶんりき 涅槃を得るための二つの力（内分力・外分力）のなかの一方で、外的な力・要因をいう。たとえば、仏が世に生まれて教えを説く、その教えがいまだ存在する、慈悲が篤い信者の布施主がいる、などをいう。内分力の対。→内分力

Ⓢ bāhya-aṅga-bala

（出典）外分力者、謂、諸仏興世、宣説妙法、教法猶存、住正法者、随順而転、具悲信者、以為施主、如是等法、名外分力。（『瑜伽』5、大正 30・301a）

外方 げほう 自己が住んでる以外の地方や国、あるいは、そこに住む人。

Ⓢ bāhyaka

外方師 げほうし 自己が住んでる以外の地方や国の論師。『倶舎論』ではカシミール地方（迦湿弥羅）の経量部の論師が他の地方の論師を呼ぶときに使う呼称。外国師とおなじ。「外国師とは、是れ迦湿弥羅国の外の健駄羅国の経部の諸師なり」 Ⓢ bahir-deśaka: bāhyaka

（出典）外方、即是西方諸師。（『倶舎論記』19、大正 41・307c）

外法 げほう ①外界にあるもの。たとえば植物の種や果実、飲食物、水や熱、日や月の光明など。内法（人間あるいは人間に関する事柄）の対。→内法①「内法が外法のために近能作因と為ることあり。諸の農夫が稼穡を種殖するが如し」

②仏法以外の法。外道。これに対して仏法を内法という。「内法に沙門道あり。外法には決定して沙門道なし」「外法の異生と内法の異生」

外法縁起 げほうえんぎ 外界の事象に関する縁起。種子が芽の因となり、乃至、花が果実の因となるという因果をいう。内法縁起の対。→内法縁起

外物 げもつ 外界にある存在・事物。内物の対。「外物である房舎・屋宇・殿堂を見る」「彼の外道は樹などの外物にも生命ありと説く」「手鉗は親く身を離れた外物を執る」

Ⓢ bāhya-bhāva

外門 げもん ①外に向かう門。外のものや対象に向かうこと。「入息の無間に外門の風が転ず」「尋伺は倶に外門に依って転ず」

Ⓢ bahir-mukha

②人間の外の領域。「外門に於て境界を受用する増上の義の故に男女の二根を建立す」「外門の雑染と内門の雑染」「外門の境界への愛著」

外門転 げもんてん 外に向かって、外部において働くこと。外のものや対象に向かって働くこと。内門転の対。→内門転「五識の行相は麁にして外門転なり」 Ⓢ bahir-mukha-pravṛtta

外力 げりき 外的な力。外からの働きかけ。たとえば、さとりに至る過程における善き指導者（善知識）からの力をいう。内力の対。→内力「聞所成慧は外力によって起こる」

外六界 げろくかい 十八界のなかの自己の外にあり、認識の対象となる色・声・香・味・触・法の六つ（六境）をいう。

外六処 げろくしょ 十二処のなかの自己の外にある六つの処。六つの認識対象（六境）である色・声・香・味・触・法をいう。外処とおなじ。内六処の対。→内六処「六識身は内六処を以って因と為し、外六処を以って縁と為す」

外論 げろん 仏教以外の学派の学問・教理・論書。因論（推論における理由についての学問）と声論（文法学・言語学）と医方論（薬学・医学）の三つがある。「楽って外論を習する者の疑は邪見を引生す」 Ⓢ bahiḥ-śāstra: bāhyaka-śāstra

（出典）一切外論、略有三種。一者因論、二者声論、三者医方論。（『瑜伽』38、大正 30・500c）

芽 げ 植物の芽。因果を説明するときの喩えとして用いられる。「因縁力を具するによって種子は芽を生ず」「彼の種子を所生の芽に望んで生起因と名づく」「芽は種子の果であり茎などの因であるが如く、一法は因であり亦た果でもある」 Ⓢ aṅkura

芽影 げよう 芽とそれからできる影。因

と果とが同時に存在する喩えとして用いられる。「影が芽に由って発すること、必ず同時なるが如し」

夏 げ なつ。一年の四季（夏・秋・冬・春）の一つ。「春と夏の時には、枝葉・華果は青翠にして繁茂す」 Ⓢ ūsman: varṣa

偈 げ gāthā の音写。伽陀とも音写。偈は旧訳であり、新訳では頌と訳す。→頌
Ⓢ gāthā
（出典）梵云伽陀、此翻名頌。旧云偈訛也。（『倶舎論記』1、大正 41・7b）

解 げ ①理解する、わかる、さとること。「智慧が成熟して能く善説法・悪説法の義を解す」「真空を解する力なし」 Ⓢ abhijña: ājñāna: **jñā**: **budh**: bodhi
②ばらばらにする、解体すること。「諸の有情は支節を解すことに由って死す」「天趣には支節を解す苦なし」 Ⓢ cheda: vi-**bhaj**
③とく、ほどくこと。「結跏趺坐を解す」
Ⓢ **bhid**
④のぞく、除去すること。「睡眠と疲労とを解す」
Ⓢ prativi-**nud**: prativinodana: vinodana
⑤解き放つこと。のがれること。解脱とおなじ。→解脱「解とは諸纏を解脱するを謂う」

解違 げい 相違した見解を比較してそれらの間に矛盾がないように解釈すること。会釈・会通とおなじ。「述して曰く。中に於て四あり。一に立宗、二に釈難、三に引証、四に解違なり」

解割 げかつ きりわること。害を加えるありようの一つ。「怨家の為に害を加えんと欲して打拍し、或いは解割し、或いは杖捶を加える」

解義 げぎ 説かれた教えや経典の文句の意味を理解すること。「大乗の法に於て能く解義する者」 Ⓢ artha-abhijña

解行地 げぎょうじ 勝解行地のこと。→勝解行地

解結 げけつ 原語 granthi-mocana の原意は結び目を解くこと。転じて金などを入れたふところから、盗む、スリをすることの意となる。ものを盗む方法の一つ。「窃盗・攻牆・解結などは皆な不与取なり」
Ⓢ granthi-mocana

解釈 げしゃく かいしゃくする、説明する、解説すること。「契経の義を解釈せんと欲するが故に此の論を作る」 Ⓢ kalpanā: vyākhyāna

解除 げじょ 取り除くこと。「食し已りて暫時、飢渇を解除す」「解脱とは縛を解除する義なり」

解深密法門 げじんみつほうもん 甚深なる秘密の真理を解釈する教え。深くかくされた真理を説き明かす教え。「此の解深密法門の中に於て此れを如来成所作事了義の教と名づく」。

解脱 げだつ 苦や煩悩（貪・瞋・癡など）、煩悩の可能力（麁重・随眠）や障害（煩悩障・所知障・定障）より解き放たれること。苦や煩悩や汚れ（染汚・雑染）がない状態になること。〈唯識〉は二大障害である煩悩障と所知障とのなか、前者の煩悩障を断じて解脱（涅槃ともいう）を得、後者の所知障を断じて菩提を得、解脱と菩提とを得ることを転依（所依を転じること。存在のよりどころ、すなわち身心のありようを汚れから清浄な状態に変化せしめること）と説く。解脱の異名として永断・離繋・清浄・滅尽・離欲などが挙げられている（『瑜伽』82、大正 30・758a）。「一切の煩悩を解脱す」「生死の縛を離れるを解脱という」「唯だ無学の心のみ一切の障を解脱す」
Ⓢ adhimukti: apavarga: nirmokṣa: pari-**muc**: mukta: mukti: mokṣa: vimukta: vimukti: vi-**muc**: vimokṣa: vimocana: vivikta
（出典）言解脱者、解脱一切生老等故（『瑜伽』83、大正 30・764c）：云何解脱。謂、起畢竟断対治故、一切煩悩品類麁重永息滅故、証得転依、令諸煩悩決定究竟成不生法、是名解脱。（『瑜伽』89、大正 30・802a）：由断続生煩悩障故、証真解脱、由断礙解所知障故、得大菩提。（『成論』1、大正 31・1a）：言解脱者、体即円寂。西域梵音云波利暱縛喃。波利者円也。暱縛喃言寂。即是円満体寂滅義。旧云涅槃、音訛略也。今或順古亦云涅槃。（中略）解、謂、離縛。脱、謂、自在。（『述記』1 本、大正 43・235c）：解脱者、謂、二涅槃。解除縛義、故名解脱。煩悩名縛、能障涅槃。（『述記』8 末、大正 43・538a）
（参考）種類としては、煩悩解脱・事解脱（『瑜伽』16、大正 30・365c）、時愛心解脱・不動心解脱（『瑜伽』90、大正 30・813a）（『倶舎』25、大正 29・129a〜b）、有為解

脱・無為解脱（『倶舎』25、大正 29・133c）、慧解脱・心解脱（『瑜伽』62、大正 30・647a）の二種、世間解脱・有学解脱・無学解脱（『瑜伽』85、大正 30・773b）の三種、世間解脱・出世間解脱・有学解脱・無学解脱・可動解脱・不可動解脱（『瑜伽』82、大正 30・759a）の六種、有色観諸色解脱・内無色想観外諸色解脱・浄解脱身作証具足住解脱・空無辺処解脱・識無辺処解脱・無所有処解脱・非想非非想処解脱・想受滅身作証具足住解脱（『婆沙』84、大正 27・434b）（『瑜伽』11、大正 30・328c）（『雑集論』13、大正 31・758a～b）の八種が説かれる。

解脱蘊 げだつうん 解脱の集まり。無学の存在を構成する五つの要素、すなわち五蘊（戒蘊・定蘊・慧蘊・解脱蘊・解脱知見蘊）の一つ。→五蘊②

解脱円満 げだつえんまん 解脱が完成すること。最終的に解脱すること。無学（すべてを学び尽くしもはや学ぶことがなくなった聖者）の知見によって得られた解脱。
（出典）云何解脱円満。謂、若由有学智見、解脱貪等未名円満。若由無学智見、得解脱者、乃名円満。（『瑜伽』13、大正 30・343b）

解脱堅固 げだつけんこ 解脱が決定的に達せられた状態をいう。すべての煩悩とその可能力（麁重）とを残すことなく断じた状態。
（出典）解脱堅固者、謂、永離一切煩悩麁重。（『瑜伽』81、大正 30・756c）

解脱師 げだつし 解脱した師匠・教師。師なくして自らさとった如来（釈尊）のこと。「諸の天衆及び余の世間のために解脱師となって、独一にして無二なり」

解脱者 げだつしゃ 解脱した人。「我れは無変異にして是れ受者、作者、及び解脱者なりというは、道理に応ぜず」。 Ⓢ moktṛ

解脱捨 げだつしゃ 執着をなくして布施をすること。施した結果にこだわらない広大な布施。広大施ともいう。 Ⓢ mukta-tyāga
（出典）解脱捨者、迴向涅槃故、於施果中、無繫著故。（『瑜伽』83、大正 30・762a）

解脱処 げだつしょ 解脱に至る原因。次の五つをいう。（ｉ）仏の説法を聞く。（ii）説かれた教法を自ら読誦する。（iii）他の人に説法する。（iv）静かな場所で教法を思惟する。（ｖ）静まった心のありよう（定相）を観察する。まとめて五解脱処という。
（参考）（『倶舎論疏』1 余、大正 41・493b）

解脱障 げだつしょう 二障（煩悩障と解脱障）の一つ。解脱をさまたげているさわり。八解脱を成就せしめない障害。→八解脱 Ⓢ vimokṣa-āvaraṇa

解脱成就 げだつじょうじゅ 解脱が完成すること。有学（いまだ学ぶべきことがある人）と無学（学ぶべきことがなくなった人）の二種のありようがある。前者は金剛喩定を修するときに起こり、後者はその後の修行が完成した状態（小乗では阿羅漢の位、大乗では仏陀に成った位）をいう。
（出典）略有二種解脱成就。一者有学、二者無学。有学者、謂、金剛喩三摩地俱。無学者、謂、彼已上。（『瑜伽』89、大正 30・801b）

解脱定 げだつじょう 煩悩を解脱した禅定。→八解脱「諸の有学にして已に具に八の解脱定を証得するを身証補特伽羅という」

解脱心 げだつしん 解脱した心。煩悩がなくなり、なくなった状態が相続する善い心。「解脱心には必ず煩悩なし」
Ⓢ vimukta-citta
（出典）解脱心者、謂、於自性解脱相続解脱随一、或倶解脱心。（『婆沙』151、大正 27・770c）：解脱心者、謂、善心。自性相続容解脱故。（『倶舎』26、大正 29・136a）

解脱身 げだつしん 声聞・独覚の二乗が獲得する解脱したありよう。二障（煩悩障・所知障）のなか、煩悩障のみを断じた身。二障を共に断じて得る大乗の法身に対する語。→二障
（出典）二乗満位、名解脱身、在大牟尼、名法身。（『成論』9、大正 31・51a）：二乗所得二転依果、唯永遠離煩悩障縛、無殊勝法故、但名解脱身。（『成論』10、大正 31・57c）

解脱知見 げだつちけん 解脱智見とおなじ。→解脱智見

解脱知見蘊 げだつちけんうん →解脱知見

解脱智 げだつち 解脱した状態をしる智慧。この智慧が生じることによって解脱が完成する。「解脱と解脱智」 Ⓢ vimukti-jñāna

解脱智見 げだつちけん 解脱知見ともいう。解脱したとしる智慧。解脱した状態をさらに確認する智慧。無学の五蘊（戒・定・慧・解脱・解脱智見）の一つ。 Ⓢ vimukti-jñāna-darśana

解脱智見蘊 げだつちけんうん →解脱智見

解脱道 げだつどう →四道

解脱涅槃 げだつねはん 解脱と涅槃。解脱を涅槃と同一とみる見解と、異なるとみる見解とがある。両者の相違については『婆沙論』に詳説される（『婆沙』28、大正27・147b〜c）。

解脱分 げだつぶん →順解脱分

解脱方便 げだつほうべん 解脱に至る方法・手段・修行。「普く能く所化の有情を引導し、彼の解脱方便の仏事に於て如実智を得る」「聖諦に愚にして外の解脱方便を虚妄に計度す」 Ⓢ vimokṣa-upāya

解脱無上 げだつむじょう 三種の無上（智無上・行無上・解脱無上）のなかの一つ。最高の解脱。無学の不動解脱をいう。→無学 →不動解脱

（出典）解脱無上者、謂、無学不動解脱。於一切解脱、最為勝故。（『雑集論』7、大正31・727a）

解脱門 げだつもん 解脱に至る入り口・門戸。空・無願・無相の三つの禅定。→三解脱門

解脱楽 げだつらく 解脱によって得られる楽。「心の調適に由るが故に身心の無損害楽と解脱楽とを得る」 Ⓢ vimukti-sukha

解知 げち 理解し知ること。「現見の事を解知すること無礙なり」「如来は一切の境界を遍く解知す」

解徴 げちょう ある主張・教理に対する反論・非難を整合的に解釈すること。「述して曰く、異執を難じる中に三あり。一に申難、二に返質、三に解徴なり」

解法義 げほうぎ 法義を解すこと。教えとその教えの意味とを理解すること。→法義「空閑処に在して審諦に思惟して正しく法義を解す」

解了 げりょう ①理解すること。真理をさとること。「牛羊などは分別ありと雖も、然も文字に於て解了すること能わず」「世間に随順する言説は解了すること易し」「真如及び諸の諦義を解了す」「法義に於て解了し通達す」

Ⓢ avagamana: ājñā: upa-**lakṣ**: saṃlakṣaṇā

②三種の解了（解了・等解了・審解了）のなかの一つで、三慧のなかの聞所成慧（聞くことによって身につく智慧）によって理解すること。「聞慧に由るが故に未了義を能く解了す」

（出典）解了者、聞所成慧。諸智論者、如是説故。等解了者、思所成慧。審解了者、修所成慧。（『瑜伽』84、大正30・768b）

③三種の解了（解了・等解了・近解了）のなかの一つで、知るべき対象への思考を発すること。

（出典）言解了者、於所知事、作意発悟。等解了者、既発悟已、方便尋求。近解了者、求已決定。（『瑜伽』83、大正30・762c）

解了加行 げりょうけぎょう 止や観のありようを善く理解し了解して自在に定（さだまったこころ）に入出する修行。九種の加行の一つ。→加行② Ⓢ upalakṣaṇa-prayogatā

（参考）（『瑜伽』31、大正30・456b）

礙 げ ①さまたげること。立体的な大きさや形を持ち、そこに他のものが入り込むのをさまたげること、あるいはそのようなもの。たとえば一方の手が他方の手をさまたげる、あるいは、ある石が他の石をさまたげるような場合をいう。→有対①「色蘊に摂する十界のみ有対なり。対とは礙の義なり」「若しくは、対あるを礙と名づく。若しくは、方分あるを礙と名づく」

Ⓢ pratigha: pratighāta: prati-**han**

②主に感覚的な認識における制約的関係をいい、一つの認識作用（識）あるいは一つの感覚器官（根）がその認識対象（境界）と制約的関係にあることをいう。たとえば、魚の眼は水のなかでは対象と関係するが、陸上では関係しないことをいう。→有対②「有る眼は水に於て礙あるも、陸に於て礙あるに非ず、魚などの眼の如し」 Ⓢ pratigha

③さまたげる、妨害すること。「永く当生を礙して非択滅を得る」「礙とは是れ障の義なり。法執に由って所知の境を覆し正解を障礙す」 Ⓢ vighna

刑縛 けいばく 犯罪者を縛ること。刑罰の一つ。「種種の不饒益の事を作して他に拘えられ、他は刑縛・断截・撾打・毀辱・迫脅・駆擯・流移せんと欲す」 Ⓢ bandhana

刑罰 けいばつ 罪を犯した者への罰。罪を罰すること。「国王は諸の群臣に少なる違越あれども重罰を以って之を刑罰す」

形（けい） →ぎょう

茎香 けいこう 茎の香り。植物の五種の香

り（根香・茎香・葉香・花香・果香）の一つ。 Ⓢ sāra-gandha

係念 けいねん 心を対象に集中してそれにつなぎ止めること。「未だ心に住していない者をして所縁に於て係念せしむ」
Ⓢ upanibandha

契（けい）→かい

計（けい）→け

恵（けい）→え

荊棘 けいきょく いばら。棘刺とおなじ。「若し器世間の其の地処所に諸の株杌・荊棘・毒刺・凡石・沙礫などが多ければ、一切は是れ麁悪語の増上果なり」 Ⓢ kaṇṭaka

啓悟 けいご さとること。「正法を聴聞して未解の義を啓悟せんと欲す」

啓請 けいしょう うやまってねがうこと。「世尊は梵天王の啓請を待って有情の為に正法を説く」

啓導 けいどう 導くこと。「盲者を啓導す」

啓白 けいびゃく 申し上げること。敬って言うこと。「施主は僧衆に啓白して是の如きの言を作す」

畦稲 けいとう 畑の稲。「畦を刈るに、唯だ一科を余して名づけて此の畦稲は未だ刈らずと為すべからざるが如し」 Ⓢ luṅga

畦壟 けいりゅう 田畑のうね。「務農者は六月中に於て畦壟・稼穡を修治して後に子実を収す」

経（けい）→きょう

敬（けい）→きょう

軽（けい）→きょう

傾動 けいどう かたむく、ゆらぐ、うごくこと。動揺すること。心が乱れること。「妙高山は金輪上に住し、八方からの猛風にも傾動せず」「如来は菩提座に坐して一切の魔怨にも傾動せず」 Ⓢ vikampana: vi-**cal**

携手 けいしゅ 手を取り合っているさま。「搖身・搖頭・跳躑・携手して施主家に入るべからず」

携従 けいじゅう 連れだってともに行動すること。「己の親友と笑戯・歓娯・携従す」

継嗣 けいし ひきつぐこと。「男女の二根は家族・子孫を継嗣することに於て増上の義あり」

慶（けい）→きょう

憩息 けいそく 休息。身心が安らいでいるさま。「静慮に於て暫時、憩息す」「疲極を遠離して憩息す」 Ⓢ viśrama

稽首 けいしゅ 敬って礼拝すること。字義からすれば、首を地に着けて礼拝するという身体的行為（身業）を意味するが、言語的行為（語業）と精神的行為（意業）をも含み、三業にわたる行為をいう。このなか身業と語業とは表面に顕れた行為であるのに対して、意業は表面に顕れない行為である。法相宗の正義では敬礼すなわち稽首の本体はこのように身・語・意の三業であるとみなすが、西明は慚愧をもって本体と考える。この西明の説に対して『了義灯』のなかで詳しく反論している（『了義灯』1本、大正43・666c以下）。敬礼の異名。→敬礼
Ⓢ pādau śirasā vandati
（出典）稽者、至也。首者、頭也。以首至地、故名稽首。（中略）敬礼之異名也。此通三業。（『述記』1本、大正43・232a～b）：諸教或云稽首者、藉身業之稽首、申三業之敬礼、体唯一物。（『義林章』4、大正45・316b）

稽遅 けいち おそいこと。鈍いこと。「極めて稽遅にして速疾に往趣すること能わず」
Ⓢ dhandha

稽留 けいる ①欺く、だますこと。「稽留・誑幻の処」 Ⓢ vipra-**labh**
②おそくとどこおっているさま。「疾疾に進趣して稽留するところなし」 Ⓢ vilambita

頸 けい 首。うなじ。 Ⓢ grīva

頸癭 けいよう 首にこぶができていること。「餓鬼は頸癭にして其の腹は寛大なり」
Ⓢ galagaṇḍaka

雞 けい にわとり

雞胤部 けいいんぶ 小乗二十部の一つ。→小乗二十部

警（けい）→きょう

醓鮓 けいさ 酢につけた魚類。葅鮓（しょさ）ともいう。「沙糖・魚肉・醓鮓などを嘗と為す」 Ⓢ lavaṇa

醓都 けいつ 数の単位の一つ。十の二十九乗。 Ⓢ hetu
（参考）（『婆沙』177、大正27・891a）：（『倶舎』12、大正29・63b）

醓盧索迦 けいろさくか 『婆沙論』では地に住む神の一つとしてあげられ、天趣ではなく傍生趣に属すとされる。
（参考）（『婆沙』172、大正27・869a）

鼷鼠 けいそ ねずみ。「猫狸と鼷鼠とは互

に怨敵なり」

迎送 げいそう →奉迎

撃 げき 打撃。打つこと。「先に撃し後に声あり、との因果は極成なり」
Ⓢ abhighāta: abhyāhata

撃剣 げきけん 刀剣をふるってたたかうこと。角武（武術をきそいあうこと。ひろくは身体をつかっての運動）の一つ。「按摩・拍毱・托石・跳躑・蹴蹋・攘臂・扼腕・揮戈・撃剣・伏弩・控弦・投輪・擲索などの角武事に依って勇健を得る」

撃刺 げきし 突き刺すこと。「麁言を以って撃刺し侵悩す」

欠 けつ かける、かくこと。「眼を欠けば眼が識るところの色に於て領解せず」「妙身の支分が具足することあると雖も、眼根が欠ければ、人は喜観せず」 Ⓢ vikala: vikalī-karaṇa: vikalī-kṛta: vikalī-kṛti

欠減 けつげん かけること。完備しないこと。「其の母が馳走し跳躑する威儀を多く習するに由るが故に、彼の胎蔵は諸根の支分が欠減して生ず」 Ⓢ vikala: vaikalya

欠減愚癡 けつげんぐち 眼がかけることによってものが見えない、あるいは耳が欠けることによって声が聞こえない、など、すべての対象を認識することができない愚かな者。十種の愚癡（愚かな者）の一つ。→愚癡②
（出典）欠減愚癡者、謂、如有一、或欠於眼、或欠於耳、於眼所識色、耳所識声、一切境界皆不領解、是故愚癡。（『瑜伽』60、大正 30・637b）

欠根者 けっこんしゃ 根がかけていること。二十二根のなかのいくつかの根を有していない者。たとえば男根がかけるものを扇半択迦、男根と女根の両方を具えていない者を無形者という。

穴 けつ ①あな。洞窟。「一切の臥具への貪著を遠離して樹下・空室・山・谷・峯・穴に住す」「若し鼻に二つの穴なければ身は端厳ならず」 Ⓢ guhā: chidra: bila
②（戒を）やぶること。「尸羅を正しく受し已って穴らず」

血 けつ ①ち。血液。 Ⓢ rudhira: śoṇita
②精血の血。男女が交合した際に出す女性の液。血水ともいう。「父母の貪愛が倶に極まりて最後に各々一滴の濃厚の精と血とを出だす」「母の血水、最後の時に於て余りて二滴あり、父の精、最後に余りて一滴あり、展転和合して方に胎を成ずることを得る」
Ⓢ śoṇita

血手神 けつしゅしん スメール山（妙高山・蘇迷盧山）の山腹が四つの層から成るなかの第二層に住する天（『瑜伽論』の所説。『倶舎論』では第二層には持鬘天が住する）。
Ⓢ rudhira-pāṇi
（参考）（『瑜伽』2、大正 30・287a）：（『倶舎』11、大正 29・59c）

血塗 けつず 死体が腐って血の色のように赤くなっているさま。肉体への貪りを断つための不浄観において観察する対象の一つ。原語 vilohitaka は異赤・変赤・分赤とも訳される。→不浄観「結跏趺坐し端身にして正願し背念に安住し、或いは膿爛を観じ、変壊を観じ、或いは食噉を観じ、或いは血塗を観ず」 Ⓢ vilohitaka

血水 けつすい →血②

決 けつ ①かならず。確実に。決定的に。「聖道は決して涅槃に趣くが故に決定の名を得る」 Ⓢ niyama
②意味をはっきりと決めること、明瞭にすること。「仏は経中で此の義を決す」 Ⓢ nīta

決志 けつし 決心。決断。「我れ、当に彼れを殺すべしと決志す」 Ⓢ niścaya

決定 けつじょう ①まちがいなく。確かに。かならず。「決定して後法の安楽を獲得す」 Ⓢ avaśyam: niyatam: niyamena: nūnam
②定まり決まっていること。「凡そ施を為すところの一切の事業は堅固にして決定せり」「諸の仏法のあらゆる勝解に於て印解決定せり」 Ⓢ avyabhicāritva: niyata: niyama: niyāma: niścaya: pratiniyama
③現象を貫く不変のありよう。たとえば無常・苦・空・無我という四つのありようをいう。あるいは、〈唯識〉が説く、外界には事物はなくただ八識のみ存在する、というありようをいう。「諸行のなかに於て無常決定・苦決定・空決定・無我決定の四決定あり」「唯の言には決定の義あり。決定して唯だ八識あるが故に」
④ある原因からある結果がかならず生じるという因果の理が決定していること。「因果決定の義、是れ縁起の義なり」
⑤決断していること。「これはこれであってあれではない」などと決定的に理解している

こと。心所の一つである勝解の働きをいう。「勝解とは決定の境に於て印持するを性と為す」「是れは即ち是の如きにして是の如からざるに非ずと決定した勝解」 Ⓢ niścita

決定行地 けつじょうぎょうじ 菩薩の七地（菩薩が如来に成るまでの深まりいく七つの段階）の第六。前の決定地で修した禅定に住することに満足せず、獲得した智慧でさらに人びとのための教えを説くなどの実践行を展開する段階。十三住のなかの無礙解住にあたる。 Ⓢ niyatā-caryā-bhūmi
（参考）（『瑜伽』49、大正 30・565a）

決定思 けつじょうし 加行思（あることを行なおうと欲する意志）の後に起こる意志で、行為を決定する意志をいう。三種の思（加行思・決定思・等起思）の一つ。→思②
（参考）（『瑜伽』45、大正 30・600a）

決定地 けつじょうじ 菩薩の七地（菩薩が如来に成るまでの深まりいく七つの段階）の第五。この段階の菩薩は種性・発心・不虚行の三つが決定しているから決定地という。十三住のなかの無加行無功用無相住にあたる。
→七地 Ⓢ niyatā-bhūmi
（参考）（『瑜伽』49、大正 30・565a）

決定心 けつじょうしん →五心

決定智 けつじょうち ①十智の総称。→十智
（出典）十智総為一智。謂、決定智。以決定義、是智義故。（『婆沙』106、大正 27・549c）
②毘鉢舎那（ありのままに観察するこころ）にそなわる三つの智（速疾智・決定智・微細智）の一つ。対象をはっきりと見定める智。この智は存在の表層（麁境）を観察するにとどまり、さらに存在の深層（甚深義）を観察する微細智を得ることが必要となる。
（出典）毘鉢舎那有三徳。一速疾智、二決定智、三微細智。（中略）決定智、智雖決定、若是粗解、唯解麁境、不能通達甚深之義、又須生微細智。（『了義灯』1 本、大正 43・669b～c）
③現前に見える四聖諦を分別して観察する智。「若しくは現見、若しくは非現見の諸聖諦中に於て、其の次第の如く有分別の決定智と無分別の現見智とが生ず」 Ⓢ niścaya-jñāna
（参考）（『瑜伽』34，大正 30・475c～476a）

決断 けつだん はっきりさせて疑いを断じること。智慧の働きをいう。「智は是れ決断の義なり」 Ⓢ niścita

決択 けっちゃく ①明確に決定的に解釈し定義すること。この意味での決択として諦決択・法決択・得決択・論議決択の四種が説かれる（『集論』3、大正 31・674a）。
Ⓢ viniścaya
②疑問などを解決すること。「論義し決択す」
Ⓢ vinirṇaya
③総じて智慧の働き一般をいう。「生得慧と聞・思・修の三慧とは皆な決択を性とす」
④決とは決断、択とは簡択。疑いを決断し真理を分別すること。真理（四諦）を見る無漏智（汚れのない智慧）の働きをいう。
Ⓢ nirvedha
（出典）決、謂、決断。択、謂、簡択。決断簡択、謂、諸聖道。以諸聖道、能断疑故、及能分別四諦相故。（『倶舎』23、大正 29・120a）

決択説 けっちゃくせつ 二種の説法の仕方（決択説・直言説）の一つ。質問・反論などに対して正しい道理を説いて疑惑を断つという方法。→ 直言説
（出典）決択説者、謂、興詰問徴覈方便、説正道理、滅除疑惑。（『瑜伽』92、大正 30・821c）

決択分 けっちゃくぶん ①決択とは見道（真理を見る位）において起こす無漏智（汚れのない智）。無漏智はそれ以後の位にも通じてあるが、見道の智もその一部分であるから決択分という。
（出典）分、謂、分段。此言意、顕所順唯是見道一分。決択之分故、得決択分名。（『倶舎』23、大正 29・120a）：諸無漏、名決択分、極究竟故、猶如世間珠瓶等物已善簡者、名為決択。自此已後、無可択故、此亦如是、過此更無可簡択故、名決択分。（『瑜伽』12、大正 30・336a）
②すでに述べた事柄をさらに明確に解釈する章。本事分（存在するもの自体を論じる章）に対する語。「本事分の中には略して広く諸法の体事を分別し、決択分の中には略して広く深密の要義を決択せり」「決択分の中の諦品」
③順決択分の略称。→順決択分

決度 けつど 判断すること。はっきりと

認識すること。観視とともに見（darśana: dṛṣṭi）の働きとしてあげられる。「観視の故に、決度の故に、見と名づく」「審慮を先と為す決度を見と名づく」 Ⓢ santīrika

決然 けつねん　決定していること。確実であること。「根なきを死と名づくこと、其の理は決然たり」 Ⓢ niyama

決判 けっぱん　はっきりと述べる、説くこと。決断すること。「世尊は彼の執を除かんが為に生因に由って果ありと決判す」「眼と色との二縁が眼識を生ずることは、経に決判す」 Ⓢ ava-**dhṛ**: avadhāraṇa

決了 けつりょう　①決定的に理解すること。「先に知らざりし義を、今、了知し決了す」「一切の不了義経の隠密の義を皆な決了すべし」
②三つの理解（解了・勝了・決了）のなかで最も深い理解。証する、さとること。「解了の時に於て能く審分別し、勝了の時に於て能く勝解を生じ、決了の時に於て法に於て入証す」
（参考）（『瑜伽』95、大正 30・846a）

結 けつ　①煩悩の異名。煩悩は心を束縛し、苦と結合し、心を毒するから、結という。五種あるいは九種の結がある。→五結 →九結 Ⓢ saṃyojana
（出典）問、何故名結。結是何義。答、繋縛義、合苦義、雑毒義、是結義。（『婆沙』50、大正 27・258a）
（参考）（『倶舎』21、大正 29・108c）:（『瑜伽』84、大正 30・769c 以下）
②心のなかのわだかまり、疑い。「古昔の諸師は已に斯の結を解く」 Ⓢ grantha
③結ぶこと。つらねること。「句を結んで説くを諷頌という」 Ⓢ upanibandha
④まとめる、しめくくる、結論すること。「過失を結んで外道を破す」「前に散説した契経の文句に依って後に結んで頌と為す」
⑤実を結ぶこと。結果を生じること。「種子は三半月を経て実を結ぶ」「命を捨して正に当有を結ぶ位を生と名づく」
Ⓢ **dhā**: paratisam-**dhā**: pratisaṃdhi
⑥（橋を）架けること。「橋梁を結ぶとは生死の河を出る因なり」 Ⓢ bandha
⑦因明（仏教論理学）の論法を構成する五つの要素である五支（宗・因・喩・合・結）のなかの結。結論。→五支
（参考）（『雑集論』16、大正 31・771c）

結怨 けつおん　こころにうらみを懐くこと。「恨とは、忿を先と為し、悪を懐いて捨てず、怨を結ぶを性と為す」

結加趺坐 けっかふざ　→結跏趺坐

結跏趺坐 けっかふざ　左右の足を交差させて組んで坐ること。禅定を修する際の姿勢をいう。結加趺坐とも書く。「吉祥草を受けて菩提樹に詣で、自ら敷きて座と為し、結跏趺坐す」 Ⓢ paryaṅka
（出典）問、結加趺坐義、何謂耶。答、是相、周円、而安坐義。声論者曰。以両足趺加、致両髀、如龍盤結、端坐思惟、是故名為結加趺坐。脇尊者言、重畳両足、左右交盤、正観境界、名結加坐。唯此威儀、順修定故。大徳説曰、此是賢聖吉祥坐故、名結加坐。（『婆沙』39、大正 27・204b〜c）

結界 けっかい　①特定の地域を設けること。境界を設けること。「未だ結界せざる時は一界中に二部の僧なし」
②受戒の儀式を行なうために特定の制限された領域を設けること。結界羯磨ともいう。十種の羯磨の一つ。→羯磨「正法が滅する時、一切の学処と結界羯磨は止息す」 Ⓢ sīmā

結界羯磨 けっかいかつま　→結界

結帰 けっき　本文を解釈するなかで自己の主張への反論を論破した後で再び結びとして自己の正しい主張を述べること。「下の一句は論宗を標して唯識を結帰す」「論主は総じて正義を結帰す」

結構 けっこう　土台の上に木材を組み合わせること。「舎を造ろうと欲するに、先ず基址を立て後に結構す」

結婚媾 けっこんこう　結婚すること。
Ⓢ āvāha-vivāha

結実 けつじつ　実を結ぶこと。「外の種は三半月を経て葵は便ち結実し、要らず六月を経て麦は方に結実す」

結集 けつじゅう　①釈尊の教えを集めて整理すること。「仏所説の素呾纜などの十二分教を次第に結集す」「如来の正法蔵を結集す」「諸の聖者衆は根本結集の時の大迦葉波を以って其の師と為して上座部と云う」
Ⓢ piṇḍī-**kṛ**: racanā: saṃgīti: samāyukta
②集めること。「愛は後有を悕求するが故に生老死などの苦を結集す」

結集者 けつじゅうしゃ　釈尊の教えを集め

て整理する人。「後に結集者は聖教を久住せしめんが為に嗢拕南頌を結ぶ」 Ⓢ saṃgīti-kāra

結正 けっしょう 本文を解釈するなかで最後の結びとして正しい説を述べること。「一に破前、二に立理、三に会違、四に結正なり」

結生 けっしょう 生を結ぶこと。前の世から此の世に生まれること。母胎に入って生まれること。「結生時に於て父母愛を起こす」「生有とは諸趣に於て結生する刹那を謂う」
Ⓢ upapanna: pratisaṃdhi: pratisaṃdhi-bandha: saṃdhiṃ badhnāti

結生識 けっしょうしき 結生心とおなじ。→結生心

結生心 けっしょうしん 母胎中に生まれたときの心。結生識とおなじ。「結生心より乃至死有に至るまでの間」「結生識の後、六処生ずる前の中間を名色と名づく」
Ⓢ saṃdhi-citta

結生相続 けっしょうそうぞく 再び生まれること。胎中に入って再び生を結び、生をつづけること。
Ⓢ pratisaṃdhi: pratisaṃdhi-bandha
（参考）七種の結生相続が説かれる（『瑜伽』59、大正 30・629c）。

結非 けっぴ 論敵者の主張を破ることにおいて最後に結びとしてその非なる点を述べること。「一に叙宗、二に正破、三に結非なり」

結謀 けつぼう はかりごとをめぐらす者。「無畏とは、大衆に処して無量の僻執・英俊・結謀に囲繞せらるると雖も、発するところの言詞は坦然として無畏なるを謂う」

橛 けつ くい。きりかぶ。「能く悪趣に往く業に由るが故に悪趣の橛に於て之を繋縛す」

闕 けつ かく、かけること。乏しいこと。存在しないこと。「資具を闕くが故に死ぬを福が尽きるが故に死ぬという」「不般涅槃法者は三種の菩提の種子を闕く」「縁を闕くが故に畢竟生ぜざるを非択滅という」
Ⓢ abhāva: nāsti: vikala: vivarjita: vaikalya: vaidhurya

闕減 けつげん かく、かけること。「此の二種の因縁に於て随一が闕減し、随一が具足す」 Ⓢ vaikalya

闕少 けっしょう かく、かけること。「資具が闕少す」 Ⓢ vaikalya

闕乏 けつぼう とぼしいこと。かけること。「資糧が闕乏す」「財物が闕乏す」
Ⓢ asaṃvidyamāna: vikala

蠍 けつ さそり。「蛇・蠍・蜂などは人のために毒害となる」

蹶 けつ つまずくこと。「壮士は蹶すれども仆せず」 Ⓢ praskhalana

纈具 けつぐ 絞り染めにつかう道具。「衆の纈具と纈とに纈らるる衣の如し。当に之を纈ぶ時に当りては、復た、未だ異雑にそいて非一なる品類の得べきことあらずと雖も、染器に入れた後、その時、衣の上に便ち異雑にして非一なる品類の染色・絞絡せる文像が顕現することあり。阿頼耶識も亦復、是の如し」（『摂論釈・無』2、大正 31・388b）

妍美 けんみ 美しくあでやかなさま。「膚が細軟にして容色が妍美なるを以って、少年なりと比知す」

妍容 けんよう 美しい容姿。女が男を魅惑して縛る八つのありようのなかの一つ。「受用する時に於ては妍容・軟滑・恭事・童分の四処に由って男は女の為に縛せらる」
（参考）（『瑜伽』57、大正 30・617a）

見 けん ①人間の四つの認識作用（見・聞・覚・知）の一つ。眼で見るという認識作用一般をいう。あるいは、対象を追求・推理するこころの働きをいう。「眼は能く色を見る」「天眼が色境に於て能照・能観するを説いて名づけて見と為す」 Ⓢ anu-**paś**: abhi-**jñā**: upa-**labh**: darśana: darśin: **dṛś**: dṛṣṭa: dṛṣṭi: **paś**: sam-**dṛś**
（出典）審慮為先、決度、名見。（『倶舎』2、大正 29・10c）
②あやまった見解。不正な見方。悪見・不正見とおなじ。六つの根本煩悩（貪・瞋・癡・慢・疑・悪見）の一つで、薩迦耶見・辺執見・邪見・見取見・戒禁取見の五つをいう（→各項参照）。『梵網経』などに説かれる六十二見もあやまった見解である。→六十二見
③正しい見解。正見という。→正見
④智と対比される見。慧の一種。一つ一つの教え（別法）を対象として修する奢摩他・毘鉢舎那のなかでの慧。
（出典）若縁総法、修奢摩他毘鉢舎那、所有妙慧、是名為智。若縁別法修奢摩他毘鉢舎

那、所有妙慧、是名為見。(『瑜伽』77、大正30・726b)
(参考)(『解深』3、大正16・700c):(『瑜伽』86、大正30・780c〜781a)
⑤真理を見る、さとる働き。「諸の諦理を見る」「勝義諦を見る」「諸仏を見る」
Ⓢ abhisamaya: darśana: pari-**jñā**

見位 けんい ①三つの位(見位・修位・無学位)の一つ。真理(諦・四諦)を見る位。見道・通達位をいう。「三無漏根は見位・修位・無学位なり」 Ⓢ darśana-avasthā
②三つの位(智位・見位・現観位)の一つ。真理をさとった後、「苦諦は遍知すべく、集諦は永断すべく、滅諦は作証すべく、道諦は修習すべし」と観察する位。あるいは無学の極解脱智より生じる正見をいう。
(参考)(『瑜伽』95、大正30・844a)

見蘊 けんうん さまざまな見解・見方の集まり。経論においてさまざまな見解・見方を解釈する章。「見蘊第八の中の念住納息第一の一」

見壊 けんえ 見を壊すこと。正しい見解を失うこと。四種の壊(戒壊・見壊・軌則壊・正命壊)の一つ。 Ⓢ dṛṣṭi-vipatti: dṛṣṭi-vipanna
(参考)(『瑜伽』69、大正30・680b)

見円満 けんえんまん 見を完成すること。正しい見解を完全に身につけること。見解における完成状態。四種あるいは五種の円満の一つ。正見円満ともいう。→円満⑤
Ⓢ dṛṣṭi-saṃpatti: dṛṣṭi-saṃpanna
(出典)云何見円満。謂、聞他音、及如理作意故、正見得生。由此正見、雖能知苦乃至知道、若未如実、猶不得名正見円満。若能於彼如実了知、爾時方名正見円満。(『瑜伽』13、大正30・343b)
(参考)(『瑜伽』88、大正30・799b)

見行者 けんぎょうしゃ 自己は存在するとみる見解(我見)、あるいはこれは自己のものであるとみる見解(我所見)をもつタイプの人。悪をなそうとする意志の強い人。貪愛の強いタイプの人(愛行者)に対する語。→愛行者
(出典)補特伽羅有二種。一者愛行、二者見行。(『婆沙』116、大正27・602c):諸見行者、悪阿世耶、極堅深故。(『倶舎』17、大正29・89b)

見苦所断 けんくしょだん 苦という真理(苦諦)を見ることによって断じられる煩悩をいう。見苦断・見苦諦所断ともいう。「見苦所断の一切の随眠」「此の十種の煩悩は苦諦に迷い、見苦所断なり」 Ⓢ duḥkha-darśana-prahātavya: duḥkha-darśana-heya

見苦諦所断 けんくたいしょだん →見苦所断

見苦断 けんくだん →見苦所断

見愚 けんぐ ものの見方における愚かさ。五種の愚(義愚・見愚・放逸愚・真実義愚・増上慢愚)の一つ。 Ⓢ dṛṣṭi-saṃmoha
(参考)(『瑜伽』9、大正30・322c)

見愚癡 けんぐち ものの見方における愚かさ。これによって自己は存在するという見解を生じる。二つの愚癡(事愚癡・見愚癡)の一つ。 Ⓢ dṛṣṭi-saṃmoha
(出典)見愚癡者、謂、愚見故、於見相応諸無明触所生起受、妄計為我。由此為縁、恒為我愛之所随逐。復由此故、常於我見、不能捨離。(『瑜伽』87、大正30・788a)

見牙 けんげ 邪見(まちがった見解)を牙に喩えて見牙という。「真我ありと執する見牙に傷つけらるる」「聖道の剣を以って見牙を断ず」 Ⓢ dṛṣṭi-daṃṣṭrā

見解 けんげ 見方。とらえ方。「異道が施設する見解は種種にして一ならず」

見結 けんけつ まちがった見解(有身見・辺執見・邪見)は、心を苦と結合せしめ束縛し毒する煩悩であるから見結という。九結の一つ。→見 →九結 Ⓢ dṛṣṭi-saṃyojana
(出典)見結者、即三見。謂、薩迦耶見、辺執見、邪見。見結所繋故、於邪出離、妄計追求、妄興執著。於邪出離、妄執著已、広行不善、不行諸善。由此能招未来世苦、与苦相応。(『集論』4、大正31・676c)

見現観 けんげんかん 三種の現観(見現観・縁現観・事現観)の一つ。汚れのない智慧(無漏慧)で真理(四諦)を現前に明瞭に見ること。→現観 Ⓢ darśana-abhisamaya
(出典)諸現観総有三種。謂、見縁事有差別故。唯無漏慧、於諸諦境現見分明、名見現観。(『倶舎』23、大正29・121c)

見言説 けんごんぜつ 見・聞・覚・知のなかの見にもとづく言説。眼で外界の事物を見ることにもとづいて語ること。四種の言説(見言説・聞言説・覚言説・知言説)の一つ。

(出典) 依見言説者、謂、依眼故、現見外色。由此因縁、為他宣説、是名依見言説。(『瑜伽』2、大正 30・289b)

見錯乱 けんさくらん　五種の錯乱（想錯乱・数錯乱・形錯乱・顕錯乱・業錯乱）を正しいと容認すること。→錯乱①
(参考)(『瑜伽』15、大正 30・357c)

見至 けんし　→見至補特伽羅

見至補特伽羅 けんしふとがら　真理（諦）を見る十六心のなか、最後の道類智が生じる修道における二種の聖者（信解・見至）の一種。見道において随法行者といわれた人が第十六心において預流果・一来果・不還果に住するときに真理を見る智慧が強まって正見が顕れた人。修道における利根の人。見至と略称。 Ⓢ dṛṣṭi-prāptaḥ pudgalaḥ
(出典) 云何見至補特伽羅。謂、即随法行補特伽羅、於沙門果、得触証時、説名見至補特伽羅。(『瑜伽』26、大正 30・424c)
(参考)(『倶舎』23、大正 29・122c)

見地 けんじ　修行の五種の段階（資糧地・加行地・見地・修地・究竟地）の第三。真理（四諦の理）を見る段階。見道・通達位とおなじ。→見道　→通達位　Ⓢ darśana-bhūmi

見識 けんじき　見る部分の識。認識する部分の識。〈唯識〉は、一切はただ識が変化したものであるとみる立場から、根源的には阿頼耶識が存在し、それが認識される部分（相識）と認識する部分（見識）とに分かれ、そこに認識が成立すると説く。『摂大乗論』に見られる概念。
(参考)(『摂論』中、大正 31・139a)

見者 けんじゃ　見る者。見る主体。なにかを見るという行為において見る主体として設定された実体的な自己（我）。仏教は無我の立場より、そこには見るという働き・行為があるだけで、そのような実体的な見者は存在しないと主張する。「見者は我なりと執著することを捨する為に所知を観察す」「見などに於て見者などの相を仮立す」 Ⓢ draṣṭṛ

見邪性 けんじゃしょう　見解に関するよこしまなありよう。五つの顚倒見、すなわち有身見（薩迦耶見）・辺執見・邪見・見取見・戒禁取見の五つのあやまった見解をいう。三つの邪性（業邪性・趣邪性・見邪性）の一つ。→邪性
(参考)(『婆沙』3、大正 27・12b)

見迹 けんじゃく　迹を見ること。迹（pada）とは真理（諦）をいい、見道において真理を見ることを見迹という。見跡ともいう。「学とは預流・一来・不還の補特伽羅を謂う。迹とは四聖諦を謂う。無漏の慧を以って已に具に四諦の迹を見るが故に学見迹と名づく」「諸の有学にして已に見迹せる者は、能く一切の煩悩を断ず」「聖弟子は未だ根本静慮を得ないときは、先ず見跡を学し、後に進んで修道所断の一切の煩悩を断ずるを為す」 Ⓢ dṛṣṭa-pada

見跡 けんじゃく　見迹とおなじ。→見迹

見取 けんしゅ　①自己は存在するとみる見解（薩迦耶見）以外のあやまった見解に執着すること。四取の一つ。→四取
Ⓢ dṛṣṭy-upādāna
(出典) 見取云何。謂、除薩迦耶見、於所余見、所有欲貪。(『瑜伽』10、大正 30・323b)
②見取見とおなじ。→見取見

見取見 けんしゅけん　あやまった見解を自己の見解としてとり入れて、それらは、あるいはそのような見解を持つ人は、最も勝れ、また清浄な涅槃を得る原因となると考える見解をいう。あやまった五つの見解（有身見・辺執見・邪見・見取見・戒禁取見）の一つ。見取ともいう。 Ⓢ dṛṣṭi-parāmarśa
(出典) 見取、謂、於諸見及所依蘊、執為最勝能得清浄、一切闘諍所依為業。(『成論』6、大正 31・31c)

見修所断 けんしゅしょだん　見所断と修所断。→各項参照

見修断 けんしゅだん　見所断と修所断。→各項参照

見修道 けんしゅどう　見道と修道。→各項参照

見修無学道 けんしゅむがくどう　見道と修道と無学道。→各項参照

見趣 けんしゅ　あやまった見解に陥っていること。悪見趣とおなじ。→悪見趣「六十二の見趣は一切皆な有身見を以って本と為す」
Ⓢ dṛṣṭi-gata

見趣所依 けんしゅしょえ　すべてのあやまった見解に陥っている状態を生じる原因。自己が存在するとみる見解（薩迦耶見）をいう。
(出典) 薩迦耶見、(中略) 一切見趣所依為業。(『成論』6、大正 31・31c)

見集所断 けんじゅうしょだん 集という真理（集諦）を見ることによって断じられる煩悩をいう。見集断・見集諦所断ともいう。→集諦「見集所断の一切の随眠」 Ⓢ samudaya-darśana-prahātavya: samudaya-darśana-heya

見集諦所断 けんじゅうたいしょだん →見集所断

見集断 けんじゅうだん →見集所断

見所断 けんしょだん 見所断法・見断・見道所断ともいう。見道で断じられるもの。真理（諦）を見ることによって断じられるもの（煩悩・惑・結・随眠・縛など）。あやまった教えを聞く、よこしまに思考するなどを原因として後天的に身につけた知的な迷い、およびその迷いから起こされる行為をいう。『婆沙論』には見所断法として、八十八随眠と、及び彼と相応する心心所法と、彼によって等起される不相応行とが説かれる。
Ⓢ darśana-prahātavya: darśana-heya
（出典）問、見所断法云何。答、随信随法行現観辺忍所断。此復云何。謂、見所断八十八随眠、及彼相応心心所法、彼所等起不相応行、是名見所断法。（『婆沙』77、大正 27・397a）：見所断義、謂、現観智諦現観、所応断義。（『瑜伽』56、大正 30・608c）：云何見所断。（中略）謂、分別所起染汚見疑・見処・疑処、及於見等所起邪行・煩悩・随煩悩、及見等所発身語・意業。（『雑集論』4、大正 31・711a）

見所断業 けんしょだんごう 三業（見所断業・修所断業・無断業）の一つ。→三業⑪
Ⓢ darśana-prahātavyaṃ karman

見処 けんじょ まちがった五つの見解・見方（五見）の対象。あるいはまちがった見解と共に働く心作用。→五見
（出典）見者、謂、五見。見処者、謂、見所縁。（『婆沙』138、大正 27・713b）：見処者、謂、諸見相応共有法。（『雑集論』4、大正 31・711a）

見性 けんしょう 見ることを本性としていること。対象を追求・推求するという性質を有していること。煩悩のなか、どれが見性でどれが非見性であるかが問題とされ、薩迦耶見（有身見）・辺執見・邪見・見取見・戒禁取見の五つが見性であり、貪・恚・慢・無明・疑の五つが非見性であるとされる。Ⓢ dṛṣṭi-svabhāva
（参考）（『倶舎』19、大正 29・99b）：（『瑜伽』58、大正 30・621b）

見清浄 けんしょうじょう 布施をすることにおいて見解・見方が清らかで汚れていないこと。たとえば自分が施した、他人よりも多く施したなどと考えないこと。
（参考）（『瑜伽』74、大正 30・709b）

見上静慮者 けんじょうじょうりょしゃ 四種の静慮者（愛上静慮者・見上静慮者・慢上静慮者・疑上静慮者）の一人。見が強いタイプの静慮者。教えを聞いて知的に理解して静慮に入る人。
（参考）（『瑜伽』12、大正 30・335b）

見諍根 けんじょうこん 見によって引き起こされる争いの根本。四つの身繫（貪欲身繫・瞋恚身繫・戒禁取身繫・此実執身繫）のなかの後の二つをいう。愛諍根に対する語。
（出典）有四身繫、謂、貪欲身繫・瞋恚身繫・戒禁取身繫・此実執身繫。（中略）復次此四身繫、起二諍根、過余煩悩、是故偏立。謂、初二身繫起愛諍根、後二身繫起見諍根。（『婆沙』48、大正 27・248c～249a）

見濁 けんじょく 見解・考え方の汚れ。人びとの間にまちがった見解や考え方がはびこり、よこしまな教えが流行すること。人間の寿命が百歳以下になったときに出現する五つの汚れ（寿濁・劫濁・煩悩濁・見濁・煩悩濁）の一つ。 Ⓢ dṛṣṭi-kaṣāya
（参考）（『倶舎』12、大正 29・64a）：（『瑜伽』44、大正 30・538a）

見随眠 けんずいみん 七種の随眠の一つ。→見 →七随眠 Ⓢ dṛṣṭi-anuśaya

見箭 けんせん 見を毒箭（毒矢）に喩えて見箭という。愛箭に対する語。
（出典）有箭者、謂、二種有箭、一者愛箭、二者見箭。（『婆沙』33、大正 27・173b）

見瘡皰 けんそうほう まちがった見解・見方をふきでものに喩えて見瘡皰という。「彼れは仏の真の聖教の中に於て因縁あることなしと、見瘡皰を起こす」 Ⓢ dṛṣṭi-arbuda

見雑染 けんぞうぜん まちがった見解・見方による心の汚れ。三種の雑染（見雑染・愛雑染・尋思雑染）、あるいは五種の雑染（疑雑染・愛雑染・信解雑染・見雑染・増上慢雑染）の一つ。「見雑染に雑染さるるが故に意に随って一切の悪行を造作し、能く当来の諸の悪趣苦を感ず」

（参考）（『瑜伽』56、大正 30・612c）：（『瑜伽』87、大正 30・790b～c）

見諦 けんたい 真理を見ること、あるいは真理を見た人。見道において四諦の理をさとること。これによってそれ以前の異生の位を捨てて聖者の類に入る。「愚とは異生を謂う。未だ諦を見ざるが故に」「見道に於て初めて見諦を得る」 Ⓢ dṛṣṭa-satya: satya-darśana

見諦者 けんたいしゃ 真理を見た人。聖者。→見諦

見諦道 けんたいどう 真理を見る道。見道のこと。→見道「見諦道と修道とに由って諸の煩悩を断ず」

見断 けんだん →見所断

見知 けんち 知る、智る、さとること。「苦聖諦に於て如実に見知す」 Ⓢ pra-jñā

見顛倒 けんてんとう 見倒とおなじ。→見倒「見顛倒に由って慢を起こして共に諍論を興す」

見倒 けんとう 見方・考え方がまちがっていること。無常を常、苦を楽、無我を我、不浄を浄と思う、まちがった思い（想倒）をはっきりと認識してそれに執着すること。三種の顛倒（想倒・心倒・見倒）の一つ。見顛倒ともいう。 Ⓢ dṛṣṭi-viparyāsa

（出典）想倒者、謂、於無常苦不浄無我中、起常楽浄我妄想分別。見倒者、謂、即於彼妄想所分別中、忍可欲楽建立執著。（『瑜伽』8、大正 30・314b）

見道 けんどう 五道（資糧道・加行道・見道・修道・究竟道）の一つ。五道とは涅槃に向けて進みゆく五つの段階。そのなかで真理（諦）を見る段階を見道という。煩悩のない無分別の智慧（無漏慧・無分別智）が生じ、それによって四諦の理をさとる段階（〈唯識〉は四諦の理に加えて真如の理をさとることを説く）。四諦の理を観じる心に十六心があるが、その第十五心までが見道であり、第十六心からが修道となる。〈唯識〉は見道を真見道と相見道とに二分する。通達位とおなじ。→十六心 →真見道→ 相見道

Ⓢ darśana-mārga

（出典）加行無間無分別智生時、体会真如、名通達位。初照理故、亦名見道。（『成論』9、大正 31・50a）

見道所断 けんどうしょだん ①→見所断
②道という真理（道諦）を見ることによって断じられる煩悩をいう。見道断・見道諦所断ともいう。→道諦「見道所断の一切の随眠」
Ⓢ mārga-darśana-prahātavya: mārga-darśana-heya

見道諦断 けんどうたいだん →見道所断

見道断 けんどうだん →見道所断

見縛 けんばく まちがった見解・見方による束縛。「菩薩は勝解行地より法の真如に於て勝解を修するが故に、已に見縛を断ず」
Ⓢ dṛṣṭi-kṛta-bandhana

見仏 けんぶつ ①仏を見ること。仏陀にまみえること。「陳那などの五人は遥かに仏を見て共に制を立す」
②心のなかに仏を見ること。「若し人、心行が普く諸の世間を造ると知れば、是の人は則ち仏を見て仏の真実性を了す」 Ⓢ buddha-darśana
③仏国土に往生して仏に会うこと。「仏国に往生して仏を見、供養し正法を聴聞せんと願う」

見分 けんぶん 心の四つの部分（相分・見分・自証分・証自証分の四分）の一つ。認識する側の心の部分。相分を見る心の部分。→四分

（出典）似所縁相、説名相分、似能縁相、説名見分。（『成論』2、大正 31・10a）

見暴流 けんぼる 見瀑流とおなじ。→見瀑流

見瀑流 けんぼる 見暴流とも書く。瀑流は煩悩の異名。煩悩を荒れ狂う河の流れに喩えて瀑流といい、まちがった見解・見方を瀑流に喩えて見瀑流という。四つの瀑流（欲瀑流・有瀑流・見瀑流・無明瀑流）の一つ。見苦断の五見と見集断の二見と見滅断の二見と見道断の三見とを合わせた十二見が三界それぞれにあり、合計した三十六の見をいう。
Ⓢ dṛṣṭi-ogha

（出典）三十六物、名見瀑流。謂、三界中各十二見。（『倶舎』20、大正 29・107c）

（参考）（『雑集論』7、大正 31・724b）：（『略纂』3、大正 43・45c）

見品 けんぼん 煩悩のなか、見解・見方に属する一群。「愛品の煩悩と見品の煩悩」

見滅所断 けんめつしょだん 滅という真理（滅諦）を見ることによって断じられる煩悩をいう。見滅断・見滅諦所断ともいう。「見滅所断の一切の随眠」 Ⓢ nirodha-darśana-prahātavya: nirodha-darśana-heya

見滅諦所断 けんめったいしょだん →見滅所断

見滅断 けんめつだん →見滅所断

見門転 けんもんてん 見（見解・見方）を原因として生じること。愛を原因として生じること（愛門転）に対する語。

（出典）愛縁取、亦有二種。一見門転、二愛門転。（『婆沙』23、大正27・119b）

見聞覚知 けんもんかくち 見と聞と覚と知。認識の四つのありよう。見とは眼で見ること、聞とは他人から聞くこと、覚とは自ら思惟すること、知とは自己の心のなかで把握し体験し証すること。 Ⓢ dṛṣṭa-śruta-mata-vijñāta

（出典）見聞覚知義者、眼所受、是見義。耳所受、是聞義。自然思搆、応如是如是、是覚義。自内所受、是知義。（『雑集論』1、大正31・695c）

（参考）（『瑜伽』2、大正30・289b）

見軛 けんやく 四つの軛（欲軛・有軛・見軛・無明軛）の一つ。軛（yoga）とは結合を原意とし、煩悩の異名。まちがった見解・見方は生きもの（有情）と結合して苦しめるから見軛という。 Ⓢ dṛṣṭi-yoga

見惑 けんわく 知的な迷い。見方・見解における煩悩。後天的に身についた煩悩。見道において真理（諦）を見ることによって断じられる煩悩。見断惑・見道所断惑ともいう。修惑に対する語。→修惑「此の十煩悩のなかの疑の後の三見は唯だ分別起なるが故に唯だ見惑なり」

肩 けん かた。「将に請問せんとする時は偏に左の肩を覆して右の膝を地に著すべし」 Ⓢ aṃsa: skandha

肩善円満相 けんぜんえんまんそう 肩髆円満相とおなじ。→肩髆円満相

肩髆円満相 けんはくえんまんそう 肩善円満相ともいう。偉大な人間に具わる三十二種の身体的特徴の一つ。→三十二大丈夫相

建（けん）→こん

研究 けんく 学ぶ、調べる、きわめること。「外道の書論に於て精勤し研究す」「仏教中に於て精しく研究す」「甚深なる素呾纜の義を研究す」 Ⓢ pravicaya: yoga: yogya

研求 けんぐ ①学び調べること。研究すること。「菩薩法を越えて異道論に於て研求・善巧し、深心に愛楽・味著す」②強引に布施を要求すること。研逼・研磨ともいう。 Ⓢ naiṣpeṣikatā

（出典）現行遮逼、有所乞匃、故名研求。（『瑜伽』89、大正30・802c）

研尋 けんじん 研究すること。学びきわめること。「十二分教を能く受持し研尋し究達す」

研逼 けんひつ 強引に布施を要求すること。研求・研磨ともいう。「彼れは、或いは矯詐、或いは邪妄語に依り、或いは仮に相を現じ、或いは苦しんで研逼して、非法に衣服・飲食・臥具などを希求す」

Ⓢ naiṣpeṣikatā

研磨 けんま 強引に布施を要求すること。研求・研逼ともいう。「求めて得ない時は便ち強逼して研磨す」

倦 けん あきること。倦怠。疲労。「菩薩は義利を引く大なる事務に於て倦なし」「菩薩は常に衆生の為に正法を宣説して身に倦なし」 Ⓢ **klam**: klama: kheda

倹 けん 少ないこと。とぼしいこと。「善行と聞正法との倹を超度して、善行と聞正法との豊を建立す」

倹災 けんさい 三種の災い（倹災・病災・刀災）の一つ。穀物が不作の饑饉をいう。

Ⓢ durbhikṣa-saṃvartanī

（参考）（『瑜伽』2、大正30・285c）：（『略纂』1、大正43・14c）

倹素 けんそ 倹約し質素なこと。「倹素による歓喜あり」

倹約 けんやく じみにすること。むだづかいをしないこと。「器物を減除し資縁を倹約す」

兼 けん かねて。ともに。あわせて。かねそなえること。「聖者は有漏道を起こす時、亦た兼ねて無漏を修す」「二処を兼ねる」

Ⓢ api: saha

剣 けん けん。かたな。鋭利な剣は物をよく切ることから、智慧が煩悩を断じることに喩えられる。「無漏の慧剣は煩悩を断ず」「般若の剣を以って煩悩の怨を断ず」 Ⓢ asi: āsika

剣刃 けんじん けん。かたな。→剣葉林

Ⓢ asi

剣葉林 けんようりん 八大地獄それぞれの四面の門の外にある庭園、すなわち鋒刃増の

一種。木々の葉は鋭利な剣刃からなり、風に吹かれて堕ちてその下で遊ぶものたちの肢体を切りさく、そのような林。 Ⓢ asi-pattra-vana
（出典）剣葉林、謂、此林上、純以銛利剣刃、為葉。有情遊彼、風吹葉墜、斬刺肢体骨肉零落、有烏駁狗、摣掣食之。（『倶舎』11、大正29・58c）

拳 けん　こぶし。「拳を加えて有情を苦しむる」 Ⓢ muṣṭi

軒 けん　（衣服のすそを）たかくあげること。「軒せず、磔せず、また褰張せずして法服を被るべし」

乾闥婆 けんだつば　→健達縛

乾闥婆城 けんだつばじょう　→健達縛城

健行定 けんぎょうじょう　四つの定学の一つ。仏や菩薩という壮健な者が行き至る禅定をいう。
（出典）定学有四。（中略）四健行定、謂、仏菩薩大健有情之所行故。（『成論』9、大正31・52a）

健駄梨 けんだり　gāndhārī の音写。自在に空を飛ぶことができる呪術。 Ⓢ gāndhārī
（出典）有咒術、名健駄梨。持此、便能騰空自在。（『倶舎』27、大正29・143c）

健達縛 けんだつば　① gandharva の音写。死んでから生まれるまでの中間的存在（中有）の別名の一つ。香りを食べて生きているから食香と訳す。あるいは未来生に香りを尋ねて行こうとするから尋香・尋香行ともいう。旧訳は乾闥婆。 Ⓢ gandharva
（出典）死後生前、名中有。（中略）名健達縛、此名尋香行。尋当生処香、而行住故。或唯食香、香所資故。（『略纂』1、大正43・11a）
②天に住んで伎楽をする楽人。→健達縛城 Ⓢ gandharva
③仏法を守護する八部衆の一つ。→八部衆 Ⓢ gandharva

健達縛城 けんだつばじょう　健達縛が住む城。健達縛は gandharva の音写で伎楽をする楽人をいう。幻術によって作り出された城で、実在しないものの喩えとして用いられる。gandharva を尋香と意訳して尋香城ともいう。旧訳は乾闥婆城。
Ⓢ gandharva-nagara
（参考）（『二十論述記』上、大正43・985a）

健夫 けんぷ　壮健で力強い人。「若し此の法に住する時には、勢あり、力ありて、猶し健夫の如し」

捲 けん　こぶし　Ⓢ muṣṭi

牽 けん　引くこと。引き起こすこと。「多くの縄、相合して能く大木を牽く」「業、現在前して異熟果を牽く」「食とは有を牽くの義なり」

牽引 けんいん　引くこと。引き起こすこと。「浄不浄業の熏習に由って三界の諸行は愛不愛の自体を牽引す」「業は衆同分の果を牽引す」 Ⓢ ā-**ksip**: ākṣepa: ākṣepaka

牽引因 けんいんいん　十因の一つ。→十因

牽引業 けんいんごう　ある結果を引き起こす業。阿頼耶識（真異熟）を引いて生ぜしめる業。引業・招引業ともいう。→引業③「真異熟心は牽引業に酬い、遍にして断ずることなし」 Ⓢ ākṣepakaṃ karma

牽還 けんげん　持ち帰ること。「羊を牽還して之を屠殺す」 Ⓢ ā-**nī**

牽生 けんしょう　引き起こす、生起せしめること。「五力は能く聖法を牽生す」

眷族 けんぞく　眷属とおなじ。→眷属②

眷属 けんぞく　①妻子・親戚・従者・使用人など自分に関係する人びとの総称。「諸の衆生を摂して皆な眷属と為す」 Ⓢ kaḍatra: kalatra: jñāti: paricāra
②父母・妻子・奴婢・朋友・兄弟などを除いた自分に関係する人びとをいう。眷族ともいう。「父母・奴婢・僕使・朋友・兄弟・眷属」
Ⓢ jñāti: parigraha: sālohita
③随うもの。付属するもの。「浄慧の眷属を名づけて随行と曰う」「四大洲の側に各々二の中洲あり。中洲は大洲の眷属なり」「智の眷属の諸の心心所を亦た名づけて智と為す」
Ⓢ parivāra: sāmantaka
④随う人。取り巻く人。「菩薩の眷属が囲繞す」 Ⓢ parivāra

眷属尋思 けんぞくじんし　妻や子、親戚などのことを考えて思いをはせること。心が定まらず散乱する原因の一つ。親里尋思・親属尋思とおなじ。「眷属尋思・国土尋思・不死尋思は定心ならざる者の三摩地障なり」

険 けん　①けわしいこと。あやういこと。けわしい所。「険なる悪趣に堕す」「険道」
Ⓢ apāya: durga
②不正なこと。よこしまなこと。「険業」

Ⓢ viṣama

険業　けんごう　不正でよこしまな行為。「能く険業を平らげるが故に尸羅と名づく」Ⓢ viṣama-karman

険曲　けんごく　高下があること。上り下りがあること。「所居に険曲あり」 Ⓢ utkūla-nikūla

険阻　けんそ　けわしいこと。「丘坑は間隔・険阻にして行き難し」

険難　けんなん　けわしいこと。「生死の広大な険難なる長道を超度す」

喧雑　けんぞう　さわがしくうるさいさま。「寂静を愛し喧雑を怖畏す」

喧雑声　けんぞうしょう　やかましくうるさい音声。「軍衆の喧雑の声を聞く」 Ⓢ saṃkara-kalakalā-śabda

喧動　けんどう　さわがしくうるさいさま。「言が高疎ならず、喧動ならざるを寂静語という」「不寂静心とは染汚心にして恒に喧動するをいう」

堅　けん　①かたいこと。大地や草木などの事物のかたさ。「界差別観に於て初修業者は、先に大地・山林・草木などの外の堅の相を取る」 Ⓢ kāṭhinya
②存在を構成する四つの要素（地・水・火・風）の一つである地の性質。→堅湿煖動 Ⓢ kaṭhina: khakkhaṭatva: khara
③堅固で不動なこと。「他力と加行力とに由る発心は、堅ならず、固ならず」 Ⓢ dṛḍha: dṛḍhīkṛtatva: sāra: sthira
④堅くすること。「煩悩は煩悩の得を堅くす」 Ⓢ dṛḍhī-**kṛ**

堅勁性　けんけいしょう　堅性とおなじ。→堅性

堅固　けんご　堅く強いこと。働きが強いこと。粘りづよいこと。力を持ち勇敢なこと。恒に存在すること。「堅固な精進」「発心堅固な菩薩」「堅固な甲冑加行」「菩薩は剛決・堅固にして大勢力あり」「堅固な我執」 Ⓢ gāḍha: dṛḍha: dṛḍhatva: dhīra: dhṛti: nirūḍhi: pragāḍha: sāra

堅固戒　けんごかい　利益を得ることと人びとから尊敬されることへの執着を離れ、他者の主張にもまけず、一切の煩悩を伏す戒め。六種の戒（迴向戒・広博戒・無罪歓喜処戒・恒常戒・堅固戒・尸羅荘厳具相応戒）の一つ。 Ⓢ dṛḍhaṃ śīlam
（参考）（『瑜伽』42、大正30・522b）

堅固愚癡　けんごぐち　本来的に涅槃に入る可能力を有さず、本性が頑固で仏も救済することができない愚かな者。十種の愚癡（愚かな者）の一つ。→愚癡②
（出典）堅固愚癡者、謂、如有一、畢竟無有般涅槃法、所有愚癡自性堅固、乃至諸仏亦不能抜。（『瑜伽』60、大正30・637b）

堅固愚癡見　けんごぐちけん　二十八種のまちがった見解（不正見）の一つ。→不正見

堅厚　けんこう　厚く堅いさま。「已に堅厚にして摩触に堪えるを名づけて鍵南と為す」Ⓢ ghanībhūta

堅硬性　けんごうしょう　堅鞕性とおなじ。→堅鞕性

堅強　けんごう　堅く強いこと。力強いこと。「堅強は力にして勇決は無畏なり」「堅強な信」 Ⓢ dṛḍha: dhṛti

堅鞕性　けんごうしょう　かたさ。かたいこと。存在を構成する四つの要素（地・水・火・風）の一つの地の性質。堅性・堅硬性・堅勁性とおなじ。 Ⓢ khakkhaṭa
（出典）何等地界。謂、堅鞕性。（『集論』1、大正31・663b）：言地界者、是堅硬性。（『摂論釈・世』5、大正31・345b）

堅持　けんじ　維持する、持ちつづけること。「怨の意楽を堅持して捨てず」「阿練若処に居在して禁戒を堅持す」 Ⓢ **grah: dhṛ**

堅実　けんじつ　堅いこと。確かで内実があること。「四大種の堅実性に於て重性を仮立す」「蘇迷盧山の大地の体は堅実なり」「堅実なる種を良田の中に置き、水を以って灌漑すれば芽を生ず」 Ⓢ sāra: sāratā

堅著　けんじゃく　執着する、むさぼること。「可意の諸法に堅著して捨てず」「貪とは喜楽を受用することに堅著するをいう」「衣服・飲食などの事に堅著す」

堅手　けんしゅ　→堅手天

堅手神　けんしゅじん　→堅手天

堅手天　けんしゅてん　堅手・堅手神ともいう。スメール山（蘇迷盧山）の山腹が四つの層から成るなかの最下層に住する天。三十三天が阿素洛と戦うときに配置する六つの軍隊の一つ。 Ⓢ karoṭa-pāṇi
（参考）（『婆沙』4、大正27・19a）：（『倶舎』11、大正29・59c）

堅守　けんしゅ　しっかりと守ること。「斎

戒に安住して正念を堅守す」「尸羅を堅守す」

堅執 けんしゅう　強く執着すること。堅執著ともいう。「非法を以って飲食を追求し、得已って堅執して受用す」「諸の有罪の事を堅執す」 Ⓢ adhyavasita: abhini-**viś**: grāhin: dṛḍha-grāhita

堅執著 けんしゅうじゃく　→堅執

堅住 けんじゅう　堅固に存在すること。「無記心の羸劣なること、朽敗の種子の堅住ならず壊し易しが如し」「多時に住するが故に堅住と名づく」 Ⓢ sthiti: sthira

堅住器識 けんじゅうきしき　潜在的な根本心である阿頼耶識（阿陀那識ともいう）をいう。恒に相続して存在するから堅住といい、器世間（自然界）を作り出し、同時にそれを認識しつづけているから器識という。

（出典）十六行心生起差別者、一者不可覚知堅住器識生。謂、阿陀那識。（『解深』3、大正 16・702b）

堅住性 けんじゅうしょう　同一のありようをして恒に相続して存在しつづけるという性質。阿頼耶識の性質の一つ。具体的に顕現した行為（現行）の結果としての種子が阿頼耶識に熏習されることができるための性質の一つ。所熏の四義の一つ。→所熏四義　→熏習

（参考）（『成論』2、大正 31・9c）

堅湿煖動 けんじゅうなんどう　堅と湿と煖と動。存在を構成する四つの要素（地・水・火・風の四大種）の四つの性質。地のかたさ（堅）と水のしめっぽさ（湿）と火のあたたかさ（煖）と風のうごき（動）の四つ。→四大種　Ⓢ khara-sneha-uṣṇatā-īraṇa

堅性 けんしょう　かたさ。かたいこと。存在を構成する四つの要素（地・水・火・風）の一つである地の性質。堅硬性・堅鞕性・堅勁性とおなじ。 Ⓢ khakkhaṭa: khara

堅緻 けんち　すきまがなく堅いこと。「堅緻なるが故に蚊や虻などに侵損されず」

堅密 けんみつ　すきまがつまって堅いこと。「最下に風輪生じて其の体は緊密なり」 Ⓢ dṛḍha

堅妙 けんみょう　堅くてすぐれていること。しっかりして美しいこと。「堅妙なる智」「大木の外皮は堅妙なれども、内は虫に食べられ空虚なり」 Ⓢ sāra-vara

堅猛 けんみょう　堅い不屈の意志で突き進むこと。精進の五つのありよう（有勢・有勤・有勇・堅猛・不捨善軛）の一つ。 Ⓢ dṛḍha-parākrama

（参考）（『瑜伽』25、大正 30・421c）：（『成論』6、大正 31・30a）：（『述記』6 本、大正 43・437c）

堅力 けんりき　勇敢で強い力。煩悩を抑制し、種々の恐怖に驚かず、苦に耐える力。 Ⓢ dhṛti-bala

（参考）（『瑜伽』44、大正 30・537b～c）

堅牢 けんろう　堅くしっかりしていること。変化することなく不動であること。「精進は堅牢にして正願は動ずることなし」「一切の諸行は堅牢ならずして皆な念念に滅す」「不動心解脱は堅牢なるが故に末尼宝と名づく」 Ⓢ dṛḍha: sāratā

間 けん　距離的・空間的なあいだ。「妙高山と鉄輪山の間に八海あり」「聚落の間を往還す」 Ⓢ antara: vivara

間隔 けんかく　①距離的・空間的なあいだ。「丘坑の間隔は険阻にして行くこと難し」 Ⓢ antara

②あいだに介入して隔てること。「異熟果は決定し、更に余業・余生が能く間隔を為すことなし」「此の業を造せば、命終して定んで地獄に堕ちて間隔なきが故に無間業という」 Ⓢ antarāya

間隙 けんげき　①空間的なすきま。「四大種の中に間隙ありや」「諸の極微に間隙あるべし」 Ⓢ chidra

②時間的なすきま・途絶え。時間的断絶。連続して起こる事象のなかにある途絶え。「無間地獄の中に於ては苦痛に間隙なし」 Ⓢ vīci

間欠 けんけつ　あいだで途絶えること。「間欠なく運転する作意」 Ⓢ chidra

間飾 けんしょく　種々の宝石の色彩で飾ること。「是の如き諸の荘厳具は皆な種種の妙なる末尼宝で之を間飾す」 Ⓢ vicitra

間絶 けんぜつ　あいだで途絶えること。あいだに入って中断すること。「余論、未だ終わらざるに、言を発して間絶す」「余部は死より生に至るまで、処に間絶あるべきが故に中有なしと説く」 Ⓢ vicchinna

間雑 けんぞう　まじりあっていること。「了相作意には聞と思とが間雑す」「世間の安楽には衆苦が間雑す」 Ⓢ vyavakīrṇa

間断 けんだん　あいだで途絶え中断するこ

と。「甚深の法義を、数数、聴聞すること、間断なきが故に、転じて明浄を得る」「第六意識の行相は深遠にして亦た間断す。第七末那識は深遠にして間断せず」

嫌悪 けんお きらいにくむこと。「悪作とは所作の業を嫌悪するをいう」

嫌恨 けんこん きらうこと。きらい、にくみ、うらむこと。「外に歓顔を現し、内に嫌恨を懐く」 Ⓢ āghāta: upanāha: pra-**duṣ**

嫌嫉 けんしつ きらい、にくむこと。「嫌嫉の心に由って如理に謝せずして軽捨を生ず」

愆過 けんか あやまち。過失。罪。「国王あり、群臣に愆過あれば重罰を以って刑罰す」

愆失 けんしつ あやまち。過失。「愆失なくして受用するとは、疾悩の時には、応に宜しき所を食し、宜しからざる所を避け、康予の時に於ては消し已って方に食するをいう」

愆犯 けんぼん あやまり。あやまりを犯すこと。「自らの愆犯に於て審諦に了知して深く過失を見る」 Ⓢ skhalita

遣 けん ①除去する、取り除くこと。「諸の苦を遣るが故に説いて名づけて楽と為す」「真智力に由って貪瞋癡を遣る」

Ⓢ apakarṣaṇa: apanīta: prativi-**nud**: samavahata

②拒絶すること。「来求者を遣って恵施せず」

Ⓢ prati-**kṣip**

③派遣する、遣わすこと。「使いを遣る」

Ⓢ saṃpreṣaṇa

遣虚存実識 けんこそんじつしき →五重唯識観

遣使 けんし 王が人を派遣すること。殺害・盗み・争いなどを起こすために人を派遣すること。「長者の子が財位を喪失することあり、王聞きて遣使し、召至して告げて言く」「闘諍を興さんが為に遣使す」「自ら欲邪行を行じて遣使して殺盗を作す」 Ⓢ dūta

遣修 けんしゅ 除遣修とおなじ。→除遣修

遣除 けんじょ 除去すること。「智に由って客塵の垢を遣除す」 Ⓢ prativinodana

遣相証性識 けんそうしょうしょうしき →五重唯識観

慳 けん けちなこころ。惜しむこころ。身の回りの物（資具・資生具）や財産などに執着して人に施さず、それをますます貯えようとするけちなこころ。慳悋ともいう。随煩悩の一つ。

Ⓢ matsarā: matsaritva: mātsarya

（出典）云何為慳。耽著財法、不能恵捨、秘悋為性、能障不慳鄙畜為業。（『成論』6、大正 31・33c）

慳結 けんけつ 慳という結。生きもの（有情）を繋縛して三界において生死流転せしめる五つ、あるいは九つの煩悩（五結・九結）の一つ。→慳 Ⓢ mātsarya-saṃyojana

（出典）云何慳結。謂、心悋護。（『婆沙』50、大正 27・258c）：慳結者、謂、耽著利養、於資生具、其心悋惜。慳結所繋故、愛重畜積、不尊遠離、重畜積故、広行不善、不行諸善。由此能招未来世苦、与苦相応。（『集論』4、大正 31・677a）

慳垢 けんく けちなこころのけがれ。→慳「他に施さざるを名づけて慳垢と為す」「慳垢を遠離して資具を悋せず」

Ⓢ mātsarya-mala

（参考）（『瑜伽』71、大正 30・692b〜c）

慳嫉 けんしつ 慳と嫉。けちなこころと嫉妬するこころ。 Ⓢ īrṣyā-mātsarya

（参考）慳と嫉との二つの相違については（『婆沙』50、大正 27・258c）に説かれる。

慳纏 けんてん 慳という纏。八纏の一つ。→慳 →纏① Ⓢ mātsarya-paryavasthāna

慳貪 けんとん 財物を貪って他人に施すことを惜しむこと。「慳貪に蔽われて獲するところの財宝を施さず」 Ⓢ lubdha: lobha

慳法 けんぽう 教えを施すことを惜しむこと。法を説くことを惜しむこころ。慳悋正法ともいう。「性として慳法なるが故に求法者に給施せず」 Ⓢ dharma-mātsarya

慳悋 けんりん ①随煩悩の一つ。慳とおなじ。→慳

②惜しむこと。けちること。「諸の菩薩は恵施を修行して能く慳悋を断ず」「慳悋の垢を調伏するとは、財物への執著を捨てるを謂う」 Ⓢ āgṛhīta: matsarin: mātsarya

慳悋正法 けんりんしょうぼう →慳法

権（けん）→ごん

蹇跼 けんきょく （身体が）ちぢみかがむこと。「正寒の時に於て身体は舒泰せず、蹇跼す」 Ⓢ saṃkucita

嶮道 けんどう きびしく歩きにくい道。曠野とともに生死の喩えに用いられる。「生死

の曠野・嶮道を超度す」

嶮難処 けんなんしょ けわしく通りにくい道・場所。「嶮難処より諸の有情を引いて平坦処に置くが故に抜済と名づく」 Ⓢ durga

憲式 けんしき 国のおきて・きまり。「国王あり、諸の群臣などは善く憲式に閑なり」

撿行 けんぎょう しらべること。「静慮を修する者は自ら撿行すべし」

撿験 けんけん しらべること。たしかめること。「経を以って撿験すれば、契経に順ぜず」 Ⓢ ava-tṝ

褰張 けんちょう (衣服を) ひらきひろげること。「軒せず、磔せず、また褰張せずして法服を被るべし」

諠衆 けんしゅ やかましくさわぐ人びと。諠雑衆ともいう。「睡眠に楽著し、諠衆に楽著し、相雑住に楽著す」「是の法に於て言、善く通利し、慧、善く観察し、諠雑衆に於て楽って習近せず」 Ⓢ saṃganikā

諠譟声 けんそうしょう やかましくさわがしい声。「種種の品類の諸の衆集会の出すところの種種の雑類の音声を諠譟声と名づく」 Ⓢ kalakala-śabda

諠雑 けんぞう 騒音。心がみだれること。争うこと。雑踏。「夜分に於て種種の高声、大衆の諠雑あり」「言詞柔軟、言詞寂静にして諠雑を楽わず」「諠雑への貪を断除せんと欲するがために阿練若に住す」 Ⓢ nirghoṣa: prakīrṇa: raṇa: saṃsarga: saṃgaṇikā

諠雑衆 けんぞうしゅ 諠衆とおなじ。→諠衆

賢 けん ①かしこいこと。「語言は賢なり」
②かしこく徳のある人。賢者。 Ⓢ bhadra

賢劫 けんごう 成劫・住劫・壊劫・空劫の四劫をくりかえして世界が存続していくなかで、現に存続しているこの世界全体 (三千大千世界) に千の仏という賢者が出生する期間をいう。 Ⓢ bhadra-kalpa
(出典) 大悲経言、阿難、何故名為賢劫。此三千界劫欲成時、尽為大水時、生千枝蓮花、各有千葉金色金光。浄居天子見花、即知。於此劫中、当有千仏出興於世。以是因縁、号為賢劫。(『明灯抄』1本、大正68・207c)

賢守定 けんしゅじょう 四つの定学の一つ。世間と出世間とのすぐれて善いものを守る禅定。
(出典) 賢守定、謂、此能守世出世間賢善法故。(『成論』9、大正31・52a)

賢正 けんしょう かしこく正しい人。「衆会に唯だ賢正あれば、立論者は論端を起こすべし」

賢聖 けんしょう ①かしこい人。聖者。真理 (諦) をさとった人。すぐれて尊い人。二十七種に分類される。→二十七賢聖「一切の賢聖は苦集を厭って涅槃を欣楽す」「諸の賢聖には我と我所なし」「賢聖は常に善語を説く」 Ⓢ ārya
②すぐれて尊いこと。「賢聖な法・語言・道理・諦・僧・弟子」 Ⓢ ārya

賢聖諦 けんしょうたい →聖諦

賢聖諦語 けんしょうたいご →聖言②

賢善 けんぜん ①善いこと、すぐれていること、高貴であること、あるいはそのような人。「苾芻・苾芻尼・鄔波索迦・鄔波斯迦などの賢善なる衆」
Ⓢ kalyāṇa: kalyāṇaka: paṇḍita
②煩悩がなくなり、心が安らいでいるさま。「心は諸蓋を離れて賢善なる勝三摩地に安住す」「青瘀などの相は欲貪を対治するが故に賢善定相という」「賢善に死し、夭逝し、命終す」
Ⓢ kalyatā: bhadra: bhadratā: bhadrika
③言動が穏和で身心が清らかであること。「仁慈・賢善なる人」 Ⓢ peśala
(出典) 云何賢善。謂、如有一、遠離顰蹙、舒顔平視、含笑先言、常為愛語、性多摂受善法同侶、身心澄浄、是名賢善。(『瑜伽』25、大正30・423a)
④賢と善。賢者と善法。賢い人と善い心や行為。「賢と善との二法を崇重す」

賢冑部 けんちゅうぶ 小乗二十部の一つ。→小乗二十部

賢哲者 けんてつ 賢明な人。賢者。「六種の論処所とは、王家・執理家・大衆の中、賢哲者の前、善く法義を解す沙門・婆羅門の前、法義を楽う者の前をいう」

賢徳 けんとく かしこさ。徳。「賢徳を有する者を崇重す」

賢敏 けんびん かしこくさといこと。「賢敏な丈夫」

賢良 けんりょう かしこく善良であること。「彼の男子は性として賢良にして五戒を受持す」

賢和 けんわ 賢明で相い和すこと。「師と弟子とは賢和にして諍なし」

謇吃 けんきつ どもること。「身に戦汗なく、面に怖色なく、音に謇吃なし」

謇渋 けんじゅう どもりなめらかでないこと。「言は謇渋ならず」

謇訥 けんとつ どもること。「如来と共に論を興すとき、あるゆる辯才は皆な悉く謇訥す」

謙敬 けんきょう つつしみ敬うこと。「諸の尊重および福田に於て謙敬せざるを傲と名づく」

謙下 けんげ へりくだること。つつしむこと。「謙下を生じて自高を起こさず」「謙下の心を以って卑座に坐し、威儀を具足して正法を聴聞す」 Ⓢ avanata: nīca

謙沖 けんちゅう 心をむなしくしてへりくだること。「性と為り、謙沖にして法の如くに暁諭す」

鍵南位 けんなんい 鍵南は ghana の音写。胎児の五段階（『倶舎論』所説）、あるいは八段階（『瑜伽論』所説）の第四の段階。肉が堅く厚くなり、手でこすっても耐えることができるようになった胎児の状態。→胎蔵 Ⓢ ghana

（出典）若已堅厚稍堪摩触、名為鍵南。（『瑜伽』2、大正 30・285a）：鍵南者、此云堅厚。可摩触故。仍成肉搏、未有支相。（『略纂』1、大正 43・13b）

簡 けん えらんで除外すること。区別すること。「七有経には中有を簡んで趣に異なると説く」

Ⓢ bahiṣkaraṇa: viśeṣaṇa: viśeṣita

簡棄 けんき えらんで捨てること。「腐朽した棟梁を簡棄す」 Ⓢ apa-**kṛṣ**

簡持 けんじ 簡去し持取すること。あるものをえらんで捨て（否定）、他のあるものを取る（肯定）こと。たとえば唯識の唯という語は、外界の事物（外境）の存在を否定し、識（心）のみの存在を肯定するから、唯には簡持の意味があるという。

（出典）簡去境、持取心故、説簡持是唯義也。（『枢要』上本、大正 43・609b）：唯、謂、簡別、遮無外境。識、謂、能了詮、有内心。（『述記』1本、大正 43・229b）：頌中唯言、顕其二義。一簡別義、遮虚妄執、顕但有識、無心外境。（『述記』1本、大正 43・239a）

簡択 けんちゃく 智慧で深く思惟すること。正しく決定的に観察し分析すること。智慧の別名。択ともいう。「慧とは所観察の事に於て諸法を簡択する性なり」「択滅の択とは簡択をいい、即ち慧の差別なり」

Ⓢ pra-**jñā**: pratisaṃkhyā: pratisaṃkhyāna: pravicaya: vicaya: vi-**ci**

簡択法 けんちゃくほう 存在のありよう・本質・真理を正しく決定的に観察し分析すること。択法ともいう。 Ⓢ dharma-pravicaya

簡択力 けんちゃくりき 正しく決定的に観察し分析する智慧の力。択力・思択力ともいう。「無漏慧の簡択力に由って諸の雑染を滅して証会する真如を名づけて択滅と為す」

簡別 けんべつ えらんで区別する、否定すること。「如実智とは占相智などを簡別す」

Ⓢ apavāda: viśeṣaṇa

羂 けん ①わな。なわ。「魔の縛に縛られて未だ魔の羂を脱れず」「一切の貪愛の羂を解脱す」 Ⓢ pāśa

②くくること。「諸の菩薩の根は大悲に羂せらるる」

羂索 けんさく ①くくる縄。武器の一つ。「弓弩・刀剣・闘輪・羂索などの諸の闘戦の具」 Ⓢ pāśa

②くくること。「羂索の差別とは諸の菩薩の根は大悲に羂せられ、声聞・独覚の根は是の如からず」

顕 けん ①あらわれる、生じる、出現すること。「果は縁より顕る」 Ⓢ abhivi-**añj**: āvir-bhāva

②あらわし示すこと。説き示す、説明する、解釈すること。知らしめすこと。「性として正直にして、如実に自らを顕す」「唯だ善を求めて己の徳を顕さず」「此の経は是の如き義を顕す」 Ⓢ ākhyāta: āviṣkartā: āviṣ-**kṛ**: udbhāvana: udbhāvanā: ud-**bhū**: pari-**dīp**: paridīpana: jñāpana: jñāpita: **dṛś**: darśita: **dyut**: dyotaka: dyotana: dyotita: nirdeśa: pra-**kāś**: prakāśaka: prakāśika: pradīpana: pra-**dṛś**: vaktavya: vācaka: vi-**jñā**: vikhyāpana: vi-**añj**: saṃdarśana: saṃprakāśita: sam-**bhū**

③→顕色 Ⓢ varṇa

顕境名言種子 けんきょうみょうごんしゅうじ →名言種子

顕形 けんぎょう 顕と形。顕色と形色。いろとかたち。→顕色 →形色①「色身の顕

形・状貌は異なり」 Ⓢ varṇa-saṃsthāna

顕形色 けんぎょうしき 顕色と形色。いろとかたち。→顕色 →形色①

顕顕 けんけん あきらかなさま。「切切に誡勗し、顕顕に訶擯す」

Ⓢ prasahya prasahya

顕現 けんげん ①あらわれる、出現すること。「色性なくして清浄なる虚空の相が顕現す」「諸の色法の相貌・影像が顕現す」

Ⓢ khyā: pratibhāsa: sam-**dṛś**

②こころがあるものに似て顕れること。〈唯識〉では、こころ（心・識）が実在しないものに似て顕現することを意味し、認識の虚妄性を表すために用いる語。「実に我相あることなし。然も我相に似て顕現す」

Ⓢ ābhāsatā: **khyā**: pratibhāsa

③真実・真理が顕現すること。「真如が顕現す」 Ⓢ **khyā**

④沈隠に対する語。阿頼耶識にある種子がはっきりと認識されえない深層的なありようを沈隠というのに対して、はっきりと認識される表層的な識のありようを顕現という。「識は顕現し、種子は沈隠せり」

顕錯乱 けんさくらん ある色彩を別の色彩と見まちがうこと。たとえば、黄疸病にかかった人が黄色でないものを黄色と見ることをいう。七種の錯乱の一つ。→錯乱①

（出典）顕錯乱者、謂、於余顕色、起余顕色増上慢、如迦末羅病、損壊眼根、於非黄色、悉見黄相。（『瑜伽』15、大正 30・357c）

顕示 けんじ あらわし示す、説き示すこと。知らしめること。「頌は煩悩解脱と事解脱との二種の解脱を顕示す」 Ⓢ apa-**dṛś**: ādarśita: udbhāvana: darśita: **dṛś**: parikīrti: paridīpana: paridīpita: prakāśanā: prakāśita: vi-**jñā**: saṃprakāśanā

顕色 けんじき 眼の三種の対象（顕色・形色・表色）の一つ。明瞭に顕現している色彩、たとえば青・黄・赤・白、あるいは、光りとの関係で生じる光・影・明・闇、あるいは雲・煙・塵・霧・空一顕色などの自然現象をいう。→色境 Ⓢ varṇa

（出典）顕色者、謂、青黄赤白、光影明闇、雲煙塵霧、及空一顕色。（中略）又顕色者、謂、若色顕了、眼識所行。（中略）又顕色者、謂、光明等差別。（『瑜伽』1、大正 30・279b）

顕色貪 けんじきとん 肉体のいろへのむさぼり。このむさぼりを退治するために不浄観において死体の青瘀（青ぶくれ）、膿爛（腐ったさま）、膖脹（ふくらんださま）などを観察する。美色貪ともいう。肉体への四種の貪の一つ。→不浄観 →貪③ 「青瘀などを縁じて不浄観を修して顕色貪を治す」「青瘀想を初を為し、膖脹想を後となして美色貪を対治す」 Ⓢ varṇa-rāga

（参考）（『倶舎』22、大正 29・117b）:（『瑜伽』26、大正 30・429a）:（『瑜伽』98、大正 30・865b）

顕説 けんぜつ あらわし示す、説き示すこと。言葉で表現すること。「今、当に波羅蜜多所得の勝利を顕説すべし」「涅槃は是れ聖現量の所証にして顕説すべからず」

Ⓢ samākhyāna

顕相分別 けんそうふんべつ →相顕現分別

顕相変異分別 けんそうへんいふんべつ →相顕現変異分別

顕発 けんほつ ①はっきりと説き示すこと。隠れたものをはっきりと開き示すこと。「能く善く幽隠の法性を顕発するが故に阿毘達磨と名づく」「自利行の円満と利他行の円満とを顕発し辯了し施設し開示す」「甚深の義を顕発せんと欲するが故に論を造る」

Ⓢ uttāna: uttanī-karman: **dīp**

（出典）顕発者、謂、自通達甚深義句、為他顕示。（『瑜伽』83、大正 30・763b）

②美しさをはっきりとさせること。「仏身の三十二相と八十随好とは更相に顕発す」

顕名 けんみょう 十二種の名の一つ。意味が理解しやすい名。→名②

（出典）顕名者、謂、其義易了。（『瑜伽』81、大正 30・750a）

顕揚 けんよう 主張・教説などを高くかかげること。「聖教を顕揚す」「自宗を顕揚して他論を摧伏す」 Ⓢ ud-**bhū**

顕了 けんりょう 明らかなこと。はっきりしていること。わかり易いこと。明らかにすること。はっきりと説き示すこと。すべてを表明すること。「已に聖教の理に悟入した者に広大にして甚深なる道理を顕了に説く」「顕了な文句を説く」「大乗の教を顕了なる教という」 Ⓢ abhivyakti: uttāna: udbhāvanā: prabhāvita: vivṛta: vispaṣṭa: vyakta: spaṣṭa

顕了義 けんりょうぎ はっきりと理解でき

る意味。不了義の対。「仏は顕了義を開導するが故に、仏を説いて天人師と名づく」

顕了教 けんりょうきょう 明らかに説き示された教え。大乗の教え。声聞の教えである隠密教の対。十二種の教導の一つ。→教導

（出典）顕了教者、謂、従多分、大乗蔵教。（『瑜伽』64、大正 30・654c）

顕了世俗 けんりょうせぞく 三種の世俗（仮世俗・行世俗・顕了世俗）のなかの一つ。心のなかから我執（自己への執着）と法執（ものへの執着）とを空じたところに顕れる真理、すなわち真如をいう。三性でいえば円成実性にあたる。 Ⓢ udbhāvanā-saṃvṛti

（参考）（『成論』8、大正 31・47b）：（『述記』9本、大正 43・552c）

顕了説法 けんりょうせっぽう 広大な智慧を有し、すでに教えの理をさとっている人に深い真理を説き示すこと。隠密説法の対。→隠密説法 Ⓢ vivṛta-dharma-ākhyāna

（出典）顕了説法者、謂、於広大智慧有情已善悟入聖教理者、為其開示広大甚深道理処法。（『瑜伽』37、大正 30・497c）

顕露 けんろ あらわれていること。隠れずに露出しているさま。「天眼は顕露と不顕露との諸の色を能く照らす」

幰帳 けんちょう とばり。たれぎぬ。「命終し已れば出だして高床の上に置き、幰帳を施す」 Ⓢ vitāna

懸遠 けんおん とおくかけ離れていること。「順後次受業は果を去ること懸遠なり」「無明は老死に望んで懸遠の縁なり」

Ⓢ viprakṛṣṭa

懸隔 けんかく かけ離れていること。へだたっていること。「業と果とは時分懸隔せり」

（出典）懸、謂、懸遠。隔、謂、隔絶。（『述記』4末、大正 43・375b）

懸頭 けんとう 首をつること。外道の修する苦行の一つ。「外道は懸頭・抜髪・自餓・投巌などの苦行を修す」

蠲除 けんじょ 除く、除去すること。「草葉などの穢を能く蠲除す」「自ら所犯を発露して憂悔を蠲除す」 Ⓢ apakarṣaṇa

元（げん）→がん

幻 げん 魔術によって作り出された現象。如幻（幻の如し）という表現で、真実には存在せず実体がないものを譬喩する。→如幻

Ⓢ māyā

（参考）（『摂論釈・世』5、大正 31・344b～c）

幻誑 げんおう ①魔術師が魔術によって人びとを惑わすこと。「幻誑・鹿愛・翳眩などの喩」

②だましあざむくこころ。随煩悩の心所である誑とおなじ。→誑①「失念して悪貪欲・瞋恚・忿恨・覆悩・慳嫉・幻誑・諂曲・無慚・無愧・悪欲・悪見を生ず」

幻化 げんけ 魔術によって作り出すこと、あるいは作り出されたもの。→幻化事

幻化事 げんけじ 魔術によって作り出されたもの。幻・幻事・幻化とおなじ。「幻師は四衢道に住して象身・馬身・車身・歩身などの幻化事を造作す」

幻士 げんし 魔術師。幻師・幻者ともいう。「幻士が衆中に種種の形類を示すが如し」

幻士夫 げんしふ 魔術によって作り出された人。「幻者は種種の幻士夫の類を造作す」

幻師 げんし 魔術師。幻士・幻者ともいう。「一つの幻相あり、幻師は無なりと知り、凡夫は実なりと執す」 Ⓢ māyā-kāra

幻事 げんじ 魔術によって作り出されたもの。幻・幻化事とおなじ。「諸行は猶し幻事・陽焔などの如し」 Ⓢ māyā: māyā-kṛta

幻者 げんしゃ 魔術師。幻師・幻士ともいう。「幻者は種種の幻士夫の類を造作す」

幻術 げんじゅつ 魔術によって作り出されたもの、あるいは作り出す魔術師。「是れを幻術と為すや、鬼魅と為すや」

幻像 げんぞう 魔術によって作り出された影像・すがた。「譬えば幻像の如く、生無自性も当に知るべし、亦た爾り」

幻夢 げんむ まぼろしと夢。現象的存在（依他起性・諸法）には実体がないことを示すために用いる譬喩の一つ。「一切の諸法は幻夢の如し」「依他起性は幻夢・光影・谷響・水月・影像及び変化などと同じく、猶し聚沫の如く、猶し水泡の如く、猶し陽焔の如く、猶し芭蕉の如しと当に了知すべし」

Ⓢ māyā-svapna

幻惑 げんわく 魔術師が魔術によって人びとを惑わすこと。眩惑させること。「幻師は幻惑の因の中に於て如実に見る」

Ⓢ saṃmohanīya

幻惑障 げんわくしょう 四種の障（覆蔽障・隠没障・映奪障・幻惑障）の一つ。魔術師が

魔術によって人びとを惑わすこと。めまいがする、酔っぱらう、気が狂うなどの障害をいう。惑障ともいう。「幻惑障に障礙されずんば、境界が現前す」
Ⓢ saṃmohanīya-āvaraṇa
（出典）惑障所礙者、謂、幻化所作、或色相殊勝、或復相似、或内所作、目眩・惛夢・悶酔・放逸、或復顛狂、如是等類、名為惑障。（『瑜伽』15、大正 30・357b）：四種障、（中略）謂、覆蔽障・隠没障・映奪障・幻惑障。（『瑜伽』3、大正 30・291a）

言（げん）→ごん

串修 げんしゅ →串修習

串修習 げんしゅじゅう くりかえし修行すること。串修ともいう。「長時に串修習するが故に瑜伽力を持す」 Ⓢ abhyāsa-paricaya

串習 げんしゅう くりかえし学ぶ、行なう、修行すること。習慣。慣れて親しいこと。「先時に串習した悪法を自ら憶す」「多時に串習して煩悩を断ずるが故に名づけて修道と為す」「可愛の物に愛著し長時に串習す」 Ⓢ abhyasta: abhyāsa: paricaya: saṃstava: saṃstuta

串習戒 げんしゅうかい 過去世において守った戒。この過去の力によって現世においても悪を離れ善行を行なおうとする。
Ⓢ abhyastaṃ śīlam
（参考）（『瑜伽』42、大正 30・522a）

串習加行 げんしゅうけぎょう 以前からヨーガをくりかえし修行したことによって、速やかに禅定に入ることができる、そのような修行をいう。九種の加行の一つ。→加行②
Ⓢ abhyasta-prayogatā
（参考）（『瑜伽』31、大正 30・455c）

串習力 げんしゅうりき くりかえし学ぶ、行なう、修行する力。「串習力に由って等持が成満す」 Ⓢ paricaya-bala

原底 げんてい 最深のところ。究極のところ。「法性は甚深にして能く原底を尽す」「一切智を具して一切の問論の原底を究達す」

眩瞖 げんえい →眩翳

眩翳 げんえい 眼に膜がかかってはっきり見えないこと。眩瞖ともいう。「眼に眩翳あれば意識が空中に於て髪蠅などを見る」「眩翳の人の眼中のあらゆる眩翳の過患の如く、遍計所執相も当に知るべし、また爾り」

患 げん ①欠陥・欠点・過失。物事の否定すべきわるい面。過患とおなじ。「不善の失を見ず、不善の患を見ずして情に縦して不善を起こす」 Ⓢ ādīnava
②病気を患うこと。「熱病を患って眼根を損す」

患夢 げんむ 患と夢。眼病を患っていることと夢を見ること。いずれも存在しないものを実在すると見まちがうことの喩えに用いられる。「患夢の者の患夢の力の故に、心が種種の外境の相に似て現ず。此れを縁じて執して実に外境ありと為すが如し」

現 げん ①表す、示す、表現すること。「神通力を以って百身を化作し、身に皆な能く百の菩薩を現ず」 Ⓢ āviṣkaraṇa: upa-**dṛś**: vi-**dṛś**: saṃdarśana
②現れる、出現する、顕現すること。「諸の天子は将に命終せんとする時、五種の衰相が現ず」 Ⓢ ud-**pad**: upa-**labh**: prādus-**bhū**
③現在の略。現世。→現在「過と現と未来世の心に於て如実に了知す」「現の縁に生ずるところの苦」「三際と言うは、一に前際、二に後際、三に中際なり。即ち是れ、過と未と及び現との三つの生なり」 Ⓢ pratyutpanna: vartamāna
④現前に存在すること。「現の如来を供養するは、其の余の三世の一切の如来を供養することなり」「眼などの五根は唯だ現の境のみを取る」 Ⓢ ābhāsa-prāpta: saṃmukhī-bhāva: saṃmukhī-bhūta
⑤眼前に。明白に。明瞭に。「是れは現に見ることにして伝聞にあらず」
Ⓢ pratyakṣam

現因 げんいん 現在世の原因。曽因の対。「現在の法が後のを引く用あるを観じて、仮って当果を立てて、対して現因を説く」

現有 げんう ①仮に存在するのではなく現実に存在すること。「顕現と現在と現有との三義を現と名づく。現有は仮法を簡ぶ」
②現在に存在すること。「当有を未来と名づけ、曽有を過去と名づけ、現有を現在と名づく」

現縁 げんえん 現在世の縁。「宿因所生の苦と現縁所生の苦」 Ⓢ vartamāna-pratyaya

現果 げんか 現在世の結果。「現在の法が前に酬ゆる相あるを観じて、仮って曽因を立てて、対して現果を説く」

現観 げんかん 見道における観察の総称

で、真理を現前に明晰に観察して理解し証すること。真理とは煩悩障を滅した清浄な智の対象としての苦・集・滅・道の四諦をいい、無漏智、あるいは無漏を生じる智、あるいは無漏の後に得られる世間智の対象である。この真理を認識することによって智が煩悩障から清浄となる、あるいは、また未来世において障礙がない状態に住する。この四諦を熟考することによって諦（真実）を現前に明晰に観察し、ただ五蘊があるだけで五蘊の外に我（ātman）というものはないと観察し、縁によって生じる現象すなわち生じては滅する現象に成りきった智慧を修することによって、五蘊とは別の自己（pudgala）は存在しないとくりかえし観るから、諦を現前に明晰に観察するようになる。 Ⓢ abhisamaya
（出典）現、謂、現前。明了現前、観此現境、故名現観。（『述記』9末、大正43・572b）：現観者、謂、見道。（『婆沙』43、大正27・223c）
（参考）種類としては智現観・断現観の二種（『瑜伽』68、大正30・675a）、思現観・信現観・戒現観・現観智諦現観・現観辺智諦現観・究竟現観の六種（『瑜伽』71、大正30・690c～691a）（『成論』9、大正31・50c）、法現観・義現観・真現観・後現観・宝現観・不行現観・究竟現観・声聞現観・独覚現観・菩薩現観の十種（『雑集論』13、大正31・756c）が説かれる。

現観智諦現観 げんかんちたいげんかん 言葉では表せない真理（非安立諦）を現観する無分別の智。根本無分別智（真理そのものを証する瞬間の無分別智）と後得無分別智（そのあとに得る無分別智）との両者を含む。六種の現観の一つ。→現観
（出典）現観智諦現観、謂、一切種縁非安立根本後得無分別智。（『成論』9、大正31・50c）
（参考）（『瑜伽』55、大正30・605c～606a）

現観辺 げんかんへん ①現観の後辺。見道において真理（四諦）を現前に明晰に見る現観の最後において起こす世俗智。四諦のなか、苦・集・滅の三諦の類智の最後に起こす。 Ⓢ abhisamaya-anta: abhisamaya-antika
（出典）問、何故此智、名現観辺。答、現観苦辺集辺滅辺、得此智故、名現観辺。（『婆沙』36、大正27・186a）
②見道の現観に近づいた定心（三摩地）。見道の前の加行道に修する明得定・明増定・印順定・無間定の四つの定をいう。
（出典）問。何故此智、名現観辺。答。（中略）有説、此是諸瑜伽師観聖諦時、傍修得故、名現観辺。尊者妙音説曰。此智近現観故、名現観辺。如近村物、名曰村辺。（『婆沙』36、大正27・186a）
（参考）（『摂論』中、大正31・143b）

現観辺智諦現観 げんかんへんちたいげんかん 言葉で表された真理（安立諦）を現観する世間智と出世間智。六種の現観の一つ。→現観
（出典）現観辺智諦現観、謂、現観智諦現観後、諸縁安立世出世智。（『成論』9、大正31・50c）
（参考）（『瑜伽』55、大正30・606a）

現起 げんき 現れ起こること。生じること。現に働いていること。「苦受・楽受は、或いは一時に於て縁に従って現起す」「諸の煩悩が現起して心を纏ず」 Ⓢ utpatti: upa-**sthā**: paryavasthita: pravartamāna: samudācāra: samudācaraṇa: saṃmukhī-kurvāṇa: saṃmukhī-**kṛ**: saṃmukhī-bhāva

現行 げんぎょう ①行なう、実践すること。働くこと。現実に起こること。現象として起こること。「多く身語意の悪行を現行する有情を名づけて悪行有情と為す」「所応作を現行し、不応作を現行せず」「分別が現行す」「長時に習するところの我愛が現行す」「如法の身語が正しく現行す」 Ⓢ adhyā-**car**: adhyācāra: adhyācāratā: pracāra: prati-**pad**: pratibhāsa: **vṛt**: samācāra: samudā-**car**: samudācāra: samudācāratā: samudācārita: saṃmukhī-bhāva: saṃmukhī-bhūta
②（〈唯識〉の所説）種子に対する現行。顕在的な現れた心。具体的に現れた心の働き。眼識・耳識・鼻識・舌識・身識・意識・末那識の七種の具体的に働く識。この顕在的な心の働きが潜在的な根本心（阿頼耶識）に種子を熏習することを「現行熏種子」といい、その熏習された種子から顕在的な心の働きが生じることを「種子生現行」という。→現行熏種子 →種子生現行
（出典）現行者、謂、七転識、及彼相応所変相・見・性・界・地等。（『成論』7、大正31・40a）

現行熏種子 げんぎょうくんしゅうじ 現行が種子を熏じること。顕在的な現れた心（現行）が潜在的な根本心（阿頼耶識）にその影響を熏じて植えつけること。熏じつけられた結果を植物のたねに喩えて種子という。この「現行熏種子」と「種子生種子」と「種子生現行」の三つの過程で阿頼耶識縁起が構成される。→阿頼耶識縁起

現行現在 げんぎょうげんざい 五種の現在（刹那現在・一生現在・成劫現在・現行現在・最後現在）の一つ。現象が生じて存続する間としての現在。
（参考）（『瑜伽』66、大正 30・667b）

現行在 げんぎょうざい 四種の在（自体在・器在・現行在・処在）の一つ。今の時点で現れていること。→在

現行識 げんぎょうしき 顕在的に働く識。阿頼耶識から生じた眼識・耳識・鼻識・舌識・身識・意識・末那識の七種、すなわち七つの転識をいう。種子識の対。→種子識「種子識は現行を変為し、現行識は種子を変為す」

現行成就 げんぎょうじょうじゅ ①現行と成就。現行とは具体的に働いている状態をいい、成就とはその働きを生じる可能力を有している状態をいう。三界（欲界・色界・無色界）や五趣（地獄・餓鬼・畜生・人・天）のいかなる生存状態のなかで、いかなる不善業あるいは善業が現行であるのか成就であるのかが考察されている。
（参考）（『倶舎』17、大正 29・90a～b）
②三種の成就（種子成就・自在成就・現行成就）の一つ。善・不善・無記の三性の存在が現れること。現象として顕現した存在全体を表す語。現前成就ともいう。
（参考）（『瑜伽』52、大正 30・587a）：（『集論』3、大正 31・673c）

現行未来 げんぎょうみらい 五種の未来（刹那過去・一生未来・成劫未来・現行未来・応得未来）の一つ。現象が生じて存続する間の未来。
（参考）（『瑜伽』66、大正 30・667b）

現見 げんけん ①現前に見ること。眼に見えること。実際に経験すること。「正願力に由って諸仏を現見す」「是れは現見にして伝聞に非ず」「一切行は皆な無常性なりと謂うは、現見所得の相なり」「細にして麁に非ず、不現見にして現見に非ず」 Ⓢ darśana: **dṛś**: **paś**: pratyakṣa-darśin: pratyakṣaṃ **paś**: pratyakṣatva
②直接に知覚すること。直に把握すること。現量とおなじ。→現量「所知事に於て現見するに由るが故に所縁清浄を触証す」
Ⓢ pratyavekṣatā
③現在世における認識。「現法の煩悩の有無に於て善く分別するが故に名づけて現見と為す」「現見とは現法の中に於て証得すべきが故なり」

現見愚癡 げんけんぐち 十種の愚癡（愚かな者）の一つ。無常・苦・不浄・無我である現象的存在を見て、順次、常・楽・浄・我であるという想いを起こす、あるいは病・老・死なるものを見て安穏であり苦悩はないという想いを起こす愚かな者。→愚癡②
（出典）現見愚癡者、謂、如有一、現見諸行皆悉無常而起常想、現見皆苦而起楽想、現見不浄而起浄想、現見無我而起我想、現見病法老法死法、起安隠想無逼悩想。（『瑜伽』60、大正 30・637b）

現見智 げんけんち 現前に見えない四聖諦を無分別に観察する智。「若しくは現見、若しくは非現見の諸聖諦中に於て其の次第の如く有分別の決定智と無分別の現見智とが生ず」 Ⓢ pratyakṣa-jñāna
（参考）（『瑜伽』34、大正 30・475c～476a）

現居者 げんこしゃ 現に存在する者。いま生きている者。「器世間が将に壊する時、既に現居者と当生者とはなし」

現作 げんさ 行なうこと。あらわし示すこと。「幻師は瓦礫や草葉木などを積集して種種の幻化の事業を現作す」「憐愍心を以って饒益を現作し、然る後に如法の衣服・飲食を給施す」 Ⓢ saṃpuras-**kṛ**

現済 げんさい 現世における救済。今世において救われること。後済の対。「利楽の楽とは、安楽にして、是れ現済を謂う」

現在 げんざい 三種の時（過去・現在・未来）の一つ。現にある時。あるものが生じていまだ滅しない間の時。あるいは生まれてから死ぬまでのこの一生の間。現在世をいう。三世の一つ。種類としては、刹那現在・一生現在・成劫現在・現行現在・最後現在の五種が説かれる（『瑜伽』66、大正 30・667b）。→三世「五識は唯だ現在を縁じ、意識は三世

を縁ず」 Ⓢ pratyutpanna: vartamāna
（出典）已生未謝、名現在。（『倶舎』1、大正29・4c）：云何建立三世。（中略）已生未滅相、是現在。（『瑜伽』3、大正30・291c）
（参考）（『集論』2、大正31・669a）

現在有体過未無体 げんざいうたいかみむたい 現象的存在（有為法）を構成する要素（法）の自体（法体）は現在においてのみ存在し、過去と未来とにおいては存在しないとみる〈経量部〉や〈唯識〉の説。これに対して〈有部〉は三世にわたって法体は存在すると主張する。→三世実有法体恒有

現在業 げんざいごう →三業⑨
Ⓢ vartamānaṃ karma

現在死 げんざいし 現在世において死ぬこと。五種あるいは六種の死の一つ。→死①
（出典）現在死者、謂、現在諸行没乃至命根滅故死。（『瑜伽』85、大正30・776c）

現在諸仏 げんざいしょぶつ 現在世に出生する仏陀たち。 Ⓢ etarhi saṃbuddhāḥ

現在世 げんざいせ 現在の世。現世・今世ともいう。→現在「現在世に於て過去の境に依って愛楽を生ず」
Ⓢ pratyutpanna: pratyutpannam adhvānam: vartamāna-adhvan

現在前 げんざいぜん 生じていること。眼の前に存在すること。現れること。「衆多の怖畏が現在前すれども、心、傾動することなし」「衆生を利益する無量の事が正に現在前するを見る」
Ⓢ ābhāsa-gata: āmukha: āmukhī-bhāva: pratyupasthita: **vṛt**: saṃmukhī-**kṛ**: saṃmukhī-bhūta

現在法 げんざいほう 現在にあるもの。生じていまだ滅していないもの。生じた次の刹那にかならず滅する存在。種類として刹那現在・一生現在・成劫現在・現行現在・最後現在の五種が説かれる。
（参考）（『瑜伽』66、大正30・667b）

現識 げんしき 現行識とおなじ。→現行識

現修 げんしゅ 現在の修行。未来ではなく今の時点で修行すること。「現修の勢用は能く当来の法を引く」「第十六の道類智の時には、道智と類智との二智を現修す」

現受 げんじゅ 現世に業を作って現世にその果を受けること。業の三種の受け方（現受・後受・生受）の一つ。順現受とおなじ。→順現受 Ⓢ dṛṣṭa-dharma-vedanīya

現住 げんじゅう 現に存在する、住すること。「仏像の前に対して普く十方の現住する諸仏・諸菩薩を供養す」「欲界に生じて無想定に現住す」 Ⓢ pratyupasthita: **sthā**

現所証 げんしょしょう 直接に知覚すること。自らの内で証する、さとること。「五根が現に所証する境を所見と名づく」「現所証の法は、永く熾燃を離れ、内に自ら証するところなり」 Ⓢ pratyakṣa

現所得 げんしょとく 現前に認識すること。「現に所得するが如く、是の如くには有らず」「彼の所行は刹那に生滅し、而も微細なるが故に現所得には非ず」

現証 げんしょう ①現前に明瞭にさとること。「無上正等菩提を現証す」 Ⓢ abhisam-**budh**: sākṣāt-kārin
②言葉を介さずに直接に知覚すること。現量とおなじ。→現量「五識は色などの外境を分明に現証す」

現証量 げんしょうりょう 現量とおなじ。言葉を用いずに対象を直接知覚する認識。→現量「証成道理に由って至教量と比度量と現証量との三量を尋思す」
Ⓢ pratyakṣa-pramāṇa

現成 げんじょう 現実に起こる、働く、生起すること。「三千大千世界を一仏土と名づけ、如来は中に於て正覚を現成す」
Ⓢ saṃmukhī-bhāva-lābha

現身 げんしん この身。現実の身体。現世の生存。「定んで現身に於て般涅槃す」「現身にして無間地獄に顚墜す」「色界の我見は総じて現身を縁じて我と為す」「現法涅槃とは現身に於て得るところの涅槃なり」
Ⓢ pratyutpanna-śarīra: sva-śarīra

現世 げんせ この世。現在の生存。この一生。現在世・今世ともいう。
Ⓢ dṛṣṭa-dharma: pratyupasthita: vartamāna: vartamāna-adhvan

現前 げんぜん 現実にあること。眼の前にあること。面前にいること。顕現すること。「内の眼処が壊せず、外の色処が現前すれば、眼識が生ず」「衰・毀・譏・苦などの世法が会遇し、現前すれば、能く衆苦を生ず」「生死の苦に堕する有情の現前に於て哀愍し忍を修行す」
Ⓢ abhimukha: abhisaṃmukhī bhavati:

āmukhī-kṛ: ābhāsa-gata: puras-kṛta: parastāt: pratyavasthita: pratyupasthāna: pratyupasthita: samavadhāna: saṃmukha: saṃmukhī-bhāva: saṃmukhī-bhūta

現前供養　げんぜんくよう　十種の供養の一つ。如来の前、あるいは霊廟の前で、直に対面して供養すること。あるいは霊廟を建立する、如来の姿を描く、写経すること。→供養①　Ⓢ saṃmukha-pūjā

（出典）諸菩薩、於如来身或制多所、親面・対前・現矚・現見、而設供養、是名現前供養。（『瑜伽』44、大正30・533b）：何等現前供養善。謂、想対如来、建立霊廟図写尊容、或想対正法、書治法蔵、興供養業。（『集論』2、大正31・669b）

現前地　げんぜんじ　十地の第六地。十二縁起に住する智が無分別にして最勝の般若を現前せしめる段階。→十地

Ⓢ abhimukhī-bhūmi

（出典）現前観察諸行流転、又於無相、多修作意、方現在前、是故第六、名現前地。（『解深』4、大正16・704a）：由此地中、無著智現前、般若波羅蜜多住現在前、故名現前地。（『瑜伽』48、大正30・559c）：現前地、住縁起智、引無分別最勝般若、令現前故。（『成論』9、大正31・51a）

現前受　げんぜんじゅ　具体的に生じた苦受・楽受・不苦不楽受という感受作用。いずれも無常で苦なるものである。なぜなら、たとえば楽受も苦受が生じると滅してしまうからであり、楽受に対しては、それに執着して苦が生じるからである。五受（自性受・現前受・所縁受・相応受・異熟受）の一つ。

（出典）現前受者、如大因縁法門経説。阿難、当知、受楽受時、余二受便滅。応知、如是所受楽受、是無常苦滅壊之法、離我我所、如是苦受不苦不楽受応知亦爾。（『婆沙』115、大正27・596a～b）

現前順受　げんぜんじゅんじゅ　→順受②

現前成就　げんぜんじょうじゅ　現行成就とおなじ。→現行成就②

現相　げんそう　人をだますことをもくろんで振る舞うこと。特別の変わった言動をすること。「威儀を具足するが故に他の前に於て詭して現相せず」「詭詐を生起し、虚談して現相す」「ことさらに異言を作して現相して誼乱す」　Ⓢ naimittikatā

（出典）心懐染汚、欲有所求、矯示形儀、故名現相。（『瑜伽』89、大正30・802c）

現堕無常　げんだむじょう　現在世において、あるいはこの瞬間に起こる無常。六種の無常（壊滅無常・生起無常・変易無常・散壊無常・当有無常・現堕無常）の一つ。壊滅無常・生起無常・変易無常・散壊無常の四つの無常が現在世において起こる無常。

（参考）（『瑜伽』52、大正30・586c）

現等正覚　げんとうしょうがく　真理をありのままにみるさとり。最高のさとり（阿耨多羅三藐三菩提）を得ること。このさとりを得た人を仏陀という。現等覚・等覚・成等正覚ともいう。「仏陀とは、畢竟、一切の煩悩と諸の習気とを断じて阿耨多羅三藐三菩提を現等正覚するをいう」「聖智・聖見を以って名言を離れるが故に現等正覚す」

Ⓢ abhisaṃbuddha: abhisaṃbodha

現等覚　げんとうがく　→現等正覚

現般涅槃　げんはつねはん　現世において涅槃に入ること。現法般涅槃とおなじ。「色・無色界に行かずして、此の欲界に於て能く般涅槃するを現般涅槃と名づく」　Ⓢ dṛṣṭa-dharma-parinirvāyin

現比至教　げんひしきょう　現量と比量と至教量の三量。→三量①

現法　げんぽう　現世。今世。「現法の中の諸の安楽に住し、当来世に於て諸の善趣に往く」「永く無明を離れ、現法の中に於て慧解脱を証す」

Ⓢ dṛṣṭa-dharma: dṛṣṭa-dhārmika

現法安楽　げんぽうあんらく　現世における安楽。現法楽ともいう。後法安楽の対。

Ⓢ dṛṣṭa-dharma-sukha

現法安楽住　げんぽうあんらくじゅう　現法楽住とおなじ。→現法楽住

現法涅槃　げんぽうねはん　①現世における涅槃。今生の身のままで獲得する安楽の境地。　Ⓢ dṛṣṭa-dharma-nirvāṇa

（出典）現法涅槃者、謂、於現身所得涅槃。（『婆沙』199、大正27・995a）

②→現法涅槃論

現法涅槃論　げんぽうねはんろん　外道の六十二種のあやまった見解のなかの一群。現在世において安楽であることが涅槃であるという立場より、色・声・香・味・触の五つの対象の楽を享受するとき、あるいは色界の初静

慮から第四静慮に住するとき、現在世において涅槃を得ることであるという見解。
(参考)(『婆沙』200、大正 27・1002a):(『述記』6 末、大正 43・448b)

現法楽 げんぽうらく →現法安楽

現法般涅槃 げんぽうはつねはん 現世において涅槃に入ること。現般涅槃とおなじ。「現法般涅槃とは、此の生に於て預流果を得て、進んで余の結を断じて、一来・不還・阿羅漢果を得るをいう」

現法楽住 げんぽうらくじゅ 無学(学ぶべきことがなくなった聖者)が現世において四つの安楽な状態(出家楽・遠離楽・寂静楽・三菩提楽)に住すること。現法安楽住とおなじ。「諸の静慮に於て、数数、入出して現法安楽住を領受す」 Ⓢ dṛṣṭa-dharma-sukha-vihāra
(出典)無学者、由此住四種楽故、名得現法楽住。四種楽者、一出家楽、二遠離楽、三寂静楽、四三菩提楽。(『婆沙』26、大正 27・137a)

現法利益 げんぽうりやく 現世における利益。この一生の間に獲得するよきこと。後法利益の対。「初の四種は能く王の現法利益を引発し、最後の一種は能く王の後法利益を引発す」

現益 げんやく 現世における利益。今世において獲得するよきこと。後益の対。

現喩 げんゆ 世間に現実にある事象を譬喩として引くこと。ある主張の正当性を根拠づけるために引用される喩え。「此の義を分明ならしめんと欲するが故に世の現喩を引く」

現量 げんりょう 言葉を用いずに対象を直接知覚する認識。対象を直接に明瞭に誤謬することなく捉える働き。三つの認識のありよう(現量・比量・非量、あるいは現量・比量・至教量)の一つ。顕在的な六識についていえば、眼識・耳識・鼻識・舌識・身識の五識は現量であり、意識は現量・比量・非量の三つの量に通じる。現証量ともいう。
Ⓢ pratyakṣa-pramāṇa
(出典)現量者、謂、自正明了、無迷乱義。(『雑集論』16、大正 31・772a)
(参考)(『瑜伽』15、大正 30・357a〜c)

眼 げん ①いろや形を見る視覚(眼識)を生じる器官。眼根のこと。働きや内容に応じて種々に分類される。それらの名称については(『瑜伽』3、大正 30・292b)を参照。
→眼根 Ⓢ cakṣus
(出典)眼、謂、内処、四大種所造浄色、有色・無見・有対。(『倶舎』2、大正 29・8c):眼、謂、四大種所造、眼識所依浄色。(『瑜伽』1、大正 30・279a)
②三転十二行相の一一の転において生じる四つの認識(眼・智・妙・覚)の一つ。その内容の定義には次の諸説がある。(ⅰ)(『婆沙論』第一説)眼とは法智忍。(ⅱ)(『婆沙論』第二説)眼とは観見の意味。(ⅲ)(『瑜伽論』所説)眼とは現見事を能取すること。
Ⓢ cakṣus
(参考)(『婆沙』79、大正 27・411a):『瑜伽』83、大正 30・761c)

眼界 げんかい 全存在を十八の種類に分ける分類法(十八界)のなかの一つ。眼という器官(根)のグループ。→十八界
Ⓢ cakṣus-dhātu

眼境 げんきょう →眼境界

眼境界 げんきょうがい 眼の対象。いろ(顕色)と形(形色)と動き(表色)の三つに大別される。眼境ともいう。「一切の顕色・形色・表色は是れ眼の所行、眼の境界なり」 Ⓢ cakṣus-viṣaya

眼根 げんこん 眼という器官。身体の五つの感覚器官(五根)の一つ。地・水・火・風の四つの元素(四大種)から造られ、視覚(眼識)を生じ、清浄な物質(清浄色・浄色)を本体とする。→根② →浄色 Ⓢ cakṣus-indriya
(出典)眼根者、謂、四大種所造、眼識所依、清浄色、為体。(『雑集論』1、大正 31・696a)

眼識 げんしき 眼によってものを見る働き。視覚。五つの感覚作用(五識)あるいは六つの認識作用(六識)の一つ。
Ⓢ cakṣus-vijñāna
(出典)云何眼識自性。謂、依眼了別色。(『瑜伽』1、大正 30・279a)

眼識界 げんしきかい 全存在を十八の種類に分ける分類法(十八界)のなかの一つ。眼識のグループ。→眼識 →十八界
Ⓢ cakṣus-vijñāna-dhātu

眼処 げんしょ 十二処(存在の十二の領域)の一つ。眼の器官(眼根)のこと。→眼

根　Ⓢ cakṣur-āyatana

眼睫　げんしょう　まつげ。→眼睫如牛王　Ⓢ pakṣman

眼睫如牛王　げんしょうにょごおう　牛王睫相とおなじ。→牛王睫相

眼睛　げんしょう　眼球。「鉄柴大烏ありて有情の眼睛を探啄して食う」　Ⓢ akṣi: akṣi-tāraka

眼星　げんせい　眼の瞳。眼球。「眼根の極微は眼星の上にあり」　Ⓢ akṣi-tāraka

眼触　げんそく　眼根によって触れること。受を生じる十六種の触の一つ。→触④

眼耳通　げんにつう　六神通のなかの天眼通と天耳通。→六神通

眼肉団　げんにくだん　肉団（māṃsa-piṇḍa）とは肉の塊をいい、可視的な眼球・網膜などからなる眼の器官を眼肉団という。世間ではこの肉団を眼というが、仏教ではそれは真の意味での眼の器官（眼根）ではなく、真の眼根（勝義根）は清浄な物質（浄色）からなる不可視的な器官であると説く。「世の共知するところは肉団を眼と名づけ、眼根を説かず」

衒売　げんどく　売ること。「性として貪求多くして経巻などを衒売せんと欲す」　Ⓢ vi-**krī**

減　げん　①へる、減少すること。小さくなること。弱まること。「諸の穢濁なくして濁世が減ず」「寿量が八万より減じて十歳に至る」「煩悩の減と業の減あり」
Ⓢ anutsada: apakarṣa: apacaya: apahrāsa: alpa: upa-**han**: ūna: nyūna: varjita: **hā**: hāni: hīna: hrāsa
②干上がること。「海水が減ず」　Ⓢ **śuṣ**
③破壊すること。「壊劫は器世間を減ず」　Ⓢ vi-**dhvaṃs**

減劫　げんごう　→中劫

減少　げんしょう　へる、すくなくなること。「寿量が減少して十歳に至る」　Ⓢ nyūna

減省　げんしょう　へらすこと。「瑜伽師は静室に居して、飲食を節量し、睡眠と資身具とを減省して勇猛に精進す」

減尽　げんじん　完全に消滅してしまうこと。使い尽くすこと。「災火によって器世間は梵焼し減尽す」「庫蔵の財宝を減尽す」

減数　げんす　入る息・出る息を念じる持息念における数の数え方の一つ。二を一、三を二などと数を減らしてまちがって数えること。
（出典）減数者、謂、於二等数、為一等。（『婆沙』26、大正 27・134c～135a）

減劣　げんれつ　おとろえること。劣っていること。「菩薩は戒行に於て減劣なし」「最も減劣なる者を預流果と名づく」　Ⓢ nyūna

源底　げんてい　存在のいちばん深い底。「甚深なる縁起の河に於て能く源底を尽すを説いて仏と名づく」「正法を証するに由るが故に源底に到ると名づく」

還　げん　①かえる、もとにもどること。往の対。「聚落の間を還る」「足ある者は能く往き、能く還る」
Ⓢ ā-**gam**: pratikrama: pratyā-**gam**: pratyāgata
②物を返す、返還すること。「奪われた有情の物を有情に還す」　Ⓢ nir-**yat**
③再び。「岸に登って卵を生み、砂の内に埋めて還び海に入る」　Ⓢ punar api

還因　げんいん　果から出発してその因はなにかと観察していくこと。逆縁起のこと。→逆縁起
（出典）還因者、謂、逆縁起。（『雑集論』16、大正 31・769b）

還活　げんかつ　再び生き返ること。「等活棕落迦中の諸の有情身は種種の斫刺・磨擣を被むると雖も、彼れは暫く涼風に吹かれて還活して本の如し」　Ⓢ punar sam-**jīv**

還起　げんき　①起きあがる、目覚めること。「後夜分に於て疾疾に還起して経行し宴坐す」「足を挙げる時、足に随って還起す」
Ⓢ ud-**sthā**: ud-**nam**
②再び起こすこと。「此の後、有身見を還起して前生の有身見を縁ず」

還下　げんげ　より下の世界に（たとえば色界から欲界へ）、あるいはより下の生存のありように（たとえば天から人へ）もどって生まれること。往上の対。「下の地に還って生まれる」「還下を逆と名づく」

還捨　げんしゃ　一度受けたものを再び捨てること。受けた戒を捨てること。「律儀を受け已れども還捨す」「已に受得すれども復た還捨す」

還受　げんじゅ　①享受すること。知覚すること。業の果を受けること。「順苦受とは苦の異熟を還受するをいう」「現法に於て是の

如き辛楚の果報を還受す」 Ⓢ pratyanu-**bhū**
②捨てた戒を再び受けること。「菩薩の律儀を棄捨すれども復た還受すべし」

還出 げんしゅつ ①入ったところから再び出ること。「入園せんと欲し、後に還出せんと欲す」
②禅定から出ること。「是の如き定に入りて身心不動にして後時に還出す」「滅尽定より還出す」
③犯した過失や罪から抜け出ること。還出離ともいう。「所犯を悔除して犯に於て還出し還浄す」「若し所犯あれども意楽に由るが故に速かに還出離す」

還出離 げんしゅつり →還出③

還浄 げんじょう 清浄な状態にもどること。律儀を受ける、告白する、反省するなどによって犯した過失や罪から清浄になること。改心すること。「失念して毀犯すれども、速疾に如法に発露して還浄を得る」
Ⓢ āpatteḥ vyutthānam: pratyāpatti
（出典）還浄者、謂、由意楽、不由治罰、如受律儀。(『摂論釈・世』1、大正 31・322a)

還退 げんたい 再び退くこと。三界のなかのある世界からより下の世界に下ること。得たさとりの心境からより低い心境に再び退くこと。 Ⓢ pari-**hā**

還得 げんとく 失ったものを再び獲得すること。「世間は、若し如来を見れば本心を還得す」 Ⓢ prati-**labh**

還入 げんにゅう 再びもとに戻ること。「住処の外に出で、其足を洗濯して住処に還入す」「無漏の無所有処より無漏の識無辺処に還入す」 Ⓢ pra-**viś**

還滅 げんめつ 生死輪廻から解脱すること。涅槃に帰ること。流転の対。「流転を訶毀して還滅を讃歎す」「流転は生死の因にして、還滅は出世を謂う」 Ⓢ nivṛtti
（出典）言還滅者、還即道諦、滅即滅諦、即道能証滅也。(『述記』4 本、大正 43・349a)

還来 げんらい 帰り来ること。「世間道にて離欲する者は魔縛に縛せられて未だ魔羂を脱せず、必ず還来して此の界に生ず」
Ⓢ ā-**gam**: pratyā-**gam**

厳（げん）→ごん

こ

己 こ じこ。自分。おのれ。「薄伽梵が諸の有情を視ること、猶し己の子の如し」
Ⓢ ātman: sva

己有 こう 自己のものとすること。「他の所有に於て己有の欲楽を起こすを貪欲と謂う」 Ⓢ svī-karaṇa

己過 こか 自己の過失・あやまり。「己過を発露す」

己失 こしつ 自己の過失・あやまり。「己失を蔵す」

己徳 ことく 自己の徳。他者にそれを顕示したり自慢したりすることが否定される。「己徳に於て増上慢を起こして、自ら智者と謂うを重貪欲と名づく」「己徳を顕さんが為に、仮に威儀を現すを憍と名づく」

己利 こり 自己の利益。「諸の菩薩は己利を顧みずして衆生を摂護す」

己論 ころん 自己の主張。自宗の教理。「因明に依止して他論を摧伏して己論を建立す」

巨細 こさい 極めて細かいこと。「更に此れに於て巨細に研尋せば、言論繁雑す。故に応に且らく止むべし」

巨勝 こしょう 苣藤とおなじ。→苣藤

巨富 こふ ひじょうに富んでいること。「巨富な大財宝家」「巨富な長者」

巨力 こりき ひじょうに力があること。「壮色・大身にして巨力な薬叉を化作す」
Ⓢ mahā-bala

去 こ ①過去。「去と来と今」 Ⓢ atīta
②去る、行く、離れること。「涅槃を去ること遠し」
Ⓢ **gam**: **vah**: vipra-**kram**: viprakṛṣṭa

去世 こせ 過去世。「我れは去世に於て曽有と為すや、曽無と為すや」

去来 こらい ①過去と未来。「外道は去来は実有なりと執す」 Ⓢ atīta-anāgata
②去ることと来ること。行き来すること。

「村邑を遊行・旋反・去来・進止す」

去来今 こらいこん 過去と未来と現在。「行の相続の不断の分位に依って時を建立せば、去・来・今の三種あり」
Ⓢ atīta-anāgata-pratyutpanna

去来実有論 こらいじつうろん 過去と未来とは存在するという説。仏教以外の学派（外道）の十六種の異論の一つ。→十六種異論
Ⓢ atīta-anāgata-dravya-sad-vāda
（参考）（『瑜伽』6、大正 30・304b～c）

古因明 こいんみょう →因明処

古因明師 こいんみょうし →因明処

古薩婆多師 こさつばたし 『阿毘達磨倶舎論』を造った世親までの論師たちをいい、世親の説に反対して『阿毘達磨順正理論』を造った衆賢以後の論師を新薩婆多師という。

古昔 こしゃく 過去の。昔の。「古昔の諸師は、尚、能く論を造る。況や我れ、今、当に造らざらんや」 Ⓢ paurāṇa

呼召 こしょう 呼ぶ、呼びかけること。「諸の菩薩は世間の事務・言説・呼召・去来・談論・慶慰などの事に随順す」
Ⓢ āhūta: āhvāna

呼召仮名 こしょうけみょう 自己あるいは他者を呼ぶときの名前。
Ⓢ āhvānāya saṃketaḥ

呼声 こしょう →八転声

孤苦 こく 身寄りがなく苦しいこと、また、そのような人。「孤苦にして貧窮なる者」

孤地獄 こじごく 独一那落迦とおなじ。→独一那落迦

孤独地獄 こどくじごく 独一那落迦とおなじ。→独一那落迦

孤独那落迦 こどくならか 孤独地獄・独一那落迦とおなじ。→独一那落迦

孤貧 こひん 身寄りがなく貧しいこと、また、そのような人。「孤貧より劫盗するは重不与取なり」

怙 こ 頼りとなるもの。よりどころ。「貧にして賤にして依なく怙なき者」
Ⓢ pratisaraṇa

拠 こ ①あることを主張する際の根拠・よりどころ。論拠。「彼の経は但だ前因の等起を拠として是の説を作す」 Ⓢ adhikṛtya: ārabhya: niyamya: saṃdhāya
②あるところに位置をしめること。あるものを根拠・支え・よりどころとすること。「妙高山は金輪の上に拠す」「転輪王を感ずる業とは、四洲を拠する王位を感ずるを謂う」「金剛座ありて、上は地際を窮め、下は金輪を拠す」

拠地 こじ →膝輪拠地

狐疑 こぎ 疑い深いこと。「其の所説に於て能く覚了せざるが故に如実の覚に於て狐疑を発起す」

狐蹲坐 こそんざ うずくまり、ひざまずいて坐ること。いばら（棘刺）などの上に坐って修する外道の苦行の一つ。「棘刺に依って狐蹲坐して瑜伽を修す」 Ⓢ utkuṭuka

狐狼 ころう きつねやおおかみの類。「彼の屍骸は烏鵲・餓狗・鵄鷲・狐狼に食噉さるる」

居 こ 居る、住むこと。「悪趣の諸の有情を利する為の故に誓って悪趣に居す」「在家が煩擾して塵宇に居すが如し」
Ⓢ adhi-**sthā**: adhyā-**vas**: āvāsa: gata: niṣaṇṇa: **vas**: vyavasthita: sthita

居家 こけ 家に居る、家庭を守る、世俗の生活をすること、あるいはそのような人。世俗の家。出家・非家の対。「居家の世尊が家法を捨てて非家に趣く」「家を捨てて非家に趣き、居家の迫迮より解脱す」「居家を棄捨して昼夜に精勤して諸の梵行を修す」
Ⓢ āgārika: kula: gṛha

居止 こし 住む、とどまること。「四王天衆は持双山などの七金山の上に居止す」
Ⓢ prati-**vas**: vāsin

居士 こじ 原語 gṛha-pati の原意は家にいる人、家の主。転じて聡明な人、あるいは仏教に帰依した資産家を意味する。gṛha-pati は、また長者あるいは長者居士とも訳され、長者と居士とは同義語として用いられることがある。→長者 Ⓢ gṛha-pati

居住 こじゅう 住むこと。「楽って孤林に処し、楽って独り居住す」 Ⓢ saṃniveśa

居処 こしょ 住む場所。住居。種種の居処と資生具とを施与す」 Ⓢ saṃnivāsa
（参考）種類として、苾芻居処・苾芻尼居処・外道居処・雑染居処・無雑染居処の五つが説かれる（『瑜伽』99、大正 30・871b）。

拒闘 ことう 争い。闘争。「拒闘は憤を発す」 Ⓢ kalaha

虎 こ とら。代表的な猛獣の一つ。
Ⓢ vyāghra

虎虎婆那落迦 ここばならか　八つの寒い地獄の一つ。虎虎婆は huhuva の音写。虎虎凡とも音写。寒さの苦しみのために発する声からこのように呼ばれる。虎虎凡那落迦とも書く。

虎虎凡那落迦 ここぼんならか　→虎虎婆那落迦

虎珀 こはく　宝石の一種。ルビー。「彼の清浄なる頗胝迦の上のあらゆる帝青・大青・虎珀・末羅羯多・金などへの邪執の如く、依他起相の上の遍計所執相の執も当に知るべし、亦、爾なりと」 Ⓢ padma-rāga

虎豹 こひょう　→虎狼

虎狼 ころう　とら。虎豹ともいう。師子・鬼魅などの動物、魔物、王賊、水火などとともに恐怖の対象としてあげられる。「無畏施とは師子・虎狼・鬼魅などの畏、王賊などの畏、水火などの畏から済抜するを謂う」「若し処所に悪師子・虎豹・豺狼・怨敵・盗賊などの諸の恐怖の事なければ、是の処所に於て身意、泰然として安楽に住す」 Ⓢ vyāghra

故 こ　①古い。昔の。「故業と新業」「故制多と新制多」 Ⓢ purāṇa
②わけ。ゆえ。原因。理由。理由を表す助詞。「故とは因なり」 Ⓢ tasmāt
③ことさらに。わざと。故意・故思とおなじ。「若しくは行、若しくは住において、繫念し思惟して終に故に犯さず」

故意 こい　ことさらに意図すること。故思とおなじ。→故思「諸の菩薩は諸の有情の義利を成熟せんが為に、故意に思択して還って欲界に生ず」

故業 こごう　昔の業。以前になした行為。古い過去の行為。旧業とおなじ。新業の対。

故思 こし　ことさらに意図すること。「意図」「意図的に」「意図的な」を意味する名詞・副詞あるいは形容詞。故意とおなじ。「盗もうと欲する故思を発す」「故思の業」「故思に生命を害す」
Ⓢ abhiprāya: abhisaṃdhi: saṃcintya: saṃcetanīya

故思業 こしごう　故思の業。意図的な行為。意志にもとづく行為。故思所造業・故思造業ともいう。不故思業の対。「故思業とは故思し已って、若しくは作す業、若しくは増長する業を謂う」 Ⓢ saṃcetanīyaṃ karma

胡椒 こしょう　こしょう。代表的な香辛料の一つ。辛味をもつ。「胡椒の上の辛猛利性と彼の胡椒との一相・異相は施設すること易からず」 Ⓢ marica

胡桃 ことう　クルミ科の落葉高木。「多く胡桃・麻子・苣藤などを食する時、熱風などを発することあり」

胡麻 こま　ごま。蒴果のなかに多くの種子があり、油を含む作物。食用となり、あるいは搾って油をとる。香りのある花を混ぜ、香りを熏じ、圧縮して香油を作る材料となる。苣藤とおなじ。→苣藤「習気の法は、必ず熏に由ってあること、胡麻の中のあらゆる香気は華が熏ずるが故に生ずるが如し」
Ⓢ tila

故留煩悩 こるぼんのう　ことさらに留める煩悩。涅槃に入らずあえて煩悩を留めて衆生済度の為に生死の世界にとどまる菩薩の精神をいう。
(参考)(『述記』10末、大正43・586b)

枯竭 こけつ　かれること。「日輪が世間に出現して炎赫・倍熱す。此れに由って無熱悩池が枯竭す」

枯涸 ここ　かれて水がなくなること。「先に一時に諸の河涜・池泉井などの涛波が涌溢し、醴水が盈満なるに、後に一時に於て彼れ一切枯涸し乾竭するを見て、諸行は無常なりとの念を作す」 Ⓢ parikṣīṇa

枯槁 ここう　かれること。「雨なきに由る故に大地のあらゆる薬草・叢林は皆な悉く枯槁す」 Ⓢ ucchuṣka: ud-**śuṣ**: rūkṣa: viśuṣka

枯骨 ここつ　かれくちた骨。骸骨。それは食用にならず、それによって飽満になることがないことから、欲(欲望)が決して満たされないことの喩えに用いられる。「諸欲は枯骨の如し。飽満なからしむが故に」
Ⓢ asthi: asthi-kaṅkāla
(参考)(『瑜伽』17、大正30・369c)

枯悴 こすい　ひからびておとろえること。枯瘁とも書く。「顔色が枯悴し白髪が覆う」「滋茂する時、生じ、枯瘁する時、滅す」

枯瘁 こすい　枯悴とおなじ。→枯悴

炬 こ　たいまつ。たいまつの火。広くは、草が燃える火をいう。「餓鬼の口は、或いは針の如く、或いは炬の如し」「諸欲は草の炬の如し」 Ⓢ ulkā

炬火 こか　たいまつの火。葦の草などを束ねて燃してできる火。「諸欲が皆な、黒品

に堕するは、猶し草の炬火の如し」 Ⓢ ulkā

炬燭 こしょく たいまつの火。→炬燭喩補特伽羅 Ⓢ ulkā

炬燭喩補特伽羅 こしょくゆふとがら 羯磨（教団で行なう儀式や作法）に関して、少しの羯磨を聞くだけでそれ以外の羯磨をつぎつぎと行なう人をいう。炬燭（たいまつの火）がつぎつぎと燃えつづけて強くなっていくことに喩えて、このように呼ぶ。羯磨に関する五種の補特伽羅の一人。

（参考）（『瑜伽』69、大正 30・680a）

庫（こ）→く

倨傲 こごう おごりたかぶること。「我慢とは倨傲を謂う。所執の我を恃って心を高挙せしめるが故に」

挙 こ ①ほめること。自らを勝れたものと誇ること。高挙とおなじ。「自ら高し自ら挙して他人を陵蔑す」 Ⓢ utkarṣa: unnati: sam-**grah**

②上にあげること。「如来が行くこと牛王の如く、先ず右足を挙げ、方に左足を移す」 Ⓢ utkṣipta: ud-**dhṛ**

③ヨーガを修するときに生ずる三つの状態（止・挙・捨）のなかの一つ。明晰にして高揚した心の状態をいう。「心が沈下する時に挙を修す」 Ⓢ pragṛhīta: pragraha

（参考）（『瑜伽』31、大正 30・456b）

④心の働きを発動すること。「色界に於ては心を挙げて思う時、定に入る」 Ⓢ ā-**rabh**

⑤採り上げること。かかげること。「一を挙げて余を顕す」 Ⓢ grahaṇa

挙呵 こか 罪を指摘してとがめること。罪や過失をいさめさとすこと。諫誨・諫挙とおなじ。「他をして不善処を出で善処に安住せしめんと欲するが為に、正しく見、聞き、疑いて挙呵する愛語」 Ⓢ saṃcodana

挙罪 こざい 他人の犯した罪を列挙すること。「二衆、展転して挙罪して諍う」「多くの苾芻ありて、互相に挙罪して、各、憍慢の為に執持さるる」 Ⓢ codanā

挙恃 こじ 自らを勝れたものと誇ること。「自他の徳類の差別を称量して、心、自ら挙恃して他を陵蔑す」「他に方べて自ら挙恃する相を慢と名づく」

挙手高揖 こしゅこうゆう 両手を組み合わせて身をかがめて敬う礼法。九種の敬儀の一つ。→敬儀

挙心 こしん ①心の働きを発動すること。「仏が纔に挙心する時、無礙智見が自然にして転ず」「世尊は神通迅速にして、方の遠近に随って挙心する時、即ち至る」

Ⓢ citta-utpāda

②明晰にして高揚した心。 Ⓢ pragṛhītaṃ cittam

（出典）挙心者、謂、於浄妙所縁、明了顕現（『瑜伽』28、大正 30・440c）

挙身 こしん 全身。全身でもって。一生懸命に。「是の如く身を挙げて皆な猛焔を成ず」「身を挙げて煩熱するを歎と名づく」「挙身・毛竪して此の経を思う」

Ⓢ kṛtsnam āśrayam: sarva-kāyena

挙貸 こたい 借りること。「挙貸せる他物を終に違捍せず」 Ⓢ upāttasya ṛṇasya

涸竭 こけつ かれる、干上がること。「大海の水、悉く皆な涸竭す」

涸池 こち 水が干上がった池。名前だけで実体がないものの喩えに用いられる。「汚道沙門は唯だ余の沙門の相あるが故に沙門と名づくるのみなること、焼れた材、仮の鸚鵡の棠、涸池、敗種、火輪、死人の如し」

Ⓢ śuṣka-hrada

（参考）（『倶舎』15、大正 29・79c）

虚 こ ①むなしく、意味がないこと。「多く睡眠を習して虚しく時分を度す」

②空虚。なにも存在しないこと。「虚なるが故に無我なり」

③あやまっている、正しくないこと。虚妄とおなじ。→虚妄「是の如き所説は是れ諦にして虚に非ず」 Ⓢ mṛṣā

虚誑 こおう だますこと。偽ってかたること。「我れは利養のために矯詐し虚誑し、惑乱の相を現ずべからず」 Ⓢ lapanā

虚誑語 こおうご 偽りの言葉。虚言。虚妄・誑語・妄語ともいう。自己の過失や罪をかくすために言う嘘の言葉。広くは嘘をいうこと。たとえば見・聞・覚・知していないものを見・聞・覚・知したと言う、あるいは逆に、見・聞・覚・知したものを見・聞・覚・知していないと言うこと。十不善業道（十種の悪い行為）の一つ。→十不善業道「罪人あり。心に刑罰を怖れて其の過を覆蔵し、想と異にして虚誑語を発す」 Ⓢ mṛṣā-vacas: mṛṣā-vāda

（出典）云何妄語。謂、於他有情、起覆想説

欲楽、起染汚心、若即於彼、起偽証方便、及於偽証究竟中、所有語業。(『瑜伽』8、大正30・317b)
(参考)(『倶舎』16、大正29・87b)

虚棄 こき 無益なこと。結果がないこと。「功用すれども虚棄なり」 Ⓢ vandhyā

虚偽 こぎ 価値のないこと。無用・無意味なこと。「一切行は是れ虚偽なりと観ず」「是の経典を誹謗して虚偽と為す」 Ⓢ asāra: tuccha: phalgu

虚偽道 こぎどう →邪道

虚空 こくう ①そら。大空。「虚空に鳥の迹なし」「衆鳥は虚空に翺翔し、虚空のなかに遍じて安足の処なきが如し」
②無限の空間。果てしなく広がる宇宙。いかなるさまたげもない広大無辺な空間。太虚空という場合がある。〈倶舎〉は、そのような虚空は実体として存在する(実有)と考えて、三つの無為の一つとして虚空無為を立てる。〈唯識〉は、ただ識のみが存在するとみる立場より、実体としての虚空の存在を否定し、真如がありとあらゆるさまたげを離れていることが、虚空があらゆる物質的なさまたげを離れていることに似ているから、真如を仮に虚空無為とよぶ。→無為「是の如き有色・有対の種種の想を除遣し已りて、無辺の相の虚空の勝解を起こす。是の故に説いて無辺の空に入ると言う」 Ⓢ ākāśa
③外道が説く虚空。虚空は万物が生じる根本原因であると説く。
(出典)言虚空者、謂、口力論師、作如是說。虚空是万物因、最初生虚空、虚空生風、風生火、火生煙、煙生水、水即凍淩堅作地、地生種種薬草、薬草生五穀、五穀生命。是故我論中説、命是食。後時還没虚空、名涅槃、虚空是常、名涅槃因。(『演秘』1末、大正43・832c)
④〈唯識〉において譬喩として用いられる虚空。(i)虚空は仮に立てられたものであることから、実体として存在しないものの喩えとして用いられる。「一切法は皆な、虚空に等しく、皆な、幻夢の如し」「問う、世尊は何の密意に依って一切法は虚空に等しいと説くや。答う、相無自性性に依って是の如き言を説く」。(ii)虚空は、無限にひろがる、汚されることなく清浄である、平等である、などのありようをしていることから、仏智・無分別智・勝義・法界・真如などの喩えとして用いられる。「仏智は無尽にして虚空の如し」「譬えば虚空の如く、所縁の真如と能縁の真智との二は平等なり」「譬えば虚空は周遍し、染なく、能分別に非ず、所分別に非ざるが如く、是の如く応に知るべし、無分別智は譬えば虚空の如しと」「法の真理なるが故に法性と名づけ、諸の障礙を離れるが故に虚空と名づく」「勝義無性は一切諸法の法無我性にして衆相を遠離すること、譬えば虚空の如し」「法界は本性として清浄なること、虚空の如し」 Ⓢ ākāśa: vyoman

虚空無為 こくうむい →無為

虚仮 こけ 真実には存在せず仮に立てられたもの。たとえば五蘊において仮に立てられた補特伽羅をいう。真実にあるものの対。「若し五蘊は幻のごとく虚仮なりと解すれば、豈に此の法の和合せる仮者に於て貪愛を起こさんや」「真実と及び虚仮との二種を謗するを最極無者と名づく」 Ⓢ prajñapti

虚損 こそん 破損する、こわすこと。「あらゆる信施を虚損せず、信施を受用し、終に他人の信施を毀呰せず」 Ⓢ vini-**pat**

虚度 こど むなしく度ること。むなしく時を過ごすこと。むなしいこと。なにも実りがないこと。「愛染の心を懐き、世事を談説して時日を虚度す」「諸の菩薩は意言分別して仏法僧を礼し、命終に至るまで、時を虚度することなし」 Ⓢ ati-**nam**: bandhya

虚妄 こもう ①偽り。まちがっていること。真実でないこと。「若し余が増上戒に於て尸羅を毀犯することあれば、見・聞・疑に由って能く正しく真実を諫挙し虚妄を以ってせざるを名づけて善く能く諫挙すと為す」 Ⓢ abhūta: vitatha
②偽りの言葉。虚言。虚誑語とおなじ。→虚誑語「非聖声を聞くとは、諸の有情の虚妄・離間・邪綺・麁獷の音声を聞くをいう」
Ⓢ mṛṣā-vāc: mṛṣā-vāda: visaṃvādana

虚妄分別 こもうふんべつ ①まちがった思考。真実でない考え。〈唯識〉は眼識・耳識・鼻識・舌識・身識・意識・末那識・阿頼耶識の八種の識の本質は虚妄分別であると説く。「諸の外道は愛楽するところの虚妄分別に於て、定んで喜楽を生ず」「虚妄分別があるとは、所取・能取の分別があるを謂う」「現行の八種の識を総して分別と名づく。虚妄分別を自性と為すが故に」「此の能転変を即ち分別と名づく。虚妄分別を自性と為すが故に」 Ⓢ abhūta-kalpana: abhūta-parikalpa: vikalpa
（参考）種類としては、引発分別・覚悟分別・合結分別・有相分別・親昵分別・喜楽分別・侵逼分別・極親昵分別の八種（『瑜伽』58、大正 30・625c）、根本分別・相分別（縁相分別）・相顕現分別（顕相分別）・相変異分別（縁相変異分別）・相顕現変異分別（顕相変異分別）・他引分別・不如理分別・如理分別・執著分別・散動分別（散乱分別）の十種（『摂論釈・世』4、大正 31・342a〜c）（『集論』7、大正 31・692c）、無性分別・有性分別・増益分別・損減分別・一性分別・異性分別・自性分別・差別分別・随名義分別・随義名分別の十種（『集論』7、大正 31・692c）が説かれる。
②五種の分別（境界分別・領納分別・仮説分別・虚妄分別・実義分別）の一つ。対象を錯誤して認識すること。
（出典）於諸境界、取顛倒相、名虚妄分別。（『瑜伽』53、大正 30・594c）

許 こ ゆるす、許可すること。認める、同意すること。「是の如き等の物は是れ他の所有にして汝に施すことを許さず」「若しくは沙門、若しくは婆羅門ありて、世間は同じく許して賢善者と為す」
Ⓢ anujñāta: abhyupagata: pratijñāta: saṃmata

許可 こか ゆるすこと。「施主が衣食などを以って来りて相い屈請せば、その時、受くる者は、宜しく当に黙然して之を許可すべし」

琥珀 こはく 黄色の輝きのある宝石。七宝の一つ。車渠ともいう。原語 musāragalva を音写して摸娑洛掲拉婆宝ともいう。→七宝
Ⓢ musāragalva

詁訓言音 こくんごんおん 言葉の意味や語源を解釈すること。「諸の菩薩が声明を求むる時は、詁訓言音の文句の差別に悟入し、一義のなかに於て種種なる品類の殊音を以って随説せんと欲するが為なり」 Ⓢ nirukti

酤酒家 こしゅけ 酒を売る家。僧（苾芻）が行ってはいけない場所（非所行処）の一つ。→非所行処 Ⓢ pāna-āgāra
（参考）（『瑜伽』22、大正 30・402c）

鼓 こ ①つづみ。「諸の鼓・角などの種種の音声」 Ⓢ bherī: mṛdaṅga
②打つこと。たたくこと。「風、起こりて水を鼓す」「風の動と飄の鼓」

鼓噪 こそう つづみを鳴らすこと。はやしたてること。「歌舞・音楽・鼓噪の声」
Ⓢ vādita

鼓動 こどう 激しく働くこと。動揺すること。「定に於て尋伺の鼓動を遠離す」
Ⓢ kṣobha

胡 こ 牛のあごのたれ肉。「角・犎・胡・蹄・尾は牛の相にして牛に異なるものに非ず」 Ⓢ sāsnā

鋸 こ のこぎり。「鋸で以って身を解す」

顧 こ かえりみること。きにかけること。大切に思うこと。「無顧欲解とは所造の善業が現法の果を受ける者なり。謂く、増上の欲解を以って其の身を顧ず、財物を顧ず、諸有を顧ずして善業を造作するが如きなり」

顧視 こし みること。みつめ合うこと。「他化自在天は、眼、相い顧視すれば、熱悩、便ち息む」「面目顧視すること龍象王の如し」
Ⓢ ālokita-vyavalokita: nirīkṣita

顧惜 こせき おしむこと。「諸の菩薩は自身の財に於て顧惜するところなく、能く一切の施すべきところの物を施す」

顧念 こねん 心にかけること。いつくしむこと。「先に哀愍を修して有情を摂受し、彼れに於て顧念して饒益を作さんと欲す」
Ⓢ apekṣā

顧悋 こりん おしむこと。「諸の菩薩は身と財とに於て顧悋するところなく、能く清浄の禁戒を受持す」

顧恋 これん ふりかえって思うこと。関心を示して執着すること。恋い慕うこと。「過去を顧恋し未来を希楽す」「其の身を顧恋し財物を顧恋す」「身命を顧恋す」「菩薩は有情を顧恋して生死を捨せず」 Ⓢ apekṣā

顧録 ころく 任命すること。「王に顧録せられて以って給侍と為る」 Ⓢ saṃgrāhya

五位 ごい ①全存在を五種に分ける分類法。心・心所・色・不相応行・無為の五つ。五法ともいう。→各項参照
②発心してから仏陀に成るまでの五つの修行過程。資糧位・加行位・通達位・修習位・究竟位の五つ。→各項参照

五位七十五法 ごいしちじゅうごほう 全存

在を五種に大別し、さらにそれぞれを細かく分析して全部で七十五種を立てる〈有部〉の存在分類法。→五位①　→七十五法

五位百法 ごいひゃっぽう　全存在を五種に大別し、さらにそれぞれを細かく分析して全部で百種を立てる〈唯識〉の存在分類法。〈有部〉では七十五種を立てることから五位七十五法という。→五位①　→百法

五畏 ごい　五つのおそれ。不活畏（生活できないというおそれ）・悪名畏（わるい評判をうるというおそれ）・死畏（死ぬことへのおそれ。命終畏ともいう）・悪趣畏（地獄や餓鬼などの悪い生存状態に堕ちることへのおそれ）・処衆怯畏（多くの人びとのなかにいることへのおそれ。怯衆畏ともいう）の五つ。五怖畏ともいう。

（出典）五怖畏者、一不活畏、二悪名畏、三怯衆畏、四命終畏、五悪趣畏。（『婆沙』75、大正 27・386b）：五畏、謂、不活畏・悪名畏・死畏・悪趣畏・処衆怯畏。（『述記』9末、大正 43・557b）

五異生処 ごいしょうしょ　異生のみが住する五つの場所。五趣のなかの地獄・餓鬼・畜生と北倶盧洲と無想天との五つをいう。「異生とは五異生処に住するをいう」「異生の不共の生処の五とは、三悪趣と北洲と無想天とを謂う」

（参考）（『婆沙』175、大正 27・881c）

五因 ごいん　①地・水・火・風の四つの構成要素が物質（色）を構成する場合の五つの原因。生因・依因・立因・持因・養因の五つ。

（参考）（『雑集論』1、大正 31・696a）

②六因のなかの能作因を除いた他の五因。→六因

五蘊 ごうん　①広くは現象的存在（有為）を構成する、狭くは一人の人間を構成する五つの要素。仏教の説く存在分類法（五蘊・十二処・十八界）の一つ。蘊の原語 skandha は「集まり」「集合」「集合体」の意味で、構成する要素を種類別にまとめて一つの蘊とし、色蘊・受蘊・想蘊・行蘊・識蘊の五つを立てる。これらのなか、色は物質的なもの、受・想・行・識の四つは精神的なものをいう。このなか色は、狭くは生きもの（有情）の肉体を、広くは外界の事物をも含めた物質を意味し、受は苦楽などの感受作用、想は知覚作用、行は意思作用、識は認識作用を意味する。→各項参照　Ⓢ pañca skandhāḥ

（出典）云何蘊。謂、蘊有五、則色蘊・受蘊・想蘊・行蘊・識蘊。（『瑜伽』27、大正 30・433c）

②無学（学ぶことのなくなった聖者）を構成する五つの要素。戒蘊・定蘊・慧蘊・解脱蘊・解脱知見蘊の五つ。→各項参照

Ⓢ pañca skandhāḥ

五蘊仮和合 ごうんけわごう　生きもの（有情）は、それを構成する五つの要素が仮に結合して生じたものにすぎず、固定的・実体的な自己（我）は存在しないという無我の教説を説明するための概念。

五果 ごか　異熟果・等流果・離繋果・士用果・増上果の五つの果。→各項参照

（参考）（『倶舎』6、大正 29・35a 以下）：（『雑集論』15、大正 31・765b～c）：（『略纂』2、大正 43・29c～30a）

五過患 ごかげん　縁起の道理を如実に知らないことから生じる次の五つのあやまち。（i）我見を起こす。（ii）我見にもとづいて過去において、（iii）未来において、（iv）過去と未来とにおいて、断常の邪見を起こす。（v）この邪見を勝れたものとして固執して現世において涅槃に入らない。

（参考）（『瑜伽』10、大正 30・327a）：（『略纂』4、大正 43・63c）

五戒 ごかい　在家が守るべき次の五つのいましめ。（i）不殺生（生きものを殺さない）、（ii）不偸盗（ものを盗まない）、（iii）不妄語（嘘をいわない）、（iv）不邪淫（よこしまなセックスをしない）、（v）不飲酒（酒を飲まない）。

五界 ごかい　①如来の五つの境界。有情界・世界・法界・調伏界・調伏方便界の五つ。

（参考）（『瑜伽』78、大正 30・736a）

②五つの離繋界（煩悩のない世界）。断界・無欲界・滅界・有余依涅槃界・無余依般涅槃界の五つ。

（参考）（『瑜伽』85、大正 30・775a）

五蓋 ごがい　蓋とは煩悩の異名。真実を覆い隠すから蓋という。貪欲蓋・瞋恚蓋・惛沈睡眠蓋・掉挙悪作蓋・疑蓋の五つ。惛沈睡眠蓋を惛眠蓋、掉挙悪作蓋を掉悔蓋ともいう。→各項参照　Ⓢ pañca nivaraṇāni

(参考)(『瑜伽』11、大正 30・329b):(『瑜伽』89、大正 30・803c〜804a)

五義平等 ごぎびょうどう →四義平等

五逆 ごぎゃく →五逆罪

五逆業 ごぎゃくごう →五逆罪

五逆罪 ごぎゃくざい 人倫に反する五つの極罪悪。五逆・五逆業ともいう。五無間業とおなじ。→五無間業

五教十理 ごきょうじゅうり 五つの経文による証明(経証)と十の理論による証明(理証)。これによって『成唯識論』において阿頼耶識の存在証明がなされる。
(参考)(『述記』4本、大正 43・347a 以下)

五境 ごきょう 五根の境。五つの感覚器官の対象である色・声・香・味・触の五つ。欲望の対象となることから別名、五妙欲ともいう。また心を汚す対象であるから五塵ともいう。 Ⓢ pañca viṣayāḥ

五行 ごぎょう ①五蘊のこと。「過去の如来は五行を説き、今の釈迦牟尼如来は五蘊を説く」 Ⓢ pañca-vyavacāra
(参考)(『婆沙』192、大正 27・959b)
②行とは、もののありようを意味する ākāra(行相)をいい、ものの五つのありようを五行という。たとえば無常という行には変異行・滅壊行・別離行・法性行・合会行の五行がある。 Ⓢ pañca-ākāra
(参考)(『瑜伽』34、大正 30・474b)
③行とは現象的存在を意味する saṃskāra をいい、五つの現象的存在を五行という。たとえば身行・語行・意行・業行・寿行の五行がある。 Ⓢ pañca-saṃskāra
(参考)(『瑜伽』64、大正 30・657b)

五倶意識 ごぐいしき →意識

五下結 ごげけつ 五下分結とおなじ。→五下分結

五下分結 ごげぶんけつ 生存を欲界につなぎとめる五つの煩悩。貪欲・瞋恚・有身見・戒禁取・疑の五つの結。下分とは三界のなかの下方にある欲界をいう。『瑜伽論』では下分を(i)修道の下分である見道、(ii)色界・無色界の下分である欲界、の二種に解釈し、前者によって有身見・戒禁取・疑の三つを、後者によって貪欲・瞋恚の二つを立てるとみなす。五順下分結・五下結・五下分障・順五下分結ともいう。五上分結の対。→結① →五上分結
Ⓢ pañca avarabhāgīyāni saṃyojanāni
(出典)何等為五。謂、有身見・戒禁取・疑・欲貪・瞋恚。何縁此五、名順下分。此五順益下分界故。謂、唯欲界得下分名。此五於彼能為順益。由後二種不能超欲界、説有能超由前三還下。(『倶舎』21、大正 29・108c〜109a):有二種下分。謂、見道、是修道下分。欲界、是色無色界下分。約此二種下分、説五下分結。依初下分、説薩迦耶見戒禁取疑、依第二下分、説貪欲瞋恚。(『瑜伽』14、大正 30・352a)

五下分障 ごげぶんしょう 五下分結とおなじ。→五下分結

五解脱処 ごげだつしょ →解脱処

五結 ごけつ 有情を繋縛して三界において生死流転せしめる煩悩。貪結・恚結・慢結・嫉結・慳結の五つ。

五見 ごけん 五つのあやまった見解。有身見(薩迦耶見)・辺執見・邪見・見取見・戒禁取見の五つ。→各項参照

五眼 ごげん 次の五種の眼。(i)肉眼(人間が有する眼。水晶体・網膜などからなる眼)、(ii)天眼(天が有する眼。暗やみでも見ることができる眼)、(iii)慧眼(聖慧眼ともいう。真理を見抜く眼)、(iv)法眼(生きものを救済できる眼)、(v)仏眼(仏陀が有する眼。あらゆる生きものを救済できる眼)。

五現見三摩鉢底 ごげんけんさんまぱってい →五現見等至

五現見定 ごげんけんじょう →五現見等至

五現見等至 ごげんけんとうし 五現見三摩鉢底・五現見定ともいう。等至とは原語で samāpatti といい、定(samādhi 三昧)の異名で、三摩鉢底と音写する。現見とは観察すること。身体への深まり行く次の五つの観察を五現見等至という。(i)定心において自己の身体を足から頭頂に至るまで髪毛・爪歯・塵垢・皮肉・骨髄・筋脈ないし屎尿・涕唾・汗涙・膿血などの不浄なもので充満していると観察する。(ii)次に、以上の不浄なるものをすべて除去して身体をただ骸骨であると観察する。(iii)ii の観察を今世に、また後世に住するものとして観察する。(iv)ii の観察を今世に住するものとしてではなくただ後世に住するものとして観察する。(v)ii の観察を今世にも後世にも住しないものと

して観察する。これら五つの観察を通して身体への貪りを断じて身体の真実のありようをさとることを目指す。
(参考)(『婆沙』40、大正 27・208a～b):(『瑜伽』12、大正 30・340b)

五後意識 ごごいしき →意識

五根 ごこん ①五つの感覚器官。眼根・耳根・鼻根・舌根・身根の五つ。物質的な感覚器官であるから五色根ともいう。→各項参照 →根
②五つの心作用。信根・精進根・念根・定根・慧根の五つ。さとりに至るための修行を押し進める重要な心の働き。→各項参照 →根②

五作業根 ごさごうこん 五作根ともいう。サーンキヤ学派(数論)が説く二十五諦の一群。身体の次の五つの器官をいう。語具(言葉を発する口・舌)・手・足・小便処・大便処。
(参考)(『述記』1末、大正 43・253a)

五作根 ごさこん →五作業根

五支 ごし 因明(仏教論理学)の論法を構成する五つの要素である宗・因・喩・合・結の五つ。たとえば、「声は是れ無常なり」が宗(主張命題)、「作られたものである故に」が因(理由)、「たとえば瓶などの如し」が喩(喩え)、「瓶などは作られたものであり、無常なり。声もまた同じなり」が合(適用)、「故に声は無常なり」が結(結論)である。ディグナーガ(陳那)以後の因明、すなわち三支のみを立てる新因明に対して、五支を立てる因明を古因明という。→三支

五地 ごじ 発心してから仏陀(覚者)になるまでの修行の五つの段階。資糧地・加行地・見地・修地・究竟地の五つ。五位(資糧位・加行位・通達位・修習位・究竟位)とおなじ。→五位②

五事 ごじ ①〈唯識〉が説く存在分類法。相・名・分別・真如・正智の五つ。このなか相(nimitta)とは言葉(名)によって指示される事物の形状・相貌、名(nāman)とは事物を指示する言葉、分別(vikalpa)とは言葉による思考、真如とは正しい智慧(正智)によって認識される究極的真理、正智とは究極的真理を認識する正しい智慧。これらのなか前の三つが迷いの世界、後の二つがさとりの世界を構成する。 Ⓢ pañca-vastu
(参考)(『瑜伽』72、大正 30・696a 以下)
②色・心・心所・不相応行・無為の五つをいう。→五位①
(参考)(『婆沙』197、大正 27・987b)

五色根 ごしきこん 色根とは物質的な感覚器官をいい、眼根・耳根・鼻根・舌根・身根の五つの根を五色根という。これら五つより、順次、眼識・耳識・鼻識・舌識・身識の五識が生じる。五根ともいう。

五色処 ごしきしょ 眼根・耳根・鼻根・舌根・身根の五つの物質的な感覚器官という領域。認識を構成する十二の領域(十二処)のなかの内的な五つの領域をいう。→十二処

五識 ごしき 五つの感覚作用。眼識・耳識・鼻識・舌識・身識の五つ。順次、視覚・聴覚・臭覚・味覚・触覚にあたる。これら五つはそれぞれ決まった感覚器官(根)から起こり、固有の対象(境)を認識する。またその働きは無分別といわれ、言葉を用いずに対象を直接に認識する。この点が有分別といわれる意識と異なる。意識はすべての対象を認識し言葉を用いて対象を概念的に把握する働きがある。→意識 Ⓢ pañca-vijñāna

五識身 ごしきしん 五識の集まり。五識をまとめた総称。→五識
Ⓢ pañca-vijñāna-kāya

五識身相応地 ごしきしんそうおうじ ヨーガ行者の十七の心境・境界(十七地)の一つ。→十七地

五取蘊 ごしゅうん 取とは煩悩のこと。生きもの(有情)を構成する五つの要素(五蘊)は煩悩(取)より生じ、また煩悩を生じるから五取蘊という。五有取蘊ともいう。
「五取蘊を総じて名づけて苦と為す」
(出典)有漏名取蘊。(中略)論曰。此何所立。謂、立取蘊、亦名為蘊。或有唯蘊而非取蘊。謂、無漏行。煩悩名取。蘊従取生、故名取蘊、如草糠火。或蘊属取、故名取蘊、如帝王臣。或蘊生取、故名取蘊。如花果樹。(『倶舎』1、大正 29・2a):何故名取蘊。以取合故、名為取蘊。何等為取。謂、諸蘊中所有欲貪。何故欲貪、説名為取。謂、於未来現在諸蘊、能引不捨故。希求未来、染著現在、欲貪名取。(『集論』1、大正 31・663a)
(参考)(『述記』1末、大正 43・249c)

五取蘊苦 ごしゅうんく 八苦の一つ。八苦のなかの生苦・老苦・病苦・死苦・怨憎会

苦・愛別離苦・求不得苦の七つをまとめた苦の総称。「五陰盛苦」と言い習わされる。
（出典）云何苦聖諦。謂、生苦・老苦・病苦・死苦・怨憎会苦・愛別離苦・求不得苦、略説一切五取蘊苦、名苦聖諦。（『瑜伽』27、大正 30・434c）

五衆 ごしゅ ①人間の五種のグループ。在家衆・出家衆・浄信衆（清らかな信心を持った人たち）・邪悪衆（邪悪な心を持った人たち）・処中衆（浄信でも邪悪でもない人たち）の五つ。
（参考）（『瑜伽』81、大正 30・754c）
②仏教教団を構成する七つのグループ（七衆）のなかの出家に属する苾芻・苾芻尼・正学・勤策男・勤策女の五つのグループをいう。→七衆

五種蓋 ごしゅがい 貪欲蓋・瞋恚蓋・惛沈睡眠蓋・掉挙悪作蓋・疑蓋の五つの蓋→五蓋

五種教誡 ごしゅきょうかい 遮止・開許・諫誨・呵擯・慶慰の五つの教誡。→教誡

五種教授 ごしゅきょうじゅ 教教授・証教授・次第教授・無倒教授・神変教授の五つの教授。→教授①

五種業 ごしゅごう ①取受業・作用業・加行業・転変業・証得業の五つの業。
（参考）（『集論』4、大正 31・679a）
②ヴァイシェーシカ派（勝論）が説く取・捨・屈・申・行の五つの業。
（参考）（『婆沙』113、大正 27・587a）

五種姓 ごしゅしょう 人間のさとりへの素質を五つに分類したもの。五種性・五姓・五性ともいう。→五姓各別

五種性 ごしゅしょう 五種姓とおなじ。→五種姓

五種上味 ごしゅじょうみ 五つの美味。酥・蜜・油・鹽・甘蔗の五つの味。
Ⓢ pañcarasāḥ
（参考）（『瑜伽』2、大正 30・286a）

五種唯識 ごしゅゆいしき 五唯識ともいう。唯識という教説を五つに分類したもの。唯識を説明する五つの概念。境唯識・教唯識・理唯識・行唯識・果唯識の五つ。（ⅰ）境唯識とは、境すなわち認識の対象はそれを認識する心が変化したものであり、外界に実在する対象は存在しないという観点から唯識であると論じる教説をいう。たとえば『成唯識論』の一水四見、『華厳経』の「三界唯心」、『解深密経』の「諸識の所縁は唯識の所現なり」などの教説をいう。（ⅱ）教唯識とは、教すなわち『楞伽経』『華厳経』『解深密経』などの経典に説かれている経文を根拠として唯識であることを論じる立場をいう。（ⅲ）理唯識とは、理論的に唯識であることを論証する立場をいう。たとえば『唯識三十頌』の「此の諸識は転変して分別たり所分別たり。此れに由って彼れはなし。故に一切は唯識なり」と説く立場をいう。（ⅳ）行唯識とは、修行の観点から唯識を論じる立場をいう。たとえば四尋思観・四如実智などによって唯識であることを思惟・観察する立場をいう。（ⅴ）果唯識とは、仏陀となって獲得した結果、たとえば大円鏡智などの四智などについて論じる立場をいう。
（参考）（『義林章』1、大正 45・259c 以下）。

五趣 ごしゅ 輪廻における五種の生存状態。地獄・餓鬼・傍生・人・天の五つをいう。あるいは、業の報いとして衆生が趣く五つの場所をいう。地獄を那落迦・棕落迦、餓鬼を鬼、傍生を畜生ともいう。『阿含経』には五趣を説くこともあり、これに阿素洛を加えて六趣を説くこともある。『大智度論』によれば、五趣説は説一切有部、六趣説は犢子部の主張であるという。また『論事』によれば、上座部は五趣説を、安達羅派（andhaka）と北道派（uttarapāthaka）とは六趣説であるという。→各項参照

五受 ごじゅ 五つの感受作用。楽受・苦受・喜受・憂受・捨受の五つ。感受作用としては基本的には五識と共に働く楽なる感受（楽受）と苦なる感受（苦受）と楽でも苦でもない感受（捨受）との三受が立てられるが、このなか第六意識と共に働く楽受と苦受とを順次、喜受と憂受として別に立てる。すなわち喜ぶ、あるいは憂うという感受作用は、単なる感覚的なものではなく意識によって感じる分別的なものとして別立する。

五受根 ごじゅこん 楽根・苦根・喜根・憂根・捨根の五つ。根とはあるものを生じることにおいて力強い働き（増上）があるものをいい、楽受・苦受・喜受・憂受・捨受の五受は汚れ（雑染）を生じることにおいて増上の意味があるから、まとめて五受根という。二十二根のなかの五つ。→各項参照 →二十二根

五重唯識観 ごじゅうゆいしきかん 心を観察してただ識だけであると観察する五段階の観察方法。心への浅い観察から順次、深い観察へと進み、最後に真理をさとるに至る五つの観察の段階。次の五つの段階からなる。（ⅰ）遣虚存実識。虚妄なるものは非存在であると否定し、真実なるものは存在すると観じる段階。遍計所執性（言葉で語られ執着されたもの）は存在しないと否定し、依他起性（因と縁とによって生じたもの）と円成実性（究極の真理）とは存在すると観じる段階。この観察によって心の外にあるとまちがって考えられた存在（外境）は否定され、内の識のみの存在が認められる。（ⅱ）捨濫留純識。境を捨てて心を留める段階。みだれるものを捨てて純なるものをとどめる観察段階。心の四つの部分のなかの相分を捨てて見分・自証分・証自証分をとどめる段階。対象すなわち「境」の相（すがた・ありよう）をした相分は外界にあると執着されるおそれがあるから、すなわち外にみだれ出るおそれがあるから、その存在を捨ててその他の「心」の部分（見分・自証分・証自証分）をとどめる段階。（ⅲ）摂末帰本識。末なるものをおさめて本に帰一せしめる段階。心の二つの部分（見分・相分）をその二つが生じてくる本である自証分に帰一せしめる段階。（ⅳ）隠劣顕勝識。劣ったものを隠して勝れたものを顕す段階。自証分は心王（心の中心体）と心所（細かい心作用）とに分かれるが、このなか働きの劣った心所を隠して心王の存在を観察する段階。（ⅴ）遣相証性識。相を否定して性を証する段階。心王は事と理とに分かれるが、事、すなわち具体的なさまざまな相（すがた・ありよう）をした心の部分である依他起性の心を否定して、その事の本性である理、すなわち円成実性（究極の真理）を証する段階。

（参考）（『義林章』1、大正 45・258b 以下）

五順下分結 ごじゅんげぶんけつ →五下分結

五順上分結 ごじゅんじょうぶんけつ →五上分結

五処善巧 ごしょぜんぎょう 蘊善巧・界善巧・処善巧・縁起善巧・処非処善巧の五つ。→各項参照

五姓 ごしょう →五姓各別

五姓各別 ごしょうかくべつ 人間のさとりへの素質は先天的に相違して五つに分かれるという〈唯識〉独自の教説。姓の原語 gotra は、牛小屋を原意とし、転じて家、姓（うじ）、さらには人間の宗教的素質ないし能力を意味し、種姓・種性・性とも訳される。五姓は五種姓・五種性・五性とも訳され、したがって五姓各別は五性各別とも書く。五姓とは菩薩姓・独覚姓・声聞姓・不定姓・無姓の五つの姓をいう。このなか菩薩姓は菩薩定姓ともいわれ、菩薩の種子のみを有し、つねに菩薩として修行して最後に仏陀となる人をいう。直ちに仏陀になるから頓悟の菩薩と呼ばれる。独覚姓と声聞姓とはまとめて定姓の二乗といわれ、独覚姓あるいは声聞姓としてその種姓がはっきりと定まり、最終的には無余依般涅槃に入ってしまう人をいう。不定姓とは菩薩と独覚と声聞の種子いずれをも、あるいは菩薩と独覚との種子を、あるいは菩薩と声聞との種子を持ち、直ちに菩薩となることなく、声聞あるいは独覚を経て菩薩となり、最後に仏陀となる人をいう。このように漸々と仏陀になっていくから漸悟の菩薩という。無姓とは無漏の種子を欠き、決して仏陀になることができず、いつまでも凡夫でありつづける人をいう。菩薩・独覚・声聞のいずれの種姓をももたないから無姓有情（無性有情）ともいわれる。

（参考）（『述記』1 本、大正 43・230a）

五性 ごしょう →五姓各別

五性各別 ごしょうかくべつ →五姓各別

五聖智三摩地 ごしょうちさんまじ 三摩地を次のようなありようとして智る如来の五つの智慧。（ⅰ）三摩地は聖であって汚れを離れていると智る。（ⅱ）三摩地は愚者が近づくものではなく智者が讃えるものであると智る。（ⅲ）三摩地は現在でも楽であり未来でも楽であると智る。（ⅳ）三摩地は煩悩を滅した寂静なるものであると智る。（ⅴ）三摩地は正しく心を集中することによって三摩地に入出すると智る。

（参考）（『婆沙』31、大正 27・160c）：（『瑜伽』12、大正 30・339a〜b）

五上分結 ごじょうぶんけつ 生存を三界のなかの上部の色界と無色界とにつなぎとめる五つの煩悩。結とは煩悩の異名。色貪・無色貪・掉挙・慢・無明の五つの結。五順上分結

ともいう。五下分結の対。→結①　→五下分結　Ⓢ pañca-ūrdhva-bhāgīyāni saṃyojanāni
（出典）有二種上分。謂、色界及無色界。依此二種上分、説五上分結。（『瑜伽』14、大正30・352a）

五浄宮　ごじょうぐう　→五浄居天

五浄居　ごじょうこ　→五浄居天

五浄居処　ごじょうこしょ　→五浄居天

五浄居天　ごじょうこてん　色界の第四静慮（第四禅）のなかの無煩天・無熱天・善現天・善見天・色究竟天の五つの天（→各項参照）。不還果の聖者が居る五つの清浄な住処。五浄居・五浄居処・五浄宮ともいう。
Ⓢ pañca-śuddha-āvāsa
（参考）（『婆沙』176、大正27・883a～b）

五乗　ごじょう　菩薩乗・独覚乗・声聞乗に人乗・天乗を加えた五つ。最初の三乗は定性と不定性とにおさめられ、後の二乗は無性におさめられる。無性とは成仏することができない人（無性有情）のこと。しかしこのようなものでも人と天とにおいて善根をつめば成仏できるとも説かれる。
（出典）或説五乗。三乗如前。第四人乗、第五天乗。前三摂定不定種姓、後二唯摂第五無性。（『述記』1本、大正43・231b）：又彼経云、無種性人、但以人天善根而成就之。（中略）勝鬘云、離善知識、無聞非法衆生、以人天善根而成就之。（『枢要』上本、大正43・610b）

五停心観　ごじょうしんかん　ある対象に心を集中して対象の本質をみる観法。修行者の気質や性格の相違に応じて、不浄観・慈愍観・縁性縁起観・界差別観・阿那波那念の五つに分かれる。→各項参照

五濁　ごじょく　人間の寿命が百歳以下になったときに出現する五つの汚れ。寿濁・劫濁・煩悩濁・見濁・有情濁の五つ。→各項参照　Ⓢ pañca-kaṣāya
（参考）（『倶舎』12、大正29・64a）：（『瑜伽』44、大正30・538a）

五心　ごしん　ある一つの認識が成立するために順次に起こる率爾・尋求・決定・染浄・等流の五つの心。（ⅰ）率爾心（aupanipātikaṃ cittam）。対象に対して突如として起こる心。一つの認識が成立する過程の最初の心。率爾堕心ともいう。（ⅱ）尋求心（paryeṣakaṃ cittam）。対象が何かと追求する心。（ⅲ）決定心（niścitaṃ cittam）。対象が何であるかとはっきりと知覚する心。（ⅳ）染浄心（saṃkleśa-vyavadānaṃ cittam）。知覚された対象に対して思いを付与して対象を善（浄）か悪（染）に色付けする心。（ⅴ）等流心（naiṣyandikaṃ cittam）。善か悪かに色付けした心が持続すること。
（参考）（『瑜伽』1、大正30・280a）：（『述記』1本、大正43・231a～b）：（『義林章』1、大正45・255c以下）

五神通　ごじんつう　五通ともいう。五つの人知を超えた超能力。神足通・天眼通・天耳通・他心通・宿命通の五つ。これに漏尽通を加えて六神通とする場合もある。→六神通
Ⓢ pañca-abhijñā

五塵　ごじん　眼識・耳識・鼻識・舌識・身識の五つの識の対象である色・声・香・味・触の五つ。欲望の対象となって心を汚すから塵に喩えて五塵という。五境・五妙欲ともいう。

五衰相　ごすいそう　天界に住む諸の天が天界から没しようとするときに生じる五つの衰えたありよう。次のような小の衰相と大の衰相とがある。（Ⅰ）小の衰相。（ⅰ）歩くと衣服や身につけている装飾具から心地よくない音がでる。（ⅱ）身体から発する光明が弱くなる。（ⅲ）沐浴をすると水滴が身体につく。（ⅳ）心が一つの対象に滞ってしまう。（ⅴ）数多く瞬きをする。（Ⅱ）大の衰相。（ⅰ）衣服が汚くなる。（ⅱ）花冠がしぼんでしまう。（ⅲ）両腋より汗が流れる。（ⅳ）身体が臭う。（ⅴ）自分の座（本座）にすわることを楽しまない。
（参考）（『婆沙』70、大正27・365a～b）：（『倶舎』10、大正29・56c）：（『瑜伽』4、大正30・297c）

五善巧　ごぜんぎょう　蘊善巧・界善巧・処善巧・縁起善巧・処非処善巧・蘊善巧の五つ。→各項参照　→善巧②
（参考）（『瑜伽』27、大正30・433c）

五相似法　ごそうじほう　五同法とおなじ。→五同法

五蔵　ごぞう　五つの蔵（piṭaka）。『義林章』によれば、大衆部の経・律・論・咒禁・雑、犢子部の過去・現在・未来・無為・不可説、成実宗の経・律・論・雑・菩薩、法蔵部の経・律・論・咒・菩薩、などの異説があ

る。
（参考）（『義林章』2、大正 45・271b）

五体帰誠　ごたいきじょう　→五体投地

五体投地　ごたいとうじ　右膝・左膝・右手・左手・頭頂の五つを地につけてひれ伏す礼法。九種の敬儀の一つ。五体帰誠・五輪帰命・五輪倶屈とおなじ。→敬儀

五大　ごだい　サーンキヤ学派（数論）の説く二十五諦の一群。地・水・火・風・空の五つの構成要素。
（出典）五大者、謂、地・水・火・風・空。（『述記』1末、大正 43・252c）

五大河　ごだいか　贍部洲にある殑伽・閻母那・薩落瑜・阿氏羅筏底・莫醯の五つの河。殑伽河は四大河の一つで本流、閻母那以下はその本流の支流で、合わせて五大河という。
（参考）（『婆沙』5、大正 27・21c）

五大樹　ごだいじゅ　五つの大きな樹。建折那・劫臂怛羅・阿湿縛健陀・鄔曇跋羅・諾瞿陀の五つ。枝が大きく他の小さな木の枝を覆って破壊し倒して花や果が生じることをさまたげることから、五蓋が心を覆う喩えに用いられる。
（参考）（『婆沙』48、大正 27・249c）

五知根　ごちこん　サーンキヤ学派（数論）が説く二十五諦の一群。眼・耳・鼻・舌・皮の五つの感覚器官。
（出典）五知根者、謂、眼・耳・鼻・舌・皮。（『述記』1末、大正 43・253a）

五通　ごつう　→五神通

五同縁意識　ごどうえんいしき　→意識

五同法　ごどうほう　五相似法ともいう。五識と相似する第六意識のこと。意識も五識とおなじく倶有依（同時に存在して生起せしめるよりどころ）を有するという点で同じく相似しているから意識を五同法あるいは五相似法という。意識の倶有依として染汚意（末那識）が存在しなければならないとして、染汚意の存在証明をするなかで五同法という概念が用いられる。
（出典）五同法者、第六意識、与五識身、有相似法。彼有五根、阿頼耶識為倶有依、此亦如是、有染汚意。（『摂論釈・世』1、大正 31・326a）

五比丘　ごびく　→五苾芻

五苾芻　ごびっしゅ　旧訳で五比丘ともいう。釈尊と共に修行した五人の修行者。後に釈尊が成道して鹿野苑で初めて教えを説いたときに教化を受けた五人の修行僧をいう。五人の名称には異説がある。『四分律』によれば、阿若憍陳那（kauṇḍinya）・阿説示（aśvajit）・摩訶男（mahānāman）・婆提（bhadrika）・婆敷（vāṣpa）の五人。『中本起経』では、婆敷のかわりに十力迦葉（daśabalakāśyapa）が、『仏所行讃』では摩訶男のかわりに十力迦葉があげられている。
「仏、初めて法輪を転ずる時、憍陳那等の五人の苾芻は無我の理を証す」

五篇　ごひん　五犯聚ともいう。苾芻（比丘）の二百五十戒、苾芻尼（比丘尼）の三百四十一戒を次の五群に分類したもの。波羅夷（pārājikā）・僧伽波尸沙（saṃghāvaśeṣa 僧残ともいう）・波逸提（pāyattika）・波羅提提舎尼（pratideśanīya）・突吉羅（duṣkṛta）の五つ。波逸堤は波逸底迦ともいう。
（参考）（『同学鈔』63、大正 66・555a）

五怖畏　ごふい　五畏とおなじ。→五畏

五部　ごぶ　煩悩の五種の群。煩悩は大きく真理（諦）を見ることによって断じられる群（見所断）と、その後の修行によって断じられる群（修所断）とに大別されるが、前者をさらに苦諦・集諦・滅諦・道諦を見ることによって断ぜられる 四つの群に分けて全部で五群とする。
（出典）五部者、謂、見苦所断、見集滅道、及修所断。（『婆沙』55、大正 27・286b）：部、謂、見四諦、修所断五部。（『倶舎』19、大正 29・99b）

五分法身　ごぶんほっしん　学ぶべきことがなくなった聖者（無学）が有する五つの功徳法（戒・定・慧・解脱・解脱知見）の集まり。

五遍行　ごへんぎょう　八識（眼識・耳識・鼻識・舌識・身識・意識・末那識・阿頼耶識）のすべてと共に働く五つの細かい心作用（心所）。触・作意・受・想・思の五つをいう。→五位百法　→心所

五法　ごほう　①五位とおなじ。→五位①
②五事とおなじ。→五事①

五法蔵　ごほうぞう　五つの法蔵。知るべきもの（所知。原語 jñeya を音写して爾焔ともいう）を過去・現在・未来・無為・不可説の五種のグループに分ける犢子部が説く分類

法。第五の不可説に非即非離蘊の我がおさめられる。→非即非離蘊
（参考）（『俱舎』29、大正29・153b）

五品心所　ごほんしんじょ　〈俱舎〉で説く、心所（細かい心作用）を大地法・大善地法・大煩悩地法・大不善地法・小煩悩地法の五つにわける分類法をいう。→各項参照

五犯聚　ごほんしゅう　→五篇「別解脱契経とは、謂く、是のなかに於て五犯聚と及び五犯聚を出ずるに依って過を説けり」

五味　ごみ　牛乳を醸す過程でできる五つ（乳・酪・生酥・熟酥・醍醐）の味。乳（kṣīra）は生（なま）の乳、酪（dadhi）はヨーグルト、生酥（nava-nīta）は新鮮なバター、熟酥（sarpis）は熟成したバター、醍醐（maṇḍa）は牛乳を醸してできる最高の味のもの。このなかの最高の味を醍醐味という。

五妙欲　ごみょうよく　五つの妙欲。眼識・耳識・鼻識・舌識・身識の五識の対象である色・声・香・味・触の五つ（五境）は、妙なるものと考えられて欲望の対象となることから、これら五つをまとめて五妙欲という。また心を汚すから五塵ともいう。五欲・妙五欲ともいう。→五境「心が外の五妙欲の境に遊渉して随散し随流するを外散という」
Ⓢ pañca kāma-guṇāḥ

五明　ごみょう　→五明処

五明処　ごみょうしょ　五明ともいう。菩薩が正法（正しい教え）を求めようとするときに対象とすべき五つの学問領域。内明処・因明処・声明処・医方明処・工業明処の五つ。内明処とは仏教のこと。教を内と外とにわけ、仏教以外の外道の教えを外教、仏教を内教すなわち内明という。因明処とは論理学。声明処とは文法学。医方明処とは医学。工業（工巧）明処とは工業・農業・商業などの世間の営み。菩薩は一切の知るべきもの（一切所知）をさとることを目的とするが、その一切の知るべき対象が五明処である。また五明処は世間（世俗諦）の事柄であるが、五明処を学ぶことによって最終的には超世間的な真理（真如）をさとることになる。これら五つを学ぶ目的は、内明は自己が覚悟するため、因明は外道の邪見を伏するため、声明は他人を信ぜしめんがため、医方明は人びとの病苦を治すため、工業明は人びとを救済する技術などの智慧を与えるためである。Ⓢ pañca-vidyā-sthāna
（出典）云何菩薩自性慧。謂、能悟入一切所知、及已悟入一切所知、簡択諸法、普縁一切五明処転。（『瑜伽』43、大正30・528c）：如実了知世俗諦義、謂、於五明処。如実了知勝義諦義、謂、七真如。（『解深』4、大正16・706c）
（参考）（『明灯抄』1本、大正68・205c〜206a）

五無学蘊　ごむがくうん　すべてを学び尽くし、もはや学ぶことがなくなった聖者（無学）を構成する五つの要素。戒蘊・定蘊・慧蘊・解脱蘊・解脱知見蘊の五つ。→各項参照

五無間　ごむけん　→五無間業

五無間業　ごむけんごう　害父（父を殺害する）・害母（母を殺害する）・害阿羅漢（阿羅漢を殺害する）・破和合僧（教団を破壊する）・出仏身血（仏の身体を傷つけて出血させる）の五つの行為。無間には、業とその果との中間に他の業や生が介在しない、という意味と、この業を造った人は生を隔てることなく次の生でかならず地獄に生まれる、という意味の二つの意味がある。五無間と略称。五逆・五逆罪・五逆業ともいう。Ⓢ pañca ānantaryāṇi karmāṇi
（参考）（『俱舎』17、大正29・92b〜c）：（『略纂』4、大正43・50a以下）

五無取蘊　ごむしゅうん　取とは煩悩のこと。蘊とは生きもの（有情）を構成する五つの要素（五蘊）。煩悩の滅した聖者の五蘊を五無取蘊という。五取蘊の対。→五取蘊

五無量　ごむりょう　その数や量が無量無辺である有情界無量・世界無量・法界無量・所調伏界無量・調伏方便界無量の五つをいう。→各項参照
（参考）（『瑜伽』46、大正30・548a〜b）

五唯　ごゆい　サーンキヤ学派（数論）が説く二十五諦の一群。声・触・色・味・香の五つの感覚対象をいう。
（出典）五唯者、謂、声・触・色・味・香。（『述記』1末、大正43・252c）

五唯識　ごゆいしき　→五種唯識

五欲　ごよく　五妙欲とおなじ。→五妙欲

五楽　ごらく　①因楽・受楽・苦対治楽・受断楽・無悩害楽の五つの楽。→各項参照
Ⓢ pañca-vidhaṃ sukham

（参考）（『瑜伽』35、大正 30・483b～c）
②「ごがく」と読む。五種類の音響の分類。五種類はさらに「人間の身体動作と同時に起こる響き」と「楽器の響き」との二つに分かれ、全部で次の十種となる。前者としては、（ⅰ）舞と同時に起こる響き、（ⅱ）合唱と同時に起こる響き、（ⅲ）楽器の吹奏と同時に起こる響き、（ⅳ）女性と同時に起こる響き、（ⅴ）男性と同時に起こる響き、の五種があり、後者としては、（ⅰ）法螺貝を吹いた時の響き、（ⅱ）鎌形太鼓を叩く時の響き、（ⅲ）半月型の太鼓を叩く時の響き、（ⅳ）小太鼓を叩く時の響き、（ⅴ）大太鼓を叩く時の響き、の五種がある。Ⓢ pañca-aṅga-tūrya
（出典）或立十種声。謂、五楽所摂声。此復云何。一舞倶行声、二歌倶行声、三絃管倶行声、四女倶行声、五男倶行声、六螺倶行声、七腰等鼓倶行声、八岡等鼓倶行声、九都曇等鼓倶行声、十俳叫声。（『瑜伽』3、大正 30・293a）
（参考）『婆沙論』にある「云何が一時に五楽の声と多人の誦する声とを聞くや」（『婆沙』13、大正 27・64c）、「五楽を拊奏する音声を聞く」（『婆沙』118、大正 27・613b）のなかの五楽は、②のなかの法螺貝・鎌形太鼓・半月型の太鼓・小太鼓・大太鼓の五種の楽器をいうのであろう。

五力 ごりき ①信力・精進力・念力・定力・慧力の五つの力。さとり（菩提）に導く五つの力。三十七菩提分法の一群。→三十七菩提分法
②善尸羅力・善朋友力・無弊悋力・可委信力・法力の五つの力。吉祥（めでたいこと。よいこと）を生じる五つの力。
（参考）（『瑜伽』57、大正 30・618a）
③加行力・意楽力・開暁力・正智力・質直力の五つの力。毘奈耶（いましめ・戒律）によって勤め学ぶ苾芻が身につける五つの力。
（参考）（『瑜伽』100、大正 30・877b）

五輪 ごりん 右膝・左膝・右手・左手・頭頂の五つ。Ⓢ pañca-maṇḍala

五輪帰命 ごりんきみょう 五体投地とおなじ。→五体投地
Ⓢ pañca-maṇḍala-praṇāma

五輪倶屈 ごりんぐくつ 五体投地とおなじ。→五体投地

互 ご たがいに。相互に。「諸の外道は互いに諍論を興して断見を起こす」「色と識とは互いに縁と為る」 Ⓢ anyonya

互違 ごい ①互いに相違していること。「惛沈と掉挙との行相は互違せり」
②不均等であること。調和がとれていないこと。身体を構成する地・水・火・風の四つの要素の調和した状態がくずれて乱れること。病気になる原因。互相違・互相違反ともいう。「四大種の互違に由って疾病あり」
Ⓢ vaiṣamya

互相 ごそう 互いに。相互に。「段食の麁細を互相に観待して了知す」「共に違諍を興して互相に悩害す」 Ⓢ anyonya

互相違 ごそうい ①互いに相違していること。「香・味・触などは異相にして互いに相違せり」「黒と白とは互いに相違せり」
Ⓢ anyonya-virodha
②不均等であること。調和がとれていないこと。身体を構成する地・水・火・風の四つの要素の調和した状態がくずれて乱れること。互違・互相違反ともいう。「諸界の互相違」
Ⓢ vaiṣamika

互相違反 ごそういはん 身体を構成する地・水・火・風の四つの要素、あるいは痰・風・熱の三つの要素の調和した状態がくずれて乱れること。それによって病気となる。「諸界が互相違反して能く損害を為す」「身内の風・熱・痰の界が互相違反し大種が乖適して心狂を致す」 Ⓢ vaiṣamika

互相因 ごそういん 二つのものが互いに原因となること。「識と境とは互相因となって生ず」 Ⓢ anyonya-hetuka

互相無 ごそうむ 二つのものの相互の関係で、一方のなかに他方が存在しないという意味での無をいう。たとえばある人のなかに他の人の性格が無いという意味での無をいう。あるいは二つのものが結合することができないという意味での無をいう。たとえば水と油とが混合することは無いという意味での無をいう。無法すなわち五つの存在しないもの（未生無・已滅無・互相無・勝義無・畢竟無）の一つ。
（参考）（『瑜伽』16、大正 30・362c）

互影顕 ごようけん 影略互顕とおなじ。→影略互顕

牛 ご うし。「務農者は田園や牛・羊など

の畜を追求す」 Ⓢ ārṣabha: go

牛王 ごおう 牛の王。強力な牛。仏の喩えとして用いられる。「牛王睫相とは、仏の眼睫の安布は善好にして、猶し牛王の如きを謂う」「仏は是れ大衆を御すが故に人中の牛王なり」 Ⓢ vṛṣabha

牛王睫相 ごおうしょうそう 偉大な人間に具わる三十二種の身体的特徴の一つ。→三十二大丈夫相

牛戒 ごかい 牛のまねをし、糞などを食べ、野外で生活をすることによって生天しようとするいましめ。外道のいましめの一つ。「外道あり、牛戒を持して計して清浄と為す」 Ⓢ go-vrata: go-śīla

牛貨洲 ごけしゅう 四つの大陸（四大洲）の一つ。そこの住民は牛を貿易するからこの名がある。西に位置するから西牛貨洲ともいう。原語 godānīya を音写して瞿陀尼洲・倶陀尼洲ともいう。→瞿陀尼洲 Ⓢ godānīya-dvīpa

（出典）西牛貨洲、円如満月。径二千五百、周囲七千半。（『倶舎』11、大正 29・58a）

牛糞 ごふん 乾いた牛のふん。乾草・乾薪などとともに火を生じる材料として、あるいは家などの壁を塗る材料として使用される。乾を付けて乾牛糞ともいう。「日光及び牛糞の末などに縁って火生じることあり」「牛糞を以って其の房を塗る」 Ⓢ gomaya

牛糞末 ごふんまつ 牛のふんの粉末。燃料に使う。→牛糞 Ⓢ gomaya-cūrṇa

牛毛塵 ごもうじん 長さの単位の一つ。「七の羊毛塵を積みて一の牛毛塵と為す」 Ⓢ go-rajas

（参考）（『婆沙』136、大正 27・702a）:（『倶舎』12、大正 29・62b）

後 ご ①あと。あとの。あとに。最後。「前と後とが相違す」「此れ従り後に」

Ⓢ anta: apara: aparam: uttara: uttaratra: ūrdhvam: pareṇa: paścāt: paścima

②今生の後の生。後世。来世。「命終わりて後に業果を受ける」 Ⓢ apara-paryāya: āyati

後有 ごう 来世の生存。再び生まれること。当有・当生ともいう。「後法の身命を顧恋するを依止と為すが故に後有に於て悕求愛を生ず」 Ⓢ punar-bhava

後有愛 ごうあい 再び生まれることへの愛着。有愛（bhava-tṛṣṇā）とおなじ。「後有愛に由るが故に、能く当来の生などの衆苦を感ず」 Ⓢ paunar-bhavikī tṛṣṇā

後有菩薩 ごうぼさつ 最後有菩薩とおなじ。→最後有菩薩

後行 ごぎょう 後に行くもの。つぎつぎと生じては滅していく心の活動（作意）の流れのなかで、一刹那前に滅した過去の作意を前行といい、その前行を認識する新たに生じた現在の作意を後行という。前行の対。「住に坐を観じ、坐に臥を観ず。或いは後行に在りて前行を観ず。此れ則ち毘鉢舎那行を以って三世の縁生の諸行を観察するを顕示す。若し復た説いて、或いは後行に在りて前行を観察すと言うは、此れ則ち現在の作意を以って無間滅の現行の作意を観ずるを顕示す。所以は何ん、若しくは已に生起して無間に謝滅する所取の作意を説いて前行と名づけ、若しくは此の無間に新新に生起する能取の作意が前の無間に已に謝滅する者を取るを説いて後行と名づくればなり」（『瑜伽』28、大正 30・439c） Ⓢ pṛṣṭhato yāyin

（参考）（『瑜伽』11、大正 30・334c）

後句 ごく ①二つの句によって成立する文における後の句。たとえば「諸行無常・有起尽法」のなかの有起尽法をいう。この場合、後句の有起尽法によって前句の諸行無常の内容が説明され、その意味がはっきりと成立するから前句を所成句、後句を能成句という。

②頌文のなかで二十六字からなる文句をいう。

（出典）従六字乃至二十六字、皆得為句。然六字者名為初句、二十六字者名為後句。減六字者名短句。過二十六字者名長句。（『婆沙』14、大正 27・71b）

後後 ごご あとあと。後に連続して起こるものの前に付せられる形容詞。「起こすところの善業は後後の刹那にうたた増盛す」「無明支より乃至有支は展転して後後の相続を引発す」 Ⓢ uttara-uttara

後済 ごさい 来世における救済。今世以後の世において救われること。現済の対。「利楽の利とは利益にして、是れ後済を謂う」

後際 ごさい 未来世。次の生。三際（前際・中際・後際）の一つ。→三際「如何が有情の後際の愚惑なるや。謂く、後際に於て是の如き疑を生ず。我れは未来世に於て当有な

りとせんや、非有なりとせんや、何等の我れが当有なるや、云何の我れが当有なるやと」「後際を計度して未来世に依って妄計して、我れに於て有無と為す」 Ⓢ apara-anta

後際空 ごさいくう 未来世は非存在であるということ。前際空（過去世の非存在）と中際空（現在世の非存在）とともに〈説一切有部〉の三世実有説を論破するための考え。七種の空（後際空・前際空・中際空・常空・我空・受者空・作者空）の一つ。
（参考）（『瑜伽』92、大正 30・826b）

後受 ごじゅ 現世に業を作って次の世以後にその果を受けること。業の三種の受け方（現受・後受・生受）の一つ。後所受・順後受とおなじ。→順後受業 Ⓢ apara-paryāya-vedanīya: paścāt-vedanīya

後所受 ごしょじゅ 後受とおなじ。→後受

後所得世間慧 ごしょとくせけんえ 後得世間智とおなじ。→後得世間智

後所得世俗智 ごしょとくせぞくち 後得世間智とおなじ。→後得世間智

後生 ごしょう ①今生の後の生。未来世の生存。未来世に生まれること。「貪などの煩悩は能く後生を招く」「前生の不善の五蘊は後生の不善の五蘊のための因と為る」
Ⓢ uttara: paścāt-kāla-ja
②時間的に後に生じること、あるいはそのようなもの。前生の対。「前生の心聚は後生の心聚のために等無間縁と作る」

後身 ごしん ①今世の後の世における身。「今身は何が故に後身を引かずや」
②最後身とおなじ。→最後身

後身菩薩 ごしんぼさつ 最後身菩薩とおなじ。→最後身菩薩

後世 ごせ 今世の後の世。未来世・来世ともいう。「前世より今世が生ずることを得、今世は復た能く後世を生じ、有情は三世に連続す」 Ⓢ amutra: abhisaṃparāya: āyati: para-loka: saṃparāya: sāṃparāyika

後善 ごぜん 正しい教え（正法）の三つの善いこと（初善・中善・後善）の一つ。正法にしたがって実践して一切の汚れや欲を除去すること。
（出典）後善者、謂、極究竟離諸垢故、及一切究竟離欲為後辺故。（『瑜伽』83、大正 30・763b）

後得世間智 ごとくせけんち 真理（諦・真如）を見る出世間の智の後に得られる世間の智。後得世俗智・後所得世間智・後所得世俗智とおなじ。後得智とも略称する。
Ⓢ pṛṣṭha-labdha-laukika-jñāna

後得世俗智 ごとくせぞくち 後得世間智とおなじ。→後得世間智

後得智 ごとくち 後得世間智とおなじ。→後得世間智

後得無分別慧 ごとくむふんべつえ 後得無分別智とおなじ。→後得無分別智

後得無分別智 ごとくむふんべっち 三種の無分別智（加行無分別智・根本無分別智・後得無分別智）の一つ。根本無分別智（一切の障害から解脱して真理を見る智慧）の後に得る無分別智。真理をさとった後に再び世間にもどり、世事のけがれに染まることなく人びとの救済のために努力する菩薩の智慧。後得無分別慧ともいう。
Ⓢ pṛṣṭha-labdha-nirvikalpa-jñāna

後日分 ごにちぶん 日後分ともいう。昼の時間帯を初日分・中日分・後日分の三つに分けたなかの最後の時間帯。「或いは初日分、或いは中日分、或いは後日分に、自らの尸羅を三時に観察して、若し犯なきを見れば、便ち歓喜を生ず」 Ⓢ paścima-āhna-samaya

後分 ごぶん 一日を昼と夜との二つに分け、さらにそれぞれを初分・中分・後分の三つに分けるうちの、それぞれの最後の時間帯を後分（日後分・夜後分）という。→日後分 →夜後分「日と夜の初分と後分に於て常に覚悟し、夜の中分に於て正に睡眠を習すべし」「夜の後分に至って速疾に覚寤して経行・宴坐す」 Ⓢ paścimo yāmaḥ

後辺 ごへん 連続してあるものの最後のもの。いちばん端っこ。「五十二の心所とは触などをいい、尋伺を後辺と為す」 Ⓢ anta

後辺依 ごへんえ 次の生において涅槃に入り、再び生まれてこない最後の身体を形成する五蘊。「後辺依に依って諸の阿羅漢は最後身を任持す」

後辺身 ごへんじん 次の生において涅槃に入り、再び生まれてこない最後の身体。「最後の自体を後辺身と名づく。永く因縁を断じて復た更に当来の生死を受けず」（『婆沙』33、大正 27・173b）

後法 ごほう 今世の後の世。未来世。来世。今世を現法というのに対する。

Ⓢ abhisaṃparāya: saṃparāya: sāṃparāyika

後法安楽　ごほうあんらく　来世における安楽。後法楽ともいう。現法安楽の対。
Ⓢ saṃparāya-sukhita

後法楽　ごほうらく　→後法安楽

後法楽住　ごほうらくじゅ　来世において安楽な状態に住すること。

後法利益　ごほうりやく　来世における利益。現世の後の世において獲得するよきこと。現法利益の対。

後夜分　ごやぶん　夜後分ともいう。夜を初夜分・中夜分・後夜分の三つに分けるなかの最後の時間帯。「中夜分に於て右脇して臥し、後夜分に於て疾疾して還起して経行・宴坐す」 Ⓢ apara-rātra

後益　ごやく　来世における利益。今世以後の世において獲得するよきこと。現益の対。「或いは現益を利と名づけ、後益を楽と名づく」

娯楽　ごらく　楽しむこと。遊ぶこと。「種種の俳優・歌舞を以って自ら娯楽す」「三十三天は天の五妙欲を以って共に相い娯楽す」
Ⓢ upalāḍana: **krīḍ**

悟　ご　①真理をさとること。さとりを開くこと。「真如を悟って涅槃を証す」「無上正等菩提を悟る」 Ⓢ anugata: abhisam-**budh**: **budh**
②理解すること。知ること。「如来の所説は甚深にして悟り難し」「是の如きの句義は甚だ悟り難し」

悟解　ごげ　理解すること。さとること。「正理を開示して諸の愚癡をして種種の法に於て悟解を得せしむ」「正法を聴聞して皆な悟解を得る」「長老阿若憍陳は世尊より正法を聞き已りて最初に四聖諦法を悟解す」「甚深の法教を悟解す」 Ⓢ ā-**jñā**

悟道　ごどう　真理をさとること。さとりを開くこと。「師を待たずして自ら悟道するを独覚と言う」 Ⓢ prtibuddha

悟入　ごにゅう　さとること。深く理解すること。真理をさとること。「詁訓・言音・文句の差別に悟入す」「空性に悟入す」「不可思議諦に悟入す」「縁起に悟入す」「唯識に悟入す」 Ⓢ anupraveśa: avakrānti: avatāra: avatīrṇa: **tṝ**: pra-**viś**: praveśa

御　ご　①治めること。統率すること。人びとを教え導き統御すること。詳しくは管御・匡御・摂御などという。「徒衆を御す」「大衆を御す」「衆を御す」 Ⓢ parikarṣaṇa
②馬や象や乗り物を操ること。「聖教を摂受し、聖教の船を御し、恒に四衆を巡りて教授・教誡す」

御衆　ごしゅ　人びとを教え導き統御すること。御大衆・御徒衆とおなじ。「御衆の業とは、内証に依止するが故に所化有情を教授し教誡するを謂う」 Ⓢ gaṇa-parikarṣaṇa

御大衆　ごだいしゅ　→御衆

御徒衆　ごとしゅ　→御衆

期　ご　①期間。とき。「生死輪転、未だ尽きる期なし」「要する期は七日なり」
②あてにする、期待すること。前もって決めること。「常に乞食を期して次第に乞食す」

期願　ごがん　願い。願うこと。「勝れたる期願を発す」「常に期願して迫露にして覆障なき処に住す」

期心　ごしん　期待する、あてにすること。欲する、願うこと。「欲を期心し欲を希望す」「長夜に期心して梵世を希求す」 Ⓢ śaya

寤　ご　覚醒すること。目をさましていること。起きていること。「常に静慮して夜分中に於て少なく眠し多く寤す」 Ⓢ **jāgṛ**: prati-**budh**: matta

語　ご　語る、話すこと、あるいは、語られた言葉、言説。なんらかの意味をもった音声。「仏は如時に如理に如量に、寂静にして質直に語る」「義を尋思するが故に語の義を覚す」「語は名に於て転じ、名は義に於て転ず」「語が名を発し、名が能く義を顕す」
Ⓢ pralāpa: **bhāṣ**: bhāṣita: vacana: vacas: vākya: vāc: vādita
（出典）語、謂、語言。音声為性、語体即業、名為語業、持業釈也。此能表了所欲説義故、名為語表、故名語也。或復、語者、字等所依。由帯字等能詮表故、名之為語。（『述記』2本、大正 43・274b～c）
（参考）種類として、応時語・応理語・応量語・寂静語・正直語の五種が説かれる（『瑜伽』97、大正 30・855c）。→各項参照

語悪行　ごあくぎょう　言葉を発することにおける悪い行為。十種の根本的な行為の領域（十業道）にかぎれば、偽りの言葉（虚誑語）と告げ口（離間語）と粗暴な言葉（麁悪語）と媚びた言葉（雑穢語）をいう。
（出典）一切不善身語意業。如次、名身語意

悪行。(『倶舎』16、大正 29・84b):三悪行者、謂、身悪行・語悪行・意悪行。(中略)何者語悪行。謂、虚誑語・離間語・麁悪語・雑穢語。(中略)応知、此中世尊、唯説根本業道所摂悪行。(『婆沙』112、大正 27・578a)

語因依処 ごいんえしょ →因依処

語依処 ごえしょ 語因依処とおなじ。→語因依処

語過 ごか 語失とおなじ。語の過失。過失のある言葉。虚誑語(妄語)・離間語・麁悪語・雑穢語(綺語)の四つ。Ⓢ vāk-doṣa

(参考)(『瑜伽』47、大正 30・550a)

語行 ごぎょう 言葉の働き、活動。語業のこと。語業に尋伺(なにかと追求するこころ)を加える説もある(『瑜伽論』)。三つの行(身行・語行・意行)の一つ。語言行ともいう。→語業 Ⓢ vāk-saṃskāra

(出典)語行云何。謂、語業。(『瑜伽』9、大正 30・323a):尋伺与諸語業倶、名語行。(『瑜伽』56、大正 30・612b)

語工円満 ごくえんまん 語具円満とおなじ。→語具円満

語具 ごぐ 語(言葉)を生じる口や舌などの器官。サーンキヤ学派(数論)は口や舌などを、働きを作す五つの身体的器官(五作根)の一つに数える。Ⓢ vāc

(出典)語具、謂、語所須口舌等是。(『述記』1末、大正 43・253a)

(参考)(『倶舎』3、大正 29・14a)

語具円満 ごぐえんまん 言葉を語ることが完成されていること。完全に種々のすぐれた言葉を発することができる状態。語工円満ともいう。Ⓢ vāk-karaṇa-upeta

(出典)云何名為語具円満。謂、彼成就最上首語極美妙語甚顕了語易悟解語楽欲聞語無違逆語無所依語無辺際語、如是名為語具円満。(『瑜伽』25、大正 30・417c)

語護 ごご 自らを苦しめる修行(自苦行)における三種のいましめ(身護・語護・意護)の一つ。言葉を語ることなく無言でいるといういましめを守ること。邪行の一つ。Ⓢ vāk-saṃvara

(出典)語護者、謂、彼受持黙無言禁。(『瑜伽』89、大正 30・806b)

語業 ごごう 言葉の行為。語る行為。三業(身業・語業・意業)の一つ。〈唯識〉は三業すべての本質を思(意志)とみなす立場より、語業の本体を第六意識と相応する、言葉を発しようとする思の心所に求める。口業ともいう。Ⓢ vāk-karman

(出典)能発語思、説名語業。(『成論』1、大正 31・4c):語者、字等所依。由帯字等能詮表故、名之為語。実業即思。発語之業、亦依士釈。(『述記』2本、大正 43・274b〜c)

語言 ごごん 語ること、あるいは語られた言葉。「他、来りて親附に語言し談論す」「如来所説の密意の語言」「語言に楽著し睡眠に楽著す」「能く無義を引く思惟分別が発するところの語言を戯論と名づく」「語言は常に柔軟にして麁獷あることなし」 Ⓢ ā-**lap**: ālapana: kathā: bhāṣita: bhāṣya: vacana: vada: vākya: vāc: vyavahāra

(参考)諸仏の語言には有情事・受用事・生起事・安住事・染浄事・六差別事・説者事・所説事・衆会事の九つ事がある。(『瑜伽』3、大正 30・294a)

語言行 ごごんぎょう 語行とおなじ。→語行

語言相違 ごごんそうい 論書において論の内容が前後において相違していること。六種の相違(語言相違・道理相違・生起相違・同処相違・怨敵相違・障治相違)の一つ。語相違ともいう。Ⓢ vāk-virodha

(出典)語言相違、謂、有一類、或諸沙門、或婆羅門所造諸論、前後相違。(『瑜伽』38、大正 30・501a〜b)

語言道 ごごんどう 言葉の働き。言語活動。言葉が通じる領域。言道・名言道ともいう。「諸法の自性は皆な戯論を絶し、語言道を過ぐ」

語失 ごしつ 語過とおなじ。語の過失。過失のある言葉。虚誑語(妄語)・離間語・麁悪語・雑穢語(綺語)の四つ。語徳の対。Ⓢ vāk-doṣa

(出典)略有四種語失。一不実、二乖離、三毀徳、四無義。(『瑜伽』14、大正 30・351c):四種語失者、謂、虚誑・離間・麁悪・雑穢。(『略纂』6、大正 43・90c)

語相違 ごそうい 語言相違とおなじ。→語言相違

語徳 ごとく 虚誑語(妄語)・離間語・麁悪語・雑穢語(綺語)でない、徳のある言葉。語失の対。→語失 Ⓢ vāk-guṇa

語表業 ごひょうごう 具体的に行為となって表れ、他者に認知される言語的行為。三種の表業（身表業・語表業・意表業）の一つ。
Ⓢ vāk-vijñapti
（出典）唯有語音、名語表業。（『瑜伽』53、大正 30・589b）：語表業体、謂、即言声。（『倶舎』13、大正 29・68c）

語牟尼 ごむに 三牟尼（身牟尼・語牟尼・意牟尼）の一つ。→牟尼②

語律儀 ごりつぎ 言語的な悪を防ぐいましめ。言葉に関するいましめ。無学の三種の戒蘊（身律儀・語律儀・命清浄）の一つ。八正道のなかの正語をいう。
Ⓢ vācā saṃvaraḥ
（出典）云何無学戒蘊。答、無学身律儀・語律儀・命清浄。謂、契経説無学支中（中略）正語即此中語律儀。（『婆沙』33、大正 27・171c）

誤 ご あやまち。あやまる、まちがう、失敗すること。「若し父母に於て殺の加行を起こして、誤って余人を殺さば、無間罪なし」「疏に云う十二の二の字は誤なり」
Ⓢ chala: bhrānti

誤失 ごしつ あやまり。過失。失敗。「菩薩は一切の誤失と一切の違犯とを至誠に発露す」「大衆に処して正法を説くとき、心に怯劣なく、辯に誤失なし」 Ⓢ skhalita

誤犯 ごぼん あやまりを犯すこと。「誤犯し已って、即ち能く如法に悔除す」

護 ご ①まもる、保護する、守護すること。「世を護る転輪王などの極尊貴位を得る」
②（戒を）まもって、罪を犯す、煩悩を生じることなどを防護すること。「尸羅を護って軽罪を護る」「諸の煩悩を護る」
Ⓢ anurakṣa: anurākṣin: ārakṣa: ārakṣā: gupta: pālatva: **rakṣ**
（参考）種類として、命護・身護・身雑染護・正方便護の四種（『瑜伽』18、大正 30・379a）、命護・力護・心煩悩護・正方便護の四種（『瑜伽』14、大正 30・350c）が説かれる。

護根 ごこん 感覚器官（根）の働きを抑制・防護すること。詳しくは密護根門・守護根門・防護根門という。→密護根門「念と慧とは能く根を護るなり」 Ⓢ indriya-gupta

護持 ごじ まもり維持すること。「仏法を護持す」「諸学処を常に勤めて護持す」「経典を書写し護持す」 Ⓢ anupālanā: dhāraṇā: **dhṛ**: pratigupta: rakṣaṇa: saṃdhāraṇa

護念 ごねん 一心に念ずること。「常に十方の諸仏の為に護念す」 Ⓢ samanvā-**hṛ**

護法 ごほう ①仏法を護持すること。守護法ともいう。
②六種の阿羅漢（退法・思法・護法・安住法・堪達法・不動法）の一つ。獲得したさとりを自ら防護する阿羅漢。護法阿羅漢ともいう。→阿羅漢 Ⓢ anurakṣaṇā-dharman
（出典）阿羅漢有六種。一退法、二思法、三護法、四安住法、五堪達法、六不動法。此中（中略）護法者、謂、彼殷重守護解脱。（『婆沙』62、大正 27・319c）：言護法者、謂、於所得、喜自防護。（『倶舎』25、大正 29・129b）

護法阿羅漢 ごほうあらかん →護法②

護養 ごよう まもり養うこと。「衆同分を護養す」「定の資糧を護養す」 Ⓢ rakṣā-upacaya

口（こう）→く

工（こう）→く

孔（こう）→く

功（こう）→く

巧（こう）→ぎょう

広 こう 詳しいこと。略の対。「世尊は契経のなかに於て文は広に義は略に、伽他の中に於て義は広に文は略に顕示す」

広慧者 こうえしゃ 広くすぐれた智慧を有した者。「諸の菩薩は広慧者を知れば、為に深法を説く」 Ⓢ pṛthu-prajñā

広営事業 こうえいじごう 広事業とおなじ。→広事業

広音 こうおん 明瞭で美しい音声。「広音を具足するとは、仏・菩薩の説くところの化語は其の声、広大なるを謂う」
Ⓢ viśada-svara

広果 こうか 広果天のこと。→広果天

広果天 こうかてん 色界十七天の一つ。→色界十七天

広開 こうかい ①広く開くこと。さらに詳しく区別すること。「此の三種を広く開いて十と為す」
②広開示とおなじ。→広開示

広開示 こうかいじ 広く説き示すこと。詳しく説明すること。「此の阿毘達磨蔵の中に能く諸法を簡択する巧方便を広開示す」

Ⓢ vivaraṇatā: vistara-vibhāga

広義 こうぎ 広く詳しく説き示すこと、また、広く詳しく説き示された意味。略義の対。「聖教の広義を開顕す」
(参考)(『瑜伽』81、大正30・752c)

広顕智 こうけんち 詳しく細かく顕示された教えによって意味を理解することができる人。鈍根の人。広辯智ともいう。略開智の対。七種の所調伏界(教化されるべき人)の一つ。→略開智 Ⓢ vipañcita-jña
(参考)(『瑜伽』46、大正30・548b)

広散 こうさん 教えが広く拡散してしまったこと。「広散した義を略摂せんと欲するが故に論を造る」

広事業 こうじごう 広く事業を営むこと。広営事業ともいう。「広事業に依って財宝が具足す」

広釈 こうしゃく 詳しく解釈すること。広辯とおなじ。「此の菩薩地は一切の菩薩蔵の中の略標と広釈との諸門を顕示して摂す」
Ⓢ nirdeśa

広清浄施 こうしょうじょうせ →広大施

広長 こうじょう ①広さと長さ。「広長が其の度量に称う一つの地の方所に於て往来するを経行と言う」 Ⓢ vipula
②広いこと。「広長なる処に於ける集会」
③広く詳しいこと。「余の相を以って広長に説く」

広長舌相 こうじょうぜっそう 偉大な人間に具わる三十二種の身体的特徴の一つ。→三十二大丈夫相

広施 こうせ 広く布施すること。「殷重に広施するを常に舒手すると謂う」

広説 こうせつ 広く説き示すこと。詳しく述べること。「経に広説するが如し」「広説すれば前の如し」 Ⓢ iti vistaraḥ: iti vistareṇa: uktaṃ vistareṇa: viśālita: vistareṇa: vyāsatas

広多 こうた 多いこと。たくさんなこと。豊富なこと。「我が家に現に広多の財宝と広多の施物あり」 Ⓢ prabhūta: vipula

広大 こうだい ①(価値的に)広く大きなこと。非常に勝れていること。偉大なこと。「広大・甚深にして思議し難き法を開示す」「最勝・広大なる歓喜を獲得す」「菩薩は先に広大なる福徳資糧を集む」「広大な菩提を現前に等覚す」
Ⓢ atyudāra: udāra: pṛthu: mahat: vistīrṇa
②(量的に)広く大きなこと。広い範囲にわたること。「広大な供養」「広大な施」「広大な苦」「諸の菩薩が起こすところの憐愍は広大にして狭小に非ず」 Ⓢ udāra: udāratara: udāratva: audārya: mahat: vipula: vaipulya

広大意楽 こうだいいぎょう 六波羅蜜多を修することにおいて抱く六つの願い・意欲の一つ。永劫の時間にわたってあきることなく、施・戒・忍・精進・静慮・般若の六波羅蜜多を実践しようという広大な願いをいう。
(参考)(『摂論釈・世』7、大正31・356a～b)

広大果 こうだいか すぐれた大きな結果。「菩薩の諸の勝法には広大果あるが故に菩薩の威力を法威力と名づく」
Ⓢ mahā-phalatva

広大脅山 こうだいきょうせん 広博脇山とおなじ。→広博脇山

広大供養 こうだいくよう 十種の供養の一つ。種々の方法(設利羅供養・制多供養・現前供養・不現前供養・自作供養・教他供養・財敬供養)で供養することによって得た善根を無上正等菩提に迴向すること。→供養①
Ⓢ udāra-pūjā
(参考)(『瑜伽』44、大正30・534a)

広大見 こうだいけん 二十八種のまちがった見解(不正見)の一つ。→不正見

広大勝解 こうだいしょうげ 九種の勝解の一つ。→勝解②

広大施 こうだいせ 広大で汚れがなく清らかな布施。菩薩の十三種の布施のありようの一つ。広清浄施ともいう。 Ⓢ viśada-dānatā
(参考)(『瑜伽』39、大正30・509c)

広大施性 こうだいせしょう 広く手を差し伸べる菩薩の広大な布施のありようをいう。「諸の菩薩の広大施性と無染施性とを舒手恵施の自性と名づく」 Ⓢ udāra-dānatā

広大相 こうだいそう 六種の相の一つ。→相①

広大想 こうだいそう 六種の想の一つ。→想①

広大転 こうだいてん 転とは転依のこと。大乗の位における転依。声聞と独覚の下劣な転依にくらべて勝れて広大であるから広大転という。六種の転依の一つ。→転依
(参考)(『成論』10、大正31・54c)

広大風 こうだいふう 外界で吹く風のなか

の一つ。勢力の強い風。大風ともいう。→風①「外の風界に狭小風あり、広大風あり」 Ⓢ mahad-gatā vāyavaḥ

広破 こうは ①対立者の説や主張を広く詳しく論破すること。「彼の執が理に非ざることは後に当に広破すべし」
②広く破壊して除くこと。「菩薩蔵に相応する言説は、能く一切の障を広く破するが故に亦た広破と名づく」

広博 こうはく ①（面積が）広いこと、広大であること。「劫初の時には此の贍部洲は広博にして厳浄なり」
②（内容・分量が）広く多いこと。「三蔵の文義は甚だ広博なり」

広博戒 こうはくかい 学ぶべきことをすべて包括したいましめ。六種の戒（迴向戒・広博戒・無罪歓喜処戒・恒常戒・堅固戒・尸羅荘厳具相応戒）の一つ。「広く一切の所学処を摂めるが故に広博戒と謂う」 Ⓢ viśadaṃ śīlam
（参考）（『瑜伽』42、大正 30・522a）

広博脇山 こうはくきょうせん 王舎城の側にある山。非天（阿素洛）の脇のような形状をしていることから、この名が付けられた。広大脅山ともいう。
Ⓢ vipula-pārśvaḥ parvataḥ
（出典）広博脇山者、旧云毘富羅山、其形状、如非天脇也。（『略纂』4、大正 43・54c）

広分別 こうふんべつ 詳細に解釈すること。広く分析すること。「契経の義を広分別する為に此の論を作る」 Ⓢ pravibhāga: vibhāga: vistra-vibhāga: savistara-prabheda

広辯 こうべん 詳細に解釈すること。詳しく述べること。広釈・広辯釈ともいう。「契経に是の説を作すと雖も広辯せず。今、広辯する為に斯の論を作る」 Ⓢ pravistaraṇatā: vibhaṅga: vistara-vibhāga: vistareṇa

広辯釈 こうべんしゃく 広辯とおなじ。→広辯

広辯智 こうべんち 広顕智とおなじ。→広顕智

広名 こうみょう 十二種の名の一つ。多くの字からなる名。→名②
（出典）広名者、謂、多字名。（『瑜伽』81、大正 30・750a）

広略 こうりゃく 広説と略説。内容を広く詳しく説くことと簡略に説くこと。たとえば唯識説を『瑜伽論』は広説、『唯識二十論』は略説したもの。

弘（こう）→ぐ

亘娑鳥 こうさちょう 「はんさちょう」とも読む。雁の別名。古代インドでは白鳥、もしくはその他の水鳥、渡り鳥を指し、シヴァ神やヴィシュヌ神の標章であり、またバラモンの乗り物をも示すが、仏教では、『大唐西域記』巻第九にこの名を持つ鳥の窣堵波の由来が記述されている。仏の異名である雁王を象徴し、また西安にある玄奘の威徳を偲び建てられた大雁塔の由来にも通じる。 Ⓢ haṃsa
（参考）（『大唐西域記』9、大正 51・925b）

交 こう 「きょう」とも読む。以下の「交」の読みもこれに同ずる。①たがえること。交差すること。組み合わせること。「足を交えて坐す」
②まじわること。性交すること。交会とおなじ。「一切の婬事は必ず二形が交って方に息む」

交愛 こうあい 男女がたがいに愛し合うこと。「父母が交愛し和合す」 Ⓢ rakta

交会 こうえ 性交すること。男女がまじわること。「生処の父母の交会するを見る」
Ⓢ maithuna: vipratipatti
（出典）交会者、両両形交、身心疲損性。（『演秘』7本、大正 43・962b）

交往 こうおう 行き来すること。「しばしば語言し談論し交往するを親愛と名づく」

交議 こうぎ 言葉を交わし合うこと。「現見して交議す」

交婚 こうこん 結婚すること。「鄙賤の人の生ぜしところの男女は人皆な厭棄してともに交婚せず」

交渉 こうしょう たがいに関係し合うこと。「智と三摩地とは互相に交渉す」「根・境・識の三は互相に交渉す」 Ⓢ bhajana

交遊 こうゆう まじわり遊ぶこと。「城邑にて交遊し周旋す」「道俗と交遊し縦蕩す」

仰（こう）→ごう

光 こう ①ひかり。日光。眼の対象の一つ。→色境 Ⓢ ātapa
②（さまざまなものから発せられる）ひかり一般。「末尼は光を放って照曜す」「白衣の光」「日輪の光」 Ⓢ arcis: avabhāsa: ābhā: āloka: nirbhāsa: prabhā: prabhāsa: bhāsa

光音天 こうおんてん 色界の第二禅の第三

天。ここに住するものには言語がなく、定心より発する光（ābhā）が言葉（svara）の役目をするから光音天という。 Ⓢ ābhā-svara

光潔 こうけつ　ひかりきよらかなさま。「身心符順の想に由って身をして転転に光潔せしむ」 Ⓢ prabhāsvara

光浄 こうじょう　ひかりきよらかなさま。「仏の善説なる法毘奈耶に於て深心に愛楽する新学の苾芻の形色は極めて光浄にして、面貌は熙怡にして極く鮮潔なり」
Ⓢ prabhāsvara

光白 こうびゃく　しろ。輝く白色。「仏の眉間の毫相の色は光白なり」 Ⓢ śveta

光明 こうみょう　①具体的な光明。（太陽や火などから発せられる）ひかり。明るく輝くひかり。「日が雲より出ずる時、光明遍照するが如く、仏も亦た是の如し」「顕色とは光明などの差別なり」「諸天の身は光明を帯ぶ」「明灯は外に光明を発し、内に自らを照了す」 Ⓢ avabhāsa: ābhā: āloka
②象徴的な光明をも含んだ種々の光明。たとえば『瑜伽論』には治暗光明・法光明・依身光明の三種（『瑜伽』11、大正 30・330a）、法光明・義光明・奢摩他光明・毘鉢舎那光明の四種（『瑜伽』28、大正 30・437a）が説かれる。特に智慧が光明に喩えられ、外の太陽などの光明より勝れていることが強調される（『瑜伽』70、大正 30・684c）。
Ⓢ āloka: prabha: raśmi

光明想 こうみょうそう　心のなかに光り輝く世界を想念すること。眠るときに、あるいは心が沈んだときに、眠気をもよおしたときに、さらには、心のなかのさまざまな障害を除くために、実践する修行法。「右脇を下にし、足を累ね、首を北にして臥して光明想に住す」「闇中に於て光明想を作す」「諸天の光明と倶なる心を思惟して臥すを光明想に住して巧便して臥すという」 Ⓢ āloka-saṃjñā
（参考）想念する光明として、法光明・義光明・奢摩他光明・毘鉢舎那光明の四種が説かれる（『瑜伽』28、大正 30・437a）。

光影 こうよう　①光と影。日の光とそれがさえぎられることによってできる陰影。眼の対象の二つ。 Ⓢ chāya-ātapa
②光がさえぎられてできる影。現象的存在（依他起性）には実体がないことを示すために用いる譬喩の一つ。「依他起性は幻夢・光影・谷響・水月・影像及び変化などにおなじく、猶し聚沫の如く、猶し水泡の如く、猶し陽焔の如く、猶し芭蕉の如し、と当に了知すべし」 Ⓢ pratibhāsa
（参考）（『摂論釈・世』5、大正 31・344b～c）

光曜 こうよう　ひかり輝くこと。「天身は自然に光曜す」 Ⓢ prabhā

向 こう　向かうこと。行くこと。対面すること。前方に向けること。「雑染を背して清浄に向う」「母の左脇に於て背に倚り、腹に向いて住す」「逆次とは後より前に向うをいう」
Ⓢ abhimukha: gamana: pratipannaka: saṃpuraskṛtya

向外等 こうげとう　→等②

向道 こうどう　さとりに至る途中の道。仏陀になるまでの修行の過程。「向道の中に於て鈍根・利根に依るが故に随信・随法行を建立す」

向内等 こうないとう　→等②

向背 こうはい　顔をそむけること。嫌うこと。「向背せずして施すとは、怨親中に於て悲心にて等しく施すことを謂う」
Ⓢ vimukha

向遊塵 こうゆうじん　隙遊塵とおなじ。→隙遊塵

好 こう　①このむこと。よろこぶこと。「性として闘諍を好む」 Ⓢ ārāma
②よい、このましい、愛らしい、などを意味する形容句。「好き香」「好き色」「好き衣」

好形色 こうぎょうしき　このましい容貌、顔色。悪形色の対。「諸の有情は、或いは好形色、或いは悪形色、或いは上族姓、或いは下族姓など、現に種種の差別を得べきことあり」 Ⓢ suvarṇa

好楽 こうぎょう　このんで願う、欲すること。「諸の善法を好楽す」 Ⓢ **ruc**

好顕色 こうけんじき　明瞭に顕現している色彩のなかで、このましいもの。三種の顕色（好顕色・悪顕色・倶異顕色）の一つ。→顕色 Ⓢ suvarṇa

好香 こうこう　このましい香り。
Ⓢ sugandha

好色 こうじき　きれいな色（いろ。顕色）。このましい色。悪色の対。→悪色
Ⓢ suvarṇa

（出典）言好色者、謂、美妙顕色、一向浄妙故。与此相違、名為悪色。（『瑜伽』12、大正30・336c～337a）：好色悪色者。浄不浄顕色所摂。（『雑集論』13、大正31・759a）

好触　こうそく　このましい感触（触）。三種の触（好触・悪触・捨処所触）の一つ。→触④　Ⓢ susaṃsparśa

扣撃　こうげき　うつ、たたくこと。ぶつかり合うこと。「貝角を吹き、鐘鼓を扣撃し、刀を揮う」「四大種が互相に扣撃して発する音声」　Ⓢ **vadh**

江河　こうか　かわ。かわの流れ。「水事とは江河・陂湖・衆流・池沼を謂う」　Ⓢ nadī: nadī-prasravaṇa

考察　こうさつ　考える、思惟すること。「慧は考察を業と為す」

劫　こう　①長い時間を意味する kalpa の音写。詳しくは劫波と音写され、縮めて劫という。一劫の長さは盤石劫と芥子劫という二つの喩えによって説明される。前者の盤石劫には諸説があるが、たとえば縦・横・高さ、おのおの一踰繕那の石山を柔らかい軽い衣で百年に一度、撫でることによってその岩山が摩滅してしまうまでの時間を一劫という（『婆沙』の所説）。後者の芥子劫によれば、四十里立方の城中に芥子の粒を満たし、天人が三年に一度、天から降りてきて一粒を取り去り、そのようにしてすべての芥子粒がなくなってしまうまでの時間が一劫である。

Ⓢ kalpa

（参考）（『婆沙』135、大正27・700b）：（『略纂』1、大正43・14b）

②奪う、盗むこと。「他の財物を劫すを不与取と名づく」

劫阿僧企耶　こうあそうぎや　→阿僧企耶劫

劫引　こういん　奪う、盗むこと。「他より劫引す」

劫壊　こうえ　世界が形成されてから滅するまでの長い期間（劫）を成劫・住劫・壊劫・空劫の四つに分けるなかの壊劫において、世界が壊れていくこと。「前の劫壊の時に一切が失壊せしに、今、劫成し已って誰が蘇迷盧山などの名を伝えるや」

劫初　こうしょ　世界が成立する最初。四劫（成劫・住劫・壊劫・空劫）のなかの成劫のはじめ。「寿量衰損とは、劫初の時は此の瞻部洲人の寿は無量歳なるに、劫末の時に至りて人の寿が十歳となるをいう」

Ⓢ prathama-kalpa: prāthama-kalpika

劫初者　こうしょしゃ　劫初人とおなじ。→劫初人

劫初人　こうしょにん　劫初者ともいう。世界が成立して最初に生まれる人。世界のはじまりの人間。

Ⓢ prathama-kalpaka: prāthama-kalpika

（参考）（『倶舎』12、大正29・65b）：（『瑜伽』2、大正30・287c）

劫濁　こうじょく　時代の汚れ。時代の勢いが衰え、多くの飢饉や疫病や争いが生じること。饑饉中劫・疫病中劫・刀兵中劫の三期間からなる。人間の寿命が百歳以下になったときに出現する五つの汚れ（寿濁・劫濁・煩悩濁・見濁・煩悩濁）の一つ。

Ⓢ kalpa-kaṣāya

（出典）如於今時、漸次趣入饑饉中劫、現有衆多饑饉可得、漸次趣入疫病中劫、現有衆多疫病可得、漸次趣入刀兵中劫、現有衆多互相残害刀兵可得、昔時不爾、是名劫濁。（『瑜伽』44、大正30・538a）

（参考）（『倶舎』12、大正29・64a）

劫尽　こうじん　変化し衰え滅していく無常なものの二つのありよう（世尽・劫尽）の一つ。長い時間を経て変化し衰え滅していくありようをいう。麁の無常、一期の無常、非有情の無常、外法の無常をそれぞれ劫尽と捉える諸説がある（『婆沙』151、大正27・772c）。「外の大種に於て劫尽を観ずるに由って無常想を修す」

劫奪　こうだつ　奪い取る、強奪すること。「王ありて国人のあらゆる財宝を劫奪す」

Ⓢ apa-**hṛ**

劫盗　こうとう　金銭などを盗むこと、あるいはそれによって生計を立てている人。律儀に反する行為をする人（不律儀者）の一人。盗賊ともいう。→不律儀者「他を劫盗し、己の所有にせんと欲す」

Ⓢ apahara: āhṛta: caura: caurya: steya: hṛta

（参考）（『倶舎』15、大正29・78c）

劫臂怛羅　こうひたら　五つの大きな樹の一つ。→五大樹

劫末　こうまつ　世界が形成されてから滅するまでの長い期間（劫）の最後期。「劫初の時、此の瞻部洲の人寿は無量歳にして、劫末の時に至りて人寿は十歳なり」「諸の有情類

の業増上力が世界を成せしめ、劫末の時に至りて業力尽きるが故に災風が生じて皆な散壊す」

劫掠 こうりゃく おどし奪うこと。略奪すること。「出家を障える不自在障とは、父母などに聴許されないこと、若しくは、諸の僮僕にして他に劫掠さるることを謂う」

劫量 こうりょう 長い期間を意味する劫の長さ・量。一劫の長さ・量の喩えとして、盤石劫と芥子劫とがある。→劫①「劫量の長遠は百千などの歳数で知るべきには非ず」「大の劫量の一一に、各、八十中劫あり」
Ⓢ kalpa

吼（こう）→く

坑 こう あな。ほらあな。「無色界と聞いて驚恐を生じるは、深い坑に臨むが如し」
Ⓢ khadā: śvabhra

坑澗 こうけん 深いほらあな。断崖。「鉢を置くに、雑穢なる処、若しくは坑澗の処、若しくは崖岸の処に在くべからず」
Ⓢ prapāta

坑坎 こうこん 穴。ほらあな。「丘陵・坑坎は嶮阻にして懸隔たり」

坑塹 こうざん あな。ほり。「坑塹を超出するを出離と名づく」 Ⓢ śvabhra

孝子 こうし 父母によく仕える子。「孝子ありて、一つの肩に父を担ぎ、一つの肩に母を担ぐ」 Ⓢ vaśya-putra

孝順 こうじゅん 父母に仕えしたがうこと。「父母を恭敬し孝順す」

孝養 こうよう 心を尽くして父母を養うこと。「父母の恩養を識りて、父母に於て勤めて孝養を修す」

抗 こう さからう、はりあうこと。「外敵に抗するが故に勇鋭と言う」

抗拒 こうきょ 抵抗する、はりあうこと。「彼れは我ありと執して仏と抗拒す」

攻牆 こうしょう 垣や土塀に穴をあけること。土蔵を壊すこと。財物を盗む方法の一つ。穿牆ともいう。「窃盗・攻牆・解結などは皆な不与取なり」

更 こう さらに。また。
Ⓢ api punar: punar: bhūyas

更互 こうご おたがいに。相互に。「識と名色とは更互に縁と為る」「煩悩と涅槃とは更互に相違す」
Ⓢ anyonya: paraspara: paryāyeṇa: pāraṃparyeṇa

更互無 こうごむ ヴァイシェーシカ派（勝論）の説く五種の無（未生無・已滅無・更互無・不会無・畢竟無）の一つ。存在を構成する実・徳などの一つ一つのなかに他の構成要素が存在しないことをいう。
（参考）（『述記』1末、大正43・256c）

更相 こうそう おたがいに。相互に。「男女は更相に顧眄して便ち愛染を起こす」
Ⓢ anyonya

岡鼓 こうこ 馬上で号令するつつみ。「岡鼓と倶行する声」 Ⓢ bherī

拘（こう）→く

肴饌飲食 こうせんおんじき ごちそうの食物と飲料。「上妙にして清浄なる肴饌飲食を以って大衆に恵施す」 Ⓢ anna-pāna

狎習 こうしゅう 人びととなれ親しくつきあうこと。「阿練若処に於て人と狎習せず、悪の衆生と離れて宴默に随順す」 Ⓢ sevita

厚 こう 厚さ。厚い、数多い、重いこと。「風輪の厚は十六億踰繕那なり」「是の如く欲と倶行する想作意を起こすが故に蓋纏、うたた増し、うたた厚し」「其の身を以って諸の牆壁・垣城などの類の厚い障隔事に於て直に過ぎて礙なし」 Ⓢ udvedha: bahula

厚重 こうじゅう 厚く重いこと。密なること。「能く最極に厚重なる癡纏を生起す」
Ⓢ ghana

巷 こう ちまた。むら。さと。まち。「或いは街、或いは巷、或いは市に他が棄擲せる不浄な衣物を取りて、麁穢を除去し、洗浣・縫染して受持するを名づけて糞掃衣を持すと為す」 Ⓢ vīthī

巷論 こうろん ちまたの雑談。「諠衆を楽しんで在家及び出家衆と種種の王論・賊論・食論・飲論・妙衣服論・婬女論・巷論などを談説す」 Ⓢ vīthī-kathā

昂 こう 上がること。高くなること。低の対。「秤の両頭の低と昂との時が等しきが如くに、終没と結生とは同時なり」
Ⓢ unnāma

洪直 こうちょく ひじょうに高く真っ直ぐなさま。如来の三十二相に「身分洪直」（身の丈が高く真っ直ぐなさま）がある。
Ⓢ bṛhad-ṛju

洪漫 こうまん 増水してみちあふれること。「水に漂爛さるるとは、大水が洪漫して村邑・国城・王都を漂蕩して悉く皆な淪没するを謂う」

洪爛 こうらん 衰えて身体の形がひじょうにくずれているさま。「衰老せる者の身形は洪爛にして諸根は闇鈍なり」 Ⓢ pakva

秔稲 こうとう うるち。ねばりけの少ない稲。「北拘盧洲に秔稲ありて、種ずして穫り、我所あることなし」 Ⓢ śāli

紅花 こうけ 「ぐけ」とも読む。べにばな。「毛氈・紅花などを焼く時は、彼の覚は則ちなし」 Ⓢ kusumbha

紅紫 こうし 「ぐし」とも読む。インドの茜（あかね）草。「赤白・紅紫・碧緑・頗胝迦の色」 Ⓢ mañjiṣṭhā

紅蓮 こうれん 「ぐれん」とも読む。紅蓮花とおなじ。→紅蓮花

紅蓮花 こうれんげ 「ぐれんげ」とも読む。蓮花。ハスの花。紅蓮・紅蓮華ともいう。「紅蓮花に水滴が著かざるが如くに、其の所依身は衆惑に染汚されず」 Ⓢ padma

紅蓮華 こうれんげ 「ぐれんげ」とも読む。紅蓮花とおなじ。→紅蓮花

紅蓮那落迦 こうれんならか 「ぐれんならか」とも読む。八大那落迦の外にある寒那落迦の一つ。寒さのため皮膚が破裂して蓮花（紅蓮花 padma）の色のように紅赤色になることから紅蓮那落迦という。
Ⓢ narakaḥ padmaḥ
（参考）（『瑜伽』4、大正 30・297a）

荒 こう あれる、みだれること。「心は、或いは荒、或いは乱、或いは渾濁す」

香 こう かおり。鼻という感覚器官（鼻根）の対象。五境（色・声・香・味・触）の一つ。 Ⓢ gandha
（出典）離質、潜形、屡、随風転故、名為香。（『瑜伽』3、大正 30・294a）
（参考）次のような種類に分けられる。（ⅰ）三種。好香（においの好いかおり）・悪香（においの悪いかおり）・平等香（においが好くも悪くもないかおり）。（『倶舎』1、大正 29・2c）。（ⅱ）四種。好香・悪香・平等香・不平等香。（『婆沙』13、大正 27・64c）。（ⅲ）六種。好香・悪香・平等香・倶生香（旃檀などの香木それぞれの本来のかおり）・和合香（いくつかが混ざったかおり）・変異香（熟した果物などの変化したかおり）。（『雑集論』1、大正 31・696b）。（ⅳ）（『瑜伽』3、大正 30・293a～b）には、香を一種から十種まで次のように分類している。一種（由鼻所行義）。二種（内及外）。三種（可意・不可意・処中香）。四種（沈香・窣堵魯迦香・龍脳香・麝香）。五種（根香・茎香・葉香・花香・果香）。六種（食香・飲香・衣香・荘厳具香・乗香・宮室香）。七種（皮香・葉香・素泣謎羅香・栴檀香・三辛香・熏香・末香）。八種（倶生香・非倶生香・恒続香・非恒続香・雑香・純香・猛香・非猛香）。九種（過去未来現在等如前説）。十種（女香・男香・一指香・二指香・唾香・洟香・脂髄膿血香・肉香・雑糅香・淤埿香）。

香界 こうかい 全存在を十八の種類に分ける分類法（十八界）のなかの一つ。鼻の対象である香のグループ。→十八界 Ⓢ gandha-dhātu

香気 こうけ 空気中にただようかおり。「円生樹の香気は風に順じて熏ぜば百踰繕那に満つ」「飲食の色は鮮潔にして香気は美妙なり」 Ⓢ gandha

香花 こうけ よいかおりのする花。供養の際に捧げるものの一つ。「種種の上妙なる香花・供具・音楽を以って諸仏を供養す」

香潔 こうけつ きよらかなかおりがすること。「種種の香潔なる舎宅、清浄なる街衢、衆宝の厳地などの一切は皆な内心より変現せり」

香食 こうじき かおりを食べること、あるいは、そのような生きもの。死んでから生まれるまでの中間的存在（中有）の別名、あるいは、そのような存在の生きる手段。→中有「中有を食香と名づく。身、香食に資けられて生処に往くが故に」 Ⓢ gandharva

香処 こうしょ 十二処（存在の十二の領域）の一つ。鼻の感覚対象。→香
Ⓢ gandha-āyatana

香水 こうすい 芳香のある香料を溶かした水。身体を洗滌することなどに用いる。「転輪王の路に金砂を布し、栴檀の香水を以って其の上を灑す」「煖かい香水を以って仏の肩背を灌洗す」「種種の清浄なる香水を以って其の身を沐浴す」 Ⓢ toya

香荽花 こうすいけ 原語は ajājī-puṣpa で、学名は Cuminum Cyminum といい、一種のかおりを放つ花のこと。その花のありようは、眼の器官（眼根）を構成する分子（極

微）が眼球（眼星）の上に分布するありように喩えられる。「眼根の極微は眼星の上に在りて傍布して住し、香荽花の如く清徹の膜が覆い分散することなからしむ」
Ⓢ ajājī-puṣpa

香酔山 こうすいせん　香山とも略称。雪山（ヒマーラヤ山）の北の七黒山の北方にある山。この山中には、つねに香気が漂い、嗅ぐ人を酔わしめるから香酔山といわれる。
Ⓢ gandha-mādana
（出典）香酔山、謂、此山中有諸香気、嗅令人酔故、名香酔。（『倶舎論記』11、大正 41・186b）

香山 こうせん　香酔山とおなじ。→香酔山

香象 こうぞう　交尾期に入り耳の下からかおりの強い液を流す象。その時期の象は狂暴で普通の時期の象（凡象）の十倍の力を有するという。「十十に象などの七の力を倍増す。謂く、凡象・香象・摩訶諾健那などなり」
Ⓢ gandha-hastin
（参考）（『倶舎』27、大正 29・140c）

香鬘 こうまん　香と鬘。香はかおり、鬘は花飾り。いずれも身を飾る道具。あるいは供養に用いる品。「上妙な珍宝や香鬘の供養具を以って仏法僧に供養す」 Ⓢ gandha-mālya

香鬘塗飾 こうまんずしょく　香と鬘と塗飾。香はかおり、鬘は花飾り、塗飾は油や香を身体に塗ること。いずれも世俗において行なわれる化粧や身を飾るありようをいうが、律儀においては禁止される。「勤策律儀の中に於て香鬘塗飾を遠離す」
Ⓢ gandha-mālya-vilepana

香味 こうみ　香と味。鼻の対象のかおりと舌の対象のあじ。 Ⓢ gandha-rasa

哮吼 こうく　たけりほえること。「定に在して衆多の龍象の哮吼する声を聞く」「若し哮吼を聞けば、師子なりと比知す」

校量 こうりょう　くらべること。考えること。「己を以って他と校量して、我れは勝れたりと謂う」「他と勝劣を校量して増上慢を起こす」 Ⓢ paritulana

桄梯 こうてい　はしご。「是の如く四聖諦智は四桄梯の如く、能く解脱の寂滅へ陞上せしむ」

貢（こう）→く

降（こう）→ごう

高 こう　①なかが凸状になっている形。なかが凹状になっている形である下の対。視覚の対象である形（形色）の一つ。→色境→形色① Ⓢ unnata
②空間的に高いこと（形容詞・副詞として用いられる）。「高く手を挙げる」「高い崖より顚墜して自ら身命を害す」 Ⓢ ucca
③声が高いこと。「高い声と大きい声」
④高さ。高度。「素迷盧の頂の四大峯の高さは五百踰繕那の量なり」 Ⓢ ucchrāya
⑤身分・家柄・能力などが高いこと、勝れていること。「高い族に生まる」「自らは高なりと謂う」 Ⓢ ucca: ucchrita
⑥自己を勝れていると思うこと。高慢心を起こすこと。「自ら高し自ら挙して他を陵蔑す」
Ⓢ ud-**kṛṣ**: unnati: pragrāhaka: māna

高歓 こうかん　こころが高ぶり喜ぶこと。下慼の対。「利・誉・称・楽などの四法に遇うと雖も高歓せず」

高貴 こうき　身分・家柄が高く貴いこと。「覩史多天衆の中より没して人間に来下して、高貴家、或いは族望家に生まる」「富人が僕隷に向かって自ら高貴なりと称す」 Ⓢ ucca

高下 こうげ　①形における高と下。高とはなかが凸状になっている形、下とはなかが凹状になっている形。眼の対象（色境）の二つ。→色境 Ⓢ unnatam avanatam
②地面の高低・凸凹。「諸天のあらゆる地界は高下なくして履触の時、安楽を生ず」
Ⓢ utkūla-nikūla
③身分・家柄・能力などにおける高と下。高貴なことと賎しいこと。「高下や勝劣を分別す」 Ⓢ ucca-nīcatā
④価値的判断における高と下。優と劣。「内外の法師と弟子に於て高下の差別あり」
Ⓢ ucca-nīca

高挙 こうこ　①自己を他人と比べて勝れていると誇ること。「慢とは、劣に於て己は勝なりと謂い、等に於て己は等なりと謂いて心を高挙せしむるをいう」「慢とは、己を恃って他に於て高挙するを性となす」
Ⓢ utkarṣin: ud-**kṛṣ**: unnata: unnati
②興奮していること。高まっていること。「諸根の高挙」 Ⓢ unnata

高挙慢 こうこまん　自己を他人と比べて勝なりと誇る慢心。卑下慢の対。
（参考）種類として、称量高挙・解了高挙・利養高挙の三種が説かれる（『瑜伽』59、大

正30・628a)。

高広 こうこう ①高く広いこと。「高広にして厳飾なる僧伽藍を造る」 Ⓢucca
②高さと広さ。「金輪上に於て大金台あり、高広は、各、五百踰繕那なり」

高広床 こうこうしょう 高広床座とおなじ。→高広床座

高広床座 こうこうしょうざ 高くて広く立派な寝台。八戒斎（近住律儀）においてはそのような寝台に寝ることは禁止されている。高大床・高広床ともいう。→八戒斎
Ⓢucca-śayana-mahā-śayana
（参考）（『倶舎』14、大正29・73a）

高座 こうざ 説法するための高い座席。高座に坐って法を説くことは禁止されている。「高座に処して正法を説かず」 Ⓢucca-taraka-āsana

高視 こうし 勝れたものとみる、考えること。「見と我慢とを説いて高視と名づく」

高勝 こうしょう 他とくらべて勝れていること。「出家者は在家者に於て甚大に殊異なり、甚大に高勝なり」「摩羅天宮あり、他化自在天の所摂にして然も処所は高勝なり」
Ⓢantara-viśiṣṭa: nānā-karaṇa

高心 こうしん 高慢な心。傲る心。「麁語の声聞は高心を起こす」

高疎 こうそ 荒々しいこと。粗暴なこと。「身語の二業は悉く高疎にして、また清潔ならず」「寂静語とは、言が高疎ならず喧動ならざるを謂う」

高族 こうぞく 身分の高い家柄。貴い家柄。貴族ともいう。「我れ高族に生まれて浄信・出家せんと思惟す」 Ⓢucca-kula

高大 こうだい ①高くて大きいこと。「小なる樹より高大な諾瞿陀樹を生ず」
Ⓢmahat
②声が高く、たかぶっていること。「言語が高大にして謙下ならず」 Ⓢunnata

高大床 こうだいしょう 高広床座とおなじ。→高広床座

高挺 こうてい 高くそびえ立っていること。「大集会樹あり、其の根は深固にして五十踰繕那、其の身は高挺にして百踰繕那なり」 Ⓢucca

高慢 こうまん 自己を他人と比べて勝れていると誇ること。「菩薩は一切の高慢と憍傲とを遠離す」 Ⓢucchraya-māna

高慢心 こうまんしん 自己を他人と比べて勝れていると誇る心。 Ⓢmāna-stambha

康強 こうごう すこやかでつよいこと。丈夫なこと。「身力康強なり」

控弦 こうげん 弓を引くこと。角武（武術をきそいあうこと。広くは身体をつかっての運動）の一つ。「按摩・拍毱・托石・跳躑・蹴蹋・攘臂・扼腕・揮戈・撃剣・伏弩・控弦・投輪・擲索などの角武事に依って勇健を得る」 Ⓢātatī-kriyā

梗概 こうがい あらまし。「梗概を説く」

梗渋 こうじゅう ふさがれてとどこおること。なめらかにすすまないこと。「善く心を修する者は此の定に於て長時に串習して艱難なきを得、梗渋なきを得て速かに能く根本静慮に証入す」 Ⓢkisara: kṛcchra

喉 こう のど。咽喉とおなじ。「喉が段食を通し、腹が食の依と為る」 Ⓢkaṇṭha

皓首 こうしゅ 白髪の頭。老年をいう。「皓首とは髪毛が変改して白銀色なるを言う」

硬 こう かたいこと。感触（触）の一つ。鞕とも書く。「亀毛の硬と軟を記すべからず」
Ⓢkhara: kharatā

硬渋 こうじゅう 心がとどこおってにぶいさま。自由に働かないさま。「其の心、硬渋にして自在を得ず」

隍塹 こうざん ほり。「隍塹を越える」

項 こう うなじ。くび。「其の身の上の両手・両足・両肩、及び項の七処は皆な満なり」 Ⓢgrīvā

搆 こう ①しぼること。→搆乳 →搆牛乳 Ⓢdoha
②つくること。組み立てること。→搆集 →搆画

搆画 こうが ①組み立てて描くこと。事物を認識する心の働きをいう。「諸の心の尋求・推度・搆画を尋と謂う」
②対象を知覚すること。遍行の心所の一つである想の知覚作用をいう。「想に由るが故に種種の諸法の像類を搆画す」

搆牛角 こうごかく 乳を採取しようとして牛の角をしぼること。まったく無意味な行為の喩えとして用いられる。「牛の角を搆して乳を出だすことは処（ことわり）なし」

搆牛乳 こうごにゅう 牛の乳をしぼること。長くかかる時間の喩えとして用いられる。「諸の菩薩は、少時・少時に、須臾・須臾に、

乃至、下は搆牛乳の頃（あひだ）ばかりも、普く一切の蠢動せる有情に於て慈悲喜捨と倶なる心を修習す」「搆牛乳の頃も善心一縁にして修習に住すること能わざる者あり」 Ⓢ go-doha

搆集 こうじゅう 組み立てて実行すること。工作すること。「種種の矯詐な威儀を搆集するを像似正法と名づく」「矯乱な言詞を搆集す」

搆乳 こうにゅう 乳をしぼること。「彼彼の所乗・搆乳・役使などの中に彼の制怛羅が自在を得るが故に名づけて牛主と為す」 Ⓢ dohana

搆了 こうりょう 対象を知覚すること。遍行の心所の一つである想の知覚作用をいう。「搆了の相は是れ想の相なり」

溝澗 こうけん 谷川。「谿谷が最先に盈満し、谿谷が満ち已りて小なる溝澗が満つ」

溝渠 こうご みぞ。ほり。「外分中の湿性とは、江河・池沼・泉井・溝渠・四大海などのあらゆる湿性を謂う」 Ⓢ taḍāga

溝坑 こうこう みぞ。ほり。「小と大との溝坑は第二の日輪の枯竭するところなり」 Ⓢ taḍāga

粳稲 こうとう 米。穀物。「麦の味と粳稲の味と小麦の味と余の下穀の味との四種の味あり」 Ⓢ taṇḍula-phala: śāli

鉱 こう あらがね。精錬していない鉱石。「鉄の鉱より鉄を出し、金の鉱より金を出す」

鉱性金 こうしょうこん 精錬していない鉱石中にある金そのもの。内蔵されて見えないものの喩えに用いられる。鉱中金とおなじ。「世間の黠慧なる工匠が、鉱性金を以って火の中に置き、如如に焼錬するが如し」 Ⓢ suvarṇaṃ prakṛti-sthitam

鉱中金 こうちゅうこん →鉱性金

膏 こう あぶら。脂肪。「膏・膿・痰・飲・洟・唾・涙・汗・屎・尿・塵垢などは、内に依る朽穢不浄なり」 Ⓢ meda: sneha

膏油 こうゆ あぶら。灯明を発する材料となる。「集諦は膏油の如く、苦諦は灯の如し」 Ⓢ sneha

綱要 こうよう 文の主要なまとめ。「阿頼耶識の有を証する理趣は無辺なれば、繁文を厭うを恐れて、略して綱要を述べん」

膠蜜 こうみつ 固まった蜂蜜。「或いは麻豆など、或いは細沙などの聚が諸の膠蜜、及び沙糖などに摂持さるる」 Ⓢ madhu

羹 こう 野菜と肉とを混ぜて煮た汁物。「羹・飯・酥・乳を受食す」

羹臛 こうかく 吸い物。羹と臛。羹は野菜入りの吸い物。臛は肉入りの吸い物。いずれも一つ一つ分けて噛み砕き、段々と食べる食物（段食）の一種。「段食とは即ち餅・麨・飯・羹・臛・糜・粥などなり」

穅秕 こうひ 穅と秕。「ぬか」と「しいな」（よくみのらない米）。転じて、つまらないものの喩えに用いられる。「速かに種のなかの穅秕を簸颺す」 Ⓢ utplāvin

興 こう ①おこる、生じること。おこすこと。「虚空界に金蔵の雲が興り、此れより雨が降って風輪の上に注ぐ」 Ⓢ sam-**bhū**
②繁栄。衰の対。→興衰 Ⓢ saṃpatti
③起きあがること。目を覚ますこと。「自ら翹勤して、夙く興き、晩く寐り、深く睡眠・倚楽に耽楽せず」 Ⓢ utthāyin

興盛 こうじょう 繁栄。裕福で勢力があること。「諸の富貴・興盛が退失し、無病・色力・充悦などが変ずるを変壊老と名づく」 Ⓢ pracura: saṃpatti

興衰 こうすい 興盛と衰損。繁栄と衰微。「興衰の変異が現に可得なるが故に諸行は其の性、無常なりとの念を作す」 Ⓢ saṃpatti-vipatti

糠 こう 米の殻。こめぬか。火の燃料となる。「糠が米を裹みて米が能く芽などを生じ、独り能く生ずるに非ざるが如し」「火は糠・牛糞・薪などに依って転ず」 Ⓢ kaṇa: tuṣa

餚饍味 こうぜんみ 料理された食べ物の味。「其の餚饍味は相を執取するに喩え、上妙なる衣食は内心の奢摩他などに喩う」

鴻雁 こうがん かり。大を鴻、小を雁という。「各、名字を異にする差別とは、鸚鵡・舎利・孔雀・鴻雁などを謂う」

鴿 こう はと。いえばと。「鴿が飛来して仏の辺に住す」 Ⓢ kapota

鴿色 こうじき はとのいろ。灰色。「脊骨・肋骨・髑髏など分散して鴿色の如し」 Ⓢ kapota-varṇa

獷悷 こうれい 残酷でさからうこと。「如法の所作を能く上首と為し、助伴と作して、我慢を離れ、諸の獷悷なし」 Ⓢ niṣṭhura

曠野 こうや 広々とした野原。嶮道（きびしく歩き難い道）とともに生死の喩えに用いられる。「生死の曠野・嶮道を超度す」
S aṭavī: aṭavī-kāntāra: kāntāra: dāva

纊麦 こうみゃく 長さの単位の一つ。虱の七倍。 S yava
（参考）（『倶舎』12、大正 29・62b）

号 ごう 呼び名。名づけること。「仏世尊ありて釈迦牟尼と号す」 S nāman

号泣 ごうきゅう 泣きさけぶこと。「正法行を棄捐して手を挙げて号泣す」

号叫 ごうきょう 大声でさけぶこと。叫び声を発すること。→号叫地獄
S ārta-svara: raurava

号叫地獄 ごうきょうじごく もろもろの苦にせまられ、苦しみの叫び声を発する地獄。号叫大那落迦ともいう。八大地獄の一つ。嘷叫地獄ともいう。 S raurava-naraka
（出典）衆苦所逼、異類悲号、怨発叫声、故名号叫。（『倶舎論疏』8、大正 41・584b）

号叫大那落迦 ごうきょうだいならか →号叫地獄

号哭 ごうこく なきさけぶこと。「諸の小女男は父母を失うが故に悲啼し号哭す」
S **krand**

仰 ごう あおぐこと。頭をあげて上を見ること。「天は面を仰ぎ、鬼は面を伏す」
S uttānaka

仰臥 ごうが あおむくこと。「病の嬰児が床上に仰臥するが如し」

仰周布 ごうしゅうふ 垂直に広がっているさま。水平に広がっているさまをいう傍側布の対。「此の大風輪に二種の相あり。謂く、仰周布と及び傍側布となり。此れに由って水を持して散墜せざらしむ」 S uttāna-śaya

仰信 ごうしん 信用・信頼すること。「菩薩と為りし時、一切の禽獣・蠕動の類は、皆な、極めて仰信し、常に来って帰趣す」
S viśvāsya

合 ごう ①合う、出会うこと。離の対。「善友に於て若しくは合し若しくは離す」「手と鼓が合して生ずる声」「因と縁とが合して諸法が生ず」
S saṃyukta: saṃyoga: saṃbandha: sāmagrī: sāmagrya
②合体すること。「愛と恚との二の倒心を起こすに由って、己身が所愛と合すると謂う」「寿と煖とが合す」 S adhi-**muc**: saṃsṛṭatva
③一緒になること。混じり合うこと。「無明は能取に非ず、但だ余と合するを立てて取と為すべし」 S miśrita: miśrī-kṛtya
④かなうこと。一致すること。「彼の所説は有為の諸相と合す」 S yoga
⑤結合すること。特に煩悩が結合して人を束縛することをいう。「煩悩は有情と合するが故に名づけて軛と為す」 S **śliṣ**
⑥合わせて、一緒にして、合計して。「前のと合して二十二天あり」 S samāsena
⑦因明（仏教論理学）の論法を構成する五つの要素である五支（宗・因・喩・合・結）のなかの合。→五支
（参考）（『雑集論』16、大正 31・771b～c）

合会 ごうえ ①人同士が出会うこと。「怨憎と合会し、親愛と別離す」「合会すれば必ず当に別離すべし」 S saṃyoga: saṃnihita
②二つのものが一緒になる、合体すること。「水と火とが、光明と黒闇とが一時に合会することは、是れことわりなし」
③男女が交わること。「父母が倶に婬貪を起こして共に合会す」

合儀 ごうぎ 軌則や儀軌に合致していること。非儀の対。「諸の菩薩は合儀に施与し、非儀を以ってせず」 S ācāra

合結分別 ごうけつふんべつ 好ましい対象に対して貪りをもって思考すること。八種の虚妄分別の一つ。和合所結分別ともいう。→虚妄分別①
（出典）和合所結分別者、謂、即於彼可愛事中所有分別。（『瑜伽』17、大正 30・369b）：合結分別者、謂、貪欲纏所纏縛故、追求諸欲。（『瑜伽』58、大正 30・625c）

合衆所作 ごうしゅしょさ 教団（サンガ・僧伽）の人びとが集合して行なう儀式や作法をいう。戒を説く作法（増長羯磨）、自ら罪を挙げる作法（恣挙羯磨）などをいう。
（出典）合衆所作者、謂、増長羯磨、若恣挙羯磨、或余所有種類羯磨。（『瑜伽』99、大正 30・872b）

合集 ごうじゅう ①あるグループに属するもの全体をまとめて集めたもの。たとえば諸行・無常・一切法・無我などの名詞（名）をまとめたものを名身といい、その身は総説であり、総説とは合集の意味であると解釈される。 S saṃvāsa
（参考）（『倶舎』5、大正 29・29a）

②サンスクリット ca の訳である「及」の意味を合集と相違の二種に解釈するなかの一つ。合集の意味での及は、あるグループをまとめたときに最後に用いられる。たとえば「八識とは眼識と耳識と鼻識と舌識と身識と意識と末那識と及び阿頼耶識である」という用例である。相違の意味での及は、相違するいくつかのものを列記するときに用いられる。たとえば「八識とは異熟と及び思量と及び了別識とである」という用例である。
Ⓢ ca
(参考)(『述記』1本、大正 43・239a)

合相観 ごうそうかん 言葉(名)と対象(事)との関係を追求・観察することによってただ言葉しか存在せず外界には事物(事)は存在しないことを智る修行(加行位で修する四尋思)において、言葉と対象とを合わせて観察すること。離相観の対。→四尋思 →離相観 Ⓢ lakṣaṇaṃ paśyati anuśliṣṭam

合理 ごうり 理に合致していること。「言詞は合理にして正直なり」 Ⓢ yukta

合論 ごうろん こっそりと内密に話すこと。
(出典)隠密、約喩、説話、合之令解、名合論。(『略纂』5、大正 43・68b)

劫(ごう)→こう

恒 ごう つねに。「阿頼耶識は恒に転ずるが故に、断に非ず常に非ず」
Ⓢ abhīkṣaṇam: nityam: satata-samitam: sadā: sarvadā

恒有 ごうう つねに存在しつづけていること。「三世は実有にして法体は恒有なり」「声は恒有ならず」 Ⓢ sarvadā asti

恒起 ごうき つねに起こっていること。絶えることなくつねに働いていること。「第七識の中の我執は恒起なり」「恒起の煩悩を数行と謂う」 Ⓢ abhīkṣaṇika

恒憍天 ごうきょうてん スメール山(蘇迷盧山)の山腹が四つの層から成るなかの第三層に住む天。三十三天が阿素洛と戦うときに配置する六つの軍隊の一つ。常酔神ともいう。 Ⓢ sadā-mada
(参考)(『婆沙』4、大正 27・19a):(『倶舎』11、大正 29・59c):(『瑜伽』2、大正 30・287a)

恒行 ごうぎょう つねに働いていること。「意とは恒行の意と及び六識身無間滅の意とを謂う」「不共の無明に恒行不共と独行不共との二あり」

恒恒時 ごうごうじ つねに。恒時を強調した表現。「因中有果論者は常常時に恒恒時に因中に果ありと説く」 Ⓢ dhruvaṃ dhruva-kālam

恒作 ごうさ つねになすこと。たえず行なうこと。「他を饒益する事を恒作す」

恒時 ごうじ つねに。たえず。「如来は恒時に寂静を愛楽し寂静を讃美す」
Ⓢ abhīkṣṇam: nitya-kālam: nityam: sarva-kālam

恒修 ごうしゅ つねに修すること。たえず実践すること。恒修習とおなじ。「善法を恒修す」

恒修習 ごうしゅじゅう 恒修とおなじ。→恒修

恒住 ごうじゅう ①ある心の状態に、つねに住すること。「村邑を遊行するに、正知に恒住して去来・進止す」「長夜に於て慈悲喜捨の四無量心に恒住す」
②→恒住法

恒住法 ごうじゅうほう →六恒住

恒常 ごうじょう つねに。たえず。「当来世に在住する生処は恒常に富楽なり」「菩薩は本性として施を楽い、恒常に無間に能く他に於て平等に分布す」
Ⓢ dhrauvyena: nityam: pratatam: satatam: satata-samitam: sātatya

恒常戒 ごうじょうかい 命が尽きるまで、つねに学ぶべきことを捨てないいましめ。六種の戒(迴向戒・広博戒・無罪歓喜処戒・恒常戒・堅固戒・尸羅荘厳具相応戒)の一つ。
Ⓢ sātatyaṃ śīlam
(参考)(『瑜伽』42、大正 30・522a~b)

恒常所作 ごうじょうしょさ つねに修行すること。「不退転地の中に安住して、能く一切の決定所作と恒常所作とに於て堅固なる無忘失法を獲得す」
Ⓢ nitya-kāritā: nitya-kārin

恒審思量 ごうしんしりょう 恒審に思量すること。潜在的な末那識(自我執着心)の思考の特性を表す語。恒とは睡眠時であろうが覚醒時であろうが、あるいは生死輪廻するかぎり、つねに働いていること。審とは阿頼耶識(潜在的な根本心)を自我であるとつまびらかに執拗に思考しつづけていること。意識

には審があるが恒はなく、阿頼耶識には恒があるが審がないことと区別して、末那識は恒と審との両方のありようを有することを強調した概念。「是の識を聖教は別に末那と名づく。恒審に思量すること、余の識に勝るが故に」
(参考)(『述記』2末、大正43・298b)

恒随転 ごうずいてん 阿頼耶識(潜在的な根本心)のなかの種子がそなえる六つの条件の一つ。阿頼耶識のなかの種子は途切れることなく時々刻々に存続することをいう。→種子六義
(参考)(『成論』2、大正31・9b)

恒相続 ごうそうぞく つねに働いていること。たえず存在しつづけていること。恒続ともいう。「風に恒相続と不恒相続との二種あり」「阿頼耶識は恒相続す」
Ⓢ sthāvara: sthāvara-saṃtati

恒続 ごうぞく 恒相続とおなじ。→恒相続

恒転 ごうてん 阿頼耶識の存在のありようを表す語。阿頼耶識は、つねに働いている潜在的な根本心でありながら、それが固定的・実体的な我(アートマン)でないことを説明するために用いられる概念。阿頼耶識は始め無き時より恒におなじありよう(一類)で存在しつづけているが、それは一刹那一刹那(念念)に生滅をくりかえして転変し変化していることを説明する概念。
(出典)阿頼耶識為断為常。非断非常、以恒転故。恒、謂、此識無始時来、一類相続、常無間断。是、界・趣・生施設本故。性堅、持種、令不失故。転、謂、此識無始時来、念念生滅、前後変異。因滅果生、非常一故。(『成論』3、大正31・12b〜c)

降雨 ごうう 雨がふること。「雲より降雨す」 Ⓢ vṛṣṭiḥ saṃjāyate

降伏 ごうぶく 他に対しては、説得して打ち負かすこと。議論して勝つこと。自らについては、自らの欲望や煩悩を抑えて、それらに打つ勝つこと。「外道・敵論者を降伏す」「降伏とは深く自らの雑染を防護するを謂う」
Ⓢ ni-**grah**: nigraha: nigrahaṇa

剛捍 ごうかん つよくたけだけしいこと。「菩薩は諸の有情に於て方便して剛捍なる業を現行する時は、唯だ利益の為にして余の意楽に非ず」 Ⓢ niṣṭhura

剛毅 ごうき つよくたくましいこと。「勇健・精進・剛毅・敏捷を具足する人を大勢具足と名づく」 Ⓢ dhairya

剛勁 ごうきょう つよいこと。頑強なこと。「身語の二業は悉く高疎にして其の心は剛勁なり」

剛決 ごうけつ 豪快で勇敢であること。「諸の菩薩は剛決・堅固にして怯劣するところなし」 Ⓢ sattva

剛強 ごうごう ①頑固なこと。「愚癡・諂詐・剛強なる諸の有情」「世間には調柔なる者は少くして剛強なる者は多し」
Ⓢ khaṭuṅka
②強固なこと。堅いこと。「猛利にして剛強なる苦を生起す」「真金は剛強を離れて調柔性を得る」 Ⓢ khara

強口 ごうく 口がわるいこと。粗悪に語ること。「其の内心に於て恒に寂静ならずして、外の身語意は猥雑にして住し、勃悪・貪婪・強口・憍傲なり」 Ⓢ mukhara

強業 ごうごう つよい働きの行為。「無記心の勢力は微劣なるを以って、強業を引発して生ぜしむること能わず」
Ⓢ balavat-karman

強盛 ごうじょう 力強いこと。元気なこと。「此の作意が堅固に相続して強盛に転ずれば、清浄なる所縁の勝解を発起す」「先に疾病なく安楽にして強盛なるに、後時に重病苦に遭い、猛利の身の諸苦受に触対するを観見して、諸行は無常なりとの念を作す」

強逼 ごうひつ 強制的に。強引に。おどす、脅迫すること。「彼れは財物に闕乏するところありて、求めて得ざる時は、即ち強逼す」「強力に由るとは、父母などに対して公然と強逼するを謂う」「彼れは修善に於て楽欲なしと雖も、是の方便に由って強逼に修せしむ」
Ⓢ uparodheya: prasahya: bala-avaṣṭambha

強力 ごうりき つよい力。力強いこと。元気なさま。弱力の対。「任持を闕き不平等なるに由るが故に飢渇と及び弱力とを仮立し、闕るところなく不平等なきに由るが故に強力と及び飽とを仮立す」「強力なる天子ありて、ひたた、一たび発憤すれば、諸の劣なる天子は便ち駆擯せられて其の自宮を出ず」
Ⓢ bala: balavat-tara

殑伽河 ごうがか 殑伽は gaṅgā の音写で、贍部洲にある四大河の一つ。→四大河

Ⓢ gaṅgā-nadī

殑伽沙数 ごうがしゃす　殑伽河の砂の数。その数は無量無数であることから、膨大な数の喩えとして用いられる語。→殑伽河「殑伽沙数を過ぎた過去の菩薩は皆な、果を以って門と為して縁起の法を観ず」

毫相 ごうそう　眉間にある細い毛のありよう。仏に具わる三十二の身体的特徴の一つで、眉間に白色で右に渦巻いた毛があるさまをいう。→三十二大丈夫相　Ⓢ ūrṇā

傲 ごう　おごりたかぶること。「諸の尊重に於て謙敬せざるを説いて名づけて傲と為す」

傲逸心 ごういつしん　おごり酔いしれる心。「憍とは憍酔・極酔・傲逸心なり」

傲誕 ごうたん　おごり欺くこと。「強口・傲誕・邪行を以って衣服などの物を追求す」Ⓢ pragalbha

業 ごう　行為。働き。身業・語業・意業の三種に分けられる。身業とは身体的行為、語業とは言語的行為、意業とは精神的行為をいう。このなか語業は口業ともいわれる。この三種の業について、「業の建立とは、往来などの義、宣説などの義、思念・覚察などの義を謂う」と説かれるから（『瑜伽』15、大正 30・361a）、たとえば、身業として往来（行き来すること）、語業として宣説（述べる、説くこと）、意業として思念（思い念ずること）・覚察（観察すること）が例としてあげられている。この三つの業は、まとめて「身語意の三業」、あるいは「身口意の三業」といわれる。〈有部〉は、三業のなかの身業と語業とは、具体的に表れて知覚される色法を本体とし、意業は具体的に表れて知覚されるものではない思（意志）を本体とするとみなす。これに対して、〈唯識〉は、三業とも思を本体とすると考える。すなわち、三業のなか、意業の本体は思業（意志の働き）であり、身業と語業とは思（意志）から生じたものであるから思已業という。業の働きは、総じていえば、業が原因となって、その業のありように相応する結果を生じることにある。たとえば、現在世で善業をなせば、未来世において人天の善趣に生まれ、悪業をなせば、地獄・餓鬼・畜生の悪趣に生まれるという。→三業①　→思業　→思已業　Ⓢ karman

（参考）種類として、次のように分類される。（i）二種。思業・思已業。→各項参照。：表業・無表業。→各項参照。（ii）三種。→三業。（iii）四種。黒黒異熟業・白白異熟業・黒白黒白異熟業・非黒非白無異熟業。（『婆沙』114、大正 27・589c 以下）。（iv）五種。取受業・作用業・加行業・転変業・証得業。（『集論』4、大正 31・679a）。

業位 ごうい　業の位相。耎位・中位・上位・生位・習気位の五位がある。最初の三つは、業の強弱の程度をいい、耎位の業は弱い程度の業、中位の業は中程度の業、上位の業は強い程度の業をいう。生位と習気位のなか、生位の業は具体的に現れて認識される業、習気位の業とは具体的に現れていない潜在的な業をいう。〈唯識〉の所説でいえば、生位の業とは、現行識である眼識・耳識・鼻識・舌識・身識・意識・末那識の七つの転識をいい、習気位の業とは、種子としての識である阿頼耶識をいう。

（参考）（『瑜伽』8、大正 30・317c）

業異熟 ごういじゅく　業が三世（過去世・現在世・未来世）のなかの二世にまたがって結果を生じること。→異熟「業異熟に於ける無知とは、業と及び果とに於て不如理の分別を起こすあらゆる無知を謂う」Ⓢ karma-vipāka

業異熟智力 ごういじゅくちりき　如来の十力の一つ。→十力

業因 ごういん　①業の原因。貪・瞋・癡の三毒という煩悩が、その代表的な原因。Ⓢ karmaṇāṃ hetuḥ

（参考）貪・瞋・癡のほかに、自・他・随他転・所愛味・怖畏・為損害・戯楽・法想・邪見を加えて、全部で十二種の業因があげられている（『瑜伽』8、大正 30・317c）。

②因としての業。ある結果を生じる原因としての業。「此の業因に由って当来世に於て別の異熟を感じて能く心を狂わしむ」Ⓢ karman

業有 ごうう　二有（生有・業有）のなかの一つ。未来の生存（後有・生有）を引き起こす原因としての業。→生有②　Ⓢ karma-bhava

（参考）（『瑜伽』94、大正 30・839b）

業果 ごうか　業が生じる結果。たとえば、耎位（弱い）の不善業は傍生、中位（中程度）の不善業は餓鬼、上位（強い）の不善業

は那落迦、耎の善業は人、中の善業は欲界の天、上の善業は色界・無色界の天、という生存状態（趣）をそれぞれ結果としてもたらす。「諸の邪見とは、施などと、乃至、妙行と悪行と業果と及び異熟とはなしと謂うをいう」 Ⓢ karma-phala

（参考）（『瑜伽』8、大正 30・317c）

業感 ごうかん 業によって感じること。感とは感得ともいい、ある結果を得ること。業はかならずその業に相応する結果を得ることを業感という。「此の業に由って繊長指相を感ず」

業錯乱 ごうさくらん ある働きがないのに、それがあるがごとくに錯覚すること。たとえば拳をたてて走ると樹木が動いているように見えるがごときをいう。七種の錯乱の一つ。→錯乱①

（出典）業錯乱者、謂、於無業事、起有業増上慢。如結拳馳走見樹奔流。（『瑜伽』15、大正 30・357c）

業邪性 ごうじゃしょう 行為に関するよこしまなありよう。五無間業、すなわち、害父（父を殺害する）・害母（母を殺害する）・害阿羅漢（阿羅漢を殺害する）・破和合僧（教団を破壊する）・出仏身血（仏の身体を傷つけて出血させる）の五つの行為をいう。三つの邪性（業邪性・趣邪性・見邪性）の一つ。→邪性①

（参考）（『婆沙』3、大正 27・12b）

業種子 ごうしゅうじ 「ごっしゅうじ」と読む。善業あるいは悪業によって潜在的な根本心である阿頼耶識の中に善・悪のいずれかに色付けされて熏習された種子。阿頼耶識の中の種子はすべてまとめて名言種子といわれるが、その中で未来世の生存のありようを決定する種子を別に立てて業種子とよぶ。別名、異熟習気ともいう。→種子② →名言種子

業生名 ごうしょうみょう 「ごっしょうみょう」と読む。人に対する六種の呼び名（功徳名・生類名・時分名・随欲名・業生名・標相名）の一つ。仕事の種類に応じた名称。たとえば絵画を描く者を画師、鍛冶をする者を金鉄師と呼ぶがごときをいう。

（出典）業生名者、謂、依作業、立名。如善画者、名為画師、鍛金鉄者、名金鉄師、如是等。（『婆沙』15、大正 27・73b）

業声 ごうしょう 「ごっしょう」と読む。→八転声

業障 ごうしょう 「ごっしょう」と読む。よく考え故意に行なった悪業という障害。さとりへの道（聖道）の障害となる。五無間業もこのなかに含まれる。三障（業障・煩悩障・異熟障）の一つ。あるいは十二種の障の一つ。→五無間業

（出典）言業障者、謂、五無間業及余所有故思造業、諸尤重業。彼異熟果、若成就時、能障正道、令不生起、是名業障。（『瑜伽』29、大正 30・446a）：障者、有十二種。一業障、謂、作五無間業故。（『瑜伽』64、大正 30・656a）

業尽 ごうじん 業がつきること。その結果として死がもたらされる。「異熟が尽きる時、また、説いて業尽と名づくが如く、未来の衆苦と及び諸煩悩とが種なきに由るが故に畢竟して生ぜざるを説いて名づけて断と為す」「業尽とは、順生受業と順後受業とが倶に尽きるが故に死ぬを謂う」

（参考）（『集論』3、大正 31・675a）：（『雑集論』6、大正 31・720b）：（『略纂』1、大正 43・15c）

業雑染 ごうぞうぜん 業のけがれ。たとえば殺生・不与取・欲邪行・妄語（虚誑語）・両舌（離間語）・悪口（麁悪語）・綺語（雑穢語）・貪欲・瞋恚・邪見の十種の不善業をいう。三種の雑染（煩悩雑染・業雑染・生雑染）の一つ。→三雑染 Ⓢ karma-saṃkleśa

（参考）（『瑜伽』8、大正 30・315a～320b）：（『瑜伽』59、大正 30・630a 以下）

業大性 ごうだいしょう 大乗の七つの偉大性の一つ。→七種大性

業道 ごうどう ①業という道。行為の道。行為は身体的行為（身業）と言語的行為（語業）と精神的行為（意業）との三種に分かれるが、前二つの行為は第三の意業の本質である意志（思）によって発せられるから、業は思によって踏まれるという意味で業道という。善の業道、不善の業道としてそれぞれ十種ある。→十善業道 →十不善業道

Ⓢ karma-patha

（出典）身語表、由思発故、仮説為業。思所履故、説名業道。（『成論』1、大正 31・5a）

（参考）（『倶舎』17、大正 29・88b～c）：（『述記』2 本、大正 43・276a～b）

②生死輪廻する機構を、煩悩によって業が生

じ煩悩と業とによって苦が結果するという煩悩・業・苦の三つの範疇でとらえるなかで、十二支縁起をこれら三つに分類して、行・有の二支を煩悩から生じる結果であり同時に苦を生じる原因となるものとしての業ととらえ、それらを業道という。
Ⓢ karma-vartman
(参考)(『瑜伽』10、大正 30・325b)

業縛 ごうばく　業による束縛。「業縛とは、諸業を楽い、業が重く、業の果報に於て自在ならざるを謂う」
(出典) 問、何等名業縛。答、楽著事業、名為業縛。又於三処、為障礙業亦名業縛。謂、於出離心、於得出離喜楽、於得聖道。又順異熟障業亦名業縛。又邪願業亦名業縛。(『瑜伽』55、大正 30・601c)

業比量 ごうひりょう　ある働き(業)の結果を見て、その働きの本体を推量すること。たとえば広い足跡を見て象を、あるいは、地面に引きずられたような跡を見て蛇を推量する、あるいは、いななきを聞いて馬を、おたけびを聞いて獅子を、ほえる声を聞いて牛を推量すること。五種の比量(相比量・体比量・業比量・法比量・因果比量)の一つ。→比量
(出典) 業比量者、謂、以作用、比業所依。(中略) 如広跡住処、比知是象、曳身行処、比知是蛇、若聞嘶声、比知是馬、若聞哮吼、比知師子、若聞咆勃、比知牛王。(『瑜伽』15、大正 30・358a)

業風 ごうふう　①業の働きによって生じる風。「阿頼耶識は業風に飄せられて、遍く諸根に依って恒に相続して転ず」「父母の不浄を執して己の有と為し、根形円満となりて始めて産門に赴き、業風に漂激されて大苦悩を生ず」
②有情の共通の業の力によって生じる風。その力によって山や海などが成立する。「業風に由って宝などを簡別して、摂めて聚集して山を成ぜしめ、洲を成ぜしめ、水の甘鹹を分ちて別して内海・外海を成立せしむ」
(参考)(『倶舎』11、大正 29・57b〜c)

業報 ごうほう　①業の報。業がもたらす果報。
②業と報。原因としての業と結果としての報。「業と報とを相対して以って決定を辨ず」

業報身 ごうほうじん　業の果報としての身。過去世の業に報われた今世の身体・存在。「永く後有を尽した声聞の無学は、変化身に依って無上菩提を証し、業報身に依って証するに非らず」

業煩悩 ごうぼんのう　業と煩悩。苦的存在をもたらす二つの要因。現在世の存在をもたらす過去世の二つの原因。三雑染のなかの二つ。業惑ともいう。→三雑染「阿頼耶識とは、謂く、先世所作の増長なる業煩悩を縁と為し、無始時来の戯論の熏習を因と為して生ずるところの一切種子異熟識を体と為す」「先の業煩悩に引かるるところの諸の蘊が自然に滅し、無余依般涅槃界に於て般涅槃す」

業用 ごうゆう　働き。作用。「表色とは業用を依と為して転動する差別を謂う」「眼は見を以って業と為す。是の如く、余の根の各の自の業用も応に知るべし」
Ⓢ karma kriyā: karman

業用相似 ごうゆうそうじ　ものごとの作用が連続して似ていること。五種の相似の一つ。→相似⑥
(出典) 業用相似者、謂、彼展転作用相似。(『瑜伽』15、大正 30・357a)

業力 ごうりき　業の力。生きもの(有情)の意志から発せられる行為の力。無常力と対比される力。→無常力「上の二界に生じて、総じて因力・業力・法爾力の三縁に由って能く進みて色無色定を引生す」「有情の業力が成劫の風を起こす」
(参考)『婆沙論』に、業力と無常力とが対比され、いずれが強いかという問題が提起されている(『婆沙』38、大正 27・199b〜c)。

業惑 ごうわく　業と惑。業煩悩とおなじ。→業煩悩「雑染法とは苦・集諦を謂う、即ち所・能趣の生と及び業・惑となり」

豪貴 ごうき　金持ち。富豪者。富んでいること。「財宝は豊饒にして親属は豪貴なり」「国王・大臣・豪貴が尊ぶ師長」 Ⓢ āḍhya

豪貴家 ごうきけ　高貴な家柄。貴家とおなじ。「豪貴家に生まれることを族姓具足と名づく」 Ⓢ ucca-kula

嘷叫地獄 ごうきゅうじごく　号叫地獄とおなじ。→号叫地獄

鞕 ごう　かたいこと。感触(触)の一つ。硬とも書く。 Ⓢ khara: kharatā

囂挙 ごうこ　さわぎたかぶること。「根寂静ならず、諸根掉乱し、諸根囂挙す」

Ⓢ unnata

囂馳 ごうち　心が対象に対して動き回ること。「諸の天子の将に命終らんとする時、先の五種の小の衰相現わる。本性としては囂馳なれども今は一境に滞る」 Ⓢ capala

囂動 ごうどう　動き回ること。動揺すること。不善の心所の一つである掉挙のありようをいう。「煩悩が起こるは必ず無堪任・囂動・不信・懈怠・放逸の五つに由る」「善心の起こる位には必ず掉挙の囂動を離れる」

囂暴 ごうぼう　やかましく乱暴であること。「悪を追往し、現の違縁に触れて、心、便ち很戻して、多く囂暴にして凶鄙なる粗言を発して他を蛆螫するを悩と謂う」「囂とは諠囂を謂い、暴とは卒暴を謂う」

谷嚮 こくきょう　こだま。谷響とおなじ。→谷響

谷響 こくきょう　こだま。現象的存在には実体がないことを示すために用いる譬喩の一つ。響・嚮応・谷嚮ともいう。「依他起性は幻夢・光影・谷響・水月・影像、及び変化などに同じく、猶し聚沫の如く、猶し水泡の如く、猶し陽焔の如く、猶し芭蕉の如しと当に了知すべし」 Ⓢ pratiśrutkā
（参考）（『摂論釈・世』5、大正 31・344b〜c）

国 こく　王国。国土。領地。「王を以って国を比知し、夫を以って妻を比知す」「汝等、国に於ても家に於ても非法の行を行ずるなかれ」 Ⓢ jana-pada: rāṣṭra

国王 こくおう　一国の君主。 Ⓢ bhojaka: viṣaya-svāmin: rājan

国王家 こくおうけ　国王の家。僧（苾芻）が行ってはいけない場所（非所行処）の一つ。王家ともいう。→非所行処
Ⓢ rāja-kula
（参考）（『瑜伽』22、大正 30・402c）

国界 こくかい　国の領土。国土。「王は柔和にして自の国界を統領す」 Ⓢ pṛthivī-maṇḍala

国師 こくし　国の祭り事を司る人。祭官。「国王あり、諸の大臣・輔相・国師、及び群官などに於て、心、無顚倒に能く善く、忠信・伎芸・智慧の差別を了知す」
Ⓢ amātya: purohita

国主 こくしゅ　一国の君主。「我れは国主に因って安楽を得る」 Ⓢ bhojaka: svāmin

国城 こくじょう　城壁で囲んだ国の領域。国土。「大火が村邑・国城・王都を焚焼し、悉く灰燼となる」

国土 こくど　国の領土。「菩薩は居止するところの国土・城邑の中に於て、あらゆる恐怖・闘諍・饑饉を能く除遣す」「王は国土が豊饒にして富楽ならんことを誓願す」
Ⓢ kṣetra: jana-pada: deśa

国土尋 こくどじん　→国土尋思

国土尋思 こくどじんし　故郷などの国土に思いをはせること。あるいは国土のことを汚れた心で思いをはせること。心が定まらず散乱する原因の一つ。掉挙悪作蓋を生じる原因の一つ。国土尋とおなじ。「眷属尋思・国土尋思・不死尋思は定心ならざる者の三摩地障なり」
（出典）心懐染汚、攀縁国土、起発意言、説名国土尋思。（『瑜伽』89、大正 30・803a）

国人 こくにん　国の人民。国民。「国主は国人を損害せず、国人は国主に因って安楽を得る」 Ⓢ grāmīṇa

国分 こくぶん　国の周辺。国土の辺境。「火生じて、或いは城と城分、或いは国と国分を焼く」 Ⓢ jana-pada-pradeśa

国務 こくむ　国政。国事。国の運営。「国王あり、聡叡なる群臣の進言を聴受・信用すれば国務・財宝・名称、悉く増盛す」

国邑 こくゆう　国の都。国都。「国邑と聚落との饒財の商主」「如来が住む国邑には、仏の神力の故に疾疫・災横などの起こることなし」 Ⓢ naigama

尅証 こくしょう　はげみさとること。努力して獲得すること。「修習の時、便ち能く無相心定を尅証す」「無上円満なる徳を尅証す」

哭 こく　泣くこと。大声で泣き叫ぶこと。
Ⓢ **krand**

斛函 こくかん　量をはかる容器。ます。「斛函を以って稲麦などを量って数量を知る」

黒 こく　①くろ。黒いいろ。黒色。「世間を見るに、身形に長と短、肥と痩、黒と白などの異なることあり」 Ⓢ kāla: kṛṣṇa: nīlika: śyāma
②白の対としての黒。煩悩などで汚れたありよう、あるいはそのようなものをいう。→黒品「黒業」「黒品」「黒法」「明の所治なるが故に説いて名づけて黒と為す」 Ⓢ kṛṣṇa

黒暗 こくあん　くらやみ。無明と疑との喩

えに用いられる。「無明と疑とを倶に黒暗と名づく」 Ⓢ andha-kāra
（参考）（『瑜伽』11、大正 30・330b）

黒闇 こくあん ①くらやみ。無明の別名として、あるいは無明・無智の喩えに用いられる。「無知・黒闇・愚癡は無明の行相なり」「光明滅して黒闇が生ず」「仏世尊は能く光明を施し智明を発して一切の無智の黒闇を滅す」 Ⓢ andha-kāra: tamas
②くらい場所。「黒闇に趣く者は二種の相に由って是の如き類の意生の中有を起こす。黒羺光と及び陰闇夜の如し。故に悪色と名づく」 Ⓢ tamas

黒黯色 こくあんじき 黒色。黒ずんだ色。「其の母が煖熱を習近する現在縁に由って彼の胎蔵をして黒黯色に生まれしむ」
Ⓢ kṛṣṇa-śyāma-varṇa

黒穢色類 こくえしきるい 黒色の色類。劣った人種。白浄色類の対。「妄計最勝論者は、婆羅門は是れ白浄の色類にして余種は是れ黒穢の色類なりと計す」 Ⓢ kṛṣṇa

黒黶間身 こくえんけんじん 皮膚の上に黒い斑点がまざった身体。
Ⓢ tilakācita-gātratā
（出典）黒黶間身云何。謂、黯黒出現、損其容色。（『瑜伽』10、大正 30・323c）

黒業 こくごう 不善の業。悪い業。地獄・餓鬼・畜生の悪い生存状態（悪趣）をもたらす業を色にたとえて黒業という。三界（欲界・色界・無色界）すべてにわたる悪業をいう。もっぱら汚れた業であるから純黒業ともいう。白業の対。→白業 Ⓢ kṛṣṇa-karma
（出典）云何黒業。謂、不善業、能感嶮悪趣。（『婆沙』114、大正 27・590a）：諸不善業、一向名黒。染汚性故。異熟亦黒。不可意故。（『倶舎』16、大正 29・83b）

黒黒異熟業 こくこくいじゅくごう 黒業と黒異熟。黒業とは地獄（那落迦）の生存をもたらす悪業（不善業）。黒異熟とはその悪業によってもたらされる異熟、すなわち地獄の生存をいう。四業（黒黒異熟業・白白異熟業・黒白黒白異熟業・非黒非白無異熟業）の一つ。 Ⓢ kṛṣṇaṃ kṛṣṇa-vipākaṃ karma
（出典）黒黒異熟業者、謂、不善業。由染汚故、不可愛異熟故。（『雑集論』8、大正 31・731a）

黒子 こくし ほくろ。皮膚に点在する黒色の小斑。「多くの諸の黒子が身を荘厳す」
Ⓢ tilaka

黒勝生 こくしょうしょう 三種の勝生（黒勝生・白勝生・非黒非白勝生）の一つ。勝生（abhijāti）とは生まれ・家柄・血統をいい、行ないが悪の家柄、あるいは賤しく貧乏な家を黒勝生という。旃荼羅家・卜羯娑家・造車家・竹作家などの家柄をいう。 Ⓢ kṛṣṇa-abhijātikaṃ janma
（出典）黒勝生生、謂、如有一生旃荼羅家、若卜羯娑家、若造車家、若竹作家、若生所余下賎貧窮、乏少財物飲食等家、如是名為人中薄福徳者。（『瑜伽』9、大正 30・320b～c）

黒勝生類 こくしょうしょうるい 満迦葉波外道が説いた六種の勝れた人たちの一グループ。→六勝生類

黒縄地獄 こくじょうじごく 先に黒いなわで身体を縛り、その後で切り割く地獄。八大地獄の一つ。黒縄大那落迦ともいう。
Ⓢ kāla-sūtra-naraka
（出典）先以黒索、拼量支体、後方斬鋸故名黒縄。（『倶舎論疏』8、大正 41・584b）

黒縄大那落迦 こくじょうだいならか →黒縄地獄

黒沈 こくじん 香木の一つであるジンチョウゲの木から採れる香料。沈水香。妙なる香りがする。「黒沈の上に妙香性あり」
Ⓢ kāla-aguru

黒説 こくせつ 外道のまちがった説、悪い説。闇説ともいう。大説の対。→大説
Ⓢ kāla-apadeśa
（出典）外道邪説及諸悪説、名黒説。（『略纂』7、大正 43・96a）
（参考）（『了義灯』1 本、大正 43・665c）

黒羺光 こくとうこう 黒い羊の毛が放つ暗い光。羺の原語 kutapa は羊の毛を意味する。「悪業を造る者の得る中有は黒羺光、或いは陰闇夜の如し」 Ⓢ kṛṣṇasya kutapasya nirbhāsaḥ

黒駮狗 こくはくく 黒色が交ざった犬。黒の斑点のある犬。烏駮狗・黒釐狗ともいう。駮、あるいは釐と訳される śabala は「斑点のある」という意味。 Ⓢ śyāma-śabala-śvan

黒髪 こくはつ 黒い髪。若い人のこと。「幼稚・黒髪・少年・盛壮の殊妙なる形色」
Ⓢ kṛṣṇa-keśa

黒半 こくはん 一か月の前半の十五日。白

半の対。→白半「何が故に月輪は黒半の末と白半の初位とに於て欠くることあるや」 Ⓢ kṛṣṇa-pakṣa

黒白　こくびゃく　①黒色と白色。「黒白の牛」 Ⓢ kṛṣṇa-śukla
②黒と白。黒は不善業、白は善業をいう。
Ⓢ kṛṣṇa-śukla
③欲界の善業をいう。欲界の善のなかに悪がまじっているから黒白という。 Ⓢ kṛṣṇa-śukla

黒白倶業　こくびゃくくごう　黒白業ともいう。善と悪とを倶に有した業。欲界の善業をいう。たとえば乱暴する悪人に対して怒りの思いを起こし彼の悪を喜ばないような業をいう。なぜなら怒ることは悪（黒）であるが、彼の悪を喜ばないことは善（白）であるからである。
（参考）（『瑜伽』66、大正 30・665a～b）

黒白業　こくびゃくごう　→黒白倶業

黒白黒白異熟業　こくびゃくこくびゃくいじゅくごう　黒白業と黒白異熟。黒白業とは欲界の善業をいい、黒白異熟とはその黒白業によってもたらされた生存をいう。黒は不善を、白は善を意味するので、欲界の一つの業とその果とが不善であると同時に善でもあるということは道理に矛盾するのではないか、という疑問に対して『倶舎論』（『倶舎』16、大正 29・83c）では、欲界では一つの生存するもの（相続）のなかにおいては、善に不善がまざりうるからであると解釈する。また『雑集論』（『雑集論』8、大正 31・731a）では、意楽と方便との二面に分けて、（ｉ）意楽においては不善（黒）であるが方便においては善（白）である場合と、（ⅱ）意楽においては善であるが方便においては不善である場合とに分けて黒白を解釈している。（ｉ）としては、他人を欺こうという意図から欺く行為をして信用せしめ布施せしめることを、（ⅱ）としては、子供や門徒を危険な場所から遠ざけようとする憐れみの心でもって方便として種々の身や言葉での行為を起こすことをそれぞれ例としてあげている。四業（黒黒異熟業・白白異熟業・黒白黒白異熟業・非黒非白無異熟業）の一つ。 Ⓢ kṛṣṇa-śuklaṃ kṛṣṇa-śukla-vipākaṃ karma
（出典）云何黒白黒白異熟業。謂、欲界繋善業、能感人天趣異熟業。（『婆沙』114、大正 27・591a）：欲界善業、名為黒白。悪所雑故。異熟亦黒白。非愛果雑故。（『倶舎』16、大正 29・83c）：黒白黒白異熟業者、謂、欲界繋雑業。善不善雑故。（『雑集論』8、大正 31・731a）

黒風　こくふう　青黒い風。風が顕形色（いろと形とをもったもの）である証拠として引用される語。「風も亦た顕形なり。世間に黒風・団風と説くが如し」 Ⓢ nīlikā vātyā
（参考）（『倶舎』1、大正 29・3b）

黒分　こくぶん　①欠けた月の黒い部分。「月輪は黒分に於て如如に漸低し、是の如く是の如く、漸く、虧減を現ず」 Ⓢ kṛṣṇa-pakṣa
②存在するもののなかで黒いもの。煩悩などの否定されるべきものをいう場合にも用いられる。黒品とおなじ。白分の対。「菩薩の智は黒分・白分の一切法のなかに於て普照す」
Ⓢ kṛṣṇa-pakṣa

黒法　こくほう　不善で悪なるもの（不善法）と聖道をさまたげるが善でも悪でもないもの（有覆無記法）。 Ⓢ kṛṣṇa-dharma
（出典）云何黒法。謂、不善法及有覆無記法。（『婆沙』114、大正 27・589c）

黒品　こくほん　煩悩、あるいは煩悩に基づく否定されるべき行為・ありようのグループ。白品の対。たとえば四諦についていえば苦諦と集諦とにすべての黒品がおさめられ、滅諦と道諦とにすべての白品がおさめられる。 Ⓢ kṛṣṇa-pakṣa
（参考）（『瑜伽』87、大正 30・790c）

黒鸗狗　こくりく　→黒駁狗

黒路　こくろ　火の十種の別名の一つ。
（参考）（『婆沙』72、大正 27・371a）

黒鹿子　こくろくし　ムリガーラ（mṛgāra）の生んだ黒い子供。「世尊はある時、黒鹿子に依って諸の苾芻の為に法要を宣説す」

穀　こく　①米の粒。「種の果が少しとは、穀・麦などの如し」 Ⓢ yava: vrīhi
②こめ・むぎ・あわなどの穀類の総称。
Ⓢ dhānya

穀物　こくもつ　こめ・むぎ・あわなどの穀類。あるいは乳酪や果汁などをも含めた飲食物の総称。三種の布施する物（財物・穀物・処物）の一つ。 Ⓢ dhānya-vastu
（出典）云何穀物。謂、諸所有可食・可飲、大麦・小麦・稲穀・粟穀・糜黍・胡麻・大小

豆等、甘蔗・蒲桃・乳酪・果汁種種漿飲。（『瑜伽』25、大正 30・421a〜b）

酷 こく 残忍であること。「国王が酷なる法を人に委ねる」

酷暴 こくぼう 残忍で狂暴なこと。「背恩の欲解と欺誑の欲解と酷暴の欲解とを以って不善業を造る」 Ⓢ raudra

轂 こく →轂輞

轂輞 こくもう 轂は車輪の中央にあり、車の輻（車輪の中央から車輪の輪に向かって放射状に組まれた棒）が集まるところ。輞は車輪のふちで車輪の外周をつつむたが。轂と輞と千の輻とからなる車輪の文様が足の裏に具わっていることが偉大な人間に具わる三十二種の身体的特徴の一つとしてあげられる。「双足の下に於て千輻輪を現し轂輞の衆相が円満せざることなし」 Ⓢ nābhi-nemi

曲 ごく まがっていること。まっすぐでないこと。だましへつらうこころ（諂）をいう。「諂とは心の曲を謂う」
Ⓢ kuṭila: kauṭlya: vaṅka
（出典）曲云何。謂、諂所起身語意業。所以者何。諂名為曲。由曲相法、所起三業、説名為曲。是彼果故。問、復何因縁、諂名為曲。答、直相違故。（『婆沙』117、大正 27・609a）

曲躬合掌 ごくくがっしょう 身をかがめて合掌すること。「偏に右肩を袒し、右膝を地に著け、薄伽梵に向かいて曲躬合掌して白して言う」 Ⓢ kapotakam añjaliṃ kṛtvā

曲業 ごくごう 三業（曲業・穢業・濁業）の一つ。→三業⑫ Ⓢ vaṅka-karman

極 ごく 物事の最高・最上・最終・過度などのありようを表す語。
Ⓢ ati: atyanta: atyartham: adhimātra: ugra: gāḍham: tara: niṣṭha: para: parama: pragāḍha: bhṛśam: sutarām: suṣṭhu-tara

極遠 ごくおん （距離的に、あるいは時間的に）きわめてはなれていること。程度がおおきく相違していること。「極遠の処所と極遠の損減との二種の極遠あり」「声聞と独覚は仏法と極遠の時と極遠の処と及び諸の義類の無辺の差別に於て不染無知を、猶、未だ断ぜず」「天眼は極遠の境を縁ず」
Ⓢ ativiprakṛṣṭa: viprakarṣa

極歓喜地 ごくかんぎじ →極歓喜住

極歓喜住 ごくかんぎじゅう 発心してから仏陀になるまでの十三の段階・心境（十三住）の第三。真理（四諦・真如）を見て歓喜する段階。見道の位。極歓喜地とおなじ。歓喜地ともいう。この段階で清浄な意欲・願い（浄勝意楽）を得るから浄勝意楽住・浄勝意楽地ともいう。菩薩の十地のなかの歓喜地にあたる。→十三住 Ⓢ pramudita-vihāra
（参考）（『瑜伽』47、大正 30・553a）

極喜地 ごくきじ 歓喜地ともいう。菩薩の十地の第一地（初地）。初めて汚れのない智（無漏智・出世間心）で真理（四諦・真如）をさとって大歓喜を生じる段階。我空と法空との二空をさとり、自己と他者とを利益・安楽せしめることができるようになる。この段階から聖者となる。 Ⓢ pramudita-bhūmi
（出典）成就大義、得未曽得出世間心、生大歓喜、是故最初名極喜地。（『解深』4、大正 16・704a）：言十地者、一極喜地。初獲聖性、具証二空、能益自他、生大喜故。（『成論』9、大正 31・51a）

極逈色 ごくきょうしき 虚空に存在する物質的なもの（空界色）を意識によって分析して最後にたどりつく最小単位の原子（極微）をいう。意識によって心のなかに仮に作り出されたもの。法処所摂色の一つ。→法処所摂色
（参考）（『雑集論』1、大正 31・696b）：（『義林章』5、大正 45・341b）

極光浄天 ごくこうじょうてん 極浄光天とおなじ。→極浄光天

極細 ごくさい ①物質のなかで最も小さいもの。極小なもの。物質（色）を構成する最小単位（極微）をいう。 Ⓢ sarva-sūkṣma
（出典）色聚極細、立微聚名。為顕更無細。（『倶舎』4、大正 29・18b）
②極めて細かいこと。そのありようが微細で認知し難いこと。「滅尽定は極細の心心所を滅して得る」「是の如きの縁起は異生の覚慧は了知し難きが故に極細と名づく」
Ⓢ sūkṣma

極七返有 ごくしちへんう →極七返有補特伽羅

極七返有補特伽羅 ごくしちへんうふとがら 欲界の修惑をすべて断ずることなく見道に入って、第十六心の修道の位に住する預流の聖者のなか、人と天との間を七度も極めて多く

往返する聖者をいう。極七返有・極七返生ともいう。
Ⓢ sapta-kṛd-bhava-paramaḥ pudgalaḥ
（参考）（『瑜伽』26、大正 30・424c〜425a）

極七返生　ごくしちへんしょう　→極七返有補特伽羅

極寂静　ごくじゃくじょう　心が極めて静まった状態。禅定（静慮 dhyāna）や定（三昧 samādhi）、涅槃などのありようをいう。「欲界は極喧動にして無色界は極寂静なり」「滅定は極寂静なり」「涅槃は極寂静なり」
Ⓢ praśānta: śānta

極重　ごくじゅう　極めて重いこと。烈しいさま。烈しく心を悩ますこと。「羊などを屠すは極重の罪を成ず」「那落迦に生じて極重の憂苦に擾悩さるる」「此の疾病の因縁に由って身中に極重の苦悩を発生す」 Ⓢ gāḍha: gurutā: ghaṇī-karaṇa: tīvra

極清浄　ごくしょうじょう　極めて清らかであること。極善清浄・善清浄・最極清浄ともいう。「此の中有は極清浄なる天眼の所行なり」「天眼は善清浄なる静慮の果なるが故に極清浄と名づく」「極清浄なる法界」
Ⓢ viśuddhatva: suviśuddha

極清浄法界　ごくしょうじょうほっかい　最高に清らかになった存在の世界。すべての汚れがなくなった仏の世界・境界。生死を超越して常に一切の生きものを救済しつづける功徳が集積された世界。善清浄法界ともいう。
Ⓢ suviśuddha-dharma-dhātu
（出典）極於法界者、謂、極清浄法界。是名極於法界。即是窮生死際、常現利益安楽一切有情功徳。（『摂論釈・世』5、大正 31・348a）

極成　ごくじょう　一般に認められていること。成立すること。「世間の種子と芽との極成の因果」「極成の同時因果あり」「其の理は極成せず、証と為すべからず」
Ⓢ prasiddha: siddha: siddhi: **sidh**

極浄　ごくじょう　極めて清浄なこと。「極浄の天眼は能く之を見る」 Ⓢ suviśuddha

極浄光天　ごくじょうこうてん　色界の第二禅天にある三つの天の一つ。極光浄天ともいう。色界十七天の一つ。→色界十七天
Ⓢ ābhā-svarāḥ deva-nikāyaḥ

極親昵分別　ごくしんじつふんべつ　最も強い貪欲にまとわれた分別。あるいは、性交において精液を出すときの分別。八種の虚妄分別の一つ。→虚妄分別①
（出典）極親昵分別者、（中略）謂、不浄出時所有分別。（『瑜伽』17、大正 30・369c）：極親昵分別者、謂、為最極諸貪欲纏之所纏縛。（『瑜伽』58、大正 30・625c〜626a）

極善　ごくぜん　極めてよいこと。最高にすぐれていること。種々のありように付与される形容詞。「極善なる意楽・解脱・思惟・思択・修習・成熟・円満」
Ⓢ parama-kalyāṇa: parama-kauśalya

極善清浄　ごくぜんしょうじょう　極清浄・善清浄・最極清浄とおなじ。→極清浄

極多　ごくた　数・量・程度などにおいて極めて多いこと。最高に多いこと。種々のありように付与される形容詞・副詞。「極多の食」「三摩地に於て極多に修習す」 Ⓢ ati-: atiprabhūta: bahu: bahula: sarva-bahu

極大　ごくだい　①極めて大きいこと。極めて程度が強いこと。種々のありように付与される形容詞。「極大の菩提」「極大の艱辛」「極大の無智」
②ヴァイシェーシカ派（勝論）が説く円性（円いというありよう）の二つ（極微と極大）のなかの一つ。空（空間）と時（時間）と方（方角）と我（アートマン）との四つの実体の属性をいう。
（参考）（『述記』1末、大正 43・256a）

極難勝地　ごくなんしょうじ　菩薩の十地の第五地。極めて困難なことを成し遂げる段階。第四地までは真智（真如を証する根本智）と俗智（依他起を縁じる後得智）とが別々に生じて、その行相（認識のありよう）が相違していたのが、この地に至って両者が一緒になって働くことができるようになる。この極めて困難な両智合観が可能になるから、この地を極難勝地という。 Ⓢ bhūmiḥ sudurjayā
（出典）由即於彼菩提分法方便修習、最極艱難方得自在、是故第五、名極難勝地。（『解深』4、大正 16・704a）：言十地者、（中略）五極難勝地。真俗両智、行相互違合、令相応極難勝故。（『成論』9、大正 31・51a）

極熱　ごくねっ　①極めて熱いこと。「極熱にして焼然する鉄丸」 Ⓢ udāra-agni: tapta: pratapta
②地獄の名。→極熱地獄

極熱地獄　ごくねつじごく　→大熱地獄

極白勝生類　ごくびゃくしょうしょうるい　満迦葉波外道が説いた六種の勝れた人たちの一グループ。→六勝生類

極微　ごくみ　物質（色）の最小の大きさ。長さの単位の一つ。あるいは、物質を構成する最小単位である原子。〈有部〉は、極微は実在し身体や物質は極微から構成されると主張する。これに対して〈唯識〉は、意識によって事物を分析して心のなかに仮に作り出された影像にすぎないと主張する。物質が最小単位の極微から構成されるという見解を極微所成という。このような見解は〈有部〉や〈経量部〉によって主張されたが、〈唯識〉は一切は心の現れであるという立場より、この極微所成説に反対する。 Ⓢ parama-aṇu
（出典）分析諸色、至一極微、故一極微為色極少。（『倶舎』12、大正 29・62a）：於色聚中、曽無極微生。若従自種生時、唯聚集生、或細或中或大。又非極微集成色聚、但由覚慧、分折諸色、極量辺際、分別仮立以為極微。（『瑜伽』3、大正 30・290a）：分析諸色至最細位、名曰極微。（『瑜伽』54、大正 30・597c）

極微所成　ごくみしょじょう　物質（色）は原子（極微）より構成されているという見解。→極微「所執の色に総じて二種あり。一には有対にして極微所成、二には無対にして極微成に非らず」

極楽世界　ごくらくせかい　極めて安楽な世界。阿弥陀如来の住する浄土。「別時意趣とは、若し極楽世界に生れんと願うことあれば、皆な往生することを得ると説くが如し」
Ⓢ sukhāvatī-loka-dhātu

極略色　ごくりゃくしき　物質を構成する最小単位である極微（原子）のこと。法処所摂色の一つ。→極微　→法処所摂色
（出典）極略色者、謂、極微色。（『雑集論』1、大正 31・696b）
（参考）（『義林章』5、大正 45・341b）

獄　ごく　地獄の略称。「現身にして無間獄に顚墜す」 Ⓢ naraka

獄卒　ごくそつ　地獄の看守。地獄の生きものを処罰し苦しめる番人。地獄卒ともいう。「獄卒は洋銅を以って其の口に灌ぐ。是の因縁に由って長時に苦を受く」
Ⓢ naraka-pāla: yātanā-puruṣa

乞匃　こつかい　施物を乞うこと。僧の生活手段。 Ⓢ bhikṣ

乞匃者　こつかいしゃ　乞求者とおなじ。→乞求者

乞匃苾芻　こつかいびっしゅ　食べ物を乞うて生活をする僧のこと。四種の苾芻（名想苾芻・自称苾芻・乞匃苾芻・破惑苾芻）の一つ。→苾芻　Ⓢ bhikṣata iti bhikṣuḥ
（参考）（『倶舎』15、大正 29・79b）

乞行　こつぎょう　乞求行とおなじ。→乞求行

乞求　こつぐ　乞いもとめること。ものごいすること。もとめるものとして飲食・衣服・房舎・病縁医薬・救護の五つが説かれる（『瑜伽』72、大正 30・695b）。「如法に乞求して以って自ら活命す」「心に染汚を懐いて乞求することあり」
Ⓢ anveṣaṇa: arthika: arthin: paryeṣana

乞求行　こつぐぎょう　乞食をすること。ものを乞うことを生活の方法とすること。乞行ともいう。「出家して乞求行を受して以って自ら存活す」 Ⓢ bhikṣāka-vṛtta

乞求者　こつぐしゃ　ものごいする人。乞者・乞匃者ともいう。苦しむ人の一人。「飲食・衣服・医薬などを以って沙門・貧病者・乞求者に奉施す」「有苦者とは乞匃者などを謂う」 Ⓢ yācanaka

乞食　こつじき　家々を巡って食べ物を乞うこと。僧の生活手段。「如の是く村邑・聚落に行きて巡行し乞食す」
Ⓢ piṇḍa: piṇḍa-pāta: piṇḍa-pātikatva
（参考）随得乞食・次第乞食の二種の乞食方法が説かれている（『瑜伽』25、大正 30・422a）。乞食の目的については（『瑜伽』86、大正 30・784a）に詳しい。

乞者　こつしゃ　乞求者とおなじ。→乞求者

杌　こつ　木の切り株。葉がない木。人間の形に似ているから人間であると錯覚する対象としてあげられる。「遠くに物を見るに動揺なく其の上に鳥が居れば、是れは杌なりと比知し、動揺あれば、是れは人なりと比知す」「人は要ず杌に迷って是は杌なりと知らずして、方に執して人と為す」。 Ⓢ sthāṇu

矻　こつ　こごめ。「種を植えずして粳稲が自然に出現して糠なく矻なし」 Ⓢ tuṣa

忽爾　こつに　突然に。「或る時、忽爾に瀑河が弥漫し、一時間に於て頓に則ち空竭す」

Ⓢ akasmāt

忽然 こつねん 突然に。「諸の天子が将に命終せんとする時、自身の光明が忽然として昧劣となる」

骨 こつ ほね。骸骨。白骨。不浄観を修するときの対象の一つ。「人身の内に多く不浄あり。いわゆる塵・垢・筋・骨・脾・腎・心・肝なり」 Ⓢ asthi

骨瑣 こっさ 骨鎖とおなじ。→骨鎖

骨瑣想 こっさそう 骨鎖想とおなじ。→骨鎖想

骨鎖 こっさ ほね。ほねのつながり。骸骨。朽ちた骨。骨瑣・骨聚ともいう。→骨鎖想「骨鎖を縁じて不浄観を修す」 Ⓢ asthi: asthi-kaṅkāla: asthi-śaṃkalā: asthi-śaṃkalikā

骨鎖観 こっさかん 骨鎖想とおなじ。→骨鎖想

骨鎖想 こっさそう 身体は骨からできていると観想すること。それによって身体は不浄であるとみて身体への執着を断ち切る修行、すなわち不浄観を修する一つの方法。骨瑣想・骨聚想ともいう。骨鎖観とおなじ。「骸骨想と骨鎖想とは細の触貪を対治す」 Ⓢ asthi-saṃjñā

骨聚 こつしゅう 骨鎖とおなじ。→骨鎖

骨聚想 こつしゅうそう 骨鎖想とおなじ。→骨鎖想

今 こん ①いま。現在。きょう。Ⓢ adya: etarhi: idānīm: pratyutpanna: sāṃpratam
②この場合。「今、此の頌の中は何の義を顕さんと欲するや」

今世 こんせ 今生の世。現世・現在世ともいう。「今世と後世に於て作るところの罪の中に於て大なる怖畏を見る」 Ⓢ itas: iha: iha-loka: etarhi

困苦 こんく なんぎ。くるしみ。こまること。「諸の菩薩は大悲心を以って一切の貧窮・困苦の衆生を観察す」 Ⓢ duḥkhita

困弊 こんへい 疲労こんぱいすること。「魔王は困弊して、力、窮す」

困乏 こんぼう 貧乏で困っていること、またそのような人。「有苦にして貧窮・困乏なる衆生」 Ⓢ niṣkiṃcana

困厄 こんやく 困難。厄難。「瞋恚心を起こすことに由って死後悪趣に生まれ、困厄を受く」 Ⓢ vighāta

很戾 こんれい さからうこと。意地をはってひがみさからうこと。不善の心所の一つである悩の働きをいう。佷戾とも書く。「云何なるを悩と為す。忿と恨とを先と為して追触・暴熱・很戾するを性と為す」

昏 こん 暗いこと。おろかなこと。くらむこと。「諸の有情は無明に昏せらるる」「酒に昏せらるる」

昏闇 こんあん 暗いこと。おろかなこと。無明に覆われて心が暗くおろかなさま。「無明の昏闇」

昏昧 こんまい 眠くてはっきりしないこと。ぼうっとしているさま。「昏昧とは臥の威儀位を謂う」「色界の愛は所知の境に於て迷惑せしむるが故に説いて昏昧と為す」

昏迷 こんめい 無明に覆われて心が暗く迷うこと。「無明に覆われるが故に四聖諦に於て昏迷して了せず」

昏夜分 こんやぶん 夜中で月がなく暗い時分。「昏夜分に於て大雲気を見る」

金 こん きん。黄金。珍宝の一つ。七宝の一つ。→七宝② Ⓢ kāñcana: jāta-rūpa: suvarṇa: hiraṇya

金剛 こんごう ダイヤモンド。鉄や石や宝石などを粉砕する力強く堅いもの。力強いものの喩えに用いられる。「譬えば金剛を余の一切の末尼・真珠などの諸の珍宝に望めて最も堅固と為すが如く、此の三摩地を金剛喩と名づく」 Ⓢ vajra

金剛座 こんごうざ ダイヤモンドからなる座。その上に坐して金剛喩定を起こして無上正等菩提を証する場所。「金剛座ありて、一切の菩薩は皆な此の座に於て無上正等菩提を証得す」「金剛座に坐して金剛喩定に入りて、将に無上正等菩提を証す」「南贍部洲の中に金剛座あり。上は地際を窮め、下は金輪に拠る。一切の菩薩は将に正覚に登らんとするとき皆な此の座の上に坐して金剛喩定を起こす」 Ⓢ vajra-āsana

金剛手 こんごうしゅ スメール山の頂上の四隅にある峯に住し、三十三天を守護する神。薬叉神（yakṣa）ともいう。 Ⓢ vajra-pāṇi
（参考）（『倶舎』11、大正 29・59c）

金剛定 こんごうじょう 金剛喩定のこと。→金剛喩定

金剛心 こんごうしん 金剛喩定のこと。→

金剛喩定「金剛心は煩悩障を断じて真解脱を証し、所知障を断じて菩提を得る」

金剛喩三摩地 こんごうゆさんまじ →金剛喩定

金剛喩定 こんごうゆじょう 一切を粉砕するダイヤモンドのように力強い禅定。非想非非想天（有頂天）で最後の第九品の惑を断じる無間道、すなわち第九無間道で起こす定をいう。長い修行の最後まで残った微細な煩悩を断じて次の瞬間に仏陀になる禅定。金剛喩三摩地ともいう。また金剛心・金剛定ともいう。 Ⓢ vajra-upamaḥ samādhiḥ

（出典）金剛喩定現在前時、煩悩頓断、即由彼定、断一切惑、是故説名金剛喩定。猶如金剛能破鉄石牙骨貝玉末尼等故。（『婆沙』51、大正 27・264c）：云何金剛喩三摩地。謂、最後辺学三摩地。此三摩地最第一故、最尊勝故、極堅牢故、上無煩悩能摧伏故、摧伏一切諸煩悩故、是故此定名金剛喩。譬如金剛其性堅固、諸末尼等不能穿壊、穿壊一切末尼宝等、此定亦爾、故喩金剛。（『瑜伽』12、大正 30・340b）

金師 こんし 金の鉱石から金を精錬する技師。鍜金師ともいう。「金師などが金などを転変して鐶釧などを成ずるが如し」

Ⓢ suvarṇa-kāra

金色 こんじき 金のいろ。仏の身体から発するいろ。三十二相の一つに「身皮金色」がある。 Ⓢ kāñcana

金性 こんしょう ①金より成り立っていること。「金性の地輪」 Ⓢ kāñcana-maya

②金を含む原石。「金性の中より漸漸に垢を除去すれば、唯だ浄なる金沙あり」

金塵 こんじん 金のちり。長さの単位の一つ。微の七倍が一金塵。銅塵ともいう。

Ⓢ loha-rajas

（参考）（『婆沙』136、大正 27・702a）：（『倶舎』12、大正 29・62b）

金山 こんせん →七金山

金宝 こんほう 金の宝。四宝・七宝の一つ。 Ⓢ suvarṇa-ratna

金輪 こんりん ①物質的世界（器世間）である地輪を支える三つの輪（風輪・水輪・金輪）の一つ。水輪の上に位置する。

Ⓢ kāñcana-maṇḍala

（参考）（『倶舎』11、大正 29・57a）

②金輪宝のこと。→金輪宝

Ⓢ suvarṇa-mayaṃ cakram

金輪王 こんりんおう →転輪王

金輪宝 こんりんほう 四つの世界（贍部洲・勝身洲・牛貨洲・倶盧洲の四洲）の全部を統治する王（金輪王・転輪王）が有する宝。四輪宝の一つ。→四輪宝 →転輪王

建折那 こんしゃくな 五つの大きな樹の一つ。→五大樹

建他 こんた khaṇḍa の音写。数の単位の一つ。頻婆の百千倍。 Ⓢ khaṇḍa

（参考）（『婆沙』177、大正 27・890c）

建立 こんりゅう ①支えていること。存在せしめ、維持せしめていること。「風輪・水輪・地輪の三輪は建立の依持なり。諸の有情をして墜下せざらしめるが故に」「建立の義とは器世界なり。中に於て一切の諸の有情を建立することを得べきが故に」 Ⓢ pratiṣṭhā

②人を導き入れること。「有情をして不善処を出でて善処に勧導し建立す」 Ⓢ prati-**sthā**

③根拠。よりどころ。基礎。「菩薩は自乗の種姓を以って所依止と為し、建立と為すが故に、大勢力ありて能く無上正等菩提を証す」

Ⓢ pratiṣṭhā

④説くこと。顕示すること。区別して立てること。「諸法を観察して一切の無倒の因果を建立す」「能く諸の雑染法を摂蔵する。斯れに依って阿頼耶の名を建立す」

Ⓢ prajñapti: vyava-**sthā**: vyavasthā: vyavasthāna: vyavasthāpana

建立因 こんりゅういん ①建立の因。あるものを存在・維持せしめる原因。「眼は眼識のために生因に非ずして唯だ建立因なり」

Ⓢ pratiṣṭhā-hetu

②説き示す原因。区別して立てる原因。

Ⓢ vyavasthā-hetu

③因を建立すること。原因を説き示すこと。「因を建立するに五種の相あり」 Ⓢ hetu-vyavasthāna

建立依持 こんりゅうえじ 生きもの（有情）が下に墜落しないように下から支える風輪・水輪・地輪。六種の依持（建立依持・蔵覆依持・豊稔依持・安隠依持・日月依持・食依持）の一つ。 Ⓢ pratiṣṭhā-ādhāra

（出典）建立依持、謂、最下風輪及水輪・地輪、令諸有情不墜下故起、是名依持。（『瑜伽』2、大正 30・288b）

很戻 こんれい 佷戻とおなじ。→佷戻

恨 こん ①うらみ。うらむ心。「菩薩は他からの不饒益に遭うと雖ども、反報せずして終に恨を結ばず」 Ⓢ upanāha: khila

②不善の心所の一つ。なぐろうと思うほどのいかり（忿）を原因とし、嫌悪心を捨てずに持ちつづけることによって生じるうらむこころ。それによって心が悩み苦しむことになる。 Ⓢ upanāha

（出典）恨、謂、於忿所縁事中、数数尋思、結怨不捨。（『倶舎』21、大正 29・109c）云何為恨。由忿為先、懐悪不捨、結怨為性、能障不恨、熱悩為業。（『成論』6、大正 31・33b）

根 こん ①利根と鈍根の根。さとりへの能力。鋭い能力の持ち主を利根、鈍い能力の持ち主を鈍根という。前者は智る力が、後者は信じる力が強い。利根と鈍根の間に中根を設け鈍・中・利の三つに分けることもある。また鈍根を軟根ともいう。 Ⓢ indriya

②有根身の根。身体を構成する五つの感覚器官。眼根・耳根・鼻根・舌根・身根の五根。最後の身根は皮膚をいう。是れに意識を生じる器官である意根を加えて六根という。前の五根は物質的な器官（色根）であるのに対して、意根は非物質的な器官（無色根）である。これら感覚器官としての根は本来的な真の器官としての勝義根（正根）とそれを助ける扶塵根（扶根）とに分かれる。扶塵根を根依処ともいう。→勝義根 →扶塵根 Ⓢ indriya

③二十二根の根。→二十二根 Ⓢ indriya

④煩悩の異名としての根。不善を生じる根拠であるから煩悩を根といい、貪不善根と瞋不善根と癡不善根との三つがある。 Ⓢ mūla

（出典）不善所依故名為根。（中略）根者、三不善根。謂・貪不善根・瞋不善根・癡不善根。（『瑜伽』8、大正 30・314c）

根位 こんい 胎児の八段階の第七の段階。胎児に眼・耳・鼻などの根（感覚器官）が形成されはじめた段階。→胎蔵 Ⓢ indriya-avasthā

（出典）眼等根生、名為根位。（『瑜伽』2、大正 30・285a）

根因依処 こんいんえしょ →因依処

根依処 こんえしょ ①根所依処とおなじ。→根所依処

②十五種の因依処の一つ。根因依処ともいう。→因依処

根壊 こんえ 根破壊とおなじ。→根破壊

根覚 こんがく 感覚器官の感受作用。「胎中の最初の意覚は必ず過去の根覚に因って引生す」

根器 こんき 根（さとりへの能力）をうつわに喩えて根器という。「仏は善く法相を知り根器を知る」「仏は弟子の根器を観じて但だ彼れの為に初静慮を説く」

根義 こんぎ 根の意味。さまざまな根に共通する根の一般的定義。増上の義が根義であると定義される。増上（ādhipatya）とは力強い・勝れているという意味。たとえば二十二根のなか、眼根・耳根・鼻根・舌根・身根・意根の六根は対象を認識することにおいて、男根・女根の二根は子を生んで家族を相続せしめることにおいて、命根は生きて生活することにおいて、楽根・苦根・喜根・憂根・捨根の五根は前世の行為によってもたらされた好ましい、あるいは好ましくない結果を感受することと今世で新しい行為を生じることとにおいて、信根・勤根・念根・定根・慧根の五根は世間において欲を離れて善を行なうことにおいて、未知当知根・已知根・具知根の三根は出世間において欲を離れることにおいて、それぞれ力強い働きを有する。 Ⓢ indriya-artha

（出典）根是何義。最勝自在光顕、名根。由此総成根増上義。（『倶舎』3、大正 29・13b）：問、何等是根義。答、増上義、是根義。（『瑜伽』57、大正 30・614a）

（参考）（『瑜伽』57、大正 30・614a 以下）：（『瑜伽』98、大正 30・863a～b）

根境識 こんきょうしき 根（認識器官）と境（認識対象）と識（認識作用）との三つ。→根境識和合 Ⓢ indriya-viṣaya-vijñāna

根境識和合 こんきょうしきわごう 根（認識器官）と境（認識対象）と識（認識作用）との三つが結合すること。この三者の結合によって遍行の心所の一つである触が生じる。「根境識の三が和合するが故に別に触が生ずることあり」 Ⓢ indriya-viṣaya-vijñāna-saṃnipāta

根境執 こんきょうしゅう 根（感覚器官）と境（認識対象）とへの執着。我（自己）と我所（自己のもの）とを執着すること。二つの

執着（根境執・展転有情執）の一つ。
（出典）有二執。一根境執、謂、執我我所。（『瑜伽』58、大正30・626c）

根見 こんけん 認識対象（境）を見るという作用は認識器官（根）にあるという見解。このような見解をもつ立場の人を根見家という。根見家は見を見照（照らし見る）という意味に解釈し、明鏡がよく事物を写し出すが如くに対象を写取すると説く。識見の対。→識見

根見家 こんけんけ →根見

根護 こんご 根を護ること。五つの感覚器官（眼根・耳根・鼻根・舌根・身根）の働きを抑えて煩悩などを起こすことを防ぐこと。密護根・防護根・守護根とおなじ。「尸羅・根護・少欲などの法を以って其の心を熏練す」「念と慧とは能く根を護す」

根香 こんこう 根の香り。植物の五種の香りの一つ、 Ⓢ mūla-gandha

根根 こんこん 根の根。根の根本。四念住から生じる善なるものの障害となる三つの力ある働き（根）の一つ。悪行根と尋思根の根本となるもの。貪・瞋・癡が悪行根の根本であり、欲界想・色界想・無色界想が尋思根の根本である。
（出典）有三種根、於諸念住一切善聚、為障礙故、当知、説名不善法聚。何等為三。一悪行根。（中略）二尋思根。（中略）三者根根。与悪行根及尋思根、為根本故、説名根根。応知、此中諸貪瞋癡三不善根、能与身等悪行為根、欲等三想、能与欲等尋思為根（『瑜伽』97、大正30・860a）

根栽 こんさい ①声明論（文法学）において声の根本である文字をいう。
（参考）（『瑜伽』15、大正30・361a～b）
②根深く植えつけられたもの。植えられた根っこ。貪・瞋・癡の三毒の異名として垢穢・熱悩などとともに用いられる。「但だ苗茎を損じて根栽を除かず」

根寂静 こんじゃくじょう 眼根・耳根・鼻根・舌根・身根の五つの根（感覚器官）に原因する煩悩などの生起を抑制して心が寂静であるさま。「如来は一切の家宅・親属への貪愛を捨てて根寂静なり」

根住処 こんじゅうしょ →根所依処

根熟 こんじゅく ①さとりへの能力が成熟していること、またそのような人。根成熟ともいう。「根熟の補特伽羅」「根熟の声聞」 Ⓢ indriya-paripāka
②身体の感覚器官が成育し成熟すること。「飲ましむるに母の乳を以ってし、漸く細麁の飲食を習受せしめて根熟の位に至る」

根所依処 こんしょえしょ 身体（有根身）を構成する真の感覚器官（正根・勝義根）のよりどころである原子・分子・細胞などから構成される器官（扶根・扶塵根）をいう。根依処・根住処ともいう。「此の羯羅藍に中には諸根の大種ありて、唯だ身根、及び根所依処の大種と倶に生ず」
Ⓢ indriya-adhiṣṭhāna-sthāna
（出典）有根身者、謂、諸色根、及根依処。（『成論』2、大正31・10a）：依処、即是諸扶根。（『述記』3本、大正43・316c）

根勝 こんしょう 菩薩が声聞と独覚より勝れている四点（根勝・行勝・善巧勝・果勝）のなかの一つ。根とはさとりに至る能力をいい、菩薩は本性としてその能力が鋭利であり利根であるという点が、独覚が中根、声聞が軟根であるという点より勝れていることをいう。 Ⓢ indriya-kṛto viśeṣaḥ
（参考）（『瑜伽』35、大正30・478c～479a）

根勝劣智力 こんしょうれつちりき 如来の十力の一つ。根上下智力ともいう。→十力

根上下智力 こんじょうげちりき 如来の十力の一つ。根勝劣智力ともいう。→十力

根成熟 こんじょうじゅく →根熟①

根性 こんじょう ①さとりに至る能力。その能力の程度に応じて菩薩姓・独覚姓・声聞姓・不定姓・無姓の五つの姓に分類される。→五姓各別「諸の受化者の根性は等しからず。或いは宜く慰喩すべし。或いは宜く訶責すべし。或いは宜く称讃すべし」「諸の有情は無辺界に居して時と処と根性との差別は無辺なり」 Ⓢ indriya
（出典）有情根性、総有五種。謂、三定性。一不定性、一総無性。（『二十論述記』上、大正43・979a）
②根というありよう。根の性質を有していること。根とは眼根・耳根・鼻根・舌根・身根の五根をいい、色（物質的なもの）に属する十一のなかの五根が認識する側に属していることをいう。「諸の色に摂めらるる法の中、五は是れ根性にして六は所行性なり」

根善巧 こんぜんぎょう 根に精通している

こと。根について善く理解していること。六種あるいは十種の善巧の一つ。→根② →善巧② Ⓢ indriya-kauśalya

根損壊 こんそんえ 根破壊とおなじ。→根破壊

根破壊 こんはえ 眼などの感覚器官が壊れること。根損壊・根壊ともいう。「根が破壊するが故に、境が現前せざるが故に心は生ぜず」

根縛 こんばく 感覚器官による束縛。対象による束縛（境縛）とともに十四種の相縛・麁重縛の一つ。 Ⓢ indriya-bandhana
（参考）（『瑜伽』75、大正 30・712c）

根変異 こんへんい ①眼根・耳根・鼻根・舌根・身根の五つの感覚器官（五根）が衰えて変化すること。「色力が衰減し諸根が変異す」
（参考）（『瑜伽』54、大正 30・600c）
②遍行の心所の一つである触の心所の働きのなかでいわれる根の変異。根と境と識との三つが和合するところに生じる触は「根の変異を分別する」、すなわち「根の変化に似る」ことによってそこに苦楽という感受作用が生じる。
（参考）（『述記』3 末、大正 43・329a）

根本 こんぽん ある存在の根底・根幹をなすこと、またそのようなもの。物事が成り立つ大本。「発心は能く無上菩提の根本と為る」「有身見は是れ六十二見趣の根本なり」「阿頼耶識は是れ一切の雑染の根本なり」
Ⓢ mūla: mūlatva: maula
（出典）能建立義、能任持義、是根本義。（『瑜伽』22、大正 30・405a）

根本位 こんぽんい 発心してから仏陀に成るまでの五つの修行過程である資糧位・加行位・通達位・修習位・究竟位のなかで、存在の根本である真理をさとる通達位すなわち見道をいう。

根本依 こんぽんえ 眼識・耳識・鼻識・舌識・身識の五識のいずれかが生じるための四つの所依（同境依・分別依・染浄依・根本依）の一つ。→四依③

根本見 こんぽんけん 二十八種のまちがった見解（不正見）の一つ。→不正見

根本業道 こんぽんごうどう ある一つの行為（業）の根本をなす本体。一つの行為が起こる過程を、意楽（あることを行ないたいと願うこと）→思（それを行なおうと意思を起こすこと）→加行（その行為を引き起こす身業と語業）→根本（その行為の本体）→田（その行為と対象である他者に益があったか損があったかということ）→後起（その行為のあとに付随して起こる行為）と捉えて、一刹那に行なわれる行為の本体そのものを根本業道という。 Ⓢ maula-karma-patha
（参考）（『倶舎』18、大正 29・96c）

根本作意 こんぽんさい 作意のなかでも根本となる次の七つ。了相作意・勝解作意・遠離作意・摂楽作意・観察作意・加行究竟作意・加行究竟果作意。→作意①
（参考）（『瑜伽』11、大正 30・332c）

根本罪 こんぽんざい 罪のなかでも最も重い根本となる罪。根本重罪ともいう。四つの波羅夷罪のこと。→四波羅夷罪 Ⓢ maulīm āpattim

根本三摩地 こんぽんさんまじ 根本静慮とおなじ。→根本静慮

根本四静慮 こんぽんしじょうりょ →根本静慮

根本地 こんぽんじ 色界の初静慮から無色界の第四の非想非非想定までの八つの段階それぞれにおける根本となる禅定の段階。根本定の段階。根本定に入る前段階の禅定を近分地というのに対する語。

根本識 こんぽんじき ①大衆部が密意をもって説いた阿頼耶識の別名。
（出典）大衆部阿笈摩中、密意説阿頼耶識、名根本識。是眼識等所依止故。（『成論』3、大正 31・15a）
②〈唯識〉も阿頼耶識の別名としてこの名称を用いる。本識ともいう。→阿頼耶識「根本識に依止して五識は縁に随って現ず」

根本重罪 こんぽんじゅうざい →根本罪

根本定 こんぽんじょう →根本静慮

根本静慮 こんぽんじょうりょ 色界の初静慮から無色界の第四の非想非非想定までの八つの段階それぞれにおける根本となる禅定をいう。根本定とおなじ。根本三摩地ともいう。色界・無色界のなか、色界の四つの根本禅定を特に根本四静慮といい、無色界の四つの根本禅定をふくめて八根本定という。それぞれの根本定に入る前段階の禅定を近分定というのに対する語。 Ⓢ maula-dhyāna

根本分別 こんぽんふんべつ 十種の分別・

虚妄分別の一つ。阿頼耶識のこと。阿頼耶識は一切の分別を生じる種子を有しているから根本分別といわれる。→虚妄分別①
（出典）根本分別者、謂、阿頼耶識。是諸分別根本、自体亦是分別。（『摂論釈・世』4、大正31・342a〜b）：根本分別者、謂、阿頼耶識、是一切分別種子故。（『雑集論』14、大正31・764a〜b）

根本煩悩 こんぽんぼんのう ①諸の煩悩のなかで根本となるもの。それを根本として他の付随的な煩悩（随煩悩）が生じる。三種の根本煩悩としては貪・瞋・癡があげられ、六種の根本煩悩としては貪・瞋・癡・慢・疑・悪見があげられる（この六種を本煩悩ともいう）。「衆多の煩悩及び随煩悩ありと雖ども、然も仏世尊は但だ三種の根本煩悩を立つ。謂く、貪と瞋と癡となり」（『瑜伽』66、大正30・663c）
②煩悩を煩悩と随煩悩とに分けて、前者の煩悩を根本煩悩という。
③末那識とともに働く我癡・我見・我慢・我愛の四つの煩悩。「末那識は恒に阿頼耶識を縁じて我癡・我見・我慢・我愛の四根本煩悩と相応す」
（参考）（『成論』6、大正31・31b）

根本無分別慧 こんぽんむふんべつえ 根本無分別智とおなじ。→根本無分別智

根本無分別智 こんぽんむふんべっち 三種の無分別智（加行無分別智・根本無分別智・後得無分別智）の一つ。真理（諦・真如）をさとる分別なき智慧。一切の障害を解脱して真理を見る見道における菩薩の智慧。根本無分別慧ともいう。
（参考）（『摂論釈・世』8、大正31・365b〜c）

根門 こんもん ①根とは眼根・耳根・鼻根・舌根・身根の五つの感覚器官（五根）をいい、それらの器官から貪りやいかりなどの煩悩が流れ出ることから、それらを出口・門に喩えて根門という。根から煩悩が流れ出ないように根の働きを抑制することを護根・守根門・守護根・密護根・防守根門などという。「出家して禁戒を受持して根門を守る」
Ⓢ indriya-dvāra
②男女の陰門・陰部。「是の如く是の如く漸漸に父母の余分を見ず、唯だ、男女の根門を見て、即ち此の処に於て便ち拘礙さるる」
Ⓢ yoni

根力 こんりき 根と力。五根（信根・精進根・念根・定根・慧根）と五力（信力・精進力・念力・定力・慧力）。→五根② →五力①

根律儀 こんりつぎ 戒にもとづいて行為し、それによって眼・耳・鼻・舌・身・意の六つの根（感覚器官）を防護して心に貪欲などの煩悩や悪を生ぜしめないこと。境界護・煩悩護・纏護・随眠護の四種の根律儀が説かれる（『瑜伽』70、大正30・685c）。「意律儀と根律儀とは倶に正知と正念とを以って体と為す」 Ⓢ indriya-saṃvara
（参考）（『瑜伽』21、大正30・397a〜b）：（『瑜伽』23、大正30・406b以下）

婚姻 こんいん 結婚すること。「婚姻の集会」 Ⓢ āvāha-vivāha

婚媾 こんこう 結婚。夫婦の縁組み。「来りて共に婚媾を結ぶことを求む」

惛沈 こんじん こころが重く沈んでいるさま。禅定を修しているときに起こってくる否定的なこころのありよう。随煩悩の一つ。
Ⓢ laya: styāna
（出典）云何惛沈。令心於境無堪任為性、能障軽安毘鉢舎那、為業。（『成論』6、大正31・34a）

惛沈睡眠蓋 こんじんすいみんがい 五蓋の一つ。惛眠蓋ともいう。→五蓋

惛睡 こんすい ねむく心が沈んでいるさま。「多く睡眠を修し、或いは多く覚悟し、便ち惛睡を増して衆色を見ず」

惛昧 こんまい ぼうっとして明瞭ではないさま。癡という煩悩の異名の一つ。「癡を亦た、惛昧と名づけ、愚癡と名づけ、無明と名づく」「生と死の時は身心は惛昧なり」

惛眠蓋 こんみんがい →惛沈睡眠蓋

混濁 こんじょく 濁っていること。渾濁ともいう。「心、混濁すれば不如理作意の過失あり」 Ⓢ āvila

紺青 こんしょう あざやかな濃い青色。如来の三十二種の大丈夫相の一つに如来の目の色が紺青であることがあげられている。「目の紺青の相とは、仏の眼目は脩広にして其の色は紺浄なり」 Ⓢ abhinīla

紺青色 こんしょうじき あざやかな濃い青色。「身の諸の毛孔の一一に毛生じて紺青色の螺文の如くに右旋す」 Ⓢ nīla

渾濁 こんじょく 濁っていること。混濁ともいう。「母に貪起こり、身心渾濁して、父と和合す。春夏の水が渾濁して流れるが如し」 Ⓢ āvila

欽重 こんじゅう 尊敬し重んじること。「菩薩に那羅延力あり。此の力は世間が共に欽重するところなり」

欽承 こんしょう うやまいしたうこと。尊敬すること。「大衆、王を欽承して、恩、率土に流る」 Ⓢ saṃmata

欽羨 こんせん うらやましがること。「欲を欽羨し欲を希望す」

跟趺 こんふ 足のかかと。足のかかとが長く美しいことを足跟趺長相といい、偉大な人間に具わる三十二種の身体的特徴の一つをいう。 Ⓢ pārṣṇi

懇責 こんせき 自己の過失や罪を深心から責めて後悔すること。「深心に懇責して発露して過を悔いる」

言 ごん ①言葉。語られた言葉、また、その内容。説かれたこと。「菩薩は一切の非愛の言を出さず」「言に虚妄なきが故に如来と名づく」「言とは語言を謂う」「正しく宗を立する時は、不可言という言も亦た已に遮遣す」 Ⓢ abhidhāna: abhilāpa: kathā: vacana: vacas: vākya: vāc: vādita
②語。語句。「経は有為という言を重ねて説く」 Ⓢ adhivacana: ākhyā: grahaṇa: pada: pāṭha: pralāpa
③如来によって説かれた教説。「諸の如来の十二分教を説いて名づけて言と為す」
④言うこと。主張すること。「有る余師の言く」「化地部の経中に言く」 Ⓢ **ah**: **iṣ**: **paṭh**: paṭhita: **brū**: **bhāṣ**: **vac**
⑤名づけること。「欲界は欲が勝れるが故に但だ欲と言う」 Ⓢ nir-**diś**: nirdeśa
⑥話すこと、談話すること。論争すること。 Ⓢ jalpa
⑦ある語句を解釈するときに「言〜者」(〜というは) という形で用いられる。

言依 ごんえ 現象的存在 (有為法) の異名。言とは語られた言葉、依とはよりどころという意味で、有為法は言葉が生じるよりどころであるから言依という。 Ⓢ kathā-vastu
(出典) 此有為法、(中略) 或名言依。言、謂、語言。此所依者、即名俱義。如是言依、具摂一切有為諸法。(『俱舎』1、大正 29・2a)

言音 ごんおん 発せられた言葉・音声。「仏の言音は清亮・和雅にして、妙音鳥なる羯羅頻迦を過ぐ」「仏の言音に契経・調伏・本母の三種あり」「他の言音と内の如理作意との二つの因縁に由って正見が生ず」 Ⓢ svara: vāc

言過 ごんか 議論における立論者の言葉の過失・あやまち。雑乱 (論点を離れて別の事を論じること)・麁獷 (怒りによって言葉が荒々しくなること)・不辯了 (聴く人が理解できないこと)・無限量 (くりかえし述べたり、言葉に増減があること)・非義相応 (意味のない言葉などを述べること)・非時 (前後整然として説かないこと。不以時・不応時ともいう)・不決定 (主張したり主張を引っ込めたりすること)・不顕了 (内容を理解せず答えたり、ときにはサンスクリットで、ときには方言で答えたりしてはっきりしないこと)・不相続 (途中で言葉が途切れること) の九つ。 Ⓢ kathā-doṣa
(参考) (『瑜伽』15、大正 30・360a〜c):(『雑集論』16、大正 31・772b)

言議 ごんぎ 言葉で語る、論じること。「此の転依の果は不思議なり。尋思と言議の道とを超過するが故に」「想は言議を発するを業と為す」

言教 ごんきょう 言葉として表された教え。所説の教法。「如来所説の聖諦相応の言教」「内道の言教は法にして、外道の言教は非法なり」 Ⓢ ājñā: deśanā: vyapadeśa

言屈 ごんくつ 議論において立論者が対論者に言い負かされて屈伏すること。 Ⓢ kathā-sāda
(参考) (『瑜伽』15、大正 30・359c〜360a)

言語 ごんご 言葉で語ること、あるいは、その言葉。「諸の有情が互相に陵辱し言語が相違するを闘諍という」「言詞は寂静にして言語は安詳なり」 Ⓢ vāc

言語道断 ごんごどうだん 言葉の道が断たれていること。言葉では捉えることも表現することもできない究極の真理 (真如) に対する形容句。「空無我所顕の真如は言語道断なり」

言詞 ごんし ①語られた言葉。言葉を語ること。「言詞柔軟にして言詞寂静なり」「種種の美妙にして善巧なる言詞を以って正法を宣説す」 Ⓢ katha: pratibhāna: bhāṣin: vacana-patha: vākya: vāc: vādin
②（方言などの）言語。「方域の言詞を堅執すべからず」「辺方・辺国・鄙俚の言詞」 Ⓢ nirukta

言詞善巧 ごんしぜんぎょう 言葉に精通していること。「説法師は言詞善巧を成就す」

言事 ごんじ 言説が成立するよりどころ・根拠。過去・未来・現在の三つをいう。「過去・未来・現在を説いて言事と名づく。唯だ曽・当・現、是れ言説の所依なるが故に」「一切の有為法は三種の言事の所摂なり」

言辞 ごんじ 言葉。言葉づかい。「福徳を具する者の言辞は敦粛なり」 Ⓢ vākya

言笑 ごんしょう 談笑。大声で笑うこと。「諸の天衆は常に歌舞・音楽・鼓噪の声、調戯・言笑・談謔などの声を聞く」 Ⓢ hāsaka

言説 ごんぜつ 言葉で語ること、また、その言葉。話すこと。言い表すこと。言説と訳される vyavahāra は特に世間での語り・言説をいう。種類としては見言説・聞言説・覚言説・知言説の四つがある（→各項参照）。「四の言説に依って異類の分別・思惟を発起す」「世情に随わんが為に仮に言説を興す」「言説が熏習する心」「言説が熏習しない智」 Ⓢ abhi-**lap**: abhilāpa: upacāra: kathā: vyavahāra: saṃlāpa
（出典）言説者、謂、依名、言説転。（『婆沙』34、大正 27・177b）：諸言説者、謂、詮辯義。（『雑集論』1、大正 31・695c）

言説句 ごんぜつく 事柄を部類に分ける際に用いる語句。たとえば、世間において自己と他者とを区別する際に用いる概念。たとえば、「自分の名はこれこれであり彼れの名はこれこれであり、自分はバラモンの生まれであり、彼はクシャトリヤの生まれであり、自分は若く、彼は年寄りである」などという際に用いられる概念をいう。釈詞句・戯論句・摂義句ともいう。 Ⓢ vyavahāra-pada
（参考）（『瑜伽』49、大正 30・570a）：（『瑜伽』2、大正 30・289b）

言説熏習心 ごんぜつくんじゅうしん 概念的思考によって、あるいは語ることによってくりかえし言葉が植えつけられた心。「言説熏習心に由るが故に、依他起自性上に於いて遍計所執自性に執著す」

言説自性 ごぜつじしょう 言葉を本性とするもの。言葉によって把握されるだけで実際には存在しないもの。離言自性の対。→離言自性「諸の菩薩は、一切行の言説自性は一切の時に於て常に所有なしと観察す」 Ⓢ abhilāpya-svabhāva

言説随眠想 ごんぜつずいみんそう 二種の想（随覚想・言説随眠想）の一つ。言葉をいまだ使えない幼児などの想、あるいは鳥や獣の想。→想①
（出典）言説随眠想者、謂、不善言説嬰児等類、乃至禽獣等想。（『瑜伽』55、大正 30・601c）

言説造作影像 ごんぜつぞうさようぞう 言語活動によって心のなかに作り出された表象・観念。

言詮 ごんせん 言葉で言い表すこと。廃詮・離言の対。→廃詮「言詮の自性とは、即ち是れ共相の自性なり」「言詮の中道と離言の中道」

言善通利 ごんぜんつうり 言葉でもって熟知すること。教法を知的に善く理解すること。「已に聞き已に習した法に於て言善通利す」
Ⓢ vacasā suparicitaḥ: vacasā suparijitāḥ

言談 ごんだん 語り談話すること。詳しくは語言談論という。「他が来りて言談・恭敬・問訊す」

言道 ごんどう 言葉の働き。言語活動。言葉が通じる領域。言路・語言道・名言道ともいう。「諸の言道が宣説する一切は、皆な是れ世俗諦の摂なり」 Ⓢ vacana-patha

言縛 ごんばく 言葉による束縛。「牟尼は言縛を脱して相に於て自在を得る」

言路 ごんろ 言道とおなじ。→言道

言論 ごんろん ①話すこと。論じ語ること、また、語る言葉。「舌は能く言論を発す」 Ⓢ ālāpa: kathā: vāc: vāda: vyapadeśa: saṃbhāṣaṇa
②論議する際の六種の言葉（言論・尚論・諍論・毀謗論・順正論・教導論）の一つとしての言論。世間一般の言論、あるいはそれを構成する言葉をいう。 Ⓢ vāda
（出典）言論者、謂、一切言説・言音・言詞、是名言論。（『瑜伽』15、大正 30・356a）：言論者、謂、一切世間語言。（『雑集論』16、大正 31・771a）

忻楽 ごんぎょう こいねがうこと。獲得し

ようとする願い。「菩薩は涅槃に於て忻楽し、諸の煩悩に於て厭す」「正法中に於て深く忻楽を生ず」 S abhirati: ārāma: rata

忻趣 ごんしゅ おもむくことをねがうこと。「生死を捨てて涅槃を忻趣す」

近 ごん ①（時間的あるいは空間的に）近いこと、隔たりがないこと。近くにあること。隣接していること。 S antika: āsanna: saṃnikṛṣṭa: samīpa: sāmantaka: sāmīpya
②近づく、接近すること。
S upa-śliṣ: samāsanna
③親しく近づくこと。親近におなじ。→親近①「善友に近す」
④現在のこと。 S antika
（出典）去来名遠、現在名近。（『倶舎』1、大正 29・4c）
（参考）（『倶舎』21、大正 29・111c）

近因 ごんいん 近い直接的な原因。たとえば十二支縁起のなかで、取にとって無明は遠因、愛が近因となる。遠因の対。「花は果に於て生ずる近因と為るが如く、業を近因と為して異熟を生ず」 S āsanna-kāraṇa

近縁 ごんえん 近い直接的な縁。遠縁の対。「無明は行に於て能く近縁となる」

近果 ごんか 因が果を生じ、その果が因となって次の果を生じるという因果連続の連鎖のなかで、最初の因からみて直接生じる第一番目の果を近果という。たとえば種子にとって芽は近果であり、茎や枝が遠果である。遠果の対。隣近果という場合がある。→遠果

近加行 ごんけぎょう ある結果を証するに至るまでの諸修行のなか、終わりごろの修行を近加行という。遠加行の対。「煗頂忍などの近加行のなかで、方に四諦を観じて能く聖道に入りて法身を証果す」

近解了 ごんげりょう ①二種の解了（等解了・近解了）のなかの一つで、対象の共通のありよう（共相）を理解すること。
（出典）等解了者、謂、了自相故。近解了者、謂、了共相故。（『瑜伽』83、大正 30・764b）
②三種の解了（解了・等解了・近解了）のなかの一つで、知るべき対象への思考を発し、さらに追求して最後に決定的に理解すること。
（出典）言解了者、於所知事、作意発悟。等解了者、既発悟已、方便尋求。近解了者、求已決定。（『瑜伽』83、大正 30・762c）

近事 ごんじ 在家で男性の仏教信者。原語 upāsaka を鄔波索迦と音写。近事男ともいう。 S upāsaka

近事戒 ごんじかい →近事律儀

近事男 ごんじなん →近事

近事女 ごんじにょ 在家で女性の仏教信者。原語 upāsikā を鄔波斯迦と音写。
S upāsikā

近事女律儀 ごんじにょりつぎ 近事女（在家で女性の仏教信者）が守るべきいましめ。八種の別解脱律儀の一つ。内容的には近事律儀とおなじ。→近事律儀 →別解脱律儀

近事律儀 ごんじりつぎ 近事（在家で男性の仏教信者）が守るべきいましめ。八種の別解脱律儀の一つ。次の五つのいましめ。（ⅰ）生きものを殺さない。（ⅱ）盗まない。（ⅲ）よこしまなセックスをしない。（ⅳ）嘘を言わない。（ⅴ）酒を飲まない。近事戒ともいう。→別解脱律儀 S upāsaka-saṃvara
（参考）（『倶舎』14、大正 29・72c）

近住 ごんじゅう ①九種の心住の一つ。→心住
②一昼夜に八つの戒（八斎戒・八戒斎）を守る在家の仏教信者。→八戒斎 S upavāsa

近住戒 ごんじゅうかい 在家の仏教信者が一昼夜に守る八つの戒（八斎戒・八戒斎）。近住律儀ともいう。→八斎戒 S upavāsa-saṃvara

近住弟子 ごんじゅうでし 釈尊あるいは師の近くに住む弟子。これに対して一緒に住む弟子を共住弟子という。 S antevāsika

近住律儀 ごんじゅうりつぎ 近住戒とおなじ。→近住戒

近波羅蜜多 ごんはらみた 発心してから仏陀になるまでの修行過程を三期に分けるなかの第二期（十地のなかの初地から第七地まで）の波羅蜜多の呼称。
（参考）（『解深』4、大正 16・707c）：（『成論』9、大正 31・52b）

近分 ごんぶん 近分定のこと。→近分定

近分地 ごんぶんじ →近分定

近分定 ごんぶんじょう 色界の初静慮から無色界の第四の非想非非想天までの八つの根本定（根本静慮）に入るための八つの前段階の定。近分地ともいう。「諸の近分定に八種あり。八の根本のために入門と為る」「初静慮より第二静慮の近分に入る」

Ⓢ sāmantaka-dhyāna

近辺那落迦 ごんぺんならか 八大那落迦（八大地獄）のおのおのの四方にある那落迦（地獄）。辺那落迦ともいう。→那落迦

Ⓢ sāmanta-naraka

（参考）（『瑜伽』4、大正30・296c）

欣 ごん ①よろこぶこと。楽しむこと。よろこぶ心。楽受と相応する心。慼（うれう心）の対。「世間の衆生は阿頼耶を愛し、阿頼耶を楽い、阿頼耶を欣び、阿頼耶を憙ぶ」 Ⓢ moda

（出典）云何欣慼差別。謂、苦受相応識、名慼、此能了別随順憂苦不可意法。楽受相応識、名欣、此能了別随順喜楽可意諸法。（『瑜伽』69、大正30・683c）

②煩悩のなかの貪（むさぼり）の異名としての欣。「貪の異名とは、亦た、喜と名づけ、亦た、欲と名づけ、亦た、欣と名づく」

③善心としての欣。善き法をもとめる欲（善法欲）をともなった、いかりや憎しみがない心をいう。

（出典）欣、謂、欲倶無瞋一分、於所欣境、不憎恚故。（『成論』6、大正31・30c）

欣慰 ごんい よろこばすこと。よろこぶこと。「楽を与え苦を抜いて有情を欣慰す」 Ⓢ **mud**

欣悦 ごんえつ よろこぶこと。「他の苦を見て欣悦する者は死して琰魔卒になる」「城邑に遊び、諸の妙事を観て心を欣悦せしむ」 Ⓢ **nand**: priya

欣慶 ごんきょう よろこぶこと。「汝に可愛の財物を施せば、是の施を欣慶すべし」

欣楽 ごんぎょう 求めること。ねがうこと。「後有を欣楽す」「当来世に於て富貴を欣楽す」「一切の賢聖は皆な苦集を厭って涅槃を欣楽す」 Ⓢ abhinandatā: abhilāṣa: modanā: rati: spṛhā: svecchā

欣求 ごんぐ 求めること。こいねがうこと。「生死を厭背し涅槃を欣求す」

欣尚 ごんしょう よろこびとうとぶこと。「愚癡者の欣尚するところなるが故に世俗と名づく」「三宝は欣尚すべき処なり」

欣慼 ごんせき 欣と慼。よろこぶこととうれうこと。→欣① →慼

欣慕 ごんぼ 欲する、求める、願うこと。「可欣の法に於て深心に欣慕す」 Ⓢ abhi-**laṣ**

欣欲 ごんよく 欲する、求めること。「諸の世間の種種の妙事に於て欣欲し貪愛す」 Ⓢ abhilāṣa

勤 ごん 善の心所の一つ。善を修し悪を断じようと努力する勇敢なこころ。懈怠（怠けるこころ）をなくして善を完成させる働きがある。精進・正勤ともいう。被甲・加行・無下・無退・無足の五種がある。 Ⓢ vīrya

（出典）何等為勤。謂、心勇悍為体。或被甲、或加行、或無下、或無退、或無足差別、成満善品為業。（『集論』1、大正31・664b）：勤、謂、精進。於善悪品修断事中、勇悍為性、対治懈怠、満善為業。（『成論』6、大正31・30a）

勤学 ごんがく 学ぶ、学習すること。修行すること。「毘奈耶に依って所学を勤学す」 Ⓢ prayukta

勤行 ごんぎょう 修行すること。努力精進する、勤めはげむこと。「無種性の人は発心し勤行し精進すると雖も、終に無上菩提を得ること能わず」「鈍馬に乗る者は勤行するを以っての故に便ち能く速く至る」

勤劬 ごんく 努力すること。労働する、働くこと。「勤劬所生の衆苦」

Ⓢ vyavasāya: vyāyāma

勤苦 ごんく 勇猛に努めはげむこと。激しく労働すること。「能く求法の勤苦に堪耐す」「種種の策励・劬労・勤苦に逼悩さるる」「外道は抜髪などの利なき勤苦を受持す」 Ⓢ vyavasāya

勤求 ごんぐ あるものを求めて努力精進すること。「解脱を勤求す」「あらゆる善法を勤求す」「諸の菩薩は勇猛に一切の明処を勤求して厭倦なし」 Ⓢ eṣaka: parigaveṣaṇa: paryeṣaṇatā: paryeṣita

勤加行 ごんけぎょう 勤めて修行すること。修行にはげむこと。「心に正願を発して勤加行す」 Ⓢ abhiyoga: prayoga

勤策 ごんさく 男性の出家者（苾芻）になろうと努力している人。勤策男ともいう。また労策・労策男ともいう。原語 śrāmaṇera を音写して沙弥ともいう。→沙弥

Ⓢ śrāmaṇera

勤策戒 ごんさくかい →勤策律儀

勤策男 ごんさくなん →勤策

勤策女 ごんさくにょ 女性の出家者（苾芻尼）になろうと努力している人。労策・労策女ともいう。また原語 śrāmaṇerī を音写し

て沙弥尼ともいう。→沙弥尼　Ⓢ śrāmaṇerī

勤策女律儀　ごんさくにょりつぎ　八種の別解脱律儀の一つ。勤策女が受ける律儀。内容は勤策律儀とおなじ。→勤策律儀　→別解脱律儀　Ⓢ śrāmaṇerī-saṃvara

勤策律儀　ごんさくりつぎ　勤策がまもるべきいましめ。八種の別解脱律儀の一つ。次の十のいましめ。（i）生きものを殺さない。（ii）盗まない。（iii）よこしまなセックスをしない。（iv）嘘を言わない。（v）酒を飲まない。（vi）化粧をしない。（vii）歌を聴いたり踊りを観たりしない。（viii）立派な寝台に寝ない。（ix）昼以後には食事をしない。（x）財産を貯えない。勤策戒ともいう。勤策女もこの同じ十戒を守ることがもとめられる。沙弥戒とおなじ。→勤策　→別解脱律儀

Ⓢ śrāmaṇera-saṃvara

（参考）（『倶舎』14，大正 29・73a）

勤三摩地　ごんさんまじ　精進の力によって得られる三摩地。心をはげまし絶えず修行することによって心が一つの対象にとどめおかれた状態。四種の三摩地（欲三摩地・勤三摩地・心三摩地・観三摩地）の一つ。

Ⓢ vīrya-samādhi

（出典）由勤増上力、所得三摩地、名勤三摩地。（『瑜伽』29、大正 30・443b）：云何勤三摩地。謂、由無間方便、触心一境性。（中略）勤三摩地者、謂、由策励発起正勤、触心一境性。（『集論』5、大正 31・684c）

勤三摩地断行成就神足　ごんさんまじだんぎょうじょうじゅじんそく　四神足の一つ。→四神足

勤修　ごんしゅ　修行に勤める、専念すること。勤修習とおなじ。「初夜・後夜に常に覚寤して観行を勤修す」「正に家法を捨てて非家に趣き、既に出家し已りて正行を勤修す」

Ⓢ abhiyukta: abhiyoga: pratipatti: prayukta: pra-**yuj**: vyā-**yam**

勤修習　ごんしゅじゅう　→勤修

勤修道　ごんしゅどう　勤めて修行して涅槃に進んでいくこと。速進道の対。「生般涅槃には勤修道と及び速進道とあり。有行般涅槃は唯だ勤修道ありて速進道なし」

Ⓢ abhiyukta-mārga

勤精進　ごんしょうじん　勤めはげむこと。「仏は懈怠の有情をして勤精進せしめんと欲す」「閑林に於て、或いは道場に在りて勤精進すべし」　Ⓢ ārabdha-vīrya: tapas: vīrya-ārambha: vyāyāma

勤務　ごんむ　勤めはげむこと。「勤務の力に由って三摩地に於て楽欲を発生し、証得の為の故に勤務を修習す」

勤勇　ごんゆう　勇敢にはげみ勤めること。勇猛に努力精進すること。「無上正等菩提を求めることに於て進趣せざるに非ず、既に進趣し已って勤勇し懈なし」

Ⓢ uttapta: prayatna: prayukta

勤勇究竟　ごんゆうくきょう　二種の究竟（勤勇究竟・事成究竟）のなかの一つ。完全に勤めはげむこと。さとりに向かう完全な努力・精進をいう。邪道すなわち外道の修行法に対して真道すなわち仏教の真実の修行法を勤勇究竟という。→究竟③　→事成究竟

（参考）（『婆沙』33、大正 27・172c 以下）

勤労　ごんろう　懃労とも書く。沙門と音写される śramaṇa の意訳。出家して勤めはげむ修行僧。→沙門

禁　ごん　戒禁の禁。→戒禁

禁戒　ごんかい　いましめ。戒。原語 śīla は戒・浄戒とも訳され、尸羅と音写される。「禁戒を受持して梵行を勤修す」　Ⓢ śīla

禁支　ごんし　→禁約支

禁制　ごんせい　悪をなすことを禁じ制止すること。「自ら誓って禁制の尸羅を受く」「能く染汚心を禁制す」　Ⓢ saṃniyacchana

禁閉　ごんへい　禁固・拘禁すること。「牢獄に禁閉す」「殺縛・禁閉・駆擯などの諸の苦難」　Ⓢ rodhana

禁約支　ごんやくし　在家の仏教信者（近住）が守る八つの戒（八戒斎・八斎戒）のなかのあとの三つ（化粧をしたり歌を聴いたり踊りを観たりしないこと。立派な寝台に寝ないこと。昼以後には食事をしないこと）をいう。禁支ともいう。→八戒斎

Ⓢ vrata-aṅga

（参考）（『倶舎』14、大正 29・75b）

銀　ごん　ぎん。珍宝の一つ。七宝の一つ。→七宝②　Ⓢ rajata: rūpya

銀輪王　ごんりんおう　→転輪王

銀輪宝　ごんりんほう　四つの世界（四洲）のなかの三つの洲（贍部洲・勝身洲・牛貨洲）を統治する王（銀輪王）が有する宝。四輪宝の一つ。→四輪宝　→転輪王

権時　ごんじ　しばらく。暫時。「転に権時

の転と畢竟の転との二種あり」
Ⓢ kiñcit kālam: tāvat-kālika-yogena

権方便 ごんほうべん かりの方法。対象に応じた方策。「諸の菩薩は善き権方便を以って疹疾を救療す」 Ⓢ upāya

厳 ごん ①きびしいこと。「厳寒」
Ⓢ tīvra
②飾ること。「身を厳す」 Ⓢ alaṃkāra
③甲冑などで厳めしく身をかためること。「諸の菩薩は起策具足して勇鋭にして自ら厳なり」 Ⓢ saṃnaddha

厳汚 ごんお ひどく汚すこと。「身を厳汚する心を起こす」 Ⓢ vidūṣaṇa

厳具 ごんぐ 身を飾る荘飾品。装身具。厳身具ともいう。「種種の上妙なる衣服、種種の花鬘、種種の厳具を以って其の身を荘飾す」 Ⓢ alaṃkāra: ābharaṇa

厳酷 ごんこく 厳格であること。「父母は子に於て厳酷にして、子は父母に於て敬あり」

厳飾 ごんしょく ①飾ること。「新妙な荘厳の朽ちるを見て厳飾を離る」 Ⓢ citrita: maṇḍana
②飾り。装飾品。「車乗・衣服・厳飾の資具」
Ⓢ alaṃkāra

厳身 ごんしん 身を飾ること。「諸根散乱して勤めて厳身を楽う」「戯忘天ありて厳身を好み、嬉戯に耽著す」 Ⓢ kāya-maṇḍana

厳身具 ごんしんぐ 身を飾る荘飾品。装身具。厳具ともいう。「諸の天が往来し転動すれば厳身具より五楽の声を出す」
Ⓢ alaṃkāra

厳整 ごんせい 身の振る舞いをいかめしく整えること。「威儀を厳整す」 Ⓢ sthairya

厳麗 ごんれい 端正で美しいこと。おごそかで麗しいこと。「高広にして厳麗なる床座に眠坐するを遠離す」「此の園の側に如意石あり。其の色は黄白にして其の相は厳麗なり」 Ⓢ prāsādika

さ

左 さ ①ひだり。右の対。 Ⓢ vāma
②「たがう」「不便」「よこしまな」「まちがった」「不吉な」など、否定的なことを意味する語。→左慧 →左道
(参考)(『婆沙』98、大正 27・505c 以下)

左慧 さえ 汚れた智慧。「左慧にして結に非らざるものあり」「若し染汚慧を左慧と名づければ、何故に仏身に左光あるや」
(出典) 染汚慧、名左慧。(『婆沙』98、大正 27・506a)

左道 さどう 正しい道理にそむく道。まちがった生き方。「薄伽梵は此の中に能く長夜に流転する左道に不随順なる心を略示す」

左道人 さどうにん 仏教以外のまちがった不正な教えを奉じる外道。
(出典) 外道是左道人。所説所行、皆不正故。(『婆沙』98、大正 27・506a)

左謬領解 さびゅうりょうげ まちがって理解すること。「教授に於て左謬領解す」

作 さ ①なす、行なう、実行すること。生じる、つくる、起こすこと。「仏・菩薩は一時に種種の形類を化作して、能く無量無数の有情の為に利益の事を作す (**kṛ**)」「礼仏などの諸の善業を作す (**kṛ**)」「諸の悪業を作す (pra-**kṛ**)」「菩薩は、己に於て怨ある諸の有情所に於て常に慈心を起こして彼れに種種の利益・安楽を作す (upasam-**hṛ**)」「菩薩は種種に変化して諸の衆生の義利を作す (kriyā)」「福業の名は福を作す (kāraṇa) の義を顕す」
Ⓢ upasam-**hṛ**: kara: karaṇa: kāraṇa: **kṛ**: kriyā: pra-**kṛ**
②なしたこと。行なったこと。「未作を作 (kṛta) と謂い、未得を得と謂い、未触を触と謂い、未証を証と謂う増上慢」 Ⓢ kṛta
③なること。ある生存状態に生まれること。「好んで諸悪業を集め、他の苦を見て欣悦するものは、死して琰魔卒と作る」「雑染の増上業を感ずるに由る故に那洛迦の中に生じて静息王と作る」 Ⓢ **jan**

作悪 さあく 悪い行為を行なうこと。作善の対。「作悪して自ら羞じず、是れ無慚に

して、作悪して他に恥ず、是れ無愧なり」

作意 さい ①考える、思考する、思索すること。原語 manaskāra は、こころ (manas) を働かす (kāra) という意味。種類として、次のように多くの分類がなされる。(i) 三種。自相作意・共相作意・勝解作意(『倶舎』7、大正 29・40a)。(ii) 四種。力励運転作意・有間欠運転作意・無間欠運転作意・無功用運転作意(『瑜伽』28、大正 30・438b)。(iii) 七種。了相作意・勝解作意・遠離作意・摂楽作意・観察作意・加行究竟作意・加行究竟果作意(『瑜伽』33、大正 30・465c)。(iv) 四十種。列記を省略する。(『瑜伽』11、大正 30・332c)。
Ⓢ manaskāra: manasikaraṇa: manasikāra
②遍行の心所(細かい心作用)の一つ。心を始動せしめて対象に向けしめる心作用。〈唯識〉は、作意とは、深層の阿頼耶識のなかに種子として眠っている心をおどろかし喚起して目覚めさせ、目覚めた心を対象に向けしめる心作用であると説く。 Ⓢ manaskāra
(出典) 作意、謂、能令心警覚。(『倶舎』4、大正 29・19a):作意、引心令趣自境。此若無者、心応無故。(『成論』5、大正 31・28a):作意者、謂、阿頼耶識種子所生、依心所起、与心倶転相応、動心、為体、引心、為業。(『顕揚』1、大正 31・481a)
(参考) (『述記』3末、大正 43・330b～c)

作意散動 さいさんどう 止観を修するときに思考が散乱し動揺すること。五つの心の散動(作意散動・外心散動・内心散動・相散動・麁重散動)の一つ。大乗の教えにふさわしい思考を捨てて声聞と独覚の思考におちいること。→心散動
(出典) 若諸菩薩、捨於大乗相応作意、堕在声聞独覚相応諸作意中、当知、是名作意散動。(『解深』3、大正 16・701c)

作意散乱 さいさんらん 六種の散乱(自性散乱・外散乱・内散乱・相散乱・麁重散乱・作意散乱)の一つ。大乗以外の声聞乗と独覚乗の思考によって禅定に入るときに心が流散すること。
(出典) 云何作意散乱。謂、依余乗余定、若依、若入、所有流散、能障離欲、為業。(『集論』1、大正 31・665b)

作意思惟 さいしゆい 思考すること。原語 manaskāra は、多くは「作意」と訳されるが、より分かり易くするために思惟を付して「作意思惟」と訳される場合がある。「修行者は或る時は外空を作意思惟し、或る時は内空を作意思惟す」 Ⓢ manaskāra

作意錯乱 さいしゃくらん 思考が混乱してまちがうこと。「勤方便して不浄を修習すると雖も作意錯乱す。謂く、不浄を観ぜずして浄相に随って転ず」

作業 さごう ①働き。働くこと。「五識の作業とは、唯だ自境の所縁を了別するを謂う」 Ⓢ karman: kriyā: ceṣṭā
②なされた行為。「作業とは、若しくは思業、若しくは思の起こすところの身業・語業を謂う」 Ⓢ kṛtaṃ karma
③仕事。事業。労務。「渉路の作業で劬労ある者は、労苦を治さんが為に按摩などを求めて以って対治と為す」 Ⓢ karmānta

作使 さし 使用人。召使い。「自らの手で作りて奴婢・作使を使わず」「作使を駆役す」
Ⓢ karma-kara: karma-kara-pauruṣeya: pauruṣeya

作事相応 さじそうおう 六種の相応(不相離相応・和合相応・聚集相応・倶有相応・作事相応・同行相応)の一つ。相応とは関係し合っていることで、あることを相互に共同して行なうありようを作事相応という。
(出典) 作事相応者、謂、於一所作事、展転相摂。如二苾芻随一所作更互相応。(『雑集論』5、大正 31・718a)

作者 さしゃ ①行為者。行為をなす主体。受者(行為の結果を受ける者)とともにあげられて、いずれも、縁によって生じる現象的存在(諸行・諸法)の働きの上に仮に設定されたものであり、作者あるいは受者といわれる固定的・不変的な実体は存在しない、すなわち無我であることを証明するなかで用いられる語。「用に三種あり、一に宰主の用、二に作者の用、三に受者の用なり。此の用に因るが故に宰主と作者と受者とを仮立す」「唯だ諸法が能く諸法を引くことありて作者及び受者あることなし」「恒時に一切の諸行は唯だ因果ありて、都て受者と作者とはなし」
Ⓢ kartṛ: kāraka
②経論を作った者。「世親などの三十頌を造れるものを名づけて作者と為し、護法などの釈するものを名づけて述者と為さば、此れは論と釈との相対なり」

作者空 さしゃくう 行為をなす者は非存在であるという理。七種の空（後際空・前際空・中際空・常空・我空・受者空・作者空）の一つ。
（参考）（『瑜伽』92、大正 30・826b）

作証 さしょう ①明瞭にさとること。はっきりと理解すること。「法義を思惟し修習して作証す」「種子の伏断に於ける作証と種子の永断に於ける作証との二種の作証あり」「身によって作証す」「八支聖道の果である涅槃を作証す」 Ⓢ sākṣāt-karaṇa: sākṣāt-**kṛ**: sākṣāt-kṛta: sākṣāt-kriyā
②四諦のなかの滅諦をさとること。「苦諦を遍知し、集諦を永断し、滅諦を作証し、道諦を修習す」

作浄 さじょう ①きれいにすること。洗うこと。「虫ある鉢を水で以って遍灑して作浄す」
②布施すること。与えること。「苾芻は己の衣物を作浄の為の故に親教・軌範師などに捨与す」 Ⓢ vi-**kḷp**

作善 さぜん 善い行為を行なうこと。作悪の対。「無貪は有と有具とに於て著なきを性と為し、貪著を対治して善を作すを業と為す」「作善・止悪は是れ無癡の業なり」

作賊 さぞく 金銭などを盗んで生計を立てている人。律儀に反する行為をする人（不律儀者）の一人。劫盗・盗賊とおなじ。→不律儀者 →盗賊。 Ⓢ caura: taskara
（参考）（『婆沙』117、大正 27・607a）

作動 さどう うごかすこと。働かせること。「意を作動するが故に説いて意業と名づく」

作福 さふく 善い行為、功徳ある行為をすること。作福行、作福業ともいう。修福とおなじ。→修福「布施し作福し斎戒を受持すれば福が増長す」 Ⓢ puṇyāṇi karoti

作仏 さぶつ 仏になる、成仏すること。完全なさとりを得ること。「慈氏よ、汝は来世に於て当に作仏を得べし」
Ⓢ tathāgato 'rhan samyak-saṃbuddhaḥ

作法 さほう ①軌則に則して行なうこと。教団のなかで犯した罪過を懺悔するときに行なうありようをいう。如法とおなじ。「発露し悔過して作法に悔除す」
②三支作法の作法。因明（仏教論理学）の論法を構成する三つの要素である宗・因・喩のなかの初めの宗（主張命題）を述べること。「六識に約して作法して論を為す」

作用 さゆう ①働き。なすこと。働くこと。大きく作具作用（道具などの作用）と士夫作用（人間の作用）とに分けられる。「邪見とは、因果と作用と実事とを謗するを謂う」 Ⓢ kāra: kārya-kāraṇa: kriyā: vyāpāra
②仕事。労働。「五識の所依は居家者の家の如し、所縁は所受用の如し、助伴は僕使などの如し、業は作用の如し、と応に観るべし」
Ⓢ vyavasāya

作用因依処 さゆういんえしょ →因依処

作用依処 さゆうえしょ 作用因依処とおなじ。→作用因依処

作用道理 さゆうどうり 四つの道理（観待道理・作用道理・証成道理・法爾道理）の一つ。存在を観察するときの道理の一つ。存在の一つ一つにそれぞれ固有の働きが、たとえば眼は見る、耳は聞く、鼻は嗅ぐ、などの働きがあるという道理。
Ⓢ kārya-kāraṇa-yukti
（出典）云何名為作用道理。謂、諸蘊生已、由自縁故、有自作用、各各差別。謂、眼能見色、耳能聞声、鼻能嗅香、舌能嘗味、身能覚触、意能了法。色為眼境、為眼所行、乃至、法為意境、為意所行。或復所余如是等類、於彼彼法別別作用、当知亦爾。即此諸法各別作用所有道理瑜伽方便、皆説名為作用道理。（『瑜伽』25、大正 30・419b）：云何作用道理。謂、異相諸法各別作用。（『集論』6、大正 31・687a）

作礼 さらい 礼をすること。尊敬の態度を表すこと。「世尊の前に往きて恭敬して作礼す」 Ⓢ **nam**

差（さ）→しゃ

詐 さ 詐欺。だますこと。「其の心、諂を離れ、詐を離れて正直なり」「財の為に敬するが故に、詐して種種の虚事なる供養を設く」 Ⓢ kuhanā

詐偽 さぎ 詐欺。だますこと。「自ら徳なきに、徳ありと詐偽す」「諂誑し詐偽して妄語を起こす」 Ⓢ nikṛti

詐幻 さげん 詐欺。くらますこと。だますこと。「意志、多く詐幻・諂誑を懐く」
Ⓢ māyāvin: vañcana

詐現 さげん いつわって行為すること。だますために、あるありようを示現するこ

と。「他を誑せんが為に、故思に厳整の威儀を詐現す」

嗟怨 さおん なげきうらむこと。「財宝を喪失すれども憂なく、また嗟怨せず」

鎖 さ くさり。連結したくさり状のもの。「骨の鎖」「結跏趺坐して、或いは其の骨を観じ、或いは其の鎖を観ず」「形骸の鎖と支節の鎖との二種の鎖あり」 Ⓢ śaṃkalikā

薩伐底河 さばつていが 薩伐底は sarasvatī の音写。サラスヴァティー河のこと。「婆湖陀河・伽耶河・薩伐底河・殑伽河など中に於て支体を沐浴す」 Ⓢ sarasvatī-nadī

薩落瑜 さらゆ ① sarayū の音写。贍部洲にある五大河の一つ。→五大河 Ⓢ sarayū
（参考）（『婆沙』5、大正 27・21c）
②贍部洲にある四大河の一つである殑伽河の支流の一つ。→四大河 Ⓢ sarayū

薩梨 さり 贍部洲にある四大河の一つである私多河の支流の一つ。→四大河

坐 ざ ①すわる、すわっているさま一般をいう。「道場に坐して能く無上正等菩提を得る」「金剛座に坐して金剛喩定を起こす」「其の長幼に随って次を以って坐す」
Ⓢ āsana: niṣaṇṇa: ni-**sad**: saṃniṣaṇṇa
②身体の四つの基本的なありよう（行・住・坐・臥の四威儀）の一つ。眼の対象の一つ。→四威儀 →色境 Ⓢ niṣaṇṇa: niṣadyā
（出典）如有一、或於大床、或小縄床、或草葉座、或諸敷具、或尼師檀、結加趺坐、端身正願、安住背念、如是等類、説名為坐。（『瑜伽』24、大正 30・415a）
③すわる場所。座とおなじ。「坐より起つ」「床と坐の触」 Ⓢ āsana: niṣadana: pīṭha

坐臥具 ざがぐ すわり眠るための道具。「施主は行者に於て哀愍心を起こして、如法の衣服・飲食・坐臥具などを恵施す」
Ⓢ niṣadana-saṃstaraṇa: śayana-āsana

坐禅 ざぜん 禅定を修してすわること。「坐禅の者は軽安を得る」「山中にて坐禅して道を修す」

座 ざ すわる場所。「草葉の座に於て身を端して坐す」「足を洗い座を敷きて結跏趺坐す」 Ⓢ āsana: pīṭha: maṇḍa: saṃstara: saṃstaraka: saṃstaraṇa

挫辱 ざじょく 屈辱。はずかしめること。「悪行の因の故に種種の挫辱と楚撻に遭う」

才辯 さいべん 辯才とおなじ。→辯才

再生 さいしょう ①再び生まれること。「若し再生し相続せしめる煩悩を断じて生に重続なきところに一来果を立つ」 Ⓢ janma
②四姓（婆羅門・刹帝利・吠舎・戍陀羅）のなかの婆羅門をいう。まず人として生まれ、次に師に就いて教えを受けて修行者として生まれ変わるから、婆羅門を再生という。「此の頌は仏が婆羅門の為に説くなり。婆羅門を再生と名づく。初めて生れる時を以って名づけて一生と為し、法を受ける時を再生と名づけるなり」（『倶舎論疏』8、大正 41・593b）。Ⓢ dvi-ja
③鳥類（飛禽）。卵から生まれる生きもの（卵生）。先ず卵として生まれ、そのあと、孵化して殻を割って再び生まれるから再生という。「諸の卵生の生は、皆な再度なり。故に飛禽などを世は再生と号す」（『倶舎論疏』8、大正 41・590c）。 Ⓢ dvi-ja

西 さい にし。四方向の一つ。 Ⓢ avara: paścima

西瞿陀尼洲 さいくだにしゅう 瞿陀尼は godānīya の音写。牛貨と意訳。西牛貨洲とおなじ。→西牛貨洲

西牛貨洲 さいごけしゅう 四大洲の一つ。→四大洲 →牛貨洲 Ⓢ avara-godānīya-dvīpa

西洲 さいしゅう 西牛貨洲の略称。→四大洲 →牛貨洲

西山住部 さいせんじゅうぶ 小乗二十部の一つ。→小乗二十部

西方 さいほう ①中国からみて西にあるインドをいう。中国撰述の『三箇の疏』や『述記』などにみられる語。「西方の貴い波羅門種は皆な黄赤色なり」「西方に二説あり」
②西方師のこと。→西方師

西方師 さいほうし 西の国の論師。北インドのガンダーラ国の論師たちを指す。カシミーラ国の説一切有部の論師たちが、自己の見解と別の見解を唱える西のガンダーラ国の論師たちに対して呼んだ貶称。 Ⓢ pāścāttya

西来風 さいらいふう 外界で吹く風のなかの一つ。西から吹く風。→風① Ⓢ paścimā vāyavaḥ

災 さい ①わざわい。災難。不幸。
Ⓢ apakṣāla: īti: roga: saṃvartanī
②生きものを損害する刀兵災と疾疫災（疫病災）と饑饉災の三つの災害。あるいは、世界

を破壊する火災・水災・風災の三つの災害。→三災 Ⓢ saṃvartanī
(参考)(『倶舎』12、大正 29・66a～b):(『瑜伽』2、大正 30・285b～c)

災壊 さいえ 火災・水災・風災の三つの災害が世界を破壊すること。

災横 さいおう わざわい。災難。災害・災患とおなじ。「一切の魔軍も一切の災横も侵害すること能わず」「疫癘・災横・愁悩、種種の魔事から解脱す」
Ⓢ upakrama: upadrava: upasarga

災火 さいか 火災。「水を煎ずれば最後に一切皆な悉く消尽するが如く、災火が器世間を焚焼し已りて都て灰燼もなし」 Ⓢ agni

災害 さいがい わざわい。災難。災横・災患とおなじ。「他の手塊・刀杖、及び麁言などを用いて増上縁と為す。是の縁に由るが故に災害ありと名づく」 Ⓢ upasarga

災旱 さいかん ひでりによる災害。「菩薩は諸の饑饉や災旱が現在前するとき、静慮力に由って甘雨を興す」 Ⓢ raurava

災患 さいげん 災難。わざわい。災害・災横とおなじ。「諸の菩薩は自在力に由って能く有情の災患を除く」
Ⓢ apakṣāla: īti: upadrava

災障 さいしょう 災難。障害。「布施辺際の定力に由って災障が滅して富の異熟が起こる」

災頂 さいちょう 世界を破壊する三つの災害(火災・水災・風災)の頂。「第二静慮を火災の頂と為し、第三静慮を水災の頂と為し、第四静慮を風災の頂と為す」
Ⓢ saṃvartanī-śīrṣa: saṃvarta-śīrṣa
(参考)(『略纂』1、大正 43・14a)

災頂風 さいちょうふう 世界を破壊する三つの災害(火災・水災・風災)の頂に起こる風。 Ⓢ saṃvartanī-śīrṣa-vāyu

災雹 さいばく 雹(ひょう)による災害。「忽に災雹に遇って田が壊す」

災風 さいふう 世界を破壊する三つの災害(火災・水災・風災)のなかの風災が起こす風。

災厲 さいらい 災癘とおなじ。→災癘

災癘 さいらい 災難。疫病。「災癘・疾疫、皆な息滅す」

妻 さい つま。女房。「曽て母は転じて妻と為り、妻は復た児婦と為り、児婦は転じて婢と為る」 Ⓢ kalatra: dāra: bhāryā

妻子 さいし つまと子。「在家を楽って妻子を愛恋し、臥具・衣服・飲食を貪著す」「諸の有情は愛の勢力に由って能く正に父母・師長を供養し、及び能く妻子・作使・朋友・眷属、乃至、禽獣を養育す」 Ⓢ putra-dāra

妻室 さいしつ つま。女。婦人。「在家の位の中では、諸の妻室に於て婬欲と相応する貪あり」 Ⓢ strī

妻妾 さいしょう つま。女房。「自らの妻妾にも他の妻妾にも染習せず」 Ⓢ dāra: bhāryā

斉 さい ①かぎること。限定すること。「これに斉って～と名づく」「何に斉って～と名づくるや」という形で用いられる。
②ひとしいこと。→斉等

斉整 さいせい (着た衣服が)ととのっていること。「服するところの法衣は並びて皆な斉整にして不高・不下なり」
Ⓢ parimaṇḍala

斉等 さいとう ひとしいこと。「五蓋の勢力は皆な斉等なり」「一として我れと斉等なるものあることなし」 Ⓢ sama-sama

砕 さい くだくこと。くだかれた粉末。「彼の物は応に世俗諦と名づくと知るべし。瓶が破らるれば砕となり、その時、瓶の覚は則ちなきが如し」「此の骨灰を砕いて以って細末と為す」 Ⓢ bhinna

宰官 さいかん 役人。官吏。「諸の国王・宰官・長者は自らの妻室を棄捨すること能わず」 Ⓢ amātya

宰主 さいしゅ 支配する主。つかさどる主体。支配者。行為の主体。あらゆる現象的存在(諸行)は縁によって生じるから、そこには固定的・実体的な宰主が存在しない、すなわち無我であり無常であると説かれる。「用に三種あり。一に宰主の用、二に作者の用、三に受者の用なり。此の用に因る故に宰主と作者と受者とを仮立す」「諸行は衆の縁によって生ずるが故に自在を得ず、また宰主なし」 Ⓢ svāmin

栽 さい 詳しくは栽蘗という。また心を付して心栽という。栽の原語 khila には「頑固」あるいは「不毛の地」という意味がある。煩悩のなかでも頑固な疑(うたがい)や瞋(いかり)という煩悩を特に心栽という。

あるいは、栽蘖（つるくさを植える）と訳されることから、本来は植えて生ぜしめるべきでない処（不毛の地）に植えて生ぜしめるように、本来は生じるべきでないものや事柄を対象として生じる疑や瞋という煩悩を心栽という。→心栽「生ずべからざる処に而も妄りに生ずるを説いて心栽と名づく」「瞋とは云何。有情に於て損害を作し栽蘖を作すを謂う」 Ⓢ khila
（参考）（『婆沙』14、大正27・69b～c）

栽蘖 さいはく →栽

豺狼 さいろう 山犬。おおかみ。恐怖をあたえる悪獣の一つ。「悪師子・虎豹・豺狼・怨敵・盗賊・人非人などの諸の恐怖の事」 Ⓢ dvīpin

婇女 さいにょ 天女。「婇女は天子と共に遊戯す」 Ⓢ apsaras

彩 さい あや。いろどり。色彩。「画の事業は衆彩を円布す」 Ⓢ raṅga

彩画 さいが 絵を描くこと。色彩をほどこすこと。「想は所縁に於て心をして言説を彩画せしむるを業と為す」「能く虚空に彩画して種種の文像を作る事、是の事あることなし」 Ⓢ ālekhya: citra-kṛta

彩色 さいしき いろどり。色彩。「断ずる時、遣る時、平等平等なるは秤の両頭の低昂の道理の如く、又た画像の彩色が壊する時、形相も随って滅するが如し」 Ⓢ raṅga

彩石 さいしゃく 黄色の輝きのある宝石。七宝の一つ。財物の一つ。原語 musāragalva は、琥珀あるいは車渠とも訳される。→七宝「財物と言うは、末尼・真珠・琉璃・螺貝・璧玉・珊瑚・馬瑙・彩石・生色・可染・赤珠右旋を謂う」

採 さい ①とる、つみ取ること。「池に入って蓮花の根を採る」 Ⓢ ā-**varh**
②対象を認識する作用。「識に三種あり。一に領受する差別、二に境を採る差別、三に分位の差別なり」

採録 さいろく 認めてとりあげること。信用すること。「誰か愚類の狂言を採録すべきや」 Ⓢ ādara

済 さい 救う、救済すること。「菩薩は有情に於て、或いは厄難を済い、恐怖を除く」 Ⓢ paritrāṇa

済度 さいど 救う、救済すること。「諸の衆生を悲愍して済度す」「自他の最極の災横を済度するが故に波羅蜜多と名づく」

済抜 さいばつ 救う、救済すること。抜済ともいう。「無畏施とは師子・虎狼・鬼魅などの畏から済抜し、王賊などの畏や水火などの畏から抜済するをいう」
Ⓢ pari-**trā**: paritrāṇa

猜疑 さいぎ そねむこと。うたがうこと。「仏には一切の悪行・過失なきに、仏が猜疑を生ずるは、是れを非処と名づく」

猜阻 さいそ うたがうこと。「他の有情は菩薩を猜阻して、内に嫌恨を懐き、悪謀し、憎背す」 Ⓢ manyu-saṃbhāvanā-jāta

祭祀 さいし 物を供えてまつること。まつり。「餓鬼を祭祀す」

細 さい ①微小な形。眼の対象の一つ。粗大な形である麁（sthūla）の対。→色境
Ⓢ aṇu
②細く繊細なこと。「如来の手足は細にして軟なり」 Ⓢ mṛdu
③微細で見えにくいこと。粗大で見えやすいことである麁（audārika）の対。「細の色と麁の色」 Ⓢ sūkṣma
④働きが微細なこと。認知されにくいこと。「細の想」「細の意識」「細の意言」「真如は識り難きが故に細なり」 Ⓢ sūkṣma

細意識 さいいしき 微細な意識。生死輪廻するかぎり常に存続する識。その識の認識のありよう（行相）と認識対象（所縁）とがいずれも明瞭に知覚されえないから細という。上座部の説であるが、〈唯識〉はこれを阿頼耶識の先駆的思想とする。
（出典）上座部師説、有根本計、有末所計。根本計、麁細二意、許得並生、末計不然、必別時起。今此本計、別有細意識。生死位中、一類・微細行相・所縁、倶不可了。（『述記』4本、大正43・365a）

細界 さいかい 三界のなかの色界と無色界をいう。これに対して欲界を麁界という。「有るが説く。欲界は是れ麁界、色・無色界は是れ細界なり。麁界の法を縁じて能く細界の染を離るるに非ず」

細滑 さいかつ しなやかでなめらかなさま。「身皮は細滑にして塵垢は著せず」
Ⓢ sūkṣma-ślakṣṇa

細汗虫 さいかんちゅう 蟻や虱のような小さな虫。汗より生まれるから、あるいは人間の身体のなかで汗を食べて生きているから細

汗虫という。「細汗虫・嬰児などの食を細食と名づく」 Ⓢ saṃsveda-jantuka
（出典）細汗虫、即是蟻虱。其体細小、従汗而生。或人身中、有虫、食汗、名細汗虫。（『倶舎論記』10、大正 41・181a）

細苦 さいく 微細な苦。麁苦の対。「悲は但だ麁苦に苦しむところの有情を縁じ、大悲は麁苦と細苦に苦しむ有情を縁ず」

細色 さいしき ①細かく小さなもの。麁色の対。「麁色を見るとは千枝の大樹を見るが如く、細色を見るとは細草を見るが如し」
②眼などの五つの器官でとらえられないもの。麁色の対。 Ⓢ sūkṣma-rūpa
（出典）五根所取名麁色、所余名細色。（『倶舎』1、大正 29・4c）

細心 さいしん 微細心とおなじ。→微細

細楔 さいせつ 細かいくさび。楔（くさび）とは、二つの木材をつなぎ合わせて抜けないようにはめこむ栓。粗く大きなくさびに小さく細かいくさびをそこに打ち込んで大きなくさびを取り除くという方法を、心のなかの粗大な汚れを細かい心作用で除去することの喩えに用いる。→楔　→以楔出楔道理「細楔を用いて麁楔を遣るが如く、是の如く行者は軽安身を以って麁重身を除く」「細楔で麁楔を除去するが如く、本識中に住する諸の雑染法の熏習せる種子を説いて麁となし、諸の対治道は能く彼れを除くが故に是れを名づけて細と為す」

細相 さいそう ①小さく微細で知覚しがたいすがた・ありよう。微細相ともいう。→微細
②心のなかに現れてくるさまざまな観念・表象。
（出典）言細相者、謂、心所執受相。（『解深』3、大正 16・702a）

細相現行障 さいそうげんぎょうしょう さまざまな教えを概念的に細かく把握するという障害。所知障（知るべきもの、すなわち真如を知ることをさまたげる障害）のなかで倶生（先天的にそなわっている）の障害の一部。十重障の一つ。この障を十地の第七地で断じて法無差別真如を証する。→十重障
（出典）細相現行障、謂、所知障中倶生一分、執有生滅細相、現行。彼、障七地妙無相道、入七地時、便能永断。（『成論』9、大正 31・53b）

細想 さいそう 微細想とおなじ。→微細想

細触貪 さいそくとん →妙触貪

細軟 さいなん 柔軟であること。「手足は細軟なり」 Ⓢ mṛdu-taruṇa

細分 さいぶん 細かい部分。さらに細かく分析すること。「諸の極微の体には細分なく、分析すべからず」「縄の覚に依って蛇の覚を捨て、細分の覚は縄の覚を除遣す」

細分析 さいぶんしゃく さらに細かく分けること。「麁相を細分析すれば、数は多千を成ず」 Ⓢ sūkṣmaṃ bhidyamānāḥ

細妙 さいみょう 柔らかいこと。「細妙なる臥具」「細妙なる触手を以って其の頂上を摩して彼の病苦を愈せしむ」

菜 さい 野菜。菜食。「飲食を断ず、灰に臥す、或いは但だ菜を食す、或いは弊衣を著す、或いは全く露体す、是の如き苦行は聖道に違逆す」 Ⓢ śāka

最 さい 「最高」「最勝」「一番」「極度」などを意味する副詞・形容詞として用いられる語。「諸煩悩の中、貪を最も勝と為す」「勢力が最も強盛なる者」 Ⓢ atyartham: -tama: -tara: sutarām

最究竟 さいくきょう 最も勝れたもの。修行によって至りえた最終段階。最極究竟ともいう。「世俗の諸の婆羅門は梵世間を計して最究竟と為す」「当に最極究竟の涅槃を証せんと願楽す」 Ⓢ atyanta-niṣṭha

最後 さいご 時間的に、あるいは順番として、最終なこと。「異生位の最後の刹那の心を世第一法と名づく」「水を煎ずれば最後に一切皆な悉く消尽す」「菩薩は三十二大丈夫相を以って其の身を荘厳し、最後の有、最後の生の中に住す」 Ⓢ antatas: antima: ante: antya: carama: paścima: sarva-paścāt

最後有 さいごう →最後有菩薩
Ⓢ carama-bhavika

最後有菩薩 さいごうぼさつ 次の生で涅槃に入り再び生まれて来ない最後の生存としての菩薩。後有菩薩ともいう。最後身菩薩・最後生菩薩とおなじ。
Ⓢ carama-bhavika-bodhisattva

最後界 さいごかい 境目。境界。「是の世間の諸行の最後界の畔辺際を名づけて世第一法と為す」 Ⓢ sīmā

最後現在 さいごげんざい 五種の現在（刹那現在・一生現在・成劫現在・現行現在・最

後現在）の一つ。その後には時間がなくなる最後の刹那としての現在。たとえば阿羅漢になる直前に最後の心心所が存在する刹那。
（出典）最後現在、謂、阿羅漢最後心心所等。（『瑜伽』66、大正 30・667b）

最後生　さいごしょう　①次の生で涅槃に入り再び生まれて来ない最後の生存。「補特伽羅ありて最後生に住し、最後有に住し、最後身に住し、この身に由って当に涅槃を得る」 Ⓢ antya-janman: paścima-janman
②菩薩の五つの生（除災生・随類生・大勢生・増上生・最後生）の一つ。さとり（菩提）への準備的たくわえ（資糧）をすべて完成してバラモンの大国師の家、あるいはクシャトリヤの大国王の家に生まれて仏のさとり（無上正等菩提）と等しいさとり（等覚）を得ること。 Ⓢ caramā upapattiḥ
（参考）（『瑜伽』48、大正 30・563b）

最後生菩薩　さいごしょうぼさつ　次の生で涅槃に入り再び生まれて来ない最後の生存としての菩薩。最後有菩薩・最後身菩薩とおなじ。 Ⓢ antya-janmā bodhisattvaḥ

最後心　さいごしん　次の瞬間に涅槃に入り再び生まれて来ない阿羅漢としての最後の心。「阿羅漢の最後心は何を所縁と為すや」 Ⓢ caramaṃ cittam

最後身　さいごしん　→最後身菩薩
Ⓢ carama-bhavika

最後身菩薩　さいごしんぼさつ　次の生で涅槃に入り再び生まれて来ない最後の身としての菩薩。後身菩薩ともいう。最後有菩薩・最後生菩薩とおなじ。
Ⓢ carama-bhavika-bodhisattva

最高　さいこう　もっとも卓越していること。もっとも高いこと。「最楽・最善・最妙・最高の故に天趣と名づく」 Ⓢ jyeṣṭha-bhūtva

最極　さいごく　「最高」「極まった」「最もはなはだしい」などを意味する形容詞・副詞として用いられる語。「諸の菩薩のあらゆる静慮は、一切の分別を遠離して、能く身心が軽安なる最極の寂静を生ず」「欲界は極下・極劣にして最極の鄙穢なる界なり」「真実と虚仮との二種を謗ずる者を最極の無者と名づく」 Ⓢ ati-: atyanta: ātyantika: uttama: -tara: parama: pradhāna: su-

最極究竟　さいごくくきょう　最究竟とおなじ。→最究竟

最極思択　さいごくしちゃく　毘鉢舎那の四つのありよう（能正思択・最極思択・周遍尋思・周遍伺察）の一つ。静まった心（奢摩他）によって心のなかの対象を観察する心。対象のあるがままのありよう（如所有性）を観察・思惟する心。 Ⓢ pravi-ci
（出典）云何名為最極思択。謂、即於彼所縁境界、最極思択如所有性。（『瑜伽』30、大正 30・451b）

最極寂静　さいごくじゃくじょう　九種の心住の一つ。→心住

最極清浄　さいごくしょうじょう　最高に清らかなこと。極めて清浄なもの。善清浄・極清浄・極善清浄ともいう。「菩薩所行の布施は清浄にして最極清浄なり」「最極清浄なる法身」 Ⓢ suviśuddha

最極甚深　さいごくじんじん　最高に意味の深いこと。最も深遠なもの。世尊所説の教えや縁起の理を形容するのに用いられる語。「縁起は本性として最極甚深なり」「世尊は最極甚深なる法義を説く」
Ⓢ parama-gambhīra

最極微細　さいごくみさい　最も微小であること。断じることが困難な最も微細な煩悩を形容する語として用いられることが多い。「諸の刹那の量は最極微細にして唯だ仏のみ能く知る」「法雲地に於て最極微細な煩悩障と所知障とを永く断ず」 Ⓢ susūkṣma

最寂静　さいじゃくじょう　最も静かなこと。「外道は無想天と有頂天との二処を執して最寂静と為す」「最寂静なる涅槃界」

最初　さいしょ　「はじめて」「はじめに」「はじめの」などを意味する副詞・形容詞として用いられる語。 Ⓢ ādau: ādi-: pūrva-: pūrvam: prathama: prathamatas: prathamam

最初発心　さいしょほっしん　はじめてさとり（菩提）を得ようとする心を発すこと。この心を発すことによって菩薩としての道を歩みはじめることになる。初発心ともいい、発心と略す。
Ⓢ prathama-citta-utpāda: prathama-citta-utpādika: prathamaś citta-utpādaḥ
（参考）（『瑜伽』35、大正 30・480c 以下）

最勝　さいしょう　最もすぐれている、卓越していること。最高にまさったもの。「菩薩の布施は広大・第一・最勝なり」「威力が最

勝なるが故に大神通者と名づく」「妄計最勝論者は、婆羅門は是れ最勝の種類にして、刹帝利などは是れ下劣の種類なりと計す」「一切の人中で最勝なる転輪王の位」 Ⓢ agra: adhika-: adhimātra: utkarṣa: uttama: udāra: jina: parama: paramatā: parama-pradhāna: prakarṣa: prativiśiṣṭa: pradhāna: pravara: vara: viśiṣṭatara: viśeṣa: śreyas: śreṣṭha: samyak

(参考) 種類として、所依最勝・正行最勝・円満最勝・智最勝・威力最勝・断最勝・住最勝の七種が説かれる（『瑜伽』38、大正 30・499a)。→各項参照

最勝因 さいしょういん ①最も力強い原因。主要原因。「一切種子識は自体を生ずることに於て浄不浄業の因ありと雖も、然も唯だ楽著戯論を最勝因と為す」「受を最勝因と為して諸欲に著す」

Ⓢ pradhāna-kāraṇa: pradhāna-hetu

②すべてを生じる可能力（種子）を有する阿頼耶識をいう。

(出典) 最勝因者、所謂、種子阿頼耶識。(『摂論釈・無』2、大正 31・387c)

最勝愚 さいしょうぐ 最もすぐれたもの（仏・法・僧の三宝）について愚かで知らないこと。七種無知の一つ。→七種無知

Ⓢ agra-saṃmoha

(参考)（『瑜伽』9、大正 30・322c)

最勝者 さいしょうしゃ 最もすぐれた者。仏の称号の一つ。「諸の外道・煩悩などの魔に於て能く勝を得るが故に最勝者という」「一切の三乗の最勝者に帰礼す」

最勝住 さいしょうじゅう 最も勝れた心のありよう、心の境界をいう。如来が住する心のありよう。そのような住として聖住と天住と梵住の三つがある（→各項参照)。また想受滅定だけを最勝住とよぶ場合もある。「想受滅等至の最勝住に証入す」

Ⓢ parama-vihāra

(参考)（『瑜伽』38、大正 30・499b)

最勝生 さいしょうしょう 世間において安楽に過ごす生存、あるいは、富があって豊かである生存をいう。勝生ともいう。

Ⓢ abhyudaya

(出典) 最勝生者、謂、諸世間安楽生処。(『摂論釈・無』9、大正 31・435b)：世間富貴、為最勝生。(『摂論釈・世』9、大正 31・369c)

最勝生道 さいしょうしょうどう 世間において豊かで富がある生存に至るための道。勝生道ともいう。 Ⓢ abhyudaya-mārga

最聖 さいしょう 最高の聖者。菩薩の異名の一つ。 Ⓢ parama-ārya

(参考)（『瑜伽』46、大正 30・549a)

最上 さいじょう いちばんうえ。もっともすぐれていること。

Ⓢ agra: agrya: adhimātra: uttama

最上上品 さいじょうじょうぼん 最上の上品。上品の品とは種類の意味で、さまざまなものをそれらの程度に応じて上・中・下の三つに分けるなかの一番うえを上品といい、その上品のなかでも一番うえの類を最上上品とよぶ。最上品とおなじ。

Ⓢ adhimātra-adhimātra: adhimātra-tara

最上成満菩薩住 さいじょうじょうまんぼさつじゅう 発心してから仏陀（如来）になるまでの十三の段階・心境の第十二。菩薩道を歩んできた菩薩の最後の位。生死輪廻する身としては最後の存在（最後有)。この段階を終わった次の瞬間に無上正等菩提を証して如来となる。菩薩の十地のなかの法雲地にあたる。→十三住

Ⓢ bodhisattvānāṃ paramo vihāraḥ

(参考)（『瑜伽』47、大正 30・553c)：(『瑜伽』48、大正 30・561c〜562a)

最上品 さいじょうぼん →最上上品

最尊 さいそん 最も尊いこと。「唯だ仏の証する菩提のみが最上・最尊・最妙・最勝なり」「仏・法・僧への帰依こそが最勝にして最尊なり」 Ⓢ agrya: uttama: śreṣṭha

最尊勝 さいそんしょう 最も尊くすぐれていること。「限量なきが故に、最尊勝なるが故に円満という」 Ⓢ agratva

最大 さいだい 最も大きいこと。「三業の中に於て意業を最大の罪と為す」「破僧虚誑語が罪の中に於て最大なり」 Ⓢ mahattama: mahā

最第一 さいだいいち 最もすぐれていること。最高であること。「是の如きの供養を最第一・最上・最勝・最妙・無上と為す」「無分別智所行の境界を最第一・真如・無上・所知辺際と為す」 Ⓢ agrya: parama

最妙 さいみょう 最も卓越している、美しい、すぐれていること。「諸の趣の中に於て

彼の趣は最勝・最楽・最善・最妙・最高なるが故に天趣と名づく」 Ⓢ praṇīta: pravara: vara

裁 さい　たつ。断ち切ること。

裁割 さいかつ　裁縫するために布をたつこと。「是の如く行往し、是の如く坐臥し、是の如く裁割し、是の如く縫綴す」

裁断 さいだん　是非を検討して決めること。「契経に刊定の義ありとは、仏の語言は裁断の義あるをいう」

裁黙 さいもく　沈黙。言葉を語らないさま。黙然とおなじ。「契経に説くが如し、汝等苾芻よ、且らく裁黙すべし、応に諸行は是れ尽滅の法なりと観ずべし。此れは是れ、世尊の最後の教誨なり」

債 さい　かり。借金。債務。負い目。「富者ありて他の債を負う時、負債者と名づけ、また富者とも名づく」 Ⓢ ṛṇa

債主 さいしゅ　貸し主。債権者。人びとを苦しめる者の例としてあげられる。「或いは怨賊のために逼切され、或いは債主のために逼切さるる」 Ⓢ dhanika

歳 さい　一年。あるいは、年齢を数える語。「人の五十歳を六欲天の中の最も下に在る四天王衆天の一昼一夜と為し、斯の昼夜を乗ずること三十にして月と為し、十二月を歳と為す」 Ⓢ saṃvatsara

摧 さい　くだくこと。くじくこと。「己の強力を以って劣者を摧く」「阿羅漢果は貪・瞋・癡を永断し、及び一切の煩悩を永断し、諸の傲慢を摧き、諸の渇愛を離る」 Ⓢ nigraha

摧屈 さいくつ　屈伏せしめること。「他を制伏し摧屈せんが為に宗義を建立す」

摧折 さいしゃく　木や草が折れること。「諸の草木が摧折して枯死す」

摧伏 さいふく　（まちがった説や主張などを）くじきふくする、やぶる、負かすこと。屈伏せしめること。「梵音声を以って正法を宣説して異論を摧伏す」「諸の外道を摧伏す」「魔怨を摧伏す」 Ⓢ abhi-**bhū**: upārambha: nigṛhīta: nigraha: nihata: vinigraha: hata

摧滅 さいめつ　うちやぶりほろぼすこと。「一切の魔軍を摧滅す」「邪穢の外道を摧滅せんが為に世間に出現するが故に大師と名づく」 Ⓢ vijaya

綵 さい　あや。いろどり。模様。「異生は雑綵に楽著し、香花を塗飾し、金銀を受畜す」「師が模を作り形を画し已りて、弟子が綵を填ず」 Ⓢ raṅga

綵画 さいが　絵に描かれたもの。「二種の骨鎖相を取ることあり。一には仮名の骨鎖相である綵画の骨鎖相、木石泥などで作られた骨鎖相を取る。二には真実の骨鎖相を取る」 Ⓢ citra-kṛta

際 さい　①きわ。はて。極端。「際の言は極の義を顕す」 Ⓢ koṭi
②とき。時期。期間。→三際「際に前際・中際・後際の三あり。此の三は即ち過去・現在・未来なり」 Ⓢ kāṇḍa

齋 さい　→齋戒

齋戒 さいかい　いましめ。守るべき規範。在家の仏教信者（近住）が守るべき八つの齋戒を八齋戒という。齋・齋法・齋戒法とおなじ。→八齋戒「布施し福を作し齋戒を受持す」 Ⓢ upavāsa

齋戒法 さいかいほう　→齋戒

齋日 さいにち　齋戒を守る日。ものいみをする日。→齋戒「齋日と月半と月と年とに於て常に食施を施す」 Ⓢ tithi

齋法 さいほう　→齋戒

擠搦 さいにゃく　押して擦ること。「長者の癰腫・潰爛を擠搦して膿血を収取す」

臍 さい　へそ。「入息の無間に外門風が転じ、始めは臍の処より、乃至、面門にいたる」 Ⓢ nābhi

在 ざい　あること。存在すること。種類として、次の四種が説かれる（『婆沙』52、大正 27・272a)。（ⅰ）自体在（存在がそれ自らのありように住していること)。（ⅱ）器在（器や建物などのなかに存在すること)。（ⅲ）現行在（今の時点で現れていること)。（ⅳ）処在（ある場所に存在すること）
Ⓢ **ās**: gata: **bhū**: vāsa: vyavasthita: samāpanna: sthita

在家 ざいけ　家にとどまって世俗の生活をする人。僧侶ではない一般の仏教信者。在家者とおなじ。出家の対。→出家
Ⓢ āgārika: gṛha-āvāsa: gṛha-stha: gṛhin

在家者 ざいけしゃ　→在家

在家品 ざいけほん　家にとどまって世俗の生活をする人びとのグループ。出家品の対。在家分ともいう。「二種の有情あり。一には在家品、二には出家品なり」 Ⓢ gṛhi-pakṣa

在家分 ざいけぶん →在家品

在纏 ざいてん いまだ煩悩にまとわれている状態。出纏の対。「一実真如の在纏を仏性と名づけ、在果を如来と名づく」「在纏を如来蔵と名づけ、出纏を法身と名づく」

在肉 ざいにく 心の汚れ・障害（麁重・障）の軽重・度合いを、皮にあるもの（在皮）と膚にあるもの（在膚）と肉にあるもの（在肉）との三種に分けるなかの、もっとも重いものをいう。「在肉の麁重は如来住の中にて皆な悉く已断す」「在肉の麁重を断ずるが故に一切種の極微細の煩悩もまた現行せず」 Ⓢ sāra-gata

在皮 ざいひ 心の汚れ・障害（麁重・障）の軽重・度合いを、皮にあるもの（在皮）と膚にあるもの（在膚）と肉にあるもの（在肉）との三種に分けるなかの、もっとも軽いものをいう。「在皮の麁重は極歓喜住の中にて皆な悉く已断す」 Ⓢ tvak-gata

在膚 ざいふ 心の汚れ・障害（麁重・障）の軽重・度合いを、皮にあるもの（在皮）と膚にあるもの（在膚）と肉にあるもの（在肉）との三種に分けるなかの、真んなかのものをいう。「在膚の麁重は無加行無功用無相住の中にて皆な悉く已断す」 Ⓢ phalgu-gata

財 ざい 金銭、財宝、身の回りの品物・道具などをまとめて財という。いずれも快楽の対象となる。財物とおなじ。 Ⓢ āmiṣa: dhana: pariṣkāra: bhoga: vastu: vitta

財位 ざいい 財産。財宝。金持ち。「色力・族姓・自在・眷属・財位などに染著して傲逸す」「財位匱乏の苦」 Ⓢ bhoga

財貨 ざいか 財物。財産。所有物。道具。貨財とおなじ。「病苦・財貨匱乏・親戚喪亡に遭う」 Ⓢ bhoga

財敬供養 ざいきょうくよう 十種の供養の一つ。如来の前、あるいは霊廟の前で、衣服・飲食・寝具・薬などの日常品や末尼・真珠などの宝石などを施し、香を焚き音楽を奏でるなどをして供養すること。→供養①
Ⓢ lābha-satkāya-pūjā
（参考）（『瑜伽』44、大正 30・534a）

財供養 ざいくよう 財物を布施する供養。施しを受ける者が必要とするもの（たとえば衣鉢・飲食・薬など）を与えること。二種の供養（財供養・法供養）の一つ。→供養①
（出典）財供養者、謂、以衣鉢飲食湯薬及余随一沙門資具、而供養之。（『婆沙』30、大正 27・153b）：供養者、謂、財供養、及法供養。財供養者、謂、由一種可愛楽法。（『瑜伽』68、大正 30・678a）
（参考）（『婆沙』29、大正 27・152a 以下）

財穀 ざいこく 財と穀。金銭、財宝、身の回りの品物・道具などと穀物。

財穀物施 ざいこくもつせ 財宝や穀物などを与える布施。菩薩の十三種の布施の一つ。
Ⓢ dhana-dhānya-vastu-dānatā
（参考）（『瑜伽』39、大正 30・509c）

財食 ざいじき 金銭・財宝や食べ物。「百千の財食を以って布施す」 Ⓢ āmiṣa: vitta

財盛 ざいじょう 財力が増すこと。金持ちであること。財衰の対。→財衰

財施 ざいせ 三種の布施（財施・法施・無畏施）の一つ。金銭・財宝・身の回りの品物や道具などを布施すること。在家者が出家者に行なう布施。 Ⓢ āmiṣa-dāna
（出典）財施者、謂、以上妙清浄如法財物、而行恵施、調伏慳悋垢、而行恵施、調伏積蔵垢、而行恵施。（『瑜伽』39、大正 30・510a）

財衰 ざいすい 資財が衰損すること。未だ獲得しないものを得ることがなく、すでに獲得したものがなくなること。財力が衰えること。貧乏になること。財盛の対。→財盛
（出典）言財衰者、謂、衣食等未得不得、得已断壊。与此相違、当知財盛。（『瑜伽』75、大正 30・711b）

財富 ざいふ 財力が豊なこと。富んでいること。「布施波羅蜜多は大なる財富を得る」「仏は有情の色力・族姓・財富の自在を愛敬せずして但だ慧を愛敬す」

財宝 ざいほう 金銭や財産や身の回りの大切な品物・道具。「非法を以って財宝を集め、与えることを欲せず」「貴家に生じて財宝具足す」 Ⓢ dhana: pariṣkāra: bhoga

財法 ざいほう 財と法。財とは金銭、財宝、身の回りの品物・道具など。法とは仏の教え。「財法に耽著するを慳と為す」「財法の二を以って供養す」
（出典）財法者、資具・妻子栄位等事、皆名為財、理・教・行・果、皆名為法。（『述記』6 末、大正 43・458b）

財物 ざいもつ ①金銭、財宝、身の回りの品物・道具などをいう。財とおなじ。「財物や飲食などが貧窮する家」

Ⓢ āmiṣa: draviṇa: dravya: bhoga: vastu
②三種の布施する物（財物・穀物・処物）の一つ。宝石・金銭・衣服などの身の回りの品物、香・花冠などの装飾品をいう。
Ⓢ deya-vastu: dhana-vastu
（出典）財物者、謂、末尼・真珠・琉璃・螺貝・璧玉・珊瑚・馬瑙・彩石・生色・可染・赤珠右旋。復有所余如是等類。或諸珍宝、或金、或銀、或諸衣服、或諸什物、或香、或鬘、是名財物。（『瑜伽』25、大正 30・421a）

財利 ざいり ①金銭や財宝や身の回りの道具など、欲望や快楽の対象となるもの。
Ⓢ āmiṣa: dhana: lābha
②金銭や財物を得ること。経済的に栄えること。得・利ともいう。八つの世法（世のなかで生きる上で問題となる八つの事柄）の一つ。→世法 Ⓢ lābha

罪 ざい つみ。過失。罪悪。罪過とおなじ。「諸の善士の為に訶厭さるる法を説いて名づけて罪と為す」「今世と後世とに作るところの罪の中に於て大怖畏を見る」
Ⓢ adhyāpatti: avadya: āpatti: dauḥśilya: pāpa
（参考）種類として、性罪・遮罪の二種（→各項参照）、下品罪・中品罪・上品罪の三種が説かれる。

罪過 ざいか →罪

罪業 ざいごう 罪ある業。悪い行為。好ましくない結果を招く業。非福業とおなじ。「福業に由るが故に欲界の人・天の両趣に生じ、罪業に由るが故に悪趣の中に生じ、不動業に由るが故に色・無色に生ず」
Ⓢ apuṇya-karman: pāpa-karman

罪人 ざいにん つみ・過失を犯した人。「此の中、牢獄を欲界に喩え、罪人を愚夫・異生に喩う」

罪福不動 ざいふくふどう 罪と福と不動との三つの業。→三業⑥

罪遍知 ざいへんち 犯した罪について、その原因や結果などを熟知していること。五種の遍知の一つ。→遍知
（参考）（『瑜伽』100、大正 30・875c）

作（さく）→さ

索 さく なわ。つな。「河の両岸に於て諸の獄卒が手に杖と索と大網とを執って行列して住す」 Ⓢ baḍiśa

索訶 さくか →索訶世界

索訶界 さくかかい →索訶世界

索訶界主 さくかかいしゅ →索訶世界主

索訶主 さくかしゅ →索訶世界主

索訶世界 さくかせかい 索訶は sahā の音写。娑婆・娑訶とも音写。堪忍と意訳。苦しみに堪えなければならない人間世界をいう。
Ⓢ sahā-loka

索訶世界主 さくかせかいしゅ 索訶世界の主。索訶主・索訶界主ともいう。梵天王・大梵天王のこと。→索訶世界「索訶世界の主である大梵天王が自然に来下して、慇懃に世間を哀愍して正法を宣説せんことを勧請す」
Ⓢ sahāṃ-pati

策 さく はげますこと。かりたてること。「先ず自ら施を行じて後に他を策して施を勤ぜしむ」「心を策して已生の悪・不善の法を正に断ず」「精進は遍く菩提に趣く行を策して速かに三乗の菩提に趣向せしむ」 Ⓢ ājñā: pra-**grah**

策挙 さくこ はげまし、ととのえること。「端身とは身を策挙して其れをして端直せしむるを謂う」

策勤 さくごん はげむこと。心をはげまして努力すること。善い意味と悪い意味の両方がある。「策勤して沈と掉挙との二の随煩悩の諸過失を断除す」「諸の染事に於て策勤するを懈怠と名づく」

策心 さくしん 心をはげますこと。むち打って努力する心。「已生の悪・不善法を断ぜしめんが為めに、欲を生じ、策励し、精進を発勤し、策心・持心して正に断ず」
Ⓢ cittaṃ pragṛhṇāti
（出典）策心者、謂、善心。此与正勤相応起故。（『倶舎』26、大正 29・136a）
（参考）（『瑜伽』29、大正 30・443a）

策励 さくれい はげむ、努力すること。はげます、刺激する、鼓舞すること。「其の心を策励して精進を発勤す」 Ⓢ ud-**sah**: pra-**grah**: vyā-**yam**: saṃpragṛhīta: saṃpragraha

策録 さくろく 詳しくは策発駆録という。はげまし、かりたてること。「能く遍く一切の善心を策発駆録す」

酢 さく ①酸っぱさ。酸っぱい味。六種の味（甘・酢・鹹・辛・苦・淡）の一つ。醋ともいう。「味に多種あり。謂く、苦・酢・辛・甘・鹹・淡なり」 Ⓢ amla
②（発酵によって造られた）酸っぱい酒。酸っぱい米がゆ。「酢を食と為す」「乳と酒とを

縁と為して酪と酢とが生ず」 Ⓢ śukta

数数 さくさく 「かずかず」「くりかえして」「たびたび」などを意味する副詞。数ともいう。「甚深の法義を、数数、聴聞して間断なし」 Ⓢ abhīkṣṇam: punaḥ punaḥ: bhūyo bhūyaḥ

数数施 さくさくせ 途絶えることなくたびたび布施をすること。菩薩の十三種の布施の一つ。 Ⓢ abhīkṣṇa-dānatā
（参考）（『瑜伽』39、大正30・509c）

数取趣 さくしゅしゅ たびたび（数々）、さまざまな生存のありよう（人・天・餓鬼・地獄などの趣）を取りつつ輪廻する生きもの。pudgala の意訳。音写は補特伽羅。人あるいは生と意訳することもある。→補特伽羅 Ⓢ pudgala

数取趣無我 さくしゅしゅむが 人無我のこと。→人無我

数習 さくしゅう くりかえし行なうこと。たびたび実行すること。「善法に於て数修し数習す」「邪行を数習す」「殺生罪に於て数習すれば当に地獄に堕つべし」「無始の時よりこのかた諸の悪尸羅を数習す」
Ⓢ atyāsevita: abhyasta: abhyāsa: paribhāvita: saṃstava: saṃstuta

醋 さく 酢とおなじ。→酢①

錯（さく）→しゃく

札火小星 さっかしょうせい 木片の火花。「譬えば札火の小星の迸る時、纔かに起こりて近くに即ち滅するが如し」 Ⓢ sakalika-agni

殺（さつ）→せつ

薩迦耶 さつがや Ⓢ satkāya の音写。sat は「有」、kāya は「身」という意味であるから有身と意訳される。原意は「存在する身体」であり、広くは、「身体を有する自己という存在」を意味する。そのような自己が存在するという見解を薩迦耶見といい、まちがった見解として強く否定される。→薩迦耶見 Ⓢ satkāya

薩迦耶見 さつがやけん 薩迦耶は satkāya の音写で身体を意味し、身体は有るとみる見解を薩迦耶見という。自己は存在するとみる見解。色・受・想・行・識の五蘊に対してそれを自己（我）あるいは自己のもの（我所）と考えること。この五蘊に対して合計で二十種の見解が可能である。すなわち色蘊に対して（i）色は我である、（ii）我には色がある、（iii）色は我に属す、（iv）我は色のなかにある、という四つの見方があるが、これが他の四蘊についてもいえるから全部で二十種の見解（二十句薩迦耶見）が可能となる。五つの悪見（薩迦耶見・辺執見・邪見・見取見・戒禁取見）の一つ。有身見と意訳され、身見とも略称される。→有身見 →二十句薩迦耶見 Ⓢ satkāya-dṛṣṭi
（出典）薩迦耶見、謂、於五取蘊、執我我所。一切見趣所依、為業。（『成論』6、大正31・31c）

薩埵 さった ① sattva の音写。有情と意訳。生きもの一般を表す語。→有情「計我論者は我・薩埵・命者・生者・養育者・数取趣者などは諦実にして当に住すべしと計す」
Ⓢ sattva
②三徳の一つ。→三徳

薩婆多 さつばた 小乗二十部の一つである説一切有部の原語 sarvāsti-vādin のなかの sarvāsti を音写したもの。説一切有部を薩婆多あるいは薩婆多部という。→説一切有部 →小乗二十部

雑（ざつ）→ぞう

三阿僧企耶 さんあそうぎや 三大劫阿僧企耶の略称。→三大劫阿僧企耶

三悪行 さんあくぎょう 三つの悪い行為。身体的・言語的・精神的な三種（身・語・意）の悪い行為。身悪行・語悪行・意悪行の三つ。顕著な悪行として、これら三つを開いて十の不善業があげられるが、それらと三悪行との関係は、身悪行は殺生と不与取と欲邪行、語悪行は妄語（虚誑語）と離間語と麁悪語と綺語（雑穢語）、意悪行は貪欲と瞋恚と邪見とに相当する。三妙行の対。→悪行 →十不善業
（参考）（『婆沙』112、大正27・578a）

三悪趣 さんあくしゅ 地獄・餓鬼・畜生の三つの悪い生存のありよう。悪業・不善業の結果としておもむくところ。三善趣の対。「諸の不善業によって三悪趣に堕して不愛の異熟を得る」 Ⓢ trividhā durgatiḥ

三悪尋 さんあくじん 欲尋・恚尋・害尋の三種の悪い思い・考え。→各項参照

三有 さんう 欲界・色界・無色界の三つの世界（三界）に生存すること。有（bhava）とは生命的存在をいい、たとえば

欲界では地獄・餓鬼・畜生・人・天の五つの生存（五趣）をいう。→三界

三有為相 さんういそう　有為の三つの相。現象的存在（有為）の生・住異・滅の三つのありよう。生・住・異・滅の四つのありよう（有為の四相）のなか、異の相は住の相とは別にあるものではないから住相と異相とを一つにまとめて住異性とし有為に三相があるとみる見解。→有為相

三衣 さんえ「さんね」と読む。教団において所持が許される大衣（jyeṣṭhaṃ cīvaram）・中衣（madhyaṃ cīvaram）・下衣（kanīyaṃ cīvaram）の三つの衣。この三衣は、別名、順次、僧伽胝（saṃghāṭī）・嗢怛囉僧伽（uttarāsaṅga）・安怛婆参（antarvāsa）ともいう。僧伽胝は王宮などに入るときに着る正装の衣で上衣という。嗢怛囉僧伽は、寺内での行事などの際に着る衣で一番下に着る安怛婆参の上に着る衣であるから上衣という。安怛婆参は直接身に着ける衣で、内衣という。

三慧 さんえ　聞所成慧・思所成慧・修所成慧の三つの慧。聞慧・思慧・修慧と略称する。聞慧とは、正しい教えを正しく聞くことから得られる智慧。思慧とは、聞いた教えを自ら思惟することから得られる智慧。修慧とは、くりかえしヨーガ（止観）や禅定を修することによって得られる智慧。この聞くことと思惟することと修することとの三つによって心が練磨されて智慧が深まっていく。

三火 さんか　貪・瞋・癡の三つの煩悩を火に喩えて三火という。「三火が息むが故に名づけて涅槃と為す」

三科 さんか　蘊と処と界の三つ。実体的な自己は存在しないという無我をさとるためにこれら三群に分類することを三科の分類という。

三界 さんがい　①欲界・色界・無色界の三つの世界。迷いの世界を形成する三つの世界。このなか欲界とは婬欲・食欲・睡眠欲などの欲が存在する世界、色界は浄妙な物質（色）が存在する世界、無色界は物質的なものは存在せず、ただ心のみからなる世界をいう。→各項参照　Ⓢ tri-dhātu: dhātu-traya
②小千世界・中千世界・三千大千世界の三つの世界。→三千大千世界
（出典）又有三界、謂、小千世界・中千世界・三千大千世界。（『瑜伽』13、大正30・345b）
③（〈倶舎〉の所説）離界・断界・滅界の三界。離界（virāga-dhātu）とは貪を離れた世界、断界（prahāṇa-dhātu）とは貪以外の結を離れた世界、滅界（nirodha-dhātu）とは貪などの随眠を滅した世界。離界を離欲界・無欲界ともいう。
（出典）断等三界、即分前説無為解脱、以為自体。言離界者、謂、但離貪。言断界者、謂、断余結。言滅界者、謂、滅所余貪等随眠所随増事故。（『倶舎』25、大正29・134a）
④（〈唯識〉の所説）断界・離欲界（無欲界）・滅界の三界。断界とは見道によって断じられる一切の行を断じた世界。離欲界とは修道によって断じられる一切の行を断じた世界。滅界とは一切の所依（身と心）が滅した世界。
（参考）（『瑜伽』27、大正30・433b）:（『瑜伽』85、大正30・775a）

三界九地 さんがいくじ　三界のうち、欲界を一つの地として立て、これに色界の四地と無色界の四地とを合わせて全部で九地とし、まとめて三界九地という。地の原語 bhūmi は大地を意味すると同時に場所・段階・地位などの意味もあるが、この場合の地は生きもの（有情）の心のありようによって住する場所あるいは段階をいう。→九地　→三界　→界地

三界繫 さんがいけ　欲界・色界・無色界の三つの世界のいずれかに属していること。→界繫門「有漏楽とは欲・色・無色の三界繫の楽なり」
Ⓢ kāma-rūpa-arūpya-pratisaṃyukta: traidhātuka-avacāra

三界唯識 さんがいゆいしき　欲界・色界・無色界の三界はただ識が作り出したものであるという理。すべての現象的存在はただ識が変化したものであるという〈唯識〉の根本的主張。三界唯心とおなじ。「是の如く三界には皆な唯だ心のみ有り。此の言は三界唯識を顕示す」（『摂論釈・無』4、大正31・400b）

三界唯心 さんがいゆいしん　欲界・色界・無色界の三界はただ心が作り出したものであるという理。『華厳経』が説く思想。唯識説成立に影響を与えた考え。「大乗の三界唯識を安立す。契経に三界は唯心なりと説くを以ってなり」（『唯識二十論』、大正31・74b）

Ⓢ citta-mātraṃ: trai-dhātukam
(参考)(『成論』7、大正31・39a)

三学 さんがく 三学処ともいう。学ぶべき三つの事柄。戒学・定学・慧学の三つ。戒学とは戒律を守ること。定学とは禅定を修すること。慧学とは智慧を身につけること。これら三つに力強いという意味の増上を付して増上戒学・増上心学・増上慧学ともいう。仏教の教えのすべてはこの三つにおさめられる。たとえば八正道のなか、正語・正業・正命は戒学、正定は定学、正見・正思惟・正精進・正念は慧学にそれぞれおさめられる。また三蔵のなか、経蔵は定学、律蔵は戒学、論蔵は慧学にそれぞれ相当する(経蔵が三学すべてに、律蔵が戒学と定学に、論蔵が慧学に相当するという説もある)。三学の順序についていえば、心が散乱している者に対して身心のありようを正す戒律を学ばせ、次に散乱が静まってはいるが、いまだ心が定まっていない者に禅定を学ばせ、心が定まってはいるが、いまだ解脱していない者に智慧を身につけることを学ばせるのである。 Ⓢ śikṣā-traya
(出典)学要有三。一増上戒、二増上心、三増上慧。以戒定慧、為三自体。(『倶舎』24、大正29・127a):云何三学。一増上戒学、二増上心学、三増上慧学。(『瑜伽』91、大正30・815c):世尊意、為策励怖多所作懈怠衆生、総摂一切略説三学。(中略)若散乱者、令不散乱方便、為説増上戒学、心未定者、為令得定方便、為説増上心学、心已得定未解脱者、為令解脱方便、為説増上慧学。(『瑜伽』16、大正30・367a)
(参考)(『婆沙』1、大正27・1c)と(『雑集論』11、大正31・744b)に三学と三蔵との関係について述べられている。

三学処 さんがくしょ →三学

三苦 さんく 苦苦・行苦・壊苦の三種の苦。三苦性ともいう。→各項参照 Ⓢ tri-duḥkhatā
(参考)(『倶舎』22、大正29・114b以下):(『瑜伽』27、大正30・435a～b)

三苦性 さんくしょう →三苦

三解脱門 さんげだつもん 解脱に至る三つの入り口・門戸。空・無願・無相の三つの禅定。無願門で貪、空門で見、無相門で無明をそれぞれ除く。三解脱門は、三三摩地ともいわれるが、両者の違いは、三三摩地が有漏と無漏の両方に通じるのに対して、三解脱門はただ無漏だけに通じる。経論の処々において、三解脱門と他の概念との関係が論じられているが、〈唯識〉においては、たとえば、三性との関係でいえば、三解脱門の対象は、順次、遍計所執性・依他起性・円成実性を対象とすると説かれ(『成論』8、大正31・47b)、十六行との関係でいえば、空解脱門は空行・無我行の二つ、無願解脱門は無常行・苦行・因行・集行・生行・縁行の六つ、無相解脱門は滅行・静行・妙行・離行・道行・如行・行行・出行の八つ、にそれぞれ相応すると説かれる(『雑集論』11、大正31・745a)。 Ⓢ trīṇi vimokṣa-mukhāni
(参考)(『婆沙』104、大正27・539c):(『瑜伽』28、大正30・436b～c)

三語羯磨 さんごかつま 三人が互いに戒の内容を告知し、互いに承諾し合うという受戒の儀式をいう。四種の羯磨の一つ。→羯磨

三劫阿僧企耶 さんこうあそうぎや →三大劫阿僧企耶

三劫無数 さんこうむしゅ →三大劫阿僧企耶

三業 さんごう ①身業・語業・意業の三つ。業とは働き・行為をいう。身業とは身体の行為、語業とは言葉の行為、意業とは心の働き。語業を口業ともいう。意業の本質は思(cetanā 意思)であるから意業を思業ともいい、身業と語業とは意思から生じたものとみなして思已業とよぶ。→思已業 Ⓢ trīṇi karmāṇi
②順現法受業・順次生受業・順後次受業の三つ。順現法受業とは現世に果を受ける現世の業、順次生受業とは現世に行なって次の生に果を受ける業、順後次受業とは現世に行なって来世の次の世以後に果を受ける業。
(参考)(『婆沙』114、大正27・592a以下):(『倶舎』15、大正29・81c)
③善業・不善業・無記業の三つ。善業とは善い業、不善業(悪業ともいう)とは善くない悪い業、無記業とは善でも不善でもない業。
④順楽受業・順苦受業・順不苦不楽受業の三つ。順楽受業とは楽な感受作用をともなう業で、三界のなかの欲界から色界の第三静慮までの善業をいい、順苦受業とは苦しい感受作用をともなう業で、すべての不善業をいい、順不苦不楽受業とは苦でも楽でもない感受作

用をともなう業で、三界のなかの第四静慮以上の善業をいう。
(参考)(『倶舎』15、大正 29・81a):(『瑜伽』9、大正 30・319c)
⑤順喜受業・順憂受業・順捨受業の三つ。順喜受業とは喜ぶ感受作用をともなう業、順憂受業とは憂う感受作用をともなう業、順捨受業とは喜ぶことも憂うこともない感受作用をともなう業をいう。
⑥福業・非福業・不動業の三つ。福業とは好ましい果を招く欲界の善業、非福業とは好ましくない果を招く三界中のすべての不善業、不動業とは三界中の色界と無色界との善業をいう。色界と無色界とでは禅定に住して心が動揺・移動することがないから不動という。
(参考)(『集論』4、大正 31・679b)
⑦律儀所摂業・不律儀所摂業・非律儀非不律儀所摂業の三つ。律儀所摂業とは三種の律儀(別解脱律儀・静慮生律儀・道生律儀)に裏付けされた業、不律儀所摂業とは悪を止める力がないために行なう、羊を殺す、鶏や猪を売る、鳥を捕らえる、盗賊するなどの悪業、非律儀非不律儀所摂業とは以上の律儀所摂業と不律儀所摂業以外の善・不善・無記の業をいう。
(参考)(『瑜伽』9、大正 30・319b～c)
⑧過去業・未来業・現在業の三つ。過去業とは過去においてすでに為された業。〈唯識〉はその影響は潜在的な根本心である阿頼耶識のなかに種子(習気)として存在すると考える。過去業にはすでに果を与えたものと未だ果を与えていないものとの二種がある。未来業とは未だ為されていない業で、未だ生じていなく未だ滅してもいない業。現在業とはすでに為され、未だ滅し去っていない業をいう。
(参考)(『瑜伽』9、大正 30・320a)
⑨欲繋業・色繋業・無色繋業の三つ。欲繋業とは欲界に生まれしめる業、色繋業とは色界に生まれしめる業、無色繋業とは無色界に生まれしめる業。
(参考)(『瑜伽』9、大正 30・320a)
⑩学業・無学業・非学非無学業の三つ。学業とは学び修すべきことを有している人(有学)の善業、無学業とは修行が完成し、すべての煩悩を断じつくしてそれ以上学ぶべきことがない人(無学)の善業、非学非無学業とは有学・無学以外の人の善・不善・無記業。
(参考)(『瑜伽』9、大正 30・320a)
⑪見所断業・修所断業・無断業の三つ。見所断業とは悪趣を受ける不善業、修所断業とは善趣を受ける善・不善・無記の業、無断業とは世間と出世間との無漏業をいう。
(参考)(『瑜伽』9、大正 30・320a)
⑫曲業・穢業・濁業の三つ。曲業とはだましへつらう心(諂)によって生じる身語意の業(『倶舎論』所説)、あるいは外道の善・不善業(『瑜伽論』所説)。穢業とはいかりの心(瞋)から生じる身語意の業(『倶舎論』所説)、あるいは真理をさとっていない凡夫(異生)で教えに対してまちがった見解や疑問を抱いている人の善・不善の業(『瑜伽論』所説)。濁業とは貪りの心(貪)から生じる業(『倶舎論』所説)、あるいは真理をさとっていない凡夫(異生)で教えに対してはっきりと理解せず疑問を抱いている人の善・不善の業(『瑜伽論』所説)をいう。『瑜伽論』には、この三業はただ外道の業についてのみいえるという説をもあげている。
(参考)(『倶舎』15、大正 29・83b):(『瑜伽』9、大正 30・320a):(『瑜伽』90、大正 30・808c)

三根 さんこん　未知欲知根・已知根・具知根の三つの根。→各項参照　Ⓢ trīni-indriya
(出典)復有三根。一未知欲知根、二已知根、三具知根。(『瑜伽』28、大正 30・436b)
(参考)(『雑集論』10、大正 31・741c)

三災 さんさい　三つの災害。これには次の二つがある。(i)小の三災。刀兵(武器をもって争うこと。śastra)と疾疫(病気が蔓延すること。roga)と飢饉(穀物が不作であること。durbhikṣa)。三つを順次、刀災、病災、倹災ともいう。(ii)大の三災。火災と水災と風災。→小三災　→大三災
(参考)(『倶舎』12、大正 29・65c 以下):(『瑜伽』2、大正 30・285c 以下)

三災頂 さんさいちょう　三つの災害(火災・水災・風災)がおよぶ頂。火災の頂は色界のなかの第二静慮、水災の頂は第三静慮、風災の頂は第四静慮である。
(出典)有三災之頂。謂、第二静慮・第三静慮・第四静慮。(『瑜伽』2、大正 30・285c)

三際 さんさい　前際・中際・後際の三つ。過去・現在・未来の三世。過去を前際、現在

を中際、未来を後際という。あるいは中際・過去際・未来際ともいう。あるいは未来を未至際、現在を至際、過去を至已際という。Ⓢ trīṇi kāṇḍāni

(出典) 言三際者、一前際、二後際、三中際。即是過未及現三生。(『倶舎』9、大正 29・48a)：際有三。一前際、二中際、三後際。此三即過去現在未来、如其次第。(中略) 際有三種。一未至際、二至際、三至已際。此三即未来現在過去、如其次第。(『婆沙』178、大正 27・895c)

三三摩地 さんさんまじ 空三摩地・無相三摩地・無願三摩地の三つの三摩地。三摩地は samādhi の音写で、静まり定まった心をいい、定と意訳する（この意訳を用いて三つを空定・無相定・無願定という場合もある）。その心のありようを空・無相・無願の三つに分ける。これに関して諸説がある。(ⅰ)〈『婆沙論』の所説〉対治（なにを断じるのか）・期心（なにを願うのか）・所縁（なにを対象とするのか）という三つの観点より、順次、次の三つの三摩地を立てる。1. 空三摩地。非我の行相（我は存在しないという観念）で我の行相（我は存在するという観念）を断じ、空の行相（一切は空であるという観念）で我所の行相（わがものという観念）を断じる。2. 無願三摩地。三有（欲界・色界・無色界の三界での生存）を願わない。3. 無相三摩地。色・声・香・味・触・女・男と有為の三相（生・住異・滅の相）との十の相を対象としない。(ⅱ)〈『倶舎論』の所説〉苦・集・滅・道の四諦（四つの真理）を見るときの十六種の行相のなか、どの行相をもって観察するかという観点より、次の三つの三摩地を立てる。1. 空三摩地。空・非我の二つの行相で観察すること。2. 無相三摩地。滅諦（涅槃）の滅・静・妙・離の四つの行相で観察する。無相とは滅諦（涅槃）には色・声・香・味・触・男・女・生・住・滅の十の相がないこと。このような涅槃を対象として観察する三摩地であるから無相三摩地という。3. 無願三摩地。苦諦の苦・非常、集諦の因・集・生・縁、道諦の道・如・行・出の合わせて十の行相で観察する。(ⅲ)〈『瑜伽論』の所説〉1. 空三摩地。有情・命者、乃至数取趣などの行相をなくして心を一つの対象に住せしめる。2. 無願三摩地。五取蘊を無常であり苦であると思惟して心を一つの対象に住せしめる。3. 無相三摩地。五取蘊は存在しないと思惟して心を一つの対象に住せしめる。

三三摩地は三解脱門とも別称され、『瑜伽論』には、三性（存在の三つのありよう。遍計所執性・依他起性・円成実性の三つ）に配分するという観点から三解脱門を立てる説もある（『瑜伽』74、大正 30・705a）。すなわち遍計所執性に由って空解脱門を立て、依他起性に由って無願解脱門を立て、円成実性に由って無相解脱門を立てる。

(参考)(『婆沙』104、大正 27・538a～b)：(『倶舎』28、大正 29・149c)：(『瑜伽』12、大正 30・337a～b)

三士 さんし 三種類の人。下士・中士・上士の三種。人のありようを価値的に上・中・下の三種に分類したもの。(ⅰ)(『倶舎論』の所説) 常に自己の楽のみを求める人である凡夫を下士 (hīna-puruṣa)、苦を滅することを求めて楽を求めない人である声聞と独覚の二乗の人を中士 (madhya-puruṣa)、他人を自己と考え自己は苦しんでも他をして安楽を得せしめ苦を滅せしめんと願う人である菩薩を上士 (śreṣṭha-puruṣa) という。(ⅱ)(『瑜伽論』の所説) 種々の観点より三種の人に分類する。一例をあげると自利行も利他行もしない人を下士、自利行をして利他行をしない人を中士、自利行も利他行もする人を上士という。

(参考)(『倶舎』12、大正 29・64a)：(『瑜伽』61、大正 30・642b 以下)

三支 さんし 因明（論理学）における宗・因・喩の三つ。宗とは「A は B なり」という主張命題、因とは「～の故に」と宗が成立する理由、喩とは「たとえば～の如し」と宗の正当性をさらに裏付ける喩え、をいう。「声是無常。所作性故。譬如瓶等」という論証のなかで、「声は是れ無常なり」が宗、「所作の性なるが故に」が因、「譬えば瓶等の如し」が喩である。ディグナーガ（陳那）以後の因明の論証方式で、彼れ以後の因明を新因明という。これに対して、それまでの五支を立る因明を古因明という。→五支

三自性 さんじしょう 遍計所執自性・依他起自性・円成実自性の三つの自性。三性ともいう。→三性②

三事観 さんじかん 止観のなかの観のありよう。現象的存在（事）を観察する三つのありよう。有相観・尋求観・伺察観の三つ。「云何が観なるや。謂く、或いは三事観なり。（中略）三事観とは、一には有相観、二には尋求観、三には伺察観なり」（『瑜伽』13、大正30・347a）。「有漏の六行を名づけて事観と為す。無我などを観ずるを名づけて理観と為す」（『演秘』5末、大正43・923a）

三時 さんじ ①過去・現在・未来の三つの時。
②一日の初めと中間と終りの三つの時。一日の初分と中分と後分との三つの時。
（出典）言三時者、謂、初日分時・中日分時・後日分時。（『瑜伽』98、大正30・865a）
③正法・像法・末法の三時。釈尊がなくなった後に展開する三つの時代・時期。教（教え）と行（教えに随う修行）と証（さとり）との三つのなかで、教・行・証の三つすべてが存在する時代を正法、教と行だけが存在する時代を像法、教のみが存在し他の二つが存在しない時代を末法という。
（出典）仏滅度後法、有三時。謂、正像末。具教行証三、名為正法。但有教行、名為像法。有教無余、名為末法。（『義林章』6、大正45・344b）
④→三時教

三時教 さんじきょう 順次、時に応じて説かれた三つの教え。第一時が有教、第二時が空教、第三時が中道教。（ⅰ）有教。「我空法有」という教え。自己（我）は存在しないが自己を構成する要素（法）は存在するという教え。『阿含経』などの所説。苦・集・滅・道の四諦を中心に説くから四諦教ともいう。（ⅱ）空教。「我空法空」という教え。自己（我）もその構成要素（法）も存在しないという教え。『般若経』などの所説。（ⅲ）中道教。「非有非無」という教え。存在全体は有るのでもなく無いのでもないと説く教え。〈唯識〉が説く唯識無境の教え。『解深密経』などの所説。不空不有教ともいう。
（参考）（『解深』2、大正16・697a～b）：（『述記』1本、大正43・229c）

三時定業 さんじじょうごう 果を受ける時期が決定している業。順現法受業・順次生受業・順後次受業の三つ。→各項参照

三種阿僧企耶 さんしゅあそうぎや →三大劫阿僧企耶

三種有対 さんしゅうたい 障礙有対・境界有対・所縁有対の三つの有対。→有対

三種学 さんしゅがく 三学ともいう。増上戒学・増上心学・増上慧学の三つの学。→各項参照 →三学 →学②

三種苦性 さんしゅくしょう →三苦性とおなじ。→三苦性

三種業 さんしゅごう 三業とおなじ。→三業

三種自性 さんしゅじしょう 三自性とおなじ。→三自性

三種田 さんしゅでん 功徳田・悲田・恩田の三つの福田。→福田

三種不善根 さんしゅふぜんごん 三不善根とおなじ。→三不善根

三種分別 さんしゅふんべつ 自性分別・随念分別・計度分別の三つの分別。計度分別を推度分別ともいう。三分別ともいう。→各項参照

三種菩提 さんしゅぼだい 声聞菩提・独覚菩提・阿耨多羅三藐三菩提（無上菩提）の三つの菩提。→菩提
（出典）三種菩提者、謂、声聞菩提・独覚菩提・無上菩提。（『婆沙』48、大正27・251a）：云何菩提。謂、三種菩提。一声聞菩提、二独覚菩提、三阿耨多羅三藐三菩提。（『瑜伽』13、大正30・347a）

三種無自性 さんしゅむじしょう 三無性とおなじ。→三無性

三種無数大劫 さんしゅむしゅだいこう 三大劫阿僧企耶とおなじ。→三大劫阿僧企耶

三種無性 さんしゅむしょう 三無性とおなじ。→三無性

三種律儀 さんしゅりつぎ 別解脱律儀・静慮律儀・無漏律儀（道生律儀）の三つの律儀。→各項参照 →律儀①

三受 さんじゅ 楽受・苦受・不苦不楽受の三つの受。→受①

三聚 さんじゅ 生きもの（有情）の三つのグループ。正性定聚・邪性定聚・不定性聚の三つ（→各項参照）。正定聚・邪定聚・不定聚、あるいは正定法聚・邪定法聚・不定法聚ともいう。
（出典）世尊於此有情世間生住没中、建立三聚。何謂三聚。（中略）一正性定聚、二邪性定聚、三不定性聚。（『倶舎』10、大正29・

56c）

三聚浄戒 さんじゅじょうかい 律儀戒・摂善法戒・饒益有情戒の三つのいましめ。律儀戒は別解脱律儀戒ともいわれ、それぞれの悪から解脱するために別々に受けるいましめ。教団を構成する人の種類によって苾芻戒・苾芻尼戒・正学戒・勤策男戒・勤策女戒・近事男戒・近事女戒の七種に分かれる。摂善法戒はさとりを得るために一切の善を修するいましめ。饒益有情戒は人びとを救済するいましめ。三種のなか、律儀戒と摂善法戒とは自利行、饒益有情戒は利他行の実践である。自利のみを目的とする小乗の戒に対して菩薩の利他の精神にもとづいて立てられたいましめ。
（参考）（『瑜伽』40、大正 30・511a～c）：（『成論』9、大正 31・52a）

三十三天 さんじゅうさんてん スメール山（蘇迷盧山）の山頂にある天。三十三の天が居るところ。山頂の中央にある善見宮城に帝釈天が住み、山頂の四隅にある峯にそれぞれ八天が住み、合計して三十三の天が住むから三十三天という。三十三を意味するサンスクリット trāyas-triṃśa を忉利と音写して忉利天ともいう。欲界にある六つの天（六欲天）の第二の天。 Ⓢ trāyas-triṃśa-deva
（参考）（『倶舎』11、大正 29・59c）

三十三天尊 さんじゅうさんてんそん 天帝釈（帝釈天）の十種の別名の一つ。
（参考）（『婆沙』72、大正 27・371a）

三十七覚品法 さんじゅうしちかくほんほう 三十七菩提分法とおなじ。→三十七菩提分法

三十七菩提分法 さんじゅうしちぼだいぶんぽう 三十七覚品法ともいう。それを修することによってさとり（菩提 bodhi）に至ることができる三十七種の修行法。四念住・四正断・四神足・五根・五力・七等覚支（七覚支）・八聖道支（八道支）の三十七をいう。→各項参照
（出典）三十七法、順趣菩提。是故皆名菩提分法。（『倶舎』25、大正 29・132b）
（参考）（『倶舎』25、大正 29・132a 以下）

三十二種大丈夫相 さんじゅうにしゅだいじょうぶそう 三十二大丈夫相とおなじ。→三十二大丈夫相

三十二相 さんじゅうにそう 三十二大丈夫相とおなじ。→三十二大丈夫相

三十二大士相 さんじゅうにだいじそう 三十二大丈夫相とおなじ。→三十二大丈夫相

三十二大士夫相 さんじゅうにだいじぶそう →三十二大丈夫相

三十二大丈夫相 さんじゅうにだいじょうぶそう 三十二大士相・三十二大士夫相・三十二種大丈夫相・三十二相ともいう。偉大な人間に具わる次の三十二種の身体的特徴。その内容については経論によって種々の異論があるが、『婆沙論』の所説に随って項目と内容を列記すると次のようになる。(1) 足下善住相（supratiṣṭhita-pāda）。足の裏が平らで凸凹がない。大地の高下に随って等しく触れることができる。在家者でこの相のある人はかならず人の王になり、出家者でこの相のある人は法の王になる。足下善安住相・足善安住相ともいう。(2) 足下千輻輪相（adhasthāt pāda-talayoś cakre jāte sahastāre sa-nābhike sa-nemike sarva-ākāra-paripūrṇe）。足の裏に千の輻（車輪の中央から車輪の輪に向かって放射状に組まれた棒）からなる車輪の文様を具えている。千輻輪相ともいう。(3) 指繊長相（dīrgha-aṅguli）。手足の指が細長く光沢を帯びている。繊長指相ともいう。(4) 足跟円長相（āyata-pāda-pārṣṇi）。足のかかとが長く美しい。足跟趺長相ともいう。(5) 手足細軟相（mṛdu-taruṇa-pāṇi-pāda）。手と足が柔軟である。(6) 手足網縵相（jāla-pāṇi-pāda）。手と足の指の間に水掻きの膜がある。(7) 足趺端厚相（utsaṅga-pāda）。足の甲が美しく高く盛りあがっている。(8) 毉泥耶蹲相（eṇeya-jaṅgha）。鹿の足の如くに脛（すね）が繊細である。翳泥耶蹲とも音写し、腨如鹿王相と意訳する。(9) 勢峯蔵密相（kośa-gata-vasti-guhya）。陰部が腹のなかに隠されている。(10) 身分円満相（parimaṇḍala）。身体全体が均整がとれている。身相円満相ともいう。(11) 身毛上靡相（ūrdhva-aṅga-roma）。身体の毛の端がすべて上に向いている。(12) 孔生一毛相（ekaika-romā ekaikam asya roma-kūpejātam）。毛穴よりおのおの一つの毛が生じている。(13) 身毛右旋相（pradakṣiṇa-āvarta-keśa）。身体の毛がすべて右巻きに曲がっている。(14) 身金色相（kāñcana-saṃnibha-tvac）。身体の皮膚が金色に輝いている。身皮金色相ともいう。(15) 常光一尋相（vyāma-prabhatā）。身体より常に一尋

（両手を左右に広げたときの両手の間ほどの長さ）の光明を発している。(16) 皮膚細滑相（sūkṣma-ślakṣaṇa-tvacatā）。身体の皮膚がきめ細かくなめらかである。(17) 七処充満相（sapta-utsada）。両手・両足・両肩・頂の七か所が豊満で隆起している。(18) 身広洪直相（bṛhad-ṛju-gātra）。身の丈が高く真っ直ぐである。(19) 師子上身相（siṃha-pūrvārdha-kāya）。上半身がライオンのように堂々として立派である。(20) 肩髆円満相（susaṃvṛtta-skandha）。肩の肉が豊満である。力が強いことの象徴。肩善円満相ともいう。(21) 立手摩膝相（sthita-anavanata-pralambha-bāhutā）。立ったままで身を屈めなくても膝まで手が届く。(22) 師子頷輪相（siṃha-hanu）。あごの形が師子のごとくに厳めしい。(23) 具四十歯相（catvāriṃśad-samadanta）。四十本の歯を有している（普通の人は三十二本）。(24) 歯斉平密相（avirala-danta）。歯が皆な平らで整っていて一本の毛髪でも入るほどの隙間もない。歯無隙相ともいう。(25) 牙歯鮮白有光明相（suśukla-danta）。歯が白い光りを放っている。歯鮮白相ともいう。(26) 得最上味相（rasa-rasa-agratā）。舌が清浄で食べたものを最上の味に変えることができる。(27) 広長舌相（prabhūta-tanu-jihva）。舌が広く薄く口から出すと顔を覆い耳の際まで至る。舌広薄相ともいう。(28) 目紺青相（abhinīla-netra）。目のひとみが紺碧色である。(29) 牛王睫相（go-pakṣman）。まつげが牛の王のように整って入り乱れていない。睫如牛王・眼睫如牛王ともいう。(30) 烏瑟膩沙相（uṣṇīṣa-śīrṣa）。頭の頂の肉がもとどり（髻）のように盛りあがっている。烏瑟膩沙は uṣṇīṣa の音写で髻・肉髻と意訳する。(31) 眉間白毫相（ūrṇā-keśa）。眉間に右に巻いた白い長い毛がある。(32) 得梵音声相（brahma-svara）。カラビンカ鳥（羯羅頻迦）の声のごとく美しく優雅な音声を、あるいは帝釈天の鼓の音のような深遠な音声を発する。
Ⓢ dvātriṃśan-mahā-puruṣa-lakṣaṇa
（参考）（『婆沙』177、大正 27・888a～889a）：（『瑜伽』49、大正 30・566c～567a）

三獣渡水 さんじゅうとすい　声聞乗・独覚乗・菩薩乗の三乗があることを、一つの河を渡るのに浅瀬、あるいは深瀬を選ぶことに喩える語。
（参考）（『了義灯』1本、大正 43・659a）

三性 さんしょう　①善・悪・無記の三性。価値判断の三つの基準。称讃すべき清浄なものを善、けなすべき汚濁なものを悪、善とも悪ともいえないものを無記という。あるいは、どのような結果を生じるかという観点からいえば、楽な結果を招くものを善、苦しい結果を招くものを悪、苦楽の結果を招く力がないものを無記という。無記はさらに有覆無記と無覆無記とに二分される（→各項参照）。②遍計所執性・依他起性・円成実性の三性。三自性ともいう。〈唯識〉独自の説で、存在のありようを三つに分けたもの。ただ識すなわち心しか存在しない、すべては識が作り出したものであるという立場から、総じていえば、遍計所執性とは言葉と思いで心の外に実体として存在すると考えられ、しかも執着されたものをいう。依他起性とは他の力によって生起したもの、すなわち心をいう。円成実性とはその心の本性をいう。詳しくは各項目を参照。Ⓢ trayaḥ svabhāvāḥ: svabhāva-traya

三性観 さんしょうかん　遍計所執性・依他起性・円成実性の三性によって存在のありようを観察して、なにが存在し、なにが存在しないかを如実にさとるための観察をいう。〈唯識〉の代表的な観法。心の外に有ると考えられた遍計所執性は、いかなる意味でも存在しないとその存在を否定し、依他起性と円成実性とは心の内なるものとして存在するとそれらの存在を肯定する観察方法。三性の存在性は、遍計所執性は都無（いかなる意味でも存在しないもの）、依他起性は仮有（幻夢のごとく仮に存在するもの）、円成実性は実有（真実に真理として存在するもの）と定義される。唯識三性観ともいう。

三性対望中道 さんしょうたいもうちゅうどう　→中道

三性分別 さんしょうふんべつ　ある事柄が三性のいずれに相当するかを考察すること。三性には善・悪・無記の三性と遍計所執性・依他起性・円成実性の三性がある。→三性
（出典）三性分別、一善等三性、（中略）二所執等三性。（『枢要』上末、大正 43・627b）

三乗 さんじょう　乗とは、さとりに至る乗り物に喩えられる仏の教えの意味。衆生の素質によって異なって説いた教えの内容によって声聞乗・独覚乗・菩薩乗の三乗に分かれる。声聞とは釈尊の教え（特に四聖諦の教え）を聞いてさとるもの、独覚とは師なく独りで（特に十二縁起を観じて）さとるもの、菩薩は菩薩の行（特に六波羅蜜多）を修してさとるものをいう。三乗は仏教を通して説かれるが、大乗では前の二乗を小乗とし、最後の菩薩乗を大乗と称する。菩薩乗を仏乗ともいう。
（出典）無上差別者、謂、声聞乗上有独覚。独覚乗上復有大乗。其菩薩乗即是仏乗、更無有上。（『摂論釈・無』8、大正 31・434a）

三乗三宝 さんじょうさんぽう　→三宝

三乗真実一乗方便 さんじょうしんじついちじょうほうべん　仏乗のみを説く一乗説は方便説であって三乗が真実であるいう〈唯識〉の見解。『法華経』が説く一乗真実・三乗方便（三乗に分けることは方便であって真実には一乗に帰する）という説と対立する見解。『大乗荘厳経論』の説を承けた無著の『摂大乗論』での解釈を中国法相宗がまとめた見解で、法相宗の基本的立場となり、天台宗と理論の対立をもたらした。

三浄業 さんじょうごう　三つのきよらかな行為。戒律をまもり正しい見解を持つ人の身語意の三業。
（出典）三浄業者、謂、善浄尸羅、正直見所摂、身語意業。遠離毀犯戒見垢故。（『雑集論』8、大正 31・731b）

三心見道 さんしんけんどう　→見道　→真見道

三心真見道 さんしんしんけんどう　→見道　→真見道

三心相見道 さんしんそうけんどう　→相見道

三身 さんしん　三仏身ともいう。仏の三つの身体。三種の仏身。三種の仏のありよう。自性身・受用身・変化身の三種をいう。このなか自性身とは、本性としての仏身、さとりの内容である真実＝真如＝空性そのものになった仏身をいう。受用身とは、長い時間にわたって修行した果報としてのさとりの功徳を享受（受用）する仏身をいい、それはさらに自受用身と他受用身とに分かれる。前者の自受用身とは、仏自身が自らさとりの楽（法楽）を享受する仏身であり、後者の他受用身は、十地に入った菩薩にそのさとりの楽を享受させる仏身である。変化身とは、凡夫と二乗（声聞と独覚）あるいは十地に入らない菩薩が生まれる穢土あるいは浄土に出現して、かれらに教えを説いて救済する仏身である。

三辛香 さんしんこう　黒胡椒（marica）と長胡椒（pippalī 蓽鉢）と乾いた生姜（śuṇṭhī 于薑）の三つを混ぜ合わせて作った辛味をもつ香り。出典にある『略纂』の説明では胡麻（tila）と胡椒（marica）とを取りまちがえた誤記であろう。七種の香の一つ。
Ⓢ tri-kaṭu-gandha
（出典）三辛香者、西域多以胡麻・蓽鉢・于薑三事、和為丸食之、令人消食。（『略纂』2、大正 43・23c）
（参考）（『瑜伽』3、大正 30・293b）

三施 さんせ　法施・財施・無畏施の三種の布施。→各項参照
（出典）何故説法施等三種差別。謂、由法施故、資他善根。由財施故、資益他身。由無畏施、故資益他心。以是因縁故、説三施。（『摂論釈・世』7、大正 31・356c）
（参考）（『述記』10 本、大正 43・576c）

三世 さんぜ　過去世・現在世・未来世の三つの世、三つの時間。過現未の三世と略称する。時間は現在の一刹那しか存在しないのになぜ過去と現在と未来とが設定されるのかという問題については、学派によって見解が相違する。三世に関する諸説の考察は（『婆沙』76、大正 27・393c）（『略纂』2、大正 43・22a～b）に詳しいが、総じていえば、現象的存在（有為・行）の因果や作用の観点から時間を論じる立場と、〈唯識〉の阿頼耶識のなかの種子に約して時間を考える立場とに分かれる。現在世を現世・今世、未来世を来世・後世ともいう。
Ⓢ atīta-anāgata-pratyutpanna: adhva-traya: trayo 'dhvānaḥ: tri-kāla: traiya-dhvika
（出典）如何立有三世差別。答、以作用故、立三世別。（中略）謂、有為法未有作用、名未来、正有作用、名現在、作用已滅、名過去。（『婆沙』76、大正 27・393c）：云何建立三世。謂、諸種子不離法故、如法建立。又由与果未与果故、若諸果法、若已滅相、是過去。有因未生相、是未来。已生未滅相、是現在。（『瑜伽』3、大正 30・291c）：今大乗釈、

種子不離第八識法、如第八識法、建立三世。又種不離現行之外、條然有体、如現行法、依種子上、建立三世。云何建立。種子之上、当可生果、名未来、能生種因、名過去、種子自体、名現在。(『略纂』2、大正 43・22a)

三世実有法体恒有 さんぜじつうほったいごうう　現象的存在（有為法）を構成する要素（法）自体は恒に存在し、過去・現在・未来の三世にわたって実体として存在するとみる〈有部〉の説。これに対して〈経量部〉や〈唯識〉は現在においてのみ存在し、過去と未来においては存在しないという説を立てる。→現在有体過未無体
(参考)(『倶舎』20、大正 29・104b 以下)

三世両重因果 さんぜりょうじゅういんが　→十二支縁起

三千世界 さんぜんせかい　→三千大千世界

三千大千世界 さんぜんだいせんせかい　仏教の宇宙説。全宇宙の総称。次のような無数の世界から成り立つ広大な宇宙。(i) 一世界（一つの四大洲・日・月・蘇迷盧山・欲界・梵世から構成される最小単位の世界、eka-loka-dhātu)。(ii) 小千世界（一世界が千個集まってできた世界、sāhasraś cūḍiko loka-dhātuḥ)。(iii) 中千世界（小千世界が千個集まってできた世界、dvisāhasro madyamo loka-dhātuḥ)。(iv) 大千世界（中千世界が千個集まってできた世界、trisāhasra-mahāsāhasro loka-dhātuḥ)。最後の大千世界に三千をつけて三千大千世界という。三千世界と略称。
(出典) 千四大洲乃至梵世、如是総説為一小千、千倍小千、名一中千界、千中千界、総名一大千。(『倶舎』11、大正 29・61a)：此世界有其三種。一小千界、謂、千日月乃至梵世、総摂為一。二中千界、謂、千小千。三大千界、謂、千中千合、此名為三千大千世界。(『瑜伽』2、大正 30・288a)

三善根 さんぜんごん　善を生じる三つの力。無貪と無瞋と無癡の三つの心。→善根①

三善趣 さんぜんしゅ　阿素洛・人・天の三つの善い生存のありよう。善業の結果としておもむくところ。三悪趣の対。→善趣
Ⓢ trividhā sugatiḥ

三想 さんそう　断想・離想・滅想の三つ。断想とは九結のなかの愛結を除く八結を断じようという想い。離想とは愛結を断じようという想い。滅想とは結をともなう余の法を断じようという想い。→九結
(参考)(『婆沙』29、大正 27・149c)

三雑染 さんぞうぜん　三つの汚れたありよう（煩悩雑染・業雑染・生雑染）をいう。この三つの力によって生死輪廻する。すなわち、煩悩によって業が生じ、煩悩と業とによって生（苦的生存）が生じ、その生のなかの煩悩がまた業を生じるというように、因果が相続することによって生死輪廻がつづくことになる。煩悩を惑、生を苦あるいは果という場合もあり、惑・業・苦、あるいは煩悩・業・生の三雑染ともいう。三世両重因果説にしたがって十二支縁起の十二支をこの三雑染に配分すると、無明が過去の煩悩雑染、行が過去の業雑染、識・名色・六処・触・受が現在の生雑染、愛・取が現在の煩悩雑染、有が現在の業雑染、生・老死が未来の生雑染である。→惑業苦　→三世両重因果　Ⓢ tri-saṃkleśa
(出典) 雑染義者、謂、三界中三種雑染。一者煩悩雑染、二者業雑染、三者生雑染。(『解深』3、大正 16・700a)：云何雑染施設建立。謂、由三種雑染応知。何等為三。一煩悩雑染、二業雑染、三生雑染。(『瑜伽』8、大正 30・313a)：雑染法略有三種。煩悩・業・果、種類別故。(『成論』4、大正 31・18c)

三蔵 さんぞう　仏教の全文献を経蔵と律蔵と論蔵との三種に集成したもの。蔵の原語 piṭaka は、もともと籠を意味するが、ここでは文献を分類してグループごとに蔵（くら）におさめるという意味で「蔵」と漢訳する。音写して素怛纜蔵・毘奈耶蔵・阿毘達磨蔵という。→経蔵　→律蔵　→論蔵　Ⓢ tri-piṭaka
(参考)(『婆沙』1、大正 27・1b 以下)：(『摂論釈・世』1、大正 31・321c 以下)

三蔵法師 さんぞうほうし　三蔵に精通し正しい教えを説く人という意味。中国で作られた語で、特に玄奘を三蔵法師玄奘とよび、玄奘をいう固有名詞として使われる場合がある。

三大阿僧祇劫 さんだいあそうぎこう　→三大劫阿僧企耶

三大劫阿僧企耶 さんだいこうあそうきや　菩薩が発心してから仏となるまでの期間。劫とは kalpa の音写で長い時間をいい、阿僧企

耶とは asaṃkhyeya の音写で、数えることができないという意味。したがって劫阿僧企耶とは数えることのできない長い時間をいう。一阿僧企耶劫を大劫とよび、菩薩はそれを三度くりかえす時間にわたって修行して仏になるという。発心してから加行位の最後の世第一法までが第一阿僧企耶劫、見道（初地）から第七地の終わりまでが第二阿僧企耶劫、第八地から第十地の終わりである金剛喩定までが第三阿僧企耶劫である。三大不可数劫・三大無数劫・三劫無数・三無数劫・三劫阿僧企耶・三大阿僧祇劫（旧訳）・三種阿僧企耶・三種無数大劫ともいう。Ⓢ trīṇi asaṃkhyeyāni kalpāni

三大不可数劫　さんだいふかしゅこう　→三大劫阿僧企耶

三大無数劫　さんだいむしゅこう　→三大劫阿僧企耶

三転十二行相　さんてんじゅうにぎょうそう　三転すなわち三たび法輪（教えの輪）を転じるに十二の行相（認識のありよう）があることをいう。三転とは示相転・勧相転・証相転の三つをいう。これには次の諸説がある。（ⅰ）（毘婆沙師の所説）一一の諦に三転十二行相があるとみる説。すなわち苦諦についていえば、「此れは苦諦なり（示相転）、此れは遍知すべし（勧相転）、此れ已に遍知す（証相転）」という三つの転として認識し、それぞれの転に眼・智・明・覚の四つの認識のありようが生じるから、すなわち一一の転に四つの行相が生じるから苦諦という一つの諦に三転と十二行相がある。残りの三諦（集諦・滅諦・道諦）についても同様のことがいえるから四諦全部で四十八行相があることになる。さらにこの説は、第一転は見道、第二転は修道、第三転は無学道を顕示している。（ⅱ）（『倶舎論』の所説）三転とは四諦を三回めぐって観察することで、第一回（示相転）は、「此れは苦、此れは集、此れは滅、此れは道」という四つの行相で、第二回（勧相転）は、「此れ遍知すべし、此れ永断すべし、此れ作証すべし、此れ修習すべし」という四つの行相で、第三回（証相転）は、「此れ已に遍知す、此れ已に永断す、此れ已に作証す、此れ已に修習す」という四つの行相で、すなわち三転全部で十二の行相で四諦を観察することで、第一転で見道、第二転で修道、第三転で無学道にそれぞれ入る。（ⅲ）（『瑜伽論』の所説）三転とは四諦を三回めぐって観察することで、第一転では現観に入った菩薩が、「此れは苦諦、此れは集諦、此れは滅諦、此れは道諦なり」という四つの行相で了知し、このなかで生じる現量聖智が見道所断の煩悩を断じるを聖慧眼を生じると名づけ、この聖慧眼を過去・未来・現在とに分けて順次、智・明・覚と名づける。第二転では有学が、「未知の苦諦を遍知すべし、未断の集諦を永断すべし、未証の滅諦を作証すべし、未修の道諦を修習すべし」という四つの行相で四諦に通達する。第三転では尽智・無生智を得た無学が、「此れ已に遍知す、此れ已に永断す、此れ已に作証す、此れ已に修習す」という四つの行相で観察する。

（参考）（『倶舎』24、大正 29・128c）:（『瑜伽』95、大正 30・843b）

三転法輪　さんてんぼうりん　三転すなわち三たび法輪（教えの輪）を転ずること。→三転十二行相「世尊は今、婆羅痆斯仙人鹿苑に在りて三たび法輪を転じて十二相を具す」

三徳　さんとく　サーンキヤ学派（数論）が説く根本物質（prakṛti 自性）がもつ、サットヴァ（sattva 薩埵）とラジャス（rajas 剌闍）とタマス（tamas 答摩）の三つの性質。このなかサットヴァは勇健と訳されるように勇ましく純粋な性質、ラジャスは塵坌と訳されるように活動的な性質、タマスは鈍闇と訳されるように暗い性質をいう。この三つの均衡状態が純粋精神（puruṣa 神我）の観照を機縁に破れて根本物質から万物の転変・展開が始まると説く。

（出典）三徳者、梵云薩埵、此云有情、亦言勇健、今取勇義。梵云剌闍、此名為微。牛毛塵等、皆名剌闍、亦名塵坌、今取塵義。梵云答摩、此名為闇、鈍闇之闇。（『述記』1末、大正 43・252c）

三毒　さんどく　貪・瞋・癡の三つ。この三つは心を毒する根本煩悩であるから三毒という。「三毒の淤泥に沈溺する諸の有情類を抜済して、聖道と及び聖道の果に安置するが故に大悲と名づく」

三念住　さんねんじゅう　①仏のみが有する徳（十八不共仏法）の一群。弟子たちの仏への態度が従順であっても従順でなくても、喜ぶことも悲しむこともない平静な態度で住する次の三つの仏のありようをいう。念（集中する心作用）と慧（真理を智る心作用）とからなる。（ｉ）弟子たちが自分を尊敬し正しく修行するのを見ても喜ぶことがない。（ii）弟子たちが自分を尊敬しないが正しく修行をしているのを見ても憂うことがない。（iii）弟子たちのなか、一群が自分を尊敬し正しく修行するが、他の一群はそのようにしないのを見ても、喜んだり憂えたりしない。

Ⓢ trīṇi smṛti-upasthānāni

（参考）（『倶舎』27、大正 29・140c～141a）：（『雑集論』14、大正 31・761a～b）

②四念住のなかの三つ。→四念住

三能変 さんのうへん →能変①

三縛 さんばく 貪・瞋・癡の三つの束縛。→縛②

（出典）縛者三縛。謂、貪・瞋・癡。（『瑜伽』8、大正 30・314c）

三不護 さんふご 如来にそなわる徳の一つ。身不護・語不護・意不護の三つ。如来の身・語・意の三業は清浄であるから、清浄でない身・語・意が他人に知られることを怖れて隠すということがないこと。

Ⓢ trīṇya arakṣyāṇi

（出典）三不護者、謂、諸如来所有身業清浄現行、無不清浄。現行身業、慮恐他知、可須蔵護。如是名為第一不護。如説身業、語業意業、亦如是説、是三不護。（『摂論釈・無』9、大正 31・439c）

三不善根 さんふぜんごん 不善な行為を生じる貪・瞋・癡の三つの煩悩をいう。三善根の対。→三善根

（出典）根者三不善根。謂、貪不善根・瞋不善根・癡不善根。（『瑜伽』8、大正 30・314c）：依此貪瞋癡門、広生無量悪不善行故、建立三不善根。所以者何。以諸有情愛味世間所有為因、行諸悪行、分別世間怨相為因、行諸悪行、執著世間邪法為因、行諸悪行。是故此貪瞋癡、亦名悪行、亦名不善根。（『集論』4、大正 31・678a）

三福田 さんふくでん 徳田・恩田・悲田の三つの福田。→福田

三仏身 さんぶっしん 自性身・受用身・変化身の三つの仏の身体。三身ともいう。→三身

（参考）（『雑集論』1、大正 31・694c）

三分別 さんふんべつ →三種分別

三分 さんぶん →三分説

三分説 さんぶんせつ 心は自証分・見分・相分の三つの部分・領域に分かれるとみる説。陳那の説。→四分

三菩提 さんぼだい ① saṃbodhi の音写。さとり。阿耨多羅三藐三菩提の略称。→阿耨多羅三藐三菩提「現法中に於て涅槃と及び三菩提とを得る」 Ⓢ saṃbodhi

②声聞菩提・独覚菩提・阿耨多羅三藐三菩提（無上菩提）の三つの菩提。→菩提

Ⓢ bodhi-traya

三菩提楽 さんぼだいらく 真理をさとることから生じる楽。等覚楽とおなじ。四種の無悩害楽の一つ。→無悩害楽

三宝 さんぼう 仏教において尊重すべき三つの宝。仏・法・僧の三つ。このなか、仏とは仏教を興した教祖である釈尊、法とは釈尊によって説かれた教え、僧とはその教えに随って修行する人びとから構成される教団（僧伽）をいう。後にこれら三つに対する考察が深められて諸説が成立した。仏については、釈尊だけではなく真理をさとった一切の仏陀が、さらには大乗に至っては三種の仏身（自性身・受用身・変化身）が意味されるようになった。また三宝を同体三宝と別体三宝、一乗三宝と三乗三宝、真実三宝と住持三宝とに分類して考察されている（『義林章』6、大正 45・343b 以下）。それによれば仏法僧の三つは別々であるとみる従来の説を別体三宝といい、それら三つは同一の真如の現れであるとみる大乗の三宝説を同体三宝という（別体三宝を別相三宝、同体三宝を同相三宝ともいう）。一乗三宝とは三身中の法身を仏宝とし、一乗の法を法宝とし、一乗の菩薩衆を僧宝とし、三乗三宝とは三乗の者のために現れる仏の三身を仏宝とし、三乗の法を法宝とし、三乗の衆を僧宝とすることをいう。真実三宝とは仏の三身を仏宝とし、一切の無漏の三乗の法を法宝とし、真理をさとった三乗の聖者たちを僧宝とすることをいい、住持三宝とは具体的な物となった三宝、すなわち舎利・遺形・仏像などを仏宝、文字で書かれた経巻を法宝、出家の僧侶たちを僧宝とすることをいう。

（参考）（『瑜伽』64、大正 30・653a～b）

三法印 さんぼういん 仏の教えの三つの旗印。次の三つの根本主張をいう。（ｉ）諸行

無常。一切行無常ともいう。すべての現象的存在は無常である。（ii）諸法無我。一切法無我ともいう。すべての存在（現象的存在である有為と非現象的存在である無為との両者を含む）には固定的・実体的なものはない。（iii）涅槃寂静。寂静であることが涅槃である。
（出典）経教雖多、略有三種。謂、三法印、一諸行無常、二諸法無我、三涅槃寂静。（『倶舎論記』1、大正41・1b）

三法展転因果同時 さんぽうちんでんいんがどうじ 〈唯識〉の所説。三つの法（存在）の因果の連続が同時であるということ。三つの法とは、（i）潜在的な根本心である阿頼耶識のなかの種子（可能力）が因となって現行（現象的存在）が果として生じ、（ii）生じた現行が因となって阿頼耶識のなかに果としての種子を熏じつける、という過程のなかで、（i）のなかの因として「種子」と、果としての「現行」と、そして、それが（ii）のなかの因となった「現行」と、果としての「種子」との三つを、すなわち「種子」と「現行」と「種子」との三つをいい、これら三つからなる因果の連続が同時に起こることを三法展転因果同時という。→因果異時
（出典）能熏識等、従種生時、即能為因、復熏成種。三法展転、因果同時、如炷生焔、焔生焦炷。亦如蘆束、更互相依。（『成論』2、大正31・10a）

三法和合 さんぽうわごう →三和

三品 さんぽん 三種のグループに分ける分類法。さまざまなものをそれらの程度に応じて下・中・上の三つに分ける、あるいは、他人に対して怨・親・中の三つに分ける、などの分け方をいう。→下中上 →怨親中
Ⓢ trayaḥ pakṣāḥ: tri-prakāra

三昧耶 さんまや「さまや」ともよむ。samaya の音写。samaya には時間の意味があり、密教ではこれに平等・誓願・驚覚・除垢障などの意味を付与するが、〈唯識〉の経論では「決定の義は是れ三昧耶の義なり」と阿羅漢が解脱をする条件が整っているという決定の意味だけで使われている（『瑜伽』90、大正30・813a）。 Ⓢ samaya

三摩呬多 さんまきた samāhita の音写。定（定まった心）の七つの別名の一つ。等引と意訳。→定① →等引 Ⓢ samāhita
（出典）定有七名。一名三摩呬多、此云等引。三摩云等、呬多云引。（『了義灯』5本、大正43・753b）

三摩呬多地 さんまきたじ ヨーガ行者の十七の心境・境界（十七地）の一つ。→十七地

三摩地 さんまじ samādhi の音写。三昧とも音写。定（定まった心）の七つの別名の一つ。等持と意訳。観察しようと欲する対象に心をとどめることによって散乱がなくなった静かで定まった心をいう。内容的には「心一境性」と定義され、心が一つの対象（境）にとどめおかれた状態をいう。→心一境性
Ⓢ samādhi
（出典）三摩地、謂、心一境性。（『倶舎』4、大正29・19a）：三摩地云何。謂、於所観察事、随彼彼行、審慮所依、心一境性。（『瑜伽』3、大正30・291c）
（参考）次のような種類が説かれる。（i）二種。一分修三摩地・具分修三摩地（『瑜伽』12、大正30・338c）、（ii）三種。小三摩地・大三摩地・無量三摩地（『瑜伽』12、大正30・337c～338a）、空三摩地・無願心三摩地・無相心三摩地（『瑜伽』12、大正30・337a～b）、喜倶行三摩地・楽倶行三摩地・捨倶行三摩地（『瑜伽』12、大正30・339a）、（iii）四種。欲三摩地・勤三摩地・心三摩地・観三摩地（『瑜伽』29、大正30・443b）。

三摩鉢底 さんまぱってい samāpatti の音写。定（定まった心）の七つの別名の一つ。等至と意訳。→定① →等至
（出典）定有七名。（中略）三云三摩鉢底。此云等至。（『了義灯』5本、大正43・753b）

三磨鉢耽 さんまぱっとん samāpta の音写。数の単位の一つ。十の三十五乗。
Ⓢ samāpta
（参考）（『婆沙』177、大正27・891b）：（『倶舎』12、大正29・63c）

三昧 さんまい samādhi の音写。三摩地とも音写。→三摩地

三藐三仏陀 さんみゃくさんぶっだ samyak-saṃbuddha の音写。正等覚と意訳。正しいさとりを得た人、すなわち如来をいう。「過去の無量の三藐三仏陀と、及び彼の法と彼の僧とを正に憶念す」 Ⓢ samyak-saṃbuddha

三妙行 さんみょうぎょう 三つの善い行為。身・語・意の行為それぞれにおける善い行為。顕著な妙行としては、これらを開いた十

善業がある。三悪行の対。→妙行 →十善業

三明 さんみょう 明（vidyā）とは明らかにさとる智慧のこと。次の三つをいう。（ｉ）宿住随念智証明。過去世の存在のありようをしる智慧。（ii）死生智証明。未来世の生死のありようをしる智慧。（iii）漏尽智証明。現在世において煩悩を断じ尽くしたとしる智慧。（ｉ）は六神通のなかの宿命通、（ii）は天眼通、（iii）は漏尽通に、それぞれ相応する。また（ｉ）は常見（自己すなわち我は滅することなく常に存在しつづけるという見解）を断じ、（ii）は断見（自己は死後には断滅してしまうという見解）を断じ、（iii）は邪見（現在世の涅槃をまちがってとらえる見解）を断じる働きがある。 Ⓢ tisro vidyāḥ
（出典）有三明、一宿住随念智証明、二死生智証明、三漏尽智証明。（『婆沙』102、大正27・529c）
（参考）（『瑜伽』14、大正30・350a）

三牟尼業 さんむにごう 三牟尼、すなわち身牟尼（身の寂黙）と語牟尼（語の寂黙）と意牟尼（意の寂黙）の三つの業。無学（すべてを学び終わってもはや学ぶべきことが無くなった聖者）の身・語・意の三業。

三無為 さんむい 〈有部〉が説く択滅・非択滅・虚空の三つの無為。→無為

三無自性 さんむじしょう →三無性

三無自性性 さんむじしょうしょう →三無性

三無数劫 さんむしゅこう →三大劫阿僧企耶

三無性 さんむしょう 存在の三つの形態である三性（遍計所執性・依他起性・円成実性）の否定的側面を表した語。相無性・生無性・勝義無性の三つ。相無性とは遍計所執性の否定的側面をいい、言葉でとらえられたもの（相）には実体性がないことをいう。生無性とは依他起性の否定的側面をいい、他の縁によって生起したものは自らの力で生じたものではないことをいう。勝義無性は円成実性の否定的側面をいう。円成実性はあらゆる存在の究極の真理であり、そのような真理は、最高の価値をもつもの、すなわち勝義であるから、また、勝義においては、すべての実体的なるものが存在しない、すなわち無性であるから、円成実性を勝義無性という。三無自性・三無自性性・三種無自性ともいう。
（参考）（『成論』9、大正31・48a）

三無漏根 さんむろこん 根とは、物事を生み出す勝れた力を有するものをいい、全部で二十二の根がある。これらのなか四諦の理を知る無漏（煩悩の汚れがない）の根をまとめて三無漏根といい、未知当知根・已知根・具知根の三つをいう。→各項参照 →二十二根
（参考）（『倶舎』3、大正29・15a）：（『集論』5、大正31・685b）

三量 さんりょう ①量（pramāṇa）とは、ある主張や命題が正当であると判断する根拠をいい、現量・比量・至教量の三つの判断根拠を三量という。このなか現量とは言葉を用いない直接知覚、比量とは言葉を用いて行なう推量、至教量とは釈尊によって説かれた教えという判断根拠をいう。比量を比度量、現量を現証量ともいう。 Ⓢ pramāṇa-traya
②三つの認識のありよう。現量・比量・非量の三つ。現量と比量とは①の場合とおなじ。非量とは無いものを有ると認識するような、まちがった認識のありようをいう。→非量

三輪 さんりん ①器世間（世界）を支える風輪・水輪・金輪の三つの輪。
②仏教以外の人びとや反対者を説き伏せて仏教に導き入れる三つの輪。神変・記心・教誡の三つ。→各項参照
（参考）（『演秘』1本、大正43・812c）
③経に説かれる次の三種の法輪。（ｉ）転法輪。四諦の教え。（ii）照法輪。般若の教え。（iii）持法輪。三乗が共通に持つ教え。
（参考）（『明灯抄』1本、大正68・202b）

三輪因 さんりんいん 身業・語業・意業の三つ。この三つは、順次、神変と記心と教誡との三輪の因となるから三輪因という。
（出典）三輪因者、身語意三、如次、為彼神変記心教誡輪因。（『演秘』1本、大正43・812c）

三輪清浄 さんりんしょうじょう 三輪とは、ある行為を成立せしめる「主体」と「客体」とその両者の間に展開する「行為」あるいは行為に関係する「物」との三つをいい、その三つを分別することがない状態を三輪清浄という。たとえば布施をする場合には、施すもの（施者）と受け取るもの（受者）と施すという行為（施）あるいは施される物（施物）との三つを分別しないことをいい、そのような布施を三輪清浄の布施という。そのように三つを分別しない智慧を「三輪清浄の無分別

智」という。この三輪清浄の無分別智で行動するとき、その行為は他者への救済（利他）をもたらすと同時に、自己の深層心（阿頼耶識）を浄化するという自己の救済（自利）をもたらす。
(出典) 三輪清浄、施者・受者・施物分別、皆遠離故。(『演秘』7末、大正43・969a)

三輪清浄無分別智 さんりんしょうじょうむふんべっち →三輪清浄 →無分別智

三類境 さんるいきょう 〈唯識〉が説く三種類の認識の対象。性境・独影境・帯質境の三つ。〈唯識〉ではただ心のみが存在し、あらゆる現象は根本心である阿頼耶識のなかの種子から生じ、心のなかに顕現したものであるという立場より、あらゆる認識は心が心を見ることであると主張する。そして見る主観の側の心の部分を「見分」、見られる客観の側の部分を「相分」と名づける。そしてこの見分と相分とが阿頼耶識のなかの別々の種子から生じるのか、同一の種子から生じるのかによって認識される対象としての相分の存在性が三種類に分かれると説く。すなわち、相分が見分の種子と別の種子から生じる場合は、相分は実際に存在するもの（実法）であるのに対して、相分が見分とおなじ種子から生じる場合は、第六意識が強引に見分の種子から相分の影像を作り出したのであるから、相分は実在性のない仮に存在するもの（仮法）であるとみる。このような見解にもとづいて、認識対象（相分）を次のような性境・独影境・帯質境の三つに分ける。
（ⅰ）性境。真実の体性をもつ対象（相分）。次の四つの条件をそなえた対象。1. 見分の種子とは別の種子より生じたもの。2. 生じた相分には実際の実体と実際の作用とがある。たとえば現前にある鉛筆は実際に鉛筆という実体があり、字を書くという作用がある。3. 性境を認識する見分は対象の自らのありのままのすがた（自相）を把握する。4. 相分に本質（ほんぜつ）がある。本質とは阿頼耶識が作り出し阿頼耶識が自ら認識している、存在の基体をいう。相分に本質があるということは、2. で述べたように、その相分に実体性と実用性があるということである。性境として次のものがある。1. 阿頼耶識の対象としての五根・器世間・種子。2. 五識の相分。3. 五識とともに働く意識の相分。4. 定心の意識の相分。5. 無分別智の対象である真如。（ⅱ）独影境。本質を有することなく独り影像のみがある対象。実際には存在しないもの（無法）をいう。たとえば亀毛（亀に海草がまとわりついたのを亀の毛とみまちがったもの）や兎角（兎の耳を角とみまちがったもの）などをいう。詳しくは独影境として次のものがある。1. 第六意識が亀毛などの無法を認識するときの相分。2. 第六意識が過去や未来などの仮法を認識するときの相分。3. 阿頼耶識とともに働く心所の相分。（ⅲ）帯質境。本質を帯びているが性境のように正しく認識されたものではなく、まちがって認識されたものをいう。この相分は本質を持ち、自らの種子から生じたものであるが、それは性境とちがって第六意識の分別がからんでいるから独影境とおなじく見分の種子とも関係している。すなわち帯質境は性境と独影境との中間にある存在をいう。帯質境としては次のものがある。1. 末那識が阿頼耶識の見分を認識するときの相分。2. 意識が非量（錯覚）するときの相分。
(参考)（『枢要』上末、大正43・620a～b）：（『了義灯』1末、大正43・677c以下）

三漏 さんろ 欲漏と有漏と無明漏との三つの漏。→各項参照 →漏

三和 さんわ 和とは詳しくは和合といい、結合すること。感覚器官（根）と認識対象（境）と認識する心（識）の三つが結合すること。これら三つが結合することによって遍行の心所である触が生じる。詳しくはこの三和と触との関係について次の二つの見解がある。（ⅰ）「三和成触」説。三和がそのまま触と成り、三和のほかに触という別体を認めない説。（ⅱ）「三和生触」説。三和と触とは別体であり、三つが和合するところに触が生じるという見解。前者は〈経部〉の説、後者は〈有部〉の説である。〈唯識〉は後者の見解。三和合・三法和合ともいう。Ⓢ trika-saṃnipāta
(参考)（『倶舎』10、大正29・52b～c）：（『成論』3、大正31・11b～c）：（『述記』3末、大正43・330a）

三和合 さんわごう →三和

山（さん）→せん

珊瑚 さんご さんご。珍宝の一つ。→珍宝 Ⓢ pravāḍa: pravāla

珊覩史多天子 さんとしたてんし →珊覩史多天王

珊覩史多天王 さんとしたてんのう 珊覩史多は saṃtuṣṭa の音写。欲界の六欲天の第四天である覩史多天の王。珊覩史多天子とおなじ。→覩史多天 Ⓢ saṃtuṣto deva-rājaḥ

珊度沙 さんどしゃ saṃtoṣa の音写。喜足あるいは毀壊ととらえる二つの解釈がある。Ⓢ saṃtoṣa
（出典）此中説珊度沙言、有説顕喜足、有説顕毀壊。（『婆沙』181、大正 27・910b）

珊若 さんにゃ saṃjñā の音写。数の単位の一つ。十の四十五乗。 Ⓢ saṃjñā
（参考）（『婆沙』177、大正 27・891b）：（『俱舎』12、大正 29・63c）

惨裂 さんれつ むごいさま。みるにしのびないさま。怒ったときの顔の表情をいう。「瞋恚の纏は能く面貌をして惨裂せしむ」

産処 さんしょ →産門 Ⓢ yoni

産門 さんもん 胎児を宿す子宮。陰門。産処とおなじ。「産門より出る時、諸の劇苦を受く」「産処の過患とは、若しくは産処が風熱癊の為に逼迫さるるを謂う」 Ⓢ yoni: yoni-dvāra

散 さん ①まき散らすこと。「散ずるに種種なる天の妙華香を以ってし、天の伎楽、上妙なる衣服、幢幡などを持して供養を為す」「或いは珍奇を散じ、或いは宝縷を纏じて供養を為す」 Ⓢ kṣepa: vikṣepa
②粉末。粉末の薬。→散薬 Ⓢ cūrṇa
③芳しい香りのする液。「浴に順じた散」 Ⓢ kaṣāya
④心が乱れて定まっていないこと。動揺しているさま。「若しくは定、若しくは散の意識と相応する諸の念を随念分別と名づく」 Ⓢ vikṣipta: vikṣepa: vyagra
⑤ものが乱れていること。「散じた髪」 Ⓢ vikīrṇa
⑥分散していること。「極微聚は散じてあり」 Ⓢ vibhāga
⑦粉砕されて散らばること。「聚色が相撃して散ず」 Ⓢ vi-śṝ

散位 さんい 心が散乱した状態。定位の対。「受生と命終には必ず散位に住す」

散壊 さんえ 壊れてなくなること。朽ちて散乱すること。「滅時の諸法は衰退し散壊す」 Ⓢ vikṣiptaka: vi-śṝ

散壊無常 さんえむじょう 好ましいものが散逸する、あるいは、すぐれた地位を失う、などの無常をいう。別離無常ともいう。六種の無常（壊滅無常・生起無常・変易無常・散壊無常・当有無常・現堕無常）の一つ。 Ⓢ visaṃyoga-anitya
（出典）若不変壊可愛衆具、及増上位離散退失、名散壊無常。（『瑜伽』52、大正 30・586c）

散地 さんじ 心が散乱した状態の世界。三界（欲界・色界・無色界）のなかの欲界をいう。欲界は、欲すなわち煩悩によって心が散乱しているから散地という。→三界①

散心 さんしん 散乱した心。外界の対象に流散した心。毘婆沙師は散乱し動揺する汚れた心をいい、西方の諸師は眠気をともなった心以外の汚れた心をいう。聚心の対→聚心 Ⓢ vikṣiptaṃ cittam
（出典）散心者、謂、染汚心、於所縁、馳散故。（『婆沙』151、大正 27・770a）：毘婆沙師、作如是説。聚心者、謂、善心。此於所縁、不馳散故。散心者、謂、染心。此与散動相応起故。西方諸師、作如是説。眠相応者名為聚心、余染汚心、説名為散。（『俱舎』26、大正 29・135c）：散心者、謂、於外五妙欲、随順流散。（『瑜伽』28、大正 30・440c）

散説 さんせつ あちらこちらに説くこと。分散して説示すること。「是の如き六種波羅蜜多を世尊は彼彼の素怛纜の中に処処に散説せり」「是の如き六因は一経に次第に具説することなしと雖も、然も諸経に於て処処に散説せり」 Ⓢ vyagra-nirdiṣṭa

散動 さんどう 乱れ動揺すること。心が散乱すること。種類としては、作意散動・外心散動・内心散動・相散動・麁重散動の五つが説かれる（『解深』2、大正 16・701c）。→各項参照「諂詐を離れるが故に其の心は外境の散動のために纏擾せられず」「永く一切の散動を離れるが故に此の滅を不動と名づく」 Ⓢ visaraṇa: vyākṣipta: saṃkṣobha

散動分別 さんどうふんべつ →散乱分別

散薬 さんやく 粉末の薬。「譬えば毘湿縛薬を一切の散薬・仙薬の方の中に皆な応に安処すべきが如く、是の如く、此の諸法皆無自性・無生無滅・本来寂静・自性涅槃・無自性性に依る了義の言教を遍く一切の不了義経に於て皆な応に安処すべきなり」 Ⓢ cūrṇabhaiṣajya

散乱 さんらん ①動揺し乱れているさま。種類としては、自性散乱・外散乱・内散乱・相散乱・麁重散乱・作意散乱の六つが説かれる（『雑集論』1、大正 31・665b）。「此の数息念を勤修する者は、若しくは中間に於て其の心は散乱す」「諸根掉動し、諸根高挙し、諸根散乱す」 Ⓢ vi-**kṣip**: vikṣipta: vikṣepa: visāra: vyākula: vyākṣepa

②心所の一つとしての散乱。随煩悩の心所の一つ。一つの対象にとどまることなく多くの対象に馳散し乱れるこころをいう。川の水のごとく海の波のように流れ動くこころ。正しい静まったこころ（正定）を起こすことができず、まちがった智慧（悪慧）を生じる働きがある。 Ⓢ vikṣepa

（出典）云何散乱。於諸所縁、令心流蕩為性、能障正定、悪慧所依為業。（『成論』6、大正 31・34b～c）

③分散していること。「極微は散乱してあり」 Ⓢ vikīrṇa: vibhakta

散乱愚癡 さんらんぐち 十種の愚癡（愚かな者）の一つ。心が散乱して、なにが善行為でなにが悪行為であるかを理解できない愚かな者。→愚癡②

（出典）散乱愚癡者、謂、如有一、心散異境、不能了余善作悪作、是故愚癡。（『瑜伽』60、大正 30・637b）

散乱分別 さんらんふんべつ 散動分別ともいう。十種の分別・虚妄分別の一つ。正しい教えを聞いて理にかなってその教えを分別するが、その教えに執着することによって心が乱れて起こす分別。散動分別ともいう。種類としては、無性分別・有性分別・増益分別・損減分別・一性分別・異性分別・自性分別・差別分別・随名義分別・随義名分別の十の分別が説かれる（『雑集論』14、大正 31・764b）。またおなじものが、無相散動・有相散動・増益散動・損減散動・一性散動・異性散動・自性散動・差別散動・如名取義散動・如義取名散動の十として説かれる（『摂論』中、大正 31・140a）。→虚妄分別

（出典）散乱分別者、謂、如理分別所起、無性等執為相、所有分別。（『雑集論』14、大正 31・764b）

算 さん 行為としては、声を出して数をかぞえること（語算）。営みとしては、数をかぞえる職業をいう。世間的技術（工業明処・工巧業処）の一つ。算計・算数ともいう。→算数①「能く義利を引き有情を饒益する種種の書・算・測度・数・印・床座・傘屧など、是の如き等類の種種の差別の資生衆具あり」「云何が六種の活命なるや。一には営農。（中略）五には書・算計・数及び印を習学す」「何等が十二の工業処なるや。謂く、営農工業。（中略）書・算計・度数・印工業。（中略）音楽工業なり」 Ⓢ gaṇanā

（出典）算、謂、語算。如言九九八十一等。（『倶舎論記』18、大正 41・288c）

算計 さんけ →算

算数 さんじゅ ①声を出して数をかぞえること。計算すること。世間的技術（工巧業処）の一つ。算・算計ともいう。「農作・商賈・事王・書画・算数・占卜などの工業明処」 Ⓢ gaṇanā

②数をかぞえること。数ともいう。入る息、出る息をかぞえる算数には順算数（一から始めて順次、十まで至る数え方）、逆算数（十から始めて一に至る数え方）、勝進算数（入息と出息を合わせて一と数え、次に入息・出息を二回くりかえして一と数え、ないし入息・出息の回数をまして、最後に百回の入出息を一と数える数え方）などがある。「算数の行相を以って諸蘊相応の言教を思惟す」 Ⓢ gaṇanā: saṃkhyā

（参考）（『瑜伽』27、大正 30・431a）

算分 さんぶん 二つのものを比較してその大きさや量や価値を比べるときに用いる分数の一つ。「前の愛重を後の愛重に方すれば、百分中に於て其の一に及ばず、算分中に於ても亦一に及ばず」 Ⓢ gaṇanāṃ kalām

讃 さん ほめる、称讃すること。「仏法僧の真実の功徳を讃ず」「先ず徳を讃じ敬礼を申ぶ」 Ⓢ ākhyāna: utkarṣaṇa: ud-**kṛṣ**: pravyāhāra: varṇasya āhartṛ: sam-**stu**

讃頌 さんじゅ ①たたえて偈頌を作ること、また、たたえた偈頌。「伽他を以って讃頌して曰く」 Ⓢ śloka

②世間の称讃・評判。「諸の菩薩は世間の名声・讃頌に依らずして布施を行ず」 Ⓢ śloka

讃説 さんせつ たたえる、称讃すること。「仏は菩薩及び声聞の前で涅槃の真実の功徳を讃説す」 Ⓢ varṇa-vāda: varṇaṃ **bhāṣate**

讃歎 さんたん たたえる、称讃すること。「菩薩は此の因縁に由って世に珍敬され、諸の大衆に供養・恭敬・尊重・讃歎さる」
Ⓢ pra-**śaṃs**: varṇaṃ **bhāṣate**: varṇita: stotra

讃美 さんび たたえる、称讃すること。「功徳ある補特伽羅を真誠に讃美す」
Ⓢ varṇa: varṇa-vādita: varṇaṃ stutim: varṇasya āhartṛ

讃揚 さんよう ほめたたえる、称讃すること。「菩薩は信功徳具足者の前に於て信の徳を讃揚して其を歓喜せしむ」 Ⓢ saṃkathā: saṃharṣaṇa

讃励 さんれい たたえ励ますこと。激励すること。「是の如き柔軟な言詞を以って讃励し慶慰す」
Ⓢ samud-**tij**: samuttejana: samuttejanī
（出典）讃励者、謂、彼有情、若於所知所行所得中、心生退屈、爾時称讃策励其心、令於彼事堪有勢力。（『瑜伽』81、大正 30・752a）

纔 さん わずか。わずかに。すこし。「纔かに生じ、生じ已って尋いで滅す」「衣、僅に身を蔽い、食、纔かに腹を充せど、知足して歓喜す」 Ⓢ mātra

穳 さん ほこ。

饞嗜 さんし むさぼって食べること。「衆生ありて、食飽満し已れども、性として多く饞嗜たり」 Ⓢ lolupa

鑽 さん きること。うがつこと。きりもみすること。「乾薪を鑽すれば即ち火生ず」
Ⓢ adhi-**math**: mathana

鑽火 さんか きりもみして火をおこすこと。「恒常作と及び畢竟作に由って瑜伽行を修すること、猶し世間の鑽火の方便の如し」
Ⓢ agni-mathana

鑽燧 さんすい 火をおこすための木。「鑽燧と牛糞とに依って以って火を求む」
Ⓢ araṇī

鑽酪 さんらく 乳脂。ヨーグルト。飲物の一つ。「云何が飲と為すや。謂く、沙糖汁、或いは石蜜汁、或いは飯漿の飲、或いは鑽酪の飲、或いは酢を飲と為す」
Ⓢ dadhi-maṇḍa

残 ざん のこり。残余。「宿業の残りの異熟果」 Ⓢ uccheṣa

残害 ざんがい 殺害すること。打って傷つけること。「人寿十歳の時、情展転して相見し、各、猛利の殺害の心を起こして鋭利の刀剣を以って更相に残害し死喪す」「苦具を以って其の身を残害す」
Ⓢ ghātaka: vipraghātika

慚 ざん はじるこころ。善の心所の一つ。自らが犯した過失や悪行を自らのなかではじること（〈倶舎〉所説）。自らをいましめ、教えを尊重し、賢人・聖者を尊び、善法を重んじること（〈唯識〉所説）。愧もはじるこころであるが、慚と愧との違いについては慚愧の項を参照。→愧 →慚愧 Ⓢ hrī
（出典）有敬、有崇、有所忌難、有所随属、説名為慚。（中略）於所造罪、自観有恥、説名為慚。（『倶舎』4、大正 29・21a）：云何為慚。依自法力、崇重賢善、為性、対治無慚、止息悪行、為業。謂、依自法尊貴増上、崇重賢善、羞恥過悪、対治無慚、息諸悪行。（『成論』6、大正 31・29c）

慚愧 ざんぎ 慚と愧。慚も愧もはじるこころ。両者の違いについては、〈倶舎〉は慚とは過失や悪行を自らのなかではじること、愧とは他人に対してはじることと説く。これに対して〈唯識〉は両者を自と他とに配して区別すべきではなく、慚とは賢人・聖者を尊び善法を重んじることであり、愧とは世間にてらして悪を行なう人をはじて拒否することであると説く。→慚 →愧

慚羞 ざんしゅう はずかしく思うこと。「衣は慚羞すべき処を能く覆蔽す」 Ⓢ hrī-kopana

暫 ざん しばらく。わずか。わずかな間。
Ⓢ kālm: kālāntaram: tat-kāla: mātra: mātraka

暫安住想 ざんあんじゅうそう →止息想

暫時 ざんじ しばらく。 Ⓢ itvara: itvara-kālīna: tāvat-kālika: kālāntaram

暫住想 ざんじゅうそう →止息想

暫息想 ざんそくそう →止息想

儳速 ざんそく かるがるしく言うこと。「時を待って方に説きて儳速ならず」

巉巖 ざんごん 高くそびえ立つ山峯。「其の山の叢林の蓊鬱と聳石たる巉巖とを観見す」 Ⓢ kūṭa: śṛṅga

讒刺 ざんし 他人を恐喝して生計を立てる人。律儀に反する行為をする人（不律儀者）の一人。→不律儀者。 Ⓢ sūcaka
（出典）讒刺者、唯行讒佞、譏刺於他、以求活命、不良之類、恐喝之輩。（『略纂』4、大正 43・52a）

し

士（し）→じ

子　し　①（人間の）子ども。息子。子孫。「父母などは意の所欲に随って子などの名を立つ」 Ⓢ apatya: putra: putraka: suta
②（動物の）子ども。「牝虎が子を銜す」 Ⓢ pota

子息　しそく　子ども。息子。「子息に因って父母ありとは、内法の縁起に違するなり」

子段　しだん　本文の解釈文などを整理する場合、大きく分けた段落を大段といい、さらにそれを細かく分けた段落を子段という。

子肉想　しにくそう　食べ物（段食）に対する執着をなくすために、それが自己の子どもの肉であると想うこと。「苾芻よ、当に段食は子肉の如きであると想って貪著すべからず」 Ⓢ putra-māṃsa-saṃjñā
(参考)（『婆沙』130、大正 27・677a～b）:（『瑜伽』94、大正 30・839c）

子微　しび　ヴァイシェーシカ派（勝論）の所説で、物質の最小単位である原子（極微）から構成されるものをいう。極微は、知覚されず、働きがなく、変化しない常なるものであるが、子微は知覚され、働きをもち、変化する無常なるものと考えられている。子微を構成する極微を父母極微、あるいは本極微という。「実句の中の地水火の父母極微は現量得に非ず。子微以上は是れ現量得なり」「本極微は是れ常にして子微などは無常なり」
(参考)（『述記』1末、大正 43・257a～b）

尸　し　①しかばね。「彼れ命終りて未だ久しからずして暴風が其の尸を飄挙して遠く他処に棄す」
②死体に悪鬼をとり憑かせること。詳しくは起屍ともいう。→起屍「塊・杖・刀・縛録・断食・折挫・治罰・呪薬・厭祷・尸・半尸などをもって諸の衆生を害するを皆な殺生と名づく」 Ⓢ vetāḍa

尸骸　しがい　死体。残骸。「死没して唯だ尸骸ありて空にして心識なしと観見す」 Ⓢ kalevara: mṛta

尸棄　しき　śikhin の音写。火のこと。「火を若し尸棄と云へば、是れ有相の名にして、若し阿耆尼と云へば、是れ無相の名なり」 Ⓢ śikhin

尸羅　しら　śīla の音写。戒と意訳。いましめのこと。『婆沙論』には尸羅の意味として清涼・安眠・数習・厳具・明鏡・階陛・増上・頭首があげられている（『婆沙』44、大正 27・229c～230b）が、このなか尸羅（śīla）とは清涼であるという定義が一般的である。戒を護ることに由って熱悩がなくなって身心がすがすがしくなることからこのようにいう。 Ⓢ śīla
(出典) 能平険業故、名尸羅。訓釈詞者、謂、清涼故。如伽他言。受持戒楽、身無熱悩故。（『倶舎』14、大正 29・73a）: 言尸羅者、謂、能寂静毀犯、浄戒罪熱悩故、又与清涼義相応故。（『瑜伽』83、大正 30・762a）

尸羅円満　しらえんまん　尸羅（戒）を完成すること。戒を完全に身につけること。戒を護ることにおける完成状態。戒具足・浄戒円満・戒円満ともいう。四種あるいは五種の円満の一つ。→円満⑤ Ⓢ śīla-saṃpad: śīla-saṃpatti
(参考)（『瑜伽』13、大正 30・343b）

尸羅虧損　しらきそん　→戒壊

尸羅荘厳　しらしょうごん　→戒荘厳

尸羅荘厳具　しらしょうごんぐ　→戒荘厳

尸羅荘厳具相応戒　しらしょうごんぐそうおうかい　装飾品で飾ると姿が美しくなるように、それを護ることによって身姿が美しくなるような戒（尸羅）をいう。六種の戒の一つ。 Ⓢ śīla-alaṃkāra-saṃyuktaṃ śīlam
(参考)（『瑜伽』42、大正 30・522b）

尸羅蔵　しらぞう　→戒蔵

尸羅律儀　しらりつぎ　→戒律儀

支　し　部分。要素。第二次的な部分。たとえば、象と馬と車と歩兵との四つの要素から構成されるものを四支軍と呼ぶ。「別を以って総を成じて支の名を得る。車の衆分、四支の軍の如し」「縁起の支に十二あり」
Ⓢ aṅga

支胤　しいん　分かれた血統。「諸の婆羅門は大梵の支胤なり」

支具　しぐ　①言語・文章の構成。「是の如く菩薩は無量の陀羅尼門を獲得し、一切種の音詞の支具の剖析に於て善巧なり」 Ⓢ aṅga
②車の構成部分。「一切の支具が円満せる妙荘厳なる車」 Ⓢ aṅga-pariṣkāra

支済　しさい　ささえ救うこと。「世間は久しく饑饉に遭うも、支済するものなければ、多分は命終す」

支節　しせつ　身体を構成する部分。肢節ともいう。詳しくは手とか足などの大きな部分を aṅga といい、鼻や耳などの小さな部分を pratyaṅga という。「手足と頭目と支節と血肉と筋骨」「身分の支節」「支節の具と不具」「一一の支節は皆な悉く那羅延力を備足す」 Ⓢ aṅga: aṅga-pratyaṅga: parvan: marman: saṃdhi

支節鎖　しせつさ　身体を構成する手・足・肘などの骨の連鎖。そのような連鎖から身体は成り立っていると観察することが不浄観の一つの方法である。→不浄観「二の鎖あり。一には形骸鎖、二には支節鎖なり。支節鎖とは臂・髆などの骨の連鎖と、及び髀・膞などの骨の連鎖を謂う」
Ⓢ pratyaṅga-śaṃkalikā
（参考）（『瑜伽』30、大正 30・452b）

支体　したい　からだ。身体。肢体ともいう。「孫陀利迦河に於て支体を沐浴すれば、あらゆる諸の悪は皆な悉く除滅す」
Ⓢ aṅga-pratyaṅga

支分　しぶん　身体を構成する部分。支分が原語 aṅga-pratyaṅa の場合は、支（aṅga）が身体の中心的な構成部分、分（pratyaṅga）がそれ以外の付属的な部分をいう。「胎中に於て三十八、七日を経れば、此の胎蔵は一切の支分を皆な悉く具足す」
Ⓢ aṅga: aṅga-avayava: aṅga-pratyaṅga

止　し　①拒否する、拒絶すること。「菩薩は若し求請あれば希求するところを止することなし」 Ⓢ nirā-**kṛ**
②息を対象として心を静める阿那阿波那念における六つの方法（数・随・止・観・転・浄）の一つ。心を身体の鼻の端、あるいは眉間などの、ある一か所に心を集中させて、心を静かに安定させる方法。→阿那阿波那念
Ⓢ sthāna
（出典）止、謂、繫念、唯在鼻端、或在眉間乃至足指。随所楽処、安止其心。観息住身、如珠中縷為冷、為煖、為損、為益。（『倶舎』22、大正 29・118b）
（参考）（『婆沙』26、大正 27・135a）
③止観の止。→止観

止観　しかん　止と観。止とは静寂な心、観とは存在の真実のありよう・本性をみる心。止の原語 śamatha は「止む・息む」を意味する動詞 **śam** に由来する名詞で、奢摩多と音写される。観の原語 vipaśyanā は「見る」を意味する動詞 **paś** から派生した名詞で毘鉢舎那と音写される。この二つは別々に存在するのではなく、一つの心の二つの面を表したものである。すなわち、心の静まった側面を止といい、その静まった心の観察する側面を観という。たとえば、まったく波の立たない水面は静まりかえっているが同時に満月をそっくりそのまま映しだしているようなものである。この止と観とは別々に修せられるが、両者が同時に働くこと（止観双運）が理想とされる。心を清浄にして解脱を得るためにはかならず止観を修することが要請される。「衆生は相の為に縛せられ、及び麁重の為に縛せらる。要ず勤めて止観を修せよ、爾れば乃ち解脱を得ん」（『解深』1、大正 16・691b） Ⓢ śamatha-vipaśyanā

止観双運　しかんそううん　→止観

止挙捨　しこしゃ　止と挙と捨。ヨーガを修するなかにおける三つの心のありよう。止（śamatha）は心が沈み静寂になった状態、挙（pragraha）は心が高揚した状態、捨（upekṣā）は心が静寂・高揚いずれにもかたよらない状態をいう。これら三つの心のありように善く熟達することによって、心が高揚したときには沈んだ静寂な心を修し、逆に心が沈んだときには高揚した心を修することによって、心を平等なかたよらない状態（捨）に保つことが要請される。「諸の纏を断ぜんが為に時時に止挙捨の相を正勤修習すべし」
Ⓢ śamatha-pragraha-upekṣā

止住　しじゅう　あるところに存在すること、住むこと。「蘇迷盧の頂の四隅に四大峯ありて、金剛手が其の中に止住して諸の天を守護す」 Ⓢ prati-**vas**

止相　しそう　止の相。止は止観の止で原語 śamatha を奢摩他と音写。奢摩他とはヨ

ーガを修することによって静かに定まった心をいう。相の原語 nimitta には「ありよう・すがた」と「原因」という二つの意味がある。この二つの意味をふまえて止相には所縁相と因縁相とがあると説かれる。前者は止の対象、後者は止が生じる原因をいう。
Ⓢ śamatha-nimitta
（出典）云何止相。謂、有二種。一所縁相、二因縁相。所縁相者、謂、奢摩他品所知事同分影像、是名所縁相。由此所縁、令心寂静。因縁相者、謂、依奢摩他所熏習心、為令後時奢摩他定皆清浄故、修習瑜伽毘鉢舎那所有加行、是名因縁相。(『瑜伽』31、大正 30・456a)

止息 しそく ①生死するありようがやむこと、なくなること。還滅とおなじ。流転の対。「縁起の流転と止息」 Ⓢ apravṛtti: ni-**vṛt**: nivṛtti
②ある活動がやむこと。あるものを滅すること。「尋伺が止息す」「所縁を止息する作意」 Ⓢ upaśama: nivṛtti: vyupa-**śam**: saṃniruddha
③煩悩や悪いことを滅すること、なくすこと。「煩悩を止息す」「一切の殺生などを止息する戒」「身心の麁重を止息す」 Ⓢ nivṛtti: pari-**hṛ**: pratipra-**śrambh**: saṃyama

止息戒 しそくかい 殺生などのすべての悪事をやめる戒。七種の戒の一つ。 Ⓢ nivṛtti-śīla
（参考）(『瑜伽』42、大正 30・522b)

止息想 しそくそう 寂静の心境になろうと思うこと。この思いによって無色界の最高天である有頂天において滅尽定に入る。出離想によって色界の第四静慮で無想定に入ることに対する。暫住想・暫息想・暫安住想とおなじ。→無想定「滅尽定は静住を求めんが為に止息想の作意を以って先と為す」 Ⓢ vihāra-saṃjñā
（参考）(『倶舎』5、大正 29・25a)

司契者 しかいしゃ 国を司る長官。
Ⓢ niṣeddhāra
（出典）立司契者、司、謂、衙府。契、謂、要限、即官長。(『略纂』1、大正 43・17a)

四愛 しあい 四つの愛着。衣服愛（衣服への愛着）と飲食愛（食べ物への愛着）と臥具愛（寝具への愛着）と有無有愛（有愛と無有愛。有愛とは自己が存続したいと欲すること。無有愛とは自己が虚無になりたいと欲すること）との四つの愛着。
（参考）(『婆沙』181、大正 27・907b)：(『倶舎』22、大正 29・117a)

四意趣 しいしゅ 平等意趣・別時意趣・別義意趣・補特伽羅意楽意趣の四つの意趣。意趣とは、何かをなそうとする意志・願い・意図。釈尊が説いた経典中の文句を解釈することにおいて、釈尊には次の四つの意図があったとみる解釈。(ⅰ) 平等意趣。「過去の毘鉢尸仏は即ち是れ今日の釈迦牟尼なり」と説いたのは、成道した釈迦牟尼に対していまだ修行が浅く無上菩提を得てさとったものではないと疑う人びとに対して、「過去の毘鉢尸仏は即ち是れ今日の我れ釈迦牟尼なり」と、二つの仏は平等であるという意図によって説いたのであるとみる解釈。(ⅱ) 別時意趣。「多宝如来の名を誦する者は便ち決定して無上正等菩提を得る」、あるいは「唯だ発願するに由って便ち極楽世界に往生することを得る」と、本来は因の時（多宝如来の名を誦する時。発願する時）とその果の時（無上正等菩提を得る時。極楽世界に往生する時）とは別々の時であるのに中間の修行の必要性を省いて説いたのは、修行をおこたる怠惰な人びとに対して努力するように勧めるために説いたのであるとみる解釈。(ⅲ) 別義意趣。「若し已に爾所の殑伽河沙などの仏に逢事すれば大乗法において方に能く義を解す」と説いたのは、ただ教えを聴いてその教えの意味を言葉通りに理解するにとどまる愚夫の理解のありようを否定して、「義を解す」とは「証する」という別の意味があるのであり、そのために過去の多くの仏に逢うことが必要であると説いたのであるとみる解釈。(ⅳ) 補特伽羅意楽意趣。衆生意楽意趣ともいう。経典のなかに先に布施することをほめ、後に布施することをとがめる、という矛盾した説き方をしているが、それは物をおしむ慳吝な心の持ち主には先ず布施を行なうことをほめて布施を行なわしめ、次に布施よりもさらに勝れた善行を行なおうと願うようにするために布施をとがめたのであるとみる解釈。
（参考）(『摂論釈・世』5、大正 31・346a～b)

四威儀 しいぎ 行（歩く）・住（立つ）・坐（すわる）・臥（横になる）の四種の身体の動作。→威儀 Ⓢ catur-vidhā īryā-pathāḥ

四一分常論　しいちぶんじょうろん　→一分常論

四一切種清浄　しいっさいしゅしょうじょう　百四十不共仏法の一群。仏・如来の所依清浄（身体の清浄）と所縁清浄（対象の清浄）と心清浄（心の清浄）と智清浄（智の清浄）との四つの清浄をいう。四種一切相清浄・四一切相清浄ともいう。所依清浄を依止清浄、所縁清浄を境界清浄、心清浄を心浄、智清浄を智浄ともいう。

Ⓢ catasraḥ sarva-ākārāḥ pariśuddhayaḥ

（参考）（『瑜伽』49、大正 30・568c）：（『雑集論』14、大正 31・760a〜b）：（『摂論釈・無』9、大正 31・439b）

四一切相清浄　しいっさいそうしょうじょう　→四一切種清浄

四有　しう　四つの生存のありよう（中有・生有・本有・死有）をいう。生きもの（有情）はこの四つに生存のありようをくりかえしながら生死輪廻する。

（ⅰ）中有（antarā-bhava）。死ぬ刹那（死有）から再び生まれる刹那（生有）までの中間の生存。中有は未来に生を受けるときのありようとおなじ姿をしている（たとえば、未来に犬に生まれることになるものは、すでに犬の形状をしている）という。欲界の中有の形状は将来生まれる生存（本有）のありように似て、五、六歳の小児の如くであるという。中有の異名として健達縛・意行・趣生（『瑜伽』1、大正 30・282b）、あるいは求生・意成・食香身・起（『倶舎』10、大正 29・55b）がある。中有として住する期間については種々の説があるが、『婆沙論』には次の四説が述べられている（『婆沙』70、大正 27・360c 以下）。1. 毘婆沙師の説。僅かな時間の間、住する。2. 設摩達多の説。最大限四十九日。3. 世友の説。最大限七日。4. 大徳の説。期間に定限がない。中有は三界のなか欲界と色界の有情にのみあり、無色界にはない。中陰ともいう（旧訳）。

（出典）於死有後、在生有前、即彼中間有自体起、為至生処故、起此身、二趣中間故、名中有。（『倶舎』8、大正 29・44b）：此中有有種種名、或名中有、有在死生二有中間生故。或名健達縛、尋香行故、香所資故。或名意行、以意為依、往生処故。此説身往、非心縁往。或名趣生、対生有起故。（『瑜伽』1、大正 30・282b）。

（ⅱ）生有（upapatti-bhava）。中有より没して生まれる刹那の生存。

（出典）生有、謂、於諸趣結生刹那。（『倶舎』9、大正 29・46a）。

（ⅲ）本有（pūrva-kāla-bhava）。生まれてから死ぬまでの生存。前時有と訳されることがある。

（出典）本有、除生刹那、死前余位。（『倶舎』9、大正 29・46a）。

（ⅳ）死有（maraṇa-bhava）。死ぬ刹那の生存。

（出典）死有、謂、最後念、次中有前。（『倶舎』9、大正 29・46a）

四有為相　しういそう　すべての現象的存在（有為）がもつ生・住・異・滅という四つのありよう。→四相①

四有辺等論　しうへんとうろん　外道の六十二種のあやまった見解（六十二見）の一群。超能力的な眼（天眼）によって観察した結果、次のように考える四つの見解。（ⅰ）自己と世界とは限界がある（有辺）。（ⅱ）自己と世界とは限界がない（無辺）。（ⅲ）自己と世界とは限界がある場合と限界がない場合とがある。（ⅳ）自己と世界とは限界があるとも限界がないともいえない。→六十二見

（参考）（『婆沙』199、大正 27・997c〜998a）

四依　しえ　①教えを聞いて修行する際の四つの正しいよりどころ。法と義と了義経と智の四つ。（ⅰ）法によって人によらない。教えを説いた人ではなく、その人を通して説かれた教え（法）、あるいは教えが意味する真理を信じる。（ⅱ）義によって文によらない。教えを聴くとき、その文句ではなく、その文句が指し示す意味内容を把握する。（ⅲ）了義経によって不了義経によらない。いまだ意味を完全に説き示していない経典ではなく、意味を完全に説き明かした経典をよりどころとする。（ⅳ）智によって識によらない。教えを概念的に知るのではなく、真理を証する智で知る。

（出典）有四依。一法是依、非補特伽羅。二義是依、非文。三了義経是依、非不了義。四智是依、非識。（『瑜伽』13、大正 30・346b）

（参考）（『瑜伽』45、大正 30・539a）

②出家後に守るべき四つのよりどころとなる規約。常乞食・樹下坐（塚間樹下座）・著糞

掃衣（下糞草衣）・食塵棄薬（病縁旧医薬・病縁陳奇薬）の四つ。 Ⓢ catus-adhiṣṭhāna
（参考）（『倶舎論疏』16、大正 41・665c）：（『略纂』11、大正 43・148a）
③五識（眼識・耳識・鼻識・舌識・身識）のなかのいずれか一つが生じる次の四つの所依（よりどころ・原因）。（i）同境依。根（眼根・耳根・鼻根・舌根・身根の五根）をいう。根（感官）は識（感覚作用）とおなじ境（感覚対象）をもつから根を同境依という。（ii）分別依。意識をいう。意識は識と共に働いて対象を明瞭に知覚せしめるから意識を分別依という。あるいは明了依ともいう。（iii）染浄依。末那識をいう。末那識は識の奥で恒に活動し、阿頼耶識を対象として「我」であると考えることによって識が汚れたものとなる、あるいは末那識が完全に清浄になって平等性智に転じたときは識は清浄なものになるから、末那識を染浄依という。（iv）根本依。阿頼耶識をいう。識はすべて阿頼耶識のなかの根本的な原因である種子から生じるから、阿頼耶識を根本依という。

四縁 しえん 現象的存在を生じる四つの原因。因縁・等無間縁・所縁縁・増上縁の四つ。これら四つですべての原因を包括する。因縁（hetu-pratyaya）とは根本原因、等無間縁（samanantara-pratyaya）とは心が生じるための原因で、一刹那前に滅した心、所縁縁（ālambana-pratyaya）とは心が生じるための認識の対象、増上縁（adhipati-pratyaya）とは以上の三つの縁を除いた他のすべての原因、をそれぞれいう。植物の種子が根本原因となって芽・茎・枝などが生じることに喩えて、因縁は「種子の法の如し」といい、前のものが滅することによって後のものにその場所を開き与えることに喩えて、等無間縁を「開避法の如し」といい（古来から「等無間縁一本橋」といわれる）、人が杖によって歩くことができることに喩えて、心がそれをよりどころとして生じる所縁縁を「任杖法の如し」という。増上縁は「不障礙の法」「不障の法」といわれ、あるものが生じることをさまたげない存在すべてを意味する。一切は根源的な心である阿頼耶識から生じるとみる〈唯識〉は因縁とは阿頼耶識のなかの種子であると説く。 Ⓢ catvāraḥ pratyayāḥ
（出典）有四縁。一因縁、二等無間縁、三所縁縁、四増上縁。因縁者、謂、種子。等無間縁者、謂、若此識無間諸識決定生、此是彼等無間縁。所縁縁者、謂、諸心心所所縁境界。増上縁者、謂、除種子余所依。（『瑜伽』3、大正 30・292a）
（参考）（『婆沙』55、大正 27・285b）：（『倶舎』7、大正 29・36b 以下）：（『成論』7、大正 31・40a 以下）

四王天衆 しおうてんしゅ →四大王衆天

四苑 しおん スメール山の頂上の帝釈天にある四つの苑。『瑜伽論』では繢車・麁渋・和雑・喜林、『倶舎論』では衆車苑・麁悪苑・雑林苑・喜林苑をいう。四園・四園苑とおなじ。 Ⓢ catvāri udyānāni
（出典）天者四園、一繢車、綺飾車処。二麁渋、戦器戦場。三和雑、受欲楽処。四喜林、遊肆之処。（『略纂』2、大正 43・27a）
（参考）（『倶舎』11、大正 29・60a）：（『瑜伽』4、大正 30・298c）

四園 しおん →四苑

四園苑 しおんおん →四苑

四果 しか 修行によって獲得した聖者としての四つの結果。預流果・一来果・不還果・阿羅漢果の四つの位。→各項参照

四果向 しかこう 預流果・一来果・不還果・阿羅漢果の四つの位に向かう段階。

四海 しかい 四大海ともいう。仏教の宇宙論のなかで、スメール山（蘇迷盧山）を取り巻く四方の海をいう。詳しくはスメール山の周りには八つの山が取り囲んでいるが、第七の尼民達羅までの間にある海を内海、第七山といちばん外側の鉄囲山との間を外海といい、その四方の外海を四海という。その四海のなかに四つの大陸である四洲がある。→四洲

四角 しかく 四方のかど・隅。四隅とおなじ。「妙高山頂の四角の各々に一峯あり、各々高さ五百踰繕那なり」 Ⓢ catus-koṇa: vidiś

四記 しき 質問に対する四つの答え方。一向記・分別記・反問記・捨置記の四つ（→各項参照）。四記問・四記論法・四種記論とおなじ。 Ⓢ caturdhā vyākaraṇam
（参考）（『倶舎』19、大正 29・103a〜c）：（『瑜伽』81、大正 30・754a）：（『演秘』4 末、大正 43・906c）

四記問 しきもん →四記

四記論法　しきろんぽう　→四記

四義平等　しぎびょうどう　中心的なこころ（心・心王）とそれと相応する細かい心作用（心所）とは次の四つのありようがおなじであることをいう。(1) 所依の平等。心王と心所とはおなじ感官（所依＝根）から生じる。(2) 所縁の平等。心王と心所とは同一の対象（所縁）を認識する。(3) 時の平等。心王と心所とは同一の時に働く。(4) 事の平等。一つの心王に対して触・受などの心所もおのおの一つしか相応しないという数の上での一対一の関係にある。〈倶舎〉ではこれら四つに「行相の平等」を加えて五義平等を説く。〈倶舎〉では心の外に認識対象があり、心のなかに生じたその対象に似た相を行相であると考え、共に同一の対象を認識する心王と心所とはおなじ行相をもつとみなす。これに対して〈唯識〉は心の外に対象を認めず、認識対象とは心のなかの相分であり、相分をみる見分が行相であると考え、心王の行相は対象の総相を、心所の行相は対象の総相に加えて別相を認識するから、両者の行相は同一ではないと主張する。

四行　しぎょう　→四行相

四行観　しぎょうかん　一切の存在を簡択・極簡択・遍尋思・遍伺察という四つのありよう（行）で観察すること。
（出典）四行観者、於諸法中、簡択行観、極簡択行観、遍尋思行観、遍伺察行観。（『瑜伽』13、大正30・347a）

四行迹　しぎょうしゃく　涅槃におもむくための四つの修行の道。苦遅通行・苦速通行・楽遅通行・楽速通行の四つ。四行跡・四通行とおなじ。→四通行　→行跡

四行跡　しぎょうしゃく　→四行迹

四行相　しぎょうそう　四行ともいう。四つのありよう。四諦おのおのを観察する場合の四つのありよう。苦諦を非常・苦・空・非我、集諦を因・集・生・縁、滅聖諦を滅・静・妙・離、道諦を道・如・行・出の四つのありようで観察する。四つの諦それぞれに四つの行相があるから四諦全部で十六の行相がある。→十六行相
（参考）（『倶舎』23、大正29・119b）

四句　しく　物事のありように関する二つの概念による四つの判断。たとえばAとBという二つの概念による次の四つの判断をいう。（ⅰ）ただAでありBではない。（ⅱ）ただBでありAではない。（ⅲ）AでありかつBである。（ⅳ）AでもBでもない。→四句分別　Ⓢ catus-koṭika

四句頌　しくじゅ　四つの小節からなる歌・詩文。述べてきた内容を歌としてまとめるときなどに作られる。Ⓢ catus-pada-gāthā

四句分別　しくふんべつ　二つの概念、あるいは対立する二つの概念をもって物事を四つのありように分けて判断し考えること。たとえば有（ある）と無（ない）という概念でいえば、次の四つに分けられる。（ⅰ）有（ある）、（ⅱ）無（ない）、（ⅲ）有亦無（ありかつない）、（ⅳ）非有非無（あるのでもなくないのでもない）。このなか（ⅰ）を第一句、（ⅱ）を第二句、（ⅲ）を相い反する概念両方を含んでいるから倶句、（ⅳ）を両概念とも含まれないから倶非句という。四句は、しばしば「応作四句（応に四句を作るべし）」と表現される。

四苦　しく　生・老・病・死の四つの苦しみ。八つの苦（八苦）のなかの前の四つの苦。すべての人が負う実存的な苦しみをいう。→八苦
（出典）生、是一切苦安足処、苦之良田故、名生苦。老、能衰変可愛盛年故、名老苦。病、能損壊可愛安適故、名病苦。死、能断滅可愛寿命故、名死苦。（『婆沙』78、大正27・402b）

四隅　しぐう　→四角

四繋　しけ　→四身繋

四向四果　しこうしか　小乗の聖者（賢聖）を預流・一来・不還・阿羅漢の四種に分け、さらにそれぞれの前段階を「向」、至り得た結果を「果」に分け、全部をまとめて四向四果という。四向とは預流向・一来向・不還向・阿羅漢向、四果とは預流果・一来果・不還果・阿羅漢果をいう。→各項参照

四劫　しこう　世界が生成してから再び虚無になるまでの四つの期間。成劫・住劫・壊劫・空劫の四つ。成劫は世界が生成する期間、住劫は存続する期間、壊劫は壊れいく期間、空劫はなにも存在しない期間をそれぞれいう。→各項参照

四業　しごう　①順現法受業・順次生受業・順後次受業・順不定受業の四つの業。→各項参照

②黒黒異熟業・白白異熟業・黒白黒白異熟業・不黒不白無異熟業の四つの業。→各項参照

四根本定 しこんぽんじょう →四根本静慮

四根本静慮 しこんぽんじょうりょ 色界の初静慮から第四静慮までの段階それぞれにおける根本となる静慮をまとめて四根本静慮という。四根本定とおなじ。→根本静慮

四散 しさん 四方に散ること。あちこちに飛び散ること。「彼の屍骸の骨肉は都尽し四散して其の処は寂然たり」

四支軍 ししぐん 象・馬・車・歩兵の四つの要素から構成される軍隊。
Ⓢ catur-aṅgā senā: catur-aṅgo bala-kāyaḥ

四指量 ししりょう 親指を除く手の四指の幅。ものの長さを喩えるのに用いる。「草木・枝葉を截して細籌と為すに四指量の如し」 Ⓢ catus-aṅgula-mātra

四指量籌 ししりょうちゅう 籌とは数を計算する時に用いる道具。草木や枝葉を手の四指の幅の長さに切断したもの。→四指量 →籌「是の如く算計すれば四指量籌、速かに窮尽すべし」

四事 しじ 教団(僧伽)に供養する衣服・飲食・臥具・医薬の四つ。「四方の僧伽に供養せんが為に、寺を造り、園を施し、四事を供給す」
(出典) 四事、謂、衣服・飲食・臥具・医薬。(『倶舎論記』18、大正41・287c)

四時 しじ ①日出・日中・日没・夜半の四つの時。「八種の諸の随煩悩ありて、四時の中に於て、数数、現行す」
②春・夏・秋・冬の四つの時候。「四色の蓮花が四時に開発す」

四識住 ししきじゅう 識が住する四つのありよう。五蘊(色・受・想・行・識の五つ)のなかの識が色・受・想・行の四つを存在の根拠とし同時に認識の対象として、それぞれに愛着を生じることをいう。五趣のなかを生死輪廻するありようをいう。『婆沙論』では、色随識住・受随識住・想随識住・行随識住、『倶舎論』では識随色住・識随受住・識随想住・識随行住、『瑜伽論』では色趣識住・受趣識住・想趣識住・行趣識住と、それぞれ漢訳が相違する。「諸の愚夫は四識住に由って魔怨主の為に駆役せられ、生死の中に於て五趣を往還す」「四食を断じ四魔怨を破し、四識住を離る」 Ⓢ catasro vijñāna-sthitayaḥ
(参考)(『婆沙』137、大正27・706b以下):(『倶舎』8、大正29・43b〜c):(『瑜伽』50、大正30・577a)

四食 しじき 身を養う次の四種の食事。段食・触食・意思食・識食の四つ。→各項参照
(出典) 食依持、謂、四食。一段食、二触食、三意思食、四識食。為諸有情任持身故起、是名依持。(『瑜伽』2、大正30・288b〜c)

四沙門 ししゃもん ①四種の修行者。さとりの浅深によって預流・一来・不還・阿羅漢の四種がある。→四沙門果
②勝道沙門・論道沙門・命道沙門・汚道沙門の四種の沙門。論道沙門を示道沙門・説道沙門、命道沙門を活道沙門、汚道沙門を壊道沙門ともいう。→各項参照

四沙門果 ししゃもんか 修行者が修行によって獲得する四つの結果。預流果・一来果・不還果・阿羅漢果の四つの果。→四向四果

四取 ししゅ 四つのあやまった執着。欲取・見取・戒禁取・我語取の四つ。→各項参照
(参考)(『瑜伽』10、大正30・323b):(『略纂』3、大正43・45c〜46a)

四修 ししゅ 四種修ともいう。得修・習修・除去修・対治修の四つの修行。(i)得修(pratilambha-bhāvanā)。いまだ生じていない善法を生ぜしめる修行。(ii)習修(niṣevaṇa-bhāvanā)。すでに生じた善法を失うことなく維持する修行。(iii)除去修(vinirdhāvana-bhāvanā)。すでに生じた不善法を断じる修行。除遣修・除道修ともいう。(iv)対治修(pratipakṣa-bhāvanā)。いまだ生じていない不善法を生ぜしめない修行。
(参考)(『倶舎』26、大正29・140a):(『瑜伽』66、大正30・667a):(『雑集論』9、大正31・738a)

四衆 ししゅ ①仏教教団を構成する苾芻(男性の出家僧)・苾芻尼(女性の出家僧)・近事男(在家で男性の仏教信者)・近事女(在家で女性の仏教信者)の四グループ。近事男は鄔波索迦、近事女は鄔波斯迦と音写。「世尊は四衆に囲遶せられて、為に正法を説く」
②在家衆・出家衆・鄔波索迦衆・非人衆の四つのグループ。非人とは天・龍・薬叉・羅刹

などの鬼神をいう。
（参考）（『瑜伽』13、大正 30・345b）

四種愛 ししゅあい →四愛

四種意趣 ししゅいしゅ →四意趣

四種一切相清浄 ししゅいっさいそうしょうじょう →四一切種清浄

四種円満 ししゅえんまん 如来が達する四つの最高の完成状態。戒円満（戒における完成）と見円満（見解における完成）と軌則円満（行為の規則、戒の規則、世間の規則における完成）と浄命円満（生活することにおける完成）の四つ。戒円満を尸羅円満、見円満を正見円満ともいう。→各項参照
Ⓢ catvāri saṃpattayaḥ
（参考）（『瑜伽』38、大正 30・499a）

四種縁 ししゅえん →四縁

四種記論 ししゅきろん →四記

四種行 ししゅぎょう →四行相

四種行跡 ししゅぎょうしゃく →四行跡

四種行相 ししゅぎょうそう →四行相

四種愚 ししゅぐ ①界愚・心愚・法愚・諦愚の四つの愚かさ。
（参考）（『婆沙』106、大正 27・547b）
②無解愚・放逸愚・染汚愚・不染汚愚の四つの愚かさ。
（参考）（『瑜伽』58、大正 30・622a）

四種業 ししゅごう →四業

四種言説 ししゅごんぜつ 見言説・聞言説・覚言説・知言説の四つ。→各項参照

四種死 ししゅし 次の四種の死ぬありようをいう。（ⅰ）寿命が尽きるから死ぬ。（ⅱ）財が尽きるから死ぬ。（ⅲ）寿命も財も二つとも尽きるから死ぬ。（ⅳ）寿命も財も尽きないが悪縁に遭遇して死ぬ。
（参考）（『婆沙』20、大正 27・103b）

四種食 ししゅじき →四食

四種沙門 ししゅしゃもん →四沙門

四種修 ししゅしゅ →四修

四種正行 ししゅしょうぎょう 四つの正しい修行。苦遅通行・苦速通行・楽遅通行・楽速通行の四つ（→各項参照）。四行迹・四行跡とおなじ。
（参考）（『集論』5、大正 31・685a～b）

四種証浄 ししゅしょうじょう →四証浄

四種摂事 ししゅしょうじ →四摂事

四種静慮 ししゅじょうりょ →四静慮

四種心 ししゅしん ①善心・不善心・有覆無記心・無覆無記心の四つの心。
②四つの真理（苦・集・滅・道の四諦）の一つ一つに対して生じる法智忍・法智・類智忍・類智の四つの心。四諦それぞれに対して四つの心が生じるから全部で十六の心があることになる。→十六心

四種身繫 ししゅしんけ →四身繫

四種真実 ししゅしんじつ 世間所成真実（世間でいわれる真実）・道理所成真実（道理や論理で証明される真実）・煩悩障浄智所行真実（煩悩という障りがなくなった智慧の対象としての真実）・所知障浄智所行真実（知るべきものを障げる障りがなくなった智慧の対象としての真実）の四つ。世間所成真実を世間極成真実、道理所成真実を道理極成真実ともいう。→各項参照
（出典）有四種真実。謂、世間所成真実・道理所成真実・煩悩障浄智所行真実・所知障浄智所行真実。（『瑜伽』13、大正 30・345b）：真実義品類差別復有四種。一者世間極成真実、二者道理極成真実、三者煩悩障浄智所行真実、四者所知障浄智所行真実。（『瑜伽』36、大正 30・486b）

四種神足 ししゅじんそく →四神足

四種尋思 ししゅじんし 四種の尋思。尋思とは、これは何かと追求する心をいう。唯識という理をさとるために事象の本来的なありようを追求・観察する心をいう。その結果、すべての存在はただ心のなかに現れた存在にすぎず、それを名称で呼ぶにしても、名称が存在するだけで名称に対応するものが実体としてあるのではない、と観察する観法である。詳しくは次の四つに分かれる。（ⅰ）名尋思。名称に対して、ただ名称だけが存在するとみる。たとえば「つくえ」という名称があるだけで、その名称に対応する実体は存在しないと観察する。（ⅱ）事尋思。事物に対して、ただ事物の影像だけが心のなかに存在するとみる。たとえば「つくえ」という名称で呼ばれる事物はその影像が心のなかにあるだけで心をはなれて実体として存在するのではないと観察する。（ⅲ）自性仮立尋思。事物そのものは、たとえば「眼」というものは、「め」という名称によって仮に設定されたものであるとみる。（ⅳ）差別仮立尋思。事物の細かいありよう、たとえば「眼は物を見る」というありようは、名称によって仮に

設定されたものであると観察する。『成唯識論』ではこの観法を四尋思として加行位のなかの修行に取り入れてさらに厳密な内容とした。→四尋思観
(出典) 云何名為四種尋思。一者名尋思、二者事尋思、三者自性仮立尋思、四者差別仮立尋思。名尋思者、謂、諸菩薩、於名唯見名、是名名尋思。事尋思者、謂、諸菩薩、於事唯見事、是名事尋思。自性仮立尋思者、謂、諸菩薩、於自性仮立、唯見自性仮立、是名自性仮立尋思。差別仮立尋思者、謂、諸菩薩、於差別仮立、唯見差別仮立、是名差別仮立尋思。(『瑜伽』36、大正30・490b)
(参考) (『雑集論』11、大正31・745b〜c)

四種随相 ししゅずいそう →四随相

四種対治 ししゅたいじ 対治とは煩悩や過失を退治してなくすこと。厭壊対治（煩悩をもつ汚れた事柄に嫌悪感をいだくこと）・断滅対治（方便道と無間道において煩悩を断じること）・任持対治（解脱道において煩悩を断じたありようを維持すること）・遠分対治（それ以後の勝進道において断じた煩悩が再び働くことを完全に遠離していること）の四つ。厭壊対治を厭患対治、断滅対治を断対治、任持対治を持対治ともいう。
(参考) (『倶舎』21、大正29・111b)：(『瑜伽』100、大正30・881b)：(『雑集論』9、大正31・738a〜b)

四種断 ししゅだん →四通断

四種通行 ししゅつうぎょう →四通行

四種通断 ししゅつうだん →四通断

四種天道 ししゅてんどう 四つの天という道・場所。色界の四つの静慮（禅ともいう）の天をいう。スメール山の頂上にある三十三天が生まれるべき天ではなく、より勝れた場所としての天（勝義の天道）に生まれることを勧めるためにこれら四天が説かれる。
(参考) (『婆沙』80、大正27・415a以下)

四種道理 ししゅどうり →四道理

四種如実智 ししゅにょじつち 四種の尋思の結果として得られる存在を如実にしる次の四種の智。（i）名尋思所引如実智。名尋思の結果として得られる智。名称に対して、ただ名称だけが存在するとしる智。（ii）事尋思所引如実智。事尋思の結果として得られる智。事物に対して、ただ事物の影像が心のなかに存在するだけで外界には実体として存在しないと如実にしる智。（iii）自性仮立尋思所引如実智。自性仮立尋思の結果として得られる智。事物そのもののありようは、ただ名称によって仮に設定されたもので実体として存在するものではないと如実にしる智。（iv）差別仮立尋思所引如実智。差別仮立尋思の結果として得られる智。事物の細かいありようも名称によって仮に設定されたものであると如実にしる智。『成唯識論』ではこの観法を四如実智として加行位のなかの修行に取り入れてさらに厳密な内容とした。→四如実智観 →四種尋思
(参考) (『瑜伽』36、大正30・490b)：(『雑集論』11、大正31・745c)

四種涅槃 ししゅねはん 〈唯識〉が説く本来自性清浄涅槃・有余依涅槃・無余依涅槃・無住処涅槃の四つの涅槃をいう。→涅槃③

四種念住 ししゅねんじゅう →四念住

四種秘密 ししゅひみつ 四種の秘密の教え。隠された意図がある如来の教え。令入秘密・相秘密・対治秘密・転変秘密の四つ。（i）令入秘密（avatāraṇa-abhisaṃdhi）。声聞乗、あるいは大乗において世俗の立場から「自己」（我）と「もの」（法）とが存在すると説かれる教説。そのように説くことによってすべてが非存在であるという怖れをなくして、漸次、仏教の空・無我という教えに導き入れようとする意図がある。（ii）相秘密（lakṣaṇa-abhisaṃdhi）。存在には遍計所執性・依他起性・円成実性という三つのありよう（自性・相）があるという教説。これによって本来的にはそのようなありようはなく、生も滅もないことを説こうとする意図がある。（iii）対治秘密（pratipakṣa-abhisaṃdhi）。仏陀や教法を軽んじたり、貪りや慢心などの煩悩を断じるために説かれた隠された意図がある教説。（iv）転変秘密（pariṇāmana-abhisaṃdhi）。表面的には矛盾するが隠された意図がある言葉、たとえば「不堅を堅と為すと覚す」「善く顚倒に住す」「煩悩に悩まされて最上菩提を得る」などの教説をいう。
(参考) (『摂論』中、大正31・141a)：(『雑集論』12、大正31・752b)

四種補特伽羅 ししゅふとがら 補特伽羅（pudgala）とは人間のこと。人間を四つに分類して四種補特伽羅という。『瑜伽論』には

さまざまな角度から四つの分類がなされている。(『瑜伽』14、大正 30・351c)(『瑜伽』26、大正 30・426c)(『瑜伽』33、大正 30・465b)(『瑜伽』61、大正 30・642b)(『瑜伽』63、大正 30・650a)を参照。そのなかのいくつかをあげると、異生・未離欲有学・已離欲有学・超薩迦耶見一切無学、族姓卑下現行白法・族姓尊高現行悪法・族姓卑下現行悪法・族姓尊高現行白法、預流果・一来果・不還果・阿羅漢果などの四種の分類がある。

四種別解脱律儀　ししゅべつげだつりつぎ　苾芻律儀・勤策律儀・近事律儀・近住律儀の四つ。これに苾芻尼律儀・正学律儀・勤策女律儀・近事女律儀の四つを加えて律儀には八つあるが、苾芻律儀と苾芻尼律儀、勤策律儀と勤策女律儀、近事律儀と近事女律儀とは男女の別だけであり、両者は実質的にはおなじであり、また正学律儀は勤策律儀の十戒のなかの六戒であるから、この両者も実質的には異ならない。したがって、八種の別解脱律儀は実質的には四種になる。
(参考)(『倶舎』14、大正 29・72b)

四種方便　ししゅほうべん　方便とは他者救済の具体的な実践をいい、四摂事、すなわち布施・愛語・利行・同事の次の四つの実践を四種方便という。(i)随摂方便(anugrāhaka-upāya)。布施の実践をいう。財物を布施して人びとを利益せしめることによって、かれらが仏の教を聴いて信じるようにせしめる実践をいう。(ii)能摂方便(grāhaka-upāya)。愛語の実践をいう。やさしい言葉で語りかける、あるいは教えを説き示すことによって人びとの無知を除き、正しい理を理解せしめる実践をいう。(iii)令入方便(avatāraka-upāya)。利行の実践をいう。善い身体的・言語的・精神的な行為(身・語・意の三善業)によって苦しむ悪い状態から楽なる善い状態に導き入れる実践をいう。(iv)随転方便(anuvartaka-upāya)。同事の実践をいう。人びととおなじ事柄において行動を共にする実践をいう。 Ⓢ catur-vidha upāyaḥ
(参考)(『瑜伽』38、大正 30・504c～505a)

四種法嗢拕南　ししゅほううだな　法嗢拕南とは釈尊の教説(法)を頌の形で表現したもの。次の四つの綱要・主張をいう。(i)「一切の諸行は皆な是れ無常なり」、(ii)「一切の諸法は皆な悉く是れ苦なり」、(iii)「一切の諸行は皆な我あることなし」、(iv)「涅槃は寂静なり」。これら四つは「諸行無常」「一切皆苦」「諸法無我」「涅槃寂静」と言い習わされている。この四つをまとめて四法印といい、「一切皆苦」を除いた三つを三法印と呼ぶ。 Ⓢ catvārīmāni dharma-uddānāni
(参考)(『瑜伽』46、大正 30・544a):(『瑜伽』86、大正 30・780a)

四種法迹　ししゅほうしゃく　→四法迹

四種法受　ししゅほうじゅ　法受とは、自己あるいは他者を利益せしめる行為によって苦あるいは楽な生存状態を受けることをいい、現在世と未来世(当来世)との二世と関係づけて次の四つの受け方があることを四種法受という。(i)現在世に楽を受け、未来世に苦を受ける。(ii)現在世に苦を受け、未来世に楽を受ける。(iii)現在世に楽を受け、未来世にも楽を受ける。(iv)現在世に苦を受け、未来世にも苦を受ける。 Ⓢ catvārī dharma-samādānāni
(参考)(『瑜伽』35、大正 30・483b)

四種瀑流　ししゅぼうる　→四瀑流

四種本相　ししゅほんそう　→四本相

四種梵住　ししゅぼんじゅう　→四梵住

四種煩悩　ししゅぼんのう　→四煩悩

四種魔　ししゅま　→四魔

四種無量　ししゅむりょう　→四無量

四種瑜伽　ししゅゆが　瑜伽とは狭義では奢摩他・毘鉢舎那(止・観)を実践することであり、広義では真理を求めて努力修行することを意味するが、この場合の瑜伽は広い意味での瑜伽であり、信・欲・精進・方便の四つ、すなわち、真理を信じ、真理を得ようと欲し、努力精進し、止観などを実践することの四つをいう。
(出典)四種瑜伽者、一信、二欲、三精進、四方便。(『瑜伽』13、大正 30・346c):於四聖諦、未入現観、能入現観、当知、略有四種瑜伽。謂、為証得所未得法、浄信増上、発生厚欲、厚欲増上、精進熾然、熾然精進、有善方便。(『瑜伽』95、大正 30・843c)

四種楽　ししゅらく　出家楽・遠離楽・寂静楽・三菩提楽の四つの楽。四種の無悩害楽ともいう。→各項参照　→無悩害楽

四種律儀　ししゅりつぎ　①別解脱律儀・静慮律儀・無漏律儀・断律儀の四つの律儀。→

各項参照
(出典) 有四種律儀、名為防護。一別解脱律儀、二静慮律儀、三無漏律儀、四断律儀。(『婆沙』119、大正 27・621c)
②近事律儀・近住律儀・勤策律儀・苾芻律儀の四つの律儀。→各項参照
(参考) (『倶舎』14、大正 29・72b〜73a)

四洲 ししゅう →四大洲

四洲渚 ししゅうしょ →四大洲

四重出体 しじゅうしゅったい 教体論（教・教法・経典の本体はなにかという論議）における四つの見解。→教体

四重二諦 しじゅうにたい 世俗諦（世俗の真理）と勝義諦（最高の真理）とを世間・道理・証得・勝義の四つに分けてそれぞれの四つがどのように相応するかを説いた〈唯識〉独自の真理観。世俗を世間世俗諦（瓶・衣・軍・林・我・有情など）と道理世俗諦（五蘊・十二処・十八界）と証得世俗諦（四諦の理）と勝義世俗諦（我と法とが空じられたところに顕れる真如。言葉で語られたもの）とに分け、勝義では、道理世俗諦が世間勝義諦、証得世俗諦が道理勝義諦、勝義世俗諦が証得勝義諦にそれぞれ相応し、最後の勝義勝義として非安立一真法界（言葉で語られない真実の世界）を立てる。勝義諦を真諦、世俗諦を俗諦ともいい、あわせて真俗二諦ということがある。
(参考) (『瑜伽』64、大正 30・653c〜654a)：(『成論』9、大正 31・48a)：(『義林章』2、大正 45・287b 以下)

四処 ししょ →無色界四処

四正行 ししょうぎょう →四種正行

四正勝 ししょうしょう 四つの正勝。正勝とは正断・正勤の異名で内容的には正断・正勤とおなじ。正しく努力精進する心（正勤）は、身語意の三業を正しく保持して勤めて善を修することにおいて最も勝れているから、勝れているという点より正断すなわち正勤を正勝という。→四正断
Ⓢ catvāri pradhānāni
(出典) 何故説勤名為断。於正修習断修位中、此勤力、能断懈怠故。或名正勝、於正持策身語意中、此最勝故。(『倶舎』25、大正 29・132c)

四正断 ししょうだん 四つの正断。四正勤とおなじ。正しく努力精進する次の四つの修行をいう。（ⅰ）いまだ生じていない悪を生ぜしめないように精進する。（ⅱ）すでに生じた悪を断じるように精進する。（ⅲ）いまだ生ぜていない善を生ぜしめようと精進する。（ⅳ）すでに生じた善をますます強めるように精進する。これらの四つは悪を断じる点に重点をおいて正断といい、努力精進する点から正勤といい、また正勝とも名づけられる。三十七菩提分法の一群。→三十七菩提分法 Ⓢ catvāri prahāṇāni

四生 ししょう 生きもの（有情）の四つの生まれ方。卵生・胎生・湿生・化生の四つ。（ⅰ）卵生（aṇḍa-ja）。卵から生まれるもの。鵝・孔雀・鸚鵡・鴈などの鳥類。（ⅱ）胎生（jarāyu-ja）。子宮より生まれるもの。象・馬・牛などの哺乳類。（ⅲ）湿生（saṃsveda-ja）。湿気より生まれるもの。蛾・蚊などの類。（ⅳ）化生（upapāduka）。卵や子宮などの生まれるよりどころなくして自らの業の力によって忽然として生まれるもの。地獄や天や中有における生まれ方をいう。人間についていえば、世界が成立して最初に生まれた人（劫初人）はこの化生という生まれ方をする。
(参考) (『倶舎』8、大正 29・43c〜44a)

四姓 ししょう インド社会における四種の身分制度。婆羅門・刹帝利・吠舎・戌陀羅の四つの身分。婆羅門（brāhmaṇa）とは政治と祭事とを司る支配階級・僧侶階級、刹帝利（kṣatriya）とは国王や武士の階級、吠舎（vaiśya）とは農業・牧業・商業・工業などの生産事業に従事する階級、戌陀羅（śūdra）とは以上の三階級に仕える奴隷階級をいう。吠舎を吠奢、戌陀羅を戌達羅・戎達羅ともいう。 Ⓢ catvāro varṇāḥ
(出典) 刹帝利、名王族種。婆羅門、名浄行種。吠舎、云坐収種、坐而収利。戎達羅、云耕田種也。(『略纂』1、大正 43・17a)
(参考) (『大唐西域記』2、大正 51・877b)

四証浄 ししょうじょう 仏証浄・法証浄・僧証浄・聖戒証浄の四つ。証とはさとること、浄とは清浄な信をいう。真理すなわち四諦の理をさとることによって得られる、仏と法と僧と戒との四つに対する清浄な信をいう。 Ⓢ catvāro avetya-prasādāḥ
(出典) 経説証浄、総有四種。一於仏証浄、二於法証浄、三於僧証浄、四聖戒証浄。(中

略）為依何義、立証浄名。如実覚知四聖諦理故、名為証、正信三宝及妙尸羅、皆名為浄。（『倶舎』25、大正 29・133b）
（参考）（『婆沙』103、大正 27・534c 以下）

四摂事 ししょうじ　人びとを摂取し、救いあげ、教化する菩薩の次の四つの実践。（i）布施（dāna）。人びとに財物をほどこす（財施）、教えをほどこす（法施）こと。（ii）愛語（priya-vāditā）。人びとに慈愛にみちた言葉をかけること。（iii）利行（artha-caryā）。他者のためになる行為をすること。（iv）同事（samāna-arthatā）。人びととおなじように行動を共にすること。 Ⓢ catvāri saṃgraha-vastūni
（参考）（『瑜伽』43、大正 30・529c 以下）

四聖種 ししょうしゅ　聖なるありようを生じる四つのたね・種子。出家者が行なうべき四つの生き方。衣服喜足聖種・飲食喜足聖種・臥具喜足聖種・楽断修の四つ。前の三つは、与えられた粗末な衣服と食物と寝具で満足すること、最後の楽断修とは、煩悩を断じて聖道を修しようと願うこと。前の三つは解脱への道を助ける生具（生活の方式）であり、最後の一つは事業（行なうべき活動）である。 Ⓢ catvāra ārya-vaṃśāḥ
（参考）（『婆沙』181、大正 27・907a 以下）：（『倶舎』22、大正 29・117a）

四聖諦 ししょうたい　苦聖諦・集聖諦・滅聖諦・道聖諦の四つの真理。四諦ともいう。→四諦

四定 しじょう　四つの禅定。定は静慮ともいい、色界を構成する初静慮から第四静慮までの四つの段階をいう。→色界①　→四静慮

四浄語 しじょうご　妄語（うそ）と離間語（人と人との間を仲違いさせるための言葉）と麁悪語（乱暴な言葉）と綺語（媚びへつらい偽り飾った言葉）とを離れた四つの清らかな言葉。 Ⓢ catur-vidhā vāg-viśuddhiḥ
（参考）（『瑜伽』43、大正 30・530b）

四常見論 しじょうけんろん　→四遍常論

四静慮 しじょうりょ　色界の四段階の静慮。初静慮・第二静慮・第三静慮・第四静慮の四つ。この四つは次のように内容的に異なる。（i）初静慮は離生喜楽（vivekajaṃ prīti-sukham）といわれ、欲界の悪を離れて生じた喜びと楽とを受ける禅定をいう。（ii）第二静慮は定生喜楽（samādhijaṃ prīti-sukham）といわれ、初静慮の禅定を修して生じた喜びと楽とを受ける禅定をいう。（iii）第三静慮は離喜妙楽（niṣprītikaṃ sukham）といわれ、第二静慮での喜びを離れて得た妙なる楽を受ける禅定をいう。（iv）第四静慮は捨念清浄（upekṣā-smṛti-pariśuddha）といわれ、捨清浄すなわち心が動揺してかたむくことがなく平等になり、念清浄すなわち心が対象を明晰に記憶して忘れることがない状態となった禅定をいう。静慮（dhyāna）は定とも訳され、四静慮は四定ともいう。→静慮
Ⓢ catur-dhyāna-bhūmika

四心 ししん　善心・不善心・有覆無記心・無覆無記心の四つの心。→有覆無記　→無覆無記

四身繫 ししんけ　四つの身の繫。貪欲身繫・瞋恚身繫・戒禁取身繫・此実執身繫との四つ。貪り（貪欲 abhidhyā）と、いかり（瞋恚 vyāpāda）と、よこしまな戒めとその戒めにもとづく行為の規範とに執着すること（戒禁取 śīla-vrata-parāmarśa）と、この身体は実体として存在すると執着すること（此実執 satya-abhiniveśa）との四つの煩悩によって身体が束縛されること。四繫と略称。
Ⓢ catvāro kāya-granthāḥ
（出典）四身繫、謂、貪欲身繫・瞋恚身繫・戒禁取身繫・此実執身繫。（『婆沙』48、大正 27・248c）：繫者四繫、謂、貪身繫・瞋身繫・戒禁取身繫・此実執取身繫。（『瑜伽』8、大正 30・314c）：如是四法（貪身繫・瞋身繫・戒禁取身繫・此実執取身繫）、能於色身名身趣向所縁安立事中、令心繫縛故、名身繫。（『瑜伽』87、大正 30・789b）

四神足 しじんそく　四つの神足。神（ṛddhi）とは超能力（神通）、足（pāda）とは根拠・よりどころという意味で、三摩地（samādhi）を本質とする。欲（欲し願うこと）と勤（勤めはげむこと）と心（心を集中し念じること）と観（観察し思惟すること）の四つの力によって三摩地（samādhi）が生じ、その三摩地を根拠としてさまざまな超能力的な働きが引き起こされるから神足という。三十七菩提分法の一群。欲三摩地断行成就神足・勤三摩地断行成就神足・心三摩地断行成就神足・観三摩地断行成就神足の四つをいう。
Ⓢ catvāra ṛddhi-pādāḥ
（参考）（『婆沙』141、大正 27・725a〜b）：

（『俱舎』25、大正 29・132c）

四尋思 しじんし →四尋思観

四尋思観 しじんしかん 加行位のなかの前半の煖と頂との二つの位において尋思をもって修せられる観法。尋は詳しくは尋求、思は思察といわれ、尋思とは、なにかと追求する心をいう。追求する対象として、（ⅰ）名、（ⅱ）義、（ⅲ）名と義との自性、（ⅳ）名と義との差別、の四つがあるから四尋思という。このなか名とは「名称」「言葉」、義（事という場合もある）とは言葉が指し示し言葉によって表現される「対象」「もの」、自性とは名と義との両者の「それ自体」、差別とは名と義との「細かいありよう」をいう。たとえばここに「鉛筆がある」という場合、鉛筆という「名称」が名であり、その名称が指し示す「もの」が義であり、鉛筆という「名称そのもの」と「ものそのもの」とが自性であり、「鉛筆とは～である」と考える場合の～にあたるさらに細かい性質・特質が差別である。この四尋思観は『瑜伽論』では「名尋思とは、謂く、諸の菩薩は名に於て唯だ名を見る、是れを名尋思と名づく。事尋思とは、謂く、諸の菩薩は事に於て唯だ事を見る、是れを事尋思と名づく。自性仮立尋思とは、謂く、諸の菩薩は自性仮立に於て唯だ自性仮立を見る、是れを自性仮立尋思と名づく。差別仮立尋思とは、謂く、諸の菩薩は差別仮立に於て唯だ差別仮立を見る、是れを差別仮立尋思と名づく」（『瑜伽』36、大正 30・490b）と説かれ、『成唯識論』では「四尋思とは、名と義と自性と差別とは仮には有りて実には無しと尋思するを謂う」（『成論』9、大正 31・49b）と説かれるように、この四尋思観の目的は「名・義・名義自性・名義差別の四つは唯だ心のなかの影像にすぎず仮に存在するものであって真実には存在しない」と観察し理解することである。詳しくは、煖の位においては明得定による下品の尋思を修し、頂の位においては明増定による上品の尋思を修し、両者によって所取（認識されるもの）は空であると観じることをいう。この四尋思観から始めてさらに加行位の後半の忍と世第一法との二つの位で四如実智観を修して、「唯だ心しか存在しない」という認識をさらに深めて智の段階に至る。→四如実智観

四随相 しずいそう →四本相

四善根 しぜんこん 加行位における煖・頂・忍・世第一法の四つの位をいう。忍を順諦忍ともいう。→加行位

四禅 しぜん 三界のなかの色界を構成する四つのありよう。初禅・第二禅・第三禅・第四禅の四つ。禅はサンスクリットの dhyāna に対応するパーリの jhāna の音写である禅那が縮まったもので、静かに考えるという意味をもつことから静慮と意訳される。したがって四禅は四静慮ともいわれる。天をつけて四禅天ともいう。→禅 →静慮②

四禅天 しぜんてん →四禅

四相 しそう ①四つの相（lakṣaṇa）。四有為相とおなじ。すべての現象的存在（有為）がもつ生・住・異・滅の四つのありよう。生（jāti）とは生じること、住（sthiti）とは生じたものが存続すること、異（anyathātva）とは変化していくこと、滅（anitya）とは滅すること。〈説一切有部〉は、現象的存在は一刹那にこれら四つのありようをもち、それらのありようを生じる生・住・異・滅という原理が実体的に存在すると考え、それらを不相応行であるとみる。これに対して〈経部〉は、生まれ、相続し、衰え、そして死んでいくという人間の一生（一期）の四つのありようであると解釈する。〈唯識〉は、〈説一切有部〉の四相実体説に反対して、刹那の四相と一期の四相とのいずれも、仮に立てられたもので実体ではないと考える。四相を生・住・老・無常、あるいは、生・住・衰異・壊滅という場合もある。また住と異を一緒にして異、あるいは住異とし、生・異・滅、あるいは生・住異・滅の三相を説く考えもある。
（出典）相、謂、諸有為生住異滅性。論曰。由此四種、是有為相法、若有此、応是有為。与此相違、是無為法。此於諸法、能起、名生。能安、名住。能衰、名異。能壊、名滅。（『俱舎』5、大正 29・27a）：然有為法、因縁力故、本無今有、暫有還無、表異無為、仮立四相。本無今有、有位名生。生位暫停、即説為住、住別前後、復立異名、暫有還無、無時名滅。前三有故、同在現在。後一是無、故在過去。（中略）此依刹那、仮立四相。一期分位、亦得仮立。（『成論』2、大正 31・6a）
②四つの相（ākāra）。苦・集・滅・道の四諦それぞれが有する四つのありよう。この場合の相は行相とも訳される。→四行相

四足　しそく　→四足有情

四足有情　しそくうじょう　牛・馬・象などの四本足の生きもの。四足・四足者とおなじ。「無足・二足・四足・多足の有情」

（出典）有四足者、如象馬等。（『婆沙』172、大正 27・867a）：四足有情者、如牛等。（『瑜伽』83、大正 30・761a）

四足者　しそくしゃ　→四足有情

四諦　したい　四聖諦ともいう。苦諦・集諦・滅諦・道諦という四つの真理。（i）苦諦（duḥkha-satya）。苦しいという真理。苦としては三苦・四苦・八苦などが説かれるが、その他にも数多くの苦の種類が説かれる（→苦）。（ii）集諦（samudaya-satya）。集とは原因という意味で、苦を生じる原因は渇愛に代表される煩悩であるという真理。（iii）滅諦（nirodha-satya）。煩悩を滅した究極の安らぎの状態は涅槃であるという真理。原始仏教以来、滅の代表として涅槃が説かれるが、その後、滅についての考察が深まり、さまざまな滅が説かれるに至った。（iv）道諦（mārga-satya）。涅槃に至る実践の道は八正道あるいは中道であるという真理。原始仏教以来、道の代表として八正道や中道が説かれるが、その後、道についての考察が深まり、六波羅蜜多などの他の実践行も説かれるに至った。四諦のなか前の二つの諦が迷いの世界における真理であり、集諦が原因、苦諦が結果である。後の二つの諦がさとりの世界における真理であり、道諦が原因、滅諦が結果である。これら四つの真理を見道において見ることによって凡夫の位を脱して初めて聖者の位に入る。 Ⓢ catur-vidhaṃ satyam

四諦教　したいきょう　四諦を説く教え。三時教（有教・空教・中道教）のなかの最初の有教をいう。→三時教

（出典）如来説教、総有三時。初於鹿苑、説阿笈摩。有四諦教。（『二十論述記』上、大正 43・979a）

四諦理　したいり　苦諦・集諦・滅諦・道諦の四諦という真理。「現観に入る時、四諦理を観じて四諦に迷う煩悩を断ず」

四大　しだい　→四大種

四大王　しだいおう　→四大王天

四大王衆天　しだいおうしゅてん　スメール山（蘇迷盧山）の中腹にある天。持国天・増長天・醜目天・多聞天の四大王天とそれらの眷属が居る天。四天王衆天・四王天衆ともいう。欲界にある六つの天（六欲天）の第一の天。三十三天が阿素洛と戦うときに配置する六つの軍隊の一つ。

Ⓢ cātur-mahā-rāja-kāyikā devāḥ

（参考）（『婆沙』4、大正 27・19a）

四大王天　しだいおうてん　スメール山（蘇迷盧山）の中腹に居る持国天・増長天・醜目天・多聞天の四つの天王。四天王・四大王・四大天王ともいう。 Ⓢ catvāro mahā-rājāḥ

四大河　しだいか　四洲の一つ贍部洲のなかにある無熱悩という大きな池から流れ出る四つの河。殑伽河・信度河・縛芻河・私多河の四つ。殑伽河（gaṅgā-nadī）は無熱悩池の東面の金象の口より流れ出て東海に、信度河（sindhu-nadī）は池の南面の銀牛の口より流れ出て南海に、縛芻河（vakṣu-nadī）は池の西面の吠琉璃馬の口から流れ出て西海に、私多河（śītā-nadī 徙多河とも書く）は池の北面の頗胝迦師子の口より流れ出て北海に、それぞれそそぎ込む。四つの大河それぞれに次のような四つの支流（眷属）がある。殑伽大河には閻母那・薩落瑜・阿氏羅筏底・莫醯、信度大河には毘籛奢・譪羅筏底・設咀荼盧・毘咀婆多、縛芻大河には筏刺拏・吠咀刺・防奢・屈碁婆、私多大河には薩梨・避魔・捺地・電光がある。 Ⓢ catasro nadyaḥ

（参考）（『婆沙』5、大正 27・22a）

四大海　しだいかい　→四海

四大香　しだいこう　動物・植物・石などから作られる代表的な四つの香料。沈香・窣堵魯迦香・龍脳香・麝香の四つ（→各項参照）。

（参考）（『瑜伽』3、大正 30・293b）

四大種　しだいしゅ　物質（色）を構成する地・水・火・風の四つの元素。ギリシャ哲学でもこの四元素を物質の元素と考えるが、仏教は次のように実の四大種と仮の四大種とに分ける。（i）堅・湿・煖・動（実の四大種）。（ii）地・水・火・風（仮の四大種）。実の四大種は、地はかたさ（堅）、水はしめっぽさ（湿）、火はあたたかさ（煖）、風はうごき（動）、という触覚的なものであり、これに対して、眼などの感覚でとらえられた地・水・火・風の四つは、実の四大種から造られた仮の四大種であると考える。物質（色）は四大種から造られるということを四大種所造、造られた物質を四大種所造色とい

う。四大種を四大と略称する。 Ⓢ catur-mahābhūta

四大種所造 しだいしゅしょぞう　四大所造ともいう。→四大種

四大種所造色 しだいしゅしょぞうしき　地・水・火・風の四つの元素から造られた物質（色）。十の色処（眼・耳・鼻・舌・身と色・声・香・味・触）と法処所摂色とをいう。→四大種　→法処所摂色

（出典）四大種所造色云何。謂、十色処及法処所摂色。（『瑜伽』9、大正30・323a）

四大種所造浄色 しだいしゅしょぞうじょうしき　地・水・火・風の四つの元素から造られたきよらかな物質。浄色（rūpa-prasāda）とは、五つの感官（眼根・耳根・鼻根・舌根・身根）の本質的な感官である正根（勝義根）を構成する特殊な物質で、その働きは宝珠が光を放つ働きで喩えられる。四大所造浄色ともいう。→浄色

四大洲 しだいしゅう　四つの島。世界の中心のスメール山 を取り囲む七金山のなかで最も外側にある尼民達羅山とさらにそれを囲む鉄囲山との間の海（外海）にある四つの島。南の贍部洲、東の勝身洲、西の牛貨洲、北の倶盧洲の四つ（→各項参照）。四洲・四洲渚ともいう。 Ⓢ catvāro dvīpāḥ

四大所造 しだいしょぞう　→四大種所造

四大所造浄色 しだいしょぞうじょうしき　→四大種所造浄色

四大天王 しだいてんおう　→四大王天

四大峯 しだいほう　スメール山頂上の四隅にある四つの峯。金剛手という薬叉がそのなかに住んでいる。 Ⓢ catvāraḥ kūṭāḥ

（出典）蘇迷盧頂四隅之上、有四大峯、各高五百踰繕那量。有諸薬叉、謂、金剛手、止住其中。（『瑜伽』2、大正30・287a～b）

四大門 しだいもん　スメール山頂上の宮殿の四面にある四つの大きな門。見あきることがないほどに規模は壮大で色彩も美しく、常に薬叉によって守られている門。 Ⓢ catvāri dvārāṇi

（出典）於四面、有四大門。規模宏壮、色相希奇、観之無厭、実為殊絶、多有異類妙色薬叉、常所守護。（『瑜伽』4、大正30・298c）

四智 しち　①仏陀の四つの智。汚れある八識を変化せしめて得られる次の四種の汚れなき智をいう。（ⅰ）五識（眼識・耳識・鼻識・舌識・身識）を変化せしめて得る成所作智（kṛtya-anuṣṭhāna-jñāna）。作すべきことを成就する智慧。あらゆる人びとを救済するためにあらゆる場所に変化身を現じる智慧。（ⅱ）意識を変化せしめて得られる妙観察智（pratyavekṣā-jñāna）。妙にものごとを観察する智慧。存在おのおのに固有のすがた（自相）とすべての存在に共通するすがた（共相）とを把握する智慧。この智慧によって総持（陀羅尼。無量の教えを忘れずに心にとどめること）と定門（三摩地。心を一つの対象に集中せしめた状態）と功徳（六波羅蜜多・十力・四無畏などの功徳）とを身につけ、説法の集会において無辺の働きを示し、すぐれた教えを垂れて人びとのあらゆる疑問を断じることができる智慧。（ⅲ）末那識を変化せしめて得られる平等性智（samatā-jñāna）。深層的な自我執着心である末那識が質的に変化して、自己と他者とは平等であるとみる智慧。あらゆる存在は一味・平等であるとさとり、大慈悲心を起こして人びとの願いに応じて他受用身と他受用身の国土とを示現する智慧。（ⅳ）阿頼耶識を変化せしめて得られる大円鏡智（ādarśa-jñāna）。阿頼耶識のなかからあらゆる汚れが取りのぞかれ、塵一つない磨かれた大きな鏡のようになった心をいう。ありとあらゆる存在（法界）を照らし出し、自受用身と自受用身の国土を示現し、他の三智を生じる働きがある智慧。

（参考）（『成論』10、大正31・56a）

②ただ識しか存在せず外界にはものは存在しないという唯識無境の理をさとるための四つの智。相違識相智・無所縁識智・自応無倒智・随三智転智の四つ（→各項参照）。

（参考）（『成論』7、大正31・39a）

四通行 しつうぎょう　苦遅通行・苦速通行・楽遅通行・楽速通行の四種の通行。→各項参照　→通行

四通断 しつうだん　通（abhijñā）とは真理をみる智慧、断とは煩悩を断じること。煩悩を断じて真理（四諦）を理解（通達）して涅槃に趣く修行の道において住する禅定のありよう（色界・無色界のどこの定に住しているか）とさとりへの能力（鈍根か利根か）の違いによって苦遅通断・苦速通断・楽遅通断・楽速通断の四つがある。

（参考）（『婆沙』94、大正27・485a）

四天王 してんおう →四大王天

四天王衆天 してんおうしゅてん →四大王衆天

四顚倒 してんどう 顚倒（viparyāsa）とはあやまった認識・判断・見解。常顚倒・楽顚倒・我顚倒・浄顚倒の四つ。無常なるものを常、苦なるものを楽、無我なるものを我、不浄なるものを浄であるとまちがって認識すること。まとめて常楽我浄の四顚倒という。四倒ともいう。

（出典）云何迷惑。謂、四顚倒。一於無常計常顚倒、二於苦計楽顚倒、三於不浄計浄顚倒、四於無我計我顚倒。（『瑜伽』13、大正30・345c）

四倒 しとう →四顚倒

四道 しどう 煩悩（惑）を断じて涅槃に至る四種の道。加行道・無間道・解脱道・勝進道の四つ。（ⅰ）加行道。煩悩を断じようとねがって修行する位。方便道ともいう。（ⅱ）無間道。正に煩悩を断じる位。無間とはその間に間隙がないこと。煩悩を断じた次の刹那に解脱智が生じるから無間道という。（ⅲ）解脱道。煩悩を断じた次の刹那に解脱して真理を見る智が生じる位。（ⅳ）勝進道。解脱してからさらに禅定と智慧とを深めていく位。

（参考）（『倶舎』25、大正29・132a）：（『瑜伽』69、大正30・683a）：（『雑集論』9、大正31・737c〜738a）

四道理 しどうり 観待道理・作用道理・証成道理・法爾道理の四つの道理（→各項参照）。道理とは、一切の存在（諸法、諸蘊）を貫く理。それを四つに分類したものが四道理であり、この道理に基づいて存在一つ一つを観察し（parīkṣaṇa）、思惟し（cintana）、尋思する（paryeṣate）ことによって、認識のありようを深め、最後にあるがままにあるもの、すなわち真如を証得することが求められる。ここで『瑜伽論』の所説（『瑜伽』25、大正30・419b）にしたがってこの四道理による観察の内容を概説すると次のようになる。たとえば眼という感官（眼根）を例にとり上げてみると、（ⅰ）眼という感官は多くの原因（因と縁）から成り立っている、すなわち、多くの細胞からなる幾つかの感官（角膜や網膜や視神経など）から構成され、それは「眼」という名称で呼ばれることによって「眼」という存在として認識される、と観察する（観待道理による観察）。（ⅱ）眼は色や形のある対象物を見るという作用がある、と観察する（作用道理による観察）。（ⅲ）眼は無常であり、多くの縁によって生じたものであり、苦・空・無我という特質を持っていると、至教量と現量と比量とに照らして観察する（証成道理による観察）。（ⅳ）眼がそのようなありかたをし、そのような作用や特質をもっているのは、その眼の本性がまさにそのようであるからである、と観察する（法爾道理による観察）。実際の観察は眼だけに対してではなく、すべての存在、すなわち諸蘊、諸法に対してなされることが要求される。この四段階にわたる観察は、ある一つの存在に対して、（ⅰ）「それはなぜ生じたのか」という問いかけから始まって、（ⅱ）次に「その具体的な作用は何か」と、観察の内容を深め、（ⅲ）さらに「それが他のものと共通する特質は何か」と存在するものの普遍性を観察し、（ⅳ）最後の最後、では「それはなぜそうなのか」といえば、そうなっているからそうなのだ、と観察することで終わる。個々の存在の観察から入って、さらに普遍的な観察に移り、最終的には個も普遍もそのなかに融解してしまう「存在の根底」（真如＝法性）をさとることによって観察的思考が完成するのである。

（参考）（『解深』5、大正16・709b）：（『集論』6、大正31・687a）

四如実智 しにょじつち →四如実智観

四如実智観 しにょじつちかん 加行位のなかの後半の忍と世第一法との二つの位において如実智をもって修せられる観法。加行位の前半の煗と頂との位で（ⅰ）名、（ⅱ）義、（ⅲ）名と義との自性、（ⅳ）名と義との差別、の四つはただ心のなかの影像にすぎず仮に存在するものであって真実には存在しないと観察し理解したのちに、さらに観察を深めて、決定的にそうであると智る観法をいう。忍の位においては印順定による下品の如実智を修し、世第一法では無間定による上品の如実智を修し、両者によって所取（認識されるもの）と能取（認識するもの）とは空であると観じる。忍を順諦忍ともいう。如実智を如実遍智ということもある。→四尋思観

Ⓢ catvāri yathābhūta-parijñānāni

(参考)(『瑜伽』36、大正 30・490b〜c):(『成論』9、大正 31・49b)

四如実遍智 しにょじつへんち →四如実智観

四念住 しねんじゅう 身念住・受念住・心念住・法念住の四つ。ヨーガ(止観)を修するなかにおいて、止(奢摩他)を修して心が寂静となったあとに、さらに観(毘鉢舎那)の心を起こして身・受・心・法の四つの対象に心を集中して、そのありようを観察すること。(i)身念住。身体を観察して不浄であると智って、浄顛倒(不浄なるものを浄とみるまちがった認識)を退治する。(ii)受念住。受(感受作用)を観察して楽受(楽なる感受作用)は苦を生じる原因となると智って、楽顛倒(苦なるものを楽とみるまちがった認識)を退治する。(iii)心念住。心を観察して心は無常であると智って、常顛倒(無常なるものを常とみるまちがった認識)を退治する。(iv)法念住。法(すべての存在)を観察して、それらはすべては因縁によって生じたものであり無我であると智って、我顛倒(無我なるものを我とみるまちがった認識)を退治する。『倶舎論』(『倶舎』23、大正 29・118c)では身・受・心・法の四つをそれぞれの自相(それぞれのもののありよう。たとえば身は四大種所造の色であるというありよう)と共相(すべての存在に共通する無常・苦・空・無我というありよう)とによって観察することが説かれる。以上、身・受・心・法の四つを別々に観察する念住を別相念住という。これに対して別相念住を修し終わった後に、四つをまとめて一つの対象として、それが無常・苦・空・無我であると観察する方法を総相念住という。また『瑜伽論』(『瑜伽』51、大正 30・582c)には、四念住を心に還元して、心の執受(感覚を有する身体)、心の領納(苦楽などの感受作用)、心の了別(認識作用)、心の染浄(染汚と清浄)を観察することが、順次、四念住であると唯識的に解釈する説が述べられている。

Ⓢ catvāri smṛti-upasthānāni

(参考)(『婆沙』187、大正 27・936c 以下)

四波羅夷罪 しはらいざい 四重罪・根本罪ともいう。四つの重い罪。婬戒・盗戒・殺人戒・大妄語戒の四つの戒を犯すこと。(i)セックスを行なう、(ii)ものを盗む、(iii)人を殺す、(iv)いまださとっていないのに自己はすでにさとった聖者であると嘘をつく、という四つの重罪をいう。大妄語戒を犯すことを妄説自得上人法ともいう。波羅夷(pārājika)は追放するという意味で、これらの罪を犯すと教団から追放される。

Ⓢ catvāraḥ pārājikā dharmāḥ

四秘密 しひみつ 令入秘密・相秘密・対治秘密・転変秘密の四つの秘密。→各項参照 →秘密

(参考)(『雑集論』12、大正 31・752b)

四不死矯乱論 しふしきょうらんろん 外道の六十二種のあやまった見解(六十二見)の一群。天に生まれることが不死になることであると考える外道が、もしも仏教のさとりを得た聖者が、「善行為によってはただ天に生じるだけで、苦諦・集諦・滅諦・道諦の四諦の教えに随って修行して涅槃に至るほうが勝れているのではないか」と詰問してきたときに、その質問内容についての智慧を得ていないため、次のように思ってごまかし(矯乱)の言葉や態度で答える四つのありようをいう。(i)第一は、ある外道は、自己は無智であるために詰問に答えれば、それは虚妄ないつわりの言葉(妄語)となると思う。そこで彼れは妄語をいうことを恐れて、ごまかしの言葉で答える態度をとる。(ii)第二は、ある外道は、自己は無智であることを理由に詰問に答えることを拒否したら、それは邪見になると思う。そこで彼れは邪見となることを恐れて、ごまかしの言葉で答える態度をとる。(iii)第三は、ある外道は、自己は無知であるために詰問を理解することができないと思う。そこで彼れは無知であることを恐れて、ごまかしの言葉で答える態度をとる。(iv)第四は、ある外道は、自己は本性として愚劣であって、ごまかしの言葉を立てることもできないと思う。そこで彼れは詰問者の欲するところに随って、あるいは質問の言葉通りに答えることによって相手をごまかす態度をとる。 Ⓢ catvāra-amarā-vikṣepa-vāda

(参考)(『婆沙』199、大正 27・998a〜b):(『瑜伽』7、大正 30・310b〜c):(『述記』6末、大正 43・448a〜b)

四分 しぶん 心の四つの部分・領域。相分・見分・自証分・証自証分の四つ。〈唯識〉独自の心の認識構造説。次の四つをいう。

（ⅰ）相分。認識される対象のすがた・ありようをした心の部分。（ⅱ）見分。認識する側の心の部分。相分を見る心の部分。（ⅲ）自証分。相分と見分とによる認識を確認する心の部分。相分と見分とに分かれるもとの心で、自体分ともいう。（ⅳ）証自証分。自証分の働きを確認する心の部分。これら四分は眼識ないし阿頼耶識までの八つの識すべてが、また八識と共に働く全部で五十一の心所（細かい心作用）すべてが有する心の四つの領域である。このように心の領域を四つに分けるに至った理由は次のように考えられる。たとえば、ある物の長さを物差しで量るとき、量られる物と量る物すなわち物差しとがあり、前者は所量、後者は能量といわれる。この場合、それが何センチであるという認識が成立するためには、「物」と「物差し」だけでは不十分であり、それに加えてそれは何センチであると「判断する心」が必要であり、この判断する心の働きがあってはじめて物を量るという一連の認識が結果として成立する。この意味で、この心の働きを量果という。このように所量と能量と量果の三つが存在して、ある一つの認識が成立するが、この三つが順次、相分と見分と自証分とに相当する。これら三つの部分に加えて、さらに自証分の働きを確認する心の領域を考え、それを証自証分と呼び、全部で四つの分を立てるに至った。この四分説は『成唯識論』ではじめて打ち出されたが、その後その注釈書である「三箇の疏」などでさらに詳しく考究され、その理論は複雑になり、三類境説とならんで唯識学における難解な教理となった。このことは古来から「四分三類唯識半学」（四分説と三類境説とを習得したら唯識説の半分をすでに学んだことになる）といいならわされている。この四分説は護法の説であり、安慧は一分説、難陀は二分説、陳那は三分説をとる。このことは古来から「安難陳護一二三四」といいならわされている。

（参考）（『成論』2、大正 31・10a～b）

四吠陀論 しべいだろん　バラモン教の四つの根本聖典。リグヴェーダ（ṛg-veda）、ヤジュルヴェーダ（yajur-veda）、サーマヴェーダ（sāma-veda）、アタルヴァヴェーダ（atharva-veda）の四つ。

四遍常論 しへんじょうろん　外道の六十二種のあやまった見解（六十二見）の一群。極端な見解（辺執見）のなかの、常に存在するとみる見解（常見）の一群。世界が生成・消滅をくりかえすさまを過去にさかのぼって思い出すことにより、あるいは超自然的な眼（天眼）によって生きものたちが生死をくりかえしているさまを観察することにより、自己と世界とは常に存在するとみる見解。次の四つに分けられる。（ⅰ）過去の二十劫の時間を記憶していることによって我と世間とは常であるとみる主張。（ⅱ）過去の四十劫の時間を記憶していることによって我と世間とは常であるとみる主張。（ⅲ）過去の八十劫の時間を記憶していることによって我と世間とは常であるとみる主張。（ⅳ）天眼で、生きものが生死をくりかえしつつ常に存続していることを見ることによって我と世間とは常であるとみる主張。

（参考）（『婆沙』199、大正 27・996c～997a）：（『述記』6 末、大正 43・446b）

四方風 しほうふう　外界で吹く風のなかの一つ。東西南北の四方向から吹く風。詳しくは東来風・西来風・南来風・北来風の四つをいう。→風①

四宝 しほう　金（suvarṇa）・銀（rūpya）・頗胝（sphaṭika）・琉璃（vaiḍūrya）の四つの宝石。ものを飾る四つの宝石。たとえばスメール山（蘇迷盧山）の四面はこれら四つの宝石からできている。

四法嗢拕南 しほううだな　→四種法嗢拕南

四法迹 しほうしゃく　涅槃に趣くための四つの教えの道。無貪法迹・無瞋法迹・正念法迹・正定法迹の四つ。四法跡ともいう。

四法跡 しほうしゃく　→四法迹

四暴流 しぼうる　「しぼる」ともよむ。瀑流とおなじ。→瀑流

四瀑流 しぼうる　「しぼる」ともよむ。瀑流は暴流とも書き、煩悩の異名。煩悩は善心を押し流してしまうから荒れ狂う流れに喩えて瀑流という。欲瀑流（欲界の煩悩）・有瀑流（色界・無色界の煩悩）・見瀑流（見解の煩悩）・無明瀑流（無明の煩悩）の四つ。→各項参照　Ⓢ catvāra oghāḥ

（出典）言瀑流者。謂四瀑流。一欲瀑流。二有瀑流。三見瀑流。四無明瀑流。（『倶舎』20、大正 29・107b）

四本相 しほんそう　四つの本の相。本相と

は随相に対する称。生・住・異・滅の四つの相。現象的存在（有為）の、生じ、存続し、衰え、そして最後に滅するという四つのありようを起こす原理。それら四つの原理は不相応行（物質でも心でもないもの）のなかに収められる。そしてこれら生・住・異・滅の四つのありようをさらに起こす付随的な四つの原理を生生・住住・異異・滅滅とよび、まとめて四随相という。

四梵住 しぼんじゅう 梵住とは如来が住する三つの心のありよう（聖住・天住・梵住）の一つで、慈・悲・喜・捨の四無量定に住することを四梵住という。→梵住

四煩悩 しぼんのう 我癡（自己への愚かさ）・我見（自己は存在すると考える見解）・我慢（自己を他者と比較する心）・我愛（自己を愛しく思う心）の四つの煩悩。末那識（潜在的な自我執着心）と共に常に働く心作用。四つの煩悩を「我」という表現で統一したのは世親の『唯識三十頌』においてであり、それ以前では我癡が無明、我見が薩迦耶見といわれている。四惑とおなじ。→四惑
（参考）（『雑集論』2、大正 31・702a）：（『成論』4、大正 31・22a～b）

四魔 しま 蘊魔・煩悩魔・死魔・天魔の四つの魔。四魔怨ともいう。→各項参照 →魔
（参考）（『瑜伽』29、大正 30・447c）

四魔怨 しまおん →四魔

四無畏 しむい 四無所畏ともいう。仏のみが具える十八の勝れた特質・特徴（十八不共仏法）の一群。無畏とは畏れがないことをいい、次の四つをいう。（ⅰ）正等覚無畏（samyak-saṃbuddha-vaiśāradya）。我れは正しいさとを得た者であるという自覚に立って、他者からそうではないと非難されても畏れない。（ⅱ）漏永尽無畏（kṣīṇa-āsrava-vaiśāradya）。我れは煩悩の汚れを断じ尽くしたという自覚に立って、他者からそうではないと非難されても畏れない。（ⅲ）説障法無畏（antarāyikā dharmā ākhyātaḥ vaiśāradyaḥ）。汚れたありようはかならず障りとなると説くのに対して、他者からそうではないと非難されても畏れない。（ⅳ）説出道無畏（niryāṇāya mārga-ākhyātaḥ vaiśaradyaḥ）。修行すればかならず苦からのがれ出ることができると説くのに対して、他者からそうではないと非難されても畏れない。漏永尽無畏を漏尽無畏、説障法無畏を障法無畏、説出道無畏を出苦道無畏ともいう。
（参考）（『婆沙』31、大正 27・158a 以下）：（『倶舎』27、大正 29・140c）：（『雑集論』14、大正 31・760c～761a）

四無礙解 しむげげ 四無礙慧ともいう。仏の教え、すなわち、仏の語った言葉（仏語）を学ぶことによって得られる次の四つの滞ることがない明晰な理解。言語に関する四つの明晰な能力。（ⅰ）法無礙解（dharma-pratisaṃvid）。教えを表現する言葉を明晰に理解していること。（ⅱ）義無礙解（artha-pratisaṃvid）。言葉によって表される教えの意味を明晰に理解していること。（ⅲ）詞無礙解（nirukti-pratisaṃvid）。さまざまな言葉・方言を習得し理解していること。あるいは言葉の語源や意味を解釈することにおいて明晰な能力を有すること。（ⅳ）辯無礙解（pratibhāna-pratisaṃvid）。自在にかつ巧みに教えを能弁に説くこと。詞無礙解を辞無礙解・訓詞無礙解・釈詞無礙解、辯無礙解を辯説無礙解・辯才無礙解ともいう。
（参考）（『倶舎』27、大正 29・142a～b）：（『雑集論』14、大正 31・759b～c）

四無色 しむしき 四無色処のこと。→四無色処

四無色蘊 しむしきうん 五蘊のなかの色蘊を除いた受・想・行・識の四つの蘊。色とは物質的なものをいい、これら四つはいずれも物質的なものではなく心的なものであるから無色という。また存在を名と色との二つに分類するとき、色蘊は色に、無色蘊である受・想・行・識の四つの蘊は名に含まれる。心的なものはなんらかの対象を認識し、その認識には言葉（名）が関与するからである。
（出典）問、何縁四無色蘊、総説名名。答、順趣種種所縁境義、依言説名、分別種種所縁境義、故説為名。（『瑜伽』56、大正 30・608c）

四無色処 しむしきしょ 三界（欲界・色界・無色界）のなかの無色界を構成する空無辺処・識無辺処・無所有処・非想非非想処の四つの境地。境地を禅定のありようとしてとらえて四無色定という。→無色界 →四無色定
（出典）如契経説、有四無色処。謂、空無辺

処・識無辺処・無所有処・非想非非想処。（『婆沙』74、大正 27・382b）

四無色定　しむしきじょう　→四無色処　→無色界

四無所畏　しむしょい　→四無畏

四無量　しむりょう　四無量心ともいう。禅定を修し、そのなかで他の人びとの幸せを願う慈・悲・喜・捨の四つの心。慈無量・悲無量・喜無量・捨無量の四つの無量。このなか、慈無量とは人びとに楽を与えようと願う心。悲無量とは人びとの苦を抜こうと願う心。喜無量とは人びとが苦を離れ楽を得るのをみて喜ぶ心。捨無量とは親しいとか憎いとか分別することなくすべての人びとを平等視して人びとの幸せ（利益）を願う心をいう。無量の人びとを対象とし、無量の福を引き、無量の勝れた果を招くから無量という。

Ⓢ catvāri apramāṇāni

（出典）慈、有与楽行相、悲、有抜苦行相、喜、有喜慰行相、捨、有捨置行相。（『婆沙』81、大正 27・421a）：無量有四。一慈、二悲、三喜、四捨。言無量者、無量有情為所縁故、引無量福故、感無量果故。（『倶舎』29、大正 29・150b）

（参考）（『瑜伽』44、大正 30・535c～536a）：（『雑集論』13、大正 31・757c～758a）

四無量心　しむりょうしん　→四無量

四軛　しやく　軛とは煩悩の異名。欲軛・有軛・見軛・無明軛の四つの軛。→各項参照　→軛①

四楽　しらく　五楽（因楽・受楽・苦対治楽・受断楽・無悩害楽）のなかの無悩害楽を構成する次の四つの楽。（ⅰ）出離楽（出家者の楽）。（ⅱ）遠離楽（生上者すなわち煩悩を離れてさらに上の境界に生まれた者の楽）（ⅲ）寂静楽（涅槃の楽）。（ⅳ）覚法楽（菩提すなわちさとりの楽）。→各項参照

（参考）（『述記』1 本、大正 43・234b）

四力　しりき　初めて発心を起こす次の四つの力。（ⅰ）自力（自らの努力によって無上正等菩提を得ようと願うこと）。（ⅱ）他力（他人の影響を受けて無上正等菩提を得ようと願うこと）。（ⅲ）因力（過去に善を修したことによって諸仏に出会い正しい教えを聴くこと）。（ⅳ）加行力（現世においてよき指導者について修行をすること）。

（参考）（『瑜伽』35、大正 30・481c）

四量　しりょう　四つの判断のよりどころ。次の四つをいう。（ⅰ）所説の義（釈尊によって説かれた経文の意味）。（ⅱ）正理（釈尊によって説かれた教えの道理・ことわり）。（ⅲ）大師（了義経すなわち完全に説き示した教えを説く人）。（ⅳ）修所成慧である真実証智（修行によって得られた、真実をさとった智慧）。　Ⓢ catur-prāmāṇya

（出典）依正四依、善修習故、略顕四量。謂、所説義・正理・大師・修所成慧真実証智。（『瑜伽』45、大正 30・539a～b）

四輪　しりん　八難（仏にまみえず、仏の教えをきくことができないという八種の難）を取り除く次の四つのありようをいう。（ⅰ）安住善処（国の中心である中国に生まれる）。（ⅱ）依止善友（仏が世にいるときに生まれる）。（ⅲ）自発正願（正見をもって自ら正しい願心を起こす）。（ⅳ）宿殖善根（戒を持して善根を植える）。

（出典）言四輪者、一安住善処。謂、生中国、聖化所在故、名善処。二依止善友、即生仏世。三自発正願、即正見也。四宿殖善根、即持戒也。戒為衆善之本、故名善根。言輪者、譬也。如聖王輪最於諸怨敵無所不摧。此之四法、能摧八難、故取喩之。（『法苑義鏡』2、大正 71・177a）

四輪宝　しりんぽう　四つの洲を統治する王が所持する宝。四洲、三洲、二洲、一洲を統治する王は順次、金輪宝・銀輪宝・銅輪宝・鉄輪宝を所持する。

（参考）（『婆沙』30、大正 27・156c）

四流　しる　欲・有・見・無明の四つの煩悩を暴れ狂う流れに喩えて四流という。四暴流・四瀑流ともいう。→四瀑流

四漏　しろ　漏は煩悩の異名で、欲・有・見・無明の四つの煩悩を四漏という。

四惑　しわく　深層に働く自我執着心である末那識に付随して常に共に働く薩迦耶見・我慢・我愛・無明の四つの煩悩をいう。これら四つの煩悩は『唯識三十頌』では我癡・我見・我慢・我愛といわれる。→四煩悩

市　し　いち。町。人びとが多く集まる所。「糞掃衣とは、或いは街、或いは巷、或いは市などに棄擲された衣をいう」　Ⓢ catvara

市肆　しし　店。市場。「無間業の同分とは、阿羅漢尼、及び母所に於て穢染行を行ず、或いは天廟・衢路・市肆に於て殺羊法を

立つ、などをいう」 Ⓢ āpaṇa

市廛 してん 市鄽とも書く。いち。町。町のなかの店。「地事とは城邑・聚落・舎・市廛などを謂う」 Ⓢ gṛhāpaṇa

市鄽 してん 市廛とも書く。町。町のなかの店。「道場・天寺・宅舎・市鄽・城牆などの事を造立す」 Ⓢ śṛṅgāṭaka

旨教 しきょう 教え。命令。「旨教を奉行す」「中道唯識の旨教」

次 し つぎ。あと。 Ⓢ ataḥ: anantaram: ūrdhva: krama: tataḥ:

次後生 しごしょう 次の生存。来世。「順次生受業とは、若し業を此の生に於て造作・増長すれば、次後生に於て異熟果を受け、余の生に於るに非ず」

次生 ししょう 次の生存。来世。「若しくは所作の業が現法の中に於て異熟が未だ熟せずして次生の中に於て当に異熟を生ずれば、是の如きを名づけて順生受業と為す」

次前 しぜん 一つまえ。前刹那。「先に審に次前に滅した心を憶念し、次に審に久しく已に滅した心を憶念す」

次前生 しぜんしょう 一つ前の生存。前世。「識、乃至、有の八支は次前生に在り」

次第 しだい ①ものごとの順序。出来事が継起するさま。「次第の」「次第に」と形容詞あるいは副詞として用いられる場合が多い。 Ⓢ anukrama: anupūrva: anupūrvam: ānupūrvī: ānupūrvya: krama: krameṇa: prakrama: yathā-kramam

(参考) 種類としては、生起次第・顕示次第・現観次第(『婆沙』187、大正 27・939b)、円満次第・解釈次第・能成次第(『瑜伽』81、大正 30・754a)の三種、流転次第・成所作次第・宣説次第・生起次第・現観次第・等至次第(『瑜伽』13、大正 30・346c)の六種が説かれる。

②不相応行としての次第。〈唯識〉では五位の存在分類法のなかの不相応行に次第を含み、ものごとの推移・流れのなかで仮に立てられる存在とみる。

(出典) 問、依何分位建立次第、此復幾種。答、一一行流転分位、建立次第。(『瑜伽』56、大正 30・607c):何等次第。謂、於因果一一流転、仮立次第。(『集論』1、大正 31・665c)

(参考) 種類としては、刹那流転次第・内身流転次第・成立所作流転次第(『瑜伽』56、大正 30・607c)の三種、流転次第・行住次第・増長次第・現観次第・入定次第・修学次第(『瑜伽』52、大正 30・588b)の六種が説かれる。

此岸 しがん こちらの岸。生死する迷いの世界の喩えに用いられる。「聖道に依止して生死の此岸より涅槃の彼岸に至る」

此実執身繫 しじつしゅうしんけ 四身繫の一つ。→四身繫

此性 ししょう ヴァイシェーシカ派(勝論)が説く十句義のなかの徳句義に二十四あるうちの一つ。数や時(時間)や方(場所)に関して、此の物、彼の物、あるいは此の時、彼の時、あるいは此の場所、彼の場所と、此と彼に区別するなかの「此」のありようをいう。

(参考)(『述記』1 末、大正 43・256b)

此世 しせ この世。この世界。現在の世界。現世。現在の世界以外の他の世界である他世の対。此世間ともいう。「能く此世と他世の順益を為すが故に名づけて善と為す」「諸の識は流転し相続して此の世間より彼の世間に至り断絶することなし」 Ⓢ ayaṃ lokaḥ: iha: iha-loka: aihika

此世間 しせけん →此世

此土 しど 人間が住むこの国土。「諸の有情は、数数、余の世界より来りて此土に生ず」

此法 しほう 内道すなわち仏教のこと。外道と区別する際に使われる表現。「外道の有情衆と此法の異生有情衆」

死 し ①いのちのあるものが死ぬこと。いのちを支えている力(命根)が滅すること。 Ⓢ cyavana: **cyu**: cyuti: maraṇa: mṛta

(出典) 最後命根滅、名死亦無常。(『婆沙』38、大正 27・199b):云何死。謂、由寿量極故、而便致死。(『瑜伽』1、大正 30・281b):死者、其識棄捨心胸処故。(『瑜伽』84、大正 30・769b):由命根変異不平等故、仮立死。(『瑜伽』54、大正 30・597a):身壊命終、乃名為死。(『成論』8、大正 31・43c)

(参考) 種類としては、寿尽故死・福尽故死・不避不平等故死(『瑜伽』1、大正 30・281b)、善心死・不善心死・無記心死(『瑜伽』1、大正 30・281b～c)の三種、調善死・不調善死・過去死・現在死・未来死

(『瑜伽』18、大正 30・379b) の五種、過去死・現在死・不調伏死・調伏死・同分死・不同分死 (『瑜伽』85、大正 30・776c) の六種が説かれる。
②死ぬという感触。触覚 (身識) の対象である感触 (触) の一つ。 Ⓢ maraṇa
(参考) (『瑜伽』1、大正 30・280a)

死畏 しい 死ぬことへのおそれ。五種のおそれ (怖畏) の一つ。→怖畏 Ⓢ maraṇa-bhaya

死有 しう 四有 (中有・生有・本有・死有) の一つ。→四有

死苦 しく 死ぬ苦しみ。愛しい自己自身が死ぬことへの苦しみ。この他にも死ぬことによって愛するもの (たとえば財宝や知人や親族など) と別離することへの苦しみも含まれる。四苦、七苦あるいは八苦の一つ。苦聖諦の一つ。→四苦 Ⓢ maraṇa-duḥkha
(出典) 云何死苦。当知、此苦亦由五相。一離別所愛盛財宝故、二離別所愛盛朋友故、三離別所愛盛眷属故、四離別所愛盛自身故、五於命終時備受種種極重憂苦故。(『瑜伽』61、大正 30・642b)

死穴 しけつ 身体にある特殊な部分で、これに触れると死に至るとされる場所。六十四、あるいは百二十か所ある。原語 marman を音写して末摩ともいう。また死節とも意訳される。 Ⓢ marman
(出典) 末摩梵言、此云死穴、或云死節。順正理論第三十云。末摩無別物、身有異支節、触便致死。(『演秘』6 本、大正 43・933c)：末摩者、此名死穴。亦云死節。或云有六十四処、或百二十処、外縁逼迫置死。(『略纂』1、大正 43・8b)

死後有想論 しごうそうろん 死後の次世で自己存在は断じることなく存続し、知覚や思考作用があるとみる見解。外道の六十二種のあやまった見解のなかの一群である有想論に属する。→六十二諸悪見趣

死屍 しし しかばね。死体。その変化していく様相は不浄観の対象の一つ。→不浄観
「死して二日を経て、已に膿爛し、未だ蟲蛆を生ぜざる死屍に於て膿爛の勝解を発起す」
Ⓢ kuṇapa: mṛta-kuṇapa
(参考) (『瑜伽』30、大正 30・452a〜b)

死生 ししょう 死ぬことと生まれること。死して生まれるときは、死と生とは同時に起こるとされる。「秤の両頭の低昂の時が等しきが如く、死生は同時なり」
Ⓢ cyuti-utpatti: cyuti-utpāda: cyuti-udbhava: cyuti-upapatti: cyuti-upapāda: nirodha-utpāda: maraṇa-utpatti
(出典) 若諸有情好悪色等種種差別、従彼別別有情衆没、於此別別有情衆生、説名死生。(『瑜伽』69、大正 30・681c)

死生智 ししょうち 清浄な天眼を以って人びとの未来世における死と生についてその時や場所やありようをしる智。死生通・死生智通・死生智証通ともいう。
Ⓢ cyuti-upapatti-jñāna: cyuti-upapāda-jñāna
(出典) 若修果眼所摂清浄色、以為依止、縁死生境、識相応智、名死生智。(『瑜伽』69、大正 30・681c)：死生通者、謂、依止静慮、於観有情死生差別、威徳具足中、若定若慧。観有情死生差別者、以天眼、観有情死時生時好色悪色、当往善趣、当往悪趣後際差別。(『雑集論』14、大正 31・760a)

死生智証通 ししょうちしょうつう →死生智

死生智通 ししょうちつう →死生智

死生智力 ししょうちりき 如来の十力の一つ。→十力

死生通 ししょうつう →死生智→ 天眼智証通

死節 しせつ →死穴

死魔 しま 死の悪魔。仏道修行を妨げるものを悪魔に喩えて魔といい、蘊魔・煩悩魔・死魔・天魔の四種があるなか、死ぬことを悪魔に喩えて死魔という。 Ⓢ maraṇa-māra
(出典) 死魔者、謂、彼彼有情、従彼彼有情衆、夭喪殞歿。(『瑜伽』29、大正 30・447c)

死没過去 しもつかこ 五種の過去 (刹那過去・死没過去・壊劫過去・退失過去・尽滅過去) の一つ。それぞれの生きものが死んでそれぞれの生存形態でなくなること。たとえば人間が死んで人間としての生存を失うこと。
(出典) 死没過去。謂、彼彼有情、従彼彼有情衆同分没。(『瑜伽』66、大正 30・667a)

至 し ①いたること。ある場所・ある時、あるいはある心境・境界に到達すること。行くこと。得ること。獲得すること。「永く衆の苦楽を超えて、苦楽を超えた処に至る」「諸法は世に行ずる時、未来より現在に至り、現在より過去に入る」

Ⓢ anupra-**āp**: anuprāpta: abhigamana: ā-**gam**: upagata: gata: **gam**: gamana: pra-**āp**: prati-**ī**: pratipanna: prāpta: prāpti: samā-**gam**: saṃprāpta: sam-**bhū**
②「～まで」を意味する語。「諸の善業中、始めは欲界より第三静慮に至るまでのものを順楽受業と名づく」 Ⓢ ā-: yāvat
③「この上はない」「最高の」「立派な」を意味する形容句。「至誠」

至已際 しいさい 三つの際（未至際・至際・至已際）の一つ。際とは時のことで、すでに来て去った時、すなわち過去を至已際という。→三際

至縁 しえん 縁に至ること。縁に触れる、遇うこと。縁とは因縁の縁で因が根本原因であるのに対して縁は補助原因。物事は縁に遇うことによってはじめて生じる。縁の原語 pratītya を語源解釈するさいに、「行く・至る」を意味する prati-**i** を語源とみて、この至縁という概念で縁起を解釈する。〈経部〉の解釈。 Ⓢ prati-**i**
（参考）（『倶舎』9、大正 29・50b～c）

至教 しきょう 釈尊によって説かれ伝えられた教え。「至教を聞くことによって生ずるところの勝慧を聞所成慧と名づく」 Ⓢ āpta-āgama

至教量 しきょうりょう 三量（現量・比量・至教量）の一つ。至教とは釈尊によって説かれ伝えられた教え、量（pramāṇa）とは判断・認識の根拠をいい、釈尊に説かれた教え、すなわち経典の文句という判断・認識の根拠を至教量という。ある教理が正しいことを証明する際の最も重要な判断根拠となる。正教量・聖教量ともいう。 Ⓢ āpta-āgama-pramāṇa

至境 しきょう 感官（根）が直接接触して認識する対象（境）。鼻と舌と身の三つの根の境。六根のなかの眼と耳と意の三根が一定の間隔を置いた境（不至境）を認識するありように対する。→不至境「鼻舌身の三は至境を取る」 Ⓢ prāpta-viṣaya
（参考）（『婆沙』13、大正 27・63b）：（『倶舎』2、大正 29・11b～c）

至際 しさい 三つの際（未至際・至際・至已際）の一つ。際とは時のことで、まさに来た時、すなわち現在を至際という。→三際

至奨者 ししょうしゃ 人びとが行なってはいけないことを行なわしめず、行なうべきことを行なわしめるように説き示す人。師（指導者）の種類をあげるなかの一人。
（参考）（『瑜伽』83、大正 30・760a）

至誠 しじょう きわめて誠実なこと。まごころ。「彼れは至誠に諸の仏法律を受持し守護して、身命を惜しまざるが故に鄔波索迦と名づく」

至親 ししん 最も近い間柄。肉親。近親。「至親・兄弟・姉妹に守護せらるる」
Ⓢ saṃbandha

至導者 しどうしゃ 師（指導者）の種類をあげるなかの一人。すべての煩悩を滅した指導者。
（出典）一切煩悩及随煩悩皆能遣故、名至導者。（『瑜伽』83、大正 30・760a）

至得 しとく 獲得すること。ある心境に至ること。「最初の至得を顕さんが為に預と言う」 Ⓢ prāpta

至那 しな シナすなわち中国のこと。「若し至那の人が来りて会坐に在れば、仏は為に至那の音義を説く」

伺 し 深くこまかく追求する心。浅くおおまかに追求する心である尋の対。→尋伺
Ⓢ vicāra

伺求 しぐ 追求すること。探ること。「常に楽って己の過失を省察し、他の愆犯するところを伺求するを喜ばず」 Ⓢ prekṣin

伺察 しさつ ①追求する、探ること。「三十三天は常に共に造善悪者を伺察し、造善者見て、便ち之を擁護し、造悪者を見て、即ち共に嫌毀す」
②尋伺の伺を言い換えた語。詳しく追求する心。→尋伺 Ⓢ pratyavekṣaṇa
（出典）尋伺行相者、謂、即於此所縁、尋求行相、是尋。即於此所縁、伺察行相、是伺。（『瑜伽』5、大正 30・302b）：伺、謂、伺察、令心悤遽、於意言境、細転為性。（『成論』7、大正 31・35c～36a）

伺察毘鉢舎那 しさつびぱしゃな 三種の毘鉢舎那（有相毘鉢舎那・尋求毘鉢舎那・伺察毘鉢舎那）の一つ。三摩地においてすべての教法を善く理解し終えて、次に善くさとり解脱するために思考する毘鉢舎那をいう。→毘鉢舎那
（出典）云何伺察毘鉢舎那。謂、由慧故、遍於彼彼已善解了一切法中、為善証得極解脱

故、作意思惟毘鉢舎那。(『解深』3、大正16・698c)

伺察分別 しさつふんべつ　すでになにかと観察した対象に対して、さらに詳しくなにかと追求する思考。七種の分別の一つ。→七種分別　Ⓢ pratyavekṣako vikalpaḥ

(出典) 伺察分別者、謂、於已所尋求已所観察、伺察安立、所起分別。(『瑜伽』1、大正30・280c)

志楽 しぎょう　志向。願望。ねがうこと。「女身の形類・音声・作業・志楽の差別を名づけて女性と為し、男身の形類・音声・作業・志楽の不同を名づけて男性と為す」　Ⓢ abhiprāya

志求 しぐ　欲求。追い求めること。「身楽と寿命とを志求す」

志欲 しよく　こころざし。こころざして欲すること。「志欲の退、精進の退、念の退、定の退、慧の退、解脱の退、是の如き六の退は諸仏には皆ななし」

私 し　ひそかに。かくれて。「犯戒を私に自ら墾責す」

私隠 しおん　自己のものにして隠すこと。「凡そ獲得するところの如法の利養は終に私隠することなく、必ず智人や同梵行者と共に受用す」

私隠処 しおんしょ　ひそかな場所。かくれたところ。「私隠処に於て不正に思惟す」

私窃 しせつ　ひそかに。「此の瑜伽を私窃に教示して彰顕せしめず」

私多 した　①→私多河　→私多天
②叙情詩ラーマーヤナ（邏摩衍拏）に出てくる人物。「邏摩衍拏書に一万二千頌あるも、唯だ二事を明かすなり。一には邏伐拏が私多を劫め去ることを明かし、二には邏摩が私多を将いて還ることを明かす」

私多河 したか　私多は śītā の音写。徙多とも音写。贍部洲にある四大河の一つ。徙多河とも書く。→四大河　Ⓢ śītā-nadī

私多天 したてん　私多は śītā の音写。外道が説く天の一つ。インドラまたはラーマの妻とされる。あるいはラクシュミーと同一視される。「農夫などの如きは秋に多く実を収むれば私多天・未度天などの所与なりと言う」　Ⓢ śītā

私密 しみつ　かくすこと。かくして自己のものにすること。「如法に獲得するところは、鉢中に堕在して私密あることなし」

使 し　①召使い。雇い人。僕使という場合が多い。原語 dāsī は女の召使い、dāsa は男の召使い。　Ⓢ dāsa: dāsī: pauruṣeya
②使者。使節。「諸の王は使を遣わす」「琰魔王の使である諸の邏刹娑が、諸の有情を擲ちて地獄に置く者を琰魔卒と名づく」
Ⓢ anuśiṣṭa: dūta
③「せしめる」という使役形として用いられる語。

刺 し　①とげ。「世第一法には垢あり過あり毒あり刺あり。見道は是の如くならず」
②さす、貫くこと。「獄卒が彼の有情をして鉄地に躄在せしめ、若しくは斫き、若しくは刺し。或いは擣し、或いは裂く」。　Ⓢ sambhid
③（針で）縫うこと。「大衣、六十條、或いは九條など、或いは両重を刺せるものを僧伽胝と名づく」　Ⓢ **siv**

刺棘 しきょく　いばら。とげ。棘刺ともいう。→棘刺「諸の刺棘・瓦礫などの地の差別の相を想う」　Ⓢ kaṇṭaka

刺闍 しじゃ　三徳の一つ。→三徳

姉妹 しまい　あねといもうと。「父母・兄弟・姉妹・眷属が喪亡するに由って悲泣雨涙す」

始業 しごう　未熟な初心者の修行。はじめて修行をすること。「始業の者は定を修習すると雖も、五欲に於て其の心は流散す」
Ⓢ ādi-karmika

肢節 しせつ　支節とおなじ。→支節

肢体 したい　支体とおなじ。→支体

枝條 しじょう　①えだ。「樹下に坐って一切の枝條は並びに皆な影を垂れれば、随って其の身を蔭す」「根が断ずるに由るが故に枝條も亦た尽く」　Ⓢ vṛkṣa: śākhā
②枝と條。枝と小枝。「次第に生起すること種・芽・茎・枝・條・花・果の如し」

祀天 してん　火の天、火の神（アグニ agni）を祀って供養すること。バラモン教に於る供養のありよう。　Ⓢ devatā-pūja

屎 し　大便。くそ。　Ⓢ uccāra: purīṣa

屎尿 しにょう　大便と小便。涙や汗などと共に、身中の不浄なものとしてあげられる。
Ⓢ uccāra-prasrāva

屍 し　しかばね。死体。「屍の糞壅の内に多く諸虫あり」　Ⓢ kuṇapa

屍骸 しがい　しかばね。死体。「屍骸が猶、在るときを喪といい、屍骸が殄滅するときを殁という」 Ⓢ kuṇapa

屍糞 しふん　しかばね。死体。→屍糞増 Ⓢ kuṇapa

屍糞増 しふんぞう　八大地獄それぞれの四面の門の外にある場所の一つ。腐った死体の泥が満ち、そのなかを歩くと、くちばしが針のようにするどい虫（娘矩吒虫）によって皮膚や骨が破られ、髄までもが食べられる、そのようなところ。 Ⓢ kuṇapa-utsada
（出典）八㮈落迦四面門外、各有四所。（中略）二屍糞増。謂、此増内屍糞泥満、於中多有娘矩吒虫、觜利如針身白頭黒。有情遊彼、皆為此虫、鑽皮破骨、咂食其髄。（『倶舎』11、大正 29・58b）

思 し　①思惟する、思考すること。
Ⓢ ūhana: cintanā: cintā: nidhyāna: manasikaraṇa: manasikāra: manasi-**kṛ**: saṃcetanā
②遍行の心所の一つ。行為を起こす意志の働き。この思によって心が目的や対象に向かって働きはじめ、その結果、善い行為（善業）や悪い行為（悪業）が生じることになる。思には審慮思（なにを行なおうかと欲する意志）と決定思（行為を決定する意志）と動発思（身体的行為と言語的行為とを起こす意志）との三種がある。この三種は順次、加行思・決定思・等起思とも言われる（『瑜伽』54、大正 30・600a）。 Ⓢ cetanā
（出典）思云何。謂、三和合故、令心造作於所縁境、随与領納和合乖離。（『瑜伽』55、大正 30・601c）：思有三種。一審慮思。二決定思、三動発思。（『成業論』、大正 31・785c）：思、謂、令心造作為性、於善品等役心為業。（『成論』3、大正 31・11c）
（参考）（『略纂』1、大正 43・8b）

思已業 しいごう　二種の業（思業・思已業）の一つ。精神的行為（意業）の本質である意志（思）から起こった身体的行為（身業）と言語的行為（語業・口業）との二つ。→思②　→思業　Ⓢ cetayitvā karman
（出典）思已業者、謂、思所作。（『倶舎』13、大正 29・67b）：契経中説有二種業。一者思業、二思已業。此二何異。謂、前加行、起思惟思。我当応為如是如是所応作事、名為思業。既思惟已、起作事思、随前所思作所作事、動身発語、名思已業。（『倶舎』13、大正 29・68c）

思慧 しえ　①三慧（聞慧・思慧・修慧）の一つ。聞いた教えの内容を自ら思惟することによって得られる智慧。教えを聞くことによって得られる聞慧の次に起こすべき智慧であり、この思慧を経て最終的には修慧を得ることになる。詳しくは思所成慧という。→三慧「聞慧に由るが故に未了義に於て能く正しく解了し、思慧に由るが故に未善決定義に於て能く善く思惟し、修慧に由るが故に諸の煩悩を断ず」「正理を思うに依って生ずる勝慧を思所成慧と名づく」 Ⓢ cintā-mayī prajñā
②思と慧。「尋とは謂く、心をして忽遽に意言の境に於て麁に転ぜしむるを性と為し、思慧の分位なり」

思願 しがん　願い。思い。誓願すること。「無量の有情を饒益せんとする広大な思願を発す」 Ⓢ praṇidhāna

思議 しぎ　思考すること。詳しく分析して考えること。原語 cintā は思惟とも訳され、思議は思惟とおなじ意味をもつ。種類としては事思議（蘊・界・処・縁起・処非処・根という事柄について考える）・有非有思議（有と非有とについて考える）・因果思議（原因と結果について考える）・乗思議（声聞・独覚・菩薩の三乗について考える）が説かれる（『瑜伽』65、大正 30・658c）。また静かな場所に独居して聞いた教え（法）を正しく思惟する際に、思惟の対象として思惟すべきではないものを不応思議という。→不応思議 Ⓢ cintā

思求 しぐ　思い求めること。追い求めること。「欲界の有情は欲を希望し、欲を思求し、欲を尋訪す」

思現観 しげんかん　現観とは真理を現前に明晰に観察して理解し証すること。本来的な意味での現観は四諦という真理を見る段階（見道）における智慧を意味するが、この場合の思現観とは、いまだ見道に至っていない凡夫が、聞いた教えを自ら思惟することによって得られる思慧によって存在のありよう、たとえば「諸行は無常なり、一切行は苦なり、諸法は無我なり、涅槃は寂静なり」というありようを決定的に理解することをいう。六種の現観の一つ。→現観
（出典）問、思現観、有何相。答、若有成就

思現観者、能決定了諸行無常一切行苦諸法無我涅槃寂静、住異生位、已能証得如是決定。(『瑜伽』71、大正 30・690c):思現観、謂、最上品喜受相応思所成慧、此能観察諸法共相、引生煖等加行道中、観察諸法、此用最猛、偏立現観。煖等不能広分別法、又未証理、故非現観。(『成論』9、大正 31・50c)

思業 しごう 二種の業(思業・思已業)の一つ。精神的行為(意業)の本質である意志(思)の働き。三つの行為(身業・語業・意業の三業)のなかの意業の本質。三業は大きく思業と思已業に分かれ、ある事を行なおうとする意志が思業であり、その意志から具体的に起こされた身体的行為(身業)と言語的行為(語業)とを思已業という。→思② →思已業 Ⓢ cetanā karman

思察 しさつ 思惟し観察すること。「要ず悪友と邪教の力に由って自ら審に思察して方に生ずることを得るが故に分別起という」 Ⓢ upanidhyāna

思食 しじき 意思食とおなじ。→意思食

思所成 ししょじょう 思惟することによって生成されること。思索・思考することによって獲得されること。三種の所成(聞所成・思所成・修所成)の一つ。「加行の善法に聞所成と思所成と修所成の三種あり」 Ⓢ cintā-maya

思所成慧 ししょじょうえ →思慧①

思所成地 ししょじょうじ ヨーガ行者の十七の心境・境界(十七地)の一つ。→十七地

思度 したく 考えること。思惟すること。「思度すべからざる極甚深なる法」「意とは、謂く、一切時に阿頼耶識を縁じて思度するを性と為す」

思択 しちゃく 熟慮・思考・考察すること。智慧でえらびとり識別すること。存在のありようを正しく見究める智慧の働きをいう。簡択ともいう。→簡択「一切の善法・不善法を皆な能く如実に思択し観察す」「諸の菩薩は一切の法に於て能く正しく思択す」「一切の所知の境界を思択す」 Ⓢ nidhyāna: pratisaṃkhyā: pratisaṃkhyāna: pravicaya: pravi-**ci**: vi-**car**

(出典)勝善慧、名為思択。(『瑜伽』20、大正 30・394b)

思択力 しちゃくりき 智慧でえらびとる力。実践・修行の力(修習力)と共に煩悩を滅する力。簡択力ともいう。「力に二種あり。謂く、思択力と修習力となり」「不浄想に略して二種あり。一には思択力の摂、二には修習力の摂なり」

Ⓢ pratisaṃkhyāna-bala: pratisaṃkhyā-bala

(参考)(『瑜伽』98、大正 30・863c)

思慕 しぼ おもいしたうこと。「無上法を思慕・愁感して証せんと求欲す」「居家を思慕する苾芻の煩悩」 Ⓢ utkaṇṭhā

思法 しほう 六種の阿羅漢(退法・思法・護法・安住法・堪達法・不動法)の一つ。獲得したさとりから退くことをおそれて自害しようと思う阿羅漢。思法阿羅漢ともいう。Ⓢ cetanā-dharman

(出典)阿羅漢有六種。一退法、二思法、三護法、四安住法、五堪達法、六不動法。此中(中略)思法者、謂、彼思已持刀自害。(『婆沙』62、大正 27・319c):言思法者、謂、懼退失、恒思自害。(『倶舎』25、大正 29・129b)

思法阿羅漢 しほうあらかん →思法

思惟 しゆい ①考えること。思考すること。観察すること。さとりに至るための三つの要因(聴聞・思惟・修習)の一つ。種々の意味での思惟が説かれるが、聴聞した教え(法)の意味内容を自ら思考するという意味での思惟が特に重要である。また三つの智慧として聞慧と思慧と修慧とが説かれるが、このなかの思慧が聞いた教えを思惟することによって得られる智慧である。思惟と訳される原語の動詞には大きくわけて **cint** と manas-**kṛ**とがあり、後者は「こころを働かせる」という意味から、普通は「作意」と訳され、この語の意味をより分かり易くするために「作意思惟」と思惟を付与して訳す場合が多い。 Ⓢ anu-**cint**: **cint**: cintana: cintā: nidhyāna: manasi-**kṛ**: manas-**kṛ**: manaskāra: saṃkalpa

(出典)思惟者、謂、居遠離、楽思惟法、推度其義、解了決定。(『瑜伽』37、大正 30・497c):言思惟者、随所受持、究竟法義、審諦観察。(『瑜伽』83、大正 30・760c)

②十法行(経典などに書かれている教えに対する十種の修行)の一つ。→十法行

思慮 しりょ ①考えること。おもいはかること。「我の体に思慮ありと為すや思慮なしと為すや」「寂静に思慮するが故に静慮と

名づく」 Ⓢ cetanā
②思と慮。思うことと考えること。思と慮との差別については『婆沙論』に詳しい（『婆沙』42、大正 27・216b 以下）。

思量 しりょう ①ものごとを思考する働き一般をいう。「仏所説の十二分教に於て受持し、読誦し、思量し、分別す」「有為・縁生の法の中に於て、此れは是れ無常・苦・空・無我なりと思量し、観察す」
Ⓢ cetanā: pari-**tul**: **man**
②こころを心と意と識とに分類するなか、意の働きを思量と呼ぶ。「集起の故に心と名づけ、思量の故に意と名づけ、了別の故に識と名づく」 Ⓢ **man**
③八識（眼識・耳識・鼻識・舌識・身識・意識・末那識・阿頼耶識）を心と意と識とに分類するとき、意である末那識の働きをとくに思量とよぶ。→思量識 →末那識
（参考）思量有二。一無間意、二現思量。初通諸識、後唯第七。（『二十論述記』上、大正 43・981b）

思量識 しりょうしき 潜在的な根本心（阿頼耶識）を対象としてそれを自己（我）であると思考（思量）する識。末那識（第七識）のこと。恒に審びらかに思量する（恒審思量）点が他の識と相違する。→末那識
（出典）思量識、即第七識。思、謂、思慮、量、謂、量度、思量第八、度為我故。又恒審思量、余識無故。（『述記』1 本、大正 43・238c）
（参考）（『成論』4、大正 31・19b）

指 し 指。指の長さ。長さの単位の一つで、三つの指節からなる。 Ⓢ aṅgulī
（参考）（『倶舎』12、大正 29・62b）

指一節 しいっせつ →指節

指環 しかん 指の環。指かざり。荘飾品（荘厳具）の一つ。「飾るに瓔珞・耳環・指環・腕釧などの種種の妙なる荘厳具を以ってす」 Ⓢ mudrikā

指節 しせつ 指の節。指一節ともいう。一つの指の節の長さ。長さの単位の一つ。穬麦の七倍。 Ⓢ aṅgulī-parvan
（参考）（『倶舎』12、大正 29・62b）

指繊長相 しせんちょうそう 偉大な人間に具わる三十二種の身体的特徴の一つ。→三十二大丈夫相

室首摩羅 ししゅまら śiśumāra の音写。室獣摩羅とも音写。海獣の一種。その獣は噛んだ物を牙で堅く維持しつづけ、それを取り除くためには、その牙を切断する必要があることから、よこしまな見解を堅く持ちつづけることの喩えに用いる。「愚人の受持するところ、蹲魚の銜する物、室首魔羅の噛むところは、刀に非ざれば解すること能わず」
Ⓢ śiśumāra
（出典）如有海獣、名室首摩羅、凡所銜物堅執不捨、要以利剣、断截其牙、然後乃捨、五見亦然。（『婆沙』95、大正 27・490a）

室獣摩羅 しじゅうまら →室首摩羅

室羅筏拏月 しらばながつ 室羅筏拏は śrāvaṇa の音写。一年を構成する十二か月の一つ。夏の三月の一つ。 Ⓢ śrāvaṇa
（参考）（『婆沙』136、大正 27・701c）：（『西域記』2、大正 51・876a）

室羅摩拏洛迦 しらまならか śrāmaṇera の音写。沙弥とも音写。勤策・勤策男と意訳。→沙弥 →勤策

室羅摩拏理迦 しらまなりか śrāmaṇerī の音写。沙弥尼とも音写。勤策女と意訳。→沙弥尼 →勤策女

師 し 師匠。教え導く人。先生。原語のなか、ācārya は阿遮利耶と音写、軌範・軌範師・師長・親教師と意訳され、śāstṛ は大師と意訳される。 Ⓢ ācārya: śāstṛ

師捲 しけん 師拳とおなじ。→師拳

師拳 しけん 師がこぶしを握っていること。師匠が教えを惜しんで他者に伝授しないこと。師捲ともいう。秘吝とおなじ。「仏菩薩は正法に於て慳悋を生ぜず、師拳を作さず」「諸の如来の所説の法教は普く一切の人天の為に開示し、無倒に一切法を開示し、師捲を作さず、無遺に開示す」
Ⓢ ācārya-muṣṭi

師子 しし しし。ライオン。狂暴な師子は虎・狼・怨敵・盗賊と共に人に恐怖を与えるものとしてあげられる。よい意味では仏陀の喩え（師子吼・師子王）として用いられる。→師子吼 →師子王 「諸の菩薩は種種の師子・虎狼・鬼魅・王賊・水火などの畏に堕する諸の有情類を皆な能く救護す」
Ⓢ siṃha

師子王 ししおう ライオンの王。仏陀・如来がすべての反対者を降伏せしめることができることを、一切の獣のなかで最も勇敢で

強いライオンの王に喩えて、仏陀・如来を師子王という。「師子王は一切の獣のなか、勇悍・堅猛なること最も第一と為す」

師子王臥 ししおうが　ライオンが右の脇を下にして横になって寝るすがたをいい、仏陀・如来の寝すがたに喩えられる。また安眠して悪い夢をみない理想的な寝方として奨励される。「師子王の如く右脇にして臥す時は、身に掉乱なく、念に忘失なく、睡は極重せず、悪夢を見ず」 Ⓢ siṃha-śayyā

師子頷輪相 ししがんりんそう　偉大な人間に具わる三十二種の身体的特徴の一つ。→三十二大丈夫相

師子吼 ししく　釈尊が人びとに教えを決定的にはっきりと説くありようをライオンが力強く他を圧倒する吼え方に喩えて師子吼という。正師子吼とおなじ。「師子吼とは一切衆生は悉く仏性ありと決定して説くをいう」

師子上身相 ししじょうしんそう　偉大な人間に具わる三十二種の身体的特徴の一つ。→三十二大丈夫相

師資 しし　師と資。師匠と弟子。「心事を助成すれば心所の名を得たり。画の師資が作模し填彩するが如し」

師長 しちょう　教え導く人。尊敬すべき人。師匠。先生。「師長を恭敬し承事す」 Ⓢ ācārya: guru

師弟 してい　師と弟。師匠と弟子。「是の如き四種の阿笈摩を師弟が展転して今に伝来す」

恣 し　思いのままに、ほしいままにすること。心のおもむくままにまかせること。「菩薩は受用を求める者には彼れの須うる所を恣にして、其の楽う所の如くに随意に受用せしむ」「彼の外道は諸の村邑を巡って猪肉を飽食し情に恣せて飲酒す」 Ⓢ pravārita: pravārayitvā

恣挙羯磨 しこかつま　十種の羯磨の一つ。自ら思いのままに罪を告白する羯磨。→羯磨

恣施家 しせけ　思いのままに布施をする家。「菩薩は利他の為の故に非親里・長者・居士・婆羅門など、及び恣施家より、応に百千の種種の衣服を求むべし」 Ⓢ pravārita

脂 し　脂肪。あぶら。「脂・髄・膿・血の香」 Ⓢ vasā

脂膩 しに　サーンキヤ学派（数論）が説く二十五諦の一つである我慢（我執）の異名。脂も膩もいずれも「あぶら」「脂肪」をいい、我慢・我執の粘っこい作用をあぶらに喩えて脂膩という。→二十五諦

（出典）従大生我執。我執者、自性起用観察於我、知我須境故、名我執。初亦名転異、亦名脂膩。（『述記』1末、大正43・252c）

祠 し　祠祀とおなじ。→祠祀

祠火 しか　供物を火のなかに投げ入れて祈願するバラモン教の祭式。原語homaは護摩と音写され、この儀式は密教に取り入れられた。「妄計吉祥論者は精勤に日月星などを供養し、祠火し、誦呪す」 Ⓢ homa

祠祀 しし　祭式。敬すべき人にものを供養すること。よい果報（福報）をもたらす三種の供養（施与・愛養・祠祀）の一つ。すべてを否定する空見論者はこの三つを否定する。三田（悲田・恩田・敬田）のなかの敬田にあたる。 Ⓢ huta

（出典）空見論者、謂、如有一、若沙門若婆羅門、起如是見、立如是論。無有施与、無有愛養、無有祠祀、広説乃至、世間無有真阿羅漢。（『瑜伽』7、大正30・311a）：施与・愛養・祠祀者、如次、悲田・恩田・敬田三種差別。或初汎行慧、次現前敬恩田、後不現前敬恩田差別。（『略纂』3、大正、43、42b）

（参考）（『婆沙』98、大正27・505a以下）

祠者 ししゃ　祭式を行なう人。 Ⓢ yājñika

祠授 しじゅ　原語yajña-dattaは、「祠祀によって授かった者」という意味。この語は天授（deva-datta）と並んで出生の由来にもとづいて名づけられた代表的な人名として使われる。→天授 Ⓢ yajña-datta

（出典）因祠祀而得者、名為祠授。（『婆沙』15、大正27・73b）

祠祷 しとう　祭ること。「種種の香花と飲食とを以って天神を祠祷す」

舐 し　なめること。「手を舐めるべからず、鉢を舐めるべからず、手を振りて食べるべからず」 Ⓢ avalehaka

舐略 しりゃく　なめること。「脣口乾焦し、常に其の舌を以って口面を舐略す」 Ⓢ lelihamāna

徙多河 したか　徙多はサンスクリットśītāの音写。贍部洲にある四大河の一つ。私多河とも書く。→四大河 Ⓢ śītā-nadi

視 し　眼でみること。「若し如来を見れば

盲者は視を得、聾者は能く聴く」「他化自在天は相い視ることによって婬を成ず」 Ⓢ īkṣita: cakṣus

揣触 しそく 手にとってさわること。「価直を執持し、羊を売る廛に趣き、羊身を揣触して価に酬いて捉取し、牽還して養飯す」

揣摩 しま 鞭で打つこと。「具戒の苾芻は害縛・断截・撾打・揣摩などの事を皆な悉く遠離す」

紫礦汁 しこうじゅう 赤色の染料。波羅奢樹（palāśa）の液汁より作られる。「拘橼花に紫礦汁を塗るが如し。相続転変差別を因と為して後果が生ずる時に、瓤、便ち色赤し」 Ⓢ lākṣā-rasa

詞 し 言葉。耳の対象である声の一つ。「声とは鳴・音・詞・吼などを謂う」 Ⓢ nirukti

詞善巧 しぜんぎょう 世間の言葉に精通し、それに執着することなく説くこと。
（出典）云何詞善巧。謂、能善知我我所等世俗言詞、不深執著、随順説故。（『雑集論』11、大正 31・746b）

詞無礙解 しむげげ 仏の教えに関する四つの滞ることがない明晰な理解（四無礙解）の一つ。さまざまな言葉・方言を習得し理解していること。訓詞無礙解・釈詞無礙解ともいう。→四無礙解 Ⓢ nirukti-pratisaṃvit

歯 し は。Ⓢ danta

歯斉平密相 しさいびょうみつそう 偉大な人間に具わる三十二種の身体的特徴の一つ。歯無隙相ともいう。→三十二大丈夫相

歯鮮白相 しせんびゃくそう 牙歯鮮白有光明相とおなじ。→牙歯鮮白有光明相

歯無隙相 しむげきそう 歯斉平密相とおなじ。→歯斉平密相

歯落 しらく 歯が欠けおちていること。老人を形容する語。「朽老し衰邁し歯落ち髪白く年八十を逾ゆ」 Ⓢ śaṇḍa-danta

嗤笑 ししょう 嘲笑すること。ひやかしわらうこと。「諸の菩薩は来求者を見て終に嗤笑せず、亦た軽弄せず」 Ⓢ ava-**has**

嗤誚 ししょう わらいそしること。「他の心に随って転じて菩薩は終に他を嗤誚・軽弄せず」「若し不同分の鼻舌の二根が現在前することが起これば、則ち世の嗤誚するところなり」 Ⓢ ava-**has**

肆 し 市。市場。町。「田・宅・邸・肆の事は摂受の事なり」 Ⓢ āpaṇa

詩論 しろん 詩についての論議。「綺飾の文句相応の詩論」 Ⓢ kāvya

訾辱 しにく そしりはずかしめること。「他に身語をもって訾辱せらるる」 Ⓢ āhata

資 し 食べものをとる、食べること。「段食を資す」 Ⓢ **bhuj**

資縁 しえん 身を養うための品物。衣服・飲食・臥具・病縁医薬・房舎など。「衣服・飲食・臥具などの資縁を倹約す」

資具 しぐ 生活のための道具。器具。身のまわりのもの。資生具ともいう。種類としては次の四種が説かれる（『瑜伽』5、大正 30・299a）。（ⅰ）適悦資具（tuṣṭi-upakaraṇa）。車や衣服、身を飾る装飾品、照明など。（ⅱ）滋長資具（puṣṭi-upakaraṇa）。按摩など身体を整え元気にするために用いる道具（無尋思輪石）。（ⅲ）清浄資具（śuddhi-upakaraṇa）。祭式のため、あるいは禅定をくむために用いられる草（吉祥草）、薬用に用いられるビルバ樹の実（頻螺果）、ほら貝（螺貝）など。（ⅳ）住持資具（sthiti-upakaraṇa）。飲食物。→資生具 Ⓢ upakaraṇa: pariṣkāra: bhoga

資具之樹 しぐのじゅ 諸の天にある飲食や、坐る・臥すなどの生活のための道具を出生する樹。 Ⓢ bhāṇḍa-upaskara-vṛkṣa
（出典）有資具之樹、従此出生種種資具。所謂、食飲之具、坐臥之具、如是等類種種資具。（『瑜伽』4、大正 30・298b）

資財 しざい 財産。財物。生活の道具。「人同分中において寿量短促にして資財匱乏なり」 Ⓢ upakaraṇa: draviṇaṃ pariṣkāram: bhoga

資産 しさん 財産。財物。「善趣に生まれて資産豊饒なり」「資産興衰の相」 Ⓢ upakaraṇa

資持 しじ 維持する、保持すること。「梵行を修して寿命を資持す」

資助 しじょ ①たすける、援助すること。「仏の資助に由って聖道、生じることを得る」「受と想とは心を資助すること強し」
②身を養う助けとなる行為。たとえば、身体に油を塗る、沐浴する、などの風習をいう。「飲食と資助と睡眠と等持との勝縁に益せらるるを所長養と名づく」 Ⓢ saṃskāra

資生 ししょう 助けること。生活を支える

こと。「資糧位は根本位を資生す」「羊は資生と為るが故に羊を殺しても罪なきなりと邪見す」

資生具 ししょうぐ →資具

資身具 ししんぐ 日常の生活のなかで必要な品物や道具や事柄。食・飲・乗・衣・荘厳具・歌笑舞楽・香鬘塗末・什物之具・照明・男女受行の十種（『瑜伽』2、大正 30・288c）。供身具・資生具・資身什物とおなじ。Ⓢ kāya-pariṣkāra

資身什物 ししんじゅうもつ 身を養う品物や道具。衣服・飲食物・薬などをいう。供身具・資生具・資身具とおなじ。「諸の菩薩は憐愍心を以って饒益を現作し、然る後に如法の衣服・飲食・臥具・病縁・医薬などの資身什物を給施す」 Ⓢ kāya-pariṣkāra

資益 しやく やしない育てること。「飲噉するところを縁と為して諸根の大種を資益す」 Ⓢ upacaya: puṣṭi

資養 しよう たすけ養うこと。「静慮・解脱・等持・等至を勤修するは羸痩の身を資養せんが為なり」「段食などに由って諸根の大種を資養す」

資糧 しりょう ①たくわえ。あることを成就するための糧。たとえば、菩提を獲得するための糧として福徳と智慧の二つの資糧が説かれる。→福徳資糧 →智慧資糧「波羅蜜多を修することは無上正等菩提の真実の資糧と為る」 Ⓢ saṃbhāra

（出典）菩提資糧略有二種。一者福徳資糧、二者智慧資糧。（『瑜伽』45、大正 30・539b）

②旅のための食糧。「前路を往かんと欲するに資糧なし」 Ⓢ pātheya

資糧位 しりょうい 修行の五種の段階（資糧位・加行位・通達位・修習位・究竟位）の最初。さとり（無上正等菩提）に至るためのたくわえを集積する段階。総じて言えば、福徳資糧と智慧資糧の二つのたくわえを集める修行段階。〈唯識〉的には、さとりを得ようと発心してから、乃至、唯識という真理を深く信じ理解するに至るまでの段階をいう。真理を見て真実に解脱する状態におもむく過程、解脱に順ずる過程であるから別名、順解脱分ともいう。資糧道・資糧地とおなじ。→資糧①

（出典）何等資糧道。謂、諸異生所有尸羅、守護根門、飲食知量、初夜後夜常不睡眠、勤修止観、正知而住。復有所余進習諸善、聞所成慧、思所成慧、修所成慧、修習此故、得成現観解脱所依器性。（『集論』5、大正 31・682b）：従発深固大菩提心、乃至未起順決択識、求住唯識真勝義性、斉此皆是資糧位摂。為趣無上正等菩提、修習種種勝資糧故、為有情故、勤求解脱、由此亦名順解脱分。此位菩薩、依因、善友、作意、資糧、四勝力故、於唯識義雖深信解、而未能了能所取空。（『成論』9、大正 31・48b）

資糧地 しりょうじ 修行の五種の段階（資糧地・加行地・見地・修地・究竟地）の最初。さとりに至るためのたくわえを集積する段階。資糧道・資糧位とおなじ。→資糧位

資糧大性 しりょうだいしょう 大乗が大乗といわれる所以の七つの偉大性の一つ。→七大性

資糧道 しりょうどう ①修行の五種の段階（資糧道・加行道・見道・修道・究竟道）の最初。さとりに至るためのたくわえを集積する段階。資糧地・資糧位とおなじ。→資糧位

②道諦の三つ（資糧道・方便道・清浄道）の一つ。世間と出世間との離欲におもむくための次の十四の実践・修行をいう。自円満・他円満・善法欲・戒律儀・根律儀・於食知量・初夜後夜常勤修習覚寤瑜伽・正知而住・善友性・聞正法・思正法・無障礙・修恵捨・沙門荘厳。

（参考）（『瑜伽』64、大正 30・655c）：（『瑜伽』22、大正 30・402a）

③二つの道（資糧道・依止道）のなかの一つ。六波羅蜜多のなかの前の四つ（施・戒・忍・精進の四波羅蜜多）を資糧道といい、第五の静慮波羅蜜多を依止道という。第六の慧波羅蜜多を生じるために前の四つがそのたくわえ（資糧）となり、慧は第五の静慮を直接のよりどころ（依止）として生じるから、このように二つに分かれる。

（出典）二種道者、一資糧道、二依止道。資糧道者、謂、施戒忍及与精進波羅蜜多。依止道者、即是静慮波羅蜜多。由前所説波羅蜜、多所生諸善、及依静慮波羅蜜多、無分別智即得生長、此智名慧波羅蜜多。（『摂論釈・世』8、大正 31・365a）

雌黄 しおう 硫黄と砒素の混合物。薬用・顔料とする。「雌黄を経像に塗らず、酢で以って像を灌洗せず」 Ⓢ haritāla

賜与 しよ 与えること。施すこと。「王は幼童に種種の諸の戯楽具である鹿車・牛車・馬車・象車を仮作して之を賜与す」
Ⓢ upasaṃhṛta

駛流 しる 速い流れ。「駛流の河の流に随って漂溺す」「不動地以上の菩薩は一切の煩悩永く行ぜず、法の駛流の中に任運に転ず」

熾火 しか 燃えさかる火。「貪瞋癡などは身心を労して熾火の如くにならしむ」
Ⓢ agni-jvāla

熾盛 しじょう はげしく盛んなさま。勢いがあること。「無始の時よりこのかた、煩悩熾盛にして身心熱悩す」「此の贍部洲の其の地は寛広にして人民は熾盛・安隠・豊楽なり」「威徳熾盛にして光明普照す」
Ⓢ pracura: pracuratā
（出典）言熾盛者、即是増勝。（『摂論釈・無』7、大正 31・425a）

熾然 しねん ①火が燃えるようにはげしく盛んなさま。貪・瞋・癡などの煩悩のありようをいう。「熾然にて猛利なる煩悩」「苦の火聚が長時に熾然たり」「煩悩が熾然する熱悩が永く息むが故に名づけて清涼と為す」
Ⓢ ātapta: ātāpin
（出典）熾然有三。謂、貪熾然・瞋熾然・癡熾然。由依止貪瞋癡故、為非法貪大火所焼、不平等貪大火所焼、及為邪法大火所焼、故名熾然。（『集論』4、大正 31・678a）
②煩悩の別名。「煩悩は大熱病の如くなるが故に熾然と名づく」 Ⓢ jvara
③はげしく勇敢なさま。修行・精進するありようをいう。「菩薩のあらゆる精進は勇猛にして熾然なり」「菩薩は仏智を欣楽するを依止と為すが故に熾然として精進す」
Ⓢ uttapta
④火がはげしく燃えるさま。「猛焔が熾然する大熱鉄地」 Ⓢ jvalita
⑤仏・菩薩の能変神境智通の一つ。身体より青・黄・赤・白などの色の猛火を自在に発するという神通力の働きをいう。 Ⓢ jvalana
（出典）熾然者、謂、仏菩薩、依定自在、従其身上、発猛焔火、於其身下、注清冷水、従其身上、発猛焔火、於其身上、注清冷水、入火界定、挙身洞然、遍諸身分、出種種焔青黄赤白紅紫碧緑頗胝迦色、是名熾然。（『瑜伽』37、大正 30・491c～492a）

諮受 しじゅ 諮問して教えを授かること。教えを了解して記憶すること。「天帝、仙人の所に往きて法義を諮受す」「正法を諮受し、諮受し已って広く他の為に説く」
Ⓢ udgrahaṇa

諮詢 しじゅん 問いはかること。意見をたずねること。「云何が善、云何が不善なるやと諮詢す」

諮請 ししょう 諮問して答えを請うこと。「云何が善、云何が不善なるやと諮請す」

鵄 し とび。「或いは貪多くあれども食少きあり、烏・鵄などの如し」

鵄鷲 しじゅ とびやわしの鳥類。「彼彼の屍死は一日を経て、或いは七日を経て、烏鵲・餓狗・鵄鷲・狐狼などに食噉せらるる」
Ⓢ gṛdhra

鵄梟 しきょう とびやふくろうの鳥類。「此の死屍は諸の狐狼・鵄梟・鵰鷲・烏鵲・餓狗に食噉せらるる」

士 じ 詳しくは士夫という。→士夫①

士夫 じふ ①人。人間。男。とくに力強い男を意味する場合が多い。原語 puruṣa は丈夫とも訳される。→士夫用 →丈夫
Ⓢ puruṣa
②使用人。配下。「菩薩は、或いは国王と作って、一の善巧にして機捷なる士夫を立てて、臣民の事業を常に伺察せしむ」
Ⓢ pauruṣeya
③サーンキヤ学派（数論）が説く、世界が開展する二つの根本原理である prakṛti（自性）と puruṣa（士夫）のなかの一つ。神我ともいう。→神我「問う、何に縁って外道は非因を因と謂うや。答う、悪友に親近して、自在・自性・士夫・時・方・空などが諸法を生ずると説くを聞くが故なり」「因に於て無知とは、不如理の分別を起こして、或いは無因を計し、或いは自在・世性・士夫・中間などの不平等因を計す無知を謂う」 Ⓢ puruṣa

士夫用 じふゆう 士夫の用。詳しくは士夫作用という。人間の作用。力強い人の働き。士用とおなじ。

士用 じゆう 士の用。士夫用とおなじ。→士夫用 Ⓢ puruṣa-kāra

士用因依処 じゆういんえしょ →因依処

士用果 じゆうか 五つの果（異熟果・等流果・離繋果・士用果・増上果）の一つ。士用とは、詳しくは士夫の作用をいい、力強い人の働きをいう。力強い人によって種々に事

業が成就されることに喩えて士用果という。具体的には、たとえば、農業によって穀物を得る、商業によって利益を得る、など世俗の仕事の成果をいう。六因のなかの倶有因と相応因とによってもたらされる果。
Ⓢ puruṣa-kāra-phala
（出典）士用果者、謂、道所牽、倶有、解脱、所修及断。（『倶舎』17、大正 29・91a）：諸有一類、於現法中、依止随一工巧業処、起士夫用、所謂、農作・商賈・事王・書画・算数・占卜等事。由此成辦諸稼穡等財利等果、是名士用果。（『瑜伽』38、大正 30・502b）：果有五種。（中略）四者士用。謂、諸作者、仮諸作具、所辦事業。（『成論』8、大正 31・42a～b）

示 じ　示すこと。見せしめること。提示すること。顕示・開示・示現などと二字で表すことが多い。 Ⓢ upa-**dṛś**: **dṛś**

示現 じげん　①現し示すこと。「恐怖せしめんが為に神通力を以って諸の悪行者に方便して種種の悪行の果である諸の那落迦を示現す」「化身を示現する方便善巧」「平等性智相応の心品は諸の有情の所楽に随って受用身土の影像の差別を示現す」
Ⓢ upa-**dṛś**: prakāśita: vidarśana: saṃdarśana: sam-**dṛś**
②具体的に現象として現れていること。色（物質的なもの）の定義に用いられる語。「言うところの色とは、是れ変礙の義、或いは示現の義なり」 Ⓢ rūpya

示道沙門 じどうしゃもん　四種の沙門の一つ。説道沙門・論道沙門とおなじ。→説道沙門　→四沙門②

示導 じどう　示し導くこと。仏教以外の人びとや反対者を説き伏せて仏教に導き入れること。神変示導・記心示導・教誡示導の三つがある（『倶舎』21、大正 29・143c）。示導が『瑜伽論』では神変と訳され、これら三つが神境神変（神力神変）・記説神変・教誡神変（教導神変）と訳されている（『瑜伽』27、大正 30・435c）（『瑜伽』25、大正 30・417b）。 Ⓢ prātihārya

地 じ　①修行の五種の段階。資糧地・加行地（方便地）・見地・修地・究竟地の五つ。
Ⓢ bhūmi
（出典）地義者、略有五地。一者資糧地、二者加行地、三者見地、四者修地、五者究竟地。（『瑜伽』81、大正 30・751a）
②修行の十七種の段階。→十七地
Ⓢ bhūmi
（出典）地義者、広分別、有十七地。謂、五識身地為初、無余依地為後。（『瑜伽』81、大正 30・751a）
③物質を構成する四つの元素である四大種（地・水・火・風）の一つ。→四大種
Ⓢ pṛthivī

地界 じかい　存在を構成する六つの要素（地・水・火・風・空・識の六界）の一つで、地という要素。地の性質であるかたさ（堅性）という要素。内の地界（身体のなかの髪・毛・爪・歯骸骨・筋脈などのかたさ）と外の地界（外界の瓦・木・塊・礫・樹・石などのかたさ）との二種に分かれる。
Ⓢ pṛthivī-dhātu
（参考）（『瑜伽』27、大正 30・430a）

地行薬叉 じぎょうやくしゃ　大地を行く薬叉。→薬叉

地居天 じごてん　大地にある天。六欲天中の二天、すなわち、スメール山の中腹の四天王衆天と山頂の三十三天のこと。空居天に対する。→空居天「空居天は日などの宮殿に住し、地居天は妙高山の諸の層級などに住す」 Ⓢ bhaumā devāḥ

地獄 じごく　常に苦しむ生きもの、あるいは、そのような生きものが住む世界。欲界の最下層に位置する。その苦の内容によってさまざまな地獄が説かれるが、大別すると八熱地獄・八寒地獄・近辺地獄・独一地獄の四種がある。八熱地獄（八大地獄）として等活地獄・黒縄地獄・衆合地獄・号叫地獄・大叫地獄・炎熱地獄・大熱地獄・無間地獄の八つがある（→各項参照）。また八寒地獄（八寒捺落迦）として頞部陀・尼剌部陀・頞哳吒・臛臛婆・虎虎婆・嗢鉢羅・鉢特摩・摩訶鉢特摩の八つがある（→各項参照）。原語 naraka を音写して那落迦・那洛迦・捺落迦とも書く。 Ⓢ naraka
（出典）四種地獄者、八熱・八寒・近辺・独一。（『略纂』2、大正 43・26c）
（参考）（『倶舎』8、大正 29・41a）：（『倶舎』11、大正 29・58a～59a）：（『瑜伽』4、大正 30・294c）

地獄趣 じごくしゅ　地獄としての生存。五種の生命的存在である五趣（地獄・餓鬼・傍

生・人・天）の一つ。悪趣の一つ。→悪趣
Ⓢ naraka: naraka-gati

地獄卒 じごくそつ 地獄の看守。地獄の生きものを処罰し苦しめる番人。獄卒ともいう。「地獄卒は有情なるや非情なるや」
Ⓢ naraka-pāla

地上菩薩 じじょうぼさつ 見道において初めて真理をさとった以後の十地に住する菩薩。地前菩薩の対。→十地 →見道「地上の菩薩、地前の菩薩を問わず皆な勝者と名づく」

地神 じしん 大地に住する神。大地を司る神。仏が初めて法を説いたとき、最初にその教えを声をあげて唱えたものとされる。「仏、法輪を転じ已りて、先ず地神が声を挙て伝告し、次に虚空神、次に四大王衆天、是の如く展転して須臾の頃を経て声は梵世に至る」 Ⓢ pṛthivī-sthita-yakṣa

地水火風 じすいかふう 物質を構成する地（pṛthivī）と水（āpas）と火（tejas）と風（vāyu）との四つの元素。まとめて四大種という。→四大種

地前菩薩 じぜんぼさつ いまだ十地に入っていない以前の菩薩。真理を決定的に信じてはいるがいまだ見道において真理を証する以前の菩薩。地上菩薩の対。→十地 →見道

地大 じだい 物質を構成する四種の元素（地大・水大・火大・風大）の一つ。地という元素。詳しくは地大種という。
Ⓢ pṛthivī-mahābhūta

地致婆 じちば tiṭibha の音写。数の単位の一つ。十の二十七乗。 Ⓢ tiṭibha
（参考）（『婆沙』177、大正 27・891a）：（『倶舎』12、大正 29・63b）

地皮餅 じひへい →地餅

地餅 じへい 大地からわき出る餅。地味が乾いてかたまってできた餅という説もある。地皮餅ともいう。「劫初に於ては一切の大地の面は皆な平正なり。此より以後、諸の有情の福業力に由るが故に地味が生じ、是の如く漸次に地餅・林藤が生じ、種かずして粳稲が自然に出現す」 Ⓢ bhūmi-parpaṭaka
（出典）地餅者、地中涌出餅。（『略纂』1、大正 43・17a）：地皮餅生者、地味漸乾成餅、名地皮餅。（『倶舎論記』12、大正 41・196b）

地遍処 じへんしょ 十遍処の一つ。→十遍処

地味 じみ 大地から生じる甘味な食べ物（蘇陀 sudhā）の味。 Ⓢ bhūmi-rasa
（出典）地味者、妙蘇陀味。（『略纂』1、大正 43・17a）

地輪 じりん 山や島や海などの自然がそのなかにある広大な円輪体の大地。下にある金輪・水輪・風輪の三つの輪によって支えられている。この地輪の上に蘇迷盧山・七金山・四大洲・八小洲・内海・外海などがある。「水輪は風輪に依り、金輪は水輪に依り、地輪は金輪に依り、此の地輪によって蘇迷盧山・七金山・四大洲・八小洲・内海・外海あり」

字 じ 単語や文章を構成する文字。たとえば a、ā、i、ī、ka、kha、ga などの文字。名・句・文のなかの文の言い換え。文すなわち字から、単語（名）と文章（句）が成立し、それによって意味（義）が表される。字と訳される原語に akṣara と vyañjana との二つがあるなかの akṣara は、「変化する」という意味の kṣara に否定の a-をつけたものと解釈し、文章を構成する変化しないもの（無改転・不流転）ととらえる。悪察那・悪刹羅と音写。 Ⓢ akṣara: vyañjana
（出典）文者、謂、字。如説衰阿一伊等字。（『倶舎』5、大正 29・29a）：梵云悪刹羅、唐言字。是不流転義。（『倶舎論記』5、大正 41・108c）
（出典）悪察那、是字、無改転義。（『述記』2末、大正 43・289a）

字縁 じえん →字界

字界 じかい 語根。動詞の根。あるいは、一つの名詞を構成する語幹。たとえば vimati（疑と意訳。毘末底と音写）は接頭辞の vi（毘と音写）と語幹の mati（末底と音写。慧と意訳）とに分けられ、もともと慧を意味する語幹すなわち mati に接頭辞 vi が付されることによって語の意味が慧から疑に変化する。このように語幹を字界というのに対して、接頭語を字縁という。 Ⓢ dhātu
（出典）末底、是字界、界、是性義。由毘字是縁、縁助界力、義便転変。（『述記』6末、大正 43・445a～b）

字身 じしん 単語や文章を構成する文字の集まり。全部で四十九文字ある。字の原語 vyañjana を文と訳して文身ともいう。
Ⓢ vyañjana-kāya

（出典）字身者、謂、若究竟、若不究竟、名句所依、四十九字。（『瑜伽』81、大正30・750b）：云何文身。謂、名身句身所依止性、所有字身、是謂文身。（『瑜伽』52、大正30・587c）

字母 じも 最小単位の字すなわちa、ā、i、ī、ka、kha、gaなどの文字は単語や文章を構成する根本であるから母に喩えて字母という。→字 Ⓢ mātṛkā

寺 じ ①てら。修行者の住居。原語vihāraは寺館・寺舎・寺院・道場とも訳される。「四方の僧伽を供養するが為めに寺を造り園を施す」 Ⓢ vihāra
②教学の流派を表す名称としての寺。たとえば、北寺・南寺の寺。法相宗では興福寺を中心とした教学の流れを北寺あるいは北寺伝、元興寺を中心とした教学の流れを南寺あるいは南寺伝と称して区別した。

寺院 じいん →寺①「園林と寺院との経行処に依って安住す」

寺館 じかん →寺①「福舎と寺館とを建立す」

寺舎 じしゃ →寺①「寺舎と敷具と制多と園林とを捨施す」

耳 （じ）→に

自 じ ①自己。自己という存在。他（para）に対する自（ātman）。自相続と訳すsva-saṃtānaを自と訳す例がある。→自他「自と他とを利せんが為に正行を勤修す」「若し戒を犯す時は便ち自を発露して能く後犯を防ぐ」 Ⓢ ātman: sva-saṃtāna
②「自己の」「自らの」という形容詞。「自らの児の為の故に勤めて守護を加う」「衆生の貧窮は自らの業の過失なり」 Ⓢ sva: svaka
③「自己自身で」「みずから」を意味する副詞。「独覚というは唯だ自ら道を悟るをいう」「自ら邪欲を行ずる」「仏菩薩は漏尽智に由って自らに染汚なし」「自ら己の宿住を能く随念す」 Ⓢ ātmanā: mayā: svayam

自応無倒智 じおうむとうち 応離功用無顚倒智ともいう。ただ識しか存在せず外界にはものは存在しないという唯識無境の理をさとるための四つの智の一つ。功用すなわち修行することなしに誤りがなくなることができるという過失におちいることになると智ること。もしも認識の対象が認識される如くに実在するならば、凡夫といえども真実を認識していることになり、努力精進することなしに自然に解脱していることになるからである。
（出典）成就四智菩薩、能随悟入唯識無境。（中略）三自応無倒智。謂、愚夫智、若得実境、彼応自然成無顚倒、不由功用、応得解脱。（『成論』7、大正31・39a）

自我 じが ①存在するもののそれ自らの本体、それそのもの。自体・自物・自性・自相・自己・自本性などと並記されている。「因縁あるが故に転変なしとは、一切法は各々、自体・自我・自物・自性・自相に住して転変あることなきを謂う」「自体在とは一切法は各々、自体・自我・自物・自相・自己・自本性の中に住するを謂う」
②自己。自己という存在。原語はātmanであるが、これは「我」と訳される場合が多い。「宿住念は無体を念ずとせんや自我を念ずとせんや」 Ⓢ ātman
③他我に対する自我。自己という存在。「汝が所説の我は是れ自我にして他我に非ずと説くべからず」

自我愛 じがあい 自己への愛着。「菩薩は数習力の故に自我愛を捨てて恋他心を増す」 Ⓢ ātman-sneha

自餓 じが 食事を断って飢えること。断食すること。外道が修する苦行の一つ。断食とおなじ。「諸の外道は多くの道諦を説く。自餓を執して道と為し、或いは臥灰を執して道と為し、露形を執して道と為すが如し」

自界 じかい 自らの世界。欲界・色界・無色界の三つの世界のなか、それぞれ自らの世界をいう。たとえば、色界に住するものにとっては色界が自界となり、欲界は下界、無色界は上界となる、あるいは、欲界と無色界は他界となる。他界の対。「断善の邪見は唯だ自界を縁じて他界を縁ぜず」 Ⓢ sabhāga-dhātu: sva-dhātu: sva-dhātuka

自害 じがい 自己を害すること。他者を殺害しようとして自らが害せられること。三つの害（自害・他害・倶害）の一つ。
Ⓢ ātman-upaghāta: ātman-vyābādha: ātman-saṃcetanā
（出典）殺生者、殺生為因、能為自害、能為他害、能為倶害。（中略）云何能為自害。謂、為害発起方便、由此因縁、便自被害、若被繫縛、若遭退失、若被訶毀、然彼不能損害於他。（『瑜伽』9、大正30・320b）

（参考）（『婆沙』44、大正 27・227c 以下）

自覚 じかく ①自らさとること。自ら覚悟すること。「仏は十二処の一一を証知し、皆な能く自覚して他教に由らず」「若し復た説いて、我れは如実に知れり、と言えば、是れを自覚の法教を宣説すると名づく」
②自覚覚他の自覚。→自覚覚他

自覚覚他 じかくかくた 自覚と覚他。自ら覚悟し同時に他者を覚悟せしめること。覚悟した者（仏陀）のさとりのありようをいう。「菩提と言うは仏の智慧を謂う。梵に菩提と云い、此に翻じて覚と為す。自覚・覚他の覚行円満なり」

自活 じかつ →自活命

自活命 じかつみょう 自ら生活すること、生きること。自活ともいう。→活命「云何が命清浄なるや。謂く、如法に乞求して以って自活命するをいう」「聖慧命の者は無上の慧命を以って清浄にして自活す」 Ⓢ jīv

自翫読 じがんどく 自ら経典を開いて読むこと。自披読とおなじ。十法行（経典などに書かれている教えに対する次の十種の修行）の一つ。→十法行

自義 じぎ 自己の目的。自己の利益。自己のためになること。たとえば出家し修行して、一つは煩悩を断じて究竟の涅槃を得ることと、もう一つは、世間において善き存在（善趣）に生まれるという楽を得ること。自義利ともいう。「遠離処に至って自義を思量す」「阿羅漢を成じて諸の漏が已に尽き、作すところ已に辦じ、復た作すところなくして自義を証得す」「得究竟の法あり。謂く、自義を究竟して証すべきところの法なり」
Ⓢ ātman-artha: sva-artha: svaka-artha
（出典）云何名為能辦自義。謂、出家已、由其二相、説名有果。一者証得煩悩離繋究竟涅槃。謂、離繋果。二者能起世間勝楽。謂、往善趣楽異熟果。（『瑜伽』94、大正 30・836b）

自義行 じぎぎょう 自己の利益のための実践。自己のためになることを行なうこと。声聞・独覚の生き方をいう。菩薩の生き方である他義行の対。自義利行・自利行ともいう。
（出典）自義行者、謂、自利行、如声聞独覚、彼雖或時起利他行、然本期願、不唯利他、是故所行、名自義行。（『瑜伽』81、大正 30・752a）

自義利 じぎり →自義

自義利行 じぎりぎょう →自義行

自苦 じく 自らを苦しめること。欲楽の対。→自苦行「二辺を離れる戒とは、欲楽と自苦との二辺を受用する法を遠離するをいう」 Ⓢ ātman-klamatha

自苦戒 じくかい 自らを苦しめて生天しようとする戒。外道の戒の一つ。「外道あり、自苦戒を持して計して清浄と為す」
Ⓢ kaṣṭa-vrata

自苦行 じくぎょう 自らを苦しめる修行・生き方。外道の修行。欲や楽にふける修行である欲楽行と共に極端な修行として仏教では否定される。欲楽行の対。→苦行①②　→二辺「常見の外道は未来の報の為に自苦行を行じて自ら其の身を苦しめ、荊棘などに坐臥す」 Ⓢ ātman-klamatha-yoga
（参考）（『顕揚』7、大正 31・516a～b）

自苦行辺 じくぎょうへん 自らを苦しめてさとりに至ろうとする極端な生き方・見解。自苦辺ともいう。欲楽行辺の対。「欲楽行辺を遠離せんが為に、自苦行辺を遠離せんが為に、諸の飲食を受す」 Ⓢ ātman-klamatha-anta

自苦辺 じくへん →自苦行辺

自己 じこ ①自己。おのれ。おのれ自身。「自己独り空閑に処す」「自己の菩提の資糧の為に清浄なる尸羅を受持す」「一切の有情に於て自己の如くに平等の心を起こす」「声聞・独覚は自己の境中に於て智は退することなし」「自己の識が中に於て住するが故に自己の諸蘊が識住の名を得る」 Ⓢ ātman: sva
②（存在するものの）それ自体。「在に四種有り。一に自体在。（中略）自体在とは一切法は各々自体・自我・自物・自相・自己・自本性の中に住するを謂う」「芽などは自己より生じ展転して、乃至、最細の有分は極微より生ず」

自挙 じこ →自高挙

自挙障 じこしょう 劣った智慧に安住して自らをさとったとおごりたかぶる障害。
Ⓢ ātman-saṃpragraha-āvaraṇa
（出典）自挙障者、謂、於少分下劣智見、安隠住中、而自高挙、謂我能得余則不爾。（『瑜伽』31、大正 30・457b）

自高 じこう →自高挙

自高挙 じこうこ おごりたかぶること。他人と比べて自己がすぐれていると思うこ

と。自高・自挙ともいう。「憍傲を遠離して、自らを高挙せず、他を軽蔑せず」「慢とは他に対する心の自挙性なり」「他心に随って転ずる菩薩は謙下を生じて自高を起こさず」Ⓢ ātman-utkarṣa: ātman-pragrāhaka: ātman-saṃpragraha: ātmānaṃ saṃpra-**grah**

自業　じごう　①自らの行為。自己の行ない。自らの行為が原因となって自らその結果を受け取るということを自業自得という。「世間の有情は皆な自業に由るとは、自らの作業は還って自らの異熟を受けるをいう」「衆生の貧窮は是れ衆生の自業の過失なり」Ⓢ karma-svakatā: sva-karman

②あるものに固有の働き・作用。たとえば、眼は見る、耳は聞く、あるいは、地は維持する、火は焼く、などの働きをいう。

（出典）何等名為自業作用。謂、眼以見為業、如是余根、各自業用応知。又地能持、水能爛、火能焼、風能燥、如是等類、当知外分自業差別。（『瑜伽』5、大正30・301b）

自業智力　じごうちりき　如来の十力の一つ。→十力

自作　じさ　ある出来事や事柄、広くは現象的存在（縁起法・縁生法）は、自己によって作られる（自作）、他者によって作られる（他作）、自己と他者との両者によって作られる（倶作）という三種の見解のなかの、自己によって作られるという見解をいう。仏教は実体的な自己や他者を認めない無我という立場より、すべての現象的存在は自作でも他作でも自他による倶作でもないと説く。自所作ともいう。「諸の縁生法は自作に非ず、他作に非ず、倶作に非ず、亦た無因生に非ず」Ⓢ svayaṃ-kṛta

自作供養　じさくよう　十種の供養の一つ。如来の所、あるいは霊廟（制多）の所で供養しようとする時、他人の手を借りずに自らの手で道具などを調えて供養すること。→供養①　Ⓢ svayaṃ-kṛtā pūjā

（出典）諸菩薩、於如来所、若制多所、欲設供養、唯自手作、不使奴婢作使朋友僚庶親属、不依懈惰諸放逸処、而設供養、是名菩薩自作供養。（『瑜伽』44、大正30・533c）

自作論　じさろん　ある出来事や事柄、広くは現象的存在は、自己が過去世になした業が原因で作られるという見解。他作論・倶作論に対する見解。

（出典）若欲一切皆宿因作、名自作論。若欲一切皆自在等変化因作、名他作論。若欲少分自在天等変化因作、一分不爾、名倶作論。（『瑜伽』87、大正30・787a）

自在　じざい　①自己の思いのままに物事を行なうこと。自己の意志に従わせる力。種類として命自在・心自在・財自在・業自在・生自在・勝解自在・願自在・神通自在・智自在・法自在の十種が説かれる（『集論』4、大正31・681b）。「菩薩は是の如く普く一切に於て自在を得るが故に最上の勝利を獲得す」Ⓢ aiśvarya: prabhu: prabhutva: vaśa: vaśitā: vaśitva: vaśin

②「自らによる」という意味の原語 sva-tantra の訳としての自在。自己によって存在すること。自己を統御すること。外道は、そのような自己により自己を統御する力をもつ主体（宰主・主宰）、すなわち我（ātman）が存在するとみなすが、仏教はすべては因縁によって生じた無常なものであり、そのような自在な力、自己を統御する力を有する我は存在しない、すなわち無我であると主張する。「諸行は是れ無常にして是れ苦なり。若し是れ苦ならば即ち是れ無我にして自在を得ず、宰主を遠離す」Ⓢ sva-tantra

③すべての存在・世界を作り出す自在天（īśvara）、すなわち大自在天（mahā-īśvara）のこと。「沙門、若しくは婆羅門あり、自在などは是れ一切の物の生者・化者・作者なりと計す、此れ悪因論の邪見なり」Ⓢ īśvara

④菩薩の異名の一つ。Ⓢ īśvara

（参考）（『瑜伽』46、大正30・549b）

自在因　じざいいん　自在具足因とおなじ。→自在具足因

自在具足　じざいぐそく　多くの財産・仲間・取り巻きを持っていること。八種の異熟果の一つ。→異熟果　Ⓢ aiśvarya-saṃpad: aiśvarya-saṃpanna

（出典）若諸菩薩、得大財位、有大朋翼、具大僚属、是名菩薩自在具足。（『瑜伽』36、大正30・484b）

自在具足因　じざいぐそくいん　自在因ともいう。自在具足をもたらす原因。八種の異熟因の一つ。食べ物などが乏しくものごいをして生活をする貧しい人びとに、かれらが欲するがままに施すこと。→自在具足　→異熟因

Ⓢ aiśvarya-saṃpado hetuḥ
（出典）於資生具有所匱乏遊行乞匃諸衆生、所随欲恵施、是名菩薩自在具足因。（『瑜伽』36、大正 30・484c）：乞匃随施、是自在因。（『演秘』1 本、大正 43・814c）

自在所生色 じざいしょしょうしき →定所引色

自在成就 じざいじょうじゅ 三種の成就（種子成就・自在成就・現行成就）の一つ。修行することによって自在を得るありようをいう。静慮や三摩地などの定心、あるいは無記である工巧処・変化心・威儀路などを成就すること。
（参考）（『瑜伽』52、大正 30・587a）：（『集論』3、大正 31・673c）

自在天 じざいてん ①すべての存在・世界を自在に作り出す創造主。バラモン教、特に持髻・塗灰などの苦行を修するパーシュパタ派が説く天。仏教はそのような創造主の存在を否定する。「一切の世間は唯だ諸の因と諸の縁とより起こり、自在天・我・勝性などの一因より起こるには非ず」 Ⓢ īśvara
②仏教に取り入れられた自在天。色界の頂である色究竟天に住する神。大自在天ともいう。 Ⓢ īśvara
③他化自在天のこと。→他化自在天

自在等作者論 じざいとうさしゃろん すべての存在は自在天・自・方・本際・自然・虚空などによって作られたものであるとみる見解。仏教以外の学派（外道）の十六種の異論の一つ。計自在等為作者論ともいう。→十六種異論 →不平等因
Ⓢ īśvara-ādi-kartṛ-vāda
（参考）（『瑜伽』7、大正 30・309a 以下）

自地 じじ 三界・九地のなかの自らが住する境地をいう。他地の対。「色界中に遍縁智ありて、能く自地を縁じ、及び上下を縁ず」「眼識は自地の眼に依って下地の色を縁ず」

自受用 じじゅゆう 仏の三身（自性身・受用身・変化身）のなかの受用身に二種（自受用・他受用）あるうちの一つ。受用身とは長時にわたる修行の結果として報われた功徳を享受する仏をいい、そのなかで他者にすがたを現すことなく自らが真理の楽（法楽）を享受する仏を自受用という。→他受用
（出典）如是法身、有三相別。（中略）二受用身。此有二種。一自受用、謂、諸如来三無数劫、修集無量福慧資糧、所起無辺真実功徳、及極円浄常遍色身、相続湛然、尽未来際、恒自受用広大法楽。（『成論』10、大正 31・57c）

自宗 じしゅう 自らの主張。自己が属している学派の教説。他宗の対。「是の如く他宗の異執を止めんが為、及び自宗の無顛倒の理を顕さんが為の故に、斯の論を作る」「立宗とは、或いは自宗を成立せんが為に、或いは他宗を破壊せんが為に、宗義を建立するをいう」

自所作 じしょさ 自作とおなじ。→自作

自性 じしょう ①有自性あるいは無自性の自性。自らのありよう・固有性。自ら存在していること。固定的・実体的に存在していること。〈倶舎〉は一切の存在に自性が有るとみる有自性の立場をとるが、〈唯識〉、広くは大乗は、そのような固定的・実体的なものは存在しないとみる無自性の立場をとる。「生に二種有り。一には自性有るが故に名づけて生と為す。二には縁より起こるが故に名づけて生と為す」「任持の故に界と名づくとは、此の諸の界は自性を任持するを謂う」「一切の法は唯だ仮に建立するのみにして自性有るに非ず」 Ⓢ svabhāva: svabhāvatā
②〈唯識〉が説く遍計所執自性・依他起自性・円成実性自性の自性。存在のありよう・形態。→三自性 Ⓢ svabhāva
③あるものの本体、それそのものの本質的なありよう。たとえば、自性慧あるいは自性施といえば、慧あるいは施の本質的なありようをいう。「菩薩の自性慧とは能く一切の所知に悟入するを謂う」「世第一法は信などの五根を以って自性と為す」
Ⓢ ātmaka: svabhāva
④サーンキヤ学派（数論）が説く一切の存在・世界を生じる二大原理である prakṛti（自性）と puruṣa（士夫）のなかの物質的な根本原理である自性をいう。勝性と訳される。旧訳は冥性。「問う、何に縁って外道は非因を因と謂うや。答う、悪友に親近して自在・自性・士夫・時・方・空などが諸法を生ずると説くを聞くが故なり」 Ⓢ prakṛti
⑤「本来的の」「本来的に」「もともと」を意味する形容詞・副詞としての自性。「自性として清浄なる心」「自性として愚癡とは、生

死の中に於て無始以来、自性として苦集滅道・衆生無我・法無我などを了せざるを謂う」 Ⓢ prakṛti: prakṛtyā: svabhāvena

自性愚 じしょうぐ 二つの愚かさ（自性愚・所縁愚）のなかの一つ。それぞれのもののありようへの愚かさを自性愚、言葉で認識される対象への愚かさを所縁愚という。前者の愚は自相（それぞれのもののありよう）、後者の愚は共相（言葉で認識されるありよう）をそれぞれ観察することによって滅せられる。「諸法の自相と共相とを安立して自性愚と所縁愚とを破す」

自性愚癡 じしょうぐち 無始の時よりこのかた、本来的に苦・集・滅・道の四諦や衆生無我や法無我という真理を理解しない愚かな者。十種の愚癡（愚かな者）の一つ。→愚癡②

（出典）自性愚癡者、謂、如有一、於生死中、無始以来、自性不了苦集滅道衆生無我法無我等、是故愚癡。（『瑜伽』60、大正 30・637b）

自性空 じしょうくう 三種の空（無性空・異性空・自性空）の一つ。人空（自己という実体的存在の否定）と法空（自己の構成要素という実体的存在の否定）を成就した心に顕れる存在の真実のありよう。この場合の自性とは「二空所顕を自性と為す」という意味での自性をいう。三性でいえば円成実性のありようをいう。三種の空（無体空・遠離空・除遣空、あるいは自性空性・如性空性・真性空性）の除遣空・真性空性に相当する。

（出典）空有三者、一無性空、性非有故。二異性空、与妄所執自性異故。三自性空、二空所顕為自性故。（『成論』8、大正 31・47b）

自性空性 じしょうくうしょう 三種の空性（自性空性・如性空性・真性空性）の一つ。言葉によって実体としてあると執着されたもの、すなわち遍計所執性は、実体として（自性として）存在しないということ。三種の空（無性空・異性空・除遣空、あるいは無体空・遠離空・除遣空）の無性空と無体空に相当する。

（出典）有三種空性、謂、自性空性・如性空性・真性空性。初依遍計所執自性観、第二依依他起自性観、第三依円成実自性観。（『雑集論』3、大正 31・675a～b）

自性仮立尋思 じしょうけりゅうじんし 四種尋思の一つ。自体仮立尋思ともいう。→四種尋思

自性仮立尋思所引如実智 じしょうけりゅうじんししょいんにょじつち 四種如実智の一つ。自体仮立尋思所引如実智ともいう。→四種如実智

自性解脱 じしょうげだつ 二つの解脱（自性解脱・相続解脱）の一つ。心そのものが煩悩を滅しているありようを自性解脱といい、そのように煩悩を滅した状態が相続するありようを相続解脱という。「自性解脱し相続解脱した心とは無学の無漏心を謂う」「自性解脱の故に清浄といい、相続解脱の故に鮮白という」 Ⓢ svabhāva-vimukti

自性罪 じしょうざい 性罪とおなじ。→性罪

自性差別 じしょうしゃべつ ①自性と差別。あるものの総体的なありようを自性、区別され分類されたありようを差別という。たとえば識を自性といい、その識を区別して立てられた六識を差別という。「已に無明の自性の総相を説く。今、当に自性の差別を顕示せん」
②自性の差別。それぞれの自性が相違していること。「問う。悲と大悲と何の差別あるや。答う。応に知るべし略して八種の差別ありと。一には自性差別なり。謂く、悲は無瞋の善根を自性と為し、大悲は無癡の善根を自性と為す」
③加行位において修せられる四尋思の観法のなかでの自性と差別。対象たとえば鉛筆という対象についていえば、自性とは、鉛筆という名称（名）とその意味（義）との二つのそれそのものをいい、差別とは、「鉛筆は～である」というときの、～にあたる鉛筆の区別された性質・特質・属性などをいう。この四尋思において、これら名も義も自性も差別もすべて識を離れて実体として存在するのではないと思考することが要請される。〈唯識〉は、言葉でとらえられたものは仮に立てられたものであり、遍計所執性（言葉で語られ執着されたもの）であり、決して実体として存在するものではない、とその存在性を強く否定する。「四尋思とは、名と義と自性と差別とは仮に有って実には無しと尋思するをいう」「若しくは法の、若くしは我の自性と差別とは妄執されたものであり、総じて遍計所執自性と名づく。是の如き自性は都て所有な

し」
（参考）（『成論』9、大正 31・49b）

自性受 じしょうじゅ ①楽受と苦受と不苦不楽受という感受作用そのもの。五受（自性受・現前受・所縁受・相応受・異熟受）の一つ。
（出典）自性受者、如説三受。謂、楽受・苦受・不苦不楽受。（『婆沙』115、大正 27・596a）
②正理論師が説く二種の受（境界受・自性受）のなかの一つ。根（感官）と境（対象）と識（認識するこころ）とが和合するところに生じる触を感受するこころ。『成唯識論』ではこの二種の受を説く正理論師の説が否定されている。
（出典）領同時触、名自性受。（『述記』3 末、大正 43・331b）
（参考）（『成論』3、大正 31・11c）

自性順受 じしょうじゅんじゅ →順受②

自性清浄心 じしょうしょうじょうしん 本来的に清らかな心。煩悩は心に付着した非本来的なもの（客塵煩悩）であり、心の本性は清らかであるという考えをいう。心性本浄とおなじ。『勝鬘経』などの大乗の諸経典で強調される思想。→心性本浄「問う、諸法に誰れが相応するや。何の義の為の故に相応を建立するや。答う、他性が相応し自性に非ず。遍く自性清浄心に依って染・不染の法の若しくは増し、若しくは減ずることあることを了知せんが為に、是の故に建立す」（『瑜伽』56、大正 30・608c〜609a）

自性身 じしょうしん 仏の三身（自性身・受用身・変化身）のなかの一つ。仏すなわち如来の本性としての身をいう。煩悩障と所知障とを滅して最高に清浄となったありようである真如を本体とする。受用身と変化身とを現じるよりどころ。偉大な功徳の法のよりどころであるから法身ともいう。
（出典）如是法身、有三相別。一自性身、謂、諸如来真浄法界、受用変化平等所依、離相寂然、絶諸戯論、具無辺際真常功徳、是一切法平等実性、即此自性、亦名法身、大功徳法所依止故。（『成論』10、大正 31・57c）：自性身者、謂、諸善逝共有法身、最極微細一切障転依、真如為体故。（『雑集論』1、大正 31・694c）

自性善 じしょうぜん 四種の善（自性善・相応善・等起善・勝義善）の一つ。それそのものが善であるものをいう。自性善として、〈倶舎〉では慚・愧と三善根（無貪・無瞋・無癡）、〈唯識〉では信・慚・愧・無貪・無瞋・無癡・精進・軽安・不放逸・捨・不害の十一の心所をいう。
（出典）自性善者、謂、慚愧根、以有為中唯慚与愧、及無貪等三種善根。不待相応及余等起、体性是善、猶如良薬。（『倶舎』13、大正 29・71a）：何等為自性。答、謂、信・慚・愧・無貪・無瞋・無癡・精進・軽安・不放逸・捨・不害、如是諸法名自性善。（『瑜伽』55、大正 30・602b）：自性善者、謂、信等十一心所有法。（『雑集論』3、大正 31・709a）
（参考）『婆沙』144、大正 27・741a）

自性断 じしょうだん 三種の断（自性断・離縛断・不生断）、あるいは四種の断（自性断・相応断・縁縛断・不生断）の一つ。本性として汚れもの、すなわち根本煩悩と随煩悩と、および不善の業とを断じること。
（出典）若道理論、唯有三種。一自性断、謂染汚法。（『述記』8 末、大正 43・532c）：断有幾種。答、断有四種。一自性断、二相応断、三縁縛断、四不生断。言自性断者、謂、本随惑、性是染故、及不善業。業雖是思、如似五見、非相応断。（『了義灯』5 末、大正 43・754c）

自性念住 じしょうねんじゅう 自性としての念住。ヨーガを修するなかにおいて奢摩他の慧によって身・受・心・法の四つの対象のありようを専一に観察する四念住それぞれの三つの内容（自性・所縁・相雑）の一つ。念住の本質である慧をいう。→四念住 →所縁念住 →相雑念住
Ⓢ svabhāva-smṛti-upasthāna
（出典）何等名為四念住体。此四念住体、各有三。自性・相雑・所縁別故。自性念住、以慧為体。此慧有三種。謂、聞等所成、即此亦名三種念住。相雑念住、以慧所余倶有為体。所縁念住、以慧所縁諸法為体。（『倶舎』23、大正 29・118c〜119a）

自性不善 じしょうふぜん 四種の不善（自性不善・相応不善・等起不善・勝義不善）の一つ。それそのものが善でないもの。自性不善として〈倶舎〉では無慚・無愧と三不善根（貪・瞋・癡）とをいい、〈唯識〉では無慚・無愧・瞋・忿・恨・覆・悩・嫉・慳・害の十

の心所をいう。Ⓢ svabhāvataḥ akuśalaḥ
（出典）自性不善、謂、無慚愧三不善根。由有漏中唯無慚愧及貪瞋等三不善根、不待相応及余等起、体是不善、猶如毒薬。（『倶舎』13、大正 29・71b）：何等自性不善。謂、除染汚意相応及色無色界煩悩等、所余能発悪行煩悩随煩悩。（『集論』2、大正 31・669b）：自性不善、謂、無慚等十唯不善心所。（『述記』3 末、大正 43・334b）

自性分別　じしょうふんべつ　①三種の分別（自性分別・計度分別・随念分別）の一つ。現在一刹那の対象そのものを認識すること。Ⓢ svabhāva-vikalpa
（参考）（『倶舎』2、大正 29・8b）：（『雑集論』2、大正 31・703a）
②八分別の一つ。→八分別

自性遍計　じしょうへんげ　事物や事象そのものが実体として存在すると考えること。六種の遍計の一つ。→六種遍計　→遍計
（出典）自性遍計、謂、遍計色等実有自相。（『顕揚』16、大正 31・558a）

自性無記　じしょうむき　五種の無記（異熟生無記・威儀路無記・工巧処無記・変化無記・自性無記）のなかの一つ。前四つの無記に収められず、かつそれ自体、善でも悪でもないもの、すなわち、内的な眼根・耳根・鼻根・舌根・身根の五つの物質的感官（色根）と、感覚の対象である外的な香・味・触と、不相応行のなかの命根・衆同分・名句文とをいう。
（出典）自性無記、謂、諸色根、是長養者、及外諸有色処等、非異熟等所摂者、除善染汚色処声処。（『瑜伽』66、大正 30・668a）：何等自性無記。謂、八色界処、意相応品、命根、衆同分、名句文身等。（『集論』2、大正 31・669c）

自称苾芻　じしょうびくしゅ　苾芻（bhikṣu）とは、本来は出家した僧を意味するが、実際は苾芻ではないのに自ら苾芻であると称する苾芻を自称苾芻という。四種の苾芻（名想苾芻・自称苾芻・乞匃苾芻・破惑苾芻）の一つ。→苾芻　Ⓢ pratijñā-bhikṣu
（参考）（『倶舎』15、大正 29・79b）

自証　じしょう　自らさとること。言葉を離れて真理を自己のなかで直接に獲得すること。自内証とおなじ。「仏は無上の真法を自証す」「此の真界は諸の戯論を離れて唯だ成辦者のみが内に自証す」

自証分　じしょうぶん　心の四つの部分（相分・見分・自証分・証自証分）の一つ。相分と見分とによる認識を確認する心の部分。→四分

自心　じしん　自己のこころ。「是の如く是の如く心に染汚あり、或いは染汚なし、と善く自心の相を取る」「善く自心を護って忿怒をなからしむ」Ⓢ sva-citta

自身　じしん　①自己。おのれ。「自身の中に於て弘誓願を発して三宝を供養す」
Ⓢ ātman: sva
②自己存在。「自身の不定とは、先に王と為り、後に僕隷と為って輪転生死するをいう」「下士は恒に自身の楽を求む」
Ⓢ ātman-bhāva: sva-saṃtati: sva-saṃtāna: svāsāṃtānika
③自己の身体。「諸の菩薩は衆生来りて自身の支節を求むれば施与す」「自体が依止するところの身、すなわち自身の体は一切皆な空なるに非ず」Ⓢ sva-deha

自説　じせつ　十二分教の一つ。→十二分教

自相　じそう　①ある存在それ自身の固有のすがた・ありようをいう。たとえば四大種についていえば、地は堅、水は湿、火は煖、風は動、あるいは五蘊についていえば、色は変礙、受は領納、ないし識は了別、がそれぞれ自相である。自らのありよう・固有性を意味する自性（sva-bhāva）とおなじ意味をもつ。存在を構成する要素である法（dharma）の定義である「能く自相を任持するが故に法と為す」のなかに用いられている自相がその使用例の代表である。「若し法の自相が安住すれば、此の法は真実に是れ有なり」Ⓢ sva-lakṣaṇa
②共相に対する自相。ある存在それ自身の個別的なすがた・ありよう。自相をさらに詳しく分析すると次の二つになる。（ⅰ）ただ自相である自相。決して共相になりえない自相。言葉で語る以前のそれそのもののありようをいう。（ⅱ）自相にもなり共相にもなりうる自相。言葉で語られたありよう。たとえば「五蘊」というありようは究極の共相である空・無我などというありように対しては自相であるが、五蘊はさらに色蘊・受蘊などに分けられるから、五蘊は色などの五つに対し

ては共通のありようである共相となる。「法が自らに限りて他に通ぜざる分を自相と為す」 Ⓢ sva-lakṣaṇa

③差別相に対する自相。物事の総体的な固有のありようをいう。たとえば、ある花を見るとき「これは花である」と認識された「花」は自相であり、これに対してさらに「この花は薔薇である、美しい」と認識された「薔薇」「美しい」というありようが差別相である。→差別相 Ⓢ sva-lakṣaṇa

（出典）遍計自相者、謂、遍計此事是色自性、乃至此事是識自性、此事是眼自性、乃至此事是法自性。遍計差別相者、謂、遍計此色是可意、此色是不可意、此色是非可意非不可意、此色是有見、此色是無見、此色是有対、此色是無対、此色是有漏、此色是無漏、此色是有為、此色是無為、如是等類差別道理、遍計此色所有差別。（『瑜伽』73、大正 30・703b）

④阿頼耶識の三相（自相・因相・果相）の一つとしての自相。広くは阿頼耶識の能蔵・所蔵・執蔵という三つのありようを、狭くは特に末那識によって自我と執着されるというありようをいう。→阿頼耶識

（参考）（『摂論釈・世』2、大正 31・327c）：（『成論』2、大正 31・7c）：（『述記』2 末、大正 34・301a〜b）

自相観 じそうかん →自相共相観

自相共相 じそうぐうそう 自相と共相。ある存在それ自身の個別的なすがた・ありようと他の存在と共通するすがた・ありよう。→自相② →共相①「意識は能く自相と共相とを了別す」 Ⓢ svalakṣaṇa-sāmānyalakṣaṇa

自相共相観 じそうぐうそうかん 五識（五感覚）と意識（第六識）とを正しく操作することによって事物の究極の真のありようを見極める観察方法をいう。たとえば、五蘊のなかの色蘊を観察する場合、たとえば、肉体を見てそれを「もの」（色）であるという。ところが色蘊というありよう（相）は受蘊や想蘊などの心的なものと対比させれば、それらに通じない概念となり、色蘊は自らにのみ通じる相（自相）となる。しかし視覚（眼識）と意識とをさらに鋭敏に働かせることによって、その肉体という「もの」は「いろ」と「形」をもつものに分析される。これを色処と呼ぶ。ここで「もの」と「いろ・形」とを対比させると、「もの」という相はすべてのいろ・形あるものにあてはまる共通の相であるから色蘊が共相となり色処が自相となる。さらにいろ・形をもつもの、すなわち色処は青・黄・赤・白などのいろに、そしてさらに、たとえば青は青色をもった多くの「事物」に分析され、その事物はさらにそれを構成している「原子」すなわち極微となる。ここでは事物が共相であり極微が自相となる。ここで事物の最小単位である極微に大きさがあるとすれば「それはさらに小さなものに分析されうる」と考えてさらに小さな極微を考えるが、考えられ言葉で語られた極微は共相となってしまう。しかしさらに「言葉で語り得ないものはなにか」という思考にまで進んでいく。この言葉では語り得ないものを「不可言説の法体」と呼び、それがすべての存在（一切法）に共通するありようである究極の共相であるという認識に到達する。この究極のありようは本来的には言語化されえないが、あえて言葉で語れば、空・無我、あるいは真如とよぶことができる。このように自相と共相という二つの概念を用いる観察によって、存在のより深い相を次々と解明し、最後にすべての存在の根底にあるものをさとることを目指す観察方法が自相共相観である。→自相② →共相①

Ⓢ svalakṣaṇa-sāmānyalakṣaṇa-parīkṣaṇa

（参考）（『述記』2 末、大正 43・296b 以下）

自相作意 じそうさい 三種の作意（自相作意・共相作意・勝解作意）の一つ。ものの自らのありよう（自相）が何であるかを思考すること。たとえば四大種についていえば、地は堅、水は湿、火は煖、風は動をそれぞれ相とする、あるいは五蘊についていえば、色は変礙、受は領納、ないし識は了別をそれぞれ相とする、と考えること。 Ⓢ svalakṣaṇa-manaskāra

（参考）自相作意者、如有思惟、地為堅相、水為湿相、火為煖相、風為動相、如是一切。（『婆沙』82、大正 27・422c〜423a）：自相作意、謂、如観色変礙為相、乃至観識了別為相、如是等観相応作意。（『倶舎』7、大正 29・40a）

自相善巧 じそうぜんぎょう 二つの善巧（自相善巧・共相善巧）の一つ。ある事象それ自体のありように精通していること。五種の善巧（蘊善巧・界善巧・処善巧・縁起善

巧・処非処善巧）のなかの蘊善巧をいう。 Ⓢ svalakṣaṇa-kauśalya
（出典）此五善巧、略則為二。一自相善巧、二共相善巧。由蘊善巧、顕自相善巧、由余善巧、顕共相善巧。（『瑜伽』27、大正 30・434b）

自相続 じそうぞく 刹那刹那に生滅しながら相続していく自己存在。仏教は固定的・実体的存在としての自己（我）を否定する無我の立場より、自相続という語によって自己という存在を表現する。これに対して他者の存在を他相続という。相続の原語は、多くは saṃtati あるいは saṃtāna であるが、衆生あるいは有情と訳される sattva を相続と訳すこともある。「自相続の眼と他相続の眼」「一切の阿羅漢は自相続に於るあらゆる煩悩を皆な已に遮断す」「仏智は能く自相続と他相続の諸漏の永尽を知る」 Ⓢ sva-saṃtati: sva-saṃtāna: sva-sāṃtānika

自相無我 じそうむが 三種の無我（無相無我・異相無我・自相無我）の一つ。人無我（自己という実体的存在の非存在）と法無我（自己の構成要素という実体的存在の非存在）を成就した心に顕れる存在の真実のありよう。三性でいえば円成実性のありようをいう。→無我
（出典）無我三者、一無相無我、我相無故。二異相無我、与妄所執我相異故。三自相無我、無我所顕為自相故。（『成論』8、大正 31・47b）

自存活 じそんかつ 自らの生活。自ら生計を立てること。「財位を棄捨して出家し、乞求の行を受して、以って自存活す」
Ⓢ jīvikā

自他 じた ①自己と他者。「諸の外道は実の我ありて名づけて自他と為すと執し、仏は無我を説く」「分別の我見に由って自他の身を観じて実の我ありと計す」 Ⓢ ātman-para: sva-para
②三界・九地のなか現在において住する世界・境地を自といい、それ以外の世界・境地を他という。たとえば色界の第三静慮に住する者にとって第三静慮は自地であり第二静慮は下地としての他地となる。「第三静慮は自他の地の二種の留難を具す」「眼耳の二識は自界に依って自他の界を縁じ、意識は自他の界に依って自他の界を縁ず」

自他倶作 じたくさ →倶作

自他作 じたさ →倶作

自他利 じたり 自利と利他。自己を利することと他者を利すること。「能く長時に善品を修習し自他利の積集に依って無量の善根を増長す」「世尊は自他利に於て染心を離る」
Ⓢ sva-para-artha

自他利行 じたりぎょう 自利行と利他行。自利と利他とを実践すること。自己と他者のためになる行ないをすること。総じていえば、願いに随った勝れた実践であれば、すべての実践が自利行と利他行との両方に通じるが、別していえば、六波羅蜜多（六到彼岸）と三十七菩提分法などが自利行、四種摂事と四無量などが利他行である。「諸の菩薩は発心し已りて方に正しく自他利行を修行す」
Ⓢ sva-para-artha-pratipatti
（出典）復有二種。謂、利自他。所修勝行、随意楽力、一切皆通自他利行。依別相説、六到彼岸、菩提分等、自利行摂。四種摂事、四無量等、一切皆是利他行摂。（『成論』9、大正 31・49a）

自体 じたい ①あるもののそれそのもの。本体。「増上縁とは彼の自体を除く余の一切法を謂う」
②自身。自己存在。自己の身体。「色界・無色界の上界の有情は唯だ自体を味著し境を味著するに非ず」「一切の自体の寿量は有限なるが故に一切の自体の諸行は皆な悉く無常なりと知るべし」 Ⓢ ātman-bhāva
③それそのものの本質的なありよう。原語は svabhāva で普通は自性と訳される。→自性「五見の自体とは有身見・辺執見・邪見などの五をいう」 Ⓢ svabhāva

自体愛 じたいあい 自己自身への愛着。自己存在に執着すること。「結生の時に於て自体愛と父母愛とを起こすが故に染心あり」

自体円満 じたいえんまん 自己のありようが完成していること。自己の卓越性。他の人びとに比べて寿命が長い、先天的に善を行なう、他者からの害に耐える、他者を悩ますことを望まない、先天的に一切の事業において堅固に努力精進する、などのありようをいう。自体具足ともいう。 Ⓢ ātman-bhāva-saṃpatti: ātman-bhāva-saṃpad
（参考）（『瑜伽』49、大正 30・566b）

自体具足 じたいぐそく →自体円満

自体仮立尋思 じたいけりゅうじんし →自性仮立尋思

自体仮立尋思所引如実智 じたいけりゅうじんししょいんにょじつち →自性仮立尋思所引如実智

自体在 じたいざい 四種の在（自体在・器在・現行在・処在）の一つ。→在

自体相似 じたいそうじ ものそのものが次々と似て相続すること。五種の相似の一つ。→相似⑥
（出典）自体相似者、謂、彼展転其相相似。（『瑜伽』15、大正 30・357a）

自体分 じたいぶん 相分（認識される側の心の部分）と見分（認識する側の心の部分）とに分かれる以前の心の本体をいう。自証分ともいう。四分の一つ。→四分「見分と相分との二分は是れ自体分の所変なり」

自知 じち 自ら知ること。内的に明瞭に証すること。「諸の阿羅漢は、我が生は已に尽き、梵行は已に立ち、所作は已に辦じ、後有を受けず、と如実に自知す」「能く自ら自らの所証を了知するが故に説いて自知と名づく」 Ⓢ prati-**jñā**

自内 じない 自らのなか。「自ら」「自らで」「自らの」などを意味する形容詞・副詞。「極微は自内の識が変ずるところの色なるが故に実有に非ず」「自内の邪執とは、独り空閑に処して不正の分別を依止と為すが故に実我ありと執するを謂う」「自内に受するところ、及び自ら証するところを名づけて所知と為す」 Ⓢ pratyātma: sva: svena:

自内所証 じないしょしょう 言葉を離れて自らによって直接内的にさとられたもの。たとえば究極の真理である真如をいう。「真如は自内所証にして、言説を以って他に我れの所観の相は是の如く是の如きなりと示すべからざるなり」「一切法の相たる真如の理は、尋思は路絶し、名言道は断ち、唯だ真の聖者の自内所証なり」 Ⓢ pratyātma-vedya

自内証 じないしょう 言葉を離れて自らが直接内的にさとること。究極の真理をさとるありようをいう。→自内所証「此の転依の果は不思議なり。尋思と言議の道を超過し自内証なるが故なり」

自然 じねん ①おのずから。みずから。しぜんに。「煩悩とは其の相が自然に寂静ならざるを謂う」「功用に由らずして自然に解脱す」「仏は師なくして自然に覚悟す」「衆縁あるが故に生じ、生じ已って自然に滅す」「一切の音声は刹那に生じ、自然に即ち滅す」 Ⓢ svayam: sva-rasa
②自然外道（無因論師）が説く自然。一切の存在を生じる常住な根源をいう。その根源から万物は原因なくして自然に生じると主張する。
（出典）外道執、別有一法、名曰自然、不待衆縁、恒頓生果。（『述記』3 本、大正 43・311b）：言自然者、謂、無因論師、作如是説。無因無縁、生一切物。無染浄因縁。如我論中説。如棘荊針無人作、孔雀等類種種画色、皆無人作、自然而有。不従因生、名為涅槃、自然是常、生一切物。（『演秘』1 末、大正 43・832b～c）

自然有 じねんう おのずから有ること。自らの力で存在すること。仏教は一切の現象（諸法・一切行・有為）は自らの力ではなくて他の力である縁によって生起する存在である、すなわち縁起の法である、という見解を根本主張とする。〈唯識〉はこの自然有を否定する「自然有には非ず」を依他起性あるいはその否定的側面である生無自性の論理的根拠とする。
（出典）云何諸法生無自性性。所謂、諸法依他起相。何以故。此由依他縁力故有、非自然有、是故説名生無自性性。（『解深』2、大正 16・694a）

自然覚 じねんかく →自然覚悟

自然覚悟 じねんかくご 師について修行してさとることなく一人で自らさとること。仏陀あるいは独覚がさとるありかたをいう。自然覚ともいう。「仏は師なくして自然に覚悟するが如く、独覚も亦た爾なり」

自然外道 じねんげどう 一切の存在は自然という常住な根源から原因なくして自然に生じると説く人びと。無因論師ともいう。→自然②

自然法爾 じねんほうに しぜんに。おのずから。「爾の時、人中の随一の有情は、自然法爾に第二静慮を獲得す」 Ⓢ dharmatā

自然無生忍 じねんむしょうにん 三種の無生忍（本性無生忍・自然無生忍・惑苦無生忍）の一つ。→無生忍

自披読 じひどく 自ら経典を開いて読むこと。自翫読とおなじ。十法行（経典などに

書かれている教えに対する十種の修行）の一つ。→十法行　Ⓢ svayaṃ vācanam

自部　じぶ　①自らの部類。五部の煩悩のなかで自らの部類をいう。他部の対。→五部「自部・自地は唯だ自部・自地のために因と為る」「自部の随眠」　Ⓢ sva-nikāya
②自らの部派。「僧佉は自部の中を分けて十八部と為す。故に今は数論などと言う」

自法　じほう　自己に属する事柄。たとえば自己の家柄（種姓）・容貌（色）・能力（力）財産（財位）・知性（智）など、執着の対象となるものをいう。「若しくは他とくらべずして自法に染著する心の傲逸を憍と名づく。（中略）此の中、憍とは他とくらべずして但だ自ら種姓・色力・財位・智などに染著する心の傲逸なる相を謂う」

自品　じほん　①九品の煩悩の一グループ自身に属するもの。→九品「欲界の見道所断の煩悩は各の自品の対治道が起こる時に断ぜらるる」
②自己のグループ。主張をおなじくする派。他品の対。「各別に異見や異欲を執して相違する言論を建て、自品と他品の差別を建立して広く忿恨を起こす」
③それ自体に属するもの。「世俗智を以って一切法を観じて非我と為す時も、猶、自品を除く。自品とは、謂く、自体相応の倶有の法なり」　Ⓢ sva-kalāpa

自利　じり　自己を利すること。自己のためになることをすること。自己を救済すること。利他の対。大乗すなわち菩薩乗は自利と利他との両方を行なうが、小乗すなわち声聞乗と独覚乗との二乗はただ自利のみを行なうとして大乗は小乗を非難する。大乗（〈唯識〉）も自利即利他の立場から自利をも説くが、まったくの自利（純自利）を否定し、利他に裏付けされた自利を肯定する。自利益ともいう。→利他　Ⓢ ātma-hita: sva-artha
（出典）諸菩薩亦能自利亦能利他、利益安楽無量衆生、哀愍世間、令諸天人獲得勝義利益安楽、声聞独覚唯行自利。（『瑜伽』35、大正30・479a）：二乗位、専求自利、厭苦欣寂、唯能通達生空真如、断煩悩種、証真択滅、無勝堪能。（『成論』10、大正31・54c）：向自利者、是二乗。二乗人、乃識出離、但自怖苦、疲極化他、速求解脱、故言向自利。（『述記』1本、大正43・671a）
（参考）（『瑜伽』35、大正30・482c以下）

自利行　じりぎょう　自己を利する、自己を救済する実践。利他行の対。総じていえば、願いに随った勝れた実践であれば、すべての実践が自利行と利他行との両方に通じるが、別していえば、六波羅蜜多（六到彼岸）と三十七菩提分法などが自利行、四種摂事と四無量などが利他行である。Ⓢ ātma-hita-pratipatti
（出典）復有二種。謂、利自他。所修勝行、随意楽力、一切皆通自他利行。依別相説、六到彼岸、菩提分等、自利行摂。四種摂事、四無量等、一切皆是利他行摂。（『成論』9、大正31・49a）

自利益　じりやく　→自利

自利利他　じりりた　自利と利他。→自利→利他
（参考）（『瑜伽』35、大正30・482c以下）

自力　じりき　自らの力。自己の努力。他力の対。→他力「他力によって起こる慧を聞所成慧と名づけ、自力によって起こる慧を思所成慧と名づけ、倶力によって起こる慧を修所成慧と名づく」　Ⓢ adhyātma-bala

自類　じるい　自らとおなじ種類。〈唯識〉が説く阿頼耶識は、外道の説く常一なる我とおなじものではないか、という外道からの非難に対して、〈唯識〉は、「阿頼耶識のなかの種子は一刹那に生じては滅し、滅した次の刹那に自らとおなじ種類（自類）の種子を生じるというありようが不断に続く、そのような非常非断の連続体であるから、阿頼耶識は常一なる我ではない」という見解のなかで自類という概念を用いる。「諸の穀や麦や豆などにも亦た自類ありて互に相似するが故に、何に因って無情の同分あることを許さざるや」「自類の差別の造色とは、諸の大種が渋・滑などを造るを謂う」　Ⓢ sva-jāti

似　じ　①にること。～のようであること。「彼の徳は功徳に似ると雖も実の徳に非ず」「変化して他身に似る」「正法に似て正法に非ず」　Ⓢ pratirūpaka: sadṛśa: sādṛśya: sādharmya: sthānīya
②「似て現ずる」「似て顕現する」という表現のなかの「似」。識があるものに似る作用をいう。〈唯識〉は「心の外には事物はなくただ識のみが存在する」（唯識無境）という主張を「識が事物に似て顕現する」と論拠づ

けるなかで「似」という概念を用い、「識はAに似て顕現する」あるいは「Aに似た識が生じる」と定義し、Aは概念的思考（言葉を用いた思考）によって識の外にあるとあやまって考えられたものであると主張する。「識が生じて境に似るが故に説いて境を了すと名づく」「若しくは好顕色、若しくは悪顕色が色に似て顕現す」「実に我相あることなしと雖も、然も我相に似て顕現す」「常などに非ずと雖も、然も常などに似て顕現す」「識体転じて相分・見分に似て生ず」
Ⓢ ābhāsa: **khyā**: nibha: pratibhāsa

似我似法 じがじほう 似我と似法。「自己」（我）と「もの」（法）とに似て生じたもの。自らの力によって生じたものではなく他の力（他縁）によって生じた識（心）のなかにあるもの。識とおなじく、この似我似法も依他起性であり、仮有（仮に存在する）であるが、思いと言葉とによってこの似我似法を心の外に実体としてあるとまちがって考えられたものを遍計所執性としての実我実法という。→実我実法
（出典）内識所変似我似法、雖有而非実我法性、然似彼現故、説為仮。（『成論』1、大正31・1b）：内識所変似我似法、雖体依他縁起是有、而非是彼妄情所執実我法性。此縁起法、無主宰故、無作用故。（『述記』1本、大正43・243b）

似現量 じげんりょう 現量とは言葉を用いずに現前にある対象そのものを認識する作用をいう。似現量とはそのような現量に似ているが、あやまって認識する作用をいう。たとえば物が存在しないのに物を見る、あるいは声が発せられていないのに声を聞く、などの感覚をいう。（『了義灯』3、大正43・713b〜c）

似事 じじ 似たもの。喩えられたもの。たとえば、顔の赤い人を火に似た人という場合の火に似た人を似事という。
（出典）仮必依真事似事共法而立。如有真火、有似火人、有猛赤法、乃可仮説此人為火。（『成論』2、大正31・7a）

似尊重 じそんじゅう 尊敬すべき人、師。原語guru-sthānīyaは等尊重・尊重処とも訳される。「尊重、若しくは似尊重、瑜伽を達解した軌範親教、或いは諸の如来、或いは仏弟子の所より正教を聞いて、即ち其教の如く不増不減に他に教授するを教教授と名づく」
Ⓢ guru-sthānīya

似天 じてん 傍生や餓鬼に生まれているが、勝れた業によって、天眼や天耳に似て遠くを見聞することができるようになったもの。「似天とは、余の傍生・餓鬼などの趣に生じて勝業などの引生するところなるに由るが故に、能く遠くを見聞すること天の眼耳に似るを謂う」（『倶舎』27、大正29・144c）

似比量 じひりょう 比量とは現前に知覚する事象を根拠にして未だ知覚しないものを推量する認識作用をいう。たとえば現前に煙を見てそこに火があると推理することをいう。似比量とは、このような比量に似ているが心が迷乱しているためにあやまって推量する比量をいう。たとえば霧を煙と見まちがって、そこに火があると考えるような推量をいう。（『了義灯』3、大正43・713b〜c）

事 じ ①もの。物質的な存在。分析すると地・水・火・風・色・声・香・味・触・眼根・耳根・鼻根・舌根・身根の十四種があげられる。これらのなか地・水・火・風は四大種（四つの元素）、色ないし身根は四大種所造（四つの元素からつくられたもの）と呼ばれる。あるいは寺院や家や庭園や林などの事物を意味することもある。また事を内事（内界すなわち身体に属する事物）と外事（外界に属する事物）とに分け、内事として六処（眼根・耳根・鼻根・舌根・身根・意根の六つの感官）、外事として地・園・山・水・作業・庫蔵・食・飲・乗・衣・荘厳具・舞歌楽・香鬘塗飾・資生具・光明・男女承奉の十六種があげられている（『瑜伽』34、大正30・471a）。 Ⓢ artha: dravya: vastu
（出典）於諸色聚中、略有十四種事。謂、地水火風色声香味触及眼等五根。（『瑜伽』3、大正30・290b）：事者、謂、所有諸色、皆是四大種及四大種所造。（『瑜伽』53、大正30・593c）：事者、体也、物也。総諸色聚、有十四物。（『略纂』2、大正43・19c）
②存在全体の呼称。存在全体は大きく有為（作られた現象的存在）と無為（作られない非現象的存在）とに分けられる。〈唯識〉は存在全体を相・名・分別・真如・正智の五つに分類してまてめて五事という。→五事①
Ⓢ vastu
（出典）事有二種。一者有為、二者無為。

(『瑜伽』38、大正 30・499a)：云何五事。一相、二名、三分別、四真如、五正智。(『瑜伽』72、大正 30・696a)
③現象的存在の総称。大別すると有情数（人間や動物などの生命的存在）と非情数（山や川などの非生命的存在）とに二分される。
Ⓢ vastu
④師などにつかえること。「無著菩薩は初地に登りて法光浄を証し、大神通を得て大慈尊に事える」

事王 じおう 王につかえること。世俗的な営みの一つ。「云何が六種の活命なるや。一に営農、二に商賈、三に牧牛、四に事王、五に書算計数及印の習学、六に所余の工巧業処の習学なり」「邪しまに事王をすれば、楽果を獲ずして反って苦を致す」 Ⓢ rāja-pauruṣya

事王工業 じおうくごう 王に仕える仕事・営み。十二種の工業の一つ。→工業
(参考)(『瑜伽』15、大正 30・361b)

事火外道 じかげどう 火につかえる外道のこと。火天を祭祀し供養することによって天に生じようとする仏教以外の修行者をいう。丈髻外道（杖髻外道）とおなじ。

事契経 じかいきょう 雑阿笈摩・中阿笈摩・長阿笈摩・増一阿笈摩の四つの経典をまとめた総称。
(参考)(『瑜伽』85、大正 30・772c)

事観 じかん 事（現象的存在）を観察すること。止観のなかの観のありようをいい、有相観・尋求観・伺察観の三つがある。理（現象的存在を貫く真理）を観察する理観の対。→三事観「有漏の六行を名づけて事観と為し、無我などを観ずるを名づけて理観と為す」(『演秘』5末、大正 43・923a)

事教 じきょう 色・声・香・味・触・法、あるいは眼・耳・鼻・舌・身・意などと個々のそれぞれの存在を別々に説示する教え。十二種の教導の一つ。→教導
(出典) 事教者、謂、各別説色等眼等諸法体教。(『瑜伽』64、大正 30・654b)

事境 じきょう 事としての境。境とは、認識される対象（所縁）をいう。事境とは、その対象として二つ（事境・名境）あるなかの一つで、名称が指し示す対象そのものをいう。これに対して、名境とは、その対象そのものを指し示す名称としての対象をいう。「苦集の事境を縁ずるところの諸漏は、是れ邪分別所起の事境を縁ず」「自地を縁ずる煩悩は相分が本質に似るをもって分別所起の事境を縁ず」

事愚 じぐ 世間の事柄について愚かで知らないこと。あるいは、内的な身心を自己（我）と思い、外的な事物を自己のもの（我所）と思う無知をいう。七種無知の一つ。→七種無知 Ⓢ vastu-saṃmoha
(参考)(『瑜伽』9、大正 30・322c)

事解脱 じげだつ 二種の解脱（煩悩解脱・事解脱）の一つ。煩悩を起こすそのものが解脱すること。たとえば、眼において貪欲がなくなることが煩悩解脱であり、煩悩がなくなった眼そのもののありようを事解脱という。
(出典) 又復顕示二種解脱。謂、煩悩解脱及事解脱。諸種子滅故諸煩悩尽故者、顕示煩悩解脱。即於此無染者、顕示事解脱。如経言、苾芻、当知、若於眼中貪欲永断、如是此眼亦当永断、乃至広説。(『瑜伽』16、大正 30・365c)

事現観 じげんかん 三種の現観（見現観・縁現観・事現観）の一つ。汚れのない智慧（無漏慧）と、それと同時に働く心・心所、道戒、生・住・異・滅の四相などの一群のこころが同一の働き（事業）をして真理（諦）を観察すること。→現観
Ⓢ kārya-abhisamaya
(出典) 諸現観、総有三種。謂、見縁事、有差別故。(中略) 此諸能縁并余倶有戒生相等不相応法同一事業、名事現観。(『倶舎』23、大正 29・121c)

事業 じごう 世間的な仕事・事業・労務・業務、あるいは修行における努力・精進、あるいは物事の働き、などをも含めて、広く、働くこと・行動すること・行なうこと一般をいう。「一切の広大な資財を好んで受用し大事業を楽う」「諸の弟子は俗の生具と俗の事業とを捨てて解脱を求めんが為に仏に帰して出家す」「諸法の作用と事業とを宣説す」「菩薩は諸の衆生の種種の事業に於て皆な能く営助す」 Ⓢ karma-anta: karman: kārya: kṛtya: kṛtya-karaṇīya: kṛtya-viniyoga: kriyā: vṛtti: vyavasāya: vyavahāra: samārambha: saṃbhoga

事実 じじつ 真実。まこと。「是の如き有情に於ては此の事実は信じ難し」 Ⓢ satya

事成究竟 じじょうくきょう 二種の究竟（勤勇究竟・事成究竟）の一つ。事を成し遂げることが完全に達せられたこと。外道の説く解脱は真実ではないのに対して、仏教の説く真実の解脱を事成究竟という。→究竟③ →勤勇究竟
（参考）（『婆沙』33、大正27・172c〜173a）

事尋思 じじんし 四種尋思の一つ。→四種尋思

事尋思所引如実智 じじんししょいんにょじっち 四種如実智の一つ。→四種如実智

事相 じそう 事の相。存在のありよう。物の相状。事相状とおなじ。「正しく真実の事相を観察す」「如実に行を了ぜざることあるが故に事相を邪執す、是れを名づけて見と為す」「事相状とは識の所取を謂う」 Ⓢ vastu-lakṣaṇa

事相状 じそうじょう →事相

事転変神通 じてんぺんじんつう 事物を変化せしめる超能力。たとえば金銀を土砂に変える力をいう。「諸の事転変神通に於て其の勝解の如く転変するところに随って皆な能く成就す」

事平等 じびょうどう 中心的なこころ（心・心王）と、それと相応する細かい心作用（心所）との関係について、一つの心王に対して心所もおのおの一つしか相応しないという数の上での一対一の平等の関係にあることをいう。四義平等あるいは五義平等の一つ。→四義平等 Ⓢ dravya-samatā
（出典）事平等者、一相応中、如心体一、諸心所法、各各亦爾。（『倶舎』4、大正29・22a）

事仏 じぶつ 仏陀につかえること。釈尊の弟子となって釈尊に教えを請うこと。「若し唯だ仏に事えて余の天に事えない者を世尊弟子と名づく」

事仏者 じぶつしゃ 仏陀（buddha）につかえる弟子。原語は bauddha で抱徒憨と音写する。 Ⓢ bauddha
（出典）仏陀是覚者。若言抱徒憨、是事仏者。（『述記』1末、大正43・262a）

事辺際修 じへんさいしゅ あらゆる存在について、それぞれの究極のありよう（真如・尽所有性・如所有性）が何であるかを思考する修行。
（出典）云何事辺際修。謂、於過去未来現在内外麁細下劣勝妙近遠等法、作意思惟、或於真如、作意思惟、如是、或尽所有性故、或如所有性故、諸所有修、名事辺際修。（『瑜伽』67、大正30・668c）

事辺際所縁 じへんさいしょえん 事象の究極のありようとしての認識対象。ヨーガの実践における四つの対象（遍満所縁・浄行所縁・善巧所縁・浄惑所縁）の一つである遍満所縁の一つ。真理を見る段階（見道）から仏陀になるまでの菩薩（十地の菩薩）が修する止観における対象で、尽所有性と如所有性の二つをいう。事辺際性ともいう。 Ⓢ vastu-paryantatā-ālambana
（出典）云何事辺際性。謂、若所縁、尽所有性・如所有性。（『瑜伽』26、大正30・427b）：事辺際所縁者、謂、一切法尽所有性・如所有性。（『雑集論』11、大正31・744c）

事辺際性 じへんさいしょう →事辺際所縁

事遍知 じへんち 事すなわち五蘊・十二処・十八界・十二縁起・処非処の五つのことについて熟知していること。五種の遍知の一つ。→遍知②
（参考）（『瑜伽』100、大正30・875c）

事務 じむ 事業。労働。世間的活動。「菩薩は種種の難行の事業に於て皆な畏憚なく、能く義利を引き、大事務の中において尚深倦なし、何か況んや小事をや」「諸の菩薩は世間の事務・言説・談論などに於て随順し、心、皆な随転す」 Ⓢ vyavasāya

事物 じもつ もの。事柄。存在するもの。「世間の種々の事物」「飲食・車乗・瓶・衣服・荘厳具などの諸の事物は皆な是れ仮有なり」「聖智を証得する時は内外の事物は皆な永滅す」 Ⓢ artha: bhāva
（出典）事物者何。謂、所捨施寺舎・敷具・制多・園林、及所施為罝網等。（『倶舎』15、大正29・80b）

事用 じゆう もの。事柄。働き。「般若の事用は大なるが故に方広と名づく」「惛眠と掉悔との二の事用はおなじなり」「諸の事用は事用者を待つなり。天授の行の如く必ず天授を待つ。行は事用にして天授を者と名づく」 Ⓢ kriyā: vastu-kriyā

事欲 じよく 世俗的な事物・事柄への欲望。たとえば穀物と財産、田畑と金銀などへの欲望をいう。それを捨てて出家することに

なる欲望をいう。二種の欲（事欲・煩悩欲）の一つ。「已に正信を獲得し已って、便ち欲楽を生ず。事欲と及び煩悩欲とを断ぜんが為に、遂に能く居家の事欲を棄捨して、正しく出家を信じて非家に往趣す」 Ⓢ vastu-kāma
（出典）諸欲自性略有二種。一者事欲、二者煩悩欲。事欲有二。一者穀、彼所依処、謂、田事。二者財、彼所依処、謂、金銀等事。（『瑜伽』19、大正 30・387b〜c）
（参考）（『瑜伽』17、大正 30・370a）

事理 じり ①事と理。事とは現象的存在（有為・諸法）、理とはその真理・本性（真如）をいう。「信の差別に略して三種あり。一には実有を信ず、謂く、諸法の実の事と理との中に於て深く信忍するが故に」（『成論』6、大正 31・29b）
②事の理。ある事柄の道理・ことわり。「彼彼の事理に於て相違なきを処と為し、彼彼の事理に於て相違あるを非処と為す」「彼が説くこと未だ理に応ずと為すべからず。事理を推尋するに、未だ決定せざる心に信が若し生ぜずといわば、是れ善に非ざるべし」

侍 じ はべること。つかえること。「阿難陀は仏の辺にて侍って立ち、仏の為に扇を揺るがす」 Ⓢ paricaryā

侍衛 じえい つかえまもること。給侍・承事・受行とおなじ。「国王ありて諸の群臣などが供奉し侍衛す」 Ⓢ paricaryā

侍女 じじょ 高貴な人につかえる女性。「妙花座に処する天帝釈に十二那庾多の侍女が囲遶す」 Ⓢ paricārikā

治 じ （煩悩や罪や障りなどを）なおしてなくす、消滅させること。対治とおなじ。→対治「悪戒を治せんがための故に尸羅を起こす」「苦を治するとき、方に楽覚を起こす」 Ⓢ pratikāra: pratipakṣa: vipakṣa

治暗光明 じあんこうみょう 三種の光明（治暗光明・法光明・依身光明）の一つ。くらやみを消滅させる光明。（i）夜の星や月の光、（ii）昼間の太陽の光、（iii）夜昼にある火の珠などの光、の三種がある。
（参考）（『瑜伽』11、大正 30・330a）

治遠性 じおんしょう 一方が治すもので他方が治されるものであるという意味で二つのものが異なっていること。たとえば持戒と犯戒、無貪と貪、無瞋と瞋とが異なっているような場合をいう。四種の遠性の一つ。→遠性 Ⓢ vipakṣa-dūratā
（参考）（『倶舎』21、大正 29・111c）

治行所縁 じぎょうしょえん →浄行所縁

治罰 じばつ 刑罰。罪に罰を課すこと。こらしめること。責罰とおなじ。「那落迦の有情は多分に治罰の苦を受用す」 Ⓢ daṇḍa: daṇḍa-karman

治罰羯磨 じばつかつま 十種の羯磨の一つ。犯した罪を罰する羯磨。→羯磨

恃 じ たよること。たのむこと。おごること。「能く種種の資生・珍饌を以って父母に供養し、此の力を恃して心に軽慢を生ず」「姓を恃す憍逸、財を恃す憍逸、命を恃す憍逸、の三種の憍逸あり」

恃我 じが 自己をおごること。「無明は是れ諸の有情の恃我の類性なり」 Ⓢ asmi iti

恃挙 じこ おごること。ほこること。憍挙とおなじ。「楽って自ら恃挙するとは、我れは高族に生まれ浄信出家して下劣と為すに非ず、諸の余の比丘は則ち是の如くならず、と是の思惟を作すをいう」 Ⓢ manyanā

持 じ ①支えること。維持すること。あるいは、支えるもの。基礎。たとえば大乗の菩薩であることを支えるものは、菩薩の自乗の種姓と初発心と一切の菩提分法とである。「念力は慧を持す」 Ⓢ ādhāra: saṃdhāraṇa
（出典）云何名持。謂、諸菩薩自乗種姓・最初発心、及以一切菩提分法、是名為持。（『瑜伽』35、大正 30・478b）
②心を清浄にしてさとりに至るためのヨーガの実践における五段階（持・任・鏡・明・依）のなかの持。持の原語 ādhāra は容器という意味があり、水を容器に満たすように、さとりに至るためのたくわえ（資糧）を心のなかにたくわえる段階、すなわち釈尊所説の教えをくりかえし聴聞する段階をいう。
（出典）持者、謂、已積集菩提資糧、於煖等位、依諸聖諦所有多聞、如所多聞、安立止観所縁境故、説名為持。（『雑集論』11、大正 31・746a）
③記憶すること。「所聞の法を持す」「経を持す者」「念慧力の持に由って無量の経典を聞いて能く持して忘れず」 Ⓢ ādhānatā: **dhṛ**
④所有すること。「衣と鉢を持す」
Ⓢ dhāraṇa
⑤心を内に維持して対象に専注・集中せしめること。「静室に宴坐して暫く其の心を持す

れば、身心の軽安が生起す」 Ⓢ praṇi-**dhā**: pra-**dhā**

持因 じいん 地・水・火・風の四つの元素（四大種）がそれらによって造られる物質（色）に対して五つの原因（生因・依因・立因・持因・養因）となるなかの一つ。食事が命を断じないように、四大種の力によって色が断じないことをいう。 Ⓢ upastambha-hetu
（参考）（『倶舎』7、大正 29・38b）:（『雑集論』1、大正 31・696a）

持戒 じかい 戒を維持しまもること。是れによって悪をなすことがないから、その結果として後悔することがなく心が清浄になる。六波羅蜜多の一つ。受持戒ともいう。「持戒の故に無悔なり」「持戒すれば善趣に往くを得る」「持戒に由る故に損害・逼迫・悩乱を行ぜずして有情を饒益す」「受持戒は楽にして、身に熱悩なきが故に、尸羅と名づく」 Ⓢ śīla: śilavat: śīla-samādāna

持戒波羅蜜多 じかいはらみた →戒波羅蜜多

持教法者 じきょうほうしゃ 二種の行法者（持教法者・持証法者）の一人。釈尊によって説かれた教えを実践し維持し護っていく人。経・律・論を読誦し解説する人。→行法者
（出典）持教法者、謂、読誦解説素怛纜等。（『婆沙』183、大正 27・917c）

持経 じきょう 経文をよく記憶し読誦すること。→持経者

持経者 じきょうしゃ 経文をよく記憶し読誦する者。経・律・論のなか、特に経に精通している人。 Ⓢ sūtra-dhara

持髻 じけい 髪を頭上に結ぶこと。播輸鉢多外道が修する苦行。→播輸鉢多「諸の離繫、及び婆羅門、播輸鉢多、般利伐羅勺迦などの異類の外道は、種種の露形、抜髪、披烏鹿皮、持髻、塗灰、執三杖、剪鬚髪などの無義の苦行を受持す」 Ⓢ jaṭā

持去 じこ 出る息である apāna（阿波那）の訳。入る息である āna（阿那）の訳である持来の対。 Ⓢ apāna
（参考）（『婆沙』26、大正 27・134a～b）に、持去と持来とについての諸説がある。

持国天 じこくてん 四天王の一人。スメール山（蘇迷盧山）の東面の中腹に住する天。→四天王 Ⓢ dhṛtarāṣṭra

持国龍王 じこくりゅうおう 八大龍王の一つ。→八大龍王 Ⓢ dhṛtarāṣṭra-nāga
（参考）（『瑜伽』2、大正 30・287a）

持業釈 じごっしゃく 二つあるいは二つ以上の単語からなる合成語の単語間の関係についての六つの解釈（六合釈）のなかの一つ。→六合釈

持地龍王 じじりゅうおう 八大龍王の一つ。→八大龍王 Ⓢ dharaṇiṃ-dhara-nāga
（参考）（『瑜伽』2、大正 30・287a）

持軸山 じじくせん スメール山（蘇迷盧山）を中心にして取り囲む金から成る七つの山の一つ。山の峯が軸に似ていることから、この名で呼ばれる。原語 īśādhāra を音写して伊沙馱羅山という。→七金山
Ⓢ īśādhāra
（参考）（『略纂』1、大正 43・16a）

持種 じしゅ 阿頼耶識が種子（一切の存在を生じる可能力）を保持していること。「本識と言うは種の所在を顕す。経部師の色心などが種を持して親しく自果を生ずるというを簡ぶ」

持種依 じしゅえ →転依①

持証法者 じしょうほうしゃ 二種の行法者（持教法者・持証法者）の一人。さとりに至る道を修行してさとりを証する人。→行法者
（出典）持証法者、謂、能修証無漏聖道。（『婆沙』183、大正 27・917c）

持心 じしん 外界に流散する心を内心に止めて維持すること。ヨーガの修行における奢摩他のありよう。制持心・摂持心ともいう。「奢摩他に依って心を持して定ならしむ」
Ⓢ cittaṃ pra-dadhāti
（出典）云何持心。謂、修学時、其心掉動、或恐掉動、観見是已、爾時還復、於内略摂其心、修奢摩他、是名持心。（『瑜伽』29、大正 30・443a）

持双山 じそうせん スメール山（蘇迷盧山）を中心にして取り囲む金から成る七つの山の一つ。原語 yugaṃ-dhara を踰健馱羅、あるいは踰健達羅と音写。山頂に二つの陵があることから、このような名で呼ばれる。→七金山 Ⓢ yugaṃ-dhara
（参考）（『略纂』1、大正 43・16a）

持息念 じそくねん 息を持する念。入る息・出る息に心を専注せしめる修行。物事を

考えすぎて心の乱れが強い人が修すべき観法。原語 āna-apāna-smṛti は『婆沙論』『倶舎論』では息念、持息念、あるいは入出息念と意訳、『倶舎論』では阿那阿波那念と音写されるが、『瑜伽論』では入出息念と意訳、阿那波那念あるいは阿那阿波那念と音写され、持息念という訳はない。原語を直訳すれば入出息念と意訳すべきであるのに、『婆沙論』『倶舎論』で持息念と、原語には相当するものがない「持」を付したのは、「入る息、出る息を持する、維持する、たもつ念」という意味に解釈して訳したのであろうか。『倶舎論』では不浄観とならんで修行に入る要門とされる。→阿那波那念「正に修に入る門の要なる者に二あり。一には不浄観、二には持息念なり」(『倶舎』23、大正 29・117b)「不浄観と持息念との二門に依って、心は便ち定を得る」(『倶舎』23、大正 29・118c)
Ⓢ āna-apāna-smṛti

持対治 じたいじ 任持対治とおなじ。→任持対治

持鬘 じまん →持鬘天

持鬘神 じまんしん →持鬘天

持鬘天 じまんてん スメール山(蘇迷盧山)の山腹が四つの層から成るなかの第二層(『瑜伽論』では第四層)に住する天。三十三天が阿素洛と戦うときに配置する六つの軍隊の一つ。持鬘・持鬘神ともいう。Ⓢ mālā-dhāra
(参考)(『婆沙』4、大正 27・19a):(『倶舎』11、大正 29・59c):(『瑜伽』2、大正 30・287a)

持来 じらい 入る息である āna(阿那)の訳。持去の対。→持去 Ⓢ āna

持来持去念 じらいじこねん 阿那波那念とおなじ。→持来 →持去 →阿那波那念

持律 じりつ →持律者

持律者 じりつしゃ 戒律をたもち記憶し読誦する者。経・律・論のなか、とくに律に精通している人。持律と略称。「諸の持律者は言う。飲酒は是れ性罪なりと」Ⓢ vinaya-dhara

持論者 じろんしゃ 経・律・論のなか、とくに論をよく学び記憶し精通している人。Ⓢ mātṛkā-dhara

時 じ ①とき。時間の総称。〈倶舎〉〈唯識〉共に時は五位の存在分類法では不相応行に収める。このなか、〈倶舎〉は時は実体として存在するとみるが、〈唯識〉は事象の因果の流れの上に仮に立てられた存在であるとみる。→不相応行
(出典)何等為時。謂、於因果相続流転、仮立為時。(『集論』1、大正 31・665c)
②昼・夜、春・夏、年・月、刹那・臘縛・牟呼栗多などという時間。現象の移り変わり、時間の長さなどに名づけたもの。あるいは過去・現在・未来という時間。Ⓢ adhvan: avasthā: ṛtu: kāla: samaya
(出典)時名是何法。謂、諸行増語。於四洲中、光位闇位、如其次第、立昼夜名。(『倶舎』14、大正 29・74c):時有三種。一過去、二未来、三現在。(『瑜伽』38、大正 30・499a):問、依何分位、建立時、此復幾種。答、依行相続不断分位、建立時。此復三種。謂、去来今。(『瑜伽』56、大正 30・607c):云何時。謂、由日輪出没増上力故、安立顕示時節差別。又由諸行生滅増上力故、安立顕示世位差別、総説名時。此時差別、復有多種。謂、時・年・月・半月・昼夜・刹那・臘縛・牟呼栗多等位、及与過去・未来・現在。(『瑜伽』52、大正 30・588b～c)
③時論師が説く時。一切の存在を生じる常住にして根源的なるものとしての時。
(出典)言時者、謂、時論師、作如是説。時熟、一切物熟、時散、一切物散。是故我論中説。如被弓箭射時、不到不死、時到則小草触即死、一切物時生、時熟、時滅、時不可過、是故時常生一切物。(『演秘』1末、大正 43・832b)
④ヴァイシェーシカ派(勝論)が説く時。六つの原理(六句義)のなかの実に九種あるなかの一つ。→六句義 →十句義

時愛解脱 じあいげだつ →時解脱

時愛心解脱 じあいしんげだつ 二種の解脱(時愛心解脱・不動心解脱)の一つ。阿羅漢のなかの根(さとりへの能力)が鈍い阿羅漢、すなわち六種の阿羅漢(退法・思法・護法・安住法・堪達法・不動法)のなかの最初の五つの阿羅漢の解脱のありようをいう。時解脱とおなじ。→時解脱
(参考)(『瑜伽』90、大正 30・813a)

時遠性 じおんしょう 時間的に隔たっていること。たとえば過去と未来とが隔たっていることをいう。四種の遠性の一つ。→遠性

Ⓢ kāla-dūratā
（参考）（『倶舎』21、大正 29・111c）

時機　じき　何かを行なうのに適した機会。「時機に順じて義利を引く」「時機に称って法義を宣説す」「教を辨ずる時機」 Ⓢ kāla-mātra

時解脱　じげだつ　よい縁を得て、すなわち、時をまって解脱すること、またそのような人。六種の阿羅漢（退法・思法・護法・安住法・堪達法・不動法）のなかの前五の阿羅漢の解脱のありようをいう。待時解脱ともいう。またそのような解脱をする前五の阿羅漢を時解脱阿羅漢、あるいは時解脱者・時解脱補特伽羅という。よい縁を得る時として、好衣を得る（よい衣服を得る）、好食を得る（よい食べ物を得る）、好臥具を得る（よい寝具を得る）、好処所を得る（静かな住居を得る）、好説法を得る（よき教えに受ける）、好補特伽羅を得る（徳のあるすぐれた人と共に住む）、という六つがある。不時解脱（六種のなかの最後の不動法の解脱。時をまたずに随意に解脱する）の対。時愛解脱・時愛心解脱・時心解脱ともいう。→不時解脱
Ⓢ samaya-vimukta: samaya-vimukti: sāmayikī-vimukti
（出典）由彼解脱待時得故。時雖有多、略有六種。一得好衣時、二得好食時、三得好臥具時、四得好処所時、五得好説法時、六得好補特伽羅時。（『婆沙』101、大正 27・525a）：於此六中前之五種、従先学位信解性生、即此総名時愛心解脱。恒時愛護、及心解脱故。亦説名為時解脱者、以要待時及解脱故。（中略）由此待時方能入定、謂、待資具無病処等勝縁合時、方入定故。（『倶舎』25、大正 29・129a～b）

時解脱阿羅漢　じげだつあらかん　→時解脱

時解脱者　じげだつしゃ　→時解脱

時解脱補特伽羅　じげだつふとがら　→時解脱

時語　じご　時にかなった言葉。「如来は其の舌は広薄にして普く面輪を覆い、常に諦語と愛語と時語と法語とを修す」
Ⓢ kāla-vāditā

時候　じこう　季節。時節とおなじ。「時候の変異に由って受が生ず」「一切の外物と時候とは乖変して速疾に磨滅す」「時節変異の苦」 Ⓢ artu: ṛtu

時死　じし　寿命が尽きて死すべき時に死ぬこと。寿命が尽きる以外の原因で死ぬ非時死の対。 Ⓢ kāla-cyuti: kāla-maraṇa
（出典）云何寿尽。謂、時死。（『集論』3、大正 31・675a）

時衆　じしゅ　法を聞くために、あるいは論議するために集まった人びと。「時衆を観察するとは、現前の衆会が賢正か不賢正か、僻執があるかなきかを観察するをいう」

時心解脱　じしんげだつ　→時解脱

時頭衆生　じずしゅじょう　本際（過去の時間の初め）と名づける常住にして根源なるものがあり、それから一切の存在が生じると説く外道の人びと。
（出典）本際者、即過去之初首。此時一切有情、従此本際一法而生、此際是実是常、能生諸法。古人云。諸部有計、時頭衆生、与此同也。（『述記』1 末、大正 43・262c）

時節　じせつ　→時候

時大性　じだいしょう　大乗が大乗といわれる所以の七つの偉大性の一つ。→七大性

時分　じぶん　①とき。時間。長さに応じて区分された時間の呼称として、時（ṛtu）・年（saṃvatsara）・月（māsa）・半月（ardha-māsa）・日（divasa）・夜（rātri）・刹那（kṣaṇa）・怛刹那（tat-kṣaṇa）・臘縛（lava）・目呼剌多（muhūrta）の十種があげられている（→各項参照）。 Ⓢ kāla
（出典）有十種時分。謂、時・年・月・半月・日・夜・刹那・怛刹那・臘縛・目呼剌多。（『瑜伽』2、大正 30・288a）
（参考）（『略纂』1、大正 43・17c）
②年齢。少年・盛年・老年などの人生の時期。「時分の変異の不平等に由るが故に仮に老を立つ」 Ⓢ daśā: vayas: vayasya
③過去・現在・未来の三つ。「三世の時分の品類差別の無量の勝解を作意す」 Ⓢ kāla

時分有　じぶんう　ある時には存在し、別の時には存在しないという、そのような存在性。三種の有（相待有・和合有・時分有）の一つ。
（出典）諸有者、（中略）有説三種。（中略）三時分有、謂、如是事、此時分有、彼時分無。（『婆沙』9、大正 27・42a）

時分相続　じぶんそうぞく　胎児の段階でいえば、頞部曇の五蘊が羯剌藍の五蘊の後に続く、あるいは生まれてからの人生の時期につ

いていえば、老年の時期の五蘊が盛年の時期の五蘊の後に続く、という相続のありようをいう。五種の相続の一つ。→相続①
（出典）時分相続者、謂、羯剌藍乃至盛年時分蘊滅、頞部曇乃至老年時分蘊生、此頞部曇乃至老年時分蘊、続羯剌藍乃至盛年時分蘊、是故名為時分相続。（『婆沙』60、大正 27・310a）

時分天 じぶんてん 欲界にある六つの天（六欲天）の第三の天。時々分々に楽を受けることがある天。原語 yāma を音写して夜摩天ともいう。→夜摩天 Ⓢ yāma
（出典）夜摩天、此云時分。謂、彼天処、時時多分称快楽。（『倶舎論記』8、大正 41・148b）

時分名 じぶんみょう 人に対する六種の呼び名（功徳名・生類名・時分名・随欲名・業生名・標相名）の一つ。一生の時間の推移のなかで付けられる名称。たとえば幼い時の童子、ないしは、老いた時の老人という名称をいう。
（出典）時分名者、謂、依時分立名、如童稚時名為童子、乃至衰老時名為老人、如是等。（『婆沙』15、大正 27・73b）

時務 じむ 世間的なつとめ・仕事。「世の時務に於て世間を益す」 Ⓢ vyavahāra

時論師 じろんし 時間が一切の存在を生じる常住にして根源的なるものであると主張する人びと。→時③

滋栄 じえい 繁栄。栄えること。盛んにすること。「聡慧は後有の小樹を滋栄せんと欲せず、便ち其の愛を断つ」
Ⓢ yoga-kṣema

滋産 じさん 育て生むこと。「集諦の行相に因・集・生・縁の四相あり。（中略）能く滋産することあるが故に名づけて生と為す」
Ⓢ prasaraṇa

滋潤 じじゅん ①うるおすこと。うるおし育てること。うるおい茂ること。「愛の力に由って母胎に入るを得て、精血を滋潤して胎蔵に住せしむ」「若し是の処に草木が滋潤し茎葉が青翠なるをみれば、水あるを比知す」「離生喜楽が其の身を滋潤す」
Ⓢ abhiṣyanda: abhiṣyandana: abhi-**syad**
②穏和・柔和であること。「其の心は滋潤にして柔和なり」 Ⓢ snigdha

滋息 じそく 茂りふえること。富がふえること。転じて金銭を貸して得られる利息を意味する。「一銭を用いて滋息を経求して今は千万に至る」「現前に多く種種の家産あり。彼の諸の人たち、便ち相い佐助して財宝を引致し、滋息を守護す」「世間の事業において甚だ滋息す」

滋長 じちょう ①増大・成長すること。養い成長させること。「希求に由るが故に煩悩滋長す」「有漏法は皆な有を滋長す」
Ⓢ upacaya: poṣaka
②こころを意味する心・意・識のなか、特に心の働きを表すのに用いられる。「滋長は是れ心の業、思量は是れ意の業、分別は是れ識の業なり」

滋長資具 じちょうしぐ 按摩など身体を整え元気にするために用いる道具。無尋思輪石という。 Ⓢ puṣṭi-upakaraṇa
（出典）滋長資具者、謂、無尋思輪石、椎打築、按摩等事。（『瑜伽』5、大正 30・299a）

滋味 じみ 美味。風味。味のよいもの。「諸の欲は滋味少なくして苦悩多し」
Ⓢ āsvāda

滋茂 じも おい茂ること。「樹木・叢林が増長し滋茂す」「後有の小樹を滋茂せしめんと欲して貪愛水を以って漑灌す」

慈 じ いつくしみ。あわれみ。おもいやる心。人びとに楽を与えようと願う心。四無量（慈・悲・喜・捨）の一つ。→四無量
Ⓢ maitra: maitrī: vatsala
（出典）云何修慈。謂、先思惟自所受楽、或聞説仏菩薩声聞及独覚等所受快楽、便作是念。願諸有情一切等受如是快楽。（『倶舎』29、大正 29・150c〜151a）：慈云何。謂、依止静慮、於諸有情与楽相応意楽。（『雑集論』13、大正 31・757c）

慈哀 じあい いつくしみ、あわれむこと。「慈哀を生ぜずして反って其の命を害す」

慈愛 じあい いつくしみ、あいすること。好むこと。「刀杖手塊などの事を以って有情を悩害せずして、諸の衆生に於て性として常に慈愛せり」「真実の功徳を慈愛し称歎す」
Ⓢ priya

慈眼 じげん いつくしみの眼。人びとを救済しようとする願いを持った菩薩・仏陀の眼。「菩薩は慈眼を以って世間を観ず」

慈定 じじょう 人びとをいつくしむ心で修する禅定。どのようにして人びとに楽を獲得

せしめようかと思惟して入る禅定。慈等至ともいう。四無量心の第一番目の心。→四無量心「慈定に住する菩薩は大悲心を以って一切の貧窮・困苦に悩まされる衆生を観察して飲食・財穀を施す」「何等を思惟して慈定に入るや。答う。有情に楽を与えんと思惟す」「云何が当に諸の有情類をして是の如き楽を得せしむべきかと是の如く思惟して慈等至に入る」
Ⓢ maitrī-samāpatti: maitrī-samāpanna

慈心 じしん いつくしみの心。慈憐心ともいう。「同梵行者は展転して互に慈心を起こして平等に財法を受用す」「菩薩には慈憐心あり、利益心あり、哀愍心あり」
Ⓢ maitra-citta

慈尊 じそん 大慈悲をいだいた尊者。慈氏菩薩、すなわち弥勒菩薩のこと。「一生補処の慈尊」 Ⓢ maitreya

慈等至 じとうし →慈定

慈仁 じにん あわれみ、いつくしむこと。「嫉は能く慈仁を障うるを業と為す」「有法の王は東方に生在して威徳・慈仁にして五印度を伏す」 Ⓢ maitra

慈悲 じひ ①いつくしみ、あわれむこと。「病者に於て慈悲の心を起こして殷重し供侍す」「慈悲の故に恵施を行ず」「慈悲の欲解は善業を造作し、憎害の欲解は不善業を造す」
Ⓢ anukampā: karuṇā: kāruṇya
②四無量（慈・悲・喜・捨）のなかの慈（maitrī）と悲（karuṇā）。慈は人びとに楽を与えようと願う心、悲は人びとの苦を抜こうと願う心。ただし、慈と悲との内容をこれとは逆にとらえる考えもある。→四無量 →抜苦与楽 Ⓢ maitrī-karuṇā

慈悲観 じひかん →慈愍観

慈愍 じみん 苦しむ生きもの（有情）に対して苦を抜き楽を与えようと願うこと。この慈愍の心を修することによって瞋恚（いかり）をなくすことができる。知られるべき事（所知事）の一つ。「諸の瞋恚を対治せんと欲する為の故に慈愍を修習す」 Ⓢ maitrī
（参考）（『瑜伽』26、大正 30・427b）:（『瑜伽』26、大正 30・429c）

慈愍観 じみんかん 慈悲観ともいう。いかり（瞋）が強い人が修するべき観法。親しい人、怨みのある人、そのどちらでもない人、の三種の人（親怨中の三品の有情）に対して平等に苦を抜き楽を与えようと想う観法をいう。この観法は〈小乗〉では五停心観の一つにあげられるが、〈唯識〉（『瑜伽論』）では四つの対象（遍満所縁・浄行所縁・善巧所縁・浄惑所縁）を観察するヨーガのなかの浄行所縁を観察する修行のなかに含まれる。
Ⓢ maitrī-bhāvanā
（参考）（『瑜伽』30、大正 30・453a 以下）

慈無量 じむりょう 四無量の一つ。→四無量

慈憐心 じれんしん →慈心

辞 じ ①辞退すること。ことわること。「四衆に於て正法を宣説するに労倦を辞せず」
②いとまごいをすること。去ること。「爾の時、阿難は聞き已って合掌・随喜・讃歎して、辞して仏所に詣る」
③言葉。→辞無礙解

辞句 じく 言葉。語句。言葉と文章。「語言と辞句とは善順なり」

辞謝 じしゃ ことわること。「諸の来って安楽などを求むる者に於て既に其の願を足満するに力能なければ、先ず当に方便して発意・思惟して辞謝し発遣すべし」 Ⓢ saṃjñā

辞無礙解 じむげげ 詞無礙解とおなじ。→四無礙解

爾（じ）→に

膩団 じだん あぶらのかたまり。「或いは膩団を以って、或いは膩帛を以って瘡門を帖塞すれば、漸次、肌肉は斂を得る」

膩帛 じはく 絆創膏を塗った包帯。「或いは膩団を以って、或いは膩帛を以って瘡門を帖塞すれば、漸次、肌肉は斂を得る」

式叉摩那 しきしゃまな →正学

式叉摩那律儀 しきしゃまなりつぎ →正学律儀

色 しき ①色蘊の色。物質、肉体、物質的なるもの、などの総称。原語の rūpa を語義解釈して、次の二つの性質をもつ「もの」として定義される。（i）変化し壊れゆくもの。（ii）同一空間に二者が共存できないもの。このなか、（i）は「変壊」といい、たとえば、自然界の物質が変化し壊れていく、あるいは肉体が衰えていくことをいう。（ii）は「質礙」といい、たとえば、二つの小石が同一空間・場所を共有することができないことをいう。さらにこの二つの性質の他に、肉

体に関して「悩壊」という性質、すなわち、欲望によって苦しみ悩まされるという性質が加えられる。これら変壊と質礙と悩壊とをまとめて「変礙」という。詳しくは、色は（ⅰ）五根と（ⅱ）五境と（ⅲ）無表色（〈唯識〉では法処所摂色）とに分けられる。このなか五根とは五つの感官（眼・耳・鼻・舌・身・意）、五境とは五つの感官の対象（色・声・香・味・触）、無表色とは表層の行為（表業）によって深層に植え付けられ、表層に表れてこないもの、法処所摂色とは意識の対象となる特別の「もの」、をそれぞれいう。また大きく（ⅰ）四大種（地・水・火・風の四つの元素）と（ⅱ）四大種所造（四元素より造られたもの）とに二分される。→五根① →五境 →無表色 →法処所摂色 →変礙 Ⓢ rūpa

（出典）色復云何。欲所悩壊、欲所擾悩、変壊生故。有説、変礙故、名為色。（『倶舎』1、大正 29・3b〜c）：所言色者、是変礙義。（『倶舎』8、大正 29・41b）：色者、唯五根、五境及無表。（『倶舎』1、大正 29・2b）：問、何等是色自性。答、略有十一。謂、眼等十色処、及法処所摂色。又総有二。謂、四大種及所造色、如是一切皆変礙相。（『瑜伽』53、大正 30・593b）：問、何縁、色蘊説名為色。答、於彼彼方所、種殖増長義、及変礙義故、名為色、此変礙義。復有二種。一手等所触便変壊義、二方処差別種種相義。（『瑜伽』56、大正 30・608c）：云何建立色蘊。謂、諸所有色、若四大種及四大種所造。（『集論』1、大正 31・663b）

②眼という感覚器官（眼根）の対象。視覚（眼識）の対象。五境のなかの色境。前の①の色は総体的名称（総名）としての色であるのに対して、この②の色は区分的名称（別名）としての色である。眼の対象としての色は顕色（いろ）と形色（かたち）と表色（うごき）との三種に分かれる（→各項参照）。→色境

（出典）眼識所縁者、謂、色、有見有対。此復多種、略説有三。謂、顕色・形色・表色。（『瑜伽』1、大正 30・279b）：数可示現在其方所、質量可増故、名為色。（『瑜伽』3、大正 30・294a）

③名色の色。→名色①

④いろ。色彩。青・黄・赤・白などのいろ。「青黄赤白紅紫碧緑の頗胝迦の色」 Ⓢ varṇa

⑤容貌。外観。寿量（寿命）や力（ちから・才能・能力）や種姓（家柄）や富楽（豊かさ）などと共に列記されて、個人的なありようをあらわす一つ。「能く寿量を損減する悪不善法を棄捨して、寿量を増長する善法を受行するが故に寿量・色・力・富楽・自在、皆な漸く増長して乃至寿量八万歳を経る」 Ⓢ varṇa

⑥執着の対象としての女性。「諸の世間の酒・色・博戯・歌舞・倡伎などの耽著の事を厭捨す」 Ⓢ strī

色愛 しきあい　色界に於る愛欲。これによって色界の苦が生じる。三種の愛（欲愛・色愛・無色愛）の一つ。色界愛ともいう。Ⓢ rūpa-tṛṣṇā

（出典）色愛云何。謂、色界諸行為縁所生、於色界行染汚希求、由此能生色界苦果。（『瑜伽』10、大正 30・323b）

色有 しきう　色界に生存するもの。那落迦・傍生・餓鬼・人を除くその他の生存（本有・業有・死有・中有・生有と及び天）をいう。 Ⓢ rūpa-bhava

（参考）（『瑜伽』10、大正 30・323b）

色蘊 しきうん　現象的存在（有為）を構成する五つの要素のグループ（五蘊）の一つで、物質的存在（色）のグループをいう。色は（ⅰ）五根と（ⅱ）五境と（ⅲ）無表色（〈唯識〉では法処所摂色）とに分けられる。このなか五根とは五つの感官（眼・耳・鼻・舌・身）、五境とは五つの感官の対象（色・声・香・味・触）、無表色とは表層の行為（表業）によって深層に植え付けられ、表層に表れてこないもの、法処所摂色とは意識の対象となる特別の「もの」、をそれぞれいう。また大きく（ⅰ）四大種（地・水・火・風の四つの元素）と（ⅱ）四大種所造（四元素より造られたもの）とに二分類される。→色① →五蘊① Ⓢ rūpa-skandha

（出典）色蘊何相。変現相是色相。此有二種。一触対変壊、二方所示現。（『集論』1、大正 31・663a）：云何建立色蘊。謂、諸所有色、若四大種及四大種所造。云何四大種。謂、地界・水界・火界・風界。（中略）云何所造色。謂、眼根・耳根・鼻根・舌根・身根、色・声・香・味・所触一分、及法処所摂色。（『集論』1、大正 31・663b）

色我 しきが 有色我ともいう。身体としての我。物質的な我。外道が説く我（ātman）の一つ。無色我の対。「且く色我を破して、量に云く。内の諸色の処は定んで実我に非ず、質礙あるが故に、外の諸色の如し」「色我は其の量は狭小にして指節などの如しと執す」

色界 しきかい ①三界（欲界・色界・無色界）の一つ。浄妙な物質（色）から成り立つ世界。初禅天・第二禅天・第三禅天・第四禅天の四つの天（静慮）から構成される。これら四つの天はさらに次の十七の天から成り立つ。十七の天とは、初禅天の梵衆天・梵前益天・大梵天、第二禅天の少光天・無量光天・極浄光天、第三禅天の少浄天・無量浄天・遍浄天、第四禅天の無雲天・福生天・広果天・無煩天・無熱天・善現天・善見天・色究竟天、の十七をいう。→三界① →四禅天 →色界十七天 Ⓢ rūpa-avacara: rūpa-dhātu
②全存在を十八の種類に分ける分類法（十八界）のなかの一つ。眼の対象としての色のグループ。→色② Ⓢ rūpa-dhātu
（出典）色界何相。謂、色眼曽現見、及眼界於此増上、是色界相。（『集論』1、大正31・663b）

色界愛 しきかいあい 色愛とおなじ。→色愛

色界繫 しきかいけ 色界繫法・色界所繫・色界所繫法ともいう。略して色繫ともいう。存在を三つの繫（欲界繫・色界繫・無色界繫）に分けるなかの一つ。色界（浄妙な物質から成り立つ世界）に属するもの。すでに欲界の欲を離れてはいるが、いまだ色界の欲を離れていない者の善と無記とのもの。五蘊・十二処・十八界に分類されるなかで、香界・味界・鼻識界・舌識界の四界と香処・味処の二処とを除くそれ以外の蘊・処・界をいう。原語の一つである rūpa-avacara は色行・色廛・色纏とも訳される。
Ⓢ rūpa-avacara: rūpa-pratisaṃyukta
（出典）云何色界繫、幾是色界繫、為何義故観色界繫耶。謂、已離欲界欲、未離色界欲者、所有善無記法、是色界繫義。除前所説四界二処、余蘊界処一分。一分者、謂、除欲無色界繫及無漏法。是色界繫。（『雑集論』4、大正31・710b）

色界四地 しきかいしじ 色界を構成する四つの段階。初禅天（初静慮）・第二禅天（第二静慮）・第三禅天（第三静慮）・第四禅天（第四静慮）の四つ。→色界① →三界九地

色界十七天 しきかいじゅうしちてん 色界にある次の十七の天。（i）梵衆天（brahma-kāyikāḥ devāḥ）。大梵天に属する天。（ii）梵輔天（brahma-purohitāḥ devāḥ）。大梵天の前に行列して補佐する天。梵前益天ともいう。（iii）大梵天（mahā-brahma-deva）。偉大な梵天。梵天の統括者。梵衆天・梵輔天・大梵天の三者をまとめて梵天という。また普通には梵天といえばこの大梵天をいう。以上の三つは初禅にある天。（iv）少光天（parītta-ābhāḥ devāḥ）。以下の三つは第二禅にある天。これらのなかで光明が最も少ないからこのようにいう。（v）無量光天（apramāṇa-ābhāḥ devāḥ）。その量が計りがたいほどの光明がある天。（vi）極光浄天（ābhās-varāḥ devāḥ）。極めて清らかな光明が普く照らす天。極浄光天・光音天ともいう。（vii）少浄天（parītta-śubhāḥ devāḥ）。以下の三天は第三禅に属す。浄とは意識が感じる楽な感受作用で、これら三天のなかで浄が最も少ないからこのように呼ぶ。（viii）無量浄天（apramāṇa-śubhāḥ devāḥ）。浄が増大し計りしれないほどの浄がある天。（ix）遍浄天（śubha-kṛtsnāḥ devāḥ）。浄が遍くいきわたった天。（x）無雲天（anabhrakāḥ devāḥ）。これより以下の八天は第四禅に属す。雲とは諸の天が密集しているさまをいい、この天より上にはこのような諸天の密集がないからこのようにいう。（xi）福生天（puṇya-prasavāḥ devāḥ）。福を積んだ凡夫が生じる天。（xii）広果天（bṛhat-phalāḥ devāḥ）。凡夫において最も勝れた果報として生まれる天。無想天はこの広果天の一部をなす。（xiii）無煩天（abṛhāḥ devāḥ）。心に煩擾がなく寂静の楽を感じる天。欲を離れた聖者が聖道の水で汚れをぬぐう天。これより以下の五天をまとめて浄居天という。（xiv）無熱天（atapāḥ devāḥ）。心に熱悩がなく清涼の楽を感じる天。（xv）善現天（sudṛśāḥ devāḥ）。禅定を修することによって得られる善がはっきりと顕現する天。あるいは、この天の身姿は端正で美しいから善現天という。（xvi）善見天（sudarśanāḥ devāḥ）。心に汚濁がなくなり清らかに善く見ることがで

きる天。あるいは、この天の身姿が妙好で人びとが見ることを欲するから善見天という。(xvii) 色究竟天 (akaniṣṭhāḥ devāḥ)。色界の天のなかで最高に勝れている天。阿迦膩瑟摭天と音写。なお広果天に含める無想天を別に立てて色界の天を十八とし、まとめて色界十八天という場合もある。
(参考) (『倶舎』8、大正 29・41a) : (『瑜伽』4、大正 30・295a)

色界十八天 しきかいじゅうはちてん →色界十七天

色界定 しきかいじょう 色界の定。清浄な物質から構成される世界の定心。「色界定に依って無漏の念住を起こす」

色境 しききょう 眼という感覚器官(眼根)の対象。視覚(眼識)の対象。次の三種類に分けられる(『瑜伽』の所説)。(i) 顕色(青・黄・赤・白、光・影・明・闇、雲・煙・塵・霧、空一顕色)、(ii) 形色(長・短・方・円、麁・細・正・不正・高・下)、(iii) 表色(取・捨・屈・伸、行・住・坐・臥)。このなか「顕色」は明瞭に顕現している色彩、「形色」は形、「表色」は動き、をいう。顕色のなかで「青・黄・赤・白」が基本色で、これら四つの混合によって他の八つが生じる。このなか「光」とは太陽のひかり、「明」とは太陽以外のもの、たとえば月や星、たき火や宝石などから発せられるひかり、「影」とは光と明とがさえぎられてできた陰影、「闇」とはまったくの暗やみをいう。雲以下の四つの自然現象は、なんらかの事物として錯覚されることがあるから、それを防ぐために色に含める。空一顕色とはスメール山の山壁に認められる青色などの輝色で、世界の中心と考えられた山に由来する特殊な色をいう。形色のなか、「長」とは長い形、「短」とは短い形、「方」とは方形、「円」とは輪状の円形、「麁」とは粗大で大きな形、「細」とは微小で小さな形、「高」とはなかが凸状になっている形、「下」とはなかが凹状になっている形、「正」とは均整のとれた形、「不正」とは不均整な形をいう。表色のなかの行・住・坐・臥を、まとめて四威儀という(→四威儀)。なお、顕色のなかに空一顕色を入れない説もある。
(参考) (『瑜伽』1、大正 30・279b) : (『婆沙』13、大正 27・64a) : (『倶舎』1、大正 29・2b〜c)

色行 しきぎょう ①物質的な現象。「無明は諸の色行に望んでは増上縁と為り、無色行に望んでは等無間縁・所縁縁・増上縁と為る」「彼の諸の色行は現有なりと雖も刹那に生滅し滅壊して無なり」
Ⓢ rūpin: rūpiṇi saṃskārāḥ
②色界で働くこと。色界にあること。色界に属すること。「欲行の解脱と色行の解脱と無色行の解脱」「定地の色愛に由る諸業の生起するところを色行の色を名づく」「無常などの行を以って次第に観察し、此れは是れ欲行、此れは是れ色行、此れは無色行なりと分別せず」 Ⓢ rūpa-avacara

色形 しきぎょう かたち。形態。「色形を見已って、唯だ色形の覚を起こし、薩埵の覚を起こすべからず」「我れ色形を別異にし、俗相を棄捨し、我れ已に壊色を受持す」
Ⓢ rūpa: rūpa-ākṛti

色究竟 しきくきょう →色究竟天

色究竟天 しきくきょうてん 色界十七天の一つ。→色界十七天

色繫 しきけ 色界繫とおなじ。→色界繫

色繫業 しきけごう →三業⑩ Ⓢ rūpa-pratisaṃyuktaṃ karman

色業 しきごう ①色界の業。「色業と無色業とを名づけて不動業と為す」
②物質の動き。ものの働き。「若し虚空の中に於て諸色の色業を皆な悉く除遣すれば、即ち爾の時に於て唯だ色性なくして清浄なる虚空の相が顕現す」 Ⓢ rūpa-karman
③身体的行為(身業)と言語的行為(語業)。「若し善・不善・無記の身業・語業、是れを業色と名づく。当に知るべし、これを色業の差別と名づく」

色根 しきこん 身体(有根身)を構成する五つの感官。色とは物質、根とは感官をいい、眼識ないし身識を生じる眼根・耳根・鼻根・舌根・身根の五つの物質的な感官を色根という。有色根ともいう。意識を生じる意根は非物質的な感官であるから無色根といわれるのに対する。感官、たとえば、水晶体や角膜などから、すなわち原子・分子・細胞などから構成される眼の感官(眼根)は扶根(根をたすけるもの)あるいは根所依処(根のよりどころ)といわれる。これに対して、まさしく根そのものは、正根あるいは勝義根とい

われ、清浄な色（rūpa-prasāda）から成り立っているとされる。→根②「眼などの五根の処には筋骨血肉はなし。諸の色根は是れ清浄なる大種の所造なるが故なり」「阿頼耶識が内の執受を了別するとは、能く遍計所執自性妄執の習気と及び諸の色根と根所依処とを了別するを謂う」「段食・触食・意思食・識食の四食に由って五の色根と及び意根と并に根所依のあるゆる大種とを長養す」
Ⓢ indriyāṇi rūpīṇī

色趣識住 しきしゅしきじゅう 四識住の一つ。→四識住

色受想行識 しきじゅそうぎょうしき 色と受と想と行と識。現象的存在（有為）を構成する五つ。まとめて五蘊という。→五蘊①「一切の有為の事は皆な色受想行識の五法の所摂なり」

色聚 しきしゅう 物質的なもののグループ。物質の集まり。「色聚の極細なるに微聚の名を立つ」「色聚の中に極微なし」「極微が色聚を集成するに非ず」 Ⓢ rūpa-saṃghāta: rūpa-samudāya

色処 しきしょ ①狭義の色処。十二処（一人の人間を構成する十二の要素）のなかの色処。眼の対象である「いろ」と「形」と「動き」とをいう。→十二処 Ⓢ rūpa-āyatana
②広義の色処。十二処中の十処すなわち眼・耳・鼻・舌・身の五つの感官（五根）と色・声・香・味・触の五つの対象（五境）とをいう。前者を内色処、後者を外色処という。「内身とは此の身中に於るあらゆる内の色処をいい、外身とは外のあらゆる色処を謂う」
（参考）（『婆沙』122、大正 27・635a）

色心 しきしん 色と心。身体とこころ。生命的個体を構成する二つの要素。色とは身体的要素、心とは精神的要素をいう。「色心に愚なる者の為に十八界を説く」「所依の中の諸の煩悩品のあらゆる麁重は、未だ能く除遣せずんば、色心の身は軽安ならず」
Ⓢ rūpa-citta

色心心所法心不相応行無為 しきしんしんじょほうしんふそうおうぎょうむい 色と心と心所法と心不相応行と無為。全存在を構成する五つの要素。まとめて五位という。→五位①

色身 しきしん 肉体としての生命的個体。生命的存在の可視的なありよう。眼にみえる身体。仏陀に対しては可視的な色身としての仏ではなく、仏の本質である法身として仏を証見することが要求される。生身とおなじ。→生身② →法身③「無常を随観するとは、色身の無常を観ずるを謂う」「第四静慮の所依の色身は澄潔にして明浄なり。譬えば灯光の如し」「色身も亦た真の愛著処に非ず。色染を離れた者は色身を厭うと雖も我を愛するが故なり」「是の如き聖慧眼に由るが故に内に於て如来の法身を証解し、外に於て、或いは制多、或いは図画などを見ると雖も、能く第一義の応正等覚にあらずと了知す」
Ⓢ rūpa-kāya

色随識住 しきずいしきじゅう 四識住の一つ。→四識住

色相 しきそう もののありよう。物質の特徴。もののいろ。「色蘊は何の相なるや。変現相、是れ色相なり」「外の造色の色相に自然変壊・他所変壊・倶品変壊の三種の変壊あり」「色相の差別とは青黄赤白などを謂う」
Ⓢ rūpa-lakṣaṇa: varṇa: varṇa-nibha

色想 しきそう 色を想うこと。青・黄・赤・白などのいろ、長・短などの形があると考えること。三種の想（色想・有対想・別異想）の一つ。これら三つの想を滅することによって無色界の空無辺処に入ることができる。
（参考）（『婆沙』137、大正 27・707b）:（『瑜伽』54、大正 30・594a）

色像 しきぞう ものの影像。もののすがた。「鏡面を極めて善く磨瑩すれば、種種の色像が皆な中に於て現ず」「能化神境智通を以って、或いは人・傍生・鬼・那洛迦の色像を作り、或いは声聞・独覚・菩薩・如来の色像を作る」 Ⓢ rūpa-kāya: varṇa

色天 しきてん 色界の諸天。→色界十八天

色纏 しきてん 色纏とおなじ。→色纏②

色纏 しきてん ①色界の纏（心にまとわりつく顕在的な煩悩）。「色愛の尽、及び無学の位より色纏を起こして退く」
Ⓢ rūpa-avacara-paryavasthāna
②色界に属すること。色纏とも書く。「色纏の有情にして、或いは有想天に生じ、或いは無想定に入る」「静慮より生ずる律儀とは色纏の戒を謂う」「辺際とは、謂く、色の辺際に略して二種あり。一つには下界に堕す。謂く。欲纏の色なり。二つには中界に堕す。謂く、色纏の色なり」 Ⓢ rūpa-avacara

色貪　しきとん　①ものへの貪欲。物質へのむさぼり。「貪に五種あり。一には内身に於る欲欲・欲貪、（中略）四には色欲・色貪なり」「四つの貪とは色貪・触貪・形貪・承事貪を謂う」　Ⓢ rūpa-rāga
②色界の貪。「色貪とは即ち色界修所断の愛なり」「一切種の行は無常なり苦なりという想を修習して、能く一切の欲貪と色貪と及び無色貪とを遣る」

色辺際　しきへんさい　①物質的存在の限界・端。欲界の色の辺際と色界の色の辺際との二種がある。
（出典）辺際者、謂、色辺際。略有二種。一堕下界、謂、欲廛色。二堕中界、謂、色廛色。（『瑜伽』53、大正 30・594a）
②物質の極限。物質の最小単位である原子（極微）をいう。「極微は是れ色の辺際なり」

色法　しきほう　物質的な存在。すべての存在（一切法）を五つに分類するなかの一つ。五位のなかの一つ。次の十一種がある。（ⅰ）五根（五つの感官）、（ⅱ）五境（五つの感覚対象）、（ⅲ）無表色（具体的に認識されない存在）。→色①　→五位①

色無色界　しきむしきかい　色界と無色界。→各項参照　Ⓢ rūpa-ārūpya-dhātu

色物　しきもつ　物質的なもの。「各別の属主の種種の色物は受者の受用の増上力の故に損減し変異するを受用虧損と謂う」「上座部は胸中の色物を意根と為す」　Ⓢ rūpa: rūpa-dravya

色欲　しきよく　①ものへの愛欲。物質への欲望。「貪に五種あり。一には内身に於る欲欲・欲貪、（中略）四には色欲・色貪なり」　Ⓢ rūpa-chanda
②色界の欲。「必ず色欲を離れて無色界に於て生ずることを得る」

色力　しきりき　①色と力。容貌・外観（varṇa）と才能・能力などの力（bala）。「大栄盛を得るとは、謂く、当に寿命・色力・楽辯才などの自円満を獲得するが故なり」　Ⓢ varṇa-bala
②色の力。容貌・外観がよいこと。「族姓・色力・寿量・資具などの果を生ずることに於て浄・不浄業を最勝因と為す」　Ⓢ rūpa

色力憍　しきりききょう　容貌へのおごり。七種の憍の一つ。→憍　Ⓢ rūpa-mada

色類　しきるい　①種族・人種。「婆羅門は是れ白浄の色類にして、余の類は是れ黒穢の色類なり」　Ⓢ varṇa: varṇa-puṣkalatā
②物質的なるものの種類・グループ。色・受・想・行・識の五蘊のなかの色のグループ。「無色界の中は遍く色類を超え、受などを超えるに非ず。此れに由って定んで知りぬ、彼の界には色なしと」
Ⓢ rūpa-gata: rūpa-jāti

識　しき　①認識するこころの働き。こころを表す語として心・意・識の三つがあり、基本的には三者は同義語であるとされるが、区別して説く場合には、対象を感覚し知覚し思考するこころの中心体を識という。識は原始仏教以来五蘊のなかの一つである識蘊として立てられ、「識とは境を了別するを以って業をなす」（識とは対象を認識することを働きとする）と定義される。認識を構成する三つの要素である根（感官）と境（認識対象）と識（認識作用）の一つである。種類としては原始仏教から部派仏教までは眼識・耳識・鼻識・舌識・身識・意識の六種の識を立てたが、〈唯識〉はこれに末那識と阿頼耶識とを加えた八識説を唱えた。この八つの識は阿頼耶識と転識とに大別される。このなか阿頼耶識とは他のすべての識を生じる根本の識であり、転識とはその阿頼耶識から転じる（生じる）眼識ないし末那識の七つの識をいう。識の原語 vijñāna は「二つに分けて知る（jñāna）」という意味で、識は基本的には客観と主観とが対立する二分法的認識をいう。これに対して智（jñāna: prajñā）は客観と主観との対立を止揚した主客未分の認識を意味し、仏教、特に〈唯識〉は「転識得智」（識を転じて智を得る）という語で、識のありようを変革して智を獲得することを目指す。→心意識
（出典）心法略有八種。一眼識、二耳識、三鼻識、四舌識、五身識、六意識、七末那識、八阿頼耶識。（『百法明門論』、大正 31・855b）：識有二種。一者阿頼耶識、二者転識。此復七種。所謂、眼識、乃至意識。即是第七名為末那。（『述記』4 末、大正 43・377b）
②十二支縁起の一契機としての識。十二支縁起のなかの第三番目の契機。〈倶舎〉の三世両重因果説によれば、母体の子宮において生を結ぶ一刹那の五蘊をいう。　Ⓢ vijñāna

(出典) 於母胎等正結生時、一刹那位五蘊名識。(『倶舍』9、大正29・48b)

識蘊 しきうん　現象的存在（有為）を構成する五つの要素のグループ（五蘊）の一つ。識の集まり。識の種類としては原始仏教以来、眼識・耳識・鼻識・舌識・身識・意識の六つの識が説かれるが、〈唯識〉はこれに末那識と阿頼耶識を加えて八つの識を説く。→五蘊① →八識 Ⓢ vijñāna-skandha

(出典) 各各了別彼彼境界、総取境相故、名識蘊。此復差別有六識身。謂、眼識身至意識身。(『倶舍』1、大正29・4a)

識界 しきかい　存在を構成する六つの要素（地・水・火・風・空・識の六界）の一つで、識という要素。眼識・耳識・鼻識・舌識・身識・意識の六識をいう。Ⓢ vijñāna-dhātu

識見 しきけん　認識対象（境）を見るという作用は認識作用（識）にあるという見解。このような見解をもつ立場の人を識見家という。識見家は見を了別（識別する）という意味に解釈し、識がよくこの働きを有するとみる。根見の対。→根見

識見家 しきけんけ　→識見

識支 しきし　十二支縁起のなかの第三支。〈倶舎〉の三世両重因果説では、過去の無明支と行支とが因となって現在にもたらされる最初の果が識支であるが、〈唯識〉は、父母が出す二滴の精血（卵子と精子）が一緒になって凝結したものに結合する阿頼耶識が識支であると説く。→十二支縁起 →三世両重因果「識支と名色支との二支は母腹の中に於て更互に縁と為る」

(出典) 識支者、唯取阿頼耶識親因縁為体。九十三云。於母胎中因識為縁、続生果識、随転不絶、任持所有羯剌藍等。非余七識随転不絶能任持故。(『述記』8本、大正43・518c)

(参考) (『瑜伽』1、大正30・282c〜283a)

識食 しきじき　四食（段食・触食・意思食・識食）の一つ。識すなわち心という食事。識（〈唯識〉では阿頼耶識をいう）によって身体が生理的に維持されて腐ることなく存続しているから識を食とみて識食という。→四食

(出典) 識食者、是能執受、由執受故、所依久住。(『摂論釈・世』3、大正31・332b)：契経説食有四種。(中略) 四者識食、執持為相。謂、有漏識。由段触思、勢力増長、能為食事。此識雖通諸識自体、而第八識、食義偏勝、一類相続執持勝故。(『成論』4、大正31・17b)

識住 しきじゅう　→四識住　→七識住

識処 しきしょ　識無辺処の略称。→識無辺処

識随行住 しきずいぎょうじゅう　四識住の一つ。→四識住

識随色住 しきずいしきじゅう　四識住の一つ。→四識住

識随受住 しきずいじゅじゅう　四識住の一つ。→四識住

識随想住 しきずいそうじゅう　四識住の一つ。→四識住

識体 しきたい　①識の本体。識用すなわち識の作用に対する語。原始仏教以来、識の本体として眼識・耳識・鼻識・舌識・身識・意識の六つを立て、〈唯識〉はこれに末那識・阿頼耶識を加えて八つの識を立てる。これに対して大乗のなかにも識の作用は各別に相違するが識の本体は一つであると見る一意識説を説く人びとがいる。「大乗中の一類の菩薩は相似教に依って識体は一なりと説く。摂論第四に一意識の菩薩計を説く」(『述記』1本、大正43・236c)

(参考) (『摂論釈・世』4、大正31・339c)

②〈唯識〉が説く八識それぞれの本体。四分のうちの自体分（自証分）をいう。その自体分が縁起の力によって転変して、見られる側の客観（相分）と見る側の主観（見分）とに二分化することを「変とは謂く、識体転じて二分に似る。相と見とは倶に自証に依って起こるが故に」と説かれる（『成論』1、大正31・1a〜b)。

(出典) 諸識体即自証分。転似相見二分而生。此説識体是依他性、転似相見、二分非無亦依他起。依此二分、執実二取、聖説為無。非依他中無此二分。(『述記』1本、大正43・241a)

識転変 しきてんぺん　→識変

識変 しきへん　識転変ともいう。識が変化すること。『成唯識論』や『述記』『三箇疏』などに多く見られる概念。もともとは、世親が『唯識三十頌』のなかで創唱した識転変(vijñāna-pariṇāma) すなわち「すべては阿頼耶識が転変したものである」という考えに由来する概念である。この考えから『成唯識

論』においては識変という語が確立された。そして変が能変（変化せしめるもの）と所変（変化せしめられたもの）とに分けられ、二つの関係の上にさまざまな存在が仮に設定されるという考えが成立した。能変は異熟識（阿頼耶識）と思量識（末那識）と了別境識（眼識・耳識・鼻識・舌識・身識・意識の六識）の三つに、所変は相分と見分の二つに分けられる。変とは広くは阿頼耶識が変化することであるが、狭くは「変とは謂く、識体転じて二分に似る」と定義され、八識それぞれの本体（自体分・自証分）が客観（相分）と主観（見分）とに分かれて変化することを意味する。この相分と見分とは三性（遍計所執性・依他起性・円成実性）でいえば心である依他起性に属し、仮に存在するもの（仮有）であり、この相分と見分の関係の上に言葉と情念が働いて、実体として存在しない（都無）が心の外に実体としてあると考えられ執着されるさまざまなもの、すなわち遍計所執性が設定される。→三能変　→四分　→三性②

（参考）（『述記』1本、大正43・240c以下）

識無辺処　しきむへんじょ　三界のなかの無色界（物質的なものがない世界）を構成する四つの処（空無辺処・識無辺処・無所有処・非想非非想処）の一つ。存在を無辺なこころ（識）のみであると想う境地をいう。識処と略称。無辺識処ともいう。

Ⓢ vijñāna-anantya-āyatana

（参考）（『婆沙』84、大正27・433a～b）

識流　しきる　→識流転

識流転　しきるてん　識が流転すること。生まれかわり死に変わりするありようをいう。識が今世において、あるいは今世から来世にわたって、生滅しながら相続するさまをいう。仏教は、そこには固定的・実体的な自己（我）というものが存在しない、すなわち無我であるとみるが、外道は、そこに常に存在する我があるという見解（常見）を起こす。識流ともいう。「識の流転を観察するとは、此識が生滅相続するを観察することなり」「諸の識が流転・相続して此の世間より彼の世間に至りて断絶なきを見るが故に常見を発起す」　Ⓢ vijñāna-srotas

直　じき　①まっすぐであること。正しいこと。素直であること。「浄信淳厚にして其の性として柔和なり、心は直なり、見は直なり」「如来の身分は洪にして直なり」

Ⓢ ṛju: ṛjuka

②じきに。ただちに。「道を勤修する者は直ちに涅槃に趣むく」

直言説　じきごんぜつ　二種の説法の仕方（決択説・直言説）の一つ。黙って聞く聴衆に、直接、教えを説くという方法。→決択説

（出典）直言説者、謂、諸聴衆黙然而住、如説法師宣説正法。（『瑜伽』92、大正30・821c）

食　じき　①たべもの。種類としては身を養う段食・触食・意思食・識食の四つの食事（āhāra）がある。また飲（飲むもの pāna）と食（食べるもの anna）とをまとめて食（aśita）という。→四食

Ⓢ anna: aśita: ālopa: āhāra: bhakta: bhakṣaṇa: bhojana

（出典）何等為食。食有四種。一段、二触、三思、四識。（『俱舎』10、大正29・55a）：諸所有受用飲食、総名為食。此復二種。一噉、二嘗。（『瑜伽』24、大正30・414c）

（参考）（『婆沙』129、大正27・674a）：（『成論』4、大正31・17b～c）

②食べること。「微細な食あり、羯羅藍などの位に住する有情及び欲界の諸天は、食し已って、あらゆる段食は一切の身分の支節に流入すれども即ち消化して便穢あることなし」「所食を食するは、身の安住の為、飢渇を除かんが為、梵行を摂せんが為なり」　Ⓢ ad: abhyava-**hṛ**: āśin: ā-**hṛ**: **khād**: pari-**bhuj**: **bhakṣ**

食愛　じきあい　食べものへの愛着。「已に食愛と婬愛と及び資具愛とを起こすと雖も、未だ此の為に四方に追求し労倦を辞せざることを為さざるを愛の位と謂う」

食依持　じきえじ　身体を維持する支えとなる食。段食・触食・意思食・識食の四食をいう。六種の依持（建立依持・蔵覆依持・豊稔依持・安隠依持・日月依持・食依持）の一つ。→四食　Ⓢ āhāra-ādhāra

（出典）食依持、謂、四食。一段食、二触食、三意思食、四識食。為諸有情任持身故起、是名依持。（『瑜伽』2、大正30・288b～c）

食香　じきこう　①死んでから生まれるまでの中間的存在（中有。欲界の中有）の異名の一つ。原語 gandharva を健達縛と音写し、

健達縛は香りを食べて生きていくから食香と意訳する。→健達縛① →中有
Ⓢ gandharva
（出典）問、何故中有名健達縛。答、以彼食香而存済故。此名唯属欲界中有。（『婆沙』70、大正 27・363a）：由仏世尊、以五種名、説中有故。何等為五。（中略）三者食香、身資香食、往生処故。（『倶舎』10、大正 29・55b）
②食物の香り。六種の香りの一つ。
Ⓢ bhojana-gandha
（参考）（『瑜伽』3、大正 30・293b）

食事 じきじ ①食べることの働き。「食は二時に於て能く食事を為す。一には初めて食する時は能く飢渇を除く。二には消化し已って根と及び大とを資す」「問う。段食は云何が能く食事を作すや。謂く、諸の段食は能く識を損益して其をして強盛ならしめ、此れに由って諸の根の大種を長養し亦た強盛ならしむ」 Ⓢ āhāra-kṛtya
②食べること。「外事に十六種あり。一には地事、二には園事、（中略）七には食事なり」
Ⓢ āhāra-vastu

食樹 じきじゅ 諸の天にある甘味な食べ物を出す樹。 Ⓢ bhojana-vṛkṣa
（出典）有食樹、従其樹裏、出四食味、名曰蘇陀、所謂、青黄赤白（『瑜伽』4、大正 30・298a〜b）

食噉 じきたん ①食べること。かむこと。「傍生の有情の多分は相い食噉する苦を受用す」 Ⓢ bhakṣaṇa
②死体が獣や鳥などに食べられるさま。肉体への貪りを断つための不浄観において観察する対象の一つ。「死屍が諸の孤狼・鵄梟・鵰鷲・烏鵲・餓狗の為に食噉せらるれば、是に於て食噉勝解を発起す」「美色貪を対治せんが為に食噉想を修す」 Ⓢ vikhāditaka

食非時食 じきひじじき 非時食（決められた時間以外の食事）を食べること。そのいましめが八斎戒（近住律儀）の一つとしてある。→八斎戒 →非時食 Ⓢ akāla-bhojana

食不知量 じきふちりょう 食事において食べるものの量をしらないこと。食べ過ぎたり少なすぎたりすること。身体を害し修行のさまたげとなる。「飲食に於て量を知らざるが故に身不調適なり」
（出典）於所飲食、不善通達、若過、若減、是故名為食不知量。（『瑜伽』89、大正 30・803a）

食不平性 じきふびょうしょう →食不平等

食不平等 じきふびょうどう 食事のとりかたがかたよっていること。病気になる、あるいは身心が沈み重くなる原因となる。惛眠蓋の食（助け増大せしめるもの）の一つ。食不平性ともいう。「人あり、食不平等なれば当に病あるべしと比知し、現に病あるを見れば是の人は食不平等なりと比知す」「食不平等なるが故に身に沈重ありて堪能するところなし」 Ⓢ bhakte 'samatā
（出典）食不平等者、由所飲食、過於恒度、或香味触随有偏増、能令食者身心沈昧、此従食不平等生果。（『倶舎論記』21、大正 41・323a〜b）
（参考）（『倶舎』21、大正 29・110c）

食用 じきゆう 食べること。使用すること。「人ありて先に集めた財を食用すれば、但だ損減ありて更に増益なし」「葉紙を転売して以って食用に充てんと欲す」

食用者 じきゆうしゃ 食べる人。「諸の果実は種殖者に於ては是れ士用果であり亦た増上果なれども、食用者に於ては唯だ増上果なり」

食欲 じきよく 食べようとする意欲。十一種の感触（触）のなかの飢え（飢）の内容をいう。「食欲なきが故に復た飲食せず」
Ⓢ bhoktu-kāmatā: bhojana-abhilāṣa-kṛt
（出典）触有十一。謂、四大種滑性渋性重性軽性及冷飢渇。此中（中略）煖欲名冷、食欲名飢、飲欲名渴。（『倶舎』1、大正 29・2c）

七有 しちう 七つの生存のありよう。那落迦有・傍生有・餓鬼有・人有・天有・業有・中有の七つ。最初の五つは五趣をいい、第六の業有は五趣が生じる因をいい、中有は四有のなかの中間的存在をいう。→五趣 →業有 →四有
（参考）（『倶舎』8、大正 29・42a〜b）：（『瑜伽』10、大正 30・323c）

七覚支 しちかくし 七等覚支・七覚分ともいう。三十七菩提分法のなかの一群。さとり（覚・菩提、bodhi）の位に近く、さとりを助ける次の七つの支えをいう。（i）念覚支（smṛti-saṃbodhi-aṅga）。対象を明瞭に記憶して忘れないこと。（ii）択法覚支（dharma-pravicaya-saṃbodhi-aṅga）。智慧に

よって存在を正しく観察し分析すること。(iii) 精進覚支 (vīrya- saṃbodhi-aṅga)。くじけることなくさとりに向かって努力すること。(iv) 喜覚支 (prīti-saṃbodhi-aṅga)。歓喜の心が生じて執着を離れること。(v) 軽安覚支 (prasrabdhi- saṃbodhi-aṅga)。安等覚支ともいう。身心が爽快で自由に活動できること。(vi) 定覚支 (samādhi-saṃbodhi-aṅga)。身心に喜びが生じて心が定まること。(vii) 捨覚支 (upekṣā-saṃbodhi-aṅga)。心がかたよることなく平等の状態に住すること。 Ⓢ sapta bodhi-aṅgāni
(出典) 七覚支者、一念等覚支、二択法等覚支、三精進等覚支、四喜等覚支、五安等覚支、六定等覚支、七捨等覚支。(『瑜伽』28、大正30・440a)
(参考) (『婆沙』96、大正27・495c以下)

七覚分 しちかくぶん →七覚支

七苦 しちく 生苦・老苦・病苦・死苦・怨憎会苦・愛別離苦・求不得苦の七つの苦しみ。前の四つの苦をまとめて四苦といい、この七苦に一切五蘊苦を加えて八苦という。怨憎会苦を非愛会苦ともいう。また求不得苦は雖復希求而不得苦ともいわれ、一切五蘊苦は五陰盛苦(旧訳)と言い習わされている。→四苦 →八苦
(出典) 有七苦。一生苦、二老苦、三病苦、四死苦、五怨憎会苦、六愛別離苦、七雖復希求而不得苦。(『瑜伽』44、大正30・536a)

七極微 しちごくみ 七つの極微。極微とは物質を構成する最小単位。この極微七つから眼で見ることができる最小物(微塵・微量)が構成される。 Ⓢ sapta paramāṇavaḥ
(出典) 極微、是最細色。此七極微、成一微塵、是眼眼識所取色中、最微細者此。(『婆沙』136、大正27・702a):七極微、為一微量。(『倶舎』12、大正29・62b)

七金山 しちこんせん 世界の中心にそびえるスメール山(蘇迷盧山)を取り囲む金から成る七つの山。踰健駄羅山(持双山)・毘那矺迦山・頞湿縛羯拏山(馬耳山)・蘇達梨舎那山(善見山)・朅達洛迦山・伊沙駄羅山(持軸山)・尼民達羅山の七山をいう。『倶舎論』では踰健駄羅を踰健達羅、毘那矺迦を毘那怛迦、朅達洛迦を朅地洛迦と音写。
Ⓢ sapta kāñcana-parvatāḥ
(参考) (『倶舎』11、大正29・57b):(『瑜伽』2、大正30・286c):(『略纂』1、大正43・16a)

七言論句 しちごんくく →七例句

七作意 しちさい →七種作意

七財 しちざい →七聖財

七地 しちじ ①菩薩が如来に成るまでの深まりゆく七つの段階。種性地・勝解行地・浄勝意楽地・行正行地・決定地・決定行地・到究竟地の七つ。→各項参照
(参考) (『瑜伽』49、大正30・565a)
②菩薩の十地の第七番目の地。遠行地をいう。→十地

七識住 しちしきじゅう 識が住する七種類のありよう。三界(欲界・色界・無色界)において、生きもの(有情)の識のありようによって次の七つに分類される。(i) 第一識住。そこに住する生きもの(有情)たちの身体の姿は異なり、苦楽を感じる想いも異なる。欲界中の人と欲界の天と色界中の初静慮天とをいう。(ii) 第二識住。身体の姿は異なるが想いは同一である。世界が初めて形成されるとき(劫初)の色界中の梵衆天。そこに住する梵衆は皆な大梵王によって生まれたものであると想い、大梵王も自己が梵衆を生んだと想い、梵衆と大梵王との想いが同一であるが、大梵王の容貌は高大で威徳があり、言葉も美しく、そのありようは梵衆と異なっている。(iii) 第三識住。身体は同一であるが想いが異なっている。色界中の第二静慮天である極光浄天と無量光天と少光天とをいう。この天の生きものたちの姿はいずれも同一であるが、楽(喜)と非苦非楽(捨)との二つの想いが交錯するから想いが異なっている。(iv) 第四識住。身体の姿も同一であり想いも同一である。色界中の第三静慮天である遍浄天と無量浄天と少浄天とをいう。これら三つに天の姿は異ならないから同一であり、ただ楽なる想いがあるから想いも同一である。(v) 第五識住。無色界中の空無辺処をいう。(vi) 第六識住。無色界中の識無辺処をいう。(vii) 第七識住。無色界中の無所有処をいう。以上の七つの識住に属さないものとしては、欲界では地獄・餓鬼・畜生の三悪趣、色界では第四静慮天、無色界では非想非非想処である。いずれもそこにおいては識が破壊されたり断じられたりするから識住に含まれない。 Ⓢ sapta vijñāna-sthitayaḥ

(参考)(『倶舎』8、大正 29・42b 以下):(『略纂』2、大正 43・23b)

七衆 しちしゅ 教団(僧伽)を構成する七つのグループ。苾芻(比丘)・苾芻尼(比丘尼)・正学・勤策男(労策男)・勤策女(労策女)・近事男・近事女の七つ。音写で苾芻・苾芻尼・式叉摩那・室羅摩拏洛迦・室羅摩拏理迦・鄔波索迦・鄔波斯迦という。前の五つが出家、後の二つが在家に属する。→各項参照。 Ⓢ sapta-naikāyika
(参考)(『婆沙』123、大正 27・643c)

七種作意 しちしゅさい 七作意とおなじ。七つの思考。欲界の欲を離れて色界の初静慮に入り、さらに初静慮から第二静慮へ、ないし無色界の最上処の非想非非想処に入るというように、下地からさらに上地に一段一段と上に進み行くために、各段階で修せられる思考。了相作意・勝解作意・遠離作意・摂楽作意・観察作意・加行究竟作意(方便究竟作意)・加行究竟果作意(方便究竟果作意)の七つの作意(→各項参照)。「七作意に由って方に能く欲界の欲を離るるを得る」
Ⓢ sapta manaskārāḥ
(出典)何等名為七種作意。謂、了相作意・勝解作意・遠離作意・摂楽作意・観察作意・加行究竟作意・加行究竟果作意。(『瑜伽』33、大正 30・465b〜c):云何等至建立者、謂、由七種作意証入初静慮、如是乃至非想非非想処。何等名為七種作意。謂、了相作意・勝解作意・遠離作意・摂楽作意・観察作意・方便究竟作意・方便究竟果作意。(『雑集論』9、大正 31・736b)

七種摂受事 しちしゅしょうじゅじ →七摂受事

七種随眠 しちしゅずいめん →七随眠

七種大性 しちしゅだいしょう 大乗が大の乗、すなわち、大きな乗り物といわれるゆえんの次の七つの偉大性をいう。(i)境大性。無量の経典、広大な教法を境界とする。(ii)行大性。一切の自利と利他とを実践する。(iii)智大性。人無我と法無我との二つの無我を智る。(iv)精進大性。三大劫阿僧企耶にわたって無量の難行を実践する。(v)方便大性。生死にも涅槃にも住しない生き方をする。(vi)証得大性。如来の十力・四無畏・十八不共仏法などの無量無数の大功徳を証得する。(vii)業大性。生死を窮めるまで無上正等菩提を得る、法輪を転じる、などの行為を行なう。
(参考)(『雑集論』11、大正 31・743c〜744a)

七種補特伽羅 しちしゅふとがら 教団を構成する七種のグループ。比丘・比丘尼・式叉摩那・労策男・労策女・近事男・近事女の七種(→各項参照)。七衆とおなじ。→七衆
(出典)云何由衆差別建立補特伽羅。謂、衆差別故建立七種補特伽羅。謂、比丘・比丘尼・式叉摩那・労策男・労策女・近事男・近事女。(『瑜伽』26、大正 30・425b〜c)

七種分別 しちしゅふんべつ 七分別ともいう。有相分別・無相分別・任運分別・尋求分別・伺察分別・染汚分別・不染汚分別の七つの分別。→各項参照
(参考)(『瑜伽』1、大正 30・280c)

七種慢 しちしゅまん →七慢

七種無知 しちしゅむち 七つの愚かさ・無知・無明。世愚・事愚・移転愚・最勝愚・真実愚・染浄愚・増上慢愚の七つ。→各項参照
(参考)(『瑜伽』9、大正 30・322c)

七十五法 しちじゅうごほう (〈有部〉の所説)七十五種の存在の構成要素。次の七十五種をいう(七十五を五つのグループに分けることから五位七十五法という。これに対して〈唯識〉では百種を立てることから五位百法という)。(I)心王(6)。眼識・耳識・鼻識・舌識・身識・意識。(II)心所(46)。(i)大地法(10)。受・想・思・触・欲・作意・勝解・念・三摩地・慧。(ii)大善地法(10)。信・不放逸・軽安・捨・慚・愧・無貪・無瞋・不害・勤。(iii)大煩悩地法(6)。無明・放逸・懈怠・不信・惛沈・掉挙。(iv)大不善地法(2)。無慚・無愧。(v)小煩悩地法(10)。忿・覆・慳・嫉・悩・害・恨・諂・誑・憍。(vi)不定地法(8)。尋・伺・睡眠・悪作・貪・瞋・慢・疑。(III)色(11)。眼根・耳根・鼻根・舌根・身根・色境・声境・香境・味境・触境・無表色。(IV)不相応行(14)。得・非得・衆同分・無想・無想定・滅尽定・命根・生・住・異・滅・名・句・文。(V)無為(3)。虚空無為・択滅無為・非択滅無為。→百法

七聚 しちじゅう 苾芻(比丘)の二百五十戒、苾芻尼(比丘尼)の三百四十一戒を次の七群に分類したもの。波羅夷・僧残・偸蘭

遮・波逸提・提舎尼・悪作・悪説の七つ。
（参考）（『同学鈔』63、大正 66・555a）

七処 しちしょ ①身体の七箇所。両手・両足・両肩・頂の七つ。→七処充満相
②十二処のなかの内の六処（眼根・耳根・鼻根・舌根・身根・意根）と法処との七つ。

七処充満相 しちしょじゅうまんそう 偉大な人間に具わる三十二種の身体的特徴の一つ。→三十二大丈夫相

七処善 しちしょぜん 色・受・想・行・識の五蘊それぞれに対して、その苦・集・滅・道・愛味・過患・出離の七つを観察すること。それによって汚れ（諸漏）を滅する。
Ⓢ sapta-sthāna-kauśala
（出典）七処善者、謂、観色苦、観色集、観色滅、観色道、観色愛味、観色過患、観色出離。前之四種、観色四諦。色愛味言、重観色集。色過患言、重観色苦。色出離言、重観色滅。（『倶舎論記』23、大正 41・344b）

七生 しちしょう 人と天の間を七回生まれかわること。欲界の修惑すべてを断ずることなく見道に入って第十六心修道の位に住する預流の聖者が、人と天との間を七度も極めて多く往返する聖者のありようをいう。→極七返生

七摂受事 しちしょうじゅじ 自己が世話をすべき次の七つの人びと・グループ。父母・妻子・奴婢・作使・僮僕・朋友・眷属の七つ。あるいは世話をすべき次の七つの事柄。自らの父母事、妻子事、奴婢僕使事、朋友官僚兄弟眷属事、田宅邸肆事、福業事、及び方便作業事、庫蔵事。七種摂受事ともいう。
Ⓢ sapta parigraha-vastūni
（出典）七摂受事、即自己父母・妻子・奴婢・作使・僮僕・朋友・眷属。（『瑜伽』50、大正 30・577a）：云何七種摂受事。一自父母事、二妻子事、三奴婢僕使事、四朋友官僚兄弟眷属事、五田宅邸肆事、六福業事及方便作業事、七庫蔵事。（『瑜伽』2、大正 30・288c）

七聖財 しちしょうざい 出家者にとっての七つの聖なる財宝・富をいう。信・戒・慚・愧・聞・捨・慧の七つを財に喩えていう。在家者が財とみなす凡財の対。七財ともいう。
Ⓢ sapta ārya-dhanaḥ
（出典）聖財所生楽者、謂、七聖財為縁得生。何等為七。一信、二戒、三慚、四愧、五聞、六捨、七慧。（『瑜伽』5、大正 30・299b）：言七聖財者、一信、謂、深信也。二戒、謂、浄戒也。三聞、謂、多聞也。四慧、謂、智慧也。五捨、謂、捨施也。六慚、七愧。（『倶舎論記』18、大正 41・284b）

七真如 しちしんにょ 七つの真如。七つのあるがままのありよう。七つの真理。次の七つをいう。（ⅰ）流転真如（pravṛtti-tathatā）。すべての現象的存在は変化し流転しつづけているという真理。（ⅱ）相（実相）真如（lakṣaṇa-tathatā）。生命的存在（人）とそれを構成する要素（法）とは固定的・実体的存在ではないという真理。（ⅲ）了別（唯識）真如（vijñapti-tathatā）。すべての現象的存在はただ識が作り出したものであるという真理。（ⅳ）安立真如（saṃniveśa-tathatā）。すべての現象は苦であるという真理（苦聖諦）。（ⅴ）邪行真如（mithyā-pratipatti-tathatā）。苦の原因は欲などの煩悩であるという真理（集聖諦）。（ⅵ）清浄真如（viśuddhi-tathatā）。煩悩を滅した涅槃という真理（滅聖諦）。（ⅶ）正行真如（samyak-pratipatti-tathatā）。涅槃に至る道という真理（道聖諦）。
（参考）（『解深』3、大正 16・699c）：（『成論』8、大正 31・46c）

七随眠 しちずいめん 七種随眠ともいう。随眠とは煩悩の異名。〈唯識〉は随眠を煩悩の種子、煩悩の眠れる状態、煩悩の潜在的ありようであると解釈する。随眠を六種あるいは七種に分類するなかの七種説。欲貪随眠・瞋随眠・有貪随眠・慢随眠・無明随眠・見随眠・疑随眠の七つをいう。欲貪随眠を欲愛随眠、瞋随眠を瞋恚随眠、有貪随眠を有愛随眠ともいう。
（参考）（『倶舎』19、大正 29・98c）：（『瑜伽』8、大正 30・313b）

七善士趣 しちぜんししゅ 四種の聖者（預流・一来・不還・阿羅漢）のなかの不還を七種に分類したもの。不還を涅槃に入る五種のタイプ（中般涅槃・生般涅槃・有行涅槃・無行涅槃・上流）に分けるうち、上流を全超と半超と一切処歿との三つに開き、この三つに前の四つを加えて全部で七つとする。「契経に七善士趣は唯だ色界なりと説く」「唯だ不還の者のみを名づけて善士と為し亦た善士趣と名づく」

七大性　しちだいしょう　大乗が大乗といわれるゆえんの次の七つの偉大性。（ⅰ）法大性（dharma-mahattva）。教えの偉大性。菩薩に関する広大な教えがある。（ⅱ）発心大性（citta-utpāda-mahattva）。最高のさとりである無上正等菩提を得ようという誓願心を発する。（ⅲ）勝解大性（adhimukti-mahattva）。教えは偉大であるという勝解（決定的な理解）が生じる。（ⅳ）増上意楽大性（adhyāśaya-mahattva）。真理（四諦・真如）を見て歓喜し増上意楽（力強い清浄な意欲・願い）を起こす。（ⅴ）資糧大性（saṃbhāra-mahattva）。さとりへのすぐれた糧を貯えて最終的に最高のさとり（無上正等菩提）を得る。（ⅵ）時大性（kāla-mahattva）。三無数大劫という長い時間を経て無上正等菩提を証する。（ⅶ）円証大性（samudāgama-mahattva）。完成したさとり（無上正等菩提）の功徳は他の功徳に比すことができない。
（参考）（『瑜伽』46、大正 30・548c）

七転識　しちてんじき　根本心である阿頼耶識から生じる七つの識。眼識・耳識・鼻識・舌識・身識・意識・末那識の七つ。→転識

七転声　しちてんじょう　八転声のなかの呼声を除いた七つ。→八転声

七等覚支　しちとうかくし　七覚支とおなじ。→七覚支

七仏通戒偈　しちぶつつうかいげ　過去の七人の仏陀が共通して説いた訓戒。次の偈をいう。「諸悪莫作・諸善奉行・自浄其心・是諸仏教」（もろもろの悪をなすことなかれ。もろもろの善を行ない奉れ。それによって自らの心を浄くせよ。これが諸仏の教えである）。

七分別　しちふんべつ　→七種分別

七返　しちへん　→極七返有

七歩　しちほ　釈尊が誕生したとき、自ら七歩あるき、「天上天下唯我独尊」と称したという逸話のなかの七歩が有名。「仏は母胎より出でて即ち七歩行きて自ら独尊なりと称す」

七宝　しちほう　①転輪王が所有する七種の宝。輪宝・象宝・馬宝・珠宝（末尼珠宝・神珠宝）・女宝・主蔵臣宝（蔵臣宝・長者宝）・主兵臣宝（軍将宝・兵将宝）の七つ。→各項参照
（出典）輪王出現於世、便有七宝出現世間。其七者何。一者輪宝、二者象宝、三者馬宝、四者珠宝、五者女宝、六者主蔵臣宝、七者主兵臣宝。（『倶舎』12、大正 29・65b）
（参考）（『略纂』2、大正 43・26c～27a）：（『述記』2 本、大正 43・277b）
②七つの宝石。金（suvarṇa）・銀（rūpya）・琉璃（vaiḍūrya・吠琉璃）・牟娑洛掲婆（musāragalva・車渠）・遏湿摩掲婆（aśmagarbha・馬瑙）・赤真珠（lohitikā）・羯雞怛諾迦（karketanaka）の七つ。
（出典）七法者、一金、二銀、三琉璃、四牟娑洛宝、五遏湿摩掲婆宝、挙此応知即挙末囉羯多等宝、六赤真珠宝、此赤真珠赤虫中出、一切宝中最為殊勝、七羯雞怛諾迦宝。（『摂論釈・世』10、大正 31・377a）

七慢　しちまん　七種の慢心、おごり高ぶる心。七種慢ともいう。慢・過慢・慢過慢・我慢・増上慢・卑慢（卑下慢・下劣慢）・邪慢の七つ。（ⅰ）慢。家柄・才能・財産などに関して自己より劣っている他者に対して自己は彼れより勝れていると思う心。あるいは自己と等しい他者に対して彼れと等しいと思う心。（ⅱ）過慢。家柄・才能・財産などに関して自己と等しい他者に対して自己は彼れより勝れていると思う心。あるいは自己より勝れている他者に対して自己は彼れと等しいと思う心。（ⅲ）慢過慢。家柄・才能・財産などに関して自己より勝れた他者に対して自己は彼れより勝れていると思う心。（ⅳ）我慢。自己の身心（五蘊）に対して自己（我）と自己のもの（我所）とを設定してそれらに執着することから生じるおごる心。（ⅴ）増上慢。すぐれたさとりを得ていないのにすでにそれを得たとおごる心。（ⅵ）卑下慢（卑慢・下劣慢）。家柄・才能・財産などに関して自己より勝れた他者に対して自己は彼れより劣っていると思う心。（ⅶ）邪慢。自己に徳がないのにあるとおごる心。
（参考）（『倶舎』19、大正 29・101a～b）：（『瑜伽』89、大正 30・802b～c）：（『雑集論』6、大正 31・723b）

七例句　しちれいく　七言論句とおなじ。サンスクリットにおける次の八つの格（八転声）のなかの七つの格、すなわち主格（体声）・目的格（業声）・具格（具声）・与格（為声）・奪格（従声）・属格（属声）・於格（依声）をいう。たとえば、人間を意味する

puruṣa を例にとれば、七格は次のようになる。主格（puruṣaḥ 補盧沙）・目的格（puruṣam 補盧衫）・具格（puruṣena 補盧崽挐）・与格（puruṣāya 補盧沙耶）・奪格（puruṣāt 補盧沙頞）・属格（puruṣasya 補盧殺娑）・於格（puruṣe 補盧鎩）
→八転声　Ⓢ sapta vibhaktayaḥ
（出典）有七言論句、此即七例句。謂、補盧沙・補盧衫・補盧崽挐・補盧沙耶・補盧沙頞・補盧殺娑・補盧鎩、如是等。（『瑜伽』2、大正 30・289c）：七例句者。即八転声。除第八呼。汎声有三。一男、二女、三非男女。一一各有八。一体、二業、三具、四為、五従、六属、七依、八呼。（『略纂』1、大正 43・18c）
（参考）（『枢要』上本、大正 43・613c）

失　しつ　①（戒を）捨てること。失うこと。「戒律儀を失えば当に更に受すべし」Ⓢ **tyaj**: tyakta
②失念の失。念を失うこと。→失念
Ⓢ pramuṣita: pramoṣa: muṣita: saṃpramoṣa
③欠陥。欠点。罪。とが。あやまり。過失とおなじ。→過失「徳を具する有情と失を具する有情」「此の経の義は前に違するの失なし」Ⓢ doṣa
④滅すること。なくなること。失うこと。「辯を失した者に能く辯才を施す」「財物を失う」「丈夫が男根を失う」Ⓢ **naś**: naṣṭa: nāśita: pralopa: vipatti: vihāni: vihīna

失壊　しつえ　失うこと。破壊すること。滅ぶこと。否定すること。「狂乱心は本性を失壊す」「浄戒を毀犯し諸の悪法を修するを所受の失壊と名づく」「畢竟瑜伽壊とは身中に能く涅槃に趣向する法なきが故に畢竟して出世瑜伽を失壊するを謂う」「失壊心あるとは施与・愛養・祠祀などなく、一切の妙行などを誹謗するを謂う」
Ⓢ paribhraṃśa: paribhraṣṭa: **bhraṃś**: vi-**naś**: vipraṇaṣṭa: vipraṇāśa

失念　しつねん　①忘れること。記憶を失うこと。念失ともいう。「遊戯忘念の諸の天衆は種種の戯楽に耽著して久しく住するが故に、憶念を忘失し、失念に由るが故に彼の処より没す」「仏・菩薩は定自在に依って法に於て失念する諸の有情に能く憶念を与えるを能施憶念と名づく」「若し極めて久しく尋求し伺察することあれば、便ち身疲れ、念失し、心も亦た労損す。是の故に尋伺を随煩悩と名づく」Ⓢ muṣita-smṛta: smṛti-pramoṣa: smṛti-saṃpramoṣa
②随煩悩の心所の一つ。対象をはっきりと記憶しつづけることができない心作用をいう。善の心所である念（正念）をさまたげ、心を散乱せしめる働きがある。忘念ともいう。→念②　Ⓢ muṣitā smṛtiḥ: muṣita-smṛtitā
（出典）云何忘念。謂、於久遠所作所説、不能随念、不令随憶、不守根門、不正知住（『瑜伽』62、大正 30・644c）：云何失念。於諸所縁、不能明記、為性、能障正念、散乱所依、為業。謂、失念者心散乱故。（『成論』6、大正 31・34b）

虱　しつ　しらみ。長さの単位の一つ。蟣の七倍。Ⓢ yūka
（参考）（『倶舎』12、大正 29・62b）

室　しつ　へや。家。住宅。「静慮定に入る時は、其の身の相状は室の中に処する如く、無色定に入る時は、其の身の相状は虚空に処するが如し」Ⓢ avavaraka: āgāra: garbha-gṛha

疾　しつ　①やまい。病気。苦しみ。悩み。「仏の神力の故に無量の衆生は疾なく疫なく災横あることなく安楽を得る」Ⓢ ābādha: īti
②はやいこと。はやく。すばやく。速疾とおなじ。→速疾「此の通の勢用が速なるが故に疾と名づく」Ⓢ tvarā: vega

疾疫　しつえき　①困苦。不幸。災難。病気。小の三災（刀兵・疾疫・饑饉）の一つ。→三災「如来が住す国邑には必ず疾疫・災横などの起こることなし」「良薬王は一切の有情の疾疫を息除す」Ⓢ upadrava: roga: vyādhi: vyādhita
②→疾疫中劫

疾疫劫　しつえきこう　→疾疫中劫

疾疫災　しつえきさい　→疾疫中劫

疾疫中劫　しつえきちゅうこう　疾病中劫ともいう。五濁の一つである劫濁を構成する三期間のなかの病気がつづく非常に長い期間をいう。疾疫劫・疾疫災ともいう。→五濁　→劫濁　→中劫　Ⓢ roga-antara-kalpa

疾苦　しっく　困苦。苦難。「世間を現見するに他を損悩して而も無病安楽なるものあり、他を悩せずして而も多く疾苦するものあり」Ⓢ roga

疾疾 しっしつ 非常に早く。迅速に。「諸の菩薩は、設え違犯あれども即ち如法に疾疾に悔除す」 Ⓢ tvarita-tvaritam: laghu laghu

疾病 しつびょう やまい。病気。苦痛。「身中に疥癩・皰漿などの多種の疾病を発生す」「性として多く疾病あるが故に勢力ありて能く事業を作すことなし」「疾病を治して安楽を得る」
Ⓢ anārogyatā: ābādha: glāna: ruj: roga: vyādhi

悉提 しっだい siddhi の音写。成と意訳。『成唯識論』の題目である vijñapti-mātratā-siddhi-śāstra のなかの siddhi の音写。「題目を釈するとは、梵に毘若底（識也）摩呾刺多（唯也）悉提（成也）奢薩呾羅（論也）と云う。応に識唯成論と云うべし。此れを唐言に順ずれば成唯識論なり」 Ⓢ siddhi

悉弾多 しっだんた siddhānta の音写。宗と意訳。主張。→宗①「若し是の説を作さば自らの悉弾多に違害すべし」 Ⓢ siddhānta

湿 しつ しめっていること。「湿樹」「湿衣」「湿地」「地は堅を相と為し、水は湿を相と為す」 Ⓢ ārdra: drava

湿生 しっしょう 生きものの四つの生まれ方（卵生・胎生・湿生・化生）の一つ。湿気から生まれたもの。蛾や蚊などの類。→四生

湿性 しっしょう 存在を構成する四つの要素（地・水・火・風）の一つである水のしめっぽいという性質。流湿性ともいう。「内の湿性とは涙汗・洟唾などを謂い、外の湿性とは井泉・池沼・陂湖・河海を謂う」
Ⓢ sneha

湿癬 しっせん はれもの。できもの。皮膚病の一種。「身中に乾癬・湿癬・疥癩などの多種の疾病を発生す」 Ⓢ dadrū

嫉 しつ 随煩悩の心所の一つ。ねたみ。自己の名利をもとめるあまり他人の繁栄をねたむ心をいう。憂いを生じ心を不安隠にする働きがある。嫉妬ともいう。 Ⓢ īrṣā: īrṣyā
（出典）嫉、謂、於他諸興盛事、令心不喜。（『倶舎』21、大正 29・109b）：心懐染汚、不憙他栄故、名為嫉。（『瑜伽』89、大正 30・802b）：云何為嫉。殉自名利、不耐他栄、妬忌、為性、能障不嫉、憂慼、為業。謂、嫉妬者、聞見他栄、深懐憂慼、不安隠故。（『成論』6、大正 31・33b）

嫉結 しっけつ 他人の繁栄・幸福などを見て嫉妬する心である嫉は、心を苦と結合せしめ束縛し毒する煩悩であるから嫉結という。有情を繋縛して三界において生死流転せしめる五つあるいは九つの煩悩（五結・九結）の一つ。→嫉 →九結 Ⓢ īrṣyā-saṃyojana
（出典）云何嫉結。謂、心妬忌。（『婆沙』50、大正 27・258c）：嫉結者、謂、耽著利養、不耐他栄、発起心妬、嫉結所繫故、愛重利養、不尊敬法。重利養故、広行不善、不行諸善。由此能招未来世苦、与苦相応。（『集論』4、大正 31・677a）

嫉妬 しっと →嫉

嫉妬半択迦 しっとはんちゃか 五種の半択迦の一つ。→半択迦

膝 しつ ひざ。 Ⓢ jānu

膝輪 しつりん 膝の円い部分。膝小僧。→膝輪拠地 Ⓢ jānu-maṇḍala

膝輪拠地 しつりんきょじ 膝輪（jānu-maṇḍala）とは膝の円い部分である膝小僧、拠地（nipatita）とは大地にひざまずくこと。ひれ伏して膝を大地につける尊者への礼法を膝輪拠地という。 Ⓢ jānu-maṇḍala- nipatita

質（しつ）→ぜつ

質直 しつじき 正しく、正直で、誠実であること。だましたり嘘をいうことがないこと。「其の心、質直にして諂誑あることなし」「諂誑なくして性として質直な補特伽羅」
Ⓢ ṛjuka

質多 しった citta の音写。心と意訳。→心② Ⓢ citta
（出典）梵云質多、此名心也。（『述記』3 末、大正 43・343c）

質多翳迦阿羯羅多 しったえいかあぐらた citta-eka-agratā の音写。心一境性と意訳。定（samādhi）の七つの別名の一つ。→定 →静慮
（出典）定有七名。（中略）五云質多翳迦阿羯羅多、此云心一境性。質多云心、翳迦云一、阿羯羅云境、多云性。（『了義灯』5 本、大正 43・753b）

十戒 じっかい →十善戒

十界 じっかい ある一つの認識が成立するための三つの要素である根（感官）と境（認識対象）と識（認識作用）のなか、五つの根（眼根・耳根・鼻根・舌根・身根）と五つの境（色・声・香・味・触）とをまとめて十界という。存在分類法である十八界のなかの物

質的なものをまとめた総称。 Ⓢ daśa-dhātu

十句義 じっくぎ ヴァイシェーシカ派（勝論）のマティチャンドラ（maticandra）が、同派の開祖であるカナーダ（kaṇāda）が立てた六句義に、さらに有能・無能・倶分・無説の四つの原理を付加して立てた教説で、実・徳・業・同・異・和合・有能・無能・倶分・無説の十の原理をいう。（i）実（dravya）。存在するものの実体。地・水・火・風・空・時・方・我・意の九種。これらのなか地・水・火・風の四つは物質的構成要素、空は声の主体、時は時間、方は空間、我は苦・楽・欲などの心を起こす主体、意はその主体のなかにおける意識活動を司るもの、をいう。（ii）徳（guṇa）。実体の属性。色・味・香・触・数・量・別性・合・離・彼性・此性・重性・液性・潤・声・覚・楽・苦・欲・瞋・勤勇・法・非法・行の二十四種。（iii）業（karman）。実体の運動・動作。取業・捨業・屈業・伸業・行業の五種。（iv）同（sāmānya）。実・徳・業すべてはおなじく存在するという認識を生じる原理をいい、そのような原理を有性という。（v）異（viśeṣa）。地・水・火・風・空・時・方・我・意の九種は相異しているという認識を生じる原理をいう。（vi）和合（samavāya）。おのおの独立する実・徳・業・同・異の五つを共同的に関係せしむる原理をいう。（vii）有能（śakti）。実・徳・業の三つは、あるいは共同して、あるいは単独に自らの結果を生ぜしめる能力の原理をいう。（viii）無能（aśakti）。実・徳・業の三つは、あるいは共同して、あるいは単独に自らの結果以外の結果を生ぜしめない能力の原理をいう。（ix）倶分（sādṛśya）。ある一つの存在においておなじでありかつ相異しているというありようを、たとえば九種の実は実としてはおなじであるが、また相互に比較すれば相異しているというありようを成立せしめる原理をいう。（x）無説（abhāva）。無（非存在）を成立せしめる原理をいう。未生無・已滅無・更互無・不会無・畢竟無の五種がある。 Ⓢ daśa pada-arthāḥ

（参考）（『述記』1末、大正43・255c以下）

十歳 じっさい 四大洲の一つである贍部洲に住む人間の寿命の最小値。最大値は八万歳。「減劫には人寿無量歳より減じて十歳に至り、増劫には人寿十歳より増して八万歳に至る」「贍部洲の人の極寿は十歳なり」

十種身資具 じっしゅしんしぐ →身資具 →資身具

十種随眠 じっしゅずいめん →随眠①

十種分別 じっしゅふんべつ 十種のまちがった思考。無性分別・有性分別・増益分別・損減分別・一性分別・異性分別・自性分別・差別分別・随名義分別・随義名分別の十。→各項参照

（参考）（『雑集論』14、大正31・764b）

十種法行 じっしゅほうぎょう →十法行

十種離欲 じっしゅりよく →離欲①

十処 じっしょ ある一つの認識が成立するための三つの要素である根（感官）と境（認識対象）と識（認識作用）のなか、物質的なものである五つの根（眼根・耳根・鼻根・舌根・身根）と五つの境（色・声・香・味・触）とをまとめて十処という。存在分類法である十二処のなかの心的な意処とその対象である法処を除いた十をいう。→十二処

Ⓢ daśa-āyatana

十想 じっそう 十種の違逆学法（正しい学びに反する、あるいは障りとなるもの）を滅するための次の十種の観想。不浄想・無常想・無常苦想・苦無我想・厭逆食想・一切世間不可楽想・光明想・離欲想・滅想・死想の十（『瑜伽』28、大正30・437a）。『婆沙論』では光明想が断想となっている（『婆沙』166、大正27・836c）。「是の如き十想を善く修し善く習し善く多修習すれば、能く十種の学法を障礙する違逆学法を断ず」

十智 じっち 世俗智・法智・類智・苦智・集智・滅智・道智・尽智・無生智・他心智の十種の智。→智①

十方 じっぽう 十の方向。四方（東・西・南・北）と四維（北西・南西・北東・南東）と上下の十方向。ありとあらゆる方向。→方②「十方の諸の如来」「十方の諸の有情類」

Ⓢ daśa-diś: daśasu dikṣu

十方界 じっぽうかい →十方世界

十方世界 じっぽうせかい 十の方向の世界。あらゆる世界。十方界とおなじ。「如来は仏眼を以って十方世界を観察し大神化を現す」「諸の菩薩は身を転じて十方界に遍ずと雖も在在の生処にて菩薩の浄戒律儀を捨てず」

実 じつ ①実物。本当のもの。「仏菩薩は

飲食・衣服・末尼・真珠・琉璃などの事を化作すれども、実と異なることなし」
Ⓢ tathā eva
②いつわりがない真実の言葉。諦語の言い換え。 Ⓢ ṛta
(出典) 諦語名実。此所対治虚誑言論、名為非実。(『倶舎』10、大正 29・51c)
③ヴァイシェーシカ派（勝論）が説く、すべての存在の六種あるいは十種の原理のなかの一つ。→六句義 →十句義 Ⓢ dravya
④実体。実体として存在するもの。「毘婆沙師は形は実なりと説き、経部は実として有るには非ずと説く」「有情には実なきが故に蘊と有情との一異性は成ぜず」 Ⓢ dravya
⑤真であること。真実であること。「彼の徳は功徳に似ると雖も実の徳には非ず」
Ⓢ bhūta
⑥真理。真実。「世俗の理に依って瓶などありと説く。是れ実にして虚にあらざるを世俗諦と名づく」 Ⓢ satya
⑦最高のもの。最高の意味。勝義とおなじ。「何が故に牟尼は唯だ無学に在るや。阿羅漢は是れ実の牟尼にして諸煩悩の言が永に寂静なるが故なり」 Ⓢ paramārtha

実有 じつう ①実体として存在すること。「去来実有論者は過去と未来の性相は実有なりと許す」 Ⓢ as: dravya-sat: pariniṣpanna: vidyamāna
②真実に存在すること。実体として存在すること。実物有ともいう。仮有の対。〈唯識〉は、他の縁によって生じたものは仮有であり、縁によらずに存在するものは実有であると説く。たとえば、三性でいえば、依他起性は仮有であり、円成実性は実有であるという。ただし、『成唯識論』には依他起性は仮有であり、且つ実有であるという説がある(『成論』8、大正 31・47c)。→仮有「他の縁に由って施設せざるが故に円成実性は唯だ是れ実有なりと云うは、真如に拠って説くなり」「諸の心心所は実有の性に非ず。依他起なるが故に。幻事などの如し」
Ⓢ dravyatas: dravyam asti
(出典) 云何応知略説実有及仮有相。謂、若諸法、不待所余、不依所余、施設自相、応知略説是実有相。若有諸法、待於所余、依於所余、施設自相、応知、略説是仮有相。(『瑜伽』65、大正 30・659a)
③諸法の真の事理。真実に存在するもの（事）とそれを支える真理（理）。信の三つの対象（実有・有徳・有能）の一つ。
(出典) 信差別略有三種。(中略) 一信実有。謂、於諸法実事理中、深信忍故。(『成論』6、大正 31・29b)
④すべての存在するものがそれ自体のありようをしていること。五種の有（名有・実有・仮有・和合有・相待有）の一つ。
(出典) 諸有者、(中略) 有説五種。(中略) 二実有。謂、一切法各住自性。(『婆沙』9、大正 27・42a～b)
⑤実無に対する実有。実際に存在すること。→実無「若しくは法の実有を知りて実有と為し、若しくは法の実無を知りて実無と為す」「実無の事に於て増益せず、実有の事に於て毀謗せず」 Ⓢ bhūta: sadbhūta

実我 じつが ①凡夫や外道が考える実体的な自我・自己。行動の主体者。仏教ではそのような自我を否定して無我を説く。実我の原語は ātman（アートマン）で、普通、この語は「我」と訳されるが、『倶舎論』などにおいては外道などが執するアートマンの場合は「実」を付けて「実我」と訳されている。真実我ともいう。「諸の外道は悪尋思に因って実我ありと執す」「実我なしと雖も我見の力に由るが故に、諸行中に於て妄じて我ありと謂う。是の故に汝が定んで実に我ありと許すことは道理に応ぜず」「外道は長夜に於て真実我及び有情・命者・生者・能養育者、補特伽羅ありと執す」 Ⓢ ātman
②〈唯識〉が説く実我。→実我実法

実我実法 じつがじっぽう 実我と実法。思いと言葉とによって心の外に実体として存在すると考えられた自己（我）ともの（法）。そのありようは都無（まったくの非存在）といわれ、いかなる意味においてもその存在性は否定される。三性でいえば遍計所執性にあたる。これに対して心のなかに自己（我）ともの（法）とに似て生じたものを似我似法といい、そのありようは仮有であり、自らの力によって生じたものではなく他の力（他縁）によって生じたもの、すなわち依他起性であるとされる。→似我似法
(出典) 愚夫所計実我実法、都無所有、但随妄情而施設故。(『成論』1、大正 31・1b)

実義 じつぎ ①真実の存在・対象。存在

の真のありよう。「無知は能く実義を覆う」「行者は一切の実義を知る」 Ⓢ bhūta-artha
②真の意味。真に意図する内容。「此の経所説の実義」 Ⓢ artha
③意味・価値・内容があること。正しいこと。「汝の言うところは空にして実義なし」

実義想 じつぎそう 現象的存在の真のありよう（空性と無我性）を思惟すること。 Ⓢ bhūta-artha-saṃjñā
（出典）実義想者、亦有二行。謂、於諸行、思惟空性及無我性。（『瑜伽』86、大正 30・779c）

実義分別 じつぎふんべつ 五種の分別（境界分別・領納分別・仮説分別・虚妄分別・実義分別）の一つ。対象をあやまることなく正しく捉える思考。
（出典）於諸境界、取無倒相、名実義分別。（『瑜伽』53、大正 30・594c）

実義門 じつぎもん 真実の意味からみる観点。随機門（相手の能力に応じてみる観点）に対する語。→随機門「実義門としては八識ありと雖も、然も随機門としては但だ六識あり」（『略纂』1、大正 43・6b）

実境 じっきょう 心を離れて外界に実体としてあると考えられた事物・対象。〈唯識〉は、そのようなものは思いと言葉で妄執されたもの（遍計所執性）であって存在しないと主張する。「諸の異生などは無始のときよりこのかた、心の虚妄性を了知すること能わずして、心を離れて外に別の実境ありと執す」

実際 じっさい 真実の究極。究極の存在である真如の別名。真如は真実で誤謬がない（無顛倒）智慧の対象であり、知るべきものの際（きわ）、すなわち究極の端（はし）であるから実際という。「勝義諦の教とは四聖諦の教、及び真如・実際・法界などの教なり」「是の如く正しく加行道を修し已って、次に覚支を得て実際に通達し、実際に達し已って、次に道支を修し、漸漸に乃至阿耨多羅三藐三菩提を証得して、一切障に於て解脱を得る」「若しくは真如、若しくは実性、若しくは諦性、若しくは無顛倒性、若しくは不顛倒性、若しくは無戯論界、若しくは無相界、若しくは法界、若しくは実際、是の如き等は是れ真如の差別なり」 Ⓢ bhūta-koṭi
（出典）何故復説真如名実際。無倒所縁故。実者、謂、無顛倒。此処究竟故、名為際。（『雑集論』2、大正 31・702b）

実事 じつじ ①あるものを構成する実際の存在。たとえば三十七覚分（三十七菩提分法）には三十七あるうちの慧・勤・定・信・念・喜・捨・軽安・戒・尋の十が実事であり、それ以外の二十七はこの十のなかのどれか一つを本体としているという。 Ⓢ dravya
（参考）（『倶舎』25、大正 29・133b）
②無常であり生滅する現象的存在である有為ではない存在、すなわち無為のこと。
（出典）法有四種。謂、異熟生・等流・刹那及実事。実事者、謂、諸無為。（『婆沙』13、大正 27・63a）
③仮に存在するものが成立するための実際にあるもの。たとえば色・受・想・行・識の五蘊の上に仮に補特迦羅を立てる場合、五蘊を実事という。「若し唯だ仮のみありて実事あることなければ、既に依処なくして仮も亦たあることなし。是れ則ち名づけて諸法を壊する者となす」
④因果の理にもとづく具体的な事象。たとえば、四諦の理にもとづく四諦の事をいう。あるいは、父や母や化生などの有情（生きもの）、煩悩を滅し尽くした阿羅漢などの存在をいう。そのような実事の存在を否定することを「実事を誹謗す」「実事を損減す」「実事を壊す」といい、邪見によって否定される四つのものの一つである。「邪見とは因と果と作用と実事とを謗するを謂う」「実事を損減し虚事を増益す」
（出典）無父、無母、無化生有情、亦無世間真阿羅漢諸漏永尽、乃至広説、如是一切名壊実事。（『瑜伽』58、大正 30・621b）：言実事者、因果体事。如四諦事。言実理者、四諦真理、即因果理。（『演秘』5 本、大正 43・913c）

実事名 じつじみょう 十二種の名の一つ。実際に存在する事象の名。眼識・耳識・鼻識・舌識・身識・意識、色・声・香・味・触・法、眼根・耳根・鼻根・舌根・身根・意根などの名称。→名②
（出典）実事名者、謂、於眼等色等諸根義中、立眼等名。（『瑜伽』81、大正 30・750a）

実相 じっそう ①真実のありよう・すがた。真如のこと。「薩迦耶見は是れ虚妄の執にして、諸法の実相に称わずして解す」「諸の有情類は無始のときよりこのかた、法の実相に於て無知にして僻執し、惑を起こし、業を発して五趣に輪廻す」
②事物の第一次的なありよう・すがた。仮相に対する語。たとえば身識（触覚）で捉えられる地の「堅さ」は実相であるのに対して、意識によって知覚される石の「円さ」は仮相である。
（参考）（『瑜伽』16、大正30・362a）

実体 じったい 実際にあるもの。本体。「若し無為は別に実体ありと許さば、当に何の失あるや。復た何の徳あるや」「実有に非ざる七事とは、謂く、七種の事にして実体なし。一には表色、二には形色、三には影像、四には響音、五には触処造色、六には律儀色、七には不律儀色なり」（『顕揚』18、大正31・569a） Ⓢ dravya

実徳業 じっとくごう 実と徳と業。ヴァイシェーシカ派（勝論）が説くすべての存在の十種の原理のなかの基本的な三原理。→十句義

実法 じっぽう 実有の法。実際に存在する法。因と縁とによって生じた存在（因縁所生法・依他起法）。五識（五感覚）で認識されたもの。この五識でとらえたものをさらに意識（概念的思考）でとらえたものを仮法という。たとえば動く風が頬に当たるとき、「風だ」と言葉で思ったときの風が仮法であり、それ以前の直接経験としての「動き」が実法である。総じて言えば、地・水・火・風という四大種（四元素）は仮法であり、堅・湿・煖・動が実法である。

実無 じつむ 実際には存在しないもの。実有（bhūta）の対。実無を有ると見ることが増益執であり、実有を無いと見ることが損減執であり、いずれも邪見である。「実無に於て増益の執を起こさず、実有に於て損減の執を起こさず」 Ⓢ asattva: asadbhūta

実物 じつもつ ①実体としてある事物。それ独自で存在するもの。「生・住・異・滅は唯だ諸行ありて実物なし」「唯識の唯の言は識を離れたる実物を遮せんが為なり」
Ⓢ dravya: dravya-antara
②実事とおなじ。→実事④「実物を誘毀するを名づけて邪見と為す」

実物有 じつもつう 仮有あるいは施設有に対する語。より存在の度合いが強いもののありようをいう。たとえば色・香・味・触などの感覚は実物有であり、その感覚にもとづいて設定される飲食や衣服や乗り物などは仮有である。あるいは蘊・処・界は実物有であり、それらから構成される男女などは施設有である。 Ⓢ dravyato 'sti
（出典）諸有者、有説二種。一実物有、謂、蘊界等。二施設有、謂、男女等（『婆沙』9、大正27・42a）：飲食・車乗・瓶瓫・衣服・荘厳具等、皆是仮有、色・香・味・触、是実物有。（『瑜伽』 65、大正30・660b）

昵 じつ なれしたしむこと。貪の異名の一つ。「貪の異名とは亦た名づけて喜となし（中略）亦た名づけて欲となし、亦た名づけて昵と為す」（『瑜伽』86、大正30・779a）

昵仏栗多 じつぶりた →にぶりた

習気 じっけ ①〈倶舎〉の所説。煩悩の残気・気分。煩悩を生じる可能力。「如来は煩悩と習気とを倶に永断す」「随眠の習気の堅固なること、此の地に於て擔山木を焼き、火滅して久しと雖も其の地は猶、熱きが如し」
②〈唯識〉の所説。阿頼耶識のなかにある種子の別名。表層の行為（現行）によって阿頼耶識に熏習されたという点から習気といい、ふたたびそれから現行を生じるという点から種子という。詳しくは習気の習とは現行による熏習、気とは現行の気分であると解釈される。種類としては、等流習気・異熟習気の二種（『成論』2、大正31・7c）、名言習気・我執習気・有支習気の三種（『成論』8、大正31・43b）が説かれる。 Ⓢ vāsanā
（出典）言習気者、是現気分。熏習所成故、名習気。（『述記』2末、大正43・298c）

習気位 じっけい 阿頼耶識のなかにある業が現象を生ずる潜在的な可能力として存在する状態。業が具体的に生じている状態である生位の対。→生位②「業の位に生位と習気位とあり」 Ⓢ vāsanā-avasthā

習気因依処 じっけいんえしょ →因依処

習気依処 じっけえしょ →習気因依処

習気集 じっけじゅう 三種の集諦（習気集・等起集・未離繋集）の一つ。遍計所執性に執着する習気をいう。→習気②
（参考）（『成論』8、大正31・47b）

習気障 じっけしょう 過去の悪い行為によって阿頼耶識のなかに植えつけられた習気（種子）としての障害。十二種の障の一つ。

（出典）障者有十二種。（中略）二習気障、謂、先数習諸悪業故。（『瑜伽』64、大正30・656a）

叉 しゃ （両手を）交叉すること。「応に身を揺り、臂を揺り、頭を揺り、跳躑し、手を携えて腰に叉し、肩を竦てて施主の家に入るべからず」 Ⓢ avalagnika

沙 しゃ すな。砂利。「水が沙に処するが如く、色蘊は互に相い雑って住し、異処に住するに非ず」 Ⓢ bālukā: vālukā: śarkara

沙石 しゃしゃく 砂と小石。「未だ色などの分別を断ぜざる異生が見るところの淤泥・沙石・瓦礫のある諸の穢土を、已に色などの分別を断じた如来は金銀などの衆宝から成る清浄な仏土と見る」 Ⓢ pāṣāṇa-śarkara

沙糖 しゃとう さとう。「酥油・沙糖・石蜜・熟果などの味の、若しくは倶生、若しくは和合、若しくは変異するを名づけて味と為す」 Ⓢ khaṇḍa: phāṇita

沙糖汁 しゃとうじゅう さとうの汁。飲物の一つ。「沙糖汁、或いは石蜜汁、或いは飯漿飲などを飲と為す」 Ⓢ khaṇḍa-rasa

沙弥 しゃみ śrāmaṇera の音写。室邏摩拏洛迦とも音写。勤策・勤策男・労策男と意訳。正式な僧侶（比丘・苾芻）になることを目指す男子の修行僧。見習いの僧。教団を構成する七衆の一群。 Ⓢ śrāmaṇera

沙弥戒 しゃみかい 沙弥がたもつべき十戒。沙弥律儀・勤策律儀ともいう。→勤策律儀

沙弥尼 しゃみに śrāmaṇerī の音写。室羅摩拏理迦とも音写。勤策女・労策女と意訳。正式な僧侶（比丘尼・苾芻尼）になることを目指す女子の修行僧。見習いの僧。教団を構成する七衆の一群。 Ⓢ śrāmaṇerī

沙弥尼戒 しゃみにかい 沙弥尼がたもつべき十戒。内容は沙弥戒とおなじ。沙弥尼律儀ともいう。

沙弥尼律儀 しゃみにりつぎ →沙弥尼戒

沙弥律儀 しゃみりつぎ →沙弥戒

沙門 しゃもん śramaṇa の音写。勤労（懃労）・息悪と意訳。出家して修行をする人。汚れのない道を歩み、煩悩を止息する修行者。梵志と共に用いられるときはバラモン教以外の修行者をいう。種類として、勝道沙門・示道沙門（説道沙門）・命道沙門（活道沙門）・汚道沙門（壊道沙門）の四種が説かれる（『婆沙』66、大正27・341c～342a）（『瑜伽』29、大正30・446c）。 Ⓢ śramaṇa
（出典）諸無漏道、是沙門性。懐此道者、名曰沙門。以能勤労息煩悩故。（『倶舎』24、大正29・128a）：言沙門者、此翻懃労。如無礙道懃労周力断諸惑故、名懃労、亦名息悪。（『瑜伽論記』19、大正42・732a）

沙門果 しゃもんか 預流果・一来果・不還果・阿羅漢果の四つの果。→四沙門果

車 しゃ くるま。象あるいは馬などと共に生活あるいは戦闘のための代表的な道具として例示される。「刀を揮い、箭を放ち、矛を穳し、車・馬・象・歩が交横に馳乱す」 Ⓢ ratha: rathaka: śakaṭa

車軍 しゃぐん 車の集団。軍隊を構成する四つの軍（象軍・馬軍・車軍・歩軍）の一つ。あるいは六種の守護するもの（象軍・馬軍・車軍・歩軍・蔵力・友力）の一つ。 Ⓢ ratha-kāya

車渠 しゃこ 黄色の輝きのある宝石。七宝の一つ。琥珀ともいう。原語 musāragalva を牟娑洛掲婆・摸婆洛拉婆と音写。牟娑洛と略称する。→七宝② Ⓢ musāragalva

車乗 しゃじょう 乗り物の総称。生活のための道具（資具）の一つ。乗り物は車輪やドアや車体などから成り立つが、分解すると乗り物はなくなってしまうことから、仮に存在するもの（仮有）の喩えとして用いられる。「仮有とは瓶・衣・車乗・軍・林などを謂う」「色・香・味・触などの事の和合差別に於て車乗・瓶衣・軍・林などを仮立す」「適悦の資具とは、車乗、衣服、諸の荘厳具などを謂う」 Ⓢ yāna

車箱 しゃそう はこぐるま。上に箱形の物入れを取り付けた荷車。「贍部洲人の面は車箱の如く、毘提訶人の面は半月の如く、瞿陀尼人の面は満月の如く、拘盧洲人の面は方池の如し」 Ⓢ śakaṭa

車輿 しゃよ 乗り物をまとめていう総称。「種種の象・馬・車輿を施与す」 Ⓢ ratha-yāna-vāhana

舎 しゃ いえ。住まい。家屋。軍や林と共に、多くの構成物からなる集合体（軍は人びとの集合体、林は木々の集合体、舎は土台・木材・壁などの集合体）に仮に名づけたものであり実体として存在しないもの、仮に存在するもの（仮有）の喩えとして用いられ

る。「仮に施設するに由って、遍く彼彼の内外の行の中に於て、或いは立てて我を為し、或いは有情などを立て、或いは軍・林、及び舎などを立つ」 Ⓢ āgāra: gṛha

舎宅 しゃたく ①いえ。住まい。家屋。休息処。宅舎とおなじ。「愛の勢力に由って宮殿・舎宅・珍財を摂受す」「餓鬼は江河を皆な悉く膿血などが充満する処と見、魚などの傍生は即ち舎宅と見、天は種種の宝にて荘厳せる地と見、人は是の処に清冷なる水ありと見る」
Ⓢ āgāra: gṛha: nilaya: pratiśraya: layana
②寂滅（涅槃）の同義語。「寂滅の異門に無量種あり。謂く、名づけて常と為し、亦た久住と名づけ、亦た舎宅と名づけ、亦た洲渚と名づく」

舎摭 しゃちゃ →舎摭洲

舎摭洲 しゃちゃしゅう 四大洲の一つ・牛貨洲の側にある中洲。→四大洲 →牛貨洲
Ⓢ śāṭhā

舎利 しゃり ① śarīra の音写。もともとは身体を意味する語であるが、死屍、あるいは焼いたあとの遺骨・灰骨をいう。釈尊が入滅後、荼毘にふされ、その舎利（遺骨）がインドの八か国に分配されたことは有名。その後、仏の舎利を祀るストゥーパ（stūpa 窣都婆）が各地に立てられ、舎利を供養し信仰する運動が大乗仏教を興す一因となった。釈尊の遺骨を意味する語として舎利のほかに駄都（dhātu）がある。→駄都
② śāri の音写。鳥の一種。śārikā ともいい、舎利迦と音写。百舌鳥と意訳。鳥類を列記するときにあげられる一つ。舎利鳥・舎利孔雀ともいう。「各、異なる名字の差別を立つ。謂、鸚鵡・舎利・孔雀・鴻雁なり」「卵生とは鵝雁・孔雀・鸚鵡・舎利鳥などの如きをいう」 Ⓢ śāri: śārikā

舎利迦 しゃりか →舎利②

舎利孔雀 しゃりくじゃく 舎利鳥のこと。→舎利②

舎利鳥 しゃりちょう →舎利②

炙 しゃ あぶること。「魚を反覆して炙る」 Ⓢ pradīpa

者 しゃ ①ひと。人物。「遅鈍の者の起こすところの通行を遅通行と名づく」
Ⓢ pudgala
②「〜は」「〜とは」と読み、主格を提示するのに用いる。 Ⓢ tad yathā: nāma

娑訶界 しゃかかい →索訶世界

娑婆世界 しゃばせかい →索訶世界

娑羅 しゃら śāla あるいは sāla の音写。樹の名。龍脳香科に属する喬木で、インドなどの熱帯地方に産する樹木。二つで一対の株が四方にのびていることから娑羅双樹といわれる。特に拘尸那揭羅城（クシナガラ城）外の娑羅双樹の林は釈迦が入滅した場所として有名である。

娑羅家 しゃらけ 娑羅は śāla の音写。威勢堂々とした家柄。豪族。婆羅門・刹帝利・巨富長者たちとならんで貴い家柄の一つ。
Ⓢ śāla-kula
（出典）娑羅者、此云豪族。（『倶舎論記』18、大正 41・281a）

娑羅双樹 しゃらそうじゅ →娑羅

娑梨薬迦 しゃりやか śālīyaka の音写。族村あるいは族性と意訳。村落のこと。「魔王が無量の娑梨薬迦の諸の婆羅門・長者などの心を惑媚するが如し」 Ⓢ śālīyaka
（出典）娑梨薬迦婆羅門者、此名族村婆羅門。（『略纂』15、大正 43・219a）

射 しゃ いること。矢をはなつこと。「箭を空に射れば、力尽きて便ち堕つ」「射人が先ず麁物を射り、後に毛端を射ることを習うが如く、欲界の苦は麁にして観察し易きが故に先ず現観し、色無色界の苦は細にして観察し難きが故に後に現観す」 Ⓢ kṣipta: śara

罝 しゃ 生きものを捕らえる仕掛けや網。
Ⓢ yantra

罝兎 しゃと 兎をわなにかけて捕らえることによって生計を立てている人。律儀に反する行為をする人（不律儀者）の一人。→不律儀者。 Ⓢ śaśa-vāgurika
（参考）（『瑜伽』9、大正 30・319c）

罝弶 しゃきょう ①動物を捕らえる網などのわな。 Ⓢ yantra
（出典）罝、是網鹿之具。弶者、取兎雉等用也。（『略纂』11、大正 43・144b）
②わなを仕掛けて動物を捕って生計を立てている人。律儀に反する行為をする人（不律儀者）の一人。→不律儀者。 Ⓢ vāgurika
（参考）（『倶舎』15、大正 29・78c）

罝網 しゃもう 鳥獣を捕る網。「事物とは捨施するところの寺舎・敷具・制多・園林、及び施為するところの罝網などを謂う」

差 しゃ　ちがうこと。相違すること。
Ⓢ vaidhurya

差別 しゃべつ　①相違。ちがい。多様性。種類や内容が異なっていること。「種種の党類の差別に依って更互に相違す」「品類の差別に五十五あり」「諸の仏菩薩は他心智を以って十方の無量無数の有情の心の差別を智る」 Ⓢ nāna-karaṇa: paryāya: prakāra: prakāra-bheda: prabheda: **bhid**: bhinna: bheda: viśeṣa: viśeṣaṇa: vaicitrya: vyatibhinna
（参考）差別（prabheda）の種類として、識生差別・内死生差別・外穀生差別・成壊差別・食持差別・愛非愛趣分別差別・清浄差別・威徳差別の八種が説かれる（『雑集論』4、大正 31・712c～713a）。
②功能差別・転変差別の差別。特異性。特別なありよう。原語 viśeṣa は殊勝とも訳されることもある。→功能差別②　→転変差別
Ⓢ viśiṣṭa: viśeṣa
③自性と対比する差別。自性が物事の総体的なありようをいうのに対して、差別はその物事の細かい区別的なありようをいう。→差別分別　→差別仮立尋思　Ⓢ viśeṣa

差別功能因依処 しゃべつくうのうえしょ　→因依処

差別仮立尋思 しゃべつけりゅうじんし　四種尋思の一つ。→四種尋思

差別仮立尋思所引如実智 しゃべつけりゅうじんししょいんにょじつち　四種如実智の一つ。→四種如実智

差別衆名 しゃべつしゅみょう　一つのものに対する異名、別称。「是の如き等の類は有為法の差別衆名なり」 Ⓢ paryāya

差別相 しゃべつそう　物事の細かいありよう。たとえば物質（色）については、好ましい・好ましくない、眼にみえる・眼にみえない、汚れている・汚れていないなどのありようをいう。自相の対。 Ⓢ viśeṣa-lakṣaṇa
（出典）遍計差別相者、謂、遍計此色是可意、此色是不可意、此色是非可意非不可意、此色是有見、此色是無見、此色是有対、此色是無対、此色是有漏、此色是無漏、此色是有為、此色是無為、如是等類差別道理、遍計此色所有差別。如色如是余蘊一切処等、当知亦爾。（『瑜伽』73、大正 30・703b）

差別転 しゃべつてん　五種の転の一つ。→転①

差別分別 しゃべつふんべつ　八分別の一つ。→八分別

差別遍計 しゃべつへんげ　事物や事象の相異したありよう、たとえば物質と物質でないもの、眼に見えるものと眼に見えないもの、などと区別して考えること。六種の遍計の一つ。→六種遍計　→遍計
（出典）差別遍計、謂、遍計色等決定実有有色無色有見無見等諸差別相。（『顕揚』16、大正 31・558a）

差摩塞縛弥 しゃまそくばくみ　kṣetra-svāmin の音写。田主と意訳。→田主
Ⓢ kṣetra-svāmin
（参考）（『略纂』1、大正 43・17a）

捨 しゃ　①捨てること。放棄すること。離れること。「自身の命を捨して諸の衆生に施す」「諸の菩薩は怨害ある諸の有情所に於て怨憎想を捨して親善想に住す」「取と捨と屈と伸」「衆病を捨す」 Ⓢ adhyupa-**īkṣ**: antar-**dhā**: apagama: utsarga: utsarjana: ud-**sṛj**: cyuti: cheda: tyakta: **tyaj**: tyāga: nikṣipta: nikṣepa: ni-**rudh**: nisṛṣṭa: parityakta: pari-**tyaj**: parityāga: parivarjana: pari-**hā**: parihāra: pratiniḥsarga: pratyākhyāna: pra-**hā**: **muc**: vikīrṇa: vijahanā: vi-**nud**: vi-**muc**: vi-**hā**: vihāni: vihīna: vyāvartana: vyā-**vṛt**: vyudāsa: **hā**: hāni
②なおざりにすること。見過ごすこと。「違犯の有情を若しくは罰し若しくは捨す」
Ⓢ adhyupekṣaṇā
③施すこと。「諸の菩薩は善巧方便に由って自ら少財を捨す」 Ⓢ anupra-**yam**: **dā**: dāna
④善の心所の一つである捨（行捨）。汚れがなく真っ直ぐで平等な心。「心の平等」と「心の正直」と「心の無功用」とからなる。このなか心の平等とは禅定中においてたかぶること（掉挙）にも沈むこと（惛沈）にもかたよらずに平等になった状態、心の正直とはその平等になった心が自然に起こりつづける状態、心の無功用とは心の意図的な活動（功用）までもがなくなった状態をいう。受蘊のなかの捨である非苦非楽の捨と区別するために、行蘊のなかの捨であることから行を付して行捨という。→行捨　Ⓢ upekṣaṇa: upekṣā
（出典）心平等性・無警覚性、説名為捨。（『倶舎』4、大正 29・19b）：捨、謂、行過去未来現在、随順諸悪不善法中、心無染汚、心平等性。（『瑜伽』29、大正 30・444a）：云何

為捨。謂、於所縁、心無染汚、心平等性。(『瑜伽』31、大正 30・456b):云何行捨。精進三根、令心平等正直無功用住、為性、対治掉挙、静住、為業。(『成論』6、大正 31・30b)

⑤四無量(慈・悲・喜・捨)の捨。親しいとか憎いとか分別することなく、すべての人びとを平等視して、人びとの幸せ(利益)を願う心をいう。→四無量

⑥煩悩を滅する三つのありよう(伏・断・捨)の一つ。伏とは表層において煩悩が具体的に働くことを抑えること、断とは深層の阿頼耶識において煩悩を生じる可能力(種子)を断滅すること、捨とはその種子の残気・気分までをも捨て去ること。→伏断捨

捨覚支 しゃかくし →七覚支

捨家 しゃけ →捨家法

捨家法 しゃけほう 家法を捨てること。出家をするために世俗的な生活を放棄すること。捨家・棄捨家法ともいう。「家法を捨て、鬚髪を剃除し、袈裟を被服し、三帰及び清浄戒を受持す」「家法を捨てて非家に趣く」

捨根 しゃこん 捨受という根。二十二根のなかの五受根の一つ。→捨受 →二十二根 →五受根 Ⓢ upekṣā-indriya

(出典)中、謂、非悦非不悦、即是不苦不楽受。此処中受、名為捨根。(『倶舎』3、大正 29・14c)

捨言 しゃごん 議論において立論者が対論者に謝って自己の主張を捨てること。

Ⓢ kathā-tyāga

(参考)(『瑜伽』15、大正 30・359c)

捨寂静 しゃじゃくじょう 見る、聞く、ないし考えるなどをしても、喜ぶことも憂うこともなく、心が恒にかたむかない寂静なありようをいう。阿羅漢の四種の寂静(苦寂静・煩悩寂静・不損悩有情寂静・捨寂静)の一つ。→寂静⑥

捨寿 しゃじゅ ①生命を維持している寿(いのち)を捨てること。死ぬこと。捨寿命とおなじ。「初定より捨寿して梵天に上生す」「捨寿命して涅槃に入る」 Ⓢ āyur-utsarga: āyuso hāniḥ

②臨終の際に呼吸がまさに止まろうとする状態をいう。

(出典)捨寿云何。謂、気将尽位。(『瑜伽』10、大正 30・324a)

捨寿行 しゃじゅぎょう →捨多寿行

捨寿命 しゃじゅみょう →捨寿①

捨受 しゃじゅ 不苦不楽受ともいう。三つの感受作用(楽受・苦受・不苦不楽受)の一つ。あるいは五つの感受作用(楽受・苦受・喜受・憂受・捨受の五受)の一つ。心にかなうのでもなく心にかなわないのでもない中容な対象に対して生じる、苦でもなく楽でもない感覚をいう。 Ⓢ upekṣā-vedanā

(出典)不苦不楽受云何。謂、順不苦不楽二、為縁所生、非適悦非不適悦受、受所摂。(『瑜伽』9、大正 30・323b):領中容境相、於身於心非逼非悦、名不苦楽受。(『成論』5、大正 31・27a)

捨処所触 しゃしょしょそく 好ましくも悪くもない感触(触)。三種の触(好触・悪触・捨処所触)の一つ。→触④ Ⓢ upekṣā-sthānīya-sparśa

捨定 しゃじょう 人びとを平等に想う心で修する禅定。人びとは平等であり親しい人も憎い人もいないと思惟して入る禅定。捨等至ともいう。四無量心の第四番目の心。→四無量「何等を思惟して捨定に入るや。答う。有情に於て捨を思惟す」 Ⓢ upekṣā-samāpatti

捨随念 しゃずいねん 六種の随念(仏随念・法随念・僧随念・戒随念・捨随念・天随念)の一つ。捨すること、すなわち布施することを念じること。念施とおなじ。→六念

捨施 しゃせ 施すこと。布施すること。「一切処に於て一切の所愛の身財などを捨施して諸の衆生の匱乏の苦難を済う」 Ⓢ **dā**

捨多寿行 しゃたじゅぎょう 寿行(寿命)の存続を故意に捨てて死ぬこと。なすべきことをなし終えた仏や阿羅漢が行なう行為。捨寿行ともいう。留多寿行の対。「捨寿行して般涅槃に入る」「捨寿行とは四十、或いは二十歳を捨すを謂う」

Ⓢ bahu-āyuḥ-saṃskāra-utsarjana

(出典)何因縁捨多寿行。彼阿羅漢、自観住世於他利益安楽事少、或為病等苦逼自身。(『倶舎』3、大正 29・15c)

(参考)(『婆沙』126、大正 27・656c)

捨置 しゃち ①捨置記とおなじ。→捨置記

②四無量(慈・悲・喜・捨)の捨の心のありよう。あらゆる人びとを平等にみる心。「彼の有情に於て平等に捨置す。捨置とは即ち是

れ捨の相なり」

捨置記 しゃちき ある質問に対して、その問い自体が無意味であるから捨て置いて答えないこと。無記ともいう。たとえば「石女（子供を産めない女性）の児は色が黒いか白いか」という問いに対しては無視して答えないこと。四つの答え方（一向記・分別記・反問記・捨置記）の一つ。置記・黙置記ともいう。→十四無記 Ⓢ sthāpanīya-vyākaraṇa

（参考）（『婆沙』15、大正 27・75b 以下）：（『倶舎』19、大正 29・103a 以下）：（『瑜伽』81、大正 30・754a）

捨等覚支 しゃとうかくし →七覚支

捨等至 しゃとうし →捨定

捨煖 しゃなん 臨終の際に、生命を維持している三要素（寿・煖・識）のなかの煖（あたたかさ）を捨てること。身心の構成要素を捨てて、身が動かなくなった状態。

Ⓢ ūṣmaṇo hāniḥ

（出典）捨煖云何。謂、不動位、棄捨諸蘊。（『瑜伽』10、大正 30・324a）

捨念清浄 しゃねんしょうじょう 色界の四段階の静慮の第四静慮のありよう。心が動揺してかたむくことがなく平等になり、対象を明晰に記憶して忘れることがない状態をいう。捨念浄ともいう。→四静慮

Ⓢ upekṣā-smṛti-pariśuddha

捨念浄 しゃねんじょう →捨念清浄

捨方便見 しゃほうべんけん 二十八種のまちがった見解（不正見）の一つ。→不正見

捨無量 しゃむりょう 四無量心の一つ。→四無量心

捨命 しゃみょう いのちを捨てること。死ぬこと。「彼の前際より既に捨命し已って、現在世に於て自体生ずることを得る」

Ⓢ pra-**cyu**: pracyuta

捨与 しゃよ 与えること。施すこと。「畜えた一切の資具を十方の諸仏・菩薩に施与す」 Ⓢ visṛṣṭa

捨濫留純識 しゃらんるじゅんしき →五重唯識観

捨離 しゃり 捨て去ること。放棄すること。断念すること。「阿頼耶識ありて能く身を執持す。此れ若し捨離すれば即ち身分に於て冷触し身に覚受なし」「人間の嬉戯を遮止し、歌舞・笑戯・倡伎などを観聴することを捨離す」「家法を捨離して非家に趣く」

Ⓢ abhinir-**vṛj**: nihita: prativiramaṇatā: pra-**hā**: vi-**hā**

奢薩呾羅 しゃさたら śāstra の音写。意訳は「論」。『成唯識論』の題目である vijñapti-mātratā-siddhi-śāstra のなかの śāstra の音写。「題目を釈するとは、梵に毘若底（識也）摩呾剌多（唯也）悉提（成也）奢薩呾羅（論也）と云う。応に識唯成論と云うべし。此れを唐言の順ずれば成唯識論なり」 Ⓢ śāstra

奢摩他 しゃまた śamatha の音写。止と意訳。内住・等住・安住・近住・調順・寂静・最極寂静・専注一趣・等持の九つの心のありよう（行相）をもって心のなかに住し、心が静まった状態をいう。毘鉢舎那とならんでヨーガ（yoga 瑜伽）を構成する二つの要素の一つ。特に〈唯識〉が重要視する修行法で、奢摩他と毘鉢舎那（止と観）によって表層心と深層心とが浄化されて解脱することを強調する。たとえば『解深密経』で「衆生は相の為に縛せられ、及び麁重の為に縛せらるる。要ず止観を勤修せよ、爾れば乃ち解脱を得ん」と説かれる（『解深』1、大正 16・691b）。内的な心が静まったありようであるから内心をつけて内心奢摩他と呼ぶ場合がある。→心住 →毘鉢舎那 Ⓢ śamatha

（出典）於如所善思惟法、独処空閑、作意思惟。復即於此、能思惟心内心相続作意思惟、如是正行多安住故、起身軽安及心軽安、是名奢摩他。（『解深』3、大正 16・698a）：奢摩他者、謂、九種住心及奢摩他品所摂諸法。謂、於自他若衰若盛可厭患法、心生厭離驚恐悪賎、安住寂静。（『瑜伽』11、大正 30・330b）：奢摩他者、謂、於内摂心、令住・等住・安住・近住・調順・寂静・最極寂静・専注一趣・平等摂持。如是九行令安住、是奢摩他。（『雑集論』10、大正 31・741b）

煮 しゃ にること。「飯を煮る、麨を磨く」

煮狗 しゃく 犬を煮て食べる人。カースト外の賎民（栴荼羅）の行為。律儀に反する行為をする人（不律儀者）の一人。→不律儀者。 Ⓢ śva-pāka

（出典）煮狗者、謂、栴荼羅等諸穢悪人。（『婆沙』117、大正 27・607b）

遮 しゃ さえぎること。否定すること。排除すること。回避すること。「此等の種種の僻執を遮し、法相と相応する義を顕さんが

為の故に斯の論を作る」「飲酒を遮するは性罪を防ぐが為なり」 Ⓢ apavāda: parihāra: pratikṣipta: pratikṣepaṇa: pratibandha: pratiṣiddha: pratiṣedha: prati-**sidh**: vipratibandha: vyāvartana: vyāvṛtti

遮遏 しゃあつ　さえぎり断ち切ること。「勤めて遮遏すると雖も猛利性の惑に蔽われて、数数、現行す」

遮戒 しゃかい　釈尊が状況に応じて制定したいましめ。たとえば飲酒を禁じる戒（不飲酒戒）をいう。それ自体が悪となる行為に対するいましめ（性戒）の対。→性戒「戒とは性戒、禁とは遮戒なり」「対法の諸師は飲酒は性罪に非ずと言う。然れば病者の為に総じて遮戒を開く。復た異時において飲酒を遮せるは、此れに因って性罪を犯すことを防がんが為の故なり」 Ⓢ prajñapti-sāvadya

遮遣 しゃけん　否定すること。排除すること。「他の宗義を遮遣せんと欲するが為に此の論を作る」「諸法は亦た用なしとは、法に即して分別される我を遮遣す。此れに由って増益の辺執を遠離す」

遮護 しゃご　さえぎってまもること。「忘念の増上力の故に沈掉などの諸の随煩悩に於て心は遮護せず」

遮罪 しゃざい　教団内において仏陀によって立てられた戒を犯すこと。性罪（本性として罪であるもの）ではないが性罪を犯す原因となる怖れがあるために罪と規定されたものをいう。たとえば非時食（決められた時間外に食事をすること）などを破る行為をいう。（『倶舎』14、大正 29・77b）には、飲酒は性罪か遮罪かについての議論がある。→性罪 Ⓢ prajñapti-sāvadya

（出典）遮、謂、所遮非時食等。雖非性罪、而仏為護法及有情別意遮止。（『倶舎』18、大正 29・97b）：云何遮罪。謂、仏世尊観彼形相不如法故、或令衆生重正法故、或見所作随順現行性罪法故、或為随順護他心故、或見障礙善趣寿命沙門性故、而正遮止、若有現行如是等事、説名遮罪。（『瑜伽』99、大正 30・869c～870a）

遮止 しゃし　①否定し止めること。捨てること。「寿が尽きるまで人間の諸欲を遮止す」「心に怖畏を生じ、深く厭患し已って諸悪を遮止す」

Ⓢ āvaraṇa-kriyā: pari-**hṛ**: pratisam-**hṛ**: vṛtta

②禁止すること。制止ともいう。開許の対。→制止　→開許①「諸の菩薩は諸の有情の為に遮すべき処に於ては正しく遮止し、開くべき処に於ては正しく開許す」 Ⓢ pratiṣedha: prati-**sidh**

③他者の罪ある行為を止めさせること。五種の教誡の一つ。→教誡①「有罪の現行を遮止す」 Ⓢ pratiṣedha

遮止句 しゃしく　問答において問いに対する否定の答えをいう。たとえば「五蘊のほかにいくつかの行（現象的存在）が真であるか」という問いに対して、五蘊のほかには行は存在しないから、「そのようなものはない」と答えるような場合をいう。述可句の対。→述可句

（出典）遮止句者、謂、於所問、不爾而答。以不爾言、遮止所問。如有問、言蘊外諸行幾諦摂耶、応遮止答蘊外無行。（『演秘』7 末、大正 43・971a）

遮制 しゃせい　さえぎり制すること。戒として禁止すること。「方便の覚慧が現前するに由って、方に能く自他の煩悩を遮制するが故に善達と名づく」「性罪とは性として是れ不善にして、遮制せずと雖も現行して能く沙門を障するを謂う」 Ⓢ pratiṣedha

遮詮 しゃせん　ものごとを否定的に表現すること。二つの表現方法（遮詮・表詮）のなかの一つ。表詮の対。たとえば〈唯識〉においては、遮詮的には三無性（相無性・生無性・勝義無性）を説き、表詮的には三性（遍計所執性・依他起性・円成実性）を説く。

遮奪 しゃだつ　一連の文章を解釈するときの二つの概念（開縦と遮奪）の一つ。開縦は方便的に認め許すこと、遮奪は根本的に否定すること。「論道に二あり、一には開縦、二には遮奪なり。此の中、前門は是れ開縦の論道にして、後門は是れ遮奪の論道なり」（『婆沙』4、大正 27・16c～17a）。「此の前文は但だ是れ方便・開縦の論道にして、今の所説は乃ち是れ根本・遮奪の論道なり」（『婆沙』5、大正 27・22a）。

遮断 しゃだん　①断じること。否定すること。「一切の阿羅漢は自らの相続のあらゆる煩悩に於て皆な已に遮断す」「去来法は実有なりとの執を遮断せんが為の故に此の道理を顕す」

②途絶えることがないこと。「恒とは遮断を

言うなり」

遮怒羅 しゃぬら cāṇūra の音写。力を有するものの一つとしてあげられ、伐浪伽の十倍の力を有するという。「十十に象などの七の力を倍増す。謂く、凡象と香象と摩訶諾健那と鉢羅塞建提と伐浪伽と遮怒羅と那羅延となり。後後の力は前前に増すこと十倍なり」 Ⓢ cāṇūra
（参考）（『倶舎』27、大正 29・140c）

遮破 しゃは 他派の主張を論破すること。「前の二句は已論を成立し、後の二句は他論を遮破す」

遮逼 しゃひっ 乱暴な行為。「現に遮逼を行じて乞匈するところある故に研求と名づく」

遮防 しゃぼう 悪をなすこと、煩悩を起こすことなどを防ぐこと、あるいは強盗などの災難を防ぐこと。「思の願力に由って先ず要ず能く定んで身語の悪業を遮防せんと期し、此れに由るが故に別解脱律儀を建立す」 Ⓢ pari-**hṛ**: pratiṣiddha

遮末羅洲 しゃまらしゅう 遮末羅は cāmara の音写。四大洲の一つ・贍部洲の側にある中洲。 Ⓢ cāmara

謝 しゃ ①滅すること。消え去ること。謝滅とおなじ。「諸の受が速疾に起こり、謝して堅住ならざること浮泡の如し」「眼が意と一つの色を専にする時は、余の色・声・香・味・触などは謝す」 Ⓢ ati-**i**
②あやまること。「怨みある者には自ら往きて謝す」 Ⓢ saṃjñapti

謝往 しゃおう 滅して消えること。過ぎ去って過去に往くこと。「過去に謝往した弟子たちの生処を記別す」「串習に由るが故に境は謝往すると雖も、纔た作意する時、昔の如くに生ず」

謝滅 しゃめつ 滅すること。消え去ること。「命根の謝滅を時死と謂う」「数数、謝滅し復た相続して起こるが故に縁起と名づく」 Ⓢ nirodha: vini-**vṛt**

瀉 しゃ 下痢すること。「瀉に由るが故に悶絶す」 Ⓢ ativireka

瀉薬 しゃやく 下剤の薬。原語 harītakī は訶梨怛雞と音写。呵梨薬・訶梨薬ともいう。harītakī（ミロンバラン樹）の果実から作られた薬。六種の味を具え一切の病を除く薬王といわれる。 Ⓢ harītakī

邪 じゃ よこしまな。まちがった。不正な。 Ⓢ ku: mithyā: vipanna

邪婬 じゃいん よこしまなセックス。みだらな男女間の行為。「邪婬の加行は貪より起こるとは、他妻などに於て染著心を起こすを謂う」 Ⓢ kāma-mithyā

邪活命 じゃかつみょう →邪命

邪願 じゃがん よこしまな願い。まちがった誓願。梵行（清らかな修行）の実践において、天に生まれたい、あるいは利益や名誉を得たい、などと願うこと。「邪願に依止して梵行を修するが故にあらゆる等至に熱悩あり」「彼れは是の如く梵行を修するが故に邪願と及び諸の邪見とを遠離し、利養恭敬を貪求するを棄捨す」
Ⓢ mithyā-praṇidhāna: mithyā-praṇihita
（参考）（『瑜伽』22、大正 30・404a）

邪教 じゃきょう よこしまな教え。不正な教法。外道の教え。邪分別と共に、邪教を聞くことは、後天的な自己への執着（分別の我執）と、ものへの執着（分別の法執）とが起こる原因の一つとなる。「分別の我執と法執とは亦た現在の外縁の力に由るが故に身と倶ならず、要ず邪教と及び邪分別とを待って然る後に方に起こる」
（出典）邪教故者、謂、由聞非正法。（『瑜伽』8、大正 30・314a）

邪行 じゃぎょう よこしまな行為。特に性的交渉をいう場合は欲邪行という。→欲邪行「能く六十二見を生起し、此れに依託するが故に非解脱を計して解脱と為して邪行を起こす」「中有処に於て其の父母が共に邪行を行じて出すところの精血を見て顛倒を起こす」「自妻に習近するは邪行に非ず」 Ⓢ mithyā-ācāra: mithyā carati: mithyā-pratipanna: vipratipatti
（参考）（『瑜伽』79、大正 30・739a）には邪行の八種の相が説かれている。

邪行障 じゃぎょうしょう 十重障の一つ。戒を破って邪悪な行為を生ぜしめる煩悩の障害。所知障（知るべきものである真如を知ることをさまたげる障害）のなかで、倶生（先天的にそなわっている）の障害の一部。この障を十地の第二地で断じて最勝真如を証する。→十重障
（参考）（『成論』9、大正 31・52c）

邪行真如 じゃぎょうしんにょ →七真如

邪加行 じゃけぎょう よこしまな行為。「凡夫・異生は我我所と計する妄見に由って、我れが見、我れが聞き、我れが嗅ぎ、我れが嘗め、我れが触れ、我れが知る、などと謂う邪加行が転ず」

邪解行 じゃげぎょう よこしまな理解、まちがった見解にもとづく行為。「雑染・清浄の事に於て邪解行を起こす」
(参考)(『瑜伽』21、大正 30・396a)

邪解脱 じゃげだつ よこしまな解脱。外道が考えるまちがった解脱。「意を発して邪解脱を求む」「横に諸の邪解脱を計するは邪見に摂めらる」「聖諦に於て愚にして外の邪解脱と解脱方便とを虚妄に計度す」
Ⓢ mithyā-mokṣa

邪見 じゃけん ①よこしまでまちがった見解・見方の総称。
(出典) 邪見者、一切倒見、於所知事、顚倒而転、皆名邪見。(『瑜伽』58、大正 30・621b)
②あやまった五つの見解である五見(有身見・辺執見・邪見・見取見・戒禁取見)の一つ。因果の理を否定する見解。たとえば、罪という悪、功徳という善はなく、地獄という悪い果報、浄土という善い果報はないと考える見解をいう。この邪見は「因果撥無の邪見」といわれ、さまざまなよこしまな見解のなかでも最悪であるから、特に別に立てて邪見という。ただし、広く邪見を論じれば、因果の理を否定することの他に、作用と実事とを否定する見解、さらには五見のなかの四つの見(有身見・辺執見・見取見・戒禁取見)を除く他のよこしまな見解をも邪見に含む。作用を否定するとは、たとえば、現在の世間も未来世の世間もなく、人間の世界より没して天に生まれることもない、と考えることであり、実事を否定するとは、たとえば、真実の阿羅漢は存在しない、仏・法・僧の三宝は存在しない、などと考えることである。この邪見を持つ人は「因果撥無の断善根」とよばれ、善根すなわち善を生じる力のまったく断たれた救いようのない人とみなされる。八正道のなかの正見の対。八邪支の一つ。→八邪支 Ⓢ mithyā-dṛṣṭi
(出典) 於実有体苦等諦中、起見撥無、名為邪見。一切妄見、皆顚倒転、並応名邪、而但撥無、名邪見者、以過甚故。(『倶舎』19、大正 29・100a):邪見、謂、謗因果作用実事、及非四見諸余邪執。(『成論』6、大正 31・31c)
(参考)(『瑜伽』58、大正 30・621b)
③あやまった五つの見解をまとめた呼称。「薩迦耶見などの五種の邪見」(『瑜伽』56、大正 30・612a) Ⓢ dṛṣṭi
④十不善業道の一つ。→十不善業道

邪語 じゃご よこしまな言葉。まちがった不正な言語的行為。いかり(瞋)と愚かさ(癡)を原因として生じる言語的行為(語業)をいう。八正道のなかの正語の対。八邪支の一つ。→八邪支「邪見に由るが故に邪思惟・邪語・邪業及び邪命などを起こす」
Ⓢ mithyā-vāc
(出典) 瞋癡所起語業、名邪語。(『婆沙』33、大正 27・171c):瞋癡所生語身二業、如次、名為邪語邪業。(『倶舎』17、大正 29・91a)

邪業 じゃごう よこしまな行為。まちがった不正な身体的行為。いかり(瞋)と愚かさ(癡)を原因として生じる身体的行為(身業)をいう。八正道のなかの正業の対。八邪支の一つ。→八邪支「邪見に由るが故に邪思惟・邪語・邪業及び邪命などを起こす」
Ⓢ mithyā-karmānta
(出典) 瞋癡所起身業、名邪業。(『婆沙』33、大正 27・171c):瞋癡所生語身二業、如次、名為邪語邪業。(『倶舎』17、大正 29・91a)

邪思惟 じゃしゆい よこしまな思考。まちがって考えること。八正道のなかの正思惟の対。八邪支の一つ。→八邪支「邪見に由るが故に邪思惟・邪語・邪業、及び邪命などを起こす」「仏の菩提に於て邪思惟するを仏に於る無知と謂う」 Ⓢ mithyā manasi kuruvataḥ: mithyā-saṃkalpa
(参考)(『瑜伽』95、大正 30・844c 以下)

邪取 じゃしゅ 対象をよこしまにまちがって認識すること。「相を邪取する不正な思惟」「相に於て邪取分別す」

邪執 じゃしゅう よこしまな把握。不正に認識すること。種類としては見邪執・慢邪執・自内邪執・他教邪執の四種(『瑜伽』85、大正 30・775b)、依止邪執・自性自在等不平等因邪執・能持依止我邪執・彼死生転邪執・彼浄不浄方便邪執・彼愛非愛境界受用主宰邪執の六種(『瑜伽』57、大正 30・620c)が説かれる。「能く断常の二辺の邪執を治す処中の行を説く」
Ⓢ asaṃgrāha: asad-grāha: mithyā-grāha

邪性　じゃしょう　①正性離生の正性に対する語。正性とは聖性ともいわれ、見道において真理を見て聖者になった正しいありようをいうのに対して、邪性とは凡夫のよこしまなありようをいう。種類としては業邪性（五無間業）と趣邪性（三悪趣）と見邪性（五顛倒見）とがある（→各項参照）。→正性離生
（出典）如是心心所法、為等無間、捨異生性、得聖性、捨邪性、得正性、能入正性離生故、名世第一法。（中略）捨邪性者、謂、此心心所法、能捨三種邪性。一業邪性、二趣邪性、三見邪性。（『婆沙』3、大正 27・12a～b）
②邪性定聚の邪性。→邪性定聚

邪性聚定　じゃしょうじゅじょう　→邪性定聚

邪性定聚　じゃしょうじょうじゅ　さとりへの素質（性）を三つのグループ（正性定聚・邪性定聚・不定性聚）に分けるうちの一つ。よこしまな性が決定しているグループ。五無間業を造ってかならず地獄に陥るものたち。本性邪性定（本性として邪性が決定しているもの）と方便邪性定（修行において邪性が決定しているもの）との二種がある。邪定聚・邪性聚定ともいう。Ⓢ mithyātva-niyato rāśiḥ
（出典）世尊於此有情世間生住没中、建立三聚。何謂三聚。（中略）一正性定聚、二邪性定聚、三不定性聚。（中略）何名邪性。謂、諸地獄傍生餓鬼、是名邪性。定、謂、無間。造無間者、必堕地獄故、名邪定。（『倶舎』10、大正 29・56c）：邪性定聚、復有二種。一本性邪性定、二方便邪性定。（『瑜伽』64、大正 30・656b）：邪定等三者、按瑜伽論等第一百云。五無間業及断善根、名邪定聚。（『演秘』1本、大正 43・813c～814a）

邪勝解　じゃしょうげ　よこしまな勝解。勝解とは〈倶舎〉では大地法に、〈唯識〉では別境に含まれる心作用で、対象を明確に決定的に理解する心作用をいい、そのような心作用のなかで汚れた心作用を邪勝解という。すべての汚れた心と共に働く十随煩悩の一つ。→十随煩悩「染汚の勝解を名づけて邪勝解と為す」「彼の諸の悪説法の毘奈耶の中に於て不正の法を聞いて邪勝解を起こす」
Ⓢ mithyā-adhimokṣa

邪精進　じゃしょうじん　よこしまな努力。八正道のなかの正精進の対。八邪支の一つ。→八邪支「染汚に住して邪精進を生じ、果なく劬労して憂苦を生ず」 Ⓢ mithyā-vīrya

邪定　じゃじょう　①よこしまな禅定。八正道のなかの正定の対。八邪支の一つ。邪等持ともいう。→八邪定　Ⓢ mithyā-samādhi
②→邪定聚

邪定聚　じゃじょうじゅ　生きもの（有情）の三つのグループ（正定聚・邪定聚・不定聚）の一つ。邪性定聚とおなじ。→邪性定聚

邪定法聚　じゃじょうほうじゅ　邪性定聚とおなじ。→邪性定聚

邪智　じゃち　よこしまな認識。よこしまな教えにもとづいて対象を事実と違ったものとしてとらえるまちがった思考。これには、無明と相応する染汚な邪智と、無明と相応しない不染汚な邪智とがある。後者は、たとえば、木の切り株（杌）を見て人だと想うまちがった認識をいう。正智の対。→正智
Ⓢ mithyā-jñāna
（出典）邪智有二種。一染汚、二不染汚。染汚者無明相応。不染汚者無明不相応、如於杌起人想等。（『婆沙』9、大正 27・42b）
（参考）（『瑜伽』88、大正 30・793a）

邪道　じゃどう　悪邪道・邪僻道・虚偽道・矯詐道ともいう。よこしまな修行、生き方。外道が説く解脱するためのよこしまな道。たとえば、露形・自餓・臥灰・服気・随日而転・唯服水・噉菓・食糞・著糞掃衣・臥木礫石・投巌・赴火・行牛などの苦行をいう。あるいは、邪見・邪思惟・邪語・邪業・邪命・邪念・邪精進・邪定の八つからなる外道の生き方をいう。Ⓢ anya-pāṣaṇḍa: anya-mārga: ku-mārga
（参考）（『婆沙』33、大正 27・172c）：（『婆沙』77、大正 27・399b～c）

邪念　じゃねん　①よこしまな念。念とはすでに経験したある対象を心のなかに記憶しつづけて忘れないこころをいう。そのような記憶の力がないありようを邪念という。八正道のなかの正念の対。八邪支の一つ。→八邪支→念②「八邪支の中、邪見・邪精進・邪念・邪定は三界繫に通ず」
②十随煩悩の一つとしての邪念。→十随煩悩

邪分別　じゃふんべつ　よこしまな思考。まちがった概念的思考。邪教と共に、後天的な自己への執着（分別の我執）とものへの執着（分別の法執）とが起こる原因の一つ。正分

別の対。「邪分別に由って煩悩と及び衆の苦を起こす」「分別の我執と法執とは亦た現在の外縁の力に由るが故に身と倶ならず、要ず邪教と及び邪分別とを待って然る後に方に起こる」 Ⓢ mithyā-vikalpa

邪僻 じゃへき よこしまなこと。まちがったこと。「此の有身見・辺執見などの五見は邪僻に顚倒して観視すると雖も、是れ慧性なるが故に名づけて見と為す」「外道は邪僻に分別して悪見を生ず」 Ⓢ mithyā

邪僻道 じゃへきどう →邪道

邪方便 じゃほうべん よこしまな修行。たとえば、天に生まれることを願って岩から飛び降りる、火のなかに入る、断食する、などの外道が修する苦行をいう。「諸の有情は生天を求欲して投巖・赴火・断飲食などの邪方便を起こす」 Ⓢ mithyā-prayukta

邪法 じゃほう ①煩悩などのよこしまな存在。「不染汚の邪智は世俗に由るが故に邪智という名を得る。勝義に由るにあらず。煩悩の邪法と相応せざるが故に」
②よこしまな教え。仏教の教えを内法というのに対して外道などのまちがった教えを邪法という。「善く有情を化して一切の外道の邪法を捨てしめる」「内法は諸の悪なる邪法と相違す」「邪法を聴聞するを先と為す聞思修慧が引くところの邪行」

邪慢 じゃまん 自己に徳がないのにあるとおごる心。七慢の一つ。→七慢 Ⓢ mithyā-māna
（出典）実無其徳、謂己有徳、令心高挙故、名邪慢。（『瑜伽』89、大正 30・802c）：邪慢者、謂、実無徳、計己有徳、心挙為性。（『集論』4、大正 31・676c）

邪命 じゃみょう ①よこしまな方法で生活をすること。まちがった生計。邪活命ともいう。八正道のなかの正命の対。八邪支の一つ。→八邪支 Ⓢ mithyā-ājīva
（出典）貪所起身語業、名邪命、邪活命故。（『婆沙』33、大正 27・171c）
②外道の一派であるアージーヴィカ（ājīvika）への仏教からみた名称。原語ājīvika を阿時縛迦と音写。よこしまな方法で生活をする外道。 Ⓢ ājīvika
（出典）如邪命等者、即是阿時縛迦外道。応云正命、仏法毀之、故云邪命、邪活命也。（『述記』1末、大正 43・266a）

邪命外道 じゃみょうげどう よこしまな方法で生活をする外道。→邪命②

邪妄語 じゃもうご よこしまでまちがった言句。教えにおける三種の言句（無義言・邪妄言・如義言）の一つ。たとえば、外道が説くまちがった因果論をいう。
（参考）（『了義灯』1本、大正 43・664c）

邪欲 じゃよく ①よこしまな欲。「諸の煩悩と邪欲と尋求とが作るところの衆の苦」
②十随煩悩の一つとしての邪欲。→十随煩悩

邪論 じゃろん よこしまな論。不正な見解にもとづく主張。外道が説くまちがった主張。たとえば、現在世に善くない行為を作す、あるいは現在世に苦を受けるのは、すべて過去世の悪業を原因し、その悪業は苦行を修することによって除くことができる、という主張をいう。正論の対。→正論①「この論は一切の外道の邪論を摧破して一切の仏法の正論を成立す」 Ⓢ asat-śāstra: ku-śāstra
（出典）言邪論者、謂、広辯説諸不正見所執言詞。（『倶舎』16、大正 29・88a）
（参考）（『瑜伽』89、大正 30・804a）：（『瑜伽』89、大正 30・806a～b）

蛇 じゃ へび。毒蛇ともいい、人に害をなす動物としてあげられる。また実際には存在しないのに存在すると見まちがう錯覚の喩えとして、縄を見て蛇と見まちがう例があげられる。「人、縄を見て是れ蛇なりと謂う」 Ⓢ ahi

蛇蠍 じゃかつ へびとさそり。原語 vṛścika はさそり、sarī-sṛpa は爬行動物の意。人に害を与え嫌われる動物の一群としてあげられる。「彼の尊者は寒熱・飢渇・蚊虻・風日・蛇蠍の毒触を能く忍受す」「蛇蠍・百足・蚰蜒に蛆螫せらるる」
Ⓢ vṛścika: sarī-sṛpa

麝香 じゃこう ジャコウ鹿（kastūrikā）の腹部にある嚢から作られた特異な芳香を有する香料。四大香の一つ。→四大香
Ⓢ kastūrikā-gandha

石 しゃく いし。いわ。堅い、あるいは密なものの例としてあげられる。「所依身の堅密なること石の如し」「金剛に依って能く石などの堅物を壊す」
Ⓢ aśman: upala: kaṭhalla: kaṭhilla: pāṣāṇa: śarkara: śarkarā: śilā

石女 しゃくにょ 子を産めない女。うまず

め。→石女児 Ⓢ vandhyā

石女児 しゃくにょじ 子を産めない女が産む子ども。実際にはそのような子どもは存在しないから、決して存在しないものの喩えとして用いられる。「畢竟無とは石女児などを謂う」 Ⓢ vandhyā-putra

石蜜汁 しゃくみつじゅう 蜜の汁。飲物の一つ。「沙糖汁、或いは石蜜汁、或いは飯漿飲などを飲と為す」 Ⓢ śarkarā-rasa

斥鷃鳥 しゃくえんちょう 斥鷃は śakuna の音写。つばめのこと。急に捉えると疲れ、緩やかに捉えると飛び去ってしまうような鳥。「太だ過ぎて勇猛精進するあり。太だ過ぎて策励するの過あるが故に還って極めて下劣なり。急に斥鷃鳥を捉持する者の如し」
Ⓢ śakuna

折 しゃく おること。たおすこと。「風輪の風、卒起して樹を折り、山を崩す」
Ⓢ **pat**

折伏 しゃくぶく 負かすこと。負かし伏すこと。説き伏せること。おさえること。「一切の煩悩の怨を折伏す」「法論を説くと雖も折伏を好んで諍方便を起こす」「前の道力に由って後地の所知障の現を折伏し、其れをして行ぜざらしむるを名づけて伏と為す」

折羅頗勒窶羅 しゃくらはろくなら 『婆沙論』では地に住む神の一つとしてあげられ、天趣ではなく傍生趣に属すとされる。
(参考)(『婆沙』172、大正 27・869a)

赤 しゃく あか。あかいろ。顕色(明瞭に顕現している色彩)の一つ。→顕色
Ⓢ lohita

赤珠 しゃくじゅ 赤真珠とおなじ。→赤真珠

赤勝生類 しゃくしょうしょうるい 満迦葉波外道が説く六種の勝れた人たちのグループ。→六勝生類

赤真珠 しゃくしんじゅ 赤珠とおなじ。ルビー。七宝の一つ。財物の一つ。→七宝②
Ⓢ lohitikā
(参考)(『婆沙』124、大正 27・648b):(『瑜伽』44、大正 30・534a)

昔 しゃく むかし。かつて。過去。往年。「世尊は昔、菩薩と為って菩提樹の下に居るとき、初夜に魔女来りて相い媚乱す」
Ⓢ pūrva: pūrvam: paurāṇa

析 しゃく わかつこと。分析すること。分解すること。「漸く麁物を析して、ないし微住に至る。是の故に麁物は無常にして極微は是れ常なり」 Ⓢ vi-**bhaj**

析除 しゃくじょ 分析して除去すること。除析ともいう。「物あり、慧を以って析除すれば、彼の覚は便ち無ければ是れは世俗諦なり」「諸の瑜伽師は仮想の慧を以って麁色の相に於て漸次に除析し、不可析に至りて極微を仮説す」 Ⓢ apa-**ūh**: apoha

斫 しゃく 切る、切断すること。「手足を截り、耳鼻を割劓し、或いは身分を斫る」
Ⓢ cheda: saṃ-**chid**: saṃpra-**takṣ**
(出典)何法名斫。薪等色聚、相逼続生、斧等分隔、令各続起、此法名斫。(『倶舎』2、大正 29・9a)

斫刺 しゃくし 刺して切ること。「他を訶罵し、捶打し、恐怖せしめ、毀辱し、縛害し、拘禁し、斫刺し、駆擯す」「等活那落迦の中の諸の有情の身は種種に斫刺し磨擣せらるると雖も、暫く涼風の吹くところに遇って還活して本の如し」
Ⓢ avabhinna: chedana

斫截 しゃくせつ 切りさくこと。「斫截・破壊・駆擯・残害の苦を受く」「身の諸の支分を斫截せられ、身より血が極多に流注す」
Ⓢ chedana

迹 しゃく 跡とおなじ。→跡

責 しゃく せめること。非難すること。訶責とおなじ。「若し時に失念して諸の悪が現行すれば、自ら責めて所犯を発露す」「他を責めて勝利を為す論に依って計度を起こす」
Ⓢ garhaṇā

責罰 しゃくばつ むちで打つなどの刑罰。治罰とおなじ。「帝王は法を以って世を治め、非法を以ってせず、責罰を好まず」
Ⓢ daṇḍa

釈 しゃく ①解釈すること。詳しく説明すること。「正法に於て其の文句の如く次第に標し、其の文句の如く次第に釈し、其の次第の如く其の義を分別す」「諸の説法師は他の為に法・等起・義・釈難・次第の五種の釈を転ず」 Ⓢ **ah**: ākhyāta: uddiṣṭa: kalpa: khatita: jñātavya: deśita: nirdeśa: **nī**: pakṣa: **paṭh**: parihāra: parihārya: pari-**īkṣ**: vipañcita: vihita: vyākhyāna
(出典)云何為釈。謂、略有五。一者法、二者等起、三者義、四者釈難、五者次第。(『瑜

伽』81、大正 30・750a)
②とけること。凝の対。→凝釈「酥は水と日とに因っては釈せず凝せず」 Ⓢ ativi-lī: vilīnatva
③帝釈天のこと。外道においては一切を生じる常住な神として考えられたが、仏教に取り入れられてスメール山の頂きに住する神となった。→帝釈天「諸の見ありて自在・世主・釈・梵・及び余の物類を常なり恒なり変易あることなしと妄計す」 Ⓢ śakratva

釈句 しゃくく 詳しく解釈する文句。ある事柄を検討する際に、標句(最初にそのことについて総括的に記述する文句)に対する語。たとえば、善性(善いということ)が標句であり、その内容を示す正趣・善士(正しくさとりにおもむく善き人)が釈句である。「標句とは善性と言うが如く、釈句とは正趣・善士を謂う」(『瑜伽』81、大正 30・750b)。

釈結施願分 しゃくけつせがんぶん 一つの論書を構成する三つの部分(宗前教叙分・依教広成分・釈結施願分)の一つ。解釈文を結ぶにあたり最後に誓願を述べる部分。誓願文としては「願わくは此の功徳を以って普く衆生に及し、我等と衆生と皆な共に仏道を成ぜんことを」が有名。

釈子 しゃくし 釈迦の弟子。「仏は汝の師に非ず、汝は釈子に非ず」 Ⓢ śākya-putrīya

釈師 しゃくし ある論の本来的な作者すなわち釈迦如来を本師といい、これに対して実際の造論者を釈師という。たとえば『唯識三十頌』の本師は如来であり、頌を造った頌主すなわち釈師は世親であるとする。
(出典)但敬人而非法、即是唯識本釈二師。本、謂、如来、於唯識性満清浄者。釈、謂、頌主、於唯識性分清浄者。(『述記』1本、大正 43・232c)

釈詞 しゃくし 言葉の語源や意味を解釈すること。詳しくは訓釈言詞という。→訓釈言詞 Ⓢ nirvacana

釈詞句 しゃくしく 言説句の異名。→言説句 Ⓢ nirukti-pada

釈詞無礙解 しゃくしむげげ 詞無礙解とおなじ。→詞無礙解

釈種 しゃくしゅ 釈迦の種族。釈迦族のこと。「如来は釈種の眷属をして増広・殊勝なる善根を積集せしめんが為の故に涅槃に臨んで以って付嘱と為す」「菩薩は劫比羅城を棄捨して空閑林に依って無上覚を求む。父王、遂に釈種の五人を遣わして随逐侍衛せしむ」 Ⓢ śākya-vaṃśa

釈通 しゃくつう 疑問や非難に対して解釈して整合せしめること。「疑難を釈通す」「云何が分別論者所説の過難を釈通せん」

釈天帝 しゃくてんたい 帝釈天のこと。→帝釈天

釈難 しゃくなん 敵対者の非難に対して解釈して反論すること。「釈難に於て一向記・分別記・反問記・置記の四記を設けるべし」
(出典)釈難者、若自設難、若他設難、皆応解釈。(『瑜伽』81、大正 30・753c)

釈梵 しゃくぼん 釈と梵。帝釈天と梵天。世界の創造者として外道が信じる二つの代表的な天。「縁起の道理に悟入して釈梵・世主・自性、及び士夫などは作者に非ずして実性なしと能く了すべし」「不平等因論者は自在・世主・釈梵、及び余物の類を常と為す」

釈名 しゃくみょう 言葉の語源や意味を解釈すること。→訓釈言詞 Ⓢ nirvacana

釈論師 しゃくろんじ 本文を解釈する論師。本文を造る本論師に対する。「本論師は含識をして障を断じて果を得せしめ、釈論師は法を久住して有情を利楽せしむ」

跡 しゃく 迹とも書く。①足あと。「虚空に鳥の跡なし」 Ⓢ pada
②ある目的に導く道。「不放逸は不死の跡にして放逸は死の跡なり」
③真理(諦)。四聖諦。「学とは預流・一来・不還の補特伽羅を謂う。跡とは四聖諦を謂う。無漏の慧を以って已に具に四諦の跡を見るが故に学見跡と名づく」「有学者が已に諦跡を見る」
④先人が書き残したしるし。「太賢の古跡に慈恩の義を引く」

赫奕 しゃくえき 光り輝くさま。赫弈とも書く。「火界定に入りて赫奕なり」「依身、赫奕なり」「仏身の光明、赫奕たり」

赫弈 しゃくえき →赫奕

赫然 しゃくねん 熱せられて赤く輝いているさま。光り輝くさま。「鉄搏鋌の炎熾、赫然たるを鎚鍛して、星が流れて未だ下らずして便ち滅するが如し」 Ⓢ saṃpratapta

慼 しゃく うれうこと。うれう心。苦受と相応する心。欣の対。 Ⓢ dainya

（出典）云何欣慼差別。謂、苦受相応識、名慼。此能了別随順憂苦不可意法、楽受相応識、名欣。此能了別随順喜楽可意諸法。（『瑜伽』69、大正 30・683c）

積 しゃく ①あつめたくわえること。「貪婪心ありて楽って財物を積む」
②まとめ。集まり。集合体。「積の義は是れ蘊の義とは、種種の物を総じて一の積と為して雑物の蘊と名づくるが如く、是の如く諸の色を総じて一積と為して立てて色蘊と為す、乃至、識蘊の積の義も亦た爾なり」
③つもること。たび重なること。「刹那などが積って昼夜を成じ、昼夜が積って半月・月などを成ず」

積修 しゃくしゅ くりかえして修行すること。修行を積み重ねること。積習とおなじ。「彼の尊者は過去の五百の仏所に於て梵行を積修し弘誓を発す」

積聚 しゃくじゅ ①あつまったもの。あつまりまとまったもの。「積聚の義は是れ蘊の義なり」「諸の極微の積聚、是れ有対の義なり」 Ⓢ kūṭa: rāśi: samagra
②あつめること。蓄積すること。「非法を以って財宝を積聚す」 Ⓢ upacaya
③あつめられたもの。蓄積されたもの。「諸の菩薩は積聚の施は罪ありと見る」
Ⓢ saṃbhṛta

積習 しゃくじゅう くりかえして修行すること。修行を積み重ねること。積修とおなじ。「梵行を積習する歓喜」「諸の菩薩の悲は無量百千大劫を経て積習して成ずるが故に大悲と名づく」 Ⓢ paricita

積集 しゃくじゅう ①貯えること。蓄積すること。積み重ねて増やすこと。「財物・財宝を積集する」「身語意の悪行を造作し積集するが故に、命終に臨んだ時に諸の重病の苦に逼切せらるる」 Ⓢ arjana: upa-**ci**: upacita: sam-**hṛ**: saṃnicaya: samudāgama
②善やさとりに至るための糧（資糧）を貯えること。「善を積集する」「善根を積集する」「資糧を積集する」 Ⓢ ā-**ci**: upacaya: sam-**bhṛ**
③集まり。集合。多数が集まって存在すること。「積集して住する色」 Ⓢ ācaya: pracaya: saṃcaya
④こころを心と意と識とに分類するとき、心の堆積する働きを積集と呼ぶ。〈唯識〉は八識を心・意・識に分類して、心を阿頼耶識とみなすから、この場合の積集の働きは阿頼耶識に限定される。深層の根源的な心である阿頼耶識が表層の業の結果である種子を堆積する働きをいう。→阿頼耶識 Ⓢ **ci**
（出典）有説。此中心声、総説一切心及心所。以彼皆有積集義故。（『婆沙』180、大正 27・903a）：然第八識、雖諸有情皆悉成就、而随義別、立種種名。謂、或名心、由種種法熏習種子所積集故。（『成論』3、大正 31・13c）：積集義、是心義。（『述記』3 末、大正 43・343c）

積蔵 しゃくぞう 財物を人に与えず貯えること。「財施とは上妙の清浄なる如法の財物を以って恵施を行じ、積蔵の垢を調伏して恵施を行ずるをいう」 Ⓢ saṃnidhi

錯綜 しゃくそう 種々に組み合わせること。「名句文身によって摂録され、次第に錯綜し、次第に結集せる無量の経典」
Ⓢ carita

錯謬 しゃくみょう 認識的にまちがうこと。まちがって理解すること。「不正知とは境に迷って闇鈍なるに非ず。但だ是れ錯謬して邪解するを不正知と名づく」

錯乱 しゃくらん ①乱れている、混乱していること。「智見に錯乱あれば、造する論にもまた錯乱あり」 Ⓢ bhrānti: vikṣepa
（参考）種類としては、想錯乱・数錯乱・形錯乱・顕錯乱・業錯乱・心錯乱・見錯乱の七種が説かれる。（『瑜伽』15、大正 30・357c）
→各項参照
②身体の調和がとれていないこと。「諸界が錯乱するが故に狂う」 Ⓢ vaiṣamya

嚼 しゃく かむこと。かみくだくこと。「諸の喉と歯と眼瞼と支節とを立て根と為すべし。能く呑と嚼と開閉と屈申とに於て力用あるが故に」 Ⓢ **khād**: carvaṇa

鑠羯羅 しゃくから 天帝釈（帝釈天）の十種の別名の一つ。
（参考）（『婆沙』72、大正 27・371a）

若（じゃく）→にゃく

弱（じゃく）→にゃく

寂 じゃく 煩悩を滅した静かな境地。「一向に寂に趣く声聞は、唯だ涅槃に安住せんとする意楽のみあり」 Ⓢ upaśama

寂止 じゃくし ①心がしずまった状態。止観のなかの止（śamatha）のありようをいう。「能く其の心をして無相・無分別・寂静・極寂静・等住・寂止・純一無雑ならしむるが故に名づけて止と為す」 Ⓢ śamatha
②戒を守って身心を柔和・平静に保つこと。Ⓢ saṃyama
（出典）寂止律儀、随護尸羅。寂止者、由具忍辱柔和事故。（『瑜伽』83、大正30・763a）

寂定　じゃくじょう　心がしずまりさだまった状態。「如実なる無戯論界、一切法の真如の中に於て内心は寂定たり」

寂静　じゃくじょう　①しずけさ。しずまったありよう。煩悩や苦が滅して心がしずまったありよう。涅槃のありようを表す語。三法印の一つである「涅槃寂静」のなかの寂静（śānta）が代表的な用例である。「諸根は寂静なり」「威儀は寂静なり」「寂静にして美妙なる音声」「貪愛を遠離して其の心は極めて寂静なり」「有学の解脱を寂静と名づく」Ⓢ upaśama: praśānta: praśānti: vyupaśama: śānta: śānti
（出典）云何寂静。謂、従善法欲乃至一切菩提分法及所得果、皆名寂静。（『瑜伽』13、大正30・345c）：復有三種寂静。一諸悪尋思不能擾故。二不為諸相所動乱故。三任運於内常喜楽故。（『瑜伽』70、大正30・684c）：三苦永離故、名為寂静。（『瑜伽』70、大正30・687b）
②静かに沈思黙考すること。止観（奢摩他・毘鉢舎那）のありようをいう。
Ⓢ pratisaṃlayana
（出典）謂寂静者、即奢摩他・毘鉢舎那。（『瑜伽』25、大正30・420b）
③沈黙した人、聖者のこと。原語muniは牟尼と音写。→寂静業　Ⓢ muni
④仏の異名。Ⓢ śānta
（出典）契経説、仏亦梵、亦名寂静、亦名清涼。（『倶舎』24、大正29・128b）
⑤九種の心住の一つ。→心住
⑥阿羅漢の次の四種の寂静。（ⅰ）苦寂静。一切の汚れたありようがなくなってすべての苦が永久に断滅した寂静。（ⅱ）煩悩寂静。貪瞋癡などのすべての煩悩が断滅した寂静。（ⅲ）不損悩有情寂静。すべての煩悩を断じ尽くしたことによって悪をなさず善を行なうようになって人びとを悩まさない寂静。（ⅳ）捨寂静。見ても、聞いても、ないし、考えても、喜ぶことも憂うこともなく、心が恒にかたむかない寂静。
（参考）（『瑜伽』50、大正30・576c）

寂静語　じゃくじょうご　声が高くもなく、うるさくもなく、身を震わせたり、ほえたりすることなく、静かに語ること。五種の語（応時語・応理語・応量語・寂静語・正直語）の一つ。
（出典）云何寂静語。謂、言不高疎、亦不喧動、身無奮発、口不咆勃、而有所説、名寂静語。（『瑜伽』97、大正30・855c）

寂静業　じゃくじょうごう　寂静なる人の行為。聖者の行為。Ⓢ muni-karman
（出典）寂静業者、謂、住此法、非異生者、一切聖者所有学無学業。（『瑜伽』9、大正30・320a）

寂静障　じゃくじょうしょう　静かな心の境界である奢摩他と毘鉢舎那とをさまたげる障害。奢摩他の障としては、修行を怠けること、喧噪な環境のなかで心が外界に流散すること、などがあげられ、毘鉢舎那の障としては、自己は富貴な生まれである、容貌がよい、多くを聞き言語・文章に精通している、と自慢して他人を軽蔑すること、あるいは浅く劣った智見に満足してよりすぐれた智慧を求めないこと、あるいは見る・聞くなどの感覚が乱れて深く存在を観察・思惟することができないこと、などがあげられる。三種の障（加行障・遠離障・寂静障）の一つ。
Ⓢ pratisaṃlayana-antarāya
（参考）（『瑜伽』25、大正30・420b〜c）

寂静法　じゃくじょうほう　諸の悪を滅する事柄。「柔和易可共住・断・断支・敬事・滅諍の五種の寂静法があるが故に能く諸悪を滅す」
（参考）（『瑜伽』99、大正30・874a）

寂静楽　じゃくじょうらく　→無悩害楽

寂滅　じゃくめつ　煩悩や苦が滅して心がしずまったありよう。涅槃のありようを表す語。「所依に附在する諸の煩悩品の一切の麁重が永く寂滅す」「愛が尽き染を離れた寂滅なる涅槃」「涅槃の中では煩悩と業と苦との衆の相は寂滅す」「諸行は無常なり。是れ生滅の法なり。是れ生ずれば必ず滅し、寂滅を楽と為す」Ⓢ uparama: aupaśamika: nirodha: vyupaśama: śānti

寂黙　じゃくもく　原語muniを牟尼と音写。沈黙した人。言葉をはなれた真理（離言の法）をさとった世尊をいう。「大覚世尊は無上の寂黙の法を成就するが故に大牟尼と名づく」
（出典）成就無上寂黙法者、梵言牟尼、此言寂黙。寂黙法者、離言法也。或離過故、故名為寂黙。通三乗解。成一切法性相離言不二法門、名為寂黙。（『述記』10 末、大正 43・603b）

著 じゃく ①執着すること。とらわれること。つよく心がひかれること。心が対象にとりつくこと。「喜と著とが倶行する愛」「貪の煩悩に著して厭捨すること能わず」「諸欲に著し諸見に著す」「諸の利養及び恭敬に於て著を生じて捨てず」 Ⓢ adhi-**vas**: adhivāsana: adhyavasāna: abhiniviṣṭa: gardha: parigṛddha: saṅga
②（鬼などが）とりつくこと。「鬼魅に著せらるるに由って癲狂を発す」 Ⓢ adhi-**vas**
③（水などが）つく、付着すること。「沐浴位に於て水滴が身に著く」 Ⓢ saṃ-**sthā**
④（衣服を）身につける、着ること。「衣を著て鉢を持つ」「糞掃衣を著る」
⑤膝や脇をつけること。「昼夜に恒時に其の心を浄修して終に非時に脇を床座・草敷・葉敷に著けず」「座より起きて一肩に偏袒し右膝を地に著けて合掌し恭敬す」 Ⓢ anupra-**yam**

著処 じゃくしょ 執着するもの、対象。愛著処ともいう。→愛著処「四の著処に依って四種の邪行を行ず」
（参考）（『瑜伽』91、大正 30・819a）

著襯 じゃくしん 下着を着ること。「身に衣を著襯して池に入りて洗浴す」

著相 じゃくそう 定まった心（定 samādhi）において心が対象に対して執着するありようをいう。定において離れるべきありようの一つ。 Ⓢ saṅga-nimitta
（出典）応遠離相、復有四種。一者沈相、二者掉相、三者著相、四者乱相。（中略）著相者、謂、由所縁相因縁相故、令心於境起染起著、作諸悩乱。（『瑜伽』28、大正 30・438c）

搦（じゃく）→にゃく

敵 じゃく 戦いや論争の相手。「是の如く宴坐して慈倶心を以って怨なく敵なし」「千人の敵を殺す」

敵者 じゃくしゃ 戦いの相手。論争の相手。他学派の人。「敵者の経部」「二十部の小乗は皆な是れ一方の敵者なり」

敵論者 じゃくろんじゃ 論争の相手。見解を異にする人。他学派の人。「外道の敵論者」「諸の敵論者を降伏せんが為の故に須らく辯ずることあるべし」 Ⓢ prativādin

擲 じゃく なげること。投げ捨てること。「琰魔王の使である諸の邏刹娑は、諸の有情を擲げて地獄に置く」「戈を揮う、剣で撃つ、輪を投げる、索を擲る、などの諸の角武の事」 Ⓢ kṣipta: pra-**kṣip**

擲索 じゃくさく あみを投げること。角武（武術をきそいあうこと。ひろくは身体をつかっての運動）の一つ。「按摩・拍毱・托石・跳躑・蹴蹋・攘臂・扼腕・揮戈・撃剣・伏弩・控弦・投輪・擲索などの角武事に依って勇健を得る」

擲置 じゃくち なげ入れること。「善法は邪想の火を其の中に擲置するに由って能く焚滅す」「其の父母・親愛・眷属を以って火の中に擲置するを真の正法なりと妄計す」

鵲 じゃく かささぎ。→烏鵲

手 しゅ て。刀や杖や塊と共に人を傷害する道具の一つとしてあげられる。「刀・杖・手・塊などを以って有情を加害す」
Ⓢ kara: pāṇi: hasta

手塊杖 しゅかいじょう 手（て）と塊（土のかたまり）と杖（つえ）。人を傷つける代表的な三つの道具。これらに刀を加えることがある。「手・塊・杖を以って加害す」「刀・杖・手・塊などの事を以って有情を悩害す」

手膝踞地 しゅしつこじ 手と膝を地につけてうずくまる礼法。九種の敬儀の一つ。→敬儀

手足 しゅそく てとあし。「手足・塊石・刀杖を以って有情を捶打し傷害し損悩す」
Ⓢ pāṇi-pāda: hasta-pāda

手足細軟相 しゅそくさいなんそう 偉大な人間に具わる三十二種の身体的特徴の一つ。→三十二大丈夫相

手足網縵相 しゅそくもうまんそう 偉大な人間に具わる三十二種の身体的特徴の一つ。→三十二大丈夫相

手代言者 しゅだいごんしゃ 以手代言ともいう。手話をする人。聾唖者。「手代言者は暁するに想像を以ってす」
Ⓢ hasta-saṃvācika

主 しゅ ①あるじ。主人。「欲界の不善は

主の如く有力にして、善法は客の如く勢力なし」 Ⓢ svāmin
②あるグループの中心者、支配者。「天の主と龍の主と阿素洛の主」「娑訶世界の主である大梵天王」「国人は国の主に因って安楽を得る」

主宰 しゅさい 自ら自己と他者とを支配すること。国主の如く自在力があり、宰相のように判断力があること。外道が説く我（ātman）が有する二つの属性（常一・主宰）の一つ。外道はそのような属性を持つ我の存在を認めるが、仏教はそのような我を否定して無我を主張する。 Ⓢ svāmin
（出典）我如主宰者、如国之主、有自在故、及如輔宰、能割断故。有自在力及割断力、義同我故。（『述記』1本、大正 43・239c）

主蔵臣宝 しゅぞうじんほう 転輪王が獲得する七つの宝の一つ。主蔵臣の原語 gṛhapati は長者とも訳され、金持ちの臣下をいい、それを宝に喩えて主蔵臣宝という。蔵臣宝・長者宝ともいう。→七宝① Ⓢ gṛha-pati-ratna

主兵臣宝 しゅへいじんほう 軍を率いる大将という宝。転輪王が獲得する七つの宝の一つ。軍将宝・兵将宝ともいう。→七宝① Ⓢ pariṇāyaka-ratna

守 しゅ まもること。守護とおなじ。→守護「根を守る」「財を守る」「別解脱律儀を守る」

守護 しゅご まもること。保護すること。まもるもの。まもるものとして象軍・馬軍・車軍・歩軍・蔵力の六つがある。「別解脱律儀を守護し奉行す」「財物を守護す」「正行を尊重し正行を守護す」 Ⓢ ārakṣaṇa: ārakṣā: **gup**: gupta: **rakṣ**: rakṣa: rakṣaṇa: rakṣā: rakṣitatva
（出典）云何六種守護。謂、象軍・馬軍・車軍・歩軍・蔵力。（『瑜伽』2、大正 30・289b）

守護根 しゅごこん 根を護ること。五つの感官（眼根・耳根・鼻根・舌根・身根）の働きを抑えて煩悩などを起こすことを防ぐこと。守根・根護・密護根・防護根・善護根とおなじ。根（感官）は、そこから貪りやいかりなどの煩悩が流れ出ることから、出口・門に喩えて根門といい、守護根を守護根門ともいう。 Ⓢ indriya-gupta

守護根門 しゅごこんもん →密護根門

守獄 しゅごく 典獄ともいう。牢獄の番人。地獄の看守。律儀に反する行為をする人（不律儀者）の一人。→不律儀者。
Ⓢ bandhana-pālaka
（参考）（『婆沙』117、大正 27・607a）:（『瑜伽』9、大正 30・319c）

守獄卒 しゅごくそつ 門番。地獄の門を守る看守。門の外を守る防邏人に対する。
Ⓢ dauvārika

守根 しゅこん →守護根

守根門 しゅこんもん →守護根門

守宅神 しゅたくしん 宅神とおなじ。→宅神

守阨 しゅやく ふさぎさえぎること。ものを盗む方法の一つ。

守邏 しゅら 見張るもの。みまわり。「天は金山の上に在る諸の龍を以って守邏と為す」

取 しゅ ①認識すること。知覚すること。「想は像を取るを体と為す」「所縁の相を取る」「阿頼耶識が所縁の境を取る行相は知り難し」「菩薩は能く深く法無我智に入るに由って、一切法に於て唯だ其の事を取り、唯だ真如を取る」
Ⓢ udgṛhīta: ud-**grah**: udgrahaṇa: udgrāhaka: **grah**: grahaṇa: grāhita: grāhin: pra-**āp**
②手でものを取るという動作。眼の対象の一つ。身体の動きの一つ。→色境「表色とは取・捨・屈・伸・行・住・坐・臥などを謂う」 Ⓢ ādāna
③奪うこと。取ること。「与えないものを取る」 Ⓢ ādāna
④煩悩の異名としての取。広くは、すべての煩悩をいうが、欲貪（欲し貪るこころ kāman-rāga）であると定義されることが多い。十二支縁起のなかの第九番目の契機としての取もこの意味での取をいう。ただし、『倶舎論』の三世両重因果説によれば、歳を重ねて広くさまざまな対象を追い求めるようになった段階をいう。→取支 Ⓢ upādāna
（出典）為得種種上妙境界、周遍馳求、此位名取。（『倶舎』9、大正 29・48c）：取、謂、欲貪。故薄伽梵諸経中釈。云何為取。所謂、欲貪。（『倶舎』9、大正 29・51b）：煩悩差別者、多種差別応知。（中略）能取自身相続不絶故、名為取。（『瑜伽』8、大正 30・314b）：所言取者、謂、諸欲貪亦名為取。（『瑜

伽』83、大正30・765a)：取差別者、謂、無差別欲貪名取。(『瑜伽』93、大正30・831b)
⑤五取蘊の取。→取蘊
⑥ある結果を引き起こす、もたらすこと。「善と不善性とは能く愛と非愛との果を取る」「取果と与果」 Ⓢ **grah**: grahaṇa: parigraha: pratigṛhīta: prati-**grah**
⑦取捨の取。選択すること。「吉と非吉との事を取・捨す」 Ⓢ ādāna
⑧摂取すること。食べること。「食の早晩に随って香稲を取る」 Ⓢ pra-**viś**

取蘊 しゅうん 五取蘊の取蘊。取とは煩悩をいい、蘊（自己存在を構成する五つの要素の集まり）は取より生じるから、あるいは取に属するから、あるいは取を生じるから取蘊という。この場合の取（upādāna）とは欲貪（kāma-rāga: chanda-rāga）という煩悩であり、その煩悩が未来を希求し現在に染著することによって未来と現在との諸蘊を生起せしめるから取蘊という。「外道の邪論は能く取蘊の解脱を障礙す」 Ⓢ upādāna-skandha
（出典）有漏名取蘊。（中略）論曰。此何所立。謂、立取蘊亦名為蘊。或有唯蘊而非取蘊。謂、無漏行。煩悩名取。蘊従取生故、名取蘊、如草糠火。或蘊属取故、名取蘊、如帝王臣。或蘊生取故、名取蘊、如花果樹。(『倶舎』1、大正29・2a)
（参考）(『集論』1、大正31・663a)

取果 しゅか 原因から結果が生じることにおいて、原因に結果を生じる能力があることを取果といい、その原因が結果に力を与えることを与果という。
Ⓢ phalṃ pratigṛhītam: phalaṃ pratigṛhṇāti
（出典）取果与果、其義云何。能為彼種故名取果、正与彼力故名与果。(『倶舎』6、大正29・36a)

取境 しゅきょう 対象を認識すること。こころ（心・心所、識）や感官（根）の働きをいう。「諸の心心所の取境の類別を皆な行相と名づく」「六根は取境に於て増上の義あり」「取境の義に由って説いて名づけて識と為す」
Ⓢ ālambana-grahaṇa

取結 しゅけつ 取、すなわち、あやまった見解（見取見・戒禁取見）は心を苦と結合せしめ束縛し毒する煩悩であるから取結という。九結の一つ。→見②　→九結
（出典）取結者、謂、見取戒禁取。取結所繋故、於邪出離方便、妄計執著。以妄執著邪出離方便故、広行不善、不行諸善。由此能招未来世苦、与苦相応。(『集論』4、大正31・676c〜677a)

取業 しゅごう 取るという行為。取・捨・屈・伸という四つの行為の一つ。ヴァイシェーシカ派（勝論）が説く行為の一つ。
（出典）若於上下虚空等処、極微等先合、後離之因、名為取業。(『述記』1末、大正43・256c)

取支 しゅし 十二支の第九の支。取とは、広くは、すべての煩悩をいう。狭くは、前の第八支の愛との違いでいえば、（i）その前の愛支の愛の力が増大した状態、（ii）愛が妙なる事物やセックスを貪る位であるのに対して、取はそれらを追求する位、（iii）四取すなわち欲取・見取・戒禁取・我語取の四つの執着、などの諸説がある。
（出典）為得種種上妙境界周遍馳求、此位名取。(『倶舎』9、大正29・48c)：雖取支中摂諸煩悩、而愛潤勝、説是愛増。(『成論』8、大正31・44a)
（参考）(『略纂』4、大正43・58b)：(『述記』8本、大正43・519c)

取捨 しゅしゃ ①取る・捨てるという二つの身体的動き。→取捨屈伸 Ⓢ ādānaṃ nikṣepaṇam
②選択し受け入れることと拒否し破棄すること。「吉と非吉との事を取捨す」「一切の取捨の造作を遠離する平等性」 Ⓢ ādāna-tyāga

取捨屈伸 しゅしゃくっしん ①眼の対象（表色）である取る・捨てる・まげる・のばすという四つの身体的動き。伸を申と書くこともある。→色境 Ⓢ ādānaṃ nikṣepaṇaṃ samiñjitaṃ sthānam
（出典）表色者、謂、取捨屈伸・行住坐臥。(『瑜伽』1、大正30・279b)
②ヴァイシェーシカ派（勝論）が説く五種の業（取・捨・屈・申・行）、あるいはサーンキヤ派（数論）が説く九種の業（取・捨・屈・申・挙・下・開・閉・行）のなかの四つ。
（出典）勝論外道説五種業。謂、取捨屈申、行為第五業。数論外道説九種業。謂、取捨屈申挙下開閉、行為第九業。(『婆沙』113、大正27・587a)

取著 しゅじゃく 執着すること。とらわれ

ること。「其の心は猛利に種種に取著して恒に欲染の為に随逐せらるる」 Ⓢ abhiniviṣṭa

取受 しゅじゅ 執着すること。「阿頼耶識の体は是れ無常にして取受の性あり。転依は是れ常にして取受の性なし。真如の境を縁じて聖道は方に能く転依するが故に」「業の義とは取受業・作用業・加行業・転変業・証得業の五業を謂う」

取相 しゅそう 対象のありよう・すがたを認識すること。遍行の心所（細かい心作用）の一つである想（対象が何であるかと知る知覚作用）の働きをいう。取像とおなじ。「想は取相を体と為し、言議を発するを業と為す」 Ⓢ nimitta-udgraha: nimitta-grāha
（参考）（『瑜伽』23、大正30・407a）

取像 しゅぞう 対象のありよう・すがたを認識すること。遍行の心所（細かい心作用）の一つである想（対象が何であるかと知る知覚作用）の働きをいう。取相とおなじ。
Ⓢ nimitta-udgrahaṇa
（出典）想、取像、為体。（『倶舎』1、大正29・3c）：想、謂、於境取像、為性、施設種種名言、為業。（『成論』3、大正31・11c）

炷 しゅ 灯芯。ともしび。「縁起支のなか識ないし受を炷の如しと知るべし」 Ⓢ varti

首 しゅ ①くび。あたま。「首に白髪を生ず」「北に首を敷設して臥床す」
Ⓢ phaṇaka: śiras
②かしら。指導者。中心人物。「阿羅漢と及び仏を首と為す大苾芻僧」
③最初。はじめ。上首とおなじ。→上首「正見を首と為す八聖道支は正理に会す」

首楞伽摩三摩地 しゅりょうがまさんまじ 首楞伽摩は śūraṃgama の音写。勇行・勇健・健行・健相と意訳。勇敢な禅定をいう。『首楞厳三昧経』では十地の菩薩のなか、ただ第十地に住する菩薩のみが得る三昧であると説かれ、『大般涅槃経』では仏性と同一視されている。首楞厳定・首楞厳三昧ともいう。 Ⓢ śūraṃgama-samādhi

修 しゅ 広くは、修行する、実践する、行なうこと一般をいう。この修に対する原語は数多くあるので、原語の種類別に列記すると、次のようになる。
① bhāvanā: 動詞 **bhū** に由来する語で、くりかえし修行するという意味をもち、修習とも訳される。種類として得修・習修・除去修・対治修の四つが説かれる（→四修）。「七覚支と八聖道支を修す」「修は何の義に名づくるや。謂く、心に熏習することなり。定地の善は心相続に於て極めて能く熏習して、徳類を成ぜしむること、花の苣藤に熏ずるが如くなるを以ってなり。是の故に独り修と名づく」（『倶舎』18、大正29・97c）
② **bhū**:「苦を見る時に即ち能く集を断じ、滅を証し、道を修す」「諸の憍慢を対治せんと欲するが為の故に界差別を修す」
③ anuyukta: anuyoga:「自苦行を修す」
④ abhisaṃyoga:「善品を修す」
⑤ abhyāsa:「止挙捨を修す」
⑥ **kṛ**: kriyā:「布施の福業の事を修す」「和敬の業を修す」
⑦ caryā:「勤めて正行を修す」
⑧ ni-**sev**:「諸の善法を修す」
⑨ pra-**yuj**: prayukta:「止観を修す」「慈悲喜捨の四無量を修す」「空勝解を修す」「三宝に於て最勝の供養を修す」
⑩ samā-**pad**:「無想定を修す」

修位 しゅい ①異生位・見位・修位・無学位の四つの位の一つ。真理をさとった後の修行の位。五位の修行段階の修習位にあたる。→修習位
②聞位・思位・修位の三つの位の一つ。教えを聞き、聞いた教えを思惟した後に、言葉を離れてくりかえし修行する位をいう。
（出典）若聴受者、是名聞位。若思惟者、是名思位。若修習者、是名修位。（『瑜伽』82、大正30・757c）

修慧 しゅえ ①詳しくは修所成慧という。禅定を修することによって得る智慧。三慧（聞慧・思慧・修慧）の一つ。聞・思・修の三慧と定・念・精進との関係をいえば、定根を以って聞慧を成就し、念根を以って思慧を成就し、精進根を以って修慧を成就する。「聞慧に由るが故に未了義に於て能く正しく解了し、思慧に由るが故に未善決定の義に於て能く善く思惟し、修慧に由るが故に諸の煩悩を断ず」「等持を修するに依って生ずる勝慧を修所成慧と名づく」 Ⓢ bhāvanā-mayī prajñā
②三種の修行のありよう（修戒・修定・修慧）の一つ。智慧を修する修行。八支聖道との関係でいえば、正見・正思惟・正精進を修慧という。

（出典）三種修法、謂、修戒・修定・修慧。（中略）正見正思惟正精進、名為修慧。（『瑜伽』15、大正30・355a）
③四つの修（修身・修戒・修心・修慧）の一つ。慧において貪欲を離れ、煩悩を断じて平安になること。
（出典）云何修慧。答、若於慧已離貪欲、潤憙渇。又無間道能尽無色貪、彼於此道已修已安。（『婆沙』123、大正27・642a）

修果 しゅか 修行によって獲得した結果。聖者の四段階である預流果・一来果・不還果・阿羅漢果の四つの沙門果をいう。「是の如く修果が成満するに由って究竟して出離す」 Ⓢ bhāvanā-phala
（出典）云何修果。謂、四沙門果、一預流果、二一来果、三不還果、四最上阿羅漢果。（『瑜伽』29、大正30・445b～c）

修戒 しゅかい ①三種の修行のありよう（修戒・修定・修慧）の一つ。戒をまもる修行。八支聖道との関係でいえば、正語・正業・正命を修戒という。
（出典）三種修法、謂、修戒・修定・修慧。正語・正業・正命、名為修戒。（『瑜伽』15、大正30・355a）
②四つの修（修身・修戒・修心・修慧）の一つ。戒において貪欲を離れ、煩悩を断じて平安になること。
（出典）云何修戒。答、若於戒已離貪欲、潤憙渇。又無間道能尽色貪、彼於此道已修已安。（『婆沙』123、大正27・641c～642a）

修学 しゅがく 学ぶこと。学ぶべき三つの学（戒・定・慧）を学ぶこと。「諸の菩薩の正しく学ぶべきところの中に於て無倒に修学す」「仏語を修学す」「増上戒学を依と為して次に増上心学が生じ、増上心学を依と為して、後に増上慧学が生じるを修学の次第と謂う」 Ⓢ yogyām katori: **śikṣ**: śikṣa

修行 しゅぎょう 広くは、修行する、実践する、行なうこと一般をいう。この修行に対する原語はいくつかあるので、原語の種類別に列記すると、次のようになる。
① prati-**pad**: pratipanna: 「善説の法毘奈耶の中に於て正行を修行す」「自利利他の正行を修行す」
② **car**: 「邪願に依止して梵行を修行す」
③ adhyācāra: 「施などの善行を修行す」
④ kārin: 「法随法行を修行す」
⑤ bhāvanā: 「修行の相に入るを先と為して修果成満す」
⑥ samā-**car**: samācāra: 「菩薩は自の力能に随って、まさに是の如く修行すべし」「菩薩は正事業に於て有情と共に修行す」

修行者 しゅぎょうしゃ 修行をする者。ヨーガを修する人。原語 pratipattṛは行者、yogin は行者・観行者とも訳される。「貪欲を離れる者とは貪を調伏する為に修行する者なり」「所証の涅槃は是れ修行者の正に求むるところなり」 Ⓢ pratipattṛ: yogin

修加行 しゅけぎょう 加行を修すること。修行すること。「無間精進とは一切時に加行を修するを謂う」 Ⓢ kṛta-prayoga: prayukta: pra-**yuj**: prayoga: prayogitā

修業 しゅごう ①修の業。修行の働き。「得る」「習う」「浄らかになる」「遣る」「知る」「断じる」「証す」「遠ざける」という八つの働きをいう。 Ⓢ bhāvanāyāḥ karman
（出典）当知、修業略有八種。一有一類法、由修故得。二有一類法、由修故習。三有一類法、由修故浄。四有一類法、由修故遣。五有一類法、由修故知。六有一類法、由修故断。七有一類法、由修故証。八有一類法、由修故遠。（『瑜伽』34、大正30・476b）
②修行を行なう人。→初修業者

修根 しゅこん 六根すなわち六つの感官（眼根・耳根・鼻根・舌根・身根・意根）によって煩悩が生じないように防護すること。
（出典）防護修者、即是修根。如契経説、若於六根、善調・善覆・善防・善護。（『婆沙』163、大正27・824b）
（参考）（『婆沙』155、大正27・788a～b）：（『瑜伽』92、大正30・822b～c）

修作 しゅさ 実践する、行なう、修行すること。「諸の菩薩は六波羅蜜に於て決定して修作し、委悉に修作し、恒常に修作し、無罪に修作す」「猶し世間の火を鑽す方便の如く、恒常に瑜伽行を修作すべし」 Ⓢ kārin

修地 しゅじ 修行の五種の段階（資糧地・加行地・見地・修地・究竟地）の第四。見地からさらに進んで諸の事相に迷う修惑を断じる段階。修道・修習位とおなじ。→修道 →修習位 Ⓢ bhāvanā-bhūmi
（参考）（『瑜伽』81、大正30・751a）

修治 しゅじ 清めること。修行して心から汚れを除去して清浄にすること。田畑を耕し整備すること。「善く身語の律儀に安住して浄命を修治す」「勝定を修治す」「静慮を修する者は已に善く其の心を修治し磨瑩す」「身器を修治す」「田地・稼穡・畦壟を修治す」 Ⓢ pariśodhaka
（出典）修治者、謂、為求聖道、修治身器、除去穢悪、引起聖道故、猶如農夫為求子実、修治田地、除去穢草、此亦如是。（『婆沙』6、大正 27・29c～30a）

修習 しゅじゅう 広くは、修行する、実践する、行なうこと一般をいう。修・修行とおなじ意味であるが、「数数に修習する」といわれるように、特に行なうことをくりかえすことを意味する語である。この修行に対する原語は数多くあるので、原語の種類別に列記すると、次のようになる。
① abhiyukta: 「諸の善品に於て恒常に勇猛に精進し修習す」
② abhyasta: 「四無量心を修習す」「法念住を修習す」
③ abhyāsa: 「止挙捨を修習す」「奢摩他・毘鉢舎那を修習す」
④ āsevanā: 「善因を修習す」
⑤ **kṛ**: 「四念住を修習す」
⑥ niṣevaṇa: 「菩提分法を修習す」
⑦ paricaya: 「算数修習・悟入諸蘊修習・悟入縁起修習・悟入聖諦修習・十六勝行修習の五種の修習あり」
⑧ punar-bhāvita: 「正しく瑜伽を作して正勤し修習し加行を息まず」
⑨ pratiniṣevaṇa: 「無量の菩薩戒蔵を正勤し修習す」
⑩ prayukta: pra-**yuj**: 「一切の饒益有情の所作の事業に於て精勤し修習す」「長時に善品を修習す」
⑪ prabhāvita: 「哀愍を修習す」
⑫ **bhaj**: 「時に応じて修習し精進す」
⑬ bhāvanā: さとりに至るための三つの要因（聴聞・思惟・修習）の一つ。「修習とは止挙捨の相に於て正しく審に観察するを先と為して深心に欣楽に止挙捨を修するを謂う」「修習とは彼の空閑静室に住して奢摩他・毘鉢舎那を勤修するを謂う」
⑭ **bhū**: 「諸の貪欲を対治するが為の故に不浄を修習す」

修習位 しゅじゅうい 修行の五段階（資糧位・加行位・通達位・修習位・究竟位）の第四の段階。通達位（見道）において真理（真如）を見た後に、さらに真理を覆う障りを一つ一つ取り除いていく修行の段階。初地から第十地までの十段階（十地）がある。修道とおなじ。→修道
（出典）修習位其相云何。述曰。下明修道。前見道者、唯在初地初入地心。今此修道、除初入地心。出相見道已、住出地心、乃至第十地終金剛無間道来、並名修道。（『述記』10本、大正 43・573b）
（参考）（『成論』9、大正 31・50c 以下）

修習転 しゅじゅうてん 修行の五段階（資糧位・加行位・通達位・修習位・究竟位）のなかの修習位における転依。六種の転依の一つ。→転依 →修習位
（参考）（『成論』10、大正 31・54c）

修習力 しゅじゅうりき 修行をくりかえし行なう力。四念住などの三十七菩提分法を実践する力。思択力と共に心の浄化を推進する力。修力ともいう。「力に思択力と修習力との二種あり」「一切の有情は皆な思択力と修習力との二種の力に由るが故に一切種の究竟清浄を得る」「十力の前加行の中において、何者が思択力なるや、何者が修力なるや」
Ⓢ bhāvanā-bala
（出典）修諸念住、為所依止。由此為依、能正修習四念住等菩提分法、当知、此修名修習力。（『瑜伽』98、大正 30・863c）

修集 しゅじゅう 実践すること。励むこと。修行して集めること。「菩提の資糧を修集す」「梵行を修集す」「種子を修集す」「一切の無罪の事業に於て一切の善品の加行を修集す」「一切の煩悩を退治する善法を修集す」「三無数劫にわたって種種の難行・苦行を修集す」「能く正しく一切の仏法を修集す」
Ⓢ abhiyoga: samādāna: samudāgama

修所成 しゅしょじょう 実践によって生成されること。くりかえし修行することによって獲得されること。三種の所成（聞所成・思所成・修所成）の一つ。「加行の善法に聞所成と思所成と修所成の三種あり」
Ⓢ bhāvanā-maya

修所成慧 しゅしょじょうえ →修慧

修所成地 しゅしょじょうじ ヨーガ行者の十七の心境・境界（十七地）の一つ。→十七地

修所断 しゅしょだん 修所断法・修断・修

道所断ともいう。修道で断じられるもの（煩悩・随眠・結・惑など）。真理（諦）を見ることによって断じられる後天的に身につけた知的な迷い以外の迷い。先天的に身についた煩悩。『婆沙論』（『婆沙』77、大正27・397a）では、修所断法とは、十随眠と、それと相応する心心所と、それによって等起される身業と語業と、それによって等起される不相応行と、不染汚の諸の有漏法とであると説かれる。 Ⓢ bhāvanā-prahātavya: bhāvanā-heya
（出典）云何修所断。（中略）謂、得見道後、見所断相違、諸有漏法、是修所断義。（『雑集論』4、大正31・711a）

修所断業 しゅしょだんごう 三業（見所断業・修所断業・無断業）の一つ。→三業⑪ Ⓢ bhāvanā-prahātavyaṃ karma

修性福業事 しゅしょうふくごうじ 慈悲の心をもつという福をもたらす善行為。三種の福業事（施性福業事・戒性福業事・修性福業事）の一つ。→福業事
（出典）修性福業事、謂、慈倶行心、無怨・無対・無悩・無害。（『婆沙』82、大正27・424b）

修証 しゅしょう 修行してさとること。さとって得ること。「無漏の聖道を修証す」「阿耨多羅三藐三菩提・十力・無畏・無障智などの一切の功徳を修証す」「一切の仏法を修証す」 Ⓢ samudāgama

修定 しゅじょう 三種の修行のありよう（修戒・修定・修慧）の一つ。禅定を修する修行。八支聖道との関係でいえば、正念・正定を修定という。
（出典）三種修法、謂、修戒・修定・修慧。（中略）正念・正定、名為修定。（『瑜伽』15、大正30・355a）

修心 しゅしん 四つの修（修身・修戒・修心・修慧）の一つ。心において貪欲を離れ、煩悩を断じて平安になること。
（出典）云何修心。答、若於心已離貪欲、潤憙渇。又無間道能尽無色貪、彼於此道已修已安。（『婆沙』123、大正27・642a）

修身 しゅしん 四つの修（修身・修戒・修心・修慧）の一つ。身において貪欲を離れ、煩悩を断じて平安になること。
（出典）云何修身。答、若於身已離貪欲、潤憙渇。又無間道能尽色貪、彼於此道已修已安。（『婆沙』123、大正27・641c）

修善 しゅぜん 善い行為を行なうこと。善いことを実践すること。修善品・修善業・修善法ともいう。「悪を防ぎ善を修す」「善を修して人天の果を得る」「善を修せんと欲する者も後に便ち悪を作すことあり」

修善行 しゅぜんぎょう 善い行為を行なうこと。「諸の悪法に於て深心に厭離して善行を修することを楽う」「善行を修する者は命終に臨んだ時に妙なる堂閣・園林・池沼・伎楽・香花などを見る」 Ⓢ kuśala-caryā: kuśala-samācāra: su-pratipanna

修善業 しゅぜんごう →修善

修善法 しゅぜんぽう →修善

修善品 しゅぜんぽん →修善

修多羅 しゅたら sūtra の音写。素怛纜・素咀覧とも音写する。経と意訳。釈尊によって説かれた経典のこと。→素怛纜 Ⓢ sūtra

修断 しゅだん →修所断

修道 しゅどう 涅槃に向けて進みゆく五つの段階である五道（資糧道・加行道・見道・修道・究竟道）の一つ。くりかえし修行する段階。見道からさらに進んで諸の事相に迷う修惑を、漸次、断じる位。十地の最初の初地の三心（入心・住心・出心）のなかの住心から第十地の金剛喩定の無間道までをいう。修習位とおなじ。 Ⓢ bhāvanā-mārga
（出典）長時相続、名為修道。多時串習、断煩悩故。（『瑜伽』29、大正30・445b）：従初地住及出心、乃至金剛無間心位、名為修道。（『述記』9末、大正43・556c）

修道所断 しゅどうしょだん →修所断

修得 しゅとく 修行によって獲得すること、あるいは、獲得された結果。「第四の静慮定を修得す」「天眼を修得して能く中有を見る」 Ⓢ bhāvanā-ja: bhāvanā-phala: lābha

修福 しゅふく 功徳のある善い行為を行なうこと。作福とおなじ。→作福 「国王あり、情の縦しいままに身・語・意の三種の悪行を作さず、時時に布施と修福と受齋と学戒とを思択する、是の如きを王が善法を顧恋すと名づく」 Ⓢ kṛta-puṇya: puṇya-kriyā

修福王定 しゅふくおうじょう 四つの定学の一つ。匹敵するものがない王の力のように自在に無辺の福を集める禅定をいう。
（出典）集福王定、謂、此自在、集無辺福、如王勢力、無等双故。（『成論』9、大正31・

52a)

修理 しゅり 修繕すること。ととのえること。「勤めて道路・橋梁・園林・花果・池沼・福舎を修理す」「一たび草座・葉座を敷設せば、修理せずして常に坐臥す」
Ⓢ abhisaṃs-**kṛ**

修力 しゅりき →修習力

修練根 しゅれんこん 鈍い劣った能力（根）を鋭く勝れた能力に練磨すること。
Ⓢ indriya-uttāpanā: indriya-saṃcāra

修惑 しゅわく 修道において断じられる煩悩。先天的にもっている煩悩。修断惑・修道所断惑ともいう。見惑に対する語。→見惑「見道は修惑を断ずるべきことなし」

修瑜伽師 しゅゆがし ヨーガ（瑜伽）を修する人。初修業瑜伽師と已習行瑜伽師と已度作意瑜伽師との三種がある。 Ⓢ yoga-ācāra: yogin
（参考）（『瑜伽』28、大正 30・439b）

株杌 しゅこつ 切り株。引き抜くことが困難であることから、断じることが困難な貪・瞋・癡の三大煩悩に喩えられる。「良田は若し耕墾せずんば即ち堅硬にして、諸の株杌多くして穢草は植せず」
（出典）株杌有三。貪株杌・瞋株杌・癡株杌。（『集論』4、大正 31・677c）

殊 しゅ 差別。区別。ことなっていること。「士用果と増上果とは殊なり」 Ⓢ citra: nānā-karaṇa: viśeṣa

殊異 しゅい ことなっていること。勝れていること。「寿・煖・識の三は離別して殊異なりと施設すべからず」「一切の出家の菩薩は在家者に於て甚大に殊異にして甚大に高勝なり」 Ⓢ viśeṣa

殊勝 しゅしょう 勝れていること。より勝っていること。「菩薩種性は諸の種性の中で最も殊勝と為す」「上妙な衣服、幢幡、宝蓋、殊勝な供具を持して供養を為す」「仏世尊の身は無辺の殊勝にして奇特な恩徳を具有す」 Ⓢ adbhuta: uttara-tara: prakṛṣṭa: prādhānya: vara-pravara: viśiṣṭa: viśeṣa
（参考）（『摂論』上、大正 31・132c〜133a）に、所知依殊勝・所知相殊勝・入所知相殊勝・彼入因果殊勝・彼因果修差別殊勝・於如是修差別中増上戒殊勝・於此中増上心殊勝・於此中増上慧殊勝・彼果断殊勝・彼果智殊勝の十の殊勝が説かれる。

殊勝殿 しゅしょうでん 種々の宝石で飾られた妙なる宮殿。スメール山頂上の帝釈天が住する城のなかにある宮殿。 Ⓢ vaijayanta
（出典）是天帝釈所都大城。於其城中、有殊勝殿。種種妙宝具足荘厳、蔽余天宮故、名殊勝。（『倶舎』11、大正 29・59c）

殊妙 しゅみょう たえなること。形が美しいこと。特に身体のありようについていう場合が多い。「形色は端厳にして顔容は殊妙なり」「三十三天に荘厳にして殊妙なる四苑あり」 Ⓢ prāsādikatva

珠 しゅ たま。円い宝石。光明を発するものの一つとしてあげられる。宝・珠宝ともいう。 Ⓢ maṇi

珠宝 しゅほう 珠という宝。末尼（maṇi）という宝石。光を放つものの例としてあげられる。特に転輪王が獲得する七つの宝の一つである珠玉をいう場合がある。末尼宝・末尼珠宝・神珠宝ともいう。→七宝①「影は樹に依り、光は珠宝に依る」 Ⓢ maṇi-ratna

酒 しゅ さけ。酒を飲むことは種々の戒（たとえば五戒や八齋戒）において禁止されている。酒の種類としては窣羅（surā スラー、食物から作られた酒）と迷麗耶（maireya マイレーヤ、食物以外から作られた酒。迷隷耶とも音写）と末陀（madya マドゥヤ、前の二つの酒が酔わす力をもったもの）との三種が説かれる。飲酒は本来的な罪（性罪）ではなく、教団内において仏陀によって立てられた戒を犯す罪（遮罪）であるが、それによって放逸となり悪を造る原因となるから、不飲酒戒として禁止される。
Ⓢ madya: madhu: maireya: surā
（参考）（『倶舎』14、大正 29・77b〜c）

酒肆 しゅし 酒の店。「国邑の中に諸の婬女・博戯・矯詐・酒肆・賊難多し」

酒色 しゅしき 酒と色。酒と女。世間において耽著する対象の一群。「諸の菩薩は世間の酒色・博戯・歌舞・倡伎などの耽著の事の中に於て速疾に厭捨す」 Ⓢ madya-strī

娶 しゅ よめとり。めとること。→嫁娶「妻妾を娶る」 Ⓢ pari-**ṇī**: vivāha

衆 しゅ ①あつまり。「四大王の衆の天」
Ⓢ kāyika
②大衆。人びと。多人数のあつまり。「諸の菩薩は道理に随順して如法に衆を御す」「若しくは婆羅門の衆、若しくは沙門の衆、若し

くは居士の衆、長者の衆」「衆の中に在りて心は遠離を専にして寂静に住す」 Ⓢ gaṇa: pariṣad: saṃgha: saṃgrāma: sabhā
③種類。グループ。部類。「比丘・比丘尼などの七衆の差別あり」 Ⓢ nikāya: naikāyika
④種種の。いろいろの。「衆の多くの相」 Ⓢ vicitra
⑤多くの。「能く衆の苦を集す」 Ⓢ analpaka
⑥すべての。一切の。「衆苦を出離す」 Ⓢ sarva

衆会 しゅえ 大勢の人が集まる集会。（説法を聴くために）まるく取り囲んだ人びとのあつまり。「一切が敬受する衆会、一切が敬受せざる衆会、一分が敬受し一分が敬受せざる衆会の三種あり。彼の三種の衆会に随って三念住を説く」 Ⓢ pariṣad: pariṣan-maṇḍala

衆縁 しゅえん さまざまな縁。縁とは、（ｉ）広くは、ものごとを生じる原因の総称。あるいは、（ii）原因を因と縁とに分けるときは、因は根本原因、縁は補助原因をいう。衆縁の縁は、使われる文脈に応じて（ｉ）か（ii）かのいずれかを意味する。仏教は、さまざまな多くの縁（補助原因）が結合して働くところにものごとは具体的に生じるから、生じたものごとは無常であり苦であり無我である、と説く。〈唯識〉は、特に、三自性（遍計所執自性・依他起自性・円成実自性）のなかの依他起自性が生じるありようを説明するなかで衆縁を用いて、「依他起自性とは衆縁より生ずるところの自性を謂う」と説く。→縁「泥団・輪・縄・水などの衆縁が和合して瓶などを成辦す」「衆縁あるが故に生じ、生じ已って自然に滅す」「衆縁所生の諸行は無常なり」「一切の蘊は皆な是れ無常、衆縁所生、苦、空、無我なり」「依他起自性とは衆縁によって生じ、他の力によって起こるところの諸法の自性なり」

衆苦 しゅく さまざまな苦しみ。すべての苦しみ。→苦①「涅槃の中では最極安隠にして衆苦永寂すること、猶し無病の如し」「有情が衆苦の海に没するを観じて、便ち願って彼をして皆な解脱を得せしむ」 Ⓢ sarva-duḥkha

衆具 しゅぐ もろもろの道具。生活のなかで使用されるさまざまな用具。「資身・資生・命縁の衆具」「衆具が匱乏する苦」 Ⓢ upakaraṇa: pariṣkāra: bhāṇḍa-upaskāra

衆合地獄 しゅごうじごく さまざまな多くの苦が身にせまり、まとわりつく地獄。八大地獄の一つ。衆合大那落迦ともいう。→八大地獄 Ⓢ saṃghāta-naraka
（出典）衆多苦具、倶来逼身、合党相残、故名衆合。（『倶舎論疏』8、大正 41・584b）

衆合大那落迦 しゅごうだいならか →衆合地獄

衆車苑 しゅしゃおん →續車苑

衆主 しゅしゅ ①事業・仕事の主人。「衆主、或いは園林主が僧伽の物や窣堵波の物を取る」 Ⓢ vaiyāvṛtya-kara
②大衆の主。集団の長。「外道は大自在、那羅衍拏、及び衆主などの無量の品類の生処に生れんと楽う」 Ⓢ gaṇa-pati

衆首 しゅしゅ 大衆の首長。教団における指導者。上座を付して衆首上座ということもある。「衆首の阿羅漢」「衆首上座と阿遮利耶と鄔波拕耶」 Ⓢ sthavira

衆聖 しゅしょう もろもろの聖者。聖者とは真理をさとった人で、異生の対。→聖者「仏地に近い諸の大菩薩は是れ衆聖の父なり」「聖者と異生とに倶に心狂乱あるべし。聖は衆聖に通ず、唯だ諸仏を除く」「仏法を信ずる者は衆聖を敬重す」

衆生 しゅじょう もろもろの生きとし生きるもの。生死輪廻する生きもの。玄奘は、もろもろの生きものを意味する衆生という訳では生死輪廻しない草木などの植物も含まれることになって適切ではないとして、原語 sattva を有情と訳す。→有情「一切の衆生に悉く仏性あり」「心浄なるが故に衆生は浄く、心垢なるが故に衆生は垢れり」 Ⓢ jagat: jana: jana-kāya: janatā: paśu: pudgala: prajā: prāṇin: sattva
（出典）有諸気息故、名衆生。（『瑜伽』57、大正 30・617a）：言衆生者、不善理也。草木衆生、亦応利楽。（『述記』1 本、大正 43・234a）

衆相 しゅそう もろもろのすがた。あらゆるありよう。あらゆる身体的特徴。心のなかのあらゆる影像。「涅槃の中には煩悩・業・苦の衆相が寂滅す」「若し善く唯だ衆相のみあると了知すれば、彼の所成の自性を遍計せず、是れを無執と名づく」「菩薩が八支を成就するを能く善友の衆相の円満と為す」「転

輪王の衆相は円浄なり」 Ⓢ sarva-ākāra

衆像入身 しゅぞうにゅうしん 仏・菩薩の能変神境智通の一つ。現前の人びとや村落・草木・山地などの一切の影像を自己の身のなかに入れることができる、また、人びとの身の内にもそれらの影像が入ったことを知らしめることができるという神通力をいう。

Ⓢ sarva-rūpa-kāya-praveśana

(出典) 衆像入身者、謂、仏菩薩、依定自在、能以種種現前大衆、及以一切村邑聚落、草木叢林、諸山大地一切色像、内己身中、令諸大衆各各自知入其身内、是名衆像入身。(『瑜伽』37、大正 30・492b)

衆多 しゅた 多くの。多数の。多種の。豊富な。「仏・菩薩は種種の神通を示現して、無量の受苦の衆生に衆多の品類の利益・安楽を恵施す」「凡そ幾種の差別あるや。答う、衆多の名あり」

Ⓢ aneka-vidha: pracura: prabhūta: bahu: bahu-nānā: bahu-vidha: bāhulya: saṃbahula

衆同分 しゅどうぶん 生きもの同士、たとえば、人間同士、犬同士がおなじ種類であることを成り立たしめる原理的力をいう。有情同分とおなじ。同分と略称する。心不相応行の一つ。→有情同分 Ⓢ nikāya-sabhāga

(出典) 衆同分者、謂、如是如是、有情於種種類自体相似、仮立衆同分。於種種類者、於人天等種類差別。於自体相似者、於一種類性。(『雑集論』2、大正 31・700b)

(参考)(『倶舎』5、大正 29・24a〜b):(『瑜伽』52、大正 30・587b)

衆徳 しゅとく もろもろの功徳。さまざまなすばらしさ。「諸の菩薩は五種の相を具する衆徳と相応して能く善友と為る」「仏身には不思議・善・常・安楽の四つの衆徳あり」

衆魔 しゅま もろもろの悪魔。蘊魔・煩悩魔・死魔・天魔の四つの魔。→四魔「諸の菩薩は最後生の中に住して菩提座に坐して慈定力を以って衆魔を摧伏す」 Ⓢ māra

須臾 しゅゆ ①たちまち。瞬間。短い時間を意味する語。「彼彼の日夜・刹那・瞬息・須臾を経歴する非一・衆多の種種の品類の心の生滅性を了知す」「夢に処して年を経ると謂えども、寤れば乃ち須臾の頃なり」

Ⓢ muhūrtam

②時間の単位の一つ。原語 muhūrta を牟呼栗多と音写する。→牟呼栗多

須弥山 しゅみせん →蘇迷盧山

腫 しゅ はれもの。ふきでもの。病の一つ。「重病者の身には、脚に腫、手に腫、腹に腫、面に腫あり」 Ⓢ ādhmāta

数錯乱 しゅしゃくらん 数の少ないものを多い数のものと見まちがえること。たとえば一つの月を多くの月があると見るがごときをいう。七種の錯乱の一つ。→錯乱

(出典) 数錯乱者、謂、於少数、起多数増上慢、如医眩者於一月処見多月像。(『瑜伽』15、大正 30・357c)

数分 しゅぶん 二つのものを比較してその大きさや量や価値を比べるときに用いる分数の一つ。「前の愛重を後の愛重に方べれば、百分中に於て其の一に及ばず、数分中に於ても亦一に及ばず」 Ⓢ saṃkhyāṃ kalām

種 しゅ ①たね。種子。→種子「種より果が生ず」 Ⓢ bīja

②種類。おなじ類。グループ。「成熟に略して六種あり」 Ⓢ ākāra: vidha

③種族。「菩薩は輪王の種なり」 Ⓢ vaṃśa

④たねを植えること。「当来の慳悋を調伏する種子を種える」「善根を種える」「秔稲あり、種えずして穫る」

Ⓢ avaropita: upta: **vap**

種果 しゅか 種と果。たねとその実。種子と果実。因果の連鎖によってすべての現象的存在は相続するありようを、ある種子から果実が生じ、その果実の種子からまた実が生じるというありように喩えて種果流転という。 Ⓢ bīja-phala

種現 しゅげん 種と現。種子と現行。種子とは存在を生じる阿頼耶識のなかの可能力、現行とはその種子から生じた現象的存在をいう。種子という因から現行という果が生じることを「種子生現行」、また現行という因が種子という果を植えつけることを「現行熏種子」といい、両者における因と果とは時間的には同時に存在することを因果同時という。→種子 →現行 →種子生現行 →現行熏種子「種現相生の因果は定んで同時なり」

種子(しゅし)→しゅうじ

種種 しゅじゅ いろいろの。多種類の。さまざまの。 Ⓢ aneka-prakāra: aneka-vidha: citra: nānā: nānā-prakāra: vicitra: vividha

種種界 しゅじゅかい ①人びとのさまざまな界(種性すなわち能力的な素質)。その種

種の界をしる智力を種種界智力といい、如来の十力の一つである。六神通の一つの他心通も有情の種々の界を知ることができる。→種種界智力「仏の他心通は諸の有情の種種界を知る」 Ⓢ nānā-dhātukatā
②十八界が相互に相異しているありようをいう。→十八界
（出典）云何種種界。謂、即十八界展転異相性。（『瑜伽』56、大正30・609c）

種種界智力　しゅじゅかいちりき　如来の十力の一つ。→十力

種種勝解智力　しゅじゅしょうげちりき　如来の十力の一つ。→十力

種習　しゅじゅう　種子と習気。いずれも存在を生じる阿頼耶識のなかの可能力をいう。存在を生じる点に重点をおいて種子（bīja）といい、植えつけられた点に重点をおいて習気（vāsanā）という。→種子②→習気「所知障中の種習を重と為し、現行を軽と名づく」「若し種習を断ずれば現行は永く滅す」

種姓　しゅしょう　①生まれによる血統・氏族・家柄。「種姓の卑賎な有情」「王の種姓は尊高なり」「或いは刹帝利、或いは婆羅門の種姓の中に、仏はまさに出世すべし」
Ⓢ gotra: jāti: jāti-gotra
②人が有する素質。さとりに至るための能力。種姓の原語 gotra は牛を意味する go に由来する語で、元来は牛という種族をいい、転じて人間の血統・氏族・家柄などの意味になり、さらに転じて人が有する素質・能力を意味する。たとえば声聞・独覚・如来に成る素質を有する人を、順次、声聞種姓・独覚種姓・如来種姓という。〈唯識〉では、阿頼耶識のなかの種子の別名として用いられ、本性住種姓と習所成種姓との二種に大別される。種性とも書く。→阿頼耶識　→種子②
Ⓢ gotra
（出典）云何種姓。謂、住種姓補特伽羅、有種子法、由現有故、安住種姓補特伽羅。若遇勝縁便、有堪任、便有勢力、於其涅槃、能得能証。（『瑜伽』21、大正30・395c）：諸種子、乃有多種差別之名。所謂、名界、名種姓、名自性。（『瑜伽』2、大正30・284c）：云何種姓。謂、略有二種。一本性住種姓、二習所成種姓。（『瑜伽』35、大正30・478c）

種姓地　しゅしょうじ　→種性地

種姓婆羅門　しゅしょうばらもん　三種の婆羅門（種姓婆羅門・名想婆羅門・正行婆羅門）の一つ。→婆羅門

種性　しゅしょう　人が有する素質。さとりに至るための能力。その素質・能力に応じて声聞種性・独覚種性・如来種性の三種がある。あるいは阿羅漢を退法・思法・護法・安住法・堪達法・不動法の六つの種性に分ける。種姓とも書く。→種姓②　Ⓢ gotra

種性地　しゅしょうじ　菩薩の七地（菩薩が如来に成るまでの深まりゆく七つの段階）の第二。菩薩となる可能力（種性）を本性として具えている段階。十三住の第一の種性住にあたる。種姓地とも書く。→七地①　→十三住　Ⓢ gotra-bhūmi

種性住　しゅしょうじゅう　発心してから仏陀すなわち如来になるまでの十三の段階・心境（十三住）の第一。菩薩となる可能力（種性）を本性として具えている段階。→十三住
Ⓢ gotra-vihāra
（参考）（『瑜伽』47、大正30・553a）

種殖　しゅしょく　種を植えつけること。種植とも書く。「一昼・一夜に八分斎戒を受持することありて、即ち能く解脱の種子を種殖す」「三乗の種子を種殖す」「農夫が良田に依止して農業を営事し、薬草叢林を種植するが如し」 Ⓢ ā-**kṣip**

種植　しゅしょく　種殖とおなじ。→種殖

種族　しゅぞく　おなじ種類のもの。ともがら。グループ。「憍慢を現ずるとは、卑賎の種族などの言を以って対論者を毀すを謂う」「種族不断に於て増上なるが故に男女の二根を立つ」「法の種族の義は是れ界の義なり」

種類　しゅるい　①おなじ類のもの。同類。グループ。「菩薩の利益種類の自利利他と安楽種類の自利利他」「食するところの段食に於て、或いは受用種類の過患を観ず、或いは変異種類の過患を観ず、或いは追求種類の過患を観ず」「受蘊とは一切の領納の種類を謂う」 Ⓢ anvaya: jāti: jātīya: prakāra
②家柄・出生。「婆羅門は是れ最勝の種類にして刹帝利などは是れ下劣の種類なり」
Ⓢ varṇa

種類共相　しゅるいぐうそう　さまざまな種類のものに共通なありよう。たとえば色・受・想・行・識の五蘊は各別の種類のものであるが、蘊としては共通であることをいう。五種の共相（種類共相・成所作共相・一切行

共相・一切有漏共相・一切法共相）の一つ。→共相
（出典）種類共相者、謂、色受想行識等各別種類、総名為一種類共相。（『瑜伽』16、大正30・361c）

種類生死　しゅるいしょうじ　生きもの（有情）が生まれ、そして死んでいくさまをいう。山や川などの自然（器・器世間）が生成し、そして壊れていくさまをいう器生死の対。
（参考）（『瑜伽』86、大正30・781c）

種類智　しゅるいち　類智ともいう。→智①

趣　しゅ　①おもむくこと。行くこと。「闇より明に趣く」「悪趣に趣く業」「惑と業とに由って更に余の世に趣く」「涅槃に趣く行」 Ⓢ upaga: upagama: **gam**: gamana: parāyaṇa: **yā**
②家を出ること。出家すること。「家法を捨離して非家に趣く」 Ⓢ pravrajita
③生きものの生存のありよう。おもむくさき。生まれる場所。地獄・餓鬼・畜生・人・天の五つの趣。『成唯識論』では趣を能趣（五つの趣におもむかせる惑と業と中有）と所趣（おもむき生存するありよう）と趣の資具（おもむき生まれた環境やそこで用いる道具）との三つに分析して論じている。→五趣「諸趣の言は能所の趣に通ず。諸趣の資具も亦た趣の名を得る」（『成論』3、大正31・14b） Ⓢ gati
（参考）（『述記』4本、大正43・348c）

趣壊　しゅえ　五趣（地獄・餓鬼・畜生・人・天）が壊れること。世界が破壊する時（壊劫）に起こる。二種の壊（趣壊・界壊）の一つ。→五趣
（出典）壊有二種。一趣壊、二界壊。（『倶舎』12、大正29・62c）

趣向　しゅこう　おもむくこと。向ってすすむこと。「其の心は寂静にして一切法の平等性に趣向す」「一切の契経などの法は真如に随順し真如に趣向す」「二乗の無学果の位より廻心して大菩提に趣向す」 Ⓢ gamana: gāmin: parāyaṇa: pravaṇa

趣向羯磨　しゅこうかつま　十種の羯磨の一つ。安居（留まって修行する）場所に趣いてそこで行なう羯磨。→羯磨

趣邪性　しゅじゃしょう　おもむき生存する場所に関するよこしまなありよう。三悪趣すなわち地獄・餓鬼・畜生の三つの生存状態をいう。三つの邪性（業邪性・趣邪性・見邪性）の一つ。→邪性
（出典）捨邪性者、謂、此心心所法、能捨三種邪性。一業邪性、二趣邪性、三見邪性業。（中略）趣邪性者、謂、三悪趣。（『婆沙』3、大正27・12b）

趣寂種姓　しゅじゃくしゅしょう　自己の苦しみを滅して寂静にのみおもむこうとする人びと、すなわち声聞と独覚をいう。「趣寂種性は阿陀那識に通達すること能わざるが故に阿陀那識を甚細なりと名づく」

趣生　しゅしょう　①死んでから生まれるまでの中間的存在（中有）の別名の一つ。未来の生（当有・生有）におもむくから趣生という。「起」という場合もある。→起③「此の中有に種種の名あり。或いは趣生と名づく。生有に対して起こるが故に」（『瑜伽』1、大正30・282b） Ⓢ abhinirvṛtti
②趣と生。五趣と四生のこと。→五趣　→四生「契経に有情は五趣・四生に流転すると説く。若し阿頼耶識が無ければ、彼の趣生の体は有るべからざるなり」

趣入　しゅにゅう　①おもむき入ること。至り入ること。趣入と訳される代表的な原語である avatāra は悟入あるいは了達とも訳されるように、趣入とは、広く真理・真実をさとること、最終的には涅槃に至ることを意味する。「正性離生に趣入す」「不浄観に依止して聖道に趣入す」「究竟の涅槃に趣入す」「菩薩は初発心し已るを無上菩提に趣入して大乗の諸菩薩の数に預在すと名づく」 Ⓢ ava-**kram**: avatāra: avatāraṇa: avatīrṇa: ava-**tṝ**: **kram**: praviṣṭa
（参考）（『瑜伽』21、大正30・399b以下）
②陥ること。「可愛の諸の雑染の事に於て其の心が趣入す」 Ⓢ nimna
③（ある時に）近づく、達すること。（あるところに）入ること。「漸次、疫病の中劫に趣入して、現に衆多の疫病の得べきことあり」「衆流が大海に趣入す」 Ⓢ samāsanna

鬚髪　しゅはつ　鬚と髪。ひげとかみ。頭の髪。「家法を捨て、鬚髪袈裟を被服し、三帰及び清浄戒を受持す」 Ⓢ keśa: śiras-tuṇḍa

戍陀羅　じゅだら　śūdra の音写。戍達羅・戎達羅とも音写。四姓（四種の身分階級）中の一階級。婆羅門・刹帝利・吠舎の三階級に

つかえる奴隷階級。→四姓

戍達羅　じゅだら　→戍陀羅

戎達羅　じゅだら　→戍陀羅

寿　じゅ　寿命。いのち（jīva）を成り立たせている三つの要素である寿（āyus）と煖（ūṣman）と識（vijñāna）の一つ。〈有部〉は寿は実有であり、寿が煖と識とを維持し、逆に煖と識とが寿を維持する、と説く。〈経部〉は一生のあいだ身を相続せしめる勢力を仮に寿として立てて、寿を仮有とみなす。
Ⓢ āyus
（出典）命根体即寿。（中略）何法名寿。謂、有別法、能持煖識、説名為寿。（中略）故有別法、能持煖識、相続住因、説名為寿。（『倶舎』5、大正 29・26a～b）

寿行　じゅぎょう　寿命の存続。死ぬことなくいのちが相続すること。阿羅漢は必要に応じて寿行を留めて伸ばす、あるいは捨てて縮めることができる。→留多寿行　→捨多寿行
「阿羅漢は初心始業の菩薩の如くならずして、是の如く寿行を増し已って有根身を留む」
Ⓢ āyus-saṃskāra

寿住　じゅじゅう　いのちが相続すること。生きていること。「親合して後に必ず離れ、寿住して後に必ず死す」

寿濁　じゅじょく　いのちの汚れ。人間の寿命が短くなり、長寿者がいなくなること。寿命が百歳以下になったとき出現する五つの汚れ（寿濁・劫濁・煩悩濁・見濁・煩悩濁）の一つ。 Ⓢ āyus-kaṣāya
（参考）（『倶舎』12、大正 29・64a）：（『瑜伽』44、大正 30・538a）

寿尽故死　じゅじんこし　寿命が尽きるために死ぬこと。三種の死の一つ。寿命がつきる時をむかえて死ぬから時死という。非時死の対。→死　→時死　→非時死
（出典）云何寿尽故死。猶如有一、随感寿量満尽故死、此名時死。（『瑜伽』1、大正 30・281b）

寿煖識　じゅなんしき　寿と煖と識。いのちを維持し命根を構成する三要素。→命根

寿命　じゅみょう　いのち。生命。寿とおなじ。「殺を離るる者は寿命の長きを得る」「此の飲食を受して寿命は存することを得る」「寿命・色力・財富・名称などが退減す」
Ⓢ āyuṣa: āyus: jīvita

寿量　じゅりょう　いのちの量。生きる期間。生きもの（有情）の寿量はその生存状態や場所に応じて相違する。たとえば、贍部洲の人間の寿量の一歳は三十日をもって一か月となし、十二か月をもって一歳となし、その寿量は不定であって、ある時は無量歳であり、ある時は八万歳であり、それから漸次減少して十歳になるという。これに対して、東毘提訶の人の寿量は二百五十歳、西瞿陀尼の人の寿量は五百歳、北拘盧洲の人の寿量は千歳で決定している。 Ⓢ āyus: āyuṣa: āyuṣka: āyus-pramāṇa
（参考）（『倶舎』11、大正 29・61b～c）：（『瑜伽』4、大正 30・295b～c）

寿量具足　じゅりょうぐそく　長生きをすること。長寿であること。八種の異熟果の一つ。→異熟果
Ⓢ āyus-saṃpad: āyus-saṃpanna
（出典）諸菩薩長寿久住、是名菩薩寿量具足。（『瑜伽』36、大正 30・484b）

寿量具足因　じゅりょうぐそくいん　寿量具足（長生き）をもたらす原因。生きものに傷害を加えないこと、あるいは加えようと思わないこと。八種の異熟因の一つ。長寿因ともいう。→寿量具足　→異熟因
Ⓢ āyuḥ-saṃpado hetuḥ
（出典）諸菩薩、於諸衆生、不加傷害、遠離一切傷害意楽、是名菩薩寿量具足因。（『瑜伽』36、大正 30・484b～c）：不傷害物、是長寿因。（『演秘』1 本、大正 43・814c）

受　じゅ　①遍行の心所（細かい心作用）の一つ。苦楽を感じる感受作用（領納 anubhava）。詳しく、苦受（苦と感じる感受）と楽受（楽と感じる感受）と不苦不楽受（非苦非楽受ともいう。苦とも楽とも感じない感受。捨受ともいう）との三受がある。さらに苦受を苦受と憂受とに、楽受を楽受と喜受とに分けて全部で五受を立てる場合がある。五受のなか、苦受と楽受とは五識（五感覚）と共に働き、憂受と喜受とは意識（分別作用）と共に働くとされる。すなわち、苦と楽とは感覚的なものであるのに対して、憂と喜とは分別的なものと考えられている。また五識と相応する受を身受（みじゅ）といい、意識と相応する受を心受（しんじゅ）という。三受と五受を五識相応・意識相応の関係で図示すると次のようになる。
最後の捨受は苦でも楽でもないと感じる中庸

的な感受作用である。仏教はこの中庸の心を重んじる。なぜなら「受とは愛を起こすをもって業となす」と定義されるように苦受は苦しいと感じる対象（違境）から離れようとする欲望を生じ、楽受は楽しいと感じる対象（順境）に合致しようとする欲望を生じるが、これに対して捨受という感情で対象に臨めば、離れようとする欲望も合致しようとする欲望も生じないからである。これら五つの受の他に種類としては、境界受・自性受の二種（『成論』3、大正 31・11c）、自性受・現前受・所縁受・相応受・異熟受の五種（『婆沙』115、大正 27・596a～b）などが説かれる。
Ⓢ vitti: **vid**: vedanā: vedita

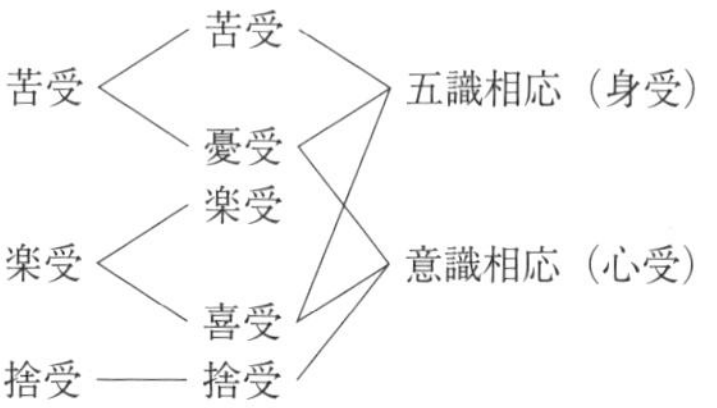

（出典）受、謂、三種、領納苦楽倶非、有差別故。（『倶舎』4、大正 29・19a）：受云何。謂、三和合故能領納義。（『瑜伽』55、大正 30・601c）：身受者、謂、五識相応受。心受者、謂、意識相応受。（『雑集論』1、大正 31・696c）
（参考）（『倶舎』3、大正 29・14c）
②十二支縁起の一契機としての受。十二支縁起のなかの第七番目の契機。苦・楽・非苦非楽の三つの受の因の違いを理解するが、いまだ婬貪が生じない段階をいう。四、五歳から十四、五歳ぐらいまでの間をいう。
Ⓢ vedanā: vedita
（出典）已了三受因差別相、未起婬貪、此位名受。（『倶舎』9、大正 29・48b～c）
③受けること。享受すること。受け入れ味わうこと。結果を受けとめること。獲得すること。「快楽を受す」「天楽を受す」「法楽を受す」「業を造りて自ら異熟果を受す」「所施を受す」「六欲天は妙欲境を受す」「大苦を受す」 Ⓢ anubhava: anu-**bhū**: anubhūta: ādāna: utpādita: ud-**vah**: upa-**pad**: parigṛhīta: pari-**bhuj**: paribhoga: pratisam-**vid**: pratisaṃvedin: pratyanu-**bhū**: **bhaj**: **bhuj**: bhoktṛ: **vid**: vi-**pac**: sam-**pad**: saṃprati-**iṣ**
④教え（法）を受けとめて理解すること。「性として愚鈍なれば、所聞の法に於て受すること難し」 Ⓢ ud-**grah**: udgrahaṇa: grāhin
⑤戒を受けてまもること。受持とおなじ。「仏法に来帰して出家し戒を受す」「律儀を受す」 Ⓢ ā-**dā**: ādāna: gṛhīta: **grah**: prati-**grah**: samātta: samā-**dā**: samādāna
⑥食べること。摂取すること。「細麁な飲食を受す」 Ⓢ ā-**hṛ**

受異熟業　じゅいじゅくごう　異熟を受ける業。順現法受業・順次生受業・順後次受業の三種がある。→各項参照
（出典）有三種受異熟業。一順現法受業、二順次生受業、三順後次受業。（『婆沙』19、大正 27・98a）

受蘊　じゅうん　存在の五つの構成要素である五蘊の一つ。苦・楽・不苦不楽と感じる感受作用の集り。六つの触（眼触・耳触・鼻触・舌触・身触・意触）から生じる六つの感受作用の集り（六受身）。→受①　→五蘊①
Ⓢ vedanā-skandha
（出典）受蘊謂三。領納随触、即楽及苦不苦不楽。此復分別、成六受身。（『倶舎』1、大正 29・4a）：受蘊云何。謂、一切領納種類。（『瑜伽』9、大正 30・323a）：云何受蘊。謂、或順楽触為縁諸受、或順苦触為縁諸受、或順不苦不楽触為縁諸受。復有六受身、則眼触所生受、耳鼻舌身意触所生受、総名受蘊。（『瑜伽』27、大正 30・433c）

受戒　じゅかい　戒を受けること。戒律をさずかること。「淳浄心で仏法に来帰し、出家し、受戒す」 Ⓢ śila-saṃvara-samādāna: saṃvara-samādāna

受学　じゅがく　学ぶこと。戒を受けてそれを学び守ること。「三学を受学す」「出家し、尸羅を受学し、浄命を修治す」 「尊重の説くところの学処に於て文義を能く無倒に受するを学処を受学すと為す」「善行を受学す」「諸の善品に於て速疾に受学し、諸の悪品に於て速疾に除断す」 Ⓢ samādāna

受学受施　じゅがくじゅせ　六種の受施の一つ。→受施

受記　じゅき　①授記とおなじ。→授記
②記を受けること。記別を受けること。→記別「諸の菩薩の受記とは、諸の菩薩が諸の如来の無上正等菩提の記を授けるを蒙むるを謂

う」

受教 じゅきょう ①教えを受けること。「諸の苾芻などは受教し已って、皆な能く最極究竟涅槃界を証得す」「受教者を化して歓喜せしむ」
②勧告を受諾すること。命令にしたがうこと。「彼れ若し受教して欲邪行を行ずれば、瞋恚より生ずる欲邪行罪に触す」

受行 じゅぎょう ①受け入れて実行する、修行すること。「厭離の心を獲得して善法を受行す」「能く善業道を受行す」「諸の悪欲、及び諸の悪見に於て憙楽して受行す」「杜多を受行する功徳」「在家者に於ては期心ありて受行なし」
Ⓢ samādāna: samādāya vartate
②互いに仕えること。承事・侍衛とおなじ。「男女の受行」 Ⓢ paricaryā

受苦 じゅく ①苦しみを受けること。「阿鼻旨大榇落迦の中の受苦は無間なり」
Ⓢ duḥkha: duḥkhita: duḥkhin
②受による苦。感受作用にもとづく苦しみ。
Ⓢ vedayita-duḥkha

受具 じゅぐ 受具足戒とおなじ。→受具足戒

受具戒 じゅぐかい 受具足戒とおなじ。→受具足戒

受具羯磨 じゅぐかつま 十種の羯磨の一つ。具足戒を受けるときに行なう羯磨。→羯磨 →具足戒

受具足戒 じゅぐそくかい 出家し僧侶になって具足戒を受けること。受具・受具戒ともいう。→具足戒「正出家とは、此の勝善法欲の増上力に由るが故に白四羯磨して具足戒を受するを謂う」「善説法毘奈耶の中に於て出家し、具を受して苾芻性を成ず」「勤策が具戒を受する時、戒壇に来入して苾芻衆に礼して、至誠に発語して親教師に請う」
Ⓢ upasaṃpad: upasaṃpanna: upasaṃpādita: samātta-śīla

受護 じゅご 戒を護ること。「怖畏戒とは、不活悪名を怖れ悪趣畏を治罰せんが故に尸羅を受護するを謂う」「布施を修行し浄戒を受護す」「学処を受護す」 Ⓢ samādatte rakṣati: samādāya saṃrakṣya

受業 じゅごう 果を受ける業。なんらかの結果を生じる行為。異熟を受ける業。→受異熟業

受齋 じゅさい 齋を受けること。齋戒を受持すること。→齋戒「如理作意と相応する尋伺の正行とは、一あるが如し、父母・沙門・婆羅門、及び家長などを了知して、恭敬し、供養し、利益し、承事し、今世と後世の所作の罪の中に於て大怖畏を見、行施し、作福し、受齋し、持戒するをいう」
Ⓢ upavāsam upavasati

受支 じゅし 十二支の第七支。十二支を人の年齢的なありようで解釈すれば、苦・楽・非苦非楽の三つの受の因の違いを理解してはいるが、いまだ婬貪が生じない状態をいう。 Ⓢ vedanā-aṅga
（出典）已了三受因差別相、未起婬貪、此位名受。（『倶舎』9、大正 29・48b～c）

受祀 じゅし ①火の別名。
（参考）（『婆沙』72、大正 27・371a）
②祀を受けること。まつられること。「宿住随念智が能く輪を転じ、及び祀を受ける鬼などを知るを鬼趣を知ると名づく」

受持 じゅじ ①戒を受けて維持すること。戒律・律儀を守ること。「外道は牛戒・鹿戒・狗戒を受持すれば、便ち清浄を得て解脱し出離すという邪見を起こす」「非家に趣き、諸欲を遠離し、学処を受持す」「別解脱律儀を受持す」 Ⓢ ud-**grah**: samādatta: samā-**dā**: samādāna
②教え（法）を記憶すること。心に維持して忘れないこと。十法行（経典などに書かれている教えに対する十種の修行）の一つ。→十法行「無上の正法を受持す」「仏菩薩所説の教法を受持す」「如来所説の正法を受持し、読誦し、書写し、供養す」
Ⓢ udgṛhīta: dhara: dhāraṇā: **dhṛ**: saṃdhāraṇa
③戒律に随った衣や鉢を持ち物として保持すること。「自ら誓って色を毀して改変した壊色の衣を受持す」「衣鉢を受持す」「糞掃衣を受持す」 Ⓢ adhiṣṭhāna: dhāraṇatā: **dhṛ**

受持戒 じゅじかい →持戒

受者 じゅしゃ ①行為の結果を受ける者。作者（行為をするもの）あるいは宰主（行為の主体）と共に、そのようなものは仮に設定されたものであるから無我であることを証明するなかで用いられる語。「用に三種あり。一に宰主の用、二に作者の用、三に受者の用なり。此の用に因るが故に宰主と作者と受者とを仮立す」「唯だ諸法が能く諸法を引くこ

とありて、作者及び受者あることなし」「恒時に一切の諸行は唯だ因果ありて、都て受者と作者とはなし」 Ⓢ bhoktṛ: vedaka
②施し物を受ける人。布施を成り立たしめる三要素（施者・受者・施物）の一つ。→三輪清浄「無分別智に摂受せらるる施とは三輪清浄を謂う。施者・受者・施物の分別を皆な遠離するが故に」

受者空 じゅしゃくう 行為の結果を受ける者は非存在であるという理。七種の空（後際空・前際空・中際空・常空・我空・受者空・作者空）の一つ。
（参考）（『瑜伽』92、大正 30・826b）

受趣識住 じゅしゅしきじゅう 四識住の一つ。→四識住

受所引色 じゅしょいんしき 戒を受けることによって引き起こされた無表色すなわち戒体のこと。戒体とは、受戒によって植え付けられた「非を防ぎ悪を止める力」（防非止悪の力）をいう。〈倶舎〉では四大種（地・水・火・風の四つの元素）によって造られた実際の物質（実色）がそのような力を持つ戒体であると考えるが、〈唯識〉は意識にともなう思（意志）の働きによって阿頼耶識のなかに植え付けられた種子がもつ防非止悪の力を仮に戒体と名づける。法処所摂色の一つ。→法処所摂色
（出典）受所引色者、謂、無表色。（『雑集論』1、大正 31・696c）

受生 じゅしょう 生を受けること。生まれること。「有情は後際に受生して相続す」「寒那落迦に受生する有情は多く極重の寒苦を受く」「異生は五趣に於て皆な受生を得、聖者は唯だ人天に於て受生の義あり」
Ⓢ utpādana: upapatti: upapanna: bhūta

受生願 じゅしょうがん 来世において人びとを救済する善き生存（善趣）に生まれようというねがい。五種の願（発心願・受生願・所行願・正願・大願）の一つ。
（出典）諸菩薩、願於当来往生随順饒益有情諸善趣中、是名受生願。（『瑜伽』45、大正 30・543b）

受随識住 じゅずいしきじゅう 四識住の一つ。→四識住

受施 じゅせ 施しを受けること。ものを乞い、受け取ること。次の六種がある。（ⅰ）受学受施（samādāna-paiṇḍilya）。戒・定・慧の三学を学ぶときに教えを受けること。（ⅱ）活命受施（ājīvika-paiṇḍilya）。生活のために施しを受けること。（ⅲ）貧匱受施（vighāta-paiṇḍilya）。貧窮しているときに施しを受けること。（ⅳ）棄捨受施（nisarga-paiṇḍilya）。必需品を捨ててなくなったときに施しを受けること。（ⅴ）羇遊受施（viṣaya-vaikalya-stha-paiṇḍilya）。住むところなくさまようときに施しを受けること。（ⅵ）耽著受施（parigardha-paiṇḍilya）。ものに執着して施しを受けること。これら六つのなか前の五つは施しを受けるべきであるが、最後の一つは受けるべきではない受施であるとされる。Ⓢ paiṇḍilya
（出典）受施者有六種。一受学受施、二活命受施、三貧匱受施、四棄捨受施、五羇遊受施、六耽著受施。（『瑜伽』5、大正 30・303a）
（参考）（『略纂』2、大正 43・32b）

受想 じゅそう 受と想。心所（細かい心作用）のなかの感受作用と知覚作用。心所のなかでこの二つの心所は、特に心（中心的な心、すなわち心王）を助ける働きが強いから、たとえば、五蘊（色・受・想・行・識の五蘊）のなかに受と想とを立てる。あるいは、滅尽定を詳しくは滅受想定といい、特に受と想とを滅した定を立てる。受は苦楽を感受することによって苦を離れようとする、あるいは楽を得ようとする執着を生じるから、想は言葉を生じてものごとをまちがってとらえる認識的あやまりを生じるから、この二つは他の多くの心所のなかから特に別に立てられる。→五蘊① →滅尽定
Ⓢ vedanā-saṃjñā

受想行識 じゅそうぎょうしき 受と想と行と識の四つ。自己存在を構成する五つの要素（色・受・想・行・識の五蘊）のなかの四つ。色が物質的なもの、受・想・行・識の四つが精神的なものをいう。→五蘊

受胎 じゅたい みごもること。母胎に子がやどること。「断滅論者は是の如き念を作す、受胎の時は本無にして有り、若し死位に至れば有り已って無に還ると」

受断楽 じゅだんらく 受を断じた楽。想と受とを滅した定心（滅想受定）の楽。五楽（因楽・受楽・苦対治楽・受断楽・無悩害楽）の一つ。 Ⓢ vedita-upaccheda-sukha

（出典）滅想受定、名受断楽。（『瑜伽』35、大正30・483c）

受得 じゅとく 戒を受けること。「別解脱戒を受得す」 Ⓢ ut-**pad**: grahaṇa: prati-**labh**: **labh**: samā-**dā**

受辱見 じゅにくけん 二十八種のまちがった見解（不正見）の一つ。→不正見

受念住 じゅねんじゅ 四念住の一つ。→四念住

受法 じゅほう 教えを受けること。「仏所に来詣して恭敬し受法す」「龍などありて受法の為の故に自ら己身を化して苾芻の像と為る」

受報 じゅほう 報いを受けること。行為の結果を得ること。「悪業を造れば決定して受報す」

受命 じゅみょう いのち。生命。寿命。「他の命を断ずるが故に人中に来生して受命短促なるを等流果と為す」 Ⓢ āyus

受用 じゅゆう ①食事。食べること。「若し飲食を非時に過量に受用すれば、便ち能く苦を生ず」「乞食事と受用事と盪鉢事」 Ⓢ upayukta: pari-**bhuj**: paribhoga
（参考）（『瑜伽』23、大正30・408a〜b）
②享受すること。使用すること。「一切の広大な資財を心好んで受用す」「多くに物を取り已って、執して己有と為し、情にまかせて受用す」「種種の香鬘・高広床座を受用す」 Ⓢ upabhoga: pari-**bhuj**: paribhoga: pratiniṣevaṇa
③あじわうこと。享受すること。体験すること。「種種の苦を受用す」「婬欲を受用す」「欲塵を受用す」「欲楽と自苦との二辺を受用する法を遠離す」「法楽を受用す」「正法を受用す」 Ⓢ anuyukta: anuyoga: paribhoga: bhoga: saṃbhoga
④感覚すること。知覚すること。「苦楽を受用す」「意は兼ねて五根の境界を受用す」 Ⓢ anubhava: upabhoga: pratyanu-**bhū**

受用身 じゅゆうしん 三種の仏身（受用身・変化身・自性身）の一つ。長時にわたる修行によって報われた結果を享受する仏。これには次の二種がある。（ⅰ）自受用身。他に姿を現すことなく、獲得した真理の楽を自らが享受する仏。（ⅱ）他受用身。十地の菩薩たちのために姿を現して説法し、彼らに真理の楽を享受せしめる仏。
（出典）受用身、此有二種。一自受用。謂、諸如来三無数劫、修集無量福慧資糧、所起無辺真実功徳、及極円浄常遍色身、相続湛然、尽未来際、恒自受用広大法楽。二他受用。謂、諸如来由平等智、示現微妙浄功徳身、居純浄土、為住十地諸菩薩衆、現大神通、転正法輪、決衆疑網、令彼受用大乗法楽。合此二種、名受用身。（『成論』10、大正31・57c〜58a）

受用法 じゅゆうほう 五種の法（聞法・戒法・摂受法・受用法・証得法）の一つ。享受し楽しむ事柄。婆羅門の受用法は、化粧する、荘飾品を身につける、あるいは歌や踊りなどを楽しむ、などであるから、沙門の受用法より劣っているとされる。
（参考）（『瑜伽』64、大正30・653b）

受欲 じゅよく 欲にふける生活をすること。釈尊が出家する以前に過ごした生活。「入胎し、誕生し、長大し、受欲し、出家す」

受欲者 じゅよくしゃ 欲望を享受する人。受欲人・受欲塵者ともいう。「受欲者は男女根の処において欲楽を生ず」「諸の受欲者は妙五欲に於て能く自然に善く過患を知ること能わず」 Ⓢ kāma-upabhoga: kāma-bhoga: kāma-bhogin: kāmin

受欲塵者 じゅよくじんしゃ →受欲者

受欲人 じゅよくにん →受欲者

受楽 じゅらく ①楽を受けること。「天に生まれて楽を受く」
②受としての楽。苦がなくなることによって身心が感じる楽なる感受作用。五楽（因楽・受楽・苦対治楽・受断楽・無悩害楽）の一つ。 Ⓢ vedita-sukha
（出典）言受楽者、謂、待苦息、由前所説因楽所摂三因縁故、有能摂益身心受生、名為受楽。（『瑜伽』35、大正30・483b）

呪 じゅ まじない、のろい、祈祷、また、それらの言葉。「仏法内の呪は理として能く内の貪瞋癡の毒を息す」 Ⓢ mantra

呪願 じゅがん 祈り願うこと。財物を得ようと欲して王や大臣や長者（金持ち）などの前で彼らの幸せ（吉祥）を願って祈祷すること。偽りの行為として否定される。「諸臣は王の前に至って吉祥の言を以って讃歎し呪願す」 Ⓢ āśīrvāda
（出典）呪願者、謂、彼種姓諸婆羅門、希求随一資生具故、往詣王所、或王・大臣、或婆

羅門・長者・居士・商主等所、矯設呪願、当願汝等所有怨敵皆悉殄滅、横遭殃禍、摧屈縛録。又願汝等所有吉祥、常無転動、不可侵奪。(『瑜伽』55、大正 30・606b)

呪句 じゅく 病気や災難などを治すまじないの文句。呪章句とおなじ。「余の衆生が疾疫・災横を息滅せんと欲するが為に用いるところの験なき呪句・明句も、菩薩が之を用いれば尚、験あらしむ」 Ⓢ mantra-pada

呪術 じゅじゅつ まじないを行なう、祈祷をすること、また、それらの言葉。内的な煩悩などを除くための呪術は肯定されるが、殺害する、相手を狂わす、財宝を得る、などを目的とした呪術は邪呪術・悪呪術として否定される。原語 mantra は文詞あるいは文章を付して文詞呪術・文章呪術と訳されることがある。「呪術を先と為して諸の生命を害す」「吠陀の諸の呪術を誦す」「諸の婆羅門の悪呪術の語は綺語なり」「健駄梨と名づく呪術あり、此れを持すれば便ち能く空を騰くこと自在なり」「世間に順ずる文詞呪術や外道の書論に相応する法の中に於て智者・聡叡者の数に預かるを得るは、菩薩の相似功徳にして過失なり」。 Ⓢ mantra: mantra-vidhi: vidyā

呪術工業 じゅじゅつくごう まじない・祈祷の仕事。十二種の工業の一つ。→工業

(参考)(『瑜伽』15、大正 30・361b)

呪章句 じゅしょうく まじないの文句・文章。呪句とおなじ。「能く有情の災患を除く諸の呪章句は悉く皆な神験なり」

Ⓢ mantra-pada

呪陀羅尼 じゅだらに 四種の陀羅尼の一つ。→陀羅尼 Ⓢ mantra-dhāraṇī

呪龍 じゅりゅう 蛇使い。律儀に反する行為をする人(不律儀者)の一人。→不律儀者。 Ⓢ nāga-maṇḍalika

(参考)(『瑜伽』9、大正 30・319c)

呪薬 じゅやく 呪と薬。呪術と薬草・薬物。生命を害するものとしてあげられる。あるいは毒を伏するものとしてあげられる。「断食・折挫・治罰・呪薬・厭祷などを以って諸の衆生を害す」「呪薬に伏せらるる諸の毒の如く、一切の煩悩の過失を起こさず」

Ⓢ mantra-auṣadha

授 じゅ さずけること。与えること。「世尊は生死の泥の中に淪没する衆生を哀愍して、正法の教手を授けて抜済して出でしむ」「具足戒を授く」

Ⓢ **dā**: pradāna: saṃpradāna

授記 じゅき 弟子の未来世のありようについて予告的に語ること。仏が弟子の成仏を予言して、詳しくその仏名、国土、寿命などを分別すること。詳しくは「記別を授与する」という。受記とも書く。→記別①「諸の声聞は法華会の上で仏の授記を蒙る」

Ⓢ vyākaraṇa

授与 じゅよ さずけること。与えること。「諸の菩薩の遇うところの善友は、人に諸の放逸の具を授与せず」「饒益を授与するは是れ慈の相にして、衰損を除去するは是れ悲の相なり」

Ⓢ anupra-**yam**: upasaṃhāra: upasam-**hṛ**

就 じゅ ①「〜について」「〜に関して」「〜の観点から」などを意味する語。「一切の煩悩雑染と及び業雑染とを皆な集諦と名づけるが、世尊は勝に就いて唯だ貪愛のみを顕す」「当来に於て諸の悪趣に往く結は無量なりと雖も、勝に就いて言えば、略して九結あり」 Ⓢ prādhānya: prādhānyena: yathā-pradhānam

②席につくこと。「時に仏は座に就きて安詳に坐し、威光奇特なること妙高山の如し」

頌 じゅ サンスクリットの音節や数や長短などを要素とする韻文。経典のなかで所説をまとめて表現する場合などに用いられる。原語 gāthā を音写して伽他という。旧訳は偈とも音写する。「世尊は、頌は名と及び文とに依って生ずと説く」 Ⓢ gāthā

(出典) 梵云伽陀、此翻名頌。旧云偈、訛也。(『倶舎論記』1、大正 41・7b)

聚 じゅ ①あつまり。集合体。「聚の義は蘊の義なり」「蘊の聚を仮に有情と説く」

Ⓢ kalāpa: caya: puñja: rāśi: saṃghāta: saṃcaya: saṃcita: samudāya: samūha: skandha

②群。グループ。「世尊は正性定聚と邪性定聚と不定性聚との三つの聚を建立す」

Ⓢ rāśi

③聚散の聚。→聚散

Ⓢ abhisaṃkṣepa: saṃkṣipta

聚散 じゅさん 聚と散。まとまることと散ること。集合と離散。物質(色)についていえば、さまざまな物質の違いは原子(極微)の集合と離散による。あるいは精神(心)に

ついていえば、聚心と散心という対概念として用いられる。→聚心　→散心「色は唯だ極微の聚散なるべし」

聚色　じゅしき　原子（極微）が集まり結合してできた物質。「麁なる聚色は極微が集まって成ずるところなり」「諸の聚色の生ずる時は、種種の物を石を以って磨して末と為し、水を以って和合して団雑して生ずるが如くして、苣藤・麦豆などの聚の如くには非ず」

聚積　じゅしゃく　集積。集まること。「蘊は是れ聚積の相なり」「大水の流れに聚積せる草木は能く偃すこと能わず」

聚集　じゅじゅう　集めること。集積したもの。多くが集まること。多くが集まったもの。「極微が聚集して麁物が生ず」「和合の義とは諸の縁の聚集の義を謂う」「根・境・識の三法が聚集し和合するを説いて名づけて触と為す」 Ⓢ saṃyukta: saṃgati: saṃcaya: samavāya: sam-**i**: samudga: sam-**bhū**: sam-**hṛ**: sāmagrī-samavadhāna: sāmagrya

聚集仮　じゅじゅうけ　三種の仮有（相待仮・分位仮・聚集仮、あるいは聚集仮・相続仮・分位仮）の一つ。多くの構成要素が集まって仮に存在するもの。たとえば、瓶衣・車乗・軍林などをいう。
（参考）（『述記』9 本、大正 43・553b）：（『了義灯』4 本、大正 43・735a）

聚集相応　じゅじゅうそうおう　六種の相応（不相離相応・和合相応・聚集相応・倶有相応・作事相応・同行相応）の一つ。相応とは関係し合っていること。物質が結合し合って一つのかたまりと成っているありようを聚集相応という。
（出典）何等聚集相応。謂、方分聚色展転集会、如二泥団相撃成聚。（『雑集論』5、大正 31・718a）

聚心　じゅしん　毘婆沙師は内的な対象に収斂し集中し散乱しない善い心をいい、西方の諸師は眠気をともなった汚れた心をいう。略心ともいう。散心の対。→散心　→略心
Ⓢ saṃkṣipta-citta
（出典）毘婆沙師、作如是説、聚心者、謂、善心、此於所縁不馳散故。散心者、謂、染心、此与散動相応起故。西方諸師、作如是説、眠相応者、名為聚心、余染汚心、説名為散。（『倶舎』26、大正 29・135c）

聚沫　じゅまつ　あわの球。泡沫。現象的存在（依他起性）には実体がないことを表すために用いる譬喩の一つ。「依他起性は幻夢・光影・谷響・水月・影像、及び変化などとおなじく、猶し聚沫の如く、猶し水泡の如く、猶し陽焔の如く、猶し芭蕉の如しと当に了知すべし」「色は聚沫の如く、受は浮泡の如く、想は陽焔の如く、行は芭蕉の如く、識は幻化の如し」 Ⓢ phena-piṇḍa

聚落　じゅらく　むら。村落。村邑と並んで乞食する場所をいうときに用いられる。「是の如く村邑・聚落・亭邏を往きて巡行し乞食す」 Ⓢ grāma: jana-pada: jāna-pada: nagara: nigama

誦　じゅ　となえること。朗読すること。「結集せる菩薩蔵の中に於て但だ唯だ菩薩の言を誦す」「先に四の吠陀の書を誦して中間に忘失し、復た之を温誦す」 Ⓢ **paṭh**

誦持　じゅじ　経論をとなえて記憶すること。誦習とおなじ。「若し実我がなければ、誰が能く曽て更しところの事を記憶し、経書を誦持し、文史を温習するや」「三蔵を誦持し思惟す」

誦呪　じゅじゅ　呪文をとなえること。「妄計吉祥論者は精勤して日月星などを供養し、祠火し、誦呪す」 Ⓢ jāpa

誦習　じゅじゅう　経論をとなえて記憶すること。誦持とおなじ。「実我が若しなければ、云何が憶識・誦習・恩怨などの事があることを得んや」

澍　じゅ　雨が降り注ぐこと。「天雨の滴が車軸の如くに空より澍す」 Ⓢ pra-**pat**

儒童　じゅどう　若者の総称。人間に対する名称の一つとしてあげられる。原語 mānava を摩納縛迦と音写。→摩納縛迦「此の人の中に於て義の差別に随って名想を仮立して、或いは有情・意生・儒童・養者・命者・生者・補特伽羅と謂う」 Ⓢ mānava

樹　じゅ　き。樹木。樹は根が根本であり茎や枝葉はそれから生じた二次的なものであるという自然現象を、人間の内的な出来事の喩えとして多く使用する。「樹・茎などは根に依って住し、若し其の根を断ずれば茎なども随って倒れるが如し」「猛風吹きて先に樹の枝葉を断じ、然る後に根を抜くが如し」「樹の根が深く地に入らずんば、小風これを吹けば即ち摧倒すれども、根深く入るもの

は、大風これを吹きて乃ち摧倒すべきが如し」 Ⓢ kovidāra: vṛkṣa

樹王 じゅおう その下で無上正等菩提を成じる菩提樹のこと。「樹王の下に於て自然に正覚を成ず」

樹下 じゅげ 禅定を修する樹の下。結跏趺坐して静かに教えを思惟する場所の一つ。究極のさとり（無上正覚）を得る菩提樹の下をいうことがある。「阿練若に居し、或いは樹下に在り、或いは静室に在りて結跏趺坐して奢摩他・毘鉢舎那を修す」「化身、現じて樹下に於て成道するを現等覚と名づく」 Ⓢ vṛkṣa-mūla

樹根 じゅこん 樹の根。ものごとの根本の喩えとしてあげられる。「大衆部の阿笈摩中に密意を以って阿頼耶識を根本識と名づく。是れ眼識などの所依止なるが故に。譬えば樹根は是れ茎などの本なるが如し」 Ⓢ vṛkṣa-mūla

樹端果 じゅたんか →樹端爛熟果

樹端熟果 じゅたんじゅくか →樹端爛熟果

樹端爛熟果 じゅたんらんじゅくか 樹木の端で熟した果実。今にも樹から落ちて朽ちてしまいそうなことから、欲（欲望）が放逸を起こして身を亡ぼす喩えに用いられる。樹端果・樹端熟果ともいう。「諸の欲は猶し樹端爛熟果の如し。危亡・放逸の所依の地なるが故に」「諸の欲は皆な黒品に堕し、猶し骨鎖の如く、凝血肉の如く、樹端果の如し」 Ⓢ vṛkṣa-phala
（参考）（『瑜伽』17、大正 30・369c）

鷲 じゅ わし。鵰鷲・鵄鷲という語で用いられることが多い。「此の死屍は諸の狐狼・鵄梟・鵰鷲・烏鵲・餓狗に食噉せらるる」「彼彼の屍死は一日を経て、或いは七日を経て、烏鵲・餓狗・鵄鷲・狐狼などに食噉せらるる」 Ⓢ gṛdhra

鷲子 じゅし 釈尊の弟子である舎利子のこと。「釈尊一代には鷲子を以って最上の利根の人と為す」。

鷲峯山 じゅほうせん 中インドのマガダ国の王舎城の東北にある山。鷲嶺・霊鷲山ともいう。頂上が鷲の頭のかたちをしていることからこの呼び名がある。釈尊説法の場所、特に『法華経』が説かれた場所として有名。「摩掲陀国の鷲峯山にて法花などの経を説く」「鷲嶺に於て般若などの経を説く」 Ⓢ gṛdhra-kūṭa

鷲嶺 じゅりょう →鷲峯山

収 しゅう ①収穫すること。「農夫などは秋に多く実を収す」「稲に於て我所の心を生じ、各々、貪情に縦して多く収して厭なし」 Ⓢ lūna
②含まれること。あるグループに包括すること。「仏を愛し滅を貪るは皆な染汚の収なり」「意処の所縁は法処の収なり」「一切を総じて収して一と為す」 Ⓢ antar-**bhū**: grahaṇa
③もとにもどす、おさめること。「巡行乞匃し已って、速に住処に還って、衣を収し、足を洗って結跏趺坐す」

収捕 しゅうほ 捕獲すること。「禽鹿を収捕して恣に殺害を行ず」

周 しゅう まわり。周囲。「天帝釈の都するところの大城の中に殊勝殿あり、面は二百五十、周は千踰繕那なり」 Ⓢ samantāt parikṣepeṇa

周囲 しゅうい まわり。「牛貨洲の周囲は七千半踰繕那なり」 Ⓢ samantatas: sākalya

周旋 しゅうせん 旋転。回転。めぐりまわること。「一切の有情衆の中を周旋するが故に梵輪と名づく」「迴転の義、是れ輪の義なり。猶し、車輪が周旋し迴転するが如し」 Ⓢ **bhram**

周匝 しゅうふく まわりをめぐっていること。「金輪の上に九大山あり、妙高山王が中に処して住し、余の八は周匝して妙高山を繞る」「無明が周匝・囲繞して生死の衆苦の牢獄に閉在して、生などの苦に於て出離を得ず」

周備 しゅうび すべてをそなえて完全であること。完成すること。「成就は始終し周備せる義なり」「画師が絵のかたちを置くは総報因果の事で、絵の弟子が色を以って採色し荘厳し周備したるは別報因果の事なり」 Ⓢ nipuṇa

周備慧 しゅうびえ 完全な智慧。すべてを対象とした智慧。存在するかぎりのすべてのもののありよう（尽所有性）をさとる智慧。 Ⓢ nipuṇā prajñā
（出典）周備慧、悟入所知尽所有性故。（『瑜伽』43、大正 30・529a）

周遍 しゅうへん 接頭辞 pari の訳語。「あまねく」「いきわたって」「非常に」などの意味。「遍計所執自性とは、謂く、諸のあらゆる名言が安立する諸法の自性なり。仮の名言に依って諸法を数数に周遍計度して建立するが故なり」「婆羅門は苦行を行じて周遍焼悩す」 Ⓢ pari

周遍伺察　しゅうへんしさつ　心を静める（奢摩他）ことによって心のなかの対象を観察するありよう、すなわち毘鉢舎那の四つのありよう（能正思択・最極思択・周遍尋思・周遍伺察）の一つ。対象をあまねく詳細に追求し思惟すること。遍伺察ともいう。
Ⓢ parimīmāṃsām āpadyate
（出典）云何名為周遍伺察。謂、即於彼所縁境界、審諦推求、周遍伺察。(『瑜伽』30、大正 30・451b)

周遍尋思　しゅうへんじんし　心を静める（奢摩他）ことによって心のなかの対象を観察するありよう、すなわち毘鉢舎那の四つのありよう（能正思択・最極思択・周遍尋思・周遍伺察）の一つ。対象をあまねく言葉によって追求し思惟すること。遍尋思ともいう。
Ⓢ parivi-**tark**
（出典）云何名為周遍尋思。謂、即於彼所縁境界、由慧倶行有分別作意、取彼相状、周遍尋思。(『瑜伽』30、大正 30・451b)

宗　しゅう　①主張。教説。各学派の教義の主旨。原語 siddhānta を悉弾多と音写。「唯識を以って宗と為す」「自の宗を開き他の宗を伏す」「宗を以って量と為すが故に是の説を作す」「毘婆沙の宗を擁護す」「設し是の説を作さば、便ち自の悉弾多に違害すべし」
Ⓢ pakṣa: samaya: siddhānta
②宗因喩の宗。→宗因喩

宗因喩　しゅういんゆ　宗と因と喩。因明すなわち仏教論理学の論法を構成する三つの要素。宗（pakṣa: pratijñā: siddhānta）とは主張者が反対者に提示する主張命題、因（hetu）とはその命題を根拠づける理由、喩（udāharaṇa: dṛṣṭānta）とはその命題をさらに根拠づける譬喩をいう。たとえば「声は無常なるべし。所作性が故に。猶し瓶などの如し」というなかで「声は無常なるべし」が宗、「所作性が故に」が因、「猶し瓶などの如し」が喩である。→因明

宗義　しゅうぎ　各学派の教義。宗旨・宗趣・宗教とおなじ。「他の宗義を遮遣せんと欲するが為の故に斯の論を作す」「辯因とは立するところの宗義を成就せんが為に道理に順益する言論を建立するを謂う」「不相応は仮なりとは、是れ我が宗義なり」

宗教　しゅうきょう　各学派の教義。宗義・宗趣・宗旨とおなじ。「他の宗教を観ずるとは因明に依止して他の論を摧伏して己が論を建立するを謂う」

宗旨　しゅうし　各学派の教義。宗義・宗趣・宗教とおなじ。「此の論の宗旨に於て読誦し受持す」「他の宗旨に於て深く過隙を知り、自の宗旨に於て殊勝の徳を知る」

宗趣　しゅうしゅ　各学派の教義。宗義・宗旨とおなじ。「宗趣に随う言」

宗親　しゅうしん　一族。親戚。宗族とおなじ。「刹帝利家に生じて宗親は強盛す」

宗前敬叙分　しゅうぜんきょうじょぶん　一つの論書を構成する三つの部分（宗前教叙分・依教広成分・釈結施願分）の一つ。教えの宗旨を述べる前に、教えを説いた人（釈尊・論師）への敬礼を述べる部分。たとえば『成唯識論』の冒頭の「唯識の性に於て満に分に清浄なる者を稽首す。我れ今、彼の説を釈し、諸の有情を利楽せん」をいう。

宗族　しゅうぞく　一族。親戚。宗親とおなじ。「奢豪の位と宗族の熾盛を望んで諸の欲楽を受ければ、後に皆な必ず衰滅す」

宗要　しゅうよう　教えのかなめ。教義の根本。「一切の契経の宗要を宣暢す」「此の論は十七地を用いて以って宗要と為す」

宗葉　しゅうよう　宗は祖先、葉は子孫、宗葉で家の勢いをいう。家柄に勢いがあることを大宗葉といい、勢いがないことを小宗葉あるいは薄小宗葉という。「諸の有情に、現に、或いは上族姓、或いは下族姓、或いは富族姓、或いは貧族姓、或いは大宗葉、或いは小宗葉などの差別の得べきあり」「族姓が退減し薄小宗葉なり」

洲　しゅう　洲渚とおなじ。→洲渚

洲渚　しゅうしょ　①川や海のなかにある島・中洲。帰依し、よりどころとするものの喩えとして用いられる。「他の義に依止するを洲渚に住すると名づく」 Ⓢ dvīpa
②スメール山の四方の海にある四つの大きな島。四大洲のこと。→四大洲「転輪王は四つの洲渚を統む」

秋　しゅう　あき。一年の四季（春・夏・秋・冬）の一つ。秋に起こる自然現象は譬喩として多く用いられる。「農夫などが秋に多

く実を収するが如し」「秋の池水の如く澄浄なり」「秋麗の日光が雪山を照らすが如し」「秋冬時に山河に霧起こるが如し」 Ⓢ śarad

臭 しゅう　におい。とくに悪臭をいう。「諸の肉血などの変壊に成ぜらるるが故に生の臭と名づく」 Ⓢ gandha: durgandha

臭穢 しゅうえ　悪臭。ものの腐ったにおい。「諸の天子がまさに没せんとする時に、身は便ち臭穢す」「楽浄人は塚間の死屍の臭穢を逃避す」 Ⓢ durgandha: daurgandhya
（出典）言臭穢者、受用飲食、変壊成故。（『瑜伽』84、大正 30・766c）

臭悪 しゅうお　悪臭。「器世間には諸の便穢・泥糞なる不浄多く、臭処迫迮し、多く不浄にして臭悪なる物を生ず」

臭気 しゅうけ　悪臭。「諸の天子まさに命終ろうとする時に臭気が身に入る」
Ⓢ daurgandhya

臭処 しゅうしょ　小便・大便などの悪臭のするところ。
（出典）屎尿不浄変壊所成故、名臭処。（『瑜伽』84、大正 30・766c）

修（しゅう）→しゅ

執 しゅう　①とらわれ。執着すること。「貪増上に由って他の所有を己の有と為さんと欲して執を起こす」「実無の事に於て増益の執を起こし、実有の事に於て損減の執を起こす」 Ⓢ adhimukta: adhivāsana: abhini-**viś**: abhiniviṣṭa: abhiniveśa: abhyupa-**i**: grahaṇa: grāha: grāhika: grāhin: pari-**grah**
②手に取る、つかむ、持つこと。「手に杖刀を執して、若しくは打ち、若しくは刺す」「刀を執して自害す」 Ⓢ ādāna: ā-**dhṛ**: ā-**lamb**: upani-**bandh**: **grah**
③主張すること。考えること。まちがって考えること。ある学派からみた他派のまちがった見解をいう。「有るが執すらく」「一類の外道は極微は常なりと執す」 Ⓢ **iṣ**: iṣṭa: kalpanā: **kḷp**: parā-**mṛś**: parikalpanā: parikalpita: pari-**kḷp**: pratī-**i**: mata: **man**

執我 しゅうが　自己への執着。自己は存在すると考えること。「常一という想を先と為して方に我を執す」
Ⓢ ātman-iti: ātman-upalambha: ātman-graha
（参考）（『倶舎』29、大正 29・154c 以下）

執我我所 しゅうががしょ　我（自己）と我所（自己のもの）への執着。「薩迦耶見とは無明力に由って我と我所とを執すを謂う」

執金剛神 しゅうこんごうじん　金剛杵（堅固な金属からなる武器）を持って仏陀を守護する神。 Ⓢ vajra-pāṇi

執三杖 しゅうさんじょう　結び合わせた三条の杖を持つこと。般利伐羅多迦外道が修する苦行。→般利伐羅多迦　Ⓢ tri-daṇḍa

執持 しゅうじ　「しっち」ともよむ。①手に取る、つかむ、持つこと。「刀杖を執持して闘罵し諍訟す」 Ⓢ ādāna
②阿頼耶識の働きをいう。（ⅰ）広義の執持。潜在的な根本心（阿頼耶識）が一切の存在を生じる可能力（種子）と感官（色根・有色根）とを生理的に維持して腐敗せしめない働きをいう。原語 ādāna の意訳。阿陀那と音写（→阿陀那識）。（ⅱ）狭義の執持。阿頼耶識の働きのなかでとくに種子を保持する働きをいう。阿頼耶識の三つの働き（執持・執受・執取）の一つ。「諸法の種子を執持す」
Ⓢ ādāna
（出典）初能変識、能執持諸法種子、令不失故、名一切種。（『成論』2、大正 31・7c～8a）：或名阿陀那、執持種子及諸色根、令不壊。（『成論』3、大正 31・13c）：以能執持諸法種子、及能執受色根依処、亦能執取結生相続、故説此識、名阿陀那。（『成論』3、大正 31・14c）：梵云阿陀那、此云執持、執持諸種有色根故。（『述記』3 末、大正 43・344a）

執著 しゅうじゃく　心が引かれ、とらわれること。「未来を希楽し現在に執著す」「薩迦耶見などの一切の執著の動乱を断ず」「慳悋垢を調伏するとは、財物への執著を捨するを謂う」「遍計所執自性に執著す」
Ⓢ adhyavasāna: abhiniveśa: āgraha

執著愚癡 しゅうじゃくぐち　自己は存在するという見解（身見）と、それにもとづく見解とをまちがった見解であると理解できない外道の愚かな者。十種の愚癡（愚かな者）の一つ。→愚癡②
（出典）執著愚癡者、謂、如有一、堕外道中、彼於身見、身見為本諸見趣中、不能解了、是故愚癡。（『瑜伽』60、大正 30・637b）

執著縛 しゅうじゃくばく　貪りや怒りなどの煩悩の執着による束縛。四種の縛（執取縛・領受縛・了別縛・執著縛）の一つ。「心は所説の身などに於て執著縛に由って縛せらる

る」 Ⓢ abhiniveśa-bandhana
（参考）（『瑜伽』14、大正 30・350a）

執著分別 しゅうじゃくふんべつ 十種の分別・虚妄分別の一つ。理にかなわない分別（不如理作意）を原因として起こす六十二見の分別。→虚妄分別① →六十二見
（出典）執著分別者、謂、不如理作意為因、依止我見、起六十二諸悪見趣相応分別。（『摂論釈・世』4、大正 31・342b）：執著分別者、謂、不如理分別所起六十二見所摂。（『雑集論』14、大正 31・764b）

執取 しゅうしゅ ①まちがって理解すること。まちがった見解に執着すること。「邪見を執取す」「外道の禁戒を執取す」
Ⓢ upādāna: parā-**mṛś**
②認識すること。対象のすがた・特徴を把握すること。「相を執取し随好を執取す」
Ⓢ udgrahaṇa
③抱く、つかむ、得ること。「両手で子を執取す」 Ⓢ pari-**grah**
④手にいれる、獲得すること。「段食を追求し、執取し、受用す」 Ⓢ upādāna
⑤胎中に入って再び生を結び、生をつづけること。阿頼耶識（阿陀那識）の三つの働き（執持・執受・執取）の一つ。「結生相続を執取す」「種子を執持す、有根身を執受す、結生相続を執取す、此の三義を具するを阿陀那と名づく」

執取縛 しゅうしゅばく 身体への執着による束縛。四種の縛（執取縛・領受縛・了別縛・執著縛）の一つ。「心は身に於て執取縛に由って縛せらるる」
Ⓢ upādāna-bandhana
（参考）（『瑜伽』14、大正 30・350a）

執受 しゅうじゅ ①こころ（心・心所）によって有機的・生理的に維持されること、あるいは、そのように維持されるもの。苦楽の感受作用を生じるもの。眼・耳・鼻・舌・身の五つの感官（根・色根）、あるいはそれら五つから成り立つ身体（有根身）をいう。〈唯識〉は有根身に加えて潜在的な根本心（阿頼耶識）のなかの「ものを生じる可能力」（種子）をも執受とする。この場合、執を執持と執受の二つの意味に分け、阿頼耶識は種子を執持し有根身を執受するととらえる。
Ⓢ upātta
（出典）契経説、有色根身、是有執受。若無阿頼耶識、彼能執受不応有故。（『成論』3、大正 31・16b）：執受有二。謂、諸種子及有根身。（『成論』2、大正 31・10a）：執受義者、執是摂義、持義受是領義。覚義摂為自体、持令不壊、安危共同、而領受之、能生覚受、名為執受、領為境也。（『述記』3 本、大正 43・315c）
（参考）（『瑜伽』66、大正 30・666a）
②執受されるもの（有根身・種子）を執受する働きをいう。「阿頼耶識は能く有根身を執受す」
③心識を有する生きものの総称。生きもの以外の存在をいう非執受（無執受・不執受）の対。「声に略して三種あり。謂く、執受の大種に因る声と、不執受の大種に因る声と、執受と不執受との大種に因る声となり」
Ⓢ upātta
④理解する、把握すること。獲得すること。「執受の顚倒」「不浄物を執受して清浄を得るという」 Ⓢ upādāna: grāha

執受非執受 しゅうじゅひしゅうじゅ 執受と非執受。執受は心識を有する生きものの総称。非執受とは心識を有しない無機物的な存在の総称。非執受を不執受・無執受ともいう。→執受③ →非執受
Ⓢ upātta-anupātta

執蔵 しゅうぞう 蔵識（阿頼耶識）の蔵の三つの意味（能蔵・所蔵・執蔵）の一つ。阿頼耶識が第七末那識によって自我と執着されるありようをいう。→阿頼耶識

執理家 しゅうりけ 王に仕えて犯罪や争い事を裁く官吏。そこで論議を行なうべき六つの場所の一つ。執理者ともいう。→論処所
Ⓢ yukta-kula
（出典）彼使者、謂、執理家、王所使故。或是官属執理法司、或知平均議事違理、立為断事。（『略纂』3、大正 43・48a）

執理者 しゅうりしゃ →執理家

終 しゅう ①終わること。命が終わること。死ぬこと。「命が将に終らんとするとき、自ら先時に串習せし悪法を憶す」 Ⓢ cyuti
（出典）終云何。謂、諸有情離解支節而死。（『瑜伽』10、大正 30・324a）
②ついに。終わりに。最後に。とうとう。「我れ、まさに決定して防護して、当来に終に重犯せずと自ら誓うべし」

終尽 しゅうじん 終わること。尽きるこ

と。「諸行の相続の初めて起こるを生と名づけ、終尽の位の中を説いて名づけて滅と為す」

終没 しゅうぼつ 死ぬこと。没すること。「諸の有情類の終没せんと臨むを名づけて死時と為す」 Ⓢ cyuti: maraṇa

羞 しゅう ①はじること。「何等をか慚と為すや。謂く、諸の過悪に於て自が羞じるを体と為す」「一切の愚夫は羞じるべからざるを羞じ、羞じるべきを羞じず」
②おいしい食べ物。ご馳走。「珍羞や諸の餅果の内に熟酥を投じて更に勝味を生ず」

羞愧 しゅうき はじること。愧とおなじ。「他処に於て羞愧する時は、必ずしも慚を生ぜず」

羞慚 しゅうざん はじること。慚とおなじ。「自処に於て羞慚する時は、必ず亦た他に於ても愧を生ず」

羞恥 しゅうち はじること。「現法中の悪戒・慳貪に於て深く羞恥を生じ、羞恥するを以っての故に悪尸羅を捨てて清浄戒を受け、慳貪を棄捨す」「罪の現行に於て我れは非法を為すと能く正しく覚知して、内に羞恥を生ずるを名づけて慚を為す」
Ⓢ ritīyate: ritīyamāna: lajjā

習（しゅう）→じっ

習（しゅう）→じゅう

就（しゅう）→じゅ

衆（しゅう）→しゅ

集（しゅう）→じゅう

愁 しゅう 悲しみ。悲哀。うれうこと。「内熱は是れ愁なり」「可愛の事が無常転変するに由って悲傷・心感するが故に名づけて愁と為す」 Ⓢ śoka

愁憂 しゅうう うれうこと。「彼れに疹疾あり、或いは愁憂ありて終に棄捨せず」「作すところの事業が若し諧遂せずんば、是の因縁に由って愁憂し憔悩す」「已に貪欲及び瞋恚品のあらゆる一切の愁憂の熾燃を断ず」
Ⓢ daurmanasya: vimanaska: **śuc**: śoka

愁憒 しゅうかい うれいみだれること。「但だ能く変易無常・散壊無常を思惟して広く悲歎・愁憒・憂悴を起こす」

愁慼 しゅうしゃく うれいかなしむこと。「猶預を懐く者は決定知を求めて心が愁慼す」「種種の愁慼・傷歎・悲苦・憂悩を生ず」
Ⓢ durmanāyate: śoka

愁歎 しゅうたん うれいなげくこと。「煩悩増盛するに由るが故に生老病死の愁歎・憂苦の種種の擾悩を解脱すること能わず」
Ⓢ śoka-parideva

愁悩 しゅうのう うれいなやむこと。「非択滅とは、択力に由らずして疫癘・災横・愁悩や種種の魔事を解脱するを謂う」「衆の苦事に触れて便ち種種の愁悩・怨歎を生ず」
Ⓢ śoka

愁悲 しゅうひ うれいかなしむこと。「生老病死・愁悲・憂苦・擾悩の純大なる苦蘊を招集す」 Ⓢ śoka

酬 しゅう むくいること。対応すること。「先の恩に酬いる」

酬因 しゅういん 因に酬いること。結果が原因に応じて生じること。「因に似て起こるを説いて因に酬いると名づく」「因と異性にして果が因に酬いるが故に異熟と謂う」
Ⓢ anuvi-**dhā**

酬価 しゅうか 値段を支払うこと。「羊を売る廛に趣むいて羊身を揗触して酬価す」
Ⓢ **krī**

酬債 しゅうさい 借金を返すこと。「若し彼の物の主が酬債の法の如く先に与えるところに非ざるを不与と名づく」 Ⓢ dāna-yogya

酬償 しゅうしょう 借金を返すこと。「人ありて他国に適かんと欲するに、あらゆる債主が悉く来りて現前す。彼の人、即ち迴転して酬償す」

酬対 しゅうたい 応答すること。酬答とおなじ。「正理に称って発言して酬対す」

酬答 しゅうとう 応答すること。酬対とおなじ。「問難するところに随って皆な善く酬答す」 Ⓢ ārādhana

酬報 しゅうほう 恩に報いること。報恩とおなじ。「恩ある有情に於て常に酬報を思う」
Ⓢ pratyupakāra

聚（しゅう）→じゅ

種子 しゅうじ ①植物の種。阿頼耶識のなかの種子の喩えとして用いられる。阿頼耶識の種子を内種子というのに対して外種・外種子・外法種子という。→外種 Ⓢ bīja
②存在を生じる阿頼耶識のなかの可能力。そのような可能力を植物の種子に喩えて種子という。「種子とは本識（阿頼耶識）のなかの親しく自らの果を生じる功能差別なり」と定義され（『成論』2、大正31・8a）、種子とは

「功能差別」（功能とは力、差別とは特別の意）、すなわち特別の力をいう。特別の力とは、直接、自らの結果を生じる力をいう。〈唯識〉は、清らかな存在であれ、清らかでない存在であれ、迷いの存在であれ、さとりの存在であれ、ありとあらゆる存在を生じる根本原因である因縁（正因縁）は、阿頼耶識のなかの種子であると説く。外界の植物の種子を外種・外種子というのに対して内種・内種子・内法種子という。 Ⓢ bīja
（出典）何法名為種子。謂、本識中親生自果功能差別。（『成論』2、大正 31・8a）：種子者、謂、本識中善染無記諸界地等功能差別。（『成論』7、大正 31・40a）
（参考）阿頼耶識のなかの種子は、すべてまとめて名言種子といわれるが、そのなかで善業あるいは悪業によって善・悪のいずれかに色付けされた種子を別立して業種子とよぶ（→名言種子　→業種子）。種類として、世間種子・出世種子・不清浄種子・清浄種子の四種が説かれ、この四つにすべての種子が包括されるという（『瑜伽』14、大正 30・348c）。

種子阿頼耶識　しゅうじあらやしき　そのなかに存在を生じる力である種子を有している阿頼耶識の異名。一切種子識・一切種子阿頼耶識とおなじ。→阿頼耶識　→種子②　Ⓢ bījakam ālaya-vijñānam

種子依　しゅうじえ　心が生じる三つの原因（倶有依・等無間依・種子依）の一つ。種子という所依。あらゆる存在を生じる種子を有する阿頼耶識をいう。因縁依ともいう。→因縁依　→種子②　Ⓢ bīja-āśraya
（出典）眼識所依者、倶有依。謂、眼。等無間依、謂、意。種子依、謂、即此一切種子阿頼耶識。（『瑜伽』1、大正 30・279a）。

種子識　しゅうじしき　阿頼耶識の異名。→阿頼耶識

種子生現行　しゅうじしょうげんぎょう　種子が現行を生じること。潜在的な根本心（阿頼耶識）にある種子から顕在的な心（現行）が生じること。その現行が阿頼耶識に種子を植えつけることを「現行熏種子」といい、「種子生現行」と「現行熏種子」との一連の過程が同時に起こることを「三法展転因果同時」という。この二つの過程に「種子生種子」を加えた三つの過程で阿頼耶識縁起が構成される。→三法展転因果同時　→阿頼耶識縁起

種子生種子　しゅうじしょうしゅうじ　種子が種子を生じること。阿頼耶識の種子が生じた次の刹那にまた自らの種子を生じつつ相続する過程をいう。因としての前の種子と果としての後の種子とは時間的に異なって存在するから因果異時という。この過程と「種子生現行」と「現行熏種子」との三つの過程で阿頼耶識縁起が構成される。→阿頼耶識縁起

種子成就　しゅうじじょうじゅ　三種の成就（種子成就・自在成就・現行成就）の一つ。あるものを生じる力が潜在的な根本心（阿頼耶識）のなかに可能力として有しているありようをいう。煩悩と無記なるものと生得善とを生じる種子を有しているありようをいう。
（参考）（『瑜伽』52、大正 30・587a）：（『集論』3、大正 31・673c）

種子善　しゅうじぜん　→随逐善

種子六義　しゅうじろくぎ　阿頼耶識（潜在的な根本心）のなかの種子がそなえる六つの条件。刹那滅・果倶有・恒随転・性決定・待衆縁・引自果の六つ。→各項参照
（参考）（『成論』2、大正 31・9b）

皺　しゅう　しわ。「面の皺、髪の白などを以って是れ老なりと比知す」

皺福　しゅうしょう　しわ。「牛の皮を張って皺福をなからしむ」 Ⓢ valikā

醜目天　しゅうもくてん　四天王の一人。スメール山（蘇迷盧山）の西面の中腹に住する天。広目天とも呼ばれる。→四天王
Ⓢ virūpākṣa

醜陋　しゅうろう　形・すがたがみにくいこと。心がいやしいこと。端正・端厳の対。「端厳な眼と醜陋な眼」「女男の二根は身を醜陋せしむ」「心は此れは是れ醜陋なり」
Ⓢ virūpa: vairūpya

鞦鞅　しゅうおう　しりがい。鞦は牛馬の尻にかけるひも。むながい。鞅は牛馬の胸から鞍骨にかけてわたすひも。

蹴蹋　しゅうとう　足で大地を踏むこと。「按摩・拍・托石・跳躑・蹴蹋・攘臂・扼腕・揮戈・撃剣などの角武事に於て力能あり」 Ⓢ pṛthivī-khāta

襲師　しゅうし　仏教の教え（聖教）に随って人びとを導く人。随説者ともいう。師（指導者）の種類をあげるなかの一人。軌範師・親教師・同法者をまとめた呼称。
（出典）言襲師者、謂、軌範師、若親教師、

若同法者。(『瑜伽』83、大正 30・760a)

十悪業道 じゅうあくごうどう →十不善業道

十一根 じゅういちこん サーンキヤ学派(数論)が説く十一の感官。五の知根(眼・耳・鼻・舌・皮)と五の作業根(口・手・足・小便処・大便処)と心平等根との十一。
(参考)(『述記』1末、大正 43・252b)

十因 じゅういん 次の十種の因をいう。(i)随説因(anuvyavahāra-hetu)。言説を生じる因。言葉(語 vāca)をいう。(ii)観待因(apekṣā-hetu)。それを待って、それと相い対することによって求める・集める・享受するなどの行為が生じる因。苦楽という感受作用をいう。(iii)牽引因(ākṣepa-hetu)。自らの果を引き出す因。阿頼耶識のなかにある未だ成熟していない種子。浄業あるいは不浄業によって熏習された習気をいう。(iv)生起因(abhinirvṛtti-hetu)。自らの果を生起せしめる因。阿頼耶識のなかにある成熟した種子をいう。(v)摂受因(parigraha-hetu)。汚れがある存在(有漏法)・汚れがない存在(無漏法)を維持し存立せしめる因。心を生じる無間滅縁(一刹那前に滅した心の総体)・所縁縁(対象)・根(眼・耳・鼻・舌・身・意の六つの感官)、行為(物を切るなどの行為)を引き起こす道具の作用、道具を使う人の作用、汚れがない真実の智慧、などをいう。(vi)引発因(āvāhaka-hetu)。価値的に同類(善なら善、染なら染、無記なら無記)を引き起こす因。阿頼耶識のなかの種子とそれより生じる現行すべてをいう。(vii)定異因(pratiniyama-hetu)。すべての存在は自らの果を生じる特別の力を定んで有していることをいう。たとえば物質(色)は物質を定んで生じ、物質とは異なった心を生じることがないことをいう。(viii)同事因(sahakāri-hetu)。前述した観待因から定異因までの六因が一つのおなじ事を為すことをいう。(ix)相違因(virodha-hetu)。相違した果を生じる因。たとえば、霜によって青葉が黄色になるときの霜をいう。霜は青葉が青葉でありつづけるのを妨げて青葉と相違する黄色の葉を生じるからである。(x)不相違因(avirodha-hetu)。相違しない果を生じる因。 Ⓢ daśa hetavaḥ
(参考)(『瑜伽』5、大正 30・301b~302a):(『成論』8、大正 31・41b~c)

十五心 じゅうごしん →十六心

十号 じゅうごう 如来の十種の呼び名。仏の十種の尊称。如来・応・正等覚・明行円満・善逝・世間解・無上丈夫調御士・天人師・仏・薄伽梵の十をいう。
(参考)(『婆沙』178、大正 27・893c~894a):(『瑜伽』38、大正 30・499b):(『瑜伽』83、大正 30・765a~b)

十業道 じゅうごうどう 十種の根本的な悪い行為、あるいは善い行為の領域。十不善業道(十悪業道)、あるいは十善業道。→十不善業道 →十善業道

十三住 じゅうさんじゅう 発心してから仏陀すなわち如来になるまでの次の十三の段階。種性住・勝解行住・極歓喜住・増上戒住・増上心住・覚分相応増上慧住・諸諦相応増上慧住・縁起流転止息相応増上慧住・有加行有功用無相住・無加行無功用無相住・無礙解住・最上成満菩薩住・如来住。→各項参照
(参考)(『瑜伽』49、大正 30・564c~565a)

十四不可記 じゅうしふかき →十四無記

十四無記 じゅうしむき 十四不可記ともいう。十四の質問に対して答えないこと。無記とは、捨置ともいい、ある質問に対してそれが質問としては成立しないから、それを無視して返答しない釈尊の態度をいう。十四の質問とは、外道からの次のような質問をいう。(i)世間は常か。(ii)世間は無常か。(iii)世間は常でありかつ無常であるか。(iv)世間は常でもなく無常でもないか。(v)世間は有辺(大きさに限界がある)か。(vi)世間は無辺(限界がない)か。(vii)世間は有辺でありかつ無辺であるか。(viii)世間は有辺でもなく無辺でもないか。(ix)如来は死後に存在するか。(x)如来は死後に存在しないか。(xi)如来は死後に存在しかつ存在しないか。(xii)如来は死後に存在しなく存在しないこともないか。(xiii)いのち(命)と身体(身)とはおなじか。(xiv)いのちと身体とは異なっているか。
(参考)(『倶舎』19、大正 29・103c)

十地 じゅうじ 真理をさとった菩薩が最高のさとり(無上正覚)を得ることを目指してさらに修行を進めていく十の心境・境界。極喜地・離垢地・発光地・焔慧地・極難勝地・現前地・遠行地・不動地・善慧地・法雲地の

十（→各項参照）。順序を付して初めの極喜地を初地、次の離垢地を第二地、ないし法雲地を第十地という。初地は入心と住心と出心との三心から成り立つが、そのなかの入心を見道、住心以後から第十地の最後心、すなわち出心（金剛喩定の無間道）までを修道に配する。
（参考）（『解深』4、大正 16・704a〜b）：（『成論』9、大正 31・51a〜b）

十地菩薩 じゅうじぼさつ 真理をさとり十地に住した菩薩。入地菩薩・登地菩薩ともいう。真理をいまださとっていない菩薩を地前菩薩と呼ぶのに対する呼称。

十七地 じゅうしちじ 『瑜伽論』が説くヨーガ行者の十七の心境・境界。五識身相応地・意地・有尋有伺地・無尋唯伺地・無尋無伺地・三摩呬多地・非三摩呬多地・有心地・無心地・聞所成地・思所成地・修所成地・声聞地・独覚地・菩薩地・有余依地・無余依地の十七。これら十七のなか前の九地は観察の対象（境）、次の六地は修行（行）、後の二地は修行の結果（果）をそれぞれ明らかにする。
（参考）（『瑜伽』1、大正 30・279a）：（『略纂』1、大正 43・3c〜4a）

十七天 じゅうしちてん →色界十七天

十殊勝 じゅうしゅしょう →殊勝

十重障 じゅうじゅうしょう 十障ともいう。十の重い障害。十地の初地から第十地にある次の十種の障。異生性障・邪行障・闇鈍障・微細煩悩現行障・於下乗般涅槃障・麁相現行障・細相現行障・無相中作加行障・利他中不欲行障・於諸法中未得自在障（→各項参照）。→重障
（参考）（『摂論釈・世』7、大正 31・358a）：（『成論』9、大正 31・52b〜53c）

十小煩悩地法 じゅうしょうぼんのうじほう →小煩悩地法

十勝行 じゅうしょうぎょう 十の勝れた実践。施・戒・忍・精進・静慮・般若・方便善巧・願・力・智の十種の波羅蜜多（十到彼岸）をいう。十地において十勝行を修して十重障を除いて十真如を証する。→十地 →十波羅蜜多 →十重障 →十真如
（参考）（『成論』9、大正 31・51b）

十障 じゅうしょう 十重障とおなじ。→十重障

十真如 じゅうしんにょ 十の真理。菩薩の十の段階（十地）において十の勝れた実践（十勝行）によって十の重い障害（十重障）を断じて得られる次の十の真如。遍行真如・最勝真如・勝流真如・無摂受真如・類無別真如・無染浄真如・法無別真如・不増減真如・智自在所依真如・業自在等所依真如。初地において遍行真如を、ないし第十地において業自在等所依真如を証する。
（参考）（『成論』10、大正 31・54b）

十随煩悩 じゅうずいぼんのう 十随惑ともいう。放逸・掉挙・惛沈・不信・懈怠・邪欲・邪勝解・邪念・散乱・不正知の十の随煩悩。一切の汚れた心と共に働く煩悩。これらのなか邪欲・邪勝解・邪念・散乱・不正知の五つは、順次、別境の五つである欲・勝解・念・定・慧の汚れたものに相当し、邪欲・邪勝解・邪念は五位百法の分類のなかの随煩悩には含まれていない。
（参考）（『瑜伽』58、大正 30・622b〜c）：（『述記』5 本、大正 43・398b）

十随惑 じゅうずいわく →十随煩悩

十善戒 じゅうぜんかい 十の善い行為に関するいましめ。十戒ともいう。十善業道を実践することをもっていましめとする。→十善業道

十善巧 じゅうぜんぎょう 蘊善巧・界善巧・処善巧・縁起善巧・処非処善巧・根善巧・世善巧・諦善巧・乗善巧・有為無為善巧の十。→各項参照 →善巧
（参考）（『中辺』中、大正 31・468c）

十善業 じゅうぜんごう →十善業道

十善業道 じゅうぜんごうどう 十の善い行為の領域。離殺生・離偸盗（離不与取）・離邪淫（離欲邪行）・離妄語（離虚誑語）・離離間語・離麁悪語・離綺語（離雑穢語）・離貪欲・離瞋恚・離見の十。十不善業道の対。→十不善業道 Ⓢ daśa-kuśalāḥ karma-pathāḥ

十大地法 じゅうだいじほう →大地法

十大善地法 じゅうだいぜんじほう →大善地法

十度 じゅうど →十波羅蜜多

十到彼岸 じゅうとうひがん →十波羅蜜多

十二因縁 じゅうにいんねん →十二支縁起

十二有支 じゅうにうし →十二支 Ⓢ dvādaśa-bhava-aṅga

十二縁起 じゅうにえんぎ →十二支縁起

十二月 じゅうにげつ 一年の十二か月。羯

栗底迦月・末伽始羅月・報沙月・磨伽月・頗勒寠那月・制怛羅月・吠舎佉月・誓瑟搋月・阿沙荼月・室羅伐拏月・婆達羅鉢陀月・阿湿縛庾闍月の十二か月（→各項参照）。
（参考）（『婆沙』136、大正27・701c）

十二支 じゅうにし　生存のありようを構成する十二の契機。→十二支縁起

十二支縁起 じゅうにしえんぎ　十二の契機からなる縁起。「なぜ我われは生まれ老い死ぬのか」という実存的問いかけに対して釈尊が実践と思索とによって自己存在を分析解明して、その結果、無明からはじまり老死におわる十二の契機によって生存のありようを一連の因果の鎖にまとめたもの。十二因縁・十二縁起（ただし〈唯識〉は十二因縁とはいわない）ともいう。その後、この概念への思索が深まり、その内容について経論によって解釈を異にするが、〈有部〉において、十二の契機の因果連続によって過去・現在・未来の三世にわたって生死相続する機構が説かれるに至った。この考えにもとづいて十二支縁起を説明すると次のようになる。（i）無明（過去世において煩悩がある位）、（ii）行（過去世においてさまざまに行為する位）、（iii）識（現在世において母胎中でまさに生を結ぶ瞬間）、（iv）名色（未熟な胎児の状態）、（v）六処（感官などができあがって胎児として完成する状態）、（vi）触（生まれ出て外界と触れる位）、（vii）受（苦や楽をはっきりと感受する位）、（viii）愛（性的な欲望をおこす位）、（ix）取（種々の事物を獲得せんと奔走する位）、（x）有（未来世の生をもたらす原因となる行為をする位）、（xi）生（未来世の生を結ぶ位）、（xii）老死（未来世において老い死んでいく位）。二つの因果によって過去・現在・未来の三世にわたる縁起を説いているから、これを「三世両重の因果」という。

【三世両重の因果】

- 三世
  - 初世
    - 無明 ── 惑 ┐
    - 行 ── 業   ┘ 因 ┐
  - 第二世
    - 識
    - 名色
    - 六処 ── 苦 ── 果 ┘ 初重 ┐
    - 触
    - 受
    - 愛 ┐
    - 取 ├ 惑 ┐
    - 有 ── 業 ┘ 因 ┐
  - 第三世
    - 生 ┐
    - 老死 ┘ 苦 ── 果 ┘ 第二重 ┘ 両重

【二世一重の因果】

- 惑・業・苦
  - 無明・行 ── 能引支 ┐ 牽引因 ┐ 過去十因・現在十因
  - 識・名色・六処・触・受 ── 所引支 ┘
  - 愛・取・有 ── 能生支 ── 生起因
  - 生・老死 ── 所生支 ── 引生果 〈 現在二果／未来二果

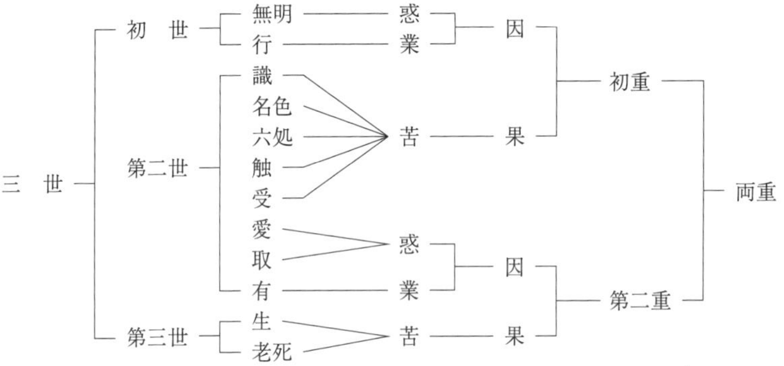

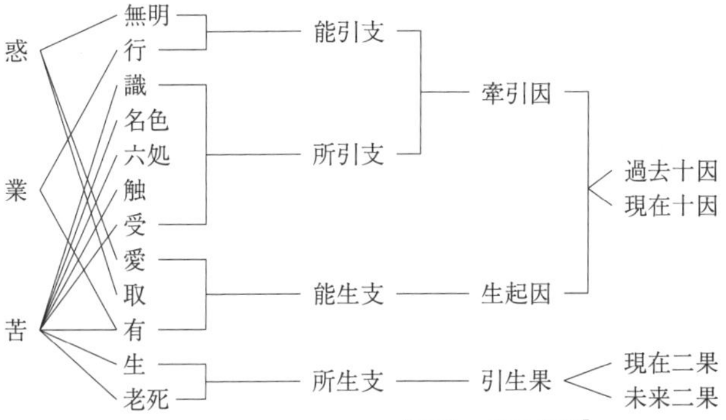

この〈有部〉の説に対して〈唯識〉は「二世一重の因果」を説く。
これは十二支のなかの前七支を牽引因、次の三支を生起因、最後の二支を引生果として十二のなかの前十が因、後二が果とし、その因果を過去から現在、あるいは現在から未来へという一重の因果しか起こらないという見解である。〈唯識〉は、過去は非存在であるが、過去のありようは阿頼耶識に熏じられた種子として現在に存在し、その種子が未来に果を生じるという立場をとるからである。
(参考)(『倶舎』9、大正 29・48a 以下)：(『述記』8 本、大正 43・518b 以下)

十二住　じゅうにじゅう　菩薩が住する十二種の心境。菩薩が如来と成るまでの深まりいく十二の段階。種性住・勝解行住・極歓喜住・増上戒住・増上心住・覚分相応増上慧住・諸諦相応増上慧住・縁起流転止息相応増上慧住・有加行有功用無間欠道運転無相住・無加行無功用無間欠道運転無相住・無礙解住・最上成満菩薩住の十二。まとめて菩薩住という。→各項参照
(参考)(『瑜伽』47、大正 30・553a 以下)

十二処　じゅうにしょ　存在の十二の領域。一人の人間を構成する十二の要素。仏教の説く存在分類法（五蘊・十二処・十八界）の一つ。眼処・耳処・鼻処・舌処・身処・意処・色処・声処・香処・味処・触処・法処の十二。処（āyatana）とはこころ（心・心所）を生長せしめるものと訓釈され、そのようなものとしての眼・耳・鼻・舌・身・意の六つの感官（六根）と色・声・香・味・触・法の六つの認識対象（六境）とをまとめて十二処という。十二を内外に分けて、前の眼などの六を六内処・内六処、後の色などの六を六外処・外六処という。 Ⓢ dvādaśa-āyatanāni
(出典) 心心所法生長門義、是処義。訓釈詞者、謂、能生長心心所法故、名為処。(『倶舎』1、大正 29・5a)：云何処。謂、処有十二、則眼処・色処・耳処・声処・鼻処・香処・舌処・味処・身処・触処・意処・法処、是名為処。(『瑜伽』27、大正 30・434a)

十二杜多行　じゅうにずだぎょう　杜多（dhuta あるいは dhūta の音写）とは衣服と飲食と住居とに対する貪りを除去して心を浄める修行をいい、次の十二種がある。(ⅰ) 常期乞食（常に乞食を期す）。生計の糧を常に乞食に求めること。(ⅱ) 次第乞食（次第に乞食する）。家の貧富を選ぶことなく一軒ずつ巡って乞食すること。(ⅲ) 但一坐食（但だ一坐にて食す）。ある一つの座で残すことなく食べ、その座から立って他の座で重ねて食べることがないこと。(ⅳ) 先止後食（先に止め後に食す）。与えられたものをすぐに食べ始めるのではなく、まず摂るべき食事の量はどれくらいかを考え、またそれ以上に食べてはならないと知ってから食べ始めること。(ⅴ) 但持三衣（但だ三つの衣を持す）。ただ僧伽胝と怛僧伽と安怛婆参との三種の衣のみ着用すること。(ⅵ) 持毳衣（毳衣を持す）。毛織物から作られる衣を着用し、それ以外のものから作られた衣を所持しないこと。(ⅶ) 持糞掃衣（糞掃衣を持す）。町や巷に捨てられた汚い衣を洗って着用すること。(ⅷ) 住阿練若（阿練若に住す）。人びとが住む町村から離れた広々とした広野（空逈）や埋葬地（塚間）や辺地の庵（辺際臥具）などに住すること。(ⅸ) 常居樹下（常に樹下に居す）。常に樹木の下で修行すること。(ⅹ) 常居逈露（常に逈露に居す）。常に何もさえぎるもののない露地にて修行をすること。(ⅺ) 常住塚間（常に塚間に住する）。常に墓場・埋葬地で修行すること。(ⅻ) 常期端坐（常に端坐を期す）。横になって寝ることなく常に端座して修行をつづけること。
(参考)(『瑜伽』25、大正 30・422a～423b)：(『瑜伽論記』6 下、大正 42・441b～442a)

十二分教　じゅうにぶんきょう　釈尊が説いた教えを十二種に分類したもの。契経・応頌・記別・諷頌・自説・縁起・譬喩・本事・本生・方広・希法・論議の十二。十二分聖教ともいう。
(ⅰ) 契経（sūtra）。釈尊が各地において人びとを教化するために説いた教えを集めて散文でまとめたもの。原語 sūtra（スートラ）は、もともとは糸を意味し、たとえば、糸がいくつかの花を貫ぬいて繋ぎ合わせて花冠ができるように、経の文は、釈尊が説いた真理に裏付けされた教説を縫い合わせまとめたものであるからスートラすなわち経という。契とは人の機根に契い、存在の真理に契うことをいう。
(出典) 結集如来正法蔵者、摂聚如是種種聖

語、為令聖教久住世故、以諸美妙名句文身、如其所応、次第安布、次第結集。謂、能貫穿縫綴種種能引義利、能引梵行、真善妙義、是名契経。(『瑜伽』25、大正30・418c):契経者、謂、貫穿義長行直説、多分摂受意趣体性。(『瑜伽』81、大正30・753a)。

(ii)応頌(geya)。経文の途中、あるいは最後にその意味を頌(伽他 gāthā)でまとめたもの。あるいは真の意味を顕していない経文(不了義経)の真意を頌で解釈したもの。

(出典)云何応頌。謂、於中間、或於最後、宣説伽他。或復宣説未了義経、是名応頌。(『瑜伽』25、大正30・418c):応頌者、謂、長行後宣説伽他。又略摽所説不了義経。(『瑜伽』81、大正30・753a)。

(iii)記別(vyākaraṇa)。弟子の未来世のありようについて予告的に語ったもの。あるいはすでに略説した経文についてさらに詳しく述べたもの。

(出典)云何記別。謂、於是中、記別弟子命過已後当生等事。或復宣説已了義経、是名記別。(『瑜伽』25、大正30・418c):記別者、謂、広分別略所摽義、及記命過弟子生処。(『瑜伽』81、大正30・753a)

(iv)諷頌(gāthā)。散文ではなく句(pada)で説かれたもの。諷誦ともいう。

(出典)云何諷頌。謂、非直説、是結句説。或作二句、或作三句、或作四句、或作五句、或作六句等、是名諷頌。(『瑜伽』25、大正30・418c):諷頌者、謂、以句説、或以二句、或以三四五六句説。(『瑜伽』81、大正30・753a)。

(v)自説(uddāna)。人の要請によることなく、釈尊が自ら説いたもの。

(出典)云何自説。謂、於是中、不顕能請補特伽羅名字種姓、為令当来正法久住聖教久住、不請而説、是名自説。(『瑜伽』25、大正30・418c):自説者、謂、無請而説、為令弟子得勝解故、為令上品所化有情安住勝理、自然而説。(『瑜伽』81、大正30・753a)。

(vi)因縁(nidāna)。縁起ともいう。人の要請によって釈尊が説いたもの。あるいは、ある出来事が起こったとき、その原因(因縁)に応じて説かれた戒律(別解脱経 prātimokṣa-sūtra)。

(出典)云何因縁。謂、於是中、顕示能請補特伽羅名字種姓、因請而説。及諸所有毘奈耶相応、有因有縁、別解脱経、是名因縁。(『瑜伽』25、大正30・418c):縁起者、謂、有請而説。如經言、世尊一時、依黒鹿子、為諸苾芻、宣説法要。又依別解脱因起之道、毘奈耶摂所有言説。又於是処、説如是言。世尊依如是如是因縁、依如是如是事、説如是如是語。(『瑜伽』81、大正30・753a)。

(vii)譬喩(avadāna)。本来の意味をさらにはっきりと分かりやすくするために喩えで語ったもの。

(出典)云何譬喩。謂、於是中有譬喩説。由譬喩故、本義明浄、是名譬喩。(『瑜伽』25、大正30・418c):譬喩者、謂、有譬喩経、由譬喩故、隠義明了。(『瑜伽』81、大正30・753a)。

(viii)本事(iti-vṛttaka)。弟子たちの過去世の事柄について語ったもの。

(出典)云何本事。謂、諸所有宿世相応事義言教、是名本事。(『瑜伽』25、大正30・418c):本事者、謂、除本生、宣説前際諸所有事。(『瑜伽』81、大正30・753a)。

(ix)本生(jātaka)。釈尊が過去世において生死をくりかえしながら衆生済度のために行なった菩薩行について語ったもの。

(出典)云何本生。謂、於是中、宣説世尊在過去世彼彼方分、若死、若生、行菩薩行、行難行行、是名本生。(『瑜伽』25、大正30・418c):本生者、謂、宣説己身於過去世行菩薩行時自本生事。(『瑜伽』81、大正30・753a〜b)。

(x)方広(vaipulya)。無上正覚や十力・四無畏などの仏の功徳を獲得せしめるために菩薩道について語ったもの。

(出典)云何方広。謂、於是中、広説一切諸菩薩道、為令修証阿耨多羅三藐三菩提十力無畏無障智等一切功徳、是名方広。(『瑜伽』25、大正30・418c):方広者、謂、説菩薩道、如説七地四菩薩行、及説諸仏百四十種不共仏法。(『瑜伽』81、大正30・753b)。

(xi)希法(adbhuta-dharma)。未曽有法ともいう。諸仏・仏弟子、あるいは声聞・菩薩・如来の世間にはないまれな非常に勝れた功徳について語ったもの。

(出典)云何希法。謂、於是中、宣説諸仏諸仏弟子比丘比丘尼式叉摩那労策男労策女近事男近事女等、若共不共、勝於其余、勝諸世間、同意所許、甚奇希有最勝功徳、是名希法。(『瑜伽』25、大正 30・418c〜419a)：未曽有法者、謂、諸如来、若諸声聞、若在家者、説希奇法。如諸経中因希有事起於言説。(『瑜伽』81、大正 30・753b)。

(xii) 論議 (upadeśa)。契経の内容をさらに深く解釈して説き示したもの。摩怛理迦あるいは阿毘達磨のこと。

(出典) 云何論議。所謂、一切摩呾履迦・阿毘達磨、研究甚深素呾纜義、宣暢一切契経宗要、是名論議。(『瑜伽』25、大正 30・419a)：論議者、若於是処、無有顛倒、解釈一切深隠法相。(『雑集論』11、大正・31・744a)

(参考) (『瑜伽』81、大正 30・753b)

十二分聖教 じゅうにぶんしょうぎょう →十二分教

十波羅蜜多 じゅうはらみた 十種の波羅蜜多。施波羅蜜多・戒波羅蜜多・忍波羅蜜多・勤 (精進) 波羅蜜多・静慮波羅蜜多・慧 (般若) 波羅蜜多・善巧方便波羅蜜多・願波羅蜜多・力波羅蜜多・智波羅蜜多の十。十度ともいう。→波羅蜜多 Ⓢ daśa-pāramitā

(参考) (『成論』9、大正 31・51b 以下)：(『顕揚』3、大正 31・492a〜b)

十八愛行 じゅうはちあいぎょう 十八種の愛行 (貪愛に基づく考えや行為)。次の十八種をいう。「我れ (自己) はここにある」「我れはこのようにある」「我れは異なってある」「我れは実である」「我れは非実である」「我れは当にあるだろう」「我れは当にあることがないだろう」「我れは当にここにあるだろう」「我れは当にこのようにあるだろう」「我れは当に異なってあるだろう」「我れはあれ」「我れはここにあれ」「我れはこのようにあれ」「我れは異なってあれ」「我れはあるか」「我れはここにあるか」「我れはこのようにあるか」「我れは異なってあるか」→愛行

十八意行 じゅうはちいぎょう →意近行

十八意近行 じゅうはちいごんぎょう →意近行

十八界 じゅうはちかい 存在の十八の種類。一人の人間を構成する十八の要素・種類。仏教の説く存在分類法 (五蘊・十二処・十八界) の一つ。眼界・耳界・鼻界・舌界・身界・意界・色界・声界・香界・味界・触界・法界・眼識界・耳識界・鼻識界・舌識界・身識界・意識界の十八。

(参考) (『瑜伽』27、大正 30・434a)

十八不共仏法 じゅうはちふぐうぶっぽう 仏のみが具える十八の勝れた特質・特徴。大きく十力・四無畏・三念住・大悲に分かれ全部で十八あるから十八不共仏法という (→各項参照)。十八不共法・如来十八不共法ともいう。

十八不共法 じゅうはちふぐうほう →十八不共仏法

十不善業 じゅうふぜんごう →十不善業道

十不善業道 じゅうふぜんごうどう 次の十種の善でない行為、悪い行為。殺生・不与取・欲邪行・妄語 (虚誑語)・離間語・麁悪語・綺語 (雑穢語)・貪欲・瞋恚・邪見 (→各項参照)。十悪業道ともいう。十善業道の対。Ⓢ daśa-akuśalāḥ karma-pathāḥ

(参考) (『瑜伽』8、大正 30・315a 以下)：(『瑜伽』59、大正 30・630a 以下)

十遍処 じゅうへんじょ 十の対象 (青・黄・赤・白・地・水・火・風・空・識) をそれぞれ心のなかに描いて、それが一切のところに遍在していると観じて煩悩を断じる観法。Ⓢ daśa kṛtsnāni āyatanāni

(参考) (『婆沙』85、大正 27・440b)：(『婆沙』141、大正 27・727a)：(『倶舎』29、大正 29・151c〜152a)

十法行 じゅうほうぎょう 経典などに書かれている教え (法) に対する次の十種の修行。教えを (i) 書きとどめる (書写・書持)。(ii) 供養する (供養)。(iii) 他人へ施す (恵施於他・施他・転施)。(iv) 他人が正しく説法すれば、それを敬って聴聞する (聴聞・諦聴)。(v) 自ら読む (自翫読・自披読)。(vi) 記憶する (領受・受持)。(vii) 声高に読誦する (諷誦)。(viii) 他人に説き示す (開示・開演)。(ix) 独り静かな場所で思考・観察する (思惟・思量観察)。(x) くりかえし実践・修行する (修習)。

(出典) 於此大乗、有十法行。一書写、二供養、三施他、四若他誦読専心諦聴、五自披読、六受持、七正為他開演文義、八諷誦、九思惟、十修習行。(『中辺』下、大正 31・474b)：十種法行、謂、於諸地相応教法、書写・供養・転施・聴聞・披読・受持・開示・諷誦・思惟・修習。(『摂論釈・無』7、大正 31・424c)

(参考) (『瑜伽』74、大正 30・706c)

十煩悩 じゅうぼんのう 十惑ともいう。貪・瞋・癡・慢・疑・有身見（薩迦耶見）・辺執見・邪見・見取見・戒禁取見の十種の煩悩。貪・瞋・癡・慢・疑・悪見の六つの根本煩悩の最後の悪見を有身見などの五つに開いて全部で十にしたもの。
（参考）（『成論』6、大正 31・31b 以下）

十無学支 じゅうむがくし →十無学法

十無学法 じゅうむがくほう 十無学支ともいう。学ぶべきことがなくなった人（無学）、すなわち阿羅漢の有する十のありよう。無学の八正道である無学の正見・正思惟・正語・正業・正命・正精進・正念・正定と無学の正解脱と無学の正智との十をいう。この十と無学の五蘊との関係は、無学の正語・正業・正命とが無学の戒蘊、無学の正念・正定が無学の定蘊、無学の正見・正思惟・正精進が無学の慧蘊、無学の正解脱が無学の解脱蘊、無学の正智が無学の解脱智見蘊にそれぞれ収められる。
（出典）云何十無学支。謂、無学正見乃至正定、及無学正解脱、正智。（『婆沙』94、大正 27・486a～b）
（参考）（『雑集論』10、大正・31・742c～743a）

十無明 じゅうむみょう 十地の十障にある愚かさ。不染汚の無明。→十障「十無明は即ち是れ十障品の愚にして、愚は即ち無明なり」（『述記』10 本、大正 43・585c）

十利五楽 じゅうりごらく 利楽に対して次のように十種の利と五種の楽とに分ける解釈。（i）十利。1. 純利。もっぱら自己のみを利する行（純自利）。あるいはもっぱら他者を利する行（純利他）。前者は行なってはいけないこと、後者は実践すべきことである。2. 共利。自利が利他となる行。あるいは利他が自利となる実践。3. 利益種類利。次の五種の自利・利他をいう。無罪相（自己においても他者に対しても善を得、善を増大せしめるような実践）・摂受相（自己においても他者に対しても汚れのない楽を生ぜしめるような実践）・此世相（自己においても他者に対しても此の世で利益をなすような実践）・他世相（自己においても他者に対しても他の世で利益をなすような実践）・寂滅相（涅槃を得る糧となるような実践）。4. 安楽種類利。因楽・受楽・苦対治楽・受断楽・無悩害楽の五楽をもたらすような実践。5. 因摂利。異熟因・福因・智因としての自利・利他行。6. 果摂利。異熟果・福果・智果としての自利・利他行。7. 此世利。自己においても他者に対しても此の世で利益をなすような実践。8. 他世利。自己においても他者に対しても他の世で利益をなすような実践。9. 畢竟利。一切の煩悩を滅した涅槃という究極的な目的を達成するような実践。10. 不畢竟利。一切の煩悩を滅した涅槃という究極的な目的を達成しないような自利・利他行。欲界において財宝に恵まれる、寿命がながい、容姿が美しい、高貴な家柄に生まれる、などの利益を得るような実践をいう。（ii）五楽。因楽・受楽・苦対治楽・受断楽・無悩害楽の五楽（→各項参照）。
（参考）（『瑜伽』35、大正 30・482c～483c）：（『述記』1 本、大正 43・234a～b）

十力 じゅうりき 如来のみが有する次の十の力。（i）処非処智力（sthāna-asthāna-jñāna-bala）。なにが理にかなっているか、なにが理にかなっていないか、をしる智力。（ii）自業智力（karman-svakatā-jñāna-bala）。人びとが各自の三世にわたる業のありようをしる智力。『瑜伽論』では自業智力であるが、『倶舎論』では業異熟智力、すなわちこのような業はこのような果を招くとしる智力となっている。（iii）静慮解脱等持等至智力（dhyāna-vimokṣa-samādhi-samāpatti-jñāna-bala）。静慮・八解脱・等持・等至という禅定の次第やそれらの浅深をしる智力。等持と等至とを音写して静慮解脱三摩地三摩鉢底智力という場合もある。（iv）根勝劣智力（indriya-para-apara-jñāna-bala）。人びとのさとりへの能力（根）の勝劣をしる智力。根上下智力ともいう。（v）種種勝解智力（nānā-adhimukti-jñāna-bala）。人びとの種々の勝解（理解・信念・願いなど）をしる智力。（vi）種種界智力（nānā-dhātu-jñāna-bala）。人びとの種々の界（種姓すなわち素質）をしる智力。（vii）遍趣行智力（sarvatra-gāminī-pratipaj-jñāna-bala）。人びとがどのような行ないによってどのような生処に趣くかをしる智力。（viii）宿住随念智力（pūrve-nivāsa-anusmṛti-jñāna-bala）。人びとの過去世における種々の事をしる智力。（ix）死生智力（cyuti-upapatti-

jñāna-bala)。人びとの未来世における死生についてしる智力。（x）漏尽智力（āsrava-kṣaya-jñāna-bala)。自らと他人とについて煩悩が完全に尽きてもはや再び生まれないことをしる智力。 Ⓢ daśa balāni
(参考)（『倶舎』27、大正 29・140b)：(『瑜伽』49、大正 30・569a)：(『瑜伽』50、大正 30・571a 以下)：(『雑集論』14、大正 31・760b〜c)

十六有想論 じゅうろくうそうろん 六十二種のあやまった見解（六十二見・六十二諸悪見趣）のなかの一群。死後に想（saṃjñā 言葉を起こす心作用）があるという見解。想を色・辺無辺（空間的にはてが有るか無いか）・苦楽・多少の四つの概念と組み合わせた次の十六の見解をいう。（i）色は有り、想は有る。（ii）色は無く、想は有る。（iii）色は有りかつ色は無く、想は有る。（iv）色は有ることもなく無いこともなく、想は有る。（v）辺は有り、想は有る。（vi）辺は無く、想は有る。（vii）辺は有りかつ辺は無く、想は有る。（viii）辺は有ることもなく無いこともなく、想は有る。（ix）苦は有り、想は有る。（x）楽は有り、想は有る。（xi）苦は有り、楽は有り、想は有る。（xii）苦は有ることはなく、楽は有ることはなく、想は有る。（xiii）ただ一つの想が有る。（xiv）若干の想が有る。（xv）小想が有る。（xvi）無量想が有る。→六十二諸悪見趣
(参考)（『婆沙』200、大正 27・998c 以下)：(『述記』6 末、大正 43・446c 以下)

十六行 じゅうろくぎょう 行（ākāra）とは行相とも訳され、認識のありようをいう。十六種の認識のありようを十六行あるいは十六行相という。→十六行相 Ⓢ ṣoḍaśa-ākāra

十六行観 じゅうろくぎょうかん 十六のありようで観察すること。四諦（四聖諦）の一つ一つをそれぞれ固有のありようで観察すること。→十六行相
(参考)（『瑜伽』55、大正 30・604c)

十六行心 じゅうろくぎょうしん 心すなわち識のありようを次の十六種に分類したもの。不可覚知堅住器識・種種行相所縁識・小相所縁識・大相所縁識・無量相所縁識・微細相所縁識・辺際相所縁識・無相識・苦倶行識・雑受倶行識・喜倶行識・楽倶行識・不苦不楽倶行識・染汚倶行識・善倶行識・無記倶行識。
(『解深』3、大正 16・702b〜c)

十六行相 じゅうろくぎょうそう 十六の行相。行相とは認識のありようをいい、苦・集・滅・道の四つの真理（四諦・四聖諦）それぞれがもつ次のような四つのありようをまとめて十六行相という。苦諦（非常・苦・空・非我)、集諦（因・集・生・縁)、滅諦（滅・静・妙・離)、道諦（道・如・行・出)。Ⓢ ṣoḍaśa-ākāra
(参考)（『婆沙』79、大正 27・408c 以下)：(『倶舎』26、大正 29・137a)

十六地獄 じゅうろくじごく 八大地獄（八熱大地獄）と八寒地獄との十六の地獄。→八大地獄 →八寒地獄

十六種異論 じゅうろくしゅいろん 仏教以外の学派、すなわち外道が唱える十六種のまちがった見解。因中有果論・従縁顕了論・去来実有論・計我論・計常論・宿作因論・計自在等為作者論・害為正法論・有辺無辺論・不死矯乱論・無因見論・断見論・空見論・妄計最勝論・妄計清浄論・妄計吉祥論の十六。→各項参照 Ⓢ ṣoḍaśa-paravāda
(参考)（『瑜伽』6、大正 30・303c)

十六勝行 じゅうろくしょうぎょう 修道において、入息と出息とを十六種のありようで観察することによって煩悩を断じる修行をいう。見道の修行より勝れているから勝行という。身・受・心・法の四つを観察する四念住観に相当し、初めの四勝行は身を、次の四勝行は受を、次の四勝行は心を、後の四勝行は法をそれぞれ観察する。→四念住
(参考)（『瑜伽』27、大正 30・432a 以下)：(『略纂』8、大正 43・114b〜c)

十六心 じゅうろくしん 真理（諦）を見ることにおける十六の心。四つの真理（苦・集・滅・道の四諦）の一つ一つに法忍（詳しくは法智忍)・法智・類忍（詳しくは類智忍)・類智の四つが生じるから、全部で次の十六の心がある。苦法智忍・苦法智・苦類智忍・苦類智・集法智忍・集法智・集類智忍・集類智・滅法智忍・滅法智・滅類智忍・滅類智・道法智忍・道法智・道類智忍・道類智。これら十六心のなか、前の十五心が見道の位、第十六心である道類智が修道の位にあたる。忍と智との違いは、真理を証するに至る前段階の心の働きが忍であり、この忍によって認可されたものを決定的にしる心の働きが

智である。〈唯識〉はこの十六心は安立諦（言葉で語られた真理）を対象とする見道（相見道）に属すると説く。→十六心相見道
（参考）（『倶舎』23、大正 29・121a 以下）：（『成論』9、大正 31・50a～b）

十六心相見道 じゅうろくしんそうけんどう →相見道

十論師 じゅうろんじ 『成唯識論』に注釈をほどこした十人の論師。護法・徳慧・安慧・親勝・難陀・浄月・火辨・勝友・智月・最勝子氏の十人。
（参考）（『述記』1 本、大正 43・231c～232a）

十惑 じゅうわく 十煩悩とおなじ。→十煩悩

什物 じゅうもつ 道具・器具。日常に使う品物。「菩薩は昔生の中に於て福を修し善を修するが故に今世に於て衣服・飲食・臥具などの身を資する什物に匱乏することなし」
Ⓢ pariṣkāra: bhāṇḍa-upaskara

汁 じゅう しる。果実などから抽出した液体。「沙糖の汁、或いは石蜜の汁を飲む」
Ⓢ rasa

充 じゅう みたすこと。あてること。「飢えを充す」「衣、僅かに身を蔽い、食、纔に腹を充して便ち喜足を生ず」「諸の梵志は世に於て他財を、若しくは奪し、若しくは偸して、衣を充し、食を充し、或いは余の用を充す」

充悦 じゅうえつ よろこびにみちていること。「所食を食して身を飽満せしめ、身を充悦せしむ」 Ⓢ puṣṭi

充済 じゅうさい （物や食において）みちたりること、満足すること。「務農者は田園などに於て充済を得るに随って便ち喜足を生ず」「如意珠を高幢の上に置き、意の所楽に随って諸の宝物を雨して百千の貧匱の有情を充済せしむ」

充実 じゅうじつ 身体が頑丈であること。「是の如き諸の角武事に依って勇健にして、膚体は充実し、長夜に無病なることを得る」「形色は極光浄、面貌は極鮮潔、膚体は充実なり」 Ⓢ cita: vyāyata

充足 じゅうそく 満足すること。十分に足りること。「其の広多・上妙・清浄なる肴饌・飲食を以って大衆に恵施して皆な充足せしむ」 Ⓢ sam-**tṛp**: saṃtarpaṇa

充足味 じゅうそくみ 身体を肥らせる薬の味。五種の薬味の一つ。→薬味
Ⓢ tarpaṇīya-rasa

充満 じゅうまん みちていること。あまねくいきわたっていること。「此の身は種種の不浄・雑穢が充満せりと観ず」
Ⓢ tṛpti: pūrṇa: **sphar**
（出典）言充満者、是周遍義。（『述記』10 本、大正 43・576a）

住 じゅう ①静止。動かずに立っていること。身体の四つの基本的なありよう（行・住・坐・臥の四威儀）の一つ。眼の対象（色境）の一つ。→四威儀 →色境 Ⓢ sthāna: sthita: sthiti: sthira
②不相応行の一つ。現象的存在（有為）の四つのありよう（生・住・異・滅の四相）の一つ。生じた存在が滅することなく相続しているありようを生ぜしめる原理。生・住・異・滅は、生・住・老・滅、あるいは生・老・住・無常ともいわれる。種類として、刹那住・相続住・立制住の三種（『瑜伽』56、大正 30・607b）、刹那住・相続住・縁相続住・不散乱住・立軌範住の五種（『瑜伽』52、大正 30・586b～c）が説かれる。→四相① →有為相 Ⓢ sthita: sthiti
（出典）由此四種生住異滅、是有為相。法若有此、応是有為、与此相違、是無為法。（中略）能安、名住。（『倶舎』5、大正 29・27a）：云何建立生老住無常。（中略）刹那随転故、名住。（『瑜伽』3、大正 30・291c）：有四種有為之相。（中略）諸行生已、即時未壊、正観為住。（『瑜伽』46、大正 30・544b）：彼諸行生位暫停、説名為住。（『瑜伽』52、大正 30・585c）
③生きること。生命を保つこと。「有情は段食・触食・思食・識食と四種の食に由って住す」「命根に由って住す」 Ⓢ ava-**sthā**: avasthāna: avasthiti: **jīv**: **sthā**: sthiti
④ある状態に居る、住する、とどまること。「平等心に住す」「不放逸に住す」「不安楽に住す」「無漏界に住す」「菩薩の十地に住す」
Ⓢ ava-**sthā**: avasthāna: avasthita: ā-**vas**: upa-**sthā**: upasthāna: upasthita: pratiṣṭhita: vihāra: vihāratā: vihārin: vi-**hṛ**: vyavasthita: sam-**sthā**: **sthā**: sthita
⑤ある場所に住むこと。「阿練若に住して一切の村邑・聚落を遠離す」「空閑に処して奢摩他・毘鉢舍那を修するを総じて住と為す」

「家に住す」 Ⓢ adhyā-**vas**: prati-**vas**: vāsa
⑥入・住・出の住。定まった心の状態に住すること。「定に入り、住し、出ずる」
⑦戒を守って生活すること。「律儀戒に住す」
Ⓢ vyavasthita: sthāyin: sthiti
⑧禅定・静慮の別名。心を内の対象に向けて外に流散せしめない状態。
（出典）問、何因縁故、説諸静慮、名為住耶。答、繫心於内所縁境界、於外所縁不流散故。（『瑜伽』63、大正 30・650b）
⑨あるものが存在する、存続すること。「三杖は互に相依して住す」「眼根の極微は眼星の上に在りて傍布して住す」 Ⓢ avasthāna: avasthita: upa-**sthā**: pra-**sthā:** vyavasthāpita: saṃniviṣṭa: stha: **sthā**

住異 じゅうい 〈経部〉が説く有為の四相の一つ。住において異なること、すなわち現象的存在（諸行）が相続する位において前と後とで相異することをいう。
Ⓢ sthiti-anyathātva
（出典）諸行相続初起、名生、終尽位中、説名為滅、中間相続随転、名住、此前後別、名為住異。（『倶舎』5、大正 29・27c）

住因 じゅういん ①住の因。現象的存在（諸行・有為）の四つの相である生・住・異・滅の最初の生が住の因となる。
（出典）生是諸行住因、由諸行生、方得有住、無有無生而有住者。（『瑜伽』66、大正 30・664a）
②住せしめる因。現象的存在（諸行・有為）が無常である理由として、それを常なるものとして存続せしめる、すなわち住せしめる原因がないことを住因がないという。「諸行は生じ已って住因は不可得なる故が当に知るべし諸行は非常なりと」
③身体を生きつづけさせる原因。煖と識と寿の三つのなかの寿をいう。「別法ありて能く煖と識とを持して相続する住因を説いて名づけて寿と為す」 Ⓢ sthiti-hetu

住果 じゅうか ①ある行為（業）がもたらす結果に住すること。「住果の位に於て彼の因は方に自業の名を得る」
②預流果・一来果・不還果・阿羅漢果の聖者の四つの結果（四果）に住する人。住果者・住果補特伽羅とおなじ。 Ⓢ phala-stha
（出典）云何住果補特伽羅。謂、住四果補特伽羅。何等為四。一預流果、二一来果、三不還果、四阿羅漢果、是名住果補特伽羅。（『瑜伽』26、大正 30・424c）

住果者 じゅうかしゃ →住果

住果補特伽羅 じゅうかふとがら →住果

住学勝利 じゅうがくしょうり 学ぶべきこと（増上戒学・増上心学・増上慧学の三学などの学処）の利点を観察して、それを学びつづけること。
（参考）（『瑜伽』82、大正 30・758b～c）

住脇風 じゅうきょうふう 身体のなかの風（内風界）の一つで、身体の脇腹にある風。脇臥風ともいう。→風界 Ⓢ pārśva-śayā vāyavaḥ

住劫 じゅうこう 四劫（成劫・住劫・壊劫・空劫）の一つ。外界の世界（器世間）が成立した後、それが存続する長い期間。→四劫 Ⓢ saṃvarta-kalpa
（参考）（『倶舎』12、大正 29・63a）

住最勝 じゅうさいしょう 如来が聖住・天住・梵住という三つのありように住しているというすぐれたありようをいう。七種の最勝の一つ。→最勝 Ⓢ vihāra-paramatā
（出典）由諸如来、多住無上無等三住、謂、聖住・天住・梵住故、名住最勝。（『瑜伽』38、大正 30・499b）

住持 じゅうじ ①生きること。生活すること。「住待の資具とは飲及び食を謂う」
Ⓢ sthiti
②（正しい教えを）護持する、維持すること。「菩薩蔵法を住持して菩提心を発す」「如来の聖教を住持す」
③支えること。加持すること。（如来が）力を加えて護持すること。「彼の化身は如来力に住持せらるる」 Ⓢ adhiṣṭhāna

住持依 じゅうじえ →依⑫

住持三宝 じゅうじさんぼう →三宝

住持資具 じゅうじしぐ 飲食物。生命・生活を支えるもの（資具）の一種。→資具
Ⓢ sthiti-upakaraṇa
（出典）住待資具者、謂、飲及食。（『瑜伽』5、大正 30・299a～b）

住寿 じゅうじゅ いのちがあること。生きていること。寿命。「苾芻・苾芻尼などは四神足を修習して住寿一劫ならんと希求す」「阿羅漢果を得已って更に住寿八万劫を経る」

住処 じゅうしょ ①住居。住む所。「初夜分を過ぎ已って住処の外に出でて其の足を洗

濯して右脇にして臥す」 Ⓢ vihāra
②動物などの行動範囲。「傍生の住処は水・陸・空なり」 Ⓢ gocara

住心 じゅうしん 心のなかに住すること。ヨーガを構成する奢摩他（śamatha 止）の九種の心のありようをいう。心住ともいう。→心住「奢摩他とは九種の住心と及び奢摩他品所摂の諸法なり」「止とは九種の住心を謂う」 Ⓢ citta-sthita: citta-sthiti

住退 じゅうたい 二種の退（断退・住退）の一つ。出世間道に由って煩悩を断じて現法楽住に住しているありようから退くこと。聖者と異生にある退。→出世間道 →現法楽住 →断退
（参考）（『瑜伽』51、大正 30・584b）

住内法 じゅうないほう 仏教の教え（内法）にしたがうこと、あるいはそのような人。→内法④「住内法の者は未だ定心を得ざれども、尚、外道の定心と差別す。智勝るに由る故なり」「住内法の在家の英叡」

住背風 じゅうはいふう 身体のなかの風（内風界）の一つ。腰から背中の部分にある風。腰間風ともいう。→風界 Ⓢ pṛṣṭhi-śayā vāyavaḥ

住不動阿羅漢 じゅうふどうあらかん →安住法

住腹風 じゅうふくふう 身体のなかの風（内風界）の一つ。腹部にある風。脊臥風ともいう。→風界 Ⓢ kukṣi-śayā vāyavaḥ

住法 じゅうほう 如来が説いた教えを信じて出家し修行をする人。
（出典）云何住法。謂、於如来所証善説正法毘奈耶中、浄信出家、楽修梵行。（『瑜伽』18、大正 30・380b）

柔（じゅう）→にゅう

重 じゅう ①おもい。深い。「重い睡眠」「重い病」「五逆罪は極めて重い業なり」「重とは悪業を作す者を謂う」 Ⓢ gāḍha: guru: pragāḍha: bāḍha
②重さ。触覚（身識）の対象である感触（触）の一つ。重性ともいう。 Ⓢ gurutā: gurutva: gaurava
③重んじる、尊重すること。「後世を重んじて少罪の中に於てすら、尚、深く怖を見る」「正法を重んず」 Ⓢ guruka: gaurava
④ふたたび。かさねて。「我れ当に決定して防護して当来に重ねて犯さず」「重ねて説く」 Ⓢ punaḥ: punaḥ punaḥ: bhūyas

重業 じゅうごう 重い業。悪行為（悪業）のなかでも罪の重い行為。「故思に造るところの重業を定受業という」

重性 じゅうしょう 重さ。重い感触。触覚（身識）の対象である感触（触）の一つ。 Ⓢ gurutva
（出典）触有十一。謂、四大種滑性・渋性・重性・軽性、及冷・飢・渇。此中（中略）可称名重。（『倶舎』1、大正 29・2c）

重障 じゅうしょう ①重い障害。菩薩の十地にある次の十の障害。おのおのの地において一つの波羅蜜多を修することによってその地の一つの重障を断じる。（i）異生性障（初地）。施波羅蜜多を修して断じる。（ii）邪行障（第二地）。戒波羅蜜多を修して断じる。（iii）闇鈍障（第三地）。忍波羅蜜多を修して断じる。（iv）微細煩悩現行障（第四地）。精進波羅蜜多を修して断じる。（v）於下乗般涅槃障（第五地）。静慮波羅蜜多を修して断じる。（vi）麁相現行障（第六地）。般若波羅蜜多を修して断じる。（vii）細相現行障（第七地）。方便善巧波羅蜜多を修して断じる。（viii）無相中作加行障（第八地）。願波羅蜜多を修して断じる。（ix）利他中不欲行障（第九地）。力波羅蜜多を修して断じる。（x）於諸法中未得自在障（第十地）。智施波羅蜜多を修して断じる。
（参考）（『成論』9、大正 31・52b 以下）
②業障・煩悩障・異熟障の三つの障。→各項参照
（出典）重障有三。謂、業障・煩悩障・異熟障。（『倶舎』17、大正 29・92b）

重担 じゅうたん 重い荷物。身心の苦しみ、あるいは煩悩の喩えに用いられる。「能く重担を荷う義、是れ蘊の義なり」「永く重担を捨るを涅槃と名づく」 Ⓢ bhāra

重病 じゅうびょう 重い病気。苦を受けるありようの一つ。また煩悩や生死を重病に喩える。「命終らんとする時に臨んで、諸の重病の苦に逼切せらるる」「煩悩の重病に呑食せらるる衆生類」「当来の生などの生死の重病を生起す」 Ⓢ ātura: bāḍha-glāna: mahā-vyādhi

重変 じゅうへん 重ねて変化すること。阿頼耶識のなかの種子は阿頼耶識の認識対象であり識から変化したものであるから実の種子

であるのに対して、外界の麦や稲の種子は阿頼耶識から生じた現象（現行）が重ねてさらに変化したものである、すなわち重変したものであるから仮の種子である、とみる見解。
（参考）（『述記』3本、大正43・312a）

重累 じゅうるい かさなること。かさねること。「其の足を重累す」「眼根の極微は重累して丸の如くに住す」 Ⓢ adhara-auttarya: ā-**dhā**: upari upari

従 じゅう 「～より」「～から」「～にしたがって」を意味する助字。「因従り生ず」「衆縁従り生じた諸行」「闇従り明に趣く」「此れ従り以後」「正法を聴聞し、受持し、師従り教誡教授を獲得す」 Ⓢ ārabhya: upādāya: tatas: prabhṛti

従縁顕了論 じゅうえんけんりょうろん すべての存在はもともと本来的に存在し、それが縁に従って顕現するとみる見解。仏教以外の学派（外道）の十六種の異論の一つ。→十六種異論 Ⓢ abhivyakti-vāda
（参考）（『瑜伽』6、大正30・304a）

従声 じゅうしょう →八転声

渋 じゅう →渋性 Ⓢ karkaśa

渋性 じゅうしょう ざらざらした感触。触覚（身識）の対象である感触（触）の一つ。渋とおなじ。 Ⓢ karkaśatva
（出典）触有十一。謂、四大種滑性・渋性・重性・軽性、及冷・飢・渇。此中（中略）麁強為渋。（『俱舎』1、大正29・2c）

習 じゅう 広く「ならう」「行なう」を意味する語であり、原語に分けてその用例をあげると次のようになる。
① abhyasana: 学ぶこと。「曽見を習す」
② abhyasta: abhyāsa: くりかえし行なうこと。修習とおなじ。「不善を習するが故に不善に住することを楽い不善の法が増す」
③ **av**: 学修すること。「此の知を習し已って性を成ずる者を名づけて具知と為す」。
④ āsevana: āsevita: āsevitatva: くりかえし行なうこと。修習とおなじ。「止観を習す」「数々諸の善法を習す」「上品の慳を習するに由るが故に鬼趣の中に生ず」「離殺などを習する力に由って天の中に生ず」
⑤ ucita: くりかえし行なうこと。修習とおなじ。「諸の善法を習す」
⑥ ni-**sev**: nisevaṇa: くりかえし行なうこと。耽溺すること。「其の母は多く灰鹽などの味を飲食することを習するに由って、此の胎蔵の髪毛を稀尠せしむ」「母邑が現に婬欲の法を習す」「悪趣の因を習す」
⑦ pra-**yuj**: 学ぶこと。修すること。「諸の菩薩は是の如き空勝解を習するに由るが故に則ち涅槃に於て怖畏せず」
⑧ yogaṃ karoti: 学ぶこと。修すること。「精進して聞思修所成の三慧を習す」
⑨ **śikṣ**: śikṣā: 学ぶこと。ならうこと。「諸の伎芸を習す」「歌舞などを習す」
⑩ sevā: くりかえし行なうこと。「無為には果なきが故に習を果と為さず」

習学 じゅうがく 学ぶこと。実習すること。「書・算・印などの種種の技芸を習学す」「習学の義とは是れ修の義なり」 Ⓢ abhyasana: kṛtāvin: śikṣā

習行 じゅうぎょう くりかえし行なうこと。「邪行を習行す」

習気（じゅうけ）→じっけ

習近 じゅうごん ①くりかえし近づくこと、くりかえし行なうこと。共に交わること。「其の母が熢熱に習近する現在の縁に由るが故に、彼の胎蔵をして黒黯色に生ぜしむ」「其の母は極寒の室に習近す」「第四静慮は是れ仏の習近する所なり」「正法に習近して正審に静慮す」「悪人に習近するが故に能く悪趣を招く」「親愛に習近すれば貪欲を生じ、怨憎に習近すれば瞋恚を生ず」 Ⓢ niveśin: niṣevinī
②好んで飲食すること。「断ずべきところの食を習近す」「邪悪の食を習近するが故に身調柔ならず」「良医が説くところの医薬を習近す」 Ⓢ ni-**sev**: prati-**sev**
③耽る、耽溺すること。執着すること。「諸の欲を習近すれば多く諸の苦悩あり」「非梵行の法に習近して両両交会す」 Ⓢ prati-**sev**: sevā
④性交すること。「自妻に習近するは邪行に非ず」
⑤好んで使用すること。「在家・出家衆と相い雑住せずして辺際の諸の坐臥具を習近して心遠離を楽う」「阿練若の辺際臥具を棄てて衆中に来入して、村側に有る臥具を習近して便ち喜楽を生ず」

習修 じゅうしゅ 四種の修行法の一つ。→四修

習誦者 じゅうじゅしゃ 経典を読誦する者。

六十二種の有情の一つ。 Ⓢ svādhyāya-kāraka
（参考）（『瑜伽』2、大正 30・289a）

習所成種 じゅうしょじょうしゅ 種とは阿頼耶識のなかにある種子。二種の種子（本性住種・習所成種）の一つ。具体的に現れた表層の行為によって後天的に新しく植えつけられた種子。新熏種子ともいう。→本性住種
（出典）種子各有二類。一者本有。（中略）二者始起。謂、無始来数数現行熏習而有。世尊、依此説有情心染浄諸法所熏習故無量種子之所積集。諸論亦説染浄種子。由染浄法熏習故生、此即名為習所成種。（『成論』2、大正 31・8b〜c）

習所成種姓 じゅうしょじょうしゅしょう 二種の種姓（本性住種姓・習所成種姓）の一つ。種姓とは阿頼耶識のなかにある善を生じる種子をいい、善をくりかえし修する、あるいは聞・思・修の三慧を修することによって後天的に植えつけられた種子をいう。あるいは後天的な修行によって力を増した先天的種子すなわち本性住種姓をいう。→本性住種姓 Ⓢ samudānītaṃ gotram
（出典）云何種姓。謂、略有二種。一本性住種姓、二習所成種姓。（中略）習所成種姓者、謂、先串習善根所得、是名習所成種姓。（『瑜伽』35、大正 30・478c）：何謂大乗二種姓。（中略）二習所成種姓。謂、聞法界等流法已、聞所成等熏習所成。（『成論』9、大正 31・48b）

習断者 じゅうだんしゃ 煩悩を断じる者。六十二種の有情の一つ。 Ⓢ prahāṇika
（参考）（『瑜伽』2、大正 30・289a）

習欲 じゅうよく 性交。セックスをすること。「男女の二根は習欲の依処なり」「作業と飲食と習欲などの事」 Ⓢ maithuna

集 じゅう ①あつまること。集合すること。「三十三天、時に集まって善法堂に於て如法・不如法事を詳論す」 Ⓢ ni-**sad**
②まとめること。あつめること。「総じて集めて一と為す」「楽は能く衆苦を集むるが故に亦た説いて苦と名づく」「多くの財宝を集む」「広大な福徳資糧を集む」 Ⓢ arjana: upacaya: saṃkalana: saṃkṣipta: saṃghāta: saṃcaya: samud-**i**: samuditatva: skandha
③集諦の集。苦を生じる原因。→集諦「取蘊を亦た名づけて集と為す。能く苦を招くが故に」「既に苦を引き已って復た能く招集して其を生ぜしむるが故に説いて名づけて集と為す」 Ⓢ samudaya
④集聖諦の四つのありよう（因・集・生・縁の四行相）の一つ。出現するというありよう、あるいは等しく現れるというありよう、あるいは未来世の総体的な自己へ執着してそれへの欲を起こし苦を生じる原因を集積するというありよう、をいう。 Ⓢ samudaya
（出典）集聖諦有四相。一因、二集、三生、四縁。（中略）等現理故集。（中略）出現義故集。（中略）執当総我、起総後有欲。（中略）於苦等招集故、説名為集。如芽等於果。（『倶舎』26、大正 29・137a〜b）

集会 じゅうえ ①あつまること。「仏、弟子と共に集会す」
②集会。多くの人びとのあつまり。「種種の品類の集会の出すところの諠譟声」
Ⓢ ābhakṣaṇa-saṃbhakṣaṇa: saṃgha: saṃnipāta
③仏の説法を聞くために開かれる集会。「常に諸仏の大集会の中に於て蓮花台の上に結跏趺坐す」「諸の仏土の集会」

集起 じゅうき ①生起すること。増大すること。勢いを増すこと。「煩悩が或いは集起し、或いは滅没す」「衆縁に由るが故に速壊し集起するが故に縁起と名づく」 Ⓢ udaya: pracaya
②原因となって生起せしめること。「愛は能く生縁を作して苦果を集起すること勝なるが故に偏えに集諦なりと説く」
③あつめること。あつまること。こころを意味する心・意・識のなかの心の語義解釈のなかで用いられる概念。〈唯識〉は心の原語 citta の語源を「集める」を意味する動詞 **ci** に求め、業の結果である種子を集起する（集める）阿頼耶識が心であると解釈する。「集起の故に心と名づけ、思量の故に意と名づけ、了別の故に識と名づく」「雑染・清浄の諸法の種子の集起するところなるが故に名づけて心と為す」 Ⓢ **ci**
（出典）心者、有集起之義、第八義強、集諸法種、起諸法故。（『瑜伽論記』1上、大正 42・318a）

集起心 じゅうきしん 業の結果である種子をあつめ、集積された種子からすべての存在を生起する阿頼耶識をいう。→集起③。

（出典）成業論云。心有二種。一集起心、無量種子集起処故。二種種心。所縁行相差別転故。（『枢要』下本、大正 43・636c）

集聚 じゅうじゅ あつめること。「阿頼耶識は能く一切法の種子を集聚す」

集聖諦 じゅうしょうたい →集諦
Ⓢ samudaya-ārya-satya

集成 じゅうじょう あつまって構成する、成立する、造る、成就すること。「受などは極微の集成に非ず」「自らの種子と外縁とより集成するが故に説いて縁生と名づく」「仏の菩提は無辺の功徳の集成するところなり」
Ⓢ samudāgama

集諦 じゅうたい 「じゅったい」あるいは「じったい」とも読む。集聖諦とおなじ。四諦の一つ。原因としての真理。苦を生ずる原因は愛であるという真理。広くいえば、すべての煩悩と煩悩から生じる行為が苦の原因となるが、煩悩のなかで特に愛が苦を生じる最も強い働きを有するから集諦は愛であると説かれる。 Ⓢ samudaya-satya
（出典）何集聖諦。謂、若愛、若後有愛、若喜貪倶行愛、若彼彼喜楽愛等、名集聖諦。（『瑜伽』27、大正 30・434c）：問、集諦義云何。答、能生苦諦義。（『瑜伽』55、大正 30・605b）：云何集諦。謂、諸煩悩及煩悩増上所生諸業、倶説名集諦。由此集起生死苦故。煩悩増上所生業者、謂、有漏業。若爾何故、世尊唯説愛為集諦。由最勝故。謂、薄伽梵随勝而説。（『雑集論』6、大正 31・722b）

集諦行相 じゅうたいぎょうそう →集諦相

集諦相 じゅうたいそう 苦の原因としての真理（集諦）のありよう（lakṣaṇa）。因・集・起・縁という四つのありよう（ākāra）。ākāra は詳しくは行相と訳され、行と略称されるから因・集・生・縁という四つのありようは四行あるいは四行相といわれ、真理（諦）を見る見道においてこれら四行をもって集諦のありようを理解する。→因集生縁
Ⓢ samudaya-satya-lakṣaṇa
（出典）由四種行、了集諦相。謂、因行・集行・生行・縁行。（『瑜伽』34、大正 30・470c）

集智 じゅうち →智①

集法智 じゅうほっち 集の法智。四諦を証する見道において欲界の集諦を証する智慧（jñāna）。集法智忍が原因となって集法智忍が滅した次の刹那に生じる智慧。
Ⓢ samudaye dharma-jñānam

集法智忍 じゅうほっちにん 集の法智忍。四諦を証する見道において集法智を生じる原因となる智慧（kṣānti）。このなかにある忍の原語は kṣānti で、智（jñāna）を生じる原因となる意味での智慧をいう。集忍と略称する。見道においては、この集法智忍からはじまって集法智・集類智忍・集類智と順次、集諦を観察する智慧が深まっていく。→集法智 →法智忍 →法智 Ⓢ samudaye dharma-jñāna-kṣāntiḥ

集類智 じゅうるいち 集の類智。四諦を証する見道において色界・無色界の集諦を証する智慧（jñāna）。
Ⓢ samudaye 'nvaya-jñānam

集類智忍 じゅうるいちにん 集の類智忍。集類智を生じる原因となる智慧（kṣānti）。→集類智 Ⓢ samudaye 'nvaya-jñāna-kṣāntiḥ

獣 じゅう けもの。けだもの。原語 paṣu は牛や馬や羊などの家畜、mṛga は鹿や師子などの野獣をいう。「獣は林藪に帰り、鳥は虚空に帰り、聖は涅槃に帰る」「師子王は一切の獣の中で勇悍・堅猛なること最にして第一と為す」 Ⓢ paśu: mṛga

獣主 じゅうしゅ 原語 paśu-pati は元来は大自在天（mahā-īśvara-deva 摩醯首羅天）をいい、転じてこの天を信奉する外道の名称となる。頭の頂きに髪をまとめてもとどりとし、灰を身体に塗ることから塗灰外道ともいわれる。paśu-pati は牛主とも訳されるが、『述記』では、獣主と訳すべきであるとして牛主の訳は否定される。 Ⓢ paśu-pati
（出典）播輸鉢多外道、此云牛主。主、謂、天主、摩醯首羅天。乗牛而行故、名牛主。此外道学彼天法、従彼為名故、名牛主。此外道、受持頂上持一髻子、身体塗灰。（『倶舎論記』9、大正 41・172c）：此即獣主、遍出等計。謂、有外道、名播輸鉢多、翻為獣主。如一瞿声別目於牛、通名於獣。但言牛主、未善方言。非但与牛而為主故。如伏犧等。（『述記』1 本、大正 43・245a）

縦 じゅう ①たて。たての長さ。→縦広
Ⓢ dairghya
②自由にあやつること。「馬を縦して奔馳す」「慧轡と言うは意根の馬を縦して善行の地に於て馳騁するが故なり」

③「たとえ～といえども」「かりに～としても」など、仮定の意味を表す語。「何の故に此の中に但だ生は老死を縁ずると説くや。答う、彼の諸縁に由ると雖も、必ず生を以って根本と為すが故なり。縦え彼の縁を闕くといえども、但だ生を縁と為して、定んで老死あるが故なり」

縦意　じゅうい　心の思うままに。「昔、王あり、純ら女人と五妓楽を奏し、縦意に嬉戯す」 Ⓢ nikāma

縦逸　じゅういつ　ほしいままにすること。気ままに振る舞うこと。なまけること。「失念して縦逸を行ずる時、便ち現法楽住より退失することあり」「薄伽梵は縦逸なき者に道諦と滅諦とを顕示し、縦逸ある者に集諦と苦諦とを顕示す」

縦広　じゅうこう　縦と広。たての長さと横の広さ。「雪山の近くに大金崖ありて其量の縦広は五十踰繕那なり」
Ⓢ āyāma: dairghya: vaipulya

縦情　じゅうじょう　情にまかせること。思うがままにすること。「多くの物を取り已って、執して己が有と為し、縦情に受用す」

縦蕩　じゅうとう　思うがままに振る舞うこと。「道俗と交遊し、縦蕩ならずして専ら善品を修す」「放逸とは染浄品に於て能く防修せず、縦蕩なるを性と為す」

縦任　じゅうにん　思うがままに振る舞うこと。「一向に縦任に専ら放逸を行ず」「諸の縦任自在と欲自在と観行自在とを得る」
Ⓢ īśitva

夙　しゅく　つとに。朝早く。早朝に。「諸の菩薩は性として自ら翹勤して、夙に興き、晩く寐ね、深く睡眠の倚楽に耽楽せず」
Ⓢ kālya

宿　しゅく　①昔の。過去の。「宿因」「宿業」「宿願」 Ⓢ pūrva: pūrvaka
②星座。「星や月や諸の宿の道度を瞻る」
Ⓢ graha

宿因　しゅくいん　過去世における原因。「宿因の円満というは、諸の菩薩が昔の余生の中に於て福を修し善を修するが故に、今世に於て種種の衣服・飲食・臥具などの資身什物に於て自ら匱乏なきを謂う」「一切の苦の中に復た二苦あり、一には宿因所生の苦、二には現縁所生の苦なり」 Ⓢ pūrva-hetu

宿業　しゅくごう　過去世の行為。現在世のありようを決定する原因となる。宿所業ともいう。「宿業に過失あるに由るが故に、我れ衆多の飢渇などの苦を受く」「宿業の因に由って皮が変異して生ず」 Ⓢ pūrva-karman

宿作　しゅくさ　過去世になしたこと。過去世の業。宿所作ともいう。「宿作因論は諸の世間のあらゆる士夫補特伽羅の受する苦は皆な宿作を因と為すというが如き見を起こす」
Ⓢ pūrva-kṛta

宿作因論　しゅくさいんろん　現在世において苦を受ける、あるいは楽を受けるのは、すべて過去世の業が原因であるとみる見解。仏教以外の学派（外道）の十六種の異論の一つ。→十六種異論　Ⓢ pūrva-kṛta-hetu-vāda
（参考）（『瑜伽』7、大正 30・308c 以下）

宿食　しゅくじき　以前に食べた物。胃腸にたまった食物。消化不良。消化されなければ病気になる原因の一つとなる。「飲食するところが正しく消化せずして身中に住在して宿食の病を成ず」 Ⓢ viṣūcikā

宿食病　しゅくじきびょう　消化不良による病気。→宿食　Ⓢ viṣūcikā

宿住　しゅくじゅう　過去世の生存。自らが、あるいは他の人びとが、前世にどのような名前でどのような家に生まれていたか、などの過去世のありよう。「天趣に能く宿住を憶する者あり」 Ⓢ pūrva-nivāsa

宿住随念智　しゅくじゅうずいねんち　過去世のありようを思い出すことができる智慧。宿住随念智証通とおなじ。→宿住随念智証通
Ⓢ pūrva-nivāsa-anusmṛti-jñāna
（出典）若於過去生自体差別、明了記憶、名宿住随念。若智具大威徳、修所成、是修果、依止於念、与念相応、此方得転、是故、説名宿住随念智。（『瑜伽』69、大正 30・681c）

宿住随念智証通　しゅくじゅうずいねんちしょうつう　自らが、あるいは他の人びとが前世にどのような名前でどのような家に生まれていたか、など過去世のありようを思い出すことができる超能力。宿住通・宿住智通・宿住随念通・宿住随念智通・随念宿住智通・随念宿住智作証通ともいう。宿住智・宿住随念智とおなじ。
Ⓢ pūrva-nivāsa-anusmṛti-jñāna-abhijñā
（参考）（『瑜伽』37、大正 30・493c～494a）：（『雑集論』14、大正 31・760a）

宿住随念智通　しゅくじゅうずいねんちつう

→宿住随念智証通

宿住随念智力 しゅくじゅうずいねんちりき 如来の十力の一つ。→十力

宿住随念通 しゅくじゅうずいねんつう →宿住随念智証通

宿住智 しゅくじゅうち 過去世のありようをしる智慧。宿住随念智・宿住随念智証通とおなじ。「諸の仙人は宿住智を得て前劫の事を憶す」 Ⓢ pūrva-nivāsa-jñāna

宿住智通 じゅくじゅうちつう →宿住随念智証通

宿住通 しゅくじゅうつう →宿住随念智証通

宿住念 しゅくじゅうねん →宿住随念智証通

宿習 しゅくじゅう 過去世における習慣的行為。前世においてくりかえし行なったこと。「宿習に由るが故に善法強盛なり」「宿習を縁として煩悩が現行す」
Ⓢ pūrva-abhyāsa

宿所業 しゅくしょごう 宿業とおなじ。→宿業

宿所作 しゅくしょさ 宿作とおなじ。→宿作

宿生 しゅくしょう 過去世の生存。宿命とおなじ。「恒に能く宿生を憶す」
Ⓢ jāti: pūrva-janman

宿生智 しゅくしょうち 過去の生存をしる智慧。宿命智ともいう。「一業に由って一生中の大貴多財と及び宿生智とを感ず」「宿命智は過去を縁じ、生死智は未来を縁じ、他心漏尽は現在を縁ず」 Ⓢ jāti-smara

宿世 しゅくせ 過去世。前の世。「宿世に多く福業を修するが故に、今生に於て勝報を受く」

宿長 しゅくちょう 年長者。「宿長と中年と少年」 Ⓢ sthavira

宿命 しゅくみょう 過去世のいのち。過去世の生存。宿生とおなじ。「諸の衆生は那落迦に生じて宿命を憶す」

宿命智 しゅくみょうち →宿生智

粥 しゅく かゆ。水を多くした薄いかゆ。一つ一つ分けて噛み砕き段々と食べる食物（段食）の一つ。「段食とは即ち餅・麨・飯・羹・臛・糜・粥などなり」

熟 じゅく ①煮ること。熟すこと。完成すること。「地界は能く持し、水界は能く摂し、火界は能く熟し、風界は能く長ずるを業と為す」「母は愛子に母乳を飲ませ、漸く細麁の飲食を習受せしむれば、次第に転増して根の熟する位に至る」「衆果が熟して究竟に至れば、無間に噉すべきを説いて名づけて熟と為す」
Ⓢ pakti: paripakva: paripāka: paripāṭana
②植物・果実・飲食物などの熟したありよう。「熟 乳」「熟 食」「熟 飲 食」 Ⓢ pakva: siddha
③ある行為（業）が熟して結果を生じること。→異熟「若し多く逆罪を作さば、皆な次生に於て熟す」「問う、何が故に異熟と名づくるや。答う、異類にして熟するが故に異熟と名づく」 Ⓢ vi-**pac**: vipāka

熟修 じゅくしゅ くりかえし修行すること。専心して実践すること。深まった修行のありようをいう。「梵行を熟修す」「身などの法を縁ずる念住を熟修す」「無我行を熟修す」
Ⓢ abhy-**as**

熟酥 じゅくそ 牛乳を醸してできる四つのもの（酪・生酥・熟酥・醍醐）の一つ。これら四つに乳を加えた五つのものの味を五味という。→五味「熟酥の上の醍醐は彼の熟酥と一相・異相を施設すること易からず」
Ⓢ sarpis

熟蔵 じゅくぞう 消化された食物があるところ。腸のこと。「飲食せられたものが未だ熟変しない時は、終に流移して熟蔵に堕せず」 Ⓢ pakva-āśaya

熟変 じゅくへん ①ものが熟して変化すること。生・老・死の老のありようをいう。「諸法の起を生と名づけ、熟変を老と名づけ、滅壊を死と名づく」 Ⓢ paripāka
②ものを熟す火の働きをいう。「水に浸爛せられ、火に熟変せられ、風に動揺せらるる」
③食べた飲食物が消化されること。「飲食せられたものが未だ熟変しない時は、終に流移して熟蔵に堕せず」

熟眠 じゅくみん 深い眠り。悶絶と共に意識がない状態の一つとしてあげられる。「熟眠・悶絶などには作意するところなし」

出 しゅつ ①（空間的に）外にでること。「住処の外に出る」「母胎に入り、住し、出る」「門より出る」 Ⓢ abhyud-**gam**: nirgata: nir-**gam**: nirgama: nir-**yā**: niṣ-**kram**: niḥ-**sṛ**: vyutthāna
②いだす、発生せしめる、現すこと。「種種の音を出して諸の衆生の為に種種の法を説

く」「悪言を出す」「精血を出す」「血を出す」
Ⓢ utpāda: utpādana: ud-**pad**: niś-**car**: **muc**: vireka
③現れる、出現すること。生まれること。「仏が世間に出ず」「日が出ず」「卵より出ず」
Ⓢ utpāda: udaya: jāta
④ある状態から抜け出ること。解脱すること。「道聖諦に四相あり。一には道、二には如、三には行、四には出なり。（中略）能く永超するが故に出なり」「諸の有情を不善処を出でて善処に安立せしむ」「三摩地を出でる」 Ⓢ utthita: nairyāṇika: vyatikrama: vyutthāna: vyutthita: vyud-**sthā**

出過 しゅっか ある状態・世界から抜け出る、超出すること。「三界を出過した妙浄土ありて、第十地の菩薩が其の中に生ず」「一切法の無分別の理は一切の名言の道を出過す」 Ⓢ atireka: samatikrama: samatikrānta

出観 しゅっかん 四諦を観察してその観より出ること。「如実に四聖諦の理を覚知するが故に名づけて証と為し、信ずるところの三宝及び妙尸羅を皆な名づけて浄と為す。出観の位に先ず世尊は是れ正等覚なりと信ず」
Ⓢ niṣkramaṇa: vyutthāna: vyutthita

出苦 しゅっく 苦から抜け出ること。「涅槃は永に出苦なり」「出苦の要は三宝に過ぎることなきが故に仏は三宝の信を説く」

出苦道無畏 しゅっくどうむい 説出道無畏とおなじ。仏のみが有する四つの畏れがないありよう（四無畏）の一つ。→四無畏

出家 しゅっけ 家を出ること。世俗の生活を捨てること。剃髪し戒を受けて修行の道に入ること。「転輪王位を棄捨し、城を踰し、出家して無上覚を求む」「遂に能く居家の事欲を棄捨し、正しく出家を信じて非家に往趣し、既に出家し已って、煩悩の諸欲を断除せんと欲する為に遠離して住す」
Ⓢ nis-**kram**: pravarjita: pra-**vraj**: pravrajyā

出家外道 しゅっけげどう 出家をした仏教以外の人。特に無繋外道をいう場合がある。→無繋外道 Ⓢ parivrājaka: pravrajita
（出典）有出家外道、名曰無繋。（『瑜伽』8、大正 30・315b）

出家五衆 しゅっけごしゅ 教団（僧伽）を構成する七つのグループ（苾芻・苾芻尼・正学・勤策男・勤策女・近事男・近事女）のなかの前五つの出家したグループ。→七衆

出家分 しゅっけぶん →出家品

出家品 しゅっけぽん 世俗の生活を捨てて剃髪し戒を受けて修行の道に入った人びとのグループ。出家分ともいう。在家品の対。「二種の有情あり。一には在家品、二つには出家品なり」「菩薩戒に略して二種あり。一には在家分の戒、二には出家分の戒なり」
Ⓢ pravrajita-pakṣa

出現 しゅつげん 現れること。出生すること。「二如来が一世界に倶時に出現することなし」「日輪世間に出現して炎赫倍熱す」
Ⓢ utpāda: utsadattva: ud-**pad**: prādurbhāva: saṃbhava

出期 しゅつご 苦から抜け出た期限。「諸の外道は苦行を勤修すると雖も無智にして諸の見趣に著し、険悪道に堕して出期あることなし」「悪業を造りて長夜に苦を受け出期あることなし」

出生 しゅっしょう 生まれ出ること。「胎の中において胎蔵の一切の支分が皆な悉く具足してより四日を経て、方に乃ち出生す」
Ⓢ **jan**: jāta: sarga

出生位 しゅっしょうい 母胎から生まれ出る瞬間の段階。母胎中から老いて死ぬまでの八段階（処胎位・出生位・嬰孩位・童子位・少年位・中年位・老年位・耄熟位）の第二段階。 Ⓢ jāta-avasthā
（参考）（『瑜伽』2、大正 30・289a）

出生見 しゅっしょうけん 二十八種のまちがった見解（不正見）の一つ。→不正見

出生死 しゅっしょうじ 生死を出ること。生まれ変わり死に変わりする輪廻の輪から抜け出ること。「正法者は能く永く生死を出でて般涅槃を得る」「一切の如来応正等覚は四聖諦を宣説・開示して有情を抜済して生死を出でしむ」

出障 しゅっしょう 障害から抜け出ること。煩悩から解脱すること。「究竟位に至って出障円明す」「解脱道の言は出障の義を顕す」

出定 しゅつじょう 定より出ること。定心からもとの状態に戻ること。「声の縁に遇って出定す」「象の哮吼、猿猴の戯声あって即ち出定す」
Ⓢ vyutthāna: vyutthita: vyut-**sthā**

出心 しゅっしん 定から出る時の心。入心の対。三心（入心・住心・出心）の一つ。「入心と出心と相い去ること遠しと雖も、中

間に更に余の心所なきが故に後は前に於て等無間と名づく」「出心は功用に由らずして転ず」 Ⓢ niṣkramaṇa-citta

出世 しゅっせ ①（仏・如来が）世のなかに出現する、生まれること。「諸仏は出世して皆な三蔵を説く」「仏の出世に遇って善根を殖す」「一仏土に一仏出世す」「如来の、出世であれ不出世であれ、是の如き縁起の法性は常住なり」 Ⓢ utpāda: ud-**pad**
②出世間とおなじ。→出世間「苦・集を世間の因果と為し、滅・道を出世の因果と為す」

出世間 しゅっせけん 世間を出ること。欲界・色界・無色界の三界を出離すること。現象的世界を抜け出ること。汚れのない智（無漏智）で根本的真理（四諦・真如）を見て涅槃に入ること。出世ともいう。世間の対。「静慮に世間の静慮と出世間の静慮の二種あり」 Ⓢ loka-uttara
（出典）云何出世。（中略）謂、能対治三界、無顛倒・無戯論・無分別故。是無分別、出世間義。（『雑集論』3、大正 31・707b）：断世間故、名出世間。二取随眠、是世間本。唯此能断、独得出名、或出世名、依二義立。謂、体無漏及証真如。（『成論』9、大正 31・50c）

出世間慧 しゅっせけんえ →出世間智

出世間後所得智 しゅっせけんごしょとくち →出世間智後所得

出世間智 しゅっせけんち 世間智によって貪・瞋・癡などの煩悩を止息し制伏しおわって、それらを生じる微細な可能力（随眠）の汚れを滅した智。根本的真理（四諦・真如）を見る智慧。出世智ともいう。出世間慧とおなじ。世間智の対。 Ⓢ loka-uttara-jñāna
（出典）云何出世間智。謂、如是制伏貪瞋癡纏諸雑染已、復能対治微細随眠所有雑染、此真実智、名出世智。（『瑜伽』80、大正 30・745a）

出世間智後所得智 しゅっせけんちごしょとくち 根本的真理（四諦・真如）を見た智慧の後に得られる世間で働く清浄な智慧。出世間後所得智ともいう。「出世間智の後に得らるる諸の世俗智」

出世間道 しゅっせけんどう さとりに至る道のなか、あらゆる煩悩の汚れを断じて根本的真理（四諦）を見る汚れのない智慧で歩む道をいい、最終的には無色界の最高処である非想非非想処にまで至る修行の道をいう。出世道ともいう。世間道の対。→世間道「修道の中に於る一切の出世間道は四諦を縁じて境と為す」 Ⓢ loka-uttara-mārga
（出典）出世道修者、謂、正思惟苦真是苦、集真是集、滅真是滅、道真是道、由正見等無漏聖道、乃至能趣非想非非想処、一切離欲。（『瑜伽』34、大正 30・476c）：浄法有三。一世道、二出世道、三断果。有漏六行、名世道、無漏能治、名出世道、所得無為、名断果。断是果也。（『述記』4 末、大正 43・375b）

出世種子 しゅっせしゅうじ 一切の種子を四種の種子（世間種子・出世種子・不清浄種子・清浄種子）に分けるなかの一つ。声聞・独覚・菩薩の三乗とその果を証する八聖道を生じる清浄な種子。
（出典）出世種子者、謂、能証三乗及三乗果、八聖道等清浄種子。（『瑜伽』14、大正 30・348c）

出世智 しゅっせち →出世間智

出世道 しゅっせどう →出世間道

出相 しゅっそう 道諦の四つの行相（道相・如相・行相・出相）の一つ。→道諦

出息 しゅっそく ①出る息。吐く呼吸。→出息入息
②利子をとって貸すこと。→方便出息

出息入息 しゅっそくにゅうそく 出る息と入る息。吐く息と吸う息。この息に心を集中する修行法を阿那波那念という。→阿那波那念「阿那波那念とは入息出息を縁ずる念なり」

出息風 しゅっそくふう →入出息風

出体 しゅったい ①経体（経典の本体）、すなわち教体（教えの本体）はなにかという考察のなかで、次の四種の観点から考える解釈をいう。（ⅰ）摂相帰性。相を摂して性に帰する立場。相（有為）から、それらの性（本性・実性である無為すなわち真如）に帰する立場。教えの本体を真如であるとみる解釈。（ⅱ）摂境従心。境を摂して心に従する立場。境（対象）としての教えをその教えを作り出す心（識）に従属せしめる立場。教えの本体は識であるとみる解釈。（ⅲ）摂仮随実。仮を摂して実に随う立場。言葉（名・句・文）は仮にあるものであり、声は実にあるものであるから、教えの本体は仮である言葉ではなく実である声であるとみる解釈。（ⅳ）性用別論。性と用とは別であると見る

立場。教えは声と言葉（名・句・文）とから構成され、そのなかの実なる声が性すなわち本来の実性であり、言葉はそれの用すなわち作用であるとみる立場。教えの本体は声であり、また言葉でもあるとみる解釈。
(参考)（『述記』1本、大正43・230b以下）:（『義林章』1、大正45・252c以下）
②経典の本体、教えの本体に対する四つの立場（①参照）を用いて、一切法（すべての存在）の本体はなにかを考察する次の四つの解釈をいう。（ⅰ）摂相帰性。一切法（相）の本体は真如（性）であるとみる解釈。（ⅱ）摂境従心。境（対象）は本体である心（識）が作り出したものであり識に従属しているものであるとみる立場。一切法の本体は心すなわち識であるとみる解釈。（ⅲ）摂仮随実。法すなわち存在するものを仮に存在するものとしてではなく実に存在するものとしてとらえる立場。たとえば瓶は瓶という概念で捉えられた仮のものにすぎず、その本体はそれを構成する地水火風の四元素であるとみる解釈。（ⅳ）性用別論。性用別質ともいう。一切の存在を性と用とにわけて別々に論じる立場。性を実、用を仮ととらえ、たとえば、有為（現象的存在）である心・心所・色・不相応行の四つのなか、心・心所・色の「実の存在」と不相応行の「仮の存在」との本体はなにであるかを別々に論じる解釈。あるいは性用別論を性相別論として、相（現象的存在である有為）と性（本性である無為すなわち真如）とは存在的には別々であり、無為は凝然として独存し、有為はその無為である真如からは決して展開することなく阿頼耶識より展開するとみる解釈。あるいは性用別論を体用別論として、阿頼耶識を体と用に分けて、体は無記であるが用は善・悪・無記の三性にわたるとみる解釈。
(参考)（『述記』1本、大正43・230b以下）:（『義林章』1、大正45・253b～c）

出胎 しゅったい　母胎から出生すること。生まれ出ること。「既に出胎し已って即ち地上に於て扶侍を待たずして七歩行きて自ら徳号を称す」

出纏 しゅってん　煩悩の束縛から解脱しているさま。在纏の対。→在纏「在纏を如来蔵と名づけ、出纏を法身と名づく」

出要道 しゅつようどう　煩悩の迷いから抜け出て涅槃のさとりに至る道。解脱への道。出要路とおなじ。「諸の菩薩は精勤し正加行を発起するが故に、出要の道に於て明了に開示して迷惑あることなし」「是れ出要の路なるが故に名づけて道と為す」

出要路 しゅつようろ　→出要道

出離 しゅつり　①貪りやいかりなどの煩悩を断じて、それらに束縛される状態を離れ出ること。たとえば、欲界の貪欲から出離して色界の初静慮に至ることをいう。「外の五妙欲貪を用いることを縁と為して欲界を建立し、即ち此の界を出離する義に由るが故に色界の最初の静慮を建立す」 Ⓢ niḥsaraṇa: niḥsṛti: niryāṇa: nairyāṇika: naiṣkramya
(出典) 能超恚等諸過失故、名為出離。（『瑜伽』11、大正30・332b）: 欲貪調伏断除超越、名為出離。（『瑜伽』18、大正30・378c）: 言出離者、謂、世間道、断除衆苦、得出離故。（『瑜伽』83、大正30・761c）
(参考) 種類としては、世間出離・声聞出離・独覚出離・大乗出離・不畢竟出離・畢竟出離の六種が説かれる（『雑集論』15、大正31・769a）。
②三界（欲界・色界・無色界）の一切の苦を断じて涅槃に至ること。有為（現象的存在）である三界から出離することを畢竟出離という。
(出典) 言出離者、出離三界一切苦故。（『瑜伽』84、大正30・767c）: 若諸有為皆悉寂滅、当知、是名畢竟出離。（『瑜伽』96、大正30・849c）
③人・天という善い生存状態（善趣）に生まれること。
(出典) 由二因縁、名為出離。一往善趣出離故、二趣三菩提出離故。（『瑜伽』70、大正30・687c）

出離依 しゅつりえ　愛欲などの煩悩を断じて苦を超え出るよりどころ。種々の感受作用（受）のなかの善い感受作用（善受）をいう。二種の依（耽嗜依・出離依）の一方。「世第一法に住する時、耽嗜依を捨てて出離依を得る」 Ⓢ naiṣkramya-āśrita
(出典) 順染受、名耽嗜依、順善受、名出離依。（『婆沙』139、大正27・718a）: 耽嗜依者、謂、諸染受。出離依者、謂、諸善受。（『倶舎』10、大正29・54b）

出離界 しゅつりかい　詳しくは順出離界と

いう。→順出離界

出離見 しゅつりけん 二十八種のまちがった見解（不正見）の一つ。→不正見

出離地 しゅつりじ 離欲（欲を離れた状態）におもむく実践とその実践のための準備段階。世間道による実践と出世道による実践とがある。前者は、三界（欲界・色界・無色界）のなかで、下の世界は麁であり、より上の世界は静である、と観察して次第に上の界にすすみ行き、最後に非想非非想処までに至る実践をいう。後者は、汚れなき智慧で四聖諦を如実に観察することによって三界から超出する実践をいう。

（出典）若由世間道而趣離欲、若由出世道而趣離欲、若此二道所有資糧、総略為一、名出離地。（『瑜伽』22、大正 30・401c）

Ⓢ naiṣkranya-bhūmi

出離想 しゅつりそう 色界の第三静慮の最後の遍浄天の貪を伏し、いまだ第四静慮以上の貪を伏していない外道や凡夫が、第四静慮にある無想天を真の解脱と考えて、そこに出離しようと願っておこす想い。それによって無想定を修する。聖者が止息想によって滅尽定に入ることに対する。棄背想とおなじ。→止息想 →無想定 Ⓢ niḥsaraṇa-saṃjñā

（出典）依静慮等、当知、能入二無心定。一者無想定、二者滅尽定。無想定者、唯諸異生、由棄背想作意方便能入。滅尽定者、唯諸聖者、由止息想受作意方便能入。（『瑜伽』33、大正 30・469a）：無想定者、謂、有異生、伏遍浄貪、未伏上染。由出離想作意為先、令不恒行心心所滅想滅為首、立無想名、令身安和故、亦名定。（『成論』7、大正 31・37b）

（参考）（『倶舎』5、大正 29・25a）

出離楽 しゅつりらく →無悩害楽

述 じゅつ のべること。叙述すること。解説すること。「理を叙するを述と名づく」

述可句 じゅつかく 問答において、問いに対して述べることができる答えをいう。たとえば「無常なものは皆な行（現象的存在）か、行は皆な無常であるか」という問いに対して「そうである」と答えるような場合をいう。遮止句の対。→遮止句

（出典）述可句者、謂、於所問、順爾而答。以如是言、述可所問。如有問言。諸無常者皆是行耶、設当是行皆無常耶。応述可答所問如是。（『演秘』7 末、大正 43・971a）

述者 じゅつしゃ 経典に対して論書を造って解説を述べる者。作者に対する者。たとえば『唯識三十頌』を造った世親を述者といい、その根拠となった教えを説いた釈尊（如来）を作者という。あるいは『唯識三十頌』を造った世親を作者といい、それを注釈した護法たちを述者という。

（出典）如来、是作者、論所依故。弟子、是述者、起此論故。（『述記』1 本、大正 43・232c）：世尊説唯識教、名為作者、教之主故。世親等師釈仏所説唯識之理、名為述者、依教起故。此経論相対。若世親等造三十頌、名為作者、護法等釈、名為述者。此論釈相対。（『了義灯』1 本、大正 43・671b）

述曰 じゅつわく 論書の文章を解説するさいに最初におく語。「述して曰く」と読む。

術 じゅつ わざ。手段。「神仙とは長生の術なり」「象師は術を尽して制すれども象を迴すこと能わず」

春 しゅん はる。一年の四季（夏・秋・冬・春）の一つ。「馬は春時に欲心が増盛す」

Ⓢ grīṣma: vasanta

瞚 しゅん まばたき。「瞚ある眼と瞚なき眼」 Ⓢ nimiṣa

瞚息 しゅんそく 瞬息とおなじ。→瞬息

瞬息 しゅんそく まばたきする間ほどの短い時間。瞚息とおなじ。「須臾・瞬息・刹那の量」「彼彼の日夜・刹那・瞚息を経て力を励す」 Ⓢ lava

瞬若 しゅんにゃ śūnya の音写。空と意訳する。 Ⓢ śūnya

（出典）梵云瞬若、此説為空。云瞬若多、此名空性。（『述記』9 本、大正 43・546a）

瞬若多 しゅんにゃた śūnyatā の音写。空性と意訳する。 Ⓢ śūnyatā

（出典）梵音但言瞬若、即是空。又言多者、是性義。今言瞬若多故、是空性。（『述記』7 末、大正 43・490a）

蠢動 しゅんどう 生きもの。漢語の蠢動は虫の動きを意味するが、原語 prāṇi-bhū は生物の総称。「諸の菩薩は普く一切の蠢動の有情に於て慈悲喜捨を倶する心を修習す」

Ⓢ prāṇi-bhūta

巡行 じゅんぎょう あるきまわること。「村邑・聚落・亭邏に往きて巡行して乞食す」

巡家 じゅんけ 乞食をするために家々をめ

ぐること。「次第に乞食するとは、里巷に入って巡家して乞うを謂う」

徇 じゅん むさぼること。「嫉とは自らの名利を徇り、他の栄に耐えず、妬忌を性と為す」

徇利 じゅんり 利益を求めること。商い。世間の事業の一つ。「徇利・務農・勤王などの種種の世間の事業」

純 じゅん 「もっぱら」「純粋」「それのみ」を意味する語。「純ら楽のみあり已って復た純ら苦のみあること、道理に応ぜず」「純の言は唯だ行のみありて我我所なきことを顕す」 Ⓢ ekānta: kevala

純一 じゅんいつ それのみで混じりけがないこと。「純一に能く正道を趣く」「純一とは一切外道と共ならざるを謂う」 Ⓢ niṣkevala

純苦趣 じゅんくしゅ ただ苦しみしかない生存のありよう。餓鬼・畜生・地獄の三つの悪趣をいう。純苦処ともいう。「純苦趣の中と及び禽獣などの愚鈍の類は分別を起こさず」「分別の慢などは純苦趣にはなし。彼れには邪師・邪教などがなきが故なり」「純苦処に意地の苦ありと雖も憂に似るが故に、総じて説いて憂と為す」

純苦処 じゅんくしょ →純苦趣

純黒業 じゅんこくごう 黒業とは三界（欲界・色界・無色界）の悪業、すなわち地獄・餓鬼・畜生の悪い生存状態（悪趣）をもたらす行為をいい、その行為はもっぱら汚れた行為であるから純黒業という。純白業の対。→純白業

純直 じゅんじき すなおでまっすぐであること。「心を純直にして柔軟ならしむ」

純熟 じゅんじゅく 修行が深まり熟すること。「不浄観を修し已って純熟す」「善く純熟して観行を修す」「修習を純熟して一切法の中において自在を得る」

（出典）由長時串修習故、説名純熟。（『瑜伽』86、大正 30・783b）

純浄 じゅんじょう きよらかであること。「心は純浄なり」 Ⓢ peśala: prasanna

純質 じゅんぜつ まっすぐなこと。正しいこと。かたよっていないこと。「諂曲を離れるが故に純質にして正直なる語を発す」

純善 じゅんぜん もっぱら善なること。一向に善いこと。「諸の無学法は純善・純白にして一向に無罪なり」 Ⓢ ekānta-kuśala

純善意楽 じゅんぜんいぎょう 六波羅蜜多を修することにおいて抱く六つの願い・意欲の一つ。六波羅蜜多を修することによって集めた善の力（善根）を他の人びとと共に最高のさとり（無上正等菩提）を獲得するための力に向けようという願いをいう。

（参考）（『摂論釈・世』7、大正 31・356b）

純大苦蘊 じゅんだいくうん 十二支縁起において無明から始まる因果の連鎖の最後に結果する老い死ぬというもっぱら苦のみを背負った存在をいう。「云何が縁起なるや。謂く、無明は行を縁じ、行は識を縁じ、乃至、生は老死を縁ず。是の如く純大苦蘊を招集するを縁起と名づく」 Ⓢ kevalo duḥkha-skandhaḥ

純白業 じゅんびゃくごう 白業とは善なる行為（善業）をいい、色界の善業はもっぱら善のみであり悪がまじっていないから純白業という。純黒業の対。→純黒業 Ⓢ śuklasya karmaṇaḥ

淳一味 じゅんいちみ すなおできよく混じりけがないこと。淳浄一味とおなじ。「淳一味にして妙なる浄信心を以って無上正等菩提に迴求す」「仏の妙智に於て能く淳浄一味の欲楽を以って深く愛慕を生ず」 Ⓢ ghana-rasa

淳厚 じゅんこう 信心が厚いこと。人情があついこと。「性として淳厚なり」「浄信・淳厚にして其の性として柔和なり」

Ⓢ ghanatva: ghana-rasa

淳熟 じゅんじゅく 修行を深めること。「勤めて無常・苦・空・無我などの観を修学して既に淳熟し已って、漸次に世第一法を引き起こす」「聖道は未だ淳熟せず」

淳浄一味 じゅんじょういちみ →淳一味

淳浄心 じゅんじょうしん すなおできよらかな心。「仏像・窣堵波などに於て淳浄心を起こして恭敬し供養す」 Ⓢ prasāda-citta

循環 じゅんかん めぐること。ひとまわりしてもとにもどること。「上下地の一切の等至に於て循環して入出す」「経中を循環して諸の法の体相を研竅す」「世尊は六大城を循環すること反なり」

循観 じゅんかん 四念住を修して身・受・心・法のおのおのを観察すること。身・受・心・法に対して、順次、循身観・循受観・循心観・循法観という。→四念住「身に於て身循観に住し、乃至、法に於て法循観に住す」

Ⓢ anupaśyanā

循受観 じゅんじゅかん →循観

循心観 じゅんしんかん →循観

循身念 じゅんしんねん →循観

循法観 じゅんぼうかん →循観

順 じゅん ①したがうこと。一致すること。適うこと。「彼の論の所説は正理に順ず」「此の釈は契経に順ぜず」「是の如き身語の二業は福徳・智慧の資糧に順ぜず」「受は能く順と違と中との境を領納して、心などをして歓と慼と捨との相を起こさしむ」「苦受とは、苦に順ずる諸根と境界とを縁と為して生ずるところの非適悦受を謂う」

Ⓢ anukūla: anugata: anuguṇa: anuguṇya: anurodha: anuloma: anulomita: anuvṛta: yukta: vidheya: sthānīya

②通じること。おもむくこと。往くこと。「上に往くを順と名づけ、下に還るを逆と名づく」 Ⓢ anuloma

順違倶非 じゅんいくひ 順と違と倶非(順・違いずれでもないこと)。三種の感受作用(苦受・楽受・不苦不楽受)の対象の三つのありようをいう。順とは心にかなう対象、違とは心にたがう対象、倶非はそのどちらでもない対象をいう。順違中あるいは順違非二ともいう。「受とは順違倶非の境相を領納するを性と為し、愛を起こすを業と為す」「歓・慼・捨の三相は、次の如く、順違中の三境に配す。即ち是れ三受なり」「受支に由って順違非二の境を領納す」

順違中 じゅんいちゅう →順違倶非

順違非二 じゅんいひに →順違倶非

順憂受業 じゅんうじゅごう 三業(順喜受業・順憂受業・順捨受業)の一つ。→三業⑥

Ⓢ daurmanasya-vedanīyaṃ karman

順縁起 じゅんえんぎ 因から果が生起するという縁起をいう。十二支縁起において無明からはじまって、最後に、生・老死が生じるとみる因果の連鎖をいう。逆縁起の対。→逆縁起「又た順流流転あり、謂く、順縁起なり。又た逆流流転あり、謂く、逆縁起なり」

順覚支戒 じゅんかくしかい 解脱や正見を求めるために受ける戒。四つの戒(怖畏戒・希望戒・順覚支戒・清浄戒)の一つ。

Ⓢ bodhi-aṅga-anulomaṃ śīlam

(出典) 順覚支戒、謂、為求解脱及正見等、受持浄戒。(『倶舎』18、大正 29・97c)

順観 じゅんかん 十二支縁起において最初の無明からはじまって、最後の老死までを順次に観察する縁起観。逆観の対。

順喜受業 じゅんきじゅごう 三業(順喜受業・順憂受業・順捨受業)の一つ。→三業⑥

Ⓢ saumanasya-vedanīyaṃ karman

順逆 じゅんぎゃく 順と逆。したがうこととさからうこと。順序だっていることとその逆。十二支縁起において、無明からはじまって、乃至、老死に至る連鎖と、逆に老死から無明に至る連鎖とをいう。あるいは禅定に入る場合、より浅い定からより深い定に入るありようと、逆に深い定から浅い定に入るありようとをいう。「結跏趺坐して十二縁起を順逆して観察す」「八解脱に於て順逆に入出す」

Ⓢ anuloma-pratiloma

(参考)(『雑集論』4、大正 31・713a)

順境 じゅんきょう 心にかなう対象。身心が快適になる楽な感受作用を生じる対象。違境の対。→違境「順境の相を領し身心を適悦するを説いて楽受と名づく」

順苦受業 じゅんくじゅごう 三業(順楽受業・順苦受業・順不苦不楽受業)の一つ。→三業③ Ⓢ duḥkha-vedanīyaṃ karman

順苦受触 じゅんくじゅそく 順苦受によって触れること。受を生じる十六種の触の一つ。→触④

順下分結 じゅんげぶんけつ →五順下分結

順解脱分 じゅんげだつぶん 三種の善(順福分・順解脱分・順決択分)の一つ。善のなかでかならず涅槃をもたらす善をいう。真理をさとって解脱するために最初の植えるべき善の種子をいう。順決択分を生じる前段階の善(善根)。解脱分と略称。→順決択分「順決択分を今生に起こす者は必ず前生に順解脱分を起こしたるものなり」「阿頼耶識が摂持するところの順解脱分と及び順決択分などの善法の種子は集諦の因に非ず」

Ⓢ mokṣa-bhāgīya

(出典) 順解脱分善根者、謂、種決定解脱種子、因此、決定得般涅槃。(『婆沙』7、大正 27・35a):順解脱分者、謂、定能感涅槃果善。此善生已、令彼有情名為身中有涅槃法。若有聞説生死有過諸法無我涅槃有徳、身毛為竪、悲泣堕涙。当知、彼已殖順解脱分善。如見得雨場有芽生、知其穴中先有種子。(『倶舎』18、大正 29・98a)

順決択分　じゅんけっちゃくぶん　三種の善（順福分・順解脱分・順決択分）の一つ。あるいは、定まった心の世界である色界の初静慮から無色界の無所有処に至るまでの各段階（地）にある四つのありよう（順退分・順住分・順勝進分・順決択分）の一つ。それを修することによって真理（四諦）をさとる位である見道に至ることになる善。見道の前段階である加行位の煖・頂・忍・世第一法の四つの善根をいい、まとめて順決択分善根という。 Ⓢ nirvedha-bhāgīya

（出典）浄初静慮有四種。謂、順退分・順住分・順勝進分・順決択分。（中略）順決択分者、謂、若住此多分、能入正性離生。（中略）順決択分者、即煗頂忍世第一法。（中略）順決択分者、随順聖道。（『婆沙』163、大正27・823c）：此煖頂忍世第一法、四殊勝善根、名順決択分。依何義建立順決択分名。決、謂、決断。択、謂、簡択。決断簡択、謂、諸聖道。以諸聖道能断疑故、及能分別四諦相故。分、謂、分段。此言意、顕所順唯是見道一分。決択之分故、得決択分名。此四為縁、引決択分。順益彼故、得順彼名故、此名為順決択分。（『倶舎』23、大正29・120a）

（参考）種類としては、随順順決択分・勝進順決択分・通達順決択分・余転順決択分・一生順決択分・一座順決択分の六種が説かれる（『雑集論』13、大正31・754a）。

順現受業　じゅんげんじゅごう　→順現法受業

順現法受業　じゅんげんぽうじゅごう　順現受業ともいう。現世に果を受ける業。この一生の間に果を生じる行為。三種の業（順現法受業・順次生受業・順後次受業）の一つ。この三種の業は果を受ける時期が決定しているから定業という。

Ⓢ dṛṣṭa-dharma-vedanīyaṃ karman

（出典）順現法受業者、若業此生造作増長、即於此生、受異熟果、非於余生。（『婆沙』19、大正27・98a）：順現法受業者、謂、由如是相状意楽所作諸業、若由如是相状加行、謂、事加行、或身加行、或語加行所作諸業、若由如是相状良田所作諸業、於現法中、異熟成熟、如是名為順現法受業。（『瑜伽』90、大正30・808a）

順五下分結　じゅんごげぶんけつ　→五下分結

順後句　じゅんごく　ある二つの存在の関係についての問いに対する答え方の一つ。「AはまたBであるか。BはまたAであるか」という問いに対して、後のより広い概念のBによって「すべてのBはまたAではあるが、AにしてBではないものがある」という答え方をいう。たとえば「所取はまた能取か。能取はまた所取か」という問いに対して、「諸の能取はまた所取であるが、所取にして能取でないものがある」という答えをいう。順前句の対。→順前句　Ⓢ paścāt-pādaka

（出典）順後句者、謂、即二法展転相問、依止後法、以答所問。如有問言、若所取亦能取耶、設能取亦所取耶。此応作順後句答。諸能取亦所取、有所取非能取、謂色等五境及法処。（『雑集論』15、大正31・768a）

順後次受業　じゅんごじじゅごう　来世の次の世以後に果を受ける業。順後受業ともいう。三種の業（順現法受業・順次生受業・順後次受業）の一つ。

Ⓢ apara-paryāya-vedanīyaṃ karman

（出典）順後次受業者、若業此生造作増長、於第三生、或第四生以後、如次受異熟果。（『婆沙』19、大正27・98a）：若所作業、現法次生異熟未熟、従此已後異熟方熟、当知、是名順後受業。（『瑜伽』90、大正30・808b）

順後受業　じゅんごじゅごう　順後次受業とおなじ。→順後次受業

順算数　じゅんさんす　入る息と出る息とを数えることに集中してヨーガを修することにおいて、息を一からはじめて十まで数える方法をいう。逆算数の対。→逆算数

Ⓢ anuloma-gaṇanā

（出典）云何順算数。謂、或由以一為一算数、或由以二為一算数、順次展転、数至其十、名順算数。（『瑜伽』27、大正30・431b）

順次第　じゅんしだい　因果の連鎖を因から果へと順次たどっていく順序をいう。十二支縁起の縁起観では無明から行へ、乃至、老死へと観察する方法をいう。逆次第の対。→逆次第「縁起を順次第に由って説く」

Ⓢ anuloma

順次生受業　じゅんじしょうじゅごう　次の生に果を受ける業。順生受業ともいう。三種の業（順現法受業・順次生受業・順後次受業）の一つ。 Ⓢ upapadya-vedanīyaṃ karman

（出典）順次生受業者、若業此生造作増長、於次後生、受異熟果、非於余生。（『婆沙』

19、大正 27・98a)：若所作業、於現法中、異熟未熟、於次生中、当生異熟、如是名為順生受業。(『瑜伽』90、大正 30・808a〜b)

順捨受業　じゅんしゃじゅごう　三業（順喜受業・順憂受業・順捨受業）の一つ。→三業⑥　Ⓢ upekṣā-vedanīyaṃ karman

順取　じゅんしゅ　汚れを有する存在（有漏法）の別名。執着（取）と関係した存在であるから順取という。
(参考)(『婆沙』138、大正 27・713a)

順趣　じゅんしゅ　①おもむくこと。導くこと。「三十七法は菩提に順趣するが故に皆な菩提分法と名づく」　Ⓢ anulomatva
②指向すること。指し示すこと。「四の無色蘊は種種の所縁の境に順趣する義なるが故に総じて説いて名と名づく」

順受　じゅんじゅ　①楽・苦・不苦不楽の三種の感受作用（受）を生じる三つの感触作用（触）、すなわち順楽受触・順苦受触・順不苦不楽受触の別名。　Ⓢ vedanīya
(出典) 一順楽受触、二順苦受触、三順不苦不楽受触、此三能引楽等受故、或是楽等受所領故、或能為受行相依故、名為順受。(『俱舎』10、大正 29・52c)
②受ける、感受するという作用に関する事柄の総称。分類すると次の五種がある。(i)自性順受。それそのものが感受作用であるもの、すなわち楽・苦・不苦不楽の三つの感受作用（受）をいう。(ii) 相応順受。中心的な心と共に相応して働くものとして感受されるもの、すなわち感触作用（触）をいう。(iii) 所縁順受。認識対象（所縁）として感受されるもの。すべての対象（境）をいう。(iv) 異熟順受。異なって熟する結果（異熟）を感受する行為（業）、すなわち順現法受業・順次生受業・順後次受業の三つの業をいう。(v) 現前順受。現前にまさに生じて働いている感受作用をいう。
(参考)(『俱舎』15、大正 29・81b〜c)

順住分　じゅんじゅうぶん　定まった心の世界である色界の初静慮から無色界の無所有処に至るまでの各段階（地）にある四つのありよう（順退分・順住分・順勝進分・順決択分）の一つ。退くこともさらに進むこともなく、それ自らのありように安住している状態をいう。　Ⓢ sthiti-bhāgīya
(出典) 浄初静慮有四種。謂、順退分・順住分・順勝進分・順決択分。(中略) 順住分者、謂、若住此多分不退失不勝進。(中略) 順住分者、能観下地、為麁苦障而生厭背、能観自地、為静妙離而楽安住。(中略) 順住分者、随順自地。(『婆沙』163、大正 27・823c)：諸浄等至、総有四種。一順退分摂、二順住分摂、三順勝進分摂、四順決択分摂。地各有四有頂唯三。由彼更無上地可趣故、彼地無有順勝進分摂。(中略) 順住分能順自地。(『俱舎』28、大正 29・148c)

順出離界　じゅんしゅつりかい　出離に順じる界。出離とは、広くは貪りやいかりなどの煩悩を断じてそれらに束縛される状態を離れて超え出ることをいい、ここでいう出離とは欲界・色界・無色界の三界の欲を離れた無学（学ぶべきことがなくなった聖者）の人が、次のようなありように住して、それぞれ対応する煩悩を断じて離れることをいう。五種と六種とがある。(Ⅰ) 五種。(i) 不浄観（欲すなわち貪りから出離する)。(ii) 慈観（恚すなわちいかりから出離する)。(iii) 悲観（害すなわち他者を殺害せんとする心から出離する)。(iv) 無色界の空無辺処の定（色欲すなわち物質的なものに対する欲から出離する)。(v) 無相定（三界のすべての染汚から出離する)。(Ⅱ) 六種。(i) 四無量心のなかの慈（恚すなわちいかりを断じる)。(ii) 悲（害すなわち殺害せんとする心を断じる)。(iii) 喜（不楽すなわち他者の幸せをねがわない心を断じる)。(iv) 捨（貪りといかりにかたむく心を断じる)。(v) 無相（一切の相すなわち心のなかの観念・対象を断じる)。(vi) 離我慢（解脱やさとりに対する疑惑を断じる)。
(参考)(『瑜伽』11、大正 30・331c〜332b)

順正論　じゅんしょうろん　順論ともいう。論議する際の六種の言葉（言論・尚論・諍論・毀謗論・順正論・教導論）の一つ。教法に対する人びとの疑惑を断じるために清浄な智慧と見解に随って語られた言論。　Ⓢ anuvāda
(出典) 順正論者、謂、於善説法律中、為諸有情、宣説正法、研究決択、教授教誡、為断有情所疑惑故、為達甚深諸句義故、為令知見畢竟浄故、随順正行、随順解脱、是故此論名順正論。(『瑜伽』15、大正 30・356b)：順論者、謂、随順清浄智見所有決択言論。(『雑集論』16、大正 31・771a)

順生受業 じゅんしょうじゅごう 順次生受業とおなじ。→順次生受業

順勝進分 じゅんしょうじんぶん 定まった心の世界である色界の初静慮から無色界の無所有処に至るまでの各段階（地）にある四つのありよう（順退分・順住分・順勝進分・順決択分）の一つ。ある定まった心（定）からさらに上のより勝れた状態に進みいく状態をいう。 Ⓢ viśeṣa-bhāgīya

（出典）浄初静慮有四種。謂、順退分・順住分・順勝進分・順決択分。（中略）順勝進分者、謂、若住此多分勝進。（中略）順勝進分者、能観自地為麁苦障而生厭背、能観上地、為静妙離而生欣楽。（中略）順勝進分者、随順上地。（『婆沙』163、大正 27・823c）：諸浄等至、総有四種。一順退分摂、二順住分摂、三順勝進分摂、四順決択分摂。地各有四有頂唯三。由彼更無上地可趣故。彼地無有順勝進分摂。（中略）順勝進分、能順上地。（『倶舎』28、大正 29・148c）

順障法 じゅんしょうほう ヨーガを修することにおいてさまたげとなる存在。魅了する感覚の対象への貪り、いかり、暗やみ、親族や国土や不死を思う、過去の楽しかったことなどを追憶する、などのことをいう。「昼日分に於て経行し宴坐して順障法より其の心を浄修す」 Ⓢ āvaranīyā dharmāḥ

（出典）云何順障法。謂、浄妙相、瞋恚相、黒闇相、親属国土不死尋思、追憶昔時笑戯喜楽承事随念及以三世、或於三世非理法思。（『瑜伽』24、大正 30・412a）

順上分結 じゅんじょうぶんけつ →五順上分結

順世 じゅんせ 順世間とおなじ。→順世間

順世外道 じゅんせげどう 仏教以外の一学派。世間的考えに随って生きる人びと。生きものはすべては地・水・火・風の四元素から構成され、死後はこれら四元素に還るという唯物論的見解を持つ人びと。 Ⓢ lokāyata

（出典）即是順世外道所計。此唯執有実常四大、生一切有情、一切有情禀此而有、更無余物、後死滅時、還帰四大。（『述記』1 末、大正 43・263b）

順世間 じゅんせけん 世間にしたがうこと。世間的であること。順世・随順世間ともいう。「補特伽羅は実有に非ずと雖も四種の縁に由るが故に建立す。謂く、言説し易きが故に、世間に順ずるが故に、怖畏を離れる故に、自他が徳失を具するを顕示するが故に」「順世の典籍の綺字・綺句・綺飾・文詞は能く無義を引く」

順前句 じゅんぜんく ある二つの存在の関係についての問いに対する答え方の一つ。「A はまた B であるか。B はまた A であるか」という問いに対して、より広い概念の前の A によって、「すべて A はまた A ではあるが、B にして A ではないものがある」という答え方をいう。たとえば「智はまた所知か。所知はまた智か」という問いに対して、「諸の智はまた所知であるが、所知にして智でないものがある」という答えをいう。順前句の対。→順前句 Ⓢ pūrva-pādaka

（出典）順前句者、謂、於諸法中、随取二法、更互相問。依止前法、以答所問。如有問言。若智亦所知耶、設所知亦智耶。此応作順前句答。諸智亦所知、有所知非智。（『雑集論』15、大正 31・768a）

順退分 じゅんたいぶん 定まった心の世界である色界の初静慮から無色界の無所有処に至るまでの各段階（地）にある四つのありよう（順退分・順住分・順勝進分・順決択分）の一つ。定まった心（定）から退くことがあり、またその定へ執着するという煩悩が生じることがある状態をいう。 Ⓢ hāna-bhāgīya

（出典）浄初静慮有四種。謂。順退分・順住分・順勝進分・順決択分。（中略）順退分者、謂、若住此多分退失。（中略）復次順退分者、与諸煩悩、相凌相雑、煩悩無間此現前、此無間煩悩現前。（中略）順退分者、随順煩悩。（『婆沙』163、大正 27・823c）：諸浄等至、総有四種。一順退分摂、二順住分摂、三順勝進分摂、四順決択分摂。地各有四有頂唯三、由彼更無上地可趣故。彼地無有順勝進分摂。（中略）順退分、能順煩悩。（『倶舎』28、大正 29・148c）

順諦忍 じゅんたいにん 加行位の四段階（煖・頂・忍・世第一法）の忍の言い換え。→加行位 →四如実智
Ⓢ satya-anulomāḥ kṣāntayaḥ

順超入 じゅんちょうにゅう 色界あるいは無色界において、下の定を出て上の定に入るときに、あいだの一つの定を飛び超えて入ることをいう。たとえば、無色界の識無辺処からあいだの無所有処を飛び超えて非想非非想処

に入ることをいう。逆超入の対。→逆超入「何が故に世尊は、涅槃に臨む時に、諸定を順超入せずして但だ逆超入するや」

順不苦不楽受業　じゅんふくふらくじゅごう　三業（順楽受業・順苦受業・順不苦不楽受業）の一つ。→三業③　Ⓢ aduḥkha-asukha-vedanīyaṃ karman

順不苦不楽受触　じゅんふくふらくじゅそく　順不苦不楽受によって触れること。受を生じる十六種の触の一つ。→触④

順不定受業　じゅんふじょうじゅごう　果を受ける時期が現世か、次の世か、それ以後か、決定していない業をいう。四種の業（順現法受業・順次生受業・順後次受業・順不定受業）の一つ。不定受業ともいう。

順福分　じゅんふくぶん　三種の善（順福分・順解脱分・順決択分）の一つ。人あるいは天に生まれるという福をもたらす善。人としては、高貴な家柄や金持ちに生まれる、容姿よく生まれる、あるいは転輪王になる、などの世間的な幸福をもたらす善。天としては、三界の天のなかにおいて勝れた果をもたらす、あるいは帝釈・魔王・梵王などになるなどの果をもたらす善をいう。順福分善根ともいう。　Ⓢ puṇya-bhāgīya

（出典）順福分善根者、謂、種生人生天種子。生人種子者、謂、此種子、能生人中高族大貴多饒財宝眷属円満顔貌端厳身体細軟、乃至、或作転輪聖王。生天種子者、謂、此種子、能生欲色無色天中受勝妙果、或作帝釈魔王梵王有大威勢多所統領。（『婆沙』7、大正 27・34c〜35a）：言順福分者、謂、感世間可愛果善。（『倶舎』18、大正 29・98a）

順福分善根　じゅんふくぶんぜんこん　→順福分

順益　じゅんやく　益すること。力を与え、ためになること。「煖・頂・忍・世第一法の四善根は決択分を順益するが故に順決択分と名づく」「身見・戒禁取・疑・欲貪・瞋恚の五は下分界を順益するが故に順下分と名づく」「順益の義は是れ因の義にして建立の義は是れ縁の義なり」「此世と他世との二世を順益するが故に名づけて善と為す」
Ⓢ anuguṇa: hita: hitatva

順浴散　じゅんよくさん　沐浴に適した芳香のある液汁。「彼の楽は是れ業の所受なり。此に由って能く楽の異熟を受くるが故に。順浴散の如く、此も亦た然るべし。是の故に名づけて順楽受業と為す」　Ⓢ snānīya-kaṣāya

順楽受業　じゅんらくじゅごう　三業（順楽受業・順苦受業・順不苦不楽受業）の一つ。→三業③　Ⓢ sukha-vedanīyaṃ karman

順楽受触　じゅんらくじゅそく　順楽受によって触れること。受を生じる十六種の触の一つ。→触④

順流　じゅんる　①生まれかわり死にかわりする生死の相続の流れに与かること。これに対して、生死の流れに逆らって涅槃に向かうことを逆流という。「生死に向かうことと生死に背することとによって順流と逆流とを建立す」
（参考）（『婆沙』176、大正 27・884c 以下）
②川下に流れる河の流れ。逆流の対。「順流を逆流せしめること難し」　Ⓢ anusrotas

順論　じゅんろん　→順正論

潤　じゅん　うるおすこと。水が種子を潤して成育せしめること。この現象を喩えに用いて、煩悩が苦的な生存を潤してそれを相続せしめる働きを「生を潤す」（潤生）という。〈唯識〉では、表層的な行為（業・現行）が深層の根本心（阿頼耶識）のなかの種子を潤して種子を成育せしめることをいう。「軽安と倶なりて身を潤すること水の如し」「業を発して生を潤するは煩悩なり」「現行を以って種子を潤す」　Ⓢ abhi-**syand**: niṣeka

潤滑　じゅんかつ　なめらかさ。「水月の如く水が潤滑にして澄清性なるが故に月あることなしと雖も月は可取なり」　Ⓢ snigdha

潤生　じゅんしょう　「にんしょう」ともよむ。煩悩の二つの働き（発業・潤生）の一つ。発業とは行為を発することで、たとえばいかり（瞋恚）という煩悩は他者に対して打撃などの害をあたえることをいい、潤生とは生存を潤すことで、煩悩は自己の苦的生存をさらに成育せしめることをいう。「生死相続は惑・業・苦による。発業・潤生の煩悩を惑と名づく」

潤沢　じゅんたく　なめらかなこと。「奢摩他は能く身心を軽安し潤沢せしめること、平満なる油鉢の如し」　Ⓢ snehana

処　しょ　①蘊・処・界の処。十二処の処。こころ（心・心所）を生じ生長せしめるもの。心・心所を生じる感官としての六根（眼・耳・鼻・舌・身・意）と心・心所の認

識対象としての六境（色・声・香・味・触・法）との十二種をいう。 Ⓢ āyatana
（出典）心心所法生長門義、是処義。訓釈詞者、謂、能生長心心所法故、名為処。是能生長彼作用義。（『倶舎』1、大正29・5a）：処有十二。則眼処・色処・耳処・声処・鼻処・香処・舌処・味処・身処・触処・意処・法処、是名為処。（『瑜伽』27、大正30・434a）：能生能広諸心心法、是故名処。（『瑜伽』57、大正30・620b）
②器世間（自然界）のこと。生きものがそのなかで棲息する器としての自然。→器世間
Ⓢ sthāna
（出典）処、謂、処所、即器世間。是諸有情所依処故。（『成論』2、大正31・10a）：所言処者、謂、異熟識由共相種成熟力故、変似色等器世間相、即外大種及所造色。（『成論』2、大正31・10c）
③領域。事柄の範疇。「諸の欲貪は身の処に於て転ずるが故に、四念住は身を観ずることが初に在り」「諸の菩薩は自利処・自他処ないし無上正等菩提処の七処に於て学すべし」
Ⓢ adhikaraṇa: adhiṣṭhāna: sthāna
④場所。ところ。「菩薩が生まれる処」「処と時との近・中・遠」「欲界の上に十七の処あり」「地に高下なく処に毒刺なし」
Ⓢ antika: deśa: dhāna: pradeśa: sthāna
⑤存在すること。在ること。「独り空閑に処して無倒に思惟し観察す」「居家は塵俗に処す」「高座に処す」
Ⓢ gata: niṣaṇṇa: vāsa: stha
⑥正しいこと。合理であること。→処非処
Ⓢ sthāna

処遠性 しょおんしょう 場所が異なっていること。たとえば、東と西の海は一つの大海ではあるが場所的に異なっているような場合をいう。四種の遠性の一つ。→遠性
Ⓢ deśa-dūratā
（参考）（『倶舎』21、大正29・111c）

処在 しょざい ①ある、いる、存在すること。「居家に処在す」
②四種の在（自体在・器在・現行在・処在）の一つ。→在

処衆怯畏 しょしゅきょうい 人びとと共にいる、人びとの前で話したりすることへの恐れ。怯衆畏ともいう。五種の恐れ（怖畏）の一つ。→怖畏 Ⓢ pariṣad-śāradya-bhaya

処所 しょしょ ①阿練若、あるいは林樹下、あるいは空閑室などの修行する場所をいう。そのような修行の場所が完全であること（処所円満）の条件として次の五つがあげられる（『瑜伽』30、大正30・450a）。（i）清らかで汚れがなく、園や池などがあり、大地が平坦で棘やいばらがなく、喜んで修行できる。（ii）喧噪ではなく、夜は音が少なく、虻や蝿などがいない。（iii）恐ろしい猛獣や盗賊などの恐ろしいものがおらず、安心して住することができる。（iv）生活道具や衣服が得やすく、食べ物を欠くことがない。（v）人びとを教え導くことができるすぐれた人（善知識）、智慧者（有智）、共に清らかな修行をしている者（同梵行者）が居て、彼らによって智見が速やかに清浄となる。
Ⓢ sthāna
②場所一般をいう。「寂静なる処所にして勝妙なる房舎」
③領域。事柄の範疇。「無明は五の処所に於て能く障と為る」

処所円満 しょしょえんまん 修行する場所が完全であること。→処所①
Ⓢ sthāna-saṃpad

処善巧 しょぜんぎょう 処に精通していること。十二処について善く理解していること。五種・六種あるいは十種の善巧の一つ。
→善巧② →処① →十二処
Ⓢ āyatana-kauśalya
（出典）若於如是諸内外処縁、得善巧、名処善巧。（『瑜伽』27、大正30・434a）

処胎位 しょたいい 母胎のなかにとどまっている胎児の期間。羯羅藍・頞部曇・閉尸・鍵南・鉢羅奢佉の五つの位。→胎蔵
Ⓢ garbha-avasthā
（参考）（『瑜伽』2、大正30・289a）

処中 しょちゅう ①憎くも親しくもない無関係な人。三種の他人観の一つ。中・中庸ともいう。→怨親中「有情を分けて三品と為す。いわゆる親友と処中と怨讐となり」
Ⓢ udāsīna
②かたよることなく真んなかの正しいありよう。中道の中をいい、存在的には非有非無（非空非有）という理をいう。あるいは極端な二つの見解（二辺）を離れたありようをいう。→処中行「如来出世して宜しきに随って処中の妙理を説き、諸の有情をして諸法は非

空非有なりと了達せしむ」「増益の辺と損減の辺との二辺を遠離する処中の観行」
Ⓢ madhyama
③三種のなか、両極のいずれでもなく二つの真んなかにあるありよう。たとえば、心地よい香と心地よくない香のいずれでもない香を処中の香という。「或いは三種の香を立つ。謂く、可意と不可意と処中との香なり」
Ⓢ upekṣā-sthānīya
④三種のなかの中程度のありよう。「麁近と処中と幽微との教授・教誡」「下劣の欲界と処中の色界と勝妙の無色界」 Ⓢ madhya: madhya-stha

処中行 しょちゅうぎょう 非空非有という理にもとづいた実践行。二辺を遠離する中道とおなじ。→二辺 →中道「内法の弟子は処中行を行じて二辺を遠離す」 Ⓢ madhyama-pratipad

処中生 しょちゅうしょう 三界のなかの真んなかの色界に生まれること。あるいは、第二番目に母胎に入ること。あるいは、善・不善果・無記法を除いたその他の無記法が生じること。十一種の生の一つ。→生⑤
（出典）若於処中色界中生、名処中生。（中略）中二入胎者、名処中生。（中略）除善不善果無記法、所余無記法生、名処中生。（『瑜伽』52、大正30・586b）

処非処 しょひしょ 処と非処。→処非処善巧

処非処善巧 しょひしょぜんぎょう 処とは理にかなっていること。非処とは理にかなっていないこと。たとえば、眼が声を聞く、香を嗅ぐことができるというのは理にかなっていない、すなわち非処であり、眼がもの（色）を見ることができるということは理にかなっている、すなわち処である。このように種々の事柄において、なにが処でなにが非処であるかということに精通し善く理解していることを処非処善巧という。五種・六種あるいは十種の善巧の一つ。→善巧② Ⓢ sthāna-asthāna-kauśalya
（出典）問、何等為処。答、於彼彼事理、無相違。問、何等非処。答、於彼彼事理、有相違、是名処非処体。問、何故世尊顕示処非処善巧耶。答、為欲顕示染汚清浄正方便智無失壊故。（『瑜伽』57、大正30・613a）：由処非処善巧故、能正了知非不平等因果道理、則善不善法有果異熟、若諸善法能感可愛果異熟法、諸不善法能感非愛果異熟法、若能如是如実了知、名処非処善巧。（『瑜伽』27、大正30・434b）

処非処智力 しょひしょちりき 如来の十力の一つ。なにが理にかなっているか、なにが理にかなっていないかをしる智力。→十力
Ⓢ sthāna-asthāna-jñāna-bala
（出典）云何処非処智力。謂、依止静慮、於一切種処非処智具足中、若定若慧及彼相応諸心心所。（『集論』7、大正31・691b～c）

処物 しょもつ 場所としての物。三種の布施する物（財物・穀物・処物）の一つ。田畑や家宅や寺院などをいう。 Ⓢ deśa-vastu
（出典）云何処物。謂、諸田宅・邸店・鄽肆、建立福舎及寺館等。（『瑜伽』25、大正30・421b）

初 しょ 「はじめ」「最初」「第一番」などを意味する名詞・形容詞・副詞。
Ⓢ ādi: āditas: ādya: ādyam: ārambha: purā: pūrvam: prathama: prathamatas

初阿僧企耶 しょあそうぎや →初大劫阿僧企耶

初果 しょか 聖者としての四つの結果（預流果・一来果・不還果・阿羅漢果）のなかの最初の結果である預流果のこと。
Ⓢ prathama-phala
（出典）言初果者、謂、預流果。此於一切沙門果中、必初得故。（『倶舎』23、大正29・122b）

初句 しょく 頌文の中で六字からなる文句をいう。
（出典）従六字乃至二十六字、皆得為句。然六字者、名為初句、二十六字者、名為後句。減六字者、名短句、過二十六字者、名長句。（『婆沙』14、大正27・71b）

初業 しょごう 初めて修行をすること。そのような人を初業者といい、そのような段階を初業位・初業地という。初修業・初習業ともいう。「初業の菩薩」「初業者の為に三宝を顕示し、已串習者の為に五蘊を顕示す」「初業地よりないし阿羅漢果を獲得するに至るまでのあらゆる正道を顕示す」
Ⓢ ādi-karmika: prathama-karmika

初業位 しょごうい →初業

初業地 しょごうじ →初業

初業者 しょごうしゃ →初業

初地 しょじ 菩薩の十地のなかの最初の地。極喜地・歓喜地ともいう。この初地は入心と住心と出心との三心からなり、最初の入心が見道（通達位）にあたり、第二の住心以後が修道（修習位）にあたる。→極喜地

初修業 しょしゅごう 初めて修行をすること。そのような人を初修業者という。初業・初習業ともいう。「初修業者は、始めて修業する時は、最初は全く所縁境に於て其の心を繫縛せず」

Ⓢ ādi-karmika: prathama-karmika
（参考）（『瑜伽』30、大正 30・448c）

初修業者 しょしゅごうしゃ →初修業

初修業瑜伽師 しょしゅごうゆがし 初めてヨーガを修行する人。三種の瑜伽師（初修業瑜伽師・已習行瑜伽師・已度作意瑜伽師）の一つ。 Ⓢ ādi-karmiko yoga-ācāraḥ
（参考）（『瑜伽』28、大正 30・439b）

初習業 しょじゅうごう 修行の段階を三種に分類するなかの最初。初めて修行をすること、あるいは、そのような人。初習業者ともいい、そのような段階を初習業位という。「世尊の所化に略して三種あり。一に初習業、二に已串修、三には超作意なり。初習業者の為に十八界を説く」 Ⓢ ādi-karmika
（参考）（『倶舎』22、大正 29・117c）

初習業位 しょじゅうごうい →初習業

初習業者 しょじゅうごうしゃ →初習業

初定 しょじょう 色界の四つの定（静慮 dhyāna）のなかの最初の定。初静慮・初禅とおなじ。→四静慮

Ⓢ ādi-dhyāna: prathama-dhyāna: prathama-dhyāna-bhūmika

初静慮 しょじょうりょ 色界の四つの静慮の最初。初禅・初定ともいう。地をつけて初静慮地、天をつけて初静慮天ともいう。→四静慮「因力・方便力・説力・教授力の四つの因縁に由って初静慮より、乃至、有頂にまで入る」

初静慮近分定 しょじょうりょごんぶんじょう 色界の初静慮の根本定（根本静慮）に入るための前段階の定。→近分定

初静慮地 しょじょうりょじ 色界の四つの静慮の最初の静慮に地をつけていう呼称。九地の一つ。→四静慮 →九地「初静慮地の染汚心を捨てて第二静慮地の不染汚心を得る」

Ⓢ prathama-dhyāna-bhūmika

初静慮天 しょじょうりょてん 色界の四つの静慮の最初の静慮に天をつけていう呼称。→四静慮

初善 しょぜん 正しい教え（正法）の三つの善いこと（初善・中善・後善）の一つ。正法を聴聞するときに歓喜を生じることをいう。

（出典）初善者、謂、聴聞時生歓喜故。（『瑜伽』83、大正 30・763b）

初善中善後善 しょぜんちゅうぜんごぜん 初善と中善と後善。初中後善とおなじ。→初中後善

初大劫阿僧企耶 しょだいこうあそうぎや 菩薩が発心してから修行して仏となるまでを三つの長い期間に分けるなかの最初の期間。発心してから加行位の最後の世第一法までの間。初阿僧企耶ともいう。→三大劫阿僧企耶

初中後 しょちゅうご 初と中と後。時間的あるいは配列的に三つにわける分け方。「初中後の際」「初中後の善」「初中後の夜」「初中後の位」「初中後の時」「初中後の分」

初中後善 しょちゅうごぜん 世尊によって説かれた教えが初めも中も後もすべて文章と内容とがすぐれていることをいう。初善中善後善ともいう。「世尊所説の法は初中後善にして文義は巧妙なり」「有情の為に正法を宣説し初善中善後善を開示す」

初転法輪 しょてんぽうりん 初めて法輪を転じること。釈尊が成道のあと、婆羅痆斯（vārāṇasī）の鹿野苑で初めて教えを説示したこと。→転法輪 →法輪 →輪①
（参考）（『婆沙』182、大正 27・912b 以下）

初日分 しょにちぶん 日初分ともいう。昼の時間帯を初日分・中日分・後日分に分けるなかの最初の時間帯。

Ⓢ pūrva-āhṇa-samaya

初能変 しょのうへん 〈唯識〉はすべての存在はただ識が変化したものという見解をとり、「変化したもの」を所変、「変化せしめるもの」すなわち識を能変といい、そのような識を異熟識と思量識と了別境識との三つに分ける。このなか、最初の異熟識である阿頼耶識を初能変とよぶ。→能変① →阿頼耶識
（参考）（『成論』2、大正 31・7c 以下）

初分 しょぶん 一日を昼と夜との二つに分け、さらにそれぞれを初分と中分と後分との三つに分けるうちのそれぞれの最初の時間帯

を初分（日初分・夜初分）という。→日初分→夜初分「日と夜の初分と後分に於て常に覚悟し、夜の中分に於て正に睡眠を習すべし」 Ⓢ prathama-yāma

初発心 しょほっしん　さとり（菩提）を得ようとする心を初めて発すること。この心を発した以後を菩薩と称する。最初発心ともいい、発心と略称す。「二乗の無学が大乗に迴趣せる者は、初発心より未だ成仏せざるに至るまで実に是れ菩薩なりと雖も亦た阿羅漢と名づく」 Ⓢ prathama-citta-utpāda

初夜分 しょやぶん　夜の時間帯を初夜分・中夜分・後夜分の三つに分けるなかの最初の時間帯。夜初分ともいう。 Ⓢ pūrva-rātra

所 しょ　①ところ。場所。「世尊の所に往きて仏足に頂礼す」
②「～するところの」と読み、下にくる動詞を体言化する働きをする語。たとえば、「世尊所説」は「世尊が説くところの」と読む。「世尊所説の諸行無常は誠に善説と為す」

所愛 しょあい　①「愛される」「親愛な」「好ましい」「喜ばしい」などを意味する形容句。「所愛の境が現在前する時、心心所法は彼れに耽染す」「所愛の子を喪失するに因って愁毒が心を纏じて遂に狂乱を発す」
Ⓢ abhipreta: iṣṭa: kānta: priya
②愛する人。「所愛との会を欲す」「非愛と合会し、所愛と乖離して焼然せらるる」
Ⓢ priya

所愛乖離 しょあいかいり　所愛別離とおなじ。→所愛別離

所愛別離 しょあいべつり　愛する人と別れること。所愛乖離とおなじ。→所愛別離苦

所愛別離苦 しょあいべつりく　愛する人と別れることの苦しみ。八苦の一つである愛別離苦とおなじ。→愛別離苦

所以 しょい　わけ。理由。「ゆえん」と読む。「所以は何ん」「因とは所以の義なり」

所為 しょい　①行為。事業。なすべきこと。なすところ。なされること。しわざ。「菩薩は諸の有情の所為・所作に於て正に助伴となりて受くるあらゆる勤苦を能く堪耐す」「闇盲の諸の外執の悪見の所為を捨てて慧眼を求むべし」 Ⓢ karaṇīya: kṛta: kṛtya
②行為の原因、理由、目的。「何の所為の故に在家衆に詣でるや」
③働き。「樹の動くを見て風の所為を知る」

所為声 しょいしょう　→八転声

所謂 しょい「いわゆる」と読み、「すなわち」という意味で、ある事柄をさらに説明する文の最初におく慣用語。「蘇迷盧山は四宝を体と為す。所謂、金・銀・頗胝・琉璃なり」「一切は即ち十二処にして、所謂、眼処乃至法処なり」 Ⓢ yad uta

所引 しょいん　引き起こされること。結果としてもたらされたもの。「今、受けるところの果は、是れ先業の所引なり」「煩悩及び業所引の五趣の生死の果」「此の諸の煩悩は唯だ阿頼耶識の種子の所引なり」「異熟因所引の生を異熟生と名づく」
Ⓢ adhyākṛta: ākarṣaṇa: ākṛṣṭatva: ā-**kṣip**: ākṣipta: ākṣepa: āvāhaka: āvedha: āhita: āhṛta: upanīta: upasaṃhāra: upasaṃhita: gata: nirhṛta: neya: paribhāvita: prāpta: vihita

所引支 しょいんし　十二支縁起を構成する十二支（無明・行・識・名色・六処・触・受・愛・取・有・生・老死）を四つのグループ（能引支・所引支・能生支・所生支）に分類するなかの一グループ。識・名色・六処・触・受の五つの支をいう。詳しくは、能引支である無明と行とによって引き起こされ、未来世において識（阿頼耶識）・名色・六処・触・受の五つを引き起こす種子をいう。
（出典）所引支、謂、本識内親生当来異熟果摂識等五種、是前二支所引発故。此中識種、謂、本識因。除後三因、余因皆是名色種摂。後之三因。如名次第、即後三種。或名色種、総摂五因。於中随勝、立余四種。六処与識、総別亦然。（『成論』8、大正 31・43c）

所因 しょいん　いわれ。理由。原因。「界の立名の所因を説く」「何の義に依止し、何の所因より是の説を作すや」「彼れを種と為して此れ生ずることを得るを説いて所因と為す」 Ⓢ nidāna: hetu

所有 しょう　①「有るところの」「有するところの」「あらゆる」「すべての」という意味の語。「雨なきに由るが故に大地所有の薬草・叢林は皆な悉く枯槁す」「所有の財物を守護す」「此の煩悩纏に由るが故に一切の所有の学処を毀犯す」 Ⓢ kiṃcit: yatkiṃcit: sa-parigraha
②なにかが存在すること、あるいはそのような状態。「所有を縁ずる定を有上想定と名づく」

③煩悩の異名の一つ。貪所有・瞋所有・癡所有の三種があり、順次、むさぼりによって財物を貯える、いかりによって恐怖や怨みを懐く、おろかさによって心が乱れる、ことをいう。 Ⓢ kiṃcana
(出典) 煩悩差別者、多種差別。応知。謂、結縛・随眠・随煩悩。(中略) 箭・所有・根・悪行。(中略) 能摂依事故、名所有。(『瑜伽』8、大正 30・314b〜c) : 能障捨故、有戯論故、名為所有。(『瑜伽』84、大正 30・770a) : 所有有三。謂、貪所有・瞋所有・癡所有。由依止貪瞋癡故、積畜財物、有怖有怨、多住散乱、故名所有。(『集論』4、大正 31・677c)

所依 しょえ ①よりどころ。根拠。よられるもの。よられる客体となるもの。あるものが生じる、存在する、あるいは、あることを行なう、考える、などの根拠・よりどころ。たとえば、こころ (心・心所) にはかならず所依と所縁と行相とがあるというなかの所依とは、こころが生じるよりどころとしての感官 (根) をいう。あるいは四つの元素 (地・水・火・風の四大種) から物質 (造色) が造られる場合、造色を能依、四大種を所依という。よられるものを所依というのに対して、よる主体となるものを能依という。→能依「諸の心心所に皆な所依あり。然るに彼の所依に総じて因縁依・増上縁依・等無間縁依の三種あり」「過去世の分別を因を為して能く現在の分別の所依と及び所縁の事とを生ず」「入息・出息に身と心との二の所依あり」 Ⓢ adhiṣṭhāna: āśraya: niśrita: pratisaraṇatva: saṃniśraya
(出典) 能依所依相属相者、大種為所依、造色是能依。(『瑜伽』54、大正 30・597b) : 言所依者、是依止義。(『述記』3 本、大正 43・318c)
②教えを聞いて修行する際の正しいよりどころ。→四依① Ⓢ pratisaraṇa
③身体と心よりなる個人として存在しつづけるよりどころ。そのようなよりどころとして原始仏教以来説かれるのが色・受・想・行・識の五蘊であるが、〈唯識〉では、眼識・耳識・鼻識・舌識・身識・意識・末那識・阿頼耶識の八識が説かれる。そしてさらに八識のなかでも根本識である阿頼耶識が一切の存在を生じる根本の所依であると説かれる。このように所依をとらえる場合の能依は、すなわち個人は、仮に立てられた自己、すなわち仮我といわれる。所依を特に身体 (有根身) だけに限る場合もあるが、そのときの能依はこころ (心・心所) である。また〈唯識〉では、阿頼耶識を所依、それから生じる転識を能依ととらえることもある。「勤めて瑜伽作意を修習するが故にあらゆる麁重倶行の所依が漸次に滅し、あらゆる軽安倶行の所依が漸次に転ずるを所依の滅と及び所依の転と名づく」「諸の如来は三十二大丈夫相を以って其の身を荘厳するが故に所依最勝と名づく」「所依の中の種子が已に損ぜらるるを不成就と名づく」 Ⓢ āśraya: saṃtati
(出典) 言所依者、謂、有根身。段食於彼能為資益。言能依者、謂、心心所。触食於彼能為資益。(『倶舎』10、大正 29・55c) : 略有二識。一者阿頼耶識、二者転識。阿頼耶識是所依、転識是能依。(『瑜伽』63、大正 30・651b) : 所依者、身義体義。(『雑集論』1、大正 31・694c)

所依最勝 しょえさいしょう 如来の身体が三十二大丈夫相などによって荘厳されているというすぐれたこと。七種の最勝の一つ。→最勝 Ⓢ āśraya-paramatā
(出典) 由諸如来以三十二大丈夫相等、荘厳其身故、名所依最勝。(『瑜伽』38、大正 30・499a)

所依止 しょえし 依止されるもの。あるものが生じる、存在する、あるいは、あることを行なう、考える、などの根拠・よりどころ。所依・所依止処とおなじ。→所依①「我見を所依止と為して能く我慢を生ず」「四大種は諸の造色を生じ、此の所造色は是れ心心所の所依止処なり」「悪行の所依止処に依って十種の不善業道を発起す」
Ⓢ āśraya: āśrita: saṃniśraya

所依止処 しょえししょ 所依止とおなじ。→所依止

所依止身 しょえししん 所依身とおなじ。→所依身

所依事 しょえじ 人として存在しつづけるよりどころとしての身体。依あるいは依事ともいう。「一切の煩悩及び所依事を永滅して出世間道を得る」 Ⓢ upadhi

所依処 しょえしょ ①あるものが生じる、存在する根拠・よりどころ。「災横あるとは

老病死の所依処を謂う」「酒は是れ放逸の所依処なり」 Ⓢ āspada: pada-sthāna: sthāna
②眼・耳などの具体的な感官。地水火風の四元素から構成される感官。真の感官（正根）のよりどころとなるから依処・所依処あるいは根所依処という。正根に対して扶根という。「此の羯羅藍の中に諸根の大種ありて、唯だ身根と及び根の所依処の大種と倶生す」 Ⓢ adhiṣṭhāna

所依声 しょえしょう →八転声

所依清浄 しょえしょうじょう 如来の四つの一切種清浄の一つ。→四一切種清浄
Ⓢ āśraya-pariśuddhi: āśraya-viśuddhi

所依身 しょえしん 人として存在しつづけるよりどころとしての身体。依身・所依止身・所依事ともいう。→依身 →所依事「其の所依身は衆の惑の為めに染汚されずに住す。紅蓮花に水滴が著せざるが如し」「若し阿頼耶識を離るれば、所依止身は便ち爛壊す」 Ⓢ āśraya

所依能依 しょえのうえ 所依と能依。よられるものとよるもの。たとえば感官からなる身体（有根身）は所依、こころ（心・心所）は能依である。また一切は阿頼耶識から生じると説く〈唯識〉では、根本の識である阿頼耶識が所依、それから生じる眼識・耳識・鼻識・舌識・身識・意識・末那識の転識は能依であると考える。また無我としる智に能依無我智と所依無我智があり、後者の所依は「自己」（我）であり、前者の能依はその自己に属するもの、たとえば自己の「子」をいい、自己も子も、いずれも実体として存在しない、すなわち無我であるとしる智が要求される（『瑜伽』97、大正 30・859a）。
（出典）言所依者、謂、有根身。段食於彼能為資益。言能依者、謂、心心所。触食於彼能為資益。（『倶舎』10、大正 29・55c）：略有二識。一者阿頼耶識、二者転識。阿頼耶識、是所依、転識、是能依。（『瑜伽』63、大正 30・651b）

所縁 しょえん 認識される対象。縁とは広くは認識一般をいい、「認識されるもの」を所縁、「認識するもの」を能縁という。たとえば六つの感官である眼根・耳根・鼻根・舌根・身根・意根の六根の所縁は六つの対象である色・声・香・味・触・法の六境である。そのような認識対象は部派仏教までは心の外に存在すると考えられたが、〈唯識〉は一切は心すなわち識の現れであるという立場より、所縁は心のなかにあると主張する。所縁の対象性を明確にするために境・境界・境事・事を付加して所縁境・所縁境界・所縁境事・所縁事ということがある。
Ⓢ ālambana: ālambya
（出典）境界・所縁復有何別。若於彼法、此有功能、即説彼為此法境界。心心所法執彼而起、彼於心等名為所縁。（『倶舎』2、大正 29・7a）：所依者、謂、眼等六根。所縁者、謂、色等六境。（『倶舎』6、大正 29・31c）：所縁者、帯行相所籌慮義。（『略纂』1、大正 43・5c）：内識所縁、不離心之境、我亦許有。然心外所縁縁、決定非有。外人執他身心聚等一切外境能生心者、皆所縁縁体、故今非之。（『述記』2本、大正 43・269b）

所縁有対 しょえんうたい →有対②

所縁縁 しょえんえん 所縁としての縁。ものが生じる四つの原因である四縁（因縁・等無間縁・所縁縁・増上縁）の一つ。こころ（心・心所）によって認識される対象をいう。〈唯識〉は、それをさらに親所縁縁と疎所縁縁とにわける。このなか親所縁縁とは見分（認識する側のこころの部分）が直接に認識する相分（認識される側のこころの部分）としての対象をいい、疎所縁縁とはそのような相分としての対象のいわば奥にある間接的な認識対象をいう。疎所縁縁とは根本の心である阿頼耶識が作り出し、阿頼耶識みずからが認識しつづけている本来的な存在（本質）をいう。 Ⓢ ālambana-pratyaya
（出典）四縁、一因縁、二等無間縁、三所縁縁、四増上縁。（中略）所縁縁者、謂、諸心心所所縁境界。（『瑜伽』3、大正 30・292a）：縁且有四、一因縁。（中略）三所縁縁、謂、若有法、是帯已相、心或相応、所慮所托。此体有二。一親、二疎。若与能縁、体不相離、是見分等内所慮托、応知、彼是親所縁縁。若与能縁体、雖相離。為質能起内所慮托、応知、彼是疎所縁縁。（『成論』7、大正 31・40a〜c）：若縁本質、有法無法、心内影像、定必須有。此既有体、見託彼生、即是縁義。然心起時、帯彼相起、名為所縁。帯是挟帯逼附之義。由具二義、与小乗別。雖無分別縁真如時、無有似境相、而亦挟帯真如体起、名所縁縁。（『述記』2本、大正 43・271c）

(参考)(『述記』2本、大正43・269b以下)

所縁境 しょえんきょう →所縁

所縁境界 しょえんきょうがい →所縁

所縁境事 しょえんきょうじ →所縁

所縁行相 しょえんぎょうそう 所縁と行相。一つの認識を構成する二つの要素。所縁は認識の対象、行相はその対象をいかにとらえるかという心の側の認識のありようをいう。〈唯識〉が説く八つの識(眼識・耳識・鼻識・舌識・身識・意識・末那識・阿頼耶識)のすべてがこの二つの要素から成り立つ。たとえば根本心である阿頼耶識の所縁と行相とは不可知(認識しがたい)であるとされ、所縁は執受(種子と有根身。存在を生じる可能力と身体)と処(器世間。自然界)、行相は了別(対象を認識する作用)であると説かれる。 Ⓢ ālambana-ākāra

(参考)(『成論』2、大正31・10a)

所縁愚 しょえんぐ 二つの愚かさ(自性愚・所縁愚)のなかの一つ。それそのもののありようへの愚かさを自性愚、言葉でもって認知される対象への愚かさを所縁愚という。前者の愚は自相(それそのもののありよう)を、後者の愚は共相(言葉で認知されるありよう)をそれぞれ観察することによって滅せられる。「諸法の自相と共相とを安立して自性愚と所縁愚とを破す」

(参考)(『婆沙』73、大正27・380b～c)

所縁事 しょえんじ →所縁

所縁受 しょえんじゅ 認識されるものとの関係で説かれる苦受・楽受・不苦不楽受の感受作用。五受(自性受・現前受・所縁受・相応受・異熟受)の一つ。

(参考)(『婆沙』115、大正27・596b)

所縁順受 しょえんじゅんじゅ →順受②

所縁清浄 しょえんしょうじょう 如来の四つの一切種清浄の一つ。→四一切種清浄

Ⓢ ālambana-pariśuddhi: ālambana-viśuddhi

所縁相 しょえんそう 定まった心(定 samādhi)のありよう(相 nimitta)に二つ(所縁相・因縁相)あるなかの一つ。定における対象としてのありようをいう。知られるべきものに似た影像(所知事同分影像)をいう。これを対象とすることによって定に入ることができる。→因縁相

Ⓢ ālambana-nimitta

(出典)何等為相。謂、二種相。一所縁相、二因縁相。所縁相者、謂、分別体、由縁此故、能入諸定。(『瑜伽』13、大正30・342a):問、於所縁境正作意時、思惟幾相。答、四。何等為四。一所縁相、二因縁相、三応遠離相、四応修習相。所縁相者、謂、所知事同分影像、明了顕現。(『瑜伽』28、大正30・438c):云何止相。謂、有二種。一所縁相、二因縁相。所縁相者、謂、奢摩他品所知事同分影像、是名所縁相。由此所縁、令心寂静。(『瑜伽』31、大正30・456a)

所縁断 しょえんだん 所縁(対象)を断ずること。二つの断(自性断・所縁断)の一つ。自性断が本性として汚れているもの、すなわち根本煩悩と随煩悩、および不善の業を断じることであるのに対して、所縁断は、それ自体は汚れてはいないが貪・瞋などの煩悩の心所と共に相応して働く心が煩悩を滅することによってその対象をも断じることをいう。四聖諦、あるいは不浄想・厭食想などの十想が自性断か所縁断かのいずれであるかが問題とされている。

(参考)(『婆沙』79、大正27・411a～b):(『婆沙』166、大正27・839b)

所縁念住 しょえんねんじゅう 所縁としての念住。ヨーガを修するなかにおいて奢摩他の慧によって身・受・心・法の四つの対象のありようを専一に観察する四念住それぞれの三つの内容(自性・所縁・相雑)の一つ。慧の対象である身・受・心・法の四つをいう。→四念住 →自性念住 →相雑念住

Ⓢ ālambana-smṛti-upasthāna

(出典)何等名為四念住体。此四念住体、各有三。自性・相雑・所縁別故。自性念住、以慧為体、此慧有三種。謂、聞等所成、即此亦名三種念住。相雑念住、以慧所余倶有為体。所縁念住、以慧所縁諸法為体。(『倶舎』23、大正29・118c～119a)

所縁能縁 しょえんのうえん 所縁と能縁。縁とは認識一般をいい、一つの認識において「認識されるもの」、すなわち客体としての対象を所縁、「認識するもの」、すなわち主体としての認識作用を能縁という。〈唯識〉の四分説でいえば、相分が所縁、見分が能縁にあたる。→所縁 →能縁「有漏識の自体が生ずる時、皆な所縁・能縁に似た相が現ず」「所縁・能縁とは相見二分なり」 Ⓢ ālambana-ālambaka

所縁能縁平等平等智　しょえんのうえんびょうどうびょうどうち　能縁所縁平等平等智ともいう。「認識されるもの」（所縁）と「認識するもの」（能縁）とが分離することなく一体となった智慧。客体と主体とへの二分化が止揚された心のありよう。それによって心一境性を証する。→心一境性「無常などの行相を以って如実に思惟し作意することを多く修習するが故に所縁能縁平等平等智が生じ、心一境性を証得す」

Ⓢ sama-sama-ālambya-ālambaka-jñāna

所縁縛　しょえんばく　心が認識対象（所縁）に束縛されること。心の二つの束縛（所縁縛・相応縛）の一つ。縁縛ともいう。「著とは是れ相応縛にして、縛とは是れ所縁縛なり。七慢の類は二の縛を具するが故に彼の衆生に於て能く著し能く縛ず」

（出典）論縛者、有其多種。或説二縛。一相応縛、二所縁縛。（『了義灯』5本、大正43・748b）

所応　しょおう　①動詞の語の前にあって、「まさに～すべきところ」と読み、動詞が「～すべき」という意味となる。動詞の最後に-anīya、-tavya、-yaが付された形を訳す場合に用いられる表現である。「了相作意は所応断（まさに断ずべきところ）に於て能く正しく了知し、所応得（まさに得べきところ）に於て能く正しく了知するなり」「諸の愚癡者は所応知（まさに知るべきところ）の事に愚なり」　Ⓢ -anīya: -tavya: -ya

②「ある能力・状況などに応じて」という意味。「一切の衆に処して正法を説く時は、衆の所応に随って宣説す」「一切の心心所法は其の所応に随って倶時に起こる」

所応学事　しょおうがくじ　→学事

所応作　しょおうさ　応作・所作ともいう。なすべきこと。行なうべきこと。菩薩のなすべきこととして、（i）さとりを証するために善行を修する、（ii）それによって真理をさとる、（iii）人びとを苦から救い利益を与えるなどの勝れた働きをする力を獲得する、（iv）人びとを迷いからさとりへと成熟せしめる、の四つが説かれる（『瑜伽』49、大正30・566b～c）。商農・放牧・事王・書印・算数などの世間の営みも所応作といわれる（『瑜伽』35、大正30・479b）。　Ⓢ karaṇīya: kṛtya

所覚　しょかく　①四つの認識のありよう（見・聞・覚・知）の一つである覚によって認識されるもの。臭覚（鼻識）と味覚（舌識）と触覚（身識）によって認識されるもの。　Ⓢ mata

（出典）若境、由鼻識舌識及身識所証、名所覚。（『倶舎』16、大正29・87b）

②考えられたもの。言葉によって説かれた教え（所説）の意味。

（出典）所覚、謂、彼彼言音所説之義、名為所覚。（『瑜伽』13、大正30・346a）

③能覚・所覚の能覚。覚とは広く認識作用一般をいい、認識する主体を能覚、認識される客体を所覚という。〈唯識〉では、心が能覚と所覚とに二分化し、いずれも心のなかにあるから、外界にあると考えられる所覚は存在しないと説く。「一切は唯だ能覚のみありて、所覚の義は皆ななし。能覚と所覚との分は各々自然に転ず」

所学　しょがく　学ばれるもの。学ぶべきこと。まもるべきいましめ。「菩薩の所学の中に於て無倒に修学す」「所学の尸羅を受学す」「声聞の所学と菩薩の所学とは何の差別あるや」　Ⓢ śikṣā

所学処　しょがくしょ　学ぶべきこと。まもるべきいましめの条項・事柄。「彼の補特伽羅が犯すところの過を告白し已って、大師は僧を集めて所学処を制立す」　Ⓢ śikṣā-pada

所観　しょかん　観察されるもの。観察されること。「所観の有法と所観の無法」「順観察作意とは、自己の所証及び先に所観の諸法の道理を観察するを謂う」「云何が定と為す。所観の境に於て心をして専注して散ぜらしむる性と為し、智の依たるを業と為す」。

所観察　しょかんさつ　観察されるもの。観察されること。「慧とは即ち所観察の事に於て彼彼の行に随って諸法を簡択する性を謂う」「有法に於て有相を了知し、非有法に於て無相を了知するを名づけて所観察の義と為す」

Ⓢ upaparīkṣita: parīkṣya: pratyavekṣaṇā

所帰依　しょきえ　帰依するところ。信じてすがる対象。帰依の対象として仏・法・僧の三宝、如来・仏陀、また四諦でいえば滅諦（涅槃）と道諦などが説かれる。「諸の天は所帰依に非ずして唯だ如来のみ真の所帰依なり」「滅道の二諦は清浄無垢にして過を離れ、微妙にして所帰依なり」
（出典）所帰依者、謂、仏無学、成菩提法、即是法身。（中略）所帰依、謂、唯滅諦、愛尽涅槃。（『婆沙』34、大正 27・177a）：所帰依者、謂、滅諦全、道諦少分。（『婆沙』34、大正 27・177c）

所起 しょき 生起されること。生起されるさまざまな事柄にかかる形容語。「所起の果・業・身語二業・我見・天眼・化事・作用・聖道」 Ⓢ abhinir-**vṛt**: ud-**pad**: upa-**jan**: upanipāta: pratyupasthita: prabhava: samārambha: samuttha: samutthāpita: samutthita: saṃbhūta

所棄捨 しょきしゃ →転依①

所宜 しょぎ 適当に。適宜に。状況に応じて。適当な量（特に食事の量をいう場合が多い）。「消し已って食べ、而も所宜を食す」「其の所応に随い、其の所宜に随い種種の利益・安楽を施作す」「疾悩の時には所宜を食し、所不宜を避けるべし」「国王ありて、善く能く府庫の増減を籌量し、其の時候の所宜に随って受用す」 Ⓢ pathya

所行 しょぎょう ①認識が行きとどく範囲。認識の対象。原語 gocara は牛（go）が行く（cara）という意味で、つながれた牛が動き回る領域という原意から、認識がおよぶ領域という意味になる。この意味での所行は境界（viṣaya）と所縁（ālambana）とほぼおなじ意味となる。また所行と境界との相違について論じることもある。「顕色・形色・表色は、眼識の所行、眼識の境界、眼識の所縁なり」「三摩地所行の影像を作意・思惟す」「如来の所行と如来の境界との此の二種に何の差別あるや」 Ⓢ gocara
（出典）是眼等所行者、所遊歴義。（『略纂』1、大正 43・5c）
②所行・能行の所行。なんらかの対象（所縁）を有し、それと関係するこころ（慧や心心所法）を能行（ā-**kṛ** の能動態 ākārayati）というのに対して、そのこころの対象となり、こころと関係づけられる存在を所行（ā-**kṛ** の受動態 ākāryate）という。意味としては、①の所行とおなじ。「慧及び諸の余の心心所法は所縁あるが故に皆な是れ能行なり。一切の有法は皆な是れ所行なり」
Ⓢ ākāryate
③行動。動作。行くこと。歩行すること。動くこと。「堪能するところありて、所行は無礙にして堅固なる甲冑加行を具足す」「所行に於るが如く所住・所坐・所臥に於ても亦た爾り」 Ⓢ gati: caṅkrama: pracāra

所行願 しょぎょうがん 教えをあやまることなく思惟して無量の善いことを行なおうというねがい。五種の願（発心願・受生願・所行願・正願・大願）の一つ。
（出典）諸菩薩、願能無倒思択諸法、願於境界修無量等殊勝善法、是名所行願。（『瑜伽』45、大正 30・543b）

所行境 しょぎょうきょう 認識のおよぶ範囲、認識の対象である所行（gocara）に境を付した語。所行・所行処・所行境界とおなじ。 Ⓢ gocara

所行境界 しょぎょうきょうがい ①所行の境界。原語として gocara と viṣaya とがあるが、前者の場合は境界が、後者の場合は所行が付加語である。いずれも認識の対象をいう。→所行① →境界② Ⓢ gocara: viṣaya
②所行と境界。→所行① →境界②
Ⓢ gocara-viṣaya

所行事 しょぎょうじ 戯れ楽しむさま。たとえば、お互いに手や髪などを取り合って愛撫したり、抱き合ったり、見つめ合ったりすることをいう。原語 paricārita は承事・承奉とも訳される。「昔、経歴した戯笑・歓娯・所行事を随憶念し、心に諠動・騰躍の性を生ず」 Ⓢ paricārita
（出典）所行事者、謂、相執持手臂髪等、或相摩触随一身分、或抱、或嗚、或相顧眄、或作余事。（『瑜伽』11、大正 30・330b）

所行処 しょぎょうしょ ①心が働く領域。認識がおよぶ範囲。行処ともいう。「五根は自の所行処と及び自の境界とを受用す」
Ⓢ gocara
②人が行くところ。足をはこぶ場所。「仏塔、若しくは仏の所行処、及び菩提樹、転法輪処を脚で以って践踏すれば、波逸提を犯すなり」

所楽 しょぎょう ①ねがうところ。欲するところ。「如意珠を高幢の上に置き、意の所楽に随って諸の宝物を雨して百千の貧匱の有情を充済す」「諸の可意・不可意の事に於て捨に安住して正念・正知するを名づけて聖者の所楽と為す」
②ねがう対象。希望する対象。別境の心所の

一つである欲（chanda）の対象。欲の対象を所楽境といい、それに関して『成唯識論』では、所楽境とは、可欣境（喜ばしい対象）、所求境（一致したい、あるいは離れたいと求める対象）、欲観境（観察したいと欲する対象）であるという三説があげられているが、最後の説が最勝であるとされる（『成論』5、大正 31・28a～b）。「云何が欲と為す。所楽の境に於て希望するを性と為し、勤の依たるを業と為す」

所熏　しょくん　①熏じられること。行為（業）によって識にその結果である種子が植えつけられること。所熏習ともいう。「業が所熏の識の種子力より後有が起こることを得る」「蘊界処の習気所熏の一切種子阿頼耶識を異熟識と名づく」

Ⓢ adhivāsita: paribhāvita

②熏じられるもの。熏習という事柄が成立する二つの要素である「熏じられるもの」（所熏）と「熏じるもの」（能熏）のなかの一つ。〈唯識〉は根本識である阿頼耶識のみが所熏であると主張する。→所熏四義　→熏習②

所熏四義　しょくんしぎ　熏習という事柄が成立する二つの要素である「熏じられるもの」（所熏）と「熏じるもの」（能熏）のなかの一方である「熏じられるもの」すなわち阿頼耶識が有する次の四つの性質。（i）堅住性。同一のありようをして恒に相続して存在しつづけているという性質。（ii）無記性。三性（善・悪・無記）のなか善でも悪でもないありようをしているという性質。（iii）可熏性。熏習され得るという性質。（iv）与能熏共和合性。能熏と同時かつ同処にして能熏と和合して相い離れないという性質。

（参考）（『成論』2、大正 31・9c）

所熏習　しょくんじゅう　→所熏①

所化　しょけ　①救済される人。迷える凡夫。所化有情・所化者・所化生ともいう。これに対して救済する人、たとえば仏・世尊を能化という。「諸の契経の中で仏は所化の為に縁起の法を説く」「十方世界中の所化の衆生は無辺なり」「世尊の所化に鈍根・中根・利根の三種の根あり」　Ⓢ vineya

②神通力などによって仮に作り出されること、またはそのようなもの。「所化の身」「諸の所化の事は誰に由る化作なるや」

Ⓢ nirmita

所化者　しょけしゃ　→所化①

所化生　しょけしょう　→所化①

所化身　しょけしん　仏や菩薩が人びとを導き救済するために神通力によって種々に変化した身。化身ともいう。「所化身は己と同類にして非一・衆多の種種の差別あり」

Ⓢ nirmāṇa

所繫　しょけ　①つながれていること。束縛されていること。「無明の所覆、愛結の所繫の愚夫」「諸の有漏法は無始の時よりこのかた、煩悩の所繫にして解脱を得ず」

Ⓢ saṃprayukta

②三界（欲界・色界・無色界）のいずれかの界につなぎとめられて関係していること。「三世の欲界所繫の諸行の過患を随観して能く一切の愁などの諸の苦を断ず」

Ⓢ pratisaṃyukta

所見　しょけん　①四つの認識のありよう（見・聞・覚・知）の一つである見によって認識されるもの。視覚（眼識）によって認識されるもの。いろ（顕色）とかたち（形色）をいう。　Ⓢ **dṛś**: dṛśya: dṛṣṭa

（出典）若境、由眼識所証、名所見。（『倶舎』16、大正 29・87b）：所見者何。謂、顕形色。（『倶舎』22、大正 29・117c）

②考え。見解。意見。「有智・正至・善士と其の所見をおなじくす」「螺髻梵王と舎利弗などの所見は異なる」　Ⓢ darśana

所顕　しょけん　①顕示されたもの。説き示されたもの。「菩薩は是の内明に於て所顕の正因果相を如実に知る」「二喩は義に於て別なし。前喩所顕の義理を転じて復た増明せしめんと欲するが故に今、喩を説く」「愚夫は是の如き所顕の真如に於て了知せず」「名と義とは何の差別あるや。答う、能顕は是れ名にして所顕は是れ義なり」

Ⓢ paridīpita: paribhāvita

②「～であると定義される」という意味を表す語。「此の真実義の相は即ち是れ無二の所顕なり」「現在世の法は住と及び異との二相の所顕なり」　Ⓢ prabhāvita

③二空所顕の所顕。自己（我）ともの（法）との二つを空じたところに顕れる真理すなわち真如をいう。「初地以上の菩薩は已に二空所顕の真如を証す」「真見道とは即ち無分別智が二空所顕の真理を実証するを謂う」「根本無分別智は二空所顕の真理を親証す」

Ⓢ prabhāvita

所顕得　しょけんとく　→転依①

所居　しょこ　住むところ。棲息する場所。「三十三天所居の外器」「初静慮は梵天の所居なり」「師子王所居の窟穴」
Ⓢ pratiṣṭhita: bhājana: saṃniveśa: sthāna

所許　しょこ　許すところ。是認すること。「是の如きは便ち汝の所許の宗を越える」「衆人の所許の故に名づけて世俗と為す」「酒肉などを除いて清浄物を受用するは、如来の所許なり」「灰身滅智は仏なりとは、小乗の所許なり」　Ⓢ anujñāta: abhyupeta: iṣṭa: rucita: saṃmata

所言　しょごん　①「言うところは」と読み、前出の語をさらに解釈するときに用いる慣用句。「此の真実の義相は無二の所顕なり。言う所の二とは、有と非有とを謂う」
Ⓢ ucyate
②言葉で語られたもの。言説。「諸法の所言の自性は都て無所有なり」「所言・所説・所宣の一切は如実にして皆な虚妄なきが故に如来と名づく」「如来は因果に善達し、所言は誠諦なり」　Ⓢ abhilāpa: abhilāpya: vacana

所作　しょさ　①作られること。なされること。なすべきこと。行為。動作。「諸の学処に於て常に勤めて無間なる所作、殷重なる所作を護持す」「諸の有情の所為・所作に於て正しく助伴となる」「極歓喜住の菩薩は、修行に於て、所作は広大、所作は無欠、所作は決定せり」「有学には尚、多くの所作あり」
Ⓢ karaṇīya: kartavya: kārita: kārin: kṛta: kriyā
②所作・能作の所作。能作（kāraṇa）は行為・働きにおける能動的なもの、所作（kārya）は受動的なものをいう。所作が結果、能作が原因をいう場合がある。「自性が自性を知れば、因と果、能作と所作、能成と所成、能引と所引、能生と所生との間に差別なき過となるべし」　Ⓢ kārya

所作已辦　しょさいべん　所作成辦とおなじ。→所作成辦

所作自在　しょさじざい　仏・菩薩の能変神境智通の一つ。すべての生きもの（有情）の往く・来る・住す・語るなどの行為を自在になさしめることができるという神通力をいう。　Ⓢ vaśitva-karaṇa
（出典）所作自在者、謂、仏菩薩、依定自在、普於一切諸有情界往来住等所作事中、皆自在転、令去即去、令住即住、令来即来、令語即語、是名所作自在（『瑜伽』37、大正 30・492c）

所作成就　しょさじょうじゅ　所作成辦とおなじ。→所作成辦

所作成就所縁　しょさじょうじゅしょえん　所作成辦所縁とおなじ。→所作成辦所縁

所作成辦　しょさじょうべん　なすべきことをなし終えること、あるいは、そのような人。とくに修行を完成した人、たとえば、仏陀をいう。所作已辦・所作成就・所作成満とおなじ。「我が生、已に尽き、梵行、已に立ち、所作已辦せりと自ら了知す」「如来の悲は四種の因縁に由って説いて大悲と名づく。一には、一切種妙善清浄転依に由って所作成就するが故に」　Ⓢ kārya-pariniṣpatti
（出典）云何所作成辦。謂、修観行者、於奢摩他毘鉢舎那、若修若習若多修習為因縁故、諸縁影像所有作意皆得円満。此円満故便得転依、一切麁重悉皆息滅、得転依故超過影像。即於所知事有無分別、現量智見生。（『瑜伽』26、大正 30・427c）

所作成辦所縁　しょさじょうべんしょえん　なすべきことをなし終えた人（たとえば、仏陀）が修する止観における認識対象。ヨーガの実践における四つの対象（遍満所縁・浄行所縁・善巧所縁・浄惑所縁）の一つである遍満所縁の一つ。所作成就所縁ともいう。→遍満所縁　Ⓢ kārya-pariniṣpatti-ālambana
（出典）所作成就所縁者、謂、転依。已転依者、無有顚倒、所縁顕現故。如是転依不可思議。（『雑集論』11、大正 31・745a）
（参考）（『解深』3、大正 16・697c）：（『瑜伽』26、大正 30・427b）

所止　しょし　止まるところ。住んでいる場所。「衣鉢を収め足を洗い已って、所止の房に入て座を敷いて坐す」「是れ有情の所居・所住・所止・生処なるが故に有情居と名づく」　Ⓢ vāsa

所至　しょし　至るところ。おもむく場所。心境。「最勝の所作は是れ仏の所作にして、最勝の所至は十地の菩薩の所至なり」

所使　しょし　使用人。雇人。「王の所使」「所使の衆生」　Ⓢ ādiṣṭa: pauruṣeya

所思　しょし　思われたこと。思考されたこと。所思惟ともいう。「諸の聡明者に善思

の所思、善作の所作、善説の所説の三種の相あり」「其の所受・所思・所触に随って諸法を観察する」「外に身・語を発するに由って内心の所思を表す」「云何が無作。謂く、涅槃に於て心、願楽を生じ、我慢の為に傾動せられず、所思惟なく、亦た、造作なし」
Ⓢ **cint**: cintita

所思惟 しょしゆい →所思

所治 しょじ なおされるもの。退治されるもの。なくされるべき煩悩あるいは行為の総称。対治（否定されるべきものをなくすこと）を構成する二つの要素（所治・能治）の一方。たとえば、肉体を貪る心（貪）が所治、肉体を不浄とみる不浄観が能治、怒る心（瞋）が所治、慈しみの心（慈）が能治である。このようにすべての煩悩一つ一つについて所治と能治とがある。所対治ともいう。→所対治「是の如く作意し思惟するを以って、能く彼の所治の煩悩を遠離す」 Ⓢ vipakṣa
（出典）所治義者、以要言之、一切雑染行。能治義者、以要言之、一切清浄行。如貪是所治、不浄為能治、瞋是所治、慈為能治、如是等尽当知。（『瑜伽』81、大正 30・752c）：一切雑染行、皆是所治、三学等行、皆是能治。（『瑜伽』82、大正 30・757a）

所治障 しょじしょう 退治されることをさまたげる障害。「所治障に十あるが故に十地の別を立つ」「失とは過失を謂い、即ち所治障なり。徳とは功徳をいい、即ち能治道なり」

所持 しょじ ①所有すること。「所持の衣は、或いは三衣なり」
②維持・保持・支持されること。「寿量が尽きて便ち識の所持なる身を捨つ」「水輪は一切の有情の業力の所持の故に流散せず」「定力の所持」 Ⓢ ādhāna
③とりつかれること。「心に嫌恨を懐き、憍慢の所持の故に、師所に詣でて教授を求請せず」 Ⓢ abhinigṛhīta
④記憶されること。覚えられていること。「此の正智に由る所持の法に於て、善く義を観察す」「彼の説法者の心を護らんが為に、彼の所説の義は是れ所聞・所持・所了なりと正しく了知す」
Ⓢ avadhṛta: ādhānatā: udgṛhīta: dhṛta

所識 しょしき 識られるもの。認識されるもの。認識の対象。たとえば眼識（視覚）の所識は色（いろ・かたち）であり、乃至、身識（触覚）の所識は触（感触）であり、意識の所識は法（すべての存在）である。さらに〈唯識〉が説く八識のなかの末那識（深層的な自我執着心）の所識は阿頼耶識であり、阿頼耶識（根本の心）の所識は有根身（身体）と器世間（自然）と種子（存在を生じる可能力）とである。存在するものすべて（一切法）が所識すなわち認識の対象となる。
（出典）云何所識法。謂、一切法皆是所識。（『瑜伽』69、大正 30・683c）

所食 しょじき ①食べられるもの。食べられたもの。「身中の風、起こりて不調適ならしむ。不調適なるが故に内火羸劣なり。火羸劣なるが故に所食消ぜず。食消ぜざるが故に食欲起こらず」「諸の陸族中の象馬駝などの所食は是れ麁にして、羊鹿猪などの所食を細と為す」
②食となって生命を維持するもの。段食・触食・意思食・識食の四食。→四食 Ⓢ āhāra: bhojanīya
（出典）云何所食。謂、四種食。一者段食、二者触食、三者意等思食、四者識食。（『瑜伽』23、大正 30・409b）

所取 しょしゅ 認識されるもの。認識の対象。取とは「取る」「つかむ」などを意味する動詞 **grah** の訳で、認識作用一般を意味し、その認識作用を構成する二つの要素である「認識されるもの」と「認識するもの」とのなか前者を所取、後者を能取という。全存在を所取と能取に分けると、五つの感官（眼根・耳根・鼻根・舌根・身根）とすべての心的要素（心・心所）とが能取であり、六つの外的な認識対象（色・声・香・味・触・法）と、対象となった心的要素とが所取である。物的なものであれ心的なものであれ、すべての存在が所取となりうる。能取の対。→能取
Ⓢ grāhya
（出典）能取義者、謂、内五色処、若心意識、及諸心法。所取義者、謂、外六処。又能取義亦所取義。（『解深』3、大正 16・700a）：問、幾唯所取、非能取。幾亦所取亦能取耶。答、一切皆所取。謂、五及一少分唯所取、十二及一少分、亦是能取。（『瑜伽』56、大正 30・609c）

所取能取 しょしゅのうしゅ 所取と能取。認識作用（取）を構成する二つの要素。「認

識されるもの」と「認識するもの」。→所取→能取「所取・能取の二事に於て作意・思惟して諸蘊に悟入す」

所修　しょしゅ　修せられること。実践されること。「諸の外道所修の苦行」「所修の加行は速に円満を得る」「不放逸は所断の悪法に於て防ぎて起こらざらしめ、所修の善法を修して増長せしむ」

所趣　しょしゅ　①趣（生きものの生存のありよう）を能趣・所趣に分けるなかの所趣。おもむき生まれたところの生存のありよう。地獄・餓鬼・畜生・人・天の五趣をいう。→五趣　→趣③　→能趣②「悪趣の言は総じて三悪趣を顕すなり、彼の所趣は皆な穢悪なるを以っての故に」

（出典）諸趣言、通能所趣。諸趣資具、亦得趣名。（『成論』3、大正 31・14b）

（参考）（『述記』4 本、大正 43・348c）

②煩悩が滅した寂滅、すなわち涅槃の異名の一つ。

（出典）寂滅異門、有無量種。謂、名為常、亦名為恒。（中略）亦名所趣。（中略）亦名涅槃。（『瑜伽』50、大正 30・577c）

所受　しょじゅ　①結果として受けとめられること。「今の所受の果は是れ先業の所引なり」

②苦や楽として感受されること。「一切の現在の所受の苦楽は過去の業をもって因と為す」

③受けた戒が維持される、受持されること。所受持とおなじ。「善く所受の戒を防護す」「能く声聞等相応の所受の戒律儀を成就す」「所受失壊とは浄戒を毀犯し諸の悪法を習するを謂う」　Ⓢ samātta: samādāna

所受因　しょじゅいん　十因の一つ、摂受因におなじ。→因③

所受持　しょじゅじ　①受持するところ。記憶されること。記憶された教え。「思惟とは、所受持に随って法義を究竟し、審諦に観察するを言う」

②受持されること。戒を受けそれが維持されること。所受ともいう。「諸の菩薩は所受持の浄戒律儀に於て勝意楽を起こす」

Ⓢ samādāna

所受用　しょじゅゆう　受用されるもの。使用されるもの。享受されるもの。「五識の所依は居家者の家の如く、所縁は所受用の如し」「所受用の衣服・厳具に著す」「女は男の所受用にして、男は女の所受用なり」

Ⓢ upabhoga: bhoga

所宗　しょしゅう　主張されるもの。各学派の教説。→宗①「是の如き二途は皆な善説と為す。理に違せざるが故に、我が所宗なるが故に」「若し転変の故に異相と名づけば、応に転変外道の所宗と同じなるべし」

Ⓢ āgama: siddhānta

所執　しょしゅう　①執着されること。執着された考えや説。「是の如き所執は契経に違越す」「是の如き外道の所執を止め、及び自宗を顕さんが為の故に斯の論を作る」「彼の所執の我、及び世間は皆な常住に非ず」

Ⓢ abhinigṛhīta: abhiniviṣṭa: abhimata

②手に執られる、握られること。「手の所執の刀杖」「所執の長竿を火中に投ず」

③三性のなかの遍計所執性の略称。「円成と依他と所執」→遍計所執性

所執我　しょしゅうが　①仏教以外の外道によって実体として存在すると執着された我。次の三つの見解がある。（ⅰ）我の体は常にあらゆるところに存在し、その大きさは虚空に等しく、場所に応じて業を造って苦楽を受ける（数論・勝論などの見解）。（ⅱ）我の体は常に存在し、その大きさは身体の大小に応じて変化して不定である（無慚外道などの見解）。（ⅲ）我の体は常に存在し、その大きさは一つの極微のように小さく、身体のなかに存在して動きまわり、種々の働きをする（獣主・遍出外道などの見解）。

（出典）所執我、略有三種。一者執我体、常周遍、量同虚空、随処造業受苦楽故。二者執我其体、雖常而量不定、随身大小有巻舒故。三者執我体常、至細如一極微、潜転身中、作事業故。（『成論』1、大正 31・1b）

②仏教内の小乗によって存在すると執着された我。次の三つの見解がある。（ⅰ）即蘊の我。我は五蘊に即したものある。（ⅱ）離蘊の我。我は五蘊から離れたものである。（ⅲ）蘊と非即非離の我。我は五蘊に即したものでもなく、離れたものでもない。この三つのなかの第三は犢子部の見解である。仏教は、基本的には我の存在を否定する無我の立場をとるので、このように我の存在を説く見解を「附仏教の外道」とよぶ。

（出典）又所執我、復有三種。一者即蘊、二

者離蘊、三者与蘊非即非離。(『成論』1、大正 31・1c)

所住　しょじゅう　①立っていること。静止した状態。「所行に於るが如く、其の所住・所坐・所臥に於ても当に知るべし亦た爾なり」　Ⓢ sthāna
②住するところ。住居。「仏菩薩の所住・聚落・城邑」「疾に所住に還って足を洗い、座を敷きて結跏趺坐す」　Ⓢ vihāra
③能住に対する所住。(住するものが) 住するところ。「能住を離れて所住を立するが故に、能住の識を所住と名づくべきに非ざるが故に、識を説いて識住と為さず」　Ⓢ sthiti

所従声　しょじゅうしょう　→八転声

所習　しょじゅう　①記憶されること。「先の所聞に随い、先の所習に随って、言善く通利して諸法を究竟す」　Ⓢ paryavāpta
②経験されること。身につけたもの。「長時所習の我愛が現行す」「念とは昔曽に所習の事を能く憶するを謂う」「宿世所習の善根」

所集　しょじゅう　①あつめられること。「染心を以って骨瑣や衆悪所集の不浄の身を摩触して浄想を生じて欲事を染習す」
②集積されること。「是の如き所集の財物に於て量を知って受用す」

所集成　しょじゅうじょう　成立されること。形成されること。具有すること。「諸の業と煩悩との所集成の故に説いて有為と名づく」「正法を聴聞して所集成する慧」「無量の功徳の所集成なり」
Ⓢ samudāgama: samuditatva

所潤　しょじゅん　うるおされること。「外の種子は体は堅実なれども水の所潤、糞土の所覆あれば、乃ち能く芽を生ず」「喜所潤の識が増長・広大するが故に識住と名づく」「所潤の識に由って当来の内身を能取し能満す」

所潤種子　しょじゅんしゅうじ　うるおされた種子。愛などの煩悩によってうるおされた阿頼耶識のなかの種子。「愛を能潤と名づけ種子は是れ所潤なり」　Ⓢ abhiṣyanditaṃ bījam

所生　しょしょう　生ぜられること。生まれるもの。「彼の種子を所生の芽に望んで生起因と名づく」「劬労所生の衆苦を悉く能く忍受す」「命の資具を縁ずる貪欲所生の身語の二業を方に邪命と名づく」「生相は能く所生を生ず」「異熟因の所生を異熟生と名づく」
Ⓢ uttha: utpanna: upapatti: upa-**pad**: upapadyate: ja: **jan**: jāyate: janita: janya: jāta: nirjāta: niryāta: nirvṛtta: prabhava: prasūta: maya: saṃbhūta: samutpanna: sṛṣṭa

所生支　しょしょうし　十二支縁起を構成する十二支 (無明・行・識・名色・六処・触・受・愛・取・有・生・老死) を四つのグループ (能引支・所引支・能生支・所生支) に分類するなかの一グループ。愛・取・有の能生支によって生ぜられた生・老死の二支をいう。
(出典) 所生支、謂、生老死。是愛取有近所生故。(『成論』8、大正 31・43c)

所生得　しょしょうとく　→転依①

所証　しょしょう　証せられること。さとられたもの。修行によって獲得された結果。「涅槃は諸の戯論を絶し、自内の所証なり」「此の内の所証は諸の名言の安足処に非ず」「菩薩所摂の善法は皆な是れ無上正等菩提を能く証する因なり。故に所証の無上正等菩提は是れは此れ果なり」
Ⓢ adhigata: adhigama

所摂　しょしょう　①おさめられること。包含されること。所属すること。「名句文身は是れ不相応行蘊の所摂なり」「世間の戯論所摂の事」「菩薩所摂の善法は皆な是れ無上正等菩提を能く証する因なり」「金剛喩定所摂の作意を加行究竟作意と名づく」
Ⓢ antarbhūta: pakṣya: patita: parigṛhīta: parigraha: paryāpanna: saṃgṛhīta: saṃgraha
②理解され、記憶されること「此の正念に由って所摂の法に随って持して忘れざらしむ」
Ⓢ udgṛhīta
③ (菩薩や仏によって救いの対象として) 摂取され、守られること。「菩薩は所摂の有情に懐を縦にして資給す」　Ⓢ upātta
④所有するところのもの。所有物。「所摂の事とは田事・宅事・妻子などの事を謂う」
Ⓢ parigraha

所摂持　しょしょうじ　①おさめられ、保持されたもの。たとえば阿頼耶識の種子をいう。「阿頼耶識所摂持の善法種子は此れ集諦の因に非ず」
②結びついていること。関係していること。「無顛倒の精進とは、謂く、諸の菩薩の所有の精進は能く義利を引き、方便善巧の所摂持なるが故なり」「一切の煩悩は不巧便の慧

の所摂持なるが故に皆な是れ不善なり。不巧便とは即ち是れ無知なり。所摂持とは是れ相応の義なり」
③守られること。「是の如く福の所摂持なるが故に病少なく病なし」 Ⓢ parigraha

所摂受 しょしょうじゅ ①守り保護するところのもの。父母・妻子・奴婢・僮僕・作使・朋友・眷属をいう。「父母及び妻子などの所摂受の事を捨てると雖も、利養及び恭敬を捨てること能わず」 Ⓢ parigraha
②維持されること。身体を構成する感官(根)が根本心である阿頼耶識によって有機的・生理的に維持されるありようをいう。「眼などの有色の諸根は阿頼耶識の所摂受なり」
③おさめられること。包含されること。「識の種子の所摂受の種子を色と名づく」
Ⓢ parigṛhīta
④所有するところのもの。所有物。広くは、人間の営みが関係するものをいう。十六種の外界の事物(外事)のなか、城邑・聚落・舎・市廛などの地、薬草・叢林などの園、種々の山、江河・陂湖・衆流・池沼などの水、作業、庫蔵の六種が所摂受とされている(『瑜伽』34、大正30・471a)(『瑜伽』34、大正30・473a)。 Ⓢ parigraha

所成 しょじょう ①形成されること。構成されること。成り立つこと。「蘇迷盧山の四面は四大洲に対し四宝の所成なり」「聞・思・修所成の三慧」 Ⓢ abhinirvṛtta: maya: samanvita
②構成されたもの。「能成の極微は既に実有に非ざるが故に、所成の有対の色も実有なること成ぜず」
③論証されるべきもの。証明されるべきもの。所立・所成立とおなじ。→所成立
Ⓢ sādhya

所成義 しょじょうぎ 所成立義とおなじ。→所成立義

所成句 しょじょうく 二つの句によって成立する文、たとえば、「諸行無常・有起尽法」のなかの後句の有起尽法によって前句の諸行無常の内容が説明され、その意味がはっきりと成立するから、前句を所成句、後句を能成句という。

所成立 しょじょうりゅう ①自らの主張や命題の正しさを他者に論証する論理において論証されるべきものをいう。自性と差別との二種に分類される。このなか自性とは有と無との二種、差別とはその有と無との上にさらに設定される種々のありよう、すなわち常・無常・有色・無色・有見・無見・有対・無対・有漏・無漏・有為・無為などのありようをいう。所成ともいう。能成立の対。→能成立①
→成立① Ⓢ sādhya
(出典)何等論軌決択。略有七種。一論体、二論処、三論依、四論荘厳、五論負、六論出離、七論多所作法。(中略)第三論依、謂、依此立論、略有二種。一所成立、二能成立。所成立、有二種。一自性、二差別。(中略)所成立自性者、謂、我自性、或法自性。差別者、謂、我差別、或法差別。(『集論』7、大正31・693b～c)
(参考)(『瑜伽』15、大正30・356c)
②世間一般に承認されていること。「一切の世間が其の本際より展転・伝来する想によって自ら分別して共に所成立し、思惟・籌量・観察に由って然る後に方に取るにあらず、是れを世間極成真実と名づく」 Ⓢ prasiddha

所成立義 しょじょうりゅうぎ 論証・証明されるべき事柄。所成義ともいう。→所成立①
Ⓢ sādhya-artha

所随 しょずい 随われること。伴うこと。有すること。「五取蘊は三苦の所随なり」「欲所生の楽は衆苦の所随にして諸の怨害多し」「一切の所依の自体は麁重の所随なるが故に、麁重の所生なるが故に、諸の仏如来は安立して苦と為す」 Ⓢ anugata: upagatatva

所随順 しょずいじゅん 随順されること。随うところ。「世間の有情の所随順なるが故に名づけて世法と為す」 Ⓢ anulomita

所随増 しょずいぞう 随増されること。随増とは、対象(所縁)およびそれと共に働く心作用(心所)が暗くはっきりしないありようを増すという煩悩すなわち随眠の働きをいい、随眠によってそのような働きがなされることを所随増という。→随眠 →随増「楽などの五受が染に於て増上なるとは、貪などの随眠の所随増の故なり」「三無漏根と諸の無為法とには随眠の所随増あることなし」
Ⓢ anuśāyitva

所随逐 しょずいちく 随逐されること。結果として生じること、伴うこと。「AはBの所随逐なり」という場合は、AはBを結果

として伴う、という意味になる。「此の名色の種子は是れ後有の六処の種子の所随逐なり。此の六処の種子は是れ後有の触の種子の所随逐なり」 Ⓢ upagata

所随眠 しょずいめん 煩悩が潜在的なありようで存在すること。煩悩の潜在的なありよう、すなわち随眠が存在すること。「未だ煩悩の随眠の所随眠を断ぜず」「諸の煩悩の所随眠に異生と有学との二種の補特伽羅あり」 Ⓢ anu-**śī**: anuśete

所施 しょせ ①施されること。施されるもの。能施の対。「施主の所施の飲食を受用す」 Ⓢ **dā**: dīyate: deya
②施される人。所施者ともいう。→所施者

所施者 しょせしゃ 施される人。苦しむ人（有苦者）と恩ある人（有恩者）と親しい人（親愛者）と尊敬する勝れた人（尊勝者）の四種に分かれる。能施者の対。
（出典）誰所施者、謂、四種所施。一有苦者、二有恩者、三親愛者、四尊勝者。（『瑜伽』25、大正 30・420c）

所制 しょせい ①製造されること。作られること。制定されること。「古所制の尼健荼書の如く、一一の義に千の名あり」「先王所制の法に依って有過を刑罰せしむ」
②しばられること。束縛されること。「憍慢に所制せられて嫌恨心を懐く」
Ⓢ abhinigṛhīta
③禁止されること。「是の如き如来所制の非所行処に於て能く善く遠離す」
Ⓢ pratikṣipta

所制伏 しょせいぶく 制伏されること。うち負かされること。しばられること。束縛されること。「上品の惛沈・睡眠纏に制伏せらるる」「可愛の法に制伏せられて能く彼の可愛の法を制伏せず」 Ⓢ abhinigṛhīta: abhi-**bhū**: abhibhūyate

所説 しょせつ 説かれること。説かれたもの。説かれた教え。語られたもの。「所説の事とは四念住などの菩提分法を謂う」「仏・菩薩所説の教法を受持す」「如来所説の甚深なる空性相応の妙法を宣揚し開示す」「如来所説の法に於て如理作意す」
Ⓢ ukta: uddiṣṭa: upadiṣṭa: kathā: **diś**: deśanā: deśya: nirdiṣṭa: nirdeśa: parikīrtita: bhāṣita: lapita: vacana: varṇita: vākya: vāc: vādin: vivakṣita: vyāhāra

所説声 しょせつしょう →八転声

所詮 しょせん 言い表されること。言い表されるもの。言葉で語られたもの。言い表す言葉を能詮というのに対する概念。釈尊によって説かれた教えは「文」と「義」あるいは「法」と「義」とに分けられるうち、文あるいは法が言い表す言葉で能詮、義が言い表されるもので所詮にあたる。→能詮「愚夫は名の如く、言の如く、所詮の事に於て自性ありと執す」「心・意・識の三つの名の所詮は、義は異なることありと雖も、体は是れ一なり」

所相 しょそう →相⑥

所造 しょぞう ①造られること。造られたもの。「諸の所造の論は皆な経を釈せんが為なり」「能造の身と所造の身」「諸の異生は聖種に非ざるが故に、所造の悪業は悪趣の苦を招く」「故思の所造の業と非故思の所造の業」
Ⓢ bhautika
②能造・所造の所造。造るものを能造（bhūta）、造られるものを所造（bhautika）という。たとえば、地・水・火・風の四元素（四大種）が能造で、それらより造られる物質（色）が所造である。→所造色「眼とは四大種の所造にして眼識の所依たる浄色を謂う」 Ⓢ bhautika

所造色 しょぞうしき 造色ともいう。地・水・火・風の四つの元素（四大種）から造られた次の物質的なものをいう。（i）五つの感官（眼根・耳根・鼻根・舌根・身根）。（ii）五つの感官のなかの前の四つの対象（色・声・香・味）と最後の身根の対象である触（感触）の一部。（iii）意識を生じる感官（意根）の対象（法処所摂色）の一部（無表色）。 Ⓢ upādāya-rūpa
（出典）四大種云何。謂、地水火風界。此皆通二界。四大種所造色云何。謂、十色処及法処所摂色。（『瑜伽』9、大正 30・323a）：云何建立色蘊。謂、諸所有色、若四大種、及四大種所造。云何四大種。謂、地界水界火界風界。（中略）云何所造色。謂、眼根耳根鼻根舌根身根、色声香味所触一分、及法処所摂色。（『集論』1、大正 31・663b）

所蔵 しょぞう 蔵識（深層心である阿頼耶識）の蔵の三つの意味（能蔵・所蔵・執蔵）の一つで、阿頼耶識に表層の業（七転識）の結果が種子として熏じつけられるありようを

いう。→阿頼耶識

所触 しょそく ①身体で触れられること。身体による感触、すなわち触。「諸の能触者を立てて身界と為し、諸の所触者を立てて触界と為す」「五境と言うは即ち是れ眼などの五根の境界なり。所謂、色・声・香・味・所触なり」 Ⓢ spraṣṭavya
②心所の一つの触のこと。→触「是の如く根と境と識との三法が和合するが故に能く所触が生ず」
③苦しいという感受作用を感じること。「愛行者は一期の生の中に恒に生死を厭い、命終の時に臨んで苦受に触れらるるなり」「彼れは将に死なんとする時に断末摩の苦に触れらるるなり」

所属声 しょぞくしょう →八転声

所対 しょたい 対するところのもの。対立するもの。「親友所対の怨敵を非親友と名づく」 Ⓢ vipakṣa-bhūta

所対治 しょたいじ 対治されるもの。対治とは汚れたもの（雑染法）である煩悩・随煩悩や不善業などを滅してなくすことをいい、滅するものを能対治、滅せられるものを所対治という。煩悩について言えば、たとえば貪・瞋・癡の三つが所対治であり、それらの能対治が無貪・無瞋・無癡である。所治ともいう。能対治の対。→能対治「能く多く能対治の法に住して一切の所対治の法を断滅す」「所縁の境に於て心をして定を得せしめ、奢摩他の所対治なる諸の随煩悩より解脱することを得る」 Ⓢ vipakṣa

所断 しょだん 断じられるもの。総じて煩悩一般をいう。あるいは煩悩障・所知障の二障をいう。煩悩や二障は大きく見所断（真理を見る位である見道において断じられるもの）と修所断（修行を深めていく位である修道において断じられるもの）とに分けられる。→見所断 →修所断「無始の時よりこのかた見所断と修所断との二分の煩悩が展転和合して諸の悪事を作す」「十八界の中、幾くか見所断、幾くか修所断、幾くか非所断なりや」 Ⓢ prahātavya: praheya: heya

所断捨 しょだんしゃ →転依①

所知 しょち ①知られるべきもの。一切の存在が知られるべきものであるが、知られるべき一切は次のように表現される。（i）一切法（有為・無為）。（ii）雑染清浄諸法。（iii）三自性（遍計所執性・依他起性・円成実性の三性）。（iv）世俗諦と勝義諦。（v）尽所有性と如所有性。（vi）五位（色・心心所有法・心不相応行・無為）。このように種々に表現されるが、究極の知られるべきものは真如である。→真如 Ⓢ jñeya
（出典）修瑜伽師、唯有爾所所知境界。所謂、語義及所知事、尽所有性・如所有性。（『瑜伽』30、大正 30・452a）：所知有五種。一色、二心、三心所有法、四心不相応行、五無為。（『集論』2、大正 31・667a～b）：所応可知故、名所知。所謂、雑染清浄諸法、即三自性。（『摂論釈・世』1、大正 31・322b～c）：言所知者、即一切法。若有、無、皆所知故。（『述記』1 本、大正 43・235c）：有世俗諦、有勝義諦。一切所知、唯此二故。（『述記』1 本、大正 43・137c）
②意識の対象。 Ⓢ vijñāta
（出典）若境、由意識所証、名所知。（『俱舎』16、大正 29・87b）

所知依 しょちえ 知られるべきもののよりどころ。根源的な心である阿頼耶識の別名。依とは所依をいい、よりどころ・原因。深層の阿頼耶識は知られるべき一切の存在を生じるよりどころ、原因であるから阿頼耶識を所知依という。
（出典）第八識、雖諸有情皆悉成就、而随義別、立種種名。（中略）或名所知依。能与染浄所知諸法、為依止故。（『成論』3、大正 31・13c）

所知境 しょちきょう 所知境界とおなじ。→所知境界

所知境界 しょちきょうがい 所知境ともいう。知られるべき対象。究極の知られるべき対象（所知境界辺際）とは真如である。「正定心に由って諸の所知境界の影像に於て先に審に観察し、後に勝義作意の力に由る故に有相を転捨して無相を転得す」「菩薩は所知境界の辺際に悟入せんと、及び衆生を利する一切の事を作さんと作意す」「無明に因るが故に所知境に於て愛・恚・癡あり」「無始の時よりこのかた、所知境に迷って正道を失し、生死に沈淪し、種種の苦を受く」「所知境に略して二種あり。有と及び非有なり」
Ⓢ jñeya

所知事 しょちじ 知られるべきもの。一切の存在が知られるべきものであるが、大別

すると有為と無為とになる。究極の知られるべきもの（所知事辺際）とは真如である。→所知①「四念住に由って応に一切の所知事の辺際を知るべし」「軽安と心一境性との二法が究竟して転依を得るが故に所知事に於て現量智が生ず」 Ⓢ jñeya-vastu
（出典）略説一切有為無為、名所知事。（『瑜伽』69、大正 30・680c）

所知事同分影像 しょちじどうぶんようぞう 所知事同分所縁とおなじ。所知事と同分の影像。知られるべきものと相似した影像。ヨーガを修する心（三摩地）のなかに顕現せしめられる影像。これに観察・思索を加えることによって最終的に知られるべきそのものを直接に把握することがヨーガの目的である。「云何が観の相なるや。謂く、二種あり。一は所縁相、二は因縁相なり。所縁の相とは毘鉢舎那品の所知事同分影像を謂う。此の所縁に由って慧をして観察せしむるなり」「所知事同分所縁である一切の影像に於て平等平等に心を住持するが故に諸の静慮を三摩地と名づく」「問う。所縁境に於て正く作意する時、幾相を思惟するや。答う。四なり。何等を四と為す。一には所縁相、二には因縁相、三には応遠離相、四には応修習相なり。所縁相とは、所知事同分影像が明了に顕現するを謂う」 Ⓢ jñeya-vastu-sabhāgaṃ pratibimbam
（出典）由三摩呬多地勝解領受相似作意領受、彼所知事相似顕現。由此道理、名所知事同分影像。（『瑜伽』26、大正 30・427b）

所知障 しょちしょう 知られるべきもの、すなわち究極の真理（真如）を知ることをさまたげる障害。煩悩障と共に説かれ、二つをまとめて二障という。煩悩障と対比すれば、煩悩障は「自己」（我）への執着（我執）によって生じ、それによって生死に流転するのに対して、所知障は「もの」（法）への執着（法執）によって生じ、それによって菩提を得ることができない。たとえば「自己の身体」と思ってそれに貪欲を起こす場合、この貪欲の対象を分析すると、一つは「自己」であり、もう一つは「身体」である。このなか「自己」というものが実体としてあると執着して起こす貪欲が煩悩障であり、身体があると思って起こす執着が所知障である。すなわち、ある一つの貪欲（広くいえば煩悩の一つ一つ）は煩悩障と所知障との両面を同時にそなえている。このことを「煩悩障は法の用に迷い、所知障は法の体に迷う」という。自己は身体と心より構成されるが、その構成要素（色・受・想・行・識の五蘊）の一つ一つを法といい、その法そのもの（法の体）が心をはなれてあると迷う、たとえば「身体」があると迷う、のが所知障である。この点を「所知障は法の体に迷う」という。これに対して「自己」はそれら構成要素の働きの上に仮に存在するものであるのに、たとえば視覚が働くと、そこに「自己が見る」と考えるが、このように構成要素の働き（法の用）の上に自己というものを想定して、それが実体として存在すると執着を起こす。この点を「煩悩障は法の用に迷う」という。〈唯識〉の目的は心のありようを迷いからさとりに変革することであり、具体的には識を転じて（変革して）智を得ることである（転識得智）。このなか識の働きは二分法的思考（分別）であり、そのような認識のありようになる原因が煩悩障と所知障とである。このなか煩悩障を断じることによって煩悩が生じなくなり、所知障を断じることによって、すべての知るべきもの（一切の所知）を智るようになる。このことが次の一文に説かれている。「云何が菩提なるや。謂く略説すれば二断と二智、是れを菩提と名づく。二断とは、一には煩悩障の断、二には所知障の断なり。二智とは、一には、煩悩障が断ずるが故に畢竟離垢にして一切の煩悩が随縛しない智である。二には、所知障が断ずるが故に一切の所知に於て無礙にして無障なる智である」（『瑜伽』38、大正 30・498c） Ⓢ jñeya-āvaraṇa
（出典）由断続生煩悩障故、証真解脱、由断礙解所知障故、得大菩提。（『成論』1、大正 31・1a）：煩悩障者、謂、執遍計所執実我、薩迦耶見而為上首、百二十八煩悩及彼等流諸随煩悩。此皆擾悩有情身心、能障涅槃、名煩悩障。所知障者、謂、執遍計所執実法、薩迦耶見而為上首、見・疑・無明・愛・恚・慢等。覆所知境無顛倒性、能障菩提、名所知障。（『成論』9、大正 31・48c）

所知障浄智所行真実 しょちしょうじょうちしょぎょうしんじつ 知るべきものをさまたげている障り（所知障）がなくなった智慧でとらえられる真実、すなわち真如のこと。四種の真実のなかで最高の真実。→四種真実

Ⓢ jñeya-āvaraṇa-viśuddhi-jñāna-gocaras tattvam
（出典）云何所知障浄智所行真実。謂、於所知、能礙智故、名所知障。従所知障得解脱智、所行境界、当知、是名所知障浄智所行真実。此復云何。謂、諸菩薩諸仏世尊入法無我、入已善浄、於一切法離言自性仮説自性平等平等無分別智所行境界、如是境界、為最第一真如無上所知辺際、斉此、一切正法思択皆悉退還、不能越度。（『瑜伽』36、大正 30・486c）

所知真実 しょちしんじつ　存在の知られるべき真実。この所知真実（jñeya-tattva）という表現は〈有部〉の論書（『婆沙論』『倶舎論』など）には見当たらず、『瑜伽論』で初めてみられる術語であり、その知られるべき真実を覚悟することが強く主張されている。究極の知られるべき真実とは真如をいう。「内に正しく作意して所知真実の道理を覚悟す」「菩薩は能く所知真実に於て通達す」「無明は所知真実に於て能く覆し能く障するを性と為す」。 Ⓢ jñeya-tattva

所知相 しょちそう　存在の知られるべきありよう。遍計所執性・依他起性・円成実性の三性（三自性）をいう。→三性②
（出典）所知相者、是所知自性義。所知即是相故、名所知相。謂、三自性。（『摂論釈・世』1、大正 31・322c）：依他・遍計・円成実等三種自性、説名所知相。（『演秘』3 末、大正 43・875c）

所知辺際 しょちへんざい　知られるべきものの究極。真如をいう。→真如「分別あることなく、諸の戯論を離れ、一切法に於て平等性を悟り、大総相に入って一切の所知辺際に究達し、増益と損減との二辺を遠離して中道に順入す」 Ⓢ jñeya-paryanta

所調伏界無量 しょちょうぶくかいむりょう　調伏される生きものの世界がはかりしれないこと。調伏とは教化・教授すること。さとりへの根機の相違（利根か、鈍根か）、個性の相違（貪りが強いか、怒りが強いか）、在家・出家の相違、などによって教化・教授されるものの種類が無量無辺であることをいう。五つの無量（有情界無量・世界無量・法界無量・所調伏界無量・調伏方便界無量）の一つ。 Ⓢ vineya-dhātur aprameyaḥ
（参考）（『瑜伽』46、大正 30・548a～b）

所転捨 しょてんしゃ　→転依①

所転得 しょてんとく　→転依①

所転依 しょてんね　→転依①

所得 しょとく　①得られること。得られたもの。修行によって獲得されたもの。「先の善根の串習による所得を習所成種姓と名づく」「択力所得の滅を名づけて択滅と為す」「他に依って活命し、商農などの世間の事業を捨てて他より所得して存済す」
Ⓢ pratilabha: pratilambha: prāpta: prāpti: prāpya: labdha: **labh**: lābha
②認識されること。なんらかの対象が把握されること。「眼の所得、眼識の所了を説いて所見と為す」「色などの外境は分明に現証し現量の所得なり。寧んぞ撥して無と為すや」「現前に少物を立てて是れは唯識性なりと謂う。所得あるを以っての故に実に唯識に住するに非ず」 Ⓢ upa-**labh**

所被機 しょひき　釈尊の教えを被ることにおける能力。この種類に関しては経論によって異説が紛然するが、大別すると次のごとくになる。（ⅰ）一切の衆生に仏性が有るという立場から、ただ一乗を説く。『法華経』の説。（ⅱ）声聞・独覚・菩薩の三乗を説く。（ⅲ）菩薩姓・独覚姓・声聞姓・不定姓・無姓の五つの姓を説く。〈唯識〉の説。
（参考）（『枢要』上本、大正 43・610a 以下）

所表 しょひょう　言葉で言い表されたもの。言葉が意味するところ。「要らず色などの諸法は実に唯だ事のみありて、方に色などの諸法の仮説の所表あることを得べし」「諸の仏・菩薩は神境智通をもって諸仏の国土、種種の名声所表の仏土を現見せしむ」「種種の文詞所表の一義を顕示す。文に差別ありて義に差別なし」「頌の諸の言の所表は仏世尊を謂う」 Ⓢ upacāra: saṃśabdita

所分別 しょふんべつ　分別とは、広くは認識作用一般をいい、狭くは、特に言葉で考えることをいう。その場合、認識されるもの、考えられるものを所分別といい、認識するもの、考えるものを能分別という。〈唯識〉が説く心の三領域（自体分・相分・見分）のなか、相分が所分別であり、それを認識する見分が能分別（分別ともいう）にあたる。以上は依他起性である心のなかでの分析である。さらに、広く、言葉でもって外界に存在すると考えられたものも所分別といわれ、その存在は遍計所執性として否定される。「愚夫の所分別の如き外境は実には皆な無にして、習気が心を擾濁するが故に彼れに似て転ずるなり」「是の諸の識は転変して分別たり、所分別たり。此れに由って彼れは皆な無し。故に一切唯識なり」「彼の心外の遍計所執の所分別の実我法は決定して皆な無なり。言うところの所分別とは是れ計所執なり。分別心に由って分別せらるるところなるが故なり」
（出典）前所変中、以所変見分、名為分別。是依他性。能取於所変依他相分故、起種種遍計所執分別。此是識体所変用、能分別故、名分別。其識体所変依他性相分、似所執相分者、名所分別。是前能分別見分之所取相故。（『述記』7末、大正43・487a）

所変 しょへん ①唯識所変の所変。識が変化したもの。〈唯識〉は、ただ識のみが存在し、すべての存在はただ識が変化したものである、すなわち唯識所変であると主張し、「自己」（我）と「もの」（法）とは識が「認識される領域」（相分）と「認識する領域」（見分）とに変化した両者の上に言葉と思いとで仮にあると説かれたものであり、外界に実体的に存在するものではないという立場をとる。能変の対。→能変①　→唯識②
②八つの識が転変して変化したもの。八つの識（眼識・耳識・鼻識・舌識・身識・意識・末那識・阿頼耶識）のそれぞれにおいて変化した「認識される領域」（相分）と「認識する領域」（見分）とをいう。〈唯識〉は迷える人びと（凡夫）が実体として存在すると考える「自己」（我）と「もの」（法）、すなわち実我と実法は実際には存在せず、その両者は識がそのようなものに似て変化したもの、すなわち似我と似法であると主張する。「仮に由って我法ありと説く。種種の相転ずることあり。彼れは識の所変に依る」「愚夫所計の実我実法はすべて所有なし。但だ妄情に随って施設せるが故に之を説て仮と為す。内識が所変の似我似法は有なりと雖も実の我法性に非ず。然も彼に似て現ぜり。故に説いて仮と為す」「前の所説の三能変識と及び彼の心所は皆な能く変じて見相二分に似ることに転変の名を立つ。所変の見分を説いて分別と名づけ、所変の相分を所分別と名づく」
③根本の心である阿頼耶識が変化したもの。存在の最奥にある本質的存在であり、「本質」といわれる。「何の識も必ず第八阿頼耶識の所変を以って本質となす。心王・心所はおなじく彼の所変に杖して以って本質と為す」
④人びとの業が作り出したもの。内的な身体（身）と外的な自然（器）との二つの物質的存在をいう。この両者は人間の業の力によって作り出される。このなか、身体は各人に共通ではない業（不共業）によって作り出され、自然は共通の業（共業）によって作り出されて共通に認識され使用されうる。「業力の所変なる身・器は多くは恒に相続せり」「人人の所変が各別なるを名づけて唯識と為すと知ると雖も、然も相い似て共に受用する義あるを説いて共相と名づく」

所遍計 しょへんげ 遍計されるもの。遍計とは言葉を用いてさまざまな事物・事象が実体として存在すると考えること。そのなかで、「考えられたもの」を所遍計といい、「考えるもの」を能遍計という。この所遍計は外界にあると考えられたもの（遍計所執性）であるととらえる説に対して、〈護法正義〉の〈唯識〉では、心が心を認識するという立場より所遍計も内的な心（依他起性）であると説く。能遍計の対。→能遍計
（出典）依他起自性、名所遍計。（『摂論』中、大正31・139b）：次所遍計自性云何。摂大乗、説是依他起。遍計心等所縁縁故。円成実性寧非彼境。真非妄執所縁境故。依展転説、亦所遍計。遍計所執、雖是彼境、而非所縁縁、故非所遍計。（『成論』8、大正31・46a）

所遍知 しょへんち 遍知とは、広くは（ⅰ）ある対象を広く完全に知ること、狭くは（ⅱ）煩悩を断じてその束縛・繫縛から離れた状態（離繫）をいい、前者を智遍知、後者を断遍知という。前者は煩悩なき智慧（無漏智）、後者はその智慧によって獲得された煩悩なき状態（択滅・涅槃）をいう。この二つの意味の遍知に分けて、（ⅰ）の意味での所遍知は、遍知されるべきすべての存在（一切法）を意味し、（ⅱ）の意味での所遍知は、遍知が成立する個体を構成する五つの要素（五取蘊）をいう。
（出典）所遍知法、謂、五取蘊。遍知自性、謂、貪永断瞋癡永断一切煩悩永断。能遍知者、謂、阿羅漢、諸漏永尽。（『婆沙』34、大正27・176b）：所遍知者、一切法。皆智遍知、所遍知故。（『婆沙』195、大正27・976

c)

所犯 しょぼん 犯されること。罪を犯すこと。過ちを犯すこと。「所犯を発露し悔除す」「放逸に由るが故に所犯の罪を犯す」
Ⓢ adhyāpatti: skhalita

所聞 しょもん 四つの認識のありよう（見・聞・覚・知）の一つである聞によって認識されるもの。聴覚（耳識）によって認識されるもの。「所聞の法に於て能く正しく思惟す」 Ⓢ anuśruta: śravaṇa: **śru**: śruta
（出典）若境、由耳識所証、名所聞。（『倶舎』16、大正 29・87b）

所喩 しょゆ 喩えられること。譬喩されるもの。「此の転依の果は不思議にして尋思・言議の道を超過し、諸の世間の喩の所喩に非ず」「幻などの能譬喩の事に由って所喩の相を顕す」

所由 しょゆう いわれ。理由。原因。「因と言うは即ち所由なる故に種子を謂う」「我執と法執とは煩悩障と所知障との所由と為る」

所用 しょゆう ①作用。働き。行動。「往来などの種種の所用を作す」 Ⓢ vyāpāra
②必要。目的。用いられるもの。必要とされるもの。「煩悩は所用なきが故に説いて弊と名づく」「所用の財宝は速かに窮尽す」「今時所用の金は仏在世時所用の金辺に於て威光現ぜず」「軽賎にして所用なき物をも尚、捨てることを欲せず」 Ⓢ prayojana: hasta-gata

所与声 しょよしょう →八転声

所余 しょよ それ以外の。他の。それとは別の。Ⓢ anya: anyathā: avaśiṣṭa: pariśiṣṭa: śeṣa: sātireka

所欲 しょよく 欲するところ。欲せられるもの。望まれること。「所欲が果されず匱乏せる苦」「所欲に随って能く衆生を摂して義利を為作す」「其の所欲に随って所作成辧す」
Ⓢ icchā: īpsita: kāma: manas-ratha

所立 しょりゅう 立てられたもの。主張されたもの。論証されるべき命題・主張。証明されるべきもの。所成・所成立ともいう。→所成立「何が故に次に因を辯ずるや。答う。他をして所立の宗義を摂受せしめんが故なり」「喩を引くは所立の宗義を成就せんが為なり」「此れは是れ数論外道の所立なり」
Ⓢ pratijñā: pratijñāta: sādhya: siddha

所了 しょりょう 認識されるもの。認められるもの。理解されるもの。所了知・所了別ともいう。「眼根の所得、眼識の所了を説いて所見と名づく」「諸の世間の共の所了なり」「親の所了とは自の所変の相分を謂う」「所了知の真如の義の中に於ては、都て相あることなし。亦た、所得なし」「毘鉢舎那とは、謂く、即ち前の所了別の義に於て審観察するが故なり」 Ⓢ vijñāta: vijñeya

所了知 しょりょうち →所了

所了別 しょりょうべつ →所了

所量 しょりょう 量とは認識することをいい、認識されるものを所量という。一つの認識が成立するための三つの要素（所量・能量・量果）の一つ。心の四つの領域である四分のなかの相分に相当する。→四分
Ⓢ prameya

書 しょ 行為としては手で書くこと。生きる営みとしては文章や絵などを書く職業。世間的技術（工業明処・工巧業処）の一つ。書画ともいう。「云何が六種の活命なるや。一には営農。（中略）五には書・算計・数及び印を習学す」「何等が十二の工業処なるや。謂く、営農工業。（中略）書・算・計度・数印工業。（中略）音楽工業なり」「能く義利を引き有情を饒益する種種の書・算・測度・数・印・床座・傘屧など、是の如き等類の種種の差別の資生衆具」「あらゆる種種の能く有情を益する世俗の書・論・印・算計などの工業明処」「農作・商賈・事王・書画・算数・占卜などの工巧業処」 Ⓢ lipi
（出典）書、謂、手書。並身工巧。以身業、為自性。（『倶舎論記』18、大正 41・288c）

書画 しょが →書

書画喩補特伽羅 しょがゆふとがら 羯磨（教団で行なう儀式や作法）に関して制定された羯磨の文章通りに行為して、それ以外の行為をしない人。絵に描かれた人がそれ以外のありようをしないことに喩えてこのように呼ぶ。羯磨に関する五種の補特伽羅の一人。
（参考）（『瑜伽』69、大正 30・680a）

書持 しょじ 経典を書き写して所持・護持すること。書写ともいう。十法行（経典などに書かれている教えに対する十種の修行）の一つ。→十法行「大乗相応にして菩薩蔵の摂なる契経などの法に於て書持し供養し他に恵施す」 Ⓢ lekhayitvā dhārayiṣyati

書写 しょしゃ 経典を書き写すこと。十法

行（経典などに書かれている教えに対する十種の修行）の一つ。書持ともいう。→十法行「若し最勝経典を書写せんと欲して施与せずんば有罪なりと当に知るべし」「如来所説の甚深なる了義言教を聞き已って信解し書写し護持し供養し流布す」 Ⓢ **likh**

葅鮓　しょさ　酢につけた魚類。醯鮓ともいう。→醯鮓　Ⓢ lavaṇa

諸　しょ「もろもろの」「さまざまな」という形容句。原語の sarva や kṛtsna の訳としての「諸」は「一切の」「すべての」という意味になる。たとえば「諸行無常（sarva-saṃskārā anityāḥ）」の諸行は一切の現象的存在をいう。またある一つの名詞がそれが意味するもの一般を表す場合は、その語が単数であっても初めに諸を付して訳す場合が多い。たとえば諸蘊・諸根・諸界・諸縁など。Ⓢ kṛtsna: vicitra: sarva: sarvatra: sarvathā

諸悪　しょあく　もろもろの悪。もろもろの悪い行為、罪、過失。→悪「諸悪を発露し諸悪を蔵せざるを言諦実と謂う」「諸悪・不善の尋思を生じて心をして流漏せしむ」

諸悪莫作　しょあくまくさ　七仏通誡偈（諸悪莫作・諸善奉行・自浄其心・是諸仏教）の最初の句。→七仏通誡偈

諸有　しょう　①もろもろの生きもの。もろもろの人びと。「常に期願して塚墓の間、諸有の命過ぎて尸骸を送る処に住するを名づけて常住塚間と為す」 Ⓢ jana-kāya
②欲界・色界・無色界の三つの世界（三界）に生存するもの。「無漏は能く諸有・諸趣をして生老病死を究竟して断ぜしめるが故に異熟果はなし」
（出典）諸有者、謂、三有。（『婆沙』176、大正 27・885a）

諸蘊　しょうん　もろもろの蘊。生きものを構成する色・受・想・行・識の五つの構成要素。→蘊「諸蘊生起とは即ち彼の諸蘊が日日の飲食に資長されることを謂う」

諸縁　しょえん　もろもろの縁。現象的存在（有為）が生じる原因として因（根本原因）と縁（補助原因）とがあるなかのさまざまな補助原因を諸縁という。仏教は現象的存在はすべて根本原因である因に多くのさまざまな縁が和合することによって生じると説く。この見解から、たとえば、外道が大自在天という一つの因から一切が生じるという説に反対する。→縁③「和合の義とは諸縁聚集の義を謂う」「諸因と諸縁との勢力に由って諸蘊生起す」「一切の世間は諸因と諸縁とより起こり、自在天・我・勝性などの一因より起こるに非ず」 Ⓢ pratyayāḥ

諸界　しょかい　①もろもろの界。界とは存在を蘊・処・界の三種に分類するなかの界をいい、全部で十八界ある。→界①　→十八界
②十八界の界は一人の人間（有情）を構成する十八の種類であるが、その人間のありようによってさらにいくつかの種類の諸界が立てられる。その代表が欲界・色界・無色界の三界である。この他に、たとえば『瑜伽論』では、住自性界・習増長界の二種、色界・無色界・滅界の三種、光明界・清浄界・空処界・識処界・無所有処界・非想非非想処界・滅界の七種が立てられる（『瑜伽』96、大正 30・846c・847b）。「諸界・諸趣・諸生の差別は皆な業に由る」「諸の煩悩などは有情を騰注して諸界・諸趣・諸生に於て生死流転せしむ」

諸界互違　しょかいごい　→諸界錯乱

諸界互相違　しょかいごそうい　→諸界錯乱
Ⓢ dhātu-vaiṣamika

諸界錯乱　しょかいさくらん　身体を構成する地・水・火・風に四つの要素（界）の調和がくずれて乱れている状態をいう。病や苦を生じる原因となる。界互違・界相違・界不平・界不平和・諸界互違・諸界互相違ともいう。諸界調適の対。「云何が狂なるや。謂く、先業の所引に由る、或いは諸界錯乱に由る、或いは驚怖失志に由る」 Ⓢ dhātu-vaiṣamya

諸界諸趣諸生　しょかいしょしゅしょしょう　諸界と諸趣と諸生。→界趣生「諸の煩悩などは有情を騰注して諸界・諸趣・諸生に於て生死流転せしむ」

諸界調適　しょかいちょうてき「しょかいじょうじゃく」とも読む。界（dhātu）とは身体の構成要素。調適（sāmya）とは調和。身体を構成する地・水・火・風の四つの要素（界）が調和した状態、すなわち身体が健康である状態をいう。「諸界調適を問う」とは「お元気ですか」と挨拶すること。諸界錯乱の対。「先に善言を発し、舒顔・平視・含笑を先と為して、或いは安隠吉祥を問い、或いは諸界調適を問う」 Ⓢ dhātu-sāmya

諸行　しょぎょう　すべての現象的存在。生

命的存在（有情）と物質的存在（器）との二つに大別される。仏教は、「諸行は皆な悉く無常なり」と、その無常性を、また「諸行は皆な苦なり」と、その苦性を強調する。また「涅槃は諸行の寂滅なり」「真如は唯だ無為なり。諸行の寂静なる所縁の義なるが故なり」と説き、諸行が滅するところに涅槃・真如が顕現すると強調する。また「諸行は衆縁より生じて自在ならざるが故に諸行は決定して無我なり」と、すなわち現象的存在はすべてさまざまな多くの原因（衆縁）から生じるから無我であると説く。一切行・一切諸行とおなじ。→縁②③ →四縁 Ⓢ sarva-saṃskārāḥ
（出典）諸行、略有二種。一有情世間、二器世間。（『瑜伽』34、大正 30・470c〜471a）：有二世間、摂一切行。一有情世間、二器世間。（『瑜伽』86、大正 30・781c）

諸行種子 しょぎょうしゅうじ すべての現象的存在を生じる阿頼耶識のなかの種子。〈唯識〉は、すべての現象的存在を生ぜしめる四つの原因（因縁・等無間縁・所縁縁・増上縁）のなかの因縁すなわち根本原因は阿頼耶識のなかの種子であると説く。
（出典）復有四縁、能令諸行展転流転。何等為四。一因縁、二等無間縁、三所縁縁、四増上縁。（中略）因縁者、謂、諸行種子。（『瑜伽』85、大正 30・775c）

諸行無常 しょぎょうむじょう すべての現象的存在は無常であるという理。非存在であったものが生じ、生じたものは生じた瞬間に滅する、というありようをいう。仏教の三つのスローガン（三法印）の一つ。→三法印「諸行は無常なり。生滅の法あり。生滅に由るが故に、彼の寂を楽と為す」
Ⓢ sarve saṃskārā anityāḥ
（出典）諸行無常者、謂、彼諸行本無而生、生已尋滅。（『瑜伽』18、大正 30・378c）

諸根 しょこん ①六根の根。身体を構成する六つの感官（眼根・耳根・鼻根・舌根・身根・意根）をいう。「身の中に於て所依の処の上下の差別あるに随って根の次第を説く。謂く、眼の所依は最も其の上に居り、次は耳、鼻、舌にして、身は多く下に居り、意は方処なく、即ち諸根に依止して生ずる者あるが故に最後に説く」。これら感官の否定的な働きやありようを表すものとして「諸根闇鈍（dhandha-indriya）。鈍い」「諸根愚昧（jaḍa-indriya）。遅鈍である」「諸根羸劣（manda-indriya）。弱い」「諸根飄挙（asthira-indriya）。不安定である」「諸根掉動（uddhata-indriya, capala-indriya）。諸根掉乱（uddhata-indriya）。諸根掉挙（uddhata-indriya）。興奮しさわがしい」「諸根高挙（unnata-indriya）。諸根囂挙（unnata-indriya）。興奮し高まっている」「諸根散乱（vyākula-indriya）。乱れている」「諸根剛強（khara-indriya）。堅い」「諸根踈渋（karkaśa-indriya）。粗い」「諸根麁燥（paruṣa-indriya）。粗悪である」「諸根衰退。衰えている」「諸根耄熟（indriya-pariṇāma）。年を取って衰えている」などがある。逆に感官の肯定的な働きやありようを表すものとして「諸根悦沢（snigdha-indriya）。柔軟である。」「諸根不強（akhara-indriya）。堅くない」「諸根不渋（akarkaśa-indriya）。粗くない」「諸根不麁（aparuṣa-indriya）。粗悪でない」「諸根無掉（anuddhata-indriya）。興奮していない」「諸根無動（acala-indriya, acapala-indriya）。動揺していない」「諸根寂静（śānta-indriya）。しずまっている」「諸根澄浄。すんでいる」などがある。
②利根と鈍根の二根。あるいは鈍根・中根・利根の三根。この場合の根とはさとりへの能力をいう。
③信根・精進・念根・定根・慧根の五根の根。この場合の根とはさとりに至る修行を押し進める重要な心の働きをいう。「信などの五根に軟中上を成ず。当に知るべし、是れを諸根の勝劣と名づく」

諸根円満 しょこんえんまん 感官（五根）のすべてが完全にそなわっていること。「欲色界に在りて化生を受ける者は初めて生を受ける時に諸根円満なり」
Ⓢ indriya-paripūri: paripūrṇa-indriya

諸根互用 しょこんごゆう 諸根が互いに他の作用をもすること。五つの感官（眼根・耳根・鼻根・舌根・身根）が転依することによってその働きが自在となり、ある一つの感官、たとえば眼（眼根）が色（物）だけではなく、音声・香・味・感触をも感覚できるようになることをいう。「若し自在を得れば諸根互用し一根が識を発して一切の境を縁ず」
（参考）（『枢要』下本、大正 43・641a）

諸根成就　しょこんじょうじゅ　→諸根成熟②

諸根成熟　しょこんじょうじゅく　①身体の感官が成長して発達すること。人間の成長における一段階をいう。「王及び長者は其の子が漸く長大し諸根成熟せるを知る」「諸根成熟と少年と盛壮」 Ⓢ paripakva-indriya
②寿命・容姿・家柄・自在などにおいて種々の身体的な力を身につけること。三種の成熟（諸根成熟・善根成熟・智慧成熟）の一つ。諸根成就ともいう。「十種の随順学法あり。一には宿因なり。宿因とは先に習するところの諸根成熟と諸根積集となり」「先世の資糧とは、謂く、宿世に善根を積集するに由って今世に於て諸根成熟を獲得す」 Ⓢ indriya-paripāka
（出典）諸根成熟者、謂、寿量具足・形色具足・族姓具足・自在具足・信言具足・大勢具足・人性具足・大力具足。此依身果異熟具足為所依故、堪任発起勇猛精進、修諸善法、於勤修集一切明処、心無厭倦。（中略）此中諸根成熟故、解脱異熟障。（『瑜伽』37、大正30・496c〜497a）

諸根変異　しょこんへんい　①感官（五根）が衰えて変化すること。「今、世尊の色力衰滅と諸根変異とを見る」
②遍行の心所の一つである触の働きのなかでの根の変異。根と境と識との三つが和合するところに生じる触は、「根の変異を分別する」すなわち「根の変化に似る」ことによってそこに苦楽という感受作用が生じる。「何等を触と為すや。謂く、三和合に依って諸根変異を分別するを体と為し、受の所依たるを業と為す」
（参考）（『述記』3末、大正43・329a〜b）

諸根無欠　しょこんむけつ　感官（五根）が欠けることなくそろっていること。それによって修行が可能となる。「劫初の時の人は肢体円満・諸根無欠・形色端厳にして身に光明を帯ぶ」 Ⓢ indriyair avilkalatā
（出典）彼由如是支節無欠耳無欠等、能於善品精勤修集、如是名為諸根無欠。（『瑜伽』21、大正30・396b）

諸地　しょじ　①もろもろの地。真理を見た後の菩薩の十の段階である十地の地。→十地「此の諸地に於て幾くの愚癡あるや。（中略）此の諸地に二十二種の愚癡あり」
②三界・九地の地。欲界を一つの地とし、色界の四つ（初静慮・第二静慮・第三静慮・第四静慮）と無色界の四つ（空無辺処・識無辺処・無所有処・非想非非想処）とを合わせて全部で九地とする。「第四静慮以上の諸地は心極微細なるが故に息は転ぜず」

諸趣　しょしゅ　趣とは業によっておもむいた生存のありよう、すなわち、地獄・餓鬼・畜生・人・天の五つをいう。詳しくは所趣と能趣と趣資具の三つに分かれる。→趣③「諸界・諸趣・諸生の差別は皆な業に由る」「有情は諸の煩悩に禁持されるが故に、諸界・諸趣・諸生を循環して自在に涅槃界に趣くことを得ず」
（出典）有諸趣者、有善悪趣。謂、由有此第八識故、執持一切順流転法、令諸有情流転生死。雖惑業生皆是流転、而趣是果、勝故偏説。或諸趣言、通能所趣、諸趣資具、亦得趣名。（『成論』3、大正31・14a〜b）

諸生　しょしょう　もろもろの生きもの。生まれ方の違いによって胎生・卵生・湿生・化生の四生がある。→生⑧
（出典）諸生者、謂、四生。（『婆沙』176、大正27・885a）

諸相　しょそう　①さまざまな相。相とは、広くは事物・事象の形状・相貌をいう。あるいは認識作用における認識の対象のすがた・ありようを意味する。〈唯識〉はそのような認識の対象のすがた・ありようはすべて心のなかの影像として存在し、心の外に存在するのではないと主張する。「所縁の諸相を作意・思惟する」「若し心を無相界に安置せば、一切の諸相は皆な現前せず」「奢摩他・毘鉢舎那を修する諸の菩薩衆は、何に由って何等を作意し、云何が諸相を除遣するや」「一切の諸相は一相を共同す、いわゆる無相なり」
②狭くは、さまざまな種類の相が説かれるが、そのいくつかをあげると次のようなものがある。（ⅰ）現象的存在（有為）が有する生・住・異・滅の四つの相。「生などの諸相は皆な是れ有為なり」。（ⅱ）止挙捨の相。「観行を修する者は止挙捨の諸相に於て無間に修行す」。（ⅲ）存在全体を構成する相・名・分別・真如・正智の五つ（五事）の相。「是の如き諸相は名言に称って実体性あるに非ず」

諸諦　しょたい　もろもろの諦。諦とは苦諦・集諦・滅諦・道諦の四諦をいう。→四諦

「如実に諸諦の道理を知る」「諸諦に於て現観を得已って預流果を証す」「癡人は真如と及び諸諦の義に於て解了すること能わず」

諸諦相応増上慧住 しょたいそうおうぞうじょうえじゅう　三つの増上慧住の一つ。発心してから仏陀すなわち如来になるまでの十三の段階・心境の第七。真理（四諦）を如実に覚悟する段階。菩薩の十地のなかの極難勝地にあたる。 Ⓢ satya-pratisaṃyukto 'dhiprajña-vihāraḥ
（参考）（『瑜伽』47、大正 30・553b）：（『瑜伽』48、大正 30・558b〜559a）

諸部 しょぶ　仏教内におけるさまざまな部派・学派。「是の如き経文は諸部皆な誦す」
Ⓢ sarva-nikāya-antara

諸仏 しょぶつ　さまざまな仏陀。仏陀とは覚者の意で真理をさとった者をいう。そのような覚者は釈尊だけではなく過去に七人の仏陀（過去七仏）が出現し、また未来にも多くの仏陀が出現する。それらの仏陀を総称して諸仏という。世尊・如来あるいは菩薩とならべて「諸仏世尊」「諸仏如来」「諸仏菩薩」という表現が多くみられる。「過去・未来・現在の諸仏」「諸仏の聖教を書写す」

諸仏境界 しょぶつきょうがい　もろもろの仏陀のさとりの境界。思うことも語ることもできない不可思議なもの。「諸仏の境界は不可思議にして宣説すべからざるなり」
Ⓢ buddhānāṃ buddha-viṣayāḥ

諸仏出世 しょぶつしゅっせ　諸仏興世・諸仏出現とおなじ。もろもろの仏陀が世に出現すること。 Ⓢ buddhānām utpādaḥ
（参考）（『瑜伽』21、大正 30・396c）

諸方 しょほう　①方は方域。さまざまな地方・地域。「諸方に亦た法爾の勝事あり。謂く、支那国には奴僕などは皆な絵絹を衣ると雖も、余方の貴勝は能く得ること能わざるところなり」
②方は方維。さまざまな方角・方向。「人などの眼は上下の諸方は見ると雖も十方を一時に見ること能わず」 Ⓢ dikṣu: sarvā diśaḥ

諸法 しょほう　さまざまな法。すべての法。諸法という場合の「諸」は、ほとんどの場合、「一切」とおなじく、「すべての・あらゆる」という意味となる。たとえば「諸法皆空」は「一切法皆空」におなじ。法には、広く（ⅰ）真理、（ⅱ）教え（言葉で語られたもの）、（ⅲ）存在するものの構成要素、の三つの意味があるが（→法）、諸法の法は、基本的には「存在するものの構成要素」を意味する。たとえば「諸法は無我なり」の諸法がこれにあたる。また、存在するものは言葉で語られるものであるから、諸法は釈尊によって語られた教えを意味することにもなる。たとえば「独り空閑に処して是の如き所聞・所受のあらゆる諸法の義を思惟す」の諸法がそれにあたる。『瑜伽論』では、存在（法）を〈唯識〉的観点からとらえて、認識作用における主観の側（能知の智）と客観の側（所知の境）との二つに大別する説がある（『瑜伽』95、大正 30・841c）。 Ⓢ dharmāḥ: sarva-dharma

諸法一切性 しょほういっさいしょう　諸法の一切性。存在の現象的側面である尽所有性としての真実をいい、存在するものすべてを包括してとらえる真実をいう。たとえば五蘊というとらえ方がそれにあたる。存在するものの非現象的側面である諸法真実性に対する語。→諸法真実性 Ⓢ dhārmāṇāṃ sarvatā

諸法仮 しょほうけ　仮は無の意味で、存在を構成する諸要素（諸法）は存在しないということ。「内に諸法仮を遣って縁ずる智」

諸法自性 しょほうじしょう　①存在するものの自らのありよう・自体。小乗はそのような自性は実体として存在するという有自性の立場であるが、大乗は空の立場より諸法の自性は存在しないという無自性を主張する。「我れ、彼の声聞乗の中に於て種種の諸法自性を宣説す。いわゆる五蘊、或いは内の六処、或いは外の六処、是の如き等の類なり。大乗中に於ては即ち彼の法は同一法界、同一理趣なるが故に我れは乗の差別性を説かず」
②存在するものの本来のありよう。現象的存在の本質としてのありよう。〈唯識〉は、そのようなありようは決して言葉では表現できないという立場をとる。存在するものの本来のありようは、このほかにも諸法勝義・諸法真如・諸法実性・諸法実相・諸法法性・諸法真理などと表現される。「勝義諦の諸法自性は不可説と雖も、諸法自性と言いて可説なり」「諸法自性は皆な戯論を絶え、語言の道を過ぐ」

諸法自相共相 しょほうじそうぐうそう　諸法の自相と共相。存在するものそれ自身の個別

的なすがた・ありよう（自相）と他の存在するものと共通するすがた・ありよう（共相）をいう。→自相共相観

諸法実性 しょほうじっしょう　諸法の実性。存在するものの本性。円成実性・真如の別名。実性は、存在するものの本来のありようを表す語の一つ。「二空所顕にして円満・成就せる諸法の実性を円成実と名づく。此れ、遍常にして体は虚謬ならざるを顕す」「真如は是れ諸法実性にして万徳の所依なり」

諸法実相 しょほうじっそう　存在するものの真実のありよう・すがた。実相は、存在するものの本来のありようを表す語の一つ。「薩迦耶見は是れ虚妄の執にして諸法実相に称わず」

諸法性相 しょほうしょうそう　諸法の性と相。相とは現象的存在の相状・すがた・ありようをいい、性とはその本性をいう。この二つによって全存在が包括される。相は有為（現象的存在）、性は真如（究極の真理）をいう。また相は事、性は理と言い換えられ、二つを一緒にして事相と理性とよぶことがある。〈唯識〉はヨーガの実践を通して相を滅してその本性である性をさとること（相を遣って性を証す）を目的とする。→性相

諸法勝義 しょほうしょうぎ　存在するものの最高のありよう。生滅する現象的存在の本質。〈唯識〉では、常なるものにして、あるがままにある真如をいう。勝義は、存在するものの本来のありようを表す語の一つ。→勝義　→真如「此れは諸法勝義なり。亦た即ち是れは真如なり。常如にして其の性なるが故に。即ち唯識実性なり」

諸法真実性 しょほうしんじっしょう　諸法の真実性。存在するもののあるがままにある真実の本性・ありよう。すべての存在の根底にある真如をいう。二つの真実なるもの、すなわち、如所有性と尽所有性のなかの如所有性、すなわち非現象的側面の真実をいい、その現象的側面である諸法一切性に対する語である。→諸法一切性「云何が真実義なるや。謂く、略して二種あり。一には如所有性に依る諸法真実性なり。二には尽所有性に依る諸法一切性なり」 Ⓢ dharmāṇāṃ tathatā

諸法真如 しょほうしんにょ　存在するものの真実のありよう。現象的存在は千差万別であるが、これらすべての存在の根底にある一味・平等・真実なるものをいう。それは無分別智の対象であり、本来的には言葉では表現できないものである。一切法真如とおなじ。→真如「非安立真実とは諸法真如・円成実自性を謂う」「無分別智の所縁の境である諸法真如は有無の相を離れ、諸の分別を離る」「円成実自性とは、諸法の真如、聖智の所行、聖智の境界、聖智の所縁なり」「出世智、及び後得智は一切法真如を以って所縁と為す」

諸法真理 しょほうしんり　存在するものの真実の理。〈倶舎〉では四諦の理をいい、〈唯識〉では真如の理をいう。真如に理を付した真如理を縮めて真理という。→四諦　→真如「最初に諸法真理を証知するが故に法智と名づく」「空無我所顕の真如は法性にして是れ諸法真理なり」

諸法相 しょほうそう　①諸法の相。存在するものの存在のありよう。「諸法相に於て能く善く決択し、能く極く決択するが故に阿毘達磨と名づく」
②〈唯識〉で説く遍計所執相・依他起相・円成実相の三つの存在のありよう。相（lakṣaṇa）を性・自性（svabhāva）ともいい、遍計所執性・依他起性・円成実性の三性（三自性）ともいう。→三性②
（出典）汝応諦聴、吾当為汝説諸法相。謂、諸法相略有三種。何等為三。一者遍計所執相、二者依他起相、三者円成実相。（『解深』2、大正 16・693a）

諸法体相 しょほうたいそう　①存在するものの本体。体相の原語 lakṣaṇa は普通は相と訳されるが、本体を意味するときに体を付して体相と訳す。たとえば諸法の体相・作用といい、作用をになう存在の本体を体相という。「仏は諸法体相・作用に於て了達して究竟せり。余は知ること能わず」
Ⓢ dharmāṇāṃ lakṣaṇāḥ
②広く存在するもののありよう。たとえば自相・共相・仮立相・因相・果相などが諸法の体相であると説かれる。
（出典）云何性。謂、諸法体相、若自相、若共相、若仮立相、若因相、若果相等。（『瑜伽』13、大正 30・345c～346a）

諸法法性 しょほうほっしょう　現象的存在の本性。法性は勝義・真如と同義語で、存在するものの本来のありようを表す語の一つ。→法性②「彼彼の諸の名を以って彼彼の諸法を

詮す。此の中に彼れ有ること無し。是れ諸法法性なり」「諸法法性は亦た最も甚深にして唯だ仏・如来のみ能く善く了達し、是れ我等の能く解了するところには非ず」

諸法無我 しょほうむが すべての存在には固定的・実体的なものはないという仏教の基本の教理をいう。仏教の三つの綱領である三法印（諸行無常・諸法無我・涅槃寂静）の一つ（三法印に一切皆苦を加えて四法印ともいう）。諸行無常の諸行は現象的存在である有為のみを意味するが、諸法無我の諸法には非現象的存在である無為も含まれる。「思現観を成就する者は能く諸行無常・一切行苦・諸法無我・涅槃寂静を決定して了す」

諸欲 しょよく もろもろの欲。さまざまな欲望・貪り・愛欲。まず最初に、諸欲に愛着する（愛味）ありようを観察し、つづいてその過失（過患）を観察し、最後に諸欲からのがれ出る（出離）ことを、諸欲の得捨の次第という。「諸欲の愛味と過患と出離」
（参考）（『瑜伽』19、大正 30・387b 以下）：（『瑜伽』70、大正 30・687a）

諸漏 しょろ さまざまな漏。さまざまな煩悩。漏は煩悩の異名。諸漏を永久に断じ尽くした者を阿羅漢という。「云何が無余依涅槃界なるや。答う、即ち阿羅漢にして諸漏が永尽し、寿命が已に滅し、大種造色の相続が已に断するを無余依涅槃界と名づく」「其の我慢に於て余なく断滅して阿羅漢を成じ、諸漏永尽す」「云何が無学法なるや。謂く、阿羅漢が諸漏を已尽した、若しくは出世有為法、若しくは世間善法を無学法と名づく」

助 じょ ①助けること。支持・扶助すること。「彼の自在天は余の因縁の助を要して方に能く生ずるならば、応に自在に非ざるべし」「力に随い能に随って、身で助け、語を助けて施求者をして善く満足を得さしめる」 Ⓢ vyāpāraṃ gacchati: sahakārin
②種姓の異名。→種姓②「此の種姓を説いて持と名づけ、亦た、名づけて助と為す」（『瑜伽』35、大正 30・478c）。 Ⓢ upastambha

助解 じょげ 敵論者の非難に対して自己の主張をさらに解釈すること。助釈とおなじ。「今、助解して云う」「助解と云うは助釈なり」

助釈 じょしゃく 助解とおなじ。→助解

助伴 じょはん ①仲間。ともがら。助ける人。助けとなるもの。「諸の女色、諸の僮僕などの助伴」「諸の事務中に随って助伴者と為る」「諸の菩薩は諸の有情の彼彼の事業に於て皆な助伴と為る」「願波羅蜜多は精進波羅蜜多のために助伴と為る」 Ⓢ sahāya: sahita
②付随するもの。共に働くもの。たとえば五識（眼識・耳識・鼻識・舌識・身識）を四つの観点（所依・所縁・助伴・作業）から分析する際の一概念。「眼識の助伴とは彼れと倶有なる作意・触・受・想・思などの相応の諸の心所なり」「五識の助伴は同侶の如し」 Ⓢ parivāra: saparivāra: sahāya

序 じょ ことのおこり。原因。因や縁と並べて使用される。原語 nidāna は、因、縁、因縁とも訳される。「正性離生に証入するあらゆる証浄は皆な此の因、此の縁、此の序に由る」「序を知るとは、憂根は此事に託して生ずるを知るを謂う」 Ⓢ nidāna
（出典）序者、是縁。（『瑜伽』84、大正 30・767c）

序述 じょじゅつ 述べること。順序だてて述べて言うこと。「彼の諸の婆羅門は活命の為の故に施主の前に於て、或いは呪願し、或いは讃美し、或いは序述す」

叙 じょ 述べること。『成唯識論』を注釈する『述記』『三箇疏』などのなかで叙宗（主張を述べる）・叙理（道理を述べる）・叙計（見解を述べる）などの表現で多く用いられる。

叙計 じょけ →叙

叙宗 じょしゅう →叙

叙理 じょり →叙

徐 じょ 行為のゆるやかなさま、おもむろなさま。「徐足し按地す」「徐歩し経行す」「再三、問い已って乃ち徐に答えて言う」

除 じょ ①のぞいてほかに。その他に。以外の。「諸蘊を除いて外に我は不可得なり」 Ⓢ anya
②除外すること。ある範疇・グループに入れないこと。「四蘊を除く余の有為の行は皆な行蘊の摂なり」 Ⓢ anyatra: apa-**as**: apa-**ūh**: apahrāsa: nirmukta: nis-**kṛṣ**: paryud-**as**: **muc**: varjita: varjya: vinā: vi-**rah**: **vṛj**: vyud-**as**: **sthā**: **hā**
③煩悩や苦や悪い状態などを除去する、とりのぞく、滅すること。「諸の菩薩は愚癡者の

あらゆる愚癡を除かんと欲して愛語を行ず」「飲食を受するは飢渇を除かんが為なり」「智者は已に欲を除く」「精進は能く苦を除く」 Ⓢ apanayana: apa-**nī**: apa-**hā**: uparati: nir-**dhū**: vi-**nī**: vyāvartana: saṃśamana

除棄　じょき　①のぞきすてること。とりのぞくこと。「種種の悪不善法を断滅し除棄し変吐す」 Ⓢ vi-**śudh**
②否定を意味するサンスクリット接頭辞の語義解釈のなかで使われる概念。たとえば『婆沙論』では abhidharma の a-を除棄ととらえる説をあげている（『婆沙』1、大正 27・4b）。

除遣　じょけん　のぞきなくすこと。心のなかで障りとなる概念・思い・観念（想・相）などをとりのぞくことをめざす〈唯識〉において多く用いられる語。「悩・忿・嫉・諂などの諸の随煩悩が現行すれば速に能く除遣す」「本と随との二惑を棄捨し除遣し変吐す」「自の所依に於て煩悩品のあらゆる麁重を除遣す」「苦ある有情の衆の苦を除遣す」「是の如く一切の所知を善く観察覚するに由って一切法のあらゆる一切戯論の想を、数数、除遣し、無分別・無相の心を以って唯だ義を取りて転ず」「静慮を修して、地に於て地想を除遣し、水に於て水想を除遣す」「不浄観を勤修する者は正く諸の不浄を除遣す」「是の如く内に其の心を摂するに由って所縁を除遣す」「如理に極微を思惟して諸の相を除遣す」「真如を作意するに由って法の相と義の相とを除遣す」
Ⓢ apa-**kṛṣ**: apanayana: apa-**nī**: prativinodana: vi-**gam**: vi-**nud**: vinodanatā: vibhava: vi-**bhū**: vibhūta: vyapa-**kṛṣ**

除遣空　じょけんくう　三種の空（無体空・遠離空・除遣空）の一つ。人我（自己という実体的存在）と法我（自己の構成要素という実体的存在）を否定したところに顕れる存在の真実のありよう。三性でいえば円成実性のありようをいう。三種の空（無性空・異性空・自性空、あるいは自性空性・如性空性・真性空性）の自性空・真性空性に相当する。
（出典）依止遍計所執等三種自体、如其次第立三種空。一無体空、二遠離空、除遣空。（『顕揚』15、大正 31・555c）

除遣修　じょけんしゅ　四種の修行法の一つ。遣修・除去修・除道修ともいう。→四修

除去　じょこ　のぞくこと。払拭すること。「無色定に入りて色想を除去す」「聖道を求めんが為に身器を修治し穢悪を除去す」
Ⓢ apanaya: vibhūta

除去修　じょこしゅ　四種の修行法の一つ。除遣修・遣修ともいう。→四修

除去半択迦　じょこはんちゃくか　五種の半択迦の一つ。→半択迦

除災生　じょさいしょう　菩薩の五つの生（除災生・随類生・大勢生・増上生・最後生）の一つ。饑饉や困苦や争いなど、種々の災難にあう人びとに対して哀愍の心を起こし、大願力と自在力とをもってそれぞれの状況に応じた場所に生まれてかれらを救済すること。たとえば饑饉に苦しみ人びとに対しては魚となって生まれて自己の肉を与える、隣国どうしが土地をめぐって争っている場所に大地主となって生まれてその争いをしずめる、などをいう。 Ⓢ īti-saṃśamanī upapattiḥ
（参考）（『瑜伽』48、大正 30・562c〜563a）

除析　じょしゃく　→析除

除断　じょだん　のぞきだんじること。「疾に貪瞋を除断せんと欲す」「生起するに随って疑惑を除断す」「無生法忍を得るが故に一切の災患を除断す」 Ⓢ **naś**: prahāṇa

除道修　じょどうしゅ　→除去修　→四修

除滅　じょめつ　のぞいてめっすること。のぞいてなくなること。「出家の時は身便ち清浄なり。身清浄なるが故に心も亦た清浄なり。身心浄なるが故に煩悩と業との垢が速に除滅することを得る」「除滅に伏と断との二あり」 Ⓢ apakarṣaṇatā

除愈　じょゆ　病をなおすこと。病気が平癒すること。「苦諦は諸の疾病の如く、集諦は病を起こす因の如く、滅諦は病生し已って除愈するを得るが如く、道諦は病除き已って後に生ぜざらしむが如し」 Ⓢ praśamana

除離　じょり　のぞいてはなれること。「諸の酒衆の放逸処を除離す」「沙門のあらゆる摂受の法は苦法を除離す」

舒　じょ　のばす、広げること。「仏菩薩は定自在に依って能く一極微を舒して一切の雪山王などの如くにならしむ」
Ⓢ pra-**tan**: prathana

舒悦　じょえつ　のびやかでよろこんでいるさま。「遊戯の時に於て身語・面門・眼目は舒悦なり」

舒顔 じょげん　にこやかな顔。温和な表情。→舒顔平視　→舒顔和悦

舒顔平視 じょげんびょうし　にこやかな顔をしてまっすぐに相手をみること。遠離顰蹙・含笑・先言などと並んで、人と挨拶するときの礼儀の一つ。

Ⓢ uttāna-mukha: uttāna-mukha-varṇa

（参考）（『瑜伽』25、大正30・423a）

舒顔和悦 じょげんわえつ　にこやかな顔をすること。「諸の憒鬧を捨てて舒顔和悦す」

舒手 じょしゅ　手を広げること。物惜しみせず気前がいいこと。「菩薩は舒手恵施す」

Ⓢ mukta-hastatā

舒泰 じょたい　（身体が）のびのびしているさま。「正寒の時に於ては身体は舒泰せず、正熱の時に於ては身体は舒泰す」　Ⓢ viśada

舒葉開花 じょようかいか　葉がひろがって花を開くこと。挺葉開花ともいう。「挺葉開花し妙香芬馥たり」

小 しょう　ちいさな。微細な。わずかな。劣った。賤しい。「大と小（aṇu）という覚」「大きな声と小さな（aṇuka）声」「小さな（alpa）団鉄も水に沈む」「手に小さな（tanuka）利刀を執す」「小さな（avara-mātraka）禅定」「小さな（tanutara）苦受を受く」「大事務中においても小さな（parītta）事においても深倦なし」「小さな（pratyavara）火坑に身を投入す」「小さな（prākṛta）苦を受く」

Ⓢ aṇu: alpa: avara-mātraka: tanuka: tanutara: parītta: pratyavara: prākṛta

小王 しょうおう　小さな国の王。三種の王（小王・大王・転輪王）の一つ。「小王の業を感ずるとは、能く一洲に拠る王位を感ずるを謂う」「彼の輪王が四洲に王ずれば、一切の小王は風を望み化に順ず」　Ⓢ koṭṭa-rājan

（参考）（『婆沙』25、大正27・127c～128a）

小河 しょうか　小さな河。大河の対。「人寿の漸く尽きるは小河の水の如し」

Ⓢ kunadya

小五衰相 しょうごすいそう　諸の天が天においてまさに命が終ろうとするときに先ず現れる五つの衰えた徴候。（ⅰ）元来は衣服の飾りから、ここちよい音が発せられていたのが、ここち悪い音が発せられる。（ⅱ）身体から発していた光明が突然に暗く微かになる。（ⅲ）元来は身体の皮膚がなめらかで、沐浴すると、水滴が身体に著くことがないのが、著くようになる。（ⅳ）元来はさまざまな多くの対象を感覚していたのが、もっぱら一つの対象のみに滞ってしまう。（ⅴ）元来は眼は落ち着き静かであったのが、たびたび瞬きをする。これら小の五つの衰相の後に大の五つの衰相が現れて命を終わることになる。→大五衰相　Ⓢ pañca-upanimitta

（出典）諸天子将命終時、先有五種小衰相現。一者衣服厳具、出非愛声。二者自身光明忽然昧劣。三者於沐浴位水渧著身。四者本性囂馳、今滞一境。五者眼本凝寂、今数瞬動。（『俱舎』10、大正29・56c）

（参考）（『婆沙』70、大正27・365a～b）

小三災 しょうさんさい　中劫の終りに人間の寿命が十歳になったときに起こる次の三つの災害。刀兵（人びとが武器をとって争うこと。śastra）と疾病（roga）と饑饉（durbhikṣa）との三つ。それぞれの期間は、刀兵が七日間、疾病が七か月と七日間、饑饉が七年と七か月と七日間。この期間を過ぎれば人間の寿命はまた増えはじめるという。→三災

（参考）（『俱舎』12、大正29・65c～66a）

小三摩地 しょうさんまじ　三種の三摩地（小三摩地・大三摩地・無量三摩地）の一つ。少ない対象を観察し信と欲と勝解という心の働きが小さい三摩地。

（出典）云何小三摩地。謂、或由所縁故小、観少色故。或由作意故小、小信小欲小勝解故。（『瑜伽』12、大正30・337c）

小児 しょうじ　「しょうに」と読む。小さな子。男の子供。「中有の形量は欲界中の五、六歳の小児の形量の如し」　Ⓢ dāraka

小宗葉 しょうしゅうよう　薄小宗葉とおなじ。大宗葉の対。→薄小宗葉　→大宗葉

小乗 しょうじょう　小さな乗り物。小さな乗り物で低いさとりにいたる教え、あるいは人びとをいう。声聞乗とおなじ。阿含経にもとづく教え、あるいは部派仏教時代の教えをまとめていい、大乗からの貶称。大乗の経論には大乗に比べて小乗が劣っていることを種々の観点から論じているが、総じていえば、我空法有（自己は存在しないが自己の構成要素は存在する）と説き、四諦の理をさとり、阿羅漢になって無余依涅槃に入る、などのことを目指す点を特徴とする。大乗の対。→大乗　Ⓢ hīna-yāna

小乗二十部　しょうじょうにじゅうぶ　小乗のなかの二十の分派。仏陀が滅してからの諸部への分裂の年代、その部数、分裂の原因に関してはいくつかの異説がある。仏滅後、百数十年の頃、教団は大きく大衆部と上座部とに二分し、このなか大衆部がさらに九部に、上座部が十一部に分かれて合計で二十部となった。その分裂の時代と理由、部派名の由来などに諸説があるが、『異部宗輪論』と『異部宗輪論述記』とによって、それらを略説する。(ⅰ) 大衆部 (mahāsāṃghika)。釈尊が入滅してから百余年後の時代に、大天が五事の新説を唱えたことに起因して、仏教教団がそれに賛同する大衆部と反対する上座部とに分裂したなかの一方。進歩的考えの人びとから構成された部派。(ⅱ) 一説部 (ekavyavahārika)。仏滅後二百年の頃に起こった大衆部の第一次分裂によって分かれた部派の一つ。「世出世の法は皆な、実体がなく、唯だ一 (ひと) えに仮名 (説) である」と説く。(ⅲ) 説出世部 (lokottaravādin)。仏滅後二百年の頃に起こった大衆部の第一次分裂によって分かれた部派の一つ。「世間の煩悩は顚倒より起こり、煩悩は復た業を生じ、業より果を生ずと明かす。世間の法は顚倒より生じ、顚倒にして実体がない。故に世間の法は、唯だ仮名のみ有って、すべて実体がない。これに対して、出世の法は顚倒より起こるものではなく、道と及び道果とは、皆な、是れ実有である」と説く。(ⅳ) 雞胤部 (kaukkuṭika)。仏滅後二百年の頃に起こった大衆部の第一次分裂によって分かれた部派の一つ。「経を講じるために出家するとすれば、経を講じることは、かならず憍慢を起こし、憍慢を起こすから解脱することができない。経は方便であって説くことは許されない」という立場より、この部派は、経・律・論のなかの論のみを弘めて、経と律とを弘めない。(ⅴ) 多聞部 (bāhuśrutīya)。仏滅後二百年の頃に起こった大衆部の第二次分裂によって分かれた部派。この部派の主が博学で多聞であったからこの部名がつけられた。一説には、次のように説かれる。「仏在世の時、無学あり、祀皮衣と名づく。仙人たりし時、恒に樹皮を被りて衣と為し、天を祀るを以っての故なり。先に雪山に住し、仏、涅槃に入れども其の祀皮衣は滅尽定に入りて仏の入滅を覚らず、二百年に至る。已に雪山より来り大衆部の中に於て其の三蔵を弘む。唯だ大衆部が其の浅義を弘めて深義を弘むること能わざるを見て、此れ即ち具足して更に深義を誦せり。時に其の説を弘むる者あり、弘めざる者あり。所以に乖競す。弘むるところの教は、大衆より深く、旧所聞の者に過ぎたり。故に多聞と名づくるなり」。このなかの祀皮衣とはウパニシャッドのなかの哲人・ヤージュニャヴァルクヤ (yājñavalkya) ではないかといわれている。(ⅵ) 仮部 (prajñaptivādin)。仏滅後二百年の頃に起こった大衆部の第三次分裂によって分かれた部派。「此の部の説くところは、世間の法と出世間の法のなかに仮なるものがあるが、一向に仮ではない。したがって一説部におなじではない。出世の法は、すべてが実なるものではない。したがって説出世部とおなじではない。このように世間と出世間との法に皆な、仮あり実あり、と説くから説仮部という」。大迦旃延 (mahākātyāyana) の弟子たちによって弘められた部派ともいわれる。(ⅶ) 制多山部 (caitika: caityika)。仏滅後二百年の終り頃に起こった大衆部の第四次分裂によって分かれた部派の一つ。もと外道であったが後の大衆部で出家して五事を主張した大天を開祖とする部派。大天が住んでいた制多山にちなんで彼れの一派を制多山部とよぶ。(ⅷ) 西山住部 (aparaśaila)。仏滅後二百年の終り頃に起こった大衆部の第四次分裂によって分かれた部派の一つ。制多山の西の山に住んでいたことから西山住部という。(ⅸ) 北山住部 (uttaraśaila)。仏滅後二百年の終り頃に起こった大衆部の第四次分裂によって分かれた部派の一つ。制多山の北の山に住んでいたことから北山住部という。(ⅹ) 説一切有部 (sarvāstivādin)。音写して薩婆多部ともいう。仏滅後三百年の初めに起こった上座部の第一次分裂によって分かれた部派の一つ。すべての現象的存在 (有為法) を構成する要素 (法) の自体は恒に存在する、すなわち過去・現在・未来の三世にわたって実体として存在する、また非現象的存在 (無為法) も実体として存在する、と主張する部派。有部・有部宗・有宗と略称する。この部派は経・律・論の三蔵のなかの論 (阿毘達磨) の宣揚を中心とし、多くの阿毘達磨論書を制作したが、早い時代に著わされ、最も重要な地位を占めたのが迦多衍尼子（kātyāyanīputra）が著した『発智論』であり、この論書の出現によって、この部派は有部宗として確立した。その後、この論書に対する注釈書として『大毘婆沙論』が作られるにおよび、この派はさらに発展をとげ、カシミール地方を中心として、仏教学派のなかで一大勢力をもつようになった。この『大毘婆沙論』を造った人びとは毘婆沙師と呼ばれた。(xi) 雪山部（haimavata）。仏滅後三百年の初めに起こった上座部の第一次分裂によって分かれた部派の一つ。上座部が微弱となった部派。本上座部ともいう。雪山地方に退いたことから雪山部という。(xii) 犢子部（vātsīputrīya）。仏滅後三百年の頃に起こった上座部の第二次分裂として説一切有部から分かれた部派。犢子とはこの部主の姓名をいう。すなわち、上古に仙人が居て、貪欲を起こして母牛と交わり、子を生み、その子孫を犢子とよび、バラモン一族の姓となった。仏陀在世に、この犢子外道が仏陀に帰依して出家し、その門徒が伝承してきた部派であるから犢子部という。この部派は、非即非離蘊の我、すなわち、五蘊（身心）に即すのでもなく、離れるのでもない我（アートマン）が存在すると説く。(xiii) 法上部（dharmottarīya）。仏滅後三百年の頃に上座部の第三次分裂として犢子部から流出した四つの派の一つ。この部派の主の名（ḍharmottara 法上）をとって法上部という。(xiv) 賢冑部（bhadrāyaṇīya）。仏滅後三百年の頃に上座部の第三次分裂として犢子部から流出した四つの派の一つ。賢とは部派の主の名で、冑とは苗裔（子孫）のことで、賢（bhadra）の子孫から構成される部派であるから賢冑部という。(xv) 正量部（sammitīya）。仏滅後三百年の頃に上座部の第三次分裂として犢子部から流出した四つの派の一つ。この部派が説く教説は甚深にして、量、すなわち正否を判定することにおいて正しいから正量部という。(xvi) 密林山部（ṣaṇṇagarika）。仏滅後三百年の頃に上座部の第三次分裂として犢子部から流出した四つの派の一つ。この部派の主が住む場所の近山が鬱蒼とした密林であることから密林山部という。(xvii) 化地部（mahīśāsaka 弥沙塞と音写）。仏滅後三百年の頃に上座部の第四次分裂として説一切有部から分かれた部派。この部派の主はもと国王であり、のちに出家して彼れがもと統括した地の人びとを化度したことから化地部という。(xviii) 法蔵部（dharmaguptaka）。仏滅後三百年の頃に上座部の第五次分裂として化地部から分かれた部派。目犍連（maudgalyāyana）を師とあおぐ部派。この部派の主の名（dharmagupta）をとって法蔵部という。法蔵が唱えた五蔵（経・律・論・咒・菩薩）説に対して化地部が反対したことから、化地部から分かれて一派を形成した。(xix) 飲光部（kāśyapīya）。仏滅後三百年の頃に上座部の第六次分裂として説一切有部から分かれた部派。昔、仙人がいて、身に金色の光があって余の光を飲み込んで現ぜしめないから飲光と称し、この部派の主はこの飲光の子孫であるから飲光部という。(xx) 経量部（sautrāntika）。仏滅後四百年の初めに上座部の第七次分裂として説一切有部から分かれた部派。この部派は経・律・論の三蔵のなかの経を中心として量する、すなわち、正否を判定主張するところから経量部という。説一切有部の三世実有・法体恒有説に対して現在有体・過未無体説を唱えた。

小縄床　しょうじょうしょう　縄で編んだ小さな寝床。「大床、或いは小縄床、或いは草葉座に於て結跏趺坐す」 Ⓢ pīṭha

小心　しょうしん　染汚な心。清浄なありようが少ない者の心。善い心である大心の対。Ⓢ parītta-citta
（出典）小心者、謂、染汚心、小生所習故。大心者、謂、善心、大生所習故。（『婆沙』151、大正 27・770a）：小心者、謂、染心、少浄品者所好習故。大心者、謂、善心、多浄品者所好習故。（『倶舎』26、大正 29・136a）

小随煩悩　しょうずいぼんのう　随煩悩を三種（小随煩悩・中随煩悩・大随煩悩）に分けるなかの一つ。忿・恨・覆・悩・嫉・慳・誑・諂・害・憍の十をいう。
（出典）唯是煩悩分位差別等流性故、名随煩悩。此二十種。類別有三。謂、忿等十、各別起故、名小随煩悩。無慚等二、遍不善故、名中随煩悩。掉挙等八、遍染心故、名大随煩悩。（『成論』6、大正 31・33b）

小千　しょうせん　→小千世界

小千界　しょうせんかい　→小千世界

小千世界 しょうせんせかい 四大洲・日（太陽）・月・蘇迷盧（スメール山）・欲界・梵世（色界の諸天）から構成される一世界が千個集まってできる世界。小千・小千界ともいう。 Ⓢ sāhasrika-cūḍika-loka-dhātu
（出典）千四大洲乃至梵世、如是総説為一小千。千倍小千、名一中千界。千中千界、総名一大千。（『倶舎』11、大正 29・61a）：此世界有其三種。一小千界、謂、千日月乃至梵世総摂為一。二中千界、謂、千小千。三大千界、謂、千中千。合此、名為三千大千世界。（『瑜伽』2、大正 30・288a）

小刀風 しょうとうふう 身体のなかの風（内風界）の一つ。小刀が鳴るような風。→風界 Ⓢ kṣurakā vāyavaḥ

小男 しょうなん 男の子供。大男（大人の男性）の対。「大男と大女と小男と小女」Ⓢ dāraka

小女 しょうにょ 女の子供。大女（大人の女性）の対。「大男と大女と小男と小女」Ⓢ dārikā

小風 しょうふう 外界で吹く風のなかの一つ。勢力の弱い風。狭小風ともいう。→風① Ⓢ parīttā vāyavaḥ

小便 しょうべん しょうべん。尿。小便利とおなじ。不浄観の対象の一つ。「小便などは是れ内の水界なり」 Ⓢ prasrāva: mūtra

小便処 しょうべんじょ 小便を出す感官。サーンキヤ学派（数論）が説く二十五諦の一群である五作業根の一つ。→五作業根
（参考）（『述記』1末、大正 43・253a）

小便利 しょうべんり 小便とおなじ。→小便

小煩悩地法 しょうぼんのうじほう〈倶舎〉で説く心所（細かい心の作用）を五つに分類するなかの一類で、煩悩のなかで他の煩悩と共に生じることなく、それのみで独り起こる煩悩をいう。忿・覆・慳・嫉・悩・害・恨・諂・誑・憍の十。 Ⓢ paritta-kleśa-bhūmikā dharmāḥ
（参考）（『倶舎』4、大正 29・20a）

升 しょう のぼること。「戸羅の階陛を蹈みて無上慧の殿に升る」

少 しょう ①すくない。わずか。ちいさい。「少なる（aṇumātra）罪に於ても深く怖を見る」「用が少なく（alpa）して功が多し」「少（alpaka）が多を生ずることなし」「楽が少ない（alpatva）」「少ない（alpamātra）語言を得て多く恚る」「色聚の一面の少（alpīyas）の中に於て短色を仮立す」「業果は、或いは少なく（avicitra）、或いは多し」「少しの（tanuka）恚恨心もなし」「麁弊が尠だ少なし（nyūna）」「外色の少なる（parītta）を観ず」「貪の故に果が少なし（śuṣka）」「等の言は少しの（stoka）増減もなきことを明かす」「身財に於て少ない（svalpa）顧恋を生ず」 Ⓢ aṇuka: aṇumātra: alpa: alpaka: alpatva: alpamātra: alpīyas: avicitra: tanuka: nyūna: parītta: śuṣka: stoka: svalpa
②若いこと。「我れは、或いは少（nava）、或いは中、或いは老という色類の平歯に住す」「世に、我れは老なり、我れは少（yuvan）なりと言うが如し」
Ⓢ nava: yuvan

少浄天 しょうじょうてん 色界十七天の一つ。→色界十七天

少壮 しょうそう ①若くて元気がよいこと。「少壮を憍逸す」「少壮・端厳・美妙な形色」 Ⓢ yauvana
②少年から中年にかけての年齢の人。「嬰孩と童子と少壮と衰老の位」

少年 しょうねん さまざまなものに欲望をいだく年齢の人。子供から成長して三十歳までの人。出生後の人の一生の五段階（嬰孩・童子・少年・中年・老年）の一つ。好ましく魅力的な存在の一つにあげられる。無病・長寿などと共に自慢（憍）の対象となる一つ。「母邑・少年・盛壮の可愛の形色」「少年の美妙な形色と可愛な母邑に遇触す」「無病憍逸と少壮憍逸と長寿憍逸」
Ⓢ navaka: pratyagra: yuva: yauvana: śiśu
（参考）（『倶舎』15、大正 29・82a）：（『瑜伽』2、大正 30・289a）

少年憍 しょうねんきょう 若いことへのおごり。七種の憍の一つ。→憍
Ⓢ yauvana-mada

少福 しょうふく 福が少ないこと。修行して得るよき報い、すなわち功徳が少ないこと。「少福の故に地獄の中に住す」 Ⓢ alpa-puṇya

少分 しょうぶん ①ほんの少しの。若干の。僅かの。「諸の菩薩は雑衆に処すると雖も、少分の不正の言論を為すことを楽わず」

「諸の菩薩は現に少分の供すべき財物があれば悲愍心を興して、故思に貧苦の有情に施与す」 Ⓢ aṇuka: aṇumātraka: alpa-mātra: alpa-mātraka: kati-paya: kiṃcit: parītta: parītta-kalpa-mātraka: pradeśa-mātra: prādeśika
②一部分。「不善業は一趣の全と四趣の少分とに於て異熟果を受く」
③多分の対の少分。あるもの・グループの一部分。「傍生・人趣・餓鬼のあらゆる尋伺の多分は苦を引き、少分は楽を引く」 Ⓢ alpa

少分一切 しょうぶんいっさい 二種の一切（一切一切・少分一切）の一つ。→一切

少欲 しょうよく 欲が少ないこと。喜足（知足）を付して少欲喜足（少欲知足）といわれる。→少欲喜足 Ⓢ alpa-iccha

少欲喜足 しょうよくきそく 少欲と喜足。少欲とは欲が少なく、その欲が少ないということを他人が知ることをも欲しないこと。喜足とはその結果として衣服や食べ物や身のまわりの道具などがどのようなものであれ、それに満足すること。少欲知足・喜足少欲ともいう。「少欲喜足は衆の苦を堪忍す」
Ⓢ alpa-icchatā-saṃtuṣṭa: alpa-icchaḥ saṃtuṣṭaḥ
（出典）云何少欲。答、諸不欲・不已欲・不当欲、是謂少欲。（中略）云何喜足。答、諸喜・等喜・遍喜・已喜・当喜、是謂喜足（『婆沙』41、大正 27・214c）：云何少欲。謂、雖成就善少欲等所有功徳、而不於此欲求他知、謂他知我具足少欲、成就功徳、是名少欲。云何喜足。謂、於随一衣服飲食臥具等事、便生歓喜、生正知足、於所未得所有衣服或麁或妙、更無望、更無思慮、於所已得、不染不愛、如前広説、而受用之。如於衣服、於其飲食臥具等事、当知亦爾、是名喜足。（『瑜伽』25、大正 30・421c～422a）
（参考）（『婆沙』181、大正 27・908a～b）：（『倶舎』22、大正 29・117a）

少欲知足 しょうよくちそく →少欲喜足

正 しょう ①均整のとれた形。眼の対象の一つ。不均整な形である不正の対。→色境
Ⓢ sāta
（出典）此中正者、謂、形平等。形不平等、名為不正。（『倶舎』1、大正 29・2b～c）
②「ただしい」「ただしく」を意味する形容詞あるいは副詞。 Ⓢ sat: samyak

正因縁 しょういんねん 「因と縁」を意味する因縁と区別するために、四縁のなかの因縁（因という縁）を正因縁という。→因縁

正慧 しょうえ 正しい智慧。「若し苾芻ありて、諸の縁起と縁已生の法に於て能く如実の正慧を以って観見すれば、彼れは必ず三際に於て愚惑ならず」「第三静慮は行捨・正念・正慧・受楽・等持の五支を具有す」
Ⓢ samyak-prajñā

正覚 しょうかく 「しょうがく」とも読む。正しいさとり。真理をありのままにさとること。成等正覚・等覚とおなじ。「此の贍部洲の中に金剛座あり。上は地際を窮め、下は金輪に拠る。一切の菩薩は将に正覚に登らんとするとき、皆な此の座の上に坐して金剛喩定を起こす」 Ⓢ abhisam-**budh**

正学 しょうがく 正式な女性の出家者（比丘尼・苾芻尼）になるために修行している若い女性。正学女ともいい、原語 śikṣamāṇā を式叉摩那と音写。 Ⓢ śikṣamāṇā
（参考）（『倶舎論記』14、大正 41・217b）

正学女 しょうがくにょ →正学

正学律儀 しょうがくりつぎ 正学が守るべき戒。八種の別解脱律儀の一つ。不婬（セックスをしない）・不偸盗（盗まない）・不殺生（生きものを殺さない）・不虚誑語（嘘を言わない）・不飲酒（酒を飲まない）・不非時食（昼以後には食事をしない）の六つの戒をいう。式叉摩那律儀ともいう。→正学 →律儀① →別解脱律儀 Ⓢ śikṣamāṇā-saṃvara

正願 しょうがん ①正しいねがい、誓願。「願わくは、我れ未来に仏の弟子と作って恒に無諍に住し、将に有情を護らん、という正願を発起す」
Ⓢ praṇidhāna: samyak-praṇidhāna
②五種の願（発心願・受生願・所行願・正願・大願）の一つ。来世において菩薩の善きありようを修め、すべての功徳を身につけようと願うこと。 Ⓢ samyak-praṇidhāna
（出典）諸菩薩願、於当来、摂受一切菩薩善法、摂受一切所有功徳、若総若別所有正願、是名正願。（『瑜伽』45、大正 30・543b）

正義 しょうぎ 正しい意味。教えの正しい解釈。「他宗を止めて正義を顕さんが為の故に、斯の論を作る」「法摂受とは、或いは正法を宣説して諸の有情に施す、或いは正義を開顕して諸の有情に施すを謂う」「聖弟子の説く、或いは仏自らが説く経教は、展転流布

して今に至り、正法に違せず、正義に違せず」 Ⓢ samyag-artha

正教 しょうきょう ①正しい教え。仏陀によって説かれた教え。「正教と如理作意とを前行と為すが故に所知の境に於て正智が生ずることを得る」「勝極の正教を宣説して教授し教誡す」「真如を縁じる根本心は如来のあらゆる正教を縁じて総じて一相と為す」
Ⓢ āgama: samyag-vyapadeśa
②正教量のこと。→正教量「辯因とは、謂く、所立の宗義を成就せんが為に、所引喩、同類、異類、現量、比量、および正教とに依って道理に順益する言論を建立す」

正教誡 しょうきょうかい 正しく教えいましめること。「教誡神変に由って所修行に於て能く正教誡す」 Ⓢ samyak-anuśāsana

正教誨 しょうきょうかい 正しく教えさとすこと。たとえばヨーガに熟達した師が、ヨーガを初めて修行する者に不浄観の修行を教えること。 Ⓢ samyak-codita
（出典）初修業者始修業時、善達瑜伽諸瑜伽師、依不浄観如是教誨、名正教誨。（『瑜伽』32、大正 30・462c）

正教授 しょうきょうじゅ 正しく教え授けること、説き示すこと。「正教授を得て勇猛なる精進を発起し、菩提分に於て精勤・方便・修習す」「諂は正教授を障うるを業と為す」
Ⓢ avavāda: samyak-avavāda

正教量 しょうきょうりょう 至教量・聖教量とおなじ。→至教量

正行 しょうぎょう ①まさに行きつつある、行ないつつあること。「已行と正行と当行」
Ⓢ **gam**: gacchat
②正しく修行すること。あやまりのない実践を行なうこと。
Ⓢ pratipatti: pratipad: samyak-pratipatti: samyak-pratipanna
（出典）於諸有情、遠離邪行、行無倒行故、名正行。（『瑜伽』8、大正 30・316c〜317a）：諦智所摂、名為正行。（『瑜伽』67、大正 30・671c）：正行者、謂、自他利正行円満。（『瑜伽』82、大正 30・755c）
（参考）（『瑜伽』89、大正 30・806c）：種類として、下の正行、中の正行、上の正行の三種（『瑜伽』98、大正 30・867a）、生死に於る正行、自己に於る正行、諸欲に於る正行、身語意業に於る正行、有情を損悩せざるべからざることに於る正行、無間に善法を修することに於る正行、内心の奢摩他に於る正行、増上慧法の毘鉢舎那に於る正行の九種が説かれる（『瑜伽』72、大正 30・695a）。

正行供養 しょうぎょうくよう 正しく修行することを如来への供養とすること。財敬供養（如来の前で、あるいは霊廟の前で、衣服・飲食・寝具・薬などの日常品や末尼・真珠などの宝石などを施し、香を焚き、音楽を奏でる、などして供養すること）に比べようがない、供養のなかでも最もすぐれた供養とされる。十種の供養の一つ。 Ⓢ pratipatti-pūjā
（参考）（『瑜伽』44、大正 30・534c）

正行最勝 しょうぎょうさいしょう 最高の正しい修行。自利のみならず無量の人びとに利益と安楽とを与える利他行をも行なう如来の実践行の素晴らしさをいう。七種の最勝の一つ。→最勝　Ⓢ pratipatti-paramatā
（出典）由諸如来自利利他利益安楽無量衆生、哀愍世間、令諸天人獲得義利利益安楽、而行正行故、名正行最勝。（『瑜伽』38、大正 30・499a）

正行真如 しょうぎょうしんにょ →七真如

正行婆羅門 しょうぎょうばらもん 三種の婆羅門（種姓婆羅門・名想婆羅門・正行婆羅門）の一つ。→婆羅門

正行無上 しょうぎょうむじょう 行無上とおなじ。→行無上

正加行 しょうけぎょう ヨーガを修することにおいて、心のなかに起こした対象のイメージ（勝解）を正しくとり除く（除遣）修行をいう。九種の加行の一つ。→加行②
Ⓢ samyak-prayogatā
（参考）（『瑜伽』31、大正 30・456c〜457a）

正解 しょうげ 正しい理解。正しいさとり。「今、此の論を造することは、二空に於て迷謬することある者に正解を生ぜしめんが為の故なり」「不解と邪解とを合して迷謬と名づく。或いは、但だ不解の無明を迷と名づく。若しくは正解ならざる邪見を謬と名づく」

正解脱 しょうげだつ 阿羅漢に成り、もはや学ぶべきことがなくなった人（無学）の有する十のありようの一つ。無学の人がすべての煩悩の束縛から脱して得られる解脱。いまだ学ぶべきことがある人（有学）には煩悩が残っているから正解脱はない。 Ⓢ samyak-

vimukti
（参考）（『婆沙』94、大正 27・486a 以下）：（『倶舎』25、大正 29・133c）

正見 しょうけん ①正しい智慧の総称。世間的な智慧と出世間的な智慧をまとめた呼称。正しい師に出会い、正しい教えを聴き、その教えを自ら正しく思惟することを原因として正見は生じる。 Ⓢ samyak-dṛṣṭi
（出典）此中若世間慧、若出世慧、総略為一説名正見。正見因縁、当知、即是有仏出世、聴聞正法、無倒思惟。（『瑜伽』62、大正 30・647a）
②八正道の一つの正見。正しい見解。正しいさとり。七覚支（三十七菩提分法のなかの一群で、さとりの位に近くさとりを助ける七つの支え）によって得られる真実のさとりと、それ以後のさとりの智慧とをまとめて正見という。如病見・如癰見・如箭見・如障見・無常見・苦見・空見・無我見・結見・離繫見・能離繫見の十一種の正見が説かれる（『瑜伽』68、大正 30・674c）。 Ⓢ samyak-dṛṣṭi
（出典）若覚支時所得真覚、若得彼已、以慧安立如証而覚、総略此二、合名正見。（『瑜伽』29、大正 30・445a）
③真実（四聖諦）をさとる智慧。
Ⓢ samyak-dṛṣṭi
（出典）正見者、能善通達真実法故。（『瑜伽』83、大正 30・761b）：能了知四聖諦故、名為正見。（『瑜伽』84、大正 30・766c）

正見円満 しょうけんえんまん →見円満

正現在前 しょうげんざいぜん まさしく眼の前に存在すること。いま、ここに在ること。正現前ともいう。「諸の菩薩は乞求者が正現在前するを見れば、速疾に恵施して留滞を作さず」「諸の菩薩は一切の諸の艱難事が正現在前するに遭遇すると雖も怯弱なし」「最極の暴悪とは、殺害心が正現前するを謂う」
Ⓢ pratyupasthāna: pratyupasthita: samyak-upasthita: samyak-pratyupasthita: saṃmukhī-**kṛ**

正現前 しょうげんぜん →正現在前

正語 しょうご 正しい言葉。正しく語ること。正見の力が増して正しく思考することによって理にかなった言論を起こすこと。八正道の一つ。→八正道 Ⓢ samyak-vāc
（出典）若心趣入諸所尋思、彼唯尋思如是相状、所有尋思、若心趣入諸所言論、即由正見増上力故起善思惟、発起種種如法言論、是名正語。（『瑜伽』29、大正 30・445a）

正業 しょうごう 正しい行為。真実の振る舞い。衣服や飲食や生活道具などを正しく追求し、正しく立ち振る舞い、行動し、生活すること。八正道の一つ。→八正道
Ⓢ samyak-karma-anta
（出典）如法求衣服飲食諸坐臥具病縁医薬供身什物、於追求時、若往、若還、正知而住、若覩、若瞻、若屈、若伸、若持衣鉢及僧伽胝、若食、若飲、若噉、若嘗、正知而住、或於住時、於已追求衣服等事、若行、若住、若坐、若臥、広説乃至、若解労睡、正知而住、是名正業。（『瑜伽』29、大正 30・445a）

正根 しょうこん 正しい根。勝義根のこと。→勝義根

正勤 しょうごん ①正しい努力精進。善の心所の一つ。勤・精進ともいう。→勤「善の欲は能く正勤を発し、彼れに由って一切の善事を助成す」 Ⓢ vīrya
②八正道の一つ。正精進とおなじ。修行において心を奮い立たせ、勇猛な心で正しく努力すること。→正精進 Ⓢ samyak-vyāyāma

正作 しょうさ まさになしつつあること。「已作と正作と当作」 Ⓢ kartum: **kṛ**

正至 しょうし 煩悩を滅しつくして寂静に至った人。仏の弟子の聖者中で四果の段階にある人。→四果「妙行もなく悪行もなく妙行・悪行の業果もないと見る邪見者は、真の阿羅漢や正至・正行あることなしと謂う」「中国に於ては四衆・賢良・正至・善士が皆な往遊渉す」
（出典）已趣各別、煩悩寂静故、名正至。（『瑜伽』8、大正 30・316c）：正士者、謂、四向。正至、謂、四果。（『略纂』8、大正 43・112b）

正思惟 しょうしゆい 正見の力が増すことによって生じる正しい思考。苦からのがれよう、怒らない、生命を害さない、と考えること。正しく問い尋ねる追求心を本質とする。八正道の一つ。→八正道
Ⓢ samyak-saṃkalpa
（出典）正思惟、以尋為体。（『倶舎』25、大正 29・132b）：由此正見増上力故、所起出離無恚無害分別思惟、名正思惟。（『瑜伽』29、大正 30・445a）

正師子吼 しょうししく ライオンがほえる

がごとくに、人びとに仏教の教えを力強く説き示すこと。師子吼とおなじ。「大仙尊の位に処して大衆の中に於て正師子吼して大梵輪を転ず」「一切の他論を降伏せんと欲して、広大なる無上の論を宣揚するが故に大衆中にて正師子吼すると名づく」

正士 しょうじ すぐれて賢明な人。仏の弟子の聖者のなかで四向の段階にある人。善士・善丈夫・善人ともいう。→四向「諸仏・世尊及び聖弟子の一切の正士は皆な此の正法に乗じて出離することを得る」「諸仏と及び仏弟子の賢善・正行・正至・善士」
Ⓢ satpuruṣa
（出典）正士者、謂、四向。正至、謂、四果。（『略纂』8、大正 43・112b）

正受戒 しょうじゅかい 正式に受けた三聚浄戒を守ること。→三聚浄戒 Ⓢ samāttaṃ śīlam
（参考）（『瑜伽』42、大正 30・522a）

正生 しょうしょう まさに生じつつあること。「已生と正生と当生」

正性 しょうしょう 正性離生・正性決定の正性。一切の煩悩を断じ尽くした涅槃のありようをいう。あるいは涅槃に至る聖道をいう。→正性離生 Ⓢ samyaktva
（出典）何名正性。謂、契経言。貪無余断、瞋無余断、癡無余断、一切煩悩皆無余断、是名正性。（『倶舎』10、大正 29・56c）：正性、所謂、涅槃。或正性、言因諸聖道。（『倶舎』23、大正 29・121b）

正性決定 しょうしょうけつじょう →正性離生

正性聚定 しょうしょうじゅじょう →正性定聚

正性定聚 しょうしょうじょうじゅ 正性聚定・正性定ともいう。さとりへの素質（性）を三つのグループ（正性定聚・邪性定聚・不定性聚）に分けたなかの一つ。正しい性が決定しているグループ。貪瞋癡などの一切の煩悩を断じ尽くして煩悩がない状態（無漏道）がすでに生じ、一切の悪を遠ざけた聖者たちをいう。本性正性定（本性として正性が決定しているもの）と方便正性定（修行において正性が決定しているもの）との二種がある。
Ⓢ samyaktva-niyato rāśiḥ
（出典）世尊、於此有情世間、生住没中、建立三聚。何謂三聚。（中略）一正性定聚、二邪性定聚、三不定性聚。何名正性。謂、契経言。貪無余断、瞋無余断、癡無余断、一切煩悩皆無余断、是名正性。定者、謂、聖。聖、謂、已有無漏道生、遠諸悪法故、名為聖。獲得畢竟離繋得故、定尽煩悩故、名正定。（『倶舎』10、大正 29・56c）：正性定、亦有二種。一本性正性定、二方便正性定。（『瑜伽』64、大正 30・656b）

正性離生 しょうしょうりしょう 真理を見る見道の初刹那において一切の煩悩を断じ尽くして正性である涅槃に入り、煩悩を起こす生存のありようである異生性を離れることをいう。正性を涅槃に至る聖道、離生にあたる原語 niyāma を決定ととらえて、聖道とは、決定的に涅槃に至らしめ、真理である四諦の理を決定的に智ることである、と解釈して、正性離生をまた正性決定ともいう。この正性離生に入る位は、見道の最初の苦法智忍であるという説とは別に、異生としての最後の位である世第一法であるとみる説（『倶舎』23、大正 29・121b）や、見道の第十六心であるとみる説（『雑集論』13、大正 31・754b）がある。「是の如き通達作意に由って無間に必ず能く正性離生に趣入し、諦現観に入って聖智見を証す」「静慮に依って能く最初に聖諦に入って正性離生を現観す」「諸の菩薩は無上正等菩提心を発し已って菩薩の凡異生地を超過して菩薩の正性離生に証入し、如来の家に生じて仏の真子と成る」 Ⓢ samyaktva-niyāma
（参考）（『倶舎』23、大正 29・121b）

正精進 しょうしょうじん 修行において心を奮い立たせ、勇猛な心で正しく努力すること。正勤ともいう。八正道の一つ。
Ⓢ samyak-vyāyāma
（出典）依止正見及正思惟正語業命勤修行者、所有一切欲勤精進出離勇猛勢力、発起策励其心、相続無間、名正精進。（『瑜伽』29、大正 30・445b）

正定 しょうじょう 正しい定まった心。正しく精進し正しく心を一つの対象に集中しつづけることによって正しく安定した心をいう。八正道の一つ。 Ⓢ samyak-smādhi
（出典）成就如是正精進者、由四念住増上力故、得無顛倒九種行相所摂正念、能摂九種行相心住、是名正念及与正定。（『瑜伽』29、大正 30・445b）

正定聚 しょうじょうじゅ 正性定聚とおなじ。→正性定聚

正定法聚 しょうじょうほうじゅ 正性定聚とおなじ。→正性定聚

正信 しょうしん 仏法を信じること。仏陀が説いた教えを信じること。出家する原因となる。「仏法に於て正信し出家す」「鬚髪を剃除し、袈裟を被服し、正信して家を捨てて非家に趣く」「三宝と及び妙尸羅とを正信す」「仏の所説、若しくは弟子の所説のあらゆる正法を聴き已って、正信を獲得す」
Ⓢ śraddhā: saṃpratyaya
（出典）言正信者、謂、於大師説正法時、於此正法、既聴聞已、獲得浄信。（『瑜伽』83、大正30・760c）

正断 しょうだん →四正断

正知 しょうち ①正しくもののありようを知ること。はっきりと認識すること。「自ら往くことに於て我れ往くと正知し、自ら還ることに於て我れ還ると正知す」「還って住処に入りて右脇して臥し、其の足を重累し、光明想に住して正念し正知して思惟す」「諸の放逸のあらゆる過患に於て了別する智の相を説いて正知と名づく」「菩薩は正知して母胎に入り、正知して母胎に住し、正知して母胎を出ず」 Ⓢ saṃprajāna: saṃprajanya: saṃpra-**jñā**: samyak prajānāti
②八種断行の一つとしての正知。→八種断行

正智 しょうち ①邪智に対する正智。正しい智慧。ものごとを正しく観察する智慧。「心に若し正智あれば邪智なし」「正智を随護するとは、此の正智に由って受持するところの法に於て善く義を観察するを謂う」
（出典）智有二種。一者正智、二者邪智。此中正智、依有事生、邪智亦爾。雖此二智倶依有事、然正智、如実取事、邪智邪分別、不如実取事。（『瑜伽』88、大正30・793a）
②阿羅漢に成り、もはや学ぶべきことがなくなった人（無学）の有する十のありようの一つ。→十無学法 Ⓢ samyak-jñāna
③五事（相・名・分別・真如・正智）の一つ。正しい智。これには次の二種がある。（ⅰ）ただ出世間の正智。真如（究極の真理）をさとる正しい智。（ⅱ）世間出世間の正智。真如をさとった後に得る、世間で働く正しい智。後得世間智ともいう。
（出典）何等為正智。謂、略有二種。一唯出世間正智、二世間出世間正智。（『瑜伽』72、大正30・696a）

正直 しょうちょく ①心が乱れかたむくことなく、まっすぐな状態にあること。「世第一法は、無始の時よりこのかた、煩悩に由って悩乱せらるる心心所を転じて正直に成らしむ」「此の定力に由って心心所をして境に於て正直・平等に転ぜしめるが故に三摩地と名づく」「云何が行捨なるや。精進と三根とが心を平等に正直に無功用に住せしむるをもって性と為し、掉挙を対治し静に住せしむるをもって業と為す」
②正しく偽りがないこと。→正直見 →正直語「正直なる見」「正直なる語」
Ⓢ ṛju: ṛjuka: ṛjvī

正直見 しょうちょくけん 正しく偽りがない見解。 Ⓢ ṛjvī dṛṣṭiḥ
（出典）正直見者、謂、若有見、浄信相応故、勝解相応故、遠離誑諂故、善思法義、無惑、無疑、加行出離故、名為正直。（『瑜伽』29、大正30・446a～b）

正直語 しょうちょくご 偽りだますことなく正しく語ること。五種の語（応時語・応理語・応量語・寂静語・正直語）の一つ。
（出典）云何正直語。謂、言無詭詐、不因虚構、而有所説、離諂曲故、発言純質、如是当知、名正直語。（『瑜伽』97、大正30・855c）

正等覚 しょうとうがく ①正しいさとり。仏陀が獲得したさとりの境地。等正覚ともいう。「若し正しく法随法行を修する大師あれば、正法を建立せんと欲するが為に、方便して正等覚を成ずることを示現す」「如来は等正覚を成じ、正法輪を転じ、大涅槃に入る」。
Ⓢ samyak-saṃbodhi
②如来の十種の呼び名（十号）の一つ。究極の真理を正しく覚った人であるから、このように呼ぶ。等正覚ともいう。→十号
Ⓢ samyak-saṃbuddha
（出典）如其勝義覚諸法故、名正等覚。（『瑜伽』38、大正30・499b）

正等覚者 しょうとうがくしゃ 正等覚した人。仏陀のこと。「仏世尊は是れ正等覚者にして能く一切の法を説く」

正等覚無畏 しょうとうがくむい 仏のみが有する四つの畏れがないありよう（四無畏）の一つ。→四無畏

正道 しょうどう ①あるところにおもむく

ときの正しい道。「異方に趣くに正道に迷いて邪道に依る」「二路を見て、此れは是れ正道なりや、正道にあらざるや、と疑惑を懐く」 Ⓢ samyag-mārga
②さとりに至る正しい道、正しい修行。「若し未だ煩悩を断ぜずと知らば、則ち、数数、正道を勤修す」「出家を勧める者は、人に決定して見道・修道・無学道の三種の正道を得るべしと勧む」 Ⓢ mārga

正念 しょうねん 正しい集中心。正しく精進して四念住を修することによって心が一つの対象に統一され、その対象を記憶しつづけること。八正道の一つ。→四念住 →八正道
Ⓢ samyak-smṛṭi
（出典）成就如是正精進者、由四念住増上力故、得無顚倒九種行相所摂正念、能摂九種行相心住、是名正念及与正定。（『瑜伽』29、大正 30・445b）：云何正念。謂、為永断上分諸結、復更修習四種念住、乃至修習三十七種菩提分法。（『瑜伽』18、大正 30・375a）：安住正念者、顕於四念住安住其心。（『瑜伽』13、大正 30・341b）

正分別 しょうふんべつ ①正しく区別する、分けること。「根の勝劣を智る力に由って諸根の軟・中・上品の種種の差別を正分別す」
Ⓢ pravi-**bhaj**: vi-**bhaj**
②正しく思考すること。「内に於て正分別せずして我我所を執するを内邪執と名づく」

正法 しょうぼう 正しい教え。根本的には釈尊によって説かれた教えをいうが、釈尊の弟子たちによって説かれたものをも含む場合がある。具体的には十二分教をいう。教（āgama）と証（adhigama）とに大別され、前者は経・律・論の三蔵、後者は三十七菩提分法をいう。〈唯識〉は、正法は「法界等流の法」（真理の世界から流れ出た教え）であると説き、これをくりかえし聞くことがさとりへ至るための重要な契機であると考える。
→十二分教 Ⓢ deśanā: dharma: śāsana: sad-dharma: samyag-dharma
（出典）世尊正法体有二種。一教、二証。教、謂、契経、調伏対法。証、謂、三乗菩提分法。（『俱舎』29、大正 29・152b）：正法者、若仏世尊、若仏弟子、正士正至正善丈夫、宣説開顕分別照了。此復云何。所謂、契経応頌記別、広説、如前十二分教、是名正法。（『瑜伽』25、大正 30・418b）

正法輪 しょうぼうりん 正法を輪に喩えていう。法輪とおなじ。→法輪「大梵天王、最初に仏に正法輪を転ぜんことを請う」
Ⓢ dharma-cakra

正命 しょうみょう 正しい生活。理にかなって衣服や飲食物や生活道具などを追求し、正しく生計を立てて生きていく生き方。浄命ともいう。八正道の一つ。→八正道
Ⓢ samyag-ājīva
（出典）如法追求衣服飲食乃至什物、遠離一切起邪命法、是名正命。（『瑜伽』29、大正 30・445a）

正命壊 しょうみょうえ 正しい生活を失ってよこしまな生活を送ること。四種の壊（戒壊・見壊・軌則壊・正命壊）の一つ。浄命虧損ともいう。 Ⓢ ājīva-vipatti

正命円満 しょうみょうえんまん 浄命円満とおなじ。→浄命円満

正聞 しょうもん 教えを正しく聞くこと。世尊がさとった最清浄法界（最高に清らかな真理の世界）から流れ出てきた教法（教え）をあやまることなく正しく聴聞すること。これをくりかえすことによって出世間心（真理を見る汚れがない智）が生じる。さとりに至る過程における重要な契機の一つ。→正聞熏習「正聞にして邪聞に伏せらるるに非ざれば、乃ち世尊の弟子と名づく」「法を正聞すれば憍傲と軽蔑と怯弱と散乱との四種の過失を遠離す」

正聞熏習 しょうもんくんじゅう 教えをくりかえし正しく聞くという行為が阿頼耶識（根本心）にその影響を熏じつけること。これをくりかえすことによって阿頼耶識のなかにある本有（先天的にある）の無漏種子（真理を見る汚れなき智を生じる可能力）を潤し成育せしめ、その結果、見道（真理を見る段階）においてはじめて出世間心（真理を見る汚れがない智）が生じることになる。聞熏習ともいう。
（出典）従最清浄法界所流経等教法、名最清浄法界等流。無倒聴聞如是経等故、名正聞。由此正聞所起熏習、名為熏習。或復正聞即是熏習。是故説名正聞熏習。即此熏習、相続住在阿頼耶識、為因、能起出世間心。（『摂論釈・世』3、大正 31・333c）：其聞熏習、非唯有漏。聞正法時、亦熏本有無漏種子、令漸増盛、展転乃至生出世心。故亦説此、名聞熏

習。(『成論』2、大正 31・9a)

正友 しょうゆう 正しい友。正しく教えを授ける人。次の三種の人。(i)大師(śastṛ)、(ii)規範師(ācārya)あるいは尊重(guru)、(iii)同梵行者(sabrahmacārin)と在家の英叡ある人。
Ⓢ samyak-mitra
(出典)正教授者、謂、有三種正友所顕。一者大師、二者軌範・尊重、三者同梵行者及住内法在家英叡、如是名為三種正友。(『瑜伽』89、大正 30・801b)

正理 しょうり ①正しい理。なされた行為、あるいは説かれた教えや言葉を貫くことわり・道理。「正理に称う」「正理に順ずる」「正理の如くに」「正理に契う」などの表現で用いられる。 Ⓢ nyāya: yukti
②事理の理。現象的存在(事・諸法)の道理。言葉で表現出来る「縁起」という正理をいう。あるいは現象的存在の究極の真理。言葉では表現できない「真如」という正理をいう。→事理①② →理①③
(出典)正理者、諸法本真自性差別。(『因明入正理論疏』上、大正 44・92a)

正論 しょうろん ①邪論に対する正論。まちがっていない正しい論。正しい見解にもとづく主張。→邪論「この論は一切の外道の邪論を摧破して一切の仏法の正論を成立す」
②傍論に対する正論。教説に対する中心的な論議。まさに論じたいこと。→傍論「傍論已に了して応に正論を辯ずべし」

生 しょう ①精子と卵子が合体して新しい生命が生じること。 Ⓢ jāti
(出典)生云何。謂、於胎卵二生、初託生時。(『瑜伽』10、大正 30・323c):所言生者、謂、初結生、即名色位。(『瑜伽』84、大正 30・769a)
②(生命的存在が)生まれる、誕生すること。「薄福の者は下賤の家に生まれ、多福の者は尊貴の家に生まれる」 Ⓢ ud-**pad**: upapatti: ja: **jan**: janaka: janana: janika: janma: jāta: jāti: pra-**jan**: pratyā-**jan**: pratyājāta: pratyājāti: prāpta
(出典)界・趣・生等品類差別自体出現、説名為生。(『倶舎』22、大正 29・116a)
③(種々の存在が)生じること。(種々のものを)生ぜしめること。「此の見聞に依って貪愛が生ず」「現観に入り已って如実智が生ず」「能く欣楽を生ずる邪果の見」
Ⓢ abhinir-**vṛt**: abhinirvṛtta: abhinirvṛtti: ā-**dhā**: ārambha: utpatti: utpanna: utpāda: ud-**pad**: upapatti: upa-**pad**: upapanna: upapāda: nir-**vṛt**: pra-**āp**: prati-**pad**: prabhava pra-**bhū**: pravṛtta: pravṛtti: pra-**sū**: prasūti: prādurbhāva: prādur-**bhū**: prādurbhūta: **bhū**: vi-**ruh**: **vṛt:** sam-**pad**: saṃbhava: sam-**bhū**: saṃbhūta: saṃbhūti: sarga: **sṛj**
④生存の形態。たとえば、菩薩の生に除災生・随類生・大勢生・増上生・最後生の五種がある(→各項参照)(『瑜伽』48、大正 30・562c)。あるいは、三界における生存のありようは、次の十一種に分類される。一向楽生(一分の諸天)・一向苦生(諸の那落迦)・苦楽雑生(一分の諸天と人と鬼と傍生)・不苦不楽生(一分の諸天)・一向不清浄生(欲界の異生)・一向清浄生(已証にして自在を得た菩薩)・清浄不清浄生(色界と無色界の異生)・不清浄清浄処生(欲界に在って般涅槃する素養を持ち、有暇処に生じたもの)・清浄不清浄処生(色界と無色界とに生まれた異生)・不清浄不清浄処生(欲界に生まれた異生で般涅槃する素養がないもの。般涅槃する素養があっても無暇処に生まれたもの)・清浄清浄処生(色界と無色界とに生まれた、異生ではない諸の有学のもの)(『瑜伽』60、大正 30・636b)。 Ⓢ upapatti
⑤不相応行の一つのとしての生。有為(現象的存在)のもつ四相(生・住・異・滅あるいは生・老・住・無常)の一つ。ものが生じるという現象の原理をいう。〈有部〉は現象的存在一般(諸行)が初めて起こることをいい、それは実有であるとみるが、〈唯識〉は生命的存在(衆同分)に関する現象が、本来存在していなかったのが、今、存在したというありよう(本無今有)に仮に立てたもの、すなわち仮有であるとみる。生の種類としては、刹那生・相続生・増長生・心差別生・不可愛生・可愛生・下劣生・処中生・勝妙生・有上生・無上生が説かれる(→各項参照)(『瑜伽』52、大正 30・586a)。→四相①
Ⓢ utpāda: jāti
(出典)諸行相続初起、名生。(『倶舎』5、大正 29・27c):生等、於諸行中、仮施設有。由有因故、諸行非本自相、始起説名為生。

（『瑜伽』52、大正 30・585c）：何等為生。謂、於衆同分諸行、本無今有、仮立為生。（『集論』1、大正 31・665c）

⑥十二支縁起の一契機としての生。十二支縁起のなかの第十一番目の契機。今世において善・不善の行為を行なうことによって今生で命を捨てて来世に生まれるまでの段階をいう。 Ⓢ jāti

（出典）由是業力、従此捨命、正結当有、此位名生。当有生支、即如今識。（『倶舎』9、大正 29・48c）

⑦生きもの。生物。「劫盗賊は財を貪らんが為の故に多くの生を殺さんと欲す」 Ⓢ prāṇin

⑧生きものの種類、生存のありよう。卵生・胎生・湿生・化生の四生をいう。→四生 Ⓢ yoni

（出典）有情類、卵生・胎生・湿生・化生、是名為四。生、謂、生類。（『倶舎』8、大正 29・43c）

⑨加工していないなまの状態をいう。「生を食して吐かず」 Ⓢ āma

⑩集聖諦の四つのありよう（因・集・生・縁の四行相）の一つ。相続するというありよう、あるいは、産み増やすというありよう、あるいは、未来世において現在とは別の自己へ執着してそれへの欲を起こすことが苦を生じることにおいて補助的な原因（縁）となる、というありようをいう。常住なる根本原因が変化して世界が生じるという見解をなくすために生という行相を修する。 Ⓢ prabhava

（出典）集聖諦有四相。一因、二集、三生、四縁。（中略）相続理故生。（中略）滋産義故生。（中略）三執当別我、起別後有欲。（中略）第三於苦為別縁故、説名為縁。如田等於果。謂、由田水糞等力故、令果味勢熟徳別生。（中略）為治無因一因変因知先因見故、修因集生縁行相。（『倶舎』26、大正 29・137a～b）

生位　しょうい　①広く、現象が生じる瞬間をいう。滅位の対。「等無間縁は法の生位に於て作用を興す」 Ⓢ utpadyamāna

②広く、現象（諸行・諸業）が具体的に生じている状態をいう。習気位の対。→習気位「業の位に生位と習気位とあり」「彼の諸行の生位が暫停するを説いて名づけて住と為す」 Ⓢ utpatti-avasthā

③胎児が産門より生まれる瞬間。 Ⓢ jāta-avasthā

（出典）胎衣遂裂、分之両腋、出産門時、名正生位。（『瑜伽』2、大正 30・285a）

生因　しょういん　①ものごとが生じる根本原因。四縁（因縁・等無間縁・所縁縁・増上縁）のなかの因縁をいう。原因を生因と方便因、あるいは、生因と生縁とに大別するなかの一方。能生因ともいう。→方便因　→能生因「四縁の中の因縁の一種は所生の法に望んで能く生因と為り、余の三種の縁は所生の法に望んで但だ方便因となる」「諸行は各別の生因ありと雖も、然も必ず縁をまって方に生起することを得る」

②広く、現象が生じる原因をいう。「眼などは是れ眼識などの生因に非ずして、唯だ建立因なり」 Ⓢ abhinirvṛtti-hetu: utpatti-kāraṇatva: utpatti-hetu

③地・水・火・風の四つの元素（四大種）がそれらによって造られる物質（色）に対して五つの原因（生因・依因・立因・持因・養因）となるなかの一つ。母が子を生むように四大種が色を生じる原因となることをいう。 Ⓢ janana-hetu

（参考）（『倶舎』7、大正 29・38b）：（『雑集論』1、大正 31・696a）

生有　しょうう　①四有（死有・中有・生有・本有）の一つ。→四有

②二種の有（生有・業有）の一つ。業有に対する生有。現在の業によってもたらされた結果としての未来の生存。→業有「先際の業有に由って後際の生有に往趣す」 Ⓢ upapatti-bhava

（参考）（『瑜伽』94、大正 30・839b）

生有相続　しょううそうぞく　生有の五蘊が中有の五蘊につづいて生じる、あるいは生有の五蘊が死有の五蘊につづいて生じるという相続のありようをいう。五種の相続の一つ。→生有　→中有　→相続①

（出典）生有相続者、謂、中有蘊滅、或死有蘊滅、生有蘊生、此生有蘊続中有蘊、或続死有蘊、是故名為生有相続。（『婆沙』60、大正 27・310a）

生縁　しょうえん　①現象が生じる原因の総称。因縁・等無間縁・所縁縁・増上縁の四縁がある。

（出典）諸行生縁略有四種。一因縁、二等無間縁、三所縁縁、四増上縁。（『瑜伽』51、大正 30・583b）
②現象（行）が生じる補助的な原因。「彼彼の行の生縁が現前して、彼彼の行の因が彼彼の行を生ず」 Ⓢ utpatti-pratyaya

生起 しょうき （種々の存在が）生じること。（種々の存在を）生ぜしめること。
Ⓢ abhinirvṛtti: utpatti: utpanna: utpāda: udaya: ud-**pad**: jāta: nirvartaka: nir-**vṛt**: nirvṛtti: prādurbhāva: saṃjanana: samutpanna:

生起因 しょうきいん →十因

生起観待 しょうきかんたい すべての事象は、かならずいくつかの縁を待って生じるという道理をいう。たとえば芽は種子や田地や水や温度という縁があってはじめて生じることをいう。二つの観待（生起観待・施設観待）の一つ。→観待道理②
Ⓢ utpatti-apekṣā

生起相違 しょうきそうい ある存在が生じる縁が欠けて、生じる縁と遇うことをさまたげること。六種の相違（語言相違・道理相違・生起相違・同処相違・怨敵相違・障治相違）の一つ。 Ⓢ utpatti-virodha
（出典）生起相違、謂、所生法、能生縁闕、障生縁会。（『瑜伽』38、大正 30・501b）

生起無常 しょうきむじょう もともと存在しなかった現象的存在（行）が、いまこの瞬間に生じるというありよう（本無今有）をいう。六種の無常（壊滅無常・生起無常・変易無常・散壊無常・当有無常・現堕無常）の一つ。→本無今有
（出典）若一切行、本無今有、名生起無常。（『瑜伽』52、大正 30・586c）

生苦 しょうく 生きている苦しみ。生きていることがすべての苦しみを生じるよりどころ・根拠となるから、生きていることを苦ととらえる。四苦、七苦あるいは八苦の一つ。苦聖諦の一つ。 Ⓢ jātir duḥkham
（出典）生是一切苦安足処、苦之良田故、名生苦。（『婆沙』78、大正 27・402b）

生具 しょうぐ 生活の方式。聖なるありようを生じる四つのたね（四聖種）のなかの前三つ、すなわち、与えられた粗末な衣服と食物と寝具とで満足する生き方をいう。→四聖種 Ⓢ vṛtti
（参考）（『倶舎』22、大正 29・117a）

生空 しょうくう 生命的存在が実体として存在しないこと。二空（生空・法空、人空・法空、我空・法空）の一つ。生空は人空・我空ともいうが、人空といえば人間以外の天・餓鬼・畜生・地獄などの生きものが含まれなくなり、我空といえば法空も含むことになるから、生空という言い方が適切であると解釈されている（『述記』1 本、大正 43・234c）（『演秘』1 本、大正 43・816a）。→二空

生業 しょうごう 引業に対する生業。生存のありようを構成する十二の契機（十二支）のなかの「有」は直接に生・老死の苦を生じるから生業といい、「行」は間接的に生・老死を生じることになるから引業という。→十二支縁起 Ⓢ abhinirvṛtti-karman
（参考）（『瑜伽』56、大正 30・612b）

生在 しょうざい （ある生存のありよう、あるいは場所に）生まれて存在していること。「人中に生在して大丈夫身を得る」「婆羅門の家に生在す」「欲界に生在す」
Ⓢ pratyājāti

生支 しょうし 生存のありようを構成する十二の契機（十二支）の一つ。→十二支縁起
Ⓢ jāti-aṅga

生死 しょうじ 生まれ死ぬこと。生まれかわり死にかわりして苦的生存をくりかえすこと。天・人・畜生・餓鬼・地獄の五つの生存状態（五趣）のなかで生死をくりかえすこと。原語 saṃsāra は「まわること」を原意とし、輪廻、あるいは生死と意訳される。生死と輪廻とをつづけて生死輪廻という場合もある。生死を永くくりかえすことから生死流転・生死相続・生死輪転・生死長夜といい、その状態から抜け出ることが困難であることから、泥や河や海に喩えられて生死河・生死海・生死泥といい、それは苦的存在であることから、生死苦・生死大苦・生死災患・生死牢獄などと表現される。また、輪廻を淪廻と書いて生死淪廻という場合もある。種類としては分段生死と変易生死との二種が説かれる（→各項参照）。「仏は衆生を抜いて生死の泥を出でしむ。彼の生死は衆生の沈溺する処なり」 Ⓢ saṃsāra
（出典）生死者、謂、即善趣・悪趣、退堕・昇進。（『瑜伽』81、大正 30・751c）：有情由此四煩悩故、恒執我等、生死淪廻。此中淪

字、謂、淪没也。迴者、転也。如車輪迴無有休息、淪没生死、不能出離得聖道等。(『述記』5本、大正43・395a)

生死海 しょうじかい 生死輪廻するありようを海に喩えて生死海という。二種の海(水海・生死海)の一つ。「生死海に於て淪没す」「生死海を度り已って彼岸に到る」
(出典)海有二種。一者水海、二生死海。(『瑜伽』90、大正30・811a)

生死根本 しょうじこんぽん 生死をもたらす根本。無明と貪愛との二つの煩悩をいう。このなか、見道に入って無明を滅し、修道に在って貪愛を破す。
(出典)生死根本有二煩悩。一無明、二貪愛。如次障二、即見修惑。入見、破無明、在修、破貪愛。(『了義灯』1本、大正43・669b)

生死淪迴 しょうじりんね 生死輪廻とおなじ。→生死輪廻

生死輪廻 しょうじりんね →生死

生色 しょうしき 変色しない生(なま)の色をした黄金。財物の一つ。「財物と言うは、末尼・真珠・琉璃・螺貝・璧玉・珊瑚・馬瑙・彩石・生色・可染・赤珠右旋を謂う」
Ⓢ jāta-rūpa

生者 しょうしゃ ①生まれ現れ出た存在。我・有情・意生・養育・補特迦羅・命者・生者などと共に生命的存在を表す名称の一つ。「世俗諦とは、即ち彼の諦の所依処に於て、我、或いは有情、乃至、命者及び生者などを仮想し安立するを謂う」「衆縁に依託する唯行・唯法のみにして、此の中に我及び有情・命者・生者は都べてなし」 Ⓢ jantu
(出典)生者者、謂、具出等所有法故。(『瑜伽』83、大正30・764b):生者者、謂、具出現等故。(『枢要』上本、大正43・619a)
②世界を創造する者。大自在天などをいう。「自在等作者論者は、世間の諸物は必ず別に作者・生者及び変化者ありて、彼の物の父と為るべしとの是の如き論を立つ」 Ⓢ sraṣṭṛ

生主 しょうしゅ 世界を創造する主。原語prajāpatiを鉢剌闍鉢底あるいは波闍波提と音写。「大自在と生主、或いは余が世間の因と為って世間を生ずると執する者は必ず先ず彼の体は常なり一なりと計度す」
Ⓢ prajāpati

生受 しょうじゅ ①現世の業を作って次の世にその果を受けること。業の三種の受け方(現受・後受・生受)の一つ。順生受とおなじ。Ⓢ upapadya-vedanīya
②受を生じること。 Ⓢ vedanā-utpatti

生臭 しょうしゅう なまのにおい。腐敗したもののにおい。生肉の臭気。腐敗した死体の臭気。「不浄観を修する者は内身中のあらゆる不浄なる物を朽穢・悪臭・生臭なりと解了す」 Ⓢ āma-gandha
(出典)諸肉血等変壊所成故、名生臭。(『瑜伽』84、大正30・766c)

生執 しょうしゅう 人執とおなじ。→人執「法執の迷は細にして生執の迷は麁なり」

生住異滅 しょうじゅういめつ 生と住と異と滅。有為である諸行(現象的存在)が生じることと、存続することと、変化して異なることと、滅してなくなることとの四つのありようを支える原理。物質(色)でも心でもない不相応行の一群。〈説一切有部〉は、そのような原理は物質や心とおなじ程度の存在性をもつもの、すなわち実有の法であるとみなすのに対して、〈唯識〉は、それは現象的存在(有為・諸行・心)の働きの上に仮に立てられるもの、すなわち仮有の法であると考える。順序を変えて生・滅・住・異ともいい、生住異滅の異を老、滅を無常と言い換え、生・老・住・無常、生・住・老・滅、生・住・老・無常と表現と順序を変えていう場合もあるが、内容的にはおなじである。「菩薩は一切時に唯だ諸行ありて、此を除いて更に生住老滅が恒に実物をして有ることなしと観ず」 Ⓢ jāti-sthiti-jarā-anityatā
(出典)此於諸法、能起名生、能安名住、能衰名異、能壊名滅。(『俱舍』5、大正29・27a)

生住老無常 しょうじゅうろうむじょう →生住異滅

生住老滅 しょうじゅうろうめつ →生住異滅

生熟蔵 しょうじゅくぞう 生蔵と熟蔵。→生蔵 →熟蔵

生処 しょうしょ ①生きもの(有情)が生まれるところ。穀物などが生じる場所。「湿生は遠く生処の香気を嗅知して、便ち愛染を生じ、彼に往きて生を得く」「中有に種種の名あり。(中略)或いは意行と名づく。意を以って依と為して生処に往くが故なり」「田とは稼穡の生処を謂う」
Ⓢ upapatti-āyatana: upapatti-deśa: utpatti-

sthāna: janma-āyatana
②生まれ住んでいること。「中国に生処す」

生生 しょうしょう 有為（現象的存在）の四つのありようである生・住・異・滅を本相（根本の相）というのに対して、その本相を生じる原理としての四つの随相（付随的な相）である生生・住住・異異・滅滅のなかの一つ。 Ⓢ jāti-jāti
（参考）（『倶舎』5、大正 29・27b）

生障 しょうしょう 賢人が往来していない辺鄙な場所（無暇処）に生まれるという障害。十二種の障の一つ。→無暇処
（出典）障者有十二種。（中略）七生障、謂、生無暇処。（『瑜伽』64、大正 30・656a）

生成工業 しょうじょうくごう 畜産業。あるいは礼儀を教える仕事。十二種の工業の一つ。→工業
（出典）生成工業者、謂、養六畜、成資生故。或教生修成礼儀。（『略纂』6、大正 43・95c）
（参考）（『瑜伽』15、大正 30・361b）

生静慮 しょうじょうりょ 色界の四つの静慮に生まれたもの。初静慮から第三静慮までのおのおのに三あり、第四静慮に八あり、合計で十七天がある。二種の静慮（生静慮・定静慮）の一つ。→色界十七天
Ⓢ dhyāna-utpatti

生身 しょうしん ①なまみ。身体。具体的な身体。「生身が展転して流転するに依って彼彼の有情の衆同分の中に於て生・滅・住異性の有為の三相を施設す」「眼根と耳根とは倶に能く生身と法身とを導養す」 Ⓢ kāya
②仏のなまみとしての身体。法身（真理としての身体）の対。色身とおなじ。→色身「仏身に略して生身と法身との二種あり」「仏の生身の力は那羅延に等し」

生酥 しょうそ 牛乳を醸してできる四つ（酪・生酥・熟酥・醍醐）の一つ。新鮮なバター。これら四つに乳を加えた五つの味を五味という。→五味 Ⓢ navanīta

生雑染 しょうぞうぜん 生きものを生死輪廻せしめる三つの力である三雑染（煩悩雑染・業雑染・生雑染）の一つ。煩悩と業とによってもたらされる結果としてのけがれた生存。欲界・色界・無色界の三界、あるいは天・人・傍生・餓鬼・地獄の五趣、あるいは胎生・卵生・湿生・化生の四生、などのさまざまな形態をとりながら、けがれ苦しむ生存をつづけること。十二支縁起の十二支のなか名色・六処・触・受・生・老死が生雑染にふくまれる。→三雑染 Ⓢ janma-saṃkleśa
（参考）（『瑜伽』9、大正 30・320b 以下）：（『瑜伽』60、大正 30・636b）

生蔵 しょうぞう 未消化の食物が存在するところ。胃のこと。→熟蔵 Ⓢ āma-āśaya

生触 しょうそく →三和 Ⓢ sparśa-utpatti

生長 しょうちょう 育むこと。生じ育むこと。増大すること。「稼穡を生長し成熟せしむ」「能く心心所を生長するが故に名づけて処と為す」「罪福が生長す」「煩悩が生長す」
Ⓢ āya: upacaya: upa-**jan**: vi-**vṛdh**

生天 しょうてん 天に生じること。天としては地居天（大地にある天。四大王天と三十三天）と空居天（空にある天。欲界の六欲天と色界・無色界の諸天）とがあるが、そのいずれかの天に生じること。天に生じることを最終目的とする外道に対して、仏教は、三界の天には、いまだ苦があるから、そこに生じることが最終目的ではなく、苦を滅した涅槃に至らなければならないと主張する。
Ⓢ svarga-upapatti

生天因 しょうてんいん 天に生じる原因。天に生まれるための修行方法。その方法として外道は、火のなかに、あるいは高い岩から身を投じる、入水する、自害する、などを考えるが、釈尊はそのような方法を非難し、禅定による生天を説く。生天道とおなじ。「生天を楽う者は楽って妄執して、火に投じ、水に溺れ、高崖より顚墜し、自ら身命を害するを生天因なりと作す」

生天道 しょうてんどう 天に生まれるための道・方法。詳しくは、生天道路ともいう。生天因とおなじ。→生天因「在家衆は此の誑惑に由って自餓などを計して生天道と為す」「一類の愛楽の天趣ありて、生天を求欲して、如実に生天道路を知らず。断食・投火・墜高巖など、自ら逼害を加う」

生天論 しょうてんろん 布施に関する教説。施論・戒論・生天論という表現のなかで用いられ、布施を行ない戒を護ることによって天に生じることができると説く教説をいう。
Ⓢ svarga-kathā

生得 しょうとく 生まれると同時に先天的に獲得されるもの。加行得（修行・努力・実践によって獲得されるもの）の対。→加行得

「三界の善心は、各々、加行得と生得との二種に分かつ」
Ⓢ upapatti-pratilambhika: upapatti-lābhika

生得慧 しょうとくえ　生まれながらに獲得される智慧。世俗智・有漏智の一つ。
Ⓢ utpatti-lābhika-prajñā

生得善 しょうとくぜん　生まれると同時に先天的に獲得される善。加行得善（修行することによって後天的に獲得される善）の対。
（出典）何等生得善。謂、即彼諸善法、由先串習故、感得如是報。（『集論』2、大正 31・669b）

生得智 しょうとくち　生まれると同時に先天的に獲得される智。加行智（修行によって後天的に獲得される智）の対。

生般涅槃補特伽羅 しょうはつねはんふとがら　色界に生じてすぐに涅槃に入る人。色界において涅槃に入る五種のタイプ（中般涅槃・生般涅槃・有行涅槃・無行涅槃・上流）の一つ。 Ⓢ upapadya-parinirvāyī pudgalaḥ
（出典）云何生般涅槃補特伽羅。謂、纔生彼已、便般涅槃、是名生般涅槃補特伽羅。（『瑜伽』26、大正 30・425a）：言生般者、謂、往色界生已、不久便般涅槃、以具勤修速進道故。（『倶舎』24、大正 29・124b）

生非福見 しょうひふくけん　二十八種のまちがった見解（不正見）の一つ。→不正見

生変 しょうへん　→変①

生便半択迦 しょうべんはんちゃくか　五種の半択迦の一つ。→半択迦

生母 しょうぼ　実際の生みの母。養母に対する。「四食のなかの段食と触食とは養母の如く、思食と識食とは生母の如し」 Ⓢ mātṛ

生命 しょうみょう　いのち。いのちあるもの。「衆生の生命を殺害せんと欲す」「生命を害すれば悪趣に堕つ」 Ⓢ prāṇa: prāṇin

生明 しょうみょう　火の別名。「火を熾然と名づけ、亦た生明と名づく」

生無自性 しょうむじしょう　→生無性

生無自性性 しょうむじしょうしょう　→生無性

生無性 しょうむしょう　三無性（相無性・生無性・勝義無性）の一つ。生としての無性。三性のなかの依他起性の否定的側面を表す語。さまざまな他の力、すなわち縁によって生じる存在である依他起性は、自らの力によって生じたもの（自然有）ではないから生無性という。生無自性・生無自性性ともいう。
（出典）云何諸法生無自性性。謂、諸法依他起相。何以故。此由依他縁力故有、非自然有、是故説名生無自性性。（『解深』2、大正 16・694a）：依次依他、立生無性。此如幻事、託衆縁生。無如妄執自然性故、仮説無性、非性全無。（『成論』9、大正 31・48a）

生滅 しょうめつ　生じ滅すること。現象的存在（有為・諸行）が有する存在のありよう。刹那生滅（刹那に生じては滅する）というありようが、すべてが無常であるということの証明根拠に用いられる。「彼の諸行は刹那に生滅す」「刹那に生滅するが故に常に非ず」 Ⓢ utpanna-bhagna: utpāda-vināśa: udaya-vyaya

生滅住異 しょうめつじゅうい　→生住異滅

生類 しょうるい　①生きもののたぐい。卵生・胎生・湿生・化生の四つの生態の総称。
Ⓢ jāti
（出典）有情類、卵生・胎生・湿生・化生、是名為四。生、謂、生類。（『倶舎』8、大正 29・43c）
②人間の種類。たとえば聖人と異なった生類を異生という。
（出典）生、謂、生類。異聖人之生類、名為異生。（『述記』2本、大正 43・279c）

生類名 しょうるいみょう　人に対する六種の呼び名（功徳名・生類名・時分名・随欲名・業生名・標相名）の一つ。生まれた場所あるいは家柄に基づいて付けられた名称。たとえば城市に生まれた者を城市人、村野に生まれた者を村野人、あるいは刹帝利（クシャトリヤ）の家柄に生まれた者を刹帝利、ないし、戍達羅（スードラ）の家柄に生まれた者を戍達羅と呼ぶがごときをいう。
（出典）生類名者、謂、依生類立名。如城市生者名城市人、村野生者名村野人、刹帝利種中生者名刹帝利、乃至戍達羅種中生者名戍達羅、如是等。（『婆沙』15、大正 27・73b）

生老死 しょうろうし　①生と老と死。生まれることと老いることと死ぬこと。人間の一生の代表的な三つのありよう、三つの苦しみ。これに病を加えて四苦とする。「世間の五濁が増盛して生老死に逼迫せらるる」「是の如く煩悩と業とが生起するが故に当来に於て復た生老死などの一切の苦法が皆な悉く生

ずることを得る」 Ⓢ jāti-jarā-maraṇa
②生と老死。十二支縁起の十二支の最後の二つの支。→十二支縁起「能生支とは愛と取と有とを謂い、所生支とは生と老死とを謂う」

生老住無常 しょうろうじゅうむじょう →生住異滅

生老病死 しょうろうびょうし 生と老と病と死。人間の一生の代表的な四つのありよう、四つの苦しみ。→四苦

匠 しょう たくみ。細工師。技術者。「作用道理とは、金銀の匠などが善く金銀などの物を修造するをいう」 Ⓢ karmāra

声 しょう 耳の対象としての声や音。『瑜伽論』(『瑜伽』1、大正30・279c)には螺貝声・大小鼓声・舞声・歌声・諸音楽声・俳戯叫声・女声・男声・風林等声・明了声・不明了声・有義声・無義声・下中上声・江河等声・闘諍諠雑声・受持演説声・論義決択声などの多種の種類があげられているが、それらは次の三種にまとめられる。(i)生きものが発する声(因執受大種声)。(ii)事物や自然界が発する声(因不執受大種声)。(iii)生きものと事物との共同によって発する声。たとえば人間が打つ太鼓の声など(因執受不執受大種声)。あるいは(i)ここちよい声(可意声)。(ii)ここちわるい声(不可意声)。(iii)そのどちらでもない声(倶相違声)。また一種から十種までに分類された声が列記されている(『瑜伽』3、大正30・293a)。 Ⓢ ghoṣa: nirghoṣa: śabda: svana
(出典)数宣、数謝、随増異論故、名為声。(『瑜伽』3、大正30・294a)

声界 しょうかい 全存在を十八の種類に分ける分類法(十八界)のなかの一つ。耳の対象である声のグループ。→十八界
Ⓢ śabda-dhātu

声顕論 しょうけんろん →声論

声処 しょうしょ 十二処(存在の十二の領域)の一つ。耳の感覚対象。→声
Ⓢ śabda-āyatana

声生論 しょうしょうろん →声論

声明 しょうみょう →声明処
Ⓢ śabda-vidyā

声明処 しょうみょうしょ 声明という学問領域。声明とは広くはインドにおける文法学・言語学をいう。仏教では菩薩が学ぶべき五つの学問領域(五明処)の一つに収められる。声明論ともいう。→五明処
(参考)(『瑜伽』15、大正30・360c〜361b)

声明論 しょうみょうろん 文法学・言語学。声明処とおなじ。→声明処

声聞 しょうもん ①釈尊の声を聞くことができた釈尊の弟子。「大師が般涅槃した後に聖教が没する時、是の如き声聞の弟子は身壊れ命終りて多く悪趣に堕して那落迦に生ず」
Ⓢ śrāvaka
(出典)声聞衆、是仏世尊随順修学、真実子。(『瑜伽』82、大正30・759b)
②素質・能力の相違による三種の分類(声聞・独覚・菩薩)の一つ。釈尊の教えを聞いてさとる者。自らの力でさとりに達することができずに他者によってさとりを獲得する人。『瑜伽論』には次の四種の声聞が説かれる(『瑜伽』80、大正30・744a)。(i)変化声聞(人びとを救済するために菩薩あるいは如来が声聞に変化した者)。(ii)増上慢声聞(ただ人無我をさとって清浄であるという慢心を抱く者)。(iii)迴向菩提声聞(生来、慈悲心が希薄であり、如来の教導によって大菩提を獲得しようという心を起こして菩提に向かおうとするが、自己の寂静のみを願うことによって修行が進まない者)。(iv)一向趣寂声聞(生来、慈悲心が希薄であり、人びとの救済に背を向けて、ただ自己のみが寂静な涅槃に住したいと願い、大菩提に趣こうとしない者)。 Ⓢ śrāvaka
(出典)声聞乗人、依他得悟、不能自達。(『了義灯』1本、大正43・671a)

声聞地 しょうもんじ ヨーガ行者の十七の心境・境界(十七地)の一つ。→十七地
Ⓢ śrāvaka-bhūmi

声聞種姓 しょうもんしゅしょう 声聞の素質を有する人。声聞種性とも書く。→声聞 →種姓②

声聞種性 しょうもんしゅしょう 声聞種姓とおなじ。→声聞種姓

声聞姓 しょうもんしょう →五姓各別

声聞乗 しょうもんじょう 三乗(声聞乗・独覚乗・菩薩乗)の一つ。→三乗

声聞蔵 しょうもんぞう 声聞の教え、あるいはそれを集成したもの。十二分教のなかの方広以外のもの。菩薩蔵に対する。→十二分教「彼の十二分教の中に於て方広の一分は唯だ菩薩蔵にして所余の諸の分には声聞蔵あ

り」

声聞菩提　しょうもんぼだい　三種の菩提（声聞菩提・独覚菩提・無上菩提）の一つ。声聞が証するさとり。→菩提

Ⓢ śrāvaka-bodhi

声誉　しょうよ　名声。名誉。「虚妄なる声誉・称讃に計著す」　Ⓢ yaśas

声論　しょうろん　①仏教以外の外道のなかで、声は常住であると主張する学派。パーニニ（pāṇini）以後の文典派の所説。ミーマーンサー学派とヴェーダーンタ学派も声常住を説く。この論は声顕論と声生論とに分かれる。前者は声の本体は本来的に存在して音響などの縁を待って声を顕すという説。後者は声は本来的には存在せず音響などの縁を待って生じ、生じた後は常住であるという説。この学派の論師を声論師（śābdika）という。

②文法学・言語学。仏教以外の学派の三種の論（因論・声論・医方論）の一つ。

Ⓢ śabda-śāstra

（参考）（『瑜伽』38、大正30・500c）

声論師　しょうろんじ　→声論①

床　しょう　座席。いす。寝床。「床より起つ」　Ⓢ mañca: mañcaka

床坐　しょうざ　床座とおなじ。→床座

床座　しょうざ　床坐とも書く。座席。いす。寝床。「種種の香鬘、高広な床座を受用し、歌舞に習近す」　Ⓢ mañca: mañca-pīṭha: śayana

抄虜　しょうりょ　かすめとる人。「凶猾・窃劫・抄虜に遭って便ち驚怖を生ず」

姓　しょう　家系。種族。家柄。種姓・族姓とおなじ。→種姓①②　→族姓　Ⓢ kula: gotra

尚　しょう　①なお。やはり。「況」「何況」と共に用いられる。「少小の利養と恭敬とに於て、尚、愛味を生ず。何か況んや、広大に於てをや」「軽賤な無所用の物に於て、尚、捨することを欲せず。況んや貴重に於てをや」

②とうとぶこと。→尚論

尚論　しょうろん　論議する際の六種の言葉（言論・尚論・諍論・毀謗論・順正論・教導論）の一つ。世間において尊重される言葉。

Ⓢ pravāda

（出典）尚論者、謂、諸世間随所応聞所有言論。（『瑜伽』15、大正30・356a）：尚論者、謂、諸世間所随聞論、世智所尚故。（『雑集論』16、大正31・771a）

性　しょう　①性質・本性。ある性質・本性を有していること。「種種の苦を性とする諸欲を追求す」「蘊の種種差別の性、非一衆多の性を了知す」「彼の諸の事は言説すべき性としては不成実なるが故に有性に非ず」

Ⓢ ātmaka: ātmakatā: ātmakatva: ātman

②人の性格・気質・本性。「諸の菩薩は倶生慧を成じ、性として頑鈍ならず、性として愚癡ならず」「彼の有情は性として闘諍を好む」

Ⓢ jātīya: prakṛti: prakṛtika: prakṛtitva: śīla

③種性（gotra）の異名。→種性「此の種性を亦た種子と名づけ、亦た名づけて界と為し、亦た名づけて性と為す」　Ⓢ prakṛti

④存在のありよう。「記して善・不善の性と為すべからざるが故に無記と名づく」「有情の前後の性は等しく、草などの前後の性は不同なり」　Ⓢ bhāva

⑤存在のそれ自らのありよう。「地・水・火・風は堅・湿・煖・動を用いて性と為す」

Ⓢ svabhāva

⑥存在の本性。「法の性は幽微して甚だ知り難し」　Ⓢ prakṛti

⑦「性相」の性。→性相

⑧「体」としての性。これには次の二つがある。（ⅰ）体用の体。作用をになう本体・基体。（ⅱ）すべての存在の真実の体である真如。

⑨「性類」としての性。善か不善か有漏か無漏かなどの価値。

⑩「三性」としての性。これには次の二つがある。（ⅰ）善・悪・無記の三つの価値。（ⅱ）遍計所執性・依他起性・円成実性の三性の性。この場合の性は存在のありよう・形態という意味で、原語のsvabhāvaは自性とも訳される。　Ⓢ svabhāva

性戒　しょうかい　それ自体が悪となるような行為（殺生・偸盗・邪淫・妄語など）へのいましめ。状況に応じて釈尊が制定したいましめ（遮戒）の対。→遮戒。　Ⓢ prakṛti-śīla

性決定　しょうけつじょう　阿頼耶識（潜在的な根本心）のなかの種子がそなえる六つの条件の一つ。性とは善・悪・無記（善でも悪でもない）をいい、種子は、種子を熏習する現行（顕在的な存在）と、および種子が生じる現行と、その善・悪・無記の性質をおなじく

し、そのことが決定していることを性決定という。→種子六義
（参考）（『成論』2、大正 31・9b）

性業 しょうごう 性と業。ある一つの存在の、より本質的な働き（親用）を性、二次的な働き（疎用）を業という。たとえば火についていえば、「あつい」という働きが性、「物を焼く」という働きが業にあたる。『成唯識論』では種々の心作用（心所）の一つ一つについて、その働きが性と業との二面から定義されている。たとえば「作意とは謂く、能く心を警するをもって性となし、所縁の境のうえに心を引くをもって業となす」と定義される。

性罪 しょうざい 本性として悪である行為を犯すこと。行為自体が罪であるもの。たとえば『倶舎論』では殺生・偸盗・邪淫・妄語の四つが性罪とされている（『倶舎』14、大正 29・75b）。五戒のなかの不飲酒戒の飲酒に関して、それが性罪か遮罪（本来的には罪ではないが釈尊によって禁止されて立てられた戒を破る罪）か、についていくつかの論書で論議され、多くは遮罪とされているが、『倶舎論』には持律者すなわち戒律を堅く守る人たちは性罪と考えると説かれている（『倶舎』14、大正 29・77b）。→遮罪
Ⓢ prakṛti-sāvadya
（出典）云何性罪。謂、性是不善、能為雑染、損悩於他、能為雑染、損悩於自。雖不遮制、但有現行、便往悪趣、雖不遮制、但有現行、能障沙門。（『瑜伽』99、大正 30・869c）

性相 しょうそう 相性ともいう。性と相。相とは存在するものの総称、性とは存在するものの本性。この二つによって全存在が包括される。相は有為（現象的存在）、性は無為すなわち真如（究極の真理）をいう。また相は事、性は理と言い換えられ、二つを一緒にして事相・理性とよぶことがある。〈唯識〉は、ヨーガによって相を観察思惟して、その性をさとることを目的とすることから、唯識学を性相学という。
（出典）性相、則摂一切尽故。（『枢要』上本、大正 43・610a）：言唯識相性不同、相即依他、唯是有為、通有無漏、唯識即相、名唯識相、持業釈也。性即是識円成自体、唯是真如、無為無漏。唯識之性、名唯識性、依士釈也。（『述記』1本、大正 43・232b）

性相学 しょうそうがく 前項の「性相」を「しょうそう」、性相学を「しょうぞうがく」と読む。→性相

性相別論 しょうそうべつろん 一切の存在を性と相とにわけて別々に論じる立場。相すなわち現象的存在である有為と、性すなわちその本性である無為（真如）とは存在的には別々であり、無為は凝然として独存し、有為はその無為である真如からは決して展開することなく阿頼耶識より展開するとみる解釈。一切の存在の本体はなにかという四つの解釈のなかの一つ。護法の主張する唯識説の基本的立場。性用別論・性用別質ともいう。→出体②

性用別質 しょうゆうべつぜつ →性用別論

性用別論 しょうゆうべつろん →性相別論

性用別論体 しょうゆうべつろんたい →教体

性類 しょうるい 性質の種類。主に善・不善や無漏・有漏などの価値的ありようの類別をいう。「善の五蘊は展転して同類因と為り、染汚の五蘊は展転して同類因と為り、無覆無記の五蘊も亦た展転して同類因と為る。性類が等しきが故なり」

承事 しょうじ ①つかえること。「恭敬」「供養」と並んで用いられることが多い。給侍・侍衛・受行とおなじ。「父母・沙門・婆羅門・家長・師長などを恭敬し供養し承事す」「仏法僧に於て勝なる供具を以って承事し供養す」 Ⓢ apaciti: upacāra: kṛtya-kara: pari-**car**: paricaryā
②抱き合ったり触り合ったりして楽しむこと。原語 paricārita は承奉・所行事とも訳される。→所行事 →承事貪「男女の承事」
Ⓢ paricaryā: paricārita

承事貪 しょうじとん 身体の立ち振る舞いへの貪り。セックスへの欲望。身体への四種の貪の一つ。この貪を退治するために不浄観において死体が動かなくなったさまを観察する。供奉貪ともいう。→不浄観「心なく識も空にして尸骸のみあると観ずる想は承事貪を対治す」「屍不動を縁ずる不浄観を修して供奉貪を治す」 Ⓢ upacāra-rāga
（参考）（『倶舎』22、大正 29・117b）：（『瑜伽』26、大正 30・429a）：（『瑜伽』98、大正 30・865b）

承受 しょうじゅ 教えをうやうやしく受けとめること。「順教への貪によって、他が其

の教を承受することに於て自在を得ず」

承奉 しょうぶ ①うやまい尊重すること。「大師の所に於て恭敬し尊重し承奉し供養す」 Ⓢ **man**: mānayati
②互いに抱き合ったり触り合ったりして楽しむこと。原語 paricārita は承事・所行事とも訳される。→所行事「昔、種種の曽更せし戯笑・歓娯・承奉などの事を随念す」 Ⓢ paricārita

招 しょう まねくこと。ある結果を生じること。「後有を招く業を積集す」「悪は能く悪趣の熱悩を招き、戒は善趣を招くが故に清涼と曰う」
Ⓢ abhinirvartaka: abhinir-**vṛt**: abhinirvṛtta: ud-**pad**: nir-**vṛt**: parigṛhīta: pra-**vṛdh**: prāpti: vi-**pac**: sam-**vṛt**: samud-**i**: sam-**pad**

招引 しょういん まねき引き起こすこと。「愛は次第に諸の苦集を招引するが故に、説いて名づけて縁と為す」 Ⓢ ānayana

招引業 しょういんごう 二種の業（招引業・円満業）の一つ。ある結果（果）を生じる行為（業）のなか、総体的に果を生じる業を招引業といい、生じた果をさらに内容づける業を円満業という。引業・牽引業ともいう。→引業
（出典）善不善業、於善趣悪趣中、感生異熟時、有招引業円満業。招引業者、謂、由此業、能感異熟果。円満業者、謂、由此業生已、領受愛不愛果。（『集論』4、大正 31・679b）

招感 しょうかん まねき引き起こすこと。「貪食に由って諸の悪行を起こし、劇苦を招感す」「順苦受業とは能く悪趣の生を招感する業を謂う」

招集 しょうじゅう まねき集めること。まねき引き起こすこと。「正しく勧導する法と業と徳とを以って財位を招集し守護し増長す」「自ら種種の義利あることなき不実の功徳を説いて他を誑惑して利養を招集す」「心に諸の雑染を生起し已って後有を招集す」
Ⓢ arjana: nirvartaka: sam-**hṛ**

昇 しょう のぼること。到達すること。「宮殿などを昇る」「見道に昇る聖者」「極高座に昇って儼然として坐す」 Ⓢ abhi-**ruh**: ārohaṇa: gata: **gam**

昇進 しょうしん ①より上に進むこと。向上発展すること。「一切の住に於て自然に昇進して大菩提を証す」 Ⓢ ā-**kram**
②寿命・容貌・力・財力・幸せ・名声などにおいて、さらによいありようになること。退堕の対。
（参考）（『瑜伽』81、大正 30・751c）

昇進離欲 しょうしんりよく 六種の離欲の一つ。→離欲①

沼 しょう 池と共に池沼として用いられる。→池沼

青 しょう あお。あおいろ。顕色（明瞭に顕現している色彩）の一つ。→顕色 Ⓢ nīla

青瘀 しょうお 死体の腐乱して青色になったさま。肉体への貪りを断つための不浄観において観察する対象の一つ。→不浄観「死に已った尸骸が、或いは一時に於て青瘀の位に至るを、或いは一時に於て膿爛の位に至るを観見す」 Ⓢ vinīlaka

青黄赤白 しょうおうしゃくびゃく あお・き・あか・しろ。四つの基本的ないろ。顕色（明瞭に顕現している色彩）の一群。→顕色
Ⓢ nīlaṃ pītaṃ lohitam avadātam

青勝生類 しょうしょうしょうるい 満迦葉波外道が説いた六種の勝れた人たちの一グループ。→六勝生類

青翠 しょうすい 草木の枝葉や果実が青々と茂り実っているさま。「枝葉や華果が青翠として繁茂す」「若し是の処に草木滋潤し茎葉青翠なるを見れば、水ありと比知す」
Ⓢ harita

青蓮 しょうれん →青蓮華

青蓮花 しょうれんげ →青蓮華

青蓮華 しょうれんげ 青色の蓮華。原語 utpala を音写して嗢鉢羅という。青蓮・青蓮花ともいう。「女人の遍体は栴檀樹の如き香を生じ、口の中には常に青蓮華の香を出す」「仏の眼目は其の色は紺浄にして蘇闍多の青蓮花の葉の如し」 Ⓢ utpala

青蓮那落迦 しょうれんならか 八つの寒い地獄の一つ。極寒のため身体が悉く青色に腐乱し、皮膚に五つあるいは六つの破裂ができる地獄をいう。青蓮 utpala を音写して嗢鉢羅那落迦ともいう。→八寒那落迦
Ⓢ utpala-naraka
（出典）青蓮那落迦中、由彼地極重広大寒触所触、一切身分悉皆青瘀、皮膚破裂、或五或六故、此那落迦、名曰青蓮。（『瑜伽』4、大正 30・297a）

星 しょう ①ほし。流星。星座。「如来が般涅槃する時、大地は振動し、衆の星は晃耀し、交流して隕す」「星や月や諸の宿の道度を瞻る」「日の光は能く現に衆の星を観ることを障う」 Ⓢ ulkā: jyotis: tārakā: nakṣatra ②火花。「鎚鍛の星が流る」 Ⓢ prapāṭikā

星宮 しょうぐう 星の世界の宮殿。「日月輪・星宮・薬草・灯燭・末尼の諸の光明相」

星宿 しょうしゅく ほし。星座。「一切のあらゆる日・月・星宿は蘇迷盧を歴る」「若し世間の日月が薄蝕し星宿が度を失すれば、為さんと欲するところの事は皆な成就せず」 Ⓢ nakṣatra

星辰 しょうしん ほし。星座。辰星ともいう。「本際とは本生を謂う。安荼論師の説く、本には日・月・星辰・虚空及び地なく、唯だ火水ありと」

省察 しょうさつ 過去のことを省みて考えること。「己の過失を省察す」 Ⓢ gaveṣin

省問 しょうもん →問訊

荘厳 しょうごん ①荘飾品。装身具。かざり。荘厳具ともいう。「飾るに瓔珞・耳環・指環などの種種の荘厳を以ってす」 Ⓢ alaṃkāra ②飾ること。立派にすること。「端正なる女人あり、種種に荘厳して来りて衆会に入る」「眼根は自身を荘厳することに於て増上なり」「無上の三十二大丈夫相を以って其の身を荘厳す」 Ⓢ alaṃkāra: sulakṣita

荘厳具 しょうごんぐ 荘飾品。かざり。瓔珞・耳環・指環・腕釧・臂釧・宝印・華鬘などをいう。荘厳ともいう。 Ⓢ alaṃkāra: alaṃkāra-upavicāra: ābharaṇa
(参考)(『瑜伽』25、大正 30・423b)

荘厳具香 しょうごんぐこう 荘飾品の香り。六種の香りの一つ。 Ⓢ alaṃkāra-gandha
(参考)(『瑜伽』3、大正 30・293b)

荘厳具樹 しょうごんぐじゅ 諸の天にあって、宝石などをちりばめた美しい道具を出生する樹。 Ⓢ alaṃkāra-vṛkṣa
(出典) 有荘厳具樹、従此出生種種微妙荘厳之具。所謂、末尼臂印・耳瑺・環釧、及以手足綺飾之具、如是等類諸荘厳具、皆以種種妙末尼宝、而間飾之。(『瑜伽』4、大正 30・298b)

倡逸 しょういつ 倡伎とおなじ。→倡伎

倡穢 しょうえ 娼婦。売春婦。遊女。 Ⓢ gaṇikā: dārikā

倡穢家 しょうえけ 売春婦・遊女の家。婬女家とおなじ。僧(比丘・苾芻)が行ってはいけない場所の一つ。 Ⓢ veśyā-gṛha
(参考)(『瑜伽』16、大正 30・368a〜b)

倡伎 しょうぎ 酒宴などにおいて舞うこと、あるいはそのような女。遊女。倡妓・倡逸ともいう。「近住律儀は飲酒と歌舞・倡伎を離る」「我れは無始の時よりこのかた、或いは倡妓、或いは婬女などの鄙穢の身と作る」「俳優・伎楽・笑弄・倡逸などの所に於て財宝を費やす」 Ⓢ naṭa: nṛtta: lāsaka: vādita

倡妓 しょうぎ 倡伎とおなじ。→倡伎

倡掉 しょうじょう あそびさわぐこと。「姝妙にして厳飾なる女人と共に嬉戯を為して歓娯し受楽し倡掉す」 Ⓢ auddhatya

倡蕩 しょうとう あそびほうけること。「諸の飲食に於て極めて悕欲を生じ、随って得れば随って食し、復た、しばしば倡蕩・憍逸・飾好・端厳の為に多く食し、多く飲して身を充悦せしむ」 Ⓢ darpa

将 しょう 「まさに〜する」と読む再読文字。「将に命を捨てんとする時に大歓喜に住す」「将に現前の境界を得んとす」「将に死なんとする時」

将護 しょうご まもること。「他を将護して他をして悩害なからしむ」「別解脱毘奈耶の中に於て他を将護するが故に遮罪を建立す」

将導 しょうどう ひきいてみちびくこと。「心が世間を将導し、心が一切を営造す」「最勝軍が一切を将導するが如く、此の不善根の増上力の故に能く一切の不善を増広せしむ」

悚懼 しょうく おそれ。恐怖。「自の所証に於て若し他が詰問すれども悚懼なし」 Ⓢ maṅku

悚慄 しょうりつ おそれ。恐怖。「陵蔑・悚慄の苦を受く」 Ⓢ maṅku-bhāva

消化 しょうけ 胃腸において食べ物がこなれること。消変とおなじ。「食は消化の時に於て能く食事を作す」「能く多く噉食し、数数、食し已って能く正しく消化して諸の疾患を除く」 Ⓢ pari-**ṇam**

消尽 しょうじん 消し去ること。なくすこと。消滅させること。「風界起こりて器世間を壊すこと、風が支節を乾し、復た能く消尽

するが如し」「水を煎ずれば最後には一切は皆な悉く消尽す」
Ⓢ antar-**dhā**: kārśyam āpadyate: parikṣaya

消変 しょうへん 胃腸において食べ物がこなれること。消化とおなじ。「飲食を噉食し已って消変す」 Ⓢ vipari-**ṇam**

消変不平 しょうへんふびょう 消化不良。病気の原因となる。「消変不平にして疾病を生長す」

消滅 しょうめつ 消えてなくなること。「懺悔に依って罪障は速かに消滅することを得る」 Ⓢ vidhvaṃsana

消融 しょうゆう とかしけすこと。融消・銷融とおなじ。「奢摩他・毘鉢舎那を修すれば、念念の中に一切の麁重の依止を消融す」

祥瑞 しょうずい めでたいしるし。「三十二大丈夫相の相は祥瑞の義なり」

秤 しょう はかり。はかりで量を計ること。→偽秤「秤を偽る」 Ⓢ tulā

称 しょう ①かなうこと。意にかなうこと。「彼の善男子の心に称う」 Ⓢ ārādhita
②かなうこと。一致すること。適合すること。「眼識は色を縁じて自相に称うが故に色の解を作さず。後に起こる意識が色の共相を縁じて青などの解を作す」「時機に称って法義を宣説す」
③（理に）かなうこと。→称正理
④称讃。譏の対。「八世法とは得・不得・若・誉・毀・称・譏・苦・楽を謂う」
Ⓢ praśaṃsā
⑤評判。名声。「諸の方維に遍じて悪名・悪称・悪声が流布す」「称と誉と声と頌」
Ⓢ kīrti: khyāti
⑥となえること。呼ぶこと。言うこと。「既に出胎し已って、即ち地上に於て扶侍を待たずして、七歩行きて自ら徳号を称す」「仏は弟子を訶して称して癡人と言う」「実は沙門に非ずして自ら沙門なりと称す」
Ⓢ abhyupagama: upagama: upa-**diś**: bhāṣaṇa

称悦 しょうえつ 意にかなうこと。「諸の衆生の情に称悦す」 Ⓢ ārādhana

称譏 しょうき 称と譏。称讃と非難。たたえられることとそしられること。
Ⓢ praśaṃsā-nindā

称讃 しょうさん ①ほめたたえること。奨励し勧めること。「諸の菩薩を尊敬し供養し称讃す」「無姓人は涅槃の衆多の功徳を称讃するを聞くと雖も一分の欣楽心もなし」
Ⓢ nir-**diś**: praśasya
②供養の法要において如来を讃えること。「如来所に於て幢蓋・幡灯・歌頌・称讃を以って供養す」 Ⓢ abhivyāhāra

称正理 しょうしょうり 正理にかなうこと。正しい理と一致すること。称当正理ともいう。「智が正理に称うを如実知と名づく」
Ⓢ yukti-rūpa

称心 しょうしん 心にかなうこと。気に入ること。「文句が仮偽に非ざるが故に、諂媚に非ざるが故に、名づけて称心と為す」
Ⓢ hṛdayaṅgama

称遂 しょうすい かなえること。なし遂げること。成就すること。「所欲が若し称遂すれば、心は便ち大歓喜す」 Ⓢ **ṛdh**

称歎 しょうたん ほめたたえること。「世尊は衣食を節量することを宣示し称歎す」
Ⓢ ākhyānatā

称当 しょうとう かなうこと。ふさわしいこと。「二の信者ありて而も信者の所作に称当するに非ず」「道理に称当す」

称当正理 しょうとうしょうり 称正理とおなじ。→称正理

称美 しょうみ ほめたたえること。「他に実に誉あれども称美することを欲せず」
Ⓢ **bhāṣ**

称揚 しょうよう たたえること。ほめること。「無量の門を以って惛沈・睡眠のあらゆる過失を訶責し毀呰し、無量の門を以って惛沈・睡眠を永断する功徳を称揚し讃歎す」「有徳者に於て其の美を如実に讃歎し称揚す」
Ⓢ varṇayati: varṇa-vādin: **stu**: stuta

称理 しょうり 理にかなうこと。正しく適当であること。「諸の菩薩は有情のために称理に説法して現法と当来との利益・安楽を獲得せしむ」「法施とは無倒に説法し称理に説法するを謂う」 Ⓢ nyāya: yukti

称量 しょうりょう ①熟考すること。思惟・称量・観察という表現のなかで用いられる場合が多い。「王は時時に独り空閑に処して、或いは智者と共に和好の方便を思惟し称量し観察す」「称量の行相を以って正道理に依って諸法の功徳と過失とを観察す」「見ず聞かずして、但だ自ら思惟し称量し観察することに由って他の為に宣説するを覚に由る言説と謂う」 Ⓢ **tul**: tulana: tulanā: tulita: mita

②比較し区別すること。「自と他との徳類の差別を称量して、心自ら挙恃し、他を陵蔑するが故に名づけて慢と為す」 Ⓢ parikalpa

笑 しょう ①笑うこと。笑顔。「諸の菩薩は来求者を見れば顰蹙せず、舒顔し、平視し、前に笑い、先に言う」 Ⓢ smita
②戯れて歯を出し声をあげて笑うこと。男女が笑い合うこと。「昔時の笑・戯・喜楽・承事を追憶す」「楽変化天は唯だ相い向いて笑って婬を成ず」 Ⓢ hasita: hāsaka
(出典) 笑者、謂、随有一、或因開論、或因合論、現歯而笑、歓聚唖唖。(『瑜伽』11、大正 30・330b)

笑戯 しょうけ 笑と戯。笑うことと戯れること。「昔時の笑戯・喜楽・承事を追憶す」 Ⓢ hasita-krīḍa: hāsaka

笑睇 しょうてい 笑と睇。笑うことと流し眼で見ること。女が男を魅惑して縛る八つのありようのなかの二つ。「歌・舞・笑・睇・美容・進止・妙触・就礼の八処に由って女は男を縛す」 Ⓢ hāsaka-prekṣaṇa

笑弄 しょうろう 道化師。「俳優・伎楽・笑弄・倡逸などの所に於て博弈戯などに耽楽す」 Ⓢ vidūṣaka

商 しょう あきない。商業。取引。貿易。世俗的な営みの一つ。商估・商賈とおなじ。Ⓢ vaṇijyā

商估 しょうこ あきない。商業。取引。貿易。商・商賈とおなじ。 Ⓢ vaṇijyā: vāṇijya

商估工業 しょうこくごう あきないという営み。十二種の工業の一つ。→工業
(参考)(『瑜伽』15、大正 30・361b)

商賈 しょうこ あきない。商業。取引。貿易。商・商估とおなじ。営農(農業)・行船(船の仕事)などと並んで世間の事業の一つにあげられる。 Ⓢ vaṇijya: vaṇijyā

商主 しょうしゅ ①隊商の隊長。商いの主。長者と共に資産家としてあげられる。「財宝の饒なる長者と商主」
Ⓢ śreṣṭhin: sārtha-vāha
②菩薩の異名の一つ。 Ⓢ sārtha-vāha
(参考)(『瑜伽』46、大正 30・549b)

商人 しょうにん 商業を営む人。「仏が菩提樹下に於て商人の為に説法するを菩提樹下転法輪と名づく」「多くの商人が共に伴侶と為って能く険路を過ぎるがごとく、心心所法も亦た是の如し」 Ⓢ vāṇijya

商農 しょうのう 商業と農業
Ⓢ kṛṣi-vaṇijyā

商侶 しょうりょ 商いするともがら・仲間。「互に果と為る義に由って倶有因を立つ。商侶が相い依って共に険道を遊するが如し」
Ⓢ sārthika

唱 しょう となえること。さけぶこと。言うこと。「諸の劇苦を受けて、苦なるかな、と唱う」「彼の天衆は心に歓喜を生じて是の如き言を唱う」 Ⓢ **bhāṣ**

唱令家 しょうりょうけ 羊などを殺す屠殺者の家。唱令とは元来は罪人を引き回してその罪状を公衆に宣告することを意味する。それになぞらえて屠殺の行為を唱令という。僧(比丘・苾芻)が行ってはいけない場所(非所行処)の一つ。→非所行処
Ⓢ ghoṣa-gṛha
(参考)(『瑜伽』16、大正 30・386a~b):(『略纂』7、大正 43・99b~c)

捷慧 しょうえ 敏捷な智慧。
(出典) 捷慧者、速疾了知故。(『瑜伽』83、大正 30・761a)

捷利 しょうり ①かしこいこと。ずるがしこいことをも意味することがある。「捷利の女が、数、其の夫に於て分別の行を起こすが如し」「彼の悪行者は是の如き巧便ありて悪行を行ずると雖も、世間に其の悪を知らしめざるが故に捷利と名づく」 Ⓢ paṭu
②言葉・音声が鋭く明晰であること。「言音が勢速であるとは詞韻が捷利なるを謂う」「仏の言は捷利にして声韻に過なし」

捷利勝解 しょうりしょうげ 九種の勝解の一つ。→勝解②

渉 しょう ①歩いてわたること。行くこと。「同法者の所に往詣する、或いは道路を渉る、是の如き等の類を説いて名づけて行と為す」「稠林を渉れば悪獣の恐畏あり」
Ⓢ prati-**pad**
②かかわること。関係すること。「他心智と尽無生智とは勝義の摂なりと雖も、世俗に渉る」 Ⓢ bhajana

渉入 しょうにゅう 互いに関係し合っていること。「所生の果色は因の極微の中に渉入す」「一味の団が更相に渉入して一切処に遍ずるが如し」

清 しょう きよらかであること。「諍処が雪なるが故に清と名づけ、違越なきが故に浄

と名づく」 Ⓢ śuddha

清潔 しょうけつ きよらかで汚れがないこと。「清潔にして荘厳なる園林あり」「其の身の内外は皆な悉く清潔にして臭穢あることなし」 Ⓢ śuci

清虚 しょうこ きれいでうつくしいこと。「園林・池沼が悉く皆な具足し清虚にして、楽うべき処所は見る者の心をして能く清浄を生ぜしむ」 Ⓢ śubha

清浄 しょうじょう きよらかなさま。種々の意味に用いられ、相当する原語も次のように多種ある。「清浄（accha）な功徳水」「正語・正業・正命とは清浄（pariśuddha）なり」「清浄（pariśuddha）にして鮮白な妙智見」「一切の麁重が悉く皆な息滅して所依の清浄（pariśuddhi）を随得触証す」「奢摩他が清浄（pari-**śudh**: vi-**śudh**）になれば、身安・心安が増長広大す」「其の心、清浄（pra-**sad**）にして、施し已って悔なし」「清浄（prasāda）なる色にして眼識の所依を眼という」「上妙にして清浄（viśada）な肴饌・飲食」「清浄（viśuddha）な慧」「所依・所縁・心・智の四つの清浄（viśuddhi）」「雑染な事と清浄（vyavadāna）な事」「上妙にして清浄（śuci）な香水」「清浄（śuddha: śuddhi）な意楽」。また、清浄を定義したものとしては、「現法中に於て必ず欲と影とを離れて寂滅・寂静・清涼・清浄なり。此の中、余依永滅するが故に清浄と説く」「自性解脱の故に清浄といい、相続解脱の故に鮮白という」「若し有学に在れば無漏に由るが故に説いて清浄と名づけ、若し無学に在れば相続の浄なるが故に説いて鮮白と名づく」「清浄の義とは煩悩雑染・業雑染・生雑染の三種の雑染から離繫した菩提分法なり」などがある。種類としては、時分清浄・他信清浄・正行清浄の三種（『瑜伽』8、大正 30・317a）、名清浄・語清浄・自性清浄・形相清浄の四種（『瑜伽』74、大正 30・708c）、如来の一切種清浄としての一切種所依清浄・一切種所縁清浄・一切種心清浄・一切種智清浄の四種（『瑜伽』49、大正 30・568c）、依止清浄・境界清浄・心清浄・智清浄の四種（『集論』7、大正 31・691b）、戒清浄・心清浄・見清浄・度疑清浄・道非道智見清浄・行智見清浄・行断智見清浄の七種（『瑜伽』94、大正 30・838a）が説かれる。 Ⓢ accha: pariśuddha: pariśuddhi: pari-**śudh**: pariśodhanā: pra-**sad**: prasāda: viśada: viśuddha: viśuddhi: vi-**śudh**: vyavadāna: śuddha: śuddhi

清浄戒 しょうじょうかい ①けがれがない戒。無漏の戒。悪業と煩悩とのけがれを離れる戒。四つの戒（怖畏戒・希望戒・順覚支戒・清浄戒）の一つ。

Ⓢ pariśuddhaṃ śīlam

（出典）清浄戒、謂、無漏戒。彼能永離業惑垢故。（『倶舎』18、大正 29・97c）

②菩薩の清浄戒。次の十種からなる。（ⅰ）初善受戒。正しい目的をもって受ける戒。生活のためではなくて最高のさとり（阿耨多羅三藐三菩提）を目指して受ける戒。（ⅱ）不太沈戒と不太挙戒。不太沈戒とは過度に心が沈まない戒。過失や罪を犯したときにわずかにしか後悔しないことを離れること。太挙戒とは過度に心が高ぶらない戒。過失や罪を犯したときに不適当に後悔することを離れること。（ⅲ）離懈怠戒。なまけて善を行なわないこと（懈怠）を離れる戒。眠る楽、よりかかる楽、臥す楽、への執着を断ち、昼夜にわたって修行すること。（ⅳ）離諸放逸所摂受戒。悪を防ぎ善を行なわないことにおいてなまけること（放逸）を離れる戒。罪を犯さず善を行なおうとする心（不放逸）を修すること。（ⅴ）正願戒。正しくねがう戒。利益や名誉（利養・恭敬）をむさぼることを離れること。天に生まれることをねがわずに清らかな行為（梵行）を修すること。（ⅵ）軌則具足所摂受戒。行為の規則を完全に身につける戒。立ち振る舞いにおいて、善を修することにおいて、身体的・言語的行為が正しい規則にのっとっていること。（ⅶ）浄命具足所摂受戒。正しい生活を営む戒。人をだますなどのあやまった生活を離れること。（ⅷ）離二辺戒。二つの極端なありようを離れる戒。一方は欲と快楽に生きる（欲楽行）、他方は自らを苦しめて生きる（自苦行）という二つの極端な生き方を離れること。（ⅸ）永出離戒。一切の外道のよこしまな見解を離れる戒。（ⅹ）先所受無損失戒。以前に受けた菩薩の戒を完全にまもり、それを破ることがない戒。

（参考）（『瑜伽』42、大正 30・522c）

清浄業 しょうじょうごう きよらかな行為。たとえば三浄業・三牟尼業がある（→各項参

照)。浄業ともいう。染汚業の対。→染汚業
(参考)(『雑集論』8、大正 31・731b)

清浄資具　しょうじょうしぐ　清浄な資具。祭式に用いられる草(吉祥草)、薬用に用いられるビルバ樹の実(頻螺果)、ほら貝(螺貝)、瓶などの生活のための道具。→資具
Ⓢ śuddhi-upakaraṇa
(出典)清浄資具者、謂、吉祥草・頻螺果・螺貝・満瓮等事。(『瑜伽』5、大正 30・299a)

清浄色　しょうじょうしき　感官を構成する清浄な物質。身体を構成する感官(根)のなかで第一次的な感官である勝義根を造る特別の物質(色)のこと。色の三種のありよう(清浄色・清浄所取色・意所取色)の一つ。浄色ともいう。→浄色「眼根とは四大種の所造にして眼識の所依たる清浄色を謂う」「眼などは各別の清浄色を以って自相と為す」
(出典)自相復有三種。一清浄色、二清浄所取色、三意所取色。謂、四大種所造、五識所依、五清浄色、眼処摂、名清浄色。(『瑜伽』65、大正 30・660c)

清浄種子　しょうじょうしゅうじ　一切の種子を四種の種子(世間種子・出世種子・不清浄種子・清浄種子)に分けるなかの一つ。世間清浄種子と出世間清浄種子との二種に分かれ、前者は色界と無色界の現象を生じる清浄の種子、後者は声聞・独覚・菩薩の三乗とその果とを証する八聖道を生じる種子をいう。→種子②
(出典)清浄種子復有二種。一世間浄、二出世間浄。色無色繋諸行種子、名世間浄。能証三乗及三乗果八聖道等所有種子、名出世浄。(『瑜伽』14、大正 30・348c)

清浄所取色　しょうじょうしょしゅしき　清浄色(感官を構成する清浄な物質)によって認識される色。眼根・耳根・鼻根・舌根・身根の対象である色・声・香・味・触の五つ(五境)をいう。色の三種のありよう(清浄色・清浄所取色・意所取色)の一つ。
(出典)諸色自相復有三種。一清浄色、二清浄所取色、三意所取色。(中略)色等五境、同分清浄色之境界、名清浄所取色。(『瑜伽』65、大正 30・660c)

清浄勝解　しょうじょうしょうげ　九種の勝解の一つ。→勝解②

清浄信　しょうじょうしん　きよらかな信仰心。「如来所証の正法毘奈耶の中に於て清浄信を得て、居家は迫迮し、猶、牢獄の如し、と了知して出離を思求す」「清浄信を発して此の経典は是れ如来の説なり、是れは甚深なり、と信ず」

清浄真如　しょうじょうしんにょ　→七真如

清浄世界　しょうじょうせかい　きよらかな世界。仏のみが証する心境。
(出典)有清浄世界、非苦諦摂、非業煩悩力所生故、非業煩悩増上所起故。然由大願清浄善根増上所引、此所生処不可思議、唯仏所覚。尚非得静慮者静慮境界、況尋思者。(『集論』3、大正 31・674b)
(参考)(『同学鈔』49、大正 66・438c 以下)

清浄世間智　しょうじょうせけんち　根本無分別智(真理をさとる分別なき智慧)の後で獲得し世間のなかで働くきよらかな智慧。後得智・後得清浄世間智・後得世俗智・後所得世間智・後所得世俗智とおなじ。「出世は是れ無分別智にして後得は即ち是れ清浄世間智なり」

清浄道　しょうじょうどう　①さとりへのきよらかな道。仏教では四行跡をいい、外道では六十二行跡をいう。→四行跡
(出典)六十二行跡者、如正法中説四行跡、名清浄道。如是外道説六十二行跡、名清浄道。(『婆沙』198、大正 27・991c)
②道諦の三つ(資糧道・方便道・清浄道)の一つ。見道・修道・究竟道の三つの道における一切の菩提分法をいう。あるいは六波羅蜜多のなかの般若波羅蜜多をいう。
(出典)云何道諦。謂、資糧道、若方便道、若清浄道、如是一切、総略為一説、名道諦。(中略)清浄道者、謂、於見道修道究竟道中、即彼所摂所有一切菩提分法。(中略)清浄道者、謂、般若波羅蜜多所摂。此約最勝説、非不一切菩提分法皆遍修習。(『瑜伽』64、大正 30・655c)
③次の四つの修行・生き方。(ⅰ)正しい教えをくりかえし実践して心を静めて思慮する。(ⅱ)善い友と親しくまじわる。(ⅲ)戒をまもる、感官を制御する、少ない欲をもつ、などによって心を磨く。(ⅳ)独り静かな場所に居住して奢摩他・毘鉢舎那を実践し、その安楽を連れとする。
(出典)彼諸法、由清浄道、後方清浄。此清浄道、当知、復有四種差別。一者習近正法、

正審静慮。二者親事善友。三者以尸羅根護、少欲等法熏練其心。四者独処空閑、用奢摩他毘鉢舎那、勝正安楽以為翼従。(『瑜伽』86、大正30・781a～b)

清雪　しょうせつ　ぬぐうこと。洗い清めること。「悪声・悪称・悪誉を清雪す」
Ⓢ pari-**hṛ**

清旦　しょうたん　すがすがしい朝。「清旦の時に師より戒を受け、明の清旦に至って律儀を便ち捨す」

清徹　しょうてつ　きよらかですきとおっていること。「末尼宝が遍く光明を発するが如く、天眼の根の光明は清徹にして自然に遍照す」「仏の眉間の白毫の光明は清徹なり」

清白　しょうびゃく　きよらかでけがれがないこと。「寿が尽きるまで清白なる梵行を修す」「三摩地に依止するが故に其の心は清白なり」

清美　しょうみ　きよらかでうつくしいこと。「其の声は清美にして羯羅頻迦の音の如し」

清冷　しょうりょう　水のきよくつめたいありよう。「其には花果は茂盛し、草木は青翠にして、泉池は清冷なり」「鬼などにとっての膿河、魚などにとっての宅路、天にとっての宝厳地、人にとっての清冷なる水、などの一切の法は唯だ心が変じたものなり」

清亮　しょうりょう　言葉や声が澄んではっきりしていること。「言音は清亮にして和雅なること、妙音鳥なる羯羅頻迦を過えたり」「言詞は威粛にして清亮たり」
Ⓢ ānucchavika

章　しょう　主語・述語からなる文章。たとえば「諸行は無常なり」という文をいう。広い意味での言葉を意味する名・句・文のなかの句の言い換え。→名句文　Ⓢ vākya
(出典) 句者、謂、章、詮義究竟、如説諸行無常等章。或能辯了業用徳時相応差別。此章、称句。(『倶舎』5、大正29・29a)

章門　しょうもん　区分。部門。段落。「若し章門を立てざれば義の顕れることを得るに由なきこと、彩画者が虚空に彩画すること能わざるが如し」

紹師　しょうし　仏教の教え(聖教)をついで後世に伝える人。釈尊の直接の弟子である舎利子などをいう。伝説者ともいう。
(出典) 紹師、即是第一弟子、如彼尊者舎利子等。(『瑜伽』83、大正30・760a)

訟　しょう　あらそい。うったえ。「諸の有情は等意楽の増上力の故に互に相違せず、諍なく、訟なく、亦た乖離せず」

勝　しょう　すぐれる、よりすぐれる、最もすぐれる、まさる、卓越する、最高である、勝つ、力強い、多い、などの種々の意味に用いられ、相当する原語も次のように多種ある。「劣に於て勝(agra)と謂うを名づけて見取と為す」「前生の勝れた(adhimātra)無漏法」「他心智は勝(utkrānta)と去来との心を知らず」「勝(uttama)と上と中と下」「勝(ucchrita)と劣」「勝れた(uttara)解脱を希求す」「諍と陣とにおける勝(jita)」「諸天と非天と共に戦諍するとき、若し非天が勝(**ji**)を得れば非天宮に入る」「仏は他心智を以って勝れた(para)心を了知す」「無色界は定も勝れ(paratva)、生も勝るるが故に上の言を説く」「仏法僧に於て勝れたる(parama)供具を以って承事し供養す」「業を発する心は方に勝れたり(prakṛṣṭataratva)」「若しくは勝れた(praṇīta)、若しくは劣った色」「菩薩所摂の善法は余の一切所摂の善法に比べて因果が倶に勝れたり(praviśiṣṭa)」「勝(pradhāna)に就いて言を為す」「色界の色は勝れたる(pradhānatva)が故の但だ色を言う」「慧が勝れたる(prādhānya)が故に且らく十力は慧を自性と為すと説く」「欲界の中では悪が善に勝る(balavattva)」「施して福の勝(bahutara)を獲る」「自らが愛楽するところの勝れたる(vara)有情聚」「輪王と独覚と仏世尊とは業と智とが倶に勝れたり(viśadatva)」「劣に於て己を謂いて勝(viśiṣṭa)と為す」「一法として涅槃に勝れたる(viśiṣṭatara)ものなし」「菩薩は一切の声聞・独覚に勝れたり(viśeṣa)」「勝れたる(vega)煩悩によって殺縛などの諸の不善業を作す」「初発心の菩薩所摂の善法は余の一切所摂の善法に比べて因の勝(vaiśeṣya)と果の勝とに二勝あり」「勝れたる(śreṣṭha)真実義」「他に勝つ(spardhā)」
Ⓢ agra: adhimātra: ucchrita: utkrānta: uttama: uttara: **ji**: jita: jina: para: praṇīta: paratva: parama: praviśiṣṭa: pradhāna: pradhānatva: prādhānya: balavattva: bahutara: vara: viśadatva: viśiṣṭa: viśiṣṭatara:

viśeṣa: vega: vaiśeṣya: śreṣṭha: spardhā

勝果 しょうか 修行によって獲得されたすぐれた結果。菩提と涅槃の二つをいう。→菩提 →涅槃 Ⓢ viśeṣa-phala

勝過人法 しょうかにんぼう →上人法

勝義 しょうぎ ①最高の対象・もの。最高の真理・真実。すべての存在するものに遍在する存在の本性。究極の存在。「義」にあたる原語 artha には、対象・もの・真理・目的・価値などの種々の意味があり、勝義の「義」はそれらすべてを含んだ語である。勝にあたる原語 parama の「最高」という意味を第一と訳して第一義ともいう。〈唯識〉は、勝義・第一義は究極的には真如であると説く。また三性でいえば円成実性にあたる。究極的には言葉では表現できないもの。真如・実際・無相・法界・空性などの同義語と並記されることがある。世俗の対。Ⓢ parama-artha

②三種の勝義。(i)義勝義(対象としての勝義。勝れた智慧である根本無分別智の対象としての真如をいう)。(ii)得勝義(獲得されたものとしての勝義。涅槃をいう)。(iii)行勝義(実践行としての勝義。さとりに至る道である聖道をいう)。

(出典)勝義有三。一義勝義、謂、真如、勝之義故。二得勝義、謂、涅槃、勝即義故。三行勝義、謂、聖道、勝為義故。(『成論』8、大正 31・47c)

③四重の二諦(世俗諦・勝義諦)の勝義。→四重二諦

④形容詞・副詞などとして用いられ、真、本当、真の意味、最高、第一次的、などを表す語。第二次的、俗的、などを表す世俗に対する語。「勝義の阿毘達磨と世俗の阿毘達磨」「勝義の苾芻」「勝義の苦と世俗の苦」「勝義としての有と世俗としての有」

Ⓢ parama-arthatas: parama-arthena: pārama-arthika

勝義阿毘達磨 しょうぎあびだるま 第一次的な、真の意味での阿毘達磨。涅槃に入らしめる無漏の慧(汚れのない智慧)とその智慧に付随する身的・心的な働きをいう。総じていえば、無漏の五蘊(煩悩がない色・受・想・行・識の五つの蘊)をいう。第二次的な意味での世俗阿毘達磨に対する語。→世俗阿毘達磨 Ⓢ pārama-arthika-abhidharma

(出典)何謂対法。頌曰、浄慧随行名対法及能得此諸慧論。論曰。慧、謂、択法。浄、謂、無漏。浄慧眷属、名曰随行。如是総説無漏五蘊、名為対法。此則勝義阿毘達磨。若説世俗阿毘達磨、即能得此諸慧及論。(『倶舎』1、大正 29・1b)

勝義有 しょうぎう ①二種の有(世俗有・勝義有)の一つ。世界を言葉が通用する世俗の世界と言葉が通用しない真実の世界に分けたうちの真実の世界にあるもの、あるいはそのようなありようをいう。たとえば、五事(相・名・分別・真如・正智)のなかでは、分別は世俗有であり、正智は勝義有である(『瑜伽』72、大正 30・696b)。あるいは雑染所縁(汚れた対象)が世俗有であり、清浄所縁(清らかな対象)が勝義有である(『集論』2、大正 31・667a)。

②三種の有(実有・仮有・勝義有)のなかの一つ。勝義という存在。最高の真理。すべての存在するものに遍在する存在の本性。究極の存在。本来的には言葉では表現できないが仮に説いて勝義という。同義語として法性・真如・実際・空・無我などがある。→勝義①

(出典)若略説有三種有。一者実有、二者仮有、三者勝義有。(中略)云何勝義有。謂、於其中、一切名言、一切施設、皆悉永断、離諸戯論、離諸分別、善権方便、説為法性真如実際空無我等。(『瑜伽』100、大正 30・878c〜879a)

勝義苦 しょうぎく そのありようを知ることが難しい人と天との二趣の苦をいう。そのありようが知りやすい地獄・餓鬼・畜生の三悪趣の苦を世俗苦というのに対する。→世俗苦 Ⓢ pārama-arthika-duḥkha

(出典)三悪趣苦、相状易知、名世俗苦。人天趣苦、微隠難了、聖智所知、名勝義苦。(『略纂』4、大正 43・61a)

勝義空 しょうぎくう 最高の真理・真実(勝義)も非存在であるという理。この理をさとることによって勝義という教理への執着を除くことができる。

(出典)有十種相、空能除遣。何等為十。(中略)八者了知相真如義故、有補特伽羅無我相法無我相、若唯識相及勝義相、此由畢竟空無性空無性自性空及勝義空、能正除遣。(『解深』3、大正 16・701a)

勝義根 しょうぎこん まさしく真実の根。

根とは身体を構成する感官をいい、物質的な感官として眼根・耳根・鼻根・舌根・身根の五つがある。根は勝義根と扶塵根とに分かれ、まさしく真実の根を勝義根という。光を放つ宝珠のような浄色（きよらかな特殊な物質）から造られているから浄色所造という。これに対して扶塵根とは極微（原子）から構成される物質的な感官をいい、たとえば、眼についていえば角膜・水晶体・網膜などから構成される眼の感官をいう。扶塵根が第二次的な感官であるのに対して、勝義根は第一次的な感官、正しい根、まさしく根であるということから正根ともいう。➡扶塵根

勝義正法 しょうぎしょうぼう 勝れた真の意味での正しい教え。さとりに導く聖道である三十七菩提分法をいう。二つの正法（世俗正法・勝義正法）の一つ。➡世俗正法
（出典）有二種正法。一世俗正法、二勝義正法。世俗正法、謂、名句文身、即素怛纜・毘奈耶・阿毘達磨。勝義正法、謂、聖道、即無漏根力覚支道支。（『婆沙』183、大正 27・917c）

勝義勝義 しょうぎしょうぎ ➡四重二諦

勝義摂 しょうぎしょう 勝義（存在の真理・真実である真如）に属するもの。「他心智と尽無生智との二智は勝義摂なりと雖も世俗にも渉る」
（出典）勝義摂、謂、諸蘊等真如相所摂。（『瑜伽』54、大正 30・596c）：勝義摂者、謂、諸法無常苦不浄空無我真如所摂。（『雑集論』16、大正 31・770b）

勝義世俗 しょうぎせぞく ➡四重二諦

勝義善 しょうぎぜん 四種の善（自性善・相応善・等起善・勝義善）の一つ。最高の善。涅槃（真解脱・善無為）のこと。〈唯識〉では真如をいう。第一義善ともいう。
Ⓢ parama-artha-kuśala
（出典）勝義故者、謂、勝義善、即是涅槃安隠故名善。（『婆沙』51、大正 27・263a）：勝義善者、謂、涅槃安隠故名善。（『婆沙』144、大正 27・741a）：勝義善者、謂、真解脱。以涅槃中最極安隠衆苦永寂、猶如無病。（『倶舎』13、大正 29・71a）：第一義善者、謂、真如。（『雑集論』3、大正 31・709a）：勝義善、謂、善無為。（『述記』3 末、大正 43・334b）

勝義相 しょうぎそう 最高の真理のありよう。存在するものすべてに遍在する存在の本性のありよう。二元対立のない智慧（出世間智）の対象のありよう、言葉では決して表現できない（離言説・非安立）ありようをいう。〈唯識〉では七真如をいう。➡七真如
Ⓢ parama-artha-lakṣaṇa
（出典）何等名為自相有法。当知、此法略有三種。一勝義相有、二相状相有、三現在相有。勝義相有者、謂、諸法中離言説義、出世間智所行境界、非安立相。（『瑜伽』16、大正 30・361c）：曼殊室利、若於是処、我以十一種相、決了分別顕示諸法、是名本母。何等名為十一種相。一者世俗相、二者勝義相。（中略）勝義相者、当知、宣説七種真如故。（『解深』5、大正 16・709a）

勝義諦 しょうぎたい ①二諦（世俗諦と勝義諦）のなかの一つ。最高の真理。〈倶舎〉は勝義諦として四諦の真理を説き、〈唯識〉はそれに真如の真理を加えて、四諦の真理を見ることによって「自己」へのとらわれ（我執）に由来する煩悩障から解脱し、真如の理を見ることによって「もの」へのとらわれ（法執）に由来する所知障から解脱すると説く。世俗諦の対。言葉が通用する世俗諦と言葉が通用しない勝義諦との両方を考慮して真理を説くところに仏教の真理観の特徴がある。Ⓢ parama-artha-satya
（参考）（『瑜伽』92、大正 30・824c）
②〈唯識〉の所説。四重二諦説の勝義諦。〈唯識〉では勝義諦を階層的に次の四つに分類する。（i）世間勝義（五蘊・十二処・十八界）。（ii）道理勝義（苦諦・集諦・滅諦・道諦の四諦）。（iii）証得勝義（我空と法空によって顕れる真如）。（iv）勝義勝義（一真法界）。➡四重二諦
（出典）勝義諦、略有四種。一世間勝義、謂、蘊処界等。二道理勝義、謂、苦等四諦。三証得勝義、謂、二空真如。四勝義勝義、謂、一真法界。（『成論』9、大正 31・48a）
③〈倶舎〉の所説。ものごとの存在の度合いを表す語としての勝義諦。この場合の諦の原語は「ある・存在する」という意味の sat である。たとえば、原子（極微）にまで分析すると瓶という物はなくなるが、それでも瓶という知覚は依然として残るから、その意味で瓶というものは勝義諦である、すなわち真実に存在するという。Ⓢ parama-artha-sat

(出典) 彼物覚、彼破、不無、及慧析余、彼覚仍有。応知、彼物名勝義諦。如色等物砕至極微、或以勝慧析除味等、彼覚恒有。受等亦然。此真実有故、名勝義。依勝義理、説有色等、是実非虚、名勝義諦。(『倶舎』22、大正29・116b)
④真、本当、真の意味、最高、第一次的、などの意味を表す語。第二次的、俗的、などを表す世俗諦の対の概念。たとえば「勝義諦に依って有為の相を顕し已って、今、世俗諦に依って有為の相を顕さんと欲す」「世俗諦に由れば作者・受者はあり、勝義諦に由れば作者・受者はなく、唯だ因果があるのみ」と説かれる。

勝義諦教　しょうぎたいきょう　最高の教え。小乗で説く四聖諦という真理に加えて、勝義諦である真如という真理をも説く大乗の教えをいう。世俗諦教の対。十二種の教導の一つ。→世俗諦教　→教導
(出典) 勝義諦教者、謂、四聖諦教、及真如・実際・法界等教。(『瑜伽』64、大正30・654c)

勝義智　しょうぎち　①勝義の智。最高に勝れた智慧。世俗智に対する語。「問う。何が故に此の論を発智と名づくや。答う。諸の勝義智は皆な此れより発り此れを初基と為すが故に発智と名づく」
②勝義を見る智。真理を見る段階(見道)で生じる智慧。「勝義智とは是れ見道の智なり」

勝義道理　しょうぎどうり　真実の第一義的な道理。世間一般の道理である世俗道理の対。たとえば、「あるものを眼が見るとき、世俗道理によれば眼を見者というが、勝義道理によれば見者など存在しなく眼を見者ということはできない」と説かれる(『瑜伽』56、大正30・610a)。

勝義苾芻　しょうぎびくしゅ　真の意味での出家者。真理を見た段階(見道)以後の聖者をいう。世俗苾芻の対。
(出典) 依勝義苾芻密意作是説者、説一切有部答。苾芻有二。一世俗苾芻、謂、諸異生。二勝義苾芻、謂、諸聖者。(『倶舎論記』15、大正41・236a)

勝義不善　しょうぎふぜん　四種の不善(自性不善・相応不善・等起不善・勝義不善)の一つ。根本的な意味で善くないもの。最高の善である涅槃・真如の対極にあるもので、煩悩を有し生死流転する存在すべてをいう。第一義不善ともいう。勝義善の対。→勝義善
Ⓢ parama-arthena akuśalaḥ
(出典) 勝義不善、謂、生死法。由生死中諸法、皆以苦為自性、極不安隠、猶如痼疾。(『倶舎』13、大正29・71b):何等勝義不善。謂、一切流転。(『集論』2、大正31・669c):勝義不善、謂、有漏法。(『述記』3末、大正43・334b)

勝義無　しょうぎむ　世間のなかで言葉によって仮に立てられたもの。言葉を超えた真理の世界(勝義)からみれば存在しないという意味での無をいう。無法すなわち五つの存在しないもの(未生無・已滅無・互相無・勝義無・畢竟無)の一つ。
(参考)(『瑜伽』16、大正30・362c)

勝義無記　しょうぎむき　十四の無記(自性無記・相属無記・随逐無記・発起無記・勝義無記・生得無記・加行無記・現前供養無記・饒益無記・受用無記・引摂無記・対治無記・寂静無記・等流無記)の一つ(『集論』2、大正31・669c〜670a)。あるいは四種の無記(能変無記・所変無記・分位無記・勝義無記)の一つ(『述記』3末、大正43・334b)。無為のなかの虚空と非択滅とをいう。→虚空②　→非択滅
(出典) 何等勝義無記。謂、虚空・非択滅。(『集論』2、大正31・669c)

勝義無自性　しょうぎむじしょう　→勝義無性

勝義無自性性　しょうぎむじしょうしょう　→勝義無性

勝義無性　しょうぎむしょう　三無性(相無性・生無性・勝義無性)の一つ。三性のなかの円成実性の否定的側面を表す語。円成実性である勝義(存在するものすべてに遍在する最高の真理)は遍計所執(言葉で考えられ執着されたもの)である我(自己)と法(もの)とが無いことであるから勝義無性という。勝義無自性・勝義無自性性ともいう。→三無性
(出典) 依後円成実、立勝義無性。謂、即勝義、由遠離前遍計所執我法性故、仮説無性、非性全無。如太虚空、雖遍衆色、而是衆色無性所顕。(『成論』9、大正31・48a)
(参考)(『解深』2、大正16・694a)

勝義楽　しょうぎらく　真実の楽。すべての

煩悩の可能力と苦とが断じられた無漏界（汚れなき世界）の楽をいう。「無漏界の中においては一切の麁重と諸の苦が永断す。是の故に唯だ此れのみが勝義楽にして所余の一切は是れ苦なり」（『瑜伽』4、大正 30・298a）。「勝義楽に由って当に是れ楽なりと言うべし。受楽に由るに非ざるを説いて名づけて楽と為す。何を以っての故に。一切の煩悩と及び所生の苦を、皆な、超越するが故なり」（『瑜伽』80、大正 30・748b）。
Ⓢ parama-artha-sukha

勝行 しょうぎょう ①勝れた修行。修行の五つの段階（五位の修行）の最初の段階（資糧位）で修せられる修行。福徳による修行と智慧による修行との二種に分かれる。あるいは自利行と利他行の二種に分かれる。
（参考）（『成論』9、大正 31・49a）
②十六勝行の勝行。→十六勝行
③十勝行の勝行。十波羅蜜多のこと。→十波羅蜜多

勝解 しょうげ ①別境の心所（細かい心作用）の一つ。ある対象を疑いをもつことなく「これはこれであってあれではない」と決定的に理解するこころ。決定的に理解することは信じることにつながる。したがって勝解は信解とも訳される。勝解・信解（原語 adhimukti）の解は原語が mukti であるから解脱の意味である。したがって、決定的に理解して信じることが、すでに最終的な解脱に近いすぐれた解脱に至ったことを意味する。この勝解の心は確固で不動な理解であるから、反対者の反論に対しても決して自己の信念や主張を引き込めることがない。その点を「勝解は引転すべからざるを業となす」という。印可・印持・印解・決定と言い換えられる。 Ⓢ adhimukti
（出典）勝解、謂、能於境印可。（『倶舎』4、大正 29・19a）：勝解者、於決定事随所決定印持為体、不可引転為業。随所決定印持者、謂、是事必爾、非余、決了勝解。（『雑集論』1、大正 31・697b）：云何勝解。於決定境印持、為性、不可引転、為業。（『成論』5、大正 31・28b）：勝解者、即決定義。（『述記』9末、大正 43・563a）
②心のなかにある影像なりイメージを思い描くこと。種類としては、たとえば、次の九種が説かれる（『瑜伽』28、大正 30・438c以下）。（i）有光浄勝解（prabhāsvara-adhimokṣa）。清らかな光明を心のなかに思い描くこと。（ii）無光浄勝解（aprabhāsvara-adhimokṣa）。光明を思うことができず逆に暗やみを思い描くこと。（iii）遅鈍勝解（jaḍa-adhimokṣa）。さとりへの能力が劣っている人（鈍根）の勝解。（iv）捷利勝解（paṭu-adhimokṣa）。さとりへの能力が勝れている人の勝解。（v）狭小勝解（parītta-adhimokṣa）。小さな信（真理を信じるこころ）と欲（真理を欲するこころ）と共に働く勝解、および、小さな対象を思い描く勝解。（vi）広大勝解（mahad gata-adhimokṣa）。広大な信と欲と共に働く勝解、および、広大な対象を思い描く勝解。（vii）無量勝解（apramāṇa-adhimokṣa）。限りがない無量の信と欲と共に働く勝解、および、無量の対象を思い描く勝解。（viii）清浄勝解（pariśuddha-adhimokṣa）。すでに修行が完成してこころが清浄になった人の勝解。（ix）不清浄勝解（apariśuddha-adhimokṣa）。いまだ修行が完成せずこころが清浄でない人の勝解。 Ⓢ adhimokṣa

勝解行地 しょうげぎょうじ 菩薩の七地（菩薩が如来に成るまでの深まりいく七つの段階）の第二。勝解すなわち真理（四諦・真如）への決定的な理解をもって修行する段階。十三住の勝解行住にあたる。〈唯識〉の五位の修行段階のなかの資糧位と加行位とを含んだ呼称。解行地ともいう。→十三住
Ⓢ adhimukti-caryā-bhūmi
（参考）（『瑜伽』49、大正 30・565a）

勝解行住 しょうげぎょうじゅう 発心してから仏陀すなわち如来になるまでの十三の段階・心境（十三住）の第二。勝解すなわち真理（四諦・真如）への決定的な理解をもって修行する段階。 Ⓢ adhimukti-caryā-vihāra
（参考）（『瑜伽』47、大正 30・553a 以下）

勝解行菩薩 しょうげぎょうぼさつ 修行の進展過程に随って五種に菩薩を分類したもの（勝解行菩薩・増上意楽行菩薩・有相行菩薩・無相行菩薩・無功用行菩薩）の一つ。勝解行地（真理への決定的な理解をもって修行する段階）に住する菩薩。菩提を得ようという願いを起こしてからいまだ十地の最初の真理を証する極歓喜地に入っていない菩薩をいう。

(出典) 勝解行菩薩者、謂、住勝解行地中、成就菩薩下中上忍、由其安住菩薩種姓、始従発大菩提願、乃至未入極歓喜地、未得出世真実内証故、名勝解行菩薩。(『雑集論』13、大正 31・756a)

勝解作意 しょうげさい ①三種の作意(自相作意・共相作意・勝解作意)の一つ。あるいは真実作意に対する作意。不浄観・持息念などにおいて、心のなかに対象のイメージ・影像を作り出して、それに思考をこらすこと。→真実作意 Ⓢ adhimukti-manaskāra

(出典) 勝解作意者、如不浄観・持息念・解脱勝処・遍処等倶生作意。(『婆沙』82、大正 27・423a):勝解作意、謂、不浄観、及四無量、有色解脱勝処、遍処、如是等観相応作意。(『倶舎』7、大正 29・40a):勝解作意者、謂、修静慮者、随其所欲、於諸事相、増益作意。(『瑜伽』11、大正 30・332c)

②七種の作意(了相作意・勝解作意・遠離作意・摂楽作意・観察作意・加行究竟作意・加行究竟果作意)の第二番目の作意。心のなかに対象のイメージ・影像を作りだしてそれを思考すること。まえの了相作意の思考では言葉によって聞き、言葉で考えることがまじっていたが、この段階では言葉を用いずにただ止観のみを修するようになる。→七種作意 Ⓢ ādhimokṣiko manaskāraḥ

(参考)(『瑜伽』33、大正 30・466b):(『雑集論』9、大正 31・736c)

勝解神通 しょうげじんずう ある対象を欲するがままに自在に心のなかに作り出すことができるという超能力。遠くのものや場所でも近くであると思えばそれを得る、あるいはそこに至ることができるという超能力。神境智証通の一つ。勝解神用ともいう。

(出典) 勝解、謂、極遠方作近思惟、便能速至。(『倶舎』27、大正 29・144a)

勝解神用 しょうげじんゆう →勝解神通

勝解大性 しょうげだいしょう 大乗が大乗といわれる所以の七つの偉大性の一つ。→七大性

勝根 しょうこん ①さとりへの勝れた能力。劣根の対。「勝根を修し善友に親近す」「退位中の阿羅漢は勝根を退いて劣根に住す」

②根とは感官をいい、身体に感官が欠けていないことをいう。「彼の菩薩は恒に勝根を具し、恒に男身を受け、尚、女と為らず」 Ⓢ avikala-indriya

勝事 しょうじ ①他に比べて勝っている事柄。「五趣に皆な法爾の勝事あり。謂く、傍生趣中には能く空を飛び雲雨を興すなどのことあり。余の趣はしからず」「若し意地に任せば六の勝事ありて五識と共ならず」「他の勝事に於て妬忌を生ぜず、他の栄を嫉まず」 Ⓢ samucchraya

②勝れてめでたいこと。「諸仏が世に出現する時には勝事あり」

勝色 しょうしき 心にかなった物質。心地よく感じられる(可意)感覚の対象。劣色の対。 Ⓢ praṇīta

(出典) 非可意者、名劣色。所余、名勝色。(『倶舎』1、大正 29・4c):言劣色者、謂、声香味触、不可意色。与此相違、当知、勝色。(『瑜伽』12、大正 30・337a)

勝者 しょうしゃ ①〈唯識〉の所説。見道に入って阿頼耶識を証した菩薩のこと。あるいは見道以前・以後を問わず、すべての菩薩をいう。

(出典) 勝者、即諸菩薩衆。(『摂論釈・世』1、大正 31・324b):已入見道、諸菩薩衆、得真現観、名為勝者。彼能証解阿頼耶識、故我世尊、正為開示。或諸菩薩、皆名勝者。雖見道前未能証解阿頼耶識、而能信解求彼転依、故亦為説。(『成論』3、大正 31・14b～c):不問地上地前菩薩、皆名勝者。(『述記』4本、大正 43・350b)

②あることにおいて勝れている者。「聞思の二慧の串習に於る勝者」「神通に於る勝者と般若に於る勝者」

勝処 しょうしょ →八勝処

勝生 しょうしょう ①生まれ・家柄・血統。原語 abhijāti の abhi を勝、jāti を生と訳す。この場合の勝は「すぐれた」という意味ではなく「力強い」という程度を表す。そこを「威勢が強なるが故に勝と名づく」(『略纂』4、大正 43・54b)と定義される。黒勝生・白勝生・非黒非白勝生の三種がある(→各項参照)。 Ⓢ abhijāti

(参考)(『瑜伽』9、大正 30・320b～c)

②満迦葉波外道が説く六種の勝生。黒・青・黄・赤・白・極白の六種。黒勝生の類は屠膾(動物を屠殺して生計を立てている人)などの雑穢業者、青勝生の類は在家、黄勝生の類は出家、赤勝生の類は沙門・釈子、白勝生の

類は離繫、極白勝生の類は難陀我蹉末塞羯利瞿利子をいう。
（参考）（『婆沙』198、大正 27・992b）
③最勝生とおなじ。→最勝生

勝生道　しょうしょうどう　→最勝道

勝性　しょうしょう　ヴァイシェーシカ派（勝論）が説く、一切の存在・世界を生じる二大原理である prakṛti と puruṣa のなかの物質的な根本原理である prakṛti をいう。自性とも訳される。旧訳は冥性。 Ⓢ prakṛti
（出典）自性者、冥性也。今、名自性。古名冥性、今亦名勝性。未生大等、但住自己、名為自性。若生大等、便名勝性、用増勝故。（『述記』1 末、大正 43・252b）

勝奨者　しょうしょうしゃ　人びとが行なうべきことを行なうことを称讃する人。師（指導者）の種類をあげるなかの一人。
（出典）慶慰造作応作事故、名勝奨者。（『瑜伽』83、大正 30・760a）

勝上　しょうじょう　①勝れていること。「勝類とは即ち是れ四種の勝上の姓類をいう」
②さらに勝れていること。「彼彼の色法が展転・増益・勝上して生ず」「所作を作し已えて更に勝上の所応作事あり」

勝定　しょうじょう　すぐれた禅定（等持・等至）。色界と無色界での汚れがない禅定（無漏定）。「勝定の力に滋潤せらるるが故に色無色界には苦根なし」「定の中に在りて勝定が起こすところの軽安風ありて楽受を生ず」 Ⓢ samāpatti-viśeṣa
（出典）勝定者、謂、等持・等至。随諸禅無色無漏定。（『述記』10 本、大正 43・586c）

勝心　しょうしん　物質のない世界（無色界）の生きもの（有情）の心。三種の心（劣心・中心・勝心）の一つ。 Ⓢ praṇīta-citta
（出典）遍了知勝心、謂、生無色界、諸有情類諸所有心。（『瑜伽』37、大正 30・494c）

勝身　しょうしん　①すぐれた身体。「劣界中の勝身には亦た苦受あり。欲界の声聞及び独覚の大覚の如し」
②→勝身洲

勝身洲　しょうしんしゅう　四つの大陸（四大洲）の一つ。そこに住む人びとの身体が勝れているからこの名がある。東に位置するから東勝身洲ともいう。半月のような形をしている。原語 videha を音写して毘提訶洲ともいう。 Ⓢ videha-dvīpa
（出典）東勝身洲、東陿西広、三辺量等、形如半月、東三百五十、三辺各二千。（『倶舎』11、大正 29・58a）：毘提訶洲、此云勝身、身貌勝故。（『略纂』1、大正 43・16b）

勝進　しょうしん　①よりすぐれた過程・段階に修行を進めること。前進すること。「転還せざるが故に、退堕せざるが故に、常に勝進するが故に、名づけて無動と為す」「勝進を尋求して勇猛に加行す」「此の加行に由るが故に能く三摩地を転た更に勝進せしむ」 Ⓢ viśeṣa-gāmitva: viśeṣa-gāmin: viśeṣāya paraiti: vaiśeṣika
②→勝進道

勝進算数　しょうしんさんす　→算数②

勝進道　しょうしんどう　→四道

勝道　しょうどう　さとりに至るための勝れた道。よりすぐれた修行。「勝道は劣道のために因と為らず」「次後の、乃至、漸次に諦観などの後後の勝道に入るを無足精進と名づく」

勝道沙門　しょうどうしゃもん　四種の沙門（勝道沙門・説道沙門・活道沙門・壊道沙門）の一つ。煩悩を余すことなく断じ尽くした修行者。たとえば釈尊をいう。師匠なくして独りでさとる独覚もこの沙門に含まれる。
Ⓢ mārga-jina-śramaṇa
（参考）勝道沙門者、謂、仏世尊自能覚故。一切独覚応知亦然。（『婆沙』66、大正 27・341c）：諸善逝、名勝道沙門。（中略）諸善逝者、謂、已証得貪瞋癡等無余永尽。（『瑜伽』29、大正 30・446c）

勝導者　しょうどうしゃ　人びとの後悔や憂いを取り除く人。師（指導者）の種類をあげるなかの一人。
（出典）悪作・憂悔、皆能遣故、名勝導者（『瑜伽』83、大正 30・760a）

勝徳　しょうとく　修行によって獲得されたすぐれたもの・品格・力。「如来応正等覚の勝徳」

勝伏　しょうふく　打ち勝つこと。伏すること。「一切の煩悩及び随煩悩の衆魔を勝伏す」「一切の魔怨を勝伏する大威力」「一切の他論を勝伏せんと欲して広大にして無上なる論を宣揚す」 Ⓢ abhibhava

勝福徳者　しょうふくとくしゃ　刹帝利・婆羅門・長者など高貴で金持ちの家柄の人。
Ⓢ manuṣya-subhaga

勝分　しょうぶん　①勝れたものに属すること。「慈定に住する者は勝分の心を起こし、勝分の心には死生あるに非ず」「勝分の静慮に依止して浄天眼を発す」
Ⓢ viśeṣa-bhāgīya
②全分（全部・全体）に対する勝分。あるものの主要で本質的な部分。「有支を建立するに二種あり。一は勝分に就いて建立し、二は全分を建立す」 Ⓢ pradhāna-aṅga

勝品　しょうほん　勝れたグループ。能力を三つに分類（劣・中・勝、あるいは劣・等・勝）したなかの勝れたもののグループ。

勝妙　しょうみょう　①すぐれた、美しい、魅力的な、などを意味する形容句。「諸の仏身に常に勝妙なる威光あり」「勝妙なる無色界に於て生ずるを勝妙なる生と名づく」「外道の仙は、乃至、非想非非想処を獲得するも、少年、美妙なる形色、可愛の母邑などの勝妙なる境界に値遇して離欲より退く」「寂静なる処所にして勝妙なる房舎」 Ⓢ udāra: praṇīta
②下劣の対としての勝妙。すぐれていること。「欲界は是れ下劣にして色界と無色界とは是れ勝妙なり」

勝妙界　しょうみょうかい　①すぐれた世界。「尊勝界・細軽界・勝妙界は乃ち世第一法にあり」
②三乗（声聞・縁覚・菩薩）の素質を有していること。「三乗の聖種を闕く人を下劣界の性と名づけ、三乗の種姓ある者を勝妙界の性と名づく」

勝妙生　しょうみょうしょう　三界のなかの最も勝れた無色界に生まれること。あるいは最後に母胎に入ること。あるいは善なるものが生じること。十一種の生の一つ。→生⑤
（出典）若於勝妙無色界生、名勝妙生。（中略）最後入胎者、名勝妙生。（中略）諸善法及善果生、名勝妙生。（『瑜伽』52、大正 30・586b）

勝益語　しょうやくご　人びとに利益と安楽とを与える言葉。愛語の一つ。→愛語
Ⓢ upakāribhūta-vāc
（参考）（『瑜伽』43、大正 30・530a）

勝利　しょうり　①物事の称讃すべきよい面。功徳とおなじ。過患の対。→過患　→功徳「彼の勝利の相とは、即ち彼の諸の随順法のあらゆる功徳を彼の勝利の相と名づく」「苦集諦に無辺の過患あり。滅諦に無辺の勝利あり」 Ⓢ anuśaṃsa
②功徳と並記される勝利。「勤修せずして欲楽に著する中に於て深く功徳と勝利とを見るは精進波羅蜜多に相違する事なり」「涅槃に於て深く怖畏するに由るが故に涅槃の勝利と功徳とを見ず」 Ⓢ anuśaṃsa

勝類　しょうるい　勝れた種類の人びと。ブラーフマナ（brāhmaṇa 婆羅門）、クシャトリヤ（kṣatriya 刹帝利）、ヴァイシャ（vaiśya 吠舎）、シュードラ（śūdra 戍達羅）の四つの階級（四姓）をいう。→四姓
（出典）言勝類者、即是四種勝上姓類。一婆羅門、二刹帝利、三吠舎、四戍達羅。（『瑜伽』18、大正 30・374c）

勝劣　しょうれつ　勝れていることと劣っていること。「慢とは高下・勝劣を分別する高挙を体と為す」「苦楽に順ずる行を見已って唯だ受覚を起こし、勝劣の薩埵の覚を起こすべからず」「信などの五根に軟・中・上を成ずるを諸根の勝劣と名づく」「真実ならざる勝劣の性の中に於て勝劣を分別し自他を称量して已を勝と為すと謂うは、是れ愚夫の相なり」 Ⓢ patita-ucchrita: para-apara: hīna-praṇītatā

勝論　しょうろん　①「かつろん」と読む。外道の一派であるヴァイシェーシカ派をいう。原語 vaiśeṣika を吠世史迦と音写する。実・徳・業・有・同異・和合の六つの原理（六句義）を立て、この六つの原理によってすべての存在が成立すると説く。→六句義
Ⓢ vaiśeṣika
（参考）（『述記』1末、大正 43・255b〜c）
②ヴァイシェーシカ派の論書。あるいはヴァイシェーシカ派であるカナーダ（kaṇāda、羯拏僕と音写。食米済仙人と訳す）の造った六句義論を指す。「記論・因論・王論・医方論・工巧論などの世俗の諸論に通じ、或いは復た兼ねて勝論・数論・明論・順世間論・離繫論などの外道の諸論をも善くす」「時人は号して食米済仙人と曰う。六句論を造る。諸論罕匹の故に勝と云うなり。或いは勝人の所造なるが故に勝論と名づく」

掌　しょう　たなごころ。手のひら。平たく高低がないことの喩えに用いられる。「彼の諸天のあらゆる地界は平正にして掌の如く高下なし」「地は平坦・細滑にして、猶、掌の

中の如しと思惟す」 Ⓢ pāṇi-tala

掌護 しょうご まもること。「財宝を掌護す」 Ⓢ rakṣaṇa

焼 しょう ①焼くこと。燃焼すること。「鑚燧などや牛糞末などに依って以って其の火を求め、火既に生じ已れば能く牛糞を焼く」「煩悩は積集するところの諸の善根の薪を焼くが故に名づけて火と為す」「煖の善根は諸の煩悩を焼く無漏法の火が生ずる前相なり」 Ⓢ dagdha: **dah**: dāha: dāhakatva: nir-**dah**: paridāhaka: prajvalita
②煩悩の異名の一つ。欲するものが得られず常に欠乏して心が苦悩に焼かれることをいう。あるいは、憎い人に会う、愛する人と別れる、利益をむさぼり求める、などから生じる苦に心が焼かれることをいう。
Ⓢ paridāha
（出典）煩悩差別者、（中略）能令所欲常有匱乏故、名為焼。（『瑜伽』8、大正 30・314b～c）：非愛合会、所愛乖離、貪求利養所焼然故、説名為焼。（『瑜伽』84、大正 30・770a）

焼害 しょうがい 貪・瞋・癡の煩悩が身心を焼いて悩ます働きをいう。「貪瞋癡は、数数、現行して恒常に流溢し、身心を焼悩して極めて衰損を為すを説いて焼害と名づく」
（出典）焼害有三。謂、貪焼害・瞋焼害・癡焼害。由依止貪瞋癡故、長時、数、受生死焼悩、故名焼害。（『集論』4、大正 31・677c）

焼香 しょうこう 香をたくこと。仏を供養する行事の一つ。香は仏の使いとなって仏にとどくとされる。「城中の瓦礫・糞穢を除去し、掃灑し、清浄にし、幢幡を厳列し、焼香し、散花し、諸の音楽を作す」「人あり、殷重の信を起こして供具を修営して衆僧に奉施し、焼香し、散花して種種に供養す」

焼熱那落迦 しょうねつならか →炎熱地獄

焼然 しょうねん ①火で焼くこと。火が燃えるさま。「或いは湯で以って煮る、或いは火で以って焼然すれば、瓦器の膩は浄を得る」「火焚が燎猛・焔飈して転ずるを焼然勢速と謂う」 Ⓢ ādīpta: **idh**
②煩悩が身心を燃やすこと。煩悩が燃えさかること。「無始のときよりこのかた串習せる煩悩が身心を焼然して熱痛に逼せらるる」「六処を所依止と為して貪瞋癡の火が乃ち焼然するを得る」

焼悩 しょうのう 苦悩すること。燃え悩むこと。「聚落を遊行して甚だ少年の可愛の美色を見て、便ち不如理に浄妙の相を取ることに由って身心が焼悩す」「聖財所生の楽は、怖畏なく、怨対なく、災横なく、焼悩なし」「邪執所生の大火が起こすところの有情の焼悩に、貪愛焼悩・愁憂焼悩・顛倒焼悩の三種あり」 Ⓢ paridāha

焼錬 しょうれん 金銀を精錬すること。「金銀を鍛える師が金銀を焼錬して其をして一切の垢穢を棄捨せしむ」「火で焼錬する時、土相は現ぜずして金相が顕現す」
Ⓢ saṃtāpita

竦肩伏面 しょうけんふくめん 肩をすぼめて面をふせること。意気消沈したさまをいう。「或いは竦肩伏面し、或いは沈思詞窮す」

証 しょう ①（修行によって）さとること、獲得すること。「如来は種種の門を以って精進して能く無上正等菩提を証することを称讃す」「現法に於て沙門果を証す」「修に由るが故に証あり」「究竟して一切の煩悩を断滅して阿羅漢を証するが故に独覚と名づく」
Ⓢ adhi-**gam**: adhigama: anugamana: anuprāpti: abhijñatva: abhisaṃ-**budh**: abhisaṃbuddha: ārāgayati: pra-**āp**: prāpta: samudāgama: sākṣāt-karaṇa: sākṣāt-**kṛ**: sākṣāt-kṛta: sākṣāt-kriyā
②正しい教え（正法）を構成する二つの要素（教と証）のなかの証。教は経・律・論の三蔵、証は三十七菩提分法をいう。
Ⓢ adhigama
（出典）世尊正法体有二種。一教、二証。教、謂、契経・調伏・対法。証、謂、三乗菩提分法。（『倶舎』29、大正 29・152b）
③証言すること。→偽証「彼彼の違諍の事の中に於て建立して正しい証を為すべし」
Ⓢ sākṣin
④証明すること。「此の証は成ぜず。且く経は証に非ず。経の義は別なるが故に」
Ⓢ jñāpaka: vi-**jñā**

証会 しょうえ 真理をさとること。「簡択力に由って諸の雑染を滅して究竟して証会するが故に択滅と名づく」「証会を欲するが為に心解脱を学す」

証教授 しょうきょうじゅ 自ら証得したさとりの内容を他者に教え授けて他者をさとらしめようとすること。五種の教授の一つ。→教

授　Ⓢ adhigama-avavāda
（出典）云何証教授。謂、如自己独処空閑所得所触所証諸法、為欲令他得触証故、方便教授、名証教授。（『瑜伽』27、大正 30・435c）

証解　しょうげ　さとり理解すること。「已に見道に入る諸の菩薩衆は、真の現観を得るが故に名づけて勝者と為す。彼れは能く阿頼耶識を証解するが故に世尊は正しく開示を為す」「是の如き聖慧眼に由るが故に内に於て如来の法身を証解す」

証自証分　しょうじしょうぶん　心の四つの部分（相分・見分・自証分・証自証分）の一つ。自証分の働きを確認する心の部分。→四分

証成　しょうじょう　①証明すること。「彼れの是の如き言は無我を証成す」「対法論の説を引いて重ねて其の義を証成す」
Ⓢ pratyāyaka
②→証成道理

証成道理　しょうじょうどうり　四つの道理（観待道理・作用道理・証成道理・法爾道理）の一つ。存在を観察するときの道理の一つ。たとえば、眼についていえば、「眼は無常であり、多くの縁によって生じたものであり、苦なるもの、空なるもの、無我なるものである」という命題を至教量と現量と比量との道理に照らして観察する。因成道理ともいう。→四道理　Ⓢ upapatti-sādhana-yukti
（出典）云何名為証成道理。謂、一切蘊皆是無常、衆縁所生、苦空無我、由三量故、如実観察。謂、由至教量故、由現量故、由比量故、由此三量、証験道理。諸有智者、心正執受、安置成立。謂、一切蘊皆無常性、衆縁生性、苦性、空性、及無我性、如是等、名証成道理。（『瑜伽』25、大正 30・419b）：云何証成道理。謂、為証成所応成義、宣説諸量不相違語。（『集論』6、大正 31・687a）

証浄　しょうじょう　→四証浄

証知　しょうち　①知ること。認知すること。「過去を証知す」「尊者舎利子は此の十二処の法に於て唯だ能く一一に共相を証知し、彼の自相に於て未だ能く一一に如実に証知すること能わず」「最初に諸法の真実を証知するが故に法智と名づく」　Ⓢ jñāna
②証智とおなじ。→証智

証智　しょうち　如来の説いた教えの意味を理解する二つの智慧（教智・証智）の一つ。真理をさとった学（学び修すべきことがある聖者）と無学（学び修すべきことがなくなった聖者）の智慧と、真理をさとった後に世間で働く智慧とをいう。→教智
（出典）由二種相、一切如来所説義智、皆応了知。何等為二。一者教智、二者証智。教智者、謂、諸異生聞思修所成慧。証智者、謂、学無学慧及後所得諸世間慧。（『瑜伽』88、大正 30・798c）

証得　しょうとく　修行によってさとること、獲得すること。たとえば、涅槃に至る、無上正等菩提を証すること。「涅槃を証得す」「師なくして自然に三千大千世界に独り処して無上正等菩提を証得す」「無量に精進して能く現に一切の明処を証得す」
Ⓢ adhi-**gam**: abhisam-**budh**: abhisaṃbodha: avāpti: pra-**āp**: pratyakṣīkāra: prāpti: labhya: samudāgama: sākṣāt-karaṇa: sākṣāt-kriyā
（参考）種類としては、有情業果証得・声聞乗証得・独覚乗証得・大乗証得の四種が説かれる（『瑜伽』64、大正 30・654a）。

証得勝義　しょうとくしょうぎ　→四重二諦

証得世俗　しょうとくせぞく　→四重二諦

証得大性　しょうとくだいしょう　大乗の七つの偉大性の一つ。→七種大性

証得法　しょうとくほう　五種の法（聞法・戒法・摂受法・受用法・証得法）の一つ。修行によってさとり、獲得されたもの。沙門と婆羅門との証得法を比較して、婆羅門は梵世（梵天の世界）を最高のさとりとみなすのに対して、沙門は涅槃に入ることが最高のさとりであるとみなすから、婆羅門のほうが劣り、沙門のほうがすぐれていると説かれる（『瑜伽』64、大正 30・653b）。

証得理趣　しょうとくりしゅ　釈尊所説の教法のなかの証得（修行によって獲得したさとり）という道理。六種の理趣の一つ。証得理門とおなじ。→理趣　→証得
Ⓢ prāpti-naya

証得理門　しょうとくりもん　→証得理趣

証入　しょうにゅう　あるありように入ること。より高い心境をさとってそこに超え入ること。「諸の菩薩は是の心を発し已って、菩薩の凡異生地を超過して菩薩の正性離生に証入し、如来の家に生ず」
Ⓢ avakrānta: avakrānti: samā-**pad**: samāpadana

傷　しょう　きずつけること。いためること。「諸天と非天と共に相い戦闘して身を傷し節を断ず」「八功徳水は飲み已って腹を傷せず」 Ⓢ pra-**hṛ**: bhinna: vyā-**bādh**

傷害　しょうがい　そこない害すること。きずつけること。「種種の戈仗で其の身を傷害して死に致らしむ」
Ⓢ apakṛta: upaghāta: pīḍā-kāra: vyatibhinna

傷毀　しょうき　きずつけこわすこと。「仏の法身を傷毀す」 Ⓢ prahāritatva

傷掉　しょうじょう　死者をいたみとむらうこと。「亡者を傷掉す」

傷損　しょうそん　きずつけそこなうこと。「貪瞋癡は慚愧を遠離し慚愧なきが故に一向に無間に制伏すべからず、定んで傷損を為すを説いて名づけて箭と為す」「我れ、九十一劫以来、一家として我れが食を施すことに因って傷損あるを見ず、唯だ大利を成ずるを憶す」 Ⓢ upahata

傷歎　しょうたん　いたみなげくこと。「所作の事業が若し諧遂せざれば、愁憂し、傷歎し、悲泣す」
Ⓢ pari-**div**: paridеva: paridevaka: paridevanā

摂　しょう　①あるもののなかに包含すること。収めること。属すこと。「言依は具さに一切の有為の諸法を摂す」 Ⓢ antarbhāva: antarbhūta: antarbhūtatva: abhyantaratva: upātta: gṛhīta: **grah**: graha: grahaṇa: pakṣya: parigṛhīta: pari-**grah**: paryāpanna: saṃgṛhīta: saṃgraha
②まとめること。ある一つのグループにまとめること。「法を摂するに略して供事三宝・供事尊長・諮受正法などの七種あり」「義を摂する句」「諸経の宗要を摂す」
Ⓢ parigraha: saṃgraha
（参考）次の種類が説かれる。（i）十種。界摂・相摂・種類摂・分位摂・不相離摂・時摂・方摂・全摂・少分摂・勝義摂。（『瑜伽』54、大正 30・596c）。（ii）十一種。相摂・界摂・種類摂・分位摂・伴摂・方摂・時摂・一分摂・具分摂・更互摂・勝義摂。（『集論』3、大正 31・672c）。（iii）十六種。界摂・相摂・種類摂・分位摂・不相離摂・時摂・方摂・一分摂・具分摂・勝義摂・蘊摂・界摂・処摂・縁起摂・処非処摂・根摂。（『瑜伽』13、大正 30・346b～c）
③所有すること。得ること。享受すること。「北倶盧洲の人は財物と女人とを摂することなきが故に、不与取と欲邪行との業道なし」「四悪友を遠ざけ四善友を摂す」
Ⓢ parigṛhīta: parigraha
④とりいれ受けとめること。人びとを救いあげ教化すること。生きもの（衆生・有情）を救済する、助けること。摂益・摂取・摂受とおなじ。「普く一切の有情類の中に於て無慢心を以って皆な摂して己とおなじくす」「衆生を摂して皆な眷属と為す」「能く布施を以って諸の衆生を摂して速かに成熟せしむ」「欲するところに随って能く衆生を摂して義利を為作す」「衆生を摂する時には不害あり」
Ⓢ anugraha: anugrahaṇa: pari-**grah**: vyava-**sthā**: sam-**grah**
⑤教えを学び理解すること。「倶生智に由って速疾に法を摂し、正念に由って摂するところの法に随って持して忘れざらしむ」
Ⓢ **grah**
⑥集めること。一緒にすること。「業力に由って別の風を引き起こし、宝などを簡別し、摂し、聚集して、山を成し、洲を成ぜしむ」
Ⓢ samā-**hṛ**
⑦助けること。よい影響を与えること。「梵行を摂せんが為に諸の飲食を受く」
Ⓢ anugraha

摂異門分　しょういもんぶん　『瑜伽論』を構成する五つの章（本地分・摂決択分・摂釈分・摂異門分・摂事分）の一つ。教説に関する種々の異なった説をまとめて論じる章。『瑜伽論』の巻第八十三から巻第八十四までの章。

摂義句　しょうぎく　言説句の異名。→言説句 Ⓢ artha-saṃgraha-pada

摂境従識体　しょうきょうじゅうしきたい　→教体

摂楽作意　しょうぎょうさい　煩悩を断じ遠離する思考。七種の作意（了相作意・勝解作意・遠離作意・摂楽作意・観察作意・加行究竟作意・加行究竟果作意）の第四番目の作意。前の遠離作意によって煩悩とその可能力（麁重）とをはじめて断じることによって、次にさらに煩悩を遠離したいという楽いが生じ、惛沈や睡眠などを除去しようとして修行をつづけて喜悦の心が生じる思考の段階をいう。→七種作意
Ⓢ rati-saṃgrāhako manaskāraḥ

(参考)(『瑜伽』33、大正 30・466b〜c):(『雑集論』9、大正 31・736c)

摂化 しょうけ 人びとを受容して済度・救済すること。迷いや苦の状態を変化せしめてさとりや楽の状態に渡すこと。「饒益方便・摂受方便・引導方便・修治方便の四種の摂衆の方便ありて、能く正しく一切の大衆を摂化す」

摂仮随実体 しょうけずいじったい →教体

摂決択 しょうけっちゃく 決択をグループ別にまとめること。→決択①

(出典) 何等摂決択。謂、由十処摂諸決択。何等十処。一成所作決択処、二趣入決択処、三勝解決択処、四道理決択処、五論決択処、六通達決択処、七清浄決択処、八引発決択処、九句差別決択処、十不由功用暫作意時一切義成決択処。(『集論』7、大正 31・693b)

摂決択分 しょうけっちゃくぶん 『瑜伽論』を構成する五つの章(本地分・摂決択分・摂釈分・摂異門分・摂事分)の一つ。決択をまとめた章。本地分で述べたことをさらに詳しく解釈する章。『瑜伽論』の巻第五十一から巻第八十までの章。→決択分②

摂御 しょうご 治めること。統率すること。人びとを教え導き統御すること。「徒衆を摂御す」

摂護 しょうご まもること。「諸の菩薩は己利を顧りみずして衆生を摂護す」「諸の不放逸は一切の所修の善法を摂護して散失せしめざらしむるが故に説いて根と為す」

摂在 しょうざい おさめられ存在すること。まとめられてあること。「一切の諸学は此の三学の中に摂在せずということなし」「六波羅蜜多中の前の五は般若波羅蜜多に摂在す」

摂事 しょうじ ①四摂事の摂事。人びとを摂取し、救いあげ、教化する菩薩の布施・愛語・利行・同事の四つの実践。→四摂事「布施・愛語・利行・同事の四つの摂事を以って自らの徒衆を摂す」

②摂事分の摂事。→摂事分

摂事分 しょうじぶん 『瑜伽論』を構成する五つの章(本地分・摂決択分・摂釈分・摂異門分・摂事分)の一つ。教説のよりどころとなる三蔵(経・律・論)の事を解釈する章。『瑜伽論』の巻第八十五から巻第百までの章。

Ⓢ vastu-saṃgrahaṇi

摂持 しょうじ ①ものを維持すること。ものを包含して維持すること。「住が摂持するに由って諸法は生じ已って暫時滅せず」「水界に由るが故に摂持して散ぜず」「当来の功徳を摂持す」「阿頼耶識の自相は因相と果相との二相を摂持す」 Ⓢ ādhāna: parigraha: sam-**grah**: saṃdhāritatva

②教えをまもり維持すること。「四つの正法ありて聖教を摂持す」

③心を維持すること。外界に流散する心を内に止めて維持すること。「捨に由るが故に若し心が掉挙すれば内に摂持す」

摂持心 しょうじしん →持心

摂釈分 しょうしゃくぶん 『瑜伽論』を構成する五つの章(本地分・摂決択分・摂釈分・摂異門分・摂事分)の一つ。諸の経の儀則・方法を解釈する章。『瑜伽論』の巻第八十一から巻第八十二までの章。

摂取 しょうしゅ ①とりいれ受けとめること。人びとを救いあげ教化すること。生きもの(有情)を救済すること。「諸の有情に於て摂取し摂受するを徒衆を摂すという」「放逸を行ぜず諸の懈怠を離れて徒衆を教習し徒衆を摂取す」「摂取平等意楽に由って一切の有情を摂取す」 Ⓢ upādāna: **grah**

②動物を飼う、あるいは、穀物を収穫すること。「具戒の苾芻は、象馬などを摂取すること、乃至、生穀などを摂取することを皆な悉く遠離す」

③認識すること。把捉すること。「已に前に先ず色性ありて、後に色性に依って仮説を制立して色を摂取す」「諸の衆生は阿頼耶識を摂取して内我の性を為す」

摂受 しょうじゅ ①世話をすること。「摂受の依とは、自己の父母・妻子・奴婢・作使・僮僕・朋友・眷属の七つの摂受の事を謂う」 Ⓢ parigraha

②人びとを受け入れること。人びとを救済すること。「諸の有情に於て摂取し摂受するを徒衆を摂すという」

Ⓢ upagraha: **grah**: grāhita: parigṛhīta: parigraha: saṃgraha

③施すこと。施与とおなじ。「財の摂受とは、一切の飲食などの物に匱乏ある者に於て一切の飲食などの物を施与するを謂う」「諸の菩薩は布施に由るが故に資具を摂受して有情を饒益す」 Ⓢ upasaṃhāra

④包含すること。統括すること。「最初の発心は、諸の菩薩のあらゆる正願に於る初の正願にして、其の余の正願を普く能く摂受す」 Ⓢ saṃgrāhaka
⑤妻を娶ること。結婚すること。「三洲の人は妻妾を摂受して嫁娶を施設し、北拘盧洲は我所なきが故に、摂受なきが故に、一切の有情は妻妾を摂受することなく、亦た嫁娶もなし」 Ⓢ parigraha
⑥得ること。獲得すること。「業決定に随って必ず是の如き類の果を摂受す」「勝功徳を摂受す」「悩害なき福を摂受す」
Ⓢ parigraha
⑦保持し維持して護ること。「粳稲を摂受する因に由る故に更相に争奪して不与取の法が此れより生ず」「婆羅門の摂受する法は、道を障する田事・宅事・財貨事などを摂受し、復た妻子・奴婢・僮僕などの類を摂受するが故に是れ下劣なり」 Ⓢ parigraha
⑧まとめること。統御すること。「能く四大姓などの正信の出家衆を摂受するを説いて僧伽を摂受すと名づく」
⑨教えやいましめや修行を維持し護ること。「諸仏・世尊のあらゆる正法を摂受し防護す」「善法を摂受し善法を増長す」「正しく遠離戒を摂受する時を摂受律儀と名づく」「清浄を楽求し、清浄を摂受し、清浄を成満す」
Ⓢ parigṛhīta: parigraha
⑩聞いた教えを記憶し保持すること。「根門を密護する増上力の故に、多聞を摂受し、思惟し、修習す」 Ⓢ udgṛhīta: ud-**grah**
⑪阿頼耶識のなかの種子を維持すること。「能く善・不善・無記の諸法の種子を摂受す」
⑫養うこと。助けること。「身心を摂受し饒益して歓喜す」「梵行を摂受するが為に諸の飲食を受く」「摂受と損害、安と危とは共同なり」 Ⓢ anugraha: anugrāhaka
⑬摂受因の摂受。→摂受因

摂受因　しょうじゅいん　→十因

摂受依　しょうじゅえ　→依⑫

摂受羯磨　しょうじゅかつま　十種の羯磨の一つ。教団において罪を犯した人が罪を悔いて教団に再び受け入れられるために行なう羯磨。→羯磨

摂受見　しょうじゅけん　二十八種のまちがった見解（不正見）の一つ。→不正見

摂受法　しょうじゅほう　五種の法（聞法・戒法・摂受法・受用法・証得法）の一つ。維持し護るものをいう。沙門と婆羅門との摂受法を比較して、婆羅門は修行をさまたげる田畑や家屋や財産、あるいは妻子や使用人などを維持し護るから劣っているとされる。
（参考）（『瑜伽』64、大正 30・653b）

摂聚　しょうじゅ　まとめること。集めて一つにすること。「如来の正法蔵を結集するとは、是の如き種種の聖語を摂聚するを謂う」「棄てられた尸骸を摂聚す」
Ⓢ pari-**grah**: saṃhṛta

摂殖　しょうしょく　阿頼耶識に種子を植えつけること。「後法の中に於て阿頼耶識が生ずることを得んが為に彼の種子を摂殖す」

摂善法戒　しょうぜんぼうかい　三聚浄戒（律儀戒・摂善法戒・饒益有情戒）の一つ。さとりを得るために一切の善を修する戒。→三聚浄戒　Ⓢ kuśala-dharma-saṃgrāhakaṃ śīlam
（参考）（『瑜伽』40、大正 30・511a～b）

摂相帰性体　しょうそうきしょうたい　→教体

摂属　しょうぞく　属すること。所属すること。「摂属するに非ずとは、或いは僧祇物にして若しくは鉢中に堕せず、亦た鉢に属せず、或いは別人の物にして与えず捨せず、亦た損棄せざるものを謂う」「若しくは近事女の律儀は在家品に堕するが故に、相似学の顕さるるところなるが故に、近事の律儀に摂属す」「無漏心は衆縁の生なるが故に依他の摂属にして、無顚倒なるが故に円成実の摂なり」

摂大乗　しょうだいじょう　①大乗をまとめたもの。大乗を集成すること。「此の菩薩地は亦た菩薩蔵摩怛理迦と名づけ、亦た摂大乗と名づく」 Ⓢ mahāyāna-saṃgraha
②『摂大乗論』のこと。

摂入　しょうにゅう　収められること。まとめられること。「世に有見と無見とありて、次の如くに常見と断見とに摂入す」「四正勝と精進根と精進力と正勤とは精進覚支に摂入す」 Ⓢ praviṣṭa

摂伏　しょうぶく　降伏させること。煩悩や悪行をおさえてなくすこと。「不浄観を以って其の心を摂伏して調柔ならしむ」「欲界は是れ不定界にして自界の随眠を摂伏すること能わず」「対治力に由って思所造の諸の不善業を摂伏す」

摂法　しょうほう　教えをまとめること。す

べての教法を分類してまとめること。「若し摂法を説くならば十八界に依るべし」「摂法するに略して供事三宝・供事尊長・諮受正法などの七種あり」 Ⓢ dharma-parigraha

摂末帰本識 しょうまつきほんしき →五重唯識観

摂益 しょうやく ①受容して益すること。生きもの（有情）を救済すること。そのありようとして任持摂益・勇健無損摂益・覆護摂益・塗香摂益・衣服摂益・共住摂益の六種が説かれる（『瑜伽』5、大正 30・303a～b)。「布施を行ずることに由って有情を摂益す」 Ⓢ anugraha
②身心を養うこと。生理的に身心によい影響をあたえること。「彼の静慮・等至に依って色を見、声を聞くとき、軽安が倶起して殊勝なる触ありて身を摂益す」「因楽所摂の三因縁に由るが故に、能く身心を摂益する受が生ずることあるを名づけて受楽と為す」「諸の段食は能く識を摂益して其をして強盛せしむ」 Ⓢ anu-**grah**: anugraha

摂養 しょうよう 身を養うこと。「諸の有情は十の資身具に摂養せられて匱乏するところなし」「如法の衣服などを受用することに由って己の身を摂養す」

摂録 しょうろく ①心を対象に収斂すること。心を内に止めておくこと。「略心とは善心を謂う。境に於て摂録するが故なり。散心とは染心を謂う。境に於て縦逸するが故なり」「内住とは外の一切の所縁の境界より其の心を摂録して内に繫在して散乱せざらしむるを謂う」 Ⓢ pratisam-**kṣip**: pratisam-**hṛ**
②記録してまとめること。「名句文身によって摂録され、次第に錯綜し、次第に結集せる無量の経典」 Ⓢ saṃgṛhīta

摂斂 しょうれん 集中すること。統一すること。心を対象に専注せしめること。「心を眉間に摂斂す」「結跏趺坐することに由って身が摂斂して速かに軽安を発す」「正念に由る故に善き所縁に於て摂斂して臥す」「粗動心を摂斂せんと欲するが為に繫念に専注す」 Ⓢ pari-**grah**: pratisam-**hṛ**: saṃpiṇḍita

奨化 しょうけ 統治すること。「転輪王は理を以って奨化す」 Ⓢ samanu-**śās**

奨導 しょうどう すすめ導くこと。「方便して奨導し、不善処を出でしめて善処に安立す」

腥臊 しょうそう なまぐさいこと。「欲界に生長して不浄にして腥臊なる生臭の諸の欲の淤泥に陥溺す」

照 しょう ①対象をてらす慧（jñāna）の働き。「若し過去と未来とを照らす現見の境を照らすに非ざれば、此の慧を智と名づけ、現在の境を照らせば、此の慧を見と名づく」
②眼の対象をてらす働き。「肉眼は能く顕露にして障礙あることなき有見の諸色を照らし、天眼は能く顕露・不顕露・有障・無障の有見の諸色を照らす」
③太陽や灯明などの光のてらす働き。「若し灯が照らすことなければ終に見るべからず」「日が初めて山頂を出ずる時、光明が遍く照らすなり」

照明 しょうみょう ①身のまわりのあかり。十種の資身具の一つ。→資身具 「照明の資具が匱乏する苦」 Ⓢ āloka
②光の輝き。智慧の働きに喩えられる。「此の焔慧地の中に於て菩提分法の如実智の焔は、能く正法教を成ずる慧の照明なるが故に、此の地を焔慧地と名づく」
Ⓢ avabhāsa: dyuti

照曜 しょうよう てらし輝くこと。「末尼光を放って照曜す」「朗月の光明が照曜す」
Ⓢ avabhāsa

照理 しょうり 無分別智が究極の真理である真如の理をてらして証すること。「此の智が生ずる時、真如に体会するが故に通達位と名づけて、初めて照理するが故に亦た見道と名づく」

照了 しょうりょう ①光がものをてらす働き。「明灯が生ずる時、闇中の色を壊せずして但だ能く照了す」
②心が光り輝くさま。「光明と倶なる心、照了と倶なる心を以って奢摩他・毘鉢舎那を修す」 Ⓢ suprabhāsa
③眼あるいは智慧の光が対象をてらし出す働き。「肉眼・天眼・慧眼に依って一切の所知の境界を照了す」「光明定は能く大乗の理・教・行・果を照了する智の光明を発す」
④教えを説き示すこと。「仏世尊は正法を宣説し、開顕し、分別し、照了す」「正等覚を現じ已って、他の為に宣説し、顕示し、開解し、施設し、照了す」 Ⓢ saṃprakāśita

睫 しょう まつげ。 Ⓢ pakṣman

睫如牛王相 しょうにょごおうそう 牛王睫相

とおなじ。→牛王睫相

睫毛　しょうもう　まつげ。
Ⓢ ūrṇā-pakṣman

聖　しょう　①きよらかなこと。尊いこと。善いこと。煩悩や汚れがないこと。「聖阿羅漢」「聖教」「聖道」　Ⓢ ārya
(出典) 聖者、善故名聖。又無漏故名聖。(『瑜伽』12、大正30・339a)：所言聖者、遠離一切雑染汚法、令不生故。(『瑜伽』83、大正30・762a～b)：言聖者、是無漏故、及在聖者相続中故。(『瑜伽』84、大正30・767c)
②きよらかな人。尊い者。汚れのない智慧(無漏智)を起こして真理をさとった人。聖者とおなじ。凡の対。→聖者　Ⓢ ārya
(出典) 聖、謂、已有無漏道生、遠諸悪法故、名為聖。(『倶舎』10、大正29・56c)

聖位　しょうい　聖者の位。真理をさとった段階。異生位・凡位の対。

聖慧　しょうえ　けがれのない智慧。真理をさとる智慧。聖者の智慧。「聡慧とは諸の聖者に聖慧あるが故なり」
Ⓢ amala-prajñā: ārya-jñāna: ārya-prajñā: prajñā
(出典) 決択諦理故、名聖慧。(中略) 覚了諦理故、名聖慧。(『婆沙』45、大正27・232c)

聖慧眼　しょうえげん　聖なる慧眼。真理をさとるきよらかな智慧の眼。三つの眼(肉眼・天眼・聖慧眼)の一つ。「現量聖智が能く見道所断の煩悩を断ずるときを説いて聖慧眼が生ずると名づく」「諸の異生は一切分に於て恒に迷理の不共無明を起こして真実義を覆い、聖慧眼を障す」　Ⓢ ārya-jñāna-cakṣus

聖慧命者　しょうえみょうしゃ　智慧をいのちとして生きる聖者。　Ⓢ ārya-prajñā-jīvin
(参考) (『瑜伽』5、大正30・299c)

聖果　しょうか　真理をさとって預流・一来・不還・阿羅漢の四種の聖者に至ること。「正性離生に入り、道類智に至る位を預流と名づけ、爾る時に四の聖果の中の最初の果を証得す」

聖戒　しょうかい　→聖所愛戒

聖戒証浄　しょうかいしょうじょう　四証浄(仏証浄・法証浄・僧証浄・聖戒証浄)の一つ。→四証浄

聖教　しょうきょう　聖なる教え。聖者すなわち仏によって説かれた教え。「仏の聖教に於て深く敬信す」「如来の聖教を奉行す」「此の聖教のあらゆる文句は其の性は明顕にして其の義は甚深なり」「法の末時とは大師般涅槃後に聖教が没する時を謂う」　Ⓢ anuśiṣṭa: āgama: vacana: śāsana
(出典) 言聖教者、聖者正也。与理相応、於事無擁、目之為聖。又契理通神、目之為聖。又聖者正也。心与境冥、智与神会、名之為聖。此所説教、名為聖教。(『述記』1本、大正43・238a)

聖教量　しょうきょうりょう　釈尊によって説かれた教えという判断・認識の根拠。三つの判断根拠(現量・比量・聖教量)の一つ。正教量・至教量・聖言量ともいう。→三量
Ⓢ āpta-āgama-pramāṇa
(出典) 聖教量者、謂、不違二量之教。此云何。所有教、現量比量皆不相違、決無移転、可信受故、名聖教量。(『雑集論』16、大正31・772a)

聖賢　しょうけん　かしこい人。賢者。聖者。「広大な名称は十方に流布して衆の聖賢に称讃せらるる」「生死に沈んで諸の煩悩を起こし、聖賢の訶するところなり」

聖五支三摩地　しょうごしさんまじ　聖者の五つの三摩地。色界の静慮における聖者の四つの三摩地と縁起を観察して煩悩を断じる三摩地との五つをいう。
(参考) (『瑜伽』12、大正30・339c)

聖語　しょうご　正しい言葉。聖言とおなじ。→聖言②

聖言　しょうごん　①真理をさとった聖者の語る真実の言葉。如来及び諸の弟子が説く教え。「聖言は是れ諦にして余の言は諦に非ず。所以は聖は苦などに於て現知見覚し、言うところは是れ諦にして、異生は爾らず」
②正しい言葉。見・聞・覚・知したことを見・聞・覚・知したと言い、見・聞・覚・知しないことを見・聞・覚・知しないと語る正直な語り。聖語ともいう。賢聖諦語とおなじ。　Ⓢ ārya-vyavahāra
(出典) 四聖言者、一見言見、不見言不見聖言。二聞言聞、不聞言不聞聖言。三覚言覚、不覚言不覚聖言。四知言知、不知言不知聖言。(『瑜伽』3、大正30・293a)：八聖語者、謂、見言見、聞言聞、覚言覚、知言知、不見言不見、不聞言不聞、不覚言不覚、不知言不知。(『瑜伽』43、大正30・530b～c)
(参考) (『婆沙』171、大正27・862a～c)

聖言量 しょうごんりょう 聖教量・至教量とおなじ。→聖教量「見と知の二種は現量の所摂、覚は比量を謂い、聞は聖言量なり」

聖財 しょうざい きよらかな財宝・財物。信・戒・慚・愧・聞・捨・慧の七つをいう。世俗的な財宝（非聖財）の対。

Ⓢ ārya-dhana

（出典）聖財所生楽者、謂、七聖財為縁得生。何等為七。一信、二戒、三慚、四愧、五聞、六捨、七慧。（『瑜伽』5、大正 30・299b）

聖者 しょうじゃ 仏世尊と仏の弟子。真理をさとった者。真理をさとり、汚れのない智慧（無漏智）を起こした人。見道において四諦を見究めた以後の人。無漏智をいまだ起こしていない異生の対。種類としては、次のような九種あるいは七種が説かれる。（i）無学の九種の聖者。退法・思法・護法・安住法・堪達法・練根不動法・先来不動法の七種の声聞と独覚と大覚（仏陀）との九種（→各項参照）。（ii）有学と無学との両者にわたる七種の聖者。随信行・随法行・信解・見至・身証・慧解脱・倶解脱の七種（→各項参照）。

Ⓢ ārya: ārya-pudgala

（出典）言諸聖者、謂、仏世尊及仏弟子。（『瑜伽』33、大正 30・468a）

（参考）（『倶舎』25、大正 29・131b～c）

聖種 しょうしゅ 聖なるありようを生じる種子。出家者が行なうべき四つの生き方。衣服喜足聖種・飲食喜足聖種・臥具喜足聖種・楽断修の四つをいう。→四聖種

聖住 しょうじゅう ①如来が住する三つの心のありよう（聖住・天住・梵住）の一つ。空住・無願住・無相住・滅尽定住の四つ。→各項参照 Ⓢ āryo vihāraḥ

（出典）言聖住者、謂、空住・無願住・無相住・滅尽定住。（『瑜伽』34、大正 30・477a）

②入る息・出る息に心を専注しつづけて煩悩が生じない状態（持息念）をいう。

（出典）持息念、不雑煩悩故名聖住。（『婆沙』26、大正 27・136c）

聖処 しょうしょ 聖なるところ。仏が世に生まれて説法している場所、辺境の地ではなく中国（中心の国）、出家者や賢者たちが行き交う場所、などをいう。「人身を得て聖処に生在す」「今生の中に於て唯だ聖処に於て信解を発生し、清浄心を起こす」「聖処に生まれるとは、中国に生まれる、あるいは苾芻・苾芻尼・近事男・近事女の四衆の行く処、賢聖・正至・正行の諸の善丈夫が往遊歩する処に生まれるを謂う」 Ⓢ ārya-āyatana

（参考）（『瑜伽』20、大正 30・388b～c）：（『瑜伽』21、大正 30・396b）

聖所愛戒 しょうしょあいかい 真理をさとった聖者が愛しねがう戒。聖者が禅定を修して汚れのない心（無漏心）を起こすことによって得られる戒。この戒は、諸の功徳のよりどころである、破戒と悪戒を退治する、地獄・餓鬼・畜生などの悪趣に往くことを防ぐ、涅槃に趣くことができる、などの理由から聖者によって愛され、ねがわれる。聖戒ともいう。「世尊は戒に無量の種ありと説く。謂く、事善戒・苾芻戒・近住戒・静慮戒・等持戒・聖所愛戒、是の如き等なり」「聖所愛戒は現観と倶なり」「能く悪趣へ往く悪戒の種子が皆な悉く永害するを名づけて聖所愛戒と為す」 Ⓢ ārya-kāntāni śīlāni

（参考）（『婆沙』103、大正 27・535a）：（『瑜伽』29、大正 30・445b）

聖心 しょうしん 聖者の心。この心に反することが苦であると定義される。「生滅するが故に非常なり。聖心に違するが故に苦なり。此に於て無我なる故に空なり。自ら非我なるが故に非我なり」「傷通・逼迫して重担を荷ぐが如く、聖心に違逆するが故に名づけて苦と為す」「聖心に違逆するは是れ行苦の相なり」

聖身 しょうしん 聖者の身体。聖者としての存在。「不善の悪作は是れ疑の所増なるが故に聖身の中には皆な定んで起こらず」

聖僧 しょうそう 釈尊の聖なる弟子たちの集りである僧伽、あるいはそれを構成する僧侶をいう。「若し仏の像、菩薩の像、聖僧の像、霊龕、制多、僧伽藍などが彫落し破壊するを見れば、方便して修治して、要ず本の如くにせしむ」「諸の仏の形像や窣堵波などと諸の供養具とを造作し、三蔵所摂の正法を書写し、聖僧の像を造り、僧伽藍を建つ」「聖僧は是れ妙行者なりと信ず」

Ⓢ śrāvaka-saṃgha

聖諦 しょうたい 聖者がさとる真理。苦聖諦・集聖諦・滅聖諦・道聖諦の四聖諦をいう。四諦・賢聖諦ともいう。 Ⓢ ārya-satya

（出典）四諦、唯諸聖者聖慧通達故、名聖諦。（『婆沙』78、大正 27・402b）：何義経中説為

聖諦。是聖者諦故、得聖名。於非聖者、此豈成妄。於一切、是諦性、無顛倒故。然唯聖者実見、非余。是故経中但名聖諦。(『倶舎』22、大正 29・114a)：諸聖者、知其是諦、故名聖諦。(『瑜伽』95、大正 30・845a)

聖諦現観　しょうたいげんかん　→諦現観

聖智　しょうち　真理をさとった聖者の智慧。凡智の対。「見道に昇った者のあらゆる智行は、衆相を遠離し、その時、聖智は苦を縁ずると雖も然も苦事に於て分別を起こさず」「諸法の真如である円成実自性は聖智の所行、聖智の境界、聖智の所縁なり」
Ⓢ ārya-jñāna

聖智三摩地　しょうちさんまじ　→五聖智三摩地

聖弟子　しょうでし　聖者である釈尊の弟子。釈尊から直接教えを聞く弟子、すなわち声聞をいう。Ⓢ ārya-śrāvaka
(出典) 聖之弟子、名聖弟子。(『演秘』1 本、大正 43・813b)

聖道　しょうどう　聖者の修する道。涅槃を得るに至る修行の道。四聖諦では道聖諦をいい、その代表として八支聖道が説かれる。「一切の聖道は顛倒を離れるが故に皆な是れ正性なり」「一切の聖道は能く聖者を成ずるが故に皆な聖性と名づく」「聖者は涅槃の為の故に聖道を修す。聖道を除いて更に異法として能く涅槃を得ることなきが故に之を修習す」 Ⓢ ārya-mārga

聖人　しょうにん　真理をさとった人。聖者とおなじ。→聖者「入地・入果の聖人の無漏の後得智」「聖人の身に於て仏を最勝と為す」
Ⓢ ārya: ārya-pudgala

聖八支道　しょうはっしどう　→八聖支道

聖補特伽羅　しょうふとがら　聖なる人。聖者。聖人。真理をさとった四向・四果の八種の人。→四向四果　Ⓢ ārya-pudgala
(出典) 有学及無学者、総成八聖補特伽羅。行向・住果各有四故。(『倶舎』24、大正 29・127a)

聖法　しょうぼう　聖なるもの・ありよう。煩悩がないありよう（無漏道）。煩悩がない智慧（無漏智）。たとえば、学ぶことが無くなった人（無学）である阿羅漢の聖法とは無漏の正見、ないし、正智の八正道をいう。また聖法に入るということに世俗と勝義とがあり、前者は家を捨てて出家し、剃髪し、袈裟を着て、戒を受けること、後者は修行の段階で加行位の最後の世第一法から見道における最初のありよう（苦法智忍）に入ることをいう。この聖法を獲得していないありようを異生性という。「一切の仏身には必ず無上の三十二相と及び無上の聖法あり」「出世にして無漏なる聖法」「未だ一切の出世の聖法を生起せざる分位に依って異生性を建立す」「聖法の不得に於て仮に異生性を立つ」
Ⓢ ārya-dharma
(出典) 入聖法略有二種。一者世俗、二者勝義。世俗者、謂、捨離家法、趣於非家、剃除鬚髪、被服袈裟、以正信心、受持浄戒。勝義者、謂、従世第一法、入苦法智忍。(『婆沙』66、大正 27・342c)：如是聖法略有二種。一有学法、二無学法。今此義中意取無学所有聖法。謂、無学正見広説乃至無学正智。(『瑜伽』20、大正 30・389a)

詳　しょう　①くわしく。つまびらかに。「詳しく辯ず」「詳しく論ず」
②つまびらかにする、明らかにすること。「今、経の意を詳す」

詳議　しょうぎ　くわしくはかる、論議すること。「先に戒師と共に詳議して是の如き学処を我れは能く受持す」

詳審　しょうしん　こまやかで、いきとどいていること。「滅定より起こる者の威儀は寂静にして来往・語言・衣著・飲食は皆な悉く詳審なり」「如来の所説は諸の尋思の所行の境界に非ずして、微細・詳審・聡明なる智者の解了するところなり」

詳曰　しょうわく　ある見解を述べた後に、それを批判的に、あるいはさらに意見を付加するために、より詳しく論じること。

嘗　しょう　①かつて。以前に。「我れ、一身中に常に悪行を作して、未だ嘗つて善を修せず」
②なめること。あじわうこと。舌の働きをいう。「眼は能く見、耳は能く聞き、鼻は能く嗅ぎ、舌は能く嘗め、身は能く覚し、意は能く了す」「若し無我ならば誰が見、聞き、嗅ぎ、嘗め、触れ、憶識するや」
Ⓢ ā-**svad**: āsvādana: **svād**
③摂取するものの四つのありよう（食・飲・噉・嘗）の一つ。乳・酪・生酥・熟酥・油・蜜・沙糖・魚肉・醯鮓・果実など、その味を舌であじわうものの総称。Ⓢ svādita

(出典) 云何為嘗。謂、嘗乳酪生酥熟酥油蜜沙糖魚肉醯鮓、或新果実、或有種種咀嚼品類、如是一切、総名為嘗、亦名為食。(『瑜伽』24、大正 30・414c)

彰 しょう　あらわすこと。あきらかにすること。「能く摧伏して彼れに勝つことを得ると雖も、其の負処に堕在するを彰わさず」 Ⓢ sam-**cud**

彰顕 しょうけん　あらわすこと。あきらかにすること。あきらかになること。「契経の中に於て彰顕して説く」「文の体を即ち彰顕と名づく。能く彼の名句の二を詮すが故なり。能詮は即ち是れ彰顕の義なり」「我れ浄戒を毀犯する因縁に由って定んで方維に遍して悪名・悪称・悪声が彰顕し流布す」

精 しょう　①こまかいこと。純粋でまじりけがないこと。「布施するときは精にして麁にあらず」

②精液。→精血　Ⓢ śukra

精血 しょうけつ　精と血。精子（精液）と卵子。「父母の貪愛が倶に極めて最後に決定して各の一滴の濃厚な精血を出し、二滴和合して母胎の中に住して合して一段と為り、猶し熟乳の凝結の時の如し」 Ⓢ śukra-śoṇita

精勤 しょうごん　はげむこと。努力すること。修行につとめること。「三十七菩提分法に於て精勤し修習す」「長時に無間に精勤し策励して心に怯弱なし」「彼彼の所作の事業に於て精勤し営務す」 Ⓢ abhiyoga: ud-**sah**: prayukta: pra-**yuj**: yati: vīrya: vyāyāma: samārambha

精舎 しょうじゃ　修行者の住居。「仏は王舎城を出でて竹林精舎に詣でる」 Ⓢ vihāra

精進 しょうじん　①つとめはげむこと。善を修し悪を断じて心を浄くしてさとりに向かって進むこと。「正しく精進を発して速に諸の漏を永尽せしむ」「勇猛なる精進を発起して諸の善法を修す」

Ⓢ anuprayoga: ārabdha-vīryatā: vīrya: vīrya-ārambha: vyāyacchita

②善を修し悪を断じようと努力する勇敢な心。懈怠（怠ける心）をなくして善を完成させる働きがある。善の心所の一つ。勤・正勤ともいう。被甲・加行・無下・無退・無足（被甲・方便・不下・無動・無喜足ともいう）の五種がある（→各項参照）。この五種は順次、有勢・有勤・有勇・堅猛・不捨善軛ともいわれる（→各項参照）。 Ⓢ vīrya

(出典) 言精進者、発起加行、其心勇悍。(『瑜伽』83、大正 30・760b)：勤、謂、精進。於善悪品、修断事中、勇悍為性、対治懈怠、満善為業。(中略)。此相差別、略有五種。所謂、被甲・加行・無下・無退・無足。即経所説、有勢・有勤・有勇・堅猛・不捨善軛、如次応知。(『成論』6、大正 31・30a)

③六波羅蜜多のなかの精進。被甲精進・転生善法加行精進・饒益有情加行精進の三種がある（→各項参照）。 Ⓢ vīrya

(出典) 精進三種者、一者被甲精進、二者転生善法加行精進、三者饒益有情加行精進。(『解深』4、大正 16・705c)：精進三種者、謂、被甲精進・方便精進・饒益有情精進。(『雑集論』12、大正 31・749c)

精進覚支 しょうじんかくし　→七覚支

精進根 しょうじんこん　精進という根。精進の力。つとめ励む心の力。さとりに至る修行を押し進める重要な五つの心の力である五根（信根・精進根・念根・定根・慧根）の一つ。→精進　→根　→五根　Ⓢ vīrya-indriya

(出典) 精進根、略顕其相差別、有五。謂、被甲精進・方便精進。不下精進・無動精進・無喜足精進。(『瑜伽』57、大正 30・617b)

精進大性 しょうじんだいしょう　大乗の七つの偉大性の一つ。→七種大性

精進等覚支 しょうじんとうかくし　→七覚支

精進波羅蜜多 しょうじんはらみた　精進にもとづく実践行。波羅蜜多とは自己と他者とを迷いの此岸からさとりの彼岸に渡す実践行。六波羅蜜多の一つ。→精進③　→波羅蜜多　→六波羅蜜多　Ⓢ vīrya-pāramitā

(参考)(『瑜伽』42、大正 30・525c 以下)

精妙 しょうみょう　すぐれ美しいこと。すばらしいこと。「其の身は精妙にして酥油などの如し」「精妙なる飲食」「精妙なる物を以って恵施を行ず」 Ⓢ agratara: praṇīta

障 しょう　①さわり。障害。さまたげ。おおいさまたげるもの。次のような種々の分類がなされている。

(i) 内障・外障の二種の障（antarāya）。内障（adhyātmam upādāya antarāyaḥ）とは自己の内的ありように原因する障害をいう。たとえば前世に福を修しなかったために今世において衣服、食事、身のまわりの道具、医薬などを得ることができないこと、あるいは、

むさぼり（貪）といかり（瞋）とおろかさ（癡）のために前世において病気になるような行為をしたために今世において多く病気にかかること、あるいは、現世において身体の調和を乱す行為によって熱や風邪などをしばしば発すこと、あるいは、多く人びとのまじわりを好み、仕事や談笑や語らいを求めて楽しむなどのことによって心が乱れ放逸な生活をおくること。外障（bahirdhā upādāya antarāyaḥ）とは外的なありように原因する障害をいう。たとえば、悪い人に逢って正しい教えを受けないこと、あるいは、悪い場所に住んで昼も夜も喧噪な状況にあること、あるいは、強風や灼熱に逢うこと、あるいは、人の恐怖に出会うこと、などの障害をいう。
（参考）（『瑜伽』25、大正 30・419c～420a）
（ⅱ）所知障・煩悩障の二種の障（āvaraṇa）。→各項参照。
（ⅲ）加行障・遠離障・寂静障の三種の障。加行障（prayoga-antarāya）とは修行のさまたげ。善い事を行なうことにおける障害。病気にかかる、害虫などに悩まされる、生活の道具や医薬品などがないなどの障害。遠離障（prāvivekya-antarāya）とは、遠ざけ、離れ、断ずべきことをさまたげる障害。仕事を好む、睡眠を好む、人びとと語り騒ぐことを好む、などの行為による障害。寂静障（pratisaṃlayana-antarāya）とは、静かな心の境界である奢摩他と毘鉢舎那とをさまたげる障害。
（参考）（『瑜伽』25、大正 30・420a～b）
（ⅳ）覆蔽障・隠没障・映奪障・幻惑障の四種の障（āvaraṇa）。覆蔽障（avacchādanīya-āvaraṇa）とは、おおいかくすという障害。暗やみや不透明な物質がものをおおいかくすという障害。覆障ともいう。隠没障（antardhāpanīya-āvaraṇa）とは、薬草や呪術や神通力などによって、ものが隠れ消滅するという障害。隠障ともいう。映奪障（abhibhavanīya-āvaraṇa）とは、あるものより力や量などにおいて勝れていることによって、それをおおいかくすという障害。たとえば太陽の光が月を、月の光が星々をおおいかくしてしまうことをいう。映障ともいう。幻惑障（saṃmohanīya-āvaraṇa）とは、魔術師が魔術によって人びとを惑わす、あるいは、めまいがする、酔っぱらう、気が狂う、などの障害。惑障ともいう。
（参考）（『瑜伽』3、大正 30・291a）
（ⅴ）怯弱障・蓋覆障・尋思障・自挙障の四種の障（āvaraṇa）。怯弱障（paritamanā-āvaraṇa）とは、苦しみから解脱しようとする修行において、煩悩が多い、病気で身体が弱い、などの原因で心が憂い沈み元気がないという障害。蓋覆障（nivaraṇa-āvaraṇa）とは、覆うという障害で五種の蓋をいう。尋思障（vitarka-āvaraṇa）とは、ものを追求することにおける障害。貪欲に染まった汚れた追求心をいう。自挙障（ātma-saṃpragraha-āvaraṇa）とは、劣った智慧に安住して自らをさとったとおごりたかぶるという障害。
（参考）（『瑜伽』31、大正 30・457b）
（ⅵ）業障・習気障・放逸障・蓋障・懈怠障・障礙障・生障・不生障・信解障・煩悩障・定障・所知障の十二種の障（āvaraṇa）。→各項参照。
（参考）（『瑜伽』64、大正 30・656a）
（ⅶ）五蓋をまとめて障という場合もある。
（参考）（『瑜伽』24、大正 30・411c）
Ⓢ antarāya: āvaraṇa
（出典）障、謂、覆礙。覆所知境、令智不生。礙大涅槃、令不顕証、故名為障。（『述記』1本、大正 43・235a）
②さまたげること。ふさぐこと。「施を障げる因縁」「善趣に往くことを障げる過失」「止観を障げる諸の煩悩」「聖道と及び加行の善根とを障げるが故に名づけて蓋と為す」
Ⓢ āntarāyika: āvaraṇīya: āvṛta: pratibandha: prati-**bādh**: vighāta: vighna: vipakṣa: vipratibandha: vibandha

障垢 しょうく ①さわり。けがれ。「清浄なる真如は一切の障垢に染ぜられざるところなり」
②不串習（くりかえし修行しないこと）・匱乏（貧しいこと）・耽湎（食にふけること・酒に溺れること）・観果（行為の結果を期待すること）の四つのけがれをいう。
Ⓢ vibandha-mala
（出典）言障垢者、謂、四種障。一不串習、二匱乏、三耽湎、四観果。（『瑜伽』74、大正 30・710b）

障礙 しょうげ ①さわり。障害。「悪不善法は極めて障礙と為る」「一切の煩悩の習気と随眠の障礙とは皆な悉く永断して如来住に入る」「軽安は身心の麁重を止息し身心調暢なるを体と為し、一切の障礙を除遣するを業と為す」
Ⓢ antarāya: antarāya-karaḥ paripanthakaḥ: āvaraṇa: āvṛta: vighna: vibandha
②さまたげること。「眼などの諸根の極微は重累して丸の如く住す。頗胝迦の相い障礙せざるが如し」「是の如く五蓋は能く心を染汚して慧力を劣ならしめ、覚分を損害し、涅槃を障礙す」 Ⓢ ā-**vṛ**: prati-**bandh**
③空間的な大きさをもち他物を容れないこと。→障礙有対「障礙あること、是れ有対の義なり」「若し色に障礙あれば十色処を立すべし。堕法処色は既に障礙なきが故に十色処中に摂在せず」 Ⓢ āvaraṇa
④さえぎるもの。「天眼には障礙あることなし」「肉眼は障礙あることなき有見の諸色を能く照らす」

障礙因依処 しょうげいんえしょ →因依処

障礙有対 しょうげうたい →有対②

障礙依 しょうげえ →依⑫

障礙依処 しょうげえしょ 障礙因依処とおなじ。→障礙因依処

障礙障 しょうげしょう さまたげるという障害。十二種の障の一つ。十二の障礙によって心がふさがれること。→障①
(出典) 障者有十二種。(中略) 六障礙障、謂、十二種障礙、随一現前。(『瑜伽』64、大正30・656a)

障礙山 しょうげせん スメール山を中心にして取り囲む七つの山の一つ。善法を障える神が住するからこの名で呼ばれる。原語vinatakaを音写して毘那怛迦山・毘那矺迦山ともいう。 Ⓢ vinataka
(出典) 七金山者、(中略) 二毘那矺迦。此云障礙。有神住中障善法故。(『略纂』1、大正43・16a)

障治 しょうじ 障と治。障とは煩悩などのさわり、治とはそのさわりを退治する心。前者を所治、後者を能治と対比させることもある。→障治相違 Ⓢ vipakṣa-prātipakṣika

障治相違 しょうじそうい 障と治とが相違する関係をいう。治が障をなくす関係をいう。障とは煩悩などのさわり、治とはそれらさわりを退治する修行。たとえば不浄観と貪欲、慈悲観と瞋とのごとく、修行の方法とそれによって治される煩悩との関係をいう。六種の相違(語言相違・道理相違・生起相違・同処相違・怨敵相違・障治相違)の一つ。
Ⓢ vipakṣa-prātipakṣikaḥ virodhaḥ
(出典) 障治相違、謂、修不浄与諸貪欲、修慈与瞋、修悲与害。(『瑜伽』38、大正30・501b)

障増益見 しょうぞうやくけん 二十八種のまちがった見解(不正見)の一つ。→不正見

障法無畏 しょうほうむい 説障法無畏とおなじ。仏のみが有する四つの畏れがないありよう(四無畏)の一つ。→四無畏

請 しょう こうこと。たのむこと。もとめること。「他の力ある者の助を請う」「請に因って説く契経と、請に因らずして説く契経との二種の契経あり」
Ⓢ adhi-**iṣ**: adheṣaṇa: pṛṣṭa: pratijñāna

請問 しょうもん うかがいとうこと。質問すること。「諸の有智なる同梵行者と語言・談論し、共に相い慶慰し、楽って請問を興し、楽って諸の善を求めて違諍心なし」「我れ、今、如来に斯の義を請問せん」「仏の所に来詣して仏に請問して曰く」
Ⓢ āpṛcchana: paripṛcchana: paripṛcchā: paripṛṣṭa: pari-**prach**: paripraśnī-**kṛ**: praśna

屧 しょう 木の靴。「種種の書算・測度・数印・床座・傘屧などの資生衆具を能く造作する静慮」 Ⓢ upānaha

漿飲 しょうおん のみもの。飲料の総称。「云何が穀物なるや。謂く、諸のあらゆる食すべき、飲すべきもの、即ち大麦・小麦・稲穀・粟穀・穈黍・胡麻・大小豆などと、甘蔗・蒲桃・乳酪の果汁の種種の漿飲を謂う」

賞 しょう ほめること。ほうびを賜ること。「王は諸の群臣の度量に随って重ねて勲庸を賞す」

賞翫 しょうがん ほめたたえてくりかえし熟読すること。「後に護法など菩薩ありて頌文を賞翫して義釈を為す」

賞納 しょうのう たのしみうけいれること。「妙五欲を以って自ら賞納し、歓娯し、遊戯す」

賞賚 しょうらい ほめてほうびをあたえること。「刑罰すべき者を賞賚す」

銷 しょう とかすこと。消すこと。消えること。「大良薬は衆毒を銷す」「草の端の露は日が照れば則ち銷す」

銷煮 しょうしゃ 煮てとかすこと。「生金

を銷煮す」

銷融 しょうゆう とかしてなくすこと。融消・消融とおなじ。「阿頼耶識の中の一切の麁重を損壊するを銷融と名づく」

銷爛 しょうらん とけてただれること。「湯が涌沸して血肉、及び皮脈を悉く皆な銷爛せしむ」

餉佉 しょうきゃ śaṅkha の音写。螺貝と意訳。貝。ほら貝。まきがい。清浄な資具（身のまわりの道具）の一つ。「火を祠り、呪を誦し、茅草を安置し、瓫に頻螺果及び餉佉などを満す」 Ⓢ śaṅkha

（参考）（『瑜伽』5、大正 30・299a）

麨 しょう 大麦を粉にしたもの。一つ一つ分けて噛み砕き段々と食べる食物（段食）の一つ。「段食とは、即ち餅・麨・飯・羹・臛・糜・粥などなり」「鹽味と麨とを合した味」 Ⓢ saktu

燋熱 しょうねつ 燃えること。悩むこと。「想が乱倒するが故に心が燋熱す」 Ⓢ pradah

燋悩 しょうのう 非常に悩むこと。「所作の事業が若し諧遂せずんば、是の因縁に由って愁憂し、燋悩す」 Ⓢ **klam**

牆 しょう かき。かべ。土塀。「時大風が卒起して樹を折り、牆を頽し、山を崩す」 Ⓢ kuḍya: prākāra

牆壁 しょうへき かき。かべ。土塀。「牆壁・垣城などの障隔事」「日出で已って漸く衆物を照らし、牆壁の竅隙や山巖の幽藪が皆な悉く顕現するが如く、自相を分別する慧も応に知るべし亦た爾り」 Ⓢ kuḍya: prākāra

蕭然 しょうねん ものさびしいさま。「我れ独り蕭然として住す」

上 じょう ①（価値・程度などにおいて）上であること。高いこと。すぐれていること。「上品」「上・中・下」「上族」 Ⓢ adhimātra: ucca: utkṛṣṭatara: uttara: viśiṣṭa

②（空間的に）上であること。上方であること。「上地」「上界」「上住」「頭は下に向き足は上に向く」「上は頂上より下は足下に至る」「上・下・傍に布し、普く一切の無辺世界に遍ず」 Ⓢ upari: upariṣṭāt: ūrdhva: ūrdhvam

（出典）上者、謂、上方。下者、謂、下方。傍者、謂、四方四維。（『婆沙』85、大正 27・441a）

③のぼること。「怨の肩に上りて怨の命を害す」 Ⓢ ārūḍha

④修行者が修行によって獲得する預流果・一来果・不還果・阿羅漢果の四つのすぐれた結果。 Ⓢ sāmutkarṣika

（出典）云何上。謂、四沙門果。（『瑜伽』13、大正 30・346a）

上位 じょうい 上・下あるいは上・中・下に分けたなかの上の位。程度において最高に強い段階、より上の段階。「煩悩に耎位・中位・上位の三位あり」「業位に耎位・中位・上位・生位・習気位の五あり」「法空観品にて菩薩の見位は方に初起することを得、此の後、展転して、ないし、上位に至る」 Ⓢ adhimātra-avasthā

上怨 じょうおん 憎いなかでも上位にある人。三種の憎い人（上怨・中怨・下怨）の一種。

（参考）（『婆沙』82、大正 27・422a）

上界 じょうかい 三界（欲界・色界・無色界）のなかの上の色界と無色界との二界をいう。 Ⓢ ūrdhva-dhātu

上行風 じょうぎょうふう 身体のなかの風（内風界）の一つで、上に向かって動く風。→風界 Ⓢ ūrdhvaṃ-gamā vāyavaḥ

上気 じょうけ 咳をすること。病気の一つ。「身中に、癰痤・乾癬・湿癬・疥癩・疸疔・上気などの多種の疾病が発生す」

上気者 じょうけしゃ 咳をする、あるいは、はあはあといって呼吸が乱れている者。「諸のあらゆる衰老・朽邁・上気者の身は傴僂にして杖に憑る」 Ⓢ khuru-khuru-praśvāsa

上下 じょうげ ①（程度・能力などにおける）上と下。→上下品

②（空間的な）上と下。上方と下方。「上下の想とは此の身は上は頂位より下は足下に至るまで種種の雑類・不浄が充満するを観察するを謂う」 Ⓢ ūrdhvam-adhas

上下傍 じょうげぼう 上と下と傍。空間的な三種の方向をいい、上とは上方、下とは下方、傍とは左右・前後の水平の四つの方向（四方・四維）をいう。

（出典）上者、謂、上方。下者、謂、下方。傍者、謂、四方・四維。（『婆沙』85、大正 27・441a）：問、依何分位建立方、此復幾種。答、依所摂受諸色分位、建立方。此復三種。謂、上・下・傍。（『瑜伽』56、大正 30・

607c)

上下品 じょうげぼん 煩悩の程度や人の素質・能力などさまざまなありようを九種に分けるうちの一つ。上下と略称。→九品
Ⓢ adhimātra-mṛdu

上極 じょうごく ①すぐれていることの三つのありよう、すなわち上(uttara)と上勝(uttaratara)と上極(uttaratama)のなかの最高にすぐれていること。「上と上勝と上極との法教を宣説す」 Ⓢ uttaratama
②価値的に五つに、すなわち、下と中と上と上勝と上極、あるいは軟(mṛdu)と中(madhya)と上(adhimātra)と上勝(adhimātratara)と上極(adhimātratama)の五つに分類するなかの最高のありよう。
Ⓢ adhimātratama

上根 じょうこん 三根(上根・中根・下根)の一つ。すぐれた素質をもつ者。さとりに至る能力のすぐれている者。
Ⓢ adhimātra-indriya

上坐部 じょうざぶ 上座部とおなじ。→上座部

上座 じょうざ 上に座る人。教団のなかで指導的な僧。長老。「三界中、仏は是れ第一功徳の上座、独覚は第二功徳の上座、尊者舎利子は是れ第三功徳の上座なり」

上座部 じょうざぶ 釈尊が入滅してから百余年後の時代に大天が五事の新説を唱えたことに起因して、仏教教団がそれに賛同する大衆部と反対する上座部とに分裂したなかの一方。保守的な長老から構成された部派。上坐部とも書く。→大衆部
(参考)(『婆沙』99、大正27・511c):(『了義灯』1本、大正43・659a～b)

上士 じょうし →三士

上地 じょうじ 九地(欲界・初静慮・第二静慮・第三静慮・第四静慮・空無辺処・識無辺処・無所有処・非想非非想処)のなかでさらに上の地をいう。たとえば、欲界にとって初静慮が、無所有処にとって非想非非想処が上地となる。上地のありようは下地にくらべてすぐれていることを観察して上地に至ろうと欲することが要請される。→九地「是の如き麁性は、諸の上地に於て展転相望して、乃至、無所有処は極む。一切の下地は苦悩増多にして寿量減少し、一切の上地は苦悩減少し寿量増多なり。非想非非想処のみ唯だ静、唯だ妙にして更に上地の此れに勝過するものなし」「上地より没して下地に生ずる時、一切の上地の善心・染汚心・無記心より無間に唯だ下地の染汚心生ずることあり」 Ⓢ upari-bhūmi: ūrdhva-bhūmika

上首 じょうしゅ ①最初にあるもの。あるものを引き起こすときに先行するもの。「無明を上首と為し無明を前相と為して無量種の悪不善法を生ず」 Ⓢ pūrvaṃ-gama
②すぐれたもの。「正法を聴聞するに、唯だ涅槃を以って上首を為し、唯だ涅槃を求め唯だ涅槃を縁じて法を聴聞す」「三慧に依って慧の上首に住すと説く」「上首の慧を発して堅き解脱を証す」

上生 じょうしょう 下の世界より上の世界に生まれること。「初静慮より没して展転して諸の所生処に上生す」 Ⓢ ūrdhva-janma

上勝 じょうしょう ①すぐれていることの三つのありようである上(uttara)と上勝(uttaratara)と上極(uttamatama)のなかの中間のありよう。「上と上勝と上極との法教を宣説す」 Ⓢ uttaratara
②価値的に五つに、すなわち、下と中と上と上勝と上極、あるいは軟(mṛdu)と中(madhya)と上(adhimātra)と上勝(adhimātratara)と上極(adhimātratama)の五つに分類するなかの一つ。
Ⓢ adhimātra-tara

上上 じょうじょう →上上品

上上品 じょうじょうぼん 煩悩の程度や人の素質・能力など、さまざまなありようを九種に分けたうちの一つ。上上と略称。→九品
Ⓢ adhimātra-adhimātra

上乗 じょうじょう さとりへのすぐれた乗り物。声聞乗・独覚乗・仏乗、あるいは声聞乗・独覚乗・菩薩乗の三乗のなかの仏乗あるいは菩薩乗をいう。あるいは小乗と大乗のなかの大乗をいう。下乗の対。

上進 じょうしん さらに上にすすむこと。さらに上の境界にのぼること。「非想非非想処より上進せんと欲求す」「初静慮を得て便ち喜足を生じて上進を求めず」 Ⓢ uccalita: uttari

上親 じょうしん 親しいなかでも上位にある人。三種の親しい人(上親・中親・下親)の一種。
(参考)(『婆沙』82、大正27・422a)

上族 じょうぞく →上族姓

上族姓 じょうぞくしょう 身分の高い家柄。上族ともいう。 Ⓢ ucca-kula

上中 じょうちゅう →上中品

上中下 じょうちゅうげ →上中下品

上中下品 じょうちゅうげぼん 煩悩の程度や人の素質・能力など、さまざまなありようを三種に分ける分類法。上中下と略称。
Ⓢ adhimātra-madhya-mṛdu

上中品 じょうちゅうぼん 煩悩の程度や人の素質・能力などさまざまなありようを九種に分けたうちの一つ。上中と略称。→九品
Ⓢ mṛdu-adhimātra

上人法 じょうにんぼう 勝れた人のありよう。さとった聖者となること。たとえば四つの沙門果を得ること。そのようなさとりを未だ獲得していないのにすでに獲得したと偽ることを妄説自得上人法といい、四波羅夷罪の一つ。過人法・勝過人法ともいう。→四波羅夷罪「上人法を現証す」「内に妄に己の徳を顕すに依って自ら己に勝過人法を得たと説く」「自ら過人法を得たと称す」 Ⓢ uttara-manuṣya-dharman

上忍 じょうにん 修行の五段階の第二である加行位（煖・頂・忍・世第一法の四善根）の忍をさらに下・中・上の三つの位に分けるなかの第三の位。欲界の四諦の一行相を観察する位（〈倶舎〉の所説）。能取（認識するもの）は空であると明瞭に証する位（〈唯識〉の所説）。→加行位 Ⓢ adhimātra-kṣānti

上分 じょうぶん ①上の部分。「将に終らんとする時、悪業を作す者は、識の所依に於て上分より捨つ、即ち上分より冷触が随起す」「諸の樹などの物は根が下の地に入れば上分は増長す」 Ⓢ ūrdhva-bhāga
②三界のなかの上部の色界と無色界とをいう。この二つの界に生存をつなぎとどめる色貪・無色貪・掉挙・慢・無明の五つの煩悩を五上分結、あるいは五順上分結という。
Ⓢ ūrdhva-bhāgīya

上品 じょうぼん 品とは種類の意味。さまざまなものをそれらの程度に応じて上・中・下の三つに分けるなかの一つ。力や程度が最も強い、あるいはすぐれている類をいう。
Ⓢ adhimātra

上品加行 じょうぼんけぎょう 最高度の修行。三種の加行（下品加行・中品加行・上品加行）の一つ。無間加行（常に修行すること）と殷重加行（敬い重んじて修行すること）の両方をともなう修行。 Ⓢ adhimātra-prayoga
（出典）上品加行者、謂、無間加行及殷重加行、二倶相応。（『瑜伽』37、大正 30・497c）

上品修 じょうぼんしゅ 現世において無想定から退くことがなく、後に最高に光り輝き広大な容姿をして無想天に生まれ、決して中夭（寿命をまっとうせず生存の途中で死ぬこと）することがない、そのような修行をいう。→無想定
（出典）上品修者、現必不退、後生彼天最極光浄形色広大、必無中夭、窮満寿量、後方殞没。（『成論』7、大正 31・37c）

上品成熟 じょうぼんじょうじゅく 三種の成熟（下品成熟・中品成熟・上品成熟）の一つ。一つは、いまだ久しく修していないため、諸根の成熟と善根の成熟と智慧の成熟との因縁がいまだ増大していないありよう、もう一つは、劣った因縁をくりかえし修するというありよう、という二つのありようがないすぐれた成熟。→下品成熟
（参考）（『瑜伽』37、大正 30・497a）

上品善根 じょうぼんぜんこん 三種の善根（軟善根・中品善根・上品善根）の一つ。出世間の善根、あるいは下品の煩悩を滅する善根。
（出典）問、何等名上品善根。答、謂、出世間所有善根、或能対治下品煩悩。（『瑜伽』55、大正 30・602c）

上味 じょうみ おいしい味。最上の味。酥・蜜・油・鹽・甘蔗の五つの味をいう。「仏の舌根は浄なるが故に所飲食を変じて上味に成ぜしむ」 Ⓢ rasa
（参考）（『瑜伽』2、大正 30・286a）

上妙 じょうみょう 最もすぐれていること。最上にすばらしいこと。高級なものとしての衣服や食べ物や道具を形容する語として用いられることが多い。「上妙にして悦意なる財物に耽著するは施の障なり」「上妙なる衣服・飲食・資具」「是の如く一切の化身より無量の上妙なる音声を化出して、如来の広大にして甚深なる真実の功徳を歌讃す」「能く聖教に於て淳浄にして上妙なる法味を覚受す」 Ⓢ agra: atyudāra: utsada: udāra: praṇīta: pravara

上流 じょうる →上流補特伽羅

上流者 じょうるしゃ →上流補特伽羅

上流補特伽羅 じょうるふとがら 欲界より没して色界の最初の梵衆天に生じるが、そこで涅槃に入ることなく、次々とより高い上地に生じ、最後に色究竟天、あるいは有頂天に至ってそこで涅槃に入る人。四種の聖者（預流・一来・不還・阿羅漢）のなかの不還が色界・無色界において涅槃に入る五種のタイプ（中般涅槃・生般涅槃・有行涅槃・無行涅槃・上流）の一つ。これをさらに全超と半超と一切処没の三種に分ける（→各項参照）。上流・上流者ともいう。

（出典）言上流者、是上行義。以流与行其義一故、謂、欲界歿、往色界生。未即於中能証円寂、要転生上方般涅槃。（『倶舎』24、大正29・124c）：云何上流補特伽羅。謂、有不還補特伽羅、従此上生初静慮已、住於彼処、不般涅槃、従彼没已展転上生諸所生処、乃至、或到色究竟天、或到非想非非想処、是名上流補特伽羅。（『瑜伽』26、大正30・425a～b）

丈夫 じょうぶ ①おとこ。男性。原語puruṣaあるいはmanuṣyaは広くは人間を意味する語であるが、丈夫と訳される場合は男性をいう。強く偉大な男性を大丈夫という。puruṣaは士夫とも訳される。→大丈夫①→士夫「人の同分に生じて丈夫の身を得て男根成就す」「丈夫の体を楽って婦女の身を厭う」 Ⓢ puruṣa: manuṣya

②サーンキヤ派（数論）が唱える宇宙創造の二大原理（puruṣaとprakṛti）の一つであるpuruṣaをいう。神我ともいう。→神我

（出典）丈夫即神我也。能造作故。（『略纂』3、大正43・40c）

丈髻外道 じょうけいげどう 杖髻外道とおなじ。→杖髻外道

仗 じょう ①武器。刀や鉾などの総称。「鎧・仗に因って怨敵を伏す」「忿は仗を執るを業と為す」 Ⓢ astra

②たよること。「阿頼耶識は因縁力の故に自体生ずる時、外に変じて器と為り、即ち所変を以って自の所縁と為し、行相は之に仗じて起こることを得る」

仗託 じょうたく たよること。「衆縁に仗託す」

成 じょう ①なすこと。作ること。完成させること。成立せしめること。「能く僧を破する人は破僧罪を成ず」「但だ諸蘊に依って補特伽羅を成ずる故に補特伽羅は仮有なり」 Ⓢ anvita: abhiniṣpanna: karaka: kṛta: prajñapti: prasiddhi: vyavasthāna: samanvāgata: samanvāgama: samanvita: sam-**pad**: saṃpādana

②なること。生じること。できあがること。ある状態になること。完成すること。成立すること。「種を下すれば苗が成じて実を結ぶ」「仏に成る」「無上正覚を成ず」「若し浄相を観ずるに、煩悩起こらざれば不浄からの解脱は成ず」「蘇迷盧山は成じ已って四宝を体と為す」「其の体は実有なりという理は成ぜず」 Ⓢ abhivṛddhi: utpatti: ud-**pad**: utpāda: upa-**pad**: **jan**: ni-**sthā**: niṣpatti: niṣpanna: pariniṣpanna: pra-**āp** prādur-**bhū**: **bhū**: mata: yukta: **yuj**: yoga: vivarta: vi-**vṛt**: **vṛt**: saṃbhava: saṃvarta: saṃṛddhi: sādhyatva: **sidh**: siddha: siddhi

成壊劫 じょうえこう 世界が生成して消滅するまでの四つの期間（成劫・住劫・壊劫・空劫の四劫）のなか、成劫と住劫とを成、壊劫と空劫とを壊としてまとめ、四劫すべてを含んで成壊劫という。劫を三種（中劫・成壊劫・大劫）に分けるなかの一つ。

Ⓢ saṃvarta-vivarta-kalpa

（参考）（『婆沙』135、大正27・700c）

成劫 じょうこう 四劫（成劫・住劫・壊劫・空劫）の一つ。自然界（器世間）が成立していく長い期間。→四劫

Ⓢ vivarta-kalpa

（参考）『倶舎』12、大正29・63a）

成劫現在 じょうこうげんざい 五種の現在（刹那現在・一生現在・成劫現在・現行現在・最後現在）の一つ。自然界（器世間）が形成される期間である成劫の間の現在。

（参考）（『瑜伽』66、大正30・667b）

成劫風 じょうこうふう 世界にまったくなにも存在しない状態から、自然界（器世間）が初めて成立する前ぶれとして最初に吹く微細な風。一切の有情（生きもの）の業の力によって生じる風。 Ⓢ vivartanī-vāyus

（出典）如是世界壊、経久時、於下空中有微風起、二十空劫、此時已度、二十成劫、従此為初。所起微風、漸廣漸厚時、経久遠、盤結、成輪。（『婆沙』133、大正27・691b）：所言成劫、謂、従風起、乃至地獄、始有情

生。(中略)一切有情業増上力、空中漸、有微細風生。是器世間、将成前相。(『倶舎』12、大正 29・63a)

成劫未来 じょうこうみらい 五種の未来(刹那未来・一生未来・成劫未来・現行未来・応得未来)の一つ。成劫の未来。自然界(器世間)が形成される期間である成劫の間の未来。

(参考)(『瑜伽』66、大正 30・667b)

成就 じょうじゅ ①なしおえること。完成させること。成立せしめること。身につけること。「最上の涅槃を成就す」「択滅を成就す」「若し欲界に生ずれば、当に幾くの根を成就すると言うべきや」「過去と未来との無漏の律儀を成就す」「転輪王あり、七宝を成就す」「中品の善根を成就せる補特伽羅」 Ⓢ yukta: yoga: lābha: samanvaya: samanvāgata: samanvāgama

②実体として存在していること。「若しくは沙門、若しくは婆羅門は、不正に思惟するが故に、過去あり未来あり、其の相は成就して猶し現在の如く実有にして仮有に非ず、という見を起こす」 Ⓢ pariniṣpanna

③縁起の理などの真理がもともと成立し存在しつづけているさまをいう。真理の普遍性・永遠性をいう語。「諸の縁起は、無始の時よりこのかた、理として成就せる性なるを法性と名づく」 Ⓢ prasiddha

④不相応行の一つである得の異名としての成就。あるものを已に得てそれをいまだ失わないありようをいう。これに対して、いまだ得ないものを得る、あるいはすでに失ったものを得るありようを得という。種類として、種子成就・自在成就・現行成就が説かれる(→各項参照)。 Ⓢ samanvāgama

(参考)(『倶舎』4、大正 29・22a 以下):(『瑜伽』52、大正 30・587a):(『集論』3、大正 31・673c):(『成論』1、大正 31・5b)

成熟 じょうじゅく ①身心が充実し完成した状態になること。自らがそのような状態に成ることを「自らの仏法を成熟する」といい、他人をそのような状態にせしめることを「有情を成熟する」という。「摂善法戒は能く自らの仏法を成熟し、饒益有情戒は能く有情を成熟す」「布施・愛語・利行・同事の四摂事を以って有情を成熟す」 Ⓢ pari-**pac**: paripāka: paripācaka: paripācana: pāka

(参考)(『瑜伽』37、大正 30・496b 以下)

②焼く・煮るなどの火の働きをいう。「火界に由るが故に成熟す」 Ⓢ pari-**pac**

③植物などが成育すること。「種を縁と為して芽が生じ、芽を縁と為して茎が生じ、乃至展転して枝・葉・花・果が次第に生ずるを外穀の成熟という」

④成熟すること一般をいう。諸根成熟・善根成熟・智慧成熟・下品成熟・中品成熟・上品成熟の六種が説かれる(→各項参照)。

(参考)(『瑜伽』37、大正 30・496c)

成熟工業 じょうじゅくくごう 飲食業。食物を作る仕事。十二種の工業の一つ。→工業

(出典)成熟工業者、謂、成熟飲食。(『略纂』6、大正 43・95c〜96a)

(参考)(『瑜伽』15、大正 30・361b)

成所作 じょうしょさ なすべきことをなしおえること。行為を完成させること。働きを全うすること。「如来は此の転依に依って能く一切の有情の義利を作すを成所作の故に不可思議なりと謂う」「成所作の決択とは、能く世間の種種の養命を成ずる方便などを決択するを謂う」

成所作共相 じょうしょさぐうそう 働き・行為が成就するという共通のありよう。ある行為がある結果をもたらす、たとえば善い行為は好ましい結果を、悪い行為は好ましくない結果をもたらす、あるいは三十七菩提分法は菩提をもたらすという共通のありようをいう。五種の共相(種類共相・成所作共相・一切行共相・一切有漏共相・一切法共相)の一つ。→共相

(出典)成所作共相者、謂、善有漏法、於感愛果、由能成辦所作共相、説名共相。如善有漏法於感愛果、如是不善法、於感非愛果、念住・正断・神足・根力・覚支・道支、菩提分法、於得菩提、由能成辦所作共相、説名共相、当知亦爾。(『瑜伽』16、大正 30・361c)

成所作智 じょうしょさち →四智①

成長者 じょうじょうしゃ 大きく育ててくれた人。恩ある人の一人。 Ⓢ saṃvardhaka

(参考)(『瑜伽』25、大正 30・420c)

成触 じょうそく →三和 Ⓢ sparśa-bhūta

成等正覚 じょうとうしょうがく 真理をありのままにみるさとり。最高のさとり(阿耨多羅三藐三菩提)を得ること。このさとりを得た人を仏陀という。現等正覚・等覚ともい

う。「仏世尊は母胎より出でて、即ち七歩行きて、自ら独尊なりと称し、出家し、苦行し、菩提樹に詣でて成等正覚す」
Ⓢ abhisaṃbuddha: abhisaṃbodha: abhisaṃbodhi

成道 じょうどう 道を成就すること。修行を完成して最高のさとり（無上正覚）を得ること。仏陀になること。「化身が樹下に於て成道を現ずるを現等覚と名づく」

成仏 じょうぶつ 仏陀になること。覚者になること。さとること。「世尊は鄔盧頻螺池の辺の泥爛繕那河の側の菩提樹の下に住在して成仏し、久しからずして諸の声聞の為に略して法要を説く」「此の道理に由って多くの世界の中にて決定して衆多の菩薩が同時に成仏することあるべし」「無性有情は成仏せず」
Ⓢ buddha: buddha-karaka

成辦 じょうべん 作ること。なすこと。成し遂げること。完成させること。生ぜしめること。獲得すること。「泥・団・輪・縄・水などの衆縁が和合して瓶などを成辦す」「農作・商賈の事に依って諸の稼穡などや財利などの果を成辦す」「能く真実を成辦する理義に於て勝たる功徳あるを如実に了知す」「是の如き事業を成辦す」
Ⓢ abhinir-**vṛt**: abhiniṣpatti: karaṇa-prasiddhi: niṣpatti: pariniṣpatti: pratipādana: samudā-**nī**

成満 じょうまん ①完成すること。なしとげること。修行や行為が完了すること。「加行が成満す」「是の如く修果が成満するに由って究竟して出離す」「不放逸は一切の世・出世間の善事を成満するを業と為す」
Ⓢ abhiniṣpatti: pariniṣpatti: **sidh**
②道具などが壊れずに完全な状態にあること。「資具の成満と破壊との前後に変異するを観見して、諸行は無常なり、との念を作す」 Ⓢ sāra
③一杯に満たすこと。「彼の獼猴は世尊の鉢を取りて還りて樹に上り、流蜜を成満して、下りて持して世尊に奉る」

成礼 じょうらい 礼を立派に行なうこと。優美な立ち振る舞いをいう。女が男を魅惑して縛る八つのありようのなかの一つ。「舞・歌・笑・睇・美顔・妙触・祇奉・成礼の八処所に由って女は男を縛る」

成立 じょうりゅう ①ある主張や命題を証明・論証すること。論証されるものを所成立（sādhya）、論証するものを能成立（sādhana）にわけると、所成立には自性・差別の二種が、能成立には立宗・辯因・引喩・同類・異類・現量・比量・正教量の八種がある（『瑜伽』15、大正 30・356c)。「法爾道理に由って如実の諸法に於て法性を成立す」「道理相違とは、諸の所成立、諸の所知義を成立せんが為に比量を建立するに、証成道理と相応せざるを謂う」「自宗を成立し他宗を破壊す」 Ⓢ prasiddha: sādhana
②完成させること。成し遂げること。完了すること。確立すること。「此の静慮に依って利他の事を成立す」「諸の如来は普く能く一切の他論を降伏し、普く能く一切の自論を成立す」 Ⓢ prasādhana: vyavasthāpanā
③でき上がること。形成されること。「風輪などが起こって外の器世間が成立す」
Ⓢ vivarta: vivartanī

杖 じょう つえ。病人・老人などがそれにたよって歩く道具、あるいは危害を与える、戦うときの武器としてあげられる。「病人は杖に依って立去す」「他の命を害せんが為に刀・杖などを以って加害す」「杖を持し刀を持して闘訟し諍競す」 Ⓢ daṇḍa

杖髻外道 じょうけいげどう 丈髻外道とも書く。杖（丈）を持って歩き、頭上で髪を束ね、過去と未来とは存在しないと説く外道。事火外道ともいわれ、火につかえる、火天を祭祀し供養することによって天に生じようとする外道。
Ⓢ laguḍaśikhīyakāḥ parivrājakāḥ
（出典）仏在世、有出家外道、名為杖髻、撥無過去未来。(『婆沙』74、大正 27・383b)：云何従癡生。謂、如丈髻外道名事火。天性甚卒暴、多麁悪語、彼諸弟子、以為善妙、習麁語、是名従癡生。(『婆沙』116、大正 27・606b～c)：手執杖行、頭上作髻故、名杖髻。(『倶舎論記』20、大正 41・312b)

杖策 じょうさく つえ。「杖策に憑拠するとは、杖の力に依って住するを謂う」
Ⓢ daṇḍa

杖捶 じょうすい 杖でうつこと。「牛を杖捶すれば、速く所に至ることあるが如し」「怨家の為に害を加えんと欲して、打拍し、或いは解割し、或いは杖捶を加う」

状 じょう 行状相の状。→行状相

状貌 じょうぼう かたち。すがた。容貌。

「彼の天の状貌は異ならず」 Ⓢ liṅga

定 じょう ①心のさだまったありよう、動揺せず散乱しないありよう、をいう。次のようなさまざまな概念のなかで使用され、原語も相違する。
(i) 別境の心所の定 (samādhi)。観察しようと欲する対象に心をとどめることによって心が散乱することなく静かにさだまっているありようをいう。「心一境性」と定義され、心が一つの対象（境）にとどめおかれた状態をいう。智 (prajñā) を生じる原因となる。原語 samādhi を音写して三摩地といい、意訳して等持という。
(出典) 何等三摩地。謂、於所観事、令心一境為体、智所依止為業。(『集論』1、大正31・664b)：云何為定。於所観境、令心専注不散為性、智依為業。(『成論』5、大正31・28b)。
(ii) 静慮 (dhyāna) のなかの定 (等持 samādhi)。さだまった心のなかで、特に詳しく深く静かに思考する働き（審慮）がすぐれているものを静慮と呼ぶ。「若し爾らば諸の等持を皆な静慮と名づくべし。爾らず。唯だ勝たるに方に此の名を立つ。世間に言うが如く、光を発するを日と名づけ、蛍燭などは亦た日の名を得るにあらず」(『倶舎』28、大正29・145b)。
(iii) 二つの無心定（無想定・滅尽定）の定 (samāpatti)。原語 samāpatti を音写して三摩鉢底といい、意訳して等至という。身体を平等に活動せしめる心、かたむくことなく平等に働く心のありようをいう。
(出典) 此令大種平等行故、説名為定。或由心力平等至此故名為定。(『倶舎』5、大正29・26a)。
(iv) 定の七名。1. 三摩呬多 (samāhita 等引)。2. 三摩地 (samādhi 等持)。3. 三摩鉢底 (samāpatti 等至)。4. 駄那演那 (dhyāna 静慮)。5. 質多翳迦阿羯羅多 (citta-agratā 心一境性)。6. 奢摩他 (śamatha 止)。7. 現法楽住 (dṛṣṭa-dharma-sukha-vihāra)。
(出典) 定有七名。一名三摩呬多、此云等引。三摩云等、呬多云引。二云三摩地、此云等持。三云三摩鉢底、此云等至。四云駄那演那、此云静慮。五云質多翳迦阿羯羅多、此云心一境性。質多云心、翳迦云一、阿羯羅云境。多云性。六奢摩他、此云止也。七云現法楽住、等引通有無心、唯定非散。(『了義灯』5本、大正43・753b)
②きまっていること。決定していること。さまざまな文脈のなかで使用され、原語も相違する。
(i) 原語 niyata の訳。かならずそうであること。決定していること。不定の対。「順楽受業と順苦受業と順不苦不楽業の三業に定と不定とあり」「定に順現法受と順次生受と順後次受との三つあり」
(ii) かならず・必然的に・確かに・絶対に・常に、などを意味する副詞句。原語は atyantam: avaśyam: ekāntam: kevalam: dhruvam: niyamena: nūnam: sarveṇa sarvam など。

定愛 じょうあい 定への愛。さだまった心（三摩地・等持・等至）への愛着。法愛と共に所知障として断ずべきもの。等至愛ともいう。「若しくは智にして段食・婬欲の愛を対治するものを法智と名づけ、若しくは智にして諸の定愛を対治するものを類智と名づく」「定愛と法愛とは所知障なり」「第四地の中で定愛と法愛との障を断ず」
Ⓢ samādhi-tṛṣṇā: samāpatti-tṛṣṇā

定位 じょうい 心がさだまった状態。禅定に入っている状態。散位の対。あるいは不定位の対。「菩薩は定位に於て影は唯だ是れ心なりと観ず」

定異 じょうい 不相応行の一つ。他と決定して異なるありようを生ぜしめる原理。基本的には、因と果との関係が決定していることをいう。たとえば、善い行為は好ましい結果をもたらし、悪い行為は好ましくない結果をもたらすという因果が決まっていること。広くは、一切法の定異（一切の法は十二処におさめられる）、領受の定異（一切の受は三受におさめられる）、住の定異（生きものは寿命があり一定期間しか存在しないが、外界の自然は滅ぶことなく永く存続する）、形量の定異（生きものによって身体のかたちが決まっている。あるいは自然界の事物、たとえば、四大洲などのかたちが決まっている）などをも意味する。→不相応行
Ⓢ niyama: pratiniyama
(出典) 云何定異。謂、無始時来、種種因果決定差別無雑乱性。如来出世、若不出世、諸法法爾。又此定異差別多種、或有流転還滅定

異、謂、順逆縁起。或有一切法定異、謂、一切法十二処摂、無過無増。或有領受定異、謂、一切受三受所摂、無過無増。或有住定異、謂、一切内分乃至寿量、一切外分経大劫住。或有形量定異、謂、諸有情、於彼彼有色生処、所受生身形量決定、及諸外分四大洲等形量決定。(『瑜伽』52、大正 30・588a)：何等定異。謂、於因果種種差別、仮立定異。因果種種差別者、謂、可愛果、妙行為因、不可愛果、悪行為因。諸如是等種種因果展転差別。(『雑集論』2、大正 31・700c)

定異因　じょういいん　→十因

定有　じょうう　「有るものは決定的にある」ということ。「無いものは決定的にない」とみる定無と共に、「すべての現象的存在は生じては滅する」という諸行無常・諸行生滅の理を理解しない人びとのまちがった見解をいう。

(参考)(『瑜伽』88、大正 30・796b)

定蘊　じょううん　定の集り。無学(すべてを学び尽くしもはや学ぶことがなくなった聖者)の存在を構成する五つの要素である五蘊(戒蘊・定蘊・慧蘊・解脱蘊・解脱知見蘊)の一つ。→五蘊②　Ⓢ samādhi-skandha

定戒　じょうかい　→定倶有戒

定界　じょうかい　心が禅定に入っている状態の世界。三界中の色界と無色界の二界をいう。これに対して欲界を不定界という。「欲界の苦は不定界の摂なるが故に別して現観し、色・無色界の苦は倶に定界の摂なるが故に合して現観す」

定覚支　じょうかくし　→七覚支

定倶有戒　じょうぐうかい　色界の静慮(定)を修することによって身中に得る戒体(非を防ぎ悪を止める力)。定戒・定共戒・静慮生律儀とおなじ。

定共戒　じょうぐうかい　→定倶有戒

定業　じょうごう　果を受ける時期が決定している業。順現法受業・順次生受業・順後次受業の三つがある。→各項参照　Ⓢ niyata-karman

(参考)(『倶舎』15、大正 29・81c)

定根　じょうこん　定という根。さだまった心の力。さとりに至る修行を押し進める重要な五つの心の力である五根(信根・精進根・念根・定根・慧根)の一つ。奢摩他と毘鉢舎那とのさだまった心をいう。→定①　→五根②　Ⓢ samādhi-indriya

(出典) 問、定根何義。答、奢摩他・毘鉢舎那。(『瑜伽』57、大正 30・615c)

定地　じょうじ　心が禅定に入ってさだまった状態の世界。三界(欲界・色界・無色界)のなかの色界と無色界の二つ。→三界①

定自在　じょうじざい　思うがままに定を行なうことができること。それによって神通力を得て自在にさまざまな超自然的なことを現出できること。あるいは心のなかに自在に影像を生じることができること。十地のなかの第三地で初めて定自在を得る。「仏・菩薩は定自在に依って能く一切の雪山王などを巻いて一極微の如くにし、一極微を舒して一切の雪山王などの如くにする」「心に定自在を得て将に滅度せんとするとき、神力によって空に昇りて火の等持に入りて身をして漸死せしむ」　Ⓢ samādhi-vaśitā: samādhi-vaśitva

定自在所生色　じょうじざいしょしょうしき　→定所引色

定種性　じょうしゅしょう　定種姓とも書く。決定した種性。さとりに至る能力・素質が決まっていること。声聞種性・独覚種性・如来種性の三種がある。五姓(菩薩姓・独覚姓・声聞姓・不定姓・無姓)のなかの前の三つが定種性にあたる。不定種性の対。

定種姓　じょうしゅしょう　定種性とおなじ。→定種性

定所引色　じょうしょいんしき　定の力によって心のなかに引き起こされるものをいう。たとえば不浄観を修するときの腐乱した死体のすがた、日輪観における日輪、念仏における仏のすがたをいう。自在所生色・定自在所生色・定所行色ともいう。法処所摂色の一つ。→法処所摂色

(出典) 自在所生色者、謂、解脱静慮所行境色。(『雑集論』1、大正 31・696c)

定所応作　じょうしょおうさ　菩薩としてかならずなさなければならない次の五つをいう。(ⅰ)さとりを得ようという心を発す(発菩提心)。(ⅱ)人びとを哀れみ慈しむ。(ⅲ)猛然と精進する。(ⅳ)内明処・因明処・声明処・医方明処・工業明処の五つの学問(五明処)を習得する。(ⅴ)修行し精進することを厭わない。　Ⓢ avaśya-karaṇīya

(参考)(『瑜伽』46、大正 30・547a)

定所行色　じょうしょぎょうしき　→定所引色

定生喜楽　じょうしょうきらく　色界の四段階の静慮の第二静慮のありよう。初静慮の禅定を修して生じた喜びと楽とを受けるありようをいう。→四静慮
Ⓢ samādhi-jaṃ prīti-sukham

定姓二乗　じょうしょうにじょう　→五姓各別

定障　じょうしょう　二障（煩悩障と定障）の一つ。十二種の障の一つ。定をさまたげる障。煩悩障に加えてこの障からも解脱することを倶分解脱という。解脱障とおなじ。→倶分解脱　Ⓢ samāpatty-āvaraṇa
（出典）障者有十二種。（中略）十一定障。謂、由彼故、説倶分解脱心得解脱。（『瑜伽』64、大正 30・656a）

定静慮　じょうじょうりょ　定としての静慮。静慮（dhyāna）の本質が、心が一つの対象にとどめおかれた状態（心一境性）であることをいう。二つの静慮（生静慮・定静慮）の一つ。Ⓢ samāpatti-dhyāna
（出典）定静慮体総而言之、是善性摂心一境性。（『倶舎』28、大正 29・145a）

定心　じょうしん　さだまった心。善い心、散乱しない心。種々の蓋（心を覆い真実を覆い隠す煩悩）から解脱して根本静慮（色界の初静慮から無色界の第四の非想非非想処までの八つの段階それぞれにおける根本となる禅定）に入った心をいう。不定心の対。→不定心　Ⓢ samāhita-citta
（出典）定心者、謂、善心、等持相応故。（『婆沙』151、大正 27・770b）：定心者、謂、善心、背散乱故。（『婆沙』190、大正 27・951b）：言定心者、謂、従諸蓋、得解脱已、復能証入根本静慮。（『瑜伽』28、大正 30・440c）：若由如理作意已、得根本静慮、名定心。（『瑜伽』54、大正 30・596a）

定中意識　じょうちゅういしき　→意識

定等覚支　じょうとうがくし　→七覚支

定別因　じょうべついん　十因のなかの一つ。定異因とおなじ。→因③

定無　じょうむ　「無いものは決定的にない」ということ。「有るものは決定的にある」とみる定有と共に「すべての現象的存在は生じては滅する」という諸行無常・諸行生滅の理を理解しない人びとのまちがった見解。
（参考）（『瑜伽』88、大正 30・796b）

定理　じょうり　定まった不変の真理。詳しくは決定理趣という。「此の業と此の熏習と此の時に至りて与果するとの一切種の定理は、仏を離れては能く知るものなし」
Ⓢ niyama

定力　じょうりき　定まった心の力。禅定の力。五力（信力・精進力・念力・定力・慧力）の一つ。「静慮を修する時、定力所生の定境界色は眼根の境に非ざるが故に無見と名づく」　Ⓢ dhyāna-bala: samādhi-prabhāva

定律儀　じょうりつぎ　静慮律儀とおなじ。→静慮律儀

定量　じょうりょう　①ある認識や判断の正当性を裏付ける根拠。現量・比量・至教量の三量がある。→三量①　Ⓢ pramāṇa
②限定された数量。「已に欲界の心所の倶生するときの諸の品の定量を説く」「古の如きは九義の中に於て、共に一の瞿の声を立てて能詮の定量と為す」「有る余の偏に執すらく、明論の声は常なり、能く定量と為って諸法を表詮すと」　Ⓢ avadhi: niyama

乗　じょう　①それに乗ってさとりに至る乗り物。至るさとりの違いによって声聞乗・独覚乗・菩薩乗の三乗に分かれる。→三乗
Ⓢ yāna
②乗り物にのること。→乗御
Ⓢ abhi-**ruh**: ā-**ruh**
③乗り物。飲食や衣や荘厳具などと並んで身のまわりの道具（身資具）の一つ。　Ⓢ yāna
④あることを利用すること。よりどころとすること。引くこと。「本論に見の言を説くは言便に乗ずるが故なり」「前の校量に乗ず」「互相に乗ずるが故に業道と名づく」
Ⓢ ākṣepa: ādhikāra: āvāhana: **nī**

乗御　じょうご　のること。のってあやつること。「象・馬・船と乗御の者とが展転して相い依るが如し」「諸の菩薩は是の如き無戯論の理に乗御す」　Ⓢ abhi-**ruh**: ārūḍha

乗香　じょうこう　乗り物の香り。六種の香りの一つ。　Ⓢ yāna-gandha
（参考）（『瑜伽』3、大正 30・293b）

乗樹　じょうじゅ　妙なる乗り物を出生する樹。諸の天に生えている樹。　Ⓢ yāna-vṛkṣa
（出典）有乗樹、従此、出生種種妙乗、所謂、車輅・輦輿等。（『瑜伽』4、大正 30・298b）

乗善巧　じょうぜんぎょう　乗に精通していること。声聞乗・独覚乗・菩薩乗の三乗について善く理解していること。十種の善巧の一つ。→乗①　→善巧②　Ⓢ yāna-kauśalya

城　じょう　しろ。敵を防ぐために周囲を堅固にした建物。心意識や涅槃の喩えに用いられる。「此の頌の中に言うところの城とは心意識を謂う。此の城は唯だ骨を以って甎石を充たし、筋を蝿紙に代え、肉は塗漫に当り、形骸の墉に周匝囲繞せらるる」
「畢竟断と及び智とを証得するが故に能く涅槃の城に入る」「道の義とは涅槃の路を謂う。此れに乗じて能く涅槃の城に往くが故なり」
Ⓢ nagara

城市　じょうし　城壁で囲んだ町。都市。田舎を意味する村野の対。「城市に生れた者を城市人と名づけ、村野に生れた者を村野人と名づく」

城分　じょうぶん　城の周辺。「火生じて、或いは城と城分とを焼く」
Ⓢ nagara-pradeśa

城邑　じょうゆう　みやこ。国都。城のある領地。人びとの中心的な居住地。周辺の村落（聚落）や町・市場（市鄽・市里・衢路・里巷）などと列記される。「地の事とは城邑・聚落・市鄽などを謂う」「城邑・聚落の人民」「乞食して城邑・里巷・他家に入る」
Ⓢ grāma: naigama

浄　じょう　①所持する衣や鉢などが規則にかなっていること。あるいは布施するものが規則にかなっていること。「持するべきところの或いは衣、或いは鉢の浄・不浄を能く正しく了知す」「諸の菩薩は浄なるものを施し清浄ならざるものにあらず」　Ⓢ kalpika
②きよらかにすること。洗いきよめること。「施すに先に意悦び、施す時、心を浄して施す」「惑を浄する所縁」「煩悩を浄する初修業者」　Ⓢ pra-**sad:** vi-**śudh**: viśodhana: **śudh**
③汚れがないこと。無漏のこと。「浄なる慧と随行とを対法と名づく。慧とは択法を謂い、浄とは無漏を謂う」　Ⓢ amala
④きよらかなこと。きよらかなもの。汚れがないこと。汚れがないもの。「浄なる身」「浄なる心」「浄なる業と不浄なる業」「浄なる意楽」「香に浄と穢とあり」「不浄に於て妄見して浄と為す」　Ⓢ nirmala: pariśuddhi: prasāda: medhya: viśuddha: viśuddhi: śukla: śuci: śuddha: śuddhaka: śuddhi: śubha
⑤息を対象として心を静める阿那阿波那念における六つの方法（数・随・止・観・転・浄）の一つ。阿那阿波那念が進んで煩悩の汚れがない無漏の見道に入ること。→阿那阿波那念　Ⓢ pariśuddhi
（出典）浄、謂、昇進、入見道等。（『倶舎』22、大正 29・118b）
（参考）（『婆沙』26、大正 27・135a）
⑥証浄の浄。信じるきよらかな心。四諦の理を証することによって仏・法・僧の三宝と聖戒とを信じること。信じる心の清浄性。→証浄　Ⓢ prasāda
（出典）如実覚知四聖諦理故、名為証、正信三宝及妙尸羅、皆名為浄。（『倶舎』25、大正 29・133b）
⑦浄色の浄。身体を構成する感官（根）のなかで第一次的な感官である勝義根を造る特別な物質（色）のきよらかなありようをいう。→勝義根　Ⓢ prasāda
⑧煩悩障浄と所知障浄の浄。二つの障害（煩悩障と所知障）がなくなったきよらかなありよう。　Ⓢ viśuddhi
（出典）略有二種浄。一煩悩障浄、二所知障浄。（『瑜伽』35、大正 30・478c）
⑨染浄の浄。詳しくは染汚・清浄という。きよらかな存在一般をいう語。「如所有性とは一切の染浄法中のあらゆる真如を謂う」「如来は善く世界及び有情界の一切の品類の染浄の相を知るが故に世間解を名づく」
Ⓢ vyavadāna

浄戒　じょうかい　戒め（śīla）一般に浄を付して浄戒と訳す。浄尸羅ともいう。「家法を捨離し、非家に趣き、鬚髪を剃除し、袈裟を被服し、正信心を以って浄戒を受持す」
Ⓢ śīla

浄宮地　じょうぐうじ　→浄居天
Ⓢ śuddha-āvāsa-bhūmi

浄解脱身作証具足住　じょうげだつしんさしょうぐそくじゅう　八解脱の一つ。→八解脱

浄居天　じょうごてん　ただ聖者の清浄な身のみが住する天。色界のなかにある無煩天・無熱天・善現天・善見天・色究竟天の五つをまとめた呼称。浄宮地ともいう。
Ⓢ śuddha-āvāsāḥ devāḥ
（出典）有諸聖住止不共五浄宮地。謂、無煩・無熱・善現・善見及色究竟。（『瑜伽』4、大正 30・295a）
（参考）（『婆沙』176、大正 27・883a～b）

浄行　じょうぎょう　清浄な行為。「浄行を修する者は命の終る位に臨んで、身の下分に於

て先ず冷触を起こし、不浄行の者は命の終る位に臨んで、身の上分に於て先ず冷触を起こす」

浄行者 じょうぎょうしゃ　ヨーガを実践するきよらかな行者。「諸の浄行者は一切の染汚法の種子の所依を転捨す」 Ⓢ viśuddha-yogin

浄行所縁 じょうぎょうしょえん　心を清浄にする修行における認識対象。ヨーガの実践における四つの対象（遍満所縁・浄行所縁・善巧所縁・浄惑所縁）の一つ。心を清浄にする修行である不浄観・慈愍観・縁性縁起観・界差別観・阿那波那念の五つの観法（五停心観）それぞれにおける対象をいう（→各項参照）。治行所縁ともいう。
Ⓢ carita-viśodhanam ālambanam
（出典）云何名為浄行所縁。謂、不浄・慈愍・縁性縁起・界差別・阿那波那念等所縁差別。（『瑜伽』26、大正 30・428c）：治行所縁者、略説有五種。謂、多貪行者、縁不浄境。多瞋行者、縁修慈境。多癡行者、縁衆縁諸縁起境。憍慢行者、縁界差別境。尋思行者、縁入出息念境。（『雑集論』11、大正 31・745a）

浄語 じょうご　きよらかな言葉。→四浄語

浄業 じょうごう　清浄な業。天と人とに生まれしめる行為。清浄業ともいう。→清浄業 →浄不浄業　Ⓢ śubha-karman
（出典）一切能往善趣妙行、皆名浄業。（『瑜伽』90、大正 30・809a）

浄尸羅 じょうしら　→浄戒

浄治 じょうじ　→浄修治

浄色 じょうしき　身体を構成する感官（根）のなかで第一次的な感官（勝義根・正根）を造る特別の物質（色）のこと。地・水・火・風の四つの元素から造られたきよらかな物質。清浄色ともいう。詳しくは四大種所造浄色という。その働きは宝珠が光を放つ働きで喩えられる。→清浄色　→勝義根「眼根は眼識の所依にして浄色を性と為す」
Ⓢ rūpa-prasāda

浄修 じょうしゅ　→浄修治

浄修治 じょうしゅじ　清浄にすること。浄化すること。浄治・浄修とおなじ。「観察作意を以って、数数、現行の煩悩を観察して心を浄修治す」「能く心を浄治して煩悩纏と及び随眠とを離れしむ」「経行の時に於て惛沈と睡眠の蓋の障法より其の心を浄修す」「当来に於て普く能く一切の仏土を浄修せんと願う」 Ⓢ pari-**śudh**: pariśodhanatā: viśodhana

浄聚 じょうじゅ　外道が考える四つの解脱（無身・無辺意・浄聚・世間窣堵波）の一つ。無色界の第三処である無所有処をいう。
（参考）（『婆沙』8、大正 27・39b）

浄除 じょうじょ　除去してきよめること。「其の心をして諸の障を浄除す」「勤めて麁悪語を浄除する故に、大士相の微妙の梵音を得て、此の梵音に由って一切の外道の他論を摧伏す」 Ⓢ pariśodhaka

浄勝意楽地 じょうしょういぎょうじ　菩薩の七地（菩薩が如来に成るまでの深まりいく七つの段階）の第三。清浄な意欲・願い（意楽）を起こす段階。真理（四諦・真如）を見て歓喜する段階であるから極観喜住ともいう。→七地①　→極歓喜住
Ⓢ śuddha-adhyāśaya-bhūmi
（参考）（『瑜伽』49、大正 30・565a）

浄定 じょうじょう　→浄等至

浄信 じょうしん　信じること。きよらかな信じる心。「我見と有情見とを起こして空性の中に於て悟入すること能わず、浄信すること能わず」「浄信と俱なる心」「若し人ありて家法を棄捨し浄信して出家するを、即ち初めて諸仏の法海に入ると名づく」 Ⓢ pra-**sad**: prasanna: prasāda: śraddhā: śrāddha

浄数 じょうす　入る息・出る息を念じる持息念における数の数え方の一つ。一から十まで数える間、五つの入る息を正しく入る息として数え、五つの出る息を正しく出る息として数えるという正しい数え方。
（出典）浄数者、於五入息、数為五入、於五出息、数為五出。（『婆沙』26、大正 27・135a）

浄施 じょうせ　きよらかな布施。普通は分別という意味を持つ vikalpa が浄施と訳されている。「浄施の因縁」（『瑜伽』39、大正 30・508c）。「諸の菩薩は楽って味著などの施を修行せずして、但だ楽って菩薩の浄施を修行す」（『摂論釈・世』8、大正 31・362c）
Ⓢ vikalpa

浄施人 じょうせにん　『瑜伽論』で列記される六十二種の有情の一つ。施す人。仕える人。 Ⓢ vaiyāvṛtya-kara
（参考）（『瑜伽』2、大正 30・289a）

浄増益辺 じょうぞうやくへん　→増益辺

浄天 じょうてん きよらかな天。世俗の定に入った者が住する不善にして清浄なる天と、仏教の説く定に入った者（四諦をさとった者）が住する善にして清浄なる天との二種がある。「後法中に於て、或いは浄天に生じ、或いは無余依涅槃界中において般涅槃す」Ⓢ viśuddhi-deva
（出典）有二浄天。一不善清浄、二善清浄。若唯能入世俗定者、当知、是天不善清浄、於諸諦中不了達故、其心未得善解脱故。若能証入内法定者、当知、是天名善清浄、於諸諦中已了達故、其心已得善解脱故。（『瑜伽』87、大正 30・786a）

浄顛倒 じょうてんどう 不浄なるものを浄とみる、まちがった見解。四つのまちがった見解（四顛倒）の一つ。浄倒ともいう。→四顛倒 Ⓢ śuci-viparyāsa

浄土 じょうど 清浄で美しい国土。自然は瑠璃などの宝石で飾られ、人びとは常に楽しく苦悩がない国土。浄土とは元来は「穢土（さまざまな汚物に満ち、人びとは常に苦しむ国土）を離れて浄土に生まれたい」という人びとの願いから起こった概念であるが、〈唯識〉では仏の三身論や四智思想の成立と相俟って浄土論が複雑な仏土論となって発達した。穢土の対。→三身 →四智① →仏土② →穢土
（出典）浄土者、浄者純浄清浄也。謂、以瑠璃為地、以金縄界道、宝樹宝池双影、荘厳奇瑞極底、昼夜娯楽離諸苦悩、内外清浄無諸濁穢也。（『百法問答抄』8、日大経・法相宗章疏 2・697c）

浄倒 じょうとう →浄顛倒

浄等至 じょうとうし 色界の初静慮から無色界の無所有処に至るまでの各段階の清浄な定まった心（等至）をいう。浄定ともいう。順退分・順住分・順勝進分・順決択分の四種に分かれる。→等至 Ⓢ śuddha-samāpatti
（出典）諸浄等至、総有四種。一順退分摂、二順住分摂、三順勝進分摂、四順決択分摂。地各有四有頂唯三。由彼更無上地可趣故。彼地無有順勝進分摂。（中略）順住分能順自地。（『倶舎』28、大正 29・148c）

浄不浄 じょうふじょう 浄と不浄。きよらかであることときよらかでないこと。さまざまな事柄を分類する形容句。「浄不浄の業」「浄不浄の界」「浄不浄の色」「浄不浄の見」Ⓢ śubha-aśubha

浄分依他 じょうぶんえた 浄分の依他。依他とは詳しくは依他起性といい、他によって生起したもの、因と縁とによって生じたもの、すなわち現象的存在（有為）すべてを、あるいは、〈唯識〉でいえば、心・識・分別・虚妄分別などと呼ばれるものをいう。そのような依他起性のなかできよらかなありようをしたものを浄分依他という。この依他には三性でいう円成実性も含まれる。染分依他の対。→染分依他「頌に分別縁所生とは応に知るべし且く染分依他を説く。浄分依他は亦た円成なるが故なり。或いは諸の染と浄との心心所法を皆な分別と名づく。能く縁慮するが故なり。是れ則ち一切の染と浄との依他を皆な此の中の依他起に摂す」（『成論』8、大正 31・46b）

浄法 じょうほう きよらかなもの。一切の汚れがない現象的存在（無漏の有為）と非現象（無為）とをいう。滅諦と、無漏の有為としての道諦とに含まれる存在。染法の対。清浄法とおなじ。→染法
（出典）何者浄法。（中略）謂、滅道二諦。即一切無漏有為無為。滅諦所証、道諦能証。（『述記』4 本、大正 43・349c）

浄煩悩所縁 じょうぼんのうしょえん 浄惑所縁とおなじ。→浄惑所縁

浄妙 じょうみょう きよらかなこと。すぐれてうつくしいこと。浄妙なものは肯定的な意味で使われる場合と、貪欲の対象となるということから否定的な意味に使われる場合とに分かれる。「浄妙などの相状とは触の所取を謂う」「浄妙の相とは女人の身の上の八処所摂の可愛の浄相を謂う」「貪欲の蓋は浄妙の相を以って食と為す」「浄妙の境界」「浄妙の言論」「浄妙の所縁」「浄妙の相」「浄妙の法」Ⓢ acchatva: prasādanīya: śubha: śubhatā

浄命 じょうみょう きよらかで正しい生活、生き方。正命ともいう。→正命「衆の尸羅を円満するとは、善く身語律儀に安住して浄命を修治するを謂う」Ⓢ ājīva: jīvita

浄命円満 じょうみょうえんまん 正しい生活を完全に行なうこと。生活における完成。四種あるいは五種の円満の一つ。正命円満・浄命具足ともいう。→浄命 →円満⑤
Ⓢ ājīva-saṃpatti

浄命虧損 じょうみょうきそん →正命壊

浄命具足 じょうみょうぐそく →浄命円満

浄楽我常 じょうらくがじょう 浄と楽と我と常。四つのまちがった見解（四顚倒）のなかに出てくる概念。順番を変えて浄楽常我・常楽浄我・常浄楽我ともいう。→四顚倒

浄楽常我 じょうらくじょうが →浄楽我常

浄惑所縁 じょうわくしょえん ヨーガの実践における四つの対象（遍満所縁・浄行所縁・善巧所縁・浄惑所縁）の一つ。それを対象とすることによって心の惑い・汚れを浄化することができる。具体的には、三界九地のなかで、低い下地（たとえば無所有処）のありようは麁く、上地（非想非非想処）は静かであると観察すること。真如と四聖諦もこの所縁に含まれる。下地の麁性と上地の静性とを観察することによって具体的に働く煩悩（纏）を伏し、真如・四聖諦を観察することによって煩悩の潜在的力（随眠）をも滅する。浄煩悩所縁ともいう。

Ⓢ kleśa-viśodhanam ālambanam

（出典）云何浄惑所縁。謂、観下地麁性上地静性、如欲界、対初静慮、乃至無所有処、対非想非非想処。（『瑜伽』27、大正 30・434b）：浄煩悩所縁者、謂、世尊説四聖諦及真如。（『瑜伽』65、大正 30・663b）：浄惑所縁者、謂、下地麁性・上地静性、真如及四聖諦。下地麁性・上地静性者、依世間道説。由此制伏諸纏故。真如及四聖諦者、依出世道説。略故真如、広故四聖諦。由此永害諸随眠故。（『雑集論』11、大正 31・745b）

貞実 じょうじつ ①（植物の種子や果実が）腐ることなく確かなものであること。「衆果が尠少にして、果は滋長せず、果は貞実ならず、多く雨沢なく、諸の果は乾枯せり」「何に縁って無漏は異熟を招かざるや。愛に潤せらるることなきが故なり。貞実の種が水に潤沃せらるることなきが如し」

Ⓢ sāra

②ただしく真実であること。「要ず正行を修するを貞実と為す」「諸の菩薩は貞実なる法随法行を行ぜんと欲す」

③澄んできよらかであること。「浄の義は是れ処の義なりとは、眼などの処は貞実にして澄潔なるを謂う」

④堅固で力を有していること。「無記なる無漏の業は成就すると雖も、性は貞実ならず、及び愛潤なし」

貞良 じょうりょう （妻が）操を守ること。「殺生者は寿量が短促なり。不与取者は資財が乏匱なり。欲邪行者は妻が貞良ならず」

娘（じょう）→にょう

烝熱 じょうねつ むしてあつくなること。「有識身の熱烝の熱瓫を極めて清涼なる涅槃の岸の上に置き、一切の煩悩の烝熱を離れしむ」

常 じょう ①「つね」「不変」を意味する副詞あるいは形容詞。 Ⓢ nitya: nityam: nitya-kālam: sadā: sarva-kālam: sātatya

②外道が説く我（ātman）の属性の一つ。常に存在し同一なるありようをいう。→我②

③断滅することなく存在しつづけること。→常辺「五取蘊を執して我性と為し已って等随観し、執して断と為し常と為す」「世間は常と為すや、無常と為すや、亦常亦無常と為すや、非常非無常と為すや、という問いを名づけて但だ応に捨置すべしと為す」

Ⓢ dhruva: nityatva: śāśvata

④仏陀となって獲得したもののありようをいう。究極の真理を形容する語。「究竟位の菩提・涅槃は無漏界なり、不思議なり、善なり、常なり」

⑤毎日。「浄信にして財宝多く、常に施を楽う家あり」 Ⓢ ahar ahaḥ

常委 じょうい 善をなすことにおいて常に精進・努力すること。

（出典）常委者、謂、常有所作及委悉所作故、名常委。（『瑜伽』13、大正 30・341b）

常委修 じょういしゅ 常に精進・努力して修行すること。

常委所作 じょういしょさ 常に精進・努力して修行すること。

常委正念 じょういしょうねん 常に真剣に念（ある対象を心のなかに憶念しつづけるこころ）を修すること。不断に修行すること（無間所作）と敬い重んじて修行すること（殷重所作）とをまとめて常委正念という。

Ⓢ nipaka-smṛti

（出典）即於如是無間所作殷重所作、総説名為常委正念。（『瑜伽』23、大正 30・406c）

常委念 じょういねん 常に真剣に念（ある対象を心のなかに憶念しつづけるこころ）を修すること。「正念を守護して常委念を修す」

常一 じょういつ 常に同一に存在しつづけ

ること。外道が説く我（ātman）の属性の一つ。→常一主宰「汝が所執の我は常一に非らざるべし。往来ある故に。火輪などの如し」「大自在天の体は此れ常一なり我なり作者なりと計度して世間の因なりと執す」

常一主宰 じょういつしゅさい　常一と主宰。常に存在し同一であることと、自ら自己と他者とを支配すること。外道が説く我（ātman）の二つの属性。仏教はそのような我の存在を否定して無我を説く。「五蘊は是れ体にして仮者は是れ用なり。五蘊の法体が聚集し和合して常一主宰の用に相似するを有情と名づけるが故に、若し五蘊を解すれば幻の如く虚仮なり」

常因論 じょういんろん　外道が説く世界展開説。世界は自在天（īśvara）・我（puruṣa）・勝性（pradhāna）などの常に存在しつづける根本原因から生じるという説。無因論などと共に仏教では否定される。
Ⓢ nitya-hetu-vāda

常空 じょうくう　常なるもの（たとえばサーンキヤ学派が説く自性）は非存在であるということ。七種の空（後際空・前際空・中際空・常空・我空・受者空・作者空）の一つ。
（参考）（『瑜伽』92、大正 30・826b）

常見 じょうけん　①死んだ後も自己存在はありつづけるという見解。二つの極端な見解（辺執見）の一方。六十二種のまちがった見解のなかの、四つの常見論と一分常論と有想論無想論と非想非非想論とが常見にあたる。断見の対。常見と断見の二つの見解を離れて見ることを中道という。→断見　→六十二諸見趣　→中道「諸の外道は互に諍論を興して、断見を起こす者は、断を執して究竟となして常見を撥して非と為し、常見を起こす者は、常を執して究竟と為して断見を撥して非と為す」「常見の外道は未来の報の為に自ら其の身を苦しめて荊棘などに坐す」
Ⓢ śāśvata-dṛṣṭi
②自己と世界、あるいは物を構成する原子（極微）は実在し常に存在しつづけるという主張。外道が説くまちがった見解である計常論のなかの見解。→計常論

常光一尋相 じょうこういちじんそう　偉大な人間に具わる三十二種の身体的特徴の一つ。→三十二大丈夫相

常恒 じょうごう　①常に。絶え間なく。「増上の愚癡者は常恒に無間に諸の邪行を習す」
②常に存在し変化することがないこと。外道が考える我や世界、あるいは世界創造者などのありようを表す語。「自在・世主・釈梵・自性などは常恒にして不易なりと計す」「我と及び世間とは常恒・堅住・無変易の法なりと計す」
③常に正しい修行をつづけること。
（出典）言常恒者、謂、即於此正加行中、能常修作能不捨軛。（『瑜伽』83、大正 30・760c）

常恒軌則 じょうごうきそく　常に存在し変化することがない規則。究極の真理である真如を形容する語。「理・教・行・果の四法は不同なれども、常恒の軌則なる真如を本と為す。要ず真如を証して方にあるが故なり」

常住 じょうじゅう　①常にそのなかに存在すること。「正行の中に常住して毘奈耶に随って転ず」「念に忘失なく正念に常住す」
②常にある場所に住むこと。「尸骸を送る塚墓の間に常住することを期願す」
③常に存在しつづけること。外道が説く我（ātman）や世間（loka）のありようをいう。「計常論者は我と及び世間とは皆な実にして常住なりと計す」「計我論者は常住にして実有なる我ありと計す」
Ⓢ avasthita: nitya: nityatva: śāśvata
④無為・法界など、究極の存在や真理のありようを表す語。「有為は無常にして無為は常住なり」「法界の常住の相とは、本来無生なる法性と及び無尽の法性とを謂う」

常習味 じょうじゅうみ　日頃から服用している薬の味。五種の薬味の一つ。→薬味
Ⓢ niṣevanīya-rasa

常所応作 じょうしょおうさ　菩薩が常になすべき次の五つをいう。（i）なまけない。（ii）たよる人がいない者、苦しむ者、貧しい者、などのよりどころとなる。（iii）如来を供養する。（iv）なにが過失でなにが過失ではないかを知る。（v）常に大菩提心を持って、歩く・立つ・止まるなどのすべての行為を行なう。 Ⓢ sātatya-karaṇīya
（参考）（『瑜伽』46、大正 30・547a）

常酔神 じょうすいじん　スメール山（妙高山・蘇迷盧山）の山腹が四つの層からなるなかの第三層に住する天。恒憍天ともいう。

Ⓢ sadā-mada
（参考）（『倶舎』11、大正 29・59c）：（『瑜伽』2、大正 30・287a）

常増益辺　じょうぞうやくへん　→増益辺

常断二辺　じょうだんにへん　→断常二辺

常顛倒　じょうてんどう　無常のものを常とみまちがった見解。四つのまちがった見解（四顛倒）の一つ。常倒ともいう。→四顛倒
Ⓢ nitya-viparyāsa

常倒　じょうとう　→常顛倒

常辺　じょうへん　→断常二辺

常楽　じょうらく　①つねに楽であること。涅槃のありようをいう。「能く煩悩の為に重病なる衆生類の中に於て、独り第一・無病・常楽なる涅槃を証得せんと求む」
②貪・瞋・癡を離れた無漏界のありようをいう。「貪を離れ、瞋を離れ、癡を離れた三種の楽あり。此の三種の楽は唯だ無漏界の中で可得なり。是の故に此の楽を名づけて常楽と為す。無漏界の摂なり」
Ⓢ nitya-kālaṃ sukham
（参考）（『瑜伽』5、大正 30・300a）
③常と楽。常楽我浄のなかの二つ。→常楽我浄

常楽我浄　じょうらくがじょう　①常と楽と我と浄。無常なるものを常、苦なるものを楽、無我なるものを我、不浄なるものを浄とみる四つのまちがった見解（四顛倒）のなかのまちがった見方をいう。順番をかえて常楽浄我、常浄楽我という場合もある。→四顛倒「想倒とは無常・苦・不浄・無我の中に於て常・楽・浄・我の妄想分別を起こすを謂う」
Ⓢ nitya-sukha-ātma-śuci
②〈唯識〉では仏の自性身、あるいは無為にそなわる功徳をいう。「是の如き三身は皆な無辺の功徳を具足すると雖も、各、異あり。謂く、自性身には唯だ真実の常楽我浄あり」「無為に四徳あり。即ち常楽我浄なり」

常流言音　じょうるごんおん　正式なサンスクリットではなく一般に語られる方言。俗語ともいう。「菩薩は義を求め、文を求めんが為にせずして法を聴く時、常流の言音の説法に遇うと雖も但だ義に依って恭敬して聴受す」 Ⓢ prākṛta-vāc

情　じょう　①こころ。思い。「時の人、或いは情として居家を厭い、楽って空閑に在って戒行を精修す」「諸の群臣などは聡叡に非ずして、情に謀叛を懐いて善政を修せず」
Ⓢ manas
②生きものの総称。人間や動物などの生命的存在。有情の略称。非情・非有情・無情の対。→有情「内外の法の差別に情と非情との内外あり。有情数の法を内と名づけて、非有情数の法を外と名づく」 Ⓢ sattva
③情識の情。→情識

情有理無　じょううりむ　情としては有るが理としては無いもの。虚妄な思いによって存在すると思われるが、真理に照らしてみれば非存在であるもの。三性（遍計所執性・依他起性・円成実性）のなかの遍計所執性のありようをいう。遍計所執性とは、思いと言葉によって外界に存在すると考えられ、しかも執着されたもの、たとえば、実我（実体的な「自己」）と実法（実体的な「もの」）をいう。依他起性と円成実性とが理有情無であることに対する語。→理有情無　→三性「諸の愚夫が虚妄に執するところの実我・実法は都て所有なし。此れは但だ情有理無なるが故に」「遍計所執は情有理無、依他と円成とは理有情無なるを顕して増益・損減の執を捨てしむ」

情識　じょうしき　情と識。感情・情緒と知識・認識。生きものを意味する sattva は薩埵と音写、有情（玄奘による新訳。旧訳は衆生）と意訳されるが、その有情すなわち「情を有するもの」をさらにを詳しく「情識を有するもの」と定義するなかで用いられる概念。衆生ではなく有情と訳す理由については「有情」の項を参照。→有情「梵に薩埵と云う。此に有情と言う。情識を有するが故に」（『述記』1本、大正 43・233c～234a）

情数　じょうす　有情数とおなじ。→有情数

情非情　じょうひじょう　情と非情。人間や動物などの生命的存在と山や川などの非生命的存在。生きものと生きものではないもの。非情を無情ともいう。「若し唯だ内識のみにして外境に似て起こるといえば、寧ぞ世間の情非情の物を見るに、処と時と身と用との定・不定に転ずると云うや」
Ⓢ sattva-asattva

情無情　じょうむじょう　情と無情。有情と無情。有情無情・情非情とおなじ。→情非情

情欲　じょうよく　欲望。欲求の情。「所待の食を以って欲の因と為し、情欲を待って方

に飲食を求む」

條 じょう ①小枝。「次第に生起すること、種・芽・茎・枝・條・花・果の如し」
②僧衣を構成する長い布。「或いは六十條、或いは九條などの大衣を僧伽胝と名づく」

條幹 じょうかん 枝と幹。愛（tṛṣṇā）の異名の一つ。愛は、高く三界の頂上である有頂天にまで存在するから、高くのびる木の枝や幹に喩えて條幹という。
（出典）諸所有染汚希求、皆名為愛。（中略）上至有頂、高標出故、説名條幹。（『瑜伽』95、大正 30・843a）

條葉 じょうよう 小枝の葉。「欲界を根と為し、四静慮を茎と為し、三無色を枝と為し、有頂を條葉と為す」

條列 じょうれつ 箇条書きして列記すること。「六十四の諸の有情衆を有情界と名づく。前に已に具に條列せしが如し」

掉 じょう 心が高ぶっている状態。興奮している状態。掉挙とおなじ。→掉挙「心は掉のために動ぜられて寂静ならず」「是の大牟尼には一切の掉・慢などあることなし」
Ⓢ uddhata: uddhava: auddhatya
（出典）掉、謂、掉挙、令心不静。（『倶舎』4、大正 29・19c）

掉悔蓋 じょうけがい 掉挙悪作蓋とおなじ。→掉挙悪作蓋

掉挙 じょうこ 心が高ぶっている状態。静かではなく揺れ動く心。禅定中に心が高ぶりさわぎ動きまわる状態。奢摩他の障害となる。不善の心所の一つ。→掉挙悪作蓋
Ⓢ uddhava: auddhatya
（出典）何等掉挙。謂、貪欲分、随念浄相、心不寂静為体、障奢摩他為業。（『集論』1、大正 31・665a）：云何掉挙。令心於境不寂静為性、能障行捨奢摩他為業。（『成論』6、大正 31・34a）

掉挙悪作蓋 じょうこおさがい 掉挙と悪作という蓋。掉挙とは高ぶり興奮した心、悪作とは後悔する心。この二つの心は別々の心所であるが、両者は、親しい人びとに思いをめぐらすこと（親里尋思）、故郷などの国土に思いをはせること（国土尋思）、不死について考え思いをはせること（不死尋思）、かつて経験した楽しかったことを追憶すること（念昔楽事）をおなじく原因として生じ、また両者はおなじく奢摩他によってなくすことができるから、両者を合して一つの蓋（心をふさぐ障害）として立てて掉挙悪作蓋という。掉悔蓋ともいう。五蓋の一つ。
Ⓢ auddhatya-kaukṛtya-nivaraṇa
（出典）掉挙悪作蓋、以四法為食。一親里尋、二国土尋、三不死尋、四念昔楽事。以奢摩他為対治。由此同食同対治故、共立一蓋。（『婆沙』48、大正 27・250c）：何等名為掉悔蓋食。謂、四種法。一親里尋、二国土尋、三不死尋、四随念昔種種所更戯笑歓娯承奉等事。（『倶舎』21、大正 29・110c）：由違背毘鉢舎那故、立掉挙悪作蓋。（『瑜伽』89、大正 30・803c〜804a）

掉心 じょうしん 高揚し揺れ動く心。
Ⓢ uddhataṃ cittam
（出典）掉心者、謂、染汚心、掉挙相応故。（『婆沙』190、大正 27・951a）

掉相 じょうそう 定まった心（定 samādhi）において心が高揚し揺れ動くありよう。定において離れるべきありようの一つ。
Ⓢ auddhatya-nimitta
（出典）応遠離相、復有四種。一者沈相、二者掉相、三者著相、四者乱相。（中略）掉相者、謂、由所縁相因縁相故、令心高挙。（『瑜伽』28、大正 30・438c）

掉動 じょうどう 揺れ動くこと。ふるえること。「叢林が掉動すれば風があると比知す」「衰とは依止が劣なるが故に彼れをして掉動せしむるを謂う」「諸根が掉動し、諸根が高挙し、諸根が散乱す」 Ⓢ uddhata: kampatā: capalā

掉乱 じょうらん 感官（根）が興奮し高ぶること。これによって、つねに悪く思い、悪く説き、悪く作し、教えをしっかりと思惟することができず、それが原因となって毘鉢舎那が障げられる。 Ⓢ uddhata: capala
（出典）言掉乱者、謂、如有一、根不寂静、諸根掉乱、諸根囂挙、於一切時、悪思所思、悪説所説、悪作所作、不能安住思惟諸法、不能堅固思惟諸法。由此因縁、毘鉢舎那不能円満、不得清浄、是名掉乱毘鉢舎那障。（『瑜伽』25、大正 30・420b〜c）

盛 じょう ①もること。みたすこと。「嚢を以って灰を盛り、壁の上に挂す」
Ⓢ pari-pṝ
②さかえること。勢いがあること。衰の対。「親属は、或いは盛なり、或いは衰なり」「現

在と過去の自他の衰と盛とを思惟す」
Ⓢ saṃpanna

盛事 じょうじ めでたい事柄。さかえていること。勢いがあること。「是の如く覚慧が明浄なるが故に、諸の世間の盛事に於て能く過患を見て深心に厭離し、盛事に於て願楽を生ぜず」「一切の世間の盛事が衰退す」

盛色 じょうしき 元気のよい身体・容貌。「盛色が衰退し、気力が衰退するところに老苦あり」

盛衰 じょうすい 盛と衰。詳しくは興盛と衰損という。さかえることとおとろえること。「人の寿に増減と盛衰の義あり」
Ⓢ saṃpanna-vipannatā

盛壮 じょうそう 若者。年が若くて元気なこと。「あらゆる母邑と少年との盛壮にして可愛なる形色は、是れ正修学の善男子などの上品の障礙なり」「盛壮にして端正なる人」「幼稚と黒髪と少年と盛壮との殊妙の形色」
Ⓢ udāra: yuvan: yauvana

盛年 じょうねん 若者。元気な盛り。青年期。中年とおなじ。→中年「老は能く可愛の盛年を衰変せしむるが故に老苦と名づく」
Ⓢ yuvan

場蘊 じょううん 穀物を集積した場所。「籌を以って故き場蘊を挑し、少しの穀粒を得て多く水を用いて煎じて分けて共に飲む」
Ⓢ dhānya-sthāna-vivara

畳絮 じょうじょ たたんだ綿。妬羅綿と共に軽く柔らかいものの喩えに用いられる。「軽挙想とは、謂く、此の想に由って身に於て軽挙の勝解を発起し、妬羅綿の如く、或いは畳絮の如く、或いは風輪に似たりと」
Ⓢ karpāsa-picu

誠言 じょうごん まことの言。たしかな言葉。いつわりのない語。「尊者は結跏趺坐して誠言を作して曰く」

誠証 じょうしょう 証明。証拠。「諸の有情類は無始の時よりこのかた、若しくは般涅槃法者は一切種子を皆な悉く具足し、不般涅槃法者は便ち三種菩提種子を闕く、という是の如き等の文の誠証は一に非ず」 Ⓢ jñāpaka

誠信言 じょうしんごん 嘘のない信頼できる言葉。信言とおなじ。「諸の菩薩は大願力を以って自在力を得て、誠信言を発して諸の有情の互相の違諍を和好し、其の怨結を除く」「三宝に帰して誠信言を発す」「言うところの誠諦とは是れ信言の因なり」 Ⓢ ādeya-vacana

誠諦 じょうたい (発言する言葉が)真実であること。「欺誑を行ぜず、言うところは誠諦なり」「仏は誠諦の言を発す」 Ⓢ satya

誠文 じょうもん 証拠となる文。ある教説の正しさを証明する経典や論書のなかの文句。「契経中の誠文あるを見る」

蒸熱 じょうねつ 熱くにえたぎること。煩悩のありようをいう場合がある。「下の起こすところの煩悩の蒸熱を離れるが故に無熱と名づく」「身中の温煖に由って食するもの、飲するものは消変し易くなり、蒸熱の数に堕す」

静 じょう 滅聖諦の四つのありよう(滅・静・妙・離)の一つ。貪・瞋・癡の三つの火が消えたありよう、あるいは、有為の生・異・滅という三つの相を離れたありよう、あるいはもろもろの苦が滅したありようをいう。解脱は苦であるという見解をなくすために静という行相を修する。 Ⓢ śānta
(出典)滅聖諦有四相。一滅、二静、三妙、四離。(中略)三火息故静。(中略)離三有為相故静。(中略)衆苦息故静。(中略)為治解脱是苦見故、修静行相。(『倶舎』26、大正29・137a～b)

静室 じょうしつ 静寂な部屋・場所。阿練若・塚間・樹下・空閑処などと並んでヨーガを修するに適した場所の一つ。「静室に宴坐して暫く其の心を持すれば、身心の軽安が疾疾に生起す」「阿練若に居し、或いは樹下に在り、或いは静室に在りて結跏趺坐して観行を勤修す」

静寂 じょうじゃく ①しずかなありよう。「静寂の為に、及び清涼の為に、進習し除滅するが故に名づけて学と為す」
②仏の讃歎すべき五つのありよう(妙色・静寂・勝智・正行・威徳)の一つ。感官(根)を護って煩悩を漏らさず、煩悩の可能力をも除去した静かなありよう。
(出典)静寂者、謂、善能密護諸根門等、及能永抜煩悩習気。(『瑜伽』82、大正30・755c)

静相 じょうそう しずかなありよう。三界九地を、一番下の欲界から一番上の非想非非想処にまで漸次あがっていく過程において、より上の地のありようを静相という。より下の地はあらいありよう（麁相）であり、より上の地はしずかなありよう（静相）であると観察して、上地にあがろうと意欲して漸次上にあがっていく。「是の如く復た初静慮の上に於て漸次に応の如く一切の下地を観じて麁相と為し、一切の上地を観じて静相を為す。彼れ多く是の如き観に住する時、便ち乃至、無所有処に於て離欲を得るに由って、亦た能く乃至、非想非非想処に証入す」「欲界の麁相と初静慮の静相とを能く正しく覚了す」
Ⓢ śānta-lakṣaṇa

静息 じょうそく おさまること。消えること。しずめること。「衆の苦が静息す」「風が自然に静息す」「雑染を静息す」「殺生を静息する方便」 Ⓢ nir-**gam**: yama: vyupaśama: śama: saṃyama: saṃśānta

静息王 じょうそくおう 那洛迦（地獄）の王。琰魔王のこと。→琰魔王「雑染の増上業を感ずるに由るが故に那洛迦の中に生じて静息王と作る」 Ⓢ yamo rājaḥ
（出典）静息王者、琰魔王也。（『略纂』1、大正43・17b）

静妙離 じょうみょうり 静と妙と離。世間の解脱道が有漏法を対象として認識するときの三つの認識のありよう。寂静であり、美妙であり、出離である、という三つのありようをいう。「諸の世間の解脱道は彼の次上の地の諸の有漏法を縁じて静・妙・離の三つの行相の中の随一の行相を作す」
Ⓢ śānta-praṇīta-niḥsaraṇa

静慮 じょうりょ ①心を静めて思慮すること。三摩地（samādhi）における心のありようで、心が一つの対象にとどめおかれて平等となった状態（心一境性）をいう。原語dhyānaのパーリ語jhānaを音写して禅那といい、それを縮めて禅という。ただし禅という訳語は旧訳であり、新訳にはない。
Ⓢ dhyāna
（出典）寂静思慮故、名静慮。（『婆沙』80、大正27・412b）：静、謂、寂静。慮、謂、籌慮。此四地中、定慧平等故、称静慮。余随有闕、不得此名。（『婆沙』141、大正27・726c）：依何義故立静慮名。由此寂静、能審慮故。審慮即是実了知義。（『倶舎』28、大正29・145b）：言静慮者、於一所縁、繋念寂静、正審思慮故、名静慮。（『瑜伽』33、大正30・467c）

②三界のなかの色界を構成する四つのありよう。色界のなかの四つの生存のありようである初静慮・第二静慮・第三静慮・第四静慮の四つをいう。静慮を生静慮（生存のありようとしての静慮）と定静慮（定まった状態としての静慮）とに二分するなかの生静慮にあたる。天を付して静慮天という場合がある。静慮のパーリjhānaの音写である禅那を縮めた禅を用いて禅天ともいう。四つの静慮の違いは、初静慮は尋・伺・喜・楽・心一境性の五つ、第二静慮は内等浄・喜・楽・心一境性の四つ、第三静慮は捨・念・正智・受楽・心一境性の四つ、第四静慮は捨清浄・念清浄・不苦不楽受・心一境性の四つをそれぞれ有することである。
（参考）（『倶舎』28、大正29・154a以下）：（『雑集論』9、大正31・736b）
③六波羅蜜多のなかの静慮波羅蜜多の静慮。→六波羅蜜多「静慮に由る故に煩悩を永伏し、般若に由るが故に随眠を永害す」
（参考）（『瑜伽』43、大正30・527b以下）

静慮解脱三摩地三摩鉢底智力 じょうりょげだつさんまじさんまっていちりき 静慮解脱等持等至智力とおなじ。→静慮解脱等持等至智力

静慮解脱等持等至智力 じょうりょげだつとうじとうしちりき 如来の十力の一つ。→十力

静慮近分 じょうりょごんぶん 色界の初静慮から第四静慮までの四つの静慮の前段階の定をいう。→近分定

静慮地 じょうりょじ 三界九地のなかの四つの地。色界を構成する四つの静慮をいう。→三界九地

静慮者 じょうりょしゃ 三界のなかの色界において静慮を修する者。これに愛上静慮者・見上静慮者・疑上静慮者・慢上静慮者の四つのタイプがある。
（参考）（『瑜伽』12、大正30・335b）

静慮生律儀 じょうりょしょうりつぎ 三種の律儀（別解脱律儀・静慮生律儀・道生律儀）の一つ。色界の静慮を修することによって身中に得た律儀（非を防ぎ悪を止める力）。静慮律儀・定律儀ともいう。定共戒・定倶有戒とおなじ。 Ⓢ dhyāna-saṃvara

静慮中間 じょうりょちゅうげん →中間定

静慮波羅蜜多 じょうりょはらみた 静慮にもとづく波羅蜜多。波羅蜜多とは自己と他者とを迷いの此岸からさとりの彼岸に渡す実践

行。六波羅蜜多の一つ。→静慮　→波羅蜜多→六波羅蜜多
(参考)(『瑜伽』43、大正30・527b以下)

静慮律儀　じょうりょりつぎ　静慮生律儀とおなじ。→静慮生律儀

諍　じょう　①あらそい。闘い。論争。争うこと。「諍に於て勝を得る」「違諍が止息して闘なく訟なく諍なく競なし」「我れは世間と諍わずして世間が我れと諍うなり」「煩悩の諍を止息す」　Ⓢ adhikaraṇa: kalaha: raṇa: vigṛhya-kathā: vigraha: vivāda: saṃrambha
(出典)意佷名違、言佷名諍。(『瑜伽』96、大正30・848c〜849a)
②煩悩の異名。「有漏法を亦た有諍と名づけ、煩悩を諍と名づく」　Ⓢ raṇa
(出典)諍有三種。謂、貪諍・瞋諍・癡諍。由依止貪瞋癡故、執持刀杖、興諸戦諍種種闘訟。是故貪等説名為諍。(『集論』4、大正31・678a)
③三種の諍。蘊諍(死ぬこと)と言諍(言い争うこと)と煩悩諍(百八の煩悩)。
(出典)諍総有三種。蘊・言・煩悩、有差別故。蘊諍、謂、死。言諍、謂、闘。煩悩諍、謂、百八煩悩。(『倶舎論記』27、大正41・407c)

諍競　じょうきょう　あらそい。闘い。特に意見を異にして言い争うことをいう場合が多い。違諍とおなじ。「言を信ぜざるを以って我れを詰難して諍競す」「若し諸の士夫補特伽羅が諍競の語に住して互相に難詰すれば、其の心は便ち多く戯論の中に住す」
Ⓢ adhikaraṇa: kali: vigṛhya: vigraha-vivāda

諍根　じょうこん　あらそいの根本。闘争を生じる根本原因。『倶舎論』には、諸の貪欲に執着することと諸の見解に執着することとの二因があげられている。諍根本・闘諍根・闘諍根本ともいう。　Ⓢ vivāda-mūla
(出典)諍根有二。謂、著諸欲及著諸見。此二受想、如其次第為最勝因。味受力故、貪著諸欲。倒想力故、貪著諸見。(『倶舎』1、大正29・5b)
(参考)(『瑜伽』14、大正30・353b〜c):(『瑜伽』100、大正30・877a〜b)

諍訟　じょうしょう　あらそい。闘うこと。「刀杖を執持して闘罵し諍訟す」「乖離と諍訟とを和好す」　Ⓢ vivāda

諍論　じょうろん　①論議する際の六種の言葉(言論・尚論・諍論・毀謗論・順正論・教導論)の一つ。互いに対立して言い争う言葉。　Ⓢ vivāda
(出典)諍論者、謂、互相違反所立言論。(『雑集論』16、大正31・771a)
(参考)(『瑜伽』15、大正30・356a〜b)
②言い争うこと。「種種の党類の差別に依って更互に相違し、各各、見を異にし欲を異にして諍論し互相に違背す」
Ⓢ vipratyanīka-vādin

縄　じょう　なわ。つな。〈唯識〉において三性(遍計所執性・依他起性・円成実性)を説明する際の喩えに用いられる。暗やみのなかで縄を見て、それを蛇と思うとき、蛇が実際には存在しない遍計所執性に喩えられ、縄はさまざまな構成要素からできた仮に存在する依他起性に喩えられ、構成要素も実際には存在しないと智って縄であるという認識もなくなったありようが円成実性に喩えられる。「縄などに於て率爾に蛇と謂う」「縄の上に於て蛇の解を妄起す」「闇中の縄は顕現して蛇に似る」　Ⓢ rajju

孃(じょう)→にょう

擾濁　じょうじょく　みだしよごすこと。「染の静慮は煩悩のために擾濁せらるる」「我癡・我見・我慢・我愛の四は常に内心を擾濁す」

擾動　じょうどう　さわぎ動揺すること。かきみだすこと。「種種の欲恚害などの諸の悪尋思、貪欲蓋などの諸の随煩悩ありて心を擾動せしむ」「食に於て味著を生ぜざるが故に諸の悪尋思の擾動を遠離す」「喜は心を擾動す」　Ⓢ utplāvakatva: saṃkṣobha

擾悩　じょうのう　みだれなやむこと。「愛するものが変壊し、欲するものが匱乏して心が悩むを擾悩と名づく」「愛するものと別離するが故に身が擾悩す」「疾病に由って擾悩せらるるが故に其の身は羸劣なり」
Ⓢ daurmanasya-upāyāsa

擾乱　じょうらん　かきみだすこと。さわぎみだれること。「種種の染汚の尋思は其の心を擾乱す」「天魔が種種の擾乱の事業を発起す」「第四の静慮には苦・楽・憂・喜・入息・出息・尋・伺の八の擾乱の事なきが故に清浄と名づく」
Ⓢ pariplava: vyākula: vyākṣepa
(参考)種類としては、次の四種が説かれる

(『瑜伽』19、大正 30・383b)。(i) あれこれと思い追求する心のみだれ。(ii) すぐれた禅定に執着する心のみだれ。(iii) 互いに闘争するというみだれ。(iv) 正しい修行の道を誹謗するというみだれ。

攘臂 じょうひ 腕をまくること。ひじをかかげること。角武(武術をきそいあうこと。ひろくは身体をつかっての運動)の一つ。「按摩・拍毱・托石・跳躑・蹴蹋・攘臂・扼腕・揮戈・撃剣・伏弩・控弦・投輪・擲索などの角武事に依って勇健を得る」

瓤 じょう 果実の内部の分かれた各房。「相続転変差別を因と為して後果が生ずる時、瓤は便ち色赤し」 Ⓢ keśara

氎 じょう 毛織物。木綿の布。「毛氎・紅花などを焼く時は、彼の覚は則ち無なり」 Ⓢ karpāsa

食 (しょく) →じき

殖 しょく うえること。植えつけること。「若し仏の福田に於て能く少分の善を殖れば、初めに勝の善趣を獲し、後に必ず涅槃を得る」「諸の菩薩は如来所に於て深く正信を殖す」 Ⓢ ā-**kṣip**: upanikṣepaṇa: **kṛ**: niviṣṭa

殖種功用 しょくしゅくうゆう 子の種子(精子)を植えつける父の働き。四つの功用(作用・働き)の一つ。邪見はこの働きを否定する。 Ⓢ bīja-upanikṣepaṇa-kriyā

(参考)(『瑜伽』8、大正 30・317a):(『略纂』3、大正 43・48c)

触 (しょく) →そく

飾好 しょくこう 荘飾。飾ること。「所食を食するは、倡蕩の為ならず、飾好の為ならず、端厳の為ならず」 Ⓢ maṇḍana

蓐 じょく 敷物。寝床。「草葉などの蓐に安処して常に右脇にて臥す」 Ⓢ saṃstara

濁 じょく ①けがれ。にごり。「他の財を執受して己が有と為さんと欲するは、意の濁なり」

②五濁の濁。寿濁・劫濁・煩悩濁・見濁・有情濁の五つの汚れ。→五濁 Ⓢ kaṣāya

③濁業の濁。→濁業

濁悪 じょくあく よごれてにごっていること。「今の濁悪の時に衆生は剛強にして定んで無上菩提を証すること能わず」「諸の濁悪の衆生の身心は十の随煩悩に悩乱せらるる」 Ⓢ kaṣāya

濁業 じょくごう 三業(曲業・穢業・濁業)の一つ。→三業⑬ Ⓢ kaṣāya-karman

心 しん ①こころ。さまざまなこころの働き・ありようをいう。それらに応じて原語が相違する。たとえば「染汚な心 (citta, cetas)」「身と心 (caitasika) の労倦」「深く心 (mānasa) が生死を厭離す」「他を益せんとする心 (adhyāśaya)」「殺そうとする心 (abhiprāya)」「悪の中に於て心 (āśayatva) は不定なり」「打つ心 (icchā) をもって仏の血を出す」「正見相応の心 (cetanā)」「多くの境の中に於て心 (buddhi) が馳散す」「正法を憎背する者を能く引いて心 (manas) を発せしむる」などがある。

②存在を大別するなかの心。「色と心」という場合は、色が物質的存在の総称、心が精神的存在の総称である。「心と心所」という場合は、心がこころの中心体である眼識・耳識・鼻識・舌識・身識・意識の六識を、〈唯識〉はこれに末那識と阿頼耶識とを加えた八識をいい、心所はそれら中心的な心に付随して働く細かいこころの働きをいう。 Ⓢ citta

③深層の根源的な心である阿頼耶識の別名。心の原語である citta の語源を **ci** (集める) に求め、阿頼耶識には表層の業の結果である種子が積もり集められているから、阿頼耶識を心と別称する。もともと、こころを意味する語として心・意・識の三つがあり、それらは同義語とされていたが、〈唯識〉においてこころへの考察が深まり、八つの識が説かれるに至り、集起を意味する心は阿頼耶識、思量を意味する意は末那識、了別を意味する識は眼識・耳識・鼻識・舌識・身識・意識の六識、をそれぞれ指す語となった。→心意識 Ⓢ citta

(出典) 集起故名心、思量故名意、了別故名識。復有釈言。浄不浄界種種差別故、名為心。即此為他作所依止故、名為意。作能依止故、名為識。故心意識三名所詮、義雖有異、而体是一。(『俱舎』4、大正 29・21c):第八識、雖諸有情皆悉成就、而随義別、立種種名。或名心、由種種法熏習種子所積集故。(『成論』3、大正 31・13c)

④心臓。「人身の内に多く不浄あり。いわゆる塵・垢・筋・骨・脾・腎・心・肝なり」 Ⓢ hṛdaya

心意識 しんいしき こころの総称。もともと原始仏教以来、心と意と識とは同義語であったが、後に〈唯識〉は八種の識を立てて、心を阿頼耶識、意を末那識、識を六識にそれぞれ相当する呼称であるとし、心すなわち阿頼耶識は集起（種子を集めて一切の存在を生起する）、意は思量（我と思考し執着する）、識は了別（対象を認識する）という働きを特質とすると解釈するに至った。

（出典）集起故名心、思量故名意、了別故名識。（『倶舎』4、大正29・21c）：此中諸識、皆名心意識。若就最勝、阿頼耶識名心。何以故。由此識能集聚一切法種子故、於一切時、縁執受境、縁不可知一類器境。末那名意。於一切時、執我我所及我慢等、思量為性。余識名識。謂、於境界了別為相。（『瑜伽』63、大正30・651b）：薄伽梵、処処経中、説心意識三種別義、集起名心、思量名意、了別名識、是三別義。如是三義、雖通八識、而随勝顕、第八名心、集諸法種、起諸法故。第七名意、縁蔵識等、恒審思量、為我等故。余六名識、於六別境、麁動間断、了別転故。（『成論』5、大正31・24c） Ⓢ citta-mano-vijñāna

心一縁住 しんいちえんじゅう 心一境性とおなじ。→心一境性

心一境性 しんいっきょうしょう 三摩地（samādhi 等持と意訳）における心のありよう。心が一つの対象にとどめおかれた状態をいう。『解深密経』（『解深』3、大正16・698b）では「心一境性とは、三摩地における影像は唯だ識であるとさとり、真如を思惟することである」と〈唯識〉的に解釈されている。心一縁住ともいう。善を付け善心一境性あるいは善心一縁住ともいう。 Ⓢ citta-eka-agratā

（出典）三摩地、謂、心一境性。（『倶舎』4、大正29・19a）：世尊、云何心一境性。善男子、謂、通達三摩地所行影像唯是其識、或通達此已、復思惟如性。（『解深』3、大正16・698b）：云何心一境性。謂、数数、随念、同分所縁、流注無罪、適悦相応、令心相続、名三摩地、亦名為善心一境性。（『瑜伽』30、大正30・450b）

心一趣性 しんいっしゅしょう 追求する心（尋伺）がなくなって寂静となり、清浄となり、心が同一の状態でありつづける第二静慮の心のありようをいう。「尋伺が寂静となるが故に、内等浄なるが故に、心一趣性になるが故に、無尋無伺にして定生喜楽なる第二静慮に具足して安住す」「彼れは即ち無尋無伺三摩地の中に於て串修習するが故に、尋伺に間欠ある位を超過して能く正しく間欠なき位を獲得するが故に、説いて心一趣性なるが故に、と言う」「静ならず妙ならず安隠道に非ず、亦た心一趣性を証得するに非ざる三摩地を調善と名づけず」 Ⓢ cetasa ekotī-bhāvaḥ

心果 しんか 心を因とする果。心がもたらす結果。〈唯識〉はすべては心が作り出した結果であるという立場から、一切の現象的存在（行）は心の如くに刹那に生滅すると説く。「一切の行は是れ心果なるが故に当に知るべし心の如く皆な刹那滅なり」（『瑜伽』54、大正30・600b） Ⓢ citta-phala

心界 しんかい 全存在を五蘊と十二処と十八界の三つに分類するなかの十八界のなかの心的なものをいう。意根界と眼識界・耳識界・鼻識界・舌識界・身識界・意識界との七つをいい、まとめて七心界という。「十色界は即ち十色処にして、七心界は即ち意処にして、法界は即ち法処なり」

心堪任性 しんかんにんしょう 禅定を修することによって心が浄化され、心が自由に活動することができるようになった状態（堪能性・堪任性）をいう。心が調いのびやかで健やかであること。身堪任性と共に善の心所の一つである軽安のありようをいう。→軽安 →堪任性 Ⓢ citta-karmaṇyatā

（出典）軽安者、謂、心堪任性。（『倶舎』4、大正29・19b）

心胸 しんきょう 心臓。「息風が咽喉より流れて心胸に至る」 Ⓢ hṛdaya

心胸処 しんきょうしょ 心臓。心臓のある場所。心処ともいう。「識が心胸処を棄捨するが故に死す」「若し天に往生するものならば、識は心処にて滅す」 Ⓢ hṛdaya-pradeśa

心軽安 しんきょうあん 心が爽快となり自由に活動する状態をいう。二つの軽安（身軽安・心軽安）の一つ。軽安とは潜在的には根本心（阿頼耶識）から身心を束縛する可能力（雑染種子・煩悩種子・麁重）がなくなった状態をいい、顕在的にはそれによって身心が軽くのびやかに安らかになった状態をいう。禅定を修することによって心が浄化されて身心共に自由に活動することができるようになった状態（堪能性・堪任性）をいう。→軽安「此の加行に於て若しくは修し、若しくは習

し、若しくは多修習するを因縁を為すが故に、身軽安と及び心軽安とを起こして一境性を証す」
Ⓢ citta-karmaṇyatā: prasrabdha-citta

心境 しんきょう 心と境。認識する心と認識される対象。「清辨は計して、若し世諦を論ずれば、心境倶に有り、若し勝義に依れば、心境倶に空なり、と言う」「心境相称し、理智冥合し、倶に二取を離れ、諸の戯論を絶するが故に平等平等と名づく」

心行 しんぎょう 心の動き・働き。身体の動き・働きである身行に対する語。「第三の神通は善く能く他の若しくは浄不浄の心行の差別を知る」「成所作智は有情の心行の差別を決択して三業の化を起こす」「是の加行に由って便ち念言を作さく。心行を覚了する入息出息に於て、我れ、今、能く心行を覚了する入息出息を学し、心行を息除する入息出息に於て、我れ、今、能く心行を息除する入息出息を学す、と」
Ⓢ citta-pracāra: citta-saṃskāra

心外実境 しんげじっきょう 心外の実境。心の外に実体として存在するもの。〈唯識〉はそのように考えられ執着されるものは遍計所執性であり、いかなる意味でも非存在である（都無）と主張する。「内識は是れ依他にしてあり、心外の実境は体性都無なり」

心解脱 しんげだつ 二種の解脱（慧解脱と心解脱）のなかの一つ。貪愛を滅することによって得られる解脱。これに対して慧解脱は無明を滅して得られる解脱をいう。
Ⓢ citta-vimukti
（出典）永離無明、於現法中、証慧解脱。（中略）貪愛永滅、於現法中、証心解脱。（『瑜伽』9、大正 30・321c）

心根 しんこん サーンキヤ学派（数論）が説く全存在の二十五種の原理（二十五諦）のなかの一つ。十一の感官（眼・耳・鼻・舌・皮の五知根と語具・手・足・小便処・大便処の五作業根と心根との十一根）のなかの一つで、心を生じる感官をいう。これを原子・分子ないし細胞からなる物質的なもの（肉団）とみる見解と非物質的なもの（非色）、すなわち心的なものとみる説の二説がある。
（出典）次生心根。金七十論、分別為体。有説。此是肉心為体。（『述記』1 末、大正 43・253a）：心根有二説。一説是肉団、一説非色。（『述記』2 本、大正 43・268c）

心言 しんごん 心と言。心行と言語。心の働きと言葉。究極の真理（勝義・真如）は心の働きや言葉の及ぶものではないことを「心言、倶に絶す」「心言の路絶す」という。「空無我所顕の真如は、有と無と倶非との心言の路絶え、一切の法と一異などに非ざるなり。是れ法の真理なるが故に法性と名づく」「勝義は既に心言を絶す」「勝義勝義に依れば心言、倶に絶す」

心栽 しんさい 心の栽。栽とは詳しくは栽蘖という。栽の原語 khila には「頑固」あるいは「不毛の地」という意味がある。煩悩のなかでも頑固な疑や瞋という煩悩を特に心栽という。あるいは、栽は栽蘖（つるくさを植える）とも訳されることから、本来は植えて発育させるべきでない処（不毛の地）に植えて発育させるように、本来は生ずべきでないものや事柄を対象として生ずる疑や瞋という煩悩を心栽という。「生ずべからざる処に而も妄りに生ずるを説いて心栽と名づく」「瞋とは云何。有情に於て損害を作し栽蘖を作すを謂う」 Ⓢ khila
（参考）（『婆沙』14、大正 27・69b～c）

心錯乱 しんさくらん 五種の錯乱（想錯乱・数錯乱・形錯乱・顕錯乱・業錯乱）に心が喜びを感じること。→錯乱①
（参考）（『瑜伽』15、大正 30・357c）

心三摩地 しんさんまじ 以前に三摩地を修した力によって得られる三摩地。心を内心に止めて維持することによって心が一つの対象にとどめおかれた状態。四種の三摩地（欲三摩地・勤三摩地・心三摩地・観三摩地）の一つ。 Ⓢ citta-samādhi
（出典）由心増上力、所得三摩地、名心三摩地。（『瑜伽』29、大正 30・443b）：云何心三摩地。謂、由先修三摩地力、触心一境性。（中略）心三摩地者、謂、由持心、触心一境性。（『集論』5、大正 31・684c）

心三摩地断行成就神足 しんさんまじだんぎょうじょうじゅじんそく 四神足の一つ。→四神足

心散 しんさん 心があちこちに散ること。「先の所見・所聞・所受の非一にして衆多なる別別の品類の諸の境界中に於て心馳し心散す」 Ⓢ citta-kṣepa

心散動 しんさんどう 心が散乱し動揺する

こと。作意散動・外心散動・内心散動・相散動・麁重散動の五つがある（→各項参照)。
(出典) 世尊、若諸菩薩、於奢摩他毘鉢舎那、現在前時、応知、幾種心散動法。善男子、応知、五種。一者作意散動、二者外心散動、三者内心散動、四者相散動、五者麁重散動。(『解深』3、大正 16・701c)

心散乱 しんさんらん 心が散り乱れて一つの対象にとどまることがない状態。「或いは苦を観ず、或いは空を観ず、或いは非我を観ずるに、心散乱し、流蕩し、一境に住せず、専ならず」「云何が失念なるや。諸の所縁に於て明記すること能わざるを性と為し、能く正念を障へ、散乱の所依たるを業と為す。謂く、失念者は心散乱する故なり」「色・声・香・味・触の相、及び貪・瞋・癡・男・女などの種種の相が心散乱せしむ」
Ⓢ citta-vikṣepa: cittaṃ vikṣipyate

心自在 しんじざい 心の自由な働き。心が欲するごとくに物事を行なうこと。神通を獲得した者が思い通りに種々のものを作り出す働きをいう。「諸の菩薩は已に神通を具して心自在を得て、普く十方の仏法僧所及び有情処に於て衆多・種種の化事を化作す」
Ⓢ ceto-vaśitva: ceto-vaśin

心差別生 しんしゃべつしょう 心が種々のありようで生じること。十一種の生の一つ。→生⑤
(出典) 若縁彼彼境界、於彼彼昼夜、彼彼刹那・臘縛・牟呼栗多等位、数数遷謝非一衆多種種心起。或楽相応、或苦相応、或不苦不楽相応、或有貪心、或離貪心、広説乃至、或善解脱心、或不善解脱心、如是名為心差別生。(『瑜伽』52、大正 30・586a～b)

心差別通 しんしゃべつつう →他心智証通

心株 しんしゅ 心のなかの切り株。引き抜くことが困難な煩悩をいう。「所縁の境界に於て最極に愛味するが故に、上品の諸善を修する業の中に於て心株と為る」

心受 しんじゅ 身と心とに二分したうちの心にもとづく感受作用（受 vedanā）を心受という。これに対して身にもとづく感受作用を身受という。心受は意識が、身受は眼識・耳識・鼻識・舌識・身識の五識が関与する感受作用である。苦受を苦受と憂受、楽受を楽受と喜受とに分けたうち、苦受と楽受とが身受、憂受と喜受とが心受である。憂うという苦的なありようや喜ぶという楽的なありようは意識が関与する。
(出典) 何等身受。謂、五識相応受。何等心受。謂、意識相応受。(『集論』1、大正 31・663c)：如是三受、或各分二。五識相応、説名身受、別依身故。意識相応、説名心受、唯依心故。(『成論』5、大正 31・27a)

心住 しんじゅう 心のなかに住すること。奢摩他を修することによって寂静となった心のありようをいう。次の九種のありようがある。(ⅰ) 内住 (**sthā**)。外界の対象から心を切り離し、心の内に住して心を外に散乱せしめない状態。(ⅱ) 等住 (sam-**sthā**)。内住によって内に住した粗い心を微細にして心全体を安定させた状態をいう。(ⅲ) 安住 (ava-**sthā**)。内住・安住によって内に住したものの、失念（集中力を失う）によって外界に散乱する心を再び内に安置せしめる状態。(ⅳ) 近住 (upa-**sthā**)。心のなかの対象近くに心を集中せしめて心を遠く外に向けしめない状態。(ⅴ) 調順 (**dam**)。外的な感覚の対象や内的な煩悩のために流散する心を制御・抑制して平静ならしめる状態。(ⅵ) 寂静 (**śam**)。心をかく乱する貪りやいかりなどをともなった悪い追求心や煩悩をなくして、心が寂静になった状態。(ⅶ) 最極寂静 (vyupa-**śam**)。集中力を失って悪い追求心や煩悩が生じるとき、それらに心を止めずに、すぐにそれらをぬぐい去って心が極めて寂静になった状態。(ⅷ) 専注一趣 (ekotī-**kṛ**)。意図的に心を働かせて一つの対象に心を注ぎ、それによって静まり定まった心（三摩地）が相続する状態。(ⅸ) 等持 (samā-**dhā**)。くりかえし修行することによって意図的に努力することなく自然に静まり定まった心が相続する状態。 Ⓢ citta-sthiti
(参考)(『瑜伽』30、大正 30・450c～451a)。

心処 しんしょ →心胸処

心所有法 しんしょうほう →心所

心所 しんじょ こころの中心体である心（心王）に付属して働く細かい心作用。詳しくは心所有法といい、心が所有する法という意味で、略して心所という。心が所有するから、つねに心によって起こるから、心と共に働くから、心に属するから、心所という。心所法ともいう。論書によって心所の分類法が相違する。〈倶舎〉では大地法・大善地法・

大煩悩地法・大不善地法・小煩悩地法の五種に分類する。〈唯識〉では遍行・別境・善・煩悩・随煩悩・不定の六種に分類して、全部で五十一の心所がある。 Ⓢ caitasa: caitasā dharmāḥ: caitasika: caitasiko dharmaḥ: caitta
（出典）助成心事、名心所故。（『述記』5 末、大正 43・421c）：問、何名心所。答、心之所有、恒依心起、与心相応、繫属於心、故名心所。如王有臣、人有財等。（『二十論述記』上、大正 43・982a）

心所相応 しんじょそうおう →心心所相応

心所法 しんじょほう →心所

心性 しんしょう ①心の本性。「世尊は一切の心性は本清浄なりと説く」「有るが執すらく、心性は本浄なりと。分別論者の如し。彼れは心の本性は清浄にして客塵なる煩悩に染汚せらるるが故なりと説く」
②「心は性として」と読み、ある個人の本性としての性格・気質などをいう場合に用いる語。「心は性として剛強にして最も調伏し難し」「諸の菩薩は有情に於て心は性として好んで随転す」

心性本浄 しんしょうほんじょう 心の本性は元来清浄であるという見解。もともと釈尊によって説かれたとされるが、特に分別論者の説としてあげられる。自性清浄心とおなじ。「有るが執すらく、心性本浄なりと。分別論者の如し。彼れは心の本性は清浄にして客塵なる煩悩に染汚せらるるが故なりと説く」
（参考）（『演秘』2 末、大正 43・860c）

心清浄 しんしょうじょう 心浄ともいう。如来の四つの一切種清浄の一つ。→四一切種清浄 Ⓢ citta-pariśuddha: citta-pariśuddhi: citta-viśuddhi

心浄 しんじょう →心清浄

心心所有法 しんしんしょうほう →心心所法

心心所 しんしんじょ →心心所法

心心所相応 しんしんじょそうおう 心と心所との相応。こころの中心体である心（心王）に細かいこころの作用（心所）が付随して働くこと。〈唯識〉では心王として八識を、心所として五十一種を立てるが、八つの識それぞれに相応する心所の最大数は次のごとくである。眼識・耳識・鼻識・舌識・身識の五識（三十四）、意識（五十一）、末那識（十八）、阿頼耶識（五）。→心② →心所 →相応②

心心所法 しんしんじょほう 心と心所との法。心はこころの中心体、心所はそれに付属して働く細かいこころの作用。全存在を心・心所・色・不相応行・無為の五種に分ける分類法のなかの二つで、この二つで心的存在を総称する。心心所有法ともいい、心心所と略称する。また心心法ともいう。→心② →心所 Ⓢ citta-caitta: citta-caittā dharmāḥ

心心法 しんしんぽう →心心所法

心真実性 しんしんじつしょう 心の真実のありよう。心の本性としての本来清浄なる真如のありようをいう。「契経に心性浄と説くは心の空理に顕される真如を説くなり。真如は是れ心真実性なるが故なり」

心随転 しんずいてん 心に付随して生起するもの。次の三種がある。（i）心所。（ii）定俱戒と道俱戒。（iii）心所・定俱戒・道俱戒の生・住・異・滅の四相。
Ⓢ citta-anuparivarttin
（参考）（『俱舎』6、大正 29・30b〜c）

心専注 しんせんちゅう もっぱら心を対象にそそぎ込んで散乱せしめないこと。定（samādhi）のありようをいう。「云何が定と為すや。所観の境に於て心専注せしめ、散ぜざらしむるを性となし、智の依たるを業と為す」 Ⓢ citta-aikāntikatā

心善解脱 しんぜんげだつ 煩悩の潜在的な力（随眠）を滅して煩悩による束縛から心が解脱すること。
（出典）能永断属彼随眠、即於属彼諸煩悩中、遠離随縛、如是乃名即於三身貪瞋癡所心善解脱。（『瑜伽』17、大正 30・373a）

心相 しんそう 心の相。心のなかの影像。三摩地のなかの影像のなかの有分別の影像をいう。毘鉢舎那の対象。 Ⓢ citta-nimitta
（出典）世尊、云何心相。善男子、謂、三摩地所行有分別影像、毘鉢舎那所縁。（『解深』3、大正 16・698b）

心相応 しんそうおう →心相応法

心相応法 しんそうおうほう こころの中心体である心（心王）に付属し、共に働く細かいこころの作用である心所をいう。心相応とおなじ。→心所 →心心所
Ⓢ citta-saṃprayukta

心相続 しんそうぞく 心が刹那に生滅しながら存在しつづけるありようをいう。三摩地の心のありようをいう場合が多い。「是の如

く瑜伽行を勤修する者は、心相続して展転して別異となり、新新に生じ、或いは増し、或いは減ずるを観察す」「云何が心一境性なるや。謂く、数数、念に随い同分の所縁にして流注と無罪とに適悦し相応して心相続せしむるを三摩地と名づけ、亦た名づけて善の心一境性と為す」「能く内心の寂止に安住し、諸の心相続、諸の心流注は前後一味にして相なく分別なく寂静にして転ず」
Ⓢ citta-saṃtati

心造作 しんぞうさ 心が活動すること。遍行の心所の一つである思（意志）の働きをいい、それによって業（行為）が善あるいは悪に色づけされる。「思とは謂く、心造作せしむるを性と為し、善品などに於て心を役するを業と為す。謂く、能く境の正因などの相を取り、自心を駆役して善などを造らしむるなり」「行蘊とは何の相なるや。造作の相、是れ行の相なり。謂く、行に由るが故に心造作せしめ、善不善無記品の中に於て心を駆役するが故なり」 Ⓢ citta-abhisaṃskāra

心退 しんたい 菩提を求める心（発心）を喪失してそれから退くこと。「是の如き四種の心退の因縁は上の発心の四因と相違す」
Ⓢ citta-vyāvṛtti

心退還 しんたいげん 寂静なる涅槃に入ろうとする心を喪失して退くこと。心退転とおなじ。「此の意楽に由って彼の涅槃に於て趣入すること能わず、其の心退還す」「憍慢を懐く者は涅槃界に於て其の心退還す」「断見に由るが故に涅槃界に於て其の心退転して大怖畏を生ず」

心退転 しんたいてん →心退還

心胆 しんたん 心臓と胆嚢。

心馳 しんち 心が対象に対してあちこちと揺れ動くこと。「先の所見・所聞・所受の非一にして衆多なる別別の品類の諸の境界中に於て心馳し、心散す」 Ⓢ citta-visāra

心調善 しんちょうぜん ①心が調えられ健全であること。「諸蓋を遠離し心調善なる者の為に四聖諦などを増進する相応の正法を説く」 Ⓢ kalya-citta
②心調柔とおなじ。→心調柔②

心調柔 しんちょうにゅう ①心が柔和であること。「尊者婆呬迦などは心濡・心調柔・心和順の増上なる者なり」 Ⓢ citta-mārdava
②心が調いのびやかで健やかであること。調柔の原語 karmaṇya は堪任とも訳され、心が所期の目的に向かって思うとおりに自由に働くことができるありようをいう。心調善ともいう。「仏・菩薩は定の自在を得、定の自在なるに依って其の欲するところに随って一切の事を成ず。心調柔なるが故に、善く心を修するが故に」 Ⓢ karmaṇya-citta: karmaṇya-cetas

心転依 しんてんね すでに無学道を証得した者の三種の転依（心転依・道転依・麁重転依）の一つ。心から一切の煩悩がなくなり、存在の真実性である真如を証すること。→転依
（出典）云何名為無間転依。謂、已証得無学道者三種転依。何等為三。謂、心転依・道転依・麁重転依。心転依者、謂、已得無学道、証得法性心自性清浄、永離一切客塵随煩悩故、名為転依。即是真如転依義。（『雑集論』10、大正 31・742c）

心顚倒 しんてんどう →心倒

心肚 しんと 心臓と腹。

心倒 しんとう 無常を常、苦を楽、無我を我、不浄を浄とまちがって思う（想倒）、その思いをはっきりと認識してそれに執着すること（見倒）に基づいて心に煩悩が生じること。三種の顚倒（想倒・心倒・見倒）の一つ。心顚倒ともいう。 Ⓢ citta-viparyāsa
（出典）想倒者、謂、於無常苦不浄無我中、起常楽浄我、妄想分別。見倒者、謂、即於彼妄想所分別中、忍可・欲樂・建立・執著。心倒者、謂、即於彼所執著中、貪等煩惱。（『瑜伽』8、大正 30・314b）

心内住 しんないじゅう 外界の対象から心を切り離し、心の内に住して心を外に散乱せしめない状態をいう。九種の心住の一つ。→心住「是の如く宴坐して心内住せしめて三摩地を得る」 Ⓢ adhyātmaṃ cittaṃ sthāpayati
（出典）云何名為九種心住。謂、有苾芻、令心内住等住安住近住調順寂静最極寂静専注一趣及以等持、如是名為九種心住。云何内住。謂、従外一切所縁境界、摂録其心、繫在於内、令不散乱、此則最初繫縛其心、令住於内不外散乱故、名内住。（『瑜伽』30、大正 30・450c）

心念住 しんねんじゅう 四念住の一つ。→四念住

心王 しんのう こころの中心体。それを王

に喩えて心王という。心・心所という場合の心にあたる。それに付随して働く細かい心作用を心所といい、王の臣下に喩える。〈唯識〉は心王として眼識・耳識・鼻識・舌識・身識・意識・末那識・阿頼耶識の八識を説く。→心所　→八識「識性と識相とは皆な心を離れず。心所と心王とは識を以って主と為し、心に帰して相を泯ずるを総じて唯識と言う」

心平等　しんびょうどう　①すべてを平等とみて差別することのない心。一切の生きもの（有情）に対して平等に哀愍し利益を与える心。
（参考）（『瑜伽』46、大正30・545c〜546a）
②心が高ぶることなく静寂の状態にあること。善の心所の一つである行捨の心のありようをいう。心平等性とおなじ。→行捨「云何が行捨なるや。精進と無貪・無瞋・無癡の三根は、心を平等に、正直に、無功用に住せしむるを性と為し、掉挙を対治して静に住せしむるを業と為す」「何等を捨と為すや。謂く、正勤と無貪・無瞋・無癡とに依止して、雑染住と相違した心平等性・心正直性・心無功用住性を体と為し、雑染を容れざる所依たるを業と為す」「心平等性にして警覚性なきを説いて名づけて捨と為す」 Ⓢ citta-samatā

心平等性　しんびょうどうしょう　→心平等

心不相応　しんふそうおう　→心不相応行

心不相応行　しんふそうおうぎょう　心（心王）に相応しない行。現象的存在を五つに分類する五蘊のなかの行蘊には心所と不相応法とがふくまれるが、このなか心（心王）と相応して働く心所を省くために心不相応（心に相応しない）という。また現象的存在ではない無為を除くために行（現象的存在）という。詳しくは非色非心不相応行というべきもので、色と心との作用の上に仮に立てられたものであり、物質的なもの（色）でも心的なもの（心）でもない存在をいう。現象的存在のなか、精神でも物質でもない、いわば原理のようなものをいう。この存在性について実有であると見る〈倶舎〉と、仮有であると見る〈唯識〉との間で論争が展開されている。その数についても論書で相違があるが、〈有部〉では得・非得・衆同分・無想果・無想定・滅尽定・命根・生・住・異・滅・名身・句身・文身の十四を説き、〈唯識〉では『百法明門論』にある次の二十四種が定説となっている。得・命根・衆同分・異生性・無想定・滅尽定・無想報・名身・句身・文身・生・老・住・無常・流転・定異・相応・勢速・次第・方・時・数・和合性・不和合性の二十四種。心不相応・心不相応法・心不相応行法・不相応行ともいう。→不相応行
Ⓢ citta-viprayuktāḥ saṃskārāḥ
（出典）心不相応行者、行蘊。（『婆沙』19、大正27・96b）：不相応者、簡非色心及諸心所、不相似故。行簡無為。（『述記』2本、大正43・276b）：不相似故者、不相似故、名不相応。不似色心質礙縁慮。（『演秘』2本、大正43・842a）
（参考）（『雑集論』2、大正31・700a以下）：（『百法明門論』、大正31・855c）

心不相応行法　しんふそうおうぎょうほう　→心不相応行

心不相応法　しんふそうおうほう　→心不相応行

心法　しんぽう　心所有法の略称。→心所有法「欲界繋の諸の心・心法は亦た心一境性あると雖も然も軽安の含潤なくして転ずるが故に、名づけて定と為さず」「受と及び想とを除く諸の心法などを総じて行蘊と名づく」

心昧劣性　しんまいれつしょう　心がぼうっとしているさま。感覚・知覚がはっきりしないさま。惛眠蓋の食（助け増大せしめるもの）の一つ。 Ⓢ cetaso līnatvam
（出典）心昧劣性者、謂由食不平等力、令心王取境不明為昧、能取力微為劣。（『倶舎論記』21、大正41・323b）
（参考）（『倶舎』21、大正29・110c）

心乱　しんらん　心が乱れること。心があちこちに流散して一つの対象に止まることがない状態。心散乱とおなじ。『婆沙論』（『婆沙』42、大正27・220a）で説かれる十種の大煩悩地法の一つ。「盲聾・癲狂・心乱の衆生の種種の災害を皆な静息せしむ」
Ⓢ kṣipta-citta: cetaso vikṣepaḥ
（出典）云何心乱。答、諸心散乱流蕩不住非一境性、是謂心乱。心散乱等名雖有異、而体無差別、皆為顕了心乱自性故。（『婆沙』42、大正27・219c）：染汚等持、名為心乱。（『倶舎』4、大正29・19c）

申　しん　①手足などを伸ばすこと。伸とも書く。 Ⓢ prasārita: pra-sṛ: vikāśana
②述べること。申し上げること。「先に慰問

を言い、含笑・開顔し、顰蹙を遠離して方に愛語を申ぶ」「先に徳を讃じて方に敬礼を申ぶ」

申難 しんなん 難を述べること。ある主張・教理に対する反論・非難を述べること。「述して曰く。異執を難じる中に三有り。一に申難、二に返質、三に解徴なり」

申理 しんり 理を述べること。ある主張の正しいことを証明するためにその道理を述べること。「初に申理、後に申喩なり」「経に依って理を申べるは即ち是れ理証なり」

伸 しん ①手足や身体をのばすこと。動き（表色）という眼の対象の一つ。申とも書く。→色境 →屈伸「表色とは取・捨・屈・伸・行・住・坐・臥などの色を謂う」「虚空に由るが故に往来・屈伸などの業を起こすことを得る」 Ⓢ prasāraṇa: prasārita
②述べること。表明すること。「敬養を伸べて身語業を起こす」

臣 しん 王のけらい。忠信があり技能と智慧とがない臣、忠信と技能があり智慧のない臣、忠信と技能と智慧とをそなえた臣、の三種の臣が説かれる（『瑜伽』61、大正30・643a)。臣が王に仕え属する関係をほかの主従関係の喩えに用いる。たとえば心所（細かい心作用）と心（中心的な心）との関係の喩えに用いて、心を心王と呼ぶ。「此の蘊は取に属するが故に取蘊と名づく。臣は王に属するが故に王臣と名づけるが如し」
Ⓢ amātya: bhṛtya

臣佐 しんさ 王をたすけるけらい。「心は勝れて王の如く、諸の心所法は皆な臣佐の如し」

臣民 しんみん 人民。王につかえる人びと。「諸の菩薩は、或いは国王となって増上力を得、自らの臣民に於て能く正しく教誡す」 Ⓢ vijita

臣僚 しんりょう 王をたすける大臣やけらいたち。「金輪王は刹帝利の種に生在し、臣僚が輔翼す」 Ⓢ amātya

身 しん ①地・水・火・風の四つの原子（四大種）から構成される身体。感官を有する身体。感触を感じる触覚（身識）を生じる感官。身根のこと。身の原語 kāya には積聚（集まり）と依止（よりどころ）との二つの意味がある。すなわち、身体は多くの原子が集まってできたものであり、一つの個人が存在するよりどころである。→身根 Ⓢ kāya
（出典）眼、謂、内処。四大種所造浄色、有色・無見・有対、乃至身処広説亦爾。(『倶舎』2、大正29・8c)：身、謂、四大種所造、眼識所依浄色、無見・有対。(『瑜伽』1、大正30・280a)：諸根所随、周遍積聚、故名為身。(『瑜伽』3、大正30・294a)：言身者、積聚義。謂、諸根大造色和合差別為体、積聚多色、以成身故。或依止義、為衆多法所依止故。(『述記』2本、大正43・273a〜b)：身者、諸大造等合聚名身。或依止名身、即一形之総称。(『述記』3本、大正43・316c)
②手足などの四肢を有する身体。「三十二の大丈夫相を以って其の身を荘厳す」
Ⓢ aṅga: āśraya: gātra
③生存。生存のありよう。「女人は女身を楽う」「今、菩薩は最後の身に住して是の観を作す」「稟性として煩悩多き身にして能く無上正等菩提を証せず」
Ⓢ bhāva: bhavika: saṃtāna
④集まり。グループ。ある一群をまとめていう語。「名句文身」「五識身」 Ⓢ kāya

身悪行 しんあくぎょう 身体が行なう悪い行為。十種の根本的な行為の領域（十業道）にかぎれば、生命を殺すこと（断生命）と盗むこと（不与取）とよこしまな性行為（欲邪行）とをいう。
（出典）三悪行者、謂、身悪行・語悪行・意悪行。云何身等悪行。如世尊説。何者身悪行。謂、断生命・不与取・欲邪行。（中略）応知、此中世尊唯説根本業道所摂悪行。(『婆沙』112、大正27・578a)：一切不善身語意業、如次、名身語意悪行。(『倶舎』16、大正29・84b)

身安 しんあん →身軽安

身異 しんい 身体の容姿が異なること。たとえば七識住の第一住に住する欲界中の人と欲界の天と色界中の初静慮天とは、想いも異なり（想異）、身体の容姿も異なる（身異)。→七識住 Ⓢ nānātva-kāya
（出典）言身異者、謂、彼色身種種顕形状貌異故。彼由身異、或有異身故、彼有情説名身異。(『倶舎』8、大正29・42c)

身界 しんかい 全存在を十八の種類に分ける分類法（十八界）のなかの一つ。身体という感官（身根）のグループ。→十八界
Ⓢ kāya-dhātu

身堪任性　しんかんにんしょう　禅定を修することによって身体が浄化され、自由に活動することができるようになった状態（堪能性・堪任性）をいう。身体が調いのびやかで健やかであること。心堪任性と共に善の心所の一つである軽安のありようをいう。→軽安　→堪任性　Ⓢ kāya-karmaṇyatā

身器　しんき　①身という器。身心からなる個人の存在をうつわに喩えてこのようにいう。そのありようを清浄にすることを「身器を浄す」「身器を修治す」という。「修治とは、聖道を求めんが為に身器を修治して穢悪を除去し、聖道を引起するを謂う」
（出典）身即是器、非外器器。（『演秘』3本、大正43・871a）
（参考）（『倶舎』22、大正29・116c以下）
②身と器。内的な身体と外的な自然との二つの物質的存在をいう。この両者は人間の業の力によって作り出される。すなわち身体は各人に共通ではない業（不共業）、自然は共通の業（共業）によってそれぞれ作り出される。「定などの力の所変なる身器は多くは恒に相続せり」

身軽安　しんきょうあん　身体が爽快となり自由に活動する状態をいう。二つの軽安（身軽安・心軽安）の一つ。軽安とは潜在的には根本心（阿頼耶識）から身心を束縛する可能力（雑染種子・煩悩種子・麁重）がなくなった状態をいい、顕在的にはそれによって身心が軽くのびやかに安らかになった状態をいう。禅定を修することによって心が浄化され、身心共に自由に活動することができるようになった状態（堪能性・堪任性）をいう。身安ともいう。→軽安「此の加行に於て、若しくは修し、若しくは習し、若しくは多修習するを因縁を為すが故に、身軽安と及び心軽安とを起こして一境性を証す」　Ⓢ kāya-karmaṇyatā: praśrabdha-kāya

身境界　しんきょうがい　身体が感じる対象。さまざまな感触。「鞕・軟・動・煖などは、是れ身境界なり」　Ⓢ kāya-viṣaya

身形　しんぎょう　身体のかたち。「身形所顕の行歩の威儀」「色・無色界の煩悩は能く広大なる身形を感得す。色究竟天の身長は万六千踰繕那なるが如し」
Ⓢ kāya: kāya-saṃsthāna: gātra

身繫　しんけ　→四身繫

身見　しんけん　有身見の略。→有身見

身語意　しんごい　身と語と意。身体と言葉と心。「身語意の業」「身語意の三種の悪行」　Ⓢ kāya-vāṇ-manas

身護　しんご　自らを苦しめる修行（自苦行）における三種のいましめ（身護・語護・意護）の一つ。他の人びとと共に住することなくただ一人山林などの静かな場所に住してひたすら苦行をすること。邪行の一つ。
Ⓢ kāya-saṃvara
（出典）身護者、謂、不以身与余有情共相雑住、唯往山林阿練若処、独居閑静、都無所見而修苦行。（『瑜伽』89、大正30・806b）

身行　しんぎょう　①身体の働き、活動。三つの行（身行・語行・意行）の一つ。三業（身業・語業・意業）のなかの身業のこと。→身業　Ⓢ kāya-saṃskāra
（出典）身行云何。謂、身業。（『瑜伽』9、大正30・322c～323a）。
②出る息・入る息の異名。息が出入りする風によって身体の働きが生じるから入息・出息を身行という。　Ⓢ kāya-saṃskāra
（出典）入息出息有四異名。何為四。（中略）四名身行。（『瑜伽』27、大正30・431a）：当知、此中入出息風、名為身行。風為導首、身業転故、身所作業亦名身行。由愚癡者先起随順身業風已、然後方起染汚身業、如入出息能起身業故名身行。（『瑜伽』56、大正30・612a～b）

身広洪直相　しんこうぐじきそう　偉大な人間に具わる三十二種の身体的特徴の一つ。→三十二大丈夫相

身業　しんごう　身体による行為。三種の業（身業・語業・意業）の一つ。〈毘婆沙師〉はこれら三業は別々であるとみるが、〈経部〉および〈唯識〉は身業と語業とは精神的行為（意業）の本質である意志（思）であるとみる。　Ⓢ kāya-karman
（出典）立何法為身業耶。若業、依身立、為身業。謂、能種種運動身思、依身門行故、名身業。（『倶舎』13、大正29・68c）：身、謂、諸根大造和合差別為体、業即是思差別為性。（中略）能動身思、説名身業。（『成業論』、大正31・785c）：若思、実身業、動身之業、能動身故。（『述記』2本、大正43・273b）

身金色相　しんこんじきそう　偉大な人間に具わる三十二種の身体的特徴の一つ。→三十

二大丈夫相

身根 しんこん 皮膚という感官。五つの感官（五根）の一つ。地・水・火・風の四つの元素（四大種）から造られ、触覚（身識）を生じるよりどころであり、清浄な物質（清浄色・浄色）を本体とする。→五根① →浄色

Ⓢ kāya-indriya

（出典）身根者、謂、四大種所造、身識所依、清浄色為体。（『雑集論』1、大正 31・696a）

身作証 しんさしょう 身（身体）でさとること。八解脱のなかでの身作証は、聖者（ārya）が解脱を身（身体）でさとることをいう。たとえば、八解脱のなかの第三を浄解脱身作証具足住解脱、第八を想受滅身作証具足住解脱という。八解脱すべてを身作証すると説く経典もあるが、特に第三と第八の解脱を身作証という理由の所説は『婆沙論』（『婆沙』152、大正 27・776a〜b）に詳説されている。八解脱以外では「彼彼のあらゆる諸法に於て身作証す」「不動心解脱に於て身作証す」「随眠滅に於て身作証す」「無漏離繋得に於て身作証す」「離生喜に於て身作証す」「外空に於て身作証す」などのなかに用いられている。身証ともいう。→八解脱 →身証

Ⓢ kāyena sākṣāt-kṛtya: kāya-sākṣin

身財 しんざい 身と財。自己の身体と財物。二大執着の対象。「一切の愛するところの身財と及び妻子などを捨施して諸の衆生の匱乏・苦難を済う」「身財を顧恋するは是れ奢摩他の障なり」

Ⓢ kāya-bhoga: bhoga-ātmabhāva

身資具 しんしぐ 資身具とおなじ。→資身具

身識 しんしき 身体によって感触を感じる働き。触覚。五つの感覚作用（五識）、あるいは六つの認識作用（六識）の一つ。

Ⓢ kāya-vijñāna

（出典）云何身識自性。謂、依身了別触。（『瑜伽』1、大正 30・280a）

身識界 しんしきかい 全存在を十八の種類に分ける分類法（十八界）のなかの一つ。身識のグループ。→身識 →十八界 Ⓢ kāya-vijñāna-dhātu

身受 しんじゅ 身と心とに二分したうちの身にもとづく感受作用（受 vedanā）を身受という。これに対して心にもとづく感受作用を心受という。心受は意識が、身受は眼識・耳識・鼻識・舌識・身識の五識が関与する感受作用である。苦受を苦受と憂受、楽受を楽受と喜受とに分けるうち、苦受と楽受とが身受、憂受と喜受とが心受である。心受（しんじゅ）と区別するために「みじゅ」と読むことがある。→心受

（出典）何等身受。謂、五識相応受。何等心受。謂、意識相応受。（『集論』1、大正 31・663c）：如是三受。或各分二。五識相応、説名身受、別依身故。意識相応、説名心受、唯依心故。（『成論』5、大正 31・27a）

Ⓢ kāyikī vedanā

身受心法念住 しんじゅしんぽうねんじゅ →四念住

身処 しんしょ 十二処（存在の十二の領域）の一つ。身、皮膚という感官（身根）のこと。→身① →身根 Ⓢ kāya-āyatana

身証 しんしょう ①こころ（慧）ではなく身体（身）でさとること。広くは、八解脱を証するありようをいう。身作証とおなじ。→身作証

②狭くは、不還の聖者が滅尽定において涅槃に似た法を証するありようをいう。

（出典）不還者、若於身中有滅定得転、名身証。謂、不還者、由身証得似涅槃法故、名身証。（『倶舎』24、大正 29・126a）

身証補特伽羅 しんしょうふとがら 八解脱を身をもってさとってはいるが、いまだ煩悩という汚れ（諸漏）を滅し尽くしていない人。身証を身作証ともいう。→身作証

（出典）云何身証補特伽羅。謂、有補特伽羅、於八解脱、順逆入出、身作証、多安住而未能得諸漏永尽、是名身証補特伽羅。（『瑜伽』26、大正 30・424c）：何等身証補特伽羅。謂、諸有学、已具証得八解脱定。（『集論』6、大正 31・689a）

身心 しんじん ①身と心。身体と精神。一人の個的存在を構成する二大要素。仏教は身と心とは別々に存在する実体的なものではなく、相互に相いよって存在する関係的存在であるとみる。さらに〈唯識〉は識一元論の立場より、身体は根源的な心である阿頼耶識から作り出され、作り出した阿頼耶識によって生理的・有機的に維持されていると考える。

Ⓢ kāya-citta

②一人の個的存在を表す語である saṃtāna（普通は相続と訳される）と āśraya（普通は

所依と訳される）を分析的に身心と訳す場合がある。「末劫・末世・末時に於て諸の濁悪の衆生の身心（āśraya）が十随煩悩に悩乱せらるるを見る」「北倶盧洲の人には貪瞋邪見は定んで成就すれども現行せず、身心（saṃtāna）が柔軟なり」
Ⓢ āśraya: saṃtāna

身心軽安 しんじんきょうあん →軽安

身心麁重 しんじんそじゅう →麁重

身相 しんそう 身体のありよう・すがた。次の三十五種が説かれる（『瑜伽』28、大正30・440a）。内身・外身・根所摂身・非根所摂身・有情数身・非有情数身・麁重倶行身・軽安倶行身・能造身・所造身・名身・色身・那落迦身・傍生身・祖父国身・人身・天身・有識身・無識身・中身・表身・変異身・不変異身・女身・男身・半択迦身・親友身・非親友身・中庸身・劣身・中身・妙身・幼身・少身・老身。

身相円満相 しんそうえんまんそう 身分円満相とおなじ。→身分円満相

身触 しんそく 身によって触れること。受を生じる十六種の触の一つ。→触④

身体 しんたい 手足などの四肢を有するからだ。「正熱の時に於ては身体は舒泰す」
Ⓢ gātra

身念住 しんねんじゅ 四念住の一つ。→四念住

身皮金色相 しんぴこんじきそう 身金色相とおなじ。→身金色相

身皮細滑相 しんぴさいかつそう 皮膚細滑相とおなじ。→皮膚細滑相

身表 しんひょう →身表業

身表業 しんひょうごう 具体的に表れた身体的行為。〈有部〉は意志（思）の力によって生起された身体の形を身表業とみる。これに対して、〈正量部〉は身体の動き（行動）を身表業ととらえる。〈唯識〉は識一元論の立場より、根源的なる心である阿頼耶識から作られた手足などの動作、すなわち心の動きを身表業ととらえる。三種の表業（身表業・語表業・意表業）の一つ。身表ともいう。表業（具体的に表れた行為）を表色（具体的に表れた物質的なもの）ととらえて身表業を身表色ともいう。 Ⓢ kāya-vijñapti-karman
（出典）由思力故、別起如是如是身形、名身表業。（『倶舎』13、大正 29・67c）：此中、唯有身余処滅、於余処生、或即此処唯変異生、名身表業。（『瑜伽』53、大正 30・589b）：心為因、令識所変手等色相、生滅相続、転趣余方、似有動作、表示心故、仮名身表。（『成論』1、大正 31・4c）

身表色 しんひょうしき →身表業 Ⓢ kāya-vijñapti-rūpa

身分 しんぶん ①身体。からだ。「如来の三十二大丈夫相の第二十一とは、身分が洪直なるをいう」「まさに死せんとする時には善悪業によって、下あるいは上の身分に冷の触が漸く起こる。若し阿頼耶識がなければ彼の事は成ぜず」 Ⓢ gātra
②手足などの身体の部分。「手・足・耳・鼻の身分を断截する苦」
③自己存在の総称。「生とは胎卵の二生に於て初めて託生する時をいい、等生とは彼れに身分が円満して仍ち未だ出でざる時をいう」「身分中に於て識が最後に滅す」 Ⓢ ātma-bhāva: śarīra-pradeśa

身分円満相 しんぶんえんまんそう 身相円満相ともいう。偉大な人間に具わる三十二種の身体的特徴の一つ。→三十二大丈夫相

身命 しんみょう ①身と命。身体といのち。身根と命根。→身根 →命根「現法の身命を顧恋するを依止と為すが故に、衣服・飲食・臥具に於て希求愛を生ず」「身命を顧みずして仏に帰依す」 Ⓢ kāya-jīvita
②いのち。生命。「諸の菩薩は大悲をもって諸の有情の苦を息めんが為に百千の身命を棄捨す」 Ⓢ jīvikā: jīvita

身牟尼 しんむに 三牟尼（身牟尼・語牟尼・意牟尼）の一つ。→牟尼②

身毛 しんもう 身体の毛。すばらしい教えを聞いて非常に感動するさま、あるいは恐怖におののくさまを「身毛が竪つ」「身毛皆な竪ち悲涕し堕涙す」「諸の怖畏に逼せられて汗を流し身毛が竪つ」という。また偉大な人間に具わる三十二種の身体的特徴の一つに身体の毛の端がすべて上に向いているという「身毛上靡相」がある。 Ⓢ aṅga-roma

身毛右旋相 しんもううせんそう 偉大な人間に具わる三十二種の身体的特徴の一つ。→三十二大丈夫相

身毛上靡相 しんもうじょうびそう 偉大な人間に具わる三十二種の身体的特徴の一つ。→三十二大丈夫相

身律儀　しんりつぎ　①身体的な悪をなすことを防ぐいましめ。身体は眼根・耳根・鼻根・舌根・身根・意根の六根（六つの感官）を有するものであるから身律儀をまた根律儀ともいう。　Ⓢ kāyena saṃvaraḥ
（参考）（『倶舎』14、大正 29・73b）
②無学の三種の戒蘊（身律儀・語律儀・命清浄）の一つ。八正道のなかの正業をいう。
（出典）云何無学戒蘊。答、無学身律儀・語律儀・命清浄。謂、契経説、無学支中正業即此中身律儀、正語即此中語律儀、正命即此中命清浄。（『婆沙』33、大正 27・171c）

身量　しんりょう　身の丈。身体の大きさ。三界に住する生きもの（有情）の住する場所によって身量が相異することが寿量（寿命）と共に論じられている（『瑜伽』4、大正 30・295a 以下）。「贍部洲の人の身量は不定なり。或る時は高大にして、或る時は卑小なり」「大梵王の身量は一踰繕那半にして、梵輔天の身量は一踰繕那なり」
Ⓢ āsraya-pramāṇa: śarīra

辛　しん　からさ。からい味。六種の味（甘・酢・鹹・辛・苦・淡）の一つ。
Ⓢ kaṭu: kaṭuka

辛楚　しんそ　①つらく苦しいこと。「悪い有情を調伏せんがための故に方便して辛楚なる加行を現行す」「身内に生ずる辛楚が心を切り命を奪う」　Ⓢ kaṭuka
②厳しくとげとげしいこと。「対面して辛楚なる言を発することあるを麁悪語と名づく」

信　しん　①善の心所（細かい心作用）の一つ。貴く真実なるものを信じる澄みきった心。経論によってその定義は異なるが、『成唯識論』には次のように説かれる。（ⅰ）「実有を信忍する」。実際に存在する事物（事）とその事物を支配する真理（理）とを信じること。因果の法則（理）とその法則によって生じる事象（事）とがあると信じること。（ⅱ）「有徳を信楽する」。仏・法・僧の三宝の徳を信じること。（ⅲ）「有力を信じて希望する」。人間には善いこと（善法）を行なう力があると信じて、あるいは善法は善い結果をもたらす力があると信じて善法の獲得を欲すること。仏教の説く信（śraddhā）の心は澄清心と定義されるように、静的な澄んだ心をいい、ヒンドゥー教が説く熱狂的な信（bhakti）と異なる。信は信じない心をなくし善を得よう、行なおうと願う心を起こす働きがある。この点を「不信を対治して善を楽うをもって業となす」と定義される。
Ⓢ śraddhā
（出典）此中信者、令心澄浄。有説。於諦宝業果中、現前忍許故、名為信。（『倶舎』4、大正 29・19b）：何等為信。謂、於有体有徳有能、忍可清浄希望為体、楽欲所依為業。（『集論』1、大正 31・664b）：云何為信。於実徳能、深忍楽欲、心浄為性、対治不信、楽善為業。然信差別、略有三種。一信実有。謂、於諸法実事理中、深信忍故。二信有徳、謂、於三宝真浄徳中、深信楽故。三信有能。謂、於一切世出世善、深信有力能得能成、起希望故。由斯対治不信彼心、愛楽証修世出世善。忍、謂、勝解、此即信因。楽欲、謂、欲、即是信果。（『成論』6、大正 31・29b）
②信じること。信じる心。「正法を聞き已って深く信ず」「仏を信ず」「一類の信なき有情あり」　Ⓢ abhiprasanna: abhyupagama: pra-**sad**: prasāda: śraddhā: saṃpratyaya: saṃbhāvanā

信愛　しんあい　①信じること。
（出典）若於正法毘奈耶中、有少信愛即信名愛故、名信愛。（『婆沙』6、大正 27・28a）
②信と愛。愛敬（prema-gaurava）の愛（prema）を解釈して愛の本質は信（śraddhā）であるとみる説。
（出典）愛敬別者、愛、謂、愛楽、体即是信。（『倶舎』4、大正 29・21a）

信可　しんか　二種の信（信可と信楽）の一つ。信楽とは、あるものを信じてそれを得ようと願い求めること。信可とは、あるものを願うことなくただ信じること。四諦のなか滅諦と道諦に対しては信可し信楽し、苦諦と集諦とに対してはただ信可すべきであると説かれる。
（出典）信有二種。一者信可、二者信楽。於滅道諦、具二種信。於苦集諦、雖無信楽而有信可、故縁苦集亦生於信。如人掘地求水宝等、具二種信。一者信可、謂、信地中有水宝等故。二者信楽、謂、信水等是可欣楽故。（『婆沙』6、大正 27・26a）

信敬　しんきょう　信じ敬うこと。「三帰律儀を受し已って三宝を信敬すれば、諸天と善神とは必ず彼を擁護す」

信楽　しんぎょう　①二種の信（信可と信

楽）の一つ。→信可
②信の三つのありようである「実有を信じる」「有徳を信じる」「有力を信じて希望する」のなかの「有徳を信じる」という信じるありようを詳しくは信楽という。仏・法・僧の三宝の徳を信じて楽うこと。この場合の楽うというねがいはそれを獲得しようとする欲としてのねがいではなく、それを尊重し尊ぶという意味でのねがいである。「然も信の差別に略して三種あり。（中略）二には有徳を信ず。謂く、三宝の真浄の徳の中に於て深く信楽するが故なり」
（参考）（『成論』6、大正 31・29b）
③信じねがい熱中すること。「倡伎・吟詠・歌諷を信楽す。或いは王賊や飲食や婬蕩や街衢の無義の論を信楽す」 Ⓢ adhimukta

信解 しんげ ①信じること。信じる心。「此の見聞の増上力に由るが故に大菩提に於て深く信解を生ず」「聴聞とは仏語に於て深く信解を生じ、精勤して契経などの法を聴聞し、受持し、読誦するを謂う」「道と道果たる涅槃に於て三種の信解を生ず。一には実有性を信ず。二には功徳有るを信ず。三は已れに能く楽を得る方便あると信ず」
Ⓢ adhimukta: adhimukti: adhi-**muc**: abhisaṃpratyaya
②別境の心所（細かい心作用）の一つとしての信解。原語 adhimukti は勝解とも訳される。→勝解①
③真理（諦）を見る十六心のなか、最後の道類智が生じる修道における二種の聖者（信解・見至）の一種。見道において随信行者といわれた人が第十六心において預流果・一来果・不還果に住するとき、信が強まって汚れがない信解が生じた人。修道における鈍根の人。 Ⓢ śraddhā-adhimukta
（参考）（『倶舎』23、大正 29・122c）

信解障 しんげしょう 信解の障害。仏が世に出現しているが、まちがった見解（邪見）を抱くという障害。十二種の障の一つ。
（出典）障者有十二種。（中略）九信解障、謂、仏世尊雖現世間、而生邪見。（『瑜伽』64、大正 30・656a）

信解雑染 しんげぞうぜん 信解による心の汚れ。五種の雑染（疑雑染・愛雑染・信解雑染・見雑染増上慢雑染）の一つ。
（参考）（『瑜伽』56、大正 30・612c）

信現観 しんげんかん 六種の現観（真理を現前に明晰に観察して理解し証すること）の一つ。仏・法・僧の三宝を決定的に信じること。これが助けとなって現観から退くことがない。
（出典）六現観者、（中略）二信現観。謂、縁三宝、世出世間決定浄信。此助現観、令不退転、立現観名。（『成論』9、大正 31・50c）

信根 しんこん 信という根。信じる心の力。さとりに至る修行を押し進める重要な五つの心の力である五根（信根・精進根・念根・定根・慧根）の一つ。→信① →五根②
Ⓢ śraddhā-indriya
（出典）諸信順・印可・忍受・欲楽・心清浄性、是謂信根。（『婆沙』142、大正 27・732c）：由進修習此瑜伽故、於他大師弟子所証、深生勝解、深生浄信。此清浄信増上義故、説名信根。（『瑜伽』29、大正 30・444b）

信言 しんごん 嘘のない信頼できる言葉。誠信言とおなじ。→信言具足
Ⓢ ādeya-vacana: ādeya-vākyatā

信言因 しんごんいん 信言具足因とおなじ。→信言具足因

信言具足 しんごんぐそく だますことのない信頼できる言葉を語ることが身についていること。八種の異熟果の一つ。→異熟果
Ⓢ ādeya-vacana-saṃpad
（出典）衆所信奉、断訟取、則不行諂誑偽斗秤等、所受寄物、終不差違、於諸有情、言無虚妄、以是縁故、凡有所説無不信受、是名菩薩信言具足。（『瑜伽』36、大正 30・484b）

信言具足因 しんごんぐそくいん 信言具足をもたらす原因。八種の異熟因の一つ。誠実な真実の言葉を語ること。荒々しく不適当な言葉を語らないこと。信言因ともいう。→信言具足 →異熟因
Ⓢ ādeya-vacana-saṃpado hetuḥ
（出典）所言誠諦、亦不好習乖離麁獷不相応語、是名菩薩信言具足因。（『瑜伽』36、大正 30・484c）：所言誠諦、是信言因。（『演秘』1本、大正 43・814c）

信勤念定慧 しんごんねんじょうえ 信と勤と念と定と慧。さとりに至る修行を押し進める重要な五つの力（五根）をいう。勤を精進と言い換え信精進念定慧ともいう。→五根②
「清浄中に於て信・勤・念・定・慧の五根は増上の用あり。所以は何ん。此の勢力に由っ

て諸の煩悩を伏し聖道を引くが故なり」

信者　しんじゃ　仏法を信じる者。在家の信者と出家の信者との二種がある。前者は、涅槃はあり一切の現象（行）は無常であると信じ、無常な行の過失を知り、それをきらい、それから抜け出るべきであると知っている人をいう。後者は、家を捨てて教団に入り、涅槃に至ろうと強くねがい、常に善を修して、現世において涅槃に入る人をいう。

（参考）（『瑜伽』88、大正 30・795b～c）

信受　しんじゅ　教理や言説を信じて受け入れること。「諸の有情に於て言に虚妄なきが故に凡そ所説あれば信受せざることなし。是れを菩薩信言具足と名づく」「云何が名づけて悪取空者と為すや。謂く、沙門、或いは婆羅門あり。由彼故空を亦た信受せず、於此而空をも亦た信受せず。是の如きを名づけて悪取空者と為す」

Ⓢ **iṣ**: gṛhīta: pari-**grah**: śraddhā

信重　しんじゅう　信じ尊重すること。「諸の愚夫は自ら衆徳に乏しく是の如き仏の功徳及び所説の法を聞くと雖も信重すること能わず」　Ⓢ ā-**dṛ**

信順　しんじゅん　①信（śraddhā）の二つのありよう（信順・清浄）の一つ。清浄（prasāda）が清らかであるというありように対して、信じるというありようを信順という。

（出典）信有二行相及二依処。二行相者、一信順行相、二清浄行相。（『瑜伽』28、大正 30・438a）　Ⓢ abhisaṃpratyaya

②信じること。信じて随うこと。「或いは愛、或いは敬、或いは信順の故に恵施を行ずるとは、親愛に於るを謂う」「三法ありて能く現行の煩悩の怨敵を害す。一には善友に信順するなり」　Ⓢ saṃbhāvanā

信勝解　しんしょうげ　信が強まって汚れがない勝解が生じること、あるいは生じた人。信解ともいう。→信解②

Ⓢ śraddhā-adhimukta

信勝解補特伽羅　しんしょうげふとがら　見道において随信行者といわれた人が第十六心において預流果・一来果・不還果に住するとき、信が強まって汚れがない勝解が生じる人。　Ⓢ śraddhā-adhimuktaḥ pudgalaḥ

（出典）云何信勝解補特伽羅。謂、即随信行補特伽羅、因他教授教誡、於沙門果得触証時、名信勝解補特伽羅。（『瑜伽』26、大正 30・424c）

信精進念定慧　しんしょうじんねんじょうえ　信と精進と念と定と慧。→信勤念定慧

信心　しんじん　信じる心。「信・精進・念・定・慧は何の縁にて次第は是の如くなるや。謂く、因果に於て先ず信心を起こし、果の為に因を修するなり」

信施　しんせ　①ある人を信じてその人に布施すること。「利養・恭敬に貪著せず、諸の悪邪見を堅執せず、信施を虚しく受用せず」「邪に諸の信施を受用するが故に螺音狗行と名づく」　Ⓢ śraddhā-deya

②布施されたもの。施物。「虚しく国人の信施を受用せず」　Ⓢ piṇḍa

信度　しんど　→信度河

信度河　しんどか　信度は sindhu の音写。贍部洲にある四大河の一つ。→四大河

Ⓢ sindhu-nadī

信忍　しんにん　信じて深く理解すること。信じる三つのありよう（「実有を信忍する」「有徳を信楽する」「有力を信じて希望する」）の一つ。実際に存在する具体的事物（事）とその事物を支配する真理（理）とを信じて理解すること。→信①「信の差別に略して三種あり。一には実有を信ず。謂く、諸法の実の事と理の中に於て深く信忍するが故なり」

信伏　しんぷく　教えを信じてそれにしたがうこと。「六神通に由って希有の事を現じ、他をして信伏せしめ、正法に引入せしむ」

信奉　しんぽう　信じ奉ること。「一切の出家の菩薩が凡そ発言するところは、衆は咸く信奉するが、在家の菩薩は是の如くならず」

信用　しんゆう　信じて受け入れること。「其の言は敦粛にして言は必ず信用せり」「菩薩の出すところの言教を信用す」「西明の解釈は実義少し。誰が信用するや」　Ⓢ ādāra: grāhya

信力　しんりき　信じる心の力。他のいかなる人によっても、また煩悩によっても屈伏されない清らかで強い信仰心。五力（信力・精進力・念力・定力・慧力）の一つ。精進力以下の力を生じる原動力。　Ⓢ śraddhā-bala

（出典）深生勝解、深生浄信、此清浄信、難伏義故、説名信力。（『瑜伽』29、大正 30・444b）

侵　しん　おかすこと。そこない害するこ

と。かすめ取ること。「国の辺城は恒に盗賊・隣敵の侵となる」「諸の有情は其の命を害さず、其の物を盗まず、其の妻を侵さず」「諸法の中に於て涅槃は、勝なるが故に、生老病死の侵さざるが故に、独り法の名を得る」

侵害 しんがい　おかし害すること。「無上の三十二大丈夫相などを以って其の身を荘厳し、最後有・最後生の中に住して一切の怨敵・一切の魔軍・一切の災横の侵害すること能わず、菩提座に坐して慈定力を以って衆魔を摧伏す」 Ⓢ vadhya

侵照 しんしょう　光に照らされること。「月は日輪の光に侵照せらるる」

侵損 しんそん　おかし損すること。「霜雹などの障に侵損せらるる」「蚊虻などの侵損すること能わず」

侵奪 しんだつ　奪いとること。「他の田分を侵奪せんと懐う」 Ⓢ ā-chid: hṛ

侵悩 しんのう　悩ますこと。苦しめること。「能く他の一切の侵悩に忍え、悪を行ずる者に於て能く堪忍性を学び、瞋忿薄くして他を侵悩せず」 Ⓢ upatāpa: upatāpanatā

侵逼 しんひつ　①せまり脅かすこと。「外の諸の災横に侵逼せらるる」
②→侵逼分別

侵逼分別 しんひつふんべつ　男女が性交する際の分別。あるいは、ある対象のよい面だけをみてそれをますます強く欲し求めること。八種の虚妄分別の一つ。→虚妄分別
（出典）侵逼分別者、謂、両根会時所有分別。(『瑜伽』17、大正 30・369c)：侵逼分別者、謂、由一向見其功徳而受諸欲、倍更希求。(『瑜伽』58、大正 30・625c〜626a)

侵犯 しんぼん　戒を破って悪を犯すこと。「諸の菩薩が菩薩の浄戒律儀に安住するに、他に侵犯せられんとき、彼れ還って如法に平等に悔謝すれども、菩薩は、嫌恨心を懐いて彼れを損悩せんと欲して其の謝を受けず、是れを有犯有所違越と名づく」 Ⓢ vyatikrama

侵掠 しんりゃく　侵略してかすめとること。「本の土田に依って自ら食用し、凶力を以って他の境を侵掠せず」

津潤 しんじゅん　①うるおすこと。煩悩の働きをいう。「諸の煩悩に津潤・垢膩・雑穢せらるる」「愛は津潤の性なるが故に、生死の流に順じて漂転するが故に、名づけて流潤と為す」
②池などが水でうるおっていること。「日輪世間に出現して炎赫倍熱し、泉池を枯涸して其れをして都て津潤なからしむ」

津唾 しんだ　つば。唾液。「段食は此れより無間に進んで口の中に至り、牙歯が咀嚼し、津唾が浸爛し、涎液が纏裹し、転じて咽喉に入る」 Ⓢ lālā

津味 しんみ　あじ。「羯羅藍などの微細な位の中に於ては微細な津味に由って資長す」 Ⓢ rasa

神（しん）→じん

振動 しんどう　①震えること。「仏・菩薩が般涅槃する時、大地は振動し、衆星は晃耀す」 Ⓢ cāla
②仏・菩薩の能変神境智通の一つ。建物や山川、地獄・餓鬼・畜生・人・天などの世界、四大洲、ないし三千大千世界を振動させるという神通力の働きをいう。 Ⓢ kampana
（参考）(『瑜伽』37、大正 30・491c)

浸爛 しんらん　水あるいは唾が浸透してふやけること。「水に浸爛せられ、火に熟変せられ、風に動揺せられて、然る後に方に食を成ず」「段食は此れより無間に進んで口の中に至り、牙歯が咀嚼し、津唾が浸爛し、涎液が纏裹し、転じて咽喉に入る」 Ⓢ viklinna

疹疾 しんしつ　病気。病み苦しむこと。「彼れに疹疾あれば棄捨せずして善権方便して疹疾を救療す」 Ⓢ ābādhika: glāna: vyādhi

真 しん　①「真実の」「真の意味での」という形容句として種々の名詞にかかる語。「相似の菩薩にして真の菩薩に非ず」
Ⓢ bhūta: paramārtha
②真実。真理。→真実　Ⓢ tattva

真愛著処 しんあいじゃくしょ　真に愛着するところ。執着の根源的な対象。〈唯識〉は、表層的な存在（五取蘊・五妙欲・楽受・身見・転識・色身・不相応行）は真の執着の対象ではなく、真に愛着する対象は、末那識がつねにそれを自己と思いつづけている阿頼耶識であると説く。
（参考）(『成論』3、大正 31・15b)

真異熟 しんいじゅく　→異熟果

真我 しんが　外道が主張する実体的な自己。仏教はそのような我を否定して無我を説く。実我とおなじ。「外道は別の真我の性ありと執す」「真我を執して有と為さば、則ち

見の牙のために傷つく」

真解脱　しんげだつ　真実の解脱。如来の解脱、あるいは、大乗の人の解脱である大涅槃をいう。声聞と縁覚という小乗の人は、生空のみをさとり法空をさとっていないから真の解脱ではないのに対して、大乗の人は生空と法空の二空をさとっているから真の解脱であるとされる。あるいは無住処涅槃を真解脱という。→二空　→無住処涅槃

（参考）（『了義灯』1末、大正43・672c）

真義　しんぎ　真実なもの。真理。究極的な真実・真理。真実義とおなじ。→真実義　Ⓢ tattva-artha

真義理趣　しんぎりしゅ　釈尊所説の教法のなかの真義（真実なもの）という道理。六種の理趣の一つ。真義理門とおなじ。→理趣　→真義　Ⓢ tattva-artha-naya

真義理門　しんぎりもん　→真義理趣

真空　しんくう　空たること。一般に空性と訳される śūnyatā を真空と訳す例が『倶舎論』にある。「諸蘊の中に仮名の命者ありと説かざることは、発問者の真空を解するに力なきを観ずるが故なり」（『倶舎』30、大正29・156a）。Ⓢ śūnyatā

真見道　しんけんどう　見道において、まさしく無分別智でもって真理を見る段階。これに関して次の二説がある。（i）一心真見道。一つの無間道（まさに煩悩を断じる位）と一つの解脱道（真理を証する位）とから見道が成り立つとみる説。護法・戒賢の説。一心見道ともいう。（ii）三心真見道。三つの無間道と三つの解脱道から見道が成り立つとみる説。難陀・勝軍の説。三心見道ともいう。

（出典）真見道、謂、即所説無分別智、実証二空所顕真理、実断二障分別随眠。（『成論』9、大正31・50a）

真事　しんじ　真実のもの。喩えに使われるもののそれ自体。たとえば「火に似て顔の赤い人」という場合の火そのものを真事という。これに対して火に似て顔の赤い人を似事という。

（出典）仮必依真事似事共法而立。如有真火、有似火人、有猛赤法乃可仮説。（『成論』2、大正31・7a）

真実　しんじつ　①真実なるもの。〈唯識〉では四聖諦と真如との二つを真実とする。『瑜伽論』には次の四種の真実が説かれる（『瑜伽』36、大正30・486b～c）。（i）世間極成真実（loka-prasiddha-tattva）。世間において成立する真実。すべての世間の人びとが、お互いに決めた世間的な言い方にしたがっておなじように認識する事柄をいう。たとえば地に対して、これは地であって火ではない、という。地とおなじく、水・火・風、色・声・香・味・触、食べ物、飲み物、乗り物、装飾品、容器、道具、塗香、花飾り、塗油、歌・舞踊・伎楽、光、男女の奉仕、田・市場・住宅などの事柄に対しても同様である。また苦楽に対しても、これは苦であり楽ではない、これは楽であって、苦ではない、という。簡潔にいえば、「これはこれであって、あれではなく、これはこのようであって、あのようではない」と決定的に信じて認める事柄、すなわち、すべての世間の人々が、過去から伝えてきた概念でもって考えて認めあっている事柄をいい、深く思惟し、考究し、観察して認識されたものではない事柄をいう。（ii）道理極成真実（yukti-prasiddha-tattva）。道理によって成立する真実。道理の意味に精通した智者、賢者、論理学者、哲学者、思索できる段階に達した者、自ら能弁なる者、凡夫の位にある者、観察を行なう者、などが、直接知覚、推量、聖教の文言に基づいて、よく見極める智によって認識された事柄をいい、四道理のなかの証成道理によって立てられ語られたものをいう。（iii）煩悩障浄智所行真実（kleśa-āvaraṇa-viśuddhi-jñāna-gocaras tattvam）。自己への執着から生ずる煩悩という障害（煩悩障）を滅した清浄な智慧の対象としての真実、すなわち苦聖諦・集聖諦・滅聖諦・道聖諦の四聖諦をいう。声聞・独覚・菩薩のなかの声聞と独覚とが自己の構成要素のみが存在し自己は非存在であるとさとることによって得られる真実。（iv）所知障浄智所行真実（jñeya-āvaraṇa-viśuddhi-jñāna-gocaras tattvam）。知るべきものをさまたげている障害（所知障）を滅した清浄な智慧の対象としての真実、すなわち、真如をいう。菩薩と仏とが自己を構成する諸要素も非存在であるとさとることによって得られる真実。

（出典）云何真実。謂、真如及四聖諦。（『瑜伽』13、大正30・345c）

②「本当の」「真実の」「本物の」「完全な」

という意味の形容句として種々の名詞にかかる語。「虚妄の唯識と真実の唯識」「相似の菩薩と真実の菩薩」「仮に造作された鹿・牛・馬・象に於て真実の鹿想・牛想・馬想・象想を発起す」「正法を受用する者には真実の楽あり」 Ⓢ pariniṣpanna: bhūta: sat

真実我 しんじつが　実体として存在すると考えられた自己。実我ともいう。「外道は長夜に於て真実我及び有情・命者・生者・能養育者ありと執す」

真実義 しんじつぎ　真実なるもの。種々の真実をまとめた語。真義ともいう。世間極成真実・道理極成真実・煩悩障浄智所行真実・所知障浄智所行真実の四種、あるいはこれに安立真実・非安立真実の二つを加えた六種が説かれる。→真実① Ⓢ tattva-artha
（出典）此真実義品類差別、復有四種。一者世間極成真実、二者道理極成真実、三者煩悩障浄智所行真実、四者所知障浄智所行真実。（『瑜伽』36、大正 30・486b）：真義略有六種。謂、世間所成真実、乃至所知障浄智所行真実、安立真実、非安立真実。（『瑜伽』64、大正 30・653c）

真実義愚 しんじつぎぐ　五種の無明（義愚・見愚・放逸愚・真実義愚・増上慢愚）の一つ。真実なるものに対する愚かさ・無知。Ⓢ tattva-artha-saṃmoha
（参考）（『瑜伽』9、大正 30・322c）

真実究竟解脱 しんじつくきょうげだつ　真実にして究竟なる解脱。その解脱から退くこともなくそれ以上に努力精進することもない真実で完全な解脱。無学の解脱をいう。→無学
（参考）（『瑜伽』85、大正 30・773b）：（『瑜伽』86、大正 30・781b）

真実愚 しんじつぐ　四聖諦という真実について愚かで知らないこと。七種無知の一つ。→七種無知　Ⓢ tattva-saṃmoha
（参考）（『瑜伽』9、大正 30・322c）

真実見因依処 しんじつけんいんえしょ　→因依処

真実作意 しんじつさい　眼前に存在する実物を対象として思惟し観察すること。禅定を修して心のなかに対象のイメージ・影像を作りだして、それに思考をこらす勝解作意に対する。『瑜伽論』ではこの真実作意の対象として、存在の真実のありようである真如を思惟することをも含める。→勝解作意①「勝解作意が真実作意を引生し、真実作意に由って諸の煩悩を断ず」 Ⓢ bhūta-manaskāra
（出典）真実作意者、謂、以自相共相及真如相、如理思惟諸法作意。（『瑜伽』11、大正 30・332c）

真実三宝 しんじつさんぽう　→三宝

真実事 しんじつじ　真に存在するもの。真実な事柄。「邪見とは、非正法を聞いて不如理に作意するが故に、因を撥し果を撥し、或いは作用を撥し、真実事を壊するを謂う」 Ⓢ bhūta-vastuka: sadbhāvaṃ vastu: sad-vastu

真実智 しんじつち　真実をしる智慧。真智ともいう。法住智を前提として生じる智。→法住智②「法住智と真実智との二智を以って縁起を知るべし」「二因縁に由って如来の教に入る。一には法住智に由って深く了別するが故に。二には真実智に由って善く決定するが故に」 Ⓢ tattva-jñāna

真実補特伽羅 しんじつふとがら　外道が考える実体として存在する自己（pudgala 補特伽羅）。「真実補特伽羅は不可得なり」「補特伽羅を宣説するあらゆる経典に於て邪取し分別して真実補特伽羅ありと説く」

真実菩薩 しんじつぼさつ　真実の菩薩。相似菩薩の対。哀愍・愛語・勇猛・舒手恵施（手を差し伸べて布施をする）・能解甚深義理（深遠な理を理解する）という五つのありようを具えた菩薩。 Ⓢ bhūtāḥ bodhisattvāḥ
（出典）若諸菩薩、現前自称我是菩薩、於菩薩学能正修行、当知、是名真実菩薩。（『瑜伽』46、大正 30・549b）：諸菩薩、有五真実菩薩之相、若成就者、堕菩薩数。何等為五。一者哀愍、二者愛語、三者勇猛、四者舒手恵施、五者能解甚深義理。（『瑜伽』47、大正 30・549b）
（参考）（『婆沙』176、大正 27・887a）

真珠 しんじゅ　珍宝の一つ。 Ⓢ muktā
（参考）（『婆沙』124、大正 27・648b）：（『瑜伽』44、大正 30・534a）

真性空性 しんしょうくうしょう　三種の空性（自性空性・如性空性・真性空性）の一つ。人空（自己という実体的存在の否定）と法空（自己の構成要素という実体的存在の否定）を成就した心に顕れる存在の真実である真如のありようをいう。三自性でいえば円成実性のありようをいう。三種の空（無体空・遠離

空・除遣空。あるいは無性空・異性空・自性空）の除遣空・自性空に相当する。
（出典）有三種空性。謂、自性空性・如性空性・真性空性。初依遍計所執自性観、第二依依他起自性観、第三依円成実自性観。（『雑集論』3、大正31・675a～b）

真俗 しんぞく 真と俗。勝義と世俗。真は真理・真実のありようをいい、言葉が通用しない世界。俗は言葉が通用する世俗の世界。一つの事柄をこの両面からみることが要請される。「真俗二諦」「真俗両智」「真俗双運」

真俗二諦 しんぞくにたい 真諦と俗諦との二諦。→四重二諦

真諦 しんたい ①真理。思慮分別が及ばない、言葉では語り得ない真理そのもの。四諦・四聖諦の諦に真を付けた語。「仏が四真諦を説くを聞いて即ち不還果の証を得る」「正しく思惟して真諦を覚悟す」 Ⓢ satya
②二つの諦（真諦と俗諦）のなかの真諦。勝義諦ともいう。→勝義諦 →四重二諦
Ⓢ paramārtha-satya

真智 しんち 真実・真理を智ること。真実・真理をしる智慧。真実智ともいう。「中道とは無漏の真智の異名なり」
Ⓢ tattva-jña: tattva-jñatā: tattva-jñāna

真道 しんどう 解脱に導く真実の道。正道とおなじ。邪道の対。

真如 しんにょ 真理。あるがままにあるもの。存在するものすべて（諸法）の本性・真理。心の本性。原語 tathatā は「その如くに」という接続詞 tathā に抽象名詞をつくる接尾語の tā を付して作られた名詞であり、「その如くにあること」「あるがままにあること」を原意とし、如・如如・如性などとも訳される。真とは真実、如とは如常であると解釈される。真実にして常にその如くである存在を真如という。真如そのものは言葉では語られないもの（非安立真実・非安立諦）である。種類としては、流転真如・相真如・了別真如・安立真如・邪行真如・清浄真如・正行真如の七種が説かれる（『解深』3、大正16・699c）。 Ⓢ tathatā
（出典）云何非安立真実。謂、諸法真如。（『瑜伽』64、大正30・654a）：何等為真如。謂、法無我所顕、聖智所行、非一切言談安足処事。（『瑜伽』72、大正30・696a）：安立諦者、謂、四聖諦。非安立諦者、謂、真如。（『瑜伽』72、大正30・697c）：何故真如説名真如。謂、彼自性無変異故。（『集論』1、大正31・666a）：真如、是心真実性。（『成論』2、大正31・9a）：真、謂、真実、顕非虚妄。如、謂、如常、表無変易。謂、此真実、於一切位、常如其性、故曰真如。（『成論』9、大正31・48a）

真如無為 しんにょむい →無為

真如理 しんにょり 真如という理。ṭathatā は一般に真如と訳されるが、次のようにこれに理を付加して訳す場合がある。「但だ其の義に於て真如理を縁じて相を離れて転ず」（『瑜伽』58、大正30・625a）。この真如理が縮まって真理と表現される。「今二乗の人は彼の真如理の体を証すこと能わずして但だ能く此の真理の体の上の煩悩障の染覆を離れた義辺を悟るを解脱を証すと名づく」（『了義灯』1末、大正43・672c）。〈唯識〉は理として縁起の理と真如の理との二つの理を説き、前者は煩悩障を滅してさとられ、言葉で語られる真理であり、後者は所知障を滅してさとられ、言葉では語られない真理であると説く。如如理ともいう。
Ⓢ tathatā

真妄 しんもう 真と妄。一つの事柄を真実と虚妄に分けて論じる際に用いられる語。「真妄分別」「真妄差別門」 Ⓢ satya-mṛṣā

真理 しんり ①それをさとることによって聖者になる理法。四聖諦という真理をいう。〈唯識〉では四聖諦に加えて真如という真理をも説く。「一切の聖者はおなじく真理を会す」「最初に諸法の真理を証知するが故に法智と名づく」「法の真理なるが故に法性と名づく」 Ⓢ tattva
②真如理が縮まった語。真如という理。→真如理 Ⓢ tathatā

針 しん はり。鋭く刺す働きや、きわめて細い形状の喩えに用いられる。「餓鬼の口は、或いは針の如く、或いは炬の如し」「有身見などの五見は、性猛利にして深く所縁に入ること、針が泥に堕するが如し」 Ⓢ sūcī

針鋒 しんぽう はりのさき。針鋒は鳥翮（鳥の羽の軸）よりも鋭く身を刺すことから、二つのもの（たとえば尋と伺）との相違の喩えに用いられる。「問う、尋伺の麁細は其の相は如何ん。答う、針鋒と鳥翮と和束して身を攕すれば、受に利と鈍と生ずるが如く、尋

伺も亦た爾なり」

晨旦 しんたん 朝。早朝。黎明の時間。「近住律儀は晨旦に於て受く。此の戒を受けるは要ず日の出る時なり。此の戒は要ず一昼夜を経るが故なり」 Ⓢ kālyam

晨朝 しんちょう 朝。早朝。「彼の外道は仏が乳糜を受けるを見て、遂に誹謗を生じて、我が戒を破せりと言う。復、無上菩提を証得せりと聞きて、仏を伺い晨朝に城に入って乞食し、便ち往きて仏光を試みんと城門を詣でる」 Ⓢ kālya

脣 しん くちびる。「脣・歯・舌・齶・喉などの相撃して声を出す」 Ⓢ oṣṭha

脣口 しんく くちびるとくち。顔。顔の面。「脣口乾焦して常に其の舌を以って口面を舐略す」 Ⓢ mukha

深 しん ①「ふかい」「つよい」「はなはだしい」などを意味する形容詞・副詞。程度が強いありようをいう語。「深く睡眠・倚楽に耽楽す」「大事務の中に於ても、尚、深く倦することなし」
Ⓢ atyartham: gūḍha: tīvram: sutarām
②浅に対する深。深みがあること。「義は深く文句は浅い契経」 Ⓢ gambhīra

深遠 しんおん ①深く内容があること。浅近の対。「仏・菩薩の説くところの化語の声は、深遠にして雲雷の音の如し」「此等の文の意は極めて深遠なり」「時機に称って法義を宣説し、先ず浅近なるを受持・読誦せしめ、後に方に彼れをして深遠の処を学ばしむるを漸次教授と謂う」 Ⓢ gambhīra
②「深く」を意味する副詞。「此の諸の煩悩は能く随眠と為って深遠に心に入る」

深固 しんこ ふかくかたいこと。堅固なこと。「彼の行者の心は調柔にして涅槃に随順し、信根は深固なり」「深固なる大菩提心を発す」

深厚 しんこう ふかくあついこと。「是の如く思い已って、深厚なる欲・勤精進を発起して速かに梵行を修す」「深厚・殷重・清浄の信心を以って清浄財を捨す」 Ⓢ ghana-tara

深細 しんさい 深く内容があること。「利根は深細な言論を宣説するを聞くと雖も、法義に於て速に能く領受・解了・通達す」
Ⓢ gambhīra

深重 しんじゅう 過失が深く重いこと。「欲界中の過患は深重なり」

深心 しんしん 「こころから」「こころの底から」を意味する副詞。「生死を深心に厭離す」「涅槃を深心に願楽す」「尊者は深心に仏を敬う」

深信 しんしん ふかく信じること。「菩薩蔵教を聞き已って深信す」「宿命念を得て因果を深信す」
Ⓢ abhipra-**sad**: śraddhā: saṃpratyaya

深法 しんぽう すぐれた智慧を有する者に説かれる甚深な教え。「広慧者の為に深法を説く」 Ⓢ gambhīra-dharma

進 しん ①修行や心境の階梯において上にすすむこと。「或いは下定に生じ、或いは上定に進む」 Ⓢ gamana: vṛddhi
②前にすすむこと。「山の頂は進と退との両際なり」 Ⓢ atikrama

進止 しんし 進と止。すすむこととどまること。威儀や往来と並列して用いられることが多い。「身が曲り、背が僂し、気勢が萎羸し、行歩が遅微し、杖に扶って進止するを名づけて老と為す」「説法師の進止・往来・威儀は庠序なり」

進趣 しんしゅ 修行において目的に向かってすすみいくこと。「最初に浄戒を修習し、漸次に進趣して究竟涅槃す」「勇悍にして亦た退屈なく、無上正等菩提を求めることに於て進趣せざることあらず」

寝 しん 眠ること。眠っている状態。「若しくは寝であれ、若しくは覚であれ、諸天が保護す」 Ⓢ supta: **svap**

寝安 しんあん 安楽に寝ていること。「寝安く、覚安くして一切の身心の熱悩を遠離す」 Ⓢ sukhaṃ svapiti

寝臥 しんが 寝ること。横になること。「其の足を洗濯し、足を洗濯し已えて住処に還入して如法に寝臥す」
Ⓢ śayyam kalpayati: supta

寝息 しんそく 寝ること。休むこと。「夜中分に於て如法に寝息し、昼日分及び夜初分に於て諸の善品を修す」 Ⓢ **svap**

新 しん ①「あたらしい」「あたらしく」を意味する形容詞・副詞。 Ⓢ abhinava
②あたらしくなること。あらたに生ずること。 Ⓢ navī-**bhū**

新因明 しんいんみょう →因明処

新因明師 しんいんみょうし →因明処

新学苾芻　しんがくびっしゅ　はじめてあらたに修行をはじめた僧。新苾芻とおなじ。「毎日、晨旦に新学芻は皆な鄔波陀耶・阿遮利耶の所に往きて文を受け義理を請う」「仏の善説法毘奈耶を深心に愛楽する新学苾芻」 Ⓢ nava-karmika-bhikṣu

新熏種子　しんくんしゅうじ　二種の種子（本有種子・新熏種子）の一つ。後天的に表層の行為によって阿頼耶識のなかに植えつけられた種子。習所成種とおなじ。→本有種子 →習所成種

新業　しんごう　新しい行為。ふるい行為である故業・旧業の対。「新業の果を命行と名づけ、故業の果を寿行と名づく」「若しくは諸の新業が造作・増長す、若しくは諸の故業が、数数、触し已って変吐せず。是れを業雑染と名づく」「諸の聖なる有学は不共無明を已に永断するが故に新業を造らず」

新薩婆多師　しんさつばたし　→古薩婆多師

新新　しんしん　現象が一刹那一刹那に生滅しながら新たに生じるありさまをいう場合に用いる表現。「彼の諸行が刹那刹那に新新に生ずるを説いて名づけて生と為す」「諸の縁が和合して新新に生ずる義を起の義という」 Ⓢ abhinavasya abhinavasya: nava-nava

新苾芻　しんびっしゅ　新たに僧になった者。出家したばかりの僧。新学苾芻とおなじ。 Ⓢ nava-karmika-bhikṣu

榛　しん　林。森。「火、既に生じ已れば、能く牛糞、或いは草、或いは薪、或いは榛、或いは野を焼く」 Ⓢ dāva

榛梗　しんこう　いばらなどの生えた雑木林。「所依の中の雑染の法の因は極めて了し難きこと、渓谷の林の榛梗に入り難きが如し」

審観　しんかん　つまびらかに詳しく観察すること。分析的に観察すること。よく見ること。「先ず已の身心の相を審観し、後に他の身心の相を審観す」「審観する時は、色などを離れて別に地などのあるに非ず」「蘊などの一一の自相を審観す」 Ⓢ ā-**bhuj**: ud-**grah**: nir-**dhṛ**: **paś**

審解了　しんげりょう　つまびらかに知ること。はっきりと理解すること。三種の解了（解了・等解了・審解了）のなかの一つ。三慧のなかの修所成慧（くりかえし修行することによって身につく智慧）によって理解すること。→三慧
（出典）解了者、聞所成慧、諸智論者如是説故。等解了者、思所成慧。審解了者、修所成慧。（『瑜伽』84、大正30・768b）

審決　しんけつ　対象が何であるかをはっきりと認知すること。決定的に智ること。「尽智と無生智との二智は最も能く解脱の事を審決す」「此の中、世俗の正見は必ず所縁に於て重ねて審決す」「眼根は唯だ能く観視して審決するに非ず」「云何が勝解なるや。決定の境に於て印持するを性と為し、引転すべからざるを業と為す。謂く、邪正などの教と理と証との力を以って所取の境に於て審決し印持す」

審察　しんさつ　詳しく観察すること。「若し復た彼の十種の法に於て別別の界、別別の種子、別別の種姓より生起し出現するを如実に了知し忍可し審察するを界善巧と名づく」「無記の慧に依って諸法を審察す」 Ⓢ ud-**grah**: upani-**dhyai**: vicintayati

審思　しんし　①詳しく思考・思惟すること。「諸の智者は審思して方に説く」「第七識は恒審思量す。此に恒の言を説くは第六識を簡ぶ。意識は審思すると雖も是れ恒に非ず。間断あるが故なり。次に審思の言は復た第八を簡ぶ。第八は恒なりと雖も審思に非ざるが故なり」
②三つの認識のありよう（現量・比量・至教量）によって、つまびらかに観察すること。
（出典）言審思者、由依三量審諦観察。（『瑜伽』16、大正30・364b）
③意欲すること。「審思に由るが故に此の業を増長と名づくとは、謂く、彼れの作すところの業の、先に全く思はざるに非ざること、率爾に思いて作すに非ざることなり」

審悉　しんしつ　はっきりと完全に知ること。「此の補特伽羅は微細・審悉・聡敏・博達なる智を成就す」 Ⓢ naipuṇya
（出典）言審悉者、具能証入一切義故。（『瑜伽』83、大正30・761c）

審詳　しんしょう　詳しく調べてあきらかにすること。「諸の疏を審詳すべし」

審定　しんじょう　確定すること。はっきりと定めること。「観行を修する者は所知事同分影像を推求するが故に、彼の本性の所知事の中に於て観察して、功徳と過失とを審定す。是れを有分別影像と名づく」「簡択とは、

審定して解了するを謂う」 Ⓢ avadhāraṇa

審諦 しんたい 「あきらかに」「つまびらかに」を意味する副詞。「審諦に作意思惟す」「審諦に聴聞す」「審諦に観察す」

審聴 しんちょう 詳しくは審諦聴聞という。つまびらかに熱心に聞くこと。「尋伺多しが故に、物務多しが故に、諸の蓋纏が心を雑染すること多しが故に、審聴すること能わず」

審問 しんもん 詳しく問いただすこと、尋問すること。「彼れ因中に常に果性ありと見る。応に彼れに審問すべし。汝、何の所欲ぞ」 Ⓢ pṛcchā

審慮 しんりょ 詳しく深く考えること。静かに思考すること。三摩地の心、静慮において対象を如実に智る心のありようをいう。→三摩地 →静慮「云何が所縁を審慮するや。謂く、如理所引と不如理所引と非如理非不如理所引となり」「三摩地とは云何ん。謂く、所観察の事に於て彼彼の行に随って審慮するを所依とする心一境性なり」

Ⓢ upanidhyāna: upani-**dhyai**

（出典）依何義故立静慮名。由此寂静能審慮故。審慮即是実了知義。(『倶舎』28、大正29・145b)：言審慮者、説三摩地。(『瑜伽』84、大正30・768c)

審慮思 しんりょし →思②

瞋 しん いかり。怒る心。三毒（貪・瞋・癡）の一つ。自己に苦しみを与え人、あるいは苦しい状況・事柄にいかる心。それによって身心が苦悩し悪行為を引き起こす。詳しくは瞋恚という。大別すれば、人びとへのいかり（有情瞋）と事物や環境へのいかり（境界瞋）と見解へのいかり（見瞋）の三種がある。瞋の異名として恚・憎・瞋・忿・損・不忍・違戻・暴悪・蛆螫・拒対・惨毒・憤発・怒憾・懐感・生欻勃がある（『瑜伽』86、大正30・779a～b）。 Ⓢ kupita: **dviṣ**: dveṣa: pratigha: roṣita: vyāpāda

（出典）如是十瞋略有三種。一有情瞋、二境界瞋、三見瞋。(『瑜伽』55、大正30・603b)：云何為瞋。於苦苦具、憎恚為性、能障無瞋不安隠性、悪行所依為業。謂、瞋必令身心熱悩、起諸悪業不善性故。(『成論』6、大正31・31b)

瞋恚 しんい 「しんに」とも読む。いかり。怒る心。他者を害しようと欲する心。受けた不利益に耐えることなく怒る心。種類として増悪心・不堪耐心・怨恨心・謀略心・覆蔽心の五つが説かれる（『瑜伽』59、大正30・631a)。三毒（貪欲・瞋恚・愚癡）の一つ。不善の心所の一つ。十不善業道の一つ。瞋ともいう。→瞋 →十不善業道

Ⓢ dveṣa: pratigha: vyāpanna: vyāpāda

（出典）云何瞋恚。謂、於他起害欲楽、起染汚心、若於他起害欲楽、決定方便、及於彼究竟中所有意業。(『瑜伽』8、大正30・317b)

瞋恚蓋 しんいがい 五蓋の一つ。→五蓋 →瞋恚

瞋恚結 しんいけつ 有情を繋縛して三界において生死流転せしめる五つ、あるいは九つの煩悩（五結・九結）の一つ。瞋結・恚結ともいう。→瞋恚 Ⓢ dveṣa-saṃyojana

瞋恚身繫 しんいしんけ 四身繫の一つ。→四身繫

瞋恚随眠 しんいずいめん 七種の随眠の一つ。瞋随眠ともいう。→瞋恚 →七随眠 Ⓢ dveṣa-anuśaya

瞋行 しんぎょう →瞋行補特伽羅

瞋行者 しんぎょうしゃ →瞋行補特伽羅

瞋行補特伽羅 しんぎょうふとがら 瞋（いかり）のつよい人。性格の相違による七種の病的なタイプ（貪行・瞋行・癡行・慢行・尋思行・等分行・薄塵行）の人の一つ。瞋行・瞋行者・瞋増上補特伽羅とおなじ。

Ⓢ dveṣa-caritaḥ pudgalaḥ

（参考）(『瑜伽』26、大正30・425c)：(『瑜伽』26、大正30・424b)

瞋垢 しんく 三垢（貪垢・瞋垢・癡垢）の一つ。いかりという汚れ。いかるべきでない事柄に対していかること。 Ⓢ dveṣa-mala

（出典）於不応瞋所縁境事、所起瞋恚、名為瞋垢。(『瑜伽』89、大正30・804a)

瞋結 しんけつ 有情を繋縛して三界において生死流転せしめる五つ、あるいは九つの煩悩（五結・九結）の一つ。瞋恚結・恚結ともいう。→瞋 Ⓢ dveṣa-saṃyojana

瞋恨 しんこん いかりうらむこと。「昔、異生の時に諸の有情をして無量の諍を起こさしめ、彼れに於て種種の悩害・瞋恨などの事を発起す」

瞋株杌 しんしゅこつ 三つの株杌（貪株杌・瞋株杌・癡株杌）の一つ。→株杌

瞋身繫 しんしんけ 瞋恚身繫とおなじ。→

瞋恚身繋

瞋随眠　しんずいめん　瞋恚随眠とおなじ。
→瞋恚随眠

瞋増上補特伽羅　しんぞうじょうふとがら
→瞋行補特伽羅

震雷　しんらい　かみなり。「遠離に臻って寂静に閑居する時、大雲気を見て震雷の音を聞く」「天の震雷、人の吹貝などは、初めは大にして後は微なるが如し」

臻　しん　至ること。来ること。寄り集まること。「独り阿練若に臻って静慮す」「一切の有情が一切時に於て、皆な来り、臻り、赴むき、おなじく共に集会す」
Ⓢ upasaṃkramaṇa

薪　しん　まき。木や草などの燃料。薪と火との関係は、二つの事柄の関係（たとえば、五蘊と補特伽羅とが同一か相異するかの問題）の喩えに用いられる（『倶舎』29、大正 29・152c 以下）。「所焼は是れ薪にして能焼は是れ火なり」「薪に縁るが故に火が熾然するを得るが如く有情も亦た爾なり。煩悩を縁と為して業が熾盛するを得る」
Ⓢ indhana: kāṣṭha

親　しん　①親しいひと。好きな人。尊敬する人。三種の他人観の一つ。→怨親中「怨・親・中を分別せずして恵施を行ず」「上品の親とは、自らの父母・軌範・親教を謂う」 Ⓢ mitra
②親類。「自ら愛するところの親」「悪い親の為に非理に横取せらるる」 Ⓢ jñāti: dāyāda: saṃbandhin: suhṛd: svajana
③「親しく」「直接に」「現前に」などを意味する副詞。「親しく観る」「此の中、何の法を名づけて種子と為すや。謂く本識中の親しく自果を生ずる功能差別なり」
Ⓢ saṃmukham: sākṣāt

親愛　しんあい　①愛する人。愛しい者。親愛者とおなじ。「怨憎合会と親愛別離の苦」「苾芻は親愛を捨離して仏に帰して出家す」
Ⓢ iṣṭa: priya: sneha
②愛情。情愛深いこと。愛する心。慈しむ心。「諸の有情に於て哀愍の心あり、悲愍の心あり、親愛の心あり」「諸の有情に於て親愛を生ず」 Ⓢ snigdha: sneha

親愛者　しんあいしゃ　親しい人。親友。愛する人、尊敬する人、信じる人。四種の施される人（有苦者・有恩者・親愛者・尊勝者）の一人。 Ⓢ iṣṭa
（出典）云何親愛者。謂、諸親友、或於其処、有愛有敬、或信順語、或数、語言談論交往、或有親昵、復有所余如是等類、説名親愛。（『瑜伽』25、大正 30・421a）

親愛別離苦　しんあいべつりく　→愛別離苦

親教　しんきょう　親教師とおなじ。→親教師

親教軌範　しんきょうきはん　親教師と軌範師。→親教師　→軌範師

親教師　しんきょうし　師匠。教え導く人。先生。原語 upādhyāya は鄔波柁耶と音写。親教ともいう。軌範師と共に指導者の一人として列記される。「善く瑜伽に達する或いは軌範師、或いは親教師に往詣す」
Ⓢ upādhyāya

親厚　しんこう　愛情深いこと。親交があること。やさしいこと。「諸の有情に於て極めて親厚なる心と極めて愛念なる心とを獲得す」 Ⓢ sapraṇaya: snigdha

親近　しんごん　①親しく近づくこと。親しく付き合うこと。教えを請うこと。そばに居ること。善い人びと・指導者たち（善士・善友・善知識）に親近することが修行の過程において重要であることが強調される。「一類あり、仏の出世に値い、善士に親近し、正法を聴聞し、如理に作意す」「如来に親近して住するに由るが故に、広大な仏法の中に於て大功徳想を起こす」「悪友に親近し、交遊し、好んで共に安止す」 Ⓢ saṃsarga: saṃsevā: sevām āgamya: sevin
②あることに専念すること。熱心に修行すること。「親近し修習し多修習する」という表現が多くみられる。「長夜の中に於て不善業・善業を親近し修習す」「身念住に於て繋念して親近し修習し多修習す」「得がたく証しがたき無上菩提に親近す」
Ⓢ āsanna: āsevā
（出典）由正修習聞所成慧、説名親近。由正修習思所成慧、能入修故、説名修習。由正修習修所成慧、名多修習。（『瑜伽』86、大正 30・783b）
③関係が親密であること。疎遠の対。「但だ心に於て仮に説いて我と為す。眼などは此れが所依と為りて親近なるが故に説いて内と名づけ、色などは此れが所縁と為りて疎遠なるが故に説いて外と名づく」「諸の親近などを

説いて名づけて因と為し、諸の疎遠などを説いて名づけて縁と為す」 Ⓢ pratyāsannatva

親事 しんじ 親しくつかえること、まじわること。「善友に親事す」

親昵 しんじつ なじみしたしむこと。愛着すること。「内に親昵の意楽を懐く」「愛とは自体に於て親昵し蔵護するを謂う」
Ⓢ snigdha
（出典）現法中、串所習愛、名為親昵。（『瑜伽』84、大正 30・770c）

親昵分別 しんじつふんべつ 現前にある対象に貪欲をもって考えること。あるいはすでに得た好ましく心にかなう対象をますます強く思う分別をいう。八種の虚妄分別の一つ。→虚妄分別①
（出典）親昵分別者、謂、於和合現前境界、由貪欲纏之所纏縛。（『瑜伽』58、大正 30・625c）：親昵分別者、謂、於已得所愛事中、勇励相応所有分別。（『瑜伽』17、大正 30・369b～c）

親所縁 しんしょえん →親所縁縁

親所縁縁 しんしょえんえん 二つの所縁縁（親所縁縁・疎所縁縁）の一つ。→所縁縁

親承 しんしょう ①親しくつかえること。「大師に親承する侍者」「善士に親承す」
②授かって持っていること。受け継ぐこと。「疏主は梵本を親承して此の論文を翻ず」

親証 しんしょう 真理を直接にさとること。「根本無分別智は二空を親証して能く随眠を断ず」「真如の理を親証す」

親戚 しんせき 近い血族。「諸の菩薩は父母・妻子・奴婢・僕使・親戚・眷属を逼悩せず」 Ⓢ jñāti

親善 しんぜん ①親しいこと。情愛深いこと。友情。愛情。「子の如く弟の如く親善の意を生じて憐愍す」
Ⓢ kalyāṇa: suhṛd: snigdha: sneha
②親友。友人。「諸の有恩・親善・同意に於て捨の意楽を以って恵施を行ず」 Ⓢ mitra

親族 しんぞく 親しい血族。ともがら。「父母・兄弟・姉妹・親族」
（出典）朋、謂、親族。属、謂、奴婢。（『摂論釈・無』7、大正 31・422c）

親属 しんぞく 親しい人びと。親戚。使用人などを含めた自己に属する人びと。「親属の滅亡に由る憂苦」「父母・妻子・奴婢・作使・朋友・僚庶・親属」
Ⓢ jñāti: jñāti-sālohita: parijana: bhṛtya: sālohita: svabhṛtya

親属尋思 しんぞくじんし 親里尋思とおなじ。→親里尋思

親附 しんふ ①親しく思うこと。親しくしてたよること。親しみなつくこと。「其の母に於て親附の愛を生じ、斯の愛力に乗じて便ち母胎に入る」「大師を恭敬し、専心に親附・依止して住す」 Ⓢ antika: ni-**śri**
②直接付着していること。
（出典）帯有二義。一帯者、挟帯・親附之義。能縁親附所縁之境而不相離、名為挟帯。而猶世言身佩釖矣。（『演秘』6 本、大正 43・937a）
③共に存在すること。〈唯識〉では根本識である阿頼耶識と関係的に存在していることをいう。「心心所法は所依に親附す」「内の地界は所依に親附し本識に近在して能く執受あり」 Ⓢ sahita

親品 しんぽん 親しい人・好きな人のグループ。三種の他人観の一群。「怨品と親品と中品」 Ⓢ mitra-pakṣa

親友 しんゆう 親しい人。三種の他人観の一つ。親ともいう。→怨親中「有情を分けて三品と為す。いわゆる親友と処中と怨讐となり」 Ⓢ mitra

親里 しんり 親しい人びと。親戚。「自らの親里に於て他人の想を作し、他人の処に於て親里の想を作す」 Ⓢ jñāti

親里尋 しんりじん →親里尋思

親里尋思 しんりじんし 親しい人びとに思いをめぐらすこと。親しい人びとに汚れた心をもって害しようなどと思いをはせること。掉挙を引き起こす原因の一つ。親里尋とおなじ。眷属尋思・親属尋思ともいう。→掉挙悪作蓋「掉挙とは、謂く、親属尋思・国土尋思・不死尋思に因り、或いは昔、経歴せし戯笑・歓娯所行の事を随憶念して心に諠動・騰躍を生ずるの性なり」 Ⓢ jñāti-vitarka
（出典）心懐染汚、攀縁親戚、起発意言、随順随転、是故説名親里尋思。（『瑜伽』89、大正 30・843a）
（参考）（『婆沙』48、大正 27・250c）

磣毒語言 しんどくごごん 粗暴な語。悪口。「他からの磣毒語言を堪忍す」 Ⓢ durukta

襯身 しんしん はだぎ。下着。「皮を以って襯身と敷具とを作る」

仁（じん）→にん

尽　じん　①つきること。消滅すること。なくなること。きえること。「受の起と尽とを如実に知る」「漏が尽きた智」「寿量が将に尽きんとする時」「慧に由って尽きた法を離繫果と名づく」「生を起と名づけ、滅を名づけて尽と為す」　Ⓢ atyaya: astaṃga: uparamatva: kṣaya: kṣīṇa: parikṣaya: paryanta: paryādāna: prakṣīṇa: prahāṇa: bhaṅgura: vyaya: saṃkṣepa
②死ぬこと。
（出典）尽云何。謂、諸有情、由解支節而死。（『瑜伽』10、大正 30・324a）
③「～をつくして」「～のかぎり」を意味する語。「寿を尽して」「寿命を尽して」。
Ⓢ yāvat
④すべて。ことごとく。「欲の愛を尽く貪と名づく」　Ⓢ sarva

尽取　じんしゅ　すべてをぬすむこと。窃奪ともいう。　Ⓢ nirlopaṃ harati

尽寿　じんじゅ　いのちがつきるまで、生きつづけるかぎり。尽寿命とおなじ。「寿が尽きるまで糞掃衣を著し、寿が尽きるまで常に乞食して食す」　Ⓢ yāvat-jīvam: yāvat-jīvena

尽寿命　じんじゅみょう　→尽寿

尽所有性　じんしょうしょう　存在するかぎりの存在性。存在の知るべき二種のありよう（尽所有性と如所有性）の一方。ある一つのグループの全体性をいう。たとえば五蘊は色・受・想・行・識の五つがすべてで他にはなく、十二処は眼・耳・鼻・舌・身・意と色・声・香・味・触・法の十二がすべてで他にはない、などの全体のありようをいう。存在を種類に分け、それぞれの種類のすべてを知るために説かれる概念。→如所有性
Ⓢ yāvad-bhāvikatā
（出典）尽所有性者、謂、諸雑染清浄法中所有一切品別辺際、是名此中尽所有性。如五数蘊六数内処六数外処、如是一切。（『解深』3、大正 16・699c）：云何名為尽所有性。謂、色蘊外更無余色、受想行識蘊外更無有余受想行識、一切有為事皆五法所摂、一切諸法界処所摂、一切所知事四聖諦摂、如是名為尽所有性。（『瑜伽』26、大正 30・427b～c）

尽智　じんち　一切の煩悩を滅尽した無学位の聖者が、すでに苦を知り、集を断じ、滅を証し、道を修したと自覚する智慧。十智の一つ。→智①　Ⓢ kṣaya-jñāna

尽滅　じんめつ　完全に滅すること。まったく消滅すること。「有情類の命根が尽滅して殀喪・殞歿する、是れ死の自性なり」
Ⓢ parikṣaya

尽滅過去　じんめつかこ　五種の過去（刹那過去・死没過去・壊劫過去・退失過去・尽滅過去）の一つ。有余依涅槃界あるいは無余依般涅槃界において煩悩が尽きてしまうこと。
（出典）或有法尽滅過去。謂、有余依及無余依涅槃界中所有尽滅。（『瑜伽』66、大正 30・667b）

迅疾　じんしつ　はやいこと。すばやいこと。「種種の迅疾な身業を作す」「勢速とは因果に於て迅疾に流転するを謂う」　Ⓢ druta

迅速　じんそく　はやいこと。「染心の生滅は遅緩にして、善心の生滅は迅速なり」「江河などは迅速に流注す」

甚　じん　「はなはだ」「非常に」という意味の副詞。はなはだしいこと。度をこえていること。「生死は甚だ重苦なり」「諸の煩悩の魅することは鬼魅よりも甚し」
Ⓢ ati: viśiṣṭa: su: sutarām

甚奇希有　じんきけう　はなはだまれな存在・出来事。「仏及び諸の菩薩に不思議にして甚奇希有なる神変の威力あり」「諸仏如来の密意の語言は甚奇希有なり」「阿耨多羅三藐三菩提は甚奇希有なり」「如来の出世は甚奇希有なり」　Ⓢ atyadbhuta

甚希有事　じんけうじ　はなはだまれな存在。「諸経の中に三宝などは甚希有事なりと説く」

甚希奇法　じんけきほう　仏・如来が有するはなはだまれな存在。すぐれた師（大師）のありようと説かれた教えのありよう。「一切法は無我である」などのはなはだすぐれた教え。「仏菩薩は先に広大なる福徳資糧を集めて倶生の甚希奇法を証得す」
Ⓢ āścarya-adbhuta-dharmatā
（出典）仏如来略有二種甚希奇法。謂、未信者令信、已信者令増長、速於聖教令得悟入。謂、大師相、或法教相。（『瑜伽』88、大正 30・796a）：如来有二甚希奇法。一者顕示一切諸法皆無有我。二者顕示一切有情自作他作皆無失壊。（『瑜伽』96、大正 30・849b）

甚深　じんじん　はなはだ奥深いこと。非常に意味深いこと。その意味を容易に知ること

ができないほどに非常にすぐれていること。「如来が説くところの甚深なる経典」「甚深なる縁起の道理」「慧を以って甚深なる句義に通達す」「真如は甚深の義なり」「諸法の法性は亦た最も甚深なり。唯だ仏・如来のみが能く善く了達す」「大乗中の是の如き縁起は異生の覚慧では了知し難きが故に名づけて甚深と為す」「無姓有情は阿陀那識に於て窮底すること能わざるが故に甚深なりと説く」
Ⓢ gambhīra
（参考）種類としては、因甚深・相甚深・生甚深・住甚深・転甚深の五種（『集論』2、大正 31・671a）、相甚深・雑染甚深・清浄甚深・縁起甚深・業甚深・智甚深・生甚深・菩提甚深・仏甚深・教甚深の十種（『雑集論』15、大正 31・769a）が説かれる。

神　じん　①神足の神。三摩地を修することによって得られる超能力。→四神足
Ⓢ ṛddhi
②霊妙ではかりしれないもの。「聖教の聖とは正なり。理に契い神に通ずを聖と為す。又た心は境と冥し智は神と会すを聖と為す」

神我　じんが　サーンキヤ学派（数論）が唱える宇宙創造の二大原理（puruṣa と prakṛti）の一つ。物質的原理を自性（prakṛti）といい、精神的原理を神我（puruṣa）という。この神我が自性を観照することを契機として、自性のバランスがくずれて、二十三種の存在の構成要素が展開すると説く。丈夫・士夫ともいう。 Ⓢ puruṣa
（出典）丈夫即神我也。能造作故。（『略纂』3、大正 43・40c）：依金七十論、立二十五諦。総略為三、次中為四、広為二十五。彼論云略為三者、謂、変易・自性・我知。変易者。謂中間二十三諦。自性所作名為変易。自性者冥性也。今名自性。古名冥性、今亦名勝性。未生大等但住自己、名為自性。若生大等、便名勝性、用増勝故。我知者神我也。（『述記』1 末、大正 43・252b）：然僧佉計。神我体性常住。除自性外二十三諦体性雖常、仍有転変無常之相。（『述記』1 末、大正 43・248a）

神境　じんきょう　空を飛ぶ、思い通りの場所に迅速に身を移動させる、などの超能力的な出来事をいう。 Ⓢ ṛddhi-viṣaya

神境神変　じんきょうじんぺん　神力神変・神変示導・神通変現ともいう。空を飛ぶ、思い通りの場所に迅速に身を移動させるなどの超能力的な出来事を示して人びとを教え導くこと。三種の神変（神境神変・記説神変・教誡神変）の一つ。→神変①
Ⓢ ṛddhi-prātihārya

神境智　じんきょうち　神境を示現する智。→神境

神境智作証通　じんきょうちさしょうつう　→神境智証通

神境智証通　じんきょうちしょうつう　六神通の一つ。空を飛行する、心の願い・思い通りの場所に身を移動することができる、などの超能力。神境通・神境智通・神境智作証通・如意通ともいう。これには能変神境智通（あるもののありようを転換せしめる超能力）と能化神境智通（存在しないものを仮に存在せしめる超能力）との二種がある。 Ⓢ ṛddhi-viṣaya-jñāna-sākṣātkriyā-abhijñā
（参考）（『倶舎』27、大正 29・143c～144b）：（『瑜伽』37、大正 30・491c～493c）：（『雑集論』14、大正 31・759c）

神境智通　じんきょうちつう　→神境智証通

神境通　じんきょうつう　→神境智証通

神験　じんけん　超能力的な効きめ。呪文がもつ不思議な霊験。「神験を有する諸の明呪力を持ち、広大なる良薬王の身を摂受して、一切の有情の疾疫を息除す」「衆の毒は神験の咒に損害せらるる」 Ⓢ siddha

神珠宝　じんしゅほう　→珠宝

神通　じんずう　人知を超えた超能力。五神通あるいは六神通がある。神力ともいう。→六神通 Ⓢ abhijñā: ṛddhi

神通威力　じんずういりき　六神通のもつ超能力。→六神通 Ⓢ abhijñā-prabhāva

神通引摂　じんずういんしょう　神通を現して心を引きつけて改めさせること。→引摂②
Ⓢ ṛddhi-āvarjanatā
（参考）（『瑜伽』37、大正 30・497b）

神通変現　じんずうへんげん　→神境神変

神通力　じんずうりき　人知を超えた超能力。神通とおなじ。通力ともいう。→神通
Ⓢ ṛddhi: ṛddhi-bala

神足　じんそく　→四神足

神変　じんぺん　①超能力的なことを変現せしめること。修行の結果として獲得したすぐれた超能力の総称。この神変を示現して人びとを教え導く。これには、神境神変・記説神

変・教誡神変の三種がある（『瑜伽』27、大正 30・435c）。また神変の原語 prātihārya は変現とも訳され、これら三種が神通変現・記説変現・教誡変現ともいわれる（『瑜伽』43、大正 30・528b）。さらに『婆沙論』『倶舎論』では原語 prātihārya は示導とも訳され、おなじものが神変示導・記心示導・教誡示導と訳されている（『婆沙』103、大正 27・532a）（『倶舎』27、大正 29・143c）。「三神変を現じて所化の有情を無倒に教授す」
Ⓢ prātihārya
②神変示導の神変。自在に境界を変現せしめて人びとを救済する力。仏教以外の人びとや反対者を説き伏せる、あるいは仏教に導き入れる三つの輪、あるいは三つの示導（神変・記心・教誡）の一つ。 Ⓢ prātihārya: ṛddhi
（出典）修所成果、威徳作用、難測名神。転変不定、名之為変。変者是境、神者智也。（『演秘』1 本、大正 43・812c）

神変教授　じんぺんきょうじゅ　神変（超能力的なことを変現せしめること）によって教え授けること。五種の教授の一つ。→教授
Ⓢ prātihārya-avavāda
（参考）（『瑜伽』27、大正 30・435c）

神変示導　じんぺんしどう　→神境神変　→神変②

神用　じんゆう　人知を超えた超能力の働き。運身神用・勝解神用・意勢神用の三種、あるいは業神用・異熟神用・変現神用・具徳神用・発心神用の五種が説かれる（『婆沙』141、大正 27・725b～c）。

神力　じんりき　神通・神通力とおなじ。人知を超えた超能力。→神通
Ⓢ anubhāva: ṛddhi: prabhāva

神力神変　じんりきじんぺん　→神境神変

尋　じん　①長さの単位の一つ。一尋（ひろ）。弓とおなじ。→弓①　Ⓢ vyāma
（参考）（『倶舎』12、大正 29・62b）
②細かい心作用（心所）である追求する心（尋と伺）のなかの尋。→尋伺　Ⓢ vitarka
③追求すること。たずねること。調べること。「病を見おわって次に病の因を尋ねる」「正思惟は尋を以って体と為す」
Ⓢ anveṣaṇa: vi-**bhū**: saṃkalpa
④「ひきつづいて」「ついで」という意味の副詞。「諸行無常とは彼の諸行は本無にして生じ、生じ已って尋いで滅するを謂う」「心、暫爾、欲貪の纏を起こすといえども、尋いで如実に出離の方便を知る」 Ⓢ uttara

尋行者　じんぎょうしゃ　あれこれと追求することが多い人。このような人は心が乱れるから持息念（入る息・出る息に心を専注せしめる修行。阿那波那念ともいう）を修することが必要となる。尋思行者ともいう。
Ⓢ vitarka-carita
（出典）尋多乱心、名尋行者。彼依息念、能正入修。（『倶舎』22、大正 29・117b）：尋思行者、応於阿那波那念安住其心。（『瑜伽』31、大正 30・455c）

尋求　じんぐ　①尋伺の尋を言い換えた語。浅くおおまかに追求する心。→尋伺
Ⓢ paryeṣaṇa
（出典）尋伺行相者、謂、即於此所縁、尋求行相、是尋。即於此所縁、伺察行相是伺。（『瑜伽』5、大正 30・302b）：尋、謂、尋求。令心怱遽、於意言境、麁転為性。（『成論』7、大正 31・35c）
②追求すること。たずねること。調べること。言葉でなにかと考えること。追訪とおなじ。「所知の境に於て義を尋求す」「能く善果に於て大勝利を見て善因を尋求す」「涅槃の果を尋求す」 Ⓢ parimārgaṇa: paryā-**iṣ**: paryeṣaka: paryeṣika: mṛgaya: mṛgayate: samanuveṣamāṇa
（出典）尋求建立者、謂、追訪等義。（『瑜伽』15、大正 30・361a）

尋求心　じんぐしん　→五心

尋求毘鉢舎那　じんぐびぱしゃな　三種の毘鉢舎那（有相毘鉢舎那・尋求毘鉢舎那・伺察毘鉢舎那）の一つ。三摩地においてすべての教法を善く理解するために思考する毘鉢舎那。→毘鉢舎那
（出典）云何尋求毘鉢舎那。謂、由慧故、遍於彼彼未善、解了一切法中、為善了故、作意思惟毘鉢舎那。（『解深』3、大正 16・698b～c）

尋求分別　じんぐふんべつ　存在するものが何であるかと観察・追求する思考。七種の分別の一つ。→七種分別。
Ⓢ paryeṣiko vikalpaḥ
（出典）尋求分別者、謂、於諸法、観察尋求所起分別。（『瑜伽』1、大正 30・280c）

尋香　じんこう　→尋香行

尋香行　じんこうぎょう　死んでから生まれ

るまでの中間的存在（中有）の別名の一つ。原語 gandharva を健達縛と音写し、香りを食べて生きているから「食香」と訳す。また、未来生に香りを尋ねて行こうとするから「尋香」「尋香行」と訳すこともある。→健達縛 Ⓢ gandharva
（出典）死後生前、名中有。（中略）名健達縛、此名尋香行。尋当生処香、而行住故。或唯食香、香所資故。（『略纂』1、大正 43・11a）

尋香城 じんこうじょう →健達縛城

尋伺 じんし 尋と伺。詳しくは尋を尋求、伺を伺察という。共に何かを追求する心をいう。このなか、尋は浅くおおまかに追求する心、伺は深くこまかく追求する心をいう。たとえば水鳥が水辺から飛び立ったとき、飛び立った瞬間に何だろうと追求する心が尋であり、そのあと、空を飛ぶ鳥に対して何という鳥だろうと考える心が伺である。具体的な言葉（言説）を起こす直接の原因となる。不定の心所の二つ。追求の意志と追求の対象の種類によってはそのありようが善にも悪にもなるから不定の心所に収められる。→不定⑤ Ⓢ vitarka-vicāra
（出典）尋伺別者、謂、心麁細、心之麁性、名尋、心之細性、名伺。（『倶舎』4、大正 29・21b）：於諸境界、遽務推求、依止意言麁慧、名尋。即於此境、不甚遽務而随究察、依止意言細慧、名伺。（『瑜伽』58、大正 30・623a）：云何為尋。謂、能尋求意言分別思慧差別、令心麁為性。云何為伺。謂、能伺察意言分別思慧差別、令心細為性。（『五蘊論』、大正 31・849b）：尋、謂、尋求。令心総遽、於意言境、麁転為性。伺、謂、伺察。令心総遽、於意言境、細転為性。（『成論』7、大正 31・35c〜36a）

尋思 じんし ①追求すること。たずねること。調べること。言葉で何かと考えること。あれこれと考え思いをはせること。悪い尋思のなか欲尋思・恚尋思・害尋思は、出家をねがうことをさまたげる尋思であり、眷属尋思・国土尋思・不死尋思は定まった心である三摩地をさまたげる尋思である（→各項参照）。「義と事と相と品と時と理とに於て尋思す」「婆羅門ありて性として尋思し、性として観察して尋思の地に住す」「此の菩提は不思議にして一切の尋思の道を超過す」 Ⓢ anuvi-**tark**: tarka: paryā-**iṣ**: paryeṣaṇā: vitarka
②四尋思の尋思。→四尋思

尋思行 じんしぎょう →尋思行補特伽羅

尋思行者 じんしぎょうしゃ →尋思行補特伽羅

尋思行補特伽羅 じんしぎょうふとがら 性格の相違による七種の病的なタイプ（貪行・瞋行・癡行・慢行・尋思行・等分行・薄塵行）の人の一つ。つねに世事に惑わされて知的に追求する心の強い人。このような人は、強い知的な追求心をなくすために持息念を修することが必要とされる。尋思行・尋思行者・尋行者・尋思増上補特伽羅とおなじ。 Ⓢ vitarka-caritaḥ pudgalaḥ
（出典）尋多乱心、名尋行者。彼依息念、能正入修。（『倶舎』22、大正 29・117b）
（参考）（『瑜伽』26、大正 30・426b）：（『瑜伽』26、大正 30・424b）

尋思根 じんしこん 四念住から生じる善なるものの障害となる三つの力（根）の一つ。それによって現世において不安という苦に住することになる。
（出典）有三種根、於諸念住、一切善聚為障礙故、当知、説名不善法聚。何等為三。一悪行根。（中略）二尋思根。根能令現法住不安苦。（『瑜伽』97、大正 30・860a）

尋思障 じんししょう 障害となる汚れた尋思。欲尋思・恚尋思・害尋思・眷属尋思・国土尋思・不死尋思の六つをいう（→各項参照）。 Ⓢ vitarka-āvaraṇa
（出典）尋思障者、謂、欲尋思等染汚尋思。（『瑜伽』31、大正 30・457b）

尋思増上補特伽羅 じんしぞうじょうふとがら →尋思行補特伽羅

尋思雑染 じんしぞうぜん 尋思による心の汚れ。三種の雑染（見雑染・愛雑染・尋思雑染）の一つ。
（参考）（『瑜伽』87、大正 30・790b〜c）

腎 じん じんぞう。内臓の一つ。不浄観を修するときの対象の一つ。「人身の内に多く不浄あり。いわゆる塵・垢・筋・骨・脾・腎・心・肝なり」 Ⓢ vṛkka

塵 じん ①ちり・ほこり。視覚（眼識）の対象（色）の一つ。太陽や月を覆って見えなくするものの一つ。→色境 Ⓢ rajas
（出典）塵者、如亢旱時、大風旋撃轟、塵卒

起、遍覆虚空、障日月輪俱令不現。(『婆沙』27、大正 27・141a)
②細かい砂ぼこり。砂塵。 Ⓢ pāṃsu
③身体から出る分泌物としてのちり。→塵垢
Ⓢ rajas
④感官（根）の対象。「六根と六塵」
Ⓢ viṣaya
⑤心のけがれ。→塵垢②

塵埃　じんあい　①ちり。ほこり。塵穢とおなじ。「諸の資生具に塵埃多し」 Ⓢ rajas
②煩悩をちりに喩えて塵埃という。「無上菩提を現等覚し、能く無量無辺の有情の為に無比にして微妙なる法雨を雨らし、一切の煩悩の塵埃を息す」 Ⓢ rajas

塵穢　じんえ　ちり。ほこり。塵埃とおなじ。「湿膩の処には塵穢は著き易し」「不与取業道の増ずる時には一切の外物は多く霜雹・塵穢などの障に遭う」 Ⓢ rajas

塵垢　じんく　①物に付着したけがれ。「外物の塵垢は、猶、浄すべからず」
②心のけがれ。塵と垢とを分けて解釈することもある。「内の貪・瞋・癡などの塵垢」「塵とは我慢及び見所断の一切の煩悩を謂い、垢とは二品のあらゆる麁重を謂う」
Ⓢ raja-mala: rajaska
③塵と垢。身体から出る分泌物。身体のちりとあか。不浄観を修するときの対象。「自身を観察するに髪毛・塵垢・皮肉などの種種の不浄が充満す」「人身の内に多く不浄あり。いわゆる塵・垢・筋・骨・脾・腎・心・肝なり」 Ⓢ raja-mala

塵染　じんぜん　世俗のけがれに染まっていること。「居家の塵染の行」

塵俗　じんぞく　煩悩が多い世俗。「塵俗に処す」

す

数息念　すそくねん　息をかぞえることになりきる修行。「正しく数息念を勤修するが故に彼の心は惛沈・睡眠の為に纏擾されず」

数論　すろん　インドの六派哲学の一つであるサーンキヤ学派をいう。開祖はカピラ(kapila 迦毘羅)。精神的原理であるプルシャ(puruṣa 神我) と物質的原理であるプラクリティ (prakṛti 自性) との二つから世界が展開するという二元論を説く。すなわち、二つの根本原理から二十三の事象が生成し、世界は全部で二十五の要素（二十五諦）からなると説く。原語 sāṃkhya を音写して僧佉ともいう。→二十五諦　Ⓢ sāṃkhya
（参考）(『述記』1 末、大正 43・252a 以下)

図　ず　描くこと。「画師は先に一色を以って其の形状を図し、後に衆の彩を填す」
Ⓢ ā-**likh**

図画　ずが　描かれた絵。「彼は是の如き聖慧眼に由る故に、内に於て如来の法身を証解し、外に於て如来の色身を見る、或いは制多を見る、或いは図画などを見ると雖も、第一義の応正等覚に非ずと能く了知す」

図写　ずしゃ　描写すること。「現前に供養する善とは、如来に想対して霊廟を建立し尊容を図写するを謂う」

図謀　ずぼう　はかること。くわだてること。「初めに盗心を起こし、彼彼の処に往きて図謀し、伺察し、牆を攻め、結を断じて他の財宝を取る」

杜多　ずだ　語根 **dhū** の過去分詞である dhuta あるいは dhūta の音写。旧訳は頭陀。修治・洗浣などと意訳。語根 **dhū** には振り払う、排除する、などの意味があり、衣服と飲食と住居とに対する貪りを除去して心を浄めることをいう。そのような修行を杜多功徳・杜多行 (dhuta-guṇa) という。杜多行には十二種がある。→十二杜多行
Ⓢ dhuta: dhūta
（参考）(『瑜伽』25、大正 30・422a～423b)：(『瑜伽論記』6 下、大正 42・441b～442a)

杜多行　ずだぎょう　→杜多

杜多功徳　ずだくどく　→杜多

塗　ず　ぬること。「身首を沐浴して塗るに妙香を以ってす」「牛糞を以って其の房中を塗る」 Ⓢ anu-**lip**: anulipta: anulepana: abhiañj: rañjita: lepana: vilepana

塗冠 ずかん 塗飾とおなじ。→塗飾 Ⓢ vilepana

塗冠香鬘 ずかんこうまん 塗飾香鬘とおなじ。→塗飾香鬘

塗灰 ずけ 全身に灰を塗ること。シヴァ派の一派であるパーシュパタ派（播輸鉢多外道・波輸鉢多外道）が修する苦行。→播輸鉢多 Ⓢ bhasman

塗灰外道 ずけげどう 塗灰の苦行を修する外道。シヴァ派の一派であるパーシュパタ派。播輸鉢多外道・波輸鉢多外道ともいう。自在天を唯一の根本原理とする学派。

塗香 ずこう ①身体に塗る香り。香の一種。「熏香鬘樹あり。此れより種種の塗香、種種の熏香、種種の花鬘を出生す」 Ⓢ anulepana-gandha
②香を身体に塗ること。「沐浴・理髪・塗香を名づけて飾好と為す」 Ⓢ anulepana: gandha-lepana: vilepana

塗飾 ずしょく 油や香を身体に塗って身をかざること。塗冠・塗末ともいう。→塗飾香鬘 Ⓢ vilepana

塗飾香鬘 ずしょくこうまん 塗飾と香と鬘。塗飾は油や香を身体に塗ること、香は香料、鬘は花飾り。いずれも世俗で行なわれる化粧し身を飾るありようをいうが、律儀においては禁止される。塗冠香鬘・香鬘塗末ともいう。「近住律儀中に於て塗飾香鬘を遠離す」「勤策律儀の中に於て歌舞伎楽と及び塗冠香鬘を遠離す」「十種の身資具あり。（中略）七に香鬘塗末なり」 Ⓢ gandha-mālya-vilepana

塗身 ずしん 油や香を身体に塗ること。按摩や沐浴と並んで身体の疲れを癒す方法の一つ。「油で以って塗身し温室にて洗浴す」「其の髪を梳理し已りて種種の妙香を用いて塗身す」 Ⓢ abhyaṅga: kāyam anulepayati

塗染 ずぜん 汚れること。戯論（戯れにかたること。意味のない語り）や愛恚（愛欲といかり）などに心が汚染されること。「諸の在家者は諸の戯論の為めに塗染される」「諸の菩薩が諸の世法に於て愛恚の為めに塗染されざること、紅蓮花の如し」

塗末 ずまつ 塗飾とおなじ。→塗飾 Ⓢ vilepana

頭 ず ①あたま。かしら。 Ⓢ śiras: śīrṣan
②はし。尖端。「死と生と同時なること、秤の両つの頭の低と昂との時が等しきが如し」 Ⓢ agra

頭然 ずねん （煩悩などによって）頭がもえていること。「諸の煩悩を断ぜんが為の故に精進勇猛す。頭然を滅するが如し」

水 すい ①みず一般。 Ⓢ ap: ambu: ambhas: udaka: jala: payas: vāri: salila
②みず。物質を構成する四つの元素である四大種（地・水・火・風）の一つ。→四大種 Ⓢ ap: āpa
③水難。火とならんで恐怖の対象としての水。→水火 Ⓢ udaka
④水のなかに住んでいるもの。水のなかに生まれるもの。「其の種種の人・非人の所作を水と陸との怖畏に於て能く正しく抜済す」「或いは水、或いは陸の無量の衆生」 Ⓢ jala-gata: jala-ja
⑤飲料水。飲み物の一つとしての水。「沙糖汁、或いは石蜜汁、或いは飯漿飲、酢、ないし水を総じて名づけて飲と為す」 Ⓢ pānīya

水火 すいか 水と火。水害と火災。師子・虎狼・鬼魅などの動物や魔物、王や賊などとともに恐怖の対象としてあげられる。「無畏施とは師子・虎狼・鬼魅などの畏より済抜し、王賊などの畏より抜済し、水火などの畏より済抜するを謂う」 Ⓢ udaka-agni

水海 すいかい 二種の海（水海・生死海）の一つ。生死輪廻するありようを海にたとえて生死海というのに対して、普通の海を水海という。
（出典）海有二種。一者水海、二生死海。（『瑜伽』90、大正30・811a）

水界 すいかい 存在を構成する六つの要素（地・水・火・風・空・識の六界）の一つで、水という要素。水の性質であるしめっぽさ（湿性）という要素。内の水界（身体のなかの涙・汗・洟・唾などのしめっぽさ）と外の水界（外界の井・泉・池・沼・河・海などのしめっぽさ）とに二分される。 Ⓢ ab-dhātu
（参考）（『瑜伽』27、大正30・430a）

水月 すいがつ 水に映った月。現象的存在（依他起性）には実体がないことを示すために用いる譬喩の一つ。「依他起性は幻夢・光影・谷響・水月・影像及び変化などにおなじく、猶し聚沫の如く、猶し水泡の如く、猶し陽焔の如く、猶し芭蕉の如しと当に了知すべ

し」 Ⓢ udaka-candra
(参考)(『摂論釈・世』5、大正 31・344c)
水災 すいさい 世界を破壊する火災・水災・風災の三つの大きな災害(大三災)の一つ。水による災害。→大三災
Ⓢ ap-saṃvartanī
(参考)(『倶舎』12、大正 29・66a〜67a):(『瑜伽』2、大正 30・286b)
水珠 すいじゅ 水からなる珠玉。「月輪の下面の頗胝迦宝は水珠の所成にして能く冷し能く照らす」 Ⓢ āpya
水塵 すいじん 長さの単位の一つ。金塵の七倍。 Ⓢ ab-rajas
(参考)(『婆沙』136、大正 27・702a):(『倶舎』12、大正 29・62b)
水大 すいだい 物質を構成する四種の元素(地大・水大・火大・風大)の一つ。水という元素。詳しくは水大種という。
Ⓢ ap-mahābhūta
水中酪 すいちゅうらく 水のなかのヨーグルト。水を醸してもヨーグルトができないことから、あるものがそのなかに存在しないことの喩えに用いられる。
水泡 すいほう みずのあわ。現象的存在(依他起性)には実体がないことを示すために用いる譬喩の一つ。「依他起性は幻夢・光影・谷響・水月・影像及び変化などにおなじく、猶し聚沫の如く、猶し水泡の如く、猶し陽焔の如く、猶し芭蕉の如しと当に了知すべし」 Ⓢ budbuda
水輪 すいりん 物質的世界(器世間)を支える三つの輪の一つ。風輪の上に位置し、その上に金輪がある。 Ⓢ ap-maṇḍala: jala-maṇḍala
(参考)(『倶舎』11、大正 29・57a)
衰 すい ①おとろえ。おとろえること。「諸法に於て能く起こるを生と名づけ、能く安ずるを住と名づけ、能く衰えるを異と名づけ、能く壊れるを滅と名づく」 Ⓢ **jṝ**
②金銭や財物を得ることがなく経済的に栄えないこと。不得・衰損・非利ともいう。世のなかで生きる上で問題となる八つの事柄(八世法)の一つ。→世法 Ⓢ alābha
③衰微。盛んでなくなること。おとろえること。興の対。「福と非福との業を造るに随って興・衰や苦・楽などの果を感ず」
Ⓢ vipatti
④身体がおとろえ、ふらふらすること。
Ⓢ **skhal**
(出典)衰云何。謂、依止劣故、令彼掉動。(『瑜伽』10、大正 30・323c)
衰異 すいい 衰え変化すること。現象的存在(有為)の四つのありよう(生・住・衰異・壊滅)の一つ。異ともいう。→四相①
Ⓢ jīrṇa: **jṝ**: durbalī-**kṛ**
衰壊 すいえ ①おとろえて滅すること。死滅すること。「衰壊する母は愛子を失う」
(出典)衰壊者、謂、死滅。(『婆沙』125、大正 27・654b)
②壊れて滅すること。「法の能く衰壊するを壊滅と名づく」 Ⓢ **han**
衰損 すいそん ①物事がおとろえること、減ること。たとえば寿量衰損・寿命衰損(寿命が短くなる)、依止衰損(身体がおとろえる)、資具衰損・財宝衰損(生活道具・物資がなくなる)、眷属衰損(家勢がおとろえる)、などがある。 Ⓢ kṣati: vipatti
(参考)(『瑜伽』2、大正 30・286a):(『瑜伽』32、大正 30・459c)
②金銭や財物を得ることがなく、経済的に栄えないこと。不得・衰・無利ともいう。世のなかで生きる上で問題となる八つの事柄(八世法)の一つ。興盛の対。→世法「先時に眷属・財位の、或いは悉く皆な興盛なるを見、後に一切皆な悉く衰損なるを見る」
Ⓢ alābha
衰悩 すいのう ①おとろえて死ぬこと。「天趣の有情は多分に衰悩・墜没の苦を受用す」 Ⓢ cyavana
②困難や不幸な状況にあること。「諸の菩薩は衰悩に処する諸の有情類に於て能く善く開解して愁憂を離れしむ」 Ⓢ vyasana
衰変 すいへん おとろえて変化すること。「老とは髪色が衰変するを謂う」「五蘊の出胎の時を生と名づけ、相続の時を住と名づけ、衰変の時を異と名づけ、命終の時を滅と名づく」
衰暮 すいぼ おとろえ老いること。「年が衰暮し、身力が疲怠す」
衰亡 すいぼう おとろえて亡くなること。「父母・兄弟・妻子などの親属が衰亡し、財宝を喪失す」
衰邁 すいまい としをとること。おとろえること。「朽老し、衰邁し、歯落ち、髪白く、

年八十を逾ゆ」 Ⓢ mahalla

衰微 すいみ おとろえること。「悪趣を招く諸の業と煩悩との勢力が衰微す」「眠の勢が衰微して夢に色などを見る」

衰耄 すいもう おとろえ老いること。「衰耄せる諸根が成熟して老死の苦あり」

衰老 すいろう おとろえ老いること。「少年と及び衰老との位」「長夜に病なく、久時に少壮にして速かに衰老せず」
Ⓢ jīrṇa: virūpa-karaṇī jarā: vṛddha

捶 すい うつこと。「杖で牛を捶て速かに至るところあるが如し」

捶打 すいだ うつ、たたくこと。「風熱の乱に由るが故に、或いは捶打に由るが故に悶絶す」「殺縛・斫截・捶打・駆擯に逼悩される苦」 Ⓢ abhighāta: tāḍana: praharaṇa

捶撻 すいたつ むちでうつこと。「有情に於て捶撻せんと、或いは殺害せんとの意を作す」

捶罰 すいばつ むちでうって罰すること。「菩薩は国王と為って、戒を毀犯せる臣下に、我れ、当に汝を捶罰すべし、と告げて言う」
Ⓢ **taḍ**

推 すい ①すすめること。与えること。「諸の有徳の敬すべき同法者に勝座を推す」
Ⓢ anupra-**yam**
②おしはかること。「現在の因を以って未来の果を推す」 Ⓢ nitīraṇa
③刺激して生ぜしめること。「思・作意などの相応行は能く諸識を推す」 Ⓢ preraka

推求 すいぐ おしはかること。思考すること。「此の我愛に於て智慧力に由って、数数、推求して制して著せず」「諸の菩薩は理を以って生などの実物を推求するに、亦た不可得なり」 Ⓢ ni-**tṝ**: vi-**mṛś**: saṃtīraṇa

推許 すいこ 認めること。推挙すること。「世間の画師の弟子は是の如く正学して多時を経歴し、世が共に推許して大画師と為る」

推搆 すいこう おしはかること。「慢と見とが更相応して高挙する時に、復た邪しまに推搆す」

推謝 すいしゃ 迷わす、誘惑する、欺くこと。「諂誑を以って来求者を推謝せず」
Ⓢ vi-**lubh**

推尋 すいじん 追求すること。たずねること。考察すること。「推尋とは尋求心を謂い、極推尋とは伺察心を謂う」「是くの如く不放逸の用を推尋すれば、無貪などを離れては竟に不可得なり。故に不放逸は定んで別体なし」

推度 すいたく ①おしはかること。思考すること。「推度を見と名づく」「邪しまに推度するが故に説いて邪見と名づく」「法を思惟し其の義を推度し解了決定す」「尋と伺とは倶に外門に依って転じ、浅深に推度し粗細に発言す」
Ⓢ abhyūhanā: nitīraka: nitīraṇa: saṃtīraṇa
②時を過ごすこと。「草葉の座に於て端身して坐し、時日を推度す」 Ⓢ ati-**nam**

推度分別 すいたくふんべつ 計度分別とおなじ。→計度分別

酔 すい 酒にようこと。よって乱れること。「食を醞して已に成熟し、酔しむる時は末陀酒と名づく」 Ⓢ matta: **mad**
（出典）何酔。謂、由依止性羸劣故、或不習飲故、或極数飲故、或過量飲故、便致酔乱。（『瑜伽』1、大正 30・280c）

酔傲 すいごう おごりようこと。「憍は自の盛事に於て深く染著を生じ酔傲するを性と為す」

酔乱 すいらん 酒によって乱れること。「過量に飲むが故に便ち酔乱に致る」
Ⓢ mattaka

遂 すい ①とげる、なしとげること。「希欲するところを或いは遂げ、或いは遂げず」
Ⓢ saṃpatti: sam-**ṛdh**
②ついに。とうとう。「その時、鶏園の諍は猶、未だ息まずして、後に異見に随って遂に上座部と大衆部との二部に分かる」

遂求 すいぐ （貧窮や障害などの苦を除いて）求めるところをなしとげること。遂求施・遂求戒・遂求忍・遂求精進・遂求静慮・遂求慧というように六波羅蜜多の六つそれぞれに付せられる語。このなか、たとえば、遂求施とは「来者の情に称って楽うに随って与える」ことをいう。 Ⓢ vighāta-arthika

睡 すい ①ねむること。 Ⓢ **svap**
②睡眠とおなじ。→睡眠
③煩悩が種子として潜在している状態。
Ⓢ prasupti
（出典）何名為睡。謂、不現行種子随逐。（『倶舎』19、大正 29・99a）

睡夢 すいむ ねむり。ねむること。「正念に由るが故に睡夢の中に於ても亦た常に記憶

して、彼の法相をして分明に現前せしむ」 Ⓢ svapana

睡眠 すいめん 「すいみん」とも読む。①ねむり。ねむること。「或いは疲倦に由るが故に、或いは睡眠を串習するが故に、惛夢を発するを夢と謂う」「懈怠とは睡眠を執して偃臥するを楽と為し、昼夜に唐捐して衆の善品を捨てるを謂う」
Ⓢ nidrā: supta: svapna
②不定の心所の一つ。眠と略称する。ねむたいこころ。ねむっているこころ。こころが暗くなり、身体が不自由となった状態。ヨーガを修して対象を明瞭に観察する心（観 vipaśyanā）のさまたげとなる。 Ⓢ middha
（出典）眠、謂、令心昧略、為性。無有功力執持於身。（『倶舎』21、大正 29・109b）：眠、謂、睡眠、令身不自在昧略、為性。障観、為業。（『成論』7、大正 31・35c）
③煩悩が種子として潜在している状態、すなわち、煩悩の随眠をいう。
（出典）云何睡眠。謂、諸煩悩随眠。（『瑜伽』13、大正 30・346b）

睡眠楽 すいめんらく ねむりこんでいる楽。睡楽ともいう。「懈怠を離れる戒によって、睡眠楽・倚楽・臥楽に於て耽著せず、昼夜に諸の善品を勤修す」「懈怠ある者は多分に日夜に睡楽・倚楽・臥楽に耽著す」 Ⓢ nidrā-sukha

睡楽 すいらく →睡眠楽

随 ずい したがうこと。則すること。順応すること。適合すること。「是の如き無量の道理に随って観待因の相を了知すべし」「来求者の欲するところに随って施物を施与す」「能に随い、力に随って、一切種の利益・安楽の饒益の事を作す」
Ⓢ adhīnatva: anukūla: anugata: anugatatva: anugama: anupatita: anurūpa: anuvartana: anuvidhāna: anuvṛtti: anusārin: upaga: upanibaddha: pratibaddha: yathā: yāvat: vaśāt: sārdham

随意 ずいい 思うがままに。意のままに。自由に。「微妙なる五欲に於て堅著して随意に受用す」
Ⓢ yathā-iṣṭam: yathā-sukham: svairam

随一 ずいいつ いくつかのなかのどれか一つ。随応とおなじ。「三十七種の菩提分法に於て随一を修習して能く愛を断ず」
Ⓢ anyatama: anyatama-anyatama: anyatara

随応 ずいおう ①いくつかのなかのどれか一つ。随一とおなじ。「欲の修断を断ずる九無間道と八解脱道とは、俗と四と法智とを随応に現修す」 Ⓢ anyatama
②適宜。状況に応じて。「その時、世尊は随応に答う」 Ⓢ yathā-yogam: yathā-yogyam

随覚 ずいかく ①さとること。「所知の真実に於て随覚し通達する慧」 Ⓢ anu-**budh**: anubodha
②目覚めていること。意識がはっきりしているさま。言葉を巧みに用いること。「随覚の時に悪を勝解する力に由って夢の中で還って彼の悪事に似て転ず」「随覚の想とは善く言説する人天などの想にして、言説随眠の想とは善く言説せざる嬰児などの類、乃至、禽獣などの想なり」

随覚想 ずいかくそう 二種の想（随覚想・言説随眠想）の一つ。言葉を巧みに用いる人と天との知覚作用。→想①
（出典）随覚想者、謂、善言説人天等想。（『瑜伽』55、大正 30・601c）

随学 ずいがく 学ぶこと。「初めて出家した時は已に能く世俗の仏行を随学し、既に出家し已りて精進修行して復た能く勝義の仏行を随学す」 Ⓢ anu-**śikṣ**: anuśikṣaṇa

随観 ずいかん （無常や不浄という理を）深く観察すること。「無常を随観するとは息風の無常を観ることを謂う」「眼が色を見已りて不浄を随観して如理に思惟す」
Ⓢ anupra-**viś**: anuvi-**car**

随喜 ずいき よい事柄をみとめて喜ぶこと。「菩薩は普く十方の一切の有情の一切の福業に於て悉く皆な随喜す」「施波羅密多に於て勧励し讃美し随喜し慶悦す」 Ⓢ anu-**mud**: anumodana: anumodanā: anumoditṛ

随機 ずいき 相手の能力（根）に応じること。「仏は彼彼の素怛纜の中に於て随機して散説す」

随機門 ずいきもん 相手の能力（根）に応じてみる観点。実義門（真実の意味からみる観点）に対する語。→実義門「実義門としては八識ありと雖も、然も随機門としては但だ六識あり」（『略纂』1、大正 43・6b）

随行 ずいぎょう ①生活のなかにおける行為。「飲食・睡眠・交会などの数数の随行あり」 Ⓢ anuvicarita

②随うこと。随うもの。付随して働くこと。伴うもの。「意根の一法に一切の法が随行す」「浄慧の眷属を名づけて随行と曰う」
Ⓢ anucara: anuvarttana: parivāra: sahabhū

随護 ずいご まもる、防護すること。「正念を随護するとは、此の正念に由って所摂の法に随って持して忘れざらしむるを謂う」
Ⓢ anurakṣaṇa: ā-**rakṣ**: **rakṣ**
(参考) 種類として、敬養随護・自苦行随護・資財乏少随護・展転相触随護・心追変随護・煩悩纏随護・邪願随護の七種が説かれる(『瑜伽』82、大正 30・758c)

随好 ずいこう 仏などの偉大な人間に具わる三十二大丈夫相に付随する身体的特徴。全部で八十あることから八十随好という。→八十随好「仏の妙色とは三十二大丈夫相と八十随好とを謂う」 Ⓢ anuvyañjana

随業識 ずいごうしき 業の勢力に随って生起する識。生死輪廻の主体となる阿頼耶識をいう。十二支縁起でいえば、第三の識支をいう。 Ⓢ karma-upabhogaṃ vijñānam
(参考)(『瑜伽』9、大正 30・321a)

随三智転智 ずいさんちてんち 唯だ識しか存在せず外界にはものは存在しないという唯識無境をさとるための四つの智の一つ。次の三つの智に随って認識対象がさまざまなあり方となって転じることを智ること。(i)自在者の智に随って転じる。すなわち、心自在を得た菩薩は、欲するままに大地などの事物を水などの事物に変化せしめることができる。(ii)観察者の智に随って転じる。すなわち、奢摩他というヨーガを修する者が仏陀の教法を観察して思索するとき、ある一つの対象が、思索するままに、さまざまな相となって現れてくる。(iii)無分別智に随って転じる。すなわち、無分別智が起こるときには、どのような認識対象も現れない。
　ところで、もしも認識対象が実在するならば、以上の三種のようなことはありえない。だが現実にこれら三つの智に随って転じる事実はありうるから認識対象は実在しない、と〈唯識〉は説く。
(出典) 又説成就四智菩薩、能随悟入唯識無境。(中略) 四随三智転智。一随自在者智転智。謂、已証得心自在者、随欲、転変地等、皆成。境若実有、如何可変。二随観察者智転智。謂、得勝定・修法観者、随観一境、衆相現前。境若是実、寧随心転。三随無分別智転智。謂、起証実無分別智、一切境相皆不現前。境若是実、何容不現。(『成論』7、大正 31・39a)

随支節風 ずいしせつふう 身体のなかの風(内風界)の一つで、手足などの身体の各部分にある風。随身分支節行風ともいう。→風界 Ⓢ aṅga-pratyaṅga-anusārino vāyavaḥ

随時 ずいじ 時に応じて。適当な時に。「如法に衣服・飲食・資身什物などを追求し、随時に供給す」 Ⓢ kālena: kālena kālam

随時安楽 ずいじあんらく 季節の気候がよいこと。「極めて温熱ならず極めて寒冷ならず随時安楽なり」 Ⓢ ṛtu-sukha

随順 ずいじゅん ①したがうこと。相応すること。合致すること。順応すること。「道理に随順して応に知るべし」「菩提分は菩提に随順す」「所作事に於て軌則を成就し、世間に随順し世間を越えず」 Ⓢ anukūla: anukūlatva: anugata: anuvartin: anuvi-**dhā**: anuloma: anuvṛtti: anusahita: anusāritā: anusāriṇī: ānulomika: gāmin: sthānīya
②従順であること。すなおであること。「柔和・正直にして随順なり」
Ⓢ pradakṣiṇa: vidheya
③類似の性質であること。「思惟及び勤は慧の性に非ずと雖も、慧に随順するが故に亦た慧の名を得る」 Ⓢ anuguṇa
④特性どおりであること。性質を完備していること。「若し日月が薄蝕し星宿が失度すれば、為さんと欲するところの事は皆な成就せず。若し彼れ随順すれば、欲するところは皆な成ず」 Ⓢ anuguṇya
⑤通じること。向かうこと。おちいること。「其の心を縦放にして睡眠に随順し趣向し臨入す」「諸の菩薩が即ち一切の契経などの法を縁じて集めて一団・一積・一分・一聚と為して作意し思惟すれば、真如に随順し菩提に随順し涅槃に随順し転依に随順す」
Ⓢ nimna
⑥相互に交渉し合うこと。「根と境と識とが更相に随順するが故に三和と名づく」「更相に交渉しうるを名づけて随順と為す」

随順因依処 ずいじゅんいんえしょ →因依処

随順依処 ずいじゅんえしょ 随順因依処とおなじ。→因依処

随順世間 ずいじゅんせけん 世間にしたが

うこと。世間的であること。順世・順世間ともいう。「楽って随順世間の文章と呪術とを追求し戒に於て慢緩なる者の為に学の勝利を説く」

随摂方便 ずいしょうほうべん 四種方便の一つ。→四種方便

随情 ずいじょう 情に随うこと。感情にしたがうこと。思いのままに。「仮に無体にして随情なる仮と有体にして施設する仮との二種あり」「情に随って身語意業の三種の悪行を造作す」 Ⓢ kāma

随心転 ずいしんてん 心に随って転じるもの。三種の律儀のなかの静慮律儀と無漏律儀とをいう。このなか、静慮律儀とは、定戒・色界戒ともいい、色界の静慮を修することによって身中に得た「非を防ぎ悪を止める力」をいう。無漏律儀とは、無漏戒・道戒ともいい、無漏道を得ることによって身中に得た「非を防ぎ悪を止める力」をいう。この二つは、静慮、あるいは無漏道を捨するときは、それに随って二つの力も止むから、すなわち、心の意識的活動によってなくなるから、随心転とよばれる。不随心転の対。→不随心転 Ⓢ citta-anuparivartin: citta-anuvartin
（出典）問。身語業、何等随心転、何等不随心転耶。答。色界戒及無漏戒、随心転。欲戒及余身語業、不随心転。（『婆沙』17、大正 27・82c）：随心転身業語業者、謂、静慮律儀・無漏律儀。（『婆沙』16、大正 27・81b）

随身分支節行風 ずいしんぶんしせつぎょうふう →随支節風

随信行 ずいしんぎょう →随信行補特迦羅

随信行者 ずいしんぎょうじゃ →随信行補特迦羅

随信行補特迦羅 ずいしんぎょうふとがら 随信行とは自ら考える力がなく他者から聞いた教えを信じて修行することで、そのように修行する人を随信行補特迦羅、あるいは随信行者という。 Ⓢ śraddhā-anusārī pudgalaḥ
（参考）（『瑜伽』26、大正 30・424c）

随説因 ずいせついん 十因の一つ。→十因

随説者 ずいせつしゃ 仏教の教え（聖教）に随って人びとを導く人。襲師ともいう。→襲師

随相 ずいそう 現象的存在（有為）の四つのありよう（生・住・異・滅）である相（lakṣaṇa、本相ともいう）をさらに成立せしめる第二次的な原理。生生・住住・異異・滅滅の四つ。 Ⓢ anulakṣaṇa
（参考）（『倶舎』5、大正 29・27b）

随増 ずいぞう ①煩悩の異名である随眠の原語 anuśaya を微細・随増・随逐・随縛の四つの意味に分析して語源的解釈する際の一概念。対象（所縁）およびそれとともに働く心作用（心所）が暗くはっきりしないありようを増すという煩悩の働きをいう。
Ⓢ anuśāyaka: anu-śī
（参考）（『倶舎』20、大正 29・108a）
②増すこと。増大すること。「煩悩を諍と名づく。諍が随増するが故に名づけて有諍と為す」 Ⓢ anuśayitatva

随逐 ずいちく ①煩悩の異名である随眠の原語 anuśaya を微細・随増・随逐・随縛の四つの意味に分析して語源的解釈する際の一概念。常に生きもの（有情）に付随し、あやまち（過患）を結果するという煩悩の働きをいう。 Ⓢ anuśāyaka: anu-śī
（参考）（『倶舎』20、大正 29・108a）
②随う、伴う、随伴すること。結果としてつづいて生じること。「欲界の自体の中に亦た色・無色界の一切の種子が悉く随逐す」「恒に無量の生死に随逐する種種の生老病死などの苦ありて流転して息ず」「此の識は身に於て随逐し執持するが故に亦た阿頼耶識と名づく」 Ⓢ anugamyatva: anubandha: anuṣaṇgata: anusārin: ānuṣaṅgika

随逐善 ずいちくぜん 阿頼耶識のなかにある善を生ずる習気（種子）をいう。種子善ともいう。
（出典）随逐善者、謂、即彼諸法習気。（『集論』2、大正 31・669b）

随転 ずいてん ①起こすこと。展開すること。付随して起こること。「劣慧者の為に浅法を説き、麁近の教授・教誡を随転す」「諸の如来の所行の儀軌は如実に随転して作用を越えることなし」「先業に似て後果が随転する、是れを等流果と名づく」
Ⓢ anuparivartaka: anuparivartin: anu-vṛt: anupra-vṛt: anupravartana: anuvartanatā: anuvartin
②消滅することなくつづくこと。相続すること。「正念、随転して安住す」「諸の菩薩の最初発心に略して二種あり。一には永出、二には不永出なり。永出と言うは、発心し已りて

畢竟して随転して復た退還することなきを謂う」 Ⓢ anu-**vṛt**
③ある人に随い献身すること。「諸の親友の者に随転し供事し、尊重せらるる者に随転し供事す」 Ⓢ anuvṛtti
④転に対する随転。業を引き起こす二つの原因（因等起と刹那等起）のなかの刹那等起をいう。因等起とは、まさに業を作ろうとするときに業を引き起こす心をいい、刹那等起とは、業がまさに生じる刹那に業と離れず業に随って働く心をいう。前者を転、後者を随転という。 Ⓢ anuvartaka
（出典）表・無表業等起有二。謂、因等起・刹那等起。在先為因故、彼刹那有故、如次、初名転、第二名随転。謂、因等起、将作業時、能引発故、説名為転。刹那等起、正作業時、不相離故、名為随転。（『倶舎』13、大正29・71c）

随転方便 ずいてんほうべん 四種方便の一つ。→四種方便

随転門 ずいてんもん ある教説を記述するとき、自宗以外の教えにもとづいて記述すること。たとえば大乗の説ではない小乗の説にもとづいて記述することをいう。随転理門ともいう。「或いは随転門なり。薩婆多に順ずるが故に」「有る経の中に六識を説けるは、応に知るべし、彼れは是れ随転理門なり」

随転理門 ずいてんりもん →随転門

随徳名 ずいとくみょう 十二種の名の一つ。その徳（働き・特性）からみて名づけた名称。たとえば変礙する（壊れる）から色、領納する（感受する）から受、光りを発するから日と名付けられるような名称をいう。
（出典）随徳名者、謂、変礙故名色、領納故名受、発光故名日、如是等名。（『瑜伽』81、大正30・750a）

随入 ずいにゅう ①さとること。深く理解すること。悟入とおなじ。「無我に随入す」
Ⓢ anupraviṣṭa
②正しい教えに入ること。「聖教に随入す」「正法に随入す」
③はいり込むこと。「入息・出息が周遍して諸の毛孔の中に随入す」
Ⓢ anupraviṣṭa: praviṣṭa
④行きわたっていること。「是の如き四種の所縁の境事は一切に遍行し一切の所縁の境の中に随入す」 Ⓢ anugata
⑤随眠の意味の一つ。欲貪などの煩悩が浸み込んでいるありようをいう。→随眠「随入の義が是れ随眠の義とは、謂く、欲貪などが随入して相続して周遍せざることなし。油が麻に在りて膩が団中に在りて周遍せざることなきが如し」

随念 ずいねん 念じること。思い出すこと。記憶すること。「随念に由るが故に追憶の苦を受く」「仏・菩薩が宿住智を以って自ら能く己の宿住を随念するを宿住智通と謂う」 Ⓢ anusmartṛ: anusmaraṇa: anu-**smṛ**: anusmṛti: samanu-**smṛ**
（参考）種類として、仏随念・法随念・僧随念・戒随念・捨随念・天随念の六種が説かれる（『婆沙』124、大正27・648b）。

随念宿住智通 ずいねんしゅくじゅうちつう →宿住随念智証通

随念仏 ずいねんぶつ 念仏とおなじ。→念仏

随念分別 ずいねんふんべつ 過去の事柄を思い出して考えること。三種の分別（自性分別・計度分別・随念分別）の一つ。憶念分別ともいう。 Ⓢ anusmaraṇa-vikalpa
（参考）（『倶舎』2、大正29・8b）:（『雑集論』2、大正31・703a）

随縛 ずいばく ①煩悩の異名である随眠の原語 anuśaya を微細・随増・随逐・随縛の四つの意味に分析して語源的解釈する際の一概念。煩悩は努力しておさえても生起して有情を束縛するから随縛という。
Ⓢ anu-**bandh**: anubandha
（参考）（『倶舎』20、大正29・108a）
②煩悩が身心を束縛すること。「阿頼耶の愛が一切種に遍じ、皆な悉く所依に随縛し附属す」「此の貪纏は身中に住在して経久に相続し長時に随縛す」「諸の煩悩品のあらゆる麁重が自身を随縛す」

随法行 ずいほうぎょう ①→随法行補特伽羅
②→法随法行

随法行者 ずいほうぎょうじゃ →随法行補特伽羅

随法行補特伽羅 ずいほうぎょうふとがら 随法行とは、聞いた教えを自ら思考し、教え（法）に随って修行することで、そのような人を随法行補特迦羅あるいは随法行者といい、またそのような菩薩を随法行菩薩とい

う。 Ⓢ dharma-anusārī pudgalaḥ
(参考)(『瑜伽』26、大正 30・424c)

随法行菩薩 ずいほうぎょうぼさつ →随法行補特伽羅

随煩悩 ずいぼんのう ①根本の煩悩から生じる付随的な煩悩。その数については〈有部〉と〈唯識〉とでは相違する。また論書によってその内容と数とが相違するが、〈唯識〉(『成唯識論』の所説)は忿・恨・覆・悩・嫉・慳・誑・諂・害・憍・無慚・無愧・掉挙・惛沈・不信・懈怠・放逸・失念・散乱・不正知の二十種を立てるのに対して、〈有部〉はこれらのなかから失念・散乱・不正知を除き、別に悔と眠とを加えて十九種を立てる。随惑ともいう。 Ⓢ upakleśa
(出典) 此諸煩悩亦名随煩悩。以皆随心為悩乱事故。復有此余異諸煩悩染汚心所行蘊所摂、随煩悩起故、亦名随煩悩、不名煩悩、非根本故。(『倶舎』21、大正 29・109b):有随順如是煩悩、煩悩倶行煩悩品類、名随煩悩。(『瑜伽』58、大正 30・622b):是貪等法、根本麁行差別分位、名随煩悩。(『述記』6 末、大正 43・457b)
(参考)(『成論』6、大正 31・33b 以下)
②煩悩の異名としての随煩悩。
(出典) 煩悩差別者、多種差別応知。(中略)倒染心故、名随煩悩。(『瑜伽』8、大正 30・314b)

随眠 ずいめん ①煩悩の異名としての随眠。煩悩は有情(生きもの)に随逐する(随って働く)から随といい、その行相(働きのありよう)は微細にして知り難いこと、睡眠中の如くであるから眠という。『倶舎論』では随眠の原語 anuśaya を微細・随増・随逐・随縛の四つの意味に分析して語源的に解釈している(『倶舎』20、大正 29・108a)。種類としては、貪・瞋・慢・無明・見・疑の六随眠が説かれ、このなかの見を有身見・辺執見・邪見・見取・戒禁取の五つに開いて合計で十の随眠が説かれる(『倶舎』19、大正 29・99a～b)。また、六随眠のなかの貪を欲界の貪(欲貪)と色界・無色界の貪(有貪)とに分けて全部で七種の随眠が説かれる(『瑜伽』8、大正 30・313b)。 Ⓢ anuśaya
(出典) 随逐有情、名随、行相微細、名眠、如人睡眠行相難了。(『倶舎論記』19、大正 41・291a):根本煩悩現在前時、行相難知故、名微細。二随増者、能於所縁及所相応、増惛滞故。言随逐者、謂、能起得、恒随有情、常為過患。不作加行、為令彼生、或設劬労、為遮彼起、而数現起故、名随縛。由如是義故、名随眠。(『倶舎』20、大正 29・108a)
②(〈唯識〉の所説)。煩悩の種子としての随眠。煩悩の眠れる状態。煩悩の潜在的ありよう。阿頼耶識のなかの煩悩を生じる可能力(種子)。生死するかぎり、常に有情に随逐する(随って存在する)から随といい、蔵識(阿頼耶識。潜在的な根本心)のなかに眠伏する(潜在する)から眠という。煩悩の顕在的ありようである纏に対比する概念。麁重の異名。
(出典) 於諸自体中、所有種子、若煩悩品所摂、名為麁重、亦名随眠。(『瑜伽』2、大正 30・284c) 煩悩者、亦略有二種。謂、纏及随眠。(『瑜伽』64、大正 30・656a):煩悩種子、未害未断、説名随眠、亦名麁重。(『瑜伽』65、大正 30・661b):二取習気、名彼随眠。随逐有情、眠伏蔵識、或随増過故、名随眠。(『成論』9、大正 31・48c)

随眠位 ずいめんい 煩悩の潜在的ありよう。煩悩の眠れる状態の段階。纏位に対比する。→纏位

随眠遍計 ずいめんへんげ 言葉を語ることのできない幼児などが事物や事象があると考えること。覚悟遍計の対。六種の遍計の一つ。→六種遍計 →覚悟遍計 →遍計
(出典) 随眠遍計、謂、不善名言者所有遍計。(『顕揚』16、大正・31・558a)

随欲 ずいよく 欲に随って。欲するままに。思い通りに。「本論師は所知の境に於て自相と共相とに了達して、欲に随って論を造る」「已に心自在を証得する者は欲に随って地などを転変す」
Ⓢ icchātas: chandatas: chanda-vaśāt: yathā-iccham: yathā-īpsitam: yathā-cchandam

随欲名 ずいよくみょう 欲するままにつけた名前。たとえば、父母が子に付けた名前。人に対する六種の呼び名(功徳名・生類名・時分名・随欲名・業生名・標相名)の一つ。
(出典) 随欲名者、謂、随楽欲、立名。如初生時、或父母等、或沙門等、為其立名如是等。(『婆沙』15、大正 27・73b)

随力 ずいりき 力に応じて。能力に随って。「大悲心を起こして彼の衆生に於て、能

に随い、力に随って、方便して抜済す」
Ⓢ yathā-balam: yathā-śaktyā

随流 ずいる ①流れ出ること。流されること。「外散とは、心が五妙欲の境に遊渉して随散し随流するを謂う」「駛流の河に堕して随流し漂溺す」 Ⓢ anuvisṛta
②無表色が相似して相続するありようをいう。 Ⓢ anubandha
（出典）無表色相似相続、説名随流。（『倶舎』1、大正 29・3a）

随類生 ずいるいしょう 菩薩の五つの生きるありよう（除災生・随類生・大勢生・増上生・最後生）の一つ。悪行をなし過失を犯している種々の生きもののなかにおなじ生きものとして生まれて（たとえば相い争う畜生・天・龍・薬叉などのなかに、あるいはよこしまな見解を懐く婆羅門のなかに、あるいはねがって悪行を行なう人びとのなかに生まれて）、彼らを導いて悪行を止めさせ過失を除く菩薩の生き方をいう。
Ⓢ tat-sabhāga-anuvartanī utpattiḥ
（参考）（『瑜伽』48、大正 30・563a）

随惑 ずいわく 随煩悩とおなじ。→随煩悩

瑞応 ずいおう 幸福。繁栄。めでたいこと。「諸の菩薩は妄りに吉祥と瑞応とに相応する相状を取りて布施を行ぜず」
Ⓢ maṅgala

髄 ずい 骨の中心の柔らかい部分。「楽って血・肉・髄を食べるが故に魯達羅と名づく」 Ⓢ majjan: majjā: majjāna

崇 すう たっとぶこと。うやまうこと。「諸の功徳、及び有徳者に於て敬なく崇なし」

崇拒 すうこ 崇と拒。崇重と軽拒。→崇重 →軽拒
（参考）（『成論』6、大正 31・29c）

崇重 すうじゅう 賢人と善とをたっとび重んじること。慚愧（はじるこころ）のなかの慚のありよう。→慚「慚とは自と法との力に依って賢と善とを崇重するを性と為す」「善を崇重し悪を軽拒す」

数 すう「かず」という意味のときは、「しゅ」とよみ、「たびたび」「しばしば」の意味のときは、「さく」とよむ。①かず。数。五種の存在分類法（心・心所・色・不相応行・無為）のなかの不相応行に含まれる。数の単位に五十二種がある（『倶舎』12、大正 29・63b～c）。→不相応行 Ⓢ gaṇanā
（出典）何分位建立数、此復幾種。答、依法斉量表了分位建立数。此復三種。謂、一数・二数・多数。（『瑜伽』56、大正 30・607c～608a）：云何数。謂、安立顕示各別事物、計算数量差別、是名為数。（『瑜伽』52、大正 30・588c）：何等為数。謂、於諸行、一一差別仮立為数。（『集論』1、大正 31・665c～666a）
②数をかぞえること。 Ⓢ parisam-**khyā**
③計算すること。世俗的な生計の一つ。「云何が六種の活命なるや。一には営農。（中略）五には書・算計・数及び印を習学す」
Ⓢ saṃkhyā
（出典）数、謂、意思計数諸法、一十等数、是意業工巧。以前意業為自性。（『倶舎論記』18、大正 41・288c）
④心のなかで数をかぞえること。入る息と出る息とを念をもって観察する阿那阿波那念のなかで行なわれる数え方。
Ⓢ gaṇanā: gaṇayati
（出典）数、謂、繫心縁入出息、不作加行。放捨身心、唯念憶持入出息数。（『倶舎』22、大正 29・118a）
⑤「しばしば」「かずかず」「くりかえして」「たびたび」などを意味する副詞。数数ともいう。「此の意に於て我は此の意業なりと、数、観察す」「種種の善品を、数数、思択す」
Ⓢ abhikṣṇam: punaḥ punaḥ
⑥ある一つの名称でまとめられるグループ。たとえば生きもののグループを有情数、生きものでないもののグループを非有情数という。「有情数の法を内と名づけ、非有情数の法を外と名づく」 Ⓢ ākhyā

数錯乱 すうしゃくらん →しゅしゃくらん

数息念 すうそくねん →すそくねん

数分 すうぶん →しゅぶん

数論 すうろん →すろん

趣 すう はしること。行くこと。歩くこと。「若しくは趣き、若しくは住し、若しくは坐し、若しくは臥す」

趣遶右旋 すうにょううせん 仏陀などの尊者に対して右回りに巡ること。尊敬の意を表して礼拝する方法。「如来の所に於て五輪帰命し、趣遶右旋して供養を為す」
Ⓢ pradakṣiṇa-āvarta

せ

世　せ　①とき。時間。過去・現在・未来の三つの世。→三世「我れは過去の世に於て自ら種種の不浄業を造るが故に、今、是の如き種種の苦果を受く」「若し常相なる者が三世に堕在することは道理に応ぜず」
Ⓢ adhvan: adhvāna: adhvika
②時代。ある期間のとき。「末劫・末世・末時に於て諸の濁悪の衆生の身心が十の随煩悩に悩乱されるを見る」 Ⓢ yuga
③世界。世間。「二の如来応正等覚が世に出現することなし」 Ⓢ loka
④世間の生きもの、人びと。「大師の世眼は久しく已に閉じたり。証となるに堪へたる者は多く散滅せり。世に依怙なくして衆徳を喪す」 Ⓢ jagat
⑤世・出世の世。→世出世　Ⓢ laukika

世界　せかい　自然や事物からなる世界。生命的存在（生きもの）の世界である有情界（sattva-dhātu）に対比される。原語 loka は世間とも訳される。二つの世間（有情世間と器世間）のなかの器世間にあたる。すべての世界をおさめる全宇宙を三千大千世界という。→世間　→三千大千世界「如来は仏眼を以って十方の世界を観察して大神化を現じて、其の所応に随って饒益事を作す」「一の世界の中に二の如来が倶時に出現することなし」 Ⓢ loka: loka-dhātu
（出典）界有二種。一者世界、二者有情界。（『瑜伽』38、大正 30・498c）

世界無量　せかいむりょう　世界がはかりしれないこと。十方に広がった世界のなかに、はかりしれない数の名称でよばれる世界が存在することをいう。五つの無量（有情界無量・世界無量・法界無量・所調伏界無量・調伏方便界無量）の一つ。
Ⓢ loka-dhātur aprameyaḥ
（出典）云何世界無量。謂、於十方無量世界、無量名号各各差別、如此世界名日索訶、此界梵王名索訶主、如是一切皆当了知。（『瑜伽』46、大正 30・548a）

世儀　せぎ　世間の慣習・風習。世儀軌ともいう。「諸の菩薩は恒時に諸の有情に対して舒顔し、平視し、含笑し、有情を慰問し、世儀に随って転じ、都人性に順ず」「愛語と世儀軌に随う語と正法教に順ずる語とあり」
Ⓢ loka-ācāra: loka-yātrā

世儀軌　せぎき　→世儀

世愚　せぐ　過去・現在・未来の三世について愚かで知らないこと。七種の無知の一つ。→七種無知　Ⓢ adhva-saṃmoha
（参考）（『瑜伽』9、大正 30・322c）

世間　せけん　①有情世間・器世間の世間。現象的存在を二つに大きく分類するなかで用いられる語。有情世間とは生命的存在の世界、器世間とは自然や事物からなる物質的世界をいう。前者を五蘊世間、後者を国土世間とよぶこともある。 Ⓢ loka
（出典）復次有二世間。一有情世間、二器世間。其器世間、為火災等之所壊滅、有情世間、刹那刹那各各内身任運壊滅。（『瑜伽』90、大正 30・812a）：復次有二世間、摂一切行。一有情世間、二器世間。有情世間名種類生死、器世間名器生死。（『瑜伽』86、大正 30・781c）：世間有二。一五蘊世間、二国土世間。（『略纂』3、大正 43・38b）
②世間・出世間の世間。時間と空間とに束縛される現象的存在の総称。欲界・色界・無色界の三界からなる世界。言葉が通用する世界。煩悩がうずまく人の世。真理が覆われている世界。 Ⓢ loka: laukika
（出典）世間是染著処、敗壊義。（『瑜伽』87、大正 30・789c）：言世間者、可毀壊故、有対治故、隠真理故、名之為世、堕世中故、名為世間。（『述記』1本、大正 43・237c～238a）：依五種世間、即彼世間名堕諸法。謂、有情世間・器世間・欲世間・色世間・無色世間。当知、是名五種世間。（『瑜伽』65、大正 30・662c）
③生きもの・人・事物・自然などのすべての存在を含んだ世界の総称。「一切の世間は唯だ諸の因と諸の縁とより起こされ、自在天・我・勝性などの一因より起こさるるに非ず」

Ⓢ jagat
④生きものの総称。「最後生の法師は諸の世間の大善友と為る」 Ⓢ prajā

世間工巧業処 せけんくぎょうごうしょ →世間工業処

世間工業処 せけんくごうしょ 世間工巧業処ともいい、計理業、商業、農業、さまざまな製造業、あるいは音楽・詩歌などの技芸、などの世間の営みをいう。菩薩が学ぶべき五つの学問領域の一つ。工業を工巧業ともいう。これらに関する知識・智慧を工巧智・工巧業智という。「諸の菩薩は諸の世間工業智処を求め、功力少なくして多く珍財を集めるは、諸の衆生を利益せんと欲するが為なり」
Ⓢ laukikāni śilpa-karma-sthānāni

世間解 せけんげ 如来の十種の呼び名の一つ。如来は、器世間（自然界）と有情世間（生きものの世界）とのすべてのありようを能く知り尽くしているから、このように呼ばれる。→十号 Ⓢ loka-vid
（出典）善知世界及有情界一切品類染浄相故、名世間解。（『瑜伽』38、大正30・499b）

世間解脱 せけんげだつ 三種の解脱（世間解脱・有学解脱・無学解脱）の一つ。世間の人びとの解脱。その解脱から退くことがあるから真実の解脱ではない。
（参考）（『瑜伽』85、大正30・773b）

世間現見 せけんげんけん 世間一般に見られ、認められること。世間現量とおなじ。「男女・行住及び瓶衣などの世間の現見の諸の世俗事は、皆な苦集の二諦の中に入る」「世間の現見の如く、乾薪などの物を鑽すれば即ち火が生ず」

世間現量 せけんげんりょう ①世間一般に見られ、認められること。世間現見とおなじ。「一切行は皆な無常性なり、一切行は皆な是れ苦性なり、一切法は皆な無我性なりというは、此れ世間の現量の所得なり。是の如き等の類を現見所得相と名づく」
②現量とは、言葉を用いずに対象を直接知覚する認識をいい、そのような認識に色根現量・意受現量・世間現量・清浄現量の四種あるうちの色根現量と意受現量との二つをまとめて世間現量という。
（参考）（『瑜伽』15、大正30・357c）

世間極成真実 せけんごくじょうしんじつ 世間でいわれる真実をいう。たとえば、これは地であり水であり火であり風である、これは飲食であり衣服であり乗り物である、ないしこれは苦であり楽である、などと言葉による判断を、総じていえば、「これはしかじかであってしかじかでないことはない」という世間一般が認める判断をいう。四種の真実の一つ。世間所成真実ともいう。世間極成を世俗共成ともいう。→四種真実
Ⓢ loka-prasiddha-tattva
（出典）云何世間極成真実。謂、一切世間於彼彼事、随順仮立、世俗串習、悟入覚慧所見同性。謂、地唯是地、非是火等、如地如是、水火風・色声香味触・飲食・衣乗諸荘厳具・資産什物・塗香華鬘・歌舞伎楽・種種光明・男女承事・田園・邸店・宅舎等事、当知亦爾。苦唯是苦、非是楽等、楽唯是楽、非是苦等。以要言之、此即如此、非不如此是、即如是、非不如是、決定勝解所行境事、一切世間従其本際展転伝来、想自分別共所成立、不由思惟籌量観察、然後方取、是名世間極成真実。（『瑜伽』36、大正30・486b）

世間種子 せけんしゅうじ 一切の種子を四種の種子（世間種子・出世種子・不清浄種子・清浄種子）に分けるなかの一つ。欲界・色界・無色界の三界の現象を生じる種子。→種子②
（出典）世間種子者、謂、欲色無色界繋諸行種子。（『瑜伽』14、大正30・348c）

世間出世間 せけんしゅっせけん 世間と出世間。→世間② →出世間

世間出世間正智 せけんしゅっせけんしょうち 二種の正智（出世間正智・世間出世間正智）の一つ。世間出世間智ともいう。真如をさとった後に得る、世間で働く正しい智。後得世間智ともいう。→正智③

世間出世間智 せけんしゅっせけんち →世間出世間正智

世間所成真実 せけんしょじょうしんじつ →世間極成真実

世間勝義 せけんしょうぎ →四重二諦

世間世俗 せけんせぞく →四重二諦

世間窣堵波 せけんそとば 外道が考える四つの解脱（無身・無辺意・浄聚・世間窣堵波）の一つ。無色界の第四処である非想非非想処をいう。
（参考）（『婆沙』8、大正27・39b）

世間智 せけんち ①粗い煩悩の汚れ（麁

品雑染）を止息し中程度の煩悩の汚れ（中品雑染）を制伏する智慧。出世間智の対。→出世間智　Ⓢ loka-jñāna
（出典）云何世間智。謂、於麁品所有雑染、能為止息対治、於中品者、能為制伏対治。（『瑜伽』80、大正 30・744c）
②三種の智（世間智・出世間智・世間出世間智）の一つ。言葉が通用する世間の智慧。
（出典）世尊、依此密意、説如是言。我説有世間智、有出世間智、有世間出世間智。若分別所摂智、唯名為世間。（『瑜伽』72、大正 30・696a）

世間道　せけんどう　さとりに至るための道のなか、世間である欲界・色界・無色界の三界を九つの段階（九地）に分けるなかで、下の地は麁であり、それより上の地は静であると観察して下地の欲から離れて上地に至る修行、すなわち欲界から漸次、無色界の第三処である無所有処に至る修行をいう。世道・世俗道ともいう。出世間道の対。→出世間道「世道は有頂を離るべきなし」
Ⓢ laukika-mārga
（出典）世間道修者、謂、於諸下地、見麁相故、於諸上地、見静相故、乃至能趣無所有処一切離欲。（『瑜伽』34、大正 30・476c）

世間八法　せけんはっぽう　世八法とおなじ。→世八法

世財　せざい　世財食あるいは世財貪とおなじ。→世財食　→世財貪

世財食　せざいじき　財物や飲食など世間的な欲望の対象。財食の原語 āmiṣa は財貪とも訳され、世財貪ともいう。「或いは世間の有染の果報を求め、世の財食のために諸仏の制多を恭敬し供養す」「諸の菩薩は一切の世財貪の喜を遠離して染汚なきが故に憎背するところなし」　Ⓢ loka-āmiṣa

世財貪　せざいとん　→世財食

世事　せじ　世間における営み・交際・娯楽。談論を交わして喜び合う、結婚式を行なって祝宴をひらく、いろいろのことにおいて相互に助け合う、ことをいう。
Ⓢ loka-yātrā
（出典）云何三種世事。一語言談論更相慶慰事、二嫁娶賓主更相飲噉事、三於起作種種事中更相営助事。（『瑜伽』2、大正 30・288c）

世主　せしゅ　世間の主。一切の存在・世間を創造する主である大自在天のこと。大自在天は、外道においては一切を生じる常住な神として考えられたが、仏教に採り入れられて色界の頂である色究竟天に住する神となった。「諸の見ありて、自在・世主・釈・梵・及び余の物類を常なり恒なり変易あることなしと妄計す」「当に縁起の道理に悟入して能く釈・梵・世主・自性及び士夫などは作者に非ずして実性なしと了すべし」　Ⓢ prajā-pati
（出典）世主即是大自在天、為世間主。（『述記』6末、大正 43・448c）

世出世　せしゅっせ　世と出世。世間と出世間。→世間②　→出世間
Ⓢ laukika-loka-uttara

世出世間　せしゅっせけん　世間と出世間。→世間②　→出世間

世性　せしょう　ヴァイシェーシカ派（勝論）は、物質的な根本原理であるプラクリティ（prakṛti）と精神的原理であるプルシャ（puruṣa）との二つの原理から一切の存在・世界が生じると説くが、世性は前者の prakṛti をいう。この語は普通は自性と訳される。これに対し後者の puruṣa は士夫・神我と訳される。仏教はこのような常住な根本原因から世界が開展するとみる見解を邪見として否定する。「因に於ける無知とは不如理の分別を起こして自在・世性・士夫・中間などの不平等因を計するあらゆる無知をいう」
Ⓢ prakṛti

世尽　せじん　変化し衰え滅していく無常なるものの二つのありよう（世尽・劫尽）の一つ。細の無常、刹那の無常、有情の無常、内法の無常をそれぞれ世尽と捉える諸説がある。劫尽が長くかかって変化し滅していくのに対して、世尽は短い間に変化し滅していくありようをいう。
（参考）（『婆沙』151、大正 27・772c）

世善巧　せぜんぎょう　世に精通していること。過去・現在・未来の三世について善く理解していること。十種の善巧の一つ。→世①　→善巧②　Ⓢ adhvankauśalya

世俗　せぞく　①世間。世のなか。約束事から成り立つ世界。言葉が通用する世界。「方域の言詞を堅執すべからず、世俗の名想を固求すべからず」「此の具寿には是の如き名、是の如き種族、是の如く飲食ありと言うは但だ世俗に随って説くなり」
Ⓢ loka: laukika: vyavahāra: saṃvṛti

②勝義に対する世俗。勝義が「真実の」「第一義的な」という意味であるのに対して「世俗」は「世間一般の」「第二次的な」という意味で用いられる。「世俗の道理と勝義の道理」
③二種の真理（世俗諦と勝義諦）のなかの世俗諦の世俗。言葉が通用する世界。俗の世界。→世俗諦　→二諦
Ⓢ saṃvṛti: sāṃketika
④世俗にとどまっていること、またはそのような人。在家。在家者。「自ら誓って形を毀し、鬚髪などを剃って世俗の諸の相好を棄捨す」 Ⓢ gṛha: gṛhin
⑤世間において言葉で仮に説かれたもの、設定されたもの。「世間における諸の世俗に牟尼は著せず」 Ⓢ saṃvṛti

世俗阿毘達磨 せぞくあびだつま 第二次的な阿毘達磨。次の三つをいう。（ⅰ）涅槃に入らしめる汚れのない智慧（無漏の慧）を生ずる糧である汚れのある智慧（有漏の聞・思・修の三慧）、（ⅱ）先天的な智慧（生得の慧）とそれらにともなう後天的な智慧（随行）、（ⅲ）無漏の慧を生ずるよりどころである教え（論）。第一義的すなわち真の意味での阿毘達磨である勝義阿毘達磨に対する語。→勝義阿毘達磨 Ⓢ sāṃketika-abhidharma
（出典）如是総説無漏五蘊、名為対法。此則勝義阿毘達磨。若説世俗阿毘達磨、即能得此諸慧及論。慧、謂、得此、有漏修慧思聞、生得慧、及随行。論、謂、伝生無漏慧教。（『倶舎』1、大正 29・1b）

世俗有 せぞくう 存在性の二つの度合い（世俗有と勝義有。あるいは世俗有と実物有）の一方。真実にあるありようである勝義有、あるいは実物としてあるありようである実物有に比べて、より存在の度合いが少ない二次的な存在性を世俗有という。言葉で仮に設定されたものの存在性をいう。たとえばある行為（業）をする場合、行為をする人（作者）とその行為を受ける人（受者）とは世俗有であり、行為そのもの（業）とその結果（異熟果）とは勝義有であるという。あるいは貪・瞋・無明・慢・見・疑の六煩悩のなか、見は慧の一部分であるから世俗有であり、余の五つは別に心所として存在するから実物有であるという。あるいは〈唯識〉では、認識されるもの（境）は仮に設定されたものであるから世俗有であり、認識するもの（識）は境が設定されるよりどころ（所依）であるから勝義有であるという。「作者と受者とは是れ世俗有で業と異熟果とは是れ勝義有なり」「衆生は是れ世俗有で殺生罪は是れ勝義有なり」「境は内識に依って仮立せるが故に唯だ世俗有なり。識は是れ仮の境の所依の事なるが故に亦た勝義有なり」

世俗苦 せぞくく そのありようが知り易い地獄・餓鬼・畜生の三悪趣の苦。人と天との二趣の苦を勝義苦というのに対する。→勝義苦 Ⓢ sāṃketika-duḥkha
（出典）三悪趣苦、相状易知、名世俗苦。人天趣苦、微隠難了、聖智所知、名勝義苦。（『略纂』4、大正 43・61 上）

世俗共成 せぞくぐうじょう 世間極成とおなじ。→世間極成真実

世俗語言 せぞくごごん 世俗言説とおなじ。→世俗言説

世俗言詞 せぞくごんし 世俗の語り。世間の言葉。「彼の行者は、先ず世俗言詞に了達し、次に言詞の所依の名などを知り、次に名などの所依の義趣を知るべし」

世俗言辞 せぞくごんじ 世間の人びとの言葉。「仏は補特伽羅と及び諸法のなか、唯だ法は是れ依にして数取趣に非ずと宣説す。世俗言辞は執すべからざるが故なり」 Ⓢ janapada-nirukti

世俗言説 せぞくごんぜつ 世俗の語り。世間の人びとの言葉。世俗語言ともいう。「世俗言説を習学す」「能く世俗言説を了知して世間を遊行す」「此の長老に是の如き名あり、是の如き種類あり、是の如き族姓あり、などと謂うは、唯だ世俗語言があるのみなり」
Ⓢ loka-vyavahāra: vyavahāra: saṃketa-vyavahāra: saṃlāpa-vyavahāra

世俗正法 せぞくしょうぼう 第二次的な正しい教え。言葉（名・句・文）で語られた教え、すなわち戒・律・論の三つをいう。二つの正法（世俗正法・勝義正法）の一つ。俗正法ともいう。→勝義正法「仏世尊は般涅槃すると雖も、而も俗の正法は、猶、住して未だ滅せず、勝義の正法は未だ隠せず未だ断ぜず」
（出典）此中有二種正法。一世俗正法、二勝義正法。世俗正法、謂、名句文身、即素怛纜・毘柰耶・阿毘達磨。勝義正法、謂、聖

道、即無漏根力覚支道支。(『婆沙』183、大正 27・917c)

世俗諦 せぞくたい　俗諦ともいう。世俗としての真理。言葉が通用する世界の真理。最高の真理であり、言葉が通用しない世界の真理である勝義諦に対する語。→二諦

Ⓢ saṃvṛti-satya

(出典) 世俗諦者、世、謂、覆障・可毀壊義。俗、謂、顕現随世流義。諦者、理也。(『述記』1 本、大正 43・243c〜244a)

(参考) (『瑜伽』92、大正 30・824c)

世俗諦教 せぞくたいきょう　言葉で語られる教え。勝義諦教の対。十二種の教導の一つ。→勝義諦教　→教導

(出典) 世俗諦教者、謂、諸所有言道可宣一切、皆是世俗諦摂。又諸所有名想言説増上所現、謂、相・名・分別、如是皆、名世俗諦摂。(『瑜伽』64、大正 30・654c)

世俗智 せぞくち　俗智ともいう。煩悩を有し真理をさとっていない世俗の人が世俗の事象を対象としておこす智。十智の一つ。有漏智とおなじ。→十智

世俗道 せぞくどう　欲界・色界・無色界の三界を九つの段階（九地）に分けるなかで、下の地は麁であり、それより上の地は静であると観察して下地の欲から離れて上地に至る修行、すなわち欲界から漸次、無色界の最高処である非想非非想処に至る修行をいう。世道・世間道ともいう。無漏道の対。「欲界より乃至無所有処の有身見を、若しくは異生は世俗道を以って断じ、聖者は無漏道を以って断ず」「染を離れる時、世俗道を以って初静慮に攀りて欲界の染を離れ、漸次乃至非想非非想処に攀りて無所有処の染を離れ、非想非非想処は上として攀るべきことなきが故に能く染を離れることなし」 Ⓢ laukika-mārga

世俗道理 せぞくどうり　世間一般の道理。真実の第一義的な道理である勝義道理の対。たとえば、あるものを眼が見るとき、世俗道理によれば眼を見者というが、勝義道理によれば見者など存在せず眼を見者ということはできない、と説かれる（『瑜伽』56、大正 30・610 上）。世俗理趣・世俗理門ともいう。

Ⓢ saṃvṛti-naya

世俗苾芻 せぞくびっしゅ　いまだ真理を見る段階（見道）以前の凡夫で出家した者をいう。勝義苾芻の対。→勝義苾芻

(出典) 苾有二。一世俗苾芻、謂、諸異生。二勝義苾芻、謂、諸聖者。(『倶舎論記』15、大正 41・236a)

世俗理趣 せぞくりしゅ　世俗道理とおなじ。→世俗道理

世俗理門 せぞくりもん　世俗道理とおなじ。→世俗道理

世尊 せそん　世のなかで最も尊い者。仏陀の尊称。原語 bhagavat を薄伽梵と音写。原語には世のなかで最も尊い者という意味はないが、一般に理解され易いのでこの意訳が用いられる。仏を付して仏世尊といわれることがある。釈尊は釈迦牟尼世尊の略称である。→薄伽梵　Ⓢ buddha: bhagavat

世第一法 せだいいっぽう　五段階の修行の第二の位である加行位に四つの段階（煖・頂・忍・世第一法）があるなかの最後。未だ真理を見ていない世間の異生としの最後の最も勝れたありよう。この位を経て間隙なくして次の瞬間に真理（四諦の理、真如、唯識性）を見る見道に入る。

Ⓢ laukika-agra-dharma

(出典) 依無間定、発上如実智、印二取空、立世第一法。謂、前上忍、唯印能取空、今世第一法、二空双印、従此無間、必入見道、故立無間名。異生法中、此最勝故、名世第一法。(『成論』9、大正 31・49b)

(参考) (『婆沙』2、大正 27・5b 以下)：(『倶舎』23、大正 29・119c)

世道 せどう　世間道・世俗道とおなじ。→世間道

世人 せにん　世間の人間。天と人とに分けるうちの人に世を付けて世人と訳す場合がある。「般涅槃の後も諸天と世人とが供養し悲哀す」 Ⓢ manuṣya

世八法 せはちほう　→世法

世法 せほう　世間の事柄。世のなかで生きる上で問題となる次の八つの事柄をいう。まとめて八世法・世八法という。(i) 得（金銭や財物を得ること。lābha)、(ii) 不得（金銭や財物を得ないこと。alābha)、(iii) 誉（名誉。yaśas)、(iv) 毀（侮辱。ayaśas)、(v) 称（称讃。praśaṃsā)、(vi) 譏（そしり。nindā)、(vii) 苦（苦しいこと。duḥkha)、(viii) 楽（楽なこと。sukha)。これら八つのなか得・誉・称・楽が世間の人にとってよいことであり、不得・毀・譏・苦の

四つがわるいことである。得・不得を利・非利、利・無利、財利・衰損、利・衰ということもある。「如何が世尊は世八法を超えるか。答う、如来は利などの四法に遇うと雖も高歓喜愛を生ぜず、如来は衰などの四法に遇うと雖も下感憂恚を生ぜず」「如来は世八法に不随順なるが故に、如来は世法の所染に非ずと説く」 Ⓢ loka-dharma
(参考)(『倶舎』13、大正 29・70a):(『瑜伽』2、大正 30・288b)

世務 せむ 世間における仕事。「世務に於て善く相を取る者を世は便ち此れを説いて巧慧人と名づく」 Ⓢ vyavahāra

世路 せろ 現象的存在(有為法)の異名。路とは道路の意味で、有為法は過去・現在・未来の三世の道路を過ぎ行くから世路という。 Ⓢ adhvan
(出典)此有為法、亦名世路。已行・正行・当行性故。(『倶舎』2、大正 29・2a)

施 せ ①ほどこすこと。あたえること。施は、施す心と施される物との二つより成り立つので、物も施と名づけられることができるが、真の施は、施しの根源となる無貪の心とそれより発せられる身業と語業とであるとされる(『倶舎』18、大正 29・95c)。さまざまな種類の施が説かれるが、財施・無畏施・法施の三種の分類がその代表である(→各項参照)。原語 dāna は布施・恵施とも訳される。 Ⓢ atidāna: anupra-**dā**: anupradāna: upasaṃhāra: tyāga: da: dakṣiṇā: datta: **dā**: dāna: dānaṃ dadāti: nirmukta: pari-**tyaj**: parityāga: prada: pra-**dā**: pradāna: samutsarga: samud-**sṛj**
(出典)施有三種。謂、財施・無畏施・法施。(『成論』9、大正 31・51b)
②六波羅蜜多の一つ施波羅蜜多の施。→波羅蜜多 →六波羅蜜多 Ⓢ dāna
(参考)(『瑜伽』39、大正 30・505a 以下)

施作 せさ ①仏がなすべき事を行なうこと。「化身が此の諸の四大洲に来りて仏事を施作す」「五十七倶胝六十百千歳を経て慈氏如来応正等覚が世に出現して仏事を施作す」 Ⓢ **kṛ**
②実行すること。施しを行なうこと。「仏菩薩は種種の利益・安楽を施作す」 Ⓢ prati-**pad**

施者 せしゃ ①受者に対する施者。施す人。布施を成り立たしめる三要素(施者・受者・施物)の一つ。→三輪清浄「無分別智に摂受される施とは三輪清浄を謂う。施者・受者・施物の分別を皆な遠離するが故に」 Ⓢ dātṛ
②二種の施す人(施者と施主)の一つ。このなか施者とは自らの手で施しをする人をいい、施主とは、自らの物を施す人、あるいは喜んで施す人をいう。 Ⓢ dātṛ
(出典)誰能施者、謂、施者・施主、是名能施。云何施者、云何施主。謂、若自手施、名為施者。若自物施、若欣楽施、非不楽施、名為施主。(『瑜伽』25、大正 30・420c)

施主 せしゅ ①修行者に衣食や財物を施す人。「施主は行者に於て哀愍の心を起こして衣服・飲食・坐臥具などを恵施す」 Ⓢ dāna-pati: dāyaka-dāna-pati
②二種の施す人(施者と施主)の一つとしての施主。→施者② Ⓢ dāna-pati

施性福業事 せしょうふくごうじ 福をもたらす善行為。飲食・衣服・香花・医薬などを沙門や婆羅門などに布施をすること。三種の福業事(施性福業事・戒性福業事・修性福業事)の一つ。→福業事
(出典)施性福業事、謂、以諸飲食衣服香花広説乃至及医薬等、奉施沙門婆羅門等。(『婆沙』82、大正 27・424b)

施設 せせつ ①実体としては存在しないものを名や言葉でもって仮にあると説くこと、設定すること。安立・仮説とおなじ。「見分と相分との二分に依って我と法とを施設す」「愚夫所計の実我・実法は都て所有なし。但だ妄情に随って施設するが故なり」「想とは謂く、境に於て取像するを性と為し、種種の名言を施設するを業と為す」 Ⓢ prajñapti
(出典)施設者、謂、依想施設名。(『婆沙』34、大正 27・177b):言施設者、安立異名、即仮説義。(『述記』1 本、大正 43・240b):言施設者、安立之異名。建立発起者、亦名施設。(『述記』3 末、大正 43・332a):施設、謂、名言。(『略纂』2、大正 43・23b)
②如来や菩薩が教えを設けること、立てること。顕発(uttāna)・辯了(vivṛta)・開示(prakāśita)などと並記されて用いられる。あるいは建立(vyavasthāna)とともに用いられる。また vyavasthāna を施設と訳すこ

ともある。「如来は諸の声聞の為に彼彼の趣入門の中に依って一切種を尽して顕発し辯了し施設し開示す」「仏が施設し開示するが如くに法住智を以って無倒に知る」「如来と及び諸の菩薩に法と諦と理と乗との施設・建立あり」「一切の地などの想事に於て諸の地などの名を施設し仮立するを地などの想と名づく」 Ⓢ prajñapta: prajñapti: pra-**jñā**: saṃketa
（出典）施設者、謂、由語及欲、次第編列名句文身。（『瑜伽』83、大正 30・763b）
③座る場所を設けること。 Ⓢ prajñapti
（出典）施設者、敷設座所。（『略纂』1、大正 43・18c）

施設有 せせつう 仮に設定されたものの存在性の度合いをいう語。実物有に対していわれる。蘊・処・界は実物有であり、それから仮に設定され構成される男女などは施設有である。
（出典）諸有者、有説二種。一実物有、謂、蘊界等。二施設有、謂、男女等。（『婆沙』9、大正 27・42a）

施設依 せせつえ →依⑫

施設観待 せせつかんたい 物事はすべて言葉を待って、そのものとして設定されることをいう。たとえば、「机」は、「つくえ」という言葉でよばれて、はじめて、それが「机」として認識されることをいう。二つの観待（生起観待・施設観待）の一つ。→観待道理② Ⓢ prajñapti-apekṣā

施他 せた 教えを他者に布施すること。転施ともいう。十法行（経典などに書かれている教えに対する十種の修行）の一つ。→十法行

施田 せでん 布施をする対象としての人。その人に布施をすることによって福が自己に生じるから、その人を田に喩えて田という。恩ある人（恩田）、徳ある人（徳田）、慈悲の対象となる貧窮などで苦しむ人（悲田）の三種の人をいう。福田とおなじ。→福田
（出典）依施田、説有三人。一者有人、於愛於恩而行恵施。二者有人、於貧苦田而行恵施。三者有人、於具功徳最勝福田而行恵施。（『瑜伽』61、大正 30・643b）

施波羅蜜多 せはらみた 施にもとづく波羅蜜多。布施波羅蜜多ともいう。波羅蜜多とは自己と他者とを迷いの此岸からさとりの彼岸に渡す実践行。六波羅蜜多の一つ。→施 →波羅蜜多 →六波羅蜜多
Ⓢ dāna-pāramitā
（参考）（『瑜伽』39、大正 30・505a 以下）

施物 せもつ 施されるもの。布施を成り立たしめる三要素（施者・受者・施物）の一つ。施物は内の施物と外の施物とに大別され、前者は自己の身命を施すこと、後者は衣服・飲食・医薬・床座・房舎・臥具・灯明・香花・珍宝などを施すこと。→三輪清浄「諸の菩薩は求める者の意に随って施物を施与す」「無分別智に摂受される施とは三輪清浄を謂う。施者・受者・施物の分別を皆な遠離するが故に」 Ⓢ deya-dharma: deya-vastu

施与 せよ ①施し与えること。布施すること。施・布施・恵施とおなじ。「菩薩は資生の衆具の匱乏ある諸の有情類に一切の資生の衆具を施与す」
Ⓢ anupra-**yam**: upasaṃhāra: datta: **dā**: dāna: dānaṃ dadāti: pari-**tyaj**: prati-**pad**
②貧しい人に布施すること。よい果報（福報）をもたらす三種の供養（施与・愛養・祠祀）の一つ。三田（悲田・恩田・敬田）のなかの悲田にあたる。→悲田
（出典）施与・愛養・祠祀者、如次、悲田・恩田・敬田三種差別。或初汎行慧、次現前敬恩田、後不現前敬恩田差別。（『略纂』3、大正 43・42b）
（参考）（『婆沙』98、大正 27・505b～c）

施鹿林 せろくりん 釈尊が五人の比丘に初めて説法をした場所。バーラーナシー国（婆羅痆斯）にある。梵達多という国王が多くの鹿が棲息する林を鹿たちに施したといういわれからこの名が付けられた。鹿野苑とおなじ。→婆羅痆斯仙人堕処施鹿林「仏は婆羅痆斯の仙人堕処の施鹿林の中に於て憍陳那などの為に正法輪を転ず」
（出典）問、何故名施鹿林。答、恒有諸鹿、遊止此林、故名鹿林。昔有国王、名梵達多、以此林、施与群鹿、故名施鹿林。（『婆沙』183、大正 27・917b）

施論 せろん 布施に関する教説。施論・戒論・生天論という表現のなかで用いられ、戒とならんで布施を行なうことによって天に生じることができると説く教説をいう。
Ⓢ dāna-kathā

是 ぜ ①これ。この。事柄や事物を指し

示す語。
②正しいこと。→是非

是処 ぜしょ ことわり。正しいこと。正当性。理にかなっていること。「若し能く正性離生に入らずして能く預流・一来・不還・阿羅漢の果を得ることは、是処あることなし」「若し是の中に於て道理に応合すれば応に知るべし、是処を名づけて如理と為す」

是非 ぜひ 是と非。正しいことと正しくないこと。「上座部と大衆部とに分れし事は、大天の五事の是非を諍うに依る」「初時には有を聞いて有を以って是と為し、空に於て謗を起こし、第二時に空を聞いて空を以って是と為し、有に於て謗を起こし、是非の二執が互いに起こって有空迷謬が相竝つ」

井泉 せいせん 井戸の水。外の水界の一つ。「井泉・池沼・陂湖・河海、是の如き等の類を外の水界と名づく」 Ⓢ utsa

生（せい）→しょう

成（せい）→しょう

声（せい）→しょう

制 せい ①（障害となる行為を）禁止すること、あるいは、禁止されている事柄。さえぎり制すること。遮制とおなじ。
Ⓢ pratiṣiddha: pratiṣedha: pratiṣedhana
（出典）云何名制。謂、有所作、能往悪趣、或障善趣、或障如法所得利養、或障寿命、或障沙門、如是等類、如来遮制、不令現行、故名為制。（『瑜伽』99、大正30・870a）
②おさえること。まかすこと。うちかつこと。抑制すること。制伏とおなじ。「預流と及び一来果は此の我愛に於て智慧の力に由って数数、推求して制して著せず」
Ⓢ abhini-**grah**: abhibhava: abhibhavana
③制定すること。規定すること。「一切の律儀に於て虚誑語を離れることを制す」 Ⓢ vi-**dhā**

制御 せいぎょ ①二つのものが互いに他をおさえること。「四無量中の悲と喜との二種は互相に制御す」「二の牛の中、一は遅く一は疾けれども、互相に制御すれば便ち所損なし」
②おさえ統御すること。「若し正願を発せば諸の艱難事に於て其の心を制御して流散せしめず、其の心を安住せしむ」 Ⓢ vi-**dhā**

制業 せいごう 禁止されている行為。開業の対。→開業「制業を遠離し開業を習近す」
Ⓢ pratiṣiddha-karman

制止 せいし 戒のなかで罪となる行為を禁止すること。遮止ともいう。開許の対。→遮止② →開許①「遮罪を制止す」「一切の応作を開許し不応作を制止す」
Ⓢ pratiṣedha
（出典）云何制止。謂、仏世尊、毘奈耶中、制止一切自性罪法違無罪法。（『瑜伽』68、大正30・676a）

制持 せいじ 汚れた行為をしないように心を内心に止めて維持すること。
（出典）云何制持。謂、於染汚行、制摂其心、於思惟修、任持堅住。（『瑜伽』11、大正30・331b）

制持心 せいじしん →持心

制造 せいぞう （論や文章を）造ること。「生死の此岸より涅槃の彼岸に至らんが故に、彼の尊者は此の論を制造す」「世俗の文章を制造して受持し諷誦す」

制他神通 せいたじんずう 仏・菩薩の能変神境智通の一つ。如来と菩薩の神通は他の神通を制伏するという神通力をいう。
Ⓢ parārddhi-abhibhava
（参考）（『瑜伽』37、大正30・492c）

制多 せいた caityaの音写。霊廟と意訳。仏陀ゆかりの場所に、あるいは仏陀を祀る場所に建てられた建築物の総称。最初は、塔と音写されるstūpa（窣堵波）は仏陀の舎利を祀り、祀られていないものをcaityaと称したが、後代、両者の区別がなくなった。
Ⓢ caitya

制多供養 せいたくよう 十種の供養の一つ。如来を祀る建物（制多）に対して供養すること。→制多 Ⓢ caitya-pūjā
（出典）諸菩薩、於為如来所造一切、若窣堵波、若龕、若台、若故制多、新制多所、設諸供養、是名制多供養。（『瑜伽』44、大正30・533b）

制多山部 せいたせんぶ 小乗二十部の一つ。→小乗二十部

制怛羅月 せいたらがつ 制呾羅月とも書く。一年を構成する十二か月の一つ。春の三月の第二の月。正月・仲春と訳される。制怛羅、あるいは制呾羅はcaitraの音写。caitraは、もともとは正月に出現する星の名で、正月に生まれた者の俗名としても用いられる。
Ⓢ caitra

（出典）制怛羅、是星名、正月出現。正月従此星為名。於此月生故、以此星為名。（『倶舎論記』30、大正 41・447c）
（参考）（『婆沙』136、大正 27・701c）：（『西域記』2、大正 51・876a）

制呾羅月 せいたらがつ →制怛羅月

制伏 せいふく ①まかす、打ち勝つこと。克服すること。「壮丈夫は羸劣者と共に相い捔力して能く之を制伏す」「立宗とは、或いは自宗を成立せんが為に、或いは他宗を破壊せんが為に、或いは他を制伏せんが為に、宗義を建立するを謂う」「此の瞋纏に由って可憎の法に制伏されて彼の可憎法を制伏すること能わず」 Ⓢ abhini-**grah**: abhibhava: abhi-**bhū**: nigraha: vi-**skambh**
②煩悩をおさえること。煩悩を根っ子から断じるのではなく、煩悩の働きを一時的におさえること。「慈・悲・喜・捨の四無量は諸の煩悩を断ずること能わずして但だ能く制伏す」「制伏の断と抜根の断」「纏を制伏する断と随眠を害する断」「制伏の位の煩悩と離繫の位の煩悩」「制伏の対治と断滅の対治」 Ⓢ abhibhava: abhi-**bhū**

制立 せいりゅう ①制定すること。学ぶべき事柄（学処・所学・三学）、あるいはいましめ（律儀）などを制定すること。次の五種に分類される（『瑜伽』69、大正 30・678c 以下）。（ⅰ）学制立。学ぶありようを制定すること。（ⅱ）犯制立。善をさまたげる罪を犯すありようを制定すること。（ⅲ）出離制立。罪を犯すことから離れるありようを制定すること。（ⅳ）止息制立。種々の問題の事態が生じたときに、僧が集まって衆議を開き、学ぶべき事柄によってその事態をしずめること。（ⅴ）羯磨制立。教団（サンガ・僧伽）で行なう種々の儀式や作法を制定すること。「善財子などの最初の犯罪に由るが故に、世尊は苾芻僧を集めて学処を制立す」 Ⓢ pra-**jñā**: vyavasthāpita
②言葉で仮に説くことを設けること。「一法・一事に於て衆多の仮説を制立して詮表す」 Ⓢ upacāra
③仏陀の説いた教えを整理してまとめあげること。「仏所説の十二分教を次第に結集し、次第に安置し、次第に制立す」
Ⓢ samāyoga

姓（せい） →しょう

征 せい 兵力で敵を伐つこと。「婆刺拏王は夢に軍を集めて阿般地国を征せんとするに、自軍は破敗して身は他に獲えらるる」

征罰 せいばつ 罰を犯した者を兵力で伐つこと。「各、忿恚を生じて共に兵戈を発して来たりて相い征罰す」

征討 せいとう 兵力で敵を伐つこと。「自国の王都の聚落に於て喜足に住せずして倶師が兵戈をもって互相に征討す」

性（せい） →しょう

青（せい） →しょう

星（せい） →しょう

逝瑟吒月 せいしったがつ →誓瑟搋月

逝多林 せいたりん →誓多林

清（せい） →しょう

盛（せい） →じょう

掣電 せいでん 電光のひらめき。稲妻。「天、雷を欲せば先に掣電あり」

晴明 せいめい 月の光であかるいさま。「善業を作す者が得るところの中有は、白衣の光、或いは晴明の夜の如し」 Ⓢ jyotsnā

勢 せい ①いきおい。「段食は能く有情をして勢と力とを増長せしむ」 Ⓢ ojas
②急速であるといういきおい。→勢速
Ⓢ java
③効用。効力。「乳が変じて酪に成る時、味や勢などを捨て、顕色を捨てるにあらず」
Ⓢ vīrya

勢速 せいそく 不相応行の一つ。狭くは、因によって果が生じることが急速に展開することをいう。広くは、速い現象すべてを、あるいはそのような現象を生ぜしめる原理をいう。たとえば現象は生じてはすぐに滅する（諸行流転勢速）、人馬が速く走る（地行有情軽健勢速）、鳥が空を速く飛ぶ（空行有情勢速）、言葉を速く喋る（言音勢速）、河が速く流れる（流潤勢速）などの現象の速さをいう。 Ⓢ java
（出典）何等勢速。謂、於因果迅疾流転、仮立勢速。（『雑集論』2、大正 31・700c）
（参考）（『瑜伽』52、大正 30・588a～b）

勢峯蔵密相 せいぶぞうみつそう 偉大な人間に具わる三十二種の身体的特徴の一つ。→三十二大丈夫相

勢用 せいゆう 働き。作用のいきおい。「惛沈と掉挙とは止観を障する勢用が強し」「仏は諸法の性相の勢用を知る」

Ⓢ prabhāva

勢力 せいりき　いきおい。ちから。「諸の因と諸の縁との勢力に由って諸蘊を生起す」「無漏の勢力が有漏を熏修す」「現行の熏発に由って新熏の種子の勢力は強盛となる」
Ⓢ pratibala: prabhāva: bala: bala-parākrama: vaśa: vega: sthāman

聖（せい）→しょう

誠（せい）→しょう

精（せい）→しょう

誓 せい　ちかうこと。誓願とおなじ。「彼れは自ら誓って、我れは今より乃至命が尽きるまで、諸の有情に於て其の命を害せず、と言う」 Ⓢ abhyupagama

誓願 せいがん　ちかい。ちかい願うこと。誓期とおなじ。「苦ある諸の有情類に於て悲愍を発起して、我れは応に一切の有情を抜済して安楽せしめん、と誓願す」「諸の如来は菩薩となりし時、先ず誓願を発し、我れは当に無救・無依にして盲闇界の中に在って等正覚を成じ、一切の有情を利益・安楽せしめん、と願う」「本願力とは、衆生は無辺にして度せんことを誓願するという願なり」
Ⓢ praṇidhāna: pratijñā

誓期 せいき　誓願とおなじ。→誓願

誓瑟搋月 せいしっちがつ　一年を構成する十二か月の一つ。春の三月の一つ。逝瑟吒月とも訳す。
（参考）（『婆沙』136、大正 27・701c）：（『大唐西域記』2、大正 51・876a）

誓受 せいじゅ　誓って受け入れる、同意する、承諾すること。「難行・苦行を誓受す」「諸の有情を益せんが為の故に長時の生死流転を誓受す」「自ら難行を誓い、無上菩提の願を誓受す」
Ⓢ abhyupa-**gam**: abhyupagama

誓多林 せいたりん　誓多は jeta の音写。舎衛国の波斯匿王の太子。彼が所有していた林を誓多林という。逝多林ともいう。 Ⓢ jeta-vana

誓多林給孤独園 せいたりんぎっこどくおん　誓多林に建てられた給孤独園。舎衛国の長者・須達は孤独を憐れみ好んで布施をしたことから給孤独といわれ、彼が誓多林を購入してそこに建てた精舎を給孤独園という。
（参考）（『大唐西域記』6、大正 51・899b）

静（せい）→じょう

嘶声 せいしょう　いななく声。馬の鳴き声。「若し嘶声を聞けば是れ馬なりと比知す」

請（せい）→しょう

整 せい　衣服や威儀をととのえること。整理とおなじ。「夜の中分に至って少し寝息し、夜の後分に於て速く復た還起し、服を整え、身を治して所習の業に帰す」「出家人は施主を見る時、便ち威儀を整え親善の相を現ず」

整理 せいり　衣服をととのえること。「定より起き、衣服を整理して世尊の前に往き、恭敬・作礼す」

醒 せい　さめること。気絶している状態からさめること。 Ⓢ mūrchāyā vyuttiṣṭhate
（出典）云何醒。謂、於悶已而復出離。（『瑜伽』1、大正 30・281a）

醒覚 せいかく　迷いからさめること。「異生類は恒に長夜に処して無明に盲いられ、惛酔が心を纏い曽て醒覚なし」

醒悟 せいご　酔いや狂乱からさめること。「狂より醒悟す」「酔心より醒悟す」

臍 せい　へそ。「入息とは謂く、出息の無間に内門風が転じて、乃至、臍の処に至るを謂う」 Ⓢ nābhi

毳衣 ぜいえ　毛織物の衣服。「所持の衣は、或いは三衣の数であれ、或いは是れ長衣であれ、一切皆な毛毳を用いて作り、終に余の所作の衣を貯畜せず。是の如きを名づけて但に毳衣を持すと名づく」 Ⓢ nāmatika

斥（せき）→しゃく

石（せき）→しゃく

赤（せき）→しゃく

昔（せき）→しゃく

析（せき）→しゃく

脊 せき　せなか。「若し胎蔵の当に男と為るべきは、母の右脇に於て腹に倚り脊に向かって住す」 Ⓢ pṛṣṭha: pṛṣṭha-vaṃśa

脊臥風 せきがふう　身体のなかの風（内風界）の一つで、腹部にある風。住腹風ともいう。→風界 Ⓢ kukṣi-śayā vāyavaḥ

迹（せき）→しゃく

隻業 せきごう　ひとつの業。二種の業（双業・隻業）のなかの一つ。二種の業（牽引業・円満業）のなかの牽引業を双業、円満業を隻業という。あるいは牽引業・円満業をまとめて双業といい、そのなかの一つを隻業という。→牽引業　→円満業

（出典）如是外道説有二業。一者双業、二者隻業。牽引業名双業、円満業名隻業。或具二種名双業、随但有一、名隻業、諸双名業、隻業名半業。（『婆沙』198、大正 27・991c）

責（せき）→しゃく

跡（せき）→しゃく

慼（せき）→しゃく

瘠田　せきでん　やせた田地。「今世の善説の法毘奈耶は其の先世の諸の善種子に於て猶し良田の如く、彼の先世の不善の種子に於て猶し瘠田の如し」

積（せき）→しゃく

藉　せき　かりること。因や縁の助けをかりること。「芽などが生ずるは要ず種などを藉る」「諸の有為法は性羸劣なるが故に諸の因縁を藉る。無為法は強盛にして因縁を藉りず」

切　せつ　苦しみなどがさしせまること。「種種の苦を以って自ら逼し、自ら切し、周遍して焼悩す」

切心　せつしん　心を苦しめること。心に適わないこと。「猛利・堅勁・辛楚・切心の苦受を能く堪忍す」　Ⓢ amanāpa

切切　せつせつ　つとめるさま。ねんごろなさま。きびしく責めるさま。「切切に誡勗し顕顕に訶擯す」　Ⓢ nigṛhya nigṛhya

折（せつ）→しゃく

刹帝利　せっていり　kṣatriya の音写。四姓（四種の身分階級）のなかの一階級。国王や武士の階級。→四姓

刹土　せつど　土地あるいは国土を意味する kṣetra の音写が刹、意訳が土、両者を一緒にして刹土という。土地あるいは国土をいう。「風災起こりて大小の諸の洲や須弥山などに吹いて三千の刹土は上下に散滅す」

Ⓢ kṣetra

刹那　せつな　kṣaṇa の音写。時間の最小の単位。その量については諸説があるが、『婆沙論』にある「百二十刹那をもって一怛刹那となし、六十怛刹那をもって一臘縛となし、三十臘縛をもって一牟呼栗となし、三十牟呼栗をもって一昼夜とする」という第一説によれば、一昼夜すなわち一日二十四時間の六百四十八万分の一、すなわち一秒の七十五分の一にあたる。また「壮士の弾指の頃の如きは六十四刹那を経る」という説（対法の諸師の説）によれば、指を弾く間に六十四刹那がある。「諸の名と及び時とを分析して、一の字と刹那とに至るを、名と時との極少と為す」（『倶舎』12、大正 29・62a）。

Ⓢ kṣaṇa: kṣaṇam: kṣaṇika: pratikṣaṇam

（出典）従此至彼、於其中間、諸刹那量、最極微細、唯仏能知。（『婆沙』39、大正 27・201c）

（参考）（『婆沙』136、大正 27・701a～c）：（『倶舎』12、大正 29・62a）

刹那縁起　せつなえんぎ　四種の縁起（刹那縁起・連縛縁起・分位縁起・遠続縁起）の一つ。一刹那に十二支のすべてが生じるとみる縁起観。→縁起①　Ⓢ kṣaṇikaḥ pratyaya-samutpādaḥ

刹那過去　せつなかこ　五種の過去（刹那過去・死没過去・壊劫過去・退失過去・尽滅過去）の一つ。生じた一刹那後に滅し去った過去の現象をいう。→過去

（出典）或有法、刹那過去。謂、於刹那一切行中、刹那已後所有諸行。（『瑜伽』66、大正 30・667a）

刹那現在　せつなげんざい　五種の現在（刹那現在・一生現在・成劫現在・現行現在・最後現在）の一つ。一刹那の現在。生じた現象が存在する一刹那の間の現在。→現在

（参考）（『瑜伽』66、大正 30・667b）

刹那住　せつなじゅう　生じた現象が一刹那に存在すること。五種の住（刹那住・相続住・縁相続住・不散乱住・立軌範住）の一つ。→住②

（出典）若已生諸行生時暫停、名刹那住。（『瑜伽』52、大正 30・586c）

刹那生　せつなしょう　現象が刹那々々に新たに生じること。十一種の生の一つ。→生⑤

（出典）諸行刹那刹那新新而起、名刹那生。（『瑜伽』52、大正 30・586a）

刹那生滅　せつなしょうめつ　現象的存在（諸行・有為）が一刹那の間に生じ滅するありようをいう。なんら固定的・実体的なものは存在しないことを証明するために用いられる概念。「諸行は刹那生滅して流転す」「刹那生滅の諸行の不異の相続に於て天授の名を立つ。愚夫は中に於て執して一体と為す」

Ⓢ kṣaṇa-utpanna-bhagna

刹那相続　せつなそうぞく　一刹那後の事象が一刹那前の事象に続いて生じるという相続のありようをいう。五種の相続（中有相続・

生有相続・時分相続・法性相続・刹那相続）の一つ。→相続①
（出典）刹那相続者、謂、前前刹那無間、後後刹那生、此後後刹那、続前前刹那、是故名為刹那相続。（『婆沙』60、大正27・310a〜b）

刹那等起 せつなとうき 二つの等起（因等起・刹那等起）の一つ。行為（業）を引き起こす心を因等起といい、生じた行為と同時に存在する心を刹那等起という。→等起
Ⓢ kṣaṇa-samutthāna
（参考）（『倶舎』13、大正29・71c）

刹那未来 せつなみらい 五種の未来（刹那過去・一生未来・成劫未来・現行未来・応得未来）の一つ。一刹那の未来。生じた現象が存在する一刹那の間の未来。→未来
（参考）（『瑜伽』66、大正30・667b）

刹那滅 せつなめつ ①生じた現象的存在（有為・諸行）が刹那に滅するありようをいう。「一切の行は是れ心の果なるが故に、当に知るべし、心の如く皆な刹那滅なりと」
Ⓢ kṣaṇa-bhaṅga
②阿頼耶識（潜在的な根本心）のなかの種子が具える六つの条件（種子六義）の一つ。阿頼耶識のなかの種子が刹那々々に生滅して変化することをいう。→種子六義
（参考）（『成論』2、大正31・9b）

泄精 せっしょう 精子をだすこと。射精すること。「若しくは故らに泄精す、或いは復た母邑の手などを執触す」

窃 せつ ①ぬすみ。ぬすむこと。「窃の心を起こして他の物を耽求す」「衆の内に外道あり、法を窃せんが為の故に衆中に来入す」
Ⓢ **cur**: caurya: steya
②ひそかに。人知れず。「窃に是の念を作す」

窃劫抄虜 せつごうしょうりょ ぬすびと。盗賊。「凶猾なる窃劫抄虜に遭って驚怖を生ず」

窃奪 せつだつ ぬすみうばうこと。すべてをぬすむこと。尽取・窃盗とおなじ。「是の如き窃盗・攻牆・解結・伏道・窃奪などを皆な不与取罪と名づく」 Ⓢ nirlopaṃ harati

窃盗 せっとう ぬすみとること。暗やみでぬすむこと。→窃奪

殺 せつ 生きものを殺すこと。「劫盗賊は財を貪るが為の故に多くの生を殺さんと欲す」 Ⓢ atipāta: pra-**hṛ**: prāṇa-atipāta: prāṇi-vadha: māraṇa: **mṛ**: vadha: **han**
（出典）殺有三種。一従貪生、二従瞋生、三従癡生。（『倶舎』16、大正29・85b）

殺害 せつがい 殺すこと。殺し害すること。「父母を殺害して無間罪を得る」「屠羊者は活命の為の故に殺害の心を懐いて羊を殺害す」 Ⓢ udbandhana: uparodha: **mṛ**: vadha: vadha-hiṃsā: hiṃsā

殺業道 せつごうどう →殺生業道

殺三磨婆合釈 せつさんまばがっしゃく ṣaṭ samāsāḥの音写。意訳して六合釈という。二つあるいは二つ以上の単語からなる合成語の単語間の関係についての六つの解釈（持業釈・依主釈・有財釈・相違釈・隣近釈・帯数釈）をいう。→六合釈
（出典）殺者六也。三磨娑合也。則六合釈。（『枢要』上本、大正43・609a）

殺生 せっしょう 生きものを殺すこと。五戒のなかで戒められる行為の一つ。十不善業道の一つ。→十不善業道 Ⓢ prāṇa-atipāta: hiṃsā
（出典）云何殺生。謂、於他衆生、起殺欲楽、起染汚心、若即於彼起殺方便、及即於彼殺究竟中、所有身業。（『瑜伽』8、大正30・317b）
（参考）（『倶舎』16、大正29・86b〜c）：（『瑜伽』60、大正30・632b〜c）

殺生業道 せっしょうごうどう 殺業道ともいう。十不善業道の一つ。→十不善業道

殺賊 せつぞく 煩悩という賊を殺害した人、すなわち阿羅漢をいう。阿羅漢の三つの意味（殺賊・応供・無生）の一つ。→阿羅漢
（出典）阿羅漢言応、即殺賊・応供・無生三義故也。（『述記』3末、大正43・341b）

殺縛 せつばく 殺すことと縛ること。「逼害とは殺縛などを謂う」「殺縛・斫截・捶打・駆擯・逼悩より生ずる苦」
Ⓢ vadha-bandhana

設 せつ ①言葉をもうけて言うこと。「菩薩が慰喩語を設けるは愛語なり」
②（座席などを）もうける、設定する、設置すること。「祥処に座を設けて正しく筵して坐らしむ」「飲食を設ける」
③もし。かりに。「設し爾らば何の失かあらん」

設芝夫 せつしぶ 原語śacī-pati。śacīを設芝と音写、patiを夫と意訳。天帝釈（帝釈天）の十種の別名の一つ。 Ⓢ śacī-pati
（参考）（『婆沙』72、大正27・371a）

設遮　せっしゃ　自己の主張を述べたあと、他者からの異論をあげてそれをさえぎり論破すること。設破とおなじ。「次に若し是れ我見の境ならばと云うは是れ設遮なり」

設吒荼盧　せつただろ　śatadru の音写。贍部洲にある四大河の一つである信度河の支流の一つ。→四大河　Ⓢ śatadru

設難　せつなん　ある主張に対してそれを非難する反対の主張を設けること。「釈難とは若しくは自の設難、若しくは他の設難を皆な解釈するをいう」

設破　せつは　設遮とおなじ。→設遮

設拉末梨林　せつらまりりん　設拉末梨は śālmalī の音写。贍部洲の無熱池の北にある大樹林。先端に棘を有し、無間地獄にあって拷問に用いられる木。皂筴に似た樹で中国にはないという（『略纂』1、大正 43・16c）。Ⓢ śālmalī-vana

（出典）於贍部洲無熱池北、有設拉末梨大樹叢林。四生種類、妙翅諸鳥、栖集其中。（『瑜伽』2、大正 30・287b）：従此刃葉林無間、有鉄設拉末梨林。彼諸有情、為求舎宅、便、来趣之、遂登其上、当登之時、一切刺鋒、悉迴向下、欲下之時、一切刺鋒、復迴向上。由此因縁、貫刺其身、遍諸支節。（『瑜伽』4、大正 30・296c）

（参考）（『略纂』1、大正 43・16c～17a）

設利羅　せつりら　śarīra の音写。身体、あるいは骨。「仏の生身は是れ乳に長養されしが故に、今、設利羅も亦た乳を以って是れを浴す」　Ⓢ śarīra

設利羅供養　せつりらくよう　十種の供養の一つ。如来の生身（色身）を供養すること。→供養　Ⓢ śarīra-pūjā

（出典）諸菩薩、親現供養如来色身、是名設利羅供養。（『瑜伽』44、大正 30・533b）

雪　せつ　①ゆき。「採樵者が山に入って雪に遇い、迷って途路を失す」　Ⓢ hima
②ぬぐうこと。洗い清めること。清雪ともいう。「悪声・悪称・悪誉を雪す」　Ⓢ pari-**hṛ**
③清らかであること。「諍処が雪なるが故に清と名づけ、違越なきが故に浄と名づく」　Ⓢ śuddhi

雪山　せっせん　雪を有する山。インド北方にあるヒマーラヤ山脈をいう。大雪山ともいう。「秋麗の日光は雪山を照らし、彼の山王の威厳を転盛せしむ」　Ⓢ himavat

雪山部　せっせんぶ　小乗二十部の一つ。→小乗二十部

摂（せつ）→しょう

楔　せつ　くさび。二つの木材を繋ぎ合わせて抜けないようにはめこむ栓。粗く大きなくさびに小さく細かいくさびをそこに打ち込んで大きなくさびを取り除くという方法を、心のなかの粗大な汚れを細かい心作用で除去することの喩えに用いる。→以楔出楔道理「彼の細い楔を用いて麁い楔を遣るが如く、是の行者は軽安身を以って麁重身を除く」「一切法の総相を縁ずる智は楔を以って楔を出だす道理の如く、阿頼耶識のなかの一切障の麁重を遣る」

節　せつ　①ふし。指や手足の関節。「骨の節が分離す」「節を観待するが故に、節を因と為すが故に、屈申の業あり」　Ⓢ parvan
②とき。季節。「既に雨際を度して節の気、漸く涼なり」

節倹　せっけん　節約。倹約すること。「我が弟子の中、大迦葉波は少欲・喜足にして杜多行を具し、薄矩羅は少病・節倹にして浄戒行を具す」

節量　せつりょう　飲食の量をひかえること。「瑜伽師は静室に居て飲食を節量し睡眠と資身具とを減省す」

説　せつ　とくこと。ときあかすこと。話すこと。述べること。教え。見解。解釈。Ⓢ atideśa: adhikāra: anvā-**kṛṣ**: apadeśa: abhigīta: abhidhāna: abhiprāya: abhilāpa: abhisaṃdhi: abhihitatva: **ah**: ā-**khyā**: ākhyāta: ākhyāna: ā-**cakṣ**: ā-**ruc**: **iṣ**: iṣṭa: ukta: ukti: udā-**hṛ**: udita: uddiṣṭa: upa-**car**: upa-**diś**: upadeśa: kathana: kathā: **grah**: grahaṇa: jñāpita: darśita: **diś**: deśanā: deśika: daiśika: dyotita: nirdiṣṭa: nirdeśa: nir-**vac**: **paṭh**: paṭhana: paṭhita: parikīrtita: paribhāṣita: parisaṃkhyāta: pāṭha: pra-**ah**: pra-**lap**: prokta: **brū**: bhāṇaka: **bhāṣ**: bhāṣaṇa: bhāṣita: mata: **man**: vaktavya: **vac**: vacana: **vad**: vākya: vāda: vādin: vyava-**diś**: vyava-**sā**: vyā-**khyā**: vyā-**cakṣ**: vyāhāra: samā-**khyā**: samākhyāta: samākhyāna: sam-**paṭh**

説一切有部　せついっさいうぶ　仏滅後三百年の初めに上座部が二派（説一切有部と雪山部）に分かれたうちの一派。小乗二十部の一つ。すべての現象的存在（有為法）を構成す

る要素（法）の自体は恒に存在し、過去・現在・未来の三世にわたって実体として存在する、また非現象的存在（無為法）も実体として存在すると主張する部派。有部・有部宗・有宗と略称する。この部派は経・律・論の三蔵のなかの論（阿毘達磨）の宣揚を中心にし、多くの阿毘達磨論書を制作したが、早い時代に著され、最も重要な地位を占めたのが迦多衍尼子（kātyāyanīputra）が著した『発智論』であり、この論書の出現によって、この部派は有部宗として確立した。その後、この論書に対する注釈書として『大毘婆沙論』が作られるにおよび、この派はさらに発展をとげ、カシミール地方を中心として、仏教学派のなかで一大勢力をもつようになった。この『大毘婆沙論』を作った人びとは毘婆沙師と呼ばれた。のちの唯識瑜伽行派に転向した世親（vasubandhu）も、最初はこの部派に属し、その時代に著したのが『倶舎論』である。しかし世親は、この論書のなかで「毘婆沙師の伝説するところは是の如し」と述べて毘婆沙師の説を引用しているが、これは内心はその説に賛同していないことを意味している。また随所に経量部の説を籍りて従来の有部宗の説を批判している。→小乗二十部 Ⓢ sarvāsti-vādin

説教 せっきょう 教えを説くこと。「如来の説教は機に随う」

説仮部 せつけぶ 小乗二十部の一つ。→小乗二十部

説者 せっしゃ 教えを説く者。「説者が正に語を説く時、若し彼の聴者が説者の所に於て過を求める心を起こし、違諍の言を発し、相を現じて乖背せば、その時は、説者は宜しく当に黙然すべし」 Ⓢ daiśika

説出世部 せつしゅっせぶ 小乗二十部の一つ。→小乗二十部

説出道無畏 せつしゅつどうむい 仏のみが有する四つの畏れがないありよう（四無畏）の一つ。→四無畏

説障法無畏 せつしょうほうむい 仏のみが有する四つの畏れがないありよう（四無畏）の一つ。→四無畏

説智者 せっちしゃ 詳しく説かれた教えを聞かなければ教えの意味を理解できない人。鈍根の人。開智者の対。「世尊は開智者の為に五蘊を説き、説智者の為に十二処を説く」

説道沙門 せつどうしゃもん 四種の沙門（勝道沙門・説道沙門・活道沙門・壊道沙門）の一つ。正しい法を説く修行者。たとえば舎利子をいう。声聞のなかで、もはや学ぶべきことがなくなった人（無学）をもこの沙門に含める。示道沙門・論道沙門ともいう。→四沙門② Ⓢ mārga-deśika-śramaṇa

（出典）諸説正法者、名説道沙門。（中略）説正法者、謂、為調伏貪瞋癡等、宣説正法。（『瑜伽』29、大正 30・446c）：示道沙門者、謂、尊者舎利子、無等覆故、大法将故、常能随仏転法輪故、一切無学声聞、応知亦爾。（『婆沙』66、大正 27・341c）

説法 せっぽう 教えを説くこと。善説正法・説正法ともいう。「諸の菩薩は普く有情の為に理に称って説法す」「教とは、他が請問を発起するに因らずして、哀愍するに由るが故に説法し開示するを謂う」 Ⓢ upadeśa: deśanā: dharma-ākhyāna: dharma-kathana: dharma-deśanā: dharmaṃ deśayati: dharma-bhāṇaka: dharma-samākhyāna: dharmyāṃ kathām

説法師 せっぽうし 教えを説く師。正しく教法を説示する人。「説法師と及び教授者とに於て能く善く承事し違犯するところなし」「若し説法師に施せば、能く大果を得る」「能く正しく三蔵の教法を説くは、即ち説法師なり」 Ⓢ dharma-bhāṇaka: dharma-bhāṇakaḥ pudgalaḥ

（出典）説法師略有二種。一者由教、二者由証。（『瑜伽』85、大正 30・778b）

説法者 せっぽうしゃ 教えを説く者。「諸の説法者は五相を以って随順して一切の仏経を解釈すべし。謂く、初は応に法要を略説すべし。次に応に等起を宣説すべし。次に応に其の義を宣説すべし。次に応に釈難すべし。後に応に次第を辯ずべし」（『瑜伽』81、大正 30・753a）。 Ⓢ dhārma-kathika

舌 ぜつ 味覚（舌識）を生じる器官。舌根のこと。働きや内容に応じて種々に分類される。それらの名称については（『瑜伽』3、大正 30・292b～c）を参照。→舌根 Ⓢ jihvā

（出典）舌、謂、四大種所造、舌識所依浄色。（『瑜伽』1、大正 30・279c）

舌界 ぜっかい 全存在を十八の種類に分ける分類法（十八界）のなかの一つ。舌という

器官（舌根）のグループ。→十八界
Ⓢ jihvā-dhātu

舌境界 ぜっきょうかい　舌の対象。舌が味わうさまざまな味。「嘗・呑・飲・舐・吮さるるものは是れ舌の境界なり」 Ⓢ jihvā-viṣaya

舌広薄相 ぜっこうはくそう　広長舌相とおなじ。→広長舌相

舌根 ぜっこん　舌という器官。身体の五つの感覚器官（五根）の一つ。地・水・火・風の四つの元素（四大種）から造られ、味覚（舌識）を生じる清浄な物質（清浄色・浄色）を本体とする。→根　→六根　→浄色
Ⓢ jihvā-indriya
（出典）舌根者、謂、四大種所造、舌識所依、清浄色為体。（『雑集論』1、大正 31・696a）

舌識 ぜっしき　舌によって味を感じる働き。味覚。五つの感覚作用（五識）、あるいは六つの認識作用（六識）の一つ。
Ⓢ jihvā-vijñāna
（出典）云何舌識自性。謂、依舌了別味。（『瑜伽』1、大正 30・279c）

舌識界 ぜっしきかい　全存在を十八の種類に分ける分類法（十八界）のなかの一つ。舌識のグループ。→舌識　→十八界　Ⓢ jihvā-vijñāna-dhātu

舌処 ぜっしょ　十二処（存在の十二の領域）の一つ。舌という器官（舌根）のこと。→舌　→舌根　Ⓢ jihvā-āyatana

舌触 ぜっそく　舌根によって触れること。受を生じる十六種の触の一つ。→触④

絶 ぜつ　①たえること。なくなること。やむこと。「煩悩と悪行とは河の流の如くに絶えず」
②超えること。超出していること。究極の真理（勝義）が言語表現を超えているさまをいう。「勝義は諸の表示を絶し、尋思は但だ表示の境界に行ず」「諸法の自性は皆な戯論を絶し語言の道を過ぐ」

質 ぜつ　①ものの本体。本質（ほんぜつ）ともいう。→本質①「鏡などに依って質より像が生ず」「質を離れ形を潛めて、屢、風に随って転ずるが故に名づけて香と為す」「音声が質に依って生ずる時、質処と及び外とに倶に頓に可得なり。所聞の処に随って此の処所に於て遍満して頓に起こる」「善瑩にして清浄なる鏡面に依って質を以って縁と為して還って本質を見て、我れ今、影像を見ると謂い、及び質を離れて別に所行の影像の顕現することありと謂う」「是の第八阿頼耶識を質と為して余の識は之に託して変ず」
Ⓢ bimba
②〈唯識〉の所説。詳しくは本質（ほんぜつ）という。本境ともいう場合がある。潜在的な根本心（阿頼耶識）によって作り出された本体。この本質を根拠・よりどころとしてさまざまな事物の影像が心のなかに起こる。→本質「三摩地とは、是れ能く心をして一境性に住せしむ。心法を体と為す。此の所縁の境を説いて所行と名づけ、本境を質と名づく」（『摂論釈・無』4、大正 31・400b）
③質問すること。ただすこと。「次は論主の質なり」

質礙 ぜつげ　物質（色）が有する二つの性質（変壊と質礙）の一つ。物のさまたげる性質。同一空間に二者が共存できないという性質。たとえば二つの小石、あるいは二人の肉体が同一空間・場所を共有することができないことをいう。→色①「粗果の色と因の極微とは倶に質礙あり、同一処に住することを得るべからず。二つの極微の如し」「意には質礙なければ其の形量の差別を辯ずべからず」

千 せん　数の単位の一つ。十の三乗。
Ⓢ sahasra
（参考）（『婆沙』177、大正 27・891a）：（『倶舎』12、大正 29・63b）

千眼 せんげん　天帝釈（帝釈天）の十種の別名の一つ。
（出典）帝釈名為千眼。非有千眼、以能一時見於千法故、名千眼。（『了義灯』1 本、大正 43・669b）
（参考）（『婆沙』72、大正 27・371a）

千歳 せんさい　千の年齢。「北倶盧の人は定んで寿は千歳なり」 Ⓢ varṣa-sahasra

千載 せんさい　千年。「正法の住世が千載を経ても滅せざるは皆な是れ聖種の力なり」
Ⓢ varṣa-sahasra

千世界 せんせかい　小千世界ともいう。千の一世界からなる世界。一世界とは一つの日・月・蘇迷盧山・欲界・梵世などから構成される最小単位の世界をいう。千個の小千世界から中千世界、千個の中千世界から大千世界ができ、まとめて三千大千世界という。→

三千大千世界

千難行苦行　せんなんぎょうくぎょう　千の難行。生死輪廻しながら人びとの救済をめざす困難な修行を強調していう。百をつけて百千難行苦行ともいう。「普く一切の諸の有情類に於て利益増上の意楽を起こして多くの千難行苦行を修習して三大劫阿僧企耶を経る」 Ⓢ duṣkara-sahasra

千輻輪相　せんぷくりんそう　偉大な人間に具わる三十二種の身体的特徴の一つ。→三十二大丈夫相

山　せん　①やま。「外事に十六種あり。（中略）三には山の事なり。種種の山の安布差別を謂う」 Ⓢ ākara: parvata
②スメール山（蘇迷盧山）のこと。→蘇迷盧山　Ⓢ meru

山崖　せんがい　断崖。「是の如く往くべきところを往き、山崖に堕せず、深水に溺れず」 Ⓢ prapāta

山岳　せんがく　高いやま。「山岳や往趣し難き処」

山巖　せんがん　いわ。岩山。「瓦木・塊礫・樹石・山巖などの類を外の地界と名づく」「其の身を以って石壁・山巖などの障を穿過して往還すること無礙なり」
Ⓢ parvata-agra: prastha: śaila

山谷　せんこく　①山のなかの洞窟。山窟。「一切の臥具への貪著を遠離して阿練若・樹下・空室・山谷・峯穴などに住す」
Ⓢ parvata-kandara
②山と谷。峡谷。「河浜を遊観し山谷を遊観す」

山石　せんしゃく　岩山。「仏菩薩は定の自在に依って其の所楽に随って諸の牆壁・山石などの中に於て縦ままに身が往来し滞礙あることなし」 Ⓢ śaila

山峯　せんぽう　山のいただき。山頂。「日の後分に於て諸の山が、或いは諸の山峯が、影を垂れて懸覆す」 Ⓢ parvata-kūṭa

山林　せんりん　はやし。もり。曠野・空閑・阿練若などと並んで修行する場所の一つとしてあげられる。「彼れは出家し已りて欲貪をして余すことなく断ぜしめんが為の故に曠野・山林に往趣して安居す」 Ⓢ kānana: vana

仙　せん　仙人とおなじ。→仙人

仙尊位　せんそんい　如来の別名の一つ。高貴な位。さとりを得て一切の災いや恐怖をなくして人びとに教えを説く位をいう。大仙尊位ともいう。「如来は自ら称して、我れは今、已に大仙尊位に処して能く梵輪を転じ大衆中に於て正師子吼し、一切の順逆縁起・寂滅涅槃等を開示す」 Ⓢ ārṣabha
（出典）八支聖道所証得故、遠離一切災患畏故、名仙尊位。（『瑜伽』49、大正30・569a）

仙人　せんにん　山林などに隠棲して修行する人。仙ともいう。→仙人住処「外道の諸の仙は見所断の惑を伏断すること能わず」「白象の相、端厳にして六牙・四足を具え、正知して母腹に入り、寝ること、仙が林に隠るるが如し」 Ⓢ ṛṣi

仙人住処　せんにんじゅうしょ　仙人が集まって修行する場所。今のベナレスの郊外にある。釈尊が初めて説法した場所の名称（仙人住処・仙人論処・仙人堕処）の一つ。
（出典）彼説、応言仙人住処。謂、仏出世時、有仏大仙及聖弟子仙衆所住、仏不出世時、有独覚仙所住、若無独覚時、有世俗五通仙住、以此処恒有諸仙已住今住当住故、名仙人住処。（『婆沙』183、大正27・917a）

仙人堕処　せんにんだしょ　釈尊が初めて説法した場所の名称（仙人住処・仙人論処・仙人堕処）の一つ。むかし五百人の仙人が飛行中に因縁あってこの場所に墜落したという古事によってこの名が付けられた。
（出典）有説、応言仙人堕処。昔有五百仙人飛行空中、至此遇退因縁、一時堕落。（『婆沙』183、大正27・917a）

仙人鹿苑　せんにんろくおん　仙人が集まって修行する鹿野苑。今のベナレスの郊外にある。釈尊が初めて説法した場所。「大悲尊、成仏し已りて仙人鹿苑に於いて四諦の輪を転ず」

仙人論処　せんにんろんしょ　釈尊が初めて説法した場所の名称（仙人住処・仙人論処・仙人堕処）の一つ。
（参考）（『婆沙』183、大正27・917a）

仙薬　せんやく　仙人の薬。不死をもたらすといわれる薬。余甘子を熟して造られるという。→余甘子「毘湿縛薬を一切の散薬や仙薬の中に皆な安処すべし」
（出典）汝、可往林、食余甘子、即可久住。其余甘子。未熟之時、其色末乃青。若已熟者、其色黄白。此即仙薬。此薬初食、酸苦少

味、食已若飲冷水、口中甘味、猶如食蜜。（『演秘』1末、大正43・825c）

占相 せんそう 未来の吉凶をうらなうこと。仏教はこれを禁止する。 Ⓢ naimittika

占相工業 せんそうくごう 占いの職業。十二種の工業の一つ。→工業

（参考）（『瑜伽』15、大正30・361b）

占博迦油 せんばかゆ 占博迦からとれた油。占博迦は campaka の音写で、黄色の芳香の花をつける樹。それから採れる油は花の香りをよく保つといわれる。「占博迦油は能く香気を持すこと百踰膳那にして、彼の諸の香気は亦た能く随転す」 Ⓢ campaka-taila

占卜 せんぼく うらなうこと。世間的技術（工巧業処）の一つ。測度ともいう。→測度「一類ありて随一の工巧業処に依止して農作・商賈・事王・書画・算数・占卜などの事の士夫の用を起こす」 Ⓢ nyasana

先 せん ①（順序において）最初に。はじめに。「且く諸の煩悩が次第に生ずる時、先に無明が諦に於て了せざるに由る」 Ⓢ ādita eva: āditas: prathamam: prathamatas ②（時間的に）前の。前に。「先の業に似て後の果が随転する、是れを等流果と名づく」「少しの行法の、起こる前に在ることありて、先に縁に至って後時に方に起こることなし」「先に種にして後に芽、先に乳にして後に酪の如く、先に因にして後に果なること、極成せざること非ず」 Ⓢ pūrva: pūrvam: prāg eva

先業 せんごう 過去世の業。前世の行為。この先業によって現世の存在の基本的ありよう（たとえば人間として生まれること、〈唯識〉的には人間としての阿頼耶識を有して生まれること）が決定される。「今の我が身は先業の煩悩の引発するところにして、父母の不浄の和合によって生ずるところなり」「阿頼耶識は先業に随って転じ、眼などの識は現縁に随って発す」 Ⓢ pūrva-karman

先言 せんごん 他人に会ったときに自分の方から先に挨拶をすること。遠離顰蹙・舒顔平視・含笑などとならんで人と接するときの礼儀の一つ。先発善言ともいう。「常に先に含笑し、舒顔し、平視し、顰蹙を遠離し、先言し、問訊す」「菩薩は慰喩語に由るが故に、恒時に諸の有情に対して顰蹙を遠離し、先に善言を発し、舒顔し、平視し、含笑し、先に安隠吉祥を問う」 Ⓢ pūrva-abhibhāṣin

（参考）（『瑜伽』25、大正30・423a）

先時 せんじ 以前。過去・現在・未来のうちのある一世における前のとき。「去と来と今との先時の所作」「命が将に終らんとするとき、先時に串習した悪法を自ら憶するが故に不善の心にて死す」「先時に非有を施設し非有を先と為し、後時に方に有を施設するが故に未来の諸行が無常なること決定なり」 Ⓢ pūrva-kāla

先首語 せんしゅご それによって涅槃におもむくことになる語。美妙語などとともに説法師などが語るすぐれた言葉の一つ。先首の原語 paurī には「優雅な」「都会風の」という意味があり、もともとは優雅な言葉を意味した。 Ⓢ paurī-vāc

（出典）趣涅槃宮故、名先首。（『瑜伽』8、大正30・316a）：先首語者、趣涅槃宮為先首故。（『瑜伽』81、大正30・750c）

先世 せんぜ 先の世。過去世。「先世の所作に由って能く此世の悪不善業を感ず」「阿頼耶識は先世所造の業行を因と為し、眼などの転識は現在世に於ける衆縁を因と為す」 Ⓢ pūrva: pūrvaka

尖 せん とがっているさま。「贍部洲は上は尖にして下は闊なり、猶し穀聚の如し」

尖頂 せんちょう 山のとがった頂。

串 せん くし。刺すもの。「魚を炙るが如く大鉄串を以って下より之を貫き、頂に徹して出す」 Ⓢ śalya

宣 せん のべる、知らせる、示すこと。「如実の言を宣べるとは、四聖諦を説くことに喩う」 Ⓢ ārocana

宣告 せんこく 広く告げ知らせること。「法輪を転じ已って地神が唱声し展転して宣告す」「唱令家とは、謂く、屠羊などなり。遍く此れ羊などを屠れりと宣告するによって極重の罪を成ず。多く悪業を造り、羊などを殺害せるが故なり」

宣示 せんじ のべ示すこと。説き示すこと。「立宗とは、所応成の自の所許の義を以って他に宣示して彼れをして解了せしむるを謂う」 Ⓢ ā-**ruc**

宣説 せんぜつ （教え、教理、頌、文句などを）説く、のべる、知らせること。「正法を宣説す」「時時に於て能く善く初時に作すところの無倒の言論である施論・戒論・生天

論を宣説す」「諸の菩薩は諸の有情に於て常に楽って悦可意語・諦語・法語・引摂義語を宣説す」「一切の如来応正等覚は諸の外道の諸の悪見を対治するが故に中道を宣説して、色心などは非断非常なりと謂う」
Ⓢ anu-**śru**: abhigīta: ākhyāta: udā-**hṛ**: ud-**īr**: **diś**: deśanā: parikīrtita: vyapa-**diś**: vyapadiṣṭa: samākhyāna

宣談　せんだん　種々に語り談話すること。「見・聞・覚・知の四種の言説に於て宣談するところあるを亦た戯論と名づく」

宣暢　せんちょう　宣揚とおなじ。→宣揚

宣発　せんほっ　声を発すること。「諸の声は纔かに宣発し已って尋いで即ち断滅す」

宣揚　せんよう　教えを高くかかげてひろめること。宣暢とおなじ。「正しく他の為に如来所説の甚深なる空性相応の妙法を宣揚し開示す」「一切の他論を勝伏せんと欲するが為に広大にして無上なる論を宣揚する」「甚深なる素怛纜の義を研究して一切の契経の宗要を宣暢す」
Ⓢ abhyudīraṇa: uttānī-**kṛ**: deśanā

専　せん　①もっぱら。ひたすら。「専ら善を求めることを為して己の徳を顕すに非ず」「諸の瑜伽師は専ら彼の悪不善の法を断ぜんが為に初静慮を修す」
②あることにだけ集中すること。「眼と意とを一つの色に専らにする時、余の色・声・香・味・触などは謝す」「心は遠離を専らにす」　Ⓢ nimna: vyāsakta

専意　せんい　あることに対して心を集中すること。「妙法を善聴し善受し習誦し専意して研究す」

専一趣心　せんいっしゅしん　専ら一つの対象にとどめおかれた心。「専一趣心にて正法を聴聞す」　Ⓢ eka-agra-citta

専行　せんぎょう　専ら行なう、実践すること。「劫盗を専行す」「一向に縦任に放逸を専行す」

専求　せんぐ　専ら求めること。「二乗の位は自利を専求し、苦を厭い寂を欣い、唯だ能く生空の真如に通達す」　Ⓢ abhiprāya

専志　せんし　心をあることに集中すること。「諸の善法に於て専志に所作を相続し所作方便を勤修す」

専修　せんしゅう　専ら修行すること。「恒に寂静に居して静慮を専修す」「放逸なくして法行を専修す」

専心　せんしん　心を集中すること。「聖弟子は専心に正法を聴聞す」　Ⓢ sarva-cetasā

専注　せんちゅう　心を一つのことに注ぎ込む、集中せしめること。「諸の菩薩は其の無上正等菩提に於て其の心を専注し、曽て変易することなし。是れを菩薩の堅固意楽と名づく」「念は境に於て専注するが故に成ず」「不放逸は善に於て専注するを性と為す」「遠離に住する者は心に染汚なく一縁に専注す」
Ⓢ avadhāna: avahitatā

専注一趣　せんちゅういっしゅ　九種の心住の一つ。一趣ともいう。→心住　→一趣②
Ⓢ ekotī-**kṛ**
（出典）云何名為専注一趣。謂、有加行・有功用・無欠無間三摩地相続而住故、名為専注一趣。(『瑜伽』30、大正30・451a)

専念　せんねん　ある一つのことを専ら念ずること、思いつづけること。「十方三世の諸仏世尊の功徳を現前に専念す」
Ⓢ upasthita-smṛtitā: smṛtim upasthāpya

染（せん）→ぜん

泉　せん　①いずみ。「餓鬼の有情は其の泉が変じて膿血と成るを見て、自ら飲むことを欲せず」　Ⓢ utsa: prasravaṇa
②六つの触処の喩え。→触処
（出典）云何為泉。謂、六触処。何以故。譬如泉池能生諸水、水所繋属、堪任触用、又能存養男女大小、下及禽獣、乃至一切未尽枯竭。六内触処亦復如是。(『瑜伽』18、大正30・375c)

浅　せん　深みがなくあさいこと。皮相的であること。深の対。「義は深く文句は浅い契経」「小乗の根は浅にして、心意識の三種の体は別なることを知らず」「尋は則ち浅く推し、伺は則ち深く度す」　Ⓢ uttāna

浅近　せんごん　意味・内容があさいこと。深みのない教え。皮相なもの。深遠の対。「時機に称って法義を宣説し、先ず浅近なるを受持・読誦せしめ、後に方に彼れをして深遠の処を学ばしむるを漸次教授と謂う」
Ⓢ uttāna

浅智　せんち　あさい智。あさはかな知恵。「甚深なる阿毘達磨は見難く覚し難く、微妙の聡叡なる知者のみ乃ち能く之を知り、汝の浅智の能く及ぶところに非ず」

浅法　せんぽう　智慧が劣っている者に説か

れる浅い教え。「劣慧者の為に浅法を説き、中慧者の為に中法を説き、広慧者の為に深法を説く」 Ⓢ uttāna-dharma

洗 せん あらうこと。洗滌すること。「手足を洗って阿練若に住し、但だ三衣を畜えて常に乞食を行ず」 Ⓢ prakṣālaṇa

洗浣 せんかん よごれを洗い清めること。「不浄の衣物を取りて麁穢を除去して洗浣す」

洗灑 せんさい 顔を洗うこと。「冷水で以って面目を洗灑す」 Ⓢ ā-**klid**

洗拭 せんしょく 沐浴すること。洗い清めること。「母が子を執取して洗拭して之を安処し、飲するに母乳を以ってす」 Ⓢ **snā**

洗濯 せんたく 手足を洗うこと。「住処の外に出て其の足を洗濯して右脇にて臥す」 Ⓢ pra-**kṣal**

洗浴 せんよく 身体を洗うこと。沐浴すること。「二人が同一の池にて洗浴するに、一人は身をもって水に入り、一人は手を用いて澆ぐ。倶に洗浴すると雖も入水者の潤益を勝と為す」

穿 せん ①うがつこと。あなをあけること。やぶること。「金剛が、若しくは鉄を、若しくは牙を、若しくは貝を、若しくは珠を、若しくは石などを、断ぜず破らず穿たず砕かずということあることなし」「自他の現行する罪を観て羞恥あることなく、戒を毀り戒を穿つ」 Ⓢ chidrayanti: **bhid**
②あな。欠損。欠陥。「一切の受学する処に於て穿なく欠なく、少年の顔容端正なると可愛の母邑とを見ると雖も、相を取らず随好を取らず」 Ⓢ chidra

穿壊 せんえ うがち壊すこと。「金剛は其の性堅固にして諸の末尼などは穿壊すること能わず」

穿過 せんか あなをあけて通過すること。「種種の神通変化を現じ、或いは其の身を以って石壁・山巖などの障を穿過して往還すること無礙なり」

穿欠 せんけつ 欠損。穴があき欠けていること。「染なき善言によって自らの尸羅をして穿欠なからしむ」 Ⓢ chidra

穿穴 せんけつ 欠損。欠陥。「学処に於て穿穴なきが故に常作と謂う」

穿牆 せんしょう 垣や土塀に穴をあけること。土蔵を壊すこと。財物を盗む方法の一つ。攻牆ともいう。「竊盗・穿牆・解結などは皆な不与取なり」

穿漏 せんろ 毛穴から汗が漏れること。「穿漏せる薄皮を以って其の身の上を覆う」 Ⓢ chidra

扇 せん おうぎ。うちわ。「若し諸の有情が風を求めんと欲して衣を動かし、扇および多羅掌を揺す、是の如き等の類を外の風界と名づく」

扇搋 せんた ṣaṇḍha の音写。扇搋迦とおなじ。黄門と意訳。男の性器（男根）を有していない人。生来、男根を有していない人、あるいは去勢された人をいう。半択迦・二形などとともに出家することができない者としてあげられる。→黄門 Ⓢ ṣaṇḍha

扇搋迦 せんたか ṣaṇḍhaka の音写。扇宅迦とも音写。扇搋とおなじ。→扇搋「扇搋迦と及び半択迦とを男形損害と名づく」 Ⓢ ṣaṇḍhaka

扇宅迦 せんたくか 扇搋迦とおなじ。→扇搋迦

旃荼羅 せんだら caṇḍāla の音写。インド社会における最下層の人。四つのカースト（四姓）外の人。 Ⓢ caṇḍāla
（出典）旃荼羅者、屠児也。（『略纂』4、大正43・54b）

旃荼羅羯恥那家 せんだらかちなけ 旃荼羅と羯恥那との家。旃荼羅と羯恥那とは四つのカースト（四姓）外の人。両者によってインド社会における最下層の人びとを意味する。僧（苾芻）が行ってはいけない場所（非所行処）の一つ。→非所行処
Ⓢ caṇḍāla-kaṭhina
（参考）（『瑜伽』22、大正30・402c）

旃荼羅家 せんだらけ 旃荼羅の家柄。→旃荼羅 Ⓢ caṇḍāla-kula

旃荼履迦神 せんだりかしん 民間信仰での天の神の一つ。この天は『婆沙論』では天趣ではなく鬼趣であるとされる。
Ⓢ caṇḍālikā
（参考）（『婆沙』172、大正27・868c～869a）

旃弾那 せんだんな 栴檀とおなじ。→栴檀

旃檀 せんだん 栴檀とおなじ。→栴檀

旃稚迦神 せんちかしん 民間信仰での天の神の一つ。この天は『婆沙論』では天趣ではなく鬼趣であるとされる。 Ⓢ śāntika
（参考）（『婆沙』172、大正27・868c～869a）

栴檀 せんだん candana の音写。旃檀・旃

弾那とも音写。ビャクダン（白檀）科の樹。香木の一種。インドなどアジア各地に産する香りのよい樹で、仏像や容器などの材料となり、粉末にして塗香などの香料にする。
Ⓢ candana

栴檀香 せんだんこう　香木である栴檀の香り。あるいは栴檀を粉末にして作った香料。好香として珍重される。七種の香の一つ。
Ⓢ candana-gandha
(参考)(『瑜伽』3、大正 30・293b)

涎液 せんえき　よだれ。唾液。「彼の妙翅鳥が化生の龍を食べる時、涎液が先ず流る」
Ⓢ lālā

涎唾 せんだ　よだれ。唾液。「種種の飲食は一時に口に入りて牙歯にて咀嚼し、涎唾の和雑して細細に呑咽す」 Ⓢ lālā

旋 せん　回転していること。渦巻いていること。「如来の眉間の毫相は其の色は光白にして螺文し右に旋せり」 Ⓢ āvarta

旋火輪 せんかりん　火をぐるぐる回すとできる火の輪。たいまつなどを早く回すと火の輪があるように見えるが、それは刹那に生滅する火の粉の連続体があるだけであることから、すべての存在は刹那に生滅して実体がないことの喩えに、あるいは幻事・健達縛城・鏡像・水月・影光・鹿愛などと並んで存在するように見えるが実際には存在しないものの喩えに用いられる。また迅速に回るものの喩えとしても用いられる。火輪と略称。「幻事・健達縛城、及び旋火輪・鹿愛などを縁ずる智は皆な無境を縁ず」「我の量は至小にして旋火輪の如く速く身を巡る」
Ⓢ alāta-cakra

旋還 せんげん　あるものに通用した言葉が別のものには通用しなくなること。たとえば舎宅という言葉は舎宅には通用するが村・聚落などのものには通用しないことをいう。「一切の言論とは、謂く、諸の言論は有る処には随って転じ、有る処では旋還す。舎宅に於ける舎宅の言論は諸の舎宅に於ては処処に随って転じ、村・聚落・亭・邏・国などに於ては即ち旋還す」(『瑜伽』16、大正 30・362b)

旋転 せんてん　回転すること。「此の王は輪が旋転し応導して一切を威伏するに由りて転輪王と名づく」「恒相続の風とは恒に旋転する風を謂う」 Ⓢ vṛt

旋反 せんはん　もどる、引き返すこと。「村邑を遊行し旋反し去来し進止し、恒に正知に住す」

旋風 せんぷう　つむじ風。「不恒相続の風とは旋風および空行風を謂う」「旋風が蓮華の花を吹く」 Ⓢ maṇḍala-cara-vāyus

船 せん　ふね。「船を挽いて流れに逆って上るが如く、大功用を設けれども、行くこと、尚、難しと為す」 Ⓢ nau

船師 せんし　ふねを操る人。さとりの彼岸に人びとを導く仏陀を船師に喩える。「仏は船師の如きが故に先にすべく、信法は彼岸の如きが故に次にすべく、信僧は同載の如きが故に次にすべく、信戒は船筏の如きが故に最後に説く」

船師喩 せんしゆ　→船師

船栰 せんばつ　いかだ。生死の此岸から涅槃の彼岸に至るいかだ。八聖道の喩えとして用いられる。「聖道に依止して生死の此岸より涅槃の彼岸に至ること自在なるが故に、八聖道は猶し船栰の如し」

船筏 せんばつ　いかだ。さとりの彼岸に渡すいかだ。四諦のなかの道諦の道に喩えられる。いかだは向う岸に渡り終えたら必要なくなるように、さとりの彼岸に至る道は至り終えたら捨てるべきであると説かれる。「道は船筏の如し。必ず捨つるべきが故に」
Ⓢ kola

船筏喩 せんばつゆ　→船筏

船舫 せんぼう　ふね。いかだ。「船舫に依れば任運に安楽に彼岸に至ることを得る」

尠闕 せんけつ　はなはだすくないこと。「施物は尠闕なり」「諸の財物に尠闕あり」
Ⓢ parītta

尠少 せんしょう　はなはだすくないこと。少量。「諸の菩薩は財物尠少なれども自ら貧苦を忍んで他に恵施す」
Ⓢ alpa: alpaka: parītta: stoka

戦汗 せんかん　怖れおののき汗を流すこと。「多衆・雑衆・大衆の中に処在しても其の心に下劣の恒懼なく、身に戦汗なく、面に怖色なく、音に謇吃なく、語に怯弱なきを説いて名づけて無畏と為す」

戦掉 せんじょう　①くちごもること。おそれで声がふるえること。「大衆に処して正法を説く時、心に怯劣なく、声に戦掉なく、辯に誤失なし」 Ⓢ gadgada

②身体がふるえること。「身中に不平風が転じ、諸の支節に於て皆な戦掉を生ず」
Ⓢ pravepamāna: **sphur**

戦掉風 せんじょうふう 身体のバランスがくずれて身中に吹く風。身体がふるえて病気を引き起こす風。「此の戦掉風が若し増長する時、能く疾病を生ず」
Ⓢ sphurakā vāyavaḥ

戦諍 せんじょう ①たたかうこと。「天と非天と共に戦諍す」
Ⓢ prativiruddha: saṃgrāma
②軍勢。「隣国の戦諍と互相に逼悩す」
Ⓢ cakra

戦闘 せんとう たたかうこと。「天と非天と共に相い戦闘す」 Ⓢ saṃgrāma

戦慄 せんりつ おそれおののきふるえること。「怖れ、猶、止まらず、身を挙して戦慄す」 Ⓢ saṃkucita

煎 せん につめること。せんじること。「水を煎じるが如く、諸行は最後には一切皆な悉く消尽す」

煎煮 せんしゃ せんじてにつめること。「倹災とは、いわゆる人寿が三十歳の時、方に始めて建立す。当にその時、精妙の飲食は復た得べからざる。唯だ朽骨を煎煮して共に讌会を為す」

煎迫 せんぱく 心をこがして苦悩すること。煎逼とおなじ。「一類ありて、好んで自の苦行辺を受用せんと求め、無量の門を以って自ら煎迫して極苦を得る」 Ⓢ ā-**tap**: sam-**tap**

煎逼 せんひつ 煎迫とおなじ。→煎迫

睒末梨汁 せんまりじゅう 睒末梨の汁。睒末梨は śālmali の音写。その汁が極めてなめらかな草の名。「睒末梨汁を用いて其の手に塗り、小利刀を執る」 Ⓢ śālmali-kalka
（出典）睒末梨、是草名、其汁滑也。(『倶舎論疏』9、大正 41・597a)

睒弥葉 せんみよう 枝葉の数がふぞろいで、一つの葉、乃至七つの葉をもつ樹木。「苦などの諦智にして余の三智を闕くは睒弥葉の如し」

詮 せん 言葉で表すこと。説き明かすこと。詮表とおなじ。「彼彼の諸の名を以って彼彼の諸の法を詮す」「愚夫は名の如く言の如く詮さるる事に於て自性ありと執す」
Ⓢ abhi-**lap**

詮義 せんぎ 義を詮すこと。意味を説き明かす、言い表すこと。言葉（名・句・文。名言）の働きをいう。〈唯識〉は、音声のなか、詮義の音声の屈曲が名・句・文であり、名・句・文は声を離れて存在する実法ではなく、仮法としての不相応行であるとみる。「名・句・文の三は義を詮するを以っての故に是れ不相応なり」「唯だ第六識のみ其の名を縁じ能く其の名を発す。名は即ち唯だ義を詮する音声の差別にして、詮表に非ざる声を簡ぶ」「名言に二あり。一には表義名言なり。即ち能く義を詮す音声の差別なり」

詮体 せんたい 名（言葉）を詮体と詮用とに分けるなかの一つ。言葉の本体。言葉の働きである詮用の対。詮体と詮用との違いを『婆沙論』では、前者は盆のなかの果物、家のなかの人、後者は稲を苅る人、誦する人、あるいは前者は地・水・火・風の堅・湿・煖・動、後者はその働きである持・摂・熟・長、あるいは諸悪莫作という偈のなかで、前者は主語の諸悪、後者は述語の莫作、などの如きであると説かれる。
（参考）(『婆沙』15、大正 27・73c〜74a)

詮表 せんひょう 言葉で表すこと。説き明かすこと。詮とおなじ。表詮ともいう。→表詮「是の如く色などの法の名を以って色などの想の法を詮表す」「一法・一事に於て衆多の仮説を制立して詮表す」「有るが執すらく、一切の声は皆な是れ常なり、縁を待って顕発し方に詮表あり」「名句文身は諸法の性相を詮表し顕示して解了を易せしむ」
Ⓢ abhi-**lap**: upacārāḥ kriyante

詮用 せんゆう →詮体

賎 せん いやしいこと。下品なこと。「二人あり。一は是れ安楽にして、貧に非ず、賎に非ず、依あり怙あり。二は是れ危苦にして、是れ貧なり、是れ賎なり、依なし怙なし」 Ⓢ adhama: varākā

銓量 せんりょう はかってしらべること。「経律論中の深隠なる要義を銓量し決択す」

箭 せん ①矢。「一つの的において三つの箭の中（あた）るところの其の相は、各、異なる」「人、遠きに在りて箭を以って箭の筈を射るに、筈を遺すことなきは甚だ希有と為す」 Ⓢ iṣu: śalya
②煩悩の異名の一つ。煩悩は矢の如くに恒に動いて不安ならしめ、遠くにいる者をも損傷

せしめるから煩悩を矢（箭）に喩える。あるいは毒矢が刺さっていまだ抜かない間は心が寂静でないように、煩悩があれば心が寂静でないから煩悩を矢（箭）に喩える。煩悩のなか、特に貪・瞋・癡の三毒が損傷の力が強いことから箭に喩えることがある。 Ⓢ śalya
（出典）不静相故、遠所随故、故名為箭。（『瑜伽』8、大正 30・314c）：貪瞋癡、遠離慚愧無慚愧故、一向無間不可制伏、定為傷損、説名為箭。（『瑜伽』89、大正 30・804a）：箭有三種。謂、貪箭・瞋箭・癡箭。由依止貪瞋癡故、於有有具、深起追求、相続不絶。於仏法僧苦集滅道、常生疑惑、故名為箭。於諸有財三宝四諦、随愛疑門、能射傷故。（『雑集論』7、大正 31・725a）

箭受 せんじゅ 矢で射られたような苦しい感受。身の箭受と心の箭受との二種がある。
Ⓢ śalya-vedanā
（出典）於自体、執我我所、愚癡迷悶生極怨嗟。由是因縁、受二箭受。謂、身箭受及心箭受。（『瑜伽』44、大正 30・536a）

遷謝 せんしゃ 現象が変化して過去にすぎ去っていくこと。「彼彼の昼夜、彼彼の刹那に於て、数数、遷謝して寿量が損少し、漸漸、転減して乃至都べて尽く」「解脱道の後は即ち生滅なし。別の真常の諸の相好身を得て永く遷謝せず」「若し法の三世に行じて遷流せしむるを此の経は説いて有為の相と為す」

遷動 せんどう 移動すること。移り住むこと。「第四静慮で無想天を除く余は楽って来たると雖も遷動を好む。辺城の邑の人が居するを楽わざるが如し」

遷流 せんる 変化し流れて無常なるさまをいう。「人の寿は刹那刹那に起滅して相続し遷流して凝住の義に非ず」

甎石 せんせき 敷き石。砂や石。「地に高下の処なく毒刺なく亦た衆多の甎石や瓦礫なし」 Ⓢ pāṣāṇa

氈褥 せんじょく 毛織りの敷物。「種種の軟妙な臥具・氈褥・被枕を敷設して侍女を触習す」 Ⓢ karpāsa

纖繳 せんしゃく 愛（tṛṣṇā）の異名の一つ。纖も繳も糸の意。糸がまとわりつくことから愛の喩えに用いられる。「微細なる現行の魔に縛せらるるが故に愛を説いて纖繳と名づく」
（出典）微細現行魔所縛故、説名纖繳。（『瑜伽』95、大正 30・843a）

纖長指相 せんちょうしそう 偉大な人間に具わる三十二種の身体的特徴の一つ。→三十二大丈夫相

鮮栄 せんえい 新鮮であること。新しいこと。「先に種種の香鬘の鮮栄にして芬馥なるを観見し、後時に彼れ萎悴して臭爛なるを見、此の事を見已って便ち是の念を作す。是の如く諸行の其の性は無常なりと」
Ⓢ pratyagra

鮮潔 せんけつ 清潔であること。清らかであること。汚れがないこと。あざやかであること。「鮮潔な物を以って恵施を行ず」「種種の衣服は一時は新成、一時は故壊、一時は鮮潔、一時は垢膩なるを観見し、此の事を見已って便ち是の如き念を作す。諸行は其の性は無常なりと」「王の為に諸の飲食を造るに其の色は鮮潔にして香気は美妙なり」 Ⓢ śuci: śuddhatā

鮮浄 せんじょう 清潔であること。清らかであること。汚れがないこと。「光明にして鮮浄なる衣物を恵施す」 Ⓢ śuci

鮮沢 せんたく 白くつやつやしているさま。「妙色にして肌膚は鮮沢なり」
Ⓢ paryavadāta

鮮白 せんびゃく ①心が清らかであること。「心は清浄にして鮮白なり」
Ⓢ paryavadāta
②清浄（pariśuddha）と対比される鮮白（paryavadāta）。有学のありようを清浄といい、無学のありようを鮮白という。「清浄とは謂く、自性解脱なるが故なり。鮮白とは謂く、相続解脱なるが故なり」「彼の正見などは、若し有学に在れば無漏に由るが故に説いて清浄と名づけ、若し無学に在れば相続が浄なるが故に説いて鮮白と名づく」「清浄と言うは諸の有学をいい、鮮白と言うは諸の無学を謂う」
③白色。白く光っているさま。「大丈夫の歯は鮮白なり」「仏の歯の光は極鮮白の色にして、此れ雪山王を照触する時、彼の威光隠没して現ぜしめず」「身首を沐浴して、塗るに妙香を以ってし、鮮白な衣飾を服す」
Ⓢ śveta: suśukla

鮮白法 せんびゃくほう →白法

瞻 せん みること。「覚慧を先と為し、欲

楽を先と為し、眼が衆色を観見するを名づけて瞻と為す」
Ⓢ avalokita: vyava-**lok**: vyavalokita

瞻観 せんかん　みること。「女を見已って貪を生じ、随逐に瞻観し捨離すること能わず」

瞻仰 せんごう　仰ぎみること。尊敬してみること。「諸の大論師は百千の頌を以って瞻仰して仏を讃ず」「正しく如来の衆の為に説法するに値いて尊顔を瞻仰す」

瞻察 せんざつ　観察して明らかに知ること。「正しい道理を瞻察す」
Ⓢ sam-**dṛś**: saṃdarśita

瞻視 せんし　みること。「如来は諸の有情に於て利益心を以って平等に瞻視す」「悪意を懐いて他を瞻視す」　Ⓢ prekṣita

瞻侍 せんじ　つかえて世話をすること。看病すること。「疾病者に於て瞻侍して良薬を給施す」　Ⓢ glāna-upasthāna

瞻侍供給 せんじくきゅう　つかえて世話をすること。看病すること。「疾疫に遭遇する有情に於て瞻侍供給す」「尊長に於て敬事を勤修し、疾病者に於て悲愍して瞻侍供給す」
Ⓢ glāna-upasthāna: pari-**car**

瞻養 せんよう　看病すること。「病の苾芻を瞻養す」

瞻部 せんぶ　①jambū の音写。インドに多く産する喬木。　Ⓢ jambū
②瞻部洲の略。→瞻部洲

瞻部洲 せんぶしゅう　瞻部は jambū の音写。旧訳は閻浮提。四つの大陸（四大洲）の一つ。もとインドの名称であったが、人間や生きものが住む世界全体を意味するようになった。jambū という名の樹が多く生い茂っていることからこの名がある。南に位置するから南瞻部洲という。　Ⓢ jambū-dvīpa
（出典）南瞻部洲、北広南陿、三辺量等、其相如車。南辺唯広三踰繕那半、三辺各有二千踰繕那。（『倶舎』11、大正 29・57c）

瞻部捺陀金 せんぶなだこん　瞻部は jambū の音写で樹の名、捺陀は nada の音写で河という意味。瞻部の樹の間を流れる河からとれる砂金を瞻部捺陀金という。「仏在世時の用いられし金は、若し大海の転輪王の路の金砂や瞻部捺陀金の辺に至れば威光は現れず」

瞻部林 せんぶりん　瞻部の樹林。→瞻部
Ⓢ jambū-ṣaṇḍa

闡陀論 せんだろん　闡陀は chandas の音写。音律学。「言過の不顕了とは、闡陀論の相を越えて領せずして答えることを謂う」

闡提 せんだい　一闡提のこと。→一闡提

癬 せん　皮膚に生じるかゆいできもの。皮膚病の一つ。「其の母が多く婬欲を習する現在の縁の故に、彼の胎蔵をして或いは癬・疥・癩などの悪皮を生ぜしむ」「或いは瞎、或いは跛、或いは癬、或いは癩など、種種の有情の身相の差別を見る」　Ⓢ dadrulatā

鱣魚 せんぎょ　うみへび。「愚人の受持するところ、鱣魚の銜する物、室首魔羅の噛むところは、刀に非ざれば解すること能わず」

全 ぜん　すべて。全部。完全に。全く。
Ⓢ kṛtsna: sakala: sarveṇa sarvam: sākalya

全超 ぜんちょう　四種の聖者（預流・一来・不還・阿羅漢）のなかの不還が色界・無色界において涅槃に入る五種のタイプ（中般涅槃・生般涅槃・有行涅槃・無行涅槃・上流）のなかの上流をさらに全超と半超と一切処歿（遍歿）の三種に分けるなかの一つ。色界の初静慮より中間の天を超えて直に色究竟天あるいは有頂天に生まれる人をいう。→上流補特伽羅　Ⓢ pluta

全分 ぜんぶん　①一分（一部分）に対する全分。あるものの全部・全体。「全分と及び一分」　Ⓢ sakala
②勝分（主要で本質的な部分）に対する全分。あるものの全部・全体。「有支を建立するに二種あり。一は勝分に就いて建立し、二は全分を建立す」　Ⓢ sakala-aṅga

全分一切 ぜんぶんいっさい　→一切

全分半択迦 ぜんぶんはんちゃくか　三種の半択迦の一つ。→半択迦

全無 ぜんむ　全く存在しないこと。いかなる程度の存在性をも有していないこと。「虚妄分別は、亦た、全無に非ず。中に於て少く乱識が生ずることあるが故に」
Ⓢ sarvathā abhāvaḥ

全無縛 ぜんむばく　まったく束縛を有していないこと、あるいは、そのような人。「具縛と不具縛と全無縛」

全離欲者 ぜんりよくしゃ　凡夫の位で欲界の九品の修惑をすべて断じた者。全離欲染者ともいう。　Ⓢ sakala-vīta-rāga

全離欲染者 ぜんりよくぜんしゃ　→全離欲者

前 ぜん ①（時間的な）まえ。以前。むかし。「前の時」「前の生」
Ⓢ puratas: puras: pūrva: pūrvaka: pūrvam
②（空間的な）まえ。現前。目の前。「一切処忍とは、屏処、及び大衆の前に於ても皆な、能く忍を修するを謂う」 Ⓢ samakṣam
③（文章や言葉などの）前半。前後のなかの前。「非時に説いて前後の義趣が相属せざるが故に雑乱語と名づく」 Ⓢ pūrva
④（いくつか列記されたものの）まえのもの。「六根の中、眼などの前の五は唯だ現境を取る」「彼の軽安は楽受と行捨との前の二に勝る」 Ⓢ pūrvikā: prāñc

前因 ぜんいん ①六因のなかで最初に説かれる能作因をいう。→六因
（出典）言前因者、謂、能作因。於六因中最初説故。（『倶舎』6、大正 29・35a）
②ある結果を生じる以前の原因。時間的に前の原因。「有る外道は世の現喩を引いて後を執して前因と為す。彼れは是の説を作す。泉涌は後が前を逼して其を涌泒せしむことを現見す。此の中、後水を前水の因と為すと」「前位の諸蘊を説いて無明と名づけ、後位の諸蘊を説いて名づけて行を為す。前因と後果とが展転して相い引く。是の故に行は無明を縁ずると説かず」

前行 ぜんぎょう ①後行の対としての前行。前に行くもの。次々と生じては滅していくこころの活動（作意）の流れのなかで、一刹那前に滅したと認識される過去の作意を前行といい、その前行を認識する新たに生じた現在の作意を後行という。「住に坐を観じ、坐に臥を観ず。或いは後行に在りて前行を観ず。此れ則ち毘鉢舎那行を以って三世の縁生の諸行を観察することを顕示す。若し復た説いて或いは後行に在りて前行を観察すと言うは、此れ則ち現在の作意を以って無間滅の現行の作意を観ずることを顕示す。所以は何。若しくは已に生起して無間に謝滅する所取の作意を説いて前行と名づけ、若しくは此の無間に新新に生起する能取の作意が前の無間に已に謝滅する者を取るを説いて後行と名づくればなり」 Ⓢ purato yāyin
（参考）（『瑜伽』28、大正 30・439c）：（『瑜伽』11、大正 30・334c）
②あるものが結果として生ずる前に現れるもの。あるものに先行しそれを導くもの。「此の諦智は是れ能く永く衆苦を滅す前行なり。日が将に出でんとするとき、先に明相が現わるるが如し」「世間の種種の戯論に楽著して趣向すべきものに於て好んで前行を楽う」「此の三善根は諸の善法に於て最も上首と為り、前行にして前導なり。最勝軍が一切を将導するが如し」 Ⓢ pūrvaṃ-gama

前句 ぜんく 二つの句によって成立する文における前の句。たとえば「諸行無常・有起尽法」のなかの諸行無常をいう。この場合、後句の有起尽法によって前句の諸行無常の内容が説明され、その意味がはっきりと成立するから前句を所成句、後句を能成句という。

前五識 ぜんごしき 五つの識（眼識・耳識・鼻識・舌識・身識）のこと。この五つは六識あるいは八識を列記するとき、はじめに位置するから前を付して呼ぶ。→五識 →六識 →八識

前後 ぜんご ①（空間的な）前と後。「命終りて、出して、高床の上に於て幰帳を施し、前後の大衆は、或いは哀しみ或いは哭けり」 Ⓢ puraḥ pṛṣṭhataḥ
②（時間的な）前と後。「少年の位より乃至、老の位に至るまで、諸行は相続して前後に差別し、互いに相似せず」「各別の行が相続する中に於て前後次第して一一が随転する、是れを次第と謂う」「心と心所法は一時にして前後に非ず。日が光明と共なるが如し」
Ⓢ pūrvaṃ paścāt: pūrva-apara: pūrveṇa-aparam: paurva-aparya: paurva-aparyeṇa
③（語られた言葉、説かれた教理などの）前と後。「語言の相違とは婆羅門が造るところの諸の論が前後相違するを謂う」「非時に説いて前後の義趣が相属せざるが故に雑乱語と名づく」「前後の語言が相違する過失」
Ⓢ pūrva-apara: pūrveṇa-apara

前後際 ぜんごさい 三際（前際・後際・前後際）の一つ。三際（前際・後際・中際）のなかの中際にあたる。三世（未来・過去・現在）のなかの現在をいう。現在は過去（前際）と未来（後際）とのいずれにも通じるから前後際という。「前後際に於ける無知とは云何。謂く、内に於て不如理の猶予を起こす。謂く、何等をか是れ我れ、我れは何等と為すや、今、此の有情は何の所より来り、此

に於て没し已って当に何の所にか往くべきや、是等に於けるあらゆる無知なり」
Ⓢ pūrva-apara-anta
(出典)過去名前際、未来名後際、現在名前後際。(『瑜伽』56、大正30・612b)

前後中際 ぜんごちゅうさい 前際と後際と中際の三際。→各項参照
Ⓢ pūrva-apara-madhya-anta

前際 ぜんさい 過去。過去世。前世。三際(前際・中際・後際)の一つ。「如何が有情の前際の愚惑なる。謂く、前際に於て是の如き疑を生ず。我れは過去世に於て曽て有なりしとせんや、非有なりしとせんや。何等の我れが曽て有りしか。云何の我れが曽て有りしかと」 Ⓢ pūrva-anta

前際空 ぜんさいくう 過去世は非存在であるということ。後際空(未来世の非存在)と中際空(現在世の非存在)とともに〈説一切有部〉の三世実有説を論破するための考え。七種の空(後際空・前際空・中際空・常空・我空・受者空・作者空)の一つ。
(参考)(『瑜伽』92、大正30・826b)

前時有 ぜんじう 四有の一つである本有のこと。→四有

前生 ぜんしょう ①過去世の生存。「生を受けた彼彼の身の中に於て、既に生を受け已って前生を忘失す」「作者も受者も所有なし。唯だ諸行あり、前生に於て滅し、唯だ諸行あり、後生に於て生じ、中に於て都て前生を捨てる者なし、後生を取る者なし」「前生の中の数習を因と為して加行無分別智は生ずることを得る」 Ⓢ pūrvaka-ātmabhāva
②時間的に前に生じること、あるいはそのようなもの。後生の対。「灯焔は灯明のために因と成ると為んか、前生の因縁の和合に由って焔と明と俱に起こると為んや」「前生の心聚は後生の心聚のために等無間縁と作る」
Ⓢ pūrva-utpanna: prāg-utpanna

前世 ぜんせ 三世(前世・今世・後世)の一つ。過去世のこと。「云何が有情の三世の連続なるや。謂く、前世より今世が生ずることを得、今世は復た能く後世を生ず」

前導 ぜんどう ①あるものに先行してそれを導くもの。「悪見は是れ真の毒箭にして老病死のために前導と為る」 Ⓢ pūrvaṃ-gama
②種姓(gotra)の異名の一つ。 Ⓢ pūrvaṃ-gama

(参考)(『瑜伽』35、大正30・478c)

前念 ぜんねん 一刹那まえ。「経部師は前念の識が後念の類に熏ずと計す」「前念の自類の意識を以って無間縁と為す」

染 ぜん ①けがれ。けがれていること。
Ⓢ upakliṣṭa: kliṣṭa: rakta: saṃkleśa: saṃsṛṣṭa
②欲望・愛欲。汚れた心。心が汚れること。対象に執着すること。「識食の中に於て喜あり染あり喜染あり」「化生は香気を染す」
Ⓢ abhikāma: abhilāṣa: rāga: sam-**kliś**
③三つの価値的判断(善と染と無記)の一つ。原語の akuśala は、多くは不善と訳される。「律不律儀に住して染・浄の無表を起こす」「欲界の善と染」 Ⓢ akuśala

染愛 ぜんあい むさぼり。欲望・愛欲・貪愛。「染愛の心」「染愛の過失」「染愛の事境」「染愛を有する心」
Ⓢ āmiṣa: sa-āmiṣa: anunaya

染業 ぜんごう 汚れた行為。染汚業とおなじ。→染汚業「染業を不応作と名づく」
Ⓢ kliṣṭa-karman

染著 ぜんじゃく 執着すること。むさぼること。「貪とは、外と及び内の可愛の境界に於て、若しくは分別し、若しくは分別せずして染著するを体と為す」「諸欲に染著し、色・無色の等至に染著し、外道の見に染著す」「楽受に中に多く染著を生ず」「未来を希求し現在を染著する欲貪を取と名づく。欲とは希求の相、貪とは染著の相なり」「上妙の長衣の服などを求むるを染著の過失と名づく」 Ⓢ adhyavasāna: rakta

染習 ぜんしゅう 対象に執着して心をけがすこと。とくに性的な行為をいう場合が多い。「欲界に婬欲と及び段食欲とあるを以って彼れに於て染習して欲界の染を離れること能わず」「染心を以って骨瑣の衆悪の集まるところの不浄の身を摩触して浄想を生じて欲事を染習す」「自の妻妾と他の妻妾とに染習せず」

染浄 ぜんじょう 染と浄。染汚と清浄。けがれていることときよらかであること。存在を相対立する二つのものに分類する語。「六識身は是れ染浄の法の所依止処なり」「染浄の事とは四聖諦を謂う」「心の染浄の所依とは当に知るべし即ち是れ色などの境界なり」
Ⓢ aśuddha-śuddhi: aśuddhi-śuddhi:

saṃkliṣṭa-vyavadāna: saṃkleṣa-viśuddhi: saṃkleśa-vyavadāna

染浄依 ぜんじょうえ 眼識・耳識・鼻識・舌識・身識の五識のいずれかが生じるための四つの所依（同境依・分別依・染浄依・根本依）の一つ。→四依③

染浄愚 ぜんじょうぐ 染汚と清浄とについて愚かで知らないこと。七種無知の一つ。→七種無知 Ⓢ saṃkleśa-vyavadāna-saṃmoha
（参考）（『瑜伽』9、大正 30・322c）

染浄心 ぜんじょうしん 五心の一つ。→五心

染濁 ぜんじょく ①けがれにごっているさま。「染濁ある心」「眼と色とを縁と為して癡所生の染濁の作意を生ず」 Ⓢ āvila: kaluṣa
②けがしにごすこと。貪の異名。「問う。何の因縁の故に貪を名づけて濁と為すや。答う、能く染濁するが故なり」

染心 ぜんしん ①けがれた心。染汚心ともいう。煩悩と共に働く心。善心の対。〈唯識〉は、心そのもの（心の自性）は清浄であるが、それと共に働く貪・瞋・癡などの煩悩によって心はよごれたもの、すなわち染心となるという立場をとる。「若し現在世に邪の加行を起こせば、則ち染心が生じて善心は生ぜず」「染心を小と名づく。小なる価を得るが故なり」「染心が生ずる時、自性の故に染なるや。相応の故に染なるや。答う、相応の故なり。随眠の故に染汚なり。若し自性が是れ染ならば、貪などは畢竟不浄なるべし。故に心生ずる時、自性は清浄なり」（『瑜伽』55、大正 30・601b）
Ⓢ akuśalaṃ cittam: upakliṣṭa-cetas: kliṣṭa-citta: citta-upakleśakatva
②特にセックスをするさいの男女の心を染心という場合がある。「父母ともに染心がある、其の母が無病である、健達縛が正に現在前する、との三事が合するが故に、結生して母胎に入ることを得る」
③心のありよう全体を善と不善と有覆無記と無覆無記との四つに分類するなかの不善と有覆無記の心をまとめて染心という。
④心を染めること。煩悩によって心が汚染されること。「有情は煩悩のために心を染める」

染悩 ぜんのう けがれ。苦悩。けがしなやますこと。業染悩と受染悩と煩悩染悩との三種がある。「纏に由るが故に、随眠に由るが故に有情を染悩す」「是の如き五蓋は心を染悩せしめ、慧を羸劣せしむ」「煩悩が現前して其の心を染悩す」 Ⓢ saṃkleśa
（出典）有三種染悩心法。当知、普摂一切染悩。所謂、業染悩・受染悩・煩悩染悩。初二染悩唯欲界繫、最後染悩通三界繫。（『瑜伽』55、大正 30・601c）

染分依他 ぜんぶんえた 染分の依他。依他とは依他起性のこと。他によって生起したもの、因と縁とによって生じたもので、現象的存在（有為）をいう。〈唯識〉は、「こころ」（心・識・分別・虚妄分別などと呼ばれるもの）が依他起性であり、そのようなこころのなかで汚れたこころを染分依他と名づける。『成唯識論』では虚妄分別を縁として生じたものと定義する。浄分依他の対。→浄分依他
「頌に分別縁所生とは応に知るべし、且く染分依他を説く。浄分依他は亦た円成なるが故なり。或いは諸の染と浄との心心所法を皆な分別と名づく。能く縁慮するが故なり。是れ則ち一切の染と浄との依他を皆な此の中の依他起に摂す」（『成論』8、大正 31・46b）。

染法 ぜんぽう けがれたもの。一切の有漏法をいう。けがれた心（惑）とその心から生じる行為（業）とその二つから結果する苦的な生存（生）とをいう。苦諦と集諦とにおさめられる存在。雑染法とおなじ。浄法の対。
→浄法 →雑染法 Ⓢ kliṣṭa-dharma
（出典）何者染法。謂、苦集二諦一切有漏法。所趣苦諦、能趣集諦、生及業惑是也。此別相解、然生業惑、皆通苦集。（『述記』4 本、大正 43・349c）

染法種子 ぜんぽうしゅうじ 阿頼耶識のなかにある、けがれたものを生じる可能力。善法種子の対。「諸の無学の一切の煩悩を已に永断する者のあらゆる心が生ずるに、若しくは世間の善心、若しくは出世の心、若しくは無記の心なり。此の一切の心は皆な已に永へに染法種子を離れたるも、但だ一切の善無記法の種子の為に随逐せられて相続して生ずるなり」 Ⓢ kliṣṭa-dharma-bīja

染汚 ぜんま ①けがれていること。「染汚の業」「染汚の識」「染汚の尋伺」「染汚の心心所」「染汚の悔」 Ⓢ upakleśa: kliṣṭa: rakta: saṃkliṣṭa
②けがれているもの。全存在を善と不善と有覆無記と無覆無記との四つに分類するなかの

不善と有覆無記との二種を染汚という。
Ⓢ saṃkliṣṭa
(出典) 云何染汚。幾是染汚。為何義故観染汚耶。謂、不善及有覆無記法、是染汚義。有覆無記者、謂、遍行意相応煩悩等、及色無色界繋諸煩悩等。諸蘊十界四処一分是染汚。為捨執著煩悩合我故、観察染汚。(『集論』2、大正 31・668c〜669a)

染汚意 ぜんまい けがれたこころ。末那識（潜在的な自我執着心）の別名。我癡（自己への愚かさ）・我見（自己は存在すると考える見解）・我慢（自己を他者と比較する心）・我愛（自己を愛しく思う心）の四つの煩悩と常にともに働くから染汚意という。染汚末那とおなじ。 Ⓢ kliṣṭa-manas
(出典) 有染汚意、従無始来、与四煩悩恒倶生滅。謂、我見・我愛、及我慢・我癡。(『成論』5、大正 31・24c)

染汚愚 ぜんまぐ まちがった認識（顚倒）を有するおろかさ・無知をいう。四種の無明のありよう（解愚・放逸愚・染汚愚・不染汚愚）の一つ。
(出典) 於顚倒心、所有無智、名染汚愚。(『瑜伽』58、大正 30・622a)

染汚業 ぜんまごう けがれた行為。たとえば曲業・穢業・濁業の三業をいう（→各項参照）。清浄業の対。→清浄業
Ⓢ kliṣṭa-karman

染汚心 ぜんましん けがれた心。貪・瞋・癡などの煩悩に覆われた心。殺生などの善くない行為を起こす原因となる。「云何が殺生なる。謂く、他の衆生に於て殺の欲楽を起こし、染汚心を起こし、若しくは即ち彼れに於て殺の方便を起こし、及び即ち彼れに於て殺が究竟する中のあらゆる身業なり」「乱にして狂に非ずとは、不狂の者の諸の染汚心を謂い、狂にして亦た乱なりとは、諸の狂者の諸の染汚心を謂う」「貪・瞋・癡に染汚さるる心に由って善趣・悪趣の差別あり」
Ⓢ kliṣṭa-citta
(出典) 染汚心者、謂、貪者貪所蔽、瞋者瞋所蔽、癡者癡所蔽。(『瑜伽』59、大正 30・630a)：若相応煩悩未断、名染汚心。若時断已、名不染汚。(『演秘』2 本、大正 43・860c)

染汚分別 ぜんまふんべつ 過去を思慕し、未来を楽（ねが）い、現在に執着する思考。「欲望」「怒り」「他者を害そうとする心」をともなった思考。総じていえば煩悩あるいは随煩悩のどれかをともなった思考。七種の分別の一つ。→七種分別 Ⓢ kliṣṭo vikalpaḥ
(出典) 染汚分別者、謂、於過去顧恋倶行、於未来希楽倶行、於現在執著倶行、所有分別。若欲分別、若恚分別、若害分別、或随与一煩悩随煩悩相応所起分別。(『瑜伽』1、大正 30・280c)

染汚法 ぜんまほう けがれたもの。けがれた心。煩悩をいう。煩悩にかぎれば、根本煩悩と随煩悩とに二分される。両者をまとめて不善という。
(出典) 諸染汚法二相所顕。一本煩悩、二随煩悩。(『瑜伽』55、大正 30・603a)

染汚末那 ぜんままな けがれた末那。末那は manas の音写で意と訳されるから、染汚末那を染汚意ともいう。意識が生じるよりどころとなる。末那識とおなじ。→染汚意 →末那識「染汚末那は四煩悩と恒に相応す」「意識は染汚末那を以って依止と為す」「染汚末那を転ずるが故に平等性智を得る」

染汚無知 ぜんまむち けがれた無知・おろかさ。煩悩としての無知。この無知が原因となってまちがった見解を生じ、悪い行為を起こし、生死流転する。染無知ともいう。不染汚無知の対。声聞と独覚とは染汚無知を断じているが、いまだ不染汚無知を断じておらず、唯だ仏のみが不染汚無知を断じている。→不染汚無知
Ⓢ kliṣṭa-saṃmoha: kliṣṭam ajñānam

染無知 ぜんむち 染汚無知とおなじ。→染汚無知

善 ぜん ①善いこと。悪に対する善。不善に対する善。三種の価値判断（善・悪・無記）、あるいは四種の価値判断（善・不善・有覆無記・無覆無記）のなかの一つ。善いと判断されるものの定義として「今世と来世にわたって益し、ためになるもの（順益するもの）」「罪がないもの」「好ましい結果をもたらすもの」「原因とその結果とを善く理解していること」「未来に於て楽をもたらすもの」「煩悩と苦とを滅するもの」などがある。総じていえば、今世と来世とにわたって楽などの好ましい結果をもたらすものを善という。種類としては、『瑜伽論』には、一種から十種までの分類がなされている（『瑜伽』

3、大正 30・292a～b）が、代表的な分類としては自性善・相応善・等起善・勝義善の四種がある（→各項参照）。 Ⓢ kuśala: śubha
（出典）諸善法或立一種、由無罪義故。（『瑜伽』3、大正 30・292a）：無罪故名善。（『瑜伽』9、大正 30・322c）：如是等類諸善差別、略説善有二種義。謂、取愛果義、善了知事及彼果義。（『瑜伽』3、大正 30・292b）：問、何義、幾蘊是善。答、能感当来楽果報義、及煩悩苦永断対治義。（『瑜伽』56、大正 30・608b）：言善者、能与無罪可愛果故。（『瑜伽』83、大正 30・762b）：能為此世他世順益、故名為善。（『成論』5、大正 31・26b）：一一法要令此他二世順益、方名為善。（『述記』5末、大正 43・418c）
②賢く善いこと。徳があること。「自らの善を覆蔵して己の悪を発露す」「普く一切の諸の有情類に於て善と利益との増上意楽を起こして多千の難行・苦行を修習す」
Ⓢ kalyāṇa
③正しいこと。「経部師の所説を善と為す」「前釈を善と為す」 Ⓢ sādhu
④あることに熟達していること。善く理解していること。「菩薩は是の如く勝義に於て善くす」「法義に於て善くすとは、六種の法と十種の義に於て善く能く解了するを謂う」
Ⓢ kuśala: kauśala
⑤（副詞的用法として）善く。「善く自心を護る」「善く他の心に順ず」「善く聖教の理に悟入す」「所縁に於て心が善く安住す」
Ⓢ su-: sukha
⑥心所の一グループ。信・慚・愧・無貪・無瞋・無癡・勤・軽安・不放逸・行捨・不害の十一の心所をいう。→各項参照

善悪 ぜんあく 善（kuśala）と悪（akuśala）。三つの価値判断（善・悪・無記）のなかの二つ。悪の原語 kuśala は不善とも訳され、善・不善・無記ともいう。善悪と訳される他の原語に śubha（善）と aśubha（悪）とがあるが、śubha-aśubha は浄不浄とも訳されるように、原意としては「浄らか」と「汚れ」とを意味する。「善悪の業」「善悪の異熟」「善悪の趣」「善悪の律儀」
Ⓢ kuśala-akuśala: śubha-aśubha: sādhu-asādhutva

善悪業果位 ぜんあくごうかい 阿頼耶識（潜在的な根本心）の三つの位相（我愛執蔵現行位・善悪業果位・相続執持位）の一つ。この識が善悪の業の結果である異熟果としてもたらされる段階。生死輪廻するなかで、始めなき永遠の昔から、菩薩となって修行して、仏陀になる直前の金剛心に至るまでの段階をいう。この位においては、阿頼耶識は異熟（vipāka）と名づけられる。→阿頼耶識 →異熟 →金剛心
（参考）（『述記』2末、大正 43・298a）

善悪無記 ぜんあくむき →善不善無記

善因 ぜんいん 善い原因。善いものの原因。善い結果（善果）をもたらすもの。「諸の菩薩は能く善果に於て大勝利を見て善因を尋求す」「欲界中の不善法の因は常に増長するが善因は爾らず」 Ⓢ kuśala-hetu

善友 ぜんう 善き友。住戒・多聞・具証・哀愍・無畏・堪忍・無倦・善詞の八つのありようを持つ人。修行の過程において、親しく接し、正しい教えを聞くべき人物。仏と仏の弟子。善知識とも訳される。悪友の対。→悪友「善友に親近し、他より法を聞き、如理に作意し、法随法行す」
Ⓢ kalyāṇa-mitra: kalyāṇa-mitratā
（出典）親近善士者、謂、親近善友。善友、謂、仏及仏弟子。（『婆沙』43、大正 27・223b）：云何名善友性。謂、八因縁故、応知、一切種円満善友性。何等為八。謂、如有一、安住禁戒、具足多聞、能有所証性、多哀愍、心無厭倦、善能堪忍、無有怖畏、語具円満。（『瑜伽』25、大正 30・417a～b）
（参考）（『瑜伽』44、大正 30・534c 以下）

善有為 ぜんうい 有為のなかで善なるもの。四諦のなかの道諦をいう。道諦は修習すべきであるから善の有為を応習・応修・応修習ともいう。「善の有為を応習と名づく」「云何が応修の法なるや。謂く、一切の善の有為の法なり」 Ⓢ saṃskṛta-śubha

善有漏 ぜんうろ 漏である煩悩がいまだまじった善。煩悩がまじった存在を有漏といい、そのなかで善なるものを別に立て、まとめて善有漏の法といい、残りを不善の法とよぶ。有漏善とおなじ。「諸の不善の法は諸の悪趣に於て異熟果を受け、善有漏の法は諸の善趣に於て異熟果を受く」「善有漏の法は愛果を感じ、不善の法は非愛果を感ず」「一切の不善と及び善有漏の法とを異熟因と謂う」
Ⓢ kuṣala-sāsrava

善慧 ぜんえ 善い智慧。正しい見解や正しい智慧などの心の働き。「正見と正知とは俱に善慧の摂なり」「云何が世俗の正見なるや。答う、意識相応の有漏の善慧なり」「意識と俱なる一切の善慧は皆な見性の摂なり」

善慧地 ぜんえじ 菩薩の十地のなかの第九地。善い智慧である四つの無礙智を獲得して十方において自在に善く説法する段階をいう。→十地 Ⓢ sādhumati-bhūmi
（出典）於一切種説法、自在獲得無量広大智慧、是故第九名善慧地。（『解深』4、大正16・704a）：何故九地名為善慧。由此地中無礙解智、説名為慧。此慧妙善故、名善慧。（『摂論釈・世』7、大正31・359a）：言十地者、（中略）九善慧地。成就微妙四無礙解、能遍十方善説法故。（『成論』9、大正31・51a～b）

善果 ぜんか 善い結果。善い原因（善因）よりもたらされたもの。→善因「地獄の中には善果なし」「善果は善因より生じ、悪果は悪因より生ず」 Ⓢ kuśala-phala

善戒 ぜんかい ①善いいましめ。悪戒（dauḥśīlya）の対。「問う、善戒は云何が能く悪戒を治すや。答う、誓受の心を助伴と為すに由るが故に、無始より諸の悪尸羅を数習すれども、暫く善戒を受ければ、則ち能く除捨す」「帝王と為って法を以って世を治め、大衆を御し、勧めて悪戒を捨てて善戒を修せしむ」 Ⓢ śīla: saṃvara
②善い性格。「菩薩は勇健・精進・剛毅・敏捷・善戒を具足す」 Ⓢ sauśīlya

善黠慧 ぜんかつえ 善了とおなじ。→善了

善観察 ぜんかんさつ 善く観察すること。「此の正智に由って所持の法に於て義を善観察す」「如来は諸法の中に於て彼彼の慧を以って善観察す」 Ⓢ suvicārita

善巧 ぜんぎょう ①物事に精通・熟達していること。智慧があり巧みであること。「本論の主は諸の字義に於て善巧を得る」「仏は良医の如く、法は妙薬の如く、僧は善巧なる看服薬人の如し」「心意識の秘密に於て善巧なる菩薩」 Ⓢ kuśala: kauśala: kauśalya
②自己が存在するという見解（我見）をなくすために、蘊・界などに精通し熟達していること。論によって種類の数が不同。『瑜伽論』では蘊善巧・界善巧・処善巧・縁起善巧・処非処善巧の五種（『瑜伽』27、大正30・433c）、これに根善巧を加えて六種（『瑜伽』57、大正30・620b）、『顕揚聖教論』ではこの六種に諦善巧を加えて七種（『顕揚』14、大正31・545a）、『辯中辺論』ではこの七善巧にさらに世善巧・乗善巧・有為無為法善巧の三つを加えて十種を立てる（『中辺』中、大正31・468c）。→各項参照 Ⓢ kauśalya
③言葉が美しくすぐれていること。「他の為に種種の美妙にして善巧なる言詞を以って正法を宣説す」 Ⓢ kalyāṇa

善巧所縁 ぜんぎょうしょえん ヨーガの実践における四つの対象（遍満所縁・浄行所縁・善巧所縁・浄惑所縁）の一つ。蘊と界と処と縁起と処非処の五つの事柄に精通していることを対象とする。→善巧
Ⓢ kauśalya-ālambana
（出典）云何名為善巧所縁。謂、此所縁略有五種。一蘊善巧、二界善巧、三処善巧、四縁起善巧、五処非処善巧。（『瑜伽』26、大正30・433c）

善巧方便 ぜんぎょうほうべん ①（i）善巧と方便。智慧と実践。善巧は物事に精通する智慧、方便はその智慧にもとづく実践。善巧は智慧、方便は慈悲に属する。（ii）方便に善巧であること。いかに実践するか、その方法に精通していることをいう。方便善巧、あるいは善権方便ともいう。「有情を如実に調伏する善巧方便を知らず」「善方便して説くとは善巧方便して正法を宣説するを謂う」「慧を先と為す善巧方便にて漸く自ら少財を捨てることを修習せしめ、下の無貪に依って進んで中品を得る」 Ⓢ upāya-kauśalya
②適切に。うまく。巧みな方法で。「算数の行相を以って善巧方便して諸法を算計す」「慧を以って通達せる甚深なる句義を善巧方便して慇勤に開示し、能く智見をして速に清浄ならしむ」 Ⓢ yogena: suṣṭhu

善行 ぜんぎょう ①善い行ない、行為。「善行を先と為すあらゆる諸趣を名づけて善趣と為す」「大財富を見て先に已に善の作業を備えるを比知し、先に善行・悪行を修習するを見て当に興衰するを比知し、興衰あるを見て先に善行・悪行を造するを比知す」「菩薩は過去の三無数劫に修するところの種種の殊勝なる善行を皆な無上菩提に迴向す」
Ⓢ sucarita
②善を行なうこと。布施をし、いましめを守

ることにおいて善を行なうこと。「諸の菩薩は内に於て諸の仏法を成熟するが故に、外に於て諸の有情を成熟するが故に、善行を修行す。是の故に説いて善行を具すと名づく」
(出典) 善行者、施戒所成善法摂故。(『瑜伽』83、大正 30・761c):善行者、謂、施戒修善有漏行。(『瑜伽』81、大正 30・751c)
(参考) (『瑜伽』79、大正 30・741c)
③善い現象的存在(行 saṃskāra)。「善流ありとは諸の善行を謂う」

善救 ぜんく ある主張に対して反対する者に自己の主張を救うためにその正当性を再び述べること。「彼の所言は善救を為すに非ず」

善解 ぜんげ 善く理解すること。「彼の尊者は三蔵を善解す」「諸論を善知し世間を善解す」 Ⓢ jñatā

善解脱 ぜんげだつ 善く一切の障より完全に解脱していること。不善解脱の対。→不善解脱「心の善解脱と慧の不善解脱とあり、慧の善解脱と心の不善解脱とあり」「善解脱の心とは、一切より解脱し究竟して解脱するを謂い、不善解脱の心とは、一切より解脱せず究竟して解脱せざるを謂う」
Ⓢ vimukta: suvimukta

善決定 ぜんけつじょう 善く決定していること。思考することによって確実に決定的に把握していること。「思慧に由るが故に未だ善決定せざる義に於て能く善く思惟す」「此の如く菩薩の善決定の願を亦た発心と名づく」「真実智に由って善決定するが故に如来の教に入る」「善決定を得て疑惑あることなし」

善見 ぜんけん ①善く見、観察すること。三慧(聞慧・思慧・修慧)でいえば、聞慧と思慧とによる働きを善見・善知というのに対して、修慧による働きを善思惟という。「彼れは内心の寂静に於て則ち善く見、善く知り、善く鑒ち、善く達すこと堪能ならず」
Ⓢ sudarśana
(出典) 由聞思慧、説名善見、亦名善知。由修慧故、名善思惟。(『瑜伽』93、大正 30・833a)
②スメール山(蘇迷盧山・妙高山)の頂の中央にある帝釈天が住む宮。「妙高山の頂の中に於て宮あり、善見と名づく」
Ⓢ sudarśana
③→善見天

善見山 ぜんけんせん スメール山(蘇迷盧山)を中心にして取り囲む金から成る七つの山の一つ。この山の形を見ると善が多く生じることから、この名でよばれる。蘇達梨舎那山と音写。→七金山 Ⓢ sudarśana
(参考) (『略纂』1、大正 43・16a)

善見天 ぜんけんてん 色界十七天の一つ。→色界十七天

善幻師 ぜんげんし 魔術に巧みな人。善幻者ともいう。「善幻師、或いは彼の弟子が四衢道に住して瓦礫・草葉木などを積集して種種の幻化の事業を現作す」「菩薩が増上慧の法毘鉢舎那の中に於て正行を行ずるは、善幻者の諸の幻事に於けるが如し」

善幻者 ぜんげんしゃ 善幻師とおなじ。→善幻師

善言 ぜんげん 善く言われたもの。→善語
Ⓢ subhāṣita

善現天 ぜんげんてん 色界十七天の一つ。→色界十七天

善語 ぜんご 釈尊によって善く語られたもの。善説と善言と善論とをまとめていう。契経・応頌・記別などの十二分教の教えをいう。 Ⓢ sulapita
(出典) 言善語者、所謂、善説・善言・善論。(『瑜伽』19、大正 30・381b)

善護 ぜんご ①危険なもの、誘惑するものなどから自己の身を善く護ること。「彼の村邑・聚落に入りて乞食するに、当に善く悪象・悪馬・悪牛・毒刺・泥水・糞穢を避けて、及び諸の悪しき威儀、穢れたる坐臥具を遠離すべし。汝、応に是の如く己身を善護すべし」「母邑に身を摩触せしめざるが故に身を善護すと名づく」 Ⓢ surakṣita
②感覚器官(根)を護ること。根の働きを抑えて煩悩などを起こすことを防ぐこと。「応に観ずべからざるあらゆる衆色に於ては、当に其の眼を摂して諸の根を善護すべし」
Ⓢ susaṃhṛta
③戒を護ること。「律儀戒を善護し、摂善法戒を善修し、饒益有情戒を善行す」
④五種の寂静な妙行(善調・善覆・善守・善護・善修)の一つ。一切の煩悩を断じつくしたありようをいう。
(出典) 略有五種寂静妙行。(中略)一切煩悩皆能断故、名為善護。(『瑜伽』90、大正 30・

809c)

善業　ぜんごう　善い行為。好ましい結果（愛果）をもたらすもの。対象のなんたるかを如実に知って、そのもたらされた愛果に執着しないこと。無貪・無瞋・無癡の善の心を原因として生じる行為。具体的な善業としては、たとえば、離殺生・離不与取・離欲邪行・離虚誑語・離離間語・離麁悪語・離雑穢語・無貪・無瞋・正見の十善業道があげられる。不善業の対。→不善業

Ⓢ kuśala-karman: śubhaṃ karman

（出典）善業者、謂、無貪・無瞋・無癡為因縁業。（『瑜伽』9、大正 30・319b）：由二因縁建立善業。一取愛果故、二於所縁境如実遍知及彼果故。（『瑜伽』90、大正 30・808a）

善根　ぜんこん　①善を行なう力。具体的行為（現行）においては、貪りや怒りや愚かさのない善心（無貪・無瞋・無癡）をいい、潜在的には阿頼耶識のなかにある善を行なう可能力（善種子）をいう。善本ともいう。種類としては、無貪・無瞋・無癡の三善根、軟善根・中品善根・上品善根の三種、加行位の四つの段階である煖・頂・忍・世第一法の四善根が説かれる。Ⓢ kuśala-mūla

（出典）此中種子亦名善根。無貪瞋等亦名善根。（『瑜伽』1、大正 30・281a）

②信根・勤根・念根・定根・慧根の五つの根をいう。Ⓢ kuśala-mūla

善根成熟　ぜんこんじょうじゅく　善を行なう力が成熟すること。心に汚れや障害がなく、悪にして不善なるものに引かれず、心が柔和で正直であること。それによって悪業という障害から解脱することができる。三種の成熟（諸根成熟・善根成熟・智慧成熟）の一つ。加行位の善根についていえば、善根が成熟した結果、次に見道に入って真理を見ることができるようになる。「諸の有情類は善根成熟して能く見道に入る」

Ⓢ kuśla-mūla-paripāka

（出典）善根成熟者、謂、性薄塵垢為所依止性、於諸悪不善法中、心不楽入、諸蓋軽微、尋思薄弱、柔和正直、随順而取。（中略）善根成熟故、能解脱業障。（『瑜伽』37、大正 30・496c～497a）

善根断　ぜんこんだん　→断善根①

善権方便　ぜんごんほうべん　方便に善権であること。いかに実践するか、その方法に精通していること。善権（kauśalya）は善巧とも訳され、ものごとに精通していること。善巧方便ともいう。→善巧方便①「王は是の如き善権方便の法を受行するが故に、遂にあらゆる怨敵を能く摧伏す」「諸の戯論を離れ、諸の分別を離れ、善権方便をもって説いて法性・真如・実際・空・無我などと為す」

Ⓢ upāya-kauśalya

善作　ぜんさ　①善くなされたこと。悪作の対。「尸羅に由って、数数、悪作を観察して作さず、数数、善作を観察して作す」

Ⓢ sukṛta

②善くなすこと。「所思を善思し、所説を善説し、所作を善作す」　Ⓢ sukarma-kārin

③善く造られたもの。「新造の善作・善飾の道場・宅舎」

善哉　ぜんざい　①「よきかな」「そのとおりだ」「すばらしい」などの同意や称讃を意味する、師匠から弟子への呼びかけの言葉。「仏は長老・頡隷伐多に告げて曰く、善哉、善哉、汝、今、善く能く是の如き義を問う」

Ⓢ sādhu

（出典）言善哉者、是諸聖賢称讃事故。（『瑜伽』83、大正 30・762b）：諸有智者所称讃故、説名善哉。（『瑜伽』98、大正 30・865c）

②喜び、驚き、称讃などを表す叫び。「吾が此の一方は善哉なり奇要なり」　Ⓢ aho

③「よいことだ」「よくやった」などという称讃・承諾あるいは感嘆の言葉。「仁じ能く災患の欲界を厭捨して此に来至せしこと、此れ甚だ善哉と為す」「諸の妙説に於て施すに善哉を以ってす」　Ⓢ sādhu-kāra

善士　ぜんし　立派な人。賢い人。正しい教えを説くすぐれた人。修行においては、まずそのような人に近づき仕えて、その人から教えを聴聞することが必要とされる。善人・正士・善丈夫とおなじ。「四衆と賢良と正至と善士とが皆な往遊渉する中国に生まる」「仏の出世に値い、善士に親近し、正法を聴聞し、如理作意し、法現観を証して沙門果を得る」「善人に習近すれば能く善趣を招くが故に妙行と名づく」

Ⓢ satpuruṣa: sātpauruṣya

善士趣　ぜんししゅ　→七善士趣

善思　ぜんし　善く思うこと。巧みに思考すること。善く認識する、あるいは観察し理解するありようとして善取・善了・善達など

とともに列記される。また三つの行為（善思・善説・善作）の一つ。「光明想に於て善巧に精懇に善取し善思し善了し善達す」「所思を善思し所説を善説し所作を善作す」「法義を善思し惑なく疑なし」「是の如き諸法の妙義に於て自ら専精に善択し善思す」
Ⓢ su-abhyūhita: sucintin: sumanasikṛta: suvicintita

善思惟 ぜんしゆい 善く思考すること。理に随って正しく考えること。三慧（聞慧・思慧・修慧）でいえば、聞慧と思慧とによる働きを善見・善知というのに対して、修慧による働きを善思惟という。 Ⓢ ava-**kḷp**: kuśala-saṃkalpa
（出典）善思惟者、如其正理而思惟故。（『瑜伽』84、大正 30・767c）: 由聞思慧、説名善見、亦名善知。由修慧故、名善思惟。（『瑜伽』93、大正 30・833a）

善色 ぜんしき ①善い表色。具体的に表れ知覚される善なる身体的行為（身業）と言語的行為（語業）とをいう。不善色の対。→不善色① Ⓢ kuśalaṃ rūpam
②色蘊のなかの善い色。「色蘊の中の諸の善色を除いて余の色蘊を取る」

善識 ぜんしき ①善く知る、理解すること。善知ともいう。「其の父母に於て孝養を勤修するを父母の恩養を善識すと名づく」
Ⓢ jña
②善い識。不善識の対。「善識の所依としての眼」「善識の所行の諸法」
Ⓢ kuśala-vijñāna

善釈 ぜんしゃく 経論の文を善く解釈すること。「此れに由って経を善釈して喩を説いて言う」「文句は味うべきが故に美妙と名づけ、文句を善釈するが故に分明と名づく」
Ⓢ su-upanīta: sunirkta: sunīta

善守 ぜんしゅ ①善く守る、守護すること。「王は放逸することなくして府庫を善守す」
②根（感覚器官）を守ること。心が外界の対象に流散しないように防護すること。五種の寂静な妙行（善調・善覆・善守・善護・善修）の一つ。働かせるべき対象、あるいは突然に現れた対象に対して念（集中する心）によって根（感覚器官）を守って心を乱さないことをいう。善守護ともいう。「尸羅律儀の増上力の故に其の念を善守す」「諸の母邑に於いて観ぜず、聴かず、憶念せざるが故に根を善守すと名づく」 Ⓢ susaṃvṛta
（出典）略有五種寂静妙行。（中略）於所応役諸境界中、或於率爾現前境上、善住念故、名為善守。（『瑜伽』90、大正 30・809c）

善守護 ぜんしゅご →善守②

善取 ぜんしゅ 善く認識し理解すること。善く認識する、あるいは観察し理解するありようとして善思・善了・善達などとともに列記される。「所観の相に於て善巧に精懇に善取し善思し善了し善達す」「自身の内外の諸の不浄物に於て其の相を善取して心を明了にせしむ」 Ⓢ su-udgṛhīta: sugṛhīta

善取空 ぜんしゅくう 空を正しく理解すること。「ここ」において「かれ」が無いとき、「かれ」は「ここ」において空であり、「ここ」において余の残れるものは有ると、このように空性を正しく理解すること。〈唯識〉が説く非有非無の中道に即した空性の理解をいう。このような見解をもつ人を善取空者という。一切は虚無でありまったく存在しないと理解する悪取空の対。→悪取空。
Ⓢ sugṛhītā śūnyatā
（参考）（『瑜伽』36、大正 30・488c〜489a）

善取空者 ぜんしゅくうしゃ →善取空

善修 ぜんしゅ ①善く修行する、くりかえし実践すること。それによって心や身が浄められる。善修習ともいう。「聖道を善修す」「奢摩他道を善修す」「空性を善修す」「心に於て善修し善習し善多修習するを因縁と為すが故に現行の蓋を皆な遠離することを得せしむ」「諸の根門を守護するが故に其の身を善修す」 Ⓢ sukṛta: suparibhāvita: subhāvita
（出典）所有智慧善積集故、説名善修。（『瑜伽』91、大正 30・816b）
②五種の寂静な妙行（善調・善覆・善守・善護・善修）の一つ。くりかえしよく修行して修行の道を完成したありようをいう。
（出典）略有五種寂静妙行。（中略）已善修習円満道故、名為善修。（『瑜伽』90、大正 30・809c）

善修治 ぜんしゅじ 修行して心を清浄にすること。「静慮を修する者は其の心を善修治し磨瑩す」「一切の繫蓋の散動より心を善修治す」 Ⓢ supariśuddha: suparyavadāta

善修習 ぜんしゅじゅう 善く修行すること。くりかえし実践すること。「八聖支道を善修習するが故に、余すところなく貪欲・瞋恚・愚癡が永尽することを証得す」「無我の妙智を善修習するに由って我を分別する想は復た転ぜず」「毘鉢舎那に於て善修習し已りて即ち能く諸法を如実に覚了することを引発す」 Ⓢ suparibhāvita: suprayukta: subhāvita

善趣 ぜんしゅ 善い行為をなすことが原因で趣き生まれる人と天の二つの生存のありよう。悪趣の対。→悪趣 Ⓢ sugati
（出典）生善趣者、謂、生人天。趣妙可称故、名善趣。（『倶舎』18、大正 29・94c）：善趣者、謂、人天。（『瑜伽』81、大正 30・751c）

善受 ぜんじゅ ①戒を善く受けて維持すること。「戒を善受す」 Ⓢ sugṛhīta
②教え（法）を善く記憶する、心に維持して忘れないこと。「妙なる法門を善聴し善受し習誦し通利す」
③善い受（感受作用）。不善受の対。「諸の明触に生ぜられ、如理作意と相応するあらゆる善受」

善受持 ぜんじゅじ 教え（法）を善く記憶する、心に維持して忘れないこと。「是の如き類の衆多の妙法に於て能く善受持し言善通利す」

善聚 ぜんじゅ 善の集まり。四念住は無量の善が生起するよりどころであるから四念住を善聚という。五蓋である不善聚の対。→四念住 Ⓢ kuśala-rāśi
（出典）是過去未来現在世出世間無量善法生起依処故、説如是四種念住、名為善聚。（『瑜伽』97、大正 30・859c）

善住 ぜんじゅう ①尸羅を守り、そのなかに住すること。「若し根本なる尸羅に善住すれば、其の心は便ち寂静なり」「尸羅に善住し、別解脱の清浄律儀を守り、あらゆる学処を受学して衆善を奉行す」 Ⓢ supratiṣṭhita
②念（集中する心）でもって心のなかに住すること。「四念住に於て其の心に善住し、聖道を修習して能く究竟に趣く」「己の身を善護し、諸根を善守し、正念に善住す」
Ⓢ su-upasthita
③ヒマーラヤ山脈（雪山）の近くにある金からなる大きな崖のなかにあり、七重からなる多羅樹の行列によって囲まれている樹。
Ⓢ supratiṣṭhita
（出典）近雪山有大金崖、名非天脅。其量縦広五十踰繕那、善住龍王常所居鎮、又天帝釈時来遊幸。此中有樹、名曰善住、多羅樹行七重囲繞。（『瑜伽』2、大正 30・287b）

善住龍王 ぜんじゅうりゅうおう 龍王の一つ。ヒマーラヤ山脈（雪山）の近くにある金からなる大きな崖に住んでいる龍王。帝釈天を乗せる龍。→善住③ Ⓢ supratiṣṭhita-nāga-rāja

善処 ぜんしょ 人・天という善い生存のありよう（善趣）。地獄・餓鬼・畜生という悪い生存のありよう（悪趣）である不善処の対。「利益意楽とは彼の諸の不善処より衆生を抜済して善処に安置せんと欲するを謂う」「諸の仏法界は一切の時に於て能く五業を作す。（中略）二には悪趣を救済するを業と為す。諸の有情を抜して不善処を出して善処に置くが故に」 Ⓢ kuśala-sthāna

善清浄 ぜんしょうじょう きわめて清らかであること。完全に煩悩などの束縛がなくなった状態。極清浄・極善清浄・最極清浄ともいう。「此の智に於て更に多修習して阿羅漢を成じ、一切の煩悩が皆な離繋するが故に善清浄と名づく」「善清浄なる若しくは智、若しくは見に由って能く究竟して諸の煩悩を断ずることを得る」「善清浄の意楽」「善清浄の言教」「善清浄の識」
Ⓢ pariśuddha: suviśuddha: suviśuddhatā: suviśodhita: suśuddha

善清浄法界 ぜんしょうじょうほっかい 最高に清らかに成りきった存在の世界。すべての汚れをなくしきった仏の世界、境界。極清浄法界ともいう。「法界清浄の相とは、謂く、此れ転依し已って能く一切の相を除遣するが故に、是れ善清浄法界の所顕なり」
Ⓢ suviśuddha-dharma-dhātu

善摂 ぜんしょう 聞いた教えを善く記憶し保持すること。「所聞を善摂し、聞に於て究竟す」 Ⓢ ud-**grah**

善摂受 ぜんしょうじゅ ①善く人びとを受け入れ、救済すること。「所化の有情を善摂受して聖教に引入す」
②聞いた教えを善く記憶し保持すること。「義を善摂受する心」「正法を聴聞して善摂受す」

善証得 ぜんしょうとく 善くさとること。「増上心と増上慧との二の因縁に由って彼彼の解脱に於て善証得す」

善丈夫 ぜんじょうぶ 立派な人。賢い人。

正しい教えを説くすぐれた人。修行に於ては、まずそのような人に近づいて仕え、その人から教えを聴聞することが必要とされる。正士・善士・善人とおなじ。→正士　→善士「善丈夫に親近するが故に、正法を聞くが故に、如理作意を依止と為すが故に、諸の悪行が能く当来の非愛の果報を感ずるを見て自ら勉めて諸の悪を遠離す」 Ⓢ satpuruṣa

善浄　ぜんじょう　きわめて清らかであること。「善浄な心」「善浄な意楽」「善浄な鏡面」「善浄な智見」 Ⓢ viśuddhi: suviśuddha

善心　ぜんしん　①善い心。四種の心（善心・不善心・有覆無記心・無覆無記心）の一つ。 Ⓢ kuśala-citta
（出典）於欲界、有四種心。謂、善・不善・有覆無記・無覆無記。色無色界各有三心。謂、除不善。余如上説。（『倶舎』7、大正29・38b）：欲界有四心。善心・不善心・有覆無記心・無覆無記心。色界有三心。除不善。無色界有三心。亦除不善。（『瑜伽』54、大正30・595c）
②善の心所に対する善の心。善の心所が共に働く中心的な善の心（心王）をいう。→善心所　→心王「唯だ善心と倶なるを善の心所と名づく」 Ⓢ kuśala-citta

善心一縁住　ぜんしんいちえんじゅう　→心一境性　Ⓢ kuśala-citta-eka-agratā

善心一境性　ぜんしんいっきょうしょう　→心一境性　Ⓢ kuśala-citta-eka-agratā

善心死　ぜんしんし　善い心で死ぬこと。死ぬときにそれまで行なってきた善いことを思いながら安楽に死ぬ死に方をいう。三種の死（善心死・不善心死・無記心死）の一つ。
Ⓢ kuśala-cittaś cyavate
（参考）（『瑜伽』1、大正30・281b）

善心所　ぜんしんじょ　全存在を心・心所・色・不相応行・無為の五つに分けるなかの心所のなかで善い心所（細かいこころの働き）をいう。信・慚・愧・無貪・無瞋・無癡・勤・軽安・不放逸・行捨・不害の十一の心所をいう。 Ⓢ kuśala-caitta

善心心所　ぜんしんしんじょ　善心と善心所。→善心②　→善心所
Ⓢ kuśalāś citta-caittāḥ

善神　ぜんじん　天の善き神。法を護る善き神。「諸天の善神は必ず彼を擁護して横死せしめず病難に遭しめず」「法を護る善神は遂に其の便を得て王と及び軍と并びに悪神の衆とを殺す」

善政　ぜんせい　善きまつりごと。賢明な統治。「王は情に謀叛を懐き善政を修せざる輩人の進するところの諫議を聴受し、信用することに由って王務・財宝・名称・善政、並びに皆な衰損す」

善逝　ぜんぜい　如来の十種の呼び名の一つ。善く逝った人。善くさとりに至り涅槃に昇ってもはや還らない人。→十号
Ⓢ sugata
（出典）上昇最極、永不退還故、名善逝。（『瑜伽』38、大正30・499b）

善説　ぜんせつ　①善く、十分に、説かれたもの。説かれたもので、こころにかない、けがれがなく、ただ善なるもの、あるいは、文章も完全であり、その意味も巧みに説かれたものをいう。「世尊によって説かれたところの聖教を善説の法と名づく」「性として聡敏にして能く善説と悪説との法の義を解す」「浄信に依止して善説なる法毘奈耶の中に於て深く信解を生ず」
Ⓢ supravyāhṛta: subhāṣita: sulapita: su-ākhyāta
（出典）善説者、文義巧妙故。（『瑜伽』84、大正30・766c）：当知、善説有三種相。所謂、悦意・無染・唯善。（『瑜伽』19、大正30・381b）：言善説者、謂、諸文句善円満故。（『瑜伽』83、大正30・761c）
②善く説くこと。「所思を善思し所説を善説し所作を善作す」 Ⓢ subhāṣin

善説正法　ぜんせつしょうぼう　→説法
Ⓢ dharma-deśaka

善達　ぜんたつ　①善くさとること。十分に知ること、熟達すること。善通達とおなじ。「仏は名句文身に善達して能く衆生の為に法を説く」「自と他との宗に善達す」「瑜伽に善達する瑜伽師」「所聞の法に於て能く正思惟し、及び善通達す」
Ⓢ jña: supratibuddha: supratividdha
（出典）善通達者、如実知故（『瑜伽』84、大正30・767c）
②真理（四聖諦・法界）をさとること。善通達とおなじ。「菩薩は真見道と相見道との二の見道を得る時、如来の家に生まれて極喜地に住し法界に善達す」
（出典）今於聖諦入現観時、名為善了、亦名

善達。(『瑜伽』93、大正30・833a)

善知 ぜんち ①善く知る、理解すること。善識ともいう。「諸法の自相と共相とを善知して文義に通達す」「世界と及び有情界の一切の品類の染浄の相を善知するが故に世間解と名づく」 Ⓢ jñatā: jñāna
(出典) 言善知者、知法義故。(『瑜伽』84、大正30・767c)
②三慧(聞慧・思慧・修慧)でいえば、聞慧と思慧とによる働きを善見・善知というのに対して、修慧による働きを善思惟という。
(出典) 由聞思慧、説名善見亦名善知。由修慧故、名善思惟。(『瑜伽』93、大正30・833a)

善知識 ぜんちしき 原語 kalyāṇa-mitra は善き友という意味で善友とも訳される。真の友人。人びとを教え導くことができるすぐれた人。修行の過程において親しく接し、正しい教えを聞くべき人物。知識と略称する。悪知識の対。→悪知識「真の善知識に親近す」「朋友と知識とを摂受す」「宿昔し居家に同処して楽しめるが故に名付けて知識となす」
Ⓢ kalyāṇa-mitra
(出典) 若内若外一切力中、為欲生起八支聖道、有二種力、於所余力、最為殊勝。云何為二。一者於外力中善知識力最為殊勝、二者於内力中正思惟力最為殊勝。(中略) 外善知識者、謂、従彼聞無上正法、由此故、名従他聞音。(『瑜伽』98、大正30・865b)

善調 ぜんちょう 五種の寂静な妙行(善調・善覆・善守・善護・善修)の一つ。感覚器官(根)の対象に欠陥・欠点・過失(過患)があるのを見てその働きをおさえ調えて煩悩を起こさないようにするありようをいう。
(出典) 略有五種寂静妙行。謂、深於彼見過患故、名為善調。(『瑜伽』90、大正30・809c)

善調伏 ぜんちょうぶく 善く心を制伏して心を煩悩の汚れから浄めること。「是の如く心を善調伏して苦の因を尽するが故に、現法中に於て安楽住を得る」 Ⓢ suvinīta

善調練 ぜんちょうれん 感覚器官(根)を善く十分に調え磨いて清浄にすること。「諸根を善調練す」

善聴 ぜんちょう 教えを正しく善く聴聞すること。「此の法に於て善聴し善受し読誦す」「但だ涅槃を求めて法を善聴す」「是の如き諸法の妙義に於て他所より善聴し善決す」「十二分教を善聴し善受す」 Ⓢ suśruta

善通達 ぜんつうだつ 善達とおなじ。→善達①

善通利 ぜんつうり 熟知すること。教法を知的に善く理解すること。「此の正法に於て聴聞し受持し言善通利し、意善尋思し、見善通達す」
Ⓢ parijita: pravṛtta: suparicita: suparijita

善田 ぜんでん ①稲などがよく育つ肥沃な田。
②布施をするに値する人。肥沃な田に種をまくとよい芽が生じるように、その人に布施などの善い行ないの種をまくと福が生じてくるような人をいう。「若し善田に於て施業の種を殖せば愛果を招く可し」 Ⓢ sukṣetra

善得 ぜんとく 善く獲得すること。善い所得があること。「滅涅槃に於て寂静を観ず。彼れは乃ち仏、或いは法、或いは僧に依って深く厭恥を生じて、是の念を作して言く、我れ、如来大師の仏宝、法毘奈耶の善説の法宝、無倒に善行を修習する僧宝に依るに、所得なしと為す。所得あるに非ざるは是れ其の悪得にして善得と為すに非ず」「聖処に生ずるが故に名づけて善く来り出家を善得すと為す」 Ⓢ sulabdha

善男子 ぜんなんし 原語 kula-putra は、良家の男子、高貴で徳ある男性を原意とするが、仏教では、男性の在家信者をいう。説法の場で世尊から聴衆への呼称として用いられることがある。「諸の善男子、若しくは善女人は皆な、此の最極清浄にして妙なる瑜伽道に依って勇猛精進し当に正しく修学すべし」「その時、世尊は勝義生菩薩を歎じて曰く。善哉、善哉、善男子よ、汝、今、乃ち能く善く如来所説の甚深の密意の言義を解す」
Ⓢ kula-putra

善女人 ぜんにょにん 原語 kula-duhitṛ は、良家の女子、高貴で徳ある女性を原意とするが、仏教では、女性の在家信者をいう。善男子のあとにつづけて用いられることが多い。→善男子 Ⓢ kula-duhitṛ

善人 ぜんにん ①善い人。悪人の対。「善人に附依して則ち能く善を行じ、悪人に依って即ち唯だ悪を行ず」
②善士とおなじ。→善士

善不善 ぜんふぜん　善と不善。二種の価値判断。→各項参照。 Ⓢ kuśala-akuśala

善不善有覆無記無覆無記 ぜんふぜんうぶくむきむぶくむき　善と不善と有覆無記と無覆無記。三種の価値判断（善・不善・無記）のなかの無記を有覆と無覆に分けて四種にしたもの。

善不善無記 ぜんふぜんむき　善と不善と無記。三種の価値判断。善悪無記ともいう。→各項参照 Ⓢ kuśala-akuśala-avyākṛta

善覆 ぜんぷく　五種の寂静な妙行（善調・善覆・善守・善護・善修）の一つ。働かせるべきではない対象に心を働かせないありようをいう。
（出典）略有五種寂静妙行。（中略）於不応役諸境界中、而不役故、名為善覆。（『瑜伽』90、大正 30・809c）

善方便 ぜんほうべん　善巧方便ともいう。すぐれた方便。状況に応じて対処する、あるいは救済する手段に巧みであること。→善巧方便①「善方便して正法を説く」「善方便所摂の妙智」「善方便して心を磨瑩す」「機性を識るが故に所調に於て善方便ありて、病に応じて薬を授けるが故に、能調に於て亦た善方便ありて物を利するに倦なきを大悲を具すと名づく」「善方便を以って説くとは、二十種の善巧方便を以って正法を宣説するを謂う」

善防護 ぜんぼうご　戒を善く護ること。外界の対象に心が流散しないように感覚器官（根）の働きを善く護ること。行為（業）のありようを善く護り正すこと。「一切の外道のあらゆる禁戒を善防護すると雖も出離すること能わず」「能く戒蘊を防ぐを善防護と名づく」「六根を善防護し六根の律儀を正修行す」「若し身語意業を善防護して住する者は雑染せず」 Ⓢ surakṣita

善法 ぜんぽう　①善い法。善いもの。善い存在。三種の価値判断（善・不善・無記）のなかで善と判断されるもの。善法とは、総じては、「それそのものがまちがっておらず、まちがったものを退治するもの」であり「苦がなく安らかで穏やかであるもの」と定義される。種類としては種々に説かれるが（『瑜伽』3、大正 30・292a～b）、大別すれば生得善と加行善との二種となる（→各項参照）。 Ⓢ kuśala-dharma
（出典）云何善法。謂、若略説二因縁故、一切善法説名為善。謂、自性無倒、亦能対治顛倒法故、及安隠故。（『瑜伽』66、大正 30・667b）
②諸の天が参集する場所の名称。帝釈天が住むスメール山の山頂の東北の隅にあって、諸の天がそのなかで善く説かれた教えの意味を思惟する場所。 Ⓢ sudharma
（出典）其宮東北隅、有天会処、名曰善法。諸天入中、思惟称量観察妙義。（『瑜伽』4、大正 30・298c）

善法種子 ぜんぽうしゅうじ　阿頼耶識のなかにある、善いものを生じる可能力。染法種子の対。「界増長とは、謂く、本性として善法種子を具足するを所依止と為し、先よりこのかた諸の善法を串習するが故に後後の位の中、善法種子が転た増し転た勝れ、生起し堅住す、是れを界増長と名づく」
Ⓢ kuśala-dharma-bīja

善法真如 ぜんぽうしんにょ　八種の無為の一つ。無為の種類については論書によって相違があり、『成唯識論』『百法明門論』では虚空無為・非択滅無為・択滅無為・不動無為・想受滅無為・真如無為の六種を立てるが、このなかの真如無為を善・不善・無記の三性にわけるなかの一つが善法真如である。存在のなかで善い存在の真理すなわち真如・無我性・空性・無相・実際・勝義・法界という真理をいう。 Ⓢ kuśala-dharma-tatathā
（出典）此無為法復有八種。謂、善法真如・不善法真如・無記法真如・虚空・非択滅・択滅・不動及想受滅。何等善法真如。謂、無我性亦名空性・無相・実際・勝義・法界。（『集論』1、大正 31・666a）

善法堂 ぜんぽうどう　スメール山（蘇迷盧山）の頂きの西南の角にある堂。半月の八日、十四日、十五日の三日、三十三天が集まって会議をする場所。 Ⓢ sudharma-sabhā

善法欲 ぜんぽうよく　法を獲得しようとする善い欲。法とは究極的には真理・真実を意味し、真理・真実を得て覚悟しようとする善い欲を善法欲という。また、そこに至るまでの過程、すなわち、俗塵を捨てて出家し剃髪し袈裟を着て戒をまもり修行につとめることを欲することをも善法欲という。「資糧位とは、謂く、諦現観を得んが為の故に決定の勝れた善法欲を発起してから、乃至、順決択分のあらゆる善根を未だ得ざるに至るまでを資

糧位と名づく」 Ⓢ kuśalo dharma-cchandaḥ
（参考）（『瑜伽』21、大正 30・397a）

善品 ぜんぽん 善の類。善なるもののグループ。不善品の対。「精進は善品を修し悪品を断ずる事に於て勇悍なるを性となし、懈怠を対治して善を満ずるを業と為す」「諸の善品に於て速疾に受学し、諸の悪品に於て速疾に除断す」 Ⓢ kuśala-pakṣa

善本 ぜんぽん →善根

善名言者 ぜんみょうごんしゃ 言葉を発することができる大人。善言者ともいう。「諸根が成就した善名言者の起こすところの分別を有相分別と謂う」「覚悟の計とは善言者の執なり」 Ⓢ vyavahāra-kuśala

善無為 ぜんむい 六無為（虚空無為・非択滅無為・択滅無為・不動無為・想受滅無為・真如無為）のなかの虚空無為・非択滅無為の二つを除いた残りの四つの無為をいう。四つの善（自性善・相応善・等起善・勝義善）のなかの勝義善にあたる。「離繫果とは無漏道によって障を断じて証するところの善無為の法を謂う」「勝義善とは善無為を謂う」

善軛 ぜんやく 軛とはくびき（車のながえの先につけて牛馬の首にあてる横木）。善が修行者をつなぎとどめることをくびきが牛を車につなぎとどめることに喩えて善を善軛という。それを捨てないことを不捨善軛といい、精進の五つのありようの一つにあげられる。→不捨善軛「諸の善法の中に於て常に善軛を捨てず」 Ⓢ dhura

善友 ぜんゆう →ぜんう

善欲 ぜんよく 善い欲。五つの別境の心所のなかの一つである欲のこと。→欲③「善欲は能く正勤を発す。彼れに由って一切の善事を助成す」

善来 ぜんらい ①「よくいらした」という歓迎の挨拶をいう。「諸の菩薩は其の恩ある諸の有情所に於て深く恩恵を知り、常に酬報を思い、暫らく見れば敬讃を申べ、善来と言い、顔を怡げて歓慰す」
Ⓢ ehi svāgata: svāgata
②聖処（仏が世に生まれて説法している場所。出家者や賢者たちが行き交う場所）に生まれること。 Ⓢ svāgata
（出典）此中生聖処故、名為善来。（『瑜伽』94、大正 30・836c）

善来苾芻 ぜんらいびっしゅ 仏が「来たれ苾芻よ」と呼びかけること。それによって呼びかけられた苾芻が戒を受得することになる。具戒（具足戒）を受得する十種のありようの一つ。→具足戒 Ⓢ ehi-bhikṣukā
（出典）諸毘奈耶毘婆沙師説。有十種得具戒法。為摂彼故、復説等言。何者為十。（中略）三由仏命善来苾芻、謂、耶舎等。（『俱舎』14、大正 29・74b）

善了 ぜんりょう 善く理解すること。善く認識する、あるいは観察し理解するありようとして善取・善思・善達などとともに列記される。善黠慧ともいう。「所観の相に於て善巧に精懇に善取し善思し善了し善達す」「聖諦に於て現観に入る時を名づけて善了と為し、亦た善達と名づく」
Ⓢ sujuṣṭa: susaṃlakṣita
（出典）善黠慧者、全分知故。（『瑜伽』84、大正 30・767c）

善和諍訟 ぜんわじょうしょう あらそいを静める、調停すること。「商農・放牧・事王・書印・算数・善和諍訟などの一切の如法の事に於て悉く事を同じくす」 Ⓢ prasādana

善和息 ぜんわそく 争いを静めること。「憍餉弥などの僧の闘諍の事を善和息す」

喘嗽 ぜんそう あえぎせきをすること。「身脊傴曲にして喘息奔急なりとは、行歩の威儀にして身形の顕すところなり。此れに由って極重の喘嗽を発起す」 Ⓢ śvasana

喘息奔急 ぜんそくそうきゅう はあはあとあえぎ、息が荒く短いこと。老いを表すありようの一つ。喘息短急ともいう。→喘嗽
Ⓢ khurukhuru-praśvāsa

喘息短急 ぜんそくたんきゅう →喘息奔急

禅 ぜん 詳しくは禅那という。パーリ jhāna の音写。禅那を縮めて禅という。心が一つの対象にとどめおかれて平等となった状態（心一境性）をいう。jhāna はサンスクリットでは dhyāna といい、旧訳では定と意訳し、音写の禅と意訳の定とを合わせて dhyāna を禅定とも訳す。しかし、新訳では dhyāna を静慮と意訳し、禅、あるいは禅定と訳すことはない。ただし、『述記』『枢要』『了義灯』『演秘』などの中国撰述の書には禅あるいは禅定という語が認められる。→静慮①

禅定 ぜんじょう →禅

禅那 ぜんな →禅

漸 ぜん だんだん。徐々に。次第に。順次に。
Ⓢ uttarottara: kramaśas: krameṇa: śanais

漸教 ぜんきょう 宗教的能力の程度（声聞・独覚・菩薩、小根・中根・上根）に応じて、時を異にし内容を異にして説かれた教え。第一時に有教（阿含経）、第二時に空教（般若経）、第三時に中道教（解深密経）と三時に分けて説かれた教えがこれにあたる。頓教の対。→三時教 →頓教

漸現観 ぜんげんかん 十六刹那において次第に各別に四諦を現観すること。説一切有部の説。一刹那に四諦を現観するという大衆部の頓現観の対。
（参考）（『婆沙』103、大正 27・533a～b）：（『倶舎』23、大正 29・122a）

漸悟 ぜんご 菩薩・独覚・声聞の三つの種子を、あるいは菩薩・独覚の種子を、あるいは菩薩・声聞の種子を持ち、まず、声聞あるいは独覚を経て菩薩となり、最後に仏陀となること、あるいはそのような人をいう。五姓のなかの不定姓をいう。→五姓各別

漸悟菩薩 ぜんごぼさつ →五姓各別

漸更 ぜんこう だんだんと程度がつよまるさま。「身心の軽安が漸更に増長す」
Ⓢ tara

漸次 ぜんじ だんだんに。次第に。段階に随って。徐々に。「是の如く漸次に分析して極微に至る」 Ⓢ anupūrva: anupūrvam: anupūrveṇa: ānupūrvika: upaniṣad: kāla-antareṇa: krama: krameṇa

漸次教授 ぜんじきょうじゅ 教えの浅い内容からはじめて、だんだんに深い教えを授けること。あるいは四諦のなか、最初の苦諦の観察からはじめて、順次、集諦・滅諦・道諦を観察することを教えること。あるいは初静慮からはじめて、順次、第二・第三静慮と禅定を深めていくように教授すること。四種の教授の一つ。→教授 Ⓢ anupūrva-avavāda
（参考）（『瑜伽』27、大正 30・435b～c）

漸漸 ぜんぜん 徐々に。おもむろに。だんだんに。「身行を止めて息風を漸漸に微細にせしむ」「食が漸漸に不浄となるを観じて不浄想を修す」 Ⓢ śanaiḥ śanaiḥ

漸断 ぜんだん 煩悩を順次一つずつ断じること。修道において九品の煩悩を順次断じるありようをいう。頓断の対。→頓断「聖者は一の無間道と一の解脱道とを以って九品の見所断の結を頓断し、九の無間道と九の解脱道とを以って九品の修所断の結を漸断す」「諸の沙門果は或いは煩悩を頓断するに因るが故に得る、或いは煩悩を漸断するに因るが故に得る」

蠕動 ぜんどう 小さな虫などの動物。「如来が菩薩なりし時、一切の禽獣・蠕動の類が皆な極めて仰信し常に来りて帰趣せり」
Ⓢ kṣudra-mṛga

そ

咀嚼 そしゃく 食べ物をかみこなすこと。「種種の飲食は一時に口に入りて牙歯にて咀嚼し、涎唾の和雑して細細に呑咽す」
Ⓢ abhyava-**hṛ**: bhakṣa

咀沫 そまつ つばを呑み込むこと。恐怖を表す行為の一つ。「若し上品の不善業を作す者は、将に命終らんとする時、斯の変怪の相を見る故に、流汗し、毛竪ち、虚空を捫摸し、翻睛し、咀沫す」

沮壊 そえ 破壊すること。「離間語は他をして沮壊せしめて方に業道を成ず」

殂落 そらく 死に関するありようの一つ。死後一週間か三週間たったありよう。
（出典）殂落者、従死已後、或一七日、或復、経於二三七日。（『瑜伽』84、大正 30・769b）

祖父国身 そふこくしん 五種の生存のありよう（那落迦・傍生・餓鬼・人・天）のなかの餓鬼の身体。 Ⓢ paitṛ-viṣayika-kāya
（出典）祖父国身者、即鬼身也。以祖父来、皆望男女之所祭祀、皆有此願乃至上祖故、言祖父国。広釈如智度論。（『略纂』8、大正 43・115b）

祖父世界 そふせかい 五種の生存のありよう（那落迦・傍生・餓鬼・人・天）のなかの

餓鬼の世界。餓鬼の原語 preta は父祖を意味する pitṛに由来し、嗣子なくして祀ることができない父祖の霊は餓鬼の世界に堕ちて苦しむと考えられた。 Ⓢ preta-loka

素泣謎羅香 そきゅうめいらこう 非常に小さなカルダモンの香。素泣謎羅は原語 sūkṣmailā（sūkṣma-elā）の音写。elā は香料の一種であるカルダモン。中国にはなく、インドではカレーの香料として用いられる。七種の香の一つ。 Ⓢ sūkṣmailā
（出典）素泣謎羅香者、如胡麻許大。赤色堪染、緋等。此土所無。極大香也。（『略纂』2、大正 43・23c）
（参考）（『瑜伽』3、大正 30・293b）

素怛纜 そたらん sūtra の音写。素呾覽・修多羅とも音写する。経あるいは契経と意訳する。釈尊によって説かれた経典のこと。十二分教の一つ。→契経 →十二分教 Ⓢ sūtra

素怛纜蔵 そたらんぞう 三蔵の一つ。経蔵ともいう。→三蔵 →経蔵 Ⓢ sūtra-piṭaka

素呾覽 そたらん 素怛纜とおなじ。→素怛纜

梳理 そり 髪をすくって整えること。「身を沐浴し已って其の髪を梳理す」 Ⓢ pra-sādh

蛆螫 そしゃ 虫がさすこと。転じて他者に乱暴な言葉をあびせること。「多く麤暴・凶鄙の麁言を発して他を蛆螫す」

蛆虫 そちゅう うじ虫。虫蛆ともいう。→虫蛆「若し飯を得れば蛆虫の想を作す」 Ⓢ kṛmi

疎 そ うといこと。関係が親しくないこと。親の対。「因の義は親にして縁の義は疎なり。此の義を表さんが為に因に六あり縁に四ありと説く」

疎遠 そおん 関係がうといこと、親しくないこと。親近の対。→親近③

疎渋 そじゅう 荒いこと。粗暴なこと。「諸の根は疎渋・麁燥にして性として楽って悪なる身語を以って他を損悩するを好む」 Ⓢ karkaśa

疎所縁 そしょえん →疎所縁縁

疎所縁縁 そしょえんえん 二つの所縁縁（親所縁縁・疎所縁縁）の一つ。→所縁縁

酥 そ 牛乳から作ったヨーグルト。「刀は鞘の中に在り、酥は酪の中に在り、血は身の中に在り」 Ⓢ ghṛta: sarpis

酥味 そみ ヨーグルトの味。七種の味の一つ。→味① Ⓢ sarpī-rasa

酥油 そゆ 牛や羊の乳を煮詰めてつくった油。穌油とも書く。「酥油などが焼燃して尽きる時は余の灰燼なし」 Ⓢ sarpis-taila

窣都婆 そとば →窣堵波

窣堵波 そとば stūpa の音写。窣都婆・浮図とも音写する。ストゥーパ。仏陀の舎利（遺骨）を安置する塔。供養し信仰する対象物。「如来の駄都を供養せんが為に窣堵波を未だ曽てあらざる処に建つ」「仏像や窣堵波などに於て淳浄の心を起こして恭敬し供養す」 Ⓢ stūpa

窣堵波物 そとばもつ ストゥーパ（窣堵波）に属するもの。「窣堵波物を盗取することあれば、彼れは如来に於て偸盗罪を得る」 Ⓢ staupika

窣堵魯迦香 そとろかこう 窣堵魯迦は turuṣka の音写。旧訳は斗楼婆・求求羅と音写。乳香。カンラン科の植物の樹脂から作った香。四大香の一つ。 Ⓢ turuṣka-gandha
（出典）窣堵魯迦香者、即旧云斗楼婆香、地持云求求羅香。（『略纂』2、大正 43・23c）

窣羅 そら surā の音写。食物から作られた酒。三種の酒（窣羅・迷麗耶・末陀）の一つ。→酒 Ⓢ surā

楚撻 そたつ むちで打つこと。苦しむこと。「楚撻を加えて縛る」「悪行の因の故に種種の挫辱と楚撻に遭う」

麁 そ ①感覚・知覚しやすい、ものの粗いありようをいう。感覚・知覚しがたい、ものの細かいありようである細（sūkṣma）の対。「欲界の苦は麁にして観察しやすく、色・無色界の苦は細にして観察しがたし」「細の色と麁の色」 Ⓢ audārika
（参考）（『倶舎』1、大正 29・4c）
②粗大で大きな形。眼の対象の一つ。微小で小さな形である細（aṇu）の対。→色境 Ⓢ sthūla
③種姓（阿頼耶識のなかの種子）の別名。すでに果を生じた種姓をいう。いまだ果を生じていない種姓を細と名づけることに対する。 Ⓢ audārika
（出典）此種姓未習成果、説名為細。未有果故。已習成果、説名為麁。与果倶故。（『瑜伽』35、大正 30・478c）

④悪いありよう。「麁なる食の損悩」
Ⓢ kad: lūha
⑤粗暴であらっぽいありよう。「麁なる言を発起す」 Ⓢ pāruṣya

麁悪 そあく ①言動が粗暴なこと。「語が麁悪にして多く忿恚を懐く」「麁悪な身業・語業」 Ⓢ paruṣa: pāruṣya
②食べ物がわるくまずしいこと。「麁悪な飲食が身を損す」

麁悪苑 そあくおん 麁渋苑とおなじ。→麁渋苑

麁悪語 そあくご 粗暴な言葉。汚れた心で他人を咎めようとして発する汚い言葉。麁語・麁悪言とおなじ。十不善業道（十種の悪い行為）の一つ。→十不善業道「他を壊せんと欲して虚誑語、或いは麁悪語を説く」「悪業道の中の殺生・麁語・瞋恚の業道は瞋の究竟に由る」「毀論とは、更相に憤怒し麁悪言を発するを謂う」
Ⓢ paruṣa-vacana: pāruṣya
（出典）若以染心、発非愛語、毀呰於他、名麁悪語。（『倶舎』16、大正 29・88a）：何麁悪語。謂、於他有情、起麁語欲楽、起染汚心、若即於彼、起麁語方便、及於麁語究竟中、所有語業。（『瑜伽』8、大正 30・317b）

麁悪言 そあくごん 麁悪語とおなじ。→麁悪語

麁果物 そかもつ 極微（原子）が集まってできた知覚されうる物質。麁物とおなじ。「彼の麁果物は極微より生ずる時、彼の形質の量を過ざると為すや、彼の形質の量を過ぎると為すや」 Ⓢ sthūla-phala-dravya

麁界 そかい 三界のなかの欲界をいう。これに対して色界と無色界とを細界という。

麁苦 そく あらい苦。細苦の対。「悲は但だ麁苦に苦しむところの有情を縁じ、大悲は麁苦と細苦に苦しむ有情を縁ず」

麁苦障 そくしょう 麁と苦と障。世間の無間道が有漏法を対象として認識するときの三つの認識のありよう。寂静でなくあらい、美妙ではなく苦である、出離することなく障壁となる、という有漏法の三つのありようをいう。「諸の世間の無間道は自と次下の地の諸の有漏法を縁じて麁苦障の三の行相の中の随一の行相を作す」
Ⓢ audārika-duḥkha-bhittika
（参考）（『倶舎』24、大正 29・127c）

麁楔 そけつ あらいくさび。楔（くさび）とは二つの木材をつなぎ合わせて抜けないようにはめこむ栓。粗く大きなくさびに小さく細かいくさびをそこに打ち込んで、大きなくさびを取り除くという方法を、心のなかの粗大な汚れを細かい心作用で除去することの喩えに用いる。→楔 →以楔出楔道理「細楔を用いて麁楔を遣るが如く、是の如く、行者は軽安身を以って麁重身を除く」「細楔で麁楔を除去するが如く、本識中に住する諸の雑染法の熏習せる種子を説いて麁となし、諸の対治道は能く彼れを除くが故に是れを名づけて細と為す」

麁顕 そけん ①はっきりと認識されるありようをいう。「若し麁顕に領受し観察する諸の奢摩他・毘鉢舎那があれば、是れを有尋有伺三摩地と名づく」「麁顕にして現見なる諸蘊に於て我我所と執す」 Ⓢ atyudārika
②沈隠の対としての麁顕。阿頼耶識にある種子がはっきりと認識されえない深層的なありようを沈隠というのに対して、種子より生じた表層的な識がはっきりと認識されうるありようを麁顕という。「種子の法は、其の相は沈隠にして、所生の果の法は、其の相は麁顕なり」

麁語 そご 麁悪語とおなじ。→麁悪語

麁獷 そこう ①乱暴であらあらしいさま。「常に柔軟で麁獷あることなし」「言が麁獷なるが故に非法語者と名づく」
Ⓢ kaṭuka: karkaśa: paruṣa: pāruṣya
②言過（議論における立論者の言葉の過失）の一つで、いかりで興奮して話す、あるいはあわただしく興奮して話すこと。→言過
Ⓢ saṃrabdha
（出典）麁獷者、謂、憤発掉挙、及躁急掉挙。（『瑜伽』15、大正 30・360a）

麁獷語 そこうご 他人を悩まし苦しめるほどにあらあらしく乱暴に語ること。
Ⓢ paruṣa-vādita
（出典）麁獷語者、謂、悩乱他、言発苦触故。（『瑜伽』8、大正 30・316b）

麁近 そごん 浅いありよう。程度が浅く理解しやすいありよう。麁浅とおなじ。「諸の菩薩は諸の有情に於て先に審かに観察して劣慧者を知りて、為に浅法を説いて麁近の教授教誡を随転し、中慧者を知りて、為に中法を説いて処中の教授教誡を随転し、広慧者を

知りて、為に深法を説いて幽微の教授教誡を随転す」「独頭の貪など、及び忿などの随惑の行相は麁近にして深遠ならず」「有漏の心心所法は麁近にして了し易し」 Ⓢ uttāna

麁言 そごん 粗暴な言葉。「悩は高暴なる麁言の所依たるを業と為す」「性として能く容忍し、麁言を発せず、亦た咆勃せず」
Ⓢ durvacana: vāc-pāruṣya

麁細 そさい 麁と細。あらいありようとこまかいありよう。「段食の麁細は互相に観待して了知すべし」「心の麁細の性は三界に皆なあり」「欲界の苦は麁にして観察し易きが故に先に現観し、色無色界の苦は細にして観察し難きが故に後に現観す」「根と境との麁細はかならず相似す」
Ⓢ audārika-sūkṣmatva

麁色 そしき ①粗大で大きなもの一般をいう。地・水・火・風の四つの元素（四大種）からできたもの。細色の対。「麁色を見るとは千枝の大樹を見るが如く、細色を見るとは中間の細草を見るが如し」「一切の外分のあらゆる麁色は四大の所成にして恒に相続して住す」
Ⓢ rūpiṇa audārikāḥ: rūpi-audārika
②眼などの五つの器官でとらえられるもの。細色の対。 Ⓢ audārika-rūpa
（出典）五根所取名麁色、所余名細色。（『俱舎』1、大正 29・4c）

麁食 そじき 麁疎飲食とおなじ。→麁疎飲食

麁重 そじゅう 身心の重々しい状態。顕在的には身心が束縛され自由に活動できない状態（不堪任性・無堪任性・無堪能性）をいう。潜在的には身心を重く汚れたありようにする可能力である、阿頼耶識のなかの煩悩の種子（雑染の種子）をいう。軽安の対。→軽安「何等を軽安と為すや。謂く、身心の麁重を止息して身心を調暢するを体と為し、一切の障礙を除遣するを業と為す」
Ⓢ dauṣṭhulya
（出典）於諸自体中所有種子、若煩悩品所摂、名為麁重、亦名随眠。（『瑜伽』2、大正 30・284c）：現行現起煩悩、名纏、即此種子未断未害、名曰随眠、亦名麁重。（『瑜伽』58、大正 30・623a）：麁重相者、謂、所依中無堪能性。（『摂論釈・世』3、大正 31・337b）：麁重有三義。一悩害義、唯染汚法。二無堪忍義、通無記法。三性有漏義、通有漏善。（『略纂』1、大正 43・12c）：麁重言、顕煩悩種。対法論等説、種子麁重故、雖煩悩現行亦名麁重、無堪任性亦名麁重。（『述記』3末、大正 43・341a）
（参考）次のような種類が説かれる。（ⅰ）漏麁重・有漏麁重の二種（『瑜伽』58、大正 30・625b）。（ⅱ）在皮麁重・在膚麁重・在肉麁重の三種（『瑜伽』48、大正 30・562b）、在皮麁重・在肉麁重・在心麁重の三種（『瑜伽』73、大正 30・702a）。（ⅲ）自性異熟麁重・自性煩悩麁重・自性業麁重・煩悩障麁重・業障麁重・異熟障麁重・蓋麁重・不正尋思麁重・愁悩麁重・怖畏麁重・劬労麁重・飲食麁重・眠夢麁重・婬欲麁重・界不平等麁重・時分変異麁重・終没麁重・遍行麁重の十八種（『瑜伽』59、大正 30・627b）。（ⅳ）一切遍行戯論麁重・領受麁重・煩悩麁重・業麁重・異熟麁重・煩悩障麁重・業障麁重・異熟障麁重・蓋麁重・尋思麁重・飲食麁重・交会麁重・夢麁重・病麁重・老麁重・死麁重・労倦麁重・堅固麁重・麁麁重・中麁重・細麁重・煩悩障麁重・定障麁重・所知障麁重の二十四種（『集論』5、大正 31・685c）。

麁重散動 そじゅうさんどう 麁重による散乱・動揺。苦楽の受が生じるとき、麁重の力によってそれらを自己（我）、自己のもの（我所）と思考すること。五つの心の散動（作意散動・外心散動・内心散動・相散動・麁重散動）の一つ。→麁重　→心散動
（出典）若内作意為縁、生起所有諸受、由麁重身、計我起慢、当知、是名麁重散動。（『解深』3、大正 16・701c）

麁重散乱 そじゅうさんらん 麁重による散乱。善を修するとき、麁重の力によって、生じた苦楽を自己（我）、自己のもの（我所）と執着すること。六種の散乱（自性散乱・外散乱・内散乱・相散乱・麁重散乱・作意散乱）の一つ。
（出典）云何麁重散乱、謂、依我我所執、及我慢品麁重力故、修善法時、於已生起所有諸受、起我我所、及与我慢執受間雑取相。（『集論』1、大正 31・665b）

麁重転依 そじゅうてんね すでに無学道を証得した者の三種の転依（心転依・道転依・麁重転依）の一つ。阿頼耶識から一切の煩悩を生じる潜在的な可能力（随眠）がなくなっ

た状態。→転依

（出典）無間転依者、謂、已証得無学道者三種転依。何等為三。謂、心転依・道転依・麁重転依。（中略）麁重転依者、謂、阿頼耶識一切煩悩随眠永遠離、故名為転依。（『雑集論』10、大正 31・742c）

麁重縛 そじゅうばく　二つの束縛（相縛・麁重縛）の一つ。深層心である阿頼耶識が煩悩の種子に束縛されたありようをいう。表層心が心のなかに生じた相（観念・表象）に束縛されるありようである相縛に対比する概念。この二つの束縛から解脱するために奢摩他・毘鉢舎那（止・観）というヨーガを修することが要請される。→相縛「相縛が衆生を縛し、亦た麁重縛にも由る。善く止観を双修すれば、方に乃ち倶に解脱す」

Ⓢ dauṣṭhulya-bandhana

麁渋 そじゅう　あらくなめらかでないさま。「瞋が起こりて身をして麁渋・剛強せしむ」「恚結はかならず麁渋の相続による。色無色界の相続は細滑にして勝たる奢摩他に滋潤せらるるが故に恚結あることなし」

麁渋苑 そじゅうおん　スメール山の頂上の帝釈天にある四つの苑の一つ。麁悪苑ともいう。Ⓢ pāruṣika-vana

麁浅 そせん　浅いありよう。程度が浅く理解しやすいありよう。麁近とおなじ。「鈍根には麁浅なる言論を宣説し、利根には深細なる言論を宣説す」「嬰児の智慧の有情には麁浅にして悟入し易き法を説く」「五識の行相は麁浅にして、名が詮す義を縁ぜず」

Ⓢ uttāna

麁疎飲食 そそおんじき　貧しいたべもの。麁食ともいう。「麁疎飲食による匱乏の苦」「飢と渇と麁食とによる損悩」　Ⓢ kad-anna: kad-aśana

麁相 そそう　①あらいありよう。三界九地を一番下の欲界から一番上の非想非非想処にまで漸次あがっていく過程において、より下の地のありようを麁相という。より下の地はあらいありようであり、より上の地は静相すなわち寂静なるありようであると観察して上地にあがろうと意欲して、漸次、上にあがっていくことになる。「是の如く復た初静慮の上に於て漸次に応の如く一切の下地を観じて麁相と為し、一切の上地を観じて静相と為す。彼れ、多く是の如き観に住する時、便ち乃至、無所有処に於て離欲を得るに由って、亦た能く乃至、非想非非想処に証入す」「欲界の麁相と初静慮の静相とを能く正しく覚了す」　Ⓢ audārika-lakṣaṇa

（出典）如是乃至為証入非想非非想定、如応当知又麁相者、謂、於一切下地、従欲界乃至無所有処、如是麁相、略有二種。一住於重苦、不寂静住故。二命行微少、寿命短促故。（『雑集論』9、大正 31・736c）

②おおまかなありよう。「世俗の麁相の差別と勝義の真実の差別」「麁相と実義の二門を説く」「先に煩悩の諸根の相応を辯ずるは但だ麁相の道理に約して建立して初行者をして解に乱なからしむるが故なり。今は巨細の道理に約して建立して久行者をして自他の身の種種の行解の差別を転ぜしむが故なり」

Ⓢ audārika: sthūla

麁相現行障 そそうげんぎょうしょう　四諦において苦諦と集諦とは染であり滅諦と道諦とは浄であると分けて考える障害。所知障（知るべきものである真如を知ることをさまたげる障害）のなかで倶生（先天的にそなわっている）の障害の一部。十重障の一つ。この障を十地の第六地で断じて無染浄真如を証する。→十重障

（出典）麁相現行障、謂、所知障中倶生一分、執有染浄麁相現行。彼障六地無染浄道、入六地時、便能永断。（『成論』9、大正 31・53b）

麁燥 そそう　あらいこと。粗暴なこと。「諸の根は疎渋・麁燥にして性として楽って悪なる身語を以って他を損悩するを好む」

Ⓢ paruṣa

麁大 そだい　あらく大きなこと。微細の対。「是の如き四大種の中に於て、先に支節の麁大の勝解を起こし、後に分析して種種に細分なる微細の勝解を起こす」「麁大の義とは当に知るべし、三種の微細を遠離するをいう」

麁動 そどう　こころが定まらず動揺しているさま。動きまわること。「定を修する時、定の加行に於て麁動の心心所を厭患す」「眼などの識の行相は麁動にして、所縁の境に於て必ず労慮を起こす。彼れを厭患するが故に、暫く止息を求めて、漸次、伏除して都尽の位に至る」「諸の煩悩の垢は麁動にして息め易く、繋縛の用は劣なり」

麁弊 そへい　まずしくそまつなこと、あ

るいは、そのようなもの。「麁弊な資命の衆具」「麁幣な衣服・飲食」「今世の時の人は麁弊を受用すると雖も能く自ら存す」 Ⓢ lūha

麁物 そもつ 極微（原子）が集まってできた知覚されうる物質。麁果物とおなじ。「諸の極微より起こるところの麁物」 Ⓢ sthūlaṃ dravyam

鼠狼 そろう ねずみ。イタチの別名。「怨敵相違とは毒蛇と鼠狼とが互に怨敵となるを謂う」 Ⓢ nakula

蔬菜 そさい 野菜。「酒飲の味と非酒飲の味と蔬菜の味と林果の味と所食の味との五種の味あり」 Ⓢ śāka-patra

穌息 そそく 蘇息とおなじ。→蘇息

穌油 そゆ 酥油とおなじ。→酥油

蘇闍多 そじゃた 「美しい」「高貴な」などを意味する sujāta の音写。「仏の眼目は脩広にして其の色の紺浄なること蘇闍多の青蓮花の葉の如し」 Ⓢ sujāta

蘇息 そそく 休む、いこうこと。生きかえること。穌息とも書く。「三結が永断する蘇息の処」 Ⓢ āśvasta

蘇陀 そだ sudhā の音写。甘い食べ物。「若し非天が勝を得れば即ち天宮に入りて四種の蘇陀の味を求めんが為の故に共に相い戦諍す」 Ⓢ sudhā

（出典）有食樹、従其樹裏、出四食味、名曰蘇陀、所謂、青黄赤白。（『瑜伽』4、大正 30・298a～b）

蘇達梨舎那山 そだりしゃなせん 蘇達梨舎那は sudarśana の音写。su は善、darśana は見という意味で、善見山と意訳される。この山の形を見ると善が多く生じるから、この名でよばれる。スメール山（蘇迷盧山）を中心にして取り囲む八つの山の一つ。→八山 Ⓢ sudarśana

（参考）（『略纂』1、大正 43・16a）

蘇提訶洲 そだいかしゅう 四大洲の一つである毘提訶洲（勝身洲）の側にある中洲。『婆沙論』（『婆沙』172、大正 27・867c）では蘇提訶洲、『倶舎論』（『倶舎』11、大正 29・58a）では毘提訶洲と書く。

蘇漫多声 そまんたしょう 蘇漫多は subanta の音写。文法用語で男性・女性・中性、単数・両数・複数、八格などの名詞の格例法。最後の八格を八転声といい、体格・業格・具格・為格・従格・属格・於格・呼格の八格をいう。

（参考）（『枢要』上本、大正 43・609a）

蘇迷盧 そめいろ →蘇迷盧山

蘇迷盧山 そめいろせん 蘇迷盧は sumeru の音写。妙高山と意訳。旧訳は須弥山。世界を支える三つの輪（風輪・水輪・金輪）の金輪の上に九山があるなかの中心に位置する山。山の北面が金、東面が銀、南面が瑠璃、西面が水晶からできている。山の中腹に四大王衆天、山頂に三十三天が住む。 Ⓢ sumeru

蘇夜摩 そやま suyāma の音写。欲界の六欲天の第三天である夜摩天のこと。 Ⓢ suyāma

蘇夜摩天王 そやまてんおう 欲界の六欲天の第三天である夜摩天の王。蘇夜摩天子とおなじ。 Ⓢ suyāmo deva-rājaḥ

蘇夜摩天子 そやまてんし →蘇夜摩天王

双 そう 一対。二つで一組のもの。たとえば仏弟子のなかで目乾連は止（禅定）の第一、舎利弗は観（智慧）の第一で、二人を合わせて「第一の双」という。「双の法を言うは苦と楽とを謂う」 Ⓢ yuga

双運 そううん 双運転ともいう。二つが同時に働くこと。止と観とが同時に働くことを止観双運という。双運転ともいう。→止観 Ⓢ yuganaddha-vāhin: yoga-vāhin

双運転 そううんてん →双運

双運転道 そううんてんどう →双運道

双運道 そううんどう 止と観とが同時に働く修行のありようをいう。双運転道ともいう。 Ⓢ yuganaddha-vāhī-mārga

（参考）（『瑜伽』31、大正 30・458b）

双業 そうごう 二種の業（双業・隻業）のなかの一つ。二種の業（牽引業・円満業）のなかの牽引業を双業、円満業を隻業という。あるいは牽引業・円満業をまとめて双業、そのなかの一つを隻業という。→牽引業 →円満業

（出典）如是外道説有二業。一者双業、二者隻業。牽引業名双業、円満業名隻業。或具二種名双業、随但有一名隻業。（『婆沙』198、大正 27・991c）

双樹 そうじゅ ①一対の二つの樹。菩提樹と娑羅樹。
②娑羅双樹のこと。→娑羅

双足 そうそく 両足。「仏所に来詣し、到

り已りて世尊の双足を頂礼す」 Ⓢ pādau

双陸 そうりく 双六の遊び。遊戯の一つ。「戯とは双陸・樗蒲・弄珠などの戯を謂う」 Ⓢ akṣa-krīḍa

爪 そう つめ。 Ⓢ nakha

爪上土 そうじょうど 爪の上にのる僅かな量の土。非常に希である存在や出来事の喩えに用いられる。「世間の有情で性として愚鈍なる者は大地の如く、性として聡慧なる者は爪上土の如し」「爪上土を大地土に比するが如く、百千分の一にも及ばず」

壮士 そうし 気力が盛んな男。力強い男子。勇敢な男子。壮夫・壮丈夫とおなじ。「自性が自性を知らざるは指端が自を触れず、刀刃が自を割らず、瞳子が自を見ず、壮士が自を負かさざるが如し」「壮士の弾指する頃の如きに六十五の刹那あり」「壮士の力は千の夫に敵す」「智慧力に由って、数数、推求して我愛を制するは、猶し壮丈夫が羸劣者と共に相い捔力して能く制伏するが如し」 Ⓢ balavat-tara-puruṣa: balavat-puruṣa: śūra

壮色 そうしき すぐれた容貌。「菩薩は、或いは執金剛神を化作し、或いは壮色にして大身・巨力の薬叉を化作す」 Ⓢ udāra-varṇa

壮丈夫 そうじょうぶ 壮士とおなじ。→壮士

壮年 そうねん 年若く元気な人。気力盛んな年齢。「壮年の分位が滅して老年の分位が生ず」

壮夫 そうぶ 壮士とおなじ。→壮士

壮麗 そうれい 壮大で美しいさま。「天帝釈の都するところの大城に厳飾・壮麗なる千の門あり」

皂筴樹 そうきょうじゅ 木の名。マメ科の落葉高木。実は平らな筴をなし、染料として用いられる。「設拉末梨林は皂筴樹に似る」（参考）（『略纂』1、大正 43・16c）

走 そう ①はしること。「走り出て遠くに去る」

②修行において性急であること。沈（緩慢であること）の対。走でも沈でもない非苦非楽の中道を歩むことが求められる。

（出典）於苦楽行二辺過失、不如実見。以不見故、極沈・極走。沈、謂、太緩、不能進趣。走、謂、太急、不能達到。（『婆沙』199、大正 27・996b）

奏 そう かなでること。演奏すること。「如来応正等覚が般涅槃するとき、大地は振動し、衆星が晃耀・交流し、天の大楽を奏す」「諸の伎楽を奏す」 Ⓢ abhinandana

怱遽 そうきょ ①いそがしく働くこと。散漫に働くこと。怱務ともいう。「尋とは尋求にして心を怱遽に意言の境に於て麁く転ぜしめるを性と為す」「若し定地に在れば、縁に於て最初に率爾として起こり、怱務として境に行ずる麁の意言性を名づけて尋と為す」「怱務所行の境界を遠離す」 Ⓢ vyagra-cārin

（出典）怱遽者、怱迫遽急也。（『述記』7本、大正 43・468a）

②いそぎあわてるさま。「染悩心とは、其の心が怱遽に彼彼の事に於て増上して勤劬し、或いは荒く、或いは乱れ、或いは渾濁するを謂う」

怱劇 そうげき いそがしいさま。「只だ静かに心を澄して、ある処に人が怱劇なる風情にして来る時は、可欣の自体なし」

怱怱 そうそう いそがしいさま。あわただしいさま。「之を書き留めるべきところ、怱怱の間、之を略す」

怱務 そうむ 怱遽とおなじ。→怱遽①

相 そう ①現象となって具体的に認識される事物・事象のありようの総称。この意味での相の原語には lakṣaṇa と nimitta とがあるが、存在全体を相・名・分別・真如・正智の五つに分類する五事説における相の原語は nimitta である。この五事における相の種類としては、『瑜伽論』で詳説される（『瑜伽』72、大正 30・697a～b）。そのなか、たとえば、次の六つがあげられている。（i）有相相。名称によって認識される相。（ii）無相相。名称によって認識されない相。（iii）狭小相。欲界において認識される相。（iv）広大相。色界において認識される相。（v）無量相。無色界のなかの空無辺処・識無辺処において認識される相。（vi）無所有相。無色界のなかの無所有処において認識される相。 Ⓢ nimitta: lakṣaṇa

②原語 nimitta の訳としての相。この相は次の二つに大別される。（i）事物の形相としての相。（ii）原因としての相。前者を所縁相、後者を因縁相という。（i）はさらに1．直接、事物と対することによって知覚される事物の形相（本性相）と2．事物をはなれ、

心のなかに作りだされる形相（影像相）とに分けられる。（ii）は因相と訳される場合がある。この（i）の所縁相と（ii）の因縁相に応遠離相と応修習相とを加えた四種も説かれる（『瑜伽』11、大正 30・333c）。
Ⓢ nimitta
③ ākāra の訳としての相。行相とも訳される。→行相①　Ⓢ ākāra
④ kāraṇa の訳としての相。原因。動機。「菩薩は二つの相に由って外の施物を以って諸の衆生に施す」　Ⓢ kāraṇa
⑤ liṅga の訳としての相。特徴。ありよう。「諸の菩薩に五の真実の菩薩の相あり」
Ⓢ liṅga
⑥能相・所相の相。能相（lakṣaṇa）とはある事物に形相を持たせるもの。所相（lakṣya）とは形相を持って具体的に現される現象。たとえば生・住・異・滅の四相が能相であり、有為法が所相である。あるいは遍計所執相・依他起相・円成実相の三相が能相であり、心・心所・色・不相応行・無為の五つが所相である。
⑦体相・相状の相。体相とは、ものの本体、ものそのものをいい、相状とは、ものの知覚されるありようをいう。
（出典）相者是何。所謂、体相。（『述記』2本、大正 43・271c）：相、謂、相状。（『述記』2末、大正 43・299b）
⑧性相の相。→性相
⑨相互に。互いに。「知足天は唯だ相い手を執って熱悩が便ち息み、他化自在天は眼で相い顧視して熱悩が便ち息む」　Ⓢ anyonya

相異　そうい　ありよう（相 lakṣaṇa）が異なること。「眼などの五根は展転して相異す」
Ⓢ bhinna-lakṣaṇa

相違　そうい　違うこと。相反すること。
Ⓢ pratidvaṃdva-bhāva: prativirodha: viguṇa: vipakṣa-bhūta: viparīta: viparyaya: vipādana: viruddha: virodha: virodhika: virodhitva: virodhin
（出典）更相違返故、名相違。（『述記』7末、大正 43・488c）
（参考）種類として、語言相違・道理相違・生起相違・同処相違・怨敵相違・障治相違の六種が説かれる（『瑜伽』38、大正 30・501a～b）。→各項参照

相違因　そういいん　→十因

相違識相智　そういしきそうち　ただ識しか存在せず外界にはものは存在しないという唯識無境の理をさとるための四つの智の一つ。同一の事物に対してそれを認識する者が相違すれば、その事物は違った相（すがた）をもつものとして認識されると智ること。たとえば、水に対して、餓鬼は膿や血の充満した河、魚などの傍生は住居や道路、天は宝石で荘厳された地、人間は清らかな水あるいは波浪、としてそれぞれ認識することをいう。もしも外界に事物が実在するならば、このような認識の相違はありえないから、外界には事物は実在しない、すなわち、唯識無境であると結論する。
（出典）成就四智、菩薩能随悟入唯識無境。一相違識相智、謂、於一処、鬼人天等、随業差別、所見各異。境若実有、此云何成。（『成論』7、大正 31・39a）

相違釈　そういしゃく　二つあるいは二つ以上の単語からなる合成語の単語間の関係についての六つの解釈（六合釈）の一つ。→六合釈

相依　そうえ　二つのものが互いに依存し合っていること。「寿と煖とは展転して相依して住す」「識は名色を縁とし名色は識を縁とするは、猶し束蘆が相依して転ずるが如し」

相応　そうおう　①あるものが他のものと関係する、結びつく、一致することをいう。「大乗と相応する善法を宿習す」「仏所説の甚深なる空性に相応する経典に於て如来の密意の義趣を解せず」「楽と相応する心と苦と相応する心」「五識と相応するを名づけて身楽と為し、意識と相応するを名づけて心楽と為す」　Ⓢ aviprayukta: pratisaṃyukta: yukta: **yuj**: yoga: yoga-pratisaṃyukta: saṃyukta: saṃyoga: saṃprayukta: saṃpra-**yuj**: saṃprayoga: saṃprayogin: saṃbaddha: sam-**badh**: saṃbandha
（参考）種類としては、不相離相応・和合相応・聚集相応・倶有相応・作事相応・同行相応の六種が説かれる（『集論』3、大正 31・673b）（『雑集論』5、大正 31・718a）→各項参照。この他にも他性相応・不相違相応・遍行相応・不遍行相応・所治相応・能治相応・曽習相応・未曽習相応・下劣相応・広大相応の十種が説かれる（『雑集論』15、大正 31・

769a)。『婆沙論』には次のような種々の相応の義（意味）が列記されている（『婆沙』16、大正27・80b〜81b)。等義・不相離義・等運転義・等所作義・相順義・等和合義・四事平等義・五事平等義・如束蘆義・如合索義・如連手義・如商侶義・相引生義・有所縁義・同所縁義・常和合義・恒倶生義・倶生住滅義・同一所依同一所縁同一行相転義・同作一事義・同伴侶義・所依所縁行相所作一切同義
②心（こころの中心体）と心所（細かい心作用）とが等しく相互に結合し関係し合っていることをいう。→四義平等
Ⓢ pratisaṃyukta: saṃprayukta: saṃpra-**yuj**
（出典）依何義故、名等和合。有五義故。謂、心心所五義平等故、説相応。所依・所縁・行相・時・事、皆平等故。(『倶舎』4、大正29・21c〜22a)
③ふさわしいこと。適っていること。「相応の加行とは、若しくは貪行者ならば不浄に於て其の心を安住するをいう」 Ⓢ anurūpa: yukta
④不相応行の一つ。総じては、ある原因はかならずある結果を生じるという因果の理をいう。別しては、因果の理に則して、物事が結合すること、教えを正しく説くこと、あるいは正しい四つの道理（観待道理・作用道理・因成道理・法爾道理）に則して行為すること、などをいう。→不相応行 Ⓢ yoga
（出典）何等相応。謂、於因果相称、仮立相応。(『集論』1、大正31・665c)：云何相応。謂、彼彼諸法、為等言説。為等建立、為等開解、諸勝方便、是謂相応。又此相応差別分別有四道理。謂、観待道理・作用道理・因成道理・法爾道理。(『瑜伽』52、大正30・588a)：相応者、謂、名句文身、次第善安立故。又依四種道理相応故。(『瑜伽』81、大正30・750c)：問、依何分位建立相応、此復幾種。答、依因果相称分位建立相応。此復三種。謂、和合相応・方便相応・称可道理所作相応。(『瑜伽』56、大正30・607c)
⑤教えの意味を前後違えず、理路整然と説くこと。教えを説く声にそなわる五つの徳の一つ。
（出典）何等為声。謂、具五徳乃名為声。一不鄙陋、二軽易、三雄朗、四相応、五義善。（中略）相応者、謂、前後法義、相符不散。(『瑜伽』15、大正30・359b)

相応因 そうおういん　心（こころの中心体）と心所（細かい心作用）とが互いに相応して働くことにおいて、二つのなかの一方を他に対する相応因という。六因の一つ。→相応② →六因 Ⓢ saṃprayuktaka-hetu
（出典）唯心心所、是相応因。(『倶舎』6、大正29・32b)

相応加行 そうおうけぎょう　修行者の性格に適った修行。たとえば、むさぼりの強い者（貪行者）は不浄観を、いかりの強い者は慈悲観を、愚癡の強い者は縁起観を実践する、というような対治療法的な修行をいう。九種の加行の一つ。→加行②
Ⓢ anurūpa-prayogatā
（参考）(『瑜伽』31、大正30・455b〜c)

相応受 そうおうじゅ　楽受・苦受・不苦不楽受の三種の受（感受作用）を、それらをともなう存在との関係で説いたもの。五受（自性受・現前受・所縁受・相応受・異熟受）の一つ。
（参考）(『婆沙』115、大正27・596b)

相応順受 そうおうじゅんじゅ　→順受②

相応善 そうおうぜん　四種の善（自性善・相応善・等起善・勝義善）の一つ。それそのものが善である自性善と共に働くこころ（心と心所）をいう。〈倶舎〉では自性善である慚・愧と三善根（無貪・無瞋・無癡）と共に働くこころをいい、〈唯識〉では自性善である信などの十一の心所とともに働くこころをいう。相属善ともいう。
Ⓢ saṃprayogeṇa kuśalaḥ
（出典）相応善者、謂、彼相応、以心心所要与慚愧善根相応方成善性。若不与彼慚等相応、善性不成、如雑薬水。(『倶舎』13、大正29・71a)：相応善、謂、信等相応心心所法。(『述記』3末、大正43・334b)

相応断 そうおうだん　煩悩と相応して共に働くこころの中心体（識・心）とそれに付随して働く細かい心作用（心所）において煩悩が断じられることによって解脱すること。たとえば、それそのものは汚れてはいないが貪・瞋などの煩悩の心所と共に働くと汚れたものになる眼識から、貪・瞋などの煩悩が断じられて眼識から汚れがなくなることをいう。
（出典）断有幾種。答、断有四種。一自性断、二相応断、三縁縛断、四不生断。（中略）。相

応断者、有漏八識、五遍行全、別境、不定二各少分。自性非染、由与惑倶、断相応時、心等解脱。(『了義灯』5末、大正43・754c)

相応縛 そうおうばく　二種の束縛(相応縛・所縁縛)の一つ。心(こころの中心体)が共に相応して働く心所(細かい心作用)に束縛されること。「著とは是れ相応縛にして、縛とは是れ所縁縛なり。七慢の類は二の縛を具するが故に、彼の衆生に於て能く著し能く縛す」

(出典)論縛者、有其多種。或説二縛。一相応縛、二所縁縛。(『了義灯』5本、大正43・748b)

相応不善 そうおうふぜん　四種の不善(自性不善・相応不善・等起不善・勝義不善)の一つ。自性不善であるこころと共に働く心(こころの中心体)と心所(細かい心作用)とをいう。〈倶舎〉では無慚・無愧と三不善根(貪・瞋・癡)と共に働く心・心所をいい、〈唯識〉では無慚などの随煩悩の心所と共に働く心・心所をいう。相属不善ともいう。→自性不善

Ⓢ saṃprayogataḥ akuśalaḥ

(出典)相応不善、謂、彼相応、由心心所法要与無慚愧不善根相応方成不善性。異則不然、如雑毒水。(『倶舎』13、大正29・71b):相応不善、謂、無慚等相応心心所法。(『述記』3末、大正43・334b)

相応無明 そうおうむみょう　二種の無明(相応無明・不共無明)の一つ。すべての煩悩と相応して共に働く無明。煩悩共行無明ともいう。→無明　→不共無明

(出典)此無明総有二種。一煩悩相応無明、二独行無明。非無愚癡而起諸惑、是故貪等余惑相応所有無明、名煩悩相応無明。(『瑜伽』58、大正30・622a):無明有二種。一一切煩悩相応無明、二不共無明。(『集論』4、大正31・676b)

相遠性 そうおんしょう　特質・ありようが異なっていること。たとえば、地・水・火・風の四つの要素(四大種)が一つの事物を構成する場合、四つそれぞれの特質が異なっていることをいう。四種の遠性の一つ。→遠性

Ⓢ vilakṣaṇa-dūratā

(参考)(『倶舎』21、大正29・111b)

相空 そうくう　もののすがた・ありようは非存在であるという理。この理をさとることによって、ものが生じ、持続し、変化し、そして滅するというありようへの執着を除くことができる。

(出典)有十種相、空能除遣。何等為十。(中略)二者、了知安立真如義故。有生滅住異性相続随転相、此由相空及無先後空、能正除遣。(『解深』3、大正16・701a)

相見 そうけん　①相と見。認識を構成する二つの要素。相は認識される側の領域、見は認識する側の領域。

(出典)若眼等識、以色等識、為相。以眼識識、為見。(『摂論』中、大正31・138c)

②相分と見分。→相見二分

③二十八種のまちがった見解(不正見)の一つ。→不正見

④あい見ること。互いに見つめ合うこと。「有情は展転して相見し、各、猛利の殺害の心を起こす」 Ⓢ anyonyaṃ **dṛś**

相見道 そうけんどう　見道における二つのありようの一つ。まさしく無分別智で真理(真如)を見る段階の真見道の後に、真見道での体験内容(相)を心のなかに思い出して真如をさらに深く見る段階。これに関して次の二説がある。(ⅰ)三心相見道。三つの智で非安立(言葉で表現されない)の真如を見る。三心とは次の三つの智をいう。1. 内遣有情仮縁智(自己の内身を観察して実体的な自己は存在しないと見る智)。2. 内遣諸法仮縁智(自己の内身を観察して自己を構成する諸要素は存在しないと見る智)。3. 遍遣一切有情諸法仮縁智(自己の内と外とのすべてを観察して実体的な自己も存在の実体的な構成要素も存在しないと見る智)。(ⅱ)十六心相見道。十六の智で安立(言葉で表現される)の真如を見る。これに関して次の二説がある。1. 所取・能取の十六心観(苦諦についていえば、法忍と法智とによって所取である認識される三界の苦諦の真如を観察し、類忍と類智とによって能取である前の法忍と法智との二つの智を観察すること。他の集諦・滅諦・道諦についても同様のことがいえるから全部で十六心がある)。2. 上下八諦の十六心観(三界中、下界である欲界の四諦のおのおのを法忍・法智で、上界である色界・無色界の四諦のおのおのを類忍・類智で観察する)。

(参考)(『成論』9、大正31・50a)

相見二分 そうけんにぶん　相分と見分。→

四分

相顕現分別 そうけんげんふんべつ　十種の分別・虚妄分別の一つ。識のなかに眼識・耳識・鼻識・舌識・身識・意識の六識および意根として顕現したすがた（相）を分別すること。顕相分別ともいう。→虚妄分別

（出典）相顕現分別者、謂、六識身及意、如前所説、所取相而顕現故。（『雑集論』14、大正 31・764b）：顕相分別者、謂、眼識等并所依識、顕現似彼所縁境相、所起分別、有所分別、或能分別故、名分別。（『摂論釈・世』4、大正 31・342b）

相顕現変異分別 そうけんげんへんいふんべつ　十種の分別・虚妄分別の一つ。識のなかに眼識・耳識・鼻識・舌識・身識・意識の六識および意根として顕現したすがた（相）が変化して異なるさまを分別すること。顕相変異分別ともいう。→虚妄分別

（出典）相顕現変異分別者、謂、如前所説、眼識等相顕現、於苦楽等位、差別生起。（『雑集論』14、大正 31・764b）：顕相変異分別者、眼識等、顕現似彼所縁境相、所有変異。縁此顕相変異分別。此亦如前所説、老等種種変異、由此亦於老等位中変異起故。（『摂論釈・世』4、大正 31・342b）

相好 そうごう　①すがた。かたち。特徴。「自ら誓って形を毀し、鬚髪などを剃って世俗の諸の相好を棄捨す」「諸の境界に於て不如理に相好を執取するあらゆる諸の想を起こし、此の想を縁と為して諸の境界に於て希欲を発起す」 Ⓢ vyañjana

②仏の相好。仏の身体的特徴。相は三十二大丈夫相、好は八十随好。→三十二大丈夫相→八十随好「自受用身は常によって住せり。浄土の量の如く身量も亦た爾なり。諸根の相好は一一無辺なり」

相好百劫 そうごうひゃくごう　三阿僧祇劫にわたる修行の第三阿僧祇劫の第十地の最後に金剛心を起こす位、すなわち等覚の位において、成仏するために仏の身体的特徴である相好を身につける百劫にわたる修行期間をいう。→相好②

（出典）従第八地至第十地、総為第三阿僧祇劫。金剛心位第十地終即是等覚。相好百劫亦在此中。（『観心覚夢鈔』下、大正 71・87b～c）

相散動 そうさんどう　対象のすがた・ありよう（相）によって心が散乱し動揺すること。外界の対象の相によって内界の禅定において種々の対象の相を思考すること。五つの心の散動（作意散動・外心散動・内心散動・相散動・麁重散動）の一つ。→心散動

（出典）若依外相、於内等持、所行諸相作意思惟、名相散動。（『解深』3、大正 16・701c）

相散乱 そうさんらん　仏教以外の人を仏教に帰信せしめようとして、だますために善を修すること。六種の散乱（自性散乱・外散乱・内散乱・相散乱・麁重散乱・作意散乱）の一つ。

（出典）云何相散乱。謂、為他帰信、矯示修善。（『集論』1、大正 31・665b）

相視 そうし　互いに見つめ合うこと。「他化自在天は相視して婬を成ず」「天あり、名づけて意憤と曰う。彼の諸の天衆は展転して眼を角だてて相視するに由るが故に意憤転増し、意憤増するが故に彼の処より没す」

Ⓢ pra-**īkṣ**: prekṣita

相似 そうじ　①互いに似ること。「因と果とが相似して転ずる義、是れ縁起の義なり」「彼の諸の有情は已と平等にして已と相似せり」 Ⓢ anurūpa: anvaya: upama: tulya: sadṛśa: samāna: sādṛśya: sādharmya

（参考）種類として、相状相似・自体相似・業用相似・法門相似・因果相似の五種が説かれる（『瑜伽』15、大正 30・357a）。→各項参照

②平等であること。おなじであること。「求むる者に相似して施し、財物は平等なり」「資糧と法身と利他とに由れば、仏は相似せり」 Ⓢ tulya: samatā

③似ること。心のなかの影像が知るべき本来の対象と似ていること。「観行を勤修する瑜伽師は、所知の本事と相似する所縁に於て其の心を安住す」

Ⓢ pratibhāsa: pratirūpa: pratirūpaka

④似ているが真なるものではないこと。「相似の菩薩にして真の菩薩に非ず」「諸の菩薩に略して五種の相似の功徳あり。当に知るべし、実には是れ菩薩の過失なりと」

Ⓢ pratirūpaka

⑤あるものに喩えられること。「虚空に相似する離言説の事」 Ⓢ sthānīya

相似相続 そうじそうぞく　前後にわたって

相い似て存在しつづけること。「諸の色法が相似相続するを見るが故に、外道は有為法を計して常と為す」「相似相続を亦た説いて一心刹那と名づく。第二念と極めて相似するが故なり」「諸行が相似相続して転ずるを異性異性と謂う」「相似相続を説いて随流と名づく」 Ⓢ pravāha: samāna-pravāha

相似相続沙門 そうじそうぞくしゃもん 事象が相続することに関して刹那相続と相似相続との二説にわかれるなかの相似相続の立場をとる人びとをいう。ある事象が同じ種類の事象を生じて相続し異なった種類のものを生じることはない、という見解をもつ人びとをいう。「有るが説く、此の文は相似相続沙門の意を遮するが為の故なり。彼れは是の説を作す。善根は唯だ善根のために因と為り、善根相応法は唯だ善根相応法のために因と為ると」

（参考）（『婆沙』17、大正 27・85c）

相似菩薩 そうじぼさつ 菩薩と称しながら真の菩薩ではない者をいう。真実菩薩の対。Ⓢ bodhisattva-pratirūpaka

（出典）若諸菩薩現前、自称我是菩薩、於菩薩学、不正修行、当知、是名相似菩薩、非真菩薩。（『瑜伽』46、大正 30・549b）

相識 そうしき 認識される対象の部分としての識。〈唯識〉は、一切はただ識が変化したものであるという立場から、認識される部分（相識）と認識する部分（見識）とに分かれ、そこに認識が成立すると説く。『摂大乗論』に見られる概念。

（参考）（『摂論』中、大正 31・139a）

相順 そうじゅん 互いに一致している、適っていること。「外道所説の文と義とは相違せり。世尊所説の文と義とは相順せり」「外道には顚倒あるが故に境と智とは相違せり。内道には顚倒なきが故に境と智とは相順せり」「因と果とは相順せり」「漏と無漏とは相順せず」 Ⓢ anukūla

相性 そうしょう 相と性。性相におなじ。→性相

相称 そうしょう ①ふさわしいこと。適っていること。「彼の比丘、若し唯だ貪行あれば、応に不浄縁に於て心を安住すべし。是の如きを名づけて相称の縁に於て其の心を安住すと為す」「諸の貪欲を対治するが為の故に不浄を修習し、諸の瞋恚を対治せんと欲するが故に慈愍を修習す、是の如き類を菩薩の相称精進と名づく」 Ⓢ anurūpa: pratirūpa

②対応すること。一致すること。「因果の相称に於て相応を仮立す」「能詮の名は所詮の義と互に相称せず」

相状 そうじょう 知覚される事象のありようをいう。これに対して、ものそのものを体相という。種類としては、事相状（識によって認識されるもの）・所識相状（作意によって認識されるもの）・浄妙等相状（触によって認識されるもの）・饒益等相状（受によって認識されるもの）・言説相状（想によって認識されるもの）・邪行等相状（思によって認識されるもの）の六種が説かれる（『瑜伽』16、大正 30・362b）。 Ⓢ lakṣaṇa

（出典）相者相状、標印名相。由此標法、知是有為。（『述記』2 末、大正 43・286b）：相者体也、即謂境相。行於境相、名為行相。或相、謂、相状、行境之相状、名為行相。（『述記』3 本、大正 43・315b）

相状相似 そうじょうそうじ 知覚される事象のありようが似たありようとして相続すること。五種の相似の一つ。→相似①

（出典）相状相似者、謂、於現在、或先所見、相状相属、展転相似。（『瑜伽』15、大正 30・357a）

相身 そうしん 具体的なすがたをした肉体としての身体。「相身に於て循環して真如身を観ずるを身に於て循身観に住すと謂う」「工巧処に於て串習するが故に当来の世に於て復た是の如き相身を引摂す。此の身に由るが故に工巧処を習することを速疾に究竟す」 Ⓢ nimitta-kāya

相真如 そうしんにょ →七真如

相随好 そうずいこう 相と随好。三十二大丈夫相と八十随好。→三十二大丈夫相 →八十随好「相随好とは諸の有情を化度せんと欲するが為に三十二大丈夫相と及び八十種の随好相の荘厳の色身を示現するを謂う」

（参考）（『雑集論』14、大正 31・760a）

相雑 そうぞう ①まざっているさま。まざること。「相雑し相離せざる諸の大種の色あり」 Ⓢ miśrī-**kṛ**: miśrī-**bhū**: saṃsṛṣṭa

②心が乱れた状態。「衆の苦のために相雑さるる」 Ⓢ vyatikīrṇa: vyatimiśra

③人びとが集まってさわがしいさま。雑然としている状態。「道俗と共に相雑して住せず、

便ち遠離に臻して寂静として閑居す」「諠衆に楽著し、相雑に住するを楽い、戯論に楽著す」 Ⓢ saṃsarga

相雑念住 そうぞうねんじゅう ヨーガを修するなかにおいて奢摩他の慧によって身・受・心・法の四つの対象のありようを専一に観察する四念住それぞれの三つの内容（自性・所縁・相雑）の一つ。念住の本質である慧を中心として慧とともに働くこころ（心と心所）の総体をいう。→四念住 →自性念住 →所縁念住 Ⓢ saṃsarga-smṛti-upasthāna

（出典）何等名為四念住体。此四念住体各有三。自性・相雑・所縁別故。自性念住、以慧為体。此慧有三種。謂、聞等所成、即此亦名三種念住。相雑念住、以慧所余俱有為体。所縁念住、以慧所縁諸法為体。（『倶舎』23、大正 29・118c〜119a）

相触 そうそく 互いに触れ合うこと、接触すること。「極微は展転して実に相触せず。亦た無間にあらず。但だ和合して住す」「人と及び前の四天とは相触して婬を成ず」

相属 そうぞく 互いに関係すること、むすびついていること。たとえば、眼根・耳根・鼻根・舌根・身根・意根の六つが一の身体のなかで互いに関係し合っている、此の存在が彼の存在を生起することにおいて此と彼とが互いに関係している、根（器官）と境（対象）とが能取（認識するもの）と所取（認識されるもの）との関係にある、などのありようをいう。「非時に説いて前後の義趣が相属せざるが故に雑乱語と名づく」「心一境性と身心の軽安との二法は展転して相依し展転して相属す」 Ⓢ saṃbaddha

（出典）云何相属。謂、内六処、於一身中、当知、展転互相繫属。又若此法、能引彼法、当知、此彼互相繫属。又諸根境、当知、能取所取互相繫属。（『瑜伽』13、大正 30・346b）

相属善 そうぞくぜん 相応善とおなじ。→相応善

相属不善 そうぞくふぜん 相応不善とおなじ。→相応不善

相属無記 そうぞくむき 心が汚れてもなく浄らかでもない人の発する言葉をともなうこころ（心と心所）をいう。

（出典）相属無記、謂、懐非穢非浄心者、所有由名句文身所摂受心心所法。（『集論』2、大正 31・669c）

相続 そうぞく ①つづくこと。存続すること。連続して存在しつづけること。種類として、自身相続・他身相続・諸根相続・境界相続の四種（『瑜伽』100、大正 30・879b）、中有相続・生有相続・時分相続・法性相続・刹那相続の五種（『婆沙』60、大正 27・310a）が説かれる。→各項参照「恚心と害心とは久しくは相続せず」「蘊の体を離れて外に相続し流転する法は不可得なり」「三世の中に分段して諸行は相続して転ず」「一切の外分のあらゆる麁色は四大の所成にして恒に相続して住す」 Ⓢ ud-**vah**: pratisaṃdhāna: prabaddhatva: prabandha: pravāha: pra-**vṛt**: prasara: prākarṣika: prābandhika: saṃtati: samita: sānubandha: srotas

②母胎のなかにふたたび入ること。再生すること。生存が連続すること。「母腹の中に於て相続する時には、名色と識とは互に縁と為る」 Ⓢ pratisaṃdhi

③特に生命的存在が存続することをいう。生命の流れ。仏教は固定的・実体的存在としての自己（我）を否定する無我の立場より、自己存在を刹那に生滅する業の連続体ととらえ、個人の存在を相続という語で表す。自己を自相続、他者を他相続という。「仏智は能く自相続と他相続の諸漏の永尽を知る」「本性戒とは菩薩が種性位に住して本性として仁賢であり、相続の中に於ける身語の二業が恒に清浄に転ずるを謂う」「一の相続中に十八の類の諸法の種族あり」

Ⓢ saṃtati: saṃtāna

（出典）言相続者、即是身也。（『述記』7 末、大正 43・490c）

④広く現象的存在（有為法・諸行）が存続することをいう。現象の流れ。 Ⓢ saṃtati

（出典）何名相続。謂、因果性三世諸行。（『倶舎』4、大正 29・22c）

⑤言葉が連続してつながること。「菩薩が正法を説く時の名・句・文の言論は、時に応じて殷重を発し、漸次相続して欣慶せしむ」

Ⓢ anusaṃdhi

相続解脱 そうぞくげだつ 二つの解脱（自性解脱・相続解脱）の一つ。心そのものが煩悩が滅しているありようを自性解脱といい、そのように煩悩を滅した状態が相続するありようを相続解脱という。「自性解脱し相続解脱した心とは無学の無漏心を謂う」「自性解

脱の故に清浄といい、相続解脱の故に鮮白という」 Ⓢ saṃtāna-vimukti

相続識 そうぞくしき 前の生から新しい生に生まれるときに連続する識。阿頼耶識をいう。→阿頼耶識「此の阿頼耶識は是れ相続識なるが故に、相続に於て正に結生する時に能く生の一期の自体を摂受す」
（参考）（『摂論釈・世』1、大正 31・325a）

相続執持位 そうぞくしっちい 第八識である阿頼耶識（潜在的な根本心）の三つの位相（我愛執蔵現行位・善悪業果位・相続執持位）の一つ。この識が種子と五根（眼・耳・鼻・舌・身の五つの器官）を維持して腐敗せしめない段階。はじめなき永遠の昔から、仏陀に成った後までの全期間にわたる阿頼耶識の呼び名。この位においては第八識は阿陀那（ādāna）と名づけられる。→阿頼耶識
（参考）（『述記』2 末、大正 43・298a）

相続住 そうぞくじゅう 生きもの（有情）が食べることによって生きつづけること。あるいは外界の自然（器世間）が長く存続すること。五種の住（刹那住・相続住・縁相続住・不散乱住・立軌範住）の一つ。
（出典）若諸衆生、於彼彼処、彼彼自体、由彼彼食為依止故、乃至寿住、外器世間大劫量住、名相続住。（『瑜伽』52、大正 30・586c）

相続生 そうぞくしょう 生きもの（有情）が生存状態を変えつつ生存しつづけること。十一種の生の一つ。→生⑤
（出典）従彼彼有情聚没、往彼彼有情聚、諸蘊続生、名相続生。（『瑜伽』52、大正 30・586a）

相続転変差別 そうぞくてんぺんしゃべつ ある業によって色心に熏じられた種子が一定の期間の後に果を生じるまでに、種子が経過する潜在的過程のありようをいう概念。このなか、相続（saṃtati）とは業の影響を帯びた種子が刹那に生滅しながら存在しつづけること、転変（pariṇāma）とは種子の相続が前と後とで刹那々々に変化すること、差別（viśeṣa）とは相続し転変した種子が最後に果を生じるという特殊な力を持つに至ったこと、をそれぞれ意味する。以上は『倶舎論』に説かれる経量部の説であるが、世親がこの考えを引き継ぎ、『唯識二十論』のなかで種子を阿頼耶識のなかの種子と解釈し、さらに『唯識三十頌』のなかで「識の転変」「阿頼耶識の転変」という新しい考えを形成するに至った。→識転変 Ⓢ saṃtati-pariṇāma-viśeṣa
（出典）何名相続転変差別。謂、業為先、後色心起中、無間断、名為相続。即此相続、後後刹那、異前前生、名為転変。即此転変於最後時、有勝功能、無間生果勝、余転変故、名差別。（『倶舎』30、大正 29・159a）：此中何法、名為種子。謂、名与色於生自果、所有展転隣近功能、此由相続転変差別。何名転変。謂、相続中前後異性。何名相続。謂、因果性三世諸行。何名差別。謂、有無間生果功能。（『倶舎』4、大正 29・22c）

相対 そうたい ①あい対すること。比較すること。「黒白の二法を以って相対して建立す」「上下の二界を相対して欲界を以って下劣界と為す」 Ⓢ paraspara
②あるものを契機として他のものが存立すること。「此れ有るが故に彼れを施設するを相対と名づく」
③相当するもの。「死別離の時に愚人の貪著する心熱を憂と名づけ、啼哭を発声するを悲と名づけ、五根に相対するを苦と名づけ、意根に相対するを憂と名づく」

相待 そうたい 相対的であること。相対的に見ること。「影と光、明と暗、昼と夜、寒と熱、などの事は相待して立ち、一が闕くれば成ぜず」「尊者覚天は待に別あるに由って三世に異ありと説く。彼れは、諸法が世に行ずる時、前後相待して名を立つること異あり、一の女人を母と名づけ、女と名づけるが如し、と謂う」→相待有①
Ⓢ apa-īkṣ: āpekṣika

相待有 そうたいう ①相対的に存在するという存在性。対立概念によって可能となる存在性。たとえば、此岸と彼岸、長と短などをいう。五種の有（名有・実有・仮有・和合有・相待有）の一つ。
（出典）諸有者（中略）有説五種。（中略）五相待有。謂、此彼岸・長短事等。（『婆沙』9、大正 27・42a〜b）
②あるものの存在を契機として存在するという存在性。三種の有（相待有・和合有・時分有）の一つ。
（出典）諸有者（中略）有説三種。一相待有。謂、如是事、待此故有、待彼故無。（『婆沙』9、大正 27・42a）

相待仮 そうたいけ 二種の仮（無体仮・相

待仮）の一つ。あるいは三種の仮有（相待仮・分位仮・聚集仮）の一つ。対立概念によって可能となる存在性。たとえば、此岸と彼岸、長と短などをいう。相待有とおなじ。→相待有①
（出典）仮有二。一無体仮、二相待仮。前如忿等、後如悔等、以癡相説。長等但是相待仮収。（『述記』2本、大正43・272b）：仮有三種。一相待仮、如長等色。（『了義灯』4本、大正43・735a）

相転　そうてん　五種の転の一つ。→転①

相伝　そうでん　次々と伝わること、伝えること。「此の国に多く諸の賢聖の衆ありて仏法を任持して相伝す」「犢子外道が仏に帰して出家して、此の後の門徒が相伝して絶えず。今時の此の部は是れ彼の苗裔なり」

相縛　そうばく　相に束縛されること。表層心が心のなかに生じた相（観念・表象）に束縛されるありようをいう。四分説でいえば、相分が見分を縛すること。この束縛から解脱するために奢摩他・毘鉢舎那というヨーガを修する。深層心の束縛である麁重縛に対比する概念で、相縛から解脱しないかぎり麁重縛からも解脱することはないと強調される。→麁重縛「自身の外は相縛の為に縛せられ、内は麁重縛の為に縛せらるる」「円成実自性は諸法の真如にして能く一切の相縛と及び麁重縛から解脱せしむ」「奢摩他・毘鉢舎那は能く相縛と及び麁重縛から解脱するを業と為す」「相縛が衆生を縛し、亦た麁重縛にも由る。善く止観を双修すれば方に乃ち倶に解脱す」「若し諸の相縛が已に解脱を得れば、諸の麁重縛も亦た解脱を得る」
Ⓢ nimitta-bandhana
（出典）言相縛者、謂、於境相、不能了達如幻事等。由斯見分、相分所拘、不得自在、故名相縛。（『成論』5、大正31・25c）：何謂相縛。謂、於境相、不能了知依他縁生如幻事陽焔等。能縁見分諸心心所、為境相分之所拘礙、不得自在。（『述記』5末、大正43・414a～b）：心為相所拘、名為相縛。（『了義灯』5本、大正43・748b）
（参考）（『述記』9末、大正43・567a～b）

相比量　そうひりょう　ある事象のすがた・ありようを見てそれが何であるかを推量すること。たとえば、煙を見てそこに火がある、皺や白髪を見てその人が老人であると推知することをいう。五種の比量（相比量・体比量・業比量・法比量・因果比量）の一つ。→比量
（出典）相比量者、謂、随所有相状相属、或由現在、或先所見、推度境界。（中略）由見烟故、比知有火。（中略）以面皺髮白等相、比知是老。（『瑜伽』15、大正30・358a）

相秘密　そうひみつ　相（存在のすがた・ありよう）における秘密。秘密とは如来がひそめた意図をもって教えを説くこと。一切法は皆な無自性で無生・無滅であると説くことによって遍計所執自性・依他起自性・円成実自性の三自性を説くことを意図していることをいう。四種の秘密（令入秘密・相秘密・対治秘密・転変秘密）の一つ。→秘密
（出典）相秘密者、謂、於三自性、説一切法皆無自性無生無滅等。（『雑集論』12、大正31・752b）

相分別　そうふんべつ　十種の分別・虚妄分別の一つ。色・声・香・味・触の五つの対象（境）のすがたをした識である色等の識といわれるものを対象とした認識をいう。色境のなかには身体（身根）や自然界（器世界）が含まれる。縁相分別ともいう。→虚妄分別①
（出典）縁相分別、謂、色等識、為所縁相、所起分別。（『摂論釈・世』4、大正31・342b）：相分別者、謂、身所居処所受用識、是所取相故。彼復如其次第、以諸色根器世界色等境界、為相。（『雑集論』14、大正31・764b）

相分　そうぶん　認識される対象のすがた・ありようをした心の部分。四つの心の領域（相分・見分・自証分・証自証分）の一つ。→四分
（出典）似所縁相、説名相分。似能縁相、説名見分。（『成論』2、大正31・10a）

相変異分別　そうへんいふんべつ　十種の分別・虚妄分別の一つ。現象的存在が変化して異なっていくさまを分別すること。変化するさまとして、身体が衰えていく、苦受・楽受などの感受作用が変化する、貪・瞋・癡などの煩悩が変化する、暑さ寒さの季節が移り変わる、天・人・地獄などに生まれ変わる、欲界・色界・無色界の三界を上下する、などがあげられている。縁相変異分別ともいう。→虚妄分別①
（出典）相変異分別者、謂、如前所説、身等

相変異生起。(『雑集論』14、大正31・764b):縁相変異分別、謂、老等変異、楽受等変異、貪等変異、逼害時節代謝等変異、捺落迦等諸趣変異、及欲界等諸界変異。(『摂論釈・世』4、大正31・342a)

相貌 そうぼう すがた。ありよう。特徴。「殺生の相貌と殺生の作用と殺生の因縁とを顕示す」「諸の色法のあらゆる相貌の影像が顕現す」「見分を行相と名づけるに三釈あり。一には相とは体相を云う。二には相状を云う。三には行解の相貌を云う」 Ⓢ liṅga

相名分別 そうみょうふんべつ 相と名と分別。〈唯識〉が説く存在分類法である五事(相・名・分別・真如・正智)のなかの前の三つ。迷いの世界を構成する三つ。→五事① 「諸の種子とは諸の相・名・分別の習気を謂う」 Ⓢ nimitta-nāma-vikalpa

相無自性 そうむじしょう →相無性

相無自性性 そうむじしょうしょう →相無性

相無性 そうむしょう 三無性(相無性・生無性・勝義無性)の一つ。相としての無性。三性のなかの遍計所執性の否定的側面を表す語。相とは現象となって具体的に知覚される事象のありよう・形相をいい、そのような相をになっていると考えられる本体(体相)は、言葉で考えられた遍計所執性であり、そのような本体は存在しないということを相無性という。相無自性・相無自性性ともいう。
(出典)云何諸法相無自性性。謂、諸法遍計所執相。何以故。此由仮名安立為相、非由自相安立為相、是故説名相無自性性。(『解深』2、大正16・694a):云何相無自性性。謂、一切法世俗言説自性。(『瑜伽』73、大正30・702b):依此初遍計所執、立相無性。由此体相畢竟非有、如空華故。(『成論』9、大正31・48a)

相用 そうゆう 相と用。ありようと働き。「善の心所の十一法の中、不放逸・捨・不害の三は是れ仮有なり。余の八は実有なり、相と用とが別なるが故なり」

相濫過 そうらんか 相濫失とおなじ。→相濫失

相濫失 そうらんしつ 一つの主張が見方を変えれば不適切になってみだれてしまうという過失。たとえば六識を、境(認識対象)に随って色識・声識・香識・味識・触識・法識と名づけると、もし無漏の六識が起こるときには諸根が自在を得て一つの根が一切の境を認識できることになるから色識ないし法識と名づけることが不適切となるという過失をいう。したがってそのような相濫の失をなくすために、六識を眼・耳などの根(器官)に随って眼識・耳識・鼻識・舌識・身識・意識と名付けるのであるという。相濫過ともいう。「此の後の境に随って六識の名を立てたるは、五色根が未自在によって説けり。若し自在を得るときには諸根互用するをもって一根が識を発して一切の境を縁ず。但だ根に随うべし。相濫の失なきをもってなり」

相離 そうり 互いに離れていること。「寿と煖と識との三は恒に和合して相離せず」 Ⓢ vinirbhāga: vinirbhāgitva: viśliṣṭa

相隣 そうりん ①隣接していること。近いこと。「阿伽とは積集色を謂う。極めて能く礙を為すが故に阿伽と名づく。此の空界色は彼れと相隣するが故に隣阿伽色と名づく」 Ⓢ āsannatva: sāmantaka
②相い似ていること。たとえば、触(感触作用)がとらえる可意(こころにかなう)・不可意(こころにかなわない)という感触と、受(感受作用)がとらえる順益(ためになる)・損害(害をなす)という感受とは、相い似ていることをいう。
(出典)相隣近者、是相似義、即可意等相、与順益等相、行相極相似、故名為相隣。如世有言此物彼物深極相似、相似相隣、体一名異。(『述記』3末、大正43・330a)

相例 そうれい ある例示を他の例として示すこと。「況んや例を以って之を案ずるに、一の有情が他界に生ずる時、自からの所変の器界が亡ずると雖も他人の所変は、尚、在して失せざること、樹木の相例と等しきや」

荘(そう)→しょう

草 そう くさ。「草の根、未だ抜かざれば、苗を剪れども剪りて還た生ずるが如く、未だ煩悩の根を抜かざれば、趣が滅すれども滅して還た起こる」「塈の中に先に種子あれども、余の縁闕くが故に草は未だ生ずることを得ず。後に衆縁に遇えば即ち草を生ず」 Ⓢ tṛṇa: vanas-pati

草窟 そうくつ 草からできた住処。「叢林の草窟や葉窟に住す」

草炬 そうこ →草炬火

草炬火 そうこか 草のもえる火。たいま

つの火。たいまつの火は身心を熱くすることから欲（欲望）が身心を悩まして悪行を起こす原因となることの喩えに用いられる。草炬ともいう。「諸欲は猶し草炬火の如し。正に現前に焼悩して非法行・悪行の因となるが故に」 Ⓢ tṛṇa-ulkā
（参考）（『瑜伽』17、大正30・369c）

草座 そうざ 草からできた敷物。その上で結跏趺坐して修行する、あるいは就寝する敷物。草敷・草葉座とおなじ。「吉祥人の辺より草を受取し已りて、菩提樹に詣で、自ら草座を敷きて結跏趺坐す」「或いは草座、或いは葉座を敷設して常に坐臥す」「菩薩は昼夜・恒時に諸の障法より其の心を浄修し、終に非時に脇を床座・草敷・葉敷に著けず」 Ⓢ tṛṇa-saṃstara

草藉 そうじゃく 草の堆積。阿練若や樹下や山谷などとともにヨーガを修するに適した場所の一つにあげられる。「一切の臥具への貪著を遠離して阿練若・樹下・空室・山谷・峯穴・草藉・塚間に住す」 Ⓢ palāla-puñja

草端露 そうたんろ 草の葉の端にある露。風に揺られたり陽が照ると草の葉の端にある露が直ちに消えてなくなる現象を真理（諦）を見ることによってまちがった見解が頓に断ぜられる喩えに用いる。草頭露ともいう。「苦諦を見る時、顛倒の悪見が永滅すること、草端の露が風に揺らげば便ち堕るが如く、日が照れば則ち銷するが如く、草頭の露が日出ずれば則ち乾くが如し」

草頭露 そうとうろ →草端露

草敷 そうふ →草座

草木 そうもく 草と木。ジャイナ教（尼揵子外道）は草木に命があると考えるが、仏教は草木を生きもの（有情・衆生）の類に入れない。「多時を経歴して天、雨を降らせずんば一切の草木は皆な悉く乾燋す」「尼揵子外道は草木には皆な悉く命あり、殺さば業道を成ずと計す」
（参考）（『略纂』3、大正43・47a）

草葉座 そうようざ →草座

倉 そう くら。倉庫とおなじ。→倉庫

倉庫 そうこ くら。穀物や財宝などを入れるくら。倉とおなじ。「豊饒なる財宝が倉庫に盈溢す」「倉の中の種子は衆縁を闕く故に芽は則ち生ぜず」

掃滌 そうじゃく はらうこと。とり除くこと。浄くすること。「其の心を掃滌して正法を聴聞す」「不正の言論や諸の悪尋伺を掃滌す」 Ⓢ samāvarjita

掃除 そうじょ 汚れをとりのぞいて清らかなさま。「清浄と言うは、是れ鮮、是れ潔にして是れ掃除の義なり」

曽 そう かつて。過去に。「諸の衆生ありて曽て人中に在りて、或いは国王と作り、或いは大臣と作り、非理に無量の衆生を損害す」「念とは曽て受するところの境を憶持して忘失せざらしむるを性と為す」 Ⓢ pūrva: pūrvam

曽因 そういん 過去の原因。過去世の原因。現因の対。「現在の法が前に酬ゆる相あるを観じて、仮って曽因を立てて対して現果を説く」

曽有 そうう 過去。かつて存在したこと。過去世に存在したこと。当有の対。「我れは過去に於て曽有と為すや、曽無と為すや」「過去世の曽有を有と名づく。未来は当有なり」「当有を未来と名づけ、曽有を過去と名づけ、現有を現在と名づく」
Ⓢ bhūta-pūrva

曽修 そうしゅ 曽習とおなじ。→曽習②

曽習 そうしゅう ①過去に経験したこと。「念とは曽習の境に於て心を明記して忘れざらしむるを性と為す」「忿は現在を縁じ、念は曽習を縁ず」 Ⓢ pūrva-abhyasta
②かつてくりかえし学び、行ない、修行したこと。曽修とおなじ。「聖教を曽習するを名づけて智者と為す」「宿世の広大な福を曽修す」 Ⓢ ucita

曽得 そうとく かつて獲得したこと。「曽得の道を捨て、未曽得の道を得る」
Ⓢ labdha-pūrva

曽無 そうむ 過去世に存在しなかったこと。「我れは過去に於て曽有と為すや、曽無と為すや」

窓 そう まど。 Ⓢ vātāyana

窓牖 そうゆう 欄干。まどの格子。「身は慈光を放って窓牖より入りて王の身を照触す」 Ⓢ vedikā

創 そう はじめて。「無始の時よりこのかた、聖道の門は閉じるも、今、創めて能く開く」「見道にて創めて四聖諦の理を見る」

喪 そう ①死ぬこと。亡くなること。消滅すること。滅すること。「屍骸が、猶、在

るを喪といい、屍骸が殄滅するを歿という」「因が亡ずれば果も随って喪す」 Ⓢ ghātin
②うしなうこと。「外境が有ると執する者は其の真を喪す」

喪失 そうしつ うしなうこと。「財宝を喪失す」「親愛などの事を喪失す」
Ⓢ praviṇāśa: vyasana

喪亡 そうぼう 亡くなること。死ぬこと。「父母・兄弟・姉妹・眷属が喪亡す」
Ⓢ vyasana

喪命 そうみょう いのちをうしなうこと。死ぬこと。「大火坑に投入され苦を受けて喪命す」

棗 そう なつめ。「器在とは棗などが盆に在るが如し」

瘦 そう やせていること。肥の対。「身形の長と短、肥と瘦」「形色の肥と瘦」
Ⓢ kṛśa

葱 そう たまねぎ。「葱を食せざる者に施すに、葱が雑り葱に染まるる飲食を以ってし、肉を食せざる者に施すに、肉が雑り肉に染まるる飲食を以ってす、是の如き類の儀に合わざる施を菩薩は為さず」 Ⓢ palāṇḍu

僧 そう ①僧伽（saṃgha）の略。教団のこと。→僧伽「仏と法と僧との三宝に帰依す」 Ⓢ saṃgha
②僧祇（sāṃghika）の略。saṃgha の形容詞で「サンガの」「教団の」という意味。→僧祇「僧の制を護る」 Ⓢ sāṃghika
③出家した人。「復た帰依僧とは四姓の出家の僧に帰依することを謂うとあり。今は此の僧の威儀・形相は皆な是れ有漏にして帰依するところには非ざることを顕す」

僧羯臘波 そうかろは saṃkalpa の音写。思惟と意訳する。 Ⓢ saṃkalpa

僧祇 そうぎ sāṃghika の音写。saṃgha の形容詞で「サンガの」「教団の」という意味。「僧祇の仏霊廟などの所有する財宝に於て貪欲を起こす」 Ⓢ sāṃghika

僧祇物 そうぎもつ →僧伽物

僧佉 そうきゃ sāṃkhya の音写。サーンキヤ学派（数論）のこと。→数論
Ⓢ sāṃkhya

僧伽 そうぎゃ saṃgha の音写。教団。修行者四人以上が集まって成り立つ教団。僧と略称。 Ⓢ saṃgha
（出典）夫言僧者、和合為義、四人已上和合、名僧。（『演秘』1本、大正 43・813c）

僧伽胝 そうぎゃてい 教団において所持が許される三つの衣（大衣・中衣・下衣）のなかの大衣。その別名である saṃghāṭī の音写。王宮などに入るときに着る正装の衣で上衣という。九条の布切れを縫い合わせて作られるから九条衣ともいう。→三衣
Ⓢ saṃghāṭī

僧伽物 そうぎゃもつ 僧伽の所有物。教団に属す物。僧祇物ともいう。「劫盗賊が他の財物、若しくは僧伽物・堵波物を奪い、多くの物を取り已って執して己が有と為す」
Ⓢ sāṃghika

僧伽波尸沙 そうぎゃばししゃ saṃghāvaśeṣa の音写。僧残ともいう。苾芻・苾芻尼が犯す罪の一つ。波羅夷罪に次ぐ重い罪で、大衆の前で懺悔すれば教団に留まることを許される罪。五篇・六聚・七聚の一つ。 Ⓢ saṃghāvaśeṣa

僧伽藍 そうぎゃらん saṃgha-ārāma の音写。伽藍と略称。出家者たちの修行の場所。僧院。寺院。「一類の補特伽羅あり、未だ曽て僧伽藍を立てない処に仏弟子の為に僧伽藍を起こす」 Ⓢ ārāma: saṃgha-ārāma

僧残 そうざん →僧伽波尸沙

僧衆 そうしゅ 僧の集まり。教団。僧伽とおなじ。→僧伽「香華・衣食などの物を以って僧衆に供養す」 Ⓢ saṃgha

僧証浄 そうしょうじょう 真理である四諦の理をさとることによって得られる僧（仏・法・僧の三宝のなかの僧）に対する清浄な信をいう。四つの証浄の一つ。→四証浄

僧随念 そうずいねん 六種の随念（仏随念・法随念・僧随念・戒随念・捨随念・天随念）の一つ。仏・法・僧の三宝のなかの僧を念じて帰依すること。念僧とおなじ。→六念

僧破 そうは 教団を破壊すること。虚誑語（うそ・虚言）によって教団を掻き乱して人びとの和合を破る行為。破僧・僧破壊・破和合僧ともいう。五無間業の一つ。→五無間業。 Ⓢ saṃgha-bheda: saṃgha-vibheda
（参考）（『倶舎』18、大正 29・93b）

僧破壊 そうはえ 僧破とおなじ。→僧破

僧宝 そうぼう 三宝（仏宝・法宝・僧宝）の一つ。僧という宝。→僧① →三宝
Ⓢ saṃgha-ratna

想 そう ①遍行の心所（細かい心作用）

の一つ。対象が何であるかを知る知覚作用。たとえば、色（いろ）についていえば、「これは青色であって赤色ではない」と知覚する心の働きをいう。このように対象を明確に知覚するときには、言葉によって把握する。したがって想には、言葉（名言）を発する働きがある。 Ⓢ saṃjñā

（出典）想、取像、為体。（『倶舎』1、大正29・3c）：想、謂、於境、取差別相。（『倶舎』4、大正29・19a）：想云何。謂、了像。（『瑜伽』3、大正30・291b）：想、謂、於境、取像、為性。施設種種名言、為業。（『成論』3、大正31・11c）

（参考）次のような種類が説かれる。（Ⅰ）二種（『瑜伽』55、大正30・601c）。（ⅰ）随覚想。言葉を巧みに用いる人と天との想。（ⅱ）言説随眠想。言葉をいまだ使えない幼児などの想、あるいは鳥や獣の想。（Ⅱ）六種（『瑜伽』53、大正30・593b～c）。（ⅰ）有相想。なんらかの対象をもった想。以下の（ⅲ）から（ⅵ）までの想がこれにあたる。（ⅱ）無相想。対象をもたない想。無色界のなかの有頂天（非想非非想処）での想、および出世間での想。（ⅲ）狭小想。三界のなかの欲界での想。（ⅳ）広大想。三界のなかの色界での想。（ⅴ）無量想。無色界のなかの空無辺処での想。（ⅵ）無所有想。無色界のなかの無所有処での想。

②現象の真理を、あるいは現象の真実のありよう（不浄・無常など）を思考し観察すること。広くは「AはBである」という想いや判断をいう。種類としては十種あるいは二十種の想が説かれる。→十想「実義の想とは諸行の空性を思惟するをいう」

Ⓢ saṃjñā: saṃjñin

（参考）二十種については（『雑集論』15、大正31・769a）を参考。

③「～と名付けられる、呼称される、いわれる」という意味の形容句。「色などの想の法に於て色などの法の名を建立す」「飲食・車乗・衣服・荘厳具などの諸の想の事物は皆な是れ仮有なり」 Ⓢ saṃjñaka

想異 そうい 想いが異なること。たとえ七識住の第一住に住する欲界中の人と欲界の天と色界中の初静慮天とは想いも異なり（想異）、身体の容姿も異なる（身異）。→七識住 Ⓢ nānātva-saṃjñā: nānātva-saṃjñin

（参考）（『倶舎』8、大正29・42c）

想一 そういつ 想いが同一であること。たとえば、世界が初めて形成されるとき（劫初）、七識住の第二住に住する色界中の梵衆天は、身体の姿は異なる（身異）が想いは同一である（想一）。 Ⓢ ekatva-saṃjñā

（参考）（『倶舎』8、大正29・42c）

想蘊 そううん 現象的存在（有為）を構成する五つの要素のグループ（五蘊）の一つで、知覚作用（想）のグループをいう。→想① →五蘊 Ⓢ saṃjñā-skandha

（出典）想蘊云何。謂、一切了像種類。（『瑜伽』9、大正30・323a）：想蘊何相。搆了相是想相。謂、由想故、搆画種種諸法像類、随所見聞覚知之義、起諸言説。（『集論』1、大正31・663b）

想号 そうごう 名称。呼び名。「是の如く十方の無辺無際の諸の世界の中の無辺の菩薩には、当に知るべし、乃ち内徳の各別の無量無辺の仮立の想号ありと」 Ⓢ saṃjñā

想錯乱 そうさくらん そのようでない対象をそのようであると思いまちがいをすること。たとえば陽炎を見て水があると思うことをいう。七種の錯乱の一つ。→錯乱

（出典）想錯乱者、謂、於非彼相、起彼相想、如於陽焔鹿渇相中起於水想。（『瑜伽』15、大正30・357c）

想差別教 そうしゃべつきょう 蘊・処・界、有色・無色、有見・無見などと異なる名称に分けて説示する教え。十二種の教導の一つ。→教導

（出典）想差別教者、謂、広宣説諸蘊界処縁起処非処根諦等名想差別。又復広説諸念住等名想差別。又復広説有色無色有見無見有対無対等名想差別。如是無量諸仏世尊、広説諸法想差別教。（『瑜伽』64、大正30・654b）

想修 そうしゅ ヨーガの実践（瑜伽修）に二種（想修・菩提分修）あるなかの一つ。事象を思考し観察することによってさとりを深めていく修行法。 Ⓢ saṃjñā-bhāvanā

（参考）（『瑜伽』28、大正30・439b）

想趣識住 そうしゅしきじゅう 四識住の一つ。→四識住

想受滅 そうじゅめつ 想（知覚作用）と受（感受作用）とが滅したありよう。無為の一つ。解脱の一つ。→想受滅無為 →想受滅解脱 Ⓢ saṃjñā-vedayita-nirodha

（出典）想受不行、名想受滅。（『成論』2、大正31・6c）

想受滅解脱　そうじゅめつげだつ　想（知覚作用）と受（感受作用）とが滅した解脱。八解脱のなかの第八の最高の解脱をいう。三界のなかの最高の天である有頂天（非想非非想処）で成就される解脱。〈唯識〉では、無色界の最高の天（有頂天・非想非非想処）で想と受とが滅したときに顕れてくる真如をいう。→八解脱　→想受滅無為「非想非非想処解脱を成満するが故に便ち能く想受滅解脱の最勝住の所摂に証入す」「八解脱とは、（中略）八には一切の非想非非想処を超えて想受滅の身作証に入りて具足住する解脱なり」

想受滅無為　そうじゅめつむい　六無為の一つ。→無為

想定　そうじょう　想の定。無色界のなかの空無辺処・識無辺処・無所有処の三つをいう。言葉を発する想という心作用が安定して心が乱れない状態をいう。この三処の上に非想非非想処がある。

（参考）（『瑜伽』96、大正30・852c）

想随識住　そうずいしきじゅう　四識住の一つ。→四識住

想像　そうぞう　耳の聞こえない者に話を伝えるための身ぶり・手ぶり。「聾者を暁すには想像を以ってす」 Ⓢ saṃjñā-nimitta

想顛倒　そうてんどう　想倒とおなじ。→想倒

想倒　そうとう　思いがまちがっていること。無常を常、苦を楽、無我を我、不浄を浄と思うこと。三種の顚倒（想倒・心倒・見倒）の一つ。想顚倒ともいう。

Ⓢ saṃjñā-viparyāsa

（出典）想倒者、謂、於無常苦不浄無我中、起常楽浄我妄想分別。（『瑜伽』8、大正30・314b）

想縛　そうばく　まちがった想いによる束縛。妄想縛ともいう。「能く空に於て善く念住を修するによって心を解脱せしめ、此の想縛に於て解脱を得る」「若し是の如き諸の妄想縛に於て解脱を得る時、当に知るべし、一切の想縛を解脱すと」 Ⓢ saṃjñā-bandhana

（参考）（『瑜伽』75、大正30・713a）

想名　そうみょう　名称。呼び名。「眼などの差別の想名なくして而も体が是れ色なるものを立てて色処と名づく」

Ⓢ saṃśabdita: saṃjñaka

層級　そうきゅう　①階段状になったかさなり。「蘇迷盧山に四の層級あり、初層は傍出すること一万六千踰繕那、次の上の三層は、各、半半減す」 Ⓢ pariṣaṇḍa

②高殿。楼閣。「種種の文綵・綺飾が種種の楼観や種種の層級を荘厳す」 Ⓢ harmya

綜集　そうしゅう　すべてをまとめること。「此の菩薩蔵の摩呾履迦に於て綜集して説く」

Ⓢ samagra

総　そう　①すべて。みな。まとめて。全体として。 Ⓢ abheda: kṛtsna: sakala: samanta: samasta: samāsatas: samāsena: samudāya: sarva: sāmānya: sāmānyena

②一つにまとめること。「此の精進は六種と七種にして総じては十三種あり」

Ⓢ abhisam-as: ekadhyam abhisaṃkṣipya

③別の対としての総。総じて。一緒に。まとまって。「是の如き世法が、若しくは総に、若しくは別に現前するに会遇すれば、能く衆苦を生ず」 Ⓢ samasta

総嗢拕南　そううだなん　教説の全体をまとめて説いた頌。「一切の声聞地の総嗢拕南に曰う」

総縁　そうえん　いくつかの要素からなる対象を全体として認識すること。別縁の対。→別縁「尽無生智は、或いは五蘊を総縁す、或いは復た別縁す」 Ⓢ paripiṇḍa-ālambana

総句　そうく　ある一つの事柄を総括的に定義する言葉。その事柄をさらに内容的に区別して解釈する言葉である別句の対。→別句「今、此の頌の中に四無量を顕すに、憐愍諸有情とは是れ総句なり。起和合意楽とは慈無量を顕す」「心直とは是れ総句にして、心無曲とは別して心無諂を顕す」「初めに総句である四煩悩常倶を解し、次に別句を顕して四煩悩を列し、後に煩悩の字を解す」「以心為本は即ち無為の別句にして、亦た有為の総句なり」 Ⓢ uddeśa-pada

総結　そうけつ　まとめた結論。自宗の主張を述べるなかで最後の総括的にまとめられた結論。「自下は第三に邪執を破せんが為に斯の論を造るなり。中に於て三あり。初は迷謬を総挙し、次に邪執を別叙し、第三に総結す」「叙宗の中に三あり。一には総標、二には別顕、三には総結なり」

総挙　そうこ　→総標

総合 そうごう 一つにまとめること。一緒にすること。「此の経には住と異とを総合して一と為して住異の相と名づくと説く」「入息と出息とを説いて名づけて二と為し、二種を総合して之を数えて一と為すが故に、二を以って一と為す算数と名づく」 Ⓢ abhisam-**as**

総持 そうじ dhāraṇī（陀羅尼）の意訳。→陀羅尼

総執 そうしゅう 全体を一つにまとめてとらえること、執着すること。「五蘊に於て一想を起こし已りて総執して我と為す」

総執分別 そうしゅうふんべつ 八分別の一つ。→八分別

総集 そうしゅう 全体を一つにまとめること。「不還の阿羅漢果は諸の断を総集して一遍知を立つ」 Ⓢ abhisamasta: saṃkalana: samudita: samūha

総摂 そうしょう 全体を一つにまとめること、一つにおさめること。「一小千界とは千の日月乃至梵世を総摂して一と為せるものを謂う」「此の中、心という声は一切の心及び心所とを総摂す」
Ⓢ abhisam-**as**: abhisam-**kṣip**

総説 そうせつ ①総体的に説くこと。おおまかに概略的に述べること。略説ともいう。細かく説く別説の対。→別説
Ⓢ abhisam-**as**: abhedena āhuḥ: abhedena uktā: samāsatas: sāmāsika
②合集という意味での総説。合集とは、あるグループに属するもの全体をまとめて集めたもの。たとえば諸行・無常・一切法・無我などの名詞（名）の全体をまとめて名身といい、その身（kāya）は総説（samukti）であり、総説とは合集（samavāya）の意味であると解釈される。 Ⓢ samukti
（出典）云何名等身。謂、想等総説。言総説者、是合集義。於合集義中、説嗢遮界故。（『倶舎』5、大正 29・29a）：以総説釈身、梵云迦耶、唐言身、是聚集義。謂、衆多名等聚集、是身義也。梵云三木訖底、唐言総説。是和集義、即合集総説衆多名等故。（『倶舎論記』5、大正 41・109a）

総相 そうそう 通相ともいう。事物の総対的なすがた・ありよう。事物の細かいすがた・ありようである別相に対する語。中心的なこころ（心・心王）は総相を、それと相応する細かい心作用（心所）は総相に加えて別相を認識する。心王と心所のちがいは絵画における師匠と弟子との関係に喩えられる。師匠が模範として絵の大体の図形を描き、それに対して弟子が細かく色彩をほどこして絵を完成させる。この場合、師匠が心王に、弟子が心所に喩えられている。
Ⓢ sāmānya-lakṣaṇa
（参考）（『成論』5、大正 31・26c）

総相念住 そうそうねんじゅう →四念住

総同句義 そうどうくぎ ヴァイシェーシカ派（勝論）が説く六句義の一つである同句義のこと。一切の事象において同類であるという概念が生じる原理をいう。→六句義
Ⓢ sāmānya-pada-artha
（出典）勝論宗、執有総同句義。於一切法、総同言智、由此発生。（『倶舎』5、大正 29・24b）

総非 そうひ まちがった見解を否定する論述を形成する三つ（総非・返問・別破）の一つ。まず短く総体的に否定すること。その次に返問が、そして最後に別破がくる。「初に総非なり。次に返問なり。後に別破なり」

総標 そうひょう ある教説や見解を述べるなかで最初にまとめて総体的に述べること。次いで詳しい論述（別顕・別釈・別解・別辯）がくる。総標挙・総挙ともいう。「先に一句を以って総標し、後に余句を以って別釈す」「先ず総標し、後に別顕す」「先に総標挙し後に別解釈す」「上座師などの因果などの義を破する中、二あり。一には叙宗、二には正破なり。叙宗の中に三あり。一には総標、二には別顕、三には総結なり」「先に云何が有為なるやと総挙し、後に別釈して、いわゆる五蘊なりと言う」 Ⓢ uddeśa

総標挙 そうひょうこ →総標

総別 そうべつ 総と別。総体と区別。全体を一つにまとめることと別々に分けること。「是の如き諸の事によって総別に、当に波羅蜜多の清浄の相を説く」 Ⓢ samasta-vyasta

総法 そうほう 一切の契経などの法（教え）。すべての教えをひとまとめにまとめたもの。別法の対。→別法①「諸の菩薩は即ち一切の契経などの法を縁じて、集めて一団・一積・一分・一聚と為して作意し思惟す。此の一切法は真如に随順し、真如に趣向し、真如に臨入し、菩提に随順し、涅槃に随順し、

転依に随順し、及び彼れに趣向し、若しくは彼れに臨入し、此の一切法は無量無数の善法を宣説す、と是の如く思惟して奢摩他・毘鉢舎那を修するを、是れを総法を縁ずる奢摩他・毘鉢舎那と名づく」(『解深』3、大正16・699a)

総報 そうほう 業によってもたらされる果報の総体的なありよう。〈唯識〉はそれを前世の業によって今世に生を受けるときに今世に果報として生じた阿頼耶識であると説く。たとえば、人間としての阿頼耶識は総体的なありかたを担ったものであるから総報といい、異熟の本体であるから真異熟というのに対して、賢・愚、美・醜などのありようは個別的な果報であるから別報という。

総名 そうみょう ①あるものの総体的な名称。その内容をさらに区別しものの名称を別名というのに対する。→別名①「総名を列す」
(参考)(『述記』1末、大正43・255c)
②まとめて名づけること。「村落、及び村落の辺を総じて村落と名づく」
Ⓢ grahaṇa: samastas

総無 そうむ 遍計所執されたものの非存在を総体的にいう語。別して執着された自己(我)と自己の構成要素(法)とを別無というのに対する語。
(出典)諸異生等、於計所執総無之上、別執為我法。(『枢要』上本、大正43・618b)

総問 そうもん 自宗の主張に対して、先ず最初に外道などの他宗から投げかけられた、おおまかな総体的な質問。「中に於て四あり。初は総問、二には略答、三には徴、四には釈なり」「中に於て三あり。初に総問、次に略答、後に広破なり」

総略 そうりゃく 一つにまとめること。概略的であること。「彼の文は是れ総略して説くなり」「彼彼の諸法を生ずる諸の因と諸の縁とを総略して一と為して説いて和合と名づく」 Ⓢ samāsatas

聡慧 そうえ さといこと。かしこいこと。知力がすぐれていること。「瞿頻陀と名づける菩薩あり、菩提を精求して聡慧は第一にして論難に敵なし、世が共に称仰す」
Ⓢ medhā

聡慧者 そうえしゃ かしこく知力がすぐれている人。智慧を有した者。「諸の聡慧者は所思を善く思い、所説を善く説き、所作を善く作す」 Ⓢ paṇḍita
(出典)聡慧者、有三種聡慧相。一於善受行、二於善決定、三於善堅固。(『瑜伽』5、大正30・303b)

聡鋭 そうえい かしこく鋭いこと。「諸の煩悩が多しと雖も識は聡鋭にして覚慧は猛利なり」 Ⓢ mahā

聡叡 そうえい さといこと。かしこいこと。知力がすぐれていること。「彼れは是の如く聡叡にして明哲なり」
Ⓢ medhas: vicakṣaṇa

聡叡者 そうえいしゃ かしこい人。知力がすぐれている人。「甚深と言うは、世の聡叡者のあらゆる覚慧が窮底し難きが故なり」
Ⓢ paṇḍita

聡俊 そうしゅん さといこと。かしこいこと。知力がすぐれていること。「利根にして覚慧聡俊なり」 Ⓢ paṭu

聡敏 そうびん さといこと。かしこいこと。知力がすぐれていること。「其の性として聡敏にして、志意は調柔にして多く善業を修す」「其の性として聡敏にして法に於て能く受し能く持し能く思す」「一切の義に於て其の慧は広大・聡敏・捷利なり」「已に定心を得て博識・聡敏にして能く正理の如くに諸法を観察す」 Ⓢ paṇḍita: pāṇḍitya: medhas: medhāvin

聡敏者 そうびんしゃ さとくかしこい人。「世間の諸の聡敏者の共に許すところなり」

聡明 そうみょう さといこと。かしこいこと。「諸の菩薩が遇うところの善友は性として愚鈍ならず、聡明・黠慧にして悪見に堕せず」「此の法は微妙・審諦にして聡明なる智者が内に証するところなり」 Ⓢ paṇḍita

聡明者 そうみょうしゃ さとくかしこい人。「此の法身の自性は覚し難く、世の聡明者のあらゆる覚慧も、尚、解せず」

聡利 そうり さといこと。かしこいこと。「若し諸の国王が富貴の家に生じ、長寿にして少病、大宗葉あり、倶生の聡利の慧を成就すれば、是の王を名づけて果報円満と為す」

遭 そう 出会うこと。経験すること。「怨賊に遭う」「重病に遭う」「大苦難に遭う」
Ⓢ āpanna: ā-**sad**: **labh**

遭遇 そうぐう 出会うこと。経験すること。「艱難に遭遇す」「疾疫に遭遇す」「悪王の非理の縛録・治罰に遭遇す」
Ⓢ upanipāta: prāpti

瘡 そう できもの。はれもの。傷。「瘡薬を以って其の瘡を封塗し苦痛を止めしむ」
Ⓢ vraṇa

瘡穴 そうけつ できもの・はれもののためにできた穴。「一切の如来の相好は円満にして身・毛・皮などは殊妙にして斉平なり。是の故に瘡穴などの事あることなし」

瘡癬 そうせん 皮膚に生じるかゆいできもの。皮膚病の一つ。「重病者の膚の色は萎黄にして瘡癬・疥癩の衆苦に逼迫さるる」
Ⓢ dadrūla

瘡皰 そうほう できもの。ふきでもの。まちがった見解・見方をできものに喩えて見瘡皰という。「彼れは仏の真の聖教中に於て因縁あることなしとの見の瘡皰を起こす」
Ⓢ arbuda

瘡門 そうもん ①傷口。「毒箭を以って諸の禽獣を射るとき、其の毒は最初に瘡門より入りて漸次に身に遍じて毒事を作す」
②できもの・はれものの口。根（器官）を喩えた名称。根（器官）から煩悩が流れ出ることをできもの・はれものの口から膿が流れ出ることに喩えて眼根・耳根・鼻根・舌根・身根・意根の六根を六瘡門という。「彼の相続は六瘡門に於て泄の過が無窮なるが故に名づけて漏と為す」

瘡疣 そうゆう いぼ。「正念と正知とを以って瘡疣を能く覆す」

瘡漏 そうろ できもの・はれものの口から膿が漏れ出ること。「正念と正知とを以って瘡漏を能く覆す」

箱篋 そうきょう はこ。四角い箱。「末尼を箱篋に蔵置して之を守護す」 Ⓢ samudga

澡 そう あらう、すすぐこと。「衣服を整え、乞食の為の故に聚落などに入って巡次して行き、如法の食を受けて還出し、安坐し、食し訖って、手を澡い、鉢を盪し、足を洗って空閑室に入り、経典を読誦して如理に思惟す」

澡飾 そうしょく 身体をあらい、飾ること。「陵旦に起き、其の身を澡飾し、衣服を被帯し、事業を修営し、調暢し、沐浴し、香鬘を塗飾し、食飲を習近して方に乃ち寝息す、是れ在家者の行住の次第なり」

澡漱 そうそう あらいゆすぐこと。口をゆすぐこと。「食べ已って水に臨んで澡漱し、楊枝を嚼して揩歯す」

澡浴 そうよく 沐浴すること。身体を洗うこと。「身と及び衣服とは非常に臭穢なれば、毎日、水に詣でて澡浴し、衣を浣す」
Ⓢ upasnāna

霜雹 そうはく しもとひょう。作物に被害をあたえるものとしてあげられる。「霜雹などは諸の苗稼を害す」「霜雹や塵穢などの障に遭遇す」 Ⓢ aśani

叢生 そうしょう むらがり生えること。「処処に粳稲が叢生す」 Ⓢ ṣaṇḍa-avaṣaṇḍe tiṣṭhate

叢林 そうりん やぶ。はやし。林叢とおなじ。「叢林・竹葦・蘆荻などの中に入る」「大地は一切の薬草・卉木・叢林を建立し任持す」「雨なきに由るが故に大地のあらゆる薬草・叢林は皆な悉く枯槁す」
Ⓢ vana: vanas-pati

藻飾 そうしょく 文章の字句や言葉を飾ること。「言詞に於て善く藻飾せず」「諸の菩薩は義を求めんが為の故に他より法を聴き、世の藻飾せる文詞を求めんが為にせず」
Ⓢ abhisaṃskāra

躁急 そうきゅう さわがしくあわただしいこと。「麁獷とは憤発・掉挙及び躁急・掉挙を謂う」

躁擾 そうじょう 心がさわがしく乱れる、動揺すること。「其の諸根を皆な悉く掉挙せしめ、意を躁擾せしめ、意を不安せしめ、意を不静せしめんが為に、所食を食するを名づけて倡蕩の為に所食を食すると為す」「諸根躁擾し、諸根掉挙し、言は常に笑を含む、是の如き色類は瞋恚者にあり」
Ⓢ utplāvitatva: druta: pluta: saṃkṣobha

躁動 そうどう さわぎ動揺すること。「身心の沈没は是れ惛沈の相、身心の躁動は是れ掉挙の相なり」「息は必ず躁動する心によって転ず」

造 ぞう ①ものをつくること。製造・製作すること。建築すること。「車を造る家」「室宅を造る」「四方の僧伽を供養する為に寺を造り、園を施す」「経によって此の論を造る」 Ⓢ kāra: **mā**: vi-**vṛt**
（出典）造者、製作之義。（『述記』1 本、大正 43・234c）
②行為をなすこと。行なうこと。「種種の業

を造る」「悪行を造り已って、其の後世に於て悪趣の苦を感ず」
Ⓢ abhisaṃskāra: ā-**kṣip**: ākṣepa: upacita: kārin: **kṛ**: kriyā: **jan**

造作　ぞうさ　行為をなすこと。行なうこと。働くこと。活動すること。造ること。形成すること。特に心所の一つである思（意思 cetanā）の定義のなかで用いられる語で、思が現象的存在（行 saṃskāra）を形成する（abhisaṃskāra）働きが最も強いことから行の代表として思があげられる。「身語意の三業を造作す」「浄・不浄業を造作す」「思とは心を造作せしむるを性と為し、善品などに於て心を役するを業と為す」「行を造作と名づく。思は是れ業の性にして造作の義が強し。故に最勝と為す」「有為を造作す」
Ⓢ abhisaṃskāra: abhisaṃs-**kṛ**: abhisaṃskṛta: ā-**rabh**: kṛta: kriyā
（参考）種類として、善造作・不善造作・無記造作・出家造作・彼勝流造作・彼防護造作・生造作・離欲造作・解脱造作・練根造作・引発神通造作・発起他義造作の十二種が説かれる（『瑜伽』64、大正 30・656a）。

造色　ぞうしき　地・水・火・風の四つの元素（四大種）から造られた物質的なものをいう。詳しくは所造色という。→所造色「身根の境は不定なり。或いは大種を取る。或いは造色を取る。或いは二を倶に取る」「所依の大種と能依の造色」「循身念を修して造色の身は草木泥の如しと観ず」　Ⓢ upādāya-rūpa

造車家　ぞうしゃけ　大工・造匠の家柄。インド社会における賎しい混血階級の家柄の一つ。　Ⓢ ratha-kāra-kula

造修　ぞうしゅ　実践すること。修行すること。勤めはげむこと。「造修するところの加行は究竟に到らず」「善法を造修す」「毘鉢舎那を造修す」「十地によって十法行を造修す」「菩薩は要ず贍部洲の中に在って方に能く妙相を引く業を造修す」　Ⓢ ā-**kṣip**: ā-**rabh**

造論　ぞうろん　論を造ること。経を解釈する論書を作成すること。「作論者は経によって論を造る」「凡そ論を造るに総じて二縁あり。一は法をして久住せしめんがためなり。二には含識を済わんがためなり」「但だ自他の善根を増長せしめんがために無染心を以って乃ち論を造るべし」
（参考）造論の意（目的）、縁、縁起については、（『瑜伽』64、大正 30・658a～b）（『述記』1本、大正 43・233c）（『述記』1本、大正 43・234b）（『了義灯』1本、大正 43・670b）（『演秘』1本、大正 43・815c～816a）を参照。

象　ぞう　ぞう。馬と並んで、それに乗る動物としてあげられる。また強い力を持つものに喩えられる。「識と名色とが更互に縁と為ること、象と馬と船とが乗御者と展転して相いよるが如し」

象軍　ぞうぐん　象の集団。軍隊を構成する四つの軍（象軍・馬軍・車軍・歩軍）の一つ。あるいは六種の守護するもの（象軍・馬軍・車軍・歩軍・蔵力・友力）の一つ。
Ⓢ hasti-kāya

象宝　ぞうほう　転輪王が獲得する七つの宝の一つである象。→七宝①　Ⓢ hasti-ratna

像　ぞう　①肖像。画像。「仏の像の前に対して是の如き請を作す」　Ⓢ pratimā
②すがた。かたち。外観。「沙門・婆羅門の像が来たるを見る」　Ⓢ veṣa
③鏡や水面に映る像。影像ともいう。→影像「鏡などに依って質より像が生ず」「譬えば鏡面を極く善く磨瑩すれば、種種の色の像が皆な中に於て現ずるが如し」　Ⓢ pratibimba
④事象のありよう。たとえば青・黄、長・短、男・女、怨・親、苦・楽などのありようをいう。遍行の心所（細かい心作用）の一つである想（対象が何であるかと知る知覚作用）を取像という。→取像「想蘊は能く像を取るを体と為す。即ち能く青・黄、長・短、男・女、怨・親、苦・楽などの相を執取す」
Ⓢ nimitta

像似正法　ぞうじしょうほう　正しくない教えを正しい教えであると思って他者に説き示し、その教えによってよこしまな修行を実践せしめ、自らも実践すること。像似法ともいう。　Ⓢ sad-dharma-pratirūpaka
（参考）（『瑜伽』99、大正 30・872c）

像似法　ぞうじほう　像似正法とおなじ。→像似正法

像法　ぞうほう　釈尊がなくなった後に展開する三つの時代（正法・像法・末法）のなかの第二の時代。教（教え）と行（教えに随う修行）と証（さとり）との三つのなか、教と行とのみが存在する時代をいう。→三時④
（出典）仏滅度後法有三時。謂、正像末。具

教行証三、名為正法。但有教行、名為像法。有教無余、名為末法。(『義林章』6、大正・45・344b)

増 ぞう ①ます、ふえる、増大する、増加すること。「煩悩の増と業の増あり」「寿量が増して八万歳を経る」「身中に於て更に苦が増す」「所得の定が転じて復た増長するを増と為す」 Ⓢ adhika: adhikatva: ādhikya: utkarṣa: utsada: udbhūta: udrekatva: upavṛṃhita: upasam-**hṛ**: ṛddha: pradhāna: pra-**bhū**: pra-**vṛt**: prācurya: bahulatā: vardhana: vi-**vṛdh**: **vṛdh**: saṃvardhita
②過剰に。余分に。非常に多く。「己に於て恩ある諸の有情所に於て善く恩を知るが故に、若しくは等、若しくは増に現前に酬報す」 Ⓢ adhikena
③より数が多い、より以上の、など、より大きな程度をいう。「此れを除いて若しくは過ぎ、若しくは増すことあることなし」
Ⓢ bhūyas
④増益のこと。→増益①「増と減との二執を遮す」
⑤八大地獄に付属する場所。八大地獄の四面の門の外にある庭園のような場所。それぞれの四面に煻煨増・屍糞増・鋒刃増・烈河増の四つがあり、全部で十六の増がある→各項参照。 Ⓢ utsada
(参考)(『倶舎』11、大正29・58b～c)

増減 ぞうげん ①増えることと減ること。「国王あり。善く能く府庫の増減を籌量して奢じ悋ず」「因果の十二支は相望して更に増減なし」 Ⓢ hāni-vṛddhi: hrāsa-vṛddhi
②増益と損減。→増益 →損減「増減の二執を遮す」

増減劫 ぞうげんこう →中劫

増減二執 ぞうげんにしゅう 増益執と損減執の二つの執。増減二辺とおなじ。〈唯識〉では因縁によって生じた識は依他起性として仮に有るものであるとみることによって損減執(実際に存在するものを存在しないと考えること)を遮し、想いと言葉とによって外界に有ると考えられて存在(外境)は遍計所執性として全く存在しないとみることによって増益執(実際には存在しないものを存在すると考えること)を遮す。「外境は情に随って施設するが故に有なること識の如くなるには非ず。内識は必ず因縁によって生ずるが故に無なること境の如くには非ず。此れに由って便ち増減の二執を遮す」「斯に由って増減の二辺を遠離して唯識の義が成じ、中道に契会す」

増減二辺 ぞうげんにへん →増減二執

増語 ぞうご ①別名。異名。「諸の如来に増語あり。説いて名づけて梵・寂静・清涼と為す」
②名(nāman 名称)のこと。名は六識のなか、意識のみの対象となるが、意識は五識の対象に加えて(adhika)名をも対象とすることができるという意味で、意識の対象である名を増語(adhivacana)という。
Ⓢ adhivacana
(参考)(『倶舎』10、大正29・52c)
③意識のこと。意識は語(vacana)を増上(力・動因)として(adhikṛtya)対象に働きかけるから、意識を増語(adhivacana)という。 Ⓢ adhivacana
(参考)(『倶舎』10、大正29・52c)

増語触 ぞうごそく 増語(名あるいは意識)によって触れること。第六意識に相応する触。受を生じる十六種の触の一つ。→増語②③ →触④
(出典)増語触者、第六倶触、能起語故、能縁語故、於声法二処皆増故、由触増長、名増語触。(『略纂』2、大正43・23b)
(参考)(『倶舎』10、大正29・52c)

増広 ぞうこう 増大し広大となること。「習修とは已生の善法を修して堅住して忘せず、倍復して増広せしむるを謂う」「此れは取に由って増広し、復た能く取を増広するが故に取蘊と名づく」
Ⓢ pṛthu-vṛddhi-vaipulya

増劫 ぞうこう →中劫

増数 ぞうしゅ 入る息・出る息を念じる持息念における数の数え方の一つ。一を二、二を三などと数を増してまちがって数えること。
(出典)増数者、謂、於一等、数為二等。(『婆沙』26、大正27・135a)

増寿行 ぞうじゅぎょう 寿行すなわち寿命の存続期間を増すこと。→増寿変易

増寿変易 ぞうじゅへんやく 寿命の長さを思い通りに長くも短くも変化(変易)せしめることができるような生死のありかた(変易生死)のなかで、寿命の存続(寿行)の期間

を増すことをいう。→変易生死

増上　ぞうじょう　①力のある働き。力強いこと。「眼などの五根は、各、荘厳身・導養身・生識等・不共事の四事に於て能く増上を為す」「是の如き大財と大族自在と増上とを棄捨して菩薩浄戒律儀を受持するを菩薩の第一の難行戒と名づく」「此の因縁に由り、此の依処に由り、此の増上に由って種種の悪不善の法を発生して心を流漏せしむ」
Ⓢ ādhipateya: ādhipatya
②「非常に強い」「過度の」「すぐれた」「最高の」などを意味し、強い程度を表す語。「心の増上なる狂乱」「増上にして柔和なる忍辱を成就す」「微苦に触れると雖も能く増上の厭離を発生す」「此の煩悩に由るが故に増上なる適悦心を以って身・語の悪業を起こす」 Ⓢ adhi: adhika: adhimātra: adhimātratā: ādhikya: utkarṣa: utkarṣṭa: utkaṣṭatara
③主権を有すること。君臨すること。「増上なる宰官の上品の暴悪」 Ⓢ rājya
④よりどころとすること。「意識は語を増上となして方に境に於て転ず。五識は然らず」
Ⓢ adhi-**kṛ**

増上位　ぞうじょうい　世間におけるすぐれた地位。高位。「変壊せざる可愛の衆具及び増上位が離散し退失するを散壊無常と名づく」「諸の世間に於て増上位を得る」

増上意楽　ぞうじょういぎょう　力強い意欲・願望。涅槃を得たいという強い意欲・願望。「道及び道果の涅槃に於て心が信解せざるを増上意楽の衰損と名づく」「若し増上意楽ありて涅槃を欣求し生死を厭背すれば、少分の施戒を聞く善を随起しても、即ち能く決定して此の善根を種える」 Ⓢ adhyāśaya
（出典）浄信為先、択法為先、於諸仏法所有勝解、印解決定、是名菩薩増上意楽。（『瑜伽』47、大正 30・552a）
（参考）種類として最上意楽・遮止意楽・波羅蜜多意楽・真実義意楽・威力意楽・利益意楽・安楽意楽・解脱意楽・堅固意楽・無虚妄意楽・不清浄意楽・清浄意楽・善清浄意楽・応調伏意楽・倶生意楽の十五種が説かれる（『瑜伽』47、大正 30・552a）。

増上意楽行菩薩　ぞうじょういぎょうぎょうぼさつ　修行の進展過程に随って五種に菩薩を分類したもの（勝解行菩薩・増上意楽行菩薩・有相行菩薩・無相行菩薩・無功用行菩薩）の一つ。汚れない清浄な願望・意欲をもった菩薩をいう。十地に住するあらゆる菩薩をいう。
（出典）増上意楽行菩薩者、謂、十地中所有菩薩。由已証得出世内証清浄意楽故。（『雑集論』13、大正 31・756a）

増上意楽清浄　ぞうじょういぎょうしょうじょう　四種の清浄（増上意楽清浄・増上戒清浄・増上心清浄・増上慧清浄）の一つで、十地のなかの初地である極歓喜地のありようをいう。
（参考）（『解深』4、大正 16・703b）

増上意楽大性　ぞうじょういぎょうだいしょう　大乗が大乗といわれる所以の七つの偉大性の一つ。→七大性

増上慧　ぞうじょうえ　学ぶべき三つ（増上戒・増上心・増上慧）の一つ。→増上慧学
Ⓢ adhiprajña

増上慧学　ぞうじょうえがく　三学である学ぶべき三つの事柄（増上戒学・増上心学・増上慧学）の一つ。慧学とも略称す。慧によって学ぶこと。 Ⓢ adhiprajñāṃ śikṣā
（出典）増上慧者、謂、趣証慧故、名増上慧。或依慧而学故、名増上慧、即是無分別智。（『摂論釈・世』1、大正 31・322c）

増上慧住　ぞうじょうえじゅう　発心してから仏陀になるまでの十三の段階・心境の第六、七、八をまとめたもの。第五の増上心住の次に、順次、三十七菩提分法・四諦・縁起について如実にしる智慧をもつ段階。覚分相応増上慧住・諸諦相応増上慧住・縁起流転止息相応増上慧住の三つからなる（→各項参照）。
→十三住　Ⓢ adhiprajñā-vihāra

増上慧清浄　ぞうじょうえしょうじょう　四種の清浄（増上意楽清浄・増上戒清浄・増上心清浄・増上慧清浄）の一つ。十地のなかの第四地である焔慧地から仏地までのありようをいう。
（参考）（『解深』4、大正 16・703b）

増上縁　ぞうじょうえん　現象的存在を生じる四つの原因である四縁（因縁・等無間縁・所縁縁・増上縁）の一つ。四つの縁のなかの前三つの縁を除いた他のすべての原因をいう。基本的にはすべての存在（一切法）はそれ自ら（自性）を除いた他のすべての現象的存在のための増上縁となりうる。たとえば一つの米粒が生じる場合、米粒の種子が因縁で、それ以外の大地や水や温度などが積極的

な増上縁である。増上縁はまた「不障礙の法」ともいわれ、あるものが生じることをさまたげない存在をも意味するから、米粒の種子の発芽をさまたげないという意味で、大地や水や温度以外のすべてのものが増上縁となりうる。具体的には眼根などの六根は六識のための、作意という心所は所縁に対して識を引発するための、諸の心と心所は互いに同時に生じるための、浄と不浄との業は後の愛と非愛との果あるいは異熟の果のための、田や糞や水などは苗稼のための、あるいは工巧智は世間工巧業処のための、それぞれ増上縁となる。根源的な心である阿頼耶識から一切が生じるとみる〈唯識〉では、因縁とは阿頼耶識のなかの種子であると説き、種子以外のすべての原因を増上縁と考える。→四縁

Ⓢ adhipati-pratyaya

(出典) 或所作広名増上縁。以一切法各除自性与一切有為、為増上縁故。(『倶舎』7、大正 29・37b):増上縁者、謂、随所応、各除自性、余一切法。(『倶舎』7、大正 29・37c):増上縁者、謂、除種子余所依、如眼及助伴法望眼識、所余識亦爾。(『瑜伽』3、大正 30・292a):云何増上縁。謂、眼等処、為眼識等、倶生増上縁。若作意、於所縁境、為諸識引発増上縁。若諸心心所展転互、為倶生増上縁。若浄不浄業、与後愛非愛果及異熟果、為先所作増上縁。若田糞水等、与諸苗稼、為成辧増上縁。若彼彼工巧智、与彼彼世間工巧業処、為工業増上縁。(『瑜伽』52、大正 30・584c):増上縁者、謂、五識等、以眼等各別所依、為増上縁、及以能生作意等、為増上縁、意識身等、以四大種身及能生作意等、為増上縁。又先所造業、望所生愛非愛果、当知、亦是増上縁。(『瑜伽』85、大正 30・775c)

(参考)(『雑集論』5、大正 31・715c)には、増上を任持増上・引発増上・倶有増上・境界増上・産生増上・住持増上・受用果増上・世間清浄離欲増上・出世清浄離欲増上に分けて詳説されている。

増上縁依 ぞうじょうえんね 増上縁という所依。たとえば心心所にとっての増上縁依は同時に存在する六つの器官である眼・耳・鼻・舌・身・意の六根をいう。これら六根を倶有根という。

(出典) 諸心心所、皆有所依。然彼所依、総有三種。(中略) 二増上縁依。謂、内六処。諸心心所、皆託此依、離倶有根、必不転故。(『成論』4、大正 31・19b)

増上果 ぞうじょうか 五つの果(異熟果・等流果・離繋果・士用果・増上果)の一つ。根本原因(因縁)を助ける補助原因の一つである増上縁によってもたらされた結果をいう。すべての存在(一切法)はそれ自ら(自性)を除いた他のすべての現象的存在のための増上縁であるから、それ自ら(自性)を除いた他のすべての現象的存在である有為が増上果といわれる。たとえば一つの米粒が生じる場合、米粒の種子が因縁でそれ以外の大地や水や温度が積極的な増上縁であるが、それ以外の存在も米粒の発生をさまたげなかったという消極的な意味での増上縁と考えられ、そのような積極的な、消極的なさまざまの縁によって生じた米粒が増上果である。積極的な増上縁としては二十二根がある。たとえば眼識(視覚)は眼根(眼の器官)という増上縁の結果であり、身体が腐らずに存続するのは命根という力の結果であると考える。六因のなかの能作因によってもたらされる果。

Ⓢ adhipati-phala

(出典) 増上果者。謂、離自性、余有為法。唯除前生。(『倶舎』17、大正 29・91b):若眼識等是眼根増上果、乃至意識等是意根増上果、衆生身分不散不壊是命根増上果、二十二根各各能起自増上果、当知一切名増上果。(『瑜伽』38、大正 30・502b):果有五種。(中略) 五者増上。謂除前四余所得果。(『成論』8、大正 31・42a〜b)

増上戒 ぞうじょうかい 学ぶべき三つ(増上戒・増上心・増上慧)の一つ。→増上戒学

Ⓢ adhiśīla

増上戒学 ぞうじょうかいがく 三学である学ぶべき三つの事柄(増上戒学・増上心学・増上慧学)の一つ。戒学とも略称す。戒によって学ぶこと。→三学 Ⓢ adhiśīlaṃ śikṣā

(出典) 増上戒者、謂、十地中、依戒而学故、名増上戒。(『摂論釈・世』1、大正 31・322c)

増上戒住 ぞうじょうかいじゅう 発心してから仏陀すなわち如来になるまでの十三の段階・心境の第四。真理(四諦・真如)をさとった後、それ自体が悪となるような行為へのいましめ(性戒)を具足して極めて小さな悪

をもなさない段階。菩薩の十地のなかの離垢地にあたる。 Ⓢ adhiśīla-vihāra
（参考）（『瑜伽』47、大正 30・553b）：（『瑜伽』48、大正 30・556b 以下）

増上戒清浄 ぞうじょうかいしょうじょう 四種の清浄（増上意楽清浄・増上戒清浄・増上心清浄・増上慧清浄）の一つ。十地のなかの第二地である離垢地のありようをいう。
（参考）（『解深』4、大正 16・703b）

増上愚癡 ぞうじょうぐち つねによこしまな行為をして苦しみ、それが苦であると知りながらも、ことさらに遊び戯れることに愛着する愚かな者、あるいは貪りや怒りなどの煩悩にもとづく行為をする愚かな者をいう。十種の愚癡（愚かな者）の一つ。→愚癡②
（出典）増上愚癡者、謂、如有一、常恒無間習諸邪行、又邪行因所生衆苦之所逼切、雖知雖見而故奔趣楽著嬉戯。或復貪等行者、亦是増上愚癡。（『瑜伽』60、大正 30・637b）

増上生 ぞうじょうしょう 菩薩の五つの生（除災生・随類生・大勢生・増上生・最後生）の一つ。見道において真理をさとった菩薩がさらに修行を進める過程である十地（極喜地・離垢地・発光地・焔慧地・極難勝地・現前地・遠行地・不動地・善慧地・法雲地）のそれぞれにおいて力強いものとなって生まれることをいう。たとえば初地の極喜地では転輪王となって贍部洲を統治し、第十地においては大自在天となって君臨することをいう。
Ⓢ ādhipatya-upapatti
（参考）（『瑜伽』48、大正 30・563b）

増上心 ぞうじょうしん 学ぶべき三つ（増上戒・増上心・増上慧）の一つ。→増上心学
Ⓢ adhicitta

増上心異熟戒 ぞうじょうしんいじゅくかい 来世において増上心をもたらす戒。七種の戒の一つ。→増上心
Ⓢ adhicitta-vaipākya-śīla
（参考）（『瑜伽』42、大正 30・522b）

増上心学 ぞうじょうしんがく 学ぶべき三つの事柄である三学（増上戒学・増上心学・増上慧学）の一つ。定まった心によって学ぶこと。定学ともいう。 Ⓢ adhicittaṃ śikṣā
（出典）増上心者、謂、在内心、或即依心而学故、名増上心。即諸三摩地。（『摂論釈・世』1、大正 31・322c）

増上心住 ぞうじょうしんじゅう 発心してから仏陀になるまでの十三の段階・心境の第五。第四住の増上戒住の後、世間の禅定心に住する段階。菩薩の十地のなかの発光地にあたる。 Ⓢ adhicitta-vihāra
（参考）（『瑜伽』47、大正 30・553b）：（『瑜伽』48、大正 30・557a 以下）

増上心清浄 ぞうじょうしんしょうじょう 四種の清浄（増上意楽清浄・増上戒清浄・増上心清浄・増上慧清浄）の一つ。十地のなかの第三地である発光地のありようをいう。
（参考）（『解深』4、大正 16・703b）

増上慢 ぞうじょうまん すぐれたさとりを得ていないのにすでにそれを得たとおごる心。七慢の一つ。→七慢 Ⓢ abhimāna
（出典）於其殊勝所証法中、未得、謂得、令心高挙、名増上慢。（『瑜伽』89、大正 30・802c）：増上慢者、謂、於未得上勝証法、計己已得上勝証法、心挙為性。（『集論』4、大正 31・676c）

増上慢愚 ぞうじょうまんぐ さとりを得ていないことを知らずに、得ていると慢心すること。七種の無知の一つ。あるいは五種の無明（義愚・見愚・放逸愚・真実義愚・増上慢愚）の一つ。→七種無知
Ⓢ abhimāna-saṃmoha
（参考）（『瑜伽』9、大正 30・322c）

増上慢見 ぞうじょうまんけん 二十八種のまちがった見解（不正見）の一つ。→不正見

増上慢雑染 ぞうじょうまんぞうぜん 増上慢による心の汚れ。五種の雑染（疑雑染・愛雑染・信解雑染・見雑染・増上慢雑染）の一つ。→増上慢
（参考）（『瑜伽』56、大正 30・612c）

増上力 ぞうじょうりき ①あることを生じるための強い動力因。「正法を聴聞し受持する増上力の故に正しく縁起の義を了知す」「此の善根の増上力に由るが故に彼の行者をして其の心を調柔にせしむ」 Ⓢ adhipati
②強い力。権力。「諸の菩薩は、或いは家主と為って、或いは国王と為って増上力を得る」 Ⓢ ādhipatya

増長 ぞうじょう ①増すこと。成長する、成長せしめること。大きくなること。増大せしめること。「利益・安楽意楽が日夜増長するを意楽加行と謂う」「善法を摂受し善法を増長す」「羯羅藍が漸く増長す」「能く身心の勢力を増長する餅飯麋などの種種の飲食」

「種子は皆な熏習力に由って増長す」「嬰孩・童子などの八位が次第に生起するを増長次第と謂う」
Ⓢ anubṛṃhaṇa: abhi-**vṛdh**: abhivṛddhi: āya: utsadatva: upacaya: upa-**ci**: upacita: puṣṭa: puṣṭi: poṣaka: prativivardhana: bhūyo-bhāva: vardhana: vivardhaka: vivardhana: vi-**vṛdh**: vīrya-kāra: vṛddhi: **vṛdh**: vṛṣya: saṃvṛddha
②大きいこと。豊かなこと。「智あるいは見が増長にして広大なり」 Ⓢ pṛthu: bahulatā

増長生 ぞうじょうしょう 幼児から子供、そして大人と成長して、最後に衰えて老人となっていくこと。十一種の生の一つ。→生⑤
（出典）従嬰孩童子等位、乃至往趣衰老等位、名増長生。（『瑜伽』52、大正30・586a）

増長天 ぞうじょうてん 四天王の一人。スメール山（蘇迷盧山・須弥山）の南面の中腹に住する天。→四天王 Ⓢ virūḍhaka

増盛 ぞうじょう ①勢いが増すこと。盛んになること。「不善の煩悩が若し増盛する時、必ず有情をして諸の悪趣に堕せしむ」「衆多の殊勝な功徳が皆な悉く増盛す」
Ⓢ utsadatva: puṣṭa: samṛddha
②成長すること。正しい教えを聞くことが阿頼耶識中の無漏の種子を成長せしめることをいう。「正法を聞く時、亦た本有の無漏の種子に熏じて漸く増盛せしむ」

増進 ぞうしん 増す、増加すること。成長すること。修行が進むこと。段階を向上すること。「善法が増進し悪法が損減す」「不動地以上の菩薩は刹那刹那に転じて増進するが故に、此の位を方に不退の菩薩と名づく」
Ⓢ utkarṣa: vardhana: vivardhana: **vṛdh**

増進根 ぞうしんこん →練根

増進満足 ぞうしんまんぞく 起策具足とおなじ。→起策具足

増益 ぞうやく ①実際には存在しないもの（実無・不実・虚事）を存在すると考えること。実際に存在するもの（実有・実事）を存在しないと考える損減の対。二つの極端な考え（二辺・二辺執）の一つ。「実無の事に於て増益の執を起こし、実有の事に於て損減の執を起こす」「不実を増益し実事を損減す」
Ⓢ samāropa: samāropika
②無常・苦・無我・不浄であるのに、それを常・楽・我・浄であるとまちがって考えること。→増益辺
③増大すること。力が強まること。「貪などの煩悩が増益することによって生ずる苦」「智を増益せしめんが為に此の論を制造す」
Ⓢ ācaya: āpyāyita: upacaya
④さらに追加し付加すること。「見・聞・覚・知の四の所言の事に於て、応に但だ所見などの言あるを知るべし。応に愛・非愛の相を増益すべからず」「此に於て心という言を増益す。諸部の経の中には唯だ身を説く」
Ⓢ adhyāropa: adhyāropita

増益見 ぞうやくけん 実際には存在しないもの（実無・虚事）を存在すると考える見解。誤った五つの見解である五見（有身見・辺執見・邪見・見取見・戒禁取見）のなかの邪見を除く四つの見解をいう。増益邪見ともいう。損減見の対。「増益見、或いは損減見に由って虚事を増益し実事を損減す」
（出典）薩迦耶見・辺執見・見取・戒禁取、此四見等一切皆、名増益邪見。（『瑜伽』58、大正30・621b）：如是五見、幾増益見、幾損減見。四是増益見。（『集論』1、大正31・664c）

増益辺 ぞうやくへん 無いものを有るとみる極端な見解。損減辺の対。たとえば存在しない我（ātman）や有情（sattva）などを存在するとみる見解をいう。「有情が生滅する」ということに関していえば、存在しない有情を存在するとみる見解が増益辺であり、生滅そのものが存在しないとみるのが損減辺である。〈唯識〉の三性（遍計所執性・依他起性・円成実性）についていえば、まったく存在しない遍計所執性が存在するとみる見解が増益辺であり、仮に存在する依他起性と真実に存在する円成実性とを存在しないとみる見解が損減辺である。種類としては、我増益辺（無我であるのに我とみる見解）・常増益辺（無常であるのに常とみる見解）・浄増益辺（不浄であるのに浄とみる見解）・楽増益辺（苦であるのに楽とみる見解）の四種の虚妄な増益辺が説かれる（『瑜伽』64、大正30・655b）。増益辺と損減辺とを離れる見方を中道（処中の観行）という。「復た二辺を遠離する処中の観行あり。増益辺を離れ損減辺を離れるを謂う」 Ⓢ samāropa-anta
（出典）於依他起自性或円成実自性中、所有遍計所執自性妄執、当知、名増益辺。（『瑜伽』64、大正30・656c）：若立有情、有生有

滅、是名一辺、謂、増益辺。(『瑜伽』88、大正30・795c)

憎 ぞう にくむこと。いかる(瞋・瞋恚)こと。「貪纏に由るが故に瞋纏に染まるが故に憎む」「愛すべき境に於て貪欲を発生し、憎むべき境に於て瞋恚を発生し、迷うべき境に於て愚癡を発生す」「有情を憎む瞋恚」
Ⓢ dviṣa: dveṣa: vidveṣa

憎恚 ぞうい にくみいかること。「瞋は憎恚を性と為す」 Ⓢ dveṣa: pratighāta

憎悪 ぞうお にくむこと。きらうこと。「聖者は諸の破戒・悪戒を憎悪す」「善法を愛楽し不善を憎悪す」

憎厭 ぞうおん いとうこと。「諸の瑜伽師は喜を憎厭するが故に総じて第二静慮を捨す」

憎害 ぞうがい がいすること。(煩悩などを)断滅すること。「其の心に於て能く正しく一切の煩悩を憎害するとは、已滅・已断、是れ憎害の義なり」「仏法僧と及び尊重の処事に於て増上品の憎害の欲解を以って不善業を造る」 Ⓢ āghāta

憎嫉 ぞうしつ にくむこと。きらうこと。「昔、一婆羅門あり、仏法を憎嫉し、経典を焚焼し、窣堵波を壊し、僧伽藍を破し、苾芻衆を害す」「聖教を憎嫉す」「滅道を憎嫉し離欲地を憎嫉す」 Ⓢ dviṣṭa: dveṣa: pradveṣa

憎背 ぞうはい にくむ、きらうこと。そむくこと。「菩薩は若し諸の有情に聖教を憎背することあれば、其の恚悩を除く」「好く功徳を取りて過失を憎背す」
Ⓢ dveṣitva: dveṣṭa: pratihata: vidveṣa: vaimukhya

雑 ぞう ①種々・多様・雑多なさま。「彩画の雑色」 Ⓢ citra
②まじったさま。混合したさま。混合すること。「黒の故に有罪と名づけ、白の故に無罪と名づけ、雑の故に有分と名づく」「肉を食せざる者に施すに肉が雑り肉に染せる飲食を以ってす」「薬を雑した水」「悪行を雑した者」「内の施物と外の施物とを雑して施す」
Ⓢ miśra: miśrī-**bhū**: vyatimiśra: vyavakīrṇatva: vyava-**kṝ**: vyāmiśra: saṃmiśra: saṃsṛṣṭa: saṃkara
③不純でにごっているさま。まざっているさま。純の対。「第七住は雑なる清浄住なり、第八住は純なる清浄住なり」「雑香と純香」
Ⓢ vyāmiśra: saṃyukta

雑悪禽獣 ぞうあくきんじゅう 悪禽獣とおなじ。→悪禽獣

雑穢 ぞうえ ①きたないこと。よごすこと。よごれているもの。汚物。「雑穢なる諸の祠祀の中に於て大方便を作して多く衆生を集め、其の命を損害して無量の罪を獲す」「若し此の身は種種の不浄なる雑穢が充満せりと観ずるを内身の不浄の相を観ずると名づく」「量を知りて食し、雑穢ならざるものを食せず」「不浄物に雑穢さるる」 Ⓢ kṣudra: saṃkīrṇa
②羯邏藍(胎児の五段階あるいは八段階の第一段階。男性の精(精子)と女性の血(卵子)とが結合した直後の液状体の胎児の状態)の別名。→羯邏藍
(出典)羯邏藍者、此名雑穢。父母不浄和合、名雑、染可厭汚、名穢。(『略纂』1、大正43・13b)

雑穢語 ぞうえご こびへつらった言葉。真実を隠して巧みに語られた言葉。汚れた心から発せられた言葉。綺語ともいう。→綺語
Ⓢ saṃbhinna-pralāpa
(出典)一切染心所発諸語、名雑穢語。(『倶舎』16、大正29・88a)

雑穢土 ぞうえど 穢土とおなじ。→穢土

雑居 ぞうこ ともにいりまじって住むこと。「人と天と雑居す」「人と天と往来し、鬼と畜と雑居す」 Ⓢ sahacariṣṇu

雑業 ぞうごう 善業と不善業とがまじった業。「若し雑業を造りて内の身形を感ぜば、九瘡門に於て常に不浄を流す」
Ⓢ vyāmiśra-karman

雑修 ぞうしゅ 有漏の定と無漏の定との二つをまじえて静慮を修すること。「二の上流あり。謂く、雑修と不雑修となり。雑修者は浄居に入り、不雑修者は無色に入る」 Ⓢ ā-**kṝ**: vyavakīrṇa: vyavakīrṇa-bhāvita: vyava-**kṝ**
(参考)(『倶舎』24、大正29・124c):(『了義灯』6末、大正43・783b)

雑衆 ぞうしゅ 群衆。さまざまな人の集まり。「諸の菩薩は雑衆に処すと雖も、楽って少分の不正の言論を為さず」「多衆・雑衆・大衆・執衆・諦衆・善衆などの中に処在すれども、其の心に下劣の恒懼あることなし」
Ⓢ saṃsarga

雑住 ぞうじゅう 人びとと共に住むこと。

喧噪な生活をいう。「在家と出家との諸の衆と雑住せず」「雑住を楽う者は内心寂静に非ず」 Ⓢ saṃsarga

雑染 ぞうぜん 汚れていること。煩悩などによって心が汚れているありようをいう。また知的な汚れを別に立てて見雑染という。また、外境雑染あるいは境界雑染という、外的なものの汚れをいう場合もある。種類としては種々の分類がなされるが、代表的なものは煩悩雑染・業雑染・生雑染との三つにわける分類法であり、まとめて三雑染という。→三雑染「雑染なる心は諸の生死を受く」「是の如く邪分別に由るが故に諸の雑染を起こし、雑染を起こすが故に生死に流転す」「心雑染なるが故に有情雑染なり。心清浄なるが故に有情清浄なり」 Ⓢ saṃkliṣṭa: saṃkleśa

（出典）雑染義者、謂、三界中三種雑染。一者煩悩雑染、二者業雑染、三者生雑染。(『解深』3、大正 16・700a)：由二種相、当総了知一切雑染。一者一切雑染自性、二者一切雑染行路。言自性者、所謂、欲貪与諸雑染為根本故。言行路者、謂、内外処。能取所取有差別故。(『瑜伽』91、大正 30・814b)：若有執著、即為雑染、若無執著、即為清浄。(『瑜伽』94、大正 30・834b)：云何雑染施設建立。謂、由三種雑染応知。何等為三。一煩悩雑染、二業雑染、三生雑染。(『瑜伽』8、大正 30・313a)：雑染法略有三種。煩悩・業・果。(『成論』4、大正 31・18c)

（参考）種類として、外境雑染・内受雑染（『瑜伽』91、大正 30・814c）の二種、見雑染・余煩悩雑染（『瑜伽』88、大正 30・794b）の二種、煩悩雑染・業雑染・生雑染（『瑜伽』8、大正 30・313a）の三種、見雑染・愛雑染・尋思雑染（『瑜伽』87、大正 30・790b～c）の三種、煩悩雑染・業雑染・生雑染・障雑染（『雑集論』15、大正 31・769a）の四種、疑雑染・愛雑染・信解雑染・見雑染・増上慢雑染（『瑜伽』56、大正 30・612c）の五種、随念雑染・不自在雑染・境界雑染・熱悩雑染・善趣相応雑染・悪趣相応雑染・諸見雑染（『瑜伽』18、大正 30・380a）の七種が説かれる。

雑糅 ぞうにゅう まじること。まぜること。「意識は是れ能遍計にして分別ありとは随念分別に雑糅さるるを顕示するが故なり。雑糅とは即ち是れ相応倶起の義なり」 Ⓢ saṃkara: saṃsṛṣṭa

雑糅香 ぞうにゅうこう さまざまなものが混合した香り。 Ⓢ saṃkara-gandha

雑乱 ぞうらん ①ある一つのありように他のものが混在していること。あるありようをしたものがそうでないもののありようをしていること。たとえば未来のなかに過去と現在とが混じってあること。あるいは聖者が異生であり異生が聖者であるようなありよう。このようなありようは雑乱の過失として否定される。「第二の所立は世の相の雑乱なり。三世に皆な三世の相あるが故なり」「相待の法に自性あれば、彼の法は便ち雑乱の過失あり」「此の位に住する者を名づけて聖と為し亦た異生と名づければ、便ち雑乱を成ず」「身の雑乱とは、謂く、彼の有情は地獄の身でありて亦た人の身であるを謂う。便ち大過なり」 Ⓢ saṃkara

（参考）(『略纂』3、大正 43・36a)

②言葉の意味が前と後で一致しないこと、乱れていること。「非時にして説き、前後の義趣が相属せざるが故に雑乱の語と名づく」「是の如き雑乱の文句を誦持する者なし」

Ⓢ prakīrṇa

③言過（議論における立論者の言葉の過失）の一つで、論点を離れて別の事を論じること。→言過 Ⓢ ākūla

（出典）雑乱者、謂、捨所論事、雑説異語。(『瑜伽』15、大正 30・360a)

雑林苑 ぞうりんおん →和雑苑

雑類 ぞうるい さまざまな種類。「種種の品類の諸の衆集会にて出だすところの種種の雑類の音声を諠譟声と名づく」

Ⓢ vyatimiśro vicitraḥ

蔵 ぞう ①三蔵（経蔵・律蔵・論蔵）の蔵。仏教の文献を集成してまとめたもの。

Ⓢ piṭaka

（出典）何縁名蔵。由能摂故。謂、摂一切所応知義。(『摂論釈・世』1、大正 31・321c)

②菩薩蔵・声聞蔵の蔵。菩薩の教えを集成してまとめたものを菩薩蔵、声聞の教えを集成してまとめたものを声聞蔵という。

Ⓢ piṭaka

③集成してまとめたもの。「律儀戒・摂善法戒・饒益有情戒の三種の戒所摂の戒の蔵」「無量・無辺の大功徳の蔵」

Ⓢ nidhāna: skandha

④財宝などを蓄積すること。あるいは蓄積された財宝。→蔵力 Ⓢ saṃnidhi
⑤愛（tṛṣṇā）の別名としての蔵。自己を愛し執着すること。原語 ālaya は阿頼耶と音写。 Ⓢ ālaya
（出典）蔵者、謂、於内所摂自体中、愛故。（『瑜伽』84、大正 30・770c）：阿頼耶者、謂、愛。（『婆沙』145、大正 27・746c）
⑥蔵識の蔵。原語 ālaya は阿頼耶と音写。→蔵識 →阿頼耶識 Ⓢ ālaya
⑦対法蔵の蔵。原語 kośa は倶舎と音写され、倉庫・貯蔵庫を原意とする。転じて、種種の教えを納めまとめた綱要という意味。
Ⓢ kośa

蔵愛 ぞうあい 自己を大切にして愛し執着すること。「常に自身に随って蔵愛す」

蔵隠六方 ぞうおんろっぽう 東南西北上下の六方に、おのおの、父母、師長、妻子、親友、僕使、高徳の沙門を配して礼拝し供養すること。（『略纂』12、大正 43・152c）

蔵護 ぞうご ①自己の身を愛し、護り、執着すること。「愚夫は長夜に身を瑩飾し、蔵護し、執して己の有と為し、計して我所と為す」「愛とは自体において親昵し蔵護するを謂う」 Ⓢ kelāyita
②過去を追恋し、未来を希慕し、現在に耽著すること。
（出典）云何蔵護。謂、追恋過去、希慕未来、耽著現在。（『瑜伽』13、大正 30・346a）
③心を堅固に護ること。「善巧に其の心を蔵護す」 Ⓢ asaṃlīna

蔵竄 ぞうさん かくれること。（欲が）かくれひそんでいるさま。欲が稠林と名づけられる説明のなかで用いられる語。「諸の欲は蔵竄に相似する法なるに由るが故に稠林の名を得る」

蔵識 ぞうしき 潜在的な根本心である阿頼耶識の別名。阿頼耶識の原語 ālaya-vijñāna の ālaya は蔵あるいは貯蔵庫を意味する語で、顕在的な心の働きの結果が貯えられていることから蔵識とよばれる。→阿頼耶識
Ⓢ ālaya-vijñāna

蔵臣宝 ぞうしんほう →主蔵臣宝

蔵置 ぞうち 箱のなかなどにしまっておくこと。「一粒の稲麦・粟稗などの種子を末尼の若くに箱篋に蔵置して之を守護す」
Ⓢ pra-**kṣip**

蔵覆依持 ぞうふくえじ 雨漏りや流水などの被害から生きもの（有情）をふせぐ支えとしての家屋。蔵覆の原語 nilaya には家屋・住居・舎宅などの意味がある。六種の依持（建立依持・蔵覆依持・豊稔依持・安隠依持・日月依持・食依持）の一つ。 Ⓢ nilaya-ādhāra
（出典）蔵覆依持、謂、屋宇等、為諸有情離流漏等所損故起、是名依持。彼屋宇等、略有三種、或由造作、或不由造作、或宮殿化起。（『瑜伽』2、大正 30・288b）

蔵力 ぞうりき 蓄積した財宝の力。人を守護する六つのものの一つ。「守護とは象軍・馬軍・車軍・歩軍・蔵力・友力の六種を謂う」 Ⓢ saṃnidhi-bala

即 そく ①すなわち。前を受けてその意味をさらに詳しく明らかにする語。「復た風を起こして水を鼓して堅ならしむ。此れを即ち名づけて金性地輪と為す」
②そのとき。「若し当に男にならんと欲せば、彼は即ち母に於て貪を起こす」「乾薪などの物を鑽すれば、即ち火が生ず」
③「それがそのまま」「とりもなおさず」「ただちに」などを意味する助字。「色は即ち是れ空にして、空は即ち是れ色なり」
④一致すること。離れていないこと。「蘊に即した我」「語と名とは即せず離れず」

即蘊我 そくうんが 外道あるいは小乗の一派が執する三種の我（即蘊我・離蘊我・非即非離我）の一つ。身心に即して存在するとみなされる我。蘊とは五蘊にして身心をいう。（参考）（『成論』1、大正 31・1c）

束蘆 そくろ 多くの葦がまとめられて束になったもの。二つものが相互によりあって存在するありようを二つの束蘆が相いよって立っていることに喩える。蘆束ともいう。「束蘆の如き義、是れ相応の義なり。一一の蘆は独り立つこと能わずして要ず多く共に束して方に能く住することを得るが如く、心心所法も亦た復た是の如し」「名色と識と相依することは、二の蘆束が相依して住ずるが如し」「蔵識と染法とが互に因縁と為ることは、猶し束蘆が倶時にあるが如し」「識が名色を縁じ、名色が識を縁ず。是の如く二法が展転して相依すること、譬えば蘆束が倶時に転ずるが如し」 Ⓢ naḍa-kalāpa

足 そく ①あし。足の数に応じて無足者・

二足者・四足者・多足者に分けられる。
Ⓢ krama: caraṇa: jaṅghā: pāda: sakthi
（参考）（『婆沙』172、大正 27・866c～867a）
②たること。任にたえること。「若し名を生ずる声は差別ありと謂えば、声は義を顕すに足る。何ぞ別の名を待たんや」

足堪 そくかん　できること。任にたえること。「稼穡を労することなく、商賈に事えず、少く艱辛を致して活命に足堪す」

足下千輻輪相 そくげせんぷくりんそう　偉大な人間に具わる三十二種の身体的特徴の一つ。→三十二大丈夫相

足下善安住相 そくげぜんあんじゅうそう　→足下善住相

足下善住相 そくげぜんじゅうそう　偉大な人間に具わる三十二種の身体的特徴の一つ。→三十二大丈夫相

足跟円長相 そくこんえんちょうそう　偉大な人間に具わる三十二種の身体的特徴の一つ。→三十二大丈夫相

足跟端厚相 そくこんたんこうそう　偉大な人間に具わる三十二種の身体的特徴の一つ。→三十二大丈夫相

足跟趺長相 そくこんふちょうそう　偉大な人間に具わる三十二種の身体的特徴の一つ。→三十二大丈夫相

足善安住相 そくぜんあんじゅうそう　→足下善住相

足満 そくまん　みたすこと。成就すること。「能く其の願を足満す」　Ⓢ paripūri

息 そく　①安らかである、疲れていないという感触。触覚（身識）の対象である感触（触）の一つ。　Ⓢ viśrama
（参考）（『瑜伽』1、大正 30・280a）
②やむこと。きえること。おわること。やめること。しずめること。除去すること。「有情の衆苦を息む」「此の因縁に由って寿量が滅ずることなく病災乃ち息む」
Ⓢ apanayana: upaśama: na pravartante: ni-**vṛt**: nirvāpaṇa: nivṛtta: pratiprasrambhaṇatā: prativigama: vyupaśamana
③いき。入る息と出る息→息念
Ⓢ āna-apāna: āśvāsa-praśvāsa

息悪 そくあく　悪を息する（**śram**）こと。悪をしずめること。沙門（śramaṇa）の語義解釈に用いられる語。「沙門と言うは息悪の義なり」

息遣 そくけん　除去すること。「種種の苦を息遣す」　Ⓢ apakarṣaṇa

息除 そくじょ　やめること。しずめること。除去すること。「身行を息除する入息を学す」「心が歓喜するが故に漸次に諸悪なる不善法を息除す」「寒熱・飢渴などの苦を息除す」　Ⓢ nivṛtti: pratipraśrabdhi: praśama: praśrabdha

息念 そくねん　→阿那波那念

息滅 そくめつ　滅すること。やんでなくなること。「菩薩の慧光は一切の有情の煩悩を息滅す」「苦が息滅する時、楽覚を生起す」「一切の麁重が悉く皆な息滅す」
Ⓢ upaśama: pratipraśrabdhi: pra-**śam**: praśamanatā: saṃśamaka

息利 そくり　利子。「若し未だ財穀を積集せざるは、招集して守護し、及び息利の中のあらゆる助伴は、謂く、諸の僮僕なり」

捉獲 そくぎゃく　とらえる、つかまえること。「営農の月に園田に入りて他の苗稼を践むに、守護者に捉獲さるる」

捉持 そくじ　とらえること。「急に斥鷃鳥を捉持するが如し」

捉取 そくしゅ　とらえること。手に入れること。「価直を執持し、羊を売る廛に趣き、羊身を揣触して価に酬いて捉取し、牽還して養飯す」

速 そく　「はやい」「すみやかな」「迅速な」などを意味する形容句。
Ⓢ āśu: āśutaram: kṣipra: kṣipratara: kṣipram: śīghra: śīghratā

速疾 そくしつ　「はやい」「すみやかな」「迅速な」などを意味する形容句。
Ⓢ āśu: kṣipram: javena: tvarita: tvarita-tvaritam: tvaritam: tvaritaṃ tvaritam: laghu-laghu

速疾神通 そくしつじんずう　速疾通慧とおなじ。→速疾通慧

速疾智 そくしつち　毘鉢舎那（ありのままに観察する心）にそなわる三つの智（速疾智・決定智・微細智）の一つ。一時に多くの対象をすばやく観察する智。この智は対象をはっきり見定めていないから、次に対象をはっきりと見定める決定智を起こすことが必要となる。
（出典）毘鉢舎那有三徳。一速疾智、二決定

智、三微細智。智於一時中、能達多法義、為速疾智。猶如帝釈名為千眼、非有千眼、以能一時見於千法故、名千眼、疾智亦爾。故第一義為成疾智。於境不決定、解則不生。須生決定解、除疑惑心。故第二義成決定智。(『了義灯』1本、大正 43・669b～c)

速疾通慧 そくしつつうえ すみやかに真理を見る智慧。利根の人の智慧。速通・速疾神通・速証神通・速証通慧ともいう。「速疾通慧を証得せんと欲するが為に、定の円満に由って楽って正法を聞く」「是の如く修道に随順する歓喜の事を思惟するが故に、便ち能く速疾通慧を証得す」 Ⓢ kṣipra-abhijñā

速証神通 そくしょうじんずう 速疾通慧とおなじ。→速疾通慧

速証通慧 そくしょうつうえ 速疾通慧とおなじ。→速疾通慧

速進道 そくしんどう 労力を要すことなく涅槃に進んでいくこと。勤修道の対。「生般涅槃には勤修道と及び速進道とあり、有行般涅槃は唯だ勤修道ありて速進道なし」
Ⓢ vāhin-mārga

速通 そくつう 速疾通慧とおなじ。→速疾通慧→通行

測 そく はかること。おしはかること。「甚深の義は四大海を過ぎ、唯だ仏のみ能く知り、余の測るところには非ず」

測度 そくど 占うこと。世間的技術(工業明処・工巧業処)の一つ。占卜ともいう。→占卜「能く義利を引き有情を饒益する種種の書・算・測度・数・印・床座・傘屧など、是の如き等類の種種の差別の資生衆具」
Ⓢ nyasana

測量 そくりょう おしはかること。推測すること。「世尊が三十二大丈夫相を具するを観見して、此の薄伽梵は定んで是れ如来応正等覚にして其の所説の法は決定して微妙なりと測量す」

触 そく ①あるものと触れる、接触すること。「音声触と及び手足塊刀杖などの触との二種の触あり」「微苦に触れると雖も能く増上の厭離を発生す」「火に触れる」「眼が見て身が触れる」
Ⓢ upa-**han**: saṃsparśa: saṃyoga: **spṛś**: spṛṣṭa
②五遍行の心所の一つとしての触。こころ(心・心所)を対象に触れしめる心作用。ある認識が成立するためには感覚器官(根)と認識対象(境)と認識する心(識)の三つが結合関係に入ることが必要であるが、その三つが結合することを三和合とよぶ。この三つが和合したところに生じ、かつ三つを逆に和合せしめる心作用を触という。根という感覚器官は身体に属した内的な物質であり、境という対象は外的な物質であるが、このような物質的な二つが心・心所という精神的なものと結合関係を結ぶために必要なものが触である。このことは、『成唯識論』の「触とは変異を分別する」という定義を検討すると明らかになる。たとえば、眼を開けると眼の前に事物が見える。それは物質(眼という感覚器官)と物質(眼前の事物)とが出会うとき、物質とは異質の視覚という心とともに働く心所(細かい心作用)が生じるのであるが、根と境と識とが結合関係に入る前には心所を生じる力がなかったが、三和合したときにさまざまな心所を生じる力をもつように変化したという点で「変異」といい、「変異を分別する」というなかの分別とは、相似すなわちその変化に似ることであると解釈される。たとえば生まれた子供が生んだ父母に似るように、触もそれを生じた根・境・識の三つの変化に似てあらゆる心所を生じる力をもつようになる。物質(感覚器官)と物質(事物)との無機的な出会いから複雑な心作用が生じる間に関与する触媒的な心作用が触である。この点を『成唯識論』では「受・想・思などの所依たるを業となす」と説かれている。特に受という心所を生じることに関してみるならば、「根の変異を分別する」ということが重要となる。すなわちある対象を苦と受け止める場合、対象と認識関係に入ったときに感覚器官(根)に生じる変化を受け止める触がまず生じ、その触から苦という感受作用が生じるとみるのである。 Ⓢ saṃsparśa: sparśa
(出典)触、謂、根境識和合生、能有触対。(『倶舎』4、大正 29・19a):触云何。謂、三和合。(『瑜伽』3、大正 30・291b):触云何。謂、三和合故、能摂受義。(『瑜伽』55、大正 30・601c):何等為触。謂、依三和合、諸根変異分別為体。受所依為業。(『集論』1、大正 31・664a):触、謂、三和分別変異、令心心所触境為性、受想思等所依為業。(『成論』3、大正 31・11b)
(参考)触の本体について〈経部〉と〈有部〉

とでは異なる。〈経部〉は三和合そのものが触であるとみるのに対して、〈有部〉は三和合の上に別に触を生じると考える。(『倶舎』10、大正 29・52b～c)
③皮膚感覚（身識)、あるいは身体という器官（身根）の対象としての触。五境（色・声・香・味・触）の一つ。種種の分類法があるが、たとえば、四大種・滑性・渋性・軽性・重性・冷性・飢性・渇性があげられている（『婆沙』13、大正 27・65a)。あるいは地水火風・軽性・重性・滑性・渋性・冷飢渇飽・力劣・緩急・病・老・死・蛘・悶・粘・疲・息・軟・怯・勇などがあげられている（『瑜伽』1、大正 30・280a)。 Ⓢ spraṣṭavya
（出典）数可為身之所証得故、名為触。(『瑜伽』3、大正 30・294a)
④苦楽などの受（感受作用）を生じる触。好触・悪触・捨処所触の三種、眼触・耳触・鼻触・舌触・身触・意触・有対触・増語触・順楽受触・順苦受触・順不苦不楽受触・愛触・恚触・明触・無明触・非明非無明触の十六種が説かれる。 Ⓢ saṃsparśa
（参考）(『婆沙』149、大正 27・760a～c)：(『瑜伽』53、大正 30・594a)：(『瑜伽』1、大正 30・280a)
⑤十二支縁起の一つとしての触支の触。根境識の三つが和合するところに生じる触（→触②)。人の一生でいえば、生後、二、三年の間、ただ単純な感覚的感情のみがあり、未だ苦楽を分別しない段階をいう。 Ⓢ sparśa
（出典）已至三和、未了三受因差別位、総名為触。(『倶舎』9、大正 29・48b)
（参考）(『述記』8 本、大正 43・519c)
⑥官能的な接触。「愛染身を以って母邑に触れる」 Ⓢ saṃsarga

触界 そくかい 全存在を十八の種類に分ける分類法（十八界）のなかの一つ。身体という器官（身根）の対象である触のグループ。→触③ Ⓢ spraṣṭavya-dhātu
（出典）色界何相。謂、色眼曽現見、及眼界於此増上、是色界相。如色界相、声香味触法界相亦爾。(『集論』1、大正 31・663b)
（参考）(『倶舎』2、大正 29・8c)

触支 そくし 十二支縁起のなかの第五支。→触⑤

触食 そくじき 触れるという食事。たとえば、見るという触れ合いが身を養うことをいう。眼があるものを見てそこに喜びが起こるとそれが身体によい影響を与えるからである。四食（段食・触食・意思食・識食）の一つ。→四食
（出典）触食、能摂受若喜若楽若捨一分。由此復能摂益諸識、由摂益故、復能長養諸根大種。(『瑜伽』57、大正 30・619c)：触食者、是能取境。由暫能見色等境界、便令所依饒益生故。(『摂論釈・世』3、大正 31・332b)：契経、説食有四種。(中略) 二者触食、触境為相。謂、有漏触、纔取境時、摂受喜等、能為食事。此触、雖与諸識相応、属六識者、食義偏勝。触麁顕境、摂受喜楽、及順益捨、資養勝故。(『成論』4、大正 31・17b)

触習 そくしゅう 女性と性的行為をすること。「昼分を過ぎて夜分現前すれば、種種の軟妙なる臥具・氈褥・被枕を敷設して侍女と触習す」

触集 そくじゅう 集とは四諦（苦諦・集諦・滅諦・道諦）のなかの集諦の集で、苦を生じる原因をいう。そのような原因のなかの触をまとめて触集という。受・想・行の三蘊の集が生じる原因となる。「触集の故に受・想・行の三蘊の集あり」「諸行の流転智とは略して三種の因縁の集に由る故に一切行の集のあらゆる正智を謂う。謂く、憙集の故、触集の故、名色集の故、其の所応に随って若しくは色集、若しくは受等集、若しくは識集あり」
（参考）(『婆沙』108、大正 27・561b)：(『瑜伽』86、大正 30・779a)

触処 そくしょ ①十二処の一つ。皮膚感覚（身識)、あるいは身体という器官（身根）の対象。→触③ Ⓢ sparśa-āyatana
（出典）触処有十一種。謂、四大種・滑性・渋性・軽性・重性・冷性・飢性・渇性。(『婆沙』13、大正 27・65a)
②色・声・香・味・触・法の六境と触れる眼根・耳根・鼻根・舌根・身根・意根の六つをいう。六内処・六内触処ともいう。「六界と六触処と十八意近行と及び四依処とを説いて有情と名づく」

触証 そくしょう さとること。じかに触れて覚悟すること。「転勝なる資糧を修集することに由って心一境性を触証す」「諸断の中に於て勝なる功徳を見て少分の遠離を触証す」「沙門果に於て触証することを得る」「滅

諦を触証す」 Ⓢ saṃspṛṣṭa: sākṣī-**kṛ**: **spṛś**

触対 そくたい ①あるものに触れること。「触対変壊とは手足・塊石・刀杖・寒熱・飢渇・蚊虻・蛇蠍に触対さるる時、便ち変壊するを謂う」
②苦や楽をあじわうこと。「楽に順ずる触を触対するに由って楽の触を触領し、生ずるところの楽を縁ずる時、自ら能く楽受の分位を了別す」「或いは自らが、或いは他が重病の苦に遭って猛利の身の諸の苦受を触対す」
Ⓢ sparśa: spṛṣṭa

触悩 そくのう 悩ますこと。悩まされること。「有るは触悩の為の故に問を発し、有るは知解の為の故に問う」「触悩を堪忍すること能わざる過失」「雑染ありて他を触悩す」

瘜肉 そくにく 胎児の形。「瘜肉が未だ生ぜざる時、大師現前す」

俗 ぞく ①家に住する人。在家者。「鬚髪を剃除し、俗の形好を捨てて非家に趣く」
Ⓢ gṛhin
②世俗。世間。世のなか。約束事から成り立つ世界。言葉が通用する世界。→世俗①
Ⓢ vyavahāra: saṃketa: saṃvṛti

俗語 ぞくご 古代インドにおける方言であるプラークリットをいう。これに対して正式な公用語であるサンスクリットを典語という。俗語を常流言音ともいう。→典語
Ⓢ prākṛta-vāc

俗正法 ぞくしょうぼう 世俗正法とおなじ。→世俗正法

俗諦 ぞくたい 二つの諦（真諦と俗諦）のなかの一つ。言葉によって語られた真理。世俗諦ともいう。→世俗諦 →四重二諦
Ⓢ saṃvṛti-satya

俗智 ぞくち 世俗智とおなじ。→世俗智

族 ぞく 家柄。種族。「上の族に生ぜんと欲すれども、欲するところに随わずして下の族に生ず」 Ⓢ kula

族姓 ぞくしょう 家柄。種族。「族姓・色力・寿量・資具などの果を生ずるに於て浄・不浄の業を最勝の因と為す」「菩薩の族姓を具足す」「諸の有情は現に、或いは上の族姓、或いは下の族姓、或いは富の族姓、或いは貧の族姓などの種種の差別を得ることあり」
Ⓢ kula: kula-gotra: kulīna: kula-udaya: gotra

族姓因 ぞくしょういん 族姓具足因とおなじ。→族姓具足因

族姓具足 ぞくしょうぐそく 高貴な家柄に生まれること。八種の異熟果の一つ。
Ⓢ kula-saṃpad: kula-saṃpanna
（出典）生豪貴家、是名菩薩族姓具足。（『瑜伽』36、大正 30・484b）

族姓具足因 ぞくしょうぐそくいん 族姓具足をもたらす原因。八種の異熟因の一つ。族姓因ともいう。おごりたかぶることを捨てること。→族姓具足 →異熟因
Ⓢ kula-saṃpado hetuḥ
（出典）於諸衆生、捨離憍慢、是名菩薩族姓具足因。（『瑜伽』36、大正 30・484c）
（出典）捨離憍慢、是族姓因。（『演秘』1 本、大正 43・814c）

族性憍 ぞくしょうきょう 家柄へのおごり。七種の憍の一つ。→憍 Ⓢ kula-mada

族望家 ぞくぼうけ 世間が尊敬する家柄。「覩史多天衆の中より没して人間に来下して、高貴家、或いは族望家に生まれる」
Ⓢ saṃmata-kula

属 ぞく したがうこと。あるものの範囲内にあること。あるものにつながること。「他に属する資財などの事に於て計して華好となし、深く愛味を生ず」「果に属する因」「所依に属する心」「蘊は取に属するが故に取蘊と名づく」「非空非有の教は第三時に属す」
Ⓢ abhisam-**badh**: pratibaddha: saṃbaddha

属耳 ぞくじ 耳をそばだてること。意をこらして聞くこと。「正法を聴聞するとは属耳して聴聞するを謂う」 Ⓢ avahita-śrota

属声 ぞくしょう →八転声

続 ぞく つづけること。つづくこと。「外道が執するところの我とは、能く此の蘊を捨して能く余の蘊を続する内用の士夫を謂う」「此の人は現世に於て能く善根を続す」
Ⓢ pratisam-**dhā**: pratisaṃdhāna: pratisaṃdhi: pratisaṃdhita: sam-**tan**: saṃdhāna: saṃdhi

続生 ぞくしょう ①ある世から次の世に生存がつづくこと。「入定の時と及び続生の位に於て其の次第の如く善と染との心を生ず」「中般涅槃の補特伽羅は、此れより没し已って中有が続生し、中有が生じ已って便ち般涅槃す」 Ⓢ pratisaṃdhi
②生存をつづけさせること。「続生の煩悩障を断ずるに由るが故に真解脱を証し、礙解の所知障を断ずるに由るが故に大菩提を得る」

③つづけて生じること。「此の因縁に由って一切の煩悩は皆な能く続生す」

続生識 ぞくしょうしき　ある世の生存から次の世の生存に生まれるときにその生存を続けせしめる識。生まれ変わって母胎に入るときに伴う識。「此の名色は現法の中に於て続生識を縁となして現法を牽引す」

続善根 ぞくぜんこん　善を行なう力（善根）を持ちつづけること、あるいは、ひとたび善根を断じたものがふたたび善根をとりもどすこと。生来さとりに至る力がすぐれている、親しい友人が福業を行なっているのを見る、すぐれた人から正しい教えを聞く、善を行なうと未来に涅槃という果報があるかという疑惑心を起こしてそれを確かめて見ようと決心すること、などが善根を続する原因となる。Ⓢ kuśala-mūla-pratisaṃdhāna

（出典）云何続善根。謂、由性利根故、見親朋友修福業故、詣善丈夫聞正法故、因生猶予証決定故、還続善根。（『瑜伽』1、大正30・281a～b）

（参考）（『倶舎』17、大正29・89b）：（『略纂』1、大正43・9a～b）

賊 ぞく　盗人。強盗。盗賊。遭遇すると恐怖を抱くようになる対象の一つ。悪賊ともいう。王と一緒にして王賊という場合が多い。→王賊　Ⓢ cora: caura: taskara

賊事 ぞくじ　略奪。ものを盗むこと。「貧匱の人、多くは賊事を行なう」　Ⓢ tāskarya

卒禁 そつごん　牢獄の番人。「罪人ありて縶して囹圄に在り。卒禁が守りて出ることを得せしめず」

卒暴 そつぼう　乱暴であること。乱暴に。力ずくで。「如法に財を求め非法を以ってせず、卒暴を以ってせず、性は常に喜楽して諸の福業を修す」「空宅に入りて声を揚げて叫喚して大暴音を発するなどの諸の阿羅漢の卒暴の音声は諸仏には皆なし」　Ⓢ sāhasa

率土 そつど　王が統率する国土、あるいはそこに住む人民。「王の恩、率土に流る」Ⓢ prajā

率爾 そつに　突然に。突如として。ただちに。その場ですぐに。「率爾に現前する境の上に於て善く念を住するが故に名づけて善守と為す」「縄などに於て率爾に蛇と謂う」「如来は遍く三世の境界に於て率爾に作意して便ち能く一切の所知の境事の差別を正解す」　Ⓢ sahasā

率爾心 そつにしん　五心の一つ。→五心

率爾堕心 そつにだしん　率爾心とおなじ。→五心

率領 そつりょう　統率すること。「大菩提を証して大導師と為りて一切の有情を率領す」

存活 そんかつ　生存し生活すること。生存する期間。「寿と和合して現に存活するが故に命者と謂う」「是の如き小分の寿量、少時の存活は極遠を去ると雖も百年を過ぎず、委悉に算計すれば但だ須臾の頃なり」「是の如く無罪・無染のあらゆる存養を習近して自ら存活す」　Ⓢ jīvita

存済 そんさい　食べて生きていくこと。「彼れは香を食べて存済するが故に中有を健達縛と名づく」　Ⓢ yātrā

存養 そんよう　食べて生きていくこと。身を養うこと。生計を立てること。種類としては、有艱難存養（困難な生計）・無艱難存養（困難がない生計）の二種が説かれる（『瑜伽』23、大正30・410a）。　Ⓢ yātrā

忖度 そんたく　おしはかること。「世諦を忖度することは第一義諦に及ばず」

村 そん　むら。村落。　Ⓢ grāma

村邑 そんおう　村。村落。国の城壁の外にある村。村邏ともいう。「村邑・聚落に往きて巡行・乞食す」　Ⓢ grāma: grāma-nigama

村城 そんじょう　村と都。→村田

村田 そんでん　村と田。居住地の総称。「村城の地方の分所によって安住することを得る、応に知るべし是れを村田の所依と名づく」

村分 そんぶん　村の周辺。村落の辺境。「火生じて村と村分とを焼く」

Ⓢ grāma-pradeśa

村野 そんや　田舎。都市を意味する城市の対。「城市に生れた者を城市人と名づけ、村野に生れた者を村野人と名づく」

村邏 そんら　村。村落。村邑ともいう。「大水が村邏・国城・王都を漂蕩して悉く淪没す」

孫陀利迦河 そんだりかこう　孫陀利迦は sundarikā の音写。ガンガー河などとならんでインドの聖河の一つであるスンダリカー河。「若し衆生ありて孫陀利迦河の於て支体を沐浴すれば、あらゆる諸悪は皆な悉く除滅

す」 Ⓢ sundarikā nadī

尊 そん ①尊いこと。最もすぐれていること。 Ⓢ agra: agrya: uttama
②尊い人。師。「此の大師は他義を行ずるが故に亦た称して尊と為す」「或いは王、王と等しきもの、或いは余の宰官、或いは尊、尊と等しきもの」「尊の教誨を軽毀せず」
Ⓢ guru: jyeṣṭha

尊位 そんい 尊い身分・地位。「諸の世間の有染の尊位と利養と恭敬とに於て顧恋するところなき意楽」「尊位に居して一切の異類の衆生を摂伏す」 Ⓢ samucchraya

尊貴 そんき 尊いこと。「戒を持すれば善趣に生まれて尊貴な身を得る」「王には尊貴にして威伏の殊勝あり、臣には事業に於て勇戦なる殊勝あり」
Ⓢ ucca: udāra: samucchraya

尊貴位 そんきい 尊い位。支配者の位。「諸の菩薩は尊貴位に居して自らの臣隷の不饒益事に於て堪能して忍受す」 Ⓢ prabhu

尊貴家 そんきけ 高貴な家柄。名門の家。「若し多福の者ならば、彼れは当に尊貴家に生まれる」

尊教 そんきょう 尊い教え。「師長には誓って承事せざることあることなく、尊教には誓って奉行せざることなし」「正念修習は尊教を忘失する随煩悩を対治せんが為めなり」
Ⓢ saṃnati

尊敬 そんきょう 尊び敬うこと。敬意を表すこと。「諸の菩薩は族姓具足するが故に大衆は尊敬し供養し称讃す」
Ⓢ gaurava: bahu-māna: saṃmata

尊高 そんこう 尊く高貴なこと。「族姓が尊高にして白法を現行する補特伽羅あり」「種姓が尊高なるは王の功徳なり」

尊師 そんし 尊い師匠。「尊師を敬う」
Ⓢ guru

尊者 そんじゃ 尊敬すべき人。釈尊の第一の弟子たち。「大師とはいわゆる如来なり。紹師は即ち是れ第一の弟子にして、彼の尊者舎利子などの如し」
Ⓢ ārya: bhadanta: sthavira

尊重 そんじゅう ①尊敬すべき人、師。「一切の師長・尊重・福田に於て虚誑を行ぜず」「供養すべき諸の尊重・耆宿・福田」
Ⓢ guru
②尊び重んじること。「大師の所に於て恭敬し尊重し承奉し供養す」「正行具足して正行を尊重し正行を守護す」 Ⓢ guruka: guru-**kṛ**: guru-kṛta: satkaraṇīya: satkāra

尊重処 そんじゅうしょ 尊敬すべき人、師。原語 guru-sthānīya は似尊重・等尊重・等尊長とも訳される。「尊重処に於て恭敬礼拝を発起す」 Ⓢ guru-sthānīya

尊重処事 そんじゅうしょじ 仏・法・僧などの尊重すべきもの。
Ⓢ guru-sthānīya-vastu

尊重田 そんじゅうでん 尊重が生じる田。父母のこと。父母は尊重が生じるもとであることから田地に喩えて尊重田という。
Ⓢ guru-kṣetra
(参考)(『瑜伽』8、大正 30・314b)

尊勝 そんしょう ①すぐれていること。「自身に於て下劣の想を起こし、彼の女人に於て尊勝の想を起こす」「是の如き諸の尊勝なる家に生まれて豊饒なる財宝が倉庫に盈溢す」「邪に妄して己を尊勝と為して憍挙心を発起す」
②尊くすぐれた人。卓越した者。「敬養を受くべき三種の尊勝あり。一に年歯増上なるもの、二には族姓増上なるもの、三には功徳増上なるものなり」 Ⓢ prativiśiṣṭa: viśiṣṭa

尊勝者 そんしょうしゃ 尊く勝れた人。沙門や婆羅門など、世間で賢者と認められる人。布施の対象となる四種の人(有苦者・有恩者・親愛者・尊勝者)の一人。「菩薩は若し年と徳とを倶した尊勝者を見れば、能く正しく奉迎し敬問し礼拝し合掌す」
Ⓢ prativiśiṣṭa: viśiṣṭa
(参考)(『瑜伽』25、大正 30・421a)

尊長 そんちょう 尊敬すべき年長者・指導者・師匠。「自身の中に於て弘誓願を発して三宝及び諸の尊長を供養す」 Ⓢ guru

損 そん ①そこなうこと。こわすこと。いためること。「仏法僧及び尊重処事に於て損を為し益を為すを重事業と名づく」「黒黶間の身とは、黯黒出現して其の容色を損するを謂う」「此の身業が自と他とを損せざれば其れは善性なり」「上妙の飲食は身を益し、麁悪の飲食は身を損す」
Ⓢ apacaya: upaghāta: upaghātaka: **kṣi**: jyāniṃ kurvanti: pīḍā: bādhām ādadhāti: **bhid**: vipanna: vipratibandha: vyasana: vyābādhika

②健康をそこなうこと。「医薬に近よらず、已に於て若しくは損、若しくは益を知らず、非時・非量に非梵行を行ず」 Ⓢ asātmya

損壊 そんえ 破壊すること。壊れること。破損すること。衰えること。「気力の損壊とは、性として疾病多きが故に勢力ありて能く事業を作すことなきを謂う」「根の損壊に由るが故に相を取るべからず」「迦末羅病が眼根を損壊す」 Ⓢ paribheda: bhagnatā

損害 そんがい そこない害すること。害を加えること。傷つけること。種類としては、損害衆生・損害財物・損害妻妾・虚偽友証損害・損害助伴・顕説過失損害・引発放逸損害・引発怖畏損害の八種が説かれる（『瑜伽』9、大正 30・318c）。
Ⓢ apakāra: āghāta: upakrama: upaghāta: upaghātaka: upahati: **druh**: nirghātana: bādha: vadha: vihiṃsā: vyābādhana

損害半択迦 そんがいはんちゃくか 三種の半択迦の一つ。→半択迦

損減 そんげん ①実際に存在するもの（実有・実事）を存在しないと考えること。実際には存在しないもの（実無）を存在すると考える増益の対。二つの極端な考え（二辺・二辺執）の一つ。「実無の事に於て増益の執を起こし、実有の事に於て損減の執を起こす」「不実を増益し実事を損減す」「増益と損減の二辺を遠離して中道に順入す」 Ⓢ apavāda: apavādika: nāśa
②減少すること。力が弱まること。「問う、何の因縁の故に白品教中に於て説いて損減と名づくや。答う、一切の支は前前が永断して後後が滅ずるが故なり。又た是れは純大苦聚の損減の因なるが故なり」「寿量を損減する悪不善法を棄捨して寿量を増長する善法を受行す」 Ⓢ apacaya: parihāṇīya
③衰微すること。勢力が衰えること。「眷属の饒益と損減」「念と慧とが衰退するを損減と謂う」 Ⓢ anupacaya: upaghāta: hāni

損減見 そんげんけん 実際に存在するもの（実有・実事）を存在しないと考えるまちがった五つの見解である五見（有身見・辺執見・邪見・見取見・戒禁取見）のなかの邪見をいう。因果の理を否定する見解。損減邪見ともいう。増益見の対。「増益見、或いは損減見に由って虚事を増益し実事を損減す」
（出典）謗因、謗用、謗果、壊実事等、心執増益所有諸見一切皆、名損減邪見。（『瑜伽』58、大正 30・621b）

損減真実見 そんげんしんじつけん 二十八種のまちがった見解（不正見）の一つ。→不正見

損減施設見 そんげんせせつけん 二十八種のまちがった見解（不正見）の一つ。→不正見

損減分別見 そんげんふんべつけん 二十八種のまちがった見解（不正見）の一つ。→不正見

損減辺 そんげんへん 有るものを無いとみる極端な見解。増益辺の対。たとえば苦諦・集諦・滅諦・道諦の四つの真理は存在しないとみる見解をいう。また「有情が生滅する」ということに関していえば、存在しない有情を存在するとみる見解が増益辺であり、生滅そのものが存在しないとみるのが損減辺である。〈唯識〉の三性についていえば、けっして存在しない遍計所執性は存在するとみる見解が増益辺であり、仮に存在する依他起性と真実に存在する円成実性とを存在しないとみる見解が損減辺である。 Ⓢ apavāda-anta
（出典）若立生滅都無所有、是第二辺、謂、損減辺。（『瑜伽』88、大正 30・795c）：損減辺者、謂、於依他起自性及円成実自性諸有法中、謗其自相、言無所有。（『瑜伽』64、大正 30・656c）

損財法 そんざいほう 財産を失う原因となるもの。耽酒・博戯・放蕩・迷著伎楽・悪友相損・懈怠嬾惰の六つ。
（参考）（『略纂』12、大正 43・152c）

損失 そんしつ そこない失うこと。「事業に方なきに由って損失す」「財物及び妻妾を損失す」 Ⓢ pralugna

損少 そんしょう 減少すること。「寿量が損少す」

損悩 そんのう 害を加える、損害を与えること。悩ますこと。種類としては、倶生損悩・所欲匱乏損悩・逼切損悩・時節変異損悩・流漏損悩・事業休廃損悩の六種、飢損悩・渇損悩・麁食損悩・疲倦損悩・寒損悩・熱損悩・無覆障損悩・有覆障損悩の八種が説かれる（『瑜伽』5、大正 30・303a）。「卒暴を以って他を逼迫し損悩す」「云何が害と為す。諸の有情に於て心に悲愍なく損悩するを性と為し、能く不害を障し逼悩するを業と為

す」 Ⓢ apakāra: upaghāta: upaghātaka: upahan: vadha: vighāta: viheṭhana: vi-**heṭh**

損悩遍知 そんのうへんち 現世において愚かな人（凡夫）が行なっている自らを苦しめる生き方・ありようについて熟知していること。五種の遍知の一つ。→遍知②
（参考）（『瑜伽』100、大正 30・876c）

損費 そんひ 使ってなくすこと。浪費すること。「非量に財宝を損費す」

損伏 そんぶく ①煩悩などをおさえ伏すること。「有漏道を以って暫時に現の煩悩を損伏す」「此の地には真実・常恒・不変易の法あることなし。常見を損伏すること、諸の余の地に勝るが故に此れを独り無所有処と名づく」
（参考）種類として、遠離損伏・厭患損伏・奢摩他損伏の三種が説かれる（『瑜伽』51、大正 30・583c）
②阿頼耶識の種子の働きをそこない害すること。「欲界の諸法の種子は但だ損伏を被り永害すること能わず」「穀麦などの諸の外の種子を空迥に安置す、或いは乾器に安置すれば芽を生ぜざれども種子ならざるに非ず、若し火に損せられれば爾の時は畢竟種子と成らざるが如く、内法の種子の損伏と永害との道理も亦た爾なり」「奢摩他の能く損伏する力に由りて一切の犯戒の種子を損伏す」「種子の功能を損伏して潤生の能なからしむ」

損耗 そんもう 減じてなくなること。「財物を損耗す」

損益 そんやく 損と益。損害と利益。衰損と摂益。そこなうこととためになること。わるい状態とよい状態。「心心所の依託力に由るが故に色は爛壊せず。色が損益するが故に心心所も亦た損益す」「眼に損益あれば識も随って損益す」 Ⓢ upaghāta-anugraha: kāra-apakāra

損力益能転 そんりきやくのうてん 転とは転依のこと。修行の五段階（資糧位・加行位・通達位・修習位・究竟位）のなかの初めの二つの位に於ける転依。阿頼耶識のなかの汚れた種子の力を弱め、清らかな種子の働きを強めること。六種の転依の一つ。→転依
（参考）（『成論』10、大正 31・54c）

蹲 そん うずくまること。「師の前に在りて卑劣の座に居して、或いは蹲し、或いは跪す」 Ⓢ utkuṭuka

蹲跪坐 そんきざ うずくまりひざまずいて坐ること。礼法の一つ。「蹲跪坐して仏像の前に対す」 Ⓢ utkuṭuka-sthita

蹲坐 そんざ うずくまること。うずくまって坐ること。「若し男が胎に処するときは母の右脇によって背を向けて蹲坐す」 Ⓢ utkuṭuka

た

他 た ほか。ほかのもの。他人。他者。 Ⓢ para: para-kīya: para-pakṣya

他愛 たあい 愛する他人。親友。「他愛と乖離す」 Ⓢ mitra

他引分別 たいんふんべつ 十種の分別・虚妄分別の一つ。他者から教えを聞くことによって起こす分別。正しくない教えを聞く場合と正しい教えを聞く場合とに分かれる。→虚妄分別①
（出典）他引分別者、謂、由他教所起分別。此復二種。一聞非正法類、二聞正法類。（『摂論釈・世』4、大正 31・342b）

他縁 たえん 自ら以外の他の原因。他からの働きかけ・助け。「円成実性は唯だ是れ実有なり。他縁に依って施設せざるが故なり」「諸の菩薩は自ら施心を得て恵施を行じ、他縁を藉りず」 Ⓢ para-pratyaya

他音 たおん 他者からの教え。外部からの教え。他者からの教えを聞き、その教えを自らのなかで正しく思考する（正作意・如理作意）ことによって正しい見解（正見）が生じる。他音声・他言音とおなじ。「二因・二縁によって能く正見を生ず。一には外から他音を聞く。二には内にて正しく作意す」「二因・二縁によって能く正見を生ず。謂く、他言音と及び内の如理作意となり」「他音を聞き及び如理作意するが故に正見が生ずることを見円満という」「他音を内に正しく作意す

ることを因縁と為すが故に無明を遠離して明を発起す」

他音声 たおんじょう　他音とおなじ。→他音

他怨 たおん　他怨害とおなじ。→他怨害

他怨害 たおんがい　他者からのうらみ・侮辱・加害。他怨とおなじ。「他怨害に耐える忍」「他怨に於て終に返報なきを忍辱と言う」 Ⓢ para-apakāra

他我 たが　他者という存在。自我の対。「汝が所説の我は是れ自我にして他我に非ずと説くべからず」「梵王を計して他我と為す」

他界 たかい　他の世界。欲界・色界・無色界の三つの世界のなか、ある一つの世界からみてそれと異なる他の世界をいう。たとえば色界に住するものにとっては色界が自界となり、欲界と無色界は他界となる。自界の対。「断善の邪見は唯だ自界を縁じて他界を縁ぜず」 Ⓢ visabhāga-dhātu

他害 たがい　他者を害すること。三つの害（自害・他害・倶害）の一つ。害他ともいう。 Ⓢ para-upaghāta: para-vyābādha: para-saṃcetanā

（参考）（『婆沙』44、大正 27・227c 以下）

他義 たぎ　他者の利益。他者のためになること。たとえば、他者のために教えのかなめ（法要）を説いて他者を善いありよう（善趣）に導くこと、あるいは涅槃を獲得せしめることを「他義を能く辦ず」という。他義利ともいう。 Ⓢ para-artha

（出典）云何名為能辦他義。謂、広為他宣説法要、令其能往世間善趣究竟涅槃。（『瑜伽』94、大正 30・836b）

他義行 たぎぎょう　他義利行ともいう。利他行とおなじ。他者の利益のための実践。他人のためになることを行なうこと。菩薩の生き方をいう。これに対して自己のために生きる声聞・独覚の生き方を自義行という。「大師は亦た第一と称す、自義を行ずるが故に。亦た称して尊と為す、他義を行ずるが故に」「我れ今、正しく他義利行を勤修せんが為に不忍を生ず」

（出典）他義行者、謂、利他行。如仏菩薩為欲利益無量衆生、為欲安楽無量衆生乃至広説。（『瑜伽』81、大正 30・752a）

他義利 たぎり　他義とおなじ。→他義

他義利行 たぎりぎょう　他義行とおなじ。→他義行

他教 たきょう　他者からの教え・教授。他教授ともいう。「仏は十二処に於て一一証知し、皆な能く自ら覚して他教に由らず」「他教に由って起こるところの分別には、非正法を聞く類と正法を聞く類との二種あり」「自ら力なき補特伽羅は他の教授に因って能く見をして清浄ならしむ」

他教授 たきょうじゅ　他教とおなじ。→他教

他化自在 たけじざい　→他化自在天

他化自在天 たけじざいてん　欲界にある六つの天（六欲天）の最上にある第六の天。下の他の天が変化（へんげ）し作りだした楽を自在に享受する天。他化自在・他化天と略称する。 Ⓢ para-nirmita-vaśa-vartino devāḥ

他化天 たけてん　→他化自在天

他言音 たごんおん　他音とおなじ。→他音

他作 たさ　ある出来事や事柄、広くは現象的存在（縁起法・縁生法）すべてが、自己によって作られる（自作）、他者によって作られる（他作）、自己と他者との両者によって作られる（倶作）、という三種の見解のなかの、他者によって作られるという見解をいう。仏教は実体的な自己や他者を認めない無我という立場より、すべての現象的存在は自作でも他作でも自他による倶作でもないと説く。他所作ともいう。「諸の縁生法は自作に非ず、他作に非ず、倶作に非ず、亦た無因生に非ず」 Ⓢ para-kṛta

他作論 たさろん　ある出来事や事柄、広くは現象的存在は、他者、たとえば大自在天などによって作られるという見解。自作論・倶作論に対する見解。→自作論　→倶作論

（出典）若欲一切皆宿因作、名自作論。若欲一切皆自在等変化因作、名他作論。若欲少分自在天等変化因作、一分不爾、名倶作論。（『瑜伽』87、大正 30・787a）

他地 たじ　三界九地のなかのある一つの地からみて他の地をいう。ある地に住するものが他の地のありようを認識できるかどうかが問題とされる。自地の対。「眼識は自地と他地とに依って自地と他地とを縁じ、耳識・身識・意識も亦た爾り。余二識は自地に依って自地を縁ず」「天眼と天耳とは他地の遠境を縁ずるや」

他受用 たじゅゆう　仏の三身（自性身・受

用身・変化身）のなかの受用身に二種（自受用・他受用）あるなかの一つ。受用身とは長時にわたる修行の結果として報われた功徳を享受する仏をいい、そのなかで十地に住する菩薩たちに神通を現じ、教えを説き、彼らに大乗の真理の楽を享受せしめる仏を他受用という。→自受用

（出典）如是法身、有三相別。（中略）二受用身、此有二種。（中略）二他受用、謂、諸如来、由平等智、示現微妙浄功徳身、居純浄土、為住十地諸菩薩衆、現大神通、転正法輪、決衆疑網、令彼受用大乗法楽。（『成論』10、大正 31・57c～58a）

他宗 たしゅう 他者の主張。他の学派の教説。自宗の対。「是の如く他宗の異執を止めんが為、及び自宗の無顚倒の理を顕さんが為の故に斯の論を作る」「立宗とは、或いは自宗を成立せんが為に、或いは他宗を破壊せんが為に宗義を建立するをいう」

他所作 たしょさ 他作とおなじ。→他作

他性 たしょう あるものよりほかの存在。それそのものの存在である自性（sva-bhāva）の対。〈唯識〉でいえば、自性が他性の因となるとは、たとえば種子から現行が生じる「種子生現行」の因果をいい、自性が後の自性のために因となるとは、阿頼耶識のなかにおいて種子が刹那に生滅しながら相続する「種子生種子」の因果をいう。「諸法は皆な自性を摂して他性を摂せず」「無常の法は無常の法の因と為ると雖も、然も他性のために因と為る。亦た後の自性のために因と為れども即ち此の刹那に非ず」 Ⓢ para-bhāva

他勝 たしょう 重い罪を意味する parā-jita あるいは pārājika の意訳。波羅夷と音写する。→四波羅夷罪 Ⓢ parā-jita: pārājika

（出典）由犯四重立他勝名。梵名波羅夷、此云他勝。（『倶舎論記』15、大正 41・236a）

他心 たしん 他者の心。→他心智

他心智 たしんち 他者の心のありよう・状態をしる智慧。十智（世俗智・法智・類智・苦智・集智・滅智・道智・尽智・無生智・他心智）の一つ。〈唯識〉においては、すべてはただ自己の心の現れにすぎないという立場より、他心智は外界にある他者の心を直接に智るのではなく、他者の心に似た相である影像を認識することであると説く。→他心智証通 Ⓢ para-citta-jñāna: para-citta-dhī: para-citta-vid

（出典）云何他心智。答、若智修所成、是修果。依止修、已得不失、能知他相続、現在欲色界心心所法、或無漏心心所法、是謂他心智。（『婆沙』99、大正 27・512b）：他心之影、於自心上現、名了他心。（中略）解深密言。無有少法、無少実法能取余法。余者心外実法也。非自実心能取他実心。但識生時、心似彼他心相現、名取他心也。（『述記』7末、大正 43・494a）

（参考）（『倶舎』26、大正 29・134c～135a）（『瑜伽』37、大正 30・494c）に、他心智が智る他心の具体的な内容が詳説されている。

他心智証通 たしんちしょうつう 他心智によって他の人びとの心のありよう・状態を智るという超能力。六神通の一つ。他心智通・他心通・知心差別智通・知心差別智作証通・心差別通ともいう。 Ⓢ para-cetaḥ-paryāya-jñāna-abhijñā

他心智通 たしんちつう →他心智証通

他心通 たしんつう →他心智証通

他身 たしん ①他者の存在。自身の対。「色・声・香・味・触の五の外処に自身・他身、情・非情などの差別あり」「自身の相続と他身の相続」 Ⓢ para: para-saṃtāna
②親族や親友などの身近な人。「自身と他身とを救抜せんが為に貪著心より婬の加行を起こす」 Ⓢ suhṛd

他世 たせ 他の世。現在の世界以外の他の世界。来世。現在の世界である此世の対。「能く此世と他世の順益を為すが故に名づけて善と為す」「外道の苦行を修せば、能く此世と他世との諸の衰損の事を引く」
Ⓢ amutra: āmutrika: paratra: para-loka

他相続 たそうぞく 生命的な他者存在。仏教は固定的・実体的な生命的存在を否定する無我の立場より刹那々々に生滅しながら相続していく生命的存在を相続という語で表現し、自己を自相続、他者を他相続という。相続の原語は、多くは saṃtati あるいは saṃtāna であるが、衆生あるいは有情と訳される sattva を相続と訳すこともある。「自相続の眼と他相続の眼」
Ⓢ para-sattva: para-saṃtati: para-saṃtāna

他部 たぶ 他の部類。五部の煩悩、すなわち五種の煩悩のなかでの他の部類をいう。自部の対。→五部「余の自地・自部・他部の

諸の有漏法に於て但だ所縁縛と為る」
Ⓢ anya-nikāya

他方世界 たほうせかい　釈迦が教化するこの世界、すなわち三千大千世界の外にある世界。「此の三千界の外の他方に亦た時として仏が出でて衆生を教化することあるべし」「一光あり、十方面の無量無数なる諸世界の中に往き、他方世界に住する菩薩をして光の覚悟を蒙りて皆な来りて集会せしむ」
Ⓢ anya-loka-dhātu
（出典）他方者、三千界外。此界者、此娑訶界。（『述記』3本、大正43・322a）

他利 たり　他者を利すること。他人に利益をあたえること。他人のためになることを行なうこと。利他とおなじ。他利益ともいう。自利の対。→自利「何が故に初地を名づけて極喜と為すや。此の時に於て初めて能く自利と他利との倶の勝なる堪能を辦ずるが故なり。諸の声聞などが真現観する時は、唯だ能く自利の堪能を辦ずることを得、他利を得ざるが故なり」 Ⓢ para-artha

他利益 たりやく　他利とおなじ。→他利

他力 たりき　他者の力。自己以外の力。自力の対。→自力「他力によって起こる慧を聞所成慧と名づけ、自力によって起こる慧を思所成慧と名づけ、倶力によって起こる慧を修所成慧と名づく」「依他起自性とは、謂く、衆縁によって生じ、他力に依って起こるところの諸法の自性にして、自然有に非ざるが故に無性と説く」 Ⓢ para-bala

多 た　①多数・多量・豊富・過度などの程度を表す語。 Ⓢ atyartha: prabhūta: prabhūta-tara: bahu: bahu-tara: bahutaraka: bahutva: bahula: bahulatā: bahu-vidha: bāhulya: bāhulyena: bhūyas: bhūyasā: mahānta: vistīrṇa: saṃbahula
②サンスクリットで抽象名詞を作る接尾語である tā（ター）の音写。性と意訳する。
Ⓢ tā
（出典）此云心一境性。質多云心、翳迦云一、阿羯羅云境、多云性。（『了義灯』5本、大正43・753b）

多安住 たあんじゅう　ある状態にたびたび住すること。多住ともいう。「一境念に多安住するに由るが故に能く正しく心一境性を生起す」 Ⓢ bahulaṃ viharanti: bahula-vihārin

多財釈 たざいしゃく　→有財釈　→六合釈

多時 たじ　長い時間。長きにわたること。「熾然と精進して多時を経歴す」「長時に相続し多時に串習して煩悩を断ずるが故に名づけて修道と為す」 Ⓢ cira

多修 たしゅ　多修習とおなじ。→多修習

多修習 たしゅじゅう　くりかえし実践すること。たびたび修行すること。多修ともいう。「修に由り、習に由り、多修習を因縁と為すに由るが故に、一切麁重が悉く皆な息滅す」「殺生に於て親近修習し、多修習するが故に、那洛迦の中に於て異熟果を受く」「繋念して厭離を多修す」
Ⓢ āsevita: bahulī-karoti: bahulī-kāra: bahulī-kṛta: bhāvanā-bhāhulya

多種 たしゅ　多くの種類。「煩悩に多種の差別あるを応に知るべし」 Ⓢ aneka-vidha: bahu-tara

多習 たしゅう　過度に実行すること。たびたびふけること。「其の母は婬欲を多習す」「夜分に於て嬾惰・懈怠の故に睡眠を多習す」
Ⓢ atyarthaṃ niṣevinī: bāhulyena niṣevate

多住 たじゅう　ある状態にたびたび住すること。多安住ともいう。「若し諸の菩薩が其の涅槃に於て願楽に多住せば、是れ則ち速疾に般涅槃に入る」「一切行に於て生滅観に多住して昼夜に修学す」 Ⓢ bahula-vihāritā: bahula-vihārin: bahulaṃ viharanti

多所作 たしょさ　①たびたび行なうこと。くりかえし実践すること。「殺生に於て親近数習し、多所作するが故に那落迦に生ず」
Ⓢ bahulī-kṛta
②なすべきことが多いこと。「多所作を怖れる懈怠の衆生」

多足 たそく　→多足有情　Ⓢ bahu-pāda

多足有情 たそくうじょう　多くの数の足をもつ生きもの。昆虫やむかで（百足）などの類をいう。多足・多足者とおなじ。「無足・二足・四足・多足の諸の有情」
（出典）多足有情者、如百足等。（『瑜伽』83、大正30・761a）

多足者 たそくしゃ　→多足有情

多念 たねん　多刹那にわたること。一念の対。→一念「一念の業に多念の異熟あるも、多念の業に一念の異熟なし」「語表も亦た実に声性あるに非ず。一刹那の声は詮表なきが故に。多念に相続すれば便ち実に非ざるが故に」 Ⓢ bahu-kṣaṇika

多福 たふく 福が多いこと。修行して得るよき報いである功徳が多いこと。「多福の者は母胎に入りて母胎に住する時、皆な顚倒の想と顚倒の勝解とを起こさず」

多福者 たふくしゃ 福が多い人。薄福者の対。→多福「多福者は当に尊貴家に生ず」
Ⓢ sukṛta-karma-kārin

多分 たぶん 大部分。大概は。大体において。非常に多く。「傍生・人趣・大力餓鬼の尋伺は多分は慼行にして、少分は欣行なり」「那落迦の有情は多分に極治罰の苦を受用す」 Ⓢ prāya: bāhulya: bhūyas: bhūyasā: bhūyasyā mātrayā

多聞 たもん ①多く教えを聞いてそれを記憶すること、あるいはそのような人。「多聞を具足するとは、多聞し、聞持し、其の聞積集して、即ち彼の法に於て独り空閑に処して思惟し、籌量し、審諦観察するをいう」「多聞は能く法を知り、多聞は能く悪を遠ざけ、多聞は無義を捨て、多聞は涅槃を得る」
Ⓢ bahu-śruta: bāhu-śrutya
②→多聞天

多聞憍 たもんきょう 教えを多く聞いていることへのおごり。七種の憍の一つ。→憍
Ⓢ śruta-mada

多聞室 たもんしつ 多聞天の宮殿。
Ⓢ vaiśravaṇa-ālaya

多聞天 たもんてん 四天王の一人。スメール山（蘇迷盧山・須弥山）の北面の中腹に住する天。毘沙門天ともいう。→四天王
Ⓢ vaiśravaṇa

多聞部 たもんぶ 小乗二十部の一つ。→小乗二十部

多羅 たら tāla の音写。樹の名。多羅樹ともいう。樹の形状はシュロ（棕櫚）に似て、高さは二十一メートルから二十四メートルにもなり、果実はざくろ（石榴）に似て赤色である。葉は羽状で、乾かしてその上に鉄筆で文字を書く材料となる。「樹の根を断じ多羅の頂を截するが如く、諸の漏は永く現行せず」「大師は此の中に是の如き喩を立つ。多羅樹が若し頭を断たるれば、必ず復た生長して広大なること能わざるが如く、諸の苾芻などの重罪を犯すも亦た然り」 Ⓢ tāla

多羅脛 たらぎょう 多羅は tāla の音写。多羅樹のごとく脛の長い人という意味。五つの生存のありよう（五趣）の一つである人趣の呼び名の一つ。人をマヌシュヤ（manuṣya）と呼ぶが、そのように呼ばれるようになる以前の人に対する呼び名の一つ。→多羅
Ⓢ tāla-laṅga
（出典）云何人趣。（中略）問、何故此趣、名末奴沙。（中略）先未号此末奴沙時、人或相呼、以雲頸、或名多羅脛、或名底落迦、或名阿沙荼。（『婆沙』172、大正 27・867c）

多羅樹 たらじゅ →多羅

多羅掌 たらしょう 多羅樹の葉。風を起こす扇子に用いる。→多羅「若し諸の有情は風を求めんと欲せば、衣を動かし扇と及び多羅掌とを揺がす」 Ⓢ tāla-vṛnta
（出典）多羅掌者、西方有一樹。葉状似棕櫚、截去葉頭、但留其掌、亦得扇涼。（『瑜伽論記』7上、大正 42・447b）

撾打 ただ 打撃。うつこと。刑罰の一つ。「刑縛と断截と撾打と毀辱」 Ⓢ tāḍana

打 だ うつこと。たたくこと。殴ること。打撃をあたえること。「他の罵るに報いて罵り、他の瞋るに報いて瞋り、他が打つに報いて打つ」「打たんとする心で仏の血を出だすは無間罪に非ず」「手に杖刀を執して、若しくは打ち、若しくは刺す」
Ⓢ abhighāta: **taḍ**: tāḍana: tāḍita: pra-**hṛ**

打触 だそく ①うつこと。打撃を加えること。「末摩を打触するに由って、或いは鬼魅に著かるるに由って狂う」 Ⓢ abhighāta
②四つの皮膚感覚（触）の一つ。うつことによって生じる触覚。「摩触・搦触・打触・揉触の四種の触あり」 Ⓢ abhighāta-sparśa

打拍 だはく うつこと。害を加えるありようの一つ。「怨家の為に害を加えんと欲して打拍し、或いは解割し、或いは杖捶を加う」

陀羅尼 だらに dhāraṇī の音写。総持と意訳。dhāraṇī は「持す」「保つ」を意味する語根 **dhṛ**の名詞形で、陀羅尼とは、総じていえば、教え（教法）をよく記憶、あるいは保持して忘失せしめないことをいう。種類としては次の四種がある。（i）法陀羅尼（dharma-dhāraṇī）。経の文句を記憶して忘れないこと。（ii）義陀羅尼（artha-dhāraṇī）。経の文句の意味を記憶して忘れないこと。（iii）呪陀羅尼（mantra-dhāraṇī）。禅定力によって呪力ある文句を唱えて霊験を得て人びとの種々の災害を除くこと。

（iv）能得菩薩忍陀羅尼（bodhisattva-kṣāti-lābhāya dhāraṇī）。忍とは空性を洞察する智慧で、呪文を観察思惟することによって言葉では表せない真理をさとり、そのさとりに住すること。これら四種のなかの呪陀羅尼にかぎって霊験ある神秘的な呪文を陀羅尼という場合がある。 Ⓢ dhāraṇī
（出典）云何菩薩妙陀羅尼。当知、如是妙陀羅尼、略有四種。一者法陀羅尼、二者義陀羅尼、三者呪陀羅尼、四者能得菩薩忍陀羅尼。（『瑜伽』45、大正 30・542c）：陀羅尼、此名総持。総持有四。一法、二義、三呪、四能得忍。（『述記』10 本、大正 43・575b）

唾 だ つば「内の水界とは涙・汗・洟・唾などを謂う」 Ⓢ kheṭa

唾香 だこう つばの香り。Ⓢ kheṭa-gandha

堕 だ おちること。おちいること。堕落すること。ある状態になること、生まれること。あるグループに入る、属するようになること。堕在とおなじ。「悪趣に堕するを説いて下に往くと名づく」「邪見に堕す」「諸の菩薩は五の真実菩薩の相ありて、若し成就せば菩薩の数に堕す」「三世に堕する法」「受用極楽行の辺と受用自苦行の辺との二辺に堕在す」 Ⓢ upapatti: upa-**pad**: **gam**: gamana: gāmin: ni-**pat**: nipatana: patana: patita: patitatva: pātita: pra-**pat**: prāpta: **yā**: vinipāta

堕在 だざい →堕

堕摂界 だしょうかい 欲界・色界・無色界の三界のなかにある世界。非堕摂界の対。→非堕摂界 Ⓢ paryāpannā dhātavaḥ
（出典）云何数建立。略有三界。謂、欲界・色界・無色界。如是三種、名堕摂界。（『瑜伽』4、大正 30・294b）
（参考）（『略纂』2、大正 43・24b）

堕墜 だつい おとすこと。落下すること。「煩悩障と所知障とは有情を堕墜して三界に没せしむ」

堕負 だふ 論争において負けること。堕負処ともいう。「吾が立するところの論は、今、已に堕負す」「尊者は勝を得、我れは已に堕負す」。「他の為に破せられ、勝せられ、他の後に堕在し、彼れに屈伏して言を捨てるを堕負処と名づく」

堕負処 だふしょ →堕負

堕法処色 だほっしょしき 法処におさめられる色。法処所摂色とおなじ。→法処所摂色

堕落 だらく 墜落すること。おちること。「重物は空に於て遍に堕落す」 Ⓢ patana

堕涙 だるい 涙を流すこと。雨涙・流涙とおなじ。「若し善友が正法を説くを聞く時、身の毛が竪ち、悲泣し、堕涙し、生死を厭離し、涅槃を欣楽す」 Ⓢ aśru-prapāta

惰 だ なまけること。懈怠とおなじ。→懈怠「不信は能く浄信を障え、惰の依たるを業と為す」 Ⓢ ālasya

駄娑 ださ dāsa の音写。奴隷。召使い。従僕。「無価の駄娑という言は彼の菩薩に目く」 Ⓢ dāsa

駄都 だと dhātu の音写。骨。遺骨。仏陀の遺骨。舎利とおなじ。→舎利①「昔し牝象ありて名づけて磨荼と曰う。外方より仏の駄都を載せて迦湿弥羅国に来入す」「如来の駄都を供養せんが為に窣堵波を未だ曽てあらざる処に建つ」 Ⓢ dhātu

駄那演那 だなえんな dhyāna の音写。静慮と意訳。定（samādhi）の七つの別名の一つ。→定① →静慮
（出典）定有七名。（中略）四云駄那演那、此云静慮。（『了義灯』5 本、大正 43・753b）

駝驢 だろ「らくだ」と「ろば」。象・馬・牛・羊などと並んで人間によって飼育する動物としてあげられる。「有情を摂するとは、愛の勢力に由って妻子・奴婢・作使・象馬・牛羊・駝驢などの事を摂受するをいう」

太 たい 程度がはなはだしいこと。過剰なこと。過度なこと。「太尋と太伺」「太麁と太細」 Ⓢ ati: udreka

太過 たいか 程度がはなはだしいこと。過剰なこと。過度なこと。太極とおなじ。「太過の勇猛精進」

太挙 たいこ きわめて心が高ぶること。太浮ともいう。太沈の対。→太沈「善く量を知って精進を修し、此れに因るが故に太沈・太挙することなかれ」「掉心とは太挙するが故に掉の纏に掉せらるるを謂う」「太沈・太浮するに非ずして恒に善く正念に住す」 Ⓢ atisaṃpragraha: atisṛta

太虚空 たいこくう 無限に広がる空虚な空間。「勝義の無記とは太虚空と及び非択滅との二の無為なり」「太虚空は衆色に遍ずると雖も、而も是れ衆色の無性の所顕なり」 Ⓢ ākāśa

太極 たいごく 程度がはなはだしいこと。過剰なこと。過度なこと。太過とおなじ。「性として慢緩にして諸の学処に於て所作慢緩なるを名づけて太極の沈下と為す」 Ⓢ ati

太極沈下 たいごくちんか →太沈

太沈 たいちん きわめて心が沈むこと。太挙の対。太極沈下ともいう。→太挙 「善く量を知って精進を修し、此れに因るが故に太沈・太挙することなかれ」「太沈・太浮するに非ずして恒に善く正念に住す」「性となり慢緩にして諸の学処に於て所作慢緩なり。是の如きを名づけて太極沈下と為す」
Ⓢ atilīna

太浮 たいふ 太挙とおなじ。→太挙

体 たい ①本体。自体。それそのもの。「心と意と識との三は名が詮すところの義に異ありと雖も、体は是れ一なり」「体が未だ生ぜざるを未来と謂い、体が已に生ずるを現在と謂う」「帰依は語表を体と為す」「体は得べからず、用もまた得べきことなし」「体は恒有なりと許しながら、性は非常なりと説くが如き義言は未だ曽てあらざるところなり」
Ⓢ artha: dharma: śarīra: svabhāva
②身体。からだ。「難なくして安隠に生ずることを得ば、体は新瘡の如く細軟にして触ること難し」「丈夫の体を楽い婦女の身を厭う」 Ⓢ ātman: bhāva
③事物。もの。実体。「二の慧の体は共に相応することなし」「金器を破して余の物を作る時、形は殊ることありと雖も、体は異なることなし」 Ⓢ dravya: dravya-bhāva
④存在のありよう。「無色界は、彼の体が色に非ざるに無色の名を立つ」「悪所作の体を名づけて悪作と為す」 Ⓢ bhāva
⑤相に対する体。→体相②

体胤 たいいん 子孫。「妄計最勝論者は諸の婆羅門は是れ梵王の子にして梵の体胤なりと計す」 Ⓢ pārṣada

体会 たいえ 真理の本体を会得すること、体得すること。「無分別智が生ずる時、真如を体会す」

体声 たいしょう →八転声

体性 たいしょう 本体。自体。「尋伺の体性とは、謂く、深く所縁を推度せざるときは、思を体性と為し、若し深く所縁を推度するときは、慧を体性と為すと応に知るべし」「彼の諸行の体性は我及び我所の相に非ずと観るを無我見と名づく」 Ⓢ ātman: śarīra

体相 たいそう ①本体。実体。「世尊は自ら広く諸法の体相を分別す」「遍計所執に依って相無性を立つ。此れが体相は畢竟して有に非ざるが故に」「相とは体相を謂う」「薪は熱に非ず。体相が異なるが故に」
Ⓢ lakṣaṇa: svabhāva
②体と相。詳しくは体を体性、相を相状という。「本体・自体」と「すがた・ありよう」。→体相用
（出典）体、謂、体性。相、謂、相状。（『述記』2末、大正43・299b）

体相用 たいそうゆう 体と相と用。ある一つの「もの」の三つの側面をいう。体とは「本体・自体」、相とは、その体が具体的に現象として現れた「すがた・ありよう」、用とは、その体の「作用・働き」をいう。

体比量 たいひりょう ある事象の見える部分から、見えない部分を推量すること、あるいは一部分を見て他の部分を推知すること。たとえば現在を以って過去を、あるいは現在を以って未来を比知すること。あるいは飲食や衣服などの一部分のよしあしを見て全体のよしあしを推知すること。五種の比量（相比量・体比量・業比量・法比量・因果比量）の一つ。→比量
（出典）体比量者、謂、現見彼自体性故、比類彼物不現見体。或現見彼一分自体、比類余分。如以現在、比類過去。或以過去、比類未来。或以現在近事、比遠。或以現在、比於未来。又如飲食衣服厳具車乗等事、観見一分得失之相、比知一切。又以一分成熟、比余熟分。如是等類、名体比量。（『瑜伽』15、大正30・358a）

体用 たいゆう 体と用。本体・自体と作用・働き。→体相用

体用別論 たいゆうべつろん →出体②

対 たい ①有対の対。さまたげること。さえぎること。→有対「唯だ、色蘊に摂する十界のみ有対なり。対とは是れ礙の義なり」
Ⓢ pratigha: pratighāta
（出典）対、謂、対礙。（『述記』2本、大正43・266c）
②向かい合うこと。対面すること。「仏像の前に対して是の如き請を作す」
Ⓢ saṃmukhī-**kṛ**
③面前にいること。「大師に対す」

Ⓢ saṃnidhi
④関係すること。結び付くこと。「衣の一辺を見る時、中辺と余の辺とは根に対せず」
Ⓢ saṃnikarṣa
⑤（あるものに）対して。「業が果に対すれば」 Ⓢ prati

対礙 たいげ 有対の対を説明する語。さまたげること。→対① →有対
（出典）対、謂、対礙。（『述記』2本、大正43・266c）

対遣 たいけん ある存在を否定すること。「愚夫が執するところの実の我法を対遣せんが為の故に識の所変に於て仮に我法の名を説く」

対向 たいこう 向かいあうこと。向かってすすむこと。棄背の対。「生死に棄背し涅槃に対向す」

対治 たいじ 過失や煩悩をなくすこと、否定すべきありようを除去すること、あるいは、そのようなもの。たとえば、煩悩・随煩悩や不善業などを滅してなくすこと、あるいは、そのようなもの。たとえば貪・瞋などの悪なる煩悩と対立する反対の善なる無貪・無瞋の心を起こして貪・瞋などの煩悩を断じることをいい、対治される側のものを所治・所対治（vipakṣa）、対治する側のものを能治・能対治（pratipakṣa）という。能対治を対治という場合がある。→所対治「諸の煩悩を対治す」「雑染を対治す」「身心の麁重を対治す」「衆具への愛を対治す」「慈は恚を対治し、悲は害を対治し、喜は不楽を対治し、捨は貪恚を対治す」
Ⓢ pratipakṣa: pratipakṣepana: pratīkāra: prahāṇa: prātipakṣika: vyā-**vṛt**
（出典）染善相翻、称之為対。善巧除染、立以治名。此非自生要習方起。（『辯中辺論述記』中、大正44・22a）
（参考）種類として、（『倶舎』21、大正29・111b）（『瑜伽』67、大正30・669a）に断対治・持対治・厭壊対治（厭患対治）・遠分対治の四種、（『瑜伽』58、大正30・624c）に相続成熟対治・近断対治・分断対治・具分対治の四種、（『婆沙』141、大正27・725a）に捨対治・断対治・持対治・遠分対治・厭壊対治の五種、（『集論』2、大正31・669b）に厭壊対治・断対治・持対治・遠分対治・伏対治・離繋対治・煩悩障対治・所知障対治の八種が説かれる。

対治修 たいじしゅ 四種の修行法の一つ。→四修

対治秘密 たいじひみつ 対治（過失や煩悩をなくすこと）における秘密。種々の過失を犯した人びとを調伏するために過失に応じた種々の秘密の教えを説くこと。四種の秘密（令入秘密・相秘密・対治秘密・転変秘密）の一つ。→秘密 →対治
（出典）対治秘密者、謂、為調伏諸過失者、如来宣説種種密教。（『雑集論』12、大正31・752b）

対法 たいほう abhidharma の意訳。阿毘達磨と音写。法（dharma）とは教え、対（abhi）とは分析し解釈すること。総じては、釈尊によって説かれた教え（教法）を分析し解釈し説明することをいう。別しては、勝義の阿毘達磨（第一義的な意味での阿毘達磨）と世俗の阿毘達磨（第二次的な意味での阿毘達磨）とにわかれる。→阿毘達磨
Ⓢ abhidharma

対法倶舎 たいほうくしゃ abhidharma-kośa のなかの abhidharma を対法と意訳し kośa を倶舎と音写した語。対法蔵あるいは阿毘達磨蔵とも訳される。→阿毘達磨蔵
Ⓢ abhidharma-kośa

対法者 たいほうしゃ 阿毘達磨師とおなじ。→阿毘達磨師①

対法宗 たいほうしゅう 対法の宗。阿毘達磨の主張・教理。「迦湿弥羅国の毘婆沙師は阿毘達磨の理を議して善く成立す。我れ多く彼れに依って対法宗を釈す。少しく貶量あれば我が過失と為す」

対法諸師 たいほうしょし 阿毘達磨師とおなじ。→阿毘達磨師①

対法蔵 たいほうぞう 阿毘達磨蔵のこと。→阿毘達磨蔵 Ⓢ abhidharma-kośa

対面 たいめん 向かい合うこと。あい対すること。背面の対。「乞求者に於て対面して呵責し軽笑せず」

対面念 たいめんねん ヨーガを修するなかにおける念のありようをいう。基本的には、念を鼻端あるいは眉間にかける修行を意味するが、『婆沙論』に次の三つの解釈が述べられている。（ｉ）面とは定境、対とは現矚をいい、此の念が心をして定境に現矚せしめ無倒にして明了ならしむるを対面念と名づく。

（ii）面とは煩悩、対とは対治をいい、此の念が能く生死の上首たる煩悩を対治するを対面念と名づく。（iii）面とは自面、対とは対矚をいい、此の念が心をして自面に対矚せしめ、余の境を観ずるを対面念と名づく。対面念に対して背面念を修することが説かれるが、『婆沙論』では、対は対向、背は棄背で、同じ念の二つの側面をいうと解釈され、「此の念の力に由って雑染に棄背して清浄に対向するが故に、生死に棄背して涅槃に対向するが故に、流転に棄背して還滅に対向するが故に、五欲に棄背して定境に対向するが故に、薩迦耶見に棄背して空解脱門に対向するが故に、我執に棄背して無我に対向するが故に、邪法に棄背して正法に対向するが故に、是に由りて対と背と倶に理に違なし」と述べられている（『婆沙』39、大正27・204c）。

対論者 たいろんしゃ 対立して論じ合う者。反対意見を述べる者。敵論者。「立論者が対論者に謝して曰く、我が論は善ならずして汝が論を善と為すと」

帝師 たいし 王の宮廷の主祭官。「此の哀愍を成就する者は、或いは王の家に生じ、或いは帝師の家に生ず」 Ⓢ purohita

帝釈 たいしゃく →帝釈天

帝釈天 たいしゃくてん インド最古の聖典『リグヴェーダ』における最高神インドラをいう。仏教では梵天とともに仏の教えを守る神とされる。スメール山（蘇迷盧山・須弥山）の頂上の忉利天にある善見城に住して三十三天を統括する。帝釈・天帝・天帝釈・釈天帝ともいう。→三十三天
Ⓢ śakro devānām indraḥ

帝青 たいしょう サファイア（青玉）。宝珠の一つ。「帝青・大青の末尼宝」
Ⓢ indra-nīla

帝網 たいもう 因陀羅網とおなじ。→因陀羅網

待 たい ①契機とすること。依存すること。→待縁「要ず時を待って解脱するが故に時解脱と名づく」 Ⓢ apa-īkṣ: apekṣa
②まつこと。期待すること。「所作に於て推して後時を待つを待時と言う」

待縁 たいえん 縁を契機とし、縁に依存して現象が生じること。「未来の法は縁を待って当に生じ将に起こって現前す」
Ⓢ pratyayam apekṣya

待時解脱 たいじげだつ 時をまって解脱すること。時解脱とおなじ。→時解脱

待衆縁 たいしゅえん 阿頼耶識（潜在的な根本心）のなかの種子がそなえる六つの条件の一つ。因（根本原因）である種子はかならずもろもろの縁（補助原因）を待って結果としての現行（顕在的な存在）を生じることをいう。→種子六義
（参考）（『成論』2、大正31・9b）

胎 たい ①はら。子宮。母胎。母の腹のなかで子供が宿るところ。 Ⓢ kukṣi: garbha: jarāyu
②胎児。→胎蔵 Ⓢ garbha

胎外五位 たいげごい 母胎から生まれ出た以後の五つの段階。嬰孩・童子・少年・中年・老年の五位（『倶舎』15、大正29・82a）。『瑜伽論』では老年の後にさらに耄熟位を加える（『瑜伽』2、大正30・289a）。

胎生 たいしょう 生きものの四つの生まれ方（卵生・胎生・湿生・化生）の一つ。子宮から生まれるもの。象・馬・牛などの哺乳類をいう。→四生

胎蔵 たいぞう ①子宮。母胎。→胎①
②胎児。胎児は子宮のなかで次の五段階（『倶舎』の所説）、あるいは八段階（『瑜伽』の所説）を経て成長する。（i）（『倶舎』の所説）。羯剌藍・頞部曇・閉尸・鍵南・鉢羅奢佉の五段階。（『倶舎』15、大正29・82a）。（ii）（『瑜伽』の所説）。次の八段階を経て成長する。1. 羯羅藍位（kalala-avasthā）。男性の精液（精子）と女性の血液（卵子）とが結合した直後の液状体の胎児の状態。2. 遏部曇位（arbuda-avasthā）。内部と外部とが乳酪の如くになっているが、いまだ肉ができていない胎児の状態。3. 閉尸位（peśi-avasthā）。すでに肉が形成されてはいるが、いまだしなやかな状態の胎児の状態。4. 鍵南位（ghana-avasthā）。肉が堅く厚くなり、手でこすっても耐えることができるようになった胎児の状態。5. 鉢羅賖佉位（praśākha-avasthā）。形成された肉がさらに発達して器官ができはじめた胎児の状態。6. 髪毛爪位（keśa-roma-nakha-avasthā）。髪や毛や爪ができはじめてきた胎児の状態。7. 根位（indriya-avasthā）。眼などの器官が形成された胎児の状態。8. 形位（vyañjana-avasthā）。器官がある身体の形がはっきりとでき上がっ

た胎児の状態。(『瑜伽』2、大正30・284c～285a)

殆尽 たいじん　ほろぶこと。「此の飢倹に由って有情の類は亡没し殆尽す」 Ⓢ kālaṃ kurvanti

耐 たい　たえること。他人からのうらみや加害にたえること。「他の怨害に耐える忍」「勤苦に耐える忍」
Ⓢ marṣaṇā: **mṛṣ**: sahiṣṇutā

耐違害忍 たいいがいにん →耐他怨害忍

耐怨害忍 たいおんがいにん →耐他怨害忍

耐他怨害忍 たいたおんがいにん　他人の怨み、加害、侮辱などにたえ忍ぶこと。三種の忍（耐他怨害忍・安受苦忍・諦察法忍）の一つ。耐怨害忍・耐違害忍ともいう。
Ⓢ para-apakāra-marṣaṇā-kṣānti
(参考)(『瑜伽』42、大正30・523b～c)

退 たい　しりぞくこと。もとにもどること。捨てること。→退失　→退堕　→退還「発心が退く」「世第一法は決定して退くことなし」「上の沙門果より退いて預流果に住す」「退によるが故に時解脱阿羅漢を建立し、不退によるが故に不動法阿羅漢を建立す」「出世道によって煩悩を断ずる者は定んで退あることなし」 Ⓢ pari-**hā**: parihāṇi: parihīṇa: vyāvṛtti: **hā**: hāna: hāni
(参考)種類として、断退・住退との二種が説かれる(『瑜伽』51、大正30・584b)。

退栄 たいえい　おちぶれること。「他の退栄を軽蔑せず」 Ⓢ vinipatita

退屈 たいくつ　ひるむこと。気力がなくなること。「長時に無間に精勤し策励し心に怯弱なく退屈なし」 Ⓢ ni-**vṛt**: viṣaṇṇa: viṣāda: vi-**sad**

退減 たいげん　へること。衰えること。「退減せざる精進」「寿命・色力・財富・安楽・名称・辯才などが退減す」「あらゆる一切の善法は皆な退転せず、当来世に於て能く退減なし」「不善法が増し善法が退減す」
Ⓢ nyūna: parihāṇa

退還 たいげん　しりぞくこと。もとにもどること。「発心し已りて復た退還す」「設え暫く出家するも、纔かに趣入するを得、尋いで復た速疾に棄捨し退還す」
Ⓢ pratyāgamana: pratyudā-**vṛt**: vyā-**vṛt**

退失 たいしつ　失うこと、すてること。あるありようからしりぞくこと。「諸の善法を退失し資財衰損して散失す」「此の因縁に由って滅定を退失して還って復た下地に生ずる因に止住す」「名誉と他信とを退失す」「諸の利根は則ち所得の現法楽住に於て退失することなし」 Ⓢ jyāni: pari-**hā**: parihāṇa: parihāṇi: parihīṇa: hāni

退失過去 たいしつかこ　五種の過去（刹那過去・死没過去・壊劫過去・退失過去・尽滅過去）の一つ。以前に獲得した功徳を失ってしまうこと。
(出典)或有法退失過去。謂、如有一、於先所得諸善功徳安楽住中、随類退失。(『瑜伽』66、大正30・667b)

退捨 たいしゃ　捨てること。あるありようからしりぞくこと。「諸の如来は頓に一切に於て一切の作事を皆な退捨することなし」「一時に於て大菩提に於て已に発心すると雖も、復た退捨す」「父母喪亡し財宝散失して豪位を退捨す」 Ⓢ ud-**sṛj**: parihāṇi

退弱 たいじゃく　心が怖れで縮むこと。気が弱くなること。「退弱せざる精進」「所受の事に於て退弱なきとは、自ら軽蔑して、我れは能く当に仏果を得べきこと能わずと云わざるをいう」。 Ⓢ līna: saṃkoca

退堕 たいだ　①寿命・容貌・力・財力・幸せ・名声などにおいて、いっそうわるいありようになること。昇進の対。
(参考)(『瑜伽』81、大正30・751c)
②より下の生存状態に堕ちること。勝進の対。「諸の下地に生ずる者を退堕と名づく」「寿が尽き、業が尽きて即ち還って彼の色・無色界より没し已りて五趣の生死に退堕す」

退転 たいてん　(苦に遇う、難行をするなどにおいて)ひるみしりぞくこと。あるありようからしりぞく、もとにもどること。「一切の苦難に遭遇すると雖も退転せず」「種種の難行・苦行を修集して而も退転なし」「無想定には退転なし」「退転なき慈愍の心を生起す」 Ⓢ ni-**vṛt**: pari-**hā**: pratyudā-**vṛt**: vinivartana: vi-**vṛt**

退分 たいぶん　順退分とおなじ。→順退分

退法 たいほう　六種の阿羅漢（退法・思法・護法・安住法・堪達法・不動法）の一つ。縁に遇って、獲得したさとりからしりぞいてそれを失う者。退法阿羅漢ともいう。
Ⓢ parihāṇāya dharman
(出典)阿羅漢有六種。一退法、二思法、三

護法、四安住法、五堪達法、六不動法。此中退法者、謂、彼応退。(『婆沙』62、大正27・319c):言退法者、謂、遇少縁、便退所得。非思法等。(『倶舎』25、大正29・129b)

退法阿羅漢 たいほうあらかん →退法

退没 たいもつ ①ある生存状態から死んで没すること。「静慮地に生じ已って、若し愛味を起こせば即ち便ち退没す」
②消滅すること。消すこと。「仏の三光は余の光を退没せしむ」

帯 たい おびること。身につけること。→帯相「一切種智は皆な戯論を帯びて現行す」「諸の天は身に光明を帯びる」

帯似 たいじ →帯相

帯数釈 たいすうしゃく 二つ、あるいは二つ以上の単語からなる合成語の単語間の関係についての六つの解釈(六合釈)のなかの一つ。→六合釈

帯相 たいそう 心が相を帯びること。これには次の二つがある。(i)心が対象のすがた(相状)を帯びること。日常的な分別心の認識のありよう。(ii)心が対象の本体(体相)を帯びること。自己と他者とその両者の間に展開する行為の三つを分別しない無分別智の認識のありよう。(i)は「相状を帯似する」といい(ii)は「体相を挟帯する」という。
(参考)(『述記』2本、大正43・271c〜272a):(『述記』7末、大正43・500b〜c)

逮 たい 得ること。「能く勝徳を逮するが故に名づけて尊と為す」 Ⓢ lābhin

逮得 たいとく 得ること。よりすぐれたありようを獲得すること。「昇進を逮得す」「勝進を逮得す」「大精進を発して安住を逮得す」「金剛喩三摩地に由るが故に能く転依を証し法身を逮得す」 Ⓢ paraiti: prāpta

啼哭 たいこく 声をだして泣くこと。「声を発して啼哭するを悲と名づく」

滞 たい とどこおること。「諸の天子は将に命終せんとする時、本性は囂馳なるも、今は一境に滞る」 Ⓢ ava-sthā

滞礙 たいげ とどこおること。「能く六波羅蜜多の一切種の差別を宣説して滞礙あることなし」 Ⓢ vyāghāta

諦 たい ①真理・真実を表す総称。あるいは、諦には事実・現実という意味もある。たとえば苦諦の諦とは苦があるという事実・現実をいう。諦の原語satyaは「有る」という動詞asの現在進行形satから作られた名詞で、現に有りつつあるもの、すなわち現実・事実を意味する語である。諦として重要なのは四諦の諦と二諦(世俗諦・勝義諦)の諦とである。→四諦 →二諦 Ⓢ satya
(出典)苦諦苦義、乃至道諦道義。是如是実、非不如実、是無顛倒、非是顛倒、故名為諦。又彼自相、無有虚誑及見、彼故無倒覚転、是故名諦。(『瑜伽』27、大正30・434c)
(参考)(『瑜伽』46、大正30・547b〜c)に、一種から十種までの諦が列記されている。
②「真実の」「実際の」「誠実な」などを意味する形容詞。「諦語」 Ⓢ satya
③「つまびらかに」「熱心に」を意味する副詞。「諦聴」「諦慮」「諦思惟」

諦観 たいかん つまびらかに観察すること。熱心に観察すること。「昼分に住して邪悪な食を習近するが故に、身調柔ならずして諸法を諦観すること能わず」

諦行相 たいぎょうそう 苦諦・集諦・滅諦・道諦の四諦のありよう。四つの諦のおのおのに四種があり、全部で十六種の行相がある。諦相ともいう。→十六行相 Ⓢ satya-ākāra

諦決択 たいけっちゃく 四つの決択(諦決択・法決択・得決択・論議決択)のなかの一つ。四諦について明確に解釈すること。
Ⓢ satya-viniścaya
(参考)(『雑集論』6、大正31・719a以下)

諦現観 たいげんかん 見道において、苦・集・滅・道の四諦の理を現前に明晰に観察して理解し証すること。聖諦現観ともいう。→現観 Ⓢ satya-abhisamaya
(出典)問、諦現観、有幾種、此復何相。答、決定義、是現観義。此則於諸諦中、決定智慧及彼因彼相応、彼共有法為体。是名現観相。(『瑜伽』55、大正30・605c):諸諦智、与喜楽倶、覚真義故、能令身心極軽安故、名諦現観。(『瑜伽』95、大正30・844b)

諦語 たいご 真実でいつわりのない言葉。「如来は其の舌は広薄にして普く面輪を覆い、常に諦語と愛語と時語と法語とを修す」
Ⓢ satya-vāditā

諦察 たいさつ つまびらかに観察し思惟すること。→諦察法忍 Ⓢ nidhyāna

諦察法忍 たいさつほうにん 三種の忍(耐怨害忍・安受苦忍・諦察法忍)の一つ。深遠

な教えを観察し思惟して存在の真理を決定的に知ること。法思勝解忍という場合もある。「勇悍なる諦察法忍の増上力によるが故に、便ち能く広大なる妙欲を棄捨して浄信出家す」 Ⓢ dharma-nidhyāna-kṣānti
（参考）（『瑜伽』42、大正 30・524c）：（『成論』9、大正 31・51b）

諦実 たいじつ ①真実であること。愚妄・虚妄の対。「一類の外道は、我れは死後あると想い、唯だ是れのみ諦実にして余は皆な愚妄なりと執す」「この所説は諦実にして虚妄あることなし」 Ⓢ satya
②究極の真理。真如のこと。→真如
Ⓢ satya
（出典）諦実者、謂、諸法真如。（『解深』5、大正 16・709b）
③「真実に」「実に」「真に」などを意味する副詞。「我れはありて諦実に常住なりと計す」
Ⓢ satyatas

諦善巧 たいぜんぎょう 諦に精通していること。諦について善く理解していること。十種の善巧の一つ。→諦 →善巧② Ⓢ satya-kauśalya

諦相 たいそう →諦行相

諦智 たいち 苦諦・集諦・滅諦・道諦の四諦をしる智慧。 Ⓢ satya-jñāna
（参考）（『瑜伽』95、大正 30・844a〜b）に、諦智の六種の作業と相とが説かれる。

諦聴 たいちょう ①つまびらかに教えを聴くこと。熱心に聴聞すること。聴聞とおなじ。十法行（経典などに書かれている教えに対する十種の修行）の一つ。→十法行
Ⓢ śravaṇa
②仏が教えを説くときに人に呼びかける言葉。「諦（つまびらか）に聴け」という呼びかけ。「仏、曼殊室利菩薩に告げて曰く、善男子よ、汝、諦に聴け」 Ⓢ **śru**

諦理 たいり 真理。四諦の理。「見道に於て諦理を見る」「諸の諦理に於て猶予するを疑と謂う」 Ⓢ satya

頽 たい おとろえること。くずれること。くずすこと。倒すこと。「時大風ありて樹を折り牆を頽す」 Ⓢ **pat**

頽毀 たいき おとろえてこわれること。「新しく造れる道場・天寺・宅舎なども余時に於て朽故し零落し頽毀す」 Ⓢ patita: śīrṇa

大 だい ①おおきな。すぐれた。偉大な。最大の。高い。最高の。極度の。烈しい。広大な。豊富な。「仏菩薩は浄天耳を以って能く大なる（ghana）声を聞く」「無上なるを以っての故に説いて名づけて大（udāra）と為す」「大なる（jyeṣṭha）衣あり、或いは六十條、或いは九條なり」「大なる（bhṛśa-tara）厭離心を起こす」「大なる（mahat）名称ありて世間に流聞す」「無上菩提は大なる（mahā）威徳を具す」「大なる（vipula）財宝を得ても尚、貪著せず」「大なる（vistara）音声を以って吟詠し讃誦す」
Ⓢ udāra: ghana: jyāyas: jyeṣṭha: mahat: mahad-gata: mahā: vipula: vistara
②大種の略称。→大種「此の身は四大の所造にして父母の不浄の和合の所生なり」
Ⓢ bhūta: mahā-bhūta
③サーンキヤ学派（数論）の説く二十五諦の一つ。精神的原理である神我（puruṣa）と物質的原理である自性（prakṛti）とが結合することによって自性を構成する三要素であるサットヴァ（sattva 薩埵）とラジャス（rajas 剌闍）とタマス（tamas 答摩）との平均関係がくずれて生ずる最初の存在。別名、覚（buddhi）ともいわれる。最初の知覚作用をいう。
（出典）従自性、先生大。大者増長之義。自性相増故、名為大、或名覚、亦名想、名遍満、名智、名慧。（『述記』1 末、大正 43・252c）

大阿芻婆 だいあしゅば 数の単位の一つ。阿芻婆（十の十九乗）の十倍。
Ⓢ mahā-akṣobhya
（出典）十阿芻婆、為大阿芻婆。（『倶舎』12、大正 29・63b）

大阿庾多 だいあゆた 数の単位の一つ。阿庾多（十の九乗）の十倍。
（出典）十阿庾多、為大阿庾多。（『倶舎』12、大正 29・63b）

大医 だいい 大良医とおなじ。→大良医

大印達羅 だいいんだら 数の単位の一つ。印達羅（十の三十三乗）の十倍。
Ⓢ mahā-mudrā
（出典）十印達羅、為大印達羅。（『倶舎』12、大正 29・63c）

大有 だいう ヴァイシェーシカ派（勝論）の所説である六句義のなかの同句義のこと。実・徳・業などの具体的な存在を存在たらし

める存在の原理をいう。「彼の勝論は実などの有法の外に別に一つの大有の性ありて能く諸法を有らしめると計す」(『述記』1末、大正43・259c)

大有覆無記法 だいうぶくむきほう 『婆沙論』に説かれ六十九の心所を七群に分類するなかの一群。無明と惛沈と掉挙の三つの心所をいう。
(参考)(『婆沙』42、大正27・220b)

大衣 だいえ →僧伽胝

大慧 だいえ 教えを聞くことによって身につく智慧(聞所成慧)。
(出典)思所成慧、名為大念、聞所成慧、名為大慧、修所成慧、名為大行。(『摂論釈・無』10、大正31・446b)

大円鏡智 だいえんきょうち 四智の一つ。→四智①

大炎熱地獄 だいえんねつじごく 大熱地獄とおなじ。→大熱地獄

大王 だいおう 大きな国の王。三種の王(小王・大王・転輪王)の一つ。「大王の業を感ずるとは、能く二三洲に拠る王位を感ずるを謂う」
(参考)(『婆沙』25、大正27・127c～128a)

大王路 だいおうろ 大王が歩くみち。さまざまな路の根本であることから諸識の根本である阿頼耶識の喩えに用いられる。あるいは平坦な道であることから聖者のありように喩えられる。「阿頼耶識は大王路の如し」「平坦処とは大王路の如き諸の聖性を謂う」

大火坑 だいかきょう 火が燃えさかっている穴。炭として用いる乾燥させた牛糞の火がふきだしてくる穴。原語 aṅgāra-karṣū のなか、aṅgāra には炭という意味があり、karṣū には(i)坑、(ii)乾燥させた牛糞の火、という二つの意味がある。原語 aṅgāra-karṣū に対して、一分炭あるいは一分炭火という訳もある(『瑜伽』84、大正30・766c:『瑜伽』33、大正30・465c)が、大火坑と訳すのは、karṣū を(i)の坑という意味に解釈することによると考えられる。かまどからふきだしてくる火のように、欲(欲望)が貪愛を強めるから欲の喩えに用いられる。→一分炭火「諸欲は大火坑の如し。渇愛を生じて貪愛を増長するが故に」「大火坑に焔炭が盈満せり」 Ⓢ aṅgāra-karṣū
(参考)(『瑜伽』17、大正30・369c)

大果 だいか 大きな結果。すぐれた実り。「若し阿羅漢が世間に出現し、少物を以って施せども便ち大果を獲す」「諸の仏・如来が諸の弟子の為に正法を宣説すれば、大果・大利・自利・利他が円満せざることなし」
Ⓢ mahā-phala

大揭底 だいかてい 数の単位の一つ。揭底(十の三十七乗)の十倍。Ⓢ mahā-gati
(出典)十揭底、為大揭底。(『倶舎』12、大正29・63c)

大河 だいが ①大きな河。小河の対。「大河は常に流れて其の漸尽を知るべからざること、小河の水の如くならず」 Ⓢ mahā-nādi
②→四大河

大海 だいかい ①仏教の宇宙論のなかで、スメール山(蘇迷盧山・須弥山)を取り巻く四方の大きな海をいう。Ⓢ mahā-samudra
②大きな海一般をいう。渡ることが困難であることから生死に喩えられる。「諸の惑は能く世間をして生死の大海に漂転せしむ」
Ⓢ mahā-arṇava: mahā-samudra

大覚 だいかく ①仏陀の別名。二種の覚者(独覚と大覚)の一方。「預流果と阿羅漢果との二果は、一切の声聞と独覚と大覚とは皆な証得す」「独覚と大覚とを二の覚者と名づく」「大覚・世尊は無上の寂黙法を成就するが故に大牟尼と名づく」 Ⓢ buddha
②大きなさとり。声聞や独覚のさとりではない仏陀の偉大なさとりをいう。大菩提とおなじ。「所知障に由って大菩提を障えて大覚を悟らず」

大矜羯羅 だいかんから 数の単位の一つ。矜羯羅(十の十五乗)の十倍。
Ⓢ mahā-kaṇkara
(出典)十矜羯羅、為大矜羯羅。(『倶舎』12、大正29・63b)

大願 だいがん 正しいねがいから生じる大きなねがい。五種の願(発心願・受生願・所行願・正願・大願)の一つ。種類として十種が説かれる(『瑜伽』45、大正30・543b～c)。「是の如く菩薩は当来世に於て諸の大願を具して現法中に於て大精進を起こす」
Ⓢ mahā-praṇidhāna
(出典)菩薩大願、当知、即従正願所出、此復十種。(『瑜伽』45、大正30・543b)
(参考)(『瑜伽』47、大正30・555b)

大喜 だいき ①禅定を修して他の人びと

の幸せを願う慈・悲・喜・捨の四つの心のなかの大きな喜。人びとが苦を離れ楽を得るのをみて喜ぶいつくしみの心。
②十地の初地である極喜地において自利と利他との両者を成就することから生じる大きな喜び。「十地と言うは、一に極喜地なり。初めて聖性を獲し、二空を具証し、能く自他を益して大喜を生ずるが故なり」

大義 だいぎ　大義利とおなじ。→大義利

大義利 だいぎり　大きなためになること。利益と安楽。自利と利他。大義・大利とおなじ。「一切の波羅蜜多は無上にして広大なる菩提を円満して大義利を為す」「聖諦を如実に現観すれば大義利ありと知るべし」「後身の菩薩が胎生を受くれば大利あるなり」「是の如く当に奉行する者は長夜に於て必ず大義の利益・安楽を獲す」 Ⓢ mahā-artha
（出典）縁大義故、名大義智。自利利他、名為大義。（『雑集論』3、大正31・705b）

大叫地獄 だいきょうじごく　非常な苦しみを受けて苦痛の大声を発する地獄。八大地獄の一つ。大号叫地獄・大号叫大那落迦ともいう。 Ⓢ mahā-raurava-naraka
（出典）劇苦所逼、発大酷声、悲叫称怨、故大叫。（『倶舎論疏』8、大正41・584b）

大行 だいぎょう　くりかえし修行することによって身につく智慧（修所成慧）。
（出典）思所成慧、名為大念、聞所成慧、名為大慧、修所成慧、名為大行。（『摂論釈・無』10、大正31・446b）

大空 だいくう　広大な存在全体は非存在であるという理。この理をさとることによって無量無数にあると考える存在への執着を除くことができる。
（出典）有十種相、空能除遣。何等為十。（中略）六者了知建立義故有無量相、此由大空、能正除遣。（『解深』3、大正16・701a）

大羯臘婆 だいけろうば　数の単位の一つ。羯臘婆（十の三十一乗）の十倍。 Ⓢ mahā-karabha
（出典）十羯臘婆、為大羯臘婆。（『倶舎』12、大正29・63c）

大醯都 だいけいず　数の単位の一つ。醯都（十の二十九乗）の十倍。 Ⓢ mahā-hetu
（出典）十醯都、為大醯都。（『倶舎』12、大正29・63b）

大五衰相 だいごすいそう　諸の天が天において まさに命が終わろうとするときに現れる次の五つの衰えの徴候。（i）衣服が汚れる。（ii）花の冠が萎む。（iii）両脇から汗が流れる。（iv）身体が臭いを発する。（v）本座に安住することを楽しまない。小の五つの衰相の後に現れる衰相で、これらが現れて命を終えることになる。→小五衰相
（出典）有五種大衰相現。一者衣染埃塵、二者花鬘萎悴、三者両腋汗出、四者臭気入身、五者不楽本座。此五相現必定当死。（『倶舎』10、大正29・56c）
（参考）（『婆沙』70、大正27・365b）

大劫 だいこう　世界が生成して消滅するまでの四つの期間（成劫・住劫・壊劫・空劫の四劫）をまとめた長い時間をいう。四劫それぞれに二十の中劫があるから一大劫は八十の中劫から成る。劫を三種（中劫・成壊劫・大劫）に分けるなかの一つ。→四劫　→中劫 Ⓢ mahā-kalpa
（参考）（『婆沙』135、大正27・700c）

大紅蓮那落迦 だいこうれんならか　「だいぐれんならか」とも読む。八大那落迦の外にあり、寒さに苦しめられる地獄である寒那落迦の一つ。寒さのため皮膚が破裂して大紅蓮花（mahā-padma）の色のように紅赤色になる。 Ⓢ mahā-padma-naraka
（参考）（『瑜伽』4、大正30・297a）

大号叫地獄 だいごうきょうじごく　→大叫地獄

大号叫大那落迦 だいごうきょうだいならか　→大叫地獄

大黒龍王 だいこくりゅうおう　八大龍王の一つ。→八大龍王　Ⓢ mahā-kālaka-nāga
（参考）（『瑜伽』2、大正30・287a）

大財 だいざい　財産を多く有する人。金持ち。三種の人（貧乏・中財・大財）の一人。

大三災 だいさんさい　壊劫（世界が壊れていく期間）に起こる火災・水災・風災の三つの災害。このなか、火災は初禅天までを、水災は第二禅天までを、風災は第三禅天までをそれぞれ破壊する力がある。
（参考）（『倶舎』12、大正29・66a～67a）

大三末多王 だいさんまたおう　田地をめぐって争いが起こったとき、人びとを統治するために選ばれた徳のある王。人間の最初の王。大三末多の原語 mahā-saṃmata は摩訶三末多とも音写され、大等意と意訳される。

saṃmata（等意）とは人びとに等しく同意され尊敬されるという意味。
Ⓢ mahā-saṃmato rājā
（参考）（『倶舎』12、大正 29・65c）

大三摩地　だいさんまじ　三種の三摩地（小三摩地・大三摩地・無量三摩地）の一つ。多くの対象を観察し、信と欲と勝解という心所の働きが強い三摩地。
（出典）云何大三摩地。謂、或由所縁故大、観多色故、而非無辺無際、観諸色故。或由作意故大、上信上欲上勝解故、而非無辺無際信欲勝解故。（『瑜伽』12、大正 30・337c）

大三磨鉢耽　だいさんまぱっとん　数の単位の一つ。三磨鉢耽（十の三十五乗）の十倍。
Ⓢ mahā-samāpta
（出典）十三磨鉢耽、為大三磨鉢耽。（『倶舎』12、大正 29・63c）

大志意楽　だいしいぎょう　六波羅蜜多を修することにおいて抱く六つの願い・意欲の一つ。六波羅蜜多を修することによって集めた善の力（善根）を他の人びとに向けて、かれらに勝れた善き結果を得せしめようと願うこと。
（参考）（『摂論釈・世』7、大正 31・356b）

大師　だいし　①如来すなわち釈尊のこと。師（指導者）の種類をあげるなかの一人。弟子たちを教導する人。人びとを教化し救済する人。外道を打ち破るために世に出現した人。能説者ともいう。「大師の教とは仏語を謂う」「大師の教とは素怛纜蔵を謂う」「大師の恩徳を敬報す」　Ⓢ śāstṛ
（出典）大師、所謂、如来。（『瑜伽』83、大正 30・760a）：能善教誡声聞弟子一切応作不応作事、故名大師。又能化導無量衆生、令苦寂滅故、名大師。又為摧滅邪穢外道、出現世間故、名大師。（『瑜伽』82、大正 30・759b）
②（中国・日本などにおいて用いられる）すぐれた徳ある師への称号。後に諡号として与えられるようになった。たとえば、法相宗の宗祖である基（窺基）を慈恩大師と呼ぶ。

大士　だいじ　①偉大な人。すぐれた男子。大士夫・大丈夫とおなじ。→大丈夫「善く麁悪語を遠離することを修するが故に大士の梵音声の相を感得す」「菩薩は是れ大士夫の聖性にして二乗の如き小人の聖性に非ず」
Ⓢ mahā-puruṣa
②→三十二大士相

大士相異熟戒　だいじそういじゅくかい　来世において偉大な人の相貌をもたらす戒。七種の戒の一つ。
Ⓢ mahā-puruṣa-lakṣaṇa-vaipākyaṃ śīlam
（参考）（『瑜伽』42、大正 30・522b）

大士夫　だいじぶ　→大士

大地　だいじ　①山に対する大地。平面の土地。「諸山と大地」　Ⓢ bhūmi
②広くて大きな土地。「雨なきが故に、大地のあらゆる薬草・叢林、皆な悉く枯槁す」「神通を得た者は心の勝解力に由って大地などを変じて金銀などを成ず」「仏菩薩が般涅槃する時、大地は振動し、衆星が晃耀交流す」　Ⓢ mahā-pṛthivī
③修行過程における段階。歓喜地などの十地をいう。→十地「諸の仏と已に大地に入った諸の菩薩衆に於て法義を聞く」
Ⓢ mahā-bhūmi
④→大地法

大地法　だいじほう　〈倶舎〉で説く心所（細かい心作用）の分類法における一群の総称。受・想・思・触・欲・作意・勝解・念・三摩地・慧の十の心所をいう。大地法の語義解釈には次の三説がある。（ｉ）大とは心（心王）であり、受などの十の心所は心が起こる場所であるから、大の地という意味で大地といい、大地すなわち法であるから大地法という。（ii）心の本体と働きとは勝れているから心を大といい、この大は受などの心所のよりどころという意味で、大が地であるから大地といい、受などの十の法はすべての大地、すなわち心とともに働くから大地法という。（iii）受などの心所はすべての心とともに働くから、これら心所を大といい、心がこれら心所の地であるから大地といい、これらの心所は大地が所有するものであるから大地法という。
（参考）（『婆沙』42、大正 27・220a）：（『倶舎』4、大正 29・19a）

大自在　だいじざい　→大自在天

大自在宮　だいじざいぐう　大自在天が住む宮殿。→大自在天②

大自在住処　だいじざいじゅうしょ　→大自在天②　Ⓢ mahā-īśvara-sthāna

大自在天　だいじざいてん　①バラモン教が説く、すべての存在・世界を作り出す創造主。仏教はそのような創造主の存在を否定する。自在天と略称す。原語 mahā-īśvara を莫醯伊湿伐羅・摩醯首羅と音写。
Ⓢ mahā-īśvara
（参考）（『演秘』1末、大正 43・832a）
②仏教に採り入れられた大自在天。色界の頂である色究竟天に住する神。この大自在天が住む処を大自在宮・大自在住処という。
Ⓢ mahā-īśvara

大慈 だいじ 禅定を修してそのなかで他の人びとの幸せを願う慈・悲・喜・捨の四つの心のなかの、大きな慈。人びとに楽を与えようと願う大きな慈しみの心。如来の大きな慈しみの心。「弘済の大慈と無待の大悲」

大慈尊 だいじそん 大慈悲をいだいた尊者。慈氏菩薩である弥勒菩薩のこと。「無著菩薩は亦た初地に登りて法光定を証して大神通を得、大慈尊に事えて此の論を説くことを請う」

大沙門 だいしゃもん 偉大な修行者。ゴータマブッダ（釈尊・仏陀）の偉大性を表す語。「丈夫にして牛王たる大沙門は、地と山と林とを尋ねるも遍く等しきものなし」
Ⓢ mahā-śramaṇa

大捨 だいしゃ 禅定を修してそのなかで他の人びとの幸せを願う慈・悲・喜・捨の四つの心のなかの、大きな捨。親しいとか憎いとか分別することなく、すべての人びとを平等視して人びとの幸せを願う心。

大衆 だいしゅ 大勢の人びと。たくさんの人の集まり。人の群衆。集会。「我れは大仙の尊位に処して大衆の中に於て正師子吼して大梵輪を転ず」「仏は十力と四無所畏とを以って大衆の中に於て広く法要を説く」「大衆に処して正法を説く時、心に怯劣なく、声に戦掉なし」
Ⓢ pariṣad: parṣad: mahatyā pariṣadaḥ: mahā-jana: mahā-jana-kāya: mahā-sabhā

大衆部 だいしゅぶ 釈尊が入滅してから百余年後の時代に、大天が五事の新説を唱えたことに起因して、仏教教団がそれに賛同する大衆部と反対する上座部とに分裂したうちの一方。進歩的な人びとから構成された部派。のちに一説部・説出世部・雞胤部・多聞部・説仮部・制多山部・西山住部・北山住部の八部に派出し、根本の大衆部とあわせて九部に分裂した。原語の mahā-sāṃghika を音写して摩訶僧祇部ともいう。小乗二十部の一つ。→小乗二十部 →上座部
Ⓢ mahā-sāṃghika-nikāya
（参考）（『婆沙』99、大正 27・511c）：（『了義灯』1本、大正 43・659a〜b）

大種 だいしゅ 物質の構成要素。地・水・火・風の四つ。まとめて四大種という。これら四つは普通でいう地や水などではなく、地はかたい（堅）、水はしめっぽい（湿）、火はあたたかい（煖）、風はうごく（動）という感覚をいう。大と略称する。→四大種
Ⓢ mahā-bhūta

大種所造 だいしゅしょぞう 大種から造られたもの。地・水・火・風の四つの元素（四大種）より構成された物質。大種造ともいう。物質を意味する色を付して大種造色・大種所造色ともいう。→四大種「眼根とは四大種所造の浄色を謂う」「あらゆる色は皆な是れ四大種と及び四大種所造となり」
Ⓢ mahā-bhūtāny upādāya

大種造 だいしゅぞう →大種所造

大種造色 だいしゅぞうしき →大種所造

大宗葉 だいしゅうよう 大勢ともいう。賢明かつ勇敢で技芸などにおいて人に秀で、世間で偉大な人と尊敬され称讃されること。宗は祖先、葉は子孫、宗葉で家の勢いをいい、家柄に勢いがあることを大宗葉といい、勢いがないことを小宗葉あるいは薄小宗葉という。「諸の福徳を具するとは、清浄の信を発し、無病・長寿にして、言辞は敦粛にして大宗葉を具するを謂う」「或いは上族姓、或いは下族姓、或いは富族姓、或いは貧族姓、或いは大宗葉、或いは小宗葉など、有情に種種の差別あり」「諸の国王が富貴家に生まれ、長寿・少病にして大宗葉を有し、倶生の聡利の慧を成就すれば、是の王を名づけて果報円満と為す」 Ⓢ maheśa-ākhya

大洲 だいしゅう 世界の中心のスメール山を取り囲む七金山のうち、最も外側にある尼民達羅山とさらにそれを囲む鉄囲山との間の海（外海）にある四つの島。→四大洲
Ⓢ dvīpa

大集会樹 だいしゅうえじゅ 諸の天にある広大な樹。
Ⓢ pāriyātrakaḥ kovidāraḥ vṛkṣaḥ
（出典）有大集会樹、最勝微妙、其根深固五十踰繕那、其身高挺百踰繕那、枝條及葉遍覆八十踰繕那、雑花開発、其香順風熏百踰繕

那、逆風熏五十踰繕那、於此樹下、三十三天、雨四月中、以天妙五欲、共相娯楽。(『瑜伽』4、大正 30・298b)

大小便利 だいしょうべんり →便利

大声聞 だいしょうもん 釈尊の声を聞くことができた釈尊の直接の弟子のなかですぐれた者をいう。「目乾連などの諸の大声聞を亦た上座と名づく」「大声聞と麟喩と大覚」

大床 だいしょう 大きな寝床。「大床、或いは小縄床、或いは草葉座に於て結跏趺坐す」 Ⓢ mañca

大青 だいしょう サファイア。宝珠の一つ。「帝青・大青の末尼宝」 Ⓢ mahā-nīla

大称 だいしょう 偉大な名声のある人。非常に称讃される人。菩薩の異名の一つ。
Ⓢ mahā-yaśas
(参考)(『瑜伽』46、大正 30・549a)

大丈夫 だいじょうぶ ①偉大な人。仏などの偉大な人間。すぐれた男子。大士ともいう。「諸の如来は最初に自ら大丈夫の身を現じて有情の心に浄信を発せしめんと欲す」
Ⓢ mahā-puruṣa
②→三十二大丈夫相

大丈夫相 だいじょうぶそう →三十二大丈夫相

大乗 だいじょう 大きな乗り物。インドにおいて紀元前後に、釈尊の体得したさとりの世界に立ち返ろうとする人びとによって、それまでの部派仏教の教えを否定する運動が展開された。かれらは自らの教説を大乗とよび、それまでの部派仏教の教えを小乗と蔑んでよび、大きな乗り物ですぐれたさとりに至ることを目指す教えを宣揚した。この大乗の思想は、インドにおいては、大きくは、般若思想、唯識思想、密教思想という流れで展開したが、いずれもその教理の偉大性を強調した。種々の経論でその偉大性が多方面から説かれているが、『雑集論』の所説によってまとめると次のようになる(『雑集論』11、大正 31・743c〜744a)。(i)境の大性。百千の無量の経典と広大な教法とを境界とする。(ii)行の大性。一切の自利と利他との二つを実践する。(iii)智の大性。人無我と法無我との二無我を智る。(iv)精進の大性。三大阿僧企耶劫にわたって無量の百千難行を勤修する。(v)方便善巧の大性。生死にも涅槃にも住しない。(vi)証得の大性。如来の十力・四無畏・十八不共仏法などの無量無数の大功徳を証得する。(vii)業の大性。生死を窮めるまで一切の成菩提などを示現して広大な仏事を行なう。 Ⓢ mahā-yāna
(参考)『瑜伽論』では法大性・発心大性・勝解大性・増上意楽大性・資糧大性・時大性・円証大性の七つの偉大性にまとめられている。(『瑜伽』46、大正 30・548c)

大心 だいしん 善なる心。清浄なありようが多い者の心。汚れた心である小心の対。
Ⓢ mahad-gata-citta
(出典)小心者、謂、染汚心小生所習故。大心者、謂、善心大生所習故。(『婆沙』151、大正 27・770a):小心者、謂、染心。少浄品者、所好習故。大心者、謂、善心。多浄品者、所好習故。(『倶舎』26、大正 29・136a)

大臣 だいじん 政を司る高官。王と等しいほどの権威をもつ人であるから王等ともいう。→王等「国王・大臣及び諸の黎庶などが具戒の士夫補特伽羅を恭敬し尊重す」
Ⓢ rājan-mātra

大随煩悩 だいずいぼんのう 随煩悩を三種(小随煩悩・中随煩悩・大随煩悩)に分けるなかの一つ。掉挙・惛沈・不信・懈怠・放逸・失念・散乱・不正知の八つをいう。
(出典)唯是煩悩分位差別等流性故、名随煩悩。此二十種。類別有三。謂、忿等十、各別起故、名小随煩悩。無慚等二、遍不善故、名中随煩悩。掉挙等八、遍染心故、名大随煩悩。(『成論』6、大正 31・33b)

大勢 だいせい 人に秀でて世間で偉大な人と尊敬され称讃されること。大宗葉とおなじ。→大勢具足
Ⓢ mahattva: maheśa-ākhyatā

大勢因 だいせいいん 大勢具足因におなじ。→大勢具足因

大勢具足 だいせいぐそく 賢明かつ勇敢で技芸などにおいて人に秀でて世間で偉大な人と尊敬され称讃されること。八種の異熟果の一つ。→異熟果
Ⓢ maheśa-ākhyatā-saṃpad
(参考)(『瑜伽』36、大正 30・484b)

大勢具足因 だいせいぐそくいん 大勢具足をもたらす原因。八種の異熟因の一つ。大勢因ともいう。未来において種々の功徳を得ようという願いをおこして仏・法・僧の三宝と尊敬される人物とを供養すること。→大勢具

足 →異熟因 Ⓢ maheśa-ākhyatā-saṃpado hetuḥ
（出典）摂持当来種種功徳、於自身中、発弘誓願供養三宝及諸尊長、是名菩薩大勢具足因。（『瑜伽』36、大正 30・484c）：供三宝等、是大勢因。（『演秘』1本、大正 43・814c）

大勢生 だいせいしょう 菩薩の五つの生（除災生・随類生・大勢生・増上生・最後生）の一つ。寿命や容貌や家柄や財力などにおいて最もすぐれた者として世に生まれ、人びとのために種々の救いの行為を行なう人。
Ⓢ mahattva-upapatti
（参考）（『瑜伽』48、大正 30・563b）

大説 だいせつ 仏教の正しい説、善い説。黒説の対。→黒説 Ⓢ mahā-upadeśa
（出典）内道正説及諸善説、名大説。（『略纂』7、大正 43・96a）
（参考）（『了義灯』1本、大正 43・665c）

大雪山 だいせっせん 雪山とおなじ。→雪山。

大千 だいせん →大千世界

大千界 だいせんかい →大千世界

大千世界 だいせんせかい 小千世界が千個集まった中千世界がさらに千個集まってできる世界。三千大千世界ともいう。→小千世界 →三千大千世界
（出典）千四大洲乃至梵世、如是総説、為一小千。千倍小千、名一中千界。千中千界、総名一大千。（『倶舎』11、大正 29・61a）：此世界有其三種。一小千界、謂、千日月乃至梵世、総摂為一。二中千界、謂、千小千。三大千界、謂、千中千合、此名為三千大千世界。（『瑜伽』2、大正 30・288a）

大山 だいせん ①大きな山。大きなものの喩えに用いられる。「眼は色に於て有る時は小を取ること、毛端を見るが如く、有る時は大を取ること、暫く目を開いて大山などを見るが如く、有る時は等を見ること、蒲萄を見るが如し」 Ⓢ mahā-parvata
②金輪の上にある九つの大山。→九山
Ⓢ mahā-parvata

大仙 だいせん 偉大な仙人。仏の敬称。「欲貪に摧蔽せられて、我が心は遍く焼然す。惟だ大仙のみ哀愍して、為に説いて寂静ならしめたまえ」「釈迦大仙のあらゆる正法は今より永滅して更に能く正性離生に入ることなし」 Ⓢ mahā-ṛṣi

大仙王 だいせんおう 偉大な仙人の王。仏の異名の一つ。「仏は諸の有情に於て最上たるが故に是れ大仙王なり」 Ⓢ mahā-ṛṣi

大善地法 だいぜんじほう 〈倶舎〉の説く心所分類法における一群。すべての善心と共に働く心作用（心所）。信・不放逸・軽安・捨・慚・愧・無貪・無瞋・不害・勤の十の心所をいう（→各項参照）。
Ⓢ kuśala-mahā-bhūmikā dharmāḥ
（出典）大善法地、名大善地。此中若法大善地所有、名大善地法。謂、法恒於諸善心有。彼法是何。頌曰、信及不放逸、軽安捨慚愧、二根及不害、勤唯遍善心。（『倶舎』4、大正 29・19a～b）

大族 だいぞく 大家族。勢いのある家。「大族と大福とは多く衣などのあらゆる利養を獲得す」

大族姓家 だいぞくしょうけ 刹帝利・婆羅門・長者などの貴い家柄。大富貴家ともいう。「欲界に於て、或いは刹帝利の大族姓家に、或いは婆羅門の大族姓家に、或いは諸の長者の大族姓家に生まれんと願楽す」
Ⓢ mahā-śāla-kula

大大 だいだい ひじょうに大きいさま。「広大な福果と大大の福果と最大の福果」「略毘婆沙を造ることに由って少少の功力を労すと雖も、能く大大の問流を越渡す」
Ⓢ mahat-tama: mahato mahataḥ

大段 だいだん 本文の解釈文などを整理する場合に、大きく分けた段落を大段といい、さらにそれを細かく分けた段落を子段という。

大智 だいち 大きな智慧。仏の智慧。無上正等菩提の智慧。大悲に対する語。「無上正等菩提の大智の資糧」「造論者には総じて二縁あり。一つは大智を生ぜんが為なり。二には大悲を生ぜんが為なり」

大腸 だいちょう 小腸につづく肛門までの消化器官。身中にある不浄なものの一つ、あるいは、内身の地界の一つ。 Ⓢ antra

大刀風 だいとうふう 身体のなかの風（内風界）の一つで、大刀がうなるような風。→風界 Ⓢ śastrakā vāyavaḥ

大唐 だいとう 中国の唐の時代の美称。書物や人物の最初に付せられて「大唐西域記」「大唐大慈恩寺三蔵法師伝」あるいは「大唐

三蔵法師玄奘奉詔訳」などという。「宝性論は勒那摩提の翻釈なり。大唐已前に翻ぜられた経論は多く頼耶を謬って以って真如と為す」

大等意 だいとうい　田畑を統括する支配者。人民の同意のもとで選ばれた最初の支配者。原語 mahā-saṃmata を音写して摩訶三末多・大三末多ともいう。また田主（kṣetra-svāmin 差摩塞縛弥）とも言い換えられる。 Ⓢ mahā-saṃmata
（出典）摩訶三末多、此云大等意。大衆斉等、意楽共同立、以為尊。稟成司契、亦名差摩塞縛弥、此云田主。（『略纂』1、大正 43・17a）
（参考）（『瑜伽』2、大正 30・287c）

大等生 だいとうしょう　大勢の集まり。大群衆。「歌舞・倡伎の大等生」
Ⓢ mahā-samāja

大徳 だいとく　世尊などの尊者への敬称。偉大な徳を有した人。尊敬すべき人。「長老頡隷伐多は世尊に問いて言く、大徳よ」「我れは今、善男子の所、或いは長老の所、或いは大徳の所に於て、一切の菩薩の浄戒を乞受せんと欲す」「此の中、大徳鳩摩邏多は是の如き説を作す」
Ⓢ bhadanta: mahātman: sthavira

大毒蛇 だいどくじゃ　毒をもつ蛇。欲（欲望）は毒蛇の如くであって聖賢（賢い人）が近づかないから欲の喩えに用いられる。「諸の欲を大毒蛇に喩える。諸の聖賢が遠離するところなるが故に」 Ⓢ ahi-viṣa
（参考）（『瑜伽』84、大正 30・766c）

大那庾多 だいなゆた　数の単位の一つ。那庾多（十の十一乗）の十倍。
Ⓢ mahā-nayuta
（出典）十那庾多、為大那庾多。（『倶舎』12、大正 29・63b）

大那落迦 だいならか　→八大那落迦

大諾健那 だいなけんな　怪力を持つ神。諾健那の原語 nagna は裸という意味があり大露形と意訳される。「風輪の体は緊密にして、大諾健那が金剛を砕くことあれども、風輪を損することなし」 Ⓢ mahā-nagna

大男 だいなん　大人の男性。小男（男の子供）の対。「大男と大女と小男と小女」
Ⓢ puruṣa

大女 だいにょ　大人の女性。小女（女の子供）の対。「大男と大女と小男と小女」
Ⓢ strī

大人 だいにん　転輪王などの偉大な人。「閻浮洲の人寿が八万歳より減ずる時は、有情の富楽と寿量とは損減し、衆悪が漸く盛んにして、大人の器に非ざるが故に輪王なし」

大涅槃 だいねはん　①涅槃に大を付けて強調した表現。「仏は四聖諦の法を宣説するに由って諸の有情を引いて生死を出でて大涅槃を得せしむ」
②世尊（仏・如来）が没しておもむいた涅槃をいう。「如来は等正覚を成じ、正法輪を転じ、大涅槃に入る」
③（〈唯識〉の所説）煩悩障と所知障という二つの障りの汚れを除去したところに顕現する自性清浄な真如をいう。→真如
（参考）（『成論』10、大正 31・55b）

大涅槃宮 だいねはんぐう　大涅槃を宮殿に喩えていう語。「仏、世間に出でて無倒に開示し、無量の衆をして之に依って大涅槃宮に趣入せしむ」

大熱地獄 だいねつじごく　自己も他者も身体から猛火を発して互いに焼き苦しめあう地獄。熱地獄のなかで最も熱いから大熱・極熱という。大炎熱地獄・極熱地獄・極焼熱大那落迦ともいう。八大地獄の一つ。「殺生罪を作す上上者は無間地獄に生じ、上中者は大熱地獄に生じ、乃至、下下者は傍生・鬼趣に生ず」 Ⓢ pratāpana-naraka
（出典）若内、若外、自身他身、皆出猛火、互相焼害、熱中極故、名為極熱。（『倶舎論疏』8、大正 41・584b）

大念 だいねん　①大きく強い念。→念②「菩薩は離垢などの無量無数の勝三摩地を得て、無量辺の解脱陀羅尼門と大神通力と及び増上の大念・大智を逮得す」 Ⓢ mahā-smṛti
②思考することによって身につく智慧（思所成慧）。
（出典）思所成慧、名為大念、聞所成慧、名為大慧、修所成慧、名為大行。（『摂論釈・無』10、大正 31・446b）

大拈筏羅闍 だいねんばらじゃ　数の単位の一つ。拈筏羅闍（十の三十九乗）の十倍。
Ⓢ mahā-nimba-rajas
（出典）十拈筏羅闍、為大拈筏羅闍。（『倶舎』12、大正 29・63c）

大波羅蜜多 だいはらみた　発心してから仏陀になるまでの修行過程を三期に分けるなか

の第三期（十地のなかの第八地以上）の波羅蜜多の呼称。
（参考）（『解深』4、大正 16・707c）：（『成論』9、大正 31・52b）

大婆喝那 だいばかな 数の単位の一つ。鉢羅庾多（十の二十五乗）の十倍。
Ⓢ mahā- vāhana
（出典）十婆喝那、為大婆喝那。（『倶舎』12、大正 29・63b）

大婆羅門 だいばらもん 偉大な婆羅門・修行者。特に仏・釈尊をいうこともある。「仏は、是れ大沙門、大婆羅門、離垢・無垢の良医、商主なり」

大跋邏攙 だいばらせん 数の単位の一つ。跋邏攙（十の四十九乗）の十倍。 Ⓢ mahā-balākṣa
（出典）十跋邏攙、為大跋邏攙（『倶舎』12、大正 29・63c）

大跋藍 だいばらん 数の単位の一つ。跋藍（十の四十三乗）の十倍。 Ⓢ mahā-bala
（出典）十跋藍、為大跋藍。（『倶舎』12、大正 29・63c）

大鉢羅庾多 だいばらゆた 数の単位の一つ。鉢羅庾多（十の十三乗）の十倍。
Ⓢ mahā-prayuta
（出典）十鉢羅庾多、為大鉢羅庾多。（『倶舎』12、大正 29・63b）

大悲 だいひ ①大きないつくしみの心。大智に対する語。「造論者には総じて二縁あり。一つは大智を生ぜんが為なり。二には大悲を生ぜんが為なり」「物を利することに倦なきを大悲を具すと名づく」「諸の菩薩は大悲の心を以って一切の貧窮・困苦の衆生を観察し、施すに飲食・財穀を以ってす」
Ⓢ mahā-karuṇatā: mahā-karuṇā
（参考）（『瑜伽』44、大正 30・537a）には、大悲と名づけられる四つの理由が説かれる。
②禅定を修してそのなかで他の人びとの幸せを願う慈・悲・喜・捨の四つの心のなかの、大きな悲。人びとの苦を抜こうと願ういつくしみの心。
③聖者のみが有する大きないつくしみの心。あるいは、仏のみが有する大きないつくしみの心。百四十不共仏法の一つ。「如来の大悲は無量・無上なり」「悲は異生と聖者との身中に在りて成就し、大悲は唯だ聖者の身中に在りて成就す。復た次に悲は声聞を独覚と及び仏身中に在りて成就し、大悲は唯だ仏身中に在りて成就す」 Ⓢ mahā-karuṇā
（出典）大悲者、謂、於縁無間苦境、大悲住具足中、若定若慧。（『集論』7、大正 31・691c）
（参考）（『婆沙』31、大正 27・159b）（『倶舎』27、大正 29・141a）には、大悲の定義が説かれる。（『婆沙』83、大正 27・428a 以下）には、悲と大悲との相違について説かれる。

大悲闡提 だいひせんだい 仏に成る可能力のない二種の人（断善根と大悲闡提）の一人。闡提とは詳しくは一闡提といい、icchantika の音写で、「願う」という意味。一切の衆生を救済するために自らは仏に成らないと願う菩薩のことを大悲闡提あるいは大悲菩薩・大悲闡提菩薩という。→一闡提

大悲尊 だいひそん 大いなる慈悲をもって苦しむ生きもの（有情）を救済せんとする尊者。釈尊のこと。「大悲尊は初めて成仏し已って、仙人鹿苑にて四諦輪を転じ、阿笈摩を説きて我有執を除き、小根などを漸じ聖位に登らしむ」

大毘婆訶 だいびばか 数の単位の一つ。毘婆訶（十の二十一乗）の十倍。
Ⓢ mahā-vivāha
（出典）十毘婆訶、為大毘婆訶。（『倶舎』12、大正 29・63b）

大毘歩多 だいびぶた 数の単位の一つ。毘歩多（十の四十七乗）の十倍。
Ⓢ mahā-vibhūta
（出典）十毘歩多、為大毘歩多。（『倶舎』12、大正 29・63c）

大頻跋羅 だいびんばら 数の単位の一つ。頻跋羅（十の十七乗）の十倍。
Ⓢ mahā-visvara
（出典）十頻跋羅、為大頻跋羅。（『倶舎』12、大正 29・63b）

大不善地法 だいふぜんじほう 〈倶舎〉で説く心所（細かい心作用）を五つに分類するなかの一類で、常に不善の心とともに働く無慚と無愧との二つの心所をいう。『婆沙論』では無慚・無愧に無明・惛沈・掉挙とを加えて五種とする。
（参考）（『倶舎』4、大正 29・20a）：（『婆沙』42、大正 27・220b）

大富 だいふ 富み権勢を有していること。

多くの財物を持っていること。金持ち。高位の人。「大富を欲求すれども貧窮を生ずる苦」「豪貴・大富にして諸の財穀・庫蔵多き家に生ず」「施性の事に於て、若しくは習し、若しくは修せば、大富の果を感ず」
Ⓢ aiśvarya: mahā-dhana: mahā-bhogatā: śreṣṭhin

大富貴　だいふき　多くの財物を持っていること。富んでいること。「財位が不定とは、先に大富貴にして後に極貧賤となるを謂う」
Ⓢ mahā-bhoga

大富貴家　だいふきけ　刹帝利・婆羅門・長者などの貴い家柄。大族姓家ともいう。「刹帝利の大富貴家、若しくは婆羅門の大富貴家、若しくは諸の長者の大富貴家に生ず」
Ⓢ mahā-śāla-kula

大富楽　だいふらく　非常に富んで幸せであること。「多生に於て常に布施を好んで大富楽を受く」「如来は大富楽を受くという念を修すべし。清浄なる仏土は大富楽なるが故に」

大風　だいふう　外界で吹く風のなかの一つ。勢力の強い風。広大風ともいう。→風①「一切の如来応正等覚は睡眠を現ずると雖も転側なく、大風、卒に起これど、身衣を動ぜず」 Ⓢ mahad-gatā　vāyavaḥ

大福　だいふく　①→大福徳
Ⓢ mahā-puṇya
②菩薩の異名の一つ。 Ⓢ mahā-puṇya
（参考）（『瑜伽』46、大正 30・549b）

大福智　だいふくち　広大なる福徳と智慧。→福智「菩薩の現観は大なる福智の二種の資糧を以って資持となす」

大福智者　だいふくちしゃ　広大な福徳を有する智慧ある者。 Ⓢ jñāta-mahā-puṇya

大福徳　だいふくとく　広大な福徳。非常に勝れた大きな功徳。大福ともいう。「諸の福徳を具する者とは、無病・長寿にして、言辞は敦粛にして大宗葉を具し、衆に知識され、大福を成就し、多く衣などの諸の資生具を獲するものを謂う」「尊者大迦葉波は広識・大福にして衣服・飲食・臥具・医薬、及び余の資具を得ること易し」「菩薩は当に無量の大福徳の果を獲し、無量の広大な梵福を摂受す」 Ⓢ mahā-puṇya

大福祐　だいふくゆう　天からの大きな助け。「魯達羅天・毘瑟笯天・釈梵世主の衆妙なる世界に注心し、多く住すれば大福祐を獲せんと是の如き計を作す」

大便　だいべん　肛門からの排泄物。くそ。大便利とおなじ。不浄観の対象の一つ。
Ⓢ viṣ

大便処　だいべんしょ　大便を出す器官。サーンキヤ学派（数論）が説く二十五諦の一群である五作業根の一つ。→五作業根
Ⓢ pāyu
（参考）（『述記』1 末、大正 43・253a）

大便利　だいべんり　大便とおなじ。→大便

大菩薩　だいぼさつ　①偉大な菩薩。十地の位に入った菩薩。「十地の大菩薩衆」「如来と及び第二阿僧企耶を出でた諸の大菩薩」
②すぐれた論師をいう敬称。「護法・安慧などの十の大菩薩」

大菩提　だいぼだい　仏陀が獲得したさとり。声聞と独覚のさとりより勝れているから大をつけて大菩提という。また声聞と独覚のさとりは煩悩障（煩悩という障害）のみを断じて得られるのに対して、仏陀のさとりは所知障（知られるべきものである真如を知ることを妨げている障害）をも断じて得られたものであるから、大をつけて大菩提という。→菩提「生を続する煩悩障を断ずるに由るが故に真解脱を証し、解を礙える所知障を断ずるに由るが故に大菩提を得る」
（参考）（『瑜伽』74、大正 30・707a）：（『了義灯』1 末、大正 43・672c）

大宝庫蔵　だいほうこぞう　→大宝蔵

大宝蔵　だいほうぞう　宝を納めた大きな倉庫。大宝庫蔵とおなじ。「施に由って捨施を内外に串習し、身命を顧りみずして大宝蔵を棄てて禁戒を受持す」「真如は是れ彼の衆の功徳の依なるが故に大宝蔵と名づく」

大宝伏蔵　だいほうふくぞう　宝を納めた大きな倉庫。円成実性の喩えに用いられる。「円成実性は譬えば無尽の大宝伏蔵の如し」

大法　だいほう　①大きなありよう。すぐれたもの。たとえば大捨と大悲をいう。「大捨と大悲との二種の大法あり」
②広大な法教。すぐれた教え。「大法の中に於て怯劣なくして精進す」「諸の瑜伽師が苦を遍知するを名づけて、最初に大法の海に入り大法の山に登ると為す」「諸の瑜伽師が見道に入り已るを法の河に堕し大法の流に堕すと名づく」

大法王　だいほうおう　偉大な法王。→法王「我れは誓多林を施して大法王の住を蒙る」

大法師　だいほうし　①教えを説くすぐれた師。「已に第九地に入った菩薩は名身・句身・文身に於て自在を得るが故に、又た広大な無礙解を得るが故に、能く一切の衆生の心を悦ばすが故に、大法師と名づく」
Ⓢ mahā-dharma-bhāṇakatva
②最高の階位の僧侶の呼び名。→法師③

大法将　だいほうしょう　大法の将。釈尊の説いたすぐれた教えの導き手。釈尊の弟子である目乾連・舎利子・迦葉などをいう。「無上の法王は久しく已に滅度し、諸の大法将も亦た般涅槃し、聖教は支離し已りて多部を成ず」

大法輪　だいほうりん　大きな法輪。→法輪「変化身とは、法身に依りて覩史多天宮より現没して受生・受欲し、城を踰でて出家し、外道の所に往きて諸の苦行を修し、大菩提を証し、大法輪を転じ、大涅槃に入るをいう」

大梵　だいぼん　①外道である囲陀論師（ヴェーダ聖典にもとづく人びと）が説く大梵。一切の存在を生じる常住な根源者をいう。
Ⓢ mahā-brahman
（参考）（『演秘』1末、大正43・832b）
②→大梵天

大梵王　だいぼんおう　大梵天とおなじ。→大梵天

大梵音　だいぼんおん　如来が発する清浄な音声。→梵音「如来は大梵音を得て言詞哀雅にして能く衆意を悦ばす。譬えば羯羅頻迦の音の如し」　Ⓢ brahma-svara

大梵天　だいぼんてん　色界十七天の一つ。→色界十七天

大梵天王　だいぼんてんおう　大梵天とおなじ。→大梵天「一時、索訶世界の主である大梵天王が世尊の所に往きて仏足に頂礼し、一面に退坐し、妙なる伽他を以って讃請して曰く」「索訶世界の主である大梵天王が自然に来下して慇懃に世間を哀愍して正法を宣説せんことを勧請す」

大梵輪　だいぼんりん　→梵輪

大煩悩地法　だいぼんのうじほう　〈倶舎〉で説く心所（細かい心作用）の五つの分類のなかの一類で、あらゆる汚れた心（染汚心）とともに働く心所をいう。『婆沙論』では不信・懈怠・放逸・掉挙・無明・忘念・不正知・心乱・非理作意・邪勝解の十が説かれているが（『婆沙』42、大正27・220a）、『倶舎論』ではこれを内容的にまとめて無明・放逸・懈怠・不信・惛沈・掉挙の六つの心所とする。
（参考）（『婆沙』42、大正27・220a）：（『倶舎』4、大正29・19c以下）

大牟尼　だいむに　偉大な沈黙する人。種々の汚れを寂止し黙静した人。煩悩障と所知障との二障から解脱した人。世尊をいう。「二乗の満位を解脱身と名づけ、大牟尼に在るを法身と名づく」　Ⓢ mahā-muni
（出典）大覚世尊、成就無上寂黙法故、名大牟尼。此牟尼尊、所得二果、永離二障、亦名法身。（『成論』10、大正31・57c）

大無覆無記法　だいむぶくむきほう　（『婆沙論』の所説）。六十九の心所を七群に分類するなかの一群。受・想・思・触・欲・作意・勝解・念・三摩地・慧の十の心所をいう。
（参考）（『婆沙』42、大正27・220b）

大姥達羅　だいもだら　数の単位の一つ。姥達羅（十の四十一乗）の十倍。
Ⓢ mahā-mudrā
（出典）十姥達羅、為大姥達羅。（『倶舎』12、大正29・63c）

大欲　だいよく　広大な欲愛。ひじょうに強い欲望。「一あるが如し、性と為り、大欲にして喜足を知らず、常に非法を以って衣服・飲食・臥具・病縁医薬、及び諸の資具を追求す」　Ⓢ mahā-iccha: mahā-icchatā: mahā-icchā
（出典）於所未得衣服等事、求妙求多、名為大欲。（『倶舎』22、大正29・117a）

大利　だいり　大義利とおなじ。→大義利

大力　だいりき　ひじょうに力強いこと。「大力の鬼と傍生と人」「大力を欲求すれども欲するところに随わずして羸劣を生ずる苦」
Ⓢ bala: balavat: maharddhika: mahā-bala

大力因　だいりきいん　大力具足因とおなじ。→大力具足因

大力具足　だいりきぐそく　病気をすることが少なく、人びとを救済することなどにおいて大きな力をそなえていること。八種の異熟果の一つ。→異熟果　Ⓢ bala-saṃpad: bala-saṃpanna
（出典）為性、少疾、或全無病、有大堪能、是名菩薩大力具足。（『瑜伽』36、大正30・

484b）

大力具足因　だいりきぐそくいん　八種の異熟因の一つ。大力因ともいう。身を以って人びとに仕えること。正しい教えを以って、乱暴でない方法によって、他人の正しい事業を援助すること、あるいは身心の力を増す飲食物を人びとに施すこと。→大力具足　→異熟因　Ⓢ bala-saṃpado hetuḥ

（出典）於諸衆生、以身供事、随其所作、如法事業皆往営助、如己力、能以其正法、不以卒暴、用能増長身心勢力餅飯糜等種種飲食、施諸衆生、是名菩薩大力具足因。（『瑜伽』36、大正30・484c）：助諸衆生、如法事業、施他飲食、是大力因。（『演秘』1本、大正43・814c）

大龍王　だいりゅうおう　→八大龍王

大良医　だいりょうい　すぐれた医者。正しい教えを説いて人びとの煩悩の病を治す如来に喩える。大医ともいう。「大良医を諸の如来に喩え、其の良薬などを勝極の法教・正教・教授・教誡に喩う」「医王は、善く病状を知り、病因を知り、病愈を知り、良薬を知る。如来も亦た爾り、大医の王と為りて如実に苦集滅道を了知す」　Ⓢ mahā-vaidya

大論師　だいろんじ　偉大な論師。すぐれた学者。論師とは論（阿毘達磨 abhidharma）を理解・解釈する、あるいは読誦する人。「説一切有部に法救・妙音・世友・覚天の四の大論師あり」

代　だい　①かわること。かえること。代用すること。「手を以って言に代える」
②よ。時代。一生。「三時教に付して一代の聖教の義を摂尽す」

代受　だいじゅ　他人の苦を代わって引き受けること。「苦を代受する心」　Ⓢ udvahana

台　だい　仏陀を祀るための建物の一つ。台閣・台殿・台観ともいう。「如来の為に造れる、若しくは窣堵波、若しくは龕、若しくは台」「種種の台閣を荘厳す」
Ⓢ kūṭa: kūṭa-āgāra

台閣　だいかく　高殿。楼閣。
Ⓢ kūṭa-āgāra

台観　だいかん　高殿。楼閣。　Ⓢ maṇḍapa

台殿　だいでん　高殿。楼閣。　Ⓢ prāsāda-tala

第一　だいいち　①最初。順序だったもののいちばん初めのもの。「第一の句」
Ⓢ prathama

（出典）数之次第、最居其首故、名第一。（『瑜伽』49、大正30・569a）

②最高。最も勝れていること。最勝・無上と同義語。「最も第一と為し、最も無上と為す」「此の滅静は是れ第一なるが故に、是れ最勝なるが故に、是れ無上なるが故に、説いて名づけて妙と為す」「舎利子は智慧第一にして大目乾連は神通第一なり」　Ⓢ agra: agratva: agrya: parama: pravara

第一有　だいいちう　最高の頂としての存在。無色界のなかの有頂天、すなわち非想非非想処をいう。→有頂天　→非想非非想処「三無色の中には空などの相を取り、想の相が顕了なり。第一有の中には思が最も勝れ、行の相が顕了なり」　Ⓢ bhava-agra

第一義　だいいちぎ　①最高の対象・もの・真理。すべての存在するものに遍在する本性。究極の存在。義にあたる原語 artha には種々の意味が、すなわち、対象・もの・真理・目的・価値などの意味があり、第一義の義はそれらすべての意味を含んだ語である。〈唯識〉では、真如、あるいは円成実性を第一義とする。究極的には言葉では表現できないもの。第一にあたる原語 parama を勝と訳して勝義ともいう。→勝義①　Ⓢ parama-artha

②最高の。真の意味の。真の意味で。「第一義の我相」「第一義の婆羅門」「諦智に由って聡慧を名づければ、是れ第一義として名づけて聡慧と為す」　Ⓢ pārama-ārthika

第一義善　だいいちぎぜん　→勝義善

第一義不善　だいいちぎふぜん　→勝義不善

第一究竟　だいいちくきょう　修行において最高の境地、完成された段階に至ること。「世尊は一切の学の中に於て已に第一究竟を得る」「唯だ仏世尊と及び第一究竟に到った弟子とが善清浄にして勝妙なる智見を以って現見し現証す」「仏と及び第一究竟を得た菩薩摩訶薩とは、諸の有情を饒益せんと欲するが為の故に示現するところあり」

第一趣　だいいちしゅ　最高のおもむくところ。涅槃のこと。「諸の智の光明は能く身を壊した後に第一趣を与う」

第一生　だいいちしょう　仏法によって解脱して涅槃を得るに至るまで三度の生涯を経るなかの最初の生涯。初めて仏法に帰依して解脱に至る種子を植える最初の生涯をいう。「仏法に依って極速に三生を経て方に解脱を得る。第一生の中で解脱分を種え、第二生の中で修して成熟せしめ、第三生の中で既に成熟し已って聖道を引き起こして能く解脱を証す」「最極速疾に般涅槃する者は要ず三生を経る。第一生の中で最初に趣入し、第二生の中で修して成熟せしめ、第三生の中で修して成熟し已って或いは即ち此の身で般涅槃を得る」(『瑜伽』21、大正 30・400c)

第一弟子 だいいちでし　釈尊（世尊・如来）の勝れた直接の弟子。舎利子などの十大弟子をいう。「大師とは如来の紹師を謂い、即ち是れ第一弟子にして、彼の尊者舎利子などの如し」

第一楽 だいいちらく　最高の楽。菩提をいう。「諸の智の光明は能く現法に於て第一楽を与う」

第九識 だいくしき　第九番目の識。無垢(amala)で清浄な識である阿摩羅識(amala-vijñāna)。摂論宗は、この阿摩羅を真如を指す語として用い、仏位において現れてくる真如を阿摩羅識と考え、それを第八阿頼耶識から別立させて第九識と名づける。これに対して法相宗は、阿摩羅識とは阿頼耶識を転じて得られる大円鏡智の別名であると考えて第九識を認めない。→阿摩羅識
(出典）唯無漏依、体性無垢、先名阿末羅識、或名阿摩羅識、古師立為第九識者、非也。(『述記』3末、大正 43・344c)
(参考）(『瑜伽論記』1上、大正 42、318a)

第九品 だいくほん　存在を大きく上・中・下の三つに分け、それら三つの一つ一つをさらに上・中・下の三つに分類して全部で九種に分ける分類法における、最後の第九番目のグループをいう。「阿羅漢果の補特伽羅とは、已に永く有頂の第九品の煩悩を断じて彼の究竟道に安住するを謂う」

第三阿僧企耶 だいさんあそうぎや　→第三劫阿僧企耶

第三劫阿僧企耶 だいさんこうあそうぎや　菩薩が発心してから、仏となるまでを三つの長い期間に分けるなかの第三番目の期間。菩薩の十地のなかでの第八地から第十地の終わりである金剛喩定までの期間をいう。第三阿僧企耶ともいう。→三大劫阿僧企耶

第三時教 だいさんじきょう　仏陀一生の教説を三つの時代に分けてそれらの優劣を判定する三時教判において第三番目に属する教え。存在全体を非有非無とみる中道教、すなわち唯識の教説をいう。第三時中道教ともいう。→三時教

第三時中道教 だいさんじちゅうどうきょう　→第三時教

第三静慮 だいさんじょうりょ　色界の四つの静慮の第三。第三禅ともいう。→四静慮

第三能変 だいさんのうへん　〈唯識〉はすべての存在はただ識が変化したものという見解をとり、「変化したもの」を所変、「変化せしめるもの」である識を能変といい、能変の識を異熟識と思量識と了別境識との三つに分ける。このなか、第三番目の了別境識である眼識・耳識・鼻識・舌識・身識・意識の六識を第三能変とよぶ。→能変①　→了別境識
(参考）(『成論』5、大正 31・26a 以下)

第四静慮 だいしじょうりょ　色界の四つの静慮の第四。第四禅ともいう。→四静慮

第七識 だいしちしき　末那識のこと。八識を列記するとき、末那識は第七番目にあるから、第七を付して第七識、あるいは第七末那識とよぶ。→末那識　→八識

第七末那識 だいしちまなしき　→第七識

第二阿僧企耶 だいにあそうぎや　→第二大劫阿僧企耶

第二月 だいにがつ　眼病者に見える二つ目の月。実際に存在しないものの喩えに用いられる。「眼に眩翳あれば第二月を見る」「汝、和合の色は、設え是れ眼識所縁と許すとも、是れ縁に非ざるべし。彼れ都て実の体性なきが故に。第二月の如し」
(参考）(『述記』2本、大正 43・270b)

第二静慮 だいにじょうりょ　色界の四つの静慮の第二。第二禅ともいう。→四静慮

第二大劫阿僧企耶 だいにだいこうあそうぎや　菩薩が発心してから修行して仏となるまでを三つの長い期間に分けるなかの第二番目の期間。見道（初地）から第七地の終わりまでの間。第二阿僧企耶ともいう。

第二能変 だいにのうへん　〈唯識〉はすべての存在はただ識が変化したものという見解をとり、「変化したもの」を所変、「変化せしめるもの」である識を能変といい、識を異熟識と思量識と了別境識との三つに分ける。このなか、第二番目の思量識である末那識を第二

能変とよぶ。→能変　→末那識
（参考）（『成論』4、大正 31・19b 以下）

第八阿頼耶識　だいはちあらやしき　→第八識

第八識　だいはちしき　阿頼耶識のこと。阿頼耶識は八識を列記するとき第八番目にあるから第八を付して第八識、あるいは第八阿頼耶識とよぶ。→八識　→阿頼耶識

第六意識　だいろくいしき　→第六識

第六識　だいろくしき　意識のこと。八識を列記するとき意識は第六番目にあるから第六を付して第六識、あるいは第六意識とよぶ。→意識　→八識

提訶洲　だいかしゅう　提訶は deha の音写。四大洲の一つである勝身洲の側にある中洲。→四大洲　→勝身洲　Ⓢ deha-dīpa

提婆　だいば　deva の音写。天と意訳。

醍醐　だいご　牛乳を醸してできる四つ（酪・生酥・熟酥・醍醐）の一つ。これら四つに乳を加えた五つの味を五味という。醍醐が五味のなかで最高の味であることから、他事においても、最高のもの、最もすぐれたものを醍醐味という。「醍醐は五味の中の最勝なり」　Ⓢ maṇḍa

宅　たく　→宅舎

宅舎　たくしゃ　いえ。住まい。家屋。宅・舎宅ともいう。「世間世俗とは、いわゆる宅舎・瓶瓫・軍林などを安立するを謂う」「牛羊などの畜、衣・宅・穀などの諸の資生具」　Ⓢ gṛha

宅神　たくじん　蟒蛇・魍魎・薬叉などとともに人を害する存在としてあげられる。守宅神ともいう。「一切の魍魎・薬叉・宅神・人非人など嬈害すること能わず」「諸の魍魎・薬叉・非人・守宅神などは能く障礙と為る」　Ⓢ naivāsika

托石　たくせき　石を持ち上げること。角武（武術をきそいあうこと。ひろくは身体をつかっての運動）の一つ。「按摩・拍毱・托石・跳躑・蹴蹋・攘臂・扼腕・揮戈・撃剣・伏弩・控弦・投輪・擲索などの角武事に依って勇健を得る」　Ⓢ vyāyāma-śilā

択（たく）→ちゃく

託　たく　まかせること。よること。たよること。「諸法は因より生じ、衆縁に託して転じ、本無にして有り、有り已って散滅す」「六識は彼彼の縁に託し、眼などの根に依って色などを縁ず」

託生　たくしょう　ある世に生命を託すこと。生まれること。「生有は最初の託生の一刹那なり」　Ⓢ upapatti

磔　たく　（衣服のまえを）大きく開くこと。「軒せず、磔せず、また褰張せずして法服を被るべし」

橐籥　たくやく　橐と籥。ふいごとふいごに風を送る管。橐は詳しくは囊橐といい、火を起こすときに風を送る袋状の道具。籥は詳しくは管籥といい、笛の類で内に風を通して音を出す道具。風と関係する道具として譬喩のなかで用いられる。「我の体は既に舒巻ありというをもって橐籥の風の如く常住に非ざるべし」

諾（だく）→にゃく

濁（だく）→じょく

達　たつ　さとること。真理に深く通じること。通達とおなじ。「仏の教の義に於て能く達す」「真実義に達す」「諸法を証せんが為に、諸法に達せんが為に、勤めて修行す」
Ⓢ prati-**vidh**: prativedha

達解　たつげ　深くさとり理解すること。「瑜伽に達解した軌範師と親教師」　Ⓢ jñāna

脱　だつ　ぬけでること。解脱とおなじ「永く諸の悪を脱す」「解とは諸の纏を解脱するを謂い、脱とは所縁の相を解脱するを謂う」「常に苦を脱せんと求める心を発す」
Ⓢ pratimokṣaṇa: mukta: mokṣa: vimuktatva: vimokṣa

達須　だっしゅ　dasyu の音写。達絮とも書く。辺地に住む賎しい人。蔑戾車とともに用いられ、仏や勝れた仏教者たちに逢うことがない人びとをいう。「辺国および達須・蔑戾車の中に生まれて四衆・賢良・正至・善士が往きて遊渉せず」　Ⓢ dasyu

達絮　だっしゅ　→達須

達磨　だつま　dharma の音写。abhidharma を阿毘達磨と訳すなかに用いられる。→阿毘達磨

達剌陀　だつらだ　darada の音写。ダラダ人。「磔迦・葉筏那・達剌陀・末蝶婆・佉沙・覩貨羅・博喝羅などの人、来りて会坐に在りて、各各、仏は独だ我が為に自国の音義を説くと謂う」　Ⓢ darada
（参考）（『婆沙』79、大正 27・410a）

達羅毘荼国　だつらびだこく　達羅毘荼は

drāviḍa の音写。インドの原住民であるドラヴィダ人の国。

達羅弭荼 だつらびだ drāmiḍa の音写。インドの原住民であるドラヴィダ人。「義に於て了じ難き種種の音声とは、達羅弭荼の種種の明呪を謂う」 Ⓢ drāmiḍa

達利瑟致 だつりしつち dṛṣṭi の音写。見と意訳。「薩迦耶見の薩は是れ偽の義、迦耶は是れ身、達利瑟致は是れ見なり」

奪 だつ うばうこと。ぬすむこと。「衆生を殺害して財物を奪おうという心を作す」「命を奪う」
Ⓢ apahārin: apa-**hṛ**: hārika: hārin: **hṛ**

奪取 だっしゅ うばいとること。「余の妻子を奪取す」 Ⓢ apa-**hṛ**: ā-**chid**

丹暉 たんき 赤く輝いていること。「諸の園苑の中の薬草・叢林・華果・枝葉は悉く皆な茂盛し、青翠・丹暉にして甚だ愛楽すべきなり」 Ⓢ prāsādika

旦 たん 朝。よあけ。あけがた。「旦を陵いで起きて其の身を澡飾し衣服を被帯す」

但 たん ただ。それだけ。 Ⓢ api tu: eva: kevala: mātra: mātraka

坦然 たんねん ゆったりして安らかなさま。平らなさま。「身心坦然なり」「行くところの地は坦然として掌の如し」 Ⓢ sama

担 たん になうこと。かつぐこと。「諸の菩薩は能く一切の大なる苦担を担ぐ」

担木山 たんもくせん スメール山（蘇迷盧山）を中心にして取り囲む七つの山の一つ。朅地洛迦山と音写。 Ⓢ khadiraka
（参考）（『略纂』1、大正 43・16a）

怛刹那 たんせつな 時間の単位の一つ。百二十刹那が一怛刹那。 Ⓢ tat-kṣaṇa
（出典）刹那百二十、為一怛刹那。（『倶舎』12、大正 29・62b）

単白羯磨 たんびゃくかつま 授戒者が戒の内容を告げるだけで受戒者の承諾を必要としない受戒の儀式をいう。四種の羯磨の一つ。
→羯磨

炭 たん すみ。 Ⓢ aṅgāra: sthūṇā

炭火 たんか 炭の火。小さな炭の火が大きな山林を焼き払うことになるように、諸の欲が増大していくさまの喩えに用いられる。
Ⓢ aṅgāra-karṣu
（出典）如是諸欲、皆堕黒品。猶如骨鎖。（中略）如一分炭火。（『瑜伽』33、大正 30・465c）：喩一分炭者、増長欲愛大熱悩故。（『瑜伽』84、大正 30・766c）

疸疔 たんちょう 悪性のできもの。身中の疾病の一つ。「身中に、癰痤・乾癬・湿癬・疥癩・疸疔・上気などの多種の疾病が発生す」 Ⓢ kaṇḍū

耽 たん ふけること。執着すること。むさぼること。「美食に耽る」「睡眠の楽と臥の楽とに耽る」 Ⓢ gṛddha: rāga: lolupa: svī-**kṛ**

耽嗜 たんし むさぼること。むさぼり好むこと。「美食に於て、心、耽嗜す」
Ⓢ gardha: gṛddha
（出典）於自諸欲、深生貪愛、名為耽嗜。（『瑜伽』89、大正 30・802b）

耽嗜依 たんしえ むさぼり好む心が生じるよりどころ。種々の感受作用（受）のなかの汚れた感受作用（染受）をいう。二種の依（耽嗜依・出離依）の一方。「世第一法に住する時、耽嗜依を捨てて出離依を得る」
Ⓢ gardha-āśrita
（出典）耽嗜依者、謂、諸染受。（『倶舎』10、大正 29・54b）

耽著 たんじゃく 執着すること。愛着すること。「利養と恭敬と名誉とに耽著す」「放逸の有情は諸の欲に於て耽著し受用す」「極楽行の受用に耽著する辺と自苦行の受用を好求する辺との二辺に堕在す」
Ⓢ adhyava-**sā**: adhyavasāna: adhyavasita: adhyavasitatā: abhigṛddha: abhi-**svañj**: gardha: gṛddhi: parigardha: svī-**kṛ**

耽著受施 たんじゃくじゅせ 六種の受施の一つ。→受施

耽染 たんぜん むさぼること。愛着すること。「資生具に於て深く耽染す」「世間の財食に耽染す」「耽染を愛と名づく」 Ⓢ lolupa

耽湎 たんめん ふけりおぼれること。食にふけること。酒に溺れること。「人あり、貪染して食し、愛著し、饕餮し、乃至、耽湎して過患を見ず」

耽楽 たんらく ふけり享楽すること。執着すること。「諸の菩薩は、夙く興き、晩く寐て、深く睡眠楽と倚楽とに耽楽せず」「博弈戯などに耽楽す」 Ⓢ svī-**kṛ**

耽吝 たんりん けちること。物惜しみすること。「所得の物に於て耽吝し堅著す」

探啄 たんたく 鳥がくちばしでついばむこと。「鉄觜大烏ありて、有情の眼睛と心肝を

探啄し、争競して食う」 Ⓢ ud-**paṭ**

淡 たん さっぱりしたあわい味。六種の味（甘・酢・鹹・辛・苦・淡）の一つ。→味① Ⓢ kaṣāya

淡泊 たんぱく 心に欲がなくさっぱりしているさま。煩悩を滅した涅槃を意味する寂滅の同義語の一つ。「寂滅の異門に無量種あり。謂く、名づけて常と為し、亦た久住と名づけ、亦た舎宅と名づけ、亦た洲渚と名づけ、亦た淡泊と名づく」

淡泊路 たんぱくろ 憺怕路とおなじ。→憺怕路

淡薄 たんぱく 味がうすいこと。濃度がこくないこと。「酢の滴は其の性、淡薄にして唯だ能く彼の一滴の水のみを酢し、多くの水を酢すこと能わず」

湛然 たんねん ①静かに落ち着いているさま。心が集中して動かないありよう。「瑜伽師は是の如き不浄の相を観察し已って、眉間に繋念して湛然として住す」「如来の身語は任運に現行し、恒時に湛然たり」
②真如のありようをいう。→真如「一切の位に於て常如にして其の性たり。故に真如と曰う。即ち是れ湛然にして虚妄にあらざる義なり」

短 たん ①短い形をいう。眼の対象の一つ。→色境 Ⓢ hrasva
②時間的に短いこと。量的に少ないこと。「短い入出息を念ず」「短い寿命」
Ⓢ adīrgha: alpa: nyūna-tara: hrasva
③文が短いこと。→短句

短句 たんく 頌文のなかで六字以下からなる文句をいう。
（出典）従六字乃至二十六字、皆得為句。然六字者、名為初句。二十六字者、名為後句。減六字者、名短句。過二十六字者、名長句。（『婆沙』14、大正 27・71b）

短促 たんそく 時間的に短いこと。量的に少ないこと。「寿量が短促なり」 Ⓢ alpa

赧愧 たんき はじて赤い顔をすること。「他の心に随って転ずる菩薩は、終に他を嗤誚し軽弄せず、他をして赧愧せしめず」
Ⓢ maṅku-bhāva

嘆 たん たたえること。讃嘆とおなじ。「其の徳を嘆ず」

痰 たん 肉体の三要素である śleṣman（痰）と vāta（風）と pitta（熱）の一つ。痰癊ともいう。これら三要素の調和が崩れると病気となる。「身内の風と熱と痰との界が互に相違するに由るが故に心が狂う」「風と熱と痰とが互いに増して逼切することなきが故に無病と名づく」「現在に不平等を行ずるが故に風と熱と痰癊とが、数数、発動す」
Ⓢ śleṣman

痰癊 たんいん →痰

端 たん ①はし。先端。「善く射る者が毛の端を射らんと欲すれば、巧便法に依って心をして澄細せしめ、箭を発して方に中たる」
②ただすこと。まっすぐにすること。→端身

端厳 たんごん ①整っていて美しいこと。容姿が整い威厳があること。「端厳な眼と醜陋な眼」「出家の時は身は便ち端厳なり。身が端厳なるが故に心も亦た端厳なり」「少壮者は首に花鬘を冠じ、形貌は端厳にして衆の愛楽するところなり」「諸の福徳を具する者は形色が端厳にして衆の見ることを楽うところなり」 Ⓢ ābhirūpya: prāsādika
②身を飾ること。「所食を食するに倡蕩の為にせず、飾好の為にせず、端厳の為にせず」
Ⓢ vibhūṣaṇa

端厳因 たんごんいん 形色具足因とおなじ。→形色具足因

端直 たんじき まっすぐであること。垂直であるさま。「端身とは身を策挙して其れを端直せしむるを謂う」

端正 たんしょう 姿や容貌が整っていること、美しいこと。端政とおなじ。醜陋の対。「顔容が端正なり」「女人の形容は端正なり」
Ⓢ ābhirūpya

端身 たんしん 身体をまっすぐにただすこと。坐禅やヨーガを修するときの姿勢のありようをいう。 Ⓢ ṛjuṃ kāyam
（出典）問、端身者、是何義。答、是身正直、而安坐義。（『婆沙』39、大正 27・204c）：云何端身。謂、策挙身、令其端直。（『瑜伽』30、大正 30・450b）

端政 たんせい 容貌が整っていること。端正とおなじ。「素洛を端政と名づく。彼は端政に非ざるが故に阿素洛と名づく」

誕生 たんじょう 生まれること。母胎から生まれ出ること。「入胎し誕生し長大す」

噉 たん ①かむこと。たべること。「所食を噉す」 Ⓢ abhyavahāriṇī: **khād**: paribhoga
②摂取するものの四つのありよう（食・飲・

噉・嘗）の一つ。餅麨・飯・糜・羹・膗などの噛んで食べる食べ物をいう。 Ⓢ khādita
（出典）云何為噉。謂、餅麨、或飯、或糜、或羹、或膗、或有所余、造作転変、可噉可食、能持生命、如是等類、皆名為噉、亦名為食。（『瑜伽』24、大正 30・414c）

噉食 たんじき 噛んで食べること。「能く多く噉食し、数数、食し已り、能く正しく消化して諸の疾患を除く」
Ⓢ **bhakṣ**: bhakṣaṇa

憚 たん はばかること。恐れつつしむこと。はじること。「仏法僧に於て敬なく憚なく差恥あることなし」 Ⓢ pratīśa

歎 たん ①愁歎・傷歎の歎。なげくこと。声を出して悲しむこと。 Ⓢ paridеva
（出典）発言、哀吟悲寃、挙身煩熱、名歎。（『瑜伽』88、大正 30・793c）
②讃歎の歎。ほめること。

憺怕路 たんぱくろ 死体が捨てられている場所。墓場。憺怕は、幸福・安寧を意味する śiva の訳で、心が静かでやすらかな状態をいい、死者のありように喩えていう。淡泊路・澹泊路ともいう。「憺怕路に彼彼の屍を見る」「疾く欲貪瞋を除断せんと欲する者は、応に澹泊路に往き死屍の所に詣でて、善く其の相の或いは青淤、或いは膿爛などを取るべし」「彼れは先に淡泊路などに於て骨鎖などを見て、今、猶、憶持するに由り、三摩地所行の影像を為す」 Ⓢ śiva-pathikā

殫 たん つきること。すっかりなくなること。「所食を食する時、粒あれば皆な砕けて口にして殫ざることなし」

澹泊路 たんぱくろ 憺怕路とおなじ。→憺怕路

鍛業 たんごう 金属をたたいて加工する技術。 Ⓢ kuṭṭima-karman

鍛金銀師 たんごんぎんし →鍛金鉄師

鍛金鉄師 たんごんてつし 金・銀・鉄などの金属をたたいてきたえる技師。鍛金銀師とおなじ。鍛師・鍛者ともいう。「金鉄を鍛する者を金鉄師と名づく」

鍛師 たんし →鍛金鉄師

鍛者 たんしゃ →鍛金鉄師

団 だん かたまり。一つにまとまったもの。「手を以って泥の団、或いは牛糞の団を執持す」「眼の肉の団」 Ⓢ piṇḍa

団風 だんふう 渦を巻く風。竜巻。風が顕形色（いろと形とをもったもの）である証拠として出される。「風も亦た顕形なり。世間に黒風・団風と説くが如し」 Ⓢ maṇḍalikā vātyā
（参考）（『倶舎』1、大正 29・3b）

段 だん ①食物を一口一口たべること。→段食「和雑して摶と為し、段段に呑食するが故に段食と名づく」 Ⓢ kavaḍī-kāra
②分離されたかたまり。ちぎられたもの。「段肉」「段物」

段食 だんじき 口を通して食べる物。一つ一つ分けてくぎって噛み砕き、段々と食べるから段食という。消化される食べ物をいう。四食のなかの一つ。→四食 Ⓢ kavaḍī-kāra-āhāra
（出典）問、云何段食。答、諸所食噉、若能長養諸根大種。（中略）問、段食云何能作食事、乃至識食亦爾。答、若諸段食能摂益識、令其強盛、由此長養諸根大種、亦令強盛。（『瑜伽』57、大正 30・619c）：段食云何。謂、餅麨飯羹、膗糜粥酥油、糖蜜魚肉、菹鮓乳酪、生酥薑鹽酢等種種品類。和雑為摶、段段呑食、故名段食。（『瑜伽』23、大正 30・409b）：段食者、是能転変。由転変故、饒益所依。（『摂論釈・世』3、大正 31・332b）：契経説食有四種。一者段食、変壊為相。謂、欲界繋香味触三、於変壊時、能為食事。（『成論』4、大正 31・17b）
（参考）（『瑜伽』66、大正 30・664b）

段食天 だんじきてん 段食によって身を支えている天。六欲天のこと。意成天の対。→段食 →六欲天 →意成天 Ⓢ kavaḍī-kāra-bhakṣo devaḥ

段肉 だんにく 肉のかたまり。多くの人がそれを食べるから欲（欲望）が多くの人によってむさぼられることの喩えに用いられる。軟肉段・凝血肉ともいう。「諸欲は段肉の如し。衆多の共有なるが故に」 Ⓢ māṃsa-peśī
（参考）（『瑜伽』17、大正 30・369c）

段物 だんもつ かたまりとなった物。
（参考）（『瑜伽』66、大正 30・664b～c）には、段物が食物となるかどうかが問題とされている。

断 だん ①ものを切断する、破る、割ること。「薪を斬るを説いて名づけて断と為す」「筋を断じ骨を破る」 Ⓢ china: **bhid**
②断じること。滅すること。除くこと。放棄

すること。奪うこと。「受を断じた楽」「諸の悪法を断じて諸の善法を修す」「永く諸の煩悩を断ず」「煩悩障と所知障とを断ず」「衆生の一切の疑難を断ず」「罪を断ず」「衆生の生命を断ず」「善根を断ず」「相続が断ずるを滅と名づく」「悪を断じて善を修す」
Ⓢ uccheda: upaccheda: upaghāta: uparamatva: kṣaya: ghna: **chid**: china: cheda: tyāga: niruddha: pari-**hā**: pra-**hā**: prahāṇa: prahīṇa: mukta: viprahīṇa: vi-**vic**: vyapa-**ruh**: vyaparopaṇa: samucchinna: samuccheda: samucchedana: samudghāta: samud-**chid**: **hā**: heya
（参考）種類として、(『婆沙』97、大正 27・503b) に断愛断・棄捨断、(『婆沙』127、大正 27・665c) に永断・暫時断、(『婆沙』150、大正 27・764b) に暫断・究竟断、(『瑜伽』87、大正 30・791c) に煩悩断・事断の二種、(『瑜伽』29、大正 30・443a～b) に律儀断・断断・修断・防護断の四種、(『婆沙』166、大正 27・837c) に暫時断・究竟断・有影断・無影断・有余断・無余断・有縛断・無縛断・摧枝葉断・抜根本断・制伏纏断・害随眠断の十二種、(『婆沙』83、大正 27・427b) に暫時断・畢竟断・有片断・無片断・有影断・無影断・有余断・無余断・有随縛断・無随縛断・有分断・無分断・制伏断・抜根断・伏諸纏断・害随眠断の十六種が説かれる。
③（あるありようが）途絶えること。「緩なき加行と断なき加行」 Ⓢ chidra

断愛法 だんあいほう 愛を断じる修行方法。先ず愛がどういう味であるかという愛味を観察し、次に愛は苦悩であり過失であると愛患を観察し、最後に愛から逃れ出ようと愛出を観察する。
（出典）仏、依修道、為愛行者、説断愛法、作如是言。汝等先応観察諸蘊味。（中略）故修道中、先観愛味、次観愛患、後観愛出。(『婆沙』108、大正 27・561a)

断壊 だんえ ①死ぬこと。→断壊苦
Ⓢ samuccheda
②なくなること。衰えること。こわれること。「衣食などの財が断壊す」「勢力が断壊す」「寺舎・敷具・制多などの事物が断壊す」
Ⓢ cheda: vicheda

断壊苦 だんえく 命を断じて死ぬことによって生じる苦。 Ⓢ samuccheda-duḥkha
（出典）断壊苦、謂、由棄捨衆同分、死所生之苦。(『瑜伽』44、大正 30・536a)

断界 だんかい 三界（離界・断界・滅界）の一つ。貪以外の結を離れた世界。あるいは三界（断界・離欲界・滅界）の一つ。見道によって断ぜられる一切の行が断じた世界。→三界②③ Ⓢ prahāṇa-dhātu

断究竟 だんくきょう 二種の究竟（智究竟・断究竟）のなかの一つ。煩悩を断じることが完成すること。それによって心解脱と慧解脱とを得る。
（出典）断究竟者、謂、遍究竟諸煩悩断、由彼断故、円満究竟、証心解脱及慧解脱。(『瑜伽』100、大正 30・881b)

断見 だんけん 自己存在は死んだ後は断滅して虚無になるという見解。二つの極端な見解（辺執見）の一方。六十二種のまちがった見解のなかの七種の断見論が断見にあたる。常見の対。常見と断見の二つの見解を離れて見ることを中道という。→常見① →六十二諸悪見趣 →中道「諸の外道は互に諍論を興し、断見を起こす者は断を執して究竟と為し、常見を撥して非と為し、常見を起こす者は常を執して究竟と為し、断見を撥して非と為す」「断見の外道は、未来の果を見ずして現世の中に於て自身の安楽の為に、或いは他の財食などを奪って他を悩ます」
Ⓢ uccheda-dṛṣṭi

断見論 だんけんろん 自己存在は死んだ後は断滅して虚無になるという見解。仏教以外の学派（外道）の十六種の異論の一つ。→十六種異論 Ⓢ uccheda-vāda
（参考）(『瑜伽』7、大正 30・310c 以下)

断現観 だんげんかん 二種の現観（智現観・断現観）の一つ。苦・集・滅・道の四諦に対して、順次、まちがいのない智が生じることによってあらゆる煩悩が断滅すること。→現観
（出典）於諸諦中略有二種現観。一智現観、二断現観。智現観者、謂、随次第、於諸諦中、別相智生。断現観者、謂、随次第、無倒智生、為依止故、証得所有煩悩断滅。(『瑜伽』68、大正 30・675a～b)

断獄 だんごく 罪人の罪の有無をさばいて処刑する人。律儀に反する行為をする人（不律儀者）の一人。 Ⓢ kāraṇā-kārāpaka
（参考）(『瑜伽』9、大正 30・319c)

断最勝 だんさいしょう 如来がすべての煩悩の習気と所知障とを断じ尽くしているという偉大性。七種の最勝の一つ。→最勝
Ⓢ prahāṇa-paramatā
(出典) 由諸如来無上無等一切煩悩習気永断及一切所知障永断、皆悉成就故、名断最勝。(『瑜伽』38、大正 30・499b)

断截 だんさい ①きりさくこと。断じること。「末摩を断截す」「身を断截す」
②犯罪者をきりさくこと。刑罰の一つ。「刑縛・断截・毀辱・迫脅」 Ⓢ chedana

断截末摩 だんさいまつま 断末摩とおなじ。→断末摩

断支 だんし 諸の悪を滅する五つの寂静法の一つ。五つの断支があり、次のような五つのありようをいう。(i) 得た教えの意味を深く信じる。(ii) 師の前で、ありのままに自己を顕す。(iii) 身が勇敢である。(iv) 心が勇敢である。(v) 善く説かれた教えと悪く説かれた教えとの意味を理解する能力がある。
(参考)(『瑜伽』99、大正 30・874a～c)

断食 だんじき ①自ら食を断つこと。外道が修する苦行の一つ。自餓ともいう。「一類ありて天に生ずることを求欲して自ら断食・投火などの逼害を加う」
②食を与えないこと。人を殺害する方法の一つ。「塊・杖刀・縛録・断食などを以って諸の衆生を害す」

断修 だんしゅ 悪法を断じ善法を修すること。「精進と無貪・無瞋・無癡の三根との四法は断修の事に於て皆な能く防修するを不放逸と名づく」
(参考)(『成論』6、大正 31・30b)

断種 だんしゅ 種子を断じること。〈唯識〉では、煩悩を滅するありようとして煩悩の働きを抑制する段階と、阿頼耶識のなかの煩悩を生じる種子を断じる段階との二種に分け、前者を伏滅、後者を断種と呼ぶ。
(出典) 断有二種。一断種、二伏滅。(『述記』1末、大正 43・250a)

断除 だんじょ 除く、除去すること。断じること。「三摩地の障なる諸の麁重を断除す」
Ⓢ pra-**hā**

断障 だんしょう 煩悩障と所知障との二障を断じること。「障を断ずることは菩提と涅槃との二の勝果を得せしめんが為なり」
(参考)(『成論』1、大正 31・1a)

断常 だんじょう 断と常。断じてなくなることと常にありつづけること。→断常二辺
「辺執見とは我見の境に於て断・常と執するを謂い、処中の行と出離とを障するを業と為す」「阿頼耶識は因果として断・常に非ず」

断常見 だんじょうけん →断常二辺

断常二見 だんじょうにけん →断常二辺

断常二辺 だんじょうにへん 常断二辺ともいう。断辺と常辺との二つの辺。断見と常見との二つの極端な見解。自己は死後、断滅して無になるとみる極端な見解と、死んでも有りつづけるとみる極端な見解とをいう。二つの見解はいずれもまちがった見解として否定される。断常見・断常二見・断常両見とおなじ。「能く断常二辺の邪執を治する処中の行を宣説す」

断常両見 だんじょうりょうけん →断常二辺

断絶 だんぜつ とだえること。「言詞が断絶して相続せず」

断善根 だんぜんごん ①善根断ともいう。善行為を行なう力を断じた人。〈唯識〉は、断善根の人は、さとりに至るすぐれた能力(利根)を有しながらも、悪を為そうとする意志が極めて強く、悪友に会うなどの縁によって邪見を持ち、悪を行なうことに畏れない人ではあるが、しかし具体的な行為において善を行なうことができないだけで、阿頼耶識のなかには善を行なう可能力を種子として有している、と説く。
(出典) 云何断善根。謂利根者、成就上品諸悪意楽現行法故、得随順彼悪友故、彼邪見纏極重円満、到究竟故、彼於一切悪現行中、得無畏故、無哀愍故、能断善根。此中種子亦名善根、無貪瞋等、亦名善根。但由安立現行善根相違相続、名断善根、非由永抜彼種子故。(『瑜伽』1、大正 30・281a)
(参考)(『倶舎』17、大正 29・88c 以下)
②三種の一闡提(断善根・大悲・無性)の一人。→一闡提

断想 だんそう 三想(断想・離想・滅想)の一つ。→三想

断対治 だんたいじ ①四種の対治(壊対治・断対治・持対治・遠分対治)の一つ。断滅対治ともいい、方便道と無間道において煩悩を断じること。→断滅対治
②二種の対治(断対治・伏対治)の一つ。伏

対治とは、具体的に働く顕在的な煩悩（纏）をおさえて、働かせないこと。これに対して断対治とは、煩悩を生じる潜在的な可能力（随眠）を断じてなくすことをいう。伏対治を纏制伏対治、断対治を随眠永害対治ともいう。

断退 だんたい 二種の退（断退・住退）の一つ。世間道に由って煩悩を断じているありようから退いて、ふたたび煩悩を起こすこと。異生にのみある退。→世間道 →住退
（参考）（『瑜伽』51、大正 30・584b）

断道 だんどう 道で待ち伏せしてさえぎること。ものを奪う方法の一つ。害村（村を害する）、害城（城を害する）、害国生命（国の生命を害する）などとともに悪行為の一つとしてあげられる。伏道ともいう。→伏道
（参考）（『婆沙』198、大正 27・990c）

断徳 だんとく 仏にそなわる三つの徳（智徳・断徳・恩徳）の一つ。一切の煩悩をことごとく断じているという徳。

断辺 だんへん →断常二辺

断遍知 だんへんち 二種の遍知（智遍智・断遍智）のなかの一つ。智遍知とは煩悩がない智慧（無漏智）をいい、断遍智はその智慧によって獲得された、煩悩がない状態（択滅・涅槃）をいう。→遍知①
（参考）（『婆沙』34、大正 27・175a）

断末摩 だんまつま 末摩を断じること。末摩とは marman の音写で、身体の致命的な部分を意味し、それを断じると死に至るといわれる支節をいう。断截末摩ともいう。
（出典）漸命終者、臨命終時、多為断末摩苦受所逼、無有別物、名為末摩。然於身中、有異支節、触便致死、是謂末摩。（『倶舎』10、大正 29・56b）

断滅 だんめつ 断じること。滅すること。「一切の煩悩を断滅す」「過患を除遣し断滅す」「断見論者は死後、我は断滅すと計す」
Ⓢ uccheda: upaśānti: parihāra: pra-**hā**: prahāṇa: samuccheda

断滅対治 だんめつたいじ 対治とは煩悩や過失を退治してなくすことで、方便道と無間道において煩悩を断じることを断滅対治という。断対治ともいう。四種の対治の一つ。→四種対治 Ⓢ prahāṇa-pratipakṣa
（出典）断対治者、謂、方便及無間道。由彼能断諸煩悩故。（『雑集論』9、大正 31・738b）。

断滅論 だんめつろん 外道の六十二種のあやまった見解のなかの一群。自己は四つの元素（地・水・火・風の四大種）より造られるものであり、死後はまったく断滅して無となるとみる見解。自己が欲界・色界・無色界のいずれから没するのかの相違によって、全部で七種の断滅論に分かれる。
（参考）（『婆沙』200、大正 27・1001c～1002a）：（『成論』6、大正 31・31c）：（『述記』6 末、大正 43・447b～c）：（『略纂』3、大正 43・42a）

断離滅界 だんりめっかい 断界と離界と滅界の三界。→三界③

断離滅想 だんりめっそう 断想と離想と滅想の三想。→三想

断律儀 だんりつぎ 三種の律儀（別解脱律儀・静慮律儀・無漏律儀）のなかの静慮律儀と無漏律儀との一部を取って別に立てた律儀。破戒と破戒の煩悩とを退治するための戒をいう。
（出典）断律儀者、謂、離欲界染九無間道中、所有静慮無漏戒。（『婆沙』17、大正 27・84a）
（参考）（『婆沙』120、大正 27・621c～622a）

断惑 だんわく 惑すなわち煩悩を断じること。「諸惑は若し彼の能断の道を得ば、即ち彼の道に依りて此の惑は頓に断ず。必ず後時に再び断惑するの義なし」 Ⓢ kleśa-prahāṇa

断惑証理 だんわくしょうり →断惑理証

断惑理証 だんわくりしょう 惑を断じて理を証すること。ある一つの惑を断じることによってその惑にさえぎられていた真理をさとること。断惑が因で理証が果である。断惑証理ともいう。

弾 だん たたくこと。羊毛などをたたいてなめすこと。「或いは毛、或いは氈を若しくは鞭し、若しくは弾し、若しくは紛し、若しくは擘すれば、その時、分散し、柔軟・軽妙にして縷綫・氈褥を造作するに堪任す」

弾指 だんし 指をパチンとはじくこと。きわめて短い時間の喩えに用いられる。一弾指に六十五の刹那がある。「壮士の一の疾く弾指する頃の如きに六十五の刹那あり」「文殊師利は虚空中に於て弾指して警して曰く」
Ⓢ acchaṭa

暖（だん）→なん

煖（だん）→なん

摶 だん　まるいかたまり。あつまりまるまったもの。「精と血とが和合して摶が生ず」「一時に於て雪の摶を見れども、漸次に火に銷融されて、乃至、後時には都て見るところなし」 Ⓢ piṇḍa: piṇḍika

摶撃 だんげき　たたくこと。うつこと。「水輪に於て別の風起こりて此の水上を摶撃して金を結成す」

摶食 だんじき　かたまった食べ物。一口一口食べる物。四食の一つである段食とおなじ。→段食「一齋日に於て一の摶食を以って一人に施与す」

摶鋌 だんぜん　うたれた鉄の板。板金。「鉄の摶鋌を鎚鍛しれば星流る」 Ⓢ sthāla

摶付 だんふ　うちつけること。阿頼耶識に種子が植えつけられること。摶附とおなじ。「種子は識の自体分に摶付す」「受熏の時、偏えに第八識を摶付せず」

摶附 だんふ　→摶付

談謔 だんかく　冗談。たわむれてかたること。談笑すること。「若し因縁ありて談謔を現すべくんば、理に称って為すべし」「調戯・言笑・談謔などの声を聞き、常に可意の色を見る」 Ⓢ pari-hāsa: sam-**lap**

談説 だんせつ　話すこと。発言すること。語ること。談話とおなじ。「他が談説するを見て正念に住して聴く」「好んで談話を楽しみ、或いは夜分に居して睡眠に楽著す」
Ⓢ udā-**hṛ**

談論 だんろん　話すこと。語り論じること。「他の来りて語言し談論し慶慰し請問す」「語言し談論し更相に慶慰するは世事なり」
Ⓢ ālapana-saṃlapana: sam-**lap**: saṃlapana: saṃlapitavya

談話 だんわ　→談説

檀 だん　①栴檀とおなじ。→栴檀「沈は檀などの香を受けず」
②檀那とおなじ。→檀那

檀度 だんど　檀は檀那、度は波羅蜜多で、施波羅蜜多（布施波羅蜜多）をいう。

檀那 だんな　dāna の音写。施あるいは布施と訳す。日本では俗に、施主を檀那という。あるいは家の主人を指す名称ともなった。 Ⓢ dāna

ち

池 ち　いけ。 Ⓢ utsa: taḍāga: saras

池沼 ちしょう　いけ。ぬま。いけとぬま。外の水界の一つ。「井泉・池沼・陂湖・河海、是の如き等の類を外の水界と名づく」
Ⓢ utsa-saras: taḍāga: puṣkaraṇī: saras-taḍāga

知 ち　①しること。理解すること。さとること。認めること。「恩を知る」「諸法の離言自性を聞き、知る」「他心智とは心の差別を知る智通なり」「中道を知る者」「苦を知り、集を断じ、滅を証し、道を修す」
Ⓢ abhi-**jñā**: avagama: avabodha: ā-**jñā**: **gam**: jña: jñatā: jñā: jñāna: pari-**jñā**: pra-**jñā**: prati-**bhū**: prativi-**bhū**: pratyabhijñāna: man: **lakṣ**: vi-**jñā**: **vid**: vidita: vi-**bhū**: vedin: sam-**jñā**: sam-**lakṣ**
（出典）知者、謂、知言説為先慧。（『瑜伽』83、大正 30・763a）
②四つの認識のありようの（見・聞・覚・知）の一つ。しること。六識（眼識・耳識・鼻識・舌識・身識・意識）のなかの意識の働きをいう。 Ⓢ vijñāta

知恵 ちえ　→知恩

知恩 ちおん　恩を知ること。他人、たとえば父母などから受けた恩恵を知ること。知恵・知恩恵・知報・知報恩とおなじ。背恩の対。「知恩の故に恵施を行ずるとは、有恩に於て、或いは愛し、或いは敬し、或いは信順するが故に恵施を行ずるを謂う」「恩ある者に於て恩を知り、恵を知りて現前に酬報す」
Ⓢ kṛta-jña: kṛta-jñatā: kṛta-vedita: kṛta-vedin

知恩恵 ちおんえ　→知恩

知義 ちぎ　経典のなかで説かれた意味・事柄を理解すること。経典の文章を理解する知法に対する語。『解深密経』では知るべき義として次の四グループに分ける。（ⅰ）尽所有性・知如所有性・能取義・所取義・建立

義・受用義・顛倒義・無倒義・雑染義・清浄義の十種。（ii）遍知事・遍知義・遍知因・得遍知果・於此覚了の五種。（iii）心執受義・領納義・了別義・雑染清浄義の四種。（iv）文義・義義・界義の三種。
（参考）（『解深』3、大正 16・699c〜700b）

知解　ちげ　知ること。理解すること。「問者が知解の為の故に問えば、彼に告げて、法に多種ありと言うべし」

知見　ちけん　知は jñāna の訳、見は darśana の訳。合わせて物事を深く見きわめる智慧をいう。「諸の定に依って天眼通を修して、便ち能く殊勝の知見を獲得す」「増上慧学に依るが故に所知の境に於て如実に知見す」 Ⓢ jñāna-darśana

知言説　ちごんぜつ　見・聞・覚・知のなかの知にもとづく言説。自ら内的に証し、触れ得たものにもとづいて語ること。四種の言説（見言説・聞言説・覚言説・知言説）の一つ。
（出典）依知言説者、謂、各別於内所受所証所触所得、由此因縁、為他宣説、是名依知言説。（『瑜伽』2、大正 30・289b）

知時　ちじ　時を知ること。修行において物事を行なう適当な時を知っていること。知量（量を知ること）と共に用いられる。→知量「二法ありて善品を修する諸の苾芻などをして時を虚しく度ることなからしむ。一には諸の根境に於て正に勤めて方便して法相を研究す。二には時を知り、量を知り、睡眠を習うことを少くす」
（参考）（『婆沙』31、大正 27・160c）：（『瑜伽』71、大正 30・693a）

知識　ちしき　①知ること。「所知識」（知識される）は、知られている、著名である、という意味になる。「耆長衆所知識の補特伽羅」 Ⓢ abhijñāta
②善知識のこと。→善知識

知心差別智作証通　ちしんしゃべつちさしょうつう　→他心智証通

知心差別智通　ちしんしゃべつちつう　→他心智証通

知足　ちそく　①少欲知足の知足。足るを知ること。衣服や食べ物や身のまわりの道具が、どのようなものであれ、それらで満足すること。喜足とおなじ。→少欲知足
Ⓢ saṃtuṣṭa
②知足天の知足。→知足天

知足浄土　ちそくじょうど　知足天のこと。→知足天

知足天　ちそくてん　欲界にある六つの天（六欲天）の第四の天。知足は満足したという意味の tuṣita の意訳で、常に楽を享受し満足している天。次の生で仏になる菩薩（最後身の菩薩、一生補処の菩薩）が住む天。釈尊もここに住み、白象に乗って摩耶夫人の胎内に降りてきたという。現在は弥勒菩薩が説法しているとされる天。知足の原語 tuṣita を音写して都史多天・覩史多天・兜率天ともいう。また知足浄土ともいう。 Ⓢ tuṣita
（出典）都史多天、名知足。受楽知足故。（『略纂』2、大正 43・29a）

知足無分別　ちそくむふんべつ　三種の無分別（知足無分別・無顛倒無分別・無戯論無分別）の一つ。異生の無分別。無常・苦・無我などという存在の真実のありようを思惟して、この真実は必然であると思って満足し、それ以上に追求しないこと。→無分別④
Ⓢ saṃtuṣṭi-nirvikalpa
（出典）由諸異生随於一無常等法性究竟思已、便生喜足、謂是事必然更無異望、是名知足無分別。爾時一切尋思分別皆止息故。（『雑集論』14、大正 31・764c〜765a）

知法　ちほう　釈尊によって説かれた教えを構成する文章（名・句・文）を理解すること。あるいは、教えを各別に理解する、あるいは、一切の教えを一つにして理解すること。経典のなかで説かれた意味・事柄を理解する知義に対する語。→知義
（出典）世尊、修奢摩他毘鉢舎那、諸菩薩衆、知法知義。云何知法、云何知義。仏告慈氏菩薩曰。善男子、彼諸菩薩、由五種相、了知於法。一者知名、二者知句、三者知文、四者知別、五者知総。云何為名。謂、於一切染浄法中、所立自性想仮施設。云何為句。謂、即於彼名聚集中、能随宜説諸染浄義、依持建立。云何為文。謂、即彼二所依止字。云何於彼各別了知。謂、由各別所縁作意。云何於彼総合了知、謂、由総合所縁作意、如是一切総略為一、名為知法。如是名為菩薩知法。（『解深』3、大正 16・699b〜c）

知報　ちほう　→知恩

知報恩　ちほうおん　→知恩

知量　ちりょう　量を知ること。自らが使用する衣服・食物・寝具・医薬などの生活必需

品の分量をよく理解していること。知時と共に用いられる。→知時 Ⓢ mātra-jña: mātra-jñatā: mātrā:
（出典）云何知量。謂、浄信諸婆羅門長者居士、極恣衣服飲食敷具病縁医薬諸什物中、知量而聚。是名知量。（『瑜伽』25、大正 30・422c）
（参考）（『瑜伽』71、大正 30・693a～b）

値 ち　あうこと。まみえること。値遇とおなじ。「大願力があるが故に常に善知識に値う」

値遇 ちぐう　あうこと。まみえること。「善友に値遇す」「大師の出世に値遇す」 Ⓢ ārāgaṇa: **labh**: lābha: samavadhāna: saṃparka

値時 ちじ　妊娠に適する時期にあること、あるいはそのような女性。「父母に倶に染心あり、其の母が無病・値時にして、健達縛が正に現在前すれば、母胎に入ることを得る」 Ⓢ ṛtu-matī

恥 ち　はじること。「仏所証の法毘奈耶に於て正信を獲得して居家に在するを恥じて浄戒を受持す」「悪行を恥じて妙行を修習す」「造るところの罪に於て自ら観じて恥じることあるを説いて名づけて慚と為す」 Ⓢ lajjana

恥愧 ちぎ　はじて後悔すること。「悪業を作すと雖も速疾に能く悔い、常に恥愧を行じて歓喜を生ぜず」 Ⓢ hrī

致 ち　ある状態に至る、なること。「過量に飲むが故に便ち酔乱に致る」「寿量が極まるが故に便ち死に致る」 Ⓢ ud-**pad**

智 ち　①対象をはっきりと決定的に智る心の働き。真理をさとる心の働き。
種類として次のようなものが説かれる。（Ⅰ）二種。有漏智・無漏智、世間智・出世間智、正智・邪智（『瑜伽』88、大正 30・793a）。（Ⅱ）四種。唯無漏智・一向無漏智・一向有漏智・通有漏無漏（『瑜伽』14、大正 30・350c）。（Ⅲ）六種。苦智・集智・滅智・道智・尽智・無生智（『瑜伽』43、大正 30・529a）。（Ⅳ）七種。法智・類智・世俗智・神通智・相智・十力前行智・四道理中正道理智。（『瑜伽』43、大正 30・529a）。（Ⅴ）十種（『倶舎』26、大正 29・134c 以下）（『瑜伽』81、大正 30・751b）（『瑜伽』69、大正 30・680c～681a）。（ⅰ）世俗智（saṃvṛti-jñāna）。真理をさとっていない世俗の人が世俗の事象を対象としておこす智。（ⅱ）法智（dharma-jñāna）。存在するもの（法）の真理を証する智。欲界の四諦を対象としておこす智。（ⅲ）類智（anvaya-jñāna）。法智に類似する智。色界と無色界の四諦を対象としておこす智。種類智ともいう。（ⅳ）苦智（duḥkha-jñāna）。苦諦にある煩悩を断じる智。（ⅴ）集智（samudaya-jñāna）。集諦にある煩悩を断じる智。（ⅵ）滅智（nirodha-jñāna）。滅諦にある煩悩を断じる智。（ⅶ）道智（mārga-jñāna）。道諦にある煩悩を断じる智。（ⅷ）尽智（kṣaya-jñāna）。一切の煩悩を滅尽したところにおこる智。無学位の聖者が「我れすでに苦を知り、我れすでに集を断じ、我れすでに滅を証し、我れすでに道を修す」と自覚する智。有頂地において苦諦と集諦とを観察しておこす智。（ⅸ）無生智（anutpāda-jñāna）。有頂地の無学の聖者が四諦を完全に証しおえて「我れすでに苦を知る、更に知るべからず、乃至、我れすでに道を修す、更に修すべからず」と自覚する智。（ⅹ）他心智（paracitta-jñāna）。他者の心を観察してその善悪・邪正などをしる智。（Ⅵ）十三種。聞所生智・思所生智・世間修所生智・勝義智・他心智・法智・種類智・苦智・集智・滅智・道智・尽無生智・大乗智（『雑集論』3、大正 31・705b） Ⓢ jñāna
②見に対比される智。両者の相違は種々に説かれるが、たとえば、一つにまとめた教え（総法）を対象として修する奢摩他・毘鉢舎那のなかでの慧を智といい、一つ一つの教え（別法）を対象として修する奢摩他・毘鉢舎那のなかでの慧を見という。
（出典）若縁総法、修奢摩他毘鉢舎那所有妙慧、是名為智。若縁別法、修奢摩他毘鉢舎那所有妙慧、是名為見。（『瑜伽』77、大正 30・726b）
（参考）（『解深』3、大正 16・700c）:（『瑜伽』86、大正 30・780c～781a）
③識に対比される智。識（vijñāna）とは、主・客が対立する二元対立的な虚妄な認識であるのに対して、智（jñāna, prajñā）とは、主・客が未分化の真実の認識をいう。→転識得智「法随法行を修する時、唯だ智は是れ依にして識にあらず」「識を転じて智を得る」
④福に対比される智。詳しくは智を智慧、福

を福徳ともいう。人間存在を知性とそれ以外のものとに二分し、知性の面を智、それ以外の人間のよさを福という。たとえば『瑜伽論』では、六波羅蜜多を智と福とに分けて、施波羅蜜多・戒波羅蜜多・忍波羅蜜多は福、慧波羅蜜多は智、精進波羅蜜多・静慮波羅蜜多は福と智との二つに通じると説かれる（『瑜伽』36、大正 30・485b～c)。『成唯識論』では、『瑜伽論』の所説以外に、六波羅蜜多は総じていえば福徳と智慧の二つに通じ、別していえば前の五つは福徳に、第六の慧波羅蜜多は智慧に属するという説をもあげている（『成論』9、大正 31・49a)。「諸の菩薩は福に於て智に於て随って一種を闕けば、決定して無上正等菩提を証すること能わず」
Ⓢ jñāna
⑤三転十二行相の一一の転において生じる四つの認識（眼・智・妙・覚）の一つ。その内容の定義には次の諸説がある。(ⅰ)（『婆沙論』の第一説)。智とは法智。(ⅱ)（『婆沙論』の第二説)。智とは決断の義。(ⅲ)（『瑜伽論』の所説)。智とは不現見事を能取すること。 Ⓢ jñāna
（参考）（『婆沙』79、大正 27・411a）:（『瑜伽』83、大正 30・761c）
⑥十波羅蜜多のなかの智波羅蜜多の智。受用法楽智と成熟有情智とをいう。
（参考）（『成論』9、大正 31・51b）

智慧　ちえ　①物事の理を洞察する能力。真理をさとる心の働き。原語の prajñā のパーリである paññā を音写して般若という。→般若「仏の智慧は甚深にして無量なり」「智慧は親しく真理を縁ず」
Ⓢ jñāna: prajñā: prajñāna
②福徳に対する智慧。→智④　Ⓢ jñāna

智慧光明　ちえこうみょう　→慧光

智慧資糧　ちえしりょう　智慧というたくわえ。菩提を獲得するための二つの資糧（福徳資糧と智慧資糧）の一つ。これをたくわえることによって、すぐれた智慧を身につけ、教えをよく理解し、教えを説き示す能力が身につくようになる。智資糧ともいう。→福徳資糧　Ⓢ jñāna-saṃbhāra
（出典）云何菩薩菩提資糧。当知、如是菩提資糧、略有二種。一者福徳資糧、二者智慧資糧。（『瑜伽』45、大正 30・539b）：智慧資糧者、謂、由此故成就聡慧、有力有能、解了善説悪説法義、獲得随順法教義教教授教誡。（『瑜伽』29、大正 30・446b）

智慧成熟　ちえじょうじゅく　三種の成熟（諸根成熟・善根成熟・智慧成熟）の一つ。智慧が成熟すること。正しい集中心（正念）を有し、聡敏であり、能く説かれた教えでも悪く説かれた教えでも、その意味をよく理解しさとる智慧が完成すること。それによって煩悩という障害から解脱することができる。
Ⓢ jñāna-paripāka
（出典）智慧成熟者、謂、具足正念、為性聡敏、有所堪任、有大勢力、能解善説悪説法義、能受能持能正通達、具足成熟、倶生妙慧。依此妙慧、有所堪任、有大勢力、能令其心究竟解脱一切煩悩。（中略）智慧成熟故、解脱煩悩障。（『瑜伽』37、大正 30・496c～497a）

智究竟　ちくきょう　二種の究竟（智究竟・断究竟）のなかの一つ。智が完成すること。究極の智。十智のなかの尽智と無生智をいう。→十智
（出典）智究竟者、謂、尽無生智。自斯已後、為断煩悩無復応知。（『瑜伽』100、大正 30・881b）

智見　ちけん　智と見。→智③　→見④
Ⓢ jñāna-darśana
（参考）（『解深』3、大正 16・700c）：（『瑜伽』86、大正 30・780c～781a）

智現観　ちげんかん　二種の現観（智現観・断現観）の一つ。苦・集・滅・道の四諦を、順次、別々に現前に明晰に観察して理解し証すること。→現観
（出典）於諸諦中略有二種現觀。一智現観、二断現観。智現観者、謂、随次第、於諸諦中、別相智生。断現観者、謂、随次第、無倒智生、為依止故、証得所有煩悩断滅。（『瑜伽』68、大正 30・675a）

智光　ちこう　智慧を光に喩えて智光という。智光明とおなじ。「第三地の中に証する希有なる定は、能く智光を発して諸法を照了するが故に発光と名づく」「外の光明は色を以って性と為し、諸の智の光明は慧を以って性と為す」

智光明　ちこうみょう　→智光

智最勝　ちさいしょう　如来は四つの無礙解（言語に関する四つの滞ることがない明晰な理解）を皆な成就するという卓越性をいう。

七種の最勝の一つ。→最勝

Ⓢ jñāna-paramatā

（出典）由諸如来無上無等四無礙解、謂、法無礙解・義無礙解・訓詞無礙解・辯説無礙解、皆悉成就故、名智最勝。（『瑜伽』38、大正 30・499a）

智資糧 ちしりょう　智慧資糧とおなじ。→智慧資糧「第六般若波羅蜜多を智資糧と名づく」

智者 ちしゃ　智慧ある者。賢者。学問のある人。聖者。智人ともいう。愚夫の対。「善く我を調伏するに由って智者は天に生ずることを得る」「諸仏の正法は是れ真の善説にして智者の自内の所証なり」「凡そ獲得するところの如法の利養を終に私に隠すことなく、必ず智人と同梵行者と共に受用す」

Ⓢ jñātra: dhīra: paṇḍita: sat

智清浄 ちしょうじょう　如来の四つの一切種清浄の一つ。智浄ともいう。→四一切種清浄

智浄 ちじょう　智清浄とおなじ。→智清浄

智増 ちぞう　智慧と慈悲のうち、智慧が勝っている人。人びとの救済よりも自己のさとりを目指す人。そのような菩薩を智増菩薩という。悲増に対する語。「悲増は楽って生死に留まり、智増は進んで菩提に至る」

智増菩薩 ちぞうぼさつ　→智増

智大性 ちだいしょう　大乗の七つの偉大性の一つ。→七種大性

智徳 ちとく　仏にそなわる三つの徳（智徳・断徳・恩徳）の一つ。すぐれた智慧によって真理をさとるという徳。「智徳あるに由るが故に大智を生じ、恩徳あるが故に大悲を生ず」

智人 ちにん　智者とおなじ。→智者

智波羅蜜多 ちはらみた　十波羅蜜多のなかの一つ。世俗の事柄を言葉で認識する清らかな智による実践、あるいは、知るべき対象を如実にさとる智による実践をいう（『瑜伽論』の所説）。あるいは、菩薩の経・律・論の三蔵を聞くことによって善く修行して禅定を発する実践をいう（『解深密経』の所説）。→波羅蜜多　Ⓢ jñāna-pāramitā

（出典）今於此中能取勝義、無分別転清浄妙慧、当知名慧波羅蜜多。能取世俗、有分別転清浄妙智、当知名智波羅蜜多。（中略）復有異門。（中略）如実覚了所知境性、当知名智波羅蜜多。（『瑜伽』49、大正 30・565c～566a）：諸菩薩、於菩薩蔵、已能聞、縁善修習故、能発静慮、如是名智波羅蜜多。由此智故、堪能引発出世間慧、是故我説、智波羅蜜多、与慧波羅蜜多而為助伴。（『解深』4、大正 16・705b～c）

智悲 ちひ　智と悲。智慧と慈悲。仏あるいは菩薩が有する二つの徳。「智悲の二類は其の行は異なると雖も三祇の正行は時分は是れ等し」

智無上 ちむじょう　三種の無上（智無上・行無上・解脱無上）のなかの一つ。最高の智慧。無我智をいう。あるいは尽智・無生智・無学正見智をいう。妙智無上ともいう。→無我智　→尽智　→無生智　→無学正見智

（出典）智無上者、謂、無我智。得此智已、更無所求故。（『雑集論』7、大正 31・727a）：妙智無上者、謂、尽智・無生智・無学正見智。（『瑜伽』88、大正 30・796c）

遅 ち　おそいさま。「是の如き補特伽羅あり、所知の事、所縁の境界に於て、諸の根が極めて遅く運転し微劣に運転す」

Ⓢ dhandha

遅緩 ちかん　ゆったりしたさま。急速・速疾・捷速の対。「行動の捷速なるは馬・鹿・猫・狸などの如し。行動の遅緩なるは蠐螬・蚯蚓などの如し」

遅通行 ちつうぎょう　→四通行

遅鈍 ちどん　おそくにぶいこと。おろかでにぶいこと。「鈍根の補特伽羅は所知の事に於て遅鈍に運転し微劣に運転す」「食し已って心を遅鈍せしめて速かに定を得ず」「一類の外道の弟子あり、性として遅鈍なり」

Ⓢ jaḍa: dhandha

遅鈍勝解 ちどんしょうげ　九種の勝解の一つ。→勝解②

稚童 ちどう　おさなご。「稚童の時に於て習学することに由らずして、自然に善巧にして、諸の世間工巧業処に於て疾疾に能く入る」　Ⓢ dahra

置 ち　おくこと。のせること。いれること。「譬えば世間の黠慧の工匠が鉱性金を以って火の中に置き、如如に焼錬するが如し」「一睫毛を以って掌に置けば、人、覚せざるが如し」

Ⓢ adhiśrita: ava-**sthā**: ā-**ruh**: nikṣipta: pra-**ksip**: prati-**sthā**: sam-**stha**

置記 ちき 捨置記とおなじ。→捨置記

馳 ち 走りまわること。動きまわること。「衆多の別別の品類の諸の境界の中に於て、心が馳り、心が散ず」 Ⓢ **dhāv**

馳求 ちぐ あるものを求めて走りまわること。追求すること。「種種の上妙の境界を得んが為に周遍に馳求する此の位を取と名づく」 Ⓢ pari-**dhāv**

馳散 ちさん 心が動きまわり散乱すること。「他に逼悩されて心が外に馳散す」「或る時は心を内に於て静息せしめ、或る時は失念して五妙欲に於て其の心は馳散す」 Ⓢ vi-**kṣip**: vyāseka

馳趣 ちしゅ 心が対象を求めて動揺すること。「長夜に色声香味触を愛楽するが故に五欲の境に於て馳趣し淪没す」「倒心を起こして欲境に馳趣す」 Ⓢ anu-**dhāv**

馳走 ちそう 走りかけること。疾駆すること。「或いは馳走の所作、或いは跳踊の所作、或いは跳躑の所作」 Ⓢ dhāva: dhāvana

馳騁 ちてい 走りまわること。生死に流転すること。「生死の中に於て長時に馳騁し長時に流転して休息あることなし」

馳流 ちる ①心が対象に流散すること。「其の心、外境に馳流す」 Ⓢ vyāsaṅga ②走り流れること。生死に流転すること。「生死に馳流して涅槃に趣かず」

癡 ち おろかさ。真理（理）とその真理に基づく事象（事）とに迷い、一切の汚れたありようを生じる根本の原因となるおろかなこころ。愚癡ともいう。無明（avidyā）とおなじ。三毒・三不善根（貪・瞋・癡）の一つ。六つの根本煩悩（貪・瞋・癡・慢・疑・悪見）の一つ。十二支縁起のなかの最初の無明の言い換え。癡の異名として無明・無智・無顕（『倶舎』4、大正 29・19c）、無智・無見・非現観・愚癡・無明・黒闇（『瑜伽』86、大正 30・779b）がある。→無明 Ⓢ avidyā: moha

（出典）癡者、所謂、愚癡。即是無明・無智・無顕。（『倶舎』4、大正 29・19c）：云何為癡。於諸理事迷闇、為性、能障無癡一切雑染所依、為業。謂、由無明、起疑邪見貪等煩悩随煩悩業、能招後生雑染法故。（『成論』6、大正 31・31b）

癡瘂 ちあ 口がきけない人。瘂ともいう。Ⓢ mūka

癡狂 ちきょう 狂気。発狂。「癡狂し心乱す」 Ⓢ unmatta

癡行 ちぎょう →癡行補特伽羅

癡行者 ちぎょうしゃ →癡行補特伽羅

癡行補特伽羅 ちぎょうふとがら 癡（おろかなこころ）がつよい人。性格の相違による七種の病的なタイプ（貪行・瞋行・癡行・慢行・尋思行・等分行・薄塵行）の人の一つ。癡行・癡行者・癡増上補特伽羅とおなじ。Ⓢ moha-caritaḥ pudgalaḥ

（参考）（『瑜伽』26、大正 30・424b）：（『瑜伽』26、大正 30・426a）

癡垢 ちく 三垢（貪垢・瞋垢・癡垢）の一つ。おろかという汚れ。明瞭に顕現し愚かな人びとでも理解できる事柄において愚かであること。 Ⓢ moha-mala

（出典）於極顕現愚癡衆生尚能了事、所起愚癡、名為癡垢。（『瑜伽』89、大正 30・804a）

癡株杌 ちしゅこつ 三つの株杌（貪株杌・瞋株杌・癡株杌）の一つ。→株杌

魑魅 ちみ ばけもの。もののけ。怪物。→魑魅魍魎「此より東に大流沙に入りて、地に水草なく、熱毒・魑魅の患多く逕路なし」

魑魅魍魎 ちみもうりょう 種々の妖怪。人を害する怪物。煩悩に喩えられる。魑・魅・魍・魎はいずれも、ばけもの・もののけを意味する語。「永く煩悩の魑魅魍魎を離れるものなれば、乃ち、名づけて明と為す」

竹葦 ちくい たけやあしの林。深林。「叢林・竹葦・蘆荻などの中に入る」 Ⓢ gahana

竹作家 ちくさっけ 竹匠の家柄。インド社会における賎しい混血階級の家柄の一つ。「黒勝生生とは、旃荼羅家、若しくは卜羯娑家、若しくは造車家、若しくは竹作家に生ずるを謂う」 Ⓢ veṇu-kāra-kula

畜積 ちくしゃく たくわえること。蓄積とも書く。「慳悋者は心多く鄙渋して財法を畜積して捨すること能わず」「畜とは畜積を謂い、積集の異名なり」「多く楽って家産資具を蓄積す」 Ⓢ saṃbhṛta

畜生 ちくしょう 五趣（地獄・餓鬼・畜生・人・天）の一つ。狭くは人間によって畜養される家畜などの動物をいい、広くは動物一般をいう。形が水平（傍）であるから、あるいは傍に（水平に）動くことから傍生ともいう。→傍生「下趣とは地獄・畜生・餓鬼を謂う」 Ⓢ tiryañc

蓄積　ちくしゃく　→畜積

築蹋　ちくとう　足で踏みつけること。健康のための按摩の一種。「滋長の資具とは尋思なくして輪石し椎打し築蹋する按摩などの事を謂う」

択　ちゃく　汚れのない智慧（無漏の慧）によって正しく決定的に観察し分析すること。苦諦・集諦・滅諦・道諦の四諦の理をさとる智慧。簡択とおなじ。→簡択　→択法「慧とは法を択するを謂う」

Ⓢ pratisaṃkhyā: pravicaya

（出典）択、謂、簡択、即慧差別。各別簡択四聖諦故。（『倶舎』1、大正29・1c）

択法　ちゃくほう　汚れのない智慧で存在のありよう・本質・真理を正しく決定的に観察し分析すること。智慧の別名。詳しくは簡択法という。「慧とは所観の事に於て択法を体と為し、断疑を業と為す。断疑とは慧に由る択法が決定を得るを謂う」

Ⓢ dharma-pravicaya

（出典）已得無漏真作意故、縁聖諦境、一切無漏作意相応、名為択法。（『瑜伽』83、大正30・762c）

択法覚支　ちゃくほうかくし　→七覚支

択法等覚支　ちゃくほうとうがくし　→七覚支

択滅　ちゃくめつ　簡択力によって獲得された滅。汚れのない智慧（無漏の慧）の力で苦諦・集諦・滅諦・道諦の四諦を正しく決定的に観察し分析することによって煩悩を滅した解脱のありよう（離繋）をいう。涅槃のこと。〈有部〉は、三無為（虚空・択滅・非択滅）の一つにおさめ、こころ（心と心所）を離れて別に実物として存在するものととらえる。これに対して〈唯識〉は、六無為（虚空・択滅・非択滅・不動・想受滅・真如）の一つにおさめ、簡択力によって煩悩が滅したところに顕れる真如であるととらえる。非択滅の対。→無為　Ⓢ pratisaṃkhyā-nirodha

（出典）択滅即以離繋為性、諸有漏法、遠離繋縛、証得解脱、名為択滅。択、謂、簡択、即慧差別。各別簡択四聖諦故。択力所得滅、名為択滅。（『倶舎』1、大正29・1c）：由簡択力、滅諸雑染、究竟証会故、名択滅。（『成論』2、大正31・6c）

択滅無為　ちゃくめつむい　→無為

択力　ちゃくりき　簡択力ともいう。正しく決定的に観察し分析する智慧の力。この力によって獲得された滅を択滅という。→択滅「択力所得の滅を名づけて択滅と為す」「択力に由らずして本性清浄なるを非択滅と名づく、或いは縁闕の所顕なるが故に非択滅と名づく」「非択滅とは択力に由らずして疫癘・災横・愁悩の種種の魔事を解脱するを謂う」

Ⓢ pratisaṃkhyā-bala

著（ちゃく）→じゃく

中　ちゅう　①うち。なか。内部。内側。「一日の中に於て、一洲に於て、日出ずれば、一洲に於て日没す」「阿練若や大樹林の中に住す」「覩史多天の衆同分の中に往生す」

②二つのもののあいだ。「中有」「中劫」

Ⓢ antara: antarā

③三つのもののなかの中程度。「上・中・下の三品」　Ⓢ madhya: madhyama

④（地理的な）真んなか。「中印度」

⑤憎くも親しくもない無関係な人。三種の他人観の一つ。中庸ともいう。→怨親中「怨・親・中を分別せずして恵施を行ず」

Ⓢ udāsīna

⑥中道の中。→中道

⑦中的の中。まとにあてること。「弓の徳と箭の徳と中的の徳との三種の徳を具するに由って、方に能く善く射る」

中印度　ちゅういんど　インドの中央の地域。中国とおなじ。→中国「一切の天衆は皆な聖言を作す。謂く、彼の言詞は中印度におなじ」「菩薩は恒時に処中の行を楽うが故に最後の生処中の覩史多天に於て彼より歿し已りて中印度の劫比羅筏窣覩城に生ず」

中陰　ちゅういん　→中有

中有　ちゅうう　中陰ともいう（旧訳）。生存の四つのありよう（死有・中有・生有・本有）の一つ。死有（死ぬ刹那の生存）と生有（生まれる刹那の生存）との中間の存在。中有は未来に生を受けるときのありようとおなじ姿をしている。たとえば未来に犬として生まれるものは、すでに犬の形状をしている。中有の異名として健達縛・意行・趣生（『瑜伽』1、大正30・282b）、あるいは求生・意成・食香身・起（『倶舎』10、大正29・55b）がある。中有は三界のなかの欲界と色界の有情にのみあり、無色界の有情にはない。中有として住する期間については種々の説があるが、たとえば、『婆沙論』には次の四説が述べられている（『婆沙』70、大正27・360c以下)。(ⅰ)毘婆沙師の説。僅かな時間のあいだ住する。(ⅱ)設摩達多の説。最大限、四十九日。(ⅲ)世友の説。最大限、七日。(ⅳ)大徳の説。期間に定限がない。→四有
Ⓢ antarā-bhava
(出典)於死有後、在生有前、即彼中間、有自体起。為至生処故、起此身、二趣中間故、名中有。(『俱舎』8、大正 29・44b):此中有、有種種名。或名中有、在死生二有中間生故。(『瑜伽』1、大正 30・282b):以在生死中間、名為中陰。(『了義灯』1本、大正 43・668a)
(参考)(『俱舎』8、大正 29・44b 以下)

中衣 ちゅうえ 七条の衣・袈裟。三種の衣(大衣・中衣・下衣)の一つ。大衣と下衣の中間に着る衣。原語は madhya-cīvara であるが、別名 uttarāsaṅga ともいい、嗢怛囉僧伽・殟呾羅僧伽・鬱多羅僧伽とも音写される。 Ⓢ madhya-cīvara

中慧者 ちゅうえしゃ 中程度の智慧を有した者。「諸の菩薩は中慧者を知れば、為に中法を説く」 Ⓢ madhya-prajñā

中怨 ちゅうおん 憎い人でも中程にある人。三種の憎い人(上怨・中怨・下怨)の一種。
(参考)(『婆沙』82、大正 27・422a)

中界 ちゅうかい ①三界(欲界・色界・無色界)のなかの色界をいう。
(出典)欲界是下界。色界是中界。無色界是妙界。(『婆沙』147、大正 27・752a)
②三界(劣界・中界・妙界)のなかの一つ。中程度に苦や煩悩のある世界をいう。
(出典)当知、建立有余三界。謂、劣界・中界・妙界。若有上苦及上煩悩、是名劣界。若有中苦及中煩悩、是名中界。若有少苦及少煩悩、是名妙界。(『瑜伽』96、大正 30・850b)

中下品 ちゅうげぼん 煩悩の程度や人の素質・能力など、さまざまなありようを九種に分けたなかの一つ。中下と略称。→九品
Ⓢ madhya-mṛdu

中間 ちゅうげん ①二つのもののあいだ。「中間劫」「中間入息」
Ⓢ antara: antarā: madhya
②梵王、大梵天のこと。色界の初禅天の中間にいるから大梵天を中間という。
(参考)(『略纂』4、大正 43・57b)
③中間定のこと。→中間定 Ⓢ ānantara

中間劫 ちゅうげんこう 中劫とおなじ。→中劫

中間出息 ちゅうげんしゅっそく 入る息と出る息とを念をもって観察する阿那阿波那念において、息を出し終わって次に息を吸い入れるまでの間に生じる微細な風をいう。
Ⓢ antara-praśvāsa
(参考)(『瑜伽』27、大正 30・430c)

中間定 ちゅうげんじょう 色界の四つの静慮のなかの初静慮の根本定と第二静慮の近分定との中間にある禅定。この禅定には粗い追求心(尋)はなく、ただ細かい追求心(伺)がある。このことは、初静慮の根本定には尋と伺とがともにあることより勝れており、第二静慮の近分定には尋と伺とがともにないことよりは劣っているから、その中間の禅定を特別に中間定として別に立てる。静慮中間・中間静慮ともいう。→根本定 →近分定
Ⓢ dhyāna-antara

中間静慮 ちゅうげんじょうりょ →中間定

中間入息 ちゅうげんにゅうそく 入る息と出る息とを念をもって観察する阿那阿波那念において息を吸い入れて次に息を吐くまでの間に生じる微細な風をいう Ⓢ antara-āśvāsa
(参考)(『瑜伽』27、大正 30・430c)

中劫 ちゅうこう 中間劫ともいう。長い期間を表す一つの単位。劫を三種(中劫・成壊劫・大劫)に分けるなかの一つ。生きものの寿命が無量歳から十歳までに減少する期間を一中劫とする。世界が生成してから消滅するまでの四つの期間(成劫・住劫・壊劫・空劫の四劫)のそれぞれに二十の中劫がある。詳しくは、中劫は減劫と増劫と増減劫とに分けられる。減劫とは人間の寿命が無量歳から十歳にまで減少する期間、増劫とは十歳から八万歳まで増大する期間、増減劫とは十歳より八万歳に増大し八万歳から十歳にまで減少する期間、をそれぞれいう。 Ⓢ antara-kalpa
(参考)(『婆沙』135、大正 27・700c)

中国 ちゅうごく インドの中央の地域。仏教の出家者や在家やすぐれた人が多く行き交う地域。辺国・辺地の対。→辺国 →辺地「処所円満とは、謂く、一あるが如く、人中に生在し、又た中国に処して辺地に生ぜず。謂く、是の処に於て苾芻・苾芻尼・近事男・近事女の四衆の行くことあり」 Ⓢ madhya-janapada: madhya-deśa

中根 ちゅうこん 三根（上根・中根・下根、あるいは軟根・中根・利根）の一つ。中程度の素質をもつ者。さとりに至る能力が中程度の人。 Ⓢ madhya-indriya
（参考）（『瑜伽』21、大正 30・398c）

中際 ちゅうさい 三際（前際・中際・後際）の一つ。現在世。「如何が有情の中際の愚惑なる。謂く、中際に於て、是の如き疑を生ず。何等か是れ我なる。此の我は云何。我は誰が有せし所にして、我の当有は誰ぞと」
Ⓢ madhya-anta

中際空 ちゅうさいくう 現在世は非存在であるということ。後際空（未来世の非存在）と前際空（過去世の非存在）とともに〈説一切有部〉の三世実有説を論破するための考え。七種の空（後際空・前際空・中際空・常空・我空・受者空・作者空）の一つ。
（参考）（『瑜伽』92、大正 30・826b）

中財 ちゅうざい 中程度の財産を有する人。三種の人（貧乏・中財・大財）の一人。

中士 ちゅうし →三士

中主 ちゅうしゅ 大乗のなかの二種の論主、すなわち中主と辺主との一方。このうち前者の中主とは『辯中辺論』を著した弥勒を相承する〈唯識〉の世親（天親）を指し、一切は唯識無境（識は有であり境は無である）である、すなわち、一切法は非空非有であるという理を説く。非空非有の「中」（madhya）の理に契うから中主という。後者の辺主は龍樹の説を相承し『大乗掌珍論』を著した清弁を指し、一切法は勝義諦に依れば「空」であるが世俗諦によれば「有」であると説く。空と有という極端な見解、すなわち辺（anta）を説くから辺主という。「中主は愚夫が境に迷うことを遮せんが為に唯識無境を説き、辺主は唯識実有の執を遮せんが為に有境無心を立つ」
（参考）（『枢要』巻上、大正 43・617a）：（『義林章』1、大正 45・250c～251a）

中洲 ちゅうしゅう 四大洲に付属する島。四大洲には次のようにそれぞれに二つの中洲があり、まとめて八中洲という。贍部洲には遮末羅洲・筏羅遮末羅洲、勝身洲（毘提訶洲）には提訶洲・毘提訶洲、牛貨洲（瞿陀尼洲）には舍搋洲・嗢怛羅漫怛里拏洲、倶盧洲（拘盧洲）には矩拉婆洲・憍拉婆洲がある。
Ⓢ antara-dvīpa
（参考）（『婆沙』172、大正 27・867c～868a）：（『倶舍』11、大正 29・58a）：（『略纂』1、大正 43・16a）

中上 ちゅうじょう →中上品

中上品 ちゅうじょうぼん 煩悩の程度や人の素質・能力など、さまざまなありようを九種に分けたなかの一つ。中上と略称。→九品
Ⓢ madhya-adhimātra

中心 ちゅうしん 清らかな物質からなる世界（色界）の生きもの（有情）の心。三種の心（劣心・中心・勝心）の一つ。
Ⓢ madhyama-citta
（出典）又遍了知中心、謂、生色界諸有情類諸所有心。（『瑜伽』37、大正 30・494c）

中身 ちゅうしん ①表にあらわれない内部の身体。表身の対。 Ⓢ antaḥ-kāya
（参考）（『瑜伽』28、大正 30・440a）
②三種の身（劣身・中身・妙身）の一つ。劣身（劣った身体）と妙身（すぐれた身体）との中間の中程度の身体。 Ⓢ madhya-kāya
（参考）（『瑜伽』28、大正 30・440a）

中親 ちゅうしん 親しい人のなかでも中程にある人。三種の親しい人（上親・中親・下親）の一種。
（参考）（『婆沙』82、大正 27・422a）

中随煩悩 ちゅうずいぼんのう 随煩悩を三種（小随煩悩・中随煩悩・大随煩悩）に分けるなかの一つ。無慚・無愧の二つをいう。
（出典）唯是煩悩分位差別等流性故、名随煩悩。此二十種。類別有三。謂、忿等十。各別起故、名小随煩悩。無慚等二、遍不善故、名中随煩悩。掉挙等八、遍染心故、名大随煩悩。（『成論』6、大正 31・33b）

中千 ちゅうせん →中千世界

中千界 ちゅうせんかい →中千世界

中千世界 ちゅうせんせかい 小千世界が千個集まってできる世界。中千・中千界ともいう。→小千世界
（出典）千四大洲乃至梵世、如是総説為一小千。千倍小千、名一中千界。千中千界総名一大千。（『倶舎』11、大正 29・61a）：此世界有其三種。一小千界、謂、千日月乃至梵世、総摂為一。二中千界、謂、千小千。三大千界、謂、千中千、合此名為三千大千世界。（『瑜伽』2、大正 30・288a）

中善 ちゅうぜん 正しい教え（正法）の三つの善いこと（初善・中善・後善）の一つ。

正法にしたがって中道を実践すること。
（出典）中善者、謂、修行時、無有艱苦。遠離二辺、依中道行故。（『瑜伽』83、大正30・763b）

中中 ちゅうちゅう →中中品

中中品 ちゅうちゅうぼん 煩悩の程度や人の素質・能力など、さまざまなありようを九種の分けたなかの一つ。中中と略称。→九品
Ⓢ madhya-madhya

中的 ちゅうてき 弓をまとにあてること。「中的に究竟工巧と串習工巧と師学工巧との三つの徳あり」

中道 ちゅうどう 二つの極端（二辺）を離れた真んなかの道。「無いものを有るとみる極端な見解」（増益辺）と「有るものを無いとみる極端な見解」（損減辺）との二つの見解を離れて生きること。あるいは、「衣服・飲食・寝具・生活道具などの事物に執着して遊び楽しむという極端な生き方」（受用欲楽）と「苦行をして自らを苦しめるという極端な生き方」（自苦）との二つの生き方を離れて生きること。中道行、あるいは処中行ともいう。原始仏教以来、次の二つの中道が説かれる。（ｉ）非常非断の中道。死後は、存在しつづけるのでもなく、断滅して非存在になるのでもないとみる見解。（ii）非苦非楽の中道。身心を苦しめる苦行でもなく欲と楽とにふける欲楽行でもない生き方。
〈唯識〉では中道を次の二つに大別する。（ｉ）三性対望中道。三性（遍計所執性・依他起性・円成実性）を相対せしめて論じる中道。三性のなか遍計所執性は有ではなく、依他起性と円成実性とは無ではないから、非有非無の中道にかなうという中道説。（ii）一法中道。一つの存在（法）そのものは有でもなく無でもないから、非有非無の中道にかなうという中道説。（ｉ）は詮門中道（言葉で表される中道）、（ii）は離言中道（言葉では表せない中道）ともいわれる。→二辺「増益の辺と損減の辺との二辺を遠離せる中道」「是の如く因果の理趣は顕然として二辺を遠離して中道に契会す」「我と法とは有に非ず、空と識とは無に非ず、有を離れ無を離れたり。故に中道に契う」「一切法は一向に空に非ず、亦た一向に不空に非ず。是の如き理趣は妙に中道に契う」
Ⓢ madhyamika-pratipad

中道教 ちゅうどうきょう 順次、時に応じて説かれた三つの教え（有教・空教・中道教）の第三時の教え。存在全体は有るのでもなく無いのでもないとみる非有非無の教え。〈唯識〉が説く唯識無境の教え。→三時教 →中道

中道行 ちゅうどうぎょう →中道
（出典）遠離如是二邪見辺、唯見因果、名中道行。（『瑜伽』93、大正30・833b）

中日分 ちゅうにちぶん 日中分ともいう。昼の時間帯を初日分・中日分・後日分に分けるなかの真んなかの時間帯。
Ⓢ madhya-āhna-samaya

中忍 ちゅうにん 修行の五段階の第二である加行位（煖・頂・忍・世第一法の四善根）の忍をさらに下・中・上の三つの位に分けるなかの第二の位。漸次、所縁（観察される側）の四諦の境を減じ、漸次、行相（観察する側）の四諦の十六行相を減じていく位（〈倶舎〉の所説）。能取（認識するもの）は空であると明瞭に証する位（〈唯識〉の所説）。 Ⓢ madhya-kṣānti
（参考）（『成論』9、大正31・49b）

中年 ちゅうねん 三十から五十歳までの人。出生後の人の一生の五段階（嬰孩・童子・少年・中年・老年）の一つ。盛年ともいう。 Ⓢ madhya
（参考）（『倶舎』15、大正29・82a）：（『瑜伽』2、大正30・289a）

中般涅槃 ちゅうはつねはん →中般涅槃補特伽羅

中般涅槃補特伽羅 ちゅうはつねはんふとがら 欲界を没して色界に生じるまでの中有（中間的生存）で涅槃に入る人。色界において涅槃に入る五種のタイプ（中般涅槃・生般涅槃・有行涅槃・無行涅槃・上流）の一つ。これは次の三種のタイプにわかれる。（ｉ）中有に生じてすぐに涅槃に入る人。（ii）中有での生存をつづけるなかで涅槃に入る人。（iii）中有での生存をつづけるあいだ、色界に生じようと趣きはじめたが、色界に生まれる以前に涅槃に入る人。
Ⓢ antarā-parinirvāyī pudgalaḥ
（出典）言中般者、謂、往色界、住中有位、便般涅槃。（『倶舎』24、大正29・124b）
（参考）（『瑜伽』26、大正30・425a）

中分 ちゅうぶん 日の中分、夜の中分。一

日を昼と夜との二つに分け、さらにそれぞれを初分と中分と後分との三つに分けるうちの真んなかの時間帯。修行者（加行者）は一日をこのように六時に分けるうちの夜の中分においてのみ睡眠が許される。→日中分　→夜中分「日と夜の初分と後分に於て常に覚悟し、夜の中分に於て正に睡眠を習すべし」
Ⓢ madhya-yāma

中法 ちゅうほう　中程度の智慧を有した人に説かれる教え。三種の教え（浅法・中法・深法）の一つ。「劣慧者の為に浅法を説き、中慧者の為に中法を説き、広慧者の為に深法を説く」　Ⓢ madhya-dharma

中品 ちゅうぼん　①品とは種類の意味。さまざまなものをそれらの程度に応じて上・中・下の三つに分けるなかの一つ。力や程度が中程の類をいう。　Ⓢ madhya
②憎くも親しくもない無関係な人の群。三種の他人観（怨・親・中）の一群。中庸品ともいう。「怨品と親品と中品」
Ⓢ udāsīna-pakṣa

中品加行 ちゅうぼんけぎょう　中程度の修行。三種の加行（下品加行・中品加行・上品加行）の一つ。無間加行（常に修行する）、あるいは殷重加行（敬い重んじて修行する）の一方を欠く修行。　Ⓢ madhya-prayoga
（出典）中品加行者、謂、或遠離無間加行、或復遠離殷重加行、於二加行、随闕一種。（『瑜伽』37、大正30・497c）

中品修 ちゅうぼんしゅ　無想定を修する三つのありよう（下品修・中品修・上品修）の一つ。現世において無想定から退いても速やかに再び無想定に還ることができる修行。非常に光り輝き広大な容姿をして無想天に生まれるものの、そのありようは最高ではなく、中夭（寿命をまっとうせず生存の途中で死ぬこと）することがありうる修行をいう。→無想定
（出典）中品修者、現不必退、設退速疾還引現前。後生彼天、雖甚光浄形色広大而不最極、雖有中夭、而不決定。（『成論』7、大正31・37c）

中品成熟 ちゅうぼんじょうじゅく　三種の成熟（下品成熟・中品成熟・上品成熟）の一つ。諸根成熟・智慧成熟を修することと智慧成熟の因縁が熟することとの両者の一方が欠けて一方を具している中程度の成熟。
（出典）中品成熟者、謂、即於此二種因縁、随一闕減、随一具足。（『瑜伽』37、大正30・497a）

中品善根 ちゅうぼんぜんこん　三種の善根（軟善根・中品善根・上品善根）の一つ。定地（心が禅定に入り定まった状態）にある世間の善根。あるいは中品の煩悩を滅する善根。→善根
（出典）問、何等名中品善根。答、若在定地、世間善根。或能対治中品煩悩。（『瑜伽』55、大正30・602b～c）

中夜 ちゅうや　夜を初夜・中夜・後夜の三つに分けるなかの真んなかの時間帯。
Ⓢ madhya-rātra

中夭 ちゅうよう　寿命をまっとうせずに途中で死ぬこと。不慮の死。
Ⓢ antarā-maraṇa: antarā-mṛtyu: antare kāla-kriyayā
（参考）（『倶舎』11、大正29・61c～62a）

中容 ちゅうよう　いずれにもかたよらないありよう。三種の感受作用（苦受・楽受・不苦不楽受）のなかの不苦不楽受の対象のありようをいう。心にかなう（順）のでもなく、心にたがう（違）のでもない対象のありようをいう。「順の境相を領して身心を適悦するを説いて楽受と名づけ、違の境相を領して身心を逼迫するを説いて苦受と名づけ、中容の境相を領して身に於て心に於て非逼・非悦するを不苦楽受と名づく」「第八識は中容に転ずると雖も尚、寒熱の違順を縁ず」

中庸 ちゅうよう　①憎くも親しくもない無関係な人。三種の他人観（怨・親・中庸）の一つ。中・処中ともいう。→怨親中「怨と親と及び中庸の所に於て平等心を以って恵施を行ず」　Ⓢ udāsīna
②心がいずれにもかたよらないありよう。三種の感受作用（苦受・楽受・不苦不楽受）のなかの不苦不楽のありようをいう。「不善が現前に転ずる時に於て中庸の非苦楽受を発起す」「何が故に諸の煩悩は皆な捨と相応するや。一切の煩悩は中庸の位に堕して方に息没するを以っての故なり」
③七種の所調伏界（教化されるべき人）の一人。仏教に無関心な人。　Ⓢ madhya-stha
（参考）（『瑜伽』46、大正30・548b）

中庸身 ちゅうようしん　憎くも親しくもない人の身体。三種の身（親友身・非親友身・

中庸身）の一つ。 Ⓢ udāsina-kāya
(参考)（『瑜伽』28、大正 30・440a）

中庸品 ちゅうようぼん →中品②

虫 ちゅう むし。「諸の虫は皆な湿生なり」「兎・猫・狸などの所食は是れ麁にして余の陸を行く虫の所食を細と為す」「諸の菩薩は虫のある飲食などの物を以って恵施せず」
Ⓢ kṛmi: prāṇaka: prāṇin

虫蛆 ちゅうしょ うじ虫。死体が腐ってうじ虫がたかっているさまを観察して肉体への貪りを断つための不浄観における対象の一つ。蛆虫ともいう。変壊とも訳される。→蛆虫 →変壊②「虫蛆などを縁じて不浄観を修して妙触への貪を対治す」
Ⓢ kṛmi: vipaḍumaka

肘 ちゅう ①ひじ。腕の関節。「両の臂と肘と腕との六処が殊妙なるを名づけて六種随好と為す」
②長さの単位の一つ。指の二十四倍。
Ⓢ hasta
(参考)（『倶舎』12、大正 29・62b）

忠信 ちゅうしん まごころをつくして信じること。「国王ありて、諸の大臣・輔相・国師及び群官などに於て、心顛倒なくして能く善く忠信・伎芸・智慧の差別を了知す」

注 ちゅう ①水や雨などがそそぐこと。流れること。「長時に生死に馳騁して身の血は流れ、注いで四大海を過ぐ」「風輪の上に雨水を注いで凝結して金輪成ず」
Ⓢ praghārita: **vṛṣ**: **syand**
②心を一点に集中すること。「諸の明慧者は心を注いで思択す」

昼 ちゅう ひる。太陽の光がある明るい時間。昼日・昼日分・昼分とおなじ。「時とは是れ何の法に名づくるや。謂く、諸行の増語なり。四洲の中に於て、光位と闇位とに、其の次第の如く、昼と夜との名を立つ」
Ⓢ ahna: diva: divasa: divā
(出典）言昼日者、謂、従日出時、至日没時。（『瑜伽』24、大正 30・411c）

昼後分 ちゅうごぶん 一日を昼と夜との二つに分け、さらにそれぞれを初分と中分と後分との三つに分けるうちの昼の最後の時間帯をいう。 Ⓢ sāya-ahna

昼初分 ちゅうしょぶん 一日を昼と夜との二つに分け、さらにそれぞれを初分と中分と後分との三つに分けるうちの昼の最初の時間帯をいう。 Ⓢ pūrva-ahna

昼中分 ちゅうちゅうぶん 一日を昼と夜との二つに分け、さらにそれぞれを初分と中分と後分との三つに分けるうちの昼の真んなかの時間帯をいう。 Ⓢ madhya-ahna

昼日 ちゅうにち →昼

昼日分 ちゅうにちぶん →昼分

昼分 ちゅうぶん 昼日分ともいう。一日を昼と夜とに二分するなかの昼をいう。「夜分が過ぎて昼分の中に入る」 Ⓢ divā

昼夜 ちゅうや 昼と夜。「昼夜に於て策励し精勤し経行し宴坐して諸の障法より其の心を浄修す」 Ⓢ rātriṃ-diva

昼夜六時 ちゅうやろくじ 昼と夜とをそれぞれ初・中・後の三つの時間に分けて全部で六時という。昼夜六時で一日中という意味になる。「如来は昼三・夜三の昼夜六時に常に仏眼を以って世間を観察す」

偸盗 ちゅうとう ぬすみ。与えられないものを取る、奪うこと。不与取とおなじ。盗ともいう。十不善業道の一つ。→不与取「偸盗の加行は貪より起こる」 Ⓢ adatta-ādāna: caurya

偸蘭遮 ちゅうらんじゃ sthūla-atyaya の音写。苾芻・苾芻尼が犯す重い罪の一種で、五篇に収められない罪のなか、突吉羅を除いた他の一切の罪をいう。六聚、七聚の一つ。→五篇 →六聚 Ⓢ sthūla-atyaya

厨人 ちゅうじん 料理人。「譬えば厨人が水を以って手を漬け、熱飯を探ると雖ども焼れざるが如し」

稠林 ちゅうりん ①生い茂った林。密な林。「有畏とは稠林を渉るが故なり。諸の悪獣と及び非人の諸の恐畏あるが故なり」「槃を稠林と名づけ、涅を名づけて出と為す。蘊の稠林を出るが故に涅槃と名づく」
Ⓢ gahana
②煩悩の異名の一つ。生い茂った林を抜け出ることが困難なことに喩えて、それから解脱することが難しい貪・瞋・癡などの煩悩を稠林という。 Ⓢ vanatha
(出典）煩悩差別者、多種差別応知。（中略）種種自身大樹聚集故、名稠林。（『瑜伽』8、大正 30・314bc）：稠林有三。謂、貪瞋癡。由依止貪瞋癡故、於諸生死根本行中、広興染著、令諸有情感種種身流転五趣、令諸有情処生死本行大樹稠林、難可出離、是故貪等説、

名稠林。(『雑集論』7、大正 31・725c)

籌 ちゅう 数を計算する時に用いる道具。草や木の枝を切断して手の四指の幅の長さ(四指量)にしたもの。→四指量籌
Ⓢ kalāpa

籌度 ちゅうたく はかること。思慮すること。「思量し籌度して已が有と為さんと欲す」「第八阿頼耶識は任運に縁じて分別するに非ず、籌度することなきなり」「諸の慮、等慮、増慮、称量、籌度、観察、是れを慮と謂う」「第六意識は瓶衣などを縁じて籌度の用を起こす、是れを似現量と名づく」

籌慮 ちゅうりょ ❶静慮の慮。静かに思考し、おもんぱかること。「問う、初静慮、乃至、第四静慮の四は何に縁って説いて静慮と為すや。答う、静とは寂静を謂い、慮とは籌慮を謂い、此の四地の中では定と慧とが平等なるが故に静慮と称す」

籌量 ちゅうりょう はかること。熟考すること。「是の如き呪章句の義に於て審諦に思惟し、籌量し、観察す」「独り空閑に処して其の義を思惟し、籌量し、観察す」 Ⓢ **tul**

黜 ちゅつ しりぞけること。「或いは殺し、或いは縛し、或いは罰し、或いは黜し、或いは嫌し、或いは責む」

黜責 ちゅつせき 黜と責。しりぞけせめること。「殺縛・治罰・黜責などを怖畏するが故に妄語を説く」 Ⓢ jyāni-garhaṇa

黜罰 ちゅつばつ しりぞけばっすること。免職してばっすること。「重罰を以って之を刑罰し、過軽重に随って黜罰を行ず」

貯積 ちょしゃく たくわえること。「獲得せる珍財を久しく貯積して受用せず」

貯畜 ちょちく たくわえること。「種種の上妙の一切の資具と一切の施物とを貯畜す」
Ⓢ **dhṛ**: saṃnidhi-prāpta

樗蒲 ちょぼ ばくち・賭博。遊びの一つ。「戯とは双陸・樗蒲・弄珠などの戯を謂う」

儲積 ちょしゃく 財産。財宝をもうけてあつめること。「諍訟を善和し、財宝を追求し、儲積を守護す」 Ⓢ saṃnidhi

帖 ちょう かきもの。書。「一意識の計は異本の一帖にあり」

帖塞 ちょうさい 布でふさぐこと。「膩帛を以って瘡門を帖塞す」

長 ちょう ①ながいかたち。眼の対象の一つ。→色境 Ⓢ dīrgha
②(かたちが)ながいこと。「足の跟趺は長し」 Ⓢ āyata: dīrgha
③年長の人。集まりにおいて上座に坐る長老。「其の長幼に随って次を以って坐す」
Ⓢ vṛddhānta
④一家の主人。家長。「一家の中で長より幼に至って籌の至る日に随って少ない麁食を得る」 Ⓢ gṛha-svāmin
⑤成長すること。「諸の有情は世間に処在して、或いは生れ、或いは長ず」 Ⓢ vṛddha
⑥体内の風が身体を養う、あるいは外界の風が事物を移動せしめるという風の作用をいう。「風界は能く長ず。長とは謂く、増盛なり。或いは復た流引なり」 Ⓢ vyūhana

長跪 ちょうぎ ひざまずく礼法。九種の敬儀の一つ。→敬儀

長行 ちょうぎょう 「じょうごう」とも読む。散文。偈頌の後でその意味を解釈する散文をいう。「契経とは義を貫穿する長行の直説を謂う」「応頌とは長行の後に宣説する伽他を謂う」

長久 ちょうく 「じょうく」とも読む。時間が長いこと。「色界と無色界の煩悩は能く広大な身形と長久の寿量とを感得す」「無量劫を経て乃ち仏果を成ずれば時は既に長久なり」

長句 ちょうく 「じょうく」とも読む。頌文のなかで二十六字以上からなる文句をいう。
(出典)従六字乃至二十六字、皆得為句。然六字者名為初句、二十六字者名為後句、減六字者名短句、過二十六字者名長句。(『婆沙』14、大正 27・71b)

長時 ちょうじ 「じょうじ」とも読む。長い時間。長期間。「生死に於て長時に流転して般涅槃せず」「長時に止観を修習す」「猛利の煩悩と長時の煩悩」「貪瞋癡に依止する故に長時に生死の焼悩を受く」 Ⓢ āyata: kāla-prakarṣa: ciraṃ kālam: dīrgha: dīrgha-kāla: dīrgha-kālam: dīrgha-kālika: dīrgham adhvānam

長時意楽 ちょうじいぎょう 「じょうじいぎょう」とも読む。六波羅蜜多を修することにおいて抱く六つの願い・意欲の一つ。長い時間にわたって六波羅蜜多を休むことなく実践しようという願いをいう。
(参考)(『摂大乗釈・世』7、大正 31・356b)

長者 ちょうじゃ 金持ち。資産家。徳のある人。長者と訳される原語に gṛha-pati と śreṣṭhin とがあるが、前者は居士とも訳される。居士長者あるいは長者居士と並べて長者と居士とは区別されることがあるが、両者を混同して用いる場合もある。「財宝に饒なる長者」「諸の居士の大族姓家と諸の長者の大族姓家」 Ⓢ gṛha-pati: śreṣṭhin

長者子 ちょうじゃし 金持ちの子。王子とともに恵まれた環境にある子の喩えとして用いられる。「譬えば王子、或いは長者子が生育して已来、いまだ王宮と長者の内室を出ざるが如し」

長寿 ちょうじゅ 長命。長生き。「劫初の時の人は空を騰すること自在にして、喜楽を飲食し長寿にして久住す」「諸の世間において短寿の者を見れば即ち是の人は短寿の業を作すと言い、長寿の者を見れば即ち是の人は長寿の業を作すと言う」「物を傷害せず、是れ長寿の因なり」
Ⓢ jīvita: dīrgha-āyuṣka: dīrgha-āyus

長寿因 ちょうじゅいん 寿量具足因とおなじ。→寿量具足因

長寿憍 ちょうじゅきょう 長生きへのおごり。七種の憍の一つ。→憍 Ⓢ jīvita-mada

長大 ちょうだい 成長すること。大きくなること。「入胎し誕生し長大す」「年が長大するに至り仏に帰して出家す」

長短方円 ちょうたんほうえん 長と短と方と円。四つの代表的なかたち。→色境
Ⓢ dīrghaṃ hrasvaṃ vṛttaṃ parimaṇḍalam

長年 ちょうねん 年齢で人生を三段に分けるなかの真んなかの年。「少年と長年と耆年」

長夜 ちょうや 「じょうや」とも読む。長期間の夜。無明を暗い夜の闇に喩えて無明によって迷いつづける人たちのありようを長夜という。「未だ真覚を得ずして恒に夢中に処すが故に仏は説いて生死の長夜と為す」
Ⓢ dīrgha-rātra: dīrgha-rātram
（出典）説異生類恒処長夜。夜是闇故、無明恒有、説為長夜。（『述記』5 末、大正 43・410a）

長益 ちょうやく 「じょうやく」とも読む。長養し増益すること。養い増大せしめること。「触食・思食・識食を以って縁と為して能く諸根の大種を長益す」

長養 ちょうよう 「じょうよう」とも読む。①養い成長させること。養い増大させること。たとえば身体の器官（根）を長養するものとして、食と夢と避不平等（身体のアンバラスをさけること）と梵行（清らかな行為）と等至（禅定の心）との五種があげられる。最初の食は任持長養（身体を維持するという意味での長養）、後の四つは不損害長養（身体を損なわないという意味での長養）であると説かれる（『瑜伽』64、大正 30・657a）。「諸の段食は能く識を摂益して其れをして強盛ならしめ、此れに由って諸根の大種を長養して亦た強盛ならしむ」「無量の勇猛を長養す」「食所長養の眼と睡眠長養の眼と梵行長養の眼と定所長養の眼」
Ⓢ anu-**barh**: upacaya: upacita: aupacayika: pari-**puṣ**: saṃvardhita
②律儀の別名。律儀は善根が少ない人びとを養って善根を増大せしめるから、律儀を長養と名づける。
（出典）如是律儀、或名長養。長養薄少善根有情、令其善根漸増多故。（『倶舎』14、大正 29・75b）

長養羯磨 ちょうようかつま 「じょうようかつま」とも読む。十種の羯磨の一つ。功徳を増し育てる羯磨。→羯磨

長老 ちょうろう 長寿の年老いた人。教団のなかで智徳のある人。 Ⓢ āyuṣmat

張 ちょう はる、ひろげる、ぴんとのばすこと。「牛の皮を張って皺襵をなからしむ」
Ⓢ vitata

彫残 ちょうざん いたんで破れること。「一時に於て彼の叢林、巉巌たる聳石が彫残し頽毀せるを見る」

彫飾 ちょうしょく 模様をほりつけて飾ること。「善工業者の彫飾せる末尼宝珠」

彫塑 ちょうそ 彫刻の原型の像をほること。「彩画の業と彫塑などの業」

彫落 ちょうらく （建物などが）くずれること。「制多・僧伽藍などが彫落し破壊す」

彫鏤 ちょうろう ちりばめてかざること。「草木・花菓を彫鏤す」

悵怏 ちょうおう うらみなげくこと。「悪作とは已作と未作に於て悵怏し追恋するを体と為す」

悵恨 ちょうこん うらむこと。「心に悵恨なし」

頂 ちょう ①（山などの）いただき、頂

上、突端。「三十三天は迷盧の頂に住す」
Ⓢ agra: mūrdhan: śīrṣa
②（頭の）頂上。「法水を以って頂に灌ぐ」
Ⓢ mūrdhan: śiras
③加行位の四段階（煖・頂・忍・世第一法）の一つ。→四尋思　→加行位
Ⓢ mūrdhan: mūrdhāna

頂戴　ちょうさい　頭にいただくこと。尊敬すること。「其の父母や尊重などの師長に於て長夜の中に於て常に思いて頂戴し、厭倦を生ぜず」 Ⓢ śirasa-udvahatā

頂上現烏瑟膩沙　ちょうじょうげんうしつにしゃ　三十二大丈夫相の一つである烏瑟膩沙相のこと。→三十二大丈夫相　Ⓢ uṣṇīṣa-śīrṣa

頂堕　ちょうだ　加行位の四段階（煖・頂・忍・世第一法）のなかの頂の位から煖などの下の位におちること。
（参考）（『婆沙』6、大正 27・27a～c）

頂法　ちょうぼう　加行位を構成する四段階（煖・頂・忍・世第一法）の第二の段階。→加行位　Ⓢ mūrdhan
（参考）（『倶舎』23、大正 29・119b）

頂礼　ちょうらい　ひざまずいて拝むこと。尊者の足に頭をつけて拝むこと。最敬礼の行為をいう。「世尊の所に往きて仏足を頂礼して退いて一面に坐す」 Ⓢ ni-**pat**

鳥　ちょう　とり。空をとぶ生きもの。
Ⓢ vāyasa: vihaṃga: śakuni

鳥翮　ちょうかく　鳥の羽の軸。針鋒（針の先）と比較して針鋒の方が鋭く鳥翮の方が鈍いという、ものを刺す違いが二つのもの（たとえば尋と伺）の相違の喩えとして用いられる。「問う、尋伺の麁細は其の相は如何ん。答う、針鋒と鳥翮と和束して身を㩜すれば受に利と鈍とを生ずるがごとく、尋伺も亦た爾なり」

朝貢　ちょうこう　朝廷に産物を献上すること。「王位に登るとき、一切の国土から皆な来りて朝貢す」

超　ちょう　こえること。ある生存のありようから抜け出ること。「諸の悪趣を超え、一切の結を尽し、一切の苦を越える」「異生地を超えて正性離生に趣入す」 Ⓢ ati-**kram**: atikrama: atikrānta: vyati-**kram**: samatikrama: samatikrānta

超越　ちょうおつ　こえること。ある状態、ある生存のありようからこえて出ること。「深く現法と当来との諸の過患を見るが故に、心が常に安定して菩提分法を精勤修習するが故に能く諸の悪趣の苦を超越し、生死の大苦を超越す」「有頂天を超越することは難し」「欲貪を調伏し断除し超越するを名づけて出離と為す」 Ⓢ samatikrama

超越次第　ちょうおつしだい　次第を超越すること。決まった順次・順序と異なること。越次・越次第ともいう。「次第を超越して説く」

超過　ちょうか　こえること。ある生存のありようからこえて出ること。ある状態あるいは対象を滅してさらに上の高い状態にこえて出ること。「三界を超過する」「一切の麁重悉く皆な息滅して転依を得るが故に、影像を超過して即ち所知事に於て無分別なる現量の智見が生ずることあり」「仏菩薩は人を超過した清浄なる天眼を以って諸の有情の死時と生時とを見る」「一切の語言の行路を超過す」「諸法の一異の相を超過す」
Ⓢ ati-**kram**: atikrānta: samatikrānta

超作意　ちょうさい　修行の段階を三種（初習業・已串修・超作意）に分類するなかの最後。くりかえし修行することによって意図や努力（作意）をなくして修行することができるようになった修行の熟達したありよう、あるいはそういう人をいう。そういう人を超作意者ともいい、そのような段階を超作意位という。「世尊の所化に略して三種あり。一に初習業、二に已串修、三には超作意なり。初習業者の為に十八界を説く」「瑜伽師が骨鎖観を修するに総じて三位あり。一に初習業、二に已熟修、三に超作意なり」
Ⓢ atikrānta-manaskāra

超作意者　ちょうさいしゃ　→超作意

超作意位　ちょうさいのい　→超作意

超出　ちょうしゅつ　こえてでること。「能く三界を超出する聖道」「坑塹を超出す」「生死を超出して種種の苦を離る」 Ⓢ niryāta

超昇　ちょうしょう　こえてのぼること。超登とおなじ。「善説の法毘奈耶中に於て世間の正見は一切の外道が得るところの正見の頂を超昇す」「生死に執著して超昇すること能わず」「一切の薩迦耶の岸を超登して陸に安住す」

超定　ちょうじょう　定をこえること。色界の初静慮から無色界の非想非非想定の間を行

き来すること。たとえば、まず欲界で善心を起こして有漏の初静慮に入り、次に有漏の第二静慮に入り、乃至、非想非非想定に入り、そこより逆に還って有漏の無所有定に入り、次第に還って、乃至、有漏の初静慮に入ることをいう。
(参考)(『婆沙』165、大正 27・835b〜c):(『倶舎』28、大正 29・149a)

超度 ちょうど こえてわたること。抜け出ること。超渡とも書く。「生死の曠野の嶮道を超度す」「一切の生死の苦難を超度するが故に涅槃と名づく」「一切の無明と見との二種の暴流を断ずるが故に名づけて大海を超渡すると為す」 Ⓢ ud-tṝ

超渡 ちょうど 超度とおなじ。→超度

超登 ちょうとう 超昇とおなじ。→超昇

塚間 ちょうけん 墓場。埋葬地。出家僧が修行する場所。塚墓間・塚墓ともいう。「婬佚の貪を断除せんが為の故に塚間に常住す」「塚間に常住するとは、常に期願して塚墓間に住するを謂う」 Ⓢ śmaśāna

塚墓 ちょうぼ →塚間

塚墓間 ちょうぼけん →塚間

牒 ちょう 引用して記すること。「十地論の牒するところの経文」「義鏡に灯の文を牒して云く」

跳 ちょう とぶこと。とび上がること。Ⓢ ullaṅghana

跳堕 ちょうだ 跳と堕。とび上がることととび降りること。「跳堕の触」
Ⓢ ullaṅghana-patana

跳躑 ちょうてき とびはねること。角武(武術をきそいあうこと。ひろくは身体をつかっての運動)の一つ。「按摩・拍毱・托石・跳躑・蹴蹋・攘臂・扼腕・揮戈・撃剣・伏弩・控弦・投輪・擲索などの角武事に依って勇健を得る」「馳走・跳躑の威儀」
Ⓢ plavana

跳踊 ちょうゆう とびおどること。とびはねること。「馳走の所作、或いは跳踊の所作、或いは跳躑の所作」「諸の男女が被髪して跳踊し、搥胸して号叫し、宛転して地に在るを見る」 Ⓢ plava

徴 ちょう 反論。批判。「初めに頌を略釈して外の徴に答う」

徴起 ちょうき 反論を起こすこと。「将に論端を発せんとして問に寄せて徴起す」

徴詰 ちょうきつ 反論して問いつめること。「彼の言は便ち是れ大師を徴詰するなり」
Ⓢ anuyoga

徴覈 ちょうぎゃく しらべて明らかにすること。「正法に於て受持し読誦し請問し徴覈して発起するところの言説」

徴責 ちょうせき 反論してせめること。「徴責して破邪を立正す」

徴難 ちょうなん 反論。批判。「凡そ言論を興すは、専ら他を毀して徴難を免脱せんが為なり」

徴問 ちょうもん 反論して問うこと。「更に別の理を以って種種に徴問す」

澄清 ちょうしょう すんできよらかなさま。「信は性澄清にして心を浄ならしむ」「此の法性は衆縁より生ずるに非ず。生なく滅なし。然も譬えば水の澄清の性の如し」「黒闇と無明闇と澄清ならざる色の闇に覆障さるる」

澄清浄 ちょうしょうじょう すんできよらかなさま。「諸の菩薩は如来の所に於て深く正信を殖え、深く清浄を殖えて一向に澄清浄なり」 Ⓢ abhiprasanna

澄浄 ちょうじょう すんできよらかなさま。「勝奢摩他・毘鉢舎那を修習するに由って身心澄浄、身心調柔、身心軽安なり」「信は心を澄浄せしむ」「清水の末尼を濁水の中に置くと水は便ち澄浄となる」 Ⓢ prasāda

調 ちょう ①(人びとを)教化すること。「方便して彼れを調し、彼れを伏し、不善処から出て善処に安立せしめんと欲す」
Ⓢ **dam**: dama
②(心を)ととのえること。「心を練り、心を調える」 Ⓢ **dam**: dama: dānta

調戯 ちょうげ たわむれからかうこと。「常に調戯・言笑・談謔などの声を聞く」

調御 ちょうご ①(人びとを)教化すること。「如来は永く一切の漏を離れるが故に、其の性、調善なるが故に、能く一切の有情を調御す」 Ⓢ damya
②(象などを)馴らすこと。「調象者は調象の法に依って善く象を調御す」 Ⓢ **dam**

調御士 ちょうごし 如来の十種の呼び名(十号)の一つ。善く心をととのえる人。→十号「一切世間の唯一の丈夫にして善く最勝なる調心の方便を知るが故に、説いて無上丈夫・調御士と名づく」 Ⓢ damya-sārathi
(参考)(『瑜伽』38、大正 30・499b)

調御者　ちょうごしゃ　飼い馴らす人。統御する人。あやつる人。「調御者が象に乗って象を調し、馬に乗って馬を調し、船に乗って船を御し、車に乗って車を御すが如し」

調順　ちょうじゅん　九種の心住の一つ。→心住

調身　ちょうしん　身をととのえること。按摩をして身体を元気にすること。「行路疲乏に苦しむ有情に座を施し、処を施し、調身し、按摩し、其の労倦の衆苦を止息せしむ」

調善　ちょうぜん　①身心が健康で安らかであること。「煩悩障と所知障とを断じるが故に身心の堪任性と調善性とあり」「諸の蓋を遠離して心調善たり」 Ⓢ kalya
②すぐれて善いありよう。「財富を感ずる行と善趣を感ずる行と無苦を感ずる行と自義を感ずる行と他義を感ずる行とを名づけて調善と為す」 Ⓢ kalyāṇa
③心がととのったありよう。「三種の調善あり。一には除遣の故に、二には制伏の故に、三には随眠を害するが故なり」 Ⓢ dama
④苦しむもの（衆生）を救う（調伏）ことにおいて巧み（善）であること。如来は衆生の機根に応じて善い方便をもって救いつづけるから、如来は極調善であるといわれる。「如来は性として調善なるが故に、機性を識りて所調に於て、亦た能調に於て、善方便ありて物を利するに倦むことなし」
⑤調善死とおなじ→調善死

調善死　ちょうぜんし　心が清浄となって解脱して死ぬこと。善く煩悩を伏滅して苦から解脱して死ぬ死に方。調伏死ともいう。不調善死の対。→不調善死　Ⓢ dānta-maraṇa
（出典）清浄解脱死者、名調善死。（『瑜伽』1、大正 30・282a）：調伏死者、謂、於現在世、已調已伏、無有随眠、而命終已、未来自体不復生起、亦不摂取有随眠行、不摂取彼、以為因故、解脱生等衆苦差別、亦復解脱貪等大縛。（『瑜伽』85、大正 30・776c）

調息　ちょうそく　ととのえしずめること。「正知力に由って其の心を調息す」

調適　ちょうちゃく　①身体が調い正常で元気であること。「諸界の調適を問う」「其の母が調適にして、復た時に値えば、母胎に入るを得る」 Ⓢ kalya: sāmya
②調適性とおなじ→調適性

調適性　ちょうちゃくしょう　有堪任性とおなじ。→有堪任性

調暢　ちょうちょう　身心がととのいのびやかで健やかであること。善の心所の一つである軽安のありようをいう。「軽安は麁重を遠離して身心を調暢して堪任たるを性と為す」「調暢し沐浴す」「諸の蓋を遠離し身心調暢にして堪能するところあり」 Ⓢ kalya

調柔　ちょうにゅう　①正しくすること。浄化すること。「諸見を調柔す」「金性を調柔し陶錬す」 Ⓢ ṛjū-**kṛ**
②禅定を修することによって心が浄化され、身心ともに自由に活動すること。軽安のありようである堪任性（karmaṇyatā）を表す語。→軽安　→堪任性「正願とは其の心をして諂を離れ詐を離れ、調柔にして正直ならしむるを謂う」「仏菩薩は定自在に依って心の調柔を成ずるが故に善く心を修す」「奢摩他・毘鉢舎那を修習するに由って、身心澄浄、身心調柔、身心軽安なり」 Ⓢ karmaṇyatā
③柔らかいこと。柔和なこと。「心は調柔なり」 Ⓢ mārdava

調伏　ちょうぶく　①教化・教授すること。対立者を説き伏せて正しい教えに導き入れること。「諸の菩薩は性として悲愍を好み、調伏法を以って有情を調伏す」「利行を行じて彼の有情を抜きて不善の処を出でしめ、其の善処に於て勧導し調伏し安処す」
Ⓢ ni-**grah**: nigraha: nigraha-kriyā: vinaya: vinayana: vi-**nī**: vinetṛ
②心を制伏して心を煩悩の汚れから浄めること。「貪を調伏して修行する者」「慳悋の垢を調伏して恵施を行ず」 Ⓢ **dam**: dama
③律儀の同義語。→律儀①　Ⓢ dama
（出典）言調伏者、意顕律儀。由此能令根調伏故。（『倶舎』15、大正 29・79a）

調伏死　ちょうぶくし　調善死とおなじ。→調善死

調伏方便界無量　ちょうぶくほうべんかいむりょう　調伏する方便の世界がはかりしれないこと。調伏とは教化・教授すること。さとりへの根機の相違（利根か鈍根か）、個性の相違（貪りが強いか怒りが強いか）、在家・出家の相違、などによって教化・教授される者の種類が無量無数であることに対応して、教化・教授する方法も無量無数であることをいう。五つの無量（有情界無量・世界無量・法界無量・所調伏界無量・調伏方便界無量）の

一つ。 Ⓢ vineya-upāyo aprameyaḥ
（参考）（『瑜伽』46、大正 30・548a〜b）

調練 ちょうれん　調え練磨して清くすること。磨いて清浄にすること。「心を調練する作意」「善く諸根を調練す」 Ⓢ saṃtāpana

調錬 ちょうれん　精錬すること。「金などを以って炉中に置き、調錬し銷鎔して転た明浄ならしむ」

調和 ちょうわ　つりあいがとれて、ととのっていること。「香味が調和した乾湿の浄肉」「気力が調和し安楽に住す」

雕印 ちょういん　はんこを彫ること。世間的事業の一つ。「牧牛・計算・雕印などの工巧業処」 Ⓢ mudrā

聴 ちょう　①（音声を）きくこと。「是の如く耳根は蚊雷などが発するところの種種の小大の音声を聴く」 Ⓢ śravaṇa: **śru**
②（教えを）きくこと。聴聞とおなじ。→聴聞正法「恭敬して法を聴き、能く善く契経などの法を了達す」 Ⓢ śravaṇa: **śru**
③ききいれること。許可すること。→聴制 Ⓢ anujñā

聴察断罪人 ちょうさつだんざいにん　訴訟を検察して刑罰を断定する人。検察官。罪人を害しようとする心を有するから不律儀者（律儀に反する行為をする人）の一人に含まれる。 Ⓢ vyāvahārika
（参考）（『倶舎』15、大正 29・78c）

聴受 ちょうじゅ　（教えを）きく、きいて受け入れ理解すること。聴聞とおなじ。「諸の仏国土に往趣して如来に奉見し、承事し、供養し、正法を聴受す」
Ⓢ pra-**grah**: śravaṇa: śravaṇatā

聴制 ちょうせい　聴と制。許可することと拒否すること。 Ⓢ anujñā-pratiṣedha
（参考）（『瑜伽』2、大正 30・289b）

聴聞 ちょうもん　①（言葉を）きくこと。「所知の境界の言説を聴聞するが故に名づけて聞と為す」 Ⓢ anuśrava
②（教えを）きくこと。さとりに至るための三つの要因（聴聞・思惟・修習）の一つ。あるいは十法行（経典などに書かれている教えに対する十種の修行）の一つ。聴受ともいう。→聴聞正法　→十法行 Ⓢ śravaṇa: **śru**
（出典）聴聞者、謂、於仏語、深生信解、精勤、聴聞受持読誦契経等法。（『瑜伽』37、大正 30・497c）

聴聞正法 ちょうもんしょうぼう　正しい教えをきくこと。修行してさとりに至る過程を構成する親近善士（善き師に仕えること）・聴聞正法（正しい教えをきくこと）・如理作意（理の如くに思考すること）・法随法行（法に随って修行すること）の四つのうちの一つ。聴受正法ともいう。「仏の出世に値い、善士に親近し、正法を聴聞し、如理に作意して、法現観を証して沙門果を得る」「諸の菩薩は現法の中に於て、善士に親近し、正法を聴聞し、諦思惟し、長時に種種の善法を修習するに由って菩提心を発す」「当に知るべし、帰依に四の正行あり。一に親近善士、二に聴聞正法、三に如理作意、四に法随法行なり」
Ⓢ dharmaṃ śṛṇoti: sat-dharma-śravaṇa
（参考）（『瑜伽』38、大正 30・502c）

寵愛 ちょうあい　特別に愛すること。「国王あり、諸の群臣に於て善く観察し已って、摂して親侍と為し、加えるに寵愛を以ってす」

鵰鷲 ちょうじゅ　わし。「此の死屍は諸の狐狼・鵄梟・鵰鷲・烏鵲・餓狗に食噉さる」

直（ちょく）→じき

沈 ちん　①しずむこと。没すること。沈没とおなじ。「団鉄は小なれども亦た水に沈む」 Ⓢ **majj**
②心が不活発で沈んだありよう。心が高ぶったありようである掉の対。→沈相　→沈心
Ⓢ laya: līna
③修行において緩慢であること。走（性急であること）の対。走でも沈でもない非苦非楽の中道を歩むことが要請される。
（出典）於苦楽行二辺過失、不如実見、以不見故、極沈、極走。沈、謂、太緩、不能進趣。走、謂、太急、不能達到。（『婆沙』199、大正 27・996b）
④沈香とおなじ。→沈香「沈は檀などの香を受けず」

沈隠 ちんおん　しずみかくれているさま。阿頼耶識にある種子がはっきりと認識されえない深層的なありようをいう。表層的な識が顕現あるいは麁顕であるといわれるのに対する語。「識は顕現し種子は沈隠せり」「種子の法は其の相は沈隠にして所生の果の法は其の相は麁顕なり」

沈香 ちんこう 「じんこう」と読む。沈水香の略。香木であるアガル（agaru）樹からつくられた香料。四大香の一つ。 Ⓢ agaru-gandha

沈思 ちんし ふかく考えること。「或いは肩を竦め面を伏す、或いは沈思して詞に窮す」「処処の釈を披して沈思すべし」

沈麝 ちんじゃ 沈香と麝香。→沈香 →麝香

沈重 ちんじゅう ①（疲れたり、食が偏ったりして、身体が）おもいこと。「睡の因縁とは、羸痩し疲倦し身分沈重なるをいう」「食し已って身を沈重せしむ」「食が平等ならざるが故に身の沈重あり」 Ⓢ guruka
②重いこと。染汚心あるいは不善なるもののありようをいう。軽挙・軽昇の対。「諸の染汚心は其の性として沈重なり、諸の善心は其の性をして軽挙なり」「若し法、還滅品に堕すれば、性として軽昇なるが故に善と名づけ、若し法、流転品の堕すれば、性として沈重なるが故に不善と名づく」

沈心 ちんしん しずんだ心。萎縮した心。懈怠（なまける心）と共に働く汚れた心。 Ⓢ līnaṃ cittam
（出典）沈心者、謂、染心。此与懈怠相応起故。（『倶舎』26、大正 29・136a）

沈慼 ちんせき うれいしずんださま。欣悦の対。「前の不浄観は心を沈慼せしむ」 Ⓢ līna

沈相 ちんそう 定まった心（samādhi 定）において心が不活発で沈んだありようをいう。定において離れるべきありようの一つ。 Ⓢ laya-nimitta
（出典）応遠離相、復有四種。一者沈相、二者掉相、三者著相、四者乱相。沈相者、謂、由所縁相因縁相故、令心下劣。（『瑜伽』28、大正 30・438c）

沈溺 ちんにゃく おぼれしずむこと。「彼の生死は是れ諸の衆生の沈溺する処なるに由るが故に出るべきこと難し」「三毒の淤泥に沈溺する諸の有情類を抜済す」 Ⓢ āsaṅga

沈没 ちんもつ しずむこと。「事欲に於て煩悩欲に由って心沈没し下劣性を成ぜしむ」 Ⓢ nimna

沈淪 ちんりん しずむこと。「諸の愚夫は迷って境を執して煩悩と業とを起こし、生死に沈淪して種種の苦を受く」

珍奇 ちんき ①財宝。財物。「或いは珍奇を散じ、或いは宝縷を纏って供養を為すを財敬供養と名づく」 Ⓢ kārśāpaṇa
②珍しく貴重であること。「尊勝に処すと雖も有情に於て自ら珍奇なりとせず、亦た憍傲ならず」 Ⓢ gāmbhīrya

珍羞 ちんしゅう おいしい食べ物。ご馳走。「珍羞や諸の餅果の内に熟酥を投じて更に勝味を生ず」

珍宝 ちんぽう 珍しい宝石類。末尼・真珠・吠琉璃宝・螺貝・璧玉・珊瑚・金・銀・摸婆洛掲拉婆宝・頞湿摩掲婆宝・赤珠・右旋宝など（『婆沙』124、大正 27・648b)。末尼・真珠・琉瑠・螺貝・璧玉・珊瑚・車渠・馬碯・虎魄・金・銀・赤珠・右旋など（『瑜伽』44、大正 30・534a)。

展転 ちんでん ①相互に関係し合うありよう。「有情が展転して相い見て、各、猛利の殺害の心を起こす」「婬欲ありて男女が展転して二二に交会して不浄を流出す」「一切種子識の是の如く是の如く変ずるに由って展転する力を以っての故に彼彼の分別が生ず」 Ⓢ anyonya
②つぎつぎと連続するありよう。「無明支より乃至有支に至るまで展転して後後の相続を引発す」「三法が展転して因果は同時なり」「無始の世より展転して伝来し法爾に得るところなるを本性住種姓と名づく」 Ⓢ paraṃparā: pāraṃparya
③ますます増えるありよう。「自相が展転して種類に差別あり」「前際に善不善無記の法を修するが故に、能く後際の善の諸法が展転して増勝し、後後に生起せしむ」 Ⓢ uttara-uttara

展転有情執 ちんでんうじょうしゅう 他者と自己とを相互に比較して自己が勝れている、あるいは劣っていると考えること。我慢のこと。二つの執着（根境執・展転有情執）の一つ。
（出典）執有二執。（中略）二展転有情執、謂、我慢、計我為勝等。（『瑜伽』58、大正 30・626c)

陳悔 ちんげ （犯した罪を）告知して懺悔すること。「所犯に於て発露せず陳悔せず」

陳説 ちんせつ のべること。とくこと。「他を損壊するが為に陳説するを離間語と名づく」

陳列 ちんれつ　ならべておくこと。「妙なる堂閣に処して五楽を陳列して歓娯す」「音楽し讃詠し香花を陳列して極なる快楽を受く」

賃婆 ちんば　nimba の音写。極めてにがい果実を生じる樹。「末度迦の種より末度迦の果が生じ、其の味、極美にして、賃婆の種より賃婆の果が生じ、其の味、極苦なり」

鴆毒 ちんどく　毒鳥である鴆の羽を酒に浸して作った毒。「彼は内に懐きて意を覆蔵するが故に、心は鴆毒の如く、能く所犯を挙ぐる辺に於て発憤して毯害す」

つ

追憶 ついおく　おもいだすこと。追念・追憶念とおなじ。「昔時の笑戯・喜楽を追憶す」「過去を追憶して有と為す」「無漏の真覚を得る時、能く生死の夢境を追憶す」「五識は恒に新境を取りて追憶することなし」「昔、曽て経し戯笑などの事を追念して便ち悔恨を生ず」「諸の出家者は曽て更しところの境を追憶念するが故に尋思が動乱して現行することあり」 Ⓢ smṛ

追憶念 ついおくねん　追憶とおなじ。→追憶

追求 ついぐ　おいもとめること。欲すること。追尋とおなじ。「如法に衣服・飲食などを追求す」「務農者は田園、牛羊などの畜、衣・宅・穀などの諸の資生具を追求す」「財宝を追尋す」 Ⓢ arjana: artha: paryā-iṣ: paryeṣaṇā: paryeṣṭi: prārthanā

追悔 ついげ　後悔すること。過去に行なったことを憎み悔やむこと。悪作（行なったことを後悔する）の心所のありようをいう。→悪作「悔とは謂く、悪作なり。所作の業を悪んで追悔するを性と為し、止を障するを業と為す」「悪作は是れ追悔の所依なり」 Ⓢ vipratisāra: vipratisārin

追尋 ついじん　追求とおなじ。→追求

追念 ついねん　追憶とおなじ。→追憶

追訪 ついほう　追求すること。たずねること。尋求の言い換え。→尋求②「尋求の建立とは追訪などの義を謂う」「仏菩薩の所説の教法に於て追訪し受持す」 Ⓢ paryeṣaṇā

追覓 ついみゃく　おいもとめること。「広く諸の境界を追覓する時、多く種種の悪・不善の行を行ず」

追欲 ついよく　欲しておいもとめること。十二支の一つである取のありようをいう。「追欲を取と名づく」
（参考）（『述記』8本、大正43・520b）

追恋 ついれん　①（過去のことを）恋しくおもうこと。「過去を追恋し、未来を希慕し、現在に耽著す」「貪欲とは憶念に随って先に領受するところを尋伺し追恋するを謂う」②悪作（行なったことを後悔する）の心所のありようをいう。追悔とおなじ。→追悔
（参考）（『顕揚』1、大正31・483a）

椎打 ついだ　たたきうつこと。石を回して身体をたたく健康のための按摩の一種。「滋長の資具とは、尋思なくして輪石し椎打し築蹋する按摩などの事を謂う」 Ⓢ gaḍā

椎剖 ついほう　たたきさくこと。「骨肉と筋脈とを斫刺し椎剖す」

椎棒 ついほう　たたくための棒。「極めて焼然する大鉄の椎棒で以って打つ」 Ⓢ ghana

墜 つい　おちること。投げること。「一類あり、天に趣くことを愛楽し、生天を求欲し、如実に生天の道路を知らずして食を断じ、火に投じ、高い巖より墜るなど、自ら逼害を加う」 Ⓢ patana

墜高巌 ついこうごん　→投巌

墜巌投淵 ついごんとうえん　→投巌

墜堕 ついだ　おちること。落下すること。おちいること。「彼の諸欲に由って悪行を発起して極下の悪処に墜堕す」「非実・非理の邪論に墜堕す」「墜堕の因を名づけて重性と為す」

墜溺 ついにゃく　おちておぼれること。「諸の煩悩などは有情を騰注して諸界・諸趣・諸生に於て生死流転せしむ、是れ墜溺の義なり」

鎚鍛 ついたん　（鉄を）かなづちで打って

鍛えること。「赫然たる鉄を鎚鍛す」
Ⓢ ayo-ghanair hanyamānānām

通 つう　①神通（人知を超えた超能力）のこと。→六神通　Ⓢ abhijñā: ṛddhi
②あてはまること。ゆきわたること。「四大種とは地水火風を謂い、此れは皆な欲界と色界との二界に通ず」　Ⓢ **vid**: **vṛt**: sam-**vid**
③経典や論書の間で相異する教えがあるとき、それらを比較して矛盾がないように解釈すること。通釈・会通・会釈とおなじ。「云何が施設足論を通ぜん」　Ⓢ **nī**: parihāra
④一致すること。「両釈は倶に通ず」
Ⓢ yoga
⑤共通であること。「通因」　Ⓢ sāmānya
⑥通別の通。通は全体、別は個別。「不善根を断ずるは必ず通と別との対治に由る。通は唯だ善慧にして、別は即ち三根なり」「依の言には通あり別あり」

通慧 つうえ　神通（人知を超えた超能力）のこと。「通慧とは第六の漏尽通なり」「聖諦現観に入り已って速疾の通慧を証得せんと欲するが為に、諸の歓喜事を作意し思惟す」
Ⓢ abhijñā

通果 つうか　通果心とおなじ。神通（人知を超えた超能力）によってもたらされる結果。変化心（仏・菩薩が人びとを導き救済するために種々のありよう、種々のものを作りだす心）などをいう。四種の無覆無記の一つ。「無覆無記に四種あり。一には異熟生、二には威儀路、三には工巧処、四には通果品なり」　Ⓢ abhijñā-phala: nairmita

通果心 つうかしん　→通果

通行 つうぎょう　通（abhijñā）とは真理をみる智慧、行（pratipad）とは修行のこと。真理（四諦）を理解（通達）して涅槃に趣むく修行の道を通行という。住する禅定のありよう（色界・無色界のどこの定に住しているか）とさとりへの能力（鈍根か利根か）の違いによって苦遅通行・苦速通行・楽遅通行・楽速通行の四種がある（→各項参照）。行は行跡・行迹・正行とも訳される。
Ⓢ abhijñā- pratipad
（参考）（『倶舎』25、大正 29・132a）

通局 つうきょく　通と局。いくつかの事柄のいずれをも広く包括することと、そのいずれかに狭く限定すること。「思等という言には通局あるなり。思は二家に通じ、等は局りて四大地法の師の別体の触を等す」「寛と狭との通局」「勝と劣との通局」

通釈 つうしゃく　経典や論書の間で相異する教えがあるとき、それらを比較して矛盾がないように解釈すること。通・会通・会釈とおなじ。→通③　Ⓢ parihāra

通説 つうせつ　いくつかの事柄にわたって広く共通して説くこと。「一切の大乗の教法を皆な通説して到彼岸蔵と名づく」「彼れは通じて有情数と非有情数との縁起の法を説き、此れは唯だ有根の縁起の法を説く」
Ⓢ sāmānyena nirdeśaḥ

通相 つうそう　総相とおなじ。別相の対。→総相　→別相

通達 つうだつ　知ること。智る、さとること。さまざまな通達のありようが説かれるが、大きくは有為界通達と無為界通達とに分かれる。前者は現象的存在への通達であり、たとえば、教えの意味（法の義）を概念的に理解すること。後者は真理（四聖諦・真如・法界・実際・真実）を証し体得すること。後者のありようを通達位という。→通達位「一切の業道の一切の因果を了知し通達す」「法義に於て力を励して審思し、方に能く領受し解了し通達す」「初の極喜地より名づけて通達と為し、第三の発光地より乃ち名づけて得と為す」
Ⓢ pratibuddha: prati-**vid**: prativedha: prati-**vyadh**: vi-**dhā**
（出典）通達者、通達所知事故。復有差別。（中略）通達者、了知共相故。（『瑜伽』83、大正 30・782c）：通達者、謂、無漏道真証得之。（『述記』4 本、大正 43・350c）
（参考）種類として、有為界通達・無為界通達（『瑜伽』67、大正 30・672b）の二種、有相文字通達・所摂能摂通達・遅通達・速通達・法性通達（『雑集論』15、大正 31・769b）の五種、字通達・字義通達・能取通達・能取義通達・繫縛通達・解脱通達・法性通達（『瑜伽』64、大正 30・658b）の七種が説かれる。

通達位 つうだつい　発心してから仏陀に成るまでの五つの修行過程（資糧位・加行位・通達位・修習位・究竟位の五位）の第三位。汚れのない智慧（無漏智）、分別のない智（無分別智）によって真理（四諦・真如）を証する位。見道に相当する位。

（出典）通達位、謂、諸菩薩所住見道。（『成論』9、大正31・48b）：加行無間、此智生時、体会真如、名通達位。（『成論』9、大正31・50a）

通達転　つうだつてん　転とは転依のこと。真理を見る通達位（見道）に於ける転依。六種の転依の一つ。→転依

（参考）（『成論』10、大正31・54c）

通名　つうみょう　共通した名称。すべてをまとめて名づけること。「心意識は了の名の差別なり。了は是れ諸の識の通名なり」「第七末那識を別して意と名づけ、通じて名づけて識と為す」 Ⓢ sāmānyena abhidhānam

通利　つうり　熟知すること。教法を知的に善く理解すること。「二人の苾芻が倶に四阿笈摩を誦するに、一は皆な通利し、一は則ち梗を生ず」 Ⓢ paricita

通力　つうりき　神通力のこと。→神通力

痛　つう　いたみ。いたむこと。五蘊のなかの受の働き。「世に、我が手足が痛み、我が頭腹が痛み、我が支節が痛む、と言う。痛は即ち是れ受なり」 Ⓢ vedanā

痛悩　つうのう　いたみなやむこと。「癡狂・心乱・痛悩に逼せらるる」

て

弟子　でし　→ていし

低　てい　ひくくなること。昂の対。「月輪は黒分に於て如如に漸く低く、是の如く是の如く漸く虧減を現ず」「是の処に於て中有の異熟が無間に生ずることを得て、死と生と同時なること、秤の両頭の低と昂との時の等しきが如し」「我が宗の因果は、前の因が滅する位に後の果が即ち生ず。中間に隔りなく因果は不断なり。秤の両頭の低と昂との時が等しきが如し。彼れ低ずる時、此れ昂ずる時なるに由るが故なり」 Ⓢ avamūrdhī-**bhū**: nīca

低曲　ていこく　ひくくまがっているさま。「形貌僂前とは身首が低曲なるを謂う」 Ⓢ avanata

低昂　ていごう　低と昂。ひくくなることと上がること。→低

弟　てい　師弟の弟。弟子。→弟子

弟子　ていし　「でし」とも読む。師から教えを受ける人。門弟。原語のなか、ante-vāsin は「師の近くに住する」という意味。vineya は「教育されるべき」という意味。śiṣya は「教えられるべき」という意味。śrāvaka は「教えを傾聴する人」という意味で声聞とも訳される。「諸の聖者と言うは仏世尊及び仏の弟子を謂う」「諸の弟子は如来に摂属す」「弟子と師とは皆な同一味なり」 Ⓢ ante-vāsin: vineya: śiṣya: śaikṣya: śrāvaka

定（てい）→じょう

底　てい　そこ。いちばん下。Ⓢ adhara-tala

底彦多声　ていひたしょう　底彦多は tiṅanta の音写。文法用語で、動詞の活用法。動詞の人称形。たとえば現在形として、能動態の人称形には九の変化、反射態の人称形には九の変化、があり全部で十八種ある。

（出典）底彦多声、有十八囀。辨此声中、底字居後、彦多是後義。則是底字居後声也。（『枢要』上本、大正43・609a）

底民　ていみん　timi の音写。鯨のこと。→底民耆羅

底民耆羅　ていみんぎら　timiṃ-gila の音写。鯨である timi（底民）をも飲み込むという神話上の大魚。『婆沙論』に、段食の大きさ（麁細）を論じて、「底民耆羅耆羅の食うところの如きを是れ麁なりとせば、底民耆羅の食うところを細と為し、底民耆羅の食うところを是れ麁なりとせば、底民の食うところを細と為し、底民の食うところを是れ麁なりとせば、大魚・亀鼈及び末羯羅失獣・摩羅などの食うところを細と為す」と説かれ（『婆沙』130、大正27・675c）、底民耆羅を食べるさらに大きな魚として底民耆羅耆羅（timiṃ-gila-gila）があげられている。 Ⓢ timiṃ-gila

底民耆羅耆羅　ていみんぎらぎら　timiṃ-gila-gila の音写。→底民耆羅

底落迦　ていらっか　tiryak の音写。五つの生存のありよう（五趣）の一つである人趣の呼び名の一つ。人をマヌシュヤ（manuṣya）

と呼ぶが、そのように呼ばれるようになる以前の人に対する呼び名の一つ。 Ⓢ tiryak
(出典) 云何人趣。(中略) 問、何故此趣名末奴沙。(中略) 先末号此末奴沙時、人或相呼、以雲頸、或名多羅脛、或名底落迦、或名阿沙荼。(『婆沙』172、大正 27・867c)

抵誑 ていおう あざむきだますこと。「他債を負えば終に抵誑せず」
Ⓢ abhi-**druh**: visam-**vad**

抵拒 ていきょ こばむ、拒否すること。「他の委寄せるところの財物に於て規って抵拒せんと欲するが故に悪貪と名づく」

抵突 ていとつ つきあたること。他人を悩ませようとする毒々しい悪意をいだくこと。
(出典) 為性、悩他故、名抵突。(『瑜伽』89、大正 30・803a)

邸肆 ていし みせ。市場。「云何が七種の摂受事なるや。(中略) 五に田宅と邸肆との事なり」 Ⓢ āpaṇa

邸店 ていてん みせ。商店。「処物とは諸の田宅・邸店・鄽肆を謂う」 Ⓢ āpaṇa

亭邏 ていら 宿場や市場が立ち並ぶ町。村邑・聚落と並んで乞食する場所をいうときに用いられる。「是の如く村邑・聚落・亭邏を往きて巡行し乞食す」 Ⓢ nigama

剃 てい 頭の髪をそること。剃除とおなじ。「自ら誓って形を毀し、鬚髪などを剃って世俗の諸の相好を棄捨す」 Ⓢ muṇḍana

剃除 ていじょ 頭の髪をそること。「鬚髪を剃除して出家す」

帝 (てい) →たい

貞 (てい) →じょう

挺葉開花 ていようかいけ 葉がひろがり花が開くこと。舒葉開花ともいう。「喜見城外の東北にある円生樹は、是れ三十三天の欲楽を受する所にして、挺葉開花し妙香芬馥せり」

涕咽 ていいん なみだを流し、むせび泣くこと。「声を失して悲叫し涕咽す」

涕唾 ていだ なみだとつば。身内の不浄なものとしてあげられる。「屎尿・涕唾・汗涙・膿血」

涕涙 ているい なみだ。洟涙とおなじ。「悲恋し涕涙を目に盈す」 Ⓢ aśru

逓 てい たがいに。「種子と色識とは常に互に因と為り、能熏と種子と逓に因と為る」

逓相 ていそう たがいに。「一分の有情は男根生起し、一分の有情は女根生起し、逓相に陵犯して諸の邪行を起こす」

停住 ていじゅう たちどまること。とどまること。「時時に進歩し時時に停住して経行を習す」「一切の行は皆な刹那に生じ、生じて刹那の後に必ず停住することなし」
Ⓢ tiṣṭhatā

堤塘 ていとう 川の流れなどをせきとめるつつみ。「堤塘、泉中の水を堰す」

提 (てい) →だい

睇 てい 流し眼で見ること。女が男を魅惑して縛る八つのありようのなかの一つ。「歌・舞・笑・睇・美容・進止・妙触・就礼の八処に由って女は男を縛る」 Ⓢ prekṣaṇa

稊 てい いねびえ。雑草の名。

隄塘 ていとう 水流を防ぐつつみ。転じて過失を犯すことを防ぎとどめる戒の働きをいう。 Ⓢ setu
(出典) 由熏習力、欲起過時、憶便止故、戒為隄塘。(『倶舎』13、大正 29・70a)

隄塘戒 ていとうかい 殺害をはなれる戒。隄塘とは水流を防ぐつつみ・土手をいう。悪をふせぐ戒を土手にたとえて隄塘戒という。
Ⓢ setu
(出典) 離殺等戒、名為隄塘戒。能長時相続、堰遏犯戒過故。(『倶舎』13、大正 29・69a)

鄭重 ていちょう しばしば。くりかえし。かさねて。「鄭重に観察して対治を修習す」「生金を鄭重に銷煮す」 Ⓢ paunaḥ-punyena

蹄 てい ひずめ。「角・犎・頡・蹄・尾の牛相は牛に異なるに非ず」

泥 でい どろ・土・粘土。どろ沼。不浄なものの一つにあげられる。また、抜け出ることが難しい生死に喩えられる。「諸の便穢・泥・糞の不浄なるもの多し」「彼の生死は是れ諸の衆生の沈溺する処なるに由るが故に、出でんことの難きが故に、泥に譬う」
Ⓢ paṅka: mṛttika: mṛttikā

泥水 でいすい どろの水。「彼の村邑・聚落に入って乞食するときは、悪象・悪馬・毒刺・泥水などを避けるべし」 Ⓢ syandika

泥団 でいだん 粘土のかたまり。「手を以って泥団、或いは牛糞団を執持す」 Ⓢ mṛt-piṇḍa

埿 でい どろ。「屍・糞・埿の内に多く諸の虫あり」 Ⓢ kardama: mṛttika

的 てき 矢のまと。「一つの的において三つの箭の中たるところの其の相は、各、異なる」

滴 てき ①（水・雨・油などの）しずく。「父母の出す二滴」というときの滴は精（精子）と血（卵子）のこと。「父母の貪愛が倶に極まりて最後に決定して、各、一滴の濃厚の精と血とを出し、二つの滴が和合して母胎の中に住して合して一段と為る」 Ⓢ bindu: vāri-dhāra
②降らせること。注ぐこと。「大雲、雨起こりて風輪の上に澍して、車軸の如くに滴す」 Ⓢ abhi-vṛṣ

適 てき ①（思いや心に）かなうこと。「意に適う異熟、意を悦ばす異熟を善と名づく」
②とつぐこと。「他の妻妾とは已に他に適ぐを謂う」 Ⓢ pariṇīta

適意 てきい 心にかなうこと。「若し空定に住すれば其の心は安住して世間の適意・不適意のために傾動されず」

適悦 てきえつ 満足し喜ぶこと。（身心を）喜ばせること。「順境の相を領し、身心を適悦するを説いて楽受と名づく」
Ⓢ tuṣṭi: sāta: saumanasya

適悦依 てきえつえ →依⑫

適悦資具 てきえつしぐ 満足をもたらす品。車や衣服、身を飾る装飾品、照明、など、生活のための道具や身のまわりのもの。→資具 Ⓢ tuṣṭi-upakaraṇa
（出典）適悦資具者、謂、車乗・衣服、諸荘厳具、歌笑・舞楽、塗香・花鬘、種種上妙珍翫楽具、光明照曜、男女侍衛、種種庫蔵。（『瑜伽』5、大正 30・299a）

適事 てきじ 嫁いで夫につかえること。「父母は己の処女に於て他に適事せしめんが為の故に勤めて守護を加う」 Ⓢ pariṇayana

敵（てき）→じゃく

擲（てき）→じゃく

溺（でき）→にゃく

迭 てつ たがいに。かわるがわる。「我等二人は迭に相い依って護る」

啜 てつ すすること。「言うところの食とは飡・噉・咀・嚼・呑・咽・嘗・啜・飲などを謂う」 Ⓢ **cūṣ**

鉄 てつ てつ。金属の一種。
Ⓢ ayas: āyasa: loha

鉄火小星 てっかしょうせい 鉄の火花。鉄星とおなじ。「譬えば鉄火小星の迸る時、起こりて中に至りて乃ち滅するが如し」
Ⓢ ayaḥ-prapāṭikā

鉄觜 てっけい 鉄のくちばしをもった鳥。鉄粜鳥のこと。「鳥とは、鉄觜、啄眼精などの鳥なり」

鉄師 てっし 鉄の鉱石から鉄を精錬する技師。 Ⓢ ayas-kāra

鉄嘴鳥 てっしちょう 鉄粜鳥とおなじ。→鉄粜鳥

鉄刺林 てっしりん 八大地獄それぞれの四面の門の外にある庭園である鋒刃増の一種。木々には鉄のとげがあり、その木を登り降りすると、とげがささる、そのような場所をいう。原語 ayaḥ-śālmalī-vana のなかの śālmalī を設拉末梨と音写して鉄設拉末梨林ともいう。 Ⓢ ayaḥ-śālmalī-vana
（出典）鉄刺林、謂、此林上、有利鉄刺、長十六指、有情被逼上下樹時、其刺銛鋒下上鑱刺、有鉄粜鳥、探啄有情眼睛心肝、争競而食。（『倶舎』11、大正 29・58c）

鉄星 てっせい →鉄火小星

鉄設拉末梨林 てっせつらまつりりん →鉄刺林

鉄粜大鳥 てっそくだいちょう 鉄粜鳥とおなじ。→鉄粜鳥

鉄粜鳥 てっそくちょう 鉄のくちばしを持った大きなからす。鉄嘴鳥ともいう。「鉄粜鳥ありて有情の眼睛を探啄して食う」
Ⓢ ayas-tuṇḍa-vāyasa

鉄摶鋌 てっぱくてい 鉄の鉱石。「鉄摶鋌の炎熾赫然たるを鎚鍛して星流れ、未だ下らずして便ち滅するが如し」 Ⓢ ayaḥ-sthāla

鉄輪囲山 てつりんいせん 鉄囲山ともいう。スメール山（蘇迷盧山）を取り囲む八つの山を、さらに輪のごとくにまるく取り囲んだ、鉄でできた山。「妙高山を初と為し、鉄輪囲山を最後となし、中間に八海あり」「次に土などを以って四大洲を成じ、下は金輪に拠り、金山を遶って外の最後に、鉄を以って輪囲山を成じ、四洲の外に在ること、牆が囲遶するが如し」 Ⓢ cakra-vāḍa

鉄輪王 てつりんおう →転輪王

鉄輪宝 てつりんぼう 四つの世界（四洲）のなか、一つの洲（贍部洲）を統治する王（鉄輪王）が有する宝。四輪宝の一つ。→四輪宝 →転輪王

天 てん ①人間界の上の世界に住む一群の存在。欲界の四大王衆天から、無色界の有頂天に至るまでの存在をいう。欲界の六天（六欲天）、色界の十七天、無色界の四天（四処）を合わせて二十七の天がある。→六欲天 →色界十七天 →無色界四処。
Ⓢ div: divaukas: divya: deva: devatā: devya: daiva: sura: sura-ga: svarga
（出典）天、謂、四大王衆天・三十三天・夜摩天・覩史多天・楽変化天・他化自在天・梵衆天・梵輔天・大梵天・少光天・無量光天・極光浄天・少浄天・無量浄天・遍浄天・無雲天・福生天・広果天・無想有情天・無煩天・無熱天・善現天・善見天・色究竟天・無辺空処天・無辺識処天・無所有処天・非想非非想処天。（『雑集論』6、大正 31・719b）
②仏法を守護する八種の神（八部衆）の一つとしての天。→八部衆
③外道が説く天。バラモン教・ヒンドゥー教の神話に登場する神、たとえばヴィシュヌやシヴァなどの神。自在天はシヴァ神と同一視されることが多い。

天愛 てんあい 天が愛する人。愚人・愚者（moha）の異名。貧者を逆に富者とよんで嘲笑するように、愚人や愚者を侮辱するときに、天が憐れみ愛する人という意味の天愛という語でよぶ。「天愛よ、汝等は、文を執して義に迷う」 Ⓢ devānāṃ priyaḥ
（出典）言天愛者、梵云没劫、此名為愚。愚有三名。一提婆、此云天。二曬縛、此云光明。三鉢剌闍鉢底、此云生主、鉢剌闍生也、鉢底主也。（『枢要』上末、大正 43・626a）：言天愛者、以其愚癡無可録念。唯天所愛、方得自存。如言此人天矜故爾故名天愛。又名癡人即是天也。如説奴為郎君等。此調之言。咄天汝甚可矜、故言天愛。天即是愛。（『述記』2 末、大正 43・287c）

天悪魔 てんあくま 天魔とおなじ。→天魔

天雨 てんう あめ。「日が曝し、風が吹き、後に天雨に逢えば、即ち草を生ず」
Ⓢ vṛṣṭi

天楽 てんがく 天上の楽器。奏することなくして自然に音を出す楽器。「天楽は撃奏者なしと雖も、彼の処に生ずる有情の意楽に随って種種の声を出す」「無分別智は無分別にして功用を作さずと雖も種種の事を成ずること、如意珠と天楽の如し」

天宮 てんぐう 天にある宮殿。
Ⓢ deva-purī: bhuvana

天家家 てんけけ 二種の家家（天家家・人家家）の一つ。→家家補特伽羅 Ⓢ deva-kulaṃ-kula

天眼 てんげん 人間を超えた天上界の存在が有する清浄な眼。顕れないもの、さえぎられたものをも見ることができる眼。三種の眼（肉眼・天眼・慧眼）、あるいは五種の眼（肉眼・天眼・慧眼・法眼・仏眼）の一つ。→天眼智証通 Ⓢ divya-cakṣur
（出典）建立三眼。（中略）二者天眼、能照顕露不顕露有障無障有見諸色。（『瑜伽』14、大正 30・349c）

天眼智証通 てんげんちしょうつう 清浄な天の眼をもってあらゆること、あらゆるものを見通すことができる超能力。天眼通・天眼智通ともいう。『瑜伽論』では見死生智作証通といわれ、人びとの死ぬとき、生まれるときのありさまや、死後どこに生まれるか、などを見抜くことができる能力をいう。死生通ともいう。六神通の一つ。
Ⓢ divya-cakṣus-jñāna-sākṣātkriyā-abhijñā
（参考）（『瑜伽』37、大正 30・494b）：（『雑集論』14、大正 31・760a）

天眼智通 てんげんちつう →天眼智証通

天眼通 てんげんつう → 天眼智証通

天鼓 てんこ よく響きわたる音を発する天のつづみ。「如来は大梵音を得、言詞は哀雅にして能く衆意を悦す。譬えば、羯羅頻迦の音の如し。声は雷震して、猶し天鼓の如し」 Ⓢ dundubhi

天子 てんし 天の子。「諸の天子が将に没せんと欲する時、五相が先に現ず」「強力な天子あり、纔かに一たび憤を発せば、諸の劣なる天子は便ち駆擯せられて其の自宮を出ず」 Ⓢ deva-putra

天祠 てんし 天を祀ったほこら。天廟・天霊廟とおなじ。「殑伽の北に多く天祠あり。中に於て恵施し修福す」

天寺 てんじ 天を祀った神殿。「道場・天寺・宅舎・市鄽・城牆などの事を造立す」「諸の天寺の中に於て羊を殺して祠祀す」
Ⓢ deva-kula

天趣 てんしゅ 天という生存のありよう。生命的存在の五種のありようである五趣（地獄・餓鬼・傍生・人・天）の一つ。善趣の一

つ。→天 →善趣 Ⓢ deva: deva-gati

天授 てんじゅ 原語は deva-datta で、天から授かった者という意味。この語は祠授とならんで出生の由来にもとづいて名づけられる代表的な人名として使われる。→祠授
Ⓢ deva-datta
（出典）天神辺求得者、名為天授。（『婆沙』15、大正 27・73b）

天住 てんじゅう 如来が住する三つの心のありよう（聖住・天住・梵住）の一つ。色界の四つの静慮と無色界の四つの定とをいう。
Ⓢ divyo vihāraḥ
（出典）四種静慮四無色定、名為天住。（『瑜伽』38、大正 30・499b）

天上 てんじょう 天の世界。地獄・餓鬼・畜生・人の世界からみて天は上方にあるから天上という。「身壊し命終りて当に善趣に昇り、或いは天上に生まれ、或いは人中に生まれ、諸の妙楽を受く」「天上より下処に来る」
Ⓢ divya: deva-loka: svarga-loka

天神 てんじん かみ。神々。「祠廟に於て牛羊などを害して以って天神に祭る」「種種の香花と飲食とを以って天神を祠祷す」「天神の威力が其の心を擾乱す」 Ⓢ devatā

天随念 てんずいねん 六種の随念（仏随念・法随念・僧随念・戒随念・捨随念・天随念）の一つ。天に生まれようと念じること。念天とおなじ。→六念

天世界 てんせかい 天という生命的存在が住む世界。天世間ともいう。「身壊れた已後に善趣の天世界の中に生ず」 Ⓢ deva-loka: svarga-loka

天世間 てんせけん →天世界

天仙 てんせん 天に住する聖者。「天の中で阿羅漢を証得した者を名づけて大徳なる天仙と曰う」
（参考）（『婆沙』41、大正 27・210c）

天尊 てんそん 王などの尊い人。「願わくは天尊よ、親しく教勅を垂れたまえ。我等は皆な是れ天尊の翼従なり」 Ⓢ deva

天帝 てんたい 天帝釈のこと。→天帝釈

天帝釈 てんたいしゃく スメール山（蘇迷盧山）頂上の忉利天にある善見城に住して三十三天を統括する天主。帝釈天ともいう。天帝釈の異名として、鑠羯羅・補爛達羅・莫伽梵・婆颯縛・憍尸迦・芝夫・印達羅・千眼・三十三天尊がある（『婆沙』72、大正 27・371a）。→帝釈天

天帝幢 てんたいとう 帝釈天の旗。不動なありようの喩えとして用いられる。「智者は空の如く染汚なし。不動なること猶し天帝幢の如し」「世第一法の住する行者は能く聖教に安住して不動なること天帝幢の如し」
Ⓢ indra-ketu

天廟 てんちょう 天を祀ったほこら。天祠・天霊廟とおなじ。「天廟・衢路・市肆に於て殺羊法を立つ」 Ⓢ deva-āyatana

天道 てんどう 天という道。天という場所・住処。『婆沙論』（『婆沙』80、大正 27・415a 以下）に、天道を「生の天道」と「勝義の天道」とに分け、前者は三十三天であり、後者は色界の四静慮に住することである、という解釈をあげている。 Ⓢ deva-gati

天耳 てんに 人間を超えた天上界の存在（天）が有する耳。あらゆる音や声を聞くことができる耳。→天耳智証通

天耳智 てんにち →天耳智証通

天耳智作証通 てんにちさしょうつう →天耳智証通

天耳智証通 てんにちしょうつう 人間を超えた天上界の存在が有する耳によってあらゆる音や声を聞くことができるという超能力。天耳通・天耳智作証通ともいう。六神通の一つ。
Ⓢ divya-śrotra-jñāna-sākṣātkriyā-abhijñā
（参考）（『瑜伽』37、大正 30・494a～b）（『雑集論』14、大正 31・759c）

天耳智通 てんにちつう →天耳智証通

天耳通 てんにつう →天耳智証通

天女 てんにょ 天に住する女性や神の妻である神女。「諸の天女の形色は鮮潔にして妙光明の如し」 Ⓢ apsaras: devī

天人 てんにん 天と人。五つの生命的存在（五趣）のなかの二つで、善い生命的存在（善趣）に属す。「足ある者は能く険悪を避けて安隠処に至るが如く、浄戒ある者は能く悪趣を越えて天人の中に生まれ、或いは生死を超えて涅槃の岸に至る」 Ⓢ divya-manuṣya: divya-mānuṣyaka: deva-manuṣya

天人師 てんにんし 如来の十種の呼び名の一つ。究極の真理をさとった智慧で天と人とを教授して苦しみから解脱せしめる人であるからこのように呼ぶ。→十号
Ⓢ śāstā deva-manuṣyāṇām

(参考)(『瑜伽』38、大正 30・499b〜c)

天廟 てんびょう 天を祀ったほこら。天祠・天霊廟とおなじ。「或いは天廟・衢路・市肆に於て殺羊法を立てるは、無間業の同分なり」

天魔 てんま 仏道修行を妨げる四つの悪魔(蘊魔・煩悩魔・死魔・天魔)の一つ。人びとが蘊魔・煩悩魔・死魔の三つの魔からのがれようとするとき、欲界の最上界に住する天子である他化自在天の魔王がそれに対して種々に錯乱せしめることを悪魔にたとえて天魔という。あるいは他化自在天の魔王そのものを天魔という。天悪魔・天子魔ともいう。
Ⓢ deva-putra-māra
(出典) 天魔者、謂、於勤修勝善品者、求欲超越蘊煩悩死三種魔時、有生欲界最上天子、得大自在、為作障礙、発起種種擾乱事業、是名天魔。(『瑜伽』29、大正 30・447c)

天龍 てんりゅう 天と龍。仏法を守護する八種の神(八部衆)の二つ。→八部衆
Ⓢ deva-nāga

天霊廟 てんれいびょう 天を祀ったほこら。天廟・天祠とおなじ。「天霊廟を右遶せざる者は吉祥ならず」

典刑罰 てんけいばつ 刑罰をつかさどる人。裁判官。「典刑罰と及び聴察断罪人」
Ⓢ daṇḍa-netṛ

典語 てんご 古代インドにおける公用語であるサンスクリットをいう。これに対して方言であるプラークリットを俗語という。→俗語 Ⓢ saṃskṛta

典獄 てんごく 牢獄の番人。律儀に反する行為をする人(不律儀者)の一人。守獄ともいう。 Ⓢ bandhana-pālaka
(参考)(『倶舎』15、大正 29・78c)

典籍 てんせき 書籍。「修断の為に閑居し宴黙して法を思惟する時、当に順世の典籍を遠離すべし」「無義を引く外道の典籍」
Ⓢ mantra: śāstra

典厨 てんちゅう 台所。厨房。

殄息 てんそく とり除くこと。なくすこと。滅すること。「無比・微妙なる法雨を雨して一切の煩悩の塵埃を殄息す」
Ⓢ pra-**śam**

殄滅 てんめつ 死ぬこと。消滅すること。「汝等のあらゆる怨敵が皆な悉く殄滅することを願う」「窣堵波を破し、僧伽藍を壊し、諸の苾芻尼などを殺し、如来の法を殄滅せしむ」

展(てん)→ちん

転 てん ①(物事が)生起すること。生じて存在すること。種類としては、次の五種が説かれる(『雑集論』15、大正 31、765c)。(i)相転(生じ相続し滅するという三つのすがたをもって現象が変化すること)。(ii)安住転(受持された教えが受持する人のなかで存続すること)。(iii)顛倒転(汚れた存在が生起すること)。(iv)不顛倒転(清浄な存在が生起すること)。(v)差別転(過去・未来・現在、内・外などのさまざまなありようで存在が生起すること)。「分別が転ず」「智見が転ず」「身語の二業が転ず」「一切の心心所が、方に生じ、方に転ず」「声は欲に随って転ず」「身心は、各、自らの因縁に依って転ず」 Ⓢ anupravartanatā: pravartaka: pra-**vṛt**: pravṛtta: pravṛtti: **bhū**: **vṛt**: vṛtti
②生まれること。新しい生をうけること。「余の生に転ず」 Ⓢ parivarta: parivṛtta
③生存すること。存在すること。住すること。「我れは昔より欲行に依って転ず」「転とは三界・五趣を謂う」 Ⓢ **car**: **vṛt**
④働くこと。働かせること。「奢摩他と毘鉢舎那との二種が和合して倶に転ず」 Ⓢ **vah**: vāha: vāhana: vāhitva: vāhin
⑤移動すること。流れること。「風に随って転ずるが故に名づけて香と為す」 Ⓢ **dhāv**
⑥移すこと。移転すること。「転とは、息風を縁ずる覚を移転して後後の勝善根の中、乃至は世間第一法の位に安置するを謂う」
Ⓢ vivarta: vivartanā
⑦なくすこと。滅すること。「思現観は能く一切の疑を転ずることを業と為す」
Ⓢ vyāvṛtti
⑧転法輪の転。ころがすこと。教えを説くこと。→転法輪
Ⓢ parivarta: pravartana: pravartita
⑨変化すること。異なるものに変化せしめること。「所依が転ずる」「劣意楽を転じて勝意楽を成ず」「声聞の種姓を転じて成仏す」「根を転ず」「転とは体性が転変して差別するを謂う」「阿頼耶識を転じて法身を得る」
Ⓢ ni-**vṛt**: parivarta: parivṛtta: parivṛtti: vyā-**vṛt**: vyāvṛtti: saṃcāra
⑩流転すること。「転とは謂く流転なり。流

は是れ相続の義にして、転は是れ起の義なり」
⑪いよいよ。ますます。「後後の形相が転じて明らかに、転じて浄らかに顕現す」
Ⓢ tama: tara
⑫転依の略称。→転依

転異 てんい　変わる、変化すること。「眼などの根が転変するが故に諸識も転異す」
Ⓢ pariṇāma

転因 てんいん　どのような因からどのような果が生じるかと観察すること。順縁起のこと。→順縁起
(出典) 転因者、謂、順縁起。(『雑集論』16、大正 31・769b)

転換 てんかん　変わること。変えること。変化せしめること。「不決定の語とは、立し已って復た毀り、毀って復た立し、速疾に転換して了知すべきこと難きを謂う」「有情をして受用せしめんが為に、土石を転換して金銀などを成ず」

転去 てんきょ　変化せしめて捨て去ること。滅すること。転滅とおなじ。「阿頼耶識を転去して自性身を得る。大円鏡智品は蔵識を転去して証得するが故に」「蔵識を転去して得るとは、第八識中の二障の麁重を転滅して法身を顕すことを謂う」 Ⓢ vyā-vṛt

転救 てんぐ　論敵の非難に対して別の角度から主張の正しいことを述べること。「彼の執に朋附して、復た転救して言う」「外道、転救して云く」

転計 てんけ　いったん論破された根本の主張（本計）を別の角度からその主張の正しいことを述べること。付随的な主張。「経部の転計を破して立量して云く」「上来は已に経部の本計を破して、下は経部の末宗の転計を破す」「情に随って、数数、転計を為す」
Ⓢ cāra

転還 てんげん　①反対方向にもどること。逆にめぐること。「諸行は転還するに非ず」
Ⓢ pratyudāvṛtta
②転と還。流転と還滅。生死輪廻することと生死輪廻から解脱して涅槃に還ること。「我が常にして変異なければ、転還は理に応ぜず」

転更 てんこう　さらに。ますます。程度が強まっていく副詞句。「先に未だ断ぜざる一切の貪愛は、数習するが故に転更に増長す」「此の九種の白品所摂の加行に由る故に、能く其の心をして速疾に定を得せしめ、三摩地をして転更に勝進せしむ」
Ⓢ bhūyasyā mātrayā

転根 てんこん　根を転じること。さとりへの劣った能力（鈍根）を鍛錬し変化せしめて、より勝れた能力（利根）を得ること。練根ともいう。→練根　Ⓢ indriya-saṃcāra
(参考)(『倶舎』25、大正 29・131a～b)
②根とは男の性器（男根）あるいは女の性器（女根）をいい、男根を変化せしめて女根を得る、あるいは女根を変化せしめて男根を得ることをいう。「形とは形相をいう。即ち男女の根なり。此の二根に由りて男女の形は別れればなり。但だ形の転ずるに由りて諸の律儀を名づけて苾芻・苾芻尼などと為らしむ。謂く、転根の位に本の苾芻律儀を苾芻尼律儀と名づけしむ」 Ⓢ vyañjana-parivṛtti

転作 てんさ　①男から女へ、あるいは女から男へ変わること。「苾芻ありて僧衆の中に於て女人の語を作して現世に於て女人を転作す」 Ⓢ vyañjana-parivṛtti
②もののありようが変化すること。「諸の堅物が不堅に転作す」

転作戒 てんさかい　七種の戒の一つ。善を修し人びとを救済する戒。 Ⓢ pravṛtti-śīla
(参考)(『瑜伽』42、大正 30・522b)

転似 てんじ　(〈唯識〉の所説)。転じて似ること。自証分（相分と見分とに二分化する以前の心の本体）が転じて相分（認識される側の心の部分）と見分（認識する側の心の部分）とに似ること。あるいは内的な識が転じて外境（外界にあると考えられた対象・事物）に似ること。存在するものすべては識が変化したものにすぎず外界には事物は存在しないという「唯識無境」の理を論ずる際に用いる語。「変とは識体が転じて二分に似るを謂う。相分と見分とは倶に自証分に依って起こるが故なり。斯の二分に依って我と法とを施設す。彼の二は此れを離れて所依なきが故なり。或いは復た内識が転じて外境に似る。我と法と分別する熏習力の故に諸の識が生ずる時、我と法を変似す。此の我と法との相は内識に在ると雖も、分別に依って外境に似て現ず」(『成論』1、大正 31・1a～b)

転識 てんじき　潜在的な根本心（阿頼耶識）から転じて生じた顕在的な七つの識（眼

識・耳識・鼻識・舌識・身識・意識・末那識）をいう。現行識ともいう。転識と阿頼耶識とは相互に因となる。すなわち阿頼耶識は転識を生じる因となり、転識は阿頼耶識のなかに種子を植えつける因となる。→現行識「略して二つの識あり。一には阿頼耶識、二には転識なり。阿頼耶識は是れ所依にして転識は是れ能依なり」「阿頼耶識と諸の転識とは互に縁性と為りて転ず」「阿頼耶識は先世に造れるところの業行を因と為し、眼などの転識は現在世に於て衆縁を因と為して生ず」
Ⓢ pravṛtti-vijñāna

転捨 てんしゃ ①心のありようを転じる（変化せしめる）二つの要因（転捨と転得）の一つ。心の汚れたありよう（雑染分、依他起上の遍計所執）を捨てる、断つ、滅すること。→転得「生死とは依他起性の雑染分を謂い、涅槃とは依他起性の清浄分を謂う。転依とは即ち依他起性の対治が起こる時、雑染分を転捨して清浄分を転得するを謂う」「数数、無分別智を修習して本識中の二障の麁重を断ずるに由るが故に、能く依他起上の遍計所執を転捨し、及び能く依他起中の円成実性を転得す」 Ⓢ pari-**vṛt**
②善くないもの（不善）、あるいは好ましくないもの（不愛の果）を捨てる、断つこと。「不愛の果法を転捨する」「不善を転捨する戒と善を転生する戒と饒益有情を転生する戒との三種の戒あり」 Ⓢ vyā-**vṛt**

転捨不善戒 てんしゃふぜんかい 不善を捨てるための戒。三種の戒（転捨不善戒・転生善戒・転生饒益有情戒）の一つ。三聚浄戒（律儀戒・摂善法戒・饒益有情戒）のなかの律儀戒にあたる。

転趣 てんしゅ ①趣を転じること。たとえば、人から天に生まれるというように、ある生存のありようから他の生存のありように生まれかわること。「四の無色蘊は此の身を捨し已って余の生に転趣し転変す」
Ⓢ namana
②声聞や独覚がそのありようを変化して仏になること。「独覚は煖頂位において仏に転趣する義なし」
（参考）（『婆沙論』68、大正 27・352a）
③他の場所に向かって動くこと。「身表の業は定んで実有にあらず。然も心を因と為して識が変ずるところの手などの色相をして生滅・相続して余の方に転趣せしむ。動作あるに似て心を表示するが故に仮に身表と名づく」

転受 てんじゅ 他の生に生まれかわること。「此の菩薩は余の生を転受して是の如き福に摂持せられるが故に、病少なく病なし」「余の生を転受して本念を忘失す」
Ⓢ parivṛtta

転授 てんじゅ つぎつぎと教え授けること。「教とは先師が造るところの教蔵を謂い、聞に随って転授して伝わって今に至る」

転正法輪 てんしょうぼうりん 転法輪とおなじ。→転法輪

転生 てんしょう ①生まれかわること。「野牛は恒時に欲心増盛なるをもって牛の中に生ずべき者も非時なるを以っての故に野牛の中に転生す」「解脱を謗する邪見に由るが故に地獄に転生す」
②生じること。「法爾の無漏の種子は一箇の新種を転生す」「善を転生する戒」
③転捨に対する転生。生じること。「不善を転捨する戒と善を転生する戒」
④移り行くこと。「若し染と浄とに於て能く正しく了知すれば、能く染より浄に転生すべし」 Ⓢ sam-**car**

転生善戒 てんしょうぜんかい 善を生じるための戒。三種の戒（転捨不善戒・転生善戒・転生饒益有情戒）の一つ。三聚浄戒（律儀戒・摂善法戒・饒益有情戒）のなかの摂善法戒にあたる。

転生善法加行精進 てんしょうぜんぽうけぎょうしょうじん 善いことを修しようとつとめて修行すること。三種の精進（被甲精進・転生善法加行精進・饒益有情加行精進）の一つ。方便精進とおなじ。

転生饒益有情戒 てんしょうにょうやくうじょうかい 有情（生きもの）を饒益する（救済する）ことを生じるための戒。三種の戒（転捨不善戒・転生善戒・転生饒益有情戒）の一つ。三聚浄戒（律儀戒・摂善法戒・饒益有情戒）のなかの饒益有情戒にあたる。

転勝 てんしょう ますます勝れること。「先来に諸の善法を串習するが故に、後後の位の中に善法の種子は転増し転勝して生起す」「彼れは是の如く漸次に修行するに由って、後後に転勝し転増し転上して諸縁を修集す」 Ⓢ paripuṣṭa-tama: viśiṣta-tara

転成　てんじょう　変化して別のありようになること、あるいは、そのようにすること。「第八識が未だ無漏に転成せざる前は恒に五数の心所と相応す」「諸の菩薩は大方便を具して煩悩の集諦を覚分に転成す」

転身　てんしん　他の生に生まれかわること。「若し諸の菩薩、復た転身して十方界に遍ずと雖も在在の生処にて菩薩の浄戒律儀を捨てざるは、是の菩薩は無上菩提の大願を捨てず」 Ⓢ parivṛtta-janman

転随転因　てんずいてんいん　転因と随転因。転因とは直接的・第一次的な原因、随転因とは間接的・第二次的な原因をいう。たとえば無表（表層の行為によって深層に植え付けられ、表層に表れてこないもの）を生じる転因は過去の四大種（地・水・火・風の四つの元素）であり、随転因とは現在の身体を構成する四大種である。

Ⓢ pravartana-anuvartana-kāraṇa: pravṛtti-anuvṛtti-kāraṇa

（参考）（『倶舎』13、大正 29・70b）

転施　てんせ　教えを他者に布施すること。施他ともいう。十法行（経典などに書かれている教えに対する十種の修行）の一つ。→十法行

転斉　てんせい　転斉・転滅の転斉。転斉とは阿頼耶識のなかの劣った種子が転じて本有（本来的にある）の勝れた種子と等しいものになることをいい、転滅とは劣った種子がその劣ったありようを滅して勝れた種子に転じることをいう。

（参考）（『義林章』7、大正 45・363b 以下）：（『述記』2 末、大正 43・308c）

転増　てんぞう　ますます増大すること。ますます勝れること。「先来に諸の善法を串習するが故に、後後の位の中に善法の種子は転増し転勝して生起す」「彼れは是の如く漸次に修行するに由って後後に転勝し転増し転上して諸縁を修集す」

Ⓢ paripuṣṭa-tara: viśiṣṭa-tara

転転　てんてん　ますます。程度が増して強まるさまを表す語。「此れに由って身をして転転に軽挙、転転に柔軟、転転に堪任、転転に光潔ならしむ」 Ⓢ tara: bhūyo bhūyaḥ

転得　てんとく　心のありようを転じる（変化する）二つの要因（転捨と転得）の一つ。心の清浄なありよう（清浄分、依他起中の円成実性）を得ること。→転捨①「生死とは依他起性の雑染分を謂い、涅槃とは依他起性の清浄分を謂う。転依とは即ち依他起性の対治が起こる時、雑染分を転捨して清浄分を転得するを謂う」「数数、無分別智を修習して本識中の二障の麁重を断ずるに由るが故に、能く依他起上の遍計所執を転捨し及び能く依他起中の円成実性を転得す」 Ⓢ prati-**labh**

転易　てんにゃく　うつりかわること。「無為は五趣の転易を超過す」「転識は恒有に非ず、亦た転易す」 Ⓢ saṃcāra

転入　てんにゅう　移り入ること。移し入れること。「余の定に転入せんと欲するが為に三摩地を出る」「器中の果を此の器より出して彼の器に転入す」「受するところの段食は進みて口の中に至り、牙歯が咀嚼し、津唾が浸爛し、涎液が纏裹して咽喉に転入す」

Ⓢ pra-**luṭh**

転依　てんね　所依を転じること。人間存在を支えているよりどころ・根拠が変化すること。自己存在全体が汚れた迷いの状態から清らかなさとりの状態に変化すること。三性でいえば、依他起性の上の遍計所執性を捨して円成実性を得ること。転と略称することがある。『成唯識論』（『成論』10、大正 31・54c～55b）では転依を次のように大きく能転道・所転依・所転捨・所転得の四つにわけて、さらにそれぞれを二つにわけて詳しく分析している。（ⅰ）能転道。能く転依を起こす道。煩悩障と所知障との二障を捨てて菩提と涅槃との二果を得る力となる智をいう。これには次の二つがある。1. 能伏道。有漏智・無漏智の二智に通じ、有漏の六行智と加行智・根本智・後得智の無漏の三智をいう。これらの智は二障の種子の勢力を伏して具体的に現ぜしめない。2. 能断道。三智のなかの根本智と、後得の無漏の二智とをいう。これらの智は二障の種子を断じる。（ⅱ）所転依。転依されるもの。能転道の智によって染汚な状態から清浄な状態にもたらされるもの。1. 持種依。種子すなわち一切の存在を生じる可能力を保持している阿頼耶識（本識）をいう。それが基体となって転依が成立する。2. 迷悟依。迷う、あるいはさとるよりどころである真如をいう。真如は、これに迷えば生死に輪廻して染汚な状態となり、これをさとれば涅槃を得て清浄な状態となる。

（iii）所転捨。能転道の智によって捨てられるものである種子をいう。1. 所断捨。煩悩障と所知障との二障の種子。この種子は無漏智が生じた刹那（無間道）に断ぜられる。2. 所棄捨。障とはならない有漏法の種子と劣なる無漏法の種子。これらは障とはならないが、金剛喩定においてこれらの種子を保持している阿頼耶識が根底から清浄となるから有漏の種子と劣なる無漏の種子もおのずから捨てられる。（iv）所転得。二障の種子が断じられることによって獲得されるもの。1. 所顕得。涅槃のこと。涅槃は真如を本体とし、二障が除かれることによって真如が顕現する。2. 所生得。菩提のこと。所知障が断ぜられることによって八識を転じて生じる四智（成所作智・妙観察智・平等性智・大円鏡智）のこと。

Ⓢ āśraya-parāvṛtti: āśraya-parivṛtti

（出典）依、謂、所依、即依他起、与染浄法、為所依故。染、謂、虚妄遍計所執。浄、謂、真実円成実性。転、謂、二分転捨転得。由数修習無分別智、断本識中二障麁重故、能転捨依他起上遍計所執、及能転得依他起中円成実性。由転煩悩、得大涅槃、転所知障、証無上覚。（『成論』9、大正 31・51a）

（参考）種類として心転依・道転依・麁重転依の三種（→各項参照）（『雑集論』10、大正 31・742c）、損力益能転・通達転・修習転・果円満転・下劣転・広大転の六種（→各項参照）（『成論』10、大正 31・54c）が説かれる。

転変 てんぺん ①変化すること。たとえば薪が灰に、牛乳がヨーグルト（酪）に変化するさまをいう。仏教では現象をまとめて有為といい、生じた現象が無常で変化するありようを有為転変という。

Ⓢ parāvṛtta: pariṇati: pariṇāma: vikāra: vikṛta: vipariṇāma

（参考）（『婆沙』39、大正 27・200a〜b）では諸行に転変があるかどうか、転変にはどういう種類があるか、などの問題が詳しく論じられている。

②仏・菩薩の能変神境智通の一つ。仏や菩薩が禅定力によって物を変化せしめる神通力の働きをいう。「転変とは仏菩薩が定自在に依って、若しくは地に於て水の勝解を起こして水を成ぜしめるを謂う」

Ⓢ anyathī-bhāva-karaṇa: pariṇāmana

（参考）（『瑜伽』37、大正 30・492a〜b）

③識転変の転変。→識転変

④相続転変差別の転変。→相続転変差別

⑤サーンキヤ学派（数論）が説く転変。→数論

⑥心が対象に向かうこと。たとえば五蘊を名と色とに分け、色蘊を除いた四蘊を名（nāma）と名づける理由として「無色の四蘊は義に於て転変するが故に説いて名と為す」と説かれる（『倶舎』10、大正 29・52a）なかの転変をいう。 Ⓢ **nam**: namana

⑦食べ物が消化されること。「段食は能く転変することに依って所依を饒益する」「段食が転変する時に於て諸の過患あり」

Ⓢ pariṇāma

転変外道 てんぺんげどう 転変説をとく外道。精神的原理であるプルシャ（puruṣa 神我）と物質的原理であるプラクリティ（prakṛti 自性）との二つから世界が転変し展開するという二元論を説くサーンキヤ学派（数論）を代表とする仏教以外の学派。

Ⓢ pariṇāma-vādin

転変見 てんぺんけん 二十八種のまちがった見解（不正見）の一つ。→不正見

転変差別 てんぺんしゃべつ →相続転変差別

転変秘密 てんぺんひみつ 逆の意味を込めて教えを説くこと。たとえば深く常楽我浄の四つの顚倒に住すると説くのは、無常・苦・無我・不浄を深く理解し会得することを意味することをいう。あるいは極めて煩悩に悩まされると説くのは、長きにわたって精進し苦行したために疲労におそわれるということを意味することをいう。四種の秘密（令入秘密・相秘密・対治秘密・転変秘密）の一つ。→秘密

（出典）転変秘密者、謂、経所説隠密名言。如説於不堅堅覚、深住於顚倒、極煩悩所悩、得最上菩提。此中密意者、（中略）深住於顚倒者、謂、翻常楽我浄四倒、為無常等故、名顚倒。於此不退故、名深住。極煩悩所悩者、謂、於長時精勤苦行、極為労倦所逼悩故。（『雑集論』12、大正 31・752b）

転変無常 てんぺんむじょう 変化するという無常。変異無常・変易無常ともいう。三種の無常（壊滅無常・転変無常・別離無常）の

一つ。「生じ已って壊滅する分位に依って無常を建立す。此れに壊滅無常・転変無常・別離無常の三種あり」 Ⓢ vipariṇāma-anitya
（参考）（『瑜伽』56、大正 30・607b～c）

転法輪 てんぽうりん　法の輪を転ずること。教え（法・教法）を説くこと。法とは教えをいい、教えを輪にたとえて法輪という。婆羅痆斯（vārāṇasī）の鹿野苑で初めて教えを説示したことを初転法輪という。転正法輪ともいう。→初転法輪「憍陣那などの五人の為に法輪を転ず」「仏は菩提樹の下に於て商人の為に説法するを菩提樹下の転法輪と名づく。婆羅痆斯に在りての転法輪の前なり」。

転滅 てんめつ　①心の汚れたありようを変化せしめて滅すること。転捨とおなじ。「依他起性の雑染分を転滅して一切障より解脱して、法に於て自在なることを転得す」「此の雑染の根本である阿頼耶識は善法を修するが故に方に転滅することを得る」「数数、無分別智を修習して本識中の二障の麁重を断ずるが故に、能く如に依る生死を転滅し、及び能く如に依る涅槃を転証す。此れは即ち真如が雑染を離れた性なり」「一念の極信重なる心に由って無辺の不定の悪業を転滅して殊勝なる人天の涅槃を摂受す」 Ⓢ abhi-**bhū**: vyā-**vṛt**
②転斉・転滅の転滅。→転斉

転痢 てんり　下痢。腹をくだすこと。「過量に転痢し、及び出血して悶絶す」
Ⓢ purīṣa-vireka

転輪王 てんりんおう　輪王ともいう。四つの世界（贍部洲・勝身洲・牛貨洲・倶盧洲の四洲）に君臨する統治者。天から授かった輪（cakra 輪状の武器）を転がすことによって世界を治める理想的な王。王の象徴である輪の種類によって、鉄輪王・銅輪王・銀輪王・金輪王の四つに分かれる。このなか鉄輪王は四洲のなかの贍部洲のみ、銅輪王は贍部洲・勝身洲の二洲、銀輪王は贍部洲・勝身洲・牛貨洲の三洲、金輪王は四洲すべてをそれぞれ統治する。この政治的な王である転輪王という考えから宗教的な王である転法輪王という概念が生じた。 Ⓢ cakra-vartin: cakra-varti-rājan
（参考）（『倶舎』12、大正 29・64b～c）

廛 てん　みせ。店舗。「価直を執持し、羊を売る廛に趣き、羊身を揣触して価に酬いて捉取し、牽還して養飯す」

諂 てん　だましへつらう心。自分の過失をかくすために、いつわりの方便をめぐらして人をまるめこみ、だます心。随煩悩の一つ。 Ⓢ śāṭhya
（出典）諂、謂、心曲。由此不能如実自顕、或矯非撥、或説方便、令解不明。（『倶舎』21、大正 29・109c）：心不正直、不明不顕、解行邪曲、故名為諂。（『瑜伽』89、大正 30・802b）：云何為諂。為網他故、矯設異儀、険曲為性、能障不諂教誨為業。（『成論』6、大正 31・33c）

諂誑 てんおう　①あざむきだますこと。「諂誑と詐偽と妄語とを行ず」「意志は多く詐幻を懐き、諂誑多し」
Ⓢ māyā-śāṭhya: śaṭha: śāṭhya-vañcana
②諂と誑という二つの心所。→諂　→誑①

諂曲 てんごく　だますこと。「人ありて来って詰問するところあれば、即ち諂曲を以って矯乱を行ず」「言に詭詐なく虚構に因らずして所説あり、諂曲を離れるが故に発言は純質なり。是の如きを正直語と名づく」
Ⓢ śāṭhya
（参考）（『瑜伽』68、大正 30・675b～c）

諂詐 てんさ　だますこと。いつわること。「親教・軌範・尊長・真実福田を諂詐し欺誑して邪悪行を行ず」 Ⓢ śaṭha

諂佞 てんにょう　→諂佞語

諂佞語 てんにょうご　だましへつらう言葉。「佞とは謂く諂佞なり。苾芻あり、邪命を懐に居きて諂佞語を発するが如し」 Ⓢ lapanā

諂媚 てんび　だましこびること。「語が仮偽に非ざるが故に、諂媚に非ざるが故に、名づけて称心と為す」「一切の女人は其の性として諸の嫉妬・諂媚・慳貪多し」 Ⓢ śāṭhya

蹎僵 てんきょう　つまずき倒れること。「彼の諸の有情は多く気勢なくして蹎僵して地に在り」 Ⓢ uttānakā nipatitā

蹎蹶 てんけつ　つまずき倒れること。「瞑目し杖を執り、進止を他に問い、蹎蹶して路を失うを見れば、是れ盲なりと比知す」

蹎墜 てんつい　つまずき落ちること。「非我を見ることに於て我を見ると謂うが故に、彼れは便ち悪見の深坑に蹎墜す」

鄽肆 てんし　店。店舗。「恵施する処物とは田宅・邸店・鄽肆などをいう」 Ⓢ āpaṇa

顚狂 てんおう　狂気。狂乱。狂っているさま。「目眩・惛夢・悶酔・放逸、或いは顚狂、是の如き類を名づけて惑障と為す」
Ⓢ unmatta

顚癇 てんかん 発作的にひきつけを起こす病。「顚癇して心狂乱す」

顚墜 てんつい 落ちること。「命終って已後、悪趣に顚墜す」

顚倒 てんどう ①まちがっていること。「師に過失ありて顚倒して修定の方便を説く」「法・非法を了すと雖も破僧せんと欲するがために虚誑語を起こして、顚倒して顕示す」
Ⓢ viparīta: viparyasta
②まちがった見方。事実とは逆にみる認識。無常なるものを常、苦なるものを楽、無我なるものを我、不浄なるものを浄であるとまちがって認識すること。まとめて常楽我浄の四顚倒という。→四顚倒
Ⓢ viparīta: viparyāsa
（出典）応知顚倒総有四種。一於無常執常顚倒、二於諸苦執楽顚倒、三於不浄執浄顚倒、四於無我執我顚倒。（『倶舎』19、大正 29・100b）
（参考）種類として、想倒・見倒・心倒・於無常常倒・於苦楽倒・於不浄浄倒・於無我我倒の七種が説かれる（『瑜伽』8、大正 30・314b）。

顚倒覚 てんどうかく まちがった、よこしまな、正しくない考え。「諸の愚夫は顚倒覚に由って諸の影像に於て如実に唯だ是れ識なりと知ること能わず」

顚倒見 てんどうけん 二十八種のまちがった、よこしまな、正しくない見解（不正見）の一つ。倒見ともいう。→不正見
Ⓢ viparyasta-dṛṣṭi

顚倒心 てんどうしん まちがった、よこしまな、正しくない心・考え。倒心ともいう。「心は真実の道理を覚悟せずして無常等の法に於て常等の顚倒を起こす。善く能く此の顚倒心を修治して顚倒を離れて真実の義を覚せしむ」

顚倒想 てんどうそう まちがった、よこしまな、正しくない想い・考え。「諸の有情類は多く是の如き顚倒想を起こして母胎に入る」

顚倒転 てんどうてん 五種の転の一つ。→転①

纏 てん ①煩悩の異名。煩悩は心をまとい、おおうから纏ともいう。具体的に働く顕在的な煩悩をいう。これに対して潜在的な煩悩を随眠という。→随眠 Ⓢ paryavasthāna
（出典）煩悩睡位、説名随眠。於覚位中、即名纏故。（『倶舎』19、大正 29・99a）：煩悩差別者、多種差別応知。（中略）数起現行故、名為纏。即此種子、未断未害、名曰随眠、亦名麁重。又不覚位、名曰随眠。若在覚位説、名為纏。（『瑜伽』8、大正 30・314b）：現行現起煩悩、名纏。（『瑜伽』58、大正 30・623a）：煩悩復二。纏及随眠。（『瑜伽』88、大正 30・795b）
（参考）種類として、無慚・無愧・嫉・慳・悔（悪作）・眠（睡眠）・掉挙・惛沈の八纏が説かれる（『倶舎』21、大正 29・109b）（『雑集論』7、大正 31・724b）。
②まとわれること。「慳垢に纏われた心」「欲貪纏の為に心、纏われて住す」
Ⓢ paryavasthita
③まとうこと。「或いは珍奇を散じ、或いは宝縷を纏って供養を為す」「最後の般涅槃の時、即ち此の衣を以って屍を纏って焚葬す」
Ⓢ pariveṣṭana: pariveṣṭita

纏位 てんい 煩悩の顕在的な段階。随眠位に対する。→纏① →随眠位

纏裹 てんか ①まとわりからむこと。「如実に簡択せざる覆障・纏裹・闇昧などの心所性を独行無明と名づく」
②まとうこと。「胎衣を纏裹して産門に趣く」「胎に纏裹され、胎を剖って出ずるを胎生という」「牙歯が咀嚼し、津唾が浸爛し、涎液が纏裹す」 Ⓢ pariveṣṭita

纏擾 てんじょう まといかきみだすこと。「諸の随煩悩が其の心を纏擾す」「心が悪尋思のために纏擾さるる」 Ⓢ **kṣubh**

纏繞 てんにょう まといおおうこと。「諸の纏は、数数、増盛して一切の観行者の心を纏繞す」「惛沈・睡眠が其の心を纏繞す」
Ⓢ paryava-**nah**

纏縛 てんばく まといしばること。「貪・瞋・癡の三つの堅固な縛の為に纏縛さるる」

纏覆 てんぷく まといおおうこと。「惛沈・睡眠の為に其の心を纏覆す」

纏綿 てんめん まとわれること。まつわりつくこと。「彼の境界が極めて端厳なるに由るが故に美妙の相に随って心識が纏綿す」

癲狂 てんおう くるっていること。「或い

は驚怖して志を失す、或いは鬼魅に著せらるるに由って癲狂を発するを狂という」
Ⓢ unmattaka

癲癇　てんかん　①くるっていること。「諸の世間のもの、若し如来を見たてまつれば、癲癇して心乱れたるは還て本心を得、逆胎は順を得、盲者は視ることを得る」
Ⓢ unmatta
②てんかん。病気の一つ。意識が喪失していること。 Ⓢ apasmāra

鱣魚　てんぎょ　大魚の名。この魚はくわえた物を牙で堅くたもちつづけるので、それを取り除くためにはその牙を切断する必要があることから、よこしまな見解を堅く持ちつづけることの喩えに用いられる。「愚人の受持するところ、鱣魚の銜する物、室首魔羅の噛むところは、刀に非ざれば解すること能わず」

田　でん　①た。たばた。耕作地。土地。「穀を求め田を求めて方便して牛を須う」
Ⓢ kṣetra
②施される人。施される人のありようによってその施しの結果が相違するすることを、田のありようによってとれる穀物が相違することに喩えて、布施において施される人を田という。そのような田として恩田・徳田・悲田からなる福田がある。→福田「田が異なるに由るが故に施の果に殊あり」 Ⓢ kṣetra

田園　でんおん　たばた。耕作地。「務農者は田園などに於て充済を得るに随って便ち喜足を生ず」 Ⓢ kṣetra

田器　でんき　→田器施　Ⓢ pātra

田器施　でんきせ　田器に布施をすること。田器の器の原語 pātra は容器という意味で、この場合は「～に値する人」という意味。田とは、そこに種を播けば芽が生じるように、ある人に布施という善を行なえばそこから福が生じる、そのような人をいう。二つを合わせた田器とは、布施をするに値する人という意味になり、そのような人に布施をすることを田器施という。またそのような人を福田ともいう。福田としては徳田・悲田・恩田の三種がある。非田器施（布施をするに値しない人に布施をすること）の対。菩薩の十三種の布施のありようの一つ。 Ⓢ pātra-dānatā
（出典）田器者、謂、貧苦田・功徳田。（『雑集論』8、大正 31・731b）
（参考）（『瑜伽』39、大正 30・509c）

田地　でんじ　田畑と土地。「捨に略して五あり。一には田地の捨、二には財物の捨」

田主　でんしゅ　田畑を統括する支配者。人民の同意のもとで選ばれた最初の支配者を大三末多王といい、刹帝利（クシャトリヤ）の初めとなる。原語は、『倶舎論』では kṣetrāṇām adhipatiḥ であるが、ほかに kṣetra-svāmin もあり、差摩塞縛弥と音写する。 Ⓢ kṣetrāṇām adhipatiḥ
（参考）（『倶舎』12、大正 29・65c）：（『略纂』1、大正 43・17a）

田宅　でんたく　田畑と住居。「云何が七種の摂受事なるや。（中略）五に田宅と邸肆との事なり」 Ⓢ kṣetra-gṛha

田夫　でんぷ　田を耕す人。農夫。「田夫は先に左手を以って草などを攬取し、後に右手を以って執して之を鎌刈す」 Ⓢ karṣaka

伝　でん　①伝わること。伝えること。「彼の先師所造の教蔵は聞に随って転授し伝えて今に至る」「聖教を伝える者」
②いい伝え。伝えられた説。「問う、宗家の意は大悲闡提の菩薩の成仏を許すべきや。答う、先徳の二つの伝あり。一には成仏せずと云い、二には成仏すると云う」
③つぎつぎと生起したもの。「声は第三の伝に属すが故に、彼れに由って生ずると雖も、異熟に非ず。謂く、彼の業より諸の大種を生じ、諸の大種より縁によりて声を撃発す」
Ⓢ paraṃparā

伝授　でんじゅ　つたえさずけること。「契経などの十二分教を伝授す」

伝唱　でんしょう　つぎつぎと伝え唱えること。「諸神が伝唱する声は梵宮に至る」「世は咸く伝唱す」

伝説　でんせつ　伝え説くこと。伝え説かれること。原語 kila は「～と言われたごとく」「～と述べられたごとく」という意味で、自らの見解に反した他派の見解を引用して記述するときにも用いる表現。たとえば『倶舎論』においては、経量部の立場で論述する世親が有部の説を記述するときに用いる表現。「契経の十二分教を伝説す」「毘婆沙師の伝説するところは、是の如し」 Ⓢ kila

伝説者　でんせつしゃ　仏教の教え（聖教）を継いで後世に伝える人。紹師ともいう。→紹師

伝伝　でんでん　つぎつぎと伝えるさま。「伝伝する密意」 Ⓢ pāraṃparyam

伝聞　でんもん　①伝え聞くこと。「眼が現見するところを名づけて所見を為し、他より伝聞するを名づけて所聞と為す」
Ⓢ āgamita
②伝と聞。伝えることと聞くこと。「師弟の伝聞が展転す」

伝立　でんりゅう　つぎつぎと設定して伝えること。「是より以来、斯の末奴沙という号を伝立す」

殿　でん　殿堂とおなじ。→殿堂

殿堂　でんどう　との。大きな建物。宮殿。殿とおなじ。「外物たる房舎・屋宇・殿堂・廊廟などを観見す」「是の如き四聖諦智は四階隥の如く、能く大智慧の殿に上昇せしむ」
Ⓢ prāsāda

電　でん　いなずま。「月星・火薬・宝珠・電などの諸の焔を明と名づく」

電光　でんこう　①いなずまの光。瞬く間に消えることから、存続しない存在の喩えに用いられる。「諸の転識は電光などの如く堅住ならず」
②瞻部洲にある四大河の一つである私多河の支流の一つ。→四大河

電光喩補特伽羅　でんこうゆふとがら　羯磨（教団で行なう儀式や作法）に関して瞬く間にすべてを理解する人。電光（いなずま）が一瞬に光って全てを照らし出すことに喩えてこのように呼ぶ。羯磨に関する五種の補特伽羅の一人。
（参考）（『瑜伽』69、大正 30・680a）

臀　でん　しり。「両つの臀は殊妙にして二つの随好を為す」 Ⓢ sphic

と

斗　と　ます。ますで量を計ること。→偽斗「斗を偽る」 Ⓢ kāṃsa

吐　と　①（飲食したもの、血などを）はく、はきだすこと。はきだされたもの。「諸の菩薩は吐を食して活命する衆生を愍むが為に、数数、食し已って飲食するところを吐いて之を施与す」「毒を吐く」
Ⓢ ud-**sṛj**: ud-**hṛ**: **vam**
②除去する、取り除くこと。「勤精進に由って旧業を吐く」 Ⓢ vyantī-bhāva
③述べる、言うこと。「非情交者には実誠を吐かず」

兎角　とかく　兎の耳をみてそれを角だと思いまちがったときの角をいう。実際には存在しないものの喩えとして用いられる。「兎角は本無なり」「兎角の如く、心に異って有るにあらず」 Ⓢ śaśa-viṣāṇa

兎毫塵　とごうじん　兎毛塵とおなじ。→兎毛塵

兎毛塵　ともうじん　兎の毛のちり。長さの単位の一つ。水塵の七倍。兎毫塵ともいう。
Ⓢ śaśa-rajas
（参考）（『婆沙』136、大正 27・702a）：（『倶舎』12、大正 29・62b）

妬　と　ねたむこと。嫉妬とおなじ。「嫉とは利養に耽著して他の栄に耐えず、瞋の一分の心である妬を体と為す」

妬忌　とき　ねたむこと。嫉・嫉妬とおなじ。「嫉結とは心の妬忌を謂う」「云何が嫉と為す。自の名利を徇して他の栄に耐えず、妬忌を性と為す」 Ⓢ īrṣyā

妬羅綿　とらめん　蠹羅綿とも書く。妬羅・蠹羅は tūla の音写。木綿。非常に柔軟な綿。畳絮とともに軽く柔らかいものの喩えに用いられる。「軽挙想とは、謂く、此の想に由って身に於て軽挙の勝解を発起し、妬羅綿の如く、或いは畳絮の如く、或いは風輪に似たり」「蠹羅綿の上に柔軟性あり。蠹羅綿と一相・異相を施設し易からざるが如く、勝義諦の相は諸行の相と一相・異相を施設すべからず」
Ⓢ tūla-picu

突吉羅　ときら　duṣkṛta の音写。悪作と意訳。苾芻・苾芻尼が犯す軽い罪の総称。五篇、六聚、七聚の一つ。 Ⓢ duṣkṛta

突尸羅　としら　duḥśīla の音写。受けた戒を破る、あるいは捨てること。 Ⓢ duḥśīla
（出典）毀犯所受清浄戒故、名突尸羅。（中

略）又捨所受故、名突尸羅。（『瑜伽』84、大正 30・770b）

徒 と ①いたずらに。むなしく。むだに。「徒らに我を分別す」「徒らに劬労して日月を経る」 Ⓢ vyartham
②弟子。門人。「師と徒」

徒衆 としゅう 大衆。群衆。弟子の集まり。「諸の菩薩は供侍を貪らず愛染心なくして徒衆を管御す」「諸の菩薩は一切時に徒衆を摂取す」 Ⓢ gaṇa: pariṣad

徒侶 とりょ ともがら。仲間。「人と交らずして絶って徒侶なし」「大天の徒侶は婆師波を以って其の師を為し大衆部と云う」

兜率天 とそつてん 知足天とおなじ。→知足天

都 と すべて。まったく。「若しくは内、若しくは外、及び二の中間に、都て我あることなし」「散し已って変壊して最後に都て尽きるを名づけて磨滅と為す」

都史多天 としたてん 知足天とおなじ。→知足天

都曇鼓 とどんこ 大きな細腰鼓。「都曇などの鼓と倶行する声」 Ⓢ mṛdaṅga

都無 とむ いかなる意味においても決して存在しないこと。遍計所執性（言葉で語られ執着されたもの）の存在性を表す語。「心の外の境は其の体は都無なり」「所執の我法は都無なり」「仮説の所依は一切都無なり」 Ⓢ na asti kaścit: sarveṇa sarve nāstikatā

屠 と 羊・猪・鶏などの畜類を殺すこと。屠殺とおなじ。「不律儀とは羊を屠す、鶏を屠す、猪を屠す、鳥を捕す、魚を捕すなどを謂う」

屠膾 とかい 動物を屠殺して生計を立てている人。「黒の勝生類とは雑穢業者である屠膾などを謂う」
（参考）（『婆沙』198、大正 27・992b）

屠鶏 とけい →屠雞

屠雞 とけい にわとりを殺して生計を立てている人。律儀に反する行為をする人（不律儀者）の一人。屠鶏・販鶏・屠養鶏ともいう。→不律儀者 Ⓢ kaukkuṭika
（参考）（『婆沙』117、大正 27・607a）：（『倶舎』15、大正 29・78c）

屠殺 とさつ 屠とおなじ。→屠「群畜を屠殺して幽魂を祀祭す」

屠児 とじ 畜類を屠殺することで生計を立てている人。インドにおける社会の最下層である旃荼羅の一種。→旃荼羅
（出典）旃荼羅者、屠児也。（『略纂』4、大正 43・54b）

屠猪 とちょ 猪を殺して生計を立てている人。律儀に反する行為をする人（不律儀者）の一人。販猪とおなじ。→不律儀者
Ⓢ saukarika
（参考）（『婆沙』117、大正 27・607a）：（『倶舎』15、大正 29・78c）

屠羊 とよう 羊を殺して生計を立てている人。律儀に反する行為をする人（不律儀者）の一人。屠養羊ともいう。→不律儀者
Ⓢ aurabhrika
（参考）（『婆沙』117、大正 27・607a）：（『倶舎』15、大正 29・78c）：（『瑜伽』9、大正 30・319c）

屠養鶏 とようけい 屠雞とおなじ。→屠雞

屠養羊 とようよう 屠羊とおなじ。→屠羊

渡 と わたること。「煩悩は深くて渡り難きが故に、流れに順じて漂うが故に、暴流と名づく」「初めて河に入る処を名づけて此岸と為し、已に河を渡りおえた処を名づけて彼岸と為す」

渡疑 とぎ 疑いを克服してなくすこと。度疑とも書く。「有学の増上慢者は、我れ已に渡疑して永く三結を断じ、我れ所証の有学の解脱に於て已に猶予を離れ、已に毒箭を抜けり、と他に告げて言う」

塗（と）→ず

覩 と 見ること。「諸の菩薩の神力を覩、其の正法を聞く」「衆色の像を覩る」 Ⓢ ā-lok: ālokita: darśana
（出典）眼見衆色、是名為覩。（『瑜伽』24、大正 30・414a）

覩貨羅 とから tukhāra の音写。『西域記』では覩貨邏に作る。現在のボカーラとアフガニスタンとの中間の東西に延長する一帯の地方。「礫迦・葉筏那・達剌陀・末鞢婆・佉沙・覩貨羅・博喝羅などの人、来りて会坐に在りて、各各、仏は独だ我が為に自国の音義を説くと謂う」（『婆沙』79、大正 27・410a）
Ⓢ tukhāra
（参考）（『西域記』1、大正 51・872a）：（『慈恩伝』2、大正 50・228a）

覩見 とけん 見ること。「明眼の人が微闇の中に於て衆色を覩見するが如し」

Ⓢ darśana: vidarśana

覩史多天 としたてん 知足天とおなじ。→知足天

覩胝 とち 数の単位の一つ。捺稚那分の百千倍。→捺稚那分（『婆沙』177、大正 27・891a）

覩胝分 とちぶん 数の単位の一つ。覩胝の百千倍。→覩胝（『婆沙』177、大正 27・891a）

蠹羅綿 とらめん 妬羅綿とおなじ。→妬羅綿

土 ど ①土地。領地。国土。「仏の土」
Ⓢ kṣetra: jana-pada
②つち。「種は水・土などの諸の熟変の縁に遇って芽を生ず」 Ⓢ mṛd

土塊 どかい つちのかたまり。「土塊とは五取蘊に喩う」 Ⓢ loṣṭa

土器 どき つち・粘土からできたうつわ。「諸の土器などには顕相は同じくも形は相異することあるを現見す」 Ⓢ mṛd-bhājana

土田 どでん ①領地。国土。「本の土田に依って自ら食用し、凶力を以って他の境を侵掠せず」
②田畑。「河泉は乾竭し、土田は鹹鹵し、丘陵は坑険す」 Ⓢ rājya

奴（ど）→ぬ

度 ど ①時を過ごすこと。「虚綺の論の中で共に談説して時日を枉に度す」
Ⓢ ati-**nam**
②規則。のり。「星宿が度を失す」
③わたること。こえること。わたすこと。渡とおなじ。「暴流を度す」「煩悩の河を度す」

度疑 どぎ 疑いを克服してなくすこと。渡疑とも書く。
（出典）能於一切苦集滅道及仏法僧、永断疑惑、由畢竟断、超度猶予故、名度疑。（『瑜伽』94、大正 30・838b）

度至 どし わたって至ること。「生死の彼岸より涅槃の彼岸に度至す」

度洛叉 どらくしゃ atilakṣa の音写。ati を頞底と訳し頞底洛叉ともいう。数の単位の一つ。洛叉の十倍で十の六乗。→頞底洛叉
Ⓢ atilakṣa

度量 どりょう ①分量。「食に度量なく、消せずして復た食す」 Ⓢ mātra
②はかること。はかり考えること。「如来は是の如く秘密にして思議すべからず、度量すべからず、一切の度量の境界を超過す」

怒（ど）→ぬ

刀 とう かたな。「手・足・塊・刀・杖などを以って互相に加害す」 Ⓢ śastra

刀剣 とうけん かたな。武器の一つ。「刀剣を執持して闘訟し諍競す」 Ⓢ śastra

刀災 とうさい 三種の災い（倹災・病災・刀災）の一つ。殺害の心を起こして刀剣などをもって闘争することをいう。
Ⓢ śastra-saṃvartanī
（参考）（『瑜伽』2、大正 30・285c）:（『略纂』1、大正 43・14c）

刀杖 とうじょう ①刀と杖などの武器。「是の如く貪瞋癡に依るが故に刀杖を執持して一切の闘訟・違諍を発起す」 Ⓢ śastra
②刀と杖。代表的な武器としてあげられる。「身・手・瓦・礫・刀・杖を以って欧撃し傷害す」 Ⓢ śastra-daṇḍa

刀刃路 とうじんろ 八大地獄それぞれの四面の門外の庭園である鋒刃増の一種。上をむいた刀が敷かれた道路。そこを歩いて足を下ろすと皮膚や肉が切断され、足を挙げると元に復す、そのようなところ。
Ⓢ kṣura-mārga
（出典）刀刃路、謂、於此中、仰布刀刃、以為大道。有情遊彼、纔下足時、皮肉与血倶断砕墜、挙足、還生平、復如本。（『倶舎』11、大正 29・58c）

刀兵 とうひょう ①小の三災（刀兵・疾疫・饑饉）の一つ。→三災
②→刀兵中劫

刀兵劫 とうひょうこう →刀兵中劫

刀兵災 とうひょうさい →刀兵中劫

刀兵中劫 とうひょうちゅうこう 五濁の一つである劫濁を構成する三期間のなかの、争いがつづく非常に長い期間をいう。刀兵劫・刀兵災ともいう。→五濁 →劫濁 →中劫
Ⓢ śastra-antara-kalpa

冬 とう 一年の四季（夏・秋・冬・春）の一つ。「秋と冬の時には叢林・薬草・華葉果などは萎黄して零落す」 Ⓢ hemanta

忉利天 とうりてん →三十三天

当 とう ①漢文の訓読では「まさに～べし」と下の動詞から返ってよみ、「まさに」「これから」「ちょうど今」などという意味で動詞にかかる語。「～しよう」という未来にむけた意志、「～すべし」という義務、「かな

らず～となる」という必然性などを表す語。「一切の有情は当に死すべし」「後に当に広説すべし」「当に知るべし、亦た爾なりと」
②未来。「中有の形状は当の本有の形の如し」 Ⓢ āyati
③あたること。→当情現

当有 とうう ①来世の生存。再び生まれること。後有・当生ともいう。「我れは当有なるや、非当有なるや、などと謂うは戯論なり」 Ⓢ punar-bhava
（出典）言当有者、謂、未来生。於彼当生思食能引。思食引已、従業所熏識種子力後有得起。（『倶舎』10、大正 29・55c）
②これから生じること。未来。「当有の無常」

当有無常 とううむじょう 六種の無常（壊滅無常・生起無常・変易無常・散壊無常・当有無常・現堕無常）の一つ。壊滅無常・生起無常・変易無常・散壊無常の四つの無常が未来世において起こる無常。
（参考）（『瑜伽』52、大正 30・586c）

当果 とうか 未来世の結果。「現在の法が後を引く用あるを観じて仮って当果を立てて、対して現因を説く」

当学 とうがく これから学ぶこと。「未来の一切の菩薩は当学す」 Ⓢ śikṣiṣyante

当行 とうぎょう これから行なうこと。「已行と正行と当行」 Ⓢ gamiṣyat

当作 とうさ これからなすこと。「已作と正作と当作」

当生 とうしょう ①未来に生じること。「已生と正生と当生」「過去の諸行を説いて已生と名づけ、現在の諸行を説いて正生と名づけ、未来の諸行を説いて当生と名づく」 Ⓢ ud-**pad**: upa-**pad**: **jan**
②来世の生存。再び生まれること。当有・後有ともいう。「当有というは、未来生を謂う。彼の当生に於て思食能く引き、思食引き已って業所熏の識種子の力より後有が起こることを得る」 Ⓢ punar-bhava

当生者 とうしょうしゃ 未来に生まれる者。「器世間が将に壊する時、既に現居者と当生者とはなし」

当情現 とうじょうげん 人の心情に当たって現れるもの。三性（遍計所執性・依他起性・円成実性）のなかの遍計所執性、すなわち、決して存在しないものをいう。→三性② →遍計所執性「妄情を以って能遍計と為し、心中に現じた境を所遍計と為し、当情現の相を名づけて遍計所執性と為すなり」（『観心覚夢鈔』中、大正 71・78c）

当来 とうらい 未来。未来世。「自からの当来の般涅槃の為の故に大乗を修習す」「当来に諸の悪趣に堕するを怖る」「当来の殊勝なる後有を求む」 Ⓢ abhisaṃparāya: amutra: āyati: saṃparāya: sāṃparāyika

当来世 とうらいせ 来世。未来世。後世。「此の因に依って当来世に於て諸の悪趣に生ず」 Ⓢ abhisaṃparāya: āyati

灯 とう あかり。ともしび。灯明。「幢と蓋と幡と灯とを以って供養す」「焔の相続の中に灯の号を仮立す」「灯の涅槃するは唯だ灯焔の謝して別に物あることなし」「灯は闇を破りて能く光明を発す」 Ⓢ dīpa: pradīpa: pradyota

灯焔 とうえん ロウソクや油などが燃えるほのお。刹那々々に生滅するものの喩えとして用いられる。「灯焔・鈴声などは刹那刹那に生滅す」「譬えば灯焔が生ずる時、内に膏炷を執り、外に光明を発するが如く、是の如く阿頼耶識は内の執受を縁じ、外の器相を縁じて生起す」「一刹那に灯炷を依となして灯焔を発生す。是れ則ち灯炷は焔の生因となる」「灯焔は明のために因と為る」 Ⓢ arcis: pradīpa: pradyota

灯光 とうこう ロウソクや油などが燃えて発するひかり。灯明とおなじ。「灯光は近くを照らすと雖も極遠の処には及ばず」「灯光を滅すれば即ち所見なし」 Ⓢ pradīpa: pradyota

灯燭 とうしょく たいまつやロウソクなどのあかり。「火焔や灯燭などの中に二つの大種が可得なり」「日月輪・星宮・薬草・灯燭・末尼の諸の光明相」 Ⓢ pradīpa-ulkā

灯明 とうみょう ロウソクや油などが燃えて発するひかり。灯光とおなじ。「或いは灯明、或いは大火明、日輪明、或いは月輪明などの光明の相を取る」「衆の灯明は、各、遍じて一に似る」「灯焔と灯明とは同時に亦た因果と為る」 Ⓢ pradīpa: prabhā

投 とう なげること。なげ入れること。「火に投じ、水に溺れ、高崖より顚墜し、自ら身命を害するを生天の因となすと妄りに執す」「生天を求欲して邪な方便を起こして、巖に投じ、火に赴き、飲食を断ず」

Ⓢ **dhāv**: prapāta: praveśa

投火 とうか 火のなかに身を投じて自殺すること。外道が修する苦行の一つ。仏教からみて否定されるよこしまな修行。「自餓・投火・墜高巌などの非方便の中に於て方便想を起こし、是の如き事を行じて以って生天を求む」

投巌 とうがん 高い巌の上から身を投じて自殺すること。外道が修する苦行の一つ。仏教からみて否定されるよこしまな修行。墜高巌・墜巌投淵ともいう。「外道は懸頭・抜髪・自餓・投巌などの苦行を修す」

Ⓢ ataṭa-prapāta: prapāta-patana

投輪 とうりん 輪を投げること。角武（武術をきそいあうこと。ひろくは身体をつかっての運動）の一つ。「按摩・拍毱・托石・跳躑・蹴蹋・攘臂・扼腕・揮戈・撃剣・伏弩・控弦・投輪・擲索などの角武事に依って勇健を得る」 Ⓢ cakra-vyāyāma

豆 とう まめ。穀物の一つ。「穀物とは、大麦・小麦・稲穀・粟穀・穈黎・胡麻・大小豆などを謂う」 Ⓢ kulattha: māṣa: mudga

到 とう いたること。ある状態・段階に達すること。「薩迦耶の彼岸に到る」「辺際に到った空性」「第一究竟に到った弟子」

Ⓢ gata: gamana: prāpta

到究竟 とうくきょう 究竟に至ること。修行が完成する、成就すること。「到究竟の菩薩は到究竟地に住す」「成満を得るとは諸地を修して到究竟するを謂う」

Ⓢ niṣṭhā-gata: niṣṭhā-gamana

到究竟地 とうくきょうじ 七地の一つ。修行が完成した段階。これには（i）菩薩として修行が完成した段階と（ii）如来となって修行が最終的に完成した段階との二つがある。前者は十三住のなかの菩薩としての最後の住、すなわち第十二住である最上成満菩薩住に相当し、後者は如来住に相当する。→七地 →十三住 Ⓢ niṣṭhā-gamana-bhūmi

（参考）（『瑜伽』49、大正 30・565a）

到彼岸 とうひがん 彼岸に至ること。迷いのこちらの岸からさとりのむこうの岸に至ること。原語 pāramita（pāram は「むこうの岸に」、ita は「至った」という意味）の意訳。音写して波羅蜜多という。さとりに至るための実践行。六種（六到彼岸・六波羅蜜多）あるいは十種（十到彼岸・十波羅蜜多）ある。→六波羅蜜多 →十波羅蜜多

東 とう ひがし。四方向の一つ。

Ⓢ pūrva

東勝身洲 とうしょうしんしゅう →勝身洲

Ⓢ pūrva-videha-dvīpa

東毘提訶洲 とうびだいかしゅう 東勝身洲とおなじ。→東勝身洲

東来風 とうらいふう 外界で吹く風のなかの一つ。東風。→風① Ⓢ pūrvā vāyavaḥ

逃 とう にげること。のがれること。「幽縶処より逃げて遠所に至る」

逃竄 とうさん にげること。のがれること。「天の妙欲を以って遊戯して住し、乃至、未だ逃竄の心を起こさず」

逃避 とうひ にげること。「人、怨賊に遭い、手足を縛られ、逃避して安隠処に至ること能わず」

倒 とう ①まちがっていること。よこしまで不正なこと。顚倒とおなじ。「倒の覚」「倒の見」「若し悪友が倒説するに遇うて、福智を倒に作意し、顚倒して取るを顚倒の縁が現前し会遇すと名づく」

Ⓢ viparīta: viparyasta

②まちがった見方。事実とは逆にみる見解。顚倒とおなじ。→顚倒②「倒の根本とは無明を謂い、顚倒の体とは薩迦耶見を謂う」

Ⓢ viparyāsa

倒覚 とうがく まちがった、よこしまな、正しくない考え。顚倒覚とおなじ。「顚倒を起こすとは、謂く、父母が邪行を為すを見る時、父母が此の邪行を行ずると謂わず、乃ち倒覚を起こして己が自から行ずると見る」

倒見 とうけん まちがった、よこしまな、正しくない見解。顚倒とおなじ。「邪見とは一切の倒見なり。所知の事に於て顚倒して転ずるを皆な邪見と名づく」

倒心 とうしん まちがった、よこしまな、正しくない心・考え。顚倒心とおなじ。「中有は愛あるいは恚の二種の倒心を起こして母の胎蔵に入る」 Ⓢ viparyasta-mati

倒想 とうそう まちがった、よこしまな、正しくないおもい。顚倒想とおなじ。「味受の力の故に諸欲に貪著し、倒想の力の故に諸見に貪著す」

Ⓢ viparīta-saṃjñā: saṃjñā-viparyasta

党類 とうるい 党派。やから。グループ。「種種の党類の差別に依って更互に相違し、

各各、見を異にし諍論して互相に違背す」

唐捐 とうえん むなしいこと。意味がないこと。無益なこと。むだにすること。「若し正妙行に由れば、狗などの戒を持するは則ち唐捐となる」「功労を設けると雖も、若し称遂せずんば、便ち我れは今、其の功を唐捐すと謂いて、乃ち劬労して果なきの苦を受く」
Ⓢ apa-arthaka: bandhya: mogha
（出典）起染浄法、不熏成種、所起唐捐、空無果故。唐之言虚。捐之言棄也。（『述記』4本、大正 43・356c）

涛波 とうは 大波。波のうねり。「諸の河・浣池・泉井などの涛波が涌溢す」

盗 とう ぬすむこと。奪うこと。盗の原語の一つ adatta-ādāna は「与えられないものをとる」という意味で「不与取」とも訳される。偸盗ともいう。→不与取「盗と邪行と及び貪とは皆な貪に由って究竟す」
Ⓢ adatta-ādāna: apaharaṇa: apahāra: apa-**hṛ**

盗賊 とうぞく 金銭などを盗んで生計を立てている人。律儀に反する行為をする人（不律儀者）の一人。劫盗・作賊とおなじ。→不律儀者。 Ⓢ caura: taskara
（参考）（『瑜伽』9、大正 30・319c）

陶家 とうけ 陶師とおなじ。→陶師

陶家輪 とうけりん 陶家（陶器を製造する人）が陶器を製造するときに用いる輪転器。旋火輪とともに迅速に回るものの喩えとしても用いられる。「放たれた箭、及び陶家の輪が、弦・輪の勢力が尽きる時、便ち止むが如し」「舞独楽の如く緩なれば、来去を見れども、急なれば則ち見ず。旋火輪の喩、陶家輪の喩も、応に知すべし亦た爾り」
Ⓢ kumbha-kāra-cakra

陶師 とうし 陶器を製造する人。陶家とおなじ。「拙なる陶師が諸の瓦器を焼けば、多く薪草を費して器は皆な燋融す」「放たれた箭、及び陶家の輪が、弦・輪の勢力が尽きる時、便ち止むが如し」 Ⓢ kumbha-kāra

陶竈爐 とうそうろ 陶器を焼くかまど。「外分中の煖性とは炬・燈・燭・陶竈爐などの火聚・炎焔を謂う」

陶練 とうれん →陶錬

陶錬 とうれん （金属を）精錬すること。（心を）きたえてきよらかにすること。陶練とも書く。「生金を陶錬する法の如く、其の心を陶錬す」「練とは陶練を謂い、磨とは磨瑩を謂う。即ち修治の義なり」
（参考）（『瑜伽』13、大正 30・343c）に、除垢陶錬・摂受陶錬・調柔陶錬との三種の陶錬が説かれる。

湯 とう ゆ。水をわかしたもの。「湯が涌沸す」「或いは湯で以って煮る、或いは火で以って焼然す」

湯薬 とうやく せんじ薬。「衣服・飲食・臥具・湯薬を供給し奉施す」

登 とう のぼること。最高の位に至ること。「所獲の功徳を群生に施し、共に速かに無上覚に登らんことを願う」

登地菩薩 とうじぼさつ 真理をさとり十地の段階まで登った菩薩。十地菩薩・入地菩薩ともいう。真理をいまださとっていない菩薩を地前菩薩と呼ぶのに対する呼称。→十地

等 とう ①ひとしいこと。同一であること。ひとしい。同一の。ひとしく。「已に恩ある諸の有情の所に於て善く恩を知るが故に、若しくは等しく、若しくは増して現前に酬報す」「怨と親と中に於て悲心を以って等しく施す」 Ⓢ aviśeṣa: tulya: sama: samāna: sādharmya: sāmānya: sāmya
②「など」という意味。この意味での等には次の二種がある。（ｉ）向外等。多数のなか、いくつかを例示して他を省略するときに用いる「等」。「およびその他」という意味。省略されたものを更に例示するときには「等者等取～」という。たとえば「頌の中に云うところの無貪等の三根の等は無瞋無癡を等取す」という。（ii）向内等。多数を例示して、それで例示を打ちきってしめくくるときに用いる「等」。「同処相違とは、明闇・貪瞋・苦楽等の法を謂う」 Ⓢ ādi: ādika: prabhṛti
③同じであること。類似していること。「我れ若し前の如き所説の一句の法義を聞くことを得れば、たとえ火坑の量が三千大世界に等しくとも、中に満つる熾火に我れ梵天より身を投じて入らん」「世尊は相無自性性に依って一切法は虚空に等しと説く」「尊重と等尊重」 Ⓢ pratima: sthānīya
④二つの間の中間にあるもの。程度として真んなかに位するもの。たとえば視覚（眼識）の対象のなかで、大なるものとして大山、小なるものとして毛の端、両者の中間（等）として蒲桃（ぶどう）があげられている。「眼は色に於て有る時は、小を取ること毛端を見

るが如く、有る時は大を取ること暫く目を開いて大山を見るが如く、有る時は等を取ること蒲桃を見るが如し」 Ⓢ sama
⑤接頭語 sam-の訳。

等愛 とうあい 等至を愛する心。その心を起こすことによって禅定に入ることができる慚・愧・愛敬・信・正思惟・正念・正知・根護・戒護・無悔などの心をいう。→等至
（出典）云何等愛。謂、慚・愧・愛・敬・信・正思惟・正念・正知・根護・戒護・及無悔等、楽為最後。由随楽故、心便得定。（『瑜伽』13、大正 30・342a）

等引 とういん 定（定まった心）の七つの別名の一つ。原語 samāhita を三摩呬多と音写。語義に関しては次の三つに分けられる。（ⅰ）等しく能く引く。定は惛沈（沈んだ心）と掉挙（高ぶった心）とを離れて平等に引くから等引という。（ⅱ）等を引く。定の力によって等（安らぎ平等な身心のありよう）を引き起こすから等引という。（ⅲ）等に引かれる。等（定の前の段階の、高ぶった心と沈んだ心とを離れた平等な心）によって定が引き起こされるから等引という。 Ⓢ samāhita
（出典）等引有三義。一等能引、二引於等、三等所引。若依正義。前二唯有心、後一通無心。（中略）三摩呬多地、通以上二界地有心無心、有漏及無漏五蘊功徳為体性。（『略纂』1、大正 43・3a）

等引地 とういんじ 定まった心の境界。九地のなかの色界の四つ（初静慮・第二静慮・第三静慮・第四静慮）と無色界の四つ（空無辺処・識無辺処・無所有処・非想非非想処）の境界をいう。欲界を意味する非等引地の対。→九地 Ⓢ samāhita-bhūmi

等覚 とうがく ①真理をありのままにみるさとり。現等正覚・現等覚ともいう。→現等正覚「一切の煩悩を畢竟離繫して所知の事に於て如実に等覚す」 Ⓢ abhisaṃbodha: saṃbodha
②大乗の説く五十二の階位のなかの第五十一位の菩薩をいう。そのさとりが仏陀のさとりである妙覚にほとんど等しいから等覚という。「金剛三昧を名づけて等覚と為す。此の意は既に等覚と云うは如来と等しきが故なり」

等覚支 とうがくし 覚支におなじ。→覚支

等覚楽 とうがくらく 真理をさとることから生じる楽。四種の無悩害楽の一つ。→無悩害楽

等活地獄 とうかつじごく 死に至りそうな苦を受けるが、すぐにもとと等しい状態に生き返る地獄。八大地獄の一つ。等活大那落迦・等活捺落迦ともいう。
（出典）等活地獄、謂、彼有情雖遭種種斫刺磨擣、而彼暫遇涼風所吹、尋蘇如本、等前活故、立等活名。（『倶舍論疏』8、大正 41・584b）

等活大那落迦 とうかつだいならか →等活地獄

等活捺落迦 とうかつならか → 等活地獄

等起 とうき 起こること。引き起こすこと。行為（業）を引き起こす心を因等起といい、生じた行為と同時に存在する心を刹那等起という。→因等起 →刹那等起「一切の業は皆な意の等起なり」「等起とは能く発生するが故なり」
Ⓢ samuttha: samutthāna: samutthāpika
（出典）表無表業等起有二。謂、因等起・刹那等起。在先為因故、彼刹那有故、如次初名転、第二名随転。謂、因等起、将作業時、能引発故、説名為転。刹那等起、正作業時、不相離故、名為随転。（『倶舍』13、大正 29・71c）

等起思 とうきし 決定思（行為を決定する意志）の後に起こる意志で、身業と語業とを起こす意志。動発思とおなじ。→思②
（参考）（『瑜伽』54、大正 30・600a）。

等起集 とうきじゅう 三種の集諦（習気集・等起集・未離繫集）の一つ。業と煩悩とをいう。
（参考）（『成論』8、大正 31・47b）

等起善 とうきぜん 四種の善（自性善・相応善・等起善・勝義善）の一つ。自性善と相応善とから付随して引き起こされる善い身業と語業と不相応行とをいう。発起善ともいう。→自性善 →相応善 Ⓢ samutthānena kuśalāḥ
（出典）等起善、即彼所起身語二業不相応行。（『婆沙』51、大正 27・263a）：等起善者、謂、身語業不相応行。以是自性及相応善所等起故。如良薬汁所引生乳。（『倶舍』13、大正 29・71a～b）：等起善、謂、諸善色不相応行。（『述記』3末、大正 43・334b）

等起不善 とうきふぜん 四種の不善（自性

不善・相応不善・等起不善・勝義不善）の一つ。自性不善と相応不善とから付随して引き起こされる善くない身業と語業と不相応行とをいう。発起不善ともいう。→自性不善　→相応不善　Ⓢ samutthānataḥ akuśalaḥ
（出典）等起不善、謂、身語業不相応行。以是自性相応不善所等起故、如毒薬汁所引生乳。（『倶舎』13、大正 29・71b）：等起不善、謂、不善色不相応行。種子亦爾。（『述記』3末、大正 43・334b）

等解了　とうげりょう　①三種の解了（解了・等解了・審解了）のなかの一つ。三慧のなかの思所成慧（自ら思考することによって身につく智慧）によって理解すること。→三慧
（出典）解了者、聞所成慧。諸智論者、如是説故。等解了者、思所成慧。審解了者、修所成慧。（『瑜伽』84、大正 30・768b）
②三種の解了（解了・等解了・近解了）のなかの一つ。知るべき対象への思考を発した後にさらに追求すること。
（出典）言解了者、於所知事、作意発悟。等解了者、既発悟已、方便尋求。近解了者、求已決定。（『瑜伽』83、大正 30・762c）
③二種の解了（等解了・近解了）のなかの一つ。対象の自らのありよう（自相）を理解すること。（出典）等解了者、謂、了自相故。近解了者、謂、了共相故。（『瑜伽』83、大正 30・764b）

等至　とうし　定（定まった心）の七つの別名の一つ。語義に関しては次の二つに分けられる。（i）等に至る。定の力によって身心が等しく安和な状態に至ること。（ii）等しく至る。定の前の段階の、掉挙（高ぶった心）と惛沈（沈んだ心）とを離れて、等しく力があって身心の安和な状態に至ること。原語 samāpatti を三摩鉢底と音写。色界の四静慮（初静慮・第二静慮・第三静慮・第四静慮）と無色界の四無色定（空無辺定・識無辺定・無所有定・非想非非想定）との八つを根本の等至といい、そのなか、四静慮と下の三無色定にはおのおの、味等至・浄等至・無漏等至の三つがあり、非想非非想定（有頂定）には味等至・浄等至の二つがある（『倶舎論』の所説）。また五現見の三摩鉢底、八勝処の三摩鉢底、十遍処の三摩鉢底、四無色の三摩鉢底、無想定の三摩鉢底、滅尽定の三摩鉢底の六種が説かれる（『瑜伽論』の所説）。
Ⓢ samāpatti
（出典）静慮無色、根本等至、総有八種。於中、前七各具有三、有頂等至、唯有二種。此地、味劣無無漏故。（『倶舎』28、大正 29・146b）：等至者、謂、五現見三摩鉢底、八勝処三摩鉢底、十遍処三摩鉢底、四無色三摩鉢底、無想三摩鉢底、滅尽定等三摩鉢底。（『瑜伽』11、大正 30・329a）：等至者。亦有二義。一云至等。謂、在定、定数勢力令身心等有安和相。至此等位、名為等至。二言等至、由前加行伏沈掉等能力、至此安和分位、名為等至。（『述記』6本、大正 43・432c）

等至愛　とうしあい　→定愛

等持　とうじ　① samādhi の意訳。詳しくは平等摂持と意訳される。音写して三摩地・三昧ともいう。心を平等に維持して一つの対象（境）にとどめた状態をいう。定（定まった心）の七つの別名の一つ。→三摩地　→心一境性　Ⓢ samādhi
（出典）問、何故名等持。答、平等持心、令専一境、有所成辦故、名等持。（『婆沙』141、大正 27・727b）：等持者、平等持心、等但於境転、名為等持。（『述記』6本、大正 43・432c）
②九種の心住の一つ。→心住

等取　とうしゅ　→等②

等住　とうじゅう　九種の心住の一つ。→心住

等生　とうしょう　さまざまな器官ができあがった胎児。Ⓢ saṃjāti
（出典）等生云何。謂、即於彼身分円満、仍未出時。（『瑜伽』10、大正 30・323c）：等生則是胎蔵円満。（『瑜伽』84、大正 30・769a）

等正覚　とうしょうがく　正等覚とおなじ。→正等覚

等勝劣　とうしょうれつ　等と勝と劣。等しい、勝れている、劣っている、という三つの見方。自慢する、あるいは相い争う原因となる。「等・勝・劣と諍う根本の見に依って心が高挙を現ず」「等・勝・劣を計して諍論を興す」

等尊長　とうそんちょう　→等尊重

等尊重　とうそんちょう　尊敬すべき人、師。等尊長・似尊重・尊重処ともいう。「或いは軌範師、或いは親教師、或いは同法者、或いは余の尊重・等尊重者」「尊長、及び等尊長

の所に於て憍慢を摧伏して如応に供事す」
Ⓢ guru-sthānīya

等動性 とうどうしょう 存在を構成する四つの要素（地・水・火・風）の一つである風の動くという性質。動性とおなじ。
Ⓢ samudīraṇatva

等分行 とうぶんぎょう → 等分行補特迦羅

等分行者 とうぶんぎょうしゃ → 等分行補特迦羅

等分行補特伽羅 とうぶんぎょうふとがら それほど強くない貪・瞋・癡などの煩悩を平等に起こしているので、修行すればそれほど時間をかけずに安定した心の状態を得ることができる人。性格の相違による七種の病的なタイプ（貪行・瞋行・癡行・慢行・尋思行・等分行・薄塵行）の人の一つ。等分行・等分行者・得平等補特伽羅とおなじ。
Ⓢ samabhāga-caritaḥ pudgalaḥ
（出典）等分行補特伽羅、随所愛楽、攀縁彼境、勤修加行、如是勤修、唯令心住、非浄其行。（中略）等分行者、勤修行時、不甚久遠、能証心住。（『瑜伽』29、大正 30・446a）
（参考）（『顕揚』3、大正 31・494c）

等無間 とうむけん 二つのもののあいだに時間的あるいは空間的に間隙がないこと。種類としては自類等無間・異類等無間・三摩鉢底等無間・退等無間・生等無間・隣次等無間・隔越等無間・起等無間・滅等無間の九種が説かれる（『雑集論』15、大正 31・768c）。
Ⓢ samanantara

等無間依 とうむけんえ 心が生じる三つの原因（倶有依・等無間依・種子依）の一つ。等無間縁とおなじ。→等無間縁
Ⓢ samanantara-āśraya
（出典）眼識所依者、倶有依。謂、眼。等無間依、謂、意。種子依、謂、即此一切種子阿頼耶識。（『瑜伽』1、大正 30・279a）

等無間縁 とうむけんねん 四縁（因縁・等無間縁・所縁縁・増上縁）の一つ。こころ（心・心所・識）が生じるための補助原因（縁）。一刹那前に滅したこころの総体（前滅意・無間滅意）をいう。等無間依・等無間縁依・無間滅縁ともいう。
Ⓢ samanantara-pratyaya
（出典）等無間縁者、謂、若此識無間、諸識決定生、此是彼等無間縁。（『瑜伽』3、大正 30・292a）：等無間縁者、謂、前六識等及相応法等無間滅、後六識等及相応法等無間生。（『瑜伽』85、大正 30・775c）：何等等無間縁。謂、中無間隔、等無間故、同分異分心心所生、等無間故、是等無間縁義。（『集論』3、大正 31・671c）：諸心心所、皆有所依。然彼所依総有三種。（中略）三等無間縁依、謂、前滅意。諸心心所、皆託此依、離開導根、必不起故。（『成論』4、大正 31・19b）

等無間縁依 とうむけんねんえ 等無間縁という所依。→等無間縁

等無間滅意 とうむけんめつい 無間滅意とおなじ。→無間滅意

等流 とうる 流れでたもの。詳しくは等同流類といい、因と等しく同じ種類のものとして生じたものをいう。「顚倒の等流とは邪見と辺執見の一分と恚と慢と及び疑とを謂う」「最清浄の法界より流れたところの経などの教法を最清浄法界等流と名づく」
Ⓢ niṣyanda: niṣyandika
（出典）等者相似義、流者出義。従彼所出、与彼相似故、名等流。（『述記』9 末、大正 43・556a）

等流果 とうるか 五つの果（異熟果・等流果・離繋果・士用果・増上果）の一つ。因と等しく同じ種類のものとして生じた果。たとえば善因から善果、悪因から悪果、無記（善でも悪でもない）因から無記果が生じる場合の果をいう。六因のなかの同類因あるいは遍行因によってもたらされる果。
Ⓢ niṣyanda-phala
（出典）等流果者、謂、自地中、後等、若増、諸相似法。（『倶舎』17、大正 29・91a）：習不善故、楽住不善、不善法増、修習善故、楽住善法、善法増長、或似先業後果随転、是名等流果。（『瑜伽』38、大正 30・502b）：果有五種。（中略）二者等流。謂、修善等所引同類、或似先業後果随転。（『成論』8、大正 31・42a～b）

等流習気 とうるじっけ 習気とは種子の別名で、阿頼耶識のなかにある、ものを生じる可能力をいう。二種の習気（等流習気・異熟習気）の一つ。善・悪・無記の眼識・耳識・鼻識・舌識・身識・意識・末那識の七識によって阿頼耶識のなかに熏じられた種子で、自らとおなじ種類のもの、たとえば善ならば善を、無記ならば無記を生じる習気をいう。別名、名言種子ともいう。→名言種子

（出典）等流習気為因縁故、八識体相差別而生、名等流果。果似因故。（『成論』2、大正31・7c）：等、謂、相似。流、謂、流類。即此種子、与果性同、相似名等。果是彼類、名之為流。即従等所流、従因為名、故名等流、即等之流、依士釈也。即名言熏習種子、是等流之習気、名等流習気。（『述記』2末、大正43・298c）

等流種　とうるしゅ　等流種子のこと。等流習気とおなじ。→等流習気

等流心　とうるしん　五心の一つ。→五心

筒　とう　つつ。なかが空洞の丸いくだ。「眼・耳・鼻・喉・筒などの種種の竅穴」

答　とう　こたえ。こたえること。「問と答」 Ⓢ prativyākaraṇa: pratyudāhāra: visarjana: vyākhāna

答摩　とうま　tamas の音写。三徳の一つ。→三徳

棟梁　とうりょう　棟と梁。むなぎとうつばり。家屋の構造上の重要な部分。「腐朽した棟梁を簡棄す」

罩羅　とうら　jāla の音写。網。魚を獲る道具。「若し人が来って衆生を害せんが為に罩羅・罝弶を求めることあれば、皆な施与せず」
（出典）罩羅、取魚之物。（『略纂』11、大正43・144b）

煻煨増　とうわいぞう　八大地獄それぞれの四面の門の外にある場所の一つ。膝までつかる熱い灰（煻煨）があり、そのなかを歩くと皮膚や肉が焼けただれ、足をあげると元にもどる、そのようなところ。 Ⓢ kukūla-utsada
（出典）八㮈落迦四面門外、各有四所。一煻煨増、謂、此増内煻煨没膝、有情遊彼、纔下足時、皮肉与血倶燋爛墜、挙足、還生平復如本。（『倶舎』11、大正29・58b）

稲　とう　いね。こめ。「此の村邑に稲の田あり」 Ⓢ taṇḍula: śāli

稲稈積　とうかんしゃく　いねのわらを積んでつくった庵。阿練若などとならんでヨーガを修するのに適した場所の一つ。 Ⓢ palāla-puñja

稲穀　とうこく　いね。こめ。「外の種子とは稲穀などを謂い、内の種子とは即ち是れ阿頼耶識なり」 Ⓢ śāli

稲米　とうまい　こめ。「劫初の時、此の贍部洲は安隠豊楽にして種種の地味・帝竹・稲米を上妙の食と為す」

幢　とう　はた。はたぼこ（幡鉾）。供養に用いる道具の一つ。「幢・蓋・幡・灯を以って供養す」 Ⓢ dhvaja

糖　とう　さとう。さとう汁。沙糖とおなじ。「段食とは糖・蜜・魚・肉などを謂う」 Ⓢ phāṇita

頭　（とう）　→ず

擣　とう　つくこと。うつこと。「彼の有情を若しくは斫し、若しくは刺し、或いは擣し、或いは裂く」 Ⓢ sam-**kuṭ**

盪　とう　洗う、洗いすすぐこと。「食し訖って手を澡ぎ、鉢を盪い、足を洗う」 Ⓢ nirmārjana

盪滌　とうじゃく　洗う、洗いすすぐこと。「施主の家に往きて身心を盪滌し、慚愧に安住す」 Ⓢ vyava-**kṛṣ**: śodhanīya

盪滌味　とうじゃくみ　身体を浄化する薬の味。五種の薬味の一つ。→薬味 Ⓢ śodhanīya-rasa

闘　とう　たたかうこと。 Ⓢ kalaha: yuddha

闘訟　とうしょう　たたかいあらそうこと。「世間は食の因縁の為に多く闘訟を起こす」「能く諸の闘訟などの種種の忿競を発起するが故に名づけて諍と為す」 Ⓢ kalaha-bhaṇḍana

闘訟違諍　とうしょういじょう　たたかいあらそうこと。闘訟諍競・闘罵諍訟ともいう。「刀仗を執持して闘訟違諍するが故に憒と名づく」「闘訟諍競の処において随煩悩が転ず」 Ⓢ kalaha-bhaṇḍana-vigraha-vivāda

闘訟諍競　とうしょうじょうきょう　→闘訟違諍

闘諍　とうじょう　あらそいたたかうこと。「諸の世間は食の因縁の為に多く闘諍を起こす」「無害とは刀杖を執持して闘諍するなどの事に違許するを謂う」 Ⓢ kalaha: saṃrambha

闘諍劫　とうじょうこう　武器をもって争う時期。三つの災害（刀兵災・疾病災・饑饉災）のなかの刀兵災の時期をいう。→三災「闘諍劫の中には、寿量が衰退する、安楽が衰退する、功徳が衰退する、一切世間の盛事が衰退する、という四つの過失あり」
（参考）（『瑜伽』60、大正30・637a）

闘戦　とうせん　たたかい。「闘戦などの縁

を除き能く殺などを離れんと念ず」 Ⓢ yuddha

闘戦具 とうせんぐ 戦闘に使う道具。武器。弓弩・刀剣・闘輪・羂索・矛矟戟などの武器をいう。

闘罵諍訟 とうばじょうしょう →闘訟違諍

闘輪 とうりん 輪の形をした武器。「弓弩・刀剣・闘輪・羂索などの諸の闘戦具」

騰 とう あがること。のぼること。「健駄梨という咒術を持すれば、能く空に騰ること自在なり」 Ⓢ **gam**: saṃgama

騰躍 とうやく おどりあがること。飛びあがること。「掉挙とは、心が諠動し騰躍するを謂う」「猨猴の騰躍し軽躁なるは、皆な心の所為なり」 Ⓢ drava

騰颺 とうよう 飛びあがること。「妙なる神境通に由って、或いは飛鳥の如く、結跏趺坐して虚空を騰颺す」 Ⓢ ā-**kram**

饕餮 とうてつ むさぼること。財物や食べ物を得ようとむさぼること。「他の財食に於て饕餮して取る」 Ⓢ lolupa
（出典）饕餮者、謂、希望未来所得受用事故。（『瑜伽』84、大正 30・770c）：饕餮者。貪財為饕、貪食為餮。（『略纂』3、大正 43・47b）

瞢瞢 とうぼう 眼がはっきりとみえないこと。眠気の前兆。惛眠蓋の食（助け増大せしめるもの）の一つ。 Ⓢ tandrā
（出典）瞢瞢者、眠之先兆。（『倶舎論記』21、大正 41・323a）
（参考）（『倶舎』21、大正 29・110c）

同 どう ①おなじであること。異なっていないこと。同一であること。「諸の土器などには顕相は同じくして形相が異なるものあり」 Ⓢ abhinna: eka: tulya: nirviśeṣa: samāna: sāmānya: sāmya
②その如くにおなじであること。「忍法の下中の二品は頂法と同じ」「仏菩薩は定の自在に依って或いは能く刹帝利衆に往趣して其の色類を同じくす」 Ⓢ tathaiva: tādṛśa
③同様に。一様に。平等に。一緒に。「有為には同じく生相あり」 Ⓢ tulyam: samānam: sārdham

同安危 どうあんぎ →安危同一

同意 どうい ①意見をおなじくすること。「同意して許すところ」 Ⓢ saṃmata
②友人。親しい人。「諸の有恩・親善・同意に於て捨の意楽を以って恵施を行ず」 Ⓢ suhṛd

同意羯磨 どういかつま 十種の羯磨の一つ。教団が同意する羯磨。→羯磨

同異句義 どういくぎ ヴァイシェーシカ派（勝論）が説く、すべての存在の六種の原理（六句義）のなかの一つ。物事の間に差別的関係が生じる原理をいう。差別的関係のありようを同異性という。→六句義 Ⓢ viśeṣa-pada-artha

同異性 どういしょう →同異句義

同一安危 どういつあんぎ 安危同一とおなじ。→安危同一

同境依 どうきょうえ 眼識・耳識・鼻識・舌識・身識の五識のいずれかが生じるための四つの所依（同境依・分別依・染浄依・根本依）の一つ。→四依③

同行 どうぎょう ①ともに働くこと。→同行相応「眼などの識と同行の意識」
②ともに行くこと。「諸の菩薩は有情の所応に随って同行す」 Ⓢ prati-**pad**

同行相応 どうぎょうそうおう 六種の相応（不相離相応・和合相応・聚集相応・倶有相応・作事相応・同行相応）の一つ。相応とは関係し合っていること。心（こころの中心体）と心所（細かい心作用）とがおなじ一つの所縁（対象）にともに働いているありようをいう。
（出典）同行相応、謂、心心法、於一所縁、展転同行。（『雑集論』5、大正 31・718a）

同句義 どうくぎ ヴァイシェーシカ派（勝論）が説く六句義の一つ。一切の事象において同類であるという概念が生じる原理をいう。→六句義

同見 どうけん 意見をおなじくすること。「三乗同見の仏」

同許 どうこ 意見をおなじくして認めること。「世間は眼識は是れ見なりと同許す」 Ⓢ rūḍha: saṃmata

同事 どうじ ①四摂事（人びとを摂取し救いあげ教化する菩薩の四つの実践）の一つ。人びととおなじように行動をともにすること。→四摂事 Ⓢ samāna-artha
（参考）（『瑜伽』43、大正 30・532a〜b）
②同伴者となって助けること。「菩薩は一切の如法の事の中に於て、悉くともに同事し、一切の非法の事の中に於て、ともに同事せず」 Ⓢ sahāyī-bhāva

同事因 どうじいん 十因の一つ。→十因

同時 どうじ おなじ時間。二つ以上のことがおなじ時間に起こることをいう。「同時に無量の仏が世に出現することあり」「秤の両頭の低と昂との時が等しきが如く、死と生とは同時なり」

Ⓢ tulya-kāla: yugapad: sama-kāla

同処相違 どうしょそうい おなじところ、あるいはおなじものにある相対立する二つの存在をいう。たとえば、明と闇、貪と瞋、苦と楽などをいう。六種の相違（語言相違・道理相違・生起相違・同処相違・怨敵相違・障治相違）の一つ。

Ⓢ saha-avasthāna-virodha

（出典）同処相違、謂、明闇・貪瞋・苦楽等法。（『瑜伽』38、大正 30・501b）

同処不相離 どうしょふそうり →不相離②

同所了名 どうしょりょうみょう 十二種の名の一つ。衆人が理解する名。→名②

（出典）同所了名者、謂、共所解想。（『瑜伽』81、大正 30・750a）

同心 どうしん 心をおなじくする人。信じ合う友。「寄託して極委重を得る親友・同心・耆舊などの所に於て損害し欺誑するは無間業の同分なり」 Ⓢ suhṛda

同体三宝 どうたいさんぼう →三宝

同分 どうぶん ①相似していること。おなじ種類のもの。同類とおなじ。「同分の所縁とは所知事と相似する品類なるが故に同分と名づく」「識と倶なる諸の清浄色は識と境を同じくするが故に同分と名づく」「所縁の相とは奢摩他品の所知事と同分なる影像を謂う。此の所縁に由って心をして寂静せしむ」「若しくは有我見、若しくは無我見は、同じく諸行を縁じて境事と為すが故に説いて同分と名づく」 Ⓢ sabhāga

②彼同分に対する同分。認識作用において主観が主観として、また客観が客観として自らの作用をなすこと。たとえば眼識が対象（色）を認識し、対象が眼識によって認識されることをいう。→彼同分 Ⓢ sabhāga

（参考）（『倶舎』2、大正 29・10a）

③ある存在のグループをおなじものとして成り立たしめる原理をいう。これには次の二つがある。（ⅰ）有情同分（衆同分）。生きもの（有情）、たとえば人間が人間として、あるいは犬が犬としておなじ種類であることを成り立たしめる原理をいう。（ⅱ）法同分。蘊・処・界なども物（法）が、蘊として、ないし界としておなじ種類であることを成り立たしめる原理をいう。→衆同分

（参考）（『倶舎』5、大正 29・24a～b）

同分死 どうぶんし 過去世において煩悩を伏することなく身命を捨てたとおなじように、現在世においてもおなじように煩悩を伏することなく身命を捨てること。相似死・随順死ともいう。六種の死の一つ。→死①

（出典）同分死者、謂、如過去不調不伏曽捨身命、於現在世亦復如是而捨身命、当知、如此、名同分死、名相似死、名随順死。（『瑜伽』85、大正 30・776c～777a）

同法 どうほう ともに教えを実践すること、あるいは、そのような人。「同法の菩薩」「同法と共住す」 Ⓢ saha-dhārmika

同法者 どうほうしゃ ともに教えを実践する人。一緒に修行する者。同法侶とおなじ。「同法者を見て深く心慶悦し大歓喜を生ずるを上品の律儀と名づく」「師長・尊重・福田及び同法者を欺誑するを不純直と名づく」

Ⓢ saha-dhārmika

同法侶 どうほうりょ 同法者とおなじ。→同法者

同梵行者 どうぼんぎょうしゃ ともに清らかな修行をしている者。「同梵行者と及び内法に住する在家の英叡なるものとは正友なり」

Ⓢ sabrahman-cārin

同喩 どうゆ 因明における三支（宗・因・喩）のなかで、主張（宗）と理由（因）に対しておなじ類としてあげられる喩えをいう。異喩の対。

同侶 どうりょ なかま。同僚。「五識の助伴は同侶の如し」 Ⓢ sahāya

同類 どうるい おなじ種類。たがいに似たもののグループ。同分ともいう。異類の対。→同分①「煩悩と同類の余の染汚法を随煩悩と名づく」「有漏の色業は同類の大種の造なり」 Ⓢ sabhāga

同類因 どうるいいん 因がおなじ類の果を引き起こすとき、その因を同類因という。時間の経過のなかで起こる因果の働きであり、たとえば、刹那に生滅して相続している自己存在全体（五蘊）についていえば、一刹那前の五蘊がいま一瞬の五蘊に対して同類因となる。六因の一つ。→六因 Ⓢ sabhāga-hetu

(出典) 同類因者、謂、相似法、与相似法、為同類因。謂、善五蘊、与善五蘊、展転相望、為同類因。染汚、与染汚、無記、与無記、五蘊相望、応知亦爾。(『倶舎』6、大正29・31a)

同類往趣 どうるいおうしゅ 仏・菩薩の能変神境智通の一つ。さまざまな種類の人びと(刹帝利・婆羅門・沙門・長者・居士など)、さまざまな種類の天(四天王・三十三天ないし色究竟天など)の生存に身をおなじくして生まれて彼らのために正しい教えを説き示して教え導くという神通力をいう。
Ⓢ sabhāgata-upasaṃkrānti
(参考)(『瑜伽』37、大正30・492b～c)

同類相応名 どうるいそうおうみょう 十二種の名の一つ。同類のすべてに通じる名。たとえば有情・色・受・大種などの名。これらはすべての有情という同類に通じる名称である。→名②
(出典) 同類相応名者、謂、有情色受大種等名。(『瑜伽』81、大正30・750a)

動 どう ①運動。うごくこと。うごかすこと。「身を動かす思を説いて身業と名づく」「身・語・意の動」「縁に遇えば不動も動を生じ、動も不動を生ず」「身を動かす」「樹が動けば影も亦た随って動く」 Ⓢ **iñj**: iñjita: gati: parā-**kram**: parispanda: pra-**īr**: pracalana
②振動させること。「神通力を以って百の世界を動かす」 Ⓢ **kamp**: vi-**kamp**
③動くという感触。身体が感じる感触(触)の一つ。「触とは謂く、摩するところ、触るるところにして、若しくは鞕、若しくは軟、若しくは動、若しくは煖なり」
④四つの元素(地・水・火・風)のなかの風の動くという性質。「風界は動を自性と為す」
Ⓢ īraṇā: samudīraṇa

動作 どうさ 働き。身体をうごかすこと。なにかを行なうこと。「動作の我ありて能く所作あるや」「身語のあらゆる動作」
Ⓢ **ceṣṭ**: vyavasāya

動性 どうしょう 存在を構成する四つの要素(地・水・火・風)の一つである風の動くという性質。 Ⓢ samudīraṇatva

動息 どうそく 入る息と出る息の動き。「第三静慮は動息を内災と為す。息は是れ風にして外の風災に等しきが故に」 Ⓢ āśvāsa-praśvāsa

動転 どうてん うごくこと。うごき変わること。「往来などの動転の業に由るが故に足下千輻輪相を感得す」「六識は動転して種種に差別して生起す」 Ⓢ **kamp**: parispanda: spandita

動発思 どうほっし 動発勝思ともいう。→思②

動発勝思 どうほっしょうし 動発思ともいう。→動発思

動揺 どうよう ゆれうごくこと。「疑は有と無との間を動揺す」 Ⓢ calatva

動乱 どうらん こころの乱れ。「薩迦耶見などの一切の執著の動乱を断ず」「尋思あるが故に動乱が現行す」 Ⓢ iñjita

堂殿 どうでん との。宮殿。「慧の階陛とは加行道をいい、慧の堂殿とは到究竟をいう」 Ⓢ harmya

童 どう わらべ。おさなご。 Ⓢ kumāra: kumāraka: bāla

童子 どうじ わらべ。おさなご。子供。歩き遊ぶことができる年齢の子。出生後の人の一生の五段階(嬰孩・童子・少年・中年・老年)の一つ。 Ⓢ kumāra: kumāraka: bāla
(参考)(『倶舎』15、大正29・82a):(『瑜伽』2、大正30・289a)

童竪 どうじゅ 子供。わらべ。童も竪もわらべの意味。「彼の所言は童竪の戯の如し」

童稚 どうち おさない子供。わらべ。「童稚の時を名づけて童子と為し、乃至、衰老の時と名づけて老人と為す」 Ⓢ bāla

童男 どうなん おさない男の子。「童男・童女が灰土を戯弄して以って舎宅を造る」
Ⓢ putra

童女 どうにょ 少女。おさない女の子。「童女に於て非梵行を行ず」 Ⓢ kanyā

童分 どうぶん 優美な立ち振る舞い。女が男を魅惑して縛る八つのありよう(八処)のなかの一つ。→八処②「受用する時に於ては妍容・軟滑・恭事・童分の四処に由って男は女の為に縛らるる」

道 どう ①道諦の道。修行の道。八支聖道をいう。→八支聖道 Ⓢ mārga
(出典) 云何為道。謂、八支聖道。(『瑜伽』97、大正30・853c)
②発心してから仏に成るまでの修行の階梯としての道。資糧道・加行道・見道・修道・究竟道の五つがある(→各項参照)。また有学

道と無学道とに分かれる。
(出典) 道有五種。資糧道・加行道・見道・修道・究竟道。(『集論』5、大正 31・682b):道有二種。一有学道。二無学道。(『瑜伽』27、大正 30・435b)
③業道の道。→業道① Ⓢ patha
④四道(加行道・無間道・解脱道・勝進道)の道。→四道
⑤中道の道。→中道 Ⓢ pratipad

道果 どうか 修行の結果。涅槃をいう。「道と道果の涅槃とに於て信解を起こす」「道果である甘露・究竟の涅槃」 Ⓢ mārgasya phalam

道戒 どうかい →道共戒

道共戒 どうぐかい →道生律儀

道倶有戒 どうぐうかい →道生律儀

道支 どうし →八道支 Ⓢ mārga-aṅga

道聖諦 どうしょうたい →道諦 Ⓢ mārga-ārya-satya

道生律儀 どうしょうりつぎ 三種の律儀(別解脱律儀・静慮生律儀・道生律儀)の一つ。無漏道を得ることによって身中に得た「非を防ぎ悪を止める力」をいう。無漏律儀・無漏尸羅・無漏戒・道倶有戒・道共戒・道戒ともいう。 Ⓢ anāsrava-saṃvara

道場 どうじょう 修行する場所。修行者の住居。「道場に坐して能く無上正等菩提を得る」「閑林に於て、或いは道場に在りて、或いは経行処に於て、応に精進を修すべし」 Ⓢ vihāra

道相 どうそう 道諦の四つの行相(道相・如相・行相・出相)の一つ。→道諦

道俗 どうぞく 道と俗。出家者と在家者。「既に出家し已って道俗と共に相い雑住せず」

道諦 どうたい 苦を滅する道という真理。道聖諦・苦滅道諦・苦滅道聖諦ともいう。基本的には世尊が説いた八聖支道(八正道)すなわち中道をいう。〈唯識〉では発心してから仏に成るまでの修行の階梯としての五つの道(資糧道・加行道・見道・修道・究竟道)を道諦という。また三性との関係でいえば、遍計所執性を遍知し、依他起性を断じ、円成実性を証することを道諦という。 Ⓢ mārga-satya
(出典) 云何道聖諦。謂、八支等聖道、名道聖諦。(『瑜伽』27、大正 30・434c):云何道諦。謂、資糧道、若方便道、若清浄道、如是一切、総略為一、説名道諦。世尊就勝依能摂受沙門果証、但略顕示八聖支道名為道諦。(『瑜伽』64、大正 30・655c):云何道諦。謂、由此道故、知苦断集証滅修道、是略説道諦相。道有五種。謂、資糧道・加行道・見道・修道・究竟道。(『集論』5、大正 31・682b):道諦三者。一遍知道、能知遍計所執故。二永断道、能断依他起故。三作証道、能証円成実故。(『成論』8、大正 31・47b)

道諦行相 どうたいぎょうそう →道諦相

道諦相 どうたいそう 苦の滅に至る道という真理(道諦)のありよう(lakṣaṇa)。道・如・行・出の四つのありよう(ākāra)をいう。ākāra は詳しくは行相と訳され行と略称されるから道・如・行・出の四つのありようは四行あるいは四行相といわれ、真理(諦)を見る見道においてこれら四行を以って道諦の相を理解する。→道如行出
Ⓢ mārga-satya-lakṣaṇa
(出典) 由四種行、了道諦相。謂、道行・如行・行行・出行。(『瑜伽』34、大正 30・470c)

道智 どうち 道諦にある煩悩を断じる智。十智の一つ。→智②

道転依 どうてんね すでに無学道を証得した者の三種の転依(心転依・道転依・麁重転依)の一つ。三界の一切の欲を離れて世間道が完成した状態。
(出典) 無間転依、謂、已証得無学道者所有三種転依。何等為三。謂、心転依・道転依・麁重転依。(中略) 道転依者、謂、昔世間道、於現観時、転成出世、説有学。余有所作故。若永除一切所治、永離三界欲時、此道自体究竟円満、立為転依。(『雑集論』10、大正 31・742c)

道如行出 どうにょぎょうしゅつ 道と如と行と出。道聖諦の四つのありよう。この四つに関していくつかの解釈があげられているが(『倶舎』26、大正 29・137a)、世親は「正道の如きが故に道、如実に転ずるが故に如、定んで能く趣くが故に行、永く有を離れるが故に出なり」と解釈する。また、順次、道は無道、如はよこしまな道、行は仏教以外の道、出は退道という四つの見解をなくすために、これら四つのありよう(行相)を修するのであると説かれる。
(参考)(『倶舎』26、大正 29・137b):(『雑集論』10、大正 31・743a)

道忍　どうにん　→道法智忍

道法智　どうほうち　道の法智。四諦を証する見道において欲界の道諦を証する智慧（jñāna）。道法智忍が原因となって道法智忍が滅した次の刹那に生じる智慧。Ⓢ mārga-dharma-jñāna

道法智忍　どうほうちにん　道の法智忍。四諦を証する見道において道法智を生じる原因となる智慧（kṣāti）。このなかにある忍の原語は kṣāti で、智（jñāna）を生じる原因となる意味での智慧をいう。道忍と略称する。見道においてはこの道法智忍からはじまって道法智・道類智忍・道類智と順次道諦の観察が深まっていく。→道法智　→法智忍　→法智　Ⓢ mārge-dharma-jñāna-kṣātiḥ

道理　どうり　ことわり。物事のそうあるべきすじみち。一切の存在（諸法、諸蘊）を貫く理。〈唯識〉では観待道理・作用道理・証成道理・法爾道理の四つの道理を説き、この道理に基づいて存在一つ一つを観察し（parikṣana）、思惟し（cintana）、尋思する（paryeṣate）することによって、認識のありようを深め、最後にあるがままにあるもの、すなわち真如を証得することが求められている。→四道理　Ⓢ naya: nyāya: paryāya: pratiyukti: yukta: yukti

道理極成真実　どうりごくじょうしんじつ　世間の賢者や思索家が道理や論理で知的にとらえた真実。四種の真実の一つ。道理所成真実ともいう。→四種真実　Ⓢ yukti-prasiddha-tattva
（出典）云何道理極成真実。謂、諸智者、有道理義諸聡叡者、諸黠慧者、能尋思者、能伺察者、住尋伺地者、具自辯才者、居異生位者、随観察行者、依止現比及至教量、極善思択決定智所行所智事。由証成道理所建立所施設義、是名道理極成真実。（『瑜伽』36、大正30・486b～c）

道理所成真実　どうりしょじょうしんじつ　→道理極成真実

道理勝義　どうりしょうぎ　→四重二諦

道理世俗　どうりせぞく　→四重二諦

道理相違　どうりそうい　ある主張・教理を証明するときに、正しい道理と相違した不正な道理で証明すること。六種の相違（語言相違・道理相違・生起相違・同処相違・怨敵相違・障治相違）の一つ。Ⓢ yukti-virodha
（出典）道理相違、謂、為成立諸所成立諸所知義、建立比量、不与証成道理相応。（『瑜伽』38、大正30・501b）

道類智　どうるいち　道の類智。四諦を証する見道において色界・無色界の道諦を証する智慧（jñāna）。Ⓢ mārge 'nvaya-jñānam

道類智忍　どうるいちにん　道の類智忍。道類智を生じる原因となる智慧（kṣāti）。→道類智　Ⓢ mārge 'nvaya-jñāna-kṣāntiḥ

道路　どうろ　往来するみち。「道路に於て若しくは往き、若しくは来る」「天趣を愛楽し、生天を求欲し、如実に生天の道路を知らず」「林野を遊行して道路を迷失す」
Ⓢ adhvan: adhvāna

僮僕　どうぼく　しもべ。召使い。使用人。僕使とおなじ。「財宝が倉庫に盈溢し諸の眷属・僮僕・作使が多い大富貴な家に生まる」
Ⓢ karma-kara: dāsa: dāsa-bhūta: paricaryā

銅　どう　どう。金属の一種。Ⓢ tāmra

銅塵　どうじん　→金塵

銅輪王　どうりんおう　→転輪王

銅輪宝　どうりんほう　四つの世界（四洲）のうちの二つの洲（贍部洲・勝身洲）を統治する王（銅輪王）が有する宝。四輪宝の一つ。→四輪宝　→転輪王

導　どう　①みちびいて生ぜしめること。「諸の煩悩は識流を導く」「心は能く世間を導く」　Ⓢ **nam**: **nī**
②訓示。おしえみちびくこと。「唯だ仏世尊のみ、能く法を以って、正を以って、制を以って、導を以って、勝類の生を教える」
③説き伏せ仏教にみちびき入れること。示導とおなじ。→示導　Ⓢ prātihārya

導引　どういん　①みちびいて生ぜしむること。「五識は必ず意識が導引するに由って倶生し同境にして善染を成ず」
②説き伏せ仏教にみちびき入れること。「示導の示とは示現を謂い、導とは導引を謂う」「方便して化すべき外道の有情を導引して仏法に入らしむ」

導師　どうし　教えみちびく人。「大菩提を証して大導師と為る」　Ⓢ nāyakatva: śāstṛ

導首　どうしゅ　①人びとをみちびき救う指導者。「我れ当に独一に導首なき諸の世界の中に於て、為に導首となりて有情を調伏せん」　Ⓢ pariṇāyaka
②あるものが生じるすぐ前の原因。「無明を

導首を為すが故に便ち無量の悪不善の法を起こす」「諸の善法が生ずるは、明を導首と為し、明を前因と為す」

導養 どうよう 身体を安らかに養い護ること。安養とおなじ。「段食を能く受用して身を導養する」 Ⓢ parikarṣaṇa

瞳子 どうし ひとみ。「瞳子は自らを見ず、壮士は自らを負わず」

特縛曳 とくばくえい 二を意味する dvaya の中性両数の主格 dvaye の音写。 Ⓢ dvaye
（参考）（『述記』7本、大正43・468b）

特縛炎 とくばくえん 二を意味する dvaya の中性単数の主格 dvayam の音写。
Ⓢ dvayam
（参考）（『述記』7本、大正43・468b）

得 とく ①ものを得る、獲得すること。功徳や力を身につけること。「衣を得る」「千の金銭を得る」「功徳を得る」「善根を得る」 Ⓢ upalabdhi: nir-**viś**: pratilabdha: prati-**labh**: pratilābhin: prāpta: labdha: **labh**: lābha: lābhin
②ある心境・境界に達すること。ある修行の過程・段階を得ること。「涅槃を得る」「菩提を得る」「阿羅漢果を得る」「離欲を得る」「見道を得る」「自在を得る」「順決択分を得る」 Ⓢ anupra-**āp**: anuprāpta: **āp**: āpti: pra-**āp**: pratilabdha: prati-**labh**: pratilambha: prāpta: prāpti: labdha: **labh**: lābha: lābhin: samanvāgata: saṃprāpaka
③金銭や財物を得ること。経済的に栄えること。利・財利ともいう。八世法の一つ。不得の対。→八世法 Ⓢ lābha
（出典）得者、得利故。（『略纂』1、大正43・17c）
④戒を受けること。戒を受けることによって「非を防ぎ悪を止める力」（律儀）を得ること。「戒を得る」「苾芻戒を得る」「戒を受けて律儀を得る」 Ⓢ ā-**gam**: **āp**: āpti: upa-**jan**: pratilabdha: prati-**labh**: pratilambha: lābha: samādāna
⑤認識すること。「現量の得と比量の得」
Ⓢ upalabdhi
⑥心不相応行の一つとしての得。自相続（自身）のなかで、あるもの（法）を「得る」「獲る」「成就する」という出来事を成立せしめる原理をいう。たとえば煩悩が生じることを得る、あるいは涅槃を証することを得るのは、この「得」という原理が働いているからであると考える。得の異名として獲と成就とがあり、未だかつて得なかったもの、またかつて得たが失ったものをいま得ることを獲（lābha）といい、獲の刹那以後、獲得しおわって失わずに相続することを成就（samavāgama）という。法後得・法前得・法倶得の三種がある（〈倶舎〉の所説→各項参照）。〈倶舎〉は、得という不相応行は実際に存在するもの（実有）であると説くが、〈唯識〉は、得とは存在するもの（諸法）のありよう（分位）に名づけた仮の存在（仮有）であると説く。→心不相応行 Ⓢ prāpti
（出典）得、謂、獲・成就。非得此相違。得非得、唯於自相続二滅。（『倶舎』4、大正29・22a）：得者、謂、於善不善無記法、若増若減、仮立獲得成就。（『雑集論』2、大正31・700a）
（参考）（『演秘』2本、大正43・844b）

得意 とくい ①心が合うこと。信頼すること。「親善で得意な友朋」
Ⓢ viśvasta-mānasa
②理解すること。解釈すること。「是の如く得意する時、其の相違なし」

得果 とくか 修行して結果を得ること。たとえば聖者としての預流・一来・不還・阿羅漢の四つの果を得ること。「聖に入り果を得て染を離る」「得果の時とは、預流・一来・不還・阿羅漢を得るを謂う」 Ⓢ phala-prāpti: phala-saṃbhava

得獲成就 とくぎゃくじょうじゅ 得と獲と成就。三つは名は異なるけれども同じものをいう。→得⑥
（参考）（『瑜伽』52、大正30・586c以下）：（『述記』2本、大正43・278b以下）

得決択 とくけっちゃく 四つの決択（諦決択・法決択・得決択・論議決択）のなかの一つ。得について明確に解釈すること。得とはさとりを得ること、すなわち真理を証することであり、真理を証する人（能証）と証せられるありよう（所証）とに分けて解釈がなされる。 Ⓢ prāpti-viniścaya
（参考）（『雑集論』6、大正31・719a以下）

得最上味相 とくさいじょうみそう 偉大な人間に具わる三十二種の身体的特徴の一つ。→三十二大丈夫相

得自体 とくじたい 自体を得ること。身体をそなえること。生まれて生存すること。

「三界中のあらゆる衆生に四種の得自体の差別あり」「結生相続し已れりとは、已に自体を得るを謂う」
Ⓢ ātman-bhāva-pratilambha: ātman-lābha

得失 とくしつ 得と失。よさとわるさ。利益と損失。善と悪。有徳と無徳。徳失ともいう。「飲食・衣服などの一分の得失を観見して一切を比知す」

得修 とくしゅう 四種の修行法の一つ。→四修

得勝義 とくしょうぎ 三種の勝義（義勝義・得勝義・行勝義）の一つ。涅槃のこと。獲得された涅槃はすぐれた果であるから得勝義という。→勝義②
（出典）勝義有三。（中略）二得勝義。謂、涅槃、勝即義故。（『成論』8、大正31・47c）

得定 とくじょう 定を得ること。定まった心を得ること。禅定に入ること。「念力を持するに由って心が便ち定を得、心が定を得るが故に能く如実に知る」「不浄観と持息念とに依って心は便ち定を得る」 Ⓢ samā-**dhā**: samādhi-labdha

得定者 とくじょうしゃ 定まった心を得た人。「得定者は諸の静慮に於て、数数、入出し、現法安楽住を領受す」 Ⓢ samāpatti-lābhin

得道 とくどう 修行の道を完成すること。さとりを獲得すること。「我れは得道してこのかた四十余年、常に諸法の不生不滅を説く」

得得 とくとく 得の得。自相続（自身）のなかで、「もの」（法）を得るときに起こる三つ（本法・法得・得得）の一つ。得（法得の得）を得ることができる原理。本法とは、もとの「もの」（法）をいう。本の得を大得といい、得得を小得という。→得⑥
Ⓢ anuprāpti: prāpti-prāpti
（参考）（『倶舎』4、大正29・23c）：（『倶舎論記』4、大正41・92a～b）

得非得 とくひとく 得と非得。→得⑥ →非得。 Ⓢ prāpty-aprāpti
（参考）（『倶舎』4、大正29・22a以下）

得平等補特伽羅 とくびょうどうふとがら 貪・瞋・癡・慢・尋思の働きがそれほど強くない人。性格の相違による七種のタイプの一つ。等分行者ともいう。
Ⓢ samaprāptaḥ pudgalaḥ
（参考）（『瑜伽』26、大正30・424b）

得法 とくほう 沙門の果を得ること。預流果・一来果・不還果・阿羅漢果の四つの果を得ること。
（出典）言得法者、謂、随証得沙門果故。（『瑜伽』83、大正30・763c）：随獲一種沙門果故、説名得法。（『瑜伽』86、大正30・778c）

得梵音声相 とくぼんおんしょうそう 偉大な人間に具わる三十二種の身体的特徴の一つ。→三十二大丈夫相

徳 とく ①性質。特性。固有性。働き。「諸行に堅住の徳、勢力の徳、転変の徳、可楽の徳の四徳あり」「徳に随う名とは、変礙の故に色と名づけ、領納の故に受と名づけ、発光の故に日と名づく、是の如き名を謂う」
Ⓢ guṇa
②功徳とおなじ。修行によって獲得したよいもの、素晴らしいもの。→功徳
③よさ。偉大性。「世尊の自利の徳の満ちたることと利他の円かなることとを讃う」
Ⓢ pratipatti
④ヴァイシェーシカ派（勝論）が立てる六句義あるいは十句義の一つ。→六句義 →十句義

徳失 とくしつ 功徳と過失。よさとわるさ。利益と損失。得失ともいう。「徳・失・倶非の境を観する中、定に由って心を専注して散ぜざらしむ」 Ⓢ guṇa-doṣa

徳田 とくでん 功徳を有した人。阿羅漢や如来。三種の福田（恩田・徳田・悲田）の一つ。功徳田ともいう。→福田
Ⓢ guṇa-kṣetra

徳友 とくゆう 徳を有する友人。仏授（buddha-datta）とともにインドにおける代表的な男子の名前の一つ。「異類に相応する名とは仏授・徳友、青・黄などの名を謂う」
Ⓢ guṇa-mitra

犢子 とくし こうし。牛の子。親牛を牛王というのに対する語。

犢子部 とくしぶ 小乗二十部の一つ。説一切有部より分かれた部派。非即非離蘊の我を立てる。→小乗二十部 Ⓢ vātsīputrīya
（参考）（『述記』1本、大正43・247a）

毒 どく ①どく。生命や健康を害する飲食物。「毒を食べ、巖より墜ち、淵より投じ、火に赴むいて自身を害す」「火は煖を体と為

し、毒は害を体と為す」 Ⓢ viṣa
②害悪となるもの。煩悩の喩えに用いられる。「呪術は能く外の毒を息み、亦た能く内の貪・瞋・癡の毒をも息むや」 Ⓢ viṣa
③伝染病。「非人が毒を吐いて疾疫流行す」 Ⓢ īti

毒害 どくがい いためそこなうもの。「蛇・蠍・蜂などは人の毒害となる」
Ⓢ upaghātāpaka

毒刺 どくし 植物のとげ、いばら。自然環境が悪くなる原因の一つ。また煩悩の喩えに用いられる。「地に高下なき処に毒刺なく、亦た衆多の瓶石・瓦礫なければ、能く見る者をして心に清浄を生ぜしむ」「煩悩の毒刺は法身を刺す」 Ⓢ kaṇṭaka

毒蛇 どくじゃ へび。毒をもった蛇。欲の喩えに用いられる。「諸の欲は譬えば蟒や毒蛇の如し」「毒蛇は諸の欲の境に譬え、毒蛇の首は諸の欲の中のあらゆる愛味に譬う」
Ⓢ ahi

毒螫語 どくしゃくご 荒々しくかみつく語。いかりから他人をけなし侮辱する言葉。
（出典）毒螫語者、謂、毀辱他、言縦瞋毒故。（『瑜伽』8、大正 30・316b）

毒箭 どくせん 矢。射られると身心が苦しむことから、心をなやます煩悩や苦しい感受作用（苦受）などの喩えに用いられる。「疑惑の毒箭の為に其の心を悶乱す」「愛の箭が心に入るは、毒箭に中（あた）るが如し」「苦受は猶し毒箭の如しと観ずべし」
Ⓢ śalya

毒熱 どくねつ ①はげしい暑さ。身を苦しめる自然現象の一つ。「大風雨と毒熱と厳寒とに遇う」
②身に生ずるはげしい熱。→毒熱癰
Ⓢ paridāha

毒熱癰 どくねつよう はげしい熱をともなった悪性のできもの。毒熱ともいう。「此の身に於て楽受が生ずる時、毒熱癰が暫く冷触に遇うが如しと観ずべし」 Ⓢ saparidāho gaṇḍaḥ

毒薬 どくやく 毒。毒液。毒物。身を害するものの一つ。「現身に於て毒薬・刀杖を以って害を加う」 Ⓢ viṣa

独 どく ひとつ・ひとり・単独・別々・それのみ、などを意味する形容詞・副詞。
Ⓢ eka: ekākin: kevalam: pṛthak

独一 どくいつ ただひとり。「如来は独一に三千大千世界に出現す」「在家及び出家の衆と共に相い雑住せずして、独一にして侶なきを身遠離と名づく」 Ⓢ ekākin

独一那落迦 どくいつならか 欲界の最下位の那落迦（地獄）にある八大那落迦（八大地獄）などとは別に、人中にあって自身の自業によって感じる単独の地獄。孤地獄・孤独地獄・別那落迦・各別那落迦ともいう。
Ⓢ pratyeka-naraka
（参考）（『瑜伽』4、大正 30・297a）

独覚 どくかく 素質・能力の相違による三種の分類（声聞・独覚・菩薩）の一つ。師などの他者の教えによることなく、ひとりで修行してさとりを得る人。ひとり住して寂静なることを願うので他者救済のために説法することをしない覚者。部行独覚と麟角喩独覚との二種に分かれる（→各項参照）。
（出典）諸独覚、有二種殊。一者部行、二麟角喩。（中略）麟角喩者、謂、必独居。二独覚中麟角喩者、要百大劫、修菩提資糧、然後方成麟角喩独覚。（『倶舎』12、大正 29・64a～b）：言独覚者、謂、現身中、離稟至教、唯自悟道。以能自調、不調他故。（『倶舎』12、大正 29・64b）

独覚根 どくかくこん さとりへのすぐれた能力（利根）を持ってはいるが他者を救済しようとする思いがない人。
（出典）独覚根、雖利而無済物之懐。（『了義灯』1本、大正 43・671a）

独覚地 どくかくじ ヨーガ行者の十七の心境・境界（十七地）の一つ。→十七地
Ⓢ pratyeka-buddha-bhūmi

独覚種姓 どくかくしゅしょう 独覚の素質を有する人。独覚種性とも書く。→独覚→種姓

独覚種性 どくかくしゅしょう →独覚種姓

独覚姓 どくかくしょう →五姓各別

独覚乗 どくかくじょう 三乗（声聞乗・独覚乗・菩薩乗）の一つ。→三乗

独覚菩提 どくかくぼだい 三種の菩提（声聞菩提・独覚菩提・仏菩提）の一つ。独覚のさとり。→菩提 Ⓢ pratyeka-buddha-bodhi

独居 どくきょ ひとりで住むこと。「唯だ山林・阿練若処に住して閑静に独居す」
Ⓢ eka-vihārin

独行 どくぎょう ①『法句経』第三十七偈のなかの独行。あるひとつの心がそれのみで

働くこと。 Ⓢ eka-cara
（出典）此於現在一一而転、第二伴心所遠離故、一切種心不頓転故、名為独行。（『瑜伽』19、大正 30・386a）：諸心相続一一転故、無主宰故、名為独行。（『瑜伽』57、大正 30・617a）：言独行者、無第二故。（『摂論釈・世』4、大正 31・340a）
②ひとりで行動すること。「能く永く貪欲を離れ、独住し独行するは真の苾芻なり」
③→独行無明

独行不共無明 どくぎょうふぐうむみょう 不共独行無明とおなじ。→不共無明

独行無明 どくぎょうむみょう 不共無明とおなじ。→不共無明

独散意識 どくさんいしき →意識

独住 どくじゅう ひとりで住んで生活すること。「能く永く貪欲を離れ独住し独行するは真の苾芻なり」

独処空閑 どくしょくうかん 人里離れた静かな場所にひとり住すること。「空閑に独処して奢摩他・毘鉢舎那を修し、思惟し観察す」 Ⓢ ekākī rahogataḥ: pravivikta-vihārin

独勝覚 どくしょうがく 独覚とおなじ。→独覚「独勝覚は久しく多聞を習うて勝れた思択あるが故に智勝れたり」
Ⓢ pratyeka-buddha

独勝部行 どくしょうぶぎょう 部行独覚のこと。→部行独覚
（参考）（『雑集論』13、大正 31・753c）

独頭意識 どくずいしき →意識

独尊 どくそん ひとり尊いこと。釈尊が生まれた直後に七歩あるいて述べた言葉。「唯我独尊」といいならわされている。「釈尊は母胎より出でて即ち七歩行きて自ら独尊なりと称す」

読誦 どくじゅ 仏教の経典や論書を唱えること。「正法を受持し読誦す」「経典を読誦す」「自ら素怛纜蔵・毘奈耶蔵・阿毘達磨蔵を読誦す」 Ⓢ svādhyāya: svādhyāya-kriyā

髑髏 どくろ 頭蓋骨。不浄観・不浄想の対象の一つ。→不浄観「髑髏の或いは左、或いは右、或いは後、或いは前を観じて不浄想を起こして身念住に入る」 Ⓢ kapāla: śiras-kapāla

咄哉 とっさい ああ。おお。もしもし。人に呼びかける言葉。 Ⓢ bhos

突（とつ）→と

貪 とん ①広くは、むさぼること一般をいう。「利養・恭敬への貪」「自身を縁ずる貪を欲と為す」「妙なる資具と婬愛とを貪る」
Ⓢ abhigṛddha: abhidhyā: kāma: gardha: tṛṣṇā: rāgin: saṃrāga
②三毒（貪・瞋・癡）の一つ。不善の心所の一つ。むさぼり執着するこころ。欲界・色界・無色界の三つの世界に生存すること（有）とそのような生存をもたらす原因（有具）とに執着（染著・堅著・耽著）するこころ。無貪をさまたげ苦を生じる働きがある。種類としては事貪・見貪・貪貪・慳貪・蓋貪・悪行貪・子息貪・親友貪・資具貪・有無有貪の十種が説かれる（『瑜伽』55、大正 30・603b）。貪の異名として喜・貪・顧・欣・欲・昵・楽・蔵・護・著・希・耽・愛・染・渇がある（『瑜伽』86、大正 30・779a）。
Ⓢ rāga: lobha
（出典）貪者、謂、由親近不善丈夫、聞非正法、不如理作意故、及由任運失念故、於外及内可愛境界、若分別、不分別、染著為体。（『瑜伽』8、大正 30・313c）：貪者、謂、能耽著心所為性。（『瑜伽』58、大正 30・621c）：云何為貪。於有有具、染著為性、能障無貪生苦為業。（『成論』6、大正 31・31b）：何等為貪。謂、三界愛為体、生衆苦為業。（『集論』1、大正 31・664b）
③とくに肉体へのむさぼりとしては、顕色貪・形色貪・妙触貪・承事貪（供奉貪）の四種がある（→各項参照）。またこれら四つは美食貪・形貌貪・細触貪・承事貪、美色貪・形貌貪・細触貪・承事貪、あるいは色貪・触貪・形貪・承事貪とも言われる。これら四種の貪を対治するために不浄観を修する。→不浄観
（参考）（『倶舎』22、大正 29・117b）：（『瑜伽』26、大正 30・429a）：（『瑜伽』62、大正 30・646c）：（『瑜伽』98、大正 30・865b）

貪愛 とんあい ①貪る愛。むさぼり。愛着。「爾る時、父母の貪愛は倶に極まり、最後に決定して、各、一滴の濃厚の精血を出す」「此の心に於て離繫を得るが故に貪愛永く滅し、現法中に於て心解脱を証す」「自らの諸欲に於て深く貪愛を生ずるを名づけて耽嗜と為す」
Ⓢ anunaya: tṛṣṇā: rāga: saṃrāga: sneha
②貪と愛。→貪② →愛③

Ⓢ rāga-anunaya

貪愛河　とんあいか　→愛河

貪恚癡　とんいち　→貪瞋癡

貪行　とんぎょう　→貪行補特伽羅

貪行者　とんぎょうしゃ　→貪行補特伽羅

貪行補特伽羅　とんぎょうふとがら　貪（むさぼり）のつよい人。性格の相違による七種の病的なタイプ（貪行・瞋行・癡行・慢行・尋思行・等分行・薄塵行）の一つ。このような人は、むさぼりをなくすために不浄観を修する。貪行・貪行者・貪増上補特伽羅とおなじ。 Ⓢ rāga-caritaḥ pudgalaḥ

（出典）貪、猛盛、数現在前、如是有情、名貪行者。彼観不浄、能正入修。（『倶舎』22、大正 29・117b）

（参考）（『瑜伽』26、大正 30・425c）：（『瑜伽』26、大正 30・424b）

貪垢　とんく　三垢（貪垢・瞋垢・癡垢）の一つ。むさぼりという汚れ。わるい対象（弊下境）へのむさぼり。

（出典）於弊下境所起貪欲、名為貪垢。（『瑜伽』89、大正 30・804a）

貪結　とんけつ　有情を繋縛して三界において生死流転せしめる五つ、あるいは九つの煩悩（五結・九結）の一つ。愛結ともいう。→結①

貪著　とんじゃく　むさぼり執着すること。「段食に於て美味に貪著す」「利養と恭敬に貪著する過失」「一時に於て諸の境界に於て貪著を発起す」「大財宝を得ても貪著せず」 Ⓢ adhyavasāna: adhyavasita: abhigṛddha: abhidhyā: parigardha: rāga: lolupa

貪株杌　とんしゅこつ　三つの株杌（貪株杌・瞋株杌・癡株杌）の一つ。→株杌

貪身繋　とんしんけ　貪欲身繋とおなじ。→貪欲身繋

貪瞋癡　とんじんち　貪と瞋と癡。心を汚し毒する三つの根本煩悩であるから三毒という。貪恚癡ともいう。→三毒「阿羅漢は現法の中に於て貪瞋癡などの一切の煩悩を永断す」 Ⓢ lobha-dveṣa-moha: rāga-dveṣa-moha

貪増上補特伽羅　とんぞうじょうふとがら　→貪行補特伽羅

貪欲　とんよく　①むさぼること。欲すること。「貪欲に其の心が散壊さるる」「諸の貪欲を対治せんが為の故に不浄を修習す」

Ⓢ kāma-cchanda: kāma-rāga: rāga

②十不善業の一つ。他人の所有物を自己のものにしようと欲すること。→十不善業

Ⓢ abhidhyā

（出典）云何貪欲。謂、於他所有、起己有欲楽、起染汚心、若於他所有、起己有欲楽、決定方便、及於彼究竟中所有意業。（『瑜伽』8、大正 30・317b）

③貪の欲。五蓋の一つである貪欲蓋の貪欲。むさぼりの対象を欲すること。妙なるものと思う色・声・香・味・触の五つに対して、見よう、聞こう、ないし触れようと欲すること、あるいはそれらを追憶すること。

Ⓢ kāma-cchanda

（出典）貪欲者、謂、於妙五欲、随逐浄相、欲見、欲聞、乃至欲触、或随憶念、先所領受、尋伺追恋。（『瑜伽』11、大正 30・329b）

貪欲蓋　とんよくがい　五蓋の一つ。→貪欲③ Ⓢ kāma-cchanda-nivaraṇa

貪欲身繋　とんよくしんけ　四身繋の一つ。→四身繋

貪婪　とんらん　むさぼること。「貪婪ある心とは、楽って財物を積むをいう」

貪悋　とんりん　むさぼりおしむこと。「王あり、財物を貪悋して、均しく国土の人民に給せず」 Ⓢ lobha

敦粛　とんしゅく　語る言葉や立ち振る舞いが粗暴でなく、おごそかで威厳があるさま。「言辞が敦粛なり」 Ⓢ ādeya: sthiti

（出典）敦粛者、謂、如有一、待時方説、而不嚵速、是名敦粛。（『瑜伽』15、大正 30・359b）：敦粛者、謂、言無卒暴。（『雑集論』16、大正 31・772a）

頓　とん　①にわかに。突然に。急に。「諸の菩薩は長時に於て漸漸に積集した聚多の財物を、後に頓に施さず」 Ⓢ sakṛt

②同時に。一時に。「諸法は皆な頓に起こるにあらず」「諸行は同時に頓に生起することあることなし」 Ⓢ yugapad

頓教　とんきょう　直ちにさとりに至ることができる宗教的能力が勝れた人のために説かれた教え。たとえば『華厳経』がこれにあたる。漸教の対。→漸教

頓現観　とんげんかん　頓に現観すること。一刹那に真理（四諦）を現前に明晰に観察して理解し証すること。大衆部の説。十六刹那において次第に各別に四諦を現観するとみる説一切有部の漸現観の対。

(参考)（『婆沙』103、大正 27・533a〜b）：（『倶舎』23、大正 29・122a）

頓悟 とんご　直ちにさとること、あるいはそのような人。初めて発心した位より直ちに菩薩の修行を修し、二乗の修行より迂回するものではないから頓悟という。無始のときよりこのかた阿頼耶識のなかに法爾の無漏の菩薩種子だけを有する者、すなわち五姓のなかの菩薩種姓をいう。漸悟の対。→五姓各別→漸悟

頓悟菩薩 とんごぼさつ　→五姓各別

頓断 とんだん　煩悩を一度に断じること。見道において九品の煩悩を断じるありようをいう。漸断の対。→漸断「聖者は一の無間道と一の解脱道とを以って九品の見所断の結を頓断し、九の無間道と九の解脱道とを以って九品の修所断の結を漸断す」「諸の沙門果は、或いは煩悩を頓断するに因るが故に得、或いは煩悩を漸断するに因るが故に得る」

呑咽 どんいん　のむこと。のみこむこと。「諸の段物は呑咽の時に於て心をして歓喜せしめ、諸根を悦予せしむ」「言うところの食とは餐噉・咀嚼・呑咽などを謂う」 Ⓢ abhyava-hṛ: bhakṣ

呑吸 どんきゅう　のみこみ吸うこと。「食に於て饕餮し呑吸す」

呑食 どんじき　のみこみ食べること。のみくだすこと。「餅麨飯羹・臛糜粥酥油・糖蜜魚肉菹鮓乳酪・生酥薑鹽酢などの種種の品類を和雑して摶と為して段段に呑食するが故に段食と名づく」「煩悩・重病の為に呑食さるる衆生類」 Ⓢ grasta

(参考)（『瑜伽』23、大正 30・409b）

鈍 どん　にぶいこと。劣っていること。Ⓢ jaḍatva: dhandha: mṛdu

鈍根 どんこん　三根（鈍根・中根・利根）の一つ。おとった能力をもつ者。さとりに至る力がおとっている者。軟根ともいう。鈍根者とおなじ。「練根とは下の鈍根を転じて上の利根を成ずるを謂う」「鈍根の補特伽羅は所知事に於て遅鈍に運転し微劣に運転す」 Ⓢ mṛdu-indriya

鈍根者 どんこんじゃ　→鈍根

鈍濁 どんじょく　にぶいこと。おとっていること。「其の慧が鈍濁なれば所聞の法に於て受持し難きなり」 Ⓢ dhandha

な

那伽 なが　nāga の音写。龍の意味。世尊をいう。「那伽は行くも定に在り、那伽は住するも定に在り、那伽は坐するも定に在り、那伽は臥するも定に在り」 Ⓢ nāga

(参考)（『倶舎』13、大正 29・72a）

那庾多 なゆた　nayuta の音写。数の単位の一つ。次の三説がある。（i）十の十一乗。（『倶舎論』『婆沙論』に三説あるなかの第三説）。（ii）倶胝の百千倍。（『婆沙論』に三説あるなかの第一説）。（iii）阿庾多分の百千倍。（『婆沙論』に三説あるなかの第二説）→阿庾多分 Ⓢ nayuta: niyuta

(参考)（『婆沙』177、大正 27・890c）：（『婆沙』177、大正 27・891a）：（『倶舎』12、大正 29・63b）

那庾多分 なゆたぶん　数の単位の一つ。那庾多（阿庾多分の百千倍）の百千倍。→阿庾多分

(参考)（『婆沙』177、大正 27・890c）

那洛迦 ならか　→那落迦

那落迦 ならか　naraka の音写。那洛迦・捺落迦・㮈落迦とも音写。地獄のこと。→地獄 Ⓢ naraka

那羅延 ならえん　nārāyaṇa の音写。那羅衍拏とも音写。力を有するものの一つとしてあげられ、伐浪伽の十倍の力を有するという。もともとバラモン教におけるヴィシュヌ神のことで、大自在天などとならんで外道の信仰対象の神であったが、仏教に取り入れられ、金剛力士と呼ばれるようになった。「十十に象などの七の力を倍増す。謂く、凡象と香象と摩訶諾健那と鉢羅塞建提と伐浪伽と遮怖羅と那羅延となり。後後の力は前前に増すこと十倍なり」 Ⓢ nārāyaṇa

(参考)（『倶舎』27、大正 29・140c）

那羅衍拏 ならえんな　nārāyaṇa の音写。

那羅延とおなじ。→那羅延　Ⓢ nārāyaṇa

捺地　なじ　贍部洲にある四大河の一つである私多河の支流の一つ。→四大河 nadī

捺稚那　なちな　数の単位の一つ。迦末羅分の百千倍。→迦末羅分
(参考)(『婆沙』177、大正 27・891a)

捺稚那分　なちなぶん　数の単位の一つ。捺稚那の百千倍。→捺稚那
(参考)(『婆沙』177、大正 27・891a)

捺落迦　ならか　→那落迦

㮏落迦　ならか　地獄のこと。→那落迦
(参考)(『婆沙』172、大正 27・865b〜c)

内　ない　①(空間的な)内外の内。「内海と外海」「内院」　Ⓢ abhyantara
②(自己の)内。内部にあること。「内に親愛を懐き損悩の心なし」
Ⓢ adhyātma: antar-gata: antar-bhāva
③全存在を内と外とに分け、自身を内、それ以外のものを外という。詳しくは次のようになる。(i)五蘊(色・受・想・行・識)を内と外とに分けるなかの内。色の一部分(身体を構成するもの)と受・想・行・識とを内、色の一部分(色・声・香・味・触)を外という。(ii)十八界を内と外とに分けるなかの内。仮の自己(仮我)を存立せしめるもの。全存在すなわち十八界のなかの六識(眼識・耳識・鼻識・舌識・身識・意識)と六根(眼根・耳根・鼻根・舌根・身根・意根)との十二を内といい、六境(色・声・香・味・触・法)を外という。(iii)十二処を内と外とに分けるなかの内。十二処のなか、眼処・耳処・鼻処・舌処・身処・意処の六つを内処、色処・声処・香処・味処・触処・法処の六つを外処という。
Ⓢ adhyātma: ādhyātmika
(出典)自身名内、所余名外。(『倶舎』1、大正 29・4c):六根六識十二、名内。外、謂、所余色等六境。我依、名内。外、謂、此余。(『倶舎』2、大正 29・9c):聖教中内有二種。一内処摂故名内、如説此六内処乃至広説。二自相続摂故名内、如説於内身循身観乃至広説。(『婆沙』190、大正 27・951b)
④内道すなわち仏教のこと。外道の対。→内道「内と外との法師に高下の差別あり」「諸の異生に略して二種あり。一には内、二には外なり。内とは不断善根を謂い、外とは善根已断を謂う」　Ⓢ ābhyantaraka
⑤なかにはいること。入れること。「草木・叢林・諸山・大地の一切の色像を己の身中に内し、諸の大衆をして、各各、自ら其の身内に入ると知らしむ」　Ⓢ pra-viś

内火界　ないかかい　身体のなかのあたたかさ・熱。この熱によって食べたものが消化される。→火界　Ⓢ ādhyātmikas tejo-dhātuḥ
(参考)(『瑜伽』27、大正 30・430b)

内我　ないが　内的な自己。〈唯識〉は「末那識が阿頼耶識を執して我となす」「阿頼耶識は無始の時よりこのかた、一類に相続して常一に似るが故に有情は彼を執して自の内我となす」と説き、末那識が阿頼耶識を対象として執する我を特に内我という場合がある。

内界　ないかい　六根・六識・六境の十八界のなかの六根の六つの界(眼界・耳界・鼻界・舌界・身界・意界)をいう。内的な身に属するから内界という。
(出典)云何建立十八界耶。答、以三事故、建立十八。一以所依、二以能依、三以境界。(中略)以所依故、立六内界、謂、眼界乃至意界。(『婆沙』70、大正 27・367b)

内海　ないかい　世界の中心のスメール山(蘇迷盧山)を取り囲む七金山の内にある七つの海。そのなかに八つの功徳水が充満している。→八功徳水
(出典)七金山間、有七内海、八功徳水盈満其中。(『婆沙』133、大正 27・691c)

内境　ないきょう　心のなかにある認識の対象・もの。外境(心の外にあると考えられる対象・もの)の対。〈唯識〉は内境は心のなかに仮に存在する(仮有)が、外境はいかなる意味でも存在しない(都無)と説く。「唯識の唯の言は外を遣って内境を遮せず」

内教　ないきょう　仏教のこと。仏教以外の学派を外教というのに対する。「外道などの教は非仏語と名づく。内教の三蔵は並びに仏語と名づく」「内教は詩に非ず。外教は是れ詩なり」

内垢　ないく　内的な心の汚れ。貪・瞋・癡などの煩悩をいう。外垢(外界の汚れ)の対。
(出典)内垢有三、謂、貪瞋癡。(『婆沙』47、大正 27・243a)

内空　ないくう　自己の内部は非存在であるという理。この理をさとることによって自己存在への執着や自己へのおごりを除くことが

できる。
（出典）有十種相、空能除遣。何等為十。（中略）三者了知能取義故、有顧恋身相及我慢相。此由内空及無所得空、能正除遣。（『解深』3、大正 16・701a）

内外 ないげ 内と外。両者の区分法に次の三種がある。（i）自己（自身）を内、他人（他身）と非生物（非有情）とを外。（ii）こころ（心・心所）とこころを起こす器官（心心所の所依）、すなわち六識と六根とを内、こころの認識対象（所縁）、すなわち六境を外。（iii）生物（有情）を内、非生物（非有情）を外。→内③ →外②
Ⓢ adhyātma-bahirdā: ādhyātmika-bāhya: bāhya-adhyātma
（出典）内外法差別有三。一相続内外、謂、在自身、名為内、在他身及非有情数、名為外。二処内外、謂、心心所所依、名内、所縁、名外。三情非情内外、謂、有情数法、名内、非有情数法、名外。（『婆沙』138、大正 27・714a）

内外空 ないげくう 自己の内と外のものとは、いずれも非存在であるという理。この理をさとることによって性的行為による快楽や身の周りの素晴らしいと思われる道具への執着を除くことができる。
Ⓢ adhyātma-bahirdhā-śūnyatā
（出典）有十種相、空能除遣。何等為十。（中略）五者了知受用義、男女承事、資具相応故、有内安楽相、外浄妙相。此由内外空及本性空、能正除遣。（『解深』3、大正 16・701a）

内外身 ないげしん 自分の身体、あるいは他人の身体の内部と外部。「内外身に於て循身観を修すとは、自他の身の若くは内、若くは外に依りて勝解を発起するをいう」
Ⓢ adhyātma-bahirdhā kāyaḥ

内外法 ないげほう ①内法と外法。→内法 →外法
②一つの存在が内と外との両方にかかわるような存在。たとえばロウソクの灯火。ロウソクの灯火は自らを燃やすと同時に光りを外部に放射するからである。
（出典）内外法、如諸生相、一灯多用、世所共知。（『婆沙』3、大正 27・12b）

内外門 ないげもん 内門と外門。内に向かう門と外へ向かう門。内部に向かうことと外部に向かうこと。ものが働く二つの方向。「第六意識は自ら能く思慮して内外門に転じて多の縁を籍らず」

内護 ないご ①諸仏が護ることの二つのありようの一つ。仏教の正しい教えを護ること。外護（親族などの人びとを護ること）の対。
（出典）諸仏皆有内護外護。内、謂、菩提分法、外、謂、親属。（『婆沙』120、大正 27・627b）
②如来の正法が護る二つのありようの一つ。清浄な教団内の弟子である苾芻・苾芻尼などを護ること。外護（教団外の仏教信者、たとえば国王や大臣を護ること）の対。
（参考）（『婆沙』192、大正 27・959a）

内災 ないさい 自己の身中に生じる内的な災害。色界の第一静慮を乱す尋伺、第二静慮を乱す喜受、第三静慮を乱す動息などをいう。外災の対。 Ⓢ ādhyātomiko 'pakṣālaḥ
（参考）（『倶舎』12、大正 29・66c～67a）

内散乱 ないさんらん 善を修するときに、心が沈んだり高ぶったりすることに執着すること。六種の散乱（自性散乱・外散乱・内散乱・相散乱・麁重散乱・作意散乱）の一つ。
（出典）云何内散乱。謂、正修善時、沈掉味著。（『集論』1、大正 31・665b）

内思惟 ないしゆい 自らの心のなかで対象を観察し思惟すること。外から聞いた教えの意味を自らが内的に思考すること。外聞法（師などから教えを聞くこと）の次に行なう修行のありようをいう。内正思惟ともいう。「若し他より音を聞き、及び内正思惟する、是の如きに由るが故に方に漏尽を得る」

内自所証 ないじしょしょう 内的に自らによってさとられるもの。言葉によってはさとることができない究極の真理（勝義）をさとるありようをいう。内証・内自証・自内証・内所証とおなじ。「勝義は是れ諸の聖者の内自所証なり。尋思の所行は是れ諸の異生の展転して証するところなり」

内自証 ないじしょう →内自所証

内地界 ないじかい →地界

内事 ないじ ①自己に属する内的なものの総称。身と心。身体の六つの器官（六根・六処）とそれより生じる心（識）。外事の対。
Ⓢ ādhyātmikaṃ vastu
（出典）言内事者、謂六処等。（『瑜伽』34、

大正 30・471a)：内事別者、謂、諸衆生、若百、若千集会一処、威儀形相、各各不同。(『婆沙』127、大正 27・664a)
②他人についていえば、親しい人を内事、憎い人と親しくも憎くもない中庸の人を外事という。 Ⓢ ādhyātmikaṃ vastu
(出典) 若親品、名為内事、怨・中庸品、名為外事。(『瑜伽』30、大正 30・453b)

内色 ないしき 自己の内にある物質的なもの。眼・耳・鼻・舌・身の五つの感覚器官(五根)をいう。 Ⓢ adhyātma-rūpa

内色処 ないしきしょ 十二処中の十処のなか、自己の内にある物質的なもの、すなわち眼・耳・鼻・舌・身の五つの感覚器官(根)。外色処の対。→外色処 →十二処「有対の法とは五の内色処と五の外色処の十処をいう」

内識 ないしき 〈唯識〉では、存在するものを「識」(こころ)と「境」(もの)とに二分して「識」を内、「境」を外と考えて内識と外境とよび、内識のみが存在し、外境は存在しない、と説く。「内識が転じて外境に似る。我法と分別する熏習の力の故に諸の識が生ずる時、我法に変似す」「外境は情に随って施設するが故に識の如く有に非ず。内識は必ず因縁に依って生ずるが故に境の如く無に非ず」「唯識の理に迷謬せる者は内識は境の如くに有に非ずと執す」

内種 ないしゅ 自己の内にある種子。阿頼耶識のなかにある種子。〈唯識〉は阿頼耶識のなかの種子が一切の存在を生じる真の意味での原因であり、外界の稲などの植物の種子は真の種子ではないと説く。→種子
Ⓢ ādhyātmika-bīja
(出典) 外種者、謂、稲穀等。内種者、即是阿頼耶識。(『摂論釈・世』2、大正 31・329b)

内受 ないじゅ 自己(自相続・内身・自身)の内に生じる感受作用。
(出典) 自相続所摂受、名内受(『婆沙』187、大正 27・940b)：内受者、謂、因内身所生受、縁眼等処、為境界故、依自身生故、名内。(『雑集論』10、大正 31・739a)

内執受 ないしゅうじゅ 内の執受。執受とは、広くはこころ(心・心所)によって有機的・生理的に維持されるものをいい、〈唯識〉では、阿頼耶識の対象(所縁)となる種子(ものを生じる可能力)と有根身(眼・耳・鼻・舌・身の五つの感覚器官をもつ身体)をいう。阿頼耶識のもう一つの対象である外的な器世間(自然)に対して、内的な執受に内を付して内執受という。→執受①「阿頼耶識は二種の所縁の境に於て転ず。一には内の執受を了別するに由るが故に。二には外の無分別器の相を了別するに由るが故なり」「阿頼耶識の所縁たる内執受の境も亦た微細なるが故に、外の器世間の量も測り難き故に、不可知と名づく」

内住 ないじゅう 九種の心住の一つ。→心住

内処 ないしょ →内六処
Ⓢ ādhyātmikam āyatanam

内所証 ないしょしょう →内自所証

内障 ないしょう 二つの障(内障・外障)の一つ。外障の対。→障①

内正思惟 ないしょうしゆい →内思惟

内清浄 ないしょうじょう ①貪・瞋・癡などの煩悩の汚れがない状態。外清浄(沐浴などによって身体の汚れを除去した状態)の対。
Ⓢ ādhyātmikī śuddhiḥ
(参考)(『顕揚』10、大正 31・530b)
②内的な慈悲の心をいう。外清浄(外的な縁によって起こす善心)の対。
Ⓢ antaḥ-śuddhi
(参考)(『瑜伽』43、大正 30・531c〜532a)

内証 ないしょう →内自所証

内浄 ないじょう →内等浄

内諍 ないじょう 仏教の正しい説(大説)と外道のまちがった説(黒説)とが争うこと。人間の争いである外諍の対。
(参考)(『了義灯』1本、大正 43・665c)

内心 ないしん 内なる心。外的な事象に対して、内的な事象である心に特に内を付して内心という。その内心をヨーガを修して寂静にして、その寂静となった内心のありようを内心奢摩他という。またその心が法(教え、あるいは教えが意味する理)を思惟し観察するありようを法毘鉢舎那という。→奢摩他 →毘鉢舎那「汝等苾芻よ、当に空閑に処して観行を勤修し、内心をして奢摩他に安住せしめよ」「是の如く内心に住すとは、自の心を摂して無義に住し、心をして内心に住せしむるをいう」「菩薩は定位に於て影は唯だ是れ心なりと観じ、義の相は既に滅除し、審らかに唯だ自らの想なりと観ず。是の如く内心に住して所取は非有なり、次に能取も亦た無な

りと知る」 Ⓢ adhyātma-cetas

内心散動 ないしんさんどう ヨーガ（奢摩他・毘鉢舎那）を修するときに、心が内的な原因で散乱し動揺すること。五つの心の散動（作意散動・外心散動・内心散動・相散動・麁重散動）の一つ。→心散動

（出典）若由惛沈及以睡眠、或由沈没、或由愛味三摩鉢底、或由随一三摩鉢底諸随煩悩之所染汚、当知、是名内心散動。（『解深』3、大正 16・701c）

内心奢摩他 ないしんしゃまた →内心

内心住 ないしんじゅう ヨーガ（奢摩他・毘鉢舎那）を修して心を内にとどめて心が外界の刺激によって散乱しない状態をいう。「三摩地所行の所縁に於て散乱なきが故に内心住と名づく」

内身 ないしん ①自己（自相続）のなかにある物質的存在（色）。眼・耳・鼻・舌・身などの五つの器官（根）から成り立つ身体。

（出典）自相続所摂色、名内身。（『婆沙』187、大正 27・940b）：内身者、謂、於此身中所有内色処。由自身中眼耳鼻舌身根内処所摂故。（『雑集論』10、大正 31・739a）

②自己の身体の内部。「汝、応に是の自らの内身の三十六の不浄物に於て、不浄の勝解を発起すべし」 Ⓢ adhyātmaṃ kāye

③自己存在。「内身の変壊に引かれる老死の苦」 Ⓢ ātman-bhāva

内水界 ないすいかい →水界

内大種 ないだいしゅ 自己の身体を構成する地・水・火・風の四つの要素。外大種の対。「内大種が合成するところの身に於て不浄想を修す」 Ⓢ ādhyātmika-mahābhūta

内等浄 ないとうじょう 四つの静慮の第二静慮にそなわる四つのありよう（内等浄・喜・楽・心一境性）の一つ。心が散乱することなく清浄になった状態をいう。内浄ともいう。「此の定は尋伺の鼓動を遠離して相続して清浄に転ずるを名づけて内等浄と為す」「内等浄は念と正知と捨とを自性と為す」

Ⓢ adhyātma-saṃprasāda

（参考）（『倶舎』28、大正 29・147b）：（『瑜伽』63、大正 30・649b）

内道 ないどう 仏教のこと。仏教以外の学派である外道の対。「内道の言教は是れ法にして、外道の言教は是れ非法なり。内道の言教は空・非我を顕し、涅槃に随順し、外道の言教は空・非我に背き、涅槃に違逆す」

内縛 ないばく 煩悩によって心が縛られること。縄や鎖などの外的なもので縛られることである外縛の対。

Ⓢ ādhyātmika-bandhana

（参考）（『瑜伽』87、大正 30・791a）

内風界 ないふうかい →風界

内分 ないぶん 自己の内に属する存在。身体および身体の内部にあるもの。外分の対。「内分の中の湿性とは、涙汚・涕唾・膿血・尿などのあらゆる湿性をいう」

Ⓢ ādhyātmikā bhāvāḥ

内分力 ないぶんりき 涅槃を得るための二つの力（内分力・外分力）の一方。自己の内部に属する力。たとえば人間として生まれる、すぐれた師がいる地に生活する、正しく思惟する（如理作意）、少ない欲で満足する（少欲知足）、身体に欠陥がない、などのことをいう。外分力の対。→外分力

Ⓢ adhyātma-aṅga-bala

（出典）内分力者、謂、如理作意、少欲知足等内分善法、及得人身、生在聖処、諸根無欠、無事業障、於其善処、深生浄信、如是等法、名内分力。（『瑜伽』5、大正 30・301a）

内法 ないほう ①人間、あるいは人間に関する事柄。人間の外にあるもの（外法）の対。→外法

②〈唯識〉では心の内にあるものを内法、実際には存在しないが、外にあると考えられたものを外法という。

③仏法（仏の教え）をいう。これに対して仏法以外の法を外法あるいは外道という。「内法の弟子と外道の弟子とは品類が同じからず」

内法縁起 ないほうえんぎ 人間に関する縁起。無明が原因で行が結果し、乃至、生が原因で老死が結果するという十二支縁起の因果をいう。あるいは父母から子が生まれる、眼（眼の器官）と色（眼の対象）から眼識（視覚）が生じるなどの因果をいう。外法縁起の対。→外法縁起

内明 ないみょう ①仏陀の語。「諸の菩薩が内明を求める時は、正しく法随法行を修行せんが為、広く開示して他を利悟せんが為なり」 Ⓢ buddha-vacana

②→内明処

内明処 ないみょうしょ 内明という学問領

域。内明とは仏陀の教え。教えを内と外とに分け、仏陀の教え以外の外道の教えを外教、仏陀の教えを内教すなわち内明という。菩薩が学ぶべき五つの学問領域（五明処）の一つ。内明論ともいう。→五明処
Ⓢ adhyātma-vidyā-sthāna
（参考）（『瑜伽』13、大正 30・345a）:（『瑜伽』15、大正 30・356a）

内明論　ないみょうろん　内明処とおなじ。→内明処　Ⓢ adhyātma-śāstra

内門　ないもん　①内に向かう門。内部に向かうこと。「出息の無間に内門の風が転ず」「阿頼耶識は唯だ内門に依って転ず」
Ⓢ antar-mukha
②人間の内部の領域。「内門に於て境界を受用する増上の義の故に、眼根乃至意根の六根を建立す」「外門の雑染と内門の雑染」

内門転　ないもんてん　内に向い、内部において働くこと。外門転の対。→外門転「持息念は内門転なるが故に、能く乱尋を止む」
Ⓢ antar-mukha-pravṛtta

内力　ないりき　内的な力。内からの働きかけ。たとえばさとりに至る過程において自ら正しく思惟する（正思惟）力をいう。外力の対。→外力「思所成慧は内力によって起こる」

内六処　ないりくしょ　十二処のなかの自己の内にある六つの処。眼・耳・鼻・舌・身・意の六つ器官（六根）。外六処の対。内処とおなじ。→外六処

内論　ないろん　仏教の教理・学問・論書。「楽って内論を習する者の疑は正見を引生す」
Ⓢ adhyātma-śāstra

泥洹　ないおん　nirvāṇa の俗語 nibbāna の最後の a がとれた形の音写。涅槃のこと。→涅槃

男　なん　おとこ。男性。
Ⓢ puṃs: puruṣa: puruṣa-bhūta

男形　なんぎょう　男たること。男性としてのありよう。男の性器を有していること。「若し男形が損害せし者は、説いて近事男と名づくことを得ず」「変壊形とは、若し増上の貪が、数数、現起すれば男形が隠没して女形が出現するをいう」

男根　なんこん　男性の性器。二十二根の一つ。→二十二根　→根「人同分に生まれて丈夫身を得て男根が成就すれば、或いは女身を得れば、是の如きを名づけて善く人身を得ると為す」　Ⓢ puruṣa-indriya

男子　なんじ　①おとこ。男性。女人の対。「浄信を具足する男子と女人」　Ⓢ puruṣa
②善男子のこと。→善男子　Ⓢ kula-putra

男声　なんしょう　名詞の三つの声（男声・女声・非男非女声）、すなわち男性・女性・中性のなかの男性をいう。
（参考）（『枢要』上本、大正 43・613c）

男身　なんしん　おとこ。男性としての存在。「菩薩は恒に勝根を具し、恒に男身を受けて女と為らず」　Ⓢ puruṣa

男女　なんにょ　おとことおんな。「鬼・傍生・人の中のあらゆる依身は、苦と楽とが相雑するが故に婬欲ありて、男女展転して二二に交会して不浄を流出す」　Ⓢ strī-puruṣa

南　なん　みなみ。四方向の一つ。
Ⓢ dakṣiṇa

南贍部洲　なんえんぶしゅう　→贍部洲

南来風　なんらいぷう　外界で吹く風のなかの一つ。南風。→風①　Ⓢ dakṣiṇā vāyavaḥ

軟　なん　①（物や身体が）やわらかいこと。やわらかい感触（触）。「手足が細く軟かい」「諸の衣服に於る軟かい触への貪を断除せんが為の故に、但だ麁衣を持す」「触とは、摩するところ、触れるところにして、若しくは鞕、若しくは軟、若しくは動、若しくは煖なり」　Ⓢ taruṇa: mṛdu
②（言葉が）温和でやさしいこと。→軟言
Ⓢ ślakṣṇa
③さまざまなものをそれらの程度に応じて大きく軟・中・上の三つに分ける方法のなかの一つ。最も低い程度。→軟中上　Ⓢ mṛdu

軟語　なんご　→軟言

軟根　なんこん　三根（軟根・中根・利根）の一つ。劣った能力をもつ者。さとりに至る力が劣っている者。鈍根ともいう。
Ⓢ mṛdu-indriya
（参考）（『瑜伽』21、大正 30・398c）

軟言　なんごん　温和でやさしい言葉。軟語とおなじ。「王は軟言を以って諸の群臣を慰諭す」「仏は軟語を以って彼の言を責む」
Ⓢ ślakṣṇa: ślakṣṇa-vacas

軟弱　なんじゃく　よわくしっかりしていないこと。「軟弱な人の身は病などに遭って苦の為に逼せらるる」

軟性　なんしょう　やわらかい感触。触覚

（身識）の対象である感触（触）の一つ。
Ⓢ mṛdutva

軟善根　なんぜんこん　三種の善根（軟善根・中品善根・上品善根）の一つ。不定地（心が定まっていない状態）にある善根。あるいは上品の煩悩を滅する善根。→善根①
（出典）問、何等名軟善根。答、諸不定地所有善根。或在定地、而能対治上品煩悩。（『瑜伽』55、大正30・602b）

軟中上　なんちゅうじょう　→軟中上品

軟中上品　なんちゅうじょうほん　品とは種類の意味。さまざまなものをそれらの程度に応じて大きく軟・中・上の三つに分ける方法。軟中上と略称。軟（mṛdu）を下と訳して下中上ともいう。Ⓢ mṛdu-madhya-adhimātra

軟軟品　なんなんぼん　→下下品

軟肉段　なんにくだん　→段肉

軟品　なんぼん　→下品

軟美　なんみ　やさしくうつくしいこと。「麁悪語がない者は常に軟美な言を説く」「諸の菩薩は軟美な身語を現行す」Ⓢ ślakṣṇa-madhura

暖　なん　①あたたかさ。あたたかいこと。「寒なれど暫くして暖を得、熱なれども暫くして冷を得る」
②煗・煖とおなじ。→煖

暖法　なんぽう　煖法・煗法とおなじ。→煖法

煖　なん　①あたたかいこと。あたたかい感触。煗とも書く。「触とは摩するところ、触れるところにして、若しくは鞕、若しくは軟、若しくは動、若しくは煖なり」「煖を欲するを冷と名づけ、食を欲するを飢と名づけ、飲を欲するを渇と名づく」「火は煖を体と為す」Ⓢ uṣṇa: ūṣman
②生命を維持する三要素（寿・煖・識）の一つ。身体のあたたかさ。→寿煖識

煖性　なんしょう　存在を構成する四つの要素（地・水・火・風）の一つである火のあたたかいという性質。温熱性ともいう。種類としては次の二種が説かれる（『婆沙』75、大正27・388a）。（i）内分煖性。身体のなかのあたたかさ。飲食することによって生じる熱。この熱が増すと熱病となる。（ii）外分煖性。外界のあたたかさ。炬火（たいまつの火）・灯（あぶらの火）・燭火（ロウソクの火）・陶竈火（陶器を焼くかまどの火）爐火（いろりの火）などのあたたかさ。
Ⓢ uṣṇatā

煖頂忍世第一法　なんちょうにんせだいいっぽう　煖と頂と忍と世第一法。修行の五段階（資糧位・加行位・通達位・修習位・究竟位）の第二の段階である加行位を構成する四つの段階。煖を煗・燸・暖と書くこともある。→加行位

煖法　なんぽう　煗法ともいう。加行位を構成する四段階（煖・頂・忍・世第一法）の最初の段階。→加行位　Ⓢ ūṣma-gata
（参考）（『倶舎』23、大正29・119b）

煖欲　なんよく　あたたかさをもとめる欲望。十一種の感触（触）のなかの冷たさ（冷）の内容をいう。Ⓢ uṣṇa-abhilāṣa-kṛt
（出典）触有十一。謂、四大種滑性・渋性・重性・軽性及冷・飢・渇。此中（中略）煖欲名冷。食欲名飢。飲欲名渇。（『倶舎』1、大正29・2c）

煗　なん　煖とおなじ。→煖

煗頂忍世第一法　なんちょうにんせだいいっぽう　→煖頂忍世第一法

煗法　なんぽう　煖法とおなじ。→煖法

難　なん　①不幸。災難。困窮。「悪趣と及び難ある処に生まる」「我れ、当に方便して汝をして斯の難より脱せしめん」
Ⓢ akṣaṇa: vyasana: saṃkaṭa
②（あることを行なうことが）むずかしいこと。「深坑に堕するが故に救抜すること難し」「一切智者たる尊者に遇うことは甚だ難し」「甚だ深きが故に見ること難し」「根本煩悩が現在前する時の行相は知ること難きが故に微細と名づく」「末劫には発心を得ること難し」
Ⓢ kṛcchra: duḥ-: dhandha
③厳しく苛酷であること。→難行
Ⓢ duṣkara
④非難。「此の難を釈せんが為に幻などの喩を説く」Ⓢ codya

難詰　なんきつ　なじる、責めること。「諍競の語に住して互相に難詰し、其の心は戯論の中に住す」Ⓢ upārambha: upālambha

難行　なんぎょう　厳しく苛酷な修行。実践することが困難なこと。「精進の大性とは、三大劫阿僧企耶に於て方便して無量の百千の難行の行を勤修するが故なり」「難行の愛語・精進・慧・忍」
Ⓢ duṣkara: duṣkara-caryā

難行苦行　なんぎょうくぎょう　困難で苦しい修行。「諸の菩薩は極めて長時なる難行苦行に於ても怯畏あることなし」 Ⓢ duṣkara-caryā

難言　なんごん　非難の言葉。反対の意見を表明すること。「下は正しく難言に答う」

難辛　なんしん　困難でつらいこと。「難辛の苦に逢う」

に

二　に　ふたつ。両方（名詞・形容詞・副詞の三つの用法として使われる）。 Ⓢ ubha: ubhaya: ubhayathā: dva: dvaya: dvi: dvitīya: dvitīyam: dvidhā: dvi-prakāra: dvi-vidha

二形　にぎょう　男と女の特徴である男根と女根との両方を具えた者。扇摝迦や半択迦などとともに出家することができない者としてあげられる。二形者ともいう。
Ⓢ ubhaya-vyañjana: dvi-liṅga: dvi-vyañjana: dvidhā-ākṛti

二形者　にぎょうしゃ　→二形

二空　にくう　生空と法空。人空と法空。我空と法空。生空（人空・我空）とは生命的存在が実体として存在しないこと。法空とは生命的存在を構成する諸要素は存在しないこと。生空を人空・我空ということがあるが、人空といえば五趣のなかの人のみに限られ、我空といえば我は法にも通じるから、いずれの表現も問題があり、生空というのが適切であると『述記』や『演秘』で解釈されている（『述記』1本、大正43・234c）（『演秘』1本、大正43・816a）。二空のなか、大乗は生空と法空の二つの空をさとるから、生空のみをさとる小乗より勝れていると主張する。「法無我所顕の真如を理体と名づく。生空所顕の辺は是れ真如の上の差別の義なり。二乗は唯だ生空の差別を知り、法空の理体を証せず」

二空所顕実性　にくうしょけんじっしょう　→二空所顕真如

二空所顕真如　にくうしょけんしんにょ　二空に顕される真如。生（我・人）と法とが空じられたところに顕れる真如。生空（我空・人空）と法空との二つの空を智る智慧によって証せられる究極の真理。真如を真理・実性・理と言い換えて、二空所顕真理・二空所顕実性・二空所顕理といい、また所顕を省略して二空真如・二空真理・二空理ともいう。「円成実性は即ち彼の依他起の上に於て常に前の遍計所執を遠離せる二空所顕の真如を性と為す」「初地已上の菩薩は已に二空所顕の理を証す」「無分別智は二空所顕の真理を証す」「是の如き空性は即ち是れ二空所顕の実性なり」「証得勝義とは二空の真如を謂う」「十地の菩薩は能く二空の真理を具す」「仮名非安立諦とは二空の理を謂う」

二空所顕真理　にくうしょけんしんり　→二空所顕真如

二空所顕理　にくうしょけんり　→二空所顕真如

二空性　にくうしょう　→空性③

二空真如　にくうしんにょ　→二空所顕真如

二空真理　にくうしんり　→二空所顕真如

二空智　にくうち　二つの空智。人空智と法空智。→人空　→法空

二空理　にくうり　→二空所顕真如

二見　にけん　①断見と常見。死んだ後は自己存在は断滅してしまうという見解と死んだ後も自己存在はありつづけるという見解。「外道が執する断常の二見を離れるが故に、自他ともに悩まず」
②我見と法見。自己と法（自己の構成要素）とは存在するとみる見解。「我法の二見は用は別にありと雖も相違せず。同じく一つの慧に依るが故なり」

二指　にし　小便。大便を一指という。
Ⓢ prasrāva

二指香　にしこう　小便のにおい。
Ⓢ prasrāva-gandha

二取　にしゅ　①所取と能取。認識されるものと認識するもの。客観と主観。「二取の空を印して唯識実性に入る」「虚妄分別を有為と名づけ、二取の空性を無為と名づく」
②能取と所取とに執着すること。「乃し識を

起こして唯識性に住せんと求めざるに至るまで二取の随眠に於て、猶、未だ伏滅すること能わず」「此の二取の言は二取の取を顕す」
③二つに分けて認識すること。たとえば相分と見分、名と色、心と心所、阿頼耶識と転識などに二分すること。「相見と名色と心及び心所と本末と彼の取とは皆な二取の摂なり」

二取習気 にしゅじっけ 能取と所取とに執着する表層的な心の働きによって深層の心（阿頼耶識）に熏じ付けられた習気（種子）。二種の習気（業習気と名言習気）のなかの名言習気をいう。「諸の業の習気と二取の習気と俱なるに由って、前の異熟が既に尽きれば、復た余の異熟が生ず」

二執 にしゅう ①我法の二執。我執と法執。自己への執着と法（存在の構成要素）への執着。後者の法執が根底にあって前者の我執が生じる。→我執　→法執「我法の二執の現行の位を覚悟の執と名づく」
（出典）我執必依法執而起。如夜迷杌等方謂人等故。（『成論』5、大正 31・24b）
②増減の二執。無いものを有るとみる見解と有るものを無いとみる見解。「外境は情に随って施設するが故に有なること識の如くには非ず。内識は必ず因縁に依って生ずるが故に無なること境の如くには非ず。此れに由って便ち増減の二執を遮す」

二十句見 にじゅうくけん →二十句薩迦耶見

二十句薩迦耶見 にじゅうくさつがやけん 自己は存在するとみる二十種の見解。色・受・想・行・識の五蘊に対する二十種の見解。すなわち色蘊に対して（i）色は我である、（ii）我には色がある、（iii）色は我に属する、（iv）我は色のなかにある、という四つの見方があり、これが他の四蘊についてもいえるから全部で二十種の見解が可能となる。二十句見と略称する。「愚夫は五取蘊の中に於て二十句の薩迦耶見を起こす。五句は我を見、余は我所を見る」
（参考）（『雑集論』1、大正 31・698c）：（『述記』6 末、大正 43・445c）

二十五諦 にじゅうごたい サーンキヤ学派（数論）の説く二十五種の存在の構成要素。自性・大・我慢・五唯・五大・五知根・五作業根・心平等根・我知者の二十五。大（mahat）は覚（buddhi）ともいわれる。
（参考）（『述記』1 末、大正 43・252b 以下）

二十七賢聖 にじゅうしちけんしょう 小乗の賢聖（聖者）を次の二十七種に分けたもの。信解・見至・身証・慧解脱・俱解脱・預流向・預流果・一来向・一来果・不還向・不還果・阿羅漢向・阿羅漢果・極七返有・家家・一間・中般涅槃・生般涅槃・無行般涅槃・有行般涅槃・上流般涅槃・退法阿羅漢・思法阿羅漢・護法阿羅漢・住法阿羅漢・堪達法阿羅漢・住不動法阿羅漢。
（参考）（『枢要』上本、大正 43・619b）

二十二根 にじゅうにこん 二十二の根。根の意味（根の義）とは、力強い・勝れているという意味（増上の義）で、そのようなものとして次の二十二を立てる。五つの色根（眼根・耳根・鼻根・舌根・身根）、一つの無色根（意根）、女根・男根、命根、五つの受根（楽根・苦根・喜根・憂根・捨根）、五つの善根（信根・勤根・念根・定根・慧根）、三つの無漏根（未知当知根・已知根・具知根）。それぞれの働きについては根義の項を参照。→根義　Ⓢ dvā-viṃśatir indriyāṇi
（参考）（『俱舎』2、大正 29・13a～b）：（『瑜伽』57、大正 30・614a 以下）：（『瑜伽』98、大正 30・863a～b）

二重障 にじゅうしょう →二障

二勝果 にしょうか 二つのすぐれた結果。煩悩障を断じて得る涅槃（真解脱）と所知障を断じて得る菩提（大菩提）の二つをいう。→菩提　→涅槃　→煩悩障　→所知障「障を断ぜしむることは二の勝果を得せしめんが為の故なり。生を続する煩悩障を断ずるに由るが故に真解脱を証し、解を礙える所知障を断ずるが故に大菩提を得る」

二障 にしょう 煩悩障と所知障との二つの障。前者は我執から生じ、後者は法執から生じる。二重障ともいう。→煩悩障　→所知障　→我執　→法執「我執と法執とに由って二障が具に生ず。若し二空を証すれば彼の障は随って断ず」「解を生ぜしむることは二重障を断ぜしめんが為の故なり」

二乗 にじょう ①声聞乗と独覚乗。三乗のなかの二つ。三乗は仏教を通して説かれるが、大乗では、この二つの乗を一緒にして小乗という。→三乗
②大乗と小乗。但し『述記』では小乗と大乗とを合わせて二乗ということはないと説かれ

ている（『述記』1本、大正43・231b）。

二世 にせ　①今世(iha)と来世(amutra)。「二世の楽を施す」

Ⓢ iha-amutra

②二つの世。過去世と現在世（現世・今世）、あるいは現在世と未来世（来世・後世）、あるいは過去世と未来世。「過現の二世」「現法は今の果にして、後法は是れ後の果なり。総じて二世を顕す」「去来の二世」「過未の二世」 Ⓢ dvaiyadhvika: dvyadhva-ga

二世一重因果 にせいちじゅういんが　→十二支縁起

二足 にそく　→二足有情

二足有情 にそくうじょう　人間・鳥などの二本足の生きもの。二足・二足者とおなじ。「無足・二足・四足・多足の諸の有情」「二足者あり、鴻雁などの如し」

（出典）二足有情者、謂、人等。（『瑜伽』83、大正30・761a）

二足者 にそくしゃ　→二足有情

二諦 にたい　世俗諦と勝義諦。次の二種の用法がある。（ⅰ）世俗諦とは、世俗としての真理、言葉が通用する世界の真理をいい、勝義諦とは、最高の真理、言葉が通用しない世界の真理をいう。前者は現象的存在（有為）としての真理、後者は非現象的存在（無為）としての真理、すなわち涅槃あるいは真如をいう。（ⅱ）現象的存在、すなわち有為に関して用いられる世俗諦と勝義諦。この場合は、言葉で語られた「もの」の存在性の度合いをいう語として用いられる。たとえば身と心からなる生命的存在に対して仮に「有情・命者・生者」などの名称で呼ばれたもの、あるいは「我（われ）が眼根が色をみる」というときの「我」というものなどは世俗諦であり、有情ないし我は「無常性であり苦性であり無我であり縁生性である」と説かれるときの無常性、ないし縁生性は勝義諦である、という。あるいは世俗諦としては自らがあることを作し、その結果を自らが受けるといい、そこに作者や受者を立てるが、勝義諦としてはそのような作者も受者も存在しなく、そこには因果があるだけであるという。このように二つの真理によって真理（諦）を説くところに仏教の真理観の特徴がある。

（出典）如実了知世俗諦義、謂、五明処。如実了知勝義諦義、謂、於七真如。（『解深』4、大正16・706c）：云何為諦。謂、世俗諦及勝義諦。云何世俗諦。謂、即於彼諦所依処、仮想安立我或有情乃至命者及生者等。又自称言我眼見色乃至我意知法。又起言説、謂、如是名乃至如是寿量辺際。広説如前、当知。此中唯有仮想、唯仮自称、唯仮言説所有性相作用差別、名世俗諦。云何勝義諦。謂、即於彼諦所依処、有無常性。広説乃至有縁生性。（『瑜伽』92、大正30・824c）

（参考）（『倶舎』22、大正29・116b）

二二交会 ににこうえ　男と女とが交わること。「男女が展転して二二交会し不浄を流出す」 Ⓢ dvaya-dvaya-samāpatti

二縛 にばく　相縛と麁重縛。→相縛　→麁重縛。「奢摩他と毘鉢舎那とは能く相縛と及び麁重縛との二縛を解脱するを業と為す」

（参考）（『瑜伽』75、大正30・712c～713a）：（『顕揚』15、大正31・555c）に十四種の相縛・麁重縛が説かれる。

二分 にぶん　相分と見分。四分のなかの二つ。相分とは認識される対象のすがた・ありようをした心の部分。見分とは認識する側の心の部分。→四分「変とは謂く、識体転じて二分に似る。相と見とは倶に自証に依って起こるが故に。斯の二分に依って我法を施設す」

二分説 にぶんせつ　心には見分と相分という二つの部分があるとみる説。難陀・親勝などの説。→四分

二辺 にへん　辺（anta）とは「端っこ」「極端」という意味で、次の二つの極端を二辺という。（ⅰ）「無いものを有るとみる極端な見解」（増益辺）と「有るものを無いとみる極端な見解」（損減辺）との二つの見解。（ⅱ）「衣服・飲食・寝具・生活道具などの事物に執著して遊び楽しむという極端な生き方」（受用欲楽）と「苦行をして自らを苦しめるという極端な生き方」（自苦）との二つの生き方。仏教はこの二つの極端を離れた中道を説く。→中道「増益と損減との二辺を遠離して中道を行ず」「受用欲楽と自苦との二辺を遠離す」「斯に由って増減の二辺を遠離して唯識義が成じて中道と契会す」 Ⓢ anta-dvaya: dvaya-anta

（参考）（『瑜伽』22、大正30・404b）

二辺執 にへんしゅう　二つの極端な考え方。増益執（実際には存在しないものを存在する

と考えること）と損減執（実際に存在するものを存在しないと考えること）との二つの考え。あるいは常見（死後も存続すると考えること）と断見（死後は断滅して非存在となると考えること）との二つの考え。〈唯識〉が説く三性説でいえば、存在しない遍計所執性を有ると執することが増益執であり、存在する円成実性を無いと執することが損減執である。「増益と損減との二の辺執を対治す」「常と断との二の辺執」「実には有ること無き遍計所執を定んで執して有ると為す増益と、実には有る円成実性を無いと損減する執との二辺の過失を遠離するを名づけて善巧と為す」

二無我 にむが 補特伽羅無我（人無我）と法無我。→各項参照「実相真如とは二無我所顕の実性を謂う」

二無心定 にむしんじょう 心の働きがない二つの定。無想定と滅尽定の二つ。→無想定→滅尽定

二滅 にめつ 択滅と非択滅との二つの滅。三つの無為の二つ。→無為

（出典）無漏云何。謂、道聖諦及三無為。何等為三。虚空二滅。二滅者何。択・非択滅。（『倶舎』1、大正 29・1c）

二蘆束 にろそく 二つの蘆の束。二つの蘆の束を地面に立てかけると、二つがお互いを支え合って倒れずに存在するありようを、二つのものが相い支え合って存続することの譬えに用いられる。「此の名と色との二は識と相依して住す。二の蘆束が更互に縁と為って恒に倶時に転じて相い捨離せざるが如し」「名色と識とが相い依ることは二の蘆束が相い依って住ずるが如し」

Ⓢ naḍa-kalāpa-dvaya

尼 に ①接頭語 ni-の音写。その種々の意味については『婆沙論』（『婆沙』3、大正 27・13b）に詳しく説かれる。 Ⓢ ni-

②あま。女性の出家者。女性の出家者を意味する bhikṣuṇī を苾芻尼と訳し、それを尼と略称する。「白浄の尼は衣を以って四方の僧に奉施す」

尼延底 にえんてい niyati の音写。執取と意訳。執着すること。「欲を起こし、貪を起こし、親を起こし、愛を起こし、阿頼耶を起こし、尼延底を起こし、耽著を起こす」

Ⓢ niyati

（出典）尼延底者、此云執取。或云趣入、或云沈滞。（『倶舎論疏』16、大正 41・668b）

（参考）（『倶舎』16、大正 29・87c）

尼健荼書 にげんだしょ 語彙集・辞典のこと。尼健荼は語彙を意味する nighaṇṭa の音写。「名は多く義は少し。所以はいかん。一一の義に多くの名あるが故なり。古に制するところの尼健荼書の如し」

尼揵子 にけんし nirgrantha の音写。離繫・無繫と意訳。離繫外道・無繫外道・無慚外道ともいい、ジャイナ教徒をいう。修行によって三界の繫縛を離れることを目指すから離繫あるいは無繫といい、裸でいることを修行とみなすことから、仏教徒から、はじることがない、すなわち無慚と誹謗される。

Ⓢ nirgrantha

（出典）無慚者即是尼揵子。今正翻云離繫、亦云無慚、即無羞也。離三界繫縛也。以其露形、仏法毀之、曰無慚。（『述記』1 末、大正 43・265c）

尼師檀 にしだん niṣīdana の音写。方形の布で坐具の一つ。「大床、或いは小縄床、或いは草葉座、或いは尼師壇に於て結加趺坐す」 Ⓢ niṣīdana

尼民達羅山 にみんだらせん 尼民達羅は nimiṃdhara の音写。nimiṃdhara とは海中の魚で、山の峯がこの魚に似ていることから、この名でよばれる。スメール山（蘇迷盧山）を中心にして取り囲む八つの山の一つ。→八山 Ⓢ nimiṃdhara

（参考）（『略纂』1、大正 43・16a）

尼夜摩 にやま niyama の音写。決定という意味。

（参考）（『婆沙』3、大正 27・13b）

（参考）（『婆沙』15、大正 27・72c）

尼剌部陀那落迦 にらぶだならか 八つの寒い地獄の一つ。尼剌部陀は nirarbuda の音写。意訳して皰裂という。厳しい寒さのため身の皰が破裂するからこのように呼ばれる。皰裂那落迦ともいう。→八寒那落迦

Ⓢ nirarbuda-naraka

尼連禅河 にれんぜんが 尼連禅は nairañjanā の音写。ガンガー河の一支流。釈尊が出家した後、この河のほとりで六年間苦行を修したとされる場所。「釈尊の往昔の因行は尼連禅河の六年の苦行にして、成道已前のことなり」 Ⓢ nairañjanā

耳 に ①声を聞く聴覚（耳識）を生じる

器官。耳根のこと。働きや内容に応じて種々に分類される。それらの名称については（『瑜伽』3、大正 30・292b～c）に詳しく説かれる。→耳根　Ⓢ śrotra
（出典）耳、謂、四大種所造、耳識所依浄色、無見有対。（『瑜伽』1、大正 30・279c）
②（身体を構成する一部分としての）耳。「角鬢と両耳と並ぶに皆な殊妙にして四の随好を為す」　Ⓢ karṇa

耳界　にかい　全存在を十八の種類に分ける分類法（十八界）のなかの一つ。耳という器官（耳根）のグループ。→十八界
Ⓢ śrotra-dhātu

耳環　にかん　耳の環。耳かざり。身につける荘飾品の一つ。「飾るに種種の妙なる荘厳具を以ってす。いわゆる、瓔珞・耳環・指環・腕釧などなり」　Ⓢ harṣā

耳境　にきょう　→耳境界

耳境界　にきょうかい　耳の対象であるさまざまな声。耳境ともいう。「鳴音・詞吼・表彰語などの声は是れ耳の境界なり」
Ⓢ śrotra-viṣaya

耳語　にご　耳のなかで発する微細な音声。「小声を聞くとは諸の微細なる耳語を聞くを謂う」　Ⓢ karṇa-jāpa

耳根　にこん　耳という器官。身体の五つの感覚器官（五根）の一つ。地・水・火・風の四つの元素（四大種）から造られ、聴覚（耳識）を生じる清浄な物質（清浄色・浄色）を本体とする。→根②　→五根①　→浄色
Ⓢ śrotra-indriya
（出典）耳根者、謂、四大種所造、耳識所依清浄色為体。（『雑集論』1、大正 31・696a）

耳識　にしき　耳によって声を聞く働き。聴覚。五つの感覚作用（五識）、あるいは六つの認識作用（六識）の一つ。
Ⓢ śrotra-vijñāna
（出典）云何耳識自性。謂、依耳了別声。（『瑜伽』1、大正 30・279b）

耳識界　にしきかい　全存在を十八の種類に分ける分類法（十八界）のなかの一つ。耳識のグループ。→耳識　→十八界。　Ⓢ śrotra-vijñāna-dhātu

耳処　にしょ　十二処（存在の十二の領域）の一つ。耳の器官（耳根）のこと。→耳根
Ⓢ śrotra-āyatana

耳触　にそく　耳根によって触れること。受を生じる十六種の触の一つ。→触⑤

耳璫　にとう　耳の環。耳かざり。身をかざる荘飾品の一つ。「荘厳具樹あり、此より種種の微妙なる荘厳の具を出生す。いわゆる末尼・臂印・耳璫・環釧などなり」
Ⓢ kuṇḍala

耳輪　にりん　耳の輪。耳かざり。身をかざる荘飾品（荘厳具）の一つ。「諸の受欲者は必ず安繕那などを以って先に眉眼を荘し、次に耳璫・耳輪などを以って其の耳を荘厳す」　Ⓢ karṇikā

昵仏栗多　にぶりた　nivṛta の音写。有覆と音訳。→有覆　Ⓢ nivṛta
（出典）梵云昵仏栗多、此云有覆。（『述記』5本、大正 43・403a）

爾　に　しかり。そのとおり。「応に知るべし、此の中の道理も亦た爾なり」

爾焰　にえん　jñeya の音写。所知と意訳。知られるもの。→所知「有色の爾焰の影像を縁と為す此の慧を見と名づけ、無色の爾焰の影像を縁と為す此の慧を智と名づく」「犢子部所許の三世と無為、及び不可説との五種の爾焰も亦た説くべからざるべし」　Ⓢ jñeya

爾時　にじ　そのとき。
Ⓢ tadānīm: tasmin samaye: yasmin samaye

爾所　にしょ「そこばくの」と読み、「いくつかの」「ある程度の」などを意味する語。「爾所の時を経る」「云何が世俗に言説する一心刹那なるや。謂く、一処を依止と為して一境界の事に於て爾所の了別が生ずることあり。爾所の時を総じて一心刹那と名づく」
Ⓢ iyat: etāvat

爾来　にらい　それ以後。

儞伽　にが　煩悩の異名。眼根・耳根・鼻根・舌根・身根の五つの感覚器官（処・根）から常に流れでて、常に害をなすから儞伽と名づく。
（出典）於諸処門常流注故、名爲儞伽、常能害故。亦名儞伽。（『瑜伽』84、大正 30・770a）

肉　にく　①にく。「自身の肉を以って普く一切の飢餓の衆生に給し、皆な飽満せしむ」
Ⓢ māṃsa
②中心。核。「皮に在る麁重と肉に在る麁重」
Ⓢ sāra

肉眼　にくげん　肉体が有する眼。さえぎるものがなく、はっきりと顕れたいろやかたち

を見ることができる眼。三種の眼（肉眼・天眼・慧眼）あるいは五種の眼（肉眼・天眼・慧眼・法眼・仏眼）の一つ。
Ⓢ māṃsa-cakṣus
（出典）建立三眼。一者肉眼、熊照顕露無有障礙有見諸色。（『瑜伽』14、大正 30・349c）

肉心 にくしん 心臓の部分をいう。男性の精子と女性の卵子とが結合した直後の液状体の胎児（羯羅藍）をいう。「此の羯羅藍は識の最初の託処なり。即ち肉心と名づく」
Ⓢ hṛdaya-deśa

肉団 にくだん 肉のかたまり。特に身体を構成する肉のかたまりをいう。〈有部〉や〈唯識〉は、眼などの五つの感覚器官（五根）の本体はこの肉からなる器官であるとみる見解に反対し、真の意味での感覚器官は不可視的な清浄な物質からなる器官（勝義根・正根）であると説く。→勝義根「大衆部などは五種の色根は肉団を体と為し眼は色を見ずと説く」「世の共知するところは肉団を眼と名づけ、眼根と説かず」 Ⓢ māṃsa-piṇḍa

肉摶 にくはく 肉のかたまり。心臓をいう場合がある。「此の肉摶が増長し支分の相が現れるを鉢羅賖佉と名づく」「鍵南とは此に堅厚と云い、摩触すべきが故に乃ち肉摶を成ず」「伝釈して云く、肉摶の心蔵の四塵の色法は意識の依と為る」 Ⓢ māṃsa-bilva

肉味 にくみ にくの味。七種の味の一つ。→味① Ⓢ māṃsa -rasa

日 にち ①にち。二十四時間からなる一日。 Ⓢ ahan: divasa:
②日光。太陽のひかり。「蚊・蛸・風・日・蛇・蠍などの触」 Ⓢ ātapa
③太陽。「日と月と星などに供養して火を祠し誦を呪す」「昼日と言うは日が出る時より日が没す時に至るを謂う」 Ⓢ arka: āditya: bhāskara: sūrya: sūryā
④ひる。日中。「懈怠者は日と夜に睡に耽著し、倚を楽しみ、臥を楽しむ」
Ⓢ diva: divasa: divā

日愛珠 にちあいじゅ 日光に照らされると火をだすという伝説上の珠玉。「日光と日愛珠と牛糞などを縁として火が生ずることあるが如し」 Ⓢ sūrya-kānta

日月 にちがつ ①太陽と月。「根と識とが合するを以って日月の光を観る」
Ⓢ candra-arka: sūrya-candra: sūryā-candramas
②歳月を意味する日と月。「徒らに劬労して日月を経る」

日月依持 にちがつえじ 日と月という支え。日と月とが光を放つことによってものを見ることができることをいう。六種の依持（建立依持・蔵覆依持・豊稔依持・安隠依持・日月依持・食依持）の一つ。 Ⓢ sūryā-candramas-ādhāra
（出典）日月依持、為諸有情見色故起、是名依持。（『瑜伽』2、大正 30・288b）

日後分 にちごぶん 後日分ともいう。一日を昼と夜との二つに分け、さらにそれぞれを初分と中分と後分との三つに分けるなかの昼の最後の時間帯をいう。夕方の時間。
Ⓢ paścimāhna-samaya

日三分 にちさんぶん 昼の時間帯を三つに分けた日初分と日中分と日後分とをいう。初日分・中日分・後日分ともいう。

暱縛 にちばく nirbhā の音写。光明と意訳。 Ⓢ nirbhā
（出典）暱縛、此云光明。（『枢要』上末、大正 43・626a）

暱縛喃 にちばくなん nirvāṇa の音写。普通は涅槃と音写する。 Ⓢ nirvāṇā
（参考）（『枢要』上本、大正 43・610c）

日出論者 にっしゅつろんじゃ 太陽が昇って世間を明導するような人の意味で、経量部の論師を指し譬喩師と呼称される。『述記』によれば、これには次の三種の師があるという。（i）経量部の本師である鳩摩羅多（kumārata）のこと。（ii）衆賢の『順正理論』に上座部の呼称で述べられている「経量部の毘婆沙論」を造った室利邏多（śrīlabdha）のこと。（iii）たんに経量部を指す。
（出典）譬喩師是経部異師、即日出論者、是名経部。此有三種。一根本即鳩摩羅多。二室利邏多。造経部毘婆沙、正理所言上座是。三但名経部。以根本師造結鬘論広説譬喩、名譬喩師。（『述記』4 本、大正 43・358a）

日初分 にっしょぶん 初日分ともいう。一日を昼と夜との二つに分け、さらにそれぞれを初分と中分と後分との三つに分けるうちの昼の最初の時間帯をいう。午前の時間。修行者（加行者）はこの時間にのみ食事をとることが許される。 Ⓢ pūrvāhna-samaya

日中分 にっちゅうぶん 中日分ともいう。一日を昼と夜との二つに分け、さらにそれぞれを初分と中分と後分との三つに分けるなかの昼の真んなかの時間帯をいう。正午の時間。 Ⓢ madhyāhna-samaya

若 にゃく もし。かりに。もしくは。あるいは。 Ⓢ atha: ced: yadā: yadi: vā: sacet

若南 にゃくなん jñāna の音写。たとえば vijñāna を毘助若南と音写する。 Ⓢ jñāna

弱 にゃく よわいこと。「強い眼と弱い眼」 Ⓢ durbala

溺 にゃく ①おぼれること。「人・天に生ずることは漂に喩え、悪趣に居すことは溺の如し」「生天を楽う者は、火に投じ、水に溺れ、高崖より顛墜して自ら身命を害すを生天の因なりと妄執す」
②小便。尿とおなじ。「餓鬼の一分は糞を食べ、溺を飲む」 Ⓢ prasrāva

搦 にゃく しばること。からめること。こすること。→搦触「手で其の項を搦す」 Ⓢ pīḍana

搦触 にゃくそく 四つの皮膚感覚（触）の一つ。しばる・こすることによって生じる触覚。「摩触・搦触・打触・揉触の四種の触あり」 Ⓢ pīḍana-sparśa

諾瞿陀 にゃくろだ →諾瞿陀樹

諾瞿陀樹 にゃくろだじゅ 諾瞿陀は nyagrodha の音写。インドに繁茂するイチジクの樹。形が整っていることから三十二大丈夫相の一つである身分円満相の喩えに用いられる。五つの大樹の一つ。→五大樹「仏の身分は円満にして諾瞿陀樹の如し」 Ⓢ nyagrodha

入 にゅう ①（ある場所に）はいること。至ること。「静室に入る」「如来は聚落に入って乞食す」「母胎に入る」「臭気が身に入る」 Ⓢ anupra-**viś**: ava-**kram**: avakrānti: ava-**tṝ**: ā-**pad**: ā-**yā**: upa-**gam**: pra-**viś**: praviṣṭa: praveśa: praveśana: **viś**
②（時間的に）至ること。「現在より過去に入る」 Ⓢ **gam**
③（あるありよう・心境・境界に）はいること。到達すること。さとること。理解すること。「般涅槃に入る」「正性離生の位の中に至るを説いて名づけて入と為す」「見道に入る」「定に入る」「一切法の第一義に入る智」 Ⓢ anupraviṣṭa: ava-**kram** avakramaṇa: avakrānti: avatāra: avatāraṇa: ava-**tṝ**: **kram**: upa-**sthā**: pra-**viś**: praviṣṭa: praveśa: prāveśika: samāpattṛ: samā-**pad**: samāpanna
（出典）入者、達解。（『因明入正理論疏』上、大正 44・92a）
④（水に）はいる、沈むこと。「蘇迷盧の量は高さ八万踰繕那なり。下は水際に入る量も亦復、爾なり」 Ⓢ nimagna: magna

入見菩薩 にゅうけんぼさつ 真理（四諦・真如）を見る位（見道）に入った菩薩。「入見菩薩を皆な勝者と名づく」

入地菩薩 にゅうじぼさつ 真理をさとり十地に入った菩薩。十地菩薩・登地菩薩ともいう。真理をいまださとっていない菩薩を地前菩薩と呼ぶ。「入地の菩薩を名づけて勝者と為す。彼れ、唯識に契い、能く阿頼耶識を証解するが故なり」

入住出 にゅうじゅうしゅつ ①入と住と出。（禅定に）入ることと住することと（禅定から）出ること。「有相定は有相作意に由って定に入住出す」 Ⓢ praveśa-sthiti-vyutthāna: samādhi-sthiti-vyutthāna
②（母胎に）入ることと住することと（母胎から）出ること。「無上覚と謂う入胎者は入住出の位を皆な能く正知す」 Ⓢ praveśa-sthiti-vyutthāna

入出息 にゅうしゅつそく 入る息と出る息。この両者の息を対象とする念を阿那波那念という。→阿那波那念「云何が阿那波那念の所縁なるや。謂く、入息と出息とを縁ずる念を阿那波那念と名づく。此の念の所縁である入出息を阿那波那念の所縁と名づく」「数とは、謂く、心を繋けて入出息を縁じて、加行を作さず。身心を放捨して唯だ念じて入出息を憶持し、数えて一より十に至って減ぜず増さず」 Ⓢ āna-āpāna: āśvāsa-praśvāsa

入出息念 にゅうしゅつそくねん 入る息、出る息に心を専注して観察すること。持息念ともいう。→持息念「正しく入出息念を修習するに由って身心が軽安にして、能く惛沈下劣が倶行する身心の麁重を皆な悉く遠離せしむ」
Ⓢ āna-āpāna-smṛti: āśvāsa-praśvāsa-smṛti
（参考）（『瑜伽』98、大正 30・866a 以下）

入出息風 にゅうしゅつそくふう 身体のなかの風（内風界）の一つで、息の出入りにともなう風。入息風と出息風とに分ける場合もあ

る。→風界 Ⓢ āśvāsa-praśvāsā vāyavaḥ

入息出息念 にゅうそくしゅつそくねん →入出息念 → 阿那波那念

入息風 にゅうそくふう →入出息風

入胎 にゅうたい 胎児として母体に入ること。新しく生を得ること。詳しくは入母胎という。「入胎し、誕生し、長大す」
(参考)(『婆沙』60、大正 27・308c 以下)

入法 にゅうぼう ①加行位の第四段階である世第一法に入ること。→世第一法
(参考)(『婆沙』2、大正 27・6b)
②正しい教え(正法)を信じ、それを学ぶこと。「已に入法せし者をして成熟せしめ、未だ入法せざる者をして正法に入らしむ」

入母胎 にゅうぼたい →入胎

入門 にゅうもん 入り口。あるところに通じる門。「三解脱門は涅槃の為に入門と為る」
Ⓢ praveśa

乳 にゅう ①牛乳を醸す過程でできる五つ(乳・酪・生酥・熟酥・醍醐)の最初のなまの乳。これら五つの味を五味という。→五味
Ⓢ kṣīra: payas
②母の乳。「飲むところの母の乳の其の量は四大海を過ぐ」 Ⓢ stanya
③乳房。「両つの脇・腋・乳は並びて皆な殊妙なるを六随好と為す」 Ⓢ stana

乳飲者 にゅうおんしゃ 乳を与えて育てる人。恩ある人の一人。乳哺とおなじ。「有恩者とは、或いは父母、或いは乳飲者、或いは養育者、或いは成長者などを謂う」
Ⓢ āpāyaka

乳哺 にゅうほ 乳を与えて育てる人。恩ある人の一人。乳飲者とおなじ。「諸の菩薩は其の父母・尊重・師長・乳哺・養育などの有恩者に於て長夜の中に於て常に頂戴を思って厭倦を生ぜず」 Ⓢ āpāyaka

乳糜 にゅうみ 牛乳でたいたおかゆ。「仏は六年の日に麻麦を食す。既に非道なりと知って便ち之を棄捨し、牧牛女の辺に乳糜の食を受け、吉祥草を受け、菩提樹に詣で、其の後夜に於て便ち菩提を証す」

乳酪 にゅうらく ①牛乳。→乳酪味 Ⓢ go
②牛乳とヨーグルト。「乳酪・生酥・熟酥・油蜜などを嘗めるを嘗と為す」 Ⓢ payas-dadhi

乳酪味 にゅうらくみ 牛乳の味。七種の味の一つ。→味① Ⓢ go-rasa

柔軟 にゅうなん ①(言葉・心・振る舞いなどが)やさしい、あたたかい、おだやかなこと。「諸の有情を柔軟に勧導す」「柔軟な言詞を以って讃励し慶慰す」「柔軟な言を以って共に談論を申ぶ」 Ⓢ priya: ślakṣaṇa
②(感触が)やわらかいこと。「柔軟を滑と名づく」「柔軟な楽触が随転す」「氍羅綿の上に柔軟性があるが如し」 Ⓢ mṛdu: mṛdutā
③(身体が)やわらかいこと。「所施の財が触具足するが故に柔軟身を感ず」
Ⓢ sukumāra: sukmārya

柔和 にゅうわ (性格や人柄や言動が)おだやか、やさしい、美しいこと。「其の性として柔和にして心も直なり、見も直なり」「柔和な美語で言に先んじて問訊し笑を含むを先と為す」「忍辱とは他の違害に耐えるをいい、柔和とは他に於て違損を作さざるをいう」 Ⓢ ārdra: peśala: mṛdu: sūrata: sauratya
(参考)(『瑜伽』25、大正 30・423a)

揉触 にゅうそく 四つの皮膚感覚(触)の一つ。もむことによって生じる触覚。「摩触・搦触・打触・揉触の四種の触あり」
Ⓢ mardana-sparśa

揉捼 にゅうな もむこと。「聚沫は泥団の如くに転変せしめて余の物を造作すべきに非ず。是の故に説いて揉捼すべからずと言う」

女 にょ おんな。女性。 Ⓢ kanyā: strī

女形 にょぎょう おんなたること。女性としてのありよう。おんなの性器を有していること。「変壊形とは、若し増上の貪が、数数、現起すれば、男形が隠没して女形が出現するをいう」

女根 にょこん 女性の性器。二十二根の一つ。→二十二根 「能く男女を感ずる業に由るが故に一分の有情は男根が生起し、一分の有情は女根が生起して、遞相に陵犯して、諸の邪行を起こす」 Ⓢ strī-indriya

女色 にょしき おんな。女性。「受用し戯楽するところの助伴とは諸の女色を謂う」

女声 にょしょう 名詞の三つの声(男声・女声・非男非女声)、すなわち男性・女性・中性のなかの女性をいう。
(参考)(『枢要』上本、大正 43・613c)

女身 にょしん おんな。女性。女性としての存在。「人同分に生まれて丈夫身を得て男根が成就すれば、或いは女身を得れば、是の如きを名づけて善く人身を得ると為す」

Ⓢ strī: strītva

女人 にょにん ①おんな。女性。男子の対。「前後相待して名を立てて異なることあり。一の女人を母と名づけ、女とも名づけるが如し。 Ⓢ mātṛ-grāma: strī
②善女人のこと。→善女人 Ⓢ kula-duhitṛ

女宝 にょほう 転輪王が獲得する七つの宝の一つ。王に仕える女性を宝に喩えて女宝という。→七宝① Ⓢ strī-ratna

如 にょ ①「ごとし」と読み、ある事柄に対して、それと似ている喩えを引くときに用いる語。あるいは、ある事柄に対して具体的な例をあげるときに用いる語。「縄などに於て率爾に蛇と謂うが如し」「東毘提訶洲の相は半月の如し」「余の経に説くが如し」「段食と触食とは養母の如く、思食と識食とは生母の如し」
Ⓢ iva: udāhārya: upama: eva: kalpa: tathā: tad-yathā: tad-rūpa: tādṛśa: nidarśana: prakhya: yathā: yathāvat: yādṛśa: vat: sadṛśa: sādharmya: sthānīya
②道聖諦の四相（道・如・行・出）のなかの一つ。滅すなわち涅槃に至る修行の道が正しい理に契っているありよう、あるいは如実に働くありようをいう。 Ⓢ nyāya
（出典）道聖諦有四相。一道、二如、三行、四出。（中略）契正理故如。（中略）如実転故如。（『倶舎』26、大正 29・137a～b）
③真如の略称。真実の理をいう。→真如
（出典）如者真実理也。（『了義灯』1 本、大正 43・670a）

如意 にょい ①欲するがままに。思い通りに。「自在を得るが故に如意に能く住す」「神通力に随って如意に転変す」「勝解力に随って諸義が顕現するとは、若し地が水に成ることを願楽すれば、如意に則ち水に成ることを謂う」「鵝雁・孔雀・鸚鵡・舎利・命命鳥などは如意に自在に虚空を飛翔す」
Ⓢ tāvad ākāṅkṣati
②心にかなっていること。ここちよいこと。可意ともいう。「如意の声と不如意の声」「此は能く可愛・可憙・可楽・悦意・如意の果を招くが故に聖と名づく」 Ⓢ manojña
③如意樹ともいい、それから欲するものが思い通りに自然に手に入ることができる樹をいう。四大洲の一つの北拘盧洲にある。
Ⓢ kalpa-vṛkṣa
（出典）北拘盧洲有如是相樹、名曰如意。彼諸人衆所欲資具、従樹而取不由思惟、随其所須、自然在手。（『瑜伽』4、大正 30・298b）

如意珠 にょいじゅ 自然に光を放つ宝珠。「無分別智は無分別にして功用を作さずと雖も、種種の事を成ずることは、如意珠と天楽の如し」

如意樹 にょいじゅ →如意③

如意石 にょいせき スメール山（蘇迷盧山）の頂上の四つの苑の近くにある石。黄白色にして形が荘厳で美しい石。天の心にかなう石。 Ⓢ pāṇḍu-kambala-śilā
（出典）近此園側有如意石、其色黄白、形質殊妙、其相可観、厳麗無比。（『瑜伽』4、大正 30・298c）

如意池 にょいち スメール山（蘇迷盧山）の頂上の四つの苑のおのおのの中央にある池。八功徳水をたたえ、美しい花が咲き、宝の船が浮かび、鳥々が囀る荘厳な池をいう。
（出典）四苑（中略）中央、各有一如意池、面各五十踰繕那量、八功徳水盈満其中、随欲妙花宝舟好鳥一一奇麗種種荘厳。（『婆沙』133、大正 27・692a）

如意通 にょいつう 六神通の一つ。欲するがままに、空を飛行する、ある場所に身を移動することができる、などの超能力。神境智証通・神境通・神境智通・神境智作証通とおなじ。→神境智証通「六神通とは如意通を初と為し漏尽智を後と為す」

如有一 にょういつ「いちあるがごとし」とよみ、「ある次のような人がいる」という意味で、以下に述べられる文章の主語を表す語。 Ⓢ yatā api iha ekatyaḥ

如応 にょおう 順次に。適宜。（いくつかの異なった）状況やありようのそれぞれに応じて。「如来は根の勝劣を智の力によって諸の有情の軟・中・上の根の部分の差別に於て如実に了知して、能く彼れに於て如応に如宜に、為に正法を説く」「是の如き四種の自利・利他を四の法受に於て、其の次第に随って如応に当に知るべし」「余も亦た爾なること、如応に当に知るべし」
Ⓢ yathā-yogam: yathā-yogyam

如義 にょぎ ①経典の意味の通りに。経典に書かれた文句（法）とその意味（義）とにわけて、定心に住して経典の文句を思惟するとき、その意味を正しく理解することをいう。「一切法を思惟して如義に皆な顕現するとは、菩薩などが定慧を成満して心を内に摂して、如如に経などの法の義を思惟するとき、如是に如是に皆な顕現することを謂う」
Ⓢ yathā-artham
②正しいこと。真実であること。正しいありようにかなっていること。不如義の対。「諸の菩薩が声誉を求めれば、阿練若に住すると雖も、如義ならず」
③正しく。「所知事に於て如義に覚了す」
Ⓢ yathā-artham

如義言　にょぎごん　正しく真実な言句。教えにおける三種の言句（無義言・邪妄言・如義言）の一つ。仏教が説く教えの言句。たとえば「苦集は世間の因果であり、滅道は出世間の因果である」という言句をいう。
（参考）（『了義灯』1本、大正43・664c）

如宜　にょぎ　適宜。適当に。正しく。「如来は能く有情において如応に如宜に為に正法を説く」　Ⓢ yathā-artham

如幻　にょげん　幻とは魔術によって作り出された現象。如幻（幻の如し）という表現で、真実には存在せず実体がないものを譬喩する。因縁によって生じる依他起性としての存在の喩えに用いられる。幻を幻事あるいは幻化ともいい、如幻事・如幻化と表現することもある。また幻の如く存在することを如幻有という。あるいは幻に夢を加えて如幻夢ともいう。「世尊は生無自性性に依って一切法は皆な幻などの如しと説く」「是の如く親疎の衆多の因縁が和合して生じた此の草葉の色は、既に是れ因縁所生の法なるが故に無自性なりと雖も都無には非ず。幻の如く夢の如く有に非ず無に非ず、是れを依他と名づく」「諸欲は無常にして虚偽なり。空にして実に有ること無き敗壊の法なり。猶し幻事の如く、愚夫を誑惑す」「如来は密意の義趣をもって一切法は皆な虚空に等しく皆な幻夢の如しと説く」「諸蘊の相は縁より生ずるが故に是れ如幻有なり」　Ⓢ māyā-upama

如幻有　にょげんう　→如幻

如幻事　にょげんじ　→如幻

如幻夢　にょげんむ　→如幻

如虚空　にょこくう　虚空の如くであること。虚空が清浄である（清らかである）、一切処に遍じる（あらゆるところに遍在する）、同一の味である（おなじ一つのありようをしている）、一切の事業を障えることがない（そのなかであらゆることが妨げられずに行なわれる）、覚性に非ず（認識する働きがない）、衆相を遠離する（認識されるものがない）などの特性を、他のものの喩えに用いていう表現。「阿羅漢の解脱した心は虚空の如く染汚がない」「其の心は虚空の如く浄水の如し」「譬えば虚空の如き清浄なる相が現ずることあり」「譬えば虚空の如く唯だ是れ衆色の無性の所顕にして一切処の遍ずるが如く、一分の勝義無自性性も当に知るべし亦た爾なり」「虚空に似るとは、譬えば虚空の如く雲などに能く染汚されずに非ず、性として清浄なるが故なりと雖も彼を離れる時を説いて清浄と名づくが如く、当に知るべし諸法も、亦復、是の如し」「心所法の外の余の行と外処と及び無表色とは亦た実我に非ず。覚性に非らざるが故に虚空の如し」「相無性とは遍計所執の体性は都無なり、譬えば空華の如し。生無性とは依他起性は無自然性なり、譬えば幻事の如し。勝義無性は一切諸法の法無我性なり、衆相を遠離す、譬えば虚空の如し」　Ⓢ vyomavat

如実　にょじつ　あるがまま。真実。実際。正にそのごとく。「如実に諸の所知事を了知す」「唯識を解する智を如実の解と名づく」「我が甚深の密意の言説に於て如実に解了す」「法界に於て如実に通達す」「法爾道理に由って如実の諸法に於て法性を成立す」「如実の正理を宣説す」
Ⓢ tathā: tathaiva: tathā-bhūta: tathā-bhūtatā: naya: bhūta: yathā-artham: yathā-bhūta: yathā-bhūtam: yathāvat

如実観見　にょじつかんけん　→如実見

如実義　にょじつぎ　真実の意味。正しい解釈。「此れは理に応ぜず。如実の義は此の中、但だ三劫阿僧企耶を経て修行は円満すと説く」「如実の義は即ち是れ親光の義なり」

如実見　にょじつけん　ありのままに見ること、知ること。如実観見ともいう。「非有に於て菩薩は如実に見て非有と為す」「一切法に於て如実に了知し、如実に観見す。是の因縁に由って能く究竟に到る」
Ⓢ yathā-bhūta-darśana

如実見知　にょじつけんち　→如実了知

如実知　にょじつち　→如実了知

如実知見　にょじつちけん　①ありのままに

知り見ること。あるがままにしる智慧。「増上慧学に由るが故に所知の境に於て如実に知見す」「心に定を得るが故に能く如実に知り、能く如実に見る。如実に知見するが故に能く厭を起こし、厭するが故に離染し、離染に由るが故に便ち解脱を得る」 Ⓢ yathā-bhūta-jñāna-darśana
②（以上述べたように）そのように知ること。「この二文を如実に知見すれば、応に知るべし、是れを文に於ける無倒なりと」
Ⓢ evan-darśanam

如実智 にょじつち ①あるがままに知ること。真実に理解すること。如実智見とおなじ。「如理作意所発と三摩地所発の二種の如実智あり」「四聖諦などに於けるあらゆる如実智見を増上慧学と名づく」
Ⓢ yathā-bhūta-jñāna
②→四如実智

如実智見 にょじつちけん →如実智

如実遍智 にょじつへんち 如実智とおなじ。→四如実智

如実了知 にょじつりょうち あるがままに知ること。真実に理解すること。如実知・如実見知とおなじ。「外道が造るところの因論は是れ悪言説なりと如実に了知す」「顚倒と不顚倒とを如実に了知す」「能く生死を如実に了知す」「心に定を得るが故に能く如実に知る」「聖諦を如実に見知す」
Ⓢ yathā-bhūta-parijñāna: yathā-bhūtaṃ parijānāti

如所有性 にょしょうしょう 存在のあるがままの存在性。存在の知るべき二種のありよう（尽所有性・如所有性）の一方。すべての存在に遍在する究極的な真実、すなわち真如のありようをいう。→真如 →尽所有性
Ⓢ yathāvad-bhāvikatā
（出典）如所有性者、謂、即一切染浄法中所有真如、是名此中如所有性。（『解深』3、大正16・699c）：云何真実義。謂、略有二種。一者依如所有性諸法真実性、二者依尽所有性諸法一切性。如是諸法真実性・一切性、応知総名真実義。（『瑜伽』36、大正30・486b）：云何名為如所有性。謂、若所縁、是真実性、是真如性。（『瑜伽』26、大正30・427c）

如性 にょしょう あるがままにあるもの。存在するものすべての本性。真如のこと。→真如「云何が心一境性なるや。三摩地所行の影像は唯だ是れ其の識なりと通達するを謂う。或いは、此れに通達し已って如性を思惟するを謂う」 Ⓢ tathatā

如性空性 にょしょうくうしょう 三種の空性（自性空性・如性空性・真性空性）の一つ。心が因縁によって生じるがままにあるありようをいう。三自性でいえば依他起性のありようをいう。三種の空（無性空・異性空・除遣空。あるいは無体空・遠離空・除遣空）の異性空と遠離空に相当する。
（出典）有三種空性。謂、自性空性、如性空性、真性空性。初依遍計所執自性観、第二依依他起自性観、第三依円成実自性観。（『集論』3、大正31・675a～b）

如常 にょじょう 真如の如をさらに詳しく説明するときの語。常にその如くであって変化しないありようをいう。
（出典）此諸法勝義亦即是真如。真、謂、真実、顕非虚妄。如、謂、如常、表無変易。（『成論』9、大正31・48a）

如是 にょぜ 「このように」「このような」と読み、次の語に続く接続詞。
Ⓢ amuka: iti: iti-evam-ādi: idam: īdṛśa: etad: evam: evam eva: evaṃ kṛtvā: evaṃ-rūpa: evaṃ-bhūtam: tathā: tathā-bhūta: tathā-rūpa: tathāiva: tad anena paryāyeṇa: tad etad: tasyaivam: tādṛśa: yathā

如是如是 にょぜにょぜ →如如 Ⓢ evaṃ caivañ ca: tathā tathā

如相 にょそう 道諦の四つの行相（道相・如相・行相・出相）の一つ。→道諦

如如 にょにょ ①「如如～如是如是」という形で用いられる接続詞。如如は「ますます」あるいは「にょにょに」と読み、あるありようがくりかえし継続してますます増大するさまをいい、如是如是は「かくのごとく、かくのごとく」と読み、前のありようを受けてそれに対応する後のありようも増大することをいう。あるいは、前のありようが生じるのに呼応して後のありようが生じることをいう。「如如に身心が軽安を獲得すれば、如是如是に其の所縁に於て心一境性は転じて増長を得る」「諸の菩薩は生死の中に於て如如に流転して大苦難に遭えば、如是如是に其の無上正等菩提に於て堪能が増長す」「如如に契経などの法を思惟すれば、如是如是に其の義が顕現す」 Ⓢ yathā yathā

②真如のこと。→真如「五法とは相・名・分別・正智・如如を謂う」

如如理 にょにょり　真如理とおなじ。→真如理

如法 にょほう　規則・規律にかなっていること。教えにかなっていること。真理にかなっていること。正しいこと。「正しく」という意味の副詞としても用いられることもある。「如法の衣服を給施す」「如法の威儀に安住す」「如法に財を求む」「設え毀犯あれども、速疾に如法に悔除す」 Ⓢ anudhārmikī: anurūpa: kalpika: dharmeṇa: dharmya: dhārmika: pratirūpa: yathā-dharman: yathā-dhārmikīm: yathā-rūpām: saha-dharmeṇa: sārūpya

如法平等行 にょほうびょうどうぎょう　真理にかなった正しい行為。非法不平等行の対。

Ⓢ dharma-sama-caryā

（出典）所有如法平等行、摂能往善趣善身語意業、説名平等。（『瑜伽』97、大正 30・856b）

如夢 にょむ　夢の如くであること。真実には存在せず実体がないものを譬喩する語の一つ。〈唯識〉は、すべてはただ心が作り出したものであり、夢のなかでのできごとのようなものであるという見解から、特にこの如夢という語を好んで使用する。「一切法は幻の如く、夢の如く、響の如く、像の如く、光影の如く、陽焔の如く、空花の如く、尋香城の如く、変化事の如く、唯だ心の所現にして性も相も倶に空なり」「若し唯心にして如夢なりと解し已れば、既に実の我法なし」

Ⓢ svapnavat

（参考）（『唯識二十論』、大正 31・76b～c）

如来 にょらい　仏の功徳を讃えた仏の十種の尊称（十号）の一つ。十号を列記するなかで、最初にあげられ最も代表的な尊称。原語 tathāgata がどのような二つの語の合成語であるか、その解釈の相違によって、諸経論において、種々に語義解釈がなされているが、その代表的なものをあげれば、次の二つである。（ｉ）tathāgata を tathā-gata ととらえると、「その如くに来た者」という意味になる。（ii）tathāgata を tathā-āgata ととらえると、「その如くに去った者」という意味になり、如去と訳される。このような解釈とは別に「言に虚妄なきが故に如来と名づく」（『瑜伽』38、大正 30・499b）、あるいは「諸の所言・所説・所宣の一切は如実にして皆な虚妄なきが故に如来と名づく」と定義され、述べられる言葉が如実であって虚妄ではないから如来というとの解釈もある。→十号

Ⓢ tathāgata

（出典）諸如来、略有十種功徳名号、随念功徳。何等為十。（中略）言無虚妄故、名如来。（『瑜伽』38、大正 30・499b）

如来応正等覚 にょらいおうしょうとうがく　仏の十種の尊称（十号）の最初の三つである如来（tathāgata）と応（arhat）と正等覚（samyaksaṃbuddha）とを一緒にした仏への尊称。「如来応等正覚は一切智を具す」

Ⓢ tathāgata-arhat-samyaksaṃbuddha

如来家 にょらいけ　如来の家。真理（真如）を初めて見る見道に入ることを如来の家に生まれるという。如来の家に生まれることによって仏の真の子となり、将来、かならず如来になることができる可能力（如来の種姓、仏の種姓）を獲得する。

Ⓢ tathāgata-kula

（出典）諸菩薩発是心已、超過菩薩凡異生地、証入菩薩正性離生、生如来家、成仏真子、決定趣向正等菩提、決定紹継如来聖種。（『瑜伽』47、大正 30・555a）：生如来家者、由此能令諸仏種性無断絶故。（『摂論釈・世』6、大正 31・352b）：如是菩薩、悟入唯識性故、悟入所知相、悟入此故入極喜地、善達法界、生如来家、得一切有情平等心性、得一切菩薩平等心性、得一切仏平等心性、此即名為菩薩見道。（中略）生如来家者、謂、仏法界名如来家。（『摂論釈・無』6、大正 31・416a～b）

如来使者 にょらいししゃ　如来からの使い。「或いは得るところの自体の亦た自害に非ず亦た他害に非ざるあり、謂く、色・無色界の諸天と一切の那落迦と那落迦に似たる鬼と如来の使者と最後身と慈定と滅定と、若しくは無諍定とに住すると、若しくは中有に処するとの是の如き等の類なり」

Ⓢ tathāgata-dūta

（参考）（『略纂』2、大正 43・29b）

如来地 にょらいじ　仏陀の位。すべての所知障と煩悩障とを断じて最高のさとりを得た段階。仏地ともいう。「第十地には倶生の微き所知障あり、及び任運の煩悩障の種あり。金剛喩定の現在前する時に彼れを皆な頓に断

じて如来地に入る」「有上果とは菩薩地を謂う。余乗の未成仏を超出するが故なり。無上果とは如来地を謂う。此の上に更に余の勝法なきが故なり」 Ⓢ tathāgata-bhūmi

如来色身　にょらいしきしん　如来の具体的な身体、なまの身。仏像や絵に描かれた外的な仏の姿である色身ではなく、真の意味での如来の身体である如来の法身を内的に見ることが要請される。「諸の賢聖は是の如き聖慧眼に由る故に内に於て如来の法身を証解し、外に於て如来の色身を見る。或いは制多、或いは図画などを見ると雖も、能く第一義の応正等覚にあらずと了知す」

如来種姓　にょらいしゅしょう　如来の素質を有する人。如来種性とも書く。→如来　→種姓②

如来種性　にょらいしゅしょう　如来種姓とも書く。→如来種姓

如来十八不共法　にょらいじゅうはちふぐほう　十八不共仏法とおなじ。→十八不共仏法

如来十力　にょらいじゅうりき　如来のみが有する十の力。→十力

如来住　にょらいじゅう　発心してから仏陀すなわち如来になるまでの十三の段階・境界の最後の第十三。如来になった最終の境界。→十三住　Ⓢ tathatā-vihāra

如来出世　にょらいしゅっせ　如来が世界に出現すること。如来の出世は甚だ貴重で稀なことであると説かれる。また、一人の如来は仏の為すべきことすべてを行なうことができるので、一つの世界に二人の如来が出現しないと説かれる。また如来が世に出現しなくても出現しても（如来出世若不出世）、存在のありようは、あるいは真理そのものは、まさにその如くであると説かれる。「如来の出世は是の如く甚奇にして希有なり」「二の如来が一の世界に倶時に出現することなし。一の如来は、一に三千大千仏土に於て普く能く一切の仏事を施作す。是の故に第二の如来の出世は利益するところなし」「唯だ常常時に恒恒時に、如来の出世にもあれ、若しくは不出世にもあれ、諸法は法性に安立し法界に安住す。是の故に、当に知るべし、勝義諦は是れ一切に遍じ一味の相なり」

如来智　にょらいち　仏智とおなじ。→仏智

如来法身　にょらいほっしん　→如来色身

如理　にょり　①理の如くであること。理にかなっていること。「正しく」という意味の副詞として用いられることもある。「諸の菩薩は諸の有情の為に如理に宣説す」「如理に法随法行を修行す」「仏の教に於て如理に観察す」 Ⓢ anurūpam: nyāya: yathā-yogam: yathāvat: yukti: yojya: yoga

②如理作意、あるいは如理思惟の如理。→如理作意　Ⓢ yoniśas

如理作意　にょりさい　如理の作意。根源的な思考。正しく思考すること。原語 yoniśas の yoni は子宮、śas は「～から」を意味する接続詞であるから、「子宮（yoni）から」という意味になる。随って如理作意とは、子宮の領域での思考、深いところからの思考、根源的な思考、という意味になる。さとりに至る修行の段階で、まず、仏陀などの賢明で正しい人に近づいて教えを請い（親近善士）、次に正しい教えを聞き（聴聞正法）、そして聞いた教えを正しく思考する（如理作意）ことが要請される。作意の原語 manaskāra を思惟と訳して如理思惟ともいう。また作意の意味を補うために思惟を付加して如理作意思惟ともいう。非理作意・不如理作意の対。「此の如理作意を縁と為して正見が生ずることを得る」「先ず苾芻尸羅に安住すべし。次に如来の正法を聴受すべし。次に如理に作意し思惟すべし」「仏の出世に値い、善士に親近し、正法を聴聞し、如理に作意して法現観を証して沙門果を得る」 Ⓢ yoniśo manasi-karoti: yoniśas-manaskāra

如理作意思惟　にょりさいしゆい　→如理作意

如理思惟　にょりしゆい　→如理作意

如理師　にょりし　正しい教えを説いて苦しむ人びとを生死の泥から救い出す人、すなわち仏をいう。 Ⓢ yathā-artha-śāstṛ

（出典）如実無倒教授誡勗、名如理師。如理師言、顕利他徳。能方便、説如理正教、従生死泥、抜衆生出。（『倶舎』1、大正 29・1a）

如理分別　にょりふんべつ　十種の分別の一つ。仏の弟子が正しい教えを聞くことによって起こす理にかなった分別。不如理分別の対。

（出典）如理分別者、謂、正法中諸仏弟子聞正法類為因分別。（『摂論釈・世』4、大正 31・342b）

汝　にょ　なんじ。なんじら。相手を示す

語。「今、汝に問う」
Ⓢ tvam: bhavant: yuṣmākam

尿 にょう 小便。「飲食は、一時に腹に入って漸漸に消化し、一時に変為して屎・尿が流出す。此の事を見已って便ち是の念を作す。是の如く諸行は其の性、無常なりと」
Ⓢ prasrāva: mūtra

娘矩吒虫 にょうくたちゅう →孃矩吒虫

撓攪 にょうかく かきみだすこと。「諸の悪魔羅は槍を執持して生死の大海を撓攪し、彼の生を受ける諸の有情類を随って迴転せしむ」

撓濁 にょうじょく みだれにごること。「諸の菩薩は憤怒・撓濁の心を以っては恵施を行ぜず」

撓泉池 にょうせんち 表面がみだれ波だった池。「濁水器の喩と不浄鏡の喩と撓泉池の喩」

撓乱 にょうらん みだれること。「諸の有情に於て慈・悲・喜・捨は相い撓乱せず」

嬈 にょう わずらわすこと。「心を嬈する業」 Ⓢ saṃkṣobha

嬈害 にょうがい わずらわし、がいすること。「菩薩に由って守護されるが故に一切の魍魎・薬叉・宅神・人非人などが嬈害すること能わず」 Ⓢ viheṭha

嬈悩 にょうのう わずらわし、なやますこと。「初めて定を修する者は散乱なしと雖も、其の心を嬈悩す」

嬈乱 にょうらん わずらわし、みだすこと。「鬼魅に由って其の心を嬈乱す」

鬧 にょう さわがしいこと。しげっているさま。「鬧なる叢林」

鬧叢 にょうそう 木が生い茂った林。深林。「鬧叢に入り棘刺を蹈む」 Ⓢ gahana

孃矩吒虫 にょうくたちゅう 孃矩吒は nyaṅkuṭā の音写。娘矩吒とも音写。糞や尿や泥のなかにいる虫。くちばしが針のようにするどい虫。皮肉や筋骨に入ってそれらを食べる虫。 Ⓢ nyaṅkuṭā
（出典）屍糞涅内、多有諸虫、名孃矩吒。穿皮、入肉断筋、破骨、取髄而食。（『瑜伽』4、大正 30・296c）

繞 にょう めぐる、とりまく、かこうこと。「是の如き諸山は蘇迷盧を繞って次第に住す」「地獄の猛焔が其の身を繞る」
Ⓢ āliṅgita: pari-**vṛt**

饒財 にょうざい 財に豊かであること。富んでいること。金持ち。饒財宝・豊饒財宝とおなじ。「饒財の商主」「饒財の長者」「饒財宝の長者・商主」 Ⓢ dhanin

饒財宝 にょうざいほう →饒財

饒益 にょうやく ①利益を与える、助ける、ためになることをすること。「有情を饒益す」 Ⓢ anugraha: anugrāhaka: artha-upasaṃhita: artha-karaṇa: artha-kriyā: upasaṃhāra: upasam-**hṛ**: parigraha
（参考）（『瑜伽』46、大正 30・546a）
②身心が健やかで平和であること。「楽を生じ安隠にして饒益なり」

饒益有情 にょうやくうじょう 生きものに利益を与えること、助けること、ためになることをすること。饒益衆生とおなじ。
Ⓢ sattva-anugraha: sattva-anugrāhaka: sattva-artha-karaṇa: sattva-artha-kriyā
（参考）（『解深』4、大正 16・705a～b）

饒益有情加行精進 にょうやくうじょうけぎょうしょうじん 生きものに利益を与え助けようとつとめ励むこと。三種の精進（被甲精進・転生善法加行精進・饒益有情加行精進）の一つ。饒益有情精進とおなじ。

饒益有情戒 にょうやくうじょうかい 三種の戒である三聚浄戒（律儀戒・摂善法戒・饒益有情戒）の一つ。生きものに利益を与え助けようとする戒。→三聚浄戒
（参考）（『瑜伽』40、大正 30・511b～c）

饒益有情精進 にょうやくうじょうしょうじん →饒益有情加行精進

饒益衆生 にょうやくしゅじょう →饒益有情

人 にん ①ひと。人間。五つの構成要素（色・受・想・行・識の五蘊）が結合した仮の存在（仮有・仮者）。 Ⓢ pudgala: puṃs: puruṣa: manuṣya: manuṣyatva: sattva
（出典）人即如来五蘊仮者。（『演秘』1 本、大正 43・813a）
②五趣（地獄・餓鬼・畜生・人・天）の一つとしての人。→五趣 Ⓢ manuṣya: manuṣya-bhūta: mānuṣa: mānuṣya: mānuṣyaka
③生命的存在の総称。、五趣にわたって輪迴する生きものすべてを意味する。原語 pudgala は補特伽羅と音写する。→人無我
Ⓢ pudgala

人我 にんが 二つの我（人我と法我）の一つ。生命的存在としての我をいう。ただ

し、人我という語は、玄奘訳の経論では、人と訳すと五趣のなかの人だけに限られ、その他の生命的存在が排除されるからという理由で、認められない。原語 pudgala を補特伽羅と音写して補特伽羅我という。→法我
Ⓢ pudgala-ātman

人空 にんくう 生命的存在（人）が実体として存在しないこと。二空の一つで法空に対する。我空あるいは生空ともいわれるが、玄奘訳の経論では人空と我空という訳を否定する。なぜなら、人空といえば、五趣のなかの人だけにかぎられ、その他の生命的存在が排除され、また、法我（法としての我）といわれることから、我空といえば、法空にも通じることになるからであると説く。
（参考）（『述記』1本、大正 43・234c）：（『演秘』1本、大正 43・816a）

人家家 にんけけ 二種の家家（天家家・人家家）の一つ。→家家補特伽羅
Ⓢ manuṣya-kulaṃ-kula

人間 にんげん ひと。「人間の五十歳は是れ四大王衆天の一日一夜なり」「人間の寿量の長短」「菩薩は覩史多天衆の中より没して人間に来下す」 Ⓢ nṛ: manuṣya: mānuṣyaka

人趣 にんしゅ 人間としての生存。五種の生命的存在である五趣（地獄・餓鬼・傍生・人・天）の一つ。善趣の一つ。→善趣
Ⓢ manuṣya: manuṣya-gati

人寿 にんじゅ 人間のいのち。あるいは人間のいのちの量。四洲のどこに住むかによって寿命の長さが相違する。北倶盧洲の人は定んで寿は千歳、西牛貨洲の人は五百歳、東勝身洲の人は二百五十歳、南贍部洲の人は定まっていなく無量歳から八万歳ないし十歳までの間を増減する。
（参考）（『倶舎』11、大正 29・61b）：（『瑜伽』4、大正 30・295b）

人寿量 にんじゅりょう 人間のいのちの量、生きる期間。→人寿 →寿量

人執 にんしゅう 生命的存在（人）が実体として存在すると執着すること。人を構成する構成要素（法）も実体として存在すると執着する法執と一緒にして二執という。この二つのなか、小乗は人執を断じているものの、いまだ法執はあり、大乗は人執と法執のいずれをも断じているとして大乗の優越性を説く。人の原語 pudgala を補特伽羅と音写して補特伽羅執ともいう。人を生ととらえて生執ともいう。 Ⓢ pudgala-grāha

人姓具足因 にんしょうぐそくいん →人性具足因

人性具足 にんしょうぐそく すぐれた男子（丈夫）のありようをそなえていること。八種の異熟果の一つ。→異熟果
Ⓢ puruṣatva-saṃpad:
manuṣya-bhūta-saṃpad
（出典）具丈夫分、成就男根、是名菩薩人性具足。（『瑜伽』36、大正 30・484b）

人性具足因 にんしょうぐそくいん 人性具足をもたらす原因。八種の異熟因の一つ。すぐれた男子（丈夫）になろうと願い、女性の身をきらうこと。あるいは女性の身をねがう女性には女性の身をきらうように勧め、男根（男性の性器）を失おうとする男性にはそれを失わさせないこと。人姓具足因ともいう。→人性具足 →異熟因 Ⓢ manuṣya-bhūta-saṃpado hetuḥ
（出典）楽丈夫体、厭婦女身、深見過患、由二因縁施他人性。一者女人楽女身者勧令厭離解脱女身、二者丈夫将失男根、方便護摂令不失壊、及説正法令得男身、是名菩薩人性具足因。（『瑜伽』36、大正 30・484c）：楽男厭女、人姓具足因。（『演秘』1本、大正 43・814c）

人身 にんしん ①人としての身、身体。「愚夫・異生や諸の外道は人身に於て憙足す」②人間としての存在。人間であること。「自の円満とは、善く人身を得ることと、聖処に生ずることと、諸根が欠けることなきことと、勝処の浄信とを謂う」
Ⓢ manuṣya: manuṣyatva: mānuṣya

人中牛王 にんちゅうごおう 仏・世尊を讃える敬語の一つ。「大衆を御するが故に人中牛王なり」

人中師子 にんちゅうしし 仏・世尊を讃える敬語の一つ。「怖畏を離れるが故に人中師子なり」

人天 にんてん 人と天。五種の生命的存在である五趣（地獄・餓鬼・傍生・人・天）の二つで、善趣に属する。→人② →天① →善趣

人人唯識 にんにんゆいしき 一人ひとりの世界は各人の潜在的な根本心である阿頼耶識が変化したものであるという教理。唯識思想

は外界には事物は存在しない（唯識無境）と説くが、他者の存在は認めるから、〈唯識〉という教理は独我論ではない。

人非人 にんぴにん ①人に似て人でない存在。天・龍などの仏法を守護する八部衆の総称。また魍魎・夜叉などとともに人を害する存在とも考えられている。
②人と非人。人と人でないもの。→非人

人法 にんぽう ①人と法。生命的存在（人）と存在の構成要素（法）。→人法二無我「無我の言が人法に通ずるは聖教の常習なり」
②人間と教え。「教は法に依って人に依らず」

人法二無我 にんぽうにむが 人無我と法無我。生命的存在（人）と存在の構成要素（法）は固定的・実体的なものではないという理。小乗は二無我のなか、人無我のみをさとり、大乗は人無我と法無我の両者をさとる。〈唯識〉は、仏教の教理を「人法二無我」と「百法」とに大別し、前者をさとることによって有執（ものごとは存在するという執着）を除いて智慧を獲得し、後者を智ることによって空執（ものごとは存在しないという執着）を除いて慈悲を生じる、と説く。人無我を補特伽羅無我ともいう。

人無我 にんむが 生命的存在は固定的・実体的な存在ではないという理。法無我と合わせて二無我・人法二無我という。人の原語pudgala を音写して補特伽羅無我ともいい、意訳して数取趣無我ともいう。→法無我
Ⓢ pudgala-nairātmya

仁 にん なんじ。相手を示す語。「仁らの証するところは何の定に依るや」

仁賢 にんけん 徳をそなえて賢いこと。「性として仁賢にして五戒を受持して犯さず」「菩薩の種姓は本性として仁賢にして身語の二業は清浄に転ず」 Ⓢ bhadra: bhadratā

仁慈 にんじ 慈悲。慈しむこと。「仁慈・賢善なる人」

任 にん ①たえること。能力があること。堪任とおなじ。「身に沈重なく、堪能するところありて修断に任じ、心をして速疾に三摩地を得せしむ」 Ⓢ kṣama
②心を清浄にしてさとりに至るためのヨーガの実践における五段階（持・任・鏡・明・依の瑜伽地）のなかの任。聞いた教えに随って自ら根源的に思惟する（如理に作意する）段階。五位の修行段階のなかの、煖・頂・忍・世第一法からなる加行道にあたる。→瑜伽地
Ⓢ ādhāna
③まかせること。「情の欲するところに任す」「性に任せて好楽す」

任持 にんじ ①維持する、支えること。所有すること。「大地は一切の薬草・卉木・叢林を建立し任持して生長せしむ」「器世間は有情世間を能く任持す」「財は是れ身の任持、無畏は是れ心の任持、法施は是れ善法の任持なり」「諸の有情に、各、阿頼耶識あり。一類に相続して種子を任持す」「諸の国王が正法を任持するを名づけて法王と為す」
Ⓢ **dhṛ**: saṃdhāraṇa
②（身体を）維持すること、あるいは、維持するもの。飲食や四食をいう。あるいは命根をいう。「飲食を以って任持の因と為す」「食は能く諸の身命を任持す」「命根は能く身を任持す」 Ⓢ upastambha
（出典）云何任持。謂、四食。一段食、二触食、三意思食、四識食。（『瑜伽』13、大正30・346c）
③記憶すること。「三種の法を聴聞する者あり。一には法に於て義に於て能く領受し任持せざる者、二には唯だ能く領受して能く任持せざる者、三に能く領受し能く任持する者なり」 Ⓢ dhāraṇā

任持功用 にんじくゆう 子を生む卵子を保持する母の働き。四つの功用（殖種功用・任持功用・来往功用・感生業功用）の一つ。邪見はこの働きを否定する。 Ⓢ dhāraṇā-kriyā
（参考）（『瑜伽』8、大正30・317a）：（『略纂』3、大正43・48c）

任持自相 にんじじそう 法の定義の一つ。→法①

任持長養 にんじじょうよう 二種の長養（任持長養・不損害長養）のなかの一つ。身体を維持するという意味での長養。長養とは身体をやしない成長させることで、そのようなものとして食（たべもの）と夢と避不平等（身体のアンバラスをさけること）と梵行（清らかな行為）と等至（禅定の心）があるが、そのなかの最初の一つが任持長養といわれ、さらに変壊任持・喜悦任持・希望任持・摂受執取任持の四つが説かれる。→長養①
（参考）（『瑜伽』64、大正30・657a）

任持対治 にんじたいじ 対治とは煩悩や過失を退治してなくすこと。煩悩を断じたあり

ようを解脱道において維持することを任持対治という。持対治ともいう。四種の対治の一つ。→四種対治 Ⓢ ādhāra-pratipakṣa
（出典）持対治者、謂、解脱道。由彼任持断得故。（『雑集論』9、大正 31・738b）

任運 にんぬん 自然に。意図することなく。意志を働かせることなく。努力することなく。「倶生の我執は無始の時よりこのかた、虚妄に熏習せる内の因力の故に恒に身と倶なり。邪教と及び邪分別とを待たずして任運に転ず。故に倶生と名づく」「有情世間の各各の内身は刹那刹那に任運に壊滅す」「末那識と倶なる薩迦耶見は任運に一類に恒に相続して生ず」 Ⓢ anābhoga: nisarga: naisargikam: sva-rasa: sva-rasena

任運分別 にんぬんふんべつ 認識しつつある対象が力強いために、意志を働かせることなく自然に起こる思考。七種の分別の一つ。たとえば眼識・耳識・鼻識・舌識・身識の五識は任運分別である。これに意識・末那識・阿頼耶識を加えた八識それぞれにおける任運分別の有無が問題とされている（『同学鈔』46、大正 66・409c 以下）。→七種分別
Ⓢ svarasa-vāhī vikalpaḥ
（出典）任運分別者、謂、於現前境界、随境勢力、任運而転、所有分別。（『瑜伽』1、大正 30・280c）

忍 にん ①たえしのぶ、こらえること。「諸の菩薩は財物尠少なれども自らは貧苦を忍えて他に恵施す」
Ⓢ adhi-**vas**: ud-**sah**: **kṣam**: kṣamā
②三種の忍（耐怨害忍・安受苦忍・諦察法忍）の忍。耐怨害忍とは、他人の怨み・加害・侮辱などに耐え忍ぶこと、安受苦忍とは苦を受け止めて耐え忍ぶこと、諦察法忍とは深遠な教えを観察思惟して存在の真理を決定的に知ること。「諦察法忍は前の二忍の所依止なり」 Ⓢ kṣānti
（参考）（『瑜伽』42、大正 30・523b 以下）：（『述記』10 本、大正 43・577a）
③対象を認可すること。真理を証するに至る前段階の心の働き。この忍によって認可されたものを決定的にしる心の働きが智である。→十六心「諸の忍は皆な是れ智の眷属なり」「法智の因が法智忍の名を得る」 Ⓢ kṣānti
④存在を観察することによってその存在をはっきりと認知する智慧。「諸法に於て正しく観察する忍を所依と為すが故に、仏の善説せる法毘奈耶に於て引奪すべからず」
⑤加行位の四段階（煖・頂・忍・世第一法）のなかの忍。→加行位

忍可 にんか ①存在を正しく観察することによってその存在をはっきりと認知すること。忍許とおなじ。「自他の老病死の法に於て正しく審観察し、能く定んで忍可するを名づけて諦察法忍と為す」「四諦の理に於て能く忍可す」「如実に了知し忍可し審察す」
Ⓢ kṣānti
②（ある存在に執着してその存在を）容認し欲すること。「見倒とは彼の妄想に分別される中に於て、忍可し欲楽し、建立に執著するを謂う」「顛倒の事に於て堅執し忍可し開示し建立するを見倒と名づく Ⓢ kṣānti: **ruc**
③認めること。認可すること。「尊者阿難は上座五百の苾芻所説の義を忍可するやいなや」

忍楽欲 にんぎょうよく 忍と楽と欲。信という心所を構成する三つの要素。→信「云何が信と為すや。実と徳と能とに於て深く忍し楽し欲し心を浄ならしむるを性と為す」
（参考）（『成論』6、大正 31・29b）

忍許 にんこ ①認めること。許すこと。「彼の所見を忍許す」
Ⓢ anumata: marṣaṇīya
②忍可とおなじ。→忍可①「諦実の業果の中に於て現前に忍許するが故に名づけて信と為す」

忍受 にんじゅ 苦しみを受けとめてたえしのぶこと。安受ともいう。→安受「匱乏所作の衆苦を忍受す」「百千倶胝の大苦を忍受す」
Ⓢ adhi-**vas**: adhivāsanā: abhyupagata: ud-**vah**: **mṛṣ**

忍受苦忍 にんじゅくにん 安受苦忍とおなじ。→安受苦忍

忍智 にんち 忍と智。→忍③ Ⓢ kṣānti-jñāna

忍辱 にんにく たえしのぶこと。辱めにたえること。原語 kṣānti には「辱めにたえる」という意味はないが、敢えて「辱」を付加して漢訳されている。kṣānti には「存在を観察することによってその存在をはっきりと認知する智慧」という意味があることから、ただ単にたえることではなく、たとえば、自己と他人とは平等であるとしる智慧でもって、他

人から侮辱されてもそれにたえるという、そのような耐え方をいう。柔和とともに勝れた人間性を表す語。「増上の柔和と忍辱を成就して能く他の悩を忍ぶ」「忍辱と柔和とに摂せらるる善男子の性」 Ⓢ kṣānti
(参考)(『瑜伽』57、大正 30・617c)

忍辱波羅蜜多 にんにくはらみた →忍波羅蜜多

忍波羅蜜多 にんはらみた 忍にもとづく波羅蜜多。忍辱波羅蜜多ともいう。波羅蜜多とは自己と他者とを迷いの此岸からさとりの彼岸に渡す実践行。六波羅蜜多の一つ。安忍波羅蜜多ともいう。→忍② →波羅蜜多 →六波羅蜜多 Ⓢ kṣānti-pāramitā
(参考)(『瑜伽』42、大正 30・523a 以下)

忍法 にんぽう 加行位を構成する四段階(煖・頂・忍・世第一法)の第三の段階。→加行位 Ⓢ kṣānti
(参考)(『倶舎』23、大正 29・119b〜c)

ぬ

奴 ぬ 召使い。奴隷。「諸の菩薩は自ら謙下して、奴の如く、僕の如く、其の心卑屈にして、憍を離れ、慢を離れ、我執を離れて諸の有情に於て利行を行ず」 Ⓢ dāsa

奴婢 ぬひ 奴と婢。男の召使いと女の召使い。「恩ある者に、母と父と妻子と奴婢・僕使と朋友・兄弟・親属・宰官との五種あり」 Ⓢ dāsī-dāsa

怒 ぬ いかり。「戯忘念天と意憤恚天とは増上の喜と怒とを発起す」 Ⓢ pradoṣa

怒憾 ぬかん いかり。いかるこころ。瞋の異名の一つ。
(参考)(『瑜伽』86、大正 30・779b)

拏色 ぬしき 阿拏色とおなじ。→阿拏色

ね

涅槃 ねはん ①煩悩を滅した寂静な状態。すべての苦しみが完全に滅した安隠なありよう。仏教が目指す最高の心境。四諦(苦諦・集諦・滅諦・道諦)のなかの滅諦が涅槃にあたる。
(出典)問、以何義故、名曰涅槃。答、煩悩滅故、名為涅槃。(『婆沙』28、大正 27・147b):云何為涅槃。謂、法界清浄、煩悩衆苦永寂静義、非滅無義。(『瑜伽』73、大正 30・701b)
(参考)槃と涅とにわけて涅槃を種々に解釈している。(『婆沙』28、大正 27・147b)
②〈唯識〉は、修行によって獲得すべき結果として、涅槃と菩提との二つを立て、そのなか煩悩障を滅して涅槃を獲得し、所知障を滅して菩提を獲得すると説く。涅槃を真解脱、菩提を大菩提ともいう(『成論』1、大正 31・1a)。また、〈唯識〉は、涅槃の本体を真如と考え、その真如が心のなかに顕れる程度に応じて次の四種の涅槃を立てる。(ⅰ)本来自性清浄涅槃。本来的に自性として清浄な涅槃。一切の存在の真理である真如そのものをいう。(ⅱ)有余依涅槃。残余の依身を有した涅槃。いまだ命が終わらず身体が残っているままで、煩悩障を断じたところに顕れる真如をいう。(ⅲ)無余依涅槃。煩悩障を断じ、さらに身体がなくなり、生死の苦が滅したところに顕れる真如。命が尽きて身体がなくなって獲得する涅槃。略して無余涅槃という。(ⅳ)無住処涅槃。住むところがない涅槃。所知障をも断じて顕れる真如をいい、この真如を証することによって、生死にも住せず涅槃にも住することなく、有情を利益・安楽せしめる涅槃をいう。生死と対立する涅槃ではなく、生死と涅槃とを止揚した新しい涅槃をいう。決して覚者(仏陀)になることなく、

未来際をつくして人びとの救済を願う菩薩の生き方をいう。無住涅槃ともいう。
(参考)(『成論』10、大正 31・55b)
③火がきえること。「灯焔の涅槃するが如く、心解脱も亦た爾なり」「灯の涅槃するは唯だ灯焔の謝して別に物あることなし」

涅槃宮 ねはんぐう 涅槃を最終的にたどりつくべき宮殿に喩えて涅槃宮という。涅槃城・涅槃宮城ともいう。「涅槃宮に趣くに先首と為るが故に先首語と謂う」「道聖諦に道と如と行と出との四相あり。涅槃宮に趣入するが故に行なり」「道の義とは涅槃路を謂う。此れに乗じて能く涅槃城に往くが故に」
Ⓢ nirvāṇa-pura

涅槃宮城 ねはんぐうじょう 涅槃宮とおなじ。→涅槃宮

涅槃寂静 ねはんじゃくじょう 仏教の根本主張である三法印、あるいは四法嗢拕南の一つ。→三法印 →四法嗢拕南

涅槃城 ねはんじょう 涅槃宮とおなじ。→涅槃宮

涅槃智 ねはんち 涅槃をしる智。法住智との対比で説かれる。→法住智②

涅槃道 ねはんどう 涅槃路とおなじ。→涅槃路

涅槃路 ねはんろ 涅槃に至るみち。さまざまな修行のみちはすべて究極の目的地である涅槃に通じ、涅槃に至るみちであるから涅槃路という。涅槃道ともいう。「道の義とは涅槃路を謂う。此れに乗じて能く涅槃城に往くが故に」「涅槃道を修する時、断界・離欲界・滅界に於て最勝寂静なる功徳を観見し、断想・離欲想・滅想を修習す」
Ⓢ nirvāṇasya panthāḥ

佞 ねい 「にょう」とも読む。へつらうこと。諂佞ともいう。→諂佞
(出典) 佞、謂、諂佞。如有苾芻、邪命居懐、発諂佞語。(『倶舎』16、大正 29・88a)

寧 ねい ①いずくんぞ。どうして。疑問・反語の意を表す。「色などの外境は分明に現証し、現量の所得なり。寧ぞ撥して無と為すや」
②むしろ。どちらかといえば。比較・選択の意を表す。「寧ろ一類の我見を起こす者の如くなるも、一類の悪しく空を取る者の如くせざれ」 Ⓢ varam

熱 ねつ ①(自然現象、病気にかかった身体、あるいは事物、などの)ねつ、あつさ、あたたかさ。寒の対。「寒の損悩と熱の損悩」「熱時に熱の為に逼悩せらるる」「若しくは寒、若しくは熱の時節の変異」「寒熱・黄病・熱血などの多種の疾病が身中に発生す」「飢渇や寒熱などの種種の疾病を除く」
Ⓢ uṣṇa: auṣṇya: grīṣma: jvara: tapta: paridāha: saṃtapta
②夏。あつい時期。「一年を寒と熱と雨との三際に分け、各々に四月あり」 Ⓢ grīṣma
③肉体の三要素である痰(śleṣman)と風(vāta)と熱(pitta)の一つ。これら三要素の調和が崩れると病気となる。「身内の風と熱と痰との界が互に相違するに由るが故に心が狂う」「現在に不平等を行ずるが故に風と熱と痰癊が、数数、発動す」「風と熱と痰とが互に増して逼切することなきが故に無病と名づく」 Ⓢ pitta
④煩悩の異名。貪・瞋・癡の三つの煩悩は身心を焼悩するから熱と名づける。
(出典) 熱有三種。謂、貪熱・瞋熱・癡熱。由依止貪瞋癡故、不如正理、執著諸相、執著随好。由執著相及随好故、焼悩身心、故名為熱。(『集論』4、大正 31・678a)

熱灰 ねっかい あつく熱せられた灰。刺激性が強くて身心を苦しめるものとしてあげられる。「此の身に於て苦受が生ずる時は、毒熱癰が熱灰に触れらるるが如し」「譬えば熱癰を若し冷触を以って之を封ずれば、即ち楽想を生じ、熱灰を上に堕せば、便ち苦想を生ずるが如し」「水災が起こる時は第三静慮の辺より熱灰の水を雨らす」 Ⓢ kṣāra

熱渇 ねっかつ 熱さによる喉のかわき。「人あり、熱渇に逼せられて、馳りて深井に詣でる」「熱渇の纏に逼せらるるに於て清涼に遇わんと希う」「餓鬼は大なる熱渇の為に其の身を逼迫す」 Ⓢ pipāsā

熱苦 ねっく 熱さによる苦しみ。「若し熱時に於て熱苦を治さんが為には沐浴を追求して以って対治と為す」 Ⓢ uṣṇa-duḥkha

熱血 ねっけつ 血液の病気。悪い血が充満する病。敗血病。「黄病・熱血・陰癊などの無量の疾病が飲食に由るが故に身中に生起す」 Ⓢ rudhira

熱際 ねっさい 熱い時期。一年を三期間(熱祭・雨際・寒際)に分けるうちの一つ。
Ⓢ grīṣma

熱時 ねつじ 熱分とおなじ。→熱分

熱地獄 ねつじごく 炎熱地獄とおなじ。→炎熱地獄

熱痰 ねつたん 熱と痰。肉体を構成する三つの要素のなかの二つ。→熱③
Ⓢ pitta-śleṣman

熱那落迦 ねつならか 熱地獄とおなじ。→地獄

熱悩 ねつのう 悩み。苦悩。身心が苦しみ悩むこと。燃えるような熱い苦しみ。「瞋は必ず身心をして熱悩せしめ、諸の悪業を起こす」「人寿が二十歳の時、多く疫気・障癘ありて災横・熱悩が相続して生ず」「四大王衆天と三十三天とは男女展転して二二交会して熱悩が方に息む。時分天は唯だ互相に抱じて熱悩が便ち息む。知足天は唯だ相い手を執って熱悩が便ち息む」「過去を追恋し未来を悕求し現在に耽著して身心をして周遍に熱悩せしむ」 Ⓢ upāyāsa: dāha: paridāha

熱病 ねつびょう 病気。熱がでるやまい。「煩悩は大なる熱病の如くなる故に熾然と名づく」「熱病を患って眼根の力を損じ、所見の青色を皆な以って黄と為す」
Ⓢ jvara: vyādhi

熱分 ねつぶん 夏。暑い時期。熱時ともいう。「日が行く時に遠近あり。若し蘇迷盧に遠ければ、立てて寒分となし、若し蘇迷盧に近ければ、立てて熱分と為す」「其の熱分の極めて炎暑の時、熱に逼せられて便ち疲倦を生ず」「一あるが如く、食の因縁の為に、寒時には寒の為に逼悩され、熱時には熱の為に逼悩される」
Ⓢ uṣṇa-kāla: grīṣma-samaya: nidāgha

熱癰 ねつよう 熱いはれもの。「譬えば冷触を以って熱癰を封ずれば、即ち楽想を生ず」 Ⓢ paridāha-gaṇḍa

年 ねん ①一年の年。一年を寒期・熱期・雨期の三つに分け、それぞれに四か月があるから一年は十二月からなる。
Ⓢ varṣa: saṃvatsara
(出典) 十二月為一年、一年為三時。謂、寒・熱・雨、各有四月。(『略纂』1、大正 43・17c)
②年齢。「朽老し衰邁し歯落ち髪白くして年は八十を逾ゆ」「年、衰老し勢力あることなし」 Ⓢ vayas: varṣa

年月 ねんがつ ①年と月。時間の長さの二つの単位。「時と年と月と半月と日と夜と刹那と怛刹那と臘縛と目呼剌多との十種の時分あり」
②年代。時代。「年月の前後に依って三時の教を立つ」

年歯 ねんし 年齢。とし。「年歯、耆宿にして戒行清高なる苾芻」 Ⓢ vayas

年臘 ねんろう 出家して僧侶になってからの年数。「螺音狗行とは、諸の苾芻は悪行を習行して利養・臥具などを受ける時に於て、自ら年臘は最第一なりと称するを謂う」

念 ねん ①記憶すること。思い出すこと。「王は諸の大臣・輔相などの昔の恩を念じて彼等を敬愛し軽賤せず」
②別境の心所(細かい心作用)の一つとしての念。かつて経験したことに意識を集中せしめて、それを鮮明に記憶して忘れない心作用。集中するこころ。原語 smṛti は記憶を意味するが、過去の記憶を一時的に思い出すことではなく、心のなかに一つのイメージなり影像なりを鮮明に現出させて、それを忘れてなくすことなく念じつづけるこころをいう。その点を「念とは明記不忘である」と定義する。たとえば、数息観という修行において、吐く息・吸う息を数えることに成りきろうとする心作用が念である。あるいは仏・法・僧の三宝を念じるこころをいう。この念を働かせることによって散乱する心が静まってくる。この点を「念は定の依たるをもって業となす」と定義する。 Ⓢ smṛti
(出典) 念作何業。謂、於久遠所思・所作・所説、憶念為業。(『瑜伽』3、大正 30・291c):追憶諸法、故名為念。又随所経事、随其作意、由此能令明了記憶、故名為念。(『瑜伽』82、大正 30・758a):云何為念。於曽習境、令心明記不忘為性。定依為業。謂、数憶持曽所受境、令不忘失、能引定故。(『成論』5、大正 31・28b)
③一念・多念・念念の念。きわめて短い時間。刹那。「多の言は多念の命行・寿行を留捨することを顕さんが為なり。一刹那の命行・寿行に留捨あるにあらざるが故なり」「頓に一念・瞬息・須臾に於て現に多くの定に入って多くの仏土を見る」「阿頼耶識は所縁の境に於て念念に生滅す。当に知るべし、刹那に相続・流転して一に非ず常に非ず」
Ⓢ kṣaṇa

念慧 ねんえ ①念と慧。念とは集中するこころ、慧とは存在のありようを深く観察するこころ。経典の文句を記憶する、煩悩を起こさないために根（感覚器官）を護る、などにおいて重要な働きをする二つの心作用（心所）をいう。定（samādhi）とともにさとりに至るための重要な二つの心所である。「念慧の力に由って無量の経典を聞き、無量の時を経て、能く持して忘れざる」「念慧の力に由って眼などの根を護り、境に於て諸の過患を起さざらしむ」 Ⓢ smṛti-prajñā
②三念住を構成する二つの心作用（心所）。→三念住「三念住は念と慧とを用いて体と為す」
③集中するこころ（念 smṛti）と理解するこころ（慧 buddha）。記憶力と知性力。「損減とは念慧が衰退するを謂う。衰退とは念慧が劣なるが故に善法に於て能く現行せざるに至るをいう」 Ⓢ smṛti-buddha

念戒 ねんかい 戒を念じること。戒随念ともいう。六念の一つ。→六念

念覚支 ねんかくし 七覚支の一つ。→七覚支

念根 ねんこん 念という根。念という力。記憶して忘れない力。さとりに至る修行を押し進める重要な五つの力である五根（信根・精進根・念根・定根・慧根）の一つ。→念②→五根② Ⓢ smṛti-indriya
（出典）問、念根何義。答、於聞思修、憶持不忘。（『瑜伽』57、大正 30・615c）

念失 ねんしつ 失念とおなじ。念忘失ともいう。→失念①

念住 ねんじゅう 念に住すること。対象に心を集中して観察しつづけること。→四念住
Ⓢ smṛti-upasthāna
（出典）如是審諦安住其念、名為念住。又為守護念、為於境無染、為安住所縁、名為念住。（『瑜伽』28、大正 30・440a～b）

念定慧 ねんじょうえ 念と定と慧。心をますます清浄にしてさとりに至らしめる重要な三つの心作用（心所）。念によって定が生じ、定によって慧が生じる。別境の五つの心所のなかの三つ。→別境①

念施 ねんせ 布施することを念じること。捨随念とおなじ。六念の一つ。→六念

念僧 ねんそう 僧を念じること。三宝のなかの僧を念じて帰依すること。僧随念ともいう。六念の一つ。→六念

念天 ねんてん 天に生まれようと念じること。六念の一つ。→六念
Ⓢ devatā-anusmṛti

念等覚支 ねんとうかくし →七覚支

念仏 ねんぶつ 仏を念じること。如来の種種の完成されたありよう（円満）を心のなかに描いて念じること。あるいは三宝のなかの仏を念じて帰依すること。随念仏・仏随念ともいう。六念の一つ。→六念「一心に念仏すれば、仏、其の前に踊出す」「専に念仏して哀愍を垂れんことを請う」
Ⓢ buddha-anusmṛti
（参考）（『摂論釈・世』10、大正 31・376b～c）

念法 ねんぽう 法を念じること。三宝のなかの法を念じて帰依すること。法随念ともいう。六念の一つ。→六念

念忘失 ねんぼうしつ 念失とおなじ。→念失

念力 ねんりき 念の力。集中力。記憶力。憶念力ともいう。正しく作意を生ずる四つの原因（欲力・念力・境界力・数習力）の一つ。五力（信力・精進力・念力・定力・慧力）の一つ。九種の心住を成立せしめる六種の力（聴聞力・思惟力・憶念力・正知力・精進力・串習力）の一つ。心が生起する十種の力（串習力・楽欲力・方便力・等至力・引発力・因力・境界力・憶念力・作意力・相続力）の一つ。→念② Ⓢ smṛti-bala
（参考）（『瑜伽』3、大正 30・291a）：（『瑜伽』30、大正 30・451a）：（『雑集論』5、大正 31・714a～b）

拈筏羅闍 ねんばらじゃ 数の単位の一つ。十の三十九乗。 Ⓢ nimba-rajas
（参考）（『婆沙』177、大正 27・891b）：（『倶舎』12、大正 29・63c）

耎 ねん 三つの程度（耎・中・上）の一つ。最も弱い程度。「耎の善業に由るが故に人の中に生じ、中の善業に由るが故に欲界天の中に生じ、上の善業に由るが故に色・無色界に生ず」 Ⓢ mṛdu

耎位 ねんい 三つの程度（耎位・中位・上位）の一つ。最も弱い程度。「煩悩の位に耎位・中位・上位の三あり」「業に耎位・中位・上位・生位・習気位の五種の位あり」
Ⓢ mṛdu-avasthā

耎善 ねんぜん 柔和。やさしいこと。「耎善な身・語の二業を現行す」

粘 ねん ねばった感触。触覚（身識）の対象である感触（触）の一つ。黏とも書く。 Ⓢ picchila

然 ねん ①しかり、そのとおり。「人趣が既に爾なるが如く、天趣も亦た然なり」
Ⓢ evam: tathā
②しかるに。しかれども。しかも。「無常の法は無常の法の因と為る。然も他性のためにも因と為る」「彼の位の中に亦た喜楽が時時間に起こることあれども、然も久住にあらず」 Ⓢ api ca: api tu
③もえる、燃焼すること。「是の如く諸の煩悩を断ずるは、頭然を滅するが如し」
Ⓢ ādīpta

然後 ねんご 然る後に。その後に。「先に仏眼を以って世間を観察し、然る後に為に無上の法輪を転ず」「先に過患想を修習し已って、然る後に方に能く厭背想に住す」
Ⓢ uttaram: tata ūrdhvam: tataḥ: paścāt

然灯 ねんとう ①（油やローソクなどが）もえるあかり。「然灯が生ずる時、正しく能く闇を破す」
②然灯仏のこと。→然灯仏

然灯仏 ねんとうぶつ 釈尊が菩薩として修行する間、第二無数劫の修行を終わったときに逢った仏。然灯如来とおなじ。「三無数劫に満つるときは、逆次に勝観と然灯と宝髻との仏に逢う。初は釈迦牟尼なり」「第二劫が満るときに逢事するところの仏を名づけて然灯と曰う」 Ⓢ dīpaṃ-kara

然灯如来 ねんとうにょらい →然灯仏

黏 ねん →粘

の

悩 のう ①苦悩。なやむこと。
Ⓢ upatāpa
（出典）心燋、是悩。（『婆沙』23、大正 27・118c）：悩者、謂、由此因、若事変壊、便生愁歎憂苦悩故。（『瑜伽』11、大正 30・332a）
②なやますこと。「増上の柔和な忍辱を成就して能く他の悩に忍え、他を悩まさず」
Ⓢ upatāpin: upāyāsa: vighāta
③煩悩の異名の一つ。貪・瞋・癡の三大煩悩に悩を付して貪悩・瞋悩・癡悩という。
Ⓢ upāyāsa
（出典）能引衰損故、名為悩。（『瑜伽』8、大正 30・314c）：能令愁歎憂苦悩故、説名為悩。（『瑜伽』84、大正 30・770a）：悩者、謂、所得変壊故。（『瑜伽』84、大正 30・771a）：悩有三種。謂、貪悩・瞋悩・癡悩。由依止貪瞋癡故、随彼彼処、愛楽耽著。彼若変壊、便増愁歎、種種憂苦熱悩所触、故名為悩。（『集論』4、大正 31・678a）
④不善の心所の一つ。腹をたて人を恨んだ結果、ひがみ荒々しい言葉を吐くこころ。
Ⓢ pradāśa: vihiṃsana
（出典）云何為悩。忿恨為先、追触暴熱、佷戻為性。能障不悩、蛆螫為業。（『成論』6、大正 31・33b）

悩壊 のうえ 悩ませ苦しめること。色（rūpa）の語源解釈においては、色（欲望の対象としての物）に対する欲望が肉体を苦しめ悩ますことをいう。→色①「諸欲を趣求せん人は、常に希望を起こし、諸欲、若し遂げずんば悩壊すること、箭に中たるが如し。色は復た云何にして欲に悩壊せらるるや。謂く、欲に擾悩せられ、変壊して生ずるが故なり」 Ⓢ **bādh**: bādhana

悩害 のうがい 悩ませ害すること。「刀・杖・手・塊などの事を以って有情を悩害す」「常に一切の各別の見を起こす者は、共に違諍を興し、互相に悩害す」「悩害する心を瞋恚と名づく」 Ⓢ viheṭhana: vyābādhya

悩乱 のうらん 悩まし乱すこと。「麁獷語とは他を悩乱する言を謂う」「煩悩が起こる時は、先ず其の心を悩乱し、次に所縁に於て顛倒を発起す」
Ⓢ upakleśana: kaṭuka: viheṭha: sam-**kliś**

能 のう ①動詞としての能。（あることをする）能力があること。できること。「〜すること能（あた）う」あるいは「能（よ）く〜する」と読む。「金剛座は能く金剛喩定を持す」「五識は過去の境界を縁ずること能わず」「劫初の時に於ては人寿は無量にして百千などの数で計量すること能わず」 Ⓢ ud-**sah**: pratibala: bhavya: **śak**: śakta: śakya: samartha: sāmarthya
②名詞としての能。能力。力。「我れの論は能なく、汝の論は能あり」「善説と悪説との法義を解了するに於て力あり能あり」
Ⓢ śakti: sāmarthya

能為 のうい ある働きをすること。あるものになること。あるものを作ること。「能く～をなす」あるいは「能く～となる」と読む。「是の如き三種の菩薩浄戒は要を以って之を言えば、能く菩薩の三つの所作事を為す」「一切の煩悩は能く障礙と為る」「能熏の識などが種より生ずる時、即ち能く因と為って復た種を熏成す。三法展転因果同時なり」
Ⓢ kara: kartṛ: **kṛ**: kṛta: **kḷp**: bhūta

能引 のういん 引き起こすこと。生ずること。もたらすこと。能引発ともいう。「不善根は邪見を能引す」「身軽安は心軽安を能引す」「心を調伏すれば楽を能引す」「煩悩は生などの苦を能引発す」
Ⓢ adhyāhṛtatva: abhinirhāra: ākarṣaṇa: ākṣepa: ākṣepaka: ākṣepika: ā-**vah**: āvaha: āvāhaka: āvāhana: āhāraka: ā-**hṛ**: upasaṃhita: upasam-**hṛ**: nirvartana: nir-**vṛt**: nirhāra: saṃvartanī

能引支 のういんし 十二支縁起を構成する十二支（無明・行・識・名色・六処・触・受・愛・取・有・生・老死）を四つのグループ（能引支・所引支・能生支・所生支）に分類するなかの一グループ。無明と行との二つの支をいう。詳しくは無明と行とは、所引支である識・名色・六処・触・受の五つの種子を引き起こし、さらにその種子が具体的な現象（現行）を引き起こすから能引支という。
（出典）能引支、謂、無明・行。能引識等五果種故。此中無明、唯取能発正感後世善悪業者。即彼所発、乃名為行。由此、一切順現受業、別助当業、皆非行支。（『成論』8、大正31・43b～c）

能依 のうえ よるもの。よる主体となるもの。それに対して、よられるもの、よられる客体となるものを所依という。たとえば、こころ（心・心所）が感覚器官（根）のよって生じる場合、心心所を能依、根を所依という。あるいは四つの元素（地・水・火・風の四大種）から物質（造色）が造られる場合、造色を能依、四大種を所依という。→所依
Ⓢ āśrita
（出典）言所依者、謂、有根身。段食於彼、能為資益。言能依者、謂、心心所。触食於彼、能為資益。（『倶舎』10、大正29・55c）：能依所依相属相者、大種為所依、造色是能依。（『瑜伽』54、大正30・597b）

能縁 のうえん 縁ずるもの。認識するもの。認識する主体。ある対象を認識する認識作用を総称して縁といい、認識するものを能縁、認識されるものを所縁という。総じていえば、識が能縁であり、境が所縁である。〈唯識〉では所縁（境）があるから能縁（識）が生ずるという見解から、もし境がなければ識もなくなることを境識倶泯という。所縁の対。→所縁 →境識倶泯「能縁の識は所縁の相を帯びて起こり、所縁に託して生ず」
Ⓢ ālambaka

能縁所縁平等平等智 のうえんしょえんびょうどうびょうどうち →所縁能縁平等平等智

能往 のうおう あるところに行くこと、おもむくこと。ある生存状態（善趣や悪趣など）に生まれること。「無明を愛の因と名づけ、善趣・悪趣に能往する諸の業を愛の果と名づく」 Ⓢ ā-**kram**

能往趣 のうおうしゅ おもむくこと。ある生存状態（刹帝利や婆羅門などの四姓、沙門、長者、居士、四大王天・三十三天などの天）に生まれること。「諸の菩薩は世間に能往趣する集の行に於て、世間に能往趣する滅の行に於て、皆な如実に知る」 Ⓢ upasam-**kram**
（参考）（『瑜伽』37、大正30・492b～c）

能荷 のうか になう、背負うこと。「重担を能荷する義、是れ蘊の義なり」 Ⓢ bhāra-hāra

能覚 のうかく ①めざめること。さとること。理解すること。「十智ありて一切の所知の境界を能覚す」「能く仏に成る無学法を得るに由って仏は一切を能覚す」 Ⓢ avabodha
②能覚・所覚の能覚。覚とは広く認識作用一般をいい、認識する主体を能覚、認識される客体を所覚という。〈唯識〉では心が能覚と所覚とに二分化し、いずれも心のなかにあるから、外界にあると考えられる所覚は存在し

ないと説く。「一切は唯だ能覚のみ有りて、所覚の義は皆な無し。能覚と所覚との分は、各々、自然に転ず」

能学 のうがく ①まなぶこと。「入息を念ずるに於ては、我れ今、入息を念ずるを能学し、出息を念ずるに於ては、我れ今、出息を念ずるを能学す」 Ⓢ **śikṣ**
②（受けた戒を）維持して護ること。「一分と少分と多分と満分との律儀を能学する四種の近事あると謂うは、能持に約して説く。先に受けた律儀を能持するが故に能学の言を説く」
（参考）（『倶舎』14、大正 29・76a）

能感 のうかん 獲得すること。成就すること。ある結果を招く、生ずること。「阿頼耶識を能感する異熟業」「後有を能感する一切の煩悩を永断す」「善行は善趣を能感し、悪行は悪趣を能感す」
Ⓢ abhinir-**vṛt**: abhiniṣpatti: saṃvartanīya

能観 のうかん 観察すること。見ること。能観察とおなじ。「法を了すとは、苦法に於て能了し能観し、集滅道法に於て能了し能観するを謂う」「滅なる涅槃に於て寂静を能観す」「菩薩は定位に於て似法似義の影像は唯だ是れ心なりと能観す」「若し世尊が加行を起こさざれば、唯だ此の三千大千世界を能観し、若し世尊が加行を発起せば、無辺の世界は皆な仏眼の境なり」「見の自性は能観なり」「聞所成と思所成と修所成との三種の能観察の心あり」 Ⓢ vyavalokana

能観察 のうかんさつ →能観

能記 のうき 問答において質問に答えること。能記別とおなじ。「是の如き四種に由って正しく問者に答えるを善く能記すと名づく」「善く一切の問論に能記別す」

能起 のうき ①生起すること。生ぜしめること。「菩薩の大尸羅蔵は当来の大菩提の果を能起す」「遍計所執性は依他起性に於て言説を能起す」 Ⓢ ud-**sthā**: udaya: nirvartaka: nir-**vṛt**: samutthāpaka
②成長する、大きくなること。「種子は芽のために能生の因と為り、水は芽のために能起の因と為る」 Ⓢ praroha

能行 のうぎょう 所行・能行の能行。なんらかの対象（所縁）を有し、それと関係するこころ（心心所法）を能行（ā-**kṛ**の能動態 ākārayate）というのに対して、そのこころの対象となり、こころと関係する存在を所行（ā-**kṛ**の受動態 ākāryate）という。「慧及び諸の余の心心所法は所縁あるが故に皆な是れ能行なり。一切の有法は皆な是れ所行なり」
Ⓢ ākārayati: ā-**kṛ**

能熏 のうくん 熏とは詳しくは熏習という。顕在的な心（現行・転識）が潜在的な根本心（阿頼耶識）にその影響（種子）を熏じることをいう。熏じる七転識（眼識・耳識・鼻識・舌識・身識・意識の六識と末那識）を能熏、熏じられる阿頼耶識を所熏という。所熏の対。

能熏四義 のうくんしぎ 熏習が成立する二つの要素である「熏じられるもの」（所熏）と「熏じるもの」（能熏）のなかの一つである「熏じるもの」すなわち七転識が有する次の四つの性質。（i）有生滅。生じ滅することがあるという性質。（ii）有勝用。認識するという強い働きを有し、善あるいは不善という強い価値的ありようを有しているという性質。（iii）有増減。働きにおいて増減を有しているという性質。（iv）能所和合転。能熏は所熏と同時・同処にして不即不離であるという性質。
（参考）（『成論』2、大正 31・9c）

能化 のうけ ①迷う人びとを変化せしめて導き救済すること、あるいはそのような人（仏・菩薩）。所化の対。→所化①「如来は化し難きを能化し、天と人との帰するところにして、善く能く誨導す」「能化の思の上に名句文を現ぜば、所化の心の上にも又た名句文を現ずべし」
②仏や菩薩が人びとを導き救済するために神通力によって種々のものを作り出し、変現せしめること。たとえば食べ物や飲み物、末尼や真珠などの宝石、生活のための種々の道具などを作り出すこと。能変化ともいう。「若し心が香味の二法を能化すれば、此の能化の心は是れ欲界繫なり」
Ⓢ nirmāṇa: nairmāṇika

能化神境智通 のうけじんきょうちつう 二種の神境智通（能変神境智通・能化神境智通）の一つ。存在しないものを仮に存在せしめる超能力。たとえば、自分に似た身体、あるいは似ない身体、あるいは他人に似た身体、あるいは似ない身体、天の身体、仏に身体など種々のありようの身体を、さらには飲食や衣服や乗り物や末尼・真珠などの宝石などさまざまなものを、さらには人びとに正法を宣説するために、妙なる音声、広大で深遠な音声などさまざまな言葉を仮に作り出すなどの超能力をいう。能化通ともいう。
Ⓢ nairmāṇikī ṛddhiḥ
(参考)(『瑜伽』37、大正 30・491c):(『瑜伽』37、大正 30・493a 以下)

能化通 のうけつう 能化神境智通とおなじ。→能化神境智通

能見 のうけん 見ること。認識すること。「眼に由って種種の諸の色を能見す」「仏の法身は人天などに能見せらるるものには非ず」「眼などの諸の識が境界を了別する能見の義辺を説いて見分と名づく」 Ⓢ darśana: **paś**

能顕 のうけん あらわす、顕示すること。ときあかす、説明すること。「生と及び老死とを以って苦諦を能顕す」
Ⓢ ādarśa: darśana: prakāśana: pravibhakta: vivaraṇa

能挙罪 のうこざい 犯した罪をあげてとがめること。「能挙罪する同梵行者に於ては心に恚恨なくして自ら修治す」

能作 のうさ ①おこなう、なす、実行すること。生じること。「疾病多きが故に事業を能作する勢力なし」「如来は遍く十方の無量の衆生に於て無量の大利益の事を能作す」
Ⓢ abhisaṃskārika: kara: karaṇa: kāraṇa: **kṛ**: kriyā
(参考)生起能作・安住能作・任持能作・照了能作・変壊能作・分離能作・転変能作・信解能作・顕了能作・至得能作の十種の能作が説かれる(『中辺』上、大正 31・467a〜b)。
②行為者。「若し我れ、実に無ならば。誰れが能く業を作し、誰れが能く果を受くるや。作と受と何の義なるや。作とは能作を謂い、受とは受者を謂う」 Ⓢ kartṛ
③所作に対する能作。能作(kāraṇa)は行為・働きにおける能動的なものを、所作は受動的なもの(kārya)をいう。所作が結果、能作が原因を意味する場合がある。
Ⓢ kāraṇa

能作因 のうさいん 果を作る因。結果を生じる原因。一切の現象的存在(有為)のなかで、ある一つの存在自体を除いた他のすべての存在がそれ自体を生じる能作因となる。それ自体が存続することに障害とならないという意味で能作因という。このような消極的な原因を「無力の能作因」あるいは「不障礙の能作因」という。これに対して積極的な能作因を「有力の能作因」あるいは「与力の能作因」という。六因の一つ。→六因
Ⓢ kāraṇa-hetu
(出典)一切有為、唯除自体、以一切法、為能作因。由彼生時無障住故。雖余因性亦能作因、然能作因更無別称。如色処等総即別名。(『倶舎』6、大正 29・30a)
(参考)二十種の能作因の差別が説かれる(『雑集論』4、大正 31・713b)。

能摧 のうさい →能摧伏

能摧伏 のうさいふく (まちがった説や主張などを)くじきふくする、やぶる、負かす、屈伏せしめること。能摧とおなじ。「一切の邪論を能摧伏す」「怨敵を能摧す」 Ⓢ abhi-**bhū**: nihata

能数 のうさく 数をかぞえること。「入出息を能数す」

能祀者 のうししゃ 祭祀を司る人。能祠者とおなじ。「能祀者は彼の祠の中に於て呪術を先と為して諸の生命を害す」 Ⓢ yājñika: **hu**

能祠者 のうししゃ →能祀者

能資 のうし →能資益

能資益 のうしゃく やしない育てること。能資とおなじ。「諸根の大種を能資益するを段食と為す」「諸有を能資する、是れ、食の義なり」「念と慧とは勝たる尋伺を能資す」
Ⓢ āpoṣaṇa

能治 のうじ 治とは詳しくは対治といい、否定すべきありようを除去すること、あるいは、そのようなもの。対治される側のものを所治といい、対治する側のものを能治という。たとえば、肉体を貪る心(貪)が所治であり、肉体を不浄とみる不浄観が能治であり、怒る心(瞋)が所治であり、慈しみの心(慈)が能治となる。能治は、能対治あるいは単に対治ともいわれる。→対治「能治の義とは、要を以って之を言えば、一切の清浄行なり。貪は是れ所治にして不浄を能治となし、瞋は是れ所治にして慈を能治と為す」「食は諸の飢渇の苦を能対治し、衣は諸の寒熱の苦を能対治し、臥具は諸の労睡の苦を能治す」「常辺の邪執と断辺の邪執とを能治する処中の行を説く」

Ⓢ pratipakṣa: pratīkāra: prātipakṣika

能持 のうじ ①維持する、支えること。「自相を能持するが故に名づけて法と為す」「四食は有情の身命を能持す」「命根の体は即ち寿にして煖と及び識とを能持す」「阿頼耶識は一切法の種子を能持す」

Ⓢ ādhāra: dhara: dhāraṇa: saṃdhāraṇa

②物質を構成する四つの元素（地・水・火・風の四大種）の一つである地の働き。その上に存在するものを維持する、支える働きをいう。「地は能持し、水は能潤し、火は能焼し、風は能燥す」「地界は能持し、水界は能摂し、火界は能熟し、風界は能長す」 Ⓢ dhṛti

③教え（法）を記憶すること。「其の性、聡敏にして、法に於て能受し能持し能思す」「次第に結集せる無量の経典を無量の時を経ても能持し忘れず」 Ⓢ udgṛhīta: dhāraṇa

④戒を護ること。「先に受くるところの戒を能持す」 Ⓢ pālana: pālayati

能取 のうしゅ ①所取・能取の能取。認識するもの。取とは「取る」「つかむ」などを意味する動詞 **grah** の訳で、認識作用一般を意味し、その認識作用を構成する二つの要素である「認識されるもの」と「認識するもの」とのなか、前者を所取、後者を能取という。全存在を所取と能取に分けるならば、五つの器官（眼根・耳根・鼻根・舌根・身根）とすべての心的要素（心・心所）とが能取であり、六つの外的な認識対象（色・声・香・味・触・法）と、対象となった心的要素とが所取である。 Ⓢ grāhaka

（出典）能取義者、謂、内五色処、若心意識、及諸心法。所取義者、謂、外六処。又能取義亦所取義。(『解深』3、大正 16・700a)：問、幾唯所取非能取、幾亦所取亦能取耶。答、一切皆所取、謂、五及一少分唯所取、十二及一少分亦是能取。(『瑜伽』56、大正 30・609c)：諸色根及心心所是能取義。(『集論』2、大正 31・668c)

②広く認識作用一般における認識する働きをいう。「勝義を能取する無分別に転ずる清浄なる妙慧を慧波羅蜜多と名づく」「真実義を能取する慧」 Ⓢ upā-**dā**: grahaṇa: grāhikā

能取所取 のうしゅしょしゅ 能取と所取。認識作用（取）を構成する二つの要素。「認識するもの」と「認識されるもの」。→所取 →能取「根と境とは能取所取が互相に繋属す」「実に唯識の真勝義性に住すれば、即ち真如を証する智と真如とは平等平等なり。能取所取の相を離るるが故なり」

能趣 のうしゅ ①おもむき至ること。「四念住に於て善く其の心を修する苾芻は究竟に能趣す」 Ⓢ sāṃpreya-gāmin

②趣（生きものの生存のありよう）を能趣・所趣に分けるなかの能趣。地獄・餓鬼・畜生・人・天の五趣におもむき生存せしめる動因をいい、惑と業と中有とをいう。→趣③ →所趣①

（出典）諸趣言、通能所趣。諸趣資具、亦得趣名。(『成論』3、大正 31・14b)：是頌中所説諸趣、業惑中有、是能趣故。何故能趣亦名為趣。趣是所趣、業惑中有、相従名趣。(『述記』4 本、大正 43・348c)

能受 のうじゅ ①（教えを）理解すること。「聡慧を具足して其の諸法に於て能受し能持し其の義理に於て悟入す」

Ⓢ udgrahaṇa: grahaṇa

②（戒を）受けて護ること。「菩薩は常に歓喜して菩薩の浄戒律儀を能受す」「浄尸羅を能受し能護す」

Ⓢ **dhṛ**: dhṛta: prati-**grah**: pratigrāhaka

③感受作用をいう。苦や楽を感受すること。「五受根の受とは能受を謂う」

Ⓢ **vid**: vedanā

能修 のうしゅう 修行すること。実行すること。「師なくして自ら三十七菩提分法を能修し、法現観を証して独覚の菩提果を得て、永く一切の煩悩を断じて阿羅漢を成ず」「空を能修する者は常に無所有なり」「菩薩は一切の明処に於て善巧を能修す」

Ⓢ **kṛ**: bhāvanā: sam-**car**

能住 のうじゅう ①（あるところ、ある状態に）住すること、存在すること、存在しつづけること。「福に於て智に於て能得し能住し能増長せんとの欲が福因と智因となり」「要ず無常想に由って無我想に能住す」「定を以って一境に能住す」 Ⓢ sthāna: sthiti

②所住に対する能住。（あるところに）住するもの。「能住を離れて所住を立するが故に能住の識を所住と名づくべきに非ざるが故に、識を説いて識住と為さず」 Ⓢ sthātṛ

能集 のうじゅう ①修行によってある結果を集め増やすこと。「諸の菩薩のあらゆる精進は聞・思・修の慧を能集し能増す」

Ⓢ samudāgama
②（財物などを）集積する、蓄えること。「一切の工巧業処に於て智善巧なるが故に速疾にあらゆる財物を能集して恵施す」

能熟 のうじゅく ①火の十種の別名の一つ。
（参考）（『婆沙』72、大正 27・371a）
②火の働き。ものを焼いて料理する、成熟せしめる働きをいう。「四大種の業は、地界は能持し、水界は能摂し、火界は能熟し、風界は能長す」 Ⓢ pakti
③成熟すること。成熟せしめること。完成した状態にすること。「未熟者は道に随って行きて能熟す」「解脱を能熟する慧の成熟」

能順 のうじゅん したがうこと。一致すること。通じること。相応すること。能随順ともいう。「止観の二品に能順する身業と語業とを発起す」「順決択分は無漏に能順するが故に諸の無漏は唯だ此より生ず」「煩悩に能順する諸行に於て無倒に生滅の法性を随観す」「楽受に能随順する諸の触に触るるとき、楽受に相応する心が現在前す」 Ⓢ anukūla: anuguṇa: anuvartaka: ānukūlya

能潤 のうじゅん ①物質を構成する四つの元素（地・水・火・風の四大種）の一つである水の働き。ものをうるおす、しめらす働きをいう。「地は能持し、水は能潤し、火は能焼し、風は能燥す」
②愛などの煩悩が深層の根本心（阿頼耶識）のなかの種子を潤して種子を成育せしめること、あるいは、そのように潤す煩悩をいう。「愛を能潤と名づけ、種子は是れ所潤なり」「愛は有情に於て能焼し能潤す」

能所和合転 のうしょわごうてん 熏習という事柄が成立する二つの要素である「熏じられるもの」（所熏）と「熏じるもの」（能熏）のなかの「熏じるもの」、すなわち七転識が有する四つの性質の一つ。能熏は所熏と同時・同処にして相い離れないという性質。→能熏四義 →熏習

能正 のうしょう 「正しく」を意味する samyak の訳。「能く正しく」（よくただしく）と読み、種々の動詞を形容する語。たとえば samyak samanuśāsti を「能正教誡」と訳す。また原語に samyak がなくても能正と付加して訳す場合も多くある。たとえば sam-**sthā** を能正安住と、あるいは pra-**yuj** を能正勤修と訳す。「応に断ずべきところに於いて能正に了知し、応に得すべきところに於いて能正に了知す」「財宝を求め已って能正に受用す」 Ⓢ samyak

能正思択 のうしょうしちゃく 心を静める（奢摩他）ことによって心のなかの対象を観察する心、すなわち毘鉢舎那の四つのありよう（能正思択・最極思択・周遍尋思・周遍伺察）の一つ。対象の、存在するかぎりの存在性（尽所有性）を観察・思惟すること。
Ⓢ vi-**ci**
（出典）云何名為能正思択。謂、於浄行所縁境界、或於善巧所縁境界、或於浄惑所縁境界、能正思択尽所有性。（『瑜伽』30、大正 30・451b）

能生 のうしょう 生じること。生起せしめること。「地雨などの縁は芽を能生す」「眼は色縁に因って眼を能生す」 Ⓢ abhinir-**vṛt**: utpatti: ud-**pad**: utpāda: utpādana: udaya: **jan**: janaka: janika: nirvartaka: prasava

能生因 のうしょういん すべての因を能生因と方便因との二つに大別するなかの一方。この二因と十因との関係については、次の二つの解釈がある（i）能生因とは十因のなかの牽引因・生起因・引発因・定異因・同事因・不相違因の六因の因縁の種子をいい、方便因とはそれ以外の因、すなわちこれら六因中の因縁種子以外の非因縁なるものと、十因中の随説因・観待因・摂受因・相違因とをいう。（ii）能生因とは十因中の生起因をいい、方便因とはそれ以外の九因をいう。また四縁との関係でいえば、因縁が能生因で、それ以外の等無間縁・所縁縁・増上縁が方便因にあたる。→十因 →四縁 Ⓢ janako hetuḥ
（参考）（『瑜伽』5、大正 30・302a～b）：（『瑜伽』38、大正 30・501b）：（『瑜伽』52、大正 30・584c）：（『成論』8、大正 31・41c～42a）

能生支 のうしょうし 十二支縁起を構成する十二支（無明・行・識・名色・六処・触・受・愛・取・有・生・老死）を四つのグループ（能引支・所引支・能生支・所生支）に分類するなかの一グループ。生と老死とを生じる愛と取と有との三つの支をいう。
（出典）能生支、謂、愛・取・有。近生当来生老死故。（『成論』8、大正 31・43c）

能招 のうしょう （ある結果を）もたらす

こと。「転輪王を能招する業」「十悪業道は皆な異熟と等流と増上との果を能招す」「有漏善は可愛の果を能招する業なり」
Ⓢ dā-: saṃvarttanīya

能焼 のうしょう ①物質を構成する四つの元素（地・水・火・風の四大種）の一つである地の働き。ものを焼く働き。「地は能持し、水は能潤し、火は能焼し、風は能燥す」「所焼は是れ薪にして能焼は是れ火なり」
②焼くこと。身心を焼いて悩ますこと。あるいは煩悩を焼いて消滅させること。「諸の不善の法は熱炭の如く身心を能焼す」「第四地の焔慧地に住することに由るが故に一切の根本煩悩と及び随煩悩とを能焼して皆な灰燼と為す」「煩悩を能焼する智の焔」
Ⓢ **dah**: dāhaka

能証 のうしょう さとること。さとりを得ること。（ある状態に）至る、成ること。（あるものを）獲得すること。「声聞は声聞の菩提を能証し、独覚は独覚の菩提を能証し、菩薩は阿耨多羅三藐三菩提を能証す」「菩薩所摂の善法は皆な是れ無上正等菩提を能証する因なり」「煩悩障の断と所知障の断とを能証す」 Ⓢ adhi-**gam**: abhisam-**budh**: prāpaṇa: sam-**vṛt**: samudāgama: sākṣāt-**kṛ**

能摂 のうしょう ①おさめること。包含すること。「四法ありて一切の所知と及び智とを能摂す」「諸の字母は諸の義を能摂す」「素怛纜蔵・毘奈耶蔵・阿毘達磨蔵の三蔵は一切の知るべき義を能摂するが故に蔵と名づく」
Ⓢ grāhaka: saṃgrāhaka
②物質を構成する四つの元素（地・水・火・風の四大種）の一つである水の働き。その上に存在するものを維持する、支える働き。「地界は能持し、水界は能摂し、火界は能熟し、風界は能長す」 Ⓢ saṃgraha
③人びとを救いあげて教化すること。生きもの（衆生・有情）を救済すること。能摂受とおなじ。「悲と及び般若とは能摂の因なり」
Ⓢ saṃgraha

能摂受 のうしょうじゅ ①人びとを受け入れ、救済すること。「愛語に由って他を能摂受す」「諸の有情を普く能摂受し調伏す」
Ⓢ anugraha: saṃgraha
②獲得すること。「最初発心が堅固な菩薩は無悩害の福を能摂受するに由って是の如き衆多の勝利を領受することを得る」「業決定に随って必ず是の如き類の果を能摂受す」
Ⓢ parigraha

能摂方便 のうしょうほうべん 四種方便の一つ。→四種方便

能照 のうしょう てらすこと。光り輝くこと。「天眼は諸の色境に於て能照し能観す」「天眼は不顕露の諸の色を能照し顕露す」「根は珠宝の光の如く恒に能照の用を備う」
Ⓢ prakāśana: bhāsvara

能奨者 のうしょうしゃ 人びとが行なってはいけないことを行なわないようにせしめる人。師（指導者）の種類をあげるなかの一人。「不応作を造作するを駆擯するが故に能奨者と名づく」
（参考）（『瑜伽』83、大正30・760a）

能障 のうしょう さまたげること。障害となること。「無明とは、謂く、所知の真実を覚悟するに於て能覆し能障する心所を性と為す」「煩悩は出世法を証得することを能障するが故に名づけて拘礙と為す」「境界への貪に由って能障の諸欲を習近す」 Ⓢ antarāya: āvaraṇa-sthānīya: ā-**vṛ**: upaghāta: pratyantarāyakatva: viṣṭhāpana

能障礙 のうしょうげ さまたげること。妨害すること。障害となること。「無明は煩悩の滅を能障礙し、聖道の成満を能障礙す」「無慚は慚を能障礙し、悪行を生長するを業と為す」 Ⓢ āntarāyika

能成 のうじょう ①成立せしめること。「此の四大種は其の次第の如く持・摂・熟・長の四業を能成す」「能成の次第に復た二種あり。謂く、或いは前句を以って後句を成立し、或いは後句を以って前句を成立す」
Ⓢ saṃsiddha
②構成するもの。所成（構成されるもの）の対。「能成の極微は既に実有に非らざるが故に所成の有対の色も実有なること成ぜず」
③能成・所成の能成。→能成立

能成句 のうじょうく 二つの句によって成立する文、たとえば「諸行無常・有起尽法」のなかの後句の有起尽法によって前句の諸行無常の内容が説明され、その意味がはっきりと成立するから、前句を所成句、後句を能成句という。

能成辦 のうじょうべん 作ること。なすこと。成し遂げる、完成させること。生ぜしめること。獲得すること。「作すべきところの

事を能成辦す」「一切の法随法行に於て能成辦す」
Ⓢ samudāgama: sam-**pad**: saṃpādanatā

能成立 のうじょうりゅう ①自らの主張や命題の正しさを他者に論証する論理において、論証を成立せしめるもの。『瑜伽論』では、立宗・辯因・引喩・同類・異類・現量・比量・正教量の八種に、『集論』では立宗・立因・立喩・合・結・現量・比量・聖教量の八種に分類される。このなか最初の三つが論理（因明）を構成する三要素であり、まず主張を述べることが立宗、次にその理由を述べることが辯因（立因）、最後に譬喩を引用することが引喩（立喩）である。能成・能立ともいう。所成立の対。→所成立①　→成立①
Ⓢ sādhana
（参考）（『瑜伽』15、大正 30・356c 以下）：（『集論』7、大正 31・693b～c）
②成立せしめること。実行すること。「衆生を利する事を能成立せんが為に内に於て心を安住せしむ」 Ⓢ anuṣṭhānatā

能浄 のうじょう 清めること。汚れを除去して清浄にすること。修治を付加して能浄修治ということが多い。「永く煩悩と及び諸の習気を断じて仏土を能浄す」「思と及び捨との心所は随煩悩を能浄する支を引発す」「杜多功徳に由て能浄修治して心を純直せしむ」
Ⓢ pariśodhaka: pariśodhana: viśodhana: śodhaka

能浄修治 のうじょうしゅうじ →能浄

能尽 のうじん なくす、滅すること。「真如に通達し已って諸漏を能尽す」「是の如く加行を修して悪業の因縁を能尽す」

能随順 のうずいじゅん →能順

能施 のうせ ①施す、布施すること。所施の対。「飲食が乏しく曠野に堕在する諸の有情類に飲食を能施す」「失辯者に於て辯才を能施す」 Ⓢ upasaṃhāra: upasaṃhāraṇatā: dāna: parityāga
②施す人。布施する者。能施者ともいう。→能施者

能施安楽 のうせあんらく 仏・菩薩の能変神境智通の一つ。正しい教えを説いて教えを聞く者の身心を爽快にし、さまざまに貪る、怒るなどの心の覆いを除いて専心に教えを聞くようにせしめる神通力、あるいは身体のバランスがくずれて起こる病気や、夜叉・悪鬼などによる災いや疾病を癒すという神通力をいう。 Ⓢ sukha-dāna
（参考）（『瑜伽』37、大正 30・492c）

能施憶念 のうせおくねん 仏・菩薩の能変神境智通の一つ。教えを忘れた人びとに教えを記憶せしめる神通力をいう。
Ⓢ smṛti-dāna
（出典）能施憶念者、謂、仏菩薩、依定自在、若諸有情、於法失念、能与憶念、是名能施憶念。（『瑜伽』37、大正 30・492c）

能施者 のうせしゃ 施す人。布施する者。能施、施者あるいは施主ともいう。 Ⓢ dātṛ
（出典）誰能施者。謂、施者・施主、是名能施。云何施者。云施主、謂、若自手施、名為施者。若自物施、若欣楽施、非不楽施、名為施主。（『瑜伽』25、大正 30・420c）

能施辯才 のうせべんさい 仏・菩薩の能変神境智通の一つ。自在に人びとに弁舌の能力を与える神通力をいう。 Ⓢ pratibhāna-dāna
（出典）能施辯才者、謂、仏菩薩、依定自在、若諸有情辯才窮尽、能与辯才、是名能施辯才。（『瑜伽』37、大正 30・492c）

能制 のうせい まかす、打ち勝つ、克服すること。おさえること。能制伏とおなじ。「諸の受欲に著楽する愚夫は、あらゆる魔事を能制せず」「諂なく誑なく憍慢と我我所執とを能制す」「煩悩を断ぜずして唯だ能制伏して現行せざらしむ」 Ⓢ abhi-**bhū**: abhibhavana: nihata: viṣkambhaṇa

能制伏 のうせいふく →能制

能殺 のうせつ 生きものを殺すこと。「外道ありて畢竟して能殺も所殺も施与も修福もなしとの邪見を起こす」 Ⓢ ghnat: **han**

能殺害 のうせつがい 殺すこと。害すること。「諸の菩薩は能殺害する怨家や悪友に於ても慰喩語を以って説く」 Ⓢ vadhaka

能殺者 のうせっしゃ →能殺生者

能殺生者 のうせっしょうじゃ 生きものを殺す人。能殺者とおなじ。「殺された生命が終った以後も能殺生者の業道は方に成ず」
Ⓢ vyaparopaka: hantṛ

能説者 のうせつしゃ ①仏教の教えを立てて、それを説く人。釈尊のこと。大師ともいう。→大師
②言葉を発して説く人。 Ⓢ vaktṛ
（出典）或由自聞覚知、或由他聞覚知、随起言説、名能説者。（『瑜伽』95、大正 30・

841a)

能説声 のうせつしょう →八転声

能詮 のうせん 言い表すこと、あるいは、言い表す言葉。所詮の対。釈尊によって説かれた教えは「文」と「義」、あるいは「法」と「義」とに分けられるうち、文あるいは法は言い表す言葉であるから能詮といい、義は言い表される意味であるから、所詮という。→所詮「能詮の法である名句文身」「能詮の文に由って義は顕現することを得る」「能詮の中に声と名句文とあり」

能善 のうぜん「よく、うまく」を意味する su の訳。「能く善く」（よくよく）と読み、種々の動詞を形容する語。たとえば su-pariśodhita を「能善清浄」と訳す。また原語に su がなくても能善と付加して訳す場合も多くある。たとえば prativedha を「能善通達」と訳す。「心は一縁に住して麁重を遠離し、能く善く身心の安楽を受用す」「恭敬して法を聴き、契経などの法を能く善く了達す」 Ⓢ su

能相 のうそう →相⑥

能燥 のうそう 物質を構成する四つの元素（地・水・火・風の四大種）の一つである風の働き。ものを乾燥させる働き。「地は能持し、水は能潤し、火は能焼し、風は能燥す」 Ⓢ śuṣ

能造 のうぞう ①（業を）つくること、なすこと。（論・釈論などを）つくること。「若し実我なければ、誰が業を能造し、誰が果を受くるや」「善・不善法に由って諸の業を能造す」「古昔の諸師は尚、能造す。況んや我れ今、当に造らざらんや」
②能造・所造の能造。造るものを能造（bhūta）、造られるものを所造（bhautika）という。たとえば地・水・火・風の四元素（四大種）が能造で、それらより造られる物質（色）が所造である。「能造の四大種と所造の色とは相い離れず」「内の能造の大種の色を縁じて境と為す。是れを内身に於て循身観に住すと名づく」

能蔵 のうぞう 深層心である阿頼耶識、すなわち蔵識の蔵の三つの意味（能蔵・所蔵・執蔵）の一つ。阿頼耶識が一切の存在（一切諸法）を生じる可能力（種子）を貯え保持しているありようをいう。→阿頼耶識

能対治 のうたいじ →対治 →能治

能断 のうだん 断じること。滅すること。除くこと。能断除・能断滅とおなじ。「一切智者は十力を具足して一切の衆生の一切の疑惑を能断す」「鎌に能断の作用あり」「煩悩を能断する慧を見と名づけ、煩悩を断じ已って解脱を能証する慧を智と名づく」「無間道の位で正に分別所起の一切の二障を能断除す」「若し雑染法を能断滅すれば即ち清浄法を能証得す」 Ⓢ ā-**chid**: ucchedakatva: chedana: pratipakṣatva: pra-**hā**: prahāṇa

能断除 のうだんじょ →能断

能断道 のうだんどう →転依①

能断滅 のうだんめつ →能断

能知 のうち ①知ること。智ること。理解すること。「能く如理に方便を修する者は、苦に於て因に於て能知し能断す」「諸の菩薩の甚深の法無我を能知する智を難行慧と名づく」「遍計所執を能知するが故に道諦を遍知道という」 Ⓢ parijñāna
②所知・能知の能知。知られるものを所知、知るものを能知という。たとえば無分別智が能知であり、その智によって知られるもの、すなわち真如が所知である。「他心智は他心の浄・不浄行の所知を能知す」

能長 のうちょう 物質を構成する四つの元素（地・水・火・風の四大種）の一つである風の働き。ものにあたってそれを移動せしめる働き。『倶舎論』では長の原語 vyūhana をさらに vṛddhi（増盛）あるいは prasarpaṇa（流引）と解釈する。増盛とは種子から芽が生じるがごとき、あるいは小が長じて大となるがごときをいい、流引とは油が水にたれると広がる、あるいは水が流れるがごとく、場所を移動することをいう。「地界は能持し、水界は能摂し、火界は能熟し、風界は能長す。長とは増盛、或いは復た流引を謂う」（『倶舎』1、大正 29・3b） Ⓢ vyūhana
（参考）（『倶舎論記』1 末、大正 41・23a）:（『倶舎論疏』1 余、大正 41・483b）

能転 のうてん ①転換せしめる、変化せしめること。「此の神通に由って所余の自性ある物を能転して余の物に成らしむるが故に能変神境智通と名づく」 Ⓢ pariṇāma
②発すること。起こすこと。「流転は是れ苦の相、能転は是れ集の相、止息は是れ滅の相、還滅は是れ道の相なり」「意業は能転の業なり」 Ⓢ pra-**vṛt**

③（輪を）ころがす、回転せしめること。「輪を能転す」「仏は大衆の中に於て正しく師子吼して大梵輪を能転す」

能転道 のうてんどう →転依①

能導者 のうどうしゃ 人びとのすべての疑惑を取り除く人。師（指導者）の種類をあげるなかの一人。
（出典）随所生起一切疑惑、皆能遣故、名能導者（『瑜伽』83、大正 30・760a）

能得 のうとく 獲得すること。「現法涅槃を能得す」「時時間に於て止観を修習して諸の煩悩を余すことなく永断して最上の阿羅漢果を能得す」 Ⓢ ā-**sad**: prati-**labh**: pratilambha: prāpti: saṃprāpaka

能入 のうにゅう （あるありよう、状態に）入ること、なること、到達すること。特に、定まった心（静慮・定など）に入るときに、能入という表現が多く用いられる。「無間に修力を数習するに由って静慮などの定に能入す」 Ⓢ anupraveśa: samā-**pad**

能破 のうは やぶること。打ち破ること。砕くこと。「諸の魔の大力軍衆を能破して多くの功徳を具するが故に薄伽梵と名づく」「僧を能破する人は破僧罪を成ず。此の破僧罪は誑語を性と為す」「彼の定に由って一切の惑を断ずるが故に説いて金剛喩定と名づく。猶し金剛が鉄石・牙骨・貝玉・末尼などを能破するが如し」 Ⓢ avabhaṅga: bhettṛ

能伏 のうぶく （煩悩を）抑えて滅すること、征服すること。能伏除とおなじ。「精進・静慮・智慧の三つの波羅蜜多は煩悩を能伏す」「有漏道は分別起の惑と及び細の倶生の惑とを能伏せずと雖も、而も倶生の麁の惑を能伏除す」 Ⓢ nigraha: vibhūta

能伏道 のうぶくどう →転依①

能覆 のうぶく おおうこと。妨害すること。「無明は所知の真実に於て覚悟するを能覆し能障する心所を性と為す」 Ⓢ pratibandha

能覆蔽 のうぶくべい （衣などで）おおいかくすこと。「衣は諸の寒熱苦を能対治し、及び慚羞すべき処を能覆蔽す」 Ⓢ praticchādana

能分別 のうふんべつ ①分別とは広くは認識作用一般を、狭くは、とくに言葉でもって思考することをいい、認識されたもの、思考されたものを所分別、認識するもの、思考するものを能分別という。→分別① →所分別 Ⓢ vikalpakatva
②区別して認識すること。「阿頼耶識の行相は極めて明了ならず。違と順との境相を能分別せず」「八遍処は唯だ所縁に於て浄相を総取して、未だ青黄赤白を能分別せず」 Ⓢ pariccheda
③さまざまな結果を区別してもたらすこと。「業は愛非愛果を能分別す」「十二支縁起あり、是れを分別愛非愛縁起と名づく。善趣と悪趣とに於て愛と非愛との種種の自体を能分別するを縁性と為すが故なり」

能変 のうへん ①変化せしめるもの。〈唯識〉はすべての存在はただ識が「変化したもの」（所変）、すなわち「唯識所変」であるという立場をとり、「変化せしめる」（能変）識を異熟識（根本心である阿頼耶識）と思量識（潜在的な自我執着心）と了別境識（対象を認識する顕在的な眼識・耳識・鼻識・舌識・身識・意識の六識）との三つに分ける。「識が所変の能変に三種あり。一には異熟識、二には思量識、三には了別境識なり」
（出典）識所変相、雖無量種、而能変識、類別唯三。一謂異熟、即第八識、多異熟性故。二謂思量、即第七識、恒審思量故。三謂了境、即前六識、了境相麁故。（『成論』2、大正 31・7b）
②能変の識が変化するありよう。因能変と果能変の二種に分かれる。→因能変 →果能変
（出典）能変有二種、一因能変、謂、第八識中等流異熟二因習気。等流習気、由七識中善悪無記熏令生長。異熟習気、由六識中有漏善悪熏令生長。二果能変、謂、前二種習気力故、有八識生、現種種相。（『成論』2、大正 31・7c）

能変化 のうへんげ →能化②

能変化心 のうへんげしん 仏や菩薩が人びとを導き救済するために種々のありよう・種々のものを作り出す心。変化心ともいう。「神境通の果である能変化心の力は、能く一切の化事を化生す」 Ⓢ nirmāṇa-citta

能変識 のうへんじき →能変①

能変神境智通 のうへんじんきょうちつう 二種の神境智通（能変神境智通・能化神境智通）の一つ。もののありようを変化せしめる超能力。たとえば、建物や大地、ないし三千大千世界を振動させる、身体より種々の焔を

噴出させる、石や砂を真珠や末尼などの宝石に変える、大きな山を巻いて一つの小さな原子（極微）にする、遠距離を一気に往来する、などの超能力をいう。能変通ともいう。

Ⓢ ṛddhiḥ pariṇāmikī

（参考）（『瑜伽』37、大正 30・491c 以下）

能変通 のうへんずう 能変神境智通とおなじ。→能変神境智通

能遍計 のうへんげ 遍計するもの。遍計とは言葉を用いてさまざまな事物・事象が実体として存在すると考えること。そのように「考えられるもの」を所遍計といい、「考えるもの」を能遍計という。八識のなか、どの識が能遍計であるかが議論されているが、〈護法正義〉では、能遍計として第六識（意識）と第七識（末那識）との二つを説く。所遍計の対。→所遍計

（出典）初能遍計自性云何。（中略）有義、第六第七心品、執我法者、是能遍計。唯説意識能遍計故、意及意識、名意識故、計度分別、能遍計故。（『成論』8、大正 31・45c）：復次有能遍計、有所遍計、遍計所執自性乃成。此中何者能遍計、何者所遍計、何者遍計所執自性。当知、意識是能遍計、有分別故。（『摂論』中、大正 31・139b）

能辦 のうべん 成し遂げること、おこなうこと。「作すべき事を能辦す」「有情を利益する事を能辦す」「精進を発し已って静慮を能辦す」 Ⓢ samartha: saṃpādaka

能発 のうほつ （行為などを）おこすこと。（言葉を）発すること。能発起とおなじ。「語言を能発す」「精進を能発す」「神通を能発す」「諸の悪行を能発起す」

Ⓢ abhinir-**hṛ**: utthāna: nirhāra: pra-**vṛt**: samutthāpaka: samutthāpana

能発起 のうほっき →能発

能満 のうまん みたすこと。完成させること。「無量の大功徳蔵を成就して浄戒波羅蜜を能満す」「云何が多句身なるや。答う、諸の句が未満足の義を能満する中に於て連合するを多句身と謂う」「順現法受業は衆同分の果を能引し、亦た衆同分の果を能満す」

Ⓢ paripūraka

能立 のうりゅう →能成立

能了 のうりょう ①理解すること。知ること。認識すること。能了知・能了別とおなじ。「眼を能見と名づけ、識を能了と名づく」「諸の識は所縁を能了す」「衆縁生の法は無常なりと能了知す」「境を能了別するを名づけて識と為す」

Ⓢ upalabdhi: nir-**dhṛ**: prajñāna: vi-**jñā**: vijñāta

②はっきりと説き明かすこと。「仏は不了義を能了す」 Ⓢ vyutpādakatva

能了知 のうりょうち →能了

能了別 のうりょうべつ →能了

能量 のうりょう 量とは広くは認識することと一般をいい、認識するものを能量という。一つの認識が成立するための三つの要素（所量・能量・量果）の一つ。心の四つの領域である四分のなかの見分に相当する。→四分

Ⓢ pramāṇa

納受 のうじゅ 受け入れて所有すること。受け入れて許すこと。「若し僧衆に施せば、僧衆と仏と倶に納受すべきが故に福は勝と為る」「此は是れ某仙所有の資産なり。彼れに継嗣なきをもって、今、持して王に与う、願わくは為に納受されよ」「諸の菩薩の性となり、他の所に於て不饒益に遭うも恚害の心なく、亦た反報せず。若し他のもの諫謝すれば、速かに能く納受して終に恨を結ばず」

Ⓢ prati-**grah**

納息 のうそく 一つの論書全体を分類して章立する際の名称の一つ。全体を大きくいくつかの篇に分け、さらに各篇を章に分ける場合、前者の篇にあたるものを蘊、後者の章にあたるものを納息という。たとえば『婆沙論』二百巻は八つの蘊に分けられ、各蘊はいくつかの納息に分けられている。「仏説の諸の論道の中に於て、章門を安立し、略頌を標挙し、別の納息を造して総じて蘊の名を制す」 Ⓢ varga

脳 のう のう。頭。 Ⓢ mastaka

脳膜 のうまく 脳をつつむ膜。「涙汗・洟唾・肪膏・脂髄・熱痰・膿血・脳膜などは身中の湿性なり」 Ⓢ mastaka-luṅga

農 のう 農業。耕作。世俗的な仕事の一つ。農作・営農ともいう。「商・農・放牧・事王・書印・算数などの種種の所応作事に於て菩薩は悉く同事を興す」 Ⓢ kṛṣi

農業 のうぎょう 田畑を耕して作物をつくる仕事。「農夫は良田に依止して農業に営事す」 Ⓢ kṛṣi-karmānta

農作 のうさ 農業。耕作。世俗的な仕事の一つ。農・営農ともいう。「随一の工巧業

処に依止して農作・商賈・事王・書画・算数・占卜などの士夫用を起こす」 Ⓢ kṛṣi

膿 のう うみ。身体のなかの汚物としてあげられるものの一つ。「大海・大地の辺際まで膿が悉く充満すという膿勝解を発起す」 Ⓢ pūya

膿河 のうが うみや血の充満した河。→相違識相智 Ⓢ pūya-nadī

（出典）河中膿満故名膿河。（『二十論述記』上、大正 43・986a）

膿血 のうけつ うみと血液。「餓鬼は自業の変異の増上力の故に、見るところの江河は皆な悉く膿血などが充満せる処なりと見る」「足より頂に至るまで髪毛・爪歯・塵垢・皮肉・骨髄・筋脈・肝肺・脾腎・大小腸・胃胆・生熟蔵・澹熱・心肚・屎尿・涕唾・汗涙・膿血・脂膏・脳膜などの不浄が充満せりと自身を観察するを不浄観と謂う」 Ⓢ pūya-śoṇita

膿爛 のうらん 死体がただれて膿が出ているさま。肉体への貪りを断つための不浄観における対象の一つ。そのように観ることを膿爛想という。→不浄観「死に已った尸骸が、或いは一時に於て青瘀の位に至るを、或いは一時に於て膿爛の位に至るを観見す」 Ⓢ pūya: vipūyaka

膿爛想 のうらんそう →膿爛

囊橐 のうたく ふいご。→橐籥「述して曰く、此は巻舒を以って常住に非ざると難ず。量して云く。汝の所執の我は応に常住に非ざるべし。巻舒を許すが故に。橐籥風の如し。橐とは囊橐を謂う。排袋の類なり。内に風を含んで作用を起こすを以っての故なり」（『述記』1 本、大正 43・246b）

は

叵 は 「かたし」とよむ。～しがたいこと。できないこと。「精血・垢膩が潰爛し、臭滑にして不浄が流溢し、鄙穢なるを観ること叵し」

叵量 はりょう はかりがたいこと。無量あるいは無数で計量できないありようをいう。「劫初の時の人寿は無量にして叵量なり」 Ⓢ amita

波逸提 はいつだい →波逸底迦

波逸底迦 はいつていか pāyattika あるいは prāyaś-cittika の音写。波逸提とも音写。それを犯せば地獄・餓鬼・畜生などの悪趣に堕ちる罪をいう。隕墜罪とおなじ。五篇、六聚、七聚の一つ。→五篇 Ⓢ pāyattika: prāyaś-cittika

波闍波提 はじゃぱてい prajāpati の音写。生主と意訳。→生主

波羅夷 はらい 重い罪を意味する parājita あるいは pārājika の音写。他勝と意訳する。五篇、六聚、七聚の一つ。→四波羅夷罪 →五篇 Ⓢ parājita: pārājika

波羅夷罪 はらいざい →四波羅夷罪

波羅提提舎尼 はらだいだいしゃに pratideśanīya の音写。苾芻・苾芻尼が犯す軽い罪の一つ。他の苾芻・苾芻尼に打ち明けて懺悔すべきであるような罪をいう。五篇、六聚、七聚の一つ。→五篇 Ⓢ pratideśanīya

波羅蜜多 はらみた pāramita の音写。pāram（彼岸）に ita（至った）という意味で到彼岸と意訳する。迷いの此岸からさとりの彼岸に至るための実践行をいう。六種（六波羅蜜多）あるいは十種（十波羅蜜多）ある。→六波羅蜜多 →十波羅蜜多

波利 はり 「完全に」「まったく」「非常に」などを意味する接頭語 pari-の音写。たとえば、parinirvāṇa を波利暱縛喃と音写する。→波利暱縛喃

波利呾羅拘迦 はりたらくか →般利伐羅多迦

波利暱縛喃 はりにちばくなん parinirvāṇa の音写。般涅槃とも訳す。→般涅槃 Ⓢ parinirvāṇa

（出典）言解脱者、体即円寂。西域梵音、云波利暱縛喃。波利者円也。暱縛喃言寂。即是円満体寂滅義。旧云涅槃、音訛略也。今或順古、亦云涅槃。（『述記』1 本、大正 43・235c）

破 は ①やぶる、切り裂く、砕く、破壊すること。「骨を破す」「金器を破して余物を作る」「和合僧を破す」」「所知障の翳暗を破す」「無明を破す」 Ⓢ **dhvaṃs**: pāṭana: **bhid**: bhinna: bheda

②（ものの見方を）やぶる、なくすこと。「有我論を破して無我を立つ」「常見を破す」「無因と常因との二論を破す」

Ⓢ dūṣaṇa: pratiṣedha

③他派の敵者の主張を論破すること。『婆沙論』（『婆沙』27、大正 27・139a～b）には次のような種類の論破の方法があげられている。（i）猶預破。敵者の主張の疑問点を突いて論破する方法。（ii）説過破。敵者の主張のなかにある過失を指摘して論破する方法。（iii）除遣破。敵者の主張を黙殺して高飛車に論破する方法。あるいは（i）勝彼破。敵者よりも勝れた論法を立てて破る方法。（ii）等彼破。敵者と対等の論法を立てて、しかも異なる結論を導き出し、いずれとも決定することができないと知らしめる方法。（iii）違宗破。敵者自身の主張に相違する主張を提示して論破する方法。

破壊 はえ こわす、はかいすること。切り裂くこと。こわれること。「諸の荘厳具は一時は堅固にして一時は破壊するを観見して、諸行は其の性は無常なりと念う」「此の身は父母の不浄の和合の所生にして、破壊し散滅する法なり」「他の有情に於て破壊せんとの欲楽を起こす」「諸の菩薩は如実に諸の器世間の破壊と成立とを了知す」 Ⓢ dūṣita: bhagna: **bādh**: bhinna: bheda: bhedana: vibheda: vibhedaka: saṃvarta

破壊僧 はえそう →破和合僧

破壊煩悩苾芻 はえぼんのうびっしゅ 破惑苾芻とおなじ。→破惑苾芻

破壊和合 はえわごう →破和合僧

破壊和合僧 はえわごうそう →破和合僧

破戒 はかい ①戒を破ること。「聖者は諸の破戒と悪戒とを憎悪して、能く破戒の悪を対治す」

②悪い戒のこと。 Ⓢ duḥśīla

（出典）悪尸羅故名破戒。（『摂論釈・無』5、大正 31・412c）

破羯磨僧 はかつまそう 同一教団のなかで羯磨（護るべき戒律や儀式）について見解を異にして二つの学派に分かれること。二種の破僧（破羯磨僧・破法輪僧）の一つで、大衆部と上座部との分裂のようなことをいう。→破法輪僧

（参考）（『婆沙』116、大正 27・602b～c）：（『倶舎』18、大正 29・93b～c）

破僧 はそう →破和合僧

破法輪僧 はほうりんそう 二種の破僧（破羯磨僧・破法輪僧）の一つで、提婆達多（デーヴァダッタ）が仏陀に背いて別の教団を立てようと企てたようなことをいう。→破羯磨僧 Ⓢ cakra-bheda-bhikṣu

（参考）（『婆沙』116、大正 27・602b～c）：（『倶舎』18、大正 29・93b～c）

破和合僧 はわごうそう 教団を破壊すること。虚誑語（うそ・虚言）によって教団を掻き乱し、人びとの和合を破る行為。極めて重い罪悪である五無間業の一つ。破僧・僧破・僧破壊・破壊僧・破壊和合・破壊和合僧ともいう。→五無間業

Ⓢ saṃgha-bheda: saṃgha-vibheda

破惑苾芻 はわくびっしゅ 煩悩を破り尽くした出家者である阿羅漢のこと。四種の苾芻（名想苾芻・自称苾芻・乞匃苾芻・破惑苾芻）の一つ。破壊煩悩苾芻ともいう。→苾芻

Ⓢ bhinna-kleśatvāt bhikṣuḥ

（参考）（『倶舎』15、大正 29・79b）

般羅底木叉 はらていもくしゃ prātimokṣa の音写。別解脱と意訳する。→別解脱

般羅若 はらにゃ prajñā の音写。鉢羅若とも音写。すぐれた智慧。「浄尸羅を具し、三摩地を具し、般羅若を具して能く滅受想定に入出す」 Ⓢ prajñā

般利伐羅多迦 はりばらたか parivrājaka の音写。遍出と意訳する。遍く能く俗世間を出離することを説く外道。三杖（結び合わせた三条の杖）を執す、髪やひげをそる、などの苦行を修する外道。波利呾羅拘迦ともいう。→遍出 Ⓢ parivrājaka

（出典）有外道、名波利呾羅拘迦、翻為遍出。遍能出離諸俗世間、即是出家外道之類。（『述記』1本、大正 43・245a）

鉢特摩 はどま ① padma の音写。紅蓮華と意訳。八つの寒い地獄の一つ。厳しい寒さのため身が破裂するさまが紅蓮華のようであることからこのように呼ばれる。→八寒那落迦 →八寒地獄

②数の単位の一つ。倶物陀分の百千倍。→倶

物陀分
（参考）（『婆沙』177、大正 27・890c）

鉢特摩分 はどまぶん 数の単位の一つ。鉢特摩の百千倍。→鉢特摩②
（参考）（『婆沙』177、大正 27・890c）

鉢剌闍鉢底 はらじゃぱてい prajāpati の音写。生主と意訳。→生主 Ⓢ prajāpati
（出典）鉢剌闍鉢底、此云生主。（『枢要』上末、大正 43・626a）

鉢剌底 はらてい 接頭辞 prati の音写。たとえば縁起の原語 pratītyasamutpāda を prati-itya-sam-ut-pāda に分けて、そのなかの prati を「鉢剌底は是れ、至の義なり」、あるいは「鉢剌底は是れ、種種の義なり」と解釈する。
（参考）（『倶舎』9、大正 29・50b〜c）

鉢羅塞建提 はらさいけんだい praskandhin の音写。力を有するものの一つとしてあげられ、摩訶諾健那の十倍の力を有するという。「十十に象などの七の力を倍増す。謂く、凡象と香象と摩訶諾健那と鉢羅塞建提と伐浪伽と遮怖羅と那羅延となり。後後の力は前前に増すこと十倍なり」 Ⓢ praskandhin
（参考）（『倶舎』27、大正 29・140c）

鉢羅奢佉位 はらしゃきょい 鉢羅奢佉は praśākhā の音写。胎児の五段階（『倶舎論』所説）、あるいは八段階（『瑜伽論』所説）の第五段階。形成された肉がさらに発達して器官が出来はじめた胎児の状態。内部と外部とが乳酪のようになっているが、いまだ肉ができていない胎児の状態。→胎蔵
Ⓢ praśākhā
（出典）此肉摶増長支分相現、名鉢羅奢佉。（『瑜伽』2、大正 30・285a）

鉢羅那庾多 はらなゆた pranayuta の音写。数の単位の一つ。十の十三乗。『倶舎論』では十の十三乗は鉢羅庾多（prayuta）であり、原語が相違する。 Ⓢ pranayuta
（参考）（『婆沙』177、大正 27・891a）：（『倶舎』12、大正 29・63b））

鉢羅若 はらにゃ prajñā の音写。般羅若とも音写。すぐれた智慧。「見道とは総説すれば世第一法の無間に生ずる無所得三摩地の鉢羅若と及び彼の相応などの法を謂う」

鉢羅薜陀 はらべいだ prabheda の音写。万と訳す。数の単位の一つ。十の四乗。
Ⓢ prabheda
（参考）（『婆沙』177、大正 27・891a）：（『倶舎』12、大正 29・63b）

鉢羅庾多 はらゆた 数の単位の一つ。十の十三乗。『婆沙論』では十の十三乗は鉢羅那庾多（pranayuta）であり、原語が相違する。 Ⓢ prayuta
（参考）（『倶舎』12、大正 29・63b）：（『婆沙』177、大正 27・891a）

頗胝 はてい →頗胝迦

頗胝迦 はていか sphaṭika の音写。水晶。宝石の一種。頗胝と略称。 Ⓢ sphaṭika

頗勒窶那月 はろくぐながつ 頗勒窶那は phalguna の音写。一年を構成する十二か月の一つ。夏の三月の一つ。
Ⓢ phalguna-māsa
（参考）（『婆沙』136、大正 27・701c）：（『西域記』2、大正 51・876a）

簸颺 はよう 風であおって穀物のからなどを取り除くこと。「速かに種の中の穅秕を簸颺す」 Ⓢ **vah**

芭蕉 ばしょう バナナの木。破れやすく壊れやすいことから、現象的存在（依他起性）には実体がないことを示すために用いる譬喩の一つ。また五蘊（色・受・想・行・識）のなかの行が芭蕉に喩えられる。「依他起性は幻夢・光影・谷響・水月・影像及び変化などにおなじく、猶し聚沫の如く、猶し水泡の如く、猶し陽焔の如く、猶し芭蕉の如しと当に了知すべし」「諸の色は聚沫の如く、諸の受は浮泡に類し、諸の想は陽焔におなじく、諸の行は芭蕉に喩え、諸の識は幻事におなじ」「諸の行を芭蕉の柱に譬う」 Ⓢ kadalī

馬（ば）→め

婆喝那 ばかな 数の単位の一つ。十の二十五乗。 Ⓢ vāhana
（参考）（『婆沙』177、大正 27・891a）：（『倶舎』12、大正 29・63b）

婆掲羅 ばから 数の単位の一つ。跋羅分の百千倍。→跋羅分
（参考）（『婆沙』177、大正 27・891a）

婆具羅 ばぐら vāgurā の音写。→婆具履迦 Ⓢ vāgurā

婆具履迦 ばぐりか vāgurika の音写。『婆沙論』に三説がある。（ⅰ）広野で旅人を呑み込む大蛇（蟒。vāgurā 婆具羅）の類を殺す仕事をして生計を立てている人。（ⅱ）わな（罝弶。vāgurā 婆具羅）を仕掛けて生き

ものを取って生計を立てている人。（iii）猟師の主。 Ⓢ vāgurika
（参考）（『婆沙』117、大正 27・607b）

婆湖陀 ばこだ　bāhudā の音写。ガンガー河などとならんでインドの聖河の一つであるバーフダー河。 Ⓢ bāhudā

婆湖陀河 ばこだがわ　→婆湖陀

婆颯縛 ばそうばく　天帝釈（帝釈天）の十種の別名の一つ。
（参考）（『婆沙』72、大正 27・371a）

婆吒窶拉摩風 ばたくらまふう　身体のなかの風（内風界）の一つ。→風界

婆吒瑟恥羅風 ばたびちらふう　婆吒瑟恥羅は vātāṣṭhīla の音写。身体のなかの風（内風界）の一つ。→風界　Ⓢ vātāṣṭhīlā vāyavaḥ

婆達羅鉢陀月 ばだらはだづき　婆達羅鉢陀は bhādrapada の音写。一年を構成する十二か月の一つ。孟秋と意訳。 Ⓢ bhādrapada
（参考）（『婆沙』136、大正 27・701c）

婆羅 ばら　bāla の音写。愚夫・愚者・凡夫などと意訳。 Ⓢ bāla
（出典）梵云婆羅、此云愚夫。（『枢要』上本、大正 43・612b）

婆羅痆斯 ばらなし　vārāṇasī の音写。バーラーナシー国。中インドにあった古い国。この都城は今のベナレスに当たる。「仏は婆羅痆斯の仙人論処の施鹿林の中に於て、憍陣那などの為に正法輪を転ず」
（出典）問。何故名婆羅痆斯。答、此是河名、去其不遠、造立王城、是故此城亦名婆羅痆斯。（『婆沙』183、大正 27・917a）

婆羅痆斯仙人堕処施鹿林 ばらなしせんにんだしょせろくりん　婆羅痆斯の仙人堕処にある施鹿林。バーラーナシー国にある、釈尊が初めて説法をした場所。婆羅痆斯仙人論処施鹿林ともいう。→婆羅痆斯　→仙人堕処　→施鹿林

婆羅痆斯仙人論処施鹿林 ばらなしせんにんろんしょせろくりん　→婆羅痆斯仙人堕処施鹿林

婆羅門 ばらもん　brāhmaṇa の音写。『瑜伽論』には次の三種の婆羅門が説かれる（『瑜伽』29、大正 30・447a)。（i）種姓婆羅門（jāti-brāhmaṇa)。婆羅門の家柄に生まれた婆羅門。生来の婆羅門。この種の婆羅門は仏教からみれば次の三つの理由から真の修行者ではないと否定される。1. 生活のために施主の前で呪願（財物を得ようと欲して王や大臣や長者などの前で彼らの幸せを願って祈祷すること）する、讃美（かれらをたくみにほめたてること）する、序述（しかじかのすぐれた人間のありようを成就すれば災難に遭うこともなく幸せになるであろうなどと述べること）する。2. 福を得るために祭式を行ない、祭式に国王や大臣や長者を呼んで貢ぎ物を得る。3. 婆羅門の家柄が最上であって他の家柄は劣っていると考える。（ii）名想婆羅門（saṃjñā-brāhmaṇa)。婆羅門の家柄の生まれではないのに世間で婆羅門であると称している者。仮名婆羅門ともいう。（iii）正行婆羅門（pratipatti-brāhmaṇa)。正しい修行をして、すでになすべきことをなし終えて悪・不善を駆逐した婆羅門。このなか（i）の婆羅門が、四姓（四種の身分階級）のなかの一階級、すなわち政治と祭事とを司る支配階級・僧侶階級をいい、（iii）の婆羅門が、修行者としての婆羅門をいう。この修行者としての婆羅門は、次のように定義される。「時に人あり情として居家を厭い、空閑に在るを楽い、戒行を精修す。斯れに因るが故に婆羅門の名を得る」(『倶舎』12、大正 29・65c)。「心は遠行し、独行し、身なく窟に寐ね、能く伏し難きを調伏すれば、我れ、婆羅門なりと説く」(『瑜伽』19、大正 30・386a)。
（参考）（『瑜伽』64、大正 30・653b）に、沙門と婆羅門との勝劣について説かれる。また、（『瑜伽』94、大正 30・837b）に、真の意味（第一義）での沙門・婆羅門について説かれる。

婆路尼 ばろに　『婆沙論』では地に住む神の一つとしてあげられ、天趣ではなく傍生趣に属すとされる。
（参考）（『婆沙』172、大正 27・869a）

筏剌拏 ばらぬ　贍部洲にある四大河の一つである縛芻河の支流の一つ。→四大河

筏羅遮末羅洲 ばらしゃまらしゅう　四大洲の一つである贍部洲の側にある中洲。→四大洲　→贍部洲　Ⓢ avara-cāmara

筏栗達那神 ばりちだなしん　民間信仰での天の神の一つ。この天は『婆沙論』では天趣ではなく鬼趣であるとされる。 Ⓢ vardhana
（参考）（『婆沙』172、大正 27・868c～869a）

跋羅 ばら　数の単位の一つ。鄔伽分の百

千倍。→鄔伽分
(参考)(『婆沙』177、大正 27・891a)

跋羅分 ばらぶん 数の単位の一つ。跋羅の百千倍。→跋羅
(参考)(『婆沙』177、大正 27・891a)

跋邏攙 ばらせん balākṣa,の音写。数の単位の一つ。十の四十九乗。 Ⓢ balākṣa
(参考)(『婆沙』177、大正 27・891b):(『倶舎』12、大正 29・63c)

跋藍 ばらん 数の単位の一つ。十の四十三乗。 Ⓢ bala
(参考)(『婆沙』177、大正 27・891b)(『倶舎』12、大正 29・63c)

罵 ば ののしること。悪口をいうこと。「罵るとも報いて罵らず、瞋るとも報いて瞋らず、打つとも報いて打たざるを名づけて善く能く堪忍すと為す」「相い罵るが故に麁悪語あり」 Ⓢ ā-**kruś**: paritāpana: pāruṣya

罵弄 ばろう ののしりからかうこと。「忍力を具足すれば罵弄し訶責しても終に反報せず」

罵詈 ばり ののしること。侮辱すること。「専ら罵詈・瞋忿・呵責を行ず」
Ⓢ ākrośana

薄伽梵 ばがぼん bhagavat の音写。煩悩という大魔軍を破り、多くの徳を具えた人。原語 bhagavat を bhaga と vat に分け、bhaga を「徳」、接尾辞 vat を「具有」に解釈すれば、多くの徳を具えた人となる。あるいは、「破る」を意味する動詞 **bhañj** の過去受動分詞 bhagna に接尾辞 vat を付した過去能動分詞 bhagnavat より作られた語であると解釈すれば、魔軍を破る人となる。一般に理解され易いために世尊と意訳される。如来の十種の呼び名の一つ。→十号
Ⓢ bhagavat
(出典)能破諸魔大力軍衆、具多功徳、名薄伽梵。(『瑜伽』38、大正 30・499c):薄伽梵者、坦然安坐妙菩提座、任運摧滅一切魔軍大勢力故。(『瑜伽』83、大正 30・765b)

波輸鉢多 ばしゅばた 播輸鉢多とおなじ。→播輸鉢多

波那 ばな apāna の音写である阿波那の略称。出る息のこと。入る息を āna といい、阿那と音写し、出る息と入る息とを念ずる修行を阿那波那念あるいは阿那阿波那念という。→阿那阿波那念 →阿那波那念

播輸鉢多 ばしゅばた pāśupata の音写。波輸鉢多とも音写。獣主と意訳。pāśupata の類似語 paśupati も獣主・牛主と訳される。持髻・塗灰などの苦行を修するシヴァ派の一派。→獣主 Ⓢ pāśupata
(出典)有外道、名播輸鉢多、翻為獣主。如一瞿声別目於牛通名於獣。但言牛主、未善方言。但与牛而為主故。(『述記』1 本、大正 43・245a):播輸鉢多外道、此云牛主。主、謂、天主、摩醯首羅天。乗牛而行故、名牛主。此外道、学彼天法、従彼為名故、名牛主。此外道、受持頂上持一髻子身体塗灰。(『倶舎論記』9、大正 41・172c)

坏器 はいき まだ焼いていない土器。「坏器を三層の閣上より投げれば、地に至って必ず当に破れる」

拝礼敬 はいらいきょう 敬うこと。敬礼すること。「身を以って仏法僧の真実の功徳に拝礼敬す」 Ⓢ praṇāma

肺 はい はい。 Ⓢ kloman

背 はい ①(身体の)背。背中。「背を以って、或いは其の脇を以って、大床に依倚す」 Ⓢ pṛṣṭha
②嫌うこと。さからう、そむくこと。反対すること。棄背とおなじ。向の対。「悪説法と及び悪毘奈耶に背き、善説法と及び善毘奈耶とに向う」「声聞などは唯だ能く補特伽羅空無我性に通達して、一向に生死に背き、一向に生死を捨てる」 Ⓢ vimukha: vaimukhya

背恩 はいおん 恩にそむくこと。恩を忘れて無礼なことをすること。知恩の対。「父母の所に於て増上品の背恩の欲解を以って不善業を作る」 Ⓢ kṛta-ghna

背念 はいねん 理にかなった思考(如理作意)と共に働く念(集中する心)で、一切の黒品(煩悩あるいは煩悩に基づく否定されるべき行為・ありよう)を除去する働きをする。あるいは定まった心のありよう(定相)を対象とする念で、一切の散乱する心(不定地)の対象を除去する働きをする。ヨーガを修してそのような念に住することが要請される。背面念ともいう。対面念と相俟ってヨーガを修するなかにおける念のありようを意味する概念。→対面念「草葉座に於て結加趺坐し、身を端し、正願して、背念に安住す」
Ⓢ pratimukhī smṛtiḥ
(出典)云何名為安住背念。謂、如理作意相

応念、名為背念。棄背違逆一切黒品故。又縁定相為境念、名為背念。棄背除遣一切不定地所縁境故。(『瑜伽』30、大正 30・450b)

背面 はいめん ①うしろをふりむくこと。拒絶するしぐさをいう。対面の対。「菩薩は若しくは財、若しくは法を希求する者を見れば、終に背面せず、亦た顰蹙せず」「衆色を見ることを欲せざる者は、或いは目を閉じる、或いは背面す」 Ⓢ vimukha
②背後。うしろ側。「背面の位に於て毀誉に触れ、現前の位に於て称譏に触れる」

背面念 はいめんねん →背念

俳叫声 はいきょうしょう →俳戯叫声

俳戯叫声 はいけきょうしょう おどけ、ふざけてさわぐ叫び声。(『瑜伽』1、大正 30・279c) に耳識の所縁としてあげられている螺貝声・大小鼓声・舞声・歌声・諸音楽声・俳戯叫声・女声・男声のなかの俳戯叫声は、このような意味での声である。しかし、(『瑜伽』3、大正 30・293a) に、十種の声のなかの五つとしてあげられている螺倶行声・腰等鼓倶行声・岡等鼓倶行声・都曇等鼓倶行声・俳叫声のなかの俳叫声の原語は俳戯叫声とおなじく āḍambara-śabda であるが、āḍambara に太鼓と騒音という二つの意味があることを考慮するならば、この場合の俳叫声は鼓などの楽器の声ととらえて大太鼓倶行声 (大太鼓を叩く時の響き) とでも訳すべきである。 Ⓢ āḍambara-śabda

俳優 はいゆう 舞踊や演劇、あるいは、それらを演じる人。「種種の俳優・歌舞・笑睇を以って自ら娯楽す」「俳優・伎楽・笑弄・倡逸などの所に於て非量に財宝を損費す」「仏は衆生の為の故に、或いは商人と作り、或いは力士と作り、或いは俳優と作って、種種の所化の有情を抜済す」 Ⓢ naṭa

悖悪 はいお さからいにくむこと。激怒すること。「意楽は惨烈・悖悪にして、相い拒対するを好む」 Ⓢ caṇḍa

配属 はいぞく 配分すること。割り当てること。「愛・楽・欣・喜の四種の阿頼耶を以って三世に配属す」 Ⓢ viniyoga

敗壊 はいえ 失敗すること。滅びること。「悪取空者は自ら敗壊す」 Ⓢ vi-**pad**

敗種 はいしゅ すでに腐敗した植物の種子。なにも結果を生じない、働きのないものに喩えられる。あるいは、被焼材・涸池・火輪・死人などとともに、名称だけがあって、その名称に相当する働きのある実体がないものの喩えに用いられる。朽敗種ともいう。「汚道沙門は唯だ余の沙門の相あるが故に沙門と名づくるのみ。被焼材・涸池・敗種・火輪・死人の如し」「朽敗種を良田に置き、水を以って漑灌し、之を覆うに糞壌を以ってすると雖も、因の力を闕くにより、芽を生ずること能わざるが如く、是の如く無記の諸の有為法は、愛水と余結とを以って潤覆すると雖も、体が羸劣なるにより、有の芽を生ぜざるなり」 Ⓢ pūti-bīja
(参考) (『倶舎』15、大正 29・79c)

敗亡 はいぼう 腐敗すること。「大海の中に大衆生あり。岸に登りて卵を生み、砂の内に埋めて海の中に還入す。母、若し常に思えば卵は便ち壊せず。其れ念を失えば卵は即ち敗亡す」 Ⓢ pūti-**bhū**

廃 はい やむこと。やめること。すてること。「阿頼耶識が境を縁ずることは廃する時がなく変易することなし。初の執受の刹那より、乃至、命が終るまで一味に了別して転ず」 Ⓢ apa-**hā**

廃詮 はいせん 廃詮談旨とおなじ。非安立・離言とおなじ意味。言詮の対。→廃詮談旨

廃詮談旨 はいせんだんし 言葉では言いあらわせないこと。究極の真理にかかる形容句。廃詮・廃詮談とおなじ。「勝義勝義は、即ち是れ二空の廃詮談旨の一真法界なり」

廃立 はいりゅう 廃と立。排除と樹立。いくつかの要素から成り立つ一群のなかから、ある要素を立て他を排除すること。たとえば業障の廃立とは、業とはなにかと論じて、理としては五無間業とそれ以外のすべての業をも含めて立てるが、見易く知り易いという観点からすれば、五無間業のみを立てて他の業を含めずに排除することをいう。あるいは、見・聞・覚・知の廃立とは、知には一切の現量を立て、他の二量 (比量・非量) を排除し、覚には比量と非量とを立て、他の現量を排除することをいう。この他にも「蘊・処・界の廃立」「三性 (遍計所執性・依他起性・円成実性) の廃立」「六十二見の廃立」「七真如の廃立」「八正道の廃立」などが論じられる。
(参考) (『倶舎』17、大正 29・92c)

稗　はい　ひえ。穀物の一種。まずしい人が食べる穀物の一つ。その粒を稗子という。「劫末の時の人民は飢饉して唯だ稊・稗などを上妙の食と為す」「一つの器の稗子・米飯を以って福田に施す」 Ⓢ kodrava

稗子　はいし　→稗

輩　はい　ともがら。やから。仲間。輩流とおなじ。「羊猪鶏などを屠養する不律儀の輩を名づけて悪行の有情と為す」「諸の外道の輩は、多く利養と恭敬とを貪求し、自からを讃じ他を毀す」 Ⓢ prabhṛti

輩流　はいる　→輩

売　ばい　販売。売ること。「価直を執持して羊を売る鄽に趣く」 Ⓢ vikraya

倍　ばい　①二ばい。二ばいにすること。「此の菩薩は是の如き悩害なき福を成就するに由って、輪王に倍する保護に守護せらるる」 Ⓢ dvi-guṇa
②「より多くの」「より大きな」「より豊富な」などを意味する形容詞、あるいは「より多く」「もっと多く」「さらに」「ますます」を意味する副詞。「倍更（ますますさらに）」「倍増（ますます増して）」「倍増盛（ますます増盛して）」 Ⓢ bhūyas

倍離欲者　ばいりよくしゃ　凡夫の位において欲界の見惑・修惑の九品の煩悩のなか、前の六品を断じた者。前の三品を断じた分離欲者に比べて二倍の煩悩を断じるから倍という。倍離欲染者・倍離欲貪者ともいう。
Ⓢ bhūyo-vīta-rāga

倍離欲染者　ばいりよくぜんじゃ　→倍離欲者

倍離欲貪者　ばいりよくとんしゃ　→倍離欲者

媒嫁　ばいか　よめを紹介すること。仲人をすること。

媒媾　ばいこう　婦女との交わりを媒介すること。媒合ともいう。「媒媾を行じて他の妻妾を以って布施を行ず」「若しくは自ら欲を行ず、若しくは他を媒合す」 Ⓢ saṃcāritra

媒合　ばいごう　媒媾とおなじ。→媒媾

媒娉　ばいへい　仲人をすること。「或いは媒娉を行ず。玆に因って変異の染心に趣入す」

買売　ばいばい　買うことと売ること。購入と販売。「金銀などの宝を執受して種種の品類の買売を営む」「鶏や猪などを活命の為に屠養し買売す」 Ⓢ kraya-vikraya

白（はく）→びゃく

拍毱　はくきゅう　まりをつくこと。角武（武術をきそいあうこと。ひろくは身体をつかっての運動）の一つ。「按摩・拍毱・托石・跳躑・蹴蹋・攘臂・扼腕・揮戈・撃剣・伏弩・控弦・投輪・擲索などの角武事に依って勇健を得る」

迫　はく　①せまること。押し迫ること。「衆合大那落迦中の有情に両つの大山が迫まる」 Ⓢ pra-**pīḍ**
②苦しめること。「身心を迫す」

迫脅　はくきょう　脅かすこと。苦あるいは憤りを生じる原因の一つとしてあげられる。迫愶とおなじ。「殺縛・割截・捶打・訶毀・迫脅などの苦」 Ⓢ tarjana

迫愶　はくきょう　→迫脅

迫迮　はくさく　困難。苦しみ。わずらわしさ。わずらわすこと。苦しめること。「曠野の嶮難・迫迮の逼悩より生ずる苦」「在家の迫迮は猶し牢獄の如しと了知して、便ち出家す」 Ⓢ saṃbādha-saṃkaṭa

剥截　はくせつ　引き裂くこと。「羊身を剥截す」 Ⓢ **kuṣ**

博弈戯　はくえきぎ　賭博。賭け事。「博弈戯などに耽楽して非量に財宝を損費す」

博喝羅　はくから　「ばっから」ともよむ。bokkara の音写。ボッカラ人。「礫迦・葉筏那・達剌陀・末驃婆・佉沙・覩貨羅・博喝羅などの人来りて会坐に在りて、各各、仏は独だ我が為に自国の音義を説くと謂う」

博戯　はくぎ　とばく。金銭をかける勝負ごと。「諸の世間の酒色・博戯・歌舞・倡伎などの種種の耽著せしむ事の中に於て、速疾に厭捨し、深く慚愧を生ず」 Ⓢ dyūta

博識　はくしき　ひろく物事を知っていること。聡明であること。「博識・聡敏にして能く正理の如く諸法を観察す」 Ⓢ medhāvin

搏撃　はくげき　うつ、たたくこと。「有情の業力が別の風起を感じ、此の水の上を搏撃して金を結成す」

雹　はく　ひょう。氷雨。「霜・雹などが諸の苗稼を害す」 Ⓢ aśani

膊骨　はくこつ　腕の骨。

薄　はく　①（厚さが）うすいこと。「如来の舌は広く薄く、若し口より出せば、普く面輪と及び髪の辺際を覆う」「衣が薄きが故に

露処あり」 Ⓢ tanu
②（量や程度が）少ないこと。弱いこと。「経るところの時が短かく苦は薄し」「薄い貪・瞋・癡」
Ⓢ tanu: tanutva: nikṛṣṭa: manda

薄弱 はくじゃく 弱いこと。少ないこと。「鬼・天の精進の勢力は薄弱なり」「善根を成熟せる者は諸の蓋は軽微にして尋思は薄弱なり」「一向に寂に趣く声聞種性補特伽羅は一向に慈悲が薄弱なり」 Ⓢ manda: hīna

薄小宗葉 はくしょうしゅうよう 薄小な宗葉。宗は祖先、葉は子孫、宗葉で家の勢いをいい、家に勢いがあることを大宗葉といい、勢いがないことを小宗葉あるいは薄小宗葉という。「族姓の退減、自在増上の退減、薄小な宗葉、言の不威粛、智慧の弊悪、是れを退堕という」「諸の有情には或いは好形色、或いは悪形色、或いは上族姓、或いは下族姓、或いは大宗葉、或いは小宗葉、などの種種の差別が現に可得なり」

薄少 はくしょう すくないこと。「近住律儀は薄少の善根の有情を長養して其の善根を漸く増多せしむ」 Ⓢ alpa

薄塵行 はくじんぎょう →薄塵行補特伽羅

薄塵行者 はくじんぎょうしゃ →薄塵行補特伽羅

薄塵行補特伽羅 はくじんぎょうふとがら 塵すなわち貪・瞋・癡などの煩悩が極めて弱く、それらを起こしても長く続かず、修行すれば極めて速く心が安定した状態を得ることができる人。性格の相違による七種の病的なタイプ（貪行・瞋行・癡行・慢行・尋思行・等分行・薄塵行）の人の一つ。薄塵行・薄塵行者・薄塵性者・薄塵性補特伽羅ともいう。
Ⓢ manda-rajaska-caritaḥ pudgalaḥ
（出典）薄塵行者勤修行時、最極速疾能証心住。（『瑜伽』29、大正 30・446a）
（参考）（『顕揚』3、大正 31・494c）

薄塵性者 はくじんしょうしゃ →薄塵性補特伽羅 Ⓢ mandara-rajaska-jātīya

薄塵性補特伽羅 はくじんしょうふとがら →薄塵行補特伽羅

薄福 はくふく 福（善行によって得られたよさ・功徳）が少ないこと。「天子が生ずる時、所余の薄福の諸の旧天子は見已って惶怖す」 Ⓢ nikṛṣṭa-puṇya

薄福者 はくふくしゃ 福（善行によって得られたよさ・功徳）が少ない人。多福者の対。「薄福者は当に下賎家に生ず」 Ⓢ alpa-puṇya

薄福徳者 はくふくとくしゃ 身分が賎しく貧乏で不幸な人。旃荼羅家・卜羯娑家・造車家・竹作家などの家柄の人。 Ⓢ manuṣya-durbhaga
（出典）生旃荼羅家、若卜羯娑家、若造車家、若竹作家、若生所余下賎・貧窮・乏少・財物・飲食等家、如是名為人中薄福徳者。（『瑜伽』9、大正 30・320c）

髆 はく 肩の骨。「支節鎖とは、臂・髆などの骨の連鎖、及び髀・髆などの骨の連鎖を謂う」「薄伽梵は此の業に由って肩の善円満と髆間の充実とを感ず」 Ⓢ aṃsa

麦 （ばく） →みゃく

莫伽梵 ばくかぼん 天帝釈（帝釈天）の十種の別名の一つ。
（参考）（『婆沙』72、大正 27・371a）

莫醯 ばくけい 贍部洲にある五大河の一つ。→五大河 Ⓢ mahī
（参考）（『婆沙』5、大正 27・21c）
②贍部洲にある四大河の一つである殑伽河の支流の一つ。→四大河 Ⓢ mahī
（参考）（『婆沙』5、大正 27・22a）

縛 ばく ①しばること。しばるもの。束縛された状態。「或いは殺し、或いは縛り、或いは罰し、或いは黜け、或いは嫌い、或いは責む」「人ありて囹圄に処在し、或いは木、或いは索、或いは鉄の種種の縛のために繋縛さるる」「執取縛と領受縛と了別縛と執著縛との四種の縛を対治するが故に四念住を立つ」 Ⓢ baddha: bandha: bandhana
②煩悩の異名。身心を縛って自由にしない煩悩をいう。「煩悩は善行に於て所欲に随わざらしむるが故に名づけて縛と為す」
Ⓢ bandhana
（出典）縛者三縛、謂、貪・瞋・癡。（『瑜伽』8、大正 30・314c）
③相縛・麁重縛の縛。→相縛 →麁重縛

縛芻河 ばくしゅか 縛芻は vakṣu の音写。贍部洲にある四大河の一つ。→四大河
Ⓢ vakṣu-nadī

縛象 ばくぞう →縛龍

縛著 ばくちゃく ①執着すること。「重き貪・瞋・癡に拘蔽せらるる者は、堅執に由るが故に、縛著に由るが故に、耽嗜に由るが故

に、貪愛に由るが故に、更相に憤発す」
②縛と著。『婆沙論』に両者の相違に関するいくつかの解釈が述べられている。
(出典) 問、著与縛、何差別。答、名即差別。復次、義亦有別。著、謂、堅著、是難洗除義。縛、謂、纏縛、是難解脱義。復次、著者是相応縛、縛者是所縁縛。謂、七慢類、具二縛故、於彼衆生、能著、能縛。復次、著、謂、著其心、縛、謂、縛其身。是謂縛著二義差別。(『婆沙』199、大正 27・996a～b)

縛羅 ばくら 愚夫を意味する bāla を錯誤した vāla の音写。おろかなもの、すなわち愚夫をいう。vāla には毛という意味があることから毛道と訳される。→毛道
(参考) (『枢要』上本、大正 43・612b)

縛龍 ばくりゅう 『婆沙論』に二説ある。(ⅰ) 蛇を捕まえて芸をさせて生計を立てている人。(ⅱ) 象を捕縛して生計を立てている人 (縛象)。いずれも律儀に反する行為をする人 (不律儀者) の一人。→不律儀者
Ⓢ nāga-bandhaka
(出典) 縛龍者、為活命故、習呪龍蛇、或言縛象。(『婆沙』117、大正 27・607b)
(参考) (『倶舎』15、大正 29・78c)

縛録 ばくろく 縛りとらえること。「諸の逼迫・縛録・禁閉・捶打・毀辱・迫脅・斫截の衆苦の事」 Ⓢ bandha: bandhana

八位 はちい 人間の一生における次の八つの段階をいう。(ⅰ) 処胎位。母胎に入る段階。(ⅱ) 出生位。生まれてから老年に至るまでの段階。(ⅲ) 嬰孩位。いまだ遊びをしない乳児の段階。(ⅳ) 童子位。遊びをする幼児の段階。(ⅴ) 少年位。欲望を起こす三十歳までの段階。(ⅵ) 中年位。五十歳までの段階。(ⅶ) 老年位。七十歳までの段階。(ⅷ) 耄熟位。七十歳以上の段階。 Ⓢ aṣṭāv avasthāḥ
(参考) (『瑜伽』2、大正 30・289a)

八解脱 はちげだつ 八種の解脱した状態をいう。観行者 (ヨーガを修する人) が定の力によって色 (身体や物) への貪りなどを滅した次の八種の解脱したありようをいう。八解脱定ともいう。論書によって異なる解釈がなされるが、『婆沙論』によれば次の八種となる (『婆沙』84、大正 27・434b 以下)。(ⅰ) 内に色想があって外色を観ずる解脱。内的な色である身体への想いを滅するために、外的な色である青瘀や膿爛などの不浄なるものを観じて住する解脱。(ⅱ) 内に色想がなくて外色を観ずる解脱。すでに内的な色への想いをなくしているが、それを堅固なものにするために、さらに外的な色である青瘀や膿爛などの不浄を観じて住する解脱。(ⅲ) 浄解脱を身に作証し具足して住する解脱。外的な清浄な色を観じて煩悩を生じしめない解脱。以上は色という想いがある色界での解脱である。(ⅳ) 諸色の想を超え有対の想を滅して種々の想を思惟せずして無辺空なる空無辺処に入り、具足して住する解脱。色という思いがない無色界の最初の空無辺処に住する解脱。(ⅴ) 一切の空無辺処を超えて無辺識なる識無辺処に入り、具足して住する解脱。無色界の第二の識無辺処に住する解脱。(ⅵ) 一切の識無辺処を超えて無所有なる無所有処に入り、具足して住する解脱。無色界の第三の無所有処に住する解脱。(ⅶ) 一切の無所有処を超えて非想非非想処に入り、具足して住する解脱。無色界の第四の非想非非想処に住する解脱。(ⅷ) 一切の非想非非想処を超えて想受滅に入り、身に作証し、具足して住する解脱。受と想とを滅し、一切の心・心所が滅した滅尽定に住する解脱。
(参考) (『瑜伽』12、大正 30・336b～c):(『雑集論』13、大正 31・758a～b)

八解脱定 はちげだつじょう →八解脱

八近住律儀 はちごんじゅうりつぎ →八齋戒

八近分 はちごんぶん 八つの近分定のこと。→近分定

八邪支 はちじゃし 八つのよこしまなありよう。八支聖道の八支の対。邪見・邪思惟・邪語・邪業・邪命・邪念・邪精進・邪定の八つ。→八邪道支

八邪道支 はちじゃどうし 八聖道支の対。邪見・邪思惟・邪語・邪業・邪命・邪念・邪精進・邪定の八つからなる生きる道。外道の生き方。「正見を首と為す八聖道支は正理に会う。此れと相違するを、応に知るべし、即ち是れ邪見を首と為す八邪道支なりと」

八十種随形相 はちじゅうしゅずいぎょうそう →八十随好

八十種随好 はちじゅうしゅずいこう →八十随好

八十随好 はちじゅうずいこう 随好とは仏などの偉大な人間に具わる三十二大丈夫相に付

随する身体的特徴をいい、全部で八十あることから八十随好という。八十種随好・八十種随形相ともいう。 Ⓢ aśīti-anuvyañjana
(参考)(『瑜伽』49、大正 30・567a～b)

八山 はちせん スメール山(蘇迷盧山)を取りまく踰健駄羅山(持双山)・毘那矺迦山・頞湿縛羯拏山(馬耳山)・蘇達梨舍那山(善見山)・朅達洛迦山・伊沙駄羅山(持軸山)・尼民達羅山・鉄輪囲山の八つの山。前の七山は金より成り、まとめて七金山という。→各項参照 →七金山

八大海 はちだいかい 七金山の間にある七つの内海と七金山の外にある一つの外海とをあわせた八つの海をいう。→七金山 →内海 →外海

八大地獄 はちだいじごく 八つの大きな地獄。等活地獄・黒縄地獄・衆合地獄・号叫地獄・大叫地獄・炎熱地獄・大熱地獄・無間地獄の八つ。八大那落迦・八熱大地獄ともいう。→各項参照
(参考)(『婆沙』47、大正 27・243a):(『倶舎』8、大正 29・41a)

八大那落迦 はちだいならか 八大地獄におなじ。→八大地獄
(参考)(『瑜伽』4、大正 30・294c)

八大龍王 はちだいりゅうおう 七金山の間の内海に住み、帝釈天の力をかりて非天(阿修羅)と戦う諸龍。持地龍王・歓喜近喜龍王・馬騣龍王・目支鄰陀龍王・意猛龍王・持国龍王・大黒龍王・驚羅葉龍王の八龍。まとめて依海住龍という。
(参考)(『瑜伽』2、大正 30・287a)

八断行 はちだんぎょう →八種断行

八道支 はちどうし →八聖支道

八忍八智 はちにんはっち 四諦という真理を見る位である見道における八つの忍と八つの智。八つの忍とは苦法智忍・苦類智忍・集法智忍・集類智忍・滅法智忍・滅類智忍・道法智忍・道類智忍をいい、八つの智とは苦法智・苦類智・集法智・集類智・滅法智・滅類智・道法智・道類智をいう。このなか忍(kṣānti)とは智(jñāna)を生じる原因となる意味での智慧をいう。また法智とは欲界の四諦を対象とする智、類智とは色界・無色界の四諦を対象とする智をいう。見道において、苦諦に対する苦法智忍からはじまって苦法智・苦類智忍・苦類智と順次、苦諦への観察・智慧を深め、さらに集諦・滅諦・道諦に対しても同様の観察・智慧を深めていくから、全部で八つの忍と八つの智とがあることになる。この八忍と八智とをまとめて十六心という。

八熱大地獄 はちねつだいじごく →八大地獄

八部衆 はちぶしゅ ①仏法を守護する八種の神。天・龍・薬叉・健達縛・阿素洛・掲路荼・緊捺洛・牟呼洛伽の八種。→各項参照 ②衆会(大勢の人が集まる集会)を構成する次の八つのグループ。利帝利衆・婆羅門衆・長者衆・沙門衆・四大天王衆・三十三天衆・焔摩天衆・梵天衆。 Ⓢ aṣṭau pariṣadaḥ
(参考)(『瑜伽』3、大正 30・294a～b)

八福生 はちふくしょう 福のある八つの生処。栗散王、王の臣、四大王衆天、三十三天、夜摩天(時分天)、知足天(覩史多天)、楽変化天、他化自在天の八つをいう。いずれも欲界における善処である。 Ⓢ aṣta-puṇya-upapatti
(出典)八福者、謂、欲界栗散王為一、臣為二、加六欲天為八。(『略纂』2、大正 43・23a)

八分別 はちふんべつ 八種分別ともいう。八種の思考。次の八つの分別をいう。(i)自性分別(svabhāva-vikalpa)。物事のそれ自体を思考すること。(ii)差別分別(viśeṣa-vikalpa)。物事を細かいありように分けて思考すること。たとえば、これは無漏である、あるいは有漏である、これは無為である、あるいは有為である、これは善である、あるいは不善である、などと思考すること。(iii)総執分別(piṇḍa-grāha-vikalpa)。一つの総称で呼ばれるものを視点をかえて、いくつかの名称でとらえて思考すること。たとえば生命あるもの(有情)を我・有情・命者・生者・養育者・数取趣などと考えること。あるいは、多くの要素からなる物事を一つの集合体として思考すること。たとえば、多くの人間から成り立つ軍、多くの木々から成り立つ林、などと考えること。(iv)我分別(aham iti vikalpaḥ)。自己は、自分は、と考えること。(v)我所分別(mama iti vikalpaḥ)。自己の、自分の、と考えること。(vi)愛分別(priya-vikalpa)。意にかなう対象を考えること。(vii)非愛分別(apriya-

vikalpa)。意にかなわない対象を考えること。(viii) 彼倶相違分別。意にかなうのでもなく、かなわないのでもない対象を考えること。 Ⓢ aṣṭa-vidho vikalpaḥ
(参考)(『瑜伽』36、大正 30・489c 以下)

八分齋戒 はちぶんさいかい →八齋戒

八万 はちまん ひじょうに多くの数を意味する形容句。たとえば「八万の法藴」「八万の諸天」「龍王に八万の眼あり」という。Ⓢ aśīti-sahasra

八万四千 はちまんしせん ひじょうに多くの数を意味する形容句。たとえば「八万四千の法藴」「摩掲陀国に八万四千の諸の輔佐臣あり」「貪・恚などの八万四千の垢」という。

八万四千法藴 はちまんしせんほううん →八万四千法門

八万四千法門 はちまんしせんほうもん 八万四千の法門。釈尊によって説かれた教えの数が非常に多いことをいう常套句。八万四千法藴とおなじ。八万四千という数については、「八万四千の法藴は能く有貪と有瞋と有癡と等分との有情の行を治すが故なり。四種に各、二万一千あり」(『摂論釈・無』8、大正 31・429a) によれば、人びとの煩悩は貪を有する煩悩、瞋を有する煩悩、癡を有する煩悩、それら三つを等分に有する煩悩との四種に分けられ、それぞれが二万一千あるから合計で八万四千となるという。

八無為 はちむい 〈唯識〉が説く善法真如無為・不善法真如無為・無記法真如無為・虚空無為・非択滅無為・択滅無為・不動無為・想受滅無為の八つの無為をいう。→無為
(参考)(『雑集論』2、大正 31・702b)

鉢(はち) →はつ

八戒 はっかい →八齋戒

八戒齋 はっかいさい →八齋戒

八海 はっかい スメール山(蘇迷盧山)とそれを取りまく八つの山とを九山といい、その九山の間にある八つの海を八海という。そのなかの前七海を内海、第八を外海といい、内海それぞれは八功徳水をたたえ、外海は鹹水が満ちている。→九山 →八功徳水
(参考)(『倶舎』11、大正 29・57c)

八寒地獄 はっかんじごく →八寒那落迦

八寒那落迦 はっかんならか 那落迦は naraka の音写。捺落迦とも音写。意訳は地獄。八寒地獄・八寒捺落迦におなじ。頞部陀・尼剌部陀・頞哳吒・臛臛婆・虎虎婆・嗢鉢羅・鉢特摩・摩訶鉢特摩の八つ。
(参考)(『倶舎』11、大正 29・59a)

八寒捺落迦 はっかんならか →八寒那落迦

八功徳水 はっくどくすい 中央のスメール山(蘇迷盧山)とそれを取り巻く七金山の内にある七つの内海の水。次の八つの性質を持つ水。(i) 甘い。(ii) 冷たい。(iii) 軟らかい。(iv) 軽い。(v) 清浄である。(vi) 臭くない。(vii) 飲むとき喉を傷つけない。(viii) お腹を痛めない。八支徳水ともいう。
(出典) 妙高為初、輪囲最後、中間八海、前七名内。七中皆具八功徳水。一甘、二冷、三軟、四軽、五清浄、六不臭、七飲時不損喉、八飲已不傷腹。(『倶舎』11、大正 29・57c)

八苦 はっく 八種の苦。生苦・老苦・病苦・死苦・怨憎会苦・愛別離苦・求不得苦・一切五取蘊苦の八つ。最後の一切五取蘊苦は五陰盛苦と言い慣わされている。→各項参照
(出典) 復次苦相差別有八。謂、生苦・老苦・生苦・老苦・病苦・死苦・怨憎会苦・愛別離苦・求不得苦・略摂一切五取蘊苦。(『集論』3、大正 31・674b)
(参考)(『瑜伽』61、大正 30・642a～b)

八齋戒 はっさいかい 八戒・八戒齋・八分齋戒ともいう。つぎの八つの戒め。(i) 生きものを殺さない。(ii) 盗まない。(iii) 邪なセックスをしない。(iv) 嘘を言わない。(v) 酒を飲まない。(vi) 化粧をする、身を飾る、歌を聴く、踊りを観る、などをしない。(vii) 高くて広く立派な寝台に寝ない。(viii) 昼以後には食事をしない。在家の仏教信者(近住)が守る戒であるから八近住戒・八近住律儀・八支近住齋戒ともいう。また八支律儀ともいう。
(参考)(『倶舎』14、大正 29・73a)

八支近住齋戒 はっしごんじゅうさいかい →八齋戒

八支聖道 はっししょうどう →八聖支道

八支徳水 はっしとくすい →八功徳水

八支道 はっしどう →八聖支道

八支律儀 はっしりつぎ →八齋戒

八識 はっしき 〈唯識〉が説く眼識・耳識・鼻識・舌識・身識・意識・末那識・阿頼耶識の八つの識。眼識から意識までの六識は原始仏教以来説かれていたが、〈唯識〉はヨーガの体験を通して、潜在的・深層的な心で

ある末那識と阿頼耶識とを発見して、合計で八つの識を立てるに至った。これらのなか、眼識・耳識・鼻識・舌識・身識の五識は、順次、視覚・聴覚・臭覚・味覚・触覚の五感覚に相当し、意識は、言葉を用いて思考する働きと感覚と共に働いて感覚を明瞭にする働きとを有する心であり、末那識は、深層に働く自我執着心、阿頼耶識は、すべての存在を作り出す根源的な心をいう。詳しくは各項を参照。八識を列記する順序にちなんで、眼識・耳識・鼻識・舌識・身識を前五識、意識を第六意識、末那識を第七末那識、阿頼耶識を第八阿頼耶識とよぶことがある。→五識　→意識　→末那識　→阿頼耶識

八衆　はっしゅ　①教団を構成する次の八つのグループ。苾芻・苾芻尼・正学・勤策・勤策女・近事・近事女・近住。→各項参照
Ⓢ aṣṭau nikāyāḥ
②八部衆のこと。→八部衆②。

八種虚妄分別　はっしゅこもうふんべつ　八つのまちがった思考。引発分別・覚悟分別・合結分別・有相分別・親昵分別・喜楽分別・侵逼分別・極親昵分別の八つ。→各項参照
(参考)(『瑜伽』17、大正 30・369b～c):(『瑜伽』58、大正 30・625c～626a)

八種断行　はっしゅだんぎょう　三十七菩提分法の一群である四神足における修行のありよう。潜在的な煩悩(随眠)を断じて三摩地(心が一つの対象にとどめおかれた静かな状態)を円満させるための次の八つの実践。(i)欲(chanda)。三摩地を円満しよう、悪・不善なものを生じる随眠を滅しようと欲すること。(ii)策励(vyāyāma)。随眠を滅する修行をつづけること。精進ともいう。(iii)信(śraddhānatā)。修行をつづけることによって、より深いさとりを信じること。(iv)安(praśrabdhi)。清浄な信によって歓喜が生じ、生じた心の歓喜によって悪・不善なありようを生じる麁重(可能力)が除去されて、身心ともに爽快になること。軽安ともいう。(v)念(smṛti)。心を一つの対象に集中・専注せしめ、心のなかに住して心を静めること。奢摩他(静まった心)における働き。(vi)正知(saṃprajanya)。奢摩他における智慧。(vii)思(cetanā)。心を働かせて、随眠を断じているか断じていないかを観察すること。(viii)捨(upekṣā)。悪・不善なものに心が汚されず、心が偏ることなく平等であること。「諸の随眠を永害せんと欲するが為の故に、三摩地を円満せんが為の故に、是の如く修習するときに、八断行ありて差別して転ず」
Ⓢ aṣṭau prahāṇa-saṃskārāḥ
(出典)神足修習者、謂、数修習八種断行。何等為八。謂、欲・精進・信・安・正念・正知・思・捨。(『雑集論』10、大正 31・740a)
(参考)(『瑜伽』29、大正 30・444a)

八種分別　はっしゅふんべつ　→八分別

八種律儀　はっしゅりつぎ　別解脱律儀をさらに区分した次の八種の律儀。苾芻律儀・苾芻尼律儀・正学律儀・勤策律儀・勤策女律儀・近事律儀・近事女律儀・近住律儀。→別解脱律儀
(参考)(『俱舍』14、大正 29・72b)

八処　はっしょ　①身体の八つの部分。両手の表裏の四つと両足の表裏の四つ。「両手・両足の表裏の八処、即ち手の四処と足の四処とは並に皆な殊妙なり、是を即ち名づけて八種随好と為す」
(参考)(『瑜伽』49、大正 30・567a)
②女が男を魅惑して縛る八つのありよう。舞・歌・笑・睇・美顔・妙触・祇奉・成礼の八つ。
(参考)(『瑜伽』57、大正 30・617a)

八小洲　はっしょうしゅう　→八中洲「地輪に依って蘇迷盧山・七金山・四大洲・八小洲・内海・外海あり」

八正道　はっしょうどう　→八聖支道

八勝処　はっしょうしょ　勝処の勝(abhibhū)とは「勝つ」「伏する」という意味、処(āyatana)とは認識対象のことで、勝処とは「能く境を制伏する心が境処に勝つが故に勝処と名づく。或いは煩悩に勝つが故に勝処と名づく」「前に解脱を修するは唯だ能く棄背し、後に勝処を修するは能く所縁を伏し、楽うところに随って観じ、惑が終に起こらず」と定義されるように、観行者(ヨーガを修する人)が定の力によって、対象(境)のありように束縛されずに、対象に打ち勝って、ねがい通りに対象を自在に作り出して観ずることができ、煩悩を生起せしめない、次の八つの観想のありようをいう。(i)内に色想ありて外色の少を観ず。(ii)内に色想ありて外色の多を観ず。(iii)内に色想

なくして外色の少を観ず。(iv) 内に色想なくして外色の多を観ず。(v) 内に色想なくして外の青を観ず。(vi) 内に色想なくして外の黄を観ず。(vii) 内に色想なくして外の赤を観ず。(viii) 内に色想なくして外の白を観ず。この八勝処は八解脱の後に実践する修行法であり、八解脱との関係でいえば、(i) と (ii) は第一の解脱、(ii) と (iii) とは第二解脱、あとの (iv) から (viii) までは第三の解脱に相当する。→八解脱

(参考)(『婆沙』85、大正27・438c):(『倶舎』29、大正29・151c)

八聖 はっしょう 八種の聖者。→八聖補特伽羅

八聖語 はっしょうご 八つの正しい言葉。見たものを見たという言葉、聞いたものを聞いたという言葉、覚したものを覚したという言葉、知ったものを知ったという言葉、見ないものを見ないという言葉、聞かないものを聞かないという言葉、覚さないものを覚さないという言葉、知らないものを知らないという言葉の八つをいう。

Ⓢ aṣṭāv āryā vyavahārāḥ

(出典) 八聖語者、謂、見言見、聞言聞、覚言覚、知言知、不見言不見、不聞言不聞、不覚言不覚、不知言不知。(『瑜伽』43、大正30・530bc)

八聖支道 はっしょうしどう 正見(正しい見解)・正思惟(正しい思考)・正語(正しい言葉)・正業(正しい行為)・正命(正しい生活)・正精進(正しい努力)・正念(正しい精神集中)・正定(正しい精神安定)の八つからなる生きる道。釈尊の最初の説法である初転法輪で説かれた教え。四諦(苦諦・集諦・滅諦・道諦)のなかの道諦の道、あるいは中道の道の具体的内容をいう。八支聖道・八聖道・八道支・八支道・八正道・聖八支道・八聖道支ともいう。

Ⓢ ārya-aṣṭa-aṅgas mārgaḥ

八聖道 はっしょうどう →八聖支道

八聖道支 はっしょうどうし →八聖支道

八聖補特伽羅 はっしょうふとがら 預流向・預流果・一来向・一来果・不還向・不還果・阿羅漢向・阿羅漢果の八種の聖者。「是の如く有学と及び無学とは総じて八聖補特伽羅を成ず。行向と住果とに、各、四あるが故なり」

八世法 はっせほう 世八法・世間八法とおなじ。→世法

八中洲 はっちゅうしゅう 八小洲ともいう。八つの付属的な島。四大洲ぞれぞれに二つの島が付属し、全部で次の八つの島がある。拘盧洲に属する矩拉婆洲・憍拉婆洲、毘提訶洲に属する提訶洲・蘇提訶洲、瞿陀尼洲に属する舎搋洲・嗢怛羅漫怛里拏洲、贍部洲に属する遮末羅洲・筏羅遮末邏洲。

(参考)(『婆沙』172、大正27・867c〜868a)

八転声 はってんじょう 八囀声とも書く。サンスクリットの広義の名詞には語尾変化があり、別名として subanta(蘇漫多声)と呼ぶが、『瑜伽』に七例句(七種類)の区別があり、伝承の過程で呼格を加えて八種類となったもので、これを八転声と称する。さらにこの語格に単数、両数、複数の別があるので二十四声となり、また男性、女性、中性の三性があるので総数七十二声の語尾変化が起こる。しかし、語尾変化が起こるのは第一声から第七声までで、第八声の呼格には、呼びかけの声なので変化はなく、ただ語幹のうえに間投詞である he(醯)という文字を加えるだけである。以上の二十四声はサンスクリットの一切の諸文に使用されるので、形容詞、代名詞、動詞から作られる分詞にも当てはまることになる。(i) 体声(nominative)。汎説声ともいう。主語。述語を表す主格のこと。「〜が」「〜は」に相当する。サンスクリットは nirdeśa(儞利提勢)。(ii) 業声(accusative)。所説声ともいう。動詞の目的語。方向、時間の継続を表す目的格のこと。「〜を」「〜に」に相当する。サンスクリットは upadeśana(鄔波提舎泥)。(iii) 具声(instrumental)。能説声ともいう。用具、手段、動作者、原因、理由、同伴、結合を表す具格のこと。「〜をもって」「〜によって」に相当する。サンスクリットは kartṛ-kāraṇa(羯咥喇迦囉泥)。(iv) 所為声(dative)。為声・所与声ともいう。間接目的語。利害、目的、方向を表す与格のこと。「〜のために」「〜へ」に相当する。サンスクリットは saṃpradāna(三鉢囉陀儞雞)。(v) 所従声(ablative)。従声ともいう。分離、反発、原因、理由、比較を表す奪格のこと。「〜から」「〜より」に相当する。サンスクリットは apādāna(褒波陀泥)。(vi) 所属声

(genitive)。属声ともいう。所属、所有、動作者を表す属格のこと。「〜の」「〜にとって」に相当する。サンスクリットは svāmi-vacana（莎弭婆者儞）。(vii) 所依声(locative)。空間、時間における広義の位置を表す於格のこと。「〜に」「〜よって」に相当する。サンスクリットは saṃnidhānārtha（珊儞陀那囉梯）。(viii) 呼声（vocative）。呼格のことで間投詞を付して「〜よ」に相当する。サンスクリットは āmāntraṇa（阿曼怛羅泥）。
（参考）（『瑜伽』2、大正 30・289c）:（『略纂』1、大正 43・18c）:（『枢要』上本、大正 43・613c）:（『了義灯』1 末、大正 43・674a）:（『慈恩伝』3、大正 50・239b）

八囀声 はってんじょう 八転声とおなじ。→八転声

八方 はっぽう 八つの方向。東・西・南・北と北東・北西・南東・南西の八つ。「妙高山が金輪の上に拠って八方の猛風に傾動すること能わざるが如く、世尊も亦た爾り。戒の金輪に住して此の世の八法に動ぜらるること能わず」 Ⓢ aṣṭāsraka

発（はつ）→ほつ

般涅槃 はつねはん 原語 parinirvāṇa の pari を般、nirvāṇa を涅槃と音写した語。pari には「完全な」という意味があり、完全な涅槃をいう。あらゆる煩悩を滅し尽くした完全な静寂の境地、さとりの心境、あるいは、そのような心境に入ること。
Ⓢ parinir-vā: parinirvāṇa

般涅槃法 はつねはんほう 般涅槃法者とおなじ。→般涅槃法者

般涅槃法者 はつねはんぽうしゃ 般涅槃することができる人。あらゆる煩悩を滅し尽くした完全な静寂の境地に入る可能力をもった人。「般涅槃法者は一切の種子を皆な悉く具足し、不般涅槃法者は便ち三種の菩提の種子を闕く」 Ⓢ parinirvāṇa-dharmaka

般涅槃法種性補特伽羅 はつねはんぽうしゅしょうふとがら 般涅槃法者とおなじ。→般涅槃法者

鉢 はつ 食器。食事をするときに用いる容器。乞食のさいに施物を入れる容器。衣とともに教団のなかで許される所有物の一つ。
Ⓢ pātra
（出典）云何持鉢。（中略）若堪受持、或鉄、或瓦乞食応器、説名為鉢。現充受用、能正将護、説名為持。（『瑜伽』24、大正 30・414b〜c）

鉢油 はつゆ 鉢に入った油。「専心に将護して鉢油の一滴をも地に堕せしめず」
Ⓢ taila-pātra

鉢地 はっじ 動詞 **pad** に由来する padi の音写。「鉢地という界は、是れ、有の義なり」、あるいは「鉢地という界は、是れ、行の義なり」と解釈する。 Ⓢ padi
（参考）（『倶舎』9、大正 29・50c）

髪 はっ ①かみ。頭の毛。「膚が細軟にして髪が黒ければ、以って少年なりと比知す」
Ⓢ keśa
②かしら。頭。「鬚と髪とを剃って世俗を棄捨す」 Ⓢ śiras

髪毼 はつかつ 髪からできた織物。髪褐とも書く。「資具衰損とは、そのときの有情は髪毼を以って衣中第一と為す」 Ⓢ keśa-kambala

髪褐 はつかつ →髪毼

髪毛 はつもう ①髪と毛。頭の毛と身体の毛。「胎蔵の髪毛は稀尠なり」
Ⓢ keśa-roman
②かみ。頭の毛。「髪毛など、乃至、糞穢は是れ内の地界なり」 Ⓢ keśa

髪毛爪位 はつもうそうい 胎児の八段階の第六の段階。胎児に髪や毛や爪ができはじめた段階。→胎蔵
Ⓢ keśa-roma-nakha-avasthā
（出典）髪毛爪現、即名髪毛爪位。（『瑜伽』2、大正 30・285a）

髪毛輪 はつもうりん 眼を閉じると現れる髪の毛のような網状の幻影。眼の病の一つ。「眼に若し瞖などの過患あれば、便ち髪毛輪などの瞖相が現前することあり」 Ⓢ keśa-uṇḍuka

撥 はっ 撥無とおなじ。→撥無「善悪等を撥する見を邪見と名づく」

撥無 はつむ 撥とおなじ。存在しないと否定すること、存在を認めないこと。仏教は、特に因果の理を否定する見解を因果撥無の邪見といい、その邪見によって善根（善を行なう力）が断ぜられると強調する。「因果を撥無する邪見に縁って能く善根を断ず」「邪見とは、不善の丈夫に親近し、非正法を聞き、不如理に作意するが故に、因を撥し果

を撥し、或いは作用を撥するを謂う」
Ⓢ apa-**vad**: apavāda

伐浪伽 ばつろか varāṅga の音写。力を有するものの一つとしてあげられ、鉢羅塞建提の十倍の力を有するという。「十十に象などの七の力を倍増す。謂く、凡象と香象と摩訶諾健那と鉢羅塞建提と伐浪伽と遮怖羅と那羅延となり。後後の力は前前に増すこと十倍なり」 Ⓢ varāṅga
（参考）（『倶舎』27、大正 29・140c）

抜 ばつ ぬくこと。摘出すること。「善心者は離繫の髪を抜く」「毒箭を抜く」
Ⓢ luñcana

抜苦 ばっく 抜苦与楽の抜苦。慈悲のなかの悲とは、苦しむ人びとの苦を抜こうと願うあわれみの心をいう。→抜苦与楽

抜苦与楽 ばっくよらく 抜苦と与楽。他の人びとの苦しみを抜くことと、楽を与えること。与楽が慈悲のなかの慈の働き、抜苦が悲の働きをいう（ただし、抜苦を慈、与楽を悲に配分する考えもある）。

抜済 ばっさい 救うこと。（苦しみや恐れなどから人びとを）救い出すこと。済抜・救済・救抜・救脱とおなじ。「一切の有情を抜済して其をして安楽せしむ」「無畏施とは師子・虎狼・鬼魅などの畏から済抜し、王賊などの畏から抜済し、水火などの畏から抜済するを謂う」 Ⓢ pari-**trā**: paritrāṇa: vyud-**sthā**
（参考）（『婆沙』78、大正 27・401c）には、抜済の種々の意味が説かれている。

抜除 ばつじょ とりのぞくこと。「根本を抜除するとは随眠を害するをいう」

抜除習気 ばつじょじっけ 永断習気・永害習気ともいう。如来（一切智者）にそなわる百四十不共仏法の一つ。煩悩を生じる可能力（習気）を断じ尽くしていること。そのために、如来には一切智者でない声聞や独覚のふるまいがない。すなわち、声聞や独覚は、煩悩を起こすことはないが、煩悩を生じる可能力（習気）を断じ尽くしていないために、煩悩があるのに似たふるまいを起こす。しかし、如来にはそのようなふるまいがない。→永害習気 Ⓢ vāsanā-samudghāta
（出典）永断習気者、謂、一切智者、於非一切智所作、不現行具足中、若定、若慧。（『集論』7、大正 31・691c）
（参考）（『摂論釈・無』9、大正 31・442a～b）

抜髪 ばつはつ 髪の毛を抜くこと。離繫外道が修する苦行の一つ。「外道は懸頭・抜髪・自餓・投巖などの苦行を修す」
Ⓢ śiras-luñcana: keśa-luñcana

筏 ばつ いかだ。小舟。船筏とおなじ。→船筏「仏が告げて曰く、汝等、苾芻よ、已に聖道に依って所応作を作し、当に棄捨して無余依涅槃に入るべし。人が筏に依って河を渡ることを得るが如し」 Ⓢ kola

罰 ばつ 罰すること。罪を犯した者へのこらしめ。治罰とおなじ。「或いは殺し、或いは縛し、或いは罰し、或いは黜け、或いは嫌い、或いは責む」 Ⓢ daṇḍa: bādhana

罰罪 ばつざい 罪を犯した者へのこらしめ。「若し罰罪に依って断善の人を殺さば、罪を得ること重しと為す」

反害 はんがい 害すること。損害をあたえること。「反害の心なく、瞋恚の心なく、怨恨を懐かず」 Ⓢ āghāta

反詰 はんきつ →反詰記

反詰記 はんきつき →反問記

反質 はんしつ 相手の非難や質問に対して反論すること。「此れは論主の反質なり」「時に舎利子は邪命外道に反質して言う」 Ⓢ **ah**

反罵 はんば 相手の罵倒に対して なじりかえすこと。「罵に於て反罵するを名づけて不忍と為す」

反報 はんぽう （相手からの危害などに対して）報復すること。「諸の菩薩は他の所に於て不饒益に遭うも、恚害心なく、亦た反報せず」「諸の菩薩は悲心・愍心にて恵施を行じ、終に他に於て反報を希望せず」

反問 はんもん →反問記

反問記 はんもんき 相手の質問に対して、まず問いかえして、その後に答える方法。たとえば、「人は勝れているか劣っているか」という問いに対して、「だれと比べるのか」と問いかえし、その上で「地獄に比べれば勝れているが、天に比べれば劣っている」と答えるような方法をいう。四つの答え方（一向記・分別記・反問記・捨置記）の一つ。反詰記・詰問記ともいう。
Ⓢ paripṛcchā-vyākaraṇa
（参考）（『婆沙』15、大正 27・75b～c）：（『倶舎』19、大正 29・103a 以下）：（『瑜伽』81、大正 30・754a）

半 はん ①（ある数、あるいは量の）半分。半分の。「毘提訶洲の形は半月の如し」「蘇迷盧山より次第の余の七金山は其の量、漸減して、各、其の半に等し」 Ⓢ ardha
②月の半分（十五日）。「雨際の第二月の後の半の第九日より夜は漸増し、寒際の第四月の後の半の第九日より夜は漸減す」 Ⓢ pakṣa

半月 はんがつ ①月の半分（十五日）。一か月の半分。「時の差別に多種あり。謂く、時・年・月・半月・昼夜・刹那・臘縛・牟呼栗多などの位なり」 Ⓢ ardha-māsa
②半分にかけた月。「毘提訶洲の形は半月の如し」 Ⓢ ardha-candra

半月半択迦 はんがつはんちゃくか 五種の半択迦の一つ。→半択迦

半業 はんごう 二種の業（業・半業）のなかの一つ。二種の業（牽引業・円満業）のなかの牽引業を業、円満業を半業という。あるいは牽引業・円満業をまとめて業、そのなかの一つを半業という。あるいは二種の業（双業・隻業）のなかの双業を業、隻業を半業という。→牽引業 →円満業 →双業 →隻業
（出典）業半業者、如正法中、牽引業名業、円満業名半業。或具二種名業、随但有一、名半業。（中略）諸双名業、隻業名半業。（『婆沙』198、大正 27・991c）

半宅迦 はんたくか →半択迦

半択迦 はんちゃくか paṇḍaka の音写。半宅迦とも音写。男女の性器（男根・女根）の働きが完全ではない人。性的交渉が不能な者。扇搋迦・二形などとともに出家できない人としてあげられる。非男非女と訳すこともある。次のような種類がある。（ⅰ）全分半択迦（生まれながらに男根がない人）、（ⅱ）一分半択迦（月の半分しか男根が働かない人、あるいは他人が性的行為をしているのを見て男根が働く人）、（ⅲ）損害半択迦（男根が刀・病薬・火呪などによって害され損壊された人）、の三種（『瑜伽』53、大正 30・592a）、（ⅰ）生便半択迦（生まれながらに男根がない人）、（ⅱ）嫉妬半択迦、（ⅲ）半月半択迦（月の半分しか男根が働かない人）、（ⅳ）灌灑半択迦、（ⅴ）除去半択迦（男根が除去された人）、の五種（『集論』4、大正 31・680a～b）が説かれる。 Ⓢ paṇḍaka

半超 はんちょう 四種の聖者（預流・一来・不還・阿羅漢）のなかの不還が色界・無色界において涅槃に入る五種のタイプ（中般涅槃・生般涅槃・有行涅槃・無行涅槃・上流）のなかの上流をさらに全超と半超と一切処歿（遍歿）の三種に分けるなかの一つ。色界の初静慮より、中間の一つを、あるいはいくつかの天を飛び超えて色究竟天、あるいは有頂天に生まれる人。→上流補特伽羅
Ⓢ ardha-pluta

半娜婆 はんなば panasa の音写。パンの木の実。形が冬瓜に似た果物の名。
Ⓢ panasa
（出典）半娜婆、亦是菓名。形如冬瓜。（『倶舎論記』5、大正 41・94a）

犯（はん）→ぼん

汎説声 はんせつしょう →八転声

伴 はん 助伴とおなじ。→助伴②
Ⓢ parivāra

伴助 はんじょ 助ける人。助けること。助伴とおなじ。→助伴①「正法を宣説するとは、謂く、自の勝れたる義利を獲得するに於て、若し堪能なければ為に正法を説いて伴助して彼れをして正行を発生せしむ」
Ⓢ sahāya

伴侶 はんりょ なかま。つれ。とも。「多くの商人が共に伴侶と為って能く険路を過ぐるが如く、心心所法も亦た復た是の如し」

判 はん 判定すること。判断すること。「法の正理を判ずるは、唯だ世尊及び諸の如来の大聖の弟子に在り」「華厳などを頓教と為し、法華などを判じて漸教と為すと説くべからず。倶に漸と頓との機が在会するが故に」 Ⓢ pramāṇa

判釈 はんじゃく 判定し解釈すること。→教相判釈「本文を判釈するとは、本文を判じ、本文を釈するをいう」

畔辺際 はんへんざい いちばん端っこ。さかい。境界。「是の世間の諸行の最後界の畔辺際を名づけて世第一法と為す」
Ⓢ paryanta

般若 はんにゃ prajñā の俗語（パーリ）である paññā の音写。慧・智慧と訳される。勝れた（pra）智慧（jñā）というのが原意。大きく次の二種に分かれる。
（ⅰ）心所の一つとしての般若。「諸法を簡択する慧」と定義される。諸法を簡択するとは、さまざまな存在を深く観察し、その本質を見きわめることをいう。たとえば個々の現

象を個別的に観察し、思考し、その結果、すべての現象に共通な本質は無常・苦・無我であると理解する、そのような智慧を般若という。あるいは簡択とは、なにが正しく、なにが不正であるか、なにが利益（徳）となり、なにが不利益（失）となるか、をえらびわけ、見きわめることをいい、そのような働きをする智慧を般若という。
（出典）云何為慧。於所観境、簡択為性、断疑為業。謂、観徳失俱非境中、由慧推求得決定故。（『成論』5、大正 31・28c）。
（ⅱ）大乗の般若。存在の真実のありよう（諸法の実相）を照らし出す智慧。言葉をはなれた真理（空・空性・真如・法界）をさとる智慧。そのような般若を宣揚するために、大乗を興した人びとによって造られたのが膨大な『般若経』群である。大乗によって強調される般若の偉大な働きをまとめると次のようになる。1. 我々に世間の真実の相を示し、2. 我々の自由な他者救済活動を可能にし、3. それによって我々に仏の智慧を獲得せしめる。
（参考）（『瑜伽』37、大正 30・495b～c）

般若波羅蜜多 はんにゃはらみた 六波羅蜜多の一つ。慧波羅蜜多とおなじ。→慧波羅蜜多 Ⓢ prajñā-pāramitā

販鶏 はんけい にわとりを飼い、屠殺し、販売して生計を立てている人。律儀に反する行為をする人（不律儀者）の一人。屠雞ともいう。→不律儀者。 Ⓢ kaukkuṭika
（参考）（『瑜伽』9、大正 30・319c）

販猪 はんちょ 猪を飼い、屠殺し、販売して生計を立てている人。律儀に反する行為をする人（不律儀者）の一人。屠猪ともいう。→不律儀者 Ⓢ saukarika
（参考）（『瑜伽』9、大正 30・319c）

飯 はん めし。かゆ。一つ一つ分けて噛み砕き、段々と食べる食物（段食）の一つ。糜とともに身心を維持する代表的なものとしてあげられる。「能く身心の勢力を増長する餅・飯・糜などの種種の飲食を用いて諸の衆生に施す」 Ⓢ odana: tarpaṇa

飯漿 はんしょう めしの汁。飲物の一つ。「云何が飲と為す。沙糖汁、或いは石蜜汁、或いは飯漿の飲、或いは鑽酪を謂う」
Ⓢ kāñjika

煩（はん）→ぼん

幡 はん のぼり。はた。供養に用いる道具の一つ。「幢と蓋と幡と灯とを以って供養す」 Ⓢ patākā

繁茂 はんも おいしげること。零落の対。「秋冬の時には叢林・薬草・華葉・果などは萎黄し零落し、春夏の時には枝葉・華果は青翠にして繁茂す」
Ⓢ samṛddhi: saṃpūrṇatva

蟠結 はんけつ ①入り組んでぐるぐると結ばれているさま。「支節の相連なること龍の蟠結に似たり」 Ⓢ granthi
②疑惑。わだかまり。「古昔の諸師は已に斯の蟠結を解釈す」 Ⓢ grantha

攀 はん 次の二解釈がある。（ⅰ）攀とは煩悩の纏（煩悩が顕在的にまとわりつくこと）、住とは煩悩の潜在的な力（随眠）をいい、涅槃にはそれら両方がないから涅槃を無攀無住という。（ⅱ）攀とは言葉を起こす心作用（想）、住とは感受作用（受）をいい、滅受想定にはそれら両方がないから滅受想定を無攀無住という。
（参考）（『瑜伽』18、大正 30・376b）

攀縁 はんえん かかわりあうこと。認識すること。「沈相とは、其の心は惛闇にして勝なる境界に於て楽って攀縁せず」「心に愛染を懐き、諸欲を攀縁す」「円成実自性は形色なく、覩見すべからず、依住するところなく、攀縁するところなし」「薄塵行者は楽うところに随って一境を攀縁し、其の心を安住して加行を勤修す」

伴題 ばんだい vandana の音写。→和南

伴談 ばんだん vandana の音写。→和南

挽 ばん ひくこと。曳航すること。「船を挽いて逆流を上がる」 Ⓢ **nī**

般豆時縛迦花 ばんずじばっかか 般豆時縛迦は bandhujīvaka の音写。赤色の花。槃度時縛迦花ともいう。 Ⓢ bandhujīvaka-puṣpa
（参考）（『雑集論』13、大正 31・758c）

晩 ばん ①時刻がおそいこと。日暮れ。夕刻。「諸の菩薩は自ら翹勤して夙に興き、晩に寝て、深く睡眠に耽楽せず」「日と晩の時を過ぎて夜分に至る」 Ⓢ sāya
②年齢がいっていること。「晩出家と幼出家」

槃度時縛迦花 ばんどじばっかか →般豆時縛迦花

盤石劫 ばんじゃくこう →劫①

ひ

比　ひ　①くらべること。「他に比して己を勝、或いは等、或いは劣なりと謂う。当に知るべし、是れを憍慢の過失と名づく」「爪上の土を大地の土に比するに百分にして一に及ばず、千分にして一に及ばず、百千分にして一に及ばざるが如し」
②比量のこと。→比量「現と比と至教との道理に依って正法を説く」

比況　ひきょう　たとえ。たとえること。くらべてたとえること。「譬喩とは諸経の中に比況ありて説くを謂う」「引喩とは所立の宗義を成就せんが為に、因の所依たる諸の余の世間にて串習し共許し了じ易き法を引いて、以って比況する言論なり」「諸有・諸趣の死生に於て無量の火が尸骸を焚焼せることを経たり。是の如き火聚も亦た比況するものなし」

比知　ひち　推測すること。あるものを観察することによって、別のものを推し量ること。たとえば煙を見て、そこに火が燃えていることを比知する。「烟を見るが故に火あることを比知す」「面に皺がある、髪が白い、などの相を以って是れは老なりと比知す」
Ⓢ anu-**mā**: anumāna

比智　ひち　直接的に知るのではなく間接的に推測してしる智。『婆沙論』には外道と声聞と仏との三種の比智が比較されている（『婆沙』100、大正 27・518a）。比量智ともいう。「仏は宿住随念智を以って無色界の諸の宿住事を憶知せず。但だ比智を以って無色界の諸の宿住事を知るなり」「比智に外道のものと声聞のものと仏のものとあり。仏の比智は明浄・勝妙にして如実に知るなり」「世尊は未来の事に於て唯だ比量智ありて現量智なしということ、此れは理に応ぜず」

比度　ひど　推測すること。現に認識されるものを通して認識されないものを推し量ること。たとえば現象を鋭く観察し思惟して、現象は刹那に生滅することを推量すること。「即ち是の如き現見増上なる作意力に由るが故に、変異無常なる性を観察し已って、彼の諸の色行は復た現に刹那生滅し滅壊無常なることありと雖も、微細なるが故に、現に得るところに非ざるが故に、現見増上なる作意に由って応に正しく比度すべし」「長夜に於て言説の勝解に由って世間の綺言説に楽著するが故に、内の寂静なる聖黙然の楽に於て尋思すること能わず、比度すること能わず、信解すること能わず」
Ⓢ anu-**mā**: anumāna: anumānaṃ karoti

比度量　ひどりょう　比量のこと。→比量

比方　ひほう　くらべること。比較すること。「見取とは薩迦耶見・辺執見・邪見を以って他の見と比方して執して最と為し、上勝妙・第一と為すを謂う」

比量　ひりょう　推量。推測。現に認識されるものを通して認識されないものを推し量ること。あるいは言葉を用いた推理による認識、すなわち論理的思考をいう。三つの認識のありよう（三量）である現量・比量・至教量、あるいは現量・比量・非量の一つ。比度量ともいう。種類としては、相比量・体比量・業比量・法比量・因果比量の五種が説かれる（『瑜伽』15、大正 30・358a）。→三量「遠くに烟を見て彼に火ありと知るが如く、現量を先と為して比量す」「証成道理に由って至教量・比度量・現証量の三量を尋思す」
Ⓢ anumāna-pramāṇa

比量智　ひりょうち　比智とおなじ。→比智

比類　ひるい　①推測する、推し量ること。「現在を以って過去を比類す、或いは過去を以って未来を比類す」「仏は過去・現在の因果の次第を比類するに由って、未来の乱住の諸法に於て能く現に了達す」　Ⓢ anumāna
②匹敵すること。くらべることができること。「何の義の為の故に名づけて無比と為すや。諸法の能く比類するものあることなきが故なり」

比類智　ひるいち　直接的に知るのではなく間接的に推測してしる智。比智とおなじ。『婆沙論』には次の四種の比類智が説かれる（『婆沙』106、大正 27・549b）。「因を以って

比類して果を知る、果を以って比類して因を知る、身語業を以って比類して心を知る、所説の法を以って仏を知る」

皮 ひ ①身体のひふ。「髪は白く皮は緩皺す」 Ⓢ tvac
②動物や植物のかわ。「得と所得とは、ある時は相離る。譬えば樹と皮との如し」
Ⓢ carman

皮肉血 ひにくけつ 身体の皮膚と肉と血液。「死屍は既に食され已って、皮肉血は尽きて唯だ筋纏骨のみあり」 Ⓢ tvac-māṃsa-śoṇita

皮膚 ひふ ①身体のひふ。「髪は白く皮膚は緩皺す」 Ⓢ tvac
②皮と膚。→皮膚肉 Ⓢ tvac-phalgu

皮膚細滑相 ひふさいかつそう 偉大な人間に具わる三十二種の身体的特徴の一つ。身皮細滑相ともいう。→三十二大丈夫相

皮膚肉 ひふにく 皮と膚と肉。身体の表面を皮（tvac）と膚（phalgu）と肉（sāra）との三層にわける分類法。所知障をもたらす麁重（潜在的な力）の強さの程度に応じて三種にわける際に「皮に在る麁重」「膚に在る麁重」「肉に在る麁重」と譬喩的に用いられる。この場合の皮とは最も表面にある薄いかわの層、膚はその下にある層、肉はさらにその下にある肉をいう。

彼 ひ ① tad の訳で、「それ」「かれ」を意味する名詞、あるいは「その」「かの」を意味する指示代名詞。 Ⓢ tad
② para の訳で、「他の」「別の」を意味する語。たとえば「彼世間」（para-loka）で他の世間・世界すなわち来世を意味する。
Ⓢ para

彼岸 ひがん むこう岸。煩悩を滅した涅槃の世界の喩えに用いられる。生死を意味するこちら岸である此岸の対。「聖道に依止して生死の此岸より涅槃の彼岸に至る」
Ⓢ para

彼此 ひし 彼と此。「それ」と「これ」、あるいは「そこ」と「ここ」。「彼此展転して互相に違戻す」「彼に尸羅を説き、此に精進を説く。当に知るべし、是れを彼此の差別と名づく」

彼性 ひしょう ヴァイシェーシカ派（勝論）が説く十句義のなかの徳句義に二十四あるなかの一つ。数や時（時間）や方（場所）に関して、此の物は一、彼の物は二、あるいは此の時、彼の時、あるいは此の場所、彼の場所と、此と彼に区別するなかの「彼」のありようをいう。
（参考）（『述記』1末、大正43・256b）

彼世間 ひせけん 彼の世間。他の世界。未来世。「諸の識は流転し相続して此の世間より彼の世間に至り断絶することなし」

彼同分 ひどうぶん 自らの作用をなさないこと。自らの作用をなすことを意味する同分に対する概念。同分とは、たとえば、認識作用において主観が主観として、また客観が客観として自らの作用をなすことをいう。たとえば、眼識が対象（色）を認識し、対象が眼識によって認識されることをいう。これに反して、彼同分とは、主観が、あるいは客観が、主観あるいは客観でありうる可能性をもちながら具体的に自らの作用を実現しないことをいう。たとえば眼についていえば、過去、現在、未来において具体的に色を見るという作用をおこす眼を「同分の眼」といい、具体的に色を見ることなくして滅した眼、あるいは縁がなくて生じなかった眼を「彼同分の眼」という。あるいは、たとえば、眼根と色境と眼識の三つが和合して触が生じることにおいて、三つは自らの作用をなさないけれども、互いに関係し合って一つの触を生じる場合、それら三つを彼同分という。
Ⓢ sabhāga
（参考）（『倶舎』2、大正29・10a）：（『瑜伽』65、大正30・660c）

彼分涅槃 ひぶんねはん 静慮の異名の一つ。静慮という禅定においては煩悩の一部分を断じているだけで、煩悩を断じ尽くした真の涅槃ではないありようをいう。
（出典）是静慮名差別者、（中略）或復名為彼分涅槃、亦得説名差別涅槃。由諸煩悩一分断故、非決定故、名彼分涅槃。非究竟涅槃故、名差別涅槃。（『瑜伽』11、大正30・331a）：彼分涅槃者、略為二釈。一而伏煩悩所顕之理。是真涅槃之少分故、故名彼分。二云即四禅等所有浄定。由伏煩悩、有寂静義、名為涅槃。以是有為故、名彼分。分者相似流類之義。拠無惑辺、有寂静義。与真涅槃、稍相似故、故名彼分。（『演秘』1本、大正43・817a〜b）

披 ひ ①着る、身につけること。「異類の

外道は形を露わす、髪を抜く、烏鹿の皮を披る、灰を塗るなどの無義の苦行を受持す」
②（経論を）開いて調べること。「初釈に付いて大荘厳論を披けば、明かに転識得智の文を見る」

披閲 ひえつ （経論などを）開いてよく目をとおして調べること。「此の経典に於て能く恭敬し、他の為に宣説し、書写し、護持し、披閲し、流布す」

披読 ひどく 経典を開いて読誦すること。十法行（経典などに書かれている教えに対する十種の修行）の一つ。翫読ともいう。→十法行 Ⓢ vācana

披服 ひふく （袈裟などを）身につける、着ること。「釈子あり、鬚髪を剃除し、袈裟を披服し、正信して出家して、一切智を具す、是れを名づけて仏と為す」

肥 ひ ふとっていること。瘦の対。「身形の長と短、肥と瘦」 Ⓢ sthūla

肥膩 ひに あぶら濃いもの。「我れ、今、多く所食を食し、力に随って肥膩を食噉す」 Ⓢ snigdha

陂湖 ひこ つつみで囲った池・湖。外の水界の一つ。陂池とおなじ。「井泉・池沼・陂湖・河海、是の如きの類を外の水界と名づく」「水事とは江河・陂湖・衆流・池沼を謂う」「天地・風・虚空・陂池・大海は皆な内の所作にして外に在らず」 Ⓢ taḍāga: saras

陂池 ひち 陂湖とおなじ。→陂湖

非 ひ 否定の助字。（i）後にくる名詞や名詞句を否定し、「～でない」という意味。この場合は非を「ひ」と音読する。たとえば、非愛は「ひあい」と読み、「愛ではない」すなわち「好ましくない」という意味である。（ii）後にくる事柄や内容を否定し、「～にあらず」と訓読する。たとえば「前に滅定を起こして後に方に尽智を生ずるに非ず」というなかの非をいう。

非愛 ひあい ①好ましくない、望ましくない、意にかなわないこと。非可愛・非所愛ともいう。「善と不善との業は能く愛と非愛との果を感ず」「傍生と人趣と大力の餓鬼とは、多く非愛の境に触れ、少く愛の境に触れる」「染心を以って非愛の語を発して他を毀呰するを麁悪語と名づく」「那落迦・傍生・餓鬼の苦趣に中に生ずるを名づけて非可愛の生と為す」「愛と非所愛との有情の差別あり」 Ⓢ anabhipreta: aniṣṭa: apriya: amanāpa
②愛さない人。好ましくない人。憎い人。「有情は所愛との会を欲し非愛との離を求む」 Ⓢ apriya

非愛会苦 ひあいえく 憎い人と会う苦しみ。八苦の一つの怨憎会苦とおなじ。→怨憎会苦

非愛合会 ひあいごうえ 怨憎合会とおなじ。→怨憎合会

非愛分別 ひあいふんべつ 八分別の一つ。→八分別

非安立 ひあんりゅう 言葉で説くことができないこと、また、そのようなもの。安立の対。
（出典）有差別名言者、名安立。無差別離名言者、非安立也。安立者施設義。（『述記』9末、大正 43・568a）

非安立真実 ひあんりゅうしんじつ 言葉で語られない真理。真如のこと。安立真実の対。→安立真実
（出典）云何非安立真実。謂諸法真如。（『瑜伽』64、大正 30・654a）

非安立真如 ひあんりゅうしんにょ 言葉で語られない真理。真如のこと。安立真如の対。→安立真如①「真如を思惟し、また真如を観ずるあり、謂く、通達位の後に相続して非安立真如を思惟す」

非安立諦 ひあんりゅうたい 言葉で語られない真理。真如のこと。言葉で語られる真理である苦・集・滅・道の四聖諦という安立諦の対。→安立諦
（出典）非安立諦者、謂、真如。（『瑜伽』72、大正 30・697c）

非安立諦智 ひあんりゅうたいち 言葉で語られない真理をみる智慧。→非安立諦

非一 ひいつ 種々の。多くの。異なった。「寒熱・飢渇などの事に因って非一・衆多の品類の種種の苦受を生起す」「種種と言うは非一の義を顕す」 Ⓢ anekatva: aneka-vidha: nānā

非一非異 ひいつひい →不一不異①

非因 ひいん ①正しくない因。自在天（īśvara）・自性（prakṛti）・士夫（puruṣa）・時（kāla）・方（diś）・空（ākāśa）などが世間を生じる因である、あるいは牛戒が解脱の因となる、などと説く外道が主張する原因。不平等因とおなじ。→不平等因

Ⓢ akāraṇa: ahetu
（出典）問。何謂非因。答。自在天等不平等因。（『婆沙』9、大正 27・41a）
（参考）（『倶舎』19、大正 29・100a～b）
②因でないもの。「因の法と非因の法」

非有 ひう ①「存在しない」ということを意味する語。たとえば言葉で仮に語られたものには実体がなく形相もなく、いかなる意味においても存在しない（非有）と説かれる。あるいは虚空とは、もの（色）が存在しない（非有）ことであると説かれる。
Ⓢ abhāva: asat: asattva: na asti: na vidyate
（出典）言非有者、謂、即諸色仮説自性、乃至涅槃仮説自性、無事・無相、仮説所依一切都無、仮立言説、依彼転者、皆無所有、是名非有。（『瑜伽』36、大正 30・487a）
②存在しないもの。たとえば有情・命者・生者などといわれる我（ātman 自己）をいう。
Ⓢ asat
（出典）若説於我、或説有情命者生者等、是名非有。（『瑜伽』28、大正 30・436c）
③非有非無の非有。→非有非無

非有似有 ひうじう 有ではないが有に似ているもの。因と縁によって生じる存在（依他起性）である心の存在のありようを表す語。たとえば魔術によって現された現象は実際には存在しない幻の如くであるように、因と縁によって生じた心も有るようにみえるが実際に有るのではないという、そのような心のありようをいう。
（出典）心心所及所変現、衆縁生故、如幻事等、非有似有、誑惑愚夫、一切皆名依他起性。（『成論』8、大正 31・46c）：此依他起、非有似有、実非二分、似計所執二分見相、立似名。（『述記』1本、大正 43・241a）

非有情 ひうじょう 生きものでないもの。生命をもたないもの。非情・無情ともいう。「無根の者を有情と為すや、非有情と為すや。若し是れ有情ならば外の無根の物も応に是れ有情なるべし」 Ⓢ asattva

非有情数 ひうじょうしゅ 生きものでないものに数えられるもの。生命をもたないもののグループ。「内身とは、謂く、此の身の中に於るあらゆる内の色処にして有情数に堕するが故に内と名づけ、外身とは、謂く、外のあらゆる外の色処にして非有情数なるが故に外と名づく」「有情数の大種を因とする声と非有情数の大種を因とする声とあり」
Ⓢ asattva-ākhya: asattva-saṃkhyāta

非有想非無想有情 ひうそうひむそううじょう 非想非非想処に生じた生きもの。
（出典）非有想非無想有情者、謂、非想非非想処所有生天。（『瑜伽』83、大正 30・761a）

非有想非無想見 ひうそうひむそうけん →非有想非無想論

非有想非無想論 ひうそうひむそうろん 外道の六十二種のあやまった見解のなかの一群。死後の次世で自己存在は断ずることなく存続するが、知覚や思考作用が有ることもなく無いこともない状態になるとみる見解。身体が自己なのか、命根が自己なのか、自己の大きさに限界があり小さいものなのか、限界がなく無限に大きいものなのか、などに関する見方の相違から全部で八種の非有想非無想論に分かれる。極端な見解（辺執見）のなかの、常に存在するとみる見解（常見）の一群。非想非非想論・非有想非無想見ともいう。
（参考）（『婆沙』200、大正 27・1000b 以下）：（『成論』6、大正 31・31c）：（『述記』6末、大正 43・447a 以下）

非有非無 ひうひむ →非空非有

非可愛 ひかあい 非愛とおなじ。→非愛

非可愛生 ひかあいしょう 地獄・傍生・餓鬼という好ましくない苦しい生存のありよう（苦趣）に生じること。不可愛生ともいう。十一種の生の一つ。→生⑤
（出典）若那落迦・傍生・餓鬼苦趣中生、如是名為非可愛生。（『瑜伽』52、大正 30・586b）

非可意 ひかい 好ましくないこと。心にかなわないこと。「非可意の有漏行法が苦苦と合するが故に名づけて苦と為す」
Ⓢ amanāpa

非我 ひが 苦聖諦の四つのありよう（非常・苦・空・非我の四行相）の一つ。自己という見解（我見）と相違しているありよう、あるいは、自在ではないありよう、あるいは自ら自己ではないありようをいう。自己という見解（我見）をなくすために非我という行相を修する。 Ⓢ anātman
（出典）苦聖諦有四相。一非常、二苦、三空、四非我。（中略）違我見故非我。（中略）不自在故、非我。（中略）自非我故、非我。（中

略）又為治常楽我所我見故、修非常苦空非我行相。(『倶舎』26、大正 29・137a～b)

非学非無学 ひがくひむがく ①学でも無学でもない人。いまだすべての煩悩を断じつくしていず、なお学び修すべきことがある聖者（学）でもなく、またすべての煩悩を滅し尽くして、もはや学ぶべきことがなくなった聖者（無学）でもない人。いまだ真理をさとっていない凡夫・異生の人、あるいはそのような人に属するものをいう。三種の人（学・無学・非学非無学）の一人。→学③ →無学「非学非無学の作意とは一切の世間の作意を謂う」 Ⓢ naivaśaikṣā-nāśaikṣā
②本性として、学ぶべきものでもなく、学ぶべきでないものでもないもの、すなわち無為・涅槃・真如をいう。
（参考）(『婆沙』33、大正 27・168c 以下）

非学非無学業 ひがくひむがくごう 三業（学業・無学業・非学非無学業）の一つ。→三業⑪ Ⓢ naiva śaikṣanāśaikṣaṃ karma

非器 ひき あることにおいて、値しないこと、適しないこと、能力をもっていないこと、あるいは、そのような人。たとえば仏の教えを聴く能力をもたない人をいう。「無色界は世第一法に於て非田・非器・非地にして世第一法を生長すること能わず」「世尊は非田・非器に於て法雨を雨して所説の法をして空・無果ならしめざる」「有る説者は受者が是れ器なるか非器なるかを知らずして軽爾に為に説いて、彼の受者をして、或いは軽慢を生じ、或いは怯怖を生じて空しく所得をなからしむ」 Ⓢ apātra

非宜 ひぎ 不適当であること。健康に害があること。不宜ともいう。宜の対。→不宜「諸の菩薩は、若し有病者が来りて非量にして非宜なる飲食を求めれば、施与せず」「梵行を修せずして非宜の食を食す」
Ⓢ apathya

非義 ひぎ 価値がない、利益がない、意味がないこと、また、そのようなもの。非義利ともいう。「言が無義を引くが故に非義を語る者と名づく」「非義と相応する言とは、義なく、義に違し、理を損する言を謂う」「菩薩の妙慧は、能く義利を引く法聚に於て、能く非義利を引く法聚に於て、能く非義利と非非義利とを引く法聚に於て皆な如実に知る」 Ⓢ anartha

非義相応 ひぎそうおう 言過（議論における立論者の言葉の過失）の一つで、意味のない言葉、理に反した言葉、ためにならない言葉などを述べること。→言過 Ⓢ anartha-yukta
（出典）非義相応者、当知有十種。一無義、二違義、三損理、四与所成等、五招集過難、六不得義利、七義無次序、八義不決定、九成立能成、十順不称理諸邪悪論。(『瑜伽』15、大正 30・360a)

非義利 ひぎり 非義とおなじ。→非義

非儀 ひぎ 軌則や儀軌に合致していないこと。合儀の対。「諸の菩薩は合儀に施与し、非儀を以ってせず」 Ⓢ anācāra

非吉 ひきち 幸運でないこと。しあわせでないこと。「菩薩の工業明処は吉と非吉との事を安立して取捨せしめんと欲して、諸の有情に於て悲愍を引発す」 Ⓢ amaṅgalya

非境 ひきょう 適切でないセックスの対象。自分の妻以外の者、たとえば他人の妻、あるいは父や母などをいう。「非境に於て不応行を行ずるとは、他の所摂の妻妾、或いは母、或いは父、或いは父母の親に於て行ずるを謂う」 Ⓢ agamya

非苦行 ひくぎょう 厳しい修行をしない人。苦行の対。六十二種の人間のタイプ（有情類）の一つ。 Ⓢ akaṣṭa-tapas
（参考）(『瑜伽』2、大正 30・289a)

非苦非楽受 ひくひらくじゅ →非苦楽受

非苦楽受 ひくらくじゅ 非苦非楽受・不苦不楽受ともいう。苦でなく楽でもない受（感受作用)。三受（苦受・楽受・非苦非楽受）の一つ。捨受ともいう。→三受 Ⓢ aduḥka-asukhā vedanā

非空非有 ひくうひう 空でもなく有でもないこと。「非空」は無でないこと、「非有」は有でないことを意味し、「無でもなく有でもない」というすべての存在の真実のありようである中道を表現する概念。たとえば〈唯識〉の説く三性でいえば、遍計所執性は有ではなく、依他起性と円成実性とは無ではないから、非有非無の中道にかなうと説く。非無非有・非有非無・非空非不空とおなじ。「諸の有情は、無始の時よりこのかた、法の実相に於て無知にして、僻執し、惑を起こし、業を発して、五趣に輪廻す。如来、出世して宜に随って為に処中の妙理を説き、諸の有情を

して諸法の非空非有を了達せしめ、疑執を遠離して処中の行を起こさしむ」「一切法は非空非不空なり。有と無と及び有の故なり。是れ則ち中道に契う」

非空非不空 ひくうひふくう →非空非有

非家 ひけ 世俗ではない生活。出家の生活。「家法を捨離して非家に趣き、鬚髪を剃除し、袈裟を被服す」 Ⓢ anāgārika

非見性 ひけんしょう 見ないことを本性としていること。対象を追求・推求しないという性質を有していること。煩悩のなか、どれが見性で、どれが非見性であるかが問題とされ、薩迦耶見（有身見）・辺執見・邪見・見取・戒禁取の五つが見性であり、貪・恚・慢・無明・疑の五つが非見性であるとされる。 Ⓢ adṛṣṭi-svabhāva
（参考）（『倶舎』19、大正 29・99b）：（『瑜伽』58、大正 30・621b）

非黒非白勝生 ひこくひびゃくしょうしょう 三種の勝生（黒勝生・白勝生・非黒非白勝生）の一つ。黒勝生（賎しく貧乏な家柄）でも白勝生（高貴で金持ちの家柄）でもない中程度の家柄をいう。 Ⓢ na eva akṛṣṇa aśukla abhijātikaṃ janma

非黒非白無異熟業 ひこくひびゃくむいじゅくごう 黒でもなく白でもなく、しかも異熟を招かない業。煩悩がない業である無漏の業をいう。無漏業は諸の業を断じ尽くした汚れがない業であるから非黒であり、しかも無漏であるから業果である白なる異熟を招かないから非白であるといわれる。四業（黒黒異熟業・白白異熟業・黒白黒白異熟業・非黒非白無異熟業）の一つ。不黒不白無異熟業ともいう。 Ⓢ akṛṣṇam aśuklam avipākaṃ karma
（出典）云何非黒非白無異熟業。能尽諸業、謂、能永断諸業学思。（『婆沙』114、大正 27・591b）：諸無漏業、能永断尽前三業者、名為非黒、不染汚故。亦名非白、以不能招白異熟故。（『倶舎』16、大正 29・83c）：出世間諸無漏業、皆名不黒不白無異熟業。能尽諸業、若已尽業、若当尽業二種、総名能尽諸業。（『瑜伽』90、大正 30・809a）

非三摩呬多地 ひさんまきたじ ヨーガ行者の十七の心境・境界（十七地）の一つ。→十七地

非自然有 ひじねんう 自然有でないこと。自らの力で存在しないありようをいう。三性（遍計所執性・依他起性・円成実性）のなかの依他起性の存在のありようをいう。またそのようなありようをすることから、依他起が生無自性であるという理由づけに用いられる概念である。非自然生とおなじ。→依他起性 →三性「依他起自性は衆の縁によって生じ、他の力によって起こる諸法の自性にして、自然有に非らざるが故に無性と説く」「一切の行は衆の縁の所生にして、縁の力の故に有りて自然有に非ず」「依他起自性は衆の縁を待つが故に自然生に非ず。自然生なき性なるが故に生無性と名づく」

非自然生 ひじねんしょう 非自然有とおなじ。→非自然有

非時 ひじ ①定められた時でない時。決められた以外の時間。たとえば決められた以外の時間に食事をすることを非時食という。→非時食 Ⓢ akāla
②セックスをするのに不適切な時。たとえば妻が胎児をみごもっているとき、乳児に乳を飲ませているとき、齋戒を受けているとき、などをいう。「非時に於て不応行を行ず。非時とは懐胎の時、児に乳を飲ませる時、齋戒を受する時を謂う。たとえ自の妻妾なりとも、亦た邪行を犯す」 Ⓢ akāla
③言過（議論における立論者の言葉の過失）の一つ。不以時・不応時とおなじ。→不以時 →言過

非時飲食 ひじおんじき →非時食

非時死 ひじし 寿命が尽きて死すべき時に死ぬのではない死に方をいう。たとえば饑饉や貧乏のために死ぬ（福が尽きるから死ぬ）、身体の不調・病気のために死ぬ（不平等を避けないから死ぬ）などの死に方をいう。非時命終・非時中夭とおなじ。非福死ともいう。時死の対。→死① →福尽故死 →不避不平等故死 →時死 Ⓢ akāla-cyuti: akāla-mṛtyu

非時食 ひじじき 決められた以外の時間に食事をすること。昼以後に食事をすること。八齋戒の一つとして昼以後に食事をすることが禁じられている。非時飲食ともいう。→八齋戒 Ⓢ akāla-bhojana

非時中夭 ひじちゅうよう →非時死

非時命終 ひじみょうじゅう →非時死

非色 ひしき 色でないもの。物質的でないもの。精神的なもの。たとえば五蘊のなか

色を除いた四蘊すなわち受・想・行・識の四つを非色蘊という。あるいは六根のなかの意根を非色根という。物質的なものを意味する色の対。 Ⓢ arūpa

非食 ひじき 食でないもの。この場合の食とは五蓋（貪欲蓋・瞋恚蓋・惛沈睡眠蓋・掉挙悪作蓋・疑蓋）を助けるものをいい、非食とは逆に五蓋を退治してなくすものをいう。たとえば貪欲蓋の非食とは内外の不浄な相を観察し思惟すること、瞋恚蓋の非食とは仁慈にして賢善なるありようを観察し思惟すること、惛沈睡眠蓋の非食とは、光明の相を観察し思惟すること、掉挙悪作蓋の非食とは、奢摩他を修して観察し思惟すること、疑蓋の非食とは、縁起を縁じて観察し思惟することであると説かれる。 Ⓢ anāhāra

（出典）治、謂、能治、亦名非食。:（『倶舎』21、大正29・110c）

（参考）（『瑜伽』11、大正30・330a〜c）

非実 ひじつ ①真実でないこと。正しくないこと。「言が実ならざる故に非実を語る者と名づく」「諸の外道の見や邪論は非真・非実にして是れ顛倒なり」「諦語を実と名づけ、此の所対治なる虚誑の言論を名づけて非実と為す」 Ⓢ anṛta: abhūta

②にせもの。「恵施するに非実の末尼・真珠などの宝を以ってせず」 Ⓢ pratirūpaka

③非実有とおなじ。→非実有

非実有 ひじつう 実体として存在しないこと。実物として非存在であること。非実ともいう。「過去と未来とは皆な非実有なり」「外道と小乗とが説く識を離れた我法は皆な非実有なり。体なきが故に」「諸の心心所は非実有の性なり。依他起の故に、幻事などの如し」「諸部も皆な幻事は非実なりと許す」 Ⓢ adravya: na dravyam asti

非執受 ひしゅうじゅ 生きものでない無機物的な存在の総称。たとえば山や川などの自然をいう。あるいは五つの感覚器官（眼・耳・鼻・舌・身の五根）の対象（境）である色・声・香・味・触の五境をいう。心識を有した生きものを意味する執受の対。無執受・不執受ともいう。「声に略して三種あり。謂く、執受の大種に因る声と不執受の大種に因る声と執受・不執受の大種に因る声となり。初は唯だ内縁の声、次は唯だ外縁の声、後は内外縁の声なり」「阿頼耶識の所縁は不可知なりというは、内の執受の境である有漏の種と及び有根身とは微細にして知り難く、非執受の境である外器の世界の量は大なるがゆえに知り難きが故なり」 Ⓢ anupātta

非順取 ひじゅんしゅ 取に順じないもの。汚れが無い存在（無漏法）の別名。執着（取）と関係しない存在であるから非順取という。

（参考）（『婆沙』138、大正27・713a）

非処 ひしょ ①処・非処の非処。理にかなっていないこと。理にかなってることを意味する処の対。→処非処善巧「梵行を修行する者は非処の悪作を遠離す」「非処の歓喜と非処の愁憂とは愚夫の相なり」 Ⓢ asthāna

（出典）問、何等非処。答、於彼彼事、理有相違。（『瑜伽』57、大正30・613a）

②セックスをするのに不適切な場所。たとえば寺、制多（仏陀を祀った霊廟）、迥処（野外・露地）などをいう。「非処に於て不応行を行ずるとは、寺中・制多・迥処に於てするを謂う」「若しくは諸の尊重の集まる会処、或いは霊廟の中、或いは大衆の前、或いは堅鞕にして地が高下し不平にして安隠ならざらしむ、是の如き等の処を説いて非処と名づく」 Ⓢ adeśa

非所愛 ひしょあい →非愛①

非所行処 ひしょぎょうしょ 僧（苾芻）が行ってはいけない場所。唱令家・婬女家・酤酒家・国王家・旃荼羅羯恥那家の五つの場所。

（参考）（『瑜伽』22、大正30・402c）

非所断 ひしょだん 不断ともいう。三つの断（見所断・修所断・非所断）の一つ。断とは煩悩・随眠・結・惑などの汚れを断じること、所断とはそのような断じるべき汚れを有したものをいい、そのような断じるべきものを有しないものを非所断という。総じていえば、煩悩がない無漏なるもの（出世の聖道と後所得と無為法）を非所断という。十八界のなかのなにが、あるいは二十二根のなかのなにが、三つの断のどれに属するのかが問題とされ（『倶舎』2、大正29・10b）（『倶舎』3、大正29・16c）（『瑜伽』57、大正30・616b）、十八界のなかの意界・法界・意識界の三つの無漏なるもの、二十二根のなかの意根・喜根・楽根・捨根の無漏なるもの、それと未知当知根・已知根・具知根の三つの無漏根とが非所断に属すると説かれる。
Ⓢ aprahātavya: apraheya: aheya
（出典）一切無漏、皆非所断。（『倶舎』2、大正 29・10b）：云何非所断法。謂、一切有学出世間法、一切無学相続中所有諸法。此中、若出世法、於一切時、自性浄故、名非所断。余世間法、由已断故、名非所断。（『瑜伽』66、大正 30・668a）：云何非所断。（中略）謂、諸無漏法、除決択分善、是非所断。無漏法者、謂、出世聖道及後所得并無為法。十界四処諸蘊一分、是非所断。（『雑集論』4、大正 31・711a～b）

非正法 ひしょうぼう　不正法とおなじ。→不正法

非聖 ひしょう　①きよらかでないこと。尊くないこと。煩悩や汚れがあること。正しくないこと。善くないこと。「非聖の言」「非聖の財」「諸の有学は聖法ありと雖も相続の中で非聖の煩悩に随逐せらるる」「是の如き諸相と尋思と及び随煩悩とは苦であり非聖であり能く無義を引く」「非聖の法とは不善の法を謂う」 Ⓢ anārya
②聖者でない人。真理をさとってない人。「諸の聖者と非聖の異生」

非聖語 ひしょうご　→非聖言

非聖言 ひしょうごん　正しくない言葉。見・聞・覚・知しないことを見・聞・覚・知したと言い、見・聞・覚・知したことを見・聞・覚・知しなかったと語る不正直な語り。非聖語・非聖妄語とおなじ。
Ⓢ anārya-vyavahāra
（出典）四非聖言者、一不見言見、見言不見、非聖言。二不聞言聞、聞言不聞、非聖言。三不覚言覚、覚言不覚、非聖言。四不知言知、知言不知、非聖言。（『瑜伽』3、大正 30・293a）：有四種非聖妄語。謂、於見不見、顛倒而説。於聞不聞、於覚不覚、於知不知、当知亦爾。（『瑜伽』14、大正 30・351c）
（参考）（『婆沙』171、大正 27・861b～862a）

非聖財 ひしょうざい　きよらかでない財宝・財物。世俗で財物・財宝と考えられる車、衣服、飾り、遊戯道具などをいう。修行を行なう上で大切な財宝である聖財の対。→聖財「非聖財から生ずる楽は能く悪行を起こし、聖財から生ずる楽は能く妙行を起こす」
Ⓢ anārya-dhana
（参考）（『瑜伽』5、大正 30・299a）

非聖妄語 ひしょうもうご　→非聖言

非成実 ひじょうじつ　実際には存在しないこと。実在しないこと。「見所断の煩悩を名づけて無事と曰う。彼れが縁ずる事は非成実なるが故なり」「分別された義は定んで非成実なり」 Ⓢ aniṣpanna

非常 ひじょう　①常でないこと。現象は生じるとかならず滅するというありよう、すなわち、変化することなく常に存在し続けることはない、というありようをいう。「生滅の法なるが故に観じて非常と為す」 Ⓢ anitya: anityatā: anityatva: aśāśvata
②苦聖諦の四つのありよう（非常・苦・空・非我の四行相）の一つ。→非常苦空非我
③普通でないこと。異常なこと。「方便して已に勝たる功徳があることを顕して矯詐して非常の威儀を構集す」 Ⓢ aprākṛta

非常苦空非我 ひじょうくくうひが　非常と苦と空と非我。苦聖諦の四つのありよう（四行相）。非常は無常ともいう。『倶舎論』には、この四つに関していくつかの解釈があげられているが（『倶舎』26、大正 29・137a）、世親は「生滅の故に非常なり。聖心に違するが故に苦なり。此に於て無我なるが故に空なり。自ら我に非ざるが故に非我なり」と解釈する。また「常・楽・我所・我見を治するが故に非常・苦・空・非我の行相を修す」と、非常は常、苦は楽、空は我所見、非我は我見をなくすために、四つのありよう（行相）を修する、と説かれる。
（参考）（『倶舎』26、大正 29・137a～b）：（『雑集論』6、大正 31・720a）

非常言論 ひじょうごんろん　変化する言葉。指し示す対象が変わることによって変化する名称。たとえば花瓶が壊れると変化して瓦となる、金を加工すると変化して腕輪などになる、飲食物が消化されると変化して大便となる、などをいう。
（参考）（『瑜伽』16、大正 30・362b）

非常智 ひじょうち　諦現観（真理を現前に明晰に観察して理解し証すること）を証して獲得する四つの智の一つ。断見（死後は断じて滅するという見解）と常見（死後も滅することなく常に存在しつづけるという見解）のなかの常見をはなれた智。
Ⓢ aśāśvata-jñāna
（参考）（『瑜伽』34、大正 30・476a）

非常非断 ひじょうひだん ①常でもなく、断でもないこと。生滅しながら相続するありようを意味する語。たとえば深層の根本心である阿頼耶識のありようをいう。非断非常ともいう。「瀑流の水が非断非常して相続し長時に漂溺するところあるが如く、阿頼耶識も亦た爾なり。無始のときよりこのかた、生滅し相続して非常非断なり」
②死後は、存在しつづけるのでもなく、断滅して非存在になるのでもないとみる見解をいう。中道を表す語。→中道

非情 ひじょう 情でないもの。有情でないもの。生きものではないもの。非生命的存在である外界の事物や山や川などの自然をいう。無情・無有情ともいう。人間や動物などの生命的存在である情・有情の対。「一切の非情とは外具などなり」「象宝・馬宝・主兵臣・主蔵臣・女宝・珠・輪の七宝の中、前の五は他身の有情にして、後の二は非情なり」「情と非情とに於て心を憤発せしむるを説いて名づけて忿と為す」 Ⓢ asattva

非情交者 ひじょうこうしゃ 親しくない人。知らない人。「非情交者には実誠を吐かず」 Ⓢ asaṃstuta

非真実 ひしんじつ ①非存在。実体として存在しないこと。「闇の中に縄が蛇に似て顕現すれども、縄の上の蛇は非真実なり。有ることなきを以っての故なり」「非真実の故に無所有と名づく。所執の我の如く無所有の故に非真実と名づく」 Ⓢ apariniṣpanna
②真実でないこと。正しくないこと。「諸の外道の見や邪論は非真実にして顚倒なり」

非親 ひしん 親しくない人。親しい人を意味する親の対。非親友・非善友とおなじ。「親と非親とに於ける平等なる心」「諸の親友に対する怨敵や、親友と相違するを非親と名づく」 Ⓢ amitra

非親友 ひしんう →非親

非善友 ひぜんう →非親

非想非非想処 ひそうひひそうしょ 三界のなかの無色界（物質的なものがない世界）を構成する四つの処（空無辺処・識無辺処・無所有処・非想非非想処）の一つ。処とは空間的な場所ではなくそこに住するものの境地をいい、心のなかに明瞭な想いがなく（非想）、また全く想いがないことがない、すなわち昧劣な思いがある（非非想）、そのような境地をいう。非想非非想天ともいい、有頂天ともいう。→有頂天 Ⓢ naiva-saṃjñā-nāsaṃjñā-āyatana
（参考）（『婆沙』84、大正 27・433c）：（『倶舎』28、大正 29・146b）

非想非非想天 ひそうひひそうてん →非想非非想処

非想非非想論 ひそうひひそうろん →非有想非無想論

非即非離蘊 ひそくひりうん →非即非離我

非即非離我 ひそくひりが 五蘊すなわち身心に即するのでもなく離れているのでもない我（アートマン）。小乗の犢子部の主張する我論。三種の我（即蘊我・離蘊我・非即非離我）の一つ。非即非離蘊の我、あるいは不即不離蘊の我ともいわれる。
（参考）（『成論』1、大正 31・1c）

非堕摂界 ひだしょうかい 欲界・色界・無色界の三界のなかに堕ちない仏の次の三つの身をいう。方便（衆生を救済する変化身）と薩迦耶滅（虚偽の身を滅した法身）と無戯論の無漏界（戯論をはなれた無漏の報身）。堕摂界の対。→堕摂界
Ⓢ aparyāpannā dhātavaḥ
（出典）非堕摂界者、謂、方便、并薩迦耶滅、及無戯論無漏界。（『瑜伽』4、大正 30・294b）
（参考）（『略纂』2、大正 43・24b）

非断智 ひだんち 諦現観（真理を現前に明晰に観察して理解し証すること）を証して獲得する四つの智の一つ。断見（死後は断滅して存在しないという見解）と常見（死後も滅することなく存在しつづけるという見解）のなかの断見をはなれた智。 Ⓢ anuccheda-jñāna
（参考）（『瑜伽』34、大正 30・476a）

非断非常 ひだんひじょう →非常非断①

非択滅 ひちゃくめつ（ⅰ）〈有部〉が説く三無為（虚空・択滅・非択滅）の一つ。簡択力（智慧）によって得られる滅でない空寂なるもの、すなわち、因と縁とを欠いて現象として生じないもの。たとえば、ある一つの物（色）を眼（眼識）で見るとき、他の物を見る・聞く・嗅ぐ・触るという感覚（眼識・耳識・鼻識・舌識・身識の五識）は生じないままであることをいう。縁闕不生の非択滅という。（ⅱ）〈唯識〉が説く六無為（虚空・択

滅・非択滅・不動・想受滅・真如）の一つ。簡択力によらなくて得られる真如をいう。これには次の二つがある。1. 本性清浄の真如。煩悩を有して汚れた真如を有垢真如、汚れを離れた真如を無垢真如といい、真如は本性として清浄であるという点から、本性として清浄な真如を非択滅無為の一つに含める。2. 縁闕所顕の真如。有為（現象的存在）が生じる縁が欠けてそれが生じないときに顕れてくる真如。 Ⓢ apratisaṃkhyā-nirodha
（出典）不由択力、本性清浄、或縁闕所顕故、名非択滅。（『成論』2、大正 31・6c）
（参考）（『倶舎』1、大正 29・1c）

非択滅無為 ひちゃくめつむい →非択滅 →無為

非天 ひてん 六つの生存形態（六趣）の一つ。諸の天と戦闘する存在。原語 asura を阿素洛と音写する。asura の sura を天と解釈して非天という。非天を天趣に含めて五趣のみを立てる説もある。
（出典）契経唯説有五趣故。問、何故名阿素洛。答、素洛是天、彼非天故、名阿素洛。（『婆沙』172、大正 27・868b）：有時、経中、説為別趣、実是天類、由不受行諸天法故、説為非天。（『瑜伽』4、大正 30・297c）

非天脅 ひてんきょう ヒマーラヤ山（雪山）の近くにある金からなる大きな崖。善住龍王が住み、時折、帝釈天が来遊するところ。脅を脇に作り非天脇ともいう。紅色の石崖で非天（阿素洛・阿修羅）の脇の形をしていることからこの名が付けられた。
Ⓢ asura-pārśva
（出典）近雪山有大金崖、名非天脅。其量縦広五十踰繕那、善住龍王常所居鎮、又天帝釈時来遊幸。（『瑜伽』2、大正 30・287b）：非天脇者、其紅石崖、似阿修羅脇、故以為名。如王舎城広博脇山、与此似相。（『略纂』1、大正 43・16c）

非天脇 ひてんきょう →非天脅

非天宮殿 ひてんぐうでん 非天が住む宮殿。スメール山（蘇迷盧）の下にある。「非天宮殿は蘇迷盧の下に在りて水に依って居す」
Ⓢ asura-bhavana
（出典）非天宮殿、此宮在蘇迷盧中。依水而居。（『瑜伽』2、大正 30・287a）：非天宮殿、有経云。須弥山北海下、有四重大非天宮、小者随処而住。（『略纂』1、大正 43・16a）

非田 ひでん ①田ではない人。この場合の田とは、そこに種を播けば芽が生じるように、ある人に布施という善を行なえばそこから福が生じる、そのような布施をするに値する人を田といい、そのように値しない人を非田という。
（参考）（『瑜伽』74、大正 30・710c）に非田の七種の相が説かれる。
②田のなかの種子から芽が生じるように、なにかを生じる力を持つものを田といい、そのような力を持たないものを非田という。「問う。何が故に地の大種は末摩を断ずること能わざるや。答う。非田・非器なればなり」

非田器施 ひでんきせ 菩薩の十三種の布施のありようの一つ。→田器施
Ⓢ apātra-dānatā

非等引地 ひとういんじ 定まっていない心の境界をいい、三界のなかの欲界をいう。定まった心の境界である等引地の対。→等引地
Ⓢ asamāhita-bhūmi
（出典）非等引地、即是欲界。（『摂論釈・世』3、大正 31・331c）

非同所了名 ひどうしょりょうみょう 十二種の名の一つ。衆人が理解できない名。→名②
（参考）（『瑜伽』81、大正 30・750a）

非道 ひどう ①よこしまな修行、生き方。邪道ともいう。「邪見の前行である非道に於て如実に了知し、是れを邪道と為し、道と非道とに於て善巧を得已って非道を遠離して正道に遊ぶ」
②悪い道。汚れた道。「或いは街、或いは巷、或いは市、或いは道と非道、或いは雑便穢、に棄擲せる不浄の衣物から麁穢を除去して洗浣し縫染して受持す、是の如きを名づけて糞掃衣を持つと為す」 Ⓢ utpatha
③性器以外の適切でない器官を通してよこしまなセックスをするときの、性器以外の器官、たとえば妻の口などの器官をいう。「非道に於て不応行を行ずるとは、自の妻の口、及び余の道に於てするを謂う」 Ⓢ anaṅga

非得 ひとく 心不相応行の一つとしての非得。自相続（自身）のなかで、あるものを「得ない」「獲えない」「成就しない」という出来事を成立せしめる原理をいう。たとえば、ある人が煩悩を滅して聖者になるとき、この非得という原理が働いてその人から煩悩が離れることになる。〈倶舎〉は、非得とい

う不相応行は実際に存在するもの（実有）であると説くが、〈唯識〉は、非得とは、存在するもの（諸法）の分位（ある存在や出来事の上に二次的に設定された存在性）に名づけた仮の存在（仮有）であると説く。得の対。→心不相応行 →得⑥ Ⓢ a-prāpti
（参考）（『倶舎』4、大正 29・23b〜c）：（『成論』1、大正 31・5a〜b）

非男女 ひなんにょ 男でも女でもない人。中性の人。原語 napuṃsaka は不男とも訳される。非女非男・非男非女とおなじ。
Ⓢ napuṃsaka

非男非女 ひなんひにょ ①男でも女でもない人。中性の人。男女の性器（男根・女根）の働きが完全ではない人。性的交渉が不能な者。原語 paṇḍaka を音写して半択迦ともいう。六十二種の有情の一つ。→半択迦
Ⓢ paṇḍaka
（参考）（『瑜伽』2、大正 30・288c）
②→非男非女声

非男非女声 ひなんひにょしょう 名詞の三つの声（男声・女声・非男非女声）すなわち男性・女性・中性のなかの中性をいう。「男と女と非男非女との声の相の差別あり」
（参考）（『枢要』上本、大正 43・613c）

非如理 ひにょり 理にかなっていないこと。正しくないこと。「我ありと執する論は非如理の説なり」「諸の愚夫は非如理に於て如実に非如理と知ること能わず、其の如理に於て如実に是れ如理なりと知ること能わず」
Ⓢ ayoga

非人 ひにん 人にあらざるもの。「種類の差別に由るが故に二種を成ず。一には人、二には非人なり」と説かれるように、生きものを人と非人とに大別するなかの一方をいう（『瑜伽』81、大正 30・751a）。非人の解釈をめぐっては、鬼神・悪霊・悪鬼の類をいう、あるいは鬼神などが変化して人の形をなしたものをいう、など異説がある。「諸の悪獣と及び非人の諸の恐畏あり」「非人所行の災癘・疾疫」「諸の魍魎・薬叉・非人・守宅神などが能く障礙を為す」「非人が毒を吐いて疾疫が流行す」と説かれるように、疫病や災害などを起こすものとして考えられている。
Ⓢ amanuṣya

非福業 ひふくごう 三業（福業・非福業・不動業）の一つ。→三業⑥
Ⓢ apuṇya-karma

非福死 ひふくし 福が尽きて死ぬこと。非時死とおなじ。→非時死
（出典）云何福尽。謂、非時死即非福死。（『集論』3、大正 31・675a）

非仏語 ひぶつご →非仏説

非仏説 ひぶっせつ 仏説に非ず。大乗は仏陀が説いたものではないという大乗以外からの非難。大乗の経典や教えが非仏説であるという非難に対して大乗の側からの反論が随所にみられる。非仏語とおなじ。
（参考）（『成論』3、大正 31・14c〜15a）：（『述記』4 本、大正 43・353c〜354a）

非辯声 ひべんしょう 理解しがたい声。たとえばインドの原住民であるドラヴィダ人（達羅弭荼）が唱える呪文、あるいは種々の鳥類の声などをいう。辯声の対。
Ⓢ avyaktāḥ śabdāḥ
（出典）聞非辯声者、於義難了種種音声。謂、達羅弭荼種種明呪、風鈴樹響、鸚鵡・鸖鴿鸖鴿百舌・百舌鸖黄・命命鳥等所出音声、皆悉能聞。（『瑜伽』37、大正 30・494b）

非方便 ひほうべん 正しくない修行。たとえば断食する（自餓）、火中に飛び込む（投火）、高い崖から飛び降りる（墜高巌）などの外道が修する苦行をいう。「自餓・投火・墜高巌などの非方便の中に於て方便想を起こし、是の如き事を行じ、以って生天を求む」
Ⓢ anupāya

非法 ひほう ①正しくない、規則・規律にかなっていない、教えにかなっていない、真理にかなっていないこと、あるいは、そのようなもの。法・如法の対。「輪王は便ち勅令す。汝等諸王よ、各、自境に於て当に如法を以って奨化し、非法を以ってすること勿れ」「一切の世間の非法の言論は皆な当に遠離すべし。復た如法の言論を宣説すると雖も諍競すべからず」「諸の悪行に於て深く耽著を生ずるを非法の貪と名づく」 Ⓢ adharma: adharmya
②悪い行為。生きものを殺す、ものを盗むなどの悪業をいう。
（出典）非法建立者、謂、殺盗等義。（『瑜伽』15、大正 30・361a）
③ヴァイシェーシカ派（勝論）が説く十句義のなかの徳に二十四あるうちの一つ。生死する不可愛の身を得る邪智の因をいう。

（出典）能得生死不可愛身、苦邪智因、名為非法。（『述記』1末、大正43・256c）

非法行　ひほうぎょう　不正な行為。真理にかなっていない行為。悪行とおなじ。→悪行「那落迦は非法行と不平等行とに由って彼に往趣するが故に名づけて険と為す」

Ⓢ adharma-caryā: adharma-cārin

非法行悪行　ひほうぎょうあくぎょう　非法行と悪行。悪行は不平等行ともいう。→不平等行　→悪行

非法行不平等行　ひほうぎょうふびょうどうぎょう　非法行と不平等行。→不平等行　→悪行

非法語者　ひほうごしゃ　荒々しく粗暴な言葉で語る人。Ⓢ adharma-vādin

（出典）言麁獷故、名非法語者。（『瑜伽』8、大正30・316b）

非法不平等行　ひほうふびょうどうぎょう　真理にかなわない不正な行為。悪趣に生まれる原因となる身・語・意の三業をいう。如法平等行の対。Ⓢ adharma-viṣama-caryā

（出典）所有非法不平等行、摂能往悪趣不善身語意業、名不平等。（『瑜伽』97、大正30・856b）

非梵行　ひぼんぎょう　淫欲にもとづく汚れた行為。男女がセックスをすること。「永く貪欲を離れること能わずして、更に非梵行の法を習近して両両交会す」「非量に非梵行を行じ、染愛過度なるが故に死す」「他が非梵行を行ずるを見て男勢が方に起こるを一分半択迦と名づく」

Ⓢ abrahma-carya: kāma-mithyā-cāra

非無非有　ひむひう　→非空非有

非利益　ひりやく　ためにならないこと。害になること。無利益ともいう。「楽にして非利益なる勤務と、利益にして非楽なる勤務とあり」Ⓢ ahita

非理　ひり　①理にかなっていないこと。不適当であること。正しくないこと。不正に。不適当に。「若し生死を執して皆な世間と名づければ、仏の四種の記は亦た皆な非理となる」「彼の釈は非理なり」「諸の外道は種種の非理の苦行を受持す」「非理に財物を横取す」「非理に他を逼迫し損害し誑惑す」「非理に分別して煩悩を起こす」

Ⓢ anyāya: ayukta: ayukti: ayoga: ayoniśas: kuprayukta: na yuktam: na śakyam: vṛthā

②思慮のない行為。悪行。「諸の有情は現法と後法との事を求めんが為の故に広く非理を行ず」Ⓢ anaya

非理作意　ひりさい　非理に作意すること。理の如くに正しく思考しないこと。不正な思考。賢明でない人のそばにいて教えを請い（親近不善士）、かれから不正な教えを聞き（聴聞不正法）、そして不正に思考する（非理作意）ことによって、無明や邪見などの煩悩を起こして迷うことになるという過程のなかで用いられる概念。不如理作意・不正作意・不正思惟ともいう。如理作意の対。→如理作意「不善士に親近し、不正な法を聴聞し、非理に作意するを以って因縁と為して、無明などを生ず」「無明は不如理作意を以って因と為す」「不如理作意を因と為し、我見に依止して、六十二の諸の悪見趣に相応する分別を起こす」Ⓢ ayoniśas-manaskāra

（参考）（『瑜伽』70、大正30・685b）

非律儀　ひりつぎ　→不律儀

非律儀非不律儀　ひりつぎひふりつぎ　①律儀でもなく不律儀でもないいましめ。善戒（律儀）と悪戒（不律儀）との中間のもので、はっきりと善あるいは悪の誓いを立てるのではなく、一時的に善あるいは悪の心を起こすこと。三種の律儀（律儀・不律儀・非律儀非不律儀）の一つ。

Ⓢ naiva-saṃvara-na-asaṃvara:

②律儀でもなく不律儀でもないいましめにもとづいて行為をする人。三種の人（律儀・不律儀・非律儀非不律儀）の一人。Ⓢ naiva-sāṃvarika-anāsaṃvarika

（参考）（『瑜伽』2、大正30・289a）

非律儀非不律儀所摂業　ひりつぎひふりつぎしょしょうごう　三業（律儀所摂業・不律儀所摂業・非律儀非不律儀所摂業）の一つ。→三業⑦

Ⓢ naiva-saṃvara-nāsaṃvara-saṃgṛhītaṃ karma

非六生　ひりくしょう　詳しくは非第六意識生というべきで、第六意識によって生じることなく、眼などの五根によって生じる五識をいう。「不染の法と非六生と色とは定んで見断に非ず」Ⓢ aṣaṣṭha-ja

（参考）（『倶舎』2、大正29・10b）

非量　ひりょう　①「ひいりょう」とよむ。無いものを有ると認識するまちがった認識。

三つの認識のありよう（現量・比量・非量）の一つで、正しくない現量・比量をいう。たとえば縄を見て蛇と思う錯覚や、身体を見て自己と思う意識などをいう。種類として、非執心非量と執心非量との二種があり、前者は執着する心がないもの、たとえば青色をまちがって緑色とみたり、ある友人を別の友人と見まちがったりする錯覚をいい、八識のなかの意識が起こす。後者は執着する心があるもので、たとえば、八識のなかの末那識が阿頼耶識を対象としてそれを自己（我）とまちがって認識し執着する認識のありようをいう。②量が適当でないこと。たとえば食事の量が多いこと。食べ過ぎること。あるいはセックスをし過ぎること。「過量に行ずるを名づけて非量と為す」「非量に非宜に飲食す」「非処に非時に非量に非梵行を行ず」 Ⓢ amātra: amātrā

卑 ひ　いやしいこと。低いこと。劣っていること。「補特伽羅の尊と卑との差別を善く知る」

卑屈 ひくつ　①へりくだること。敬って頭を下げること。謙下とおなじ。「諸の菩薩は自ら謙下にして奴の如く僕の如く其の心は卑屈にして、憍を離れ、慢を離れ、我執を離れて諸の有情に於て利行を行ず」「疾病者に於て卑屈にして瞻侍し、良薬を給施す」「諸の師範・尊重・福田に於て、身心卑屈にして敬問し諮請す」 Ⓢ avanata: nīca
②（欲望の対象に）屈すること。なびくこと。「(滅諦の) 滅を不卑屈と名づく。永く欲・色・無色の三愛を離れ、諸有の中において卑屈するところなきが故に不卑屈と名づく」

卑下 ひげ　いやしいこと。低いこと。劣っていること。へりくだっていること。「族姓が卑下の補特伽羅と族姓が尊高な補特伽羅とあり」「諂曲者は諍論の人が有力にして暴悪なるを見て心に怖懼を生じて、即ち卑下なる身語の二業を以って随順し恭敬し親友の相を現ず」

卑下慢 ひげまん　家柄・才能・財産などに関して自己より勝れた他者に対して、自己は彼れより劣っていると思う心。卑慢・下劣慢ともいう。七慢の一つ。→下劣慢　→七慢

卑座 ひざ　位の低い者がすわる座。下座・卑劣座ともいう。「謙下心を以って卑座に坐して正法を聴聞す」「下座と言うは師の前に在りて卑劣座に居すを謂う」

卑小 ひしょう　①極めて小さいこと。「贍部洲の人の身量は不定にして、或る時は高大、或る時は卑小なり」 Ⓢ aṇuka
②劣っていること。「仏の弟子の中、最も卑小なる者とは預流果を謂う」

卑姓 ひしょう　いやしい家柄・出生。壊族とおなじ。「壊族に於て異意を作さず。謂く、此れは是れ卑姓なれば、我れ、今、彼れより法を聴くべからずという心を作さず」
Ⓢ nīca-kula

卑賎 ひせん　いやしいこと。劣っていること。価値が低いこと。「諸の菩薩は卑賎の者に於て布施を行ずる時、尚、敬せずして与うることなし」「慢と随眠とを、若しくは習し、若しくは修し、若しくは多所作すれば、当に卑賎の種族に生ずべし」「欲界は是れ卑賎の界、是れ麁重の界、是れ下劣の界なり」
Ⓢ nihīna: nīcatara: pratyavara

卑慢 ひまん　→下劣慢

卑劣 ひれつ　おとっていること。位が低いこと。「年も徳も倶に卑劣なる者」「下座と言うは師の前に在りて卑劣の座に居すを謂う」 Ⓢ hīna

卑劣座 ひれつざ　→卑座

毘（ひ）→び

飛蛾 ひが　とぶむし。「湿生とは虫蝎・飛蛾などの如し」 Ⓢ pataṅga

飛鳥 ひちょう　空を飛ぶ鳥。「妙なる神境通に由って、或いは飛鳥の如く結加趺坐して、虚空を騰颺す」 Ⓢ pakṣī śakuniḥ

飛禽 ひりん　空を飛ぶ生きもの。鳥類。「空行の有情とは、諸の飛禽、空行の薬叉、及び諸の天などを謂う」 Ⓢ śakuni

匪宜 ひぎ　不適当であること。利益がないこと。害となること。「量を知らず、匪宜に食し、消せずして食す」「大良医は前の薬は匪宜にして後の薬は勝と為すと宣説す」
Ⓢ apathya

匪仁言論 ひにんごんろん　真実でない語り・言葉。「若し因縁ありて談謔を現すべくんば、理に称って為し、共に匪仁の言論を談ぜず」 Ⓢ asatya-vacana

疲 ひ　①つかれているという感触。触覚（身識）の対象である感触（触）の一つ。「飢・渇・寒・熱・疲・欲などの苦に逼迫せ

らるる」 Ⓢ śrama
②つかれ。ひろう。つかれること。「菩薩は疲が生ずるところの苦を悉く能く忍受す」「太猛に精進する者は身が疲れ心が悩む」 Ⓢ klama: pariśrama

疲厭 ひおん つかれ。ひろう。つかれること。「諸の賢聖者は無始のときよりこのかた、生死の長途に於て極めて疲厭を生ずるが故に、静慮に於て暫時憩息す」「諸の伎楽を作し、林間で遊戯し、意の縦まに娯楽して、久を経て疲厭して便ち睡眠す」 Ⓢ kheda: khedita: parikheda

疲苦 ひく つかれくるしむこと。「追求欲の故に便ち種種の身心の疲苦を受く」「妙菩提に安坐して終に放捨せず、自らの疲苦に於て心が退屈せざるを無怯弱と名づく」

疲倦 ひけん つかれくたびれること。疲惓ともいう。「或いは熱逼の為に、或いは劬労の為に便ち疲倦を生ず」「或いは飢、或いは渇、或いは身の疲倦などに逼悩せらるる」「菩薩は諸の劬労所生の種種の、若しくは身、若しくは心の疲倦と憂悩に於て悉く能く堪忍す」 Ⓢ klānta: pari-**kliś**: pariśrama

疲惓 ひけん 疲倦とおなじ。→疲倦

疲極 ひごく つかれきっていること。「身、疲労し疲極す」「気力なくして路を行きて疲極す」「往来して労倦し、不平等なるに由るが故に疲極を仮立す」 Ⓢ klānta: pariśrānta

疲損 ひそん 損害。苦痛。苦しむこと。「交会の麁重とは、両両の形の交りによる身心の疲損の性を謂う」 Ⓢ vyathā

疲弊 ひへい つかれ。疲労。つかれること。「威儀に由って其の身が疲弊す」

疲乏 ひぼう つかれ。疲労。つかれること。「行路の疲乏に苦しむ有情」 Ⓢ pariśrānta

疲労 ひろう つかれ。つかれること。「戯楽に耽じて身が極めて疲労す」「久しく尋思して身を疲労せしめて心が定を得ず」 Ⓢ kheda: śrānta

被 ひ ①受身の意味を表す助字。こうむることを意味する。「〜らる」と読む。たとえば「人被縛、不能自解」を「人、縛せられ、自ら解くこと能わず」と読む。
②着ること。「法服を被る」 Ⓢ prā-**vṛ**

被害 ひがい 害せられること。損害をこうむること。「所依の中の善根の種子が畢竟して被害す」 Ⓢ samudghāta

被甲精進 ひこうしょうじん 甲冑を着て戦場で戦うように、勇敢に修行において努力すること。三種の精進（被甲精進・転生善法加行精進・饒益有情加行精進）、あるいは五種の精進（被甲精進・加行精進・無下精進・無退精進・無足精進）の一つ。有勢精進とおなじ。 Ⓢ saṃnāha-vīrya
（出典）最初発起猛利楽欲、名被甲。経名有勢。如著鉀入陣即無所畏有大威勢。（『述記』6本、大正43・437c）

被帯 ひたい 衣服を身に着けること。「旦を陵して起きて、其の身を澡飾し、衣服を被帯して、事業を修営す」

被服 ひふく 着ること。身に着けること。「家法を捨てて非家に趣き、鬚髪を剃除し、袈裟を被服して正信の心を以って浄戒を受持す」「鎧甲を被服して当に精進を発すべし」 Ⓢ prāvaraṇa

秘蔵 ひぞう 大切にしまっておくこと。「諸の菩薩は秘蔵せんと欲する者なりと知らば、写すところの経典を施与せず」 Ⓢ saṃnidhi

秘匿 ひとく 秘密にしてかくすこと。「内意に秘匿して忿纏す」

秘密 ひみつ 如来がひそめた意図をもって教えを説くこと。かくされた奥深い教え。令入秘密・相秘密・対治秘密・転変秘密の四種が説かれる（『雑集論』12、大正31・752b）。「心意識の秘密に於て善巧なる菩薩」「如来の是の如き秘密は、思議すべからず、度量すべからず、一切の度量の境を超過す」 Ⓢ abhisaṃdhi

秘吝 ひりん 教えを惜しんで他者に伝授しないこと。師拳とおなじ。→師拳「菩薩は他所に於て秘吝あることなし」 Ⓢ ācārya-muṣṭi

秘悋 ひりん けち。もの惜しみすること。「慳とは、財法に耽著して恵捨すること能わず、秘悋するを性と為し、能く不慳を障えて鄙畜するを業と為す」

婢 ひ 女の召使い。奴（男の召使い）とともに奴婢という形で用いられる。→奴婢 Ⓢ dāsī

悲 ひ ①あわれむこと。同情する、思いやること。人びとの苦を抜こうと願う心。四

無量（慈・悲・喜・捨）の一つ。→四無量
Ⓢ karuṇā: kāruṇya
（出典）諸菩薩、於有苦者、発起除苦増上意楽、普縁十方、修悲倶心、是名為悲。（『瑜伽』44、大正 30・535c）
②かなしむこと。かなしみ泣くこと。「愁を生じ苦を生じ悲を生ず」 Ⓢ parideva
（出典）哀泣、是悲。（『婆沙』23、大正 27・118c）

悲哀 ひあい ①あわれむこと。同情すること。「如来が普く世間に於て恒常に慈心を修習して悲哀すること、父の如く母の如し」
Ⓢ anu-**kamp**
②かなしみなげくこと。「彼れ、遂に命終りて、王及び諸臣、城中の士庶は悲哀し恋慕す」

悲願 ひがん 誓願。人びとをあわれみ救済しようと願うこと。「諸の菩薩は已に能く静慮に安住すれども、悲願の力に由って諸の静慮を捨てて、其の所楽に随って欲界に還生す」「二乗の生死は悲願に由るに非ず。菩薩の生死は但だ悲願に由る」 Ⓢ praṇi-**dhā**

悲叫 ひきょう なげきさけぶこと。「悲叫に由るが故に雑穢語あり」 Ⓢ paridevana

悲苦 ひく 苦痛。くるしむこと。「種種の愁慼・傷歎・悲苦・憂悩を生ず」
Ⓢ duḥkha

悲傷 ひしょう かなしみなやむこと。「可愛の事が無常転変するに由って悲傷し心慼す」

悲定 ひじょう 人びとをあわれむ心で修する禅定。どのようにすれば人びとの苦を抜くことができるのかと思惟して入る禅定。悲等至ともいう。四無量心の第二番目の心。→四無量「何等を思惟して悲定に入るや。答う。有情の苦を抜かんと思惟す」「云何が当に諸の有情類をして是の如き苦を離れしむべきかと是の如く思惟して悲等至に入る」
Ⓢ karuṇā-samāpatti

悲心 ひしん あわれむこころ。「悪趣に生じて苦を受くる有情に於て深く悲心を起こす」「怨・親・中に於て悲心が等しく施す」「菩薩は但だ悲心を以って能く一切・一切種の物、乃至身命を施す」
Ⓢ karuṇā: kāruṇya: kāruṇya-citta

悲増 ひぞう 智慧と慈悲のなか、慈悲が勝っている人。さとりに至ることを目指すよりも生死をくりかえして人びとを救済しようと願う人。そのような菩薩を悲増菩薩という。智増に対する語。「悲増は楽って生死に留まり、智増は進んで菩提に至る」

悲増菩薩 ひぞうぼさつ →悲増

悲歎 ひたん かなしみなげくこと。「食が若し変壊すれば、現法中に於て便ち悲歎・愁憂を生ず」

悲涕 ひてい かなしんでなくこと。「悲涕し涙を堕す」

悲啼 ひてい かなしみなきさけぶこと。「諸の小女男は父母を失うが故に悲啼し号哭す」

悲田 ひでん 慈悲の対象となる貧窮などで苦しむ人。三種の福田（恩田・徳田・悲田）の一つ。貧苦田ともいう。→福田

悲等至 ひとうし →悲定

悲愍 ひみん あわれむ、同情する、思いやること。「諸の菩薩は一切の苦ある衆生を悲愍して済抜せんと欲するが為に菩提心を発す」「諸の菩薩は諸の有情に於て哀憐の心あり、悲愍の心あり、親愛の心あり」
Ⓢ karuṇa: karuṇā: kāruṇika: kāruṇya

悲無量 ひむりょう 四無量心の一つ。→四無量心

悲泣 ひるい ①かなしんでなくこと。「親友・財宝・禄位が離散し失壊するに由って悲泣し、雨涙す」 Ⓢ **krand**
②感動して泣くこと。「若し善友が正法を説くを聞く時、身の毛が竪ち、悲泣し、流涙し、生死を厭離して涅槃を欣楽す」

悲恋 ひれん ①後悔してかなしむこと。「宗親・朋友などの意に違背して悲恋し、涕涙、目を盈す」
②あわれむこと。「有情界に於て能く種種の苦悩の行相を以って観じ、苦ある諸の有情に於て悲恋の心を興す」

悲憐 ひれん あわれむこと。「哀愍とは、他所に於て常に悲憐を起こして楽って安隠を与えるを謂う」 Ⓢ kāruṇika

脾 ひ ひぞう。内臓の一つ。不浄観を修するときの対象の一つ。「人身の内に多く不浄あり。いわゆる塵・垢・筋・骨・脾・腎・心・肝なり」 Ⓢ plīhaka

跛 ひ 足がなえること。足が不自由なこと。「或いは瞎、或いは跛、或いは癖、或いは癩など種種の有情の身相の差別を見る」

鄙 ひ　いやしいこと。「欲楽行辺を受用する劣・鄙・穢なる性の諸の異生法に於て、若しくは断じ、若しくは知る」 Ⓢ bībhatsa

鄙悪 ひあく　いやしくわるいこと。「鄙悪の名称が十方に流布す」「異慧とは鄙悪の慧にして理に於て動揺するを謂う」「正行を闕いて鄙悪の者と同居す」

鄙穢 ひえ　①いやしく汚れていること。劣っていること。「此の滅・道は寂静・美妙にして下劣・鄙穢なる苦・集の法を止息し対治す」「欲界を除いて更に極下・極劣にして最極に鄙穢なる余の界は得べきことなし」「婬女などの鄙穢の身」
Ⓢ pratikruṣṭa: pratyavara
②けがれ。よごれ。「舎宅に至って、先ず鄙穢を灑掃し除去し、幡蓋を懸総し、香を焼き、花を散じて種種に荘厳す」
③いやしくけがれた行為。セックスをすること。「己の処女と余なるものと共に鄙穢を為す」 Ⓢ maithuna

鄙下 ひげ　いやしいこと。劣っていること。原語 pratyavara は下劣・卑賎・鄙穢とも訳される。「劫が減じて将に末ならんとするや、寿などは鄙下にして滓穢の如し」
Ⓢ pratyavara

鄙語 ひご　いやしい言葉。「瞋恚の纏は憤怨・詈言・鄙語を発起す」

鄙言 ひごん　いやしい言葉。「他の軽笑・調弄・鄙言・違拒などの事に於て皆な悉く能く忍ず」

鄙砕士夫補特伽羅 ひさいじぶふとがら　悪い者。悪人。鄙砕の原語は悪人を意味する khala か。「六種の鄙砕士夫補特伽羅の鄙砕の行相あり」
（参考）（『瑜伽』92、大正 30・825b）

鄙者 ひしゃ　いやしい者。おろかな人。
Ⓢ kujana
（出典）鄙者、謂、愚癡類。（『中辺』上、大正 31・467a）

鄙渋 ひじゅう　いやしくけちなこと。「慳悋者は、心は多く鄙渋にして財法を畜積して捨すること能わず」

鄙賎 ひせん　いやしいこと。「嫉と慳とは最も鄙賎にして深く厭毀すべきなり」「鄙賎の人の生ぜしところの男女は、人皆な厭棄して与に交婚せず」

鄙畜 ひちく　（財などを）けちっていやしくたくわえること。「云何が慳と為す。財法に耽著して恵捨すること能わず、秘悋なるを性と為し、能く不慳を障えて鄙畜するを業と為す」
（出典）鄙、謂、鄙悪。畜、謂、畜積。積集異名。（『述記』6 末、大正 43・458b）

鄙俚 ひり　田舎。地方。「鄙陋ならざる声とは、辺方・辺国・鄙俚の言詞を離るるを謂う」

鄙陋 ひる　みにくいこと。「若し二つの舌あれば、是れ鄙陋の事にして世は便ち嗤笑す」

鄙劣 ひれつ　おとっていること。いやしくおとっていること。「鄙劣な資具を受用するに由って自ら富楽なりと謂うを惑乱の慢と名づく」「旃荼羅の如く、姓は鄙劣なりと雖も、豪族の与めに饒益事を作す」「五妙欲は有垢・有欲穢・有毒・有濁にして、是れ鄙劣の法なり」

誹毀 ひき　非難すること。軽蔑すること。「仏・世尊は有見と及び無有見とを誹毀す」「賢聖を誹毀する邪見の因縁によって、身壊れ命終って当に悪趣に堕すべし」「諸の菩薩は如実に如来の説く最極甚深の法義を聞いて終に誹毀せず」

誹謗 ひぼう　（ある存在、できごと、仏の教え、などを）否定する、認めない、非難すること。「菩薩の戒律儀法を誹謗する者は無量の大罪業の蔵に随遂さるる」「邪見とは、因を謗じ果を謗じ功用を誹謗し真実事を謗ずるを謂う」「業の果を誹謗する邪見」「是の悪外道は賢聖を誹謗して邪見を成就す」「三宝を誹謗す」「是の如き一切の経典の言を誹謗して仏語に非ずと誹謗す」
Ⓢ apa-**vad**: apavāda: apavādika: abhyākhyāna: prati-**kṣip**: pratihata

誹謗見 ひぼうけん　二十八種のまちがった見解（不正見）の一つ。→不正見

誹撥 ひほっ　（ある存在、できごと、仏の教え,などを）否定する、否認する、認めないこと。誹謗とおなじ。「若し依他起相と及び円成実相に於て、見て無相なりと為せば、彼れは亦た遍計所執相を誹撥す。是の故に彼れは三相を誹撥すと説く」「若し一切の世間は唯だ自在天の一因の起こすところなりと信受せば、則ち現見する世間の所余の因縁たる人の功などの事を誹撥することと為る」

Ⓢ nihnuta

誹訕 ひし そしること。

（出典）性好譏嫌故、名誹訕。（『瑜伽』89、大正 30・803a）

避 ひ さけること。捨てること。のがれること。「食に度量なしなどの不平等を避けざるが故に死す」「見聞に因って険難を避けるが故に身を導養す」

Ⓢ parivarjana: parihāra

避不平等 ひふびょうどう 不平等（過食など不健康な生活で身体のバランスをくずすこと）を避けること。「不平等を避けざるが故に死す」

避魔 ひま bhīmā の音写。贍部洲にある四大河の一つである私多河の支流の一つ。→四大河 Ⓢ bhīmā

臂 ひ うで。（ⅰ）肩から手首までの部分。肩から肘までの二の腕と肘から手首までの一の腕とを含めた全体をいう。この場合の原語は bāhu。「或いは足、或いは臂、或いは手を屈申す」「自らの手と臂の力で得たところの財物を恵施す」。（ⅱ）手首から肘までの部分。一の腕をいう。この場合の原語は prabāhu。「両の臂と肘と腕との六処の殊妙を名づけて六種の随好と為す」「次に臂の骨を観じ、次に肘の骨を観じ、次に腕の骨を観ず」

臂印 ひいん 腕輪。腕のかざり。身につける荘飾品の一つ。臂釧ともいう。「末尼・臂印・耳璫・環釧などの種種の微妙なる荘厳具」「耳環・指環・腕釧・臂釧などの荘厳具」

Ⓢ keyūra

臂釧 ひせん 臂印とおなじ。→臂印

髀 ひ もも。うしろはぎ。ももの骨。「支節鎖とは、臂・髆などの骨の連鎖、及び髀・膊などの骨の連鎖を謂う」 Ⓢ uru: ūru

羆 ひ ひぐま。「譬えば幻の如しとは、男・女・象・馬・熊・羆などの種種の幻の類を造作するを謂う」 Ⓢ tarakṣa

譬 ひ たとえ。たとえること。似た事柄を挙げてわかりやすく説明すること。「彼の生死は是れ諸の衆生の沈溺する処なるが故に、出ずることの難きが故に、泥に譬う」

Ⓢ bhūta

譬況 ひきょう たとえ。「譬とは譬況にして、喩とは曉喩なり。仏は劣根を化するに譬喩に依るが故なり」 Ⓢ dṛṣṭānta

譬如 ひにょ たとえを出してより分かり易く説明するときに用いる語。「たとえば～のごとし」と読む。「識と名色との二法は展転して相依す。譬えば蘆束が倶時に転ずるが如し」「遍計所執性の体性は都無なり。譬えば空華の如し。依他起性は無自然性なり。譬えば幻事の如し。円成実性は一切諸法の法無我性なり。譬えば虚空の如し」 Ⓢ upama: tad-yathā

譬喩 ひゆ ①たとえ。たとえること。「菩薩の功徳は一切の譬喩が及ぶこと能わざるところなり」「譬とは譬況にして、喩とは曉喩なり。仏は劣根を化するに譬喩に依るが故なり」 Ⓢ dṛṣṭānta

②因明（仏教論理学）の論法を構成する三つの要素（宗・因・譬喩）の一つ。喩ともいう。→喩② →三支 Ⓢ udāharaṇa

③十二分教の一つ。→十二分教 Ⓢ avadāna

譬喩師 ひゆし 経量部の本師である鳩摩羅多と彼の後継者たちをいう。譬喩者・譬喩部師・譬喩論師・譬喩論者ともいう。

Ⓢ dārṣṭāntika

（出典）仏去世後一百年中、北天竺怛叉翅羅国、有鳩摩邏多、此言童首、造九百論。時五天竺有五大論師、喩如日出明導、世間名日出者。以似於日、亦名譬喩師。或為此師造喩鬘論集諸奇事、名譬喩師。経部之種族。経部以此所説為宗。（『述記』2本、大正 43・274a）：譬喩師是経部異師、即日出論者、是名経部。此有三種。一根本即鳩摩羅多、二室利邏多、造経部毘婆沙、正理所言上座是。三但名経部、以根本師造結鬘論広説譬喩、名譬喩師、従所説為名也。其実総是一種経部。（『述記』4本、大正 43・358a）

譬喩者 ひゆしゃ →譬喩師

譬喩部師 ひゆぶし →譬喩師

譬喩論師 ひゆろんじ →譬喩師

譬喩論者 ひゆろんじゃ →譬喩師

比丘 びく bhikṣu の音写。苾芻とも音写。男性の出家者。→苾芻 Ⓢ bhikṣu

比丘尼 びくに bhikṣuṇī の音写。苾芻尼とも音写。女性の出家者。→苾芻尼

Ⓢ bhikṣuṇī

比丘尼律儀 びくにりつぎ 苾芻尼律儀とおなじ。→苾芻尼律儀

比丘律儀 びくりつぎ 苾芻律儀とおなじ。→苾芻律儀

毘 び 接頭辞 vi の音写。「有るが執すらく。識（vijñāna）は即ち是れ智（jñāna）なり。唯だ一字を長ず。いわゆる毘（vi）の字なり。彼宗を止せんが為に識と智とは其の体は各別なることを顕す」（『婆沙』9、大正27・44b〜c） Ⓢ vi

毘訶羅 びから vihāra の音写。寺・寺館・道場・精舎などと意訳。僧が住む寺。寺院。僧房。「昔し迦湿弥羅国の中に毘訶羅あり。吉祥胤と名づく」 Ⓢ vihāra

毘湿婆風 びしつばふう 外界で吹く風のなかの一つ。すべてに行きわたる風。毘湿婆は「すべての」を意味する viśva の音写。毘湿縛風ともいう。 Ⓢ viśvā vāyavaḥ

毘湿縛羯磨天 びしつばかつまてん 毘湿縛羯磨は viśva-karman の音写。造一切者と意訳され、古く、リグヴェーダ時代に天地を創造する唯一神として崇められた神。これが仏教に採り入れられて、帝釈天の命令で大善見王の宮殿を造った者となり、さらに建築道具を化作する神となった。
Ⓢ viśva-karma-deva
（参考）（『婆沙』95、大正27・491b）

毘湿縛風 びしつばふう 毘湿婆風とおなじ。→毘湿婆風

毘湿縛薬 びしつばやく すべての薬を調合した効用ある薬。毘湿縛は「すべての」を意味する viśva の音写。「毘湿縛薬を一切の散薬や仙薬の中に皆な安処すべし」 Ⓢ viśva-bhaiṣajya

毘瑟拏天 びしゅぬてん 毘瑟笯天とおなじ。→毘瑟笯天

毘瑟笯 びしゅぬ →毘瑟笯天

毘瑟笯天 びしゅぬてん 毘瑟笯は viṣṇu の音写。毘瑟拏天・毘紐天とも音写。幻惑と意訳。バラモン教がとくヴィシュヌ神。世界を維持する神。 Ⓢ viṣṇu
（出典）毘瑟笯世界者、毘紐天処。既是外道計執。（中略）毘瑟笯者、名為幻惑。（『瑜伽論記』17上、大正42・689a）

毘呾迦 びたか vitarka の音写。尋と意訳する。→尋② Ⓢ vitarka

毘呾娑多 びたしゃた vitastā の音写。贍部洲にある四大河の一つである信度河の支流の一つ。→四大河 Ⓢ vitastā
（参考）（『婆沙』5、大正27・22a）

毘提訶 びだいか →毘提訶洲

毘提訶洲 びだいかしゅう ①毘提訶は videha の音写。四大洲の一つ。勝身洲ともいう。→勝身洲
（参考）（『婆沙』172、大正27・867c）
②四大洲の一つである勝身洲の側にある中洲。→四大洲 Ⓢ videha
（参考）（『倶舎』11、大正29・58a）

毘紐天 びちゅうてん 毘瑟笯天とおなじ。→毘瑟笯天

毘那矺迦山 びなたかせん 毘那矺迦は vinataka の音写。毘那怛迦とも音写。スメール山（蘇迷盧山）を中心にして取り囲む八つの山の一つ。障礙山と意訳。山中に住む神が善法をさまたげるから、この名で呼ばれる。→八山 Ⓢ vinataka
（参考）（『略纂』1、大正43・16a）

毘那怛迦山 びなたかせん 毘那矺迦山とおなじ。→毘那矺迦山

毘奈耶 びなや vinaya の音写。毘尼とも音写。毘柰耶と書くことがある。律と意訳。煩悩を滅するために、あるいは罪悪を犯さないために護るべき行為の規範・規則。いましめ（戒 śīla）の総称。あるいは戒と区別されて用いられるときは自発的ないましめを戒、教団の集団生活のための他律的ないましめを毘奈耶（律）という。「毘奈耶を勤学する苾芻」「諸の出家者は毘奈耶を決定して学ぶべし」 Ⓢ vinaya
（出典）毘奈耶者、随順一切煩悩滅故。（『瑜伽』83、大正30・762a）：能滅一切諸煩悩故、名毘奈耶。（『瑜伽』98、大正30・865c）

毘奈耶蔵 びなやぞう →律蔵

毘柰耶 びなや →毘奈耶

毘尼 びに vinaya の音写。毘奈耶とも音写。→毘奈耶

毘若底 びにゃてい vijñapti の音写。識と意訳する。『成唯識論』の題目である vijñapti-mātratā-siddhi-śāstra のなかの vijñapti の音写。「題目を釈するとは、梵に毘若底（識也）摩咀剌多（唯也）悉提（成也）奢薩咀羅（論也）と云う。応に識唯成論と云うべし。此を唐言に順ずれば成唯識論なり」 Ⓢ vijñapti

毘婆訶 びばか vivāha の音写。数の単位の一つ。十の二十一乗。 Ⓢ vivāha
（参考）（『婆沙』177、大正27・891a）：（『倶舎』12、大正29・63b）

毘婆沙 びばしゃ ① vibhāṣā の音写。解説・解釈・注釈をすること、あるいはそのようにした書。「若し事に随って別答すれば、便ち多くの言論を費やさん。是の故に略なる毘婆沙を造るべし」 Ⓢ vibhāṣā
②『倶舎論』に見られる毘婆沙は毘婆沙師、あるいは彼等が造った『婆沙論』をいう。「毘婆沙の中には亦た是の説を作す」
Ⓢ vibhāṣā

毘婆沙師 びばしゃし 〈有部〉の所依の論書である『大毘婆沙論』を造った人びと。北インドのカシミール地方で活動した。『倶舎論』も〈有部〉の論書であるが、そのなかで、論主すなわち世親は「毘婆沙師の伝説するところは是の如し」と述べて、毘婆沙師の説を引用しているが、これは、内心はその説に賛同していないことを意味している。外道すなわち仏教以外の派の人びとは、〈有部〉をも含めて毘婆沙師と呼ぶ。 Ⓢ vaibhāṣika

毘婆沙宗 びばしゃしゅう 毘婆沙師たちの主張、あるいは毘婆沙師たちの宗派。
Ⓢ vibhāṣika-nyāya: vibhāṣika-pakṣa

毘鉢舎那 びばしゃな vipaśyanā の音写。観と意訳。奢摩他とならんでヨーガ（yoga 瑜伽）を構成する二つの要素の一つ。特に〈唯識〉が重要視する修行法。奢摩他を修することによってもたらされる寂静になった心。教えをまちがうことなく正しく観察する心。ある教え（法）の影像を心のなかに浮かべてその真実のありようを正しく追求・観察（正思択・最極思択・周遍尋思・周遍伺察、簡択・最極簡択・極簡択）する心。〈唯識〉は、奢摩他・毘鉢舎那（止・観）を修して表層心と深層心とが浄化されることによって解脱すると強調する。たとえば『解深密経』で「衆生は相の為に縛せられ、及び麁重の為に縛せらるる。要ず止観を勤修せよ、爾れば乃ち解脱を得ん」と説かれる（『解深』1、大正16・691b）。総じていえば、奢摩他は静まった心、毘鉢舎那は観察する心であり、そのありようは相違するが、その両者を同時に働かせることが理想とされ、それを奢摩他毘鉢舎那和合倶転、奢摩他毘鉢舎那双運転道という。この毘鉢舎那の心のなかの影像が心と異ならないという体験から唯識（vijñapti-mātra）という考えが生まれた。すなわち『解深密経』のなかで「世尊よ諸の毘鉢舎那の三摩地所行の影像は、彼れは此の心と当に異あると言うべきや、異なしと言うべきや。善男子よ、当に異なしと言うべし。何となれば、彼の影像は唯だ是れ識なるに由るが故に。善男子よ、我れ、識の所縁は唯識の所現なりと説くが故なり」と説かれる（『解深』3、大正16・698a～b）。教え（法）を思惟し観察することから、法をつけて法毘鉢舎那とよぶことがある。種類としては、有相毘鉢舎那・尋求毘鉢舎那・伺察毘鉢舎那の三種が説かれる（『解深』3、大正16・698c）。あるいは尽所有性毘鉢舎那・如所有性毘鉢舎那・有相毘鉢舎那・思求毘鉢舎那・観察毘鉢舎那の五種が説かれる（『瑜伽』64、大正30・657c）。→心住 →奢摩他 Ⓢ vipaśyanā
（出典）如是菩薩、能求奢摩他、彼由獲得身心軽安為所依故、即於如所善思惟法内三摩地所行影像、観察・勝解、捨離心相、即於如是三摩地影像所知義中、能正思択・最極思択・周遍尋思・周遍伺察、若忍、若楽、若慧、若見、若観、是名毘鉢舎那。（『解深』3、大正16・698a）：云何毘鉢舎那。謂、諸菩薩、由奢摩他熏修作意、即於如先所思惟法思惟其相、如理簡択・最極簡択・極簡択法、広説乃至覚明慧行、是名毘鉢舎那。（『瑜伽』38、大正30・504a）：於此義中、八次第定、名奢摩他、所有聖慧、名毘鉢舎那。（『瑜伽』12、大正30・340c）：毘鉢舎那者、謂、簡択諸法、最極簡択、普遍尋思、周審観察。為欲対治麁重相結故、為欲制伏諸顛倒故、令無倒心善安住故。（『雑集論』10、大正31・741b）

毘播迦 びぱか vipāka の音写。異熟と意訳。→異熟 Ⓢ vipāka

毘簸奢 びぱしゃ vipāśā の音写。贍部洲にある四大河の一つである信度河の支流の一つ。→四大河 Ⓢ vipāśā
（参考）（『婆沙』5、大正27・22a）

毘歩多 びぶた vibhūta の音写。数の単位の一つ。十の四十七乗。 Ⓢ vibhūta
（参考）（『婆沙』177、大正27・891b）：（『倶舎』12、大正29・63c）

毘末底 びまてい vimati の音写。疑と意訳す。→疑②
（参考）（『成論』6、大正31・31c）

眉（び）→み

美（び）→み

備 び そなえること。有すること。「若し

業が邪な呪術を待って方に功験を備えるは、是れ非法なり」「福徳・智慧の二の資糧を菩薩は善く備う」 Ⓢ upeta

備足 びそく 十分にそなわっていること。「無上の三十二大丈夫相などを以って其の身を荘厳し、一一の支節に皆な悉く那羅延力を備足す」

寐 び ねむること。「諸の菩薩は性として自ら翹勤し、夙く興き、晩く寐て、睡眠と倚楽に深く耽楽せず」 Ⓢ svap

鼻 び はな。臭覚（鼻識）を生じる器官。香りを嗅ぐ働きをする器官。鼻根のこと。→鼻根 Ⓢ ghrāṇa: nāsikā:
（出典）数由此故、能嗅諸香故、名為鼻。（『瑜伽』3、大正 30・294a）：鼻、謂、四大種所造、鼻識所依浄色。（『瑜伽』1、大正 30・279c）

鼻頞 びあつ はなすじ。はなばしら。「鼻根の極微は鼻頞の内に居り」 Ⓢ ghaḍa

鼻按 びあん はなすじの上部。「繫念して鼻按の中に在り」

鼻界 びかい 全存在を十八の種類に分ける分類法（十八界）のなかの一つ。鼻という器官（鼻根）のグループ。→十八界
Ⓢ ghrāṇa-dhātu

鼻境界 びきょうがい 鼻の対象。鼻が嗅ぐ香り。「鼻が嗅ぐところの衆多の香は、是れ鼻の境界なり」 Ⓢ ghrāṇa-viṣaya

鼻孔 びこう はなのあな。「鼻根の極微は鼻孔の中に住す」 Ⓢ nāsikā-bila

鼻根 びこん 鼻という器官。身体の五つの感覚器官（五根）の一つ。地・水・火・風の四つの元素（四大種）から造られ、臭覚（鼻識）を生じる清浄な物質（清浄色・浄色）を本体とする。→根② →五根① →浄色
Ⓢ ghrāṇa-indriya
（出典）鼻根者、謂、四大種所造、鼻識所依清浄色、為体。（『雑集論』1、大正 31・696a）

鼻識 びしき 鼻によって香りを嗅ぐ働き。臭覚。五つの感覚作用（五識）、あるいは六つの認識作用（六識）の一つ。 Ⓢ ghrāṇa-vijñāna
（出典）云何鼻識自性。謂、依鼻了別香。（『瑜伽』1、大正 30・279c）

鼻識界 びしきかい 全存在を十八の種類に分ける分類法（十八界）のなかの一つ。鼻識のグループ。→鼻識 →十八界 Ⓢ ghrāṇa-vijñāna-dhātu

鼻処 びしょ 十二処（存在の十二の領域）の一つ。鼻の器官（鼻根）のこと。→鼻 →鼻根 Ⓢ ghrāṇa-āyatana

鼻触 びそく 鼻根によって触れること。受を生じる十六種の触の一つ。→触④

鼻端 びたん はなの突端。「繫念して唯だ鼻端に在り」 Ⓢ nāsikā-agra

糜 び かゆ。一つ一つ分けて嚙み砕き、段々と食べる食物（段食）の一つ。飯（めし）、餅（もち）などとともに身心を維持する代表的なものとしてあげられる。「我が此の身は、先の業と煩悩に引発され、父母の不浄の和合に生ぜられ、糜・飯などの食に増長せらるる」「能く身心の勢力を増長する餅・飯・糜などの種種の飲食を用いて諸の衆生に施す」 Ⓢ kulmāṣa: yavāgū

糜粥 びしゅく かゆ。糜は濃いかゆ。粥は水を多くした薄いかゆ。「所食とは、諸の段食を謂う。即ち餅・麨・飯・羹・臛・糜粥なり」 Ⓢ kulmāṣa

糜飯 びはん 糜と飯。かゆとめし。「我が此の身は、先の業と煩悩に引発され、父母の不浄の和合に生ぜられ、糜飯などの食に増長せらるる」 Ⓢ odana-kulmāṣa

彌（び）→み

必 ひっ かならず。必然的に。必定とおなじ。「心と心所とは必ず倶なり」「是の業は必定して果を招く」
Ⓢ avaśyam: nityam: niyatam: niyamena

必定 ひつじょう →必

必然 ひつねん かならずそうであること。「因は前にして果は後なりという其の理は必然なり」 Ⓢ niyama

畢竟 ひっきょう ①「完全」「究極」「徹底」「永久」「絶対」「不変」「一切」などを意味する形容詞あるいは副詞。「煩悩障を断ずるが故に畢竟して一切の煩悩を離垢す」「諸の菩薩は発心し已って、畢竟して随転し、復た退還することなし」「究竟の涅槃を名づけて畢竟と為し、一切の有為を不畢竟と名づく」「諸の有為が皆な悉く寂滅するを畢竟して出離すると名づく」 Ⓢ atyanta: atyantam: ātyantika: sarvena sarvam
②完成する、成就すること。「受戒の羯磨が畢竟す」 Ⓢ parisamāpti

畢竟空 ひっきょうくう すべては究極的に

は非存在であるという理。この理をさとることによって自己は無我であるという教理への執着を除くことができる。
Ⓢ atyanta-śūnyatā
（出典）有十種相、空能除遣。何等為十。（中略）八者了知相真如義故、有補特伽羅無我相法無我相、若唯識相及勝義相。此由畢竟空無性空無性自性空及勝義空、能正除遣。（『解深』3、大正16・701a）

畢竟出離 ひっきょうしゅつり　究極の出離。出離とは愛欲などの煩悩を断じて苦を超え出ることをいい、種々の程度の出離があるうち、三界（欲界・色界・無色界）、すなわち有為（現象的存在）の一切の苦を断じて涅槃に至ることを畢竟出離という。→出離
（出典）若諸有為皆悉寂滅、当知、是名畢竟出離。（『瑜伽』96、大正30・849c）

畢竟無 ひっきょうむ　①いかなる意味においても存在しないもの。石女児（うまずめの子）や空華（眼病の人に現れる空中の華）などをいう。無法すなわち五つの存在しないもの（未生無・已滅無・互相無・勝義無・畢竟無）の一つ。
（参考）（『瑜伽』16、大正30・362c）
②ヴァイシェーシカ派（勝論）の説く五種の無（未生無・已滅無・更互無・不会無・畢竟無）の一つ。生じる因がなく過去・現在・未来のいかなる時においても決して生じないもの。
（参考）（『述記』1末、大正43・256c）

畢舎遮 ひっしゃしゃ　piśāca の音写。食血肉鬼と意訳。死体の肉を食べる鬼。『婆沙論』では地に住む神の一つで、天趣ではなく傍生趣に属するとされる。Ⓢ piśāca
（出典）畢舎遮者、唐言食血肉鬼、旧名毘舎闍鬼。（『倶舎論疏』2、大正41・495b）：畢舎遮、唐言食血肉、鬼之異名。（『倶舎論記』2、大正41・34c）
（参考）（『婆沙』172、大正27・869a）

畢鉢羅樹 ひっぱらじゅ　畢鉢羅は pippala の音写。桑科に属する常緑樹で、幹は黄白色で枝葉は緑をしており、冬も夏も葉が落ちることがない。釈尊（仏）がその下に坐り、菩提すなわち無上正覚を得られたので、一般に菩提樹といわれる。Ⓢ pippala-vṛkṣa
（参考）（『大唐西域記』8、大正51・915b）

畢鉢羅風 ひっぱらふう　畢鉢羅は pippalaka の音写。身体の中の風（内風界）の一つで、痛みを生じる風。Ⓢ pippalakā vāyavaḥ
（参考）（『瑜伽』27、大正30・430b）

逼 ひっ　せまること。おびやかす、なやますこと。なやむ、くるしむこと。「諸の菩薩は諸の苦ある来求索者の悪なる逼に於て能く忍す」「其の熱分の極炎暑の時に於て、熱の為に逼す」Ⓢ abhyāhata: utpīḍita: uparodhana: **badh**: saṃtapta

逼害 ひつがい　なやましがいすること。自らを苦しめる、あるいは自殺する、縄で縛る、などの苦行をいう。「如実に生天の道路を知らずして、食を断ち、火に投じ、高巖より堕ちるなどして自ら逼害を加う」
Ⓢ upaghāta: upasṛṣṭa: pra-**tap**
（出典）逼害者、謂、殺縛等。（『摂論釈・世』4、大正31・342b）

逼切 ひっせつ　くるしむこと。くるしめること。圧迫すること。「衆苦が身心を逼切す」「重病に逼切せらるる人」
Ⓢ abhi-**bhū**: abhibhūta: upadruta: aupakramika: **bādh**

逼悩 ひつのう　くるしむこと。くるしめること。なやますこと。「諸の有情に於て怨恨・逼悩・懈怠・散乱・闇鈍・愚癡なる是の如き六法は能く菩提を障う」「自ら逼悩する苦とは、無繋などの諸の外道の類を謂い、他によって逼悩する苦とは、他の手・塊などの触、蚊虻などの触に遭遇するを謂う」「隣国で戦諍し互相に逼悩す」
Ⓢ utpīḍana: upakrama: upaghāta: upadrava: pari-**kliṣ**: paripīḍa: pīḍā: **bādh**
（出典）逼悩名苦。（『略纂』1、大正43・17c）

逼迫 ひっぱく　①くるしむこと。くるしめる、なやますこと。圧迫すること。「違境の相を領して身心を逼迫するを説いて苦受と名づく」「諸の菩薩は他に於て逼迫し損悩せずして恵施を行ず」「諸の衆生に於て悪王の非理の縛録・治罰・逼迫に遭遇して身心が擾乱す」「害とは他に於て能く逼迫を為すを謂う」
Ⓢ utpīḍa: utpīḍana: ud-**pīḍ**: aupakramika: pīḍā: vādhana: viheṭhana
（出典）逼迫性故苦。（『倶舎』26、大正29・137a）：苦者、逼迫義。（『略纂』1、大正43・13a）
②せまること。強制すること。「彼の親属が善を修することに於て楽欲なしと雖も、是の

方便に由って強いて逼り修せしむるを名づけて逼迫所生の方便善巧と為す」
Ⓢ avaṣṭambha

苾芻 びっしゅ bhikṣu の音写。比丘とも音写。bhikṣu は乞うという意味の動詞 **bhikṣ**に由来する語で、施物を乞うことによって生計する修行僧をいう。男性の出家者。これに対して女性の出家者を苾芻尼（bhikṣuṇī）という。 Ⓢ bhikṣu
（参考）種類として、名想苾芻・自称苾芻・乞匃苾芻・破惑苾芻の四種が説かれる（→各項参照）（『倶舎』15、大正 29・79b）。『瑜伽論』はこれら四種に白羯磨受具足戒苾芻を加えて五種を説く（『瑜伽』29、大正 30・447a）。最後の苾芻は受戒の儀式を行ない具足戒を受けた正式の出家者をいう。

苾芻戒 びっしゅかい 苾芻律儀とおなじ。→苾芻律儀

苾芻尼 びっしゅに bhikṣuṇī の音写。比丘尼とも音写。尼と略称。女性の出家者。→苾芻 Ⓢ bhikṣuṇī

苾芻尼律儀 びっしゅにりつぎ 八種の別解脱律儀の一つ。女性の出家者が受ける律儀。比丘尼律儀ともいう。→別解脱律儀
Ⓢ bhikṣuṇī-saṃvara

苾芻律儀 びっしゅりつぎ 八種の別解脱律儀の一つ。男性の出家者が受ける律儀。比丘律儀ともいう。→別解脱律儀
Ⓢ bhikṣu-saṃvara

百 ひゃく 数の単位の一つ。十の二乗。
Ⓢ śata
（参考）（『婆沙』177、大正 27・891a）：（『倶舎』12、大正 29・63b）

百四十不共仏法 ひゃくしじゅうふぐうぶっぽう 仏（如来・世尊）のみが具える百四十の特質・特徴。大きく三十二大丈夫相・八十随好・四一切種清浄・十力・四無畏・三念住・三不護・大悲・無忘失法・永害習気・一切種妙智に大別され、全部で百四十ある。→各項参照
（参考）（『瑜伽』49、大正 30・566c 以下）

百千 ひゃくせん ①非常に多い数を表す語。「菩薩は十種の大願を以って上首と為し、能く無数の百千の正願を生ず」「若し是の処に於て世尊が百味の飲食と百千の衣服とを聴受すれば、是れを安楽と名づく」 Ⓢ śata-sahasra
②百と千。「劫初の時に於ては人寿は無量なり、百千などの数で計量すること能わず」
Ⓢ śata-sahasra

百千苦行 ひゃくせんくぎょう →百千難行苦行

百千倶胝 ひゃくせんくてい 倶胝は koṭi の音写。数の単位の一つで十の七乗。これに百と千を付して全体で非常な量の数を意味する形容句として用いられる。「百千倶胝の大海・輪囲山などの諸の険難処を逾越し、十方に遊歴して衆生の苦を救う」「百千倶胝の大苦を忍受す」

百千難行苦行 ひゃくせんなんぎょうくぎょう 百千の難行・苦行。非常に困難で苦しい修行。生死輪廻しながら人びとの救済をめざす困難な修行を強調していう。百千苦行ともいう。百をとって千難行苦行ともいう。「如来は三無数劫に於て無量の百千難行苦行を修習して無上正等菩提を得る」「三無数劫を経て、精勤して百千苦行を修習す」「普く一切の諸の有情類に於て善利益の増上意楽を起こして、多くの千難行苦行を修習して、三大劫阿僧企耶を経る」 Ⓢ duṣkara-śata-sahasra

百足 ひゃくそく むかで。さそり（蝎）などとともに害を与える毒虫。「蛇蝎・蚰蜒・百足などの類の諸の悪毒の虫」「多足の有情とは、百足などの如し」 Ⓢ śata-padī

百二十八根本煩悩 ひゃくにじゅうはちこんぽんぼんのう 百二十八煩悩ともいう。〈唯識〉の所説。見惑（見道によって断ぜられる煩悩）の百十二と、修惑（修道によって断ぜられる煩悩）の十六とを合計した百二十八種の煩悩をいう。見惑の百十二種とは、欲界の四諦のおのおのについての十惑（合わせて四十）と色界と無色界との四諦のおのおのについての九惑（十惑のなかから瞋を除いたもの。合わせて七十二）とを合計したもの。修惑の十六種とは、欲界の六煩悩（貪・瞋・癡・慢・悪見）と、色界と無色界とのおのおのにある瞋を除いた五煩悩とを合計したものをいう。〈有部〉は百八種の煩悩を説く。→百八煩悩「煩悩の分別とは、或いは一百二十八煩悩に分かつ。謂く、即ち上の十煩悩と十二種の諦に迷執するに由って建立す」（『瑜伽』8、大正 30・313b）。「煩悩障とは謂く、遍計所執の実我を執する薩迦耶見を上首と為す百二十八の根本煩悩と及び彼の等流の諸の

随煩悩となり」(『成論』9、大正31・48c)

百二十八煩悩　ひゃくにじゅうはちぼんのう　→百二十八根本煩悩

百八煩悩　ひゃくはちぼんのう　〈有部〉が説く百八種の煩悩。百八とは、九十八随眠と十纏とを合計したもの。このなか、(i) 九十八随眠とは、欲界の三十六と色界の三十一と無色界の三十一との随眠を合計したもの。このなか欲界の三十六とは、見惑の三十二と修惑の四の煩悩とを合計したもの。見惑の三十二とは、十随眠（有身見・辺執見・邪見・見取・戒禁取・貪・瞋・慢・無明・疑）を四諦に配分して、見苦所断の十、見集所断の七、見滅所断の七、見道所断の八を合計したもの。修惑の四とは貪・瞋・癡・慢の四をいう。色界の三十一と無色界の三十一とは、それぞれ、欲界の三十六より、五つの瞋が除かれたもの、すなわち、この二界には瞋がないから四諦のおのおのの見所断より四つの瞋が、そして修所断より一つの瞋が、合計して五つの瞋が除かれて合計で三十一となる。(ii) 十纏とは、無慚・無愧・惛沈・悪作・悩・嫉・掉挙・睡眠・忿・覆の十の煩悩をいう。

百味　ひゃくみ　非常にごちそうで美味しい味を表す語。「若し是の処に於て世尊が百味の飲食と百千の衣服とを聴受すれば、是れを安楽と名づく」

白　びゃく　①しろ。白色。四種の基本的ないろ（青・黄・赤・白）の一つ。
Ⓢ avadāta: gaura: pāṇḍara: śukla
②黒の対としての白。清潔な・汚れがない・純粋な・勝れた、などのありよう、あるいはそのようなものをいう。「白業」「白品」「白法」 Ⓢ avadāta: śukla: śuklatā: śuklatva
③髪が白いこと。「朽老し、衰邁し、歯落ち、髪白く、年は八十を逾える」 Ⓢ palita
④告げる、語る、申し上げること。「彼の王は仏の所に往詣して仏足に頂礼して世尊に白して言く」

白衣　びゃくえ　①白い衣、転じて世俗者。出家者が色の染まった衣を着るのに対して、白い着物を着ることができる一般の在家者を白衣という。白衣者ともいう。「居家の白衣は諸の欲境に於て耽著し受用して不善の業を造る」「在家の白衣の男子」「諸の在家の白衣者の所に於て、多く親愛・尊重・恭敬・慇念の心を起こす」。 Ⓢ avadāta-vasana
②白色の衣服。「善業を作す者が得るところの中有は、白衣の光、或いは晴明の夜の如し」 Ⓢ avadāta-vastra

白衣者　びゃくえしゃ　→白衣①

白毫相　びゃくごうそう　仏に具わる三十二の身体的特徴の一つ。眉間に白色で右に渦巻いた毛があるさまをいう。→三十二大丈夫相

白業　びゃくごう　三界（欲界・色界・無色界）のなかの色界の善業をいう。色界の善業は悪をまじえることがないから、業を白色にたとえて白業という。 Ⓢ śukla-karma

白黒月　びゃくこくがつ　白月と黒月。満月と新月の日。「彼の諸天は白黒月に於て毎常に八日、若しくは十四日、若しくは十五日に、善法堂に集まって世間の善悪の多少を称量す」

白羯磨受具足戒苾芻　びゃくこんまじゅぐそくかいびっしゅ　受戒の儀式を行ない具足戒を受けた正式の出家者。→苾芻

白四羯磨　びゃくしこんま　羯磨は、広くは教団（サンガ・僧伽）で行なう儀式や作法をいうが、狭くは受戒の儀式を意味する。授戒者がまず受戒者に戒の内容を告知することを白といい、その戒の内容を護るかどうかと質問して受戒者が「はい」と承諾することを羯磨という。受戒の儀式は一度の白と三度の羯磨とから成立する。この一度の白と三度の羯磨とをまとめて白四羯磨という。 Ⓢ jñapti-caturtha-karman

白勝生　びゃくしょうしょう　三種の勝生（黒勝生・白勝生・非黒非白勝生）の一つ。勝生(abhijāti) とは、生まれ・家柄・血統をいい、高貴で金持ちの家を白勝生という。刹帝利・婆羅門・長者などの家柄。
Ⓢ śukla-abhijātikaṃ janma
（出典）白勝生生、謂、如有一、生刹帝利大富貴家、若婆羅門大富貴家、若諸長者大富貴家、若生所余豪貴大富、多諸財穀庫蔵等家、如是名為人中勝福徳者。(『瑜伽』9、大正30・320c)

白勝生類　びゃくしょうしょうるい　満迦葉波外道が説いた六種の勝れた人たちの一グループ。→六勝生類

白浄色類　びゃくじょうしきるい　白浄の色類。清らかな人種。黒穢色類の対。「妄計最勝論者は婆羅門は是れ白浄の色類にして余種

は是れ黒穢の色類なりと計す」

白浄法 びゃくじょうほう →白法

白浄品 びゃくじょうぼん →白品

白二羯磨 びゃくにこんま 授戒者が一度だけ戒の内容を告知し、受戒者が一度だけ承諾するという受戒の儀式をいう。五種あるいは十種の羯磨の一つ。→羯磨

白半 びゃくはん 一か月の後半の十五日。黒半の対。→黒半「何が故に月輪は黒半の末と白半の初位とに於て欠くることあるや」
Ⓢ śukla-pakṣa

白白異熟業 びゃくびゃくいじゅくごう 白業と白異熟。白業とは色界中の善業をいい、白異熟とはその善業によってもたらされる異熟である天の生存をいう。なお『倶舎論』では論主（世親）は無色界の善業をも白業であるという立場をとっている。『雑集論』は三界の善業すべてを白業であると説く。
（出典）云何白白異熟業。謂、色界繫善業。（『婆沙』114、大正27・590a）：色界善業、一向名白。不雑悪故。異熟亦白、是可意故。（『倶舎』16、大正29・83b）：能感各別処所天趣善業、名白白異熟業。（『瑜伽』90、大正30・809a）：白白異熟業者、謂、三界善業。不染汚故、可愛異熟故。（『雑集論』8、大正31・731a）

白法 びゃくほう 善なるもの（善法）と善でも悪でもないもの（無覆無記法）とをいう。鮮白法・白浄法ともいう。
Ⓢ śukla-dharma
（出典）云何白法。謂、善法及無覆無記法。（『婆沙』114、大正27・589c）

白品 びゃくほん 煩悩のない清らかな行為・ありようのグループ。黒品の対。たとえば四諦についていえば、苦諦と集諦とに黒品のすべてがおさめられ、滅諦と道諦とに白品のすべてがおさめられる。白浄品ともいう。「苦諦は是れ黒品の果、集諦は是れ黒品の因、滅諦は是れ白品の果、道諦は是れ白品の因なり」 Ⓢ śukla-pakṣa
（参考）（『瑜伽』87、大正30・790c）

白癩 びゃくらい しろいできもの。「悪業の力の故に彼の人身の上に白癩を生ぜしむ」

擘 びゃく さくこと。「或いは毛、或いは氈を、若しくは鞭し、若しくは弾し、若しくは紛し、若しくは擘すれば、その時、分散・柔軟・軽妙にして縷綫・氈褥を造作するに堪任す」

闢 びゃく 門を開くこと。「宮城の門を闢く」

百福 ひゃっぷく →百福荘厳

百福厳飾 ひゃっぷくごんしょく 百福荘厳とおなじ。→百福荘厳

百福荘厳 ひゃっぷくしょうごん 百福厳飾ともいう。仏の三十二大丈夫相の一つ一つが百福をもって飾られること。百福（puṇya-śata）とは百思（百の思い）をいい、たとえば足下平満の相を修するとき、まず五十の思をもって身器（身体）を清浄にし、次に一思をもってこれを引き起し、最後に五十の思を以って完成することをいう。五十思とは十善業の一つ一つに五つの思があることをいう。たとえば離殺を例にとれば、離殺思・勧導思・讃美思・随喜思・迴向思の五つをいう。「仏の一一の相は百福をもって荘厳せらる」
（出典）問。如契経説、仏一一相百福荘厳。何謂百福。答。此中百思名為百福。何謂百思。謂、如菩薩造作増長足善住相業時、先起五十思、修治身器、令浄調柔。次起一思、正牽引彼、後復起五十思、令其円満。（『婆沙』177、大正27・889c）
（参考）（『倶舎論記』18、大正41・281c）

百法 ひゃっぽう 〈唯識〉の所説。百種の存在の構成要素。次の百種をいう（百を五つのグループに分けることから五位百法という。これに対して〈有部〉では七十五種を立てることから五位七十五法という）。（Ⅰ）心王（8）。眼識・耳識・鼻識・舌識・身識・意識・末那識・阿頼耶識。（Ⅱ）心所（51）。（ⅰ）遍行（5）。触・作意・受・想・思。（ⅱ）別境（5）。欲・勝解・念・定・慧。（ⅲ）善（11）。信・慚・愧・無貪・無瞋・無癡・勤・軽安・不放逸・行捨・不害。（ⅳ）煩悩（6）。貪・瞋・癡・慢・疑・悪見。（ⅴ）随煩悩（12）。忿・恨・覆・悩・嫉・慳・誑・諂・害・憍・無慚・無愧。（ⅵ）不定（4）。悔・眠・尋・伺。（Ⅲ）色（11）。眼根・耳根・鼻根・舌根・身根・色境・声境・香境・味境・触境・法処所摂色。（Ⅳ）不相応行（24）。得・命根・衆同分・異生性・無想定・滅尽定・無想事・名・句・文・生・老・住・無常・流転・定異・相応・勢速・次第・方・時・数・和合・不和合。（Ⅴ）無為（6）。虚空無為・択滅無為・非択滅無為・不

動無為・想受滅無為・真如無為。→七十五法
(参考)(『百法明門論』、大正 31・855b〜c)

謬解 びゅうげ あやまって理解すること。「不正知とは、所観の境に於て謬解するを性となし、能く正知を障えて毀犯するを業となす」

謬言 びゅうごん いつわって語ること。あやまって語ること。「謬言を以って余論を仮設し、方便して詰問するところの事を推遣する者は、ともに語るべからざる麁語の声聞と名づく」

謬者 びゅうじゃ 迷謬者を迷者と謬者とに分けるなかの謬者。→迷謬者

謬唯識 びゅうゆいしき 迷唯識と謬唯識のなかの謬唯識。迷唯識とは、唯識の理をまったく理解しないこと。謬唯識とは、唯識の理をよこしまに理解し考えること。たとえば清辨が「世俗諦からすれば心と境とは倶に有り、勝義諦からすれば心と境とは倶に無い」という考えをいう。
(参考)(『述記』1本、大正 43・234c)

并 ひょう ①および。二つのものを列記するときに使う助詞。Ⓢ bhāj: saha
②あわせること。一緒にすること。有していること。「定とは善の一境を謂い、伴を并せれば五蘊性なり」 Ⓢ grahaṇa: sa-: sānuga: sārdham

兵戈 ひょうか 兵と戈。「はもの」と「ほこ」。転じていくさ。「諸王共に兵戈を発して互相に征討す」

兵将宝 ひょうしょうぼう →主兵臣宝 →七宝

抨酪 ひょうらく 水でうすめたヨーグルト。飲物の一つ。「沙糖汁、或いは石蜜汁、或いは飯漿の飲、或いは鑽酪の飲、或いは抨酪の飲、乃至、水を総じて名づけて飲と為す」 Ⓢ takra

表 ひょう ①あらわすこと。あきらかにすること。言い表すこと。「諸の菩薩は大願を発して智あり力ありて、語に於て義を表し、能く授け、能く開く」「瘂は言わざると雖も、身、語の説こうと欲するところの義を表す」「界の声は種類の義を表す」 Ⓢ **dṛś**: pra-**āp**: vācaka: vijñapti
②具体的に表れて認識されること。認識の対象として表れていること。→表業 →表色 Ⓢ vijñapti
③おもて。「中の身と表の身」「両手と両足との表・裏の八処」 Ⓢ bahis

表戒 ひょうかい 表層の行為(身・語・意の三業)によって実践される戒。無表戒(戒を受けることによって身中に得られる「非を防ぎ悪を止める力」、すなわち戒体)の対。→無表戒
(参考)(『婆沙』123、大正 27・642c 以下)

表義 ひょうぎ 義を表すこと。言葉の意味をあきらかにすること。「語に於て義を表し、能く覚し、能く受す」

表義名言種子 ひょうぎみょうごんしゅうじ →名言種子

表業 ひょうごう 具体的に表れて認識されうる行為・働き。身表業と語表業と意表業の三種に分かれる。行為(業)の本質は意志的活動(思)であるととらえて、意業を思業、それから生じる身業と語業を思已業という。無表業の対。→無表業 Ⓢ vijñapti
(出典)表示其心故、名表業。香等、無表示、不可名表。(『述記』2本、大正 43・274b)

表示 ひょうじ (言葉や動作などで)表し示すこと。「過去の諸仏は皆な苦の名を以って苦諦を表示す」「無表は色業を以って性と為すと雖も、有表業の如く表示して他をして了知せしむるに非らず。故に無表と名づく」「勝義は諸の表示を絶し、尋思は但だ表示の境界に行ず」「身の表業は定んで実有に非ず。然も心を因と為して識所変の手などの色相を生滅相続して余方に転趣せしめ、動作あるに似て心を表示するが故に仮に身表と名づく」 Ⓢ vyavahāra

表色 ひょうしき ①眼の三種の対象(顕色・形色・表色)の一つ。身体の動き(取・捨・屈・伸、行・住・坐・臥)あるいは物が動き、変化するさま、をいう。→色境
(出典)表色者、謂、取・捨・屈・伸、行・住・坐・臥、如是等色。(中略)表色者、謂、即此積集色、生滅相続、由変異因、於先生処、不復重生、転於異処、或無間、或有間、或近、或遠、差別生、或即於此処、変異生、是名表色。(中略)表色者、謂、業用為依、転動差別。(『瑜伽』1、大正 30・279b)
②無表色の対としての表色。具体的に認識されうる表層的な行為(表業すなわち身・語・意の三業)をいう。→無表色

表彰 ひょうしょう 表しあきらかにするこ

と。「声とは、鳴・音・詞・吼・語を表彰するなどの差別の名を謂う」「能く屈曲の軌範ありて差別を表彰して物解を生ず」
Ⓢ vijñapti

表身 ひょうしん 表にあらわれた身体。中身の対。 Ⓢ bahis-kāya
（参考）（『瑜伽』28、大正 30・440a）

表宣 ひょうせん 言葉で述べて表すこと。宣言すること。「得戒の作法は、必ず正しく威儀して師の前に住し、欲するところを表宣し、正に受戒するなり」

表詮 ひょうせん ①言葉で表すこと。言葉は声（具体的に発せられた音声）と名・句・文（言葉の三要素。音声の変化によって成立するもの）とからなるが、〈唯識〉はこのなか、声が実際に存在し、名・句・文は声の上の屈曲であって仮に存在するものであると考える。詮表ともいう。「名・句・文に由って内心を表詮す」
②ものごとを肯定的に表現すること。二つの表現方法（遮詮・表詮）のなかの一つ。遮詮の対。たとえば〈唯識〉においては遮詮的には三無性（相無性・生無性・勝義無性）を説き、表詮的には三性（遍計所執性・依他起性・円成実性）を説く。→遮詮「円成実は是れ空所顕なりとは、此れ即ち表詮に約して円成実を顕すなり」

表知 ひょうち 表し知らしめること。「慈・悲・喜・捨の四種の無量に由ってあらゆる内徳を表知す」「外に彰れる身・語は他をして増猛ありと表知せしむ」 Ⓢ vijñapti

表裏 ひょうり 「おもて」と「うら」。「両手と両足との表裏の八処」 Ⓢ tala

表了 ひょうりょう ①表すこと。表し了解せしめること。「法の斉量を表了する分位に依って数を建立す」「語とは語言を謂い、音声を性と為す。此れ能く欲するところの義を表了するが故に名づけて語と為す」
②受戒の儀式において授戒師が受戒者に戒を守るかどうかと問いただすこと。
（出典）表了者、和僧問事。（『略纂』1、大正 43・18c）

拼 ひょう （縄で）しばること。「獄卒は那落迦中の有情を黒縄で以って拼す」

豹 ひょう ひょう。師子や虎や怨敵や盗賊などとともに、人に恐怖を与えるものとしてあげられる。「若し処所として悪師子・虎・豹・豺・狼・怨敵・盗賊などの諸の恐怖の事なければ、是の処所に於て身意泰然として安楽に住ず」

幖幟 ひょうし はた。のぼり。すがた・かたち・ありようを意味する相（lakṣaṇa）を説明する際に用いる語。「三十二大丈夫相の相は幖幟の義なり」「四の有為の相は是れ一切法の印封・幖幟なり。有為を簡別して無為に異なるが故なり」

漂 ひょう ただようこと。「惑に由って世間は有海に漂う」 Ⓢ vah

漂激 ひょうげき 川の流れが速く強いこと。「諸の有情は若し暴流に墜ちれば、唯だ随順すべく、能く違逆することなし。涌泛し漂激して違拒し難きが故なり」

漂鼓 ひょうこ 川の水が音をたてて流れること。「流に随い漂鼓する、是れ暴流の義なり」

漂溺 ひょうでき ただよいおぼれること。「生死の流れに順ずる貪愛の勢力に由って、五趣の生死の河の中に於て、流れに順じて漂溺す」「阿頼耶識は無始のときよりこのかた、生滅相続して非常非断なり。漂溺する有情をして出離せざらしむ」 Ⓢ anusrota-upahṛta

漂転 ひょうてん ただよいまわること。「諸の惑は能く世間をして生死の大海に漂転せしむ」「若し心を無相界に安ぜずんば、便ち諸相の為に其の心が漂転す」 Ⓢ bhram

漂蕩 ひょうとう 水浸しにすること。押し流すこと。「水に漂爛せらるるとは、大水洪漫して村邑・国城・王都を漂蕩して悉く皆な淪没す」「火に焚焼され、水に漂蕩される」
Ⓢ ūh: plu

漂漾 ひょうよう ただよわすこと。ゆれうごかすこと。「煩悩が心を漂漾す」

漂爛 ひょうらん 水に浸ること。「水に漂爛せらるるとは、大水洪漫して村邑・国城・王都を漂蕩して悉く皆な淪没す」 Ⓢ kleda

漂淪 ひょうりん 心がゆれうごいて沈むこと。「能く貪などに随順する諸法に於て其の心が散動し漂淪す」「在家は諸欲の境界の為に漂淪されるが故に聖教に違背す」

標 ひょう しめすこと。記述すること。かかげ示すこと。たとえば、ある経論の文句を検討する際に、先ず初めに記述することをいう。標挙とおなじ。「正法に於て其の文句の如く次第に標し、其の文句の如くに次第に釈し、其の次第の如くに其の義を分別す」「初の中に二あり。一には標、二には釈なり」
Ⓢ ud-**diś**: uddeśa

標句 ひょうく　かかげ示す文句。ある事柄を検討する際に、最初にそのことについて総括的に記述する文句をいう。さらに詳しく解釈する文句である釈句に対する語。たとえば、善性（善いということ）が標句であり、その内容を示す正趣・善士（正しくさとりにおもむく善き人）が釈句である。「標句とは善性と言うが如く、釈句とは正趣・善士を謂う」（『瑜伽』81、大正30・750b）

標挙 ひょうこ　かかげ示すこと。記述すること。たとえば、ある経論の文句を検討する際に、先ずそれを初めに総括的に記述することを総標挙といい、その後にそれについて詳しく解釈することを別解釈という。「先に総じて標挙し、後に別して解釈す」

標宗 ひょうしゅう　論の宗を標すること。経論が説く主張をかかげて記述すること。「此れは本頌を挙げて難に答えて標宗す」「中に於て四あり。一には標宗、二には釈難、三には引証、四には立理なり」

標相 ひょうそう　結界のこと。受戒の儀式を行なうために特定の制限された領域を設けること。→結界②　Ⓢ saṃjñapti
（出典）標相者、結界。（『略纂』1、大正43・18c）

標相名 ひょうそうみょう　人に対する六種の呼び名（功徳名・生類名・時分名・随欲名・業生名・標相名）の一つ。その人の身体の姿・ありようを表示した名称。たとえば杖をついている者を執杖人、かさ（蓋）をさしている者を執蓋人と呼ぶようなものである。
（出典）標相名者、謂、依標相、立名。如執杖者、名執杖人、執蓋者、名執蓋人、如是等。（『婆沙』15、大正27・73b）

憑 ひょう　たよること。すがること。「脊が傴曲せる者は身形前僂にして杖に憑して行く」　Ⓢ ava-**stabh**

憑拠 ひょうきょ　たよること。すがること。「杖策に憑拠するとは、住の威儀位にして杖力に依って住するを謂う」
Ⓢ viṣṭambhanatā

憑仗 ひょうじょう　たよること。すがること。「出離の時に於て正に憑仗すべきが故に名づけて依と為す」

憑附 ひょうふ　よりすがること。むすびつくこと。「引業力に由って識が相続して流れること、火焔が行くが如くにして、彼彼の趣に往き、中有に憑附して所生に馳赴して有身を結生す」　Ⓢ saṃbandha

飄 ひょう　つむじ風。「飄の鼓」

飄挙 ひょうこ　ふきあがらせること「暴風が其の尸骸を飄挙して遠く他処に棄つ」

飄散 ひょうさん　ふき散らすこと。「無量の大風の勝解を起こし、骨灰の細末を飄散して諸の方維に遍ず」

飄扇 ひょうせん　かわかすこと。ひあがらすこと。「大風が湿衣・湿地を飄扇す」
Ⓢ **śuṣ**

飄転 ひょうてん　くるくると回転すること。「其の湯が涌沸し有情は湯に随って飄転す」

飄蕩 ひょうとう　ゆれうごくこと。「尋思の門に由って心を飄蕩せしむ」

飄颺 ひょうよう　ふきあがること。「種種の根・茎の香などが風にしたがって飄颺して諸の方所に遍ず」

平 びょう　（大地などが）たいらであること。「地が平なること掌の如し」

平安 びょうあん　やすらかであること。ここちよいこと。三受（楽受・苦受・不楽不苦受）のなかの楽受のありようをいう。平正とおなじ。
（出典）平安者、謂、楽受自相故。（『瑜伽』84、大正30・771a）

平正 びょうしょう　①大地や道が平坦であること。「一切の大地の面は皆な平正なり」「悪道と言うは平正ならざるが故なり」
Ⓢ sama-tala
②やすらかである、ここちよいこと。平安とおなじ。「喜根と楽根とに依って平安の受を説く」

平坦 びょうたん　たいらであること。「地は平坦にして細滑なり」

平等 びょうどう　①二つの、あるいはいくつかの相対立するありようのいずれにも傾かない心の状態、あるいは行為のありようをいう。たとえば心が高ぶってもおらず沈んでもいない状態をいう。あるいは、食べることにおいて過食でもなく少食でもないありようをいう。「諸の菩薩は発勤・精進し、緩ならず急ならず、平等に双運す」「下劣心が下劣を慮恐するに由って便ち正しく挙を修し、掉挙心が掉挙を慮恐するに由って便ち内止を修し、心が平等を得て便ち上捨を修す」「不掉心とは、挙時に於て及び略時に於て平等の捨を得るを謂う」「平等の食とは、極少の食に非ず極多の食に非ざるを謂う」「上中下の親の三品に於て平等を得る」「止と観とが平等に任運に転ず」 Ⓢ sama: samatā: samatva: sāmya
②かたよらない、かたむかないこと。わけへだてのないこと。「諸の有情に於て平等に親愛し慰喩す」
③ひとしいこと。おなじであること。「心と心所とは所依・所縁・行相・時・事の五義が平等なり」 Ⓢ samatā
④正しいこと。適度であること。「衣服・飲食などを過量に受用するに非ずして平等なりと雖も、非時に受用すれば便て苦の因と成りて能く苦を生ず」 Ⓢ sama: samatā
⑤正しく。善く。「如法に平等に悔謝す」「如法に平等に行ずるとは、能く善趣に往く善なる身語意の業を摂して説いて平等と名づく」 Ⓢ samena

平等位 びょうどうい 念（対象に集中する心）で心を護り、心が何事にもかたむかない状態。「平等位の中に於て心が遊観す」 Ⓢ sama-avasthā
（参考）（『瑜伽』23、大正 30・406c）

平等意趣 びょうどういしゅ 四意趣（平等意趣・別時意趣・別義意趣・補特伽羅意楽意趣）の一つ。→四意趣

平等行 びょうどうぎょう 人びとを分けへだてなく救済すること。
（出典）云何菩薩具平等行。此何行相。謂、諸菩薩、遍於一切利衆生事、平等修行、是故説名具平等行。（『瑜伽』79、大正 30・741c）

平等香 びょうどうこう においが好くも悪くもない香り。「阿頼耶識は無記性なるが故に方に是れ所熏なり。平等香が乃ち熏習を受けるが如し」 Ⓢ sama-gandha

平等性 びょうどうしょう ①存在の究極の真理である真如のありようを表す語。「是の如き離言にして唯だ事なるに於て、相あることなく分別するところなきに由って、其の心は寂静にして、一切法の平等性と一味実性に趣向す」
②存在には区別や差別がないありようを表す語。「諸の菩薩は一切の有情を摂して己の体と為し、自と他との平等性に通達す」
（参考）（『瑜伽』48、大正 30・559a～b）に十種の法の平等性が説かれる。

平等性智 びょうどうしょうち 末那識が転じて智慧となったもの。四智の一つ。→四智①

平等心 びょうどうしん ①かたよらない心。禅定中においてたかぶること（掉挙）にも沈むこと（惛沈）にもかたよらずに平等になった心の状態、すなわち捨という。→捨③「捨の相とは已に平等心を得たるを謂う」
Ⓢ sama-citta
②差別しない心。分けへだてのない心。「諸の菩薩が布施を行ずる時、普く一切の有情の類に於て平等心を起こし、福田想に住して恵施を行ず」 Ⓢ sama-citta

平等平等 びょうどうびょうどう ①平等であるありようを強めた言い方。たとえばあらゆる存在（一切法）の究極の真理である真如のありようをいう。あるいは真如を見る智である無分別智のありようをいう。「是の如く菩薩は勝義に行ずるが故に、一切法の平等平等に於て真如の慧を以って如実に観察す」「平等平等なる無分別智の所行の境界を最第一・真如・無上・所知辺際と為す」「微妙慧を以って四聖諦に於て能く正に悟入し、即ち此の慧に於て親近修習し多修習するが故に、能縁と所縁とが平等平等なる正智が生ずるを得る」「所縁の真如と能縁の真智とが平等平等なる無分別智」 Ⓢ sama-sama
②二つの出来事がまったく同時であることを強調する言い方。「言説随眠が断ずる時と諸相が除遣する時とは平等平等なり、秤の両頭の低昂の道理の如し」 Ⓢ sama-sama

平満 びょうまん 鉢などが油や水で満たされているさま。「智慧の丈夫は瑜伽師を喩え、平満せる油鉢は奢摩他に安住するところの心に喩う」 Ⓢ pūrṇaṃ samatittikam

平面 びょうめん 顔を伏せることなく平らに真っ直ぐにすること。「顰蹙を遠離して平面して視、顔を舒べ、笑を含めて先に問訊を言う」

苗 びょう なえ。「譬えば種を下すことと、苗が成ることと、実を結ぶこと、との三位が不同のごとく、身が法性に入ることと、成熟することと、解脱すること、との三位も亦た爾なり」 Ⓢ sasya

苗稼 びょうか　なえの穂。「大麦の種より大麦の芽と大麦の苗稼とを生じ、余の類を生ぜず」「田・糞・水などは、諸の苗稼のために成辦の増上縁と為る」 Ⓢ sasya

屏処 びょうしょ　なにかで覆われた場所。さびしい場所。露処の対。「或いは屏処に於て、或いは露処に於て往返し経行す」「一切処忍とは屏処に於て、及び大衆の前にて、皆な能く忍を修するを謂う」 Ⓢ channa

屏迹 びょうせき　身を隠すこと。「隠士あり、廬を結び、屏迹して博く伎術を習い、神理を究極す」

病 びょう　①やまい。病気。苦を生じる原因の一つ。「諸のあらゆる行は衆縁より生起し、其の性は是れ苦にして、病の如く、癰の如し」 Ⓢ ābādha: glāna: doṣa: roga: vyādhi ②病んでいるという感触。触覚（身識）の対象である感触（触）の一つ。「触処の中に説くところの所造色の滑性、乃至勇性は、当に知るべし、即ち大種の分位に於て仮に施設して有りと。（中略）不平等なる変異錯乱の不平等に由るが故に仮に病を立つ」（『瑜伽』54、大正 30・597a） Ⓢ vyādhi

病縁医薬 びょうえんいやく　病人に必須の医薬。身を養うための品物の一つ。「病縁医薬は能く病苦を治す」
Ⓢ glāna-pratyaya-bhaiṣajya

病縁旧医薬 びょうえんくいやく　病気になったときに服する古く効き目のある薬。出家後に守るべき四つの規約のなかでこの薬を持つことが許されている。病縁陳奇薬ともいう。
（参考）（『略纂』11、大正 43・148a）

病縁陳奇薬 びょうえんちんきやく　→病縁旧医薬

病苦 びょうく　病む苦しみ。四苦、七苦あるいは八苦の一つ。苦聖諦の一つ。
Ⓢ vyādhi-duḥkha
（出典）病能損壊可愛安適故、名病苦。（『婆沙』78、大正 27・402c）：云何病苦。当知、病苦亦由五相。一身性変壊故、二憂苦増長多住故、三於可意境不喜受用故、四於不可意境非其所欲強受用故、五能令命根速離壊故。（『瑜伽』61、大正 30・642a〜b）

病災 びょうさい　三種の災い（倹災・病災・刀災）の一つ。病気が蔓延して人びとが死亡するという災い。 Ⓢ roga-saṃvartanī
（参考）（『瑜伽』2、大正 30・285c）：（『略纂』1、大正 43・14c）

病人 びょうにん　病気の人。病人に次の三種がある。（ⅰ）良い医者に出会うか出会わないかによって差がでる者。（ⅱ）良い医者に会えば差がつき、会わなければ差がない者。（ⅲ）良い医者に会っても会わなくても差がつかない者。良い医者とは釈尊のことで、（ⅰ）は菩薩、（ⅱ）は独覚と声聞との二乗、（ⅲ）は無姓（さとる能力のない者）にそれぞれ喩えられる。『涅槃経』に説かれる説。 Ⓢ ātura
（参考）（『枢要』上本、大正 43・612a）

瓶 びょう　かめ。土からできた容器。破れやすいもの、あるいは仮に存在するもの（仮有）の喩えとして用いられる。瓶瓫ともいう。「瓶が破れれば瓶に非ず」「若し彼の物の覚が、彼の破るるとき、便ちなくんば、彼の物を応に知るべし、世俗諦と名づく。瓶が破れて砕けた瓦となるとき、瓶の覚は則ちなきが如し。衣なども亦た爾なり」「飲食・車乗・瓶瓫・衣服・荘厳具などは皆な是れ仮有なり。色・香・味・触は是れ実物有なり」「世間世俗とは宅舎・瓶瓫・軍・林などを安立するを謂う」 Ⓢ ghaṭa

瓶衣 びょうえ　瓶と衣。瓶（かめ）は土などからできたもの、衣（衣服）は繊維からできたものであり、瓶はこわれれば、あるいは、衣は糸がほどければ、なくなってしまうから、いずれも仮に存在するもの（仮有）の喩えとして用いられる。「仮有とは瓶衣・車乗・軍・林などを謂う」「外の色香味触などの事の和合差別に於て宅舎・瓶衣・車乗・軍・林樹などの種種の言論を建立す」
Ⓢ ghaṭa-paṭa

瓶盆 びょうぼん　瓶と盆。「かめ」と「ぼん」。「蘊は定んで無常なり。衆縁を待つが故なり。瓶盆などの如し」

瓶瓫 びょうぼん　瓶とおなじ。→瓶

品（ひん）→ほん

貧 ひん「びん」とも読む。まずしいこと。いやしいこと。「一は是れ安楽にして貧に非ず賎に非ず、依あり怙ある者と、二には是れ危苦にして貧にして賎にして、依なく怙なき者との二者が求めてともに我が所に来る」「貧なる庶」「仮説の名とは貧を呼んで富と名づくを謂う」 Ⓢ kṛpaṇa: daridra: nihīna

貧匱 ひんき 貧しく困っていること。「貧匱な人は多く賊事を行ず」「如意珠を高幢の上に置き、意の所楽に随って諸の宝物を雨し、百千の貧匱な有情を充済す」
Ⓢ kṛpaṇa: daridra: dāridrya: vighāta: vighātin

貧匱受施 ひんきじゅせ 六種の受施の一つ。→受施

貧苦 ひんく まずしく苦しんでいること。「諸の菩薩は悲愍心を興して貧苦にして福すくなく無力なる有情に施与す」 Ⓢ duḥkhita

貧苦田 ひんくでん 慈悲の対象となる貧窮し困苦する人。三福田のなかの悲田にあたる。→福田 →悲田

貧窮 ひんぐう まずしく困窮していること。「自らの業の増上力の故に、諸の悪趣に、或いは貧窮なる家に生ず」「諸の菩薩は大悲心を以って一切の貧窮し困苦する衆生を観察し、施すに飲食・財穀・庫蔵を以ってす」
Ⓢ kṛcchra: kṛpaṇa: daridra: dāridrya: nīca

貧窮者 ひんぐうしゃ まずしく困窮している人。苦しんでいる人の一人。「有苦者とは貧窮者などを謂う」 Ⓢ kṛpaṇa

貧賎 ひんせん 貧しくいやしいこと。貧しい人。富貴の対。「財位不定とは、先に大富貴にして後に極貧賎となるを謂う」「富貴の女人が貧賎の男子と合する時、必ず自身に於て下劣の想を生じ、彼の男子に於て尊勝の想を起こす」 Ⓢ daridra

貧乏者 ひんぼうしゃ 財産をもたない人。貧しい人。三種の人（貧乏者・中財者・大財者）の一人。

稟性 ひんせい 生まれつき。天性。「一鄔波索迦あり、稟性として仁賢にして五戒を受持して専精して犯さず」 Ⓢ jātīya

賓 ひん うやまうべき客。「嫁と娶、賓と主とが更相に飲噉す」 Ⓢ āmantraṇa

賓客 ひんかく 丁重にあつかわなければならない客。 Ⓢ āgantuka

擯 ひん しりぞける、排斥すること。「憤発を現ずるとは麁獷・不遜などの言を以って対論者を擯するを謂う」

擯毀 ひんき そしり非難すること。「毀謗論とは憤発を懐く者が染汚心を以って威勢を振発し、更相に擯毀するあらゆる言論を謂う」

擯遣 ひんけん とり除くこと。「所生の蓋に於て堅く執著せずして、速疾に棄捨し、擯遣し、変吐す」 Ⓢ vi-**nud**

擯出 ひんしゅつ ①除外すること。しめだすこと。「重罪を犯せる人には世尊は毘訶羅を践むに一足たりとも地を跟むことを許さずして、一切の苾芻の事業を擯出す」
Ⓢ bahiṣ-kṛta
②外に追い出すこと。駆除すること。「内に生じた欲貪を外に擯出す」
Ⓢ bahiḥ-pravāsana

擯斥 ひんせき 追い出すこと。排斥すること。「僧伽が犯戒を擯斥す」

擯黜 ひんちゅつ 追い出すこと。罷免すること。「他に擯黜せらるる苦」「対面し擯黜し麁悪の言を発す」

顰蹙 ひんしゅく 顔をしかめること。「顰蹙して住すとは、憤害し已って後、眉面を顰蹙して黙然として住するを謂う」「諸の菩薩は来求者を見れば顰蹙せずして舒顔・平視し、前に笑って先に言う」
Ⓢ bhrūkuṭi: bhṛkuṭi: bhṛkuṭī-kṛta

敏捷 びんしょう さといこと。かしこいこと。「菩薩が勇健・精進・剛毅・敏捷を具足するを菩薩大勢具足と名づく」「黠慧は即ち是れ敏捷、敏捷は即ち是れ黠慧なり」
Ⓢ vaicakṣaṇya

頻迦 びんか 羯羅頻迦の略。→羯羅頻迦

頻申 びんしん あくびをすること。惛眠蓋の食（助け増大せしめるもの）の一つ。「麁重剛強にして心調柔ならず、身を挙げて舒布するが故に頻申と曰う」（『瑜伽』89、大正30・803a） Ⓢ vijṛmbhikā
（出典）頻申者、由労事業、疲倦所生、能起頻申。（『倶舎論記』21、大正41・323a）
（参考）（『倶舎』21、大正29・110c）

頻婆 びんば bimbara の音写。数の単位の一つ。那庾多の百千倍。 Ⓢ bimbara
（参考）（『婆沙』177、大正27・890c）

頻婆菓 びんばか →頻螺果

頻跋羅 びんばら visvara の音写。数の単位の一つ。十の十七乗。 Ⓢ visvara
（参考）（『婆沙』177、大正27・891a）：（『倶舎』12、大正29・63c）

頻螺果 びんるか 頻螺は bilva の音写。薬用に用いられるビルバ樹の実。清浄な資具（身のまわりのもの）の一つ。頻婆菓ともいう。 Ⓢ bilva-phala

(参考)(『瑜伽』5、大正 30・299a)

ふ

不 ふ ①名詞・動詞の前にあって、打ち消しを表す助字。つづく名詞・動詞を否定する。「～でない」「～しない」の意味となる。たとえば、不愛(apriya: aniṣṭa)は「愛ではない」という意味。不起(na utpadyate: na bhavati)は「起こらない」という意味。名詞の前の不は非と言い換えることがある。たとえば、不愛(aniṣṭa)は非愛とも訳される。
②文末について疑問の意を表す。「～や」「～や、いなや」「～か、どうか」という意味となる。「世尊よ、声聞・独覚所得の転依を法身と名づけるや不や。善男子よ、法身と名づけず」

不愛 ふあい ①好ましくないこと。望ましくないこと。心にかなわないこと。不可愛とおなじ。「法が能く不愛の果を招くが故に不善と名づく」 Ⓢ aniṣṭa
②愛さないこと。愛着したいこと。「正法を以って飲食を追求し、既に獲得し已って染せず愛せず」 Ⓢ asakta

不安 ふあん ①(こころが)安定していないこと。「意が躁擾、意が不安、意が不静なり」 Ⓢ asthita
②不安隠とおなじ。→不安隠 Ⓢ akṣema

不安隠 ふあんのん 苦しみがあり安らかでないこと。不安ともいう。「生死の中の諸法は皆な苦を以って自性と為し、極めて不安隠なり」「安隠の業を説いて名づけて善と為し、不安隠の業を名づけて不善と為す」
Ⓢ akṣema: akṣematva: ayoga-kṣema

不安隠行 ふあんのんぎょう 苦しみがあり、安らかでないありよう。不安隠行相とおなじ。「不安隠行に由って苦諦を観察す」「不安隠行相は行苦を摂す」
Ⓢ ayoga-kṣema-ākāra

不安隠行相 ふあんのんぎょうそう →不安隠行

不安隠住 ふあんのんじゅう 煩悩や苦のために安らかでない状態にあること。「諸の煩悩が内に焼然するが故に不安隠に住す」「他の心に随って転ずる菩薩は、終に他を嗤誚し軽弄せず、他をして赧愧せしめず、不安隠に住せしめず」 Ⓢ asparśa-vihāra

不安隠性 ふあんのんしょう 安らかでおだやかでないありよう。たとえば、いかり(瞋)によって引き起こされる状態をいう。「云何が瞋と為す。苦と苦具とに於て憎恚を性と為し、能く無瞋を障えて不安隠性と悪行との所依たるを業と為す」

不以時 ふいじ 非時・不応時ともいう。言過(議論における立論者の言葉の過失)の一つで、前後整然として説かないこと。→言過 Ⓢ akāla-yukta
(出典)非時者、謂、所応説前後不次。(『瑜伽』15、大正 30・360a～b):不応時者、謂、所応説前後不次。(『雑集論』16、大正 31・772b)
(参考)(『瑜伽』15、大正 30・360a)

不委 ふい ①まかせられないこと。許可されない、同意されないこと。「自ら居住する処の自院、自房、自らの別人の処、僧の分与の処、不委に非ざる処、不恣に非ざる処に於て経行す」 Ⓢ aviśvāsya
②くわしく論じないこと。「性相の論談を委しくせず、事相の中の安立を具にせず」

不一不異 ふいつふい ①二つのものが同一でもなく相異しているのでもないというありよう。非一非異ともいう。「犢子部は補特伽羅ありて其の体は蘊と不一不異なりと執す」「種子と阿頼耶識とは不一不異なり」
②〈唯識〉の所説。現象と本質、迷いとさとり、虚妄と真実など、相い対立する概念が同一でもなく異なっているのでもないというありようを表す概念。次のような二つのものの不一不異が説かれる。「真如と諸法」「諸仏と諸蘊」「勝義諦と諸行」「円成実性と依他起性・遍計所執性」。非一非異ともいう。「識の実性なるが故に亦た唯識と名づく。真如は離言にして能計の識と非一非異なり」

不依 ふえ　よらないこと。たよらないこと。「諸の菩薩は法を思惟する時、但だ其の義に依り文に依らず」「称誉・声頌に依らずして善を修し、己の徳を覆蔵す」
Ⓢ aniśrita: asaṃniśraya

不依法 ふえほう　教えを自ら思惟することなく、他人から言葉を聞くだけにとどまること。依法の対。→依法①「受し思するところの法の相を待たずして、但だ他の教誡・教授に依止して其の義に於て奢摩他・毘鉢舎那をうるを不依法と名づく」

不会 ふえ　会わないこと。一緒にならないこと。「奢摩他の障と毘鉢舎那の障を遠離して不合・不会なるを説いて無障と名づく」「苦受に於て不会の愛を起こす」
Ⓢ asamavadhāna

不会無 ふえむ　ヴァイシェーシカ派（勝論）の説く五種の無（未生無・已滅無・更互無・不会無・畢竟無）の一つ。ある存在を構成する実・徳などが他の存在において結合しないことをいう。
（参考）（『述記』1末、大正43・256c）

不応 ふおう　①名詞あるいは未来受動分詞の前に付く否定辞である a-あるいは an-の訳としての不応。たとえば avyatikrama を不応違犯、anapekṣā を不応顧恋、agamya を不応行、aprārthanīya を不応求と訳す。「応（まさ）に～すべからず」と読む。
Ⓢ a-: an-
② aprasaṅga、ayukta、ayoga、あるいは na yujyate の訳としての不応。これらの語がかかる事柄が不可能である、不適当である、ありえない、などを意味する。「応に～べからず」と読む。「触を取るに因って能く形を憶念すると応に説くべからず」「諸の菩薩の学位には応に滅尽定を起こすべからず」
Ⓢ aprasaṅga: ayukta: ayoga: na yujyate

不応作 ふおうさ　為すべきでないこと。「不応作に於て応作の想を作す」「是の如く行ずべし、是の如く住すべし、是の如く説くべし、是の如く著衣すべし、是の如く食すべし、等の、若し是の如くならざるを不応作と名づく」「染業を不応作と名づく」
Ⓢ akṛtya: ayoga-vihita

不応思議 ふおうしぎ　不応思処とおなじ。→不応思処

不応思処 ふおうししょ　考えるべきではないもの。静かな場所に独居して聞いた教え（法）を正しく思惟する際に、先ず思惟の対象として思惟すべきではない六つの対象（我と有情と世間と有情の業果と静慮者の静慮の境界と諸仏の境界）をいう。これら六つのなか、前の三つは、よこしまな見解に由って思議するから、思議すべきではない、という意味での不応思処であり、後の三つは、思議しても思議することができないから思議すべきではない、という意味での不応思処である。不応思・不応思議・不思議・不可思議・不思議処ともいう。 Ⓢ acintyāni sthānāni
（出典）云何思正法。謂、如有一、即如所聞所信正法、独処空閑、遠離六種不応思処。謂、思議我、思議有情、思議世間、思議有情業果異熟、思議静慮者静慮境界、思議諸仏諸仏境界。但正思惟所有諸法自相共相。（『瑜伽』25、大正30・419a）：云何不可思議。当知、略有六種。不可思議、謂、我思議、有情思議、世間思議、有情業果思議、諸修静慮静慮境界、諸仏世尊諸仏境界。（『瑜伽』64、大正30・655a）

不応時 ふおうじ　言過（議論における立論者の言葉の過失）の一つ。不以時・非時ともいう。→不以時　→言過

不応修習 ふおうしゅじゅう　修すべきでないもの。利益がないものをいう。応修習の対。 Ⓢ asevitavya
（出典）有利益故、名応修習。無利益故、名不応修習。（『瑜伽』9、大正30・322c）

不応道理 ふおうどうり　道理に応じないこと。（ある主張や論述が）理にかなっていない、まちがっていること。不応理ともいう。不中理とおなじ。→不中理「因中有果は不応道理なり」「此の因縁に由って他の議論するところは不応道理なり」「実に我ありと計するは皆な不応理なり」 Ⓢ ayukta: na yujyate

不応理 ふおうり　不応道理とおなじ。→不応道理

不可 ふか　「～べからず」と読み、「～すべきではない」「～することができない」「～にふさわしくない」などの意味をもつ。「喜と楽とが更互の現前すること不可なり」「真如は自内の所証にして言説を以って他に示すこと不可なり」 Ⓢ na yuktam

不可愛 ふかあい　好ましくないこと。望ましくないこと。心にかなわないこと。不愛

とおなじ。「不可愛の色などの境界に於て心が厭逆を生じ、可意の境に於て心が悕慕を生ずるを名づけて貪と為す」「能く不可愛・不可憙・不可楽・不悦意・不如意の異熟を招くが故に非聖と名づく」 Ⓢ aniṣṭa

不可愛生 ふかあいしょう 非可愛生とおなじ。→非可愛生

不可安保 ふかあんぽ 安全に保たれていないこと。無常・無恒・変壊などとともに現象的存在（五取蘊・諸行）のありようをいう概念。たとえば人間存在は事故などの思いがけない縁にあって死ぬことがありうることをいう。不可保・不可保信ともいう。「諸法の中に於て我ありと仮に立つ。此の我は無常・無恒・不可安保にして是れ変壊の法なり」「寿量が未だ満たざるに容に縁に壊されて非時にして死することありうるべきが故に不可保なり」「五取蘊は無常・無恒・不可保信・変壊の法なり」

不可意 ふかい 好ましくないこと。心にかなわないこと。「此の種種の疾病の因縁に由って身中に、熾然する苦悩と不可意の受とを発生す」「不可意とは諸の受に於て不可楽なるに由るが故なり」
Ⓢ amanāpa: amānāpika

不可記 ふかき どちらかに決定することができないこと。たとえば「世間は常であるか無常であるか」「如来は死後、有か無か」などの問いに対して、どちらかであると明確に説き示すことができないこと。→不可記事教

不可記事教 ふかきじきょう 問いに対して、たとえば「世間は常であるか無常であるか」「如来は死後、有か無か」などの問いに対して、どちらかであると明確に説き示さない態度で教えること。このような態度を無記あるいは捨置という。明確に説き示す可記事教の対。十二種の教導の一つ。→教導 →無記② →捨置
（出典）不可記事教者、謂、有問言、世間常耶、此不応記、但言我説此不可記、乃至問言、如来死後有耶無耶、此不応記、但言我説此不可記。（『瑜伽』64、大正 30・654c）

不可見 ふかけん 見ることができず、視覚の対象にならないこと、あるいは、そのようなもの。たとえば、極微（paramāṇu）や我（ātman）をいう。「極微を無見の体と名づく。不可見なるが故に」「闇中にある種種の物が、若し灯照なければ終に不可見なるが如し」「我は不可得なるが故に、不可見なるが故に、実有に非ず」 Ⓢ adṛśyatva

不可言 ふかごん ①言葉で表現することができないこと。不可言説とおなじ。→不可言説「諸の菩薩の所縁は不可言の法性なり。是れ無分別智の所縁にして無我性なり、真如なり」
②「〜と言うべきではない」「〜と主張することは正しくない」という表現。「動を身表と名づくと言う可らず」 Ⓢ na yujyate

不可言説 ふかごんぜつ 言葉で表現することができないこと。存在の究極のありようをいう真如・法性・勝義・無我性などを形容する語。不可言ともいう。「諸の菩薩は事に於て唯だ事ありと尋思し已って、一切の色などの想事は性として言説を離れて不可言説なりと観見す」「不可言説にして表示を絶し、諸の諍論を息する勝義諦は一切の尋思の相を超過す」 Ⓢ nirabhilāpya

不可思議 ふかしぎ ①考えることも語ることもできないこと。存在の究極のありようである仏・真如・法性・法身・勝義・無我性、あるいは仏の境界などを形容する語。あるいは仏・世尊や菩薩が有するすぐれたもの（威徳・神変威力）を形容する語。不思議ともいう。「甚深の故に不可説とは、離言の法性と不可思議なる如来の法身と不可思議なる諸仏の境界と如来滅後の若しくは有、若しくは無などの不可宣説とを謂う」「諸仏及び諸菩薩に不可思議にして甚奇・希有なる神変威力あり」「得がたき最勝の不可思議の無動・無上の如来の果位」「世尊は一切無自性性に依って、或いは無自性性に依らずして、静慮者の静慮の境界と諸仏と諸仏の境界とは皆な不可思議なりと説く」「仏の証するところの菩提は不思議たり。一切の尋思の道を超過するが故に」「此の無分別智の妙用は測り難きが故に不思議と名づく」 Ⓢ acintya
（参考）（『瑜伽』64、大正 30・655a〜b）
②考えるべきではないもの。不応思議とおなじ。→不応思議

不可思議理趣 ふかしぎりしゅ 釈尊所説の教法のなかの不可思議（考えることも語ることもできないこと）という道理。六種の理趣の一つ。不可思議理門とおなじ。→理趣 →

不可思議① Ⓢ acintya-naya

不可思議理門 ふかしぎりもん →不可思議理趣

不可思処 ふかししょ 思惟されるべきでないところ。自と他と有情世間と器世間。自（自己）において我と思惟すること、他（他者）において有情と思惟すること、有情世間と器世間とにおいて世間は常か無常かなどと思惟すること、が正しくない思惟とされる。
（出典）不正思惟者、謂、不可思処所摂思惟。不可思処者、謂、我思惟、有情思惟、世間思惟。若於自処、依世差別、思惟我相、名我思惟。若於他処、名有情思惟。若於有情世間及器世間処、名世間思惟。謂、世間常、或謂無常、亦常亦無常、非常非無常等。（『瑜伽』11、大正 30・330b～c）

不可数 ふかす 数量の最大値。数えることができないという意味の asaṃkhyeya の意訳。無数とも意訳。阿僧企耶と音写。→不可数劫 →阿僧企耶「能く無量・無数の宿住の差別を随念す。所知の時の劫は不可数なるが故なり」 Ⓢ asaṃkhyeya

不可数劫 ふかすごう 数え切れないほどの長い時間。原語 asaṃkhyeya-kalpa を阿僧企耶劫と音写。→阿僧企耶「三大不可数劫を経て能く是の如き麁重を断ず」
Ⓢ asaṃkhyeya-kalpa

不可説 ふかせつ ①言葉で表現できないこと。自らの内で獲得したさとりの内容についていわれる。「内の自ら証するところは不可説なり」
Ⓢ na vaktavyam: na śakyate vaktum
②特に〈唯識〉が強調する概念。たとえば、現象（諸行）と本質（真如）、虚妄と真実などという対立する二つの概念が同一でもなく異なっているのでもない、すなわち不一不異であるとみる立場より、たとえば真如と諸行とが異なっているのか、異なっていないのかを説くことができないことをいう。不可宣説ともいう。「四種の不可説の故に不可説相と名づく。（中略）四に法相は法爾の安立するところなるが故に不可説なり。いわゆる真如は諸行などに於て異・不異性を宣説すべからず」「勝義諦に依れば諸法の自性は不可説なり」「虚空と彼の諸の色との異・不異は不可説なり」「補特伽羅は彼の諸蘊と若しくは異、若しくは不異と不可宣説なり」
Ⓢ nirabhilāpya
（参考）（『瑜伽』16、大正 30・362c～363a）
③五法蔵の一つ。→五法蔵 Ⓢ avaktavya

不可宣説 ふかせんぜつ 不可説とおなじ。→不可説

不可治 ふかち 不可治療とおなじ。→不可治療

不可治療 ふかちりょう 治すこと、癒すことができないこと。不可治とおなじ。「若し鬼魅に魅せらるれば衆薬を以って可治療なれども、煩悩魅に魅せらるれば不可治療なり」「不可治の煩悩とは無涅槃法者の煩悩を謂う」
Ⓢ acikitsa

不可知 ふかち ①知ることができないこと。その存在や働きが明瞭に知覚できないこと。「未来は相なきが故に決定して不可知なり」
②〈唯識〉では、根本心である阿頼耶識の認識と認識の対象とのありようを表す概念。阿頼耶識の認識作用（行相）は微細であり、阿頼耶識の認識対象（所縁）のなか、種子と有根身（身体）とは微細であり、器世間（自然界）は広大であるから、いずれも不可知であるという。阿頼耶識が深層心であると謂われる所以を表す概念。 Ⓢ asaṃviditaka
（出典）阿頼耶識行相所縁云何。謂、不可知執受処了。了、謂、了別、即是行相、識以了別、為行相故。処、謂、処所、即器世間、是諸有情所依処故。執受有二。謂、諸種子及有根身。（『成論』2、大正 31・10a）：不可知者、謂、此行相極微細故難可了知、或此所縁内執受境亦微細故、外器世間量難測故、名不可知。（『成論』2、大正 31・11b）

不可得 ふかとく 得られないこと。認識されないこと。存在しないこと。「我は、若しくは内、若しくは外、若しくは二の中間、若しくは諸蘊を離れて、都て不可得なるが故に実有に非ず」「唯だ諸業と及び異熟果とありて其の中には主宰は都て不可得なり」「所施物と施者と受者とは皆な不可得にして三輪清浄なり」「遍計所執は不可得なり」
Ⓢ anupalabhamāna: na upalabhyate: na prajñāyate: na labhyate

不可保 ふかほ 不可安保とおなじ。→不可安保

不可保信 ふかほしん 不可安保とおなじ。→不可安保

不可与言見　ふかよごんけん　二十八種のまちがった見解（不正見）の一つ。→不正見

不害　ふがい　生きものを殺害しようとしない心。いかることがなく慈しみ、損害を与えようとしない心。善の心所の一つ。

Ⓢ ahiṃsā

（出典）云何不害。於諸有情、不為損悩、無瞋為性。能対治害、悲愍為業。謂、即無瞋、於有情所、不為損悩、仮名不害。（『成論』6、大正 31・30b～c）：言不害者、謂、無損悩。（『倶舎』4、大正 29・19b）：不害者、無瞋善根一分、心悲愍為体、不損悩為業。（『雑集論』1、大正 31・697c）

不活畏　ふかつい　命を養い生活することへの恐れ。五種の恐れ（怖畏）の一つ。→怖畏　Ⓢ ajīvikā-bhaya

不堪任　ふかんにん　あることをする能力がないこと、できないこと。堪任の対。不堪能とおなじ。「無種姓に住する補特伽羅は種姓なきが故に、発心して加行を行ずることを所依止と為すことあると雖も、定んで無上正等菩提を円満すること不堪任なり」「若し善く心を修せざることあれば、則ち如実に真如を観察すること不堪任なり」「菩薩に四の上品の障ありて、若し浄除せずんば、終に菩薩地に入ること不堪能なり」　Ⓢ abhavya

不堪任性　ふかんにんしょう　堪任せざる性。無堪任性ともいう。→不堪任　→無堪任性②

不堪能　ふかんのう　不堪任とおなじ。→不堪任

不緩加行　ふかんけぎょう　たるんでいない修行。四六時中、時間をおしんで勇猛に真剣に精進すること。九種の加行の一つ。→加行②　Ⓢ aśithila-prayogatā: aślatha-prayoga

（参考）（『瑜伽』31、大正 30・455c～456a）

不希異熟施　ふきいじゅくせ　未来世において財宝を得る、自身が繁栄する、などの布施の結果を希望することなく布施すること。十種の清浄施の一つ。

Ⓢ vipāka-anapekṣaṃ dānam

（参考）（『瑜伽』39、大正 30・510b）

不宜　ふぎ　適当でないこと。（食物に関して）健康に害があること。非宜ともいう。宜の対。→非宜「諸の王臣は不宜の業を造作す」「不平等の食とは、或いは極少の食、或いは極多の食、或いは不宜の食、或いは不消の食を謂う」　Ⓢ apathya

不行　ふぎょう　おこなわない、実行しないこと。止めること。「両両交会の鄙事を行ぜざるが故に婬欲を遠離すると名づく」「あらゆる無間業障を現法中に於て作さず行ぜず」「欺誑を行ぜずして言うところは誠諦なり」

Ⓢ na adhyācaritam: virata

不楽　ふぎょう　①ねがわないこと。楽しまないこと。「尋思の為に擾乱せらるるが故に遠離して内心寂静たる奢摩他定を楽わず」「出離に於て、及び遠離に於て、勤めて修行する時、あらゆる染汚に於て思慕するも楽しまず」「性として悪を楽しまず、性として極めて賢善なり」　Ⓢ anabhirati: arati: arucitā

②不苦不楽の不楽。楽でないこと。「不苦・不楽が相応する心」　Ⓢ asukha

③惛眠蓋の食（助け増大せしめるもの）の一つとしての不楽。楽しまないこと。心がよろこんでいないさま。　Ⓢ arati

（出典）不楽者、情不歓也。（『倶舎論記』21、大正 41・323a）：非処思慕、説名不楽。（『瑜伽』89、大正 30・803a）

（参考）（『倶舎』21、大正 29・110c）

不苦不楽　ふくふらく　①苦でもなく楽でもない状態。「五位の差別あり。因位と果位と楽位と苦位と不苦不楽位となり」

Ⓢ aduḥkha-asukha

②→不苦不楽受

不苦不楽受　ふくふらくじゅ　三種の感受作用（苦受・楽受・不苦不楽受）の一つ。苦でもなく楽でもない感受作用。捨受とおなじ。不苦楽受・非苦楽受ともいう。「楽受に順ずる業と苦受に順ずる業と不苦不楽受に順ずる業」　Ⓢ aduḥkha-asukha-vedanā

不具根　ふぐこん　男根（男の性器）あるいは女根（女の性器）を具えていないこと。具根の対。「具根・不具根の位、無形・一形・二形の位あり」「妙相業を修する時、不具根を捨てて恒に諸根を具す」

不具縛　ふぐばく　束縛（煩悩）を有していないこと、あるいは、そのような人。「具縛と不具縛との二種の所調伏界あり」

Ⓢ vikala-bandhana

不倶意識　ふぐいしき　→意識

不空　ふくう　①（存在全体のありように関する）空と不空とのなかの不空。空ではないこと。存在しないことはないこと。無ではないこと。〈唯識〉では三性によって空と不

空とを説く。このなか空とは遍計所執性が無であること、不空とは依他起性と円成実性とが有であることをいう。「諸法は、遍計所執は無なるが故に空なり、依他と円成とは有なるが故に不空なり」
②むなしくないこと。意味や価値があること。「仏の所作は不空なり」 Ⓢ avandhya

不空不有教 ふくうふうきょう 存在全体は有るのでもなく無いのでもないとみる中道を説く教え。〈唯識〉が説く唯識無境の教え。『解深密経』などの所説。三時教のなかの第三時の教え。→三時教「如来は初に有教を説き、中に空教を談じ、後に不空不有教を演ぶ」

不共 ふぐう ①共通ではないこと。おなじでないこと。等しくないこと。「最初発心の堅固な菩薩には略して世間と不共なる二種の甚だ希奇なる法あり」「仏・菩薩の是の如き威力には諸の声聞・独覚と共なる威力と声聞・独覚と不共なる威力とあり」
Ⓢ asādhāraṇa: asādhāraṇatā: asādhāraṇatva
②特殊なこと。普通ではないこと。特に仏の特殊なありよう・功徳・特徴を形容する語。→不共仏法「如来の百四十種の不共の仏法」「最極・超過・最極殊妙なるが故に皆な説いて名づけて不共と為す」「唯だ諸仏の尽智の時に於て十八不共法を修す。余の聖になきところなるが故に不共と名づく」 Ⓢ āveṇika: kaivalya

不共業 ふぐうごう 人びと（有情）と共通ではない個人ひとりの業。個人的な身体のありようの形成に関与する業。山や川などの自然界（器世間）の形成に関与する共業の対。→共業 Ⓢ asādhāraṇa-karma
（出典）云何共業。若業、能令諸器世間種種差別。云何不共業。若業、能令有情世間種種差別。（『集論』4、大正 31・679b）

不共相種子 ふぐうそうしゅうじ 人間において各人に共通しないすがた、たとえば身体のありようを作り出す力（種子）をいう。潜在的な根本心である阿頼耶識のなかにある力。共相種子の対。→共相種子
（出典）共相者、謂、器世間種子。不共相者、謂、各別内処種子。（『摂論』上、大正 31・137b）：有根身者、謂、異熟識不共相種成熟力故、変似色根及根依処、即内大種及所造色。（『成論』2、大正 31・11a）

不共独行無明 ふぐうどくぎょうむみょう 独行不共無明とおなじ。→不共無明

不共仏法 ふぐうぶっぽう 仏（如来・世尊）のみが具える特殊なありよう・特質・特徴。大きく十力・四無畏・三念住・大悲に分かれ、全部で十八あるから十八不共仏法という。あるいは三十二大丈夫相・八十随好・四一切種清浄・十力・四無畏・三念住・三不護・大悲・無忘失法・永害習気・一切種妙智に大別し全部で百四十あるから百四十不共仏法ともいう。→各項参照
Ⓢ āveṇikā buddha-dharmāḥ
（参考）（『倶舎』27、大正 29・140a 以下）：（『瑜伽』38、大正 30・499a～b）

不共法 ふぐうほう ①共通でない個別なもの。たとえば涅槃は各人個別的に得るものであるから涅槃は不共法であるといわれる。共法の対。→共法
（出典）涅槃名不共法。（中略）涅槃体雖実是共、而約得説名不共。（『婆沙』31、大正 27・162a～b）
②→十八不共法 →百四十不共仏法

不共名 ふぐうみょう 共通でない名称。たとえば入息出息に風・阿那波那・入息出息・身行という四つの異名があるが、このなか、風は他の三つにも共通するから風は共名であり、他の三つは不共名である。
（参考）（『瑜伽』27、大正 30・431a）

不共無明 ふぐうむみょう 二種の無明（相応無明・不共無明）の一つ。独行無明ともいう。貪・瞋などの煩悩と相応して共に働くことなく、ただ苦諦・集諦・滅諦・道諦の四つの真理を智らない暗い心のありようをいう。次の二種に分けられる。（ⅰ）恒行不共無明。末那識と相応して働く無明をいう。一切の凡夫において無始のときよりこのかた、恒に働きつづけているから恒行といい、他の我見・我慢・我愛と相応して働いてはいるが、無始いらい恒に真理をしる智をさまたげるという働きは、末那識以外の他の識に相応して働く無明にはないから不共という。（ⅱ）独行不共無明。意識と相応して働く無明をいう。貪・瞋などの煩悩と相応せず、ただ独り働く無明をいう。不共独行無明ともいう。
Ⓢ avidyā āveṇikā: avidyā kevalā
（出典）此無明総有二種。一煩悩相応無明、二独行無明。（中略）若無貪等諸煩悩纏、但

於苦等諸諦境中、由不如理作意力故、鈍慧士夫補特伽羅、諸不如実簡択、覆障纏裹闇昧等心所性、名独行無明。(『瑜伽』58、大正 30・622a)
(参考)(『成論』5、大正 31・25a)

不繫 ふけ 三界(欲界・色界・無色界)のいずれにもつながれていないこと。欲界・色界・無色界の三界を出離した出世間の汚れなきもの、たとえば、二十二根のなかの三無漏根(未知当知根・已知根・具知根)、または五事(相・名・分別・真如・正智)のなかの正智をいう。「欲繫・色繫・無色繫、及び不繫の諸法」 Ⓢ apratisaṃyukta

不下 ふげ ①(衣服を)引き下げないこと。「服するところの法衣は並びて皆な斉整にして不高・不下なり」
Ⓢ na atyapakṛṣṭam
②卑下しないこと。おちこまないこと。「聖者は遍計所執の世間の八法を遠離するに由るが故に、世間の中に居しても恒常に一味にして、利を得ても不高、衰に遇っても不下なり」

不下精進 ふげしょうじん 無下精進とおなじ。→無下精進

不下劣施 ふげれつせ 劣り貧弱でないものをもって布施すること。勝れた妙なる車や衣服や飲食をえらんで布施すること。十種の清浄施の一つ。 Ⓢ adīnaṃ dānam
(参考)(『瑜伽』39、大正 30・510b)

不決定 ふけつじょう ①決まっていないこと。一定でないこと。確かでないこと。たとえば、疑いのこころのありよう(あれこれとためらってどちらかに決めないこと)をいう。「疑とは二分を猶予して不決定なる心所を性と為す」
Ⓢ aniyata: aniścaya: vyabhicāra
②言過(議論における立論者の言葉の過失)の一つで、ある主張を立ててそれを破棄し、破棄した主張をまた立てるなど、主張が決定していないことをいう。→言過 Ⓢ asthira
(出典)不決定者、謂、立已復毀、毀而復立、速疾転換、難可了知。(『瑜伽』15、大正 30・360b)

不見 ふけん みないこと。認識しないこと。「不見を見と言うは非聖言なり」「真理を見ずして制なき人は、鄙しき尋思によりて聖教を乱す」 Ⓢ adarśana: adarśitā: adṛṣṭa: na dṛśyate: na paśyati

不顕名 ふけんみょう 十二種の名の一つ。意味が理解しがたい名。→名②
(出典)不顕名者、謂、其義難了。(『瑜伽』81、大正 30・750a)

不顕了 ふけんりょう 言過(議論における立論者の言葉の過失)の一つで、内容を理解せず答えたり、ときにはサンスクリットで、ときには方言で答えたりしてはっきりしないこと。→言過 Ⓢ apradīpta
(出典)不顕了者、謂、言招譏弄不領而答。先為典語、後為俗語。或先俗語、後復典語。(『瑜伽』15、大正 30・360b)

不現 ふげん 現れない、顕現しないこと。現さないこと。「此の瑜伽は契経に順ぜず、戒律を現さず、法性に違逆す」「学処を制立するに契経に入らず、律を現さず、法性に違背す」 Ⓢ asaṃprakhyāna: na saṃdṛśyate

不現行 ふげんぎょう 現れないこと。現象として起こらないこと。「欲貪を不現行せしめんが為の故に内身の種種の不浄を観察す」「八地已去の一切の菩薩には一切の煩悩は不現行なり」「煩悩の睡位を説いて随眠と名づけ、睡とは不現行の種子が随逐するを謂う」
Ⓢ asaṃmukhī-bhūta: asamudācāra: asamudācāra-pracāratā

不現見 ふげんけん 眼に見えないこと。知覚できないこと。「一切の悪不善の法は、或いは不現見の境を縁じて生じ、或いは現見の境を縁じて生ず」「計度分別とは、去来今の不現見の事に於て思搆し行ずる分別を謂う」
Ⓢ parokṣa: viparokṣaka

不現在前 ふげんざいぜん 眼の前に存在しないこと。現れていないこと。生じていないこと。「無量の煩悩と悪行との不現在前に由り、便ち甚深法なる性に悟入す」「若し外の法処が不現在前ならば、爾る時、彼れに由って生ずるところの眼識乃至意識は終に生ずることを得ず」
Ⓢ apratyupasthāna: asaṃmukhī-bhāva

不現前 ふげんぜん 眼の前にないこと。面前にないこと。顕現しないこと。「習気位の業とは、已に生じ已に滅した不現前の業を謂う」「心を無相界に安置せば、一切の諸相は皆な不現前なり」「実を証する無分別智を起こすとき、一切の境相は皆な不現前なり」「不現前の一切の如来と制多を供養す」

Ⓢ asamavadhāna: viparokṣa-avasthita: vimukha

不現前供養　ふげんぜんくよう　十種の供養の一つ。現前に存在しないが、如来あるいは霊廟や窣堵波などのイメージを心のなかに浮かべてそれらを対象として供養すること。→供養①　Ⓢ vimukha-pūjā

（出典）諸菩薩、於不現前一切如来及以制多、作如来想、普為三世一切如来一切十方如来制多、施設供養、当知、是名菩薩唯供不現前仏及以制多。（『瑜伽』44、大正 30・533b〜c）

不還　ふげん　小乗の聖者の四段階（預流・一来・不還・阿羅漢）の第三段階。これら四段階は、おのおの、そこに至る途中と至り終えた段階とに分け、前者を向、後者を果といい、不還についていえば前者を不還向あるいは不還果向、後者を不還果という。不還果とは欲界の修惑のなかの第九品の惑を断じて欲界を超え出て、再び欲界に還ることがない般涅槃した聖者の位をいう。その般涅槃の仕方の相違によって次の五種に分かれる。（i）中般涅槃（antarā-parinirvāyin）。欲界で死んで色界に生ずるときにおいて、すなわち、中有と生有との中間において般涅槃する者。（ii）生般涅槃（upapadya-parinirvāyin）。色界に生じおわってまもなく般涅槃する者。（iii）有行般涅槃（sa-abhisaṃskāra-parinirvāyin）。色界に生じおわって長い時間をかけて修行して般涅槃する者。（iv）無行般涅槃（anabhisaṃskāra-parinirvāyin）。色界に生じおわって特別の修行をすることなく般涅槃する者。（v）上流般涅槃（ūrdhvaṃ-srotas-parinirvāyin）。欲界より没して色界の最初の天である梵衆天に生じ、梵衆天よりさらに上の天である梵輔天に生じ、以後、一段一段と上の天を経て、色界の最高天である色究竟天で、あるいは無色界の最高天である有頂天で般涅槃する者。これは雑修（有漏の定と無漏の定との二つをまじえて静慮を修する者）と不雑修（ただ無漏の定のみで静慮を修する者）との二者に分かれる。このなか前者の雑修の者とは、さらに全超と半超と遍歿（一切処歿）との三者に分かれ、最終的に色究竟天で般涅槃する者をいう。後者の不雑修の者とは、色界の貪を離れて色界より没して無色界に生じ、最終的に有頂天で般涅槃する者をいう。この無色界で般涅槃する者を前の色界で般涅槃する五種に加えて全部で六種の不還とする。さらにこの六種に現般涅槃（dṛṣṭa-dharma-parinirvāyin）すなわち欲界から没して色界・無色界に行かずに現在に住する欲界において般涅槃する者を加えて七種の不還とする。　Ⓢ anāgāmin

（参考）（『倶舎』24、大正 29・124a 以下）

不還果　ふげんか　→不還　Ⓢ anāgāmin: anāgāmi-phala

不還果向　ふげんかこう　不還果に向かう位。→不還　Ⓢ anāgāmi-pratipannaka

不還向　ふげんこう　不還果に向かう位。→不還

不故思業　ふこしごう　故思でない業。意図的に行なわない行為。故思業の対。

Ⓢ asaṃcetanīyaṃ karman

不虚　ふこ　不虚棄とおなじ。→不虚棄

不虚棄　ふこき　むなしくないこと。利益があること。役にたつこと。みのりがあること。不虚とおなじ。「或る時は虚棄なり、或いは不虚棄なり。闇の中で射るに、或いは中り、或いは中らざるが如し」「是の利益・安楽の意楽に由って常に能く不虚の加行を起作す」「国人の信施を不虚に受用す」

Ⓢ abandhya: avandhya

不許　ふこ　（対論者の主張を）ゆるさない、認めない、承認しないこと。「仁は爾りと許すといえども、契経の中には此の二が互に因果となることを許さず」「我が宗は斯の義を許さず」　Ⓢ an-anujñāta: apratijñāna: aniṣṭa: anu-iṣ: na iṣyate

不顧　ふこ　かえりみないこと。きにかけないこと。大切におもわないこと。「身命に於て極重に顧恋して後世を顧みず」「諸の声聞は自利を勝と為して利他を顧みず」「施を串習し、身命を顧みず、有情を悲愍す」

Ⓢ nirapekṣa: nirapekṣatā

不顧沙門　ふこしゃもん　顧みない沙門。羞恥心がなく自己の行ないを反省しない沙門。増上戒学・増上心学・増上慧学の三学など、学ぶべき事柄を捨て、戒を犯し、悪行をくりかえしながら自らを沙門と称する沙門。

（出典）云何不顧沙門。謂、棄捨学処、好為退転。或犯尸羅、行諸悪法、於内腐爛、広説乃至、実非梵行、自称梵行。況当悕求沙門果証八支聖道。（『瑜伽』62、大正 30・645a）

不護　ふご　①根（感覚器官）をまもらな

いこと。「根門を護らざる補特伽羅に煩悩の諸纏が現前して捨せず」「諸根を護らざる有情は諸の境界に於て不正の相を取る」
Ⓢ arakṣya
②→三不護

不向背施 ふこうはいせ 親しい人、憎い人などと分けへだてることなく平等な心で布施すること。十種の清浄施の一つ。
Ⓢ avimukhaṃ dānam
(参考)(『瑜伽』39、大正 30・510b)

不高 ふこう ①高貴でないこと。「王の種姓が不高なりとは、国王ありて一の下類の王家に随って生れ、尊貴に宿るに非ざるを謂う」
②(衣服を)引き上げないこと。「服するところの法衣は並びて皆な斉整にして不高・不下なり」 Ⓢ na atyutkṛṣṭam
③高慢でないこと。おごらないこと。たかぶらないこと。「聖者は遍計所執の世間の八法を遠離するに由るが故に、世間の中に居しても恒常に一味にして、利を得ても不高、衰に遇っても不下なり」

不高挙 ふこうこ ①興奮していないこと。高まっていないこと。「威儀の寂静とは、諸根が寂静にして躁擾あることなく、亦た不高挙なるを謂う」 Ⓢ anunnata
②おごることがないこと。→不高挙施

不高挙施 ふこうこせ 自分は施主であるなどとおごることなく布施すること。十種の清浄施の一つ。 Ⓢ anunnata-dāna
(参考)(『瑜伽』39、大正 30・510b)

不合 ふごう ①(のり・規則・規範)に一致しないこと。「儀に合わない物を施与せずとは、出家者に残りものの飲食、或いは便穢・洟唾などが雑った不浄なものを施与しないことを謂う」「世俗の礼儀に合わず」
Ⓢ apratirūpa: ayukta
②合わないこと。持たないこと。有しないこと。一緒にないこと。「可愛の事に於て和合を希望し、非愛の事に於て不合を悕望す」「奢摩他の障と毘鉢舎那の障を遠離して不合・不会なるを説いて無障と名づく」
Ⓢ asaṃgati
③適していないこと。「彼の餓鬼には、江中の浄水は飲用するに不合なり」

不黒不白無異熟業 ふこくふびゃくむいじゅくごう →非黒非白無異熟業

不作 ふさ 作さないこと。行なわないこと。「一切の悪趣の諸の煩悩品のあらゆる麁重を断ずるが故に、諸の悪趣のあらゆる悪業を畢竟して作さず」「遍開示とは、無間に演説して師拳を作さず、隠すところなきを謂う」「業の差別に、作の業あり、不作の業あり」 Ⓢ akaraṇatā: a-**kṛ**: akṛta: akriyā

不作意 ふさい 思考しないこと。心を働かせて考えないこと。作意の原語 manaskāra に対しては普通「作意」と訳されるが、より分かり易くするために思惟を付して「作意思惟」と訳される場合があるから、不作意を不作意思惟と訳す場合もある。不作意はよい意味と悪い意味との両者に用いられる。たとえば「一切の相に於て不作意し、無相界に於て作意するに由るが故に無相界作意を名づく」はよい意味、「聞・思・修習するところの法の中において、放逸を先と為して功用を起こさざるを不作意と名づく」は悪い意味での使用例である。

不作意思惟 ふさいしゆい →不作意

不作律儀 ふさりつぎ 欲邪行(あやまった性的行為)を離れて行なわないといういましめ。性的行為に関しては欲邪行を離れることと非梵行(男女の性的行為)を離れることとの二つのいましめがあるが、出家者には前者のいましめのみが、出家者には両方のいましめが制定される。したがって「諸の聖者は欲邪行の一切に於て定んで不作律儀を得る」と説かれる。 Ⓢ akaraṇa-saṃvara
(出典)不作律儀、謂、定不作。(『倶舎』14、大正 29・77a)

不散乱住 ふさんらんじゅう 三摩地を修することによって散乱のない禅定の心に住すること。五種の住(刹那住・相続住・縁相続住・不散乱住・立軌範住)の一つ。
(出典)若諸定心、由三摩地正起現前、名不散乱住。(『瑜伽』52、大正 30・586c)

不死 ふし ①(否定的な意味での)不死。「不死の覚を先と為して長寿の相を分別す。此れに由って能く寿命の憍逸を生ず」「不死矯乱論の不死とは天を謂い、天は長寿なるを以って外道は執して常住にして不死なりと為す」 Ⓢ amara
②(肯定的な意味での)不死。「滅諦の滅を復た不死と名づく。永く生を離るるが故に」「無逸は不死の跡にして放逸を死の跡と為す。

無逸者は不死にして縦逸者は常に死なり」

不死矯乱論 ふしきょうらんろん 仏教以外の学派（外道）の十六種の異論の一つ。六十二種のあやまった見解（六十二見）の一群。四種がある。→四不死矯乱論

🅂 amarā-vikṣepa-vāda

（参考）（『瑜伽』7、大正 30・310b 以下）

不死尋 ふしじん →不死尋思

不死尋思 ふしじんし 不死について考え思いをはせること。心が定まらず散乱する原因の一つ。掉挙（心のたかぶり）を生じる原因の一つ。不死尋ともいう。「眷属尋思・国土尋思・不死尋思は定心ならざる者の三摩地障なり」「後後の日を推し、余時を顧待し、不死尋に随い、熾然に方便を勤修すること能わず」「掉挙とは、謂く、親属尋思・国土尋思・不死尋思に因り、或いは昔、経歴せし戯笑・歓娯所行の事を随憶念して、心に諠動・騰躍を生ずるの性なり」

（参考）（『婆沙』48、大正 27・250c）：（『瑜伽』11、大正 30・329b〜c）

不至境 ふしきょう 不至色ともいう。器官（根）が、ある一定の距離的間隔を置いて認識する対象（境）。六根のなかの眼と耳と意の三つの根の境をいう。これに対して、鼻と舌と身の三根の対象は、根と距離を置かずに直接に認識されるものであるから至境という。→至境「眼耳意の三は不至境を取る」

🅂 aprāpta-viṣaya

（参考）（『婆沙』13、大正 27・63b）：（『倶舎』2、大正 29・11b）

不至色 ふししき →不至境

不思議 ふしぎ →不可思議

不思議処 ふしぎしょ →不応思処

不思議変易生死 ふしぎへんにゃくしょうじ →変易生死

不恣 ふし 自由に使えるように提供されないこと。「自ら居住する処の自院、自房、自らの別人の処、僧の分与の処、不委に非ざる処、不恣に非ざる処に於て経行す」

🅂 apravārita

不自在 ふじざい ①自由でないこと。自らが思うようにならないこと。とらわれ従属していること。「傍生の趣は不自在にして他に駆馳され、多く鞭撻を被むり、彼の人天の為に資生具となり、此の因縁に由って種種の極重の苦悩を受く」「諸の酒の為に酔って狂乱を発して不自在に転ず」「睡眠は身をして不自在にして昧略せしむるを性と為す」

🅂 asvatantra

②（無我を証明するために用いられる概念としての）不自在。外道は、自在な（自らによって自由に行動することができる）我（ātman）というものが存在すると考えるが、仏教は、そのような自在なるものは存在せず、すべて不自在であるから我は存在しない、すなわち無我であると主張する。「縁起支は不自在なりと雖も実に我の相あることなし。然も我の相に似て顕現す」「無我と言うは、我を遠離するが故に、衆縁に生ずるが故に、不自在なるが故に」「諸行は衆縁より生じて不自在なるが故に諸行は決定して無我なり」 🅂 asvatantra: asvatantratva

不時解脱 ふじげだつ 時をまたずに随意に解脱すること、あるいは、そのような人。六種の阿羅漢（退法・思法・護法・安住法・堪達法・不動法）のなかの最後の不動法の解脱のありようをいう。不動解脱ともいう。またそのような解脱をする阿羅漢を不時解脱阿羅漢という。時解脱の対。→時解脱

（出典）亦説名為不時解脱。以不待時及解脱故。謂、三摩地随欲現前、不待勝縁和合時故。（『倶舎』25、大正 29・129b）

（参考）（『婆沙』101、大正 27・524c 以下）

不時解脱阿羅漢 ふじげだつあらかん →不時解脱

不失壊 ふしつえ 失壊しないもの。なくなることがないもの。身業と語業との二つの業によって自身のなかに植えつけられ、決してなくなることがなく、これによって未来世において愛と非愛の果を得ることになる、そのようなものを不失壊という。正量部が立てる不相応行の一つであるが、〈唯識〉はこの説に反対する。

（参考）（『述記』2 末、大正 43・289b）：（『成業論』、大正 31・783b）：（『同学鈔』14、大正 66・142b）

不実 ふじつ 真実でないこと。「言が不実なるが故に非実語者と名づく」「愚癡とは不実の事に於て妄に増益を生ずるを謂う」「財利に耽著して不実の徳を顕し、他をして知らしめんと欲するが故に悪欲と名づく」

🅂 abhūta: asatya

不捨 ふしゃ ①与えないこと。（ものおし

みして）施さないこと。「若し彼の物の主が彼の取者に於て捨与せざるを不捨と名づく」「不捨とは慳悋に由るが故に所用に非ざる具をも亦た恒に聚積するを謂う」 Ⓢ atyakta
②捨てないこと。放棄しないこと。「諸の菩薩は恒常に無間に加行を離れず善軛を捨てず」「諸の菩薩は二空の無我に通達し、此の中に安住して、諸の雑染を捨てて生死を捨てず」 Ⓢ anikṣipta: anirākaraṇatā: anirākṛta: avinirmukta: avinyasta: na pratikṣipati: na vyāvartate
③存在しないと否認しないこと。→不取不捨 Ⓢ na pratikṣipati

不捨善軛 ふしゃぜんやく 善という軛を捨てないこと。軛とはくびき（車のながえの先につけて牛馬の首にあてる横木）で、くびきが牛を車につなぎとどめるように、修行者をつなぎとどめるくびきに喩えられる善を捨てないこと。精進の五つのありよう（有勢・有勤・有勇・堅猛・不捨善軛）の一つ。
（参考）（『瑜伽』25、大正 30・421c）:（『成論』6、大正 31・30a）:（『述記』6 本、大正 43・437c）

不捨軛 ふしゃやく →不捨軛加行
Ⓢ avidhura

不捨軛加行 ふしゃやくけぎょう 軛を捨てない加行。軛とは車のくびきのこと、すなわち、車の二つのながえ（轅）を連結させて車を平行に保つ横木のこと。そのような横木の働きを心のありように喩えて、軛を捨てないとは、何事においても常にかたむかない平等な心でいることをいい、そのような心で修行することを不捨軛加行という。九種の加行の一つ。→加行② Ⓢ avidhura-prayogatā
（参考）（『瑜伽』31、大正 30・456b～c）

不邪淫戒 ふじゃいんかい よこしまなセックス、みだらな男女間の行為をしてはならないという戒。五戒の一つ。→五戒

不積聚施 ふしゃくじゅせ 財物を多く貯蓄せずして布施すること。財を多く蓄えた後に施すことは否定される。その理由の一つとして、たとえば、財を集めている間には布施を求める人が来ても、その人に施しをしないことになるからである。十種の清浄施の一つ。
Ⓢ asaṃbhṛtaṃ dānam
（参考）（『瑜伽』39、大正 30・510a）

不著 ふじゃく ①執着しない、とらわれないこと。「世間の諸の世俗には牟尼は皆な不著なり」「菩薩は財を追求し已って不染・不住・不耽・不縛・不悶・不著・不堅執にして深く過患を見て、出離を了知して之を受用す」「不著とは貪憂が生ぜざるをいう」
Ⓢ anadhyavasita: na upaiti
②（ちりやあかなどが）付着しないこと。「身皮が細滑にして塵垢が不著なり」 Ⓢ na avatiṣṭhate

不寂静 ふじゃくじょう しずまっていないありよう。そうぞうしいこと。おちついていないこと。「掉乱とは根の不寂静を謂う」「掉挙は心をして境に於て不寂静ならしむるを性と為す」「煩悩の自性とは、若し法が生ずる時、其の相は自然に不寂静に起こるをいう」「随煩悩は能く其の心をして恒に不寂静ならしむ」
Ⓢ anupaśānta: apraśānta: avyupaśānta

不守根 ふしゅこん 根を守らないこと。五つの感覚器官（眼根・耳根・鼻根・舌根・身根）の働きを抑制しないこと。それによって感覚の対象に愛着して心が乱れることになる。不守根門とおなじ。守根の対。→守根「苾芻あり、不守根に住して諸の境界に於て心多く愛染し、心多く散乱す」

不取 ふしゅ ①認識しないこと。知覚しないこと。→不取不捨「所縁に於て止行を思惟し、所縁の境に於て不捨し不取す」「非理の分別に於て煩悩を起こす意を能く善く防護して、色・声・香・味・触・法に於て其の相を不取し、随好を不取す」 Ⓢ na-udgṛhītam
②（苦などを）感じない、受けないこと。「衆の苦は皆な余すことなく断じ、余の苦は不続・不取・不生なり」「未来に於て衆の苦を不取す」 Ⓢ anupādāna
③奪い取らないこと。「与えないものを不取す」

不取不捨 ふしゅふしゃ 不取と不捨。取らず捨てないこと。存在すると認識することもなく、存在しないと否認することもないこと。究極の真理である法界・真如・離言自性に対する正しい認識のありようをいう。「実無に於て増益の執を起こさず、実有に於て損減の執を起こさず、如実の真如である離言自性を不増不減・不取不捨に如実に了知す」「是の如く菩薩は普く一切諸法の法界に於て少分をも不取し、少分をも不捨し、損減を作

さず増益を作さず」
Ⓢ na utkṣipati na pratikṣipati

不修 ふしゅう 修行しないこと。実践しない、行なわないこと。「若し発心せず、菩薩所行の加行を不修せば、堪任ありと雖も速に無上菩提を証せず」「諸の群臣などは聡叡に非ずして情に謀叛を懐き善政を不修す」「不修の心とは染心を謂い、修の心とは善心を謂う」「逸とは放逸にして諸善を不修するを謂う」 Ⓢ abhāvanā: abhāvita: na bhāvanāṃ gacchati

不執取施 ふしゅうしゅせ 布施はむなしくいかなる結果ももたらさない、あるいは殺害して布施することが正しい、などとあやまった見解をもって布施しないこと。十種の清浄施の一つ。 Ⓢ aparāmṛṣṭaṃ dānam
（参考）（『瑜伽』39、大正 30・510a）

不執受 ふしゅうじゅ 生きものでない無機物的な存在の総称。非執受とおなじ。→非執受「不執受の大種に因る声とは、外縁の声をいう」 Ⓢ anupātta

不住 ふじゅう ①ある状態にないこと。あるありようを維持しないこと。「若し正念に不住ならば、便ち非福の業を発す」「正念に不住ならば、悪尋思の為に其の心が擾乱して便ち顚倒を為す」 Ⓢ anupasthita
②存在しないこと。存続しないこと。おなじ状態をつづけないこと。「生じたる刹那の後、刹那も不住なるが故に無常の有為相と名づく」「生じ已って不住なる義を縁起の数往の義と謂う」「動転して不住なる義、是れ輪の義なり」「医底（eti）という界は行の義なり、或いは不住の義なり」 Ⓢ anavasthāna: anavasthāyin: abhāva

不習 ふじゅう くりかえしおこなわないこと。習慣とせず慣れないこと。「或いは飲を不習するが故に、或いは過量に飲むが故に、便ち酔乱を致す」「先の余生の中、貪の煩悩に於て不修し不習し不多修習す」
Ⓢ anabhyasta: na bhāvito bhavati

不出世 ふしゅっせ （仏・如来が）世のなかに出現しないこと、生まれないこと。「法爾道理とは謂く、如来の出世であれ、若しくは不出世であれ、法性に安住し、法は法界に住す。是れを法爾道理と名づく」「如来の出世であれ、不出世であれ、是の如き縁起の法性は常住なり」 Ⓢ anutpāda

不出離 ふしゅつり 三界（欲界・色界・無色界）の一切の苦を断じて涅槃に至らないこと。「阿頼耶識は無始よりこのかた、生滅・相続して非常非断なり。有情を漂溺して不出離せしむ」「如来は遍趣行智力によって一切の苦に於て能く出離する行と不出離の行とを如実に了知し、不出離の行を捨離せしめ、能く出離の行を授与す」 Ⓢ anairyāṇika

不出離見 ふしゅつりけん 二十八種のまちがった見解（不正見）の一つ。→不正見

不正 ふしょう ①正しくないこと。虚偽であること。「諸の菩薩は雑衆に処すると雖も少分の不正の言論を楽わず」 Ⓢ asat
②眼の対象の一つ。均整のとれていない形をいう。均整のとれた形である正の対。→色境→正① Ⓢ asāta: viśāta: visāta
（出典）此中正者、謂、形平等。形不平等、名為不正。（『俱舎』1、大正 29・2b〜c）：正不正光明者、謂、日月盈虧等光明。（『略纂』2、大正 43・23b）

不正見 ふしょうけん まちがった見解。一つの不正な見解（相見）から次々と他の不正な見解が生じて全部で次の二十八種の不正見を立てる。1. 相見（以後の不正見が生じる最初の見解。大乗が説く密意の空の教え、たとえば一切法皆無自性・無生無滅・本来寂静自性涅槃などの教えを聞いて、その言葉どおりに理解してそれらのありように執着すること）。2. 損減施設見（遍計所執性・依他起性・円成実性の三性のなか遍計所執性を否定する見解）。3. 損減分別見（三性のなか依他起性を否定する見解）。4. 損減真実見（三性のなか円成実性を否定する見解）。5. 摂受見（前の損減施設見などの三つの見解を成立せしめようとして部分的な道理を受け入れること）。6. 転変見（前の損減施設見などの三つの見解を成立せしめようとして経典の内容を自己の見解に順じるように改変すること）。7. 無罪見（善い行為をしても悪い行為をしてもすべて罪や過失はないとみる見解）。8. 出離見（すべての行為は善に帰し、一切の汚れから解脱するとみる見解）。9. 軽毀見（前の自己のまちがった見解に執着して五蘊などを説く声聞蔵と声聞人とを軽蔑すること）。10. 憤発見（おなじく声聞蔵と声聞人とを憎みいかること）。11. 顚倒見（自己のまちがった見解に順じてまちがった空・無相・無願

の教えを立てること)。12. 出生見(自己のまちがった見解に順じて自らこのような法性をさとったと思い、また他人に対してこのような法性をさとって無量の功徳を生ぜしめんとすること)。13. 不立宗見(他が自らのまちがった見解を責めたとき、自らの主張を立てないこと)。14. 矯乱見(他が自らのまちがった見解を責めたとき、機に応じて虚妄な理を使って相手をだましかく乱すること)。15. 敬事見(このように修行し、このように諸仏・世尊を供養・恭敬するという慢心を起こすこと)。16. 堅固愚癡見(正しく真理をさとった者が、他者のまちがった見解を捨てしめようと欲して、真実の道理でさとらしめようとするけれども、自己の見解のみが真実であり他は虚妄であると頑固に主張すること)。17. 根本見(以上の十六の見解の可能力である習気・麁重をいう)。18. 於見無見見(前の相見をいう。まちがった見解を有しているのにそのような見解はないと思うから)。19. 捨方便見(前の損減施設見・損減分別見・損減真実見の三見をまとめていう。すべての存在のありようを否定して修行は無用であるとみるから)。20. 不出離見(前の摂受見・転変見の二見をまとめていう。まちがった修行をすることによってさとりを証することができないから)。21. 障増益見(前の無罪見・出離見の二見をまとめていう。障害がますます増大するから)。22. 生非福見(前の軽毀見・憤発見の二見をまとめていう。よこしまな修行をすることによって大きな損害が生じるから)。23. 無功果見(前の顛倒見・出生見との二見をまとめていう。まちがった教えを授ける者も受ける者もいずれも勝れた結果を得ることがないから)。24. 受辱見(前の不立宗見・矯乱見の二見をまとめていう。理のない論争によって勝利することがないから)。25. 誹謗見(前の敬事見をいう。説くべきでないことを強く主張するから)。26. 不可与言見(前の堅固愚癡見をいう。よこしまに空に執着することは、その言葉は無益なものであり、言葉を語るべきではないから)。27. 広大見(前の根本見をいう。これによって未来の諸の悪見がますます増大するから)。28. 増上慢見(以上の二十七見をまとめていう。すべての見解が虚妄にして真実ではない増上慢を起こすから)。

(参考)(『雑集論』12、大正 31・751a〜c):(『演秘』7 本、大正 43・952c〜953a)

不正作意 ふしょうさい 不如理作意・非理作意とおなじ。→非理作意

不正直 ふしょうじき 不正で偽りがあること。「不正直・不明・不顕にして解行が邪曲なるが故に名づけて諂と為す」「無始の時よりこのかた、心心所法は諸の煩悩と悪行と倒見とに由って悩乱せらるるが故に不正直を成ず」

不正知 ふしょうち 随煩悩の一つ。正しくない知。ものごとをあやまって理解する心。それによって悪を犯す(毀犯)ことになる。Ⓢ asaṃprajanya

(出典)云何不正知。於所観境謬解、為性、能障正知毀犯、為業。謂、不正知者、多所毀犯故。(『成論』6、大正 31・34c):何等不正知。謂、煩悩相応慧、為体。由此慧故、起不正知身語心行、毀犯所依、為業。(『集論』1、大正 31・665b)

不正分別 ふしょうふんべつ 正しくない思考。まちがって考えること。「自らの内の邪執とは、独り空閑に処して不正分別を依止と為すが故に実我ありと執するを謂う」

不正法 ふしょうぼう 正しくない教え。正しくない人(不善人・不善士・不善丈夫・悪人)が説くまちがった教法。非正法ともいう。「不善士に親近し不正法を聴聞し、非理に作意し、及び先の串習所引の勢力によって無明などを生ずるを摂受因と名づく」「方便の不善とは、不善丈夫に依止し親近するが故に不正法を聴聞し、不如理に作意し、身語意の悪行を行ずるを謂う」 Ⓢ asat-dharma

不生 ふしょう ①生じないこと。生起しないこと。生まれないこと。「一切法は自然には不生なり」「諸の菩薩のあらゆる精進は、能く一切の結縛・随眠・随煩悩の未生を不生せしめ、已生を断滅せしむ」「慧の功能に由って随眠が不生なるを名づけて択滅と為す」 Ⓢ ajāta: anutpatti: anutpanna: anutpāda: aprādurbhāva: asaṃbhava: na utpadyate
②阿羅漢の呼び名。次の瞬間に涅槃に入り再び生まれてこない阿羅漢の最後の心は再び生じないことから阿羅漢を不生と呼ぶ。「諸の阿羅漢を説いて不生と名づく。彼れの最後心は亦た心処に滅す」 Ⓢ aja
③名詞の前に付く否定の接頭辞 a-を不生と

訳す例が多い。たとえば asaṃtuṣṭi を不生喜足、agaurava を不生恭敬、asaṃkleśa を不生染と訳す。

不生障 ふしょうしょう　覚った仏が世に出現していないという障害。十二種の障の一つ。
（出典）障者有十二種。（中略）八不生障、謂、仏世尊不現於世。（『瑜伽』64、大正 30・656a）

不生断 ふしょうだん　三種の断（自性断・離縛断・不生断）、あるいは四種の断（自性断・相応断・離縛断・不生断）の一つ。原因である煩悩が断じられ、その結果が永久に生じないこと。地獄・餓鬼・畜生の三つの悪い生存状態（悪趣）と無想定や無想天などに生じないことをいう。
（出典）断有幾種。答、断有四種。一自性断、二相応断、三縁縛断、四不生断。（中略）不生断者、悪趣異熟無想定等。（『了義灯』5末、大正 43・754c）
（参考）『述記』8末、大正 43・532c）

不生法 ふしょうほう　①現象として生じる可能力を有しながら現象として生じることがない存在、あるいはそのようなありようをいう。「云何が煩悩寂静なるや。謂く、阿羅漢は、貪欲永断し、瞋恚永断し、愚癡永断し、一切の煩悩は皆な悉く永断す。畢竟、不生法を得るに由るが故に是れを煩悩寂静と名づく」「云何が解脱なるや。謂く、畢竟断の対治を起こすが故に、一切の煩悩の品類の麁重が永く息滅するが故に、転依を証得して諸の煩悩をして決定究竟して不生法に成ぜしむ。是れを解脱と名づく」 Ⓢ anutpatti-dharma: anutpatti-dharmatā: anutpatti-dharmin
②無為の一つ、すなわち、縁が欠けることによって現象として生じることがない非択滅をいう。「涅槃と不生法とは眼識の生ずるに於て能作の力あり。意識が彼れを縁じて境と為し、或いは善、或いは悪を生ず。此の意識に由って後時に眼識が次第に生ずることを得る。展転して因たる故に、彼の涅槃と不生法とは眼識が生ずるに於て能作の力あり」
Ⓢ anutpatti-dharmika

不清浄 ふしょうじょう　きよらかでないこと。けがれていること。「不清浄にして不解脱なる死を不調善死と名づく」「一向に不清浄なる生とは欲界の異生を謂う」「不清浄の諸の有情とは諸の異生を謂い、清浄と言うは諸の有学を謂う」「或いは活命の為に、或いは利養・恭敬の為に発心するは皆な不清浄の発心と名づく」「不清浄の種子とは欲界繫の諸行の種子を謂う」「尋伺の鼓動ありて相続して不清浄に転ずること、河に浪あるが如し」 Ⓢ apariśuddha: aprasanna: aviśuddha: aśuddha

不清浄種子 ふしょうじょうしゅうじ　一切の種子を四種の種子（世間種子・出世種子・不清浄種子・清浄種子）に分けるなかの一つ。欲界の現象を生じるきよらかでない種子をいう。→種子②
（出典）不清浄種子者、謂、欲界繫諸行種子。（『瑜伽』14、大正 30・348c）

不清浄勝解 ふしょうじょうしょうげ　九種の勝解の一つ。→勝解②

不称 ふしょう　①かなわないこと。意にそぐわないこと。「功用処に於て転ずる時、或いは他の意に称い、或いは意に称わず」
②一致しないこと。適合しないこと。「薩迦耶見は是れ虚妄の執にして諸法の実相に称わず」
③（理に）かなわないこと。→不称理

不称正理 ふしょうしょうり　不称理とおなじ。→不称理

不称真理 ふしょうしんり　不称理とおなじ。→不称理

不称理 ふしょうり　理にかなわないこと。理と一致しないこと。不称正理・不称真理とおなじ。「不称理の諸の邪悪の論」「不称真理の分別」

不障 ふしょう　さまたげないこと。妨害しないこと。邪魔をしないこと。不障礙とおなじ。「虚空は無障を性と為し、有対の物に於て不障を業と為す」「譬えば虚空は一切処に遍し、皆な同一味にして一切所作の事業を不障す」「静慮を修する時、定力所生の定の境界色は眼根の境に非ざるが故に無見と名づけ、処所を不障するが故に無対と名づく」「倶生の身と辺との二見は唯だ無記の摂にして悪業を発さず。数、現起すると雖も善を不障するが故なり」「不障礙の義は是れ能作因の義にして能作因は一切の法を摂す」
Ⓢ anāvaraṇatva: avighna

不障礙 ふしょうげ　不障とおなじ。→不障

不障礙依処 ふしょうげえしょ　→因依処

不障礙能作因　ふしょうげのうさいん　→能作因

不成実　ふじょうじつ　真実には存在しないこと。実在しないこと。「遍計所執相は不成実なり」「遍計所執自性に由るが故に自性が不成実の法無我性」「一切の言説の説くところの諸法の自性の義は皆な不成実なり」
Ⓢ aparinişpatti: aparinişpannatva

不成就　ふじょうじゅ　①存在しないこと。成立しないこと。為されないこと。「妄に計せらるる我は不成就なり」「将に死ぬ時、若し善を造せし者は、即ち其の身の下分より漸く冷え、若し悪を造せし者は、此れと相違す。若し阿頼耶識が有ると信ぜずんば、此れは不成就なり」「若し世間にて日月が薄蝕し星宿が失度すれば、為さんと欲する事は皆な不成就なり」　Ⓢ aparinişpanna: asiddhi
②不相応行の一つである得の異名としての成就の対の概念。得たものをすでに失ったありようをいう。→成就④　Ⓢ asamanvāgata: asamanvāgama: na samavāgataḥ

不定　ふじょう　①定まっていない、決定していないこと。「是の如く衆生は曽て我が母と為り、我れも亦た長夜に曽て彼の母と為り、是の如く衆生は曽て我が父と為り、我れも亦た長夜に曽て彼の父と為る。是の如く生は不定なり」「父母などの不定とは、先に父母乃至親属と為り、後時に輪転反して怨害及び悪知識と作るを謂う」「決定に於て立てて不定と為す。一切の行は皆な是れ無常なるに、妄りに一分は是れ常、一分は無常なりと建立するが如し」「六根の中、眼などの前の五は唯だ現在の境を取るも、意の境は不定なり。三世と無為とを取るが故なり」
Ⓢ aniyata: aniyama
②（心が）定まっていないこと、安定していないこと、禅定に入っていないこと。→不定心　Ⓢ asamāhita
③（世間のきまりや約束事として）確定していないこと。「諸の楽の因は皆な不定なり。謂く、諸のあらゆる衣服・飲食・冷煖などの事は諸の有情類は許して楽の因と為すも、此れ、若し非時にして過量に受用すれば、便ち能く苦を生ずるなり」　Ⓢ avyavasthāna
④（律儀を得ることにおいてその範囲と動機に関して）決定していないこと。「律儀は諸の有情に従い、支と因とは不定なりと説く」
Ⓢ vibhāṣā
⑤〈唯識〉において心所を六つの群（遍行・別境・善・煩悩・随煩悩・不定）に分けるなかの一群をいう。悔・眠・尋・伺の四つの心所をいう。この四つの心所は（i）善・不善・無記の三性のいずれであるか、（ii）欲界・色界・無色界の三界のいずれにおいて起こるか、（iii）どの識と相応するか、の三点においていずれも決定していないから不定という。これら四つをまとめて不定位ともいう。
（参考）（『成論』7、大正31・35c）

不定位　ふじょうい　①心が定まっていない、安定していない、禅定に入っていない状態をいう。定位の対。
②→不定⑤「二頌は随煩悩位を辨じ、後の半頌は不定位を辨ず」

不定界　ふじょうかい　心が禅定に入っていない状態の世界。三界のなかの欲界をいう。これに対して色界と無色界との二界を定界という。「欲界の苦は不定界の摂なるが故に別して現観し、色・無色界の苦は倶に定界の摂なるが故に合して現観す」

不定業　ふじょうごう　果を受ける時期が決定していない業。時期が決定している業である定業の対。定業としては、順現法受業・順次生受業・順後次受業の三つがあり、これに不定業を加えて全部で四種の業（四業）を立てる（〈有部〉の所説）。　Ⓢ aniyata-karman
（参考）（『倶舎』15、大正29・81c）

不定地　ふじょうじ　①不定の地。心が禅定に入っていない境界。三界のなかの欲界をいう。定地の対。→定地「問う、何の因縁の故に説いて諸の静慮を心一境性と名づくるや。答う、略して二種の所縁の境界あり。一には不定地の所縁境界、二には定地の所縁境界なり。此の中の一境とは定地の所縁境界を謂う」　Ⓢ asamāhita-bhūmika
②『瑜伽論』が説く十七地の一つ。原語 asamāhita-bhūmi の samāhita を三摩呬多と音写して非三摩呬多地ともいう。→十七地
Ⓢ asamāhita-bhūmi
（参考）（『瑜伽』63、大正30・650c以下）

不定聚　ふじょうじゅ　不定性聚とおなじ。→不定性聚

不定聚定　ふじょうじゅじょう　不定性聚とおなじ。→不定性聚

不定種性 ふじょうしゅしょう 決定した種性を有していない人。菩薩と独覚と声聞との種子いずれをも、あるいは菩薩と独覚との種子を、あるいは菩薩と声聞との種子を持ち、直ちに菩薩となることなく、声聞あるいは独覚を経て菩薩となり、最後に無上正等菩提を得て仏陀となる人をいう。四種の種性（声聞種性・独覚種性・菩薩種性・不定種性）の一つ。この四つに、無漏の種子を欠き、決して仏陀になることができず、いつまでも凡夫でありつづける人を加えて、後に〈唯識〉がとく五姓各別説が成立した。→五姓各別「若し広く種種の種性を建立するならば、或いは諸の声聞のあらゆる種性、或いは諸の独覚のあらゆる種性、或いは諸の如来のあらゆる種姓、或いは種種の不定種性あり」「問う、菩提に迴向する声聞は本より已来、当に声聞種性と言うべきや、当に菩薩種性と言うべきや。答う、当に不定種性と言うべし」

不定姓 ふじょうしょう →五姓各別

不定性聚 ふじょうしょうじゅ さとりへの素質（性）を三つのグループ（正性定聚・邪性定聚・不定性聚）に分けるうちの一つ。正しい性が決定している群（正性定聚）でも、よこしまな性が決定している群（邪性定聚）でもないグループ。善あるいは悪の二つの縁を待って正しい性にもよこしまな性にも成りうるものたちをいう。本性不定（本性として不定なもの）と方便不定（修行において不定なもの）との二種がある。不定聚・不定法聚ともいう。 Ⓢ aniyato rāśiḥ

（出典）世尊於此有情世間生住没中、建立三聚。何謂三聚。（中略）一正性定聚、二邪性定聚、三不定性聚。（中略）正邪定余、名不定性。彼待二縁、可成二故。（『倶舎』10、大正 29・56c）：不定亦有二種。一本性不定、二方便不定、（『瑜伽』64、大正 30・656b）

不定受業 ふじょうじゅごう 順不定受業ともいう。果を受ける時期が現世か、次の世か、それ以後か、が決定していない業をいう。四種の業（順現法受業・順次生受業・順後次受業・順不定受業）の一つ。 Ⓢ niyata-vedanīya-karman

不定法 ふじょうほう 〈倶舎〉では、心所（細かい心作用）を大地法・大善地法・大煩悩地法・大不善地法・小煩悩地法の五つに分類するが、その他に、ともに働く心が定まっておらず、ある時は悪心と、ある時は無記心とともに働く心作用を別に立てて不定法あるいは不定心所という。尋・伺・睡眠・悪作・貪・瞋・慢・疑の八つをいう。

不定法聚 ふじょうほうじゅ 不定性聚とおなじ。→不定性聚

不定心 ふじょうしん 禅定に入っていない心。いまだ根本静慮（色界の初静慮から無色界の第四の非想非非想定までの八つの段階それぞれにおける根本となる禅定）に入っていない欲界の心をいう。定心の対。→定心
Ⓢ asamāhitaṃ cittam

（出典）不定心者、謂、未能証入根本静慮。（『瑜伽』28、大正 30・440c）

不浄 ふじょう ①きたないもの。きたないもの（不浄）をきれいなもの（浄）ととらえるまちがった見解（顛倒）は四顛倒の一つである。具体的にきたないものとしては、内身の髪・爪・骸骨・胃・涙・汗・尿など、あるいは腐乱していく死体などがある。これらは知られるべき事（所知事）の一つと考えられ、これらを対象として観察することによって自己と他者との肉体への貪欲（むさぼり）をなくす修行を不浄観という。種類としては、朽穢不浄・苦悩不浄・下劣不浄・観待不浄・煩悩不浄・速壊不浄の六種が説かれる（『瑜伽』26、大正 30・428c 以下）。→四顛倒→不浄観「不浄に於て浄と執する顛倒」「汝ら応に是の自らの内身の中の諸の不浄の物に於て、先に当に不浄の勝解を発起すべし」
Ⓢ aśuci: aśubhā
②不浄観のこと。→不浄観「諸の貪欲を対治せんと欲する為の故に不浄を修習す」
③（所持する衣、あるいは鉢などが、あるいは布施するものが）規則にかなっていないこと。「種種の局崛羅香、遏迦花などの余の不浄なる物を以っては供養を為さず」「持すべき或いは僧伽胝、或いは衣、或いは鉢に於て、浄・不浄を能く正しく了知す」
Ⓢ akalpika
④男性の精子、あるいは女性の卵子をいう。「男女が展転して二二交会し不浄が流出す」「種子の過患とは、父が不浄を出すが母が不浄を出すにあらざるを謂う」「遺するところの不浄が泄れて胎に至る」 Ⓢ aśuci

不浄観 ふじょうかん 不浄とも略称。不浄であると観察する修行法。特に肉体に対する

貪りが強い人が修すべき観法。具体的には、死体がおかれた場所（塚間）に行って、死体が腐乱していく様相を、たとえば青ぶくれになったさま（青瘀）、ただれて膿が出ているさま（膿爛）、腐敗してふくれたさま（膖脹）、腐って赤くなったさま（異赤）、鳥獣に食べられるさま（被食）、うじ虫が出ているさま（虫蛆）、死体が動かないさま（屍不動）、骨鎖になっているさま、などを見てそれらを心に刻み、再び静かな場所に返ってそれらの様相を心のなかに浮かべて観察し、思惟して肉体の本質を見極めて肉体へ貪欲を断ちきる修行をいう。この不浄観は『婆沙論』『倶舎論』では五停心観の一つにあげられ、持息念と並んで修行に入る要門とされる。『瑜伽論』では四つの対象（遍満所縁・浄行所縁・善巧所縁・浄惑所縁）を観察するヨーガのなかの浄行所縁を観察する修行のなかに不浄観が含まれ、不浄を朽穢不浄・苦悩不浄・下劣不浄・観待不浄・煩悩不浄・速壊不浄の六つに分けて詳説する（『瑜伽』26、大正 30・428c 以下）。→五停心観　Ⓢ aśubha-bhāvanā: aśubhā-prayukta

（出典）修観行者、如是繫念在眉間等、観察死屍青瘀等相、即不浄観。（中略）先往塚間、観察死屍青瘀等相、善取相已、退坐一処、重観彼相。（『婆沙』40、大正 27・205a～b）：正入修門要者有二。一不浄観、二持息念。誰於何門、能正入修。如次応知、貪尋増者。（『倶舎』22、大正 29・117b）

（参考）（『瑜伽』30、大正 30・452a 以下）

不浄想　ふじょうそう　不浄であると想うこと。特に肉体への貪りが強い人が修すべき想い。不浄観とおなじ。→不浄観「在家の位の中、諸の妻室に於て婬欲と相応する貪あり。是の如き在家の位に処する所対治法に於て不浄想を修す」

不貞実　ふじょうじつ　（植物の果実などの）みのりが確かなものでないこと。「衆果は尠少にして、果は不滋長にして、果は多く朽壊にして、果は不貞実なり」

不貞良　ふじょうりょう　女性が操を守らないこと。「人同分の中に等流果を受けるに、殺生者は寿量短促にして、欲邪行者は妻不貞良なり」　Ⓢ agupta-dāra: sapatna-dāra

不静　ふじょう　心が静かでないさま。「諸の悪不善の尋思は意をして不静せしむ」「掉挙・不静・踊躍・躁擾なる心は違逆学法なり」

Ⓢ apraśānta: avyupaśama: avyupaśānta

不信　ふしん　随煩悩の一つ。すんできよらかではなく（不澄浄）、真理・真実を信じない心。経論によってその定義は異なるが、『成唯識論』によれば次のようになる（『成論』6、大正 31・34b）。(1)「実有を信忍しない」。実際に存在する事物（事）とその事物を支配する真理（理）とを信じないこと。因果の法則（理）とその法則によって生じる事象（事）とがあると信じないこと。(2)「有徳を信楽しない」。仏・法・僧の三宝の徳を信じないこと。(3)「有力を信じて希望しない」。人間には善いこと（善法）を行なう力があると信じないこと、あるいは善法は善い結果をもたらす力があると信じず、善法の獲得を欲しないこと。信の対。→信①

Ⓢ āśraddhya

（出典）不信者、謂、心不澄浄。（『倶舎』4、大正 29・19c）：云何不信。謂、於仏法僧、心不清浄。於苦集滅道、生不順解。（『瑜伽』62、大正 30・644c）：不信者、謂、愚癡分。於諸善法、心不忍可、心不清浄、心不希望、為体。（『集論』1、大正 31・665a）

不真実　ふしんじつ　①真実でないこと。本当でないこと。実際には存在しないこと。非存在であること。「非聖財に生ぜらるる楽の性は不真実にして疥癩病の如く、虚妄なる顚倒の所依処なり」「一婆羅門ありて我が所に来至して不真実の過失を以って現前に我れを呵諫す」「諸の菩薩は、諸法は、若しくは性であれ、若しくは相であれ、皆な不真実なりと観察す」　Ⓢ apariniṣpanna

②真でもなく実でもないこと。「問う、六論の中、幾くばくか不真実なるや。答う、中間の二論は不真・不実なり」

③堅固でないこと。「非理作意は塵土の丘の如く、不堅牢にして不真実なり」　Ⓢ asāra

不随順　ふずいじゅん　したがわないこと。相応しないこと。合致しないこと。順応しないこと。種類としては、趣不随順・生不随順・精進不随順・障不随順・愛楽不随順の五種が説かれる（『瑜伽』70、大正 30・685b）。随順の対。→随順「薄伽梵は此の中に能く長夜に流転する左道に不随順なる心を略示す」「如来は世の八法に不随順なるが故に、如来

は世法の所染に非ずと説く」 Ⓢ viloma

不随所欲 ふずいしょよく　欲するところにしたがわないこと。思い通りでないこと。不随欲とおなじ。「煩悩は善行に於て不随所欲なるが故に名づけて縛と為す」「長寿を欲求すれども不随所欲にして短寿を生ずる苦」「因果の中に於て世間の有情は不随欲に転ずるを現見す」

不随心転 ふずいしんてん　心に随って働かないもの。欲界の戒である別解脱戒（別解脱律儀）を受けることによって身中に植えつけられた「非を防ぎ悪を止める力」と、不律儀（悪い行為）をすることによって身中に植えつけられた「悪を造る可能力」とをいう。この二つの力は、ひとたび植えつけられると恒に存続し、心の意識的活動によってなくなることがないから不随心転とよばれる。随心転の対。→随心転
（出典）問、身語業何等随心転、何等不随心転耶。答、色界戒及無漏戒、随心転、欲戒及余身語業、不随心転。（『婆沙』17、大正27・82c）

不随欲 ふずいよく　不随所欲とおなじ。→不随所欲

不随欲苦 ふずいよくく　自分の意図や思いに反して生じることに由来する苦しみ。
Ⓢ akāma-kāra-duḥkha
（参考）（『瑜伽』44、大正30・536b～c）に七種の不随欲苦が説かれる。

不殺戒 ふせつかい　生きものを殺すなかれという戒。五戒の一つ。あるいは十善戒の一つ。不殺生戒・離殺生戒ともいう。→五戒 →十善戒　Ⓢ prāṇa-atipāta-virati

不殺生 ふせっしょう　生きものを殺さないこと。離殺生とおなじ。

不殺生戒 ふせっしょうかい　→不殺戒

不説一字 ふせついちじ　仏は教えとして一字も説かなかったという考え。「仏は実に経を説くに、何ぞ復た不説一字と言うや」「仏は皆な、我れ成仏してよりこのかた不説一字なり、汝ら亦た聞かざるや、と自ら説く」
（参考）（『演秘』1本、大正43・812a）

不染 ふぜん　①（煩悩などのけがれに）けがれていないこと、あるいは、そのようなもの。「不染の無明」「尋と伺との各々に染と不染との二種あり」「勝解の二あり。謂く、染と不染となり。（中略）不染とは、正勝解にして即ち信などの諸の善法と相応するを謂う」 Ⓢ akliṣṭa
②愛着しない、執着しないこと。けがれに染まらないこと。「喜足とは已に得たるところに於て不染・不愛なるを謂う」「正法を以って飲食を追求し不染・不愛なり」「財を追求し已って不染・不住・不耽・不縛なり」「仏は常に世間に行ずれども、利などの世間の八法に不染なり」 Ⓢ arakta: asakta

不染法 ふぜんぽう　（煩悩などのけがれに）けがれていない存在。全存在のなかの有漏の善と無覆無記なるものとをいう。不染汚法ともいう。「不染法と非六生と色とは定んで見断に非ず」「不染汚法である有漏の善と無覆無記とは唯だ修所断なり」
Ⓢ akliṣṭa-dharma
（出典）不染法略有二種。謂、善・無記。（『瑜伽』100、大正30・879c）

不染汚 ふぜんま　①（煩悩などのけがれに）けがれていないこと。「不染汚の分別」「正法を受用する者は不染汚なり」「能く纏と及び随眠とを対治するが故に不染汚を成ず」
Ⓢ akliṣṭa: asaṃkliṣṭa: asaṃkliṣṭatva
②（煩悩などのけがれに）けがれていないもの。全存在のなかの善と無覆無記とをいう。
（出典）云何不染汚、幾是不染汚、為何義故観不染汚耶。謂、善及無覆無記法、是不染汚義。八界八処全、諸蘊及余界処一分、是不染汚。為捨執著離煩悩我故。観察不染汚。（『集論』2、大正31・669a）

不染汚愚 ふぜんまぐ　けがれていないおろかさ。まちがった認識（顚倒）を有しないおろかさ・無知をいう。四種の無明のありよう（解愚・放逸愚・染汚愚・不染汚愚）の一つ。
（出典）不顚倒心所有無智、名不染汚愚。（『瑜伽』58、大正30・622a）

不染汚分別 ふぜんまふんべつ　けがれのない思考。善い心がともなった思考、あるいは善でも悪でもない心（無記心）がともなった思考。前者は、「苦から抜け出たいという思い」「怒りがない心」「他者を害そうとしない心」をともなった思考、あるいは「信じる心」などの善い心をともなった思考をいい、後者は、威儀路・工巧処・変化という領域における思考をいう。七種の分別の一つ。→七種分別　Ⓢ akliṣṭo vikalpaḥ
（出典）不染汚分別者、若善、若無記。謂、

出離分別・無恚分別・無害分別、或随与一信等善法相応、或威儀路工巧処及諸変化所有分別。(『瑜伽』1、大正30・280c)

不染汚法 ふぜんまほう 不染法とおなじ。→不染法

不染汚無知 ふぜんまむち けがれのない無知・おろかさ。煩悩ではない無知。生死流転の原因とならない無知。不染無知ともいう。染汚無知の対。声聞と独覚とは染汚無知を断じているが、いまだ不染汚無知を断じておらず、ただ仏のみが不染汚無知を断じている。無知(ajñāna)は無明(avidyā)とも言い換えられるから、不染汚無知は不染汚無明・不染無明ともいわれる。「菩提とは清浄智・一切智・無滞智をいい、一切の煩悩并びに諸の習気を余すことなく永く害し、一切種に遍する不染無明を余すことなく永く断ず。是れを無上正等菩提と名づく」
Ⓢ akliṣṭa-saṃmoha: akliṣṭam ajñānam
(出典) 声聞独覚、雖滅諸冥、以染無知畢竟未断故、非一切種。所以者何。由於仏法極遠時処及諸義類無辺差別、不染無知、猶未断故。(『倶舎』1、大正29・1a)

不染汚無明 ふぜんまむみょう →不染汚無知

不染無知 ふぜんむち →不染汚無知

不染無明 ふぜんむみょう →不染汚無知
Ⓢ akliṣṭa-avidyā

不善 ふぜん ①善に対する不善。四種の価値判断(善・不善・有覆無記・無覆無記)のなかの一つ。善でないもの。悪いもの。不善の総括的な定義としては「今世と来世にわたって損害を与え悩ますもの(違損するもの)」「罪があるもの」「未来において苦をもたらすもの」「悪行を起こすもの」「好ましくない結果をもたらすもの」「原因とその結果とを正しく理解していないこと」などがある。総じていえば、今世と来世とにわたって苦などの好ましくない結果をもたらすものを不善という。法をつけて不善法ともいう。種類としては次の四種が説かれる。(i)自性不善。それ自体が不善であるもの。無慚・無愧と三不善根(貪・瞋・癡)の五つの心所をいう。〈唯識〉では、瞋・忿・恨・悩・嫉・慳・害・覆・無慚・無愧の十の心所をいう。(ii)相応不善。無慚・無愧・三不善根(貪・瞋・癡)と相応してともに働く心・心所をいう。(iii)等起不善。自性不善と相応不善との不善のこころから生起する身業・語業と不相応行とをいう。〈唯識〉はこれに種子を加える。(iv)勝義不善。生死法(生死する苦的存在)と有漏法(煩悩を有した存在)をいう。相応不善が相属不善、勝義不善が第一義不善、等起不善が発起不善とも言われる。この他、『雑集論』では自性不善・相属不善・発起不善・第一義不善・方便不善・現前供養不善・損害不善・引摂不善・所治不善の九種が説かれる(『雑集論』4、大正31・709b〜c)。Ⓢ akuśala
(出典) 無罪故名善、有罪故名不善。(『瑜伽』9、大正30・322c):不善法者、謂、与善法相違、及能為障礙。由能取不愛果故、及不正了知事故。(『瑜伽』3、大正30・292b):問、何義幾蘊是不善。答、能感当来苦果報義、及能発起諸悪行義。(『瑜伽』56、大正30・608b):能為此世他世順益故、名為善。(中略)能為此世他世違損故、名不善。(『成論』5、大正31・26b)
(参考)(『倶舎』13、大正29・71b):(『集論』4、大正31・709b〜c):(『述記』3末、大正43・334b)
②(世間的な仕事・労務などを)不適切に不正に行なうこと。「善く事業を営み、不善を為すに非ず」 Ⓢ kuprayukta

不善巧 ふぜんぎょう 物事に精通・熟達していないこと。智慧がなく巧みでないこと。善巧の対。→善巧①「縁起に於て不善巧なり」「愚癡の者は不善巧なる者にして悪友に依附す」 Ⓢ akuśala

不善根 ふぜんこん 不善を生じる根。善でないものを生じる根拠・原因となるもの。貪・瞋・癡の三つをいう。「諸の貪瞋癡の三の不善根は能く身などの悪行のために根となる」 Ⓢ akuśala-mūla
(出典) 不善所依故、名為根。(中略)根者、三不善根。謂、貪不善根・瞋不善根・癡不善根。(『瑜伽』8、大正30・314c):随煩悩者、謂、貪不善根・瞋不善根・癡不善根、若忿、若恨、如是広説諸雑穢事。当知、此中、能起一切不善法貪、名貪不善根、瞋癡亦爾。(『瑜伽』89、大正30・802b)
(参考)(『婆沙』47、大正27・241b以下):(『倶舎』19、大正29・103a)

不善業 ふぜんごう 善くない行為。貪・

瞋・癡の煩悩を原因として生じる行為。好ましくない結果（非愛果）をもたらすもの。対象を如実に知らないことによってもたらされた好ましい結果（愛果）に執着すること。具体的な不善業としては殺生・不与取・欲邪行・虚誑語・離間語・麁悪語・雑穢語・貪欲・瞋恚・邪見の十不善業道があげられる。善業の対。→善業 Ⓢ akuśala-karman

（出典）不善業者、謂、貪瞋癡為因縁業。（『瑜伽』9、大正 30・319b）：由二因縁、立不善業。一取非愛果故、二於所縁境邪執著故。（『瑜伽』90、大正 30・808a）：不善者、即十不善業道。謂、殺生・不与取・欲邪行・虚誑語・離間語・麁悪語・雑穢語・貪欲・瞋恚・邪見。（『集論』4、大正 31・679a）

不善業道 ふぜんごうどう →十不善業道

不善言者 ふぜんごんしゃ 不善名言者とおなじ。→不善名言者

不善士 ふぜんし 立派でない人。賢くない人。正しくない教えを説く人。修行において、そのような人に近づき仕えないことが要請される。不善人・不善丈夫ともいう。「不善士に近づき、不正法を聞き、非理に作意す」 Ⓢ asat-puruṣa

不善色 ふぜんしき 不善の表色。具体的に表れ知覚される不善な身体的行為（身業）と言語的行為（語業）とをいう。悪を犯す行為（犯戒）であり、行為自体が罪であるもの（性罪）、たとえば殺生・偸盗・邪淫・妄語などをいう。「若し不善色を成就するものなれば、定んで欲界に在り。欲界に在りて大種を成ぜざるはなし。必ず身が有るが故なり」 Ⓢ akuśalaṃ rūpam

（出典）諸不善色名為犯戒。此中性罪、立犯戒名。（『倶舎』18、大正 29・97b）

不善聚 ふぜんじゅ 四念住である善聚をさまたげる五蓋をいう。善聚の対。→五蓋 Ⓢ akuśala-rāśi

（出典）能障礙如是善聚故、説五蓋、名不善聚。（『瑜伽』97、大正 30・859c）

不善処 ふぜんしょ 地獄・餓鬼・畜生という悪い生存のありよう（悪趣）。人・天という善い生存のありよう（善趣）である善処の対。「利益意楽とは彼の諸の不善処より衆生を抜済して善処に安置せんと欲するを謂う」「諸の仏・法界は一切の時に於て能く五業を作す。（中略）二には悪趣を救済するを業と為す。諸の有情を抜して不善処を出して善処に置くが故に」 Ⓢ akuśala-sthāna

不善丈夫 ふぜんじょうぶ 立派でない人。賢くない人。正しくない教えを説く人。修行において、そのような人に近づき仕えないことが要請される。不善士・不善人ともいう。「不善丈夫に依止し親近するが故に、不正法を聴聞し、不如理に作意し、身語意の悪行を行ず」 Ⓢ asat-puruṣa

不善心死 ふぜんしんし 悪い心で死ぬこと。死ぬときにそれまで行なってきた悪いことを思いながら苦しんで死ぬ死に方をいう。三種の死（善心死・不善心死・無記心死）の一つ。 Ⓢ akuśala-cittaś cyavate

（参考）（『瑜伽』1、大正 30・281b）

不善人 ふぜんにん 立派でない人。賢くない人。正しくない教えを説く人。修行において、そのような人に近づき仕えないことが要請される。不善士・不善丈夫ともいう。「不善人に近づき、不正法を聞き、他の論及び他の音声に随逐す」 Ⓢ asat-puruṣa

不善法 ふぜんぼう →不善① Ⓢ akuśala-dharma

不善法真如 ふぜんぼうしんにょ 不善法の真如。八種の無為の一つ。無為の種類については論書によって相違があり、『成唯識論』『百法明門論』では虚空無為・非択滅無為・択滅無為・不動無為・想受滅無為・真如無為の六種を立てるが、このなかの真如無為を善・不善・無記の三性にわけるなかの一つが不善法真如であり、存在のなかで不善法（不善で悪い存在）の真理である真如・無我性・空性・無相・実際・勝義・法界をいう。 Ⓢ akuśala-dharma-tatathā

（参考）（『集論』1、大正 31・666a）

不善品 ふぜんぽん 不善の類。善ではない悪なるもののグループ。悪品ともいう。善品の対。 Ⓢ akuśala-pakṣa

不善名言者 ふぜんみょうごんしゃ 言葉が語れない者、あるいは幼児。不善言者ともいう。「嬰児など不善名言者のあらゆる分別を無相分別と謂う」「随眠の計とは不善言者の執を謂う」 Ⓢ avyavahāra-kuśala

不相違 ふそうい ①ちがわないこと。反しないこと。対立関係にないこと。あらそわないこと。「阿頼耶識と諸の転識とは一身の中に於て一時に倶転して更互に不相違なり」

「諸の有情は等しき意楽の増上力によるが故に互に不相違にして諍なく訟なく乖離せざるを世俗の和合と謂う」「我と法との二見は用は別ありと雖も不相違にして同じく一つの慧に依る」 Ⓢ avirodha: avilomā
②→不相違因

不相違因 ふそういいん 十因の一つ。→十因

不相応 ふそうおう ①あるものが他のものと関係していないこと、結びついていないこと、一致していないこと。「不相応を引いて譬況と為すが故に非有喩語と名づく」「雑染を遍計するとは、此の色、此の受、此の想、此の行、此の識は、貪あり瞋あり癡ありて、信などの一切の善法と不相応なりと遍計するを謂う」「貪と不相応なるを離貪心と名づく」
Ⓢ ananuśliṣṭa: asaṃprayukta: asaṃprayogitva: viprayukta
②ふさわしくないこと。→不相応語
Ⓢ abaddha: asaṃbaddha: saṃbhinna

不相応行 ふそうおうぎょう 五種の存在分類（心・心所・色・不相応行・無為）のなかの一つ。詳しくは心不相応行、あるいは色心不相応行、あるいは非色非心不相応行といい、物（色）でも心でもない存在をいう。常識的あるいは科学的見方からすれば、存在するものは物質か心かのいずれかであるが、〈説一切有部〉と〈唯識〉とでは、それら二つのいずれでもないが、しかし両者に関係する状態や性質を一つの存在（法）であるとみなして、それら存在を不相応行と呼ぶ。物と心とを種々の方式に従って活動させる原理をいう。但しこの存在性に関しては、〈説一切有部〉は、それは物質や心とおなじ程度の存在性をもつもの、すなわち実有の法であるとみなし、〈唯識〉は、それは心の働きの上に仮に立てられるもの、すなわち仮有の法であると主張する。その数と内容は諸論によって相違するが、〈有部〉では、得・非得・衆同分・無想定・無想果・滅尽定・命根・生・異・住・滅・名身・句身・文身の十四が説かれ、〈唯識〉では、『瑜伽論』『百法明門論』の説く得・命根・衆同分・異生性・無想定・滅尽定・無想報・名身・句身・文身・生・老・住・無常・流転・定異・相応・勢速・次第・方・時・数・和合性・不和合性の二十四が定説となっている。不相応法とおなじ。
Ⓢ viprayukta-saṃskāra: viprayuktāḥ saṃskārāḥ
（参考）（『百法明門論』、大正 31・855c）：（『瑜伽』3、大正 30・293c）：（『瑜伽』56、大正 30・607a 以下）：（『雑集論』2、大正 31・700a 以下）

不相応語 ふそうおうご ふさわしくない言葉。「無義・無利なる不相応語を説かず」「菩薩は、言うところは誠諦にして不相応語を好習せず、是れを菩薩の信言具足の因と名づく」 Ⓢ abaddha-pralāpa: asaṃbaddha-pralāpa: saṃbhinna-pralāpa

不相応法 ふそうおうほう →不相応行

不相似 ふそうじ おなじではない、等しくない、異なっていること。「相似して生ずるに由るが故に異性変異性を立て、不相似に生ずるに由るが故に変性変異性を立つ」「異類とは、あらゆる法が所余の法に望んで其の相が展転して少し不相似なるを謂う」
Ⓢ asādṛśya: asāmya: visadṛśa: vaidharmya

不相続 ふそうぞく 言過（議論における立論者の言葉の過失）の一つで、途中で言葉が途切れること。→言過 Ⓢ aprabandha
（出典）不相続者、謂、於中間、言詞断絶。（『瑜伽』15、大正 30・360b）

不相離 ふそうり ①相互に離れていないこと。「能依の心法と所依の心法とは無始の生死のときよりこのかた、更互に不相離なり」「香と顕色とは不相離なり」「不相離の義は是れ相応の義なり」
Ⓢ avyabhicāra: avyabhicāratva: avyatibheda
②地・水・火・風の四つの元素（四大種）の原子（極微）とその原子から構成される物質（色）とが離れては存在しないありようをあらわす概念。種類としては、同処不相離（おなじ処に同類の原子が相い渉入するありよう）と和雑不相離（おなじ処に異類の原子が相い渉入するありよう）との二種が説かれる（『瑜伽』3、大正 30・290a）。
Ⓢ avinirbhāga: avinirbhāgin

不相離相応 ふそうりそうおう 六種の相応（不相離相応・和合相応・聚集相応・倶有相応・作事相応・同行相応）の一つ。不相離とは空間的に離れ合っていないこと。相応とは関係し合っていること。大きさを有した物質（色）とそれを構成する原子（極微）とが空間的に離れていないありようをいう。

（出典）何等不相離相応。謂、一切有方分色、与極微、処互不相離。（『集論』3、大正31・673b）

不増不減　ふぞうふげん　①増すことも減ることもないこと。増すことも減らすこともしないこと。「正教を聞いて、即ち其の教の如く不増不減にして他に教授するを教教授と名づく」「但だ爾の所を説いて不増不減なり、雑乱にして無義なる文辞を説くに非ざるを応量語と名づく」　Ⓢ na nyūnaṃ na adhikaṃ karoti

②増益（実際には存在しないものを存在すると考えること）もせず損減（実際に存在するものを存在しないと考えること）もしないこと。「実無に於て増益の執を起こさず、実有に於て損減の執を起こさず、不増不減にして如実に真如の離言の自性を了知す」

③（数において）それ以上でもなくそれ以下でもないこと。「此の四念住は次の如く彼の浄・楽・常・我の四種の顚倒を治す、故に唯だ四ありて不増不減なり」「波羅蜜多の数は唯だ六ありて不増不減なり」　Ⓢ na-adhika-nyūna

④増すことも減ることもない法界のありようをいう。「第八地に中に証するところの法界を不増不減の義と名づく」

不即不離　ふそくふり　①熏習を成立せしめる二つの要素である能熏（転識）と所熏（阿頼耶識）のなか、能熏が所熏に対して即してもいず離れてもいないありようをいう。能熏の四義の一つ。→能熏四義「何等をか名づけて能熏の四義と為す。（中略）四には、所熏と和合して転ず。若し所熏と同時・同処にして不即不離なるをいい、乃ち是れ能熏なり」

（参考）（『成論』2、大正31・9c）

②三性のなかの円成実性が依他起性と即してもいず離れてもいないありようをいう。「円成実は依他起と不即不離なり」

（参考）（『成論』8、大正31・46b）

③一つの識（認識）を構成する相分（認識されるもの）と見分（認識するもの）とが即してもいず離れてもいないありようをいう。「一識の中に相あり見あり。此の二分は倶に転じて相見の二分は不即不離なり」

（参考）（『摂論釈・無』4、大正31・401c）

④→非即非離我

不息　ふそく　①（修行を）やすまないこと、おこたらないこと、つづけること。「正に勤修習して加行を息まず加行を離れず」

②（生死の苦が）やまないこと、つづくこと。「是の如きの邪分別に由るが故に諸の雑染を起こして生老病死などの生死の苦が流転して息まず」

不損害長養　ふそんがいじょうよう　二種の長養（任持長養・不損害長養）のなかの一つ。損害しないという意味での長養。長養とは身体をやしない成長させることで、そのようなものとして食（たべもの）と夢と避不平等（身体のアンバラスをさけること）と梵行（清らかな行為）と等至（禅定の心）があるが、そのなかの後の四つを不損害長養という。→長養①

（参考）（『瑜伽』64、大正30・657a）

不損悩　ふそんのう　悩まさないこと。害を加えない、損害を与えないこと。「諸の有情を不損悩し、諸の有情に於て猛利の哀愍愛楽を成就す」「諸の菩薩は他を不損悩して恵施を行ず」

Ⓢ anupahatya: aviheṭhanatā: āghāta-akaraṇa

不損悩有情寂静　ふそんのううじょうじゃくじょう　阿羅漢の四種の寂静（苦寂静・煩悩寂静・不損悩有情寂静・捨寂静）の一つ。→寂静⑥

不退　ふたい　①しりぞかないこと、もとにもどらないこと。ひるまないこと。種類として、信不退・証不退・行不退・煩悩不退の四種が説かれる（『述記』3本、大正43・341c）。「無上正等菩提は広大深遠なりと聞いて心便ち退屈するときに、他の已に大菩提を証する者を引いて自心を練磨して勇猛にして不退なり」「剛決と言うは、精進を発し已って、終に懈廃なく、不退なるをいう」

Ⓢ aparihāṇa: aparihāṇi

②すてないこと。失わないこと。「其の善作に於て作して不退なり。其の悪作を作して棄捨す」「善法は能く善根をして堅固にし不退ならしむ」　Ⓢ na pratyudāvartate

③→不退菩薩　→不退姓

不退還　ふたいげん　しりぞかないこと。もとにもどらないこと。「若し所説の法が能く一切の苦を出てて不退還なる行を正しく顕示すれば、是の故に此の法を有勇決と名づく」「如来は上昇するに最極にして永く不退還なるが故に善逝と名づく」

S apunaḥ-pratyāgamana: apratyudāvarta

不退失 ふたいしつ 失わないこと。すてないこと。あるありようから退かないこと。「若しくは行、若しくは住において常に現法楽住より不退失なり」

不退弱 ふたいじゃく こころが怖れで縮むことがないこと。気力が弱くないこと。「不退弱の精進」 S alīna

不退弱施 ふたいじゃくせ 菩薩の布施は広大・最勝・第一なるすばらしいものであると聞いても、こころが怖れで縮むことがなく布施すること。施す前にはこころが悦び、施すときにはこころは浄く、施しおわっても悔いることがない、そのような布施のありようをいう。十種の清浄施の一つ。

S alīnaṃ dānam

（参考）（『瑜伽』39、大正 30・510b）

不退姓 ふたいしょう 退くことがない素質（姓）をもつ者。これには不退異生と不退聖者との二種があり、不退異生は身は欲界にありながら未至定（色界の初禅定に入るための前段階の定）によって欲界九品の惑を断じた者、不退聖者とは、獲得したさとりから退いてそれを失うことがない聖者をいう。原語 aparihāṇa-dharman は不退法とも訳されるから、不退異生は不退法異生、不退聖者は不退法聖者ともいわれる。

S aparihāṇa-dharman

（参考）（『倶舎』15、大正 29・82a）

不退堕 ふたいだ より下の生存状態に堕ちないこと。たとえば、人から地獄・餓鬼・畜生に生まれないこと。「菩薩摩訶薩は此の善根に由って永く悪趣に堕ちず、貧賎の家に生ぜず、声聞及び独覚の地に堕ちず、菩薩の頂に於て終に不退堕なり」「不転還なるが故に、不退堕なるが故に、常に勝進するが故に、名づけて無動と為す」

S aparihāṇīyatva: apunaḥ-parihāṇa

不退転 ふたいてん （苦に遇う、難行をする、などにおいて）ひるみ退かないこと。あるありようから退かない、もとにもどらないこと。「諸の菩薩は饒益有情事を勤修する時、此の忍力に由って生死の苦に遭えども不退転なり」「阿耨多羅三藐三菩提心を発して能く此れより不退転なり」

S na nivartate: apunar-āvṛttitva

不退転地 ふたいてんじ 退転することがない地。菩薩の十地のなかの第八地以上をいう。これらの地においては、一切の煩悩は起こらず、任運に無相・無功用に修行が進んで退くことがないから不退転地という。「是の菩薩は更に如来の出世を希求せず。何を以っての故なり。此の菩薩は已に不退転地に証入するを得るに由って、一切の仏土に往来し供養すること皆な無礙なるが故なり」「菩薩摩訶薩は菩薩の不退転地に住せんと欲すれば、応に般若波羅蜜多を学すべし」

S avaivartika-bhūmi

不退法 ふたいほう →不退姓

不退菩薩 ふたいぼさつ 菩薩に頓悟の菩薩（初めて発心した位より直ちに菩薩の修行を修して仏陀になる人）と漸悟の菩薩（直ちに菩薩となることなく、声聞あるいは独覚を経て菩薩となり、最後に仏陀となる人）との二種あるなかの漸悟の菩薩を不退菩薩という。つねにより高いさとりの心境をめざして、退くこと、ひるむことがないから不退という。「或いは転識を成就して阿頼耶識を成就するに非ざるものあり。謂く、阿羅漢、若しくは諸の独覚、不退菩薩、及び諸の如来の有心の位に住するものなり」「不退菩薩とは不定性にして廻心向大の菩薩なり」

不断 ふだん ①断じないこと。途切れないこと。滅しないこと。「離作用に於て因果が相続・不断する義、是れ縁起の義なり」「諸行の因果の相続・不断の性を流転と謂う」「諸行の種子が不断なるが故に諸行が生ずることを得る」「随眠を不断するが故に苦が生ず」 S aniruddha anuccheda: anupaccheda: aprahāṇa: aprahīṇa: asamucchinna: na samucchinatti

②三つの断（見所断・修所断・非所断）のなかの非所断を不断ともいう。→不断法「見所断と修所断と不断との法」

不断善根 ふだんぜんこん 善根（善行為を行なう力）を断じていないこと、あるいは、そのような人。断善根の対。→断善根「諸の異生に略して二種あり。一には内、二には外なり。内とは不断善根を謂い、外とは善根已断を謂う」「不断善根の者は世俗の正見と正智とを成就す」

S asamucchinna-kuśala-mūla

不断法 ふだんほう 断じられるべき汚れを有しないもの。煩悩がない無漏なるもの（無漏法）をいう。非所断法ともいう。→非所断「見所断と修所断と不断との法」

不中理　ふちゅうり　理に中（あた）らないこと。(主張や論述が）理にかなっていないこと、まちがっていること。不応道理とおなじ。「此の如きの言は不中理なるべし」
Ⓢ na yujyate

不澄浄　ふちょうじょう　心がすんできよらかでないさま。随煩悩の一つである不信の心のありようをいう。Ⓢ aprasāda
（出典）不信者、謂、心不澄浄。（『倶舎』4、大正 29・19c）

不調善死　ふちょうぜんし　心が清浄でなく解脱することなくして死ぬこと。煩悩を伏滅せず苦から解脱することなくして死ぬこと。不調伏死ともいう。五種、あるいは六種の死の一つ。調善死の対。→死①　→調善死
Ⓢ adānta-maraṇa
（出典）不清浄不解脱死者、名不調善死。（『瑜伽』1、大正 30・282a）
（参考）（『瑜伽』85、大正 30・776c）

不調伏死　ふちょうぶくし　不調善死とおなじ。→不調善死

不顛倒　ふてんどう　①まちがっていないこと。正しいこと。「法に於て義に於て不顛倒に取る」「不顛倒なる心に於るあらゆる無智を不染汚愚と名づく」「苦集の二諦は皆な是れ邪性の所摂なりと雖も、然も即ち此の邪性の相は是れ真、是れ実にして皆な不顛倒なり」Ⓢ aviparīta
②まちがっていない見方。事実を事実としてみる認識。無常なるものを無常、苦なるものを苦、無我なるものを無我、不浄なるものを不浄であると正しく認識すること。顛倒の対。→顛倒②　Ⓢ aviparyāsa

不顛倒転　ふてんどうてん　五種の転の一つ。→転①

不唐捐　ふとうえん　無所唐捐ともいう。むなしくないこと。意味があること。無益でないこと。「諸の菩薩は当来に於るあらゆる一切の無倒の加行は皆な不唐捐なりと願う」「仏法に帰依することは不唐捐なり」
Ⓢ abandhya: amogha

不同縁意識　ふどうえんいしき　五識とともに働きながら五識の対象とは別の対象を認識する意識。この意識の働きによって、たとえば「心ここにあらざれば見れども見えず」という状態が生じる。五同縁意識の対。五倶の意識の一つ。→意識

不同分　ふどうぶん　異なったもの。異類のもの。異分・不同類ともいう。「諸の菩薩は外に所作を現さずと雖も、内の意楽の相は不同分なり」「不同分の界と地」「不善学の沙門に三種あり。（中略）三には軌則・正命・受用・加行・戒見・意楽が皆な不同分なるを謂う」Ⓢ visabhāga

不同分死　ふどうぶんし　過去世において煩悩を伏することなく身命を捨てたありようと違って、現在世においては煩悩を伏して身命を捨てて死ぬこと。不相似死・不随順死ともいう。六種の死の一つ。→死①
（出典）若於過去、不調不伏、捨身命已、於現在世、已調已伏、而捨身命、当知、此名不同分死不相似死不随順死。（『瑜伽』85、大正 30・777a）

不同類　ふどうるい　異なったもの。異類のもの。不同分ともいう。「他心智は能く同類の心心所法を知り、不同類の心心所法を知るに非ず」Ⓢ visabhāga

不動　ふどう　①動かないこと。動揺しないこと。「屍の不動なるを縁じて不浄観を修して供奉貪を治す」Ⓢ akopya: acala: aniñja: aniñjana: āniñja: āniñjya: āneñja: āneñjya: ānaiñjya
②動かさないこと。「一切如来応正等覚は行くこと師子歩の如く、大風が卒起すれども身衣を動かさず」Ⓢ na apakarṣati
③外道に動かされることがない、一切の魔軍に動かされることがない、一切の盗賊に奪われることがない、親族や国王に害せられることがない、火や水や風によって損害を受けることがない、などの如来の功徳のありようをいう。
（参考）（『瑜伽』74、大正 30・708a）
④色界の第四静慮のありようをいう。第四静慮では苦受と楽受とがなくなり、ただ不苦不楽受のみが残り、苦にも楽にも揺れ動かない不動の心が確立するから不動という。あるいは身心が動かず息がないから不動という。あるいは災患がないから不動という。→不動無為「第四静慮に入れば心は便ち不動なり。心が不動なるが故に身も亦た不動なり。身が不動なるが故に息も復た転ぜず」「第四静慮を不動と名づく。災患なきが故に」

Ⓢ āneñjya
⑤（身体が）動かないこと。活動しないこと。「煖を捨するとは、不動の位で諸蘊を棄捨するを謂う」 Ⓢ niśceṣṭa
⑥不動法の不動。→不動法 Ⓢ akopya
⑦不動無為の不動。→無為 Ⓢ āniñjya
⑧不動業の不動。→不動業 Ⓢ āniñjya
⑨不動地の不動。→不動地 Ⓢ acala

不動阿羅漢 ふどうあらかん →不動法

不動界 ふどうかい 無常見（無常とみる見解）をいう。すべての現象は無常であるとみる見解によって心の動揺がなくなるから、無常見を不動界という。「内外の一切行の中に於て無常見を修して心をして不動にせしむ。諸行の中に於て無常を見るが故に、一切種の動が皆な所有なきが故に、無常見を不動界と名づく」
（参考）（『瑜伽』90、大正 30・813b）

不動解脱 ふどうげだつ 六種の阿羅漢（退法・思法・護法・安住法・堪達法・不動法）のなかの最後の不動法の解脱のありようをいう。不時解脱とおなじ。→不時解脱

不動業 ふどうごう 三業（福業・非福業・不動業）の一つ。三界中の色界と無色界との善業をいう。色界と無色界とでは禅定に住して心が動揺・移動することがないから不動という。→三業⑥ Ⓢ āniñjyaṃ karman: ānaiñjyaṃ karman

不動地 ふどうじ 菩薩の十地の第八地をいう。この地の修行においては無分別智が働き、無相（対象がない）、無功用（意志的な努力がない）であり、煩悩によって動かされないから不動という。 Ⓢ acalā bhūmiḥ
（出典）此地中、捨先所有有加行有功用道、其心昇上無加行無功用、任運而転、不動勝道、是故此地名不動地。（『瑜伽』48、大正 30・561b）：由於無相得無功用、於諸相中、不為現行煩悩所動、是故第八名不動地。（『解深』4、大正 16・704a）：不動地、無分別智任運相続、相用煩悩不能動故。（『成論』9、大正 31・51b）

不動者 ふどうしゃ →不動法

不動種性阿羅漢 ふどうしゅしょうあらかん →不動法

不動心解脱 ふどうしんげだつ 二種の解脱（時愛心解脱・不動心解脱）の一つ。阿羅漢のなかの根（さとりへの能力）が鋭い阿羅漢、すなわち六種の阿羅漢（退法・思法・護法・安住法・堪達法・不動法）のなかの最後の不動法の阿羅漢の解脱のありようをいう。不動解脱・不時解脱とおなじ。→不動解脱
（参考）（『瑜伽』90、大正 30・813a）

不動善 ふどうぜん 色界・無色界の善と無漏善とをいう。 Ⓢ āniñjya-upagaṃ kuśalam
不動善、謂、色無色善、及無漏善。（『略纂』2、大正 43・23a）

不動法 ふどうほう 六種の阿羅漢（退法・思法・護法・安住法・堪達法・不動法）の一つ。獲得した阿羅漢としてのさとりから決して退かない阿羅漢。不動法阿羅漢・不動法種性阿羅漢・不動阿羅漢。不動種性阿羅漢ともいう。また不動者・不動法者・不動法補特伽羅ともいう。 Ⓢ akopya-dharman
（出典）阿羅漢有六種。一退法、二思法、三護法、四安住法、五堪達法、六不動法。此中（中略）不動法者、謂、彼本得不動種性、或由練根而得不動。（『婆沙』62、大正 27・319c）：不動法者、彼必無退。（『倶舎』25、大正 29・129b）

不動法阿羅漢 ふどうほうあらかん →不動法

不動法者 ふどうほうしゃ →不動法

不動法種性阿羅漢 ふどうほうしゅしょうあらかん →不動法

不動法補特伽羅 ふどうほうふとがら →不動法

不動無為 ふどうむい →無為

不得 ふとく ①金銭や財物を得ないこと。経済的に栄えないこと。非利・衰・衰損ともいう。八世法の一つ。得の対。→八世法
Ⓢ alābha
②得ないこと。獲得しないこと。「太劣に精進する者は勝進を不得し善品が衰退す」「内明は已作の不失と未作の不得との相を顕示す」「菩薩性なき人は発心すると雖も菩提を不得す」 Ⓢ anabhyāgama: anupalambha: alabdha: asaṃprāpti

不男 ふなん →非男女

不二 ふに 相い対立する二つのありようを超越していること。真理の世界（勝義諦、仏の世界）の存在のありようをいう。究極の真理は言葉では表現できないが、あえて言葉で表してそれを不二という。たとえば存在は有でもなく無でもなく不二であるという。玄

奘訳の経論では不二という語は少なく、原語 advaya は、多くは無二と訳され、真実 (tattva) が無二であることが多方面から論究されている。→無二「若し能く是の如く差別・仮立の不二の義を如実に了知すれば、是れを差別仮立の尋思所引の如実智と名づく」「不二に現行するとは、仏の功徳ある最清浄の覚智は、声聞・独覚の智が亦た有障に亦た無障に転ずるが如くに非ざるを謂う」「一切法の性相たる離言の不二の法門を成就するを名づけて寂黙と為す」 Ⓢ advaya

不如意 ふにょい　こころにかなっていないこと。ここちよくないこと。「展転に相違して不如意を作して闘諍す」「麁悪語の故に恒に不如意の声を聞く」「我れ先に自ら是の如き悪業を作して、今、当に此の不如意の果を受くべし」 Ⓢ amanāpa: amanojña

不如義 ふにょぎ　義の如くでないこと。正しいありようにかなっていないこと。如義の対。「若し諸の菩薩が心専ら供事・名称に繋著すれば、大衆を管御すると雖も不如義なり」
（参考）（『瑜伽』79、大正 30・740a）

不如理 ふにょり　理の如くでないこと。理にかなっていないこと。正しくないこと。原語 ayoniśas は非理・不正とも訳される。次のように、さまざまなありようにかかる形容句として用いられる。「不如理の作意」「不如理の思惟」「不如理の分別」「不如理の想」「不如理の加行」「不如理の道」「不如理の問」。如理の対。→如理② Ⓢ ayoniśas

不如理作意 ふにょりさい　不如理思惟・非理作意・不正作意・不正思惟ともいう。→非理作意

不如理思惟 ふにょりしゆい　不如理作意・非理作意・不正作意・不正思惟ともいう。→非理作意

不如理分別 ふにょりふんべつ　十種の分別・虚妄分別の一つ。外道とその弟子たちが正しくない教えを聞いて起こす理にかなわない分別。→虚妄分別①
Ⓢ ayoniśaḥ kalpayati
（出典）不如理分別者、謂、諸外道及彼弟子、聞非正法類、為因分別。（『摂論釈・世』4、大正 31・342b）

不饒益 ふにょうやく　利益を与えないこと。助けないこと。ためにならないこと。損害をあたえること。「諸の菩薩は一切の諸の有情所に於て一切の不饒益の事に遭うと雖も、広大なる憐愍を以って有情を棄捨せず」「忿とは、現前の不饒益の境に対するに依って憤発するを性と為す」
Ⓢ anartha: apakāra: apakāra-karaṇa

不忍 ふにん　（他人からのいかりや、苦しみなどを）たえしのばないこと、こらえないこと。「諸の菩薩は忍辱を修行して能く不忍を断ず」「罵らるるに於て反って罵る、瞋らるるに於て反って瞋る、打たるるに於て反って打つ、弄せらるるに於て反って弄す、これを不忍と名づく」「不忍の因縁に無慚と無愧と無哀愍性との三種あり」 Ⓢ akṣānti

不能 ふのう　①できないこと、能力を持っていないこと。「菩提座に坐す如来を一切の魔怨は悩触すること不能なり」「若し言説を起こさざれば則ち他の為に一切法の離言の自性を説くこと不能なり。他も亦た是の如き義を聞くこと不能なり」 Ⓢ apratibalana: abhavya: asamartha: na śakyate
②否定の接頭辞 a-あるいは an-の訳としての不能。その後に来る名詞を動詞的にとらえて「～すること能わず」と読む。たとえば aparipūri を不能円満（円満すること能わず）、anairyāṇika を不能出離（出離すること能わず）、anatīta を不能超過（超過すること能わず）と訳す。 Ⓢ a-: an-
③否定詞 na の訳としての不能。na の後にくる動詞にかかって「～すること能わず」と読む。たとえば na paripṛcchati を不能恭敬（恭敬すること能わず）、na vinipātayati を不能為害（害を為すこと能わず）と訳す。
Ⓢ na

不般涅槃 ふはつねはん　般涅槃しないこと。あらゆる煩悩を滅し尽くした完全な静寂の境地に入らないこと。「無暇に生ずるが故に、放逸の過の故に、邪に解行するが故に、障過あるが故に、涅槃法あれども前際より長時に流転して不般涅槃す」

不般涅槃法 ふはつねはんぽう　不般涅槃法者とおなじ。→不般涅槃法者

不般涅槃法者 ふはつねはんぽうしゃ　般涅槃することができない人。あらゆる煩悩を滅し尽くした完全な静寂の境地に入る可能力をもたない人。不般涅槃法・不般涅槃法種性補特伽羅とおなじ。「般涅槃法者は一切の種子

を皆な悉く具足し、不般涅槃法者は便ち三種の菩提の種子を闕く」「般涅槃法は救う可く、不般涅槃法は救う可らざるなり」
Ⓢ aparinirvāṇa-dharmaka

不般涅槃法種性補特伽羅 ふはつねはんぼうしゅしょうふとがら →不般涅槃法者

不卑屈 ふひくつ（欲望の対象に）屈しないこと、なびかないこと。「（滅諦の）滅を不卑屈と名づく。永く欲・色・無色の三愛を離れて諸有の中において卑屈するところなきが故に不卑屈と名づく」 Ⓢ anavanata
（参考）（『雑集論』8、大正 31・733c）

不鄙陋 ふひろう 語る声に地方の言葉や方言がないこと。教えを説く声にそなわる五つの徳の一つ。
（出典）何等為声。謂、具五徳、乃名為声。一不鄙陋、二軽易、三雄朗、四相応、五義善。不鄙陋者、謂、離辺方辺国鄙俚言詞。（『瑜伽』15、大正 30・359b）

不避不平等 ふひふびょうどう 不平等（過食など不健康な生活で身体のバランスをくずすこと）を避けないこと。「其の母の不避不平等の現在の縁に由るが故に、彼の胎蔵の諸根の支分を欠減して生ぜしむ」

不避不平等故死 ふひふびょうどうこし 不平等を避けないがために死ぬこと。食べ過ぎ、不適当な食事、医薬を服さない、などによって起こる身体の不調や病気が原因で死ぬこと。寿命が尽きて死すべき時に死ぬのではないから非時死ともいう。三種の死（寿尽故死・福尽故死・不避不平等故死）の一つ。→死① →非時死
（出典）云何不避不平等故死。如世尊説九因九縁未尽寿量而死。何等為九。謂、食無度量、食所不宜不消復食、生而不吐、熟而持之、不近医薬、不知於己若損若益、非時非量行非梵行、此名非時死。（『瑜伽』1、大正 30・281b）

不平 ふびょう ①（大地などが）たいらでないこと。「地は険悪・高下・不平なり」
②均等でないこと。「僧祇の共有の財物に於て不平に受用す」
③不平等とおなじ。身体のバランスをくずすこと。→不平等②「強いて力を用いて入出息を持するに由って便ち身中に不平の風を転ぜしむ」 Ⓢ viṣama

不平正 ふびょうしょう ①均整のとれてない形。「若し離間語業道が増す時は一切の外物の多くは不平正なり」
②（大地などが）たいらでないこと。「悪道と言うは不平正なるが故なり」

不平等 ふびょうどう ①正しくないこと。不適当であること。「多分に非法の貪、不平等の貪を習し、刀剣を執持して闘訟し諍競す」「中劫の末の十歳の時、人は非法の貪の為に染汚されて相続し、不平等の愛が其の心を映蔽す」 Ⓢ viṣama
②（過食など不健康な生活で）身体のバランスをくずすこと。（あるいはそのような状態をもたらす食事が）まちがい、かたよっていること。不平和ともいう。「界の不平等によって生ずる苦」「不平等を避けず、他に逼迫せらるるを縁と為して、老死が可得なり」「現に病あるを見れば、是の人の食は不平等なりと比知す」「不平等なる変異、錯乱の不平等に由るが故に病を仮立す」「界が不平和なるによる苦」「食べるところが不平和なるが故に其の身中に於て消せずして住す」
Ⓢ viṣama: vaiṣamya

不平等因 ふびょうどういん あやまった不適切な原因。正しくない原因。外道が考える一切の存在を生じる原因。そのような原因として自在天・自性・士夫・時・方・空（『婆沙』9、大正 27・41a）、自在世性・士夫・中間（『瑜伽』9、大正 30・322c）、大自在・帝釈・梵王・自性・丈夫（『瑜伽』52、大正 30・585b）などがあげられている。そのような見解を不平等因計・不平等因見・不平等因論という。 Ⓢ viṣama-hetu
（参考）（『婆沙』9、大正 27・41a～c）

不平等因計 ふびょうどういんけ →不平等因

不平等因見 ふびょうどういんけん →不平等因

不平等因論 ふびょうどういんろん →不平等因

不平等行 ふびょうどうぎょう 悪い行為。誤った不正な行為。悪行ともいう。→悪行「汝等、国に於て家に於て非法行を行ずるなかれ、不平等行を行ずるなかれ」 Ⓢ viṣama-caryā: viṣama-cārin

不平和 ふびょうわ 不平等とおなじ。→不平等②

不分別 ふふんべつ 分別しないこと。思考

しないこと。分けて考えないこと。「無明とは謂く、不善丈夫に親近し、非正法を聞き、不如理に作意するに由るが故に、及び任運に失念するに由るが故に、所知の事に於て若しくは分別・不分別の染汚の無知を体と為す」「諸の菩薩は能く其の身に於て循身観に住し、其の身に於て有性を分別せず、亦た一切種類は都て無有性なりとも分別せず」「所取と能取とを分別せざるに由るが故に説いて無分別智と名づく」 Ⓢ anirdhārita: na vikalpayati

不別離愛 ふべつりあい あるありよう、たとえば楽な状態から離れたくないという欲望をいう。「楽受が已に生ずれば不別離愛を起こす」

不遍行 ふへんぎょう ①すべてにいきわたっていないこと。遍在しないこと。「此の呪術は方に遍行と為すや。不遍行なるや」
Ⓢ asarvatraga
②不遍行心法の不遍行。→不遍行心法
③不遍行惑の不遍行。→不遍行惑

不遍行心法 ふへんぎょうしんぽう 不遍行の心法（心所法）。あらゆる識と相応してともに働かない細かい心作用（心所）をいう。遍行の心所である触・作意・受・想・思より他のすべての心所をいう。そのなかで代表的なのが別境の心所である欲・勝解・念・定（三摩地）・慧の五つである。
（出典）問、復与幾不遍行心法倶起。答、不遍行法乃有多種、勝者唯五。一欲、二勝解、三念、四三摩地、五慧。（『瑜伽』55、大正30・601c）

不遍行惑 ふへんぎょうわく 不遍行の惑。五部のなか他部にわたらず自部のみにわたって働く惑をいう。遍行の惑（四諦のなかの苦諦の理に迷う身見・辺見・邪見・見取見・戒禁取見・疑・無明の七惑と集諦の理に迷う邪見・見取見・疑・無明の四惑との十一）以外のすべての惑をいう。→遍行惑 →五部

不辯了 ふべんりょう ①言過（議論における立論者の言葉の過失）の一つで、聴く人や対論者に理解できないように話すこと。→言過 Ⓢ agamaka
（出典）不辯了者、謂、若法、若義、衆及対論所、不領悟。（『瑜伽』15、大正30・360a）
②（言葉が）理解されないこと。「愚癡ある者の言は不辯了にして語は多く下里なり」
Ⓢ apratipadyamāna

不放逸 ふほういつ なまけない心。悪を防ぎ善を修する心。あらゆる善心を起こすよう鼓舞する精進と善を生じるのに最も力強い原因となる無貪・無瞋・無癡の三善根とから形成される。善の心所の一つ。 Ⓢ apramāda
（出典）不放逸者、精進三根。於所断、修防修、為性、対治放逸、成満一切世出世間善事、為業。（『成論』6、大正31・30b）：不放逸者、謂、修習諸善法、防護不善心。（『瑜伽』57、大正30・618a）：不放逸者、依止正勤無貪瞋癡、修諸善法、於心防護諸有漏法為体、成満一切世出世福、為業。（『集論』1、大正31・664a）：不放逸者、修諸善法、離諸不善法。復何名修。謂、此於善専注為性。余部経中有如是釈。能守護心、名不放逸。（『倶舎』4、大正29・19b）
（参考）求財不放逸・守財不放逸・護身不放逸・護名不放逸・行法不放逸の五種（『瑜伽』57、大正30・618a）、依在家品不放逸・依出家品不放逸・能遠離不善不放逸・能摂受諸善不放逸・修習相続不放逸の五種（『瑜伽』64、大正30・657b）が説かれる。

不明了 ふみょうりょう ①（認識のありようが）はっきりしないこと。「過去に曽て受するところの境を憶念するに、爾の時の意識の行相は不明了なり」「凡夫の心は極めて不明了にして因果の理を知らず」
②〈唯識〉においては、とくに阿頼耶識の認識のありようがはっきりしていないことを表す語として用いられる。「此の阿頼耶識の行相は極めて不明了なり。能く違順の境相を分別せず、微細に一類に相続して転ず」
③（声などが）明瞭でなくはっきりと聞き取れないこと。「不明了の声」「不明了に覚せらるる声」 Ⓢ apaṭu: avyakta
④（文などが）はっきりと理解されないこと。「不明了の文」「諸の字に若し摩呾理迦がなければ即ち不明了なるが如く、是の如く契経などの十二分聖教も、若し諸法の体相を建立せずんば即ち不明了なり」
Ⓢ aparisphuṭa

不忘 ふもう 不忘失とおなじ。→不忘失

不忘失 ふもうしつ 忘れないこと。（かつて記憶したことを）忘れて失ってしまわないこと。別境の心所である念のありようをいう。不忘・不忘念・無忘・無忘失ともいう。「云何が念と為す。曽習の境に於て心をして

明記・不忘せしむるを性と為し、定の依たるを業と為す。謂く、数、曽て受するところの境を憶持して不忘失せしめ、能く定を引くが故なり」「所聞の如くに已に究竟を得、不忘念なる法を法光明と名づく」 Ⓢ avismaraṇa

不忘念 ふもうねん 不忘失とおなじ。→不忘失

不望報恩施 ふもうほうおんせ 施した人からの見返りを望むことなく布施すること。十種の清浄施の一つ。
Ⓢ pratīkāra-anapekṣaṃ dānam
（参考）（『瑜伽』39、大正 30・510b）

不与取 ふよしゅ 与えられないものを取る、盗む、奪うこと。偸盗とおなじ。十不善業道（十種の悪い行為）の一つ。→十不善業道 Ⓢ adatta-ādāna
（出典）云何不与取。謂、於他摂物、起盗欲楽、起染汚心、若即於彼起盗方便、及即於彼盗究竟中所有身業。（『瑜伽』8、大正 30・317b）：要先発欲盗故思、於他物中、起他物想、或力、或竊起盗加行、不誤而取、令属己身、斉此、名為不与取罪。（『倶舎』16、大正 29・87a）

不離識 ふりしき 識を離れていないこと。現象（有為）であれ非現象（無為）であれ、すべてのもの（一切・一切法・諸法）は識を離れては存在しないということ。一切を付けて一切不離識ともいう。唯識所縁・唯識無境とともに、ただ心しか存在せず外界にはものはないという〈唯識〉の根本思想を表す語。「一切の有為・無為は、若しくは実にもあれ、若しくは仮にもあれ、皆な不離識なり」「諸法は皆な不離識なり」

不律儀 ふりつぎ ①悪をなすことを防ぐことがないいましめ。あるいはそのようないましめによって生じた行為によって身中に植えつけられた「悪を造る可能力」をいう。三種の律儀（律儀・不律儀・非律儀非不律儀）の一つ。非律儀・悪戒・悪律儀ともいう。善戒である律儀の対。 Ⓢ asaṃvara
②悪戒にもとづいて悪行為をする人。三種の人（律儀・不律儀・非律儀非不律儀）の一人。不律儀者とおなじ。→不律儀者
Ⓢ asāṃvarika
（参考）（『瑜伽』2、大正 30・289a）

不律儀家 ふりつぎけ →不律儀者

不律儀者 ふりつぎしゃ 律儀（悪をなすことを防ぐ善いいましめ）に反し、常に生きものを殺害しようとする心を持って次のような仕事をする人をいう。屠羊・屠雞・屠猪・捕鳥・捕魚・遊獵・作賊・魁膾・縛龍・守獄・煮狗・婆具履迦（→各項参照）。『婆沙論』『倶舎論』と『瑜伽論』との所説は微妙に相違する（出典を参考）。不律儀家・不律儀類ともいう。
（出典）有十二種不律儀家。一屠羊、二屠雞、三屠猪、四捕鳥、五捕魚、六遊獵、七作賊、八魁膾、九縛龍、十守獄、十一煮狗、十二婆具履迦。（『婆沙』117、大正 27・607a）：此中何名不律儀者、謂、諸屠羊・屠鶏・屠猪・捕鳥・捕魚・獵獣・劫盗・魁膾・典獄・縛龍・煮狗及罝弶等。等言類顕王典・刑罰及余聴察断罪等人。但恒有害心、名不律儀者。（『倶舎』15、大正 29・78c）何等十二不律儀類。一屠羊、二販鶏、三販猪、四捕鳥、五罝兎、六盗賊、七魁膾、八守獄、九讒刺、十断獄、十一縛象、十二呪龍。（『瑜伽』9、大正 30・319c）

不律儀所摂業 ふりつぎしょしょうごう 三業（律儀所摂業・不律儀所摂業・非律儀非不律儀所摂業）の一つ。→三業⑦ Ⓢ asaṃvara-saṃgṛhītaṃ karma

不律儀類 ふりつぎるい →不律儀者

不立宗見 ふりゅうしゅうけん 二十八種のまちがった見解（不正見）の一つ。→不正見

不了義 ふりょうぎ ①理解できない意味。顕了義の対。「仏は不了義を能了せしむる故に、仏を説いて天人師と名づく」
Ⓢ avyutpanna-artha
②説き示す教義を明了に述べていないこと。「不了義の経」→不了義経 Ⓢ anīta-artha: neya-artha
③意味が明瞭でないこと。「不了義の声」
Ⓢ avyakta-artha

不了義教 ふりょうぎきょう 真理を完全に説き明かしていない教え。〈唯識〉は三時教（有教・空教・中道教）のなかの初めの二つを不了義教とみなす。了義教の対。十二種の教導の一つ。→教導
（出典）不了義教者、謂、契経・応誦・記別等、世尊略説其義、未了応当更釈。了義教者、与此相違、応知其相。（『瑜伽』64、大正 30・654b）

不了義経 ふりょうぎきょう 説き示そうと

する教義を明了に述べていない経典。了義経の対。「世尊、依を説くに略して四種あり。（中略）三に了義経、是れ依にして不了義経は依にあらず」「此の三種の自性に由って一切の不了義経の諸の隠密の義を皆な決了すべし」 Ⓢ anīta-artha-sūtra: neya-artha-sūtra

不留滞施 ふるたいせ 布施を求める人が来たとき、滞ることなく速やかに布施すること。十種の清浄施の一つ。
Ⓢ asaktaṃ dānam
（参考）（『瑜伽』39、大正 30・510a）

不和合 ふわごう ①不相応行の一つ。さまざまな因と縁とが結合しないという状態を生ぜしめる原理。不和合性ともいう。→不相応行「僧破の体は是れ不和合性なり。無覆無記にして心不相応行蘊の所摂なり」
Ⓢ asāmagrī
②結合しないこと。同時に存在しないこと。たとえば現在と過去と未来との三世は同時に存在しないことをいう。「衆縁が不和合なり」「福と非福と不動との三業の三は、現在と過去と未来との三世の三は、身業と語業と意業との三業の三は、更互に相望めて不和合なり」「寿と煖と識との三は和合して不和合に非ず」 Ⓢ asāmagrya
③近くに存在しないこと。隔たっていること。「覚悟分別とは、不和合にして不現前の境に於て貪欲の纏に纏縛さるるを謂う」
Ⓢ vyavahita

不和合愛 ふわごうあい あるありようと一致・結合したくない、たとえば苦しい状態になりたくないという欲望をいう。「苦受が未だ生ぜざれば不和合愛を起こす」

不和合性 ふわごうしょう →不和合

夫（ふ） →ぶ

父（ふ） →ぶ

布教 ふきょう 教えを広めること。教化すること。「布教の為に相見道を説く」

布薩 ふさつ →布灑他

布在 ふざい 存在すること。敷きつめられていること。「舌根の極微は舌の上に布在し、形は半月の如し」「所知障の種子は所依に布在す」

布灑他 ふしゃた poṣadha の音写。布薩とも訳す。修行僧たちが一堂に集まって、別解脱戒の説示を聴いて、それに違犯した者があれば、その罪を大衆のまえで告白し懺悔し心を清浄にする儀式をいう。「布灑他の時、黙然として浄なりと表するは、語を発せずして虚誑語の罪を得るなり」「大目連は布灑他の夜に於て擯瞻波苾芻をして衆の外に出でしむ」

布施 ふせ ①あたえること。ほどこすこと。戒を守ること（持戒）とともに代表的な善行為であり、たとえば六波羅蜜多の最初にあげられる。施ともいう。→施「諸の菩薩は卑賤者に於て布施を行ず」「布施は大財富を得、持戒は善趣に往くことを得る」「貧窮を怖畏し富楽を悕求して布施を行ずるは過失なり」 Ⓢ anupra-**yam**: dāna: pra-**yam**
②六波羅蜜多の一つとしての布施。→布施波羅蜜多

布施波羅蜜多 ふせはらみた →施波羅蜜多

布刺跋達羅神 ふりばつだらしん 布刺跋達羅は pūrṇabhadra の音写。民間信仰での天の神の一つ。この天は『婆沙論』では天趣ではなく鬼趣であるとされる。
Ⓢ pūrṇabhadra
（参考）（『婆沙』172、大正 27・868c～869a）

扶（ふ） →ぶ

府庫 ふこ 文書や財物をおさめるくら。「王あり、放逸なくして善く府庫を守る」

府首示敬 ふしゅじきょう 首をかがめて敬うこと。九種の敬儀の一つ。→敬儀

府蔵 ふぞう 腸などの内臓。「大熱鉄丸を以って其の口の中に置き、即ち其の口と咽喉とを焼き、府蔵を徹して下より出ず」
Ⓢ antra

怖 ふ おそれ。おそれること。おそれさすこと。「王賊及び水火などを怖る」「罪に於て怖を見ざるを無愧という」「威厳を現じて禽獣などを怖れしむ」 Ⓢ uttrāsa: ud-**tras**: udvega: **tras**: bhaya: bhaya-bhīta

怖畏 ふい おそれ。おそれること。畏・怖・恐怖・怯畏・怯怖とおなじ。種類として次の五つの畏が説かれる（『瑜伽』47、大正 30・554a）。（i）不活畏（命を養い生活することへのおそれ）。（ii）悪名畏（評判が悪くなることへのおそれ）。（iii）死畏（死ぬことへのおそれ）。（iv）悪趣畏（地獄・餓鬼・畜生などの悪い生存として生まれることへのおそれ）。（v）処衆怯畏（人びとの前で話したりすることへのおそれ）。「涅槃に於て深く怖

畏を見ず」「微細な罪を見ても大なる怖畏を見る」 Ⓢ uttrasta: uttrāsa: ud-**tras**: bhaya: bhaya-bhīta: bhaya-bhīru: bhīru: bhīrutā: bhīrutva: śaṅkin: saṃtrāsa

怖畏戒 ふいかい 生活ができない、評判が悪くなる、罰を受ける、死んで悪趣に堕ちる、などの恐怖のために受ける戒。四つの戒（怖畏戒・希望戒・順覚支戒・清浄戒）の一つ。 Ⓢ bhaya-śīla

（出典）怖畏戒、謂、怖不活・悪名・治罰・悪趣畏故、受護尸羅。（『倶舎』18、大正29・97c）

拊胸 ふきょう 手で胸をうつこと。くやしがるさま。拊膺とおなじ。「所作の事業が若し諧遂せずんば、是の因縁に由って愁憂・憔悩・拊胸・傷歎・悲泣・迷悶す」「可愛の事が無常転変するに由るが故に拊膺する、是れを名づけて苦と為す」 Ⓢ uras tāḍayati

拊膺 ふよう 拊胸とおなじ。→拊胸

斧 ふ おの。「斧を振る動作は是れ四大の用なり」 Ⓢ paraśu

斧斫 ふしゃく おのでくだくこと。「水性は軟なれども、冬に至りて凝結すれば、金などの性の堅の如くにして、斧斫すること難し」

附 ふ くっつくこと。付着すること。「多く蠅が附くを懼れて美団を食せず」 Ⓢ **pat**

附在 ふざい くっついてあること。あるものに付着して存在すること。〈唯識〉は、種子（ものを生じる潜在的力。麁重ともいう）が所依（個人としての存在のよりどころ。その根本的よりどころが阿頼耶識）のなかに存在するありようを「所依に附在する」（āśraya-gata）と表現する。「所依に依附する」（āśraya-saṃniviṣṭa）、「所依に附属する」（āśraya-saṃniviṣṭa）、もおなじ意味。→依附「現法中に於て所依に附在する諸の煩悩品の一切の麁重が永く寂滅するが故に説いて名づけて楽と為す」「無分別の決定智と現見智とが生ずるに由るが故に、所依に附属する三界所繋の見道所断の諸の煩悩品の一切の麁重は皆な悉く永断す」 Ⓢ gata

附属 ふぞく あるところに付属して存在すること。附在とおなじ。→附在 Ⓢ saṃniviṣṭa

負 ふ ①まけること。「慢は称量門に於て起こり、勝と負とを方べる」「他に於て懐くところの勝・負の心を以って他を咎責す」
②（苦を）おう、になう、背負うこと。「菩薩は甘んじて衆の苦を負う」
③（借金を）おう、引き受けること。「財ある者が他の債を負う時、名づけて富人及び負債者と為す」 Ⓢ **grah**

負債者 ふさいしゃ 借金を背負った人。→負③ Ⓢ ṛṇavat

負処 ふしょ まけた状態。論争においてうち負かされた状態。「破られて他の勝つところとなり、他の後に堕在し、彼れに屈伏して言を捨てるを負処に堕すと名づく」「捨言と言屈と言過との三種に由って諸の立論者は負処に堕在し他の屈伏を受く」 Ⓢ nigraha-sthāna

赴火 ふか 火に赴くこと。火のなかに身を投じて自殺をすること。外道が修する苦行の一つ。仏教からみて否定されるよこしまな修行。「若し諸の有情が生天を求欲して投巌・赴火・断食などの邪なる方便を起こせば、其の為に無倒の静慮を宣説す」 Ⓢ agni-praveśa

浮 ふ うく、うかぶ、泳ぐこと。「修所成の慧は能く文を捨てて唯だ義を観ず。譬えば、人ありて深い駛水に浮ぶがごとし」「聞所成慧は一切の時に於て名に依って義を了ず。譬えば、未だ浮を学ばざる者が一切の時に於て岸や草などに攀って然る後に洗浴するがごとし」 Ⓢ niṣṭhyūta: **plu**

浮図 ふと stūpa の音写。ストゥーパ（窣堵波・窣都婆）のこと。→窣堵波 Ⓢ stūpa

（出典）窣都婆者、此云高顕。浮図等也。（『略纂』4、大正43・50b）

浮嚢 ふのう うきぶくろ。「聖者は已に聖所愛の戒たる堅固な浮嚢を得て能く苦海を越度す」

浮泡 ふほう 水にうかぶあわ。生じてすぐに消え去るものの喩えに使われる。たとえば、五蘊のなかの受が浮泡に喩えられる。「色は聚沫の如く、受は浮泡の如く、想は陽焔の如く、行は芭蕉の如く、識は幻化の如し」「受を浮泡に喩えるは、三和合して生じて久しく堅住せざるが故なり」

婦 ふ つま。「他の婦に於て是れは已が妻と謂い、已が妻に於て謂いて他の婦と為す」 Ⓢ dāra

婦女 ふにょ おんな。女性。丈夫の対。→丈夫「丈夫の体を楽って婦女の身を厭う」 Ⓢ strī

符 ふ かなうこと。一致すること。あうこと。相応すること。「若し是の説を作さば、妙に理と教とに符う」「相応とは前後の法義が相い符い散ぜざるを謂う」 Ⓢ pālita

符順 ふじゅん 一致すること。関係し合っていること。「一切法は一向に空に非ず、亦た一向に不空に非ず、という是の如き理趣は妙に中道に契い、亦た善く般若などの経が一切法の非空非有を説くことに符順す」「身心符順の想とは、或いは其の心は身に符順す、或いは其の身は心に符順すと想うを謂う」
Ⓢ abhisaṃbandha: samava-**dhā**

補羯娑 ふかしゃ ト羯娑とおなじ。→ト羯娑

補処慈尊 ふしょじそん 一生補処菩薩であるマイトレーヤ（maitreya 慈尊・慈氏・弥勒）をいう。→一生補処菩薩「欲界天の中の補処慈尊は諸天の為に法を説く」

補処菩薩 ふしょぼさつ 一生補処菩薩のこと。→一生補処菩薩

補特伽羅 ふとがら ① pudgala の音写。広くは、生命的存在（我）と物質的存在（法）とに二分したときの、前者の生命的存在を表す名称の一つ。生死をくりかえす存在。くりかえし（数数）五つの生存のありよう（五趣）を取るから数取趣と意訳される。あるいは人とも意訳されうるが、この訳語は玄奘訳の経論では認められない。人と訳すと五趣のなかの人だけに限られ、その他の生命的存在が排除されるからである。
Ⓢ pudgala
（出典）補特伽羅者、謂、能数数往取諸趣、無厭足故。（『瑜伽』83、大正 30・764b）
②補特伽羅は多くは人間だけに限って用いられる。たとえば補特伽羅を男と女と非男非女とに、あるいは異生と有学を無学とに、あるいは声聞と独覚と菩薩とに分ける。
Ⓢ pudgala
（参考）種類としては異生・未離欲有学・已離欲有学・超薩迦耶見一切無学の四種（『瑜伽』14、大正 30・351c）、あるいは鈍根者・利根者・貪増上者・瞋増上者・癡増上者・慢増上者・尋思増上者・得平等者・薄塵性者・行向者・住果者・随信行者・随法行者・信勝解者・見至者・身証者・極七返有者・家家者・一間者・中般涅槃者・生般涅槃者・無行般涅槃者・有行般涅槃者・上流者・時解脱者・不動法者・慧解脱者・俱分解脱者の二十八種（『瑜伽』26、大正 30・424a）が説かれる。

補特伽羅意楽意趣 ふとがらいぎょういしゅ 四つの意趣（平等意趣・別時意趣・別義意趣・補特伽羅意楽意趣）の一つ。→四意趣

補特伽羅我 ふとがらが 二種の我（補特伽羅我と法我）の一つ。我（ātman）とは固定的・実体的な存在をいい、そのような存在のなかの生命的存在を補特伽羅我、その生命的存在を構成する諸要素としての存在を法我という。〈有部〉は、このなかの補特伽羅我の存在を否定するだけで、法我の存在も認めるが、〈唯識〉は両者とも否定する。→法我
Ⓢ pudgala-ātman

補特伽羅執 ふとがらしゅう 生命的存在（補特伽羅）が実体として存在すると執着すること。補特伽羅を構成する構成要素（法）も実体として存在すると執着する法執と一緒にして二執という。補特伽羅（pudgala）を人と意訳して人執ともいう。「依他起自性は能く補特伽羅執の所依と為り、能く法執の所依と為る」 Ⓢ pudgala-grāha

補特伽羅遍知 ふとがらへんち 人の性格、属しているグループ、家柄、容姿、さとりの程度などについて熟知していること。五種の遍知の一つ。→遍知②
（参考）（『瑜伽』100、大正 30・876a）

補特伽羅無我 ふとがらむが 生命的存在（補特伽羅）は固定的・実体的な存在ではないという理。法無我と合わせて二無我という。原語 pudgala を意訳して人無我・数取趣無我ともいう。→二無我 →人無我
Ⓢ pudgala-nairātmya
（出典）於諸法中、補特伽羅無我性者、謂、非即有法是真実有補特伽羅、亦非離有法別有真実補特伽羅。（『瑜伽』46、大正 30・544c）

補爛達羅 ふらんだら 天帝釈（帝釈天）の十種の別名の一つ。
（参考）（『婆沙』72、大正 27・371a）

富 ふ 富んでいる、財が豊かであること。「富族」「能く富の異熟を感ずる業は皆な転じて寿の異熟果を招く」 Ⓢ āḍhya: bhoga

富貴 ふき 財に富んで貴いこと、あるい

は、そのような人。貧賤の対。「富貴の女人が貧賤の男子と合する時、必ず自身に於て下劣の想を生じ、彼の男子に於て尊勝の想を起こす」 Ⓢ aiśvarya

富貴憍 ふききょう 財に富んで貴いことへのおごり。七種の憍の一つ。→憍
Ⓢ aiśvarya-mada

富貴家 ふきけ 富んだ家柄。富族・富族姓ともいう。「若し諸の国王が富貴家に生まれて長寿にして病少なく、大宗葉ありて、倶生の聡利の慧を成就すれば、是の王を名づけて果報円満と為す」 Ⓢ āḍhya-kula

富族 ふぞく 富んだ家柄。富族姓・富貴家ともいう。「富族に生まれて浄信・出家して顔容は端正なり」 Ⓢ āḍhya-kula

富族姓 ふぞくしょう 富んだ家柄。富族・富貴家ともいう。「諸の有情に、或いは上族姓、或いは下族姓、或いは富族姓、或いは貧族姓などの種種の差別が可得なり」
Ⓢ āḍhya-kulīna

富楽 ふらく (国土や人びとが) 財に富み安楽であること、繁栄し豊かであること、幸せであること。(穀物などの収穫が) 豊饒であること。「寿量と色力と富楽との自在が皆な漸く増長す」「我らの国土が寛広で豊饒・安隠・富楽ならんことを請う」
Ⓢ āḍhya: ṛddha: bhoga: vibhūti-sukha: śrī: samṛddhi: sasya-saṃpad: sukha

普 ふ あまねく。すべて。全部。あますところなく。「其の舌は広く薄く、若し口より出ずれば、普く面輪と及び髪の辺際を覆う」「諸の如来は普く一切の無量無辺の諸の世界の中に於て神通無礙なり」 Ⓢ kṛtsna: niravaśeṣa: sarva: sarvatra

普勝殿 ふしょうでん スメール山の山頂にあり、帝釈天 (天帝釈) が住む宮殿。「天帝釈に普勝殿あり。諸の殿の中に於て最も殊勝と為す」 Ⓢ vaijayanta

普照 ふしょう 光があまねく照らすこと。「七宝が大光明を放って一切の無辺の世界を普照す」 Ⓢ spharaṇa: sphuṭa

鳧雁 ふがん 鳧と雁。「かも」と「かり」。「清泉の池の沿の泥血に渾せらるる鳧雁・鴛鴦・孔雀・鸚鵡・命命鳥などは皆な烟焔のために逼悩せらるる」

腐敗 ふはい ①(心が) くさっているさま。「都て羞恥なく、沙門を顧みず、浄戒を毀犯し、諸の悪法を習し、内に腐敗を懐き、外に貞実を現す」 Ⓢ pūti
②(身体が) 衰えていくこと。(現象が) 朽ちていくこと。「諸行に朽壊・腐敗の性あり」「形の腐敗とは、寿量が将に尽きんとし、身形が壊に臨んで諸の事業に於て功能なきを謂う」 Ⓢ jarjarī-bhāva
③(阿頼耶識のなかの種子が) くさること。「彼れは後時に於て阿羅漢と成り、識の種子をして悉く皆な腐敗せしめ、一切の有の芽は永く生ずることを得ず」

腐爛 ふらん ①くさりただれていること。「先に女人の形容端正にして少壮なるを見、後に彼の骸骨が腐爛するを見る」
②(心が) くさっていること。「不顧沙門とは、学処を棄捨して好んで退転し、或いは尸羅を犯して諸の悪法を行じ、内に於て腐爛するを謂う」

敷 ふ (寝床や敷物を) しくこと。「その時、世尊は宴坐より起き、出でて迥処に到り、座を敷きて坐す」 Ⓢ saṃstara

敷栄 ふえい 花や実が生い茂ること。「或る時は鬱爾として果木が敷栄し、一時間に於て颯然として衰頽す」 Ⓢ puṣpanti phalanti

敷具 ふぐ しきもの。「寺舎と敷具と制多と園林とを捨施す」 Ⓢ śayana-āsana

敷設 ふせつ (寝床や敷物を) しくこと。「仏、苾芻に告ぐ。我れ、昔、草を持して菩提樹に詣で、到り已って敷設し、結跏趺坐して順逆に十二縁起を観察す」「一たび草座・葉座を敷設せば、修理せずして常に坐臥す」
Ⓢ prajñapti

膚 ふ はだ。身体の表面をおおう部分。身体の表面を皮 (tvac) と膚 (phalgu) と肉 (sāra) との三層にわける分類法における第二の層。→皮膚肉「一切の所知障品のあらゆる麁重に亦た三種あり。一には皮に在る麁重、二には膚に在る麁重、三には肉に在る麁重なり」 Ⓢ phalgu

膚体 ふたい 身体。「是の如き諸の角武の事に依って当に勇健と膚体の充実とを得るべし」「形色は極光浄、面貌は極鮮潔、膚体は充実なり」 Ⓢ gātra

諷吟 ふぎん 歌うこと。「歌とは歌詠を謂う。世に人ありて、染汚心を以って諷吟するが如し」 Ⓢ **gai**

諷頌 ふじゅ →十二分教

諷誦　ふじゅ　①教えを声高に読誦すること。十法行（経典などに書かれている教えに対する十種の修行）の一つ。「和雅・清妙・明了にして解し易く美亮なる音声を以って正法を諷誦す」
②句（pada）で説かれた教え。十二分教の一つ。諷頌ともいう。→十二分教　Ⓢ gāthā

夫　ぶ　おっと。主人。「烟を見るに由るが故に火を比知す。是の如く王を以って国を比し、夫を以って妻を比す」　Ⓢ pati: bhartṛ

夫妻　ぶさい　夫と妻。「おっと」と「つま」。「欲界の礼儀に忌なきこと、猶し夫妻の如し」

夫主　ぶしゅ　あるじ。主人。「尊長・夫主・王賊、及び怨敵などに拘逼せらるる者は、自在を得ず、其の心は迷乱す」
Ⓢ bhartṛ

夫人　ぶにん　貴人の妻。他人の妻の尊称。「勝鬘夫人は頓悟にして大乗の機なり」

父　ぶ　ちち。Ⓢ pitṛ

父精　ぶしょう　父の精。性交の際、父が出す不浄なもの。精子のこと。「母の血水、最後時に於て余り二滴あり。父の精、最後に余り一滴あり。展転和合して方に胎を成ずることを得る」

父母　ぶも　「ちち」と「はは」。両親。自己が世話をしなければならない者、あるいは恩ある者（有恩者）。→有恩者

父母交愛和合　ぶもこうあいわごう　→父母和合

父母交会　ぶもこうえ　→父母和合

父母極微　ぶもごくみ　ヴァイシェーシカ派（勝論）の所説で、物質を構成する最小単位である極微（原子）を父母に喩えて父母極微といい、これに対して、この父母の極微から構成されるものを子に喩えて子微という。このなか父母極微は、知覚されず、働きがなく、変化しない常なるものであるが、子微は知覚され、働きをもち、変化する無常なるものと考えられている。本極微ともいう。「実句の中の地水火の父母極微は現量得に非ず。子微以上は是れ現量得なり」
（参考）（『述記』1末、大正 43・257a）

父母不浄　ぶもふじょう　父母の不浄。性交の際、父と母とが出す不浄なもの。父のものを精、母のものを血という。「今の我が此の身は先の業・煩悩の引発するところにして父母の不浄が和合して生ずるところなり」

父母和合　ぶもわごう　父と母とが性交すること。父母交会・父母交愛和合ともいう。「父母和合して倶に愛染を起こす」「彼れは業力所起の眼根に由って遠方に住すと雖も、能く生処の父母交会するを見て倒心を起こす」「三事が合する故に母胎に入ることを得る。一には父母交愛和合する、二には母身が是れ時調適なり、三には健達縛が正に現在前する時なり」

扶根　ぶこん　扶塵根の略称。→扶塵根

扶塵根　ぶじんこん　扶（たす）ける塵としての根。扶根と略称する。根とは身体を構成する器官で、眼根・耳根・鼻根・舌根・身根の五つ。根を勝義根と扶塵根とに分けるうち、まさしく真実の根を勝義根といい、これに対して、極微（原子）から構成される物質的な器官を扶塵根という。色・香・味・触の四つの塵（視覚・臭覚・味覚・触覚の対象）から構成される。たとえば眼についていえば角膜・水晶体・網膜などから構成される眼の器官をいう。第一次的な器官である勝義根を支えるものであるから、根所依処あるいは根依処ともいう。→勝義根　→根所依処

奉　ぶ　①ささげること。献上すること。「諸の財物を集めて仏法僧に奉ず」
②自分の行為に付して相手に敬意を表す謙譲語。「奉見」「奉施」

奉教心　ぶきょうしん　教えをうやうやしく聴き、理解しようとする心。「諸の如来が正法を説く時、一類の弟子は恭敬し、耳を属し、奉教心に住して精進修行す」「奉教心に住せずとは修行を欲せざるを謂う」「奉教心とは悩乱心なくして唯だ了解せんと欲求するを謂う」　Ⓢ ājñā-citta

奉行　ぶぎょう　うやうやしく行なうこと。善を実践すること。教えを守って実践すること。「諸の悪を作すこと莫く、諸の善を奉行し、自ら其の心を浄くする、是れが諸仏の教えなり」「如来の聖教を奉行す」

奉迎　ぶぎょう　立ち上ってうやうやしく迎えること。起迎・迎送ともいう。「礼拝し奉迎し合掌す」　Ⓢ pratyutthāna

奉見　ぶけん　うやうやしく見ること。「諸仏の国土に往趣し、如来を奉見し、承事供養して正法を聴受せんと欲す」　Ⓢ darśana

奉献　ぶけん　うやうやしく献上すること。

「種種の新浄の上服を持して世尊に奉献す」

奉事 ぶじ うやうやしく仕えること。「諸の無学は善円満にして無顚倒なる行を以って如来に奉事す」

奉持 ぶじ （教えを）うやうやしく記憶して心に維持して忘れないこと。「善男子よ、此の勝義の了義の教に於て、汝、当に奉持せよ」

奉施 ぶせ うやうやしく施すこと。「諸の菩薩は如来の所に於て末尼・真珠などの七宝を奉施す」「諸の飲食・衣服・香花・医薬などを以って沙門・婆羅門などに奉施す」
Ⓢ anupra-**yam**: upasaṃ- **hṛ**: dāna: pradāna

武勇 ぶゆう 強く勇ましいこと。「人あり、香象を殺さんと欲し、先に其の足を安じて、後に武勇を発して其の殺事を成ず」

武略 ぶりゃく 戦いにおけるはかりごと。兵法。「王が英勇を具足するとは、国王ありて、策を計するに惰なく、武略が円満するを謂う」

部 ぶ ①部類。煩悩の五部。煩悩を見苦所断・見集所断・見滅所断・見道所断・修所断の五つの部類に分けたもの。 Ⓢ nikāya
（出典）部、謂、五部、即見苦所断乃至修所断。（『倶舎』6、大正 29・31b）
（参考）（『婆沙』55、大正 27・286b 以下）
②仏教内における部派・学派。「是の如き経文は諸部、皆な誦す」 Ⓢ nikāya

部行者 ぶぎょうしゃ →部行独覚

部行独覚 ぶぎょうどくかく 二種の独覚（部行独覚・麟角喩独覚）の一つ。先に、声聞である仏弟子として教団のなかで修行していたが、後に、独りでさとりを得た人をいう。先には凡夫（異生）であった者、という異説もある。部行者・部行喩者・部行喩独覚・独勝部行ともいう。→麟角喩独覚
Ⓢ varga-cārī pratyekabuddhaḥ
（参考）（『倶舎』12、大正 29・64a～b）

部行喩者 ぶぎょうゆしゃ →部行独覚

部行喩独覚 ぶぎょうゆどくかく →部行独覚

部執 ぶしゅう 部の執。部派の執着。世尊が入滅したあとに教団が分裂してできた各部派がそれぞれの見解を正しい説と執して互いに競い争ったことをいう。「仏の涅槃の後、彼の大天に因って部執が競興し、多く有見に著す。龍猛菩薩が極喜地を証して大乗の無相の空教を採集して中論などを造り、真要を究暢して彼の有見を除く」
（参考）（『了義灯』1 本、大正 43・665b 以下）

部多 ぶた bhūta の音写。生きもの（有情）がすでにさまざまな生存状態（諸趣）に生まれているありさまをいう。 Ⓢ bhūta
（出典）食有四種、能令部多有情安住。（中略）言部多者、顕已生義、諸趣生已、皆謂已生。（『倶舎』10、大正 29・55a～b）

部落 ぶらく むら。村落。聚落とおなじ。「諸の余の金山は彼の四大天王の村邑・部落なり」 Ⓢ jana-pada

蒲桃 ぶだう ぶどう。蒲萄とも書く。その果汁が飲料の一つとしてあげられる。また視覚（眼識）の対象として小なるものと大なるものとの中間の大きさのものの例としてあげられる。「云何が穀物なるや。謂く、諸のあらゆる食すべき飲すべきもの、即ち大麦・小麦・稲穀・粟穀・穈黍・胡麻・大小豆などと甘蔗・蒲桃・乳酪の果汁の種種の漿飲を謂う」「眼は色に於て有る時は小を取ること、毛端を見るが如く、有る時は大を取ること、暫く目を開いて大山を見るが如く、有る時は等を取ること、蒲桃を見るが如し」
Ⓢ drākṣā: mṛdvīkā

撫 ぶ 手でなでること。「是の菩薩摩訶薩は菩提樹下に結跏趺坐して、衆の妙相に荘厳せらる手で以って大地を撫で、彼の地神を踊現せしめて作証明を為さしむ」

撫育者 ぶいくしゃ いつくしむ人。かわいがる人。「撫育者は梵行を増すが故に睡眠を減省して無間に殷重に加行す」

舞 ぶ おどり。舞踊。歌や音楽などとともに、修行者が近づいてはならない世俗の遊戯の事柄の一つとしてあげられる。「応に観るべからざるところとは、諸の伎楽・戯笑・歓娯、或いは余の遊戯所作の歌・舞・音楽などの事を謂う」「歌・舞・笑・睇・美容・進止・妙触・就礼の八処に由って女は男を縛る」「若し舞に依って歌詞を発することあれば、名づけて綺語と為す」「世の雑事とは歌・舞などを謂う」 Ⓢ naṭa: nartaka: nṛtta: nṛtya

舞躍 ぶやく 喜んでまいはねること。「既に成仏し已れば、下は傍生に至るまで亦た来りて供養す。彼の獼猴が清浄なる蜜を献ぜし

に、世尊は哀受して歓喜・舞躍せしが如し」 Ⓢ nṛtyamāna

封著 ふうじゃく 執着すること。「智者は中に於て封著すべからず」 Ⓢ abhini-viś

封執 ふうしゅう 執着すること。「封執し堅著すること貪愛の如し」「恒に堅く不了義経を封執す」 Ⓢ anuṣakta

封邑 ふうゆう 領地。「七金山の上に亦た天居あり。是れは四大王所部の封邑なり」 Ⓢ grāma-nigama

封禄 ふうろく 国王が扶持・俸給を与えること、あるいは与えられた扶持・俸給。「国王あり、諸の群臣などに大なる違越ありと雖も其の封禄を削らず」

風 ふう ①（自然界の）かぜ。「風や林などの声」「恒相続と不恒相続との二種の風あり」「扇を動かすに因って涼風が吹く」 Ⓢ vāyu
（参考）種類として、東来風・西来風・南来風・北来風・有塵風・無塵風・狭小風・広大風・毘湿婆風・吠藍婆風・風輪風が説かれる。（『瑜伽』27、大正30・430b）
②かぜ。物質を構成する四つの元素（地・水・火・風の四大種）の一つ。→四大種 Ⓢ vāyu
③肉体の三要素である śleṣman（痰）と vāta（風）と pitta（熱）の一つ。これら三要素の調和が崩れると病気となる。「身内の風と熱と痰との界が互に相違するに由るが故に心が狂う」「現在に不平等を行ずるが故に風と熱と痰癊が、数数、発動す」「風と熱と痰とが互に増して逼切することなきが故に無病と名づく」 Ⓢ vāta
④（息としての）かぜ。「入出息の風を名づけて身行と為す。風を導首と為して身業が転ずるが故なり」

風雨 ふうう 「かぜ」と「あめ」。荒れた自然現象をいう。「大風雨と毒熱と厳寒とに遇う」「牆間や樹下に住して風雨を避ける」 Ⓢ durdina

風界 ふうかい 存在を構成する六つの要素（地・水・火・風・空・識の六界）の一つで、風という要素。風の性質であるうごく（動性）という要素。種類としては内風界（身体のなかの風）と外風（外界の風）とに分かれる。さらに内風界は上行風・下行風・脇臥風（住脇風）・脊臥風（住腹風）・腰間風（住背風）・臗間風・小刀風・大刀風（小刀風と一緒にして如刀風という）・針刺風（如鍼風）・畢鉢羅風・入出息風（入息風と出息風）・随支節風（随身分支節行風）などに分類され、外風界は東来風・西来風・南来風・北来風（以上の四つの風をまとめて四方風という）・有塵風・無塵風・狭小風（小風）・広大風（大風）・毘湿婆風・吠藍婆風（吠嵐婆風）・風輪風・時大風などに分類される（→各項参照）。以上は『瑜伽論』（『瑜伽』27、大正30・430b）の所説である。この他『婆沙論』（『婆沙』75、大正27・388a）には『瑜伽論』所説とほぼおなじ風の種類が説かれるが、両者の間には訳語において、またいずれかに欠けるものがあるなどの相違点がある。訳語の相違として前述の風の列記のなかで括弧内は『婆沙論』の訳語である。また『婆沙論』にある婆呾瑟恥羅風や婆呾窶拉摩風は『瑜伽論』にはない。 Ⓢ vāyu-dhātu

風災 ふうさい 世界を破壊する火災・水災・風災の三つの大きな災害（大三災）の一つ。風による災害。→大三災 Ⓢ vāyu-saṃvartanī
（参考）（『倶舎』12、大正29・66a～67a）：（『瑜伽』2、大正30・285b）

風大 ふうだい 物質を構成する四種の元素（地大・水大・火大・風大）の一つ。風という元素。詳しくは風大種という。 Ⓢ vāyu-mahābhūta

風大種 ふうだいしゅ →風大

風日 ふうにち 風と太陽の熱。暑さや寒さ、飢えや渇きなどとともに悪い感触としてあげられる。「彼の尊者は寒熱・飢渇・蚊虻・風日・蛇蠍の毒触を忍受するに堪能なり」「種種の猛利にして辛楚なる風日の悪触あり」 Ⓢ vāta-ātapa

風熱痰 ふうねつたん 風と熱と痰。肉体の三要素である vāta（風）と pitta（熱）と śleṣman（痰）の三つ。これら三要素の調和が崩れると病気となる。痰は痰癊ともいう。「身内の風と熱と痰との界が互に相違するに由るが故に心が狂う」「現在に不平等を行ずるが故に風と熱と痰癊が、数数、発動す」「風と熱と痰とが互に増して逼切することなきが故に無病と名づく」

風病者 ふうびょうしゃ 肉体の三要素である風が原因で病気にかかった人。→風熱痰

「風病者は乾渋の薬を服す」 Ⓢ vātika

風輪 ふうりん 物質的世界（器世間）を支える三つの輪の一つ。空々寂々の虚空のなかに最初にできる輪。その上に水輪ができ、さらにその上に金輪ができる。
Ⓢ vāta-maṇḍala: vāyu-maṇḍala
（参考）（『倶舎』11、大正 29・57a）

風輪風 ふうりんぷう 生きものが住む大地を支えている三つの輪（風輪・水輪・金輪）のなかの風輪を形成する風。外界で吹く風のなかの一つ。 Ⓢ vāyu-maṇḍalakā vāyavaḥ

諷（ふう）→ふ

伏（ふく）→ぶく

服 ふく ①薬をのむこと。「大医は先に病愈して後に病が復た生ずるを知れば、前の薬を捨てて余の薬を服せしむ」
Ⓢ āsevā: pratiniṣevaṇa
②衣服を着ること。飾りを身につけること。「首に妙香を塗り、鮮白衣を服し、飾るに種種の妙荘厳の具を以ってす」「戒の荘厳具を一切類に於て一切時に於て若し服する者あれば、皆な妙好を為す。是の故に尸羅を荘厳具と名づく」 Ⓢ prāvṛta
③衣服。衣裳。着物。「夜の中分に至って少く寝息し、夜の後分に速かに復た還起し、服を整え、身を治め、所習業に帰す」
Ⓢ nivāsana: veṣa

服行 ふくぎょう 薬をのむこと。「病縁のあらゆる医薬に於て観察し思択して然る後に服行す」

服飾 ふくしょく ①（耳輪や腕輪などを）身につけて飾ること。「耳環・指環・腕釧などの荘厳具を服飾すれば妙好を増す」
②衣服と飾り。「出家の時の威儀・服飾・所作・事業は一切の在家者と共ならず」

復 ふく また。さらに。 Ⓢ api: api ca: ca: punar: vā

復次 ふくじ また。さらに。 Ⓢ atha: iha

腹 ふく はら。「彼の胎蔵にて、若し女と為るべきは、母の左脇に於て脊に倚り、腹に向って住す」「腹と胸と項と脊との各に一の随好あり」「彼の前際より命を捨し已って、現在世に於て自体生じて母の腹の中に在り」「諸の中有は生門より入り、母の腹を破りて胎に入ることを得るに非ず」 Ⓢ udara: uras: kukṣi

腹行 ふくぎょう 手足がなくて腹ではうこと、あるいは、そのような生きもの。「用に随う名とは、腹行の者を腹行の虫と名づくが如し」 Ⓢ uraga

福 ふく ①善行によって得られたよさ・功徳、よいありよう、幸福。徳を付して福徳ともいう。「是の如く真実作意に趣入して、慈愍住の中で諸の福が滋潤し、諸の善が滋潤す」「福が尽きるが故に死ぬとは、猶し、資具が闕くるが故に死ぬるが如し」 Ⓢ puṇya
②智に対する福。詳しくは智を智慧、福を福徳ともいう。人間存在を知性とそれ以外のものとに二分し、知性の面を智、それ以外の人間のよさを福という。たとえば『瑜伽論』では、六波羅蜜多を智と福とに分けて、施波羅蜜多・戒波羅蜜多・忍波羅蜜多は福、慧波羅蜜多は智、精進と静慮波羅蜜多とは福と智との二つに通じると説かれる（『瑜伽』36、大正 30・485b〜c）。『成唯識論』では、『瑜伽論』の所説以外に、六波羅蜜多は総じていえば福徳と智慧の二つに通じ、別していえば前の五つは福徳に、第六の慧波羅蜜多は智慧に属するという説をもあげている（『成論』9、大正 31・49a）。「諸の菩薩は福に於て智に於て随って一種を闕けば、決定して無上正等菩提を証すること能わず」 Ⓢ puṇya

福業 ふくごう 三業（福業・非福業・不動業）の一つ。→三業⑥ Ⓢ puṇya-karman

福業事 ふくごうじ 人々が世話をすべき七つの事柄（七摂受事）の一つで、福をもたらす善行為をいう。施性福業事・戒性福業事・修性福業事の三つがある。このなか、施性福業事とは飲食・衣服・香花・医薬などを施すこと、戒性福業事とは不殺生などの五戒を護ること、修性福業事とは慈・悲・喜・捨の四無量心を修すること。また、有依の福業事と無依の福業事とがあり、後者は、具体的に財物などの物を施すことのない福業事で、たとえば、諸の善を聞いてそれらを深く信じて敬う心を起こすことをいう。これに対して前者は、具体的に物を施す福業事で、次の七種がある。1. 旅人に、2. 在路の行人に、3. 病人に、4. 看病人に、布施をする。5. 寺に園林を布施する。6. 常に食を布施する。7. 寒・風・熱に応じて、随時、飲食や衣服を布施する。→七摂受事「菩薩は仏法僧の田樹に寄せて布施の福業事を修せんと欲す」
Ⓢ puṇya-kriyā-vastu

（参考）（『婆沙』82、大正 27・424b）：（『倶舎』18、大正 29・96b）：（『倶舎論記』18、大正 41・284c～285a）：（『演秘』2 本、大正 43・840a）

福資糧 ふくしりょう 福徳資糧とおなじ。→福徳資糧「施などの三波羅蜜多を福資糧と名づく」

福舎 ふくしゃ 三種の布施する物（財物・穀物・処物）のうちの処物の一つ。貧民あるいは旅行者のために飲食物を与える所。アショーカ王の時以来盛んになり、仏教の社会的施設の一機関である。「福舎を安立し、樹林を種殖し、井・橋・船・階・道・処などを造る此の諸の表業が発するところの無表は具さに三縁に由って相続して断ぜず」 Ⓢ puṇya-śālā

福生 ふくしょう ①福なる生。幸福な生存。栗散王と王の臣下と四大王衆天と三十三天と夜摩天と知足天と楽変化天と他化自在天との八つの生をいう。いずれも欲界に属し、栗散王と王の臣下とは人間、四大王衆天以下の六つは六欲天である。「八の福生を感ずる善」 Ⓢ puṇya-upapatti
（出典）八福生者、謂、欲界栗散王為一、臣為二、加六欲天、為八。（『略纂』2、大正 43・23a）
②福生天のこと。→福生天

福生天 ふくしょうてん 色界十七天の一つ。→色界十七天

福尽故死 ふくじんこし 福が尽きて死ぬこと。饑饉や貧乏などによって食料がなくなる、生活手段がなくなる、などによって死ぬこと。寿命が尽きて死すべき時に死ぬのではないから非時死ともいう。三種の死（寿尽故死・福尽故死・不避不平等故死）の一つ。→死①　→非時死
（出典）云何福尽故死。猶如有一、資具闕故死。（『瑜伽』1、大正 30・281b）

福智 ふくち 福と智。人間存在を知性とそれ以外のものとに二分し、知性の面を智、それ以外の人間のよさを福という。詳しくは福徳と智慧という。→福②

福智資糧 ふくちしりょう 福徳資糧と智徳資糧。→福徳資糧　→智徳資糧

福田 ふくでん 供養するに値する人。その人に布施などの供養をすれば自己に福がもたらされるような人をいう。田に種を播くと実りを生じることに喩えて福田という。種類として恩田・徳田・悲田の三つがある。恩田は恩がある人で、自己を生み育ててくれた父母や 自己を導いてくれた師をいう。徳田は功徳を有した人で、阿羅漢や如来をいう。悲田はあわれむべき人で、貧窮などに苦しむ人をいう。徳田を功徳田ともいう。
Ⓢ dakṣinīya: puṇya-kṣetra

福徳 ふくとく ①福とおなじ。善行によって得られたよさ・功徳、よいありよう、幸福。→福①　Ⓢ puṇya
②智慧に対する福徳。→福②　Ⓢ puṇya

福徳資糧 ふくとくしりょう 福徳というたくわえ。菩提を獲得するための二つの資糧（福徳資糧と智慧資糧）の一つ。これをたくわえることによって、容姿が端麗になる、病気をせず長寿になる、家が栄え財産を得る、言葉遣いが重厚で人びとに尊敬されるようになる、などの徳を得る。福資糧ともいう。→智徳資糧　Ⓢ puṇya-saṃbhāra
（出典）云何菩薩菩提資糧。当知、如是菩提資糧、略有二種。一者福徳資糧、二者智慧資糧。（『瑜伽』45、大正 30・539b）：福徳資糧者、謂、由此故、於今、獲得随順資具、豊饒財宝、遇真福田、為善知識、離諸障礙、能勤修行。（中略）具諸福徳者、謂、由此故、形色端厳、衆所楽見、発清浄信、無病長寿、言辞敦粛、具大宗業、衆所知識、成就大福、多獲衣等諸資生具、為諸国王及大臣等、供養恭敬尊重讃嘆。（『瑜伽』29、大正 30・446b）

福祐 ふくゆう 天からの助け。「魯達羅天・毘瑟笯天・釈梵世主の衆妙なる世界に注心して多く住すれば、大なる福祐を獲んと是の如き計を作す」

輻 ふく 車の心棒。車輪の中央から車輪の輪に向かって放射状に組まれた棒。「世間の輪に輻などの相あるが如く、八支聖道も彼に似て輪と名づく」 Ⓢ ara

輻轂輞 ふくこくもう 輻と轂と輞。車輪を構成する三要素。輻は車輪の中央から車輪の輪に向かって放射状に組まれた棒。轂は車輪の中央にあり輻が集まるところ。輞は車輪の外周をつつむたが。「見道は猶し輻轂輞の三の法の如きが故に説いて輪と為す」

輻輪 ふくりん 輻（車輪の中央から車輪の輪に向かって放射状に組まれた棒）からなる車輪。→千輻輪相「寿尽き業尽きて、即ち還

って彼の色無色界より没し已って、五趣の生死に退堕すること、五輻輪が旋転して住せざるが如し」

覆 ふく ①おおうこと。「如来の舌は広薄にして、若し口より出ずれば普く面輪を覆う」「煩悩は真実義を覆うが故に名づけて蓋と為す」「無明が如実の理を覆って真見を障う」 Ⓢ avacchādakatva: avacchādita: ava-**chad**: nivṛta: prati-**chad**: praticchanna: pratibandha: vini-**guh**: vṛta

②有覆・無覆の覆。覆障と覆蔽。煩悩がさとりに至る聖なる道をおおってさまたげ（覆障）、自心をおおってふさぐ（覆蔽）という二つの働きをいう。

（出典）何名無覆。覆、謂、覆障。体即染法。覆義如何。障聖道故。（中略）覆者、覆蔽也。蔽心、令不浄故、名為覆（『述記』3末、大正43・334c）

③（犯した悪を）かくすこと。「己の悪を覆することに於て羞恥を生ず」「所犯を隠すを説いて名づけて覆と為す」

④随煩悩の心所の一つ。名誉や財利が失われることをおそれて自らが犯した罪を隠すこころ。 Ⓢ mrakṣa

（出典）云何為覆。於自作罪、恐失利誉、隠蔵、為性、能障不覆悔悩、為業。（『成論』6、大正31・33b）

覆礙 ふくげ おおいさまたげること。煩悩障・所知障などの障の定義に用いられる語。

（出典）障、謂、覆礙。覆所知境、令智不生、礙大涅槃、令不顕証、故名為障。（『述記』1本、大正43・235a）

覆護 ふくご まもること。「徒衆を覆護して摂益す」 Ⓢ gopana

覆障 ふくしょう ①家や壁などのおおい。「舎宅の覆障があることなきによる淋漏の匱乏の苦」「常に迥露にして覆障なき処に住することを期願す」「若し寒時に於て寒苦を治さんが為に覆障を追求して以って対治を為す」 Ⓢ āvaraṇa

②身をおおう衣服。「受用建立とは飲食・覆障・抱持・受行などの義を謂う」

③（煩悩、あるいは闇や不透明な物質などが）おおいかくすという障害をいう。覆蔽障ともいう。「煩悩障が極めて覆障す」「惛沈・睡眠蓋が其の心を覆障す」「無明の闇に覆障さるる」「無明に由るが故に真実を覆障す」 Ⓢ āvaraṇa: nivaraṇa

（出典）覆障所礙者、謂、黒闇・無明闇・不澄清色闇、所覆障。（『瑜伽』15、大正30・357a）

覆苫 ふくせん 家のおおい。屋根。「此の舎に一類なきに由って説いて名づけて空と為す。謂く、材木なく、或いは覆苫なく、或いは門戸なく、或いは関鍵なし」

覆想 ふくそう 本当の想い、真意をかくすこと。偽りの言葉（妄語・虚誑語）を発する原因となる。壊想・覆蔵想ともいう。「欲を覆想して妄語を起こす」「虚誑語とは貪より生ず。名利の為の故に他の有情に於て覆想して説くが如し」「覆蔵想を以って妄語し僧を破しても非法あることなしとの是の如き妄語は亦た癡より生ず」 Ⓢ vinidhāya saṃjñām: saṃjñā-vinidhyāya

覆蔵 ふくぞう ①住まい。住居。「色蘊は、建立の処、覆蔵の処、資具の処、根の処、根住の処、威徳ある定所行の処の六処に依止して転ず」 Ⓢ nilaya

②かくすこと。自分の善や徳をかくすこと、あるいは自分が犯した罪をかくすこと。前者は肯定され、後者は否定される。「自らの善を覆蔵して己の悪を発露す」「称誉・声頌に依らずして善を修して己の徳を覆蔵す」「堅く自ら作るところの罪を覆蔵す」「作るところの罪を覆蔵する者は、心、必ず憂悔す」 Ⓢ praticchanna: praticchādanatā

覆蔵想 ふくぞうそう 覆想とおなじ。→覆想

覆蔽 ふくへい おおうこと。おおいかくすこと。「不共無明は真実を覆蔽す」「五蓋は其の心を覆蔽す」 Ⓢ avacchādanīya

覆蔽障 ふくへいしょう 四種の障（覆蔽障・隠没障・映奪障・幻惑障）の一つ。覆障ともいう。→覆障③ Ⓢ avacchādanīya-āvaraṇa

（出典）四種障、（中略）謂、覆蔽障・隠没障・映奪障・幻惑障。（『瑜伽』3、大正30・291a）

伏 ぶく ①対立者を説き伏せて正しい教えに導き入れること。調伏とおなじ。「方便して彼れを調し、彼れを伏して不善処より出でしめて善処に安立す」 Ⓢ vi-**nī**

②戦って征服すること。「一切の輪王は皆な傷害することなく伏して勝を得せしむ」

Ⓢ nir-**ji**
③煩悩などを制伏すること。「諸の修行者は煩悩の纏を伏す」「諸の菩薩は煩悩を伏すと雖も、善根力に任持せらるるに由って生死の中に於て復た生長す」 Ⓢ vi-**ṣkambh**
④滅すること。こわすこと。「此の清浄なる信は伏すこと難き義なるが故に、説いて信力と名づく」「不浄観は能く色貪を伏す」
Ⓢ avamṛdya: vibhūta

伏除　ぶくじょ　煩悩などを制伏して除去すること。「上品の煩悩は復た猛利なりと雖も、恒に起こるに非ざるが故に伏除すべきこと易し」「不浄観を修して色貪を伏除す」
Ⓢ nirghāta: ni-**han**: vibhūta

伏蔵　ぶくぞう　財宝をおさめた蔵。「問う、円成実自性は何を以って喩と為すや。答う、譬えば無尽の大宝の伏蔵の如し」「福は終に損失なきこと、堅固なる伏蔵の如し」

伏対治　ぶくたいじ　断対治と伏対治との二種の対治（煩悩を滅してなくすこと）があるうち、伏対治とは具体的に働く顕在的な煩悩（纏）をおさえて働かしめないこと。これに対して断対治とは煩悩を生じる潜在的な可能力（随眠）を断じてなくすことをいう。伏対治を纏制伏対治、断対治を随眠永害対治ともいう。

伏断　ぶくだん　①煩悩を滅する、断じること。「外道の諸仙は見所断の惑を伏断すること能わず」「貪の纏を伏断し、貪の随眠を留む」 Ⓢ pra-**hā**
②永断に対する伏断。煩悩を生じる種子の働きを一時的に抑制すること。これに対して永断とは種子を永久に徹底的に断じつくしてしまうこと。この伏断と永断とは、別の表現では、暫時断と畢竟断、制伏断と抜根断といわれる。「略して二種の断に於る作証あり。一には種子の伏断に於る作証、二には種子の永断に於る作証なり」「此れは暫時に伏断する方便に由り、畢竟して種子を永害するに非ず」
③〈唯識〉の所説。伏と断。伏とは種子の段階で煩悩を根源から断じつくしているのではなく、種子はまだありつづけるものの、それが具体的な現象となって現れる（現行）のを智慧の力によって抑制している状態をいい、断とは、種子までをも完全に除去しつくした状態をいう。〈唯識〉は、これ以外に捨という状態、すなわち種子が除去されたあとに残る残気・気分までをも取り除いた状態を立てる。

伏断捨　ぶくだんしゃ　伏と断と捨。→伏断③

伏弩　ぶくど　敵にかくして配備した石弓で射ること。角武（武術をきそいあうこと。ひろくは身体をつかっての運動）の一つ。「按摩・拍毱・托石・跳躑・蹴蹋・攘臂・扼腕・揮戈・撃劍・伏弩・控弦・投輪・擲索などの角武事に依って勇健を得る」

伏道　ぶくどう　道で待ち伏せをすること。ものを奪う方法の一つ。断道ともいう。→断道「窃盗・攻牆・解結・伏道などは皆な不与取なり」 Ⓢ paripanthaka

伏滅　ぶくめつ　①煩悩などを制伏して滅すること。「染汚意は無始のときよりこのかた、微細に一類に任運に転ず、諸の有漏道をもっては伏滅すること能わず、三乗の聖道のみをもって伏滅する義あり」「乃し識を起こして唯識性に住せんと求めざるに至るまでは、二取の随眠に於て猶、未だ伏滅すること能わず」 Ⓢ abhibhava: vini-**vṛt**
②〈唯識〉では、煩悩を滅するありようとして煩悩の働きを抑制する段階と、阿頼耶識のなかの煩悩を生じる種子を断じる段階との二種に分け、前者を伏滅、後者を断種と呼ぶ。（出典）断有二種。一断種、二伏滅。（『述記』1末、大正43・250a）

伏面　ぶくめん　顔を伏せること。「悪業を造る者は伏面して行き、天趣に趣く者は上にして行く」 Ⓢ avāk-mukha

仏　ぶっ　シルクロードあたりのbuddhaの俗語フトが浮図・浮屠などと漢字で音写され、さらに佛という文字が作られてフトにあてはめられた。後に佛を仏と簡略した文字で記すことになった。buddhaは、目覚めるという動詞**budh**の過去分詞で、目覚めた、という意味。したがって、仏陀とは、目覚めた人という意味であり、意訳して覚者という。如来の十種の呼び名の一つ。歴史上の人物としての仏は、釈迦牟尼仏であるが、その他に過去七仏など多くの仏が信仰され、さらに大乗仏教にいたって、無数ともいえる仏の名称が立てられた。仏と漢訳される原語はbuddhaのほかにbhagavat（世尊）、tathāgata（如来）、muni（牟尼）、

śastṛ（師）、samyaksaṃbuddha（正等覚）、saṃbuddha（等覚）、jina（勝者）などがある。→十号　Ⓢ buddha

仏果　ぶっか　修行によって獲得された仏という結果。総じていえば涅槃、あるいは無上正覚（阿耨多羅三藐三菩提）をいう。〈唯識〉では、煩悩障と所知障とを断じて所依を転じること（転依）と八識を転じて四智（成所作智・妙観察智・平等性智・大円鏡智）を得ることとが仏果であると説く。→転依　→四智①「三大劫阿僧企耶に無辺の難行の勝行を修集せしに由って金剛喩定の現在前する時に、永えに本来の一切の麁重を断じて頓に仏果である円満なる転依を証し、未来際を窮めて利楽すること無尽なり」

仏記　ぶっき　仏によって記別された者。たとえば仏によって今生はこれこれのことを経験すると予言された者をいう。中夭（寿命をまっとうせず生存の途中で死ぬこと）がない者の一人。　Ⓢ jina-ādiṣṭa
（参考）（『倶舎』11、大正 29・62a）

仏境界　ぶっきょうがい　仏の境地。覚者のさとりの世界。凡夫が認識し得ない不可思議なものであると強調される。境界の原語 gocara は所行とも訳されるから仏所行ともいう。〈唯識〉は、一切は唯識であるという真理はただ仏の境界、仏の所行であると強調する。「諸仏と仏の境界は皆な不可思議なり」「我れは已に自らの能に随って略して唯識の義を成ず。此の一切種は思すること難くして仏の所行なり」　Ⓢ buddha-gocara: buddha-viṣaya

仏教　ぶっきょう　仏の教え。仏陀の教説。仏の教えの本体は語（言葉 vāc）なのか、それとも名句文（言葉を構成する名詞・文章・文字）なのかが議論されている（『婆沙』26、大正 27・659a〜b）。仏教の原語 buddha-vacana は、仏語・仏語言・仏言・仏聖教とも訳される。「諸の悪を作すこと莫く、 諸の善を奉行し、自ら其の心を浄くす、是れ諸の仏の教えなり」「諸の仏教は語を体と為すと説くものあり。彼れの説く法蘊は皆な色蘊の摂なり。諸の仏教は名を体と為すものあり。彼の説く法蘊は皆な行蘊の摂なり」
Ⓢ buddha-vacana

仏経　ぶっきょう　仏陀が説いた経典。「是の如く諸経の文義の体を建立し已って、諸の説法者は応に五相を以って一切の仏経を随順解釈すべし」

仏眼　ぶつげん　五眼（肉眼・天眼・慧眼・法眼・仏眼）の一つ。仏陀が有する眼で、あらゆる生きものを救済できる力を眼にたとえていう。「仏は大悲に由るが故に其の仏眼を以って如実に一切の世間を観照す」
Ⓢ buddha-cakṣus

仏語　ぶっご　仏の言葉。仏陀の教説。仏語の原語 buddha-vacana は仏教・仏言・仏語言・仏聖教とも訳される。「日日の中に於て常に二分を以って仏語を修学し、一分は外論を学すれば、則ち違犯なし」「此の所説の諸仏・世尊の契経と諸句とに由って、大乗に於て真に是れ仏語なることを顕す」
Ⓢ buddha-pravacana: buddha-vacana

仏語言　ぶつごごん　仏の言葉。仏陀の教説。仏語言の原語 buddha-vacana は仏教・仏語・仏言・仏聖教とも訳される。「諸の仏語言を内明処と名づく」　Ⓢ buddha-vacana

仏国土　ぶっこくど　仏土とおなじ。→仏土

仏言　ぶつごん　仏の言葉。仏陀の教説。仏言の原語 buddha-vacana は仏教・仏語・仏語言・仏聖教とも訳される。「此の説は皆な真の仏言に非ず」　Ⓢ buddha-vacana

仏子　ぶっし　仏の子。仏の教えを信じ実践する人。たとえば菩薩を仏の子にたとえて仏子という。「慈尊は仏の宝位を継襲し、是れ真の仏子なり」「仏子とは一切の菩薩なり」
Ⓢ buddha-putra

仏使　ぶっし　仏の使者。仏から使わされて、なすべきことを終えるまでは死ぬことがないから、中夭（寿命をまっとうせず生存の途中で死ぬこと）がない者の一人にあげられる。　Ⓢ jina-dūta
（参考）（『倶舎』11、大正 29・62a）

仏地　ぶつじ　仏の地。菩薩が十地を順次修行して最後に至る覚者の段階。五位（資糧位・加行位・通達位・修習位・究竟位）のなかの究竟位にあたる。「一切の菩薩の十地の功徳は皆な是れ有上なれども、仏地の功徳は無上なり」　Ⓢ buddha-bhūmi
（出典）於一切種所知境界、現正等覚故、第十一説名仏地（『解深』4、大正 16・704b）

仏事　ぶつじ　仏がなすべきこと。仏所作事とおなじ。「一如来が一つの三千大千仏土に於て普く能く一切の仏事を施作す。是の故

に第二の如来の出世は利益するところなし」「如来は菩提を証し已って遍く十方の一切の仏土に於て普く能く一切の仏事を施作す」 Ⓢ buddha-kārya
(参考)(『瑜伽』50、大正 30・574c〜575a)に、十種の仏事が説かれる。

仏舎利　ぶっしゃり　仏の舎利。仏陀の遺骨。→舎利①

仏授　ぶつじゅ　仏から授かったもの。徳友(guṇa-mitra)とともにインドにおける代表的な男子の名前の一つ。「異類に相応する名とは仏授・徳友、青・黄などの名を謂う」 Ⓢ buddha-datta

仏出世　ぶつしゅっせ　仏がこの世に出現すること、生まれること。仏の出世に遇うことが修行の出発点になることが強調されている。「仏出世に値って常に承事することを得る」「仏の出世に遇い、正法を聴聞し、如理作意し、法随法行す」 Ⓢ buddha-utpāda

仏所　ぶっしょ　仏の居るところ。「彼の王は一時、仏所に往詣して仏足に頂礼し、白して世尊に言う」 Ⓢ tathāgatasya antike

仏所行　ぶっしょぎょう　仏の所行。仏境界とおなじ。→仏境界

仏所作事　ぶっしょさじ　仏がなすべきこと。仏事とおなじ。→仏事「諸の菩薩は此の生の中に於て能く阿耨多羅三藐三菩提を現等覚して広く一切の仏所作事を作す」
Ⓢ buddha-kārya: buddha-kṛtya: buddha-kṛtya-anuṣṭhāna

仏性　ぶっしょう　①仏たること。「所知の彼岸に到るが故に波羅蜜多と名づく。仏性に安住するが故なり」「仏性に安住するとは、仏性は正に是れ彼岸の体なり。能く安住するに由って之を名づけて到と為す」
Ⓢ buddhatva
②すべての衆生が本来的に有している仏になる可能力。「一切の衆生に悉く仏性あり」「若し仏性がなければ仏道を修することは無用なり。若し爾らば五姓教を習学する人は常に此の疑あり」

仏聖教　ぶっしょうぎょう　仏の教え。仏聖教の原語 buddha-vacana は仏教・仏語・仏言・仏語言とも訳される。「菩薩は方便善巧して仏聖教に於て已に成熟せる者をして解脱を得せしむ」 Ⓢ buddha-vacana

仏証浄　ぶっしょうじょう　真理すなわち四諦の理をさとることによって得られる、仏(仏・法・僧の三宝のなかの仏)に対する清浄な信をいう。四つの証浄の一つ。→四証浄

仏乗　ぶつじょう　声聞乗・独覚乗・菩薩乗の三つのなかの最後の菩薩乗を、菩薩行を修することによって仏のさとりである阿耨多羅三藐三菩提(無上正覚)を獲得するから仏乗という。

仏身　ぶっしん　①仏の身体。仏の身体を傷つけて出血させることは、五つの無間業(無間地獄におちることになる大罪)の一つにあげられる。「悪心によって仏身の血を出だすは無間業なり」 Ⓢ tathāgata-śarīra
②二種の仏身(生身・法身)。生身はなま身の仏の身体、法身は真理としての仏の身体。「諸の仏身に略して二種あり。一には生身、二には法身なり」
③仏としてのありよう。自性身と受用身と変化身との三種の仏身をいう。→三身

仏随念　ぶつずいねん　六種の随念(仏随念・法随念・僧随念・戒随念・捨随念・天随念)の一つ。仏・法・僧の三宝のなかの仏を念じて帰依すること。念仏とおなじ。→六念

仏世尊　ぶつせそん　仏陀の尊称。原語 bhagavat は世尊という意味のみであるが、仏を付して仏世尊と訳される場合が多い。
Ⓢ bhagavat

仏説　ぶっせつ　仏陀によって説かれた教え。大乗の経典は仏説ではないという大乗以外の学派からの非難に対して、大乗は、種々の角度から大乗経は仏説であることを証明する。「大乗経は真に是れ仏説なり」
Ⓢ tathāgata-bhāṣita
(参考)(『成論』3、大正 31・14c〜15a)

仏像　ぶつぞう　仏陀・如来の像。「仏像の前に対して普く十方の現住する諸仏・諸菩薩を供養す」 Ⓢ tathāgata-pratimā

仏足　ぶっそく　仏のあし。尊者のあし。インドにおいては尊い人と謁見するときには、まずその人の足に額をつけて拝む習慣がある。「彼の王は一時、仏所に往詣し、仏足を頂礼して白して世尊に言う」

仏陀　ぶっだ　buddha の音写。覚者と意訳する。一切の煩悩を断じ尽くし最高の覚り(阿耨多羅三藐三菩提)を得た人。仏とおなじ。→仏　Ⓢ buddha
(出典) 仏陀者、謂、畢竟断一切煩悩并諸習

気、現等正覚阿耨多羅三藐三菩提故。(『瑜伽』83、大正 30・765b):仏陀是覚者。若言抱徒愍、是事仏者。(『述記』1 末、大正 43・262a)

仏駄都 ぶっだと 仏の駄都。仏陀の遺骨。駄都は dhātu の音写で、仏陀の遺骨をいう。→駄都「昔し牝象あり。外方より仏駄都を載せて迦湿弥羅国に来入す。斯の福力に乗じて命終して此に生まれ、丈夫の身を得、出家して道を修して阿羅漢を成ず」

仏智 ぶっち 仏の智慧。最高のさとりを得た覚者の智慧。〈唯識〉においては成所作智・妙観察智・平等性智・大円鏡智の四つの智をいう。如来智とおなじ。→四智① 「菩薩は仏智を欣楽するを依止と為すが故に熾然に精進す」

仏弟子 ぶつでし 仏陀の弟子。釈尊に随って修行する人びと。仏陀の教えに随って生活する人びと。教団を形成する次の七種の人びとをいう。比丘・比丘尼・正学・労策男・労策女・近事男・近事女(→各項参照)。まとめて七衆という。→七衆
Ⓢ buddha-śrāvaka

仏土 ぶつど ①仏が教化する土地・領地・国土。仏教には、三千大千世界という全宇宙は一仏土である、すなわちただ一人の仏陀が出生して人々を救済するという考えがある。仏国土ともいう。「此の三千大千世界を一仏土と名づく。如来は中に於て正覚を現成し、無辺の世界に於て仏事を施作す」「諸の仏国土に往趣し、如来を奉見し承事し供養し、正法を聴受せんと欲す」 Ⓢ buddha-kṣetra
②〈唯識〉の仏土。「穢土を離れて浄土に生まれたい」という人びとの願いから浄土という概念が生じたのであるが、この浄土論は〈唯識〉に至って、三つの仏身の成立と相俟って複雑な仏土論として説かれるようになった。仏の身は自性身と受用身(自受用身と他受用身)と変化身(化身)との三種に分けられ、それぞれの仏の国土も各別となる。大別すれば、変化身の仏土と他受用身の仏土と自受用身の仏土とに分けられる。このなか変化身の仏土は、凡夫と声聞・独覚の二乗と初地に入る以前の菩薩のための国土であり、他受用身の仏土は、初地以後の菩薩のための国土であり、自受用身の仏土は、仏自身のための国土である。→三身 Ⓢ buddha-kṣetra
(参考)(『義林章』7、大正 45・369b 以下)

仏道 ぶつどう ①仏への道。仏陀になるための道程。覚者になるための修行。「若し仏性なければ、仏道を修することは無用となる」「汝等まさに仏道を成ずることを得ん」
②三種の道(声聞道・独覚道・仏道)のなかの一つ。最高のさとりを得る仏になることができる道。「仏道は唯だ仏道のために因となり、余の声聞道と独覚道との二のために因とならず」

仏涅槃 ぶつねはん 世尊が涅槃に入ること、亡くなること。仏滅とおなじ。「諸の菩薩は仏涅槃の後に如来の為の故に形像、若しくは窣堵波、若しくは龕、若しくは台を造立す」

仏菩提 ぶつぼだい 三種の菩提(声聞菩提・独覚菩提・仏菩提)の一つ。仏のさとり。無上菩提・無上正覚(阿耨多羅三藐三菩提)・大菩提ともいう。→菩提

仏法 ぶっぽう ①仏がさとった真理(法)。仏の教え、教説。自己のなかで一切の仏法を成熟することが自利行、他の人びとを成熟することが利他行として奨励される。「菩薩の一切の善法の作業とは、能く自ら一切の仏法を成熟することと他の一切の有情を成熟することとを謂う」「菩薩の方便善巧に十二種ありて、六種は内に依って一切の仏法を修証し、六種は外に依って一切の有情を成熟す」「漸次に諸の仏法を修行し、漸次に諸の有情を成熟す」「我れは、今、能く一切の仏法に於て其の心は怯劣あることなくして転ず」「諸の仏法に於て信解す」「此の国に多く諸の賢聖の衆ありて仏法を任持して相伝す」
Ⓢ buddha-dharma
②仏独自のすぐれたありよう・徳。→不共仏法「百四十の不共の仏法とは三十二大丈夫相・八十随好などを謂う」

仏法僧 ぶっぽうそう 仏と法と僧。仏教において尊重すべき三つの宝。→三宝

仏宝 ぶっぽう 三宝(仏宝・法宝・僧宝)の一つ。仏という宝。→三宝
Ⓢ buddha-ratna

仏滅 ぶつめつ 世尊が亡くなること、涅槃に入ること。仏滅度・仏涅槃とおなじ。「尊者は他を饒益せんが為に仏滅の後に於て此の論を制造す」「阿僧伽は亦た無著と名づく。即ち健陀邏国の人なり。仏滅度の後、一千年

中に世に出現す」

仏滅度 ぶつめつど　仏滅とおなじ。→仏滅

仏影 ぶつよう　仏影像とおなじ。仏の影像。人びとの定まったきよらかな心（定心）に現れる仏のすがた・影像。あるいは、四智のなかの平等性智が人びとの願いに応じて示現する仏の影像。「衆生の身の中に奢摩他の清潤なる定水がなければ仏影は現ぜず」「平等性智は諸の有情の勝解の差別を知って種種の仏影像を示現す」

物（ぶつ）→もつ

分別 ふんべつ　①概念的思考。言葉によって考えること。分別と訳される代表的な原語vikalpaは「二つにわけて」、あるいは「二つにわかれて」考えるという意味である。すなわち主観と客観とにわかれて両者の二元的対立の上に主観が客観をあれこれと考える作用を分別という。特に〈唯識〉は識一元論の立場より、さまざまな認識対象は、ただ心のなかの表象にすぎないのに、それらは心を離れて外界に実在するとまちがって考える思考のありようを否定して、分別を妄分別、あるいは虚妄分別とも呼ぶ。種類としては、自性分別・計度分別・随念分別の三種（『倶舎』2、大正29・8b）、境界分別・領納分別・仮説分別・虚妄分別・実義分別の五種（『瑜伽』53、大正30・594c）、有相分別・無相分別・任運分別・尋求分別・伺察分別・染汚分別・不染汚分別の七種（『瑜伽』1、大正30・280c）が説かれる。「此の尋求と決定との二つの意識に由るが故に境界を分別す」「諸の尋伺は必ず是れ分別なり」「真諦に於て覚寤した已後のあらゆる妙慧は分別あることなく諸の戯論を離る」「眼識の無間に分別の意識が生じ、此の分別の意識に由って可愛なる色に於て将に染著を生ぜんとす」 Ⓢ kalpa: nirdhārita: parikalpita: pari-**kḷp**: vikalpa: vikalpaka: vi-**kḷp**: saṃkalpa

②説き明かすこと。さらに詳しく解釈すること。「此の中の所説の教授・教誡は前の力種性品に已に広く分別せしが如く当に知るべし」 Ⓢ nirdeśa: prakaraṇa: pra-**jñā**: vi-**bhaj**: vivṛta

（出典）分別者、謂、略説已、分別開示解其義趣。（『瑜伽』83、大正30・763b）

③分類。区分すること。「煩悩の分別とは、或いは一種を立てる、或いは二種に分かつ」「是の如く福智は略して六種あれども、一一分別すれば応に無量なりと知るべし」「若しくは内、若しくは外の六処所摂の法を差別し分別すれば六百六十あり」 Ⓢ pari-**chid**: pra-**bhid**: prabheda: pravibhāga: bheda: vyava-**sā**

④五事（相・名・分別・真如・正智）の一つ。言葉によって考えること。広くは、三界のなかのすべてのこころ（心心所）をいう。

（出典）云何五事。一相、二名、三分別、四真如、五正智。（中略）何等為分別。謂、三界行中所有心心所。（『瑜伽』72、大正30・696a）

⑤生まれてから後天的に身についたもの。たとえば、よこしまな教えやよこしまな思考によって身についたものをいう。分別起・分別生とおなじ。倶生（先天的なもの）の対。「分別の我見」「分別の我執」「倶生の身見は是れ無記性にして、分別生は是れ不善性なり」 Ⓢ vikalpita

（出典）分別法執、亦由現在外縁力故、非与身倶。要待邪教及邪分別、然後方起、故名分別。（『成論』2、大正31・7a）

⑥触の定義のなかにみられる「変異を分別する」の分別。この場合の分別は相似と言い換えられ、触が、それを生じた根・境・識の三つの変化に似て、あらゆる心所を生じる力をもつに至ることをいう。「触とは謂く、三和して変異を分別して心心所をして境に触れしむるをもって性と為す」

（参考）（『成論』3、大正31・11b～c）：（『述記』3末、大正43・328c）

⑦所分別に対する分別。認識するもの。主観。〈唯識〉は、識が転変して分別（分別するもの。認識するもの）と所分別（分別されるもの。認識されるもの）とにわかれ、その両者の関係の上に分別されたものは非存在であり、一切はただ識のみが存在するにすぎないと主張する。識を四つの部分に分ける四分説でいえば、見分が分別であり、相分が所分別である。→四分

（参考）（『成論』7、大正31・38c）

分別愛非愛縁起 ふんべつあいひあいえんぎ　無明を根本原因として福・非福・不動の三種に分かれた業が生じ、それによって善趣か悪趣に分けられた生存のありようが結果すること。十二支縁起のこと。二種の縁起（分別自性縁起・分別愛非愛縁起）のなかの一つ。→

十二支縁起　→善趣　→悪趣
(参考)(『摂論釈・世』2、大正 31・328c)

分別依　ふんべつえ　眼識・耳識・鼻識・舌識・身識の五識のいずれかが生じるための四つの所依(同境依・分別依・染浄依・根本依)の一つ。→四依③

分別我見　ふんべつがけん　自己は存在するとみる見解のなかで、生まれてから後天的に身についた見解。よこしまな教えや考えによって植えつけられた見解。第六意識の働きによって生じる我見。二種の我見(倶生我見・分別我見)の一つ。分別起薩迦耶見とおなじ。→我見　→倶生我見
(出典)諸外道等分別我見、由宿習等之所生起、此外道見、要由数習故、不正尋思故。(『瑜伽』16、大正 30・365b):有分別我見、謂、諸外道所起。(『瑜伽』86、大正 30・779c)

分別我執　ふんべつがしゅう　自己への執着のなかで生まれてから後天的に身についた執着。よこしまな教えや考えによって植えつけられた執着。第六意識の働きによって生じる我執。二種の我執(倶生我執・分別我執)の一つ。分別起薩迦耶見ともいう。→倶生我執
(出典)分別我執、亦由現在外縁力故、非与身倶。要待邪教及邪分別、然後方起故、名分別。唯在第六意識中有。(『成論』1、大正 31・2a)

分別記　ふんべつき　ある質問に対していくつかの観点から分けて答えること。たとえば、「滅したものは必ず生じるか」という問いに対して、「煩悩のある凡夫は生じ、煩悩のない阿羅漢は生じない」という答え方をいう。四つの答え方(一向記・分別記・反問記・捨置記)の一つ。
Ⓢ vibhajya-vyākaraṇa
(参考)(『婆沙』15、大正 27・75c):(『倶舎』19、大正 29・103a 以下):(『瑜伽』81、大正 30・754a)

分別起　ふんべつき　後天的に身につくこと。先天的に身についていることを意味する倶生の対。分別・分別生とおなじ。→分別⑤「薩迦耶見に二種あり。一には倶生、二には分別起なり。倶生とは一切愚夫・異生乃至禽獣にも並びて皆な現行す。分別起とは、諸の外道などが計度して起こるをいう」

分別起薩迦耶見　ふんべつきさつがやけん　→分別我見

分別自性縁起　ふんべつじしょうえんぎ　阿頼耶識縁起のこと。阿頼耶識(潜在的な根本心)からさまざまな種類に分かれた事象が生起すること。二種の縁起(分別自性縁起・分別愛非愛縁起)のなかの一つ。→阿頼耶識縁起
(参考)(『摂論釈・世』2、大正 31・328c)

分別生　ふんべつしょう　後天的に身につくこと。分別・分別起とおなじ。→分別起「倶生の身見は無記性であり、分別生の身見は不善性なり」

分別変　ふんべつへん　識が意識的な分別の力によって変化すること。それによって変化したものは実際の働き(実用)がない。たとえば思い出された過去の出来事や夢のなかの出来事や定心中の影像などをいう。詳しくは独頭の意識の心心所の相分、第七末那識の心心所の相分、第八阿頼耶識の心所の相分をいう。識の二つの変化(因縁変・分別変)の一つ。→因縁変
(出典)有漏識変略有二種。一随因縁勢力故変、二随分別勢力故変。初必有用、後但為境。(『成論』2、大正 31・11a)

分別法執　ふんべつほっしゅう　法(存在するもの・存在の構成要素)への執着のなかで、後天的に身についた執着。よこしまな教えやよこしまな思考によって身についた執着をいう。八識のなかの意識のみが起こす執着。
(出典)分別法執、亦由現在外縁力故、非与身倶。要待邪教及邪分別、然後方起、故名分別。唯在第六意識中有。(『成論』2、大正 31・7a)

分別論師　ふんべつろんじ　→分別論者

分別論者　ふんべつろんじゃ　分別論師ともいう。旧訳に分別説部という。いまだ理を尽くしていない説に対して分別し論究すべきであるとする部派の人びとをいう。この部派のさまざまな説が『婆沙論』『倶舎論』『成唯識論』などに引用されているが、〈唯識〉との関係でいえば、阿頼耶識の先駆的思想である有分識を説いた学派である。「上座部の経と分別論者とは倶に密意に此(=阿頼耶識)を説いて有分識と名づく」(『成論』3、大正 31・15a)。「分別論者は旧に分別説部と名づく。今の説化部なり。有分識を説く」(『述記』4 本、大正 43・354a)。「説は尽理に非

ず。半は是、半は非、更に分別を須いるが故に分別説部と名づく」(『倶舎論記』20、大正41・310b)。 S vibhajya-vādin

坌灰 ふんけ 灰にまみれること。「自ら幻惑し已って坌灰して泣いて傷歎す」

芬馥 ふんふく よい香りがただようこと。「舒葉が開花し、妙香が芬馥す」「香が芬馥し諸方に遍ず」 S **vā**: sugandha

忿 ふん 随煩悩の一つ。いかるこころ。自分にとってためにならない事柄に対して、腹をたてて杖などでなぐるなどの行為を引き起こすほどにいかるこころ。 S krodha
(出典) 云何為忿。依対現前不饒益境、憤発、為性。能障不忿執仗、為業。(『成論』6、大正31・33b):瞋恚纏、能令面貌惨裂奮発、説名為忿。(『瑜伽』89、大正30・802b)

忿恚 ふんい いかりおこること。「施などの六波羅蜜多は、其の次第の如く、慳悋・犯戒・忿恚・懈怠・散乱・悪慧を以って所治と為す」 S krodha: krodhana

忿競 ふんきょう いかりあらそうこと。「随煩悩は能く諸の闘訟などの種種の忿競を発起するが故に名づけて諍と為す」
S kupita

忿恨 ふんこん ①忿と恨。二つの随煩悩。
→忿 →恨
②いかりうらむこと。「忿蔽に由るが故に加うるに手足・塊石・刀杖を以ってし、有情を捶打・傷害・損悩し、内に猛利の忿恨の意楽を懐く」 S krodha

忿責 ふんしゃく いかりせめること。「天龍、忿責して甘雨を降さず」 S pradoṣa

忿怒 ふんぬ いかりおこること。「能く忿怒と怨讎とを滅尽し、及び能く善く自他の安隠に住するが故に名づけて忍と為す」
S kopa: roṣaṇa

忿蔽 ふんへい 心がいかりにおおわれること。「忿蔽に由るが故に、加うるに手足・塊石・刀杖を以ってし、有情を捶打・傷害・損悩す」 S krodha-abhibhūta

紛 ふん 羊毛などをほぐすこと。「或いは毛、或いは氈を、若しくは鞭し、若しくは弾し、若しくは紛し、若しくは擘すれば、その時、分散し柔軟・軽妙にして縷綫・氈褥を造作するに堪任す」

紛聒 ふんかつ やかましいこと。大声を出してさわぐこと。「掉の為に心が動かされ、高声に嬉戯し、諠譁紛聒す」
S saṃkilikilāyate

紛擾 ふんじょう いいあらそうこと。「或いは紛擾する時は、或いは相い誹撥する時は、応に宴黙すべし」

紛乱 ふんらん ①喧噪。騒音。大声で叫ぶこと。「福が薄き者は、死ぬ時、及び胎に入る時、便ち種種の紛乱の声を聞く」
S kolāhala
②(手足が) ふるえること。「上品の不善業を作す者は、斯の変怪相を見るに由るが故に、汗を流し、毛が竪ち、手足が紛乱す」
S vikṣepa
③みだれ動くさま。「悪業を造す者は将に没せんとする時、紛乱する色を見る」
S vyākula

焚 ふん 焼く、もやすこと。「尊者達臘婆末羅子は神通力を以って虚空に上昇し、火界が身を焚して余すことなく灰燼す」「人が樹を焼くに、先に枝葉を焚し、後に其の根に及ぶが如く、菩薩も亦た爾り。果を以って門と為して縁起の法を観ず」

焚焼 ふんしょう 焼く、もやすこと。「大火が縦逸に村邑・国城・王都を悉く焚焼して灰燼と為す」
S **dah**: nirdagdha: nir-**dah**: saṃtāpita

焚葬 ふんそう 死体を火で焼いて葬ること。「最後に般涅槃する時、即ち此の衣を以って屍を纏して焚葬す」 S nirdagdha

焚滅 ふんめつ 焼きつくすこと。「諸の菩提分法は一切の障を焚滅す」

焚燎 ふんりょう 焼くこと。「焼然の勢速とは火が焚燎するを謂う」 S prajvalita

憤 ふん いかる、おこること。「諸の菩薩は他の所作の不饒益事に遇っても意は憤らず」「煩悩纏は能く刀仗を執持して闘訟し違諍することを発起せしめるが故に憤と名づく」 S **kup**: pra-**duṣ**: pradoṣa: vyā-**pad**

憤恚 ふんい いかること。「内に意が憤恚し、鬱怏し、悩害の心を懐く」

憤怨 ふんおん いかりうらむこと。「瞋恚纏は憤怨の詈言と鄙語とを発起す」

憤害 ふんがい いかること。「顰蹙して住すとは、憤害し已って後に眉面を顰蹙して、黙然として住するを謂う」

憤責 ふんしゃく いかること。「菩薩は、その時、自ら憤責を現ずれども、唯だ利益せ

んと欲すれば憤の意楽には非ず」 Ⓢ kupita

憤諍 ふんそう いかり争うこと。激しくおこること。「意に依って起こるところの貪と瞋と及び憤諍などの悪不善法を生ず」 Ⓢ saṃrambha

憤怒 ふんぬ いかりおこること。「菩薩は憤怒し撓濁した心を以って恵施を行ぜず」「毀論とは更相に憤怒し麁悪言を発起するを謂う」 Ⓢ **kup**: kruddha: garhita

憤勃 ふんぼつ いかること。「自ら憤勃なく、他の怨に報わざるを忍と名づく」 Ⓢ **kup**

憤発 ふんぼつ いかりで心が動揺すること。相手に対して荒々しい言葉を発したり、打ちかかろうとする行為を引き起こすほどにいかること。「忿とは現前の不饒益の境に対するに、依って憤発するを性と為す」「彼れ本性として瞋恚多きが故に将に語を出さんとする時、先に憤発を現し、身が掉し、色が変ず」「憤発とは、言を出し、悪意楽を顕発するを謂う」「憤発を現ずるとは、麁獷にして不遜なる言を以って対論者を擯するを謂う」 Ⓢ āghāta: vi-**kṣubh**: sam-**kṣubh**

憤発見 ふんぼつけん 憤発の見。二十八種のまちがった見解（不正見）の一つ。→不正見

奮 ふん ふるうこと。ふりまわすこと。「戈を奮い刀剣を揮る」

奮身 ふんしん 身がふるいたつこと。「正に熱時に於ては、身体舒泰にして奮身・乾語なり」 Ⓢ saṃtapta-gātra

奮迅 ふんじん ふるいたって勢いがはげしいこと。「師子奮迅の三摩地」

奮発 ふんぼつ ①ふるい立って精進すること。「奮発と言うは、精進を発勤す、或いは更に昇進し威猛・勇悍なるを謂う」
②（顔や身が）興奮しているさま。「瞋恚纏が能く面貌をして惨裂・奮発せしむるを説いて名づけて忿となす」「寂静語とは、言が高疎せず、喧動せず、身に奮発なきを謂う」

糞 ふん ふん。大便。汚物。「餓鬼の一分は糞を食べ溺を飲む」「田や糞や水などは諸の苗稼のために増上縁となる」 Ⓢ amedhya: gūtha: purīṣa

糞穢 ふんえ ①大便。「若しくは髪毛など、乃至、糞穢は是れ内の地界、若しくは小便などは是れ内の水界なり」「我れは往くべしと雖も、棘刺を蹈まず、垣牆を踰えず、深水に溺れず、糞穢を履まず」「人が糞穢ありと見る処に於て、猪などの傍生は、見て浄妙な居るべき室宅と為す」 Ⓢ gūtha: purīṣa
②大便や小便などの汚物。「餓鬼あり、糞穢を食すと名づく。或いは一分は糞を食べ溺を飲む」「諸の糞虫、及び猪犬などは極めて糞穢の不浄に楽著す」 Ⓢ avaskara

糞穢戒 ふんえかい 糞などの汚物を食べることによって生天しようとする戒。外道の戒の一つ。「外道あり、糞穢戒を持して計して清浄と為す」 Ⓢ viṣṭhā-vrata

糞掃 ふんぞう 汚物をふいてのぞくこと。「諸の有漏法は皆な牢固ならず。糞掃の淤泥の如し」

糞掃衣 ふんぞうえ 糞などの汚物をふくのに用いるようなぼろ切れを縫い合わせてつくった衣。修行僧が身につける衣服をいう。「釈迦仏は亦た糞掃衣を称讃して、便ち著することを許す」 Ⓢ pāṃsu-kūlika

糞泥 ふんでい →糞埿

糞埿 ふんでい 汚物のどろ。（死体が）くさってできたかたまり・泥。糞泥とも書く。「屍の糞埿の内に多く諸虫あり」 Ⓢ gūtha-mṛttika

分 ぶん ①いくつかに分けられたもの。部分。「在家と出家との二分の浄戒」「車は総にして衆の分を攬して成ず」「精進と静慮波羅蜜多とは福分と智分との二に通ず」 Ⓢ aṃśika: aṅga: pakṣa: pakṣya
②物質を構成する部分。物質を構成する最小単位の原子（極微）とは、それ以上、部分に分割できるような大きさをもたないもの、すなわち、部分（分 avayava）を有しないと考えられる。〈唯識〉以外は、そのような極微が心を離れて存在するとみなすが、〈唯識〉は大きさをもたないものがいくら結合しても、大きさをもった物質になることがないから極微は心が作り出したものであると主張する。「色聚は有分なれど、極微は有分に非ず」 Ⓢ avayava
③〜分の一、という分数を表すときの分。「爪の上の土を大地の土に比するに、百分にして一に及ばず、千分にして一に及ばず」 Ⓢ kalā
④全分・具分（すべて）に対する一分（一部分）の分。 Ⓢ deśa

⑤支分の分。支と分。支（aṅga）は、身体の中心的な構成部分、分（pratyaṅga）は、それ以外の付属的な部分をいう。
Ⓢ pratyaṅga
⑥一月の半分。半か月。「一菩薩ありて是の如き日に於て、是の如き分に於て、是の如き月に於て、是の如き年に於て、菩提心を発して菩提に趣くことを願う」 Ⓢ pakṣa
⑦菩提分法の分。原語 bodhi-pakṣya-dharma は「菩提を助ける法」「菩提に順趣する法」とも訳されることから、この場合の分とは、菩提を得ることを助ける、菩提を得ることにつながっていく、という意味。 Ⓢ pakṣya
⑧順決択分の分。関係している、一部分であること。「決択の分」とは決択に関係している、決択の一部分であるという意味。
Ⓢ bhāgīya
（参考）（『倶舎』23、大正 29・120a）
⑨ある場所の辺境、あるいは一部分をいう。「或いは村と村分、或いは城と城分」「国土の一分」 Ⓢ pradeśa
⑩一日を区分した、ある時間帯をいう。「昼日の分に於る経行と宴坐との二種の威儀は順障法に従って其の心を浄修す」 Ⓢ yāma
⑪時間の単位の一つ。「是の如き正加行の中に於て、時と分と量などに応ずる正行に依って慚愧を修す」 Ⓢ velā
⑫わける、分割する、区分すること。「支節を分けて之を施与す」「三界の善心を二種に分つ」 Ⓢ pravi-**bhaj**: **bhid**: bheda: vibhakti: vibhāga: vivecana

分位 ぶんい ①あるもの・あるできごとをいくつかに分けた状態・ありよう。位ともいう。「母腹の中に羯刺藍位などの五つの分位あり」「苦の分位と楽の分位と不苦不楽の分位との三つの分位の差別ありて、即ち是れは能く三受に順ずる諸法なり」 Ⓢ avasthā
②ある存在や出来事の上に二次的に設定された存在性。たとえば〈唯識〉では、そのような存在性をもつものとして心不相応行を考え、心不相応行は、色と心との作用のさまざまなありようの上に仮に立てられたもの（分位に仮立されたもの）であると主張し、〈有部〉がそれを実有とみなす見解に反対する。「諸蘊の分位に依って得・無想定などの心不相応行を建立す」「不相応行も亦た定んで実有に非ず。但だ色などの分位に依って仮立せるものなり」 Ⓢ avasthā

分位縁起 ぶんいえんぎ 四種の縁起（刹那縁起・連縛縁起・分位縁起・遠続縁起）の一つ。十二支すべてに通じて、縁起する本体は五蘊であるが、それぞれの分位においてその五蘊の最も強いありようをもってそれぞれの支の名称としているとみる縁起観。
Ⓢ āvasthikaḥ pratyaya-samutpāda

分位仮 ぶんいけ 三種の仮有（相待仮・分位仮・聚集仮）の一つ。事象の状態やありように対して仮に立てられた存在性。たとえば生・住・異・滅の四つのありようをいう。総じていえば、すべての不相応行のありようをいう。
（出典）仮有三種。（中略）二分位仮、如生等相。（『了義灯』4 本、大正 43・735a）

分位差別 ぶんいしゃべつ 位差別ともいう。ある存在や出来事の区別された状態・ありよう。たとえば『瑜伽』には次の二十五種の差別が説かれている。上・中・下、苦・楽・不苦不楽、善・不善・無記、聞・思・修、増上戒・増上心・増上慧、内・下、所取・能取、所治・能治、現前・不現前、因・果（『瑜伽』81、大正 30・753c）。「諸法の分位差別に約して生・老・住・無常の四相を建立す」「語声の分位差別に依って仮に名句文身を建立す」 Ⓢ avasthā-bheda: vyavasthāna

分解 ぶんげ 身体などを切り裂くこと。分砕とおなじ。「宿業所引の身は瘡孔の中にて肢節を分解して外に牽き出ださるる」
Ⓢ ni-**kṛt**

分限 ぶんげん 限界。限られた範囲。「有情界に於ては分限あることなし」「法身などの三種の仏身は仏地の中に於ては平等に遍満し、中なく辺なく分限あることなし」
Ⓢ prādeśika

分砕 ぶんさい 身体などを切り砕くこと。分解とおなじ。「支節を分砕して施与す」

分斉 ぶんさい 区分。区別。相違。差別。「有為法に三つの分斉あり」「仏世尊は所化者の修行の分斉を観る」

分散 ぶんさん ①散らすこと。散在すること。「眼根の極微は眼星の上に在りて傍布して住し、香菱花の如く清澈の膜の覆うありて分散することなからしむ」 Ⓢ vi-**kṝ**
②死体が鳥獣に食べられて肉が付着した骨、あるいは、骨だけが散乱しているさま。肉体

への貪りを断つための不浄観において観察する対象の一つ。→不浄観「死屍が食噉されて支節分離し、処処に散在し、或いは其の肉あり、或いは其の肉なれば是れに於て分散の勝解を発起す」「分赤の想と分散の想とは形貌貪を対治す」 Ⓢ vikṣiptaka: viśīrṇa

分赤想 ぶんしゃくそう 肉体への貪りを断つための不浄観において、死体が腐って血の色のように赤くなっているさまを観察すること。分赤の原語 vilohitaka は異赤・変赤・血塗とも訳される。→不浄観「分赤想と分散想とは形貌貪を対治す」 Ⓢ vilohitaka-saṃjñā

分析 ぶんしゃく ①物質（色）を、それを構成する要素に細かく分けること。分析して最後に至り得たものを極微という。「分別の覚慧に由って諸色を分析して極辺際に至りて極微を建立す」「諸色を分析して最細の位に至るを名づけて極微と曰う」「諸の極微の体は細分なきが故に分析すべからず」 Ⓢ apa-**ci**: pariccheda: vibhāga
②分ける、区分すること。「中に於て位の別を分析して中有と生有と本有と死有との四と為す」 Ⓢ **bhid**
③分けて考察すること。「能く諸処の差別を分析して諸行の中に於て無我智見を得る」
④身体などを切り裂くこと。分解・分砕とおなじ。「あらゆる支節を分析するを楽って以って自ら活命するを非狂如狂の所作と名づく」

分清浄者 ぶんしょうじょうしゃ 分に清浄なる者。唯識性（唯識という真理。真如）を完全ではないが、その一部分をさとっている者、すなわち菩薩をいう。唯識性を完全にさとりおえた如来を満清浄者というのに対する。「唯識性において満に分に清浄なる者を稽首す。我れ、今、彼の説を釈し、諸の有情を利楽せしむ」「唯識性に於て分に清浄なる者とは、分とは少分を謂う。即ち諸の菩薩は分に唯識の真如の自性を証するも、覚はいまだ円明ならざるを分浄者と名づく。師弟の悟証の不同を顕さんと欲するが故に唯識に於て満と分との浄を説く」
（参考）（『成論』1、大正 31・1a）:（『述記』1 本、大正 43・232c）

分段 ぶんだん ①くぎり。一つ一つ分けてくぎること。四食のなかの一つである段食を食べるときの食べ方をいう。「餓鬼・傍生・人の中に麁なる段食あり。分段を作して之を噉食す」 Ⓢ kavaḍī-**kṛ**
②分段生死の分段。寿命の長さの限界。→分段生死
（出典）身命短長、随因縁力、有定斉限、故名分段。（『成論』8、大正 31・45a）

分段生死 ぶんだんしょうじ 二種の生死（分段生死・変易生死）の一つ。寿命の長さに限界（分段）がある生死。この生死は有漏の善・不善業を因とし、我執から生じる煩悩障を縁として起こる。寿命の長さを思い通りに長くも短くも変化（変易）せしめることができるような生死のありかたである変易生死の対。→変易生死
（出典）生死有二。一分段生死。謂、諸有漏善不善業、由煩悩障縁助勢力、所感三界麁異熟果、身命短長、随因縁力、有定斉限、故名分段。（『成論』8、大正 31・45a）
（参考）（『述記』8 末、大正 43・535c）

分布 ぶんぷ ものをわけ与えること。施すこと。「恵施の中に於て分布を楽うとは、父母・妻子などの所に於て時時に平等に分布するを謂う」 Ⓢ prati-**pad**: saṃvibhāga

分明 ぶんみょう ①認識の対象がはっきりとしていること。はっきりと見ること。「正念に由るが故に睡夢の中に於ても亦た常に記憶して彼の法の相を分明に現前せしむ」「世間の虚空の所作の業用は分明に得べし」「諸の義が現前に分明に顕現すれども、是れ有るに非ずと云何に知るべきや」「二眼を開けば色を見ること分明なり」
Ⓢ abhivyakti: jāgrataḥ vispaṣṭa: vyakta-darśana: suvyakta: sphuṭatara
②文や語りが分かりやすく明瞭であること。「文句、味わうべきが故に美妙と名づけ、善く文句を釈するが故に分明と名づく」「凡そ宣吐するところは分明にして了し易し」「此の比量に由って語義は分明なれば、重ねて釈すべからず」 Ⓢ vispaṣṭa: spaṣṭa
③聡明であること。「覚が分明なる鬼、及び傍生が、母などを害すれば亦た無間業を成ず」 Ⓢ paṭu

分離 ぶんり はなれること。ばらばらになること。切り離すこと。「此の死屍は或いは食噉せられ、支節が分離して処処に散在す」「分離の能作とは、鎌などを所断に望んで謂う」 Ⓢ viyoga: viśleṣita

分離欲者　ぶんりよくしゃ　一部分の煩悩を断じた者。凡夫の位で欲界の見惑・修惑のなかの前三品を断じた者。

文（ぶん）→もん

蚊　ぶん　か。Ⓢ daṃśa

蚊虻　ぶんもう　蚊蝱とも書く。「か」と「ぶよ」。蛇蠍（へびとさそり）とともに噛まれて悪い感触を引き起こして嫌われる動物の一群としてあげられる。「彼の尊者は寒熱・飢渇・蚊虻・風日・蛇蠍の毒触を能く忍受す」「蚊蝱・風・日・蛇・蠍などの触あり」Ⓢ daṃśa-maśaka

へ

平（へい）→びょう

并（へい）→びょう

兵（へい）→びょう

閉　へい　①（目や口を）とじること。「衆の色に於て見ることを欲せざる者は、或いは目を閉じる、或いは復た背面す」
Ⓢ nimīlita: nimeṣa: saṃvṛta
②（門や戸を）しめること。「四門ありて、関閉は鉄扇をもってす」　Ⓢ asita: pidhāna

閉在　へいざい（牢獄に）とじ込められていること。幽閉されていること。「貪瞋癡に繋縛せらるる諸の有情類は大苦の生死の牢獄に閉在す」

閉尸位　へいしい　閉尸は peśī の音写。胎児の五段階（『倶舎論』の所説）、あるいは八段階（『瑜伽論』の所説）の第二の状態。すでに肉ができてはいるが、いまだしなやかな状態の胎児の段階をいう。→胎蔵　Ⓢ peśī
（出典）若已成肉仍極柔軟、名閉尸。（『瑜伽』2、大正 30・285a）：閉尸者、此名凝結。雖已成肉、仍柔軟故。（『略纂』1、大正 43、13b）

餅　へい　もち。一つ一つ分けて噛み砕き、段々と食べる食物（段食）の一つ。飯、糜などとともに身心を維持する代表的なものとしてあげられる。「能く身心勢力を増長する餅・飯・糜などの種種の飲食を用いて諸の衆生に施す」「段食とは、即ち餅・麨・飯・羹・臛・糜・粥などなり」
Ⓢ manthā: bhakta

弊悪　へいあく　①（智慧が）劣っていること。「言は威粛ならず、智慧は弊悪なり」
②（容貌が）醜いこと。美麗の対。「若し不善の業を以って眷属と為す者は、形色は醜陋にして、不善は彼れの弊悪の力を増す」

弊穢　へいえ（性的な享楽など）卑しく汚れていること。「世間の弊穢な法」
Ⓢ grāmya

弊下　へいげ　わるく下劣であること。「弊下なる那落迦」「弊下の境に於て起こすところの貪欲を名づけて貪垢と為す」

弊心　へいしん　わるく下劣な心。たとえば身の回りの物や財産などに執着して人に施さず、それを貯えようとするけちな心。「慳垢・弊心にして衆具を積集す」

弊劣　へいれつ（現象的存在が）下劣でいやしいこと。「諸行の中に於て見と我慢との為に覆障せらるる者は、如実に其の性として弊劣なる諸行の体相を知らずして、人天の身、及び彼の衆具に於て、謂いて高勝と為す」

蔽　へい　①（衣などが身を）おおう、つつむこと。「衣が僅に身を蔽い、食が纔に腹をみたせば、知足し歓喜す」
②（煩悩が心を）おおうこと。「貪者は貪に蔽われ、瞋者は瞋に蔽われ、癡者は癡に蔽わるる」　Ⓢ abhibhūta

蔽覆　へいふく　①衣服で身をおおうこと。着服すること。「八数随行とは、蔽覆の事、瑩飾身などの世間の数数の所行に随う事を謂う」　Ⓢ kaupīna-pracchādana
②（煩悩が心を）おおうこと。「愚癡所生の悪見が其の心を蔽覆す」

蔽伏　へいぶく（煩悩が心を）おおうこと。「或いは心性を蔽伏する無明あり、或いは業を発する無明あり」「羸劣なる発心とは、已に発心すれども貪瞋癡の纏に蔽伏せらるるが故に正行を捨てて邪行に処するを謂う」
Ⓢ abhibhūta

蔽抑　へいよく（煩悩が心を）おおうこと。

「煩悩が熾盛にして其の心を蔽抑す」
Ⓢ abhi-**bhū**

吠地迦呪 べいじかじゅ ヴェーダ聖典にある呪句・呪文。吠地迦の原語 vaidika は veda の形容詞で、「ヴェーダに関する、由来する」という意味。「若し諸の有情が婆羅門の吠地迦呪を信じ、精勤し受持し読誦して究竟の浄を得ると妄りに計すれば、方便をもって勧めて諸の仏の聖教に於て受持し読誦し其の義を思惟せしむ」 Ⓢ vaidika-mantra

吠舎 べいしゃ vaiśya の音写。インド社会における四種の身分である四姓（婆羅門・刹帝利・吠舎・戍陀羅）の一つ。農業・牧業・商業・工業などの生産事業に従事する階級。吠奢ともいう。→四姓 Ⓢ vaiśyā

吠舎佉月 べいしゃきゃがつ 吠舎佉は vaiśākha の音写。季春と意訳。一年を構成する十二か月の一つ。春の三月の一つ。
Ⓢ vaiśākha
（参考）（『婆沙』136、大正 27・701c）：（『西域記』2、大正 51・876a）

吠奢 べいしゃ 吠舎とおなじ。→吠舎

吠咀剌尼 べいたらに vaitaraṇī の音写。贍部洲にある四大河の一つである縛芻河の支流の一つ。→四大河 Ⓢ vaitaraṇī

吠陀 べいだ veda の音写。バラモン教の根本経典。veda とは知識という意味で、バラモン教の信じるところによれば、古の聖者が神の啓示を受けて誦したものである。吠陀論・吠陀書ともいう。veda を韋陀と音写して韋陀論、明と意訳して明論ともいう。→四吠陀「諸の吠陀と及び余の邪論とは皆な雑穢語の摂なり」
（出典）吠陀者明也。明諸実事故。彼計此論、声為能詮、定量表詮諸法、諸法揩量、故是常住。所説是非。（『述記』1 末、大正 43・262c）

吠陀書 べいだしょ →吠陀

吠陀論 べいだろん →吠陀

吠嵐婆風 べいらんばふう →吠藍婆風

吠藍婆風 べいらんばふう 吠藍婆は vairambha の音写。吠嵐婆とも音写。外界で吹く風のなかの一つ。猛烈に吹く風。吠嵐婆風ともいう。→風① Ⓢ vairambhā vāyavaḥ

吠琉璃 べいるり vaiḍūrya の音写。琉璃・瑠璃とも音写。宝石の一種で猫目石をいう。七宝の一つ。→七宝②「妙高山王は四宝を体と為す。謂く、四面の北東南西は、次の如く金・銀・吠琉璃・頗胝迦の宝を体と為す」
Ⓢ vaiḍūrya: vaidūrya
（参考）（『婆沙』124、大正 27・648b）：（『瑜伽』44、大正 30・534a）

僻見 へきけん 偏見。よこしまな見解。正しくない見方。有身見・辺執見・邪見・見取見・戒禁取見の五見をいう。「五つの僻見に就きては邪見が最も重しと説く」 Ⓢ dṛṣṭi

僻執 へきしゅう よこしまな見解をもつ者。「衆会に唯だ僻執あれば、立論者は論端を起こすべからず」「無畏とは、大衆に処して無量の僻執・英俊・結謀に囲繞せらるると雖も、発するところの言詞は坦然として無畏なるを謂う」 Ⓢ abhiniviṣṭa

壁 へき かべ。土塀。「其の脇を以って大床、或いは小縄床、或いは壁、或いは樹草葉座などに依倚す」「壁が画を持するが如きを説いて立因と為す」 Ⓢ kuḍya: prākāra

璧玉 へきぎょく 珍宝の一つ。平な円いたま。→珍宝 Ⓢ śilā

躄 へき ①地面にたおれること。「等活大那落迦の中に於ては、彼の有情は更相に残害し悶絶し地に躄す」 Ⓢ patita: pra-**pat**
②足がなえて歩けない病気。「疥・癩・禿・攣・躄などの種種の悪疾が其の身を逼切す」

霹靂 へきれき 激しく鳴り響くかみなり。「雷震・掣電・霹靂が諸山・大地の傾覆・動搖を現ず」

別 べつ ①べつの。べつに。「欲界の中にては余の趣処の業も別の縁の力に由って異なる趣処を受くることあり」「一切法は唯だ仮の建立にして自性あるに非ず。亦た、彼を離れて別に自性あるに非ず」 Ⓢ anya: anyatra: para: pṛthak
②別々であること。相異していること。「愛敬の愛と敬とは別なり」「非常観と苦観との行相に何の別ありや」「前後の別を住異と名づく」
Ⓢ anyathātva: nānākāraṇa: paricchinnatva: prativiśeṣa: bheda: viccheda: viśeṣa: vaicitrya
③総の対としての別。別々に。個別的に。「是の如き世法が、若しくは総に、若しくは別に現前するに会遇すれば、能く衆苦を生ず」 Ⓢ vyasta

別異 べつい ①種々の。さまざまな。「能く男女・舎田などの仮名の別異の相を取るを

想所行の差別と名づく」「此の清浄所縁である勝義諦は、一切の蘊の中に於て是れ一味の相にして別異の相なし」
②相異していること。違っていること。「楽の分位と苦の分位とは別異の性あり」「此の前後は相い望んで別異なり」 Ⓢ anyathā

別異想 べついそう 別異を想うこと。種々の異なったもの、たとえば、男と女、家屋と土地などの名でよばれるものがあると考えること。三種の想（色想・有対想・別異想）の一つ。これら三つの想を滅することによって無色界の空無辺処に入ることができる。
（参考）（『婆沙』137、大正 27・707b）：（『瑜伽』53、大正 30・594a）

別縁 べつえん ①いくつかの要素からなる対象の要素を別々に認識すること。総縁の対。→総縁「尽無生智は、或いは五蘊を総縁す、或いは復た別縁す」 Ⓢ vyavacchinna-ālambana
②別の縁。別の原因。「衆縁ありと雖も別縁を闕けば、果は便ち有らず、闕けずんば、便ち有り。種が芽を生ずるが如し」
Ⓢ anya-pratyaya: kāraṇa-antara

別義 べつぎ ①（説かれた言葉通りではない）別の意味。「別義と相応する意趣とは、言音の如き名身・句身・文身に非ざる義と相応する意趣を謂う」「世尊の了義の所説に於て別義を以って釈して不了と成らしむ」
Ⓢ anyathā
②個々の意味。個別の意味。別々の意味。「是の如く釈するところは契経に順ぜず、亦た能く諸句の別義を辯ぜず」「薄伽梵は処処の経の中に心・意・識の三種の別義を説き、集起を心と名づけ、思量を意と名づけ、了別を識と名づく」 Ⓢ artha-viśeṣa

別義意趣 べつぎいしゅ 四意趣（平等意趣・別時意趣・別義意趣・補特伽羅意楽意趣）の一つ。→四意趣

別境 べっきょう ①心所の一グループ。欲・勝解・念・定・慧の五つ（→各項参照）。五つがそれぞれ個別の特別の対象（境）を認識するから別境という。→心所
②それぞれ個別の特別の対象。「五識身は五の別境を以って所縁と為し、第六識身は一切法を以って所縁と為す」 Ⓢ prativiṣaya

別句 べっく ある一つの事柄を総括的に定義する言葉を総句というのに対して、その事柄をさらに内容的に区別して解釈する言葉を別句という。→総句「初めに総句である四煩悩常倶を解し、次に別句を顕して四煩悩を列し、後に煩悩の字を解す」「以心為本は即ち無為の別句にして亦た有為の総句なり」

別解 べつげ ①→別釈
②別解脱のこと。→別解脱

別解釈 べつげしゃく →別釈

別解脱 べつげだつ →別解脱戒

別解脱戒 べつげだつかい 非を防ぎ悪を止めるいましめ。不殺生戒を守って殺生の悪から解脱する、不偸盗戒を守って偸盗の悪から解脱する、というように、一つ一つの戒によって別々に解脱するから別解脱という。原語 prātimokṣa は波羅提木叉と音写される。→別解脱律儀 Ⓢ prātimokṣa-saṃvara

別解脱毘奈耶 べつげだつびなや →別解脱律儀「薄伽梵は別解脱毘奈耶の中に於て将に他を護らんとするが故に遮罪を建立して、諸の声聞を制して造作せざらしむ」
Ⓢ prātimokṣa-vinaya

別解脱律儀 べつげだつりつぎ 三種の律儀（別解脱律儀・静慮生律儀・道生律儀）の一つ。別々の戒を一つ一つ受けることによって身中に得る「非を防ぎ悪を止める力」をいう。静慮生律儀が欲界の身中に得られるのに対して、別解脱律儀は色界の身中に得られる。種類として苾芻律儀・苾芻尼律儀・正学律儀・勤策律儀・勤策女律儀・近事律儀・近事女律儀・近住律儀の八種がある。別解律儀ともいう。原語 prātimokṣa-saṃvara の saṃvara を vinaya として別解脱毘奈耶ともいう。 Ⓢ prātimokṣa-saṃvara
（参考）（『倶舎』14、大正 29・72b）

別解律儀 べつげりつぎ 別解脱律儀とおなじ。→別解脱律儀

別顕 べっけん 別釈とおなじ。→別釈

別時意趣 べつじいしゅ 四意趣（平等意趣・別時意趣・別義意趣・補特伽羅意楽意趣）の一つ。→四意趣

別釈 べっしゃく ある教説や見解を述べるなかで最初にまとめて総体的に述べた後に、次いで詳しく解釈すること。別顕・別解・別辯・別解釈とおなじ。「此の中、初の一は総標にして後の三は別釈なり」「先ず総標し後に別顕す」「初は総標にして後は別解なり」

別説 べっせつ 細かく説くこと。個別的に

詳しく述べること。おおまかに概略的に説く総説の対。→総説 Ⓢ pṛthag-ukta: pṛthag-nirdiṣṭa: pṛthag-nirdeśa: pṛthag-vacana

別相 べっそう 事物の細かいすがた・ありよう。事物の総対的なすがた・ありようである総相の対。中心的なこころ（心・心王）は総相を、それと相応する細かい心作用（心所）は総相に加えて別相をも認識する。→総相

別相念住 べっそうねんじゅ →四念住

別体三宝 べったいさんぼう →三宝

別那落迦 べつならか 独一那落迦とおなじ。各別那落迦ともいう。→独一那落迦

別破 べっぱ まちがった見解を否定する論述を形成する三つ（総非・返問・別破）の一つ。まず短く総体的に否定する総非があり、その次に、そのように否定する理由を問う返問がつづき、最後に、詳しく論破する別破がある。「初に総非、次に返問、後に別破なり」

別辯 べつべん 別釈とおなじ。→別釈 Ⓢ vibhaṅga

別法 べっぽう ①各別の契経などの法。別々の教え。総法の対。→総法「諸の菩薩は各別の契経などの法を縁じて、受くるところ、思惟するところの如き法に於て、奢摩他・毘鉢舎那を修する、是れを別法を縁ずる奢摩他・毘鉢舎那と名づく」
（参考）（『解深』3、大正 16・698c～699a）
②ある存在とは別の存在。「別法ありて説いて無明と名づく」 Ⓢ dharma-antara

別報 べっぽう 業によってもたらされた果報の細かい差別的なありようをいう。〈唯識〉では、前世の業によって今世に生を受けるとき、今世に果報として生じた阿頼耶識、たとえば人間としての阿頼耶識は、総体的なありかたを担ったものであるから総報といい、異熟の本体であるから真異熟というのに対して、賢・愚、美・醜などのありようは差別的な果報であるから別報という。

別名 べつみょう ①あるものの内容を区別した名称。その総体的な名称である総名の対。→総名①「別名を列す」
（参考）（『述記』1 末、大正 43・255c）
②別の呼び名。異名。「経に住異と説くは、是れは此れ、異の別名なり」 Ⓢ adhivacana: nāma-antara: paryāya

別無 べつむ →総無

別離 べつり ①（愛するものと）別れる、離れること。苦を生じる原因となる。「愛と別離する苦」 Ⓢ vinā-bhāva: viyoga: viraha
②（さまたげとなる者と）別れる、離れること。「已に会遇して別離を欲せず、戯論を楽しむ」 Ⓢ viyoga
③あるありようから別れて別のありようになること。たとえば、主人であった人が後に使用人になること。あるいは、あるものと別れてそれがなくなること、たとえば所有していた財宝が盗まれること。無常であることを表す概念。 Ⓢ visaṃyoga
（参考）（『瑜伽』34、大正 30・473c～474a）

別離愛 べつりあい あるありようから別離したいという欲望。たとえば苦しい状態から別離したいという欲望をいう。「苦受が已に生ずれば別離愛を起こす」

別離無常 べつりむじょう 好ましいものが散逸する、あるいは愛する人と別れる、という無常。三種の無常（壊滅無常・転変無常・別離無常）の一つ。散壊無常ともいう。「生じ已って壊滅する分位に依って無常を建立す。此れに壊滅無常・転変無常・別離無常の三種あり」 Ⓢ visaṃyoga-anitya
（参考）（『瑜伽』56、大正 30・607b～c）

蔑 べっ けいべつする、いやしむこと。「蔑せらるる境と憎せらるる境とは同じなるべし」

蔑戻車 べつれいしゃ mleccha の音写。篾戻車とも書く。辺地に住む野蛮人。楽垢穢人とも意訳されるように、汚れたものを楽しむ賎しい人をいう。達須と共に用いられ、仏や勝れた仏教者たちに逢うことがない人びとを意味する。「辺国および達須・蔑戻車の中に生まれて四衆・賢良・正至・善士が往き交い遊渉せず」 Ⓢ mleccha

篾戻車 べつれいしゃ 蔑戻車とおなじ。→蔑戻車

鼈 べっ すっぽん Ⓢ kacchapa

辺 へん ①二辺の辺。あい対立する極端なありよう。たとえば、自苦の行（自らを苦しめる修行）と欲楽の行（快楽にふける修行）との二つの極端な修行のありようをいう。あるいは増益（存在しないものを存在すると考える見解）と損減（存在するものを存在しないと考える見解）との二つの極端な見

解をいう。→二辺「欲楽と自苦との二辺の行を遠離す」「増益と損減との二辺を遠離して中道に順入す」 Ⓢ anta
②尽きること。なくなること。使い尽くすこと。「非聖財所生の楽は、若し受用する時は尽あり辺あり。聖財所生の楽は、若し受用する時は転更して充盛・増長・広大となる」「余の結なければ、即ち一切の苦の辺を獲得す」 Ⓢ paryādāna
③近い場所。周辺の場所。辺地。「聚落、或いは聚落の辺に住す」 Ⓢ sāmantaka
④付属するもの。「勝身洲の辺に二つの中洲あり」 Ⓢ parivāra
⑤端。限界。「海を以って辺と為す」
Ⓢ paryanta
⑥最初と最後。「辺とは預流果と阿羅漢果とを謂う。沙門果に於て初と後とに居するが故に」 Ⓢ antya
⑦現観辺の辺。→現観辺

辺見 へんけん 辺執見とおなじ。→辺執見

辺国 へんごく インドにおける周辺の地域。俗語を話し、仏教の出家者や在家者や、すぐれた人が少ない地方をいう。辺地とおなじ。中国の対。→中国「辺方・辺国の鄙俚の言詞」「一有るがごとし。辺国と及び達須・蔑戾車の中に生じ、四衆・賢良・正至・善士が往遊渉せざる、是れを生無暇と名づく」
Ⓢ pratyantima-janapada

辺際 へんざい ①限界。端。究極のもの。「極微は是れ色の辺際なり」「如来の舌は広薄にして若し口より出ださば普く面輪と及び髪の辺際とを覆う」 Ⓢ paryanta
②究極の存在。真如のこと。「平等平等無分別智所行の境界は真如にして所知の辺際なり」 Ⓢ paryanta-gata
③（苦が）すべてなくなったありよう。「預流果は苦の辺際を作す。何の義に依って苦の辺際の名を立つや。此の生に斉って後に更に苦なきに依る」「一切の苦の因を皆な捨離するが故に一切の衆苦の辺際を証得す」「正しく諸の苦を尽し苦の辺際を作すと知るべし」
Ⓢ anta
④時の限定。期限。「時の辺際に寿命の辺際と昼夜の辺際との二種あり」
Ⓢ kāla-niyama: paryanta
⑤完全に消滅すること。「断という辺際に依って世の辺を求める時は、壊劫を憶念す」
Ⓢ paryavasāna
⑥人里離れた辺地。→辺際臥具 Ⓢ prānta

辺際臥具 へんざいがぐ 出家僧が修行するために、人里離れた辺地に住むこと。あるいはそのような辺地の庵。阿練若処の一つ。→阿練若 Ⓢ prānta-śayana-āsana

辺際定 へんざいじょう 辺際静慮のこと。→辺際静慮

辺際静慮 へんざいじょうりょ 最高位の静慮。色界の第四の静慮のこと。辺際定ともいう。「辺際の名は但だ第四の静慮に依る。此中の辺の名は無越の義を顕す。勝れたること此れに越えるものなきが故に名づけて辺と為す。際の言は類の義、極の義を顕さんが為めなり。四際及び実際の言を説くが如し」
Ⓢ prānta-koṭika-dhyāna
（参考）（『倶舎』27、大正 29・142b〜c）

辺地 へんじ 地方。辺鄙な所。辺国とおなじ。中国の対。→辺国 →中国「処所円満とは、謂く、一あるが如く、人中に生在し、又た中国に処して辺地に生ぜず」

辺主 へんしゅ →中主

辺執見 へんしゅうけん 極端に考える見解。自分の死後は無になると考える見解（断見）と死後も有りつづけると考える見解（常見）とをいう。あやまった五つの見解（有身見・辺執見・邪見・見取見・戒禁取見）の一つ。辺見ともいう。「辺見は必ず身見に依って起こる」 Ⓢ anta-grāha-dṛṣṭi
（出典）於所執我我所事、執断執常、名辺執見。（『倶舎』19、大正 29・100a）：辺執見、謂、即於彼随執断常、障処中行出離為業。（『成論』6、大正 31・31c）

辺那落迦 へんならか 八大那落迦（八大地獄）おのおのの四方にある那落迦（地獄）。近辺那落迦ともいう。→近那落迦

辺方 へんぽう 地方。辺鄙な所。「鄙陋ならざる声とは辺方・辺国・鄙俚を離れた言詞を謂う」

辺無辺論 へんむへんろん →有辺無辺論

辺量 へんりょう ①限界がある量。「過去と未来との法には辺量なきが故に増あり減ありと施設すべからず。大海の水は無量・無辺なるが如し」
②（形の）一つの辺の長さ。「北倶盧洲の形は方座の如く、四の辺量は等し」

返詰 へんきつ ある主張・教理への反論・

非難に対して問いただすこと。返質とおなじ。「初に論主の非なり。次に彼れの返詰なり」

返質 へんぜつ ある主張・教理への反論・非難に対して質問を返すこと。返詰とおなじ。「述して曰く。異執を難ずる中に三あり。一に申難、二に返質、三に解徴なり」

返報 へんぽう 仕返しをする、報復すること。「諸の菩薩は他の所作の不饒益事や損悩や違越に遇えども終に返報せず」「忍辱とは他の怨に於て終に返報なきを謂う」

返問 へんもん 外道や他派などのまちがった見解を否定する論述を形成する三つ（総非・返問・別破）の一つ。まず短く総体的に否定する総非につづいて、そのように否定する理由を問うことを返問という。「所以者何」（ゆえんはなに）という表現でなされる質問。却詰とおなじ。「初に総非、次に返問、後に別破なり」

変 へん ①変化すること。変化せしめること。たとえば、六神通の一つの神境智通によって、もののありようを変化せしめたり、ないものをあるものとして現出させたりすること。「種種の、若しくは化、若しくは変、若しくは所顕現の一切の所縁に於て、皆な自在に転ず」 Ⓢ pariṇāma
②〈唯識〉所説の変。変化の略称。「一切は唯だ識が変化したものである」という〈唯識〉の根本主張のなかで用いられる概念。識の変化としては、たとえば、「変とは、謂く、識体が転じて二分に似る」（『成論』1、大正31・1a〜b）と定義され、四分のなかの自体分（自証分）が相分と見分とに変化（転変）することをいう。また、識の変化を生変と縁変との二種に大別する。生変とは転変ともいい、阿頼耶識のなかの習気から八識（現行識としての阿頼耶識と眼識・耳識・鼻識・舌識・身識・意識・末那識の七つの転識との八つ）が生じることをいう。二つの能変（因能変・果能変）のうちの因能変にあたる。これに対して縁変とは変現ともいい、生じた八識がそれぞれ相分と見分とに変化し、見分がそれぞれの対象である相分を縁じる、すなわち認識することをいう。詳しくは、阿頼耶識についていえば、変化した見分が相分としての種子・有根身・器世間を縁じ、転識についていえば、眼識などの七識それぞれにおいて、変化した見分が相分を縁じる（たとえば眼識は色を、耳識は声を、ないし、末那識は阿頼耶識を縁じる）ことをいう。二つの能変（因能変・果能変）のうちの果能変にあたる。→識変 →因能変 →果能変
（出典）変、謂、識体転、似二分：変有二種。一者生変、即転変義。変、謂、因果生熟差別、等流異熟二因習気、名因能変。所生八識、現種種相、是果能変、故能生因、説名能変。二縁名変。即変現義、是果能変、且第八識唯変種子及有根身等、眼等転識変色等、是（『述記』3本、大正43・317a）

変為 へんい 変化してあるものとなる、あるものを作り出すこと。阿頼耶識が変化して内的には種子と有根身（身体）とを、外的には器世間（自然界）を作り出す働きをいう。「阿頼耶識は因縁の力の故に自体生ずる時、内に種と及び有根身とを変為し、外に器を変為し、即ち所変を以って自の所縁と為す」

変異 へんい 変わる、変化すること。異なること。「積集の色が、或いは近く、或いは遠く差別して生ず、或いは即ち此の処に於て変異して生ず、是れを表色と名づく」「内身の変異に引かるるところの老死の苦あり」「変異の行相を以って無常の性を尋思し観察す」「阿頼耶識は無始の時よりこのかた、念念に生滅して前後に変異し、因滅すれば果生じ、常一に非ず」
Ⓢ anyathā-bhāva: vikāra: vikṛta: vipariṇata: vipariṇāma: vaikṛtya: vairodhika
（参考）（『瑜伽』34、大正30・471a以下）に、内事の十五種の所作の変異と八種の変異の因縁とが説かれる。

変異香 へんいこう 熟した果物などの変化したかおり。六種の香の一つ。

変異無常 へんいむじょう 変化するという無常。転変無常・変易無常ともいう。→変易無常 Ⓢ vipariṇāma-anitya

変壊（へんえ）→へんね

変改 へんかい 変化すること。「髪毛が変改して白銀色となる」「雑穢語の故に時候が変改し、貪の故に果が少く、瞋の故に果が辣なり」 Ⓢ pariṇāma

変化 へんげ ①仏・菩薩が神通力を得て人びとを導き救済するために種々のありよう、種々のものを作り出すこと、あるいはそ

のように作り出す心。四つの無覆無記（異熟生・威儀路・工巧処・変化の四つ、あるいは、心に約して異熟生心・威儀路心・工巧処心・変化心の四つ）の一つで、無記すなわち善でも悪でもないもの。「諸の菩薩は已に自在を得て、十方界に於て種種に変化して諸の衆生の種種の義利を作す」「種種の神通の変化を現じて、或いは一を多と為し、或いは多を一と為す」「無記法に異熟生と及び一分の威儀路と工巧処と及び変化との四種あり」 Ⓢ nirmāṇa: nairmāṇika
②神通力（超自然的力）によって作り出されたもの。現象的存在（依他起性）には実体がないことを示すために用いる譬喩の一つ。「依他起性は幻夢・光影・谷響・水月・影像及び変化などに同じく、猶し聚沫の如く、猶し水泡の如く、猶し陽焔の如く、猶し芭蕉の如しと当に了知すべし」 Ⓢ nirmāṇa
（参考）（『摂論釈・世』5、大正 31・344c）

変化心 へんげしん　仏や菩薩が神通力を得て人びとを導き救済するために種々のありよう・種々のものを作り出す心。四つの無覆無記心（異熟生心・威儀路心・工巧処心・変化心）の一つ。能変化心ともいう。→変化①
Ⓢ nirmāṇa-citta

変化身 へんげしん　三種の仏のありよう（自性身・受用身・変化身）の一つ。変化して現れた身。元来は、人びとを救済するためにこの世に具体的に出生し、出家し、修行し、さとり、法を説き、そして涅槃に入った釈迦牟尼をいう。その後に成立した仏の三身論のなかの変化身とは、凡夫と二乗（声聞と独覚）を救済する仏身、あるいは十地に入らない菩薩を救済する仏身をいう。→三身
（出典）変化身者、亦依法身、従覩史多天宮、現没受生受欲、踰城出家、往外道所、修諸苦行、証大菩提、転大法輪、入大涅槃故。（『摂論釈・世』9、大正 31・370a）

変怪 へんげ（形やいろが）変化してあやしげなものとなっていること。「若し上品の不善業を作す者は、斯の変怪の相を見るに由るが故に流汗し毛竪す」 Ⓢ vikṛta

変悔 へんげ　くいること。後悔すること。「諸の菩薩は歓喜心を懐いて諸の善法を修す。是の因縁に由って苦なく憂なく変悔なし」

変礙 へんげ　変と礙。変壊と質礙。「変化し壊れること」と「さまたげられること」。物質（色）のありようを総括的に表した語。→変壊①　→質礙　→色①
Ⓢ rūpaṇa: rūpaṇīya
（出典）色復云何。欲所悩壊、欲所擾悩変壊生故。有説、変礙故、名為色。（『倶舎』1、大正 29・3b〜c）：所言色者、是変礙義。（『倶舎』8、大正 29・41b）：問、何縁色蘊説名為色。答、（中略）変礙義故、名為色。（『瑜伽』56、大正 30・608c）：変礙相、是色共相。（『瑜伽』53、大正 30・593c）

変現 へんげん　①形やいろを現し示すという物質（色）の特質をいう。
（出典）問、色蘊何相。答、変現相、是色相。此有二種。一触対変壊、二方所示現。（『雑集』1、大正 31・695b）
②超自然的なことを変現せしめること。神通変現・記説変現・教誡変現の三種がある。この変現の原語 prātihārya は『瑜伽論』で神変とも訳され、これら三種が神境神変（神力神変）・記説神変・教誡神変（教導神変）とも訳されている。さらに『婆沙論』『倶舎論』では原語 prātihārya は示導とも訳され、おなじものが神変示導・記心示導・教誡示導と訳されている。「神通変現して有情を調伏す」
Ⓢ prātihārya: vikurvaṇa: vikurvita
③心が変化して心のなかにあるものを顕現せしめること。「我見は但だ内識が変現する諸蘊を縁ず」「眼などの根は但だ是れ内識の変現せるものなり」
④識の自体分（自証分）が転変して見分（認識する側の心の部分）と相分（認識される側の心の部分）とに似て顕現すること。
（出典）転変者、変現義、即識自体現似二相。（『述記』7 末、大正 43・487a）

変作 へんさ　あるものを変化して作り出すこと。「神境智作証とは一種より多種を変作するを謂う」「諸の事を転変する神通に於て、能く金銀などの物を変作して所用あるに堪える」

変似 へんじ　変化してあるものに似ること。識が生じて自己（我）ともの（法）とに似ること。〈唯識〉は、似ている我と法とは内的な識に存在するが、迷える凡夫はそれが外界のもの（外境）、実体的なもの（実我実法）とまちがって考えるところに迷いの根源があると説く。「内識が転じて外境に似る。我法と分別する熏習力の故に、諸識が生ずる

時、我法に変似す。此の我法の相は内識に在ると雖も、分別に由って外境に似て現ず。諸の有情類は無始の時よりこのかた、此れを縁じて執して実我実法と為す」「有根身とは、異熟識が不共相の種の成熟せる力の故に色根と及び根依処とに変似するをいう。即ち内の大種と及び所造色となり」

変赤　へんじゃく　死体が腐って血の色のように赤くなっているさま。肉体への貪りを断つための不浄観において観察する対象の一つ。原語 vilohitaka は異赤・血塗・分赤とも訳される。→不浄観「若し変赤に於て作意思惟すれば、形色貪に於て心を清浄ならしむ」 Ⓢ vilohitaka

変生　へんじょう　変化して生じること。「次に雲が雨を起こして金輪の上に滴たること、車軸の如し。久時を経て積りし水は浩然として深く八万を超える。猛風攢撃して宝などが変生す」

変成　へんじょう　あるものが変化して他のものになること。「乳が酪に変成す」「諸の鬼は其の泉が膿血に変成するを見て自ら飲むことを欲せず」 Ⓢ pari-**nam**

変吐　へんと　①吐き出されたもの。嘔吐された食べ物。「受された段食の色香味触は、皆な悉く円満して甚だ精妙たり。此れより無間に進んで口の中に至り、牙歯咀嚼し、津唾浸爛し、涎液纏裹し、次後に悪穢すべき相に転成し、当に転異する時の状は変吐の如し」「諸の菩薩は既に出家し已って、現在世の尊貴の有情の種種の上妙の利養・恭敬に於て正慧もって審観し、尚し変吐の如く味著せず」 Ⓢ charditaka: vānta-āśana: virikta
②除去すること。「先に受するところの耳鼻舌身意が識るところの法の増上力の故に、種種の悪不善法を発生すれば、発生するところに随って執著せずして、尋た便ち断滅し、除棄し、変吐す」 Ⓢ vyantī-**kṛ**

変易　へんにゃく　かわる、変化すること。変化させること。「若し変易あれば応に是れ無常なるべし」「阿頼耶識が境を縁ずるは、廃する時なく、変易することなく、初の執受の刹那より乃至命が終るときまで、一味の了別にして転ず」「地などを改転して金などを成ぜしむるが故に変易と名づく」

変易生死　へんにゃくしょうじ　二種の生死（分段生死・変易生死）の一つ。寿命の長さを思い通りに長くも短くも変化（変易）せしめることができるような生死のありかたをいう。初地以上の菩薩が行なうことができる生死のありかた。この生死は無漏の業を因とし、法執より生じる所知障を縁として起こる。この場合の法執とは求むべき菩提という法（存在）があり、救済すべき有情という法があると考えること。不思議を付けて不思議変易生死ともいう。
（出典）生死有二。（中略）二不思議変易生死。謂、諸無漏有分別業、由所知障縁助勢力、所感殊勝細異熟果。由悲願力、改転身命無定斉限、故名変易。無漏定願正所資感、妙用難測、名不思議。（『成論』8、大正 31・45a）
（参考）（『述記』8 末、大正 43・535c～536a）

変易無常　へんにゃくむじょう　変化するという無常。好ましいものがそのありようを変えるという無常。転変無常・変異無常ともいう。六種の無常（壊滅無常・生起無常・変易無常・散壊無常・当有無常・現堕無常）の一つ。 Ⓢ vipariṇāma-anitya
（出典）若可愛諸行、異相行起、名変易無常。（『瑜伽』52、大正 30・586c）

変壊　へんね　①事物・事象が変化して壊れること。苦が生じる原因となる。「色は手などが触るるが故に変壊す」「有為法は変壊して無常なり」「事が変壊すれば愁歎憂苦悩を生ず」
Ⓢ vipariṇata: vipariṇāma: vipraṇāśa
②死体が腐って変化し、うじ虫がたかっているさま。肉体への貪りを断つための不浄観における対象の一つ。虫蛆とも訳される。
Ⓢ vipaḍumaka
③食事が消化されること。消変とおなじ。→消変「段食は変壊する時、若しくは受用する時、建立して食と為す」 Ⓢ vipariṇāma

偏説　へんぜつ　ひとえに説くこと。いくつかあるなかのある一つに絞ってその観点から説くこと。「受想を除く一切の心所有法と及び心不相応行とは皆な行蘊の相なりと雖も、然も思は最勝にして一切の行のために導首と為る。是の故に偏説す」

偏袒右肩　へんだんうけん　ひとえに右の肩のみをかたぬぎ（袒）、左の肩のみを覆って僧衣を着ること。師などの尊敬する人への礼法。偏覆左肩とおなじ。「偏袒右肩して十方の三世の諸仏世尊を恭敬し供養す」「仏所に詣でて双足を頂礼し、偏覆左肩して右膝を地に著け、合掌恭敬す」 Ⓢ eka-aṃsam uttarāsaṅgaṃ kṛtvā

偏党 へんとう ある一方にかたよっていること。中正・中庸でないこと。「平等の大悲を具足し、諸の有情の劣・中・勝品に於て心に偏党なし」「偏党なくして施す」 Ⓢ pakṣa

偏覆左肩 へんぷくさけん →偏袒右肩

貶量 へんりょう あやまって理解すること。「迦湿弥羅国の毘婆沙師は阿毘達磨の理を議して善く成立す。我れ多く彼に依って対法の宗を釈す。少しく貶量あれば我が過失と為す」 Ⓢ durgṛhīta

遍 へん 原語によって分けると次のようになる。

① kṛtsna：完全に。まったく。「苦・集・滅・道に於て、遍く知り、断じ、証し、修す」

② **bhū**：すべてにいきわたること。「是の如き諸法は唯だ善心に遍す」

③ vidhāraṇa：(香が) 広くただようこと。「香が芬馥にして諸方に遍ず」

④ sarva：すべて。全部。「瞋は五受根のなかの憂根と苦根とに相応し、癡は遍く相応す」「遍く一切を縁ずる三摩地」「遍く世間を観る」

⑤ sarvatra：すべてのところにおいて。「重物は空に於て遍く堕落す」：すべてにいきわたること。遍在すること。「未来世の意識相応の貪・瞋・慢は三世に遍ず」

⑥ sarvatraga：すべてにいきわたること。遍在すること。「勝義諦は一切に遍じ一味なる相なり」

遍行 へんぎょう ①すべてにいきわたること。遍在すること。「此の呪術の方は遍行と為すや。不遍行なるや」「行苦は一切の若しくは楽受の中、若しくは苦受の中、若しくは不苦不楽受の中に遍行す」「後得智は善・不善・無記・有漏・無漏・有為・無為などの一切の差別の境界に遍行す」

Ⓢ sarvaga: sarvatraga

②心所の一グループ。触・作意・受・想・思の五つ (→各項参照)。五つは八識すべてのあらゆる心 (心王) とともに働くから遍行という。→心所。

(参考)(『成論』3、大正 31・11b～c)

遍行因 へんぎょういん すでに生じた遍行の惑が、後に生起する同地の五部の一切の煩悩に対して共通の原因となることをいう。六因の一つ。→遍行惑　→六因　→五部

Ⓢ sarvatraga-hetu

(出典) 遍行因者、謂、前已生遍行諸法、与後同地染汚諸法、為遍行因。(『倶舎』6、大正 29・32c)

遍行修 へんぎょうしゅ あらゆる存在にいきわたる真如を思惟する修行。

(出典) 云何遍行修。謂、於諸法一味真如、作意思惟諸所有修、名遍行修。(『瑜伽』67、大正 30・669a)

遍行心所 へんぎょうしんじょ →遍行②

遍行心法 へんぎょうしんぼう 遍行心所とおなじ。→遍行心所

遍行随眠 へんぎょうずいめん 五部 (煩悩の五種の群) すべてにいきわたって働く煩悩。四諦のなかの苦諦の理に迷う身見・辺見・邪見・見取見・戒禁取見・疑・無明の七つと集諦の理に迷う邪見・見取見・疑・無明の四つとの十一をいう。遍行惑・遍随眠とおなじ。

→五部 Ⓢ sarvatraga-anuśaya

遍行惑 へんぎょうわく 遍行随眠とおなじ。

→遍行随眠

遍計 へんげ 詳しくは周遍計度という。あまねく考えること。広くさまざまな事柄を言葉を用いて概念的に思考すること。種類としては、自性遍計・差別遍計・覚悟遍計・随眠遍計・加行遍計・名遍計の六種が説かれる(『顕揚』16、大正 31・558a)。→遍計所執性「影像の相とは遍計によって起こされるもの、勝解によって現されるものを謂う」

(出典) 普於一切、分別計度故、名遍計。(『摂論』中、大正 31・139b)：頌曰。由彼彼遍計、遍計種種物、此遍計所執、自性無所有。論曰。周遍計度、故名遍計。(『成論』8、大正 31・45c)

遍計所起色 へんげしょきしき 実際は存在しないのに存在するかのように意識の分別力によって作り出された影像をいう。たとえば亀の尾にまとわりついた海藻を見て、それを亀の毛だと思いまちがうときの毛 (亀毛) や、兎の耳を見てそれを角だと思いまちがうときの角 (兎角) などをいう。法処所摂色の一つ。→法処所摂色

(出典) 遍計所起色者、謂、影像色。(『雑集

論』1、大正 31・696c）

遍計所執自性 へんげしょしゅうじしょう →遍計所執性

遍計所執性 へんげしょしゅうしょう 遍計所執自性ともいう。三つの存在のありようである三性（遍計所執性・依他起性・円成実性）の一つ。言葉で考えられ執着されたもの。心の外に実体としてあると考えられたもの。実体としてあると考えられた自己ともの（実我実法）。眼を患っている人に見える空中の華（空華）のように、まったく存在しないから、その存在性を都無という。性・自性にあたるスヴァバーヴァ（svabhāva）をラクシャナ（lakṣaṇa）に置き換えて遍計所執相という場合もある。 Ⓢ parikalpita-svabhāva

（出典）云何諸法遍計所執相。謂、一切法名仮安立自性差別、乃至為令随起言説。（『解深』2、大正 16・693a）：遍計所執自性者、謂、諸所有名言安立諸法自性。依仮名言、数数周遍、計度諸法而建立故。（『瑜伽』64、大正 30・656c）：愚夫於此（＝依他起性）横執我法有無一異倶不倶等。如空花等、性相都無、一切皆名遍計所執。（『成論』8、大正 31・46c）

遍計所執相 へんげしょしゅうそう →遍計所執性

遍告 へんこく 人びとに向かって広く告げること。「如来は大音声を発せんと欲して、普く能く無辺・無際の諸の世界中の所化の有情に遍告す」「仏菩薩は楽うところに随って十方無量無数の諸の世界の中で、若しくは近、若しくは遠のあらゆる衆会において妙円音を以って遍告す」 Ⓢ vi-jñā

遍伺察 へんしさつ 周遍伺察とおなじ。→周遍伺察

遍趣行智力 へんしゅぎょうちりき 如来の十力の一つ。→十力

遍出 へんしゅつ 俗世間を出離することを説く外道。三杖を執する、髪やひげをそるなどの苦行を修する外道。原語 parivrājaka を音写して波利呾羅拘迦あるいは般利伐羅多迦という。→般利伐羅多迦 Ⓢ parivrājaka

遍処 へんしょ →十遍処

遍浄 へんじょう 第三静慮の最高位にある遍浄天のこと。→遍浄天「已に遍浄の貪を離れて未だ上の貪を離れず。出離の想作意を先と為すが故に、諸の心心所が唯だ滅静して唯だ転ぜざる、是れを無想定と名づく」

遍浄天 へんじょうてん 色界十七天の一つ。→色界十七天

遍浄欲 へんじょうよく 第三静慮の最高位にある遍浄天の貪欲。「已に遍浄欲を離れ、未離上欲と出離想との作意を先と為すが故に、諸の心心所が滅するに無想定を仮立す」

遍常論 へんじょうろん 外道の六十二種のあやまった見解のなかの一群。四種がある。→四遍常論

遍照 へんじょう あまねく照らすこと。「日が初めて山頂より出る時、光明が遍照するが如く、仏が煩悩・随煩悩より出ることも亦た復た是の如し」「諸仏の日は契経などの正法の言の光を放ち、一切の有情世間を遍照す」

遍尋思 へんじんし 周遍尋思とおなじ。→周遍尋思

遍随眠 へんずいめん 遍行随眠とおなじ。→遍行随眠

遍体 へんたい 全力をつくして。「諸の菩薩は殷重に遍体に其の施などの無量の善法に於て唯だ功徳を見、唯だ真実を見る」 Ⓢ sarva-ātman

遍知 へんち ①「すべての煩悩を断じた」とあまねく完全にしる智慧。智遍知と断遍知の二種がある。後者の断遍知は、断じられる煩悩が、真理（苦・集・滅・道の四諦）を見る位（見道）において断じられる（見所断）か、あるいはそれ以後の修行の位（修道）で断じられる（修所断）か、煩悩が三界（欲界・色界・無色界）のどこに属するか、によって次の九種に分類される。欲繋苦集見所断断遍知・色無色繋苦集見所断断遍知・欲繋滅見所断断遍知・色無色繋滅見所断断遍知・欲繋道見所断断遍知・色無色繋道見所断断遍知・欲界繋修所断断遍知（下分結断遍知・五順下分結尽遍知）・色界繋修所断断遍知（色愛尽遍知・色貪尽遍知）・無色界繋修所断断遍知（無色愛尽遍知・一切結永尽遍知・無色貪尽遍知）。 Ⓢ parijñāna

（出典）諸離繋彼彼位中、得遍知名。遍知有二。一智遍知、二断遍知。智遍知者、謂、無漏智。断遍知者、謂、即諸断。此於果上立因名故。（『倶舎』21、大正 29・112a）：所遍知法、謂、五取蘊。遍知自性、謂、貪永断瞋癡、永断一切煩悩永断。能遍知者、謂、阿羅

漢諸漏永尽。(『婆沙』34、大正 27・176b)
(参考)(『倶舎』21、大正 29・112a〜b):(『瑜伽』57、大正 30・619b):(『瑜伽』81、大正 30・751b)
②ある対象をあまねく完全に知ること。事遍知・罪遍知・補特伽羅遍知・引摂義利遍知・損悩遍知の五種の遍知が説かれる(『瑜伽』100、大正 30・875c)。「心相に於て遍知す」「諸の仏菩薩は他心智を以って十方の無量無数の諸の世界の中の他の有情類の、若しくは纏・煩悩ある心、若しくは纏・煩悩なき心を遍知す」「遍知の事とは当に知るべし、即ち是れ一切の所知なり。謂く、或いは諸の蘊、或いは諸の内処、或いは諸の外処、是の如き一切なり」 Ⓢ kovida: **jñā:** parijñāna

遍智 へんち ①現象的存在(諸行)をあまねく観察して、「我は無い」とする智慧、あるいは諸行に対する貪欲を断じること。「三種の相に由って諸行の中に於て無我の遍智と及び断とを応に知るべし。何等を三となす。一には内に於ける遍智、二には外に於ける遍智、三には内外に於ける遍智なり」
(参考)(『瑜伽』85、大正 30・777a)
②→四如実遍智

遍布 へんぷ あまねくしきつめる、まき散らすこと。「此の側に於て無熱大池あり。微細な金沙が其の底に遍布す」「彼の諸天のあらゆる地界には、一切時に於て自然に曼陀羅華ありて其の上に遍布す」
Ⓢ avakīrṇa: stṛta

遍覆 へんふく 広くおおうこと。「大集会樹あり、其の身の高挺は百踰繕那にして枝條及び葉は八十踰繕那を遍覆す」 Ⓢ adhyava-lamb: **sphar**

遍歿 へんぼつ →一切処歿

遍満 へんまん すべてにみちていること。あまねくいきわたっていること。遍在していること。「非聖財所生の楽は微小にして所依に遍せず。聖財所生の楽は広大にして所依に遍満す」「仏菩薩は定自在に依って光明を流布し、一切の寺館・舎宅に遍満す」
Ⓢ kṛtsna: vyāpin: vyāpya: **sphar**

遍満所縁 へんまんしょえん あらゆる存在に遍在する認識対象。ヨーガの実践における四つの対象(遍満所縁・浄行所縁・善巧所縁・浄惑所縁)の一つ。有分別影像・無分別影像・事辺際・所作成辦の四つ(→各項参照)。 Ⓢ vyāpya-ālambana
(出典)云何遍満所縁境事。謂、復四種。一有分別影像、二無分別影像、三事辺際性、四所作成辦。(中略)如是四種所縁境事、遍行一切、随入一切所縁境中、去来今世正等覚者共所宣説、是故説名遍満所縁。又此所縁、遍毘鉢舎那品、遍奢摩他品、遍一切事、遍真実事、遍因果相属事、故名遍満。(『瑜伽』26、大正 30・427a〜c)

編列 へんれつ 言葉でまとめて列記すること。書きつづること。「施設とは、語及び欲に由って次第に名句文身を編列するを謂う」「次第とは編列して序あるの義を謂う」

蝙蝠 へんぷく こうもり。「眼ありて夜に於て礙あり、昼に非ず。諸の蝙蝠・鵂鶹などの眼の如し」 Ⓢ titīla

騸騎 へんき 馬に乗ること。「或いは馳走の所作、或いは跳踊の所作、或いは跳躑の所作、或いは騸騎の所作」 Ⓢ abhirohita

便穢 べんえ ①大便と小便。「羯羅藍などの位に住する有情と及び欲界の諸天とは、微細な食を食し已って、あらゆる段食は一切の身分の支節に流入し、尋た即ち消化して便穢あることなし」 Ⓢ uccāra-prasrāva: mūtra-purīṣa
②糞。大便。「或いは血に塗られたもの、或いは膿に塗られたもの、或いは便穢の処、是の如き等類を名づけて外に依る朽穢不浄と名づく」 Ⓢ gūtha

便利 べんり 大小便利ともいう。大便と小便。「便利などの器は皆な清浄ならず、応に受用すべからず」 Ⓢ uccāra-prasrāva

勉励 べんれい つとめ努力すること。修行につとめること。「初夜・後夜に能く勤修し勉励し警覚す」「修行に勉励する諸の梵行者」
Ⓢ haṭha

辦 べん 働きを成就すること。目的を達成すること。(阿頼耶識のなかの種子が)果を生じること。「因縁とは有為法が親しく自果を辦ずるを謂う」「親しく果を辦ずるを亦た種の名を立つ」「事の辦の故に尽智を建立す。事の辦の身中に最初に生ずるが故に」
Ⓢ kṛta-kṛtya

辨 べん 説くこと。明らかにすること。「今、当に略して上に説くところの義を辨ぜん」

鞭 べん ①打つこと。羊毛などを打ってなめすこと。「或いは毛、或いは氈を、若しくは鞭し、若しくは弾し、若しくは紛し、若しくは擘すれば、その時、分散し柔軟・軽妙にして縷綫・氈褥を造作するに堪任す」
②むち。「他に損害されて其の身は変異す。或いは刀・杖・鞭・革・皮に由って壊す」
Ⓢ latā

鞭撻 べんたつ　むちで打つこと。くるしめること。「傍生趣は自在ならず、他に駆馳され、多く鞭撻を被り、彼の人天の与めに資生具と為る」 Ⓢ tāḍita

辯 べん　①説きあかす、説きしめすこと。解説すること。「是の如き五相は思所成地に已に辯ずるが如し」「今、当に上に説くところの義を略して辯ぜん」
Ⓢ adhikāra: adhikṛta: ā-**khyā**: ukta: upadiṣṭa: deśanā: nirdeśa: pra-**vid**: vyā-**khyā**: **sidh**
②辯才のこと。→辯才「辯を失った者に於て能く辯才を施す静慮」

辯因 べんいん　因明（仏教論理学）の論法を構成する三つの要素（宗・因・喩）のなかの因である理由を述べること。立因ともいう。→立因② Ⓢ hetu
（出典）辯因者、謂、為成就所立宗義、依所引喩、同類異類、現量比量、及与正教、建立順益道理言論。（『瑜伽』15、大正 30・356c）

辯才 べんざい　才辯ともいう。能弁なこと。自在に、かつ巧みに教えを説く才能。→辯才無礙解 Ⓢ pratibhāna

辯才自在 べんざいじざい　自在に、かつ巧みに教えを説き、能弁であること。辯無礙解のこと。→辯無礙解

辯才無礙解 べんざいむげげ　仏の教えに関する四つの滞ることがない明晰な理解（四無礙解）の一つ。→四無礙解

辯声 べんじょう　意味が理解しやすい声。非辯声の対。 Ⓢ vyaktāḥ śabdāḥ
（出典）聞辯声者、於義、易了種種音声、皆悉能聞。（『瑜伽』37、大正 30・494b）

辯説無礙解 べんぜつむげげ　辯無礙解とおなじ。→辯無礙解

辯無礙解 べんむげげ　辯説無礙解ともいう。仏の教えに関する四つの滞ることがない明晰な理解（四無礙解）の一つ。→四無礙解

ほ

歩 ほ　①あゆみ。あるくこと。「仏は出胎し已って、扶持を待たずして七歩を行く」
Ⓢ pada
②歩兵。→歩軍 Ⓢ patti

歩軍 ほぐん　歩兵の集団。軍隊を構成する四つの軍（象軍・馬軍・車軍・歩軍）の一つ。あるいは六種の守護するもの（象軍・馬軍・車軍・歩軍・蔵力・友力）の一つ。
Ⓢ patti-kāya

保愛 ほあい　大切にすること。保ちつづけようと欲すること。愛着すること。「能く自身を保愛す」「外道は涅槃を求めずして寿命を保愛す」

保玩 ほがん　重んじること。大切にすること。「獲得するところにおいて染せず著せず保玩せずして之を受用す」

保著 ほじゃく　執着すること。「第二の作意を修習し多修習するが故に能く内身と外境とを保著する二種の貪欲を断ず」

保任 ほにん　許容すること。たえしのぶこと。説法をうやうやしく聴聞しない弟子たちに対しても、いかることなく許し受け入れる仏の大悲のありようをいう。「仏が法を説く時、若し諸の弟子が恭敬・聴受せず、教のごとくに奉行せずとも、如来は彼れに於て心に悵恨なく、保任を捨てず、但だ大捨を起こして正念・正知に住す」 Ⓢ kṣānti

捕魚 ほぎょ　魚を捕らえて生計を立てている人。漁師。律儀に反する行為をする人（不律儀者）の一人。→不律儀者。
Ⓢ mātsika: kaivarta
（参考）（『婆沙』117、大正 27・607a）:（『倶舎』15、大正 29・78c）

捕鳥 ほちょう　鳥を捕らえて生計を立てている人。律儀に反する行為をする人（不律儀者）の一人。→不律儀者。 Ⓢ śākunika
（参考）（『婆沙』117、大正 27・607a）:（『倶舎』15、大正 29・78c）:（『瑜伽』9、大正

30・319c）

捕獵 ほりょう 獣を捕獲すること。「諸の菩薩は終に人に捕獵などの法を施さず」
Ⓢ mṛga-vadha

補（ほ）→ふ

輔 ほ （君主・国王を）助け支えること。「群臣が輔すところの大王」

輔佐 ほさ （君主・国王を）助けること。助力すること。「摩掲陀国の諸の補佐の臣」

輔相 ほそう （君主・国王に）力添えをする人。助力する人。宰相。「国王あり、諸の大臣・輔相・国師及び群官などに於て、心無顛倒に能く善く忠信・伎芸・智慧の差別を了知す」

輔翼 ほよく 助けまもること、あるいはそのような人。「無住処涅槃とは、即ち真如が所知障を出て大悲と般若とに常に輔翼せらるるを謂う」

母（ぼ）→も

菩薩 ぼさつ 詳しくは菩提薩埵（bodhi-sattva の音写）といい、省略して菩薩という。さとり（菩提 bodhi）を獲得することを目指して絶えず勇猛に努力精進する人（薩埵 sattva）。菩薩とは、もともとは成道して仏陀になる以前の修行時代の釈尊を意味したが、その後、さとりを求めて努力精進する人びとの総称となった。菩薩は最高のさとり（阿耨多羅三藐三菩提）を求めようとする誓願（上求菩提の誓願）だけではなく、人びとを救済せんとする誓願（下化衆生の誓願）をも有した人のことであり、特に大乗は後者の衆生済度の慈悲行・利他行を菩薩の本質とみなし、声聞乗・独覚乗・菩薩乗の三乗を立てて、前の二乗は自利のみを目指す小乗であるとみなした。さらに〈唯識〉に至って、衆生済度の面が一段と強調されて、自分は決して仏になることなく、生まれ変わり死に変わりしながら生きとし生けるものを救済せんとする菩薩、すなわち大悲闡提の菩薩が説かれるようになった。また、苦しむ人びとを救済するさまざまな菩薩、たとえば観音菩薩・普賢菩薩・文殊菩薩・弥勒菩薩などが立てられ、民間において信奉されるに至った。

菩薩とは、総じていえば、仏になる以前の修行者であることから、その修行の期間として「三阿僧企耶劫」、その階梯として「十地」、その実践行として「六波羅蜜多」、などの考えが成立した。→三阿僧企耶劫 →十地 →六波羅蜜多 Ⓢ bodhi-sattva
（出典）由此薩埵未得阿耨多羅三藐三菩提時、以増上意楽、恒随順菩提、趣向菩提、親近菩提、愛楽菩提、尊重菩提、渇仰菩提、求証、欲証、不懈不息、於菩提中、心無暫捨、是故名為菩提薩埵。（中略）復次、薩埵是勇猛者義、未得阿耨多羅三藐三菩提時、恒於菩提精進勇猛、求欲速証、是故名為菩提薩埵。（『婆沙』176、大正 27・887a〜b）

菩薩戒 ぼさつかい 大乗の戒。菩薩浄戒ともいう。自利のみを目的とする小乗の戒に対して菩薩の利他の精神にもとづいて立てられた戒。曇無讖が訳した『菩薩戒本』に説かれる大乗戒は、『菩薩地持経』から抜粋されたもので、『瑜伽師地論』の系統の菩薩戒である。律儀戒・摂善法戒・饒益有情戒の三つの戒からなり、三聚浄戒といわれる。→三聚浄戒

菩薩学 ぼさつがく 菩薩が学ぶべき事柄。たとえば、六つの波羅蜜多を実践すること。「菩薩学の事に略して六種あり。いわゆる布施・持戒・忍辱・精進・静慮・慧の到彼岸なり」「諸の菩薩は初発心を以って所依止と為し建立と為すが故に、普く一切の菩提分法と及び一切の有情義利を作す菩薩学の中に於て、皆な能く修学す。是の故に発心は是れ諸の菩薩学の所依止なり」
Ⓢ bodhisattva-śikṣā

菩薩行 ぼさつぎょう ①釈尊が成道する以前の菩薩のときに生死輪廻しながら実践した修行。菩薩所行ともいう。「云何が本生なるや。謂く、是の中に於て世尊は過去世に在って彼彼の方分に、若しくは死し、若しくは生きて菩薩行を行じ、難行行を行ずることを宣説す、是れを本生と名づく」「仏は昔、三無数劫に在って精懃して菩薩行を修習す」「一切の菩薩所行とは覩史多天宮を示現するより乃至、大神変を現じ魔軍を降伏するまでを謂い、諸仏所行とは成等正覚を示現するより乃至、大般涅槃を示現するを謂う」
②菩薩の修行。菩薩としてなすべき実践。自利・利他・真実義・威力・成熟有情・成熟自仏法・無上正等菩提の七つの事柄を学び実践すること。また菩薩の十二種の住（菩薩が如来と成るまでの深まりいく十二の段階）がすべての菩薩行を収め尽くす。「此の菩薩の十

二種の住に由って普く一切の諸の菩薩住を摂し、普く一切の諸の菩薩行を摂す」
Ⓢ bodhisattva-caryā
（出典）云何修行諸菩薩行。略説、菩薩若所学処、若如是学、若能修学、如是一切総摂為一、名菩薩行。是諸菩薩於何処学。謂、七処学。云何七処。（中略）一自利処、二利他処、三真実義処、四威力処、五成熟有情処、六成熟自仏法処、七無上正等菩提処。（『瑜伽』35、大正 30・482c）

菩薩地 ぼさつじ ヨーガ行者の十七の心境・境界（十七地）の一つ。→十七地
Ⓢ bodhisattva-bhūmi

菩薩十地 ぼさつじゅうじ 真理をさとった菩薩が最高のさとり（無上正覚）を得ることを目指してさらに修行を深めいく十の過程。→十地 Ⓢ daśa bodhisattva-bhūmayaḥ

菩薩住 ぼさつじゅう 菩薩の住。菩薩の十二種の住。→十二住「此の菩薩の十二種の住に由って普く一切の諸の菩薩住を摂す」
Ⓢ bodhisattva-vihāra

菩薩所行 ぼさつしょぎょう 菩薩行とおなじ。→菩薩行

菩薩姓 ぼさつしょう →五姓各別

菩薩浄戒 ぼさつじょうかい 菩薩戒とおなじ。→菩薩戒

菩薩蔵 ぼさつぞう 菩薩の教え、あるいはそれを集成したもの。十二分教のなかの方広がこれにあたる。声聞蔵に対する。→十二分教「彼の十二分教の中に於て方広の一分は唯だ菩薩蔵にして所余の諸の分には声聞蔵あり」「方広とは菩薩蔵と相応する言説を謂う」「心・心所・色・不相応・無為の五法は総じて菩薩蔵を摂す」「方広は文義が広博にして正に菩薩蔵の摂なり」「是の如き素怛纜蔵・毘奈耶蔵・阿毘達磨蔵の三蔵は下乗・上乗の差別あるが故に則ち二蔵を成ず。一には声聞蔵、二には菩薩蔵なり」
Ⓢ bodhisattva-piṭaka

菩薩道 ぼさつどう 菩薩が歩むべき道。六つの波羅蜜多を実践すること。→六波羅蜜多「施などの三は増上生道なり。大財体、及び眷属を感ずるが故に。精進などの三は決定勝道なり。能く煩悩を伏し有情と及び仏法とを成熟するが故に。諸の菩薩道は唯だ此の二あり」 Ⓢ bodhisattva-mārga

菩提 ぼだい さとりを意味する bodhi の音写。覚・覚悟と意訳。声聞の菩提と独覚の菩提と仏の菩提との三種があり、最後の仏の菩提が最高であることから、それを無上菩提・無上正覚（阿耨多羅三藐三菩提）という。また大菩提という。「涅槃と菩提」というときは菩提がさとる智慧の面を、涅槃がその智慧によってさとられる対象をいう。「涅槃と菩提とに於て猛利の信解を起こすを意楽具足と名づく」 Ⓢ bodhi
（出典）三種菩提者、謂、声聞菩提・独覚菩提・無上菩提。（『婆沙』48、大正 27・251a）：以上智観察縁性、名仏菩提、若以中智観察縁性、名独覚菩提、若以下智観察縁性、名声聞菩提。（『婆沙』55、大正 27・283b）：云何菩提。謂、三種菩提。一声聞菩提、二独覚菩提、三阿耨多羅三藐三菩提。（『瑜伽』13、大正 30・347a）：言正解者、正覚異号。梵云菩提、此翻為覚、覚法性故。（『述記』1 本、大正 43・235c）

菩提願 ぼだいがん 菩提を求めようと願うこと。二種の願（菩提願・利楽他願）の一つ。菩提願が智慧の面を、利楽他願が慈悲の面をいう。「願に二種あり。菩提を求める願と他を利楽する願となり」

菩提座 ぼだいざ 釈尊、あるいは諸仏がさとりを開いた菩提樹下の座所。妙菩提座・無上勝菩提座ともいう。「世尊は昔、菩薩として在る時、菩提座に処して縁起門に依って逆次に入る」「薄伽梵は坦然として妙菩提座に安坐し、任運に一切の魔軍の大勢力を摧滅す」「諸仏は無上勝菩提座に安坐して五蓋を断除す」 Ⓢ bodhi-maṇḍa

菩提薩埵 ぼだいさった bodhisattva の音写。縮めて菩薩という。→菩薩

菩提樹 ぼだいじゅ 釈尊（仏・世尊）がその下で坐って無上正等菩提を得た樹。正式には畢鉢羅樹という。→畢鉢羅樹「仏は母胎より出でて即ち七歩行きて自ら独尊と称し、出家し、苦行し、菩提樹に詣でて等正覚を成ず」「世尊は先に菩提樹の下に於て已に天魔と煩悩魔とを伏す」 Ⓢ bodhi-vṛkṣa

菩提心 ぼだいしん 菩提を得ようと願う心。そのような心を起こすことを発菩提心（略して発心）といい、そのような心を初めて起こすことを初発菩提心（略して初発心）という。「諸の菩薩は一切の苦ある衆生を悲愍して済抜せんと欲して菩提心を発す」

Ⓢ bodhi-citta

菩提分　ぼだいぶん　さとりに導くもの。さとりにおもむくことを助けるもの。覚分・覚品ともいう。→菩提分法

菩提分修　ぼだいぶんしゅ　ヨーガの実践（瑜伽修）に二種（想修・菩提分修）あるなかの一つ。三十七菩提分法を修することによってさとりに至る修行法。→三十七菩提分法

Ⓢ bodhi-pakṣya-bhāvanā

（参考）（『瑜伽』28、大正30・439b～c）

菩提分法　ぼだいぶんぽう　それを実践する、あるいは身につけることによって菩提に至ることができるもの。三十七種あるから三十七菩提分法、あるいは三十七覚品法という。→三十七菩提分法　Ⓢ bodhi-pakṣyā dharmāḥ

（参考）（『倶舎』25、大正29・132a以下）

菩提楽　ぼだいらく　菩提から生じる楽。覚法楽ともいう。

（参考）（『婆沙』26、大正27・137a）

暮　ぼ　①ひぐれ。「我れ暮に汝を教えて、旦に勝を獲せしめん」　Ⓢ sāya

②ひがくれること。太陽が沈むこと。「日が暮れんとするとき、大山の峯の影が来りて其の身を覆う」

方　ほう　①眼の対象の一つ。方形。四角形。→色境　Ⓢ catur-asra: vṛtta

②四方の方。十方の方。方向。（三次元の）空間。〈倶舎〉と〈唯識〉ともに、方は五位の存在分類法では不相応行におさめる。このなか、〈倶舎〉は方は実体として存在するとみるが、〈唯識〉は事象が東西南北にわたって生ずることの上に仮に立てられた存在であるとみる。→不相応行　Ⓢ diś: deśa

（出典）問、依何分位、建立方、此復幾種。答、依所摂受諸色分位、建立方。此復三種。謂、上・下・傍。（『瑜伽』56、大正30・607c）：何等為方。謂、於東西南北四維上下、因果差別、仮立為方。（『集論』1、大正31・665c）

③ところ。場所。「諸方を遊歴す」　Ⓢ deśa

④外道の方論師が説く方。一切の存在を生じる常住な根源をいう。その方より世間と人とが生じ、人より天地が生ずると説く。

（出典）言方者、謂、方論師、作如是説。最初生諸方、従諸方、生世間人、従人、生天地。天地滅没、還入彼処、名為涅槃。是故方常。（『演秘』1末、大正43・832b）

⑤副詞としての方。「まさに」と読み、「ちょうどそのとき」という意味。「護法菩薩は千一百年の後に方に始めて出世して此の論釈を造る」

方維　ほうい　方と維。東・西・南・北の四方と北西・南西・北東・南東の四維。

Ⓢ dik-vidiś

方域　ほういき　①区域。国内。「国王と作って潅頂し、自在に方域を統領す」

Ⓢ pṛthivī-maṇḍala

②地方。「方域の言詞は堅く執すべからず、世俗の名想は固く求むべからず」　Ⓢ jana-pada

③ある場所。「某類の方域に住す」　Ⓢ deśa

方隅　ほうぐう　①方向。方位。「或いは方隅を観じ、或いは星月・諸宿・道度を瞻る」

Ⓢ diś

②四角形の一つの隅。一例を挙げることによって他の三隅すなわち他の事柄についても同様であると知るべきであるという文脈のなかで用いられる語。「是の如く余の法も此の方隅に由って展転して応に知るべし、能生の力ありと」「其の余の一切も此の方隅に随って皆な当に覚了すべし」　Ⓢ diś

方計　ほうけ　方策。はかりごと。「事が彰われるを恐れて遂に方計を設けて彼の苾芻を殺す」

方広　ほうこう　①十二分教の一つ。→十二分教

②大乗の教え。〈唯識〉は、十二分教のなかの方広のみが菩薩道を説き、大乗に相応する経典であると考える。　Ⓢ vaipulya

（出典）於十二分教中、除方広分、余名声聞相応契経。即方広分、名大乗相応契経。（『瑜伽』85、大正30・773a）：何等方広。謂、菩薩蔵相応言説。如名方広、亦名広破、亦名無比。為何義故、名為方広。一切有情利益安楽所依処故、宣説広大甚深法故。為何義故名為広。破以能広破一切障故。為何義故名為無比。無有諸法能比類故。（『集論』6、大正31・686b）

方座　ほうざ　四角形の台座。「北倶盧洲の形は方座の如くして四辺の量は等し」

Ⓢ pīṭhikā

方処　ほうしょ　場所。ところ。「倶に一世界の中に在ると雖も、方処が隔たるが故に亦た名づけて遠と為す」　Ⓢ deśa

方所 ほうしょ ①色の定義に用いられる方処。ある空間を専有し、ある場所（方所）に存在しているものを物質的なもの（色）であると定義するなかで用いられる語。「其の方所に在るを示現す可く、質量が増す可きが故に名づけて色と為す」「云何が方所なるや。謂く、色蘊なり」「問う、色蘊は何の相なるや。答う、変現の相、是れ色の相なり。此れに二種あり。一には触対の変壊、二には方所の示現なり。（中略）方所とは現前の処所なり」 Ⓢ deśa
②場所。空間。「是の如く略して一切の時分と一切の方所とを説く」「自の方所より余の方所に至る」 Ⓢ deśa

方土物施 ほうどもつせ 土地や場所を与える布施。菩薩の十三種の布施のありようの一つ。 Ⓢ deśa-vastu-dānatā
（参考）（『瑜伽』39、大正 30・509c）

方分 ほうぶん 空間的な大きさ。上下・四方にわたる大きさ。〈有部〉は、「色（物質）を構成する最小単位である極微（原子）は、方分を有し、実体として存在する」と説くが、〈唯識〉は、「極微が方分を有するならば、さらにそれは分析されうるから、最終的には空無になってしまい実体として存在しないものになる。したがって、極微とは識の上に仮に立てられた影像にすぎず、識を離れては存在しない」と主張する。「若し壁などの物を見、触るる時には、唯だ此の辺のみを得て彼の分をば得ず。既に和合せる物は即ち諸の極微なり。故に此の極微は必ず方分あり」「諸の瑜伽師は仮想の慧を以って麁色の相に於て漸次に除析して不可析に至るを仮に極微と説く。此の極微は猶し方分ありと雖も、而も可析すべからず。若し更に之を析せば便ち空に似て現ぜん。名づけて色となさず。故に極微は是れ識の辺際なりと説く」（『成論』1、大正31・4b～c）
（出典）極微亦有方分者、方、謂、諸方、分、謂、細分。雖有諸方、而無細分極微、乃是麁色所有。（『略纂』2、大正 43・19b）

方便 ほうべん 総じては、身心をあげて修行する、実践することをいう。別しては、方便には、自らがさとりを得るための修行と人人びとを救済するための慈悲行としての修行とに大別される。前者の意味での原語には prayoga や upāya が、後者の意味での原語に upāya がある。前者の用例としては「方便（prayoga）の道とは、若し最勝に就いていえば、煗・頂・忍・世第一法の位の中に於るあらゆる一切の諸の念住などの菩提分法を謂う」（『瑜伽』64、大正 30・655c）を、後者の用例としては「四種の衆を摂する方便ありて、能く正しく一切の大衆を摂化す。一には饒益方便、二には摂受方便、三には引導方便、四には修治方便なり」（『瑜伽』14、大正 30・351a）をあげることができる。前者の意味での方便の原語 prayoga は加行とも訳される。また「善巧と方便（upāya）」という場合は、善巧は物事に精通する智であるのに対して、方便はその智に基づいた実践を意味し、善巧は智慧、方便は慈悲の側面をいう。また「手段」「方法」と意味の方便（upāya）もあり、その用例としては「余の手触などの方便を以って不浄を出す」（『瑜伽』8、大正 30・317a）をあげることができる。詳しくは、次のような方便が説かれる。（ⅰ）ヨーガの修行としての方便。戒を守る、戒を守るから念を守る、念を守るから放逸することがなく心を守護して善法を修する、放逸することがないから内心においてヨーガを修する、という実践修行をいう。（ⅱ）四摂事の修行としての方便。この場合の方便とは他者救済の具体的な実践である慈悲行をいい、布施・愛語・利行・同事の四つの修行（四摂事）をいう（→四摂事）。 Ⓢ upāya: prayoga
（出典）云何瑜伽。謂、四瑜伽。何等為四。一信、二欲、三精進、四方便。（中略）方便有四。謂、尸羅律儀増上力故、善守其念。善守念故、能無放逸、防護其心、修諸善法。無放逸故、心正於内、修奢摩他増上慧法毘鉢舍那。（『瑜伽』28、大正 30・438a～b）：云何菩薩方便所摂身語意業。当知、略説菩薩所有四種摂事、是名方便。（『瑜伽』38、大正 30・504c）

方便因 ほうべんいん すべての因を能生因と方便因との二つに大別するなかの一方。→能生因 Ⓢ upāya-hetu

方便究竟果作意 ほうべんくきょうかさい 加行究竟果作意とおなじ。→加行究竟果作意

方便究竟作意 ほうべんくきょうさい 加行究竟作意とおなじ。→加行究竟作意

方便地 ほうべんじ 加行地とおなじ。→加行地

方便邪性定 ほうべんじゃしょうじょう →邪性定聚

方便出息 ほうべんしゅっそく 利子を取って貸すこと。「菩薩は商農・放牧・善和諍訟・追求財宝・守護儲積・方便出息などの一切の如法の事の中に於て悉く同事を興す」

Ⓢ prayoga

方便正性定 ほうべんしょうしょうじょう →正性定聚

方便精進 ほうべんしょうじん 善いことを修しようとつとめて修行すること。三種の精進（被甲精進・方便精進・饒益有情精進）の一つ。転生善法加行精進とおなじ。あるいは五種の精進（被甲精進・方便精進・不下精進・無動精進・無喜足精進）の一つ。修行において自らを策励してつとめはげむこと。加行精進ともいう。有勤精進とおなじ。

（参考）（『瑜伽』57、大正 30・617b）：（『雑集論』12、大正 31・749c）

方便善巧 ほうべんぜんぎょう （ⅰ）方便と善巧。善巧は物事に精通する知、方便はあることをおこなう行。知識と実践。善巧は智慧、方便は慈悲に属する。（ⅱ）方便に善巧であること。いかに実践するか、その方法に精通していること。そのように精通することによって一切の仏法を修証するという自利行と一切の有情を成熟するという利他行とがなされるべきであると説かれる。 Ⓢ upāya-kauśalya

（出典）云何菩薩方便善巧。当知、略説有十二種。依内修証一切仏法、有其六種。依外成熟一切有情、亦有六種。（『瑜伽』45、大正 30・540a）：方便善巧者、略有四種。一成熟有情善巧、二円満仏法善巧、三速証神通善巧、四道無断善巧。（『雑集論』14、大正 31・764a）：方便善巧有二種。謂、迴向方便善巧・抜済方便善巧。（『成論』9、大正 31・51b）

方便善巧大性 ほうべんぜんぎょうだいしょう 大乗の七つの偉大性の一つ。→七種大性

方便善巧波羅蜜多 ほうべんぜんぎょうはらみた 十波羅蜜多の一つ。方便と善巧とによる実践行。布施・持戒・忍辱の三波羅蜜多が対象とする人びとにおいて布施・愛語・利行・同事の四摂事によって人びとを善いありように導き入れること。 Ⓢ upāya-kauśalya-pāramitā

（出典）如前所説十二行相方便善巧、当知、説名方便善巧波羅蜜多（『瑜伽』49、大正 30・565c）：諸菩薩、於前三種波羅蜜多所摂有情、以諸摂事方便善巧、而摂受之、安置善品。是故我説方便善巧波羅蜜多与前三種而為助伴。（『解深』4、大正 16・705b）

方便相応戒 ほうべんそうおうかい 四摂事を実践するなかで善い身の行ない（身業）と言葉使い（語業）とが展開すること。→四摂事

Ⓢ upāya-yuktaṃ śīlam

（参考）（『瑜伽』42、大正 30・522a）

方便道 ほうべんどう ①五種の道（資糧道・方便道・見道・修道・究竟道）の一つ。加行道ともいう。→加行道①

②四道（方便道・無間道・解脱道・勝進道）の一つ。加行道ともいう。→加行道② →四道

③道諦の三つ（資糧道・方便道・清浄道）の一つ。方便道（加行道）である煗・頂・忍・世第一法の位のなかで修せられる一切の菩提分法をいう。

（出典）方便道者、若就最勝謂、於煗頂忍世第一法位中、所有一切諸念住等菩提分法。（『瑜伽』64、大正 30・655c）

方便不定 ほうべんふじょう →不定性聚

方邑 ほうゆう 地方。むら。「世尊は在世に処処の方邑に於て諸の有情の為に種種の論道を以って阿毘達磨を分別し演説す」

咆勃 ほうぼつ さかんにほえるさま。牛の鳴き声。「若し咆勃を聞けば牛王なりと比知す」

奉（ほう）→ぶ

宝 ほう ①たから。たとえば、仏・宝・僧の三つの宝、転輪王が所有する輪宝・象宝・馬宝・末尼珠宝・女宝・主蔵臣宝・主兵臣宝の七つの宝などがある。→三宝 →七宝① Ⓢ ratna

②宝石。→七宝②「蘇迷盧山は金・銀・頗胝・琉璃の四つの宝を体と為す」「影は樹に依り、光は宝に依る」 Ⓢ maṇi: ratna

宝蓋 ほうがい 荘厳な傘。高貴な人のための日傘。「散ずるに種種の天の妙華香を以ってし、天の伎楽、上妙なる衣服、幢幡・宝蓋の殊勝な供具を持して供養を為す」

Ⓢ chatra

宝龕 ほうがん 宝石の室。「底沙如来が宝龕の中に坐して火界定に入るを遇見す」

Ⓢ ratna-guhā

宝器 ほうき 宝の容器。「諸の聖者は功徳を愛楽するが故に此の戒を愛するは、人が宝を愛する、または宝器を愛するが如し」

宝髻仏 ほうけいぶつ 釈尊が菩薩としての修行の間、第二無数劫の修行を終わったときに逢った仏。宝髻如来とおなじ。「三無数劫に満つるときは、逆次に勝観と然灯と宝髻との仏に逢う。初は釈迦牟尼なり」 Ⓢ ratna-śikhin

宝髻如来 ほうけいにょらい →宝髻仏

宝璩印 ほうごいん 上膊につける腕輪。「末尼・環釧・宝璩印などの諸の荘厳具を奉施す」 Ⓢ keyūra

宝珠 ほうじゅ 宝石。光を放つものの例としてあげられる。珠宝ともいう。「月・星・火薬・宝珠・電などの諸の焔を明と名づく」 Ⓢ maṇi

宝縷 ほうる 荘厳な糸。「珍奇を散じ、或いは宝縷を纏って供養を為す」 Ⓢ sūtra

宝鈴 ほうれい 荘厳な鈴。「種種の宝鈴を奉施す」 Ⓢ ghaṇṭā

抱 ほう だく、抱擁すること。「夜摩天は相い抱じて婬を成じ、覩史多天は手を執って婬を成ず」 Ⓢ āliṅgana

抱持 ほうじ ①だく、抱擁すること。「受用の建立とは飲食・覆障・抱持・受行などの義を謂う」 Ⓢ āliṅgana
②得たものを所持して執着すること。「耽著して住すとは、得已って抱持して捨てざるを謂う」

抱徒愍 ほうとかん bauddha の音写。仏陀(buddha)につかえる弟子。事仏者と意訳する。
(出典) 仏陀是覚者。若言抱徒愍、是事仏者。(『述記』1末、大正43・262a)

放 ほう (光、火、矢などを)はなつこと。発すること。放射すること。「仏菩薩は定の自在に依って神通力を以って身より光明を放つ」「箭を放つ」
Ⓢ āmukta: ud-**sṛj**: **kṣip**: kṣipta: pra-**muc**: pramokṣa: pramocaka: **sphar**

放逸 ほういつ (悪を防ぎ善を修することにおいて)なまける心。なまけない心(不放逸)をさまたげる心。懈怠と貪と瞋と癡との四つから成り立つ。随煩悩の一つ。
Ⓢ pramatta: pramāda: pramādya
(出典) 於諸善品、不楽勤修、於諸悪法、心無防護故、名放逸。(『瑜伽』89、大正30・802c):云何放逸。於染浄品、不能防修、縦蕩、為性。障不放逸、増悪損善所依、為業。謂、由懈怠及貪瞋癡、不能防修染浄品法、総名放逸。(『成論』6、大正31・34b)

放逸愚 ほういつぐ 見聞覚知する対象に対して心が散乱して集中しないことに起因するおろかさ・無知をいう。四種の無明(無解愚・放逸愚・染汚愚・不染汚愚)、あるいは五種の無明(義愚・見愚・放逸愚・真実義愚・増上慢愚)の一つ。
Ⓢ pramāda-saṃmoha
(出典) 於見聞覚知所知義中、散乱失念所有無智、名放逸愚。(『瑜伽』58、大正30・622a)

放逸障 ほういつしょう なまけるという障害。裕福になり繁栄することによって欲望を満たすこと。十二種の障の一つ。
(出典) 障者有十二種。(中略) 三放逸障。謂、大興盛現在前時、受用諸欲。(『瑜伽』64、大正30・656a)

放失 ほうしつ 大便あるいは小便をもらすこと。「云何が菩薩は損悩すべからざる有情に於て正行を行ずるや。謂く、慈父の己の膝の上に便利を放失した嬰孩・小児に於るが如し」

放捨 ほうしゃ ①(ある事、ある人、身心などに対して)無関心でいること。捨て置くこと。「菩薩は艱難事に遭えば其の中に於て放捨を行ず」「恩なく怨む諸の有情の所に於て相続して中庸の意楽と放捨の意楽とを発起するは、当に罪ありと知るべし」「心を繋けて入出息を縁じて加行を作さず、身心を放捨して、唯だ念じて入出息の数を憶持す」「八戒齋を受して身心を放捨して寂然として住す」 Ⓢ adhyupa-**īkṣ**: upekṣaka: upekṣā
②(ある場所を)捨てて去ること。「妙菩提座に安坐して終に放捨せず」

放縦 ほうじゅう ほしいままにすること。おもいのままに享受すること。「浄相を取りて諸の境界に於て之を放縦す」

放大光明 ほうだいこうみょう ①光明を放つこと。「身より大光明を放って周匝遍照す」「悪趣の有情の衆苦を息めんと欲するがために大光明を放て照触す」
Ⓢ ābhayā spharitvā: raśmi-pramocaka

②仏・菩薩の能変神境智通の一つ。無量無数のさまざまな種類の光明を放って無量無数の世界に住む無量無数の生きもののために無量無数の利益をあたえるという神通力をいう。 Ⓢ raśmi-pramokṣa
(参考)(『瑜伽』37、大正 30・492c～493a)

放牧 ほうぼく 家畜の世話。牛の世話。放牧生活。家畜業。「菩薩は商農・放牧・事王・書印・算などの一切の如法事の中に於て悉く事を同じくす」 Ⓢ go-rakṣya

朋 ほう ①友。仲間。親族。「菩薩は識るもの識らざるものに於て一切、等心にして友と為り朋と為る」「尊者妙音の説は数論外道の朋の中に置くべし」 Ⓢ sakhi
(出典) 朋、謂、親族。属、謂、奴婢。(『摂論釈・無』7、大正 31・422c)
②くみすること。見解をおなじくすること。朋附ともいう。「仏性論が引く小乗両部の諍論は、且く分別部の意に朋し、有部の義を破すなり」「前に説くところの如き過難を避けんとして彼の執に朋附し、復た転救して言う」

朋疇 ほうちゅう ともがら、仲間。「諸の朋疇ありて引導して非利益の事を作らしむるを名づけて悪友と為す」

朋党 ほうとう 仲間。意見をおなじくする人びと。「異論の朋党に遭遇して諍競し難詰す」 Ⓢ pakṣa

朋附 ほうふ →朋②

朋友 ほうゆう ともだち。親しい人。「諸の有情は愛の勢力に由って能く正しく父母・師長を供養し、及び能く妻子・作使・朋友・眷属を養育す」 Ⓢ mitra: sahāyaka

朋翼 ほうよく 仲間。意見をおなじくする人びと。「大財位を得、大朋翼あり、大僚属を具す、是れを菩薩の自在具足と名づく」 Ⓢ pakṣa

法 ほう ①存在する「もの」としての法。三法印のなかの「諸法無我」の法がこれにあたる。その代表的な分類としては「法とは有為と無為となり」(『瑜伽』88、大正 30・795c)がある。このなか有為とは現象的存在の総称であり、有為には無量の存在するものがあるから、名詞の後に法を付けて、「～というもの」という意味で法が使われる用例が多くある。たとえば「色法と心法」という場合は、「物的なもの」と「心的なもの」とを意味する。あるいは「善法と不善法」という場合は、「善いもの」と「善くないもの」とを意味する。このような意味での用例は経論には無数にみられる。 Ⓢ dharma
②存在するものを構成する要素としての法。たとえば〈有部〉では、存在の要素として七十五の法を、〈唯識〉では百の法を立てる(→百法)。このような意味での法の語義定義として「自相を任持し、軌となって物解を生ずる」(任持自相・軌生物解)がある。任持自相とは、おのおのの存在は自らの固有性を持っているということ。軌生物解とは固有性を持つからそれがなにであるかを理解せしめることができることをいう。まとめて「軌持」という。 Ⓢ dharma
(出典) 我、謂、主宰。法、謂、軌持。(『成論』1、大正 31・1a):法、謂、軌持。軌、謂、軌範、可生物解。持、謂、任持不捨自相。(『述記』1本、大正 43・239c)
③教えとしての法。言葉で語られた教え。この意味での法をとくに教法という場合がある。基本的には釈尊によって説かれた教えを意味する。この意味での用例としては「法とは略して十二種あり。謂く、契経などの十二分教なり」(『瑜伽』81、大正 30・753a)があり、釈尊によって説かれた法は契経・応頌・記別・諷頌・自説・縁起・譬喩・本事・本生・方広・希法・論議の十二種であるとされる。また「法は又た二種なり。謂く、文と及び義となり。唯だ義が是れ依にして文に非ず」(『瑜伽』11、大正 30・332b)と説かれ、法は文(文句)と義(意味)とからなり、教えを聞いて修行する際、義によって文に依らないこと、すなわち、教えを聴くとき、その文句ではなくその文句が指し示す意味内容を把握することが要請されている(→四依①)。 Ⓢ dharma
④真理としての法。教えがそれにもとづくところの真理をいう。たとえば、「法に二種あり、一には教、二には理なり」(『述記』1本、大正 43・232c)と説かれるなかの理をいう。また〈唯識〉では釈尊によって説かれた法を「法界等流の法」(法界から流れでた法)と定義する。この場合の法界の法は真理としての法、最後の法は教えとしての法を意味する。 Ⓢ dharma
⑤非法の対としての法。正しいこと。規則に

かなっていること。→法非法① Ⓢ dharma
⑥因明の宗（AはBであるという主張）における述語の部分。「量して云く。汝所執我とは、是れは宗にして有法なり。応不随身受苦楽とは、是れ宗の法なり」（『述記』1本、大正43・245b）。
⑦ヴァイシェーシカ派が説く十句義のなかの徳に二十四あるなかの一つ。生死する可愛の身、勝れた身を得る因と、出世間の因、すなわち正智の正因をいう。
（出典）法有二種。一能転、謂、得可愛身因、即得生死勝身之因。二能還、謂、離染縁正智喜因、即出世間之因、正智正因也（『述記』1末、大正43・256b）
⑧ dharma 以外で法と訳される原語としては次のようなものがある。（i）「菩薩戒律儀の法を受ける」。この場合の法（vidhāna: vidhi）とは規則・規定という意味。（ii）「滅相は善く滅するところの法を滅す」。この場合の法（bhāva）は、存在するもの・事物という意味。（iii）「自と上との地の法は能く有漏法を縁ぜざることなし」。この場合の法（vastu）は事物という意味。

法愛 ほうあい 法への愛。教えへの愛着。定愛とともに所知障として断ずべきもの。「定愛と法愛とは所知障なり」「第四地の中で定愛と法愛との障を断ず」 Ⓢ dharma-tṛṣṇā

法威力 ほういりき 菩薩が有する威力の一つ。法とは六波羅蜜多をいい、六波羅蜜多を修することによって発揮される偉大な力を法威力という。 Ⓢ dharma-prabhāva
（出典）法威力、謂、諸勝法、有広大果、有大勝利、是名法威力。此中法者、即是六種波羅蜜多、所謂、布施乃至般若。如是諸法、有大威力、名法威力。（『瑜伽』37、大正30・491b）
（参考）（『瑜伽』37、大正30・495a～c）

法印 ほういん 教えの旗印・スローガン。一切法は無我である（諸法無我）という教えをいう。これに「諸行無常」と「涅槃寂静」とを加えた三つを三法印という。印の uddāna を嗢拕南と音写して法嗢拕南ともいう。→三法印 Ⓢ dharma-uddāna: dharma-mudrā
（出典）一切法中無有我性、名諸法印。即此法印、随論道理法王所造、於諸聖身、不為悩害、随喜能得一切聖財。由此自然吉安、超度生死広大険難長道、是故亦名衆聖法印。（『瑜伽』87、大正30・792b）

法有執 ほううしゅう 法は有るという執着。自己を含めた存在全体の構成要素は存在するという見解。小乗が抱く見解。→法②「世尊は大般若を説いて法有執を破す」

法雨 ほうう 教えの雨。世尊が人びとの機根に応じて降らす教えを雨に喩えて法雨という。〈唯識〉では仏の四智のなかの妙観察智にそのような働きがあり、法雨を降らすことによって人びとの疑惑を断じて利益・安楽せしめると説く。「世尊は永く義なき言を離れるが故に、所説は量に称い、必ず饒益するが故に、田に依り器に依って法雨を雨らす」「妙観察智と相応する心品は、大衆会に於て能く無辺の作用の差別を現じ、皆な自在を得、大法雨を雨らして一切の疑を断じ、諸の有情をして皆な利楽を獲せしむ」

法嗢拕南 ほううだな 釈尊の教え（法）を頌の形で表現したもの。嗢拕南は uddāna の音写で、印と訳されるから、法嗢拕南は法印ともいう。教えの旗印・スローガンという意味で、一切行無常・一切行苦・一切法無我・涅槃寂静という四つの教えをいい、まとめて四法印という。三法印に一切行苦を加えたもの。→法印 →三法印 Ⓢ dharma-uddāna
（参考）（『瑜伽』46、大正30・544a）

法雲 ほううん →法雲地

法雲地 ほううんじ 菩薩の十地の第十の地。無上菩提（最高のさとり）を獲得して仏陀になる直前の段階。法雲（教えを降らす雲、すなわち如来）から降りそそぐ微妙な教えの雨（法雨）を受けとめることができ、また自らも微妙な法雨を降らして人びとの煩悩を洗い流し、善根（善を生じる力）を成長育成せしめる菩薩の住する境地をいう（『十地経』の所説）。あるいは、生（なま）の身が広大な虚空の如くに法身（真理の身）で充満するありようを大雲が虚空を覆い尽くすありように喩えて法雲という（『解深密経』『成唯識論』の所説）。→十地 Ⓢ dharma-megha-bhūmi
（出典）如十地経法雲地説。是諸菩薩、住此地中、諸菩薩道、皆得円満、菩提資糧、極善周備、従諸如来大法雲所、堪能領受其余一切有情之類難可領受最極広大微妙法雨。又此菩薩自如大雲、未現等覚無上菩提、若現等覚無上菩提、能為無量無辺有情、等雨無比微妙法雨、殄息一切煩悩塵埃、能令種種善根稼穡生長成熟。是故此地、名法雲地。(『瑜伽』48、大正 30・561c〜562a):麁重之身広、如虚空、法身円満。譬如大雲皆能遍覆。是故第十、名法雲地。(『解深』4、大正 16・704a):法雲地、大法智雲、含衆徳水、蔽一切如空麁重、充満法身故。(『成論』9、大正 31・51b)

法蘊 ほううん 同類の教え(法)のあつまり。その数量については八万、あるいは八万四千などの諸説がある。→八万四千法蘊「蘊・処・界・縁起・諦・食・静慮・無量・無色・解脱・勝処・遍処・覚品・神通・無諍・願智・無礙解などの一一の教門を一法蘊と名づく」(『倶舎』1、大正 29・6b)、「所化の有情に貪瞋などの八万の行の別あり。彼の八万の行を対治せんがための故に世尊は八万の法蘊を宣説せり」(『倶舎』1、大正 29・6b)、「八万四千の法蘊は能く有貪と有瞋と有癡と等分との有情の行を治すが故なり。四種に、各、二万一千あり」(『摂論釈・無』8、大正 31・429a) Ⓢ dharma-skandha

法会 ほうえ 法に関する集会。大衆が一所に集まり、そこにおいて教え(法)を演説する、あるいは教えについて論議する集会をいう。 Ⓢ dharma-saṃgīti

法縁 ほうえん →法縁無量

法縁無量 ほうえんむりょう 仮に立てられる生きもの(有情)ではなく、有情を構成する要素(法)を対象として慈・悲・喜・捨の四無量心を起こすこと。三種の無量(有情縁無量・法縁無量・無縁無量)の一つ。→四無量 Ⓢ dharma-ālambanāni apramāṇāni
(参考)(『瑜伽』44、大正 30・535c)

法王 ほうおう ①教えの王。釈尊のこと。「無上の法王は久しく已に滅度し、諸の大法将も亦た般涅槃し、聖教も支離し已って多部を成ず」
②悪業を為して地獄に堕ちた者を罰し諭し懺悔せしめて救済する、地獄の琰魔王(焔摩王)のこと。 Ⓢ dharma-rājatva
(参考)(『瑜伽』58、大正 30・621a)
③仏教の正しい教え(正法)を守り維持する国王のこと。「諸の国王で正法を任持するを名づけて法王と為す」

法音 ほうおん 正法の音声。(他者が説く)教えの声。その声を聴聞することが正しい見解を生じるための外的な要因とされる。「二つの因縁ありて能く正見を生ず。一には外に他の法音を聞く。二には内に如理作意す」

法我 ほうが 二種の我(補特伽羅我と法我)の一つ。我(ātman)とは固定的・実体的な存在をいい、そのような存在のなか生命的存在を補特伽羅我、その生命的存在を構成する諸要素としての存在を法我という。〈有部〉はこのなかの補特伽羅我の存在を否定し、法我の存在を認めるが、〈唯識〉は両者とも否定する。 Ⓢ dharma-ātman

法観 ほうかん 法の観察。勝れた禅定である奢摩他と毘鉢舎那とが共に働く三摩地において毘鉢舎那によって契経などの教え(法)を観察すること。 Ⓢ dharma-vipaśyanā
(出典)得奢摩他者、得三摩地。修法観者、於契経等、策勤観察。(『摂論釈・世』4、大正 31・340c):得勝定修法観者、随観一境衆相現前、境若是実、寧随心転。(『成論』7、大正 31・39a)

法器 ほうき 法を受け入れるうつわ。仏の教えを理解できる人。仏法(仏の教え)を受け入れて、それにもとづいて修行することができる人。「若し是れ鈍根ならば法器に非ざるが故に仏は為に説かず」 Ⓢ bhājana

法義 ほうぎ 法は教え、義は意味。「法の義」と読めば、「教えの意味」となり、「法と義」と読めば、「教えとその意味」となる。また「名句文は是れ法にして所詮は是れ義なり。義を以って行を顕し、行を以って果を顕す。法は是れ言辞なり。若し言辞に詮次あれば句味名は理に合す。則ち義趣は観るべし。故に造論の意は言辞を厳じて義を可愛ならしめんが為なり。言辞は既に理に合し、義趣は遂に可愛ならしめる。則ち深い義を解しやすくせしむるなり」(『了義』1本、大正 43・669a)の解釈によれば、法とは教えを具体的に構成する言葉(名句文)であり、その言葉が理にかなっていれば、そこに意味(義)が容易に理解されるようになるという。義は意味だけではなく、事物・事柄そのものをいう場合もある。→義① Ⓢ dharma-artha

法教 ほうきょう 教え。教えを説くこと。「法教が久住するとは、正法を説き已り、法輪を転じ已り、乃至、世尊の寿量が久住し、及び涅槃の後、そこばくの時を経て正行が未だ滅せず、正法が未だ隠れざるを謂う」「法教は文と義との二つの縁に由って顕さるる」
Ⓢ dharma: dharma-deśanā

法行 ほうぎょう ①正しい教えにもとづいた修行。 Ⓢ dharma-carita
（出典）云何菩薩具於法行。此何行相。謂、諸菩薩凡所修行、不越正法。是故名為具足法行（『瑜伽』79、大正30・741b）：言法行者、謂、聞所成善法摂故。（『瑜伽』83、大正30・761c）
②→法随法行

法供養 ほうくよう 法を施す供養。教え（教法）を説き示すというほどこし。経論を理解せしめて正しい修行をするよう勧めること。二種の供養（財供養・法供養）の一つ。→供養①
（出典）法供養者、謂、以三蔵、勧令受持、或為解釈令無疑滞、或復勧請令修正行、諸如是等、名法供養。（『婆沙』30、大正27・153b）
（参考）（『婆沙』29、大正27・152a以下）。

法俱得 ほうぐとく 三種の得（法後得・法前得・法俱得）の一つ。人が自身のなかで、あるもの（法）を得るということにおいて、得る人（能得）と得られるもの（所得法）とが同時に存在して得るということが成立することをいう。善でも悪でもない無記の法を得るありようをいう。俱生得ともいう。身体の影が身に随い同時に存在する現象に喩えて如影随身得という。

法仮 ほうけ 法の上に仮に立てること。縁起の理によって生滅しながら相続する法である五蘊の上に仮に我を設定すること。外道が実体的な我を立てる見解への仏教からの反論の際に主張される概念。
Ⓢ dharma-saṃketa
（出典）世尊亦言。有業、有異熟、作者不可得。謂、能捨此蘊、及能続余蘊、唯除法仮。法仮謂何。依此有彼有、此生故彼生、広説縁起。（『俱舎』9、大正29・47c）
（参考）（『俱舎論記』9、大正41・163c以下）

法仮安立 ほうけあんりゅう 法仮立ともいう。奢摩他（止）と毘鉢舎那（観）を修する際の二つのよりどころ（法仮安立と不捨阿耨多羅三藐三菩提願）の一つで、法を仮に安立すること、言葉で教えを仮に説き示すこと。『解深密経』にみられる語で、言葉としての教えは仮に語られたものであり、それを手掛かりとしてヨーガ（止観）を修してさとりを得ることが要請されている。「菩薩は法仮安立と及び無上正等覚の願を捨てざるとを依と為し住と為して、大乗の中に於て奢摩他・毘鉢舎那を修す」（『解深』3、大正16・697c）
Ⓢ dharma-prajñapti-vyavasthāna

法決択 ほうけっちゃく 四つの決択（諦決択・法決択・得決択・論議決択）のなかの一つ。法（十二分教）について明確に解釈すること。 Ⓢ dharma-viniścaya
（参考）（『雑集論』11、大正31・743b以下）

法慳 ほうけん 教えを惜しんで人にほどこさない心。「世尊は自ら法慳を遠離して希有の法に於て師拳なきことを顕すが故に他に告げて知らしむ」 Ⓢ dharma-mātsarya

法眼 ほうげん ①五眼（肉眼・天眼・慧眼・法眼・仏眼）の一つ。人びとを救済できる力を眼にたとえていう。→五眼
Ⓢ dharma-cakṣus: dharma-netrī
②法（存在するもの）への眼。法を正しく知る智慧。たとえば、ただ法のみが存在するとみる智慧を眼にたとえて法眼という。仏・菩薩が説く正しい法（教え）を聞くことによって生起する眼。浄法眼・正法眼ともいう。「一類の有情は仏菩薩が正法を説くを聞く時、塵を遠じ垢を離れて、諸法の中に於て法眼が生起す」 Ⓢ dharma-cakṣus
（出典）言法眼者、謂、如実現証唯有法慧。（『瑜伽』83、大正30・763c）

法後得 ほうごとく 三種の得（法後得・法前得・法俱得）の一つ。人が自身のなかで、あるもの（法）を得るということにおいて、得る人（能得）が得られるもの（所得法）の後に随い来て、それを得るというようなありよう、たとえば、善悪の法が過去に滅した後、その法を人が得るようなありようをいう。子牛が母牛に随って行くことに喩えて犢子随後得という。

法語 ほうご 正しい教えにもとづいた言葉。「如来は其の舌は広薄にして普く面輪を覆い、常に諦語と愛語と時語と法語とを修す」 Ⓢ dharma-vādita

法語者 ほうごしゃ 四道理にもとづいて正しい教えを説く人、すなわち如来をいう。
（出典）如来、依四道理、宣説正法如前。所謂、観待道理・作用道理・因成道理・法爾道理。由此如来名法語者（『瑜伽』88、大正

30・794a）

法光 ほうこう 真理から発する光。「総法を縁ずる奢摩他・毘鉢舎那は十方の無差別相の無量の法光を解了す」「我が師・無著は聖者大慈尊に逢事し、無動にして世間を出で、大法光を放つ三摩地に依止して妙法を闡揚し、清誉を流す」

法光定 ほうこうじょう 真理から発する光に満ちた禅定。「無著菩薩は亦た初地に登って法光定を証し、大神通を得て、大慈尊に事えて瑜伽師地論を説くことを請う」

法光明 ほうこうみょう 三種の光明（治暗光明・法光明・依身光明）の一つ。法明ともいう。教法を聞いてその教えに随って存在を如実に観察する心から発する光明。心のなかに忘れずに記憶された教法が発する光明。如実に諸法を知らない無明と、過去・未来・現在についての疑惑と、仏・法・僧の三宝についての疑惑との三つの黒暗を消滅する働きがある。 Ⓢ dharma-āloka

（出典）法光明者、謂、如有一、随其所受所思所触、観察諸法、或復修習随念仏等。（『瑜伽』11、大正 30・330a～b）：如所聞、已得究竟、不忘念法、名法光明。（『瑜伽』20、大正 30・390c）

法業 ほうごう 法にかなった業。理にかなった行為。正しい教えにかなった行為。「法業の処するに堪える人を法業の中に置く」

法思勝解忍 ほうししょうげにん 一切の教法を正しく思惟して決定的に理解すること。三種の忍（耐他怨害忍・安受衆苦忍・法思勝解忍）の一つ。諦察法忍という場合もある。

Ⓢ dharma-nidhyāna-adhimukti

（参考）（『瑜伽』42、大正 30・524c）

法師 ほうし 「ほっし」ともよむ。①法を説く師。正しい教えを説示する人。教えを説いて人びとを教化する師。「菩薩は法師の所に往きて、雑染心なく散乱心なくして正法を聴聞す」

Ⓢ dharma-bhāṇaka: dhārma-kathika

（参考）（『倶舎』18、大正 29・96c）

②菩薩の異名の一つ。 Ⓢ dhārmika

（参考）（『瑜伽』46、大正 30・549b）

③中国では、高名な仏教学者の名前に付して、たとえば道安法師・慧遠法師と呼び、あるいは玄奘を三蔵法師と呼ぶようになった。日本では、法師は僧の位の一つとなり、たとえば伝灯法師位・伝灯大法師位などが設けられた。その後、一般の僧侶の呼称となり、たとえば比叡山の僧を山法師、三井園城寺の僧を寺法師、南都興福寺の僧を奈良法師と呼んだ。

法迹 ほうしゃく 涅槃に至るための教えの道。法跡ともいう。→四法迹

法跡 ほうしゃく 法迹とおなじ。→法迹

法受 ほうじゅ 法を受けること。（苦あるいは楽などの）ある結果を引き受けること、背負い込むこと。次の四つのありようがある。（ⅰ）現在に楽を受け、当来世において苦果を受ける。（ⅱ）現在に苦を受け、当来世において楽果を受ける。（ⅲ）現在に楽を受け、当来世に於て楽果を受ける。（ⅳ）現在に苦を受け、当来世において苦果を受ける。 Ⓢ dharma-samādāna

（参考）（『瑜伽』35、大正 30・483b）

法聚 ほうじゅ ある同類の存在（法）のあつまり。たとえば善の法聚、不善の法聚、無記の法聚、見所断の法聚、修所断の法聚、無断の法聚、邪性定の法聚、正性定の法聚、不定の法聚の九の法聚のなかにすべての存在（一切法）が包含される。

Ⓢ dharma-rāśi: dharma-saṃnicaya

（参考）（『瑜伽』100、大正 30・880b）

法住 ほうじゅう ①縁起の理は仏陀が世に出生することが有る無しに関係なく常住で永遠の真理であることを表す語の一つ。縁起の理が存在の本性（法性）にもとづいて正しくまちがいなく（無顛倒）説かれているありようをいう。 Ⓢ dharma-sthiti

（出典）問如世尊言。是諸縁起、非我所作亦非余作。所以者何。若仏出世、若不出世、安住法性法住法界。云何法性、云何法住、云何法界。（中略）如成就性、以無顛倒文句安立、是名法住。（『瑜伽』10、大正 30・327c）

②法に住すること。教え（法）をただ追求し読誦し宣説することをもってすべてであるとすることなく、内心においてすぐれた奢摩他を修して、教えを深く観察し思惟して、種々の働きを展開すること。

（出典）云何菩薩具於法住。此何行相。謂、諸菩薩、非但追求以為究竟、非但読誦以為究竟、非但宣説以為究竟、非但尋思以為究竟、而於内心勝奢摩他正修習中、発勤方便、平等修集、是故説、名具於法住。（『瑜伽』79、大

正30・741c）

法住智 ほうじゅうち ①法に住する智。仏陀によって説かれた教え（法）を正しくまちがいなくしる智。「是の如く菩薩は法住智を依止と為し建立と為すが故に心意識の秘密に於て善巧なり」
②涅槃智の前提となる法住智。涅槃智との対比で説かれる法住智。この両者の違いについては、〈有部〉の『婆沙論』では次のような諸説があげられている（『婆沙』100、大正27・572b）。「集を知る智が法住智で、滅を知る智が涅槃智である」「苦・集を知る智が法住智で、滅・道を知る智が涅槃智である」「苦・集・道を知る智が法住智で、滅を知る智が涅槃智である」「流転を知る智が法住智で、還滅を知る智が涅槃智である」「縁起を知る智が法住智で、縁起の滅を知る智が涅槃智である」「生死を知る智が法住智で、生死の滅を知る智が涅槃智である」「近分地の智が法住智で、根本地の智が涅槃智である」。
〈唯識〉の『瑜伽論』でも、法住智が先で、その法住智を前提として涅槃智が生じると説かれる。基本的な考えは『婆沙論』とおなじであるが、四諦を各別に分けることなく、法住智は異生の段階で四諦の理を概念的に理解する（信解する）智であり、涅槃智は、法住智を踏まえて苦と集とを嫌い、滅すなわち涅槃は寂静であるとしる智であると定義する（『瑜伽』87、大正30・787b）。Ⓢ dharma-sthiti-jñāna
③真実智と対比される法住智。〈唯識〉は涅槃智を真実智という語で言い換え、法住智と真実智とを対比させて考察する。法住智とは見道以前の異生の段階にいる者が、仏によって説かれた苦諦・集諦・滅諦・道諦の四諦の理を聞いてそれを正しくまちがいなくしる智であり、真実智とは見道に入った聖者が真実すなわち四諦の理を如実に証する智をいう。Ⓢ dharma-sthiti-jñāna
（出典）問、応以幾智知縁起耶。答、二。謂、以法住智及真実智。云何以法住智。謂、如仏施設開示、無倒而知。云何以真実智。謂、如学見跡、観甚深義。（『瑜伽』10、大正30・327c）：由二因縁、入如来教。一者由法住智、深了別故。二者由真実智、善決定故。（『瑜伽』80、大正30・746c）

法証浄 ほうしょうじょう 法（仏・法・僧の三宝のなかの法）に対する清浄な信。真理（四諦の理）をさとることによって得られる信。四つの証浄の一つ。→四証浄

法上部 ほうじょうぶ 小乗二十部の一つ。→小乗二十部

法定 ほうじょう ①十二支縁起などの因果の理は、仏陀が世に出生することが有る無しに関係なく常住で永遠の真理であることを表す語の一つ。「此の理に称う因果の次第は、無始の時よりこのかた、展転して安立するを名づけて法性となし、現在世に由って名づけて法住となし、過去世に由って名づけて法定と為し、未来世に由って法如性と名づく」（『瑜伽』93、大正30・833a）
②真如の異名の一つ。
（出典）大般若経・辯中辺論、説真如名、有十二種。謂、真如・法界・法性・不虚妄性・不変異性・平等性・離生性・法定・法住・虚空界・実際・不思議界。（『述記』2末、大正43・292b）
（参考）（『大般若経』9、大正5・50b）：『中辺』上、大正31・465c）

法随念 ほうずいねん 六種の随念（仏随念・法随念・僧随念・戒随念・捨随念・天随念）の一つ。仏・法・僧の三宝のなかの法を念じて帰依すること。念法とおなじ。→六念

法随法行 ほうずいほうぎょう （i）〈有部〉の所説。『婆沙論』に「云何が法なるや。答う、寂滅の涅槃なり。云何が随法なるや。答う、八支聖道なり。云何が法随法行なるや。答う、若し此の中に於て義に随って行ず、所謂、涅槃を求めんが為の故に八支聖道を修習するを法随法行と名づく」（『婆沙』181、大正27・910c）と説かれるように、法とは涅槃であり、その涅槃に至るために八支聖道を修することが法随法行である。（ii）〈唯識〉の所説。『瑜伽論』に「正法を聞くことを先として如理思惟し、如理思惟を先として法随法行し、法随法行を先の因と為すが故に勝利の果を得る」（『瑜伽』19、大正30・382a）、あるいは「人中の四種の多く作すところの法とは、親近善士と聴聞正法と如理作意と法随法行とを謂う」（『瑜伽』88、大正30・793c）と説かれるように、法随法行は、如理作意の次にくる修行であり、最終的なさとりを得る前段階の修行である。『辯中辺論』では法随法行を法行（dharma-carita）と随法行

(anudharma-pratipatti) とに分けて、法行には書写・供養・施他・若他誦読専心諦聴・自披読・受持・正為他開演・諷誦・思惟・修習行の十種の行があり、随法行には無散乱転変（avikṣipta-pariṇatā）と無顛倒転変（aviparyāsa-pariṇatā）との二種があると説かれる。前者の法行とは釈尊によって説かれた正しい教え（法）を本体とし根拠とする修行をいい、写経する、供養する、読誦する、思惟するなどの身体的・言語的・精神的な具体的行為（身・口・意の三業）であり、後者の二種の随法行のなかの無散乱転変はヨーガのなかの止（奢摩他）、無顛倒転変は観（毘鉢舎那）を修することである。『婆沙論』では随法行が八支聖道を修することであると考えられているが、『辯中辺論』では、ヨーガを修することであると解釈されているところに思想的発展がみられる。なお、無性釈『摂大乗論釈』には、「法随法行とは、所証を法と名づけ、道を随法と名づく。彼れに随順するが故なり。また、出世道を法と名づけ、世間道を随法と名づく」（『摂論釈・無』2、大正 31・386a）という解釈もある。
Ⓢ dharma-anudharma-pratipatti-caryā: dharma-anudharma-pratipanna
（参考）（『瑜伽』38、大正 30・503c）に法随法行の五種のありようが説かれている。

法前得 ほうぜんとく　三種の得（法後得・法前得・法倶得）の一つ。人が自身のなかで、あるもの（法）を得るということにおいて、得る人（能得）が前に立ってそのものを引きよせるという、そのような得るありようをいう。たとえば、人が善悪の法を得るようなありようをいう。車の前で牛が引いて行くことに喩えて牛王引前得ともいう。

法想 ほうそう　①（まちがった教えを）正しい教えであると想うこと。「正法に似て正法に非らざる中に於て妄に法想を生ず」
Ⓢ dharma-saṃjñā
②第六意識が、対象である法を法であると想うこと。「是の中に於て眼が永く寂滅して色想を遠離し、乃至、意が永く寂滅して法想を遠離す」

法蔵部 ほうぞうぶ　小乗二十部の一つ。→小乗二十部

法陀羅尼 ほうだらに　四種の陀羅尼の一つ。→陀羅尼　Ⓢ dharma-dhāraṇī

法大性 ほうだいしょう　大乗が大乗といわれる所以の七つの偉大性の一つ。→七大性

法弟 ほうてい　仏法を信じて共に学ぶ兄弟。在家信者の聴衆への呼び名に用いる。「汝、是の如き名の善男子よ、聴け。或いは法弟よ、聴け」　Ⓢ dharma-bhrātṛ

法同分 ほうどうぶん　→同分③

法爾 ほうに　①おのずから、しぜんに、を意味する副詞。法然とおなじ。「本性住種姓は無始の世より展転・伝来し、法爾に得るところなり」　Ⓢ dharmatayā: dharmatā
②あるがままにあるありよう、あるがままにあるもの。〈唯識〉は、そのような存在として真如（tathatā）を考える。→真如「一切法の義は法爾にして不可説なり」「一切は皆な法爾を以って依と為し、一切は皆な法爾道理に帰す」　Ⓢ dharmatā
③先天的にあるありようをいう。たとえば阿頼耶識のなかに先天的にある無漏の種子を法爾無漏種子という。→法爾無漏種子

法爾種子 ほうにしゅうじ　阿頼耶識のなかにある先天的な種子。とくに法爾無漏種子をいう。後天的に表層の行為によって阿頼耶識のなかに植えつけられた新熏種子に対する種子。本有種子とおなじ。→法爾無漏種子　→新熏種子　→本有種子「諸の有情は既に本より五の種性が別なることありと説けり。故に定んで法爾種子ありて、熏ずるに由って生ずるにはあらざるべし」

法爾道理 ほうにどうり　四つの道理（観待道理・作用道理・証成道理・法爾道理）の一つ。存在を観察するときの道理の一つ。存在がまさにそのようであるという道理。観待道理から作用道理と証成道理をもって、順次、観察してきて、最後に、それぞれの存在がそのような作用や特質をもっているのは、その存在の本性がまさにそのようであるからであるという道理をいう。すなわち法爾道理でもって観察することで観察が終了する。
Ⓢ dharmatā-yukti
（出典）云何名為法爾道理。謂、何因縁故、即彼諸蘊、如是種類、諸器世間、如是安布。何因縁故、地堅為相、水湿為相、火煖為相、風用軽動以為其相。何因縁故、諸蘊無常、諸法無我、涅槃寂静。何因縁故、色変壊相、受領納相、想等了相、行造作相、識了別相。由彼諸法本性応爾、自性応爾、法性応爾、即此

法爾、説名道理瑜伽方便。或即如是、或異如是、或非如是、一切皆以法爾為依、一切皆帰法爾道理、令心安住、令心暁了、如是名為法爾道理。(『瑜伽』25、大正30・419b～c):云何法爾道理。謂、無始時来、於自相共相所住法中、所有成就法性法爾。(『集論』6、大正31・687a)

法爾無漏種子 ほうにむろしゅうじ 阿頼耶識のなかにあって無漏を生じる先天的な種子。加行位までの修行によってこの種子が成熟し成長し、その結果、見道において初めて真理(四諦あるいは真如)を見る汚れなき智慧(無漏智)が生じる。

法爾力 ほうにりき 人為をはなれた力。なんらかの原因や人間の行為によらない力。「色界と無色界との中に生在して無色定を起こすは、因力と業力とに由り、法爾力に由らず。色界に生在して静慮を起こす時は、上の二縁と及び法爾力とに由る」

法忍 ほうにん 詳しくは法智忍という。→法智忍 Ⓢ dharma-kṣānti

法念住 ほうねんじゅう 四念住の一つ。→四念住

法然 ほうねん おのずから、しぜんに、を意味する副詞。法爾とおなじ。「人趣の此の洲の一人が師なくして法然として初静慮を得る」 Ⓢ dharmatā

法比量 ほうひりょう ある教えにもとづいて、それに関連しそれにつづく教えを推量すること。たとえば無常をもって苦を、苦をもって空・無我を、あるいは、生をもって老を、老をもって死を、それぞれ推し量ること。五種の比量(相比量・体比量・業比量・法比量・因果比量)の一つ。→比量

(出典)法比量者、謂、以相隣相属之法、比余相隣相属之法。如属無常比知有苦、以属苦故比空無我、以属生故比有老法、以属老故比有死法。(『瑜伽』15、大正30・358b)

法非法 ほうひほう ①法と非法。「正しいこと」と「不正なこと」。「規則・規律にかなっていること」と「かなっていないこと」。「法非法の行を造作す」「他より得るところの法非法のあらゆる衣服・飲食・臥具・病縁医薬、及び諸の資具を愛玩し受用す」「法非法を了すると雖も、僧を破らんと欲するが為に虚誑語を起こして顚倒して顕示す。此れを無間の中で最大の罪と為す」 Ⓢ dharma-adharma

②法と非法。ヴァイシェーシカ派(勝論)が説く二十四徳のなかの二つ。法とは、ある人にとって益があること、非法とは益がないことをいう。

(出典)此是勝論異計。法非法、徳句義摂。於人有益名法、於人無益名非法。由此二力能生諸法。能滅諸法。(『倶舎論記』13、大正41・202c)

(参考)(『倶舎』13、大正29・68a)

法毘奈耶 ほうびなや 毘奈耶の原語vinayaを律と訳して法律という。→法律①

法毘鉢舎那 ほうびぱしゃな 法を観察の対象とする毘鉢舎那。毘鉢舎那とは、奢摩他を修することによって寂静になった心が、教え(法)の影像を心のなかに浮かべてその真実のありようを正しく思惟し観察することであり、法を付して法毘鉢舎那という。内心奢摩他に対する語。「已に得た修の差別に依るが故に三人を建立す。一には、已に内心奢摩他の定を得て、未だ増上慧たる法毘鉢舎那を得ない人。二には已に増上慧たる法毘鉢舎那を得て、未だ内心奢摩他の定を得ない人。三には倶に二種を得た人なり」(『瑜伽』61、大正30・643c)

法平等性 ほうびょうどうしょう →一切法平等性 Ⓢ dharma-samatā

法服 ほうふく 僧衣。出家者が着る衣服。「衆生が法に入るに凡そ二種あり。一には世俗、二には勝義なり。世俗とは、鬚髪を剃除し、法服を被て、正信出家するを謂う」 Ⓢ parimaṇḍalaṃ cīvaram

法宝 ほうぼう 三宝(仏宝・法宝・僧宝)の一つ。法という宝。→三宝 Ⓢ dharma-ratna

法末時 ほうまつじ 釈尊(大師)が入滅した後に正しい教え(正法・聖教)が衰退した時代。末劫とおなじ。→末劫

(出典)法末時者、所謂、大師般涅槃後、聖教没時。(『瑜伽』67、大正30・670c)

法味 ほうみ 教えの味。真理をさとることによって得られる真理の味。「諸の菩薩は威力の意楽によって能く聖教に於て淳浄にして上妙なる法味を覚受す」「浄土の中では大乗の法味の喜楽を食と為す」

(出典)言法味者、謂、契経等無上法味。謂、証真諦所得理味。(『摂論釈・無』9、大正

31・438b)

法明 ほうみょう 法光明とおなじ。→法光明

法無我 ほうむが 法無我性ともいう。存在の構成要素は固定的・実体的な存在ではないという理。〈唯識〉は、言葉と関係づけて、法とは、言葉で語られ実体として存在すると考えられたもの（言説自性諸法・遍計所執自性）であり、そのような法は固定的・実体的な存在ではない、すなわち法無我であると考える。二つの無我（補特伽羅無我・法無我）の一つ。法無我としる智慧によって認識されるものが真如である。→二無我「遍計所執性自性が不成実なる法無我性」「諸の菩薩は能く深く法無我の智に入るに由って一切法の離言の自性に於て、唯だ其の事を取り、唯だ真如を取る」 Ⓢ dharma-nairātmya

（出典）於諸法中法無我性者、謂、於一切言説事中、一切言説自性諸法、都無所有。（『瑜伽』46、大正 30・544c）

法無我所顕 ほうむがしょけん 法無我性所顕ともいう。法無我であると智る心のなかに現れてくるもの。真如・勝義無自性性などをいう。「法無我所顕の真如を理体と名づく」「譬えば虚空は唯だ是れ衆色の無性の所顕にして一切処に遍ずるが如く、一分の勝義無自性性も、当に知るべし亦た爾なり。法無我性の所顕なるが故に。一切に遍ずるが故に」

法無我性 ほうむがしょう →法無我

法無礙解 ほうむげげ 仏の教えに関する四つの滞ることがない明晰な理解（四無礙解）の一つ。→四無礙解

法滅 ほうめつ 正法が滅すること。正しい教えが消滅してしまうこと。別解律儀を捨てる原因の一つ。「有る余部は言わく、正法が滅するに由って、また能く別解律儀を捨せしむ。法滅する時は一切の学処、結界、羯磨も皆な止息するが故なり」

Ⓢ dharma-antardhi

法門 ほうもん 教え。教法。教え（法）は真理をさとるに至るための門であるから、門に喩えて法門という。また教えを説き示す人の能力に応じてその内容を異なったものにすることから八万四千の法門、ないしは無量の法門がある。「勝鬘経は未だ唯識・三性などの法門を明さず」「八万四千の法門は意業の化なり」「百法などの一切の法門は皆な心を本と為し、皆な心より起こる」 Ⓢ dharma-dvāra: dharma-paryāya: dharma-mukha

法門相似 ほうもんそうじ 連続して説かれる教えが似ていること。たとえば無常と苦法、苦と無我法、無我と生法、生法と老法、老法と死法と、つづけて説かれることをいう。五種の相似の一つ。→相似⑥

（出典）法門相似者、謂、彼展転法門相似、如無常与苦法、苦与無我法、無我与生法、生法与老法、老法与死法、（中略）如是等類、無量法門、展転相似。（『瑜伽』15、大正 30・357a）

法要 ほうよう 教えのかなめ。教法の最も重要なところ。「仏世尊は天人などの無量の大衆の為に広く法要を説き、無倒に開示し、類に随って解せしむ」「是の如き諸経の文義の体を建立し已って、諸の説法者は応に五相を以って一切の仏経を随順解釈すべし。謂く、初に応に略して法要を説くべし」

法螺 ほうら 「ほら」とも読む。教えを吹くほら貝。「此の法螺の随好に由って如来は大音声を発せんと欲して、普く能く遍えに無辺無際の諸世界中の所化の有情に告ぐ」

Ⓢ dharma-śaṅkha

法楽 ほうらく 法の楽。真理（法）の楽しみ。契経などの教えから得られる楽しみ。真理をさとった喜び。「智に法楽を受用する智と有情を成熟する智との二種あり」「自受用身は湛然として未来際を尽して恒に自ら広大なる法楽を受用す」「勝解をもって一切の教法は同一味なるが故に差別あることなしと諦観し、種種の蘊界処などの諸義の相想を遠離して契経などの喜楽・法楽を得る」

Ⓢ dharma-rata: dharma-rati: dharma-saṃbhoga

法力 ほうりき 教え（法）のもつ力。吉祥を生じる力の一つ。この力によって人・天の善趣に生まれることができる。

（参考）（『瑜伽』57、大正 30・618a）

法律 ほうりつ ①法と律。教法と戒律。教えといましめ。律の原語 vinaya を毘奈耶と音写して法毘奈耶ともいう。「如来が説くところの法律は是れ真の善説なり」「邪法とは諸の外道の悪説の法律を謂う」「悪説の法毘奈耶のなかにて諸の邪行を習って能く清浄を得ると計し、善説の法毘奈耶の中に於て正行を修行するを雑染を為すと謂うは法相に違う

と名づく」 Ⓢ dharma-vinaya
② vinaya の訳としての法律。国王によって制定された法律をいう。「有情を毘奈耶の中に安立するとは、謂く、国王と作りて諸の法律を制し、遍悩を示行して其の中に住せしむ」 Ⓢ vinaya

法輪 ほうりん 釈尊の教え（法）からなる輪。教法を輪に喩えていう。原語の cakra はもともと輪状の武器をいい、釈尊の教えが反対者を説き伏せる、煩悩を打ち砕く、人を済度するなどの働きをすることをいう。正法輪・大法輪ともいう。 Ⓢ dharma-cakra
（出典）当知、世尊、転所解法、置於阿若憍陳身中。此復随転、置余身中、彼復随転、置余身中。以是展転随転義故、説名為輪。正見等法所成性故、説名法輪。（『瑜伽』95、大正30・843c）：非自済度、成已度人故、名法輪。輪者転義。（『述記』9末、大正43・557a）
（参考）（『婆沙』182、大正27・911b 以下）：（『倶舎』24、大正29・128b〜c）

法類 ほうるい 法と類。十智のなかの法智と類智。→十智 Ⓢ dharma-anvaya

法類智 ほうるいち 十智のなかの法智と類智。→十智

法論 ほうろん 教法・教理に関する論議。「法論を説くと雖も折伏を好んで諍方便を起こす」 Ⓢ dharmya-kathā

胞胎 ほうたい 子宮。「胞胎に処して定んで当に死すべき者の如し」 Ⓢ garbha

峯 ほう 山のみね。いただき。「蘇迷盧の頂の四隅の上に四つの峯あり。各、高さ五百踰繕那量なり」 Ⓢ kūṭa: giri

皰 ほう ふきでもの。まちがった見解・見方をふきでものに喩えて見皰という。「正戒と正見に於て皰が未だ起こらざる時には破法輪なし」 Ⓢ arbuda

皰漿 ほうしょう みずぶくれ。ふきでものの一種。「是の因縁に由って其の身中に於て種種の身の諸の疾病が生ず。いわゆる疥癩・皰漿などなり」 Ⓢ kiṭibha

皰那落迦 ほうならか →頞部陀那落迦

皰裂那落迦 ほうれつならか →尼剌部陀那落迦

萌芽 ほうが め。きざし。芽吹くこと。「死有が滅する処に中有が現前するは、種が滅する処に萌芽が現前するが如し」
Ⓢ aṅkura

訪求 ほうぐ たずねもとめること。「諸の菩薩は大精進を発して多聞を訪求し、正法を聞かんが為に身命を惜しまず」「是の如く菩薩は善く諸論と及び世間とを知り已って、復た能く如理に正法を訪求す」 Ⓢ paryā-**iṣ**: paryeṣṭi

逢 ほう あうこと。出会うこと。「若し能く一昼・一夜に不殺戒を持することあれば、未来生に於て決定して刀兵災の起こることに逢わず」「雹雨・師子・虎豹に逢って便ち驚怖を生じて身の毛が竪つなり」「堅猛に由るが故に苦に逢っても退転せず」 Ⓢ ud-**pad**

逢事 ほうじ 諸仏に出会うこと。「無量の諸仏が世に出現するに逢事す」「仏に逢事するに由って大乗の法に於て深く信解を生ず」

報 ほう ①（恩に）むくいること。報恩とおなじ。「恩ある有情に於て恩を知り報を知る」 Ⓢ kṛta
②（怨んで）むくいること、しかえしをすること。報怨とおなじ。「他の所に於て不饒益に遭っても恚害心なく、また反って報いず」「自ら憤勃なく他の怨に報いざるを忍と名づく」 Ⓢ apakāra
③（総報・別報などの）報。果報。結果としてのむくい。

報怨 ほうおん （怨みをいだく人に）しかえしをすること。「怨害の心とは報怨を起こす心を謂う」 Ⓢ pratyapakāraṃ karoti

報恩 ほうおん 恩にむくいること。「善く恩を知り報恩を知る」「諸の菩薩は是の如き施波羅蜜多を修行する時、無量の諸の有情所に於て大施福を興すといえども、報恩の当来の果報を希わず」
Ⓢ kṛta: kṛta-**jña**: pratikṛtika: pratyupakāra

報沙月 ほうしゃがつ 一年を構成する十二か月の一つ。冬の三月の一つ。仲冬と意訳。
Ⓢ pauṣa
（参考）（『婆沙』136、大正27・701c）：（『西域記』2、大正51・876a）

報瞋 ほうしん （怒った人へ）怒りかえすこと。 Ⓢ prati-**ruṣ**

報打 ほうだ （打った人へ）打ちかえすこと。「云何が名づけて善く能く堪忍すると為すや。罵るとも報罵せず、瞋るとも報瞋せず、打つとも報打せず、弄ぶとも報弄せざるを謂う」 Ⓢ prati-**taḍ**

報罵 ほうば （ののしった人へ）ののしり

かえすこと。 Ⓢ pratyā-**kruś**

報弄 ほうろう (もてあそぶ人へ) もてあそびかえすこと。 Ⓢ prati-**bhaṇḍ**

犎 ほう 牛の頂の上にある盛りあがった肉。「角・犎・胡・蹄・尾の牛相は牛に異なるに非ず」 Ⓢ kakuda

蜂 ほう はち。人の害となる虫。「蛇・蠍・蜂などは人に毒害を為す」
Ⓢ tryambuka

豊饒 ほうにょう 土地が肥えて食べものが豊かであること。「国土寛広にして豊饒なり」
Ⓢ subhikṣa

豊稔依持 ほうねんえじ 食料が豊富であり、それによって生きもの (有情) の食物が維持されること。六種の依持 (建立依持・蔵覆依持・豊稔依持・安隠依持・日月依持・食依持) の一つ。 Ⓢ subhikṣa-ādhāra
(出典) 豊稔依持、為諸有情段食故起、是名依持。(『瑜伽』2、大正 30・288b)

豊楽 ほうらく 国や人びとが富み豊かであること。「此の城中は安隠にして豊楽なり。多くの諸の人衆は深心に仏法僧の宝を信敬す」「劫初の時は、此の贍部洲は安隠にして豊楽なり。種種の地味・帝竹・稲米を上妙の食と為す」 Ⓢ ṛddha

飽 ほう ①満腹な感触。触覚 (身識) の対象である感触 (触) の一つ。 Ⓢ tṛpti
② (飢えも渇きもなく) みたされたありよう。飢渇の対。「闕るところなく不平等なきによるが故に強力と及び飽とを仮立す」

飽食 ほうじき たらふくたべること。「任持の離欲とは、飽食し已って諸の美膳に於て厭背性を生ずるを謂う」「彼の外道は諸の村邑を巡って猪肉を飽食し、情を恣しいままにして飲酒す」

飽満 ほうまん 食べることにおいて満ちたりていること。満腹していること。「飲食が豊なるを見て飽満を比知し、飽満あるを見て飲食が豊なるを比知す」「諸の菩薩は大魚などの種類の中に於て生れて、自身の肉を以って普く一切の飢餓なる衆生に給し、皆な飽満せしむ」

蚌蛤器 ほうこうき ハマグリ (蚌蛤 śukti) からできたうつわ。「銅器・瓦器、或いは蚌蛤器とは、欲を離れ喜楽を生ぜんが為の故に教授・教誡に喩う」

膖脹 ほうちょう 死体の腐敗してふくらんださま。肉体への貪りを断つための不浄観において観察する対象の一つ。「結伽趺坐して、或いは青瘀を観じ、或いは膿爛を観じ、或いは膖脹を観ず」「青瘀の想を初と為し、膖脹の想を後と為して美色貪を対治す」
Ⓢ vyādhmātaka

蓬乱 ほうらん (髪が) みだれているさま。「頭髪は蓬乱し其の面は黯黒なり」

鋒刃 ほうじん ほこさき。するどいやいば。 Ⓢ kṣura

鋒刃増 ほうじんぞう 八大地獄それぞれの四面の門の外にある場所の一つ。上をむいた刀が敷かれた道路 (刀刃路)、葉が剣である林 (剣葉林)、鉄のとげのある林 (鉄刺林) の三種の場所。 Ⓢ kṣura-mārga-utsada
(参考) (『俱舎』11、大正 29・58b～c)

縫 ほう ①ぬいあわせること。「是の如き等の不浄の衣物を取りて麁穢を除去し、堅執し、洗浣し、縫い、染め、受持す。是の如きを名づけて糞掃衣を持すと為す」 Ⓢ **siv**
②腰の下の盛りあがった部分。「腰と縫との殊妙なるは、各、一随好なり」 Ⓢ sīvanī

縫綴 ほうてい ぬいあわせること。「能く種種の義利を引き、能く梵行を引く真善なる妙義を貫穿し縫綴す。是れを契経と名づく」

亡没 ほうもつ ほろぶこと。「此の飢倹に由って有情の類は亡没し殆尽す」 Ⓢ kālaṃ kurvanti

乏 ぼう 欠乏していること。とぼしいこと。「飲食が乏しく曠野に堕在する諸の有情類に於て能く飲食を施す」
Ⓢ dāridrya: vihīna: hīna

乏匱 ぼうき 貧窮。とぼしいこと。匱乏とおなじ。「殺生者は寿量が短促にして、不与取者は資財が乏匱なり」 Ⓢ vyasanin

乏短 ぼうたん 欠乏していること。少ないこと。「他の有情が深心に喜ぶところ、愛するところの財位に於て乏短せしめず」「貪瞋癡は能く身心をして恒に乏短せしむ」
Ⓢ vighāta: hrasva

妨礙 ぼうげ 二つのものが互いに他を排除すること。「唯だ那落迦を除いてその余の処に於ては当に知るべし、皆な苦と楽とを雑受することを得ると。即ち彼の業増上力に由るが故に此の依身をして苦と楽と雑住し相い妨礙せらざしむ」

妨難 ぼうなん ある主張・教理に対する敵

対者の反論・非難。「仮の外の徴を設けて諸の妨難を釈す」

忘 ほう わすれること。「何に縁ってか有情は憶して復た忘るるや」 Ⓢ pra-**muṣ**: **muṣ**

忘失 ほうしつ 念を忘れて失うこと。忘念・忘失念とおなじ。次のような種類に分けられる。（i）集中力（念・正念・憶念）を失う。「種種の戯楽に耽著して久しく相続して住するに由るが故に憶念を忘失す」「境界の可意・不可意の色声香味触法の中に於て、或いは一時に於て其の心が顚倒して正念を忘失す」。（ii）過去の記憶・思いを忘れて失う。「諸の菩薩は余の生を転受して本念を忘失す」「受生の彼彼の身中に於て既に生を受け已って前生を忘失す」。（iii）記憶し保持していた教え（法）を忘れる。「受持するところの諸法の久作・久説に於て、或いは一時に於て忘失するところあり」
Ⓢ pra-**muṣ**: muṣita: muṣita-smṛti: vismaraṇa: vi-**smṛ**: saṃpra-**muṣ**: saṃpramoṣa: smṛti-saṃpramoṣa
（参考）（『瑜伽』47、大正30・554a）

忘失念 ほうしつねん →忘失

忘念 ほうねん ①念を忘失すること。→忘失 Ⓢ muṣita-smṛti: smṛti-saṃpramoṣa
②随煩悩の一つ。失念ともいう。→失念②
Ⓢ muṣita-smṛti

防援 ほうえん ふせぎまもること。「梵行が常に能く異熟の相続を護持するは、猶し外郭が内城を防援するが如し」 Ⓢ ārakṣā

防雇 ほうこ 人を雇ってまもること。「防雇して田を守る」 Ⓢ sāgraha

防護 ほうご ふせぎまもること。悪い結果を生じる防護と善い結果を生じる防護とがある。前者としては、たとえば、「諸欲を追求する諸の有情類は防護が作るところの苦を受く」と説かれるように、物事に執着しそれに固守してまもるという防護であり、後者としては、たとえば、「念によって意を防護す」「五根を防護す」と説かれるように、集中力（念）によって感覚器官（根）が対象に錯乱されることをふせぐという防護である。
Ⓢ anurakṣaṇā: ārakṣaka: ārakṣā: ārakṣita: saṃvara: saṃvṛta

防護戒 ほうごかい 殺生などのすべての悪事をやめる戒と、善を修し人びとを救済する戒とをまもる戒。七種の戒の一つ。
Ⓢ ārakṣaka-śīla
（参考）（『瑜伽』42、大正30・522b）

防護根 ほうごこん 根をまもること。五つの感覚器官（眼根・耳根・鼻根・舌根・身根）の働きを抑えて煩悩などを起こすことをふせぐこと。根護・守護根・密護根とおなじ。 Ⓢ indriya-gupta

防護根門 ほうごこんもん →密護根門

防禁 ほうごん まもりきんじること。行ないをつつしむこと。「身語意に於て能く自ら防禁す」 Ⓢ saṃvṛta

防奢 ほうしゃ 贍部洲にある四大河の一つである縛芻河の支流の一つ。→四大河
Ⓢ vaitaraṇī

防守 ほうしゅ まもること。防護とおなじ。「律儀を修行して根を防守す」「根門を防守し密護して食に於て量を知る」「正念を防守す」 Ⓢ ārakṣaka: ārakṣā: gupta

防那工業 ほうなくぎょう 織物業。十二種の工業の一つ。→工業
（出典）防那工業者、謂、織繡等。（『略纂』6、大正43・95c）
（参考）（『瑜伽』15、大正30・361b）

防非止悪力 ほうひしあくりき 非を防ぎ悪を止める力。受戒によって植え付けられた戒体がもつ力。→戒体

防邏者 ほうらしゃ 防邏人とおなじ。→防邏人

防邏人 ほうらにん 防邏者ともいう。地獄の門の外をまもる者。地獄の門をまもる守獄卒に対する。 Ⓢ anucara

房 ほう へや。すまい。「自ら居住する処、自の院、自の房に於て経行を習す」
Ⓢ kuṭikā

房室 ほうしつ へや。「一一の台閣に七つの房室あり」 Ⓢ avavaraka

房舎 ほうしゃ すまい。家。身を維持し養うための事物の一つ。「衣服・飲食・臥具・房舎などを以って沙門に奉施す」 Ⓢ layana

房穂 ほうすい （樹木の）ふさ。「多羅樹の間の房穂の如し」 Ⓢ vṛntaka

肪膏 ほうこう 脂肪。体内のあぶらが固まったもの。内の水界の一つ。「涙汗・洟唾・肪膏・脂髄・熱痰・膿血・脳膜・尿などを内の水界と名づく」 Ⓢ vasā

茅 ほう 敷物などを作るすすきの類の草。
Ⓢ kuśa

茅端 ほうたん 茅の端。そこから滴る極めて少量の酒を飲むことをも禁止されている。「我れを称して師と為す苾芻は応に酒を飲むべからず。乃至、極少なること、一つの茅の端にて霑すところの酒量の如きをも亦た飲むべからず」 Ⓢ kuśa-agra

茅廬 ほうろ 大きな葉から作られた庵。「密草・稠林・葉窟・茅廬に入る」 Ⓢ parṇa-kuṭī

某 ほう それがし。なにがし。人名や場所などが明らかでない場合に用いる語。「某の善男子、某の善女人」「此の人は命終りて某の世界に生まれる」 Ⓢ amu: amuka: amutra: evaṃ-nāman

虻 ほう ぶよ。蚊とともに噛まれたとき悪い感触を引き起こし嫌われる生き物の一つとしてあげられる。「他に逼悩せらるる苦とは、他の手・塊などの触や、蚊・虻などの触に遭遇するを謂う」「彼の尊者は寒熱・飢渇・蚊虻・風日・蛇蠍の毒触を能く忍受す」 Ⓢ maśaka

剖 ほう さくこと。わること。「胎生とは、象馬牛驢などの如き諸の有情が胎に纏裹され、胎を剖いて出ずるを謂う」「良医の如き毒箭を抜く者は、癰熟を知り已って利刀で剖いて膿を出す」 Ⓢ **bhid**

剖析 ほうしゃく （言語を）分析し解釈すること。「是の如く菩薩は無量の陀羅尼門を獲得し、一切種の音詞の支具の剖析に於て善巧なり」 Ⓢ vibhakti

望（ぼう）→もう

傍 ほう ①上下・四方のなかの四方。水平の方向をいう。「摂受するところの諸の色の分位に依って方を建立す。此れには、また三種あり。謂く、上と下と傍となり」「辺無辺論者は、傍の一切処に辺際を得ざるその時には、則ち上下に於て有辺の想を起こし、傍の処所に於て無辺の想を起こす」「能く上下の無量無数の余の世界の色を見、亦た能く傍の無量無数の諸の世界の中の一切の諸色を見る」 Ⓢ tiryañc
②そば。かたわら。「極熱乃至等活の七棕落迦は無間棕落迦の傍に在り」 Ⓢ tiryañc

傍生 ほうしょう 五趣（地獄・餓鬼・傍生・人・天）の一つ。広くは動物一般をいい、狭くは畜養されている家畜などの動物をいう。人間に畜養されているから畜生ともいい、形が水平（傍）であるから、あるいは傍に（水平に）動くことから傍生ともいう。 Ⓢ tiryañc
（出典）問、何故彼趣名傍生。答、其形傍故、行亦傍、以行傍故、形亦傍、是故名傍生。（『婆沙』172、大正 27・866c）

傍生趣 ほうしょうしゅ 傍生としての生存。五種の生命的存在である五趣（地獄・餓鬼・傍生・人・天）の一つ。悪趣の一つ。→傍生 →悪趣 Ⓢ tiryañc: tiryag-yoni-gata

傍側布 ほうそくふ 水平に広がっているさま。垂直に広がっているさまである仰周布に対する。「此の大風輪に二種の相あり。謂く、仰周布と及び傍側布となり。此れに由って水を持して散墜せざらしむ」 Ⓢ pārśva-śaya

傍布 ほうふ 水平の方向。四方。横にひろがっているさま。「上下・傍布の普く一切の無辺の世界に遍ず」「聳幹は上昇し、枝条は傍布す」 Ⓢ tiryañc

傍論 ほうろん 教説に対する第二次的な論義。正論の対。→正論②「傍論已に了して応に正論を辯ずべし」「傍論已に終りて応に本義を辯ずべし」 Ⓢ ānusaṅgika: ānusaṅgika-prasaṅga: prasaṅga

貿易 ほうえき 「むやく」とも読む。各地の品物を交換すること。「譬えば人ありて金銭の一を持して展転して貿易し、千金の銭を得るが如し」

鉾 ほう ほこ。「当に識食は三百の鉾に鑽刺せらるるが如しと観ずべし」

暴悪 ほうあく あらあらしく粗暴なこと。「身語と意業とが極めて暴悪なり」「世間の訶厭の増上に依って暴悪を軽拒し過罪を羞恥するを愧と謂う」 Ⓢ raudra

暴河 ほうか はげしく流れる河。「手を連ぎ已って暴河をわたる如き義は、是れ倶有因なり」

暴酷 ほうこく 乱暴でむごいこと。「暴酷の心ありて、楽って諸の悪を作す」

暴水 ほうすい はげしい水の流れ。「五識を以って涛波に喩え、阿頼耶識を暴水に喩う」

暴風 ほうふう はげしく吹く風。「初静慮中に麁の尋伺ありて、猶し暴風の如く正念を覆障す」

暴乱 ほうらん あらあらしく乱暴なこと。「暴乱なる悪象と倶に行く」 Ⓢ bhrānta

暴流 ぼうる 「ぼる」ともよむ。瀑流とも書く。①はげしい河の流れ。六つの根（眼根・耳根・鼻根・舌根・身根・意根）の働きに喩えて眼暴流・耳暴流・鼻暴流・舌暴流・身暴流・意暴流の六つを立てる。また阿頼耶識のありようの喩えにも用いられる。→瀑流①「阿頼耶識は恒に転ずること暴流の如し」 Ⓢ ogha
（参考）（『瑜伽』17、大正30・373a）
②煩悩の異名。煩悩を荒れ狂う河の流れに喩えて暴流という。欲暴流・有暴流・見暴流・無明暴流の四つの暴流がある。「煩悩は能く順流して漂溺せしむるが故に説いて暴流と名づく」 Ⓢ ogha
（出典）暴流有四。謂、欲暴流・有暴流・見暴流・無明暴流。随流漂鼓、是暴流義。随順雑染故。（『雑集論』7、大正31・724b）
（参考）（『略纂』3、大正43・45c）

謀害 ぼうがい 害を加えようと謀ること。「天龍・薬叉・阿素洛などの展転して謀害する違諍の類」 Ⓢ drugdha

謀計 ぼうけ はかりごと。「怨敵を害せんと欲して諸の謀計を設けて殺縁を合搆す」

謀略 ぼうりゃく はかりごと。策略。「邪命の法を起こし、展転して互に謀略の心を起こし、好んで種種の闘訟・違諍を為す」 Ⓢ abhidroha

謗 ぼう そしること。非難すること。その存在を否定すること。「外道は仏を謗じて、沙門喬答摩は是れ大幻者にして世間を誑惑すと謂う」「若し邪に推度して因果を謗ずるを説いて邪見と名づく」「業を謗じ果を謗じ聖を謗ずる邪見」「損減の事に謗因・謗果・謗作用・謗善事の四種あり」
Ⓢ apa-**vad**: apavāda: apavādita

謗毀 ぼうき そしること。非難すること。その存在を否定すること。「大乗を謗毀せず」「実物を謗毀するを名づけて邪見と為す」

瀑河 ぼうか 河。はげしく流れる河。暴河とも書く。「瀑河あり。此岸と彼岸との情・非情の物を漂して同じく大海に趣かしむ」 Ⓢ nadī

瀑流 ぼうる 「ぼる」ともよむ。暴流とも書く。はげしい河の流れ。
①阿頼耶識（阿陀那識）のありように喩えられる瀑流。根本的な識である阿頼耶識は外道の説く固定的で実体的な我（ātman）と同一視されることをさけるために、阿頼耶識は河のはげしい流れ（瀑流）の如くに常に変化して相続するものであるから、すなわち、阿頼耶識のなかの種子は生じた刹那に滅して、また次の刹那に新しい種子を生じる（そのありようを種子生種子という）という、そういうありようで相続するから、阿頼耶識は外道が説くような我ではないと〈唯識〉は主張する。「阿陀那識は甚深・細にして、一切種子は瀑流の如し」
②煩悩の異名としての瀑流。欲瀑流（欲界の煩悩）・有瀑流（色界・無色界の煩悩）・見瀑流（見解の煩悩）・無明瀑流（無明の煩悩）の四つの瀑流がある（『婆沙』48、大正27・247a〜b）（『倶舎』20、大正29・107b）。

北 ほく きた。四方向の一つ。 Ⓢ uttara

北首臥床 ほくしゅがしょう 首を北にして床に臥すさま。世尊が涅槃に入ったときの臥し方。
（参考）（『婆沙』191、大正27・956c〜957a）に、世尊の北首臥床の理由についての諸説が述べられている。

北山住部 ほくせんじゅうぶ 小乗二十部の一つ。→小乗二十部

北来風 ほくらいふう 外界で吹く風のなかの一つ。北風。→風① Ⓢ uttarā vāyavaḥ

卜羯娑 ほくかしゃ pulkasa の音写。補羯娑とも音写。糞などを掃除する、あるいは死体を処理するなどを仕事とする賎しい身分階級。「若しくは旃荼羅の家、卜羯娑の家に生まれた者は人中の薄福徳者と為す」「旃荼羅・補羯娑などは勢用ありと雖も、また下劣と名づくるは、諸の勝人に軽賎せらるるが故なり」 Ⓢ pulkasa

牧牛 ぼくぎゅう 牛を飼うこと。牧畜業。世俗的な生計のための営み（活命）の一つ。「云何が六種の活命なるや。一には営農、二には商賈、三には牧牛、四には事王、五には書算・計数及び印の習学、六には所余の工巧業処の習学なり」 Ⓢ go-rakṣya

牧農 ぼくのう 牧畜。農業。「種種の殉利・牧農・工巧・正論・行船などの業が皆な悉く興盛なるを見る」 Ⓢ kṛṣi-karma-anta

僕 ぼく しもべ。召使い。使用人。僮僕・僕使とおなじ。「諸の菩薩は現に最勝の第一の円満なる財位に安処すると雖も、自ら謙下すること、奴の如く僕の如し」 Ⓢ karma-kara: preṣya

僕使 ぼくし しもべ。召使い。使用人。僕・僮僕とおなじ。「云何が七種の摂受の事なるや。（中略）三には奴婢と僕使との事なり」「恩ある者に五種あり。（中略）四には奴婢と僕使となり」

Ⓢ karma-kara: karma-kara-pauruṣeya: dāsī-dāsa: dāsa-bhāva: pauruṣeya

僕従 ぼくじゅう 従者。しもべ。「己の僕従に於て先に恩養を行じ、然る後に他の来求者に恵施す」

僕隷 ぼくれい 従者。しもべ。「自身不定とは、先に王と為り、後に僕隷となるをいう」「我等は皆な当に天の僕隷と為るべし」

Ⓢ anuyātrika

北倶盧洲 ほっくるしゅう 北拘盧洲ともいう。→倶盧洲 Ⓢ uttara-kuru-dvīpa

北拘盧洲 ほっくるしゅう →北倶盧洲

法界 ほっかい ①存在するかぎりの存在全体をまとめて法界という。このような意味での法界を表すものとしては「略して法界を説くに、若しくは仮、若しくは実にして、八十七の法あり」（『瑜伽』3、大正 30・293c）がある。ここでは法界のなかには八十七の法があるとされているが、〈唯識〉は百の法を立てる（→五位百法） Ⓢ dharma-dhātu

②全存在を十八の種類に分ける分類法（十八界）のなかの一つとしての法界。意識の対象のグループ。この意味での法界と全存在を五位に分ける分類法（心・心所・色・不相応行・無為）と対比させると、五位のなかの無表としての色と心所と不相応行と無為とが法界に相当する。→十八界 Ⓢ dharma-dhātu

③真理を意味する法界。〈唯識〉は、真理を（ⅰ）縁起の理と（ⅱ）真如の理との二つに大別する。このなか法界が前者の理を表すものとしては「是の諸の縁起は我の所作に非ず、亦た余の作に非ず。所以は何ん。若し仏が出世しても、若し出世せざるも、法性・法住・法界に安住す。（中略）此の法住に由り彼の法性を以って因と為す。是の故に説いて彼れを名づけて法界と為す」（『瑜伽』10、大正 30・327c）があり、後者の理を表すものとしては「勝義諦の教とは四聖諦の教と及び真如・実際・法界などの教となり」（『瑜伽』64、大正 30・654c）、「或いは声聞の正性離生に入り、或いは菩薩の正性離生に入り、一切法の真なる法界に通達し已って亦た能く阿頼耶識に通達す」（『瑜伽』51、大正 30・581b）がある。〈唯識〉では究極の真理を特に真如という語で表現するが、法界が真如の同義語として用いられることがある。釈尊の説いた教え（法）を「法界等流の法」という場合の法界もこの意味での法界である。

Ⓢ dharma-dhātu

④名句文（経典の言葉）を法界という。このような意味での法界を表すものとしては「一切事法を増上する名句文身を説いて名づけて法界と為す」（『瑜伽』94、大正 30・834c）がある。これに関しては次の三説がある。（ⅰ）名句文は清浄なる法界より等流したものであるから名句文を法界という。（ⅱ）名句文によって法界を証することができるから名句文を法界という。（ⅲ）名句文は法界を表すことができるから名句文を法界という。

Ⓢ dharma-dhātu

法界清浄 ほっかいしょうじょう ヨーガを修して心のなかを観察し思惟することにより、あらゆる相（概念・表象・影像・思い）が除去されて究極の存在である真如をさとり、心全体が清浄になりきったありようをいう。涅槃のありよう、あるいは菩薩が獲得する菩提である大菩提のありようをいう。

（出典）云何名為法界清浄。謂、修正智故、永除諸相、証得真如。（『瑜伽』73、大正 30・701c）

法界等流法 ほっかいとうるほう 法界から流れ出た法。釈尊所説の教え（法）を法界（真理の世界）から流れ出た正しい教えであるとみる〈唯識〉の考え。「何をか大乗の二種の種姓と謂う。（中略）二には習所成種姓なり。法界等流の法を聞き已って聞所成の等きに熏習して成ぜらるるを謂う」

法界無量 ほっかいむりょう 法界がはかりしれないこと。存在するかぎりの存在全体をまとめて法界といい、そのなかに存在するものの数や種類が無量無辺であることをいう。五つの無量（有情界無量・世界無量・法界無量・所調伏界無量・調伏方便界無量）の一つ。 Ⓢ dharma-dhātur aprameyaḥ

（出典）云何法界無量。謂、善不善無記諸法、如是等類差別道理、応知無量。（『瑜伽』46、大正 30・548a）

法句 ほっく 教えの文句。「如来所説の微

妙なる法句」「法無礙自在に由って一切の法句を了知す」 Ⓢ dharma-pada

法空 ほっくう 二空（生空と法空、我空と法空）の一つ。存在の構成要素は存在しないという理。→我空法空 →二空

法式 ほっしき 方法。品行。行為の方法。「法式を持すとは、能く七衆の法式を任持するを謂う」

法識 ほっしき 六境（色・声・香・味・触・法）のなかの法を認識対象とする識。六識（眼識・耳識・鼻識・舌識・身識・意識）のなかの意識をいう。「能く法を了別するが故に、独り法識の名を得る」「第六の法識は能く一切法を了す」 Ⓢ dharma-vijñāna

法執 ほっしゅう 二執（我執・法執）の一つ。存在の構成要素（法）への執着。倶生の法執と分別の法執とに大別される。これによって所知障が生じる。我執の対。→我執① →倶生法執 →分別法執 →所知障 →法②
（出典）諸法執、略有二種。一者倶生、二者分別。（『成論』2、大正 31・6c）

法処 ほっしょ ①十二処のなかの法処。六識（眼識・耳識・鼻識・舌識・身識・意識）のなかの意識の対象。この意味での法処と全存在を五位に分ける分類法（心・心所・色・不相応行・無為）と対比させると、五位のなかの無表としての色と心所と不相応行と無為とが法処に相当する。
②涅槃のこと。「択滅涅槃は、是れ常、是れ善、不変、不易、生老病死の壊すること能わざるところ、是れ勝義の法なり。彼の法は唯だ此の処に在りて摂せらるるが故に独り法処と名づく」（『婆沙』73、大正 27・380b）。

法処色 ほっしょしき →法処所摂色

法処所摂色 ほっしょしょしょうしき 六識のなかの意識のみの対象領域に収められる特別の物質（色）をいう。極略色・極逈色・受所引色・遍計所起色・定所引色の五つの色をいう（→各項参照）。法処摂色・堕法処色ともいい、法処色と略称する。
（参考）（『雑集論』1、大正 31・696b～c）：（『義林章』5、大正 45・340b 以下）

法処摂色 ほっしょしょうしき →法処所摂色

法性 ほっしょう ①縁起の理、因果の理のありようを表す語の一つ。縁起という真理は仏陀が世に出生することが有る無しに関係なく常にありつづける真理であることを表す語。 Ⓢ dharmatā
（出典）如来出世、若不出世、如是縁起、法性常住。（『倶舎』9、大正 29・50b）：問、如世尊言、是諸縁起。非我所作、亦非余作。所以者何。若仏出世、若不出世、安住・法性・法住・法界。（中略）云何法性、云何法住、云何法界。答、是諸縁起、無始時来、理成就性、是名法性。（『瑜伽』10、大正 30・327c）：此称理因果次第、無始時来展転安立、名為法性。（『瑜伽』93、大正 30・833a）
②存在の本性・真理。存在するものの究極的なありよう。真如・法界などの同義語。「云何勝義有なるや。謂く、其の中に於て一切の名言、一切の施設が皆な悉く永断し、諸の戯論を離れ、諸の分別を離れ、善く方便を権りて説いて法性・真如・実際・空・無我などと為す」（『瑜伽』100、大正 30・879a）。「諸仏の菩提を最甚深と為す。諸法の法性も亦た最甚深なり。唯だ仏・如来のみ能く善く了達し、是れは我等の能く解了するところには非ず」（『解深』2、大正 16・695c）。「契経に虚空などの諸の無為法ありと説けるは、略して二種あり。（中略）二には法性に依って仮に有りと施設す。謂く、空・無我に顕されたる真如なり。有と無と倶と非との心言の路が絶えて一切の法と一異などに非ざるなり。是れ、法の真理なるが故に法性と名づく」（『成論』2、大正 31・6c）。「性とは体なり。諸法の真理なるが故に法性と名づく」（『述記』2末、大正 43・291b）。 Ⓢ dharmatā
③存在するものの本来的なありよう。たとえば、一切の現象的存在（諸行）は無常であるというありようをいう。「法性の行相である変異無常・滅壊無常・別離無常に由るが故に無常性を観ず」
Ⓢ dharmatā: dharma-prakṛti

法性相続 ほっしょうそうぞく 存在するもの（法）の善・不善・無記という価値的ありようの相続をいう。五種の相続の一つ。善法が滅した一刹那あとに不善法あるいは無記法が生じるとき、生じた不善法が、あるいは無記法が、前の善法に続いて起こるという相続のありようをいう。→相続①
（出典）法性相続者、謂、善法無間不善法、或無記法生。此不善法、或無記法、続前善法不善法、或無記法無間、広説亦爾。是故名為法性相続。（『婆沙』60、大正 27・310a）

法身　ほっしん　①仏の三身（法身・報身・応身）の一つ。真理としての仏の身。→三身
Ⓢ dharma-kāya
②仏が証した転依のありよう。究竟のさとりを得た仏のありよう。「諸地の波羅蜜多に於て善く出離を修し、転依成満する、是れを如来の法身の相と名づく」 Ⓢ dharma-kāya
③生身あるいは色身に対する法身。生身あるいは色身は、眼に見えるなまみの仏陀をいい、仏陀をそのような身体を有する存在としてではなく、仏陀の本質である法身としての仏陀を見ることが要求される。「諸の仏身に略して二種あり。一には生身、二には法身なり」「諸の賢聖は是の如き聖慧眼に由るが故に、内に於て如来の法身を証解し、外に於て如来の色身を見、或いは制多、或いは図画などを見ると雖も、能く第一義の応正等覚に非ずと了知す」 Ⓢ dharma-kāya
④→五分法身

法主　ほっす　法のあるじ。真理をさとった人。正しい教えを説く人。世尊をいう。「真実の福田・大師・法主に供養す」「呼んで法師・法主などと為すは是れ人を恭敬する名なり」「法主・世尊は諸の弟子を愍んで助道の二事を安立す」 Ⓢ dharma-svāmin

法施　ほっせ　三種の布施（財施・法施・無畏施）の一つ。法（教え）を布施すること。出家者が在家者に説法すること。在家者の財施に対する布施。 Ⓢ dharma-dāna
（出典）能如実、為諸有情、以無染心、辯契経等、令生正解、名為法施。（『倶舎』18、大正 29・98a）：法施者、謂、無倒説法、称理説法、勧修学処。（『瑜伽』39、大正 30・510a）

法相　ほっそう　①存在するもの（法）のすがた・ありよう（相）。〈唯識〉はヨーガを修して存在するもののすがた・ありようを観察し、最終的にはその存在の本性をしる智慧を得ることを目指す。たとえば、執着の対象のありようはただ心のなかに現れたものにすぎないと智り、その対象の真のありようをさとってそれへの執着をなくすことを目指す。
Ⓢ dharma-lakṣaṇa
②法相宗の法相。玄奘がインドから伝えた唯識思想に基づいて弟子の慈恩大師によって開かれた学派を法相宗という。奈良時代に日本に伝えられて以後、仏教の根本学として学びつづけられている。法相宗の教理を法相学あるいは性相学ともいう。→性相学

法相学　ほっそうがく　→法相②

法相生起次第　ほっそうしょうきしだい　法相が生起する次第。存在のありようが生じる順序。存在するもの（法）を五つに分ける存在分類法（五位）において、最初の三つを色・心・心所の順序で立てる〈倶舎〉の存在分類法をいう。「こころ」の外に「もの」の存在を認める〈倶舎〉は、「もの」（色）の存在が原因となってそれを認識する「こころ」（心・心所）が生じると考えて、色を最初におき、心・心所をその後に配置する。心・心所・色の順序で配列する〈唯識〉の唯識転変次第の説と見解が異なる。→唯識転変次第

法体　ほったい　存在するもの（法）の本体。これに関しては〈有部〉と〈唯識〉とでは見解を異にする。（ⅰ）〈有部〉の所説。「三世は実有であり、法体は恒有なり」と説き、現象的存在（有為法）を構成する要素（法）自体は恒に存在し、過去・現在・未来の三世にわたって実体として存在するとみる。（ⅱ）〈唯識〉の所説。〈唯識〉はただ識の存在しか認めない立場から、〈有部〉が説くような法の体を認めない。〈唯識〉で用いられる法体という語は、「言葉で語られる以前の存在の本体」という意味であり、それは決して言葉で語ることができないものであると考える。その点を「法体は離言なり」「法体ありと雖も我法に非ず。本体は名なし。強いて我法と名づけるも法体に称わず」などと表現する。

法智　ほっち　①十智の一つとしての法智。真理（諦）を証する見道において欲界の四つの真理（苦・集・滅・道の四諦）を対象として起こる智。→十智　→智①
Ⓢ dharma-jñāna
②見道において四つの真理（苦・集・滅・道の四諦）の一つ一つに対して起こる四つの心、すなわち、法忍（法智忍）・法智・類忍（類智忍）・類智の一つ。→十六心
Ⓢ dharma-jñāna

法智忍　ほっちにん　法智を起こす原因となる智慧（忍 kṣānti）。法忍ともいう。
Ⓢ dharma-jñāna-kṣānti
（出典）是法智因、得法智忍名。如花果樹。（『倶舎』23、大正 29・121b）

発　ほっ　①起こすこと。起こること。生じること。「後有を招く業を発す」「業を発す心」「石を相い撃すれば声を発す」「律儀を発す」「誓願を発す」「語が名を発し、名が能く義を顕す」「神通を発す」「初めて心を発す」 Ⓢ abhinirhāra: abhinir-**hṛ**: abhiniṣpatti: abhisaṃskāra: abhsaṃs-**kṛ**: ārabdha: utpatti: utpādana: ud-**pad**: ud-**sthā**: upasaṃ-**hṛ**: **kṛ**: kṛta: **jan**: jāta: parā-**kram**: pra-**vṛt**: prādurbhāva: samanvāgata: samutthāpaka: samuttāpika: samutthāpita: samud-**sthā**
②（言葉を）語ること、発すること。「正言を発す」「誠諦語を発す」 Ⓢ **bhāṣ**

発願　ほつがん　ねがいを起こすこと。「十方界に於て現に無量無数の菩薩ありて同時に発願し、同じく勤めて菩提の資糧を修集す」「一切の有情を利楽せんが為に発願し、修行して大菩提を証す」 Ⓢ kṛta-praṇidhāna

発起　ほっき　起こすこと。起こること。生じること。「身業と語業とを発起す」「語言を発起す」「大菩提心を発起す」「種種の擾乱の事業を発起す」「麁言を発起す」「最勝の悲心を発起す」「堅固な精進を発起す」
Ⓢ abhsaṃs-**kṛ**: ud-**pad**: upasam-**hṛ**: niścāraṇa: pra-**yuj**: pra-**vṛt**: samārambha: samutthāna: samutthāpita

発起加行　ほっきけぎょう　修行すること。「精進とは発起加行して其の心が勇悍なるを謂う」「煩悩を断ぜんが為に発起加行す」。
Ⓢ abhisaṃskāra

発起善　ほっきぜん　等起善とおなじ。→等起善

発起不善　ほっきふぜん　等起不善とおなじ。→等起不善

発遣　ほっけん　①去らしめること。辞退せしめること。「安楽などの諸の来求者に於て既に其願を足満するに力能なければ、先ず当に方便して発意し思惟し辞謝し発遣すべし」
Ⓢ anupra-**iṣ**: apa-**hṛ**: pra-**iṣ**
②除去すること。「発遣と言うは五蓋を除きて内に心を持するを謂う」

発語　ほつご　言葉を発すること。「能く発語する思を説いて語業と名づく」「動身と発語とを思已業と名づく」 Ⓢ bhāṣaṇa

発光地　ほっこうじ　十地の第三地。勝定と大法の総持とを成就して無辺の妙慧の光を発する境地をいう。 Ⓢ prabhā-karī bhūmiḥ
（出典）由彼所得三摩地及聞持陀羅尼、能為無量智光依止、是故第三名発光地。（『解深』4、大正 16・704a）：発光地、成就勝定大法総持、能発無辺妙慧光故。（『成論』9、大正 31・51a）

発業　ほつごう　行為を起こすこと。煩悩が原因となって発業が結果する。→発業潤生
「貪などの十の煩悩の一切は能く発業す」「堅固な発業の因縁を以って殺害を行ず」

発業潤生　ほつごうじゅんしょう　発業と潤生。煩悩の二つの働き。発業とは行為を起こすことで、たとえば、怒り（瞋恚）という煩悩は他者に対して打撃などの害をあたえることをいい、潤生とは生存を潤すことで、煩悩は自己の苦的生存をさらに成育せしめることをいう。「生死相続は惑・業・苦による。発業・潤生の煩悩を惑と名づく」「煩悩は発業・潤生の用を備して有情を縛して生死に処せしむ」「一切の煩悩は総じて能く発業潤・生の縁と為る」 Ⓢ karma-samutthāna

発言　ほつごん　①言葉を発すること。語ること。言葉をかけること。返答すること。「闘訟・諍競によって発言するを綺語と名づく」「嫌恨心を懐き、恚悩心を懐きて正理に称わずして発言し酬対す」 Ⓢ paribhāṣaṇa: vāk-pratyudāhāra: vācaṃ bhāṣamāṇaḥ
②発せられた言葉。「あらゆる一切の染心の発言を雑穢語と名づく」「諂曲を離るるが故に発言は純質なり」 Ⓢ vacana: vākya

発言慰問　ほつごんいもん　言葉をかけて挨拶すること。九種の敬儀の一つ。→敬儀

発勤　ほつごん　（精進や修行などを）起こすこと、はじめること。→発勤精進
Ⓢ ārabdha: ā-**rabh**: ārambha

発勤精進　ほつごんしょうじん　精進を発動すること。努力し修行すること。「未だ生じない悪不善の法を能く生ぜしめず、生じ已ったものを能く断ずるを発勤精進と名づく」「遍く一切事を観察し已って諸の障を断ぜんが為に発勤精進す」
Ⓢ ārabdha-vīrya: vīrya-ārambha: vīryam ārabhate

発識　ほっしき　感覚器官（根）が認識作用（識）を起こす働きをいう。「五根は発識・取境を以って其の体を顕す」
Ⓢ vijñāna-utpatti

発趣　ほっしゅ　①（ある心境・ありよう

に）おもむくこと、住すること。「世尊は今の第三時の中に於て普く一切乗に発趣する者の為に、一切法皆無自性に依って正法輪を転ず」「世尊は初に一時に於て婆羅痆斯仙人堕処施鹿林の中に在りて、唯だ声聞乗に発趣する者の為に、四諦相を以って正法輪を転ず」 Ⓢ ārabdha: samārambha
②努力し修行すること。精進すること。「精進とは此れ発趣の義なり」「若し諸根が已に積集するを得て、教授に随順し、等持が強盛なれば、精勤し発趣するに決定して果あり」

発生　ほっしょう　起こすこと。生じること。「精進を発生す」「種種の身心の疲悩を発生す」「歓喜を発生す」「恚害・怨恨などの心を発生す」
Ⓢ utpanna: ud-**pad**: **jan**: prārambha

発声　ほっしょう　①声を発すること。音を出すこと。「諸の極微は更に細分なし。若し爾らば何故に相撃すれば発声するや」「地神は性として多く喜慶なれば、此の希有を見て極めて歓喜を懐くが故に先に発声す」
Ⓢ śabda-abhiniṣpatti
②（苦しくて、あるいは悲しくて）大声で叫ぶこと。「大那落迦中の有情は焼かれ已って苦痛に逼切せられて発声し号叫す」
Ⓢ **krand: ru**

発心　ほっしん　心を起こすこと。詳しくは発菩提心という。さとり（菩提・無上正等菩提）を獲得しようと願う心を発すること。そのような心を初めて発することを初発心・最初発心という。そのような願いを発することによって初めて菩薩と称することができるようになる。「発心の大性とは一類ありて其の無上正等菩提に於て正願の心を発するを謂う」「弘誓の施とは発心の位の菩薩のあらゆる施波羅蜜多を謂う。大願を受するに依りて施を行ずるが故なり」 Ⓢ citta-utpatti: citta-utpāda: citta-utpādanā: citta-utpādika
（出典）発心有二種。謂、無差別・差別。無差別者、謂、願我当証阿耨多羅三藐三菩提。差別者、謂、願我施波羅蜜多速得円満乃至慧波羅蜜多速得円満。（『雑集論』12、大正 31・750a）
（参考）種類としては、世俗受発心・得法性発心・不決定発心・決定発心・不清浄発心・清浄発心・羸劣発心・強盛発心・未成果発心・已成果発心の十種が説かれる（『瑜伽』72、大正 30・694c～695a）。

発心願　ほっしんがん　最高のさとり（無上正等菩提）を獲得しようと初めて発する願い。五種の願（発心願・受生願・所行願・正願・大願）の一つ。
（出典）諸菩薩、於其無上正等菩提、最初発心、是名発心願。（『瑜伽』45、大正 30・543b）

発心大性　ほっしんだいしょう　大乗が大乗といわれる所以の七つの偉大性の一つ。→七大性

発動　ほつどう　①（病気が）おこること。「常に疹疾・困苦・重病・風熱が、数数、発動す」「身中に或いは風、或いは熱、或いは痰が発動す」 Ⓢ **kup**
②動かすこと。「風界は能く発動の業を為す」「作意は心を発動するを体と為し、所縁の境に於て心を持するを業と為す」

発憤　ほっぷん　激しく怒ること。「強力の天子が発憤せば、諸の劣なる天子は便ち駆擯せられて其の自宮を出る」「怨恨・発憤の心を生ず」 Ⓢ kupita: saṃrambha
（参考）（『瑜伽』2、大正 30・288c）に二十二種の発憤が列記されている。

発菩提心　ほつぼだいしん　さとり（菩提・無上正等菩提）を得ようと願う心を発すること。菩薩の二大誓願の一つで、もう一つは、苦しむ人びとを救済することを願う心である。発心と略称する。→発心「諸の菩薩は一切の苦ある衆生を悲愍して済抜せんと欲するが為に発菩提心する。是の故に発心は是れ悲の等流なり」「発菩提心に決定して堕する者とは、一類の諸の菩薩衆ありて、已に無上正等菩提に於て決定心を起こし、此れより後、乃至、無上正等菩提を証するまで、復た退転することなき者を謂う」 Ⓢ bodhāya cittam utpādayatā

発露　ほつろ　（自己が犯した悪や罪を）告白すること。「自ら我れの此の身業は自を損し他を損すると了知し、便ち有智の同梵行の所に於て如実に発露し、如法に悔除す」「諸の菩薩は律儀戒に住して自の善を覆蔵し、己の悪を発露す」
Ⓢ āviṣ-**kṛ**: āviṣkṛta: **diś**: deśanā: prati-**kṛ**: prati-**diś**: vivṛta

没（ぼつ）→もつ

歿　ぼつ　死ぬこと。死んで死骸までもが

滅すること。「死歿する法なるが故に説いて歿する法と名づく」「欲界より歿して色界に往きて生ず」 Ⓢ **cyu**: cyuta: pracyuta
（出典）歿者、若於是時、屍骸殄滅。（『瑜伽』84、大正 30・769b）

勃悪 ぼつお そむきにくむこと。「其の内心に於て恒に寂静ならず、外の身語意は猥雑にして住し、勃悪・貪婪・強口・憍傲なり」

勃逆 ぼつぎゃく そむきさからうこと。「語言・辞句が勃逆にして宜しきところに非ざるは、非愛にして非愛に似る語なり」

勃路拏 ぼつろな 『婆沙論』の十二処（āyatana）の説明箇所における bhrūṇa というサンスクリットの音写で、マーガンディヤ（māgandiya 摩健地迦）という出家外道の説に従えば十二処の意味を勃路拏と呼ぶ。
（出典）外論説此名勃路拏。如摩健地迦出家外道説。喬答摩説諸勃路拏、皆来入我呪術章句。勃路拏声、含二種義。一根本義、二能作義。以十二処与心心所為根本故、及能作動心心所故。（『婆沙』73、大正 27・379b）

本 ほん ①元来。本来。もとより。はじめから。「衣服・飲食などは本より是れは苦の因なり」「一切法は畢竟して本より寂なる平等性なり」「涅槃は常住なるが故に本より不生なるべし」 Ⓢ ādi: āditas: nityam
②（ものを生じる）根本。「無明は諸の有の本なり」「随眠は諸の有の本なり」 Ⓢ mūla
③（修行の段階の）根本。「若し先に已に煖などの善根を得て生を経るが故に捨てたるに、若し善き説法師に遇わずんば、還って本より修す」 Ⓢ mūla
④根本の。「此の放逸を依と為し持と為して生の本の行を楽い、生の本の業を造り、此れに因るが故に生じ、生じ已って寿終す」「本の等至に八種あり」 Ⓢ maula
⑤過去の。→本願 Ⓢ pūrva

本有 ほんう 「ほんぬ」とも読む。①本来的にあること。先天的に存在していること。→本有種子
②四有（中有・生有・本有・死有）の一つ。生まれてから死ぬまでの生存。→四有

本有種子 ほんうしゅうじ 「ほんぬしゅうじ」とも読む。二種の種子（本有種子・新熏種子）の一つ。阿頼耶識のなかに先天的にある種子。見道において汚れのない智慧である無漏智を生じる力。本性住種とおなじ。→新熏種子 →本性住種

本願 ほんがん 過去の願い。根本の誓願。菩薩や如来が過去に起こした誓願をいう。「諸仏の法身は本願の所引なる故に常住を相と為すとは、謂く、諸の如来は皆な先に、我れは当に無量の有情を度脱して般涅槃せしめん、という是の如き大願を発起せしに、諸の有情類は未だ般涅槃せず、願所引の果は相続して絶えず。是の故に法身は常住なり」「仏の慈悲の本願の縁力によって其の聞くべき者が自らの意識の上に文義の相が生じて如来の説に似る」 Ⓢ pūrva-praṇidhāna

本願力 ほんがんりき 本願の力。→本願「成所作智相応の心品とは、謂く、此の心品は諸の有情を利楽せんと欲するが為の故に、普く十方に於て種種の変化の三業を示現して本願力の所応作の事を成ず」「本願力に由って変化の事業を成ずるを成所作智と名づく」

本義 ほんぎ ①（経の文句の）本来の意味、根本の意味。「譬喩とは、謂く、諸経の中に比況の説あり。本義をして明了を得せしめんが為の故に諸の譬喩を説く」「譬喩に由るが故に本義が明浄となる。是れを譬喩と名づく」 Ⓢ artha: prakṛta-artha
②傍論に対する本義。根本の意味。中心の論義。まさに論じたいこと。「傍論已に終って応に本義を辯ずべし」 Ⓢ prakṛta

本境 ほんきょう 潜在的な根本心（阿頼耶識）によって作り出された本体としての対象。この本境を根拠・よりどころとしてさまざまな事物の影像が心のなかに起こる。本質とおなじ。→本質「三摩地は、是れ能く心を一境性に住せしめ、心法を体と為す。此の所縁の境を説いて所行と名づけ、本境を質と名づく」（『摂論釈・無』4、大正 31・400b）、「遍計所執の相は是れ無なり。自相の上に妄に増して有と為す。情に随って相を説き、本境に称わず」（『述記』2 末、大正 43・297c）

本計 ほんけ 根本の主張。付随的な主張（転計・末計）に対する語。「上来は已に経部の本計を破し、下は経部末宗の転計を破す」「本計には中有はなく、末計にはあり」

本極微 ほんごくみ 父母極微のこと。→父母極微

本座 ほんざ 自分の座席。諸の天が天界から没しようとする時に現れる五つの衰相の一つに「本座を楽しまない」という相があ

る。→五衰相「諸の天子が将に没せんとする時、五相が先ず現るる。（中略）五に天と及び天子とは本座を楽しまざる」
Ⓢ sva-āsana

本際 ほんざい ①外道が説く本際。過去の時間の初めをいい、この本際と名付ける常住の根源なるものから一切の存在が生じると説く。
（出典）本際者、即過去之初首。此時一切有情、従此本際一法而生。此際是実是常、能生諸法。古人云。諸部有計、時頭衆生、与此同也。（『述記』1末、大正43・262c）
（参考）（『演秘』1末、大正43・832b）
②過去の時間の最初。ときのはじめ。「不可知の本際より以来、無常なり」
Ⓢ pūrvā koṭī

本師 ほんし ①釈迦。如来。「有為と言うは、乃ち是れ本師が仮に施設せる句なり」
②ある論の本来的な作者、すなわち釈迦如来をいう。これに対して実際の造論者を釈師という。たとえば、『唯識三十頌』の本師は如来であり、頌を造った頌主すなわち釈師は世親である。
（出典）但敬人而非法、即是唯識本釈二師。本、謂、如来、於唯識性満清浄者。釈、謂、頌主、於唯識性分清浄者。（『述記』1本、大正43・232c）

本地分 ほんじぶん 『瑜伽論』を構成する五つの章（本地分・摂決択分・摂釈分・摂異門分・摂事分）の一つ。ヨーガ行者の十七の心境である五識身相応地・意地・有尋有伺地・無尋唯伺地・無尋無伺地・三摩呬多地・非三摩呬多地・有心地・無心地・聞所成地・思所成地・修所成地・声聞地・独覚地・菩薩地・有余依地・無余依地の十七地を述べた章。『瑜伽論』の巻第一から巻第五十まで。→十七地

本事 ほんじ ①十二分教の一つ。弟子たちの過去世の出来事や事柄について語ったもの。→十二分教 Ⓢ iti-vṛttaka
②過去の出来事や事柄。「此の宿住智に由って本事を憶念す」「如来のあらゆる宿住随念智力は其の前際の本事・本生に於て、数数、念ず」 Ⓢ iti-vṛttaka
③詳しくは本所知事といい、もとの知るべき対象をいう。心のなかに起こした影像（勝解）の本来の事柄。「彼の比丘は三摩呬多地の作意を以って思惟分別して勝解を起こす。彼れは其の本の所知事に於て和合して現前に観察すること能わずと雖も、然も本事と相似して生ず」

本事分 ほんじぶん 諸法の体事（存在するもの自体）を論じる章。決択分（すでに述べた事柄をさらに明確に解釈する章）に対する語。「本事分の中には略して広く諸法の体事を分別し、決択分の中には略して広く深密の要義を決択せり」

本識 ほんじき 根本の識。阿頼耶識のこと。根本識とおなじ。→阿頼耶識「諸の有情に、各、本識ありて、一類に相続して種子を任持す」「種子とは本識の中の功能差別を謂う」

本宗 ほんしゅう ①根本の主張。主旨。主要な説。本宗義ともいう。「且く傍論を止め、応に本宗を述べるべし」「過難に於て懃めて通釈すべく、本宗義に於て応に順じて修行すべし」 Ⓢ siddhānta
②自己が属する宗派。分裂する前のもとの派。末宗の対。「本宗の同義とは自部の内の諸の人が共許する事なり」

本宗義 ほんしゅうぎ 本宗とおなじ。→本宗①

本生 ほんしょう ①前世の生。釈尊が成仏する以前の菩薩の時代の生涯。「本生の事とは前生の菩薩行の事を謂う」 Ⓢ jāti
②十二分教の一つ。→十二分教 Ⓢ jātaka

本性 ほんしょう ①もとのありよう。本来的なありかた。「心の本性は清浄にして客塵の煩悩に染汚せらるる」「狂乱心に由って本性を失う」「本来自性清浄涅槃とは、一切法の相の真如の理は客染ありと雖も本性は浄なるを謂う」 Ⓢ prakṛti: prakṛtitā
②生まれつきの性格。本来の性格。「諸の菩薩は本性として利根、独覚は中根、声聞は軟根なり」 Ⓢ prakṛti: prakṛtyā

本性戒 ほんしょうかい 戒を受けずとも本性として心が賢明であることによって身の行ないや言葉使いが清浄であること。
Ⓢ prakṛti-śīla
（参考）（『瑜伽』42、大正30・522a）

本性空 ほんしょうくう すべては本性として非存在であるという理。この理をさとることによって性的行為による快楽や身の周りのすばらしいと思われる道具への執着を除くこ

とができる。 Ⓢ prakṛti-śūnyatā
(出典) 男子有十種相、空能除遣。何等為十。(中略) 五者、了知受用義男女承事資具相応故、有内安楽相、外浄妙相、此由内外空及本性空、能正除遣。(『解深』3、大正 16・701a)

本性邪性定 ほんしょうじゃしょうじょう →邪性定聚

本性住種 ほんしょうじゅうしゅ 二種の種(本性住種・習所成種) の一つ。種とは阿頼耶識のなかにある種子で、先天的に有している種子を本性住種という。本性住種子・本有種子ともいう。また種子 (bīja) を種姓 (gotra) と言い換えて本性住種姓ともいう。習所成種の対。→習所成種 →本性住種姓
Ⓢ prakṛti-sthaṃ bījam
(出典) 種子各有二類。一者本有。謂、無始来、異熟識中法爾而有、生蘊処界功能差別。世尊、依此、説諸有情無始時来有種種界、如悪叉聚、法爾而有。余所引証、広説如初。此即名為本性住種。(『成論』2、大正 31・8b)

本性住種子 ほんしょうじゅうしゅうじ →本性住種

本性住種姓 ほんしょうじゅうしゅしょう 二種の種姓 (本性住種姓・習所成種姓) の一つ。種姓 (種性とも書く) とは阿頼耶識のなかにある善を生じる種子をいい、汚れなき智慧である無漏智を生じる先天的に有する種子をいう。→習所成種姓
Ⓢ prakṛti-sthaṃ gotram
(出典) 云何種姓。謂、略有二種。一本性住種姓、二習所成種姓。本性住種姓者、謂、諸菩薩六処殊勝、有如是相、従無始世、展転伝来、法爾所得、是名本性住種姓。(『瑜伽』35、大正 30・478c) : 何謂大乗二種姓。一本性住種性、謂、無始来、依附本識、法爾所得、無漏法因。(『成論』9、大正 31・48b)

本性正性定 ほんしょうしょうしょうじょう →正性定聚

本性浄 ほんしょうじょう 本性としてきよらかであること。涅槃・真如・法界などのありようをいう。「一切法の相たる真如の理は客染ありと雖も本性浄にして無数量の微妙の功徳を具し、無生・無滅にして湛たること虚空の如し」「法界の本性浄なること、虚空の若し」
Ⓢ prakṛti-pariśuddha: prakṛti-viśuddhatva

本性不定 ほんしょうふじょう →不定性聚

本性無生忍 ほんしょうむしょうにん 三種の無生忍 (本性無生忍・自然無生忍・惑苦無生忍) の一つ。→無生忍

本心 ほんしん 本来の心。「諸の世間のものが若し如来を見れば、癲癇した心乱が還って本心を得る」 Ⓢ sva-citta

本随二惑 ほんずいにわく 本惑と随惑との二つの惑。本惑とは根本の迷い、随惑とは付随的な迷いをいう。惑を煩悩ともいうから、二つを根本煩悩と随煩悩ともいう。→根本煩悩① →随煩悩① Ⓢ kleśa-upakleśa

本質 ほんぜつ ①影像に対する本質。影像がそれによって生じるもとの本体。たとえば鏡のなかに物体の鏡像 (影像 pratibimba) が生じる場合、物体そのものを本質 (bimba) という。「二の縁の故に諸の像が生ずることを得る。一には本質、二には鏡などなり」 Ⓢ bimba
②〈唯識〉所説の本質。本質とは、阿頼耶識 (潜在的な根本識) が作り出し阿頼耶識みずからが対象として認識している「存在の基体」をいう。この本質を根拠・よりどころとして、顕在的な識である眼識・耳識・鼻識・舌識・身識・意識の六識おのおののなかに、さまざまな事物の影像を生じる。「分別の影像の身を循く観察する門に由って本質の身を審に諦らかに観察す」「心心所が起こる時に、能縁の上に本質と同分の影像が顕現す」

本相 ほんそう →随相

本法 ほんぽう 自相続 (自身) のなかで、ある「もの」(法) を得るときに起こる三つ (本法・法得・得得) の一つ。もとの「もの」(法) を本法という。→得得 Ⓢ dharma
(参考) (『倶舎』4、大正 29・23c) : (『倶舎論記』4、大正 41・92a~b)

本煩悩 ほんぼんのう 煩悩を二種 (本煩悩・随煩悩) に分けるなかの一つ。根本となる貪・瞋・癡・慢・疑・悪見の六つをいう。根本煩悩ともいう。→根本煩悩①
(出典) 諸染污法、二相所顕。一本煩悩、二随煩悩。(『瑜伽』55、大正 30・603a)

本無今有 ほんむこんう もともと無なるものが、いま有ること。非存在なものが現在の一刹那に存在となること。有り已って次の一刹那にはまた無となるありよう (有已還無) をも含めて、すべての現象的存在 (諸行) の

無常のありようを表すときに用いる概念。本無今起・本無今生・本無而生・本無而有ともいう。「是の如き一切の縁生の諸行は皆な是れ本無今有にして有り已って散滅せざることなし」「無常の性相は本無今有にして有り已って還って無となるの所顕なり。本無今有、是れを名づけて生となし、有り已って還って無となる、是れを名づけて滅と為す」「一切の行の本無今有を生起無常と名づく」「本無今生にして、未来より法が生ずるに非ざるべし」 Ⓢ abhūtvā bhavati: abhūtvā bhāvaḥ

本無今起 ほんむこんき →本無今有

本無今生 ほんむこんじょう →本無今有

本無而有 ほんむにう →本無今有

本無而生 ほんむにしょう →本無今有

本母 ほんも 原語 mātṛkā は母を意味する mātṛ に接尾辞 kā を付けた女性名詞で、生み出すというのが原意。理を生み出す本を本母という。具体的には、釈尊の説いた教法をさらに詳しく研究し解釈した論蔵である阿毘達磨が、理を生み出す本であるから本母といわれる。原語 mātṛkā は摩呾理迦と音写される。→摩呾理迦「此の所説の四種の契経に依って当に契経の摩呾理迦を説くべし。如来の所説の契経を決択せんと欲するが為なり。譬えば、本母なき字は義が明了ならざるが如く、是の如く本母に摂せざる経は、其の義は隠昧にして、義は明了ならず。此と相違すれば義は即ち明了なり。是の故に説いて摩呾理迦と名づく」 Ⓢ mātṛkā

本来 ほんらい もともと。はじめから。「世尊は相無自性性に依って一切法は無生・無滅・本来寂静・自性涅槃なりと説く」「真如の自性は本来自性清浄なり」「究竟して成仏を得る時、本来の雑染の識種を転捨して始起の清浄の種識を転得す」 Ⓢ ādi: prakṛti

本来自性清浄涅槃 ほんらいじしょうしょうじょうねはん 〈唯識〉が説く四種の涅槃（本来自性清浄涅槃・有余依涅槃・無余依涅槃・無住処涅槃）の一つ。〈唯識〉は、涅槃の本体は真如（すべての存在の究極的真理）であるとみなす立場から、あらゆる人びとに遍在する本来的に無垢で清浄な真如を本来自性清浄涅槃という。心を覆っている障害がとりのぞかれて、この本来的に清浄な真如が顕れてくる程度に応じて、他の三つの涅槃が立てられる。→涅槃③

（出典）涅槃義別、略有四種。一本来自性清浄涅槃、謂、一切法相真如理。雖有客染、而本性浄、具無数量微妙功徳、無生無滅、湛若虚空、一切有情平等共有、与一切法不一不異、離一切相一切分別、尋思路絶、名言道断、唯真聖者自内所証、其性本寂、故名涅槃。（『成論』10、大正 31・55b）

本論 ほんろん ①本の論。解釈がほどこされるもとの論。たとえば『成唯識論』は世親が作った『唯識三十頌』に対するさまざまな注釈をまとめたものであるが、『唯識三十頌』を本論という。「成唯識のなか、本論を唯識と名づけ、釈論を成と名づく」「此の本論を唯識三十と名づく。三十の頌に由って唯識の理を顕す」

②『倶舎論』のなかに見られる本論は『発智論』をいう。

Ⓢ abhidharma: grantha: śāstra

本論師 ほんろんじ 本文を造る論師。本文を解釈する釈論師に対する。「本論師は含識をして障を断じ果を得せしめ、釈論師は法をして久住せしめて有情を利楽せしめんとす」「開演の本論師と、親しく聖旨を承けて分別する者とに敬礼す」「此の中、別に現に問難者なきも、但だ本論師が法相を辯ぜんが為に仮に賓主を設けしなり」

本惑 ほんわく 根本の迷い。随惑に対する語。→本随二惑

奔急 ほんきゅう （息が）あえいではやいさま。→喘息奔急

奔趣 ほんしゅ 急いでおもむくこと。「菩薩が身を端し儼然と坐するに、魔王は三十六倶胝の魔軍を将いて戦具を執持して菩提樹下に奔趣す」

奔馳 ほんち 速く走ること。「馬を縦して奔馳す」 Ⓢ dhāvana

奔流 ほんりゅう 速く流れること。「業の錯乱とは、無業の事に於て有業の増上慢を起こすを謂う。拳を結びて馳走するを樹が奔流すると見るが如し」

品 ほん ①経論の章段。「本地分中の菩薩地第十五の初持瑜伽処の種姓品第一」

Ⓢ paṭala

②群。グループ。総体。種類。区分。「心心所品」「世俗智は自品を除いて総じて一切の法を縁ず」「黒品・白品と染品・浄品」「四善根に、各、三品あり。声聞などの種性の別な

るに由るが故に」「所化の有情に三品あり」 Ⓢ ākāra: kalāpa: gotra: pakṣa: pakṣya: prakāra

品数 ほんす　品類とおなじ。→品類

品数差別 ほんすしゃべつ　品類差別とおなじ。→品類差別

品類 ほんるい　種類。区分。品数ともいう。「先に所見・所聞・所受せる非一・衆多・別別の品類の諸の境界の中に於て心が馳散す」「諸の定地の所縁の境界は非一・衆多・種種の品類なり。此れを縁じて境と為して心を正行せしむるが故に説いて名づけて定と為す」 Ⓢ prakāra: bheda

品類差別 ほんるいしゃべつ　種類の区別。差異。種々の相異したありよう。差別にあたる原語 prabheda を別あるいは分別と訳して品類別・品類分別ともいう。また品数差別ともいう。「是の如く一切の能変の神境智通の品類差別を一一分別すれば、無量・無数なり」「時分分別と品類分別と相続分別とによって如来の十力は無量なりと当に知るべし」「此の定に上中下の品類別あり」 Ⓢ prakāra: prakāra-prabheda: prakāra-bheda: prabheda: bhinna

品類分別 ほんるいふんべつ　品類差別とおなじ。→品類差別

品類別 ほんるいべつ　品類差別とおなじ。→品類差別

瓫 ほん　かめ。ほとぎ。胴が太く口が小さい土器。「黒闇が瓫の中の水を障う」 Ⓢ kuṇḍa

翻 ほん　ひるがえすこと。反対にすること。「不信の三相は信に翻って応に知るべし」「第二の無倒は初の無倒に翻って応に其の相を知るべし」 Ⓢ viparyaya

翻睛 ほんせい　眼の球を回転させること。目玉がひっくりかえること。怖れるさまの一つ。「上品の不善業を作す者は、将に命が終わらんとするとき、流汗し、毛竪し、虚空を捫摸し、翻睛す」 Ⓢ akṣi-parivartana

凡 ほん　①おろかなもの。凡夫（bāla）・異生（pṛthag-jana）のこと。聖の対。「若しくは凡であれ、若しくは聖であれ、皆な本来自性涅槃あり」 Ⓢ pṛthag-jana: bāla
②おおよそ。総じて。一般に。「瑜伽を修する師に凡そ幾種あるや」
③平凡な。ふつうの。「凡象と香象」 Ⓢ prākṛta

凡位 ぼんい　凡夫の位。煩悩を有し、いまだ真理をさとっていない人の位。異生位とおなじ。聖位の対。

凡財 ぼんざい　在家者が財宝・富とみなすもの。出家者にとっての財宝・富である聖財に対する語。→七聖財「諸の世間は楽を得んが為に一切の凡財を積集すると雖ども、七種の聖財所生の楽を未だ得ず」

凡聖 ぼんしょう　凡と聖。凡夫と聖者。「唯だ此の真如は聖の智の境にして、依他起は凡聖の智の境なり」 Ⓢ bāla-ārya

凡象 ぼんしょう　普通の象。交尾期に入った象を香象というのに対する名称。香象は凡象の十倍の力を有するという。→香象 Ⓢ prākṛta-hastin
（参考）（『倶舎』27、大正 29・140c）

凡智 ぼんち　真理をさとっていない凡夫の智慧。聖智の対。「遍計所執自性は凡智の所行なり」 Ⓢ bāla-jñāna

凡夫 ぼんぷ　おろかなもの。いまだ真理をさとっていない者。原語 bāla は嬰児とも訳され、もともとは、ものごとを知らない幼児を原意とし、転じて、真理を知らない無知な人を意味する。凡夫・二乗という場合の凡夫は、いまだ仏教に入っていない人を意味する。bāla は愚者・愚人・愚夫とも訳され、いずれもおなじ意味である。聖者の対。「諸の凡夫は自体の上に於て我我所を計し、及び我慢を起こす。一切の聖者は唯だ是れ苦なりと観ず」 Ⓢ bāla

犯 ぼん　（罪を）犯すこと。（戒を）破ること。「或る時、或る処にて失念して罪を犯せども、速疾に如法に発露す」「命難の因縁によって故思ならずして所犯を犯す。設え犯すところあれども疾疾に悔除す」「受するところの浄戒を犯す」
Ⓢ adhyā-**pad**: adhyāpanna: asaṃvṛta: āpatti: ā-**pad**: āpanna: kṣobha: cheda: vyatikrama: skhalita
（出典）云何為犯。謂、能障礙所有善法、令不得生。（『瑜伽』69、大正 30・678c）
（参考）（『瑜伽』68、大正 30・676b）に、近事男犯・近事女犯・勤策男犯・勤策女犯・正学犯・苾芻尼犯・苾芻犯・異生犯・有学犯無有無学犯の九種の犯が説かれる。

犯戒 ぼんかい　戒を犯すこと。犯尸羅・犯

禁戒・毀犯禁戒ともいう。「施などの六波羅蜜多は其の次第の如く慳悋・犯戒・忿恚・懈怠・散乱・悪慧を以って所治と為す」「諸の菩薩は清浄なる身語の律儀を受持して能く犯戒を断ず」「一切の犯戒の垢を遠離するが故に離垢地と名づく」
Ⓢ āpatti: duḥśīla: dauḥśīlya
(出典) 諸不善色、名為犯戒。此中性罪、立犯戒名。(『倶舎』18、大正 29・97b)

犯禁 ぼんごん 禁を犯すこと。行為の規範(vṛtta)を破ること。「彼の苾芻は破戒し、犯禁し、諸の威儀を壊す」 Ⓢ vṛtta-skhalita

犯禁戒 ぼんごんかい 犯戒とおなじ。→犯戒

犯罪 ぼんざい 罪を犯すこと。違犯・毀犯とおなじ。「善財子などが最初に犯罪するに由るが故に世尊は苾芻僧を集めて学処を制立す」 Ⓢ āpatti
(参考)(『瑜伽』99、大正 30・869a)に、十五種の犯罪の過失が説かれる。:(『瑜伽』99、大正 30・870a):(『瑜伽』100、大正 30・875c)

犯尸羅 ぼんしら 犯戒とおなじ。→犯戒

犯処 ぼんしょ 罪を犯すことが生じる事柄。次の十八が説かれる。不善・違善・身業・語業・意業・戒壊・見壊・軌則壊・正命壊・随護他心・護他損悩・護非処疑慮・婬・鉢・衣・食・臥具・病縁医薬及余資具(『瑜伽』68、大正 30・676a)。 Ⓢ āpatti-sthāna

盆 ぼん ぼん。浅く幅の広い器。「瓶・盆などには能く覆障あり」「詮体の名とは、盆の中の果、舎の中の人の如し」

梵 ぼん ① brahman の音写。もともと、バラモン教において、一切を生じる根源的原理とみなされたが、後に人格的な神、すなわち梵天となった。仏教に採り入れられて仏を守護する神となった。色界の初禅天に住する神。→梵天「諸の見ありて、自在・世主・釈・梵、及び余の物類を常なり恒なり変易あることなしと妄計す」
Ⓢ brahmatva: brahman
②世尊の呼称。「真の沙門性を亦た説いて名づけて梵輪と為す。是れ真の梵王の力の転ずるところなるが故なり。仏は無上の梵徳と相応す。是の故に世尊を独り梵と名づくべし」
Ⓢ brahman

梵王 ぼんおう 梵天の王。色界の初禅にある梵衆天・梵輔天・大梵天の三天をまとめて梵天といい、そのなかの大梵天を梵王あるいは大梵天王という。人間の世界(索訶世界)に降下して人間を司る主。別名、索訶主ともいう。「此の世界を名づけて索訶と曰い、此の界の梵王を索訶主と名づく」「索訶世界の主である大梵天王が自然に来下し、慇懃に世間を哀愍して正法を宣説せんことを勧請す」

梵王勧請 ぼんおうかんじょう 釈尊がさとりを開いた後に梵王が釈尊に説法するよう勧め願ったこと。梵天勧請とも言い慣わされている。「梵王の勧請に因って転ずるが故に梵輪と名づく」

梵音 ぼんおん 梵音声・大梵音ともいう。美しい清らかな音声。如来が説法する際に発する清浄な声をいう。「声が清浄なるを名づけて梵音と為す」「梵音で演説するが故に梵輪と名づく」「諸仏は大集会に処して諸の有情の為に梵音声を以って正法を宣説して異論を摧伏す」 Ⓢ brahma-svaratā

梵音声 ぼんおんじょう 梵音とおなじ。→梵音

梵行 ぼんぎょう ①清らかな実践。清浄なおこない。汚れのない生活。諸の経論によってその内容に異説があるが、基本的には戒を守り婬欲(性的な欲望)をはなれた生活を送ることをいう。「是の如く出家して願求するところなくして梵行を修行す。謂く、我れ持戒し精進し梵行を修するが故に、当に天、或いは異天の処に生ずるを得べし」「彼れは是の如く梵行を修するに由るが故に、邪願及び諸の邪見を遠離し、利養・恭敬を貪求するを棄捨し、一切種に於て皆な清浄を得る」
Ⓢ brahma-carya: brahma-caryā
(参考) 種類としては、受遠離梵行・暫時断梵行・畢竟断梵行の三種が説かれる(『瑜伽』29、大正 30・447a)。
②梵行を行じる者。清浄な実践をする人。梵行者ともいう。→梵行者

梵行求 ぼんぎょうぐ 八正道などを修して解脱・涅槃を追い求めること。三種の求(欲求・有求・梵行求)の一つ。そのありように唯求求・趣向求・現得求・後得求・思択当得求の五つがある(『瑜伽』64、大正 30・653c)。 Ⓢ brahma-caryā-eṣaṇā
(参考)(『瑜伽』5、大正 30・300c)

梵行者 ぼんぎょうしゃ 梵行とも略称する。

梵行を行じる者。戒を守り、婬欲（性的な欲望）をはなれ、きよらかな生活をする人。 Ⓢ brahma-cārin
（参考）（『雑集論』16、大正 31・773c）

梵宮 ぼんぐう　梵天が住む宮殿。「劫末に至った時、有情の業力が尽きるが故に災火が生ずることありて、乃至、梵宮は皆な焚燎せらるる」 Ⓢ brāhmaṃ vimānam

梵志 ぼんし　brāhmaṇa の音写。バラモン教の修行者。ブラフマン（brahman 梵天）の教えを習い、梵天に生まれることを志す者。「趣向の梵志と住果の梵志と到究竟の梵志との三種の梵志あり」（『瑜伽』70、大正 30・684c）。 Ⓢ brāhmaṇa

梵衆 ぼんしゅ　梵衆天のこと。→梵衆天 Ⓢ brahma-kāyika

梵衆天 ぼんしゅてん　色界十七天の一つ。→色界十七天

梵住 ぼんじゅう　如来が住する三つの心のありよう（聖住・天住・梵住）の一つ。慈・悲・喜・捨の四無量定に住することをいう。慈などの四つに住するから四梵住という。 Ⓢ brāhmo vihāraḥ
（出典）四無量、是名梵住。（『瑜伽』38、大正 30・499b）：梵住者、慈等無量住。（『摂論釈・世』10、大正 31・375b）
（参考）（『婆沙』82、大正 27・425b～c）

梵書 ぼんしょ　ブラーフミー（brāhmī）文字、あるいはその文字で書かれた書物をいう。この文字は紀元前 8 世紀頃にインドに伝わり、その後、南北の二系統にわかれ、そのなかの北方系よりデーヴァ・ナーガリー（deva-nāgarī）文字が派生した。伝説によれば、これは梵天所説の書であるという。「梵書を学びて後に佉盧瑟吒書を学ぶことは速疾なるに、佉盧瑟吒書を学びて後に、梵書を学ぶことは速疾なるに非ず」

梵世 ぼんせ　梵天の世間。梵衆天・梵輔天・大梵天の三つの天からなる世界。色界の初静慮の世界をいう。色界すべてを梵世という場合もある。梵世間とおなじ。「欲界に生じて眼を得て失わざるとき、及び梵世に生じ、若しくは二三四静慮地に生じて正に色を見るときは、眼根と眼識との二つを得る」「色界に於て梵世間などの衆同分を獲得す」 Ⓢ brahma-loka

梵世間 ぼんせけん　梵世とおなじ。→梵世

梵先益天 ぼんせんやくてん　→梵前益天

梵前益天 ぼんぜんやくてん　梵先益天・梵輔天ともいう。色界十七天の一つ。→色界十七天

梵天 ぼんてん　インド古代神話では宇宙の根源的原理であるブラフマン（brahman）を尊格とする神。仏教では帝釈天とならんで仏を守護する神。色界の初禅にある梵衆天・梵輔天・大梵天の三天をまとめて梵天といい、普通には梵天といえばこのなかの大梵天をいう。 Ⓢ brahman: brāhmaṇa

梵福 ぼんぷく　清らかな福。善行によって得られた清浄なよさ・功徳。次のようなことを行なった者が梵福を生じると説かれる（『倶舎』18、大正 29・97c）。（i）如来の遺骨（駄都）を供養するために新たにストゥーパ（窣堵波）を建立する人。（ii）教団（僧伽）を供養するために新たに寺を造り、園を施し、飲食・衣服・寝具・医薬を供給する人。（iii）分裂した仏弟子の集まりを一つにまとめる人。（iv）人びとに対して慈・悲などの四無量を修する人。 Ⓢ brāhma-puṇya
（参考）（『婆沙』82、大正 27・425c）

梵輔 ぼんほ　梵輔天のこと。→梵輔天

梵輔天 ぼんほてん　梵輔と略称。色界十七天の一つ。→色界十七天

梵輪 ぼんりん　梵の輪。梵とは世尊（仏・如来）、輪とは教法で、世尊によって説かれた教えを梵輪という。大をつけて大梵輪ともいう。「真の沙門性を亦た説いて名づけて梵輪と為す。是れ真の梵王の力の転ずるところなるが故なり。仏は無上の梵徳と相応す。是の故に世尊を独り梵と名づくべし」「仏は自ら称して、我れは大仙尊の位に処して大衆の中に於て正師子吼し、大梵輪を転ず、という」 Ⓢ brahma-cakra: brāhmaṃ cakram
（出典）自証已、由哀愍心、広為有情、等開示、故名転梵輪。何以故。謂、諸如来有是増語、説名為梵、名為寂静、亦名清涼。最初能転、従此已後余復為余。如是展転、梵所推運、周旋一切有情衆中故、名梵輪。（『瑜伽』49、大正 30・569a）：如来応供、是梵増語、彼所転故、亦名梵輪。（『瑜伽』95、大正 30・843c）

煩擾 ぼんじょう　わずらいみだれること。「在家の煩擾は塵宇に居するがごとく、出家の閑曠は虚空に処するがごとし」「無煩天に

は、身に煩擾なく、心に煩擾なく、一期に純なる寂静の楽を領受す」 Ⓢ saṃbādha

煩熱 ぼんねつ わずらいくるしむこと。「身を挙げて煩熱するを歎と名づく」

煩悩 ぼんのう わずらいなやむこと。詳しくは「煩とは是れ擾の義、悩とは是れ乱の義、有情を擾乱するが故に煩悩と名づく」（『述記』1本、大正43・235c）と定義されるように、身心をみだれさす心のけがれをいう。煩悩と随煩悩とに二分され、煩悩は根本となる煩悩であるのに対して、随煩悩は、根本の煩悩より生じる付随的な煩悩を別に立てたものをいう。〈唯識〉では前者の根本煩悩として貪・瞋・癡・慢・疑・悪見の六を、後者の随煩悩として忿・恨・覆・悩・嫉・慳・誑・諂・害・憍・無慚・無愧・掉挙・惛沈・不信・懈怠・放逸・失念・散乱・不正知の二十を立てる。煩悩には発業と潤生との二つの働きがある。このなか発業とは業を発すること、すなわち外的に行為を発すること。たとえば瞋（いかり）という煩悩はなぐる・害するなどの行為を引き起こすことをいう。潤生とは生を潤すこと。すなわち、いかるという心が苦的な生存のありようをさらに成育せしめるという内的な働きをいう。身心にわるい影響をもたらすことから、次のように種々の否定的な事柄をもって喩えられる。煩悩賊・煩悩怨賊・煩悩怨敵・煩悩魔・煩悩火・煩悩垢・煩悩塵埃・煩悩諸毒・煩悩病。
Ⓢ kleśa
(出典) 煩悩自性者、謂、若法生時、其相自然、不寂静起。由彼起故、不寂静行相、続而転、是名略説煩悩自性。(『瑜伽』8、大正30・313a)

煩悩位 ぼんのうい 煩悩の段階。次の七種に分けられる。随眠位・纏位・分別起位・倶生位・耎位・中位・上位。このなか随眠位は潜在的な煩悩、纏位は具体的に働く顕在的な煩悩をいう。分別起位は後天的な煩悩、倶生位は先天的な煩悩をいう。最後の耎位・中位・上位は煩悩の強弱によって三種に分けたもの。
(参考)（『瑜伽』8、大正30・314a）

煩悩共行無明 ぼんのうぐうぎょうむみょう 煩悩と相応して共に働く無明。二種の無明（相応無明・不共無明）のなかの相応無明のこと。→相応無明

煩悩苦垢無生忍 ぼんのうくくむしょうにん 惑苦無生忍ともいう。三種の無生忍（本性無生忍・自然無生忍・惑苦無生忍）の一つ。→無生忍

煩悩垢 ぼんのうく 煩悩のなかの悩・害・恨・諂・誑・憍の六つは、そのありようが極めて汚れていることから垢を付して煩悩垢といわれる。 Ⓢ kleśa-mala
(参考)（『倶舎』21、大正29・109c）

煩悩解脱 ぼんのうげだつ 煩悩から解脱すること。心の汚れが滅すること。二種の解脱（煩悩解脱・事解脱）の一つ。たとえば、眼において貪欲がなくなることが煩悩解脱であり、煩悩がなくなった眼そのもののありようを事解脱という。→事解脱

煩悩差別 ぼんのうしゃべつ 煩悩の異名。その働きから次のような異名が説かれる。結・縛・随眠・随煩悩。纏・暴流・軛・取・繫・蓋・株杌・垢・常害・箭・所有・根・悪行・漏・匱・焼・悩・有諍・火・熾然・稠林・拘礙。 Ⓢ kleśānāṃ paryāyaḥ
(参考)（『瑜伽』8、大正30・314b～c）

煩悩寂静 ぼんのうじゃくじょう 阿羅漢の四種の寂静（苦寂静・煩悩寂静・不損悩有情寂静・捨寂静）の一つ。→寂静⑥

煩悩種子 ぼんのうしゅうじ 煩悩の種子。煩悩を生じる潜在的力。〈経部〉は「何等を名づけて煩悩種子と為すや。謂く、自体の上の差別功能にして煩悩より生じて能く煩悩を生ず」（『倶舎』19、大正29・99a）と説き、自体（一個人の色心）のなかに植えつけられた（熏習された）特殊な力（差別功能）とみなす。これに対して〈唯識〉は顕在的な煩悩によって阿頼耶識のなかに植えつけられたものとみなす。

煩悩習気 ぼんのうじっけ 煩悩の習気。煩悩を生じる潜在的力。煩悩習ともいう。「一切の煩悩の習気を皆な悉く永断して如来住に入る」「有漏の麁重を煩悩習と名づく。阿羅漢と独覚とは未だ能く断ぜざる。唯だ如来のみ能く究竟して断ず」

煩悩習 ぼんのうじゅう 煩悩習気とおなじ。→煩悩習気

煩悩所知障 ぼんのうしょちしょう 煩悩障と所知障。→各項参照

煩悩障 ぼんのうしょう ①三障（業障・煩悩障・異熟障）の一つ。煩悩という障害。強

く激しく長くつづく煩悩によって修行が妨げられ、さとりへの道において障害となることをいう。 Ⓢ kleśa-āvaraṇa
(出典) 云何煩悩障。謂、如有一、本性具足熾然貪瞋癡煩悩、由如此故、難生厭離、難可教誨、難可開悟、難得免離、難得解脱。(『婆沙』115、大正27・599b～c)：煩悩有二。一者数行、謂、恒起煩悩。二者猛利、謂、上品煩悩。応知、此中唯数行者、名煩悩障。如扇搋等。煩悩数行、難可伏除故、説為障。(『倶舎』17、大正29・92c)：煩悩障者、謂、猛利煩悩、長時煩悩、由此煩悩、於現法中、以其種種浄行所縁、不能令浄、是名煩悩障。(『瑜伽』29、大正30・446a)
②二障(煩悩障・所知障)の一つ。煩悩という障害。詳しくは所知障の項を参照。→所知障 Ⓢ kleśa-āvaraṇa

煩悩障浄智所行真実 ぼんのうしょうじょうちしょぎょうしんじつ 煩悩という障害がなくなった汚れなき智慧によって証せられる真実、すなわち四聖諦をいう。四種の真実の一つ。→四種真実
Ⓢ kleśa-āvaraṇa-viśuddhi-jñāna-gocaras tattvam
(出典) 云何煩悩障浄智所行真実。謂、一切声聞独覚、若無漏智、若能引無漏智、若無漏後得世間智所行境界、是名煩悩障浄智所行真実。由縁此為境、従煩悩障智得清浄、於当来世、無障礙住、是故説名煩悩障浄智所行真実。此復云何。謂、四聖諦。(『瑜伽』36、大正30・486c)

煩悩濁 ぼんのうじょく 煩悩による汚れ。人間のむさぼる心やいかる心などの煩悩が増大して詐欺・闘争などの悪行為が蔓延すること。人間の寿命が百歳以下になったとき出現する五つの汚れ(寿濁・劫濁・煩悩濁・見濁・煩悩濁)の一つ。 Ⓢ kleśa-kaṣāya
(参考)(『倶舎』12、大正29・64a)：(『瑜伽』44、大正30・538a)

煩悩雑染 ぼんのうぞうぜん 煩悩という汚れ。生きものを生死輪廻せしめる三つの力である三種の雑染(煩悩雑染・業雑染・生雑染)の一つ。十二支縁起の十二支のなか、無明・愛・取が煩悩雑染にふくまれる。→三雑染 →煩悩 Ⓢ kleśa-saṃkleśa
(参考)(『瑜伽』8、大正30・313a以下)：(『瑜伽』58、大正30・621a以下)

煩悩道 ぼんのうどう 煩悩によって業が生じ、煩悩と業とによって苦が結果するという、煩悩・業・苦の三つの範疇で生死輪廻する機構を解釈するなかで、十二支縁起をこれら三つに配分して、原因としての煩悩である無明・愛・取の三支を煩悩道という。
Ⓢ kleśa-vartman
(参考)(『瑜伽』10、大正30・325b)

煩悩魔 ぼんのうま 煩悩という悪魔。仏道修行を妨げるものを悪魔に喩えて魔という。蘊魔・煩悩魔・死魔・天魔の四種があるなか、三界(欲界・色界・無色界)のなかのすべての煩悩を悪魔に喩えて煩悩魔という。
Ⓢ kleśa-māra
(出典) 煩悩魔者、謂、三界中一切煩悩。(『瑜伽』29、大正30・447c)

煩悩欲 ぼんのうよく 二種の欲(事欲・煩悩欲)の一つ。事欲(世俗的な事柄や田畑や金銭などへの欲望・執着)によって生じるさまざまな煩悩。「已に正信を獲得し已って、便ち欲楽を生ず。事欲と及び煩悩欲とを断ぜんが為に、遂に能く居家の事欲を棄捨して正く出家を信じて非家に往趣す」
Ⓢ kleśa-kāma
(出典) 諸欲自性、略有二種。一者事欲、二者煩悩欲。(中略) 煩悩欲者、謂、於事欲、随逐愛味、依耽著識、発生種種妄分別貪。又於事欲、由煩悩欲、令心沈没成下劣性。(『瑜伽』19、大正30・387b～c)

ま

末伽 まが mārga の音写。道と意訳。
Ⓢ mārga
(出典) 末伽、言道。遊履義故。(『述記』1本、大正43・235c)

末伽始羅月 まがしらがつ 末伽始羅は mārga-śiras の音写。一年を構成する十二か

月のなかの一つ。秋の三月の一つ。
Ⓢ mārga-śiras
(参考)(『婆沙』136、大正 27・701c):(『西域記』2、大正 51・876a)

末陀 まだ ① madhya の音写。数の単位の一つ。十の八乗。 Ⓢ madhya
(参考)(『婆沙』177、大正 27・891a):(『倶舎』12、大正 29・63b)
② madya の音写。末陀酒ともいう。三種の酒(窣羅・迷麗耶・末陀)の一つ。窣羅酒と迷麗耶酒とが熟して酔わす力をもった酒。→酒 Ⓢ madya
(出典)如契経説。窣羅・迷麗耶・末陀放逸処、依何義説。醞食、成酒、名為窣羅。醞余物所成、名迷麗耶酒。即前二酒未熟、已壊、不能令酔、不名末陀。若令酔時、名末陀酒。(『倶舎』14、大正 29・77c)
③ mada の音写。憍と意訳。「憍は慢を自性と為す。末陀(mada)と磨那(māna)との声は相い近きが故に」

末陀酒 まだしゅ →末陀②

末底 まてい mati の音写。たとえば疑を意味する vimati を毘末底と音写する。「此の疑は慧を以って体と為す。猶予し簡択するを説いて疑と為すが故に、毘をもって末底を助けたる、是れ疑の義なるが故に、末底と般若とは義、異なることなきが故に」

末度迦 まどか mṛdvikā の音写。ブドウの木。甘い果実を生じる樹。「末度迦の種より末度迦の果が生じ、其の味は極美なり。賃婆の種より賃婆の果が生じ、其の味は極苦なり」 Ⓢ mṛdvikā

末度寒建陀神 まどかんけんだしん 民間信仰での天の神の一つ。この天は『婆沙論』では天趣ではなく鬼趣であるとされる。
Ⓢ madhuskanda
(参考)(『婆沙』172、大正 27・868c〜869a)

末那 まな ① manas の音写。意と意訳。「憍は意を自性と為す。末陀(mada)と末那(manas)との声は相い近きが故に」
②末那識の末那。→末那識

末那識 まなしき 〈唯識〉が説く八種の識の一つで、潜在的な自我執着心をいう。自我執着心(我執)は先天的なもの(倶生の我執)と後天的なもの(分別の我執)とに二分される。このなか、前者には八識のなかの意識による顕在的な我執と、末那識による潜在的な我執とがある。末那識が他の七識と相違する特徴は次の三つである。(ⅰ)恒審思量である。生死輪廻するかぎり、恒に審らかに(執拗に)阿頼耶識を対象としてそれを自我であると思量(思考)しつづけている心であること。意識による顕在的な我執には途切れることがあるという点と相違する。(ⅱ)阿頼耶識(潜在的な根本心)を対象とする。意識による顕在的な我執が顕在的もの、たとえば身体を対象としてそれを自己と執着するという点と相違する。(ⅲ)常に四煩悩(我癡・我見・我慢・我愛)と共に働く。汚れた心であることから染汚意あるいは染汚末那ともいわれる。
(出典)次第二能変、是識名末那。依彼転、縁彼、思量為性相、四煩悩常倶、謂、我癡・我見并我慢・我愛、及余触等倶。(『成論』4、大正 31・19b)

末尼 まに maṇi の音写。珍宝の一つ。末尼珠ともいう。→珍宝 Ⓢ maṇi

末尼師 まにし 末尼という宝石を加工する技師。 Ⓢ maṇi-kāra

末尼珠 まにじゅ 末尼とおなじ。→末尼「末尼珠は外に光明ありて内に光明なきが如く、初静慮の身も亦た復た是の如し。外に光明を放ち内には則ち爾らず」 Ⓢ maṇi

末尼珠宝 まにじゅほう 末尼珠(maṇi)という宝。珠宝・末尼宝・神珠宝ともいう。七宝の一つ。→七宝 Ⓢ maṇi-ratna

末尼宝 まにほう →末尼珠宝「是の如き等の類の諸の荘厳具は皆な種種の妙なる末尼宝を以って之を間飾す」 Ⓢ maṇi-ratna

末奴沙 まぬしゃ manuṣya の音写。五趣のなかの人趣、すなわち人間の呼び名。
Ⓢ manuṣya
(参考)(『婆沙』172、大正 27・867c)に、末奴沙とよばれるようになった由来について説かれている。

末囉羯多 まらかた marakata の音写。宝石の一種。エメラルド。遏湿摩掲婆(aśmagarbha 馬瑙)に属する宝石。「遏湿摩掲婆宝を挙げるは応に知るべし、即ち末囉羯多などの宝を挙げるなり」(『摂論釈・世』10、大正 31・377a)。 Ⓢ marakata

末蹀婆 まろうば mālava の音写。マーラバ国。中インドにあった国。マーラバ人。「礫迦・葉筏那・達刺陀・末蹀婆・佉沙・覩貨羅・博喝羅などの人、来りて会坐に在りて、各各、仏は独だ我が為に自国の音義を説くと謂う」(『婆沙』79、大正 27・410a)
Ⓢ mālava

莫醯 まけい 贍部洲にある五大河の一つ。(参考)(『婆沙』5、大正 27・21c)

莫醯伊湿伐羅 まけいいしゅばら mahā-īśvara の音写。大自在天のこと。→大自在天

莫呼洛伽 まこらか 牟呼洛伽とおなじ。→牟呼洛伽

麻 ま ごま。胡麻。「人ありて倉の内に麻・米・豆などの種種の雑物が充満するを観見す」 Ⓢ tila

麻子 まし ごまの実。「多く胡桃・麻子・苣藤などを食する時、熱風などを発することあり」

麻婆訶 まばか 容積の単位。「此の人の間の如き、佉梨が二十にして摩揭陀国の一麻婆訶の量を成ず」 Ⓢ tila-vāha

摩按触 まあんそく つかまれた感触。もまれた皮膚感覚。 Ⓢ parāmarśa-saṃsparśa

摩訶薩 まかさつ 摩訶薩埵とおなじ。菩薩を付して菩薩摩訶薩と表現されることが多い。→摩訶薩埵

摩訶薩埵 まかさった mahā-sattva の音写。摩訶薩とも音写する。偉大な人。さとり(菩提)を求める偉大な心を有した人。人びとを導く偉大な導師。菩薩の別名の一つ。「一切の菩薩には当に知るべし、復た是の如き等類の差別あることなき徳に随う仮名ありと。いわゆる名づけて菩提薩埵、摩訶薩埵と為す」 Ⓢ mahā-sattva

摩訶三末多 まかさんまた →大三末多王 →大等意

摩訶僧祇部 まかそうぎぶ 摩訶僧祇は mahā-sāṃghika の音写。大衆と意訳。大衆部のこと。→大衆部 Ⓢ mahā-sāṃghika

摩訶諾健那 まかだくけんな mahā-nagna の音写。強い力を有する神。原語 mahā-nagna の mahā(摩訶)は大きな、nagna は裸のという意味があることから大露形神と意訳される。力を有するものの一つとしてあげられる。「十十に象などの七の力を倍増す。謂く、凡象と香象と摩訶諾健那と鉢羅塞建提と伐浪伽と遮怖羅と那羅延となり。後後の力は前前に増すこと十倍なり」
Ⓢ mahā-nagna

(参考)(『倶舎』27、大正 29・140c)

摩訶鉢特摩 まかはどま mahā-padma の音写。大紅蓮華と意訳。八つの寒い地獄の一つ。厳しい寒さのために身が破裂したありようが大紅蓮華のようであることからこのように呼ばれる。→八寒那落迦

摩訶般若 まかはんにゃ ① mahā-prajñā の音写。大般若ともいう。(真如を証する)偉大なる智慧。「一真如の上の慧の本性を摩訶般若と名づけ、出纏の位の功満法の本を名づけて法身と曰う」 Ⓢ mahā-prajñā
②『摩訶般若経』の題目。

摩醯首羅 まけいしゅら mahā-īśvara の音写(旧訳)。大自在と意訳。→大自在天
(出典)旧言摩醯首羅、今応言莫醯伊湿伐羅、即大自在也。(『述記』7末、大正 43・498b)

摩触 まそく 四つの皮膚感覚(触)の一つ。こすることによって生じる触覚。「摩触・搦触・打触・揉触の四種の触あり」
Ⓢ sparśana-sparśa

摩咀刺多 またらた mātratā の音写。唯と意訳する。『成唯識論』の題目である vijñapti-mātratā-siddhi-śāstra のなかの mātratā の音写。「題目を釈するとは、梵に毘若底(識也)摩咀刺多(唯也)悉提(成也)奢薩呾羅(論也)と云う。応に識唯成論と云うべし。此を唐言に順ずれば成唯識論なり」(『枢要』上本、大正 43・608c)
Ⓢ mātratā

摩呾理迦 またりか mātṛkā の音写。摩怛理迦・摩怛履迦とも音写する。総じては、釈尊によって説かれた教え(法)の意味をさらに深く詳しく研究し解釈すること、あるいはそのように研究し解釈して説示されたものをいう。具体的には、十二分教のなかの論議、あるいは三蔵のなかの論蔵すなわち阿毘達磨をいう。原語 mātṛkā は母を意味する mātṛ に接尾語 kā を付けた女性名詞で、本母と意訳される。理を生み出す本を本母といい、釈尊の説いた教法をさらに詳しく研究し解釈した論蔵すなわち阿毘達磨は、理を生み出す本であるから本母といわれる。→本母
「論議とは、謂く、諸の経典を循環し研覈する摩呾理迦なり。(中略)是の如く契経などの十二分聖教は、若し諸法の体相を建立せざれば、即ち明了ならず。若し建立し已れば、即ち明了を得る。又た雑乱なくして法の相を

宣説す。是の故に即ち此の摩呾理迦を亦た阿毘達磨と名づく。又た即ち此の摩呾理迦に依って所余の諸経の義を解釈するものをも亦た論義と名づく」(『瑜伽』81、大正30・753b)。「此の所説の四種の契経に依って、当に契経の摩呾理迦を説くべし。如来の所説の契経を決択せんと欲するが為なり。譬えば本母なき字は義が明了ならざるが如く、是の如く本母に摂せざる経は、其の義は隠昧にして、義は明了ならず。此れと相違すれば義は即ち明了なり。是の故に説いて摩呾理迦と名づく」(『瑜伽』85、大正30・773a)

Ⓢ mātṛkā

(参考)(『瑜伽』25、大正30・419a)

摩怛理迦 またりか →摩呾理迦

摩怛履迦 またりか →摩呾理迦

摩尼跋達羅神 まにばつだっらしん 民間信仰での天の神の一つ。この天は『婆沙論』では天趣ではなく鬼趣であるとされる。

Ⓢ manivardhana

(参考)(『婆沙』172、大正27・868c〜869a)

摩搦 まにゃく こすること。「油を以って仏の肩背に塗り、種種に摩搦す」

摩納婆 まのうば →摩納縛迦

摩納縛迦 まのうばか mānavaka の音写。生命的存在(我)を示す名称の一つ。原語 mānava の解釈には二説ある。第一説は、摩納(māna)を高、縛迦(vaka)を下と捉え、他者に高慢な態度をとる、あるいは他者を卑下する人をいう。第二説は、全体で美しい少年を意味し、儒童と意訳する。摩納婆ともいう。 Ⓢ mānavaka

(出典)摩納縛迦、依止於意、而高下故。若総釈義、此名儒童。儒美好義、童少年義、美好少年、名儒童。論依別釈、摩納是高義、高慢他故。縛迦是下義、卑下他故。以依止意、或陵慢他、或卑下他、名摩納縛迦。(『枢要』上本、大正43・618c)

(参考)(『瑜伽』83、大正30・764b)

摩摩异多 ままいた mamāyita の音写。mama(自己の)という形容詞から派生した動詞(mamāyate: mamāyati)の過去分詞で、「愛する」「大事にする」の意味より、執着・渇愛・自負・自尊心などの意味をもつ語。「若し法にして欲界の阿頼耶の所蔵、摩摩异多の所執と為れば、欲界繫と名づけ、色無色界の阿頼耶の所蔵、摩摩异多の所執と為れば、色無色界繫と名づく。阿頼耶とは愛を謂い、摩摩异多とは見を謂う」(『婆沙』145、大正27・746c)。 Ⓢ mamāyita

摩羅 まら māra の音写。悪魔。魔とおなじ。→魔 Ⓢ māra

摩魯迦條 まろかじょう 摩魯迦の條。摩魯迦は mālukā の音写。ふじ(藤)や、かずら(葛)など、樹木に巻きついて、つる状をなすつる草。心を束縛する欲の喩えに用いられる。「貪恚ないし尋思と別に縛する諸欲あり。猶し世間で摩魯迦の條が林樹を纏繞するが如し」

(出典)摩魯迦條者、藤葛之類。此喩諸欲。旧云摩婁迦子。(『略纂』7、大正43・101b)

摩魯多 まろた mālutā の音写。樹木につる状に巻きつくつる草。「心は唯だ猶し摩魯多の如き愛より解脱す」 Ⓢ mālutā

磨 ま ①挽いて粉にすること。粉砕すること。「大麦や小麦などを磨く」「種種の物や石を磨いて末と為し、水を以って和合すれば団雑して生ず」 Ⓢ piṣ: niṣpiṣṭa

②みがくこと。→磨鏡

磨瑩 まえい みがいてかがやかすこと。瑩磨ともいう。「心を磨瑩す」

磨伽月 まががつ 磨祛月ともいう。磨伽・磨祛は maghā の音写。一年を構成する十二か月の一つ。冬の三月の一つ。 Ⓢ maghā

(参考)(『婆沙』136、大正27・701c):(『西域記』2、大正51・876a)

磨祛月 まきゃがつ →磨伽月

磨鏡 まきょう 鏡をみがくこと。心の汚れである煩悩を払拭することの喩えに用いられる。「聖道は、浣衣・磨鏡・錬金の如く、煩悩を対治す」

磨擣 まとう たたいて細かくすること。つき砕くこと。「等活棕落迦の中の諸の有情の身は種種の斫刺・磨擣を被むると雖も、彼れは暫く涼風の吹くところに遇って還って活きて本の如し」「穀麦などの物のあらゆる芽・茎・葉などの種子の如く、彼の物の中に於て磨擣し分析して異なる種子を求め了るに得べからざるなり」 Ⓢ saṃpiṣṭa

磨那 まな māna の音写。慢と意訳。→慢「憍は慢を自性と為す。末陀(mada)と磨那(māna)との声は相い近きが故に」

Ⓢ māna

磨滅 まめつ 粉々となって消滅すること。

「人身が昔は会し今は乖くを名づけて離散と為し、散じ已って変壊して最後に都て尽きるを名づけて磨滅と為す」 Ⓢ viśīrṇa

魔 ま māraの音写。魔羅とも音写。あくま。悪魔・魔王・天魔・悪天魔などの語のなかで使われる。総じて、人間に悪をなす存在をいう。たとえば四つの魔として蘊魔・煩悩魔・死魔・天魔が説かれる。「当に知るべし、諸の魔に略して四種あり、魔の所作事に無量の種ありと。観行を勤修する諸の瑜伽師は応に善く遍知し、当に正しく遠離すべし」「諸の悪なる魔羅が三つの槍を執持して生死の大海を撓攪し、彼の受生の諸の有情類をして随って迴転せしむ」 Ⓢ māra

魔王 まおう 悪魔、あるいは悪魔の王をいう。欲界の最高の場所（他化自在天にある魔宮）に住して欲界を支配する主。→魔「諸の菩薩は帝釈・魔王・輪王・自在などの果に依って布施を行ぜず」「魔王は無量の娑梨薬迦の諸の婆羅門・長者などの心を惑媚す」「他化自在天の処を過ぎて欲界中の魔王の都する所と衆の魔の宮殿とあり」
Ⓢ māra: māratva

魔怨 まおん 魔という怨。悪魔という怨敵。「如来が菩提座に坐すれば、一切の魔怨は悩触すること能わず」「畢竟して一切の魔怨を勝伏する大威力の故に説いて名づけて力と為す」 Ⓢ māra-pratyarthika

魔宮 まぐう 魔羅宮・魔羅天宮ともいう。悪魔・魔王が住む宮殿。欲界の第六天である他化自在天の高い場所にあるとされる。欲界の最高の場所。「魔宮は即ち他化天なり」「欲界と言うは、謂く、下は無間より上は他化を超えて魔羅宮に至るまでをいう」「摩羅天宮あり。即ち他化自在天の摂なり。然も処所は高勝なり」

魔軍 まぐん 悪魔の軍隊。人間をなやます煩悩の喩えに用いられる。たとえば、菩提樹下で坐る釈尊を誘惑するために来た魔軍を釈尊は降伏して無上正等菩提を得たとされる。「坦然と妙なる菩提座に安坐して、任運に一切の魔軍の大勢力を摧滅するが故に薄伽梵と言う」「難陀と難陀跋羅との姉妹二人は殊勝の思を起こして、持して乳糜を上げ、菩薩に奉施す。菩薩は食し已って即ち是の夜に於て魔軍を降伏して等正覚を成ず」
Ⓢ māra-anīka: māra-saṃgrāma

魔羂 まけん 悪魔のあみ。「若し世間道にて離欲する者は、魔の縛に縛せられて未だ魔羂を脱せず」 Ⓢ māra-pāśa

魔事 まじ 詳しくは衆魔事業・諸魔事業という。悪魔の働き・行為。四つの魔（蘊魔・煩悩魔・死魔・天魔）によって起こされるさまざまな障害。修行をさまたげる煩悩の働きに喩えられる。「励心と言うは、精進のあらゆる障処たる一切の煩悩と及び随煩悩との諸の魔事の中に於て頻頻に覚察して心を静息せしむるをいう」「是の如き等類の無量・無辺の諸魔の事業は一切は皆な是れ四魔の所作なり」「諸の相の中に於るあらゆる一切の心動・流散は皆な是れ衆魔の事業なり」
Ⓢ māra-karman
（参考）（『瑜伽』29、大正30・448a）に種々の魔事のありようが説かれている。

魔羅 まら māraの音写。魔とおなじ。→魔

魔羅天宮 まらてんぐう 魔羅が住む宮殿。魔宮とおなじ。→魔宮 Ⓢ māra-bhavana

毎 まい ごとに。つねに。「仏世尊は毎に自ら称して、我れは諸取を遍く知り永く断じたる正論の大師なりと言う」「昼日毎に黒駁狗が現れて其の肉を食す」

毎恒 まいこう つねに。いつも。「常に倶行の念が毎恒に現前す」 Ⓢ satata-samitam

毎常 まいじょう つねに。いつも。「彼の諸天は白黒月に於て毎常に、八日、若しくは十四日、若しくは十五日に善法堂に集まって世間の善悪の多少を称量す」

昧 まい にぶいこと。くらいこと。かすんでいること。明（paṭu）の対。「根の増と損とに随って、識は明と昧とになる」「夜分と昼分に、有雲と無雲に、衆の色像を観るに、明と昧と異なることあり」 Ⓢ manda

昧灯 まいとう くらくもえる火のひかり。明灯の対。「昧灯の体の如く、究竟地に到った菩薩の智の体も当に知るべし亦た爾なり。明灯の体の如く、如来の智の体も当に知るべし亦た爾なり」 Ⓢ aviśuddha-pradīpa

昧鈍 まいどん （働きや力が）にぶいこと、弱いこと。「女身の欲・勤・慧などは皆な昧鈍なり」「是の菩薩摩訶薩は亦た諸根が昧鈍にして甚だ明利ならず」 Ⓢ manda

昧法無明 まいほうむみょう 三種の無明（闇法無明・昧法無明・翳法無明）の一つ。

色界にある無明。
（参考）（『瑜伽』60、大正 30・637c）

昧略 まいりゃく 眠気によって身心がぼおっとしているさま。「睡眠とは心が極めて昧略なるを謂う」「眠とは睡眠を謂い、身をして自在ならずして昧略ならしむるを性と為す」 Ⓢ abhisaṃkṣepa

昧劣 まいれつ （働きや力が）にぶいこと、弱いこと、劣っていること。「結生の位の中には心身が昧劣なり」「諸の天子が将に命が終らんとする時、自身の光明が忽然として昧劣となる」「非想非非想天は無明が勝れたる想なるが故に非想の名を得、昧劣の想なるが故に非非想と名づく」「念は唯だ曽習の事を明記して転ずるが、阿頼耶識は昧劣にして明記すること能わざるが故に阿頼耶識は念と相応せず」 Ⓢ apaṭu-pracāratva: mandika: māndya: mṛdutva

埋 まい うめること。「大海中に大衆生ありて、岸に登りて卵を生み、砂の内に埋めて還って海の中に入る」 Ⓢ ava-ṣṭambh

膜 まく まく。ものの表面を覆う薄い物。「破とは諸の膜が破らるるを謂う」

末（まつ） →ま

末 まっ ①（牛の糞などの）粉末。（沐浴に使う）入浴剤。「火界とは、謂く、人間に於て鑽燧などや、牛糞の末などに依って以って其の火を求む」「細かい沐浴の末は、能く彼の出離に順ずる尋などに喩う」 Ⓢ cūrṇa ②（時間の）すえ、おわり。最終。→末劫 →末世 Ⓢ anta

末計 まっけ 付随的な主張。根本の主張（本計）に対する語。「本計には中有はなく、末計にはあり」

末劫 まっこう 末時・末世とおなじ。釈尊が入滅した後に正しい教えが衰退した時代。人びとの心が煩悩で濁りきった世。「或いは一類あり、正法が滅せんとするを観見せずと雖も、末劫・末世・末時に於て、諸の濁悪なる衆生の身心が十随煩悩に悩乱せらるるを見る」「或いは一類あり、末劫に発心すること得難きを見たる増上力によるが故に、大菩提に於て深く信解を生じ、斯に因って大菩提心を発起す」「彼の仏は亦た末劫に於て出世し、滅後、正法は亦た千年住す」 Ⓢ kali-yuga

末香 まっこう 粉末の香り。七種の香の一つ。「種種の熏香・末香・華鬘を以って供養す」 Ⓢ cūrṇa-gandha
（参考）（『瑜伽』3、大正 30・293b）

末時 まつじ 末世・末劫とおなじ。→末劫 Ⓢ anta-kāla

末宗 まっしゅう 分裂したあとの宗派。本宗（もともとの宗派）の対。→本宗②「末宗の異義は其の類無辺なり」

末障 まっしょう 我執と法執という重い障害に比べてその他の軽い障害をいう。「但だ二執を説いて名づけて重障と為す。我法執の余の末障は皆な軽きが故に」

末世 まっせ 末時・末劫とおなじ。→末劫 Ⓢ anta-yuga

末法 まっぽう 釈尊がなくなった後に展開する三つの時代（正法・像法・末法）のなかの第三の時代。教（教え）と行（教えに随う修行）と証（さとり）との三つのなか、教のみが存在し、行と証とが存在しない時代をいう。→三時④
（出典）仏滅度後、法有三時。謂、正・像・末。具教行証三、名為正法、但有教行、名為像法、有教無余、名為末法。（『義林章』6、大正 45・344b）

末摩 まつま marman の音写。身体の致命的な部分で、それを断じると死に至るといわれる支節をいう。死穴・死節ともいう。Ⓢ marman
（出典）漸命終者、臨命終時、多為断末摩、苦受所逼。無有別物名為末摩。然於身中有異支節、触便致死。是謂末摩。（『倶舎』10、大正 29・56b）：末摩者、此名死穴、亦云死節。或云有六十四処、或百二十処。外縁逼迫置死。（『略纂』1、大正 43・8b）

沫 まつ あわ。つば。「若し上品の不善業を作す者は、将に命終せんとする時は、斯の変怪の相を見る故に、汗を流し、毛竪ち、虚空を捫摸し、睛を翻し、沫を咀う」 Ⓢ phena

万 まん 数の単位の一つ。十の四乗。原語 prabheda を鉢羅薜陀と音写する。Ⓢ prabheda
（参考）（『婆沙』177、大正 27・891a）：（『倶舎』12、大正 29・63b）

曼陀枳尼 まんだきに 漫陀吉尼とおなじ。→漫陀吉尼

曼陀羅華 まんだらけ 曼陀羅の華。曼陀羅は mandāraka の音写。天にある美しい花。

「彼の諸天のあらゆる地界は平正にして掌の如くして竟に高下なく、一切時に於て自然に曼陀羅華ありて其の上に遍布す」
Ⓢ mandāraka-puṣpa

曼荼羅 まんだら maṇḍala の音写。清浄な場所を区画し、尊像や仏・菩薩を象徴する物を安置するために築かれた土の円形あるいは方形の壇。中国・日本では木材で壇を作る。また尊像を円形・方形のなかに描いた図。「或いは将に食の時に見道に入らんとするものあり。施主は食を其の膝の上に置く、或いは復た曼荼羅の中に安置す」
Ⓢ maṇḍala

満 まん ①満ちること。完成する、成就すること。「世尊の自利の徳の満ちたることを讃ず」「是の如く善法種子があるに由り、及び、数数、諸の善法を修習するが故に正加行が満つ」「願を満たす」「三種の満に由って学の満と名づく」 Ⓢ niṣṭhā: niṣpanna: paripūri: paripūrṇa: saṃpad
②みちている、充満しているさま。みたすこと。「清浄なる資具とは吉祥草や満ちた瓮などの事を謂う」「瓮を満たす」
Ⓢ ākīrṇa: pūrṇa
③ある期間が終わること。「第一劫が満つるときに逢事するところの仏を名づけて宝髻と為す」 Ⓢ samāpta
④完全に。すべて。「寿量が満に尽きるが故に死するを時死と名づく」 Ⓢ paripūrṇam

満月 まんがつ まるい月。まるい形のものの喩えに用いられる。「西牛貨洲は円にして満月の如し」「瞿陀尼人の面は満月の如し」
Ⓢ pūrṇa-candra

満業 まんごう 二種の業（引業・満業）の一つ。ある結果（果）を生じる行為（業）のなか、総体的に果を生じる業を引業といい、生じた果をさらに内容づける業を満業という。たとえば、画家が絵を描く場合、デッサンをすることが引業であり、それに色彩を施すことが満業である。〈唯識〉の説では、前世の業によって今世に生を受けるとき、今世に果報として生じた阿頼耶識、たとえば人間としての阿頼耶識は総体的なありかたを担ったものであるから総報といい、異熟の本体であるから真異熟という。これに対して、賢・愚、美・醜などのありようは個別的な果報であるから別報といい、真異熟からみれば二次的なものであるから異熟生という。前世の業のなか、阿頼耶識（総報・真異熟）を生じる業を引業、六識（別報・異熟生）を生じる業を満業という。引業を招引業、満業を円満業ともいう。→円満業
（参考）（『婆沙』19、大正 27・98a）:（『成論』2、大正 31・7c）

満清浄者 まんしょうじょうしゃ 満に清浄なる者。唯識性（唯識という真理。真如）を完全にさとりおえた者、すなわち、如来をいう。その一部をさとった菩薩を分清浄者というのに対する。「唯識性において満に分に清浄なる者を稽首す。我れ今、彼の説を釈し、諸の有情を利楽せしむ」「如来の智は周く、徳は円にして真如性を窮む。故に称して満と為す。如来の唯識の理を証するは究竟し円極なるを満浄者と名づく。師弟の悟証の不同を顕さんと欲するが故に唯識に於て満と分との浄を説く」
（参考）（『成論』1、大正 31・1a）:（『述記』1 本、大正 43・232c）

満数 まんす 入る息・出る息を念じる持息念における数の数え方の一つ。一から十まで数えること。
（出典）満数者、謂、従一数至十。（『婆沙』26、大正 27・134c）

満足 まんぞく ①満たすこと。充足すること。成就すること。完全にととのうこと。「己に恩ある諸の有情の所に於て善く恩を知るが故に、能に随い、力に随って如法に其の意望を満足せしむ」「本願が満足す」
Ⓢ pari-**pṛ**: paripūri
②完全な。全部の。「四大王衆天の満足な寿量は、是れ等活大那落迦の一日一夜なり」
Ⓢ kṛtsna

満分 まんぶん 全部。すべて。「若し近事律儀の一を受すれば一分と名づけ、二を受すれば少分と名づけ、三を受け四を受ければ多分を名づけ、具に五を受すれば満分と名づく」

慢 まん 家柄・才能・財産などに関して自己より劣っている他者に対して自己は彼れより勝れているとおごる心。あるいは自己と等しい他者に対して彼れと等しいと思う心。七慢の一つ。→七慢 Ⓢ māna
（出典）於他下劣、謂己為勝、或復於等、謂己為等、令心高挙故、名為慢。（『瑜伽』89、

大正 30・802b）：慢者、謂、於下劣、計己為勝、或於不相似、計己相似、心挙為性。（『集論』4、大正 31・676c）：云何為慢。恃己於他、高挙為性。能障不慢、生苦為業。（『成論』6、大正 31・31b）

慢過慢 まんかまん 家柄・才能・財産などに関して自己より勝れた他者に対して自己は彼れより勝れているとおごる心。七慢の一つ。→七慢 Ⓢ māna-atimāna
（出典）於勝、謂勝、令心高挙、名慢過慢。（『瑜伽』89、大正 30・802c）：慢過慢者、謂、於勝己、計己為勝、心挙為性。（『集論』4、大正 31・676c）

慢緩 まんかん だらけてたるんでいること。活気がないこと。怠けていること。「身業が慢緩にして語業も慢緩なり」「諸の学処に於て極めて慢緩を生ず」
Ⓢ śithila: śaithilika: ślatha
（出典）云何慢緩。謂、不捷利亦不明了、不自起挙、無所能為。不能以身供侍有智同梵行者。（『瑜伽』62、大正 30・644c）

慢行 まんぎょう →慢行補特伽羅

慢行者 まんぎょうしゃ →慢行補特伽羅

慢行補特伽羅 まんぎょうふとがら 慢（おごり）のつよい人。性格の相違による七種の病的なタイプ（貪行・瞋行・癡行・慢行・尋思行・等分行・薄塵行）の人の一つ。慢行・慢行者・慢増上補特伽羅とおなじ。
Ⓢ māna-caritaḥ pudgalaḥ
（参考）（『瑜伽』26、大正 30・426a）：（『瑜伽』26、大正 30・424b）：（『雑集論』13、大正 31・753a）

慢結 まんけつ 有情を繋縛して三界において生死流転せしめる五つ、あるいは九つの煩悩（五結・九結）の一つ。七慢をいう。→七慢 Ⓢ māna-saṃyojana
（出典）慢結者、即七慢。（『集論』4、大正 31・676c）

慢上静慮者 まんじょうじょうりょしゃ 四種の静慮者（愛上静慮者・見上静慮者・慢上静慮者・疑上静慮者）の一人。慢心が強い静慮者。長老たちが静慮に入ったと聞いて自己も入ることができるという慢心を起こして静慮に入る人。
（参考）（『瑜伽』12、大正 30、335b）

慢随眠 まんずいめん 七種の随眠の一つ。→慢 →七随眠 Ⓢ māna-anuśaya

慢増上補特伽羅 まんぞうじょうふとがら →慢行補特伽羅

漫陀吉尼 まんだきに mandākinī の音写。曼陀枳尼とも音写。スメール山の近くにある金からなる大きな崖のなかにあり、五百の小池を伴った大きな池。 Ⓢ mandākinī
（出典）復有大池、名漫陀吉尼。五百小池以為眷属。善住大龍、与五百牝象、前後囲繞、遊戯其池。随欲変現、便入此池、採蓮花根、以供所食。（『瑜伽』2、大正 30・287b）

蔓莚 まんえん （火災が）ひろがること。「災火が蔓莚す」 Ⓢ saṃpratāpita

鬘 まん 花冠。花環。首飾り。身を飾る道具の一つ。「耳環・指環・腕釧・金銀・鬘などの妙なる荘厳具」「上妙な珍宝や香や鬘の供養具を以って仏法僧に於て供養す」
Ⓢ mālā: mālya

み

未 み 未来の略。→未来「三際と言うは、一に前際、二に後際、三に中際なり。即ち是れ、過と未と及び現との三つの生なり」
Ⓢ anāgata

未至 みし 未至定の略。→未至定
Ⓢ anāgamya

未至位 みしい 未至定の段階をいう。→未至定「此の三摩地を得るは、当に知るべし即ち是れ初静慮の近分定を得る未至位の所摂なり」

未至依定 みしえじょう 未至定とおなじ。→未至定「若し根本の第一・第二・第三の静慮を得れば、彼れは定んで已に初静慮の近分たる未至依定を得る」

未至際 みしざい 三つの際（未至際・至際・至已際）の一つ。際とは時のことで、いまだ来ていない時、すなわち未来を未至際という。→三際

未至地 みしじ　未至定の段階。→未至定「初静慮の中には三十七菩提分法を具す。未至地に於ては喜覚支を除く」 Ⓢ anāgamya-bhūmi

未至定 みしじょう　いまだ根本定に至っていない定。色界の四禅定（静慮）の初禅定に入るための前段階の定。色界の四禅定と無色界の四天との八つの根本定に入るための八つの入門的定を近分定というが、そのなかで初禅定の近分定を特に未至定と呼ぶ。未至依定ともいう。未至と略称。未至位・未至・未至道とおなじ。「一切の異生に復た九依ありて能く諸漏を尽す。何等を九と為す。謂く、未至定と初静慮と静慮中間と余の三静慮と及び三無色となり」「此の四善根は皆な六地に依る。謂く、四静慮と未至と中間となり」「未至及び初静慮に依って正性離生に入る」
Ⓢ anāgamya-dhyāna

未至道 みしどう　未至定とおなじ。→未至定「無漏の未至道は能く一切地の染を離る」 Ⓢ anāgamya

未生無 みしょうむ　①無法、すなわち五つの存在しないもの（未生無・已滅無・互相無・勝義無・畢竟無）の一つ。いまだ生じていないから存在しないもの。未来の存在をいう。
（参考）（『瑜伽』16、大正 30・362c）
②ヴァイシェーシカ派（勝論）の説く五種の無（未生無・已滅無・更互無・不会無・畢竟無）の一つ。いまだ生じていないから存在しないもの。
（参考）（『述記』1 末、大正 43・256c）

未曽 みぞう　いまだかつてなかったこと。あることを過去に経験あるいは実践しなかったこと。先例がないこと。「彼れは本性として猛利な貪に由るが故に、未だ曽て貪の対治を串習せず」「分別して我を作者と為し、我を受者と為すは、譬えば衆多の生盲の士夫が未だ曽て見ざる象の鼻に触れて犁柄の如し、其の牙に触れて杵の如し、其の耳に触れて箕の如しと言うが如し」 Ⓢ apūrva

未曽有 みぞうう　いまだかつて存在しなかったこと。「世尊は未曽有の妙なる正法輪を転ず」「能く化心を以って其の所欲に随って種種の未曽有の事を造作す。故に能化神境智通と名づく」 Ⓢ apūrva

未曽得 みぞうとく　いまだかつて得なかったこと。あることを過去に獲得しなかったこと。「未曽得の定を修習することを顕さんが為の故に、世尊は初静慮の前に方便道を説く」「若し此の法に住する時、無始の時よりこのかた、聖道門の閉されたるが、今、創めて能く開き、未曽捨の諸の異生性を捨てて、未曽得の聖道を得る」 Ⓢ apratilabdhatva

未知当知根 みちとうちこん　未知欲知根ともいう。根とはあるものを生み出す勝れた力を有するものをいい、全部で二十二の根がある。これらのなか、四諦の理を知る無漏（煩悩の汚れがない）の根をまとめて三無漏根（未知当知根・已知根・具知根）といい、そのなかの一つが未知当知根である。いまだかつて知らなかった四諦の理をまさに全部知ろうと欲する見道における力をいう。
Ⓢ anājñātam ājñāsyāmi-indriyam
（参考）（『倶舎』3、大正 29・15a）：（『集論』5、大正 31・685b）

未知欲知根 みちよくちこん　未知当知根とおなじ。→未知当知根

未度天 みどてん　外道が説く天の一つ。未度の原語の mitrā とは女神である apsaras の呼び名の一つで、人びと（農夫）の血族姻族の母を指す。『婆沙論』に「農夫などの如きは秋に多く実を収むれば、私多（sītā。lakṣmī を指す。実りの女神）・未度天などの所与なりと言う」（『婆沙』9、大正 27・41a～b）と説かれているが、これは悪友に接することによって、農夫が秋の豊作を lakṣmī や apsaras のおかげであると誤認する見解、すなわち非因を因とする外道のまちがった見解であると否定されている。
Ⓢ mitrā
（参考）（『婆沙』9、大正 27・41a～b）

未登地菩薩 みとうじぼさつ　いまだ十地の段階に登っていない菩薩。真理をさとった聖者ではない菩薩。見道以前の資糧道と加行道とで修行する菩薩。「諸の如来は成事智に由って無量の随類の化身を変現し、浄穢土に居して、未登地の諸の菩薩衆と二乗と異生との為に彼の機宜に称って通を現じ法を説く」

未得 みとく　いまだ得ないこと。いまだ獲得していないもの。「未得の妙衣などに於て多く希求するを大欲と名づく」「未来は法の自相を未得なり」「未得と已失とは応に永く生ぜざるべし」「得に二種あり。一には未

得と已失とを、今、獲ること。二には得已って失わず成就すること」
Ⓢ apratilabdha: aprāpaṇa: aprāpta: alabdha: alābha: alābhin: asaṃprāptatva

未与果 みよか （業あるいは種子が）いまだ結果を与えず、結果を生じていないこと。「若し一切の種子を略説すれば、当に知るべし、九種ありと。一には已与果、二には未与果なり」「未与果の業」 Ⓢ adatta-phala

未来 みらい 三種の時（過去・現在・未来）の一つ。いまだ来ていない時。あるいは、次の生の世をいう。未来世・来世のこと。三世の一つ。種類としては、刹那未来・一生未来・成劫未来・現行未来・応得未来の五種が説かれる（『瑜伽』66、大正 30・667b）。→三世 Ⓢ anāgata
（出典）若未已生、名未来。（『倶舎』1、大正 29・4c）：云何建立三世。（中略）有因、未生相、是未来。（『瑜伽』3、大正 30・291c）：若有諸業、非是已作已増已滅、亦非正作、而是当作、名為未来。（『瑜伽』49、大正 30・569b）
（参考）（『集論』2、大正 31・669a）

未来業 みらいごう →三業⑨
Ⓢ anāgataṃ karma

未来死 みらいし 未来に死ぬこと。五種の死の一つ。→死①

未来世 みらいせ 未来の世。来世・後世ともいう。→未来「後際に於て是の如き疑を生ず。我れは未来世に於て当有と為すや、非有と為すや」「阿頼耶を喜ぶとは、未来世の当生の阿頼耶識を喜ぶをいう」 Ⓢ anāgata: anāgata-adhvan

未離繋集 みりけじゅう 三種の集諦（習気集・等起集・未離繋集）の一つ。いまだ障を離れていない真如をいう。
（参考）（『成論』8、大正 31・47b）

未離欲 みりよく いまだ欲を離れていない人。二種の有学（未離欲・已離欲）の一つ。未離欲者・未離欲染・未離欲染者ともいう。離欲・已離欲の対。「学に二種あり。謂く、欲界に於て、或いは未離欲と、或いは已離欲となり」「掉動・軽転・嬉戯・歌笑などの事を以って未離欲なりと比知し、諸の威儀の恒常に寂静なるを以って離欲なりと比知す」「未離欲者は諸の煩悩品のあらゆる麁重が自身を随縛す」 Ⓢ avīta-rāga: sa-rāga

未離欲染 みりよくぜん →未離欲

未離欲染者 みりよくぜんしゃ →未離欲

未了義 みりょうぎ ①いまだ理解していない意味。「此の中、聞慧に由るが故に未了義に於て能く正しく解了し、思慧に由るが故に未善決定の義に於て能く善く思惟し、修慧に由るが故に諸の煩悩を断ず」
②説き示す教義を明了に述べていないこと。「世尊は初め、一時に於て婆羅痆斯の仙人堕処の施鹿林中に在りて、唯だ声聞乗の発趣する者の為に四諦の相を以って正法輪を転ずるに、彼の時に於て転ずるところの法輪は有上・有容にして是れ未了義なり」

味 み ①あじ。舌という感覚器官（舌根）の対象。五境（色・声・香・味・触）の一つ。「舌を以って嘗めて、屢、疾苦を招く可きが故に名づけて味と為す」（『瑜伽』3、大正 30・294a）。 Ⓢ rasa
（参考）種類。（ⅰ）四種。大麦味・粳稲味・小麦味・下穀味。（『瑜伽』3、大正 30・293b）。（ⅱ）五種。酒飲味・非酒飲味・蔬菜味・林果味・所食味。（『瑜伽』3、大正 30・293b）。（ⅲ）六種。甘・酢・鹹・辛・苦・淡。（『婆沙』13、大正 27・64c）。（『倶舎』1、大正 29・2c）では甘・醋・鹹・辛・苦・淡。（『瑜伽』1、大正 30・279c〜280a）では苦・酢・辛・甘・鹹・淡。（ⅳ）七種。酥味・油味・蜜味・甘蔗変味・乳酪味・鹽味・肉味。（『瑜伽』3、大正 30・293b）。（ⅴ）八種。倶生味・非倶生味・恒続味・非恒続味・雑味・純味・猛味・非猛味。（『瑜伽』3、大正 30・293b）。（ⅵ）十種。可嚼味・可噉味・可嘗味・可飲味・可吮味・可爆乾味・充足味・休愈味・盪滌味・常習味。（『瑜伽』3、大正 30・293b）。
②味わい貪ること。貪味・愛味とおなじ。たとえば、静慮・等至を味わい貪ることを味静慮・味等至という。「若し諸の菩薩が菩薩浄戒律儀に安住して、静慮に貪味し静慮を味わうことに於て見て功徳と為せば、是れを有犯有所違越と名づく」 Ⓢ āsvāda

味界 みかい 全存在を十八の種類に分ける分類法（十八界）のなかの一つ。舌の対象である味のグループ。→十八界
Ⓢ rasa-dhātu

味著 みじゃく 貪り執着すること。とくに定まった心（等至）の心境にひたってそれに

執着するさまをいう場合が多い。「修定者は沈掉及び味著を発起するが故に静定より退失す」「等至に味著す」「食に於て味著を生ず」
Ⓢ ā-**svad**: āsvāda: āsvādana: **ram**

味著等至 みじゃくとうし →味定

味処 みしょ 十二処（存在の十二の領域）の一つ。舌の器官（舌根）の対象。 Ⓢ rasa-āyatana

味定 みじょう 味わい貪るこころをともなった定。四静慮と下の三無色定と非想非非想定（有頂定）とにある定。味静慮・味等至・味著等至・味相応静慮・愛味相応定・愛味相応静慮とおなじ。
Ⓢ āsvādanā-samāpatti: dhyāna-āsvāda

味静慮 みじょうりょ →味定

味相応静慮 みそうおうじょうりょ →味定

味等至 みとうし →味定

弥 み ①ますます。いよいよ。「菩薩は是の如き巧慧方便をもって自ら生ずるところの福が、弥、更に弘多となる」
②あまねく。「広大な河ありて沸熱の灰水が其の中に弥く満つ」

弥沙塞 みしゃさい 小乗二十部の一つである化地部の原語 mahīśāsaka の音写。→小乗二十部「随眠は心心所と異なり、是れは不相応行蘊の所摂なりとは、此れは是れ大衆と弥沙塞との計なり」 Ⓢ mahīśāsaka
（参考）（『述記』2 末、大正 43・289a）

眉 み まゆ。「諸の受欲者は必ず安繕那などを以って先ず眉と眼とを荘厳し、次に耳輪などを以って其の耳を荘厳す」 Ⓢ bhrū

眉間白毫相 みけんびゃくごうそう 偉大な人間に具わる三十二種の身体的特徴の一つ。→三十二大丈夫相

眉面 みめん 顔つき。容貌。「忿怒を生じて眉面は顰蹙し、恒に舒顔せずして下視す」
Ⓢ mukha-varṇa

美 み ①うつくしいこと。魅力的であること。「軟かく美しい言を以って共に談論を興す」「美しい言を以って諸法を宣説す」
Ⓢ madhura: mādhurya
②美味。おいしい味。「世間に於て火が煮炙するところの分位の差別を観て、美しく熟する因と為すが如し」 Ⓢ svādu

美顔 みげん うつくしい顔。女が男を魅惑して縛る八つのありようのなかの一つ。美容ともいう。「舞・歌・笑・睇・美顔・妙触・祇奉・成礼の八処所に由って女は男を縛る」

美好 みこう ①（容貌が）うつくしいこと。「美好の少年を名づけて儒童と曰う」
②（味が）おいしいこと。「諸の天衆は恒に種種の美好の味を嘗める」 Ⓢ svādu

美滑 みこつ （言葉が）うつくしく、なめらかであること。「名語に擾動なく、文句が美滑なるが故に悦耳と名づく」
Ⓢ madhura-ślakṣṇa

美言 みごん うつくしい言葉。「美言を以って諸法を宣説す」

美色 みしき うつくしく魅力的な肉体。「正念に住せずして聚落を遊行し、少年、可愛の美色の諸の母邑を見れば、身心焼悩す」「此の中に於て青瘀想を初と為し、膖脹想を後と為して、美色への貪を対治す」
Ⓢ rañjanīya: varṇa

美色貪 みしきとん うつくしい肉体へのむさぼり。→顕色貪

美睡眠 みすいめん 心地よい睡眠。「無加行・無分別の心に住する時、美睡眠に覆蓋せるることなし」 Ⓢ madhukara-middha

美膳 みぜん おいしい食事。「任持離欲とは、飽食し已って諸の美膳に於て厭背性を生ずるを謂う」

美団 みだん 砂糖からできたおいしい菓子。「多く蝿が附くを懼れて美団を食べず」
Ⓢ modaka

美毒 みどく 食べるときはおいしいが、消化されると毒となる食べ物。「消化の時に損し、初めて食する時は益することあり、美毒の如し」

美女 みにょ うつくしい女性。「十二那庾多の諸天の美女が恒に囲遶し、常に六万の音楽あり」

美味 みみ おいしい味。「段食に於て美味に貪著す」 Ⓢ rasa

美妙 みみょう 総じて、うつくしく妙なるさまをいう。種々の事柄にかかる形容語。かかる事柄によって分類すると次のようになる。（i）（言葉）：「美妙な言」「美妙（pratirūpa）な名句文身」「美妙（madhura）な言詞」「文句が可味なるが故に美妙（valgu）と名づく」「美妙な言説」「美妙な言辞」「美妙な語とは其の声が清美にして羯羅頻迦の音の如くなるが故に」。（ii）（もの

・対象）:「現前に会遇する衆多の美妙（rañjanīya）な上品の境の中において微劣な貪を起こす」。（iii）（食べ物や味や香）:「美妙な飲食」「美妙な味」「王の為に其の色が鮮潔で香気が美妙なる諸の飲食を造る」。（iv）（容貌や肉体）:「母邑・幼少・盛年の美妙（rañjanīya）な形色」「好色とは美妙な顕色を謂う」。（v）（心のありよう・境界）:「非想非非想天は寂静にして美妙（praṇīta）なり」「涅槃は極めて寂静にして極めて美妙なり」

美容 みよう　うつくしい容貌。女が男を魅惑して縛る八つのありようのなかの一つ。美顔ともいう。「歌・舞・笑・睇・美容・進止・妙触・就礼の八処に由って女は男を縛す」

美麗 みれい　（容貌が）うつくしいこと。醜陋の対。「若し不善業を以って眷属と為す者は形色が醜陋なり。不善は善美麗の力を伏するが故なり。若し善業を以って眷属と為す者は形色が妙好なり。善業は彼の美麗の力を増すが故なり」

微 み　①かすかな、こまかい、よわい、ちいさい、などのありよう、あるいはそのようなものをいう。「微なる苦に触れると雖も、能く増上の厭離を発生す」「能く微なる義を思う」「欲界の下下品の貪瞋癡を微と倶行する不善根と名づく」
Ⓢ aṇu: tanu: pratanu: manda: sūkṣma
②物質の微小な単位。長さの単位の一つ。極微の七倍が一微。 Ⓢ aṇu
（参考）（『倶舎』12、大正 29・62b）

微細 みさい　微細と訳される原語 sūkṣma は、さまざまな事柄を表す、あるいは形容する語で、小さい、ささいな、せんさいな、かすかな、わずかな、するどい、などの意味がある。事柄別に分類すると次のようになる。（i）感覚・知覚の対象になるものについての微細。感覚・知覚されにくいありようをいう。「微細な声」「微細な津味」「微細な風」「微細な相とは極微の相を謂う」「甚深・微細にして了じ難き諸の有情の苦を縁じて境と為して生ずるが故に悲を大悲と名づく」。（ii）食べ物についての微細。「微細な段食」。（iii）煩悩的な心のありようについての微細。「微細な愛」「微細な我慢」「微細な執著」「微細な随眠」。（iv）心の働きについての微細。「微細な心」「微細な意識」「微細な意楽」「微細な尋思」「微細な智」「微細な想」。（v）罪や過失などについての微細。「微細な罪」「微細な誤犯」「微細な犯戒」「微細な毀犯」
Ⓢ sūkṣma

微細随眠 みさいずいめん　十地のなかの第八地以上において末那識と相応する所知障の随眠をいう。三種の随眠（害伴随眠・羸劣随眠・微細随眠）の一つ。→随眠②
（参考）（『解深』4、大正 16・707c）:（『義林章』1、大正 45・263c）

微細智 みさいち　毘鉢舎那（ありのままに観察する心）にそなわる三つの智（速疾智・決定智・微細智）の一つ。存在の最深層（甚深境）を観察する智。速疾智と決定智との後に起こす智。
（出典）毘鉢舎那有三徳。一速疾智、二決定智、三微細智。（中略）又、須生微細智、達甚深境。（『了義灯』1 末、大正 43・669b～c）

微細煩悩現行障 みさいぼんのうげんぎょうしょう　第六意識と共に働く有身見（自己は存在するとみる見解）などの障害。所知障（知るべきものである真如を知ることをさまたげる障害）のなかで倶生（先天的にそなわっている）の障害の一部。十重障の一つ。この障を十地の第四地で断じて無摂受真如を証する。→十重障
（出典）四微細煩悩現行障、謂、所知障中倶生一分、第六識倶身見等摂最下品故、不作意縁故、遠随現行故、説名微細。彼障四地菩提分法、入四地時、便能永断。（『成論』9、大正 31・53a）

微弱 みじゃく　（力や働きが）よわいこと。「一切の化生は其の身が微弱にして阿耨多羅三藐三菩提の重担を荷負すること能わず」「宿世に於て信などの善法を修習せざるが故に現法の中に於ても信などは微弱なり」

微聚 みじゅ　極微の集まり。いくつかの原子（極微）から構成された最小単位の物質。 Ⓢ parama-aṇu
（出典）色聚極細、立微聚名。（『倶舎』4、大正 29・18b）

微小 みしょう　極めて小さいこと。少ないこと。わずかなこと。「微小の罪に於て大怖畏を見る」「非聖財から生ずる楽は微小にして、聖財から生ずる楽は広大なり」「種姓に

住せず、涅槃法なき補特伽羅は、微小の発心をも獲得すること能わず」
Ⓢ aṇu-mātra: parītta: mātra

微塵 みじん →微量

微薄 みはく わずかなこと。かすかなこと。少ないこと。「彼れは性として塵垢が微薄で、煩悩が羸劣なり。諸の纏を起こすと雖も長時に相続久住せず」「諸の衆生に於て悲心が微薄なり」 Ⓢ tanu: tanu-tara: manda

微昧 みまい ①おろかであること。「諸の菩薩は倶生の慧を成じ、能く一切の明処の境界に入り、性として頑鈍ならず、性として微昧ならず、性として愚癡ならず」 Ⓢ manda
②（働きが）よわいこと。「慧は唯だ徳・失・倶非の事を簡択して転ずれども、阿頼耶識は微昧にして簡択すること能わず」
③（光が）よわくかすかであること。「諸天の身の光は赫奕とし昼夜に恒に身を照らし影あることなきに、将に命が終らんとする時には身の光は微昧となる」

微微心 みみしん きわめてこまかく微細に働く心。滅尽定に入る直前の心。「微微なる心の後に此の滅尽定が現前す。前は想心に対して已に微細と名づけ、此れは更に微細なるが故に微微と曰う。是の如き心に次いで滅尽定に入る」

微妙 みみょう 微妙と訳される原語を原語別に分けて、その使用例をあげると次のようになる。（i）sat：真実にして正しいこと。教え（法）にかかる形容句。「微妙の正法」「無上の菩提を現等覚して、能く無量・無辺の有情の為に等しく無比にして微妙の法の雨を雨す」。（ii）valgu：（声が）美しく魅力的であること。「仏菩薩が説くところの化語は円上にして微妙なり」。（iii）surabhi：（香が）芳しいこと。「彼の諸天の衆は常に種種の可意の色を見、常に種種の微妙な香を嗅ぐ」。（iv）sūkṣma：（智慧が）こまかく鋭いこと。「微妙な慧を以って四聖諦に於て能く正しく悟入す」。（v）śreṣṭha：（業が）最もすぐれていること。「劫初を感ずる業が第一最勝にして微妙なり」。（vi）praṇīta：（楽が、あるいは貪愛を断じつくした状態が）最もすぐれていること。「人趣の中で転輪王の楽が最勝にして微妙なり」「能く衆苦を生ずる貪愛を余すことなく断ずれば、即ち是れは畢竟して寂静にして微妙なり」

微量 みりょう 七つの原子（極微）から構成され、眼（天眼・転輪王眼・住後有菩薩眼）がとらえうる最小の物。微塵ともいう。
Ⓢ aṇu
（出典）極微是最細色。（中略）此七極微成一微塵、是眼・眼識所取色中最微細者。此唯三種眼見、一天眼、二転輪王眼、三住後有菩薩眼。（『婆沙』136、大正 27・702a）：七極微、為一微量。（『倶舎』12、大正 29・62b）

微劣 みれつ よわいこと。かすかなこと。おとっていること。「若し菩薩ありて其の慧が微劣ならば、説法師に於て心に嫌鄙を生じ、其より正法を聴聞することを欲せず」「軟根の補特伽羅は、所知事である所縁の境界に於て、あらゆる諸根が極遅に運転し、微劣に運転す」「慢行者の慈悲は微劣なり」
Ⓢ parītta: manda: mṛdu: sūkṣma

獼猴 みこう さる。大さる。尾長ザル「既に成仏し已れば下は傍生に至るまで亦た来りて供養す。彼の獼猴が清浄なる蜜を献ぜしに、世尊は哀受して歓喜し舞躍せり」

密意 （みつい）→みっち

密義意趣 みつぎいしゅ →密意

密苦 みっく 厚くおおう苦しみ。次の三つの苦。（i）生まれるとき、子宮に覆われている苦。（ii）生まれてから幼児期に多くの病気にかかる苦。（iii）年老いてからの老い死んでいく苦。
（出典）当知、略有三種密苦。一者生時、為其胎藏所覆障故、有覆障苦。二者生已、処嬰稚位、多疾病苦。三者衰耄諸根成熟、有老死苦。（『瑜伽』87、大正 30・791c）

密護 みつご まもること。かたくしっかりと防御すること。特に感覚器官（根・根門）をまもることに使われる語。守護・防護とおなじ。→密護根門

密護根 みつごこん →密護根門
Ⓢ indriya-gupta

密護根門 みつごこんもん 守護根門・防護根門ともいう。根を護ること。五つの感覚器官（眼根・耳根・鼻根・舌根・身根）の働きを抑えて煩悩などの生起を防ぐこと。そのためにはいましめ（律儀）を守り、正しい集中力（正念）で修行することが前提となる。これら器官から貪りやいかりなどの煩悩が流れ出ることから、それらを出口・門に喩えて根門という。根護・守護根・防護根・密護根も

おなじ意味。「能く諸の根門を密護する者は、母邑をして身を摩触せしめざるが故に善護身と名づけ、諸の母邑に於て観ぜず聴かず憶念せざるが故に善守根と名づけ、たとえ見、たとえ聞き、たとえ随憶念しても、即ち能く長時に正念を摂受し、猛利の慧を以って深く過を見るが故に善住念と名づく」「浄戒は一切の犯戒の悪を対治するが故に、密護根門の所依処なるが故に、説いて律儀と名づく」
Ⓢ indriya-gupta-dvāratā: indriyair gupta-dvāraḥ
（出典）云何名為密護根門。謂、防守正念常委正念、広説乃至防護意根、及正修行意根律儀、如是名為密護根門。（『瑜伽』23、大正30・406b）

密草 みっそう　草が生い茂った場所。「密草・稠林・葉窟・茅廬に入る」
Ⓢ tṛṇa-gahana

密意 みっち　詳しくは密義意趣といい、略して密意あるいは密意趣という。密義とは秘密、意趣とは意向・意図の意味。ある教説を明らかに説くことをせず、秘密の意味をもって説こうとする意図のことを密意という。「大衆部の阿笈摩の中に密意をもって阿頼耶識を説いて根本識と名づく」 Ⓢ abhiprāya: ābhiprāyika: saṃdhāya

密意語言 みっちごごん　密意言義ともいう。密意をもって説かれた言葉。密意言辞・密意言詞・密意言説もおなじ意味。「諸の菩薩は法を思惟する時、但だ其の義に依って文に依らざるに由るが故に、仏世尊の一切の所説の密意語言に於て能く随って悟入す」「善く一切の如来の密意言義に入る」「密意言辞の智」「甚深なる密意言説に於て如実に解了す」「諸の菩薩をして我が所説の密意言詞に於て能く善く悟入せしむ」 Ⓢ saṃdhāya-vacana

密意言義 みっちごんぎ　→密意語言

密意言詞 みっちごんし　→密意語言

密意言辞 みっちごんじ　→密意語言

密意言説 みっちごんぜつ　→密意語言

密意趣 みっちしゅ　→密意

密林山部 みつりんせんぶ　小乗二十部の一つ。→小乗二十部

蜜 みつ　みつ。 Ⓢ madhu

蜜石蜜 みつせきみつ　甘味のある飴。「譬えば人ありて、其の寿量が尽きるまで辛苦味を習すれば、蜜石蜜の上の妙なる美味を尋思すること能わず、比度すること能わず、信解すること能わざるが如し」

蜜味 みつみ　みつの味。七種の味の一つ。→味①　Ⓢ madhu-rasa

麦 みゃく　①むぎ。大麦。
②一つの麦の粒の長さ。長さの単位の一つ。穬麦ともいう。虱の七倍。 Ⓢ yava
（参考）（『倶舎』12、大正29・62b）

脈 みゃく　血管。「筋と脈」 Ⓢ sirā

霡霂 みゃくもく　汗をながすさま。「正に熱時に於ては霡霂として汗を流す」

名 みょう　①言葉。名称。呼び名。「我という名（abhidhāna）は唯だ蘊の相続を召し、別に我の体を目するに非ず」「是の如き位に於て成就の名（ākhyā）を立つ」「正見・正思惟・正勤は慧性にあらざると雖も慧に随順するが故に亦た慧の名（śabda）を得る」「色などに於て極微の名（saṃjñā）を立つ」
Ⓢ abhidhāna: ākhyā: nāman: śabda: saṃjñā
②名・句・文の名。なんらかの意味をもつ最小単位の名詞。具体的に音声となって表出される言葉と区別され、物でも心でもないもの（色心不相応行）に含まれる。具体的な音声となる以前の概念。種類としては、さまざまな分類法が説かれる。たとえば仮立名・実事名・同類相応名・異類相応名・随徳名・仮説名・同所了名・非同所了名・顕名・不顕名・略名・広名の十二種が説かれる（『瑜伽』81、大正30・750a）。→名句文　Ⓢ nāman
（出典）名、謂、作想。如説色声香味等想。（『倶舎』5、大正29・29a）：問、名是何義。答、能令種種共所了知故、名為名。又能令意作種種相故、名為名。又由語言之所呼召故、名為名。（『瑜伽』81、大正30・750b）：名詮自性、句詮差別、文即是字、為二所依。（『成論』2、大正31・6b）
③名色の名。色が物的・物質的なものをいうのに対して、名は心的・精神的なものをいい、五蘊でいえば、色蘊が色、他の四蘊（受・想・行・識）が名である。 Ⓢ nāman
（出典）無色四蘊、何故称名。随所立名根境勢力、於義転変故、説為名。（『倶舎』10、大正29・52a）：問、何縁四無色蘊総説名名。答、順趣種種所縁境義、依言説名、分別種種所縁境義故、説為名。（『瑜伽』56、大正30・608c）

④名づける、命名すること。称すること。
Ⓢ abhi-**dhā**: abhyupa-**gam**: ā-**khyā**: **iṣ**: iṣṭa: ukta: kila: khyāta: **gad**: nirvacana: pra-**jñā**: prokta: mata: mantrayate: **vac**: vacana: varṇayanti: vyapadeśa: saṃkhyā: saṃkhyāta: saṃjñā
⑤名声。名誉。「諸の菩薩は世間の名や声や讃頌に依らずして布施を行ず」「大なる名と称ありて世間に流聞す」 Ⓢ kīrti: yaśas
⑥五事のなかの名。→五事

名有 みょうう 名称だけがあり実際には存在しないこと。亀毛や兎角や空花などをいう（→各項参照）。五種の有（名有・実有・仮有・和合有・相待有）の一つ。
（出典）諸有者（中略）有説五種。一名有、謂、亀毛兎角空花鬘等。（『婆沙』9、大正27・42a～b）

名義 みょうぎ ①名と義。名とは名称・言葉、義とは名称・言葉が指し示す対象（事物・事柄）。名称（名）が対象（義）に働きかけることによってそこに言説（語）が生じる。言葉を用いた概念的思考（分別）はこの名と義と語との三要素から成り立つ。名と義とは四尋思観のなかの最初の二つが尋思する対象である。義（artha）を事（vastu）と言い換えて名事という場合もある。→四尋思観
Ⓢ nāman-artha
②名の義。名称・言葉（名）の意味（義）。「心と意と識との三つの名義は殊なると雖も、体は是れ一つなり」「六識身の無間の過去を説いて名づけて意と為し、境界を了別するを説いて名づけて識と為す。意と識との名義の差別あるが如く、是の如く心の義にも亦た応に異なることあるべし」
③→名義相互客塵性

名義相互客塵性 みょうぎそうごきゃくじんしょう 名称と名称が指し示す対象・事物との両者は本質的に相異し一致しないということ。ある一つの名称にある一つの実体的な事物が対応することはないということ。名称や言葉に対応する事物が実体的にあるという考えを否定するために〈唯識〉が使用する概念。
（出典）以名於義非称体故、説之為客。義亦如名無所有故、説之為客。（『顕揚』16、大正31・557c）

名境 みょうきょう 名としての境。境とは、ある認識作用（分別）において認識される対象（所縁）をいい、その対象として二つ（事境と名境）あるなかの一つ。事境とは名称が指し示す対象そのもの（本質）としての対象をいい、名境とはその対象そのものを指し示す名称としての対象をいう。「滅道の境を縁じ、及び不同界の境を縁ずるところの諸漏は、是れ自らの分別所起の名境を縁ず」「滅道諦及び他地を縁ずる煩悩は、相分が本質と相似せざるが故に分別所起の名境を縁ず」
（参考）（『瑜伽』58、大正30・624c）：（『成論』6、大正31・33a）

名句字 みょうくじ 名句文とおなじ。→名句文「無量の名句字に於る陀羅尼自在とは法無礙解を謂う」

名句文 みょうくもん 名句字とおなじ。名と句と文。集まりを意味する身をつけて名身・句身・文身ともいう。名（nāman）とは、それがなにであるか分かる最小単位の名詞などの言葉をいい、句（pada）とは、最小単位の言葉が連なってできる文章をいい、文あるいは字（vyañjana）は、それら言葉や文章を構成する文字をいう。たとえば「諸行無常」（sarva-saṃskārāḥ anityāḥ）という場合、sarva（諸）、saṃskāra（行）、anitya（無常）が名、全体の sarva-saṃskārāḥ anityāḥ（諸の行は無常である）が句、sar（sṛ）、va、saṃ（sam）、s、kṛなどの一字、一字が文である。いずれも不相応行（物でも心でもない存在）に属する。ただしその存在性に関しては、〈有部〉は声とは別に実体としてあるとみなすのに対して、〈唯識〉は声の上の屈曲が名句文であり、声を離れて実体としてあるのではないとみなす。
Ⓢ nāman-pada-vyañjana
（出典）名身者、謂、色声香等。句身者、謂、諸行無常・一切法無我・涅槃寂静等。文身者、謂、迦・佉・伽等。（『倶舎』5、大正29・29a）：名身者、謂、共知増語。（中略）句身者、謂、名字円満。（中略）字身者、謂、若究竟、若不究竟名句所依四十九字。（『瑜伽』81、大正30・750a～b）：名詮自性、句詮差別、文即是字、為二所依。（『成論』2、大正31・6b）

名句文身 みょうくもんじん →名句文
Ⓢ nāman-kāya-pada-kāya-vyañjana-kāya

名号 みょうごう （如来の）名、呼び名、

尊称。たとえば、如来の名号として、如来・応正等覚・明行円満・善逝・世間解・無上丈夫・調御士・天人師・仏・薄伽梵の十種がある。「諸の如来に略して十種の名号を随念する功徳あり」 Ⓢ abhidhāna: nāman
(参考)(『瑜伽』38、大正30・499b)

名言 みょうごん 言葉。〈唯識〉は、言葉(名言)で語ることによって、はじめて、語られた「もの」の認識が起こる(たとえば瓶という名言によって瓶という覚が起こる)という点を特に強調し、そのように名言によって語られた「もの」は遍計所執性であり、非存在であると主張する。「瓶などの事に於ては、要ず名言と及び色香などを待って方に瓶などの覚が起こる」「遍計所執自性とは諸のあらゆる名言が安立する諸法の自性を謂う。仮の名言によって、数数、諸法を周遍計度して建立するが故なり」「名言を善くする者とは名言を解する者を謂う。名言を善くせざる者とは牛羊などを謂う。分別はあると雖も、然も文字に於て解了すること能わず」
Ⓢ abhilāpa: nāman: vyavahāra

名言熏習差別 みょうごんくんじゅうしゃべつ 言葉(名言)によって潜在的根本心である阿頼耶識のなかに熏習された種子から各別の事象が生じることをいう。阿頼耶識の三種の差別(名言熏習差別・我見熏習差別・有支熏習差別)の一つ。
(参考)(『摂論釈・世』3、大正31・336c)

名言習気 みょうごんじっけ 現象的存在(有為)を生じる可能力(種子)。言葉(名言)によって潜在的根本心である阿頼耶識のなかに熏習された種子。〈唯識〉は現象的存在を形成するものは言葉(名言)であるという立場より、すべての存在を生み出す可能力を名言習気とよぶ。名言種子とおなじ。三種の習気(名言習気・我執習気・有支習気)の一つ。(出典)名言習気、謂、有為法各別親種。(『成論』8、大正31・43b)

名言種子 みょうごんしゅうじ 言葉(名言)によって潜在的根本心である阿頼耶識のなかに熏習された種子で、現在の一刹那の存在、あるいは未来の存在を生じる可能力(種子)をいう。阿頼耶識のなかの種子はすべてまとめて名言種子といわれるが、そのなかで善業あるいは悪業によって善・悪のいずれかに色付けされた種子を別立して業種子と呼ぶ。名言種子を、別名、等流習気ともいう。名言種子には、次の二種がある。(ⅰ)表義名言種子。対象の意味(義)を言い表す言葉としての音声を生じる種子。(ⅱ)顕境名言種子。対象(境)を認識するこころ(心・心所)を生じる種子。→種子② →業種子
Ⓢ abhilāpa-bīja
(出典)言有二。一表義名言、即能詮義音声差別。二顕境名言、即能了境心心所法。(『成論』8、大正31・43b)

名言道 みょうごんどう 言葉の働き。言語活動。言葉が通じる領域。言道・語言道ともいう。「菩提は戯論を離れ一切の名言道を出過す」「涅槃は一切の分別を離れ、名言道断なり」

名字 みょうじ 名前。名称。呼び名。「鸚鵡・舎利・孔雀・鴻雁・多聞・持国・増長・醜目などの異なる名字の差別を立つ」
Ⓢ nāman

名事 みょうじ 名と事。名称と名称が指し示す事物・対象。名義ともいう。→名義① →四尋思観「名事が互に客となることを応に尋思すべし。謂く、名は事に於て客と為り、事は名に於て客となる」 Ⓢ nāman-vastu

名色 みょうしき ①名と色。色が物的・物質的なものの総称、名は心的・精神的なものの総称。五蘊でいえば、色蘊が色、他の四蘊(受・想・行・識)が名である。
Ⓢ nāman-rūpa
②十二支縁起の一契機としての名色。十二支縁起のなかの第四番目の契機。前の識を縁として生じ、縁となって次の六処を生ずるもの。『倶舎論』の三世両重因果説によれば、名色とは、総じては、精子と卵子が結合してできた未熟な状態の胎児、すなわち胎児の五位(羯羅藍・遏部曇・閉尸・鍵南・鉢羅奢佉)のなかの前の四位をいう。「此の道理に由って現在世に於て、識が名色を縁じ名色が識を縁じ、猶し束蘆の如く乃至命が終るまで相い依って転ず」「異熟識を離れては、譬えば蘆束が相い依って転ずるが如く、識と名色とが更互が相い依って転ずることは成ぜず」
(出典)結生識後六処生前中間諸位、総称名色。此中応説、四処生前、而言六者拠満立故。(『倶舎』9、大正29・48b)

名色位 みょうしきい 精子と卵子が結合して初めて胎児が生じた状態。→名色②

(出典) 所言生者、謂、初結生即名色位。(『瑜伽』84、大正 30・769a)

名色支 みょうしきし 十二支縁起のなかの第四番目の契機。→名色②

名色集 みょうしきじゅう 集とは四諦（苦諦・集諦・滅諦・道諦）のなかの集諦の集で、苦を生じる原因をいう。そのような原因のなかの名色をまとめて名色集という。識集が生じる原因となる。「名色集の故に識集あり」「諸行の流転智とは、略して三種の因縁の集に由る故に一切行の集のあらゆる正智を謂う。謂く、憙集の故、触集の故、名色集の故、其の所応に随って若しくは色集、若しくは受等集、若くは識集あり」

(参考) (『婆沙』108、大正 27・561b)：(『瑜伽』86、大正 30・779a)

名声 みょうしょう ①名誉。称讃。ほまれ。「諸の菩薩は世間の名声・讃頌に依らずして布施を行ず」 Ⓢ kīrti-śabda

②名前。呼び名。「種種の名声で表さるる仏土」 Ⓢ nāman

③（人が発する）声。「有情の名声とは、語の表業を謂う」 Ⓢ ākhyā

名称 みょうしょう ①名声。名誉。称讃。ほまれ。「名称が普く聞こゆ」「広大な名称と及び現法楽とを獲得す」 Ⓢ praśaṃsā: yaśas

②名の称。名という呼称。「無色の四蘊は、何に縁って標するに、名の称を以ってするか」 Ⓢ nāmatva

名身 みょうしん 名・句・文のなかの名の集まり。→名句文 Ⓢ nāman-kāya

名身句身文身 みょうしんくしんもんしん 名身と句身と文身。→名句文

名尋思 みょうじんし 四種尋思の一つ。→四種尋思

名尋思所引如実智 みょうじんししょいんにょじつち 四種如実智の一つ。→四種如実智

名想 みょうそう ①名前。人の名。→名想苾芻 Ⓢ saṃjñā

②名称。〜と呼ばれるもの。「有色・無色、有見・無見、有対・無対などの名想の差別」「地・水・火・風の名想の聚」「是の如き離言の法性に於て他を現等覚せしめんと欲するが為の故に、仮に名想を立てて之を無為と謂う」 Ⓢ saṃjñā

③名と想。名称と知覚作用。→名想言説 Ⓢ nāman-saṃjñā

名想言説 みょうそうごんぜつ 名と想と言説。名（nāman）とは名称、想（saṃjñā）とは、名称を用いた知覚作用、言説（abhilāpa: vāc-vyāhāra）とは、その結果、生じた言葉・語・音声をいう。「色などの想事を依縁と為すが故に。名想言説の所摂、名想言説の所顕の分別戯論は即ち此の事に於て非一・衆多なる品類の差別を分別計度す」 Ⓢ nāman-saṃjñā-abhilāpa: nāman-saṃjñā-vāc-vyāhāra

名想婆羅門 みょうそうばらもん 三種の婆羅門（種姓婆羅門・名想婆羅門・正行婆羅門）の一つ。→婆羅門

名想苾芻 みょうそうびっしゅ 苾芻(bhikṣu)というのは本来は出家した僧を意味するが、在家者で名前（名想 saṃjñā）がヴィクシュという人を名想苾芻という。四種の苾芻（名想苾芻・自称苾芻・乞匃苾芻・破惑苾芻）の一つ。→苾芻 Ⓢ saṃjñā-bhikṣu

(参考) (『倶舎』15、大正 29・79b)

名遍計 みょうへんげ 「これは何か」と、あるいは「これはしかじかのものである」と名称・言葉で事物・事象を考えること。六種の遍計の一つ。→六種遍計 →遍計

(参考) (『顕揚』16、大正 31・558a)

名聞 みょうもん 名声。称讃。名誉。ほまれ。「闘諍劫中の諸の有情類は正法を数えず、名聞を数えず、宗族を数えざるなり」

名誉 みょうよ 名声。称讃。ほまれ。「諸の菩薩は一切の利養と恭敬と世俗の名誉に依らず」 Ⓢ śloka

名利 みょうり 名と利。名誉と利得。「名利と及び恭敬とを貪る」「嫉は自の名利を徇め他の栄に耐えずして妬忌するを性と為す」

妙 みょう たえなること。すぐれて美しいこと。すばらしいこと。最もすぐれていること。「幼少・盛年の美しく妙なる形色」「諸の菩薩の最初発心は妙なり極妙なり」「此の滅静は是れ第一なるが故に、是れ最勝なるが故に、是れ無上なるが故に、説いて名づけて妙と為す」「善の無漏法を名づけて妙と為す」「云何が妙なるや。謂く、仏法僧の宝を最微妙と名づく」 Ⓢ udāra: kalyāṇa: praṇīta: pravara: ramya: vara

妙慧 みょうえ 般若と音写する prajñā の意訳。すぐれた智慧。「利刃と言うは妙慧の刀を謂う」「諸の菩薩は聞思修所成の妙慧を

以って、数数、大乗を作意思惟す」
Ⓢ prajñā

妙音 みょうおん 美しい声。深遠で優雅な音声。「妙音と相応するとは、謂く、仏菩薩が説くところの化語は、其の声は深遠にして雲雷音の如く、其の声は和雅にして頻迦音の如く、能く衆の心に感じ、甚だ愛楽すべきなり」 Ⓢ susvaratā

妙音鳥 みょうおんちょう 美しい声で鳴く鳥。羯羅頻迦のこと。→羯羅頻迦「釈迦種に一太子生まれ、顔貌端正にして三十二大丈夫相・八十随好を以って其の身を荘厳し、言音は清亮・和雅・悦意にして妙音鳥の羯羅頻迦に過ぎたり」

妙界 みょうかい ①三界（劣界・中界・妙界）の一つ。苦が少なく煩悩も少ない世界。
（出典）由所知諸苦煩悩多中少義、当知建立有余三界。謂、劣界・中界・妙界。若有上苦及上煩悩、是名劣界。若有中苦及中煩悩、是名中界。若有少苦及少煩悩、是名妙界。（『瑜伽』96、大正 30・850b）
②三界（下界・中界・妙界）の一つ。三界のなかの無色界をいう。
（出典）欲界是下界、色界是中界、無色界是妙界。（『婆沙』147、大正 27・752a）

妙観察智 みょうかんざっち →四智

妙行 みょうぎょう 身体的・言語的・精神的な三種（身・語・意）の善い行為。顕著な妙行として十善業があげられる。悪行の対。「施与なく乃至、妙行も悪行もなしと謂うは、是れを謗因と名づく」「諸の身語意の三種の妙行を身語意の三種の清浄と名づく」
Ⓢ sucarita: supratipanna
（参考）（『倶舎』16、大正 29・84b）

妙化天王 みょうけてんのう 欲界の第五天である楽変化天の主。 Ⓢ sunirmitaḥ deva-rājaḥ

妙華 みょうけ 美しい花。「微風起こりて萎華を吹去し、新しい妙華を引いて其の地に弥散す」

妙五欲 みょうごよく 五妙欲とおなじ。→五妙欲

妙好 みょうこう 華麗、優美であること。「若し幼稚なる黒髪の少年の盛壮・姝妙なる形色を成就するものありて、耳環・指環・腕釧・臂釧などの妙なる荘厳具を服飾すれば、少しく妙好を増す」「衣服などに於て楽って妙好を求む」「出家の時は、身便ち妙好なり。身が妙好なるが故に心も亦た妙好なり」
Ⓢ śobhā

妙香 みょうこう よい香り。「種種の妙香を用いて其の身に塗る」「城外の東北に円生樹あり、葉を挺し花を開いて、妙香、芬馥す」「黒沈の上に妙香の性あり」

妙高山 みょうこうせん →蘇迷盧山

妙自在天子 みょうじざいてんし 欲界の六欲天の第六天である他化自在天の王。

妙色 みょうしき 容姿や形のよい存在。美しい姿。美しい色彩。例えば天に住むものの身体をいう。悪色の対。→悪色「飲食を施せば能く大力を感じ、諸の衣服を施せば能く妙色を感ず」「仏の妙色とは三十二大丈夫相・八十随好を謂う」 Ⓢ abhirūpa: varṇavat: surūpa: suvarṇa: suvarṇatā

妙色鳥 みょうしきちょう 欲界の六欲天に住する美しい鳥。「四大王衆天と及び三十三天の中には二足の者あり、妙色鳥などの如し。四足の者あり、象馬などの如し。上の四天の中には唯だ二足の者のみあり、妙色鳥などの如し」

妙翅鳥 みょうしちょう 美しい羽をもった鳥。garuḍa（掲路荼）の意訳。→掲路荼

妙迹 みょうしゃく 妙跡とおなじ。→妙跡

妙跡 みょうしゃく 妙迹ともいう。妙なる跡。妙なる迹。跡あるいは迹の原語 pada は果位とも訳され、修行の結果として至り得た状態、すなわち涅槃をいう。あるいは見道においてさとる四諦の真理、あるいはそれをさとる無上正等菩提をいう。「我れ、今、定んで当に妙跡に通達すべし」「無余依般涅槃界は究竟して寂静なり、常に妙跡に住す」「能く涅槃と及び三菩提との無上の妙迹を得る」「如来は自然に寂静なる妙迹を証覚す」

妙身 みょうしん すぐれた身体。三種の身（劣身・中身・妙身）の一つ。
Ⓢ praṇīta-kāya
（参考）（『瑜伽』28、大正 30・440a）

妙説 みょうせつ よく語られ、説かれたもの。世尊によって説かれた教説。善説とおなじ。「諸の妙説に於て施すに善哉を以ってす」「彼の説は妙説に似ると雖も実には妙に非ず」
Ⓢ subhāṣita: svākhyāta

妙善 みょうぜん ①非常に善いこと。清浄で罪がないありよう。「妙善なる浄戒」「妙善

なる菩提分法」「如来が証するところの法毘奈耶は自性として無罪なるが故に妙善と名づく」「清浄・無罪・妙善なる尸羅」「妙善にして清浄なる智見」「何が故に第九地を名づけて善慧地と為すや。此の地の中の無礙解智を説いて名づけて慧と為し、此の慧は妙善なるに由るが故に善慧と名づく」

Ⓢ kalyāṇa: kuśala

②（副詞的用法）善く、正しく。「空・法性に於て能く正慧を以って妙善に通達す」「諸の威儀所作の衆事の善品の加行に於て、妙善に円満し、如法なる身語が正に現行す」

Ⓢ su

妙触 みょうそく　心地よい感触。女が男を魅惑して縛る八つのありようのなかの一つ。「歌・舞・笑・睇・美容・進止・妙触・就礼の八処に由って女は男を縛す」

妙触貪 みょうそくとん　肌への心地よい感触への貪り。肉体への四種の貪の一つ。この貪を退治するために不浄観において死体にうじ虫がたかっているさま（虫蛆）、あるいは死体の骨や骸骨などを観察する。細触貪ともいう。→不浄観　→貪「虫蛆などを縁じて不浄観を修して妙触貪を治す」「若しくは其の骨に於て、若しくは其の鎖に於て、若しくは骨鎖に於て、作意思惟して妙触貪に於て心を清浄ならしむ」「骸骨想と骨鎖想とは細触貪を対治す」　Ⓢ varṇa-rāga

（参考）（『倶舎』22、大正 29・117b）：（『瑜伽』26、大正 30・429a～b）：（『瑜伽』98、大正 30・865b）

妙智 みょうち　意味あることをもたらす一切の存在をまちがいなくしる智慧。如来の智慧。　Ⓢ vara-jñāna

（出典）若諸如来、於其能引有義聚法一切法中、無顛倒智、当知、是名如来妙智。（『瑜伽』50、大正 30・574a～b）

妙智無上 みょうちむじょう　智無上とおなじ。→智無上

妙変化天子 みょうへんげてんし　欲界の六欲天の第五天である楽変化天の王。

妙菩提座 みょうぼだいざ　→菩提座

妙法 みょうほう　正しく妙なる教え。正法とおなじ。「諸仏が世に興って妙法を宣説し、教法が猶、存す」　Ⓢ sat-dharma

妙薬 みょうやく　病気を治すすぐれた薬。仏陀の教え（法）は人びとの苦しみを取り除くから、病気を治す妙薬は仏・法・僧の三宝のなかの法の喩えに用いられる。良薬とおなじ。「仏は良医の如く、法は妙薬の如く、僧は善巧看執薬人の如し」

妙欲 みょうよく　→五妙欲

命 みょう　①いのち。生命。「諸の菩薩は自身の命を捨てて諸の衆生に施す」

Ⓢ āyus: jīvita

②生命力。活力。気力。「已に諦を見た者は証浄を得るに由って、命を挙て自ら要ず正法に於て深く愛重を懐くことを表す」「猶し世間に、命と牛などに於て次の如く、是れ食と草の所成なりと説くが如し」　Ⓢ prāṇa

③生活。生計・生存の方法。活命とおなじ。「諸の菩薩は矯詐などの一切の能く邪しまな命を起こす法を離る」　Ⓢ jīva: jīvikā: jīvita

命縁 みょうえん　命の縁。命を支えるもの。生活を維持する事物や道具。たとえば衣服や飲食をいう。「僧衆に於て、若しくは別人に於て、諸の命縁である衣鉢などの物を以って分に随って布施す」　Ⓢ jīvita-pariṣkāra

命過 みょうか　命が終わる、死ぬこと。「記別とは、是の中に於て弟子が命過した已後の当生などの事を記別するを謂う」

Ⓢ kāla-gata: mṛta

命行 みょうぎょう　命の存続。死ぬことなくいのちが相続すること。→留多命行「命行は微少にして寿命は短促なり」「世尊は多くの命行を留め、多くの寿行を捨つ」

Ⓢ jīvita-saṃskāra

命根 みょうこん　いのちを支える力。身体の暖かさ（煖）とこころの認識作用（識）とを維持していのちを存続せしめる力。その存在性については〈有部〉は、その本体は寿（āyus）であり、実体として存在するもの（実有・実法）とみなし、〈経部〉は、身体が一期の間に相続する勢力に仮に名づけたものであり、仮に存在するもの（仮有・仮法）とみなし、〈唯識〉は、阿頼耶識の名言種子が識をして現在に住せしむる力の上に仮に立てたもので仮有であると主張する。　Ⓢ jīvita-indriya

（出典）命根体即寿、能持煖及識。（『倶舎』5、大正 29・26a）：依親生此識種子、由業所引功能差別住時、決定仮立命根。（『成論』1、大正 31・5b）：命根但依本識親種分位仮立、非別有性。（『成論』7、大正 31・41a）

命者 みょうしゃ 生命的存在（我）を示す名称の一つ。寿命を有する存在。 Ⓢ jīva
（出典）色心相続、名之為命。者是主義、我有此命故名命者。（『述記』1本、大正43・239c～240a）：言命者者、謂、寿和合現存活故。（『瑜伽』83、大正30・764b）

命終 みょうじゅう 命が終わる、死ぬこと。「身語意の種種の悪行を行ずる者は命終して諸の悪趣に堕つ」「漸く命終する者は命終時に臨んで多く断末摩の苦受の為に逼せらる」 Ⓢ kālaṃ **kṛ**: kāla-kriyā: kāla-gata: **cyu**: cyutaṃ kāla-gatam: cyuti: pra-**cyu**: maraṇa: **mṛ**: mṛta: mṛtyu

命清浄 みょうしょうじょう ①生活のありようが清らかであること。正しく乞食をすることによって生活すること。
（出典）云何命清浄。謂、如法乞求以自活命。（『瑜伽』70、大正30・685a）
②無学の三種の戒蘊（身律儀・語律儀・命清浄）の一つ。八正道のなかの正命をいう。
（出典）云何無学戒蘊。答、無学身律儀・語律儀・命清浄。謂、契経説無学支中、正業即此中身律儀、正語即此中語律儀、正命即此中命清浄。（『婆沙』33、大正27・171c）

命道沙門 みょうどうしゃもん 四種の沙門の一つ。活道沙門とおなじ。→活道沙門

命難 みょうなん 命の難。生命の危険。「王は怨敵・悪友・軍陣に遇って大怖畏の事と命難が現前す」「命難と囹圄縛難から解脱す」

命命鳥 みょうみょうちょう 鳥の一種。鳴き声がジィーヴァ・ジィーヴァに聞こえることから命を意味するjīvaをあてて、jīva-jīvaと命名し、それを命命鳥と漢訳する。共命鳥・生生鳥ともいう。一つの身に二つの頭をもつという説もある。鳥類を列記するときあげられる一つ。「卵生とは鵝雁・孔雀・鸚鵡・命命鳥などを謂う」 Ⓢ jīvaṃ-jīva: jīvaṃ-jīvaka

明 みょう ①月や星、たき火や宝石などから発せられるひかりをいう。眼の対象の一つ。→色境 Ⓢ āloka: jyotis: prabhā
（出典）月星・火薬・宝珠・電等諸焔、名明。（『倶舎』1、大正29・2c）
②三転十二行相の一一の転において生じる四つの認識（眼・智・明・覚）の一つ。その内容の定義には次の諸説がある。（i）（『婆沙論』第一説）明とは類智忍。（ii）（『婆沙論』第二説）明とは照了の意味。（iii）（『瑜伽論』所説）明とは尽所有事に悟入すること。
Ⓢ vidyā
（参考）（『婆沙』79、大正27・411a）：『瑜伽』83、大正30・761c）
③四諦の真理をさとる智慧。無明（avidyā）の対。 Ⓢ vidyā
（出典）明是何義。答、能達能解能了、是明義。（中略）若達解了能於四諦真実通達、説名為明。（『婆沙』25、大正27・129c）
④三明（宿住智証明・死生智証明・漏尽智証明）の明。六神通の神通にあたるabhijñāは詳しくはjñāna-sākṣātkriyā-abhijñāといい、智証通と訳されるが、そのなかの通（abhijñā）を明（vidyā）で言い換えたもの。人知を超えた超能力としての智慧をいう。
Ⓢ vidyā
（出典）言三明者、一宿住智証明、二死生智証明、三漏尽智証明。如其次第、以無学位摂第五二六通、為其自性。（『倶舎』27、大正29・143b）
⑤心を清浄にしてさとりに至るためのヨーガの実践における五段階（持・任・鏡・明・依の瑜伽地）のなかの明。光明がありのままに存在を照らし出すように、客観（所取）と主観（能取）とが未分の状態にある智慧（能取所取無所得智）によって存在のありのまま（真如）を照らし出す段階。修道の段階。→瑜伽地 Ⓢ āloka
⑥呪文。「能く病を療す呪を説いて名づけて明と為す。謂く、世間の人が鬼魅に著かれたとき、明呪が能く療す」 Ⓢ vidyā
（参考）（『婆沙』25、大正27・130a）
⑦明昧の明（paṭu）。明闇の明（āloka）。あかるいこと。はっきりしていること。昧（manda）の対。「根の増と損とに随って識は明と昧とになる」「夜分と昼分、有雲と無雲に、衆の色像を観るに、明と昧と異なることあり」 Ⓢ āloka: paṭu

明記 みょうき かつて経験したことを心のなかに明らかに記憶せしめること。→明記不忘「念は唯だ曽習の事を明記して転ずるが、阿頼耶識は昧劣にして明記すること能わず」

明記不忘 みょうきふもう 明記して忘れないこと。かつて経験したことを心のなかに明らかに記憶せしめて、それを忘れて消すことなく念じつづけること。心所の一つである念

のありようをいう。→念②「云何が念と為す。曽習の境に於て心をして明記不忘ならしむるを性と為し、定の依たるを業と為す」

明行円満 みょうぎょうえんまん　如来の十種の呼び名（十号）の一つ。明とは三明で智慧、行とは修行。智慧と修行が完成した人であるからこのように呼ぶ。あるいは止と観との修行が完成した人であるからこのように呼ぶ。→十号　→三明

Ⓢ vidyā-caraṇa-saṃpanna

（出典）明、謂、三明。行如経説止観二品、極善円満、是故説名明行円満。（『瑜伽』38、大正30・499b）

明句 みょうく　明呪の句。病気や災難などを治す呪文の文句。「余の衆生が疾疫・災横を息滅せんと欲するが為に用いるところの験なき呪句・明句も、菩薩が之を用いるならば尚、験あらしむ」 Ⓢ vidyā-pada

明顕 みょうけん　はっきりと認識できること。「現在の業は明顕なり」「聖教の文句は明顕なり」

明眼人 みょうげんにん　すぐれた視力を有する人。釈尊の弟子をいう場合がある。「明眼人が微闇の中に於て衆の色を観見するが如く、到究竟地の菩薩の妙智も当に知るべし亦た爾り」 Ⓢ cakṣuṣmat

（出典）如明眼人者、謂、聖弟子。（『瑜伽』84、大正30・768c）

明呪 みょうじゅ　災厄を除き利益を招く呪文。明はインドでは学問・知識をいう。古代の知識は呪術的な側面が強いので、その呪術的力への信仰から、神秘的な呪文を唱える祈りが展開した。特に大乗仏教では仏の完全な智慧である般若と明呪が一体となった。「能く病を療す呪を説いて名づけて明と為す。謂く、世間の人が鬼魅に著かれたとき、明呪が能く療す」「義に於て了じ難き種種の音声とは、達羅弭荼の種種の明呪を謂う」

Ⓢ mantra: vidyā

（参考）（『婆沙』25、大正27・130a）

明呪力 みょうじゅりき　呪文の力。明力ともいう。「明呪力や神通力に由って、あらゆる大種は其の異果をして異果に転成せしむ」

Ⓢ vidyā-bala

明処 みょうしょ　学問の領域。内明処・因明処・声明処・医方処・工業明処の五つがある。→五明処

明浄 みょうじょう　ひかり輝き、きよらかなさま。「光明と倶なる心、明浄と倶なる心を以って奢摩他・毘鉢舎那を修す」「能く先に生ずるところの疑を除遣して是の如き覚慧が転じて明浄となる」「尸羅とは是れ明鏡の義にして、鏡に明浄なる像が其の中に現ずるが如し」

Ⓢ pariśuddhaḥ paryavadātaḥ: prabhāsvara

明触 みょうそく　明（vidyā）によって触れること。無漏と相応する触。受を生じる十六種の触の一つ。→触④「愛は無明触によって生ずるところの受を縁と為すが故に転じ、余の受、すなわち明触によって生ずるところの受と及び非明非無明触によって生ずるところの受とは愛の縁に非ず」

明増定 みょうぞうじょう　加行位の四段階のなかの第二の頂の位で修せられる禅定。見道において真理（真如）を見る前段階である加行位において、真理を見る智慧（無漏智）の光明がますます増大する定。

（参考）（『成論』9、大正31・49b）

明智 みょうち　賢く智慧がある人。「明智に親近す」 Ⓢ paṇḍita-vijña

明哲 みょうてつ　聡明で道理にあきらかなこと。「聡叡・明哲にして能く論を造る者」

明灯 みょうとう　あかるくもえる火のひかり。昧灯の対。「昧灯の体の如く、究竟地に到った菩薩の智の体も当に知るべし亦た爾なり。明灯の体の如く、如来の智の体も当に知るべし亦た爾なり」 Ⓢ suviśuddha-pradīpa

明得定 みょうとくじょう　加行位の四段階のなかの第一の煖の位で修せられる禅定。光明が差し込んでくる定。見道において真理（真如）を見る前段階である加行位において真理を見る智慧（無漏智）の光明を獲得する禅定。明得三摩地ともいう。

（参考）（『成論』9、大正31・49b）

明白 みょうびゃく　①ひかりかがやく明るいところ。黒闇（tamas）の対。「明白に趣く者は二種の相に由って是の如き類の意生の中有を起こす。晴明夜及び婆羅痆斯の極めて鮮白なる衣の如し。故に好色と名づく」

Ⓢ jyotis

②あきらかでくもりがないさま。（四聖諦の理）をさとる智慧のありようをいう。「見道に創めて四聖諦の理を見て決了し明白なり。此の理に於て重ねて迷謬する者なし」

明利 みょうり はっきりしているさま。するどいさま。「捨と相応する心は明利ならず、余の受と相応する心は明利なり」「能く明利に諸の色を観照するが故に亦た見と名づく」「欲界の中有の量は小児の年、五六歳の如しと雖も根は明利なり」 Ⓢ paṭu: paṭuka: paṭutva

明力 みょうりき →明呪力

明了 みょうりょう ①明瞭ではっきり認識できること。「明了な声」「阿頼耶識の行相は極めて明了ならず」 Ⓢ vyakta
②意味がはっきりと理解できること。「本母がなければ字の義は明了ならず」
③（副詞的用法）はっきりと。あきらかに。「所縁の相とは所知事と同分の影像が明了に顕現するを謂う」「念とは串習の事に於て彼彼の行に随って明了に記憶するを謂う」

明了依 みょうりょうえ 五識とおなじ対象を把握する意識、すなわち「五同縁の意識」を対象に向けることによって、その対象が鮮明に明瞭に感覚されるようになることから、五同縁の意識を明了依という。→意識

明論 みょうろん バラモン教の聖典であるヴェーダをいう。veda を音写して韋陀論・吠陀論ともいう。→吠陀「此の明論を信解する者を悦可す」 Ⓢ veda
（出典）明論者、先云韋陀論、今云吠陀論。吠陀者明也。明諸実事故。（『述記』1 末、大正 43・262c）

冥 みょう ①くらいこと。無知・無明の言い換え。無知が真実の存在を覆い、真実の見解をさまたげるから無知を冥という。疑いを冥に含むこともある。 Ⓢ andhakāra
（出典）以諸無知能覆実義及障真見、故説為冥。（『倶舎』1、大正 29・1a）：云何冥。謂、無明及疑。（『瑜伽』13、大正 30・346a）
②冥闇におなじ。→冥闇①

冥闇 みょうあん ①やみ。くらいこと。「天地が冥闇となる」
②欲界の愛をいう。
（出典）欲界愛、於所知境、令迷惑故、説為冥闇。（『瑜伽』95、大正 30・843a）

冥性 みょうしょう ヴァイシェーシカ派（勝論）が説く一切の存在・世界を生じる二大原理である prakṛti と puruṣa のなかの物質的な根本原理の prakṛti に対する旧訳。新訳は自性・勝性と訳す。
（出典）自性者冥性也。今名自性、古名冥性、今亦名勝性。未生大等但住自分、名為自性。（『述記』1 末、大正 43・252b）

猛 みょう はげしいこと。程度が甚だ強いこと。「猛香と非猛香」「猛火」「猛風」
Ⓢ utkaṭa: tīvratara

猛焔 みょうえん はげしいほのお。「諸の毛孔より猛焔が流出す」「猛焔が熾然する大熱鉄地」 Ⓢ arcis: jvālā: tapta

猛火 みょうか はげしい火。「呪術に由って猛火を放って山を焚焼す」

猛香 みょうこう 非常に強い香り。
Ⓢ utkaṭo gandhaḥ

猛盛 みょうじょう はなはだしいこと。過度であること。「貪が猛盛にして、数、現在前す」「瞋恚に由るが故に瞋が転じて猛盛なり」 Ⓢ atyartha: tīvra

猛利 みょうり ①過度であること。はなはだしいこと。「可愛の事に於て猛利の貪あり、長時の貪ある補特伽羅を貪行補特伽羅と名づく」「身中に極重にして猛利なる熾然の苦悩が発生す」「猛利の煩悩とは上品の煩悩を謂う」「所説の法に於て猛利の浄信を生ず」
Ⓢ udrikta: khara: tīkṣna: tīvra: paṭutva: pragāḍha
②卓越していること。「識は聡鋭にして覚慧は猛利なり」 Ⓢ mahat

鳴 みょう ①（動物などの）鳴き声。「声とは鳴・音・詞・吼・表彰語などの差別の名を謂う」 Ⓢ ghoṣa
②（鐘や鼓などの）ひびき。音響。鳴ること。響くこと。「眼根は見の所依なるが故に亦た能見と名づく。鳴の所依なるが故に亦た鍾が能く鳴ると説くが如し」 Ⓢ **nad**: nāda: **ru**
③（鳥が）さえずる、鳴くこと。「諸の鳥の鳴と静との差別に依って昼と夜とを建立す」
Ⓢ kūjana

瞑目 みょうもく 目を閉じているさま。「瞑目し杖を執り進止を他に問い、蹎蹶して路を失うを見れば、是れ盲なりと比知す」

泯 みん ほろぼすこと。なくすこと。「諸の菩薩のあらゆる静慮は一切の分別を遠離し諸の愛味を離れて一切の相を泯す」
Ⓢ apagata

眠 みん ①不定の心所の一つ。睡眠とおなじ。→睡眠②

②ねむること。「口を開き已って眠るという。若し後に眠らば応に閉ずべし」 Ⓢ śī

眠睡 みんすい ねむること。睡眠とおなじ。「飲食と資助と眠睡と等持との勝縁に益せらるるを所長養と名づく」 Ⓢ svapna

眠伏 みんぶく （習気が阿頼耶識のなかに）潜在的に存在していること。「二取の習気を彼の随眠と名づく。有情に随逐し蔵識に眠伏す。或いは随って過を増するが故に随眠と名づく」

眠夢 みんむ 睡眠とおなじ。ねむること。「眠夢と梵行と等至とは皆な能く諸根の大種を長養す」

愍 みん あわれみ。あわれむ、いつくしむこと。愍傷・愍念ともいう。「有情を愍むが故に無量の有情を利する事を等観す」「諸の菩薩の愍とは、苦が現前する諸の有情の所に於て愍傷を随生するを謂う」「親愛・尊重・恭敬・愍念の心を起こす」
Ⓢ anukampā

愍傷 みんしょう →愍

愍心 みんしん あわれむ心。「諸の菩薩は悲心・愍心をもって恵施を行ず」
Ⓢ anukampā-citta

愍念 みんねん →愍

む

矛矟戟 むさくげき ほこ。矛は長いほこ。矟は短いほこ。戟は両側に枝がでたほこ。いずれも武器の一つ。「弓弩・刀剣・闘輪・羂索・矛矟戟などの諸の闘戦具」

矛穳 むさん ほこ。矛も穳もともに「ほこ」の意。「共に諍論を興し口に矛穳を出し更に相ひ穳す」

牟呼洛伽 むこらが mahoraga の音写。莫呼洛伽とも音写。大蛇。仏法を守護する八部衆の一つ。→八部衆 Ⓢ mahoraga

牟呼栗多 むこりた muhūrta の音写。目呼剌多とも音写。時間の単位の一つ。一日の三十分の一。 Ⓢ muhūrta
（出典）刹那百二十為一怛刹那、六十怛刹那為一臘縛、三十臘縛為一牟呼栗多、三十牟呼栗多為一昼夜。（『倶舎』12、大正 29・62b）

牟娑羅 むしゃら musāragalva の略した音写。牟娑洛とも音写。詳しくは牟娑洛掲婆と音写。黄色の輝きのある宝石。七宝の一つ。車渠・琥珀ともいう。→七宝② Ⓢ musāragalva

牟尼 むに muni の音写。①言葉を離れて寂黙・寂静であること。あるいは言葉では語れない真理をさとって沈黙した人、すなわち聖者・世尊をいう。尊を付して牟尼尊、あるいは、釈迦に付して釈迦牟尼という。「牟尼尊が得るところの二果は永く二障を離れ、亦た法身と名づく」「曩昔より其の心が寂静なる諸の牟尼尊が一切の時に於て展転して宣説す。是の故に説いて此れを嗢拕南と名づく」
Ⓢ muni
（出典）牟尼者、寂黙義、此名寂静。証寂静理故。（『略纂』4、大正 43・54a）：牟尼者、寂黙義。寂止黙静諸雑染故。（『述記』10 本、大正 43・574a）：成就無上寂黙法者、梵言牟尼、此言寂黙。寂黙法者、離言法也。或離過故。故名為寂黙。通三乗解、成一切法性相離言不二法門、名為寂黙。（『述記』10 末、大正 43・603b）
②三牟尼の牟尼。身牟尼（身の寂黙）と語牟尼（語の寂黙）と意牟尼（意の寂黙）との三つ。最後の意牟尼が心を本体としているので真の最高の寂黙であるとされる。いずれも無学（すべてを学び終わってもはや学ぶべきことが無くなった聖者）の人について言えることで、最初の二つ（身牟尼と語牟尼）は無学の身業と語業、最後の意牟尼は無学の意（意業ではない）そのものをいう。 Ⓢ mauneya
（出典）無学身語業、名身語牟尼、意牟尼即無学意、非意業。所以者何。勝義牟尼、唯心為体。謂、由身語二業、比知。又身語業是遠離体、意業不然、無無表故。由遠離義、建立牟尼。是故即心、由身語業、能有所離故、名牟尼。（『倶舎』16、大正 29・84a）

牟尼業 むにごう →三牟尼業

牟尼尊 むにそん 牟尼の尊者。→牟尼①

務農 むのう 農業。耕作。「殉利・務農・勤王などの種種の世間の事業」 Ⓢ kṛṣi

無 む ①（有・無に関する総論のなかでの無）。非存在。存在しないこと。有の対。たとえば、次のような無をいう。（ⅰ）現象的存在（有為法）が滅したありようとしての無。「諸の有為法は、纔かに自体を得れば、此れより無間に必ず滅して無に帰す」「有為法の滅は因を待たず。所以は何。因を待つは、謂く、果なり。滅は無にして果に非ざるが故に因を待たず」。（ⅱ）過去と未来との存在性についての論義（有か無か）のなかでの無。〈有部〉は「三世実有・法体恒有」の立場から、過去と未来とにおいても法体は有であるといい、〈唯識〉は「現在有体・過未無体」の立場から過去と未来は無であると主張する。→三世実有法体恒有 →現在有体過未無体。（ⅲ）〈唯識〉が存在の究極のありようである空を非有非無と定義するなかでの無。→非有非無。（ⅳ）無因論者の説く無。→無因論「無因論者は諸行の性相を証得せずして是の如き見を起こし、是の如き論を立つ。有は定んで有にして無は定んで無なり。無は生ずべからず、有は滅ずべからずと」
Ⓢ abhāva: na-asti
②（種々の事象に関する叙述のなかでの無）。存在しないこと。認識されないこと。欠けていること。
Ⓢ antareṇa: abhāva: asat: asaṃbhava: na asti: na upalabhyate: na bhavati: na vidyate: na saṃvidyate: varjita: vigata: vinā
③後の語を否定する否定辞としての無。子音の前で a-、母音の前で an-、動詞複合語の nis などの接頭辞の訳。

無哀 むあい →無哀愍

無哀愍 むあいみん 哀愍がないこと。哀れみ慈しむ心がないこと。無哀とおなじ。「彼れは一切の悪が現行する中に於て無畏を得るが故に、無哀愍なるが故に、能く善根を断ず」「害は瞋の一分にして無哀・無悲・無愍を体と為す」 Ⓢ nairghṛṇya

無愛 むあい ①愛楽（敬愛し尊重すること）がないこと。「無施・無愛・無祠祀・無妙行・無悪行という邪見あり」
②愛着・貪愛がないこと。「利養を得已って無染・無愛なり」 Ⓢ asakta

無愛染 むあいぜん 愛着（愛染）がないこと。「諸の菩薩は無愛染にして憐愍を生じ、生生の中に於て憐愍の心は恒常に随転す」 Ⓢ nirāmiṣa

無愛味 むあいみ 愛着（愛味）がないこと。「菩薩の善士の静慮とは、一つには無愛味の静慮を謂う」 Ⓢ anāsvādita: nirāmiṣa

無位 むい 無容とおなじ。可能性がないこと。ありえないこと。無処（asthāna）と並記されることが多い。→無処 →無容「諸根が所作を越えるとは無処・無位を謂う。眼が能く声を聞き、香を嗅ぎ、味を嘗め、諸触を覚するなどは、必ず是の処無く、能く諸色を見るは斯れ是の処有り」 Ⓢ anavakāśa

無為 むい 為作・造作が無いもの。作られないもの。因と縁とによって生じるものでないもの。非現象的存在。有為の対。〈倶舎〉は次の三つの無為を立てる。（ⅰ）虚空無為（ākāśa-asaṃskṛta）。いかなるさまたげ（障礙）もない広大無辺な空間。そのなかで、もの（色）がさまたげられることなく、自由に動きまわり、増大・収縮することができる空間。虚空は実体として存在する（実有）。（ⅱ）択滅無為（pratisaṃkhyā-nirodha-asaṃskṛta）。簡択力によって得られた滅。簡択とは四諦の理をさとる智慧。この智慧によって煩悩から解脱したところに顕れる空寂の真理。涅槃のこと。（ⅲ）非択滅無為（apratisaṃkhyā-nirodha-asaṃskṛta）。簡択力によって得られる滅でない空寂なるもの。因と縁とを欠いて現象として生じないもの。たとえばある一つの物（色）を眼（眼識）で見るとき、他の物を見る・聞く・嗅ぐ・触るという感覚（眼識・耳識・鼻識・舌識・身識の五識）は生じないままであることをいう。これを「縁闕不生の非択滅」という。〈唯識〉は、真如のありよう・顕れ方に応じて次の六つの無為を立てる。（ⅰ）虚空無為。真如がありとあらゆるさまたげを離れていることが、虚空があらゆる物質的なさまたげを離れていることに似ているから、真如を仮に虚空無為と呼ぶ。（ⅱ）択滅無為。智慧（簡択力）によって煩悩が滅したところに顕れる真如をいう。（ⅲ）非択滅無為。智慧（簡択力）によらなくて得られる真如をいう。これには次の二つがある。1. 本性清浄の真如。煩悩を有した汚れた真如を有垢真如、汚れを離れた真如を無垢真如といい、真如は元来本性として清浄であるという点から本性として清浄な真如を非択滅無為の一つに含める。2. 縁闕所顕の真如。有為（現象的存在）が生じる縁が欠けてそれが生じないときに顕れてくる真如。(iv) 不動無為 (āniñjya-asaṃskṛta)。色界の第四静慮で顕れてくる真如。第四静慮では苦受と楽受とがなくなり、ただ不苦不楽受のみが残り、苦にも楽にも揺れ動かない不動の心が確立するときに顕れてくる真如であるから不動無為という。(v) 想受滅無為 (saṃjñā-vedayita-nirodha-asaṃskṛta)。無色界の最高の天（有頂天・非想非非想天）で想と受とが滅したときに顕れてくる真如。(vi) 真如無為 (tatathā-asaṃskṛta)。以上の虚空無為から想受滅無為までの五つが帰する真如そのものを真如無為という。この真如無為を善法真如・不善法真如・無記法真如の三つに分けて全部で八無為とすることもある。
Ⓢ asaṃskṛta
（参考）（『倶舎』1、大正 29・1c）：（『成論』2、大正 31・6c）：（『百法明門論』、大正 31・855c）

無為空 むいくう 非現象（無為）は非存在（空）であるという理。この理をさとることによって無為という教理への執着を除くことができる。 Ⓢ asaṃskṛta-śūnyatā
（出典）有十種相、空能除遣。何等為十。（中略）九者、了知清浄真如義故、有無為相無変異相、此由無為空無変異空、能正除遣。（『解深』3、大正 16・701a）

無為法 むいほう 無為なる法。因と縁とによって作られない存在。→無為
Ⓢ asaṃskṛtā dharmāḥ

無畏 むい ①（よい意味での）おそれがないこと。恐怖がないこと。これには次の二種がある。(i) 外的な恐怖がないこと。そのような状態を人びとに施すことを無畏施という。→無畏施。「普く一切の有情に施すに無畏を以ってし、他を饒益す」。(ii) 大勢の人びとの前で話し語るときに恐怖がないこと。「無畏とは他の為に正法教を宣説する時、恐怖・忘失念に由って辯ずるに非ざるをいう」「無畏とは多衆・雑衆・大衆・執衆・諦衆・善衆などの中に処在しても、其の心に下劣なる恒懼なく、身に戦汗なく、面に怖色なく、音に謇吃なく、語に怯弱なきを謂う」
Ⓢ viśārada: vaiśāradya
②（わるい意味での）おそれがないこと。恐怖がないこと。「彼れは一切の悪なる現行の中に於て無畏を得るが故に、哀愍なきが故に、能く善根を断ず」 Ⓢ asaṃkoca
③仏の四無畏の無畏。無所畏ともいう。→四無畏 Ⓢ vaiśāradya

無畏施 むいせ 三種の布施（財施・法施・無畏施）の一つ。おそれがない状態を施すこと。たとえば師子・虎狼・鬼魅などの動物や、魔物、王や賊、水や火などの外的な恐怖の対象から救済すること。
Ⓢ abhaya-dāna
（出典）無畏施者、謂、済抜師子虎狼鬼魅等畏、抜済王賊等畏、抜済水火等畏。（『瑜伽』39、大正 30・510a）

無因 むいん ①原因がないこと。自己と世界とは原因なくして生じるという見解のなかで用いられる語。→無因見論 →無因論
Ⓢ ahetu: ahetuka: nirhetuka
②無因・無果の無因。非現象的存在（無為）には原因がないことをいう。「無為は無因・無果なり」 Ⓢ ahetu

無因見論 むいんけんろん 自己と世界とはすべて原因なくして生じるとみる見解。仏教以外の学派（外道）の十六種の異論の一つ。→十六種異論 Ⓢ ahetuka-vāda
（参考）（『瑜伽』7、大正 30・310c）

無因論 むいんろん 外道の六十二種のあやまった見解のなかの一群。自己と世界とは原因なくして生じるとみる見解。知覚・思考作用がない状態（無想天）の体験に基づく無因論と、あやまった思考から導かれた無因論との二つがある。そのような見解を持つ者を無因論者という。→六十二諸悪見趣
（参考）（『婆沙』199、大正 27・997b～c）：（『成論』6、大正 31・31c）：（『述記』6 末、大正 43・448a）

無因論者 むいんろんしゃ →無因論

無有愛 むうあい 死んで生存が虚無になることへの愛着。有愛・後有愛の対。
Ⓢ vibhava-tṛṣṇā

無有見 むうけん 死んだ後は自己存在は断滅して虚無になるという見解。断見のこと。→断見「薩迦耶見を所依止と為して、諸行の中に於て断見を発起するを無有見と名づく」（『瑜伽』89、大正 30・803a）

無雲天 むうんてん 色界十七天の一つ。→色界十七天

無衣 むえ 衣服をまとわないこと。衣服を身に付けず裸のままで生活すること。離繫外道（ジャイナ教徒）の苦行。露形ともいう。「苦行者とは露形・無衣の是の如き等類を謂う」 Ⓢ nagna

無依 むえ ①援助者・保護者（nātha）がいないこと。「貧匱にして無依・無怙なる衆生」 Ⓢ anātha
②実物（upadhi）がないこと。たとえば「有依の福業事」とは、飲食や衣服などの具体的な物品を施す善行為であるのに対して、「無依の福業事」あるいは「無依善」とは、如来から教えを聞く、如来を恭敬し供養するなどの精神的な善行為をいう。→有依福業事 Ⓢ nirupadhika: niraupadhika
③無所依の略。所依とはこころが生じるよりどころである根（器官）のことで、そのような根を必要としない存在、すなわち色・不相応行・無為をいう。→無所依

無依恵施 むええせ →無依施

無依怙 むえこ 頼ることができる人やものがないこと。「無依怙の有情」 Ⓢ apratisaraṇa: anātha

無依者 むえしゃ 保護者・援助者がいない人。苦しんでいる人の一人。「有苦者とは無依者などを謂う」 Ⓢ anātha

無依施 むえせ →無所依施

無依善 むえぜん →無依②

無依福業事 むえふくごうじ →無依②

無縁 むえん ①認識の対象（縁）がないこと。「無縁にして利と楽との二心を起こし、無縁にして慈と悲との二心を起こす」→無縁無量 Ⓢ anālambana
②原因（縁）をもたないこと。補助原因をもたないこと。「無縁・無待にして大願の心を発す」「諸の無為法は生滅と相応せず、無因・無縁にして有為の相を得ざるが故に蘊なりと立てず」「当来の可愛の諸果の異熟を悕望せずして憐愍を起こすを菩薩の無縁の憐愍と名づく」 Ⓢ apratyaya: niṣkāraṇa

無縁無量 むえんむりょう 生きもの（有情）、あるいは生きものの構成要素（法）という対象を分別しない無分別智で慈・悲・喜・捨の四無量心を起こすこと。三種の無量（有情縁無量・法縁無量・無縁無量）の一つ。→四無量 Ⓢ anālambanāni apramāṇāni
（参考）（『瑜伽』44、大正 30・535c）

無恩 むおん 恩がない者。恩を施していない人。「諸の菩薩は現に種種の施すべき財法があれば、諸の乞求者が正に現在前すれば、有恩・無恩・有徳・有失を差別することなく当に施与すべし」 Ⓢ apakārin

無厭足加行 むおんそくけぎょう 善を修することにおいても、禅定を修することにおいても、またなにをなすにしても、その段階で満足せず、さらに進んだ段階をめざして精進する修行をいう。九種の加行の一つ。→加行② Ⓢ asaṃtuṣṭa-prayogatā
（参考）（『瑜伽』31、大正 30・456b）

無果 むか ①結果を生じないこと。非現象的存在（無為）が結果を生じないことをいう。「無為は無因・無果なり」
Ⓢ aphala: niṣphala
②実りのある結果を生じないこと。「無果の劬労は憂苦を生ず」

無果見 むかけん 行為には結果がないとみるよこしまな見解。「邪見を以って施を修行し、無因見と及び無果見とを以って尸羅を毀犯す」 Ⓢ aphala-darśin

無暇 むか 暇がない状態。暇がない場所。不幸な生存状態・生存場所。賢人が往来していない辺鄙な場所。そのような場所・状態に生まれることを無暇生・無暇処生という。有暇の対。→有暇 Ⓢ akṣaṇa
（出典）云何生無暇。謂、如有一、生於辺国及以達須蔑戻車中、四衆・賢良・正至・善士、不往遊渉、是名生無暇。（『瑜伽』21、大正 30・396a）

無暇処生 むかしょしょう →無暇

無暇生 むかしょう →無暇

無過 むか ①過失がないこと。とが・欠陥・欠点・罪などがないこと。たとえば、二十二根のなかの最後の未知当知根・已知根・具知根の三つの無漏根のありようをいう。「未知当知根・已知根・具知根の三つの無漏根は唯だ所断に非ず。皆な無漏なるが故に、無過の法は是れ所断に非ざるが故に」
Ⓢ nirdoṣa
②過ぎることが無いこと。それ以上に数が多くなることがないこと。→無過無増「一切の劫増は八万を過ぎること無く、一切の劫減は唯だ極むるに十年なり」

無過無増　むかむぞう　過ぎることが無く増すことがないこと。それ以上に数が多くなることも増えることもないこと。「一切法に定異ありとは、一切法は十二処に摂められ無過・無増なるをいう」「何が故に唯だ三の三摩地を立てて無過・無増なるや」

無我　むが　我がないこと。仏教の三つの綱領（三法印）の一つである諸法無我のなかで使われる語。すべての存在は多くの縁によって生じたものであるから、固定的・実体的なものではないという仏教の基本的な教理をいう。無我の我とは、狭くは個人的な「自己」を意味し、無我とは、そのような自己は存在しないことを意味するが、我とは、広くは「生命的存在」の全体を意味し、無我とは、そのような生命的存在は存在しないことを意味する。その後、大乗において、補特伽羅無我と法無我との二種の無我が立てられるに至った。補特伽羅無我とは生命的存在は固定的・実体的なものではないということ、法無我とは存在の構成要素は固定的・実体的なものではないということ、をそれぞれ意味する。小乗が前者の無我のみを説くのに対して、大乗は前者と後者の二つの無我を説くから、小乗より勝れていると主張する。〈唯識〉に至って法性・真如・実際・空などとならんで、存在の究極のありようを表す概念となった。→補特伽羅無我　→法無我「先に聞所成慧を以って、阿笈摩の如く、諸行の体は是れ無常なり、無常なるが故に苦なり、苦なるが故に空及び無我なりと了知す」「一切の無我に差別あることなし。総じて名づけて空と為す。謂く、補特伽羅無我と及び法無我となり。補特伽羅無我とは、謂く、一切の縁生の行を離れて外に別に有る実我が不可得なるが故なり。法無我とは、謂く、即ち一切の縁生の諸行の性は実我に非ず、是れ無常なるが故なり」「云何が勝義有なるや。謂く、其の中に於て一切の名言、一切の施設は皆な悉く永断し、諸の戯論を離れ、諸の分別を離ると雖も、善権方便して説いて法性・真如・実際・空・無我などと為す」

Ⓢ anātman: nairātmya

（出典）言無我者、遠離我故、衆縁生故、不自在故。（『瑜伽』83、大正 30・764b）：立無我者、以一切行従衆縁生。若遇福縁、福便生起、与此相違、生起非福。由此為縁、能招一切愛非愛果。依衆縁故、皆是無常。唯於如是因果所摂諸行流転、仮立我等。若依勝義、一切諸法皆無我等。如是名為立無我論。（『瑜伽』88、大正 30・800b）

無我見　むがけん　すべての現象的存在（諸行）は「我れ」（ātman 我）とか「我がもの」（ātmīya 我所）ではないとみる見解。苦諦に対する四つの見方（無常・苦・空・無我の四行相）の一つ。Ⓢ anātman-dṛṣṭi

（参考）（『瑜伽』68、大正 30・674c）

無我想　むがそう　無我であると考えること。無常で苦なるものすべては固定的・実体的な存在ではないと思考すること。→無我「無常に於て苦想を修習し、衆苦に於て無我想を修す」　Ⓢ anātman-saṃjñā

無我智　むがち　無我であるとしる智慧。→無我「三種の最勝無上あり。謂く、無常智と苦智と無我智となり」　Ⓢ nairātmya-jñāna

無我理　むがり　無我という真理。この真理に迷うことを無明あるいは我癡という。→無我「所聞の法の如く、復た能く如理に正思惟する時、無我理において能く悟入す」「我癡とは無明を謂い、我相に愚かにして無我理に迷うが故に我癡と名づく」

無我論　むがろん　我はないとみる説。一切の存在は縁より生じたものであり、無常なものであり、そこには固定的で実体的な我は存在せず、連続する因と果との絶え間ない流れに対して仮に我を立てるだけであるという説。

（参考）（『瑜伽』88、大正 30・800b）

無害　むがい　生きものを殺害しないこと。武器を持って争わないこと。いかることがなく慈しみ、損害を与えようとしない心。不害とおなじ。→不害　Ⓢ avadha: ahiṃsā

（出典）言無害者、謂、能違拒執持刀杖闘諍等事。（『瑜伽』83、大正 30・762a）：於諸有情、能善随順慈心定故、説名無害。（『瑜伽』98、大正 30・867b）

無学　むがく　修行が完成してすべての煩悩を断じ尽くし、それ以上に学ぶべきことがなくなった人。阿羅漢果を得た聖者。七種の声聞（退法・思法・護法・安住法・堪達法の五種の阿羅漢に不動法の阿羅漢を錬根不動と先来不動との二つに分けたものを加えた七種）と独覚と大覚（仏陀）との九種の者をいう。　Ⓢ aśaikṣa

(出典) 居無学位聖者有九。謂、七声聞及二覚者。(『倶舎』25、大正 29・131b)

無学位 むがくい すべての煩悩を断じ尽くし、それ以上に学ぶべきことがなくなった位。阿羅漢の位。無学道とおなじ。学道の対。→無学

無学解脱 むがくげだつ 阿羅漢になり、もはや学ぶべきことがなくなった人の解脱。真実の究極の解脱をいう。この解脱は心解脱と慧解脱との二種に分けられる。
(出典) 無学解脱復有二種。一者心解脱、謂、離貪故。二者慧解脱、謂、離無明故。(『婆沙』28、大正 27・147a)
(参考) (『瑜伽』85、大正 30・773b)

無学五蘊 むがくごうん 阿羅漢になり、もはや学ぶべきことがなくなった人の五つの蘊。戒蘊・定蘊・慧蘊・解脱蘊・解脱知見蘊の五つ。

無学業 むがくごう 修行が完成してすべての煩悩を断じ尽くし、それ以上に学ぶべきことがなくなった人の業。三業 (学業・無学業・非学非無学業) の一つ。→三業⑪ →無学 Ⓢ aśaikṣaṃ karma

無学支 むがくし →十無学支

無学地 むがくじ 修行が完成してすべての煩悩を断じ尽くし、それ以上に学ぶべきことがなくなった境地。無学位・無学道とおなじ。→無学 Ⓢ aśaikṣī bhūmiḥ

無学正見智 むがくしょうけんち 修行が完成してすべての煩悩を断じ尽くし、それ以上に学ぶべきことがなくなった人の正しい智慧。三種の妙智無上 (尽智・無生智・無学正見智) の一つ。
(参考) (『瑜伽』88、大正 30・796c)

無学道 むがくどう 一切の諸惑を断じ尽くしてそれ以上学ぶべきものがなくなった段階。阿羅漢の位。無学地・無学位とおなじ。学道の対。→無学 Ⓢ aśaikṣa-mārga

無学法 むがくほう 修行が完成してすべての煩悩を断じ尽くし、それ以上に学ぶべきことがなくなった人のなかにある汚れがない存在。Ⓢ aśaikṣa-dharma
(出典) 無学法云何。謂、無学者無漏有為法。(『倶舎』24、大正 29・127a)

無堪任 むかんにん 無堪任性とおなじ。→無堪任性

無堪任性 むかんにんしょう ①身心が重く不活動であること。思うように身心が働かない状態をいう。不善の心所である惛沈のありようをいう。無堪能・無堪能性ともいう。「云何が惛沈なるや。謂く、身の重性と心の重性と身の無堪任性と心の無堪任性と、身の惛沈性と沈性となり」「云何が惛沈なるや。心をして境に於て無堪任にならしむるを性と為し、能く軽安と毘鉢舎那とを障うるを業と為す」「惛昧にして無堪任性なるを惛沈と名づく」 Ⓢ akarmaṇyatā
②(あることを行なうことにおいて) 能力がない、できないこと。無堪能・不堪任性ともいう。「加行に於て無堪任性なり」「正思択に於て無堪能なり」 Ⓢ abhavya: aśakta
(参考) (『瑜伽』72、大正 30・695c)

無堪能 むかんのう →無堪任性①②

無堪能性 むかんのうしょう →無堪任性①

無緩 むかん なまけていない、だらけてたるんでいないこと。「無緩の加行」「無緩の精進」 Ⓢ aślatha

無願 むがん 願望をもたないこと。たとえば欲界・色界・無色界の三界に生存することを願わないこと。→無願解脱門 Ⓢ apraṇihita

無願解脱門 むがんげだつもん 解脱に至る三つの入り口である三解脱門 (空解脱門・無願解脱門・無相解脱門) の一つ。→三解脱門

無願三摩地 むがんさんまじ 三つの三摩地 (空三摩地・無相三摩地・無願三摩地) の一つ。無願定・無願等持とおなじ。→三三摩地 Ⓢ apraṇihitaḥ samādhiḥ

無願住 むがんじゅう 四つの聖住 (空住・無願住・無相住・滅尽定住) の一つ。欲界・色界・無色界の三界に生存することを願わない心の状態 (無願三摩地) に住していること。Ⓢ apraṇihita-vihāra

無願定 むがんじょう 無願三摩地とおなじ。→無願三摩地 →三三摩地

無願心三摩地 むがんしんさんまじ 無願三摩地とおなじ。→無願三摩地 →三三摩地

無願等持 むがんとうじ 無願三摩地とおなじ。→無願三摩地

無願無願三摩地 むがんむがんさんまじ 無願無願等持とおなじ。→無願無願等持

無願無願三昧 むがんむがんざんまい 無願無願等持とおなじ。→無願無願等持

無願無願等持 むがんむがんとうじ 三種の

重等持（空空等持・無願無願等持・無相無相等持）の一つ。無学の無願等持を縁じて非常の行相を取る等持。無願無願三摩地・無願無願三昧とおなじ。
（参考）（『倶舎』28、大正 29・150a）

無記 むき ①無記法ともいう。善あるいは不善と価値づけできないもの。有覆無記と無覆無記との二種がある。有覆無記とは、無記ではあるが、聖道をおおってさまたげ（覆障）、自心をおおってふさぐ（覆蔽）という二つの働きがあるものをいい、〈唯識〉は、そのようなものとして末那識（潜在的な自我執着心）を考える。無覆無記とは、無記であり、かつ聖道をおおってさまたげることも、自心をおおってふさぐこともないものをいい、〈唯識〉は、そのようなものとして前世の善悪業によって生じた阿頼耶識（根本の心）を考える。無覆無記には、詳しくは次の四種がある。（i）異熟生。前世の善悪業によって生じたもの。（ii）威儀路。行（歩く）・住（立つ）・坐（すわる）・臥（横になる）の四種の身体的動作をするときの心。（iii）工巧処。技術・知識にもとづく仕事や営みをするときの心。（iv）変化。仏・菩薩が神通力を得て人びとを導き救済するために種々のありよう・種々のものを作りだすときの心。これら四種は心を付して異熟生心・威儀路心・工巧処心・変化心ともいう。これら四つの無覆無記に、自性無記（それ自体が無記であるもの、すなわ内的な眼根・耳根・鼻根・舌根・身根と外的な香・味・触との八つ）を加えて、無記を五種に分類する。→無覆無記 →有覆無記 Ⓢ avyākṛta
（出典）不可記為善不善性故名無記。（『倶舎』2、大正 29・7b）：無記有二。謂、有覆無記及無覆無記。（『倶舎』4、大正 29・20b）：無記有五。一異熟生法、二威儀路法、三工巧処法、四通果無記法、五自性無記法。：由五相建立無記諸法差別。何等為五。一異熟生無記、二威儀路無記、三工巧処無記、四変化無記、五自性無記。此中自性無記、謂、諸色根、是長養者、及外諸有色処等非異熟等所摂者、除善染汚色処声処。（『瑜伽』66、大正 30・668a）：無記法者、略有四種。謂、異熟生、及一分威儀路、工巧処、及変化。（『瑜伽』3、大正 30・292b）：於善不善益損義中、不可記別、故名無記。（『成論』5、大正 31・26b）
②ある質問に対して、それが質問としては成立しないから、それを無視して返答しない釈尊の態度をいう。捨置あるいは捨置記ともいう。→十四無記 →捨置記

無記業 むきごう 無記の業。善でも不善でもない業。無貪・無瞋・無癡でもなく貪・瞋・癡でもない心を原因とする行為。
Ⓢ avyākṛtaṃ karma
（出典）無記業者、謂、非無貪無瞋無癡為因縁、亦非貪瞋癡為因縁業。（『瑜伽』9、大正 30・319b）

無記根 むきこん 無記の根。煩悩のなかで無記のものを生じるもと（根）となるもの。これには次の二説がある。（i）〈有部〉の所説。無記の愛と癡と慧の三つをいう。このなか無記の愛とは、色界と無色界との五部の貪愛をいう。無記の慧とは有覆無記の慧と無覆無記の慧をいい、有覆無記の慧とは欲界の有身見と辺執見と、及び色界と無色界との五部の染汚の慧をいい、無覆無記の慧とは威儀路と工巧処と異熟生と変化との心と倶生する慧をいう。無記の癡とは、欲界の有身見と辺執見と相応する無明と及び色界と無色界との五部の無明とをいう。（ii）〈経部〉の所説。無記の愛と見と慢と癡の四つをいう。
Ⓢ avyākṛta-mūla
（参考）（『婆沙』156、大正 27・795a～c）：（『倶舎』19、大正 29・103a）

無記性 むきしょう 三性（善・悪・無記）のなか善でも悪でもないありよう。阿頼耶識の性質の一つで、具体的に顕現した行為（現行）の結果（種子）が熏習され得るための性質をいう。所熏の四義の一つ。→所熏四義 →熏習②
（参考）（『成論』2、大正 31・9c）

無記心死 むきしんし 善でも悪でもない心で死ぬこと。安楽でも苦悩でもない死に方。三種の死（善心死・不善心死・無記心死）の一つ。 Ⓢ avyākṛta-cittaś cyavate
（参考）（『瑜伽』1、大正 30・281b～c）

無記法 むきほう →無記① Ⓢ avyākṛta-dharma

無記法真如 むきほうしんにょ 八種の無為の一つ。無為の種類については論書によって相違があり、『成唯識論』『百法明門論』では虚空無為・非択滅無為・択滅無為・不動無

為・想受滅無為・真如無為の六種を立てるが、このなかの真如無為を善・不善・無記の三性にわけるなかの一つが無記法真如である。存在のなかで善でも悪でもない存在の真理、すなわち真如・無我性・空性・無相・実際・勝義・法界といわれる真理をいう。
Ⓢ avyākṛta-dharma-tatathā
（参考）（『集論』1、大正 31・666a〜b）

無喜足精進　むきそくしょうじん　→無足精進

無愧　むき　→無慚無愧

無義　むぎ　意味のない、価値がない、ためにならない、無駄なこと、あるいはそのようなもの。無義利とおなじ。有義の対。「有義の声と無義の声」「外道の所説は無義にして、世尊の所説は有義なり」「無義の苦行」「是の如き諸相と尋思と及び随煩悩とは能く無義を引いて心をして散動せしむ」「軽爾には無義・無利・不相応なる語言を説かず」「能く苦を引くが故に説いて無義と名づく」「世間は常か無常かなどの諸の外道の問は正理の如くならず、能く無義利を引く」
Ⓢ anartha: apārtha: nirartha: nirarthaka: vyartha

無義言　むぎごん　意味のない言句。教えにおける三種の言句（無義言・邪妄言・如義言）の一つ。たとえば、バラモンが誦するヴェーダ聖典の文句、あるいは、甘露を飲めば不死となると唱える呪文などをいう。
（参考）（『了義灯』1本、大正 43・664c）

無義利　むぎり　→無義

無境　むきょう　①唯識無境の無境。外界に事物や事象が存在しないこと。→唯識無境「四智を成就して菩薩は能く随って唯識無境に悟入す」
②存在しない認識対象。識は無（存在しない認識対象）を縁じる（認識する）か、あるいは縁じないか、という論争のなかで用いられる概念。〈有部〉は無境を対象とすると説き、〈経部〉はそれに反対する。「若し無為法にして其の体、唯だ無ならば、空・涅槃の識は応に無境を縁ずべし」

無行　むぎょう　①修行（加行）も努力（功用）もしないこと。→無行般涅槃補特迦羅
Ⓢ anabhisaṃskāra
②行相を有していないこと。無行相とおなじ。→無行相①「有行の法と無行の法」

無行相　むぎょうそう　①行相を有していないこと。行相（ākāra）とは対象を認識するこころ（心・心所）の認識のありよう・内容をいう。こころ以外の存在、たとえば物質（色）は、そのような行相を有していないから無行相という。→有行相「有行相と無行相」　Ⓢ anākāra
②無の行相。非存在（無）とみる認識のありよう（行相）。たとえば因果の理の存在を否定する邪見は「無行相にて転ずる」という。「無行相の過患は尤も重きが故に唯だ此れに依って邪見の名を立つ」「無行相にて転ずるものに邪見の名を立つ。非常に於て常見を起こす彼の見は然らざるが故に邪見に非ず」

無行般涅槃者　むぎょうはつねはんしゃ　→無行般涅槃補特迦羅

無行般涅槃補特伽羅　むぎょうはつねはんふとがら　修行（加行）も努力（功用）せずして涅槃に入る人。色界において涅槃に入る五種のタイプ（中般涅槃・生般涅槃・有行般涅槃・無行般涅槃・上流）の一つ。無行般涅槃者ともいう。
Ⓢ anabhisaṃskāra-parinirvāyī pudgalaḥ
（出典）無行般者、謂、往色界生已、経久加行懈息、不多功用、便般涅槃、以闕勤修速進道故。（『倶舎』24、大正 29・124b）：云何無行般涅槃補特伽羅。謂、生彼已、不起加行、不作功用、不由労倦、道現在前而般涅槃、是名無行般涅槃補特伽羅。（『瑜伽』26、大正 30・425a）

無形　むぎょう　無形者とおなじ。男と女の特徴としての性器である男根あるいは女根を具えていない者。「具根・不具根の位、無形・一形・二形の位あり」「化生の無形者は眼・耳・鼻・舌・身・命根の六を得る」
Ⓢ avyañjana

無形者　むぎょうしゃ　無形とおなじ。→無形

無功果見　むくかけん　二十八種のまちがった見解（不正見）の一つ。→不正見

無功用　むくゆう　意図的な努力がないこと。おなじ意味の無加行とともに用いられることが多い。→無加行無功用無相住「彼は爾の時に於て法観に由るが故に任運に道を転じ、無功用に転じて加行に由らず」「諸仏の一切の所作は皆な無功用なり」「不動地の中に於て先のあらゆる有加行・有功用の道を捨

てて、其の心は無加行・無功用にして任運に転ずる不動の勝道に昇上す。是の故に此の地を不動地と名づく」 Ⓢ anābhoga

無功用運転作意 むくゆううんてんさい 九種の心住（内住・等住・安住・近住・調順・寂静・最極寂静・専注一趣・等持）のなかの等持に住して行なう思索。意図や努力することなく行なう最も勝れた思索。→心住
Ⓢ anābhoga-vāhano manaskāraḥ
(出典) 於等持中、有無功用運転作意。(『瑜伽』30、大正 30・451b)

無功用行菩薩 むくゆうぎょうぼさつ 修行が進展する過程に随って五種に菩薩を分類したもの（勝解行菩薩・増上意楽行菩薩・有相行菩薩・無相行菩薩・無功用行菩薩）の一つ。十地のなかの不動地・善慧地・法雲地に住する菩薩。無分別智を成就して意図的な努力をすることがなくなった菩薩をいう。
(出典) 無功用行菩薩者、謂、住不動善慧法雲地中所有菩薩。由此菩薩已得純熟無分別智故。(『雑集論』13、大正 31・756b)

無垢 むく けがれがないこと。すべての煩悩をなくしきった如来のありようをいう場合が多い。「有垢の眼と無垢の眼」「此の中、離垢とは煩悩障を断ずるが故なり。無垢とは、所知障を断ずるが故なり。又は、習気を永抜するが故に無垢と名づく」(『瑜伽』82、大正 30・756b) Ⓢ nirmala

無垢識 むくしき 阿頼耶識の別名。一切の汚れがなくなった阿頼耶識をいう。煩悩がなく清浄になりきった存在のよりどころであるから無垢識という。如来のみが持つ心。無垢の原語 amala を阿末羅あるいは阿摩羅と音写して阿末羅識・阿摩羅識ともいう。→阿頼耶識 →阿摩羅識「如来の無垢識は是れ浄なる無漏界なり。一切の障を解脱して大円鏡智と相応す」 Ⓢ amala-vijñāna
(出典) 第八識、雖諸有情皆悉成就、而随義、別立種種名。(中略) 名無垢識。最極清浄諸無漏法所依止故。(『成論』3、大正 31・13c)

無垢真如 むくしんにょ けがれを有しない真如。けがれを有した真如を有垢真如というのに対する語。
(出典) 自性円成実故者、謂、有垢真如。清浄円成実故者、謂、無垢真如。(『摂論釈・世』4、大正 31・342a)

無垢染 むくぜん けがれていないこと。「衣に垢染なし」 Ⓢ asaṃkliṣṭa

無窮 むぐう つきることがないこと。終わらないこと。無限であること。「若し慢ありて徳・有徳に於て心が謙下ならざれば、此れに由って生死輪転して無窮に諸の苦を受く」「龍が池を鎮めれば、水の恒に竭きざるが如く、煩悩が業を鎮めれば、生の続くこと無窮なり」 Ⓢ aniṣṭhā

無窮過 むぐうか 無窮失ともいう。無窮の過失。ある事柄やありようを説明することにおいて、遡行して尽きることなく、次々と別のものを設定せざるをえないという過失をいう。たとえば〈唯識〉の四分説において、相分を見るのが見分であり、相分と見分とによる認識作用を確認するのが自証分であり、その自証分の作用を確認するのが証自証分であるとされるが、このような考えでいけば、その証自証分の作用を確認するものをさらに設定する必要があり、そのように設定されたものをさらに確認するものが必要になる、云々と無限に遡っていくことになるので、証自証分によって確認される自証分が証自証分を確認すると説明して無窮の過失に陥ることを防ぐ。「相続の中に法の得が起こるが故に本法と及び得の得とを成就し、得の得が起こるが故に法の得を成就す。是の故に此の中には無窮の過なし」 Ⓢ anavasthā-prasaṅga

無窮失 むぐうしつ 無窮過とおなじ。→無窮過

無加行 むけぎょう 意図的な努力がないこと。おなじ意味の無功用とともに用いられることが多い。→無加行無功用無相住
Ⓢ anabhisaṃskāra

無加行無功用無相住 むけぎょうむくゆうむそうじゅう 意図的な努力・修行をすることなく、かつ対象がない心境に住していること。発心してから仏陀すなわち如来になるまでの十三の段階・心境の第十。菩薩の十地のなかの不動地にあたる。無加行無功用無間欠道運転無相住ともいう。→十三住
Ⓢ anabhisaṃskāro 'nābhogo nirnimitto vihāraḥ
(参考) (『瑜伽』47、大正 30・553c)：(『瑜伽』48、大正 30・560c〜561b)

無加行無功用無間欠道運転無相住 むけぎょうむくゆうむけんけつどううんてんむそうじゅう →無加行無功用無相住

無悔 むけ 悔ゆることがないこと。後悔しないこと。戒を守ることによって生じ、その結果、歓喜を生じ、身心を軽くのびやかで安らかな状態（軽安）にする働きがある。無悔悩とおなじ。「彼れは是の如く尸羅を具するが故に便ち能く無悔にして、乃至、心が正定を得る」「具戒の士夫補特伽羅は自ら戒浄を観じて便ち無悔を得、無悔なるが故に歓び、歓ぶが故に喜を生じ、心の喜の故に身が軽安を得る」「彼れは自ら尸羅清浄を思惟するが故に悔悩なし。悔悩なきが故に便ち歓喜を生ず」
Ⓢ ananutāpya: avipratisāra: avipratisārin

無悔悩 むけのう →無悔

無戯論 むけろん 戯れに語ることがないこと。意味のない語りがないこと。言葉で考えることがないこと。戯論の原語 prapañca は、展開する・拡大するという意味の動詞 **pañc** から派生した語で、広く現象一般を表す語であるが、仏教ではこの語によって迷い苦しむ生死の現象的世界を意味する。そのような戯論がない世界とは、生死がない世界である涅槃をいう。戯論の対。「我れは当に無戯論の涅槃に於て心に退転なく憂慮を生ぜざるべし」「無戯論とは、此れ解脱の性なり。唯だ内の所証なり。若しくは異か不異か、死後は当に有か、或いは当に無か、などの一切の戯論は説くこと能わざるが故なり」
Ⓢ niṣprapañca

無戯論無分別 むけろんむふんべつ 三種の無分別（知足無分別・無顚倒無分別・無戯論無分別）の一つ。菩薩の無分別。色・受・想・行・識の五蘊はただ言葉で語られたもの（戯論）であると知って、一切の存在の対象のすがた（相）を滅して一切に遍在する真理（真如）をさとること。→無分別④
Ⓢ niṣprapañca-nirvikalpa
（出典）由諸菩薩知色等法唯戯論已、遂能除泯一切法相、得最極寂静出世間智、通達遍満真如、是名無戯論無分別。（『雑集論』14、大正 31・765a）

無繫 むけ ①しばられていないこと。「当来の可愛の異熟に於て其の心が無繫なり」
Ⓢ niṣpratibaddha
②無繫外道のこと。→無繫外道

無繫外道 むけげどう 離繫外道・無慚外道ともいう。修行によって三界の繫縛を離れることを目指すから離繫あるいは無繫といい、裸でいることを修行とみなすから、仏教徒から、はじることがない、すなわち無慚と誹謗される。ジャイナ教徒のこと。植物をも生命があるもの、すなわち有情とみなし、また宿作因論を唱える学派。「出家外道あり、名づけて無繫と曰う。彼れは是の説を作す。樹などの外物にも亦た生命ありと」
Ⓢ nirgrantha

無下精進 むげしょうじん 不下精進ともいう。自らを卑下し軽蔑することなく勇敢につとめ励むこと。五種の精進（被甲精進・加行精進・無下精進・無退精進・無足精進）の一つ。有勇精進とおなじ。
（出典）為証得、不自軽蔑、亦無怯懼、名無下。経名有勇。不自卑中、更増勇鋭。（『述記』6 本、大正 43・437c）

無解愚 むげぐ 理解しない者のおろかさ。見・聞・覚・知しない対象に対するおろかさ・無知。たとえば感官が発達していない乳児の無知をいう。四種の無明（無解愚・放逸愚・染汚愚・不染汚愚）の一つ。
（出典）於不見聞覚知所知義中、所有無智、名無解愚。（『瑜伽』58、大正 30・622a）

無礙 むげ さまたげられることがないこと。障害・束縛がないこと。「虚空は無礙なり」「魚眼は水に於て無礙なり」「無礙の所縁とは已に所知障を断じた者の所縁の境界なり」「所知障を断ずるが故に一切の所知に於て無礙・無障なる智を菩提と名づく」「種種の神通変化を現じて其の身は石壁・山巖などの障を穿過して往還は無礙なり」
Ⓢ an-āvaraṇa anāvṛta: anāvṛti: apratighāta: apratihata: asakta: asajjamāna: pratibandha:

無礙解 むげげ 滞ることがない明晰な理解。→四無礙解

無礙解住 むげげじゅう 発心してから仏陀すなわち如来になるまでの十三の段階・心境の第十一。一切の教えの意味や解釈を智る広大な智慧を得て人びとに教えを自由自在に説く段階。菩薩の十地のなかの善慧地にあたる。→十三住 Ⓢ pratisaṃvid-vihāraḥ
（参考）（『瑜伽』47、大正 30・553c）：（『瑜伽』48、大正 30・561b〜c）

無見 むけん ①みえないもの。眼の対象、視覚の対象にならないもの。たとえば精神的

な存在（心・心所）や非現象的存在（無為）をいう。有見の対。 Ⓢ anidarśana
（出典）言有見者、謂、若諸色堪為眼識及所依等、示在此彼、明了現前、与此相違、名為無見。（『瑜伽』100、大正 30・880a）
②みえないこと。無明の別名。「無見・無有現観・黒闇・愚癡・無明闇の六種は無明の差別なり」（『瑜伽』9、大正 30・322c）
Ⓢ adarśana
③無と見ること。一切法は決定して皆な無自性、決定して不生不滅、決定して本来寂静、決定して自性涅槃である、と聞いて、すべてはまったく非存在であるとみる見解をいう。
（参考）（『瑜伽』76、大正 30・721b）

無見有対 むけんうたい 視覚の対象ではないが、なんらかの事象として存在するもの。たとえば、眼根（眼という器官）、耳の対象である声、鼻の対象である香、舌の対象である味、身の対象である触、などをいう。色（物質的なもの）の三種のありよう（有見有対・無見有対・無見無対）の一つ。
Ⓢ anidarśana-sapratigha
（参考）（『倶舎』13、大正 29・69a）：（『瑜伽』64、大正 30・657b）

無見無対 むけんむたい 視覚の対象でもなく、なんらかの事象としても存在しないもの。色（物質的なもの）の三種のありよう（有見有対・無見有対・無見無対）の一つ。無表色あるいは法処所摂色をいう。→無表色 →法処所摂色 Ⓢ anidarśana-apratigha
（参考）（『倶舎』13、大正 29・69a）：（『瑜伽』64、大正 30・657b）

無間 むけん ①（時間的に）あいだがないこと。間隙がないこと。たとえば、まさに煩悩を断じる位を無間道（ānantarya-mārga）という。無間とはその間に間隙がないこと、すなわち、煩悩を断じた次の刹那に解脱智が生じるから無間道という。「一刹那に五識身が生じ已って、此れより無間に必ず意識が生ず」「五識の無間に生ずるところの意識は、唯だ過去の境を縁ず」
Ⓢ anantara: anantaram: ānantarya: nairantarya: samanantara: samanantaram
②連続し相続していること。途切れることがないこと。常であること。「上品の加行とは無間の加行と及び殷重の加行とを謂う」「極長時の種種の猛利なる無間の大苦に於て悉く能く堪忍す」「無間の精進とは一切時に加行を修するを謂う」 Ⓢ anantara: anantaram: avicchinna: avīci: ānantarya: nirantara: nirantaram: niśchidra: nairantaryeṇa: pratyavichheda: samitam: sātatya

無間運転作意 むけんうんてんさい →無間欠運転作意

無間加行 むけんけぎょう 正しく睡眠をとる以外は、昼夜にわたって常に修行すること。殷重加行と並んで重要な修行のありようをいう。 Ⓢ sātatya-prayoga
（出典）無間加行者、謂、於昼日夜初後分、応常覚悟、於夜中分、正習睡眠、為離師子相似長時極重失念無間睡故、重累其足、乃至、思惟起想、正習睡眠。（『瑜伽』70、大正 30・686a）

無間欠運転作意 むけんけつうんてんさい 九種の心住（内住・等住・安住・近住・調順・寂静・最極寂静・専注一趣・等持）のなかの専注一趣に住して行なう思索。純一で途切れることがない深まった思索。無間運転作意ともいう。→心住
Ⓢ niśchidra-vāhano manaskāraḥ
（出典）於専注一趣中、有無間欠運転作意。（『瑜伽』30、大正 30・451b）

無間業 むけんごう →五無間業

無間業同分 むけんごうどうぶん 五無間業と同類の次のような五種の行為をいう（『瑜伽論』の所説）。（ⅰ）阿羅漢尼あるいは母と性的行為をおこなうこと（無間業のなかの害母にあたる）。（ⅱ）最後有（次の生で涅槃に入り再び生まれて来ない最後の生存）の菩薩を打つこと（害父にあたる）。（ⅲ）町のなかで羊を殺して供養する儀式を流行させたり、頼りとなる親友や年寄りに損害を与えたり欺いたり、苦しむ者、貧乏な者、頼る人がいない者たちに、最初は自分に帰依させるために恐れのない状態を与え、次に逆に害を加えたり苦しみ悩ましたりすること（害阿羅漢にあたる）。（ⅳ）教団の所有物を奪うこと（破和合僧にあたる）。（ⅴ）霊廟を破壊すること（出仏身血にあたる）。『倶舎論』の所説はこれと相違する（→無間同類業）。→五無間業
（参考）（『瑜伽』9、大正 30・318b）：（『略纂』4、大正 43・50b）

無間獄 むけんごく 無間地獄とおなじ。→無間地獄「火災は能く世間を壊し、無間獄よ

り乃至は梵世に至る」

無間罪 むけんざい 無間業による罪。逆罪ともいう。→五逆罪「若し仏所に於て悪心を以って出すときは、一切、皆な、無間罪を得るや。要らず殺心を以ってせば、方に逆罪を成じ、打心をもって血を出すときは無間は則ちなし」 Ⓢ ānantarya-avadya

無間地獄 むけんじごく 途切れることなく恒に苦を受けつづけている地獄。あるいは、あいだに楽が生じることがない地獄。贍部洲より四万踰繕那の下にこの地獄の底があり、その上に他の七つの地獄が重なってある。八大地獄の一つ。原語 avīcir narakaḥを阿鼻旨大捺落迦と音写。無間獄・無間大地獄・無間大那落迦ともいう。 Ⓢ avīcir narakaḥ
(出典) 受苦無間故、名無間。無楽間苦故、名無間。(『倶舎論疏』8、大正 41・584b)
(参考) (『婆沙』172、大正 27・865c):(『倶舎』11、大正 29・58b)

無間定 むけんじょう 加行位の四段階のなかの第四の世第一法の位で修せられる禅定。この禅定において所取(認識されるもの)と能取(認識するもの)とは空であると観じた刹那に、間隙なくして(無間に)次の刹那に真理(真如)を見る見道に入るから無間定という。

無間心 むけんしん 途絶えることなく相続する心。一つの対象にとどめおかれて静かに定まった心(三摩地)のなかの影像を認識し続ける心。奢摩他の対象。
Ⓢ ānantarya-citta
(出典) 世尊、云何無間心。善男子、謂、縁彼影像心、奢摩他所縁。(『解深』3、大正 16・698b)

無間大地獄 むけんだいじごく →無間地獄

無間大那落迦 むけんだいならか →無間地獄

無間断 むけんだん 途絶えること、中断することがないこと。「阿頼耶識は無始の時よりこのかた、一類に相続して常に無間断なり」 Ⓢ avicchinna

無間同類業 むけんどうるいごう 五無間業と同類の次の五種の行為をいう(『倶舎論』所説)。(i)母である阿羅漢尼と性的行為をおこなうこと(無間業のなかの害母にあたる)。(ii)定に住した菩薩を殺害すること(害父にあたる)。(iii)有学の聖者を殺害すること(害阿羅漢にあたる)。(iv)教団の所有物を奪うこと(破和合僧にあたる)。(v)窣堵波を破壊すること(出仏身血にあたる)。『瑜伽論』の所説はこれと相違する(→無間業同分)。→五無間業
(参考) (『倶舎』18、大正 29・94b):(『略纂』4、大正 43・50b)

無間道 むけんどう 四道の一つ。→四道

無間滅意 むけんめつい 二種の意(無間滅意・染汚意)の一つ。一刹那前に滅し去った六識(眼識・耳識・鼻識・舌識・身識・意識)全体をいう。現在の六識が生じるための原因(所依・依止)となる。四つの縁のなかの等無間縁にあたる。意を識と言い換えて無間滅識ともいう。等無間滅意ともいう。「意とは恒行意と及び六識身の無間滅意とを謂う」「意に二種あり。第一は与めに等無間縁の所依止の性と作る。無間滅識は能く意識の与めに生の依止と作る。第二の染汚意は四煩悩と恒に共に相応す」
(参考) (『摂論釈・世』1、大正 31・325b)

無間滅因 むけんめついん 一刹那前に滅したもの。それが原因となってある結果を引き起こすとき、その原因を無間滅因という。十因のなかの生起因がこれに相当する。→十因
Ⓢ anantara-niruddhaḥ hetuḥ
(参考) (『瑜伽』5、大正 30・302b)

無間滅因依処 むけんめついんえしょ →因依処

無間滅縁 むけんめつえん 等無間縁とおなじ。→等無間縁

無間滅識 むけんめつしき →無間滅意

無限 むげん かぎりがないこと。「世間の有情の寿量が無限なる時あり。此れより漸く減じて乃至、十歳にいたる」「菩薩は必ず三無数大劫にわたって百千の難行・苦行を修習して方に是の如き無限の大悲を得る」
Ⓢ aparimita

無限量 むげんりょう 言過(議論における立論者の言葉の過失)の一つで、くりかえし述べたり、言葉に増減があること。→言過
Ⓢ amita
(出典) 無限量者、謂、所説義言詞、復重、或復減少。(『瑜伽』15、大正 30・360a)

無怙 むこ たよりとするものがないこと。「諸の菩薩は貧匱・無依・無怙なる諸の衆生の所に於て、染汚心を離れて種種の饒益する

楽具を与えんと欲す」 Ⓢ apratiśaraṇa

無虚誑 むこおう まちがっていないこと、真実であること。真理（諦・無我・法性など）のありようを表す概念。あるいは、まちがいなく語る言葉を形容する概念。「真の義、如の義、不顛倒の義、無虚誑の義、是れ諦の義なり」「無我の法性は了知し難く、此の自性の体は甚深なるが故に説いて無虚誑の義と名づく」「福を楽って邪に外火に事える勝解の有情を教化せんが為に、無虚誑の事えるべき火を示す」「無虚誑の語と及び離間の語とは虚誑語の事を摂受することなきが故なり」

無虚度 むこど 時をむなしく過ごさないこと。実りがあること。「諸の菩薩は意言分別して仏法僧を礼し、命終に至るまで時を虚度することなし」 Ⓢ abandhya

無虚妄 むこもう （語ることが）まちがっていない、真実であること。「所言・所説・所宣は一切如実にして皆な無虚妄なるが故に如来と名づく」「諸の菩薩は諸の有情を饒益する方便に於て、大菩提を趣証する方便に於て、顛倒なき智と倶行する勝解を、菩薩の無虚妄の意楽と名づく」「信言具足とは、言が無虚妄なるを謂う」
Ⓢ avitatha: avisaṃvādana

無顧 むこ 無顧恋とおなじ。→無顧恋
Ⓢ nirapekṣa

無顧恋 むこれん 顧恋しないこと。関心を示して執着することがないこと。無顧ともいう。「菩薩は一切の憂苦を救抜せんと欲するが為に自らに無顧恋なるが故に、能く内外の一切の身財を捨てて諸の有情に於て恵施を行ず」「其の身を顧ず、財物を顧ず、諸有を顧ず、善業を造作する者の欲解を無顧の欲解という」 Ⓢ nirapekṣa

無光浄勝解 むこうじょうしょうげ 九種の勝解の一つ。→勝解②

無恒 むこう つねでないこと。堅固でないこと。無常・変壊などとともに現象的存在（五取蘊・諸行）のありようをいう概念。たとえば、人間存在の寿命には限界があることをいう。「五取蘊は無常・無恒・不可保信・変壊の法なり」「諸行は無常・無恒・無不変易なり」「自体は有限なる住寿に繋属するが故に無恒なり」 Ⓢ adhruva

無根 むこん ①感覚器官（根）でないもの。身体についていえば、髪や爪などをいう。有根の対。→有根「化生者が受くる身形には髪爪などの物の無根の法は少なし」
Ⓢ anindriya
②死んだ人の身体をいう。 Ⓢ anindriya
（出典）有根身名有命者、無根名死。（『倶舎』16、大正 29・86c）
③根拠のないこと。「彼れは是の如き愚癡法を成ずるが故に其の師の所に於て無根の信を得て、非信の処に於て妄に真実の聖教の勝解を生ず」 Ⓢ amūlaka
④生ぜしめる根がないこと。「此の信は同類因あることなきが故に説いて無根と名づく。謂く、無始のときよりこのかた、未だ是の如き堅強な信を得ざるが故なり。譬えば樹ありて、他の茎に依って生じ、自らは既に根なきを無根樹と名づけるが如し」

無言 むごん 言葉を発しないこと。「語護とは黙して無言の禁を受持するを謂う」

無作 むさ ①心が動かない、働かないこと。慢心によって心がゆらがないこと。思惟することがないこと。「無作が是れ無分別智ならば、熟眠・酔なども応に無分別智を成ずべし」 Ⓢ anabhisaṃskāra
（出典）云何無作。謂、於涅槃心生願楽、不為我慢之所傾動、無所思惟亦無造作。又不為彼計我我所当来是有、乃至我当非想非非想等之所傾動、無所思惟亦無造作。（『瑜伽』17、大正 30・373a）
②つくることがない、つくられることがない、働くことがないこと。不生・不滅・無為とともに、すべての存在の真のありようを表す語。「已に諸法に於て無生忍を悟り、一切の不生・不滅・無作・無為を了達す」

無作意 むさい 心を働かせることがない、思考することがないこと。「若し無作意が是れ無分別智ならば、睡・酔・悶なども応に無分別智を成ずべし」 Ⓢ amanaskāra

無作者 むさしゃ あることを作す者が存在しないこと。行為の主体が存在しないこと。固定的・実体的な主体（我・作者）は存在しないこと。すべての現象的存在は「此れ有るが故に彼れ有り。此れ生ずるが故に彼れ生ず」という縁起の理に即して存在し生起するから無我である、と説くなかで用いられる概念。「縁生の法とは無主宰・無作者の法を謂う」「自在天などの作者を離る、是れ無作者の義にして、縁起の義なり」

Ⓢ niṣkartṛka

無作用 むさゆう ①働きがないこと。活動しないこと。動かないこと。たとえば不浄観において観察される死体の不活動のありようをいう。「不浄観に於ては、先ず心を一境に於て散ぜしめず、繫念して在前し、無相の想、無分別の想、寂静の想、無作用の想、無所思慕の想、無躁擾の想の六想に依って作意し思惟すべし」
②真理の世界（勝義・第一義）からみた、すべての存在（一切法・諸法）には作用がないというありようをいう。「一切法は第一義の中に於ては無作用なり」「勝義の道理に約せば諸法の自性は衆縁生の故に、刹那滅の故に、無作用の故に、眼は見者に非ず」「一切法は都て無作用なり。少法として能く少法を生ずることあることなし。是の故に説いて、此れ有るが故に彼れ有り、此れ生ずるが故に彼れ生ず、と言う。但だ唯だ彼の因果の法の中に於て世俗諦に依って作用を仮立し、此の法が能く彼の法を生ずと宣説す」

無際 むさい はてがない、限界がないこと。「是の如く十方の無辺・無際の諸の世界の中の無辺の菩薩に内徳あり」「諸仏の清浄なる仏土は、周円・無際にして其の量は測り難く、三界所行の処を超過す」「四方・上下に無辺・無際なる三千世界」「無際の生死の苦海を越度す」
Ⓢ aparyanta: nāsti paryantaḥ

無罪 むざい あやまりがない、過失がないこと。貪・瞋・癡などの煩悩に汚れていないこと。善なるもの。「諸の善法は或いは一種を立つ。無罪の義に由るが故なり」「無罪の故に善と名づく」「煩悩を離るるが故に名づけて無罪と為す」「菩薩の無罪の加行とは、諸の菩薩が諸の善法に於て無倒・熾然・無量・無間に菩提に迴向するを謂う」
Ⓢ anavadya: anavadyatā: anavadyatva

無罪歓喜戒 むざいかんぎかい 六種の戒（迴向戒・広博戒・無罪歓喜処戒・恒常戒・堅固戒・尸羅荘厳具相応戒）の一つ。欲楽行（欲望や快楽にひたる実践行）と自苦行（自らを苦しめる実践行）という二つの極端な実践を離れて罪がなく歓喜を生じる戒。
Ⓢ anavadya-pramoda-sthānīyaṃ śīlam
（参考）無罪歓喜処戒、遠離耽著欲楽自苦二辺行故。（『瑜伽』42、大正 30・522a）

無罪見 むざいけん 二十八種のまちがった見解（不正見）の一つ。→不正見

無罪施 むざいせ 罪や過失がないありようで布施を行なうこと。菩薩の十三種の布施のありようの一つ。 Ⓢ anavadya-dānatā
（参考）（『瑜伽』39、大正 30・509c）

無散乱 むさんらん 心に動揺や乱れがないこと。「菩薩は無散乱の心で正法を聴聞す」「此の数息念を勤修する者は中間に於て其の心は無散乱なり」 Ⓢ avikṣipta: avikṣepa

無散乱転変 むさんらんてんぺん 心が動乱することなく働くこと。ヨーガの実践（随法行）における二つの心のありよう（無散乱転変・無顛倒転変）の一つ。ヨーガのなかの止（奢摩他）の心のありよう。
Ⓢ avikṣipta-praṇatā
（出典）随法正行、略有二種。一無散乱転変、二無顛倒転変。菩薩於此、応正了知。此中六種散乱無故、名無散乱。六散乱者。一自性散乱、二外散乱、三内散乱、四相散乱、五麁重散乱、六作意散乱。（『中辺』下、大正 31・474c）

無慚 むざん ①→無慚無愧
②無慚外道のこと。→無慚外道

無慚外道 むざんげどう 無慚・離繫・離繫外道・無繫外道・無慚外道ともいう。修行によって三界の繫縛を離れることを目指すから離繫あるいは無繫といい、裸でいることを修行とみなすから、仏教徒から、はじることがない、すなわち無慚と誹謗される。ジャイナ教徒のこと。
（出典）無慚者、即是尼揵子。今正翻、云離繫、亦云無慚、即無羞也。離三界繫縛也。以其露形、仏法毀之、曰無慚。即無慚羞也。（『述記』1末、大正 43・265c～266a）

無慚無愧 むざんむき 無慚と無愧。いずれも不善の心所で、はじることがないこころをいう。『倶舎論』は、無慚と無愧の区別として、次の二説をあげる。（ⅰ）無慚とは、功徳あるもの（戒・定・慧の三学など）や有徳者（師長など）を崇め敬うことがないこころであり、無愧とは、善士（仏や菩薩など）によって咎められる罪に対して怖畏をみないこころである。（ⅱ）無慚とは、自ら犯した罪を自らに照らしてはじることがないこころであり、無愧とは、他に照らしてはじることがないこころである。『成唯識論』によれば、

無慚とは、自分の罪を自分と教法に照らして賢人・聖者を尊び善法を重んじることがないこころをいい、無愧とは、世間における誹謗や法律などに照らして悪を行なう人をはじて拒否することがないこころをいう。慚愧の対。→慚愧 Ⓢ āhrīkya- anapatrāpya

（出典）此中無慚無愧別者、於諸功徳及有徳者、無敬、無崇、無所忌難、無所随属、説名無慚。即是恭敬所敵対法。為諸善士所訶厭法、説名為罪。於此罪中、不見怖畏、説名無愧。（中略）有余師説。於所造罪、自観無恥、名曰無慚、観他無恥、説名無愧（『倶舎』4、大正29・21a）：於所作罪、望己、不羞故、名無慚。於所作罪、望他、不恥故、名無愧。（『瑜伽』89、大正30・802b）：云何無慚。不顧自法、軽拒賢善、為性、能障礙慚生長悪行、為業。於自法無所顧者、軽拒賢善、不恥過悪、障慚、生長諸悪行故。云何無愧。不顧世間、崇重暴悪、為性。能障礙愧、生長悪行、為業。謂、於世間無所顧者、崇重暴悪、不恥過罪。障愧、生長諸悪行故。（『成論』6、大正31・33c）

無始 むし 時間的に始めがないこと。永遠の昔から存在して始まりがない事柄（無明・生死・阿頼耶識など）を形容する語。→無始時来 Ⓢ anādi

無始時来 むしじらい 音で「むしじらい」、訓で「むしのときよりこのかた」と読む。始めなき時から、永遠の昔から、という意味。無始来・無始世来ともいう。「一切種子識は無始時来、展転・相続して親しく諸法を生ずるが故に名づけて因と為す」「阿頼耶識は無始時来、一類に相続し常にして無間断なり」「染汚意は無始来、四煩悩と恒に倶なり」「諸の有情は無始世来、生死を経歴し長時に流転す」 Ⓢ anādi-kāla: anādi-kālika

無始生死 むししょうじ 始めなき時より生まれ変わり死にかわりすること。「無始の生死の流転に於て貪瞋癡に因って生死の苦たる焼害を被むる」「無始の生死より已来、男女は色に於て更相に愛楽す」

無始世来 むしせらい →無始時来

無始来 むしらい →無始時来

無師 むし （修行において）師がいないこと。教え導く師匠をもたないこと。師がいなくてさとった人として釈尊がいる。あるいは、師などの他者の教えによることなく、独りで修行してさとりを得る人を独覚という。「遂に更に余の外道の師を求めず、無師にして自然に三十七菩提分法を修し、無上正等菩提を証得するが故に大覚者と名づく」「諸の独覚は無師にして自ら菩提を証することを求めんが為に余の生に転趣す」 Ⓢ anācāryaka

無自性 むじしょう ①自らの固有性を有していないこと、あるいはそのようなもの。自ら独り存在するという存在性がないこと、あるいは、そのようなもの。「世尊は何の密意に依って是の如き説を作すや。一切の諸法は皆な無自性、無生・無滅、本来寂静、自性涅槃なりと」 Ⓢ niḥsvabhāva

②三つの無自性（相無自性。生無自性・勝義無自性）のこと。→三無自性

無事 むじ ①ものがないこと。実体がないこと。「仮説の自性は無事・無相なり」「云何が能化神境智通の品類差別なるや。謂く、若し略説せば、無事にして有る、是れを名づけて化と為す」 Ⓢ nirvastuka: nirvastukatā

②存在しないものを対象として起こす煩悩をいう。たとえば、実際には存在しない自己（ātman 我）を対象として起こす我見や、自己を他者と比較して起こす増上慢などの煩悩をいう。有事（存在するものを対象として起こす煩悩）の対。「無事縁とは無事の煩悩なり」「十煩悩のなか見所断を名づけて無事と曰う。彼の所縁の事は成実に非ざるが故なり」「問う、是の如き諸の煩悩は、幾ばくか有事、幾ばくか無事なるや。答う、諸の見と慢とは是れ無事なり。諸行の中に於て実に我あることなくして分別して転ずるが故なり。貪と恚とは是れ有事なり。無明と疑とは二種に通ず」 Ⓢ avastuka

③事とは因のことで、因もなく果もない無為法を無事という。 Ⓢ avastuka

（参考）（『倶舎』6、大正29・35a）

④潜在的な根本心（阿頼耶識）が作り出した本質（事物の本体）を有しない認識対象（影像）をいう。たとえば実際には存在しない亀毛・兎角などをいう。「無事を縁ずる煩悩」

（参考）（『述記』6末、大正43・456c～457a）

無色 むしき ①物質的でないこと、あるいは物質的でないもの。精神的なもの。五蘊のなかでは色蘊以外の受・想・行・識の四つをいう。三界でいえば無色界の生きもの（有情）をいう。「無色の有情」「無色の諸法」

「意根は無色なり」
Ⓢ arūpa: arūpitva: arūpin: ārūpya
②無色界のこと。→無色界

無色愛 むしきあい　無色界に於る愛欲。三種の愛（欲愛・色愛・無色愛）の一つ。
Ⓢ ārūpya-tṛṣṇā
（出典）無色愛云何。謂、無色界諸行為縁所生、於無色界、行染汚希求、由此能生無色界苦果。（『瑜伽』10、大正 30・323b）

無色有 むしきう　無色界に生存するもの。無色界における本有・業有・死有・生有と及び天との五種の生存をいう。
Ⓢ ārūpya-bhava
（参考）（『瑜伽』10、大正 30・323c）

無色有情 むしきうじょう　物質的な身体をもたない生きもの。無色界の空無辺処から非想非非想処に至るまでの四処の生きもの。
Ⓢ arūpiṇah sattvāḥ
（出典）無色有情者、謂、従空無辺処、乃至非想非非想処。（『瑜伽』83、大正 30・761a）

無色我 むしきが　非物質的な我。物質的な我である色我の対。外道が説く我（ātman）の一つ。「無色我を執著することを捨てんが為の故に無色を観察す」

無色界 むしきかい　三界（欲界・色界・無色界）の一つ。勝れた禅定によって物質的なものがない世界。空無辺処・識無辺処・無所有処・非想非非想処の四つの処から構成される（→各項参照）。 Ⓢ ārūpya-dhātu
（参考）（『倶舎』8、大正 29・41a～b）

無色界繋 むしきかいけ　無色界繋法・無色界所繋・無色界所繋法ともいう。略して無色繋という。存在を三つの繋（欲界繋・色界繋・無色界繋）に分けるなかの一つ。無色界（非物質である心のみから成り立つ世界）に属するもの。すでに色界の欲を離れてはいるが、未だ無色界の欲を離れていない者の善と無記とのもの。五蘊・十二処・十八界に分類されるなかで、意界・法界・意識界の三界と、意処・法処の二処と、受蘊・想蘊・行蘊・識蘊の四蘊とをいう。原語の一つである arūpa-avacara は無色行・無色廛・無色纏とも訳される。
Ⓢ arūpa-avacara: arūpa-dhātu-āpta: ārūpya-pratisaṃyukta
（出典）云何無色界繋、幾是無色界繋、為何義故観無色界繋耶。謂、已離色界欲、未離無色界欲者、所有善無記法、是無色界繋義。三界・二処・四蘊一分、是無色界繋。為捨執著離色界欲我故。観察無色界繋。（『雑集論』4、大正 31・710b）

無色界四処 むしきかいししょ　無色界を構成する四つの処。→無色界

無色界定 むしきかいじょう　無色界の定。非物質的な世界の定心。欲界に住しながら修することもできる。「欲界に生じて無色界定に入る時、諸根の大種は長養し増益す」

無色行 むしきぎょう　①非物質的な現象。色行の対。「無明は諸の色行に望んでは増上縁と為り、無色行に望んでは等無間縁・所縁縁・増上縁と為る」 Ⓢ arūpin
②無色界にあること。無色界に属すること。「欲行の解脱と色行の解脱と無色行の解脱」
Ⓢ arūpa-avacara

無色繋業 むしきけごう　→三業⑩
Ⓢ ārūpya-pratisaṃyuktaṃ karma

無色根 むしきこん　物質的でないものから構成される感覚器官。六根のなかの意識を生じる意根をいう。有色根の対。→有色根

無色定 むしきじょう　無色界の禅定。空無辺処・識無辺処・無所有処・非想非非想処の四つの処の禅定。「色界の四種の静慮と四つの無色定とを天住と名づく」
Ⓢ asaṃjñi-samāpatti: ārūpya-samāpatti

無色天 むしきてん　無色界の諸天。空無辺処・識無辺処・無所有処・非想非非想処の四つの天

無色廛 むしきてん　無色纏とおなじ。→無色纏

無色纏 むしきてん　無色界に属すること。無色廛とも書く。「無色流の流転とは無色纏の諸行を謂う」「若し無色界に生長すれば、無色廛の意を以って無色廛の自地の法と及び無漏の法とを知る」 Ⓢ arūpa-avacara

無識身 むしきしん　識をもたない身体。「無識身の有情数」 Ⓢ avijñānako kāyaḥ

無食子 むじきし　「むしょくし」と読む。無石子・没石子・墨石子ともいう。アラビア、小アジア原産で、学名 Quercus infectoria という、どんぐりに似た実を結ぶカワヤナギに似た植物。「其の悪叉の形は無食子の如く、落ちて地に在る時は、多く聚と為る」

無者 むしゃ　真実なるものをも虚仮なる

ものをも否定する者。すべての存在を否定する虚無主義者。 Ⓢ nāstika
（出典） 彼於真実及以虚仮二種、倶謗都無所有、由謗真実及虚仮故、当知是名最極無者。（『瑜伽』36、大正 30・488c）

無差別 むしゃべつ 相違しないこと。区別がないこと。おなじであること。「何等を名づけて百一十苦と為す。謂く、一苦あり。無差別の流転の苦なり。一切の有情は皆な流転の苦に堕せざることなきが故なり」「衆同分に無差別と有差別との二種あり。無差別の衆同分とは諸の有情と有情との同分をいう。一切の有情に、各、等しくあるが故なり」
Ⓢ abhinna: abhinnatva: abheda: aviśiṣṭa: aviśeṣa: nirviśiṣṭatva: nirviśeṣa

無遮会 むしゃえ 無遮施会・無遮大会・無遮祠祀大会ともいう。制限することがない法会のこと。道俗・男女・貴賎を問わず、だれにでも供養する集会。仏が五歳のときに頭の肉髻をとることを記念して設けた集会、あるいは五年に一回、設けられる集会であるから五歳大会とも言われる。

無遮祠祀大会 むしゃししだいえ →無遮会

無遮施会 むしゃせえ →無遮会

無遮大会 むしゃだいえ →無遮会

無著 むじゃく 執着がないこと。さわり・障害・束縛がないこと。「無貪とは有と有具とに於て無著を性と為す」「無著とは一切種の施などの障法の中に於て罣礙あることなきをいう」「如来地に於て能く煩悩障と所知障とを永害するが故に究竟して無著にして無礙なる一切智見を証得す」 Ⓢ asaṅga

無主宰 むしゅさい 自己と他者とを支配する主体が存在しないこと。すべての現象的存在は「此れ有るが故に彼れ有り。此れ生ずるが故に彼れ生ず」という縁起の理に即して存在し生起するから無我であると説くなかで用いられる概念。「縁生の法とは無主宰・無作者の法を謂う」

無取 むしゅ 執着がないこと。「無著・無取にして恵施を行ず」 Ⓢ anupādāna

無取五蘊 むしゅごうん 五無取蘊とおなじ。→五無取蘊

無数 むしゅ 数で数えることができないこと。数量の最大値。数えることができないという意味の asaṃkhyeya の意訳。不可数とも意訳。阿僧企耶と音写。「諸の如来などは能く無量・無数の品類の種種の光明を放って、能く無量・無数の世界の無量・無数の諸の有情類に無量・無数の利益の事を作す。是れを大光明を放つと名づく」
Ⓢ asaṃkhyeya

無数劫 むしゅこう →阿僧企耶劫

無数大劫 むしゅだいこう →三大劫阿僧企耶
（参考）（『述記』9 末、大正 43・558a）

無趣者 むしゅしゃ 頼りとなる人がいない者。苦しんでいる人の一人。「有苦者とは無趣者などを謂う」 Ⓢ apratisaraṇa

無受生種子 むじゅしょうしゅうじ 苦楽などの感受作用をもたないものを生じる種子（潜在的な根本心である阿頼耶識のなかの力）。外界の事物・自然を生じる種子。
（参考）（『摂論釈・世』3、大正 31・337a）

無執受 むしゅうじゅ こころ（心・心所）によって有機的・生理的に維持されないもの。苦楽の感受作用を生じないもの。たとえば物質（色）を構成する地水火風の四つの元素（四大種）、山川・土石などの自然物をいう。有執受の対。→有執受 →執受③「風林河などが発する音声を無執受の大種を因と為すと名づく」 Ⓢ anupātta
（参考）（『婆沙』138、大正 27・712b〜713a）：（『倶舎』2、大正 29・8b）

無住処涅槃 むじゅうしょねはん 〈唯識〉が説く四種の涅槃（本来自性清浄涅槃・有余依涅槃・無余依涅槃・無住処涅槃）の一つ。無住涅槃・無所住涅槃ともいう。→涅槃③
Ⓢ apratiṣṭhita-nirvāṇa

無所為 むしょい 行為・働きがないこと。「如来の法身の相は無戯論にして無所為なり」「善く空解脱門を修習するに由るが故に無所為と名づく」

無所畏 むしょい 無畏とおなじ。→無畏③

無所有 むしょう ①非存在。存在しないこと。「云何が復た善く空を取る者と名づくるや。謂く、此れに於て彼れ無所有に由りて、即ち彼れに由るが故に正に観じて空と為し、復た此れに於て余は実に是れ有なるに由り、即ち余に由るが故に如実に有を知る。是の如きを名づけて空性に悟入すること如実に無倒なりと為す」 Ⓢ akiṃcana: abhāva: avidyamāna: asat: na-asti

②まったくなにも存在しないこと、あるいはそのような状態。禅定のありようをいう。→無所有処「無所有を縁ずる定を無上想定と名づく」 Ⓢ ākiṃcanya

無所有処 むしょうしょ　三界のなかの無色界（物質的なものがない世界）を構成する四つの処（空無辺処・識無辺処・無所有処・非想非非想処）の一つ。処とは空間的な場所ではなく、そこに住するものの境地をいい、物質的なもの（色）も心的なもの（識）も否定して全くなにも存在しないと想う境地を無所有処という。 Ⓢ ākiṃcanya-āyatana

（参考）（『婆沙』84、大正 27・433b）

無所有相 むしょうそう　六種の相の一つ。→相①

無所有想 むしょうそう　六種の想の一つ。→想①

無所依 むしょえ　①無所依止ともいう。よりどころ・根拠・理由などがないこと。たとえば、名声や財物を求めるなどの理由なしに布施を行なうことを無所依施という。→無所依施「無所依止にして恵施する、無所依止にして持戒するを善行と名づく」

Ⓢ aniśrita: asaṃniśraya

（出典）無所依者、不為利養恭敬名称故、謂、不依止衣服等事、亦不依止礼敬等事、唯欲令他悟入正法。（『瑜伽』84、大正 30・767a）

②所依とはこころが生じるよりどころである根（器官）をいい、そのような根を必要としない存在である色・不相応行・無為を無所依という。

無所依止 むしょえじ　無所依とおなじ。→無所依①

無所依施 むしょえせ　なにもよりどころなくして布施を行なうこと。世間の名声を求めて布施をしないこと。あるいは自己のよき生存や資財の獲得を目的として布施をしないこと。無依施・無依恵施ともいう。十種の清浄施の一つ。 Ⓢ aniśrita-dāna: aniśrita-dānatā

（出典）無所依施者、謂、不迴向有及資財、而行恵施。（『雑集論』8、大正 31・731b）

（参考）（『瑜伽』39、大正 30・510b）

無所縁 むしょえん　所縁（認識対象）をもたないもの。十八界のなかの物質的なもの、すなわち眼界・耳界・鼻界・舌界・身界・色界・声界・香界・味界・触界の十色界と法界に収められる不相応行とをいう。有所縁の対。→有所縁①　Ⓢ anālambana

（参考）（『倶舎』2、大正 29・8b）

無所縁識現可得智 むしょえんしきげんかとくち　→無所縁識智

無所縁識智 むしょえんしきち　ただ識しか存在せず外界にはものは存在しないという唯識無境をさとるための四つの智の一つ。実在しない事物、たとえば過去や未来の事柄、夢のなかの対象、水面や鏡面に映った影像などを対象とする認識が現実にあるとしる智慧。無所縁識現可得智ともいう。→四智②

（出典）又説成就四智菩薩、能随悟入唯識無境。（中略）二無所縁識智、謂、縁過未夢境像等、非実有境、識現可得、彼境既無、余亦応爾。（『成論』7、大正 31・39a）

無所住涅槃界 むしょじゅうねはんかい　無住処涅槃とおなじ。→無住処涅槃

無所唐捐 むしょとうえん　不唐捐とおなじ。→不唐捐

無所得 むしょとく　①なんらかの対象をも認識することがないこと、あるいは、それによって対象が存在しないこと。有所得の対。→有所得②「若し時に所縁に於て智が無所得なるとき唯識に住す」「唯識の有所得に依止するが故に、先に境に於る無所得が生ず。復、境に於る無所得に依るが故に、後に識に於る無所得が生ずることあり。是の方便に由って所取・能取の無相に入ることを得る」「唯だ蘊のみ可得にして此れを除いて外は無所得なり」 Ⓢ anupalabdhi: anupalambha

（参考）（『雑集論』15、大正 31・768b〜c）

②究極の真理である真如のありようをいう。「是の如く内心に住して所取は非有なりと知り、次に能取も亦た無なりと知りて、後に無所得に触れる」（『成論』9、大正 31・49c）、「後に無所得に触れるとは、此れより後に真如を触証するを謂う。此の真如は無所得なるに由るが故に無所得と名づく」（『摂論釈・世』6、大正 31・353c）。 Ⓢ anupalambha

無所得空 むしょとくくう　認識する主体は非存在であるという理。この理をさとることによって自己存在への執着や自己へのおごりを除くことができる。

（出典）有十種相、空能除遣。何等為十。（中略）三者了知能取義故、有顧恋身相及我慢相。此由内空及無所得空能正除遣。（『解深』3、大正 16・701a）

無所了別愚癡 むしょりょうべつぐち 教えを聞かず、思惟せず、実践することがないから、教えやその意味を理解できない愚かな者。十種の愚癡（愚かな者）の一つ。無所解愚癡ともいう。→愚癡②
（出典）無所解了愚癡者、謂、如有一、不聞・不思・不修習故、於法於義、不能解了、是故愚癡。（『瑜伽』60、大正 30・637b）

無処 むしょ「処（ことわり）なし」と読む。ことわり（理）がないこと。道理にかなっていないこと。無容や無位と並記されることが多い。有処の対。→有処 →無容 →無位「女身が梵と為ることは無処・無容なり」「諸根が所作を越えるとは、無処・無位を謂う。眼が能く声を聞き、香を嗅ぎ、味を嘗め、諸触を覚す、などは必ず是の処なく、能く諸色を見るは斯れ是の処あり」
Ⓢ asthāna

無生 むしょう ①再び生まれることがない人、すなわち阿羅漢をいう。
（出典）阿羅漢、言応。即殺賊・応供・無生三義故也。（『述記』3 末、大正 43・341b）
②無生法忍の無生。→無生法忍

無生智 むしょうち 四諦を完全に観察しおえて、煩悩を完全に滅し尽くした無学の聖者が、苦を知り集を断じ滅を証し道を修することはさらにないと自覚し、すでに滅し尽くした煩悩や苦が再び生じることはないとしる智慧。十種の智の一つ。 Ⓢ anutpāda-jñāna
（出典）云何無生智。謂、正自知我已知苦、不応更知。広説乃至。我已修道、不応更修。由此所有、広説乃至、是名無生智。（『倶舎』26、大正 29・135a）

無生忍 むしょうにん 無生法忍とおなじ。→無生法忍

無生法忍 むしょうほうにん 無生忍ともいう。すべての存在は生じることがないという理をさとる智慧。見道の初刹那において正性離生（一切の煩悩を断じ尽くして正性すなわち涅槃に入り、煩悩を起こす生存のありようである異生性を離れたありよう）に入った菩薩が得る智慧。〈唯識〉では三自性によって本性無生忍と自然無生忍と煩悩苦垢無生忍（惑苦無生忍）の三種の無生忍を立てる。本性無生忍とは遍計所執自性は本体として生じることがないと智ること、自然無生忍とは依他起自性は自ら生じることがないと智ること、煩悩苦垢無生忍とは円成実自性を証するときには煩悩と苦とが生じないと智ること。
Ⓢ anupattika-dharma-kṣānti
（出典）如是不退転菩薩摩訶薩、以自相空、観一切法、已入菩薩正性離生、乃至不見少法可得。不可得故、無所造作。無所造作故、畢竟不生。畢竟不生故、名無生法忍。由得如是無生法忍故、名不退転菩薩摩訶薩。（『大般若経』449、大正 7・264b）：問、如経中説、無生法忍、云何建立。答、由三自性而得建立。謂、由遍計所執自性故、立本性無生忍。由依他起自性故、立自然無生忍。由円成実自性故、立煩悩苦垢無生忍。（『瑜伽』74、大正 30・705a）：縁此、復生三無生忍。一本性無生忍、二自然無生忍、三惑苦無生忍。（『成論』8、大正 31・47b）

無生無滅 むしょうむめつ 生じることも滅することもないこと。次のような意味として使われる語。（ⅰ）常に存在するものをいう語。たとえば声を常住であるとみる声論師は「声の相は常住にして無生無滅なり」（『瑜伽』6、大正 30・304b）と説く。（ⅱ）〈唯識〉の所説。1. いかなる意味においても存在しないものをいう語。三自性のなかの遍計所執自性の否定的側面である相無自性を説明するなかで、「勝義生よ、当に知るべし。我れ、相無自性性に依って密意にて説いて一切諸法は無生無滅なり、本来寂静、自性涅槃なりと言う。何となれば、若し法の自相が都て無所有なれば、則ち生あることなく、若し生あることなければ則ち滅ありことなきが故なり」（『解深』2、大正 16・694b）と、すなわち言葉で語られたものの本体（相）はいかなる意味でも非存在（無所有）であり、存在しないものは生じることも滅することもない、と説かれる。2. 転依（自己存在全体が迷い汚れた状態からさとり清らかな状態に変化すること）の結果として獲得される真如を本体とする涅槃すなわち清浄法界のありようをいう語。「此れ（涅槃と菩提の二の転依）は、又た是れ常なり、尽きる期なきが故に。清浄法界は無生無滅にして、性として変易なきが故に説いて常と為す」（『成論』10、大正 31・57c）と説かれる。

無性 むしょう ①非存在。存在しないこと。「遍計所執自性は無性を性と為す」「蘊に異なる補特伽羅は無性なりとの見を数習す」

「此の障が無性なるを説いて無障と名づく」「無性の法は有為の摂に非ず、無為の摂に非ず」 Ⓢ abhāva
（参考）（『瑜伽』16、大正 30・363a）に、勝義相無性・自依相無性・畢竟自相無性・無差別相無性・可説相無性の五種の無性が説かれる。
②三無性の無性。三無自性とおなじ。→三無性 Ⓢ niḥsvabhāva
③無種性のこと。種性を有していないこと。「無性の有情」 Ⓢ agotra

無性有情 むしょううじょう 無姓有情とおなじ。→無姓有情

無性空 むしょうくう ①三種の空（無性空・異性空・自性空）の一つ。三性でいえば遍計所執性のありようをいう。言葉によって実体として執着されたもの、すなわち遍計所執性は実体として存在しないということ。三種の空（無体空・遠離空・除遣空、あるいは自性空性・如性空性・真性空性）の無体空・自性空性に相当する。 Ⓢ abhāva-śūnyatā
（出典）空有三者、一無性空、性非有故。二異性空、与妄所執自性異故。三自性空、二空所顕為自性故。（『成論』8、大正 31・47b）
②すべては非存在であるという理。この理をさとることによって言葉で語られた教理（真如・無我・唯識・勝義など）への執着を除くことができる。
（出典）有十種相、空能除遣。何等為十。（中略）八者了知相真如義故、有補特伽羅無我相法無我相、若唯識相及勝義相。此由畢竟空無性空無性自性空及勝義空、能正除遣。（『解深』3、大正 16・701a）

無性自性空 むしょうじしょうくう すべては非存在であるという理。この理をさとることによって、ただ識しか存在しないという唯識の教理への執着を除くことができる。
Ⓢ abhāva-svabhāva-śūnyatā
（出典）有十種相、空能除遣。何等為十。（中略）八者了知相真如義故、有補特伽羅無我相法無我相、若唯識相及勝義相。此由畢竟空無性空無性自性空及勝義空、能正除遣。（『解深』3、大正 16・701a）

無姓 むしょう →五姓各別

無姓有情 むしょううじょう 無性有情とも書く。さとりへの五つの素質である五姓（菩薩姓・独覚姓・声聞姓・不定姓・無姓）のなかの無姓の人をいう。闡提・一闡提（icchantika）ともいう。仏に成る可能力のない人。次の二種の人。（ⅰ）断善根（善行為を行なう力を断じた人）。（ⅱ）大悲（一切の衆生を救済するために自らは仏に成らないと願う菩薩）。大悲菩薩・大悲闡提菩薩という。さらにこれに（ⅲ）無性（成仏する力をまったく有しない人）を加えて三種の人をいう場合もある。→一闡提 →五姓各別
（出典）無性、謂、一闡提。此有二種。一者焚焼一切善根、則謗菩薩蔵。二者憐愍一切衆生、作尽一切衆生界願、是菩薩也。（中略）合経及論、闡提有三。一断善根、二大悲、三無性。（『枢要』上本、大正 43・610c～611a）

無障 むしょう 無障礙とおなじ。→無障礙

無障礙 むしょうげ ①無障ともいう。さまたげがないこと。障害となるものがないこと。「空界は無障礙の相なりと尋思す」「煩悩障浄智所行真実を縁じて境と為すに由って煩悩障より智が清浄を得て、当来世に於て無障礙に住す」「諸の如来は遍じて一切の所知の境界に於て智は無障礙なり」 Ⓢ anantarāya: anāvaraṇa: anāvṛta: nirāvaraṇatā
②事象がさまたげられて見えなくなることがないこと。たとえば暗やみ、薬草や呪術の力、より大きなもので覆われる、眼がくらむ、酔う、などによって、見えなくなることがないこと。 Ⓢ anāvaraṇa
（参考）（『瑜伽』15、大正 30・357a）

無障礙因依処 むしょうげいんえしょ →因依処

無上 むじょう 最高。最上。それ以上すぐれたものがないこと、あるいはそのようなもの。涅槃・真如という最高の存在・真理を、あるいはそのような存在・真理をさとる智慧（菩提）をいう。「無上の菩提」「涅槃を無上の法と名づく」「無上・安隠の涅槃」
Ⓢ anuttara: ānuttarya: niruttara
（参考）種類として次の三種が説かれる。妙智無上・正行無上・解脱無上（『瑜伽』88、大正 30・796c）。智無上・行無上・解脱無上（『雑集論』7、大正 31・727a）。正行無上・所縁無上・修証無上（『中辺』下、大正 31・473c）。

無上覚 むじょうかく 最高のさとり。無上正覚・阿耨多羅三藐三菩提とおなじ。→阿耨多羅三藐三菩提「已に聖教と及び正理とに由

って唯識の性と相との義を分別す。獲るところの功徳をもって群生に施し、願くは共に速に無上覚に登らん」「煩悩障を断じて大涅槃を得、所知障を断じて無上覚を証す」

無上三菩提 むじょうさんぼだい →阿耨多羅三藐三菩提

無上生 むじょうしょう それより上がない生存。三界（欲界・色界・無色界）のどこに生存するかということからいえば、無色界の最高処である非想非非想処での生存を無上生という。凡夫から阿羅漢を経て最後に涅槃に入って再び生まれてこないという過程でいえば、阿羅漢の位の最後の刹那を無上生という。十一種の生の一つ。→生⑤

（出典）非想非非想処生、名無上生。（中略）阿羅漢等最後終位所有行生、名無上生。（『瑜伽』52、大正30・586b）

無上正覚 むじょうしょうがく →阿耨多羅三藐三菩提

無上正等覚 むじょうしょうとうがく →阿耨多羅三藐三菩提

無上正等三菩提 むじょうしょうとうさんぼだい →阿耨多羅三藐三菩提

無上正等菩提 むじょうしょうとうぼだい →阿耨多羅三藐三菩提

無上勝菩提座 むじょうしょうぼだいざ →菩提座

無上丈夫調御士 むじょうじょうぶちょうごし 如来の十種の呼び名の一つ。世間でただ一人のすぐれた力強い人であり、かつ人びとを導く最高の方便を熟知している人であるからこのように呼ぶ。→十号

Ⓢ anuttaraḥ puruṣa-damya-sāratiḥ

（出典）一切世間唯一丈夫、善知最勝調心方便、是故説名無上丈夫調御士。（『瑜伽』38、大正30・499b）

無上乗 むじょうじょう 最高の乗り物。大乗のこと。菩薩乗とおなじ。正行と所縁と修証とが無上であるから無上乗という。声聞乗・独覚乗に対する。「声聞種姓は声聞乗を以って能く般涅槃し、独覚種姓は独覚乗を以って能く般涅槃し、大乗種姓は無上乗を以って能く般涅槃す」 Ⓢ yāna-ānuttarya

（出典）此大乗中、総由三種無上義故、名無上乗。三無上者、一正行無上、二所縁無上、三修証無上。（『中辺』下、大正31・473c）

無上想定 むじょうそうじょう これ以上は存在しないという想いがある定（samāpatti）。非存在（無所有）を認識する定。無色界の無所有処定をいう。有上想定の対。→有上想定

「此の所有を縁ずる一切の定を皆な有上想定と名づく。此れより已上の無所有を縁ずる定を当に知るべし、無上想定と名づくと」

（参考）（『瑜伽』97、大正30・858c）

無上尊 むじょうそん 最高の尊者。仏陀、釈尊のこと。「仏を号して無上尊と為す」

無上大師 むじょうだいし 最高の大師。仏陀、釈尊のこと。「仏は是れ天と人との無上大師なり」

無上菩提 むじょうぼだい →阿耨多羅三藐三菩提

無上法王 むじょうほうおう 最高の教えの王。仏陀、釈尊のこと。「無上法王は久しく已に滅度し、諸の大法将も亦た般涅槃し、聖教は支離し已って多部を成ず」

無情 むじょう 生きものでないもの。生命をもたないもの。非生命的存在である外界の事物や山や川などの自然をいう。非情・非有情ともいう。人間や動物などの生命的存在である情・有情の対。→有情 Ⓢ asattva

無情数 むじょうしゅ 生命体に数えられないもの。生きものでない類。物質的なもの。有情数の対。「或いは有情数の物を用いて恵施を行ず。或いは無情数の物を用いて恵施を行ず」 Ⓢ asattva-saṃkhyāta

無常 むじょう 常でないこと。生じた次の刹那に滅すること。無我とともに現象的存在（諸行・有為）のありようをいう代表的な概念。あるいは、一定期間存続するもの（たとえば、愛するもの）が変化したり消滅してしまうこと。五位百法の分類法では不相応行のなかにおさめられ、有為のもつ四つのありよう（生・老・住・無常）の一つとして説かれ、無常なる現象を生ぜしめる原理であると考えられている。「一切の諸行は皆な是れ無常なり」「諸行は無常なりとは、彼の諸行は本、無にして而も生じ、生じ已って尋た、滅するを謂う」「刹那刹那に壊するが故に無常なり」 Ⓢ anitya: anityatā

（出典）云何無常。答、諸行散壊・破没・亡退、是謂無常。（『婆沙』38、大正27・199a）：生刹那後、諸行相尽、説名為滅、亦名無常。（『瑜伽』52、大正30・585c）

（参考）種類として、壊滅無常・転変無常・

別離無常（『瑜伽』56、大正 30・607c)、無性無常・起尽無常・垢浄無常（『成論』8、大正 31・47b）の三種、壊滅無常・生起無常・変易無常・散壊無常・当有無常・現堕無常（『瑜伽』52、大正 30・586c）の六種、無性無常・失壊無常・転異無常・別離無常・得無常・当有無常（『顕揚』14、大正 31・548a）の六種が説かれる。

無常苦空無我 むじょうくくうむが 無常と苦と空と無我。すべての現象的存在（諸行）が有する四つの共通するありよう（共相）をいう。あるいは苦聖諦の四つのありようをいう。無常は非常、無我は非我ともいう。「其の実有に於て実有なりと了知するとは、無常苦空無我の一切法の中に於て無常苦空無我なりと了知するを謂う」
Ⓢ anitya-duḥkha-śūnya-anātmatā

無常見 むじょうけん すべての現象的存在（諸行）は生じては滅する無常なるものであるとみる見解。苦諦に対する四つの見方（無常・苦・空・無我の四行相）の一つ。Ⓢ anitya-dṛṣṭi
（参考）（『瑜伽』68、大正 30・674c）

無常想 むじょうそう すべての現象的存在（諸行）は変化してやまない無常なるものであると考えること。「無常なるものは苦であり、苦なるものは無我である」という論理で思考する過程での最初の思考のありようをいう。Ⓢ anitya-saṃjñā

無常智 むじょうち 無常であるとしる智慧。「三種の最勝無上あり。謂く、無常智と苦智と無我智となり」Ⓢ anitya-jñāna

無常力 むじょうりき 無常の力。人為を越えた力。生きもの（有情）の意志から発せられる行為の力である業力と対比される力。→業力
（参考）『婆沙論』に、業力と無常力とが対比され、いずれが強いかという問題が提起されている（『婆沙』38、大正 27・199b〜c)。

無諍 むじょう ①あらそいがないこと。罪がないこと。「違諍が已に生じた者をして速かに止息せしめ、無闘・無訟・無諍・無競せしむ」Ⓢ araṇa
（出典）於現法中、有罪性故、名為有諍。与此相違、名為無諍。（『瑜伽』100、大正 30・880a）
②阿羅漢あるいは如来の功徳としての無諍。智を付して無諍智ともいう。この場合の諍とは煩悩をいい、無諍とは煩悩を生ぜしめないことをいう。阿羅漢あるいは如来が色界の第四の静慮で禅定（無諍定・無諍等持・無諍想三摩地）を修して獲得した智慧によって人びと（有情）を観察し、方便を起こして、かれらに煩悩を生ぜしめない功徳をいう。方便とは、たとえば村落を乞食している時に、人びとが自分を見て煩悩を起こすと知れば、姿を隠し、逆に見なければ煩悩を起こすと知れば、姿を現して見せしめるという方便をいう。Ⓢ araṇa: araṇā
（参考）（『倶舎』27、大正 29・141c〜142a）:（『瑜伽』69、大正 30・682a〜b）:（『摂論釈・無』9、大正 31・440b〜c）に、声聞の無諍と諸仏の無諍との相違が説かれる。

無諍定 むじょうじょう 阿羅漢あるいは如来の徳である無諍を生ずる禅定。無諍等持・無諍想三摩地とおなじ。→無諍②「方便して無諍定に住し、此の因縁に由って辺際の第四の静慮を熏修するを以って依止と為して無諍想三摩地を発生し、他の心を防護し、自の所起の一切の威儀に於て終に他をして煩悩の諍を起こさしめず。是の故に説いて此れを名づけて無諍と為す」

無諍想三摩地 むじょうそうさんまじ →無諍定

無諍智 むじょうち →無諍②

無諍等持 むじょうとうじ →無諍定

無心 むしん ①こころが働いていないありよう。たとえば、深く眠っている状態、気絶（悶絶）している状態をいう。「阿頼耶識を成就し転識を成就するに非らざるあり。謂く、無心の睡眠と無心の悶絶となり」
Ⓢ acitta: acittaka: acittakatva
②無心定・無心地の無心。→無心定 →無心地

無心位 むしんい こころが働いていない状態。無心定の状態。→無心定
Ⓢ acittaka-avasthā

無心地 むしんじ ①こころが働いていない段階。Ⓢ acittaka-bhūmi
（参考）（『瑜伽』63、大正 30・652a〜c）
②無想定と無想生と滅尽定の三つをいう。あるいは、これらに無心の睡眠と無心の悶絶と無余依涅槃界との三つを加えた六つをいう。
Ⓢ acittaka-bhūmi

(出典) 若無想定、若無想生、及滅尽定、是無心地。(『瑜伽』13、大正30・344c):無心睡眠位、無心悶絶位、無想定位、無想生位、滅尽定位、及無余依涅槃界位、如是六位、名無心地。(『瑜伽』13、大正30・345a)
③ヨーガ行者の十七の心境・境界(十七地)の一つ。→十七地

無心定 むしんじょう こころの働きがない定。眼識・耳識・鼻識・舌識・身識・意識の六識がない定。無想定と滅尽定の二つの定。→無想定 →滅尽定 Ⓢ acitta-samāpatti
(出典) 依静慮等、当知、能入二無心定。一者無想定、二者滅尽定。(『瑜伽』33、大正30・469a):無心二定者、謂、無想・滅尽定。倶無六識故、名無心。(『成論』7、大正31・37b)

無身 むしん ①『法句経』第三十七偈のなかの無身。次の三つの意味に解釈される。(i)心の自性は染汚ではないこと。(ii)意識は無色で無見であること。(iii)意識は身を遠離していること。 Ⓢ aśarīra
(出典) 由心自性染汚之体不成実故、名為無身。(『瑜伽』19、大正30・386b):無色無見亦無対故、名為無身。(『瑜伽』57、大正30・617a):言無身者、遠離身故。(『摂論釈・世』4、大正31・340a)
②身体が存在しないこと。外道が考える四つの解脱(無身・無辺意・浄聚・世間窣堵波)の一つ。無色界の第一処である空無辺処をいう。
(参考)(『婆沙』8、大正27・39b)

無瞋 むしん いからないこころ。自己に苦しみを与える人、あるいは苦しい状況・事柄に怒らないこころ。いかり(瞋恚)を退治して善を行なう働きがある。善の心所の一つ。三善根(無貪・無瞋・無癡)の一つ。瞋の対。→瞋 Ⓢ adveṣa
(出典) 何無瞋。於苦苦具、無恚、為性、対治瞋恚、作善、為業。(『成論』6、大正31・30a)

無尽 むじん つきることがないこと。際限がないこと。「財施は施して有尽なれど、法施は施して無尽なれば、財施より法施を勝と為す」「無尽の財宝を獲得す」 Ⓢ akṣaya: aparyanta: aparyādatta

無尋 むじん おおまかな追求心(尋)がないこと。こまかい追求心(伺)のないことをも含めて無尋という場合が多い。
Ⓢ atarka: avitarka: avitarkya: vitarka-abhāva

無尋業 むじんごう 追求心(尋)がない行為。善の無尋業とは色界の中間定から有頂天(非想非非想天)までの行為をいい、ただ心受のみを異熟として感受して身受を感受しない。 Ⓢ avitarkaṃ karma
(出典) 善無尋業、謂、従中定乃至有頂所有善業。於中能招受異熟者、応知、但感心受、非身。身受必与尋伺倶故。(『倶舎』15、大正29・82c)

無尋思輪石 むじんしりんせき 按摩など身体を整え元気にするために用いる石や輪などの道具。
(出典) 無尋思輪石等、皆是按摩調適之具。或以石等、従頭至足、次第輪之、令身調適。或復以輪、迴輪其身、以石槌等、打築其身、而取調適。此等体皆非尋伺故、名無尋伺。(『略纂』2、大正43・27c～28a)

無尋定 むじんじょう 追求心(尋)がない禅定。二説ある。(i)これを修することによって憤(いかる)と愛(愛しむさぼる)と惛沈(心がしずむ)との過失から解脱することができる禅定。(ii)無尋無伺定のこと。
Ⓢ avitarka-dhyāna
(参考)(『瑜伽』17、大正30・373b～c)

無尋無伺三摩地 むじんむしさんまじ おおまかな追求心(尋)もこまかい追求心(伺)もない定心。→無尋無伺地 Ⓢ avitarka-avicāra-samādhi

無尋無伺地 むじんむしじ ①おおまかな追求心(尋)もこまかい追求心(伺)もない状態。第二静慮の近分定から非想非非想処までの七地。bhūmi(地)を samādhi と言い換えて無尋無伺三摩地・無尋無伺定ともいう。
Ⓢ avitarka-avicāra-bhūmi
(参考)(『倶舎』2、大正29・8a):(『倶舎』28、大正29・149c):(『瑜伽』4、大正30・294b～c)
②ヨーガ行者の十七の心境・境界(十七地)の一つ。→十七地

無尋無伺定 むじんむしじょう おおまかな追求心(尋)もこまかい追求心(伺)もない定心。→無尋無伺地
Ⓢ avitarka-avicāra-samādhi

無尋唯伺三摩地 むじんゆいしさんまじ →無尋唯伺地

Ⓢ avitarka-vicāra-mātra-samādhi

無尋唯伺地 むじんゆいしじ ①おおまかな追求心（尋）がなくなり、こまかい追求心（伺）のみがある状態。色界中の中間定をいう。bhūmi（地）を samādhi と言い換えて無尋唯伺三摩地・無尋唯伺定ともいう。→中間定 Ⓢ avitarka-vicāra-mātra-bhūmi
（参考）（『倶舎』2、大正 29・8a）:（『倶舎』28、大正 29・149c）:（『瑜伽』4、大正 30・294b）
②ヨーガ行者の十七の心境・境界（十七地）の一つ。→十七地

無尋唯伺定 むじんゆいしじょう →無尋唯伺地 Ⓢ avitarka-vicāra-mātra-samādhi

無塵風 むじんふう 外界で吹く風のなかの一つ。砂などのちりやほこりを含まない風。→風① Ⓢ arajaso vāyavaḥ

無説 むせつ ヴァイシェーシカ派（勝論）が説く存在の十種の原理（十句義）のなかの一つで、無すなわち非存在を成立せしめる原理をいう。これには未生無・已滅無・更互無・不会無・畢竟無の五種がある。→十句義
（参考）（『述記』1末、大正 43・256a）

無穿 むせん 無穿欠とおなじ。→無穿欠

無穿欠 むせんけつ 無穿・無穿穴ともいう。欠損・欠陥がないこと。特に戒を受けてそれを学びまもることにおいて欠陥がないこと。「諸の小罪に於て大怖畏を見るとは、無穿欠の尸羅の清浄を顕す」「住戒とは諸の菩薩の律儀戒の中に於て妙に善く安住して無欠にして無穿なるを謂う」「学処に於て無穿穴なるが故に常作と謂う」「具戒に安住するとは、受学するところの学処に於て身業を虧かず、語業を虧かず、無欠にして無穿なるを謂う」 Ⓢ acchidra-cārin: na khaṇḍī-karoti

無穿穴 むせんけつ 無穿欠とおなじ。→無穿欠

無先後空 むぜんごくう 時間的に先と後とがあるということはないという理。この理をさとることによって、ものは生じ、持続し、変化し、滅するというありようへの執着を除くことができる。
（出典）有十種相、空能除遣。何等為十。（中略）二者了知安立真如義故、有生滅住異性相続随転相。此由相空及無先後空、能正除遣。（『解深』3、大正 16・701a）

無染 むぜん むさぼり・欲望・愛欲・貪愛がないこと。有染の対。「無染の愛とは信を謂う」「無染の心」「無染の憐愍」「無染の恵施」「無染の身」「無染の諸法」「無染の出離」 Ⓢ akliṣṭa: arakta: asaṃkliṣṭa: nirāmiṣa
（参考）（『雑集論』3、大正 31・707a）

無染供養 むぜんくよう 十種の供養の一つ。怠ける心、汚れた心、だます心などなくして供養すること、あるいは、臭いがあるものなど、汚れたものを供養しないこと。→供養 Ⓢ asaṃkliṣṭā pūjā
（参考）（『瑜伽』44、大正 30・534a）

無染汚 むぜんま 汚れていないこと。「愛に有染汚と無染汚との二あり」「遠離に住するとは、心が無染汚にして一縁に専注するを謂う」「捨とは、所縁に於て心が無染汚にして、心が平等性なるを謂う」
Ⓢ akliṣṭa: asaṃkliṣṭa: kliṣṭa-varjita

無相 むそう ①相の無。相とは具体的に知覚され認識される対象・事物のありよう・形相をいう。たとえば視覚の対象としての色（いろ）や形を、総じては、感覚の対象、ないし、言葉で把握される事象をいう。そのような対象のすがた・ありようが存在しないありようを無相という。多くは、空・涅槃・勝義・真如などによって表される存在の究極のありようをいう場合に用いられる語である。「清浄なる真如を無相の法と名づく」「涅槃は色などの五と男女の二種と三の有為の相との十相を離れるが故に無相と名づく」「自性清浄とは真如・空・実際・無相・勝義・法界を謂う」「無分別智の所知は無相なり」
Ⓢ alakṣaṇa: ānimitta
②相の無。相とは心のなかにある観念や表象をいい、そのようなものが存在しないありようを無相という。「無相の心」「無相の作意」「無相の三摩地」「無相の想」などと、種々の心のありようにかかる語。 Ⓢ animitta: anaimittika: alakṣaṇa: ānimitta: nirnimitta
（出典）観此遠離一切行相故、名無相。（『瑜伽』12、大正 30・337c）
③相の無。存在しないこと、非存在をいう。三相（遍計所執相・依他起相・円成実相）のなかの遍計所執相の非存在を意味する語。相とは現象となって具体的に知覚される事象のありよう・形相をいい、そのような相をになっている本体（体相）があると普通考えるが、遍計所執相すなわち言葉で考えられたも

のにはそのような本体がないから遍計所執相は無相の法であるという。「若し諸の菩薩が能く諸法の依他起相の上に於て如実に遍計所執相を了知せば、即ち能く如実に一切の無相の法を了知す」
④無の相。存在しないというありよう。有相（存在するというありよう）の対。「無法に於て密意をもって無相ありと説く」「虚妄分別の有相と無相」 Ⓢ asat-lakṣaṇa

無相界 むそうかい 対象のすがた・ありようがない世界。この世界を思惟することによって無相定（無相三摩地）に入る。→無相定「二の因縁によって無相定に入る。一には一切相を思惟せざるが故なり。二には正しく無相界を思惟するが故なり」「一切相に於て作意し思惟せず、無相界に於て作意し思惟するに由るが故に、無相界の作意と名づく」 Ⓢ ānimitta-dhātu

無相観 むそうかん なんらかの対象、なんらかの観念・表象をもたない観察。有相観の対。菩薩の十地において第五地までは有相観が多く無相観は少ないが、第六地になると有相観が少なく無相観が多くなり、第七地になるとただ無相観のみが働くようになる。
（参考）（『成論』9、大正 31・53b）

無相行菩薩 むそうぎょうぼさつ 修行の進展過程に随って五種に菩薩を分類したもの（勝解行菩薩・増上意楽行菩薩・有相行菩薩・無相行菩薩・無功用行菩薩）の一つ。十地のなかの遠行地に住する菩薩。意図的な働き（功用）があるが、心のなかに対象のすがた・ありようがなくなった菩薩をいう。
（出典）無相行菩薩者、謂、住遠行地中所有菩薩。由此菩薩、若作功用、乃至、随其欲楽、能令諸相不現行故。（『雑集論』13、大正 31・756b）

無相解脱門 むそうげだつもん 解脱に至る三つの入り口である三解脱門（空解脱門・無願解脱門・無相解脱門）の一つ。無相解脱門によって無明を除く。→三解脱門

無相三摩地 むそうさんまじ 三つの三摩地（空三摩地・無相三摩地・無願三摩地）の一つ。→三三摩地

無相住 むそうじゅう ①四つの聖住（空住・無願住・無相住・滅尽定住）の一つ。なんらかの対象や観念を有しない心の状態（無相三摩地）に住していること。→聖住① Ⓢ nirnimitto vihāraḥ
②空・無相・無願・滅定・有頂・見道の六種をいう。 Ⓢ animitta-vihāra
（出典）無相住有六種。謂、空・無相・無願・滅定・有頂・見道。（『雑集論』9、大正 31・735b）

無相定 むそうじょう 無相三摩地とおなじ。→無相三摩地 →三三摩地

無相心三摩地 むそうしんさんまじ 無相三摩地とおなじ。→無相三摩地
（出典）云何無相心三摩地。謂、即於彼諸取蘊滅、思惟寂静、心住一縁。（『瑜伽』12、大正 30・337b）

無相相 むそうそう 六種の相の一つ。→相①

無相想 むそうそう 六種の想の一つ。→想①

無相中作加行障 むそうちゅうさけぎょうしょう なんら差別的な対象なくして（無相）人びとを利するが、いまだ意図的な行為（有加行）があるという障害。所知障（知るべきものである真如を知ることをさまたげる障害）のなかで倶生（先天的にそなわっている）の障害の一部。十重障の一つ。この障を十地の第八地で断じて不増減真如を証する。→十重障
（出典）無相中作加行障、謂、所知障中倶生一分、令無相観不任運起。前之五地、有相観多、無相観少。於第六地、有相観少、無相観多。第七地中、純無相観。雖恒相続、而有加行。由無相中有加行故、未能任運現相及土。如是加行、障八地中無功用道、故若得入第八地時、便能永断。（『成論』9、大正 31・53b）

無相分別 むそうふんべつ 相（現象となって具体的に認識される対象のありよう・形相）のない思考。先天的に言葉が語れない人、あるいは未だ言葉を語る能力がない幼児などの認識。七種の分別の一つ。→七種分別 Ⓢ anaimittiko vikalpaḥ
（出典）無相分別者、謂、随先所引、及嬰児等不善名言者、所有分別。（『瑜伽』1、大正 30・280c）

無相無我 むそうむが 三種の無我（無相無我・異相無我・自相無我）の一つ。言葉によって実体的なもの（我）として執着されたものは存在しないということ。三性でいえば遍計所執性のありようをいう。→無我

（出典）無我三者、一無相無我、我相無故。二異相無我、与妄所執我相異故。三自相無我、無我所顕為自相故。（『成論』8、大正31・47b）

無相無相三摩地　むそうむそうさんまじ　→無相無相等持

無相無相等持　むそうむそうとうじ　三種の重等持（空空等持・無願無願等持・無相無相等持）の一つ。無学が無相三摩地の非択滅を縁じて境とする等持。無相無相三摩地とおなじ。

（参考）（『倶舎』28、大正29・150a）

無想　むそう　心所（細かい心作用）の一つである想（対象が何であるかと知る知覚作用）がないこと。言葉を用いた概念的思考がないこと。→無想定　→無想天

Ⓢ asaṃjñā: asaṃjñin: āsaṃjñika

無想異熟　むそういじゅく　無想天とおなじ。→無想天

無想有情　むそううじょう　心所（細かい心作用）の一つである想（対象が何であるかと知る知覚作用）がない禅定に入った生きもの。無想天の生きもの。Ⓢ asaṃjñi-sattva

（出典）無想有情者、謂、無想天。（『瑜伽』83、大正30・761a）

無想有情天　むそううじょうてん　想（対象が何であるかと知る知覚作用）がない生きものの天。無想天とおなじ。→無想天

無想三摩鉢底　むそうさんまぱってい　無想定とおなじ。→無想定

無想事　むそうじ　無想天とおなじ。→無想天

無想生　むそうしょう　無想天とおなじ。→無想天

無想定　むそうじょう　無想等至・無想三摩鉢底ともいう。心所（細かい心作用）の一つである想（対象が何であるかと知る知覚作用）がない禅定。外道や凡夫が修する定。色界の第三静慮の最後の遍浄天の貪欲を伏し、いまだ第四静慮以上の貪欲を伏していない外道や凡夫が、第四静慮にある無想天を真の解脱・涅槃と考えてそこに出離しようとする思い（出離想）によって六識（眼識・耳識・鼻識・舌識・身識・意識）の心の働きを滅する禅定をいう。六識という心がないのに想がないというのは、心を騒がす言葉を発して概念的思考を起こす働きのある想を特に厭って無想という。二つの無心定（無想定・滅尽定）の一つ。無想天に生じる原因となる。〈有部〉では十四種の不相応行の一つで、実体としてあるとみなすが、〈唯識〉では二十四種の不相応行の一つで、六識が滅したところに仮に立てられたものとみなす。

Ⓢ asaṃjñā-samāpatti: asaṃjñi-samāpatti

（出典）有別法、能令心心所滅、名無想定。無想者定、名無想定。或定無想、名無想定。（『倶舎』5、大正29・24c）：依静慮等当知能入二無心定、一者無想定、二者滅尽定。無想定者、唯諸異生、由棄背想作意、方便能入。滅尽定者、唯諸聖者、由止息想受作意、方便能入。（『瑜伽』33、大正30・469a）：無想定者、謂、已離遍浄欲、未離上欲、出離想作意為先故、於不恒行心心法滅、仮立無想定。（『雑集論』2、大正31・700a～b）：無心二定者、謂、無想・滅尽定。倶無六識故名無心。無想定者、謂、有異生、伏遍浄貪、未伏上染。由出離想作意為先、令不恒行心心所滅想滅為首、立無想名、令身安和故、亦名定。（『成論』7、大正31・37b）

（参考）（『倶舎』5、大正29・25a）に、無想定と滅尽定との相違について説かれる。

無想天　むそうてん　想（対象が何であるかと知る知覚作用）がない天。第四静慮天の第三の広果天の高勝処にある天。外道や凡夫がこの天を真の解脱・涅槃と考えて無想定を修して生まれる天。無想定を原因とした結果（異熟・果報）であることから無想異熟・無想報・無想事・無想生といい、また有情を付して無想有情天ともいう。〈有部〉では十四種の不相応行の一つであり、実体としてあるとみなすが、〈唯識〉では二十四種の不相応行の一つで、六識が滅したところに仮に立てられたものであるとみなす。→無想定

Ⓢ asaṃjñi-sattva-deva: āsaṃjñika

無想等至　むそうとうし　無想定とおなじ。→無想定

無想報　むそうほう　無想天とおなじ。→無想天

無想論　むそうろん　外道の六十二種のあやまった見解のなかの一群。死後の次世で自己存在は断ずることなく存続するが、知覚や思考作用がないとみる見解。身体が自己なのか、命根が自己なのか、自己の大きさに限界があり小さいものなのか、限界がなく無限に

大きいものなのか、などに関する見方の相違から全部で八種の無想論に分かれる。極端な見解（辺執見）のなかの常に存在するとみる見解（常見）の一群。
（参考）（『婆沙』200、大正 27・1000b 以下）：（『成論』6、大正 31・31c）：（『述記』6末、大正 43・447a 以下）

無増　むぞう　→無過無増

無雑　むぞう　①（他のものが）混じらないこと。純一であること。「止とは九相の心住にして能く其の心をして純一・無雑ならしむるを謂う」「苦智と集智との二の行相は無雑なれども所縁は有雑なり。滅智と道智との行相は無雑にして所縁も無雑なり」
②無雑乱のこと。→無雑乱①

無雑修　むぞうしゅ　有漏定を混じえずにただ無漏定で静慮を修すること。不雑修ともいう。雑修の対。「此の上流の差別に二あり。因と及び果とに由って差別あるが故なり。因の差別とは、此れは静慮に於て雑修と無雑修とあるが故なり」「二の上流あり。謂く、雑修と不雑修となり。雑修者は浄居に入り、不雑修者は無色に入る」　Ⓢ avyavakīrṇa
（参考）（『婆沙』174、大正 27・875c）：（『倶舎』24、大正 29・124c）

無雑染　むぞうぜん　汚れていないこと。「菩薩は法師の所に往きて無雑染の心をもって正法を聴聞す」「彼の諸の善法は広大なるが故に、無雑染なるが故に、応に最勝なりと知るべし」「農務・商估・傭作・自在との四種の世間の事業を遠離するが故に無雑染と名づく」
Ⓢ asaṃkliṣṭa: asaṃkliṣṭatva: asaṃkleśa

無雑乱　むぞうらん　①言葉の意味が前と後で乱れたり一致しないということがないこと。無雑ともいう。「無雑乱に法相を宣説す」
Ⓢ anākula
②因と果との関係が決定していること。「定異とは無始のときよりこのかた、種種の因と果は決定・差別して無雑乱なる性を謂う」「諸の色法は雑乱して現前するといえども、等無間縁が生ずるは、無雑乱を以っての故に、色には等無間縁を立てず」　Ⓢ avyākula

無足　むそく　①満足することがないこと。「無足の精進」
②足がない生きもの。→無足有情

無足有情　むそくうじょう　蛇などの足のない生きもの。無足・無足者とおなじ。「無足・二足・四足・多足の諸の有情」「無足者あり、一切の腹行虫の如し」
（出典）無足有情者、如蛇等。（『瑜伽』83、大正 30・761a）

無足者　むそくしゃ　→無足有情

無足精進　むそくしょうじん　途中で満足することなく、さとりに向かってつとめ励むこと。五種の精進（被甲精進・加行精進・無下精進・無退精進・無足精進）の一つ。無喜足精進ともいう。
（出典）次後乃至漸次、入諦観等、後後勝道名無足、経名不捨善軛。軛、謂、車軛。以軛牛者、令牛不出能有所往、善法亦爾。軛修行者、不越善品、往涅槃宮、修曽不足、従喩為称。（『述記』6本、大正 43・437c）

無体　むたい　体が無いこと。本体がないこと。実体として存在しないもの。本来的には存在しないもの。有体の対。三性でいえば、遍計所執性が無体、依他起性と円成実性とが有体である。「無事と言うは無体の性を謂う。毘婆沙師は此の釈を許さず」
Ⓢ aśarīra
（参考）（『瑜伽』74、大正 30・705c）

無体空　むたいくう　三種の空（無体空・遠離空・除遣空）の一つ。言葉によって認識され実体としてあると執着された存在は非存在であるということ。三性でいえば、遍計所執性のありようをいう。三種の空（無性空・異性空・自性空、あるいは自性空性・如性空性・真性空性）の無性空・自性空性に相当する。
（出典）依止遍計所執等三種自体、如其次第、立三種空。一無体空、二遠離空、三除遣空。（『顕揚』15、大正 31・555c）

無体仮　むたいけ　二種の仮（無体仮・相待仮）の一つ。仮に存在すると説かれるが、実体として存在しないもの。たとえば、忿という心所は瞋という心所の上に仮に立てられたもので、瞋をはなれて別に実体としてあるものではないことをいう。
（出典）仮有二。一無体仮、二相待仮。前如忿等。後如悔等。以癡相説、長等但是相待仮収。（『述記』2本、大正 43・272b）

無体随情仮　むたいずいじょうけ　世間の人や外道が煩悩にまとわれた思いや執着心によって、本来的には存在しない我（自己あるいは生命的存在）と法（存在の構成要素）とは存在すると考えること。二つの仮（無体随情仮・有体施設仮）のなかの一つ。→有体施設仮 →仮①

（出典）無体随情仮、多分世間・外道所執、雖無、如彼所執我法、随執心縁亦名我法、故説為仮。（『述記』1本、大正43・238a）

無対 むたい 立体的な大きさや形をもたないもの。たとえば、精神的な存在（心・心所）、あるいは非現象的な存在（無為）、あるいは表層の行為によって身中の深層に植え付けられ具体的に表層に表れず認識されえないもの（無表色）、あるいは意識のみの対象領域に収められる特別の物質（法処所摂色）などをいう。無対礙ともいう。

Ⓢ apratigha: apratighatva: apratighavat: apratighātin

無対礙 むたいげ →無対

無退精進 むたいしょうじん 苦に遭遇してもひるむことなくつとめ励むこと。五種の精進（被甲精進・加行精進・無下精進・無退精進・無足精進）の一つ。無動精進ともいう。堅猛精進とおなじ。

（出典）能忍受寒熱等苦、於劣等善、不生厭足、欣心後後勝品功徳等、名無退。経名堅猛。遭苦、不屈、堅猛其志。（『述記』6本、大正43・437c）

無滞 むたい さまたげがないこと。「一切所知の境界に於て無滞にして無障なる無垢智が転ず」「暫らく作意する時、一切に遍じて無礙にして速疾に無滞の智が転ず」

Ⓢ asakta: asaṅga

無滞礙 むたいげ さまたげがないこと。「速慧とは慧が無滞礙なるを言う」「仏菩薩は定の自在に依って無量無数の三千大千世界に於て往来すること皆な無滞礙なり」

無断業 むだんごう 三つの業（見所断業・修所断業・無断業）の一つ。→三業⑪

Ⓢ aprahātavyaṃ karma

無断法 むだんほう 三つの法（見所断法・修所断法・無断法）の一つ。修行によって断ぜられることがないもの。見道でも修道でも断ぜられないもの。無漏の五蘊と三つの無為（虚空・択滅・非択滅）とをいう。

（出典）問、無断法云何。答、無漏五蘊及三無為。（『婆沙』77、大正27・397a）

無知 むち ①知らないこと。了解していないこと。知識がないこと。おろかなこと。「無知の故に、及び放逸の故に、犯すところの衆の罪は是れ下品の罪なり」 Ⓢ ajñāta: ajñāna: mūḍha

②十二支の第一支である無明（avidyā）の別名としての無知（ajñāna）。真理・真実を見ることができない心の根本的な汚れ。『瑜伽論』には、種々の事柄についての無知として、五種の無知、七種の無知、十九種の無知が説かれる（『瑜伽』9、大正30・322b〜c）。また無知が原因となって疑・愛・非処信・見・増上慢の五つが生じると説かれる（『瑜伽』56、大正30・612b）。「諸の無知を以って能く実義を覆い、及び真見を障う。故に説いて冥と為す」 Ⓢ ajñāna

無智 むち ①知らないこと。了解していないこと。知識がないこと。おろかなこと。「仏に於る無智とは如来の法身と及び諸の形相とを了知せざるを謂う」 Ⓢ ajñāna

②無明の別名としての無智。「無明と言うは即ち是れ無智なり」「癡とは愚癡を謂う。即ち是れ無明にして無智なり」「無明とは三界の無智を体と為す」 Ⓢ ajñāna

無癡 むち おろかでないこころ。真理（理）とその真理に基づく事象（事）とを明らかに理解するこころ。おろかさ（愚癡）を滅して善をなす働きがある。善の心所の一つ。三善根（無貪・無瞋・無癡）の一つ。癡の対。→癡 Ⓢ amoha

（出典）云何無癡。於諸理事、明解、為性、対治愚癡、作善、為業。（『成論』6、大正31・30a）

無顛倒 むてんどう ①まちがっていないこと。正しいこと。「無顛倒の精進とは能く義利を引く諸の菩薩の精進を謂う」「是れ無顛倒にして是れ顛倒に非ず。故に名づけて諦と為す」 Ⓢ aviparīta: aviparyasta: samyak

②認識的にまちがっていないこと。ただしい見方。「諸の聡叡の暁了するところあり、智慧の明に随って如理の作意を起こし、所縁の境に於て無常を無常と知り、苦を是れ苦と知り、不浄を不浄と知り、無我を無我と知り、正しく相を取って転ず。是れを想の無顛倒、心の無顛倒、見の無顛倒と名づく」

Ⓢ aviparīta: aviparyasta

無顛倒転変 むてんどうてんぺん 心が認識的にまちがうことなく働くこと。ヨーガの実践（随法行）における二つの心のありよう（無散乱転変・無顛倒転変）の一つ。ヨーガのなかの観（毘鉢舎那）の心のありよう。 Ⓢ aviparyāsa-praṇatā
（参考）（『中辺』下、大正 31・474c～475a）

無顛倒無分別 むてんどうむふんべつ　三種の無分別（知足無分別・無顛倒無分別・無戯論無分別）の一つ。声聞の無分別。色・受・想・行・識の五蘊を理の如くに観察して常・楽・我・浄とみるまちがった見解（顛倒）をなくして一切は無我であるとさとること。→無分別④　Ⓢ aviparyāsa-nirvikalpa
（出典）由諸声聞於諸蘊中為対治常等顛倒故、如理観察唯有色等法時、便得出世間智、通達無我性、是名無顛倒無分別。（『雑集論』14、大正 31・765a）

無倒 むとう　①まちがっていないこと。正しいこと。「如理の加行とは其の教の如くに無倒に修行するを謂う」「法施とは無倒の説法を謂う」「四道理に依って無倒に観察す」 Ⓢ aviparīta: aviparyasta: aviparyāsa: samyak ②認識的にまちがっていないこと。ただしい見方。「所知の真如を如実性と名づけ、能知の真如を無倒性と名づく」「無顛倒無分別とは、声聞などが真如に通達して、無常・苦・無我・不浄の四の無倒の智を得るをいう」「顛倒の義とは、即ち彼の能取などの義に於て、無常を計して常と為し、苦を計して楽と為し、不浄を浄と計し、無我を我と計す想倒・心倒・見倒を謂う。無倒の義とは上と相違し能く彼れを対治するを謂う」
Ⓢ viparīta: viparyasta: samyak

無倒教授 むとうきょうじゅ　あやまることなく正しく教え（āgama）を教授すること。五種の教授の一つ。→教授　Ⓢ aviparīta-avavāda
（出典）云何無倒教授。謂、無顛倒、宣説法義、令其受持読誦修学如実出離正尽衆苦作苦辺際、如是名為無倒教授。（『瑜伽』27、大正 30・435b）

無倒加行 むとうけぎょう　ヨーガの実践を善く習得したヨーガ行者の教え通りに学び、まちがうことなく修行すること。九種の加行の一つ。→加行②　Ⓢ aviparīta-prayogatā
（参考）（『瑜伽』31、大正 30・456a）

無等 むとう　等しくないこと。おなじでないこと。「云何が無等なる。謂く、諸の如来の功徳は極めて広大なるが故に、大威力なるが故に、一切の有情も与に等しき者なし、是の故に無等なり」「菩薩の大願は一切の余の白浄の願を超過し、無等にして不共なり」「如来の無上にして無等なる四種の円満とは、戒円満・見円満・軌則円満・浄命円満を謂う」　Ⓢ atulya: apratisama: asama

無動 むどう　うごかないこと。動揺しないこと。変化しないこと。「諸の菩薩は即ち是の如き止観の相の中に於て其の心は無動なり」「無動とは、彼の上分の諸の結の為に其の心が纏繞されず、無動にして無変なるをいう」「菩薩の精進は勇猛にして正願は無動なり」「自力と他力との二力に由って発心する者の心は堅固にして無動なり」　Ⓢ akopya: acapala: acala: avicala: avikampya: āniñjya: niścala

無動処 むどうしょ　動揺がない定（samāpatti）に入った処。色界の初静慮から無色界の識無辺処までをいう。「要を以って之を言えば、あらゆる定に於て動揺なきが故に皆な無動と名づく」
（参考）（『瑜伽』97、大正 30・858c）

無動精進 むどうしょうじん　→無退精進

無得 むとく　得ることがないこと。なんらかの対象も認識しないこと。修習位において修する無分別智のありよう。無分別智は所取（認識されるもの）と能取（認識するもの）との対立がない、あるいは戯論（戯れの語り。意味のない語り）を離れているから無得という。「此の無分別智は所取と能取とを遠離す。故に無得なり及び不思議なりと説く。或いは戯論を離れたれば説いて無得と為し、妙用測り難ければ不思議と名づく」
Ⓢ anupalambha

無貪 むとん　むさぼりがないこころ。欲界・色界・無色界の三つの世界に生存すること（有）とそのような生存をもたらす原因（有具）とに執着しないこころ。善の心所の一つ。三善根（無貪・無瞋・無癡）の一つ。
Ⓢ alobha
（出典）云何無貪。於有有具、無著、為性。対治貪著、作善、為業。（『成論』6、大正 31・30a）

無二 むに　不二ともいう。二つでないこと。A か非 A かに分けられないこと。〈唯識〉は、tattva というサンスクリットで真実なるものを総称し、究極的な真実とは「真如」と「真如を対象とする智」との二つであると考える。そして（i）両者の存在を強調すること、（ii）両者の特質を解明すること、（iii）両者を獲得するに至る道を追求すること、との三つが、〈唯識〉の中心テーマである。このなか真実（tattva）の特質（lakṣaṇa）を表す語として、言葉では表されえないことを意味する無二を好んで用いる。無二を内容的に分けると、非有非無（有でもなく無でもない）、非一非異（同一でもなく相異するのでもない）、非生非滅（生ずるのでもなく滅するのでもない）、非増非減（増すのでもなく減るのでもない）、非浄非不浄（浄らかでもなく不浄でもない）などに分けられる。「此の真実義の相を安立すれば、当に知るべし、即ち是れは無二の所顕なり。言うところの二とは有と非有とを謂う」「真如に随う無二の智」「勝義諦には無二の相あり」「真なる智は清浄であるから、真なる明といわれる。二執と相応しないから無二といわれる」 Ⓢ advaya

無熱大池 むねつだいち　無熱池・無熱悩池ともいう。大雪山（インド北方にあるヒマーラヤ山脈）のなかにある池で、殑伽河・信度河・私多河（徙多河）・縛芻河の四つの大河の水源池。 Ⓢ anavataptaṃ mahā-saraḥ

（出典）大雪山北、有香酔山。雪北香南、有大池水、名無熱悩。出四大河。一殑伽河、二信度河、三徙多河、四縛芻河。無熱悩池、縦広正等、面各五十踰繕那量、八功徳水、盈満其中。（『倶舎』11、大正 29・58a）：即於此側、有無熱大池。其量深広、各五十踰繕那。微細金沙、遍布其底、八支徳水、弥満其中。形色殊妙・端厳・憙見。従此派流、為四大河。一名殑伽、二名信度、三名私多、四名縛芻。（『瑜伽』2、大正 30・287b）

（参考）（『略纂』1、大正 43・16c）

無熱池 むねっち　無熱大池とおなじ。→無熱大池

無熱天 むねってん　色界十七天の一つ。→色界十七天

無熱悩池 むねつのうち　無熱大池とおなじ。→無熱大池

無悩 むのう　煩悩や苦悩がないこと。「無悩とは欲楽を受用する辺を離るるを謂う」「是の如く慈と倶なる心を以って宴坐すれば、無怨にして無敵、無損にして無悩なり」 Ⓢ avikopya

無悩害楽 むのうがいらく　さまざまな煩悩や苦悩を離れたときに得られる楽。次の四種がある。（i）出離楽（出家して世俗の種々の苦から離れた楽）。（ii）遠離楽（欲界の悪を離れて生じる色界の初静慮の喜と楽）。（iii）寂静楽（色界の第二静慮以上で生じる楽。追求する心である尋伺がなくなった状態）。（iv）三菩提楽（知るべきもの、すなわち所知事を如実にさとることによって得られる楽）。出離楽を出家楽、三菩提楽を等覚楽・菩提楽ともいう。五楽（因楽・受楽・苦対治楽・受断楽・無悩害楽）の一つ。

Ⓢ avyābādhya-sukha

（参考）（『瑜伽』35、大正 30・483c）：（『述記』1本、大正 43・234a～b）

無能 むのう　①行なうことができないこと。能力がないこと。「常に遍に有情を利する事を作さんと求むれども、此の事に於て無力にして無能なり。是れを菩薩が艱難の事に遭うと謂う」 Ⓢ apratibala: asamarthatā: śakti-hīna

②ヴァイシェーシカ派（勝論）が説く十句義のなかの一つ。→十句義

無比 むひ　比べることができないこと。たとえようがないほどにすぐれていること。「諸法として能く比類するものあること無きが故に名づけて無比と為す」「無上菩提を現等覚し、能く無量・無辺の有情の為に等しく無比にして微妙なる法雨を雨して、一切の煩悩の塵埃を殄息す」 Ⓢ nirupamā

無表 むひょう　①具体的に現象として表れないもの。「身業と語業とに各々有表と無表とあり」「作用の差別とは有表・無表・律儀・不律儀・非律儀・非不律儀所摂の作用を謂う」 Ⓢ avijñapti

②無表色のこと→無表色

無表戒 むひょうかい　戒を受けることによって身中に得られる「非を防ぎ悪を止める力」である戒体のこと。無表色とおなじ。不失壊ともいう。→戒体　→無表色「無表戒を以って不失壊と名づく」（『同学鈔』14、大正 66・142b）

（参考）（『婆沙』123、大正 27・642c 以下）

無表業 むひょうごう　具体的に行為となって他者に認知されることがない行為。具体的

に表れた表層の行為（表業）によって身中の深層に植え付けられたもの。→無表色
Ⓢ avijñapti

無表業色 むひょうごうしき →無表色

無表色 むひょうじき 表層の行為（表業）によって身中の深層に植え付けられ、具体的に表層に表れず認識されえないもの。たとえば戒を受けることによって得られる「非を防ぎ悪を止める力」である戒体をいう。〈有部〉は、四大種（地・水・火・風の四つの元素）によって造られた実色（実際の物質）が、そのような力を持つ戒体であると考えるが、〈唯識〉は、意識にともなう思（意志）の働きによって阿頼耶識のなかに植え付けられた、そのような力を持つ種子を仮に戒体と名づける。また色を業ととらえて無表業・無表業色ともいう。また色を戒体ととらえて無表戒ともいう。→律儀① →戒体「無表は色業を以って性と為すと雖も、有表業の如く表示して他をして了知せしむるに非ず。故に無表と名づく」（『倶舎』1、大正 29・3a)。「表は既に実に無なり。無表は寧くんぞ実ならん。然も思願の善悪の分限に依って無表を仮立す」（『成論』1、大正 31・4c)。
Ⓢ avijñapti-rūpa

無病 むびょう 病気でないこと。健康であること。無病は、涅槃のありように喩えられ、肯定される身心のありようであるが、年若きこと（少年・少壮）と長生きしていること（長寿）とならんで、おごりたかぶる対象の一つにもなる。「無病とは一切の病と諸の癰瘡などが永く寂静なるを謂う」「諸の有情が十の資身具に摂養されて匱乏するところなく、身康・無病にして年いまだ衰老せざるを名づけて楽ある有情世間と為す」「第一・無病・常楽なる涅槃を証得せんと求む」「勝義の善とは真解脱を謂う。涅槃は最極安隠にして衆苦が永寂すること、猶し無病の如し」「此の滅は、永く一切の障礙たる病を離るるが故に、煩悩などの諸の障礙の病を離るるが故に、無病と名づく」「何等を憍と為すや。謂く、或いは少年と無病・長寿の相に依る」
Ⓢ aglāna: aroga: ārogya: svastha

無病憍 むびょうきょう 無病憍逸ともいう。病気がないことへのおごり。七種の憍の一つ。→憍 Ⓢ ārogya-mada

無病憍逸 むびょうきょういつ 無病憍とおなじ。→無病憍

無怖処 むふしょ 怖れがないところ。すべての煩悩を断滅した涅槃をいう。「諸の煩悩を断じた究竟の涅槃を無怖処と名づく」

無福者 むふくしゃ 福がない人。「無福者は功用を設けると雖も、果は遂になし」
Ⓢ apuṇya

無覆無記 むふくむき 四種の価値判断（善・不善・有覆無記・無覆無記）のなかの一つ。無覆とは覆障と覆蔽の働きがないこと。さとりに至る聖なる道をおおってさまたげること（覆障）がなく、自心をおおってふさぐこと（覆蔽）がないこと。無記とは善でも不善でもないこと。この無覆と無記との二つの属性をそなえたものを無覆無記といい、「無覆無記の行」「無覆無記の根」「無覆無記の色」「無覆無記の身業」などと、種々の存在にかかる語である。〈有部〉は、そのような無覆無記なるものとして異熟生・威儀路・工巧処・通果品の四つをあげる。〈唯識〉はすべては心の現れであるという立場より、心を付して異熟生心・威儀路心・工巧処心・変化心という。〈唯識〉は、異熟生をさらに分析して、前世の善悪業によって生じた阿頼耶識を根源的な異熟生（異熟果）と考え、それを真の異熟ととらえて真異熟とよび、これに対して阿頼耶識から生じた六識の異熟果（貴賎・苦楽・賢愚・美醜など）を異熟生とよぶ。 Ⓢ anivṛta-avyākṛta
（出典）無覆無記、復有四種。一異熟生、二威儀路、三工巧処、四通果品。（『婆沙』18、大正 27・88c)：無覆無記、謂、威儀路・工巧処・異熟生、及変化心等。（『婆沙』67、大正 27・346c)：無覆無記心、有四種。異熟生心・威儀路心・工巧処心及変化心。（『瑜伽』54、大正 30・595c)

無分別 むふんべつ ①言葉を用いて考えない認識のありようをいう。六識（眼識・耳識・鼻識・舌識・身識・意識）でいえば、前の五識の認識のありようをいう。これに対して言葉を用いて考える意識は有分別であるという。→分別① →有分別「無分別とは施などに於て遍計所執自性を観ざるを謂う」「無分別とは是の如き波羅蜜多に於て言詞の如くに自相に執著せざるを謂う」「眼などの五識は無分別なり」「無分別とは五識身を謂い、有分別とは意識身を謂う」

Ⓢ akalpa: akalpanā: avikalpanatā: nirvikalpa
②智慧としての無分別。→無分別智
③三種の無分別（知足無分別・無顚倒無分別・無戯論無分別）の無分別。このなか、知足無分別（saṃtuṣṭi-nirvikalpa）とは、異生の無分別で、無常・苦・無我などという存在の真実のありようを思惟してこの真実は必然であると思って満足してそれ以上の追求をしないこと。無顚倒無分別（aviparyāsa-nirvikalpa）とは声聞の無分別で、無常・苦・無我・不浄であるのに逆に常・楽・我・浄であるとみるまちがった認識（顚倒）をなくすために、ただ色・受・想・行・識のみがあると正しく観察するとき、出世間智を得て、無我であるという真理をさとることをいう。無戯論無分別（niṣprapañca-nirvikalpa）とは菩薩の無分別で、色・受・想・行・識の五蘊はただ言葉で語られたもの（戯論）であると知って一切の存在の対象のありよう（相）を滅して一切に遍在する真理（真如）をさとること。Ⓢ nirvikalpa
（参考）（『雑集論』14、大正 31・764c〜765a）

無分別慧 むふんべつえ →無分別智
Ⓢ nirvikalpa-prajñā
（参考）（『瑜伽』74、大正 30・706c）

無分別器 むふんべつき 分別する働きがない外界の自然（器世間）をいう。阿頼耶識の二種の認識対象の一つ。「若し略説せば阿頼耶識は二種の所縁の境に於て転ず。一つには、内の執受を了別す。二つには、外の無分別器の相を了別す」

無分別智 むふんべっち jñāna（智）をprajñā（慧）で置き換えて無分別慧ともいう。分別しない智慧。なんらの認識対象もない心のありようをいう。ある行為を成立せしめる「主体」と「客体」とその両者の間に展開する「行為」あるいは行為に関係する「物」との三つを分けない無分別智を三輪清浄の無分別智という。〈唯識〉はこの無分別の智慧を火にたとえて無分別智火といい、この火によって深層の阿頼耶識のなかにある汚れた種子が焼かれて、深層から心が浄化されると説く。これには加行無分別智と根本無分別智と後得無分別智との三種がある。このなか、加行無分別智は加行位において起こす無分別智で、いまだ煩悩を有した有漏の智慧をいう。根本無分別智とは通達位において起こす無分別智で、まさに真理（四諦・真如）を初めて見る、煩悩がない無漏の智慧をいう。後得無分別智とは根本無分別智の後に得る無分別智で、真理をさとった後に再び世間にもどり世事のけがれに染まることなく人びとの救済のために努力する菩薩の智慧をいう。この後得無分別智は、十地からなる修習位において起こし、十地それぞれの地においてそれぞれに属する煩悩を断じて心を深層からますます清らかにしていく無分別智である。「已に無分別智を得た者には無分別智が現在前する時、一切の諸義が皆な顕現せず」「虚妄分別の識が若し無分別智の火に焼かるる時、此の識の中にある真実なる円成実自性が顕現し、虚妄の遍計所執自性は顕現せず」「若し時に、菩薩は所縁の境に於て無分別智が都て所得なくなりぬ。種種の戯論の相を取らざるが故に。爾る時、乃ち実に唯識の真の勝義性に住すと名づく」「数、無分別智を修習するに由って本識中の二障の麁重を断ずるが故に、能く依他起上の遍計所執を転捨して及び能く依他起中の円成実性を転得す」
Ⓢ nirvikalpa-jñāna
（出典）無分別智、名増上慧。此復三種。一加行無分別智、謂、尋思慧。二根本無分別智、謂、正証慧。三後得無分別智、謂、起用慧。（『摂論釈・世』8、大正 31・363c）：慧学有三種。加行無分別慧・根本無分別慧・後得無分別慧。（『成論』9、大正 31・52a）

無分別影像 むふんべつようぞう 無分別影像所縁ともいう。言葉をともなわない対象。影像とはヨーガの実践において心のなかに現れてくる観念・対象をいい、無分別とは言葉によらずに考えることをいう。真理を見る段階（見道）以前の奢摩他（止）の実践のなかで現れてくる影像。四つの遍満所縁の一つ。→毘鉢舎那 →遍満所縁
Ⓢ nirvikalpaṃ pratibimbam
（参考）（『解深』3、大正 16・697c）（『瑜伽』26、大正 30・427b）

無分別影像所縁 むふんべつようぞうしょえん →無分別影像

無辺 むへん （大きさ、あるいは数や量において）はてがない、極限がない、限界がないこと。「最勝にして光曜なる七宝は大光明を放って遍く一切の無辺の世界を照らす」

「是の如く有色・有対の種種の想を除遣し已って、無辺の相である虚空の勝解を起こす。是の故に説いて無辺の空に入ると名づく」「普く十方の無辺・無際の諸の世界の中の諸の仏菩薩に於て、双足を頂礼し恭敬す」「一の有情の生死相続の刹那刹那に無辺の得を起こす」「無量・無辺の仏が世に出て、一一が無数の有情を化度す」 Ⓢ ananta: anantaka: anantavat: aparyanta: anto nāsti

無辺意 むへんい 外道が考える四つの解脱（無身・無辺意・浄聚・世間窣堵波）の一つ。無色界の第二処である識無辺処をいう。→識無辺処
（参考）（『婆沙』8、大正27・39b）

無辺空処 むへんくうしょ 空無辺処のこと。→空無辺処

無辺虚空処 むへんこくうしょ 空無辺処のこと。→空無辺処

無辺際 むへんざい （大きさ、あるいは数や量において）はてがない、極限がない、限界がないこと。「苦集の二諦の境の中に於て無辺際の智を得て、此の智に由るが故に無常を了知して、無常は無辺際なりとの勝解を発起す」「此の毘鉢舎那は所知の境が無辺際なるに由るが故に其の量も亦た無辺際なり」「無辺際の生死輪廻に於て諸の苦事あり」
Ⓢ ananta: aparyanta: anto nāsti

無辺識処 むへんしきしょ 識無辺処のこと。→識無辺処

無変 むへん 無変易とおなじ。→無変易

無変異 むへんい 無変易とおなじ。→無変易

無変異空 むへんいくう 変化することはないという理。この理をさとることによって無変異という教理への執着を除くことができる。
（出典）有十種相、空能除遣。何等為十。（中略）九者了知清浄真如義故、有無為相・無変異相。此由無為空無変異空、能正除遣。（『解深』3、大正16・701a）

無変易 むへんにゃく 無変・無変異とおなじ。不変。変化することがないこと。真如・勝義・法界・円成実性などの真実の世界のありようをいう語。「清浄なる法界は無生・無滅の性にして無変易なるが故に、説いて常と為す」「諸法の勝義は亦た即ち是れ真如なり。真とは謂く、真実にして非虚妄を顕す。如とは謂く、如常にして無変易を表す」「円成実性は常にして無変なるが故に円成実と名づく」「真如は性として無変なるが故に、是れ一切法の平等の共相なり」「無変異の性に由るが故に円成実と名づく」
Ⓢ avikāra: nirvikāra

無法 むほう ①存在しないもの。未生無・已滅無・互相無・勝義無・畢竟無の五つがある。→各項目参照
（参考）（『瑜伽』16、大正30・362c）
②正しく適切でないこと。→無法語言
Ⓢ adharmya

無法語言 むほうごごん 不正に不適切に語ること、あるいは語られた言葉。たとえば、欲望にみちた汚れた心で食べ物について語ること。有法語言の対。→有法語言
Ⓢ adharmyā kathā
（参考）（『瑜伽』2、大正30・288c）

無犯 むぼん 過失・罪・咎がないこと。「偽りて所犯を制立するとは、有犯の中に於て立てて無犯と為し、無犯の中に於て立てて有犯と為すを謂う」
Ⓢ anadhyācāra: anāpatti
（参考）（『瑜伽』99、大正30・870c～871a）

無煩天 むぼんてん 色界十七天の一つ。→色界十七天

無命物 むみょうもつ いのちを有していないもの。物質的なもの。離繫出家外道は樹木などの植物をいのちあるものと考えるが、仏教はこの見解に反対する。
（参考）（『瑜伽』65、大正30・660a）

無明 むみょう 無知。心を覆って真実を知ることをさまたげる煩悩。十二支縁起の第一支にある根本の煩悩。無知（ajñāna）、あるいは愚・愚癡（saṃmoha）とも言い換えられる。何を知らないか、何について愚かであるか、その対象として次のようなものが説かれる。（i）〈有部〉の所説。四諦と三宝と業因と業果とを知らないこと。「無明の相とは諦と宝と業と果とを了知せざるを謂う」（『倶舎』10、大正29・52a）。（ii）〈唯識〉の所説。知るべきこと（所知事・所応知事）について愚かであること。真如と四諦とを知らないこと。〈唯識〉では所知事という語で無明の対象をいい、その所知事の究極のものとして真如を説く点が〈有部〉と相違する。「諸の愚癡者は要ず先ず所応知の事に愚なり」

(『瑜伽』10、大正 30・324a)、「無明とは、謂く、不善の丈夫に親近し、非正法を聞き、不如理に作意するに由るが故に、及び任運に失念するに由るが故に、所知事に於る、若しくは分別・不分別の染汚の無知を体と為す」(『瑜伽』8、大正 30・313c)、「無明の果とは真如と及び諸の諦の義に於て解了すること能わざるを謂う」(『瑜伽』60、大正 30・637c)、「無明とは所知の真実を覚悟することを能く覆い能く障うる心所を性と為す」(『瑜伽』58、大正 30・622a)。 Ⓢ avidyā
(参考) 次のような種類に分けられる。(i) 二種。煩悩相応無明・独行無明(『瑜伽』58、大正 30・622a)。煩悩相応無明とは貪・瞋などの煩悩と相応して共に働く無明をいう。煩悩共行無明・相応無明ともいう。独行無明とは、貪・瞋などの煩悩と相応して共に働くことなく、ただ苦諦・集諦・滅諦・道諦の四つの真理に暗い無明をいう。独行不共無明・不共無明ともいう。(ii) 四種。解愚・放逸愚・染汚愚・不染汚愚(『瑜伽』58、大正 30・622a)。→各項参照。(iii) 五種。義愚・見愚・放逸愚・真実義愚・増上慢愚(『瑜伽』64、大正 30・657b)。(iv) 九種。随眠無明・覚悟無明・煩悩共行無明・不共独行無明・蔽伏心性無明・発業無明・不染汚無明・離羞恥無明・堅固無明(『瑜伽』60、大正 30・637a)。

無明結 むみょうけつ　無明は心を苦と結合せしめ、束縛し、毒する煩悩であるから無明結という。九結の一つ。→無明　→九結
Ⓢ avidyā-saṃyojana
(出典) 無明結者、謂、三界無智無明結所繫故、於苦法集法、不能解了。不解了故、広行不善、不行諸善、由此能招未来世苦、与苦相応。(『集論』4、大正 31・676c)

無明随眠 むみょうずいめん　七種の随眠の一つ。→無明　→七随眠
Ⓢ avidyā-anuśaya

無明触 むみょうそく　無明によって触れること。受を生じる十六種の触の一つ。→触④

無明瀑流 むみょうぼる　無明暴流とも書く。無明という煩悩。瀑流とは煩悩の異名。煩悩を荒れ狂う河の流れに喩えて瀑流という。四つの瀑流(欲瀑流・有瀑流・見瀑流・無明瀑流)の一つ。三界おのおのの五部にある無明を合わせた十五の無明をいう。
Ⓢ avidyā-ogha
(出典) 十五物、名無明瀑流。謂、三界無明、各有五。(『倶舎』20、大正 29・107c)

無明漏 むみょうろ　三漏(欲漏・有漏・無明漏)の一つ。三界五部の十五の無明をいう。
(出典) 准此、三界十五無明義、至已立、為無明漏。(『倶舎』20、大正 29・107c):於彼三界所有無智、総摂為一、立無明漏。(『瑜伽』89、大正 30・802a)

無忘失 むもうしつ　忘れないこと。(かつて記憶したことを) 忘れて失わないこと。別境の心所である念のありようをいう。無忘・不忘・不忘失・不忘念ともいう。「師子王の如く右脇にして臥す時は、身は無掉乱にして念は無忘失なり」
「無忘失の相を説いて名づけて念と為す」「聡慧を成就する者は法に於て義に於て能く無忘失なり」 Ⓢ apramuṣita: asaṃpramoṣatā

無忘失法 むもうしつほう　百四十不共仏法(仏のみが具える百四十の特質・特徴)の一つ。人びとを救済することなどの一切のなすべきことを忘れることなく常に記憶し知っていること。 Ⓢ asaṃmoṣa-dharmatā
(出典) 是名如来無忘失法。所謂、如来普於一切所作事業、普於一切方処差別、普於一切所作方便、普於一切時分差別、念無忘失、常住正念、当知、是名無忘失法。(『瑜伽』50、大正 30・574a):無忘失法者、謂、於一切種、随其所作所説、明記具足中、若定、若慧、乃至広説。此中顕示、依化事門。於随所作等、念具足中、所有三摩地等、是無忘失法。(『雑集論』14、大正 31・761b):無忘失法者、謂、於利楽諸有情事、正念・正知、不過時分。(『摂論釈・無』9、大正 31・439c):大円鏡智者、謂、無忘失法、所知境界雖不現前、亦能記了。如善習誦書論先明。(『摂論釈・世』9、大正 31・372a)

無没識 むもつしき　没することがない識。決して滅してなくなることがない識。そのなかにある一切の種子が隠没することがない識。玄奘の訳である阿頼耶識の阿頼耶の原語ālaya を a-laya (a は無、laya は没) ととらえて訳した語。真諦による旧訳。 Ⓢ alaya-vijñāna
(出典) 無没識者、無相論云。一切諸種無所隠没故無没也。(『了義』4 本、大正 43・

729b)

無聞 むもん 正しい師から正しい教えを聞かないこと、あるいはそのような人。愚かな異生・凡夫のこと。「愚昧にして無聞なる諸の異生類は仮の言説に随って我執を起こす」 Ⓢ aśrutavat

無余 むよ あますことなく。のこすことなく。全部。すべて。「愛などが無余に断滅するを滅聖諦と名づく」「貪を無余に断じ、瞋を無余に断じ、癡を無余に断じ、一切の煩悩を皆な無余に断ず。是れを正性定聚と名づく」 Ⓢ apariśeṣam: aśeṣa: niravaśeṣatas: niḥśeṣa

無余依 むよえ 余依が無いこと。余依(upadhi-śeṣa)とは、生身の身体をいい、そのような身体が滅して無くなったことを無余依という。身体が滅して得られる涅槃や解脱の境界を無余依涅槃・無余依解脱・無余依滅という。有余依の対。→有余依
Ⓢ nirupadhi-śeṣa

無余依解脱 むよえげだつ →無余依

無余依地 むよえじ ヨーガ行者の十七の心境・境界(十七地)の一つ。→十七地
Ⓢ nirupadhi-śeṣa-bhūmi

無余依涅槃 むよえねはん ①命が尽きて身体がなくなって獲得する涅槃。略して無余涅槃という。
②〈唯識〉が説く四種の涅槃(本来自性清浄涅槃・有余依涅槃・無余依涅槃・無住処涅槃)の一つ。煩悩障を断じ、さらに身体がなくなり、生死の苦が滅したところに顕れる真如。→涅槃③

無余依滅 むよえめつ →無余依

無余涅槃 むよねはん 無余依涅槃とおなじ。→無余依涅槃

無容 むよう 可能性がないこと。ありえないこと。無処(asthāna)と並記されることが多い。→無処「女身が梵と為ることは無処にして無容なり」「見道で修惑を断ずることは無容なり」 Ⓢ anavakāśa: asaṃbhava

無欲界 むよくかい 離欲界とおなじ。→離欲界

無利 むり ①八つの世法の一つ。金銭や財物を得ることなく経済的に栄えないこと。不得・衰・衰損ともいう。→世法「仏世尊は利などの四法に遇うと雖も心は高ならず、無利などの四法に遭うと雖も心は下ならず」
Ⓢ alābha
②無利益とおなじ。利益がないこと。→無利益「綺語業道の事とは、能く無利の義を引発するを謂う」「軽爾には無義・無利にして不相応なる語言を説かず」 Ⓢ ahita: nirartha

無利苦 むりく →無利苦行

無利苦行 むりくぎょう 外道の戒を守って修する苦行。修しても利益・効果がない修行。無利苦・無利勤苦ともいう。

無利勤苦 むりごんく →無利苦行

無利益 むりやく 非利益ともいう。利益がない、ためにならないこと。有利益の対。「有利益の故に応修習と名づけ、無利益の故に不応修習と名づく」「菩薩は此の無利益品のあらゆる安楽に於て無倒なる慧を以って如実に了知して、諸の衆生に勧めて悉く捨離せしむ」 Ⓢ ahita

無理 むり 理にかなってないこと。不合理であること。正しくないこと。有理の対。「我が論は有理にして汝の理は無理なり」

無力 むりき 力・能力がないこと。無力能とおなじ。有力の対。「自らは無力なる補特伽羅は他の教授に由って能く彼れをして浄ならしむ」「諸の漏の中に於て、若し不善なるものを説いて有力と名づけ、有覆無記を説いて無力と名づく」
Ⓢ apratibala: abala: aśakta: asamartha

無力能 むりきのう →無力

無力能作因 むりきのうさいん →能作因

無量 むりょう ①(量・数・大きさ・広さ、などに)限界・極限がないこと、測ることができないこと。数多いこと。たとえば有情界無量・世界無量・法界無量・所調伏界無量・調伏方便界無量の五無量が説かれる(『瑜伽』46、大正30・548a)。「十方の無量・無辺の世界」「菩薩蔵の法は久しく世に住し、能く無量の衆生の大苦を滅す」「此の品類の差別に復た無量あり」「此の中に具するところの功徳は了知し難きが故に名づけて甚深と為し、極めて寛博なるが故に名づけて広大と為し、窮尽することなきが故に名づけて無量と為す」
Ⓢ ananta: aneka: aneka-ākāra: aparimāṇa: apramāṇa: aprameya: ameya: prabhūta: bahu: mahānta:
②四無量の無量。→四無量

無量光天 むりょうこうてん 色界十七天の

一つ。→色界十七天

無量三摩地 むりょうさんまじ 三種の三摩地（小三摩地・大三摩地・無量三摩地）の一つ。際限のない多くの対象を観察し、信と欲と勝解というこころの働きが際限なく強い三摩地。（出典）云何無量三摩地。謂、或由所縁故、無量・無辺・無際、観諸色故、或由作意故、無量・無辺・無際、信・欲・勝解故。（『瑜伽』12、大正 30・338a）

無量浄天 むりょうじょうてん 色界十七天の一つ。→色界十七天

無量相 むりょうそう 六種の相の一つ。→相①

無量想 むりょうそう 六種の想の一つ。→想①

無漏 むろ 漏とは漏泄（漏れ出る）という意味で、煩悩をいう。煩悩は有情の六根（眼・耳・鼻・舌・身・意の六つの器官）から流れ出るから漏といい、その漏が無いこと、あるいは無いものを無漏という。そのような無漏のもの（無漏法）として、『倶舎論』（『倶舎』1、大正 29・1c）では、有為のなかの道聖諦と三つの無為（虚空・択滅・非択滅）とをあげ、それらのなかでは煩悩が随増する（煩悩に随順し煩悩が増大する）ことがないから無漏であると説かれる。『瑜伽論』（『瑜伽』65、大正 30・661c～662a）では、さらに詳しく分析して、次の五つのありようをもつものを無漏という。（ⅰ）諸の纏（具体的に現れた煩悩）を離れたもの。（ⅱ）随眠（煩悩を起こす潜在的な種子）を断じたもの。（ⅲ）一切の汚れた心・心所が断滅したもの、すなわち涅槃。（ⅳ）一切の見道に属するもの。（ⅴ）出世間の一切の修道と及び無学道に属するもの。 Ⓢ anāsrava
（出典）無漏云何。謂、道聖諦及三無為。何等為三。虚空、二滅。二滅者何。択・非択滅。此虚空等三種無為及道聖諦、名無漏法。所以者何。諸漏於中不随増故。（『倶舎』1、大正 29・1c）：諸漏随眠永解脱故、説名無漏。（『瑜伽』66、大正 30・666c）：無漏法者、謂、出世聖道及後所得并無為法。（『雑集論』4、大正 31・711a～b）：諸漏永尽、非漏随増、性浄円明故、名無漏。（『成論』10、大正 31・57a）

無漏有為 むろうい 現象的存在（有為）のなかで煩悩がまじらないもの。四諦のなかの道諦をいう。「道聖諦は無漏有為の法なり」

無漏慧 むろえ 煩悩がまじらない智慧。真理（四諦・真如）を見る智慧。この智慧は真理を証する位である見道において初めて生じる。 Ⓢ anāsrava-prajñā

無漏戒 むろかい →道生律儀
Ⓢ anāsrava-śīla

無漏界 むろかい 二界（有漏界・無漏界）の一つ。煩悩がない世界。一切の煩悩を完全に断滅した仏の世界。煩悩を有する欲界・色界・無色界の三界を超出した世界。有漏界の対。→有漏界「転依の果は此れ即ち無漏界なり、不思議なり、善なり、常なり」「如来の無垢識は浄なる無漏界なり。一切の障を解脱して大円鏡智と相応す」「言うところの諸仏の大集会とは無漏界たる諸仏の国土を謂う」「無漏界の中では一切の麁重と諸の苦とが永断す。是の故に唯だ此れは是れ勝義の楽なり」 Ⓢ anāsrava-dhātu

無漏識 むろしき 煩悩をもたない識。「諸の無漏識とは、其の次第に随って有学の解脱を名づけて寂静と為し、無学の解脱を名づけて清涼と曰い、余依が永滅するが故に清浄と説く」 Ⓢ anāsrava-vijñāna

無漏尸羅 むろしら 無漏律儀のこと。→無漏律儀

無漏種子 むろしゅうじ 法爾無漏種子ともいう。阿頼耶識のなかにあって無漏を生じる先天的な種子。加行道までの修行によってこの種子が成熟し成長し、その結果、見道において初めて真理（四諦あるいは真如）をみる汚れのない智慧（無漏智）が生じる。「無漏種子は法爾本有にして熏により生ずるにあらず」

無漏定 むろじょう 無漏等至とおなじ。→無漏等至

無漏善 むろぜん 二種の善（有漏善・無漏善）の一つ。あるいは四種の善（順福分善・順解脱分善・順決択分善・無漏善）の一つ。煩悩がまじらない善。見道において無漏智を起こして真理を見た以後の聖者が起こす善をいう。「仏の識が変ずるところの有漏と不善と無記との相のごときは、皆な無漏善の種より生ずるところなるをもって無漏善に摂む」

無漏智 むろち 煩悩がなく清浄な智慧。真理（〈有部〉では四諦

をいい、〈唯識〉では四諦と真如とをいう）を証する位である見道において初めて生じる智慧。十智でいえば、法智・類智・苦智・集智・滅智・道智・尽智・無生智の八智をいう。 Ⓢ anāsrava-jñāna

無漏等至 むろとうし 煩悩がない出世間の定まった心。四静慮と下の三無色定にある定。無漏定ともいう。
Ⓢ anāsrava-samāpatti

無漏道 むろどう 煩悩がない修行の道。修行の過程において、煩悩がない智（無漏智）によって修行する段階。五位の修行の段階（資糧道・加行道・見道・修道・究竟道）でいえば、根本無分別智ではじめて真理（四諦・真如）を見る見道と、それ以後、後得無分別智によってますます心を浄化していく修道とをいう。三界九地でいえば、無漏道が働く限界は無色界の無所有処である。十地では、八地以後は無漏道が任運に起こるとされる。有漏道の対。→有漏道「離繋果とは、無漏道が障を断じて証するところの善の無為法を謂う」「学・無学を勝道沙門と名づく。無漏道を以って一切の見修所断の諸の煩悩を摧滅するが故に」「八地以上は純なる無漏道が任運に起こるが故に、三界の煩悩は永く現行せず」「不放逸と捨とは無漏道の時に方に起こることを得る」「尋伺は真の無漏道に非ずと雖も、而も能く彼れを引き、彼れより引生せらるるが故に見修と非所断とに摂む」
Ⓢ anāsrava-mārga

無漏法 むろほう 漏がない法。煩悩がない存在。→無漏

無漏律儀 むろりつぎ 道生律儀のこと。無漏尸羅ともいう。→道生律儀
（出典）無漏律儀者、謂、無漏尸羅。（『婆沙』119、大正 27・621c）

夢 む ゆめ。ゆめを見ること。現象的存在（依他起性・諸法）には実体がないことを示すために用いる譬喩の一つ。→夢所見「一切の諸法は幻や夢の如し」「依他起性は幻・夢・光影・谷響・水月・影像及び変化などに同じく、猶し聚沫の如く、猶し水泡の如く、猶し陽焔の如く、猶し芭蕉の如しと当に了知すべし」 Ⓢ **svap**: svapna
（出典）云何夢。謂、由依止性羸劣、或由疲倦過失、或由食所沈重、或由於闇相作意思惟、或由休息一切事業、或由串習睡眠、或由他所引発、如由搖扇、或由明呪、或由於薬、或由威神、而発惛夢。（『瑜伽』1、大正 30・281a）

夢境 むきょう →夢所見

夢見 むけん →夢所見

夢所見 むしょけん ゆめのなかの出来事。「唯識無境」（唯だ識のみが存在して外界には対象は存在しない）という〈唯識〉の根本思想を証明するために用いられる概念。〈唯識〉は、夢のなかでは実際には存在しない対象を存在すると見るのであるが、それとおなじように、覚醒時においても、外界に対象が存在しなくてもそれを見ることができると主張する。あるいは、欲（欲望）の対象は夢に見る出来事のようにすぐに消滅してしまうから欲望の喩えに用いられる。夢境・夢見・夢所得・所夢ともいう。「未だ覚めざれば、夢所見は有に非ずと知ること能わず」「諸欲は夢所見の如し。速に散壊するが故に」「夢の中に於ては、実の義なしと雖も、種種の愛と非愛との受用の差別は現前して得べし」
Ⓢ svapna
（参考）（『瑜伽』17、大正 30・369c）：（『唯識二十論』、大正 31・76c）

夢所得 むしょとく →夢所見

夢中意識 むちゅういしき →意識

霧 む きり。視覚（眼識）の対象（色）の一つ。太陽や月を覆って見えなくするものの一つ。→色境 Ⓢ mahikā
（出典）霧者、如秋冬時、山河霧起。又聞外国、雨初晴時、日照川原、地気騰湧、雰霏布散、遍覆虚空、障日月輪、倶令不現。（『婆沙』27、大正 27・141a）

め

馬 め うま。象・羊・牛などとともに動物の代表としてあげられる。「胎生とは象・

馬・牛・驢などを謂う」 Ⓢ aśva: haya

馬軍 めぐん 馬の集団。軍隊を構成する四つの軍（象軍・馬軍・車軍・歩軍）の一つ。あるいは、六種の守護するもの（象軍・馬軍・車軍・歩軍・蔵力・友力）の一つ。 Ⓢ aśva-kāya

馬耳山 めじせん スメール山（蘇迷盧山）を中心にして取り囲む七つの山の一つ。形が馬の耳に似ていることから、この名でよばれる。原語 aśva-karaṇa を頞湿縛羯拏と音写し頞湿縛羯拏山ともいう。 Ⓢ aśva-karaṇa-giri
（参考）（『略纂』1、大正 43・16a）

馬瑙 めのう 珍宝の一つ。七宝の一つ。原語 aśmagarbha を遏湿摩掲婆・頞湿摩掲婆と音写。エメラルドの宝石。→七宝②
Ⓢ aśmagarbha

馬碯 めのう 馬瑙とおなじ。→馬瑙

馬宝 めほう 転輪王が獲得する七つの宝の一つである馬。→七宝① Ⓢ aśva-ratna

馬騾龍王 めらりゅうおう 八大龍王の一つ。→八大龍王 Ⓢ aśva-tara-nāga
（参考）（『瑜伽』2、大正 30・287a）

命（めい）→みょう

明（めい）→みょう

迷 めい 迷うこと。まどうこと。無知でおろかなこと。「有漏を縁ずる惑は皆な苦に迷うなり」「諸の煩悩が現起して所縁に迷う」「我癡とは無明を謂う。我相に愚かにして無我の理に迷うが故に我癡と名づく」
Ⓢ aparijñāna: mūḍha: vipratipanna: sam-**muh**

迷闇 めいあん 迷うこと。三毒の一つである癡のありようをいう。「癡は諸の理と事とに於て迷闇なるを性と為す」

迷悟依 めいごえ 迷悟の所依。迷いとさとりのよりどころ。真如をいう。真如は、これに迷えば生死に輪廻して染汚な状態となり、これをさとれば涅槃を得て清浄な状態となる。転依を構成する要素の一つ。→転依①
（出典）迷悟依、謂、真如。由此能作迷悟根本、諸染浄法、依之得生、聖道転、令捨染得浄。余雖亦作迷悟法依、而非根本故、此不説。（『成論』10、大正 31・55a）：以真如性、為迷悟依、迷故生死、悟故涅槃。（『枢要』上本、大正 43・613a）：以真如、名迷悟依、迷真如故、謬執我法、除迷令悟故。（『述記』1本、大正 43・236b）

迷事 めいじ 事に迷うこと。現象的存在（事）に迷うこと。現象的存在を貫く理に迷うという迷理に対する語。「貪・瞋・慢の三は唯だ是れ迷事の煩悩にして、五見と及び疑とは唯だ是れ迷理の煩悩なり」「二乗は漸く修道九品の惑を断ずる時、前の八品の道は迷事の惑を断じ、第九品の道は迷理の惑を断ず」「諸の見所断と及び修所断の迷理の随眠をば、唯だ根本無分別智のみ親しく理を証するが故に能く正しく彼れを断じ、余の修所断の迷事の随眠は根本無分別智と後得無分別智とが倶に能く正しく断ず」

迷失 めいしつ ①（道に）迷うこと。「戒禁取に由って、邪道を執するに依って、正路を迷失す」「阿羅漢は一時に於て阿練若の大樹林の中に遊び、道路を迷失す」
Ⓢ vibhrama
②（心が）迷い乱れること。「我所の心を起こし、無我の理に於て猶、迷失の義あり」

迷者 めいしゃ 迷謬者を迷者と謬者とに分けるなかの迷者。→迷謬者

迷執 めいしゅう 迷いとらわれること。煩悩のために真理に迷うこと。たとえば、無明が根本原因となって自己は存在すると考えること。〈唯識〉では、心のみであるのに外界に境（対象・事物）が存在するという迷いをいう。「上の十の煩悩は十二種の諦を迷執するに由って建立す」「諸の愚夫は境に於て迷執して煩悩と業とを起こして生死に沈淪しつつ、心のみと観じて勤めて出離を求むることを解せず」「諸の異生類は無明に盲いられて惑と業とを起造し、我ありと迷執して生死の海に淪没す」 Ⓢ vipratipatti

迷謬 めいびゅう 迷いあやまること。「智波羅蜜多に由るが故に、聞言の如く諸法をとる迷謬を離れて、施などの増上の法楽を受用して、無倒に一切の有情を成熟す」
Ⓢ saṃmoha

迷謬者 めいびゅうしゃ 迷者と謬者。迷う者と謬まる者。このなか、迷者とはまったく我空と法空との二空を理解できない智慧のない愚かな人びとである異生と外道とをいい、謬者とは、声聞と独覚と、部分的に智慧をもってはいるが空をまちがってとらえる者（悪取空者）と、よこしまに二空の理を理解する者とをいう。
（参考）（『述記』1本、大正 43・234c）

迷悶 めいもん 迷いもだえること。酔って

いるさま。（食事に）執着しておろかであること。「迷悶の者が醒悟を得る」「諸の菩薩は能く不応思議を遠離して思惟するに由るが故に、其の心は迷悶・錯乱に堕せず」
Ⓢ pramatta: mūḍhita: mūrchita: saṃmoha

迷唯識 めいゆいしき 迷唯識と謬唯識のなかの迷唯識。迷唯識とは、唯識の理をまったく理解しないこと。謬唯識とは、唯識の理をよこしまに理解し考えること。
（参考）（『述記』1本、大正43・234c）

迷乱 めいらん ①迷いみだれること。心が動揺するさま。「尊長・夫主・王賊及び怨敵などに拘逼せらるる者は、自在を得ずして其の心は迷乱す」「不正の尋思は心を迷乱せしむ」「依他起性の雑染分とは、心心法の煩悩の迷乱を謂う」 Ⓢ vibhrama
②まちがった認識。誤謬。〈唯識〉は外界にものがあると考えることを根源的な迷乱とみる。「青色の境に向かって黄と謂うは是れ迷乱の行解なり」「現量とは、自ら正しく明了にして迷乱の義なきを謂う」「一切の諸法は皆な我が心に離れず。心外に有りと思うは迷乱なり」 Ⓢ bhrānti

迷乱愚癡 めいらんぐち 言葉や想いがみだれる、あるいは容姿がみだれる、あるいは身心の働きがみだれることによって、みだれたものをみだれていると理解できない愚かな者。十種の愚癡（愚かな者）の一つ。→愚癡②
（出典）迷乱愚癡者、謂、如有一、或名想乱、或形量乱、或色相乱、或業用乱、於乱処法、不能解了、是故愚癡。（『瑜伽』60、大正30・637b）

迷理 めいり 理に迷うこと。現象的存在（事）を貫く理に迷うこと。現象的存在に迷うという迷事に対する語。「迷理の惑」「迷理の無明」

迷隷耶 めいれいや maireyaの音写。迷麗耶とも音写。→迷麗耶

迷麗耶 めいれいや maireyaの音写。迷隷耶とも音写。食物以外からつくられた酒。三種の酒（窣羅・迷麗耶・末陀）の一つ。→酒「諸の菩薩は浄なる身業に依って勧めて一切の窣羅、若しくは迷隷耶と及び末陀の放逸処の酒を遠離せしむ」 Ⓢ maireya

迷盧 めいろ meruの音写。蘇迷盧の略。→蘇迷盧

迷惑 めいわく ①煩悩によって迷うこと。「我見を起こす者は唯だ所知の境界に於て迷惑し、一切の所知の境界を謗ぜず」「欲界の愛は所知の境に於て迷惑せしめるが故に説いて冥闇と為す」 Ⓢ **muh**
②認識的にまよいまちがうこと。顚倒とおなじ。→四顚倒「彼の無常・苦・空・無我の諸行の如実の道理に於て迷惑を発生するを便ち顚倒と為す」 Ⓢ pratisaṃmoha
（出典）云何迷惑。謂、四顚倒。（『瑜伽』13、大正30・345c）

冥（めい）→みょう

鳴（めい）→みょう

瞑（めい）→みょう

滅 めつ ①（存在するものが）滅する、なくなる、尽きること。なくすこと。消滅せしめること。「住し已って壊する時を滅と名づく」「終尽の位の中を説いて名づけて滅と為す」「有り已って還って無なるを滅と名づく」「六識身が無間に滅し已って能く後識を生ず」「風が灯光を滅す」「別法ありて能く心心所をして滅せしめるを無想定と名づく」
Ⓢ atīta: antar-**dhā**: antardhāna: antardhāni: antarhita: apakarṣaṇa: apravṛtti: abhāva: astaṃgama: uparama: kṣaya: gata: **dhvaṃs**: dhvasta: niruddha: ni-**rudh**: nirodha: nirodhita: nir-**vā**: nirvāṇa: ni-**vṛt**: nivṛtti: niśānta: parikṣaya: parinir-**vā**: prahāṇa: bhagna: bhaṅga: bhaṅgura: vi-**naś**: vinaṣṭa: vināśa: vinivṛtti: vibhava: vihāni: vyaya: śānti: hata: **hā**: heya
②（人が）死ぬこと。「大乗経は仏が滅して即ち行ず」 Ⓢ uparati
③現象的存在（有為）の四つのありよう（生・住・異・滅の四相）の一つ。壊れて滅していくありようを生じる原理をいう。不相応行の一つ。→四相①「諸法に於て能く起こるを生と名づけ、能く安ずるを住と名づけ、能く衰えるを異と名づけ、能く壊するを滅と名づく」 Ⓢ anityatā
④四聖諦（苦諦・集諦・滅諦・道諦）の一つである滅諦の滅。あらゆる煩悩が滅したありよう。生死流転が断じた涅槃をいう。「流転が断ずるが故に滅なり」「集諦が余すところなく息滅するが故に名づけて滅と為す」
Ⓢ nirodha
⑤三つの無為（虚空・択滅・非択滅）のなか

の択滅・非択滅の滅。→無為　Ⓢ nirodha

滅壊　めつえ　(存在するものが）滅する、なくなる、尽きること。死ぬこと。「生じ已って縁を待たずして自然に滅壊するが故に、当に色などは念念に滅すると観ずべし」「是の如く諸法が起こるを即ち生と名づけ、熟変するを老と名づけ、滅壊するを死と名づく」
Ⓢ kṣaya: niruddha: bhaṅga: vinaṣṭa: vināśa: vilīna

滅壊無常　めつえむじょう　現象的存在（行）が生じてすぐに滅するという無常。壊滅無常ともいう。→壊滅無常　Ⓢ vināśa-anitya

滅界　めっかい　三界（離界・断界・滅界）の一つ。貪などの随眠を滅した世界。あるいは、三界（断界・離欲界・滅界）の一つ。一切の所依（身と心）が滅した世界。→三界③④　Ⓢ nirodha-dhātu

滅境　めっきょう　対象や観念が滅した真理。滅尽定を出るときに認識する三つの対象（有境・境境・滅境）の一つ。
（参考）（『瑜伽』12、大正 30・341a）：（『略纂』5、大正 43・84b～c）

滅罪　めつざい　犯した罪を滅すること。世間や外道においては、沐浴することが滅罪の一方法であると考えられている。「世間の滅罪の泉池に、大なるものが七あり、小なるものが七百あり。一一の有情は皆な遍く洗浴して方に解脱を得る」

滅受想定　めつじゅそうじょう　→滅尽定
Ⓢ saṃjñā-vedita-nirodha-samāpatti

滅除　めつじょ　滅して除くこと。「菩薩は定位に於て影は唯だ是れ心なりと観ず。義の想を既に滅除して審かに唯だ自の想なりと観ず」「仏の色心などは道諦の摂なり。已に永く戯論の種を滅除するが故なり」
Ⓢ praśānti: pra-**hā**: prahāṇa

滅聖諦　めっしょうたい　→滅諦
Ⓢ nirodha-ārya-satya

滅定　めつじょう　→滅尽定

滅静妙離　めつじょうみょうり　滅と静と妙と離。滅聖諦の四つのありよう。この四つに関して、いくつかの解釈があげられているが（『倶舎』26、大正 29・137a～b)、世親は「流転の断の故に滅、衆苦が息むが故に静、更に上無きが故に妙、退転せざるが故に離なり」と解釈する。また、順次、滅とは、「解脱は是れ無なり」とみる見解、静とは、「解脱は是れ苦なり」とみる見解、妙とは、「静慮と及び等至の楽は是れ妙なり」とみる見解、離とは、「解脱は是れ、数、退堕し永に非らず」とみる見解、をそれぞれなくすために、これら四つのありよう（行相）を修する、と説かれる。
（参考）（『雑集論』8、大正 31・734b）

滅諍　めつじょう　諸の悪を滅する五種の寂静法（柔和易可共住・断・断支・敬事・滅諍）の一つ。諍（あらそい）を滅すること。外諍と内諍との二種があり、前者は人間のあらそいを滅すること、後者は教え（法）についてのあらそいを滅すること。
（出典）滅諍有二。一滅外諍、二滅内諍。外諍即滅人諍、内諍即滅法諍。毀人滅人諍、毀法滅法諍。（『了義灯』1本、大正 43・665c）
（参考）（『瑜伽』99、大正 30・874a）

滅尽　めつじん　①滅してなくなること。「云何が庫蔵の変異・無常なる性を観察するや。種種の庫蔵が一時に盈満し一時に滅尽するを観見するを謂う」「無心睡眠位・無心悶絶位・無想定位・無想生位・滅尽定位の五位に於ては転識のみが滅し、阿頼耶識は未だ永く滅尽せざるが故に第一義に於て無心地に非らず」　Ⓢ apacaya
②→滅尽定

滅尽三摩鉢底　めつじんさんまぱってい　滅尽定とおなじ。→滅尽定

滅尽定　めつじんじょう　滅尽等至・滅尽三摩鉢底とおなじ。滅定ともいう。二つの無心定（無想定・滅尽定）の一つ。不相応行の一つ。心・心所が滅尽した定。無色界の第三処である無所有処の貪欲をすでに離れた有学の聖者あるいは阿羅漢が、有頂天である非想非非想処において寂静の心境になろうという思い（止息想）によって心の働きを滅して入る禅定をいう。〈唯識〉では八識のなかの転識の働きが滅するだけで阿頼耶識は滅していないと考える。滅尽定は別名、滅受想定あるいは滅想受定（受と想とを滅した定）ともいわれる。心所（細かい心の働き）のなかで特に心をなやます苦楽の感受作用である受と、言葉による概念的思考を引き起こして心を騒がす想とを嫌ってそれら二つを滅するから、滅受想定あるいは滅想受定といわれる。
Ⓢ nirodha-samāpatti
（出典）滅尽定者、唯諸聖者、由止息想受作

意方便、能入。(中略)如是有学已離無所有処貪、或阿羅漢、求暫住想作意、為先、諸心心法滅、是名滅尽定。(『瑜伽』33、大正 30・469a):云何滅尽定。謂、已離無所有処貪、未離上貪、或復已離、由止息想作意、為先故、諸心心所唯滅静、唯不転、是名滅尽定。此定唯能滅静転識、不能滅静阿頼耶識。当知、此定亦是仮有、非実物有。(『瑜伽』53、大正 30・593a):云何滅尽三摩鉢底。謂、已離無所有処欲、暫安住想作意、為先、諸心心法滅。(『瑜伽』12、大正 30・340c)
(参考)(『倶舎』5、大正 29・25a)に無想定と滅尽定との相違について説かれる。

滅尽定住 めつじんじょうじゅう 四つの聖住(空住・無願住・無相住・滅尽定住)の一つ。心の活動がすべて滅した状態(滅尽定)に住すること。→滅尽定 Ⓢ nirodha-samāpatti-vihāra

滅尽等至 めつじんとうし 滅尽定とおなじ。→滅尽定

滅想 めっそう 三想(断想・離想・滅想)の一つ。→三想

滅想受定 めっそうじゅじょう →滅尽定
Ⓢ saṃjñā-vedita-nirodha-samāpatti

滅諦 めったい 四諦(苦諦・集諦・滅諦・道諦)の一つ。滅聖諦・苦滅諦・苦滅聖諦ともいう。苦が滅し、一切の煩悩が断ぜられた涅槃という真理。簡択力によって獲得された滅(択滅)である涅槃をいう。Ⓢ nirodha-satya
(出典)択滅、謂、離繋、此説滅諦。(『倶舎』22、大正 29・113c):云何滅諦。所謂、一切煩悩永断。(『瑜伽』64、大正 30・655c):問、何等法滅故、名滅諦耶。答、略有二種。一煩悩滅故、二依滅故。煩悩滅故、得有余依滅諦、依滅故、得無余依滅諦。(『瑜伽』68、大正 30・674a)

滅諦行相 めったいぎょうそう →滅諦相

滅諦相 めったいそう 苦の滅という真理(滅諦)のありよう(lakṣaṇa)。滅・静・妙・離の四つのありよう(ākāra)。ākāra は詳しくは行相と訳され、行と略称されるから滅・静・妙・離の四つのありようは四行あるいは四行相といわれる。真理(諦)を見る見道においてこれら四行を以って滅諦の相を理解する。→滅静妙離
Ⓢ nirodha-satya-lakṣaṇa
(出典)由四種行、了滅諦相。謂、滅行・静行・妙行・離行。(『瑜伽』34、大正 30・470c)

滅智 めっち 滅諦にある、煩悩を断じる智。十智の一つ。→十智

滅度 めつど (菩薩・仏などが)死ぬ、没すること。「一切の世間には唯だ一如来にして更に第二なし。若し此の土に於て化事し已に訖ぬれば滅度に入る」「大師の滅度の後に同梵行者は真実に報恩す」

滅忍 めつにん →滅法智忍

滅法智 めっぽっち 滅の法智。四諦を証する見道において欲界の滅諦を証する智慧(jñāna)。滅法智忍が原因となって滅法智忍が滅した次の刹那に生じる智慧。
Ⓢ nirodhe dharma-jñānam

滅法智忍 めっぽっちにん 滅の法智忍。四諦を証する見道において滅法智を生じる原因となる智慧(kṣānti)。このなかにある忍の原語は kṣānti で、智(jñāna)を生じる原因となる意味での智慧をいう。滅忍と略称する。見道においてはこの滅法智忍からはじまって滅法智・滅類智忍・滅類智と順次、滅諦の観察が深まっていく。→滅法智 →法智忍 →法智① Ⓢ mārge dharma-jñāna-kṣāntiḥ

滅無 めつむ まったくなにも存在しない虚無のありよう。涅槃とはそのようなありようではないと説かれる。「云何が涅槃と為すや。謂く、法界清浄にして煩悩と衆苦とが永寂静せる義にして、滅無の義に非ず」(『瑜伽』73、大正 30・701b)。

滅没 めつもつ 滅してなくなること。「爾の時に於て能く実義を引くあらゆる正法は当に速く滅没すべし」
Ⓢ antardhāna: antardhāni

滅類智 めつるいち 滅の類智。四諦を証する見道において色界・無色界の滅諦を証する智慧(jñāna)。Ⓢ nirodhe anvaya-jñānam

滅類智忍 めつるいちにん 滅の類智忍。滅類智を生じる原因となる智慧(kṣānti)。→滅類智 Ⓢ nirodhe anvaya-jñāna-kṣāntiḥ

免脱 めんだつ (他人・他学派からの)非難・批判・反論をかわして、それからのがれること。「因明論は他論を免脱する勝利の相を顕示す」「利養及び恭敬を貪る増上力に由るが故に、或いは他が立つるところの論を詰責せんが為に、或いは他の徴するところの難

を免脱せんが為に、見取を起こす」
Ⓢ vipramokṣa

免離　めんり　のがれはなれること。「地獄の有情は業の繋縛から免離すること能わず」

面　めん　①方向・方面。側面。「持双山は其の四つの面に於て四つの王都あり」「蘇迷盧山の四つの面は四大洲に対す」　Ⓢ pārśva
②顔の面。おもて。「頭髪は蓬乱にして其の面は黧黒なり」「瞋恚を有する者の面は恒に顰蹙なり」　Ⓢ mukha: vadana
③（大地や鏡などの）平面。「一切の大地の面は皆な平正なり」「光像が顕然として鏡の面に現ず」　Ⓢ tala

面目　めんもく　顔。「冷水を以って面目を洗灑す」「面目顧視すること龍象王の如し」
Ⓢ mukha

面門　めんもん　顔。「爾の時、世尊は即ち微笑し、面門より種種の色光を出す」「仏の面門は威厳たり」　Ⓢ mukha

湎　めん　心を奪われて夢中になること。「獲得するところの利養・恭敬に於て染せず著せず、耽せず湎せず」

湎著　めんじゃく　おぼれ執着すること。「非法を以って飲食を追求し得已って、染愛・耽嗜・饕餮・迷悶・堅執・湎著して受用す」　Ⓢ adhyavasāya

綿囊　めんのう　綿の袋。原語 kauśeya は拘執と音写され、絹あるいは絹の衣服を意味する。→拘執「柔軟の想とは、謂く、此の想に由って身に於て柔軟な勝解を発起す。或いは綿囊の如く、或いは毛毳の如し」
Ⓢ kauśeya

も

母　も　はは。Ⓢ mātṛ

母邑　もおう　美しく魅力的な女性。修行をさまたげる対象の一つ。「諸の母邑に於て観ず聴かず憶念せざるが故に善く根を守ると名づく」「幼少・盛年や美色の諸の母邑などありて能く梵行を障う」　Ⓢ mātṛ-grāma

母血水　もけつすい　母の血水。男女が交合する際に出す女性の液。血ともいう。「母の血水、最後時に於て余り二滴あり、父の精、最後に余り一滴あり、展転和合して方に胎を成ずることを得る」

母胎　もたい　母の胎。子宮。母腹とおなじ。「三事が合するが故に母胎に入ることを得る。一には父母交愛して和合する。二には母身が是れ時、調適なり。三には健達縛が正に現在前する時なり」「母腹の中の分位に羯刺藍位などの五位あり」　Ⓢ mātṛ-kukṣi

母腹　もふく　母胎とおなじ。→母胎

茂盛　もじょう　（植物が）生い茂るさま。「諸の園苑の中に薬草・叢林・華果・枝葉が悉く皆な茂盛す」　Ⓢ samṛddha

姥達羅　もだら　mudrā の音写。数の単位の一つ。十の四十一乗。　Ⓢ mudrā
（参考）（『婆沙』177、大正 27・891b）：（『倶舎』12、大正 29・63c）

摸娑洛掲拉婆宝　もしゃらからばほう　musāragalva の音写。牟娑洛宝ともいう。黄色の輝きのある宝石。七宝の一つ。琥珀・車渠とも訳される。→七宝②　Ⓢ musāragalva
（参考）（『婆沙』124、大正 27・648b）

模　も　かた。デッサン。「画師が先に一色を以って模を作り、後に衆彩を填す」

毛　もう　①羊毛。「或いは毛、或いは氎を、若しくは鞭し、若しくは弾し、若しくは紛し、若しくは擘すれば、爾の時、分散し柔軟・軽妙にして縷綫・氈褥を造作するに堪任す」　Ⓢ ūrṇā
②身体の毛。「内の地界の其事とは髪・毛・爪・歯などを謂う」　Ⓢ roman: vāla

毛孔　もうく　身体の毛の穴。「細なる孔穴とは身の中に於る一切の毛孔を謂う」
Ⓢ roma-kūpa

毛竪　もうじゅ　身体の毛が立つこと。怖れるさまの一つ。「上品の不善業を作す者は、将に命終せんとする時は、斯の変怪の相を見るが故に、流汗し、毛竪し、手足が紛乱して遂に便穢を失す」

毛毳　もうせい　羊あるいは鳥などのやわらかい毛。「所持の衣は、或いは三衣の数であれ、或いは是れ長衣であれ、一切皆な毛毳を

用いて作る」「身に於て、或いは綿嚢の如き、或は毛毳のごとき柔軟の勝解を発起す」 Ⓢ aurṇika: kaca

毛端 もうたん　毛の尖端。非常に小さなものをいう。「射を習う人は先ず麁物を射り、後に毛端を射るが如し」 Ⓢ vāla-agra

毛端量 もうたんりょう　毛の尖端ほどの量。ほんのわずかな量を喩えていう。「舌の中に毛端の量の如き、舌根の極微の遍するところと為らざるところあり」 Ⓢ vāla-agra-mātra

毛道 もうどう　おろかな者・愚夫をいう。愚夫を意味する bāla の錯誤した vāla には毛という意味があることから毛道と訳される。
(参考)(『枢要』上本、大正 43・612b)

妄 もう　みだり。でたらめ。道理に合わないこと。「妄りに自在天などの因ありと計す」「妄りに我見及び我慢の執を起こす」 Ⓢ mithyā: mṛṣā

妄計 もうけ　よこしまな見解。まちがって考えること。「諸の有情は種種の無智・愚癡があるに由って無常を現見して妄計して常となし、其の苦を現見して妄計して楽と為し、無我を現見して妄計して我と為し、不浄を現見して妄計して浄と為す」

妄計我論 もうけがろん　我はあると見る外道の見解。「諸行（現象的存在）は我である、我に諸行がある、諸行は我に属する、我は諸行の中にある」という考え。
(参考)(『瑜伽』87、大正 30・787c～788a)

妄計吉祥論 もうけきっしょうろん　太陽や月・星、あるいは火などを供養することによって幸いがもたらされるという見解。仏教以外の学派（外道）の十六種の異論の一つ。→十六種異論 Ⓢ kautuka-maṅgala-vāda
(参考)(『瑜伽』7、大正 30・312c～313a)

妄計最勝論 もうけさいしょうろん　バラモンは最も勝れた家柄であり、その他のクシャトリヤなどは劣っているとみる見解。仏教以外の学派（外道）の十六種の異論の一つ。→十六種異論 Ⓢ agra-vāda
(参考)(『瑜伽』7、大正 30・311c 以下)

妄計清浄論 もうけしょうじょうろん　まちがった方法であるのに、それによって清浄になり、現世において涅槃に至ると考える見解。仏教以外の学派（外道）の十六種の異論の一つ。まちがった方法として、次の四つが説かれる。（ⅰ）人と天において妙なる対象（色・声・香・味・触の五妙欲）を意のままに享受する。（ⅱ）妙なる対象や悪・不善のありようを離れて禅定の楽に住する。（ⅲ）沐浴をして身体を清める。（ⅳ）墨のまざった油、あるいは灰、あるいは牛の糞などを身体に塗るなどの戒を修する。→十六種異論 Ⓢ śuddhi-vāda
(参考)(『瑜伽』7、大正 30・312a～c)

妄見 もうけん　まちがった見解。あやまって考えること。「我見を依と為すが故に衆多の妄見を起こす」「凡夫・異生は随眠と妄見とを以って縁と為すが故に我我所を計す。此によって我れ見、我れ聞き、我れ嗅ぎ、我れ嘗め、我れ触れ、我れ知ると妄りに謂う」 Ⓢ darśin: dṛṣṭi: dṛṣṭi-vipatti

妄語 もうご　虚誑語とおなじ。→虚誑語

妄執 もうしゅう　みだりに執着すること。まちがってとらえること。「心心所の外に実に境ありと妄執するを遣らんが為の故に、唯だ識ありと説く」「実無を増益する妄執を離れて、及び実有を損減する妄執を離れて是の如にして有なり。即ち是れ諸法の勝義の自性なり。当に知るべし、唯だ是れ無分別智の所行の境界なりと」「名の如く言の如く所詮の事に於て妄執す」「大自在などの非因に於て因なりと妄執す」 Ⓢ abhiniveśa: man

妄称 もうしょう　自己を偽って称すること。「苾芻性を失うに、而も自ら苾芻性ありと称す。是の故に説いて妄称の梵行と名づく。実に沙門に非ざるに、而も自ら称して我れは是れ第一の真実なる沙門なりと言う。是の故に説いて妄称の沙門と名づく」

妄情 もうじょう　無いものを有ると思う虚妄な思い。これによって実際には存在しない自己という存在（我）と存在の構成物（法）とを設定してそれらに執着するようになる。「愚夫所計の実我・実法は都て所有なし。但だ妄情に随って施設するが故に之を説いて仮と為す」「彼の所執の実法は成ぜず。但だ是れ妄情が計度して有と為す」

妄想 もうぞう　（認識的に）まちがった思い。「想倒とは、無常・苦・不浄・無我の中に於て常・楽・浄・我なりという妄想の分別を起こすを謂う」「不正の法を聞いて邪の勝解を起こし、不如理に於て如理なりという顚倒・妄想を生起し、不如理に於て如実に是れ不如理なりと知らず」 Ⓢ saṃjñā

妄想縛　もうぞうばく　→想縛

妄念　もうねん　①正しくない念。闕念（念が欠けているさま）と劣念（劣った念）と失念（念を失っているさま）と乱念（みだれた念）との四つのありようをいう。正念の対。「闕念と劣念と失念と乱念との四相を以って妄念の過失を了知す」「忘念と不正知住とを所依止と為して心は外に馳散す」
（参考）（『瑜伽』70、大正30・685a）
②失念とおなじ。対象をはっきりと記憶しつづけることができない心作用をいう。善の心所である念（正念）をさまたげ、こころを散乱せしめる働きがある。随煩悩の心所の一つ。→失念②「妄念と散乱と不正知の三は是れ癡分なり」

妄分別　もうふんべつ　誤った思考。まちがって考えること。「実に大師に非ざるに妄分別して己を自ら大師なりと称す」「諸の事欲に於て起こすところの一切の煩悩欲に摂する妄分別の貪を対治せんが為の故に四念住を修す」

孟浪　もうろう　とりとめなく。おろそかに。無思量に。「欲を受すること非法・孟浪にして財宝を積集するも、安楽に己身及び妻子を正しく養うこと能わず」　Ⓢ sahasā

盲　もう　眼が見えないこと、あるいはそのような人。智慧がないことの喩えに用いられる。「瞑目して杖を執り、進止を他に問い、蹎蹶して路を失う、是の如き等の事を以って是れ盲なりと比知す」「盲にして慧目なし」
Ⓢ andha

盲闇　もうあん　眼が見えなくてくらいこと。「我れ当に無救・無依・盲闇の界の中に於て等正覚を成じ、一切の有情を利益安楽せしめん」　Ⓢ andha

盲瞽者　もうこしゃ　眼が見えない人。苦しんでいる人の一人。「有苦者とは盲瞽者などを謂う」　Ⓢ andha

盲者　もうじゃ　眼が見えない人。盲人・盲冥者・盲瞑者とおなじ。「疾疫の有情に遭遇することに於て瞻侍し供給し、盲者を啓導し、聾者を撝義す」「明眼者が諸の盲人を引いて正路に随わせしむ」「諸の世間に盲冥者ありて自ら世法に於て了知すること能わず」
Ⓢ andha

盲人　もうじん　盲者とおなじ。→盲者

盲冥者　もうみょうじゃ　盲者とおなじ。→盲者

盲瞑者　もうみょうじゃ　盲者とおなじ。→盲者

耄熟　もうじゅく　身体が衰えていくこと。「諸根の耄熟とは身体の尫羸を謂う」
Ⓢ pariṇāma

耄熟位　もうじゅくい　身体が衰える人生の最晩年の時期。七十歳以上の人。　Ⓢ jīrṇa-avasthā
（参考）（『瑜伽』2、大正30・289a）

望　もう　①のぞむ、欲すること。「当来の可愛の諸の果たる異熟を望む」　Ⓢ kāma
②対すること。比べること。「縁を果が生ずることに望むるに功能あり」「滅尽定を無想定に望むるに極めて寂静なるが故に染汚意は現行することを得ず」「懸遠の縁とは無明を老死に望むるが如し」

猛（もう）→みょう

蒙　もう　①こうむること。うけること。遭うこと。いただくこと。「此の菩薩は是の如く仏の覚悟・勧導を蒙りて、無量の分身の妙智を引発す」「菩薩の饒益を蒙むる有情」
②おおわれて光明がないこと。「蒙なる密林に入る」

網　もう　①あみ。人間をしばる疑や愚癡の喩えに用いられる。「一あるがごとく、諸欲を棄捨して悪説法の毘奈耶の中に於て出家することを得て、諸の悪魔の大癡見の網に入りて流転生死し、自在を得ず」「学の到究竟に於て善く諸の疑の網を断ず」　Ⓢ jāla
②あみでとらえること。相手をしばること。「諂とは他を網せんが為の故に異儀を矯設し険曲するを性と為す」

網縵　もうまん　手と足の指の間にある水掻きの膜。この膜を具えていることを足網縵相といい、偉大な人間に具わる三十二種の身体的特徴（三十二大丈夫相）の一つをいう。→三十二大丈夫相　Ⓢ jāla

輞　もう　車輪のふちで車輪の外周をつつむたが。→轂輞

蟒毒　もうどく　→蟒毒蛇

蟒毒蛇　もうどくじゃ　毒をもった蛇。おろち。蟒毒ともいう。大毒蛇とおなじ。→大毒蛇「諸の欲は枯骨の如く、猶し大火坑の如く、譬えば蟒毒蛇の如し」

魍魎　もうりょう　もののけ。妖怪。人を害する怪物。魑魅とともに魑魅魍魎という場合

が多い。「魍魎などの畏れから皆な能く救護して安隠を得せしむ」「諸の魍魎・薬叉・非人などが能く障礙を為す」「永く煩悩の魑魅・魍魎を離るるものなれば、乃ち名づけて明と為す」 Ⓢ vyāḍa

木 もく　き。樹木。「瓦・木・塊・礫・樹・石・山・巖、是の如き等の類を外の地界と名づく」 Ⓢ kāṣṭha: gulma: dāru

木杵 もくしょ　木のうす。木の棒。「棘刺に依り、或いは木杵に依り、或いは木板に依って、或いは狐蹲住し、或いは狐蹲坐して瑜伽を修して自苦行の辺を受用す」

木版 もくはん　木のいた。「棘刺に依り、或いは木杵に依り、或いは木板に依って或いは狐蹲住し或いは狐蹲坐して瑜伽を修して自苦行の辺を受用す」 Ⓢ phalaka

目 もく　①め。 Ⓢ akṣa: nayana: netra
②名づけること。称すること。「諸の我という名は、唯だ蘊の相続を召して、別に我の体を目するに非ず」。 Ⓢ abhidheya

目眩 もくげん　めまい。「目眩・惛夢・悶酔・放逸・顚狂、是の如き等の類を名づけて惑障と為す」

目呼刺多 もくこらた　牟呼栗多とおなじ。→牟呼栗多

目紺青相 もくこんじょうそう　偉大な人間に具わる三十二種の身体的特徴（三十二大丈夫相）の一つ。→三十二大丈夫相

目支隣陀龍王 もくしりんだりゅうおう　目支隣陀は mucilinda の音写。八大龍王の一つ。→八大龍王 Ⓢ mucilinda-nāga
（参考）（『瑜伽』2、大正 30・287a）

沐浴 もくよく　髪や身体を洗うこと。水浴びすること。「種種の清浄なる香水を以って其の身を沐浴す」「沐浴・理髪・塗香を名づけて飾好と為す」「十五日に於て齋戒を受ける時、首と身とを沐浴して勝れた齋戒を受く」 Ⓢ pra-**kṣal**: snapana: **snā**: snāta: snātra: snāna

黙 もく　沈黙。言葉を語らないさま。黙然とおなじ。「覚寤の時に於て正知して住し、若しくは語り、若しくは黙して正知して住す」「黙然とは語業が頓尽するを謂う」
Ⓢ tūṣṇīṃ-bhāva: tūṣṇī-bhūta: muni

黙置記 もくちき　→捨置記

黙然 もくねん　→黙

黙然戒 もくねんかい　苦行の一種で、沈黙を守る戒。像似正法として否定される戒。黙無言禁とおなじ。→像似正法「世尊が和気・軟語を宣示し称歎するを聞いて、便ち是の言を作す。黙然戒を受けて都て言説なきを極善の戒と為すと。是の如きを亦た像似正法と名づく」「身護・語護・意護の三つの自苦行あり。語護とは黙無言禁を受持するを謂う」
（参考）（『瑜伽』89、大正 30・806b）

黙然業 もくねんごう　黙然の業。聖者の行為。涅槃におもむく修行。黙然の原語 muni は牟尼と音写、寂黙とも訳され、真理をさとった聖者をいう。→寂黙「三の黙然業とは身黙然・語黙然・意黙然を謂う」「一切の能く涅槃に行く妙行を黙然業と名づく」
Ⓢ muni-karman

黙無言禁 もくむごんごん　→黙然戒

勿 もつ　なかれ。禁止の意味を表す語。「諂誑を行ずる勿れ」「当に如法を以ってし、非法を以ってする勿れ」 Ⓢ mā: mā bhūt

没 もつ　①なくなる、滅すること。死ぬこと。「尽とは、諸の有情が支節を解して死ぬを謂い、没とは、諸の色根が滅するを謂う」 Ⓢ antar-**dhā**: antardhāni: astaṃ-gama: asta-gama: **cyu**: cyutir bhavat: pracyuta
②溺れること。没する、沈むこと。「有情が衆苦の海に没するを観て便ち彼をして皆な解脱することを得せしめんと願う」
Ⓢ nimagna: nimajjana
③（日が）没すること。「昼日と言うは、日が出ずる時より日が没する時に至るをいう」
Ⓢ asta-gamana

物 もつ　①（種々の）もの。原子（極微）からなる物質。「衆生ありて、来りて毒・火・刀・酒などの物を求めれば、応に施すべからず」「劫盗賊が多くの物を奪取して已の有と為し縦情に受用す」「一切の飲食などの物に於て匱乏ある者には、一切の飲食などの物を施与す」
Ⓢ draviṇa: dravya: dharma: bhāva: vastu
②いきもの。生物。「物を傷害せず、是れ長寿の因なり」「恒に物を利せんと欲するが故に利他に向かうと言う」

物解 もつげ　ものが何であるかを理解すること。法（dharma）を定義するなかで使われる概念。→法②「法とは軌持を謂う。軌とは軌範となって物解を生ずべきを謂う」

物主 もつす　物の所有者。「若し彼の物主

が彼の取者に於て捨与せざる、是れを不捨と名づく。若し彼の物主が諸の衆生に於て受用せんと欲するところに随って棄てざる、是れを不棄と名づく」 Ⓢ svāmin

物務 もつむ つとめ。仕事。「多く尋伺するが故に、多く物務なるが故に、多く諸の蓋纏が心を雑染するが故に、審聴すること能わず」

文 もん ①文義の文。経典の文章。→文義 Ⓢ vyañjana
②名・句・文の文。名詞（名）と文章（句）とを構成する最小単位の文字。→名句文 Ⓢ vyañjana
（出典）文即是字者、巧便顕了故、名為文。此即是字、無転尽故。（『婆沙』14、大正 27・71b）：随顕名句故、名為文。（『瑜伽』81、大正 30・750b）：名詮自性、句詮差別、文即是字、為二所依。（『成論』2、大正 31・6b）
③ふみ。書かれたもの。文章。「汝等は文を執して義に迷う」 Ⓢ grantha
④詩や歌を作ること。 Ⓢ kāvya
（出典）文、謂、文章。如人語言諷詠詩賦並語工巧。（『倶舎論記』18、大正 41・288c）

文義 もんぎ 文と義。経典を構成する二つの要素。文（vyañjana: grantha）とは経典の文章、義（artha）とはその意味をいう。あるいは文とは名（nāman）すなわち言葉、義とはその言葉で表される対象・事物・事柄をいう。「経の中に学の勝利に住すると説くが如きは、当に知るべし、此の経は文義を体と為す。文とは、謂く、此の経に言く、汝等、苾芻よ、応に当に修学の勝利に安住すべしと。此の中に十二の字と四の名と一つの句あり。是の如きは則ち名句字身を摂す」（『瑜伽』82、大正 30・756c）、「契経の体に略して二種あり。一には文、二には義なり。文は是れ所依、義は是れ能依なり。是の如き二種を総じて一切の所知の境界と名づく」（『瑜伽』81、大正 30・750a）、「諸の菩薩は法を思惟する時、但だ其の義に依って文に依らず」（『瑜伽』38、大正 30・503c）、「義に於て文に於て能く任持し、能く正しく開示す、是の如きを菩薩と名づく」（『摂論釈・世』1、大正 31・322b） Ⓢ grantha-artha: vyañjana-artha

文句 もんく 原語は pada-vyañjana。pada は句、vyañjana は文と訳されるから、原語を直訳すれば句文とすべきであるが、通例として文句と訳される。言葉を名・句・文の三つに分けるときの文は文字、句は文章を意味するが、名・句・文とは独立して使われる文句は、広く、経論などの文章の語句をいう。「文句が美滑なるが故に悦耳と名づく」「清徹とは文句が顕了なるを謂う」「仏世尊の法は言詞・文句が皆な清美なるが故に名づけて善説と為す」 Ⓢ pada-vyañjana

文詞 もんし 文章とおなじ。書かれた、あるいは語られた言葉。「美妙語と分明語とを文詞が円満なる語という」「諸の菩薩は義を求めんが為の故に他より法を聴き、世の藻飾の文詞を求めんが為にせず」「世俗の文章を制造して受持し諷誦することあり。是れを貪より生ずと名づく」 Ⓢ grantha: vyañjana

文詞呪術 もんしじゅじゅつ →呪術 Ⓢ mantra

文字 もんじ 言葉や音声を書き表す符号。「世間の称誉・声頌は虚妄分別の文字より起こるところにして、唯だ是れ虚音なり」「正しく法随法行を修行し、但だ文字と音声を聴聞して清浄を得るに非ず」「無自性性は諸の文字を離れて自内の所証なり」「牛・羊などは分別ありと雖も、然も文字に於ては解了すること能わず」 Ⓢ akṣara: vyañjana

文章 もんしょう 文詞とおなじ。→文詞

文章呪術 もんしょうじゅじゅつ →呪術 Ⓢ mantra

文身 もんしん 名・句・文のなかの文の集まり。単語や文章を構成する文字の集まり。全部で四十九文字ある。字身とおなじ。→名句文 Ⓢ vyañjana-kāya
（出典）字身者、謂、若究竟、若不究竟、名句所依、四十九字。（『瑜伽』81、大正 30・750b）：云何文身。謂、名身句身所依止性、所有字身、是謂文身。（『瑜伽』52、大正 30・587c）

門 もん ①（家の）出入り口。「門・窓、及び口・鼻などの内外の竅隙を名づけて空界と為す」 Ⓢ dvāra
②（物事が入る）入り口。「彼の一切の広大な資財に於て心が好んで受用し、大事業を楽って狭小なる門に非ず」「種種の趣入するところの門を示現す」 Ⓢ āya-dvāra: mukha
③（物事が生じる）出口。「思は意業を以って門と為して転ず」「眼を以って門と為して

唯だ色を見ることを為す」 Ⓢ dvāra: mukha
④部門。区分。「縁起の門とは云何。謂く、八つの門に依って縁起は流転す」「有性・無性・有色・無色の如く、是の如く、有見・無見などの差別し仮立せし門も是の如き道理に由って一切皆な了知すべし」 Ⓢ paryāya: mukha

門戸 もんこ 門のとびら。「此の舎には一類なきに由って説いて名づけて空と為す。謂く、材木なく、或いは覆苫なく、或いは門戸なく、或いは関鍵なし」

門閫 もんこん 門ぐい。門の中央に設け、二つの門を固定する杭。「若し仏法に於て心移動せざること門閫の如き者を世尊の弟子と名づく」

門人 もんじん 師の門下にいる人。弟子。あるいはおなじ家に住む人。「此の後の三論師は並びに護法菩薩の門人なり」「妻子や共住の門人などには愛ありて敬なし」
Ⓢ antevāsin

門徒 もんと 師の門下にいる人。弟子。「犢子外道が仏に帰して出家し、此の後、門徒が相伝して絶えず」

問 もん ①(疑問点などを)問う、たずねる、質問すること。問訊とおなじ。→問訊「事が希奇なれば、或いは暫く他に問い、或いは他の問に答う」「世は有辺と為すや無辺と為すや、などと問うことあれば、此れは捨置すべし」 Ⓢ paripraśna: pṛcchā: pṛṣṭa: pṛṣṭavat: **prach**: praśna: praśnayati
②(挨拶語をもって)問うこと、言葉を交わすこと。「菩薩は恒時に諸の有情に対して、舒顔し平視し含笑し、先となって、或いは安隠・吉祥を問い、或いは諸界の調適を聞き、或いは昼夜の怡楽を問う」 Ⓢ paripṛcchā

問記 もんき 記問ともいう。質問に対して答えること。そのありように、一向記・分別記・反問記・捨置記の四つがある。→四記
Ⓢ praśna-vyākaraṇa
(参考)(『倶舎』19、大正 29・103c)

問訊 もんじん (挨拶語をもって)問うこと。うやうやしく挨拶すること。省問・敬問ともいう。「敬すべきところの時に於て、起きて奉迎し、合掌し、問訊し、現前に礼拝して和敬の業を修す」「諸の世間では、最初に相見し、既に相見し已れば更相に問訊す」
Ⓢ abhibhāṣin: abhivādana: paripṛcchā

問端 もんたん 問のはじまり。「問端を発起す」

問答 もんどう 問い答えること。「是の如き諸の思択する処に於て善く通達するに由るが故に、一切の問答の自在を成就して、諸の異論に於て無所畏を得る」「此の後は応理論者と分別論者とが相対して問答し難通す」
Ⓢ pṛcchā-visarjana

問難 もんなん 反論して問うこと。「如来は彼の問難に於て能く正しく答う」「此の所発の微妙な願智に由って、一切の時に於て善く能く一切の問難を解釈す」
Ⓢ praśnaṃ pṛṣṭaḥ: vimarda

問論 もんろん 疑問や問題を提して論じること。「瑜伽と言うは、受持し読誦し問論し決択して正しく加行を修するをいう」「世尊は出家し、苦行し、阿耨多羅三藐三菩提を得て一切智見を具し、一切の疑網を断じ、能く一切の問論の源底を尽す」
Ⓢ praśnaṃ pṛṣṭaḥ

捫摸 もんも つかむこと。なでること。「広大・威徳・勢力なる日月の光輪を手で以って捫摸す」「上品の不善業を作す者は、斯の変怪相を見るに由るが故に、流汗し、虚空を捫摸す」 Ⓢ parāmarśana

悶 もん 気絶。気絶している感触。触覚(身識)の対象である感触(触)の一つ。「悶の触に由って心の悶を引生す」 Ⓢ mūrchā
(出典)云何悶。謂、由風熱乱故、或由捶打故、或由瀉故、如過量転痢及出血、或由極勤労、而致悶絶。(『瑜伽』1、大正 30・281a)

悶酔 もんすい 酔っている状態。「目眩・惛夢・悶酔・放逸・顛狂、是の如き等の類を名づけて惑障と為す」

悶絶 もんぜつ 気絶。第六意識もなくなった状態。→第六意識「意識は常に現起す。無想天に生ずと及び無心の二定と睡眠と悶絶とを除く」 Ⓢ niśceṣṭa: mūrcchana

悶乱 もんらん もだえ乱れるさま。「苦痛を受けて心が便ち悶乱す」「疑惑の毒箭の為に其の心が悶乱す」

聞 もん ①四つの認識のありよう(見・聞・覚・知)の一つ。(音声や言葉などを)耳で聞くという認識作用一般をいう。「所知の境に於て能く正しく観察するが故に名づけて見と為し、所知の境界の言説を聴聞するが故に名づけて聞と為す」「眼が見、耳が聞き、

乃至、意が了す」 S śravaṇa: **śru**: śruta
②教え（法・正法）を聞くこと。聴聞とおなじ。→聞慧 S śravaṇa: śru: śruta

聞慧 もんえ 教えを聞くことによって得る智慧。三慧（聞慧・思慧・修慧）の一つ。詳しくは聞所成慧という。聞・思・修の三慧と定・念・精進の三根との関係は、定根を以って聞慧を成就し、念根を以って思慧を成就し、精進根を以って修慧を成就する。→三慧「至教を聞くに依りて生ずる勝慧を聞所成慧と名づく」 S śruta-mayī prajñā

聞熏習 もんくんじゅう →正聞熏習

聞言説 もんごんぜつ 見・聞・覚・知のなかの聞にもとづく言説。他者より聞くことにもとづいて語ること。四種の言説（見言説・聞言説・覚言説・知言説）の一つ。
（出典）依聞言説者、謂、従他聞、由此因縁、為他宣説、是名依聞言説。（『瑜伽』2、大正30・289b）

聞思修慧 もんししゅえ 聞慧・思慧・修慧の三つの慧。→三慧

聞思修所成慧 もんししゅしょじょうえ 聞所成慧・思所成慧・修所成慧の三つの慧。→三慧

聞持 もんじ 聞いた教えを記憶すること。「多聞を具足するとは、多聞し、聞持し、其の聞が積集するを謂う」「尊者阿難は聞持第一にして、如来所説の八万の法蘊を正念の器を以って皆な能く受持す」 S śruta-dhara

聞持陀羅尼 もんじだらに 聞いた教えをよく記憶して忘れないこと。「彼の所得の三摩地及び聞持陀羅尼は能く無量の智光を依止と為すに由って発光地と名づく」
S śruta-dhāraṇī

聞所成 もんしょじょう 聞くことによって生成されること。聴聞することによって獲得されること。三種の所成（聞所成・思所成・修所成）の一つ。「加行の善法に聞所成と思所成と修所成の三種あり」 S śruta-maya

聞所成慧 もんしょじょうえ →聞慧

聞所成地 もんしょじょうじ ヨーガ行者の十七の心境・境界（十七地）の一つ。→十七地 S śruta-maya-bhūmi

聞法 もんぽう ①法を聞くこと。釈尊あるいは正しい師から教えを聞くこと。仏道における重要な修行。聴聞法・聴聞正法とおなじ。「一切の万行は聞法を以って初と為す」
S dharma-śravaṇa
②聞いた教え。聞くことによって概念的に理解した教え（教法）をいう。その法に基づいて実践し、最終的に真理としての法を証することが要請される。三種の法（聞法・行法・究竟証法）、あるいは五種の法（聞法・戒法・摂受法・受用法・証得法）の一つ。沙門と婆羅門との聞法を比較して、婆羅門から聞いた法は意味がなく、文句が明瞭ではないから、沙門からのそれより劣っているとされる。
（参考）（『瑜伽』64、大正30・653b）：（『瑜伽』70、大正30・687a）

や

夜 や よる。「時とは是れ何の法に名づくるや。謂く、諸行の増語なり。四洲の中に於て、光位と闇位とに、其の次第の如く昼と夜との名を立つ」「日が此の洲を行くに、南に向き、北に向けば、其の次第の如く、夜が増し昼が増す」「星月などは夜の暗を治す」
S niśā: rātra: rātri

夜後分 やごぶん 後夜分ともいう。夜の時間帯を夜初分・夜中分・夜後分の三つに分けるなかの最後の時間帯。
S paścimo yāmaḥ

夜三分 やさんぶん よるの時間帯を三つに分ける夜初分・夜中分・夜後分をいう。初夜分・中夜分・後夜分ともいう。

夜四分 やしぶん インドの世俗で昼と夜とをそれぞれ四つに分ける時間帯。仏教は三つに分ける。→夜三分「初夜と言うは、謂く、夜の四分の中、初の一分を過ぎるは是れ夜の初分なり。後夜と言うは、謂く、夜の四分の中、後の一分を過ぎるは是れ夜の後分なり」

夜初分 やしょぶん 初夜分ともいう。一日

を昼と夜との二つに分け、さらにそれぞれを初分と中分と後分との三つに分けるなかの夜の最初の時間帯をいう。 Ⓢ pūrva-rātra

夜中分 やちゅうぶん 中夜分ともいう。一日を昼と夜との二つに分け、さらにそれぞれを初分と中分と後分との三つに分けるうちの夜の真んなかの時間帯をいう。修行者（加行者）は、この夜の中分においてのみ睡眠が許される。「日と夜の初分と後分に於て常に覚悟し、夜の中分に於て正に睡眠を習すべし」 Ⓢ madhyamo yāmaḥ

夜分 やぶん 一日を昼と夜とに二分するなかの夜をいう。「夜分を過ぎて明清旦に至る」「夜分が過ぎて昼分の中に入る」 Ⓢ rajanī: rātri

夜摩宮 やまぐう →夜摩天宮

夜摩天 やまてん 欲界にある六つの天（六欲天）の第三の天。夜摩は yāma の音写で、この語には時間という意味があるから時分天と意訳される。昼と夜との区別がなく光明に輝き、時々に、分々に快楽を受けることがある天。→時分天 Ⓢ yāma

（出典）夜摩天、此云時分。謂、彼天処、時時多分、称快楽。（『倶舎論記』8、大正 41・148b）

夜摩天宮 やまてんぐう 夜摩宮ともいう。夜摩天が住む宮殿。 Ⓢ yāma-vimāna: yāmīya

野 や の。広野。野原。「野の禽獣」 Ⓢ āraṇyaka

野干 やかん 野の獣。きつねの類。「家牛、及び狗・熊・馬は、欲の増すこと、次の如く、夏・秋・冬・春に属し、野牛・野干・羆・驢は定めなし」 Ⓢ śṛgāla

厄難 やくなん 困難。危険。苦難。災厄。「厄難に遭う時、相い棄てざる者を有恩者と名づく」 Ⓢ kṛcchra: vyasana

亦 やく また。〜も。〜もまた。 Ⓢ api: ca: tathā

亦爾 やくに 亦然とおなじ。〜もまた同様。 Ⓢ evam: tathā: tathaiva: tādṛśa

亦然 やくねん →亦爾

役 やく 駆役とおなじ。かりたてて働かせること。「思とは謂く、心を造作せしむるを性と為し、善品などに於て心を役するを業と為す。謂く、能く境の正因などの相を取って、自らの心を駆役して善などを造らしむ」

扼腕 やくわん 腕でおさえること。腕を動かすこと。角武（武術をきそいあうこと。ひろくは身体をつかっての運動）の一つ。「按摩・拍毱・托石・跳躑・蹴蹋・攘臂・扼腕・揮戈・撃剣・伏弩・控弦・投輪・擲索などの角武事に依て勇健を得る」 Ⓢ bāhu-vyāyāma

約 やく 〜に関していえば。〜の観点からいえば。〜に限定すれば。「世俗の道理に約せば、眼などは最勝なるが故に、彼れに於て見者などを立つべし」「世尊は唯だ分位に約して諸の縁起に十二支ありと説く」 Ⓢ adhikṛtya: niyama: niyamya: prati

益 やく やくにたつ、ためになること。利益を与えること。助けること。ためになることをすること。「医薬に近よらず、己に於て若しくは損、若しくは益を知らず、非時・非量に非梵行を行ず」「上妙の飲食は身を益し、麁悪の飲食は身を損す」「菩薩は世の時務・令儀・軌範に於て世間を益せんが為に辯正機捷なり」「身心を益す」 Ⓢ anugraha: anugraha-kārin: sātmya

軛 やく ①煩悩の異名。軛の原語 yoga には、「結合する」「和合する」という意味があり、煩悩は生きもの（有情）と結合するから軛という。あるいは、煩悩は離繫（煩悩の束縛から解き離されること）のさまたげとなるから軛という。欲軛・有軛・見軛・無明軛の四種がある。 Ⓢ yoga

（出典）和合義、是軛義。（『婆沙』48、大正 27・247b）: 和合有情故、名為軛。（『倶舎』20、大正 29・108a）: 軛有四種。謂、欲軛・有軛・見軛・無明軛。障礙離繫、是軛義、違背清浄故。（『雑集論』7、大正 31・724c）

②車のくびき。車のながえ（轅）の先につけて牛馬の首にあてる横木。あるいは車を平行に安定させるための横木。 Ⓢ dhura

（出典）軛、謂、車軛。以軛牛者、令牛不出、能有所往、善法亦爾。軛修行者、不越善品。（『述記』6 本、大正 43・437c）

薬 やく くすり。草よりつくられた薬。薬草・医薬とおなじ。「夢は、或いは一切の事業を休息するに由る、睡眠を串習するに由る、或いは薬に由る」 Ⓢ oṣadhi: auṣadha: bhaiṣajya

薬叉 やくしゃ yakṣa の音写。勇健と意訳。人を害する勇敢で暴悪な存在であるが、また仏法を守護する八部衆の一つに数えられる。大地を歩く薬叉（地行薬叉）と空を飛ぶ薬叉（空行薬叉）との二種に分けられる。薬叉神ともいう。 Ⓢ yakṣa

薬叉神 やくしゃじん　薬叉とおなじ。→薬叉

薬草 やくそう　草よりつくられた薬、あるいは薬を作る草。「士の用の如くなるが故に士用の名を得る。世間に鴉足の薬草、酔象の将軍と説くが如し」「譬えば農夫が良田に依止して農業を営事し、及び、薬草・叢林を種植するが如し」 Ⓢ oṣadhi: auṣadhi: tṛṇa

薬味 やくみ　薬の味。可爆乾味・充足味・休愈味・盪滌味・常習味の五種の味。→各項参照　Ⓢ auṣadha-rasa

籥 やく　ふえ。ふいごうに風を送る管。→橐籥

（出典）籥、謂、管籥・籥笛之属。以内有風起声等故。（『述記』1本、大正43・246b）

ゆ

由 ゆ　①よる。たよる。もとづく。～に関する。「依他の縁力に由るが故に有り」「他音に由って内に正しく作意す」「勝義に由るが故に一切は皆な無し」

Ⓢ adhiṣṭhāya: āgamya: upādāya: vaśa

②理由。原因。目的。「此の因縁に由る」「此の道理に由る」 Ⓢ hetu: yasmāt

③方法。手段。「此の方便に由る」

由序 ゆじょ　原因。いわれ。みちすじ。「此の三不善根は一切の不善法のために因と為り、本と為り、道路と為り、由序と為る」

油 ゆ　あぶら。 Ⓢ taila

油鉢 ゆはつ　あぶらの入った鉢。「平満せる油鉢は奢摩他に安住する心が能く身心をして軽安・潤沢せしむるに喩う」

Ⓢ taila-pātra

油墨戒 ゆぼくかい　油と墨とを混ぜたものを身に塗ってそれによって生天しようとする戒。外道の戒の一つ。「外道あり、油墨戒を持して計して清浄と為す」 Ⓢ taila-nakula-vrata

（出典）油墨戒者、油和其墨、塗身、為戒。（『略纂』3、大正43・43b）

油味 ゆみ　あぶらの味。七種の味の一つ。→味①　Ⓢ taila-rasa

喩 ゆ　①たとえ。比喩。たとえること。～の如くであること。比較すること。「父は諸仏と及び已に大地に証入せる菩薩に喩う」「一切の別解脱律儀は此の菩薩の律儀戒に於ては百の分にして一にも及ばず、喩の分にして一にも及ばず」「病を見已って次に病因を尋ね、続いて病愈を思い、後に良薬を求めるが如く、契経にも亦た苦諦・集諦・滅諦・道諦の四諦の次第の喩を説く」 Ⓢ adhivacana: upamā: kalpa: dṛṣṭānta: sthānīya

②因明における三支作法（仏教論理学の論法を構成する三つの要素）である宗・因・喩のなかの喩。→三支　Ⓢ dṛṣṭānta

遊 ゆ　①（道や村落などを）歩む、歩きまわること。（乞食をしつつ）巡ること。「非道を遠離して正道を遊す」「阿羅漢が一時に於て阿練若大樹林の中を遊し道路を迷失す」「城邑などを遊す」「商侶が相い依って共に険道を遊するが如し」 Ⓢ anvā-**kram**: prayāṇa: **bhram**

②（世間のなかで）歩きまわること。生きること。「諸仏は常に世間に遊び、一切の有情類を利楽す。利・衰などの八法の熱風や邪分別が傾動すること能わず」

遊行 ゆぎょう　①歩くこと。行くこと。「林野を遊行して道路を迷失す」 Ⓢ anvā-**hiṇḍ**: **gam**

②（乞食・托鉢のために）巡り歩くこと。「聚落を遊行して乞食す」

③（心が）あちこちに動き回ること。「種種の悪不善の法に由って心を流漏せしむとは、彼彼の所縁の境界に於て心意識が生じて遊行し流散するを謂う」 Ⓢ **gam**

④（子供が）あちこちに這い回ること。「嬰孩の位とは、未だ能く遊行し嬉戯せざるを謂う」 Ⓢ parisarpaṇa

⑤（言葉が世間に）行きわたること。「世俗

の言説が世間に遊行す」

遊戯 ゆげ ①遊び。遊びたわむれること。「妙五欲に於て歓娯し遊戯す」「彼の天子は林間に偃臥し、あらゆる婇女が余の天子と共に遊戯を為すを見る」 Ⓢ krīḍā: pari-**car**
②菩薩や仏がなにごとにもとらわれない境地に遊ぶこと。（神通を）自由自在に発揮して人びとを救済し自らも楽しむこと。「能く五種の神通に遊戯せんが為に、能く内に於て其の心を安住して心を善定ならしむ」「五神通に於て自在に遊戯す」 Ⓢ vikrīḍanatā

遊戯忘念天 ゆげぼうねんてん → 戯忘天

遊践 ゆせん ふみ歩むこと。「最初に四聖諦の迹を遊践し、後に増進する時、四念住を具す」 Ⓢ vinyasana

遊歴 ゆりゃく 歩きめぐること。「安居を解き已って、衣鉢を携持して諸寺を遊歴す」「諸の菩薩は普く十方に於て、或いは世界を遊歴し、或いは国土を遊歴して能く他を利益する事を作す」

愈 ゆ なおること。いやすこと。「随眠を断ずる時と諸相を除遣する時とは平等平等なり。医などの過患が愈る時、髪毛輪などの相が亦た随って遣り、愈る時と遣る時とが平等平等なるが如し」

瑜伽 ゆが yoga の音写。インドにおいて心を統一するために古来から実践されてきた修行法をいう。仏教もこの修行法を重視したが、〈唯識〉はインドにおいては瑜伽行唯識派（瑜伽を実践し唯識という教理を唱える学派）といわれるように、特に瑜伽の実践を重んじた。原語 yoga は「結合する」という動詞 **yuj** から派生した名詞で、「結び付く」「結合する」というのが原意。したがって yoga を相応と意訳する。その結合は次の二段階を経る。（Ⅰ）身と心とが結合する。（Ⅱ）結合した身心から起こる智慧が究極的真理（〈唯識〉的にいえば真如の理）と結合する。瑜伽は狭義の瑜伽と広義の瑜伽とに分けられる。（ⅰ）狭義の瑜伽。奢摩他（止）と毘鉢舎那（観）とから成り立つ。このなか奢摩他とは内住・等住・安住・近住・調順・寂静・最極寂静・専注一趣・等持の九つの心のありよう（行相）をもって心のなかに住することによって心が静まった状態をいう。奢摩他を修することによって寂静になった心が教え（法）を正しく観察する心を毘鉢舎那という。すなわち、ある教えの影像を心のなかに浮かべてその真実のありようを正しく追求し観察（正思択・最極思択・周遍尋思・周遍伺察・簡択・最極簡択・極簡択）する心をいう。〈唯識〉は、『解深密経』に「衆生は相の為に縛せられ、及び麁重の為に縛せられる。要ず止観を勤修せよ、爾れば乃ち解脱を得ん」と説かれる（『解深』1、大正 16・691b）ように、解脱するためには、奢摩他と毘鉢舎那（止と観）によって表層心と深層心とを浄化する必要があることを強調する。（ⅱ）広義の瑜伽。『瑜伽論』に、瑜伽には信と欲と精進と方便とがあると説かれる。すなわち、信じること、欲すること、精進すること、方便する（修行する）こと、の四種が瑜伽であると説かれる（『瑜伽』28、大正 30・438a）。これによれば、静かに坐って止観を修するだけではなく、それを含めて「真理真実を追い求める生活全体」が瑜伽である。また「九種の瑜伽とは、世間道・出世道・方便道・無間道・解脱道・勝進道・軟品道・中品道・上品道なり」（『瑜伽』13、大正 30・346c）と説かれる。これによれば、煩悩を断じて涅槃に至るまでの修行の道すべてが瑜伽である。また「瑜伽とは、受持・読誦・問論・決択・正修加行なり」（『瑜伽』83、大正 30・760c）と説かれる。これによれば、経典を受持し読誦し問答し決択し止観を修するという仏道修行全体が瑜伽と考えられている。瑜伽によってもたらされる結果は、『瑜伽論』に「所依滅および所依転とは、謂く、瑜伽作意を勤修習するが故に、あらゆる麁重と倶行する所依が漸次に滅し、あらゆる軽安と倶行する所依が漸次に転ず」（『瑜伽』28、大正 30・439a）と説かれるように、身心から成り立つ個人として存在のよりどころ（所依）が、束縛の状態（麁重）から自由の状態（軽安）に変化すること、すなわち、転依（所依を転ずること）を得ることである。そしてそれによって生じる無分別智の智慧によって真理（真如の理）を証することである。 Ⓢ yoga

瑜伽師 ゆがし 瑜伽を修する人。ヨーガ行者。瑜伽師と訳される原語には yogācāra と yogin とがあるが、このなかの yogin は瑜祇と音写される。瑜伽師は、すでに〈有部〉などにも存在したが、〈有部〉の教理をも取り込みながら、好んで瑜伽を実践して般若の空に至ろうとした瑜伽師たちによって〈唯識〉が形成され、唯識思想が宣揚された。「比丘にして観行を勤修するは是れ瑜伽師なり」「諸の瑜伽師は仮想の慧を以って麁色の相に於て漸次に除析して不可析に至り、仮に極微を説く」「瑜伽師が骨鎖観を修するに総じて初習業と已熟修と超作意との三位あり」
Ⓢ yogācāra: yogin
（出典）師有瑜伽、名瑜伽師。即有財釈。若言瑜祇即観行者、是師之称。（『略纂』2本、大正43・272c）

瑜伽地　ゆがじ　心を清浄にしてさとりに至るためのヨーガの実践における五段階、すなわち、次のような持・任・鏡・明・依の五地をいう。（ⅰ）持（ādhāra）。持の原語ādhāraは容器という意味があり、水を容器に満たすように、さとりに至るためのたくわえ（資糧）を心のなかに積み集める段階、すなわち釈尊所説の教えをくりかえし聴聞する段階。五位の修行の段階の資糧道にあたる。（ⅱ）任（ādhāna）。聞いた教えに随って自ら根源的に思惟する（如理に作意する）段階。煖・頂・忍・世第一法からなる加行道にあたる。（ⅲ）鏡（ādarśa）。鏡に鏡像が映し出されるように、禅定に入った智慧によって究極の知られるべきもの（真如）を映し出す段階。見道の段階。（ⅳ）明（āloka）。光明がありのままに存在を照らし出すように、客観（所取）と主観（能取）とが未分の状態の智慧（能取所取無所得智）によって存在のありのまま（真如）を照らし出す段階。修道の段階。（ⅴ）依（āśraya）。自己存在のよりどころである身心が深層から浄化されて修行が完成して仏陀になった段階。究竟道の段階。
Ⓢ yoga-bhūmi
（参考）（『雑集論』11、大正31・746a）

瑜祇　ゆぎ　yoginの音写。ヨーガを修行する者。観行者と意訳。あるいは、瑜伽師と訳される。→瑜伽師　Ⓢ yogin
（出典）師有瑜伽、名瑜伽師。即有財釈。若言瑜祇即観行者、是師之称。（『略纂』2本、大正43・272c）

踊躍　ゆやく　喜んでおどりはねること。「諸の苾芻は仏の所説を聞いて歓喜・踊躍し、恭敬・尊重して心を摂し、耳を属して法要を聴受す」　Ⓢ udagra: audbilya

踰　ゆ　（垣根などを）こえること。（城を）出ること。「垣牆を踰えず、坑塹を越えず、山岸に堕せず、月喩に随って主家に往施すべし」「菩薩は転輪王の位を棄捨し、城を踰えて出家し、無上覚を求めて師友を尋訪して王舎城に至る」

踰健駄羅山　ゆけんだらせん　踰建駄羅はyugaṃ-dharaの音写。踰健達羅とも音写。持双山と意訳。スメール山（蘇迷盧山）を中心にして取り囲む八つの山の一つ。→八山→持双山　Ⓢ yugaṃ-dhara

踰健達羅山　ゆけんだらせん　→踰健駄羅山

踰繕那　ゆぜんな　yojanaの音写。長さの単位の一つ。倶盧舎の八倍。　Ⓢ yojana
（参考）（『倶舎』12、大正29・62b）

唯　ゆい　①ただ。それのみ。それだけ。唯一。限定をあらわす語。
Ⓢ eka: ekadhā: ekāṃśa: ekāntena: eva: kevala: mātra: mātraka
②唯識の唯。→唯識

唯蘊　ゆいうん　ただ五つの蘊（色・受・想・行・識の五蘊）のみが存在し、それ以外に実体的・固定的な自己（我ātman）は存在しないということ。無我を証明するために用いられる概念。「云何が此の法を除いて外に更に所得なく分別するところなきや。謂く、唯蘊のみ得べく、唯事のみ得べし。蘊をはなれて外に我として得べきことありて常恒に住するに非ず」　Ⓢ skandha-mātra

唯義　ゆいぎ　①ただ義のみ。教えを構成する文（文章）と義（文の意味）との二つの要素のなか、ただ義のみをよりどころにして文をよりどころにしてはいけないという主張のなかに用いられる概念。「法に文と及び義との二種あり。ただ義のみが是れ依にして文に非ず。何を以っての故なるや。但だ聞きて即ち究竟と為すべからず。要ず義に於て思惟し籌量し審観察すべきが故なり」
②ただ対象のみ。言葉で語られない対象そのもの。究極の真理である真如をいう。「奢摩他とは離言説の唯事・唯義なる所縁の境の中に心を繫して住せしむるを謂う」
Ⓢ artha-mātra
③唯という語の意味。→唯識

唯行　ゆいぎょう　ただ現象的存在（行saṃskāra）しか存在しないということ。自己は、現象的存在である身と心とから構成されるが、それら構成要素のみが存在し、それらから構成される実体的・固定的な自己（我 ātman）は存在しないという無我を証明するために用いられる概念。 Ⓢ saṃskāra-mātra

唯事 ゆいじ ①ただ事物（vastu）のみ。言葉で語られない事物そのもの。究極の真理である真如・勝義をいう。「彼の色等の想事に於て能く有体の自性を増益する執を起こすを増益の想と名づけ、能く唯事の勝義を損減する執を起こすを損減の想と名づく」「奢摩他とは離言説の唯事・唯義なる所縁の境の中に心を繋して住せしむるを謂う」「是の如き離言の唯事に於て相あることなく分別するところなきに由って、其の心、寂静にして一切法の平等性・一味実性に趣向す」
Ⓢ vastu-mātra
②ただ現象的事物（vastu）のみが存在し、それ以外に実体的・固定的な自己（我 ātman）は存在しないという無我を証明するために用いられる概念。「云何が此の法を除いて外に更に所得なく分別するところなきや。謂く、唯蘊のみ得べく、唯事のみ得べし。蘊をはなれて外に我として得べきことありて常恒に住するに非ず」 Ⓢ vastu-mātra

唯識 ゆいしき 〈唯識〉の根本思想。「ただ識のみが存在する」という存在観を基本として識を変革することによって迷いからさとりに至ろうとする教理。唯識の唯には次の二つの意味がある。（i）簡別の意味。識の存在を肯定し、外界の事物の存在を否定する。（ii）決定の意味。識の数が八つで決定していること。このなか（i）の意味を表す表現として唯識無境、唯識所変、唯識所現、一切不離識がある。この唯識という教理の特徴は、従来の顕在的・表層的な眼識・耳識・鼻識・舌識・身識・意識の六識に、新たに潜在的・深層的な末那識と阿頼耶識という二つの識を加えて、全部で八識を立てること、また、存在の三つのありようとして遍計所執性・依他起性・円成実性の三性を説くことにある。眼識などの識の原語が vijñāna であるのに対して唯識の識の原語は、知るという意味の vi-**jñā** の使役形である vijñapti であり、知らしめるという意味をもつ。すなわち一切の存在は知らしめられたもの、阿頼耶識という根本心が知らしめたもの、阿頼耶識から作られたもの、というのが唯識の原意である。〈唯識〉の修行方法とその目的とは、根本的にはヨーガ（瑜伽）を実践して心を浄化することにある。あるいは、識（客観と主観とに分かれた二元対立的な心のありよう）を転換して智（真理を証する主客未分の智慧）を獲得すること（転識得智）である。→六識　→八識　→三性②　→瑜伽　→転識得智
Ⓢ vijñapti-mātra
（出典）唯言、為遮離識実物。（『成論』7、大正 31・38c）: 唯言、顕其二義。一簡別義、遮虚妄執、顕但有識無心外境。二決定義、離増減数、略唯決定、有此三故、広決定、有八種識故（『述記』1 本、大正 43・239a）: 唯者、独但、簡別之義。識者、了別・詮辨之義。唯有内心、無心外境、立唯識名。（『二十論述記』上、大正 43・979a）
（参考）（『枢要』上本、大正 43・610a）（『義林章』1、大正 45・259c）には、唯識を境唯識・教唯識・理唯識・行唯識・果唯識の五種に分けて論じている（→各項参照）。

唯識位 ゆいしきい 〈唯識〉が説く修行の五つの階位。発心してから仏陀に成るまでの五つの修行過程。資糧位・加行位・通達位・修習位・究竟位の五つ。『唯識三十頌』のなかの第二十五頌から第三十頌に説かれている。唯識行位ともいう。
（参考）（『述記』1 本、大正 43・237b）

唯識観 ゆいしきかん ①内心に住して唯だ識だけであると観察する修行方法。五つの修行段階（資糧位・加行位・通達位・修習位・究竟位）において実践される観法。
②→五重唯識観

唯識行位 ゆいしきぎょうい 唯識位とおなじ。→唯識位

唯識所現 ゆいしきしょげん 毘鉢舎那三摩地の対象である影像は心と異なることがなく、ただ識によって顕現されたものであるという教理。「唯識」という教理を初めて打ち出した『解深密経』のなかに見られる表現。「世尊よ、諸の毘鉢舎那三摩地所行の影像は、彼れ、此の心と当に異なることありと言うべきや、当に異なることなしというべきや。善男子よ、当に異なることなしと言うべし。何を以っての故なり。彼の影像は唯だ是れ識なるに由るが故なり。善男子よ、我れは、識の所縁は唯識所現なりと説くが故なり」（『解深』3、大正 16・698a～b）

唯識所変 ゆいしきしょへん あらゆる存在

はただ識が変化したものであるという教理。〈唯識〉の根本の教理。→唯識　→所変①

唯識性　ゆいしきしょう　唯識のありようを相（現象）と性（本質）とに分けるなかの性をいう。唯識であるということ。根本的には、すべての存在の究極の真理、すなわち円成実性である真如を意味するが、三性との関係で、次の二種に分けられる。(i)「虚妄」と「真実」との二種。前者は遍計所執性をいい、言葉で考えられ執着されるもの、心のなかから除去されるべきもの。後者は円成実性をいい、証せられるもの。(ii)「世俗」と「勝義」との二種。前者は依他起性をいい、心のなかにあるもの、最終的には心のなかで断じられるべきもの。後者は円成実性をいい、証得されるべきもの。前者の「唯識性」(虚妄の唯識性、世俗の唯識性)をまず心のなかに起こし、それへの考察を深めることによって最終的に後者の唯識性(真実の唯識性、勝義の唯識性。唯識実性ともいう)、すなわち真如を証することが唯識観の目的である。以上の二種の分類は前者は虚妄・真実という価値的判断による分け方であるのに対して、後者は実践的観点、すなわち惑断理証(惑を断じて理を証する)の観点からの分け方である。円成実性としての唯識性は『唯識三十頌』のなかでは第二十五頌に説かれる。
Ⓢ vijñapti-mātratā: vijñapti-mātratva
(出典) 唯識性、略有二種。一者虚妄、謂、遍計所執。二者真実、謂、円成実性。為簡虚妄、説実性言。復有二性。一者世俗、謂、依他起。二者勝義、謂、円成実。(『成論』9、大正31・48a～b)

唯識相　ゆいしきそう　唯識のありようを相(現象)と性(本質)とに分けるなかの相をいう。依他起性としての唯識のありようをいう。『唯識三十頌』のなかでは第一頌から第二十四頌に説かれる。→唯識性「前の真見道で唯識性を証し、後の相見道で唯識相を証す」

唯識相性　ゆいしきそうしょう　唯識相と唯識性。→唯識相　→唯識性「大乗の二の種姓を具する者は略して五位に於て漸次、唯識相性に悟入す」

唯識転変次第　ゆいしきてんぺんしだい　存在(法)を五つに分ける存在分類法(五位)のなかで、最初の三つを心・心所・色の順序で立てる〈唯識〉の存在分類法をいう。〈唯識〉は「こころ」の外に「もの」の存在を認めず、一切は「こころ」が変化したものにすぎないという立場から、最初に「こころ」(心・心所)をおき、その次に「もの」(色)を配置する。色・心・心所の順序で配列する〈倶舎〉の法相生起次第の説と見解を異にする。→法相生起次第

唯識道理　ゆいしきどうり　唯識という真理。「覚慧を以って是の如くあらゆる諸色を分析して無所有に至る。爾の時、便ち能く諸色は皆な真実に非ざることに悟入す。此に因って唯識道理に悟入す」

唯識無境　ゆいしきむきょう　〈唯識〉の根本思想。「ただ識のみが存在し、心の外には事物・対象は存在しない」という教理。→唯識「四智を成就して菩薩は能く随って唯識無境に悟入す」

唯識理　ゆいしきり　唯識という真理。→唯識「此の本論を唯識三十と名づく。三十頌に由って唯識理を顕すなり」

唯心　ゆいしん　ただ心のみが存在するということ。〈唯識〉は唯心を唯識とおなじ意味に解釈し、唯識という教義が他の経典にも説かれているという立場から引用するのが『華厳経』に説かれているとされる「三界は唯心なり」という経文である。しかし、『華厳経』にはこのままの表現はなく、『華厳経』十地品にある「三界は虚妄にして但だ是れ心の作れるところなり」の文の趣意を簡潔にまとめたものであるとされている。「何の教理に由って唯識の義が成ずるや。契経に三界は唯心なりと説くが如し。又た所縁は唯識の所現なりと説くが如し」(『成論』7、大正31・39a)
Ⓢ citta-mātra

唯心如夢　ゆいしんにょむ　一切はただ心のみであるが、そのありようは夢の如くであるという理。唯心で心外にある事象を否定し、如夢で「唯心」ということへの執着を否定する。『観心覚夢鈔』にみられる語。「人、夢中に処して自ら是れ夢と知らば、其の夢必ず寤めん。我等、今、生死の夢中に処して、数、唯心如夢の道理を観ぜば、覚悟の朝に至らんこと、定めて近きに在らん」(『観心覚夢鈔』下、大正71・86a)。

唯法　ゆいほう　ただ現象的存在(法 dharma)のみがあり、それ以外に実体的・

固定的な自己（我 ātman）は存在しないということ。無我を証明するために用いられる概念。「無倒に唯だ諸蘊あり、唯だ諸行あり、唯事・唯法なり、と能く見、能く知れば、彼れは爾の時に於て能く諸行に於て縁起に悟入す」 Ⓢ dharma-mātra

唯法智 ゆいほうち 諦現観（真理を現前に明晰に観察して理解し証すること）を証して獲得する四つの智の一つ。ただ法（存在の構成要素）のみが存在し、それから成り立つ我（自己）は存在しないとみる智。 Ⓢ dharma-mātra-jñāna
（参考）（『瑜伽』34、大正 30・476a）

唯名 ゆいみょう ただ名称・言葉のみがあり、それが指し示す実体的なものは存在しないということ。ただ識だけがあるという「唯識」を言い換えた語。「善く唯だ名のみありと了知する者は、唯名なりと知るが故に、彼の諸法は決定して性あるに非ずと知る」
Ⓢ nāma-mātra

又 ゆう また。そのうえ。ならびに。同様に。 Ⓢ api: api ca: tathā: bhūyas: vā

友 ゆう とも。友人。仲間。原語 mitra は親友・友朋とも訳される。悪友は mitra に pāpa を付けて pāpa-mitra という。 Ⓢ mitra

友朋 ゆうほう 友とおなじ。→友

友力 ゆうりき 友人・親友たちの力。人を守護する六つのもの（象軍・馬軍・車軍・歩軍・蔵力・友力）の一つ。 Ⓢ mitra-bala

尤重 ゆうじゅう （罪・過失・煩悩などの程度が）最も重いこと。「或いは妄語あり、能く僧を破壊す。諸の妄語に於て此れ最も尤重なり」「業障と言うは、五無間業と、及び余のあらゆる故思に造る業たる諸の尤重の業とを謂う」「煩悩の上品の相とは、猛利の相と、及び尤重の相とを謂う」
Ⓢ guru: guruka

由（ゆう）→ゆ

用 ゆう ①働き。作用。ききめ。能力。ある働きをすること。「因と縁と果との相とは、謂く、若し此れを先と為し、此れを建立と為し、此れと和合するに由るが故に、彼の法が生じ、或いは得し、或いは成じ、或いは辦じ、或いは用あり。此れを説いて彼の因と為す」「五蓋は唯だ欲界に在り。所食と能治との用が同なるが故に、二なりと雖も一蓋を立つ。用とは事用を謂う。亦た功能と名づく」「眼根と耳根との二根の中、眼根の用は遠なるが故に先に説く」
Ⓢ kartavya: karman: kāritra: **kṛ**: kṛtya: kriyā: vṛtti: śakti: sāmarthya
②働きがあること。必要性があること。「鼻根と舌根との二根は色界に於て用あり。謂く、言説を起こし、及び身を荘厳す」「前後再述するは、用は少く功は多し」
Ⓢ prayojana
③体用の用。ある存在の自体を体といい、その働きを用という。
④使用する、つかうこと。受用とおなじ。「瓦器が熟して究竟に至れば、無間に用いるべきを説いて名づけて熟と為す」「己に於て法を以って獲得した如法の衣服・飲食・坐臥具などを衆と同じく用う」「用に、宰主の用と、作者の用と、受者の用との三種あり」「薬物・呪術を用いて他をして心狂せしむ」
Ⓢ paribhoga: paribhogin: prayoga: bhoga
⑤～をもちいて。「此れを用いて縁と為す」「彼れを用いて依と為す」

邑（ゆう）→おう

勇 ゆう ①気力があるという感触。触覚（身識）の対象である感触（触）の一つ。
Ⓢ ojas
（参考）（『瑜伽』1、大正 30・280a）
②勇気。強い性格。「菩薩の堅力持性とは、種種・衆多の猛利の怖畏が現在前すると雖も、正しく加行して傾動することなく、性として勇なるを謂う」 Ⓢ sattva

勇鋭 ゆうえい いさましくするどいこと。いさましく強いこと。「垢などを除き萎顇を離るるが故に勇鋭を仮立す」「更に昇進・威猛・勇悍にして精進を発勤し、深く彼の果のあらゆる勝利を見るが故に勇鋭と名づく」
Ⓢ parikara

勇悍 ゆうかん いさましいこと。特に修行において努力精進するさまをいう。「勤とは精進を謂い、善悪品を修し断ずる事の中に於て勇悍なるを性と為す」「精進とは加行を発起して其の心が勇悍なるを言う」「師子王は一切の獣の中にて勇悍・堅猛なること最第一と為す」 Ⓢ abhyutsāha: utsāhin: vikrānta

勇決 ゆうけつ 勇敢で力強いこと。思い切って決めること。「菩薩は所作事に於て勇決にして為すことを楽い、懈怠を生ぜず」「堅強なるは是れ力にして、勇決なるは是れ無畏

なり」 S abhi-**bhū**: tīvra: parākrama

勇健 ゆうけん ①菩薩の異名の一つ。
S vikrānta
(参考)(『瑜伽』46、大正30・549a)
②いさましく強いこと。頑強であること。力強いこと。「是の如き諸の角武の事に依って当に勇健と膚体の充実とを得るべし」「諸の菩薩は性として自ら勇健にして有力なり」
S balavat: śaurya: sāttvika

勇勤 ゆうごん いさましく堅固なこと。「決択とは慧が勇勤と倶なるを謂う」
S dhairya

勇塵闇 ゆうじんあん 勇と塵と闇。詳しくは勇健と塵坌と鈍闇という。サーンキヤ学派(数論)がとく根本物質(自性 prakṛti)がもつ三つの性質(三徳)のなか、サットヴァ(sattva 薩埵)を勇(勇健)、ラジャス(rajas 剌闍)を塵(塵坌)、タマス(tamas 答摩)を闇(鈍闇)と意訳する。→三徳
(参考)(『述記』1末、大正43・252c)

勇猛 ゆうみょう いさましいこと。いさましくたけだけしいこと。勇気があること。強くたくましいこと。特に修行において努力精進するさまをいう。「勇猛なる精進を発起して諸の善法を修す」「勇猛の自性とは、諸の菩薩は剛決・堅固にして怯劣するところなく大勢力あるを謂う」「勇猛なる精進とは、謂く、常に未だ聞かざる法を聴聞することを楽い、已に聞いた法に於ては転じて明浄せしめ、瑜伽を捨てず、作意心を捨てず、内の奢摩他を捨離せざるが故なり」
S abhyutsāha: ātapta: ārabdha: ārambha: uttapta: udagra: dhīra: dhairya: parākrama: vairya: vyavasāyatā

勇猛精進 ゆうみょうしょうじん いさましく精進努力すること。→勇猛 S ārabdha-vīrya

幽深 ゆうじん おくぶかいこと。「離欲者は畏るるところなく、覚慧、幽深にして、軽安、広大なり」 S gambhīra

幽縶 ゆうちゅう とじこめる、幽閉すること。「幽縶の処より逃げて遠所に至る」

幽僻処 ゆうひしょ かくれた場所。公然ではない場所。「或いは大衆に対して、或いは幽僻処で、自ら辛楚の言を発起するを麁悪語の罪と名づく」

幽微 ゆうみ おくぶかいこと。おくぶかく知りがたいこと。「豈に、諸のあらゆる法が皆な汝の所知ならんや。法性は幽微にして甚だ知り難し。故に現に体あると雖も知るべからず」「諸の菩薩は諸の有情に於て広慧者なりと知れば、為に深法を説き、幽微なる教授・教誡を随転す」 S sūkṣma

涌溢 ゆういつ わきあふれること。「諸の河・澆池・泉井などの涛波が涌溢す」
S samṛddhi

涌沸 ゆうふつ 沸騰すること。「湯が涌沸す」

涌泛 ゆうぼう (川の水などが)わきあふれること。「諸の有情は若し暴流に墜ちれば唯だ随順すべく、能く違逆することなし。涌泛し漂激して違拒し難きが故なり」

蚰蜒 ゆうえん げじげじ。さそりなどとともに害を与える毒虫としてあげられる。「蛇蝎・蚰蜒・百足などの類の諸の悪毒虫に蛆螫せらるる」 S kīṭa

猶若 ゆうにゃく 猶如とおなじ。→猶如

猶如 ゆうにょ 「なお〜のごとし」と訓じ、前文を受けてその内容を以下喩えで説明するときに用いる慣用語。猶若とおなじ。
S upama: upameya

猶予 ゆうよ 猶預とも書く。疑い。疑惑。どちらかためらうこと。「去・来・今と及び苦の諦に於て惑が生じ疑が生じ、心に二分を懐き、猶予し猜度す」「一時に於て甚深にして広大なる法教を説くを聞いて驚怖を生じ、其の心、搖動し猶予し疑惑す」「他世・作用・因果・諸諦・宝の中に於て心に猶預を懐く」 S katham-kathā: kāṅkṣā: vicikitsā: vimati: saṃdigdha

猶預 ゆうよ 猶予とおなじ。→猶予

遊観 ゆうかん ①無漏心(汚れがない心)で真理に遊ぶこと。「云何が捨に等住するや。謂く、平等位に行じ、平等位の中に於て、心が遊観するが故なり」「勝生空とは、有漏と及び生空を遊観する心とを簡異す」
②(海辺や山谷などを)遊びまわって見物すること。「諸の聖弟子は非一・衆多・種種の遊観の事を得べし。いわゆる河浜の遊観、山谷の遊観なり」「流転往来とは、天上で寿尽きれば人の中に来生し、人中で寿尽きれば天上に往生するを謂う。富貴者が林苑を遊観するが如し」

遊観無漏 ゆうかんむろ 有頂天である非想

非非想処で起こす智慧で、惑を断ぜず理を観じない後得智をいう。この智を修することによって九次第定の最後の滅尽定に入る。
(参考)(『成論』7、大正 31・37c)

遊渉 ゆうしょう ①歩きまわること。「菩薩は進止を皆な縦任せずして世間を遊渉して乞行す」「有足は則ち自在に八方を遊渉することを得るが、無足は爾らず」 Ⓢ pracāra
②(心が対象に)遊ぶこと、働きかけること。「外散とは、心が五妙欲の境に遊渉し、随散・随流するを謂う」

遊履 ゆうり ①(道などを)歩む、行くこと。「食後に邑居を遊履す」
(出典)末伽、言道、遊履義故。(『述記』1本、大正 43・235c)
②(心が対象に)働きかけること。「思を名づけて業と為し、思の遊履するところにして究竟して転ずるを名づけて業道と為す」

遊猟 ゆうりょう 獣を追って狩りをして生計を立てている人。律儀に反する行為をする人(不律儀者)の一人。猟獣ともいう。
Ⓢ mṛga-lubdhaka
(参考)(『婆沙』117、大正 27・607a)

雄壮 ゆうそう (教えを語ることにおいて)いさましいさま。雄朗とおなじ。→雄朗

雄猛 ゆうみょう いさましく強いこと。「士とは士用にして是れ雄猛の義なり」

雄朗 ゆうろう 教えの意味を巧みにいさましく語ること。教えを説く声にそなわる五つの徳の一つ。雄壮とおなじ。
(出典)何等為声。謂、具五徳乃名為声。一不鄙陋、二軽易、三雄朗、四相応、五義善。(中略)雄朗者、所謂、依義建立言詞、能成彼義、巧妙雄壮。(『瑜伽』15、大正 30・359b)

憂(ゆう)→う

融消 ゆうしょう とかしてけすこと。(鉱物などが)とけること。消融・融銷とおなじ。「総法を縁ずる奢摩他・毘鉢舎那は思惟する時に於て刹那刹那に一切の麁重の所依を融消(融銷)す」「白鑞・鉛錫・金銀などの物が融消して流れるが如し」

融銷 ゆうしょう 融消とおなじ。→融消

融練 ゆうれん (心が)ねられてやわらかくなったさま。「仏、或いは法、或いは僧の勝たる功徳を聞き已って、数数、融練した浄心を縁念す」 Ⓢ drava

よ

与 よ ①与える、施す、めぐむこと。「菩薩は有情に利益と安楽とを与えんと願う」
Ⓢ anupradatta: anupradāna: anupra-**yam**: upasaṃharaṇa: upasaṃhāra: dāna: pratipādita: prada
②(結果を)引き起こす、もたらすこと。「異熟因の所引は異熟果を与うる功能あり。異熟果を与え巳って即ち便ち謝滅す」
Ⓢ abhinirvṛtti: datta: **dā**: dāna: pra-**yam**
③「～と～とは」と読む助字。たとえば「造色与諸大種不相離互為因」は「造色と諸の大種とは相い離れずして互に因と為る」と読む。 Ⓢ saha: sārdham

与果 よか 原因から結果が生じることにおいて原因に結果を生じる能力があることを取果といい、その原因が結果に力を与えることを与果という。 Ⓢ phala-dāna: phalaṃ pratigṛhṇāti: phalaṃ pratigṛhītam
(出典)取果・与果、其義云何。能為彼種故、名取果。正与彼力故、名与果。(『倶舎』6、大正 29・36a)

与語 よご 語りかけること。話をすること。「彼の阿羅漢は他の来たるを見る時、其の意を観じて、或いは与語し、或いは黙然たり」

与作 よさ ある働きをなすこと。「ために～をなす」「ために～をなさしむ」「ために～となる」と読む。「意は与めに等無間縁の所依止性と作る」「若し彼の法の中に於て、数数、軽慢して毀犯する者あらば、親善の意楽を以って如法に呵擯し、与めに憶念を作せしむ」 Ⓢ karaṇa-anupradāna

与作者 よさしゃ 働きをなすもの。行為者。「沙門、若しくは婆羅門ありて、自在な

どは是れ一切物の生者・化者及び与作者なりと計す。此れ悪因論の邪見なり」

与能熏共和合性　よのうくんぐうわごうしょう　能熏と同時かつ同処にして和合して相離れないという性質。阿頼耶識の性質の一つ。阿頼耶識に具体的に顕現した行為（現行）の結果としての種子が熏習されることができるための性質の一つ。所熏の四義の一つ。→所熏四義　→熏習

（参考）（『成論』2、大正31・9c）

与楽　よらく　楽を与えること。慈悲のなかの慈の働き。→抜苦与楽

Ⓢ sukha-upasaṃhāra

与力能作因　よりきのうさいん　→能作因

余　よ　他の。異なった。他のもの。その他のもの。異なったもの。他のところで。他のありよう・方法で。

Ⓢ antara: anya: anyatra: anyathā: apara: avaśiṣṭa: śeṣa: śeṣita

余甘子　よかんし　原語は āmalaka で阿摩洛迦と音写。Emblica myrobalan という学名の果実の一種。樹の葉は細く、ねむの木に似て、その花は黄色で、実は、はじめは苦く渋いが、後から甘くなるので余甘と名づけられる。「次第に余甘子などの段を安布するを阿摩洛迦と名づく」（『婆沙』71、大正27・368a）。「若し能く是の如き六因を覚了すれば四果に於て分明に照察す、掌中に余甘子などを観るが如し」（『婆沙』21、大正27・108c）。　Ⓢ āmalaka

（出典）汝、可往林食余甘子、即可久住。其余甘子。未熟之時、其色末乃青。若已熟者、其色黄白。此即仙薬。此薬初食、酸苦少味、食已若飲冷水、口中甘味、猶如食蜜。（『演秘』1末、大正43・825c）

誉　よ　ほまれ。名誉。ほめられること。ほめること。毀の対。八つの世法（世のなかで生きる上で問題となる八つの事柄）の一つ。→世法　Ⓢ yaśas

預　よ　①関係する、かかわること。

（出典）所詰難、非預我宗。預者、関也。（『述記』3末、大正43・338c）

②入ること。→預流　Ⓢ āpanna

③あずかること。あるグループに数えられること。預在ともいう。「世間に順ずる文詞、呪術、外道の書論に相応する法の中に於て、智者・聡叡者の数に預かることを得る」「諸の菩薩は初発心し已れば、即ち無上菩提に趣入し、大乗の諸菩薩の数に預在すと名づく」

Ⓢ saṃkhyā-gamanatā: saṃkhyāṃ gacchati

預在　よざい　→預③

預流　よる　小乗の聖者の四段階（預流・一来・不還・阿羅漢）の第一段階。聖者の流れ・類に初めて入ったもの。これら四段階は、おのおのそこに至る途中と至り終えた段階とに分かれ、前者を向、後者を果という。預流についていえば、見道十六心のなかの前の十五心が預流向（預流果向）であり、第十六心が預流果である。　Ⓢ srota-āpatti: srota-āpanna

（出典）諸無漏道、総名為流。由此為因、趣涅槃故。預言、為顕最初至得。彼預流故、説名預流。（『倶舎』23、大正29・123a～b）: 預者言入、流謂流類。入聖之類故、名預流。（『述記』1本、大正43・240a）

預流果　よるか　→預流

預流果向　よるかこう　預流果に向かう位。→預流　Ⓢ srota-āpatti-pratipannaka

預流向　よるこう　預流果に向かう位。→預流

輿　よ　くるま。「象・馬・輦・輿などに乗る」　Ⓢ yāna

夭　よう　死ぬこと。若くして死ぬこと。→中夭　Ⓢ kāla-kriyā

夭逝　ようせい　死ぬこと。若くして死ぬこと。

夭喪死　ようそうし　死ぬこと。若くして死ぬこと。「夭喪死して一日経て、或いは二日経て、或いは七日経て、諸の烏鵲・餓狗などに食せらるる」　Ⓢ mṛta

夭没　ようもつ　死ぬこと。若くして死ぬこと。「所食なきが故に即ち便ち夭没す」

Ⓢ uparati: **mṛ**

永　よう　永久に。完全に。究極的に。

Ⓢ atyanta: atyantam

永害　ようがい　（煩悩や汚れを生ずる可能力である種子・随眠・習気などを）永久に完全に取り除いて根絶すること。永抜とおなじ。「聖弟子は出世道に由って三界の欲を離れる時、一切の三界の染汚なる諸法の種子を皆な悉く永害す」「随眠を永害す」「麁重を永害す」「一切の煩悩の習気を永害す」

Ⓢ samudghāta

永害習気　ようがいじっけ　百四十不共仏法

（如来のみが具える百四十の特質）の一つ。煩悩を生じる可能力である習気を永久に完全に取り除いて根絶し、煩悩があるような言動を起こさないこと。抜除習気・永断習気ともいう。 Ⓢ vāsanā-samudghāta

（出典）云何如来永害習気。謂、諸如来、或於動転、或於瞻視。或於言論、或於安住、似有煩悩所起作業、多不現行、是名如来永害習気。（『瑜伽』50、大正30・574a）

永解脱 ようげだつ 永久に完全に解脱すること。「当来の生・老・病などのあらゆる衆苦から永解脱するが故に、之を説いて楽と為す」「諸漏の随眠から永解脱するが故に、説いて無漏と名づく」「三悪趣の生死から永解脱す」 Ⓢ atyanta-nirmokṣa

永寂静 ようじゃくじょう →永寂滅①②

永寂滅 ようじゃくめつ ①（煩悩や苦が）完全に滅する、なくなること。永寂静とおなじ。「所依に附在する諸の煩悩品の一切の麁重が永寂滅す」「勝義の苦が永寂滅す」「寂静とは所治の煩悩が永寂静するを謂う」

Ⓢ atyanta-uparama: atyanta-vyupaśama

②涅槃、般涅槃のありようをいう。永寂静とおなじ。「外境の雑染と内受の雑染との二つの雑染は永寂滅たる般涅槃の中に於ては皆な不可得なり」「無学果に至るを解脱と名づけ、永寂滅を証するを涅槃と名づく」「云何が涅槃と為すや。謂く、法界清浄にして煩悩と衆苦との永寂静の義なり」

③六つの器官（眼根・耳根・鼻根・舌根・身根・意根）が完全に静まったありよう。「眼が永寂滅して色想を遠離し、乃至、意が永寂滅して法想を遠離す」「能く諸根をして永寂静せしむるが故に説いて名づけて戒と為す」

永出 ようしゅつ →永出離

永出離 ようしゅつり （煩悩などに束縛される状態から）完全に離れて超え出ること。永出とおなじ。「永出離の戒は一切の外道の見を遠離す」「永出と言うは、発心し已って畢竟して随転して復た退還することなきを謂う」「諸纏から永出す」 Ⓢ nairyāṇika

永尽 ようじん →永断滅

永息 ようそく →永息滅

永息滅 ようそくめつ （煩悩などが）完全にしずまり滅すること。永息とおなじ。「若し一切の麁重の永息滅を証得することあれば、彼れは般涅槃す」「煩悩の熾然・熱悩が永息するが故に名づけて清涼と為す」

永断 ようだん ①→永断滅

②四諦のなかの集諦を完全に滅すること。「苦諦を遍知し、集諦を永断し、滅諦を作証し、道諦を修習す」

永断習気 ようだんじっけ →抜除習気 →永害習気

永断滅 ようだんめつ （煩悩や苦などを）完全に断じ滅すること。永断・永尽とおなじ。「現法の中に於て智慧の刀を以って能く一切の煩悩を永断滅す」「一切の煩悩を永断す」「衆苦を永断す」「漏を永尽するとは、修断の諸煩悩を永断するを謂う」 Ⓢ paryādāna: prahāṇa: samucchinna

永超 ようちょう →永超越

永超越 ようちょうおつ 永超・永超度とおなじ。（生死などの苦を）完全にこえでること。「有為法の中で聖道が最勝なり。能く生死の法を永超越するが故に」「四聖諦の中に於て恒に慧を以って観察し、苦を知り、集を知り、衆苦の永超を知り、八支聖道を知って、安隠なる涅槃に趣く」「能く永超度するが故に名づけて出と為す」 Ⓢ samatikrama

永超度 ようちょうど →永超越

永度 ようど 欲界から色界へ、あるいは色界から無色界へ、あるいは無色界から涅槃界へ完全にこえでること。「劣界（欲界）を永度するが故に一遍知を立て、中界（色界）を永度するが故に一遍知を立て、妙界（無色界）を永度するが故に一遍知を立つ」

永抜 ようばつ （煩悩や汚れを生ずる可能力である種子・随眠・習気などを）永久に完全に取り除くこと。永抜除ともいう。永害とおなじ。「習気を永抜するが故に無垢と名づく」「煩悩の習気を永抜す」「随眠を永抜す」「一切の苦の本である貪愛の随眠を永抜除す」

Ⓢ uddharaṇa: samudghāta

永抜除 ようばつじょ →永抜

永無 ようむ 完全なる非存在。全く存在しないこと。三性（遍計所執性・依他起性・円成実性）でいえば、遍計所執性の存在のありようをいう。「分別された遍計所執の義は永無なり」「空とは依他起の上の遍計所執の永無に顕さるる真実の理性を謂う」「依他起の上の遍計所執の永無に顕さるる真如の実性を円成実相と名づく」

永滅 ようめつ 完全に滅すること。まったく消滅すること。「一切種の所依の清浄とは、一切の煩悩品の麁重と并びに諸の習気とが自らの所依に於て余すことなく永滅するを謂う」「寿が尽きて識が方に永滅す」「色心の相続が永滅す」 Ⓢ atyanta-uparama: parinirvā

永離 ようり （煩悩や苦などから）完全に離れること。「無明を永離して現法中に於て慧解脱を証す」「諸仏の法界は一切の客塵の障を永離す」「一切の衆苦を永離す」

幼少 ようしょう →幼稚

幼稚 ようち 幼い子。幼少とおなじ。「幼稚の黒髪と少年の盛壮との殊妙の形色」「若し幼少と盛年との美色と諸の母邑などを見れば、不如理に相好を執取するに由って、心、楽に趣入す」 śiśu

幼童 ようどう 幼いわらべ。幼い子。「王及び長者は幼童の為に種種の諸の戯楽の具を仮作して之を賜与す」 Ⓢ dahara-kumāra-bhūta

用（よう）→ゆう

羊 よう ひつじ。牛・馬などとともに家畜の類としてあげられる。また屠殺して食用に供せられるものとしてあげられる。「象・馬・牛・猪・羊・驢などを胎生と名づく」「悪業を造るとは羊・雞・猪などを屠するを謂う」 Ⓢ urabhra: paśu

羊羔 ようこう ひつじ。羔はこひつじ。「不浄行者が中有に生ずる時は、其の相が顕現すること、黒の羊羔の光の如し」

羊毛塵 ようもうじん 羊の毛のちり。長さの単位の一つ。兎毛塵の七倍。 Ⓢ avi-rajas
（参考）（『倶舎』12、大正 29・62b）

殀喪 ようそう 死ぬこと。若くして死ぬこと。「命根が尽滅して殀喪し殞歿す」
Ⓢ maraṇa

洋銅 ようどう 沸騰して煮えた銅。「洋銅を以って其の口に灌ぎ、喉と口とを焼く」
Ⓢ kvathitaṃ tāmram

要 よう ①かならず。きっと。「要ず因は縁を待って果を生ず」 Ⓢ avaśyam
②かなめ。要約すること。大切なことをまとめること。「略して此の中の要義を顕す」「要を以って説く」「要を以って之を言えば」

要契 ようかい ねがいちかうこと。「菩薩は彼れと共に要契を立てて言う」
Ⓢ vipratibandha

要期 ようご 誓う、誓願すること。期すること。「我れは当に是の如き事業を作し、以って財物を求め、自身を養活せんと要期して殺などの事を受く」「近住が持するところの別解脱戒は、唯だ一昼夜、要期して受く」
Ⓢ abhyupagama: arthin: samādāna

要術 ようじゅつ 重要な方法。かなめとなる方策。「自ら自心を観ずるは、速かに覚位に至る要術なり」

要用 ようゆう 利用。使用すること。「時に応じて施して他の要用を済う」
Ⓢ upayogya

容 よう できること。ありうること。可能であること。「～べし」と読む。「未だ下地の煩悩を離れざれば、必定して上地に生ずる容きなし」 Ⓢ avakāśa: śakya: saṃbhava

容有 ようう ありうること。できること。可能であること。「あるべし」あるいは「～うべし」と読む。「何を以っての故に二識が倶時に転ずることを容有しや」 Ⓢ avakāśa: saṃbhava

容可 ようか できること。ありうること。可能であること。「～うべし」と読む。「声聞種性にして煖と頂とが已に生じたるは、転じて無上正覚を成ずることを容可し」「縁に遇って出離することを容可し」 Ⓢ avakāśa: saṃbhava

容色 ようしき かおかたち。きりょう。すがた。美しい容貌。「容色、端厳なり」「黯黒が出現して其の容色を損す」 Ⓢ abhirūpa: varṇa

容受 ようじゅ 受け入れること。包含すること。「対礙なきが故に互相に容受す」「譬えば虚空の中に衆多の色と色業とがありて、一切の諸色と色業とを容受すること得べきが如し」 Ⓢ avakāśa: avakāśaṃ dadāti

容貌 ようぼう かおかたち。「大梵王の身は、其の量は高広にして、容貌は威徳なり」
Ⓢ ākṛti

揚 よう （声を）はりあげること。「声を揚げて大に叫呼す」

揺 よう ゆする、ゆさぶること。動かすこと。「応に身を揺り、臂を揺り、頭を揺り、跳躑し、手を携えて腰に叉し、肩を竦て、施主の家に入るべからず」 Ⓢ pracālaka

揺扇 ようせん 扇子であおぐこと。「或いは睡眠を串習するに由り、或いは揺扇によ

り、或いは薬により、惛夢を発す」 Ⓢ saṃvāhyamāna

揺動 ようどう ゆれ動くこと。ゆり動かすこと。「一時に於て甚深にして広大なる法教を説くを聞いて驚怖を生じ、其の心が揺動し、猶予し、疑惑す」「三摩地多が散乱の風に揺動せらるること、四衢の灯の如し」 Ⓢ kampana

葉 よう は。木のは。 Ⓢ patra: parṇa

葉窟 ようくつ 木の葉からできた住処。「叢林の草窟や葉窟に住す」「密草・稠林・葉窟・茅廬に入る」 Ⓢ tṛṇa-kuṭī

葉香 ようこう 葉の香り。植物の五種の香りの一つ。→香 Ⓢ patra-gandha

葉座 ようざ 木の葉からできた敷物。葉敷とおなじ。「或いは草座、或いは葉座を敷設して常に坐臥す」「夜に恒時に諸の障法より其の心を浄修し、終に非時に床座・草敷・葉敷に脇著せず」 Ⓢ patra-saṃstara

葉紙 ようし 経文などを書きしるすための木の葉からできた紙。「彼れ若し答えて、我れ此の物を求むるは正法を書せんが為なりと言えば、即ち葉紙を以って之に施与すべし」 Ⓢ pustaka

葉敷 ようしき 葉座とおなじ。→葉座

葉筏那 ようばな yavana の音写。ギリシャの国。ギリシャ人。「礫迦・葉筏那・達刺陀・末𠻬婆・佉沙・覩貨羅・博喝羅などの人来りて会坐に在りて、各各、仏は独だ我が為に自国の音義を説くと謂う」(『婆沙』79、大正27・410a) Ⓢ yavana

陽炎 ようえん かげろう。現象的存在(依他起性)には実体がないことを示すために用いる譬喩の一つ。炎・陽焔ともいう。「諸法は幻・陽炎・夢相・光影・影像・谷響・水月・変化の如し」「依他起性は幻夢・光影・谷響・水月・影像及び変化などに同じく、猶し聚沫の如く、猶し水泡の如く、猶し陽焔の如く、猶し芭蕉の如しと当に了知すべし」 Ⓢ marīci

(参考)(『摂論釈・世』5、大正31・344b〜c)

陽焔 ようえん 陽炎とおなじ。→陽炎

腰 よう こし。 Ⓢ jaghana

腰間風 ようけんふう 身体のなかの風(内風界)の一つで、腰から背中の部分にある風。住背風ともいう。→風界 Ⓢ pṛṣṭhi-śayā vāyavaḥ

腰鼓 ようこ 首からつるして両面をうちならす、胴がくぼんだつづみ。細腰鼓。「腰などの鼓と倶行する声」 Ⓢ paṭaha

腰舟 ようしゅ 海を渡るときに、腰に帯びる皮袋などの浮き袋をいう。諸の結(煩悩)から解脱した心に喩える。

(出典)何等名為腰舟。謂、於諸結、善解脱心。(『瑜伽』17、大正30・373c)

楊枝 ようじ 歯を磨くための木片。「楊枝を嚼む時には水に於て尿想を作し、楊枝に於て指骨の想を作す」 Ⓢ danta-kāṣṭha

墉 よう かき。囲い。垣牆・牆・牆壁とおなじ。「城あり、骨を墉と為し、筋肉をもって塗飾す。其の中に貪・恚・慢・覆ありて任持せらるる」 Ⓢ prākāra

踊(よう)→ゆ

影 よう ①(光がさえぎられてできる)かげ。顕色(明瞭に顕現している色彩)の一つ。「顕色とは青・黄・赤・白、光・影・明・闇などを謂う」「光明を障えて生じて中に於て余の色の見る可きを影と名づく」「明は灯に依るが如く、影は樹に依るが如し」 Ⓢ chāyā

②(鏡や水などに映る)映像。影像とおなじ。真実には存在しないものの喩えの一つとして用いられる。→影像①「幻の如く、響の如く、影の如く、焔の如く、夢の所見の如く、皆な真実に非ず」 Ⓢ pratibimba

③(焼けたものの)灰。「諸の器世界は皆な焚焼せられ、災火が滅して後は灰燼して現ぜず、乃至、余の影も亦た不可得なり」 Ⓢ chāyikā

影顕 ようけん →影略互顕

影互顕 ようごけん →影略互顕

影説 ようせつ →影略互顕

影像 ようぞう ①(鏡や水などのなかに生じた)映像。真実には存在しないものの喩えの一つとして用いられる。〈唯識〉では依他起性(現象的存在)には実体がないことを示すための譬喩の一つとして用いる。「影像が明鏡に依止するが如し」「依他起性は幻夢・光影・谷響・水月・影像及び変化などに同じく、猶し聚沫の如く、猶し水泡の如く、猶し陽焔の如く、猶し芭蕉の如し、と当に了知すべし」 Ⓢ pratibimba

(参考)(『摂論釈・世』5、大正31・344b〜

c）
②心のなかに生じる像、表象、観念。たとえば、死体が腐乱していく様相である青瘀（青ぶくれになるさま）、膖脹（腐敗してふくれたさま）、虫蛆（うじ虫が出ているさま）などの影像を思い浮かべ、それら影像を観察・思考して、実際の身体が不浄であるという本質を知って、身体への執着を離れる修行を不浄観という。総じていえば、正法（正しい教え）を聞くことによって、その教えに説かれた事柄（所知事）の影像を心のなかに思い浮かべて（勝解して）再現し、再現された影像（所知事と同分の影像）を瑜伽の心（奢摩他と毘鉢舎那）によって観察・思考し、最終的には影像を消し去って実際の事柄そのもの（所知事）を直接に知ることを目指す。〈唯識〉においては、究極の所知事（知られるべきもの）とは真如であり、唯識性である。影像には有分別影像と無分別影像との二種があり、前者は毘鉢舎那の、後者は奢摩他の対象である。 Ⓢ pratibimba: pratibhāsa
（出典）云何影像修。謂、或於有分別毘鉢舎那品三摩地所行影像所知事同分、作意思惟故、或於無分別奢摩他品三摩地所行影像所知事同分、作意思惟故、諸所有修、名影像修。（『瑜伽』67、大正 30・668c）
（参考）（『瑜伽』26、大正 30・427a 以下）

影像門唯識 ようぞうもんゆいしき　ヨーガを修して心のなかに生じる影像は心と異なることがなく、心の外にはものは実在しない、すなわちただ識だけが存在するいう教説。

影略 ようりゃく　→影略互顕

影略互顕 ようりゃくごけん　ある語句がその表現しようとする意味の一部を省略し、しかも、その影においてその意味を顕すように造られている語句構成の一つの形式。たとえば「慈父悲母」という語句をいう。すなわち、父にも母にも慈悲がないことはないのに、両者の一方を挙げて他を省略し、上句の略するところは下句の挙げるところで影顕し、下句の略するところは上句の挙げるところで影顕し、双方併せてその意味を周備せしめるような語句をいう。互影顕・互相影顕・影略・影略説・影説・影顕・影互顕ともいう。

影略説 ようりゃくせつ　→影略互顕

蝿 よう　はえ。「眩翳の人が髪・蝿などを見るが如し」 Ⓢ makṣikā

養 よう　やしなうこと。やしない育てること。成長せしめること。「四食のなか前の二は、養母が已生を養うが如く、後の二は生母が未生を生むが如し」 Ⓢ upabṛṃhaṇa: aupacayika: poṣaka: poṣakatva

養育 よういく　①やしない育てること。保護すること。「諸の菩薩は奴婢などに於ても愛語し慰喩し、奴婢などの想を作さずして瞻敬し養育す」 Ⓢ paripālayati
②養育者とおなじ。→養育者

養育者 よういくしゃ　①生命的存在（我）を表す名称の一つ。現在と未来の存在を養い育てるから養育者という。養育・養者ともいう。 Ⓢ poṣa
（出典）言養育者、謂、能増長後有業故、能作一切士夫用故。（『瑜伽』83、大正 30・764b): 養育者、増後有業、作士夫用故。初養未来、後長養現在。（『枢要』上本、大正 43・618c～619a）
②養育してくれる人。恩ある人（有恩者）の一人。 Ⓢ poṣaka
（参考）（『瑜伽』25、大正 30・420c）

養因 よういん　地・水・火・風の四つの元素（四大種）がそれらによって造られる物質（色）に対して五つの原因（生因・依因・立因・持因・養因）となるなかの一つ。樹の根が水によって成長するように、四大種が色の成長の原因となることをいう。
Ⓢ upabṛṃhaṇa-hetu
（参考）（『倶舎』7、大正 29・38b）:（『雑集論』1、大正 31・696a）

養活 ようかつ　（自己自身の生存を）ささえ生かしめること。「我れは当に是の如き事業を作して、以って財物を求め、自身を養活せん」 Ⓢ **jīv**: jīvita

養者 ようしゃ　→養育者

養命 ようみょう　生活すること。生計・生存の方法。活命とおなじ。→活命「諸の婆羅門は養命の為に施主の前に於て呪願す」
Ⓢ jīvin

養母 ようも　養子の母。養育する母親。実際の母である生母に対する語。「四食のなかの段食と触食とは養母の如く、思食と識食とは生母の如し」 Ⓢ dhātrī

擁（よう）→おう

縈纏 ようてん　身にまとわりつくこと。

「邪法が縈纏して瞋毒が増上す」 Ⓢ parīta

膺 ょう むね。「此れに因って膺を拊つが故に名づけて苦と為す」

鎔銅 ようどう 熱で溶かされた銅。「地獄の中有は鎔銅を以って段食と為す」「若し果と因とは、体、相い受入すること、沙が水を受け、薬が鎔銅に入るが如しといえば、誰が沙と銅とは体が水と薬とを受くということを許すべきや」 Ⓢ kvathitaṃ tāmram

癢 ょう かゆい感触。触覚（身識）の対象である感触（触）の一つ。「血に過患あるに由って不平等なるが故に癢を仮立す」（『瑜伽』54、大正 30・597a）。 Ⓢ kaṇḍū

（参考）（『瑜伽』1、大正 30・280a）

瓔珞 ようらく インドの風俗で、珠玉から作った首飾り。仏教では仏像の身辺に垂れている装身具をいう。「飾るに瓔珞・耳環・指環・腕釧などの種種の妙なる荘厳具を以ってす」

癰 ょう はれもの。腫瘍。首にできる腫れ物。「諸行は衆縁より生起し、其の性は是れ苦にして、病の如く、癰の如し」「此の身に於て楽受が生じた時は、当に毒熱の癰が暫く冷触に遇うが如くに観ずべし」 Ⓢ gaṇḍa

癰痤 ようざ はれもの。「此の縁に由って身中に癰痤・乾癬・疥癩などの多種の疾病が発生す」「譬えば癰痤が熟して究竟に至れば無間に破れるべきを説いて名づけて熟と為すが如し」 Ⓢ gaṇḍa: vraṇa

癰瘡 ようそう はれもの。「無病とは諸の癰瘡などの一切の病が永寂静するを謂う」

抑（よく）→おく

欲 よく ①欲すること。望む、願うこと。「諸の有情を利益せんと欲する為に神通力を現す」「彼れが還って如法に平等に悔謝すれども、嫌恨心を懐て彼れを損悩せんと欲して其の謝を受けず」「当殺とは其の身を傷害せんと欲するを謂う」 Ⓢ abhiprāya: abhilāṣa: abhisaṃdhi: ā-**kāṅkṣ**: **iṣ**: kāma: chanda: ruci

②煩悩としての欲。種々の原語がある。たとえば「性として大なる欲（icchā）をもち、喜足を知らず」「自身を縁じて貪るを名づけて欲（icchā）と為す」「此の中の欲（kāma）とは五妙欲を謂う」「欲（kāma）に煩悩欲と事欲との二種あり」「欲（chanda）とは、未得と已得とに於て獲得し、及び受用せんと希求するを謂う」「他の財を悪しく欲する（spṛhā）は貪なり」など。また性的な欲望の原語に maithuna がある。「馬の欲（maithuna）が増すは春に属す」

Ⓢ icchā: kāma: chanda: maithuna: spṛhā

③別境の心所（細かい心作用）の一つ。善いもの（善法）を欲するこころ。貪欲・愛欲（原語は rāga: tṛṣṇā など）の意味の欲は否定される欲であるが、心所としての欲（原語は chanda）は肯定される善い欲である。善いものとは究極的には真理・真実である真如をいう。したがって究極的には真如をさとって仏陀になろうとする希望や願いが、ここでいう欲であるが、その過程において出家して僧になろうとする欲もこの欲に含まれる。善きものを欲するこころから努力精進が生まれる。「欲とは、我れは何時に於て三摩地を修して当に円満するを得ん、と是の如き希望・楽欲を起こすを謂う」 Ⓢ chanda

（出典）欲云何。謂、於彼彼境界、随趣希楽。（『瑜伽』55、大正 30・601c）: 欲為何業。謂、発生勤励為業。（『瑜伽』55、大正 30・602a）: 云何為欲。於所楽境希望、為性、勤依、為業。（『成論』5、大正 31・28a）

④欲界の略称。→欲愛① →欲界 Ⓢ kāma

欲愛 よくあい ①欲界に於ける愛欲。三種の愛（欲愛・色愛・無色愛）の一つ。

Ⓢ kāma-tṛṣṇā

（出典）欲愛云何。謂、欲界諸行、為縁、所生、於欲界、行染汚希求、由此、能生欲界苦果。（『瑜伽』10、大正 30・323b）: 若生欲界、悕求欲界後有者、喜於已得所受用事、欣於未得所受用事、諸所有愛、是名欲愛。（『瑜伽』67、大正 30・673b〜c）

②欲（kāma）と愛（chanda）。貪欲（kāma-rāga）の言い換え。「此の法の中に於て貪欲を断ぜんが為に無量門を以って、欲貪・欲愛・欲蔵・欲護の過失を訶責し、毀呰し、無量門を以って一切の貪欲の永断の功徳を称揚し、讃歎す」 Ⓢ kāma-cchanda

欲愛随眠 よくあいずいめん →欲貪随眠

欲有 よくう 欲界に生存するもの。欲界における本有・業有・死有・中有・生有と及び那落迦・傍生・餓鬼・人・天との十種の生存をいう。 Ⓢ kāma-bhava

（参考）（『瑜伽』10、大正 30・323b）

欲界 よくかい 三界（欲界・色界・無色界）の一つ。欲（kāma）を本質とする世界。

欲望がうずまく世界。地獄・餓鬼・畜生（傍生）・人・天の五種の生きもの（有情）と、それらがそのなかに住む自然界（器世間）とから構成される世界。欲界の天は六欲天といわれ、四大王衆天・三十三天・夜摩天（時分天）・知足天（覩史多天）・楽変化天・他化自在天からなる。「欲界の中には諸の妙欲あり」Ⓢ kāma-avacara: kāma-dhātu
（出典）地獄等四、及六欲天、并器世間、是名欲界。（『倶舎』8、大正 29・41a）

欲界繫 よくかいけ 欲界繫法・欲界所繫・欲界所繫法ともいう。略して欲繫ともいう。存在を三つの繫（欲界繫・色界繫・無色界繫）に分けるなかの一つ。欲界に属するもの。いまだ欲界の欲を離れていない者の善と不善と無記なるものをいう。五蘊・十二処・十八界に分類されるなかでは、香界・味界・鼻識界・舌識界の四界の全部と、香処・味処の二処の全部と、それ以外の蘊・処・界の一部分（色界繫と無色界繫と無漏法とを除く）とをいう。原語の一つである kāma-avacara は欲行・欲廛・欲纏とも訳される。
Ⓢ kāma-avacara: kāma-dhātu-āpta: kāma-pratisaṃyukta
（出典）云何欲界繫、幾是欲界繫、為何義故、観欲界繫耶。謂、未離欲者所有、善不善無記法、是欲界繫義。（中略）四界・二処全、及余蘊界処一分、是欲界繫。（中略）為捨執著欲増上我故、観察欲界繫。（『雜集論』4、大正 31・710a～b）

欲界繫法 よくかいけほう →欲界繫

欲界所繫 よくかいしょけ →欲界繫

欲界所繫法 よくかいしょけほう →欲界繫

欲鬼 よくき 性的な欲望にまとわれた人を鬼に喩えて欲鬼という。詳しくは欲貪鬼魅という。「人中の欲鬼が身心を惑乱し、意を失して猖狂して非梵行を行ず」Ⓢ kāma-bhūta-graha

欲行 よくぎょう ①欲望にもとづく行為。欲の実践。「我れは昔よりこのかた、欲行に依って転ず。常に諸の欲を求むるが故に意の思択を諸の苦の因と為して、種種の苦性の諸の欲を追求す」「欲行とは欲を受用するを謂う」Ⓢ kāma-caryā
②欲界で働くこと。欲界に属すること。「他境を縁ずる煩悩とは、色界にて欲行を縁ずる煩悩を謂う」「無常などの行を以って次第に観察して、此れは是れ欲行、此れは是れ色行、此れは無色行なりと分別せず」
Ⓢ kāma-avacara

欲楽 よくぎょう ①願望。願い。「施主には、欲楽あり、偏党なし、匱乏を除く、正智を具す、という四種の相あり」「若し時に菩薩が上品の成熟に安住すれば、爾る時、便ち上品の欲楽、上品の加行ありて悪趣に往かず」「正信を具足する者には浄信多く、善き欲楽多し」Ⓢ icchā: chanda: chandika
②楽。安楽。快楽。「彼の諸天は多く是の如き衆妙の欲楽を受け、常に疾病なく、亦た衰老なし」Ⓢ sukha
③愛着すること。「見倒とは、即ち彼の妄想の所分別の中に於て忍可し欲楽し執著するを謂う」Ⓢ ruci
④欲にもとづく楽。貪愛（kāma）をともなう快楽（sukha）。「正法を受用する者には真実の楽あり。諸欲を受する者のあらゆる欲楽は、是れ貪愛の随うところ、瞋恚の随うところなり」Ⓢ kāma-sukha
⑤欲界の楽。「欲楽の生に別あり」Ⓢ kāma-sukha
⑥欲楽行の欲楽。→欲楽行

欲楽行 よくぎょうぎょう 欲と楽とにふける修行・生き方。外道の修行をいう。自らを苦しめる修行である自苦行とともに極端な修行として仏教では否定される。→欲楽行辺
Ⓢ kāma-sukhallikā-yoga

欲楽行辺 よくぎょうぎょうへん 欲と楽とにふけってさとりに至ろうとする極端な生き方・見解。欲楽辺ともいう。自苦行辺の対。「二辺とは、欲楽行辺と自苦行辺とを謂う」
Ⓢ kāma-sukhallikā-anta

欲楽辺 よくぎょうへん →欲楽行辺

欲求 よくぐ ①欲すること。求めること。「若し諸の有情が自苦行を修して精勤し、邪方便を起こして解脱を欲求すれば、為に中道を説いて二辺を離れしむ」Ⓢ eṣin: kāma
②欲を求めること。三種の求（欲求・有求・梵行求）の一つ。そのありように摂受求・受用求・戯楽求・乏解了求・名声求の五つがある。求欲ともいう。
Ⓢ kāma-eṣaṇā: kāma-paryeṣaṇā
（参考）（『瑜伽』5、大正 30・300c）：（『瑜伽』64、大正 30・653b～c）

欲繫 よくけ →欲界繫

欲繫業 よくけごう →三業⑩ Ⓢ kāma-pratisaṃyuktaṃ karma

欲解 よくげ 意欲。意図。願うこと。意楽・愛楽とおなじ。善い意味の欲解と悪い意味の欲解とがある。たとえば、善い意味のものとして有顧欲解・慈悲欲解・浄信欲解・知恩欲解、悪い意味のものとして無顧欲解・損悩欲解・憎害欲解・棄恩欲解が説かれる（『瑜伽』9、大正 30・318a)。 Ⓢ abhiprāya: āśaya

欲三摩地 よくさんまじ 善い存在を欲する力によって得られる三摩地。尊敬し重んじて修行することによって、心が一つの対象にとどめおかれた状態。四種の三摩地（欲三摩地・勤三摩地・心三摩地・観三摩地）の一つ。 Ⓢ chanda-samādhi
（出典）由欲増上力所得三摩地、名欲三摩地。(『瑜伽』29、大正 30・443b)：云何欲三摩地。謂、由殷重方便、触心一境性。(中略）欲三摩地者、謂、由生欲、触心一境性。(『集論』5、大正 31・684c)

欲三摩地断行成就神足 よくさんまじだんぎょうじょうじゅじんそく 四神足と一つ。→四神足

欲邪行 よくじゃぎょう 行なってはいけない行為。特に、よこしまなセックスをいう。十不善業道（十種の悪い行為）の一つ。→十不善業道「欲邪行は世の極めて訶責するところなり。能く他の妻などを侵毀するが故なり」 Ⓢ kāma-mithyā-cāra
（出典）云何欲邪行。謂、於所不応行非道非処非時、起習近欲楽、起染汚心、若即於彼起欲邪行方便、及於欲邪行究竟中、所有身業。(『瑜伽』8、大正 30・317b): 行不応行、名欲邪行。或於非支非時非処非量非理、如是一切皆、欲邪行。(『瑜伽』59、大正 30・631b)
（参考）(『略纂』3、大正 43・47c)

欲取 よくしゅ さまざまな欲に執着すること。四取の一つ。→四取 Ⓢ kāma-upādāna
（出典）欲取云何。謂、於諸欲所有欲貪。(『瑜伽』10、大正 30・323b)

欲生 よくしょう 貪欲の対象を享受する生きもの（有情)。その享受する対象の違いによって、(ⅰ）人・四天王衆天・三十三天・夜摩天・覩史多天と（ⅱ）楽変化天と（ⅲ）他化自在天との三グループに分かれる。(ⅰ）は現にある貪欲の対象を享受し、(ⅱ）は自己の神通力で作り出した対象を享受し、(ⅲ）は自己の神通力によって他人をして作り出さしめた対象を享受する。 Ⓢ kāma-upapatti
（参考）(『倶舎』11、大正 29・60b)：(『瑜伽』5、大正 30・300b)

欲尋 よくじん →欲尋思

欲尋思 よくじんし むさぼりの心をもって種々の欲望の対象に思いをめぐらすこと。三種の悪い尋思（欲尋思・恚尋思・害尋思）の一つ。欲尋とおなじ。 Ⓢ kāma-vitarka
（出典）心懐愛染、攀縁諸欲、起発意言、随順随転、名欲尋思。(『瑜伽』89、大正 30・803a)

欲塵 よくじん 欲の対象。欲の対象は心を汚すことから、塵に喩えて欲塵という。「少年の位とは、能く欲塵を受用するときより乃至、三十までを謂う」 Ⓢ kāma
（出典）欲、謂、貪欲。因妙境貪、今取所貪、故名欲塵。(『略纂』2、大正 43・29b)

欲天 よくてん 欲界の天。六欲天のこと。→六欲天 Ⓢ kāma-divaukas

欲廛 よくてん →欲纏②

欲纏 よくてん ①欲界の纏。→纏①
Ⓢ kāma-avacara-paryavasthāna
②欲界に属すること。欲廛とも書く。「世間の清浄の不成とは、未だ欲纏の貪を離れざるを謂う」「欲界流の流転とは欲纏の諸行を謂う」「辺際とは、謂く、色の辺際に略して二種あり。一つには下界に堕つ。謂く、欲廛の色なり。二つには中界に堕つ。謂く、色廛の色なり」 Ⓢ kāma-avacara

欲貪 よくとん ①欲。欲望。愛欲。「諸行の中に於て欲貪の滅、欲貪の断、欲貪の出を観察す」 Ⓢ kāma: rāga
②欲と貪。欲望と貪り。「欲貪と言うは、貪を懐くが故に諸の愛染多くして、身財などに於て深く顧恋を生ずるを謂う」「欲貪の鬼魅が身心を惑乱す」 Ⓢ kāma-adhyavasāna: kāma-rāga: chanda-rāga
③五下分結の一つとしての欲貪。→五下分結
Ⓢ kāma-cchanda
④五取蘊の取（upādāna）の定義に用いられる欲貪（chanda-rāga)。「取とは欲貪を謂う」「取とは諸蘊の中のあらゆる欲貪を謂う」
Ⓢ chanda-rāga
⑤欲界の貪。「欲界の諸処で未だ貪を離れざる者の貪を欲貪と名づく」 Ⓢ kāma-rāga

欲貪随眠 よくとんずいめん 七種の随眠の一つ。欲愛随眠ともいう。→欲貪② →七随眠 Ⓢ kāma- rāga-anuśaya

欲分別 よくふんべつ 愛欲の心で考えること。Ⓢ kāma-saṃkalpa

欲暴流 よくぼる 欲瀑流とも書く。欲界のなかにある煩悩。暴流とは煩悩の異名。煩悩を荒れ狂う河の流れに喩えて暴流という。四つの暴流（欲暴流・有暴流・見暴流・無明暴流）の一つ。→暴流② Ⓢ kāma-ogha
（参考）（『雑集論』7、大正 31・724b）：（『略纂』3、大正 43・45c）

欲瀑流 よくぼる 欲暴流とも書く。四種の瀑流（欲瀑流・有瀑流・見瀑流・無明瀑流）の一つ。瀑流は煩悩の異名で、。欲界の瀑流すなわち煩悩を欲瀑流という。欲界の五部それぞれに貪・瞋・慢があるからそれら十五と、見道の四部にある疑の四と、纏の十とを合計した二十九の煩悩をいう。 Ⓢ kāma-ogha
（出典）如是已顕二十九物、名欲瀑流。謂、貪瞋慢各有五種、疑四、纏十。（『倶舎』20、大正 29・107c）

欲軛 よくやく 四種の軛（欲軛・有軛・見軛・無明軛）の一つ。軛とは煩悩の異名で、離繋をさまたげる欲界の煩悩を欲軛という。Ⓢ kāma-yoga
（出典）欲軛云何。謂、諸欲中、欲貪・欲欲・欲親・欲愛・欲楽・欲悶・欲耽・欲嗜・欲喜・欲蔵・欲随・欲著、纏圧於心、是名欲軛。（『倶舎』20、大正 29・108a）：軛有四種。謂、欲軛・有軛・見軛・無明軛。障礙離繋、是軛義、違背清浄故。（『雑集論』7、大正 31・724c）

欲漏 よくろ 三漏（欲漏・有漏・無明漏）の一つ。欲界の煩悩をいう。欲界の見所断の煩悩に三十二あるなかより、四諦おのおのへの無明を取り去った二十八の煩悩と、修所断の煩悩に四あるなかより無明を除いた三と、十の纏とを加えた合計四十一の煩悩をいう。Ⓢ kāma-āsrava
（出典）欲界煩悩、并纏除癡、四十一物、総名欲漏。謂、欲界繋根本煩悩三十一、并十纏。（『倶舎』20、大正 29・107c）：諸欲界繋一切煩悩、唯除無明、説名欲漏。（『瑜伽』89、大正 30・802a）

翼従 よくじゅう 従いたすけるもの。補佐。王などに従う臣下。「我等は皆な是れ天尊の翼従なり」 Ⓢ anuyātrika

ら

頼耶 らや 阿頼耶識の略名。→阿頼耶識「且く此の意は種子頼耶に望んで因縁性と為る。頼耶のために因縁性と為るを言う」

螺 ら 貝。ほら貝。「若し産処が風熱癮に逼迫せらるれば、其の門は車や螺の形の如し」 Ⓢ śaṅkha

螺音狗行 らおんくぎょう ほら貝の音のようにほえる犬のような修行をすること。真の沙門（出家者）ではないのに沙門であると偽って布施を受けるなどの虚偽の生活をする破戒者の生き方をいう。
Ⓢ śaṅkha-svara-samācāra
（出典）螺音狗行者、謂、諸苾芻、習行悪行、於受利養臥具等時、自称年雨最第一故、実非沙門、称沙門者。已失苾芻分、称有苾芻分故、実懐悪欲、而自称言我是第一真沙門故。（中略）由邪受用諸信施故、名螺音狗行。（『瑜伽』84、大正 30・770b～c）

螺画之行 らがのぎょう 在家者の行に比べて出家者の行が堅固である、あるいは清潔であることを、ほら貝の上に描かれた影画や文像が堅固で清浄であることに喩えていう。
（参考）（『婆沙』66、大正 27・343b）

螺貝 らばい ほら貝。財物・珍宝の一つ。珂貝ともいう。「財物とは、末尼・真珠・琉璃・螺貝・璧玉・珊瑚・馬瑙などを謂う」
Ⓢ śaṅkha
（参考）（『婆沙』124、大正 27・648b）：（『瑜伽』44、大正 30・534a）

螺文 らもん らせんの形をしたうずまき模様。「眉間の毫相は螺文で右旋す」「身の諸の毛孔の一一に毛生じて、紺青色の螺文の如

くに右旋す」 Ⓢ kuṇḍalaka-jāta

羅怙 らご rāhu の音写。四大阿素洛の第一の羅怙阿素洛をいう。身量が広大にして大光明を放って天女を見ようと欲して日月の光を障うる存在。月食・日食を起こすと考えられている悪魔。「諸の菩薩は其の相平等にして黒白分の一切法の中に於て智普く照すが故に、猶し日輪の如し、而も諸の菩薩は日輪が羅怙の捉えることを怖れて即ち便ち旋転するが如くには非ず」 Ⓢ rāhu
（参考）（『瑜伽』79、大正 30・742a～b）

羅刹 らせつ rākṣasa の音写。羅刹娑・邏刹娑とも音写。悪鬼の一種。「諸の菩薩は怨家・悪友・薬叉・羅刹・兇暴業者には施与せず」「遮末羅洲は唯だ羅刹娑の居なり」
Ⓢ rākṣasa

羅刹娑 らせつしゃ 羅刹とおなじ。→羅刹

羅網 らもう とりあみ。鳥を捕る網。「有情は羅網に入れば自在ならず」「諸の菩薩は是の如き大愚癡の羅網を破す」 Ⓢ jāla

邏刹娑 らせつしゃ 羅刹娑とおなじ。→羅刹娑

邏摩 らま rāma の音写。叙情詩ラーマーヤナに出てくる人物。→邏摩衍拏書。

邏摩衍拏書 らまえんなしょ ラーマチャンドラ王子の事蹟をテーマとしたインド最古の叙情詩ラーマーヤナ。「邏摩衍拏書に一万二千頌あるも唯だ二事を明かすなり。一には邏伐拏が私多を劫め去ることを明かし、二には邏摩が私多を将いて還ることを明かす」
（参考）（『婆沙』46、大正 27・236c）

礼 らい 敬って礼をすること。敬意を表すこと。敬礼とおなじ。「如理師に礼す」「苾芻衆に礼す」 Ⓢ namas-**kṛ**: **vand**: vandana

礼儀 らいぎ きまり。規範。儀礼。「世俗の礼儀に合わず」 Ⓢ vidhāna

礼敬 らいきょう 敬って礼をすること。うやうやしく挨拶すること。礼拝とおなじ。「起迎・合掌・問訊・礼敬の業に摂せらるる善」 Ⓢ vandana

礼拝 らいはい 稽首あるいは敬礼とおなじ。敬意を表すあいさつ。敬って礼をすること。うやうやしく挨拶すること。礼敬とおなじ。「問訊・礼拝・迎送・合掌・和敬の業」「諸の尊長に於て合掌・起迎・問訊・礼拝・恭敬の業を精勤して修習す」 Ⓢ vandana

来 らい ①くること。帰りきたること。「仏菩薩は定の自在に依って、無量・無数の三千大千世界に於て、若しくは往くこと、若しくは来ること、皆な滞礙なし」「経行とは、広長が其の度量に称う一地方所に於て、若しくは往く、若しくは来るに相応する身業を謂う」 Ⓢ āgata: ā-**gam**: āgamana: pratikrama: pratyāgamana
②生まれきたること。「天上に往きて一たび人間に来りて般涅槃するを一来果と名づく」
Ⓢ āgamana
③未来の略称。「色などの諸の蘊に於て、去と来と今との世は皆な是れ無常なり、無常なるが故に苦なり、苦なるが故に無我なり、と能く随観察す」。 Ⓢ anāgata

来延請 らいえんじょう （食事などに）招待すること。「彼れが損悩心を懐いて詐って来延請すると知り、或いは他の多くの嫌恨心を護らんがため、或いは僧制を護らんがため、其の所に至らず、所請を受けざるは、皆な違犯なし」 Ⓢ upanimantryamāṇa: nimantrita

来往 らいおう 来たり行ったりすること。往来とおなじ。「経行の処に於て来往して経行する、或いは復た同法者の所に往詣し、或いは道路を渉る、是の如き等の類を説いて名づけて行と為す」 Ⓢ āgamana-gamana

来往功用 らいおうくゆう 行き来する働き。この世とあの世との間で生まれかわり死にかわりする働き。四つの功用（殖種功用・任持功用・来往功用・感生業功用）の一つ。邪見はこの働きを否定する。
Ⓢ āgamana-gamana-kriyā
（参考）（『瑜伽』8、大正 30・317a）：（『略纂』3、大正 43・48c）

来求 らいぐ ①来たりて求めること。懇願すること。来乞・来請・来求乞とおなじ。「諸の菩薩は、若し病ある者が非量・非宜の飲食を来求せば、施与せず」
Ⓢ yācana: yācanā
②来たり求める人。→来求者

来求乞 らいぐこつ 来求とおなじ。→来求① Ⓢ yācanā

来求索者 らいぐさくしゃ 来求者とおなじ。→来求者 Ⓢ yācaka

来求者 らいぐしゃ ものを求めて来る人。求者・来乞者・来求索者とおなじ。「能く一切の来求者の意を満す」「諸の菩薩は自らの内身を以って来求者に施す」

Ⓢ arthika: arthin: yācaka: yācanaka

来乞 らいこつ 来求とおなじ。→来求 Ⓢ arthin: yācanaka

来乞者 らいこつしゃ 来求者とおなじ。→来求者

来者 らいしゃ 来求者とおなじ。→来求者

来請 らいじょう 来求とおなじ。→来求

来世 らいせ 未来の世。未来世・当来世・後世とおなじ。「一あるが如く、是の思惟を作す。我れは来世に於て当有と為すや、当無と為すやと」

雷 らい かみなり。「耳根は蚊・雷などの所発を聴く」 Ⓢ megha

雷吼 らいく かみなりの響き。「大声を聞くとは、大なる雷吼の声を聞くなどを謂う」

雷震 らいしん かみなり。かみなりの響き。かみなりの響きのような仏の発する音声の響き（雷震）は天鼓の響きに喩えられる。「如来は梵音の声相を得る。謂く、仏は喉蔵の中に於て妙なる大種ありて、能く悦意の和雅なる梵音を発すること、羯羅頻迦鳥の如く、及び深遠なる雷震の声を発すること、帝釈鼓の如し」

頼（らい）→ら

癩 らい らい病。皮膚にできるできもの。皮膚病の一つ。癩病ともいう。「其の母が多く婬欲を習する現在の縁の故に、彼の胎蔵をして或いは癬・疥・癩などの悪皮を生ぜしむ」「或いは瞎、或いは跛、或いは癬、或いは癩など種種の有情の身相の差別を見る」 Ⓢ kuṣṭha: kuṣṭhita

癩病 らいびょう →癩 Ⓢ kuṣṭha-vyādhi

洛叉 らくしゃ lakṣa の音写。数の単位の一つ。次の二説がある。（i）十の五乗。（『倶舎論』『婆沙論』に三説あるなかの第三説）。（ii）一大劫（世界が生成して消滅するまでの四つの期間である成劫・住劫・壊劫・空劫の四劫をまとめた長い時間）の百千倍。（『婆沙論』に三説あるなかの第一説と第二説） Ⓢ lakṣa

（参考）（『婆沙』177、大正 27・890c）：（『婆沙』177、大正 27・891a）：（『倶舎』12、大正 29・63b）

落謝 らくしゃ （現在から過去に）おちゆくこと、滅すること。「過去に落謝した諸の有情類は其の数は無量なり」 Ⓢ abhyatīta

楽 らく ①苦の対としての楽。身心が快適で安隠で安楽であるさま。厳密にいえば、楽とは、楽受すなわち楽と感じる感受作用をいう。六識のなかの前五識（眼識・耳識・鼻識・舌識・身識）によって引き起こされる感覚。種々の原因による種々の結果としての楽が説かれるが、特に修行によって苦や煩悩を滅して獲得される楽が強調されている。たとえば出離楽・遠離楽・寂静楽・等覚楽の四種がそのような楽である（『瑜伽』90、大正 30・813a）。→楽受 Ⓢ sukha

（出典）飲食衣等体、実非楽。勝義楽者、謂、諸楽受。（『婆沙』1、大正 27・3b）：楽者、謂、由如是心調適故、便得身心無損害楽及解脱楽。以離彼品麁重性故、於諸煩悩而得解脱。（『瑜伽』11、大正 30・329a～b）：此寂、由二因縁、説之為楽。一者一切苦因滅故、一切麁重永止息故、於現法中安楽住、故説之為楽。二者当来生老病等所有衆苦永解脱故、説之為楽。（『瑜伽』18、大正 30・379a）：諸適悦受、五識相応、恒名為楽。（『成論』5、大正 31・27b）

（参考）種類。（i）二種。非聖財所生楽・聖財所生楽（『瑜伽』5、大正 30・299a）、欲楽・遠離楽（『瑜伽』96、大正 30・852b）。（ii）四種。出家楽・遠離楽・寂静楽・三菩提楽（『婆沙』26、大正 27・137a）、少欲楽・遠離楽・三摩地楽・三菩提楽（『瑜伽』70、大正 30・687b）、出離楽・遠離楽・寂静楽・等覚楽（『瑜伽』90、大正 30・813a）、出離楽・遠離楽・寂静楽・覚法楽（『述記』1 本、大正 43・234b）。（iii）五種。因楽・受楽・苦対治楽・受断楽・無悩害楽（『瑜伽』35、大正 30・483b）（『述記』1 本、大正 43・234a～b）。

②たのしみ。よろこび。快楽。享楽。たのしむこと。「食わんと欲する時に臨んで、飢渇並に至って諸の飲食に於て極めて悕欲を生じ、極めて欣び、極めて楽しんで過患を見ず」 Ⓢ ānanda: āmoda: **mud**: rati: ruci: śāta

③好むこと。望む、ねがうこと。「菩薩は、丈夫の体を楽い、婦女の身を厭って深く過患を見る」「思惟とは、遠離に居して楽って法を思惟するを謂う」「楽って奢摩他・毘鉢舎那を修習す」「其の所縁に於て正しく修行する者は、断を楽い修を楽う」「汝ら苾芻よ、当に空閑を楽って観行を勤修すべし」

Ⓢ adhi-**ram**: abhirata: abhirati: ākaṅkṣaṇa:

ārāma: icchā: **iṣ**: kānta: **ram**: śīlatva
④音楽のこと。「外事と言うは十六種あり。（中略）十二には舞・歌・楽の事なり」
Ⓢ vādita

楽具 らくぐ 安楽をもたらす品物・道具。布施する品物の一つ。「菩薩は受施者に於て悩害を離れて善く能く清浄なる楽具を施与す」 Ⓢ upakaraṇa-sukha: sukha-upadhāna

楽化天 らくけてん 楽変化天とおなじ。→楽変化天

楽根 らくこん 楽受という根。二十二根のなかの五受根の一つ。身受（眼識・耳識・鼻識・舌識・身識の五識にもとづく感受作用）のなかの悦びを感じる感受作用をいう。→楽受 →二十二根 →五受根
Ⓢ sukha-indriya
（出典）所言悦者、是摂益義、即身受内、能摂益者、名為楽根。及第三定心相応受、能摂益者亦名楽根。（中略）第三静慮、心悦安静、離喜貪故、唯名楽根。（『倶舎』3、大正 29・14c）

楽著 らくじゃく 楽しみ執着すること。享楽すること。「無始の時よりこのかた、戯論に楽著す」「夜分に居して睡眠に楽著す」
Ⓢ kāma: adhyavasita: rati

楽受 らくじゅ 楽と感じる感受作用。五つの感受作用（楽受・苦受・喜受・憂受・捨受の五受）の一つ。心にかなう対象に対して生じる安楽感・満足感をいう。→受① →五受
Ⓢ sukha-vedanā
（出典）楽受云何。謂、順楽諸根境界為縁所生適悦受、受所摂。（『瑜伽』9、大正 30・323a）：領順境相、適悦身心、説名楽受。（『成論』5、大正 31・27a）

楽住 らくじゅう 安楽な状態に住すること。禅定を修することによってもたらされる心のありようをいう。たとえば色界の四静慮すべてを楽住という。→現法楽住「若し諸の菩薩が諸の定の現法の楽住に耽著して衆生利益の事を思惟することを棄捨するを、当に知るべし、此を純自利と名づく」「無分別・寂静・極寂静・無罪なるが故に煩悩と衆苦とを対治せる楽住なる静慮」 Ⓢ sukha-vihāra
（出典）是諸静慮名差別者、或名増上心。謂、由心清浄増上力、正審慮故、或名楽住。謂、於此中、受極楽故。（『瑜伽』11、大正 30・331a）

楽生 らくしょう 楽生天ともいう。楽を享受する生きもの。離生喜楽を享受する初静慮天、定生喜楽を享受する第二静慮天、離喜楽を享受する第三静慮天の三つのグループに分かれる。 Ⓢ sukha-upapatti
（参考）（『倶舎』11、大正 29・60b～c）：（『瑜伽』5、大正 30・300b～c）

楽生天 らくしょうてん →楽生

楽世界 らくせかい 安楽な世界。諸の天（deva）が住む天（svarga）の世界。「定を修し苦受を遠離して一向に悩害あることなき楽世界の中に生まれることを得る」「身が壊命して終に還って善趣を得て、天上の楽世界の中に往生す」 Ⓢ sukha-loka: svarga-loka

楽増益辺 らくぞうやくへん →増益辺

楽速通 らくそくつう →楽速通行

楽速通行 らくそくつうぎょう 四種の通行（苦遅通行・苦速通行・楽遅通行・楽速通行）の一つ。色界の根本四静慮に住する利根の人が努力することなく自然に真理を理解する修行のありようをいう。楽速通ともいう。→通行 Ⓢ sukhā pratipat kṣipra-abhijñā
（参考）（『倶舎』25、大正 29・132a）：（『瑜伽』26、大正 30・426c）

楽触 らくそく 楽と感じる感触。この感触によって楽受（楽と感じる感受作用）が生じる。苦触の対。 Ⓢ sukha-saṃsparśa

楽断修 らくだんしゅ 四聖種の一つ。→四聖種

楽遅通 らくちつう →楽遅通行

楽遅通行 らくちつうぎょう 四種の通行（苦遅通行・苦速通行・楽遅通行・楽速通行）の一つ。色界の根本四静慮に住する鈍根の人が努力することなく自然に真理（四諦）を理解する修行のありようをいう。楽遅通ともいう。→通行
Ⓢ sukhā pratipat dhandha-abhijñā
（参考）（『倶舎』25、大正 29・132a）：（『瑜伽』26、大正 30・426c）

楽顚倒 らくてんどう 苦なるものを楽とみる、まちがった見解。四つのまちがった見解（四顚倒）の一つ。楽倒ともいう。→四顚倒
Ⓢ sukha-viparyāsa

楽倒 らくとう →楽顚倒

楽変化天 らくへんげてん 楽化天ともいう。欲界にある六つの天（六欲天）の第五の天。自らの神通力によって五妙欲の境を化作し

て、それを享楽する天。 Ⓢ devā nirmāṇa-ratayaḥ

酪 らく 牛乳を醸してできる四つのもの（酪・生酥・熟酥・醍醐）の一つ。バターの類。これら四つに乳を加えた五つのものの味を五味という。→五味 Ⓢ dadhi

酪漿 らくしょう 酪を攪拌して作られる飲料。「酪漿・羹・飯・糜などの色類の飲食を食す」 Ⓢ dadhi-mantha

辣 らっ 辛いこと。「貪の故に果が少く、瞋の故に果は辣し」 Ⓢ kaṭuka

乱 らん みだれたさま。みだれること。みだすこと。「可厭の法に於て深く厭患を生じ、能く審かに乱と不乱とを遍知す」「風熱に由って乱ずるが故に悶す」「愛は不寂静の相にして身心を乱す」 Ⓢ kṣipta: bhrānti: vikṣepa: vi-**bhram**

乱心 らんしん みだれた心。四顛倒（四つのまちがった見解）によって乱れる心。「此の作意を修習し多く修習するに由るが故に、所縁と能縁とが平等平等なる智が生ず。彼れは爾る時に於て能く現観を障うる我慢・乱心が永へに断滅し心一境性を証得す」
（出典）四顛倒、顛倒其心。名為乱心。（『瑜伽』13、大正 30・344c）

乱数 らんす 入る息・出る息を念じる持息念における数の数え方の一つ。一から十まで数えるところを十以上に数えること。あるいは、入る息を出る息、出る息を入る息とまちがって思うこと。あるいは、一・二・三と順序だてて数えないこと。
（出典）乱数者、謂、数過十。有余師説、於入謂出、於出謂入、名為乱数。復有説者、数無次第、故名乱数。（『婆沙』26、大正 27・135a）

乱相 らんそう 心のみだれたありよう。定まった心（定 samādhi）において心が外界に流れて散乱するありようをいう。定において離れるべきありようの一つ。 Ⓢ vikṣepa-nimitta
（出典）応遠離相、復有四種。一者沈相、二者掉相、三者著相、四者乱相。（中略）乱相者、謂、由所縁相因縁相故、令心於外馳散擾動。（『瑜伽』28、大正 30・438c）

乱倒 らんとう まちがった見解・認識。顛倒とおなじ。「是の如く菩薩は、已に大菩提心を発起し、及び勝善根力に持せらるるに由るが故に、諸の乱倒を断じて無乱倒を起こす」
Ⓢ viparyāsa

卵 らん たまご。 Ⓢ aṇḍa

卵殼 らんかく たまご。たまごのから。「母腹の卵轂の中に処す」

卵生 らんしょう 生きものの四つに生まれ方（卵生・胎生・湿生・化生）の一つ。卵から生まれたもの。鵝・孔雀。鸚鵡・鴈などの鳥類をいう。→四生 Ⓢ aṇḍa-ja

嬾惰 らんだ なまけること。怠惰。嬾堕ともいう。「嬾惰・懈怠なるが故に夜分に於て多く睡眠を習す」 Ⓢ ālasya

嬾堕 らんだ 嬾惰とおなじ。→嬾惰
Ⓢ alasa: ālasya

懶惰 らんだ 怠惰。なまけること。「菩薩は勇猛にして現法中に於て能く一切の懶惰・懈怠の心を離る」 Ⓢ alasa: ālasya: kausīdya

懶堕 らんだ 怠惰。なまけること。「懶堕・憍酔・放逸に纏繞せらるる心を懈怠と倶行する心と名づく」

爛 らん ただれること。熟すこと。「地は能く持し、水は能く爛し、火は能く焼し、風は能く燥す」「皮・肉が爛し、堕して漸く骨を浄ならしむ」 Ⓢ kleda

爛壊 らんえ ただれて破れること。腐敗すること。「卵は常に母を思って爛壊せず」
Ⓢ **klid**: pari-**klid**: pūtī-**bhū**: vipaḍumaka

攬 らん よること。よりどころとすること。縁とすること。たとえばハンドル、車輪、エンジンなどの多くの部品をよりどころとして成り立っているものを「車」と呼ぶことを「衆分に攬って仮想して立てて車と為す」といい、同様に、色・受・想・行・識の五蘊をよりどころとして構成されるものを「有情」「補特伽羅」と呼ぶことを「諸蘊に攬って有情を立てる」「諸蘊に攬って補特伽羅を成ず」という。 Ⓢ ālambya: upādāya

り

利 り ①（自利・利他・利有情の）利。（自己あるいは他者の）ためになること、あるいは、ためになることをすること。「是の如く一一の如来の所作は能く無量の有情を利する事を成ず」「長夜に於て一切種の自利と利他との二の功徳を具するが故に善逝と言う」 Ⓢ artha: artha-kriyā: hita
（参考）（『述記』1本、大正 43・234a）には十利が説かれる。
②（利衰の）利。もうけ。経済的に栄えること。金銭や財物を得ること。世のなかで生きる上で問題となる八つの事柄（八世法）の一つ。得・財利ともいう。→世法「仏は、利・衰、乃至、苦・楽の一切の世法には、若しくは順であれ、若しくは違であれ、皆な能く染せず」 Ⓢ lābha
③獲得された物。「衣服・飲食などの利に於て匱乏するところあり」 Ⓢ lābha
④（利根の）利。さといこと。→利根
Ⓢ tīkṣṇa
⑤（利刀の）利。鋭くよく切れること。
Ⓢ kṣura: tīkṣṇa: niśita

利有情異熟戒 りうじょういじゅくかい 来世において人びとを利することをもたらす戒。七種の戒の一つ。
Ⓢ sattva-artha-kriyā-vaipākya-śīla
（参考）（『瑜伽』42、大正 30・522b）

利行 りぎょう 他人のためになる実践・行為。四摂事（布施・愛語・利行・同事）の一つ。→四摂事「諸の菩薩は信言が具足するが故に能く愛語・利行・同事を以って諸の衆生を摂して速かに成熟せしむ」 Ⓢ artha-caryā
（参考）（『瑜伽』43、大正 30・530c 以下）

利根 りこん 三根（軟根・中根・利根）の一つ。すぐれた能力をもつ者。さとりに至る力がすぐれている者。 Ⓢ tīkṣṇa-indriya
（参考）（『瑜伽』21、大正 30・398c～399a）

利生 りしょう 生きものを利すること。「大悲の菩薩は利生の為に三世の中に八相を現じて仏と作る」「悲増の人は利生の為の故に煩悩を起こす」

利他 りた 他を利すること。他者のためになる行ないをすること。大乗の菩薩の生き方。他利ともいう。自利の対。→自利「諸の菩薩が已に自在を得て十方界に於て種種に変化して諸の衆生の種種なる義利を作し、又た、諸の牟尼の自事を已に辦じ、如来の力・無畏などのあらゆる一切の不共仏法に依止して遍く十方の無量の衆生に於て能く無量の大利益の事を作す。当に知るべし、此等を純なる利他と名づくと」 Ⓢ para-artha: para-hita
（出典）向利他者、即是菩薩。菩薩以兼済為懐、恒欲利物故、言向利他。（『述記』1本、大正 43・671a）
（参考）（『瑜伽』35、大正 30・482c 以下）

利他行 りたぎょう 他者のためになる行ないをすること。自利行の対。総じていえば、願いに随った勝れた実践であれば、すべての実践が自利行と利他行との両方に通じるが、別していえば、六波羅蜜多（六到彼岸）と三十七菩提分法などが自利行、四種摂事と四無量などが利他行である。
Ⓢ para-hita-pratipatti
（出典）復有二種。謂、利自他。所修勝行、随意楽力、一切皆通自他利行。依別相説、六到彼岸、菩提分等、自利行摂。四種摂事、四無量等、一切皆是利他行摂。（『成論』9、大正 31・49a）

利他中不欲行障 りたちゅうふよくぎょうしょう 他人を利することを欲せしめない障害。所知障（知るべきものである真如を知ることをさまたげる障害）のなかで倶生（先天的にそなわっている）の障害の一部。十重障の一つ。この障を十地の第九地で断じて智自在所依真如を証する。→十重障
（出典）利他中不欲行障、謂、所知障中倶生一分、令於利楽有情事中、不欲勤行、楽修已利。彼障九地四無礙解、入九地時、便能永断。（『成論』9、大正 31・53b）

利刀 りとう 鋭利な刀、武器。智慧の喩えに用いられる。利刀剣とおなじ。「手に執るところは皆な利刀となり、互いに相い残害

す」「慧の利刀に依って一切の結縛を断截す」
Ⓢ kṣura-dhārā: niśita-śastra

利刀剣　りとうけん　→利刀

利物　りもつ　生きものを利すること。「菩提薩埵は利物を本懐と為して、有情を化せんが為に必ず悪趣に往く」「菩薩は兼済を以って本懐と為して、恒に利物を欲するが故に向利他と言う」　Ⓢ para-hita

利益　りやく　①（自己あるいは他者に）ためになること、あるいは、ためになることをすること。「唯だ諸の衆生を利益せんが為の故に能く身財を捨つ」
Ⓢ artha: artha-kara: hita
②しあわせであることの二つの要因（利益と安楽）の一方。あるいは他者を救済する目的の二つの要因（利益せしめることと安楽せしめること）の一方。→利益安楽　Ⓢ hita

利益安楽　りやくあんらく　①利益（hita）と安楽（sukha）。しあわせであることの二つの要因。あるいは他者を救済する目的の二つの要因（利益せしめることと安楽せしめること）。利楽と略称する。→利益②　→安楽①　Ⓢ hita-sukha
（出典）言利益者、名為善行。楽為此故、名楽利益。言安楽者、名安隠住、益身心義。楽為此故、名楽安楽。（『瑜伽』83、大正 30・760b）：言利益者、謂、諸善行。言安楽者、無損悩行。（『瑜伽』83、大正 30・764c）
（参考）（『述記』1 本、大正 43・234a～b）には利益と安楽との相違について詳説されている。
②利益し安楽せしめること（artha-kriyā）。他人をしあわせにすること。他者のために尽力すること。「一切の有情を利益安楽す」
Ⓢ artha-kriyā

利養　りよう　利益、あるいは利益を得ること。財物を獲得すること。恭敬と並んで世間において人びとが執着する対象。「利養を貪り、悪行を造る」　Ⓢ lābha

利養恭敬　りようくぎょう　利養と恭敬。利益を得ることと尊敬されること。世間において人びとが執着する代表的な二つの事柄。「彼の尊者は多く利養・恭敬を受くるを怖畏す」「利養・恭敬を貪る」「彼れは是の如く梵行を修するが故に邪願と及び諸の邪見とを遠離して利養・恭敬を貪求することを棄捨して一切種に於て皆な清浄を得る」　Ⓢ lābha-satkāra

利楽　りらく　①利益し安楽せしめること。他人をしあわせにすること。「諸の仏は常に世間に遊んで一切の有情類を利楽す」「唯識の性において、満に分に清浄なる者を稽首す。我れ、今、彼の説を釈し、諸の有情を利楽せん」　Ⓢ artha: hita: hita-artha
②利と楽。利益と安楽。→利益安楽①
Ⓢ hita-sukha

利楽他願　りらくたがん　苦しむ人びとに利益と安楽とを与えようと願うこと。二種の願（菩提願・利楽他願）の一つ。菩提願が智慧の面を、利楽他願が慈悲の面をいう。「願に二種あり。菩提を求むる願と他を利楽する願となり」

里巷　りこう　さと。ちまた。「里巷に入りて家を巡って乞う」

理　り　①ことわり。道理。「顕了説法とは、広大なる智慧の有情にして已に善く聖教の理（naya）に悟入せる者に於て、其の為に広大にして甚深なる道理処法を開示するを謂う」「菩薩は無戯論の理（naya）に乗御して極真智に依って正加行を修す」「聖者が羊などになるという理（avakāśa）は必ずなし」「迦湿弥羅国の毘婆沙師の阿毘達磨を議することは、理（nīti）は善く成立せり」「是の如き一切の理（nyāya）は且らく然るべし」　Ⓢ avakāśa: naya: nīti: nyāyai
②四道理のこと。→四道理「云何が理を施設し建立すると名づくるや。謂く、四道理なり」　Ⓢ yukti
③真実。真理。「能く四聖諦の相である所知の理を現見す」　Ⓢ tattva
④理由。根拠。「遍行因と同類因とは唯だ過去と現在とにありて未来世にはなしという理は前に説くが如し」　Ⓢ kāraṇa
⑤理教の理。→理教　Ⓢ yukti

理有情無　りうじょうむ　理としては有るが、情としては無いもの。真理に照らしてみれば存在するが、虚妄な思いからすれば非存在であるもの。三性（遍計所執性・依他起性・円成実性）のなかの依他起性と円成実性とのありようをいう。遍計所執の情有理無に対する語。→情有理無「遍計所執は情有理無、依他と円成とは理有情無なるを顕して増益・損減の執を捨てしむ」（『枢要』上本、大正 43・615b）

理教 りきょう 理（yukti）と教（āgama）。理論と教え。ある主張の正当性を証明するための二つのよりどころ。理によるとは、その主張が論理的に正しいことを証明すること、教によるとは、その主張が具体的に説かれている経典の文句を引用してその正当性を証明すること。前者を理証、後者を教証という。「若し是の説を作さば、妙に理教に符う」

理教行果 りきょうぎょうか 理と教と行と果。仏法を構成する四つのもの。理とは真如の理、教とは教え、行とは教えにもとづく修行、果とは修行によって獲得したさとりという結果。この四つのなか真如の理が他の三つの根本となる。
（出典）理教行果四法、不同、常恒軌則真如、為本。要証真如、余方有故、教行果三、真実性故、三乗聖者之根本故。（『述記』1本、大正43・233a）

理事 りじ 理と事。事とは現象的存在の総称、理とはそのような現象的存在を貫くことわり・法則をいう。〈唯識〉的にいえば、理とは「縁起の理」と「真如の理」をいい、事とは縁起の理によって生じる一切の有為法（現象的存在）をいう。「無癡は諸の理と事とに於て明解なるを性と為し、愚癡を対治して善を作すを業と為す」「癡は諸の理と事とに於て迷闇なるを性と為し、能く無癡を障えて一切の雑染の所依たるを業と為す」

理趣 りしゅ ことわり。道理。真理。教義。教理。存在の真実のありよう。理趣の種類として真義理趣・証得理趣・教導理趣・遠離二辺理趣・不可思議理趣・意趣理趣の六種が説かれるが（『解深』5、大正16・709b）、これは釈尊所説の教法を貫く道理・真理を六種に分類したものである。原語nayaは『瑜伽論』では理門とも訳され、真義理趣以下の六つが真義理門などと訳されている（『瑜伽』64、大正30・653c）。→理門「世俗の理趣と勝義の理趣」「同一なる法界にして同一なる理趣」「大乗の理趣の三十七菩提分法を如実に了知す」「毘婆沙所説の理趣」 Ⓢ naya: nyāya

理性 りしょう 理と性。（現象的存在の）真理と本性。理は事の対、性は相の対。

理証 りしょう ある主張が正しいことを論理的に証明すること。二つの証明（教証・理証）の一つ。→教証② →理教 Ⓢ yukti

理智 りち 理と智。理とはさとられる真理。智とはさとる智慧。この理と智との両者が一体となることを理智冥合といい、そこに覚悟が生じる。

理智冥合 りちみょうごう →理智

理長為宗 りちょういしゅう 他派の考えでもその理の優れた点を取って自分の主張（宗）とすること。

理髪 りはつ 髪を整えること。「沐浴・理髪・塗香を名づけて飾好と為す」
Ⓢ prasādhana

理門 りもん 道理。真理。教義。教理。存在の真実のありよう。理門の種類として真義理門・証得理門・教導理門・遠離二辺理門・不可思議理門・意趣理門の六種が説かれるが（『瑜伽』64、大正30・653c）、これは釈尊所説の教法を貫く道理・真理を六種に分類したものであり、仏の聖教を解釈して理解する際にはこれら六つの観点からなされるべきであるという。原語nayaは『解深密経』では理趣とも訳され、真義理門以下の六つが真義理趣などと訳されている。
（出典）理門義者、謂、於彼彼、無顛倒性・如其実性・離顛倒性。（『瑜伽』64、大正30・653c）

理唯識 りゆいしき 唯識という教説を五つに分類したもの（五種唯識）の一つ。唯識であるという理に関して述べた教説、たとえば『唯識三十頌』の「是諸識転変・分別所分別・由此彼皆無・故一切唯識」と述べた教説をいう。→五種唯識
（参考）（『義林章』1、大正45・259c）

犁 り すき。牛に引かせて土地を耕す農具。「象を何の相と為すかと問えば、或いは説きて象は犁の柄の如しと言う者あり」

痢 り 下痢。はらくだし。「過量に痢を転じ、及び血を出すが故に悶ず」 Ⓢ vireka

詈言 りごん ののしる言葉。「瞋恚の纏は憤怒・詈言・鄙語を発起す」

履 り 足でふむこと。歩くこと。「経に喩えて三獣渡河を以ってす。謂く、兎と馬と象となり。兎は水上を但だ浮いて渡り、馬は或いは地を履む、或いは浮いて渡り、香象は恒時に底を蹈みて渡る。声聞と独覚と及び如来とが縁起の河を渡ること、次の如く亦た爾り」

履践 りせん ふみ歩くこと。「聚落に入っ

て遊行し乞食するに、或いは稠林に入って棘囲を履践す」

離 り ①（あるありようを）はなれること。乖離すること。捨てる、放棄する、滅すること。解放されていること。「一切種の毀犯の戒垢を離る（apakaraṇa）」「有情が壊するとは識が身を離るる（apakrānti）を謂う」「諸の戯論を離る（apagata）」「鬼と傍生とには律儀を離るる（nirmukta）処中の業道あり」「慢を離れ、及び我執を離る（nihata）」「欲界の欲を離る（parivarjana）」「能住を離れて（parihāra）所住を立つ」「諸の悪行を離る（prativi-**ram**）」「非梵行と婬欲法とを離る（prativiramaṇatā）」「非時食を離るる（prativirati）を名づけて齋の体と為す」「離界（virāga-dhātu）と言うは但だ貪を離るる（prahāṇa）を謂う」「那落迦に於ては有情の心は常に離るる（bhinnatva）ゆえに離間語はなし」「染汚心を離る（varjita）」「増上慢を離る（vigata）」「有身見を離る（vivarjita: **vṛj**）」「所愛と会うことを欲し、非愛と離ること（vinā-bhāva）を求む」「実無を増益する妄執を離る（vinirmukta）」「一と二、大と小、合と離（vibhāga）、彼と此などの覚を成ず」「身中に於て一合想を離れて（vi-**bhū**）不浄想を得る」「法は他性と恒に相い離る（viyukta: viyoga）」「殺などを離るる（virakti）戒」「欲邪行を離る（vi-**rañj**）」「酒を飲み放逸を生ずる処を離る（virati）」「非梵行を離る（vi-**ram**）」「染法を離る（vivarjaka）精進」「矯詐などを離る（vivarjita）」「此の道に由って下地の染を離る（viveka）」「欲界の九品の惑を離る（vīta-rāga）」「婬欲法を離る（vairāgya）」「過失を離る（vyā-**vṛt**）」

Ⓢ apakaraṇa: apagata: nirākṛta: nirmukta: nihata: parivarjana: parihāra: prativirati: prativi-**ram**: prativiramaṇatā: prahāṇa: bhinna: bhinnatva: bheda: varjita: varjya: vigata: vinā-bhāva: vinirmukta: vibhāga: vi-**bhū**: viyukta: viyoga: virakta: virakti: vi-**rañj**: virati: vi-**ram**: vivarjaka: vivarjita: vihrahitatva: virāga: viveka: visaṃyukta: vīta-rāga: **vṛj:** vairāgya: vyatirikta: vyatirekta: vyā-**vṛt**

②～を除いては。～以外には。～なしには。～を除いた。～以外の。「随眠を離れては業は有を感ずる能なし」「増上果とは自性を離るる余の有為法を謂う」 Ⓢ antareṇa: anya: anyatas: anyatra: vinā

③（ものどうしが）混合しないこと。「諸法は相い雑して離れず。ゆえに識は受などと離るることあることなし」 Ⓢ asaṃsṛṣṭa

④（ある場所を）去ること。「人が将に、もと居る国を離れんとす」 Ⓢ tyāga

⑤（あるありよう・環境から）遠ざかること。避けること。「身遠離とは相雑住を離るるをいう」「能く多種の憍逸の処を離るる時、即ち衆多の殺などの縁を離る」

Ⓢ dūrīkaraṇa: ni-**vṛt**

⑥滅諦の四つのありよう（滅・静・妙・離）の一つ。もろもろの災いから解脱しているありよう。「衆災を脱するが故に離なり」

Ⓢ niḥsaraṇa

⑦煩悩から完全にはなれた涅槃をいう。「離とは永離を謂う。是れ涅槃なり」

Ⓢ niḥsāra

離蘊我 りうんが 蘊を離れた我。外道あるいは小乗の一派が執する三種の我（即蘊我・離蘊我・非即非離我）の一つ。外道が存在すると説く我の一種で、身心とは別に存在するとみなされる我。蘊とは五蘊にして身心をいう。

（参考）（『成論』1、大正 31・1c）

離界 りかい 無為の三界（離界・断界・滅界）の一つ。貪を離れた世界。→三界③

Ⓢ virāga-dhātu

離喜妙楽 りきみょうらく 色界の四段階の静慮の第三静慮のありよう。第二静慮で受ける喜びを離れて妙なる楽を受けるありようをいう。離喜楽ともいう。→四静慮

Ⓢ niṣprītikaṃ sukham

離喜楽 りきらく 喜びを離れた楽。離喜妙楽とおなじ。有喜楽の対。→離喜妙楽

Ⓢ niṣprītika-sukha

離垢 りく （煩悩などの）汚れを離れていること。〈唯識〉では、煩悩障を断じたありようを離垢、所知障を断じたありようを無垢と定義する。「此中、離垢とは煩悩障の断の故なり。無垢とは所知障の断の故なり」「煩悩障の断の故に畢竟して離垢なる、一切の煩悩が随縛せざる智と、所知障の断の故に一切の所知に於て無礙・無障なる智との二つの智あり」「見所断の諸の煩悩の纏が離繫を得る

が故に名づけて遠塵と為し、彼の随眠が離繫を得るが故に説いて離垢と名づく」「清浄円成実とは離垢なる真如を謂う」 Ⓢ nirmala: vigata-mala: vimala: vaimalya

離垢地 りくじ 十地の第二地。一切の微細な毀犯の煩悩の垢を離れている境地をいう。 Ⓢ vimalā bhūmiḥ
(出典) 遠離一切微細犯戒、是故第二、名離垢地。(『解深』4、大正 16・704a):離垢地、具浄尸羅、遠離能起微細毀犯煩悩垢故。(『成論』9、大正 31・51a)

離繫 りけ ①(煩悩や業や苦などの)束縛から解きはなされること、自由になること。有繫の対。「一切の煩悩から畢竟して離繫し、所知事に於て如実に等覚する、此の楽を名づけて三菩提の楽と為す」「離繫とは随眠を解脱するを謂う」「金剛喩定の無間に一切障が離繫した転依を得る」 Ⓢ visaṃyoga
②離繫果のこと。→離繫果
③離繫外道のこと。→離繫外道

離繫果 りけか 五つの果(異熟果・等流果・離繫果・士用果・増上果)の一つ。道を修して得た汚れがない智慧(無漏智)によって煩悩を滅したところに顕れるもの。〈倶舎〉はそれを択滅無為、〈唯識〉は善無為と考える。→無為 Ⓢ visaṃyoga-phala
(出典) 離繫果者、謂、此道力、断惑所証、択滅無為。(『倶舎』17、大正 29・91a):八支聖道、滅諸煩悩、名離繫果。(『瑜伽』38、大正 30・502b):果有五種。(中略) 三者離繫。謂、無漏道、断障所証、善無為法。(『成論』8、大正 31・42a～b)

離繫外道 りけげどう 離繫・無慚・無繫外道・無慚外道・離繫出家外道ともいう。修行によって三界の繫縛を離れることを目指すから離繫あるいは無繫といい、裸でいることを修行とみなすから、仏教徒から、はじることがない、すなわち無慚と誹謗される。ジャイナ教徒のこと。 Ⓢ nirgrantha
(参考)(『述記』1本、大正 43・245a)

離繫子 りけし nirgrantha-putra(昵楗陀弗呾羅と音写)の意訳。離繫外道の門徒。→離繫外道 Ⓢ nirgrantha-putra

離繫出家外道 りけしゅっけげどう →離繫外道「離繫出家外道は一切樹などは皆な悉く命ありと説く」

離間 りけん →離間語

離間語 りけんご 告げ口。人と人との間を仲違いさせるために二枚舌を使うこと。十不善業道(十種の悪い行為)の一つ。離間と略称する。→十不善業道
Ⓢ paiśunya: paiśunya-pralāpa
(出典) 云何離間語。謂、於他有情、起破壊欲楽、起染汚心、若即於彼起破壊方便、及於破壊究竟中、所有語業。(『瑜伽』8、大正 30・317b)

離言 りごん 離言説・離名言ともいう。言葉では表現できないこと。→離言自性「甚深の故に不可説とは、離言の法性は不可思議なるを謂う」「仏は、離言にして無二なる義は甚深にして愚の所行に非ず、と説く」
Ⓢ nirabhilāpya

離言自性 りごんじしょう 離言(nirabhilāpya)とは、離言説とも、不可言説とも訳され、言葉では表現できないことを意味し、そのようなありようのものを離言自性という。存在の究極のありようである真如・法性・勝義などをいう。「実無に於て増益の執を起こさず、実有に於て損減の執を起こさず、増さず減らず、取らず捨てず、如実にして真如たる離言自性を如実に了知す。是の如きを名づけて善取空者と為す」「菩薩は能く深く法無我に入る智に由って一切法の離言自性に於て如実に知し已って、少法として及び少品類として分別を起こすべからざることに達して、唯だ其の事を取り、唯だ真如を取る」「諸の菩薩は離言説の法無我性に於て、或いは真諦に於て正に覚寤す」
Ⓢ nirabhilāpya-svabhāva: nirabhilāpya-svabhāvatā

離言説 りごんぜつ 離言とおなじ。→離言自性

離散 りさん はなれちらばること。分離すること。「有為法は生ずる時は和合し、滅する時は離散す」「昔、会して、今、乖くを名づけて離散と為し、散じ已って変壊して最後に都尽するを名づけて磨滅と為す」
Ⓢ apacaya: vikīrṇa: viprayoga-bhaṅgura: vibhakta: vi-śṝ

離散想 りさんそう 死体が分解して散らばっているさまを観想すること。それによって身体は不浄であるとみて身体への執着を断ち切る修行(不浄観)を修する一つの方法。
Ⓢ vikṣiptaka-saṃjñā

離生　りしょう　①煩悩に束縛された生存を離れること。Ⓢ niyāma
（参考）（『瑜伽』64、大正 30・656c～657a）に、未離欲離生・倍離欲離生・已離欲離生・独覚離生・菩薩離生の五種の離生が説かれる。
②離生喜楽の離生。→離生喜楽　Ⓢ viveka-ja
③正性離生の離生。→正性離生　Ⓢ niyāma: nyāma

離生喜楽　りしょうきらく　色界の四段階の静慮の初静慮のありよう。欲界の悪を離れて生じた喜びと楽とを受けるありようをいう。→四静慮　Ⓢ vivekajaṃ prīti-sukham

離親　りしん　親友と仲違いすること。乖離他愛・破壊親友ともいう。
Ⓢ mitra-bheda

離世法　りせほう　過去・現在・未来の三世の制約を受けない存在、すなわち無為（非現象）をいう。「無為は離世の法にして能く取果し与果する用なし」
Ⓢ adhva-vinirmukta

離染　りぜん　①貪欲・愛欲などの煩悩を離れること。離欲ともいう。「如実に知見するが故に便ち能く厭を起こし、能く厭を起こすが故に便ち離染を得、離染するが故に解脱を証得す」「其の心が貪・瞋・癡に於て離染して解脱す」　Ⓢ virakta: vi-**rañj**: vīta-rāga: vairāgya
②涅槃のありよう（愛尽・離染・寂滅）を表す語の一つ。原語 virāga は『婆沙論』と『倶舎論』とでは離染と訳されるが、『瑜伽論』では離欲と訳される。「愛尽・離染・寂滅の涅槃（tṛṣṇā-kṣaya-virāga-nirodha-nirvāṇa）」　Ⓢ virāga

離染地　りぜんじ　貪欲・愛欲などの煩悩を離れた段階。三界のなかの色界と無色界をいう。「欲界は定地に非ず、修地に非ず、離染地に非ず。色界と無色界は是れ定界、是れ修地、是れ離染地なり」

離相観　りそうかん　言葉（名）と対象（事）との関係を追求・観察することによってただ言葉しか存在せず外界には事物（事）は存在しないことを智る修行（加行位で修する四尋思）において、言葉と対象とを離れて観察すること。合相観の対。→四尋思　→合相観
Ⓢ bhinnaṃ lakṣaṇaṃ paśyati

離想　りそう　三想（断想・離想・滅想）の一つ。→三想

離二辺　りにへん　遠離二辺とおなじ。→遠離二辺　Ⓢ anta-dvaya-parivarjana

離縛断　りばくだん　三種の断（自性断・離縛断・不生断）の一つ。それ自体、有漏の不染汚法である善法と無記法とを煩悩が対象としているとき、あるいはそれに煩悩が混じっているとき、その煩悩を断じることをいう。有漏の不染汚法である善法と無記法はそれ自体、本性として断じるべきものではないが、それにかかわり合う煩悩の関係で断という。たとえば信・慚・愧などの善心が深層の自我執着心である末那識の煩悩によって濁っている場合（有漏となっている場合）、その末那識の煩悩を断じるとき、信などを断じるという。縁縛断ともいう。四種の断（自性断・相応断・縁縛断・不生断）のなかの相応断（相応縛を断ずること）と縁縛断（所縁縛を断ずること）とを一緒にした呼称。
（出典）若道理論、唯有三種。一自性断、謂、染汚法。二離縛断、謂、能断縁雑彼煩悩。善無記法、修道所断、方究竟尽。（『述記』8末、大正 43・532c）：断有幾種。答、断有四種。一自性断、二相応断、三縁縛断、四不生断。（中略）縁縛断者、一切有漏不染汚法。（『了義』5末、大正 43・754c）

離名言　りみょうごん　離言とおなじ。→離言「有差別の名言とは安立にして、無差別の離名言とは非安立なり」

離欲　りよく　①貪欲・愛欲などの煩悩を離れること、あるいは、そのような人。離染ともいう。「離欲の随順する根が成就するが故に、他より随順教誨を獲得する故に、方便を正修して無倒に思惟するが故に、方に能く離欲す」「掉動・軽転・嬉戯・歌笑などの事を以って未離欲なりと比知し、諸の威儀の恒常に寂静なるを以って離欲なりと比知す」
Ⓢ virakta: virāga: vīta-rāga: vairāgya
（参考）（『瑜伽』63、大正 30・650a）に、自性離欲・損減離欲・任持離欲・昇進離欲・愚癡離欲・対治離欲の六種、（『集論』2、大正 31・670a～b）に、自性離欲・損害離欲・任持離欲・増上離欲・愚癡離欲・対治離欲・遍知離欲・永断離欲・有上離欲・無上離欲の十種が説かれる。
②涅槃のありよう（愛尽・離欲・寂滅）を表

す語の一つ。原語 virāga は『婆沙論』と『俱舍論』とでは離染と訳されるが、『瑜伽論』では離欲と訳される。「愛尽・離欲・寂滅の涅槃（tṛṣṇā-kṣaya-virāga-nirodha-nirvāṇa）」 Ⓢ virāga

離欲界 りよくかい 三界（断界・離欲界・滅界）の一つ。修道によって断じられる一切の行を断じた世界。無欲界ともいう。→三界④ Ⓢ virāga-dhātu

力 りき ①つよさ。元気さ。気力。元気で力があるという感触。触覚（身識）の対象すなわち感触（触）の一つ。 Ⓢ bala
（参考）（『瑜伽』1、大正 30・280a）
②（ある事柄を生じる、あるいは行なう）ちから、能力。「此の諸の力は大威勢を具するに由って一切の魔軍の勢力を摧伏し、能く一切の諸の漏の永尽を証す。是の故に力と名づく」「諸の菩薩は自らの功力に由って能く無上正等菩提に於て深く愛楽を生ず。是れを第一の初発心の力と名づく」「軌範師なくして宿習の力の故に三十七菩提分法を修し、究竟して一切の煩悩を断滅して阿羅漢を証するが故に独覚と名づく」「若し諸の有情が王・賊及び水火などを怖るれば、施すに無畏を以ってし、力に随って済抜す」「静慮を修する時、定の力に生ずるところの定の境界の色は、眼根の境に非ざるが故に無見と名づく」「念の力に由って心を持して便ち定を得る」
Ⓢ pratibala: prabhāva: bala: vaśa: śakti: samartha: sāmarthya
③（矢などの）推進力。速力。「箭が空を射る力が尽きて便ち堕つるが如し」 Ⓢ vega
④如来のみが有する十の力。→十力
Ⓢ bala

力能 りきのう 能力。あることを行なうことができる力。「若し諸病が其の心を損悩すれば力能あることなく、修行に堪えず」
Ⓢ pratibala: **śak**: śakta

力波羅蜜多 りきはらみた 十波羅蜜多の一つ。十力による実践行をいう（『瑜伽論』の所説）。善い師について正しい教えを聴き、理の如くに思惟することによって劣った意欲をすぐれた意欲に転じ、より上の世界の勝解を獲得するという実践行をいう（『解深密経』の所説）。 Ⓢ bala-pāramitā
（出典）所有十力加行清浄、当知、名力波羅蜜多。（『瑜伽』49、大正 30・565c）: 諸菩薩、親近善士、聴聞正法、如理作意、為因縁故、転劣意楽、成勝意楽、亦能獲得上界勝解、如是名力波羅蜜多。（『解深』4、大正 16・705b）

力用 りきゆう ちから。働き。作用。あることを行なう力。「諸の喉・歯・眼・瞼・支節は立てて根と為すべし。能く呑み、嚼み、開閉し、屈申するに於て力用あるが故に」「染心は力用少く、善心は力用多し」
Ⓢ kriyā: bala

力励運転作意 りきれいうんてんさい 初めて修行する者が力を働かせて修する思考のありよう。九種の心住（内住・等住・安住・近住・調順・寂静・最極寂静・専注一趣・等持）のなかの内住と等住とに住して行なう思索。励力運転思惟ともいう。
Ⓢ bala-vāhano manaskāraḥ
（出典）云何力励運転作意。謂、初修業者、令心於内安住等住、或於諸法無倒簡択、乃至未得所修作意、爾時作意力励運転、由倍励力、折挫其心、令住一境故、名力励運転作意。（『瑜伽』28、大正 30・438b）: 於内住等住中、有力励運転作意。（『瑜伽』30、大正 30・451b）

陸 りく ①りく。「傍生の住処は水と陸と空なり」 Ⓢ sthala
②陸上に住んでいるもの。「其の種種の人・非人の所作を水と陸との怖畏に於て能く正しく抜済す」「或いは水、或いは陸の無量の衆生」 Ⓢ sthala-gata: sthala-ja

陸地 りくじ りくち。「傍生が水があると見る処に於て、餓鬼は是れは陸地の高原なりと見、人は糞穢がある処なりと見る」

立（りつ）→りゅう

律 りつ ①経・律・論の律。いましめの総称。まもるべき行為の規範（śila: vinaya: saṃvara）の総称。原語 vinaya を毘奈耶と音写。→毘奈耶 Ⓢ vinaya
②戒律（戒と律）の律。戒（śīla）は自発的ないましめであるのに対して、律（vinaya）は他律的ないましめをいう。 Ⓢ vinaya
③律儀の略称。→律儀 Ⓢ saṃvara

律儀 りつぎ ①三種の律儀（律儀・不律儀・非律儀非不律儀）の一つ。悪をなすことを防ぐ戒。善戒。あるいはそのような戒にもとづく善い行為をいう。また、戒を受けることによって得られる「非を防ぎ悪を止める力」をいい、そのような力は身中にあって具体的に表れず認識されえない無表色といわれる。無表色を戒体ともいう。種類としては別解脱律儀・静慮生律儀・道生律儀の三つがある。この三種は別解脱律儀・静慮律儀・無漏律儀ともいわれる。(→各項参照)。なお静慮律儀と無漏律儀との一部を取って別に断律儀を立てて全部で四種律儀とすることもある(『婆沙』119、大正 27・621c)。また、能起律儀・摂受律儀・防護律儀・還引律儀・下品律儀・中品律儀・上品律儀・清浄律儀の八種を立てることもある(『瑜伽』53、大正 30・590a〜b)。→無表色 Ⓢ saṃvara
(出典) 能遮能滅悪戒相続故、名律儀。(『倶舎』14、大正 29・72b)
②善戒を守る人。善戒にもとづいて善い行為をする人。三種の人(律儀・不律儀・非律儀非不律儀)の一人。Ⓢ sāṃvarika
(参考) (『瑜伽』2、大正 30・289a)

律儀戒 りつぎかい 三種の戒である三聚浄戒(律儀戒・摂善法戒・饒益有情戒)の一つ。別解脱律儀戒ともいわれ、それぞれの悪から解脱するために別々に受ける戒。教団を構成する人の種類によって苾芻戒・苾芻尼戒・正学戒・勤策男戒・勤策女戒・近事男戒・近事女戒・近住戒の八種に分かれる。Ⓢ saṃvara-śīla

律儀所摂業 りつぎしょしょうごう 三業(律儀所摂業・不律儀所摂業・非律儀非不律儀所摂業)の一つ。→三業⑦
Ⓢ saṃvara-saṃgṛhītaṃ karma

律師 りっし 戒律(vinaya 毘奈耶)を理解する、あるいは読誦する人。
(出典) 若解、或誦毘奈耶者、名為律師。(『婆沙』15、大正 27・73b)

律蔵 りつぞう 仏教の全文献を三種に集成したもの(三蔵)の一つ。護るべきいましめ(戒 śīla)、律儀(saṃvara)を集成したもの。律の原語 vinaya を音写して毘奈耶蔵ともいう。→三蔵 Ⓢ vinaya-piṭaka

略 りゃく ①(いくつかあるものを)簡潔にまとめること。(一つのグループに)まとめること。略摂ともいう。→略摂①「是の如く一切を略して一聚と為して、説いて蘊と名づく」「十二支のなか三は煩悩、二は業、七は事なり。亦た果と名づく。果を略し、及び因を略す」 Ⓢ abhisam-**kṣip**: abhisaṃkṣepa: saṃkṣipta
②(心を)収斂し集中すること。略摂ともいう。→略摂②「奢摩他品に於て、心をして内に於て略する時、無相・無分別・寂静なる想行を起こす」「毘鉢舎那を上首と為して内に其の心を略す」 Ⓢ abhisam-**kṣip**: saṃkṣipta
③簡潔に。簡単に。省略して。「有為の相を略して顕示す」「世尊は契経の中に於て文は広に義は略に、伽他の中に於て義は広に文は略に顕示す」「所知相に略して依他起相・遍計所執相・円成実相の三種あり。略とは要なり」 Ⓢ samāsatas: samāsena
④略去とおなじ。→略去 Ⓢ lopa

略開智 りゃくかいち 簡潔に説いた教えだけで意味を理解する智慧をもった人。利根の人。七種の所調伏界(教化されるべき人)の一人。広顕智の対。→広顕智 Ⓢ udghaṭita-jña
(参考) (『瑜伽』46、大正 30・548b)

略義 りゃくぎ 簡潔に短く説き示すこと、また、簡潔に短く説き示された意味。広義の対。「当に知るべし、是れを此の中の略義と名づく」
(参考) (『瑜伽』81、大正 30・752c)

略去 りゃくこ (文字や語を)省略すること。「択力所得の滅を名づけて択滅と為す。牛に駕するところの車を名づけて牛車と曰うが如し。中の言を略去するが故に是の説を作すなり」 Ⓢ lopa

略摂 りゃくしょう ①(いくつかあるものを)簡潔にまとめること。(一つのグループに)まとめること。「能く広文句の義を略摂す」「支を略摂するとは、前に分別するところの無明などの十二支を、今、復た略摂して四と為すを謂う」
②(心を)収斂し集中すること。「内に於て其の心を略摂し、奢摩他を修する、是れを持心と名づく」 Ⓢ abhisam-**kṣip**

略心 りゃくしん 内的な対象に収斂し集中した心。そのような心を毘婆沙師は善い心であるといい、健駄羅国の諸論師は眠気をともなった汚れた心であるという。聚心ともいう。散心の対。→聚心 →散心「初修定者は内の略心に於て惛睡に蔽せらるる」
Ⓢ saṃkṣiptaṃ cittam
(出典) 略心者、謂、善心於境摂録故。散心者、謂、染心於境縦逸故。健駄羅国諸論師、

言眠相応心、説名為略。以世尊説眠名心略故（『婆沙』151、大正 27・770a）：略心者、謂、由止行、於内所縁、繋縛其心。（『瑜伽』28、大正 30・440c）

略説 りゃくせつ　あらましを説くこと。簡潔に述べること。「云何が不浄の所縁なるや。謂く、略説すれば六種の不浄あり」
Ⓢ abhisaṃkṣepa: abhisaṃkṣepaṇatā: saṃkṣepa: saṃkṣepatas: samāsatas: samāsa-nirdeśa: samāsena

略答 りゃくとう　他宗からの質問に対して簡潔に答えること。「中に於て四あり。初には総問、二には略答、三には徴、四には釈なり」「中に於て三あり。初に総問、次に略答、後に広破なり」

略毘婆沙 りゃくびばしゃ　略した毘婆沙。『大毘婆沙論』になされているような膨大な解釈ではなくて、簡潔に略して解釈すること。「若し事に随って別答すれば、便ち多くの言論を費やさん。是の故に略毘婆沙を造るべし」 Ⓢ piṇḍa-vibhāṣā

略標 りゃくひょう　教えをおおまかに簡潔に述べること。「瑜伽を修する師は四聖諦の略標と広辯との増上の教法に於て聴聞し受持す」「此の菩薩地は一切の菩薩蔵の中の略標と広釈との諸門を顕示して摂す」 Ⓢ uddeśa

略法 りゃくほう　簡潔に説かれた教え。「略法も応に爾るべし」 Ⓢ peyāla-dharma

略名 りゃくみょう　十二種の名の一つ。一字の名。→名②
（出典）略名者、謂、一字名。（『瑜伽』81、大正 30・750a）

歴 りゃく　めぐること。すぎること。わたること。「一切のあらゆる日月星宿は蘇迷盧を歴るに半を処して行く」「漸く六天を歴って免脱を求欲す」

歴観 りゃくかん　つぎつぎにみること。順次に観察すること。「見道に於て四諦を歴観す」「識・触・受・想・思身に於て歴観して苦と為す」

立 りゅう　①立てること。設定すること。設定して名づける、命名すること。～であるとみなすこと。「経は此れに依って七の善士趣を立つ（abhihita: mata）」「外方の諸師は此れに四ありと立つ（ava- **sthā**）」「貪・瞋・癡は不善根なりと立つ（iṣṭa）」「覚者の別に随って三つの菩提を立つ（ud-**pad**）」「斯の九種の義に於て、智者は瞿の声を立つ（upa-**dhṛ**）」「父母などは意の所欲に随って子などの名を立つ（**kḷp**）」「色などに於て極微の名を立つ（niveśa）」「此の火の名は薪に依って立つるに非ず。火の名を立つる（prajñapti: pra-**jñā**）ことは煖触に因る」「女男根の体は身根を離れず。身の一分の中に此の名を立つ（prati-**labh**）」「是の如き位に於て成就の名を立つ（**labh**）」「次第に念住などを立つ（varaṇayanti）」「能住を離れて所住を立つ（vidhāna）」「要ず相似の中に方に名を立つ（viniveśa）」「此の義に依るが故に中間の名を立つ（vyava-**sthā**）」「諸の無漏の三学と及び果とは彼の差別に依って有学を立つ（vyavasthāna）」「生不障に於て能作因を立つ（vyavasthāpita）」「作用に約して去来を立つ（vyasthita）」「既に不浄の名を立つ（siddha）」 Ⓢ abhihita: ava-**sthā**: iṣṭa: ud-**pad**: upa-**dhṛ**: **kṛ**: niveśa: prajñapti: prati-**labh**: mata pra-**jñā**: **labh**: varaṇayanti: vidhāna: viniveśa: vyava-**sthā**: vyavasthāna: vyavasthāpita: vyasthita: siddha: **sidh**
②ものを維持すること。「大種は所造に於て能く生・依・立（sthāna）・持・養の五因と為る」 Ⓢ pratiṣṭhā: sthāna

立因 りゅういん　①地・水・火・風の四つの元素（四大種）がそれらによって造られる物質（色）に対して五つの原因（生因・依因・立因・持因・養因）となるなかの一つ。壁がかけられた絵画を維持するように四大種が色を維持する原因となることをいう。「壁が画を持するを説いて立因と為す」
Ⓢ pratiṣṭhā-hetu
（参考）（『倶舎』7、大正 29・38b）：（『大阿雑』1、大正 31・696a）
②因を立てること。因明（仏教論理学）の論法を構成する三つの要素である三支（宗・因・喩）のなかの因（理由）を立てること。辯因ともいう。→三支　→辯因　Ⓢ hetu
（参考）（『雑集論』16、大正 31・771b）

立願 りゅうがん　願いを立てること。誓願すること。「妙行者は若し諸仏の形像・窣堵波などを供養せずんば先に食せずと立願す」

立軌範住 りゅうきはんじゅう　さまざまな地方や国の人びと、あるいは種々の職業の人びとのなかで、昔から制定した規則・規範が存続すること。立制住ともいう。五種の住（刹

那住・相続住・縁相続住・不散乱住・立軌範住）の一つ。
（出典）若於彼彼異方異域国城村邏王都王宮、若執理家商估邑義諸大衆中、古昔軌範、建立随転、如是名為立軌範住。（『瑜伽』52、大正30・586c）

立手摩膝相　りゅうしゅましつそう　偉大な人間に具わる三十二種の身体的特徴の一つ。→三十二大丈夫相

立宗　りゅうしゅう「りっしゅう」とよむ。宗を立てること。宗義を建立すること。主張命題を立てること。因明（仏教論理学）の論法を構成する三つの要素である三支（宗・因・喩）のなかの宗を立てること。→三支
Ⓢ pratijñā
（参考）（『瑜伽』15、大正30・356c）

立制住　りゅうせいじゅう　→立軌範住

立誓　りゅうせい　誓うこと。「若し自ら要ず自らの命縁を救おうと立誓すれば、亦た殺を行ぜず」 Ⓢ niś-**ci**

立名　りゅうみょう　名づけること。～と命名すること。「地は顕・形の色を謂い、世の想に随って立名す」「前後相い待して立名して異なることあること、一の女人を母と名づけ、女と名づけるが如し」「時分に依って立名すること、童稚の時を名づけて童子と為し、乃至、衰老の時を名づけて老と為すが如し」 Ⓢ ākhyā: upacāra: kīrtana: kīrtayati: grahaṇa: jñā: nāma-vidhāna: **vac:** vyava-**sthā**: saṃjñā: saṃjñā-niviveśa

立喩　りゅうゆ　因明（仏教論理学）の論法を構成する三つの要素である三支（宗・因・喩）のなかの喩（譬喩）を立てること。引喩ともいう。→三支　→引喩　Ⓢ dṛṣṭānta
（参考）（『雑集論』16、大正31・771b）

立理　りゅうり　ある主張に対して理論的にその正しさを証明すること。「中に於て四あり。一には標宗、二には釈難、三には引証、四には立理なり」

立論者　りゅうろんしゃ（論争において）主張を立てる人。「此の捨言・言屈・言過の三種に由って、諸の立論者は負処に堕在して他の屈伏を受く」 Ⓢ vādin

流（りゅう）→る

留（りゅう）→る

粒　りゅう　穀物のつぶ。「所食を食する時、粒あれば皆な砕けて口にして殫せざることなし」 Ⓢ pulāka

隆盛　りゅうじょう　増大。繁盛。盛んなさま。「随順の功徳は皆な隆盛なり」
Ⓢ samṛddhi

龍　りゅう　水中に住む大蛇。仏法を守護する存在の一つ。帝釈天（三十三天）の力をかりて非天（阿素洛）と戦う存在。八部衆の一つ。→八大龍王　→八部衆　Ⓢ nāga

龍王　りゅうおう　→八大龍王　Ⓢ nāga-rāja

龍宮　りゅうぐう　龍が住む宮殿。七金山の間の内海に存在する。→七金山「七金山の間に水ありて八支の徳を具す。名づけて内海と為し、復た諸の龍宮を成ず」
Ⓢ nāgānāṃ bhavanāni

龍脳香　りゅうのうこう　半透明で光沢があり、特異の芳香を有したカルプーラ（karpūra）という結晶から作られた香料。四大香の一つ。→四大香
Ⓢ karpūra-gandha

慮　りょ　①うれうこと。心配すること。おそれること。「後の苦法を慮う」
②慧の異名としての慮。「云何が慮なりや。答う、諸の慮・等慮・増慮・称量・籌度・観察、是れを慮と謂う。（中略）慮とは慧なり」（『婆沙』42、大正27・216c）

慮恐　りょきょう　おそれ案じること。「失念し命終するを慮恐す」「所愛に於て未来に当に変壊することを慮恐す」

了　りょう　①知ること。理解すること。認識すること。「眼などの五根は能く自境を了する五識に於て増上の用あり」「四種の行に由って苦諦・集諦・滅諦・道諦の相を了す」「義に於て了すること難き種種の音声とは、達羅弭荼の種種の明呪を謂う」「眼は見、耳は聞き、乃至、意は了す」
Ⓢ upalabdhi: upa-**labh:** upalambha: **grah**: **jñā**: prajñāna: prati-**pad**: pratisam-**vid**: pratisaṃvedin: **budh**: vi-**jñā**: vijñāna
②〈唯識〉が説く了別の略称。→了別
③明了とおなじ。明瞭ではっきり認識できること。→明了①　Ⓢ vyakta
④終わる、終了すること。「傍論は已に了って応に本義を辯ぜん」

了義　りょうぎ　①説き示そうとする教義を明了に述べること。→了義経　Ⓢ nīta-artha
②意味が明瞭であること。「了義の声」
Ⓢ vyakta-artha

了義教 りょうぎきょう 真理を完全に説き明かした教え。〈唯識〉は三時教（有教・空教・中道教）のなかの第三時の中道教を了義教とみなす。不了義教の対。十二種の教導の一つ。→教導
（出典）不了義教者、謂、契経・応誦・記別等、世尊略説其義、未了応当更釈。了義教者、与此相違、応知其相。（『瑜伽』64、大正 30・654b）

了義経 りょうぎきょう 了義経典ともいう。説き示そうとする教義を明了に述べた経典。「世尊は依を説くに略して四種あり。（中略）三に了義経は是れ依にして不了義経は依にあらず」 Ⓢ nīta-artha-sūtra

了義経典 りょうぎきょうてん →了義経

了境 りょうきょう ①対象を認識すること。「是の如く識が生じて所作なしと雖も、境に似るが故に説いて了境と名づく」 Ⓢ vi-**jñā**
②〈唯識〉の所説。了別境・了別境界ともいう。八識（眼識・耳識・鼻識・舌識・身識・意識・末那識・阿頼耶識）の内の特に眼識から意識までの顕在的な六識の認識のありようをいう。八識はすべて了境（対象を認識する）というありようをもつが、眼識ないし意識の六つの識の了境のありようが顕著であるから六識の認識を了境という。「前の六識に了別境の業あり」
Ⓢ viṣaya-vijñapti: viṣayasya upalabdhiḥ
（出典）能変識類別唯三。一謂異熟、即第八識、多異熟性故。二謂思量、即第七識、恒審思量故。三謂了境、即前六識、了境相麁故。（『成論』2、大正 31・7b）：第三能変差別有六種、了境為性相。（『成論』5、大正 31・26a）

了悟 りょうご 理解すること。「他の所説に於て速かに能く了悟す」「耳に由って能く種種の音声を聞くことに因って善説・悪説の種種の義理を了悟す」

了相作意 りょうそうさい すがた・ありよう（相）を理解・了解する思索。七種の作意（了相作意・勝解作意・遠離作意・摂楽作意・観察作意・加行究竟作意・加行究竟果作意）の最初。欲界については粗いありよう（麁相）、たとえば欲界のなかにある過患・損悩・災害などのありようを、さらに色界については初静慮の静かなありよう（静相）を観察して、それらを了解する思索をいう。→七種作意
Ⓢ lakṣaṇa-pratisaṃvedī manaskāraḥ
（参考）（『瑜伽』33、大正 30・465b 以下）：（『雑集論』9、大正 31・736b）

了相大乗 りょうそうだいじょう 教えのありよう（相）が明了にはっきりと説かれた大乗の説である唯識説をいう。中道教ともいう。→中道教「此の六経中、解深密経を以って殊に其の本を為し、正に唯識・三性・十地・因果・行位を明かす。了相大乗の中道教なるが故なり」

了像 りょうぞう 対象が何であるかを知覚すること。五遍行の心所のなかの想の働きをいう。→想①「想とは云何。謂く、了像なり」 Ⓢ saṃjānanā

了達 りょうだつ さとること。理解すること。「恭敬して法を聴き、能く善く契経などの法を了達す」「智者は所縁と能縁との二は本来無性なりと了達す」「無分別智が真如を証し已って、後得智の中で方に能く依他起性は幻事などの如しと了達す」 Ⓢ prati-**vyadh**

了知 りょうち 知る、理解する、了解すること。「此の正見に由って諸の邪見に於て如実に此れは是れ邪見なりと了知す」「諸行は皆な衆縁より生ずると了知し、諸行の中に於て惟だ法性を見る」「阿頼耶識の行相は極めて微細なるが故に了知すべきこと難し」「諸の異生などは、無始の時よりこのかた、心の虚妄性を了知すること能わずして、心を離れて外に別の実境ありと執す」 Ⓢ ava-**gam**: ā-**jñā**: upalakṣayati: upalakṣyatva: **jñā**: jñāna: pari-**chid**: pari-**jñā**: parijñāna: parīkṣā: pra-**jñā**: pratijñāna: **vid**

了別 りょうべつ ①ものごとを認識する働きの総称。〈唯識〉が説く八識（眼識・耳識・鼻識・舌識・身識・意識・末那識・阿頼耶識）すべてに通じる働き。「眼根に依止して色境を了別する識を眼識という」「了とは了別を謂う。即ち是れは行相なり。阿頼耶識は了別を以って行相と為すが故に」「一切の了別の種類を識蘊という」「自相と共相とを了別す」「所縁の境界を了別す」
Ⓢ upalabdhi: **kḷp**: prativijñapti: vijñapti: vi-**jñā**: vijñāna: vyavaccheda
（出典）了、謂、了別。即是行相、識、以了別、為行相故。（『成論』2、大正 31・10a）：識、謂、了別。此中識言亦摂心所、定相応

故。(『成論』1、大正 31・1a):了、謂、了別。詮辨作用、是識義也。(『枢要』上本、大正 43・609b)
(参考)(『雑集論』2、大正 31・701c)に、識の業として、了別外器・了別依止・了別我・了別境界の四種が説かれる。このなか了別外器と了別依止とは阿頼耶識、了別我は末那識、了別境界は六識の働きをいう。
②こころを心と意と識とに分類するとき、識の働きを了別と呼ぶ。〈唯識〉は八識を心と意と識とに分類し、識を眼識・耳識・鼻識・舌識・身識・意識の六識とみなすから、この場合の了別の働きは六識に限定される。「集起の故に心と名づけ、思量の故に意と名づけ、了別の故に識と名づく」 Ⓢ vi-jñā

了別境 りょうべつきょう 了境とおなじ。→了境②

了別境界 りょうべつきょうがい 了境とおなじ。→了境②

了別境識 りょうべつきょうしき 境(対象)を了別(認識)する識。〈唯識〉の所説で、能変の識を三種(異熟識・思量識・了別境識)に分けるうちの一つ。八識のうちで眼識・耳識・鼻識・舌識・身識・意識の六識をいう。→第三能変

了別真如 りょうべつしんにょ →七真如

了別縛 りょうべつばく 対象を認識することによる束縛。四種の縛(執取縛・領受縛・了別縛・執著縛)の一つ。「心は色などの境界に於て了別縛に由って縛せらるる」
Ⓢ vijñapti-bandhana
(参考)(『瑜伽』14、大正 30・350a)

令 りょう せしめること。させること。漢文の訓読では、「令」のすぐ下の体言に「をして」と送りがなをつけ、用言に返って「せしむ」と読む。たとえば、「依止此慧、令心清浄」を「此の慧に依止して心をして清浄せしむ」と読む。「我今釈彼世親所説三十唯識、令法久住」を「我れは、今、彼の世親所説の三十唯識を釈して、法をして久住せしむ」と読む。

令入 りょうにゅう (仏の教えに)入らしめる、みちびき入れること。「方便を引いて諸の有情をして仏の聖教に令入す」
Ⓢ avatāra: avatāraka: ava-tṝ

令入秘密 りょうにゅうひみつ 教えに入らしめることにおける秘密。秘密とは如来がひそめた意図をもって教えを説くこと。たとえば、声聞乗の人びとがそれを聞いて怖れを懐くことなく漸次聖教に入らしめるために、色などの諸法は自性が有ると説くことをいう。四種の秘密(令入秘密・相秘密・対治秘密・転変秘密)の一つ。→秘密
(出典)令入秘密者、謂、於声聞乗、説色等諸法皆有自性。為令無怖畏漸入聖教故。(『雑集論』12、大正 31・752b)

令入方便 りょうにゅうほうべん 四種方便の一つ。→四種方便

両 りょう ふたつ。Ⓢ dvi

両両形交 りょうりょうぎょうこう 両両交会とおなじ。→両両交会

両両交会 りょうりょうこうえ 男女が交わること。性交すること。両両形交ともいう。「両両交会の鄙事を行ぜざるを婬欲を遠離すると名づく」「交会の麁重とは、両両形交して身心が疲損するを謂う」 Ⓢ dvaya-dvaya-samāpatti: dvaya-dvaya-samāpadana
(出典)竊相欣欲而行欲行者、謂、両両交会。(『瑜伽』8、大正 30・315c)

冷 りょう 冷たい感触。触覚(身識)の対象である感触(触)の一つ。Ⓢ śīta
(出典)触有十一。謂、四大種滑性・渋性・重性・軽性、及冷・飢・渇。此中(中略)煖欲、名冷。(『倶舎』1、大正 29・2c)

冷触 りょうそく 冷たい触覚。「此の身に於て楽受が生ずる時は、当に毒熱の癰が暫く冷触に遇うが如しと観ずべし」
Ⓢ śīta-saṃsparśa

良医 りょうい すぐれた医者。仏・法・僧の三宝のなかの仏の喩え。すぐれた医者がよく病人を治すように、仏は苦しむ人びとを巧みに救済することから、仏は良医に喩えられる。「正しく三宝は、猶し良医の如く、及び良薬と看病者の如しと信ず」「諸の仏・如来は大愛箭を抜く無上の良医なり」 Ⓢ vaidya

良慧喩補特伽羅 りょうえゆふとがら 賢い人。羯磨(教団で行なう儀式や作法)に関して羯磨についての言詞(文章)によらずして、その義(意味)のみによって行為する賢い人をいう。羯磨に関する五種の補特伽羅の一人。
(参考)(『瑜伽』69、大正 30・680a)

良縁 りょうえん よい縁。良いことを生ずる機縁。「若し良縁に遇えば至誠に懺悔す」

良田 りょうでん よいたんぼ。肥沃で善い実りをもたらす田畑。福などの善い結果をもたらすもの（たとえば阿頼耶識のなかの善の種子）の喩えに用いられる。「諸行の田に依って福・非福が生ずること、譬えば農夫が良田に依止して農業を営事するが如し」「先世に於る諸の善の種子は、猶し良田の如し」「世間の諸の穢草が能く良田を穢汚するが如く、諸の貪の穢が諸の含識を穢汚す」

良馬 りょうめ よく飼い慣らされた馬。如来に喩えられる。「如来は是れ人中の良馬なり。心が善く調うが故に」

良薬 りょうやく 病気を治すすぐれた薬。仏陀の教え（法）が人びとの苦しみを取り除くこと、良い薬は病気を治すことから、良薬は仏・法・僧の三宝のなかの法の喩えに用いられる。「正しく三宝は、猶し良医の如く、及び良薬と看病者の如しと信ず」
Ⓢ auṣadha: bheṣaja: bhaiṣajya

囹圄 りょうご 牢獄。「罪人ありて縶して囹圄に在り。卒禁が守って出ることを得さしめず」

凌虚 りょうこ 陵虚とも書く。天空をしのぐこと。虚空をおしわけて高く飛ぶこと。「身を運ぶ神用とは、身を挙し凌虚すること、猶し飛鳥の如きを謂う」「諸の賢聖は神通を起こして、猶し雁王の如く陵虚して往く」
Ⓢ ākāśa-gamana

凌蔑 りょうべつ 陵蔑とおなじ。→陵蔑

料簡 りょうけん 考え調べること。「前来は本頌を解し訖って、此下は第二に総じて之を料簡す」

猟 りょう かり。狩猟。けものを狩ること。「悪を作す時に羞なきこと、屠・猟などの如し」 Ⓢ mṛgayā

猟師 りょうし けものを狩る人。「相い見て猛利の害心を起こすこと、猟師が野の禽獣を見るが如し」

猟獣 りょうじゅう けものを狩ること。あるいは、猟師。獣を追って狩りをして生計を立てている人。律儀に反する行為をする人（不律儀者）の一人。遊猟ともいう。→不律儀者「不律儀者とは諸の屠羊・屠鶏・屠猪・捕鳥・捕魚・猟獣・劫盗を謂う」
Ⓢ mṛgayā: mṛga-lubdhaka
（参考）『倶舎』15、大正 29・78c）

陵 りょう あなどること。「自を挙して他を陵す」

陵虚 りょうこ 凌虚とおなじ。→凌虚

陵恃 りょうじ 他人を陵し自己を恃すこと。他者をあなどり自分をたよりとすること。「慢は断見と必ず倶生せず。我の断を執する時は陵恃なきが故に」

陵辱 りょうじょく あなどりはずかしめること。侮辱すること。「闘諍とは諸の有情が互相に陵辱し言語が相違するを謂う」

陵雑 りょうぞう （煩悩などが）心を犯して汚すこと。「一切の煩悩と一切の災横の為に陵雑せられず」「不信障などを伏滅して彼れの為に陵雑せられず」

陵旦 りょうたん 夜明け。明け方。「陵旦に起き、其の身を澡飾し、衣服を帯び、事業を修営するなど、在家・出家の行住の次第あり」

陵蔑 りょうべつ 凌蔑とも書く。軽んじること。あなどりさげすむこと。「自ら高挙せず、他を陵蔑せず」「自ら高挙して他を凌蔑す」 Ⓢ **paṃs**: paṃsaka

量 りょう ①大きさ・長さ・広さ・重さ・容量などを意味する語。「蘇迷盧の量は、高さは八万踰繕那にして広さも亦た之の如し」「三界は無辺にして虚空の量の如し」
Ⓢ parimāṇa: pramāṇa
②（衣服・飲食・薬などの）分量。「病を療せんが為に諸の酒を飲むと雖も、酔乱せしめざる量を分限して飲む」「衣服・飲食・敷具などを量を知りて聚む、是れを知量と名づく」 Ⓢ mātra: mātrā
③判断・認識の根拠。ある主張や命題が正当であると判断する根拠。現量・比量・至教量の三つ。→三量①「聖教と正理とを定んだ量と為す」「前の理と教とに馮って量と為す」「我等は但だ契経を以って量と為す。本論は量に非ず」
Ⓢ pramāṇa: pramāṇaka: prāmāṇya

量果 りょうか 量とは広く認識することをいい、認識されるもの（所量）と認識するもの（能量）との間で行なわれる認識の結果を確認する心の働きを量果という。一つの認識が成立するための三つの要素（所量・能量・量果）の一つ。心の四つの領域である四分のなかの自証分に相当する。→四分
Ⓢ pramāṇa-phala

僚佐 りょうさ 役人。「眼は、或いは諸の

王、或いは諸の僚佐、或いは諸の黎庶などを見る」 Ⓢ naigama

僚庶 りょうしょ 家人。ともがら。「供養を設けんと欲して唯だ自らの手で作り、奴婢・作使・朋友・僚庶・親属を使わず」
Ⓢ amātya

僚属 りょうぞく 従者。侍者。親族。取り巻く人びと。「大なる財位を得、大なる朋翼あり、大なる僚属を具す。是れを菩薩の自在具足と名づく」 Ⓢ parivāritā

領 りょう 受けとめること。感覚・知覚すること。「触を領するを受と名づく」「所縁を領す」 Ⓢ anubhavana: anubhavanā

領会 りょうえ わかる、理解すること。「是の如き等の章と及び章義を解することを既に領会し已って、次に応に広釈すべし」

領解 りょうげ ①わかる、理解すること。「我が所説の妙義なる一句を領解して是の如く正しく修行する者は、大義なる利益・安楽を獲得す」「是の如く我れは今、世尊所説の義を領解す」
②知覚すること。領受とおなじ。「彼れは遂に悪業を造り、此の業に於て現前に領解す」

領悟 りょうご わかる、理解すること。「不辯了の言過とは、所説の法義を衆と及び敵論とが領悟せざるところを謂う」
Ⓢ gṛhīta

領似 りょうじ 五遍行の心所（触・作意・受・想・思）の一つである触の働きを説明するなかで用いられる概念。触は「触とは、謂く、三和なり。変異を分別して心心所をして境に触れしめるを性と為す」と定義されるなか、変異とは根・境・識の三つが和合するときにさまざまな心所を生ずる力を持つように変化することであり、その変異を分別するというなかの分別を言い換えて領似という。領似とは、受けとめて似る、という意味で、たとえば、生まれた子が生んだ父母に似るように、また似た行動をするように、触もまたそれを生ぜしめた根・境・識の三つの変化に似ることによって、あらゆる心所を生ぜしめる力を持つようになる、と説かれる。
（参考）（『成論』3、大正 31・11b）:（『述記』3 末、大正 43・328c 以下）

領受 りょうじゅ ①受けとめること。感じること。感覚・知覚すること。経験すること。「苦に住して身心の諸の苦悩を領受す」「妙五欲に於て、或いは見、或いは聞き、或いは曽て領受するなどの諸の縁に由って、歓喜を憶念す」「最極・広大・微妙なる法雨を領受す」「解脱の喜楽を領受す」
Ⓢ anubhava: pratyanubhavanā: saṃprati-**iṣ**: saṃvedana
②教えを記憶すること。受持とおなじ。十法行（経典などに書かれている教えに対する十種の修行）の一つ。→十法行「利根の者は法義に於て速く能く領受し解了し通達す」「論を温習し文字を領受す」
Ⓢ ud-**grah**: udgraha: udgrahaṇa

領受因依処 りょうじゅいんえしょ →因依処

領受依処 りょうじゅえしょ 領受因依処とおなじ。→領受因依処

領受縛 りょうじゅばく 苦あるいは楽と感じることによる束縛。四種の縛（執取縛・領受縛・了別縛・執著縛）の一つ。「心は受に於て領受縛に由って縛せらるる」
Ⓢ anubhava-bandhana
（参考）（『瑜伽』14、大正 30・350a）

領納 りょうのう ①受けとめ感じること。感覚・知覚すること。経験すること。「領納の相とは憶念に随って過去に曽て経した諸行の相を謂う」「爾の時に於て色身と意身とは、受楽と及び軽安楽とを領納す」
Ⓢ anubhava: pratyanubhavana
②五遍行の心所（触・作意・受・想・思）の一つである受の働きとしての領納。苦楽などを受けとめ感じること。→受①
Ⓢ anubhava: anubhavanā
（出典）受云何。謂、領納。（『瑜伽』3、大正 30・291b）: 受、謂、領納順違倶非境相、為性、起愛、為業。（『成論』3、大正 31・11c）

領納分別 りょうのうふんべつ 五種の分別（境界分別・領納分別・仮説分別・虚妄分別・実義分別）の一つ。対象に対してそれを苦あるいは楽などと感受すること。
（出典）執取境界所生諸受、名領納分別。（『瑜伽』53、大正 30・594c）

寮庶 りょうしょ ともがら。人びと。「諸の菩薩が、若しくは国王と作りて、自在に方域を統領し、自国界のあらゆる寮庶に於て終に抑えて、余の妻子を奪取して余に転施せず」 Ⓢ sattva

撩擲 りょうじゃく ものをなげすてること。「諸の菩薩は卑賎者に於て布施を行ずる時、

敬せざることなくして擲擲して与う」 Ⓢ apaviddha

霊異 りょうい はなはだ稀なこと。不思議なこと。ありえないこと。「斯の如きことあるは甚だ霊異なり」 Ⓢ aticitra

霊廟 りょうびょう 「れいびょう」とも読む。仏陀ゆかりの場所、あるいは仏陀を祀る場所に建てられた建築物の総称。原語 caitya は制多と音写される。「或いは僧祇、或いは仏の霊廟が所有する財物を劫盗す」「或いは僧門を劫奪す、或いは霊廟を破壊す。是の如き等の業を無間同分と名づく」 Ⓢ caitya

療 りょう 病気を治すこと。「諸の菩薩は病苦を療して安楽を得せしむ」 Ⓢ saṃśamana

療治 りょうち 病気を治すこと。「諸の菩薩は大良医と為って、善く能く煩悩の鬼魅に著かれた有情を療治す」

緑豆 りょくず まめ。インゲン豆の一種。「胡麻・緑豆・粟稗などの聚」 Ⓢ mudga

吝惜 りんじゃく けち。ものおしみすること。「是の如く得ても、此の諸処に於て心に吝惜を生ず」。

林 りん ①はやし。木が群がりはえている場所。「風・林などの声」「園・林・池・沼などの雑色」 Ⓢ kānana: vana: vanas-pati ②隠遁の場所。「白象は相端厳にして六牙・四足を具え、母腹に入りて寝ること、仙が林に隠るるが如し」 Ⓢ āśrama ③煩悩の異名の一つ。「煩悩は能く種種の苦蘊を生ずるが故に林と言う」

林果味 りんかみ 果物。木の果実。「林果の味」 Ⓢ vana-phala-rasa

林樹 りんじゅ 木。樹木。「此の池の側に瞻部あり。林樹の形は高大にして其の果は甘美なり。此の林に依るが故に瞻部洲と名づく」 Ⓢ vṛkṣa

林樹下 りんじゅげ 生い茂っている樹木のなか。出家僧が修行するのに適した場所の一つ。「大樹林の中を林樹下と名づく」 Ⓢ vṛkṣa-mūla

林薮 りんそう 草木の茂ったところ。やぶ。林叢・叢林とおなじ。 Ⓢ vana

林叢 りんそう やぶ。はやし。叢林・林薮とおなじ。「風や林叢の声」 Ⓢ vanas-pati

林藤 りんどう 林のなかの蔓草。「是の如く漸次に地餅と林藤とが生ず」 Ⓢ vana-latā

林野 りんや 山林。山野。あるいは、山林や山野に住むこと。「一時に於て林野を遊行して道路を迷失す」「寝臥の時に於て時時に覚寤す。林野の鹿の如く一切、其の心を縦放ならざらしむべし」 Ⓢ āraṇyaka

悋 りん ものおしみすること。「慳とは、利養に耽著し、資生具を貪る一分の心の悋を体と為す」 Ⓢ matsarin

悋護 りんご ものをおしみ、自己のものとして護ること。「己が田分に於ては悋護の心を生じ、他の田分に於ては侵奪を懐う」

悋惜 りんじゃく ものをおしむこと。「慳結とは、利養に耽著し、資生具に於て其の心が悋惜なるを謂う」「諸の菩薩は恵施を修することに於て厭倦あることなく、一切時に於て所得あるに随って即ち恵施して悋惜するところなし」

悋執 りんしゅう ものをおしみ、執着すること。「最極の慳家ありて財宝を悋執す」 Ⓢ āgṛhīta

悋法 りんぽう 教えを惜しんで他者に伝授しないこと。「其の心は平等にして偏党に堕せず、亦、悋法せず、師捲を作さず」 Ⓢ dharma-matsarin

淋漏 りんろ ①（家屋の屋根が破れて雨水が）したたりもれること。「阿練若と聚落との二処に於て、堪忍すること能わざるところの淋漏などの苦なる煩悩に染まず」 Ⓢ pārisravika ②（悪や煩悩が）もれでること。「能く発勤精進が生ずるところの疲惓と、疎悪なる不正が淋漏するなどの苦を忍受す」「三界の中に於て三種の漏に由って淋漏の義あり」

淪墜 りんつい おちてしずむこと。「諸の欲に淪墜す」

淪廻 りんね →輪廻

淪没 りんもつ （生死の海に）沈み没すること。「諸の煩悩繫に纏繫せらるるが故に、生死海に於て恒常に淪没す」 Ⓢ avamagna

稟性 りんしょう 生まれつき。天性。「一切の事に於て稟性が勇決なること師子の如し」 Ⓢ prakṛtyā: śīlatā

鈴声 りんしょう 鈴の音。刹那々々に生滅するものの喩えとして用いられる。「灯焔・鈴声などは刹那刹那に生滅す」 Ⓢ ghaṇṭā-śabda

輪 りん ①初転法輪の輪。法の輪。釈尊の教えからなる輪。教法を輪に喩えていう。原語のcakraは、もともとは輪状の武器をいい、釈尊の教えが反対者を説き伏せる、煩悩を打ち砕く、などの働きをすることから教法を輪に喩える。 Ⓢ cakra
（出典）問。何故名輪、輪是何義。答。動転不住義、是輪義。捨此趣彼義、是輪義。能伏怨敵義、是輪義。由斯等義故、名為輪。（『婆沙』182、大正27・911b）
②輪状の武器。闘輪ともいう。「輪が止まる因は、謂く、手杖などなり」
（参考）（『婆沙』21、大正27・105b）

輪囲 りんい ①→輪囲山
②我慢の異名。「我慢は修智を障うるが故に説いて輪囲と名づく」

輪囲山 りんいせん 鉄輪囲山とおなじ。→鉄輪囲山

輪王 りんおう 転輪王とおなじ。→転輪王
Ⓢ cakra-vartitva: cakra-vartin

輪行風 りんぎょうふう 輪がまわることによって起こる風。「風に恒相続と不恒相続との二種あり。諸の輪行風を恒相続と名づけ、在空行風を不恒相続と名づく」

輪転 りんてん ①生まれ変わり死にかわりすること。輪廻とおなじ。→輪廻「諸の有情類は無始よりこのかた、生死に輪転して大苦悩を受く」 Ⓢ saṃsāra
②ぐるぐるまわすこと。「諸法が生ずるには因縁を待ち、滅するには因縁を待たず。則ち陶家が輪転する時、力を須いて止めるが如くにはあらず」

輪宝 りんぽう 転輪王が所有する七種の宝の一つ。輪の形をした武器。金・銀・銅・鉄の四種がある。→七宝① →転輪王「転輪王所有の輪宝は四洲のあらゆる怨敵を降伏す」
Ⓢ cakra-ratna
（参考）（『婆沙』30、大正27・156c）

輪廻 りんね 生まれ変わり死に変わりすること。生と死をくりかえして五つの生存（五趣）をめぐりまわること。原語saṃsāraは「まわること」を原意とし、生死とも意訳される。生死と輪廻とをつづけて生死輪廻・輪廻生死という場合もある。saṃsāraは輪転とも訳されて輪転生死、あるいは淪廻とも訳されて生死淪廻という場合もある。→生死「諸の有情類は、無始の時よりこのかた、法の実相に於て無知にして僻執し、惑を起こして業を発して五趣に輪廻す」「前際より来りて、彼彼の有と彼彼の趣の中に於て輪廻生死す」 Ⓢ saṃsāra

隣 りん となり。となりにあること。接していること。「無間の已滅と及び正に生ずる時とは現在と相い隣なり。如何が遠と名づけるや」 Ⓢ antika

隣亜 りんあ すぐつづいているさま。隣接するさま。「遠離に随順する心、遠離に趣向する心、遠離に隣亜する心を以って諸の善を尋思す」

隣阿伽色 りんあかしき 六界の一つである空界というもの（空界色）のこと。窓や門、あるいは鼻や口などの穴や空間は、原子（極微）が集まって出来た物質（積集色＝阿伽）と隣接して存在するから隣阿伽色という。→空界 Ⓢ agha-sāmantakaṃ rūpam
（出典）阿伽、謂、積集色。極能為礙故、名阿伽。此空界色、与彼相隣、是故名隣阿伽色。（『倶舎』1、大正29・6c）

隣近 りんごん 近く隣りにあること。接していること。みじかなこと。「自ら我れは無上正等菩提に於て、今、已に隣近なりと了知す」「宿世の隣近の生の中に於て、諸の静慮に、数数、已に証入す。此の因縁に由って心一境性を得る」「世第一法は、是れ見道と極めて隣近せる善根なり」
Ⓢ āsannī-bhūta: śliṣṭa: śleṣa

隣近果 りんごんか →近果

隣近釈 りんごんじゃく 二つ、あるいは二つ以上の単語からなる合成語の単語間の関係についての六つの解釈（六合釈）のなかの一つ。→六合釈

隣次 りんじ （時間的あるいは距離的に、あいだを隔てずに）すぐつづいているさま。隣接するさま。隔越・隔遠の対。→隔越「其の次第因は隣次に当に辯ずべし」「隣次の支に望んで生因と名づけ、隔遠の支に望んで引因と名づく」「第三禅より隣次して第四定を得る」「三界の安立は上下重累を為すや、隣次傍布を為すや」

臨 りん のぞむこと。まさにあることが起ころうとするさま。「寿量が将に尽きんとし、身形が壊するに臨んで諸の事業に於て功能なし」「終とは死に臨む時をいう」
Ⓢ abhimukhatā: abhimukhatva

臨終時 りんじゅうじ →臨命終時

臨入 りんにゅう 向かって入ること。随順・趣向と並んで用いられることが多い。「彼の聖弟子は、心は長夜に於て遠離に随順し涅槃に臨入す」「諸の菩薩は一切の契経などの法を縁じて、集して一団・一積・一分・一聚と為して、此の一切法は真如に随順し、真如に趣向し、真如に臨入す、と作意し思惟す」「林野の鹿の如くに、其の心を縦放すべからずして、睡眠に随順し、趣向し、臨入す」 Ⓢ prāg-bhāra

臨命終時 りんみょうしゅうじ 臨終時ともいう。まさにいのちが終わろうとするとき。死にぎわ。「臨命終の時、多く憂悔を生じ、命終の已後、悪趣に顚墜す」「臨終の時は、或いは上の身分より識は漸く捨離して冷触が漸く起こる」 Ⓢ kālaṃ karoti: maraṇa-kāla

麟角独覚 りんがくどくかく →麟角喩独覚

麟角喩 りんがくゆ →麟角喩独覚

麟角喩独覚 りんがくゆどくかく 二種の独覚（部行独覚・麟角喩独覚）の一つ。犀に角が一つであるように、一人で住して長年修行してさとりを得る人。麟喩独覚・麟角独覚ともいう。→部行独覚

Ⓢ khaḍga-viṣāṇa-kalpaḥ pratyeka-buddhaḥ

（出典）諸独覚、有二種殊。一者部行、二麟角喩。（中略）麟角喩者、謂、必独居。二独覚中麟角喩者、要百大劫、修菩提資糧、然後方成麟角喩独覚。（『倶舎』12、大正 29・64a～b）

麟喩独覚 りんゆどくかく →麟角喩独覚

る

流 る ①（水や川などの）ながれ。流れること。流すこと。諸方に散らばること。「傍生の本処は大海にして、後に余処に流る」「内身は無量の千虫の依止するところにして、常に悪汁を流す」「色蘊は等流の流と異熟生の流と長養の流との三種の流に由って相続して転ず」「両腋より汗が流る」

Ⓢ dhārā: **muc**: visṛta: srāvin: srotas

②（香りを）漂わす、放つこと。「善士の功徳の香は芬馥として、風に逆っても美を流して諸方に遍ず」 Ⓢ pra-**vā**

流移 るい 流刑。刑罰として追放すること。「諸の愆犯せる有情は他の為に拘らえられ、他によって刑縛・断截・毀辱・迫脅・駆擯・流移せられんとす」 Ⓢ pravāsana

流逸 るいつ 心がなまけて気ままであるさま。「遊行する時、諸の境界に於て貪憂を遠離するが故に心が流逸せず」「其の心を正直し、流逸せざるを名づけて不乱と為す」

流溢 るいつ 流れあふれるさま。愛の異名。愛は流れあふれ出ておさえ難いから、愛を流溢という。「愛は制伏し難きが故に説いて流溢と名づく」

流引 るいん （風が）前方に吹くこと。地・水・火・風の四大種のなかの風の働きをいう。「風界は能く長す。長とは増盛を、或いは復た流引を謂う」 Ⓢ prasarpaṇa

流汗 るかん 汗が流れること。怖れるさまの一つとしてあげられる。「正しく熱時に於ては身体は舒泰し、流汗し、熱渇が纏逼して清涼に遇うことを希う」「若し上品の不善業を作す者は、将に命終せんとする時は、斯の変怪の相を見る故に、流汗し、毛竪ち、虚空を捫摸し、翻睛し、咀沫す」

Ⓢ prasvinna: prasveda

流行 るぎょう （病気が）はやること。（ものごとが世に）はやること。（智慧が）生じて働くこと。「天廟・衢路・市肆に於て殺羊法を立てて、流行して絶えず」「疾疫が流行して死亡す」「此の地の中のあらゆる諸相と及び一切の行とは皆な能動せざるに由って無分別智が任運に流行す」 Ⓢ prādur-**bhū**

流散 るさん 散り乱れること。ちらばること。「彼彼の所縁の境界に於て心意識が生じ、遊行し、流散す」「其の心を制御して流散せしめず」「水輪は一切の有情の業力に持されて流散せず」 Ⓢ pra-**sṛ**: prasara: vi-**sru**

流湿性 るしつしょう 存在を構成する四つの要素（地・水・火・風）の一つである水の流れる・しめっぽいという性質。湿性ともいう。

（出典）何等水界。謂、流湿性。（『集論』1、

大正 31・663b)

流潤 るじゅん 流れうるおうさま。愛の異名。愛によって生死の流れに漂流するから、愛を流潤という。「凡そ諸のあらゆる染汚の希求を皆な名づけて愛と為す。又、生死の流に順じて漂転するが故に名づけて流潤と為す」(『瑜伽』95、大正 30・843a)

流注 るちゅう 流れそそぐこと。流れること。あふれ出ること。「施主の無量の福善が相続を滋潤し、無量の安楽が其の身に流注す」「諸の境界の中で相続に流注して過を泄して絶えざるが故に名づけて漏と為す」「江河などが迅速に流注す」「汝等、長時に生死に馳騁して、身血、流注して四大海を過ぐ」「煩悩は諸の処門に於て常に流注するが故に名づけて僑伽と為す」 Ⓢ ā-**sru**: dhārā: pra-**ghṛ**: pravāha: prasyanditaṃ praghāritam

流転 るてん ①生存がつづくこと。生まれ変わり死にかわりすること。「長時に生死に流転す」 Ⓢ pravartaka: pra-**vṛt**: pravṛtti: sam-**sṛ**: saṃsṛti

②流れつづけること。「乃至命が終るまで諸の識が流転す」「諸の識が流転し相続して此の世間より彼の世間に至り、断絶することなし」 Ⓢ pravāha: srotas

③〈唯識〉が説く二十四の不相応行の一つとしての流転。因と果とが相続して絶えることがないこと。 Ⓢ pravṛtti

(出典) 云何流転。謂、諸行因果相続、不断性、是謂流転。(『瑜伽』52、大正 30・587下):何等流転。謂、於因果相続、不断、仮立流転。(『集論』1、大正 31・665c)

(参考) (『瑜伽』56、大正 30・607c) に利那展転流転・生展転流転・染汚清浄展転流転の三種の流転が、(『瑜伽』52、大正 30・587c〜588a) に多種の流転が説かれる。

流転依 るてんえ →依⑫

流転還滅 るてんげんめつ 流転と還滅。流転とは生死輪廻すること、還滅とは生死輪廻から解脱して涅槃に入ること。「流転を訶毀して還滅を讃歎す」「流転は生死の因にして還滅は出世を謂う」「流転を対治する還滅を非撥して世間には真の阿羅漢あることなしと言う」 Ⓢ pravṛtti-nivṛtti

流転生死 るてんしょうじ 生死輪廻・輪転生死とおなじ。生まれ変わり死に変わりして苦的生存をくりかえすこと。「愛は諸の有情の流転生死を引く」「諸の菩薩は諸の有情を利せんが為の故に流転生死すれども厭倦あることなし」 Ⓢ saṃsāra: saṃsāra-saṃsṛti

流転真如 るてんしんにょ →七真如

流蕩 るとう (心が) 定まらず乱れ動くさま。「五妙欲に流蕩する者」「煩悩が起こる時は、心は必ず流蕩す」「心が散乱し流蕩して一境に住せず」

流動 るどう 動くこと。動かすこと。「煩悩は其の心を流動するが故に名づけて漏と為す」 Ⓢ vikṣepakatva

流入 るにゅう 流れ入ること。「食し已って段食が一切の身分の支節に流入す」「五大河が大海に流入す」「未来より現在に流入す」 Ⓢ anuvisarañjara: sam-**car**

流布 るふ ①広まること。広めること。「仏世尊は聖教を流布す」「能く鄙悪なる名称を十方に流布せしむ」 Ⓢ niś-**car**

②仏・菩薩の能変神境智通の一つ。光明を発して世界に充満せしめるという神通力の働き。 Ⓢ spharaṇa

(出典) 流布者、謂、仏菩薩依定自在、流布光明、遍満一切寺館舎宅乃至無量無数世界、無不充満、如前振動、是名流布。(『瑜伽』37、大正 30・492a)

流聞 るもん (名声などが) 広く行きわたること。「大なる名称が世間に流聞す」 Ⓢ prathita

流涙 るるい 涙を流すこと。雨涙・堕涙とおなじ。「若し善友が正法を説くを聞く時、身の毛が竪ち、悲泣し、流涙し、生死を厭離し、涅槃を欣楽す」 Ⓢ aśru-prapāta

流漏 るろ (煩悩などが) 流れもれること。(雨水が) もれること。「是の如く無明・放逸・戯論が諸門より流漏す」 Ⓢ parisrava: pārisravika

(出典) 流漏者、屋宇破壊。(『略纂』2、大正 43・32b)

留 る (滅すること、なくなることを) とどめること。「彼の阿羅漢は他を利益安楽せんが為の故に多くの寿行を留む」「菩薩は惑を留め生を潤して一切智を証す」「死後に骨瑣の身を留む」 Ⓢ adhi-**sthā**: adhiṣṭhāna: avasthāna: **sthā**:

留捨 るしゃ ①留と捨。とどめることとすてること。→留多寿行 →捨多寿行「寿行を留捨す」 Ⓢ utsarjana-adhiṣṭhāna

②あるものを肯定し、あるものを否定すること。たとえば、〈唯識〉では、内識を留め、外境を捨す、すなわち心は存在すると認め、心の外にものが存在することを認めない。

留寿行 るじゅぎょう →留多寿行

留多寿行 るたじゅぎょう 人びとを利益安楽せしめるために、また教えを永く世に伝えて仏法を護持するために、仏や阿羅漢が必要に応じて、神通力・布施力・定力・願力などによって寿命の存続（寿行）を留めて延ばすこと。留寿行ともいう。捨多寿行の対。寿行を命行（jīvita-saṃskāra）と言い換えて留多命行ともいう。但し寿行と命行とは相違するという諸説もある（『婆沙』126、大正 27・657c）。 Ⓢ āyuḥ-saṃskāra-adhiṣṭhāna: bahu-āyuḥ-saṃskārān sthāpayati

（出典）彼阿羅漢、有何因縁、留多寿行。謂、為利益安楽他故、或為聖教久住世故、観知自身寿行将尽、観他無此二種堪能。（『倶舎』3、大正 29・15c）

（参考）（『婆沙』126、大正 27・656a）

留多命行 るたみょうぎょう →留多寿行

留滞 るたい 緩慢であること。迅速でないこと。「留滞せずして施す」 Ⓢ vilambita

琉璃 るり vaidūrya の音写。詳しくは吠琉璃と音写し、琉璃と略称する。瑠璃とも書く。七宝の一つ。青色の宝石。→吠琉璃 →七宝② Ⓢ vaidūrya

（参考）（『婆沙』124、大正 27・648b）：（『瑜伽』44、大正 30・534a）

屢 る 「しばしば」「たびたび」と読む。「嫉と慳とに由って人・天・龍などは、屢、戦闘を興こす」

瑠璃 るり →琉璃

縷 る いと。「一つの縷は其の量、微小なれども能く一つの華を持す」「息が身に住するを観ること、珠の中の縷を観るが如し」「縷が貫結す」 Ⓢ tantu: sūtra

縷丸 るがん 糸をまいたたま。「縷丸を擲するに、縷が尽きれば便ち止まるが如し」

縷綫 るせん いと。「或いは毛を、或いは氈を、若しくは鞭す、若しくは弾ずれば、爾の時、柔軟・軽妙となりて、縷綫や氈褥を造作するに堪任たり」 Ⓢ sūtra

涙 るい なみだ。「涙・汗・洟・唾などを内の水界と名づく」 Ⓢ aśru

類 るい ①たぐい。おなじ種類。なかま。「是の如く水変じて宝などの類を生ず」「諸の菩薩は大願力を以って自在力を得て、種種の傍生趣の類に生まれる」 Ⓢ jāti: jātīyatva: pakṣyatva: prakāra: sabhāga

② bhāgīya の訳としての類。たぐい。種類。evaṃ-bhāgīya というかたちで使用され、「如是等類」（是の如き等の類）と訳され、いくつかの種類を列記した後にまとめとして用いる語。「是の如き等の類の衆多の差別あり」「是の如き等の類の諸の荘厳具」

③ maya の訳としての類。「～から作られた」という意味。ふつうは所成と訳される。「葉の類の器、草の類の舎」 Ⓢ maya

④ dravya の訳としての類。ものの表層的なありよう。「是の如く諸法が世に行ずる時、未来より現在に至り、現在より過去に入るは、唯だ類を捨得し、体を捨得するに非ず。金器を破って余の物を作る時、形は殊なることありと雖も体は異なることなきが如し」 Ⓢ dravya

⑤あるものと似ていること。ありようがおなじであること。～の如きであること。「菩薩の十二種の住は其の次第に随って声聞住に類す」「行は芭蕉に類す」 Ⓢ sādharmya

⑥類智の類。→類智 Ⓢ anvaya

類智 るいち ①十智の一つとしての類智。法智に類似する智。真理（諦）を証する見道において色界と無色界の四つの真理（苦・集・滅・道の四諦）を対象として起こす智。種類智ともいう。→十智 →智① Ⓢ anvaya-jñāna

②見道において四つの真理（苦・集・滅・道の四諦）の一つ一つに対して起こる四つの心である法忍（詳しくは法智忍）・法智・類忍（詳しくは類智忍）・類智の一つ。法智に類似している智。→十六心 Ⓢ anvaya-jñāna

（出典）最初証知諸法真理故、名法智。此後境智、与前相似故、得類名。（『倶舎』23、大正 29・121b）

類智忍 るいちにん 類智を起こす原因となる智慧（忍 kṣānti）。類忍ともいう。 Ⓢ anvaya-jñāna-kṣānti

類忍 るいにん 詳しくは類智忍という。→類智忍 Ⓢ anvaya-kṣānti

羸弱 るいじゃく 弱くおとっていること。力が弱いこと。「羸弱なる者が諸の強力のために殺害さるるが如し」「所依の身は極めて

羸弱なり」 Ⓢ durbala: daurbalya

羸痩 るいそう （身体が）弱ってやせていること。「睡眠の因縁とは、羸痩、疲倦、身分の沈重などを謂う」「羸痩な身を資養す」 Ⓢ daurbalya

羸劣 るいれつ 弱くおとっていること。力が弱いこと。虚弱なこと。「酔とは、依止が性として羸劣なるに由るが故に、或いは過量に飲むが故に、便ち酔乱に致るを謂う」「壮なる丈夫は羸劣なる丈夫と共に相い捔力すれば、能く之を制伏す」「疾病に擾悩されるが故に其の身は羸劣なり」「羸劣なる発心と強盛なる発心」 Ⓢ durbala: daurbalya: manda: mandatva

羸劣随眠 るいれつずいめん 十地のなかの第六地と第七地とにおいて第六意識と相応する倶生の煩悩障と所知障の随眠をいう。三種の随眠（害伴随眠・羸劣随眠・微細随眠）の一つ。→随眠②

（参考）（『解深』4、大正 16・707c）：（『義林章』1、大正 45・263c）

れ

令（れい）→りょう

礼（れい）→らい

冷（れい）→りょう

励 れい はげむ、努力すること。はげます、鼓舞すること。「修習に励む」「心を励ますとは、精進の障となる一切の煩悩に於て頻頻に覚察して心を静息せしむるを謂う」

励力 れいりき 努力すること。力をこめること。「励力して不放逸の行を勤修す」「法義に於て励力に審思し、方に能く領受し解了し通達す」「励力を倍するに由って其の心を折挫して一境に住せしむ」 Ⓢ yatna: bala-vāhanīyatva

励力運転思惟 れいりきうんてんしゆい 力励運転作意とおなじ。→力励運転作意

例 れい たとえ。たとえること。類推させるために同種類のなかから選びだして示すもの。「滅尽定も亦た然なり、と謂うなかの、亦た然なり、という声は、無想定の心心所の滅することを例す」「天耳通なども此れに例して応に知るべし」 Ⓢ grah

例句 れいく →七例句

例指 れいし たとえを示すこと。「人が重きを負う、その形質は、猶し牛の如しと例指す」

例同 れいどう ある事実としてのありようが他についてもおなじくあてはまること。「凡と聖との法は異なりて、例同すべからず」「余の五欲天もこれに例同して説く」「二文は全く別なるが故に例同すべからず」

囹（れい）→りょう

聆音属耳 れいおんぞくに 耳をすませて聞くこと。「聆音属耳して正法を聴聞す」 Ⓢ avahita-śrotra

零落 れいらく （草木や果実などが）枯れ落ちる、朽ちること。落ちぶれること。「果が多く朽敗し、果が多く零落す」「邪見の業道が増す時は、一切の外物は多分に零落して花果は乏少なり」 Ⓢ śīrṇa: śīrṇatva

霊（れい）→りょう

黎庶 れいしょ 多くの民。人民。庶民。「国王・大臣及び諸の黎庶などが具戒の士夫補特伽羅を恭敬し尊重す」 Ⓢ jāna-pada

暦算者 れきさんしゃ 占星術者。日月や星を供養して吉祥を求める者。「暦算者は日月星などを供養し、火を祠し、呪を誦す」

歴（れき）→りゃく

礫 れき 小石。砂。「瓦・木・塊・礫・樹・石・山・巌、是の如き等の類を外の地界と名づく」 Ⓢ śarkara

磔迦 れきか ṭakka の音写。『西域記』では磔迦に作る。東は今のビアース（biās）河に、西は今のチェナーブ（chenāb）に臨み、今のサーガラ（sāgala）地方。「磔迦・葉筏那・達刺陀・末㮈婆・佉沙・覩貨羅・博喝羅などの人来りて会坐に在りて、各各、仏は独だ我が為に自国の音義を説くと謂う」（『婆沙』79、大正 27・410a） Ⓢ ṭakka

（参考）（『西域記』4、大正 51・888b）：（『慈恩伝』2、大正 50・231c）

礫石 れきしゃく 小石。「行くところの地には礫石なし」 Ⓢ pāṣaṇa

列 れつ ①並べて記すこと。「是の如く名を列し已る」
②（陣を）しくこと。つらねること。「鉄輪王は彼の国に至って威を現じて陣を列す」
Ⓢ ā-**vah**

劣 れつ ①力なさ。元気なさ。力がなく元気がないという感触。触覚（身識）の対象すなわち感触（触）の一つ。 Ⓢ daurbala
（参考）（『瑜伽』1、大正 30・280a）
②おとっていること。力が弱いこと。不活発であること。「欲界に生ずる諸の有情類と、下は一切の禽獣などに至るものの心は、劣なる心なり」「衰とは依止が劣なるを謂う」「衰退とは念と慧とが劣なるを謂う」「諸の菩薩は平等なる大悲を具足して諸の有情の劣と中と勝との品に於て心に偏党なし」「他と比べて己は勝なり、或いは等なり、或いは劣なり、と謂うを憍慢の過失と名づく」
Ⓢ apara: durbala: daubalya: nihīna: nyūna: patita: māndya: saṃlīna: hīna

劣慧者 れつえしゃ 劣った智慧を有した者。「諸の菩薩は劣慧者を知れば、為に浅法を説く」 Ⓢ bāla-prajñā

劣界 れっかい 三界（劣界・中界・妙界）の一つ。苦が多く煩悩も多い世界。
（出典）由所知諸苦煩悩多中少義、当知、建立有余三界。謂、劣界・中界・妙界。若有上苦及上煩悩、是名劣界。若有中苦及中煩悩、是名中界。若有少苦及少煩悩、是名妙界。（『瑜伽』96、大正 30・850b）

劣根 れっこん さとりへの劣った能力。勝根の対。「退位中の阿羅漢は勝根を退いて劣根に住す」

劣色 れっしき 心にかなわない物質。心地よく感じられない感覚の対象。勝色の対。
Ⓢ hīna-rūpa
（出典）非可意者、名劣色、所余名勝色。（『倶舎』1、大正 29・4c）：言劣色者、謂、声香味触不可意色。与此相違、当知勝色。（『瑜伽』12、大正 30・337a）

劣心 れっしん 欲からなる世界（欲界）の生きもの（有情）の心。三種の心（劣心・中心・勝心）の一つ。 Ⓢ hīna-citta
（出典）遍了知劣心、謂、生欲界諸有情類、下至一切禽獣等心。（『瑜伽』37、大正 30・494c）

劣身 れっしん 劣った身体。三種の身（劣身・中身・妙身）の一つ。 Ⓢ hīna-kāya
（参考）（『瑜伽』28、大正 30・440a）

劣中勝 れっちゅうしょう 劣と中と勝。劣ったもの・中程度のもの・すぐれたものの三つ。三つにわける価値的分類法。劣等勝ともいう。「平等なる大悲を具足して、諸の有情の劣中勝の品に於て心に偏党なし」 Ⓢ hīna-madhya-viśiṣṭa

劣等勝 れっとうしょう 劣と等と勝。劣ったもの・中程度のもの・すぐれたものの三つ。三つにわける価値的分類法。劣中勝ともいう。「怨親中と劣等勝の品の諸の有情」
Ⓢ hīna-tulya-viśiṣṭa

烈河増 れつがぞう 八大地獄それぞれの四面の門の外にある場所の一つ。熱水に満ちた河。生きもの（有情）が、そのなかを煮えたぎりながら浮き沈みしつつ漂う場所。
Ⓢ utsado nadī
（参考）（『倶舎』11、大正 29・58c）

烈日 れつにち はげしくもえる太陽。「熱時の烈日、山沢を焚焼する災火、などの外の諸の大火の相を取って勝解す」 Ⓢ āditya

裂 れつ さく、やぶること。やぶれること。「産門より正に出る時、胎衣が遂に裂す」「施波羅蜜多は因時に於て能く慳吝を破り、亦た能く広き福徳資糧を引き、及び果時に於て能く貧窮を裂して大財位を得る」
Ⓢ saṃpra-**dal**

恋 れん ①こいしく思うこと。心がひかれること。「過去に於て恋なく未来を悕求せず」
②関心をもつこと。かえりみること。「菩薩は数習力の故に自の我愛を捨てて他を恋する心を増す」 Ⓢ apekṣā

恋著 れんじゃく 心がひかれて執着すること。「彼れ、あらゆる諸欲を悕求し及び受用するに、其の得るところ、受用するところの事に於て若し退失する時は、彼の諸欲に随って恋著し愛味すること、愛箭が心に入って毒箭に中るが如し」

恋慕 れんぼ 心がひかれて執着すること。「無動とは、諸の定に於て愛味・恋慕・堅著を生ぜざるを謂う」

連合 れんごう つなぎあわせること。むすびつけること。むすびついていること。「中に於て連合するとは、四句の中に於ける一一は、各別に諸字を連合するも、未満の義を顕し、或いは復た諸句を連合して頌を成ずる義を顕すを多句身と為す」「仏の教えとは、名身・句身・文身が次第に行列し、次第に安布し、次第に連合するを謂う」

連鎖 れんさ くさり状につながっているさま。「大覚と独覚と及び転輪王との支節は、相い連なること、其の次第の如くに龍の蟠結と連鎖と相鈎とに似るが故に、三は相い望んで力に勝劣あり」「支節の鎖とは髀膞などの骨の連鎖を謂う」 Ⓢ śaṅkalā

連続 れんぞく つらなりつづけること。「法が現前して諸有を連続し、老死を連続して能く生死輪転して無窮ならしむ」

連縛 れんばく むすびつけてしばること。「連縛とは、取が識をして生に随順する欲などに連縛せしむるを謂う」 Ⓢ nibandhana

連縛縁起 れんばくえんぎ 四種の縁起（刹那縁起・連縛縁起・分位縁起・遠続縁起）の一つ。十二支が相次いで連続して生じるとみる縁起観。
Ⓢ sāṃbandhikaḥ pratyaya-samutpādaḥ
（参考）（『倶舎』9、大正 29・48c）

連綿 れんめん 絶えることなく長くつづくさま。「那落迦などのあらゆる有情は、皆な苦受に連綿と相続して逼切せらるる」
Ⓢ prābandhika

廉倹 れんけん 心が清くつつましいこと。「廉倹の行を随学す」

煉金法 れんきんほう 金属を火でとかして精錬すること。「漸次、彼の後後の地の中に於て、煉金法の如く、其の心を陶錬して、乃至、阿耨多羅三藐三菩提を証得す」

蓮 れん →蓮華

蓮花 れんげ →蓮華

蓮華 れんげ 蓮・蓮花ともいう。泥沼のなかでも美しい花を咲かせることから、汚れた世間のなかにある汚れなきものの喩えに用いられる。「是れ人中の蓮華にして世間の八法には染まらざるところなり」「已に煩悩を断ずれば世間に処在すれども心に所著なきこと、蓮花の如し」「其の所依身は衆惑に染汚されず。紅の蓮花に水、滴著せざるが如し」
Ⓢ padma

練 れん ねること。きたえること。みがくこと。「心を練する作意」

練根 れんこん 鈍根（さとりへの劣った能力）を鍛錬して変化せしめ、利根（さとりへの勝れた能力）を得ること。転根とおなじ。増進根ともいう。→転根
Ⓢ indriya-uttāpana: indriya-vṛddhi: indriya-saṃcāra
（参考）（『倶舎』25、大正 29・131a～b）:（『瑜伽』57、大正 30・618c）

練磨 れんま みがききたえること。「心を練磨するとは、心を策挙して其れを猛利せしむるを謂う」「已に大菩提を証した者は、自心を練磨して勇猛・不退なり」
（出典）練、謂、陶練、磨、謂、磨瑩、即修治義。（『述記』9末、大正 43・564a）

憐 れん いつくしむ、あわれむこと。「諸の菩薩は諸の有情を愛し、諸の有情を憐む」
Ⓢ preman

憐愛 れんあい いつくしみ、あいすること。「憐愛の心を以って恵施を行ず」

憐愍 れんみん ①いつくしむ、あわれむこと。「諸の菩薩は大悲を懐くが故に現前に深き憐愍の心を発起す」
Ⓢ anukampā: vatsala: vātsalya
（参考）（『瑜伽』47、大正 30・551c）に無畏憐愍・如理憐愍・無倦憐愍・無求憐愍・無染憐愍・広大憐愍・平等憐愍の七種の憐愍が説かれる。
②菩薩の異名。「菩薩を亦た憐愍と名づく」
Ⓢ kṛpālu

輦輿 れんよ 天子の車。「乗樹ありて、此れより車・輅・輦輿などの種種の妙乗を出生す」 Ⓢ śivikā

錬 れん ねること。金属を熱したり打ったりしてきたえること。「世間の善巧なる工匠が錬するところの金を以って荘厳具を作るが如し」

錬金 れんこん 金を精錬すること。心の汚れである煩悩を払拭することの喩えに用いられる。「聖道は、浣衣・磨鏡・錬金の如く、煩悩を対治す」

錬治 れんじ 金属を精錬して不純物を除くこと。「調柔陶錬とは銷煮し已って更に細く瑕隙などの穢を錬治するを謂う」

斂 れん おさまること。ひきしまること。「或いは膩団を以って、或いは膩帛を以って瘡門を帖塞すれば、漸次、肌肉は斂を得る」

鎌 れん かま。「分離の能作とは、鎌など

の所断に於るをいう」「譬えば田夫が先に左手で以って草を攬取し、後に右手に鎌を執って之を刈るが如し」 Ⓢ dātra

攣 れん 手足が曲がる病気。「疥・癩・禿・攣・躄などの種種の悪疾が其の身を逼切す」

ろ

路 ろ みち。「日が此の洲を行くに、路に差別あるが故に、昼夜をして減あり増あらしむ」「是の如き等の諸部の聖教を定量と為すに由るが故に、阿頼耶識は大王の路の如し」 Ⓢ gati: pathin

輅 ろ くるま。大きな車。「乗樹ありて、此れより車・輅・輦輿などの種種の妙乗を出生す」 Ⓢ yugya

漏 ろ āsrava の意訳。阿薩臘縛と音写。原語 āsrava は「流れる」を意味する動詞 ā-**sru** に由来する名詞で、もれるもの・流れ出るもの、すなわち煩悩を意味する。煩悩は有情（生きもの）の六根（眼・耳・鼻・舌・身・意の六つの器官）から流れ出るから漏という。漏の代表的な分類としては欲漏・有漏・無明漏の三種がある（→各項参照）。また見漏・修漏・根漏・悪漏・親近漏・受漏・念漏の七漏が説かれる。 Ⓢ āsrava
（出典）稽留有情、久住生死、或令流転於生死中、従有頂天、至無間獄。由彼相続、於六瘡門、泄過無窮、故名為漏。（『倶舎』20、大正 29・108a）：漏有三種。謂、欲漏・有漏・無明漏。令心連注流散不絶、故名為漏。此復云何。依外門流注故、立欲漏。依内門流注故、立有漏。依彼二所依門流注故、立無明漏。（『集論』4、大正 31・678a）
（参考）（『婆沙』47、大正 27・244a 以下）

漏尽 ろじん 漏が尽きること。煩悩がなくなること。見道において四諦の理を観察することによって漏尽を得るが、究極の漏尽は仏位において達せられる。詳しくは諸漏永尽という。「諸の漏尽を得んが為に金剛喩定を修す」「一切の結が余すことなく永断するを名づけて漏尽と為す」「漏尽とは、諸漏永尽を謂う」 Ⓢ āsrava-kṣaya

漏尽智 ろじんち 自らにおいて、あるいは他の人びとにおいて、煩悩（漏）が尽きたと如実に知る、あるいは煩悩が尽きる方便を如実に知る智慧のこと。→漏尽智証通「如来身の中の漏尽智は、漏尽智証通と漏尽智証明と漏尽智力と教誡示導との四つの義を具す」 Ⓢ āsrava-kṣaya-jñāna

漏尽智作証通 ろじんちさしょうつう →漏尽智証通

漏尽智証通 ろじんちしょうつう 自らにおいて、あるいは他の人びとにおいて、煩悩（漏）が尽きたと如実に知る、あるいは煩悩が尽きる方便を如実に知るという超能力。六神通の一つ。漏尽通・漏尽智通・漏尽智作証通ともいう。→六神通 Ⓢ āsrava-kṣaya-jñāna-sākṣāt-kriyā-abhijñā
（参考）（『倶舎』27、大正 29・142c）：（『瑜伽』37、大正 30・494c～495a）：（『雑集論』14, 大正 31・760a）

漏尽智証明 ろじんちしょうみょう 三明の一つ。→三明

漏尽智通 ろじんちつう →漏尽智証通

漏尽智通威力 ろじんちつういりき 六神通のなかの漏尽智通とおなじ。→漏尽智通 Ⓢ āsrava-kṣaya-jñāna-abhijñā-prabhāva

漏尽智力 ろじんちりき 如来の十力の一つ。→十力 Ⓢ āsrava-kṣaya-jñāna-bala

漏尽通 ろじんつう →漏尽智証通

漏尽無畏 ろじんむい 漏永尽無畏とおなじ。仏のみが有する四つの畏れがないありよう（四無畏）の一つ。→四無畏

漏泄 ろせつ 排泄すること。もれでること。「諸の在家者は、戯論門に由って六処の流より衆苦を漏泄す」「此の呑咽に於て既に呑咽し已って、此の孔穴に由って便ち下に漏泄す」 Ⓢ anu-**sru**: pra-**ghṛ**

漏永尽無畏 ろようじんむい 仏のみが有する四つの畏れがないありよう（四無畏）の一つ。→四無畏

魯達羅 ろだら rudra の音写。ヒンドゥー教における嵐の神。「云何が我れをして当

に魯達羅の世界、毘瑟똟の世界の衆同分の中に生ぜしめん」 Ⓢ rudra

閭邑 ろゆう むら。村里。「曽の王は転じて臣と為り、臣は復た貧匱、或いは閭邑の下賎と為りて世の為に軽鄙せらるる」

爐 ろ いろり。「金などを爐の中に置いて調錬す」

臚 ろ はら（腹）。「臆と臚と臍との三は並びに皆な殊妙なり」 Ⓢ udara

蘆束 ろそく 束蘆とおなじ。→束蘆

露形 ろぎょう 衣服を身に付けず、裸のままで生活すること。離繫外道（ジャイナ教徒）の苦行。無衣ともいう。「諸の外道は多くの道諦を説く。自餓を執して道と為し、或いは臥灰を執して道と為し、露形を執して道と為すが如し」「苦行者とは、露形・無衣の是の如き等の類を謂う」 Ⓢ nagna

露形戒 ろぎょうかい 衣服を身に付けず、裸のままで生活することによって生天しようとする戒。外道の戒の一つ。「外道あり、露形戒を持して計して清浄と為す」 Ⓢ nagna-vrata

露処 ろしょ 広野などの広々とした場所。屏処の対。「或いは屏処に於て、或いは露処に於て往返し経行す」 Ⓢ abhyavakāśa

露抜 ろばつ 刀剣を鞘から抜くこと。「利剣を露抜して魁膾に随行す」 Ⓢ utkṣipta

驢 ろ ろば。「胎生とは、象・馬・牛・驢などを謂う」 Ⓢ gardabha

老 ろう ①老いているという感触。触覚（身識）の対象。感触（触）の一つ。「触処の中に説くところの所造色の滑性、乃至、勇性は、当に知るべし、即ち大種の分位に於て仮に施設してありと。（中略）時分の変異に由って不平等なるが故に仮に老を立つ」（『瑜伽』54、大正30・597a） Ⓢ jarā
（参考）（『瑜伽』1、大正30・280a）
②老い。としより。老いること。ふけること。「老法が老いる時の苦」「我れは是の如き色類の年歯に住す。所謂、或いは少、或いは中、或いは老なり」
Ⓢ jarā: jīrṇa: pālitya: vṛddha
（出典）老云何。謂、髪色衰変。（『瑜伽』10、大正30・323c）
（参考）（『瑜伽』56、大正30・607b）に、異性老・転変老・受用老の三種の老、（『瑜伽』52、大正30・586b）に、身老・心老・寿老・変壊老・自体転変老の五種の老が説かれる。
③不相応行の一つとしての老。有為（現象的存在）のもつ四つのありよう（生・老・住・無常）の一つ。老いるという現象を生ぜしめる原理。 Ⓢ jarā
（出典）此已生行、望前已滅諸行、刹那自性別異、正観為老。（『瑜伽』46、大正30・544b）：後起諸行、與前差別、説名為老。（『瑜伽』52、大正30・585c）
（参考）（『婆沙』38、大正27・199a）

老苦 ろうく 老いる苦しみ。四苦、七苦あるいは八苦の一つ。苦聖諦の一つ。
Ⓢ jarā-duḥkha
（出典）老能衰、変可愛盛年、故名老苦。（『婆沙』78、大正27・402b）：云何老苦。当知亦由五相。謂、於五処衰退故苦。一盛色衰退故、二気力衰退故、三諸根衰退故、四受用境界衰退故、五寿量衰退故。（『瑜伽』61、大正30・642a～b）

老死 ろうし 老いることと死ぬこと。この二つを一つにして十二支縁起のなかの第十二番目の契機とする。〈有部〉の三世両重の因果説によれば、来世において生を受けてから受の位に至るまでの段階をいう。〈唯識〉の二世一重の因果説によれば、過去の原因によって結果する現在の老と死、あるいは現在の原因によって結果する未来の老と死をいう。→十二支縁起 Ⓢ jarā-maraṇa

老年 ろうねん 五十から七十歳までの人。出生後の人の一生の五段階（嬰孩・童子・少年・中年・老年）の一つ。 Ⓢ vṛddha
（参考）（『倶舎』15、大正29・82a）：（『瑜伽』2、大正30・289a）

労 ろう 疲労。つかれているさま。「身の労と身の乏とに由って身の麁重を発し、心の麁重を発す」「身の四威儀を易脱して楽を生じ、労を解く」 Ⓢ klama: klānta: vyāyāma: śrānta

労倦 ろうけん つかれくたびれているさま。「行路の疲乏に苦しむ有情に処を施し、調身按摩して、其をして労倦の衆の苦を止息せしむ」「労倦を辞せずして、食愛・婬愛及び資具愛を四方に追求す」
Ⓢ klama: khinna: kheda: śrama-klama

労策男 ろうさくなん 勤策男とおなじ。→勤策男

労策女 ろうさくにょ 勤策女とおなじ。→勤策女

労睡 ろうすい つかれてねむたいこと。「深い隠処に在し、須臾に寝息して、諸の労睡を皆な、悉く除遣せしむ」 Ⓢ nidrā-klama

労損 ろうそん つかれよわること。「菩薩は常に衆生の為に正法を宣説し、身に極倦なく、念に忘失なく、心に労損なし」 Ⓢ upahan

労賚 ろうらい ねぎらうこと。「国王が群臣を労賚す」

弄 ろう もてあそぶ、あなどる、あざわらうこと。「瞋せらるるも瞋に報いず、打せらるるも打に報いず、弄せらるるも弄に報いざるを堪忍という」 Ⓢ bhaṇḍita

弄珠 ろうじゅ 珠を用いた遊び。遊戯の一つ。「戯とは、双陸・樗蒲・弄珠などの戯を謂う」

牢強 ろうごう 堅固でつよいこと。「牢強な加行」「牢強な対治」

牢獄 ろうごく 監獄。生死する苦の喩えとして用いられる。「無明の深塹に周匝・囲繞せられ、生死の衆苦の牢獄に閉在す」「諸の牢獄の中、生死の牢獄を最も第一と為す」 Ⓢ cāraka

牢城 ろうじょう しろ。城郭。「牢城を討つ」 Ⓢ nagara

朗月 ろうがつ 明るくかがやく月。「諸の菩薩は自らの白法をして転じて増盛せしむること、猶し朗月の如し」

浪 ろう なみ。大波。「海が風縁に遇えば、種種の波浪を起こすが如く、恒に諸識の浪が現前して作用して転ず」

浪耆 ろうき 毒虫の一種。無明の喩えに用いられる。「経に説くが如し。苾芻よ、当に知るべし、真実の浪耆は即ち無明、是れなりと。謂く、毒虫ありて名づけて浪耆と為す」「問う、何が故に無明を説いて浪耆と名づくや。答う、彼の性に似るが故なり」
（参考）（『婆沙』47、大正 27・245b）

狼 ろう おおかみ。危害をあたえる動物の一つとしてあげられる。「若し処所に悪師子・虎・豹・豺・狼、怨敵・盗賊などの諸の恐怖の事なければ、是の処所に於ては身意は泰然たり」

廊院 ろういん ひさしのある宮殿。「観史多天の九の廊院あり」

廊廟 ろうびょう ひさしのある宮殿。「眼は外物の房舎・屋宇・殿堂・廊廟などの衆の色を見る」 Ⓢ harmya-tala

僂 ろう 背骨がまがって前かがみになっているさま。僂曲とおなじ。「脊傴曲とは身形が前に僂み、杖に憑って行くをいう」「身は僂曲せず」

僂曲 ろうきょく →僂 Ⓢ avanata

楼閣 ろうかく たかどの。「楼閣に登って以って風雨を避く」

楼観 ろうかん たかどの。「天帝釈に普勝殿あり。諸の殿の中に於て最も殊勝と為す。仍ち其の処に於て百の楼観あり」
Ⓢ niryūha: harmya

臘縛 ろうばく 時間の単位の一つ。百二十刹那が一怛刹那で、その三十怛刹那からなる時間。 Ⓢ lava
（参考）（『倶舎』12、大正 29・62b）

聾 ろう 耳が聞こえないこと、あるいはそのような人。「高声にして側ち聴くをば、是れ聾なりと比知す」 Ⓢ badhira

聾騃者 ろうがいしゃ 耳が聞こえない人。苦しんでいる人の一人。「有苦者とは、聾騃者などを謂う」 Ⓢ badhira

聾者 ろうしゃ 耳が聞こえない人。「若し仏を見る時、盲者は眼を得、聾者は耳を得る」 Ⓢ badhira

六阿羅漢 ろくあらかん 退法・思法・護法・安住法・堪達法・不動法の六種の阿羅漢。→阿羅漢

六愛身 ろくあいしん 六つの触（眼触・耳触・鼻触・舌触・身触・意触）から生じる六つの貪愛の集まり。→六触 Ⓢ ṣaṭ tṛṣṇā-kāyāḥ
（出典）有六愛身、謂、眼触所生愛身、耳鼻舌身意触所生愛身。（『婆沙』49、大正 27・256b）

六因 ろくいん 六つの因。能作因・倶有因・同類因・相応因・遍行因・異熟因の六つの原因をいう。→各項参照
（参考）（『倶舎』6、大正 29・30a 以下）

六因五果 ろくいんごか 六つの原因と五つの結果。結果としての全存在を五つに分け、それらの原因として六つを立てる因果説。→六因 →五果

六界 ろくかい 存在を構成する地界・水

界・火界・風界・空界・識界の六つの要素。→各項参照 Ⓢ ṣaḍ dhātavaḥ
（参考）（『瑜伽』27、大正 30・430a 以下）

六合釈 ろくがっしゃく 「りくがっしゃく」とも読む。サンスクリットでは名詞複合語が特別の発達をとげたが、唯識（性相学）ではその代表的な六種類の合成形式のことを指す。二つ、あるいは二つ以上の単語からなる合成語の単語間の関係についての六つの文法解釈をいう。持業釈・依主釈・有財釈・相違釈・隣近釈・帯数釈の六つ。原語ṣaṭ samāsāḥを音写して殺三磨婆合釈という。（i）持業釈（karma-dhāraya）。総じていえば、前分の語が後分の作用・性質・状態などを持つような合成語をいい、同格もしくは譬喩を表す。詳しくいえば、次のような型がある。nīla-utpalam（青い蓮華。形容詞＋名詞）、vajra-karkaram（金剛のように堅い。名詞＋形容詞）、cūta-vṛkṣaḥ（マンゴーの木。名詞＋名詞）、またこのなかに動植物に関する譬喩として比較するものを後分にもつ合成語が存在する。puruṣa-vyāghraḥ（虎のような人、すなわち勇士を指す）等々。（ii）依主釈（tatpuruṣa）。広義では、前分が後分によって制限され、単語間の子音が脱落するような合成語をいう。たとえば rājan と gṛha で rāja-gṛham（王舎城）となる。狭義では、前分が後分に対して格の関係を有するような合成語をいう。たとえば、pṛthivī-pālaḥ（大地の守護者。属格 genitive）、svarga-gatiḥ（天へ往く。業格 accusative）、deva-guptaḥ（神によって守られた。具格 instrumental）、kuṇḍala-hiraṇyam（耳輪のための金。与格 dative）、svarga-patitaḥ（天から落ちた。従格 ablative）。pudgala-abhiniviṣṭaḥ（人に執着している。依格 locative）、等々。（iii）有財釈（bahuvrīhi）。原語 bahuvrīhi の bahu は「多い」、vrīhi は「米」という意味で、米を財物ととらえて多くの米を有している意味に解釈して有財といい、また語の意味のとおり多財と訳して多財釈ともいう。二つ以上の語からなり、後分は常に名詞であり、全体として形容詞の働きをするような合成語をいう。この合成語の性は一般規定に従わず前分が形容詞の場合、後分の性は変化する。たとえば、bahu-vrīhi（多くの米を有している“人”）、mahā-bāhu（大きな肘を有する“人”）、gata-āyus（寿命が尽きた“人”）、tapas-dhana（苦行を財とする“人”）、deva-datta（神から授けられた“人”つまり提婆達多という人名）。（iv）相違釈（dvandva）。二つ以上の単語がそれぞれ同等の関係で連結しているような合成語をいう。たとえば、deva-maṇusyau（天と人。名詞の両数形）、vṛka-siṃha-vyāghrāḥ（狼と獅子と虎たち。名詞の複数形）、sukha-duḥkham（喜びと悲しみ。単数形の集合名詞）。（v）隣近釈（avyayībhāva）。adhi、abhi、upa などの不変化辞を前分、名詞を後分とするような合成語で、副詞的に用いられる。たとえば adhi-vidyam（智に関して。副詞）、abhi-dharmaḥ（対法。名詞）、upa-kleśaḥ（随煩悩。名詞）、nir-ātman（無我。形容詞）等々。（vi）帯数釈（dvigu）。前分が数詞よりなる合成語をいう。たとえば tri-loka（三つの界。数詞＋名詞）、pañca-indriya（五つの根。数詞＋名詞）。
Ⓢ ṣaṭ samāsāḥ
（参考）（『倶舎論記』1、大正 41・10a～b）：（『義林章』1、大正 45・254c 以下）

六行観 ろくぎょうかん →六行智

六行智 ろくぎょうち 六行による智慧。六行とは六つの行相（ākāra）をいい、麁・苦・障・静・妙・離の六つの認識のありようをいう。このなか無間道において麁・苦・障の三つの行相で自地と次の上地の有漏の法を観察し、解脱道において静・妙・離の三つの行相で次の上地の有漏法を観察して、漸次、八地の七十二品の修惑を断じていく修行法を構成する智慧を六行智という。智を観と言い換えて六行観ともいう。
（参考）（『婆沙』64、大正 27・330a～b）

六軍 ろくぐん 三十三天が阿素洛と戦うときに配置する六つの軍隊。依海住龍・堅手天・持鬘天・恒憍天・四大王衆天・三十三天の六つ。
（参考）（『婆沙』4、大正 27・19a）

六外処 ろくげしょ 十二処（存在の十二の領域）のなかの色処・声処・香処・味処・触処・法処の六つ。色・声・香・味・触・法の六境をいう。六内処の対。→六内処 Ⓢ ṣaḍ bāhyāny āyatanāni

六現観 ろくげんかん 思現観・信現観・戒現観・現観智諦現観・現観辺智諦現観・究竟

現観の六つの現観。→各項参照 →現観
（参考）（『成論』9、大正 31・50c）

六恒住 ろくごうじゅう 阿羅漢がつねに住する六つの心の状態。眼・耳・鼻・舌・身・意の六つの器官がそれぞれ色・声・香・味・触・法の六つの対象を認識しても喜ぶことも憂うこともない正念・正知の状態に住しつづけること。六恒住法ともいう。「諸の阿羅漢は心が善解脱して六恒住を具す」 Ⓢ ṣaṭ sātatyā vihārāḥ
（参考）（『婆沙』36、大正 27・189a）：（『瑜伽』34、大正 30・477b）

六恒住法 ろくごうじゅうほう →六恒住

六師 ろくし →六師外道

六師外道 ろくしげどう 釈尊の時代に中インドにおいて勢力をもった六人の師（プーラナ、ゴーサーラ、アジタ、パクダ、サンジャヤ、ニガンタ・ナータプッタ）によって立てられた仏教以外の六つの学派。「非法輪とは布剌拏などの六師が転ずるところの八つの邪支の輪なり」「補剌拏などの外道の六師を流転者と名づく」

六思身 ろくししん 六つの触（眼触・耳触・鼻触・舌触・身触・意触）から生じる六つの思（意志）の集まり。→六触 Ⓢ ṣaṭ cetanā-kāyāḥ
（出典）云何行蘊。謂、六思身。則眼触所生思、耳鼻舌身意触所生思。（『瑜伽』27、大正 30・433c）

六時 ろくじ 昼と夜とをそれぞれ初分と中分と後分とに三分して、一日を全部で六つに分けた時間をいう。昼の三つを日初分・日中分・日後分、夜の三つを夜初分・夜中分・夜後分、あるいは初夜分・中夜分・後夜分という。「如来は大悲住に住して昼夜六時、昼三、夜三に、常に仏眼を以って世間を観察す」

六識 ろくしき 眼識・耳識・鼻識・舌識・身識・意識の六つの識。このなか眼識・耳識・鼻識・舌識・身識の五つは前五識といわれ、順次、視覚・聴覚・臭覚・触覚をいい、意識は第六意識ともいわれ、対象を言葉を用いて概念的に把握する働きや、感覚と共に働いて感覚を鮮明にする働きがある。〈唯識〉以前の識分類法であるが、〈唯識〉はこの六識にさらに末那識と阿頼耶識とを加えて全部で八つの識を立てる。→五識 →意識 →八識 Ⓢ ṣaḍ vijñānāni

六識身 ろくしきしん 眼識・耳識・鼻識・舌識・身識・意識の六つの識の集まり。→六識 Ⓢ ṣaḍ vijñāna-kāyāḥ

六種依持 ろくしゅえじ 有情を維持し支えて存在せしめる六種の支え。建立依持・蔵覆依持・豊稔依持・安隠依持・日月依持・食依持の六つ。→依持

六種守護 ろくしゅしゅご 象軍・馬軍・車軍・歩軍・蔵力の六つの守るもの。→守護

六種守護法 ろくしゅしゅごほう 三十三天が阿素洛と戦うときに布陣する六つの守護するもの。依海住龍・堅手天・持鬘天・四恒憍天・四大王衆天・三十三天の六つ。
（参考）（『婆沙』4、大正 27・19a～b）

六種波羅蜜多 ろくしゅはらみた →六波羅蜜多

六種遍計 ろくしゅへんげ 自性遍計・差別遍計・覚悟遍計・随眠遍計・加行遍計・名遍計の六つ。→各項参照
（参考）（『顕揚』16、大正 31・558a）

六種煩悩 ろくしゅぼんのう →六煩悩

六趣 ろくしゅ 六種の生命的存在、すなわち地獄・餓鬼・傍生・人・阿素洛・天をいう。あるいはそれらが趣く六つの場所をいう。阿素洛を除いて五趣を説く場合もある。『大智度論』によれば五趣説は説一切有部、六趣説は犢子部の主張であるという。また『論事』によれば上座部は五趣説を、安達羅派（andhaka）と北道派（uttarāpathaka）とは六趣説であるという。「六趣の生死に於て、彼彼の有情は彼彼の有情衆の中に堕つ」

六受 ろくじゅ 六つの触（眼触・耳触・鼻触・舌触・身触・意触）から生じる六つの受（感受作用）。それらをまとめて六受身という。→受① →六触 Ⓢ ṣaḍ-vedanā

六受身 ろくじゅしん →六受 Ⓢ ṣaḍ vedanā-kāyāḥ

六聚 ろくじゅ 苾芻（比丘）の二百五十戒と、苾芻尼（比丘尼）の三百四十一戒とを次の六群に分類したもの。波羅夷・僧伽波尸沙・偸蘭遮・波逸提・倶舎尼・突吉羅。
（参考）（『同学鈔』63、大正 66・555a）

六十四転劫 ろくじゅうしてんこう 壊劫（世界が壊れいく期間）に火災が五十六回、水災が七回、風災が一回、合計で六十四回の災害がおこる期間をいう。→大三災

六十二行跡 ろくじゅうにぎょうしゃく 外道が説く清浄道。→清浄道①
（参考）（『婆沙』198、大正 27・991c）

六十二見 ろくじゅうにけん →六十二諸悪見趣

六十二見趣 ろくじゅうにけんしゅ →六十二諸悪見趣

六十二諸悪見趣 ろくじゅうにしょあくけんしゅ 次のように分類される六十二種の誤った見解。（ ）内は数。常見論（4）、一分常見論（4）、無因論（2）、有辺無辺想論（4）、不死矯乱論（4）、有想論（16）、無想論（8）、非有想非無想論（8）、断見論（7）、現法涅槃論（5）。
（参考）（『瑜伽』87、大正 30・785c）

六処 ろくしょ ①眼根・耳根・鼻根・舌根・身根・意根の六つの根（器官）をいう。十二処のなかの六の内処をいう。→十二処 Ⓢ ṣaḍ-āyatana
②十二支縁起の一契機としての六処。十二支縁起のなかの第五番目の契機。〈有部〉の三世両重の因果説によれば、母体のなかの胎児が眼などの器官を生じおわって、いまだ器官（根）と対象（境）と認識作用（識）とが結合しない間の段階をいう。〈唯識〉の二世一重の因果説によれば、未来に異熟無記の眼根などの六根を生じる種子をいう。 Ⓢ ṣaḍ-āyatana
（出典）眼等已生、至根境識未和合位、得六処名。（『倶舎』9、大正 29・48b）：六処支、唯内六処。此唯取彼異熟種故。即五色根、及前六識若有異熟居過去世、説為意也。（『述記』8 本、大正 43・519b）

六勝生類 ろくしょうしょうるい 勝れた人たちを次の六種に分類する外道の満迦葉波（pūraṇa-kassapa）の説。（ｉ）黒勝生類。肉や魚を殺してなますにするなどの汚れた職業で生計を立てている人たち。（ii）青勝生類。汚れた職業以外で生計を立てている在家の人たち。（iii）黄勝生類。出家の人たち。（iv）赤勝生類。釈迦の弟子となった修行者たち。（ｖ）白勝生類。煩悩の束縛から離れた人たち。（vi）極白勝生類。難陀我蹉（nanda vaccha）・末塞羯利瞿賒利子（makkhali gosāla）などの人。
（参考）（『婆沙』198、大正 27・992b）

六神通 ろくじんずう 人知を超えた六つの超能力。神通にあたる abhijñā を jñāna-sākṣātkriyā-abhijñā と言い換えて、『倶舎論』では智証通と訳して、神境智証通・天眼智証通・天耳智証通・他心智証通・宿住随念智証通・漏尽智証通の六つをいい、『瑜伽論』では作証通と訳して、神境智作証通・随念宿住智作証通・天耳智作証通・見死生智作証通・知心差別智作証通・漏尽智作証通の六つをあげる。『瑜伽論』では『倶舎論』にある天眼智証通を見死生智作証通と言い換えている。→各項参照
（参考）（『倶舎』27、大正 29・142c）：（『瑜伽』37、大正 30・491b～c）：（『雑集論』14、大正 31・759c～760a）

六塵 ろくじん 六塵境ともいう。六つの器官（根）の六つの対象。色・声・香・味・触・法の六つ。心がこれら六つによって汚されるから、塵に喩えられる。「色等の六塵は真実有に非らず。猶し幻象の如し」「我慢を起こして六塵の境に於て愛著を生ず」

六塵境 ろくじんきょう →六塵

六随念 ろくずいねん 六念とおなじ。→六念

六想身 ろくそうしん 六つの触（眼触・耳触・鼻触・舌触・身触・意触）から生じる六つの想（知覚作用）の集まり。→六触 Ⓢ ṣaṭ saṃjñā-kāyāḥ
（出典）有六想身。則眼触所生想、耳鼻舌身意触所生想、総名想蘊。（『瑜伽』27、大正 30・433c）

六触 ろくそく 六つの触。触とは根（感覚器官）と境（認識対象）と識（認識する心）との三つが和合したところに生じ、かつ三つを逆に和合せしめる心所（細かい心作用）をいい、根と境と識とにそれぞれ六つあり、三者の結合から生じる触にも六つあることになり、根の名を付して眼触・耳触・鼻触・舌触・身触・意触という。それら六つをまとめて六触身という。 Ⓢ ṣaṣ-sparśa

六触処 ろくそくしょ 触とは六つの内的な器官（眼根・耳根・鼻根・舌根・身根・意根）とその器官の六つの対象（色・声・香・味・触・法）とが触れあうことをいい、その触が生じる六つの領域（処）を六触処という。全存在を十二種の領域（処）に分ける十二処のなかの内的な領域をいう。六内処ともいう。 Ⓢ ṣaṭ sparśa-āyatanāni

（参考）（『婆沙』74、大正 27・381c）には、六内処と六触処とはおなじであるとみる説と、異なるとみる説とをあげている。

六触身 ろくそくしん →六触
Ⓢ ṣaṭ sparśa-kāyāḥ

六大煩悩地法 ろくだいぼんのうじほう 〈倶舎〉で説く心所（細かい心作用）の分類法における一群の総称。無明・放逸・懈怠・不信・惛沈・掉挙の六つの心所をいう。→大煩悩地法

六通 ろくつう 六神通とおなじ。→六神通

六到彼岸 ろくとうひがん 六波羅蜜多とおなじ。→六波羅蜜多

六内処 ろくないしょ 十二処（存在の十二の領域）のなかの眼処・耳処・鼻処・舌処・身処・意処の六つ。眼根・耳根・鼻根・舌根・身根・意根の六根をいう。一人の人間を構成する内的な六つの要素。六外処の対。→六外処 Ⓢ ṣaḍ-ādhyātmikāny āyatanāni

六念 ろくねん 六随念ともいう。念仏・念法・念僧・念戒・念施・念天の六種の念。仏随念・法随念・僧随念・戒随念・捨随念・天随念ともいう。仏・法・僧の三宝に帰依し、戒を護り、布施を行じて、もって天に生じることを念じる修行をいう。念施を念捨ともいう。「諸の菩薩は、恒常に念仏・念法乃至念天を修習し、亦た他を勧導して六念を修せしむ」

六煩悩 ろくぼんのう 六種煩悩ともいう。貪・瞋・癡・慢・疑・悪見の六つの根本煩悩をいう。癡を無明、悪見を見ともいう。
（出典）煩悩自性有幾種。答、有六種。一貪、二瞋、三無明、四慢、五見、六疑。（『瑜伽』55、大正 30・603a）：此貪等六性、是根本煩悩摂故、得煩悩名。（『成論』6、大正 31・31b）

六煩悩垢 ろくぼんのうく 煩悩のなかの悩・害・恨・諂・誑・憍の六つは、そのありようが極めて汚れていることから、垢を付して煩悩垢といわれる。→煩悩垢
（参考）（『婆沙』47、大正 27・245c～246a）

六欲界天 ろくよくかいてん →六欲天

六欲天 ろくよくてん 六欲界天ともいう。欲界の六つの天。四大王衆天・三十三天・夜摩天（時分天）・知足天（覩史多天）・楽変化天・他化自在天の六天。→各項参照
（参考）（『倶舎』8、大正 29・41a）

鹿 ろく しか。馬・牛・羊などと並んであげられる代表的な動物の一つ。「汝等は長夜に或いは象・馬・駝・驢・牛・羊・鹿などの衆同分の中に生ず」 Ⓢ mṛga

鹿愛 ろくあい →鹿渇

鹿苑 ろくおん 鹿野苑ともいう。仙人が集まって修行する場所。仙人鹿苑ともいう。釈尊が初めて教えを説いた場所。→仙人鹿苑「仏は鹿苑に在りて法輪を転ず」「如来の説教に三時あり。初めに鹿苑に於て阿笈摩を説く。四諦の教ありて我有の執を破す」

鹿戒 ろくかい 鹿のまねをして糞などを食べ、野外で生活をし、それによって生天しようとする戒。外道の苦行の一つ。 Ⓢ mṛga-śīla

鹿渇 ろくかつ 鹿愛ともいう。陽炎・蜃気楼をいう。のどの乾いた鹿がそれを水と見まちがって渇望するから鹿渇・鹿愛という。幻事・健達縛城・鏡像・水月などと並んで実体のないものの喩えの一つとして用いられる。「陽焔の鹿渇の相の中に於て水の想を起こす」「諸の覚慧のみありて所縁の境なし。幻事・健達縛城・鏡像・水月・影光・鹿愛・旋火輪などを取るが如し」 Ⓢ mṛga-tṛṣṇā

鹿野苑 ろくやおん →鹿苑

禄位 ろくい 富や財を有した地位。「親友・財宝・禄位が離散し失壊して、悲泣し雨涙す」

漉 ろく こすこと。さらうこと。「諸の獄卒は或いは索羂を以って、或いは網を以って有情を漉す」 Ⓢ ud-**kṣip**: ud-**dhṛ**

六境 ろっきょう 六つの認識対象。色・声・香・味・触・法の六つをいう。順次、六つの器官（眼根・耳根・鼻根・舌根・身根・意根）、あるいは六つの認識作用（眼識・耳識・鼻識・舌識・身識・意識）の対象である。「所依とは、眼根・耳根・鼻根・舌根・身根・意根の六根を謂い、所縁とは、色・声・香・味・触・法の六境を謂う」
Ⓢ ṣaḍ viṣayāḥ

六句義 ろっくぎ 句（pada）とは言葉、義（artha）とは言葉の意味、あるいは対象をいい、ヴァイシェーシカ派（勝論）の開祖・カナーダ（kaṇāda）が立てた実・徳・業・同・異・和合の六つの原理をいう。この六つの原理によってすべての存在が成立すると説く。後に同派のマティチャンドラ

(maticandra) がこの六句義に、さらに有能・無能・倶分・無説の四つの原理を付加して十句義を立てた。六つのなか、同は有・大有・有性・総同ともいわれ、物事が同一でありうる原理をいい、異は同異とも訳され(同を付したこの訳には問題がある)、物事の間に差別的関係が生じる原理をいう。六句義の内容については十句義の項を参照。→十句義

六根 ろっこん 六つの器官。眼根・耳根・鼻根・舌根・身根・意根の六つ。→根②
Ⓢ ṣaḍ indriyāni

六波羅蜜多 ろっぱらみた 六種波羅蜜多ともいう。施波羅蜜多・戒波羅蜜多・忍波羅蜜多・精進波羅蜜多・静慮波羅蜜多・慧(般若)波羅蜜多の六つ。六到彼岸ともいう。→波羅蜜多

六方 ろっぽう 六つの方向。上と下の垂直の二方向と北東・北西・南東・南西の水平の四方向とをいう。「上下と六方」

論 ろん ①釈尊によって説かれた経の内容を、後世それを学ぶ者のために、さらには存在のありようをより深く考究するために、一層詳しく解釈したもの。三蔵(経蔵・律蔵・論蔵)の論。 Ⓢ abhidharma
(出典) 対法蔵論我当説者、教誡学徒、故称為論。(『倶舎』1、大正 29・1a):論者、倶舎云。教誡学徒、故称為論。瑜伽釈云。問答決択諸法性相、故称為論。(『枢要』上本、大正 43・609b)
②教義・教説を記述したもの。論じ語られた書。論書。「一切の外論に略して因論と声論と医方論とあり」「内明論と因明論と声明論と医方明論と工業明論」「婆羅門が造るところの諸の論は前後相違せり」 Ⓢ kathā: vāda: śāstra
(参考) (『瑜伽』15、大正 30・356a 以下) と(『雑集論』16、大正 31・771a 以下) とに、広義の論 (vāda) を論体性 (論体)・論処所(論処)・論所依 (論依)・論荘厳・論堕負(論負)・論出離・論多所作法の七つに分けて詳説している。
③主張。見解。意見。「有我の論と無我の論との二種の論あり」「他の論を摧伏する菩薩の慧」「不巧便所引の尋思に由って是の如き見を起こし、是の如き論を立つ」
Ⓢ pravādin: vāda: vādin
④説くこと。述べること。「此の語は多に従って論と為す」 Ⓢ nirdeśa
⑤語ること。会話。雑談。「綺語と相応する種種の倡伎・吟詠・歌諷・王賊・飲食・婬衢などの論を作す」 Ⓢ saṃkathā: saṃlapana
⑥本論から二次的な傍論に入るために質問して問題を提起すること。「論に因って論を生ず」という表現で用いられる。 Ⓢ praśna

論依 ろんえ 論所依とおなじ。→論所依

論軌決択 ろんきけっちゃく 論議、すなわち意見を述べ論じあうことを成り立たせる諸要件について明確に決定的に解釈し定義すること。論体(論体性)・論処(論処所)・論依(論所依)・論荘厳・論負(論堕負)・論出離・論多所作法の七種について善く精通すること(→各項参照)。『瑜伽論』には、この七種は因明を構成する諸要素としてあげられている。 Ⓢ vāda-viniścaya
(参考) (『瑜伽』15、大正 30・356a 以下):(『雑集論』16、大正 31・771a 以下)

論義決択 ろんぎけっちゃく 論議決択とおなじ。→論議決択

論議 ろんぎ ①十二分教の一つ。→十二分教 Ⓢ upadeśa
②意見を述べ、論じあうこと。議論すること。論量とおなじ。→論議決択②
Ⓢ sāṃkathya

論議決択 ろんぎけっちゃく ①四つの決択(諦決択・法決択・得決択・論議決択)のなかの一つ。論議の決択。互いに意見を述べ、論じあうことを明確に決定的に解釈し定義すること。原語 sāṃkathya-viniścaya は論義決択(『瑜伽論』での訳)・論決択(『雑集論』での訳)とも訳される。「是の如き方便作意に依って法に於て論議決択に精勤す」「論義決択する声」 Ⓢ sāṃkathya-viniścaya
(参考) (『雑集論』15、大正 31・765b 以下)には、論決択が義決択・釈決択・分別顕示決択・等論決択・摂決択・論軌決択・秘密決択の七つに分けて詳説されている。
②論議と決択。論議し決択すること。互いに意見を述べ、論じあい、明確に是非を決定すること。「諸の善を修することを勧め、諸の悪を捨つることを勧むるあらゆる音声を、皆な、悉く能く聞き、受持し、読誦し、論議し、決択す」 Ⓢ sāṃkathya -viniścaya

論決択 ろんけっちゃく 論議決択とおなじ。→論議決択。 Ⓢ sāṃkathya-viniścaya

（出典）論決択、略説有七種。謂、義決択、釈決択、分別顕示決択、等論決択、摂決択、論軌決択、秘密決択。（『雑集論』15、大正31・765b）

論師 ろんじ　論（阿毘達磨 abhidharma）を理解・解釈する、あるいは読誦する人。学者。
（出典）若解、或誦阿毘達磨者、名為論師。（『婆沙』15、大正27・73b）

論宗 ろんしゅう　論の最も重要な主張。たとえば『成唯識論』の論宗は「唯識」「一切法唯有識（一切法はただ識のみが有る）」である。

論出離 ろんしゅつり　議論において立論者が次の三種の観察によって議論を立てたり、あるいは立てなかったりすることをいう。（ｉ）得失を観察する。議論を立てることが自分と他者とにとって得となると観察すれば議論を立て、損失となると観察すれば議論を立てない。（ii）時衆を観察する。論議するために集まった人びと（時衆）が頑固で僻んだ執着をもち、賢明ではなく、物事に精通していないと観察すれば、議論を立てず、人びとがその逆であると観察すれば議論を立てる。（iii）善巧と不善巧とを観察する。自分が論議の事柄に関して精通せず、他論をうち負かす力がないと観察すれば、議論を立てず、自分はその逆であると観察すれば、議論を立てる。 Ⓢ vāda-niḥsaraṇa
（参考）（『瑜伽』15、大正30・360b～c）：（『雑集論』16、大正31・772b～c）

論処 ろんしょ　→論処所

論処所 ろんしょしょ　論処ともいう。そこで論議を行なうべき場所。次の六つの場所（『瑜伽論』の所説）。（ｉ）王家。（ii）王に仕え、犯罪や争い事を裁く官吏（執理家）。（iii）大衆のなか。（iv）賢哲者の前。（ｖ）善く教えを理解している沙門や婆羅門の前。（vi）教えを知ろうとねがう者の前。あるいは次の五つの場所（『集論』の所説）。（ｉ）王家。（ii）王に仕え、犯罪や争い事を裁く官吏（執理家）。（iii）人となりが素直で善く判断することができる人（淳質堪為量者）。（iv）善き伴侶者。（ｖ）善く教えを理解している沙門や婆羅門の前。
Ⓢ vāda-adhikaraṇa
（参考）（『瑜伽』15、大正30・356c）：（『集論』7、大正31・693b）

論所依 ろんしょえ　論依ともいう。論議が展開するよりどころ。ある主張や命題を証明・論証する際の根拠。所成立と能成立の二つに分かれ、所成立とは論証されるべきもの、能成立とは論証を成立せしめるものをいう。→所成立　→能成立
Ⓢ vāda-adhiṣṭhāna
（参考）（『瑜伽』15、大正30・356c以下）：（『雑集論』16、大正31・771b以下）

論荘厳 ろんしょうごん　理にしたがって論議を展開し、次の五つのありようによって論議を美しいものにすること。（ｉ）自己の主張（宗）と他者の主張とを善く理解し精通している。（ii）声に関する学問（声論）を善く理解して議論を展開し、方言ではなくて、世間で通用し、巧みで勇壮であり、前後の文脈が論理的につながり、まちがっていない、などの特質を具えた言葉で議論をする。（iii）大勢の人の前でも、またいかなる身分の人の前でも、怖れることなく、ふるえることなく、どもることがない。（iv）他者の言を途中でさえぎったりすることなく、適時に発言する。（ｖ）他者を悩ますことなく、柔和な言葉で他者に対する。 Ⓢ vāda-alaṃkāra
（参考）（『瑜伽』15、大正30・359a以下）：（『雑集論』16、大正31・772a）

論蔵 ろんぞう　仏教の全文献を三種に集成した三蔵（経蔵・律蔵・論蔵）の一つ。釈尊の所説（経）と守るべきいましめ（律）とについての解釈を集成したもの。論の原語 abhidharma を音写して阿毘達磨蔵ともいう。 Ⓢ abhidharma-piṭaka

論多所作法 ろんたしょさほう　立てられた議論が多くの働きを有していること。自己と他者との主張を善く理解しているから一切の教えについて語ることができ、勇敢で畏れがないから、一切の人びとの集まりにおいて語ることができ、語る能力がつきることがないから、諸々の質問にたいして的確に善く答えることができることをいう。
Ⓢ vāde bahukārā dharmā
（参考）（『瑜伽』15、大正30・360c）：（『雑集論』16、大正31・772c）

論堕負 ろんだふ　論負ともいう。議論において立論者が対論者に負けて屈伏すること。そのありように捨言・言屈・言過の三つ

がある。→各項参照　Ⓢ vāda-nigraha
（参考）（『瑜伽』15、大正 30・359c）:（『雑集論』16、大正 31・772b）

論体　ろんたい　論の本体。ある教説を論じたものの本体。たとえば唯識説を論じた『成唯識論』の本体のこと。論書は具体的には言葉（声）で語られ、文章（名句文）として書きとどめられているが、それらのなかで、なにが本質であり、本体であるかが問題とされ、それを考えることを「論体を明かす」という。このことは、もともとは、経典の本体（経体）、教えの本体（教体）が何かという考察から派生したものである。→教体　→経体
（参考）（『述記』1本、大正 43・230b 以下）

論端　ろんたん　経論を解釈し論じていくはじまり・起こり。それを起こすことを論端を発するという。「初めに論端を発するに、略して五門を以って解釈す」「立論者は方に論端を起こすに、応に善く現前の衆会を観察すべし」

論道　ろんどう　文章を論じ解釈する方法。開縦と遮奪との二つがある。→開縦　→遮奪
（出典）論道有二。一者開縦、二者遮奪。（『婆沙』4、大正 27・16c）

論道沙門　ろんどうしゃもん　四種の沙門の一つ。説道沙門・示道沙門とおなじ。→説道沙門　→四沙門②

論負　ろんふ　論堕負とおなじ。→論堕負

論量　ろんりょう　論じ量ること。互いに意見を述べて論じあうこと。論議とおなじ。「時時間に諮受し、読誦し、論量し、決択して善品を勤修す」　Ⓢ sāṃkathya

わ

和　わ　①結合する、結びつくこと。「眼などの根が已に生じてより根・境・識の三が和する前を六処という」「根・境・識の三が和するが故に順楽などの触あり」
Ⓢ saṃgama: saṃnipāta
②再び結合すること。「破僧するも、此の夜、必ず和して宿を経て住せず。是の如きを名づけて破法輪僧と曰う」　Ⓢ pratisam-**dhā**
③仲良くすること。「離間語の業道の事とは諸の有情が或いは和せざるを謂う」
④まぜること。「譬えば世間の鉄金師が初めに泥などを和して未だ善く調練せざるが如く、解脱の位も亦、爾り」

和会　わえ　①（対象と）関係していること。「眼などの法は自の所縁に於て和会して転ずる時、余の声などに於ては起こることを得ず」　Ⓢ nipāta
②（諸の縁が）結合し集まり一緒になること。和合とおなじ。「識法の因果相続は、必ず衆縁の和会を仮る」　Ⓢ samavadhāna

和雅　わが　（声が）優雅で魅力的であること。「仏菩薩が説くところの化語の声は、頻迦の音の如く和雅にして、能く衆の心に感じ、甚だ愛すべきなり」「釈迦種に一太子が生まれ、顔貌は端正なり、言音は清亮・和雅・悦意にして、妙音鳥の羯羅頻迦に過ぎたり」　Ⓢ mano-jña

和敬　わきょう　敬うこと。尊敬すること。「和敬とは、礼拝・問訊などを謂う」「和敬の行とは、大師の正法、及び学処などに於て深く恭敬するを謂う」　Ⓢ sāmīcī

和敬業　わきょうごう　（師や尊者を）尊敬する行為。「諸の尊長に於て先に省問を語り、恭敬・礼拝・合掌・起迎して和敬業を修す」
Ⓢ sāmīcī-karman

和好　わこう　仲良く友好的関係にあること。争い・対立を調停すること。「乖離・諍訟を和好す」「展転に怨対し互に相違する者を和好す」「国王ありて能く正しく和好の方便を了知す」　Ⓢ pratisaṃdhāna: saṃdhi

和合　わごう　①結びつく、一緒になる、合体すること。「能知の智と所知境とが和合し、乖なくして現前に観察するが故に現観と名づく」「愛と取とが和合して資潤す」「触とは、根と境と識との三が和合するを謂う」「根本煩悩は有情と和合するが故に名づけて軛と為す」　Ⓢ abhinipāta: cayaṃ gacchati: prayuktatva: **śliṣ**: saṃyoga: saṃghāta: saṃnipāta: samāgata: samāyukta: saṃbandha: sahita-saṃgata

②（対象と）結びつくこと。「未だ得ざる境界に於て和合せんと希求する」「受の力を以っての故に相似の境に於て、或いは和合を求め、或いは乖離を求む」
Ⓢ sam-**yuj**: saṃyoga
③（因と縁とが、あるいは諸の縁が）結合し集まり一緒になること。「和合の義とは、諸の縁が聚集する義を謂う」「彼彼の衆縁が和合してあるが故に諸行は必ず定んで刹那生滅あるべし」 Ⓢ saṃgama: samavadhāna: sāmagrī: sāmagrya
④（父母が）出会うこと。性交すること。「父母が和合して倶に愛染を起こす」
Ⓢ saṃnipatita
⑤（人と人が）仲良く友好的関係にあること。「和合を壊するを憙ぶとは、已に別離を喜ぶことを生じた中に於て、心が染汚なるを謂う」 Ⓢ samagra
⑥不相応行の一つ。さまざまな因と縁とが結合してある事柄を生ぜしめる原理。→不相応行 Ⓢ sāmagrī
（出典）問、依何分位建立和合、此復幾種。答、依所作支無欠分位、建立和合。此復三種、謂、集会和合、一義和合、円満和合。（『瑜伽』56、大正 30・608a）：和合者、謂、於因果衆縁集会、仮立和合。因果衆縁集会者、且如識法因果相続、必仮衆縁和会。謂、根不壊、境界現前、能生此識作意正起。（『雑集論』2、大正 31・701a）
⑦近くに存在すること。現前にあること。「親昵分別とは、和合し現前する境界に於て貪欲の纏に由って纏縛せらるるを謂う」「三摩呬多地の作意思惟の分別を以って勝解を起こし、彼れは其の本の所知事に於て能く和合して現前に観察せずと雖も、然も本事に相似して生ず」 Ⓢ samavahita: samāhita
⑧争い・対立を調停すること。和好とおなじ。「展転の乖離を和合す」
Ⓢ pratisaṃdhāna
⑨混ざり合うこと。混ぜ合わせること。「種種の物石を磨いて末と為し、水で以って和合すれば、互に相い離れず」「その時、父母の貪愛が倶に極まり、最後に決定して、各、一滴の濃厚な精血を出し、二滴が和合して母胎の中に住して合して一段となる」 Ⓢ miśrī-bhāva: miśrī-bhūta: vyatimiśra

和合愛 わごうあい あるありよう、たとえば、楽な状態と一致・結合したいという欲望をいう。「楽受が未だ生じないときは、和合愛を起こす」 Ⓢ saṃyoga-tṛṣṇā

和合因依処 わごういんえしょ →因依処

和合有 わごうう ①此の処に存在し、彼の処には存在しない、という存在性。三種の有（相待有・和合有・時分有）の一つ。
（出典）諸有者（中略）有説三種。（中略）二和合有、謂、如是事、在此処有、在彼処無。（『婆沙』9、大正 27・42a）
②五蘊が集まり結合したものを仮に人間と呼ぶ、そのような存在性。五種の有（名有・実有・仮有・和合有・相待有）の一つ。
（出典）諸有者（中略）有説五種。（中略）四和合有、謂、於諸蘊和合、施設補特伽羅。（『婆沙』9、大正 27・42a～b）

和合依処 わごうえしょ 和合因依処とおなじ。→和合因依処

和合工業 わごうくごう 十二種の工業の一つ。商人達のものごとを仲裁する仕事。→工業
（出典）和合工業者、即買人說。容如蘇秦之類。衆和匝人也。（『略纂』6、大正 43・95c）
（参考）（『瑜伽』15、大正 30・361b）

和合香 わごうこう いくつかのものが混ざったかおり。六種の香の一つ。→香

和合所結分別 わごうしょけつふんべつ →合結分別

和合相応 わごうそうおう 六種の相応（不相離相応・和合相応・聚集相応・倶有相応・作事相応・同行相応）の一つ。相応とは関係し合っていること。原子（極微）あるいは原子から構成された物質（色）が互いに結合しているありようをいう。
（出典）和合相応者、謂、極微已上一切有方分色更互和合。如濁水中地水極微更互和合。（『雑集論』5、大正 31・718a）

和合僧 わごうそう 和僧ともいう。修行者たちが集まって構成される教団。原語 saṃgha は僧伽と音写される。和合僧を破壊することは五無間業の一つである。→五無間業「和合僧を破壊せんが為の故に、勤めて勇猛方便の事などを設けるは、当に知るべし、是れを善趣に往くを障うる過失と名づくと」「天の聖は、事としては和なしと雖も、理としては和僧に摂む」「表了とは、和僧の問事なり」 Ⓢ saṃgha

和雑 わぞう 混ざり合うこと。「能造の大種の極微と所造の余の聚集の色とが、処が倶なるを和雑して相い離れずと名づく」「骨が塵土と和雑す」 Ⓢ miśrī-bhāva: vyatimiśra

和雑苑 わぞうおん スメール山（蘇迷盧山）の頂上の帝釈天にある四つの苑の一つ。雑林苑ともいう。→四園 Ⓢ miśrakā-vana

和雑不相離 わぞうふそうり →不相離②

和同 わどう ①合わせること。共に行なうこと。「諸の有智の同梵行者と和同して応に受用すべきところを受用す」
②一緒にすること。「水と乳とを和同す」

和南 わなん vandana の音写。伴談・伴題とも音写。稽首・礼拝・敬礼と意訳。敬って礼拝すること。
（出典）帰依者、帰敬依投之義、非此所明。若云伴談、或云伴題、此云稽首、亦云礼拝、亦云敬礼、訛名和南。（『義林章』4、大正45・316b）

和風 わふう やわらかいかすかな風。「円生樹の流すところの香気は能く風に逆らっても熏じ、天の和風の力に擁遏せらるると雖も、然も能く相続して余方に流趣す」
Ⓢ mṛdu-māruta

和鳴 わみょう 鳥たちが声をあわせて鳴きかわすこと。「若し時に、殟鉢羅花が合し、鉢特摩花が開き、衆鳥が和鳴し、微風が徐に起こり、多く遊戯するを欣び、少しく睡眠を欲せば、当に知るべし、その時を説いて名づけて昼と為す」 Ⓢ ni-**kūj**

猥雑 わいぞう ごたごたと入り乱れているさま。「猥雑とは、楽って在家と及び出家衆とが共に相い雑して住するを謂う」「猥雑に親近して住し、正法を諦思する加行を遠離す」

猥弊 わいへい いやしくよくないこと。「嫉と慳とは、性として甚だ猥弊にして、正理に違背するが故に立てて結と為す」

猥法 わいほう いやしい行為。「願って梵行を受持するが故に猥法を遠離すると名づく」

賄貨 わいか 財宝。貨財。「田宅及び諸の賄貨などを受け、之を受用するを不清浄と名づく」

惑 わく ①まよい。まどい。煩悩。心の汚れ。惑と訳される代表的な原語は kleśa であり、この語は、また煩悩と訳される。そのほか惑と訳される原語には kāṅkṣā（疑惑的まよい）、mala（汚れ）がある。→惑業苦「喜んで戯論を為し、戯論に楽著し、惑（kāṅkṣā）多く、疑多く、楽欲を懐くこと多し」「鉤が惑（mala）を制することなく、惑が意に随って転ず」 Ⓢ kāṅkṣā: kleśa: mala
②だましあざむくこと。「誑とは他を惑するを謂う」 Ⓢ vañcana

惑苦無生忍 わくくむしょうにん 三種の無生忍（本性無生忍・自然無生忍・惑苦無生忍）の一つ。煩悩苦垢無生忍ともいう。→無生忍

惑業苦 わくごうく 惑と業と苦。生死輪廻する三つの契機。外的に行為を発し（発業）、内的には苦的な生存のありようをさらに成育する（潤生）煩悩を惑といい、来世の生存をもたらす行為を業といい、その業から引き起こされる苦しみを苦という。苦を事と言い換えて惑業事ともいう。この三つは三雑染ともいわれる。→三雑染
（出典）生死相続、由惑業苦。発業潤生、煩悩名惑、能感後有、諸業名業、業所引生、衆苦名苦。（『成論』8、大正31・43b）

惑業事 わくごうじ →惑業苦

惑障 わくしょう 幻惑障とおなじ。→幻惑障

惑媚 わくび まどわし媚びること。「魔王が無量なる娑梨薬迦の諸の婆羅門・長者などの心を惑媚す」

惑乱 わくらん 心をまどわし乱れさすこと。「諸欲は無常・虚偽・誑妄にして、法を失すること、譬えば幻事が愚夫を惑乱するが如し」

剜 わん えぐること。「眼を剜る」
Ⓢ vikalī-bhāva

腕 わん うで。肘から肩までの部分。手首から肘までを臂というのに対する。「臂を攘し腕を扼す」「両の臂と肘と腕との六処の殊妙を名づけて六種の随好と為す」 Ⓢ bāhu

腕釧 わんせん 腕輪。身につける装飾品の一つ。環釧ともいう。 Ⓢ kaṭaka

彎弓 わんきゅう 弓をひくこと。生因と引因との二つの力があることの喩えに用いられる。
（参考）（『摂論釈・無』2、大正31・389c～390a）

画数索引

一画

一　イチ　36
　　イツ　38

二画

七　シチ　381
九　ク　167
了　リョウ　1028
二　ニ　754
人　ニン　767
入　ニュウ　760
八　ハチ　794
　　ハツ　796
几　キ　135
刀　トウ　729
力　リキ　1025
十　ジツ　387
　　ジュウ　431
卜　ボク　913
又　ユウ　1003

三画

下　ゲ　204
三　サン　303
上　ジョウ　530
丈　ジョウ　533
万　マン　932
与　ヨ　1005
久　ク　169
及　キュウ　149
丸　ガン　133
乞　コツ　279
亡　ボウ　910
凡　ボン　923
千　セン　600
口　ク　170
　　コウ　258
叉　シャ　392
土　ド　729
士　シ　321
　　ジ　351
大　ダイ　673
女　ニョ　762
子　シ　321
小　ショウ　485
尸　シ　321
山　サン　317
　　セン　601
工　ク　170
　　コウ　258
已　イ　21
己　コ　239
弓　キュウ　149
才　サイ　294

四画

不　フ　833
中　チュウ　699
丹　タン　687
乏　ボウ　910
五　ゴ　244
互　ゴ　253
井　セイ　593
今　コン　280
什　ジュウ　439
仁　ジン　572
　　ニン　769
内　ナイ　748
仏　ブツ　872
元　ガン　133
　　ゲン　231
六　ロク　1043
　　ロツ　1047
円　エン　81
凶　キョウ　150
切　セツ　596
分　フン　876
　　ブン　879
勿　モツ　993
化　ケ　194
升　ショウ　488
厄　ヤク　997
収　シュウ　425
双　ソウ　628
反　ハン　800
友　ユウ　1003
太　タイ　667
天　テン　717
夫　フ　862
　　ブ　866
夭　ヨウ　1006
孔　ク　171
　　コウ　258
少　ショウ　488
尤　ユウ　1003
幻　ゲン　231
引　イン　43
心　シン　549
戈　カ　101
手　シュ　406
支　シ　321
文　ブン　882
　　モン　994
斗　ト　727
方　ホウ　896
日　ニチ　759
　　ニツ　759
月　ガツ　125
木　モク　993
欠　ケツ　215
止　シ　322
比　ヒ　803
　　ビ　819
毛　モウ　990
水　スイ　577
火　カ　101
爪　ソウ　629
父　フ　862
　　ブ　866
牛　ギュウ　150
　　ゴ　253
王　オウ　88

五画

丘	キュウ	150	圧	アツ	16	汁	ジュウ	439	仮	ケ	197
世	セ	586	冬	トウ	729	牙	ゲ	206	会	エ	70
主	シュ	406	外	ゲ	206	犯	ハン	801		カイ	112
以	イ	23	失	シツ	386		ボン	923	伎	ギ	144
仗	ジョウ	533	奴	ド	729	瓦	ガ	109	休	キュウ	150
仙	セン	601		ヌ	771	甘	カン	125	仰	ギョウ	161
他	タ	662	尼	ニ	757	生	ショウ	495		コウ	260
代	ダイ	684	巧	ギョウ	161		セイ	593		ゴウ	268
令	リョウ	1028		コウ	258		ユウ	1003	全	ゼン	608
	レイ	1038	左	サ	291		ヨウ	1008	伝	デン	726
処	ショ	456	市	シ	340	甲	カツ	124	任	ニン	769
出	シュツ	446	布	フ	862	申	シン	555	伐	バツ	800
加	カ	102	平	ビョウ	829	田	デン	726	伏	フク	869
	ケ	195		ヘイ	882	由	ユ	998		ブク	871
功	ク	171	幼	ヨウ	1008		ユウ	1003	兇	キョウ	151
	コウ	258	広	コウ	258	白	ハク	792	光	コウ	260
北	ホク	913	弘	コウ	183		ビャク	825	充	ジュウ	439
	ホツ	914	必	ヒツ	822	皮	ヒ	804	先	セン	602
巨	キョ	150	切	トウ	729	目	モク	993	共	キョウ	151
	コ	239	打	ダ	666	矛	ム	949		グウ	190
卉	キ	135	斥	シャク	402	石	シャク	401	再	サイ	294
半	ハン	801		セキ	596		セキ	596	夙	シュク	445
占	セン	602	旧	キュウ	150	示	ジ	352	刑	ケイ	213
去	キョ	150		ク	172	礼	ライ	1015	列	レツ	1039
	コ	239	旦	タン	687		レイ	1038	劣	レツ	1039
可	カ	102	札	サツ	303	穴	ケツ	215	匡	キョウ	151
句	ク	172	本	ホン	919	立	リツ	1025	匠	ショウ	501
古	コ	240	末	マ	927		リュウ	1027	印	イン	45
号	ゴウ	268		マツ	932	辺	ヘン	885	危	キ	135
司	シ	323	未	ミ	934				各	カク	119
台	ダイ	684	正	ショウ	489	**六画**			吉	キツ	147
叵	ハ	786	母	ボ	894	両	リョウ	1030	向	コウ	261
右	ウ	50		モ	990	亘	コウ	260	合	ガツ	125
四	シ	323	永	エイ	79	亦	ヤク	997		ゴウ	268
				ヨウ	1006	交	コウ	260	吐	ト	727
						伊	イ	23	同	ドウ	737

名	ミョウ	940	朽	キュウ	150	巡	ジュン	450	励	レイ	1039
因	イン	45		ク	172	迅	ジン	572	労	ロウ	1042
団	ダン	689	次	シ	341				医	イ	24
在	ザイ	300	此	シ	341	**七画**			却	キャク	148
地	ジ	352	死	シ	341	串	カン	125	即	ソク	655
壮	ソウ	629	毎	マイ	931		ゲン	232	卵	ラン	1019
多	タ	665	気	キ	135	乱	ラン	1018	含	ガン	133
奸	カン	125		ケ	200	位	イ	24	吟	ギン	167
好	コウ	261	汚	オ	87	伽	ガ	109	君	クン	192
如	ニョ	762	汗	カン	125	佉	キャ	147	吼	ク	173
妄	モウ	992	江	コウ	262	作	サ	291		コウ	263
字	ジ	353	汝	ニョ	766		サク	302	呑	ドン	747
存	ソン	659	池	チ	693	伺	シ	343	吠	ベイ	883
安	アン	16	汎	ハン	801	似	ジ	364	吝	リン	1033
守	シュ	407	灰	ケ	199	住	ジュウ	439	囲	イ	24
宅	タク	686	灯	トウ	730	伸	シン	556	困	コン	280
寺	ジ	354	牟	ム	950	体	タイ	668	図	ズ	576
尖	セン	602	百	ヒャク	824	但	タン	687	坑	コウ	263
尽	ジン	572		ヒャツ	826	低	テイ	714	坐	ザ	294
年	ネン	773	竹	チク	698	佞	ネイ	773	坏	ハイ	790
并	ヒョウ	827	羊	ヨウ	1008	伴	ハン	801	坌	フン	879
	ヘイ	882	老	ロウ	1042		バン	802	声	ショウ	501
式	シキ	373	考	コウ	262	余	ヨ	1006		セイ	593
当	トウ	729	耳	ジ	354	兎	ト	727	売	バイ	797
忖	ソン	659		ニ	757	兵	ヒョウ	827	妍	ケン	218
戍	ジュ	417	肉	ニク	758		ヘイ	882	妨	ボウ	910
戎	ジュ	418	自	ジ	354	冷	リョウ	1030	妙	ミョウ	943
成	ジョウ	533	至	シ	342		レイ	1038	孝	コウ	263
	セイ	593	舌	ゼツ	599	初	ショ	458	寿	ジュ	418
扣	コウ	262	色	シキ	373	判	ハン	801	対	タイ	669
托	タク	686	虫	チュウ	704	別	ベツ	883	尪	オウ	89
曲	キョク	167	血	ケツ	215	利	リ	1019	局	キョク	167
	ゴク	277	行	ギョウ	161	劦	リ	173	尿	ニョウ	767
旨	シ	341	衣	イ	24	劫	コウ	262	岐	キ	135
肌	キ	135		エ	71		ゴウ	269	希	キ	135
有	ウ	50	西	サイ	294	助	ジョ	483		ケ	200

序	ジョ	483	肝	カン	126	豆	トウ	731	典	テン	719
床	ショウ	502	肘	チュウ	704	赤	シャク	402	画	ガ	112
弄	ロウ	1044	机	コツ	279		セキ	595	函	カン	126
弟	デ	714	杖	ジョウ	535	走	ソウ	629	刺	シ	344
	テイ	715	束	ソク	654	足	ソク	654	制	セイ	593
形	ギョウ	165	村	ソン	660	身	シン	556	刹	セツ	596
	ケイ	213	杜	ズ	576	車	シャ	392	到	トウ	731
役	ヤク	997	来	ライ	1015	辛	シン	560	卒	ソツ	659
応	オウ	89	求	キュウ	150	近	キン	167	取	シュ	407
忌	キ	135		グ	183		ゴン	288	受	ジュ	418
志	シ	344	決	ケツ	215	迎	ゲイ	215	呵	カ	103
忍	ニン	769	沙	シャ	392	返	ヘン	886	咎	キュウ	150
忘	ボウ	911	沈	チン	710	邑	オウ	91	呼	コ	240
快	カイ	112	没	ボツ	918		ユウ	1003	舎	シャ	392
	ケ	200		モツ	993	那	ナ	747	呪	ジュ	422
忻	キン	167	沐	モク	993	里	リ	1020	周	シュウ	425
	ゴン	287	災	サイ	294	防	ボウ	911	咀	ソ	623
我	ガ	109	牢	ロウ	1043	麦	バク	793	咄	トツ	745
戒	カイ	112	状	ジョウ	535		ミャク	940	咆	ホウ	898
狂	キョウ	151	狂	キョウ	151				味	ミ	936
抗	コウ	263	男	ナン	752	**八画**			命	ミョウ	945
抄	ショウ	502	皀	ソウ	629	弗	セン	602		メイ	986
折	シャク	402	私	シ	344	乖	カイ	114	和	オ	87
	セツ	596	究	キュウ	150	乳	ニュウ	761		ワ	1050
択	タク	686		ク	173	事	ジ	365	国	コク	274
	チャク	699	良	リョウ	1030	依	エ	71	囹	リョウ	1031
投	トウ	730	花	カ	103	価	カ	103		レイ	1038
抜	バツ	800		ケ	201		ケ	201	坦	タン	687
扶	フ	862	芥	ケ	201	供	キョウ	151	夜	ヤ	996
	ブ	866	芬	フン	878		ク	174	奇	キ	135
扼	ヤク	997	臣	シン	556	使	シ	344	奉	ブ	866
抑	オク	93	見	ケン	218	佷	コン	280		ホウ	898
	ヨク	1011	角	カク	120	侍	ジ	368	奔	ホン	922
改	カイ	114	言	ゲン	232	例	レイ	1038	委	イ	24
攻	コウ	263		ゴン	286	免	メン	989	妻	サイ	295
更	コウ	263	谷	コク	274	具	グ	184	姉	シ	344

始	シ	344		セイ	594	肥	ヒ	805		モツ	994
姓	ショウ	502	怛	タン	687	服	フク	869	牧	ボク	913
	セイ	594	怖	フ	862	朋	ホウ	900	狗	ク	175
妬	ト	727	所	ショ	460	肪	ボウ	911	狐	コ	240
学	ガク	122	房	ボウ	911	枉	オウ	92	狎	コウ	263
孤	コ	240	承	ショウ	503	果	カ	103	的	テキ	715
孟	モウ	992	拒	キョ	150	枝	シ	344	直	ジキ	380
官	カン	126		コ	240	析	シャク	402		チョク	710
宜	ギ	144	拠	キョ	150		セキ	595	盲	モウ	992
実	ジツ	388		コ	240	東	トウ	731	知	チ	693
宗	シュウ	426	拘	ク	175	林	リン	1033	祀	シ	344
定	ジョウ	536		コウ	263	欧	オウ	92	祈	キ	135
	テイ	714	招	ショウ	504	欣	キン	167	秇	コツ	279
宝	ホウ	898	担	タン	687		ゴン	289	空	クウ	186
尚	ショウ	502	抵	テイ	715	武	ブ	867	突	ト	727
居	キョ	150	拈	ネン	774	歩	ホ	893		トツ	745
	コ	240	拝	ハイ	790	殁	ボツ	918	者	シャ	393
屈	クツ	192	拍	ハク	792	殀	ヨウ	1008	芭	バ	788
岸	ガン	133	披	ヒ	804	毒	ドク	743	英	エイ	79
岡	コウ	263	拊	フ	863	河	カ	104	苑	エン	83
帖	チョウ	705	抨	ヒョウ	827	治	ジ	368		オン	94
底	テイ	714	抱	ホウ	899	沼	ショウ	504	芽	ガ	112
府	フ	862	放	ホウ	899	泄	セツ	597		ゲ	210
延	エン	82	斧	フ	863	沮	ソ	623	苦	ク	175
弥	ミ	937	於	オ	87	泥	デイ	715	茎	ケイ	213
往	オウ	91	易	イ	25		ナイ	752	若	ジャク	404
征	セイ	594	昏	コン	280	波	ハ	786		ニャク	760
彼	ヒ	804	昇	ショウ	504		パ	790	苗	ビョウ	830
忽	コツ	279	昔	シャク	402	泯	ミン	948	茅	ボウ	911
忠	チュウ	704		セキ	595	法	ホウ	900	苾	ビツ	824
念	ネン	773	明	ミョウ	946		ホツ	914	茂	モ	991
忿	フン	878		メイ	986	沫	マツ	932	虎	コ	241
怯	キョウ	151	育	イク	36	油	ユ	998	虱	シツ	386
怡	イ	24	肩	ケン	223	炎	エン	83	表	ヒョウ	827
怙	コ	240	肴	コウ	263	炙	シャ	393	述	ジュツ	450
性	ショウ	502	肢	シ	344	物	ブツ	876	迭	テツ	716

迫	ハク	792	厚	コウ	263	很	コン	282	背	ハイ	790
邪	ジャ	398	叙	ジョ	483	待	タイ	670	胞	ホウ	909
邸	テイ	715	哀	アイ	7	律	リツ	1025	栄	エイ	80
金	キン	167	咽	イン	49	怨	オン	94	柯	カ	104
	コン	280	品	ヒン	831	急	キュウ	150	枯	コ	241
長	チョウ	705		ホン	922	思	シ	345	柔	ジュウ	441
門	モン	994	垣	エン	83	忽	ソウ	629		ニュウ	761
阿	ア	1	垢	ク	179	怒	ド	729	染	セン	603
陀	ダ	666	城	ジョウ	539		ヌ	771		ゼン	610
陂	ヒ	805	変	ヘン	887	悔	カイ	115	某	ボウ	912
附	フ	863	契	カイ	116		ケ	202	殃	オウ	92
雨	ウ	67		ケイ	214	恒	ゴウ	269	殂	ソ	623
青	ショウ	504	奏	ソウ	629	恨	コン	282	殆	タイ	671
	セイ	594	威	イ	25	恃	ジ	368	殄	テン	719
非	ヒ	805	姻	イン	49	拏	ヌ	771	段	ダン	689
斉	サイ	295	姥	モ	990	按	アン	20	毘	ビ	820
注	チュウ	704	客	キャク	148	挟	キョウ	152	泉	セン	603
			室	シ	347	指	シ	347	洟	イ	26
九画				シツ	386	持	ジ	368	海	カイ	115
乗	ジョウ	538	宣	セン	602	拼	ヒョウ	828	活	カツ	124
亭	テイ	715	専	セン	603	故	コ	241	洪	コウ	263
係	ケイ	214	封	フウ	868	施	セ	591	洲	シュウ	426
信	シン	560	単	タン	687	映	エイ	80	浄	ジョウ	539
侵	シン	562	屋	オク	93	曷	カ	104	津	シン	563
俗	ゾク	658	屎	シ	344	昂	コウ	263	浅	セン	603
便	ベン	892	屍	シ	344	昵	ジツ	391	洗	セン	604
保	ホ	893	屏	ビョウ	831		ニ	758	洋	ヨウ	1008
冠	カン	126	巻	カン	126	春	シュン	450	洛	ラク	1016
剋	コク	274	巷	コウ	263	是	ゼ	592	炬	キョ	150
前	ゼン	609	帝	タイ	670	星	ショウ	505		コ	241
剃	テイ	715		テイ	715		セイ	594	炷	シュ	409
勃	ボツ	919	幽	ユウ	1004	昼	チュウ	704	炭	タン	687
勇	ユウ	1003	度	ド	729	昧	マイ	931	為	イ	26
南	ナン	752	建	ケン	223	胡	コ	241	狭	キョウ	152
卑	ヒ	815		コン	281	胎	タイ	670	独	ドク	744
毘	ヒ	815	後	ゴ	254	肺	ハイ	790	珂	カ	105

珊	サン	317		ミ	937	香	コウ	264	娘	ジョウ	542
珍	チン	711	奐	ネン	774					ニョウ	767
瓮	ホン	923	耐	タイ	671	**十画**			孫	ソン	659
瓱	オウ	92	臭	シュウ	427	倚	イ	26	宴	エン	83
甚	ジン	572	荒	コウ	264	倨	キョ	150	家	カ	105
畏	イ	26	荘	ショウ	505		コ	242		ケ	202
界	カイ	115		ソウ	638	倶	ク	179	害	ガイ	118
疫	エキ	81	茛	キョ	150	倦	ケン	223	宮	グウ	191
疥	カイ	116	草	ソウ	638	倹	ケン	223	宰	サイ	295
発	ハツ	799	虻	ボウ	912	倡	ショウ	505	容	ヨウ	1008
	ホツ	917	要	ヨウ	1008	倉	ソウ	639	射	シャ	393
皆	カイ	116	臥	ガ	112	値	チ	695	将	ショウ	505
盈	エイ	80	計	ケ	201	倒	トウ	731	展	チン	711
盆	ボン	924		ケイ	214	俳	ハイ	791		テン	719
看	カン	126	貞	ジョウ	542	倍	バイ	792	峯	ホウ	909
省	ショウ	505		テイ	715	党	トウ	731	差	サ	293
相	ソウ	629	負	フ	863	兼	ケン	223		シャ	394
眉	ビ	821	赴	フ	863	冥	ミョウ	948	帰	キ	136
	ミ	937	軌	キ	135		メイ	987	師	シ	347
矜	カン	126	軍	グン	193	凌	リョウ	1031	帯	タイ	672
	キョウ	152	迦	カ	105	剣	ケン	223	庫	ク	182
研	ケン	223	逆	ギャク	148	剛	ゴウ	270		コ	242
砕	サイ	295	退	タイ	671	剥	ハク	793	座	ザ	294
砥	シャク	402	追	ツイ	712	剜	ワン	1052	弱	ジャク	404
祇	ギ	144	逃	トウ	731	剖	ボウ	912		ニャク	760
神	シン	563	迷	メイ	986	勉	ベン	892	修	シュ	409
	ジン	573	重	ジュウ	441	匪	ヒ	815		シュウ	427
祖	ソ	623	面	メン	990	原	ゲン	232	従	ジュウ	442
科	カ	105	音	オン	95	哮	コウ	265	徐	ジョ	483
秔	コウ	264	革	カク	120	哭	コク	274	徒	ト	728
秋	シュウ	426	韋	イ	26	唐	トウ	732	恚	イ	26
窃	セツ	597	風	フウ	868	埋	マイ	932	恩	オン	95
穿	セン	604	飛	ヒ	815	夏	カ	105	恐	キョウ	152
紅	コウ	264	食	ジキ	380		ゲ	211	恭	キョウ	152
約	ヤク	998		ショク	549	娯	ゴ	256		ク	182
美	ビ	821	首	シュ	409	娑	シャ	393	恵	エ	75

	ケイ	214	朗	ロウ	1043	畔	ハン	802		バン	802
恣	シ	348	格	カク	120	留	リュウ	1028	荊	ケイ	214
息	ソク	655	校	コウ	265		ル	1036	華	カ	105
恥	チ	695	桄	コウ	265	疾	シツ	386		ケ	203
恋	レン	1039	根	コン	282	疹	シン	564	莫	バク	793
悦	エツ	81	栽	サイ	295	疸	タン	687		マ	929
悌	キ	136	株	シュ	413	疲	ヒ	815	荷	カ	105
	ケ	201	梅	セン	604	病	ビョウ	831	蚊	ブン	883
悟	ゴ	256	残	ザン	320	疱	ホウ	909	衰	スイ	578
悚	ショウ	506	殊	シュ	413	益	エキ	81	被	ヒ	816
悩	ノウ	775	殉	ジュン	451		ヤク	997	記	キ	137
悖	ハイ	791	殷	イン	49	眩	ゲン	232	訓	クン	192
悋	リン	1033		オン	95	真	シン	564	託	タク	686
扇	セン	604	殺	サツ	303	眠	ミン	948	豺	サイ	296
挙	キョ	150		セツ	597	矩	ク	182	豹	ヒョウ	828
	コ	242	浣	カン	126	破	ハ	787	貢	ク	182
拳	ケン	224	消	ショウ	505	祠	シ	348		コウ	265
挧	カク	120	浸	シン	563	祥	ショウ	506	財	ザイ	301
挫	ザ	294	涎	セン	605	秤	ショウ	506	起	キ	137
振	シン	563	涕	テイ	715	称	ショウ	506	躬	キュウ	150
捉	ソク	655	涅	ネ	771	秘	ヒ	816	軒	ケン	224
挺	テイ	715	涛	トウ	732	笑	ショウ	507	廻	エ	75
挽	バン	803	浮	フ	863	索	サク	302		カイ	116
捕	ホ	893	涌	ユウ	1004	純	ジュン	451	逈	ギョウ	166
敏	ビン	832	流	リュウ	1028	素	ソ	624	迹	シャク	402
料	リョウ	1031		ル	1035	納	ノウ	785		セキ	595
旂	セン	604	涙	ルイ	1037	紛	フン	878	逝	セイ	594
既	キ	136	浪	ロウ	1043	罝	シャ	393	造	ゾウ	645
時	ジ	370	烟	エン	83	耆	キ	136	速	ソク	655
書	ショ	477	烏	ウ	67	耄	モウ	993	通	ツウ	713
胸	キョウ	152	烝	ジョウ	542	耽	タン	687	逍	テイ	716
脇	キョウ	152	烈	レツ	1039	致	チ	695	連	レン	1039
脂	シ	348	特	トク	742	舐	シ	348	郝	カ	105
脊	セキ	595	狼	ロウ	1043	般	ハ	787	酒	シュ	413
能	ノウ	775	珠	シュ	413		ハツ	799	配	ハイ	791
脈	ミャク	940	畜	チク	698		ハン	801	針	シン	566

陥	カン	126	涅	デイ	715	控	コウ	266	淤	オ	88
降	コウ	265	堂	ドウ	739	採	サイ	296	渇	カツ	124
	ゴウ	270	婬	イン	49	捨	シャ	394	涸	コ	242
除	ジョ	483	婚	コン	285	授	ジュ	423	混	コン	285
隻	セキ	595	婇	サイ	296	捷	ショウ	507	済	サイ	296
飢	キ	138	娶	シュ	413	推	スイ	579	渋	ジュウ	442
馬	バ	788	婆	バ	788	推	スイ	579	淳	ジュン	451
	メ	985	婢	ヒ	816	掃	ソウ	639	渉	ショウ	507
骨	コツ	280	婦	フ	863	探	タン	687	深	シン	567
高	コウ	265	寄	キ	139	掉	ジョウ	545	清	ショウ	507
鬼	キ	138	宿	シュク	445	捺	ナ	748		セイ	594
			寂	ジャク	404	捫	モン	995	淡	タン	688
十一画			密	ミツ	939	救	キュウ	150	淋	リン	1033
			崖	ガイ	119		ク	182	淪	リン	1033
乾	カン	126	崇	スウ	585	教	キョウ	152	焔	エン	83
	ケン	224	常	ジョウ	542	敗	ハイ	791	牽	ケン	224
偃	エン	83	康	コウ	266	斛	コク	274	梨	リ	1021
偽	ギ	144	強	キョウ	152	断	ダン	689	猜	サイ	296
偈	ゲ	211		ゴウ	270	旋	セン	605	猛	ミョウ	948
健	ケン	224	張	チョウ	706	族	ゾク	658		モウ	992
停	テイ	715	彩	サイ	296	晨	シン	567	猟	リョウ	1031
偸	チュウ	704	彫	チョウ	706	曽	ソウ	639	率	ソツ	659
偏	ヘン	889	御	ギョ	150	曼	マン	932	現	ゲン	232
兜	ト	728		ゴ	256	脣	シン	567	理	リ	1020
勗	キョク	167	徒	シ	348	脱	ダツ	686	琉	ル	1037
動	ドウ	739	得	トク	742	脳	ノウ	785	瓶	ビョウ	831
務	ム	950	悪	アク	12	望	ボウ	912	産	サン	318
啞	ア	6		オ	88		モウ	992	異	イ	27
啓	ケイ	214	患	カン	127	條	ジョウ	545	畦	ケイ	214
商	ショウ	507		ゲン	232	梗	コウ	266	畢	ヒツ	822
唱	ショウ	507	悉	シツ	387	梳	ソ	624	略	リャク	1026
啜	テツ	716	悋	コン	285	梵	ボン	925	盛	ジョウ	545
唾	ダ	667	惨	サン	318	欲	ヨク	1011		セイ	594
問	モン	995	情	ジョウ	544	殻	ゴウ	270	盗	トウ	732
唯	ユイ	1000	悵	チョウ	706	毫	ゴウ	271	眼	ガン	133
基	キ	139	捲	ケン	224	淹	エン	83		ゲン	237
執	シュウ	427									

眷	ケン	224	衷	ア	6	陵	リョウ	1031	報	ホウ	909
祭	サイ	296	規	キ	139	雪	セツ	598	奢	シャ	396
移	イ	30	視	シ	348	頃	キョウ	154	媒	バイ	792
窓	ソウ	639	許	キョ	150	頂	チョウ	706	寒	カン	128
章	ショウ	510		コ	244	魚	ギョ	150	寐	ビ	822
第	ダイ	684	訟	ショウ	510	鳥	チョウ	707	富	フ	864
符	フ	864	設	セツ	598	鹿	ロク	1047	尋	ジン	574
粘	ネン	775	訪	ホウ	909	麻	マ	929	尊	ソン	660
粒	リュウ	1028	貨	カ	105	黄	オウ	92	営	エイ	80
経	キョウ	154	貫	カン	127	黒	コク	274	就	ジュ	423
	ケイ	214	責	シャク	402	亀	キ	139		シュウ	429
紺	コン	285		セキ	596				属	ゾク	658
細	サイ	296	貪	トン	745	**十二画**			屠	ト	728
終	シュウ	428	販	ハン	803	備	ビ	821	屡	ル	1037
紹	ショウ	510	貧	ヒン	831	傍	ボウ	912	廃	ハイ	791
羞	シュウ	429	貶	ヘン	890	割	カツ	124	廊	ロウ	1043
習	ジツ	391	転	テン	719	創	ソウ	639	弾	ダン	692
	シュウ	429	軟	ナン	752	勤	キン	167	循	ジュン	451
	ジュウ	442	軛	ヤク	997		ゴン	289	復	フク	869
聆	レイ	1038	逢	ホウ	909	勝	ショウ	510	悲	ヒ	816
船	セン	605	逸	イツ	43	博	ハク	792	悶	モン	995
菴	アン	20	進	シン	567	厨	チュウ	704	惑	ワク	1052
菜	サイ	297	逮	タイ	672	喜	キ	139	惰	ダ	667
著	ジャク	406	都	ト	728	喧	ケン	225	掌	ショウ	517
	チャク	699	部	ブ	867	喉	コウ	266	掣	セイ	594
菩	ボ	894	酔	スイ	579	善	ゼン	612	掲	カ	107
萌	ホウ	909	釈	シャク	402	喘	ゼン	622	揩	カイ	116
虚	キョ	150	野	ヤ	997	喪	ソウ	639	揮	キ	140
	コ	242	閉	ヘイ	882	啼	タイ	672	揣	シ	349
蚯	キュウ	150	陰	イン	50	喩	ユ	998	揉	ニュウ	761
蛇	ジャ	401		オン	96	堰	エン	83	提	ダイ	686
蛆	ソ	624	険	ケン	224	堪	カン	127		テイ	715
蚰	ユウ	1004	陳	チン	711	堅	ケン	225	揚	ヨウ	1009
衒	ゲン	238	陶	トウ	732	場	ジョウ	546	揺	ヨウ	1009
術	ジュツ	450	陸	リク	1025	堕	ダ	667	敬	キョウ	156
袈	ケ	203	隆	リュウ	1028	堤	テイ	715		ケイ	214

散	サン	318	涵	メン	990	粥	シュク	446		ケイ	214
敦	トン	746	焼	ショウ	518	給	キュウ	150	運	ウン	69
暁	ギョウ	166	煉	レン	1040	結	ケツ	217	過	カ	106
最	サイ	297	焚	フン	878	紫	シ	349	遇	グウ	191
晴	セイ	594	煮	シャ	396	絶	ゼツ	600	遂	スイ	579
智	チ	695	然	ネン	775	舒	ジョ	484	達	タツ	686
晩	バン	802	無	ム	950	葱	ソウ	640		ダツ	686
普	フ	865	媛	エン	84	菅	カン	128	遅	チ	697
腋	エキ	81	猶	ユウ	1004	葉	ヨウ	1009	道	ドウ	739
期	キ	140	猥	ワイ	1052	落	ラク	1016	遊	ユ	998
	ゴ	256	琰	エン	84	衆	シュ	413		ユウ	1004
朝	チョウ	707	琥	コ	244		シュウ	429	酤	コ	244
腕	ワン	1052	畳	ジョウ	546	街	ガイ	119	酢	サク	302
極	キョク	167	疎	ソ	624	裁	サイ	300	酥	ソ	624
	ゴク	277	痩	ソウ	640	裂	レツ	1039	量	リョウ	1031
棘	キョク	167	痛	ツウ	714	補	フ	864	鈍	ドン	747
棗	ソウ	640	痢	リ	1021		ホ	894	開	カイ	116
椎	ツイ	712	登	トウ	732	覚	カク	120	閑	カン	128
棟	トウ	736	皓	コウ	266	訶	カ	105	間	カン	128
椋	ナ	748	睇	テイ	715	詁	コ	244		ケン	226
欺	ギ	145	短	タン	688	詐	サ	293	階	カイ	118
欽	キン	167	硬	コウ	266	詞	シ	349	隅	グウ	191
	コン	286	禄	ロク	1047	証	ショウ	518	隍	コウ	266
欻	クツ	192	稈	カン	128	詈	リ	1021	随	ズイ	580
殖	ショク	549	稀	キ	140	象	ゾウ	646	隄	テイ	716
毳	ゼイ	595		ケ	203	貴	キ	140	陽	ヨウ	1009
温	オン	96	稊	テイ	715	貯	チョ	705	雁	ガン	133
減	ゲン	238	稂	ショウ	518	買	バイ	792	集	シュウ	429
渾	コン	286	童	ドウ	739	貿	ボウ	912		ジュウ	443
滋	ジ	372	筋	キン	167	赧	タン	688	雄	ユウ	1005
湿	シツ	387	策	サク	302	越	エツ	81	雲	ウン	69
測	ソク	656	等	トウ	732		オツ	93	項	コウ	266
湛	タン	688	筒	トウ	736	超	チョウ	707	須	シュ	415
渡	ト	728	答	トウ	736	跛	ヒ	817	順	ジュン	452
湯	トウ	732	筏	バ	789	跋	バ	789	飲	イン	50
満	マン	933		バツ	800	軽	キョウ	156		オン	96

飯	ハン	802	愛	アイ	7	棄	キ	141	禁	キン	167
歯	シ	349	意	イ	31	業	ギョウ	166		ゴン	290
十三画			感	カン	129		ゴウ	271	禅	ゼン	622
			愚	グ	185	楔	セツ	598	福	フク	869
傴	ウ	68	慫	ケン	227	楚	ソ	624	禽	キン	167
傾	ケイ	214	慈	ジ	372	楊	ヨウ	1009	稚	チ	697
傲	ゴウ	271	愁	シュウ	429	楼	ロウ	1043	稠	チュウ	705
債	サイ	300	想	ソウ	640	歳	サイ	300	稗	ハイ	792
傷	ショウ	520	愍	ミン	949	毀	キ	141	稟	ヒン	832
僧	ソウ	640	愈	ユ	999	殿	デン	727		リン	1033
僂	ロウ	1043	愧	キ	140	毹	カツ	124	窟	クツ	192
勧	カン	128	戦	セン	605	滑	カツ	124	窣	ソ	624
勢	セイ	594	携	ケイ	214	源	ゲン	238	節	セツ	598
嘔	ウ	68	構	コウ	266	溝	コウ	267	粳	コウ	267
	ウツ	69	搦	ジャク	406	滞	タイ	672	継	ケイ	214
	オツ	94		ニャク	760	溺	デキ	716	続	ゾク	658
嗅	キュウ	150	摂	ショウ	520		ニャク	760	罪	ザイ	302
嗟	サ	294		セツ	598	滅	メツ	987	置	チ	697
嗤	シ	349	損	ソン	660	煙	エン	84	罩	トウ	736
嘆	タン	688	搏	ハク	792	煥	ナン	753	義	ギ	145
園	エン	84	摸	モ	990	煖	ダン	693	群	グン	193
	オン	97	数	サク	303		ナン	753	聖	ショウ	529
塚	チョウ	708		シュ	415	煩	ハン	803		セイ	595
塊	カイ	118		ス	576		ボン	925	肆	シ	349
塗	ズ	576		スウ	585	照	ショウ	523	舅	キュウ	150
	ト	728	新	シン	567	煎	セン	606	葦	イ	31
夢	ム	985	暗	アン	20	煤	チョウ	708	葹	ショ	478
奨	ショウ	523	暖	ダン	692	犁	ホウ	909	蒸	ジョウ	546
嫁	カ	107		ナン	753	瑕	カ	107	蓄	チク	699
	ケ	203	腫	シュ	415	瑞	ズイ	585	蒲	ブ	867
嫌	ケン	227	腎	ジン	575	瑜	ユ	999	蒙	モウ	992
嫉	シツ	387	腥	ショウ	523	癌	ア	6	廉	レン	1040
寛	カン	129	腹	フク	869	痰	タン	688	蓮	レン	1040
寝	シン	567	腰	ヨウ	1009	睫	ショウ	523	蜂	ホウ	910
勘	セン	605	楽	ギョウ	166	睡	スイ	579	解	カイ	118
微	ミ	938		ラク	1016	睒	セン	606		ゲ	211

触	ショク	549	酬	シュウ	429	匱	キ	142		レキ	1038
	ソク	656	酪	ラク	1018	厭	オン	99	殞	イン	50
詭	キ	142	鉱	コウ	267	嘉	カ	107	殯	ウ	68
詰	キツ	147	鉤	ク	182	嘗	ショウ	526	演	エン	84
詩	シ	349	鉄	テツ	716	境	キョウ	158	漑	ガイ	119
誓	シ	349	鉢	ハ	787	塵	ジン	575	漸	ゼン	623
詳	ショウ	526		ハチ	796	増	ゾウ	647	滴	テキ	716
誠	ジョウ	546		ハツ	799	塙	ヨウ	1009	漂	ヒョウ	828
	セイ	595	鈴	リン	1033	奪	ダツ	687	漫	マン	934
詮	セン	606	隕	イン	50	寤	ゴ	256	漏	ロ	1041
誉	ヨ	1006	隔	カク	122	寧	ネイ	772	漉	ロク	1047
豊	ホウ	910	隙	キャク	148	層	ソウ	642	熥	トウ	736
資	シ	349	電	デン	727	幖	ヒョウ	828	熏	クン	192
賤	セン	606	雹	ハク	792	彰	ショウ	527	爾	ジ	373
賊	ゾク	659	雷	ライ	1016	徴	チョウ	708		ニ	758
賃	チン	712	零	レイ	1038	徳	トク	743	獄	ゴク	279
賄	ワイ	1052	頑	ガン	133	慇	イン	50	瑠	ル	1037
跪	キ	142	頌	ジュ	423		オン	99	疑	ギ	146
跟	コン	286	頓	トン	747	慚	ザン	320	瘖	イン	50
跡	シャク	403	預	ヨ	1006	憎	ゾウ	652		オン	99
	セキ	596	飾	ショク	549	慢	マン	933	穀	コク	276
跳	チョウ	708	飽	ホウ	911	摧	サイ	300	種	シュ	415
路	ロ	1041	駄	ダ	667	搏	ダン	693		シュウ	429
較	カク	122	馳	チ	698	旗	キ	142	稲	トウ	736
輅	ロ	1041	鳩	キュウ	150	掲	カ	108	端	タン	688
辞	ジ	373		ク	182	暮	ボ	896	管	カン	129
農	ノウ	785	鳧	フ	865	暦	レキ	1038	箜	ク	183
遏	ア	6	麀	ソ	624	膏	コウ	267	算	サン	319
	アツ	16	鼓	コ	244	膊	ハク	792	精	ショウ	527
逼	ヒツ	823	鼠	ソ	628	膜	マク	932		セイ	595
遍	ヘン	890				樺	カ	107	維	イ	35
違	イ	34	**十四画**			榛	シン	568	綺	キ	142
遠	エン	84	像	ゾウ	646	槃	バン	802	綱	コウ	267
	オン	97	僮	ドウ	741	模	モ	990	綵	サイ	300
遣	ケン	227	僕	ボク	913	歌	カ	107	綜	ソウ	642
鄔	ウ	68	僚	リョウ	1032	歴	リャク	1027	総	ソウ	642

綿	メン	990	酷	コク	277	墜	ツイ	713	撥	ハツ	800
網	モウ	992	銜	ガン	134	嬉	キ	143	撫	ブ	867
緑	リョク	1033	銀	ギン	167	嬈	ニョウ	767	撩	リョウ	1032
練	レン	1040		ゴン	290	審	シン	568	敵	ジャク	406
罰	バツ	800	銓	セン	606	寮	リョウ	1032		テキ	716
聚	ジュ	423	銅	ドウ	741	導	ドウ	741	敷	フ	865
	シュウ	429	鉾	ボウ	913	履	ショウ	529	暫	ザン	320
聡	ソウ	644	関	カン	129	履	リ	1021	暱	ニチ	760
聞	モン	995	隠	イン	50	幢	トウ	736	暴	ボウ	912
腐	フ	865		オン	100	幡	ハン	802	膠	コウ	267
蔭	イン	50	際	サイ	300	廛	テン	724	膝	シツ	387
	オン	101	障	ショウ	527	弊	ヘイ	882	膚	フ	865
蓋	ガイ	119	雑	ザツ	303	影	エイ	80	滕	ホウ	910
蓐	ジョク	549		ゾウ	652		ヨウ	1010	横	オウ	92
蜂	ホウ	910	雌	シ	350	慰	イ	35	権	ケン	227
蜜	ミツ	940	静	ジョウ	546	慶	キョウ	159		ゴン	290
誡	カイ	118		セイ	595		ケイ	214	樗	チョ	705
誨	カイ	118	頡	コ	244	慧	エ	76	標	ヒョウ	828
誑	オウ	92	頗	ハ	788	慼	シャク	403	歓	カン	129
語	ゴ	256	領	リョウ	1032		セキ	596	歎	タン	689
誤	ゴ	258	餅	ヘイ	883	憂	ウ	68	漿	ショウ	529
誦	ジュ	424	駆	ク	183		ユウ	1005	澆	ギョウ	166
誓	セイ	595	髪	ハツ	800	慮	リョ	1028	澍	ジュ	424
説	セツ	598	魁	カイ	118	慣	カイ	118	潤	ジュン	456
読	ドク	745	鳴	ミョウ	948	憍	キョウ	160	澄	チョウ	708
豪	ゴウ	273		メイ	987	慳	ケン	227	勳	クン	193
赫	カク	122	鼻	ビ	822	憚	タン	689	熟	ジュク	446
	シャク	403				憤	フン	878	熱	ネツ	772
踊	ユ	1000	**十五画**			憐	レン	1040	瑩	エイ	80
	ヨウ	1009	儀	ギ	146	戯	ギ	147	瘠	セキ	596
輔	ホ	894	僵	キョウ	159		ケ	203	瘡	ソウ	645
辣	ラツ	1018	僻	ヘキ	883	撃	ゲキ	215	瘜	ソク	658
遮	シャ	396	器	キ	142	摩	マ	929	皺	シュウ	430
遭	ソウ	644	嘷	ゴウ	273	撝	キ	143	盤	バン	802
適	テキ	716	嘶	セイ	595	撓	ニョウ	767	瞎	カツ	124
鄙	ヒ	818	噉	タン	688	播	パ	791	瞋	シン	569

瞑	ミョウ	948	諍	ジョウ	548	餓	ガ	112	擐	カン	130
	メイ	988	諾	ダク	686	駛	シ	351	撿	ケン	228
磔	タク	686		ニャク	760	駝	ダ	667	撾	タ	666
稼	カ	109	誕	タン	688	鬧	ニョウ	767	擁	オウ	92
	ケ	203	談	ダン	693	魯	ロ	1041		ヨウ	1010
稽	ケイ	214	調	チョウ	708	鴉	ア	7	整	セイ	595
窮	キュウ	150	諂	テン	724	鴈	ガン	134	膩	ジ	373
	グウ	191	誹	ヒ	818	鴆	チン	712	機	キ	143
篋	キョウ	160	諢	ヒ	819	麨	ショウ	530	橋	キョウ	160
箱	ソウ	645	論	ロン	1048	黎	レイ	1038	橛	ケツ	218
箭	セン	606	賜	シ	351	黙	モク	993	樹	ジュ	424
縁	エン	84	質	シツ	387				橐	タク	686
緩	カン	130		ゼツ	600	十六画			彈	タン	689
緊	キン	167	賞	ショウ	529	儞	ニ	758	澡	ソウ	645
縄	ジョウ	548	賓	ヒン	832	儒	ジュ	424	濁	ジョク	549
編	ヘン	892	趣	シュ	417	凝	ギョウ	166		ダク	686
罵	バ	790	踝	カ	109	辨	ベン	892	澹	タン	689
羯	カ	108	踐	ケン	227	噫	ア	7	熾	シ	351
	カツ	124	輩	ハイ	792	壞	エ	78	燋	ショウ	530
翫	ガン	134	輗	モウ	992		カイ	118	獣	ジュウ	444
舞	ブ	867	輪	リン	1033	壁	ヘキ	883	獲	カク	122
蔽	ヘイ	882	輦	レン	1040	奮	フン	879		ギャク	149
蔑	ベツ	885	遷	セン	607	嬢	ジョウ	548	瑿	エイ	80
蓬	ホウ	910	鄭	テイ	716		ニョウ	767	甋	セン	607
蔓	マン	934	醋	サク	303	嶮	ケン	227	瞖	エイ	80
蔵	ゾウ	653	鋭	エイ	80	彊	キョウ	160	瞚	シュン	450
蔬	ソ	628	銷	ショウ	529	憙	キ	143	磣	シン	571
蝸	カ	109	鋒	ホウ	911	憩	ケイ	214	磨	マ	930
蝦	ガ	112	閫	ロ	1042	憲	ケン	228	穄	コウ	267
蝎	カツ	125	震	シン	570	憑	ヒョウ	829	積	シャク	404
蝙	ヘン	892	霊	リョウ	1033	懊	オウ	93		セキ	596
蝿	ヨウ	1010		レイ	1038	憶	オク	93	穌	ソ	628
蟒	モウ	992	頞	ア	6	懐	エ	79	築	チク	699
諸	ショ	478		アツ	16		カイ	118	糖	トウ	736
請	ショウ	529	餇	ショウ	530	懈	ケ	203	縈	ヨウ	1010
	セイ	595	養	ヨウ	1010	憺	タン	689	縦	ジュウ	444

縛	バク	793	錦	キン	167	檀	ダン	693	鍵	ケン	229
繁	ハン	802	錯	サク	303	斂	カク	122	鍛	タン	689
縫	ホウ	911		シャク	404	氈	セン	607	闇	アン	20
臻	シン	570	錬	レン	1040	燬	キ	144	闊	カツ	125
興	コウ	267	閻	エン	87	牆	ショウ	530	霜	ソウ	645
薪	シン	570	隣	リン	1034	環	カン	131	霡	ミャク	940
薄	バ	790	雕	チョウ	710	療	リョウ	1033	頻	ビン	832
	ハク	792	鞭	ゴウ	273	盪	トウ	737	餚	コウ	267
薬	ヤク	997	頤	イ	36	瞳	ドウ	742	駭	ガイ	119
融	ユウ	1005	頷	ガン	134	矯	キョウ	160	鮮	セン	607
衛	エイ	80	頰	キョウ	160	篾	ベツ	885	鳩	キュウ	150
褰	ケン	228	頸	ケイ	214	糠	コウ	267		ク	183
親	シン	570	頼	タイ	673	糜	ビ	823	鴻	コウ	267
覦	ト	728	頭	ズ	577	糞	フン	879	鴿	コウ	267
諳	アン	20		トウ	736	繋	ケ	204	鵄	シ	351
謂	イ	36	頼	ラ	1014	纖	セン	607	黏	ネン	775
諫	カン	130		ライ	1016	縷	ル	1037	黜	チュツ	705
諠	ケン	228	骸	ガイ	119	翳	エイ	80	齋	サイ	300
諧	シ	351	鴦	オン	101	翼	ヨク	1014			
諦	タイ	672	龍	リュウ	1028	聰	チョウ	710	十八画		
諷	フ	865				艱	カン	131	儲	チョ	705
	フウ	869	十七画			蕭	ショウ	530	叢	ソウ	645
謀	ボウ	913	嬰	エイ	80	虧	キ	144	擾	ジョウ	548
賢	ケン	228	厳	ゲン	239	螺	ラ	1014	擲	ジャク	406
蹄	テイ	715		ゴン	291	謹	キン	167		テキ	716
蹂	ユ	1000	懇	コン	286	謇	ケン	229	曛	クン	193
輻	フク	870	擣	トウ	737	謙	ケン	229	臍	サイ	300
辨	ベン	892	擘	ビャク	826	謝	シャ	398		セイ	595
還	カン	131	擬	ギ	147	謗	ボウ	914	瀉	シャ	398
	ゲン	238	擠	サイ	300	趨	スウ	586	瀑	ボウ	913
避	ヒ	819	擯	ヒン	832	蹎	テン	724	獷	コウ	267
醎	カン	131	斂	レン	1040	轅	エン	87	璧	ヘキ	883
醒	セイ	595	臀	デン	727	轂	コク	277	甕	オウ	93
醍	ダイ	686	膿	ノウ	786	輿	ヨ	1007	瞿	ク	183
鋸	キョ	150	臂	ヒ	819	醜	シュウ	430	瞬	シュン	450
	コ	244	膺	ヨウ	1011	鍛	カ	109	瞻	セン	607

穢	エ	79	魍	モウ	992	鏡	キョウ	161	騰	トウ	737
竅	キョウ	161	鵝	ガ	112	離	リ	1022	髆	ハク	792
簡	カン	131	黠	カツ	125	霧	ム	985	鹹	カン	133
	ケン	229				願	ガン	134			
繢	カイ	118	十九画			顛	テン	725	二十一画		
繞	ニョウ	767	儳	ザン	320	騙	ヘン	892	囂	ゴウ	273
繭	ケン	229	嚮	キョウ	161	髓	ズイ	585	嚼	シャク	404
翹	ギョウ	167	孋	ラン	1018	鵲	ジャク	406	懼	ク	183
翻	ホン	923	寵	チョウ	710	鵰	チョウ	710	灌	カン	133
薩	サ	294	幰	ケン	231				爛	ラン	1018
	サツ	303	懶	ラン	1018	二十画			瓔	ヨウ	1011
藉	セキ	596	攀	ハン	802	巉	ザン	320	癩	ライ	1016
蟣	ケ	204	曠	コウ	267	懸	ケン	231	纈	ケツ	218
蟠	ハン	803	臆	カン	133	攘	ジョウ	549	纏	テン	725
覆	フク	871	臘	ロウ	1043	臆	カ	109	蠢	シュン	450
臨	リン	1034	犢	トク	743		カク	122	襯	シン	571
観	カン	131	癡	チ	698	臚	ロ	1042	辯	ベン	893
謬	ビュウ	827	礙	ゲ	213	爐	ロ	1042	鐶	カン	133
鄺	テン	724	簸	ハ	788	獼	ビ	823	闌	カン	133
鎧	ガイ	119	羆	ヒ	819		ミ	939	闢	ビャク	826
鎖	サ	294	羅	ラ	1015	癢	ヨウ	1011	霹	ヘキ	884
鎚	ツイ	712	羹	コウ	267	礫	レキ	1038	露	ロ	1042
鎔	ヨウ	1012	贏	ルイ	1037	競	キョウ	161	顧	コ	244
鎌	レン	1040	蘇	ソ	628	籌	チュウ	705	饑	キ	144
闕	ケツ	218	蘊	ウン	70	藹	アイ	12	饒	ニョウ	767
闘	トウ	737	藻	ソウ	645	蘆	ロ	1042	髪	マン	934
雜	ケイ	214	蟻	ギ	147	蠕	ゼン	623	魑	チ	698
難	ナン	753	蠍	ケツ	218	議	ギ	147	魔	マ	931
鞦	シュウ	430	譏	キ	144	護	ゴ	258	麝	ジャ	401
鞭	ベン	892	警	キョウ	161	譬	ヒ	819	黯	アン	21
額	ガク	124		ケイ	214	贍	セン	608	二十二画		
顔	ガン	134	識	シキ	378	躁	ソウ	645			
顕	ケン	229	蹶	ケツ	218	躄	ヘキ	884	囊	ノウ	786
類	ルイ	1037	蹴	シュウ	431	闡	セン	608	彎	ワン	1052
騎	キ	144	蹲	ソン	662	響	キョウ	161	瓤	ジョウ	549
髀	ヒ	819	醯	ケイ	214	飄	ヒョウ	829	癭	エイ	81

癬	セン	608	钁	トウ	737	讒	ザン	320	钃	コウ	268
聾	ロウ	1043	钃	ケン	231	釁	ヒン	832	\multicolumn{3}{c}{二十七画}
襲	シュウ	143	讌	エン	87	鱸	セン	608			
讃	サン	319	邏	ラ	1015		テン	726	鑽	サン	320
鑊	カク	122	鑠	シャク	404	麟	リン	1035	\multicolumn{3}{c}{二十八画}
饕	トウ	737	髑	ドク	745	\multicolumn{3}{c}{二十五画}	鸚	オウ	93
驚	キョウ	161	鷲	ジュ	425				\multicolumn{3}{c}{二十九画}
鬚	シュ	417	鱀	エイ	81	攬	ラン	1018			
龕	ガン	134	鼹	ケイ	214	髖	カン	133	鬱	ウツ	69
\multicolumn{3}{c}{二十三画}	\multicolumn{3}{c}{二十四画}	鹽	エン	87	\multicolumn{3}{c}{三十一画}
						鼈	ベツ	885			
巖	ガン	134	癲	テン	725	\multicolumn{3}{c}{二十六画}	灔	エン	87
攣	レン	1041	攢	サン	320						
癰	ヨウ	1011	羈	キ	144	毊	ジョウ	549			
籥	ヤク	998	蠹	ト	729	饞	サン	320			
纔	サン	320	衢	ク	183	驢	ロ	1042			

唯識 仏教辞典

2010 年 10 月 16 日　第 1 刷発行
2018 年 7 月 30 日　第 3 刷発行

著　者　横山紘一
著作権者　興福寺
発行者　澤畑吉和
発行所　株式会社春秋社
〒 101-0021 東京都千代田区外神田 2-18-6
電話　03-3255-9611（営業）
03-3255-9614（編集）
振替　00180-6-24861
http://www.shunjusha.co.jp/
装　幀　本田 進
印　刷　萩原印刷株式会社

定価はカバー等に表示してあります

ISBN978-4-393-10610-5